ALBRECHT GOLF GUIDE

GOLF Führer

23/24

Deutschland

Handbuch und Reiseführer
für den Golfer

Darstellung
der deutschen Golfplätze
mit Hotel-Empfehlungen,
großer Golf-Straßenkarte und
Greenfee-Gutscheinbuch mit
1.120 Gutscheinen.

Inhaltsverzeichnis

Benutzerhinweise

Dieser ALBRECHT GOLF FÜHRER präsentiert Ihnen die bespielbaren Golfplätze (auch die öffentlichen) in Deutschland, die über mindestens 9 Löcher verfügen. *Der Verlag übernimmt keine Gewähr und Haftung auf Vollständigkeit der Nennung von Golfanlagen, Golfclubs oder Platzbetreibern. Eine Mitgliedschaft im Deutschen Golf Verband e.V. (DGV) oder einer anderen Organisation bildet keine rechtliche Basis einer Veröffentlichung in diesem Werk.

Da es sich bei diesem Werk nicht um ein Vereinsregister, sondern um einen Reiseführer mit Golfplatzdaten handelt, wird im Falle von zwei oder mehreren Vereinen, die eine Anlage bespielen, nur ein Verein oder eine Anlage veröffentlicht. Die Auswahl dessen behält sich der Verlag vor.

Zur schnellen und praktischen Handhabung des ALBRECHT GOLF FÜHRER wurden die Golfclubs nach Bundesländern von Nord nach Süd sortiert. Damit die Suche nach Clubs besonders leicht fällt, verfügt der GOLF FÜHRER über mehrere Inhaltsverzeichnisse: Das Clubverzeichnis alphabetisch bildet hierbei den zentralen Punkt. Jeder Golfclub ist unter allen vorkommenden Begriffen verzeichnet, z. B. Gut Kaden Golf und Landclub, Alveslohe. Jedes Bundesland verfügt daneben über ein eigenes Clubverzeichnis zusammen mit einer Landkarte. Hier sind die Clubs entsprechend der Karten-Nummern der Länder aufgeführt.

Aktualität und Greenfee-Preise: Dieser GOLF FÜHRER wurde mit größtmöglicher Sorgfalt erstellt. Der redaktionelle Teil wurde im Oktober 2022 abgeschlossen. Aufgrund der umfassenden Datensammlung können sich Informationen nach Drucklegung verändern. Besonders die Greenfee-Preise unterliegen erfahrungsgemäß Veränderungen und können daher nur als Richtpreise gewertet werden. Die angegebenen Greenfee-Preise beziehen sich in der Regel auf die DGV-Kennzeichnung „R".

Vollständigkeit: Der ALBRECHT GOLF FÜHRER erhebt keinen Anspruch auf Vollständigkeit. Pflichtkriterium für eine Aufnahme im ALBRECHT GOLF FÜHRER ist die Bespielbarkeit von mindestens 9 Löchern. Wir bitten jedoch um Verständnis, dass die Angaben in diesem Buch keinen verbindlichen Charakter haben können.

Spielmöglichkeiten bei den Golfclubs können durch Turniere oder neue Entscheidungen der Spielleitung beeinträchtigt sein. Unsere Empfehlung: Informieren Sie sich telefonisch, ob eine Spielmöglichkeit für Gäste an dem von Ihnen geplanten Termin besteht.

Landkarten finden Sie zu jedem Bundesland. Jedes Bundesland verfügt nach der Länderkarte über ein eigenes Inhaltsverzeichnis in der Sortierung der Karten-Nummern. Die Karten-Nummern werden sowohl im alphabetischen Inhaltsverzeichnis als auch in den Inhaltsverzeichnissen der Bundesländer mit aufgeführt, dabei stehen die roten Punkte für Clubs, die an der Grennfee-Gutschein Aktion teilnehmen. Im Buch integriert ist ebenfalls eine Golf-Straßenkarte. In welchem Planquadrat sich ein Golf Club befindet, ist bei der Clubbeschreibung angegeben.

Hotels, die sich zur Golfanlage empfehlen, können Sie anhand der Anzeigen direkt bei der Clubbeschreibung der relevanten Golfanlage erkennen. Zusätzlich verfügt der ALBRECHT GOLF FÜHRER über ein Hotelverzeichnis mit allen Empfehlungen. Das Hotelverzeichnis ist nach Postleitzahlen sortiert und befindet sich am Ende der Golfredaktion.

Greenfee-Gutscheine im Rahmen der Albrecht Greenfee-Aktion finden Sie als heraustrennbare Coupons am Ende des Buches. Die an der Aktion teilnehmenden Golfclubs sind durch rote Markierungen in der Kopfzeile der Clubseiten gekennzeichnet (mit Seitenverweis auf den Gutscheinteil: G...). Eine Liste aller Golfclubs, die bei Vorlage des Albrecht GOLF FÜHRERs eine Greenfee-Ermäßigung gewähren, finden Sie am Ende des Buches. Bitte beachten Sie, es ist untersagt, die Greenfee-Gutscheine gegen Entgelt zu veräußern oder mit diesen Handel zu treiben. Insbesondere sind die teilnehmenden Golfclubs in diesem Falle berechtigt, die Einlösung der ausgeschriebenen Angebote zu verweigern. Der Verlag übernimmt keine Gewähr und Haftung auf im Buch angebotene Greenfeeaktionen und Greenfeevergünstigungen. Alle genannten Preise oder Vergünstigungen stellen freiwillige Leistungen von Golfanlagen dar, die jederzeit widerrufen werden können.

Internet: Angaben aus dem GOLF FÜHRER sind auch online unter www.1golf.eu zu finden.

* s. Impressum

Inhalt alphabetisch

■ = Partner Albrecht Greenfee-Aktion

■ = Partner Albrecht Greenfee-Aktion

■ = Partner Albrecht Greenfee-Aktion

■ = Partner Albrecht Greenfee-Aktion

■ = Partner Albrecht Greenfee-Aktion

■ = Partner Albrecht Greenfee-Aktion

■ = Partner Albrecht Greenfee-Aktion

■ = Partner Albrecht Greenfee-Aktion

■ = Partner Albrecht Greenfee-Aktion

■ = Partner Albrecht Greenfee-Aktion

■ = Partner Albrecht Greenfee-Aktion

■ = Partner Albrecht Greenfee-Aktion

■ = Partner Albrecht Greenfee-Aktion

■ = Partner Albrecht Greenfee-Aktion

■ = Partner Albrecht Greenfee-Aktion

■ = Partner Albrecht Greenfee-Aktion

■ = Partner Albrecht Greenfee-Aktion

■ = Partner Albrecht Greenfee-Aktion

■ = Partner Albrecht Greenfee-Aktion

■ = Partner Albrecht Greenfee-Aktion

■ = Partner Albrecht Greenfee-Aktion

■ = Partner Albrecht Greenfee-Aktion

■ = Partner Albrecht Greenfee-Aktion

■ = Partner Albrecht Greenfee-Aktion

■ = Partner Albrecht Greenfee-Aktion

■ = Partner Albrecht Greenfee-Aktion

■ = Partner Albrecht Greenfee-Aktion

■ = Partner Albrecht Greenfee-Aktion

■ = Partner Albrecht Greenfee-Aktion

■ = Partner Albrecht Greenfee-Aktion

Straßenkarte

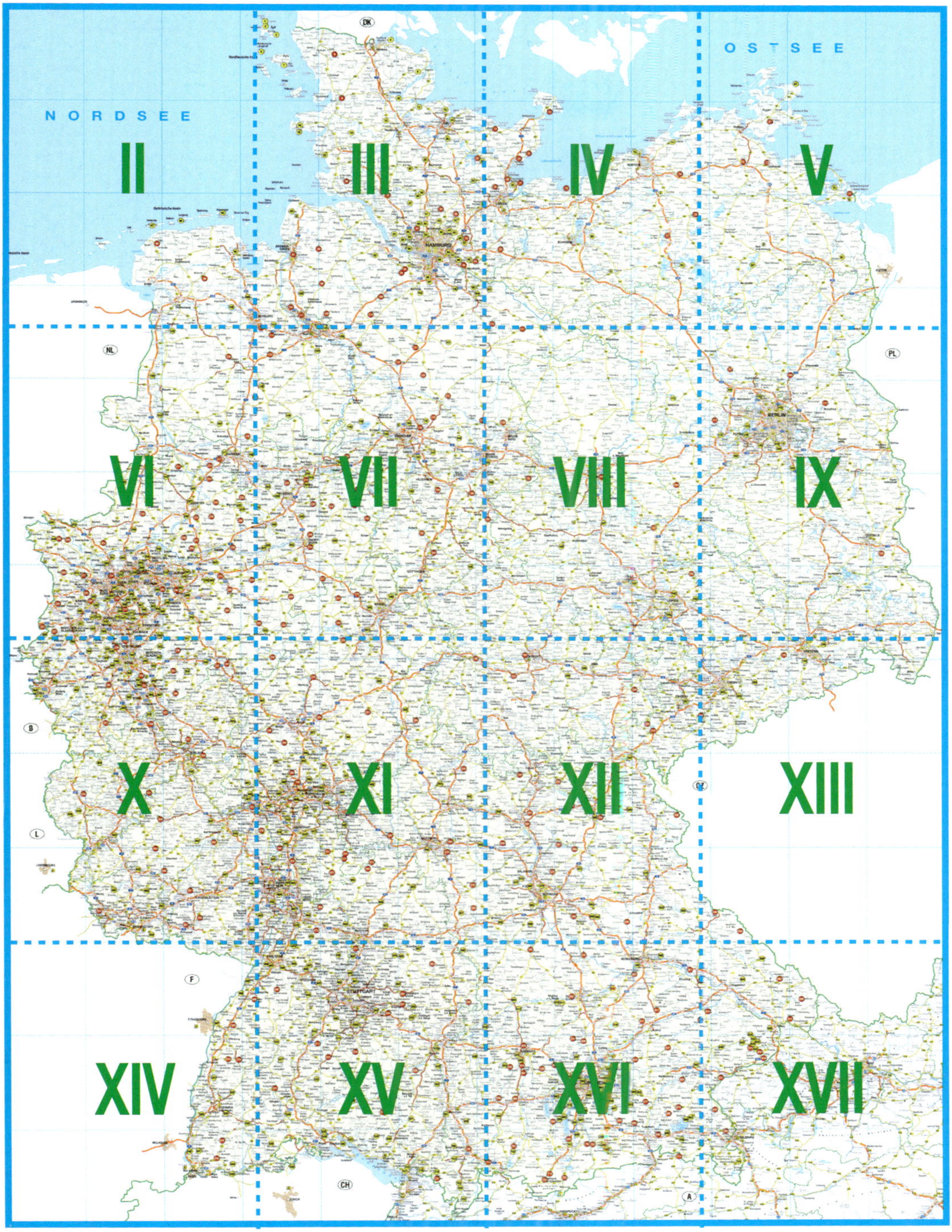

NORDSEE
1
2
3
4
A
B
C
Sylt
Westerland
Sylt-Ost
Nordmarsch-Langeneß
Nordfriesische Inseln
Amrum
Scharh
Nigehörn
Hoher Knechtsand
Ostfriesische Inseln
Spiekeroog
Wangerooge
Minsener Oog
Mellum
Langeoog
Baltrum
Norderney
Juist
Borkum
Inseln
Norden
Hage
Großheide
Esens
Wittmund
Jever
Schortens
Wilhelmshaven
Sande
Jadebusen
Nordenham
Südbrookmerland
Aurich (Ostfriesland)
Friedeburg
Wiesmoor
Zetel
Bockhorn
Varel
Hinte
Ihlow
Emden
Dollart
Jaderberg
Ovelgönne
Jemgum
Leer (Ostfriesland)
Westerstede
Apen
Rastede
Elsfleth
GRONINGEN
Bunde
Weener
Barßel
Bad Zwischenahn
OLDENBURG
Berne
Papenburg
Ostrhauderfehn
Edewecht
Rhede (Ems)
Wardenburg
Hatten
Friesoythe
Bösel
Esterwegen
Surwold
Dörpen
Garrel
Großenkneten
Dötlingen
NL
Sögel
Molbergen
Cloppenburg
Werlte
Lindern (Oldenburg)
Cappeln (Oldenburg)
Emstek
Visbek
Wildeshausen
Lastrup
Löningen
Essen
Bakum
Vechta
VI

DK
1
2
3
4
E
F
G
IV
VII
III
Kieler Bucht
Lübecker B
Fehmarn
Glücksburg (Ostsee)
Harrislee
Flensburg
Handewitt
Niebüll
Lindholm
Leck
Risum
Bredstedt
Nordstrand
Husum
Schleswig
Eckernförde
Kappeln
Süderbrarup
Satrup
Sörup
Tarp
Kropp
Gettorf
Altenholz
Laboe
Heikendorf
Mönkeberg
Schönkirchen
Schönberg (Holst.)
KIEL
Kronshagen
Klausdorf
Raisdorf
Molfsee
Flintbek
Preetz
Lütjenburg
Oldenburg i. Holstein
Heiligenhafen
Lensahn
Grömitz
Neustadt i. Holstein
Scharbeutz
Timmendorfer Strand
Bad Schwartau
Ratekau
Eutin
Malente
Plön
Ahrensbök
LÜBECK
Stockelsdorf
Reinfeld (Holstein)
Bad Oldesloe
Bad Segeberg
Wahlstedt
Rickling
Boostedt
Neumünster
Bordesholm
Nortorf
Aukrug
Hohenwestedt
Rendsburg
Büdelsdorf
Fockbek
Schacht-Audorf
Osterrönfeld
Tönning
Wesselburen
Heide
Büsum
Albersdorf
Meldorf
Hanerau-Hademarschen
St. Michaelisdonn
Burg (Dithm.)
Marne
Brunsbüttel
Wilster
Itzehoe
Kellinghusen
Hohenlockstedt
Glückstadt
Horst (Holst.)
Elmshorn
Barmstedt
Kaltenkirchen
Henstedt-Ulzburg
Tangstedt
Quickborn
Norderstedt
Ammersbek
Ahrensburg
Bargteheide
Großhansdorf
Trittau
Pinneberg
Rellingen
Tornesch
Uetersen
Wedel
Schenefeld
Halstenbek
HAMBURG
Glinde
Reinbek
Wentorf
Schwarzenbek
Geesthacht
Mölln
Ratzeburg
Gadebusch
Wittenburg
Büchen
Lauenburg/Elbe
Boizenburg
Zarrentin
Schönberg
Grevesmühlen
Dassow
Klütz
Groß Grönau
Otterndorf
Cuxhaven
Cadenberge
Wischhafen
Drochtersen
Hemmoor
Hechthausen
Lamstedt
Stade
Himmelpforten
Fredenbeck
Kutenholz
Bremervörde
Horneburg
Buxtehude
Jork
Neu Wulmstorf
Harsefeld
Ahlerstedt
Apensen
Heeslingen
Zeven
Sittensen
Tostedt
Buchholz
Jesteburg
Hanstedt
Seevetal
Stelle
Winsen (Luhe)
Bardowick
Lüneburg
Bleckede
Neuhaus/Elbe
Salzhausen
Bienenbüttel
Dahlenburg
Hitzacker
Dannenberg (Elbe)
Bad Bevensen
Ebstorf
Uelzen
Munster
Soltau
Schneverdingen
Bispingen
Rotenburg (Wümme)
Scheeßel
Sottrum
Ottersberg
Oyten
Achim
Verden (Aller)
Kirchlinteln
Walsrode
Bad Fallingbostel
Bomlitz
Bergen
Faßberg
Suderburg
Unterlüß
Bad Bodenteich
Wittingen
Hankensbüttel
Eschede
Salzwedel
Lüchow (Wendland)
Wustrow
Bergen (Dumme)
BREMEN
Stuhr
Weyhe
Syke
Bassum
Hoya
Dörverden
Lilienthal
Grasberg
Worpswede
Osterholz-Scharmbeck
Ritterhude
Hambergen
Bad Bederkesa
Schiffdorf
Beverstedt
Gnarrenburg
Elbe
Nord-Ostsee-Kanal

Kieler Bucht
Mecklenburger Bucht
Lübecker Bucht
Fehmarn
Burg a. Fehmarn
Heiligenhafen
Kiel
Eckernförde
Kappeln
Neumünster
Oldenburg i. Holstein
Neustadt i. Holstein
Timmendorfer Strand
Plön
Eutin
Bad Segeberg
Lübeck
Wismar
Rostock
Bad Doberan
Kühlungsborn
Schwerin
Güstrow
Parchim
Ludwigslust
Hamburg
Norderstedt
Pinneberg
Wedel
Buxtehude
Seevetal
Winsen (Luhe)
Geesthacht
Lauenburg/Elbe
Ratzeburg
Mölln
Lüneburg
Uelzen
Soltau
Dannenberg (Elbe)
Lüchow (Wendland)
Salzwedel
Wittenberge
Perleberg
Havelberg
Elbe
1
2
3
4
F
G
H
I
III
IV
VIII

OSTSEE
1
2
3
4
IV
IX
PL
K
L
M
V
STETTIN
Stettiner Haff
Rügen
Usedom
Hiddensee
Dranske
Putgarten
Altenkirchen
Wiek
Breege
Glowe
Stubbenkammer
Sagard
Saßnitz
Neuendorf
Trent
Rappin
Lietzow
Neuenkirchen
Kluis
Patzig
Gingst
Bergen
Ostseebad Binz
Ostseebad Sellin
Ostseebad Baabe
Ostseebad Göhren
Putbus
Lauterbach
Gager
Thiessow
Garz
Poseritz
Zudar
Samtens
Rambin
Gustow
Altefähr
Stralsund
Ostseebad Zingst
Barth
Damgarten
Ribnitz-
Prohn
Parow
Kummerow
Velgast
Steinhagen
Richtenberg
Elmenhorst
Miltzow
Reinberg
Brandshagen
Zarrendorf
Franzburg
Papenhagen
Horst
Grimmen
Tribsees
Gremersdorf
Bad Sülze
Mesekenhagen
Neuenkirchen
Greifswald
Griebenow
Dersekow
Diedrichshagen
Dargelin
Groß Kiesow
Züssow
Loitz
Gnoien
Dargun
Demmin
Jarmen
Gützkow
Karlsburg
Lubmin
Peenemünde
Karlshagen
Zinnowitz
Wolgast
Koserow
Ückeritz
Seebad Bansin
Seebad Heringsdorf
Seebad Ahlbeck
Korswandt
Zirchow
Pudagla
Lassan
Buggenhagen
Anklam
Usedom
Stolpe
Zecherin
Ducherow
Bugewitz
Rathebur
Ueckermünde
Mönkebude
Vogelsang
Liepgarten
Eggesin
Torgelow
Ferdinandshof
Friedland
Altentreptow
Neubrandenburg
Burg Stargard
Woldegk
Strasburg (Uckermark)
Pasewalk
Löcknitz
Malchin
Reuterstadt Stavenhagen
Teterow
Waren (Müritz)
Müritz
Röbel
Penzlin
Neustrelitz
Mirow
Wesenberg
Feldberg
Prenzlau
Brüssow
Gramzow
Lychen
Fürstenberg
Templin
Rheinsberg
Wittstock/Dosse
Gransee
Zehdenick
Joachimsthal
Angermünde
Schwedt/Oder
Oder
Neuruppin
Fehrbellin
Oranienburg
Eberswalde
Biesenthal
Wandlitz
Bad Freienwalde (Oder)
Wriezen
Basdorf
Birkenwerder
Kremmen
Hennigsdorf
Kummerower See
Malchiner See
Tollensesee
Kölpinsee
Achterwasser

GRONINGEN
NL
4
5
6
7
A
B
C
II
X
Leer (Ostfriesland)
Papenburg
OLDENBURG
Bad Zwischenahn
Westerstede
Edewecht
Wardenburg
Friesoythe
Cloppenburg
Vechta
Dinklage
Quakenbrück
Löningen
Meppen
Haselünne
Lingen (Ems)
Nordhorn
Schüttorf
Bad Bentheim
Rheine
Ibbenbüren
OSNABRÜCK
Bramsche
Melle
Georgsmarienhütte
Enschede
Gronau
Ahaus
Emsdetten
Steinfurt
Greven
MÜNSTER
Telgte
Warendorf
Coesfeld
Dülmen
Gütersloh
Rheda-Wiedenbrück
Oelde
Beckum
HAMM
Ahlen
Lünen
Werne
Unna
Soest
Werl
Emmerich
Kleve
Goch
Wesel
Dorsten
Marl
RECKLING-HSN.
Castrop-Rauxel
BOCHUM
ESSEN
DORTMUND
HAGEN
Schwerte
Iserlohn
Arnsberg
MOERS
DUISBURG
OBERHSN.
MÜLHEIM a.d. R.
Venlo
KREFELD
Viersen
MÖNCHEN-GLADBACH
NEUSS
DÜSSELDORF
Hilden
Wuppertal
SOLINGEN
REMSCHEID
Lüdenscheid
Leverkusen
KÖLN
BERGISCH-GLADBACH
Heinsberg
Hückelhoven
Jülich
Bergheim
Plettenberg
Lennestadt
Schmallenberg
Meschede
SIEGEN

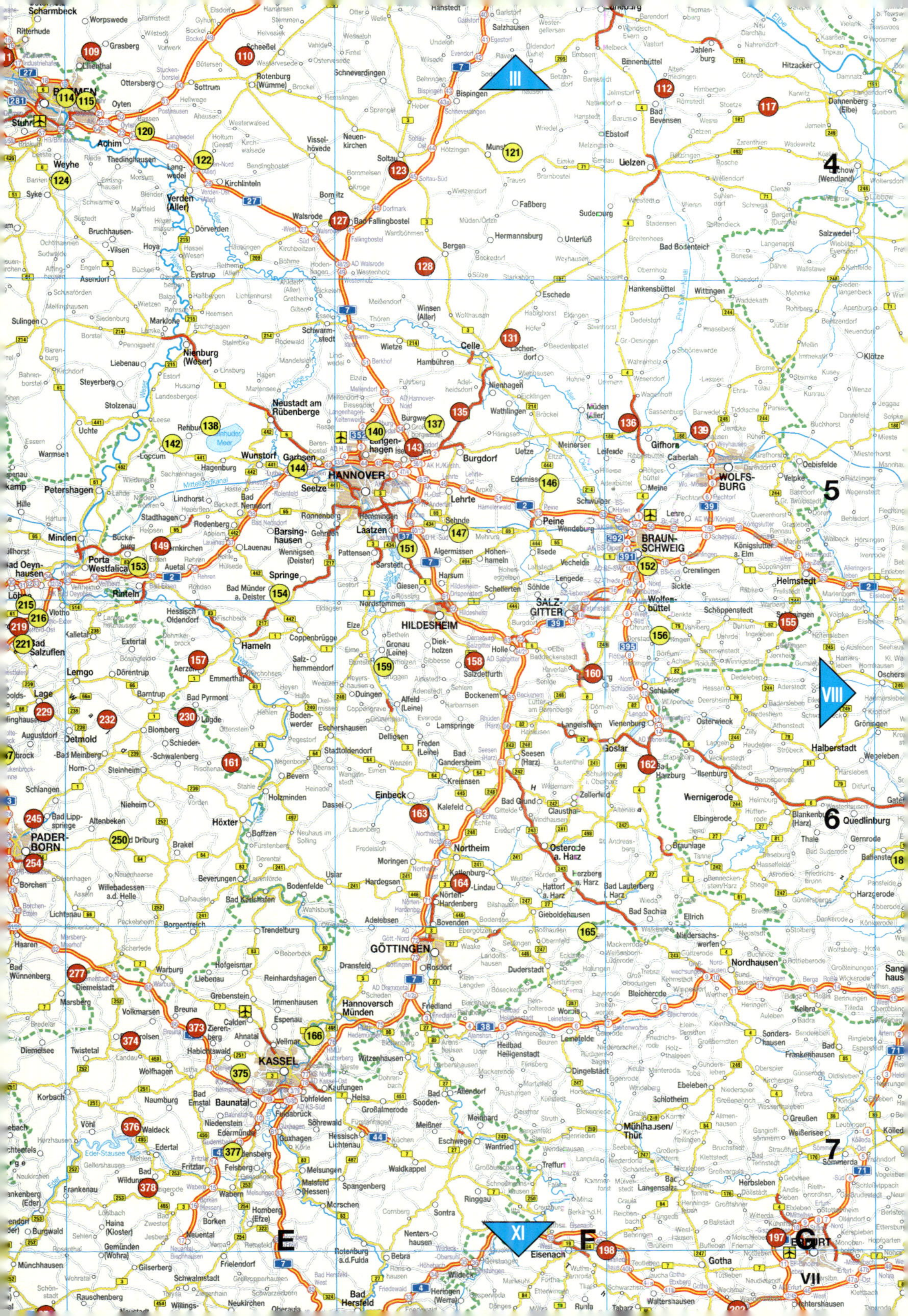

III
VIII
XI
VII
4
5
6
7
E
F
G
BREMEN
Stuhr
Achim
Oyten
Lilienthal
Ottersberg
Weyhe
Syke
Verden (Aller)
Rotenburg (Wümme)
Scheeßel
Sottrum
Kirchlinteln
Schneverdingen
Soltau
Munster
Bispingen
Salzhausen
Walsrode
Bad Fallingbostel
Bergen
Faßberg
Hermannsburg
Unterlüß
Suderburg
Uelzen
Bad Bevensen
Dannenberg (Elbe)
Hitzacker
Dahlenburg
Bienenbüttel
Salzwedel
Bad Bodenteich
Wittingen
Hankensbüttel
Eschede
Winsen (Aller)
Celle
Hambühren
Wietze
Nienhagen
Wathlingen
Müden (Aller)
Gifhorn
Meinersen
Leiferde
WOLFSBURG
Oebisfelde
Velpke
Nienburg (Weser)
Liebenau
Steyerberg
Stolzenau
Uchte
Rehburg
Neustadt am Rübenberge
Wunstorf
Garbsen
Seelze
HANNOVER
Langenhagen
Burgwedel
Burgdorf
Uetze
Lehrte
Sehnde
Edemissen
Peine
Laatzen
Hemmingen
Pattensen
Sarstedt
Gehrden
Barsinghausen
Wennigsen (Deister)
Springe
Bad Münder a. Deister
Hagenburg
Petershagen
Minden
Porta Westfalica
Bad Oeynhausen
Löhne
Rinteln
Auetal
Lindhorst
Stadthagen
Rodenberg
Bad Nenndorf
Lauenau
BRAUNSCHWEIG
Wendeburg
Königslutter a. Elm
Helmstedt
Cremlingen
Vechelde
Lengede
SALZGITTER
Wolfenbüttel
Schöppenstedt
Schöningen
Hildesheim
HILDESHEIM
Algermissen
Harsum
Hohenhameln
Giesen
Nordstemmen
Elze
Gronau (Leine)
Diekholzen
Salzdetfurth
Bockenem
Alfeld (Leine)
Lamspringe
Freden (Leine)
Bad Gandersheim
Seesen (Harz)
Langelsheim
Vienenburg
Goslar
Bad Harzburg
Ilsenburg
Wernigerode
Halberstadt
Osterwieck
Schladen
Blankenburg (Harz)
Quedlinburg
Thale
Hameln
Coppenbrügge
Salzhemmendorf
Emmerthal
Aerzen
Bad Pyrmont
Lügde
Bodenwerder
Eschershausen
Stadtoldendorf
Holzminden
Dassel
Einbeck
Kreiensen
Kalefeld
Northeim
Katlenburg-Lindau
Nörten-Hardenberg
Bad Gandersheim
Osterode a. Harz
Herzberg a. Harz
Hattorf a. Harz
Bad Lauterberg i. Harz
Bad Sachsa
Ellrich
Braunlage
Clausthal-Zellerfeld
Bad Grund
Gieboldehausen
Duderstadt
GÖTTINGEN
Bovenden
Adelebsen
Dransfeld
Rosdorf
Hann. Münden
Friedland
Heiligenstadt
Leinefelde
Worbis
Bleicherode
Nordhausen
Sondershausen
Dingelstädt
Mühlhausen/Thür.
Bad Langensalza
Sömmerda
ERFURT
Gotha
Eisenach
Schlotheim
Ebeleben
Greußen
Weißensee
Niedersachswerfen
Frankenhausen
Lemgo
Lage
Detmold
Blomberg
Schieder-Schwalenberg
Horn-Bad Meinberg
Steinheim
Höxter
Beverungen
Bad Driburg
Brakel
Nieheim
Altenbeken
PADERBORN
Bad Lippspringe
Schlangen
Borchen
Lichtenau
Willebadessen
Warburg
Borgentreich
Trendelburg
Hofgeismar
Liebenau
Grebenstein
Immenhausen
Calden
Zierenberg
Wolfhagen
Volkmarsen
Diemelstadt
Marsberg
Bad Wünnenberg
Haaren
KASSEL
Vellmar
Espenau
Baunatal
Kaufungen
Helsa
Lohfelden
Großalmerode
Hessisch Lichtenau
Witzenhausen
Bad Sooden-Allendorf
Eschwege
Wanfried
Meißner
Waldkappel
Spangenberg
Melsungen
Felsberg
Guxhagen
Edermünde
Niedenstein
Naumburg
Bad Emstal
Fritzlar
Wabern
Borken
Homberg (Efze)
Neuental
Frielendorf
Schwalmstadt
Neukirchen
Bad Wildungen
Edertal
Waldeck
Korbach
Frankenau
Frankenberg (Eder)
Sontra
Nentershausen
Bebra
Rotenburg a.d. Fulda
Bad Hersfeld
Heringen (Werra)
Ringgau
Creuzburg
Treffurt
Lemgo
Extertal
Kalletal
Vlotho
Bad Salzuflen
Sulingen
Twistetal
Diemelsee
Vöhl
Gemünden (Wohra)
Haina (Kloster)
Münchhausen
Rauschenberg
Gilserberg

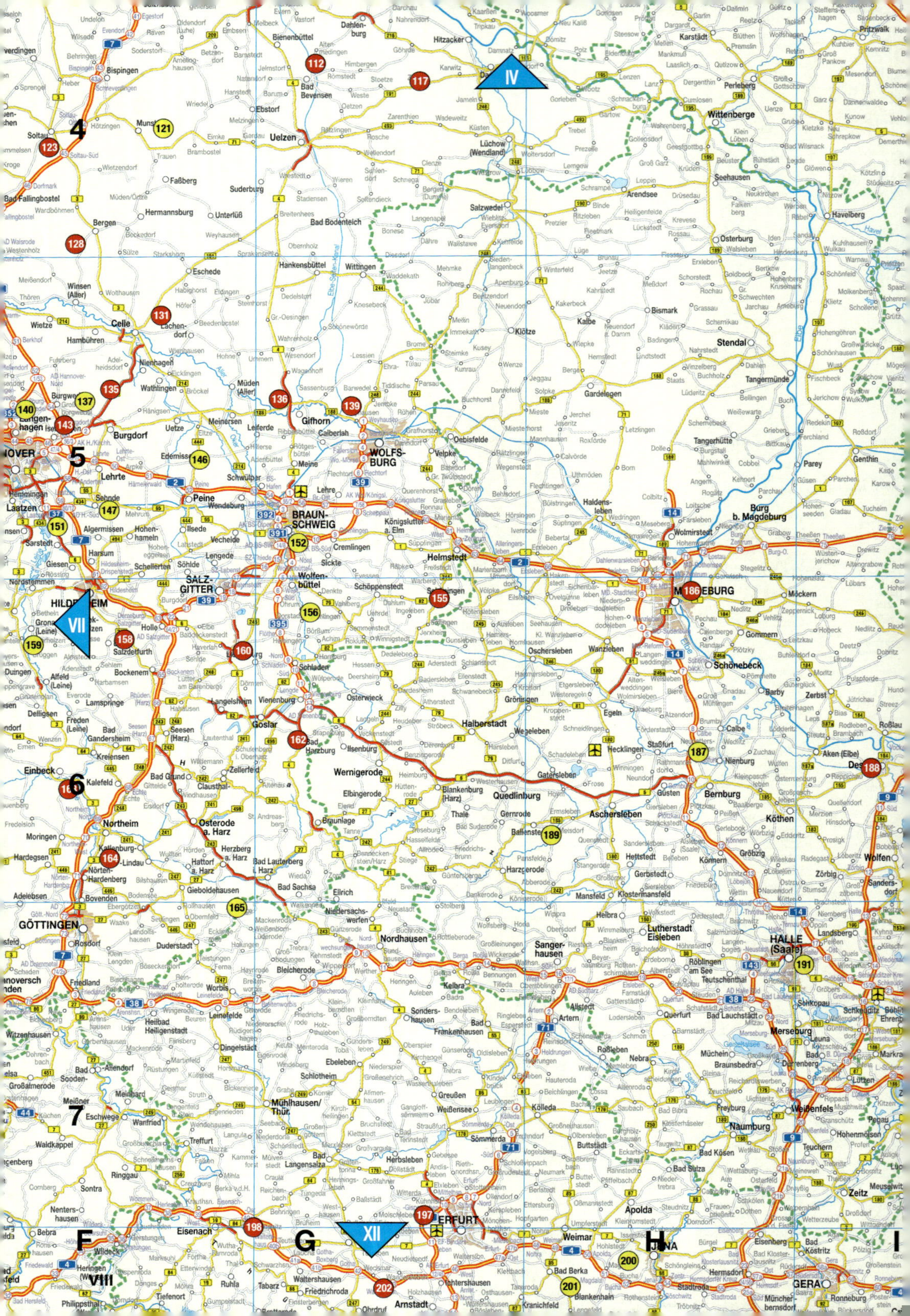

IV
VII
XII
VIII
4
5
6
7
F
G
H
I
Soltau
Munster
Uelzen
Bad Bevensen
Bienenbüttel
Dahlenburg
Hitzacker
Dannenberg
Lüchow (Wendland)
Salzwedel
Wittenberge
Perleberg
Karstädt
Pritzwalk
Havelberg
Osterburg
Stendal
Tangermünde
Bismark
Kalbe
Klötze
Gardelegen
Wittingen
Hankensbüttel
Celle
Bad Fallingbostel
Bergen
Faßberg
Hermannsburg
Unterlüß
Suderburg
Bad Bodenteich
Eschede
Winsen (Aller)
Wietze
Hambühren
Lachendorf
Nienhagen
Wathlingen
Müden (Aller)
Meinersen
Gifhorn
WOLFSBURG
Oebisfelde
Velpke
Burgdorf
Langenhagen
HANNOVER
Lehrte
Sehnde
Laatzen
Peine
Edemissen
BRAUNSCHWEIG
Königslutter a. Elm
Helmstedt
Cremlingen
SALZGITTER
Wolfenbüttel
Schöppenstedt
Schöningen
HILDESHEIM
Sarstedt
Algermissen
Harsum
Giesen
Holle
Salzdetfurth
Bockenem
Alfeld (Leine)
Lamspringe
Seesen
Bad Gandersheim
Kreiensen
Einbeck
Kalefeld
Northeim
Osterode a. Harz
Herzberg a. Harz
Goslar
Bad Harzburg
Langelsheim
Vienenburg
Schladen
Osterwieck
Halberstadt
Wernigerode
Ilsenburg
Blankenburg (Harz)
Quedlinburg
Thale
Aschersleben
Hecklingen
Staßfurt
Oschersleben
Wanzleben
Gröningen
Egeln
Schönebeck
Barby
Calbe
Bernburg
Köthen
Nienburg
Aken (Elbe)
Dessau
Wolfen
Zörbig
Gerbstedt
Hettstedt
Mansfeld
Klostermansfeld
Lutherstadt Eisleben
Sangerhausen
Nordhausen
Bleicherode
Sondershausen
Artern
Querfurt
HALLE (Saale)
Merseburg
Weißenfels
Naumburg
Zeitz
Teuchern
Hohenmölsen
Bad Kösen
Apolda
Weimar
JENA
GERA
Ronneburg
Bad Köstritz
Eisenberg
Bad Klosterlausnitz
Hermsdorf
Stadtroda
Blankenhain
Kranichfeld
Bad Berka
ERFURT
Arnstadt
Waltershausen
Friedrichroda
Gotha
Tabarz
Ruhla
Eisenach
Wildeck
Heringen (Werra)
Philippsthal
Tiefenort
Bad Langensalza
Mühlhausen/Thür.
Schlotheim
Ebeleben
Greußen
Sömmerda
Kölleda
Buttstädt
Rastenberg
Bad Bibra
Freyburg
Nebra
Roßleben
Allstedt
Bad Frankenhausen
Kelbra
Heldrungen
Leinefelde
Worbis
Heilbad Heiligenstadt
Dingelstädt
Duderstadt
GÖTTINGEN
Rosdorf
Friedland
Bovenden
Hardegsen
Moringen
Katlenburg-Lindau
Nörten-Hardenberg
Gieboldehausen
Bad Lauterberg i. Harz
Bad Sachsa
Ellrich
Hattorf a. Harz
Bad Grund
Clausthal-Zellerfeld
Braunlage
Elbingerode
Hasselfelde
Harzgerode
Ballenstedt
Gernrode
Witzenhausen
Großalmerode
Eschwege
Meißner
Wanfried
Sontra
Waldkappel
Ringgau
Trefurt
Creuzburg
Herleshausen
Treffurt
Hohenhameln
Ilsede
Vechelde
Lengede
Sickte
Schwülper
Lehre
Meine
Weyhausen
Calberlah
Uetze
Burgwedel
Isernhagen
Wolmirstedt
MAGDEBURG
Burg b. Magdeburg
Genthin
Parey
Gommern
Möckern
Zerbst
Loburg
Roßlau
Haldensleben
Barleben
Gröbzig
Könnern
Landsberg
Schkopau
Leuna
Bad Dürrenberg
Lützen
Braunsbedra
Mücheln
Bad Lauchstädt
Teutschenthal
Röblingen am See
Bad Sulza
Camburg
Wiehe
Bad Suderode
Wegeleben
Frose
Ermsleben
Hötensleben
Seehausen
Arendsee
Beetzendorf
Diesdorf
Brome
Rühen
Parsau
Jübar
Zarenthien
Clenze
Bergen (Dumme)
Wustrow
Schnackenburg
Lenzen
Gorleben
Dömitz
Neu Kaliß
Glöwen
Kyritz

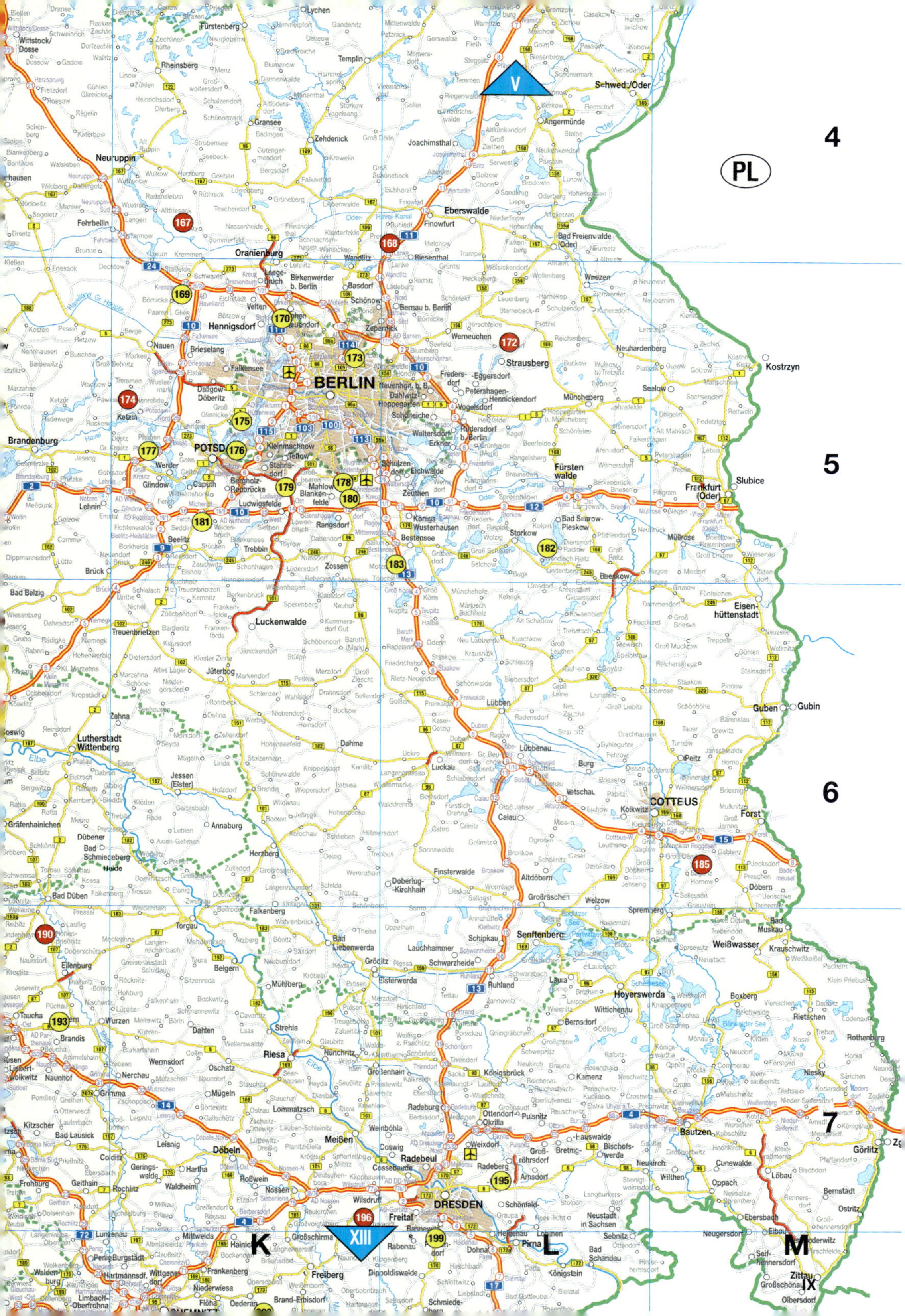

PL
4
5
6
7
V
XIII
K
L
M
IX
BERLIN
POTSDAM
DRESDEN
COTTBUS
Frankfurt (Oder)
Slubice
Kostrzyn
Gubin
Guben
Eisenhüttenstadt
Forst
Bad Muskau
Weißwasser
Görlitz
Zittau
Bautzen
Hoyerswerda
Senftenberg
Meißen
Riesa
Torgau
Lutherstadt Wittenberg
Jüterbog
Luckenwalde
Brandenburg
Oranienburg
Eberswalde
Neuruppin
Schwedt/Oder
Strausberg
Lübben
Luckau
Finsterwalde
Freiberg
Pirna
Radebeul
Döbeln
Grimma
Wurzen
Eilenburg
Herzberg
Templin
Prenzlau
Angermünde
Zossen
Königs Wusterhausen
Beeskow
Fürstenwalde
Bad Belzig
Kamenz
Großenhain
Freital
Rathenow
Nauen
Hennigsdorf
Bernau b. Berlin
Zehdenick
Gransee
Rheinsberg
Wittstock/Dosse
Fehrbellin
Kyritz
167
168
169
170
172
173
174
175
176
177
178
179
180
181
182
183
185
190
193
195
196
199

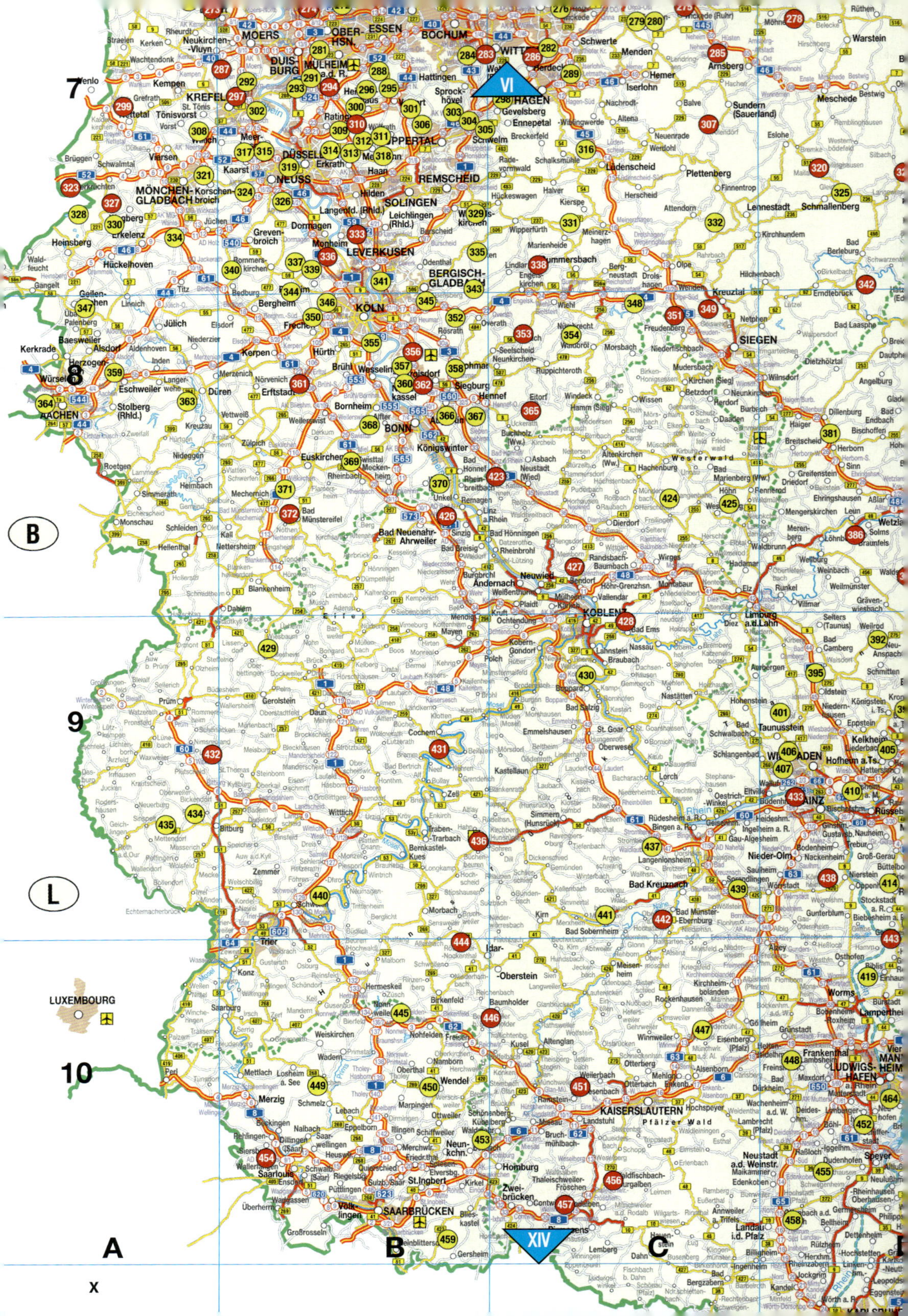

VI
XIV
7
8
9
10
A
B
C
X
B
L
LUXEMBOURG
MOERS
DUISBURG
MÜLHEIM a.d. R.
ESSEN
BOCHUM
WITTEN
HAGEN
KREFELD
DÜSSELDORF
NEUSS
WUPPERTAL
REMSCHEID
SOLINGEN
MÖNCHEN-GLADBACH
LEVERKUSEN
BERGISCH-GLADBACH
KÖLN
SIEGEN
BONN
Königswinter
AACHEN
Düren
Euskirchen
Bad Neuenahr-Ahrweiler
KOBLENZ
Neuwied
Limburg a.d. Lahn
Cochem
Trier
Bitburg
Wiesbaden
MAINZ
Bad Kreuznach
Idar-Oberstein
KAISERSLAUTERN
Pfälzer Wald
Saarlouis
SAARBRÜCKEN
Homburg
Zweibrücken
Pirmasens
Landau i.d. Pfalz
LUDWIGSHAFEN
MANNHEIM
Worms
Speyer
Neustadt a.d. Weinstr.
Merzig
Kusel
Arnsberg
Lüdenscheid
Olpe
Gummersbach
Meschede
Sundern (Sauerland)
Westerwald
Hunsrück
Eifel
Mosel
Rhein

Brilon
Olsberg
Winterberg
Rothaargebirge
Marburg
Gießen
Wetzlar
Bad Nauheim
Friedberg
Bad Homburg
Oberursel
Bad Vilbel
FRANKFURT a. M.
OFFENBACH a. M.
Hanau
Rodgau
Darmstadt
Langen
Dieburg
Bensheim
Heppenheim
Weinheim
HEIDELBERG
Sinsheim
Neckarsulm
HEILBRONN
Kassel
Baunatal
Hann. Münden
Witzenhausen
Eschwege
Wanfried
Melsungen
Homberg (Efze)
Bad Hersfeld
Bebra
Rotenburg a.d. Fulda
Alsfeld
Lauterbach
Schlitz
Fulda
Vogelsberg
Rhön
Spessart
Gelnhausen
Schlüchtern
Bad Brückenau
Bad Kissingen
Bad Neustadt a.d. Saale
Hammelburg
Schweinfurt
Aschaffenburg
Lohr a. Main
Karlstadt
Würzburg
Kitzingen
Ochsenfurt
Marktheidenfeld
Wertheim
Tauberbischofsheim
Bad Mergentheim
Miltenberg
Amorbach
Walldürn
Buchen (Odenwald)
Mosbach
Öhringen
Schwäbisch Hall
Crailsheim
Rothenburg ob d. Tauber
Ansbach
Dinkelsbühl
Eisenach
Gotha
Erfurt
Mühlhausen/Thür.
Bad Langensalza
Heilbad Heiligenstadt
Arnstadt
Ilmenau
Suhl
Zella-Mehlis
Schmalkalden
Meiningen
Hildburghausen
Coburg
Bamberg
Haßfurt
Erlangen
Neustadt a.d. Aisch
Schwabach
Windsbach
Weißenburg
VII
XII
XV
XI
7
8
9
10
E
F
G

7
8
9
10
F
G
H
I
VIII
XI
XII
XVI
Eisenach
Gotha
ERFURT
Weimar
JENA
GERA
Apolda
Naumburg
Weißenfels
Merseburg
Zeitz
Mühlhausen/Thür.
Arnstadt
Ilmenau
Suhl
Meiningen
Rudolstadt
Saalfeld
Sonneberg
Coburg
Hof
Plauen
Greiz
Bamberg
Schweinfurt
WÜRZBURG
ERLANGEN
FÜRTH
NÜRNBERG
Schwabach
Ansbach
Forchheim
Kulmbach
Bayreuth
Amberg
Neumarkt i.d. Opf.
REGENSBURG
Crailsheim
Schwäbisch Hall
Rothenburg ob d. Tauber
Dinkelsbühl
Kitzingen
Hildburghausen
Lichtenfels
Bad Kissingen
Bad Neustadt a.d. Saale
Fichtelgebirge
Rhön

7

8

9

10

K L M

XVII

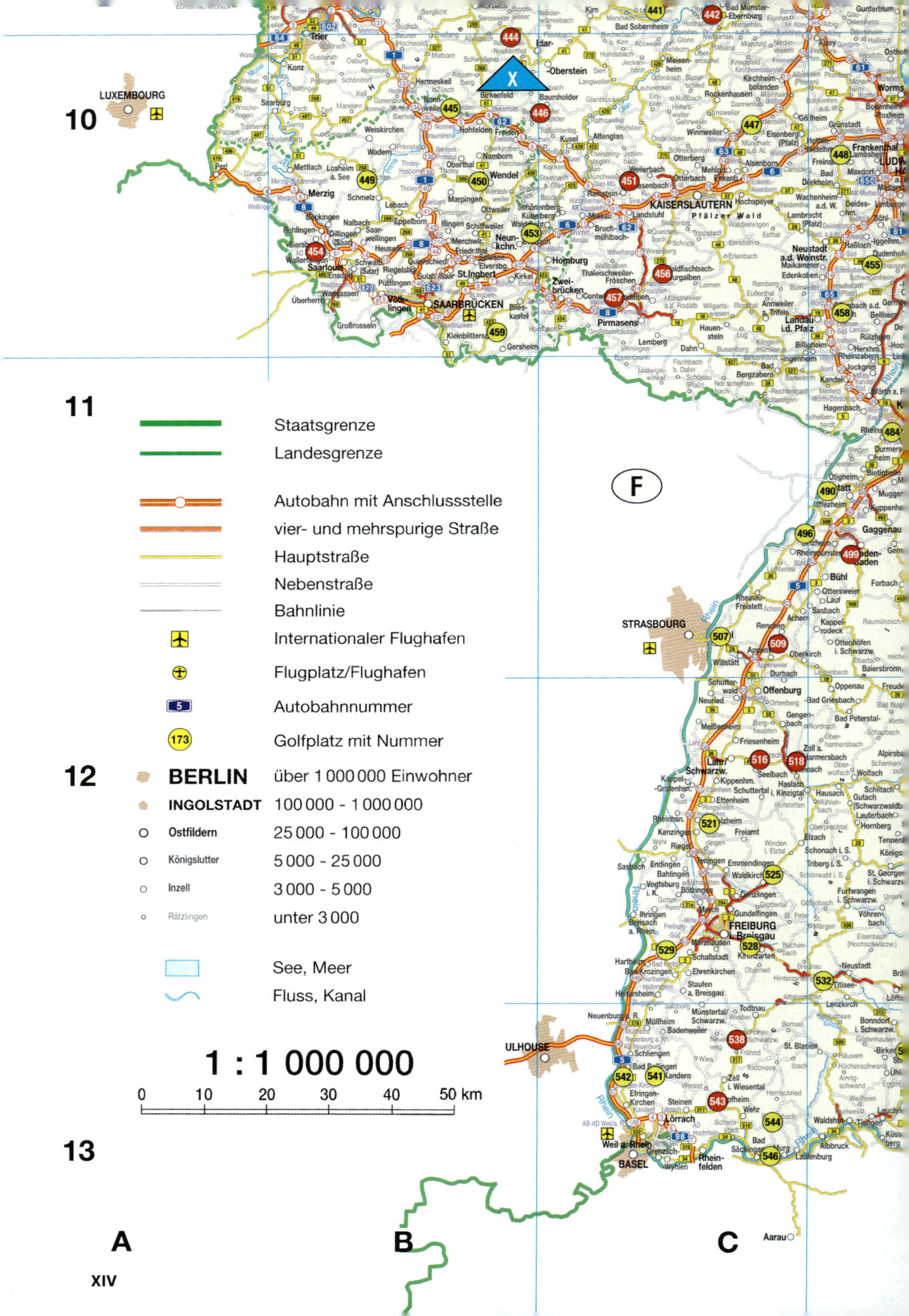

10

11

	Staatsgrenze
	Landesgrenze
	Autobahn mit Anschlussstelle
	vier- und mehrspurige Straße
	Hauptstraße
	Nebenstraße
	Bahnlinie
	Internationaler Flughafen
	Flugplatz/Flughafen
5	Autobahnnummer
173	Golfplatz mit Nummer
BERLIN	über 1 000 000 Einwohner
INGOLSTADT	100 000 - 1 000 000
Ostfildern	25 000 - 100 000
Königslutter	5 000 - 25 000
Inzell	3 000 - 5 000
Rätzlingen	unter 3 000
	See, Meer
	Fluss, Kanal

12

1 : 1 000 000

0 10 20 30 40 50 km

13

A B C

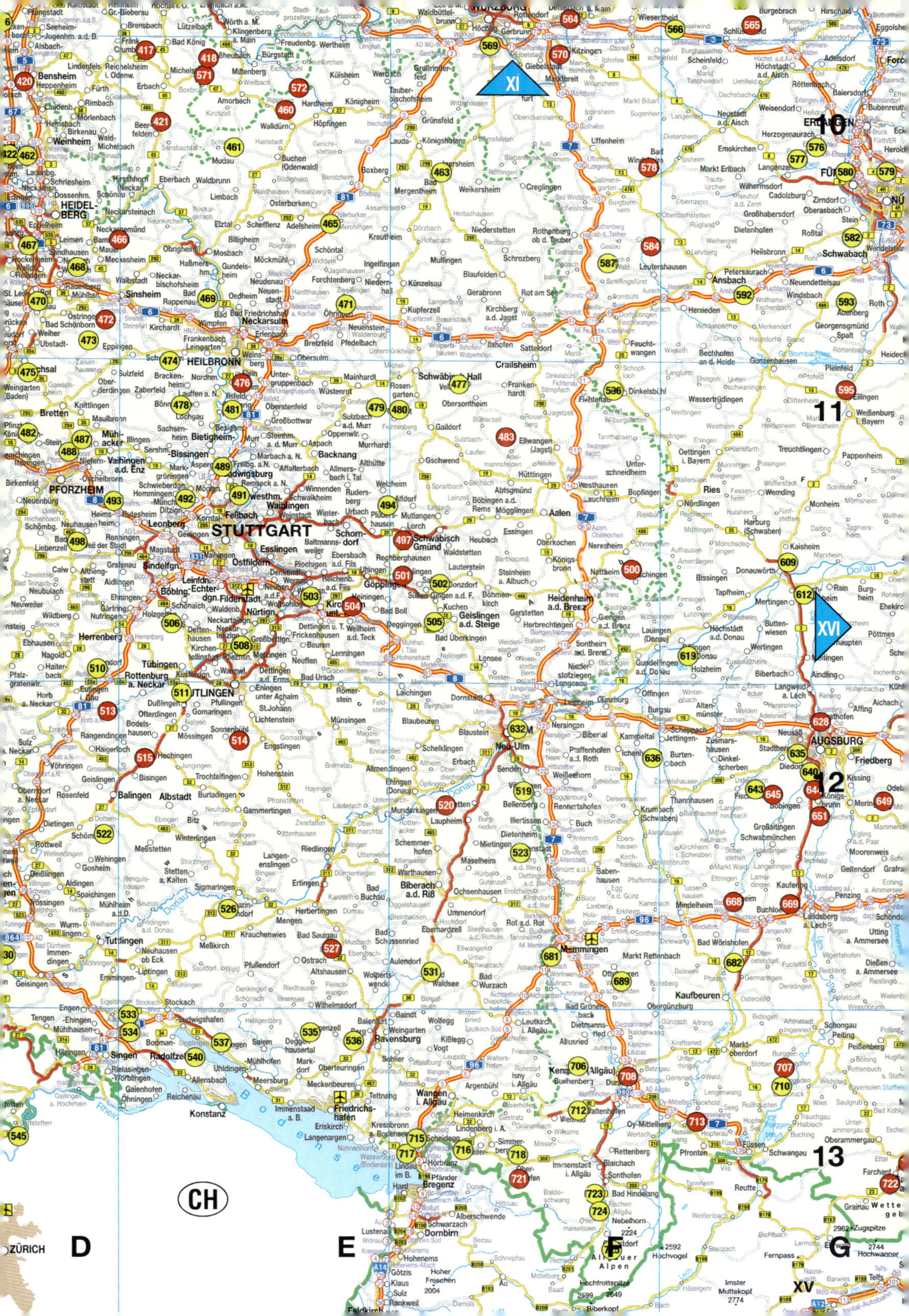

STUTTGART
HEILBRONN
HEIDELBERG
PFORZHEIM
AUGSBURG
Esslingen
Ludwigsburg
Leonberg
Sindelfingen
Böblingen
Reutlingen
Tübingen
Rottenburg a. Neckar
Schwäbisch Hall
Schwäbisch Gmünd
Göppingen
Geislingen a.d. Steige
Aalen
Heidenheim a.d. Brenz
Ulm
Neu-Ulm
Biberach a.d. Riß
Memmingen
Ravensburg
Friedrichshafen
Konstanz
Singen
Radolfzell
Lindau
Bregenz
Dornbirn
Kempten (Allgäu)
Kaufbeuren
Landsberg a. Lech
Ansbach
Crailsheim
Dinkelsbühl
Nördlingen
Donauwörth
Günzburg
Würzburg
Erlangen
Fürth
Schwabach
Rothenburg ob d. Tauber
Bodensee
Donau
CH
D
E
F
G
XI
XVI
XV
10
11
12
13
ZÜRICH
Zugspitze

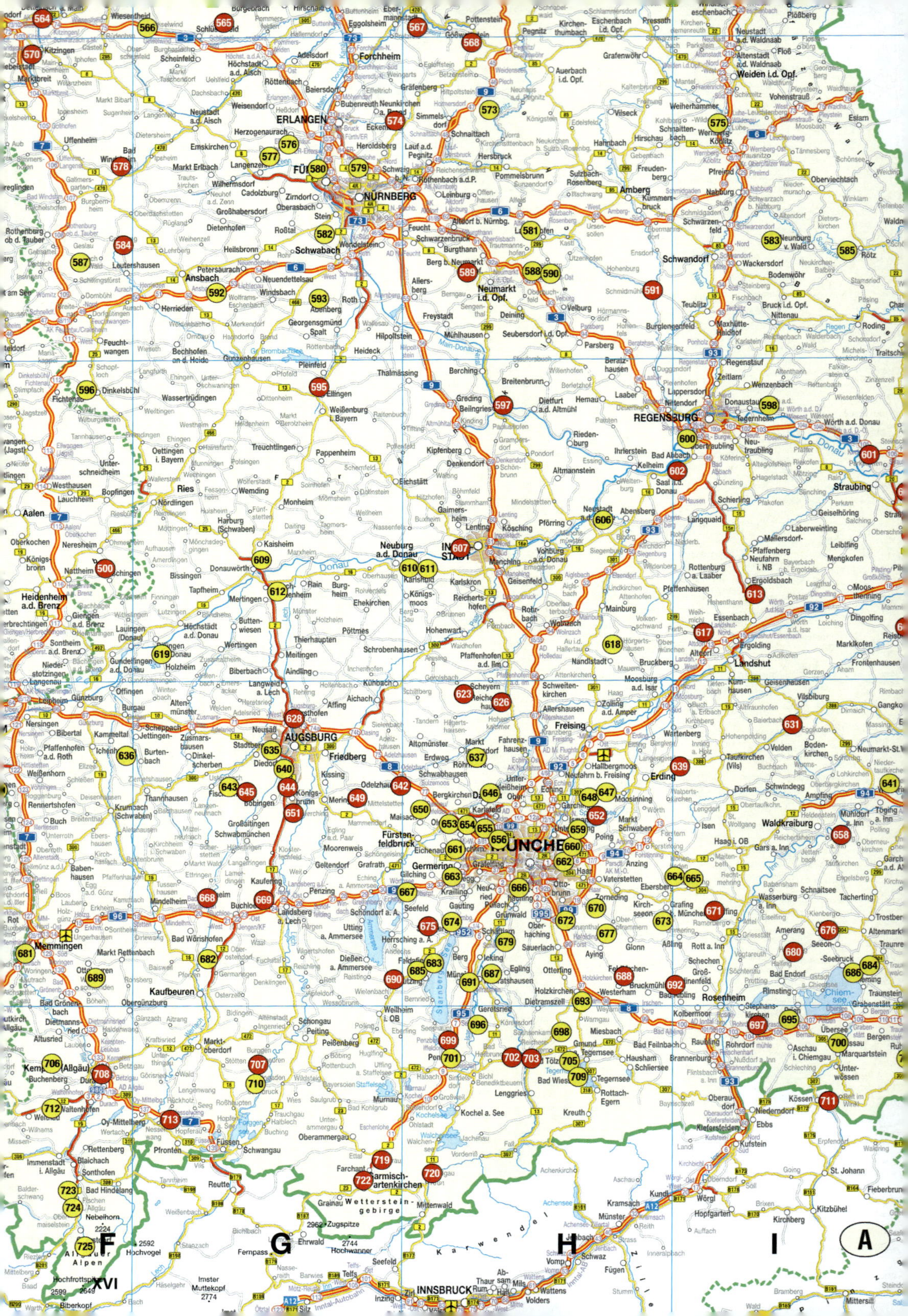
ERLANGEN
NÜRNBERG
Fürth
Forchheim
Schwabach
Ansbach
Neumarkt i.d. Opf.
Amberg
Weiden i.d. Opf.
Schwandorf
REGENSBURG
Straubing
Landshut
INGOLSTADT
Neuburg a.d. Donau
Donauwörth
Nördlingen
Aalen
Heidenheim a.d. Brenz
AUGSBURG
Friedberg
Freising
MÜNCHEN
Dachau
Erding
Rosenheim
Landsberg a. Lech
Kaufbeuren
Memmingen
Kempten (Allgäu)
Füssen
Garmisch-Partenkirchen
Kufstein
INNSBRUCK
Wetterstein-gebirge
Karwendel
Zugspitze
F
G
H
I
A
XVI

XIII

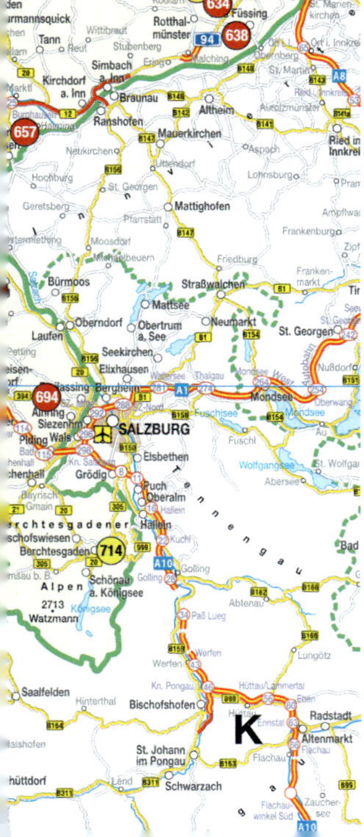

10

11

12

13

L

Kartennummer, Clubname, Seite

Kartennummer, Clubname, Seite

Schleswig-Holstein + Hamburg

Schleswig-Holstein+Hamburg

Schleswig-Holstein + Hamburg

■ = Partner Albrecht Greenfee-Aktion

Schleswig-Holstein + Hamburg

Golf-Club Sylt e.V.

Karte, Nr. 1, Feld D1 **18/9** Design: Donald Harradine, Günther Volquardsen

gegründet: 1982

Norderweg 5, 25996 Wenningstedt
04651-9959810 04651-9959819
info@gcsylt.de
www.gcsylt.de

PR: Werner Rudi, CM: Silke Althoff
Headgreenkeeper: Thomas Schweikert

i: 04651-9959810 -9959819

Miras Restaurant im Golf-Club Sylt,
Steffen Hansen
04651-9959841 -9959853
Mo. Ruhetag

PRO SHOP: Jessica Deshogues
04651-9959831 04651-45526

PRO: Pro: Allan Owen, Alexander Born

18-Loch Hauptplatz
H: 5733 m, CR 70.7, SL 126, Par 72
D: 4949 m, CR 72.4, SL 126, Par 72
9-Loch Gaadt Course
H: 1731 m, Par 54, D: 1731 m, Par 54
50 Rangeabschläge (8 überdacht)

G: Gäste sind jederzeit willkommen. Anmeldung ist notwendig. Clubausweis mit eingetragenem Handicap (54) ist erforderlich. Rangeabschläge im Winter beheizt. Driving-Range bei Buchung des Platzes kostenlos.

18-Loch-Greenfee: EUR 90
9-Loch-Greenfee: EUR 50
Hcp 54 und Mitgliedschaft in einem Club ist erforderlich. Driving-Range bei Buchung des Platzes kostenlos. In der Hauptsaison wird empfohlen, zwei Tage im voraus Startzeiten zu buchen.
Ermäßigung: Jugendl./Stud. bis 21 J. 50%

Nächstgelegene Plätze

Marine GC Sylt (Nr. 2)
Morsum auf Sylt, GC (Nr. 3)
Budersand Sylt, GC (Nr. 5)

Platzinfos

VCG GPS CLUB GASTRO

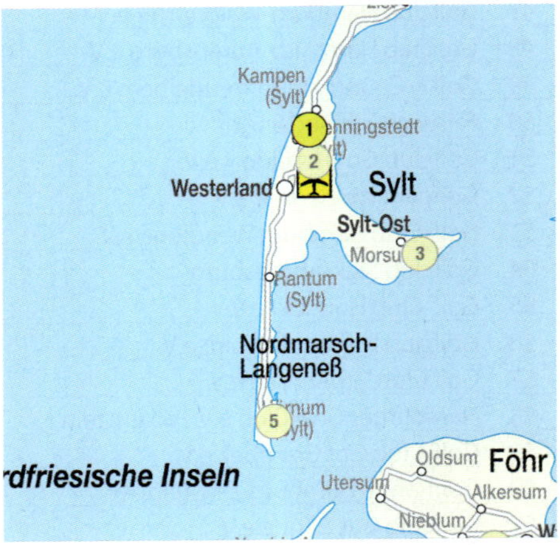

Anfahrtsbeschreibung

Von Westerland Richtung List, auf der Umgehungsstraße nach Wenningstedt, hinter der Kreuzung Braderuper Straße nach ca. 700 m bei der Norddörfer Schule-Norddörfer Halle rechts, der Golfplatz liegt linker Hand.

Platzbeschreibung

In der landschaftlichen Schönheit Sylts bietet sich dem Golfer eine sehr gepflegte und sportlich anspruchsvolle 18-Loch Anlage, die sich an internationalem Standard messen lassen kann. Die vorgeschichtlichen Grabhügel und ca. 30.000 qm Wasserfläche prägen diesen Platz in ganz besonderer Weise. Von den Spielbahnen 3 und 4 bietet sich zum Beispiel ein großartiger Blick über die Braderuper Heide auf das Wattenmeer bis zum Morsumer Kliff.

Marine Golf Club Sylt eG

Karte, Nr. 2, Feld D1 **18** Design: Kenneth W. Moodie Höhe: 1 m

gegründet: 1980

Flughafen 69, 25980 Sylt, Ortsteil Tinnum
04651-927575 04651-927155
info@sylt-golf.de
www.sylt-golf.de

PR: Karl Max Hellner, CM: Nico Johannsen

i: 04651-927575 -927155
Sabine Hirschberger

Marine Bistro
04651-967801

PRO SHOP: Golfakademie Andreas Strandberg, Henriette Strandberg
04651-449127

PRO: Pro: Andreas Strandberg

18-Loch Links Course
H: 5874 m, CR 72.5, SL 131, Par 73
D: 5486 m, CR 76.6, SL 133, Par 73
25 Rangeabschläge (3 überdacht)

G: Gäste sind jederzeit willkommen. Anmeldung ist notwendig. Clubausweis mit eingetragener PE ist erforderlich. Gäste mit Hcp > -45 nur morgens vor 09.30 Uhr und nachmittags ab 14.30 Uhr, außer bei schwacher Platzbelegung

18-Loch-Greenfee: EUR 90
Ermäßigung: Jugendl./Stud.

Platzbeschreibung

Der im Jahr 2006 fertig gestellte Links Course des Marine GC Sylt wirkt mit seiner Dünen- und Heidelandschaft wie in die Sylter Natur hineingegossen. 77 meist tiefe „Potbunker", harte, ondulierte Grüns und imposante Dünen prägen die 80 ha große Anlage, die die Sylter Golflandschaft um eine echte Herausforderung bereichert. Vervollständigt wurde das Gesamtprojekt mit der Fertigstellung des architektonisch ansprechenden Clubhauses im Frühjahr 2008.

Platzinfos

VCG GPS CLUB

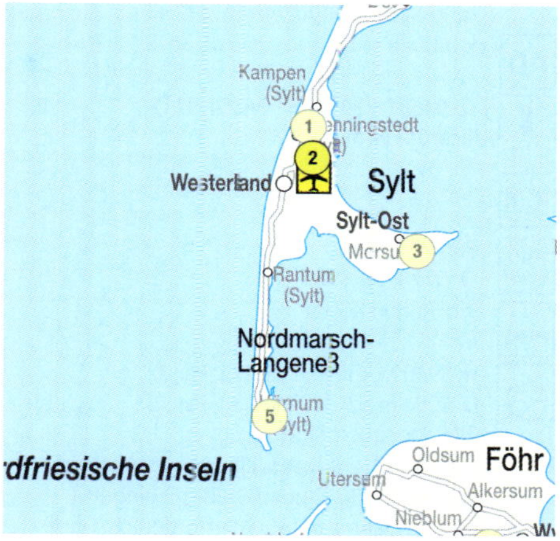

Anfahrtsbeschreibung

Von Westerland zum Flugplatz dem Schild „Marine-Golf-Club" folgen.

Nächstgelegene Plätze

Sylt, GC (Nr. 1)
Morsum auf Sylt, GC (Nr. 3)
Budersand Sylt, GC (Nr. 5)

Golfclub Morsum auf Sylt e.V.

Karte, Nr. 3, Feld D1 **18**

gegründet: 1964

Uasterhörn 37, 25980 Morsum
✆ 04651-890387 🖷 04651-97153
info@golfclubmorsum.de
www.golf-morsum.de

PR: John Jahr

i: ✆ 04651-890387 🖷 04651-97153
Ricarda Herm

PRO SHOP: Rudolf Köster
✆ 0174-1611930

PRO: Pro: Rudolf Köster

H: 5940 m, CR 72.9, SL 133, Par 72
D: 5094 m, CR 73.7, SL 134, Par 72
14 Rangeabschläge

G: Gäste sind jederzeit willkommen. Anmeldung ist notwendig. Clubausweis mit eingetragenem Handicap (36) ist erforderlich. Gäste sind herzlich willkommen, es wird um eine Anmeldung gebeten. Mitglieder benötigen keine Startzeiten und haben im Spielbetrieb Vorrang, dies gilt es zu beachten. Deshalb sind unsere ausgemachten Teetimes nur Richtzeiten. Größtenteils ist unsere Anlage sehr leer, und man kann sehr ungestört den schönen Platz und die Natur genießen. Gäste benötigen mindestens ein WHI von 36,0.

18-Loch-Greenfee: EUR 135
9-Loch-Greenfee: EUR 75
Ermäßigung: Jugendl. bis 18 J. und Stud. bis 26 J.

Nächstgelegene Plätze

Marine GC Sylt (Nr. 2)
Sylt, GC (Nr. 1)
Budersand Sylt, GC (Nr. 5)

Platzinfos

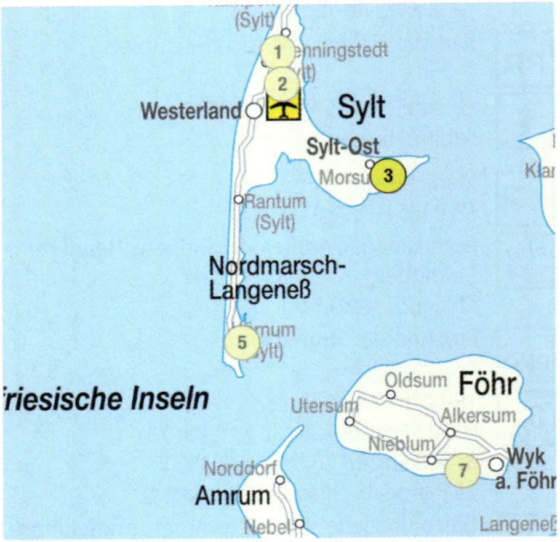

Anfahrtsbeschreibung

Keitum Richtung Hindenburgdamm über Archsum und Groß-Morsum nach Klein-Morsum. Durch den Ort Richtung Fränkische Weinstuben (Täärp Stig) bis zum Golfplatz.

Platzbeschreibung

Der Golfclub Morsum auf Sylt liegt versteckt ganz im Osten der Insel. Der Platz ist sehr schön in die vorhandene Natur integriert und ermöglicht herrliche Blicke auf das angrenzende Wattenmeer. Es ist keine Seltenheit, dass Fasane oder Rehe die Spielbahn kreuzen. Durch den Wind und die vielen Wasserhindernisse stellt der Platz auch für tiefe Handicaps eine Herausforderung dar. Gäste werden um Anmeldung gebeten. Mitglieder benötigen keine Startzeiten und haben im Spielbetrieb Vorrang.

Förde-Golf-Club e.V.

Karte, Nr. 4, Feld E1 **18** Höhe: 30 m

gegründet: 1972

Bockholm 23, 24960 Glücksburg-Bockholm
☎ 04631-2547 Fax 04631-408804
✉ info@foerdegolfclub.de
www.foerdegolfclub.de

PR: Dr. Johannes Aurich

i: ☎ 04631-2547 Fax 04631-408804
Britta Petersen, Julia Arlt, Ruth Gottburg

Gastronomie: Marc Oliver Ehrich
☎ 04631-441940

PRO SHOP: Andrew Cowan Golf Academy, Andrew Cowan
☎ 0171-6332313

PRO: Pro: Andrew Cowan

H: 5877 m, CR 72.4, SL 132, Par 72
D: 4988 m, CR 73.1, SL 126, Par 72
16 Rangeabschläge (8 überdacht)

G: Gäste sind jederzeit willkommen. Anmeldung ist notwendig. Clubausweis mit eingetragenem Handicap (54) ist erforderlich. Sa./So./Feiertage ist Handicap 36 erforderlich.

18-Loch-Greenfee: WT: EUR 80 / WE: EUR 90
Ermäßigung: Jugendl. bis 18 J. und Stud. bis 23 J. 50%

Platzbeschreibung

Die Spielbahnen präsentieren sich in einer für das östliche Schleswig-Holstein typischen Hügellandschaft und liegen direkt an und über der Flensburger Förde mit weitreichendem Blick bis hinüber nach Dänemark. Leicht hügelige Fairways, teils mit altem Baumbestand, weisen reizvolle Hindernisse wie Knicks, Biotope, Teiche und einen kreuzenden Wasserlauf auf. Gut platzierte Bunker und typische wechselnde Winde fordern strategisches und präzises Spiel.

Platzinfos

VCG CLUB GASTRO

Anfahrtsbeschreibung

A 7 Hamburg-Flensburg, Ausfahrt Flensburg, Richtung Glücksburg, Richtung Rüde. Weiter nach Bockholm, rechts von der Straße zwischen Rüde und Bockholm liegt der Golfplatz.

Nächstgelegene Plätze

Stenerberg, GC (Nr. 8)
Hof Berg, GC (Nr. 6)
An der Schlei, GC (Nr. 10)

Golfclub Budersand Sylt

Karte, Nr. 5, Feld D1 **18** Design: Rolf-Stephan Hansen Höhe: 3 m

gegründet: 2005

Am Kai 3, 25997 Hörnum/Sylt
✆ 04651-4492710 🖷 04651-4492711
✉ golf@gc-budersand.de
💻 www.gc-budersand.de

PR: Claudia Ebert, GF: Werner Rudi,
CM: Patrice Schumacher
Headgreenkeeper: Stefan Hansen

i: ✆ 04651-4492710 🖷 04651-4492711

Restaurant Strönholt
✆ 04651-4492727 🖷 04651-4492728

PRO SHOP: Pro Shop
✆ 04651-4492710

PRO: Pro: Sascha Georgi

H: 5915 m, CR 73.5, SL 139, Par 72
D: 5292 m, CR 76.1, SL 144, Par 72

G: Gäste sind jederzeit willkommen. Anmeldung ist notwendig. Clubausweis mit eingetragenem Handicap (54) ist erforderlich. Es gibt eine Hcp. Empfehlung von -.36. Höhere Hcp. Spieler werden gebeten in den nicht so stark frequentierten Zeiten am Nachmittag zu spielen. Driving Range nicht vorhanden, Hunde nicht gestattet.

18-Loch-Greenfee: EUR 110
9-Loch-Greenfee: EUR 55
Ermäßigtes GF im Winter und in der Nebensaison sowie in der Hauptsaison ab 16 Uhr!
Ermäßigung: Jugendl. bis 18 J.

Nächstgelegene Plätze

Morsum auf Sylt, GC (Nr. 3)
Föhr, GC (Nr. 7)
Marine GC Sylt (Nr. 2)

Platzinfos

VCG GPS CLUB GASTRO

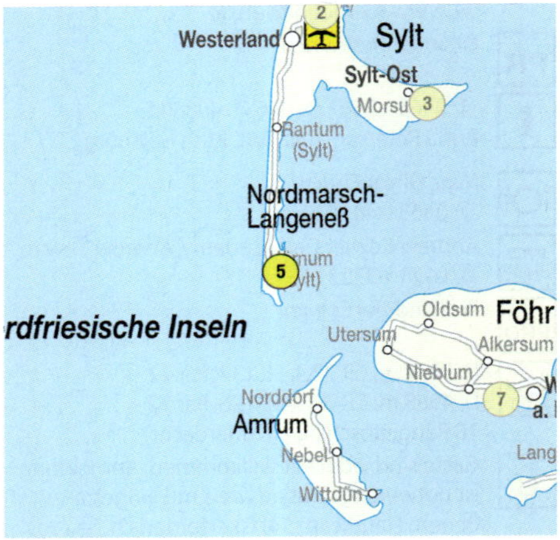

Anfahrtsbeschreibung

Von Westerland in Richtung Hörnum. Die Zufahrt zur Golfanlage erfolgt durch den Ort über den Hörnumer Hafen „ Am Kai" (folgen Sie den Schildern „Hafen-Golf"). Direkt vor dem Budersand Hotel stehen ausgewiesene Parkplätze zur Verfügung. Wichtig: Für das Navigationsgerät bitte „Am Kai 3 - 25997 Hörnum" eingeben!

Platzbeschreibung

Das rund 73 ha große Areal um die Budersand-Düne nördlich des Yachthafens und im Herzen von Hörnum besticht durch die typische Landschaft eines Linksplatzes. Ondulierte Fairways, Topfbunker und beeindruckende Dünen mt einer Vielzahl von Heideflächen machen eine Golfrunde auf dem 6.000 Meter langen Golfplatz entlang des Meeres zum Erlebnis. Am Ende der Golfrunde erwartet Sie im Golfhaus, in dem sich das Restaurant Strönholt befindet, ein traumhafter Ausblick über den gesamten Golfplatz und das Meer.

Greenfee-Aktion: Seite G 13

Golf Club Hof Berg e.V.

Karte, Nr. 6, Feld E1 **18**

gegründet: 1993

Hof Berg 3, 25917 Stadum
✆ 04662-70577
✉ info@gc-hofberg.de
www.gc-hofberg.de

PR: Jürgen Petersen, GF: Christian P. Andresen, CM: Jonas Janke

i: ✆ 04662-70577

Golfgastronomie, Carmen Nickel
✆ 04662-8858019

PRO SHOP: Sven Voss
✆ 04662-8857292

PRO: Pro: Nico Wildt

H: 5794 m, CR 70.7, SL 132, Par 72
D: 4989 m, CR 71.9, SL 130, Par 72
20 Rangeabschläge (6 überdacht)

G: Gäste sind jederzeit willkommen. Anmeldung ist notwendig. Clubausweis mit eingetragener PE ist erforderlich. 21 KW Ladestation für E-Mobile

18-Loch-Greenfee: WT: EUR 60 / WE: EUR 65
9-Loch-Greenfee: WT: EUR 35 / WE: EUR 40
Gruppenrabatte auf Nachfrage
Ermäßigung: Jugendl./Stud. 50%

Platzbeschreibung

Der Golf Club Hof Berg liegt gut erreichbar nahe der Grenze zu Dänemark, auf dem Weg zur Insel Sylt. In alten Baumbestand des Langenberger Forstes eingebaut, führen die 18 Spielbahnen durch flaches Gelände und werden von natürlichen Gräben, Teichen und Biotopen durchzogen. Spieler aller Spielstärken finden hier ihre Herausforderung. Auf dem Weg zu den interessant modellierten Grüns zwingen 28 gut platzierte Bunker den Spieler zur Präzision

Platzinfos

Anfahrtsbeschreibung

Von Süd-Osten: A 7 aus Hamburg nach Norden bis Abfahrt Flensburg/Harrislee, dann die B 199 Richtung Niebüll und nach der Ortsdurchfahrt Stadum Abfahrt rechts zum Golf Club Hof Berg. Aus Richtung Sylt/Niebüll: Autofähre Westerland-Niebüll, auf der B 199 Richtung Leck/Flensburg und 3 km hinter der Ortsdurchfahrt Leck links abfahren zum Golf Club Hof Berg.

Nächstgelegene Plätze

Husumer Bucht, GC (Nr. 9)
Föhr, GC (Nr. 7)
Förde-GC (Nr. 4)

Golf Club Föhr e.V.

Karte, Nr. 7, Feld D1 **27** Höhe: 6 m

gegründet: 1925

Grevelingstieg 6, 25938 Nieblum
☽ 04681-580455 🖷 04681-580456
✉ info@golfclubfoehr.de
💻 www.golfclubfoehr.de

PR: Dr. Achim von Stutterheim, CM: Thomas Anlauf

i: ☽ 04681-580455 🖷 04681-580456
Boh Brodersen, Inge Brodersen, Claudia Padubrins

Gastronomie: CLUB 1925
☽ 04681-7485411

PRO SHOP: Mark Oldsen, Regina Oldsen
☽ 04681-501089 🖷 04681-501089

PRO: Pro: Florian Rauert, Mark Oldsen

H: 6002 m, CR 72.8, SL 136, Par 72
D: 5187 m, CR 74.3, SL 132, Par 72
25 Rangeabschläge (2 überdacht)

G: Gäste sind jederzeit willkommen. Clubausweis mit eingetragenem Handicap (54) ist erforderlich.

18-Loch-Greenfee: EUR 90
9-Loch-Greenfee: EUR 50
Ermäßigung: Jugendl. und Stud. bis 30 J.

Platzinfos

Platzbeschreibung

Seit 1925 wird auf der Nordseeinsel Föhr Golf gespielt. Im Jahre 2009 wurde der traditionsreiche Platz auf 27 Spielbahnen erweitert. In 2014 wurden dann noch einmal zwölf der bestehenden 27 Bahnen spektakulär um- bzw. neu gebaut. Die neuen und die alten Bahnen geben dem gesamten Golfplatz ein echtes „Nordsee-Flair": Die Vielfalt der Insel Föhr spiegelt sich in den 27 Löchern wieder: Natur pur auf Spielbahnen mit Wald, mit Wasser, mit Heide, mit Ginster, mit Strandhafer, mit Dünenformationen. Jedes Loch ist unverwechselbar mit immer wieder neuen Blicken in die Weite der Landschaft.

Anfahrtsbeschreibung

Vom Fährhafen aus der Hauptstraße in Richtung Nieblum folgen. Nach ca. 3 km links (Hinweisschild Golfplatz) in den Fehrstieg abbiegen und der Hauptstraße 2 km folgen. Direkt hinter dem Flugplatzgelände liegt auf der rechten Seite die Einfahrt zum Golfplatz.

Nächstgelegene Plätze

Budersand Sylt, GC (Nr. 5)
Morsum auf Sylt, GC (Nr. 3)
Marine GC Sylt (Nr. 2)

Golf Club Stenerberg e.V.

Karte, Nr. 8, Feld F1 9 Höhe: 20 m

gegründet: 1997

Morgensterner Straße 6, 24407 Rabenkirchen-Faulück
04642-9212422 04642-9212429
turniere@stenerberg.de
www.stenerberg.de

PR: Hans-Günther Struck,
GF: Michael Reisdorf (Betreiber)

i: 04642-9212422 -9212429

Frauke Reisdorf
04642-3853
Mo. Ruhetag

PRO SHOP: GOLFSCHULE SCHLEI, Stephen Kennedy
04354-98184

PRO: Pro: Stephen Kennedy

H: 5160 m, CR 68.8, SL 132, Par 70
D: 4532 m, CR 70.5, SL 123, Par 70
10 Rangeabschläge (3 überdacht)

G: Gäste sind jederzeit willkommen. Clubausweis mit eingetragenem Handicap (54) ist erforderlich.

Tages-Greenfee: EUR 40
9-Loch-Greenfee: EUR 30 Ermäßigung: Jugendl. bis 18 J. und Stud. bis 25 J. 50%

Platzbeschreibung

Die Spielbahnen wurden in die vorhandene Geländeformation eingefügt und bilden mit sanft geschwungenen Fairways, Wasserhindernissen und hügeligem Gelände einen abwechslungsreichen Parcours.

Platzinfos

VCG

Anfahrtsbeschreibung

A 7 Hamburg Richtung Flensburg, Ausfahrt SL/Schuby, auf der B 201 Richtung Kappeln 6 km nach Süderbrarup, bei der Gaststätte „Boddelhoch" in die Morgensterner Straße abbiegen, Parkmöglichkeiten ca. 200 m weiter rechter Hand unmittelbar vor den Bahnschienen.

Nächstgelegene Plätze

An der Schlei, GC (Nr. 10)
Altenhof, GC (Nr 11)
Förde-GC (Nr. 4)

Greenfee-Aktion: Seite G 13

Golf Club Husumer Bucht e.V.

Karte, Nr. 9, Feld E1 18 Höhe: 20 m

gegründet: 1987

Hohlacker 5, 25813 Schwesing
04841-72238 04841-72541
info@gc-husumer-bucht.de
www.gc-husumer-bucht.de

PR: Dr. Volker Wulf
Headgreenkeeper: Marten Schurig

i: 04841-72238 04841-72541
Gesa Molinas

Made in Italy - MILANO
04841-773213
Mo. Ruhetag

PRO SHOP: WIZZGOLF Shop - Golf Club Husumer Bucht e.V.
04841-72238

PRO: Pro: Michael Wykrent

H: 5970 m, CR 72.8, SL 133, Par 72
D: 5279 m, CR 74.7, SL 135, Par 72
25 Rangeabschläge (9 überdacht)

G: Gäste sind jederzeit willkommen. Anmeldung ist notwendig. Clubausweis mit eingetragenem Handicap (54) ist erforderlich.

Tages-Greenfee: EUR 66
Ermäßigung: Jugendl./Stud. 50%

Platzbeschreibung

In die typisch nordfriesische Knicklandschaft eingebettet, heben gepflegte Fairways und Grüns, geschickt platzierte Bunker, naturbelassene Roughs sowie sorgsam angelegte Biotope und Wasserhindernisse diesen Golfplatz hervor. Storm Course nennen wir den 18-Loch-Meisterschaftsplatz nach dem wohl berühmtesten Sohn der Stadt: Theodor Storm (1817-1888). Vor den Toren Husums, nahe dem Nationalpark Wattenmeer und der Nordseeküste gelegen, bereichern Wind und Wetter das abwechslungsreiche und anspruchsvolle Spiel auf dem Storm Course.

Platzinfos

Anfahrtsbeschreibung

A 7 Hamburg-Flensburg, Ausfahrt Schuby, B 201 Richtung Husum durch Schwesing, danach rechts direkt an der B 201. Oder: A 23 über Heide bis Husum, Umgehungsstraße, Ausfahrt Richtung Schleswig, der Golfplatz liegt links direkt an der B 201.

Nächstgelegene Plätze

Gut Apeldör (Nr. 19)
Hof Berg, GC (Nr. 6)
Lohersand, GC (Nr. 15)

Golf-Club an der Schlei e.V.

Karte, Nr. 10, Feld F1 **18** Höhe: 45 m

gegründet: 1995

Borgwedeler Weg 16, 24357 Güby
✆ 04354-98184 Fax 04354-98185
✉ club@gc-schlei.de
www.gc-schlei.de

PR: Dr. Joachim Reusch, GF: Volker Schwarz

i: ✆ 04354-98184 Fax 04354-98185
Ruth Werth

Restaurant: ✆ 04354-98196
Mo. Ruhetag

PRO SHOP: ✆ 04354-98184 Fax 04354-98185

PRO: Pro: Asmus Lembke

H: 6060 m, CR 73.3, SL 132, Par 72
D: 5286 m, CR 74.8, SL 131, Par 72
15 Rangeabschläge (3 überdacht)

G: Gäste sind jederzeit willkommen. Anmeldung ist notwendig. Clubausweis mit eingetragener PE ist erforderlich.

18-Loch-Greenfee: WT: EUR 60 / WE: EUR 70
9-Loch-Greenfee: WT: EUR 40 / WE: EUR 45
Greenfee-Angebote: Montags EUR 50 für 18 Loch inkl. Imbiss (nur in der Zeit vom 01.04. bis 30.09.)
Ermäßigung: Jugendl./Stud. 50%

Platzbeschreibung
Am Südufer der Schlei, wenige Autominuten von Schleswig und Eckernförde entfernt, liegt die Golfanlage an der Schlei. Auf ca. 80 ha mit für Schleswig-Holstein charakteristischen Knicks, altem und jungem Baumbestand und mehreren Teichen bietet der Platz wunderschöne Ausblicke in die Weite der reizvollen Landschaft.

Platzinfos

Anfahrtsbeschreibung
A 7 Hamburg-Flensburg, Ausfahrt Schleswig/Jagel, ca. 2 km auf der B 77 Richtung Schleswig, rechs ab auf die B 76 Richtung Eckernförde-Kiel, nach 7 km in der Ortschaft Güby links abbiegen und der Beschilderung zum Golfplatz folgen. Oder von Kiel über Eckernförde auf der B 77 in Richtung Schleswig. In Güby rechts abbiegen und der Beschilderung zum Golfplatz folgen.

Nächstgelegene Plätze
Altenhof, GC (Nr. 11)
Lohersand, GC (Nr. 15)
Stenerberg, GC (Nr. 8)

Golf Club Altenhof e.V. Eckernförde

Karte, Nr. 11, Feld F2 18 Höhe: 30 m

gegründet: 1971

Gut Altenhof 1, 24340 Altenhof
☎ 04351-41227 ℻ 04351-751304
✉ info@gcaltenhof.de
www.gcaltenhof.de

PR: Dr. Carl-Christian Büll
Headgreenkeeper: Kai Schmuck

i: ☎ 04351-41227 ℻ -751304
Sabine Otte, Heinke Holler

Udet Schwab
☎ 04351-43954

PRO SHOP: Nils Sallmann, Yannick Oelke
☎ 0172/5478600, 0175/2991442

PRO: Pro: Nils Sallmann, Yannick Oelke, Anders Lejon

H: 5770 m, CR 71.9, SL 129, Par 72
D: 5078 m, CR 73.7, SL 127, Par 72
20 Rangeabschläge (4 überdacht)

G: Gäste sind jederzeit willkommen. Anmeldung ist notwendig. Clubausweis mit eingetragenem Handicap (54) ist erforderlich.

18-Loch-Greenfee: Di.-Fr.: EUR 65 / WE: EUR 80
9-Loch-Greenfee: Di.-Fr.: EUR 40 / WE: EUR 45

Platzbeschreibung

Die Heimat des Golf Club Altenhof ist ein ausgesprochen malerisches Fleckchen Erde. Die gefällige Hügellandschaft an der Eckernförder Bucht, Weitblicke über die Felder, uralte Baumriesen, das historische Ensemble des Gutes Altenhof, all dies macht diesen Golfplatz zu etwas wirklich Besonderem. Ganz davon abgesehen, dass jede der 18 Bahnen mit fairen, aber auch anspruchsvollen Herausforderungen Spielern aller Handicapklassen Freude bereitet. Der Golf Club Altenhof wurde 1971 gegründet. Heute ist er über die Grenzen der Region hinaus bekannt.

Platzinfos

VCG GPS CLUB GASTRO

Anfahrtsbeschreibung

Von Kiel: B 76, bei der ehemaligen Bahnstation Altenhof links. Der Club-Parkplatz liegt ca. 1 km entfernt in unmittelbarer Nähe von Schloß Altenhof. Von Hamburg: A 7 Richtung Flensburg, Ausfahrt Nr. 8 nach Eckernförde über die B 203, ab Eckernförde über die B 76 Richtung Kiel und weiter wie oben zum Golfplatz (beschildert).

Nächstgelegene Plätze

An der Schlei, GC (Nr. 10)
Gut Uhlenhorster, GG (Nr. 12)
Kitzeberg, GC (Nr. 14)

Golf- & Land Club Gut Uhlenhorst

Karte, Nr. 12, Feld F2 **27/9** Design: Donald Harradine Höhe: 10 m

gegründet: 1989

Mühlenstraße 37, 24229 Dänischenhagen
☎ 04349-91700 Fax 04349-919400
golf@gut-uhlenhorst.de
www.gut-uhlenhorst.de

PR: GF: Wilhelm Eckhard Sindt,
CM: Martina Reinthal

i: ☎ 04349-91700 Fax 04349-919400

Restaurant LAURENS, Christoph Meyer
☎ 04349-917070 Fax 04349-919400

PRO SHOP: AZ ProfessionalGolf SHOP, Andreas Zürker
☎ 04349-9157722

PRO: Pro: David Geall

27-Loch Platz
H: 5777 m, CR 70.2, SL 123, Par 72
D: 5255 m, CR 72.9, SL 127, Par 72
9-Loch Platz: H: 926 m, Par 28
40 Rangeabschläge (20 überdacht)

G: Gäste sind jederzeit willkommen. Anmeldung ist notwendig. Clubausweis mit eingetragener PE ist erforderlich.

18-Loch-Greenfee: WT: EUR 60 / WE: EUR 70
9-Loch-Greenfee: WT: EUR 39 / WE: EUR 45
Ermäßigung: Jugendl. und Stud. bis 27 J.

Platzinfos

VCG GPS CLUB GASTRO

Anfahrtsbeschreibung

Autobahn nach Kiel. B 503 (Stadtautobahn) nach Norden bis Dänischenhagen, der Golfplatz liegt 12 km entfernt vom Kieler Stadtzentrum und 4 km vom Strand, folgen Sie der Beschilderung an der Bundesstraße bis zum Golfplatz.

Platzbeschreibung

Nur knapp 10 Automin. vom Kieler Stadtzentrum entfernt bietet sich hier dem Golfer auf einem 145 ha umfassenden Gelände eine großzügig angelegte, abwechslungsreiche Golfanlage. Insgesamt 27 Löcher (3 18 Löcher-Kombinationen) und ein öffentlicher 9 Löcher-Kurzplatz stehen zur Verfügung. Die breiten Fairways und großen Grüns tragen die Handschrift des Erbauers Donald Harradine. „That`s golfing country" war der erste Ausspruch des Architekten bei der Ansicht des Uhlenhorster Geländes.

Nächstgelegene Plätze

Kitzeberg, GC (Nr. 14)
Altenhof, GC (Nr 11)
Kieler GC Havighorst (Nr. 20)

Greenfee-Aktion: Seite G 15

Golfpark Fehmarn

Golfpark Fehmarn

Karte, Nr. 13, Feld G2 **18/9** Design: Ernst Potthast Höhe: 3 m

gegründet: 1987

Wulfen, Wulfener-Hals-Weg 80, 23769 Fehmarn
☎ 04371-6969
✉ info@golfpark-fehmarn.de
www.golfpark-fehmarn.de

PR GF: Volker Riechey
Headgreenkeeper: Eugen Meier

i ☎ 04371-6969
Tatjana Baal

Restaurant am Golfpark, Volker Riechey
☎ 04371-3006 Fax 04371-9041
Do. Ruhetag

PRO SHOP Golf- u. Sportanlagen Gesellschaft Fehmarn mbH & Co. KG, Ralf Trost
☎ 04371-6969

PRO Pro: David Stenson

18-Loch Platz
H: 5780 m, CR 72.1, SL 133, Par 72
D: 5099 m, CR 73.5, SL 136, Par 72
9-Loch Kurzlochplatz (Par 3)
H: 1400 m, Par 54
D: 1400 m, Par 54
30 Rangeabschläge (5 überdacht)

G Gäste sind jederzeit willkommen. Anmeldung ist notwendig. Clubausweis mit eingetragener PE ist erforderlich.

Tages-Greenfee: EUR 65
9-Loch-Greenfee: EUR 39
Alle Erm./Rabatte nur auf das reguläre Tages-GF.
Ermäßigung: Jugendl. bis 18 J. und Stud. bis 27 J. 50%

Nächstgelegene Plätze

Grömitz, GC Ostseeheilbad (Nr. 21)
Hohwachter Bucht, GA (Nr. 17)
Brodauer Mühle, GC (Nr. 24)

Platzinfos

Anfahrtsbeschreibung

A 1 Hamburg-Lübeck-Oldenburg-Heiligenhafen, dann weiter auf der E 47 Richtung Puttgarden-Fehmarn. Auf Fehmarn an der ersten Abfahrt die E 47 Richtung Avendorf verlassen, ab dort ist Wulfen und dann „Golfplatz" ausgeschildert.

Platzbeschreibung

Der Golfplatz umschließt das Erholungsgebiet „Wulfener Berge" in einer landschaftlich sehr reizvollen Umgebung. Von allen Abschlägen und Greens haben Sie einen herrlichen Blick auf die Ostsee und den Burger Binnensee mit der Kulisse vieler Surfer, des Burger Hafen und der Fehmarnsund-Brücke. Von jedem Tee oder Green haben Sie hier Meerblick und das 9. Green ist quasi die „Insel auf der Insel".

WULFENER HALS
CAMPING ★★★★★ FERIENPARK
Wohnen direkt am Golfpark Fehmarn
Fr.-Mo. oder Mo.-Fr.
3/4 Nächte im Ferienhaus direkt am Golfpark Fehmarn inklusive
•Frühstück
•Golfen unlimited
pro Person ab 292,00 €
Min. 2 Personen, zzgl. Kurtaxe
Ferienhäuser im „Dünenpark" direkt am Golfpark Fehmarn
Camping, Mietwohnwagen, Ferienhäuser, Mobilheime, Appartements, Hotelzimmer, Surfen, Kiten, Reiten, Tauchen, separater Wohnmobilpark direkt am Golfpark Fehmarn, beheizter Swimming-Pool, Animation und Abend-Entertainment
www.wulfenerhals.de
Camping- und Ferienpark Wulfener Hals · Wulfen, 23769 Fehmarn
Tel. (0 43 71) 86 28 - 0 · Fax (0 43 71) 37 23 · info@wulfenerhals.de
Leading Campings
ADAC Superplatz 2022
ADAC
2003-2022
TopPlatz
ServiceQualität Deutschland
AWARD 2022
camping.info
DCC, ECC
DTV-BVCD
Superior
ACSI AWARDS 2022 WINNER
ECO CAMPING
UMWELT MANAGEMENT
EMAS
Für unsere Gäste 30% Greenfeerabatt. Bei Onlinebuchungen wird ein höherer Rabatt gewährt.

Golfpark Fehmarn

Golf-Club Kitzeberg e.V.

Karte, Nr. 14, Feld F2 **18**

gegründet: 1902

Wildgarten 1, 24226 Heikendorf
✆ 0431-232324 🖷 0431-6910929
✉ info@golf-kiel.de
💻 www.golf-kiel.de

PR: Olaf Henningsen, CM: Simone Spindler

i: ✆ 0431-232324 🖷 0431-6910929
Laura Wilhelmy, Sandra Müller

Gastronomie: Wildgarten, Dennis Szodruch
✆ 0431-232324 🖷 0431-6910929

PRO: Pro: Paul Phillips, Andrew Taylor

H: 5506 m, CR 70.1, SL 131, Par 71
D: 4801 m, CR 71.9, SL 127, Par 71
30 Rangeabschläge (8 überdacht)

G: Gäste sind jederzeit willkommen. Anmeldung ist notwendig. Clubausweis mit eingetragener PE ist erforderlich.

18-Loch-Greenfee: WT: EUR 60 / WE: EUR 70
9-Loch-Greenfee: WT: EUR 40 / WE: EUR 45
Ermäßigung: Jugendl. bis 18 J. und Stud. bis 21 J.

Platzinfos

VCG GPS CLUB

Anfahrtsbeschreibung

Von Kiel Zentrum, Ostufer der Kieler Förde ca. 10 km über die B 502 Richtung Heikendorf. Hinter Mönkeberg nach ca. 300 m rechts abbiegen.

Platzbeschreibung

Die bereits 1902 gegründete Golfanlage liegt inmitten einer für norddeutsche Verhältnisse hügeligen Landschaft an der Kieler Förde. Das parkähnliche Gelände mit zum Teil sehr altem Baumbestand bietet besonders wegen der zahlreichen Schräglagen immer wieder eine Herausforderung für Spieler aller Leistungsstärken. In der Golfsaison 2002 wurde ein neues Clubhaus bezogen. Es befindet sich am nördlichen Ortsausgang der Gemeinde Mönkeberg.

Nächstgelegene Plätze

Gut Uhlenhorster, GG (Nr. 12)
Kieler GC Havighorst (Nr. 20)
Altenhof, GC (Nr. 11)

Golf Club Lohersand e.V.

Karte, Nr. 15, Feld E2 **18** Höhe: 35 m

gegründet: 1957

Am Golfplatz, 24806 Sorgbrück
04336-999111
info@lohersand.de
www.lohersand.de

PR Sven Christiansen

i 04336-999111
Max Helmich, Sandra Aguilar, Annegret Sievers

Clubgastronomie, Mario Ferraris
04336-9991188

PRO Pro: Marc Weiser

H: 5480 m, CR 69.3, SL 128, Par 71
D: 4675 m, CR 70.3, SL 124, Par 71
14 Rangeabschläge (5 überdacht)

G Gäste sind jederzeit willkommen. Anmeldung ist notwendig. Clubausweis mit eingetragenem Handicap (54) ist erforderlich. GPS-Geräte bei Turnieren zugelassen.

18-Loch-Greenfee: WT: EUR 60 / WE: EUR 70
9-Loch-Greenfee: WT: EUR 30 / WE: EUR 35
Ermäßigung gilt auch für Wehrpflichtige bis 23 Jahre.
Ermäßigung: Jugendl./Stud. bis 23 J. 50%

Platzbeschreibung

Eine Golfanlage der Extraklasse, harmonisch eingebettet in eine wechselvolle Landschaft ohne störende Außeneinflüsse. Links-Course-artige Spielbahnen durch weite, wellige Heideflächen, und enge, anspruchsvolle Waldschneisen werden ergänzt um natürliche, reizvolle Wasserhindernisse. Die Besonderheiten: - drei verschiedenen Landschaften: Heide, Wald, Wasser, - 100% Abwechslung – - der Sandboden hält die Spielbeschaffenheit auch an nassen Tagen trocken - kurze Wege von Spielbahn zu Spielbahn - sportlich anspruchsvolle Spielbahnen durch Doglegs, Wasserhindernisse, Waldschneisen und vieles mehr - ganzjährig geöffnet - im Winter auch auf Sommergrüns - (sofern der Frost es zulässt)

Platzinfos

VCG GPS CLUB GASTRO

Anfahrtsbeschreibung

Der Golfplatz liegt an der B 77 zwischen Rendsburg und Schleswig, 8 km nördlich von Rendsburg. Die Anfahrt zum Golfplatz ist ab der Kurve Sorgbrück ausgeschildert.

Nächstgelegene Plätze

An der Schlei, GC (Nr. 10)
Altenhof, GC (Nr. 11)
Gut Apeldör (Nr. 19)

Golfplatz Open County

Karte, Nr. 16, Feld D2 **9** Design: Brian Egan

gegründet: 1999

Martendorf 23, 25881 Tating
✆ 04863-955060 🖷 032-121274844
✉ info@opencounty.de
💻 www.opencounty.de

PR Jann Schmidt, GF: Brian Egan,
CM: Gunnar Zimmermann

i ✆ 04863-955060 🖷 032-121274844
Gunnar Zimmermann

Egan's Pub (Drinks &Snacks),
Gunnar Zimmermann
✆ 04863-955060 🖷 032-121274844

PRO SHOP ✆ 04863-955060 🖷 032-121274844

PRO Pro: Brian Egan, Neil Thompson

H: 1817 m, CR 60.9, SL 103, Par 30
D: 1585 m, CR 60.2, SL 100, Par 30
20 Rangeabschläge

G Gäste sind jederzeit willkommen.

Tages-Greenfee: EUR 30
9-Loch-Greenfee: EUR 22.5
Ermäßigung: Jugendl./Stud.

Platzbeschreibung

Der 9-Loch-Platz ist ideal für Anfänger, da er auch ohne Vorkenntnisse bespielbar ist, aber auch geübte Spieler kommen hier auf ihre Kosten. Besonders für Firmen und Gruppen bietet er sich als sehr gutes Ausflugsziel an.

Platzinfos

Anfahrtsbeschreibung

Von Hamburg auf der A 23 Richtung Heide, weiter auf der B 5/B 202 Richtung St. Peter Ording bis Tating, am Ortsausgang Tating links Richtung Flughafen, nach 40 m liegt rechter Hand der Parkplatz.

Nächstgelegene Plätze

Nordsee-GC St. Peter-O. (Nr. 18)
Dithmarschen, GC Büsum (Nr. 22)
Husumer Bucht, GC (Nr. 9)

Schleswig-Holstein+Hamburg

Greenfee-Aktion: Seite G 15

Golfanlage Hohwacht GmbH & Co. KG

GOLFANLAGE HOHWACHT

Karte, Nr. 17, Feld G2 **27** Design: Christian Althaus, Gerd Osterkamp

gegründet: 1992

Eichenallee 1, 24321 Hohwacht/Ostsee
☎ 04381-9690 Fax 04381-6098
✉ info@golfclub-hohwacht.de
www.golfclub-hohwacht.de

PR: Christian Danz, GF: Christian von Oven, CM: Ann-Susann Schultz

i: ☎ 04381-9690 Fax -6098

BREITENGRAD, Sacha Frank
☎ 04381-418065 Fax -6098

PRO SHOP: Golfshop Hohwacht
☎ 04381-9690 Fax -6098

PRO: Pro: Paul Dyer

18-Loch Hohwachter Platz
H: 5988 m, CR 72.5, SL 133, Par 73
D: 5213 m, CR 74, SL 130, Par 73
9-Loch Neudorfer Platz
H: 4198 m, CR 63.3, SL 114, Par 64
D: 3782 m, CR 64.6, SL 110, Par 64
150 Rangeabschläge (32 überdacht)

G: Gäste sind jederzeit willkommen. Anmeldung ist notwendig. Clubausweis mit eingetragenem Handicap (45) ist erforderlich. Der kleine Platz „Neudorf" kann von Gästen mit PE ohne Mitgliedschaft gespielt werden. Gut erzogene Hunde sind auf dem Neudorf Platz nach vorheriger Anmeldung erlaubt.

18-Loch-GF: Mo.-Do.: EUR 65 / Fr.-So.: EUR 79
9-Loch-GF: Mo.-Do.: EUR 29 / Fr.-So.: EUR 39
Ermäßigung: Jugendl. und Stud. bis 27 J. 50%

Nächstgelegene Plätze

Gut Waldshagen, GC (Nr. 23)
GP Plöner See (Nr. 26)
Brodauer Mühle, GC (Nr. 24)

Platzinfos

Anfahrtsbeschreibung

A 1 Hamburg-Lübeck-Puttgarden, Ausf. Oldenburg, B 202 Richt. Kiel-Lütjenburg, am Ortseingang Lütjenburg rechts nach Hohwacht, nach 3 km Eichenallee liegt rechts die Einfahrt zum Golfplatz. Oder: A 7 Hamburg-Kiel, Ausfahrt B 76 Richtung Lübeck, B 202 Richtung Lütjenburg. Am Ortsausgang Lütjenburg links nach Hohwacht abbiegen, nach 3 km Eichenallee liegt rechts die Einfahrt zum Golfplatz.

Platzbeschreibung

Die Golfanlage Hohwacht erstreckt sich über insgesamt 120 Hektar und besticht durch ihre Lage am großen Binnensee und die Nähe zur Hohwachter Bucht (Ostsee). Die Anlage verfügt über einen 18-Löcher- und 9-Löcher Platz sowie umfangreiche Übungseinrichtungen im „Golfodrom".

Schleswig-Holstein+Hamburg

Nordsee-Golfclub St. Peter-Ording e.V.

Karte, Nr. 18, Feld D2 **9** Höhe: 4 m

gegründet: 1971

Eiderweg 1, 25826 St. Peter-Ording
04863-3545 04863-4260
nordseegolfclub@gmx.de
www.ngc-spo.de

PR: Dr. Peter Freudenthal
Headgreenkeeper: Erik Malkus

i: 04863-3545 04863-4260
Dipl. Golflehrer Thorsten Schulz

Nordsee-Panorama
Kasimiera Majeran-Petersen
04863-4261 04863-4260
Mo. Ruhetag

PRO SHOP: Lucas Pro-Shop & Golfschule St.Peter- Ording,
Dipl-Golflehrer Michael Lucas
01577-9424442

PRO: Pro: Thorsten Schulz,
Dipl. Golflehrer Michael Lucas

H: 5760 m, CR 71, SL 133, Par 72
D: 5110 m, CR 73, SL 131, Par 72
20 Rangeabschläge (3 überdacht)

G: Gäste sind jederzeit willkommen. Clubausweis mit eingetragenem Handicap (54) ist erforderlich. Sa./So./Feiertage ist Handicap 45 erforderlich.

18-Loch-Greenfee: WT: EUR 45 / WE: EUR 50
9-Loch-Greenfee: WT: EUR 35 / WE: EUR 40
Ermäßigung: Jugendl./Stud. 50%

Platzinfos

Anfahrtsbeschreibung

Von Süden über die A 23 bis Heide West, dann Wesselburen und Eidersperrwerk kurz vor St. Peter-Ording links ab Richtung „St. Peter-Böhl", dort Hinweis Nordsee-Golfclub. Von Norden und Osten auf der B 202 über Garding, dann links ab Richtung „St. Peter-Ording, Ortsteil Böhl/Dorf", weiter wie oben.

Platzbeschreibung

Der Nordsee-Golfclub St. Peter-Ording ist Deutschlands erster Westküsten-Golfplatz, ein Links-Course, wie Golfer ihn aus Irland und Schottland kennen. Der Platz zieht sich entlang der Nationalparkgrenze, teilweise durch Dünenlandschaft. Viele Abschläge liegen auf Dünenkuppen mit Blick auf die Sandbänke und die Nordsee.

Nächstgelegene Plätze

Open County, GP (Nr. 16)
Dithmarschen, GC Büsum (Nr. 22)
Gut Apeldör (Nr. 19)

Golf Club Gut Apeldör GmbH

Karte, Nr. 19, Feld E2 **18/9** Design: David Krause Höhe: 15 m

gegründet: 1996

Apeldör 2, 25779 Hennstedt
☏ 04836-99600 Fax 04836-996033
info@apeldoer.de
www.apeldoer.de

PR Manfred Rathsack, GF: Tanja Hussner
Headgreenkeeper: Nico Habek

i ☏ 04836-99600 Fax 04836-996033

Gutshof Apeldör, Diane Little
☏ 04836-996060 Fax 04836-996066

PRO SHOP Golf Club Gut Apeldör GmbH,
Alexander Schröder
☏ 04836-99600 Fax 04836-996033

PRO Pro: Nathan Judge, Melvyn Johnson

18-Loch Big Apple Platz
H: 6002 m, CR 73.3, SL 139, Par 72
D: 5365 m, CR 75.5, SL 138, Par 72
9-Loch BIG9 Platz
H: 6054 m, CR 73.3, SL 136, Par 72
D: 5130 m, CR 73.3, SL 135, Par 72
50 Rangeabschläge (8 überdacht)

G Gäste sind jederzeit willkommen. Anmeldung ist notwendig. Clubausweis mit eingetragenem Handicap (54) ist erforderlich. Der BIG9 ist mit PAR 36 ein vollwertiger Golfplatz. Hunde angeleint nur auf dem BIG9 erlaubt.

Tages-Greenfee: WT: EUR 70 / WE: EUR 90
9-Loch-Greenfee: WT: EUR 40 / WE: EUR 50
Jugendl. in Ausbild. bis 27 Jahre erhalten 50% Erm. auf reg. GF. Hotelgäste erhalten EUR 10,- Rabatt
Ermäßigung: Jugendl. bis 18 J. und Stud. bis 27 J. 50%

Platzbeschreibung

Der BIG APPLE (18-Loch-Platz) des GC Gut Apeldör zeichnet sich durch stark ondulierte Grüns aus und ist landschaftlich reizvoll in die typische Geest- und Knicklandschaft zwischen Nordsee und Eider integriert. Die welligen Bahnen stellen insbesondere aufgrund zahlreicher, großer Wasserhindernisse, die sowohl Fairways begrenzen als auch Greens abschirmen eine sportliche Herausforderung dar. Zusätzlich verfügt der Club über den BIG9, einen 9-Loch Platz, den auch Nicht-Mitglieder bespielen dürfen.

Platzinfos

Anfahrtsbeschreibung

Von Hamburg: A 23, Ausfahrt Albersdorf, über Albersdorf und Tellingstedt Richtung Hennstedt, ca. 1 km vor Hennstedt liegt links der Golfplatz. Aus Richtung Norden: B 5 über Husum Richtung Friedrichstadt, ca. 1 km nach der Eiderbrücke links Richtung Tellingstedt, ca. 1 km nach dem Ortsausgang Hennstedt liegt rechts der Golfplatz.

Nächstgelegene Plätze

Dithmarschen, GC Büsum (Nr. 22)
Lohersand, GC (Nr. 15)
Husumer Bucht, GC (Nr. 9)

Kieler Golfclub Havighorst

Karte, Nr. 20, Feld F2 **18** Höhe: 10 m

gegründet: 1989

Havighorster Weg 20,
24211 Honigsee/Havighorst
04302-965980
info@gc-kiel.de
www.kieler-golfclub-havighorst.de

PR: Peter Thoma, GF: Alexander Thoma

i: 04302-965980 Fax 04302-965981

Habichtnest
04302-965980 Fax 04302-965981

PRO SHOP: 04302-965980 Fax 04302-965981

H: 5915 m, CR 72.4, SL 132, Par 72
D: 4979 m, CR 73.4, SL 125, Par 72
50 Rangeabschläge (4 überdacht)

G: Gäste sind jederzeit willkommen. Clubausweis mit eingetragener PE ist erforderlich. Um auf dem Platz zu spielen genügt auch (nur) Platzreife.

Tages-Greenfee: WT: EUR 55 / WE: EUR 65
18-Loch-Greenfee: WT: EUR 55 / WE: EUR 65
Ermäßigung: Jugendl./Stud. bis 21 J.

Platzbeschreibung

Umgeben von dichtem Baumbestand liegt in herrlicher Lage, nur wenige Kilometer von Kiel, einer der anspruchsvollsten 18-Loch-Plätze Schleswig-Holsteins. Eingebettet in eine typische Endmoränenlandschaft, die von uralten und neuen Knicks durchzogen wird, bietet der Platz verschiedene Standards zur Auswahl an. Die für die Region fast schon „bergige“ Anlage mit Höhenunterschieden von über 20 m und vielen Wasserhindernissen und Biotopen machen den Platz zu einer Herausforderung für jede Spielstärke.

Platzinfos

Anfahrtsbeschreibung

Von Kiel in kurzer Fahrt aus Kiel in Richtung Süden über die B 404 bis zur Kreuzung Boksee/Havighorst (Höhe ADAC-Verkehrsübungsplatz). An der Kreuzung links abbiegen und der Ausschilderung Golfplatz/Golf folgen. Sie erreichen den Club nach ca. 500m Fahrt ab der B 404.Oder: A 1 Hamburg-Lübeck, Ausfahrt Bargteheide, dann über die B 404 bis zur Abzweigung Havighorst.

Nächstgelegene Plätze

Kitzeberg, GC (Nr. 14)
Gut Uhlenhorster, GG (Nr 12)
Krogaspe, GP (Nr. 25)

Greenfee-Aktion: Seite G 15

Golf Club Ostseebad Grömitz e.V.

Karte, Nr. 21, Feld G2 18

gegründet: 1989

Am Schoor 46, 23743 Grömitz
☎ 04562-222650 Fax 04562-222651
✉ info@golfclubgroemitz.de
www.golfclub-groemitz.de

PR: Ralph Moser
Headgreenkeeper: Burkhard Schuldt

i: ☎ 04562-222650 Fax -222651
Catinka Bruhn, Marc Rochlitz

Gastronomie: Eagle, Idriz Zhegrova
☎ 04562-222650 Fax 04562-222651
Mo. Ruhetag

PRO SHOP: Paul Dyer Golfschule
☎ 04562-222650 Fax 04562-222651

PRO: Pro: Oliver Goy

18-Loch Carat Hotel Residenz Course
H: 5767 m, CR 70.7, SL 133, Par 73
D: 4909 m, CR 71.1, SL 129, Par 73
16 Rangeabschläge (4 überdacht)

G: Gäste sind jederzeit willkommen. Anmeldung ist notwendig. Clubausweis mit eingetragener PE ist erforderlich.

18-Loch-Greenfee: EUR 65
9-Loch-Greenfee: EUR 37
Greenfee Par 73 Sonntag ab 13:00 Uhr: EUR 30
Ermäßigung: Jugendl./Stud. 50%

Platzbeschreibung
Eingebettet in die holsteinische Knicklandschaft liegt im Zentrum des Ostseebades Grömitz diese wunderschöne Golfanlage mit mäßigen Steigungen und zahlreichen Wasserhindernissen, die mit ihren 18 Löchern eine echte Herausforderung für den Könner aber auch viel Spielfreude für den Anfänger bietet. Clubhaus mit Umkleideräumen, Duschen, Pro-Shop, Gastronomie und Sekretariat.

Platzinfos

VCG GPS CLUB GASTRO

Anfahrtsbeschreibung
A 1 Hamburg-Puttgarden, Ausfahrt Neustadt in Holstein-Nord/Grömitz, in Grömitz der Beschilderung bis zum Golfplatz folgen.

Nächstgelegene Plätze
Brodauer Mühle, GC (Nr. 24)
Lübeck-Travemünder GK (Nr. 31)
Strandgrün, GR (Nr. 28)

Golfclub Büsum Dithmarschen e.V.

Karte, Nr. 22, Feld E2 **18**

gegründet: 1984

Zwischen den Deichen, Navi: Dorfstr. 32 eingeben, 25761 Warwerort/Büsum
✆ 04834-960460 🖷 04834-960463
✉ info@gc-buesum.de
💻 www.gc-buesum.de

PR Ralph Münchow, CM: Ralph Münchow
Headgreenkeeper: Henning Thießen

i ✆ 04834-960460 🖷 04834-960463
Dirk Milde, Simone Nicosia-Bock

Café und Bistro am Priel, Daniela Möller
✆ 04834-960462

PRO SHOP Golfclub Büsum, Simone Nicosia-Bock

PRO Pro: Tim Weigl

H: 5669 m, Par 72
D: 4834 m, Par 72
25 Rangeabschläge (8 überdacht)

G Gäste sind jederzeit willkommen. Anmeldung ist notwendig. Clubausweis mit eingetragenem Handicap (54) ist erforderlich.

18-Loch-Greenfee: WT: EUR 65 / WE: EUR 75
9-Loch-Greenfee: WT: EUR 34 / WE: EUR 39
Bei den Wintergreenfees sind keine weiteren Rabatte möglich.
Ermäßigung: Jugendl./Stud. 50%

Platzinfos

Anfahrtsbeschreibung
A 23, Ausfahrt Heide-West, B 203 Richtung Büsum, nach 15 km links ab in Richtung Warewort. Der Golfplatz liegt in unmittelbarer Strandnähe.

Platzbeschreibung
In der ehemaligen Wattenmeerlandschaft liegt dieser Golfplatz teilweise unter dem Meeresspiegel. Priele und naturgegebene Wasserhindernisse kennzeichnen die Spielbahnen. Diese sind überwiegend eben angelegt, aber durch die stete, leichte Nordseebrise immer interessant zu spielen. Strandkörbe an den Abschlägen „versüßen" das Warten, sie bieten Schutz vor Sonne und Wind. Neben dem Golfplatz, ca. 500 m entfernt, lädt der Badestrand Warwerort zum Baden und Erholen ein. Tipp für Camper: vollwertige Wohnmobil- Stellplätze sind vorhanden.

Nächstgelegene Plätze
Am Donner Kleve, GC (Nr. 30)
Nordsee-GC St. Peter-O. (Nr. 18)
Gut Apeldör (Nr. 19)

Greenfee-Aktion: Seite G 15, 17

Golfclub Gut Waldshagen

Karte, Nr. 23, Feld G2 18 Höhe: 40 m

gegründet: 1996

Waldshagen 3, 24306 Bösdorf (bei Plön)
☏ 04522-766766
✉ info@gut-waldshagen.de
💻 www.gut-waldshagen.de

PR: GF: Sven Timm

i: ☏ 04522-766766

Restaurant Gut Waldshagen
☏ 04522-766766
Mo. Ruhetag

PRO: Pro: Hermann Breidbach

H: 5917 m, CR 72.8, SL 132, Par 73
D: 4959 m, CR 73, SL 133, Par 73
30 Rangeabschläge (3 überdacht)

G: Gäste sind jederzeit willkommen. Anmeldung ist erforderlich. PE ist erforderlich.

18-Loch-Greenfee: EUR 80
9-Loch-Greenfee: EUR 50
Ermäßigung: Jugendl./Stud. 50%

Platzinfos

VCG GPS CLUB GASTRO

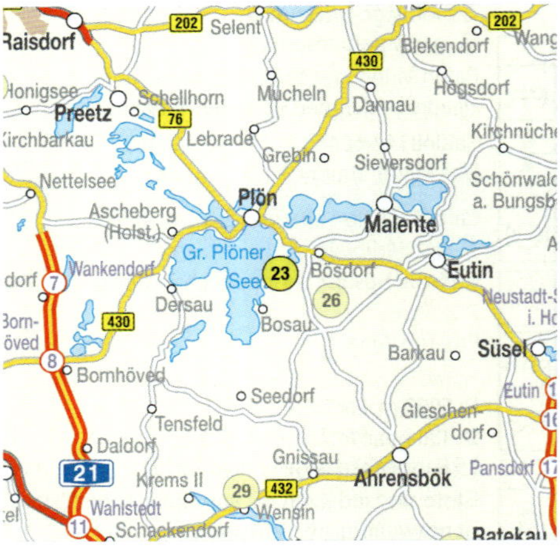

Anfahrtsbeschreibung

A 7 Hamburg-Kiel, Ausfahrt Neumünster, weiter Richtung Plön auf der B 430, von Plön weiter auf der B 76 Richtung Eutin, Ausfahrt Bosau-Augstfelde Richtung Campingplatz Augstfelde, die Zufahrt zum Golfplatz liegt gegenüber dem Campingplatz Augstfelde.Oder: A 1 Lübeck-Oldenburg, Ausfahrt Eutin Richtung Eutin und weiter wie oben beschrieben zum Golfplatz.

Platzbeschreibung

Inmitten der Holsteinischen Schweiz und unweit der Ostsee liegt die Golfanlage Gut Waldshagen. Nur wenige Kilometer von den Kreisstädten Plön und Eutin entfernt bieten wir Ihnen neben dem 18-Loch-Meisterschaftsplatz eine erstklassige Übungsanlage mit Driving Range, Putting- und Chippinggrün. Für Golfeinsteiger bietet unsere Golfschule regelmäßig Schnupperkurse an.

Nächstgelegene Plätze

GP Plöner See (Nr. 26)
Segeberg, GC (Nr. 29)
Curau, GC (Nr. 33)

Greenfee-Aktion: Seite G 17

Golf Club Brodauer Mühle e.V.

Karte, Nr. 24, Feld G2 **18**

gegründet: 1986

Baumallee 14, 23730 Gut Beusloe
✆ 04561-8140 Fax 04561-407397
✉ info@gc-brodauermuehle.de
www.gc-brodauermuehle.de

PR: Klaus Niepel

i: ✆ 04561-8140 Fax 04561-407397
Sabine Lübke

Restaurant & Café Gut Beusloe, Thienemann
✆ 04561-5590555

PRO SHOP: Philipp Rohwedder
✆ 04561-8140

PRO: Pro: Sönke Sauck, Sven Ankele

H: 6039 m, CR 72.4, SL 129, Par 72
D: 5273 m, CR 74, SL 129, Par 72
25 Rangeabschläge (4 überdacht)

G: Gäste sind jederzeit willkommen. Anmeldung ist notwendig. Clubausweis mit eingetragenem Handicap (36) ist erforderlich.

18-Loch-Greenfee: Mo.-Do.: EUR 65 / Fr.-So.: EUR 75. 9-Loch-Greenfee: Mo.-Do.: EUR 40 / Fr.-So.: EUR 48
5er Karte 18-Loch: EUR 270 / 5er Karte 9-Loch: EUR 180 / 10er Karte 18-Loch: EUR 500 / 10er Karte 9-Loch: EUR 340
Ermäßigung: Jugendl. bis 18 J. und Stud. bis 27 J. 50%

Platzbeschreibung

Die sanft geschwungene Landschaft in Nähe der Lübecker Bucht bietet der Golfanlage ein Areal mit unterschiedlichem Landschaftscharakter. Die ersten Löcher verlaufen auf einem relativ flachen und sehr offenem Gelände, ab der Bahn 6 geht es in ein recht kupiertes Gelände über. So bildet jedes Fairway mit natürlichen und künstlichen Wasserhindernissen und Bunkern ein abwechslungsreiches Spiel.

Platzinfos

Anfahrtsbeschreibung

A 1 Hamburg-Puttgarden, Ausfahrt Neustadt/Grömitz, B 501 Richtung Grömitz, nach ca. 3 km Abfahrt Beusloe, Brodau Golfplatz, Gut Beusloe.

Nächstgelegene Plätze

Grömitz, GC Ostseeheilbad (Nr. 21)
Strandgrün, GR (Nr. 28)
Lübeck-Travemünder GK (Nr. 31)

Öffentlicher Golfpark Krogaspe

Karte, Nr. 25, Feld F2 **18/9** Design: Chris Parker Höhe: 20 m

gegründet: 2002

Golfpark Krogaspe 1,
Navi: Aalbeksweg, 24644 Krogaspe
☎ 04321-852993
✉ mail@golfpark-krogaspe.de
www.golfpark-krogaspe.de

PR: Yvonne Frenkel, GF: Yvonne Frenkel
Headgreenkeeper: Daniel Niemann

i: ☎ 04321-852993
Yvonne Frenkel

Yvonne Frenkel
☎ 04321-852991

PRO SHOP: Öffentlicher Golfpark Krogaspe,
Frank Donothek
☎ 04321-852993

PRO: Pro: Frank Donothek

18-Loch Platz
H: 6225 m, CR 72.5, SL 125, Par 73
D: 5536 m, CR 74.5, SL 125, Par 73
9-Loch Platz
H: 1410 m, CR 56.9, SL 89, Par 58
D: 1390 m, CR 57.8, SL 89, Par 60
35 Rangeabschläge (4 überdacht)

G: Gäste sind jederzeit willkommen. PE ist erforderlich.

18-Loch-Greenfee: WT: EUR 40 / WE: EUR 50
9-Loch-Greenfee: WT: EUR 30 / WE: EUR 40
Ermäßigung: Jugendl./Stud. bis 25 J. 50%

Platzbeschreibung

Öffentl. Golf-Anlage im Herzen Schleswig-Holsteins, auf der auch ohne Clubausweis gespielt werden kann. Der Golfplatz wurde in die für Schleswig-Holstein typische alte Knickanlage eingepasst und auf ihrem Sandboden entsteht eine artenreiche Landschaft. Sollte einmal das Wetter nicht zum Golfspielen einladen, kann man im Clubhaus auch bei Billard entspannen.

Platzinfos

CLUB GASTRO VCG

Anfahrtsbeschreibung

A 7 Abfahrt Neumünster-Nord, auf der B 205 Richtung Rendsburg, nach ca. 2 km rechts der Beschilderung nach Krogaspe folgen. Im Ort rechts Richtung Wasbek und hinter der Eisenbahnunterführung links zum Golfplatz. Bei älteren Navigationsgeräten sollten Sie Forellensee eingeben.

Nächstgelegene Plätze

Mittelholst. GC Aukrug (Nr. 27)
Kieler GC Havighorst (Nr. 20)
Bad Bramstedt, GC (Nr. 34)

Golfplatz Plöner See

Karte, Nr. 26, Feld G2 **9** Design: Dr. Ernst Gründel Höhe: 50 m

gegründet: 1988

Bergstraße 3, 23715 Thürk
04527-1548
info@golfplatzploenersee.de
www.golfplatzploenersee.de

PR GF: Michaela und Valdimar Kr. Hannesson
Headgreenkeeper: Christoph Richter

i 04527-1548
Dana Richter

Dana Richter
04527-1548
Mo. Ruhetag

H: 4782 m, CR 67, SL 121, Par 68
D: 4366 m, CR 69.6, SL 118, Par 68
15 Rangeabschläge (5 überdacht)

G Gäste sind jederzeit willkommen. Clubausweis mit eingetragener PE ist erforderlich.

18-Loch-Greenfee: WT: EUR 50 / WE: EUR 60
9-Loch-Greenfee: WT: EUR 30 / WE: EUR 40
Ermäßigung: Jugendl. bis 18 J. und Stud.

Platzinfos

VCG GPS CLUB GASTRO

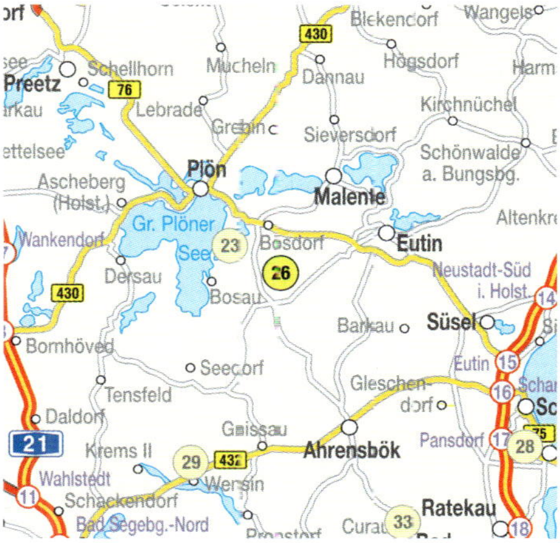

Platzbeschreibung

Harmonisch eingefügrt in die sanfte Hügel- und Seenlandschaft des Naturparks Holsteinische Schweiz - nur wenige Kilometer vom Großen Plöner See entfernt - bietet der Golfplatz Plöner See Golfsport und Entspannung in herrlich ruhiger Natur mit vielen reizvollen Ausblicken. Die durch alten Obst- und Laubbaumbestand abgegrenzten Spielbahnen, die typischen Knicks, Blumen- und Kräuterwiesen sowie Gewässer verleihen dem Platz seinen besonderen Charakter. Der Platz begeistert Anfänger wie Golferfahrene durch großzügige breite Fairways, kleine und gut verteidigte Grüns sowie trickreich platzierte Wasserhindernisse.

Anfahrtsbeschreibung

A 7 Hamburg-Kiel, Ausfahrt Neumünster, weiter Richtung Plön auf der B 430, von Plön weiter auf der B 76 Richtung Eutin, Ausfahrt Bösdorf-Kleinmeinsdorf Richtung Bösdorf-Thürk zum Golfplatz. Oder: A 1 Lübeck-Oldenburg, Ausfahrt Eutin Richtung Eutin und weiter wie oben beschrieben zum Golfplatz.

Nächstgelegene Plätze

Gut Waldshagen, GC (Nr. 23)
Segeberg, GC (Nr. 29)
Curau, GC (Nr. 33)

Mittelholsteinischer Golf-Club Aukrug e.V.

Karte, Nr. 27, Feld F2 **18/6** Höhe: 10 m

gegründet: 1969

Zum Glasberg 9, 24613 Aukrug-Bargfeld
✆ 04873-595 🖷 04873-1698
✉ sekretariat@golfclub-aukrug.de
www.golfclub-aukrug.de

PR: Dr. Jochen Hansen, CM: Anders Lejon

i: ✆ 04873-595 🖷 -1698
Christiane Wohlbehagen

Dalibor Kapetanovic
✆ 04873-333

PRO SHOP: Daniela Beth
✆ 04873-211

PRO: Pro: Anders Lejon, Ole Gutberlet

18-Loch Platz
H: 5783 m, CR 73, SL 125, Par 72
D: 5059 m, CR 75, SL 121, Par 72
6-Loch Platz
H: 830 m, Par 54, D: 830 m
20 Rangeabschläge (3 überdacht)

G: Gäste sind jederzeit willkommen. Clubausweis mit eingetragenem Handicap (36) ist erforderlich.

18-Loch-Greenfee: WT: EUR 60 / WE: EUR 70
9-Loch-Greenfee: WT: EUR 39 / WE: EUR 44
Gruppentarife ab 8 Personen EUR 45 (Mo-Fr.), EUR 55 (Sa,So.) / 5er Karte: 18 Loch personalisiert EUR 250 / 5er Karte: 9 Loch personalisiert EUR 175 / E-Cart: EUR 30
Ermäßigung: Jugendl./Stud. 50%

Nächstgelegene Plätze

Krogaspe, GP (Nr. 25)
Bad Bramstedt, GC (Nr. 34)
Gut Bissenmoor, G&CC (Nr. 36)

Platzinfos

Anfahrtsbeschreibung

A 7 Hamburg-Kiel, Ausfahrt Neumünster-Mitte, B 430 Richtung Hohenwestedt, nach ca. 12 km links Richtung Fachklinik Aukrug und der Beschilderung zum Golfplatz folgen.

Platzbeschreibung

Nur knapp eine Autostunde von Hamburg entfernt liegt die Anlage in einer leicht hügeligen holsteinischen Landschaft. Bei Planung und Realisation wurden auf teure Extravaganzen weitgehend verzichtet, so dass der Platz in Harmonie mit der Natur dem Golfer einen sehr abwechslungsreichen und anspruchsvollen Parcours bietet. Die Natur hat hier schon vor vielen tausend Jahren Vorarbeit geleistet. Golf konnte hier gekonnt integriert werden.

Greenfee-Aktion: Seite G 17

Golfresort Strandgrün Timmendorfer Strand

Karte, Nr. 28, Feld G2 **18/18** Design: Bernhard von Limburger

gegründet: 1973

Am Golfplatz 3, 23669 Timmendorfer Strand
✆ 04503-704400 🖷 04503-7044014
✉ info@golfresort-strandgruen.de
💻 www.golfresort-strandgruen.de

PR Andreas Graap, GF: Andreas und Christian von Oven, CM: Birgit Krause

i ✆ 04503-704400 🖷 04503-7044014

Windfang und Trattoria del Campo
✆ 04503 70 440 210 🖷 04503-7044014

PRO SHOP Golfshop Golfgrün
✆ 04503 70 440 0260

PRO Pro: Paul Dyer

18-Loch Nordplatz
H: 5937 m, CR 71.8, SL 135, Par 72
D: 5312 m, CR 74.1, SL 132, Par 72
18-Loch Südplatz
H: 3605 m, CR 60.2, SL 108, Par 61
D: 3263 m, CR 61.2, SL 103, Par 61
40 Rangeabschläge (14 überdacht)

G Gäste sind jederzeit willkommen. Anmeldung ist notwendig. Clubausweis mit eingetragenem Handicap (45) ist erforderlich. Hunde auf dem Platz: 15.00 - 07.30 Uhr gestattet

18-Loch-Greenfee: Mo.-Do.: EUR 75 / Fr.-So.: EUR 89
9-Loch-Greenfee: Mo.-Do.: EUR 49 / Fr.-So.: EUR 59 Ermäßigung: Jugendl./Stud. bis 27 J. 50%

Platzbeschreibung

Der 18-Löcher Par 72-Platz und der 18-Löcher Par 61-Platz liegen im Herzen der Lübecker Bucht auf einer leichten Anhöhe. Die weitläufige Anlage bietet Golfgenuss für jede Spielstärke und ideale Spiel- und Trainingsmöglichkeiten.

Platzinfos

Anfahrtsbeschreibung

A 1 Richtung Puttgarden, Ausfahrt Ratekau-Timmendorfer Strand, in Timmendorfer Strand 500 m nach der Shell-Tankstelle links und der Beschilderung zum Golfplatz folgen, ab Bahnhof Timmendorfer Strand noch ca. 1 km, das große reetgedeckte Clubhaus ist schon von weitem zu sehen.

Nächstgelegene Plätze

Maritim GP Ostsee (Nr. 32)
Lübeck-Travemünder GK (Nr. 31)
Curau, GC (Nr. 33)

Schleswig-Holstein+Hamburg

Golfclub Segeberg e.V., Gut Wensin

Karte, Nr. 29, Feld F2 **18/3** Design: Osterkamp Höhe: 20 m

gegründet: 1991

Feldscheide 2, 23827 Wensin
☎ 04559-1360 🖷 04559-1371
✉ info@golfclub-segeberg.de
💻 www.golfclub-segeberg.de

PR
CM: Jobst F. Wallenburg

i
☎ 04559-1360 🖷 -1371
Annett Hempel

Brasserie No. 1
☎ 04559-7573300

PRO
Pro: Paul Dyer

H: 6036 m, CR 72.3, SL 134, Par 72
D: 5376 m, CR 74.6, SL 135, Par 72
30 Rangeabschläge (5 überdacht)

G
Gäste sind jederzeit willkommen. Anmeldung ist notwendig. Clubausweis mit eingetragener PE ist erforderlich.

18-Loch-Greenfee: WT: EUR 59 / WE: EUR 69
9-Loch-Greenfee: WT: EUR 37 / WE: EUR 45
3er Karte EUR 135
Ermäßigung: Jugendl./Stud. 50%

Platzinfos

VCG GPS CLUB GASTRO

Anfahrtsbeschreibung

Von Bad Segeberg B 432 Richtung Ostsee (Scharbeutz-Ahrensbök), nach ca. 10 km an der Ampelanlage Gut Wensin links abbiegen, der Golfplatz liegt nach 500m rechter Hand.

Platzbeschreibung

Die 18 Spielbahnen des Golfclub Segeberg Gut Wensin liegen auf einem leicht hügeligen Gelände in einer typischen holsteinischen Knicklandschaft. Die insgesamt langen Spielbahnen (6.036 m) erfordern ein strategisches Spiel, da die 30 Wasserhindernisse und Bunker sehr geschickt platziert wurden.

Nächstgelegene Plätze

GP Plöner See (Nr. 26)
Curau, GC (Nr. 33)
Gut Waldshagen, GC (Nr. 23)

Greenfee-Aktion: Seite G 17

Golf am Donner Kleve

Karte, Nr. 30, Feld E2 **18/9** Design: Christoph Städler

gegründet: 2003

Alte Landstraße 1, 25693 St. Michaelisdonn
☎ 04853-880909 🖷 04853-880187
info@donnerkleve.de
www.golf-am-donner-kleve.de

PR
Hartmut Ahl, GF: Egbert Ringert
Dieter Kollwitz
Headgreenkeeper: Dennis Brehmer

i
☎ 04853-880909 🖷 04853-880187
Martin Fricke, Kathrin Hoffmann

Hopen End, Ulrike Ringert
☎ 04853-880909 🖷 04853-880187

PRO SHOP
Gabriele Kollwitz
☎ 04853-880909 🖷 04853-880187

PRO
Pro: Asmus Lembke

18-Loch Kleve Course
H: 5702 m, CR 70.8, SL 130, Par 72
D: 5102 m, CR 73.3, SL 129, Par 72
9-Loch Schramm Group Hopen Course
H: 3158 m, CR 59.6, SL 97, Par 58
D: 2810 m, CR 59.2, SL 91, Par 58
18 Rangeabschläge (6 überdacht)

G
Gäste sind jederzeit willkommen. Anmeldung ist notwendig. Clubausweis mit eingetragener PE ist erforderlich.

Tages-Greenfee: EUR 80
18-Loch-Greenfee: WT: EUR 70 / WE: EUR 80
9-Loch-Greenfee: WT: EUR 39 / WE: EUR 45
Ermäßigung: Jugendl./Stud. 50%

Platzinfos

VCG GPS CLUB GASTRO

Anfahrtsbeschreibung

Von Heide: B 5 in süd. Ri., in Meldorf links Ri. St. Michaelisdonnn, nach ca. 400 m, in St. Michaelisdonn, an der Kreuzung Ri. Burg abbiegen, am Ortsende nach ca. 800 m rechts und der Beschilderung „Flugplatz/Golfplatz" folgen. Oder von Hamburg: A 23, Abf. Schafstedt, weiter in westl. Ri. durch Eggstedt und Süderhastedt und weiter Ri. St. Michaelisdonn, noch vor dem Ort St. Michaelisdonn links und der Beschilderung „Flugplatz/Golfplatz" folgen.

Platzbeschreibung

Genießen Sie die 18 abwechslungsreichen Spielbahnen des Kleve Course mit einer Gesamtlänge von 6025 m, die der Golfarchitekt Christoph Städler perfekt in die Knicklandschaft am Rande des Naturschutzgebietes „Donner Kleve" eingebaut hat. Es steht Ihnen eine Driving Range mit Wasserhindernis, Chipp- und Pitchplatz, mehreren Übungsbunkern, Puttinggreen sowie überdachten Abschlagplätzen zur Verfügung.

Nächstgelegene Plätze

Dithmarschen, GC Büsum (Nr. 22)
Schloß Breitenburg, GC (Nr. 35)
Gut Apeldör (Nr. 19)

Greenfee-Aktion: Seite G 17, 19

Lübeck-Travemünder Golf-Klub von 1921 e.V.

Karte, Nr. 31, Feld G2 27 Design: John Morrison, Karl F. Grohs, Udo Barth Höhe: 20 m

gegründet: 1921

Kowitzberg 41, 23570 Lübeck-Travemünde
✆ 04502-74018 🖷 04502-8869568
✉ info@ltgk.de
www.ltgk.de

PR: Bernd Aido
Headgreenkeeper: Adam Nagorski

i: ✆ 04502-74018 🖷 04502-8869568
Cindy Stahnke, Brita Geiger, Jane Geske

Torsten Koch, Torsten Koch
✆ 04502-302741

PRO SHOP: Cockayne-Golf, Jeanette Eilers
✆ 04502-73975 🖷 04502-75838

PRO: Pro: Adam Cockayne, Madeleine Krüger, Lars Becker, Benjamin Frenzel

H: 6164 m, CR 73.2, SL 137, Par 73
D: 5215 m, CR 73.9, SL 132, Par 73
40 Rangeabschläge (6 überdacht)

G: Gäste sind jederzeit willkommen. Anmeldung ist notwendig. Clubausweis mit eingetragenem Handicap (36) ist erforderlich.

18-Loch-Greenfee: WT: EUR 80 / WE: EUR 95
9-Loch-Greenfee: WT: EUR 50 / WE: EUR 60
Das WE-Greenfee gilt Samstag, Sonntag und Feiertag. 10-er Karte: gültig an 7 Tagen EUR 700; nur 5 Coupons gelten für Freitag-Sonntag+Feiertag
Ermäßigung: Jugendl. und Stud. bis 27 J. 50%

Platzinfos

Anfahrtsbeschreibung

A 1 Hamburg-Lübeck, ca. 5 km nach Lübeck auf die A 226, nach weiteren ca. 5 km links auf die B 75 Richtung Travemünde, nach weiteren 8 km an der Ampel links ca. 1 km Richtung Brodten, dann wieder links Richtung Strand, nach ca. 100 m rechts in die Straße „Kowitzberg“ bis zum Golfplatz (ca. 1 km).

Nächstgelegene Plätze

Maritim GP Ostsee (Nr. 32)
Strandgrün, GR (Nr. 28)
Brodauer Mühle, GC (Nr. 24)

Platzbeschreibung

Ihnen wird ein variantenreicher Platz geboten. Breite Fairways wechseln sich mit parkähnlichen Waldpartien ab, Wasserhindernisse und geschickt platzierte Bunker machen den Kurs zu einer Herausforderung für Spieler aller Stärken. Dennoch werden auch weniger geübte Spieler ihre Freude haben, da die Löcher übersichtlich gestaltet sind und somit die Einschätzung der Spielweise nicht allzu schwer fallen dürfte. Unser traditionsreicher 27-Loch-Platz befindet sich oberhalb des Brodtener Steilufers der Lübecker Bucht.

Maritim Golfpark Ostsee

Karte, Nr. 32, Feld G2 **27** Design: Christoph Städler

gegründet: 2001

Schloßstr. 14, 23626 Warnsdorf
04502-77770 04502-777799
info.golf@maritimgolfpark.de
www.maritimgolfpark.de

PR: Thomas Wachs,
CM: Dirk Holdorf (Man. Betreiber-Ges.)
Headgreenkeeper: Volker Fahrenson

i: 04502-77770 -777799
Ilka Dammin, Wiltrud Matthes

TeeTime Restaurant
04502-777740 -777799
Mo. Ruhetag

PRO SHOP: MARITIM Pro-Shop, Nina Mutke
04502-777714 04502-777799

PRO: Pro: Malte Mutke, Olaf Strunck

H: 6024 m, CR 72.8, SL 129, Par 72
D: 5089 m, CR 73.6, SL 126, Par 72
40 Rangeabschläge (12 überdacht)

G: Gäste sind jederzeit willkommen. Anmeldung ist notwendig. Clubausweis mit eingetragenem Handicap (54) ist erforderlich. Hunde gestattet an Montagen auf dem 9-Loch Seekurs

Tages-Greenfee: WT: EUR 80 / WE: EUR 100
18-Loch-Greenfee: WT: EUR 60 / WE: EUR 80
9-Loch-Greenfee: WT: EUR 30 / WE: EUR 40
Ermäßigung: Jugendl./Stud. bis 27 J. 50%

Platzbeschreibung

Golfanlage mit einem aktiven Clubleben, einem umfangreichen Turnierkalender, einem wunderschönen Restaurant sowie einem stilvollen Kaminzimmer. Ganzjährig geöffnet wird hier Golf für Jedermann geboten. Zu erwähnen ist daneben aber auch die Indoorhalle, die das Training auch bei widrigsten Bedingungen zulässt.

Platzinfos

Anfahrtsbeschreibung

A1 von Hamburg über Lübeck, in Richtung Puttgarden, in Ratekau/Tdf. Strand (Nr. 18) abfahren, dann rechts in Ri. Tdf. Strand, nach 150 m rechts abbiegen in Ri. Warnsdorf, über Offendorf bis Kreuzkamp, dort links abbiegen über Grammersdorf bis Warnsdorf. In Warnsdorf nach dem Hotel Lindenhof links weiterfahren, nach 100 m links in die Schloßstr. einbiegen und bis zum Ende durchfahren.

Nächstgelegene Plätze

Lübeck-Travemünder GK (Nr. 31)
Strandgrün, GR (Nr. 28)
Curau, GC (Nr. 33)

Greenfee-Aktion: Seite G 19

Golf-Club Curau e.V.

Karte, Nr. 33, Feld G2 **18/5** Höhe: 37 m

gegründet: 1998

Malkendorfer Weg 18,
23617 Stockelsdorf-Curau
04505-594082 04505-5706969
info@golfclub-curau.de
www.golfclub-curau.de

PR: Klaus-Dieter Schmidt
Headgreenkeeper: Simon Nickisch

i: 04505-594082 04505-5706969
Martina Unke

PRO: Pro: Julian Brunswieck,
Johann Georg von Kahlden-Klug

18-Loch blue-/red-course
H: 5989 m, CR 71, SL 130, Par 72
D: 5331 m, CR 73.2, SL 131, Par 72
5-Loch Kurzplatz
H: 2061 m, Par 48, D: 2061 m, Par 48
30 Rangeabschläge (6 überdacht)

G: Gäste sind jederzeit willkommen. Anmeldung ist notwendig. Clubausweis mit eingetragener PE ist erforderlich. Es sind keine Duschen vorhanden

18-Loch-Greenfee: WT: EUR 55 / WE: EUR 65
9-Loch-Greenfee: WT: EUR 30 / WE: EUR 35
Jugendl./Stud. Mo.-So. ermäßigt
Ermäßigung: Jugendl. bis 21 J. und Stud. bis 27 J. 50%

Platzinfos

Anfahrtsbeschreibung

Von Hamburg: A 1, Ausfahrt Lübeck-Zentrum/ Stockelsdorf, in Stockelsdorf rechts Richtung Ahrensbök, nach ca. 6 km in der Ortsmitte Curau rechts Richtung Sarkwitz-Malkendorf abbiegen, ab dort der Beschilderung zum Golfplatz folgen (nach ca. 500 m rechter Hand).

Platzbeschreibung

Die Golfanlage liegt in der Gemeinde Stockelsdorf nur einen Golfschwung entfernt von Lübeck, Bad Schwartau und Ahrensbök. In sanft hügeligem Gelände bietet die 23-Loch-Anlage alles, was Golf auszeichnet. Alle Bahnen sind in das holsteintypische Landschaftsbild harmonisch integriert. Rough mit zwei Schnitten begrenzt die Spielbahnen. Die Grüns sind erhöht aufgebaut und werden von Bunkern und Wasser gut verteidigt.

Nächstgelegene Plätze

Strandgrün, GR (Nr. 28)
Maritim GP Ostsee (Nr. 32)
Reinfeld, GC (Nr. 38)

Golfclub Bad Bramstedt e.V.

Karte, Nr. 34, Feld F2 9 Höhe: 100 m

gegründet: 1975

Hamburger Straße 61, 24576 Bad Bramstedt
04192-897515 04192-897516
kontakt@golfclub-badbramstedt.de
www.golfclub-badbramstedt.de

PR: Frank Mißling

i: 04192-897515 04192-897516

Divino - Ristorante & Vini
04192-897517
Di. Ruhetag

PRO SHOP: Proshop Peter Mundy, Peter Mundy
0170-2375477

PRO: Pro: Peter Mundy

H: 5680 m, CR 71.4, SL 133, Par 72
D: 5094 m, CR 74.1, SL 128, Par 72
10 Rangeabschläge (2 überdacht)

G: Gäste sind jederzeit willkommen. Clubausweis mit eingetragenem Handicap (54) ist erforderlich.

Tages-Greenfee: EUR 50
9-Loch-Greenfee: EUR 30
10er-Karte Tages-GF: EUR 400 10er-Karte 9 Loch: EUR 250
Ermäßigung: Jugendl. bis 18 J. 50%

Platzbeschreibung

In einer typisch schleswig-holsteinischen Auenlandschaft ziehen sich die neun Spielbahnen über ein Gelände links entlang des Flusses Ohlau. Bedingt durch die Tallage in einem Auental erwarten den Spieler viele spielentscheidende Wasserhindernisse. Neben der nassen Gefahr erfordern teilweise einzelne alte Bäume und Baumgruppen inmitten der Fairways immer wieder Präzision.

Platzinfos

VCG GPS

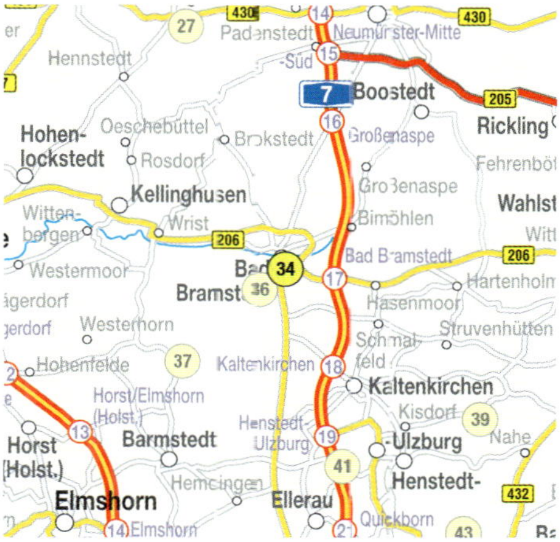

Anfahrtsbeschreibung

A 7 Hamburg-Kiel, Ausfahrt Kaltenkirchen, rechts ab, in Lentföhrden rechts ab Richtung Bad Bramstedt, im Kreisverkehr die 1. Ausfahrt nehmen und der Straßenführung ca. 700 m folgen, danach rechts abbiegen zum Golfplatz Bad Bramstedt.

Nächstgelegene Plätze

Gut Bissenmoor, G&LC (Nr. 36)
Lutzhorn, GC (Nr. 37)
Gut Kaden, G&LC (Nr. 41)

Greenfee-Aktion: Seite G 19

Golf Club Schloß Breitenburg e.V.

Karte, Nr. 35, Feld E3 **27**

gegründet: 1990

Gut Osterholz 3, 25524 Breitenburg
✆ 04828-8188 🖷 04828-8100
✉ info@gcsb.de
💻 www.gcsb.de

PR: Jürgen Tiedemann, GF: Jascha Rübcke
Headgreenkeeper: Karsten Offt

i: ✆ 04828-8188 🖷 04828-8100
Annika Voeltz

Sir Loui, Alexander Mühl
✆ 04828-8222 🖷 04828-8100

PRO SHOP: Golf-Shop Breitenburg
✆ 04828-8188 🖷 04828-8100

PRO: Pro: Paco Kuschnik-Witte, Nathan Judge, Moritz Ackerhans, Maurice Peper

27-Loch Platz
H: 5683 m, CR 71.1, SL 134, Par 72
D: 5095 m, CR 73.2, SL 132, Par 72
3-Loch Platz: H: 484 m, D: 484 m
30 Rangeabschläge (10 überdacht)

G: Gäste sind jederzeit willkommen. Anmeldung ist notwendig. Clubausweis mit eingetragenem Handicap (54) ist erforderlich. 3x9-Loch-Anlage mit entsprechenden Kombinationsmöglichkeiten. Zusätzl. gibt es einen 3-Loch-Kurzpl.

Tages-Greenfee: EUR 100
18-Loch-Greenfee: WT: EUR 70 / WE: EUR 80
9-Loch-Greenfee: WT: EUR 40 / WE: EUR 45
Greenfee für 3 Runden 3-Loch-Kurzplatz: EUR 15. Ermäßigung: Jugendl./Stud. 50%

Nächstgelegene Plätze

Lutzhorn, GC (Nr. 37)
Gut Bissenmoor, G&CC (Nr. 36)
Bad Bramstedt, GC (Nr. 34)

Platzinfos

VCG GPS CLUB GASTRO

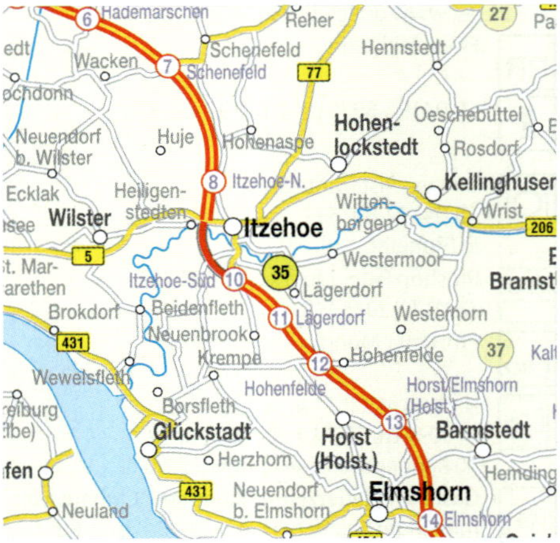

Anfahrtsbeschreibung

A 23 Hamburg-Husum, Ausfahrt Itzehoe-Süd, 1. Ausfahrt im Kreises rechts, nach ca. 1 km rechts Richtung Münsterdorf, durch Münsterdorf hindurch, dann der Beschilderung -Golfplatz- folgen, an den Reetdachhäusern rechts, nach ca. 300 m auf der linken Seite Einfahrt zum Golfplatz (ausgeschildert).

Platzbeschreibung

Eine 27-Loch-Anlage, spielbar in drei Kombinationen, gelegen in den wunderschönen Störniederungen und auf der hohen Geest. Durch die verschiedenen Landschafts- und Platztypen ist das Spiel abwechslungsreich und interessant. Eine üppige Flora und Fauna der alte Baumbestand prägen das Bild der Courses A+B. Auf Loch 6 und 13 kann man das 500 Jahre alte Schloss Breitenburg sehen. Das Inselgrün und die großen Seen zum Überspielen prägen die Charakteristik des C-Courses.

Golf & Country Club Gut Bissenmoor e.V.

Karte, Nr. 36, Feld F3 **18/9 Loch Kurzplatz**

gegründet: 2000

Golfparkallee 11, 24576 Bad Bramstedt
☎ 04192-819560 Fax 04192-8195619
✉ info@golfbissenmoor.de
www.golfbissenmoor.de

PR: Uwe Kipper

i: ☎ 04192-819560 Fax 04192-8195619

Bistro „Le Bellevue", Stefanie Schliesske
☎ 04192-8195620

PRO SHOP: ☎ 04192-819560 Fax 04192-8195619

PRO: Pro: Mike Bradley

18-Loch Champions Course
H: 5888 m, CR 71.5, SL 133, Par 72
D: 4976 m, CR 72.3, SL 125, Par 72
100 Rangeabschläge (20 überdacht)

G: Gäste sind jederzeit willkommen. Clubausweis mit eingetragenem Handicap (54) ist erforderlich. Mitglieder werden noch aufgenommen.

18-Loch-Greenfee: WT: EUR 60 / WE: EUR 70
9-Loch-Greenfee: WT: EUR 40 / WE: EUR 45
Ermäßigung: Jugendl. 50%

Platzinfos

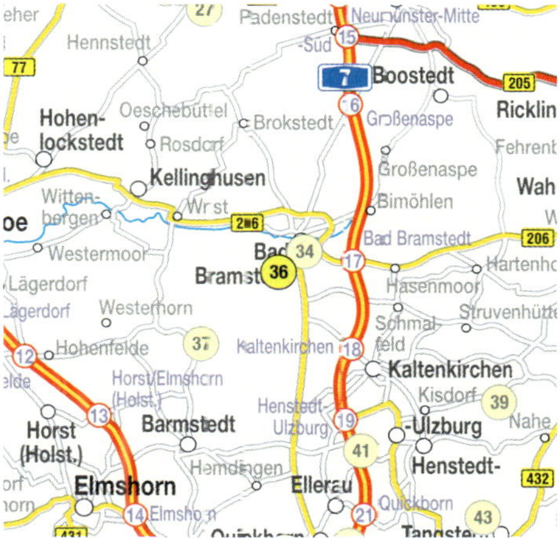

Anfahrtsbeschreibung

A 7 Abfahrt Kaltenkirchen, Richtung Lentföhrden. In Lentföhrden rechts abbiegen in Richtung Bad Bramstedt. Ca. 500 m vor Ortseingang Bad Bramstedt links abbiegen in Richtung Bissenmmoor und der Ausschilderung Golfpark folgen.

Platzbeschreibung

Die Bahnen der 18-Loch-Meisterschaftsanlage bieten mit insgesamt 5 Abschlägen für Golfer aller Handicapklassen adäquate Schwierigkeitsgrade. Fast 3,5 ha Wasserfläche mit zahlreichen Neuanpflanzungen - 800 Bäume und 30.000 Sträucher - geben dem Platz seinen unverwechselbaren Charakter.

Nächstgelegene Plätze

Bad Bramstedt, GC (Nr. 34)
Lutzhorn, GC (Nr. 37)
Gut Kaden, G&LC (Nr. 41)

Schleswig-Holstein+Hamburg

Golf Club Lutzhorn e.V.

Karte, Nr. 37, Feld F3 **18** Design: Martin W. Hughes

gegründet: 1996

Bramstedter Landstraße Nr. 1, 25355 Lutzhorn
☽ 04123-7408
info@golfclub-lutzhorn.de
www.golfclub-lutzhorn.de

PR: Thomas Jahnke
Headgreenkeeper: Achim Scharff

i: ☽ 04123-7408

Restaurant „Am Golfplatz"
☽ 04123-928898 🖷 04123-959691

PRO SHOP: Arrowsmith Trading, Anthony S. Arrowsmith
☽ 04123-921164 🖷 04123-969591

PRO: Pro: Dennis Lohrmann

18-Loch Hauptplatz
H: 5653 m, CR 70.5, SL 130, Par 70
D: 4747 m, CR 71, SL 126, Par 70
20 Rangeabschläge (2 überdacht)

G: Gäste sind jederzeit willkommen. PE ist erforderlich.

18-Loch-Greenfee: EUR 50
Ermäßigung: Jugendl. bis 18 J. 100%

Platzbeschreibung

Der Golfplatz Lutzhorn bietet auf seiner Anlage „Golf für Jedermann". Auf dem leicht hügeligen Gelände findet man 18 abwechslungsreiche Spielbahnen vor, deren Fairways von Bäumen und Rough begleitet werden, und deren Greens zumeist durch Sandbunker, aber auch durch Wasserhindernisse, geschützt werden. Kulinarisch kann man sich nach gespielter Runde im Clubhaus mit Leckerbissen verwöhnen lassen.

Platzinfos

VCG GPS

Anfahrtsbeschreibung

A 23 Ausfahrt 13 „Horst-Elmshorn", Richtung Barmstedt, ca. 2,5 km über Kreuzung bis zum Kreisverkehr, zweite Ausfahrt Richtung Bokel, nach ca. 2,5 km rechts in die Bramstedter Landstraße. Der Golfclub liegt auf der rechten Seite.

Nächstgelegene Plätze

Gut Bissenmoor, G&CC (Nr. 36)
Bad Bramstedt, GC (Nr. 34)
Gut Kaden, G&LC (Nr. 41)

Golfclub Reinfeld e.V.

Karte, Nr. 38, Feld G3 9

gegründet: 2006

Binnenkamp 29, 23858 Reinfeld
☎ 04533-610308 Fax 04533-208737
info@golfclub-reinfeld.de
www.golfclub-reinfeld.de

PR: Andreas Roweder, GF: Kay Gladigau
Headgreenkeeper: Marco Linsener

i: ☎ 04533-610308 Fax -208737
Tanja Reimann

Casa Rusticana
☎ 04533-207447
Mo. Ruhetag

PRO SHOP: ☎ 04533-610308 Fax 04533-208737

PRO: Pro: Sven Busch

H: 5548 m, CR 70.3, SL 136, Par 72
D: 4874 m, CR 71.3, SL 131, Par 72
20 Rangeabschläge (4 überdacht)

G: Gäste sind jederzeit willkommen. Clubausweis mit eingetragener PE ist erforderlich.

18-Loch-Greenfee: WT: EUR 40 / WE: EUR 45
9-Loch-Greenfee: WT: EUR 30 / WE: EUR 35

Platzbeschreibung

Ein wunderschön in typisch Holsteinischer Knicklandschaft gelegener 9-Loch-Golfplatz im Reinfelder Ortsteil Binnenkamp. Idyllisch rund um einen ehemaligen Bauernhof gelegen, bietet die Anlage ein abwechslungsreiches Spiel auf leicht bewegten Grüns, mit diversen Schwierigkeitsstufen und einem regen Vereinsleben.

Platzinfos

VCG GPS

Anfahrtsbeschreibung

Über die A1 Hamburg-Lübeck, Abfahrt Reinfeld, Richtung Ortsmitte, im Kreisel 3. Ausfahrt, ab dort weiter Richtung Zarpen. Im Reinfelder Ortsteil Binnenkamp" rechts zum Golfplatz abbiegen.

Nächstgelegene Plätze

Curau, GC (Nr. 33)
Segeberg, GC (Nr. 29)
Sülfeld, GC (Nr. 40)

Golfclub Hamburg Gut Waldhof

Karte, Nr. 39, Feld F3 27 Höhe: 65 m

gegründet: 1969

Am Waldhof 3, 24629 Kisdorf
✆ 04194-99740 🖷 04194-997425
✉ info@gut-waldhof.de
💻 www.gut-waldhof.de

PR: Rolf Luckmann, GF: Martin Thater

i: ✆ 04194-99740 🖷 04194-997425
Melanie Stoffers, Lisa Henschen

WALDbistro
✆ 04194-99740
Mo. Ruhetag

PRO: Pro: Felix Mertens, Oliver Kamp, Niklas Heller

18-Loch Gut Waldhof Meisterschaftsplatz
H: 5939 m, CR 72.4, SL 131, Par 72
D: 5237 m, CR 74.1, SL 129, Par 72
40 Rangeabschläge (7 überdacht)

G: Gäste sind jeden Tag (außer Sonntag und an Feiertagen) willkommen. Am Samstag. ist Anmeldung notwendig. Clubausweis mit eingetragenem Handicap (54) ist erforderlich. Am Samstag. ist Handicap 36 erforderlich.

Tages-Greenfee: WT: EUR 65 / WE: EUR 75
9-Loch-Greenfee: WT: EUR 44 / WE: EUR 49
Ermäßigung: Jugendl. und Stud. bis 27 J. 50%

Platzbeschreibung

Zehn Minuten nördlich der Stadtgrenze Hamburgs verführt Gut Waldhof mit einem atemberaubenden Golfplatz in 40- jähriger Tradition. Die Golfanlage Gut Waldhof wurde 1969 gegründet und bietet eine 18-Loch Golfanlage auf einem abwechslungsreichen Gelände - leicht hügelig, mit großem altem Baumbestand, anspruchsvolle Wasserhindernissen und aufregend schönen Golfbahnen. Der Platz wurde förmlich in die Landschaft hinein komponiert und die Bahnen sind teilweise völlig von Wald umgeben. Die großen Bäume auf den Fairways verlangen von Golfern viel Taktik ab.

Platzinfos

VCG
GASTRO

Anfahrtsbeschreibung

A 7 Hamburg-Flensburg, Ausfahrt 19 nach Hengstedt-Ulzburg, dort links Richtung Segeberg, über Kisdorf nach Kisdorferwohld, rechts nach Walkendorf II, nach ca. 500 m links „Am Waldhof".

Nächstgelegene Plätze

Golfclub Hamburg-Oberalster (Nr. 43)
Gut Kaden, G&LC (Nr. 41)
Sülfeld, GC (Nr. 40)

Schleswig-Holstein+Hamburg

Greenfee-Aktion: Seite G 19, 21

Golf-Park Sülfeld

Karte, Nr. 40, Feld F3 27

gegründet: 1998

Petersfelde 4a, 23867 Sülfeld
✆ 04537-701551 ☎ 04537-701521
✉ info@golf-suelfeld.de
www.golf-suelfeld.de

PR: Jürgen Borowski, GF: Barry Rookledge

i: ✆ 04537-701551 ☎ 04537-701521
Meike Schwinkendorf

Rookledge Golf Gastronomie
✆ 04537-7073317

PRO SHOP: Rookledge Golf Shop
✆ 04537-701551 ☎ 04537-701521

PRO: Sebastian Frühwald, Peter Mundy

H: 5604 m, CR 70.7, SL 119, Par 70
D: 4661 m, CR 70.5, SL 118, Par 69
50 Rangeabschläge (5 überdacht)

G: Gäste sind jederzeit willkommen. Anmeldung ist erforderlich. PE ist erforderlich. Anmeldung von Gruppen ist erwünscht.

18-Loch-Greenfee: WT: EUR 62 / WE: EUR 72
9-Loch-Greenfee: WT: EUR 39 / WE: EUR 47
Ermäßigung: Jugendl. bis 18 J. und Stud. bis 26 J. 50%

Platzbeschreibung

Auf dieser idyllisch gelegenen 27-Loch Anlage herrscht eine sehr herzliche und familiäre Stimmung. Mitglieder sowie Gäste sind hier jederzeit willkommen. Perfekt bettet sich der Golfplatz mit seinen abwechslungsreichen Bahnen in die schleswig-holsteinische Knicklandschaft ein und entpuppt sich somit als ein golfsportlicher und landschaftlicher Geheimtipp. Der Platz mit seinen rollenden Hügeln fordert ein strategisches präzises Spiel. Die breiten Fairways laden dennoch zu mutigen Schlägen mit dem Holz ein.

Platzinfos

VCG

Anfahrtsbeschreibung

aus HH: B75 oder B434 bis Elmenhorst. In Elmenhorst links Richtung Borstel/Sülfeld. Der Straße folgen und hinter dem Ortsteil Petersfelde nach 200 m links abbiegen.

Nächstgelegene Plätze

Jersbek, GC (Nr. 42)
Hamburg Gut Waldhof (Nr. 39)
Golfclub Hamburg-Oberalster (Nr. 43)

Gut Kaden Golf und Land Club

GUT KADEN

Karte, Nr. 41, Feld F3 27 Design: David Krause

gegründet: 1984

Kadener Straße 9, 25486 Alveslohe
☎ 04193-99290 Fax 04193-992919
info@gutkaden.de
www.gutkaden.de

PR: GF: Wolfgang Mych

i: ☎ 04193-99290 Fax -992919
Sven Wiechmann, Lisa Trapke

Gastronomie: Johann Alt, Johann Alt
☎ 04193-97144

PRO SHOP: Castan Golf
☎ 040-5303470 Fax 040-53034719

PRO: Pro: Tim Parker, Stefan Maschelski, Birgit Hulsebusch, Marc zur Nieden

100 Rangeabschläge (13 überdacht)

G: Gäste sind Montag - Donnerstag (außer an Feiertagen) willkommen. Anmeldung ist notwendig. Clubausweis mit eingetragenem Handicap (54) ist erforderlich. 3 miteinander kombinierbare 9-Loch-Courses (Par 71/72/73)

18-Loch-Greenfee: Mo.-Do.: EUR 90
9-Loch-Greenfee: Mo.-Do.: EUR 50
Ermäßigung: Jugendl. bis 19 J. 100%, Stud. bis 34 J. 37%

Platzbeschreibung

Der ehemalige Rittersitz zählt zu den landschaftlich schönsten Herrensitzen Holsteins und bietet dem Golf und Landclub in einem alten Gutsgelände mit Herrenhaus eine repräsentative Heimat. Das Gelände hat dank altem Baumbestand und der sich durch die Anlage schlängelnden Pinnau beeindruckende landschaftliche Reize. Durch verschiedene Abschläge und daraus entstehende unterschiedliche Längen bietet die Anlage für alle Spieler eine Herausforderung.

Platzinfos

Anfahrtsbeschreibung

A 7 Hamburg-Kiel, Ausfahrt Quickborn, dann links, an der kommenden Ampel rechts Richtung Pinneberg, auf der rechten Seite kommt eine Shell-Tankstelle, an der nächsten Ampel wieder rechts (schlechte Wegstrecke), unter der Autobahn hindurch und zweimal Schienen kreuzen, am Ende dieser Straße links, nach ca. 1 km kommt der Golfplatz rechter Hand.

Nächstgelegene Plätze

Red Golf Quickborn (Nr. 44)
An der Pinnau, GC (Nr. 45)
Golfclub Hamburg-Oberalster (Nr. 43)

Golf-Club Jersbek e.V.

Karte, Nr. 42, Feld F3 18

gegründet: 1986

Oberteicher Weg 2A, 22941 Jersbek
✆ 04532-20950 🖷 04532-24779
✉ mail@golfclub-jersbek.de
www.golfclub-jersbek.de

PR: Peter Kronefeld

i: ✆ 04532-20950 🖷 -24779
Birgit Ewers, Bettina Möller

Dining Range
✆ 01523-6378864

PRO SHOP: Proshop Hillson, Jacqueline Hillson
✆ 0160-94427968

PRO: Pro: Viktoria Hansen, Mark Boughton

H: 6026 m, CR 72.3, SL 131, Par 72
D: 5268 m, CR 73.9, SL 129, Par 72
20 Rangeabschläge (12 überdacht)

G: Gäste sind jederzeit willkommen. Clubausweis mit eingetragenem Handicap (36) ist erforderlich.

18-Loch-Greenfee: WT: EUR 70 / WE: EUR 90
9-Loch-Greenfee: WT: EUR 40 / WE: EUR 50
Aufpreis ohne DGV Regionalkennzeichnung 18 Loch EUR 30, bei 9 Loch und Abendtarif EUR 15. Ermäßigung: Jugendl./Stud. bis 25 J. 50%

Platzinfos

VCG GPS CLUB

Anfahrtsbeschreibung

A 1 Hamburg-Lübeck, Ausfahrt Bargteheide Richtung Bargteheide, in der Ortsmitte Richtung Jersbek auf der Jersbeker Straße ca. 1 km bis zum Oberteicher Weg, der Golfplatz liegt rechter Hand. Oder von Hamburg auf der B 75 oder B 434 zum Golfplatz.

Platzbeschreibung

Nur knapp 40 Autominuten von der Hamburger City entfernt entstand hier, in einer typischen schleswig-holsteinischen Knicklandschaft, um das 400 Jahre alte Gut herum eine für Spieler aller Leistungsstärken gleichermaßen reizvoll gestaltete Anlage. Das Gut mit 75 ha Gelände, seinem historischen Park und das alte Herrenhaus ist in seiner gewachsenen Struktur weitgehend unverändert geblieben.

Nächstgelegene Plätze

Sülfeld, GC (Nr. 40)
Hamburg Walddörfer, GC (Nr. 47)
Hamburg Ahrensb., GC (Nr. 48)

Golfclub Hamburg-Oberalster

Karte, Nr. 43, Feld F3 **18** Design: David Krause

gegründet: 2013

Bäckerbarg 10, 22889 Tangstedt
✆ 04109-5544546 Fax 04109-5548306
✉ info@golfclub-oberalster.de
www.golfclub-oberalster.de

PR: GF: Edward Szymczak
Barry Rookledge

i: ✆ 04109-5544546 Fax 04109-5548306
Sven Wittenburg, Sonja Hansen

Gastronomie: Mo. Ruhetag

PRO: Pro: Gary Hillson, Gary Kershaw

H: 6048 m, CR 72.7, SL 136, Par 72
D: 5076 m, CR 73.1, SL 130, Par 72

G: Gäste sind jederzeit willkommen. Anmeldung ist notwendig. Clubausweis mit eingetragener PE ist erforderlich.

18-Loch-Greenfee: WT: EUR 75 / WE: EUR 85
9-Loch-Greenfee: WT: EUR 40 / WE: EUR 50
Ermäßigung: Jugendl./Stud. 50%

Platzinfos

VCG GPS CLUB GASTRO

Nächstgelegene Plätze

Treudelberg, G&CC (Nr. 49)
Hamburg Gut Waldhof (Nr. 39)
Red Golf Quickborn (Nr. 44)

Platzbeschreibung

Auf dem ca. 100 ha großen, herrlichen Gelände wurde nach den Plänen von David Krause Golf Design ein sehr aufwändiger 18-Löcher-Kurs mit vielen Links-Elementen und anspruchsvollen Grüns, Bachläufen in Mäanderform und riesigen, wunderschönen Biotopen errichtet. Ein einzigartig gestaltetes, ca. 12 ha großes Übungsareal mit durch Bunker gesicherte Ziel-Grüns auf der Driving Range sowie Putting-, Chipping- und Pitching-Grüns in doppelter Ausführung lädt zum ausführlichen Training ein. Obwohl direkt an der nördlichen Hamburger Stadtgrenze gelegen, beeindruckt die Anlage durch absolute Ruhe und Abgeschiedenheit.

Red Golf Quickborn GmbH & Co. KG

Karte, Nr. 44, Feld F3 9

gegründet: 2003

Harksheider Weg 226, 25451 Quickborn
04106-804433 04106-804477
quickborn@redgolf.de
www.redgolf.de

PR: CM: Carlos da Silva Araújo

i: 04106-804433 04106-804488

Bistro
04106-804477

PRO: Pro: Nils Hauschildt, Jörg Schuster

H: 1432 m, CR 57, SL 93, Par 58
D: 1432 m, CR 58.1, SL 89, Par 58
40 Rangeabschläge (28 überdacht)

G: Gäste sind jederzeit willkommen. Sa./So./Feiertage ist PE erforderlich.

Tages-Greenfee: WT: EUR 40 / WE: EUR 50
18-Loch-Greenfee: WT: EUR 40 / WE: EUR 50
9-Loch-Greenfee: WT: EUR 25 / WE: EUR 30
Ermäßigung: Jugendl. bis 18 J. und Stud. bis 27 J. 50%

Platzbeschreibung

Nur 5 Minuten vom Zentrum Quickborns bzw. Norderstedts und gerade mal 20 Minuten von der Hamburger City entfernt liegt die 9-Loch-Anlage, die Anfängern wie Fortgeschrittenen optimale Trainings- und Spielmöglichkeiten bietet. Übungseinrichtungen wie Driving Range mit Flutlicht, Zielgrüns mit Wasserhindernis, Putting Green oder Übungsbunker erhöhen den Reiz der Anlage.

Platzinfos

VCG GPS CLUB

Anfahrtsbeschreibung

A 7, Abfahrt Quickborn, an der Ausfahrt rechts (Ri. Osten), 1. Ampel rechts in die Ulzburger Landstraße Ri. Holsten Stadion, nach ca. 2,5 km bei der nächsten Ampel links in den Harksheider Weg Ri. Holsten Stadion, die Anlage liegt nach ca. 300 m rechts. Oder: Von Norderstedt über die Waldstraße in den Harksheider Weg, die Anlage liegt 100 m hinter dem Holsten Stadion links.

Nächstgelegene Plätze

An der Pinnau, GC (Nr. 45)
Gut Wulfsmühle, GA (Nr. 46)
Gut Kaden, G&LC (Nr. 41)

Golf-Club An der Pinnau e.V.

Karte, Nr. 45, Feld F3 27

gegründet: 1982

Pinneberger Straße 81a,
25451 Quickborn-Renzel
04106-81800
sekretariat@pinnau.de
www.pinnau.de

PR: Helmut Grafe, GF: Daniel Schlüter
Headgreenkeeper: Jörn Stratmann

i: 04106-81800 Fax 04106-82003
Svenja Krohn, Dorit Stratmann

La Trattoria, Piero Secli
04106-8098383 Fax 04106-82003

PRO SHOP: Q-Golf, Lutz Fischer
04106-653078

PRO: Pro: David Britten, Andrew Arrowsmith, Franca Fehlauer

H: 6038 m, CR 72.1, SL 125, Par 72
D: 5263 m, CR 74.3, SL 129, Par 73
30 Rangeabschläge (4 überdacht)

G: Gäste sind jederzeit willkommen. Anmeldung ist notwendig. Clubausweis mit eingetragenem Handicap (36) ist erforderlich.

Tages-Greenfee: EUR 80
9-Loch-Greenfee: EUR 40
Gäste sind Sa./So./feiertags ab 15:00 Uhr mit Anmeldung willkommen. Vor 15 Uhr nur in Begleitung von Mitgliedern.
Ermäßigung: Jugendl. bis 18 J. und Stud. bis 25 J. 50%

Platzinfos

Anfahrtsbeschreibung

A 23 Richtung Husum, Ausfahrt Pinneberg-Nord, dann rechts in Richtung Quickborn, nach ca. 8 km Ortsteil Quickborn-Renzel. Der Golfplatz befindet sich rechts am Ortsausgang. Oder: A 7 Richtung Hamburg, Ausfahrt Quickborn, geradeaus durch Ellerau/ Quickborn in Richtung Pinneberg. Der Golfplatz befindet sich links am Ortseingang Quickborn-Renzel.

Platzbeschreibung

Die Anlage liegt in einer typischen schleswig-holsteinischen Knicklandschaft mit leicht hügeligem Gelände, das sanft zur Pinnau, die dem Club seinen Namen gegeben hat, abfällt. Breite Fairways mit häufig zu überwindenden Wasserhindernissen und einzeln in die Fairways ragende alte großgewachsene Bäume prägen den Charakter dieses Platzes. Besondere sportliche Herausforderung ist das Inselgrün von Loch 15.

Nächstgelegene Plätze

Gut Wulfsmühle, GA (Nr. 46)
Red Golf Quickborn (Nr. 44)
Auf der Wendlohe, GC (Nr. 53)

Greenfee-Aktion: Seite G 21

Golfanlage Gut Wulfsmühle

Karte, Nr. 46, Feld F3 **18** Design: Christoph Städler

gegründet: 2001

Mühlenstr. 98, 25499 Tangstedt
✆ 04101-586777 🖷 04101-586788
✉ info@golfanlage-wulfsmuehle.de
💻 www.golfanlage-wulfsmuehle.de

PR GF: Christina Druve
Headgreenkeeper: Olaf Brummel

i ✆ 04101-586777 🖷 04101-586788
Christin Draheim, Paul Druve, Elke Ripperger

Restaurant Gut Wulfsmühle
✆ 04101-808169
Mo. Ruhetag

PRO Pro: Leon Goebbels, Felix Köppl

H: 5772 m, CR 71.8, SL 134, Par 72
D: 4879 m, CR 72.4, SL 130, Par 72
80 Rangeabschläge (7 überdacht)

G Gäste sind jederzeit willkommen. Anmeldung ist notwendig. Clubausweis mit eingetragenem Handicap (45) ist erforderlich.

18-Loch-Greenfee: WT: EUR 70 / WE: EUR 80
9-Loch-Greenfee: WT: EUR 40 / WE: EUR 45
Ermäßigung: Jugendl./Stud. 50%

Platzinfos

VCG GPS CLUB

Anfahrtsbeschreibung
A 23 Abfahrt Pinneberg-Nord Richtung Borstel-Hohenraden und ca. 6 km bis Tangstedt. Oder: A 7 Abfahrt Schnelsen, B 4 Richtung Quickborn, in Hasloh links ab und ca. 8 km nach Tangstedt.

Platzbeschreibung
Beiderseits der Pinnau, auf einem fast 100 Hektar großen Areal mit sehr schönem alten Waldbestand, liegt in der typischen schleswig-holsteinischen Knicklandschaft die in jeder Hinsicht anspruchsvolle Golfanlage Gut Wulfsmühle.

Nächstgelegene Plätze
An der Pinnau, GC (Nr. 45)
Red Golf Quickborn (Nr. 44)
Fairway Golf (Nr. 50)

Golfclub Hamburg-Walddörfer e.V.

Karte, Nr. 47, Feld F3 **18** Design: Bernhard von Limburger Höhe: 35 m

gegründet: 1960

Schevenbarg, 22949 Ammersbek
040-6051337
info@ghw.golf
www.ghw.golf

PR: Arne Dost, CM: Nicole David
Headgreenkeeper: Jim Ellis

i: 040-6051337
Tanja Günther

Mandy Bastian, Jan Hoewert
040-6054211 040-6054879

PRO: Pro: Christian Kirchner, Michael Stewart, Patrick Schubert

H: 5973 m, CR 72.5, SL 137, Par 73
D: 5194 m, CR 74, SL 137, Par 73
16 Rangeabschläge (8 überdacht)

G: Gäste sind Montag - Freitag (außer an Feiertagen) willkommen. Anmeldung ist notwendig. Clubausweis mit eingetragenem Handicap (36) ist erforderlich.

18-Loch-Greenfee: WT: EUR 90
9-Loch-Greenfee: WT: EUR 50
Ermäßigung: Jugendl./Stud. bis 25 J. 50%

Platzbeschreibung

Der Platz des GHW ist ein anspruchsvoller Golfkurs in einzigartiger Landschaft. Seit unserer Gründung im Jahr 1960 spielen wir auf einem der schönsten und außergewöhnlichsten Plätze Hamburgs' Golf. Von Bernhard v. Limburger konzipiert und 2015/2016 von Christoph Städler renoviert, bietet unser Platz ein faszinierendes Golferlebnis inmitten norddeutscher Endmoränen- und Knicklandschaft. Hohe Bäume, wunderschöne, weite Ausblicke über die Landschaft und über den Bredenbeker Teich beschreiben einen Ort zum Verlieben und Verweilen.

Platzinfos

Anfahrtsbeschreibung

A 1 Hamburg-Lübeck, Ausfahrt Ahrensburg Ri. Ahrensburg, auf der B 75 Ri. Hamburg, in Ahrensburg Ortsmitte nach 1 km Ri. Hamburg-Bergstedt-Ammersbek, über OT Bünningstedt zum OT Hoisbüttel, im Zentrum von Hoisbüttel nach der Fußgängerampel links in den Wulfsdorfer Weg (Hinweisschild beachten) abbiegen. Aus Hamburg-Stadt auf der B 434 bis Ammersbek OT Hoisbüttel, rechts in den Wulfsdorfer Weg zum Golfplatz (s. Beschilderung) abbiegen.

Nächstgelegene Plätze

Hamburg Ahrensb., GC (Nr. 48)
Treudelberg, G&CC (Nr. 49)
Jersbek, GC (Nr. 42)

Golfclub Hamburg-Ahrensburg e.V.

Karte, Nr. 48, Feld F3 18

gegründet: 1964

Am Haidschlag 39-45, 22926 Ahrensburg
04102-51309 04102-81410
info@golfclub-ahrensburg.de
www.golfclub-ahrensburg.de

PR Matthias Fischer, CM: Dale Habbe
Headgreenkeeper: Karsten Könemann

04102-51309 04102-81410
Annika Bieber, Tobias Wilde, André Zielitzki

Richter's „Das Restaurant im Golfclub Hamburg-Ahrensburg"
04102-57522
Mo. Ruhetag

H: 5584 m, CR 70.6, SL 129, Par 71
D: 4877 m, CR 72, SL 124, Par 71
25 Rangeabschläge (7 überdacht)

G Gäste sind Montag - Freitag (außer an Feiertagen) willkommen. Anmeldung ist notwendig. Clubausweis mit eingetragenem Handicap (36) ist erforderlich.

18-Loch-Greenfee: EUR 90
9-Loch-Greenfee: EUR 50 Ermäßigung: Jugendl./Stud. bis 25 J. 50%

Platzinfos

Anfahrtsbeschreibung

A 1 Hamburg-Lübeck, Ausf. Ahrensburg über Ostring bis Ahrensburger Schloß, li. Ri. Zentrum bis zur 1. Ampel, re. in die Str. Bei der Doppeleiche weiter über F.-Reuter-Str., den Wulfsdorfer Weg geradeaus und re. Am Haidschlag bis zum GC. Von Hamb. B 75, Wulfsdorfer Weg li. bis Ende, li. weiter, dann dann wie oben beschrieben bis zum GC. B 434 Ri. Bargteheide, in Ammersbek re. Ri. Ahrensburg im OT Bünningstedt die F.-Kruse-Str. bis GC.

Platzbeschreibung

Die anspruchsvolle Anlage aus dem Jahr 1964 wurde im Jahr 2017 aufwändig erneuert und umgestaltet. Neben der Neuanlage aller Grüns und Abschläge ist auch eine einzigartige Auenlandschaft entstanden, die Spieler aller Leistungsstärken fordert. Weitere Bahnen wurden neu designed und bieten traumhafte Blickachsen in eine wunderschöne Parklandschaft. Das neue Design sorgt für mehr Spielgerechtigkeit und fordert von guten Spielern ein hohes Maß an taktischer Disziplin. *** Seit der offiziellen Eröffnung im Mai 2018 kann "Hamburgs neuester Golfplatz" inklusive neuem Inselgrün mit Genuß bespielt werden. Sowohl für den Freizeitgolfer als auch für den Spitzenspieler ist der Platz am Bredenbeker Teich eine schwierige, aber stets faire Herausforderung.

Nächstgelegene Plätze

Hamburg Walddörfer, GC (Nr. 47)
Siek/Ahrensburg, GC (Nr. 54)
Treudelberg, G&CC (Nr. 49)

Golf & Country Club Treudelberg e.V.

Karte, Nr. 49, Feld F3 **27/9** Design: David Krause, Donald Steel

gegründet: 1990

Lemsahler Landstraße 45,
22397 Hamburg-Lemsahl
040-608228877 040-608228879
golf@treudelberg.com
www.treudelberg.com

PR: Michael Krüger, GF: Alexander Garbe, CM: Julia Smailes

i: 040-608228877 040-608228879
Alina Sicher, Petra Mickley, Ann-Christin Hofmann, Jill Burmeister, Dennis Kehbein

Bistro19, Tanja Clasen
040-608228711 040-608228888

PRO SHOP: Golf Hotel Hof Treudelberg GmbH
040-608228877 040-608228879

PRO: Pro: Gunnar Levsen, Mark Watkinson, Florian Jordt, Jan Blazek

27-Loch Platz
H: 5585 m, CR 70.5, SL 124, Par 72
D: 4724 m, CR 71.1, SL 124, Par 72
9-Loch Pitch & Putt Platz
H: 508 m, Par 27
D: 508 m, Par 27
100 Rangeabschläge (28 überdacht)

G: Gäste sind jederzeit willkommen. Anmeldung ist notwendig. Clubausweis mit eingetragenem Handicap (54) ist erforderlich. Sa./So./Feiertage ist Handicap 36 erforderlich. Gäste erwünscht auch am WE

18-Loch-Greenfee: WT: EUR 60 / WE: EUR 80
9-Loch-Greenfee: WT: EUR 35 / WE: EUR 50
HCP-Begrenzung am Wochenende 36
Ermäßigung: Jugendl. bis 18 J. und Stud. bis 27 J. 50%

Platzbeschreibung

Erleben Sie auf Treudelberg Golf von seiner schönsten Seite. Was kann es besseres geben, als den Golfplatz direkt am Hotel zu haben! Der Treudelberg Golfplatz ist einer der schönsten und anspruchsvollsten in Norddeutschland! Hier erwarten Sie 27 Löcher, die für jede Spielstärke die entsprechenden Herausforderungen zu bieten haben. Aber auf Treudelberg hat nicht nur derjenige das Golfvergnügen, der diesen Sport schon beherrscht, sondern auch alle, die ihn erlernen möchten. Neben der Driving Range und den Akademiebahnen bieten wir Ihnen eine Vielzahl von Kursen an, um den Golfsport zu erlernen oder um Ihr Spiel zu optimieren.

Platzinfos

VCG GPS CLUB GASTRO

Anfahrtsbeschreibung

A 7 Richtung Flensburg, Ausfahrt Schnelsen-Nord, in die Oldesloer Straße einbiegen, nach 500 m rechts halten Richtung Langenhorn/Fuhlsbüttel, Straßenführung folgen vor dem Tunnel links einordnen. Nach ca. 10 km (Straßenführung folgen) an der Kreuzung links Richtung Lemsahl/Duvenstedt (am Straßenrand befindet sich eine Uhr mit wegweisender Werbung des Hotels). Nach etwa 3 km geradeaus befindet sich auf der linken Seite das Steigenberger Hotel.

Nächstgelegene Plätze

Hamburg Walddörfer, GC (Nr. 47)
Hamburg Ahrensb., GC (Nr. 48)
Golfclub Hamburg-Oberalster (Nr. 43)

Fairway Golf und Sport

Karte, Nr. 50, Feld F3 18/3

gegründet: 1987

Peiner Hof 7, 25497 Prisdorf
04101-75560 / Fax 04101-789904
info@golf-park.de
www.peinerhof.de

PR: GF: Susanne Rahlfs, CM: Stefan Kutsch

04101-75560 / Fax 04101-789904
Nina Meidinger, Galina Dill, Berit Venzke, Axel Roeb

Goldschätzchen, Patrick Diehr
04101-6010921
Mo. Ruhetag

PRO SHOP: 04101-75560 / Fax 04101-789904

PRO: Pro: Director of Golf Arwed Fischer, Fabian Ochse, Oscar Ruiz

H: 5686 m, CR 70.3, SL 131, Par 71
D: 4964 m, CR 71.6, SL 125, Par 71
25 Rangeabschläge (8 überdacht)

G: Gäste sind jederzeit willkommen. Clubausweis mit eingetragenem Handicap (54) ist erforderlich.

18-Loch-Greenfee: WT: EUR 59 / WE: EUR 75
9-Loch-Greenfee: WT: EUR 39 / WE: EUR 49
Ermäßigung: Jugendl./Stud. 50%

Platzbeschreibung

Ein landschaftlich und sportlich hochwertiger 18-Loch-Golfplatz, der von vielen Wasserhindernissen, Doglegs, Bäumen, Feldgehölzen und Biotopen geprägt wird.

Platzinfos

VCG CLUB GASTRO

Anfahrtsbeschreibung

A 23 Ri. Husum, Ausf. Pinneberg-Nord, links auf die Westumgehung Pinneberg. An der 1. Kreuzung auf der Westumgehung re. Richtung Prisdorf (Prisdorfer Straße), ca 1 km vor dem Ortsanfang Prisdorf links in das Industriegebiet „Peiner Hag", über den Bahnübergang und dann links zum Golfplatz abbiegen.

Nächstgelegene Plätze

Weidenhof, GP (Nr. 52)
Hamburg-Holm, GC (Nr. 56)
Gut Wulfsmühle, GA (Nr. 46)

Golfclub Gut Haseldorf e.V.

Karte, Nr. 51, Feld E3 **18**

gegründet: 1996

Heister Feld 7, 25489 Haselau
☎ 04122-853500 🖷 04122-853520
✉ info@golfclub-gut-haseldorf.de
🖳 www.golfclub-gut-haseldorf.de

PR Prinz Udo v. Schoenaich-Carolath,
GF: Wolfgang Prozies

i ☎ 04122-853500 🖷 -853520
Julia Mertins, Egon Kaland

Clubhaus Haseldorf, Janine Hechler
☎ 04122-999430

PRO SHOP ☎ 04122-853500 🖷 -853520

PRO Pro: David Forsythe

H: 6029 m, CR 72.8, SL 143, Par 73
D: 5073 m, CR 73.2, SL 134, Par 73
20 Rangeabschläge (2 überdacht)

G Gäste sind jederzeit willkommen. Sa./So./ Feiertage ist Anmeldung notwendig. Clubausweis mit eingetragenem Handicap (54) ist erforderlich.

Tages-Greenfee: WT: EUR 65 / WE: EUR 75
9-Loch-Greenfee: WT: EUR 35 / WE: EUR 45
Ermäßigung: Jugendl./Stud. 50%

Platzinfos

VCG

Anfahrtsbeschreibung

Von Hamburg auf der B 431 über Wedel Richtung Uetersen, in Heist links Richtung Haselau abbiegen, der Golfplatz liegt am Ortseingang Haselau. Von Uetersen auf der B 431 Richtung Wedel, in Heist rechts Richtung Haselau abbiegen.

Platzbeschreibung

Golfen vor den Toren Hamburgs. Ca.25 km nordwestlich von Hamburg, in der Haseldorfer Marsch zwischen Elbe und Pinnau, liegt der attraktive 18-Loch-Golfplatz. Die interessant geschnittenen Spielbahnen in der offenen Marschlandschaft sind eingerahmt von Wasserflächen und Biotopen. Diese Hindernisse und die gut plazierten Bunker sind eine golferische Herausforderung und erfordern ein strategisches Spiel.

Nächstgelegene Plätze

Hamburg-Holm, GC (Nr. 56)
Fairway Golf (Nr. 50)
Weidenhof, GP (Nr. 52)

Golfpark Weidenhof e.V.

Karte, Nr. 52, Feld F3 **18** Höhe: 10 m

gegründet: 1999

Mühlenstraße 140, 25421 Pinneberg
✆ 04101-511830 🖷 04101-789535
✉ info@golfpark-weidenhof.de
www.golfpark-weidenhof.de

PR: Hans Detlef Voss, GF: Hans Detlef Voss, CM: Birte Weiß

i: ✆ 04101-511830 🖷 04101-789535

Lodge Restaurant+Bar
✆ 04101-7891858 🖷 04101-789535

PRO SHOP: Golfshop
✆ 04101-511830 🖷 04101-789535

18-Loch Platz
H: 5254 m, CR 67.6, SL 121, Par 70
D: 4533 m, CR 68.2, SL 121, Par 70
6-Loch Kurzplatz
H: 383 m, D: 383 m
25 Rangeabschläge (15 überdacht)

G: Gäste sind jederzeit willkommen. Handicap 54 ist erforderlich.

18-Loch-Greenfee: WT: EUR 65 / WE: EUR 75
9-Loch-Greenfee: WT: EUR 45 / WE: EUR 50
Ermäßigung: Jugendl./Stud. bis 25 J. 50%

Platzinfos

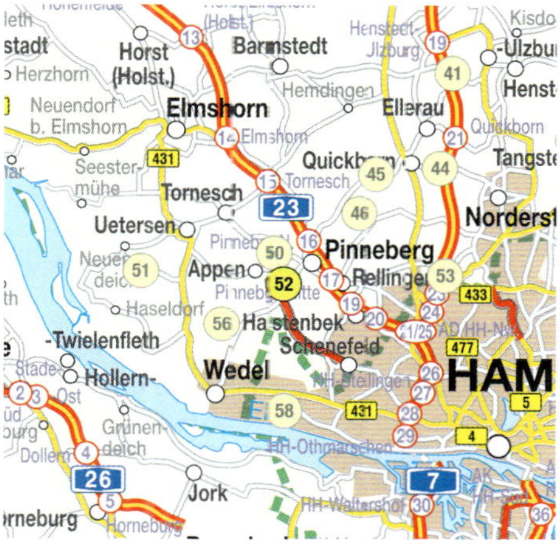

Anfahrtsbeschreibung

A 23, Ausfahrt Pinneberg-Süd (18), links Richtung Pinneberg, am Ende des Thesdorfer Weg rechts, am Ende der Straße links Richtung Appen, nach 200 m liegt rechter Hand der Golfplatz. Die S-Bahn S3 hält in direkter Nähe.

Platzbeschreibung

Golfspielen ganz unkompliziert so lautet das Motto auf der Golfanlage Weidenhof, 20 Minuten von der Hamburger City im Westen Hamburgs gelegen. Eine große überdachte Driving-Range und drei Golflehrer stehen den Besuchern zur Verfügung. Auf den fortgeschrittenen Golfer wartet ein anspruchsvoller 18-Loch-Platz, aber auch 9 Löcher nach Feierabend lassen den Alltagsstress schnell vergessen. Besucher sind herzlich willkommen.

Nächstgelegene Plätze

Fairway Golf (Nr. 50)
Hamburg-Holm, GC (Nr. 56)
Gut Wulfsmühle, GA (Nr. 46)

Golf-Club Hamburg Wendlohe e.V.

Karte, Nr. 53, Feld F3 27

gegründet: 1964

Oldesloer Straße 251, 22457 Hamburg
☏ 040-5528966 🖷 040-5503668
✉ sekretariat@wendlohe.de
💻 www.wendlohe.de

PR Dr. Holger Seidel, GF: Christoph Lampe
Headgreenkeeper: Hans-Hermann Eggers

i ☏ 040-5528966 🖷 040-5503668
Marinela Bartl-Schneider, Kathrin Glaser, Katrin Freund, André Mechela

Fischers Restaurant
☏ 040-55289681

PRO Pro: David Britten, Andy Jolly, Stuart McGregor

H: 5774 m, CR 71.6, SL 133, Par 72
D: 5053 m, CR 73.3, SL 130, Par 72
30 Rangeabschläge (12 überdacht)

G Gäste sind Montag - Freitag (außer an Feiertagen) willkommen. Anmeldung ist notwendig. Clubausweis mit eingetragenem Handicap (36) ist erforderlich.

18-Loch-Greenfee: EUR 90
Ermäßigung: Jugendl./Stud. bis 25 J. 50%

Platzbeschreibung

Dieser Platz gilt als eine der besten Adressen in Deutschland. Umgeben von vielfältiger Flora und Fauna erfährt hier der Golfer, wie mit viel Feingefühl die spielerischen und natürlichen Erfordernisse in allen golferisch möglichen Variationen beim Bau dieser Anlage berücksichtigt wurden. Die Gemütlichkeit und Perfektion des großzügigen Clubhauses bietet dabei den angenehmen Rahmen vor und nach einem Spiel.

Platzinfos

Anfahrtsbeschreibung

A 7 Hamburg-Kiel, Ausfahrt Hamburg-Schnelsen-Nord, auf der Oldesloer Straße Richtung Norderstedt, an der zweiten Abzweigung links und der Beschilderung zum Golfplatz folgen.

Nächstgelegene Plätze

Gut Wulfsmühle, GA (Nr. 46)
Red Golf Quickborn (Nr. 44)
An der Pinnau, GC (Nr. 45)

Golfclub Siek/Ahrensburg

Karte, Nr. 54, Feld F3 18

gegründet: 2005

Bültbek 31a, 22962 Siek
✆ 04107-851201 🖷 04107-851202
✉ info@golfplatz-siek.de
www.golfplatz-siek.de

PR GF: Barry Rookledge, CM: Jillian Rookledge
Headgreenkeeper: Jens Knudsen

i ✆ 04107-851201 🖷 04107-851202
Thomas Zinder

Clubrestaurant
✆ 04107-851424 🖷 04107-851202

PRO SHOP ProShop FitzGerald im GC Siek/Ahrensburg, Sean D. FitzGerald
✆ 04107-333922

PRO Pro: Sean D. FitzGerald, Graham Carruthers

H: 4439 m, CR 63.5, SL 107, Par 66
D: 3741 m, CR 64.3, SL 109, Par 66
30 Rangeabschläge (10 überdacht)

G Gäste sind jederzeit willkommen. Anmeldung ist erforderlich. PE ist erforderlich.

Tages-Greenfee: WT: EUR 55 / WE: EUR 65
18-Loch-Greenfee: WT: EUR 45 / WE: EUR 55
9-Loch-Greenfee: WT: EUR 25 / WE: EUR 30
Ermäßigung: Jugendl. bis 21 J. 50%

Platzinfos

Anfahrtsbeschreibung

A 1 Hamburg-Lübeck, Ausfahrt Ahrensburg - Siek, Richtung Trittau an der 1. Ampelkreuzung rechts abbiegen und in der abknickenden Vorfahrt geradeaus der Beschilderung folgen.

Nächstgelegene Plätze

Hoisdorf, GC (Nr. 55)
Großensee, GC (Nr. 57)
Hamburg Ahrensb., GC (Nr. 48)

Platzbeschreibung

Der öffentliche Golfplatz in Siek verfügt über zwei 9-Loch-Plätze. Einer davon wurde ganz bewusst als Kompaktanlage mit einer Länge von nur ca. 1.500 m realisiert, der somit eine schnelle Runde ermöglicht und dennoch anspruchsvoll und zugleich perfekt für Golfeinsteiger geeignet ist. Im Kontrast dazu verfügen die zweiten 9 Bahnen über eine überdurchschnittliche Länge von rund 3.150 m. Auf dem großzügigen Übungsareal wird daneben schon das Training zum großen Golferlebnis.

Greenfee-Aktion: Seite G 21

Golf-Club Hoisdorf e.V.

Karte, Nr. 55, Feld F3 18 Design: Kurt Peters

gegründet: 1977

Lunken, Hof Bornbek, Zufahrt über Fuhrwegen,
22955 Hoisdorf
04107-7831 04107-9934
info@gc-hoisdorf.com
www.gc-hoisdorf.com

PR Arne Wolf

i 04107-7831
Anne Timm, Sylvia Paragnik, Petra Bröcker

Gastronomie „All Square", Axel Hagedorn
04107-908845
Mo. Ruhetag

PRO Pro: Graham Carruthers, Sven Busch

H: 5831 m, CR 72.7, SL 132, Par 71
D: 5178 m, CR 74.7, SL 128, Par 71
19 Rangeabschläge (2 überdacht)

G Gäste sind jederzeit willkommen. Anmeldung ist notwendig. Clubausweis mit eingetragener PE ist erforderlich. Gruppenermäßigungen auf Anfrage / E-Carts auf Anmeldung (18-Loch EUR 35 / 9-Loch EUR 25) / Zahlungen bar oder EC-Karte / Golfbälle für den Abschlag (28 Stück EUR 2) am Ballautomaten / Leih-Trolley (EUR 5)

18-Loch-Greenfee: WT: EUR 70 / WE: EUR 80
9-Loch-Greenfee: WT: EUR 35 / WE: EUR 45
Greenfee Specials
Ermäßigung: Jugendl./Stud. bis 25 J. 50%

Platzinfos

VCG GPS CLUB GASTRO

Platzbeschreibung

Der Golf-Club Hoisdorf steht seit über 45 Jahren für Einzigartigkeit. Entspannt Golfen in absoluter Ruhe. Runterkommen vom Alltag in purer Natur. Die kurz nach Entstehung bereits ausgezeichnete weitläufige 18-Loch-Anlage vor den Toren Hamburgs ist harmonisch in originäre Wald-, Feld- und Grünflächen mit altem Baumbestand eingebettet.

Anfahrtsbeschreibung

Die Adresse für Ihr Navi lautet: Lunken, 22955 Hoisdorf Anfahrt: BAB Hamburg-Lübeck, Abfahrt Ahrensburg, Richtung Siek/Trittau. Ortsumgehung Siek, im 1. Kreisel geradeaus, im 2. Kreisel Richtung Lütjensee. Durch den Ortsteil Sieker Berg fahren, hinter dem grünen Ortsschild „Fuhrwegen" rechts in die Straße „Lunken" abbiegen und dem asphaltierten Weg Richtung Golfplatz folgen (beschildert).

Nächstgelegene Plätze

Großensee, GC (Nr. 57)
Siek/Ahrensburg, GC (Nr. 54)
Hamburg Ahrensb., GC (Nr. 48)

Golfclub Hamburg-Holm e.V.

Karte, Nr. 56, Feld F3 **27** Höhe: 10 m

gegründet: 1986

Haverkamp 1, 25488 Holm
☎ 04103-91330 🖷 04103-913313
✉ info@gchh.de
💻 www.gchh.de

PR: Burckhardt Reimer, GF: Manfred Wilinski
Headgreenkeeper: Rolf Ladiges

i: ☎ 04103-91330 🖷 -913313
Claudia Voß, Anke Jankowski

Tanja Baur, Tanja Baur
☎ 04103-913320
Mo. Ruhetag

PRO SHOP: Gordon Mackintosh
☎ 04103-913330 🖷 -919041

PRO: Pro: Gordon Mackintosh, Villwock Karl

27-Loch Platz A - B oder C-Course
H: 6114 m, CR 72.2, SL 131, Par 72
D: 5376 m, CR 74.7, SL 130, Par 72
25 Rangeabschläge (12 überdacht)

G: Gäste sind Montag - Freitag (außer an Feiertagen) willkommen. Sa./So./Feiertage ist Anmeldung notwendig. Clubausweis mit eingetragenem Handicap (36) ist erforderlich.

18-Loch-Greenfee: WT: EUR 85 / WE: EUR 90
9-Loch-Greenfee: WT: EUR 60 / WE: EUR 70
Ermäßigung: Jugendl./Stud. bis 25 J. 50%

Platzinfos

VCG

Anfahrtsbeschreibung

A 7 Hamburg-Kiel, Ausf. Bahrenfeld Ri. Wedel, B 431 bis Holm, an 2. Ampel im Ort re. nach Pinneberg (Lehmweg), nach 2 km (hinter Tunnelbrücke) re. Haverkamp. Oder: A 23 bis Pinneberg-Süd, Ri. Wedel bis Abzw. Haseldorfer Marsch-Holm, re. in Lehmweg, nach 2km (vor Tunnelbrücke) li. Haverkamp. Von HH-City: Über Schenefeld u. LSE (L 103), am Ende am Kreisel li. Ri. Wedel bis Abzw. Haseldorfer Marsch, am Kreisel re. Lehmweg, s.o., 2 große Granitsteine und Hinweisschild markieren Zufahrt

Platzbeschreibung

Die Anlage liegt inmitten eines Landschaftsschutzgebietes nahe der Holmer Sandberge. Eine typisch holsteinische Knicklandschaft, das Hetlinger und Wittmoor prägen den weitläufigen Kurs. Teilweise dichter und alter Baumbestand und die gut platzierten Hindernisse bieten zusätzliche Abwechslung im Spiel.

Nächstgelegene Plätze

Weidenhof, GP (Nr. 52)
Fairway Golf (Nr. 50)
Gut Haseldorf, GC (Nr. 51)

Golf Club Großensee e.V.

Karte, Nr. 57, Feld F3 **18/9** Design: Golf Club Großensee Höhe: 45 m

gegründet: 1975

Hamburger Straße 29, 22946 Großensee
04154-6473 04154-60428
info@gc-grossensee.de
www.gc-grossensee.de

PR Georg Nern
Headgreenkeeper: Heiko Tock

04154-6473 04154-60428
Andrea Ingwersen, Birgit Lathwesen

Restaurant LUNA am Grün
04154-7945943 04154-60428

PRO SHOP Gary Milliner
0160-9013902

PRO Pro: Andreas Grombein, Gary Milliner

18-Loch Hauptplatz
H: 6059 m, CR 72.3, SL 130, Par 73
D: 5339 m, CR 74.3, SL 129, Par 73
9-Loch Kurzplatz (Par 3)
H: 909 m, Par 27, D: 909 m, Par 27
12 Rangeabschläge (7 überdacht)

G Gäste sind Montag - Freitag (außer an Feiertagen) willkommen. Sa./So./Feiertage ist Anmeldung notwendig. Clubausweis mit eingetragenem Handicap (54) ist erforderlich.

18-Loch-Greenfee: WT: EUR 60 / WE: EUR 70
9-Loch-Greenfee: WT: EUR 35 / WE: EUR 45
Ermäßigung: Jugendl./Stud. 50%

Platzbeschreibung

Der Golfclub liegt auf einer Endmoräne, eingebettet zwischen Wäldern und Feldern. Die Spielbahnen folgen den landschaftlichen Gegebenheiten und die idyllische Ruhe des Umlandes. Der herrliche Rundblicke über die schleswig-holsteinische Knicklandschaft bietet Balsam für die Seele. Sportlich ist die Ruhe nicht zu unterschätzen. Roughs, Bunker, Wasserhindernisse und gut verteidigte Grüns erfordern Präzision.

Platzinfos

VCG GPS

Anfahrtsbeschreibung

A 1 Hamburg-Lübeck, Ausfahrt Stapelfeld Richtung Trittau über Braak Richtung Großensee, nach einer S-Kurve vor Großensee zum Golfplatz abbiegen und der Beschilderung folgen.

Nächstgelegene Plätze

Hoisdorf, GC (Nr. 55)
Siek/Ahrensburg, GC (Nr. 54)
Hamburg Ahrensb., GC (Nr. 48)

Hamburger Golf-Club e.V. Falkenstein

Karte, Nr. 58, Feld F3 **18** Design: Colt, Alison und Morrison Höhe: 100 m

gegründet: 1906

In de Bargen 59, 22587 Hamburg
040-812177 040-817315
info@golfclub-falkenstein.de
www.golfclub-falkenstein.de

PR: Ulf Holländer, GF: Berthold Apel

i: 040-812177 040-817315
Kirsten Neumann, Kristina Tenbruck

Ralf Michael Glatzel
040-814404 040-861168

PRO SHOP: Golf Shop Falkenstein, Cüneyt Görmüs
040-53034712

PRO: Pro: Frédéric Ammon, Christian Lanfermann, Stephan Blume, Matthias Boje, Moritz Dickel, Marco Müntnich, Luis Schmid

H: 5759 m, CR 71.4, SL 135, Par 71
D: 5060 m, CR 73.2, SL 133, Par 71
30 Rangeabschläge (8 überdacht)

G: Gäste sind Montag - Freitag (außer an Feiertagen) willkommen. Anmeldung ist notwendig. Clubausweis mit eingetragenem Handicap (36) ist erforderlich. In Mitgliederbegleitung ist der Platz täglich bespielbar. Mobiltelefonieren ist auf dem Platz nicht erlaubt.

18-Loch-Greenfee: WT: EUR 100
9-Loch-Greenfee: WT: EUR 60
Ermäßigung: Jugendl./Stud. bis 25 J. 40%

Platzinfos

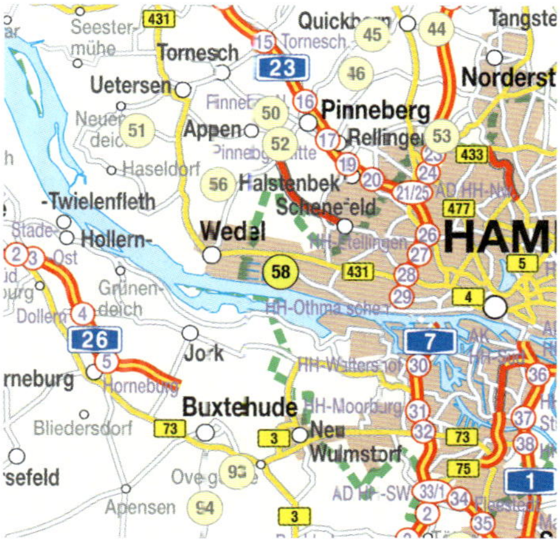

Anfahrtsbeschreibung

A 7, Ausfahrt Bahrenfeld oder Othmarschen Richtung Blankenese, durch den Ort die Rissener Landstraße nach Rissen, noch im Waldstück vor dem Ort rotes Schild „Rissen", nächste Straße links „In de Bargen", noch ca. 200 m bis zum Golfplatz.

Platzbeschreibung

Am 16. Januar 1906 wurde im „patriotischen Gebäude" zu Hamburg der Hamburger Golf-Club gegründet. Auf dem heutigen Gelände schufen die weltweit bekannten Golfplatzarchitekten Colt, Alison und Morrison in der Zeit von 1928 bis 1930 ein Meisterwerk englischer Golf-Architektur.

Nächstgelegene Plätze

Hamburg-Holm, GC (Nr. 56)
Weidenhof, GP (Nr. 52)
Fairway Golf (Nr. 50)

Greenfee-Aktion: Seite G 21

Golf-Club Gut Grambek e.V.

Karte, Nr. 59, Feld G3 18 Design: Kurt Peters Höhe: 20 m

gegründet: 1981

Schloßstraße 21, 23883 Grambek/Mölln
✆ 04542-841474 🖷 04542-841476
✉ info@gcgrambek.de
💻 www.gcgrambek.de

PR: Dr. Uwe Melchert

i: ✆ 04542-841474 🖷 04542-841476
Jennifer Heyn, May-Britt Kiel, Karina Czech

Rosalie im Gutshaus Grambek, Martin Wentz
✆ 04542-8548524

PRO: Pro: Melvyn Johnson

H: 5907 m, CR 71.2, SL 126, Par 71
D: 5174 m, CR 73.2, SL 122, Par 71
20 Rangeabschläge (5 überdacht)

G: Gäste sind jederzeit willkommen. Anmeldung ist notwendig. Clubausweis mit eingetragenem Handicap (54) ist erforderlich.

18-Loch-Greenfee: WT: EUR 70 / WE: EUR 80
9-Loch-Greenfee: WT: EUR 35 / WE: EUR 40
In Mitgliederbegleitung WT: EUR 35 / WE: EUR 40 6er Greenfeekarte WT: EUR 240
WE: EUR 300. Nicht übertragbar.
Ermäßigung: Jugendl. bis 18 J. und Stud. bis 27 J. 50%

Platzinfos

VCG GPS CLUB GASTRO

Anfahrtsbeschreibung

Von Lübeck B 207 Richtung Mölln, Abfahrt Alt-Mölln/Mölln-Süd u. links Ri. Mölln abbiegen. In Mölln hinter der freien Tankstelle an der Ampel rechts in Richtung Grambek, an der Straßengabelung re. abbiegen Ri. Grambek. Den Ort Grambek durchfahren.Letzte Ausfahrt im Kreisel. Ca. 100 m hinter dem Ortsausgangsschild auf der rechten Seite befindet sich der Parkplatz. Oder A 24 Abfahrt Gudow Richtung Güster. An der nach links abknickenden Vorfahrtsstraße geradeaus durch den Wald, am Ortseingangsschild von Grambek links liegt der Parkplatz.

Platzbeschreibung

Der Golfplatz liegt inmitten des Naturparks Lauenburgische Seen, harmonisch eingebettet in eine typisch holsteinische Knicklandschaft mit altem Baumbestand. Einige Spielbahnen verlaufen als lange, breite Waldschneisen durch Kiefern- und Fichtenwälder. Fast eben, mit sanften Bodenwellen, ist der Platz leicht zu begehen und zu fast jeder Jahreszeit bespielbar.

Nächstgelegene Plätze

Brunstorf, G&CC (Nr. 65)
Am Sachsenwald, GC (Nr. 62)
Hoisdorf, GC (Nr. 55)

GolfRange Hamburg-Oststeinbek

GOLF RANGE

Karte, Nr. 60, Feld F3 9

gegründet: 2003

Meessen 38, 22113 Oststeinbek
040-4130490 040-41304922
hamburg@golfrange.de
www.golfrange.de

PR
GF: Hans Peter Thomßen
Dr. Florian Bosch, CM: Florian Abt
Johannes Arendt
Headgreenkeeper: Leszek Woycek

040-4130490 040-41304922
Nele-Marie Brüdgam, Henri Graß

Ingo Steen
0176-58438003

PRO SHOP
Golfshop Oststeinbek Inh. Jens Stock
0179-7796959

PRO
Pro: Johnny Riordan

H: 5066 m, CR 67, SL 118, Par 66
D: 4362 m, CR 67.9, SL 115, Par 66
120 Rangeabschläge (11 überdacht)

G
Gäste sind jederzeit willkommen. Anmeldung ist notwendig. Clubausweis mit eingetragenem Handicap (54) ist erforderlich.

18-Loch-Greenfee (bis 16:00 Uhr): WT: EUR 35 / WE: EUR 42
18-Loch-Greenfee (ab 16:00 Uhr): WT: EUR 38 / WE: EUR 42
9-Loch-Greenfee (bis 16:00 Uhr): WT: EUR 23 / WE: EUR 28
9-Loch-Greenfee (ab 16:00 Uhr): WT: EUR 25 / WE: EUR 28

Platzinfos

VCG

Anfahrtsbeschreibung

Aus Hamburg: Über die Glinder Straße/Möllner Landstraße, am Ortseingang links Richtung Gewerbegebiet/REAL. Der Straße folgen, 50 m nach der Linkskurve rechts einbiegen in die Straße Meessen und der Beschilderung folgen. Oder: A 1, Ausfahrt Hamburg-Öjendorf zur Möllner Landstraße, Richtung Oststeinbek, am Ortseingang links abbiegen, Richtung Gewerbegebiet/REAL und der Beschilderung folgen.

Platzbeschreibung

Die GolfRange bietet Golfvergnügen in malerischer Natur direkt vor den Toren Hamburgs. Nur 20 min von der Hamburger City entfernt, tragen umfangreiche Übungseinrichtungen, 9 hochwertige Spielbahnen, professionelle Golfschulbetreuung, günstige Aufnahme- und Spielgebühren sowie ein Clubhaus zum Wohlfühlen dazu bei, Golfen zum Erlebnis werden zu lassen.

Nächstgelegene Plätze

Glinde, GC Gut (Nr. 61)
Red Golf, Moorfleet (Nr. 63)
Wentorf-Reinbeker GC (Nr. 64)

Golfclub Gut Glinde e.V.

Karte, Nr. 61, Feld F3 **18/9/6** Design: Holger Rengstorf, Olaf Osterkamp Höhe: 52 m

gegründet: 2002

In der Trift 4, 21509 Glinde
040-7100506 040-71005079
info@golf-gut-glinde.de
www.golf-gut-glinde.de

PR: Dr. Carin Rösener

i: 040-7100506 040-71005079
Fabian Hensel, Sandra Stein

Golf Gut Glinde - Restaurant, Andrea Lessau
040-7100506 040-71005079

PRO SHOP: Golf Gut Glinde - Pro Shop
040-7100506 040-71005079

PRO: Pro: Thomas Krüger, Thomas Tober, Sören Jöns

18-Loch Platz
H: 5911 m, CR 71.3, SL 135, Par 72
D: 5329 m, CR 73.4, SL 131, Par 72
9-Loch Platz
H: 4852 m, CR 66, SL 111, Par 68
D: 3916 m, CR 65.2, SL 106, Par 68
100 Rangeabschläge (15 überdacht)

G: Gäste sind jederzeit willkommen. Anmeldung ist notwendig. Clubausweis mit eingetragenem Handicap (54) ist erforderlich. Sa./So./Feiertage ist Handicap 45 erforderlich.

18-Loch-Greenfee: WT: EUR 70 / WE: EUR 80
9-Loch-Greenfee: WT: EUR 45 / WE: EUR 50
6-Loch-Kurzplatz (Bahnen von 46-88 m Länge) für Anfänger: EUR 15 pro Person inkl. Rangefee.
Ermäßigung: Jugendl. bis 18 J. 50%, Stud. bis 25 J. 30%

Platzbeschreibung

Nur 20 Min. von Hamburgs Innenstadt entfernt, lässt sich in Glinde auf 33 Bahnen Golf spielen: Ein 18-Loch-Meisterschaftsplatz, ein öffentlicher 9-Loch-Platz und ein 6-Loch-Kurzplatz für Anfänger bieten Spielspaß für jedes Golf-Niveau. Ein sehr großzügig bemessener Trainingsbereich, die Golf-Arena, rundet die moderne Golfanlage perfekt ab.

Platzinfos

VCG GPS CLUB GASTRO

Anfahrtsbeschreibung

Von Hamburg und von Westen: A 24, Ausfahrt Glinde/Reinbek. Von Norden und Süden: A 1 Ausfahrt Glinde/Reinbek/HH-Öjendorf oder Barsbüttel. Von Reinbek über den Reinbeker Weg nach Glinde. Der Ausschilderung nach Glinde folgen, in der Ortsmitte: Möllner Landstraße, Sönke-Nissen-Allee rechts abbiegen.

Nächstgelegene Plätze

GolfRange Hamb.-Oststeinb. (Nr. 60)
Wentorf-Reinbeker GC (Nr. 64)
Red Golf, Moorfleet (Nr. 63)

Golf-Club Am Sachsenwald e.V.

Karte, Nr. 62, Feld F3 **18/6** Design: Karl F. Grohs Höhe: 50 m

gegründet: 1985

Am Riesenbett, 21521 Dassendorf
✆ 04104-6120
✉ info@gc-sachsenwald.de
www.gc-sachsenwald.de

✆ 04104-6120
Ulrike Feilke, Birgit Niemeyer, Uta Seltmann

Ristorante am Riesenbett,
Fabio di Nardo di Maio
✆ 04104-961524 🖷 04104-9629525
Mo. Ruhetag

Pro: Alan Roberts, Lennart Optelaak

18-Loch Platz
H: 6087 m, CR 72.6, SL 130, Par 72
D: 5324 m, CR 74.2, SL 128, Par 72
6-Loch Platz
H: 418 m, Par 18, D: 418 m
30 Rangeabschläge (6 überdacht)

Gäste sind Montag - Freitag (außer an Feiertagen) willkommen. Anmeldung ist notwendig. Clubausweis mit eingetragenem Handicap (45) ist erforderlich.

18-Loch-Greenfee: WT: EUR 70 / WE: EUR 85
Ermäßigung: Jugendl./Stud. bis 25 J. 50%

Platzbeschreibung

Leicht geschwungenes Gelände mit schönem Weitblick vor der Kulisse des Sachsenwaldes. Kreuzende Bäche, geschickt verteilte Teiche und Biotope sowie bunkerbewehrte hängende Grüns und knifflige Roughs stellen selbst den niedrigen Hcp-Spieler vor Herausforderungen. Die teils imposant langen Bahnen bieten fast ausnahmslos Gelegenheit zur Nutzung des Drivers, aber nur wer diesen reizvollen Platz strategisch spielt, erreicht einen guten Score.

Platzinfos

VCG GPS GASTRO

Anfahrtsbeschreibung

Von Süden: A 1/A 25 bis Ende (Geesthacht), li. über B 5 bis Escheburg, dann re. nach Kröppelshagen und weiter re. B 207 Ri. Schwarzenbek, nächste Kreuzung li. Dassendorf-Aumühle, kurz nach dem Ortsausgang Dassendorf direkt vor dem Waldrand rechts. Von Hamburg: B 5 Bergedorf-Wentorf-Schwarzenbek, wie oben an der Kreuzung li. Ri. Dassendorf. Von der A 24 Hamburg-Berlin: Ausfahrt Reinbek Ri. Süden auf die K 80, 2. Ausf. re. nach Aumühle-Dassendorf.

Nächstgelegene Plätze

Brunstorf, G&CC (Nr. 65)
Escheburg, GC (Nr. 66)
Wentorf-Reinbeker GC (Nr. 64)

Red Golf Moorfleet GmbH & Co.KG

Karte, Nr. 63, Feld F3 9

gegründet: 2002

Vorlandring 16, 22113 Hamburg
040-7887720 040-78877222
moorfleet@redgolf.de
www.redgolf.de

PR CM: Max Stechmann

040-7887720 040-78877222
Pascal Mohr, Vanessa Wirth

Red Golf Bistro
040-78877225

PRO SHOP Red Golf, David Entwistle
040-7887720 040-78877222

PRO Pro: David Entwistle

H: 4746 m, CR 66.1, SL 124, Par 68
D: 4168 m, CR 67.3, SL 119, Par 68
60 Rangeabschläge (20 überdacht)

G Gäste sind jederzeit willkommen. Anmeldung ist notwendig. Clubausweis mit eingetragener PE ist erforderlich.

18-Loch-Greenfee: WT: EUR 40 / WE: EUR 50
9-Loch-Greenfee: WT: EUR 25 / WE: EUR 30
Ermäßigung: Jugendl. bis 18 J. 50%, Stud. bis 27 J. 25%

Platzbeschreibung

Die 2002 gegründete öffentliche Golfanlage mit 9 Löchern (Par 68) und großzügigen Übungsflächen ist auf einer Fläche von 26 Hektar angelegt und bietet neben einer doppelstöckigen Range u.a. auch eine Flutlichtanlage für das Training bei Dunkelheit. Ein Altbestand an Bäumen, Grabensysteme zum Moorfleeter Deich sowie zeitweise wasserführende Flächen übernehmen ausreichend Hindernis- und Biotopfunktion in dem reizvoll zu spielenden Golfcourse.

Platzinfos

VCG

Anfahrtsbeschreibung

A1 Hamburg-Lübeck, Abfahrt Moorfleet (beim neuen IKEA-Süd), an der 3. Ampel links in den Brennerhof in Richtung Elbfähre (an der Ecke ist ein Küchenstudio), 1,2 km der Straße folgen und an der nächsten Ampel rechts in den Moorfleeter Deich, 500 m weiter auf dem Moorfleeter Deich, dann links in den Boehringerweg/ Vorlandring, der direkt zum Platz führt.

Nächstgelegene Plätze

GolfRange Hamb.-Oststeinb. (Nr. 60)
Glinde, GC Gut (Nr. 61)
Wentorf-Reinbeker GC (Nr. 64)

Wentorf-Reinbeker Golf-Club e.V.

Karte, Nr. 64, Feld F3 **18** Höhe: 25 m

gegründet: 1901

Golfstraße 2, 21465 Wentorf / Hamburg
040-72978068 040-72978067
sekretariat@wrgc.de
www.wrgc.de

PR Headgreenkeeper: Jörn Wenck

i 040-72978068 040-72978067

Söhnke Brehmer
040-7202610
Mo. Ruhetag

PRO SHOP Stuart Griffin
040-72979691

PRO Pro: Stuart Griffin, William Winters

H: 5821 m, CR 72.1, SL 131, Par 72
D: 5165 m, CR 74.2, SL 129, Par 72
20 Rangeabschläge (4 überdacht)

G Gäste sind jederzeit willkommen. Clubausweis mit eingetragenem Handicap (36) ist erforderlich. Elektrocarts auf Anfrage

18-Loch-Greenfee: WT: EUR 70 / WE: EUR 80
9-Loch-Greenfee: WT: EUR 40 / WE: EUR 50
Beim Spielen mit einem Mitglied gibt es EUR 10 / EUR 5 Ermäßigung.
Ermäßigung: Jugendl. bis 18 J. und Stud. bis 25 J. 50%

Platzinfos

VCG

Anfahrtsbeschreibung

Hauptrichtung Hamburg-Bergedorf, aus der Innenstadt Hamburg über die B 5 (Bergedorf-Berlin), sonst über die A 1/E 4 Hamburg-Lübeck (Ausfahrt Bergedorf-Billstedt) an der Linksabbiegung Oststeinbek/Reinbek weiter in Richtung Reinbek in der Ortsmitte Reinbek weiter in Hauptrichtung Bergedorf/Wentorf, unmittelbar hinter dem Reinbeker Schloss links in den Weg „Am Mühlenteich" einbiegen und der Verlängerung „Golfstraße" bis zum Golfplatz folgen.

Platzbeschreibung

Der Wentorf-Reinbeker Golf-Club wurde im Jahr 1901 gegründet und ist eines der Gründungsmitglieder des Deutschen Golf Verbandes. Der Platz liegt am Rande des Sachsenwaldes im Osten von Hamburg, ist landschaftlich sehr reizvoll und von hohem sportlichen Anspruch. Die Fairways sind durch den alten Baumbestand relativ eng und der Schlag zum Grün ist nicht immer einfach. Die Grüns sind teilweise von Wasserhindernissen verteidigt oder haben viele Breaks.

Nächstgelegene Plätze

Escheburg, GC (Nr. 66)
Glinde, GC Gut (Nr. 61)
Am Sachsenwald, GC (Nr. 62)

Greenfee-Aktion: Seite G 23

Golf & Country Club Brunstorf

Karte, Nr. 65, Feld G3 **18/9** Design: M. Meyer, P. Miller, D. Krause Höhe: 50 m

gegründet: 1995

Bundesstraße 55, 21524 Brunstorf
☎ 04151-867878
✉ info@golfclub-brunstorf.de
💻 www.golfclub-brunstorf.de

PR: Christian Thiemann, GF: Christian Thiemann, CM: Thomas Marxsen
Headgreenkeeper: Michael Büttner

i: ☎ 04151-867878
Birgit Vietz, Nicole Schadwell, Elisabeth Meyer

Restaurant Greenvieh, Jürgen Langenbacher
☎ 04151-867860

PRO SHOP: Bin und Peter Miller, Bin Zhou-Miller
☎ 04151-899320 🖷 -899320

PRO: Pro: Alexander Schönfeld, Hauke Holtermann, Peter Miller

18-Loch Championship-Course
H: 6080 m, CR 72.9, SL 135, Par 73
D: 5170 m, CR 73.4, SL 139, Par 73
9-Loch Golfplatz Brunstorf Süd
H: 4058 m, CR 61.6, SL 101, Par 64
D: 3498 m, CR 61.4, SL 98, Par 64
80 Rangeabschläge (20 überdacht)

G: Gäste sind jederzeit willkommen. Anmeldung ist notwendig. Clubausweis mit eingetragenem Handicap (54) ist erforderlich. Sa./So./Feiertage ist Handicap 45 erforderlich. Der 2. Platz ist ohne Mitgliedschaft bespielbar. K

18-Loch-Greenfee: WT: EUR 70 / WE: EUR 80
9-Loch-Greenfee: WT: EUR 40 / WE: EUR 45
Ermäßigung: Jugendl. bis 18 J. und Stud. bis 25 J. 38%

Nächstgelegene Plätze

Am Sachsenwald, GC (Nr. 62)
Escheburg, GC (Nr. 66)
Wentorf-Reinbeker GC (Nr. 64)

Platzinfos

VCG GPS CLUB GASTRO

Anfahrtsbeschreibung

A 24 Hamburg-Berlin, 1. Ausfahrt Reinbek Richtung Reinbek, 2. Abfahrt Richtung Aumühle, durch Aumühle Richtung Dassendorf, in Dassendorf auf der B 207 Richtung Schwarzenbek oder B 5 Richtung Bergedorf, in Bergedorf auf der B 207 Richtung Wentorf/Schwarzenbek zum Golfplatz. Für Navigationsgeräte bitte als Straße Bundesstraße 55 eingeben.

Platzbeschreibung

Die Golfanlage Brunstorf liegt 30 Minuten östlich von Hamburg, gut erreichbar an der B 207 und ist umgeben von Wiesen, Feldern und den Ausläufern des 7000 ha großen Sachsenwaldes. Neben einem anspruchsvollen 18-Loch Championship-Course, der sich harmonisch in die Landschaft einfügt, bietet die Anlage einen öffentlichen 9-Loch Golfplatz, der auch ohne DGV-Ausweis bespielbar ist.

Greenfee-Aktion: Seite G 23

Golf-Club Escheburg e.V.

Karte, Nr. 66, Feld F3 18/6

gegründet: 1991

Am Soll 3, 21039 Escheburg
04152-83204 04152-83205
info@gc-escheburg.de
www.gc-escheburg.de

PR: Otto Ahlers

i: 04152-83204 04152-83205
Nadine Laudi, Nina Cockayne

IL RISTORANTE, Salim Musai
04152-839896

PRO: Pro: James Kennedy

18-Loch Platz
H: 6010 m, CR 72, SL 132, Par 72
D: 5202 m, CR 73.6, SL 126, Par 72
6-Loch Nordplatz (Executive)
H: 1211 m, Par 20
D: 1099 m, Par 20
10 Rangeabschläge (2 überdacht)

G: Gäste sind jederzeit willkommen. Sa./So./Feiertage ist Anmeldung notwendig. Clubausweis mit eingetragener PE ist erforderlich.

18-Loch-Greenfee: WT: EUR 70 / WE: EUR 80
9-Loch-Greenfee: WT: EUR 35 / WE: EUR 40
Kennenlern-Greenfee 50% Rabatt auf das 18 Loch Greenfee (für Golfer, die noch nicht bei uns waren)
Ermäßigung: Jugendl. und Stud. bis 27 J. 50%

Platzbeschreibung

Der Charakter der Anlage wird durch die reizvolle schleswig-holsteinische Knicklandschaft geprägt. Eine umfangreiche Bepflanzung grenzt die Spielbahnen gegeneinander ab. Die 18 Fairways wurden so gestaltet, dass sie mit den vielen Bunkern und gut platzierten 12 Wasserhindernissen ein strategisches und gut platziertes Spiel erfordern.

Platzinfos

Anfahrtsbeschreibung

Von Hamburg: A 25 Richtung Geesthacht bis zum Autobahnende, auf der B 5 Richtung Escheburg. Oder: B 5 Escheburg Richtung Kröppelshagen. Über die B207 in Kröppelshagen Richtung Escheburg, dann dem Hinweisschild „Golfplatz" folgen.

Nächstgelegene Plätze

Wentorf-Reinbeker GC (Nr. 64)
Am Sachsenwald, GC (Nr. 62)
Brunstorf, G&CC (Nr. 65)

Schleswig-Holstein+Hamburg

WENN SIE HIER SPIELEN WOLLEN ...
CASA DE CAMPO, TEETH OF THE DOG, DOMINIKANISCHE REPUBLIK
... www.1golf.eu
ALBRECHT GOLF TRAVEL
DIESES UND VIELE WEITERE FASZINIERENDE REISEZIELE FINDEN SIE BEI UNS.
Wir beraten Sie gerne auch telefonisch +49 89 85853-300 oder per E-Mail an travel@albrecht.de

Mecklenburg-Vorpommern

Club-Nr.	Clubname	Seite	Gutschein	Club
67	Golfclub Schloss Ranzow			74
68	Golfclub Rügen e.V.		■ G 23	75
69	Golfclub „Zum Fischland" e.V.			76
70	Golfanlage Warnemünde			77
71	Ostsee Golf Club Wittenbeck e.V.			78
72	Golfpark Strelasund		■ G 23	79
73	Hanseatischer Golfclub e.V. in Greifswald		■ G 23, 25	80
74	Golfclub Tessin e.V.		■ G 25	81
75	Golfclub Balmer See-Insel Usedom e.V.			82
76	Bades Huk Golfclub		■ G 25, G 27	83
77	Baltic Hills Golf Usedom		■ G 27	84
78	Golfclub Schloss Teschow e.V.		■ G 27	85
79	Van der Valk Golfclub Serrahn		■ G 27, G 29	86
80	WINSTONgolf			87
81	Golf & Country Club Schloß Krugsdorf			88
82	Golfclub Mecklenburg-Strelitz e.V.			89
83	GOLF Fleesensee			90

■ = Partner Albrecht Greenfee-Aktion

Golfclub Schloss Ranzow

Karte, Nr. 67, Feld L1 **18** Design: Rengstorf Golf Design Höhe: 50 m

gegründet: 2015

Schlossallee 1, 18551 Lohme/Rügen
038302-88911 0 38302 - 88 91 188
golf@schloss-ranzow.de
www.golf-schloss-ranzow.de

PR: Wolfgang Zeibig, GF: Sylke Zeibig
Headgreenkeeper: Rene Krosse

i: 038302-88911 0 38302 - 88 91 188
Astrid Kaynig

Restaurant EARL
038302-88910 0 38302 - 88 91 188
Di. und Mi. Ruhetag

PRO SHOP: Astrid Kaynig
038302-88911

H: 5397 m, CR 69, SL 129, Par 71
D: 4584 m, CR 69.7, SL 124, Par 71
8 überdachte Rangeabschläge

G: Gäste sind jederzeit willkommen. Anmeldung ist notwendig. Clubausweis mit eingetragenem Handicap (54) ist erforderlich.

18-Loch-Greenfee: EUR 79
9-Loch-Greenfee: EUR 45
Ermäßigung: Jugendl. bis 18 J.

Platzbeschreibung

Hoch oben im Inselnorden erwartet den Golfer der 18-Loch Golfplatz Schloss Ranzow vor atemberaubender Ostseekulisse. Sanft wellige Fairways mit Blick auf die Ostsee verwöhnen das Auge knifflige Bunker- und Wasserhindernisse erfordern ein präzises Spiel und die Seewinde sind Naturschauspiel und Herausforderung zugleich. Der 5407m lange Par 71 18-Loch Platz ist so gestaltet, dass er Herausforderungen für alle Spielstärken bietet. Am Ende der Runde wird jeder mit einem Erfolgserlebnis den Platz verlassen. Neben einem gekonnt in Szene gesetzen 18-Loch Platz bietet Schloss Ranzow seinen Spielern alle Annehmlichkeiten für ein gelungenes Golferlebnis.

Platzinfos

VCG GPS CLUB GASTRO

Anfahrtsbeschreibung

Auf Rügen fahren Sie ab Stralsund über die B 96 in Richtung Sassnitz. In Sassnitz angekommen fahren Sie durch den Nationalpark. Lassen Sie Hagen hinter sich und biegen in Nipmerow rechts ab in Richtung Lohme. Nach ca. 1 km erreichen Sie den Ortseingang und sehen auf der rechten Seite Schloss Ranzow. Aus allen anderen Richtungen fahren Sie bitte durch Lohme bis zum Ortsausgang und biegen dann links ab. Geben Sie nicht nur die Postleitzahl, sondern auch den Ort, also 18551 Lohme in Ihr Navigationssystem ein.

Nächstgelegene Plätze

Rügen, GC (Nr. 68)
Hanseatischer GC (Nr. 73)
Strelasund, GP (Nr. 72)

Greenfee-Aktion: Seite G 23

Golfclub Rügen e.V.

Karte, Nr. 68, Feld K2 18/9

gegründet: 1995

Am Golfplatz 2, 18574 Garz OT Karnitz/Rügen
038304-82470
info@golfclub-ruegen.de
www.inselgolf-ruegen.de

PR Gerhard Kuhl, GF: Gerhard Kuhl, CM: Alexander Stuart Pahl

i 038304-824711

Restaurant am Golfplatz
038304-82470

PRO SHOP Schloss Karnitz Hotelbetriebsgesellschaft mbH
038304-82470

18-Loch Challenge Course
H: 5727 m, CR 71.3, SL 139, Par 72
D: 5128 m, CR 74, SL 129, Par 72
9-Loch Public Course
H: 3654 m, CR 60.9, SL 105, Par 60
D: 3298 m, CR 61.2, SL 101, Par 60
40 Rangeabschläge (8 überdacht)

G Gäste sind jederzeit willkommen. Anmeldung ist notwendig. Clubausweis mit eingetragenem Handicap (54) ist erforderlich.

18-Loch-Greenfee: EUR 75
9-Loch-Greenfee: EUR 40
Bei Wintergrüns 18-L. für 40,00 € / 9-L. für 25,00 € Ermäßigung: Jugendl. bis 17 J. und Stud. bis 27 J. 30%

Platzbeschreibung

Die Golfanlage liegt mitten im Herzen der Insel Rügen. Jedermann kann hier Golfspielen lernen, auch ohne in einem Club Mitglied zu sein. Die teilöffentl. Anlage ermöglicht ein harmonisches Miteinander von Clubleben und öffentl. Betrieb. Das Herzstück ist ein 18-Loch-Turnierplatz mit schmalen Fairways, undurchdringlichem Rough und hohem Baumbestand.

Platzinfos

VCG GPS CLUB GASTRO

Anfahrtsbeschreibung

Von Hamburg: A 1/A 20/B 105 über Wismar-Rostock nach Stralsund-Rügendamm, weiter B 96 Richtung Bergen,in Samtens vom Zubringer abfahren in Richtung Garz, in Garz geradeaus weiter nach Karnitz, in Karnitz lrechts in Richtung Golfplatz. Von Berlin: A 11 Richtung Stettin, Ausfahrt 6 Prenzlau auf die B 109 über Greifswald bis Stralsund-Rügendamm und weiter wie oben beschrieben zum Golfplatz.

Nächstgelegene Plätze

Hanseatischer GC (Nr. 73)
GC Ranzow (Nr. 67)
Strelasund, GP (Nr. 72)

Mecklenburg-Vorpommern

Golfclub „Zum Fischland" e.V.

Karte, Nr. 69, Feld I2 9 Design: Tony Ristola Höhe: 8 m

gegründet: 1999

Pappelallee 23a, 18311 Ribnitz-Damgarten/
OT Neuhof
☎ 03821-894610 Fax 03821-894611
✉ golf-fischland@t-online.de
www.golfclub-fischland.de

PR: Mathias Krack, GF: Karl Claus Pawlowski

i: ☎ 03821-894610 Fax -894611

Restaurant: ☎ 03821-894610 Fax -894611

PRO SHOP: ☎ 03821-894610 Fax -894611

H: 5142 m, CR 67.9, SL 125, Par 70
D: 4486 m, CR 68.9, SL 123, Par 70
30 Rangeabschläge (4 überdacht)

G: Gäste sind jederzeit willkommen. PE ist erforderlich.

Tages-Greenfee: EUR 50
18-Loch-Greenfee: EUR 45
9-Loch-Greenfee: EUR 35
Greenfee 5er-Karte 9-Loch: EUR 160 personengebunden / Partner 6er-Karte 9-Loch: EUR 190, personengebunden

Platzbeschreibung

Vor der beliebten Halbinsel Fischland-Darß-Zingst, zwischen Rostock und Stralsund, liegt dieser idyllische Platz. Die Gestaltung der 9-Loch-Anlage wurde einem Links-Course nachempfunden und stellt auch für erfahrene Spieler eine Herausforderung dar. Der Par 35-Course, von Golfplatzdesigner Tony Ristola gebaut, ist reich an Details und bietet zugleich Vergnügen und Erholung, sowie Befriedigung nach vollbrachtem Golfspiel.

Platzinfos

Anfahrtsbeschreibung

Von Berlin A 24/A 19 Richtung Rostock, Ausfahrt Rostock-Ost, weiter auf der B 105 Richtung Stralsund, vor Ribnitz in Borg rechts, weiter nach Neuhof. Die Golfanlage ist mit dem Auto von Ribnitz-Damgarten in ca. 8 Minuten, von Rostock in ca. 20 Minuten zu erreichen.

Nächstgelegene Plätze

Tessin, GC (Nr. 74)
Warnemünde, GA (Nr. 70)
Wittenbeck, Ostsee GC (Nr. 71)

Golfanlage Warnemünde

Karte, Nr. 70, Feld I2 **27/6** Design: David Krause

gegründet: 2007

Am Golfplatz 1, 18119 Rostock-Warnemünde
✆ 0381-7786830 🖷 0381-77868318
✉ info@golf-warnemuende.de
www.golf-warnemuende.de

PR GF: Ronny Polack

i ✆ 0331-7786830 🖷 0331-77868318

Cut & Chill
✆ 0381-7997

PRO SHOP Golfproshop Warnemünde
✆ 0381-7786830

27-Loch Platz
H: 6173 m, CR 73.2, SL 124, Par 72
D: 5091 m, CR 73, SL 122, Par 72
6-Loch Executive Platz
H: 988 m, Par 20, D: 810 m, Par 20
100 Rangeabschläge (10 überdacht)

G Gäste sind jederzeit willkommen. Anmeldung ist notwendig. Clubausweis mit eingetragener PE ist erforderlich. Die Anlage verfügt über 3 kombinierbare 9-Loch-Plätze und einen öffentlichen 6-Loch-Kurzplatz mit Driving Range.

Tages-Greenfee: EUR 99
18-Loch-Greenfee: EUR 75
9-Loch-Greenfee: WT: EUR 45 / WE: EUR 50
Ermäßigung: Jugendl. bis 18 J. und Stud. bis 27 J. 25%

Platzbeschreibung

Die 27-Loch Golfanlage ist so konzipiert, dass je nach Schwierigkeitsgrad drei verschiedene 9-Loch-Golfplätze zu 18 Loch-Kursen kombiniert werden können und ein ganzjähriger Spielbetrieb gewährleistet ist. Ein großzügiges Übungsareal mit überdachten Abschlagsplätzen erlaubt das Üben bei jedem Wetter. Der öffentliche 6-Loch-Kurzplatz ist von jedem ohne Platzerlaubnis zu bespielen.

Platzinfos

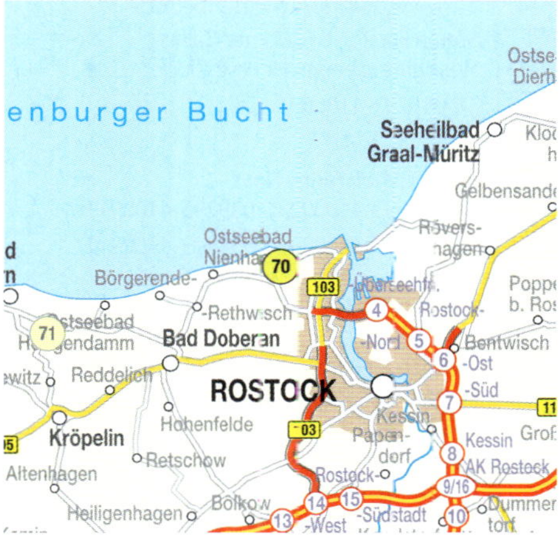

Anfahrtsbeschreibung

Die Golfanlage Warnemünde liegt unweit des Warnemünder Zentrums an der Doberaner Landstraße L 12 zwischen den Gemeinden Warnemünde/ Diedrichshagen und Elmenhorst.

Nächstgelegene Plätze

Wittenbeck, Ostsee GC (Nr. 71)
Zum Fischland, GC (Nr. 69)
Tessin, GC (Nr. 74)

Ostsee Golf Club Wittenbeck e.V.

Karte, Nr. 71, Feld H2 **18/9** Design: Städler, Joachim Reinmuth Höhe: 50 m

gegründet: 1996

Zum Belvedere, 18209 Wittenbeck
☎ 038293-410090 Fax 038293-4100911
✉ info@golf-resort-wittenbeck.de
www.golf-resort-wittenbeck.de

PR: Stefan Förster, GF: Werner Gallas
Headgreenkeeper: Henryk Gloger

i: ☎ 038293-410090

Bistro Eikhof, Fanny Haas
☎ 038293-410090 Fax 038293-4100911

PRO SHOP: ☎ 038293-410090 Fax 038293-4100911

PRO: Pro: Max Pingel

18-Loch Meisterschaftsplatz-Eikhof
H: 6000 m, CR 73.5, SL 135, Par 72
D: 5057 m, CR 74.3, SL 133, Par 72
9-Loch Kompaktplatz - Höstigen
H: 2750 m, CR 58.7, SL 101, Par 56
D: 2750 m, CR 59.1, SL 94, Par 58
30 Rangeabschläge (1 überdacht)

G: Gäste sind jederzeit willkommen. Anmeldung ist notwendig. Clubausweis mit eingetragenem Handicap (54) ist erforderlich.

18-Loch-Greenfee: EUR 100
9-Loch-Greenfee: EUR 55
Ermäßigung: Jugendl.

Platzinfos

Anfahrtsbeschreibung

Von Hamburg: A 20 bis Ausfahrt Nr. 12 (Kröpelin) in Richtung Köpelin, weiter Richtung Kühlungsborn. Von Berlin: A 19 bis Rostocker Kreuz, dort auf A 20 Ri. Lübeck bis Ausfahrt Nr. 13 (Bad Doberan) Ri. Bad Doberan und dann Ri. Kühlungsborn.

Platzbeschreibung

Direkt an der Ostsee, zwischen den traditionsreichen Seebädern Heiligendamm und Kühlungsborn, liegt das Ostsee Golf Resort Wittenbeck. Zwei fantastische Plätze mit insgesamt 27 Bahnen und einer außergewöhnlichen Platzarchitektur sind für Spitzenspieler und Golfanfänger genau die richtige Adresse. Beliebt sind auch die Einsteiger- und Aufbaukurse sowie das Schnuppertraining in der Golfschule.

Nächstgelegene Plätze

Warnemünde, GA (Nr. 70)
Bades Huk Golf (Nr. 76)
Zum Fischland, GC (Nr. 69)

Greenfee-Aktion: Seite G 23

Golfpark Strelasund

Karte, Nr. 72, Feld K2 **36** Design: David Krause, Andreas Lukasch

gegründet: 2003

Zur Alten Hofstelle 1-4, 18516 Süderholz OT Kaschow
✆ 038326-45830 🖷 038326-4583200
✉ info@golfpark-strelasund.de
💻 www.golfpark-strelasund.de

PR
GF: Jörg Remer
Marei Remer
Headgreenkeeper: Karsten Kreßmann

i
✆ 038326-45830 🖷 038326-4583200
Stefanie Remer

„Landgasthof Frettwurst"
✆ 038326-45830 🖷 038326-4583200

PRO SHOP
Golfpark Strelasund GmbH & Co. KG, Golfrezeption
✆ 038326-45830 🖷 038326-4583200

PRO
Pro: Petjo Kuzarow

18-Loch Mecklenburg Vorpommern Platz
H: 5855 m, CR 72.6, SL 136, Par 72
D: 4845 m, CR 72.4, SL 128, Par 72
18-Loch Strelasund-Inselcourse
H: 5714 m, CR 71.2, SL 132, Par 71
D: 4828 m, CR 72, SL 129, Par 71
30 Rangeabschläge (4 überdacht)

G
Gäste sind jederzeit willkommen. Anmeldung ist notwendig. Clubausweis mit eingetragenem Handicap (54) ist erforderlich.

Tages-Greenfee: EUR 99
18-Loch-Greenfee: EUR 85
9-Loch-Greenfee: EUR 45
Ermäßigung: Jugendl. bis 18 J. und Stud. bis 27 J.

Nächstgelegene Plätze
Hanseatischer GC (Nr. 73)
Rügen, GC (Nr. 68)
Tessin, GC (Nr. 74)

Platzinfos

Anfahrtsbeschreibung
Von Rostock auf der A 20, Abfahrt Grimmen-Ost, Richtung Grimmen, an der 2. Ampel rechts Richtung Reinberg, nach ca. 3 km rechts nach Neuendorf/Griebenow und über eine alte Alleestraße nach Kaschow. Oder: Aus Stralsund über den Rügenzubringer Richtung A 20, Abfahrt Miltzow/Grimmen, durch Willerswalde und Bartmannshagen, dort links Richtung Neuendorf/Griebenow und über die Alleestraße nach Kaschow.

Platzbeschreibung
Unsere 36-Loch Golfanlage ist in die hügelige, weite Landschaft Vorpommerns eingebettet. Wald, interessant geformte Bunker und Teiche, großzügig angelegte Waste Areas und zwei herrliche Inselgrüns bieten alles für ein attraktives Golfspiel. Der vom bekannten Golfarchitekten David Krause entworfene MV-Platz und der von Familie Remer entworfene Strelasund-Inselcourse lockt Spieler unterschiedlichster Spielstärken.

Greenfee-Aktion: Seite G 23, 25

Hanseatischer Golfclub e.V. in Greifswald

Karte, Nr. 73, Feld K2 **9** Design: Christoph Städler Höhe: 10 m

gegründet: 2004

Golfpark 1, 17498 Greifswald-Wackerow
✆ 03834-3689916
✉ info@golfclub-greifswald.de
www.golfclub-greifswald.de

PR Karsten Barenhoff, GF: Irene Bulla, CM: Irene Bulla

i ✆ 03834-3689916
Irene Bulla

Clubbistro

PRO Pro: Hanseatische Golfschule

9-Loch Storchenplatz
H: 5226 m, CR 68.2, SL 129, Par 70
D: 4660 m, CR 70.1, SL 130, Par 70
26 Rangeabschläge (4 überdacht)

G Gäste sind jederzeit willkommen. Clubausweis mit eingetragenem Handicap (54) ist erforderlich.

Tages-Greenfee: EUR 45
18-Loch-Greenfee: EUR 45
9-Loch-Greenfee: EUR 35
Ermäßigung: Jugendl./Stud. 50%

Platzbeschreibung

An der Stadtgrenze der Universitäts- und Hansestadt Greifswald liegt der Golfpark Greifswald-Wackerow mit dem Motto „Golfen vor historischer Kulisse". Der renommierte Golfplatzarchitekt Christoph Städler hat hier einen trickreichen 9-Loch Platz geschaffen, der für alle Spielstärken sehr interessant ist.

Platzinfos

VCG GPS

Anfahrtsbeschreibung

Der Platz liegt an der B 105 (Umgehungsstraße), Abfahrt Wackerow, Richtung Groß Petershagen, nach 200 m links auf den 800 m langen Weg zur Anlage. Der Platz ist ausgeschildert.

Nächstgelegene Plätze

Strelasund, GP (Nr. 72)
Rügen, GC (Nr. 68)
Balmer See-Usedom, GC (Nr. 75)

Greenfee-Aktion: Seite G 25

Golfclub Tessin e.V.

Tessin

Karte, Nr. 74, Feld I2 9 Design: Andreas Lukasch

gegründet: 1998

Alte Zuckerfabrik, 18195 Tessin
✆ 038205-12767 🖷 038205-13453
✉ kontakt@ostseegolftessin.de
www.ostseegolftessin.de

PR: Andreas Murken

i: ✆ 038205-12767 🖷 038205-13453

OSTSEEgolf Tessin
✆ 038205-12767 🖷 038205-13453

PRO SHOP: OSTSEEgolf Tessin UG (haftungsbeschränkt)
✆ 038205-12767 🖷 038205-13453

PRO: Pro: Mike Schulze

H: 5804 m, CR 71.9, SL 135, Par 72
D: 4914 m, CR 72.7, SL 131, Par 72
15 Rangeabschläge (6 überdacht)

G: Gäste sind jederzeit willkommen. Clubausweis mit eingetragenem Handicap (54) ist erforderlich.

Tages-Greenfee: Mo.-Do.: EUR 72 / Fr.-So.: EUR 82
18-Loch-Greenfee: Mo.-Do.: EUR 62 / Fr.-So.: EUR 67. 9-Loch-Greenfee: Mo.-Do.: EUR 37 / Fr.-So.: EUR 42

Platzinfos

VCG, GPS, CLUB, GASTRO

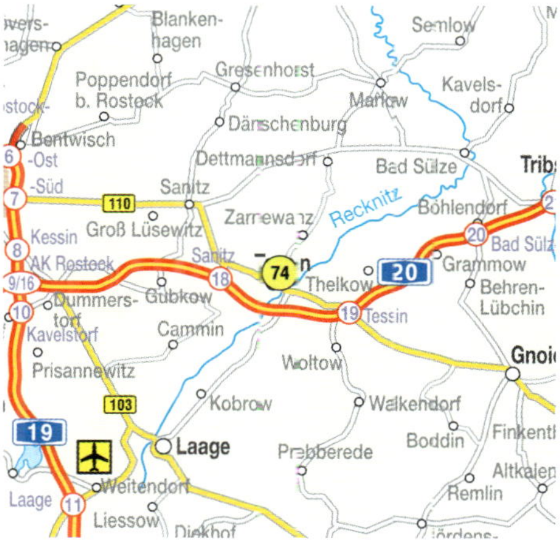

Anfahrtsbeschreibung

Von Rostock auf der B 110 Richtung Tessin und der Beschilderung folgen. Oder: A 20, Ausfahrt Tessin und der Beschilderung zum Golfplatz folgen.

Platzbeschreibung

Ein Fleckchen Erde, das sicher noch zu den Geheimtipps in Mecklenburg-Vorpommern gehört. Die Bahnen führen rings um den Schwanensee, über sanft ansteigende Hügel, umgeben von altem Baumbestand. Natürliche Wasserhindernisse und geschickt angelegte Bunker erhöhen das Spielvergnügen. Die besondere Atmosphäre liegt in der Mischung aus sportlicher Herausforderung und gemütlichem Clubleben.

Nächstgelegene Plätze

Zum Fischland, GC (Nr. 69)
Schloss Teschow, GC (Nr. 78)
Warnemünde, GA (Nr. 70)

Golfclub Balmer See-Insel Usedom e.V.

Karte, Nr. 75, Feld L2 **18/18/9** Höhe: 15 m

gegründet: 1995

Drewinscher Weg 1, 17429 Neppermin-Balm
☎ 038379-28199 Fax 038379-28200
✉ golfhus@golfhotel-usedom.de
www.golfhotel-usedom.de

PR Volker Otto, GF: Holger Koch

i ☎ 038379-28199 Fax -28200
Anja Porstein

Golfhotel
☎ 038379-280 Fax -28222

PRO SHOP ☎ 038379-28165 Fax -28200

PRO Pro: Sabeur Oussaifi

18-Loch Platz Blau
H: 5472 m, CR 70.5, SL 137, Par 71
D: 4796 m, CR 72.2, SL 131, Par 71
18-Loch Platz Gelb
H: 5111 m, CR 68.3, SL 131, Par 71
D: 4438 m, CR 69.5, SL 123, Par 71
14 Rangeabschläge (3 überdacht)

G Gäste sind jederzeit willkommen. Anmeldung ist notwendig. Clubausweis mit eingetragener PE ist erforderlich.

Tages-Greenfee: EUR 68

Platzbeschreibung

Inmitten der idyllischen Landschaft auf der Insel Usedom liegt neben dem Achterwasser der Golfpark Balm. Auf dem 120 ha großen Gelände wurden zwei 18-Loch-Meisterschaftsplätze konzipiert, die gehobenen spieltechnischen Erwartungen entsprechen.

Platzinfos

VCG GPS CLUB GASTRO

Anfahrtsbeschreibung

Zur Insel Usedom auf der B 110 über Anklam, ca. 7 km nach Stadt Usedom links Richtung Bansin bis Neppermin und von dort der Beschilderung zum Golfplatz folgen. Oder: Von Rostock über Greifswald nach Wolgast, von dort weiter auf der B 111 Richtung Ahlbeck,ca. 4 km nach Ückeritz rechts Richtung Usedom/Anklam und ab Neppermin der Beschilderung nach Balm und Golfplatz folgen.

Nächstgelegene Plätze

Baltic, Usedom (Nr. 77)
Hanseatischer GC (Nr. 73)
Schloß Krugsdorf (Nr. 81)

Bades Huk Golfclub

Karte, Nr. 76, Feld H2 **18** Design: Christoph Städler

BADES HUK GOLFCLUB

gegründet: 1991

Zum Anleger 41, 23968 Hohen Wieschendorf
0173-9476271
info@badeshuk-golf.de
www.badeshuk.de/golf

PR CM: Thorsten Wolfram
Headgreenkeeper: Hans Heinrich Jöhrens

i 0173-9476271
Jana Böhm

Cafe Marina

PRO SHOP Berrit Pierstorff

PRO Pro: Max Pingel

18-Loch Meisterschaftsplatz
H: 5838 m, CR 70.3, SL 116, Par 72
D: 4934 m, CR 70.4, SL 114, Par 72

G Gäste sind jederzeit willkommen. Clubausweis mit eingetragener PE ist erforderlich.

18-Loch-Greenfee: WT: EUR 50 / WE: EUR 60
9-Loch-Greenfee: WT: EUR 30 / WE: EUR 40
Ermäßigung: Jugendl./Stud.

Platzinfos

VCG GPS CLUB GASTRO

Anfahrtsbeschreibung

Der Golfclub liegt in Hohen Wieschendorf direkt an der Ostsee in Mecklenburg Vorpommern. Die Autobahn A20. Abfahrt Wismar. In Wismar-Gägelow rechts Richtung Boltenhagen über Froseken. In Hohen Kirchen rechts Richtung Hohen Wieschendorf. Schild Golfclub Hohen Wieschendorf.

Platzbeschreibung

Eine 18-Loch-Golfanlage mit traumhaften Ausblick auf die Ostsee: Mitten auf einer Halbinsel in der Wismarer Bucht in Hohen Wieschendorf finden Sie den Platz mit einem wunderschönen Ausblick auf das Meer. Die Bahnen sind leicht hügelig mit viel Wind und breiten Fairways. Die Abstände vom Grün zum nächsten Abschlag sind angenehm kurz, so dass Sie sich in aller Ruhe auf Ihr Spiel konzentrieren können. Die 18 Bahnen sind nach einer umfangreichen Modernisierung seit Oktober 2021 bespielbar.

Nächstgelegene Plätze

Lübeck-Travemünder GK (Nr. 31)
Grömitz, GC Ostseeheilbad (Nr. 21)
Maritim GP Ostsee (Nr. 32)

Mecklenburg-Vorpommern

Greenfee-Aktion: Seite G 27

Baltic Hills Golf Usedom

Karte, Nr. 77, Feld L2 **18** Design: Andreas Lukasch Höhe: 20 m

gegründet: 2009

Hauptstr. 10, 17419 Korswandt
☎ 038378-805072 Fax 038378-33730
✉ golf.usedom@dorint.com
www.baltic-hills-golf.de

PR: GF: Dirk Iserlohe

i: ☎ 038378-805072 Fax 038378-33730

Café und Restaurant „Sonnenterrasse", Adam Plicha
☎ 038378-805072 Fax 038378-33730

PRO SHOP: Baltic Hills Hotel GmbH & Co.KG
☎ 038378-805072 Fax 038378-33730

PRO: Pro: Jens Gunkel

H: 5816 m, CR 71.4, SL 131, Par 71
D: 4889 m, CR 72, SL 127, Par 71
15 Rangeabschläge (2 überdacht)

G: Gäste sind jederzeit willkommen. Anmeldung ist notwendig. Clubausweis mit eingetragener PE ist erforderlich.

Tages-Greenfee: EUR 65
9-Loch-Greenfee: EUR 45
Ermäßigung: Jugendl. bis 18 J. 50%

Platzinfos

VCG, GPS, CLUB, GASTRO

Anfahrtsbeschreibung

A10 Berliner Ring bis Dreieck Schwanebeck abfahren auf A11 Richtung Prenzlau Kreutz Uckermark Abfahren auf A20 Richtung Stralsund/Prenzlau abfahren Ausfahrt Anklam B199 auf B199 Richtung Anklam in Anklam auf B110 Richtung Insel Usedom weiter auf B110/L266 in Richtung Ahlbeck in Korswandt hinter dem Dorint Resort rechts fahren Baltic Hills Usedom nach ca. 300 Meter auf der linken Seite.

Platzbeschreibung

Der Golfplatz Baltic Hills Golf Usedom bietet Ihnen eine 19-Loch-Golfanlage (inkl. Mulligan-Hole) und – wunderschön eingebettet in die einzigartige Natur der Insel Usedom – unvergessliche Tage. Designed wurde die Anlage von Golfplatzarchitekt Andreas Lukasch. Spielbahnen unterschiedlichster Schwierigkeitsgrade stellen für jeden Golfer eine abwechslungsreiche Herausforderung dar. Der Platz öffnet atemberaubende Aussichten auf den nahe gelegenen Gothensee und über die Sonneninsel Usedom.

Nächstgelegene Plätze

Balmer See-Usedom, GC (Nr. 75)
Schloß Krugsdorf (Nr. 81)
Hanseatischer GC (Nr. 73)

Mecklenburg-Vorpommern

Greenfee-Aktion: Seite G 27

Golfclub Schloss Teschow e.V.

Karte, Nr. 78, Feld I3 **18/9** Höhe: 1 m

Golfclub SCHLOSS TESCHOW

gegründet: 2000

Alte Dorfstr. 13, 17166 Teterow/Teschow
✆ 03996-140454
✉ golf@schloss-teschow.de
www.gc-schloss-teschow.de

PR: Olaf Mönnig, GF: Alexander Winter
Headgreenkeeper: Birgit Lange

i: ✆ 03996-140454

Golferkiosk
✆ 03996-140454

PRO SHOP: Hendrikje Pufahl
✆ 03996-140454

PRO: Pro: Pro Lars Jahn

18-Loch Am See Platz
H: 5977 m, CR 71.9, SL 132, Par 72
D: 4893 m, CR 71.2, SL 128, Par 72
9-Loch Am Silberberg Platz
H: 3366 m, CR 59, SL 96, Par 62
D: 2754 m, CR 57.4, SL 89, Par 62
120 Rangeabschläge (8 überdacht)

G: Gäste sind jederzeit willkommen. Anmeldung ist notwendig. Clubausweis mit eingetragenem Handicap (54) ist erforderlich.

18-Loch-Greenfee: WT: EUR 55 / WE: EUR 65
9-Loch-Greenfee: WT: EUR 35 / WE: EUR 40
Ermäßigung: Jugendl. bis 17 J. und Stud. 50%

Platzbeschreibung

Der Golfclub Schloss Teschow e.V. verfügt mit dem 18-Loch-Platz „Am See", dem öffentlichen 9-Loch-Platz „Am Silberberg" sowie einem großen Übungsareal über ein attraktives Angebot für Golfer jeder Spielstärke. Der anspruchsvolle 18-Loch-Platz wurde in ein Naturschutzgebiet integriert und besticht besonders durch die wunderschöne Landschaft mit Blick auf den Teterower See.

Platzinfos

VCG GPS CLUB GASTRO

Anfahrtsbeschreibung

A 19, Ausfahrt Güstrow / Teterow, nach Verlassen der Autobahn fahren Sie auf der B104 weiter bis nach Teterow, hier immer geradeaus weiter. Nach der sechsten Ampel biegen Sie links ab in Richtung Demmin / Neukalen und nach ca. 4 km erreichen Sie Teschow. An der zweiten Straßeneinfahrt auf der linken Seite biegen Sie ab und nach ca. 500 m kommen Sie direkt auf den Pro Shop des Golfclubs Schloss Teschow zu.

Nächstgelegene Plätze

Serrahn, Van der Valk (Nr. 79)
Tessin, GC (Nr. 74)
Fleesensee, Golf (Nr. 83)

Mecklenburg-Vorpommern

Greenfee-Aktion: Seite G 27, 29

Van der Valk Golfclub Serrahn

Karte, Nr. 79, Feld I3 18

gegründet: 2008

Dobbiner Weg 24, 18292 Serrahn
✆ 038456 6692-222 ☎ 038456 6692-270
✉ golfclubserrahn@vandervalk.de
💻 www.serrahn.vandervalk.de

PR: Nadine Rosenthal, GF: Vincent van der Valk

i: ✆ 038456 6692-222 ☎ 038456 6692-270
Nadine Rosenthal

Restaurant Martinus
✆ 038456 6692-100 ☎ 038456 6692-270

H: 5087 m, CR 68.7, SL 132, Par 72
D: 4641 m, CR 71.2, SL 131, Par 72
14 Rangeabschläge (4 überdacht)

G: Gäste sind jederzeit willkommen. Anmeldung ist erforderlich. Handicap 54 ist erforderlich.

18-Loch-Greenfee: Mo.-Do.: EUR 45 / Fr.-So.: EUR 50
9-Loch-Greenfee: Mo.-Do.: EUR 30 / Fr.-So.: EUR 35
Ermäßigung: Jugendl. bis 18 J. und Stud. bis 27 J. 25%

Platzbeschreibung

Naturverbundener und entspannter kann Golfsport nicht sein. Umgeben von sattgrünen Wiesen, weiten Feldern, unzähligen Bäumen und mit einem atemberaubenden Blick auf den Krakower See und die angrenzende Hügellandschaft, lädt die 18-Loch Anlage des Van der Valk Golfclubs Serrahn zu einem ganz besonderen Golferlebnis ein. Hier können Golfer aller Handicap-Klassen, aber auch Einsteiger und Schnuppergolfer die einzigartige Kombination aus Sport und Natur hautnah miterleben.

Platzinfos

Anfahrtsbeschreibung

Der Van der Valk Golfclub Serrahn liegt inmitten der Mecklenburgischen Seenplatte zwischen Hamburg (200 km) und Berlin (180 km) sowie ca. 50 km von Rostock. Biegen Sie von der A24 (Berlin-Hamburg) auf die A19 Richtung Rostock und nehmen Sie die Ausfahrt Linstow, Richtung Krakow am See und folgen Sie der Ausschilderung zum Golfhotel Serrahn. Von der Autobahnabfahrt sind es ca. 10 min.

Nächstgelegene Plätze

Fleesensee, Golf (Nr. 83)
Schloss Teschow, GC (Nr. 78)
Tessin, GC (Nr. 74)

WINSTONgolf

Karte, Nr. 80, Feld H3 **18/18/9** Design: Holger Rengstorf, KrauseGolfDesign

gegründet: 2001

Kranichweg 1, 19065 Gneven-Vorbeck
✆ 03860-5020 🖷 03860-502222
✉ info@winstongolf.de
💻 www.winstongolf.de

PR: CM: Carolin Bindernagel

i: ✆ 03860-5020 🖷 03860-502222

RESTAURANTkranichhaus
✆ 03860-502200 🖷 03860-502222

PRO SHOP: WINSTONgolf
✆ 03860-5020 🖷 03860-502222

PRO: Pro: Stephan Peters

18-Loch WINSTONopen Platz
H: 5806 m, CR 72, SL 134, Par 72
D: 4872 m, CR 72.4, SL 132, Par 72
9-Loch WINSTONkranich Par 3 Platz
H: 1648 m, Par 54
D: 1386 m, Par 54
50 Rangeabschläge (10 überdacht)

G: Gäste sind jederzeit willkommen. Anmeldung ist notwendig. Clubausweis mit eingetragenem Handicap (45) ist erforderlich.

18-Loch-Greenfee: EUR 120
9-Loch-Greenfee: EUR 66
Erm.: Jugendl. bis 18 J. und Stud. bis 27 J. 50%

Platzbeschreibung

Die Golfplätze der 45-Loch-Golfanlage – darunter der Meisterschaftsplatz WINSTONopen und der Inland-Links Course WINSTONlinks – sind mehrfach als Platz 1 prämiert und führen die Spitze nationaler Ranglisten an. Die Übungsanlage mit der großzügigen Driving Range und dem Par 3-Course WINSTONkranich sowie die Golfschule WINSTONacademy bieten ausgezeichnete Trainingsmöglichkeiten.

Platzinfos

Anfahrtsbeschreibung

Von der A 24 Hamburg-Berlin auf die A 14 Richtung Schwerin/Wismar bis zur Abfahrt Schwerin Ost, auf die B 321 und rechts in Richtung Schwerin abbiegen. Im Ortsteil Raben Steinfeld an der nächsten Ampelkreuzung rechts abbiegen in Richtung Leezen/Raben Steinfeld. Der Hauptstraße folgend, dann rechts abbiegen Abfahrt Godern (Schild Golfplatz), durch Godern und nach Gneven und Vorbeck in Richtung Kritzow und nach ca. 2 km rechts zum Golfplatz.

Nächstgelegene Plätze

Bades Huk Golf (Nr. 76)
Serrahn, Van der Valk (Nr. 79)
Wittenbeck, Ostsee GC (Nr. 71)

Mecklenburg-Vorpommern

Golf & Country Club Schloß Krugsdorf

Karte, Nr. 81, Feld L3 **18/9** Design: Brian Willet, James Harbuck

gegründet: 2009

Zerrenthiner Straße 2-3, 17309 Krugsdorf
☎ 039743-519611 Fax 039743-519612
info@schlosskrugsdorf.de
www.schlosskrugsdorf.de

PR: Simone Schilling, GF: Jacob A. Fernhout

i: ☎ 039743-519611 Fax 039743-519612

Schloss Krugsdorf „La Grue"
☎ 039743-519611 Fax 039743-519612

PRO SHOP: Schloss Krugsdorf GmbH
☎ 039743-519611 Fax 039743-519612

PRO: Pro: Florian Koch

18-Loch Kranichcourse
H: 5804 m, CR 71.1, SL 129, Par 72
D: 4765 m, CR 70.5, SL 126, Par 72
50 Rangeabschläge (12 überdacht)

G: Gäste sind jederzeit willkommen. Anmeldung ist notwendig. Clubausweis mit eingetragener PE ist erforderlich.

Tages-Greenfee: EUR 75.9
18-Loch-Greenfee: EUR 60.5
9-Loch-Greenfee: EUR 42.9
Ermäßigung: Jugendl. bis 18 J. und Stud. bis 25 J.

Platzbeschreibung

Die Golfanlage liegt eingebettet in die wunderschöne Ueckermünder Heide am Rande des Naturparkes Stettiner Haff. Die von dieser herrlichen Natur- und Seenlandschaft umgebene 18-Loch Golfanlage lädt nicht nur zum ruhigen Verweilen ein, sondern bietet auch eine idyllische Kulisse, um aufregende Golfrunden zu erleben. Beste Voraussetzungen zum Trainieren bietet die 12 Hektar große Übungsanlage.

Platzinfos

Anfahrtsbeschreibung

A 20 Richtung Stettin, Ausfahrt 36 Pasewalk-Süd auf die B 109 Richtung Pasewalk, von der B 109 auf die B 104 rechts abbiegen in Richtung Löcknitz/polnische Staatsgrenze. Von der B 104 (ca. 1 km nach dem Ortsausgang von Pasewalk) links abbiegen Richtung Krugsdorf. In Krugsdorf auf der 1. Kreuzung rechts abbiegen. Sie befinden sich dann auf der Zerrenthiner Straße und erreichen den Golfplatz nach ca. 100 m.

Nächstgelegene Plätze

Baltic, Usedom (Nr. 77)
Balmer See-Usedom, GC (Nr. 75)
Mecklenburg-St., GC (Nr. 82)

Golfclub Mecklenburg-Strelitz e.V.

Karte, Nr. 82, Feld K3 **9** Höhe: 55 m

gegründet: 1995

Bornmühle 1a, 17094 Groß Nemerow
039605-27376 039605-27383
info@gc-mst.de
www.gc-mst.de

PR: Udo Kuhn
Headgreenkeeper: Jens Stahl

i: 039605-27376
Philipp Kowalk

PRO SHOP: GC Mecklenburg Strelitz
039605-27376

PRO: Pro: Pavlina Hudakova

H: 5446 m, CR 68.8, SL 128, Par 70
D: 4694 m, CR 69.8, SL 121, Par 70
12 Rangeabschläge (5 überdacht)

G: Gäste sind jederzeit willkommen. Sa./So./Feiertage ist Anmeldung notwendig. Clubausweis mit eingetragener PE ist erforderlich.

Tages-Greenfee: WT: EUR 40 / WE: EUR 48
9-Loch-Greenfee: WT: EUR 25 / WE: EUR 30
Ermäßigung: Jugendl. bis 18 J. und Stud. bis 27 J. 50%

Platzinfos

VCG

Anfahrtsbeschreibung

Die Anlage liegt in der Nähe der B 96 zwischen den Städten Neustrelitz und Neubrandenburg. In der Höhe Groß Nemerow befindet sich die Ausschilderung zum Platz. Er liegt in Sichtweite zum Tollensesee.

Platzbeschreibung

Etwa 100 km nördlich von Berlin zwischen Neustrelitz und Neubrandenburg finden Sie in der Nähe des Tollensesees das inzwischen auch überregional beliebte Golfareal des Golfclubs Mecklenburg-Strelitz e.V. Die clubgeführte 9-Loch-Anlage ist eingebettet in die hügelige, von der Eiszeit geprägte Moränenlandschaft. Sowohl für „Neugolfer" ist sie geeignet, aber auch gestandene Golfer finden hier die größere Herausforderung.

Nächstgelegene Plätze

Fleesensee, Golf (Nr. 83)
Schloss Teschow, GC (Nr. 78)
Schloß Krugsdorf (Nr. 81)

GOLF Fleesensee

Karte, Nr. 83, Feld I3 72 Design: Stan Eby, Ross McMurray Höhe: 80 m

gegründet: 1999

Tannenweg 1, 17213 Göhren-Lebbin
039932-80400 039932-804020
info.golf@fleesensee.de
golf.fleesensee.de

PR GF: Ralf Wohltmann
Michael Scharf
Headgreenkeeper: Stephen Monk

i 039932-804026 039932-804020
Christina Vogel

Genusswerkstatt, Anne Tödter
039932-804051 039932-804020

PRO SHOP Matthias Wiegand
039932-804038 039932-804020

PRO Pro: Sven Strüver, Moritz Rossa, Konstantin Kranz

18-Loch Schloss-Platz
H: 5970 m, CR 73.2, SL 142, Par 72
D: 4935 m, CR 72.9, SL 136, Par 72
18-Loch Engel & Völkers Course
H: 5897 m, CR 71.7, SL 130, Par 72
D: 4861 m, CR 71.2, SL 125, Par 72
200 Rangeabschläge (90 überdacht)

G Gäste sind jederzeit willkommen. Anmeldung ist notwendig. Clubausweis mit eingetragenem Handicap (36) ist erforderlich.

18-Loch-Greenfee: EUR 100
9-Loch-Greenfee: EUR 25
Ermäßigung: Jugendl. bis 17 J. und Stud. bis 27 J. 50%

Platzbeschreibung

Die größte zusammenhängende Golf- & Tennisanlage Deutschlands im Hotels & Sportresort Fleesensee inmitten der Mecklenburgischen Seenplatte mit insgesamt 72 Löchern: Schloss-Platz (18-Loch), Engel & Völkers Course (18-Loch), B2B-Platz (18-Loch), Synchron Golf Course (9-Loch) und Land Fleesensee Platz (9-Loch).

Platzinfos

VCG GPS CLUB GASTRO

Anfahrtsbeschreibung

Von Hamburg/Berlin: A 19 Richtung Rostock, Ausfahrt Waren/Göhren-Lebbin, 8 km Richtung Waren, an der 1. Ampel links, der Golfclub Fleesensee ist ausgeschildert.

Nächstgelegene Plätze

Serrahn, Van der Valk (Nr. 79)
Schloss Teschow, GC (Nr. 78)
Mecklenburg-St., GC (Nr. 82)

Niedersachsen + Bremen

Niedersachsen + Bremen

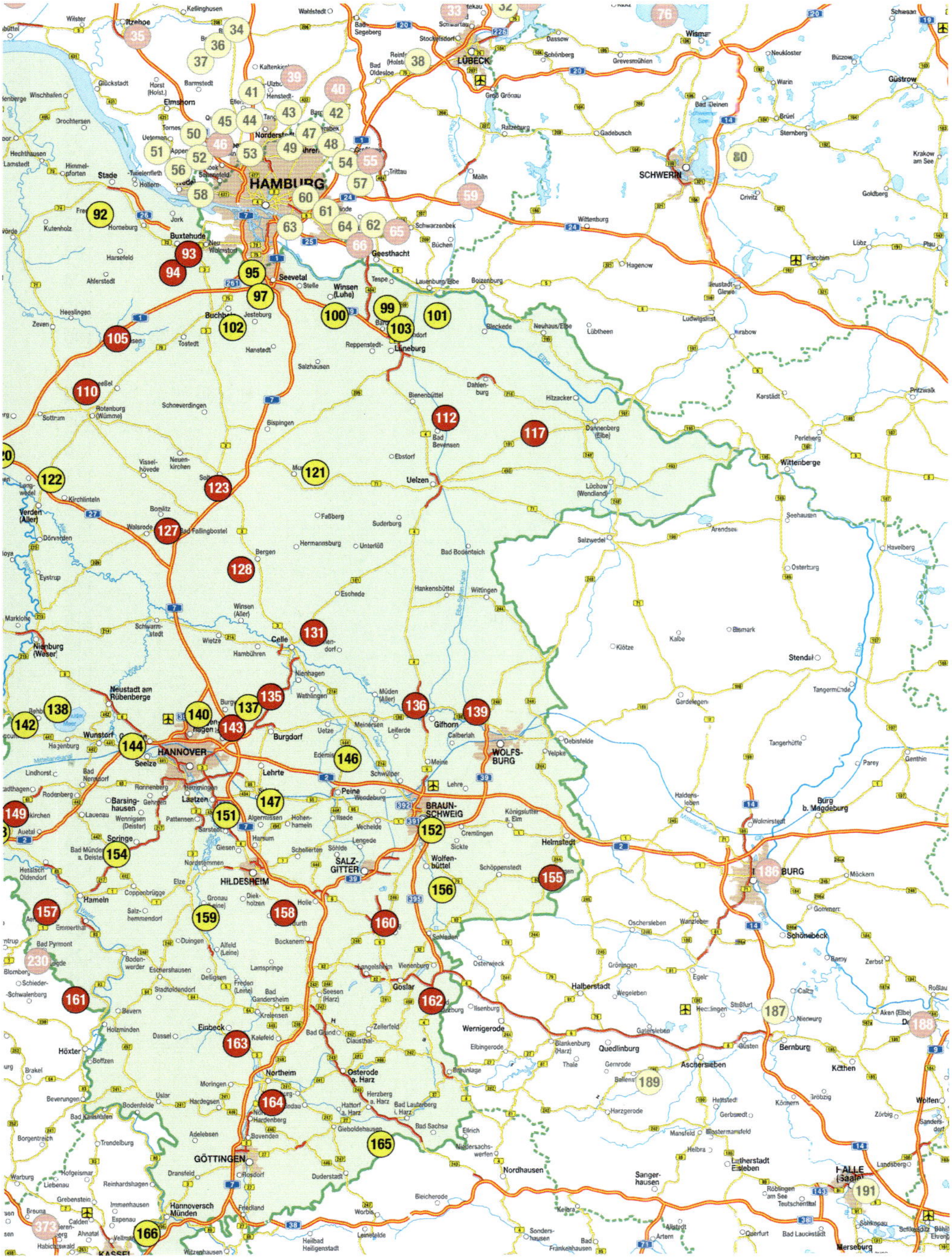

Niedersachsen + Bremen

Niedersachsen + Bremen

■ = Partner Albrecht Greenfee-Aktion

Küsten-Golfclub „Hohe Klint" Cuxhaven e.V.

Karte, Nr. 84, Feld D3 **18**

gegründet: 1978

Hohe Klint 32, 27478 Cuxhaven-Oxstedt
✆ 04723-2737 ☎ 04723-5022
✉ info@golf-cuxhaven.de
www.golf-cuxhaven.de

PR: Norbert Plambeck, CM: Uwe Varenkamp
Headgreenkeeper: Jürgen Kinski

i: ✆ 04723-2737 ☎ 04723-5022
Carina Homann, Nadine Hauhut

Küsten-Golfclub & Janine Muzzicato GbR,
Janine Muzzicato
Mo. Ruhetag

PRO SHOP: Uwe Varenkamp
✆ 04723-5054656

PRO: Pro: Uwe Varenkamp

H: 6005 m, CR 73, SL 133, Par 72
D: 5235 m, CR 75, SL 128, Par 72
10 Rangeabschläge (4 überdacht)

G: Gäste sind jederzeit willkommen. Anmeldung ist notwendig. Clubausweis mit eingetragenem Handicap (54) ist erforderlich.

Tages-Greenfee: WT: EUR 50 / WE: EUR 55
18-Loch-Greenfee: WT: EUR 50 / WE: EUR 55
9-Loch-Greenfee: WT: EUR 30 / WE: EUR 35
Bei Gruppen ist Anmeldung erwünscht.
Ermäßigung: Jugendl./Stud. 50%

Platzbeschreibung

Wie der Name schon verrät liegt dieser Platz in unmittelbarer Nähe der Nordsee und bietet landschaftstypisch abwechslungsreiche Spielbahnen. Spielerisch erfordern fünf kleinere Teiche platziertes Spiel. Die Fairways sind großzügig angelegt und lassen den immer vorhandenen Wind meist unterschätzt, um im hohen Rough oder seitlichen Buschreihen den wahren Schwierigkeitsgrad zu erfahren.

Platzinfos

VCG GPS CLUB GASTRO

Anfahrtsbeschreibung

Von Hamburg/Bremen über die A 27, Ausfahrt Nordholz Richtung Nordholz über die B 6, ca. 3 km nach dem Ort gegenüber dem Betriebsgelände Geti-Wilba Richtung Oxstedt, in der Ortsmitte Oxstedt der Beschilderung zur Hohen Klint und zum Golfplatz folgen.

Nächstgelegene Plätze

Bremerhaven, GC (Nr. 91)
Gut Hainmühlen, GC (Nr. 89)
Am Donner Kleve, GC (Nr. 30)

Niedersachsen + Bremen

Golf Club Insel Wangerooge e.V

Karte, Nr. 85, Feld C3 **9-Loch-Kurzplatz**

gegründet: 2007

Postfach 1509, 26479 Wangerooge
✆ 0172-3614858
✉ post@golf-wangerooge.de
www.golf-wangerooge.de

PR: Volker Nannizzi

i: ✆ 0172-3614858

PRO SHOP: Coach Conboy Golfschule
✆ 01525-6202265

PRO: Pro: Kevin Conboy

H: 1680 m, Par 31
D: 1680 m, Par 31
11 Rangeabschläge

G: Gäste sind jederzeit willkommen. Clubausweis mit eingetragener PE ist erforderlich.

Tages-Greenfee: EUR 30

Platzinfos

VCG

Nächstgelegene Plätze
Wilhelmshaven-Friesl., GC (Nr. 90)
Langeoog, GC (Nr. 86)
Küsten-GC „Hohe Klint" (Nr. 84)

Golfclub-Insel-Langeoog e.V.

Karte, Nr. 86, Feld C3 **9** Design: Christoph Städler

gegründet: 1996

Flughafenstraße 2, 26465 Langeoog
✆ 04972-990246
info@golfclub-insel-langeoog.de
www.golfclub-insel-langeoog.de

PR Dr. Jens Petersen, GF: Michael Wrana
Headgreenkeeper: Thorsten Weiler

i ✆ 04972-990246 Fax 04972-990373

Hansa Cafe
✆ 04972-1297
Mo. Ruhetag

PRO SHOP ✆ 04972-990246

PRO Pro: John Gardiner

9-Loch An't Diek Platz
H: 5032 m, CR 69.6, SL 126, Par 70
D: 4292 m, CR 70.9, SL 125, Par 70

G Gäste sind jederzeit willkommen. Anmeldung ist notwendig. Clubausweis mit eingetragenem Handicap (54) ist erforderlich.

Tages-Greenfee: EUR 65
9-Loch-Greenfee: EUR 45
Ermäßigung: Jugendl. bis 18 J.

Platzinfos

VCG

Anfahrtsbeschreibung

A 29 bis zum Autobahnkreuz Wilhelmshafen, Abfahrt Jever/Wittmund/Ostfriesische Inseln, weiter auf der B 210 Richtung Aurich. In Wittmund oder Ogenbargen abbiegen nach Esens/Bensersiel. Oder über die B 70 bzw. A 31 nach Leer und Aurich. Weiter auf der B 210 nach Ogenbargen und nach Esens/Bensersiel abbiegen. Im Hafen Bensersiel mit dem Schiff nach Langeoog. Überfahrt ca. 30 Minuten. Alternativ mit dem Sportflugzeug. Die Landebahn liegt nur wenige Meter neben unserem Büro.

Platzbeschreibung

Südlich des Sportflughafens erstreckt sich das einmalige Areal bis nur wenige Meter an die Nordsee heran. Große Biotopflächen, Teiche und alter inseltypischer Bewuchs unterstreichen seinen ursprünglichen Charakter. Von den erhöhten Abschlägen hat man einen schönen Blick über die Insel, auf Dünen und Deich, Vogelschutzgebiet und den Wald. Die zum Teil engen Fairways und diverse Wasserhindernisse erfordern eine ganz besondere taktische Herangehensweise.

Nächstgelegene Plätze

Norderney, GC (Nr. 87)
Schloss Lütetsburg (Nr. 88)
GC Wangerooge (Nr. 85)

Golf Club Norderney e.V.

Karte, Nr. 87, Feld B3 9

gegründet: 1927

Am Golfplatz 2, 26548 Norderney
✆ 04932-927156 🖷 04932-927159
✉ info@gc-norderney.de
💻 www.gc-norderney.de

PR: Frank Denecke
Headgreenkeeper: Giuseppe Bruno

i: ✆ 04932-927156 🖷 -927159
Christian Kabanica

PRO SHOP: Ney Golf GbR, Christian Kabanica
✆ 04932-927158 🖷 04932-927159

9-Loch Norderney Golf Links Platz
H: 5648 m, CR 70.6, SL 133, Par 72
D: 5006 m, CR 72.4, SL 125, Par 72
5 Rangeabschläge (3 überdacht)

G: Gäste sind jederzeit willkommen. Anmeldung ist notwendig. Clubausweis mit eingetragener PE ist erforderlich.

Tages-Greenfee: EUR 60
9-Loch-Greenfee: EUR 45
Ermäßigung: Jugendl./Stud.

Platzbeschreibung

Der Dünengolfplatz erinnert stark an typische Links-Courses im Ursprungsland des Golfsports. Auf den oft hoch- gelegenen Abschlägen bieten sich dem Spieler Ausblicke auf das nahe Wattenmeer, urwüchsige Dünenlandschaften und das golferische Ziel - nur zu oftschmale Fairways und tückische Roughs. Hervorzuheben ist der über die Dünenketten zumeist aus wechselnden Richtungen wehende Wind.

Platzinfos

Anfahrtsbeschreibung

Über Emden oder Aurich nach Norddeich (Mole), mit dem Schiff zur Insel übersetzen, über die Hafenstraße und Deichstraße Richtung Leuchtturm, in die Hoteleinfahrt zum Golfhotel einbiegen, Durchfahrt bis zum Clubhaus.

Nächstgelegene Plätze

Schloss Lütetsburg (Nr. 88)
Langeoog, GC (Nr. 86)
GC Wangerooge (Nr. 85)

Greenfee-Aktion: Seite G 29

Golfanlage Schloss Lütetsburg GmbH & Co. KG

Karte, Nr. 88, Feld B3 **9/9** Design: David Krause

gegründet: 2009

Landstraße 36, 26524 Lütetsburg
☎ 04931-9300431 Fax 04931-9300433
info@golfclub-luetetsburg.de
www.golfclub-luetetsburg.de

PR: Karl Heinz Hartig, GF: Graf Tido zu Inn- und Knyphausen, CM: Stefan Schierholz
Headgreenkeeper: Michael Sanders

i: ☎ 04931-9300431 Fax 04931-9300433
Sven Knobel, Michaela Higgen

Schatthuus Lütetsburg, Peter Lachnicht
☎ 04931-9567696
Mo. und Di. Ruhetag

PRO SHOP: Golfanlage Schloss Lütetesburg GmbH & Co. KG, Michaela Higgen
☎ 04931-9300431 Fax 04931-9300433

PRO: Pro: Stefan Schierholz, Vaughan Hawtrey

9-Loch Schlossplatz
H: 5628 m, CR 70.1, SL 132, Par 70
D: 4914 m, CR 71.7, SL 131, Par 72
9-Loch Schatthausplatz
H: 2872 m, CR 57.1, SL 88, Par 58
D: 2754 m, CR 57.5, SL 90, Par 58
20 Rangeabschläge (8 überdacht)

G: Gäste sind jederzeit willkommen. Mo.-Fr. ist Anmeldung notwendig. Clubausweis mit eingetragener PE ist erforderlich.

18-Loch-Greenfee: WT: EUR 45 / WE: EUR 55
9-Loch-Greenfee: WT: EUR 30 / WE: EUR 35
Ermäßigung: Jugendl. bis 18 J. und Stud. bis 27 J. 50%

Platzbeschreibung

Großzügige Teichanlagen, gepflegte Greens und Fairways, dazwischen eine vielfältige Tierwelt. Der Golfclub Schloss Lütetsburg ist ein Ort der Gegensätze: Inmitten der faszinierenden Naturkulisse mit charismatischem Nordseewind und hohem Salzanteil in der Luft ist Golfen mehr als ein Sport: Herausforderung, Erholung und Geselligkeit zugleich. Gastspieler sind auf der Golfanlage Schloss Lütetsburg herzlich willkommen. Der Schatthausplatz ist ein öffentlicher Platz, den Sie auch ohne DGV-Mitgliedschaft bespielen können (Platzerlaubnis notwendig). Auf der Golfanlage Schloss Lütetsburg ist das Reservieren von Startzeiten notwendig. Bitte beachten Sie die aktuellen Platzsperrungen für Turniere.

Platzinfos

Anfahrtsbeschreibung

Die Golfanlage Schloss Lütetsburg liegt zwischen Norden und Hage direkt an der Landstraße in Lütetsburg. Gäste folgen bitte der Ausschilderung „Schloss Lütetsburg".

Nächstgelegene Plätze

Norderney, GC (Nr. 87)
Langeoog, GC (Nr. 86)
Ostfriesland, GC (Nr. 96)

Greenfee-Aktion: Seite G 29, 31

Golfclub Gut Hainmühlen e.V.

Karte, Nr. 89, Feld D3 **18** Design: Christoph Städler Höhe: 38 m

gegründet: 1993

Am Golfplatz 1, 27624 Geestland
✆ 04708-920036 Fax 04708-920038
info@golfhm.de
www.gut-hainmuehlen.de

PR: Dieter von Soosten, GF: Sandra Lampe, CM: Sandra Lampe
Headgreenkeeper: Ralf Hahn

i: ✆ 04708-920036 Fax 04708-920038
Christine Perera

Bistro-Cafe Gut Hainmühlen
✆ 04708-9216857

PRO SHOP: Golfanlage Gut Hainmühlen
✆ 04708-920036 Fax 04708-920038

PRO: Pro: Danny Lampe

H: 5975 m, CR 72, SL 128, Par 72
D: 5293 m, CR 74, SL 130, Par 72
20 Rangeabschläge (9 überdacht)

G: Gäste sind jederzeit willkommen. Anmeldung ist notwendig. Clubausweis mit eingetragener PE ist erforderlich.

18-Loch-Greenfee: WT: EUR 50 / WE: EUR 60
9-Loch-Greenfee: WT: EUR 30 / WE: EUR 35
Ermäßigung: Jugendl. 50%

Platzinfos

VCG GPS CLUB GASTRO

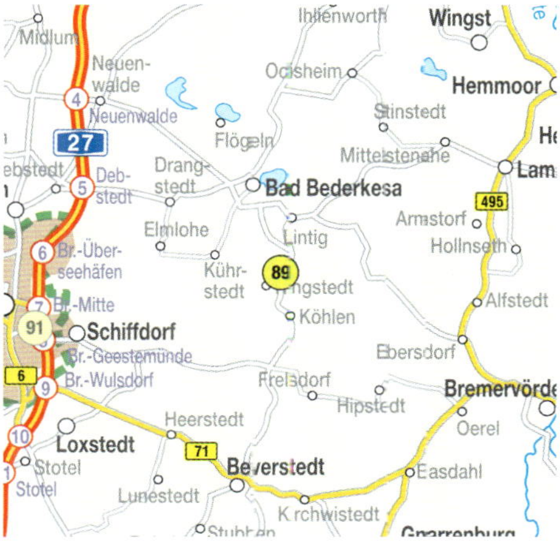

Anfahrtsbeschreibung

A 27 Bremen-Cuxhaven, Ausfahrt Bad Bederkesa nach Bad Bederkesa, vom Kreisverkehr weiter Richtung Beverstedt, 500m nach dem Ortsausgang Hainmühlen rechts der Beschilderung zum Golfplatz folgen.

Platzbeschreibung

Die Anlage liegt in reizvoller Geestlandschaft in der Nähe Bad Bederkesas, nur 30 Min. von Cuxhaven und Bremerhaven. Durch das unterschiedliche Bodenrelief 9-Loch in einem Wiesengrund mit Wasserläufen und Teichen - und 9-Loch auf hügeligem Geestrücken - ist die Anlage sehr abwechslungsreich und interessant für Spieler jeglicher Spielstärke.

Nächstgelegene Plätze

Bremerhaven, GC (Nr. 91)
Worpswede, GC (Nr. 98)
Küsten-GC „Hohe Klint" (Nr. 84)

Golfclub Wilhelmshaven-Friesland e.V.

Karte, Nr. 90, Feld C3 **18**

gegründet: 1979

Mennhausen 5, 26419 Schortens/Accum
04423-985918
info@golfclub-wilhelmshaven.de
www.golfclub-wilhelmshaven.de

PR: Kay Laß
Headgreenkeeper: Peter Ricklefs

i: 04423-985918
Adelheid Hoffmann, Nicola Weber

Edgar Lübben
04423-9851144
Mo. Ruhetag

PRO SHOP: Nordsee Golfschule Joerg Dettmer
0171-6372029

PRO: Pro: Joerg Dettmer

H: 6098 m, CR 74, SL 134, Par 72
D: 5043 m, CR 74.4, SL 130, Par 72
15 Rangeabschläge (12 überdacht)

G: Gäste sind jederzeit willkommen. Clubausweis mit eingetragenem Handicap (54) ist erforderlich.

18-Loch-Greenfee: WT: EUR 50 / WE: EUR 60
9-Loch-Greenfee: WT: EUR 28 / WE: EUR 33
Ermäßigung: Jugendl./Stud. 50%

Platzbeschreibung

Die 70 ha Anlage ist harmonisch in die typisch friesische Landschaft integriert und zeichnet sich durch ebenes, interessant modelliertes und von Schilfgräben, Teichen und Kopfweiden durchzogenes Grünland aus. Große und gut verteidigte Grüns sowie zahlreiche Bunker und Wasserhindernisse erfordern präzise Schläge, um einen guten Score erzielen zu können.

Platzinfos

VCG

Anfahrtsbeschreibung

A 29 Abfahrt Wilhelmshaven-Fedderwarden, im nächsten Kreisverkehr li ausfahren. Nach 300 m li Ri. Fedderwarden abbiegen. Der Weg zum Golfplatz ist ausgeschildert. Oder: Von Ri Küste kommend, an Hooksiel vorbei auf der L 810 in Ri. Wilhelmshaven. Nach Überquerung der Autobahn A 29 bis zum 1. Kreisel, weiter wie oben. Oder: Aus Ri. Jever/ Schortens, die Ortsteile Grafschaft u. Accum durchfahren. 300 m nach dem Ortausgang Accum ist es ausgeschildert.

Nächstgelegene Plätze

Ostfriesland, GC (Nr. 96)
GC Wangerooge (Nr. 85)
Oldenburgischer GC (Nr. 106)

Greenfee-Aktion: Seite G 31

GC Bremerhaven Geestemünde GmbH & Co.KG

Karte, Nr. 91, Feld D3 **18** Design: Infinite Variety

gegründet: 2004

Georg-Büchner-Str. 19, 27574 Bremerhaven
0471-926897913 0471-926897912
info@golfclub-bremerhaven.de
www.golfclub-bremerhaven.de

PR GF: Svenja Jürgens, CM: Thomas Koch

0471-926 897 913 0471-926 897 912
Birgit Brügner

Hemingway
0471-96904944
Mo. Ruhetag

PRO SHOP 0471-926 897 913

PRO Pro: Oliver Kremer

H: 4396 m, CR 65.7, SL 114, Par 66
D: 3694 m, CR 65.8, SL 110, Par 66
19 Rangeabschläge (10 überdacht)

G Gäste sind jederzeit willkommen. Anmeldung ist notwendig. Clubausweis mit eingetragener PE ist erforderlich.

18-Loch-Greenfee: WT: EUR 45 / WE: EUR 55
9-Loch-Greenfee: WT: EUR 30 / WE: EUR 35

Platzbeschreibung

In Bremerhaven ist eine kompakte Golfanlage mit 18 abwechslungsreichen Spielbahnen entstanden. Der Platz wurde im Einklang mit den gegebenen natürlichen Verhältnissen angelegt. Ein spielbestimmendes Element ist das Markfleth mit seinen Seitenarmen und Ausbuchtungen, das sich über das gesamte Gelände zieht. Die Driving Range mit Flutlicht steht den Gästen zur Verfügung und rundet das Angebot ab.

Platzinfos

VCG GPS GASTRO

Anfahrtsbeschreibung

Aus Richtung Cuxhaven A 27 bis Abfahrt Schiffdorf/ Geestemünde, am Kreisverkehr in Richtung Bremerhaven abbiegen. An der ersten Ampel links in die Schiffdorfer Chaussee, an der nächsten Ampel rechts in die Georg-Büchner-Str. Danach zweimal halblinks abbiegen, den großen Parkplatz am Ende der Straße überqueren und rechts zum Clubhaus fahren. Aus Bremerhaven-Innenstadt: Auf die Straße An der Mühle, durch die Bahnunterführung auf die Schiffdorfer Chaussee und dann nach ca. 500 m an der Ampel links in die Georg-Büchner-Straße und weiter wie oben.

Nächstgelegene Plätze

Gut Hainmühlen, GC (Nr. 89)
Worpswede, GC (Nr. 98)
Zur Vahr/Garlstedter H. (Nr. 104)

Golf Club Deinster Geest GmbH & Co. KG

Karte, Nr. 92, Feld E3 **18/6** Design: David J. Krause Höhe: 15 m

gegründet: 1994

Im Mühlenfeld 30, 21717 Deinste
04149-277707
golfclub@deinste.golf
www.deinste.golf

PR
Reiner Beckmann, GF: Tim Steffens
Headgreenkeeper: Blasio Petry

i
04149-277707

Restaurant Eysten
04149-277710
Mo. Ruhetag

PRO SHOP
04149-277707

PRO
Pro: Karsten Kollna

18-Loch Platz
H: 5948 m, CR 72.3, SL 127, Par 72
D: 5304 m, CR 74.7, SL 129, Par 72
6-Loch Platz
H: 565 m, Par 18
D: 502 m, Par 18
100 Rangeabschläge (10 überdacht)

G
Gäste sind jederzeit willkommen. Anmeldung ist notwendig. Clubausweis mit eingetragener PE ist erforderlich. Greenfee-Aktion „Donnergolf" 18 Löcher für EUR 44 (immer donnerstags 9.00 bis 18.00 Uhr). Geburtstagskinder spielen kostenfrei!

18-Loch-Greenfee: WT: EUR 60 / WE: EUR 70
9-Loch-Greenfee: WT: EUR 39 / WE: EUR 45
Änderungen vorbehalten.
Ermäßigung: Jugendl./Stud. 50%

Platzbeschreibung

Die Golfanlage des Golf Club Deinster Geest liegt in einer weiträumigen Landschaft der Stader Geest und verläuft rund um eine 800 Jahre alte Mühle. In typischer Geestlandschaft weist die Anlage mit Waldungen, Knicks, Wasserläufen sowie Teichen und Seen einen gereiften Charakter auf und bietet sowohl für Golfeinsteiger als auch für Könner eine Herausforderung.

Platzinfos

VCG, GPS, CLUB, GASTRO

Anfahrtsbeschreibung

Von Hamburg: A 7, Ausfahrt Heimfeld, weiter B 73 Richtung Cuxhaven bis Horneburg, an der letzten Ampel in Horneburg (Höhe Viebrocks Musterhauspark) links Richtung Bremervörde, dann rechts Richtung Fredenbeck. In Deinste über die Bahnschienen, danach rechts in die Schrankenstraße einbiegen. Oder von Bremen: A 1, Ausfahrt Sittensen, rechts Richtung Stade bis Horneburg, in Horneburg wie oben beschrieben bis zum Golfplatz.

Nächstgelegene Plätze

Gut Haseldorf, GC (Nr. 51)
Hamburg-Holm, GC (Nr. 56)
Buxtehude, GC (Nr. 94)

Greenfee-Aktion: Seite G 31

Golf Club Gut Immenbeck e.V.

Karte, Nr. 93, Feld F3 9 Höhe: 25 m

gegründet: 1984

Ardestorfer Weg 1, 21614 Buxtehude
04161-87699 04161-88660
info@gut-immenbeck.de
www.gut-immenbeck.de

PR: Kai Simon

i: 04161-87699 04161-88660
Helio Meißner, Silke Remmele

PRO SHOP: 04161-87699

PRO: Pro: Lee Martin Birch

H: 5533 m, CR 70.1, SL 129, Par 72
D: 5061 m, CR 73.1, SL 128, Par 72
20 Rangeabschläge (5 überdacht)

G: Gäste sind jederzeit willkommen. Anmeldung ist notwendig. Clubausweis mit eingetragener PE ist erforderlich.

18-Loch-Greenfee: EUR 50
9-Loch-Greenfee: EUR 35 Ermäßigung: Jugendl. bis 18 J. und Stud. bis 25 J.

Platzinfos

VCG GPS

Anfahrtsbeschreibung

A 7, Ausfahrt Heimfeld, B 73 Richtung Cuxhaven bis Övelgönne, erste Ampel links, Ortsteil Immenbeck Richtung Hollenstedt. Oder: A 1 Hamburg-Bremen, Ausfahrt Rade Richtung Stade-Buxtehude bis zur Einmündung auf die B 73, nach ca. 700 m links abbiegen. Der Golfplatz liegt nach ca. 800 m auf der linken Seite (Gutshaus). Bei Benutzung Navi bitte folgende Adresse eingeben: Inne Beek 60

Platzbeschreibung

Das Gelände im Naturschutzgebiet des Urstromtales gibt dem Platz die besondere Struktur, eingerahmt zwischen Wald und landschaftlich genutzten Flächen. Die Bahnen 1, 4 und 5 erfordern golfsportliches Können, die übrigen Bahnen sind harmonisch den landschaftlichen Flächen angepasst und geben mit heimischen Gehölzen, Obstbäumen und angelegten Teichrändern dem Golfplatz einen parkähnlichen Charakter.

Nächstgelegene Plätze

Buxtehude, GC (Nr. 94)
Hamburger GC (Nr. 58)
Hamburger L&GC Hittfeld (Nr. 95)

Greenfee-Aktion: Seite G 31, 33

Golf-Club Buxtehude

Karte, Nr. 94, Feld F3 **18** Höhe: 40 m

gegründet: 1982

Zum Lehmfeld 1, 21614 Buxtehude
✆ 04161-81333 Fax 04161-87268
✉ post@golfclubbuxtehude.de
www.golfclubbuxtehude.de

PR GF: Kai-Uwe Friedrich

i ✆ 04161-81333 Fax 04161-87268
Britta Piening, Brigitte Wulff

Hübner's Restaurant, Markus Hübner
✆ 01522-2677678
Mo. Ruhetag

PRO Pro: Björn Muschinsky, Oliver Sichlinger

H: 6076 m, Par 74
D: 5107 m, Par 74
20 Rangeabschläge (9 überdacht)

G Gäste sind jederzeit willkommen. Anmeldung ist notwendig. Clubausweis mit eingetragenem Handicap (54) ist erforderlich.

18-Loch-Greenfee: WT: EUR 65 / WE: EUR 75
9-Loch-Greenfee: WT: EUR 35 / WE: EUR 40
Ermäßigungen gelten nur für 18-Löcher Greenfees.
Ermäßigung: Jugendl. bis 18 J. und Stud. bis 27 J. 50%

Platzinfos

VCG GPS CLUB GASTRO

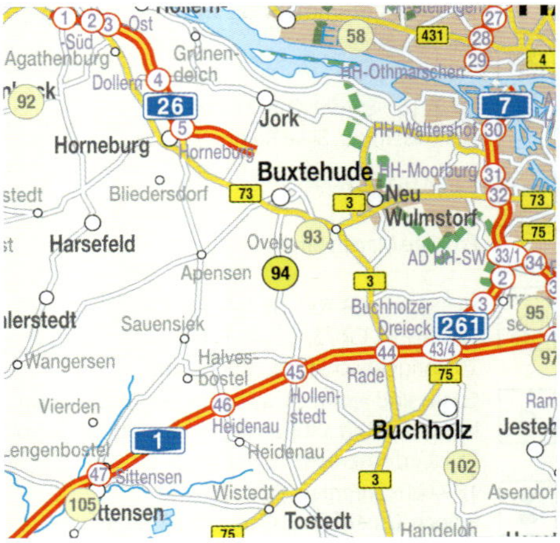

Anfahrtsbeschreibung

A 1 Hamburg-Bremen, Ausfahrt Hollenstedt, durch Moisburg Richtung Buxtehude, von Moisburg ca. 1 km bis Daensen. Oder: A 7 bis Hamburg/Heimfeld, auf der B 73 bis Buxtehude. Zweite Ausfahrt Richtung Tostedt und weiter Richtung Daensen-Moisburg bis zum Golfplatz.

Platzbeschreibung

Nur 35 Autominuten von Hamburg und nur 5 Minuten von der Autobahnabfahrt Hollenstedt entfernt bietet der Golfplatz auf 70 ha Natur pur. In der Vilsener Heide und als Kulisse ein weites Land mit herrlichen Ausblicken ruht der Platz inmitten alten Baumbestands und Resten ehemaligen Obstanbaus. Ende 2015 sind alle Bahnen umfangreich renoviert worden. Die Breaks auf 18 neuen Grüns warten darauf von den Spielern entdeckt zu werden.

Nächstgelegene Plätze

Gut Immenbeck, GC (Nr. 93)
Hamburger GC (Nr. 58)
Hamburger L&GC Hittfeld (Nr. 95)

Hbg. Land- u. Golf Club Hittfeld e.V.

Karte, Nr. 95, Feld F3 **18** Design: David Krause, John Stanton Fleming Morrison

gegründet: 1957

Am Golfplatz 24, 21218 Seevetal
04105-2331 04105-52571
sekretariat@hlgc-hittfeld.de
www.hlgc-hittfeld.de

PR Herbert Dürkop, CM: Stefanie Kühl

04105-2331 -52571
Birgit Tiedemann, Marina Brandt, Corina Hagel

PRO Pro: Ben Huber, Tim Quitmeyer, Philip Drewes

H: 5799 m, CR 71.6, SL 132, Par 71
D: 4777 m, CR 71.8, SL 127, Par 71
15 Rangeabschläge (6 überdacht)

G Gäste sind Montag - Freitag (außer an Feiertagen) willkommen. Anmeldung ist notwendig. Clubausweis mit eingetragenem Handicap (54) ist erforderlich.

18-Loch-Greenfee: WT: EUR 90
9-Loch-Greenfee: WT: EUR 50
Mitglieder des VcG zahlen 50% Zuschlag.
Ermäßigung: Jugendl./Stud. bis 27 J. 50%

Platzbeschreibung

Das herausfordernde golferische Angebot des einzigartigen Parkland Course mit seinem alten Baumbestand wird ergänzt durch Schwimmen, Tennis sowie Eisstockschießen im Winter. Entsprechend dem Selbstverständnis seiner das Understatement pflegenden Mitglieder war und ist der HLGC Hittfeld nie laut und glamourös, aber durchaus sportlich ambitioniert. Davon zeugen 27 deutsche Meister- und Vizemeistertitel im Verlauf der 60-jährigen Clubgeschichte ebenso wie die erfolgreichen Clubmannschaften und die vielfach ausgezeichnete Jugendarbeit. Die Fachwelt ist sich seit dem Redesign des traditionsreichen Morrison-Platzes durch den renommierten Architekten David Krause im Jahre 2004/2005 einig: „Der Championshipcourse gehört zu den Golfplätzen in Deutschland, die man einfach einmal gespielt haben muss.“

Platzinfos

VCG CLUB

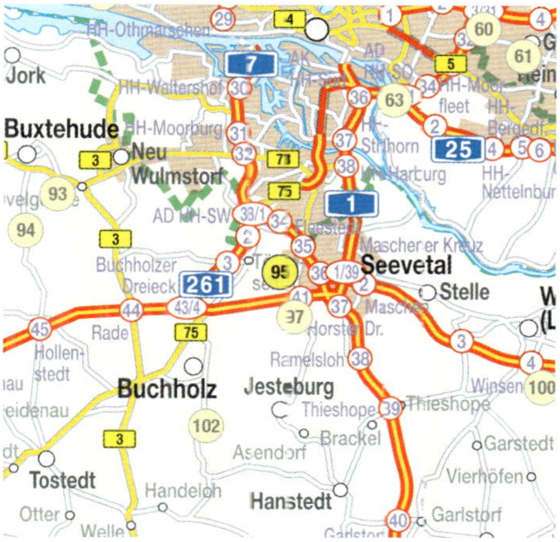

Anfahrtsbeschreibung

A 1 Hamburg-Bremen, Ausfahrt Hittfeld links Richtung Harburg, nach 2 km links in den Natenbergweg, nach 1 km links „Am Golfplatz“. Oder: A 7 Flensburg-Hannover, Ausfahrt Fleestedt Richtung Hittfeld, nach ca. 2 km rechts in den Natenbergweg, nach 1 km links „Am Golfplatz“.

Nächstgelegene Plätze

Am Hockenberg, G&CC (Nr. 97)
Buchholz-Nordheide, GC (Nr. 102)
Red Golf, Moorfleet (Nr. 63)

Greenfee-Aktion: Seite G 33

Golfclub Ostfriesland e.V.

Karte, Nr. 96, Feld C3 **27** Design: Frank Pennink, Christoph Städler Höhe: 10 m

gegründet: 1980

Am Golfplatz 4, 26639 Wiesmoor
☎ 04944-6440 Fax 04944-6441
golf@golfclubostfriesland.de
www.golfclub-ostfriesland.de

PR: Ralf Wilde, CM: Stephan Hüller
Headgreenkeeper: Arthur Hinrichs

i: ☎ 04944-6440 Fax -6441
Marion Tholen-Schoon, Heike Lombeck

Hotel Restaurant Blauer Fasan,
Michael Herbert Zinner
☎ 04944-92700 Fax -927070

PRO SHOP: Hotel-Restaurant Blauer Fasan
☎ 04944-92700 Fax 04944-927070

PRO: Pro: Stephan Wächter, Ulrich Schäring

H: 6323 m, CR 74.3, SL 133, Par 73
D: 5279 m, CR 74.6, SL 131, Par 73
30 Rangeabschläge (8 überdacht)

G: Gäste sind jederzeit willkommen. Anmeldung ist notwendig. Clubausweis mit eingetragener PE ist erforderlich.

Tages-Greenfee: WT: EUR 68 / WE: EUR 79
18-Loch-Greenfee: WT: EUR 59 / WE: EUR 69
9-Loch-Greenfee: WT: EUR 33 / WE: EUR 38
Ermäßigung: Jugendl. bis 18 J. und Stud. bis 27 J. 50%

Platzbeschreibung

Die 27-Loch-Anlage des Golf-Club Ostfriesland fügt sich in eine typisch ostfriesische Moorlandschaft ein. Zahlreiche Teiche, Gräben und Feuchtbiotope erschweren den Kurs, mehrmals sind die Grüns in Waldlichtungen hinein platziert und erfordern ein beherztes und präzises Spiel. Der stetig vorhandene Wind macht den besonders herben Reiz dieser anspruchsvollen Anlage aus.

Platzinfos

VCG GPS CLUB GASTRO

Anfahrtsbeschreibung

A 28 bis Westerstede-West, weiter B 75 bis Remels, dort rechts Richtung Wiesmoor, vor dem Ort links Richtung „Blauer Fasan" (Hinweisschilder). Oder: B 70 oder B 72 über Hesel nach Bagband, dort rechts auf die B 436 Richtung Wilhelmshaven bis Wiesmoor-Voßbarg, ab hier der Beschilderung „Blauer Fasan" bis zum Golfplatz folgen.

Nächstgelegene Plätze

Am Meer, GC (Nr. 108)
Wilhelmshaven-Friesl., GC (Nr. 90)
Oldenburgischer GC (Nr. 106)

Golfclub Am Hockenberg

Karte, Nr. 97, Feld F3 **18** Höhe: 70 m

gegründet: 1991

Am Hockenberg 100, 21218 Seevetal
✆ 04105-52245 🖷 04105-52080
✉ info@amhockenberg.de
💻 www.amhockenberg.de

PR GF: Franziska Steinhorst
Headgreenkeeper: Jan Borchers

i ✆ 04105-52245 🖷 04105-52080
Gunnar Bormann, Sabine Grüttner

Hockenberg´s Restaurant, Bistro & Lounge, Sewim Altunkaya
✆ 04105-1588280 🖷 04105-52080

PRO SHOP Golfplatz Am Hockenberg GmbH & Co. KG
✆ 04105-52245 🖷 04105-52080

PRO Pro: Paul Holley, Victoria Seuwen, John Nauman, Stephan Zuchanke

H: 6015 m, CR 72.3, SL 133, Par 72
D: 5350 m, CR 74.6, SL 131, Par 72
50 Rangeabschläge (8 überdacht)

G Gäste sind jederzeit willkommen. Anmeldung ist notwendig. Clubausweis mit eingetragenem Handicap (54) ist erforderlich. Sa./So./Feiertage ist Handicap 36 erforderlich. 18-Loch Platz: Gäste ohne Begleitung eines Mitglieds am Wochenende/Feiertags bis 10:00 Uhr und ab 15:00 Uhr

18-Loch-Greenfee: WT: EUR 70 / WE: EUR 80
9-Loch-Greenfee: WT: EUR 45 / WE: EUR 55
Ermäßigung: Jugendl. bis 18 J. und Stud. bis 27 J. 50%

Platzbeschreibung

Die Anlage wurde 1991 zu einer der reizvollsten, naturbelassenen Golfanlagen Norddeutschlands umgebaut. Sanfte Hügel und lange Täler, Wald und Obstbäume, Schilf und Seerosenteiche begleiten das Spiel. Von der Terrasse der Gastronomie genießt man einen ganz besonders schönen Weitblick über das Seevetal bis zu den Türmen Hamburgs.

Platzinfos

Anfahrtsbeschreibung

A 1 Hamburg-Bremen, Ausfahrt Hittfeld, rechts Richtung Jesteburg, ab Ortsschild Helmstorf nach ca. 1 km rechts zum Golfplatz. A 7 Flensburg-Hannover, Ausfahrt Fleestedt-Hittfeld, gerade durch Hittfeld und weiter Richtung Jesteburg, ab Ortsschild Helmstorf nach ca. 1 km rechts zum Golfplatz (Navi-Eingabe: Neuenfelde 21218 Seevetal).

Nächstgelegene Plätze

Hamburger L&GC Hittfeld (Nr. 95)
Buchholz-Nordheide, GC (Nr. 102)
Red Golf, Moorfleet (Nr. 63)

Greenfee-Aktion: Seite G 33

Golfclub Worpswede e.V.

Karte, Nr. 98, Feld E3 **18**

gegründet: 1974

Paddewischer Weg 2, 27729 Vollersode
04763-7313
info@golfclub-worpswede.de
www.golfclub-worpswede.de

PR: Thore Meyer

i: 04763 / 7313, Infoline: 04763 / 627796
Nicola Gesing

Asiye Trübner
04763-628428

PRO SHOP: Golfshop Worpswede e.v., Thore Meyer
04763-7313

H: 5779 m, CR 71.1, SL 131, Par 72
D: 5093 m, CR 72.8, SL 128, Par 72
50 Rangeabschläge (6 überdacht)

G: Gäste sind jederzeit willkommen. Anmeldung ist notwendig. Clubausweis mit eingetragenem Handicap (45) ist erforderlich. Sa./So./Feiertage ist Handicap 36 erforderlich. Der Platz ist während der Jagdzeit gesperrt. Spielbetrieb täglich
WE Start vor 10 Uhr erbeten, DGV-Mitgliedsausweis ist vorzuweisen.

18-Loch-Greenfee: WT: EUR 50 / WE: EUR 55
9-Loch-Greenfee: WT: EUR 30 / WE: EUR 35
Ermäßigung: Jugendl./Stud. 50%

Platzbeschreibung

Die Fairways des Golfclub Worpswede liegen sehr naturverbunden in einem Areal mit wechselnder Moor-, Heide- und Waldlandschaft. Die Löcher 1 bis 6 ziehen sich durch direkt an die Spielbahn grenzenden Waldbestand und erfordern ein sehr präzises Spiel. Auch die restlichen Bahnen sind durch natürliche Hindernisse und Teiche schwieriger als man denkt.

Platzinfos

VCG GPS CLUB

Anfahrtsbeschreibung

Von Hamburg: Ausfahrt Sittensen über Zeven Richtung Gnarrenburg auf der B 74 Richtung Bremen, bei Km 24,8 rechts zum Golfplatz (beschildert). Von Süden: Bremer Kreuz A 27 Richtung Cuxhaven, Ausfahrt Bremen-Nord auf die B 74 Richtung Stade, ca. 3 km hinter Wallhöfen bei Km 24,9 links zum Golfplatz abbiegen (beschildert).

Nächstgelegene Plätze

Zur Vahr/Garlstedter H. (Nr. 104)
Lilienthal, GC (Nr. 109)
Gut Hainmühlen, GC (Nr. 89)

Golf Club St. Dionys e.V.

Karte, Nr. 99, Feld F4 18 Höhe: 12 m

gegründet: 1972

Widukindweg, 21357 St. Dionys
✆ 04133-213311 🖷 04133-213313
✉ info@golfclub-st-dionys.de
💻 www.gcstd.de

PR: Wilhelm H. Röhlen
Headgreenkeeper: Christian Steinhauser

i: ✆ 04133-213311/-12 🖷 -213313
Annika Strosik, Melanie Hinrichsen

Restaurant St. Dionys, Daniel Jasser
✆ 04133-4180740

PRO SHOP: Pro Shop Robert Maack
✆ 04133-4040350

PRO: Pro: Robert Maack, Timo Stern

H: 6040 m, CR 72.9, SL 136, Par 72
D: 5100 m, CR 73.8, SL 128, Par 72
30 Rangeabschläge (6 überdacht)

G: Gäste sind Montag - Freitag (außer an Feiertagen) willkommen. Anmeldung ist notwendig. Clubausweis mit eingetragenem Handicap (36) ist erforderlich.

18-Loch-Greenfee (ab 8:00 Uhr): EUR 90
9-Loch-Greenfee: EUR 50
WE/ Feiert. ab 10 Uhr Gäste nur in Mitgliederbegleitung. Early-Bird-GF vor 8:00 Uhr WT/ WE EUR 50,-.
Ermäßigung: Jugendl. bis 18 J. und Stud. bis 29 J. 50%

Platzbeschreibung

Der Club liegt ca. 50 km südöstlich von Hamburg in einem großen Erholungsgebiet mit unverwechselbarer Heidelandschaft. Auf dem 90 ha umfassenden welligen Gelände bieten die Spielbahnen zwischen hartem Heidekraut und Kiefern-, Nadel- und Mischwald einen abwechslungsreichen Parcours. Durch den trockenen Heideboden ist in St. Dionys ein ganzjähriges Spielvergnügen möglich.

Platzinfos

Anfahrtsbeschreibung

Aus Hamburg: A 7 HH-Hannover, Maschener Kreuz, A 250 Maschen-Lüneburg Ausfahrt Handorf, B 404 Richtung Geesthacht, Ausfahrt Rottort/Handorf. K 46 Richtung Lüneburg, in Wittdorf links abbiegen nach Barum. Nach ca. 3 km Ortseinfahrt St. Dionys, der Ausschilderung zum Golfplatz folgen. Aus Bergedorf: B 404 über Elbbrücken, Ausfahrt Bardowick/Handorf, K 46 Richtung Lüneburg und weiter wie oben. Aus Lüneburg: K 46 Richtung Winsen, bis Wittorf, dann wie oben.

Nächstgelegene Plätze

Adendorf, GC (Nr. 103)
Schloss Lüdersburg, GA (Nr. 101)
Green Eagle, GC (Nr. 100)

Niedersachsen + Bremen

Green Eagle Golf Courses

Karte, Nr. 100, Feld F4 18/18/6 Design: Michael Blesch

gegründet: 1997

Radbrucher Straße 200, 21423 Winsen/Luhe
04171-782241 Fax 04171-782242
info@greeneagle.de
www.greeneagle.de

PR
Ralf Lühmann, GF: Ralf Lühmann
Michael Blesch, CM: Torben Jürges
Headgreenkeeper: Torsten Gohl

i
04171-782241

Delya Flecke
04171-679939

PRO SHOP
Clive Haycock
04171-679937

PRO
Pro: Felix Staudt

18-Loch Porsche Nord-Course
H: 6538 m, CR 75.7, SL 140, Par 73
D: 5307 m, CR 74.4, SL 137, Par 73
18-Loch Süd-Course
H: 6033 m, CR 73.3, SL 135, Par 72
D: 5183 m, CR 74.4, SL 130, Par 72
200 Rangeabschläge (19 überdacht)

G
Gäste sind jederzeit willkommen. Anmeldung ist notwendig. Clubausweis mit eingetragenem Handicap (54) ist erforderlich.

18-Loch-Greenfee: Mo.-Do.: EUR 118 / Fr., Sa.: EUR 128 / So.: EUR 138
Ermäßigung: Jugendl./Stud. 50%

Platzbeschreibung

Die 42-Loch Golfanlage vor den Toren der Hansestadt Hamburg hat seit ihrer Gründung im Jahr 1997 eine moderne und progressive Golfsport-Philosophie verfolgt. Diese wird sowohl von internationalen Golf-Professionals als auch von Amateuren und Einsteigern begrüßt. Speziell der Nord Course wurde schon in der Planung als potenzieller Austragungsort für internationale Großveranstaltungen ausgerichtet.

Platzinfos

VCG CLUB GASTRO

Anfahrtsbeschreibung

Von Hamburg auf der A 39 Richtung Lüneburg, Ausfahrt Winsen-Ost, dann links und die zweite wieder links.

Nächstgelegene Plätze

St. Dionys, GC (Nr. 99)
Adendorf, GC (Nr. 103)
Escheburg, GC (Nr. 66)

GSL-Golfanlage Schloss Lüdersburg

Karte, Nr. 101, Feld G4 18/18/4

gegründet: 1985

Lüdersburger Straße 21,
21379 Lüdersburg/Lüneburg
04139-69700 04139-6970700
info@schloss-luedersburg.de
www.schloss-luedersburg.de

PR: GF: Mehmet Yildirim
Headgreenkeeper: Jürgen Sternikel

i: 04139-69700 04139-6970700

Clubhaus, Trattoria, Restaurant Falkenstein
04139-6970741/-6970 0

PRO: Pro: Jason Crerar, Paul George Robeson, Bruce McAllister

18-Loch Old-Course
H: 5912 m, CR 71.6, SL 130, Par 73
D: 5229 m, CR 73.7, SL 127, Par 73
18-Loch Lakes Course
H: 6067 m, CR 71.7, SL 129, Par 72
D: 5305 m, CR 73.1, SL 125, Par 72
80 Rangeabschläge (4 überdacht)

G: Gäste sind jederzeit willkommen. Anmeldung ist notwendig. Clubausweis mit eingetragener PE ist erforderlich.

18-Loch-Greenfee: Mo.-Do.: EUR 65 / Fr.-So.: EUR 75
9-Loch-Greenfee: Mo.-Do.: EUR 40 / Fr.-So.: EUR 45
WE-GF gilt ab Freitag.
Ermäßigung: Jugendl./Stud. 50%

Platzinfos

Anfahrtsbeschreibung

Von Hamburg: A 39 Hamburg-Lüneburg, Ausfahrt Lüneburg-Ebensberg, über Scharnebeck nach Lüdersburg, ca. 12 km ab der Autobahnausfahrt. Oder von Hannover/Süden: Lüneburger Ortsumgehung, Ausfahrt Lüneburg-Ebensberg über Scharnebeck nach Lüdersburg. Oder von Berlin: A 24, Ausfahrt Hornbek, über Lauenburg-Bullendorf-Hittbergen bis zum Golfplatz.

Platzbeschreibung

Nur ca. 12 Kilometer nordöstlich von Lüneburg fügt sich die parkähnliche Anlage in verhältnismäßig flaches Gelände ein. Der Parcours und das alte Herrenhaus werden auf der einen Seite von der Elb-Marsch mit ihren Weiden und Flutgräben, auf der anderen Seite von der waldigen Geest eingefasst. Die Anlage wird durch viele Wasserhindernisse, schwer anzuspielende Grüns und sich verengende Spielbahnen geprägt.

Nächstgelegene Plätze

Adendorf, GC (Nr. 103)
St. Dionys, GC (Nr. 99)
Brunstorf, G&CC (Nr. 65)

Golf Club Buchholz-Nordheide e.V.

Karte, Nr. 102, Feld F4 **18**

gegründet: 1982

An der Rehm 25, 21244 Buchholz
✆ 04181-36200 ℻ 04181-97294
info@golfclub-buchholz.de
www.golfclub-buchholz.de

PR Dr. Stephan Kutscher, CM: Stefan Otte
Headgreenkeeper: Paul Crispin

i ✆ 04181-36200 ℻ 04181-97294
Ana Preuß, Stefanie Hagedorn, Brigitte Philipp

klubhaus Restaurant & Sportgastronomie,
Ralf Morlock
✆ 04181-34779

PRO SHOP Scot Gilmour
✆ 04181-98584 ℻ 04181-97294

PRO Pro: Scot Gilmour, Torben Walter

18-Loch GCB Platz
H: 5730 m, CR 71.3, SL 130, Par 72
D: 5036 m, CR 73.3, SL 125, Par 72
30 Rangeabschläge (6 überdacht)

G Gäste sind Montag - Freitag (außer an Feiertagen) willkommen. Anmeldung ist notwendig. Clubausweis mit eingetragenem Handicap (45) ist erforderlich. Von Montag bis Freitag HCPI 45 erforderlich, am WE/FT 36.

18-Loch-Greenfee: WT: EUR 65 / WE: EUR 75
9-Loch-Greenfee: WT: EUR 35 / WE: EUR 40
In Begleitung von Mitgliedern bis zu € 15,- Reduktion auf das reguläre 18-Loch-Greenfee.
Gäste am WE/FT nur vor 10.00 oder ab 14.00 Uhr.
Ermäßigung: Jugendl./Stud. bis 27 J. 50%

Platzbeschreibung

Natürlich eingebettet in eine reizvolle Heide- und Waldlandschaft, nur 35 Automin. von Hamburg entfernt, bietet die ebene, aber technisch anspruchsvolle 18-Loch-Anlage eine Herausforderung für jeden Golfer.

Platzinfos

VCG GPS CLUB GASTRO

Anfahrtsbeschreibung

Anfahrt: A1, Abf. Dibbersen, Richtung B 75/Rotenburg, dann rechts Ri. Buchholz/Dibbersen, im Kreisverkehr Ri. Buchholz, der Str. folgend durch Buchholz fahrend Ri. Holm- Seppensen, ca. 1km hinter Ortsschild Seppensen li. ab in den Moordamm. Oder A7 über Buchholzer Dreieck, Ri. HH bis Dibbersen, anschließend wie oben. Oder A 7 über Buchholzer Dreieck, Richtung Hamburg bis Dibbersen, anschließend wie oben.

Nächstgelegene Plätze

Am Hockenberg, G&CC (Nr. 97)
Hamburger L&GC Hittfeld (Nr. 95)
Buxtehude, GC (Nr. 94)

Castanea Resort Adendorf

Karte, Nr. 103, Feld G4 **18/9** Design: Kurt Rossknecht Höhe: 30 m

gegründet: 2000

Moorchaussee 3, 21365 Adendorf
✆ 04131-22332660 Fax 04131-22332665
✉ golf@castanea-resort.de
www.castanea-resort.de

PR GF: Rainer Adank

i ✆ 04131-22332660 Fax 04131-22332665
Sabrina Herrmann

„Castello"
✆ 04131-22332640

PRO SHOP Castanea Resort Golf Shop
✆ 04131-22332660 Fax 04131-22332665

PRO Pro: Falk Simon, Bo Fredrikson, Frédérik Dechavanne

18-Loch Mastercourse
H: 5891 m, CR 71.1, SL 130, Par 72
D: 5037 m, CR 72.3, SL 128, Par 72
9-Loch Public Course (Par 3)
H: 2262 m, Par 27, D: 1970 m, Par 27
40 Rangeabschläge (24 überdacht)

G Gäste sind jederzeit willkommen. Anmeldung ist notwendig. Clubausweis mit eingetragenem Handicap (54) ist erforderlich.

18-Loch-Greenfee: WT: EUR 60 / WE: EUR 70
9-Loch-Greenfee: WT: EUR 35 / WE: EUR 40
Ermäßigung: Jugendl./Stud. bis 25 J. 50%

Platzinfos

Anfahrtsbeschreibung
Aus Norden kommend über die A1 oder A7 am Maschener Kreuz auf die A250 Richtung Lüneburg, Ausfahrt Adendorf, links auf die Artlenburger Landstraße bis zu der Kreuzung Elba. Hier rechts abbiegen Richtung Scharnebeck und dann der Beschilderung folgen.

Platzbeschreibung
Erleben Sie ein von Kurt Rossknecht gestaltetes anspruchsvolles Golf Resort mit natürlichem Charme. Der ganzjährig bespielbare Platz, mit gepflegten Grüns und anspruchsvollen Hindernissen, gehört mit seinem 18-Loch Mastercourse (Par 72) und dem öffentlichen 9-Loch Public Course (Par 27) zu den führenden Golfanlagen in der Region „Lüneburger Heide".

Nächstgelegene Plätze
St. Dionys, GC (Nr. 99)
Schloss Lüdersburg, GA (Nr. 101)
Green Eagle, GC (Nr. 100)

Club zur Vahr e.V. Bremen, Garlstedter Heide

Karte, Nr. 104, Feld D4 **18**

gegründet: 1963

Am Golfplatz 10, 27711 Garlstedt/OHZ
✆ 04795-953316 🖷 04795-954259
✉ info@czvb.de
💻 www.club-zur-vahr.de

PR Hans-Dieter Lampe, GF: David Müller

i ✆ 0421-204480
Lutz Bialek, Malina Decker

Irmtraut Böttjer
✆ 04795-417

PRO SHOP Dorothée Welsby

PRO Pro: Robin Welsby, Fabian Bünker, Philipp Schmalz, Sven-Hendrik Voigt

18-Loch Garlstadt Platz
H: 6283 m, CR 73.7, SL 140, Par 74
D: 5368 m, CR 74.7, SL 133, Par 74

G Gäste sind Montag - Freitag (außer an Feiertagen) willkommen. Anmeldung ist notwendig. Clubausweis mit eingetragenem Handicap (36) ist erforderlich.

18-Loch-Greenfee: WT: EUR 60 / WE: EUR 70
Ermäßigung: Jugendl./Stud. 50%

Platzbeschreibung

Es ist der zweite Platz des Club zur Vahr. 1963 gegründet ist er der Jüngere der beiden Brüder, aber dafür ein stattlicher 18-Loch Meisterschaftsplatz. Schon mehrfach wurden hier die German Open ausgetragen. Ein dichter Waldbestand säumt die schmalen Fairways und prägt den Charakter dieses Platzes.

Platzinfos

Anfahrtsbeschreibung

A 27 Richtung Bremerhaven, Ausfahrt Ihlpohl Richtung Bremerhaven, auf der B 6 ca. 10 km bis Garlstedt, im Ort links abbiegen und der Beschilderung zum Golfplatz folgen.

Nächstgelegene Plätze

Bremer Schweiz, GC (Nr. 107)
Lesmona, GC (Nr. 111)
Worpswede, GC (Nr. 98)

Golfclub Königshof Sittensen e.V.

Karte, Nr. 105, Feld E4 18

gegründet: 1990

Alpershausener Weg 60, 27419 Sittensen
04282-3266 04282-95470
info@golfclub-sittensen.de
www.golfclub-sittensen.de

PR: Horst Wenger

i: 04282-3266 -95470
Ina Klindworth, Regina Schwiering, Carola Sievers

Restaurant „Königs", Gaby Kropp
04282-5944888

PRO SHOP: Proshop Graeme Hill
04282-3884

PRO: Pro: Graeme Hill, Jonathan Grogan

H: 5976 m, CR 71.9, SL 127, Par 72
D: 5269 m, CR 73.7, SL 128, Par 72
25 Rangeabschläge (3 überdacht)

G: Gäste sind jederzeit willkommen. Anmeldung ist notwendig. Clubausweis mit eingetragenem Handicap (54) ist erforderlich. Unsere Partner-Golfclubs & -Hotels finden Sie auf www.golfclub-sittensen.de.

18-Loch-Greenfee: WT: EUR 50 / WE: EUR 60
9-Loch-Greenfee: WT: EUR 30 / WE: EUR 40
Rangefee: EUR 5,-.
Ermäßigung: Jugendl. und Stud. bis 27 J. 50%

Platzinfos

VCG

Anfahrtsbeschreibung

A 1 Hamburg-Bremen, Ausfahrt Sittensen, links nach Sittensen, geradeaus durch den Ort Richtung Scheeßel, nach ca. 2,5 km am Ortsende Schild „Golfplatz", rechts abbiegen und dem Alpershausener Weg ca. 800 m bis zum Golfplatz folgen.

Platzbeschreibung

Jeweils 50 km von Hamburg und Bremen entfernt, direkt an der Autobahn A1 gelegen, finden Golfer eine zusätzliche Herausforderung mit 18 abwechslungsreichen Löchern auf einem 60 ha umfassenden Gelände in typischer Geestlandschaft. Auf dem spielerisch anspruchsvollen Platz bieten zahlreiche Hügel, Mulden, Biotope und Wasserhindernisse einige Überraschungen. Die Symbiose zwischen alten und neuen Bahnen ist gut gelungen.

Nächstgelegene Plätze

Wümme, GC (Nr. 110)
Buxtehude, GC (Nr. 94)
Gut Immenbeck, GC (Nr. 93)

Oldenburgischer Golfclub e.V.

Karte, Nr. 106, Feld D4 **18**

gegründet: 1964

Wemkenstr. 13, 26180 Rastede
☏ 04402-7240 ☎ 04402-70417
✉ info@oldenburgischer-golfclub.de
www.oldenburgischer-golfclub.de

PR: Dr. Gerd Pommer, CM: Christoph Schomaker

i: ☏ 04402-7240 ☎ 04402-70417
Thekla Schönknecht, Andrea Müller, Bettina Paro

Gastronomie im Golfclub, Kubilay Mec
☏ 04402-7069613

PRO SHOP: Pro Shop Golfschule Michael Behrens, Janek Abels
☏ 0176-41135701

PRO: Pro: Michael Behrens, Ben Fisher

H: 6050 m, CR 72.8, SL 140, Par 72
D: 5260 m, CR 73.8, SL 135, Par 72
25 Rangeabschläge (10 überdacht)

G: Gäste sind jederzeit willkommen. Anmeldung ist notwendig. Clubausweis mit eingetragenem Handicap (36) ist erforderlich. GPS-Geräte nur in Privatturnieren zugelassen.

18-Loch-Greenfee: WT: EUR 50 / WE: EUR 60
9-Loch-Greenfee: WT: EUR 30 / WE: EUR 35
Ermäßigung: Jugendl./Stud. 50%

Platzbeschreibung

Die Parklandschaft des Ammerlandes im Norden von Oldenburg prägt die Spielbahnen der Anlage. Die gelungene Kombination aus alten, teilweise von Rhododendren umrahmten Waldbahnen mit freien Fairways, bei denen strategische Wasserhindernisse und gut platzierte Bunker das Spiel bestimmen, wurde in den letzten Jahren zu einer Herausforderung für jeden Golfer. Ein modernes Clubhaus mit ausgezeichneter Gastronomie komplettiert die attraktive Anlage.

Platzinfos

VCG

Anfahrtsbeschreibung

A 29 Richtung Wilhelmshaven, Ausfahrt Hahn-Lehmden, rechts abbiegen, weiter auf der K 131 Richtung Oldenburg, nach ca. 1 km rechts ab und auf der befestigten Straße Richtung Wemkendorf bis zum Golfplatz.

Nächstgelegene Plätze

Am Meer, GC (Nr. 108)
Hatten, GC (Nr. 116)
In Hude, Golf (Nr. 113)

Greenfee-Aktion: Seite G 35

Golf-Club Bremer Schweiz e.V.

Karte, Nr. 107, Feld D4 **18** Höhe: 8 m

gegründet: 1991

Wölpscher Straße 4, 28779 Bremen
☎ 0421-6095331 Fax 0421-6095333
✉ info@golfclub-bremerschweiz.de
www.golfclub-bremerschweiz.de

PR: Ralph Bünning

i: ☎ 0421-6095331 Fax 0421-6095333
Tanja Bullwinkel

Teetime, Bernhard Hönemann
☎ 0421-69655175
Mo. Ruhetag

PRO: Pro: Mark Roughsedge, Bill Griffiths

H: 5618 m, CR 71.2, SL 125, Par 71
D: 4826 m, CR 67.1, SL 113, Par 71
40 Rangeabschläge (7 überdacht)

G: Gäste sind jederzeit willkommen. Anmeldung ist notwendig. Clubausweis mit eingetragenem Handicap (54) ist erforderlich.

Tages-Greenfee: WT: EUR 50 / WE: EUR 60
9-Loch-Greenfee: WT: EUR 28 / WE: EUR 33
Ermäßigung: Jugendl. bis 18 J. 50%

Platzbeschreibung

Der Golf-Club Bremer Schweiz e.V. präsentiert sich als junger und dynamischer Verein, der den Einstieg in den Golfsport durch sein umfangreiches Kursprogramm fördert. Mitten auf der Landesgrenze zwischen der Wesermetropole Bremen und Niedersachsen erstreckt sich unser sportlich höchst anspruchsvoller Golfplatz zwischen Marsch und Geest. Ein Grenzgänger mit zwei Gesichtern, wie ein renommiertes deutsches Golfmagazin einst titelte. Die 2003 komplettierte Golfanlage hat etwas ganz Besonderes, was man wirklich selten findet: Zwei 18. Grüns in zwei verschiedenen Bundesländern.

Platzinfos

VCG GPS GASTRO

Anfahrtsbeschreibung

Aus Richtung Bremen/Bremerhaven: BAB 27, Abfahrt Schwanewede, in Schwanewede links Richtung Bremen-Vegesack, nach ca. 1,5 km links „Am Steending" (Autohaus Hinte) und nach ca. 0,5 km links in die „Wölpscher Straße".

Nächstgelegene Plätze

Lesmona, GC (Nr. 111)
Zur Vahr/Garlstedter H. (Nr. 104)
In Hude, Golf (Nr. 113)

Niedersachsen + Bremen

Golfclub am Meer e.V.

Karte, Nr. 108, Feld C4 **18/3** Design: Deutsche Golf Consult Höhe: 7 m

gegründet: 1988

Ebereschenstrasse 10, 26160 Bad Zwischenahn
04403-623050 04403-6230527
sekretariat@golfclub-am-meer.de
www.golfclub-am-meer.de

PR Dieter Lautenschläger, GF: Phil Stolle,
CM: Phil Stolle
Headgreenkeeper: Sommerfeld AG

i 04403-63866 04403-63867
Catherine Keitel, Sandra Büschel, Wiebke Tjarks,
Charlotte von der Heide

Clubgastronomie
04403-6230513

PRO SHOP Pro Shop im Golfclub am Meer,
Dana Zwiebelhofer
04403-9390670

PRO Pro: Thilo Böttcher, Stephan Wächter,
Thorsten Janßen

18-Loch Platz
H: 6041 m, CR 71.8, SL 130, Par 72
D: 4998 m, CR 72.8, SL 125, Par 72
3-Loch Platz, H: Par 3
45 Rangeabschläge (6 überdacht)

G Gäste sind jederzeit willkommen. Anmeldung ist notwendig. Clubausweis mit eingetragener PE ist erforderlich.

18-Loch-Greenfee: WT: EUR 59 / WE: EUR 69
9-Loch-Greenfee: WT: EUR 36 / WE: EUR 42
GF inkl. Driving Range. Mondscheintarif WT: EUR 36
Mondscheintarif WE/Feiert.: EUR 42
Ermäßigung: Jugendl./Stud.

Nächstgelegene Plätze
Oldenburgischer GC (Nr. 106)
Hatten, GC (Nr. 116)
Ostfriesland, GC (Nr. 96)

Platzinfos

VCG GPS CLUB

Anfahrtsbeschreibung

Von Bremen/Oldenburg auf der A 28 Ri. Leer-Emden, Ausfahrt Zwischenahner Meer, auf der Wiefelstedter Str. Ri. Bad Zwischenahn, nach ca. 1,5 km in Aue rechts in die Dreiberger Str., nach ca. 2,5 km an der Feuerwehr-Zentrale gerade in die Ebereschenstraße. Oder: Von Bad Zwischenahn auf der Westersteder Straße nach Rostrup II, an der Ampelkreuzung rechts über Elmendorfer Straße und Hösjekamp bis zum Golfplatz.

Platzbeschreibung

Ein ausgeprägtes Naturschutzgebiet säumt das Gelände nördlich, Ausläufer ziehen sich durch den Golfplatz und bieten in Einklang mit seltener Vogel-, Insekten- und Pflanzenwelt eine eindrucksvolle Kulisse. Durch das ausgeklügelte Entwässerungssystem mit 6 unterschiedlichen Teichen sowie durch raffinierte Geländemodellierungen erhält jede Spielbahn ihren eigenen Charakter.

Golfclub Lilienthal e.V.

Karte, Nr. 109, Feld E4 **18** Design: Christian Althaus Höhe: 3 m

gegründet: 1998

1. Landwehr 20, 28865 Lilienthal
☏ 04298-697069 🖷 04298-697039
✉ clubhaus@golfclub-lilienthal.de
💻 www.golfclub-lilienthal.de

PR Claus Kleyboldt, CM: Alexandra Solovei
Headgreenkeeper: Lennard Evers

i ☏ 04298-697069 🖷 04298-697039
Sussana Kommerau

Bistro „Landwehr Diele", Xenia Nowak
☏ 04298-2797193
Mo. Ruhetag

PRO SHOP Maag Golf GmbH
☏ 0177-2345674

PRO Pro: Klaus Maag

18-Loch Platz
H: 5476 m, CR 69.3, SL 125, Par 71
D: 4747 m, CR 70.5, SL 125, Par 72
13 Rangeabschläge (3 überdacht)

G Gäste sind jederzeit willkommen. Anmeldung ist notwendig. Clubausweis mit eingetragener PE ist erforderlich. Das Clubhaus ist vollkommen barrierefrei.

18-Loch-Greenfee: WT: EUR 50 / WE: EUR 60
9-Loch-Greenfee: WT: EUR 25 / WE: EUR 35
Ermäßigung: Jugendl. bis 18 J. 50%

Platzbeschreibung

Der erste integrative Golfclub Deutschlands. In einer reizvollen, naturnahen Hochmoor Kulturlandschaft vor den Toren Bremens befindet sich eine reizvolle 18-Loch-Golfanlage entworfen vom Golfplatzarchitekten Christian Althaus inkl. Driving Range, Putting- und Chipping-Area. In 30 Minuten von der Bremer Innenstadt und 10 Minuten von der Universität erreichbar. Unsere Fairways fordern alle Golfer zu einem präzisen Spiel. Bei uns sind auch Golfer mit Behinderungen herzlich willkommen. Entsprechende Hilfsmittel stehen zur Verfügung.

Platzinfos

VCG GPS

Nächstgelegene Plätze
Oberneuland, GC (Nr. 115)
Zur Vahr/Vahr (Nr. 114)
Lesmona, GC (Nr. 111)

Greenfee-Aktion: Seite G 35

Golf Club Wümme e.V.

Karte, Nr. 110, Feld E4 **27** Höhe: 20 m

gegründet: 1984

Hof Emmen/Westerholz,
27383 Scheeßel-Westerholz
☎ 04263-93010 Fax 04263-930116
✉ info@golfclub-wuemme.de
www.golfclub-wuemme.de

PR Hermann Aukamp
Headgreenkeeper: Jochen Meyer

i ☎ 04263-93010 Fax 04263-930116
Denise Paule

Clubrestaurant, Stephanie Pletat
☎ 04263-930130

PRO SHOP ☎ 04263-930120 Fax -930116

PRO Pro: David Bunce

H: 6021 m, CR 72.2, SL 131, Par 72
D: 5112 m, CR 72.7, SL 126, Par 72
20 Rangeabschläge

G Gäste sind jederzeit willkommen. Anmeldung ist notwendig. Clubausweis mit eingetragenem Handicap (54) ist erforderlich. Sa./So./Feiertage ist Handicap 36 erforderlich.

Tages-Greenfee: WT: EUR 50 / WE: EUR 65
9-Loch-Greenfee: WT: EUR 30 / WE: EUR 45
Rangefee EUR 5,-.
Ermäßigung: Jugendl./Stud. 50%

Platzbeschreibung

Der seit 2015 27 Bahnen umfassende Golfplatz bietet sportlich ambitionierten Golfern durch seine anspruchsvolle Anlage viele Herausforderungen. Aber auch Einsteiger können den Platz problemlos meistern. Eingebettet in die reizvoll ruhige Landschaft am Nordrand der Lüneburger Heide mit kleinen Heideflächen, romantischen Waldstücken, feinen Knicks und verwunschenen Teichen - so entdecken Sie die Anlage des Golf Club Wümme e. V. immer wieder neu in Harmonie mit der Natur.

Platzinfos

GPS GASTRO VCG

Anfahrtsbeschreibung

Von Hamburg: A 1, Ausfahrt Bockel, B 71 Richtung Rotenburg, links Richtung Abbendorf und der Beschilderung folgen. Von Bremen: A 1, Ausfahrt Stuckenborstel, B 75 Richtung Rotenburg, vor Rotenburg auf die B 71 Richtung Zeven bis zur Lent-Kaserne, dort rechts Richtung Abendorf und der Beschilderung folgen. Von Hannover: A 27, Ausfahrt Verden-Nord, B 215 bis Rotenburg, dort auf die B 71 und weiter wie oben beschrieben.

Nächstgelegene Plätze

Königshof Sittensen, GC (Nr. 105)
Verden, GC (Nr. 122)
Achimer GC (Nr. 120)

Greenfee-Aktion: Seite G 37

Bremer Golfclub Lesmona e. V.

Karte, Nr. 111, Feld D4 18

gegründet: 2010

Lesumbroker Landstraße 70, 28719 Bremen
0421-949340 0421-9493490
info@bremer-golfclub-lesmona.de
www.bremer-golfclub-lesmona.de

PR: Dr. Lothar Radszuweit

i: 0421-949340 -94934-90
Jelka Werner

Clubhaus Smidt´s
0421-9493430 -9493490
Mo. Ruhetag

PRO SHOP: 0421-949340 -9493490

PRO: Pro: Dennis Kattau

H: 3324 m, CR 61.7, SL 106, Par 61
D: 3082 m, CR 60.5, SL 106, Par 61
25 Rangeabschläge (15 überdacht)

G: Gäste sind jederzeit willkommen. Anmeldung ist notwendig. Clubausweis mit eingetragener PE ist erforderlich.

18-Loch-Greenfee: EUR 35
Ermäßigung: Jugendl./Stud. bis 21 J. 50%

Platzbeschreibung

Der Bremer Golfclub LESMONA liegt inmitten eines Naturerholungsgebiets und bietet alle Einrichtungen, die sich Golferinnen und Golfer wünschen. Der Platz ist trickreich angelegt, es gibt großzügige Übungsmöglichkeiten mit einer Flutlicht Driving-Range sowie Putting, Pitching- und Chippinggrüns mit Übungsbunkern die selbst von Golfunerfahrenen genutzt werden können.

Platzinfos

VCG

Anfahrtsbeschreibung

AK Bremen, A 27 Ri. Bremerhaven/Cuxhaven, Abfahrt Burg/Grambke. Der Ausfahrt bis zur Ampel folgen, dort scharf li. bis zur nächsten großen Ampelkreuzung, hier dem Straßenverlauf folgen ca. 1,8 km. Kurz vor der Lesumbrücke li. in die Lesumbroker Landstr. einbiegegen. Nach 1 km befindet sich der Golfplatz auf der linken Seite. Oder: A 27 Ri. Bremen, Abfahrt Ihlpohl, am Ende der Abfahrt li., an der nächsten Ampel re. einordnen. An der gr. Ampelkreuzung halb re. einordnen, dann gleich auf die ganz li. Spur wechseln, li. halten auf der Bremerhavener Heerstr. ca. 3 km. Hinter der Lesumbrücke re. in die Lesumbroker Landstr. einbiegen. Nach 1 km befindet sich der Golfplatz auf der linken Seite.

Nächstgelegene Plätze

Bremer Schweiz, GC (Nr. 107)
Zur Vahr/Vahr (Nr. 114)
Zur Vahr/Garlstedter H. (Nr. 104)

Greenfee-Aktion: Seite G 37

Golfclub Bad Bevensen e.V.

Karte, Nr. 112, Feld G4 **18** Design: Günther Held Höhe: 93 m

gegründet: 1989

Dorfstraße 22,
29575 Altenmedingen OT Secklendorf
✆ 05821-98250
✉ info@gc-badbevensen.de
www.gc-badbevensen.de

PR: Björn Held, GF: Sarah Held

i: ✆ 05821-98250

HELD's Restaurant
✆ 05821-98250

PRO SHOP: Golfanlage Bad Bevensen GmbH & Co. KG
✆ 05821-98250

PRO: Pro: Marius Kredel

H: 5808 m, CR 71.9, SL 138, Par 72
D: 5163 m, CR 74.3, SL 134, Par 72
15 Rangeabschläge (2 überdacht)

G: Gäste sind jederzeit willkommen. Anmeldung ist notwendig. Clubausweis mit eingetragener PE ist erforderlich.

18-Loch-Greenfee: WT: EUR 70 / WE: EUR 80
9-Loch-Greenfee: WT: EUR 35 / WE: EUR 40
Gäste des Hotels Zur Amtsheide erhalten € 15,- Ermäßigung auf 18 Löcher Runden und € 5,-Ermäßigung auf 9 Löcher Runden.
Ermäßigung: Jugendl. und Stud. bis 27 J. 50%

Platzinfos

Anfahrtsbeschreibung
Von Hamburg nach Lüneburg, von Lüneburg auf der B 4 Richtung Uelzen, Ausfahrt Bienenbüttel, von Bienenbüttel nach Altenmedingen, von dort Richtung Bad Bevensen, in Secklendorf der Beschilderung zum Golfplatz folgen. Oder: B 4 Uelzen Richtung Lüneburg, Ausfahrt Bad Bevensen, in Bad Bevensen links Richtung Secklendorf-Altenmedingen, in Secklendorf der Beschilderung folgen.

Platzbeschreibung
Herausforderungen für Golfer jeden Handicaps Golfen in gesunder Umwelt – unter diesem Motto steht das Spiel auf dem Golfplatz Bad Bevensen. Die Anlage und Gestaltung dieser 18 Löcher ist ein Musterbeispiel für die Harmonie von Ökologie und Golfsport. Verstehen kann man das Außergewöhnliche dieser Anlage erst, wenn man sie erlebt und mit anderen Anlagen verglichen hat.

Nächstgelegene Plätze
An der Göhrde, GC (Nr. 117)
Adendorf, GC (Nr. 103)
Schloss Lüdersburg, GA (Nr. 101)

Golf in Hude e.V.

Karte, Nr. 113, Feld D4 18/9 Höhe: 20 m

gegründet: 1997

Hurreler Straße/Lehmweg 1, 27798 Hude
04408-929090 04408-9290920
info@golfinhude.de
www.golfinhude.de

PR: Wilfried Blohm, CM: Oliver Bätz

i: 04408-929090 04408-9290920
Petra Bietau

Cafe Bistro „EssZimmer am See", Boris Hornstein
04408-9290922 04408-9290920

PRO SHOP: aquaballs
04408-929090 - ProShop im Club 04408-9290920

PRO: Pro: Tobias Wegmann

18-Loch Nordseeplatz
H: 6039 m, CR 72.2, SL 133, Par 72
D: 5000 m, CR 72.3, SL 123, Par 72
9-Loch Weserplatz
H: 3570 m, CR 59.7, SL 98, Par 62
D: 3200 m, CR 62, SL 97, Par 62
40 Rangeabschläge (8 überdacht)

G: Gäste sind jederzeit willkommen. Anmeldung ist notwendig. Clubausweis mit eingetragener PE ist erforderlich.

Tages-Greenfee: WT: EUR 50 / WE: EUR 60
9-Loch-Greenfee: WT: EUR 28 / WE: EUR 33
Bitte Wintergreenfee anfragen - Zeit wird je nach Wetterbedingungen individuell festgelegt

Platzbeschreibung

Auf einem ca. 80 ha großen Areal findet der ambitionierte Golfer neben einer öffentlichen 9-Loch-Anlage einen 18-Loch-Meisterschaftsplatz, der auch erfahrenen Spielern abwechslungsreiches Golf bietet. Der Club bietet zudem großzügige Übungsmöglichkeiten, einen 7-Loch-Pitch- u. Puttplatz und eine Golfschule.

Platzinfos

Anfahrtsbeschreibung

A 28 Delmenhorst-Oldenburg, Ausfahrt Hude, links, rechts dann auf der Bremer Straße (B75) Richtung Oldenburg. Nach ca. 5 km rechts in die Hurreler Str. Richtung Hude. Links führt der Lehmweg zum Golfplatz. A 28 Oldenburg-Delmenhorst, Ausfahrt Hatten, links Richtung Altmoorhausen, nach ca. 3 km rechts auf die Bremer Straße Richtung Delmenhorst und anschließend links in die Hurreler Straße Richtung Hude. Links führt der Lehmweg zum Golfplatz.

Nächstgelegene Plätze

Oldenburger Land, GC (Nr. 119)
Hatten, GC (Nr. 116)
Bremer Schweiz, GC (Nr. 107)

Club zur Vahr e.V. Bremen, Platz Vahr

Karte, Nr. 114, Feld E4 9

gegründet: 1905

Bgm.-Spitta-Allee 34, 28329 Bremen
0421-204480
info@czvb.de
www.czvb.de

PR Hans-Dieter Lampe, GF: David Müller
Headgreenkeeper: Torsten Siemer

0421-204480
Malina Decker, Lutz Bialek

Bar zur Scheune, Christoph Grauenhorst, Nina Schmidt
0421-2044816

PRO SHOP Dorothée Welsby

PRO Pro: Robin Welsby, Philipp Schmalz, Florian Jahn, Fabian Bünker, Sven-Hendrik Voigt

H: 5799 m, CR 69.9, SL 122, Par 72
D: 5219 m, CR 72.3, SL 124, Par 72
40 Rangeabschläge (5 überdacht)

G Gäste sind Montag - Freitag (außer an Feiertagen) willkommen. Anmeldung ist notwendig. Clubausweis mit eingetragenem Handicap (54) ist erforderlich.

18-Loch-Greenfee: WT: EUR 45 / WE: EUR 55
9-Loch-Greenfee: WT: EUR 30 / WE: EUR 35
9 Löcher nur in Begleitung eines Mitglieds oder ab 16.00 Uhr
Ermäßigung: Jugendl./Stud. 50%

Platzinfos

Platzbeschreibung

Bereits 1905 wurden die ersten sechs Löcher angelegt und später auf neun Löcher erweitert. Der als „kleiner Bruder" des Platzes Garlstedter Heide bekannte Platz verfügt über eine stattliche Länge.

Anfahrtsbeschreibung

A 27 Bremen-Bremerhaven, Ausfahrt Bremen-Vahr Richtung Innenstadt, nach ca. 1,5 km (Weganzeiger Richtung Worpswede) die Schnellstraße verlassen, an der Ampel rechts, nach ca. 550 m Einfahrt CzV rechts. Von der Stadtmitte: Schwachhauser Heerstraße RichtungHorn, rechts ab in die Bgm.-Spitta-Allee 34 zum Golfplatz.

Nächstgelegene Plätze

Oberneuland, GC (Nr. 115)
Lilienthal, GC (Nr. 109)
Lesmona, GC (Nr. 111)

Golf-Club Oberneuland e.V.

Karte, Nr. 115, Feld E4 **18**

gegründet: 1987

Heinrich-Baden-Weg 23,
28355 Bremen-Oberneuland
0421-20529199 0421-20529188
info@gc-oberneuland.de
www.gc-oberneuland.de

PR: Hans Roggenkamp, CM: Sebastian Hochbaum

i: 0421-20529199 0421-20529188
Patrick Schneider, Birgit Heldt

BLOCK Oberneuland, Lothar Block
0421-24366610

PRO: Pro: Uwe Venohr

H: 5699 m, CR 71.4, SL 130, Par 71
D: 5065 m, CR 73, SL 129, Par 72
15 Rangeabschläge (5 überdacht)

G: Gäste sind jederzeit willkommen. Anmeldung ist notwendig. Clubausweis mit eingetragenem Handicap (54) ist erforderlich.

18-Loch-Greenfee: WT: EUR 50 / WE: EUR 65
9-Loch-Greenfee: WT: EUR 25 / WE: EUR 35
Ermäßigung: Jugendl./Stud. bis 27 J. 50%

Platzbeschreibung

Sport und Natur finden im Golfpark Oberneuland eine einzigartige Verbindung, da der anspruchsvolle Golfplatz als Arboretum in einen jahrhunderte alten Oberneulander Park integriert werden konnte. Der Platz ist für Anfänger und Profis gleichermaßen reizvoll und erfordert mit seinen sechs Teichen, vielen Fairwaybunkern, Eichenhainen und Sträuchern ein präzises Spiel. Inmitten der Stadt Bremen gelegen ist er wohl einzigartig in Deutschland.

Platzinfos

VCG

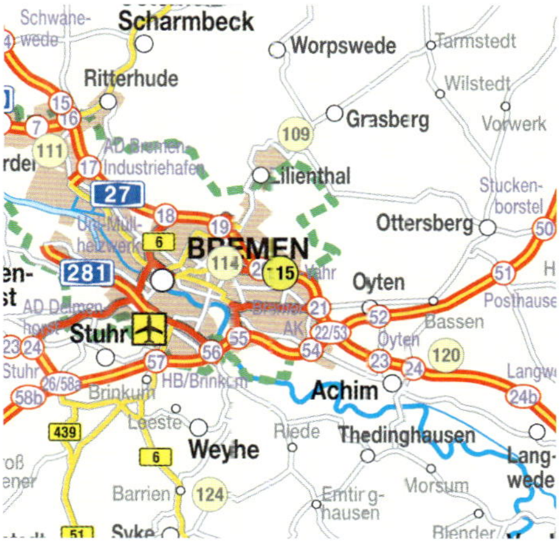

Anfahrtsbeschreibung

A27 Bremen-Bremerhaven, Ausfahrt Bremen-Vahr, Richtung Oberneuland, Franz-Schütte-Allee, nach 1,6 Km Ampel-Kreuzung, rechts in die Rockwinkler Landstr., nach 800m rechts in den Heinrich-Baden-Weg bis zum Golfplatz.

Nächstgelegene Plätze

Zur Vahr/Vahr (Nr. 114)
Lilienthal, GC (Nr. 109)
Achimer GC (Nr. 120)

Niedersachsen + Bremen

Greenfee-Aktion: Seite G 37

Golfclub Hatten e.V.

Karte, Nr. 116, Feld D4 **9** Höhe: 8 m

gegründet: 1994

Hatter Landstraße 34, 26209 Tweelbäke-Ost
04481-8855
info@golfclub-hatten.de
www.golfclub-hatten.de

PR: Silvia Malek
Headgreenkeeper: Uwe Schwantje

i: 04481-8855
Silke Hollje-Schumacher, Miriam Deike

Edis Dervisi
04481-98141 u. 0163-5692373
Mo. Ruhetag

PRO SHOP: Colm Marken
04481-920414

PRO: Pro: Colm Marken

H: 5646 m, CR 70.2, SL 128, Par 72
D: 5026 m, CR 72.6, SL 133, Par 72
20 Rangeabschläge (4 überdacht)

G: Gäste sind jederzeit willkommen. Anmeldung ist notwendig. Clubausweis mit eingetragener PE ist erforderlich.

18-Loch-Greenfee: WT: EUR 35 / WE: EUR 45
9-Loch-Greenfee: WT: EUR 25 / WE: EUR 35
Ermäßigung: Jugendl./Stud. 50%

Platzbeschreibung

Eine typische Geestlandschaft am Rande des Landschaftsschutzgebietes „Wildeshauser Geest" ist die Heimat dieser anspruchsvollen Anlage. Ein überlegtes Spiel ist aufgrund des Baumbestandes, gut platzierter Bunker und auch aufgrund der tückischen Roughs und des meist kräftigen Windes erforderlich. Hervorzuheben ist die Bahn 9, ein langes Par 5, dessen Grün durch mächtige, alte Eichen geschützt wird.

Platzinfos

Anfahrtsbeschreibung

Aus Richtung Oldenburg: A 28 Westumgehung Richtung Bremen, Ausfahrt Oldenburg-Osternburg, links abbiegen und links einsortieren, links in die Bremer Heerstraße Richtung Delmenhorst, nach 2,3 km rechts abbiegen auf die Hatter Landstraße Richtung Wildeshausen, nach 3 km ist die Einfahrt zum Golfclub auf der linken Seite.

Nächstgelegene Plätze

Oldenburger Land, GC (Nr. 119)
In Hude, Golf (Nr. 113)
Wildeshauser Geest, GC (Nr. 125)

Greenfee-Aktion: Seite G 37

Golf-Club an der Göhrde e.V.

Karte, Nr. 117, Feld G4   18/18   Höhe: 80 m

gegründet: 1968

Braasche 2, 29499 Zernien-Braasche
☎ 05863-556 Fax 05863-1404
golfclub.goehrde@t-online.de
www.goehrdegolf.de

PR: Georg Schmidt

i: ☎ 05863-556 Fax -1404
Jan Waldhelm

Gastronomie: ☎ 05863-556 Fax -1404
Mo. Ruhetag

PRO SHOP: Werner Müller
☎ 05863-983023

PRO: Pro: Werner Müller

18-Loch White Course
H: 5940 m, CR 72.2, SL 131, Par 72
D: 5291 m, CR 74.5, SL 131, Par 72
18-Loch Blue Course
H: 5685 m, Par 73
D: 5019 m, Par 73
18 Rangeabschläge (3 überdacht)

G: Gäste sind jederzeit willkommen. Anmeldung ist notwendig. Clubausweis mit eingetragener PE ist erforderlich.

Tages-Greenfee: WT: EUR 50 / WE: EUR 60
Ermäßigung: Jugendl./Stud. 50%

Platzinfos

VCG GPS CLUB

Anfahrtsbeschreibung

Von Westen über Uelzen die B 191 in Richtung Danneberg bis Zernien. Im Ort Zernien der Beschilderung folgen. Von Norden aus Richtung Hamburg über Lüneburg die B 216 in Richtung Dannenberg bis in den Ort „Göhrde". Im Ort Göhrde Richtung Himbergen. Nach ca.3 km links, Richtung Ribrau bis Zernien. Vor dem Ortseingang Zernien links, weiter bis zum Golfplatz.

Platzbeschreibung

Die Golfanlage liegt auf einem relativ flachen Gelände mit nur leichten Bodenwellen und ist teilweise von altem Nadel- und Laubwald umgrenzt. Einige strategisch platzierte Wasserhindernisse und Bunker fordern auf einigen Spielbahnen sehr präzise Schläge. Insgesamt bietet sich für Golfer jeder Spielstärke ein abwechslungsreicher Parcours.

Nächstgelegene Plätze

Bad Bevensen, GC (Nr. 112)
Schloss Lüdersburg, GA (Nr. 101)
Adendorf, GC (Nr. 103)

Niedersachsen + Bremen

Golf-Club Gutshof Papenburg Aschendorf e.V.

Karte, Nr. 118, Feld C4 **18** Design: David Krause Höhe: 10 m

gegründet: 1986

Gutshofstraße 141, 26871 Papenburg
✆ 04961-998011 🖷 04961-998020
✉ gc@papenburg-gutshof.de
💻 www.golfclub-gutshof.de

PR: Hermann Rülander

i: ✆ 04961-998011 🖷 -998020
Heike Wichmann

Gastronomie: Marcus Reschke
✆ 04961-998013 🖷 -998020

PRO SHOP: Hendrik Harms
✆ 04961-998012 🖷 -998020

PRO: Pro: Hendrik Harms

H: 5965 m, CR 71.7, SL 132, Par 72
D: 5188 m, CR 73.2, SL 135, Par 72
12 Rangeabschläge (10 überdacht)

G: Gäste sind jederzeit willkommen. Anmeldung ist notwendig. Clubausweis mit eingetragener PE ist erforderlich.

18-Loch-Greenfee: WT: EUR 50 / WE: EUR 60
9-Loch-Greenfee: WT: EUR 30 / WE: EUR 35
Ermäßigung: Jugendl./Stud. 50%

Platzbeschreibung

Die Golfanlage liegt auf einem wunderschönen Gutshofgelände zwischen Aschendorf und Papenburg mit in Jahrzehnten herrlich gewachsenem Baum- und Strauchbestand. Auf insgesamt 80 ha Fläche wird sowohl dem Anfänger als auch dem erfahrenen Spieler ein abwechslungsreiches Golf geboten. An 16 Spielbahnen sind Teiche oder Gräben über- und/oder zu umspielen.

Platzinfos

VCG GPS CLUB GASTRO

Anfahrtsbeschreibung

A 31, Ausfahrt Papenburg, weiter Richtung Papenburg und Sögel auf der Kreisstraße 158, nach ca. 14 km an der 4. Ampel rechts (Schild Golfplatz), nach ca. 200 m liegt linker Hand der Golfplatz.

Nächstgelegene Plätze

Gut Düneburg, GP (Nr. 129)
Thülsfelder Talsperre, GC (Nr. 126)
Ostfriesland, GC (Nr. 96)

Greenfee-Aktion: Seite G 37, 39

Golfclub Oldenburger Land e.V.

Karte, Nr. 119, Feld D4 **18** Design: Holger Rengsdorf

gegründet: 1996

Hatter Straße 14, 26209 Hatten-Dingstede
✆ 04482-8280
✉ info@gcol.de
www.gcol.de

PR Bernd Krämer, CM: Sonja von Scharrel
Headgreenkeeper: Jens Wübbeler

i ✆ 04482-8280
Britta Köhler

Cafe und Restaurant Heuerhaus, Dervisi
✆ 04482-9809126

PRO SHOP Sonja von Scharrel
✆ 04482-8280

PRO Pro: Sascha Sommermeyer

H: 5773 m, CR 71.2, SL 130, Par 72
D: 5169 m, CR 73.5, SL 131, Par 72
20 Rangeabschläge (10 überdacht)

G Gäste sind jederzeit willkommen. Anmeldung ist notwendig. Clubausweis mit eingetragenem Handicap (54) ist erforderlich.

18-Loch-Greenfee: WT: EUR 65 / WE: EUR 75
9-Loch-Greenfee: WT: EUR 35 / WE: EUR 40
Ermäßigung: Jugendl. bis 18 J. und Stud. bis 27 J. 50%

Platzinfos

VCG GPS CLUB

Anfahrtsbeschreibung

A 28 Ri. Bremen, Ausfahrt Hatten durch Kirchhatten Ri. Dingstede, nach ca. 3,5 km liegt links der Golfplatz. Oder: A 28 Ri. Oldenburg, Ausfahrt Hude, Ri. Kirchhatten, 2 km nach Dingstede in Ri. Kirchhatten liegt rechts der Golfplatz. Oder: A 1, Ausfahrt Wildeshausen-Nord Ri. Kirchhatten, an der 1. Kreuzung rechts Ri. Neerstedt und weiter Ri. Kirchhatten, in Kirchhatten rechts Ri. Steinkimmen-Dingstede, nach ca. 3,5 km liegt links der Golfplatz.

Platzbeschreibung

In der typischen Landschaft der Oldenburger Geest befindet sich der Platz auf 65 ha in einem Feld- und Waldgebiet. Das gesamte Golfgelände ist umsäumt von Waldrändern, durchzogen von Wallhecken, Feldgehölzen und einem Bachlauf. Drei große Teiche, die auch zur Bewässerung dienen, geben der Anlage einen reizvollen und landschaftlich ansprechenden Charakter. Die Anlage entspricht internationalem Standard.

Nächstgelegene Plätze

In Hude, Golf (Nr. 113)
Hatten, GC (Nr. 116)
Wildeshauser Geest, GC (Nr. 125)

Achimer Golfclub e.V.

Karte, Nr. 120, Feld E4 **27** Höhe: 47 m

gegründet: 1993

Roedenbeckstraße 55, 28832 Achim
04202-97400 Fax 04202-974010
info@achimergolfclub.de
www.achimergolfclub.de

PR: Frank Legenhausen, CM: Thomas Schmidt

i: 04202-97400 Fax -974010
Marion Kahrels, Rebecca Horneburg

Gastronomie: Wachtelkönig, Nina Schmidt
Christoph Grauenhorst
04202-974020 Fax 04202-974025

PRO SHOP: 04202-97400 Fax 04202-974020

PRO: Pro: Niklas Lücking, Uli Schäring,
Boris Bollmann, Andreas Kauler

18-Loch Platz
H: 5819 m, CR 70.8, SL 130, Par 73
D: 4818 m, CR 70.7, SL 122, Par 73
9-Loch Platz
H: 3030 m, CR 58.2, SL 89, Par 60
D: 2782 m, CR 59.4, SL 94, Par 60
40 Rangeabschläge (9 überdacht)

G: Gäste sind jederzeit willkommen. Anmeldung ist notwendig. Clubausweis mit eingetragenem Handicap (54) ist erforderlich. Auf dem 9-Loch-Platz genügt die Bescheinigung einer abgelegten PE.

Tages-Greenfee: WT: EUR 50 / WE: EUR 65
9-Loch-Greenfee: WT: EUR 30 / WE: EUR 40
Ermäßigung: Jugendl. bis 21 J. und Stud. bis 27 J. 50%

Nächstgelegene Plätze

Verden, GC (Nr. 122)
Oberneuland, GC (Nr. 115)
Zur Vahr/Vahr (Nr. 114)

Platzinfos

VCG GPS CLUB

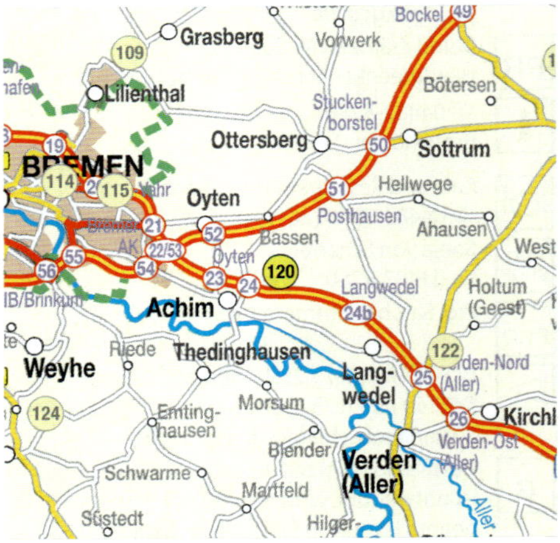

Anfahrtsbeschreibung

A 1 Hamburg-Bremen, Ausf. Posthausen, in Posthausen direkt hinter dem EKZ Dodenhof rechts auf die K 6 Ri. Achim/Badenermoor, direkt hinter dem OT Badenermoor liegt rechts die Einfahrt zum Golfplatz. Oder: A 27 Bremen Ri. Hannover, Ausfahrt Achim-Ost Ri. Bassen und sofort die 1. Straße rechts (K 23) Ri. Badenermoor/Posthausen, vor Badenermoor liegt links die Einfahrt zum Golfplatz.

Platzbeschreibung

Sportliches Vergnügen und Naturerlebnis finden Anfänger und Profis auf der etwa 15 Autominuten südlich von Bremen gelegenen Golflandschaft des Achimer Golfclubs. Die großzügige 18-Loch-Anlage von hohem Standard erstreckt sich über 127 ha Land in einem landschaftlich reizvollen Gebiet. Reicher alter Baumbestand, natürliche Wasserläufe, geschützte Greens sowie großzügig angelegte Wasserhindernisse und Bunker bieten Abwechslung für alle Niveaus.

Golf-Club Munster e.V.

Karte, Nr. 121, Feld F4 **9** Höhe: 75 m

gegründet: 1993

Golf-Club Munster,
29633 Munster/Kohlenbissen
✆ 0160-96413947
✉ info@golfclubmunster.de
www.golfclubmunster.de

PR: Klaus Krylow

i: ✆ 0160-96413947
Ulrich Steinbiß

Clubhaus, Hilbert Franke
✆ 01511-2872069
Di. Ruhetag

H: 5267 m, CR 68.9, SL 124, Par 70
D: 4528 m, CR 70.7, SL 125, Par 70
10 Rangeabschläge (3 überdacht)

G: Gäste sind jederzeit willkommen. Clubausweis mit eingetragener PE ist erforderlich.

Tages-Greenfee: WT: EUR 30 / WE: EUR 35
18-Loch-Greenfee: WT: EUR 30 / WE: EUR 35
9-Loch-Greenfee: WT: EUR 30 / WE: EUR 35

Platzinfos

Platzbeschreibung

Die 9-Loch-Anlage mit 18 Abschlägen wird an drei Seiten durch Wald begrenzt und verfügt über teilweise schmale Spielbahnen und weitläufige, naturbelassene Roughs. Der Golfplatz ist selbst nach starken Regenfällen in kürzester Zeit wieder bespielbar.

Anfahrtsbeschreibung

A7, Ausfahrt Soltau-Ost, Richtung Munster. Aus Lüneburg, Uelzen und Celle über die B 209 bzw. B 71 Richtung Munster, ab Stadtmitte Munster der Beschilderung „Wehr-Wissenschaftliche Dienststelle" bzw. „Golfplatz" folgen. Nach der Einfahrt WWS Weiterfahrt bis zur Rechtskurve, geradeaus über den Bahnübergang. Links dahinter liegt der Golfplatz.

Nächstgelegene Plätze

Soltau, GC (Nr. 123)
Hohne, GC (Nr. 128)
Bad Bevensen, GC (Nr. 112)

Golf-Club Verden e.V.

Karte, Nr. 122, Feld E4 27/5

gegründet: 1988

Holtumer Straße 24, 27283 Verden-Walle
☎ 04230-1470 🖷 04230-1550
✉ golf@gc-verden.de
💻 www.gc-verden.de

PR: Jochen Weiland, GF: Rudolf Westphal, CM: Katja Ingenhoven

i: ☎ 04230-1470 🖷 -1550

Restaurant Golf Club Verden, Roberto Harandi
☎ 04230-95100 🖷 -942597

PRO SHOP: ☎ 04230-1470 🖷 -1550

PRO: Pro: Mike Butcher, Ralph Mclean

27-Loch Platz
H: 5487 m, CR 69.5, SL 131, Par 71
D: 4725 m, CR 70.7, SL 122, Par 71
5-Loch Kurzplatz (Par 3)
H: 864 m, Par 18, D: 777 m
15 Rangeabschläge (6 überdacht)

G: Gäste sind jederzeit willkommen. Clubausweis mit eingetragener PE ist erforderlich.

Tages-Greenfee: Mo.-Do.: EUR 55 / Fr.: EUR 60 / WE: EUR 65. -Loch-Greenfee: Mo.-Do.: EUR 30 / Fr.: EUR 35 / WE: EUR 40.
Ermäßigung: Jugendl./Stud. 50%

Platzbeschreibung

Der seit 1993 bespielte Golfplatz liegt sehr verkehrsgünstig unweit des ABK Bremen. Die Landschaft wird von der Lage am Rande der Lüneburger Heide bestimmt. Die Dom- und Reiterstadt Verden ist auch für eine nichtgolfende Begleitung einen Besuch wert. Viele der 27 Bahnen sind waldgesäumt und leicht wellig, andere durch geschickt eingebundene Wasserhindernisse interessant gestaltet. Eine 5-Loch-Anlage erweitert das Angebot des Clubs.

Platzinfos

VCG GPS

Anfahrtsbeschreibung

A 27 Bremen-Walsrode, Ausfahrt Verden-Nord, B 215 ca. 3 km Richtung Rotenburg, am Ortsausgang Walle rechts Richtung Kirchwalsede, nach 500 m liegt der Golfplatz rechter Hand.

Nächstgelegene Plätze

Achimer GC (Nr. 120)
Wümme, GC (Nr. 110)
Oberneuland, GC (Nr. 115)

Greenfee-Aktion: Seite G 39

Golfpark Soltau

Karte, Nr. 123, Feld F4 **18/9** Design: Dr.Wolfgang Siegmann Höhe: 60 m

gegründet: 1982

Hof Loh, 29614 Soltau-Tetendorf
✆ 05191-9676333 ✉ 05191-9676345
info@golf-soltau.de
www.golf-soltau.de

PR: Martin Thater, CM: Kathalina Obieglo

i: ✆ 05191-9676333 Fax 05191-9676334

Restaurant „Chip Inn"
✆ 05191-9676333 Fax 05191-9676334
Mo. Ruhetag

PRO SHOP: ✆ 05191-9676333 Fax 05191-9676334

18-Loch Meisterschaftsplatz
H: 6061 m, CR 71.2, SL 132, Par 73
D: 5342 m, CR 73.1, SL 125, Par 73
9-Loch Öffentlicher Platz
H: 2796 m, CR 56.2, SL 86, Par 56
D: 2796 m, CR 57.2, SL 82, Par 58
40 Rangeabschläge (3 überdacht)

G: Gäste sind jederzeit willkommen. Anmeldung ist notwendig. Clubausweis mit eingetragenem Handicap (54) ist erforderlich.

18-Loch-Greenfee: WT: EUR 45 / WE: EUR 55
9-Loch-Greenfee: WT: EUR 30 / WE: EUR 35
Ermäßigung: Jugendl. 50%

Platzinfos

VCG · GPS · CLUB · GASTRO

Anfahrtsbeschreibung

A 7, Ausfahrt Soltau-Süd Richtung Soltau, nach 2 km links nach Tetendorf und nach 800 m links zum Golfplatz abbiegen.

Platzbeschreibung

Der 18-Loch-Meisterschaftsplatz ist ein typischer Heideplatz. Nur geringe Höhenunterschiede teilen den Platz in zwei Hälften. 12 Löcher auf Sandboden stehen 6 Löchern auf Marschland gegenüber. Viel Wasser im unteren Teil erfordert lange Abschläge, um die Fairways zu erreichen. Alle Grüns sind im Verhältnis zur Länge der Spielbahnen eher klein. Auf dem gleichen Platz beheimatet ist die Golfanlage Hof Loh in der Lüneburger Heide e.V.

Nächstgelegene Plätze

Tietlingen, GC (Nr. 127)
Hohne, GC (Nr. 128)
Munster, GC (Nr. 121)

Golfclub Syke e.V.

Karte, Nr. 124, Feld D4 **27** Design: David Krause Höhe: 20 m

gegründet: 1989

Schultenweg 1, 28857 Syke-Okel
✆ 04242-8230 🖷 04242-8255
✉ info@golfclub-syke.de
www.golfclub-syke.de

PR: Caspar Willich, CM: York Stolte
Headgreenkeeper: René Ratajczyk

i: ✆ 04242-8230 🖷 04242-8255
Beatrix Kieliba, Britta Korten

Brasserie Clubhaus, Schäfer & Becker GbR
✆ 04242-9378050 🖷 04242-9376851

PRO: Pro: Frank Göbel, Christoph Spora, Marcus Bruns

27-Loch Ab/Ac/Bc Platz
H: 5824 m, CR 71.3, SL 129, Par 72
D: 5152 m, CR 73.5, SL 127, Par 72
25 Rangeabschläge (8 überdacht)

G: Gäste sind jederzeit willkommen. Clubausweis mit eingetragenem Handicap (54) ist erforderlich. Sa./So./Feiertage ist Handicap 36 erforderlich.

18-Loch-Greenfee: WT: EUR 80 / WE: EUR 90
9-Loch-Greenfee: WT: EUR 45 / WE: EUR 55
Gäste mit einem goldenen Hologramm auf dem DGV-Ausweis bekommen EUR 20 Rabatt auf das Greenfee.
Ermäßigung: Jugendl./Stud. 50%

Platzinfos

VCG GPS CLUB GASTRO

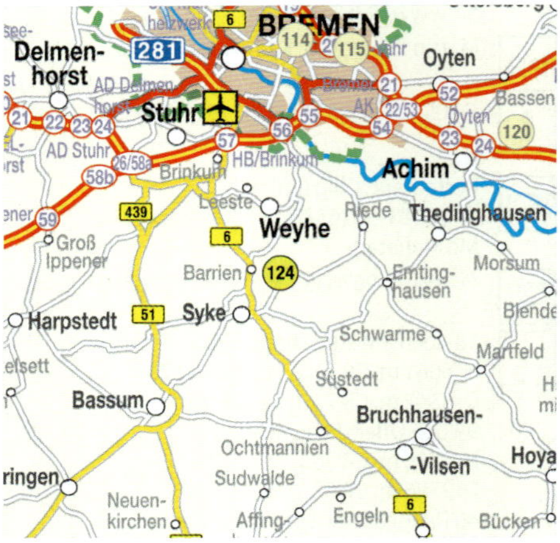

Anfahrtsbeschreibung

B 6 Richtung Syke, in Barrien an der Ampelkreuzung links Richtung Okel, immer dem Hinweis Okel folgen (1x rechts, 1x links abbiegen), dann kommt ein Hinweisschild auf den Golfplatz (links in die Kuhlenstraße).

Platzbeschreibung

Vor den Toren Bremens erstreckt sich der Golfplatz Syke über ein leicht hügeliges Gelände. Ca. 20 Autominuten südlich von Bremen gelegen, passt er sich sehr harmonisch an die reizvolle Geestlandschaft an. Eingerahmt von Wald umgibt ihn ein Panorama, das bei gutem Wetter eine Sicht bis auf die Silhouette von Bremen freigibt. Seit April 2008 stehen Ihnen insgesamt 27 Löcher zur Verfügung.

Nächstgelegene Plätze

Zur Vahr/Vahr (Nr. 114)
Oberneuland, GC (Nr. 115)
Achimer GC (Nr. 120)

Greenfee-Aktion: Seite G 39

Golf Club Wildeshauser Geest e.V.

Karte, Nr. 125, Feld D4 9

gegründet: 1978

Spasche 5, 27793 Wildeshausen
04431-1232
info@golfclub-wildeshausen.de
www.golfclub-wildeshausen.de

PR: Ina Förster

i: 04431-1232

Pizzeria Numero 19, Servet Zeyrek
04431-918523

PRO SHOP: Golfschule Michael Behrens
01525-1609995

PRO: Pro: Michael Behrens

9-Loch //Crash Course
H: 5882 m, CR 71.6, SL 123, Par 72
D: 5200 m, CR 72.9, SL 126, Par 72
20 Rangeabschläge (4 überdacht)

G: Gäste sind jederzeit willkommen. Clubausweis mit eingetragenem Handicap (54) ist erforderlich.

18-Loch-Greenfee: WT: EUR 40 / WE: EUR 45
9-Loch-Greenfee: WT: EUR 30 / WE: EUR 35
Ermäßigung: Jugendl. bis 27 J. 50%

Platzinfos

VCG

Platzbeschreibung

Von typischer Heidelandschaft umgeben bieten die meist breiten Fairways auch Anfängern eine Chance auf gute Ergebnisse. Erfahrene Spieler haben die Möglichkeit, ihre Longhitter-Fähigkeiten durch lange Abschläge aus den Waldschneisen zu beweisen. Die in die Natur eingebundenen Grüns stellen Golfer aller Handicaps auf die Probe und erfordern ein präzises Anspielen. Umfangreiche Modernisierungsarbeiten haben sowohl mit dem idyllisch gestalteten Teich als auch mit den vollständig neu modellierten Bunkern für echte „Hingucker" auf unserem Golfplatz gesorgt.

Anfahrtsbeschreibung

Anfahrt von der A1 kommend: Bei der Ausfahrt Wildeshausen-Nord auf die B213 Richtung Wildeshausen fahren. Nach 3,2 km rechts auf die Glaner Strasse abbiegen. Nach 2,5 km befindet sich der Golfplatz auf der linken Seite.

Nächstgelegene Plätze

Oldenburger Land, GC (Nr. 119)
Hatten, GC (Nr. 116)
In Hude, Golf (Nr. 113)

Greenfee-Aktion: Seite G 39, 41

Golfclub Thülsfelder Talsperre e.V.

Karte, Nr. 126, Feld C4 18/9

gegründet: 1991

Mühlenweg 9,
49696 Molbergen OT Resthausen
☎ 04474-7995 Fax 04474-7997
info@gc-thuelsfelde.de
www.gc-thuelsfelde.de

PR: Hildegard Kuhlen

i: ☎ 04474-7995 Fax 04474-7997
Kerstin Koopmann

Restaurant: Chip Inn, Doris Abeln
☎ 04474-989714 Fax 04474-7997

PRO: Pro: Michael Behrens

18-Loch Meisterschaftsplatz
H: 6056 m, CR 73.2, SL 130, Par 72
D: 5358 m, CR 75.2, SL 132, Par 72
9-Loch Natur-Golfanlage
H: 2882 m, CR 28.9, SL 93, Par 29
D: 2882 m, CR 29.3, SL 96, Par 29
16 Rangeabschläge (4 überdacht)

G: Gäste sind jederzeit willkommen. Anmeldung ist notwendig. Clubausweis mit eingetragenem Handicap (54) ist erforderlich. Gäste

18-Loch-Greenfee: WT: EUR 55 / WE: EUR 65
9-Loch-Greenfee: WT: EUR 30 / WE: EUR 35

Platzbeschreibung

Auf einem rund 86 ha großen Areal ist die Natur-Golfanlage Thülsfelder Talsperre mit dem 9-Loch-Öffentlichkeitsplatz und dem 18-Loch-Meisterschaftsplatz angelegt worden. Diese Golfanlage liegt mitten im Erholungsgebiet „Thülsfelder Talsperre" im Oldenburger Münsterland. Mit attraktiven großen Wasserflächen, zahlreichen Laubhölzern, einer hügeligen Landschaft und einer Reihe Biotope wird eine sportliche und reizvolle Aufgabe gestellt.

Platzinfos

VCG GPS CLUB

Anfahrtsbeschreibung

A 1 Osnabrück-Bremen, Ausfahrt Cloppenburg Richtung Cloppenburg auf der B 72, Ausfahrt Cloppenburg-Nord Richtung Friesoythe (auch B 72), nach 6,5 km links in den Mühlenweg zum Golfplatz abbiegen (beschildert).

Nächstgelegene Plätze

Wildeshauser Geest, GC (Nr. 125)
Hatten, GC (Nr. 116)
Vechta-Welpe, GC (Nr. 130)

Greenfee-Aktion: Seite G 41

Golf Club Tietlingen e.V.

Karte, Nr. 127, Feld F4 **18**

gegründet: 1979

Tietlingen 6c, 29664 Walsrode
05162-3889
info@tietlingen.de
www.tietlingen.de

PR: Timm Voss

i: 05162-3889
Mona Ezzeddine

Restaurant Fairway
05162-9010731
Mo. Ruhetag

PRO SHOP: Golf Club Tietlingen
05162-3889

PRO: Pro: Steve Cope

H: 6159 m, CR 73.5, SL 135, Par 73
D: 5423 m, CR 74.9, SL 133, Par 73
20 Rangeabschläge (4 überdacht)

G: Gäste sind jederzeit willkommen. Anmeldung ist notwendig. Clubausweis mit eingetragenem Handicap (54) ist erforderlich.

18-Loch-Greenfee: WT: EUR 45 / WE: EUR 55
9-Loch-Greenfee: WT: EUR 25 / WE: EUR 30
Ermäßigung: Jugendl./Stud. 50%

Platzbeschreibung

Der Golf Club Tietlingen hat sich in der norddeutschen Golferszene mit der landschaftlichen Schönheit des Heideplatzes und seinem ausgewachsenem Baumbestand längst einen Namen gemacht. Der ausgezeichnete Pflegezustand, ein romantisches Clubhaus mit gepflegter Gastronomie und eine familiäre Atmosphäre sind die Vorzüge des Clubs. Anfängern und Niedrig-Handicaps bietet der anspruchsvolle, aber stets faire Platz ein begeisterndes Golf-Erlebnis vom ersten Tee bis zum 19. Loch.

Platzinfos

VCG GPS CLUB GASTRO

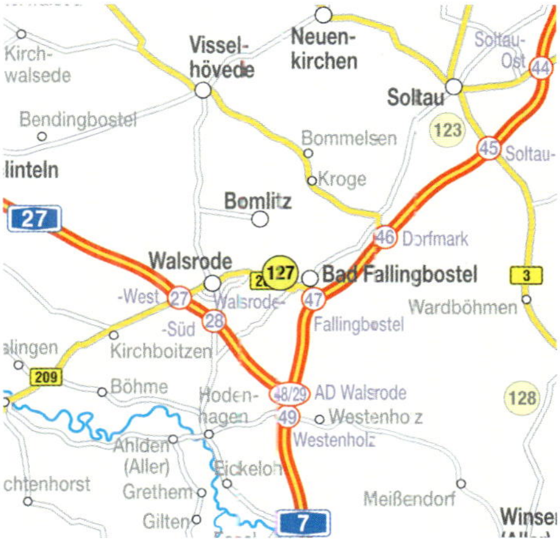

Anfahrtsbeschreibung

A 7 Hamburg-Hannover, Ausfahrt Fallingbostel Richtung Fallingbostel-Mitte und der Beschilderung „Lönsgrab", „Sanssouci" und „Golfplatz" folgen. Oder: A 27, Ausfahrt Walsrode-Süd Richtung Fallingbostel, ca. 150 m nach Honerdingen führt eine Straße „Industriegebiet Honerdingen" links (ausgeschildert) direkt zum Golfplatz.

Nächstgelegene Plätze

Soltau, GC (Nr. 123)
Hohne, GC (Nr. 128)
Verden, GC (Nr. 122)

Niedersachsen + Bremen

Greenfee-Aktion: Seite G 41

Bergen-Hohne Golfclub e.V.

Karte, Nr. 128, Feld F4 **9** Design: O´Dwyer

gegründet: 1962

Panzer Str. 1, 29303 Lohheide
☏ 05051-4393/-4549 🖷 05051-911764
✉ info@bergen-hohne-golfclub.com
💻 www.bergen-hohne-golfclub.com

PR Roland Lücking

i ☏ 05051-4393 🖷 05051-911764

☏ 05051-4549 🖷 05051-911764
Mo. Ruhetag

PRO Pro: Simon Bates

9-Loch O´Dwyer mit 18 Abschlags-Tee Platz
H: 5812 m, CR 71.2, SL 135, Par 72
D: 5145 m, CR 73.4, SL 129, Par 72
10 überdachte Rangeabschläge

G Gäste sind jederzeit willkommen. Clubausweis mit eingetragener PE ist erforderlich.

Tages-Greenfee: WT: EUR 30 / WE: EUR 40

Platzbeschreibung

Seit Anfang 2015 betreibt der Bergen-Hohne Golfclub e.V. den bereits im Jahr 1962 durch die British Army eröffneten Golfplatz. Der Golfplatz liegt inmitten eines Waldes, seine Besonderheit des 9 Loch Golfplatzes besteht darin, dass 18 Tees zur Verfügung stehen. Damit ergeben sich in der zweiten Runde, für die gleichen Bahnen, z.T. ganz neue Spielperspektiven, was einem 18 Loch Golfplatz schon recht nahe kommt. Die Berechtigung zum Spielen auf dem Platz und den Übungsanlagen setzt die Mitgliedschaft in einem anerkannten in- oder ausländischen Golfclub sowie die Vorgabebestätigung des Heimatclubs voraus. Die Mitgliedschaft ist durch die Vorlage des Clubausweises nachzuweisen. Gäste und Mitglieder sind bei Vorlage einer DGV-Platzerlaubnis willkommen.

Platzinfos

Anfahrtsbeschreibung

A 7 Hannover-Hamburg bis Abfahrt Bergen, weiter auf B 3 in Richtung Celle/Bergen. In Bergen Richtung Winsen/Aller fahren, bis ca. 3 km hinter dem Ortsausgang Bergen, dort rechts abbiegen in Richtung Scheibenhof und „Deutsche Kriegsgräberstätte". Am Scheibenhof vorbei bis T-Kreuzung, dort links und nach ca. 500 m wieder rechts (Bergen Hohne Golf Club e. V.und „Deutsche Kriegsgräberstätte") zum Golfplatz abbiegen.

Nächstgelegene Plätze

Tietlingen, GC (Nr. 127)
Soltau, GC (Nr. 123)
Herzogstadt Celle, GC (Nr. 131)

Golfpark Gut Düneburg

Karte, Nr. 129, Feld B4 **18/4** Design: David Krause Höhe: 8 m

gegründet: 1996

Düneburg 1, 49733 Haren/Ems
✆ 05932-72740 🖷 05932-6686
✉ golf@gut-dueneburg.de
💻 www.gut-dueneburg.de

PR: GF: Stefan Reinking
Headgreenkeeper: Stefan Reinking

i: ✆ 05932-72740 🖷 -6686

Die Torfscheune
✆ 05932-727415 🖷 -6686

PRO: Pro: Pascal Nemeth

H: 5608 m, CR 71.4, SL 131, Par 72
D: 4760 m, CR 72.3, SL 122, Par 72
18 Rangeabschläge (9 überdacht)

G: Gäste sind jederzeit willkommen. Anmeldung ist notwendig. Clubausweis mit eingetragener PE ist erforderlich.

18-Loch-Greenfee: WT: EUR 55 / WE: EUR 60
Ermäßigung: Jugendl. 50%

Platzinfos

VCG GPS CLUB GASTRO

Platzbeschreibung

Das heutige „Gut Düneburg" ist auf einen Herrensitz aus dem Jahr 1729 zurückzuführen. Die reizvolle Umgebung mit Heide, Moor und Landflächen sowie ein 300 ha großes parkähnliches Areal mit für das Emsland ungewöhnlich großem Wald bietet ideale Voraussetzungen für eine harmonische und natürliche Integration einer Golfanlage.

Anfahrtsbeschreibung

Von Oldenburg: A 31 über Leer Richtung Meppen, Ausfahrt Wesuwe-Hebelermeer Richtung Haren/Ems und der Beschilderung zum Golfplatz folgen. Oder: B 70 Meppen-Papenburg, bei Emmeln auf die B 408 Richtung Haren/Ems-Stadskanaal/NL, nach ca. 5 km an der Ampelkreuzung links Richtung Wesuwe-Dalum, nach weiteren ca. 3 km rechts ab nach Düneburg und zum Golfplatz.

Nächstgelegene Plätze

Emstal, GC (Nr. 133)
Gutshof Papenburg, GC (Nr. 118)
Thülsfelder Talsperre, GC (Nr. 126)

Niedersachsen + Bremen

Golfclub Vechta-Welpe e.V.

Karte, Nr. 130, Feld D5 **18** Design: Deutsche Golf Consult Höhe: 40 m

gegründet: 1989

Welpe 2, 49377 Vechta
✆ 04441-5539 🖷 04441-852480
✉ info@golfclub-vechta.de
💻 www.golfclub-vechta.de

PR: Gottfried Nietfeld
Headgreenkeeper: Berthold Kortenbusch

i: ✆ 04441-5539 🖷 -852480
Maria Kortenbusch

Restaurant: ✆ 04441-82168 🖷 -852480
Mo. Ruhetag

PRO SHOP: ✆ 0176-52146275

PRO: Pro: Ralf Sperveslage

H: 5957 m, CR 72.9, SL 137, Par 72
D: 5233 m, CR 75.1, SL 132, Par 72
20 Rangeabschläge (4 überdacht)

G: Gäste sind jederzeit willkommen. Anmeldung ist notwendig. Clubausweis mit eingetragenem Handicap (54) ist erforderlich. Sa./So./Feiertage ist Handicap 45 erforderlich.

18-Loch-Greenfee: WT: EUR 55 / WE: EUR 65
Ermäßigung: Jugendl./Stud. 50%

Platzbeschreibung

Der Platz bietet alles, was sich der Golfer wünscht: Ein attraktiver Platz, eingebettet in einen teilweise viele hundert Jahre alten Baumbestand, 18 abwechslungsreiche Bahnen in einer reizvollen Landschaftskulisse, umgeben von leichten Hügeln, Teichen und Bunkern. Dieser Golfplatz ist immer eine sportliche Herausforderung. Die planerische Vorgabe, wertvollen Baumbestand zu erhalten, hat sportlich sehr anspruchsvolle, da enge Spielbahnen nach sich gezogen. Exaktes Spiel wird belohnt.

Platzinfos

VCG

Anfahrtsbeschreibung

BAB 1 Abfahrt Vechta (Nr. 64), Richtung Vechta ca. 5 km, dort auf die Umgehungsstraße Richtung Diepholz auffahren, bis zum Ende der Autoschnellstraße, dort links abbiegen Richtung Vechta, nach 1,2 km rechts ab in die Dorgelohstraße (Hinweisschild Golfplatz) geradeaus weiter bis zum Clubhaus.

Nächstgelegene Plätze

Gut Brettberg Lohne, GC (Nr. 132)
Wildeshauser Geest, GC (Nr. 125)
Top Golf Wagenfeld (Nr. 134)

Niedersachsen + Bremen

Greenfee-Aktion: Seite G 41, 43

Golfclub Herzogstadt Celle e.V.

Karte, Nr. 131, Feld F5 **18** Höhe: 65 m

gegründet: 1985

Beukenbusch 1, 29229 Celle-Garssen
05086-395 05086-8288
info@golf-celle.de
www.golf-celle.de

PR: Jürgen Gärtner

i: 05086-395
Kirsten Meier, Jonas Kinzel

Celler Golfrestaurant, Uwe Peter
05086-955299 05086-290290
Mo. Ruhetag

PRO SHOP: 05086-395 05086-8288

PRO: Pro: Dirk Enters

H: 5722 m, CR 71, SL 129, Par 71
D: 5029 m, CR 72.7, SL 124, Par 71
20 Rangeabschläge (5 überdacht)

G: Gäste sind jederzeit willkommen. Anmeldung ist notwendig. Clubausweis mit eingetragenem Handicap (54) ist erforderlich.

18-Loch-Greenfee: EUR 60
9-Loch-Greenfee: EUR 45
VcG-Spieler zahlen normales Greenfee.
Elektrocart EUR 30.
Ermäßigung: Jugendl. bis 18 J.

Nächstgelegene Plätze
Burgdorfer GC (Nr. 135)
Hohne, GC (Nr. 128)
Burgwedel, GC (Nr. 137)

Platzinfos

Anfahrtsbeschreibung
Von Celle auf der B 191 in Richtung Uelzen bis zum Ortsteil Garßen, am Ortsbeginn an der Ampel rechts abbiegen in Richtung Alvern. Der Golfplatz liegt ca. 2 km nach dem Ortsende Garßen linker Hand. Entfernung zur Innenstadt Celle ca. 7 km.

Platzbeschreibung
Die 18 attraktiven Fairways verlaufen in einem 66 ha umfassenden Areal über die südliche Flanke des Osterberges Celle-Garßen nur unweit von Celle entfernt. Mit leichten Hügeln, natürlichen Wasserhindernissen und einem bis zu 300 Jahre alten Baumbestand versehen, bringt es sehr viel Freude, den Golfsport auf dieser Golfanlage zwischen Hannover und Heideblüte auszuüben! Es ist ein attraktiv in die Landschaft passender Golfplatz. Nicht zu leicht, nicht zu schwer... es macht Spaß, ihn zu spielen. Die Drivingrange ist mit einer Flutlichtanlage ausgestattet.

Greenfee-Aktion: Seite G 43

Golfclub Gut Brettberg Lohne e.V.

Karte, Nr. 132, Feld D5 18 Design: Christoph Städler

gegründet: 1997

Brettberger Weg 9, 49393 Lohne
✆ 04442-730873
✉ info@gc-lohne.de
www.gc-lohne.de

PR: Hubert Blömer
Headgreenkeeper: Jens Gellhaus

i: ✆ 04442-730873
Marie Schlößer

Clubgastronomie Gut Brettberg
✆ 04442-730875 Fax 04442-730876
Mo. Ruhetag

PRO SHOP: Proshop Falko Venth
✆ 04442-730873

PRO: Pro: Falko Venth

H: 6065 m, CR 72.8, SL 131, Par 72
D: 5008 m, CR 72.5, SL 127, Par 72
15 Rangeabschläge (7 überdacht)

G: Gäste sind jederzeit willkommen. Anmeldung ist notwendig. Clubausweis mit eingetragener PE ist erforderlich.

18-Loch-Greenfee: WT: EUR 55 / WE: EUR 65
9-Loch-Greenfee: WT: EUR 30 / WE: EUR 35
Ermäßigung: Jugendl. 50%

Platzbeschreibung

Der Platz integriert sich harmonisch ins sanft gewellte Landschaftsbild, geprägt durch zahlreiche naturbelassene Hindernisse. Optisch unterbrochen von alten Eichen- und Buchenbeständen ist der Blick dennoch nie eingeengt. Der erste Eindruck eines leichten Platzes korrigiert sich schnell, alles wird gefordert vom Longhitten bis zu Längenplanungen mit schmalem Winkel und/oder Doglegs. Dennoch auch für schwächere Spieler fair zu bewältigen.

Platzinfos

VCG GPS CLUB GASTRO

Anfahrtsbeschreibung

Von der A 1 (Lohne/Dinklage) kommend in Richtung Lohne fahren. Am ersten Kreisel rechts. Am zweiten Kreisel wieder rechts. Dann 200 m weiter rechts ab in den Brettberger Weg bis zum Clubhaus. Alles ist komplett ausgeschildert.

Nächstgelegene Plätze

Vechta-Welpe, GC (Nr. 130)
Top Golf Wagenfeld (Nr. 134)
Varus, GC (Nr. 145)

Golfclub Gut Brettberg Lohne e.V.

Golfclub Emstal e.V.

Karte, Nr. 133, Feld B5 **18** Design: Tony Ristola Höhe: 30 m

gegründet: 1977

Beversundern 3, 49808 Lingen-Altenlingen
✆ 0591-63837 🖷 0591-9662616
✉ info@gc-emstal.de
💻 www.gc-emstal.de

PR: Gunda Dröge, CM: Matthias Dietrich

i: ✆ 0591-63837 🖷 0591-9662616

Familie Holt
✆ 0591-67005
Mo. Ruhetag

PRO SHOP: Golfshop Emstal, Matthias Dietrich
✆ 0591-63763 🖷 0591-9012554

H: 5937 m, CR 70.3, SL 128, Par 72
D: 5290 m, CR 72.6, SL 129, Par 72
18 Rangeabschläge (8 überdacht)

G: Gäste sind Montag - Freitag (außer an Feiertagen) willkommen. Anmeldung ist notwendig. Clubausweis mit eingetragenem Handicap (53) ist erforderlich.

18-Loch-Greenfee: WT: EUR 50 / WE: EUR 60
Ermäßigung: Jugendl./Stud. 50%

Platzbeschreibung

Der Platz liegt im Flusstal der Ems. Charakteristisch sind die vielen Wasserhindernisse sowie ein sehr alter Baumbestand. Zwei Bahnen liegen direkt an der Ems, die nur zum Teil eingebunkerten Grüns sind sehr groß und stark onduliert. Ein besonderes Kennzeichen sind weitläufige Waste Areas. Der Platz ist in ein 90 ha großes Gelände eingebettet und völlig eben.

Platzinfos

VCG CLUB

Anfahrtsbeschreibung

Alte B 70 Rheine-Lingen-Meppen (Stadtdurchfahrt Lingen), am Ortsausgang Lingen, 100 m hinter der Brücke über den Dortmund-Ems-Kanal, links L 48 Richtung Dalum, nach 500 m links nach Beversundern und zum Golfplatz. Über A 31: Ausfahrt 24 (Wietmarschen) in Richtung Lingen vor Ortseingang Lingen rechts.

Nächstgelegene Plätze

Gut Düneburg, GP (Nr. 129)
Euregio Bad Bentheim, GC (Nr. 150)
Rheine/Mesum, GSC (Nr. 214)

Golfpark Wagenfeld

Karte, Nr. 134, Feld D5 18

gegründet: 2012

Oppenweher Straße 83, 49419 Wagenfeld
05444-9801690 05444-9801692
info@golfpark-wagenfeld.de
www.golfpark-wagenfeld.de

PR: Christian Woch, GF: Christian Woch
Headgreenkeeper: Kamal Youssef

i: 05444-9801690 05444-9801692

Blauer Hirsch
05444-9801690 05444-9801692

H: 5735 m, CR 70.5, SL 131, Par 71
D: 5119 m, CR 72.5, SL 131, Par 71
40 Rangeabschläge (2 überdacht)

G: Gäste sind jederzeit willkommen. Anmeldung ist notwendig. Clubausweis mit eingetragener PE ist erforderlich.

18-Loch-Greenfee: WT: EUR 40 / WE: EUR 50
9-Loch-Greenfee: WT: EUR 25 / WE: EUR 30

Platzbeschreibung

Dieses ebene, aber interessante Gelände erstreckt sich über 65 ha inmitten der typischen Moor- und Wiesenlandschaft, umgeben von herrlich angelegtem Baumbestand. Bunker, natürliche und künstliche Wasserhindernisse, oftmals in Schlaglänge sowie zahlreiche Bäume bieten eine Herausforderung für alle Golfer. Die Golfpark Wagenfeld GmbH & Co. KG - Betreiber seit Oktober 2012 - steht für einen hohen Qualitätsanspruch.

Platzinfos

Anfahrtsbeschreibung

A 30 Hannover-Osnabrück, Ausfahrt Kirchlengen, weiter auf der B 239 über Lübbecke-Espelkamp-Rahden bis Wagenfeld, in Wagenfeld der Beschilderung zum Golfplatz folgen. Oder: A 1 aus Richtung Süden, Ausfahrt Osnabrück-Lotterkreuz auf die A 30 Richtung Hannover bis Abfahrt Diepholz auf die B 51 bis Burlage, rechts Richtung Wagenfeld, dann der Beschilderung zum Golfplatz folgen.

Nächstgelegene Plätze

Gut Brettberg Lohne, GC (Nr. 132)
Vechta-Welpe, GC (Nr. 130)
Varus, GC (Nr. 145)

Greenfee-Aktion: Seite G 43

Burgdorfer Golfclub e.V.

Karte, Nr. 135, Feld F5 24 Design: Städler Golf Courses

gegründet: 1969

Waldstraße 27, 31303 Burgdorf/Ehlershausen
05085-7628 05085-6617
info@burgdorfergolfclub.de
www.burgdorfergolfclub.de

PR: Olaf Pehmöller, CM: Timo Carl
Headgreenkeeper: Hartmut Voigt

i: 05085-7628 05085-6617
Annika Hartig-Heinemann

Wechsel des Pächters

PRO SHOP: BGC-Sekretariat
05085-7628 05085-6617

PRO: Pro: Bill Knowles, Ann-Kathrin Lindner, Gerrit Schiele

18-Loch Meisterschaftsplatz
H: 6194 m, CR 73.9, SL 133, Par 73
D: 5337 m, CR 75.1, SL 131, Par 73
6-Loch Kurzplatz (Par 3)
H: 763 m, Par 18, D: 686 m, Par 18
15 Rangeabschläge (4 überdacht)

G: Gäste sind jederzeit willkommen. Anmeldung ist notwendig. Clubausweis mit eingetragenem Handicap (54) ist erforderlich.

18-Loch-Greenfee: Mo.-Do.: EUR 60 / Fr.-So.: EUR 70. 9-Loch-Greenfee: Mo.-Do.: EUR 35 / Fr.-So.: EUR 40.
Ermäßigung: Jugendl./Stud. 50%

Platzinfos

VCG GPS CLUB GASTRO

Anfahrtsbeschreibung

Vom Messegelände oder Flughafen Langenhagen auf der A 37/B 3, Ausfahrt Otze, dann Richtung Ramlingen. In Ramlingen rechts nach Ehlershausen, kurz nach dem Ortseingang dem Schild Sportanlagen links in die Waldstraße folgen. Einfahrt zum Golfclub nach etwa 900 m links.

Platzbeschreibung

Die 18-Loch-Meisterschaftsanlage mit seinen 2017 renovierten Grüns wurde harmonisch in die umliegende Heide- und Waldlandschaft eingefügt. Der Platz verfügt über nur geringe Höhenunterschiede und ist vor allem durch den dichten Bestand an Kiefernwald mit Blaubeer- und Heide geprägt. Durch die windgeschützte Lage und die ebenen Fairways sind ganzjährig faire Spielbedingungen gegeben.

Nächstgelegene Plätze

Burgwedel, GC (Nr. 137)
Isernhagen, GC (Nr. 143)
Hainhaus, GP (Nr. 140)

Greenfee-Aktion: Seite G 43, 45

Golf Club Gifhorn e.V.

Karte, Nr. 136, Feld G5 **18** Höhe: 61 m

gegründet: 1982

Wilscher Weg 69, 38518 Gifhorn
05371-16737
info@golfclub-gifhorn.de
www.gcgf.de

PR: Uwe Ostmann, CM: Ulrich Meier

i: 05371-16737
Eva Renner, Heidrun Sievers

Birdie
05371-6878596
Mo. Ruhetag

PRO: Pro: Nigel Coombs

H: 5902 m, CR 72, SL 129, Par 72
D: 5234 m, CR 74.2, SL 125, Par 72
30 Rangeabschläge (4 überdacht)

G: Gäste sind jederzeit willkommen. Anmeldung ist notwendig. Clubausweis mit eingetragenem Handicap (54) ist erforderlich.

18-Loch-Greenfee: WT: EUR 50 / WE: EUR 60
9-Loch-Greenfee: WT: EUR 35 / WE: EUR 40
Ermäßigung: Jugendl. bis 21 J. und Stud. bis 27 J. 50%

Platzinfos

VCG GPS

Anfahrtsbeschreibung

A 2 Hannover-Berlin, Ausfahrt Braunschweig-Nord Richtung Gifhorn, der Golfplatz liegt zwischen Gifhorn und dem Ortsteil Wilsche.

Platzbeschreibung

Unser Golfplatz zwischen Gifhorn und Wilsche ist ein sportlich herausfordernder Parkland Course in herrlicher Heidelandschaft, der aber auch richtig Spaß macht. Gäste sind im Golfclub Gifhorn immer ganz herzlich willkommen. Nicht nur unsere Golfanlage, sondern unsere ganze Region bietet hervorragende und abwechslungsreiche Freizeitmöglichkeiten. Wandern oder Fahrrad fahren in der Südheide, ein Besuch im Mühlenmuseum in Gifhorn oder der Autostadt in Wolfsburg und viele weitere Aktivitäten und Ausflugsziele bieten sich an. Das Restaurant im zwölfeckigen Clubhaus ist etwas Besonderes. Mit seiner eigenwilligen Architektur und einer wunderschönen Terrasse, von der sich der Blick auf drei Bahnen und die naturbelassene Heidelandschaft erstreckt, wird es auch von Nichtgolfern gern besucht.

Nächstgelegene Plätze

Wolfsburg, GC (Nr. 139)
Peine-Edemissen, GC (Nr. 146)
Herzogstadt Celle, GC (Nr. 131)

Golf Club Burgwedel e.V.

Karte, Nr. 137, Feld F5 **18**

gegründet: 1992

Wettmarer Straße 13,
30938 Burgwedel-Engensen
✆ 05139-9739690 🖷 05139-9739699
✉ info@gc-burgwedel.de
💻 www.gc-burgwedel.de

PR Andree Hoffmann, CM: Ilona Socolov
Headgreenkeeper: Jenz Laffert

i ✆ 05139-9739690 🖷 05139-9739699
Alain Kornack, Marja Bortfeld

Bachelle's im Golf-Club Burgwedel,
Ralf Bachelle
✆ 05139-9843290
Mo. Ruhetag

PRO Pro: Jens Knoop

H: 6163 m, CR 72.4, SL 129, Par 72
D: 5424 m, CR 74.3, SL 123, Par 72
60 Rangeabschläge (6 überdacht)

G Gäste sind jederzeit willkommen. Clubausweis mit eingetragenem Handicap (54) ist erforderlich. An Tee 3,6,10 und 13 und Grün 2, 5, 9 und 12 befinden sich Toiletten. Wetterschutzhütten befinden sich an Tee 1, 3, 6, 9, 10, 11, 14, 15, 16 und 17.

18-Loch-Greenfee: Mo.-Do.: EUR 55 / Fr.-So.: EUR 65.
9-Loch-Greenfee: Mo.-Do.: EUR 40 / Fr.-So.: EUR 45.
Ermäßigung: Jugendl. bis 18 J. und Stud. bis 28 J.

Platzbeschreibung

Rund ums Jahr sportlich genießen! Der 1992 gegründete familienfreundliche Golf-Club liegt eingebettet in eine alte Kulturlandschaft mit Biotopvernetzungen aus hohen Natur belassenen Strauch-, Baum- und Heckenpflanzungen auf einem 90 ha großen weitläufigen und sanft modellierten Gelände im ruhigen und idyllischen Ortsteil Engensen der Stadt Burgwedel. Durch die Anpflanzung weiterer 70.000 Büsche und Bäume wurde eine abwechslungsreiche Naturlandschaft geschaffen. Den Wechsel der Jahreszeiten mit all seinen Farbspielen erlebt der Golfer hier hautnah in wunderbarer Ruhe. Die an der niedersächsischen Spargelstrasse gelegene 18-Loch-Golfplatzanlage lässt mit seinem Sandboden einen ganzjährigen Spielbetrieb selbst bei ungünstiger Witterung zu und wird gerne von Gastspielern angenommen. Mit einer guten Verkehrsanbindung nur 25 Minuten von der Innenstadt Hannovers entfernt, bietet sich die Kombination aus Golf und Kultur in der Leinemetropole unbedingt an.

Platzinfos

VCG

Anfahrtsbeschreibung

Von Hannover auf der A 37 Richtung Celle, Ausfahrt Schillerslage, weiter Richtung Burgwedel, nach 200-300 m rechts Richtung Engensen. Bis zum Ortsausgang Engensen in Richtung Wettmar folgen, dort links zum Golfplatz (Mühle) abbiegen.

Nächstgelegene Plätze

Burgdorfer GC (Nr. 135)
Isernhagen, GC (Nr. 143)
Hainhaus, GP (Nr. 140)

Golf Park Steinhuder Meer

Karte, Nr. 138, Feld E5 **18/9/3** Design: Ronald Orme Höhe: 38 m

gegründet: 1997

Vor der Mühle 20, 31535 Neustadt
05036-2778 05036-988441
info@gpsm.de
www.gpsm.de

PR Norbert Bohnhorst, GF: Stuart Orme,
CM: Daniel Mroch
Headgreenkeeper: David Orme

i 05036-2778 05036-988441

Vier Jahreszeiten, Petra Wloka
05036-988442 05036-988441

PRO SHOP Golf Shop Mardorf, Christine Schöpp
05036-2778 05036-988441

PRO Pro: Martin De Nardo, Sebastian van der Stouw

18-Loch Der Mardorfer Platz
H: 5819 m, CR 71.4, SL 132, Par 72
D: 5140 m, CR 73.7, SL 129, Par 72
9-Loch The Orchard Executive Platz
H: 3918 m, CR 63, SL 108, Par 66
D: 3704 m, CR 64.6, SL 119, Par 68
80 Rangeabschläge (5 überdacht)

G Gäste sind jederzeit willkommen. Anmeldung ist notwendig. Clubausweis mit eingetragener PE ist erforderlich. Sa./So./Feiertage ist Handicap 45 erforderlich. Das Team des Golf Park Steinhuder Meer heißt euch Willkommen auf der Anlage und wünscht ein schönes Spiel.

18-Loch-Greenfee: WT: EUR 60 / WE: EUR 70
Ermäßigung: Jugendl. 50%

Nächstgelegene Plätze

Rehburg-Loccum, GC (Nr. 142)
Hannover, GC (Nr. 144)
Schaumburg, GC (Nr. 149)

Platzinfos

VCG
CLUB
GASTRO

Anfahrtsbeschreibung

A2 Abfahrt Garbsen auf die B6 Richtung Nienburg. An Neustadt a.R. vorbei Abfahrt Mardorf. Durch Schneeren durch und in Mardorf die erste Straße rechts und immer weiter bis zum Golf Platz

Platzbeschreibung

Im landschaftlich traumhaften Naturschutzgebiet des Steinhuder Meeres ist ein Golf Platz der Spitzenklasse entstanden. Seit 2009 von der BGVA zum 4-Sterne Platz erkoren, wurde dieser speziell für die gute Pflege und die umfangreiche Platzausstattung gelobt. Aufgrund der guten Pflege ist der Golf Park Steinhuder Meer zu jeder Jahreszeit und auch bei starkem Regen gut bespielbar. Die Gastronomie mit dem großzügigen Biergarten bietet Ihnen vor und nach der Runde gutes Essen in angenehmer Atmosphäre.

Golfpark Hainhaus

Karte, Nr. 140, Feld F5 **27** Höhe: 51 m

gegründet: 1989

Hainhaus 22, 30855 Langenhagen
0511-739300
golf@golfpark-hainhaus.de
www.golfpark-hainhaus.de

PR: Carsten Meyer, GF: Carsten Meyer
Headgreenkeeper: Andrezj Gutowski

i: 0511-739300

Landhaus am Golfpark, Marko Nolden
0511-728520 0511-7285252
Mo. Ruhetag

PRO SHOP: Golfpark Hainhaus GmbH
0511-739300

PRO: Pro: Melanie Dyck, Nils Wömpner

27-Loch Kurs Ost-Nord, Nord-West, Ost-West
H: 6004 m, CR 71.2, SL 131, Par 72
D: 5157 m, CR 71.8, SL 129, Par 72
32 Rangeabschläge (16 überdacht)

G: Gäste sind jederzeit willkommen. Anmeldung ist notwendig. Clubausweis mit eingetragener PE ist erforderlich. Startzeiten

18-Loch-Greenfee: WT: EUR 50 / WE: EUR 60
9-Loch-Greenfee: WT: EUR 30 / WE: EUR 40
Ermäßigung: Jugendl./Stud. bis 25 J. 50%

Platzinfos

VCG GPS GASTRO

Anfahrtsbeschreibung

Von Norden: Am AB-Dr. Hannover-Nord auf A 352, an Anschlußstelle Langenhagen-Kaltenweide Ri. Langenhagen, Kreisel Richtung Altenhorst, Twenge nach Hainhaus. Von Osten: A 2, an Anschlußstelle Hannover-Langenhagen auf Schnellstraße Ri. Flughafen, Ausf. Walsrode, über Kaltenweide auf der Wagenzeller Str. Kreisel re. über Altenhorst, Twenge nach Hainhaus. Von Westen: Am AB-Dr. Hannover-West auf A 352 Ri. Hamburg, Ausf. Langenhagen Ri. Walsrode, s.o.

Platzbeschreibung

Die Anlage liegt in einer typisch niedersächsischen Landschaft mit hohem, altem und dichtem Laubbaumbestand in Einzelgruppen und ist begrenzt von jahrhunderte alten Baumalleen. Das Areal bietet zudem 20.000 qm Wasserfläche und eine Vielzahl von Biotopen.

Nächstgelegene Plätze

Isernhagen, GC (Nr. 143)
Burgwedel, GC (Nr. 137)
Hannover, GC (Nr. 144)

Golfpark Hainhaus

Greenfee-Aktion: Seite G 45

Golfclub Wolfsburg/Boldecker Land e.V.

GOLFCLUB WOLFSBURG

Karte, Nr. 139, Feld G5 18 Design: Heinz Wolters, Kind / Butt Höhe: 80 m

gegründet: 1995

Osloßer Weg 20, 38556 Bokensdorf
05366-1223 05366-1417
info@gc-wob.de
www.golfclub-wolfsburg.de

PR Dr. Christof Spathelf, CM: Peter Butt

i 05366-1223 05366-1417
Andrea Behne, Ulrike Lipke

Panorama Lounge & Restaurant am GC Wolfsburg
05366-952827
Mo. Ruhetag

PRO SHOP Golfschule Perelzweig/Bouda, Samuel Perelzweig
0163-4716765

PRO Pro: Jakub Bouda, Samuel Perelzweig

H: 5787 m, CR 70.9, SL 131, Par 72
D: 5183 m, CR 73.2, SL 128, Par 72
25 Rangeabschläge (6 überdacht)

G Gäste sind jederzeit willkommen. Anmeldung ist notwendig. Clubausweis mit eingetragenem Handicap (54) ist erforderlich. Gäste sind bei uns herzlich willkommen. Bei Turnieren erhalten Sie Ihre Startzeiten per SMS oder erfragen diese 1 Tag vor Turnierbeginn im Sekretariat. Mobiltelefone sind im ausgeschalteten Zustand erlaubt. Ebenfalls zugelassen sind Entfernungsmessgeräte.

18-Loch-Greenfee: WT: EUR 55 / WE: EUR 65
9-Loch-Greenfee: WT: EUR 35 / WE: EUR 45
Ermäßigung: Jugendl./Stud. 50%

Platzbeschreibung

Wir bieten Ihnen: - 18 Löcher, Par 72 auf einem großzügigen Gelände (72 Hektar) - breite Fairways, faires Rough, gepflegte Grüns, zahlreiche Wasserhindernisse - Spielgenuss für jeden, durch 6 Abschläge für Herren und 5 für Damen - perfekte Trainingsanlagen und -Bedingungen - 6 Löcher Kurzplatz für Jedermann (ohne Platzreife) - Drivingrange mit Teeline und Flutlicht, überdachte Abschlagboxen, beleuchtetes Ziel- und Puttinggrün - Startzeiten - Elektro-Carts, E-Trolley und Push-Trolleyverleih - gut sortierter Proshop - lizenzierte Trainer - kostenfreies Schnuppergolfen jeden Sonntag von 14 - 15 Uhr (April-Oktober) - Attraktive Einsteigerangebote für Neumitglieder - Vielfältiges regionales Speisenangebot in unserer Gastronomie in top Qualität mit großzügiger Terrasse und Blick auf die Golfanlage

Platzinfos

VCG GPS CLUB

Anfahrtsbeschreibung

A 2 Hannover-Magdeburg, am ABK Königslutter/ Wolfsburg A 39 nach Wolfsburg bis zum Autobahnende, an der Kreuzung mit der B 188 Ri. Gifhorn bis Weyhausen, in der Ortsmitte Weyhausen rechts Ri. Bokensdorf, der Golfplatz liegt vor Bokensdorf linker Hand. Oder: Von Hannover auf der B 188 über Burgdorf-Uetze- Gifhorn bis Weyhausen, in der Ortsmitte Weyhausen links Ri. Bokensdorf und zum Golfplatz (ausgeschildert).

Nächstgelegene Plätze

Gifhorn, GC (Nr. 136)
Braunschweig, GK (Nr. 152)
Peine-Edemissen, GC (Nr. 146)

Artland Golfclub e.V.

Karte, Nr. 141, Feld C5 18 Design: Tony Ristola Höhe: 85 m

gegründet: 1988

Zum Golfplatz 23, 49577 Ankum
05466-301
info@artlandgolf.de
www.artlandgolf.de

PR Wilhelm Koormann,
CM: Hans-Christian Vernekohl
Headgreenkeeper: Sebastian Offers

05466-301 05466-91081

Restaurant Giersfeld 23
05466-91080

PRO SHOP 05466-301

PRO Pro: Philipp Schmalz

H: 5780 m, CR 70.9, SL 131, Par 72
D: 5080 m, CR 77.4, SL 136, Par 72
20 Rangeabschläge (6 überdacht)

G Gäste sind jederzeit willkommen. Anmeldung ist notwendig. Clubausweis mit eingetragener PE ist erforderlich.

18-Loch-Greenfee: WT: EUR 55 / WE: EUR 65
9-Loch-Greenfee: EUR 30
Startzeitenreservierung ist erforderlich. Tee-Time Reservierung durch PC.Caddy. Gruppen sind herzlich willkommen.
Ermäßigung: Jugendl. bis 18 J. und Stud. bis 25 J. 50%

Platzbeschreibung

Der Golfplatz liegt im Naturschutzpark Wiehengebirge im Teutoburger Wald umgeben von malerischen Wäldern und ausgedehnten Feldern. Das Design folgt mit breiten Fairways den natürlichen landschaftlichen Gegebenheiten. Bäche, Teiche und Biotope erhöhen den Reiz.

Platzinfos

VCG GPS CLUB GASTRO

Anfahrtsbeschreibung

Von Münster oder Bremen: A 1, Ausf. Bramsche, auf die B218 Richt. Lingen bis Ueffeln, nach dem Ortsausgang Ueffeln der Beschilderung zum Platz folgen. Von Bremen: A 1, Ausf. Holdorf, auf der B214 Richt. Lingen 20 km bis Ankum, in der Ortsmitte Ankum im 1. Kreisverkehr 2. Ausfahrt rechts abbiegen und der Beschilderung folgen. Nach 5 km bei Westerholte links zum Golfplatz abbiegen.

Nächstgelegene Plätze

Osnabrück-Dütetal, GC (Nr. 211)
Varus, GC (Nr. 145)
Habichtswald, GC (Nr. 212)

Golfclub Rehburg-Loccum GmbH & Co. KG

Karte, Nr. 142, Feld E5 **18**

gegründet: 1991

Hormannshausen 2a, 31547 Rehburg-Loccum
05766-93017 05766-93019
info@gcrl.de
www.gcrl.de

PR
GF: Hans-Walter Lukasch
Headgreenkeeper: Christian Huskamp

i
05766-93017 05766-93019
Alisa Lemke, Christiane Nolte

Lounge & Restaurant Panorama
0174-8189415

PRO
Pro: Markus Dreykluft

H: 5631 m, CR 70.2, SL 123, Par 71
D: 5003 m, CR 72, SL 124, Par 71
30 Rangeabschläge (4 überdacht)

G
Gäste sind jederzeit willkommen. Clubausweis mit eingetragenem Handicap (54) ist erforderlich.

18-Loch-Greenfee: WT: EUR 55 / WE: EUR 65
9-Loch-Greenfee: WT: EUR 30 / WE: EUR 35
Jugendliche/Studenten (bis 27 Jahre auf Nachweis): WT: EUR 30 / WE: EUR 35

Platzinfos

VCG GPS CLUB

Platzbeschreibung
Inmitten des Naturparks Steinhuder Meer wurde auf einer Fläche von 69 ha eine naturverbundene Anlage geschaffen, die auch ambitionierten Spielern ein abwechslungsreiches Spiel ermöglicht.

Anfahrtsbeschreibung
A 2, Ausfahrt Wunstorf-Luthe, auf der B 441 über Wunstorf bis Loccum, an der Kreuzung rechts, Rehburger Straße nach ca. 2 km rechts nach Hormannshausen. Oder: B 6 Schneeren-Mardorf-Rehburg zum Golfplatz.

Nächstgelegene Plätze
Steinhuder Meer, GP (Nr. 138)
Schaumburg, GC (Nr. 149)
Hannover, GC (Nr. 144)

Golfclub Isernhagen e.V.

Karte, Nr. 143, Feld F5 **18** Höhe: 64 m

gegründet: 1983

Gut Lohne 22, 30916 Isernhagen
05139-893185 05139-27033
info@golfclub-isernhagen.de
www.golfclub-isernhagen.de

PR Dr. Hans Ulrich Schneider, CM: Jörg Wagner
Headgreenkeeper: Henning Lahmann

05139-893185 05139-27033
Leonie Wagner, Celina Klein

Gastronomie im Golfclub Isernhagen, Corinna Rogalla
05139-9820417
Mo. Ruhetag

PRO Pro: Norbert Liermann, Steffen Hühn

H: 6118 m, CR 73.2, SL 133, Par 72
D: 5443 m, CR 75.5, SL 130, Par 72
20 Rangeabschläge (5 überdacht)

G Gäste sind jederzeit willkommen. Anmeldung ist notwendig. Clubausweis mit eingetragener PE ist erforderlich.

18-Loch-Greenfee: EUR 60
9-Loch-Greenfee: EUR 35
Ermäßigung: Jugendl. bis 17 J. und Stud. bis 27 J. 41%

Platzbeschreibung

Unweit des Gutes Lohne liegt der Golfplatz, eingerahmt von sehr altem Laubwald, auf ebenem Gelände. Die großteils langen Fairways sind von naturbelassenen meist dichten Roughs umgeben. Auf mehr als einem Drittel der Bahnen sind Wasserhindernisse, die das Spiel mehr oder weniger stark beeinflussen.

Platzinfos

Anfahrtsbeschreibung

Von Süden: A 7, Abfahrt Kirchhorst, dann rechts Richtung Kirchhorst, dann links bis Neuwarmbüchen. Hinter dem Opel-Händler links ab und dem Schmiededamm ca. 1 km lang folgen. An der ersten Kreuzung links zum Golfplatz. Von Norden: A 7, Abfahrt Großburgwedel, dann links Richtung und durch Großburgwedel zum Schulzentrum, dahinter 1. Straße links Richtung Neuwarmbüchen, nächste rechts, dann immer geradeaus zum Golfplatz.

Nächstgelegene Plätze

Burgwedel, GC (Nr. 137)
Hainhaus, GP (Nr. 140)
Burgdorfer GC (Nr. 135)

Niedersachsen + Bremen

Golf-Club Hannover e.V.

Karte, Nr. 144, Feld E5 **18** Design: Bernhard von Limburger

gegründet: 1923

Am Blauen See 120, 30823 Garbsen
05137-73068 05137-75851
info@golfclub-hannover.de
www.golfclub-hannover.de

PR: Michael Paul Wermelt
Headgreenkeeper: Sebastian Böhm

i: 05137-73068 05137-75851
Natalie Gutzeit, Angela Leupold

Gastronomie im Golfclub Hannover e. V., Mirdita Sefsali
05137-121182 05137-75851
Mo. Ruhetag

PRO: Pro: Alexander Schmitt, Hanke Dohrendorf

H: 5658 m, CR 71.2, SL 130, Par 71
D: 5068 m, CR 73.4, SL 127, Par 71
24 Rangeabschläge (3 überdacht)

G: Gäste sind jederzeit willkommen. Anmeldung ist notwendig. Clubausweis mit eingetragenem Handicap (54) ist erforderlich.

18-Loch-Greenfee: WT: EUR 70 / WE: EUR 80
9-Loch-Greenfee: WT: EUR 50 / WE: EUR 60
Ermäßigung: Jugendl./Stud. 50%

Platzbeschreibung

Hier erleben Sie die Exklusivität eines modernen Clubs mit fast 100 Jahren Tradition und sportlichem Erfolg. Genießen Sie Golf in einem einzigartigen Flair! Die reizvolle Lage unseres Platzes inmitten eines historischen Baumbestandes und der wunderschöne Blick von der Clubhausterrasse auf das 9. und 18. Grün, lassen Ihren Aufenthalt auf unserer Anlage zu einem Kurzurlaub im Grünen werden. Unsere abwechslungsreichen Spielbahnen stellen unsere Mitglieder und Gäste immer wieder vor große Herausforderungen. Hier spielen Sie 18 Bahnen in parkähnlicher Landschaft auf anspruchsvollen Fairways.

Platzinfos

VCG

Anfahrtsbeschreibung

Aus Richtung Dortmung/A2: Nehmen Sie die Ausfahrt am Rasthof Garbsen und biegen Sie dann rechts ab in Richtung Erholungsgebiet Blauer See / Campingplatz. Folgen Sie der Straße am See und biegen Sie dann halbrechts in die Einfahrt zum Golfgelände ab. Aus Hannover: Folgen Sie der A2 (Hannover-Dortmund) bis zur Ausfahrt Garbsen. Am Kreisverkehr fahren Sie in Richtung Erholungsgebiet Blauer See / Campingplatz. Folgen Sie stets der Beschilderung zum Blauen See und biegen Sie dann auf der Straße am See halbrechts in die Einfahrt des Golfclubs ab.

Nächstgelegene Plätze

Hainhaus, GP (Nr. 140)
Steinhuder Meer, GP (Nr. 138)
Isernhagen, GC (Nr. 143)

Greenfee-Aktion: Seite G 45, 47

Golfclub Varus e.V.

Karte, Nr. 145, Feld D5 **18/3** Höhe: 56 m

gegründet: 1996

Im Schlingerort 5, 49179 Ostercappeln-Venne
05476-200 05476-911400
info@golfclub-varus.de
www.golfclub-varus.de

PR: Martin Garthaus
Headgreenkeeper: Frank Müggenborg

i: 05476-200 05476-911400
Anke Timm, Ulrike Kunter, Yvonne Wessel

Fairway
05476-911436
Mo. Ruhetag

PRO SHOP: Planetgolf Osnabrück
0541-75049849

PRO: Pro: Glyn Morris

18-Loch Platz
H: 6032 m, CR 71.4, SL 133, Par 72
D: 5315 m, CR 73.3, SL 132, Par 72
3-Loch EasyGolf Platz
H: 592 m, Par 27
D: 592 m
20 Rangeabschläge (5 überdacht)

G: Gäste sind jederzeit willkommen. Anmeldung ist notwendig. Clubausweis mit eingetragener PE ist erforderlich.

18-Loch-Greenfee: WT: EUR 50 / WE: EUR 60
9-Loch-Greenfee: WT: EUR 30 / WE: EUR 35
Ermäßigung für Jugendl. gilt nur für den Meisterschaftsplatz.
Ermäßigung: Jugendl./Stud. 50%

Platzbeschreibung

Die Anlage ist auf dem 80 ha großen Gelände durch Weiträumigkeit geprägt und liegt fernab jeden Verkehrslärms. Die Abfolge der Spielbahnen wird begleitet durch die Aussicht auf die typische Topographie des Wiehengebiges, ohne jedoch hügelig zu sein. Die geschickte Integration des alten Busch- und Baumbestandes bestimmt das Bild. Lange Fairways mit flankierenden Bunkern sind ebenso anzutreffen, wie stark ondulierte Grüns mit pfiffig angeordneten Sandhindernissen.

Platzinfos

Anfahrtsbeschreibung

A 1 Dortmund-Bremen, Ausfahrt Bramsche, auf der B 218 Ri. Bad Essen, bei km 11,3 (hinter Varus-Info-Zentrum) links abbiegen, hinter der Mittellandkanalbrücke rechts bis zum Parkplatz Clubhaus. Von Bad Essen kommend auf der B 218 in Venne OT Niewedde bei km 9,0 rechts abbiegen, 600 m hinter der Mittellandkanalbrücke links in die Straße „Im Schlingerort“ bis zum Parkplatz Clubhaus.

Nächstgelegene Plätze

Osnabrücker GC (Nr. 148)
Osnabrück-Dütetal, GC (Nr. 211)
Artland GC (Nr. 141)

Golf-Club Peine-Edemissen e.V.

Karte, Nr. 146, Feld F5 **18** Höhe: 80 m

gegründet: 1989

Dahlkampsweg 2, 31234 Edemissen
05176-90112 05176-923074
info@gcpe.de
www.gcpe.de

PR: Wolfhard Träue
Headgreenkeeper: Ralf Ahrens

i: 05176-90112 05176-923074
Kerstin Tiebel, Bettina Krehemeier

Restaurant Fairway
05176-5552233 05176-5552234
Mo. Ruhetag

PRO SHOP: 05176-90112 05176-923074

PRO: Pro: Thomas Lejon

18-Loch Meisterschaftsplatz
H: 5896 m, CR 71.3, SL 129, Par 72
D: 5099 m, CR 72.6, SL 130, Par 72
20 Rangeabschläge (5 überdacht)

G: Gäste sind jederzeit willkommen. Clubausweis mit eingetragenem Handicap (54) ist erforderlich.

18-Loch-Greenfee: WT: EUR 45 / WE: EUR 60
9-Loch-Greenfee: WT: EUR 35 / WE: EUR 45
Ermäßigung: Jugendl./Stud. bis 26 J. 50%

Platzinfos

VCG GPS GASTRO

Anfahrtsbeschreibung

A 2 Ausfahrt Peine Ost und der Straße Richtung Edemissen (5 km) folgen. In Edmissen an der Ampelkreuzung rechts abbiegen, Richtung Gifhorn fahren und an der letzten Möglichkeit in der Ortschaft links abbiegen. Diese Straße (Dahlkampsweg) führt direkt zum Golfplatz.

Platzbeschreibung

Die immer sehr gepflegte Anlage besticht durch ihre naturnahe Bauweise und dem Variantenreichtum der einzelnen Bahnen. So bietet der Platz für alle Spielstärken eine faire und sportliche Herausforderung. Wasserhindernisse auf 10 Spielbahnen erfordern ein taktisches Spiel. Der sandige Untergrund ermöglicht es, dass auch nach ergiebigen Regenfällen der Platz sofort wieder bespielbar ist. Hervorzuheben ist die großzügige Drivingrange, mit Fairwaybunkern, ein Chippinggreen und zwei Puttinggreens.

Nächstgelegene Plätze

Gifhorn, GC (Nr. 136)
Rethmar Golf (Nr. 147)
Burgdorfer GC (Nr. 135)

Rethmar Golf

Karte, Nr. 147, Feld F5 **18** Design: Arnold Palmer Höhe: 80 m

gegründet: 1997

Am Golfplatz 1, 31319 Sehnde
05138-700530 05138-700550
info@rethmargolf.de
www.golf51.de

PR GF: Friedrich Wihelm Knust
Headgreenkeeper: Andreas Huliczka

i 05138-700530 700550

The Nineteenth
05138-700530

PRO Pro: Friedrich-Wilhelm Jahn

H: 5880 m, CR 71.5, SL 133, Par 72
D: 5186 m, CR 72.9, SL 131, Par 72
50 Rangeabschläge (6 überdacht)

G Gäste sind jederzeit willkommen. Anmeldung ist notwendig. Clubausweis mit eingetragener PE ist erforderlich.

Tages-Greenfee: WT: EUR 65 / WE: EUR 75
9-Loch-Greenfee: WT: EUR 45 / WE: EUR 50
Bei Kauf eines 9-Loch Greenfees wird zuerst der Preis des 18-Loch-Greenfees kassiert. Die Differenzerstattung erfolgt nach Ihrer 9-Loch-Runde. Die 9-Loch müssen innerhalb von 3 Stunden gespielt werden.
Ermäßigung: Jugendl./Stud.

Platzinfos

VCG GPS CLUB GASTRO

Anfahrtsbeschreibung

Von Hannover-Zentrum: B 65 Südschnellweg Richtung Sehnde, von Sehnde weiter Richtung Peine, 2 km hinter Sehnde in Rethmar die 3. Straße rechts, Osterkamp (Sportanlagen) und weiter zum Golfplatz. Oder: A 2 Richtung Berlin, Ausfahrt Lehrte-Ost, links Richtung Allerbeck, weiter nach Ramhorst, in Ramhorst links Richtung Evern, in Evern rechts 1 km bis Rethmar, in Rethmar die 1. Straße links, Osterkamp (Sportanlagen) und weiter zum Golfplatz.

Platzbeschreibung

Die Rethmar Golf Anlage gilt als eine der besten in Deutschland und wurde von der Arnold Palmer Corp. gestaltet. Es ist ein Traum von Dünen-Course im niedersächsischen Binnenland. Auf 120 ha Fläche wurden 18 Löcher Golf vom Feinsten konzipiert. 18 Spielbahnen mit jeweils eigenem Charakter. Der Seen-, der Dünen- und der Hügelparcours fügen sich dabei zu einer Einheit zusammen, wie sie in Deutschland kaum noch einmal anzutreffen ist.

Nächstgelegene Plätze

Gleidingen, GC (Nr. 151)
Isernhagen, GC (Nr. 143)
Peine-Edemissen, GC (Nr. 146)

Osnabrücker Golf Club e.V.

Karte, Nr. 148, Feld D5 **18** Design: Frank Pennink, Städler Golf Courses Höhe: 133 m

gegründet: 1955

Am Golfplatz 3, 49143 Bissendorf-Jeggen
05402-5636 05402-5257
info@ogc.de
www.ogc.de

PR: Hans-Christian Sanders, CM: Oliver Prüter
Headgreenkeeper: Philipp Didszun

i: 05402-5636 05402-5257

Tee 19, Emre Aygül
0176-81028672
Mo. Ruhetag

PRO SHOP: planetgolf, Margitta Penschke
0541-75049849

PRO: Pro: Peter Martin, Wolfgang Huget

H: 5835 m, CR 72.9, SL 130, Par 72
D: 5042 m, CR 73.9, SL 125, Par 72
16 Rangeabschläge (10 überdacht)

G: Gäste sind jederzeit willkommen. Anmeldung ist notwendig. Clubausweis mit eingetragenem Handicap (54) ist erforderlich. Sa./So./Feiertage ist Handicap 36 erforderlich.

18-Loch-Greenfee: WT: EUR 60 / WE: EUR 80
9-Loch-Greenfee: WT: EUR 30 / WE: EUR 40
Ermäßigtes GF in der Nebensaison.
Ermäßigung: Jugendl./Stud. 50%

Platzbeschreibung

Auf der Anhöhe des Wellinger Berges liegt in unmittelbarer Nähe von Osnabrück, und doch völlig abgeschieden in absoluter Ruhe, eine der traditionsreichsten Golfanlagen Nordwestdeutschlands, der Osnabrücker Golf Club oder kurz OGC. Der OGC ist über 50 Jahre gereift und hat einen Baumbestand, der in Europa seines Gleichen sucht. Mächtige Eichen und Buchen umsäumen 18 unverwechselbare Bahnen und schaffen ein Ambiente, das jeden Golfspieler zum Schwärmen bringt. Kaum ein Gast, der nicht bestätigt, dass dieser Parkland Course englischen Stils landschaftlich zu den attraktivsten sowie sportlich interessantesten Anlagen in ganz Deutschland gehört. Und was die Natur an golferischen Akzenten nicht setzt, leistet ein erfahrenes Greenkeeping-Team. Mit modernstem Gerät wird jederzeit ein top-gepflegter Platz garantiert.

Platzinfos

VCG CLUB GASTRO

Anfahrtsbeschreibung

Von S/W/O: A 30, Ausf. 20 Natbergen-Voxtrup, 2 x re. nach Natbergen, nach Bahnübergang (3 km) re. Ri Melle, nach 2 km li. „Schledehauser Str.", nach 1,5 km li. „Brinkstraße", nach 1 km hinter Linkskurve Einfahrt. Von N: A 1, Ausf. Osnabrück-Nord, 3. Ampelli. „Vehrter Landstr.", nach 6,5 km an 4. Ampel (hinter Marktkauf) li. „Bremer Str.", nach 800 m re. Ri Schledehausen, nach 3,2 km re. „Jeggener Str.", nach 2,6 km li. Einfahrt zum Golfplatz.

Nächstgelegene Plätze

Varus, GC (Nr. 145)
Osnabrück-Dütetal, GC (Nr. 211)
Habichtswald, GC (Nr. 212)

Greenfee-Aktion: Seite G 47

Golfclub Schaumburg e.V.

Karte, Nr. 149, Feld E5 18 Höhe: 160 m

gegründet: 1980

Röserheide 2, 31683 Obernkirchen
05724-4670 05724-902910
info@golfclub-schaumburg.de
www.golfclub-schaumburg.de

PR Hans-Heinrich Hahne

05724-4670 05724-902910
Janine Johannsen, Manuela Nowak

Golf-Restaurant
05724-9584558
Mo. Ruhetag

PRO Pro: Michael Dunwoodie, Robert Walster

H: 5157 m, CR 69.1, SL 127, Par 71
D: 4541 m, CR 70.6, SL 122, Par 71
20 Rangeabschläge (3 überdacht)

G Gäste sind jederzeit willkommen. Anmeldung ist notwendig. Clubausweis mit eingetragener PE ist erforderlich.

18-Loch-Greenfee: EUR 50
9-Loch-Greenfee: EUR 30.
Ermäßigung: Jugendl./Stud. 50%

Platzinfos

VCG GPS

Anfahrtsbeschreibung

A 2 (Dortmund-Hannover) bis Ausfahrt Bad Eilsen nach Obernkirchen, durch die Stadt Richtung Stadthagen, Sülbecker Weg, unmittelbar hinter dem EDEKA-Supermarkt rechts in den Ziegeleiweg, nach 500 m kommt die Auffahrt zum Golfplatz (beschildert).

Platzbeschreibung

Unser beeindruckender 18-Loch-Golfplatz liegt über den Dächern der traditionsreichen Bergstadt Obernkirchen, deren markante Silhouette auf vielen Spielbahnen herübergrüßt. Anno 1960 endete hier an den Bückebergen der Abbau der Steinkohle im Bereich des heutigen Golfplatzes. Teile dieser Geschichte sind auch heute noch zu erkennen. Heutzutage erwartet Sie hier jedoch ein unvergesslicher Golftag auf einer spektakulären Golfanlage: Eine gelungene Mischung aus Entspannung und Herausforderung für Golferinnen und Golfer aller Spielklassen. Und immer wieder werden Sie die herrlichen Ausblicke ins Schaumburger Land und bis zum Weser- und Wiehengebirge mit der Porta Westfalica genießen können!

Nächstgelegene Plätze

Am Harrl, GC (Nr. 153)
Rehburg-Loccum, GC (Nr. 142)
Hamelner GC (Nr. 157)

Niedersachsen + Bremen

Golfclub Euregio Bad Bentheim e.V.

Karte, Nr. 150, Feld B5 18 Höhe: 70 m

gegründet: 1987

Am Hauptdiek 8, 48455 Bad Bentheim
05922-9044310 05922-944318
info@golfclub-euregio.de
www.golfclub-euregio.de

PR: Erich Theisen

i: 05922-9044310
Lisa Dankbar

Frank Termühlen
05922-777613
Mo. Ruhetag

PRO SHOP: Golfclub Euregio e.V., Jörg Fehlhaber
05922-9044310

PRO: Pro: Jan Biesik

H: 5780 m, CR 70.9, SL 132, Par 72
D: 5011 m, CR 71.9, SL 128, Par 72
20 Rangeabschläge (8 überdacht)

G: Gäste sind jederzeit willkommen. Anmeldung ist notwendig. Clubausweis mit eingetragener PE ist erforderlich. Sa./So./Feiertage ist ein Handicap erforderlich. Sa./So./Feiertage je Flight eine maximale Stammvorgabe von 100

18-Loch-Greenfee: WT: EUR 55 / WE: EUR 65
9-Loch-Greenfee: WT: EUR 35 / WE: EUR 40
Ermäßigung: Jugendl. bis 18 J. 50%

Platzbeschreibung

Mit dem Blick auf die alte Burganlage der Stadt Bad Bentheim liegen die gepflegten Spielbahnen in einer herrlichen Landschaft mit zahlreichen Teichen, unberührten Rietgrasflächen und Mischwaldstücken. Die weitläufige Anlage bietet mit vielen Wasserhindernissen, einigen Doglegs, gut platzierten Bunkern u. einer Mischung aus altem und neuem Baumbestand einen sportlichen Platz mit viel Abwechslung.

Platzinfos

Anfahrtsbeschreibung

Von Süden über die A 31, Ausfahrt Ochtrup-Nord auf die B 403 Richtung Bad Bentheim. Nach ca. 5 km an der Ampel links Richtung Bad Bentheim. Nach 700 m links Richtung Sieringhoek. Nach ca. 1 km links, der Beschilderung Golfplatz folgen und bis zum Ende durchfahren. Aus Ri. Amsterdam oder Osnabrück: Über die A 30 bis zum Autobahnkreuz Schüttdorf, dann auf die A 31 Richtung Oberhausen bis zur Ausfahrt Ochtrup-Nord und weiter wie oben beschrieben.

Nächstgelegene Plätze

Münsterland, GC (Nr. 217)
Rheine/Mesum, GSC (Nr. 214)
Ahaus, G&LC (Nr. 220)

Golf Gleidingen

Karte, Nr. 151, Feld F5 **27/6** Design: David Krause Höhe: 60 m

gegründet: 1998

Am Golfplatz 1, 30880 Laatzen/Gleidingen
05102-739000 Fax 05102-739008
empfang@golfgleidingen.de
www.golf51.de

PR Headgreenkeeper: Volker Steenken

i 05102-739002 Fax 05102-739008

Restaurant Stableford, Katrin Meier-Seifert
05102-739001 Fax 07390-08

PRO SHOP 05102-739000 Fax 05102-739008

PRO Pro: Oliver Pannhorst

27-Loch Platz
H: 5740 m, CR 70.4, SL 128, Par 72
D: 4673 m, CR 71.3, SL 127, Par 72
6-Loch Platz: H: 2370 m, Par 19, D: 2370 m
100 Rangeabschläge (15 überdacht)

G Gäste sind jederzeit willkommen. Anmeldung ist notwendig. Clubausweis mit eingetragener PE ist erforderlich. Jeden Sa. offenes handicaprelevantes Turnier „Gleidinger Early Bird“.

Tages-Greenfee: WT: EUR 65 / WE: EUR 75
9-Loch-Greenfee: WT: EUR 45 / WE: EUR 50
Jahresrangefee: EUR 179
Ermäßigung: Jugendl./Stud.

Platzinfos

Anfahrtsbeschreibung

A 7 Hannover Richtung Hildesheim, Ausfahrt Laatzen, auf die B 6 (Messeschnellweg) Richtung Sarstedt-Hildesheim, Abfahrt 1. Ampel links Richtung Algermissen-Oesselse, nach 400 m liegt rechter Hand der Golfplatz.

Platzbeschreibung

Diese Anlage bietet Spitzensport auf internationalem Niveau. Der Golfer hat zahlreiche Möglichkeiten, zwischen den drei 9-Loch-Plätzen seine Kombination zu wählen. Aber auch der öffentliche 6-Loch-Kurzplatz mit anspruchsvollen Par 3-Löchern und einem Par 4-Loch stellt eine Herausforderung dar.

Nächstgelegene Plätze

Rethmar Golf (Nr. 147)
Isernhagen, GC (Nr. 143)
Sieben-Berge, GC (Nr. 159)

Niedersachsen + Bremen

Golf-Klub Braunschweig e.V.

Karte, Nr. 152, Feld G5 **18**

gegründet: 1926

Schwartzkopffstraße 10, 38126 Braunschweig
☎ 0531-264240 Fax 0531-2642413
✉ sekretariat@golf-klub-braunschweig.de
www.golfklub-braunschweig.de

PR: Dr. Christian Schütte, CM: Sven Jakobsohn
Headgreenkeeper: Joachim Mnich

i: ☎ 0531-2642411 Fax 0531-2642413
Veronika Beer, Madlen Sawwidis

Susen Kallensee
☎ 0531-2886436

PRO SHOP: Golf-Klub Braunschweig e.V.
☎ 0531-2642411

PRO: Pro: Thomas Lloyd, Oliver Lindup

H: 5704 m, CR 70.3, SL 136, Par 71
D: 5022 m, CR 72.1, SL 128, Par 71
16 Rangeabschläge (4 überdacht)

G: Gäste sind jederzeit willkommen. Anmeldung ist notwendig. Clubausweis mit eingetragenem Handicap (54) ist erforderlich.

18-Loch-Greenfee: Mo.-Do.: EUR 50 / Fr.-So.: EUR 70.
9-Loch-Greenfee: Mo.-Do.: EUR 30 / Fr.-So.: EUR 40.
Ermäßigung: Jugendl. und Stud. bis 27 J. 50%

Platzinfos

VCG GPS CLUB

Anfahrtsbeschreibung

Vom Hauptbahnhof über Salzdahlumer Straße zum Krankenhaus, von dort der Beschilderung zum Golfplatz folgen.

Platzbeschreibung

Die Anlage entstand bereits im Jahre 1926 auf einem Areal, das einst den herzoglichen und königlichen Truppen als großer Exerzierplatz diente. Trotz seiner Enge gehört der Parcours zu einem der schwierigsten Niedersachsens. Sehr hoher und alter Baumbestand und die schmalen Fairways erfordern Präzision. Die schwer anzuspielenden Stufengrüns werden gut von Bunkern verteidigt.

Nächstgelegene Plätze

Hedwigsburg, GC (Nr. 156)
Salzgitter/Liebenburg, GC (Nr. 160)
Peine-Edemissen, GC (Nr. 146)

Golfclub Am Harrl e.V.

Karte, Nr. 153, Feld E5 9/6

gegründet: 2001

Am Bruch 16,
31707 Bad Eilsen/Bückeburg-OT Luhden
☎ 05722-9054900 📠 05722-9054908
✉ info@golfclub-am-harrl.de
💻 www.golfclub-am-harrl.de

PR Volker Kipp

i ☎ 05722-9054900 📠 -9054908

Panorama Restaurant
☎ 05722-9066509
Mo. und Di. Ruhetag

9-Loch Platz
H: 5789 m, CR 71.3, SL 128, Par 72
D: 5192 m, CR 72.6, SL 132, Par 72
6-Loch Kurzplatz / PAR 3 ACADEMY COURSE
H: 450 m, Par 18, D: 450 m, Par 18
35 Rangeabschläge (4 überdacht)

G Gäste sind jederzeit willkommen. Sa./So./Feiertage ist Anmeldung notwendig. Clubausweis mit eingetragener PE ist erforderlich.

Tages-Greenfee: EUR 40
9-Loch-Greenfee: EUR 30
Unbegrenzt Rangebälle in der Rangefee, bzw. Greenfee inklusive!
Ermäßigung: Jugendl./Stud.

Platzinfos

VCG

Anfahrtsbeschreibung

A 2 Hannover-Dortmund, Abfahrt Bad Eilsen/Bückeburg/Rinteln, links auf die B 83 Richtung Bückeburg-Minden, nach ca. 2 km rechts und der Ausschilderung zum Golfplatz folgen.

Platzbeschreibung

Der im Jahr 2001 gegründete Golfclub am Harrl ist durch den international anerkannten Golfplatzarchitekten Jeremy Pern hervorragend in das Gelände des Weserberglandes direkt am Harrl integriert worden. Das zum Teil hügelige Gelände ist von Wald umgeben und durch Teiche und Nassbiotope verschönert, aber auch erschwert worden.

Nächstgelegene Plätze

Schaumburg, GC (Nr. 149)
Hamelner GC (Nr. 157)
Herford, GC (Nr. 215)

Golf Park am Deister e.V.

Karte, Nr. 154, Feld E5 **18/3** Höhe: 145 m

gegründet: 1997

Am Osterberg 2, 31848 Bad Münder
05042-503276 05042-503278
info@deistergolf.de
www.deistergolf.de

PR: Dr. Klaus Schütte, GF: Stuart Charles Orme, CM: Gerd Zeitz
Headgreenkeeper: Patrick Bothmann

i: 05042-503276 05042-503278
Steffi Wigger

Zum Waldschlösschen
01573-1625860

PRO: Pro: Benjamin Bartram

H: 6002 m, CR 71.8, SL 130, Par 72
D: 5166 m, CR 72.6, SL 127, Par 72
35 Rangeabschläge (3 überdacht)

G: Gäste sind jederzeit willkommen. Anmeldung ist notwendig. Clubausweis mit eingetragener PE ist erforderlich. Für Fragen, Anregungen und Feedback kontaktieren Sie uns gern im Sekretariat.

18-Loch-Greenfee: WT: EUR 50 / WE: EUR 60
9-Loch-Greenfee: WT: EUR 30 / WE: EUR 40
Beachten Sie bitte, dass unsere Driving-Range vom Clubhaus nicht fußläufig zu erreichen ist. Falls Sie sich vor der Runde einschlagen möchten, sollten Sie dies berücksichtigen und die Driving-Range mit dem Auto anfahren.
Ermäßigung: Jugendl. 50%

Platzbeschreibung

Die 1997 erbaute Golfanlage mitten im schönen Deister-/Süntheltal, überzeugt durch ein Panorama, welches hier in der Region einmalig ist. Da die Golfanlage am Hang liegt, können die Spieler diesen Ausblick von jeder Bahn aus genießen. Doch auch wenn die Anlage am Hang liegt, kann die Runde gut fußläufig gespielt werden. Durch die breiten Landeflächen und gut ausgemähten Rough-Zonen, ist der Platz auch für hohe Handicaper gut zu spielen. Seit 2019 hat der Golf Park am Deister einen neuen Eigentümer und man kann gut erkennen, dass dadurch die Platzpflege, die Willkommenskultur und der Service spürbar besser geworden ist. Es lohnt sich, diese Anlage zu spielen und somit einen schönen Tag im Deister zu genießen.

Platzinfos

VCG

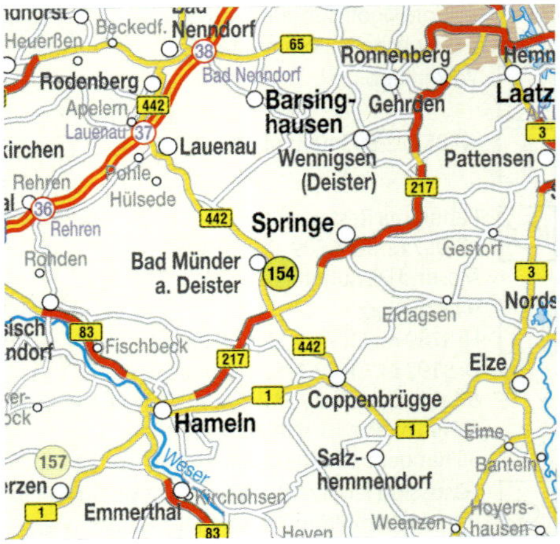

Anfahrtsbeschreibung

A 2 Hannover-Dortmund, Ausf. Lauenau, B 442 Ri. Hameln bis Bad Münder, an Ampelkreuzung links Richtung Springe abbiegen. Nach ca. 500m geht es rechts zur Driving-Range und nach weiteren 500m ebenfalls rechts zum Clubhaus. Hier den Schildern zum Clubhaus oder zum Waldschlösschen folgen.

Nächstgelegene Plätze

Hamelner GC (Nr. 157)
Schaumburg, GC (Nr. 149)
Sieben-Berge, GC (Nr. 159)

Greenfee-Aktion: Seite G 47

St. Lorenz Golf- und Land-Club Schöningen e.V.

Karte, Nr. 155, Feld G6 9 Höhe: 175 m

gegründet: 1987

Klosterfreiheit 9E, 38364 Schöningen
✆ 05352-1697 🖷 05352-909151
✉ kontakt@stlorenz-golf.de
www.stlorenz-golf.de

PR: Stefan Liebing, GF: Michael Madsack

i: ✆ 05352-1697 🖷 05352-909151
Heidi Duhme, Sandra Bauer

Klosterkrug, Peter Wieser
✆ 05352-909150 🖷 05352-909151
Mo. Ruhetag

PRO SHOP: ✆ 05352-909149 🖷 05352-909151

PRO: Pro: Michel Bauer, Aaron Postles

9-Loch St. Lorenz-Kurs
H: 6296 m, CR 73.4, SL 126, Par 74
D: 5594 m, CR 75.3, SL 130, Par 74
20 Rangeabschläge (1 überdacht)

G: Gäste sind jederzeit willkommen. Anmeldung ist notwendig. Clubausweis mit eingetragener PE ist erforderlich.

Tages-Greenfee: WT: EUR 50 / WE: EUR 55
Ermäßigung: Jugendl. bis 18 J. 50%

Platzbeschreibung

Der am Klostergut gelegene Platz verläuft auf einem sanft hügeligen Gelände oberhalb der Stadt direkt am Elmwald und bietet an zahlreichen Stellen einen weiten Blick nach Sachsen-Anhalt und zum Harz.

Platzinfos

VCG GPS CLUB GASTRO

Anfahrtsbeschreibung

Auf der A 2 bis zur Abfahrt Helmstedt, danach B 244 in Richtung Schöningen, in Schöningen rechts ab und der Ausschilderung Schöppenstedt/Braunschweig (B 82) folgen, kurz vor der Kirche rechts ist die Einfahrt zum Golfclub. Aus Richtung Schöppenstedt (B 82) am Ortseingang links abbiegen, nach ca. 100 m folgt links die Einfahrt zum Golfclub.

Nächstgelegene Plätze

Hedwigsburg, GC (Nr. 156)
Braunschweig, GK (Nr. 152)
Salzgitter/Liebenburg, GC (Nr. 160)

Niedersachsen + Bremen

Golfclub Rittergut Hedwigsburg e.V.

Karte, Nr. 156, Feld G6 **18** Höhe: 60 m

gegründet: 1994

Golfplatz, 38324 Kissenbrück
05337-90703
sekretariat@golfclub-hedwigsburg.de
www.golfclub-hedwigsburg.de

PR: Heike Hahne

i: 05337-90703
Karolina Probst, Katrin Grotha

„Schöne Aussicht", Carl Steinhoff
05337-78008
Mo. Ruhetag

PRO: Pro: David Lee, Peter Lux

H: 6094 m, CR 72.2, SL 133, Par 73
D: 5491 m, CR 75.2, SL 129, Par 73
20 Rangeabschläge (8 überdacht)

G: Gäste sind jederzeit willkommen. Anmeldung ist notwendig. Clubausweis mit eingetragenem Handicap (54) ist erforderlich.

Tages-Greenfee: WT: EUR 65 / WE: EUR 75
9-Loch-Greenfee: WT: EUR 40
Mitglieder des Golfverbundes zwischen Harz und Heide zahlen ein einheitliches Greenfee von 35 € (Jugend 25 €) von Montag bis Sonntag.
Ermäßigung: Jugendl./Stud. bis 27 J. 50%

Platzbeschreibung

Der Golfclub Rittergut Hedwigsburg liegt südlich von Wolfenbüttel. Der 18-Loch-Platz, der von breiten Fairways, schnellen, gut verteidigten Grüns und einem hügeligen Bahnverlauf geprägt ist, ist gut gepflegt und verfügt zudem über eine großzügig gestaltete Driving Range mit überdachten Abschlagplätzen. Schön ist die Aussicht von der Terrasse des Clubhauses auf das südliche Umland sowie den 10. Abschlag!

Platzinfos

Anfahrtsbeschreibung

Von Hannover: A 2 bis ABK Braunschweig-Nord (Ausf. 55), weiter A 391 Ri. Kassel bis AB-Dr. Br.-Südwest (Ausf. 8), weiter A 39 Ri. Bad Harzburg bis ABK Br.-Süd (Ausf. 12), weiter A 395 Ri. Bad Harzburg bis Wolfenbüttel-Süd (Ausf. 7), weiter B 4 Ri. Halberstadt bis zur 1. Ampelkreuzung, dort rechts Ri. Schladen bis Ohrum, am Ortsausgang Ohrum links nach Kissenbrück und der Beschilderung zum Golfplatz folgen.

Nächstgelegene Plätze

Braunschweig, GK (Nr. 152)
Salzgitter/Liebenburg, GC (Nr. 160)
St. Lorenz G&LC (Nr. 155)

Greenfee-Aktion: Seite G 49

Hamelner Golfclub e.V. Schloss Schwöbber

Karte, Nr. 157, Feld E6 **18/18** Höhe: 65 m

gegründet: 1985

Schwöbber 8, 31855 Aerzen
☎ 05154-9870 Fax 05154-987111
info@hamelner-golfclub.de
www.hamelner-golfclub.de

PR: Friedrich-Wilhelm Müller

i: ☎ 05154-9870 Fax 05154-987111
Michaela Korf

„delights“
☎ 05154-7066220

PRO: Pro: Euan Runcie

18-Loch Baron von Münchhausen Platz
H: 5951 m, CR 73.8, SL 131, Par 73
D: 5241 m, CR 75.9, SL 130, Par 73
18-Loch Lucia von Reden Platz
H: 2836 m, CR 59.1, SL 101, Par 59
D: 2773 m, CR 59.6, SL 103, Par 59
30 Rangeabschläge (20 überdacht)

G: Gäste sind jederzeit willkommen. Anmeldung ist notwendig. Clubausweis mit eingetragenem Handicap (45) ist erforderlich. Auch an Turniertagen ist ein 18-Loch Platz stets bespielbar. Auf dem Lucia von Reden-Platz sind keine Buggys verfügbar.

18-Loch-Greenfee: EUR 60
9-Loch-Greenfee: EUR 40
Das 18-Loch Wintergreenfee des Baron von Münchhausen-Platzes bezieht sich auf 2x9-Loch auf der „Bachmeisterrunde.
Ermäßigung: Jugendl./Stud. 50%

Platzinfos

VCG CLUB GASTRO

Anfahrtsbeschreibung

A 2 Dortmund-Hannover, Ausf. Bad Eilsen, re. einordnen Ri. Rinteln, nach 1 km wieder rechts Ri. Rinteln, nach 5 km Abfahrt Rinteln-Süd, links einordnen Ri. Extertal (Bösingfeld), nach 8,5 km Vorsicht Radar!, nach 3,5 km links Ri. Extertal (Bösingfeld) bis zum Kreisverkehr, vom Kreisverkehr Ri. Grupenhagen abbiegen, 1 km nach dem Ortsausgangsschild Grupenhagen liegt der Golfplatz rechter Hand.

Platzbeschreibung

Zwei 18-Loch-Plätze, die ein Schlosshotel mit Park und das Clubrestaurant umrahmen. Eingebettet in die reizvolle Landschaft des Weserberglandes, mit uraltem, schattigem Baumbestand. Abschläge inmitten von Wäldern, Hügeln und Wiesen, mit grandiosen Ausblicken auf die Umgebung.

Nächstgelegene Plätze

Bad Pyrmont, GC (Nr. 230)
Am Deister, GC (Nr. 154)
Weserbergland, GC (Nr. 161)

Greenfee-Aktion: Seite G 49

Golf-Club Bad Salzdetfurth-Hildesheim e.V.

Karte, Nr. 158, Feld F6 **18** Höhe: 125 m

gegründet: 1972

Dr.-Jochen-Schneider-Weg 1,
31162 Bad Salzdetfurth-Wesseln
☎ 05063-1516
✉ info@golfclub-hildesheim.de
💻 www.golfclub-hildesheim.de

PR Wolfgang Wußmann, CM: Amélie Bernsdorf
Headgreenkeeper: Karl Ernst Marks

i ☎ 05063-1516
Marta György

☎ 05063-960630
Mo. Ruhetag

18-Loch Meisterschaftsplatz
H: 5812 m, CR 71.8, SL 135, Par 72
D: 5141 m, CR 73.4, SL 128, Par 72
25 Rangeabschläge (5 überdacht)

G Gäste sind jederzeit willkommen. Anmeldung ist notwendig. Clubausweis mit eingetragenem Handicap (54) ist erforderlich.

18-Loch-Greenfee: WT: EUR 45 / WE: EUR 55
9-Loch-Greenfee: WT: EUR 30 / WE: EUR 35
Geburtstagskinder GF frei.
Ermäßigung: Jugendl./Stud. 50%

Platzinfos

Anfahrtsbeschreibung

Nord-Süd A 7, Ausfahrt Rasthof Hildesheimer Börde, von dort über Heinde nach Groß-Düngen, weiter über die B 243 Richtung Seesen, hinter Wesseln rechts der Beschilderung zum Golfplatz folgen.

Platzbeschreibung

14 Kilometer südlich vom Zentrum Hildesheims, liegt seit 1972 die Anlage des Golf-Club Bad Salzdetfurth-Hildesheim. Abwechslungsreich und herausfordernd wie die Landschaft sind auch die 18 Spielbahnen. Es erwartet Sie eine Mischung aus anspruchsvoll angelegten Löchern, herrlichen Panoramen und der natürliche Charme des Buchenwaldes.

Nächstgelegene Plätze

Sieben-Berge, GC (Nr. 159)
Salzgitter/Liebenburg, GC (Nr. 160)
Rethmar Golf (Nr. 147)

Golfclub Sieben-Berge Rheden e.V.

Karte, Nr. 159, Feld F6 **18** Höhe: 100 m

gegründet: 1983

Schlossallee 1a, 31028 Gronau (Leine)
✆ 05182-52336 🖷 05182-923350
✉ gc7berge@gmx.de
💻 www.gc7berge.de

PR: Prof. Dr. Werner Tolksdorf

i: ✆ 05182-52336 🖷 05182-923350
Bianca Zorn, Brigitte Willam

Niko Ndrevataj
✆ 05182-9099109
Mo. Ruhetag

PRO: Pro: Silas Wagner

H: 5887 m, CR 70.9, SL 126, Par 71
D: 5152 m, CR 72.5, SL 124, Par 71
25 Rangeabschläge (10 überdacht)

G: Gäste sind jederzeit willkommen. Sa./So./Feiertage ist Anmeldung notwendig. Clubausweis mit eingetragenem Handicap (54) ist erforderlich. Sa./So./Feiertage ist Handicap 45 erforderlich.

18-Loch-Greenfee: WT: EUR 55 / WE: EUR 65
9-Loch-Greenfee: WT: EUR 35 / WE: EUR 40
Ermäßigung: Jugendl./Stud.

Platzinfos

VCG

Platzbeschreibung

Der Golfplatz des 1983 gegründeten GC Sieben-Berge liegt am Fuße der Sieben Berge inmitten der sanften Hügellandschaft des Leineberglandes. Die Bahnen 1-9 mit ihrem beeindruckenden alten Baumbestand wurden bereits 1966 angelegt. Sie befinden sich oberhalb des ehemaligen Schlosses derer von Rheden im alten Schlosspark. Mit seinen diversen landschaftlich markanten Punkten, die eigentlich zum etwas längeren Verweilen einladen, bietet der Platz reizvolle Ausblicke auf die Leine-/ Deister-Urlaubsregion. Im Zuge steigender Mitgliederzahlen wurden in 1993 die Bahnen 10-18 angelegt. Sie verlaufen in einem leicht hügeligen und freien Gelände.

Anfahrtsbeschreibung

Von Hannover: B 3 über Elze nach Gronau und weiter 3 km Richtung Brüggen und Alfeld, ab der Ortsdurchfahrt Rheden der Beschilderung zum Golfplatz folgen. Aus Richtung Süden: B 3, Ausfahrt Brüggen, von Brüggen weiter Richtung Gronau bis Rheden und zum Golfplatz. Von Hildesheim: Über die B 1 in Richtung Hameln, bei Heyersum links ab nach Gronau und von dort nach Rheden und zum Golfplatz.

Nächstgelegene Plätze

Bad Salzdetfurth-Hildesh., GC (Nr. 158)
Gleidingen, GC (Nr. 151)
Am Deister, GC (Nr. 154)

Niedersachsen + Bremen

Greenfee-Aktion: Seite G 49

Golf Club Salzgitter/Liebenburg e.V.

Karte, Nr. 160, Feld F6 **18** Höhe: 180 m

gegründet: 1985

Sportpark Mahner Berg, 38259 Salzgitter
☎ 05341-37376 Fax 05341-905170
✉ info@golfclub-salzgitter.de
www.golfclub-salzgitter.de

PR: Thomas Hartmann

i: ☎ 05341-37376 Fax 05341-905170
Elena Mundt und Birgit Rettkowski

Restaurant „Landliebe"
☎ 05341-905171 Fax 05341-905170
Mo. Ruhetag

PRO SHOP: Golfschule Anthony
☎ 0172-3134752

PRO: Pro: Anthony Chukwuemeka

H: 5992 m, CR 72.1, SL 137, Par 72
D: 5147 m, CR 73.6, SL 125, Par 72
30 Rangeabschläge (3 überdacht)

G: Gäste sind jederzeit willkommen. Clubausweis mit eingetragener PE ist erforderlich.

18-Loch-Greenfee: WT: EUR 45 / WE: EUR 50
9-Loch-Greenfee: WT: EUR 35 / WE: EUR 40
Ermäßigung: Jugendl./Stud. 50%

Platzbeschreibung

Dieser 18-Löcher-Platz liegt auf einem 47 ha großen Gelände im Kurort Salzgitter-Bad. Die in eine weitläufige Wald- und Hügellandschaft des Vorharzes eingebetteten Bahnen bieten teilweise Schräglagen und erfordern insgesamt eine überlegte Spielstrategie.

Platzinfos

CLUB GASTRO VCG GPS

Anfahrtsbeschreibung

A 7 Kassel-Hannover aus Richtung Kassel: Ausfahrt Rhüden in Richtung Goslar/Salzgitter-Bad. Aus Richtung Hannover: Ausfahrt Derneburg-Salzgitter Richtung Goslar auf der B 6 bis Salzgitter-Bad. Im Ortsbereich der Beschilderung „Mahner Berg" bzw. „Golfplatz" zum Golfplatzanlage folgen.

Nächstgelegene Plätze

Hedwigsburg, GC (Nr. 156)
Harz, GC (Nr. 162)
Bad Salzdetfurth-Hildesh., GC (Nr. 158)

Greenfee-Aktion: Seite G 49, 51

Golf Club Weserbergland e.V.

Karte, Nr. 161, Feld E6 **18** Höhe: 160 m

Golfclub Weserbergland

gegründet: 1982

Weißenfeld 2, 37647 Polle
05535-8842 05535-1225
info@golfclub-weserbergland.de
www.golfclub-weserbergland.de

PR: Wolf-Peter Pape

i: 05535-8842 05535-1225
Sabine Meyer

Mo. Ruhetag

PRO SHOP: Pro Shop S. Neuhaus, Sebastian Neuhaus
0160-8422682

PRO: Pro: Sebastian Neuhaus

H: 5787 m, CR 70.6, SL 132, Par 72
D: 5003 m, CR 72.2, SL 124, Par 72
10 Rangeabschläge (2 überdacht)

G: Gäste sind jederzeit willkommen. Sa./So./Feiertage ist Anmeldung notwendig. Clubausweis mit eingetragener PE ist erforderlich.

18-Loch-Greenfee: WT: EUR 50 / WE: EUR 60
9-Loch-Greenfee: WT: EUR 30 / WE: EUR 35
Elektro-Cart auf Anfrage.
Ermäßigung: Jugendl. 50%

Platzbeschreibung

Inmitten der sanften Hügel des Weserberglandes liegt der reizvolle 18-Loch Platz des Golfclub Weserbergland. Dieser einmalige Parklandcourse gehört zu den schönsten Golfplätzen der Region. Harmonisch eingebettet in die idyllische Umgebung präsentiert sich die Anlage mit Hügeln, Wasserhindernissen und ihrem zum Teil alten Baumbestand als ideale Voraussetzung für einen gelungenen Golftag. Genießen Sie die wundervollen Ausblicke über die Berge und Täler des Weserberglandes.

Platzinfos

VCG GPS CLUB

Anfahrtsbeschreibung

B 83 Holzminden Richtung Hameln, in Polle links auf die Kreisstraße 32 Richtung Hummersen. Oder: B 239 Richtung Falkenhagen, rechts auf die Kreisstraße 32 Richtung Polle und zum Golfplatz.

Nächstgelegene Plätze

Bad Pyrmont, GC (Nr. 230)
Hamelner GC (Nr. 157)
Lippischer GC (Nr. 232)

Greenfee-Aktion: Seite G 51

Golf-Club Harz

Karte, Nr. 162, Feld G6 18 Höhe: 300 m

gegründet: 1969

Am Breitenberg 107, 38667 Bad Harzburg
05322-6737 05322-2498
info@golfclubharz.de
www.golfclubharz.de

PR: Detlef Mittendorf

i: 05322-6737 05322-2498
Marcel Wachs, Astrid Rogowski

Aubergine am Golfplatz, Mahmut Kartal
05322-5590545

PRO SHOP: Golf Shop
05322-6737

PRO: Pro: Sascha Bartram

H: 5793 m, CR 71.8, SL 139, Par 72
D: 5019 m, CR 73, SL 133, Par 72
24 Rangeabschläge (4 überdacht)

G: Gäste sind jederzeit willkommen. Anmeldung ist notwendig. Clubausweis mit eingetragener PE ist erforderlich.

18-Loch-Greenfee: WT: EUR 60 / WE: EUR 70
9-Loch-Greenfee: WT: EUR 35 / WE: EUR 40
E-Cart 18-Löcher pro Runde: EUR 30 E-Cart
9-Löcher pro Runde: EUR 20
Ermäßigung: Jugendl./Stud. 50%

Platzinfos

Anfahrtsbeschreibung

Nach Bad Harzburg über die A 7 Kassel-Hannover, Ausfahrt Salzgitter oder Goslar. Der Platz liegt direkt in der Stadtmitte nur 5 Min. von der Fußgängerzone entfernt am Breitenberg. Navigation: Am Breitenberg 107

Platzbeschreibung

Mitten in der Stadt liegt Bad Harzburgs „zweiter Kurpark" - der 18 Löcher Platz des Golf-Club Harz. Seine direkte Stadtlage bietet sehr viel Reizvolles. So prägen eine hügelige Landschaft, ein sehr schöner alter Baumbestand und das Gelände der ehemaligen Gestütswiesen, viele interessant gestaltete und idyllisch angelegte Wasserhindernisse die Atmosphäre des Platzes, der für einstellige Handicaps eine sportlich interessante Herausforderung darstellt und gleichzeitig Anfänger vor lösbare Probleme stellt.

Nächstgelegene Plätze

Salzgitter/Liebenburg, GC (Nr. 160)
Hedwigsburg, GC (Nr. 156)
Rothenbergerhaus, GC (Nr. 165)

Greenfee-Aktion: Seite G 51

Golf und Country Club Leinetal Einbeck e.V.

Karte, Nr. 163, Feld F6 **18** Design: David Krause Höhe 140 m

gegründet: 1997

Am Holzgrund 20, 37574 Einbeck-Immensen
05561-982305
info@golfclub-einbeck.de
www.golfclub-einbeck.de

PR Henning Voss

i 05561-982305
Ina Scho

Golf-Stüberl, Michaela Wölkert
05561-3135598
Mo. Ruhetag

H: 5341 m, CR 68.9, SL 130, Par 71
D: 4612 m, CR 69.9, SL 128, Par 71
30 Rangeabschläge (6 überdacht)

G Gäste sind jederzeit willkommen. Anmeldung ist notwendig. Clubausweis mit eingetragener PE ist erforderlich.

18-Loch-Greenfee: WT: EUR 55 / WE: EUR 65
9-Loch-Greenfee: WT: EUR 30 / WE: EUR 35
Ermäßigungen (Gruppen): 10-19 Spieler = 20% / 20-29 Spieler = 25% / ab 30 Spieler 30%. Kein Doppel-Rabatt möglich!
Ermäßigung: Jugendl. bis 18 J. und Stud. bis 27 J. 50%

Platzinfos

VCG

Anfahrtsbeschreibung

A 7 Hannover-Kassel, Ausfahrt Northeim-Nord, B 3 Richtung Einbeck, Abfahrt Einbeck-Ost Richtung Immensen, nach 2 km rechts nach Immensen, in Immensen die 1. Straße rechts zum Golfplatz abbiegen. Folgen Sie den Piktogrammen mit dem Golfspieler.

Platzbeschreibung

Auf einem langgezogenen Hügel erstreckt sich der Golf Park über 30 ha geographisch ein wenig abgehoben von der Umgebung, dem Leinetal. Allein die große Übungsanlage nimmt mit Range, Pitching Greens, Putting Green und Übungsplatz 15 % der Fläche ein. Sie macht Anfängern und Könnern Golfen leicht. Der Platz sieht einfacher aus als er ist, ein wenig hügelig, zahlreiche Hindernisse und die vielen erhöhten Grüns machen ihn durchaus reizvoll.

Nächstgelegene Plätze

Hardenberg, GC (Nr. 164)
Sieben-Berge, GC (Nr. 159)
Bad Salzdetfurth-Hildesh., GC (Nr. 158)

Greenfee-Aktion: Seite G 51

Golf Club Hardenberg e.V.

Karte, Nr. 164, Feld F6 42 Design: David Krause Höhe: 250 m

gegründet: 1969

Levershausen 1, 37154 Northeim
05551-908380
info@gchardenberg.de
www.gchardenberg.de

PR: Oliver Bartels, CM: Kirsten Creutziger
Headgreenkeeper: Vitali Iskam

i: 05551-908380

Golfrestaurant Sachsenross,
Sebastian Walbrecht 05551-61866

PRO SHOP: Service-Center
05551-908380

PRO: Pro: Stefan Quirmbach

18-Loch Göttingen Course
H: 6033 m, CR 72.8, SL 138, Par 72
D: 5276 m, CR 74.6, SL 133, Par 72
18-Loch Niedersachsen Course
H: 5901 m, CR 72.9, SL 136, Par 72
D: 5137 m, CR 74.5, SL 131, Par 72
80 Rangeabschläge (16 überdacht)

G: Gäste sind jederzeit willkommen. Anmeldung ist notwendig. Clubausweis mit eingetragenem Handicap (54) ist erforderlich. Abschlagsempfehlungen Niedersachsen Course: 0 - 4,4 Weiß Herren 4,5 -11,4 Gelb Herren 11,5 - 36 Blau Herren 37 - 54 Rot Herren 0 - 11,4 Blau Damen 11,5 - 54 Rot Damen

18-Loch-Greenfee: Mo.-Do.: EUR 80 / Fr.-So.: EUR 90
9-Loch-Greenfee: Mo.-Do.: EUR 50 / Fr.-So.: EUR 55.
Ermäßigung: Jugendl./Stud. bis 27 J. 50%

Platzinfos

VCG GPS CLUB GASTRO

Anfahrtsbeschreibung

A 7, Ausfahrt Nörten-Hardenberg (zwischen Göttingen und Northeim), B 3 Richtung Northeim, neue Abzweigung nach rechts Richtung Katlenburg, nach ca. 3 km über die bewaldete Kuppe und dann links zum Golfplatz abbiegen.

Platzbeschreibung

Der auf 36 Löcher erweiterte Platz gilt als reizvolle und sportlich anspruchsvolle Anlage. Der Göttingen Course mit seinem hügeligen Gelände verlangt vor allem Ausdauer, der neue Niedersachsen Course weist als Highlight das Wappentier der Grafen von Hardenberg auf - einen Keilerkopf als Par 3-Inselgrün. Ein Trockenbiotop, ein Canyon, Streuobstwiesen etc. sind weitere Kennzeichen des Courses.

Nächstgelegene Plätze

Leinetal Einbeck, G&CC (Nr. 163)
Rothenbergerhaus, GC (Nr. 165)
Gut Wissmannshof, GC (Nr. 166)

Golfclub Rittergut Rothenbergerhaus e.V.

Karte, Nr. 165, Feld F7 **18/4** Design: Werner Lamm Höhe: 200 m

gegründet: 1994

Rittergut Rothenberger Haus,
37115 Duderstadt
✆ 05529-8992 / 05529-8995 🖷 05529-999707
✉ manager@golf-duderstadt.de
💻 www.golf-duderstadt.de

PR: Jürgen Wundrack, GF: Johanna Elsner v. der Malsburg
Headgreenkeeper: Constantin Elsner v. der Malsburg

i: ✆ 05529-8995 🖷 -999707
Siegfried Esseln

Waltraud Hoppmann
✆ 05529-8993 🖷 -999707
Mo. Ruhetag

PRO SHOP: Pro Shop „Tee 2 Green",
Eva - Maria Schulze-Niehoff
✆ 05529-8992 🖷 -999707

PRO: Pro: Frank Piater

18-Loch „Golf ohne Grenzen" Platz
H: 5984 m, CR 71.3, SL 128, Par 72
D: 5250 m, CR 73.5, SL 124, Par 72
50 Rangeabschläge (6 überdacht)

G: Gäste sind jederzeit willkommen. Sa./So./Feiertage ist Anmeldung notwendig. Clubausweis mit eingetragener PE ist erforderlich. Gäste sind zu offenen Turnieren oder Mens/Ladies/Sens Day jederzeit herzlich willkommen! Über Mitspielmöglichkeit bitte telefonisch informieren.

18-Loch-Greenfee: WT: EUR 50 / WE: EUR 60
9-Loch-Greenfee: WT: EUR 30 / WE: EUR 40
Driving Range inkl. Kurzplatz EUR 5
Ermäßigung: Jugendl./Stud. 50%

Platzinfos

Anfahrtsbeschreibung

Navigationsadresse: Rothenbergerhaus, 37412 Herzberg am Harz Von Norden: A 7, Ausf. Seesen Richtung Herzberg (B 243) weiter über Pöhlde und Hilkerode nach Zwinge, vor dem Ortsanfang Zwinge links und der Beschilderung zum Rothenbergerhaus folgen. Von Süden: A 7, Ausf. Göttingen-Nord Richtung Braunlage (B 27) bis Gieboldenhausen, weiter über Rhumspringe-Hilkerode nach Zwinge, vor dem Ortsanfang Zwinge links und der Beschilderung folgen.

Platzbeschreibung

Nicht unweit der historischen Stadt Duderstadt und ca. 35 Autominuten von Göttingen, Heiligenstadt bzw. Osterode entfernt befindet sich auf dem Rittergut Rothenberger Haus, umrahmt von der wunderschönen Natur des Südharzes, eine unverwechselbare Golfanlage.

Nächstgelegene Plätze

Hardenberg, GC (Nr. 164)
Harz, GC (Nr. 162)
Leinetal Einbeck, G&CC (Nr. 163)

Niedersachsen + Bremen

Sport-und Golf-Resort Gut Wissmannshof

Karte, Nr. 166, Feld E7 **18** Höhe: 300 m

gegründet: 1994

Wissmannshof 1, 34355 Staufenberg
☎ 05543-999335 🖷 05543-910779
✉ info@wissmannshof.de
💻 www.wissmannshof.de

PR: GF: Hubert Landefeld

i: ☎ 05543-999335 🖷 05543-910779
Toni Nicolai, Caroline Mertens

Restaurant Gut Wissmannshof
☎ 05543-9992239 🖷 05543-910779

PRO SHOP: Sport- & Golf-Resort Gut Wissmannshof
☎ 05543-999335 🖷 05543-910779

PRO: Pro: Daniel Wünsche, Fabian Becker

H: 5695 m, CR 71.3, SL 133, Par 72
D: 4960 m, CR 72.8, SL 128, Par 72
75 Rangeabschläge (45 überdacht)

G: Gäste sind jederzeit willkommen. Anmeldung ist notwendig. Clubausweis mit eingetragener PE ist erforderlich.

18-Loch-Greenfee: WT: EUR 90 / WE: EUR 100
9-Loch-Greenfee: WT: EUR 58 / WE: EUR 63
Startzeitenreservierung an allen Tagen erforderlich.
Ermäßigung: Jugendl. bis 18 J. und Stud. bis 27 J. 50%

Platzbeschreibung

Die Lage des Platzes im Naturpark Münden/ Kaufunger Wald zeichnet sich durch absolute Ruhe, herrlichste Fernsicht und abwechslungsreiche Umgebung aus. Für Golfspieler aller Klassen wird eine faire Herausforderung geboten. Der natürliche, offene Charakter des 110 ha großen Geländes bestimmt das Umfeld der Bahnen. Der Golfer wird mit verschiedenen Stilrichtungen der Golfarchitektur interessant konfrontiert.

Platzinfos

VCG GPS CLUB GASTRO

Anfahrtsbeschreibung

A 7, Ausfahrt Hann. Münden-Lutterberg Richtung Lutterberg, in Lutterberg rechts Richtung Speele bis zur Beschilderung Gut Wissmannshof.

Nächstgelegene Plätze

Kassel-Wilhelmshöhe, GC (Nr. 375)
Zierenberg, GC (Nr. 373)
Gudensberg, GP (Nr. 377)

Berlin + Brandenburg

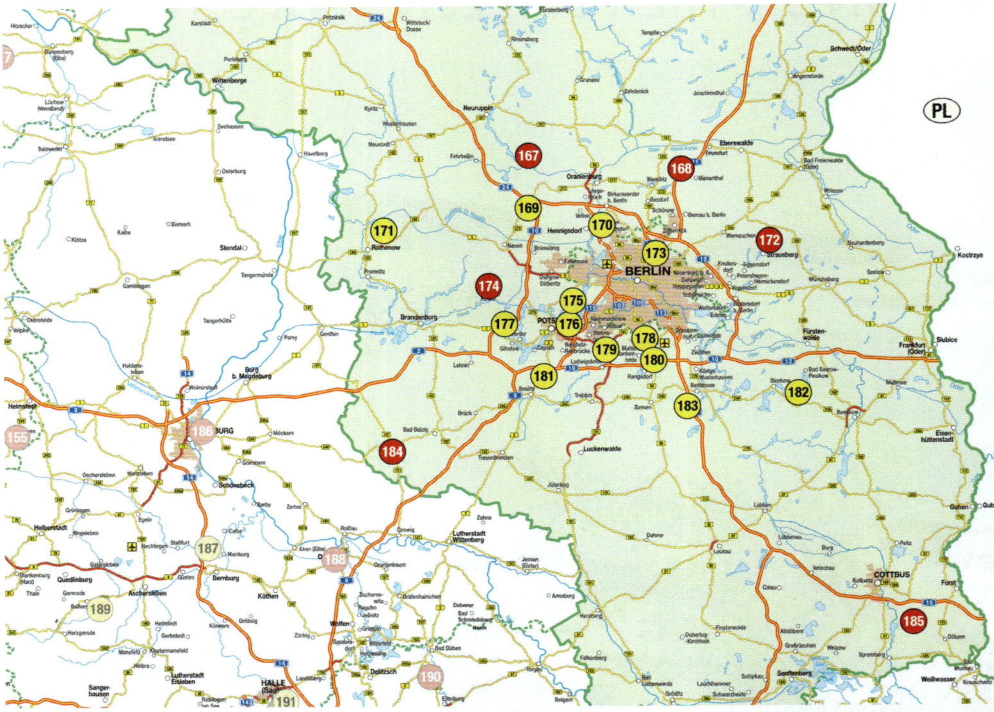

Club-Nr.	Clubname	Seite: Gutschein	Club
167	Golf in Wall	■ G 53	183
168	Golfpark Berlin Prenden	■ G 53	184
169	Golfanlage Kallin		185
170	Berliner Golfclub Stolper Heide e.V.		186
171	Golf- und Landclub Semlin am See		187
172	Golfpark Schloss Wilkendorf	■ G 53	188
173	Golf Resort Berlin Pankow		189
174	Potsdamer Golfclub e.V.	■ G 53	190
175	Berliner Golf Club Gatow e.V.		191
176	Golf- und Land-Club Berlin-Wannsee e.V.		192
177	Märkischer Golfclub Potsdam e.V.		193
178	Golf Club Mahlow e.V.		194
179	GolfRange GmbH - GolfRange Berlin-Großbeeren		195
180	Golfclub & Golfcenter Gross Kienitz		196
181	Golf- & Country-Club Seddiner See e.V.		197
182	Golf Club Bad Saarow		198
183	Berliner Golf & Country Club Motzener See e.V.		199
184	Country Golf Wiesenburg	■ G 55	200
185	Lausitzer Golfclub e.V.	■ G 55	201

■ = Partner Albrecht Greenfee-Aktion

Greenfee-Aktion: Seite G 53

Golf in Wall

Karte, Nr. 167, Feld K4 **18/9** Design: Flemming Maas

gegründet: 2005

Am Königsgraben 1, 16818 Wall
☏ 033925-71135 📠 033925-90805
✉ info@golfinwall.de
💻 www.golfinwall.de

PR: Flemming Maas, GF: Flemming Maas, CM: Odette Richter

i: ☏ 033925-71135 📠 -90805
Odette Richter

Bistro, Flemming Maas
☏ 033925-71135 📠 033925-90805

PRO SHOP: Proshop Flemming Maas
☏ 033925-71135 📠 -90805

PRO: Pro: Flemming Maas, Wil Jaspers

18-Loch Golf in Wall Platz
H: 5712 m, CR 71, SL 126, Par 72
D: 4962 m, CR 72.3, SL 124, Par 72
9-Loch Kranichplatz (Executive)
H: 3332 m, CR 59.1, SL 100, Par 62
D: 3016 m, CR 59.3, SL 101, Par 62
50 Rangeabschläge (9 überdacht)

G: Gäste sind jederzeit willkommen. Anmeldung ist notwendig. Clubausweis mit eingetragenem Handicap (54) ist erforderlich.

18-Loch-Greenfee: WT: EUR 45 / WE: EUR 59
9-Loch-Greenfee: WT: EUR 25 / WE: EUR 33
Ermäßigung: Jugendl. bis 18 J. 50%

Platzbeschreibung

Natur erleben - Golf geniessen Unweit von Berlin, schnell über die A24 zu erreichen, befindet sich die weitläufige Golfanlage mit einem 18-Loch und einem 9-Loch Golfplatz. Ein freier Rundblick bis zum Horizont, eine Landschaft voller Wiesen, Felder und Wasserläufe - das ist Golf in Wall. Ruhe und Natur, gepflegte Abschläge und Fairways, große und treue Grüns erfreuen Auge und Seele. Wir freuen uns auf Ihren Besuch.

Platzinfos

Anfahrtsbeschreibung

Von Berlin: A 24 Ri. Hamburg, Abf. Kremmen, li. Ri. Kremmen, in Kremmen den Schildern Ri. Sommerfeld folgen. An der Kreuzung in Sommerfeld li. Ri. Beetz, in Beetz li. Ri. Wall. Ca. 500 m nach dem Ortseingang liegt der Golfplatz rechts. Oder von Hamburg: A 24 Ri. Berlin, Abf. Neuruppin Süd, li. Ri. Wustrau, durch Wustrau und in Radensleben re. Ri. Papsthum und Wall. In Wall links und der Dorfstraße folgen. Der Platz liegt 200 m nach dem Bahnübergang links.

Nächstgelegene Plätze

Kallin, GA (Nr. 169)
Stolper Heide, Berl. GC (Nr. 170)
Potsdamer GC (Nr. 174)

Greenfee-Aktion: Seite G 53

Golfpark Berlin Prenden

Karte, Nr. 168, Feld L4 **18/9** Höhe: 56 m

gegründet: 1991

Waldweg 3, 16348 Prenden
☽ 033396-7790
info@golfplatz-prenden.de
www.golfplatz-prenden.de

PR: Bernd Mrosack, GF: Martin Thater
Marta Lusawa
Headgreenkeeper: Dagmar Stange-Stein

i: ☽ 033396-7790
Stefan Heller, Alex Conrad

Restaurant van Wachtel, Martin Müller
☽ 033396-877676

PRO: Pro: Michael Lins, Markus Lüker

18-Loch Prenden Pines Platz
H: 6132 m, CR 72.3, SL 129, Par 72
D: 5478 m, CR 74.8, SL 131, Par 72
9-Loch Hunters Nine Platz
H: 5900 m, CR 70.4, SL 128, Par 72
D: 5204 m, CR 72.3, SL 119, Par 72
40 Rangeabschläge (7 überdacht)

G: Gäste sind jederzeit willkommen. Clubausweis mit eingetragener PE ist erforderlich.

18-Loch-Greenfee: WT: EUR 55 / WE: EUR 65
9-Loch-Greenfee: WT: EUR 35 / WE: EUR 39
Ermäßigung: Jugendl./Stud. 50%

Platzbeschreibung
Die gesamte 27-Loch-Anlage wurde in schottischem Stil erbaut. Große terrassenförmige Greens, natürliches Rough sowie Wasserhindernisse und zahlreiche Topfbunker machen den Kurs strategisch und technisch anspruchsvoll.

Platzinfos

VCG GPS CLUB GASTRO

Anfahrtsbeschreibung
Autobahn Berliner Ring bis zum AB-Dr. Barnim, dann die A 11 Richtung Prenzlau, Ausfahrt Lanke-Prenden, auf der Landstraße Richtung Prenden und der Beschilderung zum Golfplatz folgen.

Nächstgelegene Plätze
Berlin Pankow, GR (Nr. 173)
Stolper Heide, Berl. GC (Nr. 170)
Schloß Wilkendorf, GC (Nr. 172)

Golfanlage Kallin

Karte, Nr. 169, Feld K5 18/9

gegründet: 1990

Am Kallin 1, 14641 Nauen OT Börnicke
☎ 033230-8940 Fax 033230-89419
info@golf-kallin.de
www.golf-kallin.de

PR: Daniela Kuhrt, GF: Marcel Behnke

i: ☎ 033230-8940 Fax 033230-89419
Patricia Ulfert

Restaurant „Am Kallin"
☎ 033230-89451 Fax 033230-89419

PRO SHOP: Golfanlage Kallin Betriebs GmbH
☎ 033230-8940 Fax 033230-89419

PRO: Pro: Nathan Danner, Alan Clarke

18-Loch Platz
H: 6029 m, CR 71.5, SL 131, Par 72
D: 5297 m, CR 73.5, SL 128, Par 72
9-Loch Platz
H: 4288 m, CR 61.7, SL 113, Par 64
D: 3788 m, CR 62.4, SL 108, Par 64
60 Rangeabschläge (9 überdacht)

G: Gäste sind jederzeit willkommen. Anmeldung ist notwendig. Clubausweis mit eingetragenem Handicap (45) ist erforderlich. Sa./So./Feiertage ist Handicap 36 erforderlich.

18-Loch-Greenfee: WT: EUR 60 / WE: EUR 80
9-Loch-Greenfee: WT: EUR 40. 9-Loch-Runde auf dem 18-Lochplatz am WE nicht möglich!
Ermäßigung: Jugendl. bis 17 J. 50%

Platzinfos

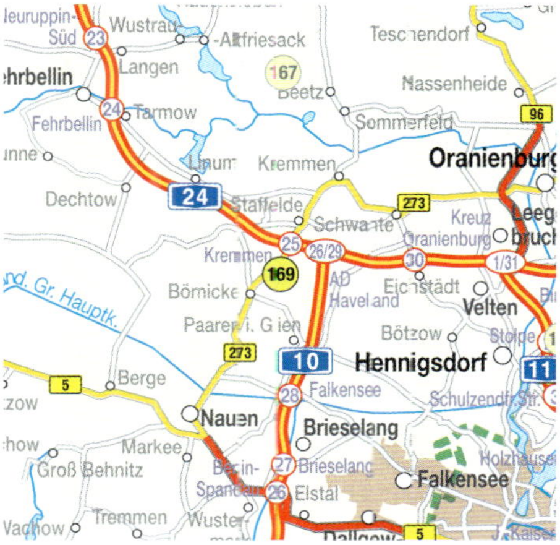

Anfahrtsbeschreibung

A 10 Berliner Ring Richtung Hamburg, nach dem Autobahndreieck Havelland Ausfahrt Kremmen-Nauen rechts Richtung Nauen B 273, nach 2 km links zum Golfplatz abbiegen.

Nächstgelegene Plätze

Wall, Golf in (Nr. 167)
Stolper Heide, Berl. GC (Nr. 170)
Potsdamer GC (Nr. 174)

Platzbeschreibung

Die 27-Loch-Anlage inmitten eines Kiefernwaldes, bieten ein abwechslungsreiches Golfspiel, dominiert durch seine 35.000 qm Wasserflächen. Das großzügig angelegte Übungsareal besitzt alle Möglichkeiten, um das Training erfolgreich u. kurzweilig zu gestalten. Nicht nur sportlich u. landschaftlich bietet die Anlage etwas Besonderes, sondern auch das Clubhaus mit herrlichem Terrassenblick und seiner Gastronomie lässt den Golftag zum Erlebnis werden.

Berliner Golfclub Stolper Heide e.V.

Berliner Golfclub Stolper Heide

Karte, Nr. 170, Feld K5 18/18/6 Design: B. Langer, K. Rossknecht, C. Franke Höhe: 52 m

gegründet: 1995

Am Golfplatz 1,
16540 Hohen Neuendorf OT Stolpe
✆ 03303-549214 🖷 03303-549222
✉ info@golfclub-stolperheide.de
💻 www.bgcsh.de

PR Walter Gröling, GF: Florian Gneist,
CM: Joachim Otto
Headgreenkeeper: Christian Franke

i ✆ 03303-549214 🖷 03303-549222

Restaurant GREEN, Haydar Kamaci
✆ 03303-549225 🖷 03303-549222

PRO SHOP Hohmann Golf-Sport, Petra Hohmann
✆ 03303-2197926

PRO Pro: Roland Milich, Tim Mildes, Gregor Tilch, Max Tscherner, Marcel Ohorn, Rolf Kinkel

18-Loch Westplatz
H: 5974 m, CR 71.9, SL 127, Par 72
D: 5222 m, CR 73.2, SL 127, Par 72
18-Loch Ostplatz
H: 6021 m, CR 71.8, SL 130, Par 72
D: 5232 m, CR 73.1, SL 128, Par 72
120 Rangeabschläge (15 überdacht)

G Gäste sind jederzeit willkommen. Anmeldung ist notwendig. Clubausweis mit eingetragener PE ist erforderlich.

18-Loch-Greenfee: WT: EUR 70 / WE: EUR 100
9-Loch-Greenfee: WT: EUR 40 / WE: EUR 60
Borchert Short Course: 6-Loch-Übungsplatz, GF inkl. Driving Range/Übungsanlagen EUR 25, Jugendliche bis 18 Jahre EUR 12
Ermäßigung: Jugendl. bis 18 J. und Stud. bis 29 J. 50%

Nächstgelegene Plätze

Berlin Pankow, GR (Nr. 173)
Kallin, GA (Nr. 169)
Berliner GC Gatow (Nr. 175)

Platzinfos

VCG GPS CLUB GASTRO

Anfahrtsbeschreibung

A 111 Berlin-Hamburg, Ausfahrt Henningsdorf-Stolpe (2b) Richtung Stolpe, nach ca. 700 m rechts in den Frohnauer Weg zum Golfplatz abbiegen.

Platzbeschreibung

Nur 25 min. vom Ku'damm entfernt, bietet diese Anlage im Norden Berlins Golf auf hohem Niveau. Sie umfasst zwei 18-Loch-Plätze, entworfen von Bernhard Langer. Der Westplatz weist sanfte Bodenwellen auf, die sich in den gestandenen Baumbewuchs schmiegen, der Ostplatz mit seinen Roughs und Bunkern ist einem schottischen Links-Course nachempfunden und vermittelt die Weite der Stolper Heide.

Golf- und Landclub Semlin am See

Karte, Nr. 171, Feld I5 **27/9** Design: Christoph Städler Höhe: 20 m

gegründet: 1992

Ferchesarer Straße 8b,
14712 Rathenow OT Semlin
☏ 03385-554474 🖷 03385-554400
✉ golf@golfresort-semlin.de
💻 www.golfresort-semlin.de

PR Michael Lieberkühn, GF: Mechthild Lieberkühn

i ☏ 03385-554474 🖷 03385-554400
Monique Fahlenberg

Otto´s
☏ 03385-5540 🖷 03385-554400

PRO SHOP Semliner Golfplatzprojektverw.
☏ 03385-554474 🖷 03385-554400

PRO Pro: Zunker Florian, Robert Stoye

27-Loch GolfResort Semlin Platz
H: 5934 m, CR 71.6, SL 132, Par 72
D: 5276 m, CR 73.9, SL 129, Par 72
9-Loch Pay & Play Par 3 Platz
H: 1090 m, Par 27, D: 1090 m, Par 27
70 Rangeabschläge (6 überdacht)

G Gäste sind jederzeit willkommen. Anmeldung ist notwendig. Clubausweis mit eingetragenem Handicap (54) ist erforderlich. Mitglieder Berlin/Brandenburger Golfclubs ermäßigtes GF am Dienstag EUR 36. VCG-Spieler ermäßigtes GF am Dienstag EUR 40.

18-Loch-Greenfee: Mo.-Do.: EUR 45 / Fr.: EUR 50 / WE: EUR 70
9-Loch-Greenfee: WT: EUR 30 / WE: EUR 40
Fragen Sie nach unseren attraktiven Gruppenpreisen.
Ermäßigung: Jugendl. bis 18 J. und Stud. bis 27 J.

Platzbeschreibung

Herzlich Willkommen im GolfResort Semlin! Ob leidenschaftlicher Golfer oder Naturliebhaber, passionierter Wanderer, Feinschmecker oder Auszeitsuchender – hier findet jeder etwas ganz nach seinem Geschmack. Unser Golfplatz im GolfResort Semlin besticht durch die besondere Lage inmitten schönster Natur, in der ausschließlich Vögel und Bälle durch die Lüfte fliegen. Genießen Sie den wunderschönen Blick von unserer Sonnenterrasse auf die Löcher 18 und 27 in unserem Restaurant Otto's, das mit regionalen Wildgerichten aus der Jagd in den umliegenden Wäldern jeden hungrigen Gast auf köstliche Weise verzaubert.

Platzinfos

VCG GPS CLUB GASTRO

Anfahrtsbeschreibung

Von Berlin: B 5 über Heerstraße/Staaken, Ri. Westen. Hinter Nauen li. B 188 Ri. Rathenow. Nach ca. 20 km re. in Stechow einbiegen und der Beschilderung zum Golfplatz folgen. Von Hannover: A 2 Ri. Berlin, AF Burg. B 1 bis Genthin, danach Ri. Rathenow. In Rathenow der Beschild. nach Semlin folgen. Von Hamburg: A 24 Ri. Berlin AF Neuruppin. B 167 Ri. Rathenow, vor Wusterhausen über B 102 Ri. Rathenow. Hinter Hohennauen der Beschilderung nach Semlin folgen.

Nächstgelegene Plätze

Potsdamer GC (Nr. 174)
Kallin, GA (Nr. 169)
Märkisch. GC Potsdam (Nr. 177)

Berlin + Brandenburg

Greenfee-Aktion: Seite G 53

Golfpark Schloss Wilkendorf

Karte, Nr. 172, Feld L5 **42** Design: Sandy Lyle, Ross McMurray, Southern Golf

gegründet: 1991

Am Weiher 1, 15345 Atlandsberg - Wilkendorf
☏ 03341-330960 🖷 03341-330961
✉ info@golfpark-schloss-wilkendorf.com
💻 www.golfpark-schloss-wilkendorf.com

PR: Thomas Schumann
Headgreenkeeper: Gordon Smith

i: ☏ 03341-330960 🖷 03341-330961

Café & Restaurant
☏ 03341-330990 🖷 03341-330961

PRO SHOP: Golfshop Wilkendorf
☏ 03341-330960 🖷 03341-330961

PRO: Pro: Sebastian Meinecke

18-Loch Sandy Lyle Platz
H: 6096 m, CR 72.7, SL 133, Par 72
D: 5302 m, CR 74, SL 129, Par 72
18-Loch Westside Platz
H: 5763 m, CR 69.9, SL 125, Par 72
D: 5149 m, CR 72, SL 119, Par 72
98 Rangeabschläge (16 überdacht)

G: Gäste sind jederzeit willkommen. Anmeldung ist notwendig. Clubausweis mit eingetragenem Handicap (54) ist erforderlich.

18-Loch-Greenfee: WT: EUR 70 / WE: EUR 80
9-Loch-Greenfee: WT: EUR 45 / WE: EUR 50

Platzbeschreibung

Nur 45 Minuten vom Alexanderplatz entfernt, bietet der Golfpark Schloss Wilkendorf seit 1995 Golfsportlern und Erholungssuchenden Raum für Entspannung, aber auch für sportliche Herausforderung. Im dazugehörigen Café & Restaurant gehen seit Errichtung nicht nur Golfer ein und aus, sondern auch Genießer aus der Region. Reine Natur, unbeschreibliche Platzattraktivität und familiäre Atmosphäre bilden das erfolgreiche Ergebnis des boomenden Golfsports. Auf den 42 Golflöchern bei Privatrunden, Schnupper- und Einsteigerkursen sowie wunderschönen Turnieren, fühlen sich Gäste und Mitglieder gleichermaßen wohl und genießen es, ein Teil von Schloss Wilkendorf zu sein.

Platzinfos

VCG
GPS
CLUB
GASTRO

Anfahrtsbeschreibung

Von Berlin-Mitte über die Frankfurter Allee auf der B1/5 in Richtung Frankfurt/Oder fahren. Nach „Möbel Kraft" fahren Sie in Richtung Strausberg. Auf dieser Straße gelangen Sie auf die Umgehungsstraße von Strausberg und fahren bis zum Kreisverkehr dort folgen Sie der Ausschilderung „Golfplatz". 2 km nach dem Hotel „The Lakeside" biegen Sie rechts nach Wilkendorf ab.

Nächstgelegene Plätze

Berlin Pankow, GR (Nr. 173)
Prenden, GP (Nr. 168)
Bad Saarow, GC (Nr. 182)

Golf Resort Berlin Pankow

Karte, Nr. 173, Feld K5 **18/9/6/3** Design: Bavaria Golf Resort Höhe: 40 m

gegründet: 2005

Blankenburger Pflasterweg 40, 13129 Berlin
030-50019490 030-50019499
info@golf-pankow.de
www.golf-pankow.de

PR Dr. Rüdiger Umhau, GF: Gabriele Wagmüller, CM: Paul Wagmüller
Headgreenkeeper: Axel Hesse

i 030-50019490 030-50019499
Tina Botzler, Sylvia Grunwald

Restaurant Last Inn, Miriam Arndt
030-50019494 030-50019499

PRO SHOP Golf Resort Berlin Pankow, Gabriele Wagmüller
030-50019490 030-50019499

PRO Pro: Mike Kolloff, Fabio Inserra, Reiner Stallbaumer

18-Loch Sepp-Maier-Platz
H: 5938 m, CR 72.1, SL 125, Par 72
D: 5041 m, CR 72.3, SL 124, Par 72
9-Loch Am Fließ Platz
H: 1735 m, CR 30.2, SL 101, Par 30
D: 1613 m, CR 30.2, SL 101, Par 30
24 Rangeabschläge (8 überdacht)

G Gäste sind jederzeit willkommen. Clubausweis mit eingetragenem Handicap (54) ist erforderlich. Sa./So./Feiertage ist Handicap 36 erforderlich.

18-Loch-Greenfee: WT: EUR 55 / WE: EUR 68
9-Loch-Greenfee: WT: EUR 33 / WE: EUR 40
Ermäßigung: Jugendl. bis 18 J. 50%

Platzinfos

Anfahrtsbeschreibung

Aus dem Zentrum: Auf der B 2 Richtung NO über Weißensee und Malchow und nach Malchow links in den Blankenburger Pflasterweg. Oder: Über die A 10, Ausfahrt Berlin-Weißensee, auf die B 2 Richtung Innenstadt, über Lindenberg und vor Malchow rechts in den Blankenburger Pflasterweg.

Platzbeschreibung

Zentrumsnah enstand 2004/2005 innerhalb der Stadtgrenzen von Berlin der 18-Loch-Sepp-Maier-Platz, der 9-Loch-Platz am Fließ und ein 3-Loch-Übungsplatz. Im Jahr 2010 wurde unser Resort um einen zusätzlichen 6-Loch-Kurzplatz erweitert, sodass das Golf Resort Berlin Pankow nun über 36 bespielbare Bahnen verfügt. Die Schirmherrschaft für das Golf Resort Berlin Pankow hat Torwartlegende Sepp Maier übernommen.

Nächstgelegene Plätze

Stolper Heide, Berl. GC (Nr. 170)
Prenden, GP (Nr. 168)
Mahlow, GC (Nr. 178)

Greenfee-Aktion: Seite G 53

Potsdamer Golfclub e.V.

Karte, Nr. 174, Feld K5 18/6 Höhe: 31 m

gegründet: 1990

Zachower Str., 14669 Ketzin, OT Tremmen
✆ 033233-7050 🖷 033233-70519
✉ clubsekretariat@potsdamer-golfclub.de
💻 www.pgc.de

PR: Stephan Tromp, GF: Thomas Kolb,
CM: Thomas Kolb
Headgreenkeeper: Andreas Seidenfaden

i: ✆ 033233-7050 🖷 -70519
Vanessa Neuendorf, Anja Lippert,
Mandy Regulin

Va Bene, Emanuele Vileno
✆ 033233-70524

PRO SHOP: Golfshop PGC
✆ 033233-7050 🖷 -70519

PRO: Pro: Thomas Kolb

H: 5758 m, CR 70.2, SL 126, Par 72
D: 5162 m, CR 72.3, SL 125, Par 72
40 Rangeabschläge (5 überdacht)

G: Gäste sind jederzeit willkommen. Anmeldung ist notwendig. Clubausweis mit eingetragener PE ist erforderlich.

18-Loch-Greenfee: Mo.: EUR 40 / Di.-Fr.: EUR 50 / WE: EUR 65. 9-Loch-Greenfee: Mo.: EUR 25 / Di.-Fr.: EUR 30 / WE: EUR 35
Ermäßigung: Jugendl./Stud. 50%

Platzinfos

VCG CLUB GASTRO

Anfahrtsbeschreibung

Tremmen liegt im Westen Berlins unweit von Ketzin im Kreis Havelland. Berliner Ring A 10, Ausfahrt Nauen-Berlin Spandau, auf der B 5 Richtung Nauen. Nach ca. 1 km Ausfahrt Richtung Ketzin. Der Golfplatz befindet sich an der Verbindungsstraße zwischen Tremmen und Zachow und ist ausgeschildert.

Platzbeschreibung

Die Fairways dieser abwechslungsreichen Anlage verlaufen auf ehemaligen Obstplantagen und auf offenem Gelände. Gut platzierte Wasser- u. Sandhindernisse erschweren den Score und bieten auch profilierten Golfern immer wieder eine Herausforderung. Hervorzuheben ist hierbei das 9. Loch, ein Par 3, welches über einen Teich gespielt werden muss. Ein präzises Anspiel muss hier durch eine Baum-Öffnung erfolgen.

Nächstgelegene Plätze

Märkisch. GC Potsdam (Nr. 177)
Berliner GC Gatow (Nr. 175)
Kallin, GA (Nr. 169)

Berliner Golf Club Gatow e.V.

Karte, Nr. 175, Feld K5 18/6

gegründet: 1969

Sparnecker Weg 100, 14089 Berlin
030-3650006 030-36500081
info@golfclubgatow.de
www.golfclubgatow.de

PR: Dr. Wolfgang Fischer, CM: Björn Maas
Headgreenkeeper: Manfred Sakowski

i: 030-3650006 030-36500081
Claudia Kaul

Birdie Club Restaurant
030-3651530

PRO: Pro: Joel Goodson, Tim Raisner, Simon Jacombs

H: 5825 m, CR 71.3, SL 128, Par 72
D: 5010 m, CR 72.2, SL 124, Par 72
60 Rangeabschläge (20 überdacht)

G: Gäste sind jederzeit willkommen. Anmeldung ist notwendig. Clubausweis mit eingetragenem Handicap (54) ist erforderlich. Sa./So./Feiertage ist Handicap 36 erforderlich.

18-Loch-Greenfee: WT: EUR 65 / WE: EUR 85
9-Loch-Greenfee: WT: EUR 40
Ermäßigung: Jugendl. bis 18 J. und Stud. bis 27 J. 50%

Platzbeschreibung

Der 1969 von den Briten angelegte Golfplatz trägt unverkennbar die Handschrift seiner englischen Erbauer. Er zeichnet sich durch alten Baumbestand und ein parkartiges Gelände aus. Die Anlage wurde im Juni 2001 auf 18 Loch erweitert, u.a. mit der Anlage eines Sees mit 13.000 qm Wasserfläche. Ein spieltechnisch und landschaftlich reizvoller Platz inmitten Berlins, 30 Automin. vom Brandenburger Tor entfernt. Ergänzt wird der Platz durch eine großzügige Driving Range mit 20 überdachten Abschlagplätzen, die beidseitig bespielt werden kann.

Platzinfos

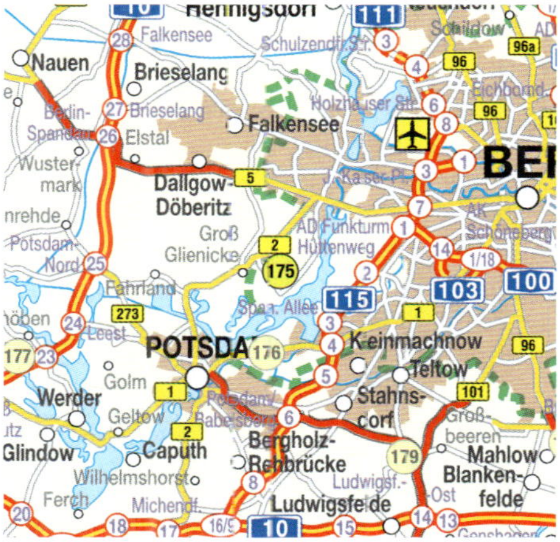

Anfahrtsbeschreibung

Vom Berliner Zentrum in westliche Richtung auf der Heerstraße stadtauswärts bis zur Kreuzung Wilhelmstraße. Links ab in Richtung Potsdam (2). Über die Potsdamer Chaussee und Ritterfelddamm links in den Sparnecker Weg einbiegen, der Beschilderung folgen.

Nächstgelegene Plätze

Berlin-Wannsee, G&LC (Nr. 176)
GolfRange Berlin/Großb. (Nr. 179)
Märkisch. GC Potsdam (Nr. 177)

Golf- und Land-Club Berlin-Wannsee e.V.

Karte, Nr. 176, Feld K5 **18/9** Design: Karl Hoffmann, C. S. Butchard Höhe: 84 m

gegründet: 1895

Golfweg 22, 14109 Berlin
030-8067060 030-80670610
info@wannsee.de
www.wannsee.de

PR Albert Türklitz

i 030-8067060 030-80670610

Marco Koburger Privatkoch und Catering
0 30 806706-92 oder -98

PRO SHOP Pro Shop Wannsee
030-80670619

18-Loch -Meisterschaftsplatz
H: 5863 m, CR 71.9, SL 133, Par 72
D: 5195 m, CR 73.9, SL 131, Par 72
9-Loch -Platz
H: 4138 m, CR 63.2, SL 114, Par 62
D: 3730 m, CR 64.2, SL 112, Par 62
26 Rangeabschläge (11 überdacht)

G Gäste sind Montag - Freitag (außer an Feiertagen) willkommen. Anmeldung ist notwendig. Clubausweis mit eingetragenem Handicap (36) ist erforderlich. An Wochenenden und Feiertagen nur in spielender Begleitung von Clubmitgliedern, d.h. als persönlicher Gast eines Clubmitgliedes. Der Nachweis einer Mitgliedschaft in einem anerkannten Golfclub ist unbedingt erforderlich. Eine Nutzung der Übungsanlagen ist nur in Verbindung mit Platz-Greenfee möglich.

18-Loch-Greenfee: WT: EUR 180
9-Loch-Greenfee: WT: EUR 90
Greenfee-Vergünstigungen für Jugendliche und Studenten bis 27 Jahre werden nur mit gültigem Nachweis gewährt.
Ermäßigung: Jugendl./Stud. bis 27 J. 50%

Nächstgelegene Plätze
Berliner GC Gatow (Nr. 175)
GolfRange Berlin/Großb. (Nr. 179)
Seddiner See, G&CC (Nr. 181)

Platzinfos

VCG GPS CLUB GASTRO

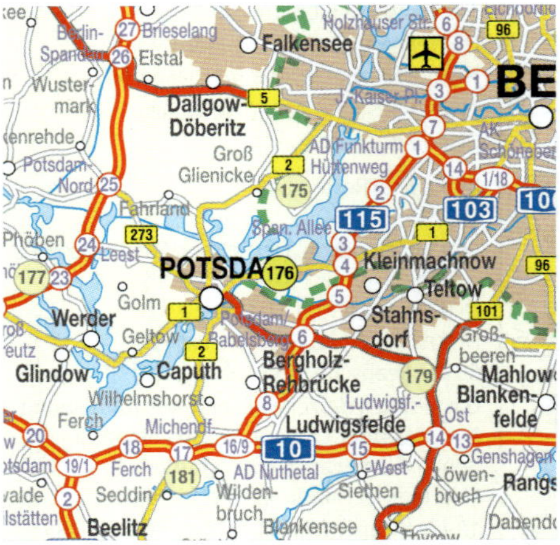

Anfahrtsbeschreibung
Auf der A115 die Abfahrt nach Wannsee nehmen, von der Königstraße links in die Friedenstraße einbiegen und rechts in den Golfweg hineinfahren.

Platzbeschreibung
Der im Jahre 1895 gegründete Golf- und Land-Club Berlin-Wannsee e.V. gehört zu den renommiertesten und größten Golfclubs in Deutschland. Hier treffen sich Persönlichkeiten aus Diplomatie, Politik, Wirtschaft, Kultur und Wissenschaft zu sportlichem Ausgleich und geselliger Entspannung. Die 27-Loch-Golfanlage ist bestens erreichbar im Südwesten Berlins gelegen und bietet, idyllisch eingebettet in den alten Baumbestand der typischen brandenburgischen Waldlandschaft mit ihren leicht hügeligen und abwechslungsreich angelegten Spielbahnen, Golfern aller Stärken sportliche Herausforderungen und erholsame Ruhe gleichermaßen.

Märkischer Golfclub Potsdam e.V.

Karte, Nr. 177, Feld K5 18/9/9

gegründet: 1991

Kemnitzer Schmiedeweg 1,
14542 Werder/OT Kemnitz
03327-66370 03327-663737
info@dermaerkische.de
www.dermaerkische.de

PR: Martin Kirsch, GF: Märkische Golfland GmbH
Martin Westphal, CM: Nina Putzmann

i: 03327-66370 -663737
Alexandra Schmidt, Annett Manglier, Bärbel Wolf, Kevin-Niclas Nowak

Die UnspielBar im Märkischen Golfclub Potsdam, Anke Wallstabe
03327-663725

PRO SHOP: Märkische Golfland GmbH
03327-66370 03327-663737

PRO: Pro: Nicholas Zaher, Walter Ragosch, Hanna Baum, Björn Bollmann

18-Loch Fontane Course
H: 6114 m, CR 72.8, SL 133, Par 72
D: 5424 m, CR 75, SL 133, Par 72
9-Loch Lenné Course
H: 2927 m, CR 70.4, SL 125, Par 36
D: 2555 m, CR 71.6, SL 122, Par 36
80 Rangeabschläge (19 überdacht)

G: Gäste sind jederzeit willkommen. Anmeldung ist notwendig. Clubausweis mit eingetragenem Handicap (54) ist erforderlich. Sa./So./Feiertage ist Handicap 36 erforderlich. 2. Platz nur Mo.-Fr. öffentlich. Ein weiterer 9-Loch-Platz (Par 3) EUR 15/20 ist öffentlich, Kurzplatz, Par 3.

18-Loch-Greenfee: WT: EUR 60 / WE: EUR 75
9-Loch-Greenfee: WT: EUR 45 / WE: EUR 55
GF-Ermäßigung für Jugendl./Stud. Mo.-Fr. 50%.
Ermäßigung: Jugendl. bis 18 J. und Stud. bis 27 J. 50%

Platzinfos

Anfahrtsbeschreibung

A 10 westlicher Berliner Ring, Ausfahrt Phöben, nach ca. 75 m links auf die Parallelstraße zur A 10 Richtung Kemnitz und der Beschilderung zum Golfplatz folgen.

Platzbeschreibung

Herzstück der Anlage ist der sportlich anspruchsvolle 18-Loch-Platz. Im Zentrum befindet sich eine leichte Anhöhe, die einen Überblick über alle 18 Bahnen erlaubt. Mit seinen schmalen Fairways und kleinen Grüns ist auch der 9-Loch-Platz eine echte Herausforderung. Abgerundet wird das Angebot mit einem weiteren 9-Loch-Kurzplatz.

Nächstgelegene Plätze

Potsdamer GC (Nr. 174)
Berlin-Wannsee, G&LC (Nr. 176)
Seddiner See, G&CC (Nr. 181)

Golf Club Mahlow e.V.

Karte, Nr. 178, Feld K5 **9**

gegründet: 1995

Föhrenweg, 15831 Mahlow
✆ 03379-370595 🖷 03379-370596
✉ info@gcmahlow.de
💻 www.gcmahlow.de

PR Peter J. Babinszky
Headgreenkeeper: Sven Schlegel

i ✆ 03379-370595 🖷 -370596

✆ 03379-370595 🖷 -370596

PRO Pro: Richard Verpeleti

H: 3548 m, CR 61.2, SL 115, Par 62
D: 3232 m, CR 61.4, SL 113, Par 62
10 überdachte Rangeabschläge

G Gäste sind jederzeit willkommen. Clubausweis mit eingetragener PE ist erforderlich.

Tages-Greenfee: EUR 30

Platzinfos

VCG GPS

Platzbeschreibung

Der Golfplatz ist direkt in Mahlow gelegen und vom Stadtzentrum Berlin in nur wenigen Minuten erreichbar.

Anfahrtsbeschreibung

Auf der neuen B96 die Abfahrt „Blankenfelde-Mahlow- Glasow" ausfahren und der Beschilderung folgen. Ein Anfahrtsvideo können Sie unter www.gc-mahlow.de einsehen oder Sich telefonisch bei uns erkundigen.

Nächstgelegene Plätze

Gross Kienitz, GC (Nr. 180)
GolfRange Berlin/Großb. (Nr. 179)
Berl. G&CC Motzener See (Nr. 183)

GolfRange GmbH - GolfRange Berlin-Großbeeren

Karte, Nr. 179, Feld K5 9 Design: Michael Pinner Höhe: 30 m

GolfRange

gegründet: 2001

Am Golfplatz 1, 14979 Großbeeren/OT Neubeeren
☎ 033701-32890 🖷 033701-328919
✉ berlin@golfrange.de
💻 www.golfrange.de

PR GF: Dr. Florian Bosch
Hans Peter Thomßen, CM: Constantin Clodius
Sven Geißler
Headgreenkeeper: Peter Carow

i ☎ 033701-32890 🖷 -328919
Matthias Gamradt

Restaurant „Tin Cup", Manuela Schäfer
☎ 033701-365798

PRO SHOP Chip In, Simone Sporn
☎ 033701-74923

PRO Pro: Viktoria Hansen, Tilo Bergmann, Cengiz Bölükbasi

H: 4096 m, CR 61.8, SL 103, Par 64
D: 3686 m, CR 62.4, SL 102, Par 64
80 Rangeabschläge (14 überdacht)

G Gäste sind jederzeit willkommen. Anmeldung ist notwendig. Clubausweis mit eingetragenem Handicap (54) ist erforderlich.

18-Loch-Greenfee (bis 16:00 Uhr): WT: EUR 37 / WE: EUR 45
18-Loch-Greenfee (ab 16:00 Uhr): WT: EUR 39 / WE: EUR 45
9-Loch-Greenfee (bis 16:00 Uhr): WT: EUR 24 / WE: EUR 29
9-Loch-Greenfee (ab 16:00 Uhr): WT: EUR 26 / WE: EUR 29

Platzbeschreibung

Stadtnahe Anlage der GolfRange-Gruppe mit angenehmer Spiellänge und interessantem Design. Jede Spielbahn der 9-Loch-Anlage wurde einem „Famous Hole" im Design nachempfunden.

Platzinfos

VCG

Anfahrtsbeschreibung

Die „B 101" verlassen Sie über die Ausfahrt Potsdam. Sie folgen dem Straßenverlauf in Richtung Potsdam, bis Sie nach wenigen hundert Metern die Ausfahrt Teltow/Ludwigsfelde nehmen. Dort fahren Sie links Richtung Neubeeren. Am Pferdehof Neubeeren vorbeikommend folgen Sie der abknickenden Vorfahrtsstraße nach rechts. Nach 400 Metern biegen Sie rechts zur GolfRange in die Straße „Am Golfplatz" ab.

Nächstgelegene Plätze

Mahlow, GC (Nr. 178)
Berlin-Wannsee, G&LC (Nr. 176)
Gross Kienitz, GC (Nr. 180)

Golfclub & Golfcenter Gross Kienitz

Karte, Nr. 180, Feld K5 18/9/3

gegründet: 1996

An der Straße nach Dahlewitz,
15831 Groß Kienitz
033708-5370 Fax 033708-53720
info@grosskienitz.de
www.grosskienitz.de

PR: Markus Fränkle, GF: Ariane Fränkle
Headgreenkeeper: Lutz Götze

i: 033708-5370 Fax -53720
Astrid Gresenz, Nadine Protz

Kienitz Open, Marco Ballhause
033708-53740 Fax -53731

PRO SHOP: Mulligan Pro Shop, Ariane Fränkle
033708-53725 Fax -53720

PRO: Pro: Jonathan Knowles, Sebastian Schäfer, Jannis Pohlenz, Janine Bossier

18-Loch Robert-Baker-Platz
H: 5993 m, CR 72.4, SL 137, Par 72
D: 5066 m, CR 72.9, SL 133, Par 72
9-Loch brillen.de-Platz
H: 5934 m, CR 71.9, SL 127, Par 72
D: 5324 m, CR 74.4, SL 124, Par 72
100 Rangeabschläge (20 überdacht)

G: Gäste sind jederzeit willkommen. Anmeldung ist notwendig. Clubausweis mit eingetragenem Handicap (54) ist erforderlich.

18-Loch-Greenfee: WT: EUR 55 / WE: EUR 65
9-Loch-Greenfee: WT: EUR 35 / WE: EUR 50
Ermäßigung: Jugendl./Stud. bis 25 J.

Platzbeschreibung

In Gross Kienitz sind sowohl Clubgolfer, öffentliche Golfer als auch Golfeinsteiger willkommen. Auf der 3-Loch-Anlage dürfen werdende Golfer auch ohne Vorkenntnisse ihre Runde drehen. Mit dem 18-Loch-Meisterschaftsplatz erwartet den Golfer ein sportlich sehr anspruchsvoller und langer Platz. Mit 96 Bunkern und seinen unterschiedlichen Hanglagen beinhaltet der Platz einige Schwierigkeiten in landschaftlicher Idylle.

Platzinfos

VCG GASTRO

Anfahrtsbeschreibung

Von Berlin auf der B 96 Richtung Süden, aus Berlin raus, bis zur Ausfahrt Groß Kienitz/Dahlewitz. An der Ampel links abbiegen. Beim Kreisverkehr gleich die 1. Ausfahrt rechts abbiegen. Nach ca. 150 m wieder rechts in die Straße nach Groß Kienitz einbiegen. Die Golfanlagen Gross Kienitz liegen nach ca. 1 km auf der linken Seite.

Nächstgelegene Plätze

Mahlow, GC (Nr. 178)
GolfRange Berlin/Großb. (Nr. 179)
Berl. G&CC Motzener See (Nr. 183)

Golf- & Country-Club Seddiner See e.V.

Karte, Nr. 181, Feld K5 **18/18** Design: R. Preißmann, R Trent Jones Jr. Höhe: 47 m

gegründet: 1994

Zum Weiher 44, 14552 Michendorf
033205-7320 033205-73229
info@gccseddinersee.de
www.gccseddinersee.de

PR
Johann Rott, GF: Jochen Hornig,
CM: Jochen Hornig
Headgreenkeeper: David Duke

033205-7320 033205-73229
Manuela Altmann, Anna Radke,
Manuela Schubert, Sandra Müller-Ney

Restaurant am Golfplatz, Claudine Friebe
033205-73263 -73261

PRO SHOP
Pro Golf berlin, Paul Archbold
033205-73252

PRO
Pro: Paul Archbold, Pete Owens, Nick Baron,
Kai Wendland, Sebastian Lampe,
Alen Mischkulnig, Simone Weinholz

18-Loch Nordplatz
H: 5978 m, CR 71.5, SL 133, Par 72
D: 5353 m, CR 74, SL 130, Par 72
18-Loch Südplatz
H: 6046 m, CR 72.3, SL 136, Par 72
D: 5514 m, CR 75.6, SL 138, Par 72
80 Rangeabschläge (17 überdacht)

G
Gäste sind jederzeit willkommen. Anmeldung ist notwendig. Clubausweis mit eingetragenem Handicap (36) ist erforderlich. 9 Loch Greenfee nur von Mo.-Fr. buchbar (Südplatz)

18-Loch-Greenfee: WT: EUR 80 / WE: EUR 90
9-Loch-Greenfee: WT: EUR 50 / WE: EUR 55
Ermäßigung für Gäste in Begleitung von Clubmitgliedern
Ermäßigung: Jugendl./Stud. bis 25 J.

Platzbeschreibung

Neben der einmalig schönen Seen- und Waldlandschaft und der Exklusivität der Golf- und Wohnanlage zeichnet den Golf- und Country Club Seddiner See der erstklassige Platzpflegezustand beider Plätze aus. Sowie die hervorragende Verkehrsanbindung nach Berlin und Potsdam.

Platzinfos

VCG GPS CLUB GASTRO

Anfahrtsbeschreibung

Von der Berliner City auf der A115 Richtung Hannover / Magdeburg / Leipzig bis zum Autobahndreieck Nuthetal, dort auf die A10 Richtung Hannover / Magdeburg / Leipzig. Nach ca. 2 km Ausfahrt Beelitz / Michendorf/ Potsdam Süd, an der Ampel links auf die B2, ca. 1 km Richtung Beelitz, bei der Linksabbieger-Spur (Golfplatz-Schild) links abbiegen, dem Straßenverlauf „Zum Weiher" bis zum Clubhaus folgen.

Nächstgelegene Plätze

Berlin-Wannsee, G&LC (Nr. 176)
Märkisch. GC Potsdam (Nr. 177)
GolfRange Berlin/Großb. (Nr. 179)

Golf Club Bad Saarow

Karte, Nr. 182, Feld L5 18/18/18/9 Design: Palmer, Faldo, Eby, McEwan

gegründet: 2017

Parkallee 3, 15526 Bad Saarow
033631-458540
golf@gcbadsaarow.de
www.gcbadsaarow.de

PR
CM: Johannes Redmer
Headgreenkeeper: Jake McEwan

i
033631-63300

Greenside
033631-483545

PRO SHOP
033631-458540

PRO
Pro: Greg Gough, Marc Stumpe

18-Loch Arnold Palmer Platz
H: 6078 m, CR 72.7, SL 141, Par 72
D: 5361 m, CR 74.7, SL 139, Par 72
18-Loch Faldo Course Berlin
H: 6095 m, CR 73.1, SL 142, Par 72
D: 5722 m, CR 77.2, SL 143, Par 72
120 Rangeabschläge (12 überdacht)

G
Gäste sind jederzeit willkommen. Anmeldung ist notwendig. Clubausweis mit eingetragenem Handicap (54) ist erforderlich.

Tages-Greenfee: WT: EUR 79 / WE: EUR 99
18-Loch-Greenfee: WT: EUR 60 / WE: EUR 75
9-Loch-Greenfee: WT: EUR 39 / WE: EUR 49
Ermäßigung: Jugendl. und Stud. bis 27 J.

Nächstgelegene Plätze

Berl. G&CC Motzener See (Nr. 183)
Gross Kienitz, GC (Nr. 180)
Mahlow, GC (Nr. 178)

Platzinfos

VCG GPS CLUB GASTRO

Anfahrtsbeschreibung

Aus Richtung Berlin fahren Sie auf der A10 (südlicher oder östlicher Berliner Ring) bis zum Autobahndreieck Spreeau. Dort auf die A12 in Richtung Frankfurt/Oder bis zur Abfahrt Storkow. (Bitte benutzen Sie bei Staugefahr vor Storkow die Abfahrt Friedersdorf.) Links abbiegen Richtung Storkow. Über Rieplos nach Storkow. In Storkow an der Ampel links abbiegen Richtung Bad Saarow. In Reichenwalde an der Gabelung rechts den Hinweisschildern Richtung Bad Saarow folgen. Nach dem Ortseingangsschild Bad Saarow im Kreisverkehr 1. Ausfahrt Richtung Wendisch Rietz nehmen. Ca. 2 km nach dem Ortsausgang Bad Saarow im nächsten Kreisverkehr die 2. Ausfahrt nehmen und nach 500 m

Platzbeschreibung

Die 63-Loch Anlage bietet auf 300 Hektar mit zwei Driving Ranges und seinen drei 18-Loch-Plätzen Arnold Palmer, Nick Faldo Course Berlin, Stan Eby und dem öffentlichen 9-Loch-Platz Jake McEwan pures Golfvergnügen für jedes Handicap. Während der Nick Faldo Course Berlin als einer der schwersten schottischen Links Course mit seinen 133 Topfbunkern auch die besten Spieler aus ihrer Reserve lockt, lädt der Arnold Palmer mit seinem altehrwürdigen Baumbestand zum vollen Auskosten der herrlichen Parklandschaft und harmonischen Einbettung des Platzes in die Natur ein.

Berliner Golf & Country Club Motzener See e.V.

Karte, Nr. 183, Feld L5 **27 / 9 Loch Kurzplatz** Design: K. Rossknecht Höhe: 50 m

gegründet: 1991

Am Golfplatz 5, 15749 Mittenwalde OT Motzen
☎ 033769-50130 Fax 033769-50134
info@golfclubmotzen.de
www.golfclubmotzen.de

PR: Dr. Hans-Georg Giering, CM: Kerstin Keil
Headgreenkeeper: Bodo Bredow

i: ☎ 033769-50130 Fax 033769-50134
Philip Gotzel, Danny Morgenroth

PRO SHOP: Jochen Friedhoff
☎ 033769-50130 Fax 033769-50134

PRO: Pro: Robert Wegener

18-Loch Championship Course A/B
H: 6038 m, CR 72.5, SL 140, Par 73
D: 5286 m, CR 74, SL 134, Par 72
9-Loch Executive Course
H: 1244 m, Par 54, D: 1091 m
75 Rangeabschläge (6 überdacht)

G: Gäste sind jederzeit willkommen. Anmeldung ist notwendig. Clubausweis mit eingetragenem Handicap ist erforderlich.

18-Loch-Greenfee: WT: EUR 75 / WE: EUR 95
9-Loch-Greenfee: WT: EUR 37.5 / WE: EUR 47.5
Ermäßigung: Jugendl. bis 18 J. und Stud. bis 27 J. 50%

Platzbeschreibung

Die auf einer Fläche von 110 ha harmonisch in leicht hügeligem Gelände angelegte Golfanlage besticht durch ihre Weiträumigkeit und Offenheit, die das Spielen zum und durch den Wald mit zahlreichen Bächen und Seen, sowie vielen strategisch gut platzierten Bunkern zu einem Erlebnis werden lässt. Kontrastreiche optische Eindrücke und wechselnde taktische Erfordernisse bieten ein sportliches abwechslungsreiches Spiel.

Platzinfos

VCG GPS CLUB

Anfahrtsbeschreibung

Anfahrt ...vom Zentrum Berlin aus in nur 30 Minuten. Durch die A113 rückt der Berliner Golf & Country Club Motzener See e.V. noch näher an Berlin heran und ist mit etwa 30 Minuten Fahrtweg aus dem Stadtzentrum Berlins sehr verkehrsgünstig gelegen. Sie erreichen uns einfach und schnell über die Stadtautobahn A113 am Schönefelder Kreuz vorbei auf die A13 Richtung Dresden. Bitte fahren Sie an der Autobahn-Abfahrt Bestensee ab und folgen Sie der Beschilderung Richtung Gallun. An der abknickenden Vorfahrt fahren Sie geradeaus. Am Ende der Straße biegen Sie links ab und folgen in Motzen die Beschilderung zum Golfplatz. Wir freuen uns auf Ihren Besuch!

Nächstgelegene Plätze

Gross Kienitz, GC (Nr. 180)
Mahlow, GC (Nr. 178)
GolfRange Berlin/Großb. (Nr. 179)

Greenfee-Aktion: Seite G 55

Country Golf Wiesenburg

Karte, Nr. 184, Feld I6 9

gegründet: 2020

Am Bahnhof 37, 14827 Wiesenburg/Mark
033849-909980
info@countrygolf.de
countrygolf.de

033849-909980

Country Golf Café & Bistro
033849-909980

Gäste sind jederzeit willkommen.

Tages-Greenfee: EUR 35
9-Loch-Greenfee: EUR 20
Ermäßigung: Jugendl./Stud.

Platzinfos

Nächstgelegene Plätze
Dessau (Nr. 188)
Seddiner See, G&CC (Nr. 181)
Märkisch. GC Potsdam (Nr. 177)

Greenfee-Aktion: Seite G 55

Lausitzer Golfclub e.V.

Karte, Nr. 185, Feld M6 9 Design: Thomas Himmel Höhe: 100 m

gegründet: 1995

Drieschnitz-Kahsel, Am Golfplatz 3,
03058 Neuhausen/Spree
☎ 035605-42332
✉ info@lausitzer-golfclub.de
www.lausitzer-golfclub.de

PR: Dr. Frank Käßner

i: ☎ 035605-42332

Gastronomie: ☎ 035605-42332

H: 6158 m, CR 72.5, SL 130, Par 74
D: 5307 m, CR 74.1, SL 122, Par 74
20 Rangeabschläge (3 überdacht)

G: Gäste sind jederzeit willkommen. Clubausweis mit eingetragener PE ist erforderlich.

Tages-Greenfee: EUR 50
9-Loch-Greenfee: EUR 30

Platzinfos

VCG GPS CLUB GASTRO

Anfahrtsbeschreibung

A 13/A 15 Berlin-Cottbus, Ausfahrt Roggosen, weiter auf der B 115 Ri. Döbern, nach ca. 100 m rechts über Roggosen nach Komptendorf, ca. 100 m nach dem Kreisverkehr in Komptendorf links Richtung Drieschnitz, nach dem Ortsausgang Drieschnitz liegt der Golfplatz linker Hand (beschildert). Oder: A 13/A 15 Berlin-Cottbus, Ausfahrt Cottbus-Süd, auf der B 97 nach Groß-Oßnig, dann links über Neuhausen-Laubsdorf nach Drieschnitz-Kahsel zum Golfplatz.

Platzbeschreibung

Der Lausitzer Golfplatz ist einer der jüngsten im Bereich Berlin/Brandenburg und zugleich der östlichste in Deutschland. Die interessante, anspruchsvolle 9-Loch-Anlage verfügt über höchst abwechslungsreiche Bahnen, die Longhitter-Qualitäten und Präzision erfordern. Die Fairways sind seitlich von Bäumen und z.T. hohen Roughs umgeben, während die Greens von Wasserteichen und Bunkern verteidigt werden. Zudem erschweren Doglegs und Wind das Spiel. Eine Besonderheit des Platzes sind die teil verschiedenen Abschläge, die damit einen 18-Loch-Platz simulieren.

Nächstgelegene Plätze

Bad Saarow, GC (Nr. 182)
Dresden Ullersdorf, GC (Nr. 195)
Berl. G&CC Motzener See (Nr. 183)

Sachsen-Anhalt, Sachsen + Thüringen

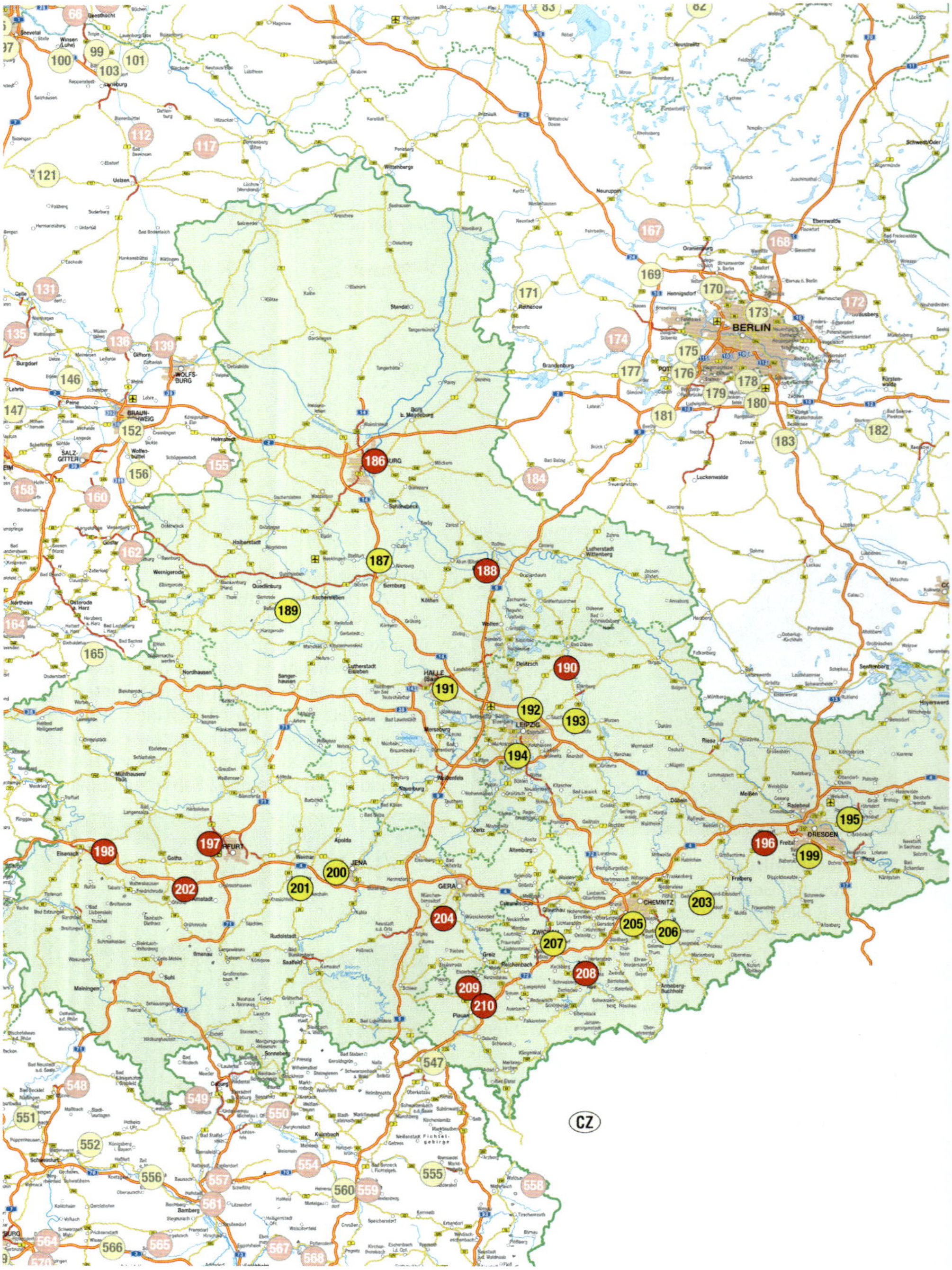

Sachsen-Anhalt, Sachsen + Thüringen

■ = Partner Albrecht Greenfee-Aktion

Greenfee-Aktion: Seite G 55

GCM Golfclub Magdeburg e.V.

Karte, Nr. 186, Feld H6 **9** Höhe: 42 m

gegründet: 1923

Herrenkrug 4, 39114 Magdeburg
☎ 0391-8868846 🖷 0391-8868865
✉ info@golfclub-magdeburg.de
www.golfclub-magdeburg.de

PR: Johannes Kempmann

i: ☎ 0391-8868846 🖷 0391-8868865

Cortina Gaststätten GmbH
☎ 0391-81959794
Mo. Ruhetag

PRO SHOP: ☎ 0391-8868846 🖷 0391-8868865

PRO: Pro: Ingo Thomas

H: 5361 m, CR 68.6, SL 130, Par 72
D: 4660 m, CR 70, SL 125, Par 72
10 Rangeabschläge (5 überdacht)

G: Gäste sind jederzeit willkommen. Clubausweis mit eingetragener PE ist erforderlich.

18-Loch-Greenfee: WT: EUR 40 / WE: EUR 50
9-Loch-Greenfee: WT: EUR 30 / WE: EUR 40

Platzbeschreibung

Eingebettet in die landwirtschaftlich wunderschön gelegenen Magdeburger Rennwiesen und inmitten des Herrenkrugs befindet sich eine der ältesten Golfanlagen Deutschlands, der Golfplatz Magdeburg. Obwohl nur 15 Minuten vom Stadtzentrum entfernt, finden Sie hier die beinahe unberührte Natur und Idylle, die Sie von einem Golfplatz erwarten. Der Platz ist als Par 72 konzipiert. Die 9 Grüns sind so angelegt, dass sie auf der 18-Loch Runde von 18 verschiedenen Abschlägen und über 13 verschiedene Fairways angespielt werden.

Platzinfos

VCG CLUB GASTRO

Anfahrtsbeschreibung

Von Magdeburg die Elbe nord-östlich überqueren, am Jerichower Platz in die Herrenkrugstraße Richtung Herrenkrug abbiegen, das Gelände der Bundesgartenschau und das Sportzentrum passieren, nach ca. 2 km am Rondell rechts halten, nach ca. 500 m links in das Pferderennbahn- und Golfplatz-Areal abbiegen.

Nächstgelegene Plätze

Acamed (Nr. 187)
St. Lorenz G&LC (Nr. 155)
Dessau (Nr. 188)

Acamed Golf

Karte, Nr. 187, Feld H6 9

gegründet: 2005

Brumbyer Str. 5, OT Neugattersleben,
06429 Nienburg
034721-50100 034721-50112
info@bernsteingolf.de
www.acamed.bernsteinhotels.de

i: 034721-50155 034721-50112

Restaurant Albatros
034721-50100 034721-50112

PRO SHOP: AcamedResort
034721-50100 034721-50112

PRO: Pro: Rolf Heinemann

H: 5712 m, CR 70.4, SL 128, Par 72
D: 4816 m, CR 70.7, SL 129, Par 72
20 Rangeabschläge (10 überdacht)

G: Gäste sind jederzeit willkommen. Clubausweis mit eingetragener PE ist erforderlich.

Tages-Greenfee (bis 17:00 Uhr): WT: EUR 29 / WE: EUR 39
Tages-Greenfee (ab 17:00 Uhr): WT: EUR 19 / WE: EUR 39
Ermäßigung: Jugendl./Stud.

Platzbeschreibung

Der 9-Loch-Golfplatz am Bernstein Acamed Resort in Neugattersleben gilt als einer der Schönsten und Anspruchsvollsten Mitteldeutschlands. Golfliebhaber schätzen den Platz mit Par 72 für seine einmalige Lage direkt am Schachtsee, umgeben von altem Waldbestand. Dank einer Spieldistanz von 9 Löchern kommen hier sowohl Neugolfer beim Schnuppern als auch echte Profis beim Intensivtraining auf ihre Kosten. Eine Driving Range mit 20 Abschlagplätzen lädt Neugolfer ein, den Golfsport für sich zu entdecken. Enge Fairways, Bunker und Teiche bieten erfahrenen Spielern eine willkommene Herausforderung. Ein Pitch- und Puttinggreen sowie ein erfahrener Pro stehen den Spielern zur Verfügung.

Platzinfos

Anfahrtsbeschreibung

Aus Richtung Magdeburg und Halle kommend, nehmen Sie auf der A 14 die Ausfahrt Staßfurt. Von dort aus in Richtung Neugattersleben abbiegen. Folgen Sie den Hinweisschildern zum Bernstein Acamed Resort.

Nächstgelegene Plätze

Magdeburg, GC (Nr. 186)
Schloß Meisdorf, GC (Nr. 189)
Dessau (Nr. 188)

Greenfee-Aktion: Seite G 55, 57

Golf-Park Dessau e.V.

Karte, Nr. 188, Feld I6 9 Design: Katthoefer Golf Design

gegründet: 2008

Junkersstr. 52, 06847 Dessau
☏ 0340-5025664 🖷 0340-5025668
✉ info@golfclub-dessau.de
💻 golfpark-dessau.de

PR: Christian Soetje

i: ☏ 0340-5025664 🖷 0340-5025668
Christine Kühnruß

Gastronomie: Stammhaus/ Hugos Steakhaus, Luisa Blabusch
☏ 0340-54074040 🖷 0340-5025668
Mo. Ruhetag

PRO SHOP: Adrian Powell
☏ 0340-5025664 🖷 0340-5025668

PRO: Pro: Adrian Powell, Darran Bird

H: 4732 m, Par 68
D: 4180 m, Par 68
40 Rangeabschläge (10 überdacht)

G: Gäste sind jederzeit willkommen. Clubausweis mit eingetragenem Handicap (54) ist erforderlich.

18-Loch-Greenfee: WT: EUR 45 / WE: EUR 55
9-Loch-Greenfee: WT: EUR 30 / WE: EUR 35
Ermäßigung: Jugendl./Stud. 50%

Platzbeschreibung

Die im Jahr 2008 entworfene und gebaute Anlage liegt auf dem Gelände der ehemaligen Hugo-Junkers Motoren- und Flugzeugwerke. Der Reiz des Platzes liegt in seinen zahlreichen Wasserhindernissen, den Bachläufen und der vielen angelegten Teiche sowie dem Inselgrün der Bahn 9. Der Verlauf der abwechslungsreichen Spielbahnen stellt für Golfer jeder Spielstärke eine echte Herausforderung dar. Die großzügig angelegte Driving-Range mit einer Länge von fast 300 Metern mit 40 Abschlägen (10 davon überdacht) sowie Einrichtungen für das kurze Spiel bietet ideale Trainingsmöglichkeiten. Wer möchte kann hoch hinaus auf der Driving-Range, um von der 1. Etage seine Bälle zu schlagen.

Platzinfos

VCG GPS GASTRO

Anfahrtsbeschreibung

Aus Richtung Berlin: A 9 Richtung Leipzig, Ausfahrt Dessau-Ost in Richtung Dessau-Ost, Oranienbaum. Sie fahren auf die Oranienbaumer Chaussee B185. Folgen Sie dem Straßenverlauf für ca. 4,5 km. Verlassen Sie die B185 und fahren in die Askanische Straße. Sie folgen für ca. 3 km dem Straßenverlauf und kommen dann in die Junkersstraße. Der Golf-Park liegt auf der rechten Seite.

Nächstgelegene Plätze

CG Wiesenburg (Nr. 184)
Acamed (Nr. 187)
Leipzig, 1. GC (Nr. 190)

Golfclub Schloß Meisdorf e.V.

Karte, Nr. 189, Feld H6 **18** Design: Olaf Osterkamp Höhe: 155 m

gegründet: 1996

Petersberger Trift 33,
06463 Falkenstein/OT Meisdorf
034743-98450 034743-98499
info@golfclub-schloss-meisdorf.com
www.golfclub-schloss-meisdorf.com

PR Thomas Luther

i 034743-98450 034743-98499

PRO SHOP 034743-98450 034743-98499

H: 5902 m, CR 72.1, SL 125, Par 72
D: 5210 m, CR 74.3, SL 128, Par 72
15 Rangeabschläge (6 überdacht)

G Gäste sind jederzeit willkommen. Sa./So./Feiertage ist Anmeldung notwendig. Clubausweis mit eingetragener PE ist erforderlich. Die Bahnen 10-11-16-17-18 sind alternativ als Kurzplatz bespielbar.

18-Loch-Greenfee: WT: EUR 40 / WE: EUR 50
9-Loch-Greenfee: WT: EUR 25 / WE: EUR 35
Ermäßigung: Jugendl./Stud. 50%

Platzbeschreibung

Der erste 18-Loch-Golfplatz Sachsen-Anhalts liegt auf den Hügeln des östlichen Harzvorlandes über dem romantischen Selketal, eingebettet in die reizvolle Landschaft am Übergang zwischen Harz und Magdeburger Börde. Eingerahmt von fruchtbaren Wiesen und Äckern zum einen und malerischen Laubwäldern zum andern wurde der Platz für einen schnellen Spielfluss konzipiert. Auf knapp 70 ha finden sich 18 Wasserhindernisse bei 10.000 qm Wasserfläche.

Platzinfos

VCG

Anfahrtsbeschreibung

Anfahrt über A2 aus Richtung Dortmund/Holland nach Meisdorf Grenzübergang aus Richtung Niederlande, A1 wird zu A30. A30 bis Bad Oyenhausen folgen. A30 wird zu A2. Dieser bis Braunschweig Süd folgen. Auf A391 in Richtung Wolfenbüttel bis Abfahrt A 39 in Richtung Wolfenbüttel fahren ca. 1,5 km, dann auf A395 bis Vienenburg und auf B6 in Richtung A14 / Aschersleben / Halberstadt auffahren. B6 wird zu B6N. Ausfahrt L75 in Richtung Hoym / Ballenstedt fahren. Der L75 über Ballenstedt nach Meisdorf, ab Kreisverkehr Ballenstedt der Beschilderung folgen.

Nächstgelegene Plätze

Acamed (Nr. 187)
St. Lorenz G&LC (Nr. 155)
Harz, GC (Nr. 162)

Greenfee-Aktion: Seite G 57

1. Golfclub Leipzig e.V. - Gp Dübener Heide

Karte, Nr. 190, Feld I7 **18** Design: Werner PreißmannHöhe: 116 m

gegründet: 1990

Zum Golfplatz 1,
04838 Zschepplin OT Hohenprießnitz
034242-50302 034242-50304
info@golfclub-leipzig.de
www.golfclub-leipzig.de

PR: Ralf Krippner, GF: Susanne Weinhold
Headgreenkeeper: Claudia Wittenbecher

i: 034242-50302 -50304

Clubhausgastronomie Catrin Richter
034242-50303 -50304

PRO SHOP: 034242-50302 -50304

18-Loch Dübener Heide Platz
H: 5977 m, CR 72.1, SL 126, Par 72
D: 5265 m, CR 73.9, SL 125, Par 72
6-Loch Kurzplatz (Executive)
H: 743 m, Par 36, D: 743 m, Par 36
60 Rangeabschläge (4 überdacht)

G: Gäste sind jederzeit willkommen. Anmeldung ist notwendig. Clubausweis mit eingetragener PE ist erforderlich.

18-Loch-Greenfee: Mo.-Do.: EUR 55 / Fr.-So.: EUR 65
9-Loch-Greenfee: Mo.-Do.: EUR 38 / Fr.-So.: EUR 45
WE-Greenfee gilt bereits ab Freitag!
Ermäßigung: Jugendl. bis 18 J. und Stud. bis 27 J. 50%

Platzbeschreibung

Der 1. Golfclub Leipzig e.V. lädt Sie herzlich ein auf seinen Golfplatz Dübener Heide, dem „Ersten 18-Loch-Championship-Golfplatz der Leipziger Region", bei Hohenprießnitz im Nord-Osten Leipzigs inmitten reizvoller Landschaft zu spielen. Er ist eingebettet zwischen den Landschaftsschutzgebieten „Dübener Heide", „Muldenaue" und „Noitzscher Heide". Seit dem 01. Mai 2013 ist die Anlage um einen 6-Loch-Kurzplatz erweitert worden.

Platzinfos

Anfahrtsbeschreibung

Von Leipzig: B 2 Richtung Bad Düben, nach Lindenhayn die 3. Straße rechts Richtung Hohenprießnitz und der Beschilderung „Golfplatz" folgen. Oder: B 87 bis Eilenburg, von dort weiter auf der B 107 Richtung Bad Düben, in Hohenprießnitz links Richtung Noitzsch und der Beschilderung „Golfplatz" folgen.

Nächstgelegene Plätze

Leipzig, GC (Nr. 193)
Leipzig, GP (Nr. 192)
Markkleeberg, GC (Nr. 194)

Golfpark Hufeisensee

Karte, Nr. 191, Feld I7 **18** Design: Christoph Städler Höhe: 109 m

gegründet: 2016

Krienitzweg 16, 06112 Halle (Saale)
0345-5806116
clubsekretariat@golfclub-halle.de
www.halle.golf

PR: JU Dr. Harald Neumeister, GF: Michael Labuschke
Norbert Labuschke, CM: Kerstin Dörfer

i: 0345-5806116
Stephanie Kemper, Klaus Heß

Restaurant Seeterrassen, Daniela Markgraf
0345-44479880

PRO: Pro: Christoph Jungert

H: 5559 m, CR 68.8, SL 113, Par 71
D: 5022 m, CR 71.4, SL 114, Par 71
26 Rangeabschläge (6 überdacht)

G: Gäste sind jederzeit willkommen. Anmeldung ist notwendig. Clubausweis mit eingetragener PE ist erforderlich.

18-Loch-Greenfee: Mo.-Do.: EUR 56 / Fr.-So.: EUR 72
9-Loch-Greenfee: Mo.-Do.: EUR 36 / Fr.-So.: EUR 44
Ermäßigung: Jugendl. bis 18 J. und Stud. bis 30 J. 50%

Platzbeschreibung

Eröffnung der ersten neun Löcher war im August 2016. Die zweiten neun Löcher sind seit Frühjahr 2017 bespielbar. Weitere neun Löcher folgen. Des Weiteren gibt es auf dem Gelände einen 6-Loch-Kurzplatz, diesen können Sie ohne Platzreife und Mitgliedschaft bespielen.

Platzinfos

VCG GPS CLUB GASTRO

Nächstgelegene Plätze

Leipzig, GP (Nr. 192)
Markkleeberg, GC (Nr. 194)
Leipzig, 1. GC (Nr. 190)

GolfPark Leipzig GmbH + Co. KG

Karte, Nr. 192, Feld I7 **18/6** Design: T. Himmel, C. Knauss Höhe: 132 m

gegründet: 1998

Bergweg 10, 04356 Leipzig-Seehausen
☎ 0341-5217442 Fax 0341-5217486
info@golfparkleipzig.de
www.golfparkleipzig.de

PR: GF: Fredrik Holmberg, CM: Eva Zitzler
Headgreenkeeper: Georg Stiegeler

i: ☎ 0341-5217442 Fax 0341-5217486

Gastronomie: Bowl in One, Christian Phan Van
☎ 0341-5217442
Mo. Ruhetag

PRO SHOP: ☎ 0341-5217442 Fax 0341-5217486

PRO: Pro: Toni Naumann

18-Loch GolfPark Leipzig Platz
H: 6097 m, CR 73, SL 132, Par 72
D: 5189 m, CR 73.8, SL 131, Par 72
6-Loch Executive Platz
H: 596 m, Par 18, D: 502 m, Par 18
90 Rangeabschläge (12 überdacht)

G: Gäste sind jederzeit willkommen. Anmeldung ist notwendig. Clubausweis mit eingetragener PE ist erforderlich.

18-Loch-Greenfee: WT: EUR 60 / WE: EUR 70
9-Loch-Greenfee: WT: EUR 35 / WE: EUR 40
Ermäßigung: Jugendl. bis 18 J. und Stud. bis 27 J.

Nächstgelegene Plätze

Leipzig, GC (Nr. 193)
Markkleeberg, GC (Nr. 194)
Leipzig, 1. GC (Nr. 190)

Platzinfos

Anfahrtsbeschreibung

A 9 Berlin-München bis Schkeuditzer Kreuz, dann auf die A 14 Richtung Dresden, Ausfahrt Leipzig-Mitte und der Beschilderung nach Seehausen folgen, am Ortseingang Seehausen weiter der Beschilderung zum Golfplatz folgen.

Platzbeschreibung

Die Anlage am nördlichen Stadtrand von Leipzig liegt direkt an der Neuen Messe im Ortsteil Seehausen. Überwiegend flaches Gelände, große Seen, viele Bunker und sehr anspruchsvolle Grüns prägen das Gesamtbild. Je nach Wahl der Abschlags- und Fahnenposition ist der Platz von anspruchsvoll bis schwer, aber immer fair einzustufen. Zusätzlich bietet die 180 Grad Driving Range, die 3 Putting-Grüns, die großzügige Pitching Anlage und der 6-Loch-Executive Platz sehr gute Übungsmöglichkeiten.

Golf & Country Club Leipzig

Karte, Nr. 193, Feld I7 18/6

gegründet: 2009

Pehritzscher Weg 41, 04827 Machern
☏ 034292-632241
✉ info@gcc-leipzig.de
💻 www.gccleipzig.de

PR GF: Michael Klemmer
Headgreenkeeper: Julian Coman

i ☏ 034292-632241

Clubrestaurant
☏ 034292-632242
Mo. und Di. Ruhetag

PRO Pro: Julian Coman

18-Loch Platz
H: 5985 m, CR 72.5, SL 137, Par 72
D: 4865 m, CR 71.6, SL 132, Par 72
6-Loch Smile Eyes Practice Course (Executive)
H: 1302 m, Par 21, D: 1084 m, Par 21
30 Rangeabschläge

G Gäste sind jederzeit willkommen. Sa./So./Feiertage ist Anmeldung notwendig. Clubausweis mit eingetragener PE ist erforderlich.

18-Loch-Greenfee: WT: EUR 60 / WE: EUR 80
9-Loch-Greenfee: WT: EUR 35 / WE: EUR 50
Ermäßigung: Jugendl. bis 18 J. und Stud. bis 25 J. 30%

Platzinfos

VCG

GPS CLUB GASTRO

Anfahrtsbeschreibung

A14, Ausfahrt Leipzig-Ost, B6 Richtung Wurzen bis Machern. In Machern nördlich Richtung Dorfstraße, Bergstraße, links abbiegen auf Plagwitzer Weg Richtung Pehritzscher Weg.

Platzbeschreibung

Östlich vor den Toren von Leipzig, nur 15 km vom Zentrum entfernt, liegt die Golfanlage mit 18 Löchern und 6 Übungsbahnen, von Wald umrahmt, inmitten einer idyllischen Muldentallandschaft. Die leicht hügelige Lage, einige Wasserhindernisse und geschickt platzierte Bunker bieten Golfern jeder Spielstärke ein abwechslungsreiches und interessantes Spiel.

Nächstgelegene Plätze

Leipzig, GP (Nr. 192)
Leipzig, 1. GC (Nr. 190)
Markkleeberg, GC (Nr 194)

Sachsen Anhalt+Thüringen

Golfclub Markkleeberg am See e.V.

Karte, Nr. 194, Feld I7 9 Höhe: 120 m

gegründet: 1993

Mühlweg/Ecke Koburger Straße,
04416 Markkleeberg
✆ 0341-3582686 ☎ 0341-3582685
✉ kontakt@golfclub-markkleeberg.de
🖳 www.golfclub-markkleeberg.de

PR: Tobias Hohmann

i: ✆ 0341-3582686 ☎ -3582685
Sabine Hadasz

✆ 0341-3582684
Mo. Ruhetag

PRO: Pro: Björn Heyde, Florine Albrecht, Peter Nitra

H: 2559 m, CR 66.8, SL 120, Par 68
D: 2278 m, CR 68.7, SL 113, Par 68
16 Rangeabschläge (4 überdacht)

G: Gäste sind jederzeit willkommen. Clubausweis mit eingetragenem Handicap (54) ist erforderlich.

18-Loch-Greenfee: EUR 50
9-Loch-Greenfee: EUR 30
Ermäßigung: Jugendl./Stud.

Platzinfos

VCG

Platzbeschreibung

Die Anlage des Golfclub Markkleeberg ist ein kompakter 9-Loch-Golfplatz direkt am Cospudener See, einem ehemaligen Tagebau, gelegen. Der Platz ist sanft gewellt und ohne große Anstrengungen zu bespielen, allerdings erfordern einige schmale Fairways ein konzentriertes und genaues Spiel. Besonderheit: „Little Joe Course", ein beleuchteter 6-Loch-Pitch- und Puttplatz mit Bunkern und Wasserhindernissen.

Anfahrtsbeschreibung

Von Leipzig aus auf der B 2 Richtung Chemnitz, Abfahrt Markkleeberg/Connewitz (2. Abfahrt von Leipzig aus), dort rechts Richtung Wildpark in die Koburger Straße abbiegen, immer geradeaus bis zum OT Zöbigker, am Ortsanfang der Beschilderung Golf-Anlage folgen. Oder: A 9 Berlin-München, Ausfahrt Leipzig-West, auf der B 181 Richtung Leipzig-Zentrum und von dort weiter wie oben beschrieben zum Golfplatz.

Nächstgelegene Plätze

Leipzig, GP (Nr. 192)
Leipzig, GC (Nr. 193)
Golfpark Hufeisensee (Nr. 191)

Golf Club Dresden Ullersdorf e.V.

Karte, Nr. 195, Feld L7 **18/9** Design: Olcher Knoop Höhe: 360 m

gegründet: 1995

Am Golfplatz 1, 01454 Ullersdorf
✆ 03528-48060 🖷 03528-480611
✉ info@golfanlage-ullersdorf.de
💻 www.golfanlage-ullersdorf.de

PR: Karl Schwald, GF: Uwe Neumann
Headgreenkeeper: Ronny Hempel

i: ✆ 03528-48060 🖷 03528-480611
Petra Braito, Eva Zimmermann

Restaurant: Zweite Heimat
✆ 03528-2269528

PRO SHOP: Petra Braito
✆ 03528-48060 🖷 03528-480611

PRO: Pro: Marcus Lindner, Johannes Ettstaller

18-Loch Elaskon Course
H: 6256 m, CR 73.5, SL 135, Par 73
D: 5491 m, CR 75.5, SL 134, Par 73
9-Loch AIS Golfarea (9 Loch Kurzplatz)
H: 1053 m, Par 28, D: 1053 m, Par 28
50 Rangeabschläge (8 überdacht)

G: Gäste sind jederzeit willkommen. Anmeldung ist notwendig. Clubausweis mit eingetragenem Handicap (54) ist erforderlich.

18-Loch-Greenfee: WT: EUR 60 / WE: EUR 80
9-Loch-Greenfee: WT: EUR 35
Ermäßigung: Jugendl. bis 18 J. und Stud.

Platzinfos

Platzbeschreibung

Die 18-Loch-Anlage ist Teil einer reizvollen Naturlandschaft im Bereich Weißer Hirsch, Dresdner Heide und Prießnitz-Aue. Die wohldurchdachte Gestaltung des Platzes bietet eine sportliche Herausforderung für Golfer jeder Klasse. Der Platz bietet mehrere lange Par 4 und Par 5 Löcher. Alle Spielbahnen sind mit hohen, schwer spielbaren Roughs umgeben.

Anfahrtsbeschreibung

Von Dresden Stadtmitte: B 6 (Bautzener Straße) Richtung Bischofswerda, an Endhaltestelle Straßenbahn Dresden-Bühlau links Richtung Ullersdorf-Radeberg, ab Ullersdorf beschildert. Von der A 4 Chemnitz-Dresden: Ausfahrt Hellerau, weiter Richtung Stadtmitte bis Tankstelle, dort links in die Staufenberg Allee, geradeaus über die Kreuzung bis zur B 6, dann links Richtung Bischofswerda auf der B 6 wie oben beschrieben bis zum Golfplatz.

Nächstgelegene Plätze

Elbflorenz, GC Dresden (Nr. 199)
Herzogswalde, GC (Nr. 196)
GC Erzgebirge - GP Gahlenz (Nr. 203)

Greenfee-Aktion: Seite G 57

Golfclub Herzogswalde GmbH

Karte, Nr. 196, Feld K7 **9/9/9** Design: Christian Althaus Höhe: 350 m

gegründet: 2015

Am Golfplatz 1, 01723 Wilsdruff,
OT Herzogswalde
035209-310590
info@golfclub-herzogswalde.de
www.golfclub-herzogswalde.de

PR: GF: Reinhard Saal
Robin Saal, CM: Jens Pötsch

i: 035209-310590

Clubrestaurant
035209-310598
Mo. Ruhetag

PRO SHOP: Golfclub Herzogswalde
035209-310590

PRO: Pro: Nick Cole

9-Loch Herzogswalder PARKLAND Platz
H: 2974 m, CR 36.3, SL 143, Par 36
D: 2608 m, CR 37.1, SL 133, Par 36
9-Loch Herzogswalder LINKS Platz
H: 2925 m, CR 35.8, SL 130, Par 36
D: 2424 m, CR 36, SL 120, Par 36
30 Rangeabschläge (6 überdacht)

G: Gäste sind jederzeit willkommen. Sa./So./Feiertage ist Anmeldung notwendig. Clubausweis mit eingetragener PE ist erforderlich. Vorbestellung notwendig für Carts, Bags, Schläger, Trolleys.

18-Loch-Greenfee: WT: EUR 65 / WE: EUR 70
9-Loch-Greenfee: WT: EUR 40 / WE: EUR 45

Platzinfos

VCG GPS CLUB GASTRO

Anfahrtsbeschreibung

A 4 von Chemnitz bzw. Leipzig nach Dresden, Abfahrt Wilsdruff Richtung Tharandt, vor Kesselsdorf auf die B 173 Richtung Freiberg biegen. Aus den anderen Richtungen A17 Ausfahrt Gorbitz, Kesselsdorf, Richtung Freiberg abbiegen und der neuen Straßenführung folgen. Von Dresden aus einfach über Bramsch-Tunnel und Coventrystraße, auf der B 173 über Kesselsdorf, Grumbach direkt nach Herzogswalde fahren. Nach dem Ortseingangsschild Herzogswalde die erste Abfahrt links abbiegen Richtung Landberg.

Platzbeschreibung

Der Golfclub Herzogswalde zählt zu den anspruchsvollsten Plätzen in Sachsen. Wasserhindernisse, Nassbiotope und große Bunker erfordern ein sehr gutes Platzmanagement. Eine großzügige Driving Range, mit Putting Green und Pitch- / Chip-Area steht allen Golfbegeisterten und Gäste offen.

Nächstgelegene Plätze

Elbflorenz, GC Dresden (Nr. 199)
GC Erzgebirge - GP Gahlenz (Nr. 203)
Dresden Ullersdorf, GC (Nr. 195)

Greenfee-Aktion: Seite G 57, 59

Golf Club Erfurt e.V.

Karte, Nr. 197, Feld G7 **9** Höhe: 320 m

gegründet: 1994

Im Schaderoder Grund,
99090 Erfurt-Schaderode
✆ 036208-80712 🖷 036208-80713
✉ info@golfclub-erfurt.com
💻 www.golfclub-erfurt.de

PR: Winfried Lonzen

i: ✆ 036208-80712 🖷 036208-80713

Loch 19 Terrasse
✆ 036208-80712
Mo. Ruhetag

PRO SHOP: Bernd Schreiber GTPC, Bernd Schreiber
✆ 0171-4681457

PRO: Pro: Bernd Schreiber

H: 5394 m, CR 68.8, SL 134, Par 70
D: 4716 m, CR 70.2, SL 122, Par 70
6 Rangeabschläge (3 überdacht)

G: Gäste sind jederzeit willkommen. Clubausweis mit eingetragener PE ist erforderlich.

18-Loch-Greenfee: WT: EUR 45 / WE: EUR 50
9-Loch-Greenfee: WT: EUR 35 / WE: EUR 40
Ermäßigung: Jugendl. bis 18 J. und Stud. bis 27 J. 50%

Platzbeschreibung

Wer Erfurt auf dem Luftweg verlässt, kann das ca. 23 ha große Areal des Golfplatzes gut überschauen. Im leicht hängigen Gelände zwischen Alacher Höhe und dem malerischen Orphalgrund bei Tiefthal liegt der interessante, nicht ganz einfach zu spielende 9-Lochplatz.

Platzinfos

VCG

Anfahrtsbeschreibung

Vom Zentrum Erfurt oder der A 71 Richtung Flughafen, weiter Richtung Alach, von Alach rechts weiter Richtung Schacerode und der Beschilderung zum Golfplatz folgen.

Nächstgelegene Plätze

Thüringer GC (Nr. 202)
Weimarer Land (Nr. 201)
Eisenach, GC (Nr. 198)

Greenfee-Aktion: Seite G 59

Golfclub Eisenach im Wartburgkreis e.V.

Karte, Nr. 198, Feld F7 18 Design: Andreas Klapproth Höhe: 200 m

gegründet: 1995

Am Röderweg 3, 99820 Hörselberg-Hainich
036920-71871
info@golf-eisenach.de
www.golf-eisenach.de

PR: Andreas Neumann
Headgreenkeeper: Markus Gröger

i: 036920-71871

Ristorante Trattoria Toscana
036920-729453
Mo. Ruhetag

PRO SHOP: Pro Shop Martin Drain / Susanne Unger
0174-9341697 036920-71919

PRO: Pro: Martin Drain

18-Loch Wartburg Golfpark Platz
H: 6019 m, CR 71.9, SL 125, Par 73
D: 5249 m, CR 73.2, SL 125, Par 73
4-Loch Pitch & Putt Platz
H: 505 m, Par 13, D: 495 m, Par 13
25 Rangeabschläge (7 überdacht)

G: Gäste sind jederzeit willkommen. Anmeldung ist notwendig. Clubausweis mit eingetragener PE ist erforderlich.

18-Loch-Greenfee: WT: EUR 65 / WE: EUR 75
9-Loch-Greenfee: WT: EUR 40 / WE: EUR 50
Ermäßigung: Jugendl. bis 18 J. und Stud. bis 27 J. 50%

Platzinfos

VCG GPS CLUB GASTRO

Anfahrtsbeschreibung

A 4 Abfahrt Eisenach Ost, weiter Richtung Großenlupnitz. In Großenlupnitz links abbiegen in Richtung Wenigenlupnitz. Am Ortseingang liegt der Golfplatz auf der linken Seite.

Nächstgelegene Plätze

Thüringer GC (Nr. 202)
Erfurt, GC (Nr. 197)
Rhön, GC (Nr. 385)

Platzbeschreibung

Golfen im Wartburgland ist eine willkommene Bereicherung der ohnehin großen Vielfalt an Natur und Kultur in der geografischen Mitte Deutschlands. In weniger als 5 km Entfernung zur Stadt Eisenach hat der 1995 gegründete Golfclub Eisenach im Wartburgkreis e.V. sein Domizil. Stets das Wahrzeichen Thüringens im Blick entstand hier eine 18-Loch-Meisterschaftsgolfanlage, der Wartburg-Golfpark, mit vielfältigen Übungsmöglichkeiten und einem zusätzlichen öffentliche Kurzplatz für Interessierte.

Golfclub Dresden Elbflorenz e.V.

Karte, Nr. 199, Feld L8 **18** Höhe: 300 m

gegründet: 1992

Ferdinand-von-Schill-Straße 4a,
01728 Bannewitz
☎ 035206-2430 🖷 035206-24317
✉ info@golfclub-dresden.de
💻 www.golfclub-dresden.de

PR: Uwe Waltmann, CM: Jens Breunig

i: ☎ 035206-2430 🖷 035206-24317
Katrin Menge, Sybille de Gentille

Ferdinand Restaurant I Café, Matthias Gentsch
☎ 035206-397222

PRO SHOP: Golf-Shop
☎ 035206-2430

PRO: Pro: Sabin Sapkota

H: 5996 m, CR 72.4, SL 139, Par 73
D: 5384 m, CR 75, SL 134, Par 73
40 Rangeabschläge (10 überdacht)

G: Gäste sind jederzeit willkommen. Anmeldung ist notwendig. Clubausweis mit eingetragenem Handicap (54) ist erforderlich.

Tages-Greenfee: WT: EUR 60 / WE: EUR 80
9-Loch-Greenfee: WT: EUR 40 / WE: EUR 60
Ermäßigung: Jugendl./Stud. 30%

Platzbeschreibung

Direkt vor den Toren der sächsischen Landeshauptstadt, nur 12 km von Zwinger und Semperoper entfernt, liegt diese Anlage oberhalb des Elbtales auf sanften Hügeln, von Wald begrenzt. Die 18 Spielbahnen fordern auch vom passionierten Golfer hohe Konzentration. Als besonderer Genuss gelten die vier Waldbahnen der 12 bis 15, die sich direkt durch den ehemals königlichen Poisenwald ziehen.

Platzinfos

Anfahrtsbeschreibung

Von der A 4 auf die neue BAB A 17 Richtung Prag, Ausfahrt Dresden-Südvorstadt, dann auf der B 170 Richtung Zinnwald ca. 3 km bis Possendorf. In Possendorf an der Ampel rechts der Beschilderung zum Golfplatz folgen.

Nächstgelegene Plätze

Herzogswalde, GC (Nr. 196)
Dresden Ullersdorf, GC (Nr. 195)
GC Erzgebirge - GP Gahlenz (Nr. 203)

Golfclub Jena e.V.

Karte, Nr. 200, Feld H8 **9** Höhe: 365 m

gegründet: 1994

Münchenroda 31, Driving Range, 07751 Jena
☏ 03641-3842277 🖷 03641-3841959
✉ club@golf-jena.de
www.golf-jena.de

PR: Dr. Jens Wurdinger
Headgreenkeeper: Thomas Bohn jun.

i: ☏ 03641-3842277 🖷 03641-3841959

Half-Way House, Daniela Klotz
Mo. Ruhetag

PRO SHOP: Golf Jena GmbH, Uwe Richter
☏ 03641-3842277

H: 6140 m, CR 73, SL 132, Par 72
D: 5342 m, CR 74.4, SL 133, Par 72
20 Rangeabschläge (6 überdacht)

G: Gäste sind jederzeit willkommen. Sa./So./Feiertage ist Anmeldung notwendig. Clubausweis mit eingetragenem Handicap (54) ist erforderlich.

Tages-Greenfee: EUR 45
9-Loch-Greenfee: EUR 30

Platzbeschreibung

Das Areal der Anlage ist ein wunderschön gelegenes Gebiet südlich des Ortsteils Jena-Münchenroda. Insgesamt zeichnet sich die Anlage durch ein leicht hügeliges Gelände mit viel Baum- und Buschbestand aus. Die Range wurde groß dimensioniert und bietet mit 20 Abschlägen den entsprechenden Platz zum Üben.

Platzinfos

VCG

Anfahrtsbeschreibung

Von Jena auf der B 7 Richtung Weimar, ca. 200 m nach dem Ortsende Jena links Richtung Münchenroda und der Beschilderung zum Golfplatz folgen. Oder: A 4, Ausfahrt Jena, von Jena auf der B 7 Richtung Weimar und weiter wie oben beschrieben.

Nächstgelegene Plätze

Weimarer Land (Nr. 201)
Gera, GC (Nr. 204)
Erfurt, GC (Nr. 197)

GolfResort Weimarer Land

Karte, Nr. 201, Feld H8 **45** Design: Städler Golf Courses

Weimarer Straße 60, 99444 Blankenhain
✆ 03 64 59 / 61 64 1000 🖷 03 64 59 / 61 64 1011
✉ info@golfweimar.de
💻 www.golfresort-weimarerland.de

PR: GF: Dipl.Kfm. Matthias Grafe, CM: Astrid Grafe
Headgreenkeeper: Andreas Bußmann

i: ✆ 036459/ 61 64 1000 🖷 036459/61 64 1011

GolfHütte
✆ 036459 6164 4436

PRO SHOP: Spa & Golf Resort Weimarer Land Betriebsgesellschaft mbH, Kathrin Brembach
✆ 036459/ 61 64 1000 🖷 036459/ 61 64 1011

PRO: Pro: Mathias Jäckel

18-Loch Goethe-Course
H: 5971 m, CR 72.2, SL 134, Par 72
D: 5086 m, CR 73.6, SL 128, Par 72
18-Loch Feininger-Course
H: 5706 m, CR 70.6, SL 126, Par 71
D: 4839 m, CR 71.4, SL 124, Par 71
25 Rangeabschläge (10 überdacht)

G: Gäste sind jederzeit willkommen. Anmeldung ist notwendig. Clubausweis mit eingetragenem Handicap (54) ist erforderlich.

18-Loch-Greenfee: WT: EUR 85 / WE: EUR 95
9-Loch-Greenfee: WT: EUR 60 / WE: EUR 65
Ermäßigung: Jugendl.

Platzbeschreibung

Vor den Toren Weimars auf dem historischen Gut Krakau ist eine der schönsten Golfanlagen Deutschlands entstanden - das GolfResort Weimarer Land. Die spektakuläre 45-Loch Golfanlage mit traumhafter Naturkulisse besteht aus zwei 18-Loch Golfplätzen und einem 9-Loch Course. Die Kombination der beiden Plätze ermöglicht drei abwechslungsreiche 18-Loch-Varianten: den Bobby Jones Champion-Course, den Goethe-Course sowie den Feininger-Course. Die Golfanlage wird durch erstklassige Übungseinrichtungen wie der Driving-Range, dem Königin Luise 9-Loch Course, dem Putting-Grün, dem Übungsbereich für das kurze Spiel und den Übungsbunkern ergänzt. Der Golfplatz auf Gut Krakau ist von ca. 150 ha reizvoller Feld- und Waldlandschaft umgeben. Er ist durch leicht hügelige Topographie gekennzeichnet und befindet sich an den Ausläufern des Thüringer Waldes. Für alle Golfinteressierten wird während der Saison jeden Sonntag von 14 bis 15 Uhr kostenloses Schnuppergolfen angeboten.

Platzinfos

Anfahrtsbeschreibung

Eingabe ins Navigationssystem: Bitte geben Sie „Weimarer Straße" Ort „Blankenhain" ein. Sie werden direkt zum Golfplatz geführt. Von der A4 aus Richtung Erfurt/Weimar: Am Kreuz Erfurt auf die A4 Richtung Dresden. Bei Ausfahrt 49-Weimar auf B85 in Richtung Rudolstadt fahren Durch Bad Berka durchfahren •Nach ca. 3,5 km links auf den beschilderten Waldweg einbiegen. Waldweg geradeaus folgen, nach ca. 700m haben Sie den Parkplatz erreicht.

Nächstgelegene Plätze

Jena, GC (Nr. 200)
Erfurt, GC (Nr. 197)
Thüringer GC (Nr. 202)

Greenfee-Aktion: Seite G 59

Thüringer GC „Drei Gleichen" Mühlberg e.V.

Karte, Nr. 202, Feld G8 18 Höhe: 280 m

gegründet: 1998

Gut Ringhofen,
99869 Drei Gleichen OT Mühlberg
036256-21740
info@thueringer-golfclub.de
www.thueringer-golfclub.de

PR: Dr. Rainer Spaeth, CM: Katrin Schwarz
Headgreenkeeper: Kay Ullrich

i: 036256-21740

Restaurant & Hotel Taubennest, Stephan Becker
036256-33378 Fax 036256-33379

PRO SHOP: RS Golfstore

PRO: Pro: Richard Stange

H: 6028 m, CR 72.3, SL 132, Par 72
D: 5204 m, CR 73, SL 134, Par 72
50 Rangeabschläge (10 überdacht)

G: Gäste sind jederzeit willkommen. Anmeldung ist notwendig. Clubausweis mit eingetragener PE ist erforderlich.

Tages-Greenfee: WT: EUR 65 / WE: EUR 75
18-Loch-Greenfee: WT: EUR 65 / WE: EUR 75
Ermäßigung: Jugendl. bis 18 J. und Stud. bis 27 J. 50%

Platzbeschreibung

Entdecken Sie den ältesten 18-Loch Golfplatz Thüringens. Es erwarten Sie achtzehn sportliche Bahnen mit interessanten Spielelementen und es begleitet Sie über nahezu alle Bahnen hinweg der unvergleichliche Blick auf die Drei Gleichen. Schlagen Sie mit uns ab. Mit einem Klick auf eines der Bilder kommen Sie zur jeweiligen Bahnbeschreibung und zu weiteren Spielinformationen.

Platzinfos

VCG, GPS, CLUB

Anfahrtsbeschreibung

A 4, Abfahrt Drei Gleichen, bis Ortsmitte Mühlberg, rechts abbiegen Richtung Gotha/Wechmar, ca. 400 m nach Ortsausgang Mühlberg links der Straße, Einfahrt zum Clubhaus, folgen.

Nächstgelegene Plätze

Erfurt, GC (Nr. 197)
Eisenach, GC (Nr. 198)
Weimarer Land (Nr. 201)

Golfclub Erzgebirge - Golfpark Gahlenz

Karte, Nr. 203, Feld K8 18/3 Höhe: 495 m

gegründet: 1995

Am Golfplatz 1, 09569 Oederan/OT Gahlenz
0176-78914365
info@golfclub-erzgebirge.de
www.golfclub-erzgebirge.de

PR Rene Schmitt

Gaststätte am Golfplatz
Mo. Ruhetag

PRO Pro: Rocco Schaarschmidt

18-Loch Platz
H: 5680 m, CR 70.8, SL 137, Par 72
D: 5006 m, CR 72.4, SL 135, Par 72
3-Loch Platz
H: 390 m, Par 9, D: 390 m, Par 9
10 Rangeabschläge (7 überdacht)

G Gäste sind jederzeit willkommen. Anmeldung ist notwendig. Clubausweis mit eingetragenem Handicap (54) ist erforderlich.

18-Loch-Greenfee: Mo.-Do.: EUR 45 / Fr.-So.: EUR 55
9-Loch-Greenfee: Mo.-Do.: EUR 25 / Fr.-So.: EUR 30
Ermäßigung: Jugendl./Stud. 50%

Platzbeschreibung

In der Freiberger Region, am Fuße des Erzgebirges, finden Sie in einer hügligen Landschaft den reizvollen 18-Loch-Golfplatz des Golfpark Gahlenz. Gahlenz, ein Ortsteil der Stadt Oederan, ist ein malerisches Dorf in der Talsenke zwischen Oederan und Eppendorf. Der Turm der Kirche ist von den meisten Fairways aus zu sehen und wird gern als Orientierungspunkt genutzt. Der Golfplatz beginnt am Ortsausgang in Richtung Oederan und verläuft entlang dieser Verbindungsstraße. Auf den meisten Fairways wird entweder bergauf oder bergab gespielt, was eine gute Kondition des Spielers erfordert. Alter Baumbestand wechselt mit vielen Neuanpflanzungen und gibt dem Platz einen naturnahen Charakter. Biotope und Wasserhindernisse unterstreichen diesen Eindruck.

Platzinfos

VCG GPS

Anfahrtsbeschreibung

A 4 Chemnitz-Dresden Ausfahrt Frankenberg, auf der B 169 Richtung Frankenberg, in Frankenberg Richtung Oberschöna, an der Gaststätte „Räuberschänke" rechts Richtung Oederan, in Oederan kurz links, dann rechts ca. 3 km Richtung Eppendorf, der Golfplatz liegt direkt am Ortseingang Gahlenz.

Nächstgelegene Plätze

Zschopau, GA (Nr. 206)
Chemnitz, Klaffenbach, GC (Nr. 205)
Herzogswalde, GC (Nr. 196)

Greenfee-Aktion: Seite G 61

Golfclub Gera e.V.

GOLFCLUB GERA

Karte, Nr. 204, Feld I8 **18/6** Design: Philip Drewes Höhe: 300 m

gegründet: 2001

Am Schafteich 3,
OT Burkersdorf, 07570 Harth-Pöllnitz
✆ 036603-61610 ☎ 036603-616116
✉ info@golfclub-gera.de
www.golfclub-gera.de

PR Roland Maier, GF: Petra Dienel
Headgreenkeeper: Silvio Müller

i ✆ 036603-61610 ☎ 036603-616116

Restaurant am Golfpark
✆ 036603-616120

18-Loch Platz
H: 5790 m, CR 71.4, SL 132, Par 72
D: 4911 m, CR 72.1, SL 128, Par 72
6-Loch Platz
H: 782 m, Par 18, D: 782 m, Par 18
20 Rangeabschläge (6 überdacht)

G Gäste sind jederzeit willkommen. Anmeldung ist notwendig. Clubausweis mit eingetragener PE ist erforderlich.

18-Loch-Greenfee: Di.-Fr.: EUR 65 / WE: EUR 75
9-Loch-Greenfee: Di.-Fr.: EUR 40 / WE: EUR 45
Ermäßigung: Jugendl. bis 18 J. und Stud. bis 27 J. 50%

Platzbeschreibung

In unmittelbarer Nähe der Osterburg zu Weida, ist eine sehr gepflegte und landschaftlich reizvolle 18 Loch Anlage entstanden. Wir versprechen Ihnen: Das abwechslungsreiche Gelände mit schönen, fairen Golfbahnen sind ideale Bedingungen für eine schöne und anspruchsvolle Golfrunde. Außerdem befindet sich im Golfpark Burkersdorf eine öffentliche 6 Loch Par 3 Anlage.

Platzinfos

VCG GPS CLUB

Anfahrtsbeschreibung

Aus Richtung Gera (A 4): B 92 bis Weida, ab Weida auf der B 175 bis zum Ortsausgang Burkersdorf. Oder aus Ri. München (A 9): Abfahrt Lederhose, Ri. Gera auf der B 2 bis Großebersdorf und ab Großebersdorf auf der B 175 bis zum Ortseingang Burkersdorf. Oder aus Ri. Hermsdorfer-Kreuz (A 9): Abfahrt Lederhose, Ri. Weida/Zwickau bis Großebersdorf und an Großebersdorf auf der B 175 in Ri. Weida bis zum Ortseingang Burkersdorf.

Nächstgelegene Plätze

Plauen, GC (Nr. 209)
Talsperre Pöhl, GA (Nr. 210)
Zwickau, GC (Nr. 207)

Gc Chemnitz e.V. Wasserschloß Klaffenbach

Karte, Nr. 205, Feld K8 **18** Design: H & H, Meyer & Partner Höhe: 320 m

Golfclub Chemnitz e.V.

gegründet: 1997

Wasserschlossweg 6, 09123 Chemnitz
✆ 0371-2621840 🖷 0371-2621841
✉ mail@golfclub-chemnitz.de
💻 www.golfclub-chemnitz.de

PR Axel Wunsch, CM: Frank Seidel
Headgreenkeeper: Philip Visser

i ✆ 0371-2621840 🖷 0371-2621841

PRO Pro: Frank Seidel

H: 5 m, CR 68.9, SL 123, Par 70
D: 4 m, CR 70.5, SL 125, Par 70
20 Rangeabschläge (6 überdacht)

G Gäste sind jederzeit willkommen. Anmeldung ist notwendig. Clubausweis mit eingetragener PE ist erforderlich. Dienstag Seniorentag: 50% Ermäßigung über 50 Jahre von 08:00-12:00 Uhr

18-Loch-Greenfee: WT: EUR 55 / WE: EUR 65
9-Loch-Greenfee: WT: EUR 35 / WE: EUR 45
Ermäßigung: Jugendl. bis 16 J. 50%

Platzbeschreibung

Am Fuße des Erzgebirges, inmitten einer malerischen Landschaft und nur eine kurze Fahrt von der Chemnitzer Innenstadt entfernt, erwartet Sie ein anspruchsvoller Platz, dessen außergewöhnliche Spielbahnen sich perfekt in das gegebene Gelände einfügen. Hier können Sie das herrliche Panorama des Erzgebirges oder den Blick auf das historische Wasserschloss genießen. Dank seines Pflegezustandes und des Designs zählt unser Platz zu den attraktivsten Anlagen in Sachsen. Alle Bahnen unseres 1997 gegründeten Golfclubs sind sportlich anspruchsvoll angelegt, lassen aber auch Anfängern eine faire Chance.

Platzinfos

VCG GPS CLUB GASTRO

Anfahrtsbeschreibung

Vom Zentrum Chemnitz: Auf der Annaberger Str. stadtauswärts bis zur Abzweigung über eine kleine Brücke nach rechts, die kurz vor dem „Harthauer Berg" Ri. Klaffenbach führt. Oder von Westen/Süden: Stollberger Str. stadtauswärts bis Neukirchen, an der Ampel in Neukirchen links, der Hauptstraße folgen, vorbei am Hotel Almrausch linker Hand und der Beschilderung folgen. Die Zufahrt erfolgt über die Brücke auf das Eingangstor des Schlosses.

Nächstgelegene Plätze

Zschopau, GA (Nr. 206)
Westerzgebirge, GP (Nr. 208)
GC Erzgebirge - GP Gahlenz (Nr. 203)

Golfanlage Zschopau GmbH

Karte, Nr. 206, Feld K8 **9/1** Design: W+G. Baumann Höhe: 450 m

gegründet: 1999

Thumer Str. 430, 09405 Zschopau
☎ 03725-459818 / 0170-9669341 🖷 03725-459818
✉ golfanlage.zschopau@gmail.com
💻 www.golfplatz-zschopau.de

PR: CM: Wolfgang Kern
Headgreenkeeper: Sten Hunger

i: ☎ 03725-459818/0170-9669341 🖷 -459818

Sante Royale Hotel und Gesundheitsresort
☎ 037369-87990 🖷 - 8799-20

PRO SHOP: ☎ 03725-459818

H: 4482 m, CR 64.8, SL 125, Par 66
D: 4058 m, CR 66.8, SL 113, Par 66
30 Rangeabschläge (4 überdacht)

G: Gäste sind jederzeit willkommen. Clubausweis mit eingetragenem Handicap (54) ist erforderlich. DGV-Mitgliedschaft seit 05/2005

Tages-Greenfee: WT: EUR 30 / WE: EUR 35
9-Loch-Greenfee: WT: EUR 20 / WE: EUR 25

Platzbeschreibung

Ein Golfplatz über den Dächern von Zschopau - mitten im Erzgebirge In ruhiger und reizvoller Lage, nur 10 km südlich von Chemnitz liegt unsere 9-Loch Golfanlage. Durch die familiäre Atmosphäre genießen wir mehr und mehr Zuspruch bei Golfern von Nah und Fern. Auf dem sorgfältig angelegten Golfplatz bedarf es weniger der Superdrives als vielmehr der Präzision und Konzentration eines kurzen Spiels. Herausforderungen bieten die vielen Schräglagen und der tückische Wind. Auf 22 Hektar finden Sie sportliche Herausforderungen und geistige Entspannung. Ein herzliches „Glück Auf" aus dem Erzgebirge und ein schönes Spiel!

Platzinfos

VCG CLUB GASTRO

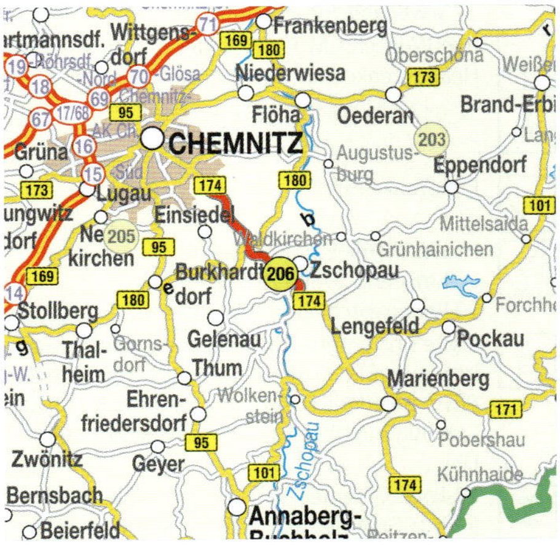

Anfahrtsbeschreibung

A 4/A 72 Ausfahrt Chemnitz Nord oder Süd, in Chemnitz südlich auf die B 174 Richtung Zschopau-Marienberg, Ausfahrt Zschopau Süd und in Zschopau der Ausschilderung folgen.

Nächstgelegene Plätze

Chemnitz, Klaffenbach, GC (Nr. 205)
GC Erzgebirge - GP Gahlenz (Nr. 203)
Westerzgebirge, GP (Nr. 208)

Golfclub Zwickau e.V.

Karte, Nr. 207, Feld I8 **9** Höhe: 355 m

gegründet: 1997

Reinsdorfer Straße 29, 08066 Zwickau
0375-2040400 0375-2040402
info@golfplatz-zwickau.de
www.golfplatz-zwickau.de

PR Bernhard Scheckel, GF: Uwe Sommer
Headgreenkeeper: Gerhard Schleicher

0375-2040400 -2040402
Denise Meyer, Susanne Kämpf

Polster Catering
0375-2040400

PRO SHOP Roland Meyer
0375-2040400

PRO Pro: Roland Meyer

H: 5764 m, CR 70, SL 129, Par 70
D: 4986 m, CR 71.1, SL 127, Par 70
30 Rangeabschläge (10 überdacht)

G Gäste sind jederzeit willkommen. Clubausweis mit eingetragenem Handicap (54) ist erforderlich.

Tages-Greenfee: WT: EUR 40 / WE: EUR 50
9-Loch-Greenfee: WT: EUR 30 / WE: EUR 35
Rangefee EUR 8.
Ermäßigung: Jugendl. bis 14 J. 50%

Platzbeschreibung

Der Golfplatz liegt keine drei Autominuten vom Zentrum der Stadt entfernt und vermittelt dennoch das Gefühl inmitten der Natur zu liegen. Besonders hervorzuheben ist Loch 1, das einen Panoramablick auf das Erzgebirge bietet.

Platzinfos

VCG

Anfahrtsbeschreibung

A 9, Anschlussstelle A 72, Ausfahrt Zwickau-Ost, weiter Richtung Zwickau-Zentrum, weiter der Beschilderung zum Golfplatz folgen. A 4, Ausfahrt Meerane, Richtung Zwickau-Zentrum, weiter der Beschilderung zum Golfplatz folgen.

Nächstgelegene Plätze

Westerzgebirge, GP (Nr. 208)
Chemnitz, Klaffenbach, GC (Nr. 205)
Talsperre Pöhl, GA (Nr. 210)

Greenfee-Aktion: Seite G 61

Golfpark Westerzgebirge GmbH & C. KG

Karte, Nr. 208, Feld I8 9 Höhe: 477 m

gegründet: 2001

Grubenstraße 24, 08301 Bad Schlema
03772-3992987
info@golfpark-westerzgebirge.de
www.golfclub-bad-schlema.de

PR: Klaus-Dieter Neubert,
GF: Dr. Kathrin Bösecke-Spapens

i: 03772-3992987

Tom Zeuner
03772-3992987
Mo. Ruhetag

PRO SHOP: Golfakademie Denny Matthias
0160-94940981

PRO: Pro: Denny Matthias

H: 5538 m, CR 70.2, SL 125, Par 72
D: 4766 m, CR 71.7, SL 123, Par 72
20 Rangeabschläge (6 überdacht)

G: Gäste sind jederzeit willkommen. Clubausweis mit eingetragener PE ist erforderlich.

18-Loch-Greenfee: Mo.-Do.: EUR 50 / Fr.-So.: EUR 55
9-Loch-Greenfee: Mo.-Do.: EUR 35 / Fr.-So.: EUR 40.

Platzinfos

VCG GPS CLUB GASTRO

Anfahrtsbeschreibung

Den Golfplatz erreichen Sie über die A72 Abfahrt Zwickau-West, Kirchberg - Richtung Schneeberg - B93, in Schneeberg B169 Richtung Aue, Ortseingang Bad Schlema links bis Abzweigung Grubenstraße. Von hier aus noch ca. 2 km bis zum Platz. oder: A72 Abfahrt Hartenstein, Richtung Aue S255, in Aue am Stadion rechts, weiter B169 Richtung Bad Schlema/Schneeberg, 1. Ampelkreuzung nach dem Ortseingang Bad Schlema rechts, weiter auf der Hauptstraße Richtung Hartenstein bis Gaststätte Schlematal, links abbiegen Richtung Grubenstraße. Von der Gaststätte bis zum Golfplatz noch ca. 600 m.

Platzbeschreibung

Umgeben von den höchsten Bergen des Erzgebirges befindet sich der Golfpark Westerzgebirge in Bad Schlema. Eine phänomenale Aussicht, verbunden mit einem anspruchsvollem Spiel ist es ganz sicher ein einzigartiges Erlebnis diesen Platz zu erleben. Auf einer ehemaligen Bergwerkshalde, über den Dächern von Bad Schlema, finden sie Ruhe, Entspannung und die Faszination - Golfen. Wir freuen uns auf Sie!

Nächstgelegene Plätze

Zwickau, GC (Nr. 207)
Chemnitz, Klaffenbach, GC (Nr. 205)
Zschopau, GA (Nr. 206)

Golfclub Plauen e.V.

Karte, Nr. 209, Feld I8 **18/9** Design: Hans-Joachim Tilch Höhe: 440 m

gegründet: 1998

Hauptstraße 30, Straße Richtung Cossengrün,
08547 Plauen OT Steinsdorf
037439-44658 + (0163-7070126)
037439-449873
info@golfclub-plauen.de
www.golfclub-plauen.de

PR Melanie Tilch
Headgreenkeeper: Bodo Tilch

i 037439-44658 -449873

18-Loch Kolkrabe Platz
H: 5277 m, CR 68.8, SL 121, Par 71
D: 4581 m, CR 70.3, SL 119, Par 71
9-Loch Roter Milan (für Golfer ohne PE) Executive Platz
H: 3458 m, CR 62, SL 91, Par 60
D: 3030 m, CR 61.6, SL 85, Par 60
20 Rangeabschläge (7 überdacht)

G Gäste sind jederzeit willkommen. Clubausweis mit eingetragener PE ist erforderlich.

18-Loch-Greenfee: WT: EUR 40 / WE: EUR 55
9-Loch-Greenfee: WT: EUR 25 / WE: EUR 35
Ermäßigung: Jugendl./Stud.

Platzbeschreibung

Ca. 15 Min. vom Zentrum Plauen entfernt liegt die über 50 ha große Anlage erhöht am Rand von Steinsdorf. Der hügelige Platz bietet wunderschöne Ausblicke rundum auf die Kämme der umliegenden Mittelgebirgsrücken des Vogtlandes, Erzgebirges, Elstergebirges und des Thüringer Waldes. Der 9-Loch-Platz „Roter Milan" darf ohne PE und ohne Clubausweis bespielt werden.

Platzinfos

VCG GPS

Anfahrtsbeschreibung

Aus Ri. Plauen: Auf der B 92/B 282 Ri. Schleiz/Greiz/A 9. Am Ende von Plauen am Kreisverkehr re. Ri. Greiz/Elsterberg B 92 abbiegen. Nach ca. 3 km re. Ri. Steinsdorf. Aus Ri. Greiz/Elsterberg: Auf der B 92 Ri. Plauen, ca. 7 km hinter Elsterberg scharf li. Ri. Steinsdorf abbiegen. Aus Ri. Jößnitz: Am Ende der Hauptstraße re. abbiegen. In Steinsdorf: Der Hauptstraße folgen, nach 1 km li. Ri. Cossengrün abbiegen, 50 m weiter ist li. der Golfplatz.

Nächstgelegene Plätze

Talsperre Pöhl, GA (Nr. 210)
Gera, GC (Nr. 204)
Hof, GC (Nr. 547)

Greenfee-Aktion: Seite G 63

Golfanlage Talsperre Pöhl

Karte, Nr. 210, Feld I8 9

gegründet: 2001

Voigtsgrüner Straße 20, 08543 Pöhl/Möschwitz
037439-44535 Mobil, 0171 2672386
037439-44537
info@golfanlage-talsperre-poehl.de
www.golfanlage-talsperre-poehl.de

PR: Jens Beck, GF: Hans Theeuwen, CM: Hans Theeuwen
Headgreenkeeper: Olaf Schubert

i: 037439-44535 037439-44537

„Loch 19"
Mo. Ruhetag

PRO SHOP: Pro Shop Hans Theeuwen, Hans Theeuwen
037439-44535 037439-44537

PRO: Pro: Hans Theeuwen

H: 4270 m, CR 63.1, SL 107, Par 64
D: 3660 m, CR 63.3, SL 108, Par 64
16 Rangeabschläge (6 überdacht)

G: Gäste sind jederzeit willkommen. Clubausweis mit eingetragenem Handicap ist erforderlich.

18-Loch-Greenfee: WT: EUR 35 / WE: EUR 40
9-Loch-Greenfee: WT: EUR 25 / WE: EUR 30
Ermäßigung: Jugendl. bis 18 J. und Stud. bis 27 J. 50%

Platzbeschreibung

Die Golfanlage Talsperre Pöhl steht unter dem Motto „Golf für Jedermann" und bietet neben Schnupper- und Fortgeschrittenen-Kursen moderate Preise sowie 3 Übungsbahnen, die ohne Platzreife bespielt werden können. Die 9-Loch-Anlage weist einen guten Standard auf, liegt landschaftlich wunderschön und ist sehr leicht zu erreichen.

Platzinfos

VCG

Anfahrtsbeschreibung

A 72, Ausf. Plauen-Ost und auf die B 173 Ri. Plauen, 1,6 km entlang der B 173, re. abbiegen und 1,3 km entlang Voigtsgrüner Weg (K 7803), li. 1 km dem Voigtsgrüner Weg (K 7803) folgen, li. Dorfring/K 7814 Ri. Möschwitz abbiegen, 1,3 km auf der K 7814 Ri. Möschwitz, der Platz liegt rechter Hand. Oder: Von der anderen Seite der Talsperre nach Möschwitz, auf Höhe der Gaststätte Edelweis in die Voigtsgrüner Str. und dieser 1,7 km folgen.

Nächstgelegene Plätze

Plauen, GC (Nr. 209)
Hof, GC (Nr. 547)
Zwickau, GC (Nr. 207)

WENN SIE HIER SPIELEN WOLLEN ...
OITAVOS DUNES, REGION LISSABON
©J. Sjoman
... www.1golf.eu

Nordrhein-Westfalen

■ = Partner Albrecht Greenfee-Aktion

Nordrhein-Westfalen

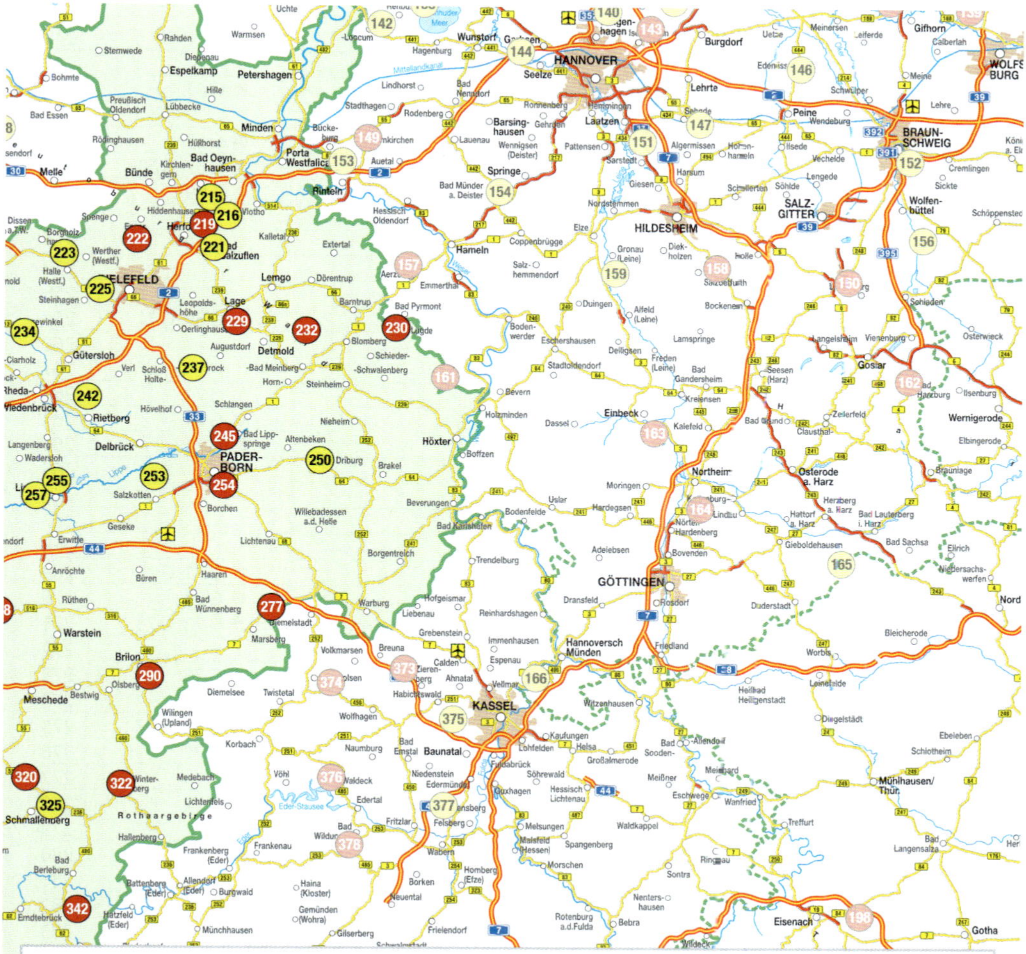

Club-Nr.	Clubname	Seite: Gutschein	Club
211	Golfclub Osnabrück-Dütetal e.V.		235
212	Golfclub Habichtswald e.V.	G 63	236
213	Golfclub Tecklenburger Land e.V.	G 63	237
214	Golfsportclub Rheine/Mesum Gut Winterbrock e.V.	G 65	238
215	Golf Club Widukind-Land e.V.		239
216	Golf Club Herford e.V.		240
217	Golf Club Münsterland e.V. Burgsteinfurt		241
218	Golfclub Ladbergen e. V.	G 65	242
219	Golf Club Heerhof e.V.	G 65	243
220	Golf- und Landclub Ahaus e.V.		244
221	Golf- und Landclub Bad Salzuflen von 1956 e.V.		245
222	Golfclub Ravensberger Land	G 65, G 67	246
223	Golfclub Teutoburger Wald Halle/Westfalen e.V.		247

Nordrhein-Westfalen

■ = Partner Albrecht Greenfee-Aktion

Nordrhein-Westfalen

Nordrhein-Westfalen

Nordrhein-Westfalen

Nordrhein-Westfalen

Golfclub Osnabrück-Dütetal e.V.

Karte, Nr. 211, Feld C5 **18/4** Design: Christoph Städler Höhe: 83 m

gegründet: 1983

Wersener Straße 17, 49504 Lotte-Wersen
05404-998610 05404-9986122
info@golf-duetetal.de
www.golf-duetetal.de

PR Dr. Ralf Kollmann, CM: Gary Hutchinson
Headgreenkeeper: Denis Tweddell

i 05404-998610 05404-9986122
Renate Meyer

Café-Restaurant Dütetal, Dennis Strohmeier
05404-73655
Mo. Ruhetag

PRO Pro: Joscha Lampe, Eric Buhle, Bernt Wimmer

18-Loch Osnabrück-Dütetal Platz
H: 6094 m, CR 72.3, SL 128, Par 72
D: 5263 m, CR 73.5, SL 127, Par 72
4-Loch Kurzplatz (Executive)
H: 505 m, D: 415 m
30 Rangeabschläge (3 überdacht)

G Gäste sind jederzeit willkommen. Anmeldung ist notwendig. Clubausweis mit eingetragenem Handicap (45) ist erforderlich.

18-Loch-Greenfee: WT: EUR 60 / WE: EUR 70
9-Loch-Greenfee: WT: EUR 30 / WE: EUR 35
Ermäßigung: Jugendl./Stud.

Platzbeschreibung

Die 110 ha große Anlage des Golfclubs Osnabrück-Dütetal befindet sich nur wenige Autominuten vom Zentrum der Stadt Osnabrück entfernt. Geprägt vom naturbelassenen Flusslauf der Düte und einem über die Jahrzehnte gewachsenen Baumbestand ist über die Jahre ein gepflegter Parkland Course englischen Stils behutsam gewachsen und gestaltet worden. Im Laufe seines Bestehens hat der Club den Platz immer wieder modernisiert und ausgebaut, um den gewachsenen Ansprüchen der Golfer gerecht werden zu können.

Platzinfos

VCG CLUB GASTRO

Anfahrtsbeschreibung

A 1 Richtung Bremen, Ausfahrt Osnabrück-Hafen Richtung Westerkappeln, nach ca. 1 km links Richtung Lotte, nach ca. 500 m links zum Golfplatz.

Nächstgelegene Plätze

Habichtswald, GC (Nr. 212)
Tecklenburger Land, GC (Nr. 213)
Osnabrücker GC (Nr. 148)

Nordrhein-Westfalen

Greenfee-Aktion: Seite G 63

Golfclub Habichtswald e.V.

Karte, Nr. 212, Feld C5 **18/6** Design: Städler, GC Habichtswald e.V. Höhe: 80 m

gegründet: 1981

Industriestraße 16, 49492 Westerkappeln-Velpe
☎ 05456-96013 🖷 05456-96014
✉ sekretariat@golfclub-habichtswald.de
💻 www.golfclub-habichtswald.de

PR Erika Pruhs
Headgreenkeeper: Andreas Middendorf

i ☎ 05456-96013 🖷 05456-96014
Christiane Gawrych

„Birkenhof“, Sonja Fernandez Sturies
☎ 05456-6549999
Mo. Ruhetag

PRO SHOP GC Habichtswald
☎ 05456-96013 🖷 05456-96014

PRO Pro: Malte Preuß

18-Loch Platz
H: 5735 m, CR 71.5, SL 132, Par 73
D: 4946 m, CR 72.5, SL 126, Par 73
6-Loch Kurzplatz (Executive)
H: 537 m, Par 19, D: 537 m, Par 19
10 Rangeabschläge (5 überdacht)

G Gäste sind jederzeit willkommen. Anmeldung ist notwendig. Clubausweis mit eingetragenem Handicap (54) ist erforderlich.

18-Loch-Greenfee: WT: EUR 65 / WE: EUR 75
9-Loch-Greenfee: WT: EUR 35 / WE: EUR 40
Die angebotene Greenfee-Aktion gilt nicht samstags, sonntags und an Feiertagen.
Ermäßigung: Jugendl./Stud. 50%

Platzinfos

Anfahrtsbeschreibung

A 30 Hannover-Amsterdam, 3 km westlich des ABK Lotte-Osnabrück, Ausfahrt Lotte, rechts Richtung Tecklenburg, Beschilderung Golfplatz folgen, in die Industriestraße nach ca. 2 km Parkplatz/Golfplatz linke Seite.

Nächstgelegene Plätze

Osnabrück-Dütetal, GC (Nr. 211)
Tecklenburger Land, GC (Nr. 213)
Ladbergen, GC (Nr. 218)

Platzbeschreibung

Die abwechslungsreiche Landschaft des Teutoburger Waldes mitten im TERRA.vita Natur- und Geopark verspricht ein einzigartiges Golf-Erlebnis mit unerwarteten Ausblicken in die Weite des Osnabrücker- und Tecklenburger Landes. Im Golfclub Habichtswald, einem der schönsten und abwechslungsreichsten Plätze in der Osnabrücker und Münsterländer Region, findet jeder, egal ob jung oder alt, Einsteiger oder „Profi“, ein ideales spielerisches Umfeld.

Greenfee-Aktion: Seite G 63

Golfclub Tecklenburger Land e.V.

Karte, Nr. 213, Feld C5 9

gegründet: 1971

Wallenweg 24, 49545 Tecklenburg
05455-2080010
sekretariat@golfclub-tecklenburg.de
www.golfclub-tecklenburg.de

PR Thomas Braumann
Headgreenkeeper: Matthias Pielke

i 05455-2080010
Irene Schneider

Thomas Niemeyer, Thomas Niemeyer
05455-2080024
Mo. Ruhetag

H: 6084 m, CR 72.7, SL 127, Par 72
D: 5332 m, CR 74.5, SL 123, Par 72
10 Rangeabschläge (3 überdacht)

G Gäste sind jederzeit willkommen. Anmeldung ist notwendig. Clubausweis mit eingetragenem Handicap ist erforderlich. Tarife für Gruppen auf Anfrage 05455-2080010

18-Loch-Greenfee: WT: EUR 55 / WE: EUR 65
9-Loch-Greenfee: WT: EUR 30 / WE: EUR 35

Platzinfos

VCG GPS CLUB

Platzbeschreibung

Der Golfplatz ist wunderschön in den Naturpark Teutoburger Wald integriert. Er ist aus allen Richtungen gut zu erreichen (A 1, A 30). Dennoch liegt er absolut ruhig und macht jeden Golftag zu einem Erholungstag. Die Bahnen liegen auf den Höhen und in den Tälern des Teutoburger Waldes. Diese Topografie macht die Anlage zu einer Topadresse für den Golfbeginner ebenso wie für den erfahrenen Golfer.

Anfahrtsbeschreibung

A 1 (Hansalinie): Ausfahrt Tecklenburg, auf der Straße Lengerich-Ibbenbüren Richtung Ibbenbüren, nach ca. 3 km befindet sich rechts die beschilderte Zufahrt zum Golfplatz. A 30: Ausfahrt Tecklenburg, dann zunächst Richtung Tecklenburg, dann Richtung Ladbergen, dann im Kreisel Richtung Ibbenbüren, nach 1 km rechts ab. Zufahrt beschildert. NAVI: 49545 Tecklenburg, Zum Golfplatz

Nächstgelegene Plätze

Habichtswald, GC (Nr. 212)
Ladbergen, GC (Nr. 218)
Osnabrück-Dütetal, GC (Nr. 211)

Greenfee-Aktion: Seite G 65

Golfsportclub Rheine/Mesum Gut Winterbrock e.V.

Karte, Nr. 214, Feld C5 **18/9/3** Design: Christoph Städler Höhe: 15 m

gegründet: 1996

Wörstraße 201, 48432 Rheine
☏ 05975-9490 Fax 05975-9491
✉ info@golfclub-rheine.de
www.golfclub-rheine.de

PR: Dr. Thomas Schettler, GF: Gerd Rothfuchs
Headgreenkeeper: Jan-Dirk Ewertz

i: ☏ 05975-9490 Fax -9491

Golfhotel Rheine, Jeannine Bathen
☏ 05975-919560 Fax 05975-9175715

PRO SHOP: Rheine Golf GmbH & Co KG, Gerd Rothfuchs
☏ 05975-9490 Fax 05975-9491

PRO: Pro: Lars Rehbock

18-Loch Südkurs
H: 6036 m, CR 71.6, SL 126, Par 72
D: 4998 m, CR 71.4, SL 125, Par 72
9-Loch Nordkurs
H: 4442 m, CR 62.9, SL 104, Par 34
D: 3880 m, CR 64.1, SL 101, Par 34
60 Rangeabschläge (12 überdacht)

G: Gäste sind jederzeit willkommen. Anmeldung ist notwendig. Clubausweis mit eingetragenem Handicap (36) ist erforderlich.

18-Loch-Greenfee: WT: EUR 70 / WE: EUR 90
9-Loch-Greenfee: WT: EUR 40 / WE: EUR 50
Ermäßigung: Jugendl. bis 18 J. 50%

Platzinfos

VCG

Anfahrtsbeschreibung

Von Rheine bzw. Emsdetten auf der B 481 bis zur Ampelkreuzung Mesum, rechts bzw. links Richtung Steinfurt, hinter dem Ortsausgangsschild Rheine-Mesum ca. 500 m links der Beschilderung zum Golfplatz folgen.

Platzbeschreibung

Die bestens gepflegte Anlage bietet ganzjährig Sommergrüns, eine großzügig angelegte Driving Range und Übungsanlagen mit hervorragenden Trainingsmöglichkeiten sowie eine öffentliche 9-Loch-Anlage für Jedermann.

Nächstgelegene Plätze

Münsterland, GC (Nr. 217)
Aldruper Heide, GC (Nr. 224)
Tecklenburger Land, GC (Nr. 213)

Golf Club Widukind-Land e.V.

Karte, Nr. 215, Feld D6 **18** Höhe: 160 m

gegründet: 1985

Auf dem Stickdorn 63, 32584 Löhne
05228-7050 05228-1039
info@gc-widukindland.de
www.gc-widukindland.de

PR: Gerhard Holdijk, GF: Gregor von Hinten, CM: Gregor von Hinten

i: 05228-7050 05228-1039
Regina Müller, Jutta Buchholz

Andre Sasse
05228-1038
Mo. Ruhetag

PRO SHOP: Golfshop Niermeier, Petra Niermeier
05228-979333 05228-979334

PRO: Pro: Jörn Neumann, Fred Hoffmann, Joseph Pearston

18-Loch Platz
H: 6090 m, CR 72, SL 136, Par 72
D: 5320 m, CR 73.4, SL 131, Par 72
4-Loch Executive Platz
H: 326 m, Par 12, D: 326 m, Par 12
20 Rangeabschläge (6 überdacht)

G: Gäste sind jederzeit willkommen. Sa./So./Feiertage ist Anmeldung notwendig. Clubausweis mit eingetragener PE ist erforderlich.

18-Loch-Greenfee: WT: EUR 50 / WE: EUR 60
9-Loch-Greenfee: WT: EUR 30 / WE: EUR 35
Ermäßigung: Jugendl./Stud. 50%

Platzinfos

Anfahrtsbeschreibung

A 2, Ausfahrt Vlotho-Exter Richtung Bad Oeynhausen, nach ca. 300 m erste Straße links in die Witteler Straße, Löhne-Wittel (Achtung, der erste Golfplatz ist der GC Herford). Nach ca. 3 km rechts dem Hinweisschild „GC Widukind-Land" zum Golfplatz folgen. Oder: B 61, Ausfahrt Richtung Exter, nach ca. 1,5 km links zum Golfplatz abbiegen.

Platzbeschreibung

Die leicht hügelige Topographie des Geländes ermöglicht ein problemloses Spielen für alle Altersgruppen, stellt aber gleichzeitig eine sportlich anspruchsvolle und abwechslungsreiche Herausforderung dar. Das Terrain wird in unregelmäßigen Abständen von kleinen Wäldchen eingesäumt.

Nächstgelegene Plätze

Herford, GC (Nr. 216)
Heerhof, GC (Nr. 219)
Bad Salzuflen, G&LC (Nr. 221)

Golf Club Herford e.V.

Karte, Nr. 216, Feld D6 **9** Design: Donald Harradine Höhe: 200 m

gegründet: 1984

Heideholz 8, 32602 Vlotho-Exter
05228-7434 05228-989366
info@golfclubherford.de
www.golfclubherford.de

PR Uwe König
Headgreenkeeper: Michael Lorenz

i 05228-7434 05228-989366
Martina König

Ristorante Mulino, Orazio Antonuccio
05228-989365
Do. Ruhetag

PRO Pro: Steve Taylor

H: 5765 m, CR 71.5, SL 131, Par 72
D: 5166 m, CR 74, SL 131, Par 72
10 Rangeabschläge (4 überdacht)

G Gäste sind jederzeit willkommen. Anmeldung ist notwendig. Clubausweis mit eingetragener PE ist erforderlich.

18-Loch-Greenfee: EUR 50
9-Loch-Greenfee: EUR 30
Ermäßigung: Jugendl. bis 18 J. 50%

Platzinfos

VCG GPS

Anfahrtsbeschreibung

A 2, Ausfahrt 31, Vlotho-West (ehemals Exter), Richtung Bad Oeynhausen, nach 1 km links Schild „Golfplatz", die Platzzufahrt befindet sich 100 m hinter Lindemanns Windmühle.

Platzbeschreibung

Der Golfplatz liegt zwischen den Orten Herford, Bad Oeynhausen, Löhne und Vlotho in verkehrsgünstiger Lage. Bei gutem Wetter ist ein wunderschöner Ausblick bis weit ins Weserbergland möglich. Die abwechslungsreiche Anlage ist hügelig, anspruchsvoll und sportlich. Insbesondere die vier dualen Abschläge sorgen für 13 abwechslungsreiche Bahnen. Diese Anordnung von 13 unterschiedlichen Abschlägen auf einer 9-Loch-Anlage sucht in Ostwestfalen ihresgleichen.

Nächstgelegene Plätze

Widukind-Land, GC (Nr. 215)
Heerhof, GC (Nr. 219)
Bad Salzuflen, G&LC (Nr. 221)

Golf Club Münsterland e.V. Burgsteinfurt

Karte, Nr. 217, Feld C6 9

gegründet: 1950

Bagno, Hollich 156a, 48565 Steinfurt
✆ 02551-833550 🖷 02551-833555
✉ info@gc-muensterland.de
💻 www.gc-muensterland.de

PR Wolfgang Huge sive Huwe
Headgreenkeeper: Theodor Stohldreyer

i ✆ 02551-833550 🖷 02551-833555
Corrie Wiegand, Silvia Dertwinkel, Edeltraud Polat

Gastronomie im GC Münsterland, Joao Martins da Silva
✆ 02551-833552

PRO Pro: Armando Furtado

H: 5420 m, CR 69.2, SL 123, Par 72
D: 4822 m, CR 70.9, SL 120, Par 72
15 Rangeabschläge (4 überdacht)

G Gäste sind jederzeit willkommen. Anmeldung ist notwendig. Clubausweis mit eingetragenem Handicap (54) ist erforderlich. Gäste sind jederzeit herzlich willkommen.

18-Loch-Greenfee: WT: EUR 50 / WE: EUR 60
Ermäßigung: Jugendl./Stud. 50%

Platzbeschreibung

Seit 1950 wird im Schlosspark der Fürsten von Bentheim und Steinfurt Golf gespielt. Die ehemalige Hauptwache, ein Gebäude aus dem 18. Jahrhundert, dient als Clubhaus. Der Park wurde als französischer Lustgarten nach Versailler Vorbild angelegt. Nur wer seine langen Schläge gerade spielt, hat hier ein ungetrübtes Erfolgserlebnis, denn der Wald und viele alte Solitärbäume werden manchem Longhitter zum Verhängnis.

Platzinfos

VCG

Anfahrtsbeschreibung

A 1, Ausfahrt Münster-Nord Richtung Gronau über die B 54 ca. 25 km bis zur Ausfahrt Steinfurt-Burgsteinfurt Richtung Burgsteinfurt, nach 300 m links Bagno und Golfplatz.

Nächstgelegene Plätze

Rheine/Mesum, GSC (Nr. 214)
Euregio Bad Bentheim GC (Nr. 150)
Aldruper Heide, GC (Nr. 224)

Nordrhein-Westfalen

Greenfee-Aktion: Seite G 65

Golfclub Ladbergen e. V.

Karte, Nr. 218, Feld C6 9

Nordrhein-Westfalen

gegründet: 2007

Hölterweg 8, 49549 Ladbergen
05485-831813 05485-831814
info@golf-ladbergen.de
www.golf-ladbergen.de

PR: Hartmut Grotholtmann, GF: Martin Grotholtmann

i: 05485-831813 -831814
Sabine Deters

PRO SHOP: 05485-831813

PRO: Pro: Joe Awuku

H: 3242 m, CR 60.7, SL 101, Par 60
D: 3242 m, CR 61.2, SL 109, Par 60
20 Rangeabschläge (2 überdacht)

G: Gäste sind jederzeit willkommen.
PE ist erforderlich.

Tages-Greenfee: WT: EUR 30 / WE: EUR 35
Ermäßigung: Jugendl. bis 18 J. und Stud.

Platzinfos

VCG

Platzbeschreibung

Die öffentliche Anlage verfügt über einen 9-Loch Golfplatz. Darüber hinaus bieten wir 20 Abschlagplätze auf der Driving Range und eine 3.000 qm große Übungseinheit für das kurze Spiel. Um auf dem Platz zu spielen, ist eine Platzreife erforderlich. Gäste, auch ohne Mitgliedschaft in einem Golfclub, sind bei uns gerne gesehen. Startzeiten werden nicht vergeben. Die flache, absolut ebene Golfanlage ist nicht nur für Anfänger gut geeignet, sondern erfordert bedingt durch die engen Fairways auch von Fortgeschrittenen ein präzises Spiel. Die kleine, familienfreundliche Golfanlage Ladbergen liegt in ruhiger Lage zwischen Osnabrück und Münster.

Anfahrtsbeschreibung

Aus Norden, Süden oder Westen (A 1 oder B 475 Rheine): A 1 Abfahrt Ladbergen, B 475 Ri. Warendorf, nach 500 m am Kreisel: zweite Abfahrt Ri. Warendorf, nach 2 km rechts (Kattenvenner Straße), nach 0,2 km links (Hölterweg), dem Verlauf folgen - nach 0,6 kommt rechter Hand der Platz. Aus Osten (Glandorf, Warendorf, Kattenvenne): B 475, Abfahrt Ladbergen, links abfahren (Kattenvenner Straße), nach 0,4 km links (Hölterweg), dem Verlauf folgen - nach 0,6 km kommt rechts der Platz.

Nächstgelegene Plätze

Tecklenburger Land, GC (Nr. 213)
Aldruper Heide, GC (Nr. 224)
Habichtswald, GC (Nr. 212)

Greenfee-Aktion: Seite G 65

Golf Club Heerhof e.V.

Karte, Nr. 219, Feld D6 **9** Design: Erich Schnatmeyer Höhe: 220 m

gegründet: 1984

Finnebachstraße 31, 32049 Herford
05228-7507 05228-1220
info@heerhof.de
www.heerhof.de

PR
Prof. Dr. Burkhard Wippermann
Headgreenkeeper: Eduard Felix

i
05228-7507 05228-1220
Nicole Obermeier

Restaurant Am Heerhof, Jörg Obermeier
05228-960232
Mo. Ruhetag

PRO SHOP
Golfpark Heerhof e.K.
05228-7507 05228-1220

9-Loch Golfpark Heerhof Platz
H: 5948 m, CR 71.2, SL 123, Par 72
D: 5236 m, CR 72.6, SL 122, Par 72
12 Rangeabschläge (6 überdacht)

G
Gäste sind jederzeit willkommen. Clubausweis mit eingetragenem Handicap (54) ist erforderlich.

18-Loch-Greenfee: WT: EUR 45 / WE: EUR 50
9-Loch-Greenfee: WT: EUR 25 / WE: EUR 30
Ermäßigung: Jugendl. bis 18 J. und Stud. bis 28 J. 50%

Platzbeschreibung

Die Golfanlage des Golf Club Heerhof liegt am Rande des Teutoburger Waldes, eingebettet in leicht hügeliges Gelände. Die Kombination der geplanten und gewachsenen Hindernisse machen das Spiel auf der 9-Loch Anlage variantenreich und spannend. Teilweise sehr tiefe Bunker und drei Biotope machen jedes Loch zum Erlebnis.

Platzinfos

VCG

Anfahrtsbeschreibung

A 2 Hannover-Dortmund, Ausfahrt Herford-Ost Richtung Herford, nach ca. 150 m links ist der Weg zum Golfplatz ausgeschildert. Hinweis für Navi: Auf dem Plasse, 32049 Herford

Nächstgelegene Plätze

Bad Salzuflen, G&LC (Nr. 221)
Herford, GC (Nr. 216)
Widukind-Land, GC (Nr. 215)

Nordrhein-Westfalen

Golf- und Landclub Ahaus e.V.

Karte, Nr. 220, Feld B6 **36** Design: Deutsche Golf Consult Höhe: 50 m

gegründet: 1987

Schmäinghook 36, 48683 Ahaus-Alstätte
02567-405 02567-3524
info@glc-ahaus.de
www.glc-ahaus.de

PR: Andreas Banger, GF: Bernhard Meyer
Headgreenkeeper: Thomas Lepping

02567-405 02567-3524
Edith Buss, Irmgard Rotering, Eva Hollekamp

JuleS Bistro, Mike Meier
02567-9367335/+31(0)620619097

PRO SHOP: GOTO GOLF
02567-9395564

PRO: Pro: Andrew Greig/ Colin Tomlinson

H: 5480 m, CR 69.5, SL 124, Par 71
D: 4910 m, CR 71.5, SL 127, Par 71
30 Rangeabschläge (6 überdacht)

G: Gäste sind jederzeit willkommen. Anmeldung ist notwendig. Clubausweis mit eingetragener PE ist erforderlich. Sa./So./Feiertage ist Handicap 36 erforderlich. Startzeitenreservierung ist erforderlich. Hunde sind auf dem West- und Nordplatz angeleint erlaubt.

18-Loch-Greenfee: Mo.-Do.: EUR 65 / Fr.-So.: EUR 75. 9-Loch-Greenfee: Mo.-Do.: EUR 40 / Fr.-So.: EUR 45. Freie Golfer zahlen für eine 18-Loch-Runde einen Greenfee-Aufschlag: WT/WE EUR 20/30.
Ermäßigung: Jugendl. bis 18 J. und Stud. bis 25 J.

Nächstgelegene Plätze
Euregio Bad Bentheim, GC (Nr. 150)
Coesfeld, G&LC (Nr. 235)
Münsterland, GC (Nr. 217)

Platzinfos

VCG GPS CLUB GASTRO

Anfahrtsbeschreibung
Der Golfplatz befindet sich 15 Minuten von der Autobahn A 31 und ca. 15 Minuten von Enschede. Auf der A 31 nehmen Sie die Ausfahrt Ahaus/Legden. In Ahaus fahren Sie in Richtung Gronau und nehmen am 2. Kreisverkehr die 4. Ausfahrt Richtung Wessum/ Alstätte. Im Kreisverkehr Ortseingang Alstätte bitte der Beschilderung Richtung Ottenstein/ Golfplatz folgen.

Platzbeschreibung
Die Golfanlage Ahaus liegt im Münsterland direkt angrenzend an das Naturschutzgebiet der Hörsteloer Wacholderheide. Der Süd-Ost-Course erhielt von der europäischen Vereinigung der Golfplatzarchitekten (ESGA) als erste deutsche Golfanlage die Auszeichnung „Premier European Golf Course". Der 36-Loch-Platz stellt für Golfer jeglicher Spielstärke eine Herausforderung dar. Durch den teilweise uralten Baumbestand und natürliche Wasserhindernisse fügt sich der Platz harmonisch in die Landschaft ein.

Golf- und Landclub Bad Salzuflen von 1956 e.V.

Karte, Nr. 221, Feld D6 **18** Design: Bernhard von Limburger Höhe: 180 m

gegründet: 1956

Schwaghof 4, 32108 Bad Salzuflen
☎ 05222-10773 🖷 05222-13954
✉ info@golfclub-bad-salzuflen.de
💻 www.golfclub-bad-salzuflen.de

PR: Manfred Jünemann
Headgreenkeeper: Christian Büker

i: ☎ 05222-10773 🖷 05222-13954
Christiane Schmidt, Corinna Lange

Gastronomie im Golfclub, Georigios Stratos
☎ 0171-5000099
Mo. Ruhetag

PRO SHOP: ProShop Bad Salzuflen, Christina Stuke
☎ 05222-61961

PRO: Pro: Christian Stuke

H: 5987 m, CR 72.4, SL 130, Par 72
D: 5283 m, CR 74.1, SL 133, Par 72
12 Rangeabschläge (6 überdacht)

G: Gäste sind jederzeit willkommen. Anmeldung ist notwendig. Clubausweis mit eingetragenem Handicap (54) ist erforderlich. Sa./So./Feiertage ist Handicap 36 erforderlich.

18-Loch-Greenfee: WT: EUR 50 / WE: EUR 60

Platzinfos

VCG

Anfahrtsbeschreibung

Von Norden: A 2, Ausfahrt „Exter", rechts auf die Landstraße in Richtung Bad Salzuflen durch den Ortsteil Exter, nach ca. 5 km rechts der Beschilderung zum Golfplatz folgen. Von Süden: A 2, Ausfahrt Herford-Bad Salzuflen, rechts auf die B239 in Richtung Detmold bis zur Ausfahrt Bad Salzuflen, weiter auf der Landstraße. Nach Bahngleisen rechts durch die Innenstadt von Bad Salzuflen geradeaus in Richtung Exter. Nach ca. 2 km links der Beschilderung zum Golfplatz folgen.

Platzbeschreibung

Die abwechslungsreiche Anlage ist teils im Hochwald gelegen, teils offen und gewährt reizvolle Ausblicke in die leicht hügelige Landschaft des Teutoburger Waldes. Der anspruchsvolle 18-Loch-Parklandplatz begeistert durch strategisch raffiniert angelegte Bahnen sowohl Anfänger als auch einstellige Amateure. Die hervorragende Platzpflege mit stark ondulierten Grüns und wehrigen Bunkern zeichnet diesen rennomierten Platz über die Grenzen Ostwestfalen Lippes aus.

Nächstgelegene Plätze

Heerhof, GC (Nr. 219)
Herford, GC (Nr. 216)
Widukind-Land, GC (Nr. 215)

Greenfee-Aktion: Seite G 65, 67

Golfclub Ravensberger Land

Karte, Nr. 222, Feld D6 **18/4** Design: Heinz Wolters Höhe: 150 m

gegründet: 1987

Südstraße 96, 32130 Enger-Pödinghausen
05224-79751 05224-699446
info@gc-rl.de
www.gc-rl.de

PR: Edwin Kieltyka

i: 05224-79751 05224-699446
Hans Werner Markmann

Streibergers im Nölkenhöners Hof
05224-9861501
Mo. Ruhetag

PRO SHOP: GCRL- Proshop
05224-79751 05224-699446

PRO: Pro: Andreas Pautz

18-Loch Platz
H: 5875 m, CR 70.5, SL 125, Par 72
D: 5019 m, CR 71.6, SL 125, Par 72
4-Loch Par 3 Platz
H: 2100 m, D: 2100 m
24 Rangeabschläge (8 überdacht)

G: Gäste sind jederzeit willkommen. Anmeldung ist notwendig. Clubausweis mit eingetragenem Handicap (45) ist erforderlich. Gäste immer gerne gesehen.

18-Loch-Greenfee: WT: EUR 78 / WE: EUR 100
DGV-R/vS Ausweis: WT: EUR 60 / WE: EUR 84 (inkl. 1 Token)
OWL-Partnerclubs (tel. Anmeldung): WT EUR 35
Ab 20 Spieler „Gruppenrabatt" inkl. 1 Token.
Ermäßigung: Jugendl./Stud.

Nächstgelegene Plätze
Bielefelder GC (Nr. 225)
Heerhof, GC (Nr. 219)
Teutoburger Wald, GC (Nr. 223)

Platzinfos

VCG GPS CLUB GASTRO

Anfahrtsbeschreibung
A 2, Ausfahrt Herford/Bad Salzuflen, B 239 Richtung Herford/Lübbecke bis Ausfahrt Herford/Enger, der Beschilderung Richtung Enger ca. 7 km folgen bis Umgehungsstraße Enger, Richtung Bielefeld, nach ca. 3,6 km rechts Braker Weg.

Platzbeschreibung
Die Anlage besteht inzwischen seit über 35 Jahren. In dieser Zeit hat sich der 18-Loch-Platz (sowie 4 Kurzbahnen) zu einer idyllischen Parklandschaft entwickelt. Golfer erwartet eine ansprechende Anlage mit gepflegten Fairways und Grüns. Sportliche Herausforderungen: die langen Par 5-Spielbahnen und auch die Ausgrenzen entlang der Spielbahnen. Der Golfclub Ravensberger Land ist von Bielefeld und Herford schnell erreichbar. Im Clubhaus verwöhnt unser Gastronom die Gäste mit mediterranen und ausgewählten westfälischen Spezialitäten.

Golfclub Teutoburger Wald Halle/Westfalen e.V.

Karte, Nr. 223, Feld D6 **18/9/3** Design: Kurt Rossknecht Höhe: 180 m

gegründet: 1990

Eggeberger Straße 13, 33790 Halle/Westfalen
☎ 05201-6279 Fax 05201-6222
post@gctw.de
www.gctw.de

PR: Elke Hardieck, CM: Michael Vormbäumen
Headgreenkeeper: Henning Wessling

i: ☎ 05201-6279 Fax 05201-6222
Vogt Bettina, Walli Biermann

Restaurant: Rossini, Emil Sieckendiek
☎ 05201-971710 Fax 05201-9717117

PRO SHOP: Golfplatz Eggeberg GmbH
☎ 05201-6279 Fax 05201-6222

PRO: Pro: Ralf Berhorst, Lutz Plesse

18-Loch LIGAKURS Rot
H: 6036 m, CR 72, SL 135, Par 72
D: 5287 m, CR 73.9, SL 134, Par 72
18-Loch Kurs Grün - Blau
H: 5855 m, CR 71.1, SL 132, Par 72
D: 5160 m, CR 72.9, SL 129, Par 72
32 Rangeabschläge (19 überdacht)

G: Gäste sind jederzeit willkommen. Anmeldung ist notwendig. Clubausweis mit eingetragenem Handicap (54) ist erforderlich.

18-Loch-Greenfee: EUR 56
9-Loch-Greenfee: EUR 32
Ermäßigung: Jugendl./Stud. 50%

Platzbeschreibung

Inmitten des Naturparks Nördlicher Teutoburger Wald ist hier eine architektonisch und landschaftlich ebenso anspruchs- wie reizvolle 27 Loch Golfanlage entstanden. Hier finden Sie Natur pur, gepaart mit einer der interessantesten Sportarten unserer Zeit. Die Spielbahnen ziehen sich abwechslungsreich durch das weitläufige Areal, eingebettet in die naturbelassene Topographie mit Hügeln und Senken sowie idyllisch angelegten Wasserhindernissen.

Platzinfos

CLUB GASTRO

Anfahrtsbeschreibung

A 33 Paderborn/Bielefeld, Ausf.Ostwestfalendamm B 68 Ri. Halle/Osnabrück und direkt nach Halle an der 1. Ampel der GOLF-Beschilderung folgen. Oder: A 33 Osnabrück/Bielefeld, am Ende der Autobahn (Ausf. Borgholzhausen) auf die B 476 Ri. Bielefeld, biszur ersten Ampelkreuzung, dann auf die B 68 Ri. Halle/ Bielefeld. An der Ampelkreuzung vor Halle (Gerry Weber Stadion schräg rechts) links Ri. Werther und der GOLF-Beschilderung folgen.

Nächstgelegene Plätze

Bielefelder GC (Nr. 225)
Ravensberger Land, GC (Nr. 222)
Marienfeld, GC (Nr. 234)

Golf-Club Aldruper Heide e.V.

Karte, Nr. 224, Feld C6 **18** Design: Christoph Städler

gegründet: 1990

Aldruper Oberesch 12, 48268 Greven
02571-97095 Sekretariat 02571-952047
info@golfclub-aldruper-heide.de
www.golfclub-aldruper-heide.de

PR Headgreenkeeper: Klaus Benjack

02571-97095 02571-952047

Clubrestaurant, Michael Schlautmann
02571-800305 02571-952047
Mo. Ruhetag

PRO SHOP Golf Shop Aldruper Heide, Jason Middleton
02571-549050 02571-952047

PRO Pro: Steffen Zunker, Jason Middleton

H: 5741 m, CR 70.3, SL 132, Par 71
D: 5033 m, CR 71.7, SL 128, Par 71
20 Rangeabschläge (5 überdacht)

G Gäste sind jederzeit willkommen. Anmeldung ist notwendig.

18-Loch-Greenfee: WT: EUR 60 / WE: EUR 70
9-Loch-Greenfee: WT: EUR 30 / WE: EUR 35
Ermäßigung: Jugendl. bis 18 J. und Stud. bis 27 J. 50%

Platzbeschreibung

Das malerische, leicht hügelige Gelände mit zahlreichen Biotopen, Teichen und Seen begeistert Golf- und Naturfreunde gleichermaßen. 18 Spielbahnen sind auf 54 ha in eine typisch münsterländische Parklandschaft eingefügt. Der sandige Eschboden nimmt selbst starke Regengüsse problemlos auf, so dass der Platz meist ganzjährig bespiebar ist.

Platzinfos

CLUB GASTRO VCG GPS

Anfahrtsbeschreibung

B 219 Greven Richtung Münster, am Ortsausgang, ca. 300 m hinter der Emsbrücke, links Richtung Gimbte (Kreisstraße K18) und nach ca. 700 m rechts zum Golfplatz abbiegen (beschildert, einzige Zufahrt). Achtung, manche Navi-Software führt Sie falsch und Sie stehen vor einer Schranke, die die Zufahrt auf den Parkplatz verhindert!

Nächstgelegene Plätze

Münster-Wilkinghege, GC (Nr. 227)
Ladbergen, GC (Nr. 218)
Gut Hahues/Telgte, GC (Nr. 228)

Bielefelder Golfclub e.V.

Karte, Nr. 225, Feld D6 **18** Design: Harradine Golf Höhe: 200 m

gegründet: 1977

Dornberger Straße 377, 33619 Bielefeld
☎ 0521-105103 Fax 0521-109579
✉ info@bielefelder-golfclub.de
www.bielefelder-golfclub.de

PR: Birgit Kamloth
Headgreenkeeper: Jan Garten

i: ☎ 0521-105103 Fax 0521-109579
Andrea Poschmann, Daniela Markmann, Bettina Seidensticker, Juliane von Sassen

Gastronomie: Fam. Serra
☎ 0521-105133
Mo. Ruhetag

PRO SHOP: Bradley Kerr
☎ 0171-4250547

PRO: Pro: Jeremy Smith, Bradley Kerr, Eric Uetrecht

18-Loch Standard Platz
H: 5642 m, CR 69.6, SL 131, Par 71
D: 4916 m, CR 70.7, SL 133, Par 71
23 überdachte Rangeabschläge

G: Gäste sind jederzeit willkommen. Anmeldung ist notwendig. Clubausweis mit eingetragenem Handicap (36) ist erforderlich.

18-Loch-Greenfee: WT: EUR 50 / WE: EUR 60
9-Loch-Greenfee: WT: EUR 25 / WE: EUR 30
Ermäßigung: Jugendl./Stud. 50%

Platzbeschreibung

Der Platz liegt stadtnah am Nordhang des Teutoburger Waldes im Landschaftsschutzgebiet. Mit seinem alten Baumbestand und einigen Wasserhindernissen (7 Sieks) ist er durchaus anspruchsvoll. Herausragend das neue Trainingszentrum mit der über 250 m langen neuen Driving-Range mit angeschlossenem Kurzspiel-Trainingsgelände.

Platzinfos

VCG GPS CLUB GASTRO

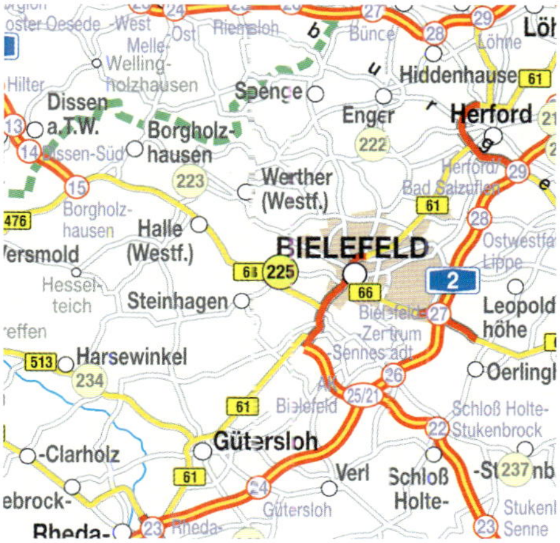

Anfahrtsbeschreibung

Von Bielefeld-Zentrum zur Dornberger Straße durch Johannistal Richtung Dornberg bis zum Twellbachtal, dann der Beschilderung nach links zum Golfplatz abbiegen. Aus Richtung A 33, A 33 AS Steinhagen, auf Bielefelder Str. nach Osten fahren, weiter auf Bergstraße, links abbiegen auf Dornberger Str., bei Twellbachtal links abbiegen, weiter auf Dornberger Str., leicht rechts abbiegen, um auf Dornberger Str. zu bleiben, das Ziel befindet sich auf der linken Seite.

Nächstgelegene Plätze

Teutoburger Wald, GC (Nr. 223)
Ravensberger Land, GC (Nr. 222)
Marienfeld, GC (Nr. 234)

Nordrhein-Westfalen

Greenfee-Aktion: Seite G 67

Nordrhein-Westfalen

Golf Club Schultenhof Peckeloh e.V.

Karte, Nr. 226, Feld D6 **18** Höhe: 70 m

gegründet: 1988

Schultenallee 1, 33775 Versmold
05423-42872 05423-42962
info@golfclub-peckeloh.de
www.golfclub-peckeloh.de

PR Volker Willich
Headgreenkeeper: Thorsten Hartmann

05423-42872 05423-42962
Karin Husemann

Restaurant Casa Italiana, Marco Iezzi
05423-4103826
Mo. Ruhetag

PRO SHOP Golfstore Gary Locke, Karen Locke
05423-42882 05423-42962

PRO Pro: Gary Locke

H: 6129 m, CR 72.4, SL 129, Par 72
D: 5315 m, CR 73.8, SL 127, Par 72
14 Rangeabschläge (4 überdacht)

G Gäste sind jederzeit willkommen. Anmeldung ist notwendig. Clubausweis mit eingetragener PE ist erforderlich.

Tages-Greenfee: WT: EUR 60 / WE: EUR 70
9-Loch-Greenfee: WT: EUR 30 / WE: EUR 40
Ermäßigung: Jugendl./Stud. 50%

Platzbeschreibung
Die Anlage liegt in einer typisch „westfälischen Parklandschaft" auf sanft hügeligem Gelände. Bei den ersten 9 Loch ist taktisches Spiel (Wasserhindernisse) gefragt, bei den zweiten 9 Loch sind es eher die Longhitter-Fähigkeiten. Aufgrund der günstigen Lage gilt der Platz als „regensicher" und ganzjährig bespielbar.

Platzinfos

VCG GPS CLUB

Anfahrtsbeschreibung
Von Bielefeld: B 68 Richtung Osnabrück, Ausfahrt B 476 Borgholzhausen-Versmold Richtung Peckeloh. Oder: B 51 Münster-Telgte bis Glandorf, rechts auf die B 475 bis Sassenberg, dann links auf die B 476 bis Peckeloh. Von Osnabrück auf der A33 bis zur Abfahrt Versmold/Warendorf auf der B 476 durch Versmold und Peckeloh, kurz hinterm Ortsausgangsschild Peckeloh rechts zum Golfplatz.

Nächstgelegene Plätze
Warendorfer GC (Nr. 231)
GP Heidewald Vohren (Nr. 233)
Marienfeld, GC (Nr. 234)

Golfclub Münster-Wilkinghege e.V.

Karte, Nr. 227, Feld C6 18

gegründet: 1963

Steinfurter Straße 448, 48159 Münster
0251-214090 0251-2140940
kontakt@golfclub-wilkinghege.de
www.golfclub-wilkinghege.de

PR Dr. Hans Martin Bredeck, CM: Thomas Leeb
Headgreenkeeper: Fabo Kappert

i 0251-214090 0251-2140940
Nadine Budde, Mechthild Lahrmann

Thorsten u. Bettina Heßfeld
0251-217664 0251-2398560
Mo. Ruhetag

PRO Pro: Rainer Mund, Johannes Messinger

H: 5749 m, CR 70.8, SL 127, Par 71
D: 5101 m, CR 72.8, SL 126, Par 71
30 Rangeabschläge (10 überdacht)

G Gäste sind jederzeit willkommen. Anmeldung ist notwendig. Clubausweis mit eingetragenem Handicap (36) ist erforderlich.

18-Loch-Greenfee: WT: EUR 70 / WE: EUR 90
Ermäßigung: Jugendl./Stud. 50%

Platzinfos

Anfahrtsbeschreibung

A 1 Ausfahrt Münster-Nord Richtung Stadtmitte, 1. Ampel links, erste Zufahrt rechts und der Beschilderung zum Golfplatz folgen.

Platzbeschreibung

Der Platz liegt in unmittelbarer Nähe des Wasserschloss Wilkinghege und fügt sich harmonisch in ein weitgehend flaches, parkähnliches Gelände ein. Bei der Gestaltung des Platzes wurde Wert auf die Besonderheiten der münsterländischen Landschaft wie Wallhecken, Seen und Bachläufe gelegt.

Nächstgelegene Plätze

Aldruper Heide, GC (Nr. 224)
Münster-Tinnen, GC (Nr. 236)
GA Haus Köbbing (Nr. 239)

Greenfee-Aktion: Seite G 67

Golfclub Gut Hahues zu Telgte e.V.

Karte, Nr. 228, Feld C6 **12** Design: Tony Ristola

gegründet: 1989

Harkampsheide 5, 48291 Telgte
02504-72326 02504-72321
sekretariat@golfclub-telgte.de
www.golfclub-telgte.de

PR: Anton Fasching
Headgreenkeeper: Fa. Sommerfeld

i: 02504-72326 02504-72321
Joachim Jung, Paulina Herok, Angelina Scholz, Peter Kratz

Golfclub Gut Hahues, FranJo Gottheil
Mo. Ruhetag

PRO: Pro: Pierre Jünemann

12-Loch Rot-Blau-Rot Platz
H: 5495 m, CR 69, SL 131, Par 70
D: 4602 m, CR 69.7, SL 124, Par 70
12-Loch Blau-Rot-Blau Platz
H: 5572 m, CR 69.3, SL 128, Par 71
D: 4674 m, CR 69.8, SL 125, Par 71
15 Rangeabschläge (1 überdacht)

G: Gäste sind jederzeit willkommen. Sa./So./Feiertage ist Anmeldung notwendig. Clubausweis mit eingetragener PE ist erforderlich.

18-Loch-Greenfee: WT: EUR 50 / WE: EUR 60
Ermäßigung: Jugendl. bis 18 J. und Stud. bis 26 J.

Platzinfos

VCG GPS GASTRO

Anfahrtsbeschreibung
Von Münster oder Osnabrück auf der B 51 nach Telgte, in Telgte an der Kreuzung „Gasthof Osthues Brandhove" Richtung Stadtmitte, an der nächsten Ampelkreuzung geradeaus (Einener Straße), ab dem Ortsausgangsschild nach ca. 1,8 km rechts zum Golfplatz abbiegen.

Platzbeschreibung
Ein Golfplatz mit Atmosphäre, gelegen in einer typisch westfälischen Parklandschaft mit altem Baumbestand und natürlichen Wasserhindernissen. Die gepflegten Fairways sind dank des saugfähigen Sandbodens in der Regel ganzjährig bespielbar, ebenso die Sommergrüns. Qualitätsmanagment-Status: „Golf und Natur" - Gold

Nächstgelegene Plätze
Brückhausen, GC (Nr. 238)
Warendorfer GC (Nr. 231)
Ladbergen, GC (Nr. 218)

Greenfee-Aktion: Seite G 67, 69

Golfanlage Gut Ottenhausen

Karte, Nr. 229, Feld D6 18

gegründet: 2015

Ottenhauser Str. 100, 32791 Lage
05232-9738500
info@golf-gut-ottenhausen.de
golf-gut-ottenhausen.de

05232-9738500
Annika Rademacher

Bistro Gut Ottenhausen
Mo. Ruhetag

H: 5822 m, CR 71.6, SL 133, Par 72
D: 5169 m, CR 73.6, SL 126, Par 72
20 Rangeabschläge (5 überdacht)

Gäste sind jederzeit willkommen. Anmeldung ist notwendig. Clubausweis mit eingetragener PE ist erforderlich.

Tages-Greenfee: WT: EUR 45 / WE: EUR 50
9-Loch-Greenfee: WT: EUR 30 / WE: EUR 35
Ermäßigung: Jugendl. bis 18 J. und Stud. bis 25 J. 50%

Platzbeschreibung

Mitten in Ostwestfalen-Lippe, in der „Zuckerstadt" Lage, finden Sie die Golfanlage Gut Ottenhausen. Der Wechsel von Freiflächen und Wald prägt den 18–Loch Platz und vermittelt eine schöne parkähnliche Atmosphäre. Genießen Sie die zahlreichen Doglegs und immer wechselnden Ausblicke auf den Teutoburger Wald und das Hermannsdenkmal. Als Highlight erwartet Sie an der Bahn 18 ein wunderschöner Seeblick, der das Golferlebnis abrundet. Die Golfanlage zeichnet sich besonders durch ihre kurzen Wege aus: Die Bahnen 1 und 10, die Driving Range, das Putting und das Chipping Grün sowie die Parkplätze liegen in unmittelbarer Nähe zum Clubhaus. Genießen Sie die freundliche Atmosphäre und freuen Sie sich auf ein entspanntes Golferlebnis ohne Startzeiten. Wir freuen uns auf Sie!

Platzinfos

VCG GPS CLUB GASTRO

Anfahrtsbeschreibung

Nutzen Sie aus nordöstlicher Richtung die A2 (Hannover/Dortmund), Ausfahrt Bielefeld-Ost (27), Richtung Oerlinghausen. Fahren Sie über die B66 nach Lage. In der Stadtmitte orientieren Sie sich Richtung Pivitsheide. Sie finden uns nach 2 km auf der Pivitsheider Straße links in der Ottenhauser Straße.

Nächstgelegene Plätze

Senne GC Gut Welschof (Nr. 237)
Lippischer GC (Nr. 232)
Bad Salzuflen, G&LC (Nr. 221)

Greenfee-Aktion: Seite G 69

Golf-Club Bad Pyrmont e.V.

Karte, Nr. 230, Feld E6 18 Design: Donald Harradine Höhe: 271 m

gegründet: 1961

Am Golfplatz 2, 32676 Lügde
05281-9892790 05281-9893970
info@golfclub-pyrmont.de
www.golfclub-pyrmont.de

05281-9892790
Susanne Klinge

Clubhouse, Wolfgang Tietz
05281-9892794

Pro: Tarik Panitz

H: 5624 m, CR 70.1, SL 121, Par 71
D: 4922 m, CR 71.6, SL 123, Par 71
13 Rangeabschläge (11 überdacht)

Gäste sind jederzeit willkommen. Anmeldung ist notwendig. Clubausweis mit eingetragenem Handicap (54) ist erforderlich.

18-Loch-Greenfee: EUR 50
9-Loch-Greenfee: EUR 30
GF-Ermäßigung in Verbindung mit Hotelbuchung oder Gruppen ab 15 Personen.
Ermäßigung: Jugendl./Stud. 50%

Platzbeschreibung

Die Lage des Platzes hoch über Bad Pyrmont und Lügde bietet einen Panoramablick besonderer Art: Über den Pyrmonter Talkessel tief hinein in das Weserbergland, hinüber zu den Lipper Bergen und den Ausläufern des Teutoburger Waldes. Von jedem Loch ein anderer Blick, teilweise sogar über den Wolken, je nach Sonnenstand mit herrlichen Lichtvariationen, einfach fantastisch! Einzigartige Besonderheit: Auf der Bahn 7 kann man mit einem Schlag den Golfball von Niedersachsen über die Landesgrenze nach Nordrhein-Westfalen spielen. Ein ausgefallen schöner Grenzstein markiert diesen Punkt.

Platzinfos

VCG GPS CLUB GASTRO

Anfahrtsbeschreibung

Von der B 1 oder B 83 nach Lügde bei Bad Pyrmont. In Lügde in Höhe der Kirche/Marktplatz an der Fußgängerampel in die Brückenstraße. Nach dem Passieren der Emmerbrücke (Fluss) nach ca. 600 m links ab zum Hotel Sonnenhof, am Hotel vorbei und etwa 2 km bergauf. 300 m nach dem Berggasthof Kempenhof befindet sich der Golfplatz.

Nächstgelegene Plätze

Hamelner GC (Nr. 157)
Weserbergland, GC (Nr. 161)
Lippischer GC (Nr. 232)

Warendorfer Golfclub An der Ems

Karte, Nr. 231, Feld C6 9 Höhe: 65 m

gegründet: 1987

Vohren 41, 48231 Warendorf
✆ 02586-1792 Fax 02586-8408
✉ info@warendorfer-golfclub.de
www.warendorfer-golfclub.de

PR: Hedi Dieckmann

i: ✆ 02586-1792 Fax -8408

Golfhotel Blaue Ente
✆ 02586-1792 Fax 02586-8408
Mo. Ruhetag

PRO SHOP: ✆ 02586-1792

H: 6106 m, CR 72.5, SL 128, Par 72
D: 5398 m, CR 74.8, SL 127, Par 72
35 Rangeabschläge (6 überdacht)

G: Gäste sind jederzeit willkommen. Clubausweis mit eingetragener PE ist erforderlich.

Tages-Greenfee: WT: EUR 40 / WE: EUR 50
Ermäßigung: Jugendl. 50%

Platzinfos

VCG GPS GASTRO

Nächstgelegene Plätze

GP Heidewald Vohren (Nr. 233)
Schultenhof Peckeloh, GC (Nr. 226)
Schloß Vornholz, GC (Nr. 240)

Anfahrtsbeschreibung

Von der A 1 bzw. A 2 auf die B 64 Münster-Rheda-Wiedenbrück Richtung Warendorf. Zwischen Warendorf und Beelen am Bahnhof Vohren Richtung Sassenberg der Beschilderung zum Golfplatz folgen.

Platzbeschreibung

Die Golfanlage liegt inmitten einer münsterländischen Parklandschaft, umgeben von hohen alten Bäumen. Der feine Sandboden garantiert nicht nur sehr feine Fairwaygräser, sondern garantiert auch nach längerem Regen einen stets trockenen und bespielbaren Untergrund. Der Platz bietet einen sehr abwechslungsreichen Parcours mit strategisch gut platzierten, teilweise tiefen Bunkern und Wasserhindernissen.

Greenfee-Aktion: Seite G 69

Lippischer Golfclub e.V.

Karte, Nr. 232, Feld E6 **18** Design: Gerhard Bruns Höhe: 100 m

gegründet: 1980

Huxoll 14, 32825 Blomberg-Cappel
✆ 05236-459 🖷 05236-8102
✉ sekretariat@lippischergolfclub.de
💻 www.lippischergolfclub.de

PR: Achim Schäffer

i: ✆ 05236-459 🖷 05236-8102
Ulrich Holt, Ulla Meiseberg

Mo. Ruhetag

PRO SHOP: Golf-Shop Michael Lauermann
✆ 05236-6759994 🖷 05236-8102

PRO: Pro: Ulrich Holt, Michael Lauermann

H: 5989 m, CR 72.1, SL 131, Par 72
D: 5224 m, CR 73.7, SL 131, Par 72
18 Rangeabschläge (10 überdacht)

G: Gäste sind jeden Tag (außer Montag) willkommen. Anmeldung ist notwendig. Clubausweis mit eingetragenem Handicap (54) ist erforderlich.

Tages-Greenfee: Di.-Fr.: EUR 55 / WE: EUR 65
9-Loch-Greenfee: Di.-Fr.: EUR 30 / WE: EUR 35
Greenfeegebühren gelten für Mitglieder des DGV mit „R" Ausweise und Ausland. Für andere Mitgliedschaftsformen wird ein Aufschlag berechnet. Montags nur in Begleitung eines Mitglieds möglich.
50 % Ermäßigung auf Tagesgreenfee für Jugendliche und Studenten bis 27 Jahre nur mit Nachweis.

Platzinfos

Anfahrtsbeschreibung

B 1 westl. Blombergs Ostwestfalenstraße Ri. Lemgo, Ausf. Großenmarpe-Cappel, Beschilderung. Oder: A 44, Ausf. Warburg, Ostwestfalenstraße nordwärts, hinter Blomberg Ausf. rechts Barntrup/Cappel, Beschilderung. Oder: A 2, Ausf. Ostwestfalenstraße zw. Bad Salzuflen/Bielefeld, über Lemgo Ri. Blomberg, bei Donop Ausf. Dalborn-Kleinenmarpe-Cappel, Beschilderung. Oder: Ab Detmold Nordring, links Ri. Barntrup, in Cappel links.

Platzbeschreibung

Die ruhige, parkähnliche Anlage besticht durch einen hervorragenden Pflegezustand und bietet eine angemessene sportliche Herausforderung. Beste Trainingsbedingungen bieten die überdachten Übungsplätze der Driving-Range. Aus dem neu gestalteten Clubhaus und von der großzügigen Terrasse bieten sich nach der Runde wunderbare Ausblicke auf den Golfplatz.

Nächstgelegene Plätze

Ottenhausen, GA (Nr. 229)
Bad Pyrmont, GC (Nr. 230)
Senne GC Gut Welschof (Nr. 237)

Golfpark Heidewald Vohren

Karte, Nr. 233, Feld D6 **9** Höhe: 65 m

gegründet: 1996

Vohren 41, 48231 Warendorf
✆ 02586-1792 🖷 02586-8408
✉ info@golfpark-heidewald.de
💻 www.golfpark-heidewald.de

PR: CM: Holger Dieckmann

i: ✆ 02586-1792 🖷 02586-8408

Blaue Ente
✆ 02586-1792 🖷 -8408
Mo. Ruhetag

PRO SHOP: ✆ 02586-1792

H: 3084 m, CR 58.1, SL 95, Par 56
D: 2968 m, CR 58.6, SL 89, Par 56
35 Rangeabschläge (6 überdacht)

G: Gäste sind jederzeit willkommen.

Tages-Greenfee: WT: EUR 25 / WE: EUR 30

Platzinfos

VCG

Anfahrtsbeschreibung

B 64 Münster-Rheda-Wiedenbrück, zwischen Beelen und Warendorf am Bahnhof Vohren Richtung Sassenberg und anschließend rechts der Beschilderung zum Golfplatz folgen.

Platzbeschreibung

Der Deutsche Golf Verband hat den Golfpark Heidewald Vohren unter die Lupe genommen. Das Urteil: Der Platz ist spannender und besser geworden, das „Rating" wurde spürbar angehoben - damit machen die Wettspiel noch mehr Spaß. Der einzige öffentliche Golfplatz in der Region belebt die Golfszene also weiter. Die Verlängerung einiger Bahnen, die neu geschaffenen Bunker und der stark entwickelte Baumbestand sorgen für Herausforderungen. Die große Heidefläche im Zentrum der Anlage schafft eine ganz spezielle Atmosphäre, dazu erlaubt der feine Sandboden unbeschränktes Spiel auch nach starken Regenfällen.

Nächstgelegene Plätze

Warendorfer GC (Nr. 231)
Schultenhof Peckeloh, GC (Nr. 226)
Schloß Vornholz, GC (Nr. 240)

Nordrhein-Westfalen

Golfclub Marienfeld e.V.

Karte, Nr. 234, Feld D6 **18** Höhe: 70 m

gegründet: 1986

Remse 27, 33428 Marienfeld
05247-8880 05247-80386
info@gc-marienfeld.de
www.gc-marienfeld.de

PR: Andrea Sonnabend

i: 05247-8880 05478-0386
Juan Caceres

Loch 19., Alexander Pircher
05247-80240 -80386
Mo. Ruhetag

PRO: Pro: Dennis Hollensett

H: 5818 m, CR 71.3, SL 129, Par 71
D: 5103 m, CR 72.6, SL 127, Par 71
30 Rangeabschläge (6 überdacht)

G: Gäste sind jederzeit willkommen. Sa./So./Feiertage ist Anmeldung notwendig. Clubausweis mit eingetragenem Handicap (54) ist erforderlich. Sa./So./Feiertage ist Handicap 45 erforderlich.

18-Loch-Greenfee: WT: EUR 50 / WE: EUR 60
9-Loch-Greenfee: WT: EUR 30 / WE: EUR 35
OWL-Greenfeeabkommen: Mo- Fr: 35 Euro

Platzbeschreibung

Eingebettet in eine westfälische Parklandschaft liegt der sehr gepflegte 18-Loch-Platz zwischen Harsewinkel und Gütersloh an der B 513. Die Fairways und Greens befinden sich in ausgezeichnetem Zustand. Teiche, renaturierte Bäche, alter Baumbestand sowie einige Doglegs machen den Reiz dieser vielleicht nur auf den ersten Eindruck einfach zu bespielenden Golfanlage aus.

Platzinfos

VCG GPS GASTRO

Anfahrtsbeschreibung

Von Harsewinkel auf der B 513 Richtung Gütersloh, nach 1,2 km links in die Adenauer Straße abbiegen und dann in die nächste Straße links zum Golfplatz (ausgeschildert).

Nächstgelegene Plätze

GP Heidewald Vohren (Nr. 233)
Warendorfer GC (Nr. 231)
Schultenhof Peckeloh, GC (Nr. 226)

Greenfee-Aktion: Seite G 69, 71

Golf- und Landclub Coesfeld e.V.

Karte, Nr. 235, Feld B6 **18/6** Höhe: 46 m

Nordrhein-Westfalen

gegründet: 1987

Stevede 8a, 48653 Coesfeld
☎ 02541-5957 Fax 02541-5986
✉ info@golfclub-coesfeld.de
www.golfclub-coesfeld.de

PR: Meinrad Kamuf, CM: Susanne Schäfer

i: ☎ 02541-5957 Fax 02541-5986
Silke Berger-Böyer, Monika Onuegbu

Heide-Bistro, Gisela Merz-Meurisch
☎ 02541-5983 oder 0176-622 041 54
Mo. Ruhetag

PRO: Pro: Lars Rehbock, Christian Bienemann

H: 6127 m, CR 72.5, SL 132, Par 73
D: 5221 m, CR 73, SL 128, Par 73
16 Rangeabschläge (6 überdacht)

G: Gäste sind jederzeit willkommen. Anmeldung ist notwendig. Clubausweis mit eingetragenem Handicap (54) ist erforderlich. Sa./So./Feiertage ist Handicap 36 erforderlich.

18-Loch-Greenfee: WT: EUR 60 / WE: EUR 80
9-Loch-Greenfee: WT: EUR 35 / WE: EUR 45
Ermäßigung: Jugendl./Stud. 50%

Platzbeschreibung

„Golfen in reizvoller und ruhiger Natur" - unter diesem Motto steht das Spiel auf dem Golfplatz Coesfeld. Zahlreiche Biotope, Wallhecken, Streuobstwiesen, Teiche und Tümpel bilden auch weiterhin den Lebensraum für einheimische Pflanzen und Tiere. Von der ersten bis zur letzten Bahn finden die Sportler gepflegten Rasen in ansprechender Umgebung. Viel Spielwitz kennzeichnen die 18 Spielbahnen, bei denen keine der anderen gleicht.

Platzinfos

VCG GPS CLUB

Anfahrtsbeschreibung

A 43, Ausf. Nottuln oder Dülmen-Coesfeld Ri. Coesfeld, in Coesfeld auf der B 525 Ri. Winterswijk bis Abzweigung Reken (Freilichtbühne), dort links, ca. 4 km bis zum Golfplatz rechter Hand (Hinweis „Golfplatz"). Oder: A 31, Ausf. Gescher-Coesfeld,auf der B 525 bis Coesfeld Abzweigung Reken, weiter wie oben beschrieben.

Nächstgelegene Plätze

Uhlenberg Reken, GC (Nr. 244)
Ahaus, G&LC (Nr. 220)
Jammertal, GA (Nr. 259)

Golfclub Münster-Tinnen e.V.

Karte, Nr. 236, Feld C6 27 Design: Christoph Städler Höhe: 80 m

gegründet: 1992

Am Kattwinkel 244, 48163 Münster
✆ 02536-330100 🖷 02536-3301021
✉ info@gc-tinnen.de
💻 www.gc-tinnen.de

PR Martin Huhn, CM: Michael Langenkamp
Headgreenkeeper: Russel Hendry

i ✆ +40 (0) 2536-330 10 0 🖷 02536-3301021
Christoph Schlösser, Sonja Wellensiek

Richard Philips
✆ 02536-3301012 🖷 02536-3301021

PRO SHOP Golf Pro Shop Münster-Tinnen, Richard Phillips
✆ 02536-3301020 🖷 02536-3301033

PRO Pro: David Wilmes, Robert Schön, Joachim Grode

18-Loch Kurskombination Gelb/Rot
H: 5931 m, CR 71.6, SL 131, Par 72
D: 5206 m, CR 73.3, SL 129, Par 72
18-Loch Kurskombination Weiss/Gelb
H: 5541 m, CR 69.8, SL 129, Par 71
D: 4862 m, CR 71.4, SL 127, Par 71
50 Rangeabschläge (6 überdacht)

G Gäste sind jederzeit willkommen. Anmeldung ist notwendig. Clubausweis mit eingetragenem Handicap (54) ist erforderlich. Sa./So./ Feiertage ist Handicap 36 erforderlich.

Tages-Greenfee: WT: EUR 70 / WE: EUR 85
50 % Greenfeeermäßigung für Mitglieder des Greenfeeverbundes Münsterland keine doppelten Ermäßigungen!
Ermäßigung: Jugendl./Stud. 50%

Platzinfos

VCG GPS CLUB GASTRO

Anfahrtsbeschreibung

Autobahn 1 an der Abfahrt Münster-Hiltrup/ Amelsbüren verlassen. An der Ampelkreuzung rechts abbiegen und der linken Spur der Straße folgen. Im Kreisverkehr die 3. Ausfahrt nehmen und nach ca. 300 Metern links abbiegen in die Straße „Feuerstiege" (ab hier können Sie auch einfach der Beschilderung zum Golfplatz folgen). Nach ca. 800 Metern rechts abbiegen in die Straße „Haus Tinnen", an der nächsten Kreuzung links abbiegen in die Straße „Am Kattwinkel", bis zum Ende durchfahren.

Platzbeschreibung

Der Golfclub Münster-Tinnen hat sich ein anspruchsvolles Motto gewählt: „Golf, wie es sein soll." 1992 gegründet, ist der Club zwar einer der jüngsten im Münsterland, doch inzwischen ein ansehnliches Mitglied der westfälischen Golfszene.

Nächstgelegene Plätze

GA Haus Köbbing (Nr. 239)
Münster-Wilkinghege, GC (Nr. 227)
Nordkirchen, G&LC (Nr. 246)

Senne Golfclub Gut Welschof e.V.

Karte, Nr. 237, Feld D6 **18** Design: Christoph Städler

gegründet: 1992

Augustdorfer Straße 72,
33758 Schloß Holte-Stukenbrock
☎ 05207-920936 Fax 05207-88788
✉ info@sennegolfclub.de
www.sennegolfclub.de

PR: Jürgen Gärtner
Headgreenkeeper: Ulrich Reymann

i: ☎ 05207-920936 Fax 05207-88788
Katrin Fischer, Martina Hüser, Claudia Imkamp

Restaurant Gut Welschof
☎ 05207-9337227
Mo. Ruhetag

PRO SHOP: ☎ 05207-920936 Fax 05207-88788

PRO: Pro: Stefan Evers

H: 5938 m, CR 71.8, SL 130, Par 72
D: 5269 m, CR 74, SL 132, Par 72
30 Rangeabschläge (14 überdacht)

G: Gäste sind jederzeit willkommen. Anmeldung ist notwendig. Clubausweis mit eingetragenem Handicap (54) ist erforderlich.

18-Loch-Greenfee: WT: EUR 45 / WE: EUR 55
9-Loch-Greenfee: WT: EUR 35 / WE: EUR 40
Gruppen-Greenfee-Ermäßigungen nach Rücksprache
Ermäßigung: Jugendl./Stud. 30%

Platzinfos

VCG

GPS CLUB

Anfahrtsbeschreibung

Von Bielefeld-Gütersloh: A 33, Ausfahrt Schloß-Holte-Stukenbrock (B 68), in Stukenbrock Richtung Detmold-Augustdorf, nach ca. 2,5 km liegt rechts die Zufahrt zum Golfplatz. Von Paderborn: A 33, Ausfahrt Stukenbrock-Senne, weiter wie oben beschrieben. Von Detmold über Augustdorf Richtung Stukenbrock, nach Ortsausgang Augustdorf noch ca. 2 km, dann liegt links die Zufahrt zum Golfplatz.

Platzbeschreibung

Der Par 72 Golfplatz liegt auf einem landschaftlich sehr abwechslungsreichen Gelände mit angenehm bewegtem Oberflächenrelief und rundum verlaufenden prächtigen Waldkulissen. Zu beachten sind vor allem 10 Teiche, die auf 10 der 18 Bahnen auf verschlagene Bälle lauern. Sie befinden sich überwiegend in Reichweite der längeren, besseren Spieler. Die anspruchsvoll platzierten 63 Bunker erfordern zudem eine hohe Spielpräzision.

Nächstgelegene Plätze

Ottenhausen, GA (Nr. 229)
Sennelager, GC (Nr. 245)
Westf. GC Gütersloh (Nr. 242)

Greenfee-Aktion: Seite G 71

Golfclub Brückhausen e.V.

Karte, Nr. 238, Feld C6 **18** Design: Spangemacher & Partner Höhe: 56 m

gegründet: 1987

Holling 4, 48351 Everswinkel-Alverskirchen
02582-5645 02582-9919152
info@golfclub-brueckhausen.de
www.gc-brueckhausen.de

PR Klaus Budde
Headgreenkeeper: Stefan Markfort

i 02582-5645 02582-9919152
Charlotte Lambrecht, Markus Blome

Clubgastronomie, Marian Skodzinski
02582-227
Mo. Ruhetag

PRO Pro: Peter Wiethoff, Grant Sinclair

H: 6088 m, CR 72.3, SL 134, Par 72
D: 5385 m, CR 74.4, SL 131, Par 72
15 Rangeabschläge (3 überdacht)

G Gäste sind jederzeit willkommen. Anmeldung ist notwendig. Clubausweis mit eingetragener PE ist erforderlich. Es gibt einen kleinen Pro-Shop mit den notwendigsten Golfutensilien, der vom Sekretariat geführt wird.

18-Loch-Greenfee: WT: EUR 60 / WE: EUR 80
9-Loch-Greenfee: WT: EUR 30 / WE: EUR 40
Ermäßigung: Jugendl./Stud. 50%

Platzbeschreibung

Der Platz fügt sich harmonisch in die münsterländische Parklandschaft ein. Der Reiz des Platzes liegt in seinen zahlreichen Wasserhindernissen, insbesondere dem Inselgrün der 5. Spielbahn, dem Lauf der Angel und den vielen Teichen. Der Verlauf der abwechslungsreichen Spielbahnen stellt für Golfer jeder Spielstärke eine echte Herausforderung dar.

Platzinfos

Anfahrtsbeschreibung

Von Münster-Wolbeck Richtung Sendenhorst, nach 5 km links abbiegen. Von Telgte: Westlicher Ortsrand Alverskirchen, links abbiegen, die Brückhausenstraße ca. 1,5 km bis zum Golfplatz.

Nächstgelegene Plätze

GA Haus Köbbing (Nr. 239)
Gut Hahues/Telgte, GC (Nr. 228)
Münster-Tinnen, GC (Nr. 236)

Greenfee-Aktion: Seite G 71

Golfanlage Haus Köbbing

Karte, Nr. 239, Feld C6 9 Design: Thomas Miggelt Höhe 58 m

gegründet: 2009

Westfalenstr. 332, 48165 Münster-Hiltrup
02501-5948719 02501-
info@golfen-in-hiltrup.de
www.golfen-in-hiltrup.de

PR: GF: Markus Winkelmann, CM: Alina Winkelmann

i: 02501-5948719

Café 9
02501-5948719
Di. Ruhetag

PRO SHOP: 02501-5948719

PRO: Pro: Sven Böckelmann

9-Loch Golfen in Hiltrup Platz
H: 2797 m, CR 69, SL 127, Par 73
D: 2200 m, CR 67.8, SL 125, Par 69
30 Rangeabschläge (12 überdacht)

G: Gäste sind jederzeit willkommen. Anmeldung ist erforderlich. PE ist erforderlich.

18-Loch-Greenfee: WT: EUR 55 / WE: EUR 65
9-Loch-Greenfee: WT: EUR 30 / WE: EUR 35

Platzbeschreibung

Ganz nach dem Motto „entspannen, genießen und golfen" bietet unsere Golfanlage einen erholsamen Tag. Egal, ob Sie nach einem stressigen Arbeitstag den Abend mit einer Runde Golf ausklingen lassen wollen, die sportliche Herausforderung suchen oder Sie einen freien Tag in vollen Zügen genießen möchten. Unsere Golfanlage schafft die Voraussetzungen. Dazu trägt die ruhige und reizvolle Umgebung des Münsterlandes bei und macht Ihr Golfspiel zu einem besonderen Erlebnis.

Platzinfos

GPS CLUB GASTRO VCG

Anfahrtsbeschreibung

Anfahrt über die A1 aus Richtung Dortmund - A1 Richtung Bremen, Abfahrt Ascheberg - B 58 Richtung Ahlen, Drensteinfurt Nach 3,7 km an der Kreuzung links auf die B 54 Richtung Münster, Rickerode. nach 9,7 km links zur Golfanlage. Aus Richtung Münster über die B54 / Hammer Straße, Richtung Hiltrup, Ortsteil Hiltrup und nach der 2.Kanalbrücke rechts in die Westfalenstraße einbiegen.

Nächstgelegene Plätze

Münster-Tinnen, GC (Nr. 236)
Brückhausen, GC (Nr. 238)
Münster-Wilkinghege, GC (Nr. 227)

Greenfee-Aktion: Seite G 71

Golf-Club Schloß Vornholz e.V.

Karte, Nr. 240, Feld C6 18 Höhe: 60 m

gegründet: 1986

Steinpatt 13, 59320 Ennigerloh-Ostenfelde
02524-5799
info@gcsv.de
www.golfclub-schloss-vornholz.de

PR: Wilhelm Linnenbank, CM: Nataly Remmel

i: 02524-5799

Ehepaar Jogwick
02524-9281954
Mo. Ruhetag

PRO SHOP: Stephen Liddell
02524-4647

PRO: Pro: Stephen Liddell, Michael Reinke

H: 6006 m, CR 72.2, SL 136, Par 72
D: 5099 m, CR 74.8, SL 131, Par 72
16 Rangeabschläge (6 überdacht)

G: Gäste sind jederzeit willkommen. Anmeldung ist notwendig. Clubausweis mit eingetragenem Handicap (54) ist erforderlich. Sa./So./Feiertage ist Handicap 36 erforderlich.

18-Loch-Greenfee: WT: EUR 60 / WE: EUR 80
9-Loch-Greenfee: WT: EUR 30
Ermäßigung: Jugendl./Stud. 50%

Platzbeschreibung

Der Golfplatz zieht sich durch eine münsterländische Parklandschaft mit erhabenen, bis zu 200 Jahre alten Bäumen und anspruchsvollen Wasserhindernissen. Das alte westfälische Wasserschloß Vornholz unterstreicht die Erhabenheit und wohltuende Ruhe des gesamten Areals.

Platzinfos

VCG GPS CLUB

Anfahrtsbeschreibung

A 2 Ruhrgebiet-Hannover, Ausfahrt Oelde Richtung Warendorf, am Ortsausgang Ostenfelde rechts zum Sportpark Vornholz und der Beschilderung „Golf" folgen. Oder: B 475, zwischen Warendorf und Beckum in Westkirchen Richtung Oelde-Ostenfelde, am Ortseingang links zum Sportpark Vornholz und der Beschilderung zum Golfplatz folgen.

Nächstgelegene Plätze

GP Heidewald Vohren (Nr. 233)
Warendorfer GC (Nr. 231)
Marienfeld, GC (Nr. 234)

Golfclub Borghees e.V.

Karte, Nr. 241, Feld A6 18/5 Höhe: 35 m

gegründet: 1995

Abergsweg 30, 46446 Emmerich
☎ 02822-92710 🖷 02822-10804
✉ golfclubborghees@aol.com
💻 www.golfclub-borghees.de

PR GF: Norbert Baltes

i ☎ 02822-92710 🖷 -10804

Golfclub Borghees
☎ 02822-92712 🖷 02822-10804

PRO SHOP Foregolfers, Rene Boerhoop
☎ 02822-9156995 🖷 02822-10804

H: 6138 m, CR 72.6, SL 131, Par 72
D: 5478 m, CR 74.8, SL 130, Par 72
20 Rangeabschläge (8 überdacht)

G Gäste sind jederzeit willkommen. Anmeldung ist notwendig. Clubausweis mit eingetragenem Handicap (54) ist erforderlich.

18-Loch-Greenfee: WT: EUR 40 / WE: EUR 50
9-Loch-Greenfee: WT: EUR 30 / WE: EUR 35
Ermäßigung: Jugendl./Stud. 50%

Platzinfos

VCG

Platzbeschreibung

Kopfweiden prägen die landschaftliche Idylle des Niederrheins. Und so ist es fast selbstverständlich, dass diese Bäume auch schmückender Rahmen des Golfplatzes sind. Hier am Fuß des Eltener Berges, unmittelbar vor der Grenze zu den Niederlanden wurden aufrund 100 ha 18 Spielbahnen gestaltet, um die sich die gesamte Flora des Niederrheins rankt: Wiesen, Weiden, Wälder und eine Anzahl von Bächen.

Anfahrtsbeschreibung

A 3 Richtung Arnheim, Ausfahrt Emmerich Richtung Emmerich, nach ca. 100 m rechts auf die Hüthumer Straße, dieser folgen bis zur abknickenden Vorfahrt, dort rechts in den Abergsweg, nach ca. 100 m liegt rechts der Parkplatz des Golfplatzes.

Nächstgelegene Plätze

Schloß Moyland, L&GC (Nr. 248)
Golf Intern. Moyland (Nr. 247)
Wasserburg Anholt, GC (Nr. 243)

Westfälischer Golf Club Gütersloh e.V.

Karte, Nr. 242, Feld D6 **18** Design: Bernhard von Limburger Höhe: 70 m

gegründet: 1969

Gütersloher Straße 127,
33397 Rietberg-Varensell
☎ 05244-2340 Fax 05244-1388
✉ info@golf-gt.de
www.golf-gt.de

PR: Andreas Heinze, CM: Jan-Patrick Sors
Headgreenkeeper: Torsten Baltrusch

i: ☎ 05244-2340 Fax 05244-1388
Heike Luig

KLUBHAUS, Christian Tegeler
☎ 05244-1855
Mo. Ruhetag

PRO SHOP: GOLFSTORE GÜTERSLOH, Jan-Patrick Sors
☎ 05244-1854 Fax 05244-9751895

PRO: Pro: Niklas Büren, Dirk Randolff

H: 5861 m, CR 71.3, SL 131, Par 72
D: 5303 m, CR 74.2, SL 131, Par 72
22 Rangeabschläge (12 überdacht)

G: Gäste sind jederzeit willkommen. Anmeldung ist notwendig. Clubausweis mit eingetragener PE ist erforderlich. Sa./So./Feiertage ist Handicap 45 erforderlich.

18-Loch-Greenfee: WT: EUR 60 / WE: EUR 80
9-Loch-Greenfee: WT: EUR 35 / WE: EUR 45
Ermäßigung: Jugendl. bis 21 J. und Stud. 50%

Platzbeschreibung

Auf einem sehr weitläufigen und flachen Gelände wurden die 18 Spielbahnen nahezu unsichtbar in die Landschaft eingepasst. Der lange Platz wird vor allem durch den alten Eichen- und Buchenbestand, der die meisten Fairways umsäumt, geprägt. Will man den Score nicht mit Wasser-Strafschlägen belasten, ist ein genaues Anspiel erforderlich, denn oft gilt es, gleich mehreren Wasserhindernissen auszuweichen.

Platzinfos

VCG GPS CLUB

Anfahrtsbeschreibung

A 2 Ausfahrt Wiedenbrück/Gütersloh Süd. An der Ampel rechts Richtung Gütersloh (B 61). Nach 1,8 km an der nächsten Ampel rechts Richtung Lintel, nach 2,5 km an der nächsten Abzweigung über eine Brücke und noch 4 km geradeaus. An der Ampelkreuzung rechts, Richtung Neuenkirchen (Gütersloher Straße). Nach 1,4 km befindet sich die weiße Toreinfahrt zum Golf-Club Gütersloh.

Nächstgelegene Plätze

Marienfeld, GC (Nr. 234)
Gut Mentzelsfelde, GC (Nr. 255)
Lippstadt, GC (Nr. 257)

Golf Club Wasserburg Anholt e.V.

Karte, Nr. 243, Feld A6 **18/6** Design: Bernhard von Limburger, Christian Althaus

Nordrhein-Westfalen

gegründet: 1972

Schloss 3, 46419 Isselburg-Anholt
02874-915120 Fax 02874-915128
sekretariat@golfclub-anholt.de
www.golfclub-anholt.de

PR: Sommers Silke, CM: Hendrik Vollrath
Headgreenkeeper: Rainer Paus

i: 02874-915120/-21 Fax 02874-915128
Brigitte Klumpen, Thomas Borkens

Clubgastronomie GC Wasserburg Anholt,
Jedidi Boubaker
02874-915124 Fax 02874-915128

PRO SHOP: Foregolfers Golf Shop,
Foregolfer Golf-Shop Karin Maan
02874-915130

PRO: Pro: George Mayhew

H: 6048 m, CR 71.9, SL 134, Par 72
D: 5314 m, CR 73.6, SL 130, Par 72
12 Rangeabschläge (8 überdacht)

G: Gäste sind jederzeit willkommen. Anmeldung ist notwendig. Clubausweis mit eingetragenem Handicap (45) ist erforderlich. Sa./So./Feiertage ist Handicap 36 erforderlich. Blue Jeans sind nicht erlaubt. Der Platz darf nur mit Softspikes bespielt werden.

18-Loch-Greenfee: WT: EUR 65 / WE: EUR 85
9-Loch-Greenfee: WT: EUR 32.5 / WE: EUR 42.5
Ermäßigung: Jugendl./Stud. 50%

Platzbeschreibung

Die 18-Loch-Golfanlage wurde 1972 in einer Parkanlage des Fürsten zu Salm-Salm angelegt. Charakteristisch ist die abwechslungsreiche Platzarchitektur. Die Spieler werden durch zahlreiche anspruchsvolle Hindernisse sportlich gefordert. Langes und präzises Spiel ist gefragt. In Anholt finden regelmäßig Verbandsmeisterschaften und andere große Turniere statt. Doch nicht nur in sportlicher Hinsicht erfüllt die Anlage höchste Anforderungen. Mit großem Aufwand wird dafür gesorgt, dass dauerhaft ein Einklang zwischen Natur und erstklassigem Pflegezustand erreicht wird. Der Platz ist eine traumhafte Parkanlage mit beeindruckender Flora und Fauna. Wildkräuterwiesen, Biotope, herrliche Teichlandschaften, die beiden Flussläufe, der Blick auf die Wasserburg, die vielfältige Tierwelt sowie der imposante, teilweise viele Jahrhunderte alte Baumbestand machen das Spiel auf dem Platz zu einem unvergesslichen Erlebnis.

Platzinfos

Anfahrtsbeschreibung

A 3 Oberhausen-Arnheim, Ausfahrt Isselburg (Bocholt-Rees), B 67 Richtung Rees, nach 200 m rechts Richtung Millingen, ca. 2 km bis Hinweisschild, rechts 4 km nach Anholt, 100 m nach dem Ortsschild liegt rechts die Zufahrt zur Wasserburg.

Nächstgelegene Plätze

Mühlenhof, G&CC (Nr. 249)
Borghees, GC (Nr. 241)
Golf Intern. Moyland (Nr. 247)

Golfclub Uhlenberg Reken e.V.

Karte, Nr. 244, Feld B6 **18** Design: Heiner Wortmann Höhe: 100 m

gegründet: 1988

Uhlenberg 8, 48734 Reken
☎ 02864-72372 und 02867-907237 🖷 02867-907239 und 02864-72374
✉ info@uhlenberg-reken.de
💻 www.uhlenberg-reken.de

PR: Michael Lachs

i: ☎ 02864-72372 + 02867-907237 🖷 02867-907239

PRO SHOP: Elisabeth Bolle
☎ 02864-72372 🖷 02864-72374

PRO: Pro: Kerstin Willmitzer

H: 5637 m, CR 69.6, SL 126, Par 70
D: 5046 m, CR 71.9, SL 124, Par 70
7 Rangeabschläge (6 überdacht)

G: Gäste sind jederzeit willkommen. Anmeldung ist notwendig. Clubausweis mit eingetragenem Handicap (54) ist erforderlich.

18-Loch-Greenfee: WT: EUR 40 / WE: EUR 45
9-Loch-Greenfee: EUR 25
Ermäßigung: Jugendl./Stud. 50%

Platzbeschreibung

Die Golfanlage liegt im Naturpark Hohe Mark, einer Landschaft wie aus dem Bilderbuch. Sehr ruhig und harmonisch gelegen, umgibt die Golfanlage ein Wald- und Freiwildgehege, das die enge Verbindung zur Natürlichkeit verstärkt. Die Spielbahnen sind überwiegend flach und bieten durch zahlreiche Hindernisse ein abwechslungsreiches faires Spiel.

Platzinfos

VCG GPS

Anfahrtsbeschreibung

A 31, Ausfahrt Reken, ca. 3 km Richtung Reken, auf Höhe des Hotel Frankenhof links zum Golfplatz abbiegen.

Nächstgelegene Plätze

Coesfeld, G&LC (Nr. 235)
Vestischer GC Recklingh. (Nr. 260)
Schwarze Heide, GC (Nr. 262)

Greenfee-Aktion: Seite G 71, 73

B. A. Golfclub Sennelager

Karte, Nr. 245, Feld D6   18/9   Höhe: 120 m

gegründet: 1963

Senne 1, 33175 Bad Lippspringe
05252-53794 / Fax 05252-53811
info@sennelagergolfclub.de
www.sennelagergolfclub.de

PR: T. Hill, CM: Anja Bedford

i: 05252-53794 / Fax 05252-53811
Corinna Langkammer

Clubhaus
Mo. Ruhetag

PRO SHOP: British Army Golfclub
05252-53794

PRO: Pro: Anthony Brooks

18-Loch Forest Pines Course
H: 5646 m, CR 70.5, SL 135, Par 72
D: 4991 m, CR 72.4, SL 131, Par 72
9-Loch Old Course
H: 2477 m, CR 65, SL 108, Par 34
D: 2318 m, CR 68.2, SL 109, Par 34
12 überdachte Rangeabschläge

G: Gäste sind jederzeit willkommen. Clubausweis mit eingetragenem Handicap (54) ist erforderlich.

18-Loch-Greenfee: WT: EUR 50 / WE: EUR 65
Ermäßigung: Jugendl./Stud.

Platzbeschreibung

Dieser schöne, in typischer Sennelandschaft mit Heide-, Kiefern- und Birkenwäldern gelegene Platz wurde 1963 von der Britischen Rheinarmee gebaut und nach und nach auf 27 Löcher ausgeweitet. Der nicht sehr lange Platz erfordert genaues Spiel, da durch Wald und Busch begrenzte Fairways, seitliche und frontale Wasserhindernisse ungenaue Schläge schnell bestraft werden.

Platzinfos

VCG

Anfahrtsbeschreibung

Von der A 33 kommend auf die B 1 Richtung Detmold abbiegen, Ausfahrt Neuenbeken-Bad Lippspringe, nach ca. 500 m links zum Industriegebiet Vorderflöss abbiegen und ca. 2 km geradeaus, an der Ampel links Richtung Freizeitpark abbiegen, nach ca. 1 km über eine kleine B 1-Brücke und direkt danach der Spitzkehre nach links folgen. Von dort noch ca. 1,8 km bis zum Golfplatz.

Nächstgelegene Plätze

Uni-GC-Paderborn (Nr. 254)
Senne GC Gut Welschof (Nr. 237)
Paderborner Land, GC (Nr. 253)

Golf- und Landclub Nordkirchen e.V.

Karte, Nr. 246, Feld C6 **18** Höhe: 150 m

gegründet: 1974

Golfplatz 6, 59394 Nordkirchen
☎ 02596-9190/-1 Fax 02596-9195
✉ info@golfclub-nordkirchen.de
www.glc-nordkirchen.de

PR: Dr. Jan Preuß, CM: Andreas Rössler

i: ☎ 02596-9190/-1 Fax 02596-9195
Kathrin Dielmann-Stolz, Alexandra Rollert

Samy Ben Salah
☎ 02596-9197
Mo. Ruhetag

PRO SHOP: Golfshop Kathrin Dielmann,
Kathrin Dielmann-Stolz
☎ 02596-9193 Fax -91944

PRO: Pro: Andreas Rössler, Kraus Matthias

H: 5828 m, CR 70.9, SL 126, Par 71
D: 5092 m, CR 72.5, SL 130, Par 71
20 Rangeabschläge (8 überdacht)

G: Gäste sind jederzeit willkommen. Anmeldung ist notwendig. Clubausweis mit eingetragenem Handicap (54) ist erforderlich. Sa./So./Feiertage ist Handicap 36 erforderlich.

18-Loch-Greenfee: WT: EUR 60 / WE: EUR 80
9-Loch-Greenfee (ab 18:00 Uhr): WT: EUR 30 / WE: EUR 40
Ermäßigung: Jugendl./Stud. 50%

Platzbeschreibung

Die Golfanlage liegt inmitten einer münsterländischen Parklandschaft auf einem leicht hügeligen Gelände mit einigen herausfordernden Wasserhindernissen. Das nur unweit gelegene Schloss Nordkirchen ist das größte Wasserschloss Westfalens und wird oft auch als das „westfälische Versaille" bezeichnet.

Platzinfos

VCG CLUB

Anfahrtsbeschreibung

A 1 Kamen-Münster, Ausfahrt Ascheberg, weiter auf der B 58 Richtung Lüdinghausen, nach ca. 5 km Richtung Nordkirchen abbiegen und ca. 3,5 km der Beschilderung zum Golfplatz folgen. Achtung: Es gibt zwei Schilder Richtung Nordkirchen, fahren Sie am ersten vorbei und fahren Sie am 2. Schild ab, diese Straße führt direkt am Golfplatz vorbei.

Nächstgelegene Plätze

Westerwinkel, GC (Nr. 251)
Werne, GC (Nr. 258)
Münster-Tinnen, GC (Nr. 236)

Greenfee-Aktion: Seite G 73, 75

Golf International Moyland

Karte, Nr. 247, Feld A6 **18/9** Design: Udo Barth

gegründet: 1997

Moyländer Allee 10, 47551 Bedburg-Hau
02824-976680 02824-9766825
info@golfinternationalmoyland.de
golfinternationalmoyland.de

PR GF: Nicolas von Steengracht

02824-976680 02824-9766825
Alina Broer

MoyLounge
02824-976680
Mo. Ruhetag

PRO Pro: Kyan Bosch

18-Loch Steengracht Course
H: 5973 m, CR 72.2, SL 137, Par 72
D: 5255 m, CR 74.3, SL 136, Par 72
9-Loch Schloss Platz (Par 3)
H: 922 m, Par 27
D: 922 m, Par 27
40 Rangeabschläge (10 überdacht)

G Gäste sind jederzeit willkommen. Anmeldung ist notwendig. Clubausweis mit eingetragenem Handicap (54) ist erforderlich.

18-Loch-Greenfee: WT: EUR 55 / WE: EUR 65
9-Loch-Greenfee: WT: EUR 35 / WE: EUR 45
Ermäßigung: Jugendl. bis 21 J. 50%

Platzbeschreibung

Der Steengracht Course ist der 18-Loch Platz von Golf International Moyland. Die Bahnen verlaufen vorbei an Solitäreichen und Teichen, in denen die für die Region typischen Tier- und Vogelarten leben. Der Lüneburger Golfarchitekt Udo Barth hat ganz besondere Bahnen in der sanften Landschaft platziert, mit breiten Fairways und trotz des flachen Terrains immer wieder überraschend erhobenen Abschlägen, von denen aus man den Ballflug gerne und lange verfolgt. Keine Bahn ist wie die andere.

Platzinfos

CLUB GASTRO VCG

Anfahrtsbeschreibung

A 3 Oberhausen-Arnheim, Ausfahrt Rees, auf der B 67 über Rees nach Kalkar-Appeldorn, dort auf die B 57 über Kalkar Richtung Kleve, nach Kalkar der Beschilderung „Museum Schloß Moyland" zum Golfplatz folgen. Oder: A 57 Krefeld Richtung Niederlande, Ausfahrt Goch, auf der B 67 weiter Richtung Kalkar, von Kalkar weiter auf der B 57 Richtung Kleve und weiter wie oben beschrieben zum Golfplatz.

Nächstgelegene Plätze

Schloß Moyland, L&GC (Nr. 248)
Mühlenhof, G&CC (Nr. 249)
Borghees, GC (Nr. 241)

Land-Golf-Club Schloß Moyland e.V.

Karte, Nr. 248, Feld A6 **18** Design: Rainer Preißmann Höhe: 20 m

gegründet: 1986

Moyländer Allee 1, 47551 Bedburg-Hau
✆ 02824-4749 🖷 02824-809128
✉ info@landgolfclub.de
💻 www.landgolfclub.de

PR: Gilla Prüße, CM: Niklas Convent
Headgreenkeeper: Heiner Kehlen

i: ✆ 02824-4749 🖷 02824-809128

L'echalote, Janes Warnke
✆ 02824-8686
Mo. Ruhetag

PRO SHOP: Pro Shop Vollrath, Hubertus Vollrath
✆ 02824-4840 🖷 02824-809128

PRO: Pro: Hubertus Vollrath

18-Loch Land-Golf-Club Schloss Moyland e.V.
H: 5497 m, CR 68.7, SL 123, Par 71
D: 4707 m, CR 69.5, SL 122, Par 71
30 Rangeabschläge (6 überdacht)

G: Gäste sind jederzeit willkommen. Anmeldung ist notwendig. Clubausweis mit eingetragenem Handicap (54) ist erforderlich. Sa./So./Feiertage ist Handicap 36 erforderlich.

18-Loch-Greenfee: WT: EUR 55 / WE: EUR 75
9-Loch-Greenfee: WT: EUR 30 / WE: EUR 40
Ermäßigung: Jugendl./Stud. bis 27 J.

Platzbeschreibung

Das Golfgelände liegt im Bereich „Alte Bahn" und „Moyländer Allee" in der Gemeinde Bedburg-Hau auf einem ca. 60 ha großen Gelände. Der Platz bietet eine gelungene Kombination von „alten" Waldlöchern und neuer offener Platzarchitektur.

Platzinfos

VCG

Anfahrtsbeschreibung

linksrheinisch: A 42 bis AK Kamp-Lintfort, dann A 57 Ri. Nimwegen bis Abfahrt Goch, Beschilderung „Schloss Moyland" folgen, am 2. Kreisverkehr auf B 67 Ri. Kleve, nach ca. 3,5 km am Hinweisschild Till Moyland re. rechtsrheinisch: A 3 Oberhausen/Arnheim, Abfahrt Bocholt, Ri. Rees, B 67 Ri. Rees/Kalkar, von Kalkar B 57 Ri. Kleve, am Kreisverkehr li. Ri. Pfalzdorf/Louisendorf, nach ca. 1 km liegt der Golfplatz rechts.

Nächstgelegene Plätze

Golf Intern. Moyland (Nr. 247)
Mühlenhof, G&CC (Nr. 249)
Borghees, GC (Nr. 241)

Greenfee-Aktion: Seite G 75

Mühlenhof Golf & Country Club e.V.

Karte, Nr. 249, Feld A6 **18/6** Design: Hans Hertzberger

gegründet: 1992

Greilack 29, 47546 Kalkar-Niedermörmter
✆ 02824-924092 Fax 02824-924093
info@muehlenhof.net
www.muehlenhof.net

PR: Ludger Epping, GF: Annette Wilmsen

i: ✆ 02824-924092 Fax 02824-924093

Restaurant: Mühlenhof Restaurant, Jörg Heselmann
✆ 02824-924092 Fax 02824-924093
Di. Ruhetag

PRO SHOP: Elly van Weegen
✆ 02824-924092 Fax -924093

PRO: Pro: Bastian Bartels

18-Loch Platz
H: 6103 m, CR 72.5, SL 125, Par 72
D: 5301 m, CR 74.2, SL 126, Par 72
6-Loch Platz. H: 795 m, Par 27. D: 795 m
44 Rangeabschläge (10 überdacht)

G: Gäste sind jederzeit willkommen. Anmeldung ist erforderlich. PE ist erforderlich.

Tages-Greenfee: WT: EUR 50 / WE: EUR 60
Abendgreenfee WT/WE EUR: 40,-/50,-.

Platzbeschreibung

Die Golfanlage liegt in einer typisch niederrheinischen Kopfweidenlandschaft mit sattgrünen Fairways, zahlreichen Wasserhindernissen und gepflegten Stufengreens. Die öffentliche Anlage verfügt zusätzlich über einen 6 Loch-Kurzplatz. Es gibt Ferienhäuser direkt am Green - zu kaufen oder zu mieten. Arrangements auf www.muehlenhof.net. Freitags finden 9 Loch Turniere statt. Nichtgolfende Begleitpersonen sind auf der Golfanlage nicht zugelassen.

Platzinfos

VCG

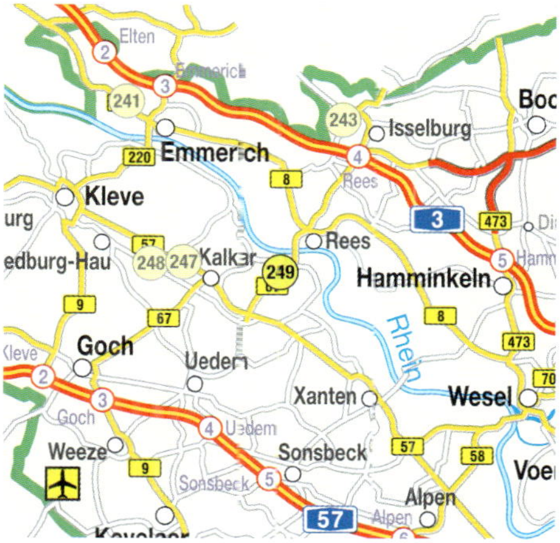

Anfahrtsbeschreibung

A 3 Oberhausen-Arnheim, Ausfahrt Rees, auf der B 67 Richtung Rees, hinter der Rheinbrücke die 1. Abfahrt rechts, dann links Richtung Kalkar (L 41), 3. Straße links zum Golfplatz abbiegen. Oder: A 57, Ausfahrt Sonsbeck Richtung Sonsbeck-Xanten, B 57 Richtung Xanten, dann rechts auf die B 67 Richtung Rees, vor der Rheinbrücke Rees links, wieder links und die 3. Straße links zum Golfplatz.

Nächstgelegene Plätze

Golf Intern. Moyland (Nr. 247)
Schloß Moyland, L&GC (Nr. 248)
Wasserburg Anholt, GC (Nr. 243)

Bad Driburger Golf-Club e.V.

Karte, Nr. 250, Feld E6 **18** Höhe: 220 m

gegründet: 1976

Georg-Nave-Straße 24a, 33014 Bad Driburg
☎ 05253-7104 Fax 05253-7146
✉ info@bad-driburger-golfclub.de
www.bad-driburger-golfclub.de

PR: Dr. Eugen Pape

i: ☎ 05253-7104 Fax 05253-7146
Holtgrewe, Herrmann, Ewers

☎ 05253-70282
Mo. Ruhetag

PRO SHOP: Toni`s Golfshop, Kirsten Brooks
☎ 05253-9321456

PRO: Pro: Donald Sanders

H: 6013 m, CR 71.7, SL 129, Par 72
D: 5362 m, CR 74.3, SL 128, Par 72
20 Rangeabschläge (6 überdacht)

G: Gäste sind jederzeit willkommen. Clubausweis mit eingetragenem Handicap (45) ist erforderlich.

Tages-Greenfee: WT: EUR 55 / WE: EUR 60
Ermäßigung: Jugendl./Stud.

Platzbeschreibung

Der Golfplatz liegt am nordöstlichen Rand Bad Driburgs und grenzt direkt an den Kurpark. Kleine Waldgebiete, einzelne uralte Eichen, ausgedehnte Mischwälder, naturbelassene Wasserhindernisse und großzügig angelegte Spielbahnen kennzeichnen diese abwechslungsreiche Anlage. Abgesehen von einigen besonderen Herausforderungen hat der leicht hügelige Platz einen mittleren Schwierigkeitsgrad.

Platzinfos

VCG

Anfahrtsbeschreibung

A 33/A 2 nach Bad Driburg, weiter Richtung Horn-Bad Meinberg, ab Stadtausgang der Beschilderung zum Golfplatz folgen. Der Golfplatz ist über den Parkplatz des Thermalbades zu erreichen.

Nächstgelegene Plätze

Sennelager, GC (Nr. 245)
Uni-GC-Paderborn (Nr. 254)
Lippischer GC (Nr. 232)

Greenfee-Aktion: Seite G 75, 77

Golfclub Wasserschloss Westerwinkel e.V.

Karte, Nr. 251, Feld C6 **18** Design: G. Wörner Höhe: 120 m

gegründet: 1995

Horn-Westerwinkel 5,
59387 Ascheberg-Herbern
☎ 02599-92222 Fax 02599-92221
✉ info@gc-westerwinkel.de
www.gc-westerwinkel.de

PR: Benedikt Striepens, GF: Tim Schiffmann

i: ☎ 02599-92222 Fax 02599-92221

Golfcafe Hugo am Schloss,
Gabriele Ledendecker
☎ 02599-7595933
Mo. Ruhetag

PRO SHOP: Glyn Stevens Golf Academy
☎ 01511-9675583

PRO: Pro: Glyn Stevens

H: 5898 m, CR 71, SL 126, Par 72
D: 5172 m, CR 72.3, SL 127, Par 72
20 Rangeabschläge (6 überdacht)

G: Gäste sind jederzeit willkommen. Anmeldung ist notwendig. Clubausweis mit eingetragener PE ist erforderlich. Sa./So./Feiertage ist Handicap 45 erforderlich. Für Wohnmobile stehen separate Standplätze am Clubhaus mit Stromanschluss zur Verfügung.

18-Loch-Greenfee: WT: EUR 60 / WE: EUR 80
9-Loch-Greenfee: WT: EUR 30 / WE: EUR 40
Für Gruppen-Greenfees und Veranstaltungen kontaktieren Sie bitte unser Golfbüro unter 02599-92222.
Ermäßigung: Jugendl. bis 18 J. und Stud. bis 27 J. 50%

Platzbeschreibung

Das Ambiente der Anlage unterscheidet sich von umliegenden Clubs der Region. Schon von weitem ist das 1663 erbaute Wasserschloß Westerwinkel auszumachen. Das Schloss kann von der Mehrzahl der 18 Golfbahnen erblickt werden, die von zum Teil jahrhundertealtem Baumbestand begleitet werden.

Platzinfos

VCG GPS CLUB GASTRO

Anfahrtsbeschreibung

Bitte benutzen Sie folgende Navi-Adresse: Bakenfeld-Aruper-Str., Ascheberg Von Dortmund: A1, Ausf. Hamm-Bockum-Werne, rechts Ri. Werne-Münster bis zur Kreuzung B 54, dort rechts Ri. Münster-Herbern, in Herbern auf der Durchgangsstraße bis zum Kreisverkehr und von dort der Beschilderung „Golfplatz-Westerwinkel" folgen. Von Münster: A 1, Ausf. Ascheberg, rechts, die 1. Straße rechts Ri. Ascheberg-Herbern, in Ascheberg links Ri. Herbern, nach ca. 5 km am Ortseingang Herbern Ri. Capelle und der Beschilderung folgen.

Nächstgelegene Plätze

Werne, GC (Nr. 258)
Nordkirchen, G&LC (Nr. 246)
GA Haus Köbbing (Nr. 239)

Greenfee-Aktion: Seite G 77

Golfclub Weselerwald e.V.

Karte, Nr. 252, Feld B6 **18/9** Höhe: 50 m

Nordrhein-Westfalen

gegründet: 1988

Steenbecksweg 14, 46514 Schermbeck
☎ 02856-91370 Fax 02856-913715
info@gcww.de
www.gcww.de

PR Ursula Paul, GF: Bernd Ebbers, CM: John Emery

i ☎ 02856-91370 Fax -913715
Aneta Wierzchnicka

Birdie-Bistro, Jörg Klauß
☎ 02856-913713
Mo. Ruhetag

PRO SHOP Lee Chapman
☎ 02856-913740 Fax -2566

PRO Pro: Lee Chapman

18-Loch Platz
H: 6101 m, CR 72.3, SL 131, Par 72
D: 5271 m, CR 74, SL 129, Par 72
9-Loch Platz
H: 2158 m, Par 56, D: 2158 m, Par 56
25 Rangeabschläge (10 überdacht)

G Gäste sind jederzeit willkommen. Anmeldung ist notwendig. Clubausweis mit eingetragenem Handicap (54) ist erforderlich. Sa./So./Feiertage ist Handicap 36 erforderlich.

18-Loch-Greenfee: WT: EUR 65 / WE: EUR 80
Ermäßigung: Jugendl./Stud. 50%

Nächstgelegene Plätze

Hünxerwald, GC (Nr. 261)
Bruckmannshof, GC (Nr. 265)
Schwarze Heide, GC (Nr. 262)

Platzinfos

VCG GPS GASTRO

Anfahrtsbeschreibung

A 3 Oberhausen-Arnheim, Ausfahrt Wesel-Schermbeck Richtung Schermbeck bis zur Ampelkreuzung in Drevenack (2 km), dann links Richtung Borken, nach 6 km liegt rechts der Golfplatz.

Platzbeschreibung

In typisch niederrheinischer Landschaft mit Bächen und Biotopen liegender 18-Loch-Platz. Die letzten sieben Bahnen sind durchaus als hügelig zu bezeichnen, wobei die restlichen Fairways überwiegend flach verlaufen. Das Symbol des Clubs ist eine mitten im Gelände befindliche 1000 Jahre alte Eiche, ein Naturdenkmal. Neben der 18-Loch-Anlage gibt es noch einen öffentlichen 9-Loch-Kurzplatz (Par 56) für Golfer, die keinem Club angehören.

Golf Club Paderborner Land e.V.

Karte, Nr. 253, Feld D6 27/6 Höhe: 94 m

gegründet: 1983

Im Nordfeld 25, 33154 Salzkotten-Thüle
☎ 05258-937310 Fax 05258-937320
✉ info@gcpaderbornerland.de
www.gcpaderbornerland.de

PR: Hans-Dieter Hollander, CM: Ralf Niggemeier
Matthias Caase

i: ☎ 05258-937310 Fax 05258-937320

Cafe & Restaurant Schevels im Golf Club Paderborner Land, Familie Schevel
☎ 05258-9912400
Mo. Ruhetag

PRO SHOP: Golf Shop Paderborner Land
☎ 05258-937314 Fax 05258-937320

PRO: Pro: Roger Gallagher, Francesco Amatulli

H: 5965 m, CR 72.3, SL 134, Par 72
D: 5144 m, CR 73.6, SL 128, Par 72
30 Rangeabschläge (9 überdacht)

G: Gäste sind jederzeit willkommen. Anmeldung ist notwendig. Clubausweis mit eingetragenem Handicap (45) ist erforderlich. Sa./So./Feiertage ist Handicap 36 erforderlich.

Tages-Greenfee: WT: EUR 55 / WE: EUR 70
18-Loch-Greenfee: WT: EUR 55 / WE: EUR 70
9-Loch-Greenfee: WT: EUR 35 / WE: EUR 45
Ermäßigung: Jugendl./Stud. 50%

Platzbeschreibung

Der Golfplatz liegt in einer ländlichen Idylle auf einem nur leicht hügeligen Gelände. Wasserhindernisse stellen hier die größten Schwierigkeiten dar und sind fast überall anzutreffen. Ob ein bis in die Fairway-Mitte reichendes Wasserhindernis, Wassergräben vor und hinter den Grüns und seitliche, als Biotope angelegte Wasserhindernisse - für jeden Geschmack ist hier etwas dabei.

Platzinfos

Anfahrtsbeschreibung

B 1 von Paderborn nach Salzkotten, am Ortseingang Salzkotten rechts nach Delbrück, nach 4 km Thüle, in der Ortsmitte rechts, Eschenstraße, Am Nordfeld und der Beschilderung „Golf" folgen.

Nächstgelegene Plätze

Uni-GC-Paderborn (Nr. 254)
Sennelager, GC (Nr. 245)
Gut Mentzelsfelde, GC (Nr. 255)

Nordrhein-Westfalen

Greenfee-Aktion: Seite G 77

Universitäts-Golfclub Paderborn e.V.

Karte, Nr. 254, Feld D6 **18/9** Design: Achim Reinmuth

gegründet: 2004

Haxterhöhe 2, 33100 Paderborn
☎ 05251-604242 🖷 05251-604241
✉ info@haxterpark.de
💻 www.haxterpark.de/golf

PR: Helmut Böhmer, CM: Tim Schrader

i: ☎ 05251-604242 🖷 05251-604241
Sebastian Göke, Rafa Lawa, Franz Berkemeier, Nadine Rehberg

Gasthaus Haxterpark
☎ 05251-7098817
Mo. Ruhetag

PRO SHOP: Golfschmiede Paderborn, Uwe Moldenhauer
☎ 01522-1731681

PRO: Pro: Björn Herbarth, Neil Bryan, Oliver Peuse

18-Loch Kurs HAXTERHÖHE LINKS
H: 5396 m, CR 68.7, SL 123, Par 71
D: 4604 m, CR 69.6, SL 118, Par 71
9-Loch Kurs UNIVERSITÄT
H: 2976 m, CR 58.5, SL 96, Par 58
D: 2976 m, CR 59, SL 96, Par 58
15 Rangeabschläge (5 überdacht)

G: Gäste sind jederzeit willkommen. Anmeldung ist erforderlich. PE ist erforderlich.

18-Loch-Greenfee: WT: EUR 60 / WE: EUR 80
Ermäßigung: Jugendl./Stud. 50%

Nächstgelegene Plätze

Sennelager, GC (Nr. 245)
Paderborner Land, GC (Nr. 253)
Bad Driburger GC (Nr. 250)

Platzinfos

VCG GPS CLUB GASTRO

Anfahrtsbeschreibung

A 33, Abfahrt Paderborn-Zentrum, weiter auf der B 64/68 Richtung Bad Driburg, 2. Abfahrt „Universität", dann die 2. Ampel links, die nächste Ampel wieder links und noch 500 m zur Anlage.

Platzbeschreibung

Der Heimatplatz des Universitäts-Golfclubs Paderborn ist der Kurs „Haxterhöhe Links". Errichtet nach schottischen Vorbildern findest Du Deine golferische Herausforderung in welligem Dünen-Design, in wechselnden Winden, in festen Festuca-Grüns und in 121 zu umspielenden Bunkern. Belohnt wird Deine Runde mit einer bis zu 30km weit reichenden Fernsicht. Charakteristisch für die Paderborner Hochfläche ist der karge Bewuchs.

Golf Club Gut Mentzelsfelde e.V.

Karte, Nr. 255, Feld D6 **9** Höhe: 80 m

gegründet: 1998

Wiesenhausweg, 59555 Lippstadt
02941-810110 02941-810115
info@golfclub-lippstadt.de
www.golfclub-lippstadt.de

PR: Norbert Loddenkemper, GF: Peter Kurka

i: 02941-810110 -810115
Theresa Loesche

Landgasthof Wiesenhaus
02941-2048666 -271934
Mo. Ruhetag

PRO SHOP: 02941-7609052

PRO: Pro: Bastian Sommer, Björn Duda

H: 5930 m, CR 72.3, SL 138, Par 72
D: 4970 m, CR 73.1, SL 128, Par 72
24 Rangeabschläge (12 überdacht)

G: Gäste sind jederzeit willkommen. Clubausweis mit eingetragenem Handicap (54) ist erforderlich.

18-Loch-Greenfee: WT: EUR 45 / WE: EUR 55
9-Loch-Greenfee: WT: EUR 25 / WE: EUR 30
Ermäßigung: Jugendl./Stud. 50%

Platzinfos

VCG

Anfahrtsbeschreibung

A 44 Dortmund-Kassel, Ausf. Kreuz Erwitte-Anröchte Ri. Erwitte B 55 Lippstadt, nördlich von Lippstadt an der Ampel links Ri. Bad Waldliesborn, im Kreisverkehr links Ri. Lippstadt, nach ca. 300 m rechts in den Wiesenhausweg zum Golfplatz.

Platzbeschreibung

Die 9-Loch-Anlage schließt direkt an den Golf Club Lippstadt e.V. an. Erbaut auf Sandboden mit einem sehr hohen Grundwasserspiegel und mitten durch den Mentzelsfelderkanal wird die gesamte Anlage auch als „Golfvenedig“ bezeichnet. Auf dem Kurs ergänzen sich alter und neuer Baumbestand und durch die großen Grüns hat jeder Golfer die Chance, auf allen Löchern Par zu spielen.

Nächstgelegene Plätze

Lippstadt, GC (Nr. 257)
Westf. GC Gütersloh (Nr. 242)
Paderborner Land, GC (Nr. 253)

Greenfee-Aktion: Seite G 77

Golfclub Stahlberg im Lippetal e.V.

Karte, Nr. 256, Feld C6 18

gegründet: 1974

Ebbeckeweg 3, 59510 Lippetal-Lippborg
☎ 02527-8191 Fax 02527-8516
✉ sekretariat@golfclub-stahlberg.de
www.golfclub-stahlberg.de

PR: Christoph Maaßen
Headgreenkeeper: Andreas Albert-Schwarte

i: ☎ 02527-8191 Fax 02527-8516
Manuela Herold, Carina Althaus

Jürgen Weber
☎ 02527-947210
Mo. Ruhetag

PRO SHOP: Golfclub Stahlberg
☎ 02527-8191

PRO: Pro: Peter Wiethoff, Christian Elsesser

H: 6019 m, CR 72, SL 128, Par 72
D: 5250 m, CR 73.2, SL 127, Par 72
60 Rangeabschläge (8 überdacht)

G: Gäste sind jederzeit willkommen. Anmeldung ist notwendig. Clubausweis mit eingetragener PE ist erforderlich.

18-Loch-Greenfee: WT: EUR 60 / WE: EUR 70
9-Loch-Greenfee: WT: EUR 35 / WE: EUR 40
Ermäßigung: Jugendl./Stud. 50%

Platzbeschreibung

Ruhig gelegen und abwechslungsreich gestaltet ist der Platz fair, aber beileibe nicht anspruchslos. Die gesamte Fläche des Golfgeländes liegt im Landschaftsschutzgebiet in einem Landschaftspark mit Hochwaldstücken, einer Vielzahl großer solitär gewachsener Eichen in Verbindung mit offenem, topographisch bewegtem Terrain.

Platzinfos

Anfahrtsbeschreibung

Von Süden/Osten sowie aus Richtung Beckum und Werl: B 475 Soest-Beckum, ab Km 56,5 ausgeschildert. Von Norden/Westen sowie über die A 2 Ruhrgebiet-Berlin: Ausfahrt Hamm-Uentrop-Soest-Ahlen Richtung Soest links. Nach 50 m links in den Hauptweg abbiegen, diesen bis zum Ende fahren und dann rechts abbiegen. Von dort der Beschilderung zum Golfplatz folgen.

Nächstgelegene Plätze

Gut Drechen, GP (Nr. 263)
Schloß Vornholz, GC (Nr. 240)
Lippstadt, GC (Nr. 257)

Golf Club Lippstadt e.V.

Karte, Nr. 257, Feld D6 **27** Höhe: 80 m

gegründet: 1994

Gut Mentzelsfelde/Wiesenhausweg 14,
59555 Lippstadt
02941-810110 02941-810115
info@golfclub-lippstadt.de
www.golfclub-lippstadt.de

PR: Norbert Loddenkemper, GF: Peter Kurka
Headgreenkeeper: Udo Diedrich

i: 02941-810110 -810115
Lucia Lengle

Wiesenhaus, Holger Mast
02941-2048666
Mo. Ruhetag

PRO SHOP: 02941-810110

PRO: Pro: Bastian Sommer, Björn Duda

H: 5959 m, CR 72, SL 132, Par 73
D: 5111 m, CR 73.2, SL 136, Par 73
24 Rangeabschläge (12 überdacht)

G: Gäste sind jederzeit willkommen. Sa./So./Feiertage ist Anmeldung notwendig. Clubausweis mit eingetragener PE ist erforderlich.

18-Loch-Greenfee: WT: EUR 50 / WE: EUR 60
9-Loch-Greenfee: WT: EUR 30 / WE: EUR 35
Ermäßigung: Jugendl./Stud. 50%

Platzinfos

VCG GPS

Anfahrtsbeschreibung

A 44 Dortmund-Kassel, Ausf. Kreuz Erwitte-Anröchte Ri. Erwitte B 55 Lippstadt, nördlich von Lippstadt an der Ampel links Ri. Bad Waldliesborn, im Kreisverkehr links Ri. Lippstadt, nach ca. 300 m rechts in den Wiesenhausweg zum Golfplatz.

Platzbeschreibung

Die Anlage wurde auf einem 110 ha umfassenden Gelände der ehemaligen Flößwiesen zwischen Boer- und Menzelsfelder Kanal errichtet. Die durchziehenden Gräben wurden mit Teichen, Tümpeln und Gräben verbunden, so dass fast jede Spielbahn und jedes Grün von Wasser umgeben ist. Aufgrund der vielen Wasserhindernisse und Fairwaybunker sowie der modellierten Grüns gilt die Anlage als „golferisches Juwel" im ostwestfälischen Gebiet, ein „Muss".

Nächstgelegene Plätze

Gut Mentzelsfelde, GC (Nr. 255)
Westf. GC Gütersloh (Nr. 242)
Paderborner Land, GC (Nr. 253)

Greenfee-Aktion: Seite G 79

Golfplatz Werne a. d. Lippe GmbH & Co. KG

Karte, Nr. 258, Feld C6 **18/6** Höhe: 75 m

gegründet: 2013

Kerstingweg 10, 59368 Werne
✆ 02389-539060 🖷 02389-402828
✉ buero@golfplatz-werne.de
🖳 www.golfplatz-werne.de

PR GF: Franz Ludwig Schulze Kersting, CM: Ute Schulze Kersting
Headgreenkeeper: Franz-Ludwig Schulze-Kersting

i ✆ 02389-539060 🖷 02389-402828
Angelika Grünebaum

✆ 02389-539060

PRO SHOP Golfplatz Werne a. d. Lippe GmbH &Co. KG
✆ 02389-539060 🖷 02389-402828

PRO Pro: David Minchin

18-Loch Platz
H: 5413 m, CR 67.2, SL 125, Par 70
D: 4612 m, CR 68.1, SL 123, Par 70
6-Loch Platz
H: 620 m, Par 18, D: 531 m, Par 18
30 Rangeabschläge (3 überdacht)

G Gäste sind jederzeit willkommen. Anmeldung ist notwendig. Clubausweis mit eingetragener PE ist erforderlich.

18-Loch-Greenfee: WT: EUR 50 / WE: EUR 70
9-Loch-Greenfee: WT: EUR 25 / WE: EUR 35
Ermäßigung: Jugendl./Stud. 50%

Platzinfos

VCG

Anfahrtsbeschreibung

A 1, Ausfahrt Hamm-Bockum-Hövel/Werne, Richtung Werne, am Zubringerende (1. Kreisverkehr) geradeaus bis zum 3. Kreisverkehr. Da rechts Richtung Capelle, nach der 90° Linkskurve über die Brücke. Direkt nach der Brücke rechts Richtung Capelle, in den zweiten Weg links (Kerstingweg) abbiegen. Der Straße folgen bis sie auf dem Golfplatz endet.

Platzbeschreibung

Ländlich familiäres Ambiente, absolut ruhig gelegener Platz inmitten Münsterländer Parklandschaft und Landschaftsschutzgebiet.

Nächstgelegene Plätze

Westerwinkel, GC (Nr. 251)
Nordkirchen, G&LC (Nr. 246)
Royal St. Barbara's GC (Nr. 267)

Golfanlage Jammertal

Karte, Nr. 259, Feld B6 9 Höhe: 52 m

gegründet: 2007

Redder Str. 421, 45711 Datteln-Ahsen
☽ 02363-3770 🖷 02363-377100
✉ golf@jammertal.de
💻 www.jammertal.de

PR: Alfons Schnieder, GF: Bernd Kreitz, CM: Herbert Bredemeyer, Headgreenkeeper: Ralph Heckmann

i: ☽ 02363-3770 🖷 02363-377100

Schnieder´s Gute Stube
☽ 02363-3770 🖷 02363-377100

PRO: Pro: Sören Duda

H: 1395 m, CR 58.1, SL 100, Par 29
D: 1395 m, CR 58.9, SL 99, Par 29
12 Rangeabschläge (7 überdacht)

G: Gäste sind jederzeit willkommen. Ein Handicap ist erforderlich.

Tages-Greenfee: WT: EUR 36 / WE: EUR 42
9-Loch-Greenfee: WT: EUR 20 / WE: EUR 24
Ermäßigung: Jugendl./Stud. 50%

Platzbeschreibung

Relativ schmale, kurze Bahnen erfordern präzises Spiel, sind aber auch ideal für Anfänger! Umgeben von den herrlichen Wäldern des Naturpark Haard liegt der Platz idyllisch und ruhig. Die Golfanlage Jammertal bietet sportlichen Spaß für „Greenschnäbel" und erfahrene Golfer - direkt am Hotel. Die große Sonnenterrasse und auch der 3000 m^2 Wellnessbereich locken nach dem Spiel mit Erfrischungen und Entspannung.

Nächstgelegene Plätze

Vestischer GC Recklingh. (Nr. 260)
Schloß Westerholt, GC (Nr. 264)
Castrop-Rauxel, GC (Nr. 270)

Platzinfos

VCG CLUB GASTRO

Anfahrtsbeschreibung

BAB 2 Ausfahrt Datteln (B 235), in Datteln am Neumarkt (Busbahnhof) links vor dem Möbelhaus Braukhoffabbiegen. Am Ende der Straße re. fahren. Immer geradeaus, verlassen Datteln, nach ca. 4 km am Stoppschild weiter geradeaus. Nach ca. 2 km liegt der Golfplatz auf der li. Seite. Oder: BAB 43, Ausfahrt Marl-Nord, Halter-Flaesheim. Auf der Schnellstr. bis zur ersten Ampel, dann re., durch Flaesheim durch, in Ri. Datteln-Ahsen. Nach ca. 6 km an der beampelten Kreuzung (Ahsen) re. Ri. Oer-Erkenschwick. An der nächsten Kreuzung (nach ca. 3 km) wieder re. Nach ca. 2 km liegt der Golfplatz auf der li. Seite.

Vestischer Golf Club Recklinghausen e.V.

Karte, Nr. 260, Feld B6 18/4

gegründet: 1974

Bockholter Straße 475, 45659 Recklinghausen
☎ 02361-93420 🖷 02361-934240
✉ info@golf-re.de
💻 www.golf-re.de

PR Carl Kuhmann

i ☎ 02361-93420 🖷 02361-934240
Claudia Uebigau-Sieberin

Gastronomie im Vestischen Golfclub, Charlotte und Sandor Czirjak
☎ 02361-9063344
Mo. Ruhetag

PRO SHOP Wera Vehlken, Wera Vehlken
☎ 02361-934212 🖷 02361-934240

PRO Pro: Benjamin Wuttke, Erwin Schellert

H: 5756 m, CR 71.7, SL 131, Par 72
D: 4887 m, CR 72.6, SL 131, Par 72
10 Rangeabschläge (7 überdacht)

G Gäste sind Montag - Freitag (außer an Feiertagen) willkommen. Anmeldung ist notwendig. Clubausweis mit eingetragenem Handicap (36) ist erforderlich.

18-Loch-Greenfee: WT: EUR 60 / WE: EUR 70
9-Loch-Greenfee: WT: EUR 35
Ermäßigung: Jugendl./Stud. bis 25 J. 50%

Platzbeschreibung

Der Platz wurde 1974 auf historischem Gelände mit einem im Jahre 1630 erstmals aktenkundig gewordenen Schultenhof auf überwiegend flachem Terrain erstellt. Die Fairways sind mit dichten Rough gesäumt und werden teilweise von altem Baumbestand alleenartig begleitet. Durch anspruchsvoll in die Spielführung integrierte Teiche und Bunker bietet sich ein abwechslungsreicher, nicht zu unterschätzender Platz.

Platzinfos

VCG GPS

Anfahrtsbeschreibung

Von Norden: BAB Münster-Wuppertal, Ausfahrt Marl-Sinsen Richtung Flugplatz Loemühle, ca. 500 m nach dem Flugplatz liegt rechts der Golfplatz. Von Süden: BAB Wuppertal-Münster, Ausfahrt Recklinghausen, 1. Ampel links, dann 3. Ampel links und wieder 1. Ampel rechts, nach ca. 1 km liegt links der Golfplatz.

Nächstgelegene Plätze

Schloß Westerholt, GC (Nr. 264)
Gelsenk. GC Haus Leythe (Nr. 266)
Jammertal, GA (Nr. 259)

Golf Club Hünxerwald e.V.

Karte, Nr. 261, Feld B6 18 Design: Barth, Müller, Preissmann Höhe: 60 m

gegründet: 1982

Hardtbergweg 16, 46569 Hünxe
☎ 02858-6480
✉ info@gc-huenxerwald.de
www.gc-huenxerwald.de

PR: Karl Hermann Krull, CM: Birthe Küpper
Headgreenkeeper: Hermann Hinnemann

i: ☎ 02858-6480 Fax -82120
Christel Losemann, Ronja Steinhau-Hermann, Rita Kempkes

Gastronomie: Horst Vierhaus
☎ 02858-6489
Mo. Ruhetag

PRO SHOP: ☎ 02858-6480

PRO: Pro: Christian Bell, Roland Noêlle

H: 5903 m, CR 73.1, SL 129, Par 72
D: 5182 m, CR 75, SL 130, Par 72
40 Rangeabschläge (4 überdacht)

G: Gäste sind jederzeit willkommen. Anmeldung ist notwendig. Clubausweis mit eingetragenem Handicap (36) ist erforderlich. E-Car zu mieten nach Anmeldung möglich.

18-Loch-Greenfee: WT: EUR 65 / WE: EUR 80
9-Loch-Greenfee: WT: EUR 40 / WE: EUR 50
Ermäßigung: Jugendl./Stud. bis 25 J. 40%

Platzbeschreibung

Der Golfplatz liegt in leicht hügeliger Landschaft am Rande des Hünxerwaldes. Alter Baumbestand und naturgeschützte wasserführende Gräben, ein Fischteich und ein Inselgrün machen den optischen Reiz der Anlage aus. Die zum rustikalen Clubhaus umgebaute 200 Jahre alte Scheune erwartet die Golfer zu gemütlichen Après Golf Stunden.

Platzinfos

VCG GPS GASTRO

Anfahrtsbeschreibung

BAB 3 Hollandlinie von Oberhausen bis Ausfahrt Dinslaken-Nord, dann Richtung Kirchhellen bis zur Abzweigung (links) nach Hünxe (Am Uhlensterz). 1 km bis zur Gaststätte Jägerheim, danach rechts Hardtbergweg.

Nächstgelegene Plätze

Bruckmannshof, GC (Nr. 255)
Schwarze Heide, GC (Nr. 262)
Weselerwald, GC (Nr. 252)

GC Schwarze Heide Bottrop-Kirchhellen e.V.

Karte, Nr. 262, Feld B6 **18/6** Höhe: 100 m

gegründet: 1986

Gahlener Straße 44, 46244 Bottrop
☎ 02045-82488 Fax 02045-83077
info@gc-schwarze-heide.de
www.gc-schwarze-heide.de

PR: Dr. Hartwig Keidel, CM: Anja Drews

i: ☎ 02045-82488 Fax -83077
Anne v.d. Staal

green19, Jenny Schmitz
☎ 02045-4680880
Mo. Ruhetag

PRO SHOP: Bob Grandison
☎ 02045-414550 Fax -414880

PRO: Pro: Frank Jansen, Marcel Kunefke

18-Loch Platz
H: 6026 m, CR 71.7, SL 130, Par 72
D: 5273 m, CR 73.2, SL 127, Par 72
6-Loch Platz
H: 734 m, Par 3, D: 704 m, Par 3
30 Rangeabschläge (6 überdacht)

G: Gäste sind Montag - Freitag (außer an Feiertagen) willkommen. Sa./So./Feiertage ist Anmeldung notwendig. Clubausweis mit eingetragenem Handicap (36) ist erforderlich.

18-Loch-Greenfee: WT: EUR 60 / WE: EUR 70
Ermäßigung: Jugendl./Stud. 50%

Platzbeschreibung

Selten vermutet man eine solch schöne Landschaft am Rande des Ruhrgebietes. In der Charakteristik eines westfälischen Bauerngartens wurde hier eine wunderschöne Golfanlage erstellt. Das Gelände ist leicht hügelig und bietet interessant integrierte Sand- und Wasserhindernisse. Besonders die Löcher 6 bis 9, das „Holtkamp-Eck", ist für jeden Golfer eine absolute Herausforderung.

Platzinfos

Anfahrtsbeschreibung

A 2 bis zum ABK Bottrop, weiter auf der A 31 bis zur Ausfahrt Kirchhellen-Nord und über die B 223 Richtung Kirchhellen, nach ca. 1,5 km auf die Gahlener Straße Richtung Gahlen-Schermbeck abbiegen, der Golfplatz liegt ca. 750 m weiter rechter Hand.

Nächstgelegene Plätze

Hünxerwald, GC (Nr. 261)
Bruckmannshof, GC (Nr. 265)
Oberhausen, GC (Nr. 272)

Golfplatz Gut Drechen

Karte, Nr. 263, Feld C6 **18** Design: Werner Kley Höhe: 60 m

gegründet: 1995

Gobel-von Drechen-Str.8a,
59069 Hamm-Drechen
02385-913500
info@golf-gutdrechen.de
www.golf-gutdrechen.de

02385-913500

H: 6009 m, CR 72.2, SL 122, Par 72
D: 5289 m, CR 74.1, SL 125, Par 72
20 Rangeabschläge (5 überdacht)

Gäste sind jederzeit willkommen. Clubausweis mit eingetragener PE ist erforderlich.

18-Loch-Greenfee: WT: EUR 50 / WE: EUR 70
9-Loch-Greenfee: WT: EUR 30 / WE: EUR 50
Ermäßigung: Jugendl. bis 18 J. und Stud. bis 27 J. 50%

Platzbeschreibung

Die 18-Loch-Anlage entstand auf einem 64 ha umfassenden, bisher landwirtschaftlich genutzten Gelände des ehemaligen Schulzenhofes Gut Drechen. Über eine plateauähnliche, nach Südosten geneigte typische Bördelandschaft kann der Blick auf den entfernten Haarstrang schweifen. Auf dem relativ ebenen Gelände wurden ganz gezielt Trocken- und Feuchtbiotope sowie Teiche angelegt, die der Natur Freiräume eröffnen und vom Golfer präzises Spiel fordern.

Platzinfos

VCG

Anfahrtsbeschreibung

A 2, Ausfahrt Hamm Richtung Hamm, an der nächsten Ampel links Richtung Unna-Bönen, nach ca. 2 km links und weiter Richtung Bönen-Flierich auf der Gobel-von-Drechen-Straße, nach ca. 2 km liegt der Golfplatz auf der rechten Seite.

Nächstgelegene Plätze

Werl, GC (Nr. 275)
Unna-Fröndenberg, GC (Nr. 280)
Gut Neuenhof, GC (Nr. 279)

Nordrhein-Westfalen

Golfclub Schloß Westerholt e.V.

Karte, Nr. 264, Feld B6 **18** Design: Christoph Städler Höhe: 70 m

gegründet: 1993

Schloßstraße 1, 45701 Herten-Westerholt
0209-165840 Fax 0209-1658415
info@gc-westerholt.de
www.gc-westerholt.de

PR: Dr. Johannes Brauckmann-Berger,
GF: Carsten Tietz
Headgreenkeeper: Andreas Kilian

i: 0209-165840 Fax 0209-1658415
Kirsten Wesselbaum, Eva Krause

Pferdestall / Schloss Westerholt, Georg Hüsken
0209-148940 Fax 0209-1489444

PRO: Pro: Richard Muscroft, Miroslav Janda

H: 6075 m, CR 71.5, SL 129, Par 72
D: 5214 m, CR 72.4, SL 125, Par 72
30 Rangeabschläge (10 überdacht)

G: Gäste sind Montag - Freitag (außer an Feiertagen) willkommen. Anmeldung ist notwendig. Clubausweis mit eingetragenem Handicap (36) ist erforderlich.

18-Loch-Greenfee: EUR 60
Ermäßigung: Jugendl. bis 18 J. und Stud. bis 28 J. 50%

Platzinfos

Anfahrtsbeschreibung

A 43 Wuppertal-Münster, Doppelausfahrt Nr. 11 Recklinghausen/Herten/Oer-Erkenschwick Ri. Herten-Nord, 6 km geradeaus Ri. Herten-Westerholt, Schild „Schloß Westerholt" folgen, auf Kirche zufahren, nach 200 m rechts Einfahrt zum Golfplatz. Oder: A 2 Oberhausen-Hannover, Ausf. Nr. 7 Herten/Herne-Wanne/Gels.-Erle Ri. Gels.-Erle, 1. Ampel rechts in die Ewaldstraße, 6 km gerade Ri. Marl/Westerholt, durch Gels.-Resse, dann „Altes Dorf Westerholt".

Platzbeschreibung

Das 90 ha umfassende Areal erstreckt sich in einem großen Halbkreis um das Schloß Westerholt und bietet diesem sportlich überaus reizvollen Platz mit abwechslungsreichen Teilfächen und einem angenehm bewegten Oberflächenrelief eine großartige Kulisse aus altem Laubwaldbestand und prächtigen Alleen. Zahlreiche Biotope und vor allem 10 Teiche, die an 9 der 18 Fairways auf verschlagene Bälle lauern, stellen dem Golfer viele anspruchsvolle Aufgaben.

Nächstgelegene Plätze

Gelsenk. GC Haus Leythe (Nr. 266)
Vestischer GC Recklingh. (Nr. 260)
Schloß Horst, GC (Nr. 268)

Golfclub Bruckmannshof e.V.

Karte, Nr. 265, Feld B6 9

gegründet: 1998

An den Höfen 7, 46569 Hünxe-Bruckhausen
☎ 02064-33043 Fax 02064-32011
✉ gc-bruckmannshof@t-online.de
www.gcbruckmannshof.de

PR: Wilhelm Bruckmann, GF: Helmut Baack
Headgreenkeeper: Christof Bruckmann

i: ☎ 02064-33043 Fax 02064-32011
Meike Strycek

Clubhaus
☎ 02064-33043 Fax -32011
Di. Ruhetag

PRO: Pro: Frank Benninghof, Ulrich Paetzel

H: 5760 m, CR 71.2, SL 129, Par 72
D: 5156 m, CR 73.6, SL 129, Par 72
17 Rangeabschläge (7 überdacht)

G: Gäste sind jederzeit willkommen. Sa./So./Feiertage ist Anmeldung notwendig. Clubausweis mit eingetragenem Handicap (54) ist erforderlich. Sa./So./Feiertage ist Handicap 45 (Herren) / 50 (Damen) erforderlich.

18-Loch-Greenfee: WT: EUR 45 / WE: EUR 55
9-Loch-Greenfee: WT: EUR 25 / WE: EUR 30

Platzbeschreibung

Der Golfplatz ist eingebettet in die typisch niederrheinische Landschaft. Das Gelände ist von altem Baumbestand umgeben. Zahlreiche Kopfweiden und ein Bachlauf begrenzen den Platz. Jede Bahn hat ihren eigenen Charakter und ist sowohl für Anfänger als auch Fortgeschrittene eine Herausforderung.

Platzinfos

VCG GPS CLUB

Anfahrtsbeschreibung

A 3 Richtung Arnheim, Ausfahrt Dinslaken Nord, dann rechts bis zum Kreisverkehr, die erste Ausfahrt nehmen, weiter bis zum Kreisverkehr (Feuerwache Dinslaken), erste Ausfahrt auf die Hünxer Str. nehmen. Ab Hünxe-Bruckhausen der Beschilderung zum Golfplatz folgen.

Nächstgelegene Plätze

Hünxerwald, GC (Nr. 261)
Röttgersbach, GC (Nr 274)
Schwarze Heide, GC (Nr. 262)

Gelsenkirchener Golfclub Haus Leythe e.V.

Karte, Nr. 266, Feld B7 **18**

gegründet: 1987

Middelicher Straße 72,
45891 Gelsenkirchen-Buer
☎ 0209-701100 🖷 0209-7011025
✉ info@haus-leythe.de
💻 www.haus-leythe.de

PR Klaus Wittkowski, CM: Michelle Schmitz
Headgreenkeeper: Michael Lochthowe

i ☎ 0209-701100 🖷 -7011025

Patrick Hoff
☎ 0209-77390 🖷 0209-1776631

PRO SHOP Golfschule Haus Leythe GbR
☎ 0209-9458812

PRO Pro: Horst Büttner, Andreas Kampkötter, Jannis Scheuch

H: 5433 m, CR 70.1, SL 126, Par 71
D: 4653 m, CR 70.8, SL 124, Par 71
50 Rangeabschläge (15 überdacht)

G Gäste sind Montag - Freitag (außer an Feiertagen) willkommen. Clubausweis mit eingetragenem Handicap (36) ist erforderlich.

18-Loch-Greenfee: WT: EUR 65 / WE: EUR 75
9-Loch-Greenfee: WT: EUR 40 / WE: EUR 45
Ermäßigung: Jugendl./Stud. bis 27 J. 50%

Platzinfos

VCG GPS

Anfahrtsbeschreibung

A 2, Ausfahrt Gelsenkirchen-Buer, erste Abfahrt aus dem Kreisverkehr Richtung Recklinghausen (Emil-Zimmermann-Allee, Middelicher Straße), nach ca. 2,2 km rechts der Beschilderung zum Golfplatz folgen.

Platzbeschreibung

Die Anlage ist durch Überreste der so genannten „Münsterländer Parklandschaft" geprägt. Dauerweiden, Baumreihen entlang der Straßen und Nutzungsgrenzen, Brachflächen und Feuchtwiesen sowie die galerieartige Baumkulisse entlang des Knabenbaches schaffen ein interessantes Landschaftsbild, dazwischen befinden sich vielfältige Biotopstrukturen. Eine Vielzahl von natürlichen Hindernissen und Landschaftsstrukturen sind in die Anlage integriert.

Nächstgelegene Plätze

Schloß Westerholt, GC (Nr. 264)
Schloß Horst, GC (Nr. 268)
Vestischer GC Recklingh. (Nr. 260)

Royal Saint Barbara's Dortmund Golf Club e.V.

Karte, Nr. 267, Feld C7 **18**

gegründet: 1969

Saint-Barbara-Allee 18,
44309 Dortmund-Brackel
0231-9098650
info@royal-dortmund-gc.de
www.royal-dortmund-gc.de

PR Dirk Renkhold
Headgreenkeeper: Richard Hunt,
Rainer Faulhaber

i 0231-9098650
Gudrun Simaitis, Evy Renkhold

Klubgastronomie Sophie Becker
0231-4271971
Mo. Ruhetag

PRO Pro: Duncan Hannak, Frank Schneider,
Lara Lehnstaedt

H: 6110 m, CR 72.1, SL 129, Par 72
D: 5132 m, CR 72.2, SL 129, Par 72
25 Rangeabschläge (10 überdacht)

G Gäste sind jederzeit willkommen. Clubausweis mit eingetragenem Handicap (45) ist erforderlich. Jeans sind auf dem Golfplatz nicht gestattet.

18-Loch-Greenfee: WT: EUR 60 / WE: EUR 70
9-Loch-Greenfee: WT: EUR 35 / WE: EUR 40
Gäste von Mitgliedern erhalten die ganze Woche EUR 10 Rabatt auf das reguläre Greenfee pro Person
Ermäßigung: Jugendl./Stud. 50%

Platzbeschreibung

Am östlichen flachen Stadtrand von Dortmund gelegen, präsentiert sich der Royal Saint Barbara's Dortmund Golfclub e. V. - getreu dessen britischer Wurzeln - auf rund 70 ha als Parkland Course. Der 1969 von Soldaten der Britischen Rheinarmee als Royal Artillery And Dortmund Garrison Golf Club gegründete Verein hat seine nur sieben Kilometer Luftlinie von der Dortmunder City entfernte Anlage von 2004 – 09 nach modernster Golfplatzarchitektur großzügig um- und neu gestaltet.

Platzinfos

VCG GPS CLUB

Anfahrtsbeschreibung

A 2 Ausfahrt Dortmund-Nord-Ost (B236) Richtung Schwerte. Oder B 1 bis zur Auffahrt B 236 Richtung Lünen, Ausfahrt Dortmund-Brackel. Über die Ampel Flughafenstraße in den Heßlingsweg, gerade aus in die Adi-Preißler-Allee bis zum Kreisverkehr. Im Kreisverkehr nehmen Sie die dritte Ausfahrt. Am Ende der Straße befindet sich die Zufahrt zum Golfplatz.

Nächstgelegene Plätze

GolfRange Dortmund, GC (Nr. 276)
Dortmunder GC (Nr. 282)
Castrop-Rauxel, GC (Nr. 270)

Golfclub Schloß Horst

Karte, Nr. 268, Feld B7 9

gegründet: 1998

Johannastr. 37, 45899 Gelsenkirchen
☎ 0209-503020 🖷 0209-5030222
✉ info@gcsh.de
💻 www.gcsh.de

PR Peter Vöcklinghaus, GF: Jens Westendarp
Headgreenkeeper: Artur Prochotta

i ☎ 0209-503020 🖷 0209-5030222
Tim Kröner

☎ 0209-5030223 🖷 0209-5030222

PRO SHOP ☎ 0209-503020 🖷 0209-5030222

PRO Pro: Cedric Steiner

H: 5593 m, CR 70.1, SL 128, Par 71
D: 4936 m, CR 72, SL 124, Par 71
40 Rangeabschläge (21 überdacht)

G Gäste sind jederzeit willkommen. Anmeldung ist erforderlich. PE ist erforderlich.

18-Loch-Greenfee: WT: EUR 45 / WE: EUR 55
9-Loch-Greenfee: WT: EUR 29 / WE: EUR 35
Jugendliche und Studenten erhalten GF-Ermäßigung: Bis 18 Jahre: 18-Loch: EUR 20
9-Loch: EUR 12 Bis 27 Jahre: 18-Loch: EUR 27
9-Loch: EUR 17

Platzinfos

VCG GPS

Anfahrtsbeschreibung

A 42, Ausfahrt Gelsenkirchen-Schalke, auf der Grothusstraße Richtung GE-Horst, nach ca. 4 km am Schloß Horst rechts abbiegen und dann rechts in die Johannastraße abbiegen. Nach ca. 600 m ist rechts die Einfahrt zum Golfplatz.

Platzbeschreibung

Innerhalb der Stadt Gelsenkirchen direkt hinter dem Schloß Horst, befindet sich die 9-Loch-Anlage mit Clubhaus und Übungsbereichen. Hervorzuheben ist die direkt an das Clubhaus angebaute Driving-Range, die über 12 automatische Tee Up Boxen verfügt, in denen die Bälle aus dem Boden kommen. Seit September 2021 sind 10 Boxen zusätzlich mit einem TopTracer System ausgerüstet. Eine LED-Flutlichtanlage ermöglicht auch in den Herbst- und Wintermonaten das Training bis 21 Uhr. Das im Clubhaus befindliche Restaurant mit Biergarten bietet variantenreiche, täglich wechselnde Speisen.

Nächstgelegene Plätze

Gelsenk. GC Haus Leythe (Nr. 266)
Schloß Westerholt, GC (Nr. 264)
Oberhausen, GC (Nr. 272)

Golfanlage Schloss Haag

Karte, Nr. 269, Feld A7   18   Design: Hardes   Höhe: 60 m

gegründet: 1995

Schloss Haag 8, 47608 Geldern
☎ 02831-924420 Fax 02831-924422
✉ golf-geldern@t-online.de
www.gc-schloss-haag.de

PR: Ralf Kohl, GF: Thomas Wirth
Headgreenkeeper: Matthias Broeckmann

i: ☎ 02831-924420 Fax -924422
Jannik Ingenwerth

Kloibers im Schloss, Jenny Kloiber
☎ 02831-924425 Fax 02831-924422

PRO SHOP: Golf-Shop Schoss Haag, Thomas Wirth
☎ 02831-924420 Fax 02831-924422

PRO: Pro: Björn Deja

H: 6193 m, CR 73.1, SL 134, Par 73
D: 5423 m, CR 74.9, SL 132, Par 73
28 Rangeabschläge (10 überdacht)

G: Gäste sind jeden Tag (außer Sonntag und an Feiertagen) willkommen. Anmeldung ist notwendig. Clubausweis mit eingetragenem Handicap (54) ist erforderlich. Voucher gelten von Montag bis Freitag, ausgenommen Feiertage.

18-Loch-Greenfee: WT: EUR 50 / WE: EUR 60
9-Loch-Greenfee: WT: EUR 30 / WE: EUR 40
Ermäßigung: Jugendl./Stud. 50%

Platzinfos

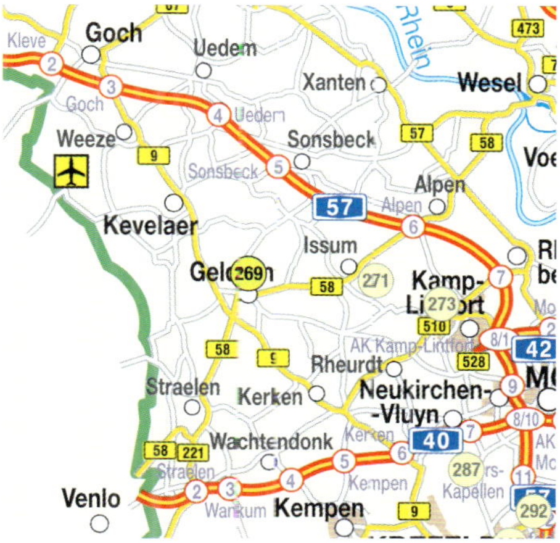

Anfahrtsbeschreibung
A 40 Moers Richtung Venlo, Ausfahrt Kerken, B 9, am 2. Abfahrtsschild Geldern (Kreuzung B 9/B 58) Richtung Xanten, nach der 2. Ampelkreuzung rechts zum Golfplatz abbiegen.

Platzbeschreibung
In der idylllischen niederrheinischen Auenlandschaft, eingebettet zwischen Flüssen und Wäldern, liegt die Golfanlage Schloß Haag. Rund um das mittelalterliche Schloß, erstreckt sich der Golfplatz mit 18 Bahnen auf ca. 100 ha Fläche sowie ein Kurzplatz mit 6 Löchern. Ein erfahrener Professional steht den Mitgliedern und Golfgästen zur Verfügung. Einzigartig ist unsere Indoorhalle für hervorragende Trainingsmöglichkeiten mit 140 qm Putting- und Chippingareal, Schlägercheck sowie Sam-Puttlab für Schwunganalyse.

Nächstgelegene Plätze
Issum-Niederrhein, GC (Nr. 271)
Am Kloster Kamp, GC (Nr. 273)
Niep, GC (Nr. 287)

Nordrhein-Westfalen

Golf Club Castrop-Rauxel e.V. in Frohlinde

Karte, Nr. 270, Feld C7 **27** Höhe: 90 m

gegründet: 1987

Dortmunder Straße 222, 44577 Castrop-Rauxel
☎ 02305-62027 Fax 02305-61410
✉ golfclub-castrop@t-online.de
www.gccastroprauxel.de

PR Reiner Kötter, GF: Wolfgang Dressler, CM: Claudia Niepel
Headgreenkeeper: Roman Vierhaus

i ☎ 02305-62027 Fax 02305-61410
Tim Schneider, Tanja Shephard

Familie Czirjak
☎ 02305-62511 Fax 02305-61410
Mo. Ruhetag

PRO SHOP Pro Shop Angelika Hoffmann, Horst Möller
☎ 02305-62907 Fax 02305-61410

PRO Pro: Andrew Shephard, Julian Albers

H: 5924 m, CR 71.3, SL 130, Par 71
D: 5140 m, CR 72.4, SL 127, Par 71
25 Rangeabschläge (12 überdacht)

G Gäste sind jederzeit willkommen. Clubausweis mit eingetragener PE ist erforderlich. Sa./So./Feiertage ist Handicap 36 erforderlich.

Tages-Greenfee: WT: EUR 55
18-Loch-Greenfee: WE: EUR 70
9-Loch-Greenfee: WT: EUR 35 / WE: EUR 45
Ermäßigung: Jugendl./Stud.

Platzbeschreibung

Im Dreieck Dortmund, Bochum und Gelsenkirchen gelegen, bietet diese Anlage, vergleichbar mit einer Oase, Ruhe und Natur. Seen und Höhenzüge mit altem Baumbestand bieten dem Spieler eine landschaftlich reizvolle Kulisse und einen spieltechnisch anspruchsvollen Platz, der mit seinem neuen Clubhaus zu einer Attraktion im Ruhrgebiet geworden ist.

Platzinfos

VCG GPS CLUB GASTRO

Anfahrtsbeschreibung

A 42 bis zum Kreuz Castrop-Rauxel-Ost, Ausfahrt Dortmund-Bodelschwingh, links Richtung Bochum-Castrop-Rauxel und auf der Mengeder Straße bis zur Ampel (ca. 2,5 km), links Richtung Frohlinde (ca. 500 m), am Schild „Golfplatz" rechts. Oder: A 45 bis zur Anschlußstelle Dortmund-Marten, rechts über Bärenbruch, Frohlinder Straße und Dortmunder Straße bis Frohlinde, Golfplatz links.

Nächstgelegene Plätze

Kemnader See (Nr. 283)
GolfRange Dortmund, GC (Nr. 276)
Bochumer GC (Nr. 284)

Golf Club Issum-Niederrhein e.V.

Karte, Nr. 271, Feld A7 **18** Design: Rainer Preißmann Höhe: 24 m

gegründet: 1973

Pauenweg 68, 47661 Issum
☎ 02835-92310 🖷 02835-923120
✉ collector@golfclub-issum.de
💻 www.golfclub-issum.de

PR: Winfried Schaarschmidt
Headgreenkeeper: Heiner Oppenberg

i: ☎ 02835-92310 🖷 -923120
Irmi Roets, Iris Thiel

Gastronomie im Golfclub Issum
☎ 02835-923119
Mo. Ruhetag

PRO SHOP: Pro-Shop Roets
☎ 02835-923112

PRO: Pro: Wayne Roets, David Burke

H: 5737 m, CR 71.5, SL 126, Par 71
D: 4921 m, CR 72.3, SL 125, Par 71
20 Rangeabschläge (7 überdacht)

G: Gäste sind jederzeit willkommen. Anmeldung ist notwendig. Clubausweis mit eingetragenem Handicap (54) ist erforderlich. Der Platz ist täglich bespielbar. Gäste werden um Voranmeldung gebeten. VcG-Spieler sind herzlich willkommen, zum Bespielen ist ein Nachweis über bestandene Platzreifeprüfung erforderlich oder ein DGV-Ausweis mit eingetragenem Handicap (54) erforderlich.

18-Loch-Greenfee: EUR 65
9-Loch-Greenfee: EUR 40

Platzinfos

VCG GPS GASTRO

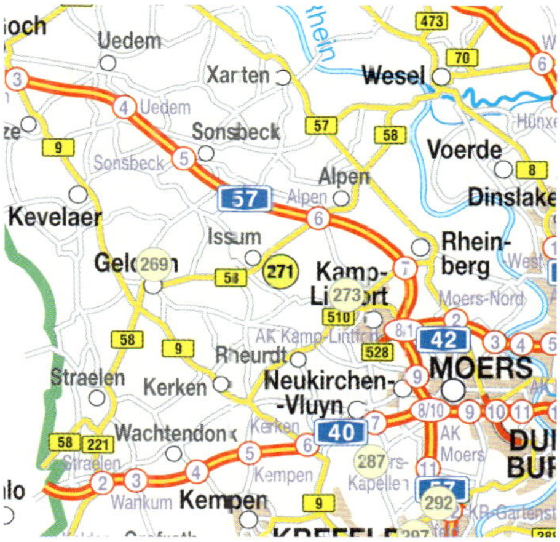

Anfahrtsbeschreibung

A 57 Richtung Goch-Nijmegen, Ausfahrt Alpen-Issum, auf die B 58 Richtung Geldern, ca. 500 m hinter der Aral-Tankstelle auf Höhe eines alten Mühlenturms links in den Pauenweg. Der Beschilderung „Golf" ca. 2 km bis zum Golfplatz folgen. Die Driving Range befindet sich direkt am Parkplatz, das Clubhaus ist von dort zu Fuß gut erreichbar.

Platzbeschreibung

Sportliche Herausforderung mit überdurchschnittlicher Platzqualität am linken Niederrhein Das Greenkeeper-Team unter Regie von Heiner Oppenberg hat den 18-Loch-Platz an der Issumer Fleuth zu einem echten Kleinod für Golfer aller Handicap-Klassen entwickelt. Markenzeichen ist die überdurchschnittliche Platzqualität.

Nächstgelegene Plätze

Am Kloster Kamp, GC (Nr. 273)
Schloss Haag, GA (Nr. 269)
Niep, GC (Nr. 287)

Golfclub Oberhausen GmbH & Co. KG

Karte, Nr. 272, Feld B7 **9/9**

gegründet: 1999

Jacobistraße 35, 46119 Oberhausen
✆ 0208-2997335 Fax 0208-2997502
✉ info@gcob.de
www.gcob.de

PR: Willi Liesenberg, GF: Jens Westendarp

i: ✆ 0208-2997335 Fax 0208-2997502
Till Both

Restaurant: ✆ 0208-2997335 Fax 0208-2997502

PRO SHOP: ✆ 0208-2997335 Fax 0208-2997502

PRO: Pro: Mike Cocks

9-Loch GC Oberhausen Platz
H: 4958 m, CR 66.6, SL 115, Par 68
D: 4264 m, CR 67.3, SL 117, Par 68
9-Loch Zeche Jacobi Platz (Executive)
H: 1420 m, CR 57.5, SL 89, Par 30
D: 1420 m, CR 57.8, SL 95, Par 30
50 Rangeabschläge (20 überdacht)

G: Gäste sind jederzeit willkommen. Anmeldung ist erforderlich. PE ist erforderlich.

18-Loch-Greenfee: WT: EUR 45 / WE: EUR 55
9-Loch-Greenfee: WT: EUR 29 / WE: EUR 35
Startzeitenreservierung erforderlich.
Ermäßigung: Jugendl./Stud. 22%

Platzbeschreibung

Mitten in Oberhausen, in unmittelbarer Nähe des EKZ Centro befindet sich das öffentliche Golfcenter Oberhausen mit großzügigen Übungsanlagen und einem anspruchsvollen 9-Loch-Platz sowie einem 9-Loch-Tricky Platz. Die Anlage ist öffentlich und somit für jedermann, auch ohne Clubausweis, nutzbar.

Platzinfos

VCG

Anfahrtsbeschreibung

A 2, Ausf. Oberhausen-Königshardt, li. Ri. Sterkrade, geradeaus bis zur 2. Kreuzung, dann re. in die Harkortstr. bis zum Ende, dann li. auf die Teutoburger Str., kurz vor der Stadtgrenze zu Bottrop (Esso) li. und sofort wieder li. in die Jacobistr., nach der Rechtskurve geradeaus bis zum Parkplatz. Oder: A 42, Ausf. Oberhausen-Zentrum, A 516 Ri. Sterkrade, Ausf. OB-Sterkrade, an der Ampel re. in Teutoburger Str., ca. 2,5 km geradeaus, weiter s.o.

Nächstgelegene Plätze

Röttgersbach, GC (Nr. 274)
Schloß Horst, GC (Nr. 268)
Mülheim/Ruhr Raffelberg, GC (Nr. 281)

Greenfee-Aktion: Seite G 79

Golfclub Am Kloster Kamp

Karte, Nr. 273, Feld A7 **18** Höhe: 28 m

gegründet: 1997

Kirchstraße 164, 47475 Kamp-Lintfort
02842-4833 02842-4835
golfclub@amklosterkamp.de
www.golfclub-am-kloster-kamp.de

PR: Erik Okhuizen, CM: Erik Okhuizen

i: 02842-4833 -4835
Elke Melia, Kirsten Tepner, Astrid Deckers

Clubrestaurant
02842-4700021 02842-4700022
Mo. Ruhetag

PRO SHOP: Golf-Deele, Inge Treichel
02842-4700026

PRO: Pro: Erik Okhuizen

H: 6064 m, CR 72.3, SL 132, Par 72
D: 5138 m, CR 72.7, SL 127, Par 72
30 Rangeabschläge (10 überdacht)

G: Gäste sind jederzeit willkommen. Anmeldung ist notwendig. Clubausweis mit eingetragener PE ist erforderlich. In der Saison können Gäste an Sonn-und Feiertagen bis 9:00 Uhr oder ab 13:00 Uhr starten.

18-Loch-Greenfee: WT: EUR 50 / WE: EUR 60
9-Loch-Greenfee: WT: EUR 30 / WE: EUR 35
Ermäßigung: Jugendl./Stud. 50%

Nächstgelegene Plätze
Issum-Niederrhein, GC (Nr. 271)
Niep, GC (Nr. 287)
Schloss Haag, GA (Nr. 269)

Platzinfos

GPS CLUB GASTRO

Anfahrtsbeschreibung
A 57/A 42, Ausfahrt Kamp-Lintfort, rechts Richtung Stadt Kamp-Lintfort, geradeaus, nach Überquerung der 5. Ampel 900 m weiter geradeaus, dann links in die Kirchstraße zum Golfplatz abbiegen.

Platzbeschreibung
Idyllisch gelegen im Tal zwischen Kamper Berg und Niersenberg zu Füßen des Klosters Kamp liegt die 18-Loch-Anlage mit Par 72 und einer Länge von 6.064 m. Attraktive Golflandschaften wechseln mit interessanten Wasserhindernissen, jede Bahn hat ihren eigenen Charakter und ist sowohl für Anfänger wie Fortgeschrittene eine Herausforderung.

Greenfee-Aktion: Seite G 81

Golfclub Röttgersbach

Karte, Nr. 274, Feld B7 **9/9**

Nordrhein-Westfalen

gegründet: 2004

Ardesstr. 82, 47167 Duisburg
✆ 0203-4846725 🖷 0203-4846726
✉ golfrevierduisburg@gmail.com
💻 www.gc-roettgersbach.de

PR: Arndt Rother, GF: Oliver Schulz
Dirk Kochanski, CM: Birgit Hüsken

i: ✆ 0203-4846725 🖷 0203-4846726

Birgit Hüsken
✆ 0203-4846725 🖷 0203-4846726
Mo. Ruhetag

9-Loch Westplatz
H: 6004 m, CR 72.4, SL 135, Par 72
D: 5386 m, CR 74.7, SL 137, Par 74
9-Loch Ostplatz
H: 2950 m, CR 58.5, SL 91, Par 56
D: 2950 m, CR 58.3, SL 88, Par 58
37 Rangeabschläge (14 überdacht)

G: Gäste sind jederzeit willkommen. Anmeldung ist notwendig. Clubausweis mit eingetragenem Handicap (54) ist erforderlich.

Tages-Greenfee: WE: EUR 75
18-Loch-Greenfee: WT: EUR 45 / WE: EUR 55
9-Loch-Greenfee: WT: EUR 27 / WE: EUR 30
Ermäßigung: Jugendl. bis 18 J. 50%, Stud. 20%

Platzbeschreibung

An den Erholungspark Mattlerbusch angrenzend, weist die Anlage des GC Röttgersbach den typischen Charakter des rechten Niederrheins auf. Die 9 Spielbahnen sind mit zahlreichen Bunkern und Wasserhindernissen ausgestattet und erfordern aufgrund der anspruchsvollen Gestaltung oftmals kluges Spiel. Die Sommergrüns sind ganzjährig geöffnet. Der 9-Loch-Kurzplatz ist öffentlich und für jedermann bespielbar.

Platzinfos

VCG GASTRO

Anfahrtsbeschreibung

A 3, Ausfahrt Oberhausen-Holten, Ausfahrt rechts, am Kreisverkehr sofort wieder rechts in die Kurfürstenstraße und nach ca. 500 m links in die Ardesstraße und zum Golfplatz.

Nächstgelegene Plätze

Oberhausen, GC (Nr. 272)
Mülheim/Ruhr Raffelberg, GC (Nr. 281)
Bruckmannshof, GC (Nr. 265)

Greenfee-Aktion: Seite G 81

Golf Club Werl e.V.

Karte, Nr. 275, Feld C7 **9** Höhe: 300 m

gegründet: 1973

Am Golfplatz 1, 59457 Werl
Tel. 02377-6307 Fax 02377-785785
info@gc-werl.de
www.gc-werl.de

PR Groß Björn

i Tel. 02377-6307 Fax 02377-785785
Oliver Dieber

Werler Waldrestaurant, Ulrike Hennecken
Tel. 02377-1062
Mo. Ruhetag

PRO SHOP ProShop Philipp Wolf

PRO Pro: Philipp Wolf

H: 5404 m, CR 69.6, SL 132, Par 70
D: 4750 m, CR 71.3, SL 125, Par 70
8 Rangeabschläge (3 überdacht)

G Gäste sind jederzeit willkommen. Anmeldung ist notwendig. Clubausweis mit eingetragener PE ist erforderlich.

Tages-Greenfee: WT: EUR 40 / WE: EUR 50

Platzinfos

VCG

Anfahrtsbeschreibung

A 44 Kassel-Dortmund, Ausfahrt Werler Kreuz Richtung Arnsberg, Ausfahrt Wickede-Ruhr, die B 63 ca. 500 m Richtung Wickede, dann liegt rechter Hand die Einfahrt zum Golfplatz.

Platzbeschreibung

Mitten im Werler Stadtwald liegt am Nord-West-Hang des Haarstranges, einem Bergrücken zwischen Soester Börde und dem Sauerland, der clubeigene 9-Loch-Platz. Der Platz ist leicht hügelig und zeichnet sich durch einen alten Baumbestand aus. Er erinnert an eine englische Parklandschaft. Die engen Spielbahnen und die kleinen Grüns erfordern ein genaues Spiel.

Nächstgelegene Plätze

Unna-Fröndenberg, GC (Nr. 280)
Gut Neuenhof, GC (Nr. 279)
Gut Drechen, GP (Nr. 263)

Golfclub GolfRange Dortmund

GolfRange

Karte, Nr. 276, Feld C7 9

gegründet: 2001

Rennweg 70, 44143 Dortmund
☎ 0231-9812950 Fax 0231-98129522
✉ dortmund@golfrange.de
www.golfrange.de

PR: GF: H.P. Thomßen
Dr. Florian Bosch, CM: Christoph Kneer
Timo Goldau

i: ☎ 0231-9812950 Fax 0231-98129522
Maria Emmler

Green Ville, Bernardo Martinez
Di. Ruhetag

PRO SHOP: Golf24, Benedikt Martinschledde
☎ 0231-9812950 Fax 0231-98129522

PRO: Pro: Stefan Seebeck, Roy Stirling

H: 4146 m, CR 62.5, SL 116, Par 64
D: 3754 m, CR 63.7, SL 111, Par 64
60 Rangeabschläge (36 überdacht)

G: Gäste sind jederzeit willkommen. Anmeldung ist notwendig. Clubausweis mit eingetragenem Handicap (54) ist erforderlich.

18-Loch-Greenfee (bis 16:00 Uhr): WT: EUR 34 / WE: EUR 38
18-Loch-Greenfee (ab 16:00 Uhr): WT: EUR 37 / WE: EUR 38
9-Loch-Greenfee (bis 16:00 Uhr): WT: EUR 22 / WE: EUR 25
9-Loch-Greenfee (ab 16:00 Uhr): WT: EUR 24 / WE: EUR 25
Ermäßigung: Jugendl. bis 18 J. 50%

Nächstgelegene Plätze

Royal St. Barbara's GC (Nr. 267)
Dortmunder GC (Nr. 282)
Golfen in Herdecke (Nr. 286)

Platzinfos

VCG

Anfahrtsbeschreibung

A 40/B 1 aus Richtung Essen-Bochum Richtung Unna, diese Straße führt durch Dortmund und heißt Westfalendamm, am Gottesacker Richtung Hauptfriedhof/Rennbahn links und auf dem Rennweg bis zur Rennbahn. Die GolfRange Dortmund liegt auf dem Rennbahn-Gelände.

Platzbeschreibung

Die 1994 eröffnete Dormunder Anlage wurde im Herbst 2001 von dem Golfanlagenbetreiber GolfRange Deutschland übernommen. Auch in Dortmund setzt GolfRange auf sein erfolgreiches Konzept: stadtnah, beste Übungsmöglichkeiten, ein stets gut gepflegter Golfplatz und günstige Konditionen. Die Anlage verfügt über ein interessantes Kurzspielcenter, ein funktionelles Verwaltungsgebäude mit Golfshop, Gastronomie und eine Range mit 36 überdachten und 20 Rasen-Abschlagplätzen.

Greenfee-Aktion: Seite G 81

Golfclub Westheim e. V.

Karte, Nr. 277, Feld E7 **18/6** Design: Michael Spangemacher Höhe: 280 m

gegründet: 1999

Kastanienweg 16 b, Sportanlage,
34431 Marsberg Westheim
☎ 02994-908854 Fax 02994-908859
✉ info@gc-westheim.de
www.golfclub-westheim.de

PR: Dr. Wolf-Peter Otto
Headgreenkeeper: Toni Wilmsmann

i: ☎ 02994-908854 Fax 02994-908859
Ulrike Heinemann

PRO SHOP: Golfclub Westheim e.V., Dr. Wolf-Peter Otto
☎ 02994-908854 Fax 02994-908859

PRO: Pro: Oliver Peuse

18-Loch Westheimer Platz
H: 5500 m, CR 69.8, SL 127, Par 71
D: 4600 m, CR 71.8, SL 123, Par 71
6-Loch Par 3 Pay & Play Platz
H: 1500 m, Par 54, D: 1400 m, Par 54
7 Rangeabschläge (2 überdacht)

G: Gäste sind jederzeit willkommen. Anmeldung ist notwendig. Clubausweis mit eingetragener PE ist erforderlich. Mitglieder von Golfclubs sind willkommen, auf dem Kurzplatz kann man auch ohne Platzreife spielen

18-Loch-Greenfee: WT: EUR 60 / WE: EUR 70
9-Loch-Greenfee: WT: EUR 34 / WE: EUR 38

Platzbeschreibung

Schön geschwungene breite Bahnen, jede unterschiedlich der Natur angepasst, auf den höheren wunderbare Fernsicht auf das Sauerland. Die Grüns sind hart, schnell,schwer zu lesen, unterschiedlich groß bis 600 qm, in der Regel angehoben und durch Bunker, Steinbiotop oder Wasser verteidigt. Gute Drainage der Platz, ist auch bei Regen immer spielbar. Der Slope entspricht nicht der Realität, Hcp ist schwer zu spielen, da der Ball durch leichte Schräglagen, diverse natürliche Hindernisse und Biotope einen anderen Weg nehmen kann. Ein Platz, der gut gelaufen werden kann, Carts stehen zur Verfügung.

Platzinfos

VCG

Anfahrtsbeschreibung

A 44 Ausfahrt Marsberg auf die B 7, der nächste Ort ist Marsberg Westheim. Hinter der Tankstelle erste Straße rechts in die Hoppenbergstraße abbiegen, dann den Schildern „Golfplatz/Sportplatz" folgen.

Nächstgelegene Plätze

Bad Arolsen, G&LC (Nr. 374)
Uni-GC-Paderborn (Nr. 254)
Brilon, GC (Nr. 290)

Greenfee-Aktion: Seite G 81, 83

Golfplatz Gut Köbbinghof

Karte, Nr. 278, Feld D7 **18** Design: Spangemacher & Partner Oelde Höhe: 270 m

gegründet: 1988

Frankenufer 13, 59519 Möhnesee-Völlinghausen
☽ 02925-4935
✉ info@golf-gutkoebbinghof.de
www.golf-gutkoebbinghof.de

PR
GF: Hilmar von Bardeleben
Headgreenkeeper: Roman Nölle

☽ 02925-4935

Clubhaus
☽ 02925-4935
Fr., Sa. und So. Ruhetag

PRO
Pro: Jonas Ebbert

H: 5963 m, CR 72, SL 132, Par 72
D: 5203 m, CR 73.5, SL 130, Par 72
20 Rangeabschläge (4 überdacht)

G
Gäste sind jederzeit willkommen. Anmeldung ist notwendig. Clubausweis mit eingetragener PE ist erforderlich. Startzeitenreservierung ist erforderlich.

18-Loch-Greenfee: WT: EUR 50 / WE: EUR 70
9-Loch-Greenfee: WT: EUR 30 / WE: EUR 50
Wir vergeben Startzeiten.
Ermäßigung: Jugendl. bis 18 J. und Stud. bis 25 J. 50%

Platzbeschreibung

Der profilreiche, landschaftlich gediegene Platz liegt auf 270 m Höhe am Nordrand des Sauerlands. Die 18-Loch-Anlage bietet neben abweschslungsreichen, anspruchsvollen aber fairen Bahnen, herrliche Ausblicke auf den Haarstrang und den Möhnesee. Das hügelige, sehr idyllische Areal vermag zudem mit seiner Kombination aus Wald und Wasser zu überzeugen und wartet mit einem gemütlichen Clubhaus mit Sonnenterrasse auf.

Platzinfos

VCG GPS CLUB GASTRO

Anfahrtsbeschreibung

Die Anfahrt zu unserer Golfanlage am Möhnesee: Sie kommen über die A 44 aus Richtung Dortmund oder Kassel, bitte verlassen Sie die Autobahn an der Abfahrt Soest – Ost, folgen Sie der B 475 in Richtung Niederbergheim, dieses Teilstück der Strecke zu uns, ist ca. 7 Km lang, nach der einzigen Ampelanlage auf dieser Strecke, folgen Sie bitte weiter der Strasse und biegen an der nächsten Möglichkeit rechts ab in die Syringerstraße. Folgen Sie bitte der Beschilderung "Golfplatz".

Nächstgelegene Plätze

Sauerland, GC (Nr. 285)
Werl, GC (Nr. 275)
Lippstadt, GC (Nr. 257)

Golf Club Gut Neuenhof

Karte, Nr. 279, Feld C7 **18** Höhe: 220 m

gegründet: 1995

Eulenstraße 58, 58730 Fröndenberg
☎ 02373-76489 Fax 02373-70046
✉ gut.neuenhof@golf.de
www.golfclub-gut-neuenhof.de

PR: Edgar Dallmayr, CM: Alexandra Fels
Headgreenkeeper: Peter Stork

i: ☎ 02373-76489 Fax -70046

Il campo
☎ 02373-70043 Fax -974498

PRO SHOP: Pro Shop Günnewich
☎ 02373-70042 Fax -9729016

PRO: Pro: Frank Richter, Christian Böhlke

H: 5772 m, CR 70.7, SL 133, Par 71
D: 4996 m, CR 71.5, SL 128, Par 71
20 Rangeabschläge (6 überdacht)

G: Gäste sind jederzeit willkommen. Anmeldung ist notwendig. Clubausweis mit eingetragenem Handicap (54) ist erforderlich. Sa./So./Feiertage ist Handicap 36 erforderlich.

18-Loch-Greenfee: WT: EUR 50 / WE: EUR 70
9-Loch-Greenfee: WT: EUR 30

Platzbeschreibung

Diese 18-Loch-Anlage liegt auf dem Höhenzug des Haarstranges mit Blick in das Ruhrtal in einer sehr verkehrsgünstigen Lage südöstlich von Dortmund. Die Bahnen des Platzes sind überwiegend flacher Natur, die Fairways vom umliegenden Wald und einigen Sandbunkern beengt und die Grüns werden zudem von einigen Teichen verteidigt, so dass das Spiel insgesamt fordernd und interessant ist, aber auch Spielern höheren Handicaps Chancen lässt.

Platzinfos

Anfahrtsbeschreibung

A 44 Dortmund-Kassel, am ABK Unna-Ost auf die A 443, dann auf die B 233 Richtung Iserlohn, nach ca. 800 m links Richtung Frömern, in Frömern rechts Richtung Fröndenberg, nach der Durchfahrt eines Waldstückes liegt rechts die Einfahrt zum Golfplatz.

Nächstgelegene Plätze

Unna-Fröndenberg, GC (Nr 280)
Werl, GC (Nr. 275)
Gut Drechen, GP (Nr. 263)

Golf-Club Unna-Fröndenberg e.V.

Karte, Nr. 280, Feld C7 **18/9** Design: Karl F. Grohs Höhe: 220 m

gegründet: 1985

Schwarzer Weg 1, 58730 Fröndenberg
☏ 02373-70068 🖷 02373-70069
✉ info@gcuf.de
💻 www.gcuf.de

PR: Werner Siepmann, CM: Barbara Korte
Headgreenkeeper: Martin Beudel

i: ☏ 02373-70068 🖷 02373-70069
Isabel Stobbe

Restaurant „Chip in", Ulrike Henneken
☏ 0170-2153670

PRO SHOP: Ralf Eisenmenger
☏ 02373-1707360

PRO: Pro: Ralf Eisenmenger, Martin Strauch

18-Loch Platz
H: 5977 m, CR 71.9, SL 130, Par 72
D: 5069 m, CR 72.7, SL 129, Par 72
9-Loch Platz
H: 1708 m, Par 27
D: 1708 m, Par 27
25 Rangeabschläge (8 überdacht)

G: Gäste sind jederzeit willkommen. Sa./So./Feiertage ist Anmeldung notwendig. Clubausweis mit eingetragener PE ist erforderlich. Sa./So./Feiertage ist Handicap 36 erforderlich.

18-Loch-Greenfee: WT: EUR 60 / WE: EUR 70
9-Loch-Greenfee: WT: EUR 35 / WE: EUR 40
Ermäßigung: Jugendl. bis 18 J. 50%

Platzbeschreibung

Die Anlage liegt auf der Höhe des Haarstranges. Die leicht hügelige Landschaft wurde geschickt in die Streckenführung integriert, breite Fairways und abwechslungsreiche Grünausformungen erfordern die verschiedensten Spielstrategien, zudem wird der Kurs durch sieben Teiche und 60 Bunker erschwert. Der 9-Loch-Platz ist für Anfänger sowie zum Trainieren des kurzen Spiels recht knifflig angelegt.

Platzinfos

VCG CLUB GASTRO

Anfahrtsbeschreibung

Am Kreuz A 1 Dortmund-Unna der A 44 Richtung Kassel bis zum Kreuz Unna-Ost folgen, nun A 443 Richtung Iserlohn, dann die B 233 Richtung Iserlohn, nach 800 m links Richtung Fröndenberg-Frömern, in Frömern rechts Richtung Fröndenberg, nach ca. 2,5 km links zum Golfplatz im Ortsteil Hohenheide.

Nächstgelegene Plätze

Gut Neuenhof, GC (Nr. 279)
Werl, GC (Nr. 275)
Gut Drechen, GP (Nr. 263)

Golfclub Mülheim an der Ruhr Raffelberg e.V.

Karte, Nr. 281, Feld B7 **18**

gegründet: 1999

Akazienallee 84, 45478 Mülheim an der Ruhr
✆ 0208-5805690 🖷 0208-5805699
✉ info@srs-enterprise.com
💻 www.golfplatz-raffelberg.de

PR: Ralf H. Schmitz, GF: Ralf H. Schmitz

i: ✆ 0208-5805690 🖷 -5805699
Regina Vogel

Gastronomie: ✆ 0208-5805694 🖷 -5805699
Mo. Ruhetag

PRO SHOP: Regina Vogel
✆ 0208-5805690 🖷 -5805699

PRO: Pro: Mathias Zeman, Jonathan Strickland

H: 3293 m, CR 59.8, SL 107, Par 61
D: 2928 m, CR 59.6, SL 104, Par 61
16 überdachte Rangeabschläge

G: Gäste sind jederzeit willkommen. Anmeldung ist notwendig. Clubausweis mit eingetragener PE ist erforderlich.

18-Loch-Greenfee: WT: EUR 45 / WE: EUR 55
9-Loch-Greenfee: WT: EUR 25
Ermäßigung: Jugendl. bis 18 J. 50%

Platzbeschreibung

Mit ausdrucksvollen und abwechslungsreichen Spielbahnen werden Sie in Mülheim an der Ruhr Raffelberg eine anspruchsvolle Golfanlage vorfinden. Zum Platz gehören je vier Par 3 und Par 4 Löcher. Eine der schönsten Spielbahnen endet auf einem Inselgrün und hat ca. 430 m (Par 5). Neben Inselgrün bietet der Platz noch Wasserhindernisse, fair gesetzte Bunker und weitere Highlights sowie eine herrliche Umgebung.

Platzinfos

VCG GPS CLUB GASTRO

Anfahrtsbeschreibung

Bis Autobahnkreuz Duisburg Kaiserberg, dort Abfahrt Duisburg Kaiserberg und weiter Richtung Mülheim an der Ruhr. Hinter der 1. Kreuzung (Weseler Str./ Akazienallee) sind es noch ca. 300 m bis zu der Einfahrt und den Parkplätzen auf der rechten Seite. Der Eingang zum Golfplatz befindet sich auf der Ruhrorter Straße gegenüber der Schleusenanlage/ Raffelbergbrücke.

Nächstgelegene Plätze

Niederrheinischer GC (Nr. 291)
Mülheim/Ruhr, GC (Nr. 294)
Duisburg, G&M (Nr. 293)

Dortmunder Golf Club e.V.

Karte, Nr. 282, Feld C7 **18** Design: Bernhard von Limburger

gegründet: 1956

Reichsmarkstraße 12, 44265 Dortmund
✆ 0231-774133 Fax 0231-774403
✉ info@dortmunder-golfclub.de
www.dortmunder-golfclub.de

PR: Andrea Marx, CM: Amelie Bernsdorf
Headgreenkeeper: Helge Paczenski

i: ✆ 0231-774133 Fax 0231-774403
Karin Bruckhardt

Felix Feldkamp, Felix Feldkamp
✆ 0231-4753727
Mo. Ruhetag

PRO: Pro: Holger Böhme, Daniel Öttl, Stephan Wittkop, Martin Chase

H: 5953 m, CR 71.3, SL 132, Par 72
D: 5297 m, CR 73.5, SL 131, Par 72
12 überdachte Rangeabschläge

G: Gäste sind Montag - Freitag (außer an Feiertagen) willkommen. Sa./So./Feiertage ist Anmeldung notwendig. Clubausweis mit eingetragenem Handicap (36) ist erforderlich. Zusätzlich gibt es einen 3-Loch-Kurzplatz.

Tages-Greenfee: WT: EUR 60 / WE: EUR 80
Ermäßigung: Jugendl./Stud. 50%

Platzbeschreibung

Südlich von Dortmund am Fuße des Ardeygebirges eingebettet in sanfte Hügel zwischen der Reichsmark und der Hohensyburg, liegt der Dortmunder Golfclub. Die 18 Spielbahnen sind eingesäumt von Lärchen, Eichen und Mischwald. Erhöhte Grüns, Wasserhindernisse und der uralte Baumbestand machen besonders im Frühjahr und Herbst den besonderen Reiz des Platzes aus.

Platzinfos

VCG GPS CLUB

Anfahrtsbeschreibung

A1 Westhofener Kreuz in Richtung Dortmund Süd Kreuz Dortmund-Süd Richtung Herdecke, Hohensyburg. Nach der Abfahrt links einordnen und an der Ampel links in Richtung Unna, Dortmund Applerbeck fahren. Nach ca. 100m fahren Sie rechts in die Reichsmarkstraße. Dort ist links die Einfahrt zum Clubhaus.

Nächstgelegene Plätze

Golfen in Herdecke (Nr. 286)
Märkischer GC (Nr. 289)
GolfRange Dortmund, GC (Nr. 276)

Greenfee-Aktion: Seite G 83

Golfclub am Kemnader See e.V.

Karte, Nr. 283, Feld B7 9

gegründet: 2005

In der Lake 33, 58456 Witten
02302-7601600
info@golfclub-kemnadersee.de
www.golfclub-kemnadersee.de

PR Nebojsa Cvetkovic, GF: Hans Wilms

Nachschlag
02302-7601600

H: 3684 m, CR 61.8, SL 109, Par 61
D: 3684 m, CR 64.6, SL 110, Par 65
24 Rangeabschläge (4 überdacht)

G Gäste sind jederzeit willkommen. Handicap 54 ist erforderlich. Sa./So./Feiertage ist Handicap 36 (Herren) / 45 (Damen) erforderlich.

Tages-Greenfee: WT: EUR 25 / WE: EUR 30

Platzinfos

VCG GPS

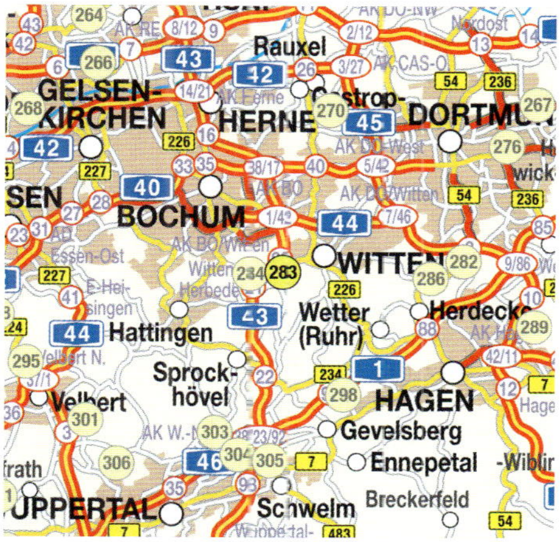

Nächstgelegene Plätze
Bochumer GC (Nr. 284)
Gut Berge Gevelsbg, GC (Nr. 298)
Golfen in Herdecke (Nr. 286)

Bochumer Golfclub e.V.

Karte, Nr. 284, Feld B7 **18** Höhe: 120 m

gegründet: 1981

Im Mailand 127, 44797 Bochum-Stiepel
0234-799832 0234-795775
info@bochumer-golfclub.de
www.bochumer-golfclub.de

PR Andreas Lange, CM: Alexandra Hülsmann

i 0234-799832 0234-795775
André Steinbrink, Alisa Ulfovich

Landhaus im Mailand
0234-77313330

PRO SHOP Stix, Mark Eckert
01522-8375912

PRO Pro: Ralf Pütter, Christoph Schulz, Howard Stocks

H: 5750 m, CR 71.7, SL 133, Par 72
D: 4897 m, CR 72.4, SL 128, Par 72
15 überdachte Rangeabschläge

G Gäste sind Montag - Freitag (außer an Feiertagen) willkommen. Anmeldung ist notwendig. Clubausweis mit eingetragenem Handicap (36) ist erforderlich.

18-Loch-Greenfee: WT: EUR 60 / WE: EUR 70
9-Loch-Greenfee: WT: EUR 35 / WE: EUR 40
Ermäßigung: Jugendl./Stud. 50%

Platzbeschreibung

Der Golfkurs fügt sich südlich von Bochum im Grüngürtel des Stadtteils Stiepel oberhalb des Kemnader Ruhr-Stausees harmonisch in alte Flussterrassen, die vor mehr als 400.000 Jahren von der Ruhr geprägt wurden. Das hügelige Gelände fordert vom Golfer Spielgeschick und gute Kondition. Mehrfach sind Schräglagen zu bewältigen. Wirkungsvoll eingebunkerte Grüns, Feuchtbiotope, Streuobstwiesen und alter Mischwald bieten sportliche Herausforderungen.

Platzinfos

VCG GPS GASTRO

Anfahrtsbeschreibung

A 43 Recklinghausen-Wuppertal, Ausfahrt Witten-Heven, 2x links Richtung Kemnader Stausee, weiter über die Hevenerstraße und der Beschilderung zum Golfplatz folgen.

Nächstgelegene Plätze

Kemnader See (Nr. 283)
Gut Berge Gevelsbg, GC (Nr. 298)
Juliana Wuppertal, GC (Nr. 303)

Greenfee-Aktion: Seite G 83

Golfclub Sauerland e.V., Neheim-Hüsten

Karte, Nr. 285, Feld C7 **10** Design: Thomas Himmel

gegründet: 1958

Zum Golfplatz 19, 59759 Arnsberg
02932-31546 02932-39961
sekretariat@golfclub-sauerland.de
www.golfclub-sauerland.de

PR
Werner Klein
Headgreenkeeper: Michel Pinto

i
02932-31546 02932-39961

Bresser's
02932-528504
Mo. Ruhetag

PRO SHOP
Proshop Willem Lemmens
0172-2309986

PRO
Pro: Willem Lemmens

H: 5754 m, CR 70.7, SL 124, Par 72
D: 5030 m, CR 72.2, SL 125, Par 72
15 Rangeabschläge (3 überdacht)

G
Gäste sind jederzeit willkommen. Anmeldung ist notwendig. Clubausweis mit eingetragenem Handicap (54) ist erforderlich. Sa./So./Feiertage ist Handicap 36 erforderlich.

Tages-Greenfee: EUR 50
18-Loch-Greenfee: EUR 50
9-Loch-Greenfee: EUR 30
Ermäßigung: Jugendl./Stud. 50%

Platzbeschreibung

Oberhalb von Ruhr- und Röhrtal gelegen, erstreckt sich der Golfplatz auf der leicht hügeligen Landschaft des Sauerlandes. Mehrere mächtige, 300 jährige Eichen, vornehmlich auf den Bahnen 4, 6 und 8, sind schon manchem Golfer zum Verhängnis geworden. Trotz aller Schwierigkeiten (die Grüns 7 und 8 sind terrassenförmig angelegt, gefürchtet wird auch der große See zwischen Bahn 4 und Bahn 5) überwiegt aber das Erlebnis, dort eine Runde zu spielen.

Platzinfos

VCG

Anfahrtsbeschreibung

A 44 Do-Kassel bis zum ABK Werl, dann die A 446 in Richtung Arnsberg. Abfahrt Neheim-Süd abfahren, an der Ampel rechts abbiegen. Dann an der ersten Ampel rechts abbiegen, über den Bahnübergang und der Vorfahrtsstraße Richtung Herdringen folgen. Nächste Ampel rechts und nach 100 m an der Gabelung links abbgiegen. Links abbiegen in die Strasse Mühlenberg (Schild „Golfplatz") und dann in die erste Straße rechts einbiegen und direkt wieder links abbiegen (Zum Golfplatz), nach ca. 200m sind Sie auf den Parkplatz .

Nächstgelegene Plätze

Werl, GC (Nr. 275)
Golf am Haus Amecke (Nr. 307)
Unna-Fröndenberg, GC (Nr. 280)

Greenfee-Aktion: Seite G 85

Golfen in Herdecke

Karte, Nr. 286, Feld C7 9 Design: Karl F. Grohs

Nordrhein-Westfalen

gegründet: 2000

Ackerweg 30 a, 58313 Herdecke
02330-973505 02330-973507
info@golfen-in-herdecke.de
www.golfen-in-herdecke.de

PR GF: Daniela Jäger
Headgreenkeeper: Thomas Lamla

i 02330-973505 02330-973507

02330-973505 02330-973507
Mo. Ruhetag

PRO SHOP Golfen in Herdecke
02330-973505 02330-973507

PRO Pro: David Haggart, Kai Lüdemann

H: 2820 m, CR 58, SL 99, Par 60
D: 2628 m, CR 58.4, SL 97, Par 60
20 Rangeabschläge (14 überdacht)

G Gäste sind jederzeit willkommen. Anmeldung ist erforderlich. PE ist erforderlich.

18-Loch-Greenfee (bis 13:00 Uhr): WT: EUR 30 / WE: EUR 50
9-Loch-Greenfee (bis 13:00 Uhr): WT: EUR 20 / WE: EUR 30
Ermäßigung: Jugendl. bis 18 J. und Stud. bis 27 J. 50%

Platzinfos

VCG

Anfahrtsbeschreibung

A 45, Ausfahrt Dortmund-Süd, weiter auf der B 54 Richtung Herdecke, nach ca. 3 km in die Dortmunder Landstraße und an der 1. Ampel der Beschilderung zum Golfplatz folgen. Oder: A 1 Wuppertal-Dortmund, Ausfahrt Hagen-West, weiter auf der B 54 Richtung Herdecke, nach der Autobahnunterführung an der 4. Ampel geradeaus in die Dortmunder Landstraße und an der nächsten Ampel der Beschilderung folgen.

Platzbeschreibung

Das aus der Topografie entwickelte Bahnenkonzept bietet mit wechselndem Profil der einzelnen Bahnen ein ausgesprochen variantenreiches Golfen, bei dem Anfänger strategisch zu bewältigende, angemessene Einstiegsmöglichkeiten in den reizvollen Sport finden. Fortgeschrittene und gute Golfer werden gefordert und können sich so dem Reiz der Anlage nicht entziehen. Besonders für den Ausgleich der Bewohner des Ballungsraumes ist die Rundenzeit einer Golfrunde optimal.

Nächstgelegene Plätze

Dortmunder GC (Nr. 282)
Märkischer GC (Nr. 289)
Gut Berge Gevelsbg, GC (Nr. 298)

Greenfee-Aktion: Seite G 85

Golfclub Niep

Karte, Nr. 287, Feld B7 18/9 Höhe: 30 m

gegründet: 1995

Bergschenweg 71, 47506 Neukirchen-Vluyn
02845-28051 02845-28052
info@gp-nieperkuhlen.de
golfclubniep.de

PR
GF: Ingeborg Witt-Kamm
Headgreenkeeper: Morris Kother

02845-794661
Michaela Schreurs

Cucina Italiana da Giovanni, Giovanni Vitale
0176-21564151
Mo. Ruhetag

PRO SHOP
Golfshop Nieper Kuhlen
02845-794661

PRO
Pro: Thomas Kersten, PGA Nick Ernser, Robert Lamb

18-Loch Platz
H: 6374 m, CR 73.4, SL 136, Par 75
D: 5617 m, CR 75.5, SL 132, Par 75
9-Loch Platz
H: 3936 m, CR 61.4, SL 108, Par 66
D: 3414 m, CR 60.9, SL 107, Par 66
21 Rangeabschläge (12 überdacht)

G
Gäste sind jederzeit willkommen. Anmeldung ist notwendig. Clubausweis mit eingetragenem Handicap (45) ist erforderlich. Startzeiten Telefon 02845-794661
2 für 1 Voucher nur auf der 18-Loch-Anlage gültig

18-Loch-Greenfee: WT: EUR 70 / WE: EUR 80
9-Loch-Greenfee: EUR 30
Ermäßigung: Jugendl./Stud. bis 27 J.

Platzbeschreibung

Der Platz liegt in einer landschaftlich typisch niederrheinischen Gegend in der Nähe des Niepkuhlenzuges, einem alten Rheinarm, der sich von Krefeld bis Issum erstreckt. Der Golfplatz ist sportlich anspruchsvoll konzipiert.

Platzinfos

VCG

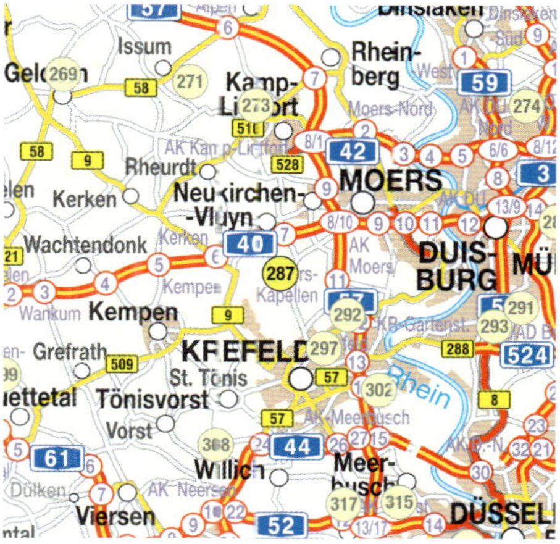

Anfahrtsbeschreibung

A 40, Ausfahrt Nr. 7 Neukirchen-Vluyn, auf der Lintforter Straße Richtung Krefeld, nach 500 m links in die Nieper Straße, weiter Richtung Krefeld, nach 2 km rechts in die Krefelder Straße weiter Richtung Krefeld, nach 300 m rechts in die erste Straße (Bergschenweg), nach 700 m links zu den Parkplätzen abbiegen.

Nächstgelegene Plätze

Elfrather Mühle, G&CC (Nr. 292)
Stadtwald, GC (Nr. 297)
Krefelder GC (Nr. 302)

Golfriege ETUF e.V. Essener Turn- u. Fechtclub

Karte, Nr. 288, Feld B7 9 Design: Karl F. Grohs Höhe: 100 m

gegründet: 1962

Freiherr-v.-Stein-Straße 92a, 45133 Essen-Hügel
0201-444600 0201-4309698
golf@etuf.de
www.etuf.de

PR: Stephan Lohmann
Headgreenkeeper: Rainer Pade

i: 0201-444600 -4309698
Stephan Wiedeking

0201-472180

PRO: Pro: Diana Chudzinski

H: 4516 m, CR 65.4, SL 120, Par 66
D: 4020 m, CR 67, SL 117, Par 66
20 Rangeabschläge (4 überdacht)

G: Gäste sind Montag - Freitag (außer an Feiertagen) willkommen. Anmeldung ist notwendig. Clubausweis mit eingetragenem Handicap (36) ist erforderlich.

18-Loch-Greenfee: EUR 50
9-Loch-Greenfee: WT: EUR 30
Gäste am WE nur in Mitgliederbegleitung.
Ermäßigung: Jugendl./Stud. 50%

Platzbeschreibung

Die teilweise sehr engen Spielbahnen mit viel Baumbestand verlangen ein präzises und gerades Spiel. Es gibt insgesamt vier Doglegs zu bewältigen und die strategisch gelegenen Bunker und teilweise kleinen Grüns fordern weniger Longhitter-Qualitäten, dafür aber viel Technik und Gefühl bei der Grün-Annäherung.

Platzinfos

VCG GPS

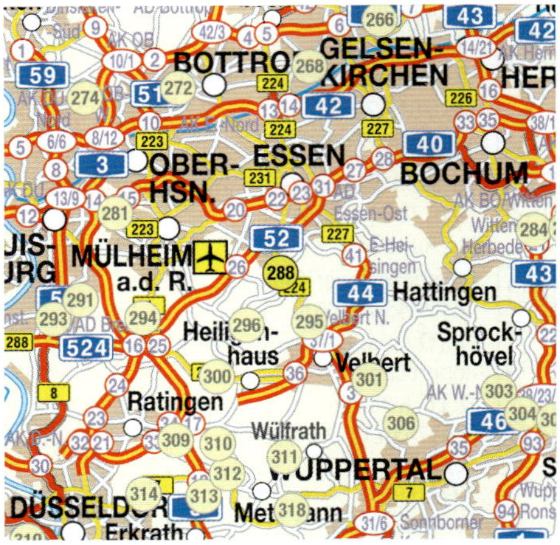

Anfahrtsbeschreibung

Der Golfclub liegt direkt am Baldeneysee, Nähe Villa Hügel. Von der Stadtmitte Richtung Bredeney, von dort Richtung Baldeneysee, am Ende der Bredeneyer Straße Richtung E-Werden (B 224) rechts in die Freiherr-von-Stein-Straße, die Einfahrt zum Golfplatz liegt nach 200 m auf der rechten Seite.

Nächstgelegene Plätze

Essen-Heidhausen, GC (Nr. 295)
Essener GC Haus Oefte (Nr. 296)
Hösel, GC (Nr. 300)

Märkischer Golf Club e.V.

Karte, Nr. 289, Feld C7 9

gegründet: 1965

Tiefendorfer Straße 48, 58093 Hagen-Berchum
02334-51778
welcome@mgc-hagen.de
www.mgc-hagen.de

PR: Oliver Fischer

i: 02334-51778
Britta Frye

Familie Suren
02334-580229
Mo. Ruhetag

PRO SHOP: Märkischer Golf Club e. V.
02334-51778

PRO: Pro: Lars Orzessek

H: 5974 m, CR 72, SL 130, Par 74
D: 5270 m, CR 73.7, SL 129, Par 74
10 Rangeabschläge (1 überdacht)

G: Gäste sind jederzeit willkommen. Clubausweis mit eingetragener PE ist erforderlich. Sa./So./Feiertage ist Handicap 54 erforderlich.

Tages-Greenfee: EUR 40 Ermäßigung: Jugendl. und Stud. bis 27 J. 50%

Platzbeschreibung

Das Leben kann so schön sein…. besonders auf dem Golfplatz des Märkischen Golf Club e. V. Hagen. Dieser 9-Loch-Platz mit Charme besteht schon seit über fünfzig Jahren und ist eingebettet in einer wunderschönen reizvollen Landschaft zwischen Hagen-Berchum und Hagen-Tiefendorf, an der Tiefendorfer Straße. Durch die hügelige Landschaft geprägt, gleicht kein Loch dem anderen. Somit ist ein variantenreiches Spiel mit traumhafter Aussicht garantiert. Reichlich Abwechslung bietet dieser technisch anspruchsvolle, der nach internationalem Standard gebaute Platz, für Anfänger und für Könner.

Platzinfos

Anfahrtsbeschreibung

A 45 (Sauerlandlinie) ABK Hagen Richtung Iserlohn, A 46 bis Ausfahrt Hohenlimburg, über die Verbandsstraße Richtung Hagen-Boele, nach ca. 2 km rechts nach Berchum, durch den Ort über die Tiefendorfer Straße ca. 1,5 km bis zum Golfplatz. Oder: A 1, Ausfahrt Hagen-Nord ca. 6 km Richtung Hohenlimburg, links Richtung Berchum und dann weiter wie oben beschrieben.

Nächstgelegene Plätze

Dortmunder GC (Nr. 282)
Golfen in Herdecke (Nr. 286)
GolfRange Dortmund, GC (Nr. 276)

Nordrhein-Westfalen

Greenfee-Aktion: Seite G 85

Golfclub Brilon e.V.

Karte, Nr. 290, Feld D7 **9** Höhe: 500 m

gegründet: 1986

Hölsterloh 6, 59929 Brilon
✆ 02961-53550 🖷 02961-53551
✉ info@golfclub-brilon.de
💻 www.golfclub-brilon.de

PR: GF: Ulrike Mann

i: ✆ 02961-53550 🖷 02961-53551
Carmen Schwarz

Familie Wiegelmann
✆ 02961-989586
Mo. Ruhetag

9-Loch Platz
H: 5303 m, CR 69.1, SL 126, Par 70
D: 4464 m, CR 70.7, SL 124, Par 69
6-Loch Family Course
H: 560 m, Par 19
D: 455 m, Par 19
10 Rangeabschläge (5 überdacht)

G: Gäste sind jederzeit willkommen. Anmeldung ist notwendig. Clubausweis mit eingetragener PE ist erforderlich.

18-Loch-Greenfee: WT: EUR 35 / WE: EUR 45
9-Loch-Greenfee: WT: EUR 25 / WE: EUR 30
Ermäßigung: Jugendl./Stud. 50%

Platzbeschreibung

Die Anlage wurde in einer Parklandschaft mit Hügeln, Gehölzen, Baumgruppen und Wasserläufen naturbelassen und landschaftsschonend angelegt. Fairways, Grüns und Wasserhindernisse sind abwechslungsreich konzipiert und bieten einen herrlichen Panoramablick über das Land der 1.000 Berge.

Platzinfos

VCG CLUB

Anfahrtsbeschreibung

Von Meschede über die B 7 oder von Belecke über die B 480 bis zur Ortsumgehung Brilon, weiter auf der neuen B 251 Richtung Willingen-Korbach, nach ca. 3 km an der Kreuzung rechts Richtung Brilon, nach 500 m rechts zum Golfplatz abbiegen (Richtung Jugendherberge/Campingplatz).

Nächstgelegene Plätze

Winterberg, GC (Nr. 322)
GC Westheim (Nr. 277)
Sellinghausen, GC (Nr. 320)

Niederrheinischer Golfclub e.V. Duisburg

Karte, Nr. 291, Feld B7 9

gegründet: 1956

Großenbaumer Allee 240, 47249 Duisburg
☎ 0203-721469 Fax 0203-719230
✉ info@ngcd.de
www.ngcd.de

PR: Dr. Jochen Kraft

i: ☎ 0203-721469 Fax 0203-719230
Claudia Djelilovic

Restaurant Grüne Oase, Bernarda Filipovic
☎ 0203-724683
Mo. Ruhetag

PRO SHOP: NGC-Store, Alexander Schulte
☎ 0203-719221 Fax 0203-8053776

PRO: Pro: Alexander Schulte, Jessica Redemann

H: 5962 m, CR 72, SL 133, Par 72
D: 5224 m, CR 73.6, SL 132, Par 72
10 Rangeabschläge (4 überdacht)

G: Gäste sind Dienstag - Freitag (außer an Feiertagen) willkommen. Anmeldung ist notwendig. Clubausweis mit eingetragenem Handicap (36) ist erforderlich.

18-Loch-Greenfee: Di.-So.: EUR 60
Ermäßigung: Jugendl. bis 18 J. und Stud. bis 28 J. 50%

Platzbeschreibung

Die sehr gepflegte Golfanlage liegt in unmittelbarer Nähe zur Stadt Duisburg im Gebiet der „Sechs-Seen-Platte", einem Naherholungsgebiet, das alle Zweifler über den Ruhrpott eines Besseren belehrt. Die Fairways ziehen, beeinflusst durch den üppigen Baumbestand, ihre engen Bahnen durch ein parkähnliches Areal. Sehr präzises Spiel ist hier gefragt, um den teilweise bis in die Fairways hineinragenden Bäumen aus dem Weg zu gehen.

Platzinfos

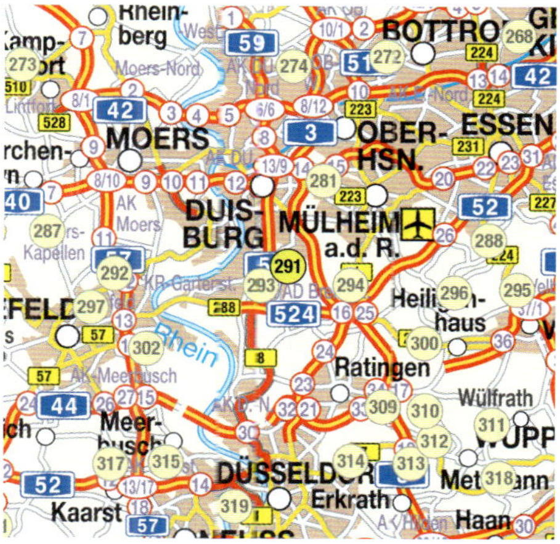

Anfahrtsbeschreibung

Von der Autobahn, Ausfahrt Breitscheider Kreuz, auf der B 288 Richtung Krefeld, von der Ausfahrt Duisburg-Rahm Richtung Stadtmitte durch Großenbaum und auf der Großenbaumer Allee zum Golfplatz.

Nächstgelegene Plätze

Duisburg, G&M (Nr. 293)
Mülheim/Ruhr, GC (Nr. 294)
Mülheim/Ruhr Raffelberg, GC (Nr. 281)

Golf & Country Club An der Elfrather Mühle e.V.

Karte, Nr. 292, Feld B7 **18/3** Design: Ron Kirby

gegründet: 1992

An der Elfrather Mühle 145, 47802 Krefeld-Traar
02151-49690
info@gcem.de
www.gcem.de

PR Amadora Fernandez, GF: Amadora Fernandez
Headgreenkeeper: Andrew Wale

i 02151-49690

Die Elfrather Mühle, Petra Tacke
02151-7899722

PRO Pro: Clemens Prader, David Marcks

H: 6100 m, CR 72.4, SL 133, Par 72
D: 5293 m, CR 73.7, SL 130, Par 72
20 Rangeabschläge (7 überdacht)

G Gäste sind jederzeit willkommen. Anmeldung ist notwendig. Clubausweis mit eingetragenem Handicap (54) ist erforderlich.

18-Loch-Greenfee: WT: EUR 65 / WE: EUR 80
9-Loch-Greenfee: WT: EUR 35 / WE: EUR 45
Ermäßigung: Jugendl./Stud. 50%

Platzbeschreibung

Auf insgesamt 96 ha wartet ein großzügig angelegter Meisterschaftsplatz. Dank hervorragender Drainage und dem Aufbau der Grüns ist es ein Ganzjahresplatz, auf dem selbst im Winter nicht im Matsch herumgestochert oder auf holprigen Wintergrüns eingelocht werden muss. Das Gelände ist relativ flach mit einer welligen Oberflächenkontur. Von Profi-Abschlägen ist er 6.292 m lang und damit selbst für Könner eine echte Herausforderung.

Platzinfos

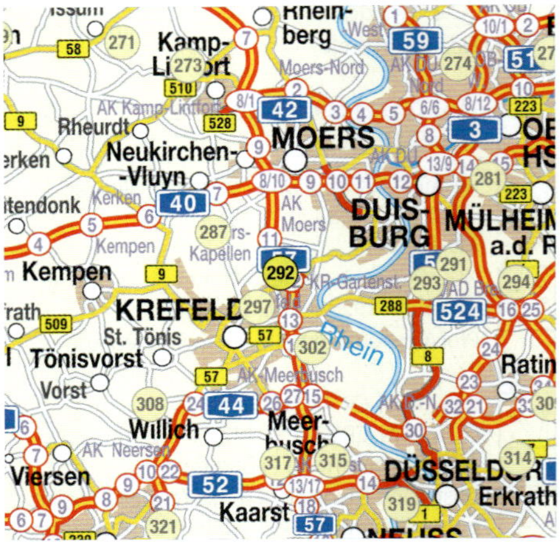

Anfahrtsbeschreibung

Von Essen-Oberhausen-Duisburg: A 40 Richtung Köln bis zum Moerser Kreuz, weiter auf der A 57 Richtung Köln bis zur Ausfahrt Krefeld-Gartenstadt, dort an der 1. Ampel rechts in die Werner-Voß-Straße Richtung Traar-Elfrath, an der nächsten Ampel links (Elfrather Mühle), das Clubhaus liegt rechter Hand. Von Düsseldorf: A 57 Richtung Goch, Ausfahrt Krefeld-Gartenstadt und weiter wie oben beschrieben.

Nächstgelegene Plätze

Stadtwald, GC (Nr. 297)
Niep, GC (Nr. 287)
Krefelder GC (Nr. 302)

Golf & More Duisburg

Karte, Nr. 293, Feld B7 **9/9** Design: DGC Höhe: 135 m

gegründet: 2001

Altenbrucher Damm 92a, 47269 Duisburg
☎ 0203-7386286 🖷 0203-7385483
✉ info@golfandmore.net
💻 www.golfandmore.net

PR Johannes Fülöp
Michael Luber, GF: Johannes Fülöp
Michael Luber, CM: Stephan Mißmahl
Headgreenkeeper: Stefan Kaiserek

i ☎ 0203-7386286 🖷 0203-7385483
Sarah Holl

Abzweig, Julia Zweig
☎ 0203-72843793

PRO SHOP Golf & More, Michael Luber
☎ 0203-7386286 🖷 0203-7385483

PRO Pro: Dennis Liebing, Jan Grewen

18-Loch Südplatz/Nordplatz (je 9 Spielbahnen)
H: 4858 m, CR 65.9, SL 122, Par 67
D: 4172 m, CR 66.8, SL 116, Par 67
50 Rangeabschläge (25 überdacht)

G Gäste sind Montag - Freitag (außer an Feiertagen) willkommen. Anmeldung ist notwendig. Clubausweis mit eingetragenem Handicap (54) ist erforderlich.

18-Loch-Greenfee: WT: EUR 55
9-Loch-Greenfee: WT: EUR 35 / WE: EUR 38
Ermäßigung: Jugendl./Stud. 25%

Platzinfos

VCG GPS

Platzbeschreibung

Golf & More bietet ein offenes Konzept mit sportlichen Mitgliedern und einen überwiegend flachen Platz mit einem großen See. Besonders die hervorragende Lage mit der direkten Anbindung an die Autobahn lädt zum Golfen zwischendurch ein.

Anfahrtsbeschreibung

Vom Breitscheider Kreuz auf die A 452 Richtung Krefeld. Die Autobahn geht am Ende in die B 288 über, an der 1. Kreuzung auf die A 59 Richtung Duisburg. 1. Ausfahrt (Großenbaum/Huckingen), über die Autobahnbrücke. Den Golfplatz sieht man nach ca. 500 m auf der linken Seite, die Einfahrt ist durch 2 große Golfbälle gekennzeichnet. Ggf. helfen Servicemitarbeiter unter 0203-7386286 telefonisch weiter.

Nächstgelegene Plätze

Niederrheinischer GC (Nr. 291)
Mülheim/Ruhr, GC (Nr. 294)
Mülheim/Ruhr Raffelberg, GC (Nr. 281)

Greenfee-Aktion: Seite G 87

Golfclub Mülheim an der Ruhr e.V.

Karte, Nr. 294, Feld B7 18/9

gegründet: 1980

Am Golfplatz 1, 45481 Mülheim
0208-483607
info@gcmuelheim.com
www.gcmuelheim.com

PR: Thomas Ohnhaus, CM: Tim Berendsen
Headgreenkeeper: Andreas Czarzbon

i: 0208-483607
Marina Mais, Iris Strasdat

Clubgastronomie, Marco Zingone
0208-460628
Mo. Ruhetag

PRO: Pro: Christian Hofer, Jessica Redemann, Martin Voigt

18-Loch Meisterschaftsplatz
H: 6095 m, CR 71.9, SL 132, Par 72
D: 5501 m, CR 74.6, SL 133, Par 72
9-Loch Kurzplatz (Par 3)
H: 1966 m, Par 27, D: 1966 m, Par 27
28 Rangeabschläge (12 überdacht)

G: Gäste sind Montag - Freitag (außer an Feiertagen) willkommen. Clubausweis mit eingetragenem Handicap (36) ist erforderlich.

18-Loch-Greenfee: WT: EUR 60 / WE: EUR 80
9-Loch-Greenfee: WT: EUR 35 / WE: EUR 45
Ermäßigung: Jugendl./Stud. bis 27 J.

Platzbeschreibung

Herzlich Willkommen im GC Mülheim an der Ruhr e.V. In Mülheim-Selbeck erwartet Sie ein hervorragender 18-Loch-Meisterschaftsplatz, 2013 ergänzt um eine 9-Loch-Par-3-Anlage. Die Weitläufigkeit und räumliche Großzügigkeit verleihen dem Meisterschaftsplatz seinen unverwechselbaren Charakter. Die ganzjährig topgepflegte Anlage lädt ein zu sportlich anspruchsvollem Spiel oder einem rundum entspannenden Golferlebnis. Lange Wasserläufe und zahlreiche Teiche, gelungen in Szene gesetzt durch schönen Bewuchs, und die leicht ondulierte Landschaft sind der Grund, dass dieser Platz gern als Referenz für reine Landschaftsgolfplätze genannt wird.

Platzinfos

Anfahrtsbeschreibung

A 3/A 52/A 524 oder B 227 bis Autobahnkreuz Breitscheid, Ausfahrt A 3, A 52, A 524 Richtung Essen, Ausfahrt Mülheim. Aus Richtung Essen Ausfahrt Mülheim. Aus Richtung Düsseldorf auf Autobahnkreuz Richtung Rat.-Breitscheid-Mülheim abfahren, nach ca. 2 km links in die Fliedner Straße, dann der Beschilderung zum Golfplatz folgen.

Nächstgelegene Plätze

Niederrheinischer GC (Nr. 291)
Duisburg, G&M (Nr. 293)
Hösel, GC (Nr. 300)

Golf-Club Essen-Heidhausen e.V.

Karte, Nr. 295, Feld B7 18/9 Design: Donald Harradine, Christoph Städler Höhe: 185 m

gegründet: 1970

Preutenborbeckstraße 36, 45239 Essen
✆ 0201-404111 🖷 0201-402767
✉ info@gceh.de
💻 www.gceh.de

PR Petra Grube, CM: Jochem Schumacher
Headgreenkeeper: Roland Liermann

i ✆ 0201-404111 🖷 0201-402767
Anette Kupitz, Petra Krausenbaum

Gerd Dimsat
✆ 0201-402808 🖷 0201-8405802
Mo. Ruhetag

PRO Pro: Tim Müller, Patrick Fromme

18-Loch Hespertal (Südplatz)
H: 5877 m, CR 71.9, SL 134, Par 72
D: 5135 m, CR 73.3, SL 132, Par 72
9-Loch Schauinsland (Nordplatz) C
H: 2066 m, Par 32, D: 1824 m, Par 32
12 Rangeabschläge (5 überdacht)

G Gäste sind Montag - Freitag (außer an Feiertagen) willkommen. Sa./So./Feiertage ist Anmeldung notwendig. Clubausweis mit eingetragenem Handicap (45) ist erforderlich. Am WE Gäste nur in Mitgliederbegleitung. Indoor-Trainingsanlage vorhanden.

18-Loch-Greenfee: WT: EUR 60
9-Loch-Greenfee: WT: EUR 35
Ermäßigung: Jugendl./Stud. 50%

Platzinfos

VCC GPS GASTRO

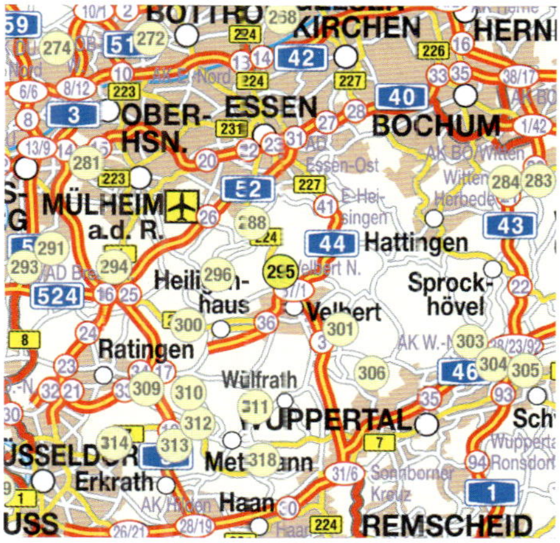

Anfahrtsbeschreibung
Zwischen Werden und Velbert an der B 224. Von der Ruhrbrücke Essen-Werden nach 4,3 km auf der B 224 (Hinweisschild) nach links in die Preutenborbeckstraße.

Nächstgelegene Plätze
Golfriege ETUF (Nr. 288)
Essener GC Haus Oefte (Nr. 296)
Velbert, GC (Nr. 301)

Platzbeschreibung
Im Süden von Essen ist die Anlage in den Ausläufern des Bergischen Landes gelegen. Der 18-Loch Platz „Hespertal" ist von Donald Harradine großartig in die naturbelassene, hügelige Landschaft eingefügt. Alter Baumbestand und charaktervolle, abwechslungsreiche Spielbahnen bieten ein einzigartiges optisches Ambiente und dem Golfer jeder Spielstärke eine besondere sportliche Herausforderung. Die signifikante Schlucht der Bahn 11 und mehrere Teiche machen den Platz noch anspruchsvoller.

Essener Golf-Club Haus Oefte e.V.

Karte, Nr. 296, Feld B7 18 Design: Dr. Limburg / Albrecht Höhe: 55 m

gegründet: 1959

Oefte 1 / Laupendahler Landstraße,
45219 Essen
☎ 02054-83911 Fax 02054-83850
✉ info@oefte.com
www.oefte.com

PR Headgreenkeeper: Joachim Matera

i ☎ 02054-83911 Fax 02054-83850
Daniela Trevor-Owen, Heidrun Vodnik

Schlossgastronomie Oefte
☎ 02054-8708588
Mo. Ruhetag

PRO SHOP Susanne Lechtermann
☎ 02054-84722

PRO Pro: Arnd Breuer, Jakob Voß, Nick Hubbard

H: 6003 m, CR 72.4, SL 131, Par 72
D: 5134 m, CR 73.3, SL 131, Par 72
15 Rangeabschläge (5 überdacht)

G Gäste sind Montag - Freitag (außer an Feiertagen) willkommen. Anmeldung ist notwendig. Clubausweis mit eingetragenem Handicap (36) ist erforderlich.

18-Loch-Greenfee: WT: EUR 70 / WE: EUR 100
9-Loch-Greenfee: WT: EUR 40 / WE: EUR 60
Ermäßigung: Jugendl. bis 21 J. 50%

Platzinfos

Anfahrtsbeschreibung

Haus Oefte liegt zwischen E-Kettwig und E-Werden entlang der Ruhr an der Laupendahler Landstraße. Von E-Werden (Ruhrbrücke) ca. 4 km die Ruhr abwärts auf der linken Seite bzw. von E-Kettwig vor der Brücke ca. 2,5 km die Ruhr aufwärts auf der rechten Seite.

Platzbeschreibung

Der 18-Loch-Platz ist eine (Golf-)Oase inmitten des Ruhrgebietes. Die ersten neun Löcher ziehen sich über ein hügeliges Gelände, umfasst von altem Nadel- und Laubwald mit Blicken auf offenes Feld. Die Fairways verlangen durch teilweise enge Schneisen präzises Spiel. Sieben der neuen neun Löcher liegen an der Ruhrkurve mit Weitblick über die Ruhrlandschaft mit bewaldeten Ufer-Bergen, Fluss, Blick auf die „Platte" und Richtung Villa Hügel.

Nächstgelegene Plätze

Hösel, GC (Nr. 300)
Essen-Heidhausen, GC (Nr. 295)
Golfriege ETUF (Nr. 288)

Greenfee-Aktion: Seite G 87

Golf-Club Stadtwald e.V.

Karte, Nr. 297, Feld B7 **9** Höhe: 50 m

gegründet: 1985

Hüttenallee 188, 47800 Krefeld-Bockum
✆ 02151-590243 🖷 02151-500248
✉ info@golfclub-stadtwald.de
💻 www.golfclub-stadtwald.de

PR: Ulrich Becker

i: ✆ 02151-590243
Ute Spielmann

Ristorante Giulia's im GC Stadtwald,
Giuliano Giunta
✆ 02151-594663
Mo. Ruhetag

PRO: Pro: Colin Ward

H: 5072 m, CR 67.4, SL 119, Par 68
D: 4504 m, CR 69.3, SL 121, Par 68

G: Gäste sind jederzeit willkommen. Anmeldung ist notwendig. Clubausweis mit eingetragenem Handicap (54) ist erforderlich. Gäste am Wochenende ohne Mitgliederbegleitung zugelassen, wenn es der zu erwartende Spielandrang zuläßt.

Tages-Greenfee: WT: EUR 40 / WE: EUR 50
9-Loch-Greenfee: WT: EUR 30 / WE: EUR 40
Greencard-Spieler ab Hcp (36).
Ermäßigung: Jugendl./Stud. 50%

Platzinfos

VCG GASTRO

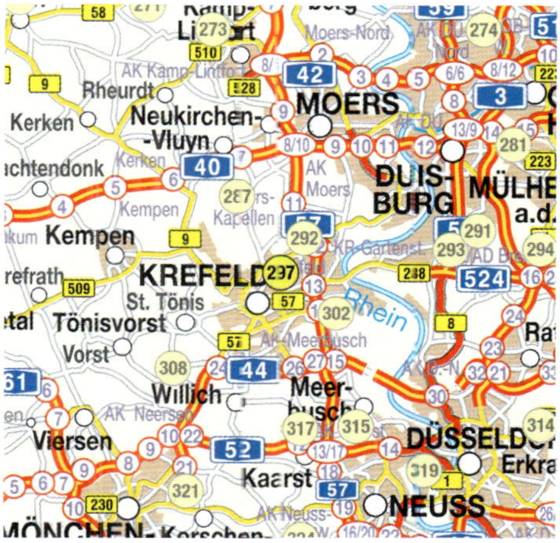

Platzbeschreibung

Stadtnah gelegen findet man hier einen attraktiven, von alten Bäumen, Hecken und Wasserhindernissen geprägten Platz mit englischem Charme, der in das Innere einer Pferderennbahn integriert ist. Die 9-Loch-Anlage stellt sich besonders aufgrund der aussergewöhnlichen Hindernisse, die durch das Umfeld der Rennbahn bedingt sind, als interessante, abwechslungsreiche Herausforderung für den Golfer dar.

Anfahrtsbeschreibung

A 57 Krefeld-Köln, Ausfahrt Krefeld-Gartenstadt, auf der B 509 (Europring) Richtung Zentrum, an der 3. Ampelanlage links Einfahrt Stadtwald (Hüttenallee), nach ca. 1,2 km der Hüttenallee nach rechts folgen, nach 300 m liegt rechts die Einfahrt zum Golfplatz , markiert durch zwei weiße Straßensteine.

Nächstgelegene Plätze

Elfrather Mühle, G&CC (Nr. 292)
Krefelder GC (Nr. 302)
Niep, GC (Nr. 287)

Golfclub Gut Berge Gevelsberg/Wetter e.V.

Karte, Nr. 298, Feld C7 **18**

gegründet: 1995

Berkenberg 1, 58285 Gevelsberg
☎ 02332-913755 Fax 02332-913757
✉ info@gutberge.de
www.gutberge.de

PR Jörg Kluth
Headgreenkeeper: Eric Pienemann

i ☎ 02332-913755 Fax 02332-913757
Irmhild Hilgeland, Carola Saure

Berkenbergs, Daniela Heller
☎ 02332-759744
Mo. Ruhetag

PRO SHOP Golfshop Gut Berge
☎ 02332-913755 Fax 02332-913757

PRO Pro: Thomas Kroeber, Bents Steffen

H: 5572 m, CR 71.5, SL 133, Par 71
D: 4724 m, CR 72.1, SL 130, Par 71
30 Rangeabschläge (9 überdacht)

G Gäste sind jederzeit willkommen. Sa./So./Feiertage ist Anmeldung notwendig. Clubausweis mit eingetragenem Handicap (54) ist erforderlich. Sa./So./Feiertage ist Handicap 36 erforderlich.

18-Loch-Greenfee: WT: EUR 45 / WE: EUR 55
9-Loch-Greenfee: WT: EUR 30 / WE: EUR 35
Ermäßigung: Jugendl./Stud. 50%

Platzbeschreibung

Eingebettet in eine traumhaft schöne Landschaft mit herrlichem Blick auf Täler, Wiesen und Felder, liegt die 18-Loch-Golfsportanlage Gut Berge. Zahlreiche Neuanpflanzungen eingebettet in altem Baumbestand, geben der Golfsportanlage in Gevelsberg Ihren unverwechselbaren Charakter. Die auf mehr als 100 ha weitläufig angelegten Bahnen sind für Fortgeschrittene wie auch für Anfänger Herausforderung und Trainigsgelänge zugleich.

Platzinfos

VCG

Anfahrtsbeschreibung

A 1, Ausfahrt Gevelsberg (Nr. 90 zwischen Hagen-West und ABK Wuppertal-Nord). Von Wuppertal kommend, die Landstraße an der Ausfahrtsampel überqueren und dann geradeaus in die Bremmenstraße, nach ca. 800 m liegt linker Hand der Golfplatz. Von Hagen kommend, an der Ausfahrtsampel Ri. Gevelsberg, nach Überqueren der Autobahnbrücke auf Höhe der Aufahrt Bremen, an der Ampel links in die Bremmenstraße abbiegen.

Nächstgelegene Plätze

Am Mollenkotten, GA (Nr. 305)
Juliana Wuppertal, GC (Nr. 303)
Felderbach Sprockh., GC (Nr. 304)

Greenfee-Aktion: Seite G 87

Golf Club Haus Bey e.V.

Karte, Nr. 299, Feld A7 18 Design: Paul Krings, Ado Lappen Höhe: 40 m

gegründet: 1992

An Haus Bey 16, 41334 Nettetal
☏ 02153-91970 🖷 02153-919750
✉ golf@hausbey.de
www.hausbey.de

PR: Hans Odenius, GF: Isabel Otto-Duck
Headgreenkeeper: Marc Berger

i: ☏ 02153-91970 🖷 02153-919750
Annette Janßen

Restaurant Haus Bey, Frank Veikes
☏ 02153-9108790 🖷 02153-91087912
Mo. Ruhetag

PRO SHOP: Golfshop Haus Bey
☏ 02153-91970 🖷 02153-919750

PRO: Pro: Andrew Duck, Glenn Pease

18-Loch Platz
H: 5948 m, CR 71.5, SL 128, Par 72
D: 5221 m, CR 73, SL 128, Par 72
6-Loch Pay & Play Haus Bey Executive Platz
H: 610 m, Par 54, D: 610 m, Par 54
16 Rangeabschläge (4 überdacht)

G: Gäste sind jederzeit willkommen. Anmeldung ist notwendig. Clubausweis mit eingetragenem Handicap (45) ist erforderlich.

18-Loch-Greenfee (8:00 - 16:00 Uhr): WT: EUR 60 / WE: EUR 70
18-Loch-Greenfee (ab 16:00 Uhr): WT: EUR 40 / WE: EUR 60
9-Loch-Greenfee: WT: EUR 40 / WE: EUR 60
Ermäßigung: Jugendl. bis 16 J. 100%, Stud. bis 27 J. 50%

Platzinfos

VCG

Anfahrtsbeschreibung

Von Köln-Düsseldorf: A 52 Ri. Mönchengladbach-Roermond bis Kreuz Mönchengladbach, weiter auf der A 61 Ri. Venlo, Ausfahrt Nettetal-Boisheim-Grefrath, links Ri. Nettetal-Hinsbeck (B 509), in Hinsbeck links Ri. Kaldenkirchen-Leuth, nach ca. 200 m rechts zumGolfplatz (ausgeschildert). Von Krefeld-Duisburg: A 40 Ri. Venlo, Ausfahrt Nettetal, links Ri. Kaldenkirchen auf die B 221, im OT Leuth links auf die B 509 Ri. Hinsbeck (ausgeschildert).

Platzbeschreibung

Auf der 72 Hektar großen Anlage mit 18 plus 6 öffentlichen Löchern hat die Golfanlage Haus Bey zwischen den Hinsbecker Höhen und den Krickenbecker Seen einen unverwechselbaren niederrheinischen Charakter. Beide Plätze verfügen über zahlreiche Teiche, die ein technisch und taktisch anspruchsvolles Anspiel der Grüns erfordern.

Nächstgelegene Plätze

Golfpark Renneshof (Nr. 308)
Elmpter Wald GC (Nr. 323)
Schmitzhof, G&LC (Nr. 327)

Nordrhein-Westfalen

Golfclub Hösel e.V.

Karte, Nr. 300, Feld B7 **18/18** Design: S. Gidman, D. Zimmermann Höhe: 158 m

gegründet: 1979

Höseler Straße 147, 42579 Heiligenhaus
✆ 02056-93370 🖷 02056-933733
✉ info@golfclubhoesel.de
www.golfclubhoesel.de

PR: Markus Hombrecher, GF: Matthias Nicolaus

i: ✆ 02056-93370 🖷 02056-933733
Maike Thiem, Dennis Barkow

Gastronomie: Gustus, Michael Strasser
✆ 02056-5990810 🖷 02056-5990811
Mo. Ruhetag

PRO SHOP: Golfshop Erlinghagen, Renate Erlinghagen
✆ 02056-921787 🖷 02056-921787

PRO: Pro: Christian Niesing, Katharina Feise, Frank Eckl, Melanie Niesing, John Dennison, David Hahn

18-Loch Südplatz
H: 6038 m, CR 72, SL 138, Par 72
D: 5354 m, CR 74, SL 133, Par 72
18-Loch Nordplatz
H: 5882 m, CR 71.8, SL 134, Par 71
D: 5232 m, CR 73.9, SL 130, Par 71
40 Rangeabschläge (12 überdacht)

G: Gäste sind jederzeit willkommen. Sa./So./Feiertage ist Anmeldung notwendig. Clubausweis mit eingetragenem Handicap (45) ist erforderlich. Mitgliederaufnahme

Tages-Greenfee: WT: EUR 85 / WE: EUR 105
18-Loch-Greenfee: WT: EUR 70 / WE: EUR 90
9-Loch-Greenfee: WT: EUR 40 / WE: EUR 48
Ermäßigung: Jugendl./Stud. 50%

Platzinfos

VCG GPS CLUB GASTRO

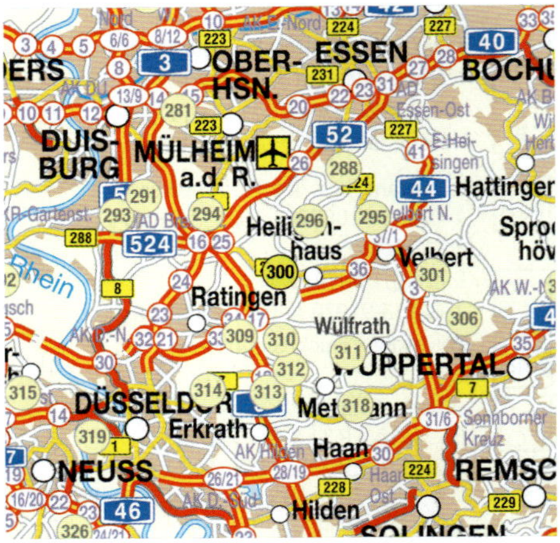

Platzbeschreibung

Mit strategisch positionierten Bunkern, ausgedehnten Roughs, Biotopen und leichten Schräglagen fordert der Südplatz entsprechend golferischer Stärken zur spieltechnischen Vielfalt heraus. Im leicht hügeligen Talbecken zwischen dem Clubhaus und dem Höselberg wurde der von Simon Gidman geplante Nordplatz 1997 in Betrieb genommen.

Anfahrtsbeschreibung

A 52, am Breitscheider Kreuz halbrechts Ri. Mülheim/Breitscheid, an der Ampel re. B 227 Ri. Velbert/Heiligenhaus, am Kreisverkehr li. Ri. Rtg.-Hösel, dieser Straße über einen Bahnübergang in Hösel bis Kreisverkehr folgen, dort li. Ri. Velbert, zwei Mal im Kreisverkehr geradeaus, nach 700 m re. zum Golfplatz. Oder: A 3, am Breitscheider Kreuz Ausfahrt Ri. Essen, re. Ri. Mülheim/Velbert, an der Ampel re. B 227 Ri. Velbert und weiter wie oben.

Nächstgelegene Plätze

Essener GC Haus Oefte (Nr. 296)
Grevenmühle, GC (Nr. 310)
Düsseldorfer GC (Nr. 309)

Golfclub Velbert-Gut Kuhlendahl e.V.

Karte, Nr. 301, Feld B7 **18** Design: Preismann Höhe: 140 m

gegründet: 1990

Kuhlendahler Straße 283, 42553 Velbert
✆ 02053-923290 Fax 02053-923291
✉ info@golfclub-velbert.de
www.golfclub-velbert.de

PR: Nils Wormland, GF: Michael Ogger, CM: Michael Ogger
Headgreenkeeper: Georg Hormanns

i: ✆ 02053-923290 Fax 02053-923291
Nadine Kothe, Anke Malinowski-Klingbeil, Henri Wachsmann, Dagmar vom Endt

Gastronomie: Sabrina Hartmann-Omsen, Tina Bottmer
✆ 02053-4966377 Fax 02053-923291
Mo. Ruhetag

PRO SHOP: GVB Golfpark Velbert GmbH & Co.KG, Michael Ogger
✆ 02053-923290 Fax 02053-923291

PRO: Pro: Mats Iwand, Martin Wiemer, André Bartel, Patrick Fromme, Takashi Ohagen, Paul Dyer

H: 5608 m, CR 71.4, SL 137, Par 70
D: 4390 m, CR 73, SL 131, Par 70
25 Rangeabschläge (7 überdacht)

G: Gäste sind jeden Tag (außer Sonntag und an Feiertagen) willkommen. Anmeldung ist notwendig. Clubausweis mit eingetragenem Handicap (54) ist erforderlich. Keine Blue-Jeans. Keine Hunde.

Tages-Greenfee: WT: EUR 70 / WE: EUR 100
18-Loch-Greenfee: WT: EUR 70 / WE: EUR 100
Ermäßigung: Jugendl./Stud. 50%

Nächstgelegene Plätze

Bergisch Land, GC (Nr. 306)
Essen-Heidhausen, GC (Nr. 295)
Mettmann, GC (Nr. 311)

Platzinfos

Anfahrtsbeschreibung

A535 Essen-Wuppertal, Ausfahrt Tönisheide Richtung Langenberg, ca. 2 km bis zum Golfplatz.

Platzbeschreibung

Landschaftlich wunderschön eingebettet im Bergischen Land findet man den laut Golfjournal wohl anspruchsvollsten Par 70 Kurs in Deutschland. Strategisch intelligent platzierte Bunker und Wasserhindernisse, Grüns mit interessanten Plateaus und Breaks, sowie abwechslungsreiches Bahndesign, gewährleisten ein spannendes Spiel für Könner und Einsteiger. Mit einer Gesamtlänge von 5.608 Metern für Herren und 4.930 Metern für Damen ist der Platz zwar nicht besonders lang, bedingt durch die hügelige Gesamtstruktur jedoch für jeden Golfer eine Herausforderung.

Krefelder Golf Club e.V.

Karte, Nr. 302, Feld B7 **18** Design: Bernhard von Limburger

gegründet: 1930

Eltweg 2, 47809 Krefeld-Linn
☎ 02151-156030 🖷 02151-15603222
✉ kgc@krefelder-gc.de
www.krefelder-gc.de

PR: Adrian Wolff, CM: Uta Weinforth

i: ☎ 02151-156030 🖷 02151-15603222
Andrea Sprenger, Stephanie Böckmann

Golf Restaurant
☎ 02151-15603200 🖷 02151-15603222
Mo. Ruhetag

PRO: Pro: Ulrich Knappmann, Thomas Erb

H: 6082 m, CR 72.3, SL 130, Par 72
D: 5321 m, CR 73.6, SL 128, Par 72
15 Rangeabschläge (4 überdacht)

G: Gäste sind Montag - Freitag (außer an Feiertagen) willkommen. Clubausweis mit eingetragenem Handicap (36) ist erforderlich.

18-Loch-Greenfee: EUR 65
Ermäßigung: Jugendl. bis 18 J. und Stud. bis 27 J.

Platzinfos

VCG GPS

Anfahrtsbeschreibung

A 57 Richtung Krefeld, Ausf. 14 Oppum, 1. Ampel rechts, 1. Ampel rechts, Bahnschienen überqueren und am Gewerbegebiet vorbei fahren. Nach der Autobahnunterführung rechts und gleich wieder links, Schild „Golf" folgen. An der nächsten Kreuzung links und nach 100 m rechts in den Eltweg (Golfwegweiser) einbiegen und weiter zum Parkplatz.

Platzbeschreibung

Der Krefelder Golf Club hat einen der schönsten deutschen Parkland-Kurse mit herrlichem Baumbestand in einer flachen ehemaligen Rheinschleife. Das Gelände ist mit Wassergräben durchzogen. Mit 6.082 m ist der Platz zwar relativ kurz, bietet jedoch einige raffinierte Doglegs sowie ein Wasserhindernis vor dem Grün der neunten Bahn.

Nächstgelegene Plätze

Stadtwald, GC (Nr. 297)
Elfrather Mühle, G&CC (Nr. 292)
Meerbusch, GC (Nr. 315)

Golf Club Gut Frielinghausen

Karte, Nr. 303, Feld B7 **18** Design: Hans Georg Vesper Höhe: 300 m

gegründet: 2011

Frielinghausen 1, 45549 Sprockhövel
Tel. 0202-64822222 Fax 0202-2640292
info@golfclub-gutfrielinghausen.de
www.golfclub-felderbach.de

PR Manfred Krajewski, GF: Arnt Vesper, CM: Jan Glass

i Tel. 0202-64822222
Marie-Luise Philipp

Golfhotel Vesper
Tel. 0202-648220 Fax 0202-649891

PRO SHOP Proshop Schwagenscheidt
Tel. 0202-2685000

H: 5234 m, CR 69.6, SL 128, Par 71
D: 4642 m, CR 71.1, SL 131, Par 71
14 Rangeabschläge (4 überdacht)

G Gäste sind jederzeit willkommen. Anmeldung ist notwendig. Clubausweis mit eingetragenem Handicap (54) ist erforderlich.

18-Loch-Greenfee: WT: EUR 55 / WE: EUR 65
9-Loch-Greenfee: WT: EUR 35 / WE: EUR 40
9-Loch-Greenfee ist nur bis 10 Uhr und ab 16 Uhr möglich

Platzbeschreibung

Der anspruchsvolle Parklandkurs liegt am Rande der Stadt Wuppertal eingebettet in Hügel, Bäche und Wälder mit Blick über das Felderbach-Tal bis nach Bochum und Dortmund. Wer den Platz Gut Frielinghausen gut spielen will, muss die gesamte Palette der Golfschläge beherrschen und jede Möglichkeit wahrnehmen, sein Ergebnis durch geschickte Strategie und Taktik zu verbessern.

Platzinfos

VCG GPS CLUB GASTRO

Anfahrtsbeschreibung

A 46, Ausfahrt Wuppertal-Oberbarmen, rechts, Schmiedestraße, 1. Straße links, nach ca. 400 m rechts und ca. 700 m durch das Golfgelände. Oder: Dortmund-Hagen, Ausfahrt Düsseldorf-Wuppertal-Haßlinghausen, Ausfahrt Wuppertal-Oberbarmen, links 900 m und dann rechts ca. 700 m durch das Golfgelände.

Nächstgelegene Plätze

Felderbach Sprockh., GC (Nr. 304)
Am Mollenkotten, GA (Nr. 305)
Bergisch Land, GC (Nr. 306)

Nordrhein-Westfalen

Golfclub Felderbach Sprockhövel e.V.

Karte, Nr. 304, Feld B7 **18** Design: Hans Georg Vesper Höhe: 280 m

gegründet: 1996

Frielinghausen 1, 45549 Sprockhövel
0202-64822222
info@golfclub-felderbach.de
www.golfclub-felderbach.de

PR: Rolf Hebben, GF: Arnd Vesper, CM: Jan Glass

i: 0202-64822222

Golf-Hotel Vesper
0202-648220 Fax 0202-649891

PRO SHOP: Proshop Schwagenscheidt 0202-2685000

PRO: Pro: Sooky Maharay, Marc Schwagenscheidt

18-Loch Felderbach Platz
H: 6026 m, CR 72.9, SL 134, Par 74
D: 5079 m, CR 74.2, SL 132, Par 74
9-Loch Par 3 Platz: H: 906 m, Par 27
12 Rangeabschläge (4 überdacht)

G: Gäste sind jederzeit willkommen. Anmeldung ist notwendig. Clubausweis mit eingetragener PE ist erforderlich.

18-Loch-Greenfee: WT: EUR 55 / WE: EUR 65
9-Loch-Greenfee: WT: EUR 35 / WE: EUR 45

Platzbeschreibung

Der Golfclub liegt auf den nördlichen Höhen Wuppertals im herrlich gelegenen Felderbachtal. Eingebettet in eine traumhaft schöne Landschaft mit herrlichem Blick auf Täler, Wiesen und Felder. Renaturierte Bachläufe und geschützte Biotope bilden reizvolle „Inseln" in diesem anspruchsvollen Golfpark. Der GC Felderbach eröffnet landschaftlich und golferisch neue, interessante Perspektiven.

Platzinfos

VCG GPS CLUB GASTRO

Anfahrtsbeschreibung

A 46, Ausfahrt Wuppertal-Oberbarmen, rechts, Schmiedestraße, 1. Straße links, nach ca. 400 m rechts und dann durch das Golfgelände, der Platz schließt an den GC Juliana an. Oder: Dortmund-Hagen, Ausfahrt Düsseldorf-Wuppertal-Haßlinghausen, Ausfahrt Wuppertal-Oberbarmen, links 900 m und dann rechts durch das Golfgelände zum Platz.

Nächstgelegene Plätze

Juliana Wuppertal, GC (Nr. 303)
Am Mollenkotten, GA (Nr. 305)
Bergisch Land, GC (Nr. 306)

Öffentl. Golfanlage Am Mollenkotten Wuppertal

Karte, Nr. 305, Feld B7 9 Design: Hans Georg Vesper Höhe: 280 m

gegründet: 1995

Mollenkotten 220, 42279 Wuppertal
0202-264822222
info@golfclub-felderbach.de
www.golfclub-felderbach.de

PR GF: Arnt Vesper, CM: Jaroslav Belsky
Headgreenkeeper: Gunnar Klever

i 0202-64822222

Bergische Stube
0202-660150

25 Rangeabschläge (8 überdacht)

G Gäste sind jederzeit willkommen.

9-Loch-Greenfee: EUR 8.5

Platzbeschreibung
Diese erste öffentliche Golfanlage im Bergischen Land bietet einen 9-Loch-Kurzplatz mit Driving Range, Putting- und Pitching-Green sowie einem Übungsbunker. Der Platz ist golftechnisch auf eher leichtem Niveau angesiedelt und eignet sich daher ideal für Anfänger.

Platzinfos

VCG CLUB GASTRO

Anfahrtsbeschreibung
Von Düsseldorf: A 46, Ausf. Wuppertal-Oberbarmen, re. in die Schmiedestraße, dann 1. Straße li., nach ca. 300 m linker Hand. Von Köln/Leverkusen: A 1, Ausf. Wuppertal-Haßlinghausen/Gevelsberg-West, li. Ri. Düsseldorf (A 46), Ausf. Wuppertal-Oberbarmen, li. abbieger, nach ca. 250 m linker Hand. Von Dortmund/ Hagen: A 1, Ausf. Wuppertal Haßlinghausen/ Düsseldorf, re. Ri. Düsseldorf (A 46), Ausf. Wuppertal-Oberbarmen und weiter wie oben beschrieben.

Nächstgelegene Plätze
Felderbach Sprockh., GC (Nr. 304)
Juliana Wuppertal, GC (Nr. 303)
Bergisch Land, GC (Nr. 306)

Golf-Club Bergisch Land Wuppertal e.V.

Karte, Nr. 306, Feld B7 **18** Design: v. Limburger, C. Städler, J. S. F. Morrison Höhe: 150 m

gegründet: 1928

Siebeneicker Straße 386, 42111 Wuppertal
☏ 02053-7077 🖷 02053-7303
✉ info@golfclub-bergischland.de
💻 www.golfclub-bergischland.de

PR: Dr. Yorck Friedrich Jung

i: ☏ 02053-7077 🖷 02053-7303

Familie Lorenzo, Luca Lorenzo
Mo. Ruhetag

PRO: Pro: Morgan D'Arcy, Marc Delmas

H: 5951 m, CR 72.3, SL 139, Par 72
D: 5242 m, CR 74.2, SL 135, Par 72
20 Rangeabschläge (12 überdacht)

G: Gäste sind jederzeit willkommen. Anmeldung ist notwendig. Clubausweis mit eingetragenem Handicap (54) ist erforderlich.

18-Loch-Greenfee: WT: EUR 75 / WE: EUR 90
9-Loch-Greenfee: WT: EUR 40 / WE: EUR 50
Ermäßigung: Jugendl./Stud. bis 27 J. 50%

Platzinfos

VCG, GPS, CLUB

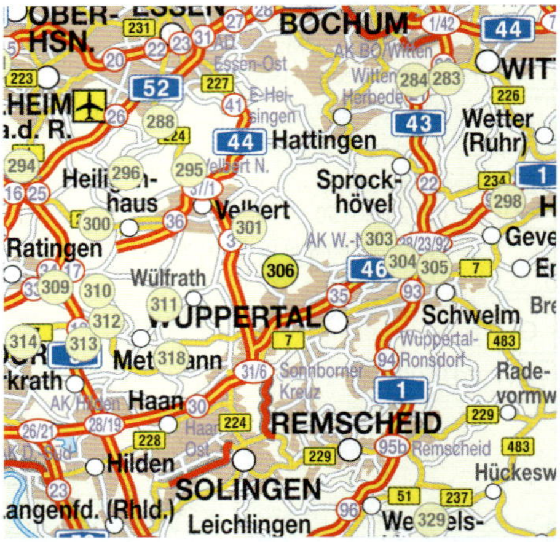

Anfahrtsbeschreibung

A 46, Ausfahrt Wuppertal-Katernberg, links in die Nevigeser Straße bis zur 2. großen Ampelkreuzung, dort rechts in die Straße „Am Elisabethheim", die in der Fortsetzung in die „Siebeneicker Straße" übergeht, nach ca. 2-3 km links zum Golfplatz abbiegen.

Platzbeschreibung

Der Charakteristik des Bergischen Landes entsprechender hügeliger Golfplatz mit altem Baumbestand sowie großzügigen Fairways mit modernem Konturenschnitt. Die zum Teil von vielen Bunkern verteidigten, stark ondulierten Grüns bieten im Zusammenhang mit einigen Bachläufen und Teichen, die immer wieder (spiel-)strategisch in Erscheinung treten, ein abwechslungsreiches Spiel.

Nächstgelegene Plätze

Velbert, GC (Nr. 301)
Felderbach Sprockh., GC (Nr. 304)
Juliana Wuppertal, GC (Nr. 303)

Greenfee-Aktion: Seite G 87, 89

Golf am Haus Amecke

Karte, Nr. 307, Feld C7 **9/6** Höhe: 295 m

gegründet: 2013

Haus Amecke, 59846 Sundern
☎ 02393-170666 Fax 02393-170667
✉ info@golfhausamecke.de
www.golfhausamecke.de

PR: GF: Freiherr Eberhard von Wrede
Headgreenkeeper: Anthony Teasdale

i: ☎ 02393-170666 Fax 02393-170667
Gabi Meisterjahn

PRO SHOP: Golf am Haus Amecke GmbH& Co.KG,
Tim Hoffmann
☎ 02393-170666 Fax 02393-170667

PRO: Pro: Tim Hoffmann

9-Loch Platz
H: 4262 m, CR 63.8, SL 113, Par 64
D: 3418 m, CR 65.3, SL 109, Par 64
6-Loch Family-Platz
H: 339 m, Par 18
D: 293 m, Par 18
40 Rangeabschläge (7 überdacht)

G: Gäste sind jederzeit willkommen. Clubausweis mit eingetragener PE ist erforderlich.

Tages-Greenfee: EUR 50
18-Loch-Greenfee: EUR 50
9-Loch-Greenfee: EUR 30
Ermäßigung: Jugendl. und Stud. bis 30 J. 50%

Platzbeschreibung

Die Bahnen der 9 Löcher sind durch die Hügellandschaft mit mehreren Wasserhindernissen eine Herausforderung für jeden Golfer, bieten aber auch Anfängern optimale Einstiegsmöglichkeiten. Der Sorpebach fließt inmitten der Anlage zum 500 m entfernten Sorpe-Stausee.

Platzinfos

VCG

Anfahrtsbeschreibung

A 44 Dortmund-Kassel, am ABK Werl auf die A 445 Ri. Arnsberg, Ausf. Arnsberg-Hüsten/Sundern, dann B 229 Ri Sundern, in Sundern-Zentrum an der Kreuzung auf die L 591 R. Finnentrop, geradeaus, ca. 400 m nach Ortsende Sundern rechts Ri. Amecke, nach ca. 2 km in Amecke (Illingheimer Str.) am Ortsende Amecke sieht man den Golfplatz und das Schloss „Haus Amecke".Eingabe Navi:Haus Amecke (als Straße).

Nächstgelegene Plätze

Sauerland, GC (Nr. 285)
Repetal-Südsauerland, GC (Nr. 332)
Sellinghausen, GC (Nr. 320)

Golfpark Renneshof GmbH

Karte, Nr. 308, Feld A7 **18**

gegründet: 2014

Zum Renneshof, 47877 Willich-Anrath
☎ 02156-9142180 🖷 02156-9142181
✉ info@gc-renneshof.de
🖳 www.renneshof.de

PR: GF: Hans Schlickum
Headgreenkeeper: Sebastian Illbruck

i: ☎ 02156-9142180 🖷 02156-9142181
Jürgen Janßen, Lea Kramer

Renneshof Restaurant - Café - Bar
☎ 02156-9142185 🖷 02156-9142181
Mo. Ruhetag

PRO SHOP: Golfpark Renneshof GmbH
☎ 02156-9142180 🖷 02156-9142181

PRO: Pro: Christian Bell, Thomas Zengerle

H: 4834 m, CR 65.6, SL 108, Par 70
D: 4301 m, CR 67, SL 113, Par 70
50 Rangeabschläge (15 überdacht)

G: Gäste sind jederzeit willkommen. Anmeldung ist erforderlich. PE ist erforderlich.

18-Loch-Greenfee: Mo.-Do.: EUR 45 / Fr.-So.: EUR 55
9-Loch-Greenfee: Mo.-Do.: EUR 25 / Fr.-So.: EUR 35
Ermäßigung: Jugendl. bis 18 J. und Stud. bis 25 J.

Platzbeschreibung

Der Golf Park Renneshof verfügt über eine 18-Loch-Anlage im Links Course Design und erinnert an eine englische Dünenlandschaft. Rauer Wind, wenig Baumbestand, ondulierte und rasant schnelle Grüns, eingebettet in die Willich/Krefelder Landschaft. Die im ganzen Jahr bespielbaren Sommergrüns bieten ein abwechslungsreiches Spiel. Der Golfplatz befindet sich in unmittelbarer Nähe zu den Städten Mönchengladbach, Krefeld, Düsseldorf (weniger als 25 Minuten Fahrtzeit).

Platzinfos

VCG

Anfahrtsbeschreibung

Zufahrt zur Golfanlage NUR über die Kempener.Str.

Nächstgelegene Plätze

Schloss Myllendonk, GC (Nr. 321)
Duvenhof, GC (Nr. 317)
Stadtwald, GC (Nr. 297)

Düsseldorfer Golf Club e.V.

Karte, Nr. 309, Feld B7 **18** Design: F.W. Hawtree Höhe: 100 m

gegründet: 1961

Rommeljansweg 12, 40882 Ratingen
☎ 02102-81092 🖷 02102-81782
✉ info@duesseldorfer-golf-club.de
💻 www.duesseldorfer-golf-club.de

PR: Jörg Penner
Headgreenkeeper: Philip Haude

i: ☎ 02102-81092 🖷 02102-81782
Inga Stollmann, Aliza Alizadeh, Daniela Trevor-Owen

Ökonomie Kesten, Michael Kesten
☎ 02102-83620 🖷 02102-871794
Mo. Ruhetag

PRO SHOP: Golf Shop Renate Erlinghagen
☎ 02102-1350988

PRO: Pro: Maximilian Alsmeyer, Julia Krull, Jochen Kupitz, Lars Thiele, Dirk Brinkmann

H: 5781 m, CR 71.1, SL 131, Par 71
D: 5105 m, CR 72.7, SL 128, Par 71
20 überdachte Rangeabschläge

G: Gäste sind jeden Tag (außer Montag) willkommen. Anmeldung ist notwendig. Clubausweis mit eingetragenem Handicap (36) ist erforderlich.

18-Loch-Greenfee: WT: EUR 90 / WE: EUR 110
9-Loch-Greenfee: WT: EUR 55
Ermäßigung: Jugendl./Stud. 50%

Platzbeschreibung

Die 18-Loch-Anlage wurde bereits 1961 erbaut und liegt in einer mitunter hügeligen Landschaft. Teilweise enge Fairways und Hanglagen sowie der alte Baumbestand sichern ein abwechslungsreiches, aber auch anspruchsvolles Spiel.

Platzinfos

VCG GPS CLUB GASTRO

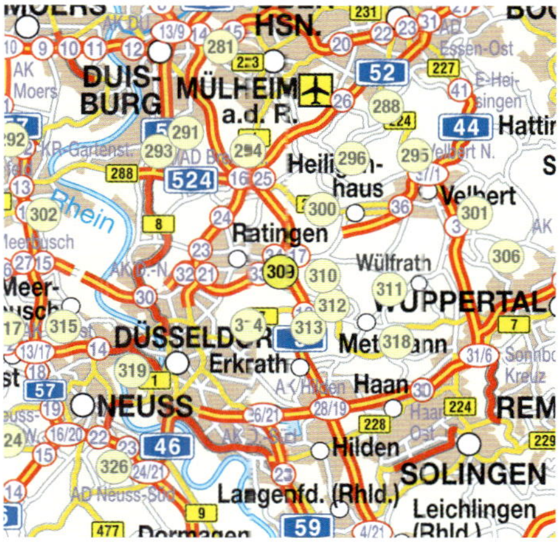

Anfahrtsbeschreibung

A 3, Ausfahrt Nr. 17 Kreuz Ratingen-Ost, unbedingt der Beschilderung „Ratingen" folgen. Oben an der Ampel auf die Brachter Straße abbiegen. Nach ca. 300 m links in den schmalen Rommeljans-Weg einbiegen. Auf die Beschilderung „Golf" achten. Noch ca. 600 m bis zum Parkplatz des Clubs.

Nächstgelegene Plätze

Grevenmühle, GC (Nr. 310)
Hubbelrath, GC (Nr. 312)
KOSAIDO, Intern. GC (Nr. 313)

Greenfee-Aktion: Seite G 89

Golf Club Grevenmühle GmbH

Karte, Nr. 310, Feld B7 18 Höhe: 141 m

gegründet: 2001

Grevenmühle 3, 40882 Ratingen-Homberg
☎ 02102-95950 Fax 02102-959515
golfclub@grevenmuehle.de
www.grevenmuehle.de

PR: GF: Thomas Mahl

i: ☎ 02102-95950 Fax 02102-959515
Fabian Jantke

Landhaus Grevenmühle, Sabrina Hamacher
☎ 02102-959530 Fax 02102-959515
Mo. Ruhetag

PRO: Pro: Fabian Klinger, Christopher Galbraith, Maximilian Götz

H: 5885 m, CR 71.2, SL 135, Par 72
D: 5030 m, CR 72.2, SL 130, Par 72
40 Rangeabschläge (8 überdacht)

G: Gäste sind Montag - Freitag (außer an Feiertagen) willkommen. Anmeldung ist notwendig. Clubausweis mit eingetragenem Handicap (54) ist erforderlich.

18-Loch-Greenfee: WT: EUR 60 / WE: EUR 80
9-Loch-Greenfee: WT: EUR 40 / WE: EUR 55
Startzeitenreservierung ist erforderlich
Ermäßigung: Jugendl. bis 18 J. und Stud. bis 27 J.

Platzbeschreibung

Auf einem 107 ha großen Gelände am Fuße des bergischen Landes, nur unweit der Landeshauptstadt Düsseldorf gelegen, bieten sich den Golfbegeisterten 18 wohl überlegte und anspruchsvolle Golfbahnen. Der sportlich sehr anspruchsvolle, hügelige Platz mit Schräglagen verfügt über eine Reihe von Bunkern, Wasserhindernissen, altem Baumbestand und Biotopen sowie über mehrere Stufengrüns.

Platzinfos

Anfahrtsbeschreibung

A 3 Köln-Oberhausen oder A 44 bis Kreuz Velbert-Ratingen Ost, dann B 422 Richtung Velbert durch Homberg, am Ortsausgang Richtung Mettmann auf der Metzkausener Straße ca. 800 m, dann rechts in die Grevenmühle bis Golfanlage Grevenmühle und zum Golfplatz.

Nächstgelegene Plätze

Düsseldorfer GC (Nr. 309)
Hubbelrath, GC (Nr. 312)
KOSAIDO, Intern. GC (Nr. 313)

Golf Club Mettmann e.V.

Karte, Nr. 311, Feld B7 18/3 Höhe: 200 m

gegründet: 1986

Obschwarzbach 4a, 40822 Mettmann
02058-92240 02058-922449
info@gc-mettmann.de
www.gc-mettmann.de

PR Ute Andermann, CM: Ingo Lüders

i 02058-92240 -922449
Sona Nemec, Mateusz Bonczkowitz

NeunMalZwei
02058-8928337
Mo. Ruhetag

PRO SHOP Golfshop Mettmann
0176-70950278

PRO Pro: Stefan Ingenhamm, Tobias Gurek

18-Loch Platz
H: 6080 m, CR 72.4, SL 133, Par 72
D: 5359 m, CR 74.3, SL 126, Par 72
3-Loch Platz
H: 996 m, Par 27, D: 849 m, Par 27
35 Rangeabschläge (6 überdacht)

G Gäste sind Montag - Freitag (außer an Feiertagen) willkommen. Anmeldung ist notwendig. Clubausweis mit eingetragenem Handicap (36) ist erforderlich.

18-Loch-Greenfee: WT: EUR 60 / WE: EUR 70
Ermäßigung: Jugendl./Stud. 50%

Platzbeschreibung

Der Platz liegt auf einem Ausläufer des Bergischen Landes in einem sanft hügeligen, 93 ha umfassenden Gelände, nur 15 km östl. von Düsseldorf. Die Fairways sind sportlich anspruchsvoll und bieten mit insgesamt 71 Bunkern und 7 Wasserhindernissen besondere spielerische Reize. Ein Übungscenter mit 3-Loch-Kurzplatz, einer Driving Range mit 35 Abschlägen (6 überdacht) sowie mit Einrichtungen für das kurze Spiel bietet ideale Trainingsmöglichkeiten.

Platzinfos

VCG

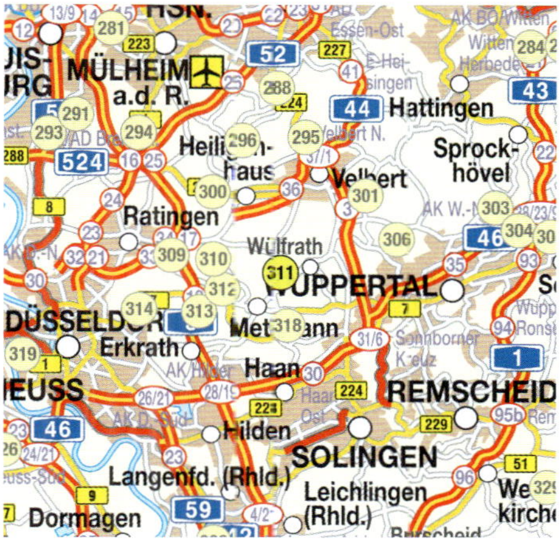

Anfahrtsbeschreibung

Vom Stadtzentrum Mettmann: Auf der Johannes-Flintrop-Straße/Wülfrather Straße (L 403) Richtung Wülfrath (Velbert), an der Ampel vor dem Ortseingang Wülfrath links Richtung Ratingen/A 3 und an der nächsten Ampel links (Obschwarzbach 3-6) und der Beschilderung folgen. Oder: Vom ABK Ratingen-Ost (A 3) auf der L 422 Richtung Wülfrath (Velbert), nach ca. 9 km an der Ampel rechts (Obschwarzbach 3-6) zum Golfplatz abbiegen.

Nächstgelegene Plätze

Haan-Düsseltal 1994, GC (Nr. 318)
Grevenmühle, GC (Nr. 310)
Hubbelrath, GC (Nr. 312)

Nordrhein-Westfalen

Golf Club Hubbelrath - Land und Golf Club Düsseldorf e.V.

Karte, Nr. 312, Feld B7 **18/18** Design: Dr. Bernhard von Limburger Höhe: 170 m

gegründet: 1961

Bergische Landstraße 700, 40629 Düsseldorf
✆ 02104-72178 🖷 02104-75685
✉ info@gc-hubbelrath.de
💻 www.gc-hubbelrath.de

PR Dr. Olaf Huth, GF: Guido Tillmanns

i ✆ 02104-72178 🖷 02104-75685
Axel Kupfer, Igor Marijan

Golfrestraurant Hubbelrath, Birgit Mexner
✆ 02104-70452 🖷 02104-76684
Mo. Ruhetag

PRO SHOP GOLFlife Handelsgesellschaft mbH
✆ 02104-75272

PRO Pro: Roland Becker, Dawie Stander, Stephanie Döring, Franziska Vent

18-Loch Ostplatz
H: 5977 m, CR 72.4, SL 132, Par 72
D: 5269 m, CR 74.5, SL 131, Par 72
18-Loch Westplatz
H: 4000 m, CR 61.7, SL 107, Par 66
D: 3586 m, CR 62.5, SL 106, Par 66
24 Rangeabschläge (9 überdacht)

G Gäste sind jederzeit willkommen. Anmeldung ist notwendig. Clubausweis mit eingetragenem Handicap (26.4) ist erforderlich. An Wochenenden/Feiertagen ist der Platz von 9:00 Uhr bis 14:00 Uhr den Mitgliedern (und ihren Gästen) vorbehalten.

Tages-Greenfee: WT: EUR 80 / WE: EUR 100
9-Loch-Greenfee: WT: EUR 40 / WE: EUR 50
Ermäßigung: Jugendl. bis 18 J. und Stud. bis 27 J. 50%

Platzbeschreibung

Der Golf-Club ist in einem landschaftlich reizvollen Gebiet zwischen der Landeshauptstadt Düsseldorf und dem Bergischen Land gelegen. Es bietet sich die Möglichkeit, zwei äußerst unterschiedliche Plätze zu bespielen. Der Westplatz ist zwar relativ kurz, aber wegen vieler Schräglagen und kleiner Grüns nicht einfach. Auf dem Meisterschaftsplatz wurden bereits mehrfach die German Open ausgetragen.

Platzinfos

VCG GPS CLUB

Anfahrtsbeschreibung

A 3 Köln-Oberhausen, Ausfahrt Mettmann-Düsseldorf-Hubbelrath, auf der B 7 Richtung Mettmann. Nach 800 m links zum Golfplatz (ausgeschildert). Oder: Von Düsseldorf über die Bergische Landstraße (B 7) Richtung Mettmann, nach dem Überqueren der BAB nach 800 m links zum Golfplatz abbiegen (ausgeschildert).

Nächstgelegene Plätze

KOSAIDO, Intern. GC (Nr. 313)
Grevenmühle, GC (Nr. 310)
Düsseldorfer GC (Nr. 309)

KOSAIDO Internationaler Golfclub Düsseldorf e.V.

Karte, Nr. 313, Feld B7 18

gegründet: 1990

Am Schmidtberg 11, 40629 Düsseldorf
☎ 02104-77060 Fax 02104-770611
info@kosaido.de
www.kosaido.de

PR: Susanne Schmitz-Abshagen, GF: Ralf H. Schmitz
Susanne Schmitz-Abshagen
Headgreenkeeper: Mihail Bachvarov

i: ☎ 02104-77060 Fax 02104-770611

Clubrestaurant
☎ 02104/7706-40 oder Durchwahl -0
Fax 02104-770611
Mo. und Di. Ruhetag

PRO SHOP: Kosaido Golf-Betriebs GmbH, Joachim Nassner
☎ 02104-77060 Fax 02104-770611

PRO: Pro: Simon Flehmer, Gary Warner

H: 5304 m, CR 69.4, SL 133, Par 70
D: 4754 m, CR 71.4, SL 133, Par 71
12 Rangeabschläge (6 überdacht)

G: Gäste sind jederzeit willkommen. Anmeldung ist notwendig. Clubausweis mit eingetragenem Handicap (36) ist erforderlich.

18-Loch-Greenfee: WT: EUR 79 / WE: EUR 95
9-Loch-Greenfee: WT: EUR 50 / WE: EUR 60

Platzbeschreibung

Die 18-Loch-Meisterschaftsanlage liegt inmitten der Natur in Düsseldorf-Hubbelrath. Der Club bietet alle Voraussetzungen für erholsame Entspannung, gepflegte Kommunikation sowie eine anspruchsvolle gastronomische Betreuung, in dessen gemütlicher Atmosphäre der Gast japanische und europäische Küche genießen kann. Der Platz und die Platzpflege liegen auf hohem Niveau.

Platzinfos

Anfahrtsbeschreibung

A 3, Ausfahrt Mettmann/D-Hubbelrath (Nr. 18) auf die B 7 in Richtung Mettmann, 700 m nach der Ausfahrt liegt das Clubhaus (rotes schlossähnliches Backsteingebäude) etwas zurückgesetzt auf der rechten Seite. Aus Düsseldorf: Über die B 7 (Bergische Landstraße) in Richtung Mettmann, 700 m nach der Auffahrt zur A 3 liegt das Clubhaus auf der rechten Seite. Der Golfclub liegt an der B 7 gegenüber dem Golfplatz Hubbelrath.

Nächstgelegene Plätze

Hubbelrath, GC (Nr. 312)
Grevenmühle, GC (Nr. 310)
Düsseldorfer GC (Nr. 309)

Golfclub Düsseldorf-Grafenberg e.V.

Karte, Nr. 314, Feld B7 **18** Design: Heinz Fehring Höhe: 70 m

gegründet: 1995

Rennbahnstraße 24-26,
40629 Düsseldorf-Grafenberg
0211-964950 0211-9649595
info@golf-duesseldorf.de
www.golf-duesseldorf.de

PR: Hannes Urban

i: 0211-9649511 -9649537
Florian Marquardt

Golfrestaurant Grafenberg
0211-9649514

PRO SHOP: Angela Vollrath
0211-964950 -9649595

PRO: Pro: Joachim B. Wittmann, Dennis Küpper, Steve Parry, Stefanie Eckrodt, Lucas Iturbide, Rick Kadge, Christian John von Freyend

H: 5342 m, CR 68.8, SL 131, Par 70
D: 4580 m, CR 69.5, SL 122, Par 70
40 Rangeabschläge (30 überdacht)

G: Gäste sind jederzeit willkommen. Anmeldung ist notwendig. Clubausweis mit eingetragenem Handicap (54) ist erforderlich.

18-Loch-Greenfee: WT: EUR 60 / WE: EUR 70
Ermäßigung: Jugendl./Stud. 50%

Platzinfos

VCG GPS CLUB GASTRO

Anfahrtsbeschreibung

A 3 Köln-Oberhausen, Ausfahrt Mettmann, weiter auf der B 7 Richtung Düsseldorf, nach ca. 7-8 km hinter dem Landeskrankenhaus rechts in die Rennbahnstraße und der Beschilderung zum Golfplatz folgen.

Platzbeschreibung

Nur gerade mal 10 Minuten von der Düsseldorfer Innenstadt entfernt, eingebettet im Landschaftsschutzgebiet des Grafenberger und des Aaper Waldes, befindet sich der einzige gänzlich auf Düsseldorfer Stadtgebiet gelegene 18 Loch-Golfplatz der Golfanlage Düsseldorf-Grafenberg. In die hügelige Landschaft eingebettet und von Wald umgeben, bietet er mehrere mit Bachläufen und Wasserfällen verbundene künstliche Seen, lange Bahnen, hängende Fairways und anspruchsvolle Inselgrüns.

Nächstgelegene Plätze

Düsseldorfer GC (Nr. 309)
KOSAIDO, Intern. GC (Nr. 313)
Hubbelrath, GC (Nr. 312)

Golfclub Meerbusch e.V.

Karte, Nr. 315, Feld B7 **18** Design: Donald Harradine Höhe: 20 m

gegründet: 1994

Badendonker Straße 15, 40667 Meerbusch
✆ 02132-93250
info@golfpark-meerbusch.de
www.golfpark-meerbusch.de

PR: Gerd-Michael Rayermann, CM: Elmar Claus
Headgreenkeeper: Kai Thiesen

i: ✆ 02132-93250

Röttgenhof, David Adrian
✆ 02132-932519
Mo. Ruhetag

PRO SHOP: Michael Wieland
✆ 02132-932525

PRO: Pro: Jin-Woo Park, Paul Naylor, Michael Wieland

H: 6079 m, CR 72, SL 131, Par 72
D: 5477 m, CR 74.9, SL 131, Par 72
21 Rangeabschläge (8 überdacht)

G: Gäste sind Montag - Freitag (außer an Feiertagen) willkommen. Anmeldung ist notwendig. Clubausweis mit eingetragenem Handicap (54) ist erforderlich. VCG Spieler herzlich willkommen. Keine Blue Jeans auf der Golfrunde.

18-Loch-Greenfee: Mo.: EUR 55 / Di.-Fr.: EUR 70 / WE: EUR 90
9-Loch-Greenfee: Mo.: EUR 30 / Di.-Fr.: EUR 40 / WE: EUR 50
In Mitgliederbegleitung erhalten Sie EUR10 Rabatt bei 18 Löchern.
Ermäßigung: Jugendl. und Stud. bis 27 J. 50%

Platzbeschreibung

Der Golfclub Meerbusch verfügt über eine 18-Loch-Anlage mit typisch niederrheinischem Charakter, eingebettet in die Waldlandschaft des Meerer Busches. Vier große Seenbereiche garantieren ein abwechslungsreiches Spiel. Der Golfplatz befindet sich nur 15 Minuten vom Düsseldorfer Zentrum entfernt.

Platzinfos

VCG GPS CLUB GASTRO

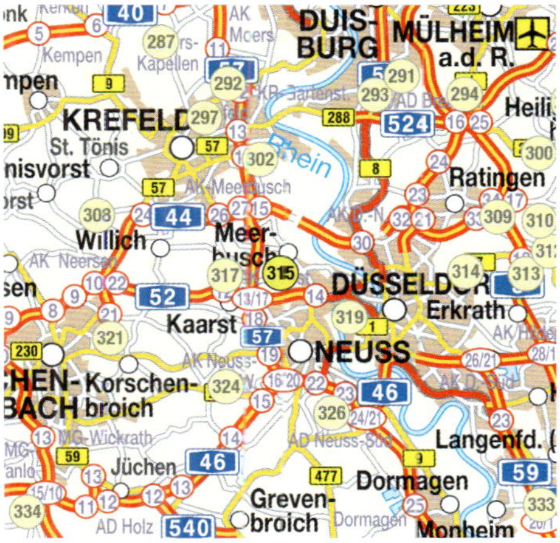

Anfahrtsbeschreibung

A 3, beim Autobahnkreuz Ratingen-Ost auf die A 44 Richtung M'gladbach, Abfahrt Lank-Latum nehmen und rechts über Strümp Ri. Büderich fahren, dort an der Kirche rechts in die Necklenbroicher Str. einbiegen, dann rechts in den Golfpark einfahren. A 57, am Autobahnkreuz Meerbusch auf die A 44 Ri. Velbert, die Abfahrt Lank-Latum nehmen, dann weiter wie beschrieben. Oder von der A 52 kommend, die Ausf. Büderich nehmen, weiter wie oben beschrieben.

Nächstgelegene Plätze

Duvenhof, GC (Nr. 317)
Düsseldorf, GSV (Nr. 319)
Krefelder GC (Nr. 302)

Nordrhein-Westfalen

GC Gelstern Lüdenscheid-Schalksmühle e.V.

Karte, Nr. 316, Feld C7 **18/4** Höhe: 390 m

gegründet: 1985

Gelstern 2, 58579 Schalksmühle
☎ 02351-51819 Fax 02351-52620
✉ kontakt@gc-gelstern.de
www.gc-gelstern.de

PR: Klaus Ballauf, GF: Hans Jürgen Badziura

Info: ☎ 02351-51819 Fax 02351-52620

Fairway, Joanna D'Agostino
☎ 02351-5576505
Mo. Ruhetag

PRO SHOP: Pro Shops Susanne Günnewich
☎ 02351-56460

PRO: Pro: Claas Borges

18-Loch Platz
H: 5747 m, CR 70.7, SL 133, Par 71
D: 5131 m, CR 73.1, SL 130, Par 71
4-Loch Kurzplatz
H: 773 m, Par 13, D: 738 m, Par 13
15 Rangeabschläge (9 überdacht)

G: Gäste sind jederzeit willkommen. Clubausweis mit eingetragenem Handicap (45) ist erforderlich. GPS-Geräte bei Turnieren zugelassen.

18-Loch-Greenfee: WT: EUR 55 / WE: EUR 65
9-Loch-Greenfee: WT: EUR 35 / WE: EUR 40
Fernmitglieder oder Golfer mit Gast/Greenfeemitgliedschaften zahlen EUR 20/10 auf 18/9-Loch mehr.
Ermäßigung: Jugendl./Stud. bis 27 J. 50%

Platzbeschreibung

Umgeben von dicht bewaldeten Höhen liegt nach Süden gerichtet der Golfplatz Gelstern eingebettet in eine herrliche Mittelgebirgs-Landschaft. Ausblicke auf Berge, Täler, Wiesen und Felder. Renaturierte Bachläufe und geschützte Biotope bilden reizvolle „Inseln" auf diesem abwechslungsreichen Golfgelände.

Platzinfos

Anfahrtsbeschreibung

A 45, Ausfahrt Lüdenscheid-Nord Richtung Lüdenscheid, nach ca. 1 km die erste Straße rechts (Toyota-Autohaus) und der asphaltierten Einfahrt zum Golfplatz folgen.

Nächstgelegene Plätze

Varmert, GC (Nr. 331)
Märkischer GC (Nr. 289)
Gut Berge Gevelsbg, GC (Nr. 298)

Golfanlage Duvenhof

Karte, Nr. 317, Feld B7 18/9 Design: Wolfgang R. Müller

gegründet: 1993

Hardt 21, 47877 Willich
☎ 02159-911093 (Club), 02159-91595-0 (Betreiber) 🖷 02159-911095 (Club), 02159-91595-69 (Betreiber)
✉ sekretariat@gcduvenhof.de
🖳 www.gcdw.de

PR: Gerhard Frank, GF: Michael Kerkhoff
Headgreenkeeper: Andrew Buck

i: ☎ 02159-911093 🖷 02159-911095
Gabriele Rauch

Landgut Duvenhof
☎ 02159-912943

PRO SHOP: Golfsport Willich GmbH
☎ 02159-915950 🖷 02159-9159569

PRO: Pro: Michael Baldringer, Ralf Saager, Stefan Bunge, Thomas Marx

18-Loch Meisterschaftsplatz
H: 6022 m, CR 73.5, SL 133, Par 73
D: 5330 m, CR 75.5, SL 138, Par 73
9-Loch öffentlicher Platz
H: 3810 m, CR 61.6, SL 110, Par 62
D: 3318 m, CR 61.2, SL 106, Par 62
70 Rangeabschläge (14 überdacht)

G: Gäste sind Montag - Freitag (außer an Feiertagen) willkommen. Anmeldung ist notwendig. Clubausweis mit eingetragenem Handicap (36) ist erforderlich.

18-Loch-Greenfee: WT: EUR 65 / WE: EUR 80
Ermäßigung: Jugendl. bis 17 J. 40%, Stud. bis 27 J. 20%

Platzbeschreibung

Eingebettet in die wunderschöne Landschaft des Niederrheins wurde ein 18-Loch-Meisterschaftsplatz modelliert, der sowohl den versierten Golfer fordert als auch dem nicht ganz so erfahrenen Spieler die Möglichkeit gibt, bei entsprechend taktischem Spiel sein Handicap zu erreichen. Obwohl der Platz einige stark nivellierte Spielbahnen und sehr viel Wasser bietet, ist er jederzeit fair.

Platzinfos

VCG GPS GASTRO

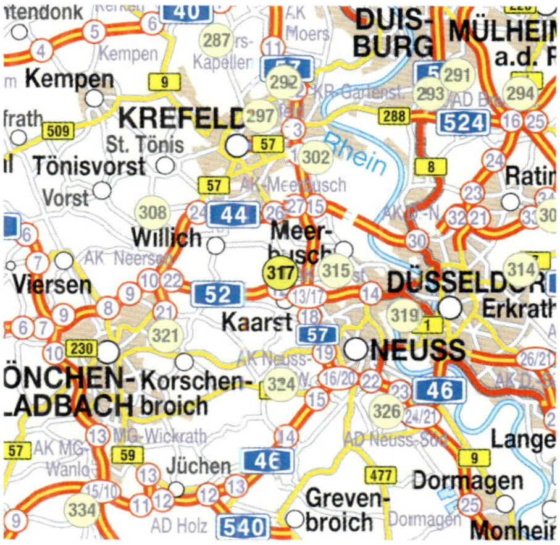

Anfahrtsbeschreibung

A 52 Düsseldorf-Mönchengladbach, Ausfahrt Kaarst-Osterrath Richtung Osterrath, nach ca. 1 km an „Franzens Zollhaus" links Richtung Willich, nach ca. 1 km rechts durch die Baumallee zum Golfplatz.

Nächstgelegene Plätze

Meerbusch, GC (Nr. 315)
Rittergut Birkhof, GC (Nr. 324)
Krefelder GC (Nr. 302)

Golfclub Haan Düsseltal 1994 e.V.

Karte, Nr. 318, Feld B7 **18** Höhe: 163 m

gegründet: 1994

Pannschoppen 2, 42781 Haan
02104-170307 02104-809838
info@golfclub-haan-duesseltal.de
www.golfclub-haan-duesseltal.de

PR: Dr. Sven-Olaf Krauß, GF: Peter Rom,
CM: Daniel Orth
Headgreenkeeper: Marc Dettki

i: 02104-170307 -809838
Jennifer Hirsch, Karen Hauck

Golfrestaurant, Iris Ximar
02104-809401 -809404

PRO: Pro: Stefan Müller, Simon Lux,
Johannes Bauerdick

H: 5756 m, CR 71.1, SL 133, Par 72
D: 5071 m, CR 72.7, SL 128, Par 72
30 Rangeabschläge (8 überdacht)

G: Gäste sind Montag - Freitag (außer an Feiertagen) willkommen. Anmeldung ist notwendig. Clubausweis mit eingetragenem Handicap (45) ist erforderlich.

18-Loch-Greenfee: WT: EUR 60 / WE: EUR 80
9-Loch-Greenfee: WT: EUR 35 / WE: EUR 45
Ermäßigung: Jugendl./Stud. 50%

Platzbeschreibung

Der 18-Loch-Meisterschaftsplatz liegt in einer leicht hügeligen Südhanglage am Rande des Düsseltals, 13 km östlich von Düsseldorf. Eine abwechslungsreiche Platzarchitektur mit sieben Teichen, vielen Gräben und Bunkerhindernissen ermöglicht ein anspruchsvolles und interessantes Spiel.

Platzinfos

Anfahrtsbeschreibung

A 3, Ausfahrt Mettmann, weiter auf der B 7 Richtung Mettmann, von der Umgehungsstraße K 18 nach ca. 8 km rechts zum Golfplatz abbiegen. Oder: Von Wuppertal A 46, Ausfahrt Haan-Ost, weiter Richtung Gruiten-Mettmann, nach dem Verkehrsübungsplatz an der ersten Kreuzung rechts, noch ca. 1 km bis zum Golfplatz.

Nächstgelegene Plätze

Mettmann, GC (Nr. 311)
Hubbelrath, GC (Nr. 312)
KOSAIDO, Intern. GC (Nr. 313)

GSV Golf-Sport-Verein Düsseldorf e.V.

Karte, Nr. 319, Feld B7 **9** Höhe: 35 m

gegründet: 1990

Auf der Lausward 51, 40221 Düsseldorf-Hafen
0211-410529 Fax 0211-412007
info@gsvgolf.de
www.gsvgolf.de

PR: Headgreenkeeper: Artur Stoller

i: 0211-410529 Fax 0211-412007
Katinka Jacobi, Nadine Spaan

Restaurant: 0211-1372765
Mo. Ruhetag
Marcel Hofmann

PRO SHOP

PRO: Pro: Frank Foley, Andre Kruse, Javier L. Gonzalez

H: 5678 m, CR 69.9, SL 120, Par 70
D: 5016 m, CR 71.8, SL 120, Par 70
20 Rangeabschläge (5 überdacht)

G: Gäste sind jederzeit willkommen. Sa./So./Feiertage ist Anmeldung erforderlich. PE ist erforderlich. Keine Metallspikes erlaubt.

18-Loch-Greenfee: WT: EUR 30 / WE: EUR 45
9-Loch-Greenfee: WT: EUR 20 / WE: EUR 30
Jugendl./Stud./Geringverdienende 50% Ermäßigung.

Platzinfos

VCG

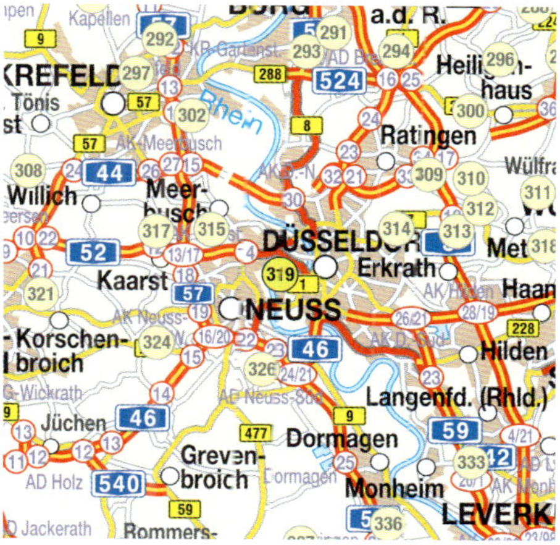

Anfahrtsbeschreibung
Von der Völklinger Straße (B 1 an der Grenze zwischen den Stadtteiler Bilk/Unterbilk/Hafen) Richtung Hafen abbiegen und der Vorfahrtstraße folgen. Im Hafengelände ist der Weg beschildert. Der Golfplatz liegt auf den Rheinwiesen unterhalb des Niveaus der Deichkrone. Busanbindung bis zum Clubhaus (725).

Platzbeschreibung
Bekannt ist der Golfplatz „Auf der Lausward" seit 1978 als erster öffentlicher Golfplatz Deutschlands. Seit 1.1.1997 betreibt der GSV Düsseldorf den Platz in Eigenregie. Auf der Lausward trifft sich ein völlig gemischtes Publikum zu gemeinsamem Spiel, der Umgang miteinander ist unkompliziert und freundschaftlich. Fast mitten in der City auf den Rheinwiesen vor dem Hafen ist der Blick vom 8. Grün auf die Skyline Düsseldorfs optischer Höhepunkt.

Nächstgelegene Plätze
Meerbusch, GC (Nr. 315)
Hummelbachaue, GA (Nr. 326)
Düsseld.-Grafenberg, GC (Nr. 314)

Golfclub Sellinghausen e.V.

Karte, Nr. 320, Feld D7 **9/9** Höhe: 460 m

gegründet: 1991

Auf der Fuhr 5,
57392 Schmallenberg-Sellinghausen
✆ 02971-908274
✉ info@golfclub-sellinghausen.de
www.gc-sellinghausen.de

PR: Peter Schulte, GF: Hans-Jürgen Baum

i: ✆ 02971-908274

Ferienhotel Stockhausen
✆ 02971-3120 Fax 02971-312102

PRO SHOP: Arco van Veen
✆ +31 651579638

PRO: Pro: Arco van Veen

9-Loch Turnierplatz
H: 5946 m, CR 72.8, SL 133, Par 74
D: 5226 m, CR 74.4, SL 136, Par 74
9-Loch Platz
H: 4363 m, CR 64.6, SL 116, Par 65
D: 3821 m, CR 65.6, SL 118, Par 65
20 Rangeabschläge (6 überdacht)

G: Gäste sind jederzeit willkommen. Clubausweis mit eingetragenem Handicap ist erforderlich.

18-Loch-Greenfee: WT: EUR 40 / WE: EUR 50
9-Loch-Greenfee: WT: EUR 27 / WE: EUR 32
Greenfee-Ermäßigung für Hotelgäste: WT EUR 32 / WE 18-Loch EUR 42. Car 9-Loch EUR 14, 18-Loch EUR 28, Trolley EUR 3
Ermäßigung: Jugendl./Stud. 50%

Nächstgelegene Plätze
Schmallenberg, GC (Nr. 325)
Winterberg, GC (Nr. 322)
Repetal-Südsauerland, GC (Nr. 332)

Platzinfos

Anfahrtsbeschreibung
Über die B 511 (Gleidorf/Bremke), Ausfahrt Mailar.

Platzbeschreibung
Der GC Sellinghausen liegt in einer landschaftlich schönen Umgebung des Schmallenberger Sauerlandes und bietet herrliche Ausblicke von jeder Spielbahn aus. Die 9-Loch Anlage mit Par 74 und der 9-Loch Kurzplatz liegen direkt nebeneinander und können auch als 18-Loch Platz Par 65 miteinander kombiniert werden.

Golfclub Schloss Myllendonk e.V.

Karte, Nr. 321, Feld A7 **18** Design: Donald Harradine Höhe: 40 m

gegründet: 1965

Myllendonker Straße 113,
41352 Korschenbroich
☎ 02161-641049
✉ info@gcsm.de
💻 www.gcsm.de

PR: Roger Brandts, CM: Ulrich Klaus-Sasserath

i: ☎ 02161-641049

Schlossrestaurant „Fairways", Rakovic Draga
☎ 02161-642152
Mo. Ruhetag

PRO SHOP: ivi Golf Shop
☎ 02161-644955

PRO: Pro: Hüseyin Can, Dr. Kathrin Appell

H: 6059 m, CR 72.6, SL 132, Par 72
D: 5258 m, CR 74.1, SL 132, Par 72
23 Rangeabschläge (5 überdacht)

G: Gäste sind jederzeit willkommen. Anmeldung ist notwendig. Clubausweis mit eingetragenem Handicap (36) ist erforderlich.

18-Loch-Greenfee: WT: EUR 65 / WE: EUR 75
9-Loch-Greenfee: WT: EUR 40 / WE: EUR 45
WE-GF gilt ab Fr. 13 Uhr.
Jugendl./Stud. Mo.-Fr. erhalten eine Ermäßigung.

Nächstgelegene Plätze

Rittergut Birkhof, GC (Nr. 324)
Golfpark Renneshof (Nr. 308)
Duvenhof, GC (Nr. 317)

Platzinfos

VCG GPS CLUB GASTRO

Anfahrtsbeschreibung

A 44, Ausfahrt Mönchengladbach-Ost, dem Schild „Gewerbegebiet Üdding" ca. 1 km folgen, links in die „Jakobshöhe". Nach ca. 700 m links in die Myllendonker Straße einbiegen, Einfahrt Schlosshof-Parkplatz zum Golfplatz. Oder: A 52, Ausfahrt Mönchengladbach-Neuwerk, die Kreuzung bei „real" überqueren, die 1. Straße rechts, 2. Straße links und durch das Wohngebiet der Beschilderung „Schloss Myllendonk/ Golfplatz" folgen.

Platzbeschreibung

Der Platz liegt auf völlig ebenem Gelände in einem Naturschutzgebiet am Rande Mönchengladbachs. Seinen besonderen Charakter erhält er durch die vielen, sehr schönen und alten Bäume. Der Mittelpunkt der Anlage ist das mittelalterliche Wasserschloss Myllendonk, das auf Pfählen in den Auen der Niers, die den Platz südwestlich begrenzt, erbaut wurde. Die Zuflüsse zu den Grachten und die natürlichen Teiche prägen die Anlage besonders. Wir sind Mitglied bei Leading Golf Clubs of Germany e.V.

Greenfee-Aktion: Seite G 89, 91

Golf-Club Winterberg e.V.

Karte, Nr. 322, Feld D7 9 Höhe: 640 m

gegründet: 1962

In der Büre 20, 59955 Winterberg
02981-1770
info@golfclub-winterberg.de
www.golfclub-winterberg.de

PR: Jost Rossel
Headgreenkeeper: Michael Welzel

i: 02981-1770
Manfred Heick

Clubrestaurant, Krystoph Pouwels
02981-81233

PRO SHOP: Pro - Shop Manfred Heick
02981-1770

PRO: Pro: Leo Verberne

H: 5504 m, CR 70.9, SL 135, Par 70
D: 5001 m, CR 73.6, SL 134, Par 70
11 Rangeabschläge (2 überdacht)

G: Gäste sind jederzeit willkommen. Anmeldung ist notwendig. Clubausweis mit eingetragenem Handicap (54) ist erforderlich. Sa./So./Feiertage ist Handicap 45 erforderlich.

18-Loch-Greenfee: WT: EUR 45 / WE: EUR 50
9-Loch-Greenfee: WT: EUR 25 / WE: EUR 30
Ermäßigung: Jugendl./Stud. 50%

Platzbeschreibung
Der Golfplatz liegt mitten in einer fast unberührten Naturlandschaft. Auf der 9-Loch-Anlage genießt der Golfer von mehreren Punkten aus einen bezaubernden Blick auf die sauerländische Bergwelt. Ein natürlicher Wasserlauf greift an mehreren Löchern spielentscheidend ein. Die gesamte Anlage ist geprägt von zahlreichen Schräglagen und großem Baumbestand.

Platzinfos

VCG GPS CLUB GASTRO

Anfahrtsbeschreibung
Zwischen Silbach und Winterberg. Auf der B 480 kurz nach Winterberg links Richtung Meschede-Silbach-Siedlinghausen, nach ca. 2 km links der Beschilderung zum Golfplatz folgen.

Nächstgelegene Plätze
Schmallenberg, GC (Nr. 325)
Sellinghausen, GC (Nr. 320)
Brilon, GC (Nr. 290)

Greenfee-Aktion: Seite G 91

Europäischer Golfclub Elmpter Wald e.V.

Karte, Nr. 323, Feld A7 **18**

gegründet: 2015

Roermonder Straße 45, ehemalige Javelin Kaserne, 41372 Niederkrüchten
☎ 02163-4996131
✉ info@golf-in-elmpt.eu
💻 www.golf-in-elmpt.eu

PR: Manfred Veckes, CM: Roland Schmidt
Headgreenkeeper: Hans Kaak jr

i: ☎ 02163-4996131 Fax 02163-4996133
Alec Porter

Gastronomie: Peter Nowakowski

PRO SHOP: Birgit Koslowski
☎ + 49 (0)2163 4996131

PRO: Pro: Marc Riesenfeld

H: 5557 m, CR 70.1, SL 122, Par 71
D: 5000 m, CR 72.1, SL 123, Par 71
15 Rangeabschläge (4 überdacht)

G: Gäste sind jederzeit willkommen. Anmeldung ist notwendig. Clubausweis mit eingetragenem Handicap ist erforderlich.

Tages-Greenfee: WT: EUR 60 / WE: EUR 70
Ermäßigung: Jugendl. bis 21 J.

Platzbeschreibung

Der Golfplatz Niederkrüchten Elmpt bietet den Spielern einen abwechslungsreichen und anspruchsvollen Golfplatz. Die baumumsäumte Heidelandschaft ist für Spieler aller Stärken geeignet.

Platzinfos

CLUB GASTRO VCG GPS

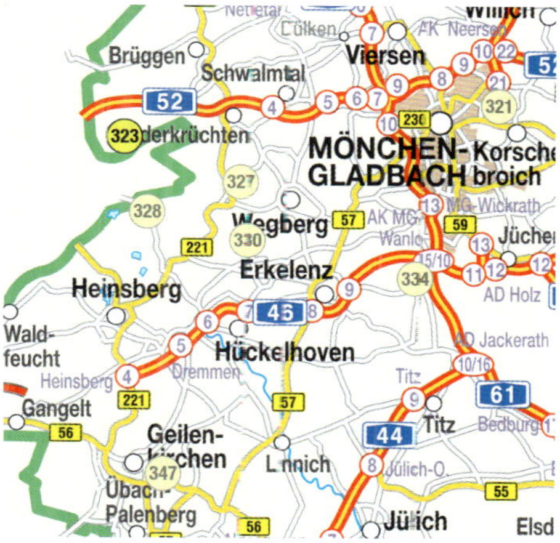

Anfahrtsbeschreibung

SatNav/Navi: Roermonder Straße 45, 41372 Niederkrüchten Aus Richtung Mönchengladbach: Autobahn A 52 Ausfahrt Nr. 2 Elmpt, im Kreisverkehr 1. Ausfahrt rechts, Brücke über Autobahn geradeaus 400 m zur Haupteinfahrt des früheren britischen Militärgeländes.

Nächstgelegene Plätze

Residenz Rothenbach, GC (Nr. 328)
Schmitzhof, G&LC (Nr. 327)
Wildenrath, GC (Nr. 330)

Golfclub Schmallenberg e.V.

Karte, Nr. 325, Feld D7 **27** Höhe: 510 m

gegründet: 1984

Über dem Ohle 25, 57392 Schmallenberg
02975-8745 02975-339
info@golfclub-schmallenberg.de
www.golfclub-schmallenberg.de

PR
CM: Marvin Buschmann
Headgreenkeeper: Patrick Dicke

i
02975-8745 02975-339
Stefan Vogels

Golf-Café-Restaurant
02975-81250
Mo. und Di. Ruhetag

27-Loch Schmallenberg West, Ost, Nord Platz
H: 5790 m, Par 72
D: 5101 m, Par 72
14 überdachte Rangeabschläge

G
Gäste sind jederzeit willkommen. Anmeldung ist notwendig. Clubausweis mit eingetragenem Handicap (54) ist erforderlich.

Tages-Greenfee: EUR 65
18-Loch-Greenfee (ab 15:00 Uhr): EUR 45
9-Loch-Greenfee: EUR 38
Gäste der Mitgliederhotels erhalten 25% Ermäßigung.
Ermäßigung: Jugendl. bis 18 J. und Stud. bis 28 J. 50%

Platzbeschreibung

Landschaft, soweit das Auge reicht. Prächtige Ausblicke, großartige Spielbahnen zwischen 415 und 510 Höhenmetern und spektakuläre Abschläge. Der mächtige Wilzenberg schützt den Platz von Süden, im Norden liegt das typisch sauerländische Örtchen Holthausen. 27 spannende Spielbahnen auf 120 Hektar Fläche faszinieren den Single-Handicaper genauso wie den Golf-Anfänger. Nach dem Spiel gibt's die zünftige Brotzeit oder den Sundowner in unserem Clubrestaurant, das vom 5 Sterne Romantik & Wellness Hotel Deimann betrieben wird.

Platzinfos

Anfahrtsbeschreibung

A 44 bis ABK Werl, A 445 Ri Arnsberg, Abfahrt Wennemen Ri Schmallenberg. Hinter Wenholthausen B 55 bis Bremke. In Bremke rechts B 511 bis Gleidorf. In Gleidorf links B 236 bis Winkhausen. A 45 bis Abfahrt Olpe. B 55 Ri Lennestadt bis Bilstein. In Bilstein rechts über Hohe Bracht bis Lennestadt-Altenhundem. In Altenhundem links B 236 Ri Schmallenberg. Durch Schmallenberg und Gleidorf bis Winkhausen.

Nächstgelegene Plätze

Sellinghausen, GC (Nr. 320)
Winterberg, GC (Nr. 322)
Wittgensteiner Land (Nr. 342)

Golfpark Rittergut Birkhof

Karte, Nr. 324, Feld B7   18/9/9 Design: Kurt Rossknecht

gegründet: 1996

Rittergut Birkhof, 41352 Korschenbroich
✆ 02131-510660 🖷 02131-153225
✉ golfpark@birkhof.de
💻 www.golfpark-rittergut-birkhof.de

PR
GF: Annette Schubert
Headgreenkeeper: Lars Christgau

i
✆ 02131-510660

Rittergut Birkhof, Markus Fells
✆ 02131-206535 🖷 02131-206536
Mo. Ruhetag

PRO SHOP
Clubfixx GmbH, Andreas Nottebaum
✆ 02131-510614

PRO
Pro: Patrick Hensel, Ryan Fisher, Cary Beyertz, Philipp Ryfisch

18-Loch Rittergut Birkhof Platz
H: 5832 m, CR 70.8, SL 128, Par 73
D: 5114 m, CR 72.4, SL 128, Par 73
9-Loch Am Römerweg Platz
H: 2808 m, CR 57.4, SL 95, Par 54
D: 2808 m, CR 58.4, SL 91, Par 54
68 Rangeabschläge (18 überdacht)

G
Gäste sind jederzeit willkommen. Anmeldung ist notwendig. Clubausweis mit eingetragenem Handicap (54) ist erforderlich.

18-Loch-Greenfee: WT: EUR 60 / WE: EUR 70
9-Loch-Greenfee: WT: EUR 24 / WE: EUR 29
Ermäßigung: Jugendl./Stud. bis 27 J.

Platzbeschreibung

Auf 84 ha traditionsreicher niederrheinischer Landschaft wurde hier im Nahbereich von Düsseldorf, Neuss, Krefeld und Umgebung eine attraktive Anlage geschaffen. Der Golfpark ist fester Bestandteil von Rittergut Birkhof. Die über 200 Jahre alte Parkanlage war dabei Gestaltungsvorbild. Insgesamt drei unterschiedlich gestaltete Golfplätze ermöglichen das Golfspiel auf jedem Niveau.

Platzinfos

VCG GPS CLUB GASTRO

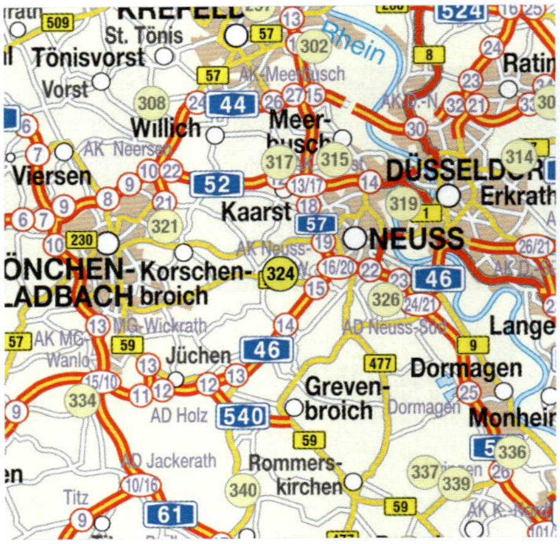

Anfahrtsbeschreibung

A 57 Köln-Neuss-Krefeld, Ausf. 19 Neuss-Büttgen, L 381 Ri. Büttgen, nach ca. 5 km an der 5. bzw. 6. Ampel links L 32 Büttger Weg Ri. Korschenbroich-Glehn, dann 1. Straße links und der Beschilderung Rittergut Birkhof folgen. Oder: A 46 Aachen-Neuss-Düsseldorf, Ausf. 14 Grevenbroich-Kapellen, L 361 Ri. Korschenbroich-Glehen, nach ca. 5 km an der Ampel rechts L 381 Ri. Büttgen, nach ca. 1,3 km rechts der Beschilderung Rittergut Birkhof folgen.

Nächstgelegene Plätze

Hummelbachaue, GA (Nr. 326)
Duvenhof, GC (Nr. 317)
Schloss Myllendonk, GC (Nr. 321)

Golfanlage Hummelbachaue

Karte, Nr. 326, Feld B7 18/9 Design: Udo Barth

gegründet: 1988

Am Golfplatz, 41469 Neuss
02137-91910 02137-919191
service@hummelbachaue.de
www.hummelbachaue.de

PR GF: Egon Erny
Headgreenkeeper: Russel Adams

02137-91910 02137-919191
Front Office

Evita auf der Hummelbachaue,
Heinrich Urbanczyk
02137-9273062
Mo. Ruhetag

PRO SHOP Familie Omander- bastaGolfshop,
Johann Omander
02137-9217625

PRO Pro: Richard Willis, Robin Windgassen, Florian Brinkmann, Günter Kessler, Mostafa Sbai

18-Loch Golfanlage Hummelbachaue
H: 6139 m, CR 74.4, SL 149, Par 74
D: 5386 m, CR 76.3, SL 143, Par 74
9-Loch Neusser Golfclub Platz
H: 4970 m, CR 67.2, SL 125, Par 70
D: 4322 m, CR 68.4, SL 126, Par 70
200 Rangeabschläge (30 überdacht)

G Gäste sind jederzeit willkommen. Anmeldung ist notwendig. Clubausweis mit eingetragenem Handicap (45) ist erforderlich.

18-Loch-Greenfee: WT: EUR 70 / WE: EUR 80
9-Loch-Greenfee: WT: EUR 30 / WE: EUR 35
Ermäßigung: Jugendl. bis 18 J. und Stud. bis 27 J.

Platzbeschreibung

Glück ist Grün - Golf aus Leidenschaft Seit Gründung der Golfanlage Hummelbachaue im Jahr 1988 entstand ein Golferparadies in bester Lage – im Einzugsgebiet von Neuss, Düsseldorf und Köln. Ein 18-Loch-Meisterschaftsplatz, ein öffentlicher 9-Loch-Platz sowie eine der größten Übungsanlagen Deutschlands bieten Golfern und Newcomern optimale Spiel- und Trainingsbedingungen.

Platzinfos

VCG GPS CLUB GASTRO

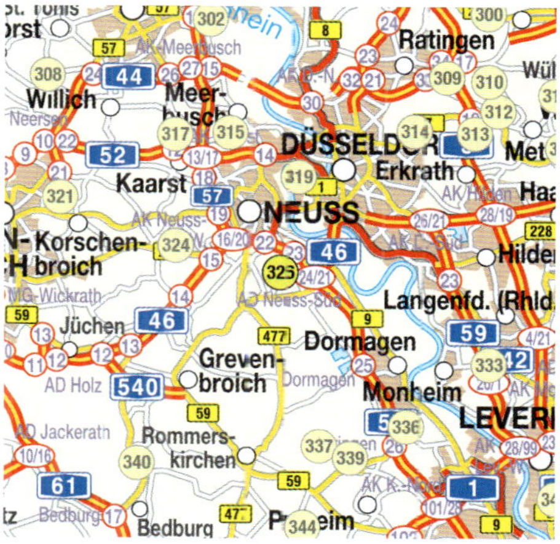

Anfahrtsbeschreibung

A57, Ausfahrt Neuss-Norf (23), anschließend rechts bis zum Straßenende. Jetzt links Richtung Neuss-Norf, 1. Ampel rechts. Hier begrüßt Sie unser „Neusser Golfer", das Erkennungszeichen der Golfanlage Hummelbachaue.

Nächstgelegene Plätze

Düsseldorf, GSV (Nr. 319)
Rittergut Birkhof, GC (Nr. 324)
Meerbusch, GC (Nr. 315)

Greenfee-Aktion: Seite G 91

Golf- und Landclub Schmitzhof e.V.

Karte, Nr. 327, Feld A7 **18** Design: Donald Harradine Höhe: 80 m

gegründet: 1975

Arsbecker Str. 160, 41844 Wegberg
✆ 02436-39090 🖷 02436-390915
✉ info@golfclubschmitzhof.de
💻 www.golfschmitzhof.de

PR: Dr. Oliver Bollmann, CM: Benjamin Hirtsiefer
Headgreenkeeper: Jan Schmitz

i: ✆ 02436-39090 🖷 -390915
Ingrid Findeisen

Restaurant Schmitzhof
✆ 02436-380250
Mo. Ruhetag

PRO SHOP: Harry's Golfshop, Harry Hamdan
✆ 02436-339393 🖷 -339394

PRO: Pro: Stefan Vasovic, Jürgen Spieckerhoff

H: 6071 m, CR 71.9, SL 135, Par 72
D: 5229 m, CR 72.9, SL 127, Par 72
12 Rangeabschläge (5 überdacht)

G: Gäste sind jederzeit willkommen. Anmeldung ist notwendig. Clubausweis mit eingetragenem Handicap (54) ist erforderlich. Sa./So./Feiertage ist Handicap 45 erforderlich.

18-Loch-Greenfee: WT: EUR 70 / WE: EUR 80
9-Loch-Greenfee: WT: EUR 35 / WE: EUR 40
Bei Erfüllung der Regionalitätskriterien des DGV erhalten Sie einen Rabatt von EUR 5.
Ermäßigung: Jugendl./Stud. 50%

Platzinfos

VCG GPS CLUB

Anfahrtsbeschreibung

Von Düsseldorf A 52, von Köln A 61 bis zum ABK Mönchengladbach, A 52 bis zur Ausfahrt 4 Schwalmtal Lüttelforst, dort rechts Richtung Lüttelforst bis zum Straßenende, dort links Richtung Wegberg, im OT Merbeck rechts an der Kirche vorbei Richtung Arsbeck, nach ca. 3 km liegt der Golfplatz rechter Hand der Straße.

Platzbeschreibung

Das landwirtschaftliche Anwesen Schmitzhof bestand nachweislich schon in der Mitte des 19. Jahrhunderts. Schon damals stand ein Kastanienbaum auf dem Anwesen, der mittlerweile auf 230 Jahre geschätzt wird und sich als Wahrzeichen des Clubs im Wappen wiederfindet. Die Anlage ist wegen ihrer Sportlichkeit und Gastfreundschaft weit über die Grenzen des Niederrheins ein Begriff.

Nächstgelegene Plätze

Wildenrath, GC (Nr. 330)
Residenz Rothenbach, GC (Nr. 328)
Elmpter Wald GC (Nr. 323)

Golfclub Residenz Rothenbach e.V.

Karte, Nr. 328, Feld A7 **9** Höhe: 50 m

gegründet: 1998

Belgenstraße 10, 41849 Wassenberg
☎ 02432-902209 Fax 02432-902306
✉ info@gc-rothenbach.de
www.gc-rothenbach.de

PR: Olaf Kamper, GF: Helmut Laprell, CM: Sascha Kreuzberg

i: ☎ 02432-902209 Fax 02432-902306
Heike Hohnen

Haus Rothenbach, Sascha Kreuzberg
☎ 02432-9336371

PRO: Pro: Fernand Osther

H: 4958 m, CR 68.4, SL 127, Par 70
D: 4344 m, CR 69.8, SL 130, Par 70
8 überdachte Rangeabschläge

G: Gäste sind jederzeit willkommen. Anmeldung ist notwendig. Clubausweis mit eingetragener PE ist erforderlich. Der Golfplatz verfügt eine komplette Flutlichtanlage. Bitte beachten: aus rechtlichen Gründen darf das Flutlicht nur bis 22 Uhr benutzt werden. Die Spieler sollten bis 22 Uhr ihre Runde beendet haben.

18-Loch-Greenfee: EUR 45
9-Loch-Greenfee: EUR 31

Platzbeschreibung

Die im Jahre 1996 neu konzipierte 9-Loch-Anlage liegt in der Nähe der Deutsch-Niederländischen Grenze, eingebettet in eine großflächige, idyllische Heidelandschaft. Kurze, enge Bahnen, viele Wasserhindernisse und Sandbunker, schwierige, variantenreiche und stark ondulierte Grüns erfordern ein präzises und konzentriertes Spiel. Seit 2020 verfügt der Golfplatz über eine Flutlichtanlage, die alle 9 Löcher umfasst.

Platzinfos

VCG GPS CLUB GASTRO

Anfahrtsbeschreibung

Anfahrt über die A 46, Abfahrt Hückelhoven-West, im Kreisverkehr 2. Ausfahrt Richtung Wassenberg (L117), der L 117 für etwa 10 km folgen, an Wassenberg vorbei in Richtung Roermond (NL), ca. 250 m vor der niederländischen Grenze die erste Ausfahrt am Kreisverkehr zum Golfplatz abbiegen und der Beschilderung folgen. Oder: über die A 52 Ausfahrt Niederkrüchten, Brüggen, Wassenberg auf die B 221, bis Wassenberg, in Wassenberg Richtung Roermond (NL) auf die L 117. Im Kreisverkehr ca. 250 m vor der niederländischen Grenze die erste Ausfahrt am Kreisverkehr zum Golfplatz abbiegen und der Beschilderung folgen.

Nächstgelegene Plätze

Elmpter Wald GC (Nr. 323)
Schmitzhof, G&LC (Nr 327)
Wildenrath, GC (Nr. 330)

Golfclub Dreibäumen e.V.

Karte, Nr. 329, Feld B7 **18** Design: Heinz Fehring Höhe: 300 m

gegründet: 1997

Stoote 1, 42499 Hückeswagen
✆ 02192-854720 🖷 02192-854719
✉ sekretariat@dreibaeumen.de
💻 www.dreibaeumen.de

PR: Michael Dattner, CM: Erich Buchholz
Headgreenkeeper: Dietmar Kurtz

i: ✆ 02192-854720 🖷 02192-854719

Hotel Restaurant Dinler, Berivan Dinler
✆ 02192-854750 🖷 02192-854777
Mo. Ruhetag

PRO SHOP: Golf und Günstig OHG, Claudia Buchholz
✆ 02192-854712 🖷 02192-854719

PRO: Pro: Bastian Klabunde, Christian Durchner

H: 5880 m, CR 71, SL 133, Par 71
D: 5189 m, CR 73.1, SL 130, Par 71
27 Rangeabschläge (12 überdacht)

G: Gäste sind jederzeit willkommen. Anmeldung ist notwendig. Clubausweis mit eingetragenem Handicap (54) ist erforderlich. Sa./So./Feiertage ist Handicap 36 erforderlich.

Tages-Greenfee: WT: EUR 50 / WE: EUR 60
9-Loch-Greenfee: WT: EUR 30 / WE: EUR 35
Twilight (ab 3 Std. vor Sonnenuntergang)
GF-Ermäßigung mit DGV-Ausweiskennzeichnung R/VS und VS
Ermäßigung: Jugendl. bis 18 J. und Stud. bis 27 J. 50%

Platzbeschreibung

Mitten im Bergischen Land - Städtedreieck Remscheid/Wermelskirchen/Hückeswagen - liegt der leicht hügelige Platz mit wunderschöner Aussicht. Auf 72 ha sind die 18 Löcher großzügig angelegt und bieten zahlreiche Herausforderungen wie Schräglagen, natürliche Roughs, Wasserhindernisse/Teiche, Bunker und große hängende Greens. Driving Range, Übungsbunker, Pitching- und Puttinggreen sowie Rasenabschläge laden zu Trainingsstunden ein.

Platzinfos

Anfahrtsbeschreibung

A 1, Ausfahrt Remscheid, links weiter Richtung Lennep, B 229 bis zur Kreuzung Trecknase, dort rechts auf die B 51 Richtung Wermelskirchen bis zur Kreuzung Bergisch Born/Hückeswagen, links in die Bornfelder Straße, nach 100 m rechts in die Straße „Am Eichholz" bis nach Dreibäumen, in Dreibäumen links kurz danach wieder links bis zum Golfplatz.

Nächstgelegene Plätze

Kürten, GC (Nr. 335)
Schloß Georghausen, GC (Nr. 343)
Gimborner Land, GA (Nr. 338)

Golfclub Wildenrath e.V.

Karte, Nr. 330, Feld A7 **18**

gegründet: 1991

Am Golfplatz 1, 41844 Wegberg
02432-81500 02432-8508
info@gc-wildenrath.de
www.gc-wildenrath.de

PR: Frank Lisges, CM: Manfred Karduck

i: 02432-81500 02432-8508
Lena Wilhelms, Pascal Mertes

Gastro: NeunZehn, Kai Nowakowski
02432-89995

PRO SHOP: 02432-81500

PRO: Pro: John Munns, Tim Longley

H: 5827 m, CR 71.9, SL 131, Par 72
D: 5188 m, CR 74.1, SL 131, Par 72
25 Rangeabschläge (7 überdacht)

G: Gäste sind jederzeit willkommen. Anmeldung ist notwendig. Clubausweis mit eingetragenem Handicap (45) ist erforderlich.

18-Loch-Greenfee: WT: EUR 65 / WE: EUR 75
9-Loch-Greenfee: WT: EUR 35 / WE: EUR 40
Ermäßigung: Jugendl./Stud. 50%

Platzinfos

VCG GPS CLUB GASTRO

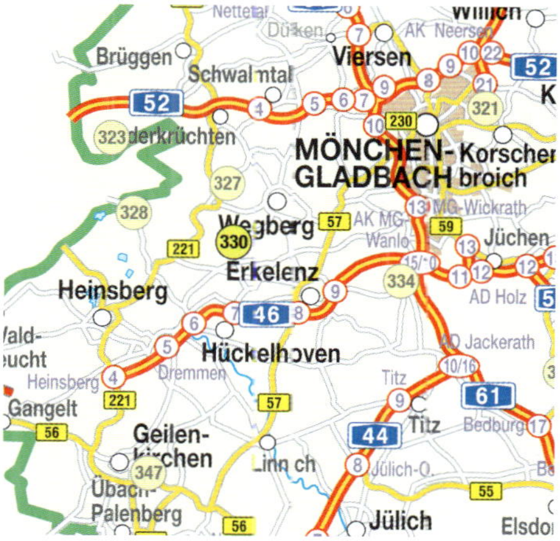

Anfahrtsbeschreibung

A 52 Düsseldorf-Roermond, Ausfahrt Waldniel/Hehler Richtung Wegberg, Abfahrt rechts bis zur Ampel, dort links, geradeaus durch Rickelrath Richtung Hückelhoven-Erkelenz bis zur T-Kreuzung, links Richtung Hückelhoven-Tüschenbroicher Mühle, nächste Kreuzung rechts und der Beschilderung zum Golfplatz folgen.

Platzbeschreibung

Der 18-Loch-Meisterschaftsplatz zeichnet sich dadurch aus, dass er alle golferischen Elemente bietet, die das Spiel so interessant machen: spektakuläre Wasserhindernisse, Parkland-Kurs-Charakter durch alten Baumbestand bis hin zu großen Heideflächen, die vor allem bei Wind an einen schottischen Links-Course erinnern.

Nächstgelegene Plätze

Schmitzhof, G&LC (Nr. 327)
Residenz Rothenbach, GC (Nr. 328)
Elmpter Wald GC (Nr. 323)

Golf Club Varmert e.V.

Karte, Nr. 331, Feld C7 **18** Höhe: 400 m

gegründet: 1976

Woeste 2, 58566 Kierspe-Varmert
✆ 02359-290215 🖷 02359-290216
✉ post@golfclub-varmert.de
www.golfclub-varmert.de

PR Jürgen Clever
Headgreenkeeper: Alexander Schlösser

i ✆ 02359-290215 🖷 02359-290216
Martina Clever, Ronald Voigt,
Brigitte Pietruschka

Landhaus Varmert Inh. Aldo Iannello
✆ 02359-2990233
Mo. Ruhetag

PRO SHOP Susanne Günnewich

PRO Pro: Andreas Röhrich

H: 5683 m, CR 71, SL 138, Par 72
D: 5051 m, CR 73.1, SL 130, Par 72
15 Rangeabschläge (5 überdacht)

G Gäste sind jederzeit willkommen. Anmeldung ist notwendig. Clubausweis mit eingetragener PE ist erforderlich. Sa./So./Feiertage ist Handicap 45 erforderlich.

18-Loch-Greenfee: WT: EUR 50 / WE: EUR 60
9-Loch-Greenfee: WT: EUR 30 / WE: EUR 35
GF Jugendl./Stud. WT/WE: EUR 20,-/25,-.
Ermäßigung: Jugendl./Stud.

Platzbeschreibung

Am Rande des Sauerlandes, eingebettet in sanfter Hügellandschaft, liegt die 18-Loch-Anlage des Golf-Club Varmert e.V. Das Gelände wird umrahmt von altem Baumbestand und landwirtschaftlich genutzten Flächen. Schon aus der Topographie ergibt sich der sportliche Charakter immer wiederkehrende Schräglagen, ein Teich an Bahn 3, seitliche Wasserhindernisse und zahlreiche Bunker erfordern präzises Spiel. Dabei ist der Platz nie unfair und stellt trotzdem eine ständige Herausforderung gepflegte Fairways im Zusammenspiel mit reizvollen Panoramablicken lassen keine Langeweile aufkommen.

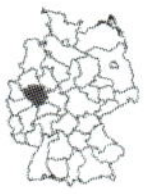

Platzinfos

VCG GPS

Anfahrtsbeschreibung

A 45 Frankfurt-Dortmund, Ausfahrt Meinerzhagen, auf der B 54 Richtung Kierspe, in Kierspe der Beschilderung nach Remscheid auf der B 237 folgen, der Golfplatz liegt ca. 2 km nach dem Ortsschild Kierspe rechter Hand. Strasse für das Navigationsgerät: Varmert

Nächstgelegene Plätze

Gimborner Land, GA (Nr. 338)
Gelstern, GC (Nr. 316)
Dreibäumen, GC (Nr. 329)

Golfclub Repetal Südsauerland e.V.

Karte, Nr. 332, Feld C7 18 Höhe: 300 m

gegründet: 1995

Repetalstraße 220,
57439 Attendorn-Niederhelden
✆ 02721-718032 🖷 02721-718033
✉ info@gc-repetal.de
💻 www.golfclub-repetal.de

PR Rainer Eiden, GF: Monika Barutta
Headgreenkeeper: Stefan Menke

i ✆ 02721-718032 🖷 -718033
Regina Cramer

Romantik Hotel Platte
✆ 02721-1310 🖷 -131455

PRO SHOP Inhouse/Sekretariat

PRO Pro: Jan Oehler

H: 5411 m, CR 69, SL 131, Par 71
D: 4821 m, CR 71, SL 123, Par 71
35 Rangeabschläge (10 überdacht)

G Gäste sind jederzeit willkommen. Anmeldung ist notwendig. Clubausweis mit eingetragenem Handicap (54) ist erforderlich.

18-Loch-Greenfee: WT: EUR 55 / WE: EUR 65
9-Loch-Greenfee: WT: EUR 35 / WE: EUR 45
Ermäßigung: Jugendl./Stud.

Platzbeschreibung

Inmitten einer der lieblichsten Gegenden Westfalens entstand ein abwechslungsreicher Par 71 Kurs in einem romantischen Tal der Repe - einem Wasser- und Landschaftsschutzgebiet. Attendorn liegt im südlichen Sauerland. Der Platz wird geprägt durch das herrliche Mittelgebirgsambiente. Die gelungene Kombination von ökologischer Planung und natürlicher Vielfalt beim Platzdesign machen das Spiel zu einem unvergesslichen Erlebnis. Ein öffentlicher 6-Loch-Kurzsplatz sowie ein großzügiges Trainingsgelände runden das Angebot ab.

Platzinfos

Anfahrtsbeschreibung

A 45 Siegen-Hagen, Ausfahrt Olpe, auf der B 55 Richtung Lennestadt, bei Olpe-Oberveischede links Richtung Attendorn-Niederhelden, der Golfplatz liegt auf halber Höhe zwischen Attendorn-Mecklinghausen und Attendorn-Niederhelden rechts der Straße. Alternative aus nördlicher Richtung kommend: A 45 Hagen-Siegen, Ausfahrt Meinerzhagen, weiter Richtung Attendorn, von dort weiter Richtung Attendorn-Niederhelden zum Golfplatz.

Nächstgelegene Plätze

Siegerland, GC (Nr. 349)
Golf am Haus Amecke (Nr. 307)
Siegen-Olpe, GC (Nr. 351)

Greenfee-Aktion: Seite G 91, 93

Golfclub am Katzberg GmbH

Karte, Nr. 333, Feld B7 **9** Höhe: 60 m

gegründet: 1997

Katzbergstraße 21, 40764 Langenfeld
☎ 02173-919741 Fax 02173-919743
✉ info@golfamkatzberg.de
www.golfamkatzberg.de

PR GF: Moritz Offermanns,
CM: Konstantin Burkhardt
Headgreenkeeper: Moritz Offermanns

i ☎ 02173-919741 Fax 02173-919743
Konstantin Burkhardt, Susi Offermanns, Moritz Offermanns

Heaven´s, Marion Alexander
☎ 02173-1015707 Fax 02173-1091749
Mo. Ruhetag

PRO SHOP Max&moritz Golf, Moritz Offermanns
☎ 02173-919741 Fax 02451-659586

PRO Pro: Hendrik Hoffmann, Andrew J. Pottinger

H: 4150 m, CR 65.1, SL 124, Par 66
D: 3672 m, CR 63.6, SL 122, Par 66
36 Rangeabschläge (15 überdacht)

G Gäste sind jederzeit willkommen. Anmeldung ist notwendig. Clubausweis mit eingetragenem Handicap (45) ist erforderlich. Sa./So./Feiertage ist Handicap 36 erforderlich.

18-Loch-Greenfee: WT: EUR 40 / WE: EUR 50
9-Loch-Greenfee: WT: EUR 30 / WE: EUR 40
9-Loch 10er Karte GF: EUR 270,-.
Ermäßigung: Jugendl./Stud.

Platzbeschreibung

Zahlreiche Wasserhindernisse und teils tiefe Topfbunker verlangen ein äußerst präzises Spiel. Die engen Fairways tragen ebenfalls dazu bei, den Platz trotz seiner relativen Kürze zu einer echten Herausforderung zu machen.

Platzinfos

Anfahrtsbeschreibung

A 59 aus Richtung Leverkusener Kreuz oder Düsseldorf-Eller, Ausfahrt Monheim/Langenfeld, weiter Richtung Langenfeld, an der 1. Ampel rechts und der Beschilderung zum Golfplatz folgen.

Nächstgelegene Plätze

KölnGolf (Nr. 336)
Leverkusen, GC (Nr. 341)
Gut Lärchenhof, GC (Nr. 339)

Golfclub Mönchengladbach-Wanlo e.V.

Karte, Nr. 334, Feld A7 **18** Höhe: 60 m

gegründet: 1997

Kuckumer Straße 61,
41189 Mönchengladbach-Wanlo
✆ 02166-145722 🖷 02166-145725
✉ info@mg-golfsport.de
💻 www.golfclub-mg.de

PR Stefan Wimmers

i ✆ 02166-145722 🖷 -145725
Erik Stach, Evelin Amour

Rittergut Wildenrath
✆ 02166-954954 🖷 -9549533
Mo. und Di. Ruhetag

PRO SHOP Mönchengladb. Golfsportanlage GmbH
✆ 02166-954954 🖷 -9549533

PRO Pro: Erik Stach

18-Loch Mönchengladbacher Golfsportanlage GmbH
H: 5889 m, CR 71.8, SL 133, Par 72
D: 5248 m, CR 74, SL 133, Par 72
20 Rangeabschläge (6 überdacht)

G Gäste sind jederzeit willkommen. Clubausweis mit eingetragenem Handicap (54) ist erforderlich.

18-Loch-Greenfee: WT: EUR 40 / WE: EUR 50

Platzbeschreibung

Die Anlage ist auf einem antiken Bodendenkmal angelegt und bettet sich hervorragend in die Natur des linken Niederrheins ein, mit einer Lage am 800 Jahre alten, von Wassergräben umgebenen Rittergut Wildenrath, welches einen gepflegten Gastronomiebetrieb und einen Erlebnisbauernhof in seinen trutzigen Mauern beherbergt.

Platzinfos

VCG GASTRO

Anfahrtsbeschreibung

Von Mönchengladbach (MG), Krefeld und Düsseldorf: A 61 über das Wanloer Kreuz Ausfahrt MG-Wanlo. Von Aachen, Koblenz und Köln: A 61 über das Jackerather Kreuz, Ausfahrt MG-Wanlo und der Beschilderung zum Golfplatz folgen.

Nächstgelegene Plätze

Wildenrath, GC (Nr. 330)
Erftaue, GC (Nr. 340)
Schloss Myllendonk, GC (Nr. 321)

Golf Club Kürten e.V.

Karte, Nr. 335, Feld B7 **18/9** Höhe: 210 m

gegründet: 1990

Johannesberg 13, 51515 Kürten
☏ 02268-8989 ☎ 02268-3089
✉ info@gckuerten.de
www.golfclubkuerten.de

PR Dieter Berghaus, CM: Tiemo Müller

i ☏ 02268-8989 ☎ -3089
Birgit Franke

Golfrestaurant Bergerhöhe, Petros Athanassiou
☏ 02268-3295 ☎ -3295
Mo. Ruhetag

PRO SHOP Golf-Club Kürten e.V.
☏ 02268-8989 ☎ -3089

PRO Pro: Malte Janssen

18-Loch Platz
H: 6059 m, CR 72.7, SL 136, Par 72
D: 5297 m, CR 74, SL 132, Par 72
9-Loch Platz
H: 2766 m, CR 57, SL 94, Par 60
D: 2766 m, CR 57.8, SL 97, Par 60
20 Rangeabschläge (7 überdacht)

G Gäste sind jederzeit willkommen. Sa./So./Feiertage ist Anmeldung notwendig. Clubausweis mit eingetragenem Handicap (54) ist erforderlich.

Tages-Greenfee: Mo.: EUR 45 / Di.-Fr.: EUR 55 / WE: EUR 65
Ermäßigung: Jugendl./Stud. bis 18 J. 50%

Platzbeschreibung

Die Anlage des Golf-Clubs Kürten e.V. „Berghöhe" besteht aus einer 18-Loch-Anlage und einem 9-Loch-Kurzplatz und liegt im Naturpark Bergisches Land. Die Bahnen verlaufen über mehrere Höhenrücken und bieten weite Blicke über das Bergische Land. Der Platz verlangt auch durch die schwierigen Grüns und Schräglagen auf so manchem Fairway strategisches und sportlich anspruchsvolles Spiel.

Platzinfos

VCG GPS

Anfahrtsbeschreibung

Aus Köln: A 4 Richtung Olpe, Ausfahrt Moitzfeld Richtung Kürten, in Spitze an der Ampel rechts Richtung Kürten, ca. 300 m nach dem Ortsende Kürten links den Johannesberg hinauf zum Golfplatz. Aus Dortmund: A 1 Richtung Köln, Ausfahrt Remscheid Richtung Hückeswagen, von Hückeswagen Richtung Wipperfürth, in Wipperfürth Richtung Kürten, 300 m vor Kürten rechts den Johannesberg hinauf der Beschilderung zum Golfplatz folgen.

Nächstgelegene Plätze

Schloß Georghausen, GC (Nr. 343)
Dreibäumen, GC (Nr. 329)
Gimborner Land, GA (Nr. 338)

Greenfee-Aktion: Seite G 93

KölnGolf

Karte, Nr. 336, Feld B7 18 Design: Dr. Siekmann Höhe: 50 m

gegründet: 1995

Parallelweg 1,
50769 Köln-Roggendorf/Thenhoven
0221-784018
info@koelngolf.de
www.koelngolf.de

PR: CM: Mario Majchszak

i: 0221-784018

Golfrestaurant Kursar, Miso Kursar
0221-7830258

PRO SHOP: WWH KölnPublic Golf GMBH
0221-784018

PRO: Pro: Michael Stahr, Mario Majchszak

H: 5944 m, CR 71.5, SL 130, Par 72
D: 5109 m, CR 72, SL 126, Par 72
35 Rangeabschläge (14 überdacht)

G: Gäste sind jederzeit willkommen. Anmeldung ist notwendig. Clubausweis mit eingetragener PE ist erforderlich.

18-Loch-Greenfee: WT: EUR 45 / WE: EUR 55
9-Loch-Greenfee: WT: EUR 29 / WE: EUR 35
Wochenendpreise ab Freitag 12.00 h
Ermäßigung: Jugendl. bis 18 J. 50%, Stud. bis 27 J. 25%

Platzbeschreibung

KölnGolf lautet der neue Name der öffentlichen Kölner Golfsportanlage. Der 18-Loch-Platz wartet auf Beginner wie Fortgeschrittene Spieler mit seitlichen Sandbunkern, diversen Wasserhindernissen und einem gepflegten Baumbestand. Nur ca. 10 Autominuten vom Zentrum Kölns entfernt bietet diese Anlage Golf auch ohne Mitgliedschaft. Die vollwertige 18-Loch-Anlage mit Par 72 offeriert alle Annehmlichkeiten für ein paar schöne Stunden Golf: Range Anlage, Pro Shop, Einzelunterricht, Gruppenunterricht, Schnupperkurse und Gastronomie.

Platzinfos

VCG GPS CLUB

Anfahrtsbeschreibung

A 57 Köln-Neuss, Ausfahrt Köln-Worringen, rechts und der Beschilderung „Golf Anlage" folgen.

Nächstgelegene Plätze

Gut Lärchenhof, GC (Nr. 339)
Velderhof, G&CC (Nr. 337)
Am Katzberg, GC (Nr. 333)

Nordrhein-Westfalen

Golf & Country Club Velderhof e.V.

Karte, Nr. 337, Feld B7 27 Design: Dieter R.Sziedat

gegründet: 1997

Velderhof, 50259 Pulheim
✆ 02238-923940 🖷 02238-9239440
✉ info@velderhof.de
💻 www.velderhof.de

PR: Dietmar Broicher, GF: Andreas Döring

i: ✆ 02238-923940 🖷 02238-9239440
Lisa Wolf, Susanne Pütz

Restaurant Velderhof, Restaurant Velderhof
✆ 02238-140285

PRO SHOP: Golfschule + Pro Shop, Golfschule Velderhof
✆ 02238-922942 🖷 02238-922943

PRO: Pro: Michael J. Hearn, Perry Somers, Christopher Kociok

H: 5927 m, CR 70.8, SL 124, Par 72
D: 5265 m, CR 72.9, SL 121, Par 72
32 Rangeabschläge (16 überdacht)

G: Gäste sind jederzeit willkommen. Anmeldung ist notwendig. Clubausweis mit eingetragenem Handicap (54) ist erforderlich. Sa./So./

18-Loch-Greenfee: WT: EUR 60 / WE: EUR 75
9-Loch-Greenfee: EUR 40
Im Sommer bieten wir unter der Woche „Early Bird“ (vor 9.00 Uhr) und „Sundowner“ (ab 17.00 Uhr) Greenfees auf dem 18-Loch Kurs an.
Ermäßigung: Jugendl./Stud. bis 27 J. 50%

Platzbeschreibung
Die 27-Loch-Anlage liegt in absolut ruhiger Lage mit Blick in eine geschützte Auenlandschaft. Der Golfer findet hier einen fairen Course vor, als Schmuckstück erweist sich das Clubhaus in einer historischen Gutsanlage.

Platzinfos

Anfahrtsbeschreibung
A 57 Düsseldorf-Köln, Ausfahrt Worringen. Richtung Pulheim, nach dem 2. Kreisverkehr 1. Straße rechts, dann der Beschilderung „Velderhof“ folgen. Von der A1 Ausfahrt Bocklemünd, in Richtung Pulheim, auf der U59 bleiben in Rchtg. Rommerskirchen bis Ausfahrt Stommeln. 1. Ampel Links (Stommeln), 2. Ampel geradeaus (Sinnersdorf), nach 1km links Richtung „Stommelerbusch“, dann der Beschilderung „Velderhof“ folgen.

Nächstgelegene Plätze
Gut Lärchenhof, GC (Nr. 339)
Am Alten Fliess, GC (Nr. 344)
KölnGolf (Nr. 336)

Greenfee-Aktion: Seite G 93

Golfanlage Gimborner Land

Karte, Nr. 338, Feld C7 9 Höhe: 300 m

gegründet: 2000

Kreuzstraße 10,
51647 Gummersbach-Berghausen
✆ 02266-440447 Fax 02266-440448
✉ info@gimborner-land.de
www.gimborner-land.de

PR: Dr. Michael Fischer, GF: Werner Sturm
Headgreenkeeper: Thomas Wester

i: ✆ 02266-440447 Fax 02266-440448
Tamara Trier, Marie Christin Klaas,
Kerstin Siering

PRO SHOP: ✆ 02266-440447

H: 5890 m, CR 72.2, SL 133, Par 72
D: 5188 m, CR 73.9, SL 130, Par 72
12 Rangeabschläge (6 überdacht)

G: Gäste sind jederzeit willkommen. Anmeldung ist notwendig. Clubausweis mit eingetragener PE ist erforderlich. Gäste sind herzlich willkommen!

18-Loch-Greenfee: Mo.-Do.: EUR 33 / Fr.: EUR 39 / WE: EUR 45
9-Loch-Greenfee: Mo.-Do.: EUR 27 / Fr.: EUR 31 / WE: EUR 35
Ermäßigung: Jugendl./Stud.

Platzbeschreibung

Inmitten der idyllischen Landschaft des Bergischen Landes, mit einem einmaligen Panoramablick, befindet sich auf einer Fläche von 27 ha die Golfanlage „Gimborner Land". Die auf 9-Loch konzipierte Anlage entspricht gehobenen spieltechnischen Ansprüchen. Nicht unerwähnt bleiben darf die natürliche Topographie des Geländes, die golftechnisch sehr anspruchsvoll, aber für die oberbergische Lage keine besondere körperliche Anforderung stellt.

Platzinfos

VCG

Anfahrtsbeschreibung

Von Köln: A 4 Richtung Olpe, Ausfahrt Engelskirchen, dann links Richtung Marienheide-Nochen (L 302/L 306) geradeaus bis zum Ende der Ausbaustrecke in Nochen, am Ortsausgang Nochen (ca. 7,5 km von der Autobahn entfernt) links nach Berghausen, in Berghausenlinks Richtung Würden, nach ca. 200 m liegt rechter Hand der Golfplatz.

Nächstgelegene Plätze

Varmert, GC (Nr. 331)
Kürten, GC (Nr. 335)
Schloß Georghausen, GC (Nr. 343)

Golf Club Gut Lärchenhof e.V.

Karte, Nr. 339, Feld B7 18 Design: Jack Nicklaus Höhe: 65 m

gegründet: 1991

Hahnenstraße/Gut Lärchenhof, 50259 Pulheim
02238-923900 02238-9239010
golfclub@gutlaerchenhof.de
www.gutlaerchenhof.de

PR Wolfgang Finger, GF: Josef G. Spyth
Headgreenkeeper: Christoph Vogel

i 02238-923900 -9239010
Scarlett Sonder

Gut Lärchenhof, Peter Hesseler
02238-923100 -9231030

PRO SHOP Johan Omander
02238-9239015

PRO Pro: Martin Götze, Ben Parker

H: 6015 m, CR 72.6, SL 135, Par 72
D: 5052 m, CR 73, SL 133, Par 72
50 Rangeabschläge (9 überdacht)

G Gäste sind jederzeit willkommen. Anmeldung ist notwendig. Clubausweis mit eingetragenem Handicap (H 20 / D 23) ist erforderlich.

18-Loch-Greenfee: WT: EUR 140 / WE: EUR 190
Ermäßigung: Jugendl./Stud. 50%

Platzbeschreibung

Der von Jack Nicklaus entworfene Golfplatz erweist sich trotz seiner zentralen Lage als eine Oase der Ruhe. Entlang eines ausgedehnten Waldgebietes wurden 18 Spielbahnen abwechslungsreich und individuell modelliert. Die einzelnen Bahnen sind durch Hügellandschaften gegeneinander abgegrenzt und damit weitgehend uneinsehbar. Der Platz ist voll beregnet und drainiert, um eine ganzjährige Bespielbarkeit in bestmöglichem Zustand zu garantieren.

Platzinfos

VCG CLUB GASTRO

Anfahrtsbeschreibung

A 57, Ausfahrt Worringen-Sinnersdorf Richtung Sinnersdorf, am 1. und am 2. Kreisverkehr jeweils Richtung Pulheim-Stommeln, dann rechts Richtung Stommelerbusch, 2. Wirtschaftsweg rechts zu Gut Lärchenhof abbiegen.

Nächstgelegene Plätze

Velderhof, G&CC (Nr. 337)
KölnGolf (Nr. 336)
Am Alten Fliess, GC (Nr. 344)

Golfclub Erftaue e.V.

Karte, Nr. 340, Feld B7 **18** Höhe: 58 m

gegründet: 1991

Zur Mühlenerft 1, 41517 Grevenbroich
✆ 02181-280637 🖷 02181-280639
✉ info@golf-erftaue.de
💻 www.golf-erftaue.de

PR: Berthold Reinartz
Headgreenkeeper: Robert Hermansky

i: ✆ 02181-280637 🖷 02181-280639
Rita Wegbrod, Stefanie Renkes, Yvonne Weitz, Elke Weitz

Villa Gilla, Philipp Besci
✆ 02181-2829515

PRO: Pro: Matthias Stechly, Mostafa Sbai

18-Loch Meisterschaftsplatz
H: 6003 m, CR 71.7, SL 133, Par 72
D: 5300 m, CR 73.5, SL 130, Par 72
25 Rangeabschläge (4 überdacht)

G: Gäste sind jederzeit willkommen. Anmeldung ist notwendig. Clubausweis mit eingetragenem Handicap (54) ist erforderlich.

18-Loch-Greenfee: WT: EUR 60 / WE: EUR 70
9-Loch-Greenfee: WT: EUR 35 / WE: EUR 40
Rabatt für Gäste in einem Flight mit Clubmitgliedern: 20 EUR (18 Loch) bzw. 10 EUR (9 Loch)
Ermäßigung: Jugendl./Stud. bis 27 J. 50%

Platzinfos

VCG GPS CLUB GASTRO

Anfahrtsbeschreibung

Von Aachen: A 44 bis AK Holz, dann A 46 Richtung Neuss, Ausfahrt Grevenbroich, auf der Landstraße Richtung Bedburg (L116), Ausfahrt Kraftwerke Grevenbroich-Frimmersdorf und von dort der Beschilderung zu folgen.

Platzbeschreibung

Bei uns erwartet Sie eine wunderschöne und gepflegte Golfanlage in Grevenbroich mit ihrem besonderen Flair. Als unser Mitglied oder Gast genießen Sie unseren großzügigen und anspruchsvollen Meisterschaftsplatz mit 18 Golfbahnen in leicht moduliertem Gelände zu jeder Jahreszeit. Das klug durchdachte Design unserer Anlage vor den Toren von Düsseldorf, Köln und Mönchengladbach fordert Golfspieler aller Alters- und Spielklassen gleichermaßen.

Nächstgelegene Plätze

Am Alten Fliess, GC (Nr. 344)
Velderhof, G&CC (Nr. 337)
Mönchengladb.-Wanlo, GC (Nr. 334)

Golf Club Leverkusen e.V.

Karte, Nr. 341, Feld B7 **18** Höhe: 45 m

gegründet: 1985

Am Hirschfuß 2-4, 51061 Köln
☎ 0214-50047500 🖷 0214-500475020
✉ info@golfclub-leverkusen.de
www.golfclub-leverkusen.de

PR: Klaus März, CM: Sabina Gräf

i: ☎ 0214-50047500 🖷 0214/500475020

Café Restaurant Feininger´s
Mo. Ruhetag

PRO SHOP: GCL Basic-GolfShop ausgestattet von „Golf und Günstig"
☎ 02174-6714617

PRO: Pro: Richard J. Volding, Christoph Wengorz

H: 6098 m, CR 73.1, SL 133, Par 73
D: 5336 m, CR 74.8, SL 131, Par 73
20 Rangeabschläge (6 überdacht)

G: Gäste sind Montag - Freitag (außer an Feiertagen) willkommen. Anmeldung ist notwendig. Clubausweis mit eingetragenem Handicap (36) ist erforderlich.

18-Loch-Greenfee: WT: EUR 85 / WE: EUR 95
9-Loch-Greenfee: WT: EUR 55 / WE: EUR 60
Ermäßigung: Jugendl./Stud. bis 27 J. 50%

Platzbeschreibung

Ein schönes Panorama und ein sehr abwechslungsreiches Gelände sind der Rahmen für unsere attraktive 75 ha große Golfanlage, die inmitten eines Landschaftsschutzgebietes gelegen ist. Unser Golfplatz ist innerhalb von 20 Minuten von Kölns Zentrum aus erreichbar. Auf unserem Golfplatz steht jeder Spieler immer wieder vor interessanten Herausforderungen. Um einen weitläufigen Wald gebaut, ist man während der Runde von Bäumen umgeben, die sich aber nirgends zu engen Schneisen zusammenrotten, und man so einen weitläufigen Ausblick über das Gelände behält.

Platzinfos

VCG GPS CLUB GASTRO

Anfahrtsbeschreibung

A3, Ausfahrt Leverkusen-Zentrum, Richtung Leverkusen-Zentrum auf dem Willy-Brandt-Ring vor dem Audi-Zentrum links in die Edith-Weyde-Straße einbiegen oder B8 (Düsseldorfer Straße) den Schildern „Sportpark Kurtekotten" und „S-Bahn-Station Bayerwerk" folgen ab dort den Kreisverkehr an der Ausfahrt („Golfclub" und „Reitverein") verlassen, der Weg am Bayer-Reiterhof vorbei führt Sie zum Golfclub Leverkusen.

Nächstgelegene Plätze

Köln, G&LC (Nr. 345)
Am Katzberg, GC (Nr. 333)
Kölner Golfclub (Nr. 346)

Greenfee-Aktion: Seite G 93

Golfclub Wittgensteiner Land e.V.

Karte, Nr. 342, Feld D7 **18** Höhe: 600 m

gegründet: 2009

Kapellenstraße 10,
57319 Bad Berleburg - Sassenhausen
02751-9202278
info@gc-wittgenstein.de
www.gc-wittgenstein.de

PR: Hans-Dieter Rehberg, CM: Sascha Jürgens
Headgreenkeeper: Jürgen Oerter

i: 02751-9202278

PRO: Pro: Ralf Herrmann-Bierbaum

H: 5476 m, CR 70.4, SL 130, Par 70
D: 4502 m, CR 70, SL 131, Par 70
20 Rangeabschläge (4 überdacht)

G: Gäste sind jederzeit willkommen. Anmeldung ist notwendig. Clubausweis mit eingetragener PE ist erforderlich.

Tages-Greenfee (bis 16:00 Uhr): EUR 40
Tages-Greenfee (ab 16:00 Uhr): EUR 20
Ermäßigung: Jugendl./Stud.

Platzbeschreibung

Haben Sie schon einmal „Panorama-Golf" gespieltfi Inmitten des Wittgensteiner Landes, zwischen Schloss Berleburg und Schloss Wittgenstein in Bad Laasphe gelegen, ist im Bad Berleburger Ortsteil Sassenhausen auf einer Fläche von 45 ha eine anspruchsvolle Anlage entstanden, die das Herz eines jeden Golfers höher schlagen lässt. Auf bis zu 600 Meter (!) über NN gelegen, prägt sich der Platz wunderschön in die Panorama-Landschaft ein. Genießen Sie den phantastischen 60 km - Weit- und Ausblick auf Berge und Wälder und das gemütliche Ambiente nach Ihrer Runde auf unserer Terrasse bei heißen und kalten Getränken. Durch unseren Hütten-Charakter bieten wir ein gemütliches Ambiente für Feiern aller Art. Spiel + Spaß + Sport + Gemeinschaft + Lebensfreude = GOLF IM WITTGENSTEINER LAND Erleben Sie es selbst!

Platzinfos

VCG

Anfahrtsbeschreibung

Aus Richtung Siegen B 62 Richtung Bad Laasphe, in Erndtebrück-Leimstruth links ab auf die B 480 Richtung Bad Berleburg nach 2 km rechts ab auf K 46 Richtung Stünzel, Sassenhausen dann links ab auf die L 718 Richtung Sassenhausen nach 200 m rechts ab (Hinweisschild Golfplatz).

Nächstgelegene Plätze

Schmallenberg, GC (Nr. 325)
Winterberg, GC (Nr. 322)
Sellinghausen, GC (Nr. 320)

Golfclub Schloß Georghausen e.V.

Karte, Nr. 343, Feld B7 **18** Höhe: 100 m

gegründet: 1962

Georghausen 8, 51789 Lindlar
✆ 02207-4938 ℻ 02207-81230
✉ info@gcsg.de
www.golfclub-georghausen.de

PR: Harald Ommer, CM: Sebastian Spiegel

i: ✆ 02207-4938

Schlossrestaurant Georghausen, D. und T. Luzha und Brenner
✆ 02207-7833
Mo. Ruhetag

PRO SHOP: Golf Sport Werheid
✆ 02202-33084

PRO: Pro: Dennis Arnold

H: 5756 m, CR 71.8, SL 136, Par 72
D: 4994 m, CR 73.4, SL 132, Par 72
20 Rangeabschläge (10 überdacht)

G: Gäste sind jederzeit willkommen. Anmeldung ist notwendig. Clubausweis mit eingetragenem Handicap (54) ist erforderlich. Unser Birdiebook zum Download finden Sie auf unserer Homepage.

18-Loch-Greenfee: Mo.-Do.: EUR 50 / Fr.-So.: EUR 70
9-Loch-Greenfee: Mo.-Do.: EUR 30 / Fr.-So.: EUR 40
3 Gäste in Mitgliederbegleitung erhalten je 10 EUR Ermäßigung. WE-GF beginnt freitags.
Ermäßigung: Jugendl./Stud. 50%

Nächstgelegene Plätze
Lüderich, GC Am (Nr. 352)
Kürten, GC (Nr. 335)
Köln, G&LC (Nr. 345)

Platzinfos

VCG GPS CLUB

Anfahrtsbeschreibung
A 4, Ausfahrt Overath-Untereschbach Richtung Lindlar, in Obersteeg links zum Schloß Georghausen und der Beschilderung zum Golfplatz folgen.

Platzbeschreibung
Der sehr anspruchsvolle Platz liegt inmitten der reizvollen Landschaft des Bergischen Landes und bietet dem Spieler unverhoffte Ausblicke in die ländliche Umgebung. Die ersten neun Löcher sind hügelig, die zweiten neun eben. Es sind auf 18 Löchern ca. 100 Höhenmeter zu überwinden. Einige Grüns müssen aufgrund der Hanglagen blind angespielt werden. Nach der Runde steht das renovierte Wasserschloss als schmuckes Clubhaus zur Verfügung.

Golf Club Am Alten Fliess e.V.

Karte, Nr. 344, Feld B7 **27** Design: Kurt Rossknecht Höhe: 85 m

gegründet: 1996

Am Alten Fliess 66, 50129 Bergheim-Fliesteden
02238-94410 02238-944119
info@golfplatz-koeln.de
www.golfplatz-koeln.de

PR: Alfred Richter, GF: Guido Risters,
CM: Hubertus Kühne
Headgreenkeeper: Dirk Andres

i: 02238-94410 02238-944119
Maximilian Straub

Tullios Am Alten Fliess, Michele di Rosa
02238-944130
Mo. Ruhetag

PRO SHOP: Fairway Golf
02238-475550

PRO: Pro: Hüseyin Cetin, Ali Durmus, Heinz-Peter Thül

H: 6035 m, CR 71.9, SL 128, Par 72
D: 5103 m, CR 72.2, SL 122, Par 72
70 Rangeabschläge (15 überdacht)

G: Gäste sind jederzeit willkommen. Anmeldung ist notwendig. Clubausweis mit eingetragenem Handicap (36) ist erforderlich.

18-Loch-Greenfee: EUR 95
9-Loch-Greenfee: EUR 60
Ermäßigung: Jugendl. bis 18 J. und Stud. bis 27 J. 50%

Platzinfos

Anfahrtsbeschreibung

Ausfahrt Worringen, Richtung Pulheim, Vorfahrtsstraße immer geradeaus durch zwei Kreisverkehre hindurch, der Vorfahrtsstraße Richtung Stommeln/Fliesteden folgen, durch eine Unterführung hindurch, am Ende der Vorfahrtsstraße links Richtung Fliesteden, in Fliesteden an der Stoppstraße links auf der Vorfahrtsstraße, nach ca. 800 m liegt der Golfplatz auf der rechten Seite.

Platzbeschreibung

Auf einem 120 ha großen Gelände bietet der sportlich anspruchsvolle Platz den idealen Ort für einen erlebnisreichen und interessanten Golftag am Rande des rheinischen Vorgebirges. Für das gelungene Layout der drei Schleifen à 9 Loch des Golfplatzes ist Kurt Rossknecht verantwortlich. Besonders viel Wert legte man auf die natürliche Formgebung des Geländes, das zu den Top-Plätzen in Deutschland zählt.

Nächstgelegene Plätze

Gut Lärchenhof, GC (Nr. 339)
Velderhof, G&CC (Nr. 337)
GolfCity Köln (Nr. 350)

Golf- und Land-Club Köln e.V.

Karte, Nr. 345, Feld B8 **18** Design: v. Limburger, Boehm, Swan

gegründet: 1906

Golfplatz 2, 51429 Bergisch Gladbach
✆ 02204-92760 🖷 02204-927615
✉ info@glckoeln.de
💻 www.glckoeln.de

PR Christof Kohns, CM: Achim Lehnstaedt
Headgreenkeeper: Dirk Thelen

i ✆ 02204-92760/-927610 🖷 -927615
Iris Sahre

Heinz Vierling GmbH, Heide Marx
✆ 02204-66122
Mo. Ruhetag

PRO SHOP Andrew Clark & Andrea Preuss GbR, Preuss & Clark GbR
✆ 02204-9872095

PRO Pro: Andrew Clark, Torsten Giedeon, Jens Bümming

H: 5980 m, CR 72.2, SL 136, Par 72
D: 5286 m, CR 74.3, SL 137, Par 72
30 Rangeabschläge (12 überdacht)

G Gäste sind Montag - Freitag (außer an Feiertagen) willkommen. Anmeldung ist notwendig. Clubausweis mit eingetragenem Handicap (H 28 / D 36) ist erforderlich.

18-Loch-Greenfee: WT: EUR 110
9-Loch-Greenfee: WT: EUR 55
Ermäßigung: Jugendl. bis 18 J. und Stud. bis 27 J. 50%

Platzbeschreibung

Der Refrather Golfplatz zählt auch heute noch zu den anspruchsvollsten Meisterschaftsanlagen Deutschlands. Der besondere Charakter des Platzes wird durch die meist vollkommen mit Baumbestand getrennten Bahnen geprägt. Mehrere rechte und linke Doglegs erfordern präzise Schläge, da der Ball nur wenig Lauf hat.

Platzinfos

GASTRO GPS

Anfahrtsbeschreibung

A 3 Frankfurt-Köln bis ABK Köln-Ost, auf die A 4 Köln-Olpe, Ausfahrt Refrath, auf die B 55 Richtung Bensberg, 2. Ampelkreuzung links in die Vürfelser Kaule, die nach ca. 1 km zur Dolmannstraße wird, kurz vor dem Ortsende (Wald beginnt) an der letzten Ampel rechts in die Altrefrath Straße (hier Hinweisschild Eissporthalle), die Straße wird dann zur Golfplatzstraße, in der nächsten großen Rechtskurve noch vor der Eissporthalle links zum Golfplatz.

Nächstgelegene Plätze

Lüderich, GC Am (Nr. 352)
Leverkusen, GC (Nr. 341)
Schloß Georghausen, GC (Nr. 343)

Kölner Golfclub

Karte, Nr. 346, Feld B8 **36/9 kurz** Design: Heinz Fehring

gegründet: 2011

Freimersdorfer Weg 43, 50859 Köln
☎ 0221-2772980 Fax 0221-27729850
✉ info@koelner-golfclub.de
www.koelner-golfclub.de

PR: GF: Norbert Amand
Headgreenkeeper: Bryan Inglis

i: ☎ 0221-2772980 Fax 0221-27729850

KÖLN11
☎ 0221-56782202 Fax 0221-27729850

PRO SHOP: GolfHouse
☎ 0221-56782205

PRO: Pro: Bettina Hauert, Frank Simon, Jörg Fronczak, Noah Knoop-Jagusch, Anne Marie Heibach

18-Loch Championship Course
H: 5731 m, CR 71.2, SL 134, Par 74
D: 4856 m, CR 71.6, SL 132, Par 74
18-Loch Links Course
H: 3614 m, CR 61.2, SL 108, Par 63
D: 3004 m, CR 60.1, SL 102, Par 63
65 Rangeabschläge (60 überdacht)

G: Gäste sind jederzeit willkommen. Anmeldung ist erforderlich. Ein Handicap ist erforderlich. Ganzjährig Sommergrüns und E-Carts. E

18-Loch-Greenfee: WT: EUR 70 / WE: EUR 80
9-Loch-Greenfee: WT: EUR 35 / WE: EUR 40
Ermäßigung: Jugendl. bis 18 J. 50%, Stud. bis 27 J. 20%

Platzinfos

VCG GPS CLUB GASTRO

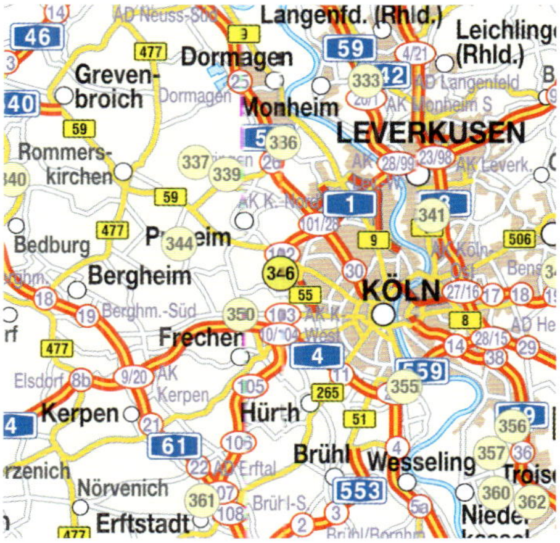

Anfahrtsbeschreibung

Allgemein: Der Kölner Golfclub befindet sich in unmittelbarer Nähe des WDR. Anfahrt von der A1: Ausfahrt Köln-Bocklemünd - auf B59 (Venloer Straße) in Richtung Köln Bocklemünd - nach 300 Metern rechts abbiegen in die Straße „Auf dem Paulsacker" (ehemals „Rath-Mengenicher Weg") - im Kreisverkehr die erste Ausfahrt (rechts in den Freimersdorfer Weg) nehmen, nach 200 Metern ist die Einfahrt auf der linken Seite

Platzbeschreibung

Der Kölner Golfclub, vom „Golfmagazin" auf Platz 22 von über 700 Golfplätzen in Deutschland gewählt, liegt im Westen der Stadt – und doch nur 8.000 Meter Luftlinie vom Kölner Dom entfernt. Er ist eingebunden in den Äußeren Kölner Grüngürtel und besticht durch sein außergewöhnliches Design: eine sanft modellierte Landschaft mit Hügelketten, großen Teichen und Hunderten von Bäumen und Sträuchern.

Nächstgelegene Plätze

GolfCity Köln (Nr. 350)
Am Alten Fliess, GC (Nr. 344)
Gut Lärchenhof, GC (Nr. 339)

Golfpark Loherhof eV

Karte, Nr. 347, Feld A8 **18** Design: Golfpark Loherhof eV

gegründet: 2006

Pater-Briers-Weg 85, 52511 Geilenkirchen
✆ 02451-1234 Fax 02451-9534064
✉ s.davids@golfpark-loherhof.de
www.golfpark-loherhof.de

PR: Stefan Davids, GF: Stefan Davids, CM: Albert Eberl

i: ✆ 02451-9534065 Fax 02451-9534064
Albert Eberl

Sportpark Loherhof „Golfers Inn", Nico Blaic
✆ 02451-1234

PRO SHOP: Golfpark Loherhof Golfshop, Albert Eberl
✆ 02451-9534065 Fax 02451-9534064

PRO: Pro: Andreas Fehling, Willi Fehling

H: 4994 m, CR 65.7, SL 111, Par 68
D: 4398 m, CR 66.8, SL 114, Par 68

G: Gäste sind jederzeit willkommen. Clubausweis mit eingetragener PE ist erforderlich. Sa./So./Feiertage ist Handicap 54 erforderlich.

18-Loch-Greenfee: WT: EUR 50 / WE: EUR 60
Die Greenfees sind nur an der Rezeption vom Sportpark erhältlich, ausreichend Parkplätze sind vorhanden.
Ermäßigung: Jugendl./Stud.

Platzinfos

Nächstgelegene Plätze

Haus Kambach, GC (Nr. 359)
Wildenrath, GC (Nr. 330)
Residenz Rothenbach, GC (Nr. 328)

Platzbeschreibung

Zwischen Aachen und Heinsberg entstand im Jahr 2006 nahe der Stadt Geilenkirchen eine schöne 9-Loch Golfanlage auf dem Gelände rund um das Missionshaus Loherhof. Angegliedert an den seit 1994 bestehenden Sportpark Loherhof mit seinen vielfältigen Sportangeboten und einer hervorragenden Gastronomie, zielt der Golfpark auf ein neues Konzept ab. Der Par 68 Platz wird öffentlich betrieben. Neugolfer können sofort auf dem Übungsgelände spielen und nach dem Erlangen der Platzreife auch die 18-Loch Golfanlage gegen eine Greenfee Gebühr nutzen.

Golf Club Oberberg e.V.

Karte, Nr. 348, Feld C8 **18/6** Design: Karl F. Grohs Höhe: 420 m

gegründet: 1987

Hasseler Straße 42, 51580 Reichshof
02297-7131 02297-7117
info@golfcluboberberg.de
www.golfcluboberberg.de

PR Gerd Rossenbach, CM: Mathias Wieland
Headgreenkeeper: Rudolf Weisser

i 02297-7131 -7117
Melanie Kraus

Restaurant 19 & Halfwayhaus Bahn 10,
Hartmut Heiden
02297-7306
Mo. Ruhetag

PRO SHOP Pro Shop
02297-7131

PRO Pro: Duarte Freitas, Kalli Börner

H: 5957 m, CR 73, SL 136, Par 73
D: 5286 m, CR 75.1, SL 131, Par 72
14 Rangeabschläge (4 überdacht)

G Gäste sind jederzeit willkommen. Anmeldung ist notwendig. Clubausweis mit eingetragener PE ist erforderlich.

18-Loch-Greenfee: WT: EUR 65 / WE: EUR 80
9-Loch-Greenfee: WT: EUR 35 / WE: EUR 45
Ermäßigung: Jugendl. bis 18 J. und Stud. 50%

Platzbeschreibung

Die Anlage ist herrlich gelegen und trotz Autobahnnähe (3 Min.) absolut ruhig. In die naturbelassene Landschaft eingebettet, bietet sie wunderschöne Ausblicke in die waldreiche Umgebung des Oberbergischen-, Sauer- und Siegerlandes, an Loch 6 genießt man sogar einen 360 Grad Panoramablick. Die interisant konstruierten Grüns erfordern ein überlegtes und präzises Spiel. Mit der Fertigstellung des 18-Loch Platzes im Jahr 2011 ist ein Championship-Course entstanden der seinesgleichen sucht.

Platzinfos

VCG CLUB GASTRO

Anfahrtsbeschreibung

A 4 Köln-Olpe, Ausfahrt Reichshof-Eckenhagen Richtung Wildbergerhütte von Köln aus nach ca. 200 m, von Olpe aus nach ca. 400 m rechts Richtung Hassel-Lüsberg, nach ca. 300 m rechts, parallel zum Golfplatz bis zum Clubhaus und der Driving Range.

Nächstgelegene Plätze

Siegen-Olpe, GC (Nr. 351)
Nümbrecht, GP (Nr. 354)
Siegerland, GC (Nr. 349)

Greenfee-Aktion: Seite G 95

Golfclub Siegerland e.V.

Karte, Nr. 349, Feld C8 **18** Design: Spangemacher & Partner Höhe: 350 m

Berghäuser Weg, 57223 Kreuztal
02732-59470
info@golfclub-siegerland.de
www.golfclub-siegerland.de

PR: Rolf Schneider
Headgreenkeeper: Steffen Schmidt

i: 02732-59470

meet & eat
02732-594723
Mo. Ruhetag

PRO SHOP: 02732-59470

PRO: Pro: Andrew Clark

H: 5878 m, CR 71.8, SL 140, Par 72
D: 5182 m, CR 73.9, SL 128, Par 72
12 Rangeabschläge (6 überdacht)

G: Gäste sind jederzeit willkommen. Anmeldung ist notwendig. Clubausweis mit eingetragener PE ist erforderlich. Sa./So./Feiertage ist Handicap 36 erforderlich.

18-Loch-Greenfee: WT: EUR 60 / WE: EUR 70
9-Loch-Greenfee: WT: EUR 40 / WE: EUR 45
Ermäßigung: Jugendl. bis 18 J. und Stud. bis 27 J. 50%

Platzbeschreibung

Das idyllische „Berghäuser Tal" mit seinen umliegenden Wäldern und Bachläufen gibt Raum für einen aufregenden Golfplatz mit sportlichen Anforderungen. Die abwechslungsreich gestalteten Spielbahnen und natürlich modellierten Grüns erlauben in der hügeligenMittelgebirgslandschaft ein erlebnisreiches Spiel, wobei sich immer wieder weite Ausblicke über das Sieger- und Sauerland ergeben.

Platzinfos

VCG GPS CLUB

Anfahrtsbeschreibung

A 45, Ausfahrt Freudenberg Richtung Kreuztal, im Ortsteil Kreuztal-Mittelhees links zum Golfplatz abbiegen.

Nächstgelegene Plätze

Siegen-Olpe, GC (Nr. 351)
Reichshof, GC (Nr. 348)
Repetal-Südsauerland, GC (Nr. 332)

GolfCity Köln Pulheim

Karte, Nr. 350, Feld B8 9 Design: Michael Pinner

gegründet: 2007

Am Golfplatz 1, 50259 Pulheim-Freimersdorf
02234-999660 02234-9996629
koeln@golfcity.de
www.golfcity.de

PR GF: Olivia Falat

GolfCityBistro
02234-999660

H: 2143 m, Par 32
D: 1877 m, Par 32
80 Rangeabschläge (20 überdacht)

G Gäste sind jederzeit willkommen. Clubausweis mit eingetragenem Handicap (54) ist erforderlich.

9-Loch-Greenfee: Mo.-Sa.: EUR 29 / So.: EUR 39

Nächstgelegene Plätze

Kölner Golfclub (Nr. 346)
Am Alten Fliess, GC (Nr. 344)
Gut Lärchenhof, GC (Nr. 339)

Platzinfos

Anfahrtsbeschreibung

Aus Richtung Innenstadt: B55 Aachener Straße stadtauswärts bis Weiden West (Endstation Zug/S-Bahn/Bus) nächste Ampelkreuzung rechts über Kreisverkehr geradeaus durch die Unterführung fahren nächste Abbiegerspur links. Aus Richtung A1: Abfahrt Köln-Lövenich B55 Richtung Weiden – Aachener Straße s.o. Aus Richtung A4: Kreuz Köln/West Abfahrt Frechen Bonnstraße bis Brauweiler geradeaus folgen Weiden-West Endstation (Zug/S-Bahn/Bus) auf rechter Seite vorbei über Kreisverkehr geradeaus durch die Unterführung fahren nächste Abbiegerspur links

Greenfee-Aktion: Seite G 95

Golf Club Siegen-Olpe e.V.

Karte, Nr. 351, Feld C8 **18** Höhe: 400 m

gegründet: 1966

Am Golfplatz 1, 57482 Wenden-Ottfingen
02762-97620 02762-976212
info@gcso.de
www.gcso.de

PR: Andreas Helmrath
Headgreenkeeper: Stefan Montabon

i: 02762-97620 02762-976212
Birgit Ebel

Birdie Lounge, Roberta Leo
02762-976225
Mo. Ruhetag

PRO SHOP: Golfclub

PRO: Pro: Martyn Robinson

H: 5937 m, CR 71.7, SL 128, Par 72
D: 5242 m, CR 73.6, SL 128, Par 72
21 Rangeabschläge (8 überdacht)

G: Gäste sind jederzeit willkommen. Sa./So./Feiertage ist Anmeldung notwendig. Clubausweis mit eingetragenem Handicap (54) ist erforderlich. Sa./So./Feiertage ist Handicap 36 erforderlich.

18-Loch-Greenfee: WT: EUR 60 / WE: EUR 70
9-Loch-Greenfee: WT: EUR 45 / WE: EUR 50
Ermäßigung: Jugendl./Stud. 50%

Platzbeschreibung

Der von Golfern hoch bewertete, top-gepflegte und sportlich anspruchsvolle Golfplatz des GCSO liegt herrlich in der typischen Mittelgebirgslandschaft des Dreiländerecks Sauerland - Siegerland - Bergisches Land. In der leicht hügeligen, parkähnlichen Landschaft bieten sich faszinierende Ausblicke und reizvolle spielerische Abwechslung. Fairways in dichtem Hochwald und Spielbahnen mit offenem, weitem Charakter machen Golf für alle Handicapklassen zum Vergnügen.

Platzinfos

VCG GPS CLUB

Anfahrtsbeschreibung

Von Westen A 4 Köln-Olpe oder von Norden A 45 bis zum Autobahnkreuz Olpe-Süd, Ausfahrt Wenden, an der Ampel links Richtung Freudenberg, nach 8 km (500 m nach der Abfahrt Dörnscheid) rechts der Beschilderung „Golfplatz" folgen. Oder: Von Süden A 45, Ausfahrt Freudenberg, rechts Richtung Freudenberg, nach ca. 1,6 km an der Ampel rechts Richtung Olpe, nach 5 km links der Beschilderung „Golfplatz" folgen.

Nächstgelegene Plätze

Siegerland, GC (Nr. 349)
Reichshof, GC (Nr. 348)
Repetal-Südsauerland, GC (Nr. 332)

Golfclub Der Lüderich e.V.

Karte, Nr. 352, Feld B8 **18** Design: Pieter Schwarze Höhe: 200 m

gegründet: 2000

Am Golfplatz 1, 51491 Overath-Steinenbrück
02204-97600 02204-97602
info@gc-luederich.de
www.gc-luederich.de

PR: Richard Pütz, GF: Sabina Henrich-Bandis, CM: Claudia Nemetz
Headgreenkeeper: Alexander Böntgen

i: 02204-97600 02204-97602

1774 Clavigo CB Gastronomie, Carlos Bernis
02204-976015 02204-97602

PRO SHOP: 02204-97600 02204-97600

PRO: Pro: Heinz Peter Thül, Dennis Arnold, Christian Böhlke

H: 4857 m, CR 68.5, SL 131, Par 70
D: 4158 m, CR 70, SL 127, Par 70
40 Rangeabschläge (20 überdacht)

G: Gäste sind jederzeit willkommen. Anmeldung ist notwendig. Clubausweis mit eingetragenem Handicap (54) ist erforderlich. Schnupperkurs: 19 Euro, Platzreifekurs: 299 Euro

18-Loch-Greenfee: WT: EUR 59 / WE: EUR 75
9-Loch-Greenfee: WT: EUR 40 / WE: EUR 50
Montag-Donnerstag ab 17 Uhr „All you can Play" für EUR 39 (außer Feiertag). Sie spielen, so weit Sie kommen.
Ermäßigung: Jugendl. bis 17 J. 50%, Stud. 25%

Platzinfos

Anfahrtsbeschreibung

Von Köln: A 4 Richtung Olpe, Ausfahrt Untereschbach, an der Ampel links und an der nächsten Ampelkreuzung links in die Olper Straße, nach ca. 800 m rechts zum Golfplatz abbiegen. Von Düsseldorf/Frankfurt: A 3 Ri. Köln, weiter A 4 Ri. Olpe. Von Dortmund: A1 Ri. Köln, weiter A 3 Ri. Köln, weiter A 4 Ri. Olpe.

Platzbeschreibung

Der Lüderich in Overath bei Köln, der extremste Golfplatz Deutschlands. Spielen Sie die leichtesten 9 Loch (Slope 114) und die schwersten 9 Loch (Slope 149) an einem Tag! Der Golfclub Der LÜDERICH bietet Ihnen ein nicht alltägliches Golferlebnis auf einem hervorragend gepflegten Platz mit außergewöhnlichen Ausblicken ins Bergische Land, und das nur 20 Minuten vom Zentrum Kölns entfernt.

Nächstgelegene Plätze

Köln, G&LC (Nr. 345)
Schloß Georghausen, GC (Nr. 343)
Schloss Auel, GC (Nr. 358)

Golf Club Burg Overbach e.V.

Karte, Nr. 353, Feld C8 **18** Höhe: 200 m

gegründet: 1984

Overbach 1, 53804 Much
02245-5550
info@burgoverbach.de
www.burgoverbach.de

PR: Prof.Dr. Andreas Blum, CM: Gero Bücher

i: 02245-5550
Gisela Frank, Dani Fuchs

Miguel´s, Miguel Bernis
02245-9111191
Mo. Ruhetag

PRO: Pro: Thomas Kröber

H: 5955 m, CR 72, SL 136, Par 72
D: 5276 m, CR 73.9, SL 133, Par 72
20 Rangeabschläge (5 überdacht)

G: Gäste sind jederzeit willkommen. Anmeldung ist notwendig. Clubausweis mit eingetragener PE ist erforderlich.

18-Loch-Greenfee: WT: EUR 59 / WE: EUR 79
9-Loch-Greenfee: WT: EUR 30 / WE: EUR 40
Anmeldung erforderlich. Driving Range inklusive Nutzung Kurzplatz
Ermäßigung: Jugendl./Stud. 50%

Platzbeschreibung

Ein sportlich anspruchsvoller Platz in naturbelassener, leicht hügeliger Landschaft. Große, gut verteidigte Grüns sowie Schräglagen und 69 strategisch platzierte Bunker stellen den Golfer vor schwierige, aber niemals unfaire Aufgaben.

Platzinfos

VCG GPS CLUB

Anfahrtsbeschreibung

A 4 Olpe, Ausfahrt Overath Richtung Overath, vor dem Ort dem Hinweisschild Much folgen. Oder von Gummersbach: A 4 Köln, Ausfahrt Osberghausen, über die B 56 (Drabenderhöhe) bis Much.

Nächstgelegene Plätze

Nümbrecht, GP (Nr. 354)
Schloß Georghausen, GC (Nr. 343)
Lüderich, GC Am (Nr. 352)

Golf-Park Nümbrecht

Karte, Nr. 354, Feld C8 9

gegründet: 1990

Höhenstr. 40, 51588 Nümbrecht
02293-303700 02293-7214
info@golfpark-nuembrecht.de
www.golfpark-nuembrecht.de

PR GF: Benjamin Häcke

02293-303700 -7214
Jürgen Kann

Bistro
02293-303700

Pro Shop, Jürgen Kann
02293-303700

Pro: Ralf Feldner

H: 2870 m, CR 58.8, SL 107, Par 58
D: 2754 m, CR 59.4, SL 106, Par 58
15 Rangeabschläge (5 überdacht)

Gäste sind jederzeit willkommen. Clubausweis mit eingetragener PE ist erforderlich.

Tages-Greenfee: EUR 30
Mittwochs PE-freier Tag „Spielen ohne PE".
Ermäßigung: Jugendl./Stud.

Platzbeschreibung

Der Golf-Park im Kurort Nümbrecht liegt inmitten des Bergischen Landes und ist nur etwa 1,5 Std. vom Rhein- und Ruhrgebiet entfernt. Zum Park-Hotel Nümbrecht gehörend bietet die Anlage Golf für Jedermann auf teils hügeligem Gelände, mit Wasserhindernissen und Entspannung nach der Runde im Bistro/Restauration.

Platzinfos

Anfahrtsbeschreibung

A 4, Abf. Gummerbach/Wiehl, B 256 Ri. Wiehl, nach ca. 5 km re. u. gleich li. Ri. Nümbrecht. Über Bierenbach Ri. Nümbrecht/Bröl, li. Ri. Zentrum (Bahnhofstr.), im Ort an der Aral-Tankstelle vorbei, 1. Str. li. u. dann re. in den Lindchenweg. Oder: A 3, am ABK Bonn/Siegburg auf die B 560 in Ri. Altenkirchen, Abf. Hennef/Ost, li. auf die B 476 Ri. Waldbröl, hinter Rupichterroth li. Ri. Nümbrecht, im Zentrum re. (Spreitger Weg) u. gleich wieder re.

Nächstgelegene Plätze

Burg Overbach, GC (Nr. 353)
Reichshof, GC (Nr. 348)
Gimborner Land, GA (Nr. 338)

Köln-Marienburger Golf Club e.V.

Karte, Nr. 355, Feld B8 **9/9** Design: Bernhard von Limburger Höhe: 55 m

gegründet: 1953

Schillingsrotterweg, 50968 Köln-Marienburg
0221-384053 0221-341520
info@marienburger-golfclub.de
www.marienburger-golfclub.de

PR: Paul Bauwens-Adenauer, CM: Jürgen Strätz

i: 0221-384053 0221-341520
Richard Hemb

n. n.
0221-3400874
Mo. Ruhetag

PRO: Pro: Peer Sengelhoff, Wolfgang Esser, Nick Doidge

9-Loch Platz
H: 6114 m, CR 72.4, SL 129, Par 72
D: 5158 m, CR 72.4, SL 124, Par 72
9-Loch Par 3 Platz
H: Par 54
18 Rangeabschläge (11 überdacht)

G: Gäste sind jederzeit willkommen. Anmeldung ist notwendig. Clubausweis mit eingetragenem Handicap (36) ist erforderlich.

18-Loch-Greenfee: EUR 60
9-Loch-Greenfee: EUR 40
Ermäßigung: Jugendl./Stud. 50%

Platzbeschreibung

Der Golfclub liegt nur unweit vom Kölner-Zentrum entfernt und bietet von verschiedenen Fairways einen Blick auf die Metropole. Landschaftlich sehr schön gelegen ist die Anlage von altem Baumbestand geprägt und bietet mit einer hohen Anzahl an Bunkern und Hindernissen einen mittleren Schwierigkeitsgrad mit anspruchsvollen Vierer-Löchern.

Platzinfos

Anfahrtsbeschreibung

A 4 Bonn-Köln, Ausfahrt AK Köln-Süd Richtung Kölner Innenstadt, am Verteilerkreis rechts in die Militärringstraße, an der 1. Ampel rechts („Zum Forstbotanischen Garten"), nach ca. 100 m rechts und der Beschilderung „Golfplatz" folgen.

Nächstgelegene Plätze

V-Golf (Nr. 357)
SSZ Köln-Wahn (Nr. 356)
Clostermanns Hof, GA (Nr. 360)

Greenfee-Aktion: Seite G 95, 97

GC Wahn im SSZ Köln-Wahn e.V.

Karte, Nr. 356, Feld B8 9 Höhe: 43 m

gegründet: 1981

Frankfurter Straße 320, 51147 Köln
✆ 02203-62334
ssz-koeln@t-online.de
www.golfwahn.de

PR Volker Düppe, CM: Mario Brandt

i ✆ 02203-62334
Helga Freutel, Ute Moers

Eckard-Andreas-Clubhaus, Cocina Simple
✆ 02203-5907733
Mo. Ruhetag

H: 1916 m, CR 54, SL 113, Par 54
D: 1916 m, CR 54, SL 113, Par 54
8 Rangeabschläge (2 überdacht)

G Gäste sind jederzeit willkommen. Clubausweis mit eingetragener PE ist erforderlich.

Tages-Greenfee: EUR 20

Platzinfos

VCG

Anfahrtsbeschreibung

A 3 Richtung Köln bis Autobahndreieck Heumar, weiter auf der A 59 Richtung Flughafen Köln-Bonn bis zur Ausfahrt Porz-Wahn, dann auf der Heidestraße bis Wahn-Mitte, rechts in die Frankfurtersstraße bis zum Ortsende und der Beschilderung „Golf" zum Golfplatz folgen.

Platzbeschreibung

Sehr stadtnah befindet sich dieser selbstorganisierte Golfverein zwischen Rhein und Flughafen Köln-Bonn in einem Landschaftsschutzgebiet, umgeben von Land- und Forstwirtschaft. Die Atmosphäre im Club ist angenehm familiär und betont sportlich.

Nächstgelegene Plätze

V-Golf (Nr. 357)
Clostermanns Hof, GA (Nr. 360)
West Golf (Nr. 362)

V-Golf Sankt Urbanus

Karte, Nr. 357, Feld B8 **18/3** Design: Holger Rengstorf Höhe: 50 m

gegründet: 1995

Urbanusstraße 70, 51147 Köln
0221-99886611 0221- 99 88 66 513
sank.turbanus@v-golf-ev.de
www.v-golf-ev.de

PR: Melissa Velte

0221-99886611 0221-99886699
Carmen Hohmann, Annette Peters

Carpe Diem
0221-99886611 0221-99886699

PRO: Pro: Milan Egeler, Andrew Richardson, Bernd Gerland

18-Loch St. Urbanus Platz
H: 6055 m, CR 71.3, SL 124, Par 72
D: 5169 m, CR 71.8, SL 124, Par 72
3-Loch Platz: H: 550 m, Par 10, D: 550 m
45 Rangeabschläge (23 überdacht)

G: Gäste sind jederzeit willkommen. Anmeldung ist erforderlich. Handicap 54 ist erforderlich.

18-Loch-Greenfee: EUR 80
9-Loch-Greenfee: EUR 40

Platzbeschreibung

Kennzeichnend für die Turnieranlage sind großzügige Abschläge für unterschiedlichste Spielstärken, breite Fairways, attraktive Bunker und herausfordernd modellierte Grünlandschaften. Neben der 18-Loch-Turnieranlage gibt es noch einen 3-Loch-Public-Course, der eine ideale Verbindung zwischen dem Üben auf der Driving Range und dem Spiel auf der „großen" Anlage darstellt.

Platzinfos

Anfahrtsbeschreibung

A 59 (Flughafenautobahn), Ausfahrt Wahn Richtung Wahn (Heidestraße), weiter Richtung Niederkassel (St. Sebastianus-Straße, Liburer Straße, Liburer Weg), nach ca. 1,9 km hinter der Eisenbahnunterführung rechts (rechts Geflügelhof) in die Urbanusstraße, nach ca. 800 m liegt linker Hand der Parkplatz.

Nächstgelegene Plätze

SSZ Köln-Wahn (Nr. 356)
Clostermanns Hof, GA (Nr. 360)
West Golf (Nr. 362)

Golf Club Schloss Auel

Karte, Nr. 358, Feld B8 **18/9** Höhe: 130 m

gegründet: 1998

Haus Auel 1, 53797 Lohmar
☎ 02206-909056 ℻ 02206-909057
✉ info@gc-schloss-auel.de
www.gc-schloss-auel.de

PR: GF: Robert Hoppe, CM: Sina Scheulen
Headgreenkeeper: Arno Henrich

i: ☎ 02206-909056 ℻ 02206-909057

Schloss Auel, Dirk Böttcher
☎ 02206-60030 ℻ -6003222

PRO: Pro: Jacqui Stupfel, Markus Spiegel

18-Loch Platz
H: 5959 m, CR 71.9, SL 134, Par 73
D: 5276 m, CR 73.7, SL 132, Par 74
9-Loch Kurzplatz
H: 2828 m, CR 57.2, SL 93, Par 58
D: 2828 m, CR 57.4, SL 87, Par 58
40 Rangeabschläge (6 überdacht)

G: Gäste sind jederzeit willkommen. Clubausweis mit eingetragenem Handicap (54) ist erforderlich. Sa./So./Feiertage ist Handicap 36 erforderlich.

18-Loch-Greenfee: WT: EUR 55 / WE: EUR 70
9-Loch-Greenfee: WT: EUR 40 / WE: EUR 45

Platzinfos

VCG GASTRO

Anfahrtsbeschreibung
A 3, Ausfahrt Lohmar-Nord, auf der B 484 Richtung Lohmar-Overath bis Schloss Auel. Oder: A 4, Ausfahrt Overath, auf der B 484 Richtung Lohmar zum Golfplatz. Oder: A 3, Ausfahrt Rösrath, Richtung Lohmar, auf der B 484 Richtung Overath bis Schloss Auel.

Platzbeschreibung
Ein phantastisches Panorama und ein abwechslungsreich geschwungenes Gelände sind der Rahmen für diese anspruchsvolle Golfanlage. Die bewaldeten Höhenzüge, Ackerflächen, Feldgehölze, Strauch- und Gebüschgruppen bilden eine zu allen Jahreszeiten abwechslungsreiche Kulisse. Das Gelände erstreckt sich über langgezogene Hügelketten mit hervorragender Fernsicht. Im Kontrast dazu befinden sich einige Bahnen zwischen Wiesen und Wäldern. Im GC Schloss Auel wurde das 1. Personenbeförderungsband auf einer Golfanlage gebaut.

Nächstgelegene Plätze
West Golf (Nr. 362)
SSZ Köln-Wahn (Nr. 356)
Bonn, Intern. GC (Nr. 366)

Nordrhein-Westfalen

GC Haus Kambach Eschweiler-Kinzweiler e.V.

Karte, Nr. 359, Feld A8 **18** Design: Dieter R.Sziedat Höhe: 180 m

gegründet: 1989

Kambachstraße 9-13, 52249 Eschweiler-Kinzweiler
☎ 02403-50890 📠 02403-21270
✉ info@golf-kambach.de
💻 www.golf-kambach.de

PR
GF: Stefan Davids
Headgreenkeeper: Jakob Schönleber

i
☎ 02403-50890 📠 02403-21270
Elke Heiler-Ruf

Events Bistro Brasserie, Robert Gorski
☎ 02403-508922 📠 02403-801097
Mo. Ruhetag

PRO SHOP
Haus Kambach Golf und Freizeit GmbH & Co.KG, Tatjana Zahmel
☎ 02403-50890 📠 02403-21270

PRO
Pro: Thomas Schäfer

H: 6033 m, CR 71.8, SL 130, Par 73
D: 5375 m, CR 74.1, SL 127, Par 73
26 Rangeabschläge (8 überdacht)

G
Gäste sind jederzeit willkommen. Anmeldung ist notwendig. Clubausweis mit eingetragenem Handicap ist erforderlich. Mo.-Fr. ist Handicap 54 erforderlich. Startzeitenreservierung erforderlich

18-Loch-Greenfee: WT: EUR 60 / WE: EUR 70
9-Loch-Greenfee: WT: EUR 40 / WE: EUR 50
VcG-Spieler sind herzlich willkommen. Schüler unter 18 möglichst in Begl. von Erwachsenen. Ermäßigung: Jugendl./Stud.

Platzinfos

VCG GPS CLUB GASTRO

Anfahrtsbeschreibung

Von Köln: A 4, Ausfahrt Eschweiler-West, geradeaus nach Kinzweiler. Von Aachen: A 4, Ausfahrt Eschweiler-West, links, dann rechts nach Kinzweiler. Von Düsseldorf: Ausfahrt Alsdorf-Hoengen rechts Richtung Eschweiler, nach 1,5 km an der Ampel rechts. Nach 200 m links Richtung Kinzweiler, gerade über den Kreisverkehr, nach 200 m rechts auf den Parkplatz.

Platzbeschreibung

Dieser Platz ist eine erstklassige Adresse im Dreiländereck bei Aachen. Die natürliche Ausprägung der Voreifel-Landschaft wurde harmonisch für eine 18-Loch-Meisterschaftsanlage genutzt. Vor der malerischen Kulisse eines barocken Wasserschlosses fühlen sich dabei Anfänger und fortgeschrittene Golfer gleichermaßen zu Hause.

Nächstgelegene Plätze

Loherhof (Nr. 347)
Aachener GC 1927 (Nr. 364)
Düren, GC (Nr. 363)

Golfanlage Clostermanns Hof

Karte, Nr. 360, Feld B8 **18/5** Design: Peter Drecker Höhe: 55 m

gegründet: 1991

Heerstraße 2, 53859 Niederkassel-Uckendorf
02208-506790 02208-5067940
info@golfclubclostermannshof.de
www.golfclubclostermannshof.de

PR: Thomas Wüst, GF: Anja von Wangenheim,
CM: Claudia Nemetz
Headgreenkeeper: Alexander Böntgen

i: 02208-506790 02208-5067940
Nils Roggendorf, Ingeborg Kadow

La Terrazza, Francesco De Palma
02208-9190320 02208-5067940

PRO SHOP: Schwedische Golfakademie, Johan Omander, Eva Omander
02208-5067999 02208-5067940

PRO: Pro: Johan Omander, Eva Omander, Lucas Kuhl

18-Loch Platz
H: 6000 m, CR 71.8, SL 132, Par 72
D: 5258 m, CR 73.5, SL 131, Par 72
5-Loch Kurzplatz (Executive)
H: 895 m, D: 818 m
150 Rangeabschläge (21 überdacht)

G: Gäste sind jederzeit willkommen. Anmeldung ist notwendig. Clubausweis mit eingetragenem Handicap (54) ist erforderlich. Sa./So./Feiertage ist Handicap 36 erforderlich.

18-Loch-Greenfee: Mo.: EUR 55 / Di.-Fr.: EUR 70 / WE: EUR 85
9-Loch-Greenfee: WT: EUR 50 / WE: EUR 60
Ermäßigung: Jugendl./Stud. bis 25 J.

Nächstgelegene Plätze
West Golf (Nr. 362)
V-Golf (Nr. 357)
SSZ Köln-Wahn (Nr. 356)

Platzinfos

VCG GPS CLUB GASTRO

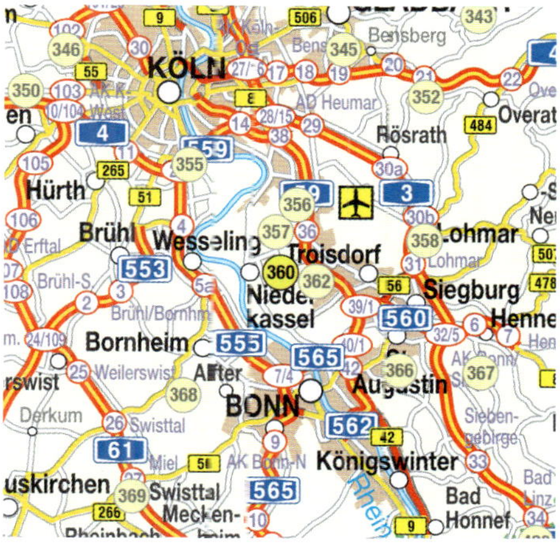

Anfahrtsbeschreibung
Von Bonn oder Köln: A 59, Ausfahrt Spich, Richtung Niederkassel bis Kreisverkehr - Ausfahrt Niederkassel (Dreiviertelkreis), nächster Kreisverkehr (wieder Dreiviertelkreis) Ausfahrt Niederkassel, durch Stockem Richtung Uckendorf, am Ortseingang Uckendorf liegt linker Hand der Golfplatz.

Platzbeschreibung
Eingebettet in das milde Klima der Kölner Bucht, nur 15 Autominuten vom Kölner Dom o. der Bonner Innenstadt entfernt, liegt die Golfanlage Clostermanns Hof Vor der malerischen Kulisse des Siebengebirges breitet sich die Anlage auf überwiegend ebenem Gelände aus. Doch auch sehr gute Golfspieler finden hier eine echte Herausforderung: Viele Doglegs, zahlreiche Bunker und strategisch platzierte Wasserhindernisse erfordern ein taktisch kluges Spiel.

Greenfee-Aktion: Seite G 97

Golf Burgkonradsheim GmbH

Karte, Nr. 361, Feld B8 **18/3** Höhe: 100 m

Nordrhein-Westfalen

gegründet: 1988

Am Golfplatz 1, 50374 Erftstadt-Konradsheim
☎ 02235-955660 Fax 02235-9556666
info@golfburg.de
www.golfburg.de

PR: Wolfgang Hohl, GF: Peter Rücker
Headgreenkeeper: Uwe Mosch

i: ☎ 02235-955660 Fax 02235-9556666

Landhaus Konradsheim, Sascha Denz
☎ 02235-9556630 Fax 02235-9556666

PRO SHOP: Golf BurgKonradsheim ProShop
☎ 02235-955660 Fax 02235-9556666

PRO: Pro: Jean Plissard, Anja Bryla, Dirk Thomas

18-Loch Platz
H: 6127 m, CR 72.2, SL 129, Par 72
D: 5368 m, CR 73.7, SL 130, Par 72
3-Loch Platz: H: Par 9, D: Par 9
30 Rangeabschläge (13 überdacht)

G: Gäste sind jederzeit willkommen. Anmeldung ist notwendig. Clubausweis mit eingetragenem Handicap (54) ist erforderlich.

18-Loch-Greenfee: Mo.: EUR 50 / Di.-Fr.: EUR 70 / WE: EUR 85
9-Loch-Greenfee: Mo.: EUR 40 / Di.-Fr.: EUR 45 / WE: EUR 55
Ermäßigung: Jugendl./Stud. 50%

Platzinfos

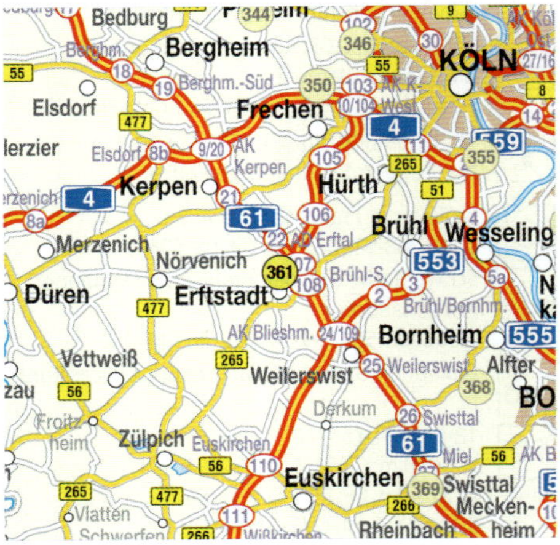

Platzbeschreibung

Eingebettet in die ebene Auenlandschaft der Zülpicher Börde liegt der Golfplatz idyllisch am Fuße der Burg Konradsheim, einer der ältesten Wasserburgen Nordrhein-Westfalens. Die Grüns sind groß, kunstvoll angelegt und in die Hügellandschaft integriert. Den besonderen Reiz vermitteln die idyllischen Bachläufe und Teiche mit fast 30.000 qm Wasserfläche sowie die aufgelockerten Bepflanzungen und der alte Baumbestand.

Anfahrtsbeschreibung

Von Köln: A 1 Richtung Koblenz, Ausfahrt Erftstadt, rechts auf der B 265 Richtung Lechenich, 1. Ampel rechts, im Kreisverkehr 1. Abzweigung rechts, Richtung Gymnich, ca. 1 km geradeaus durch den Kreisel, nach ca. 1 km, direkt hinter dem Ortsschild liegt die Einfahrt zum Parkplatz. Aus allen anderen Richtungen: A 1/61 Richtung Köln, Ausfahrt Erftstadt, links auf die B 265 und weiter wie oben beschrieben.

Nächstgelegene Plätze

GolfCity Köln (Nr. 350)
Römerhof, GA (Nr. 368)
Marienburger GC (Nr. 355)

Greenfee-Aktion: Seite G 97

West Golf GmbH & Co. KG

WEST GOLF

Karte, Nr. 362, Feld B8 **9/9** Design: Francois Bouchard Höhe 55 m

gegründet: 2008

Am Golfplatz 1, 53844 Troisdorf
☎ 02241-2327128 ☎ 02241-2327129
office@west-golf.com
www.west-golf.com

PR GF: Craig West, CM: Craig West

i ☎ 02241-2327128 ☎ 02241-2327129
Kenole Mäuser, Anja Wien, Sabrina Uerdingen

Nineteen´th
☎ 02241-9430588

PRO Pro: Arne Stuckenschmidt, Dominik Haase

9-Loch Players Course
H: 2986 m, CR 71.2, SL 123, Par 72
D: 2525 m, CR 71.5, SL 123, Par 72
70 Rangeabschläge (18 überdacht)

G Gäste sind jederzeit willkommen. Anmeldung ist erforderlich. PE ist erforderlich.

9-Loch-Greenfee: Mo.-Do.: EUR 40 / Fr.-So.: EUR 45
Ermäßigung: Jugendl. bis 18 J. 50%, Stud. bis 27 J. 25%

Platzinfos

VCG

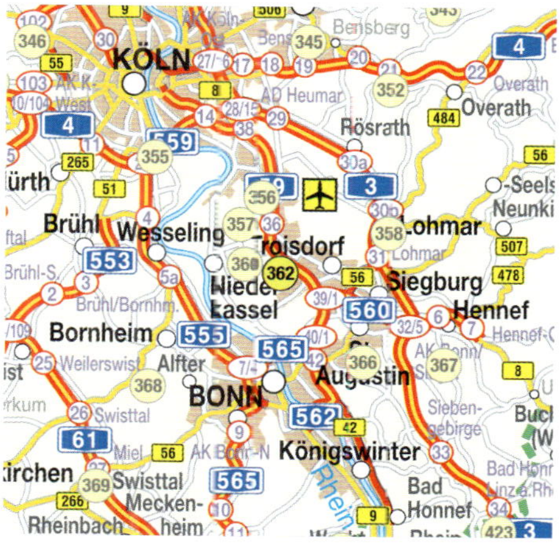

Platzbeschreibung

Der weltbekannte französische Golfplatzarchitekt und Jack Nicklaus Schüler Francois Bouchard - mitverantwortlich für die Umsetzung des Meisterschaftsplatzes Gut Lärchenhof - setzte das Golfplatzkonzept beeindruckend in die Praxis um und schaffte so neue Maßstäbe im öffentlichen Golf. Ein Par 36 9-Loch Platz mit internationalem Standard sowie ein Par 3 9-Loch Kurzplatz für Spieler ohne Platzreife. Diese Kombination bietet ein Golferlebnis für alle Spielstärken. Das Highlight ist das 9. Loch. Es ist ein maßstabsgetreuer Nachbau des bekannten Inselgrüns auf dem TPC Sawgrass Loch 17 in Florida. Dieser Nachbau ist in ganz Europa einzigartig. Die stark ondulierten und relativ kleinen Grüns entsprechen der modernen und anspruchsvollen Architektur von Francois Bouchard.

Anfahrtsbeschreibung

WEST GOLF ist nur 15 Minuten von der Kölner Innenstadt, 8 Minuten von der Bonner Innenstadt und 5 Minuten vom Köln/ Bonner Flughafen entfernt. Ihr schneller Weg zum Golf: Routenplaner unter www.west-golf.com.

Nächstgelegene Plätze

Clostermanns Hof, GA (Nr. 360)
V-Golf (Nr. 357)
SSZ Köln-Wahn (Nr. 356)

Golf Club Düren e.V.

Karte, Nr. 363, Feld A8 **18** Design: Pennink, Preissmann, Grohs Höhe: 120 m

gegründet: 1976

Am Golfplatz 2, 52355 Düren-Gürzenich
☎ 02421-67278 🖷 02421-63492
✉ sekretariat@gcdueren.de
💻 www.gcdueren.de

PR: Karin Cornils

i: ☎ 02421-67278 🖷 02421-63492
Katrin Simon

RIVO Restaurant im Golfclub Düren,
Ivaylo Hristov
☎ 02421-8897668
Mo. Ruhetag

PRO SHOP: Gudrun Kaschluhn
☎ 02421-7023388

PRO: Pro: Jacqueline Dittrich

H: 6082 m, CR 73.2, SL 133, Par 73
D: 5316 m, CR 75.1, SL 133, Par 73
20 Rangeabschläge (4 überdacht)

G: Gäste sind jederzeit willkommen. Anmeldung ist notwendig. Clubausweis mit eingetragenem Handicap (36) ist erforderlich. Bitte aktuelle Hinweise zum Platz auf der Startseite www.gcdueren.de/index.php beachten und unter aktuellen Infos auf https://gcdueren.de/

18-Loch-Greenfee: WT: EUR 65 / WE: EUR 75

Platzbeschreibung

Die Anlage von 1976 wurde in ebenem, parkähnlichem Gelände mit altem Baumbestand angelegt, der zusammen mit Bachläufen ein taktisches Spiel verlangt. Die Erweiterung wurde geschickt in die Anlage integriert. Nach den ersten 3 Bahnen des Platzes betritt man den durch großzügig angelegte Fairways, Teiche und freie Blicke in die nahe Voreifel geprägten Teil des Platzes. Danach kehrt man in die reizvolle Kulisse der Parklandschaft zurück.

Platzinfos

Anfahrtsbeschreibung

So finden Sie uns: A4 Köln-Aachen, Ausfahrt: Langerwehe/Inden, Richtung Langerwehe bis Kreisverkehr B 264, Geradeaus auf die K 27 Richtung Kreuzau, Jüngersdorf, Merode, Schlich und Derichsweiler durchfahren, In Gürzenich die Ampelkreuzung geradeaus überqueren Hinter Ortsausgang rechts abbiegen - der Beschilderung GOLFCLUB folgen.

Nächstgelegene Plätze

Haus Kambach, GC (Nr. 359)
Konradsheim, Golf Burg (Nr. 361)
Burg Zievel, GC (Nr. 371)

Aachener Golf Club 1927 e.V.

Karte, Nr. 364, Feld A8 **18** Design: Harry Colt Höhe: 180 m

gegründet: 1927

Schurzelter Straße 300, 52074 Aachen-Seffent
0241-12501
info@agc-ev.de
www.aachener-golfclub.de

PR: Caroline Effert, GF: Oliver Röckerath

i: 0241-12501 -171075
Alexa Erckens, Ute Jäger

Club-Ökonomie, Nebojsa Colovic
0241-171079 -171080
Mo. Ruhetag

PRO SHOP: 0241-12501

PRO: Pro: Wim van Mook, Hauke Wagner, Harold Moss

H: 5803 m, CR 71, SL 128, Par 72
D: 5207 m, CR 73.3, SL 128, Par 72
13 Rangeabschläge (10 überdacht)

G: Gäste sind jederzeit willkommen. Anmeldung ist notwendig. Clubausweis mit eingetragenem Handicap (32) ist erforderlich.

18-Loch-Greenfee: WT: EUR 80 / WE: EUR 90
Ermäßigung: Jugendl./Stud.

Platzinfos

Anfahrtsbeschreibung

Vom Stadtzentrum über Pontor, Roermonder Straße links in die Schurzelter Straße zum Golfplatz. Oder: Über Vaalser Straße Richtung Grenzübergang Niederlande bis Schurzelter Straße. Oder: A 4, Ausfahrt Laurensberg Richtung Laurensberg bis zur 1. Ampel, der Beschilderung „Seffent" zum Golfplatz folgen.

Platzbeschreibung

Das mit altem Baumbestand versehene Gelände hat eine leicht hügelige Topographie und liegt am Fuße des Schneeberges im Westen der Stadt Aachen, dicht an der Grenze zu den Niederlanden. Der Platz verfügt über abwechslungsreiche Spielbahnen mit teilweise schönen Ausblicken auf Aachen und eine schöne Hügellandschaft.

Nächstgelegene Plätze

Haus Kambach, GC (Nr. 359)
Loherhof (Nr. 347)
Düren, GC (Nr. 363)

Greenfee-Aktion: Seite G 97

Gut Heckenhof Hotel & GR an der Sieg

Karte, Nr. 365, Feld C8 **27/6** Design: Bill Amick, Robin de Wooght Höhe: 100 m

Nordrhein-Westfalen

gegründet: 1992

Heckerhof 5, 53783 Eitorf
✆ 02243-92320 🖷 02243-923299
✉ vertrieb@gut-heckenhof.de
www.gut-heckenhof.de

PR GF: Peter Hilla

i ✆ 02243-92320 🖷 02243-923299
Denise Misdom

Restaurant auf Gut Heckenhof
✆ 02243-923250 🖷 02243-923299

PRO SHOP Tee-Off Golfshop, Johan Omander
✆ 02243-923217 🖷 02243-923299

PRO Pro: Ernst Rödder

27-Loch Platz
H: 5284 m, CR 70.3, SL 118, Par 70
D: 4554 m, CR 65.4, SL 115, Par 69
6-Loch Pay and Play Platz
H: 629 m, Par 3. D: 629 m, Par 3
74 Rangeabschläge (24 überdacht)

G Gäste sind jederzeit willkommen. Anmeldung ist notwendig. Clubausweis mit eingetragener PE ist erforderlich.

18-Loch-Greenfee: WT: EUR 74 / WE: EUR 86
9-Loch-Greenfee: WT: EUR 50 / WE: EUR 61
Ermäßigung: Jugendl. bis 18 J. 50%

Platzinfos

VCG CLUB GASTRO

Anfahrtsbeschreibung
Von Köln: A 3 bis ABK Bonn/Siegburg, weiter A 560 Ri. Hennef bis Autobahnende (Ampelkreuzung). Von Bonn: Dreieck St. Augustin, weiter A 560 Ri. Siegburg/ Hennef bis Autobahnende (Ampelkreuzung). Am Autobahnende links einordnen, an der Kreuzung links abbiegen, der Hauptstraße geradeaus folgen und auf der L 333 weiter durch das Siegtal Ri. Eitorf. Kurz nach Ortseingang rechts Ri. Irlenborn und nach 1,5 km sieht man Gut Heckenhof rechts liegen.

Platzbeschreibung
Das Herz des Golfresorts ist die 27-Loch-Meisterschaftsanlage. Die gleichwertigen 9-Loch-Golfkurse können individuell miteinander kombiniert werden und ergeben so drei interessante und abwechslungsreiche 18-Loch-Meisterschaftsplätze. Golfer jeder Spielstärke finden hier ihr Glück. Die Golfschule verfügt mit ihrem umfangreichen Golfkursprogramm – vom Schnupperkurs bis hin zum Handicapkurs – sowohl für Golfeinsteiger als auch für Fortgeschrittene über das passende Angebot.

Nächstgelegene Plätze
Rhein-Sieg, GC (Nr. 367)
Siebengebirge, GC (Nr. 423)
Burg Overbach, GC (Nr. 353)

Internationaler Golf Club Bonn e.V.

Karte, Nr. 366, Feld B8 **18** Design: Karl Grohs Höhe: 120 m

gegründet: 1993

Konrad-Adenauer-Str. 100, 53757 St. Augustin
☎ 02241-39880 🖷 02241-398888
✉ info@golf-course-bonn.de
💻 www.golf-course-bonn.de

PR Barbara Ollig, GF: Anja Siemens-Fischer
Karl Siemens-Fischer
Headgreenkeeper: Berko Fricke

i ☎ 02241-39880 🖷 02241-398888

Restaurant - Golf Course Bonn, Bettina Bauer
☎ 02241-398850 🖷 02241-398888

PRO SHOP 1st Handicap Golf-Shop, Daniel Burhenne
☎ 02241-9229383

PRO Pro: Phil Gresswell, Klaas Hoogland

H: 5927 m, CR 72.7, SL 128, Par 71
D: 5224 m, CR 74.2, SL 128, Par 71
30 Rangeabschläge (20 überdacht)

G Gäste sind jederzeit willkommen. Anmeldung ist notwendig. Clubausweis mit eingetragenem Handicap (54) ist erforderlich. Sa./So./Feiertage ist Handicap 36 erforderlich. Hunde können angeleint die Spieler begleiten. Startzeit bis 9:00 Uhr oder ab 16:00 Uhr.

18-Loch-Greenfee: WT: EUR 60 / WE: EUR 80
9-Loch-Greenfee: WT: EUR 50 / WE: EUR 60

Platzbeschreibung

Der in hügeliger Parklandschaft, mit Ausblicken in das Rhein- und Siegtal, angelegte Platz bietet abwechslungsreiche und anspruchsvolle Spielbahnen, umgeben von altem Baumbestand.

Platzinfos

VCG GPS CLUB GASTRO

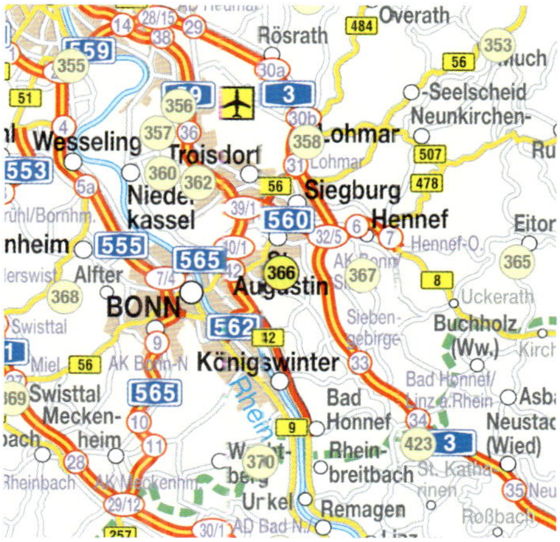

Anfahrtsbeschreibung

Von Norden: A 3 bis ABK Heumar, weiter A 59 (Flughafen-Autobahn) Ri. Bonn, Ausf. Beuel-Hangelar, weiter B 56 Ri. Siegburg, nach ca. 2 km an der 4. Ampelkreuzung (VW-Hoff) re. in die Konrad-Adenauer-Str., nach 1,5 km liegt links die Einfahrt. Von Süden: A 3 bis ABK Bonn-Siegburg, weiter A 560 Ri. Bonn Ausf. Siegburg-Mülldorf, weiter B 56 Ri. Bonn, nach 4 km an der 8. Ampelkreuzung (VW-Hoff) links in die Konrad-Adenauer-Straße und weiter wie oben.

Nächstgelegene Plätze

Rhein-Sieg, GC (Nr. 367)
West Golf (Nr. 362)
Schloss Auel, GC (Nr. 358)

Golf Club Rhein-Sieg e.V.

Karte, Nr. 367, Feld B8 **18/4** Design: Kurt Peters

gegründet: 1971

Haus Dürresbach, Sövenerstraße, 53773 Hennef
✆ 02242-6501 🖷 02242-909660
✉ sekretariat@gcrs.de
💻 www.gcrs.de

PR: Ralf Stemmer, CM: Stephan Axer

i: ✆ 02242-6501 🖷 02242-909660
Monika Zenker-Bail

Clubrestaurant
✆ 02242-8744420

PRO SHOP: GolfProDiscount
✆ 0228-94589675

PRO: Pro: Kai Klein, Ramon Wanders, Kevin Becker

H: 6081 m, CR 71.1, SL 129, Par 72
D: 5392 m, CR 72.8, SL 125, Par 72
8 überdachte Rangeabschläge

G: Gäste sind jederzeit willkommen. Anmeldung ist notwendig. Clubausweis mit eingetragener PE ist erforderlich.

18-Loch-Greenfee: WT: EUR 65 / WE: EUR 75
9-Loch-Greenfee: WT: EUR 35 / WE: EUR 40
GF inkl. Rangefee.
Ermäßigung: Jugendl. bis 18 J. und Stud. bis 27 J. 50%

Platzbeschreibung

Die Golfanlage liegt oberhalb von Hennef, etwa 2 km vom Ortskern entfernt inmitten eines weitläufigen Wiesen- und Waldgebietes mit herrlicher Aussicht, bei klarem Wetter bis nach Köln und Leverkusen. Das relativ offene Gelände mit großzügigen Fairways wird von altem Baumbestand umrahmt. Gut platzierte Bunker, das eine oder andere Wasserhindernis, Doglegs und Hanglagen bieten einen anspruchsvollen und abwechslungsreichen Parcours.

Platzinfos

Anfahrtsbeschreibung

A 3, Ausfahrt Richtung Frankfurt, Ausfahrt Kreuz Siegburg auf den Zubringer A 560 bis zur Ausfahrt Hennef-West, weiter auf der Frankfurter Straße Richtung Hennef-Söven bis zur Sportschule/Hennef vor dem Ort Söven, Haus Dürresbach, Golfplatz.

Nächstgelegene Plätze

Bonn, Intern. GC (Nr. 366)
Schloss Auel, GC (Nr. 358)
Gut Heckenhof H&GR (Nr. 365)

Golfanlage Römerhof

Karte, Nr. 368, Feld B8 **18/9** Höhe: 156 m

gegründet: 1996

Römerhofweg 2, 53332 Bornheim
✆ 02222-931940
✉ info@golfanlage-roemerhof.de
www.golfanlage-roemerhof.de

✆ 02222-931940 Fax -931942
Birgit Kemnitz

Bistro im Römerhof
✆ 02222-92930
Mo. Ruhetag

PRO SHOP ✆ 02222-931940 Fax -931942

PRO Pro: Martin Morich, Cameron Taylor

18-Loch Platz
H: 6215 m, CR 72, SL 128, Par 72
D: 5258 m, CR 73.1, SL 126, Par 72
9-Loch Platz
H: 2990 m, CR 57.6, SL 87, Par 60
D: 2744 m, CR 57, SL 86, Par 60
30 Rangeabschläge (14 überdacht)

G Gäste sind jederzeit willkommen. Sa./So./Feiertage ist Anmeldung notwendig. Clubausweis mit eingetragenem Handicap (45) ist erforderlich. Sa./So./Feiertage ist Handicap 36 erforderlich.

18-Loch-Greenfee: WT: EUR 70 / WE: EUR 85
9-Loch-Greenfee: WT: EUR 45 / WE: EUR 60
20% Greenfee-Ermäßigung auf reguläres Greenfee für DGV mit goldenem R-Hinweis
Ermäßigung: Jugendl. bis 18 J. und Stud. bis 28 J. 33%

Platzbeschreibung

Auf halber Strecke zwischen Köln und Bonn im Naherholungsgebiet Kottenforst-Ville liegt die 100 ha große, himmlisch ruhige Golfanlage inmitten Feld, Wald und Obstwiesen. Rund um die komplett restaurierte Hofanlage erstrecken sich öffentlicher Übungsteil und Golfschule, ein öffentlicher 9-Loch-Kurzplatz sowie ein 18-Loch-Turnierplatz. Auf dem gleichen Platz Auf dem gleichen Platz beheimatet ist die Airport-Golf Sparte der Sportgem. Flughafen Köln/Bonn e.V.

Platzinfos

VCG GPS GASTRO

Anfahrtsbeschreibung

A 555 Köln-Bonn, Ausfahrt Bornheim, oder A 61, Ausfahrt Heimerzheim, über die L 182 auf die Ville-Höhe oberhalb von Bornheim und von dort der Beschilderung zum 1 km entfernten Römerhof folgen.

Nächstgelegene Plätze

Schloss Miel, GC (Nr. 369)
Clostermanns Hof, GA (Nr. 360)
West Golf (Nr. 362)

Golf Club Schloss Miel

Karte, Nr. 369, Feld B8 **18** Design: David Ashton

gegründet: 1995

Schlossallee 1, 53913 Swisttal
✆ 02226-10050 🖷 02226-17001
✉ mail@schlossmiel.de
💻 www.schlossmiel.de

PR Franz Josef Hermann, GF: Alexander Thelen, CM: Luisa Gartmann
Lisa Thelen
Headgreenkeeper: Victor Franke

i ✆ 02226-10050 🖷 02226-17001
Sabine von Jordans, Melanie Breuer

Restaurant Graf Belderbusch, Stefan Hoffmeister
✆ 02226-9078807 🖷 02226-8369795
Mo. Ruhetag

PRO SHOP Daniela Bleeck

PRO Pro: James Jewell, Ian Holloway

H: 6060 m, CR 72.9, SL 134, Par 72
D: 5397 m, CR 75.3, SL 132, Par 72
50 Rangeabschläge (14 überdacht)

G Gäste sind jederzeit willkommen. Anmeldung ist notwendig. Clubausweis mit eingetragenem Handicap (54) ist erforderlich. Sa./So./Feiertage ist Handicap 45 erforderlich.

18-Loch-Greenfee: WT: EUR 110 / WE: EUR 130
9-Loch-Greenfee: WT: EUR 80 / WE: EUR 95
Ermäßigung: Jugendl. bis 16 J. und Stud. bis 27 J.

Platzbeschreibung

Der Golf Club Schloss Miel, in der reizvollen Landschaft der Voreifel gelegen, bietet sportlich anspruchsvolles Spiel oder rundum entspannendes Golferlebnis in unmittelbarer Nähe der Beethovenstadt Bonn. Die interessante Platzcharakteristik mit ihren außergewöhnlichen Spielbahnen und exzellenten Übungseinrichtungen bietet alle golferischen Möglichkeiten.

Platzinfos

Anfahrtsbeschreibung

A 4 Aachen-Köln, weiter auf der A 61 Richtung Koblenz, Ausfahrt Miel. Oder: Von Köln auf der A 1, weiter auf der A 61 bis Ausfahrt Miel. Oder: Von Bonn auf der B 56 Richtung Miel und zum Golfplatz, in Miel der Beschilderung zum Golfplatz folgen.

Nächstgelegene Plätze

Römerhof, GA (Nr. 368)
Burg Zievel, GC (Nr. 371)
Bad Münstereifel, GC (Nr. 372)

Golf Club Bonn Godesberg in Wachtberg e.V.

Karte, Nr. 370, Feld B8 **18** Höhe: 150 m

gegründet: 1960

Landgrabenweg,
53343 Wachtberg-Niederbachem
✆ 0228-344003 ✉ 0228-340820
info@gc-bonn-godesberg.de
www.gc-bonn.de

PR Andreas Thamm, CM: Daniel Schulze
Headgreenkeeper: Tobias Gerwing

i ✆ 0228-344003 ✉ 0228-340820
Devid Theißen

Hole in One, Karla Pinheiro-Coello
✆ 0177-8596768
Mo. Ruhetag

PRO Pro: Mariat Domscheit, Dominique Klein, Claas-Eric Borges, Tim Nagel

H: 5662 m, CR 70.2, SL 133, Par 71
D: 5029 m, CR 72.1, SL 128, Par 71
16 überdachte Rangeabschläge

G Gäste sind jederzeit willkommen. Clubausweis mit eingetragenem Handicap ist erforderlich.
E-Cart: 18-Loch EUR 28, 9-Loch EUR 17

18-Loch-Greenfee: WT: EUR 65 / WE: EUR 75
9-Loch-Greenfee: WT: EUR 35 / WE: EUR 40
Ermäßigung: Jugendl./Stud. bis 28 J. 50%

Platzbeschreibung

Ein Platz, dessen Spielbahnen nur 8 km von Bonn entfernt tief durch den üppigen Waldbestand eines Hochplateaus führen. Insgesamt 16 Bahnen sind fast gänzlich von Wald umgeben und lassen durch teilweise enge Bahnen wenig Streuung zu. Gut platzierte Bunker und die Wasserhindernisse an den Bahnen 3, 6, 12 und 18 versperren den erfolgreichen Weg zum Grün. Insgesamt anspruchsvoll, idyllisch und voller Ruhe.

Platzinfos

VCG GPS CLUB GASTRO

Anfahrtsbeschreibung

A 61/A 565, Ausfahrt Meckenheim-Merl Richtung Godesberg-Berkum-Niederbachem, nach dem Ortsschild Niederbachem scharf rechts in den Landgrabenweg (Hinweisschild zum Golfplatz), der auf dem Clubgelände mündet. Oder: Von der B 9 kommend in Mehlem auf der Landstraße Richtung Berkum, durch Niederbachem, vor dem Ortsausgangsschild links in den Landgrabenweg zum Golfplatz abbiegen. Bitte beachten Sie, dass es sich beim Landgrabenweg um eine Tempo-30-Zone handelt.

Nächstgelegene Plätze

Bad Neuenahr-Ahrw., G&LC (Nr. 426)
Siebengebirge, GC (Nr. 423)
Bonn, Intern. GC (Nr 366)

Golfclub Burg Zievel

Karte, Nr. 371, Feld B8 **18** Höhe: 200 m

gegründet: 1994

Burg Zievel, 53894 Mechernich
✆ 02256-1651/-3776 🖷 02256-3479
✉ gcburg@zievel.de
💻 www.gcburgzievel.de

PR: Jochen Knappertz

i: ✆ 02256-1651 🖷 -3479
Nicole Sütsch

Clubgastronomie Michael Müller,
Carmen Körber-Müller
✆ 02256-957463 🖷 02256-3479

PRO SHOP: Kirsten Beelen
✆ 02256-3778 🖷 -957791

PRO: Pro: Menno Beelen, Christof Schürmann

H: 5944 m, CR 71.6, SL 133, Par 72
D: 5248 m, CR 73.5, SL 131, Par 72
30 Rangeabschläge (10 überdacht)

G: Gäste sind jederzeit willkommen. Anmeldung ist notwendig. Clubausweis mit eingetragenem Handicap (45) ist erforderlich.

18-Loch-Greenfee: WT: EUR 60 / WE: EUR 70
9-Loch-Greenfee: WT: EUR 35 / WE: EUR 40

Platzbeschreibung

Alter Baumbestand, Bachläufe und terrassenförmig angelegte Fairways prägen diese Anlage. Anspruchsvolle Hindernisse bilden eine sportliche Herausforderung und sorgen für ein abwechslungsreiches Spiel in bewegtem Gelände. Die Burg Zievel ist dabei vonfast allen Fairways sichtbar und bildet eine attraktive Kulisse. Einzigartig im Rheinland ist der Blick von der Clubhausterrasse auf die beiden Grüns 9 und 18, die hangabwärts zu spielen sind.

Platzinfos

VCG GPS

Anfahrtsbeschreibung

Aus dem Köln-Bonner Raum: A 1 bis zur Abfahrt Wißkirchen. Von hier aus führen Hinweisschilder auf dem direkten Weg durch den Ort Satzvey zum Golfplatz Burg Zievel.

Nächstgelegene Plätze

Bad Münstereifel, GC (Nr. 372)
Schloss Miel, GC (Nr. 369)
Römerhof, GA (Nr. 368)

Greenfee-Aktion: Seite G 99

Golfclub Bad Münstereifel

Karte, Nr. 372, Feld B8 18 Höhe: 360 m

gegründet: 1993

Moselweg 4, 53902 Bad Münstereifel
☎ 02253-2714 Fax 02253-930880
info@golfbadmuenstereifel.de
www.golfbadmuenstereifel.de

PR: Tim Tschernay, GF: Tilman Wrede

i: ☎ 02253-2714 Fax 02253-930880
Gosia Gnyp

Landhaus Stockert
☎ 02253-9322355

PRO SHOP: Golf Bad Münstereifel, Gosia Gnyp
☎ 02253-2714 Fax 02253-930880

PRO: Pro: Sebastian Trappmann

H: 5474 m, CR 71, SL 129, Par 71
D: 4864 m, CR 72.6, SL 122, Par 71
25 Rangeabschläge (4 überdacht)

G: Gäste sind jederzeit willkommen. Anmeldung ist erforderlich. PE ist erforderlich. Sa./So./Feiertage ist Handicap 54 erforderlich. Startzeit bitte im Voraus telefonisch buchen.

Tages-Greenfee: WT: EUR 89 / WE: EUR 109
18-Loch-Greenfee: WT: EUR 69 / WE: EUR 79
9-Loch-Greenfee: WT: EUR 35 / WE: EUR 45
Einzelspieler mit R-Kennzeichnung auf dem Ausweis erhalten EUR 10 Rabatt auf ein 18-Loch Greenfee
Ermäßigung: Jugendl./Stud. bis 27 J. 50%

Nächstgelegene Plätze

Burg Zievel, GC (Nr. 371)
Schloss Miel, GC (Nr. 369)
Römerhof, GA (Nr. 368)

Platzinfos

Anfahrtsbeschreibung

Von Köln: A 1 Köln-Trier, Ausfahrt Bad Münstereifel, rechts Richtung Bad Münstereifel, nach 800 m links Richtung Satzvey, nach 100 m wieder links bis Weiler am Berg, in der Ortsmitte rechts Richtung Eschweiler, nach 2,5 km zum Golfplatz noch vor dem Ortseingang scharf rechts in Richtung der Fahnenmasten. Hier links zum Golfplatz.

Platzbeschreibung

Natur so weit das Auge reicht! In nahezu unberührter Landschaft fühlt sich ein Golfer im GC Bad Münstereifel wie im Urlaub und das nur 25 Minuten von Köln oder Bonn entfernt. Die weiten Panoramaaussichten, die teils unberührte Natur in den angrenzenden Naturschutzgebieten der Eifel und die absolute Ruhe unterscheiden uns von allen anderen Golfanlagen in der Region Köln-Bonn.

Hessen

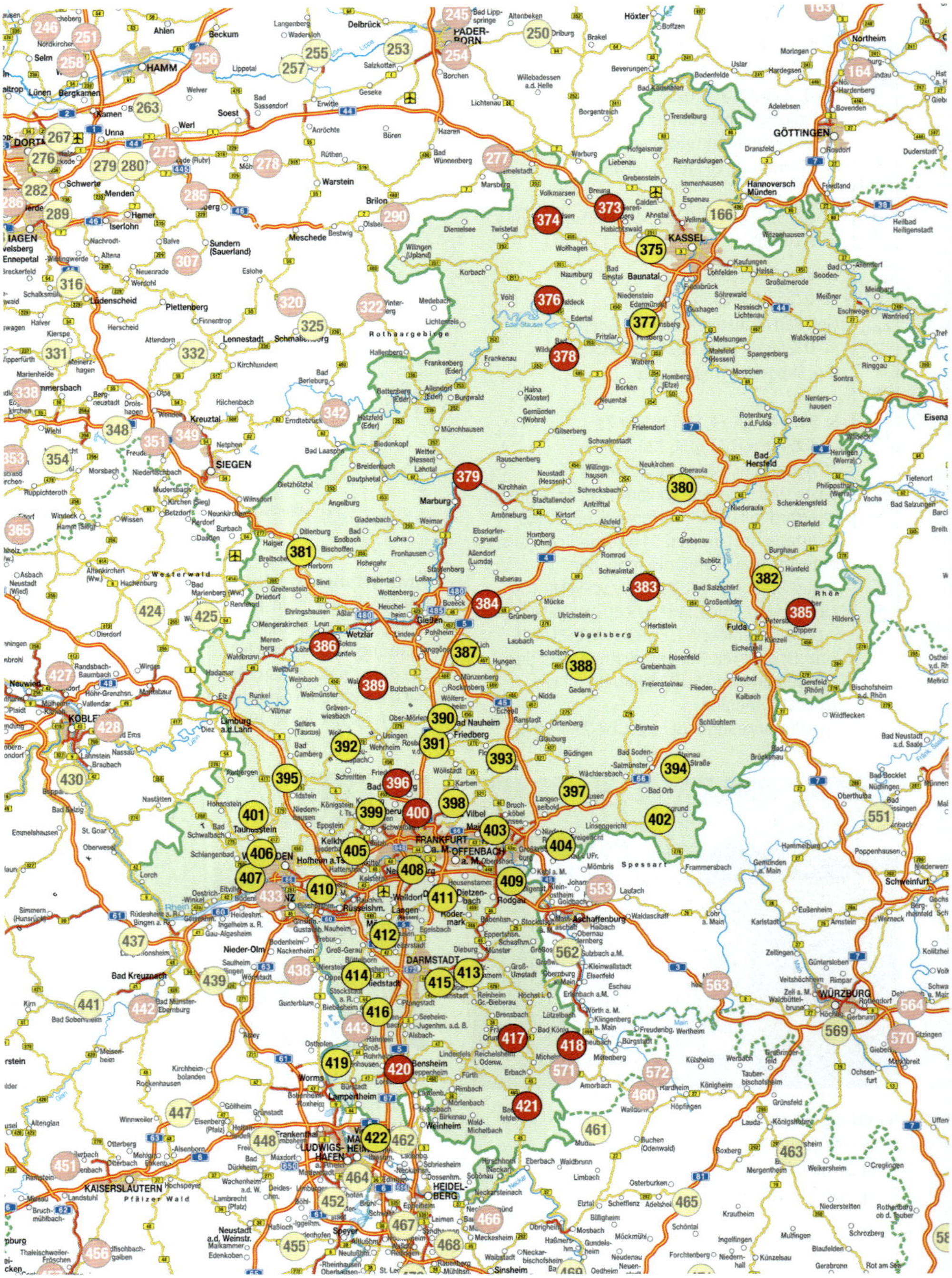

■ = Partner Albrecht Greenfee-Aktion

Hessen

Greenfee-Aktion: Seite G 99

Golf Club Zierenberg Gut Escheberg e.V.

Karte, Nr. 373, Feld E7 **18/4** Höhe: 284 m

gegründet: 1995

Gut Escheberg 7, 34289 Zierenberg
05606-531972
info@golfclub-escheberg.de
www.golfclub-escheberg.de

PR
Dr. Michael Spallek
Headgreenkeeper: Marco Peschiulli

i
05606-531972
Sara Vantaggiato

18-Loch Platz
H: 6090 m, CR 72.8, SL 133, Par 72
D: 5362 m, CR 74.8, SL 130, Par 72
4-Loch Par 3 Übungsplatz
H: 480 m, D: 460 m
18 Rangeabschläge (10 überdacht)

G
Gäste sind jederzeit willkommen. Anmeldung ist notwendig. Clubausweis mit eingetragener PE ist erforderlich.

18-Loch-Greenfee: WT: EUR 55 / WE: EUR 65
9-Loch-Greenfee: WT: EUR 35 / WE: EUR 40
VcG-Spieler bitte anmelden.

Platzinfos

VCG GPS

Anfahrtsbeschreibung

A 44 Kassel-Dortmund, Ausfahrt Zierenberg, weiter Richtung Zierenberg, von dort links Richtung Oberelsungen, ca. 500 m nach dem Ortsteil Friedrichsaue rechts zu Gut Escheberg und zum Golfplatz.

Platzbeschreibung

Der Golfplatz Zierenberg Gut Escheberg besitzt eine romantische, fast märchenhafte Atmosphäre. Ruhig, aber dennoch zentral vor den Toren Kassels gelegen, abseits viel befahrener Straßen, bietet die Golfanlage Raum für Entspannung und zugleich sportliche Herausforderung.

Nächstgelegene Plätze

Kassel-Wilhelmshöhe, GC (Nr. 375)
Bad Arolsen, G&LC (Nr. 374)
Gut Wissmannshof, GC (Nr. 166)

Greenfee-Aktion: Seite G 99

Golf- und Landclub Bad Arolsen e.V.

Karte, Nr. 374, Feld E7 9 Design: Harradine Höhe: 350 m

gegründet: 1997

Zum Wiggenberg 33, 34454 Bad Arolsen
☎ 05691-628444 🖷 05691-628445
✉ info@golf-arolsen.de
💻 www.golf-arolsen.de

PR: Udo Lossau, GF: Andreas Motyl, CM: Andreas Motyl

i: ☎ 05691-628444 🖷 05691-628445
Kerstin Schlusche

Mac Birdies Bar & Restaurant, Daniel Franke
☎ 05691-806800
Mo. und Di. Ruhetag

PRO SHOP: Twistesee Golf GmbH, Andreas Motyl
☎ 05691-628444 🖷 -628445

PRO: Pro: Tim Baehr

9-Loch Twistesee Platz
H: 3828 m, CR 62.7, SL 117, Par 63
D: 3352 m, CR 62.4, SL 113, Par 63
40 Rangeabschläge (13 überdacht)

G: Gäste sind jederzeit willkommen. Anmeldung ist erforderlich. Handicap 54 ist erforderlich.

Tages-Greenfee: WT: EUR 46 / WE: EUR 56
18-Loch-Greenfee: WT: EUR 46 / WE: EUR 56
9-Loch-Greenfee: WT: EUR 28 / WE: EUR 33
Nutzung der Übungsanlagen im Greenfee enthalten!
Ermäßigung: Jugendl./Stud. 50%

Platzbeschreibung

Oberhalb des Twistesees, eingebettet in die sanfte Hügellandschaft des Waldecker Landes und umgeben von der herrlichen Waldlandschaft Bad Arolsen, liegt die 9-Loch-Anlage mit einem großzügig angelegten und für die Region einmaligen Trainingsareal. Der Platz mit seinen schmalen Fairways, vielen Sandbunkern und dem tückischen Rough stellt für Spieler aller Stärken eine echte Herausforderung dar. Genießen Sie den Ausblick von der sonnigen Clubhausterrasse über das Inselgrün der Bahn 9 zum Twistesee. Komplettiert wird das Golferlebnis durch die 2016 in unmittelbarer Nähe entstandene 18 Loch Adventuregolf Anlage für die ganze Familie.

Platzinfos

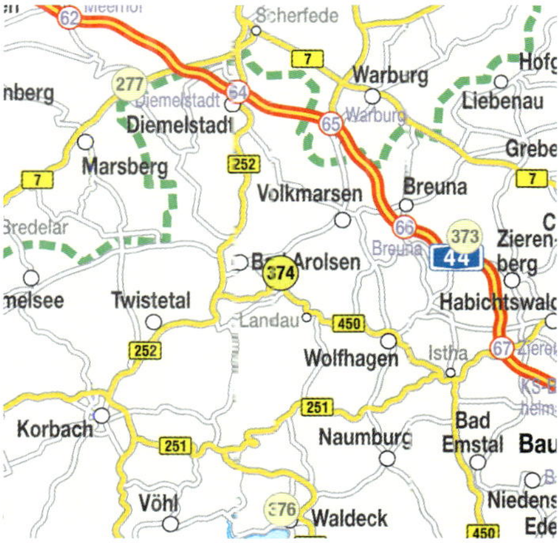

Anfahrtsbeschreibung

Von Kassel: A 44 Kassel-Dortmund, Ausfahrt Breuna Richtung Volkmarsen-Bad Arolsen, in Wetterburg links zum Strandbad abbiegen, nach ca. 800 m wieder links zum Parkplatz abbiegen, links halten und der Beschilderung folgen. Von Dortmund: A 44 Dortmund-Kassel, Ausfahrt Diemelstadt-Rhoden Richtung Bad Arolsen auf der B 252, kurz hinter Bad Arolsen links auf die B 450 Richtung Twistesee und der Beschilderung zum Strandbad und zum Golfplatz folgen.

Nächstgelegene Plätze

Zierenberg, GC (Nr. 373)
Waldeck/Edersee, GC (Nr. 376)
GC Westheim (Nr. 277)

Hessen

Golf Club Kassel-Wilhelmshöhe e.V.

Karte, Nr. 375, Feld E7 **18** Höhe: 510 m

gegründet: 1958

Ehlener Straße 21, 34131 Kassel-Wilhelmshöhe
✆ 0561-33509 🖷 0561-37729
✉ mail@golfclub-kassel.de
💻 www.golfclub-kassel.de

PR Dr. Stefan Heine, GF: Andrea Klug
Headgreenkeeper: Lucas Damrow

i ✆ 0561-33509 🖷 0561-37729
Andrea Frömming, Moritz Taube, Carina Tymko, Antje Werner

Fam. Heuertz, Michaela Heuertz
✆ 0561-3168636 🖷 0561-37729
Mo. Ruhetag

PRO SHOP Pro Shop Heidi & Paul Smith, Heidi Smith
✆ 0561-315246 🖷 0561-37729

PRO Pro: Paul Smith, Andrew Winstanley, Craig Auer, Michael McLean

H: 5575 m, CR 71.1, SL 135, Par 70
D: 4859 m, CR 72.3, SL 131, Par 70
25 Rangeabschläge (14 überdacht)

G Gäste sind jederzeit willkommen. Clubausweis mit eingetragenem Handicap (54) ist erforderlich.

18-Loch-Greenfee: WT: EUR 60 / WE: EUR 80
9-Loch-Greenfee: WT: EUR 35 / WE: EUR 45
Ermäßigung: Jugendl./Stud. 50%

Platzinfos

Anfahrtsbeschreibung
A 44 Kassel-Dortmund, Ausfahrt Kassel-Wilhelmshöhe, links über die Konrad-Adenauer-Straße Richtung Herkules-Weltkulturerbe. Oder: Von Kassel über die Wilhelmshöher Allee oder die Kohlenstraße in die Druseltalstraße zum Golfplatz.

Platzbeschreibung
Das Clubhaus und der spielerisch anspruchsvolle Platz liegen auf 510 m Höhe inmitten des Habichtswaldes, angrenzend an den Park Wilhelmshöhe, mit über 100 verschiedenen Gehölzarten der größte Bergpark Europas. Von mehreren Bahnen ist das Wahrzeichen Kassels und Weltkulturerbe, das über 70 m hohe Standbild des Herkules, zu sehen. Das Denkmal, die Kurhessentherme und die Stadt Kassel selbst sind vom Golfplatz aus in wenigen Minuten erreichbar.

Nächstgelegene Plätze
Zierenberg, GC (Nr. 373)
Gudensberg, GP (Nr. 377)
Gut Wissmannshof, GC (Nr. 166)

Greenfee-Aktion: Seite G 99, 101

Golfclub Waldeck am Edersee

Karte, Nr. 376, Feld E7 **18/9** Höhe: 400 m

gegründet: 1992

Domänenweg 12, 34513 Waldeck
☎ 05623-9737112 🖷 05623-9737113
✉ info@golfeninwaldeck.de
💻 www.golfeninwaldeck.de

PR: Horst Kleinschmidt

i: ☎ 05623-99890 🖷 05623-998915
Gian-Luca Kleinschmidt

Restaurant Schlossblick
☎ 05623-9737114

PRO SHOP: ☎ 05623-9737112 🖷 05623-9737113

18-Loch Waldeck Course
H: 6060 m, CR 72.8, SL 136, Par 72
D: 5292 m, CR 74.3, SL 129, Par 72
9-Loch Platz
H: 2816 m, CR 57.2, SL 94, Par 58
D: 2584 m, CR 56.9, SL 90, Par 58
20 Rangeabschläge (5 überdacht)

G: Gäste sind jederzeit willkommen. Anmeldung ist notwendig. Clubausweis mit eingetragener PE ist erforderlich.

18-Loch-Greenfee: WT: EUR 45 / WE: EUR 55
9-Loch-Greenfee: WT: EUR 20 / WE: EUR 25
Startzeiten sind online reservierbar.
Ermäßigung: Jugendl. 50%, Stud. 25%

Platzbeschreibung

Die Golfanlage ist ca. 40 km von Kassel entfernt und liegt in einer landschaftlich äußerst reizvollen Lage in Nähe des Edersees und dem historischen Schloß Waldeck. Die Anlage verfügt über einen 18-Loch-Meisterschaftsplatz und einen öffentlichen 9-Loch-Platz. Dieser bietet auch ohne PE und HCP für alle eine Spielmöglichkeit. Die 27-Loch-Anlage erstreckt sich über ein Gebiet von 98 ha und bietet für Spieler jeder Spielstärke ein variantenreiches und attraktives Spiel.

Platzinfos

VCG GPS

Anfahrtsbeschreibung

Von Süden: A 7 Würzburg-Kassel, Ausfahrt 84 Homberg Richtung Bad Wildungen, kurz vor Bad Wildungen rechts B 485 Richtung Korbach-Sachsenhausen, nach ca. 13 km links Richtung Waldeck, kurz vor Ortsende links zum Golfplatz. Von Norden: A 44 Kassel/Dortmund, Ausfahrt Diemelstadt, B 252 Ri Rhoden/Bad Arolsen li Richtung Elleringhausen, links auf die B 251 Ri Sachsenhausen, rechts auf die B 485 Ri Sachsenhausen, weiter wie oben.

Nächstgelegene Plätze

Bad Wildungen, GC (Nr. 373)
Bad Arolsen, G&LC (Nr. 374)
Gudensberg, GP (Nr. 377)

Hessen

GolfParkGudensberg

Karte, Nr. 377, Feld E7 **9** Design: G. Boehm, C. Althaus Höhe: 200 m

gegründet: 2006

Ziegelei 1, 34281 Gudensberg-Obervorschütz
05603-930730 05603-930733
info@golfpark-gudensberg.de
www.golfpark-gudensberg.de

PR: GF: Henning Hocke
Headgreenkeeper: Marco Graf

i: 05603-930730 05603-930733

Bistro GolfPark
05603-930730 05603-930733

PRO SHOP: GolfparkGudensberg
05603-930730 05603-930733

PRO: Pro: Philipp Oster, Nigel Warren

9-Loch GolfParkGudensberg Course
H: 1568 m, CR 58.5, SL 102, Par 29
D: 1508 m, CR 59.7, SL 90, Par 29
9-Loch Executive Platz
H: 1424 m, Par 29, D: 1389 m, Par 29
30 Rangeabschläge (10 überdacht)

G: Gäste sind Dienstag - Donnerstag und Samstag (außer an Feiertagen) willkommen.

Tages-Greenfee: WT: EUR 28 / WE: EUR 30
Ermäßigung: Jugendl. bis 18 J. und Stud. bis 27 J.

Platzbeschreibung

Der GolfPark Gudensberg ist im Zentrum des historischen Chattengaus eingebettet in eine herrliche, abwechslungsreiche Basaltkuppenlandschaft. Mit wunderbarem Blick auf das Gudensberger Wahrzeichen, den zweigipfeligen Schlossberg mit der Obernburgruine und der Wenigenburg zur einen Seite, sowie ins Edertal auf der anderen Seite bietet der Platz dem Spieler eine anspruchsvolle Golfübungsanlage.

Platzinfos

VCG GPS

Anfahrtsbeschreibung

Aus Richtung Kassel über die A 49 Abfahrt Gudensberg, sofort rechts abbiegen Richtung Fritzlar, nach ca. 800 m links nach Gudensberg abbiegen und noch ca. 1 km der Beschilderung GolfPark folgen. Über die A 7 Abfahrt Melsungen, Richtung Felsberg, dort Richtung Niedervorschütz und Kassel. In Niedervorschütz die B 254 überqueren Richtung Obervorschütz. Am Ortseingang rechts Richtung Gudensberg, der GolfPark kommt ca. 1 km nach dem Ortsende von Obervorschütz auf der linken Seite.

Nächstgelegene Plätze

Kassel-Wilhelmshöhe, GC (Nr. 375)
Bad Wildungen, GC (Nr. 378)
Waldeck/Edersee, GC (Nr. 376)

Hessen

Greenfee-Aktion: Seite G 101

Golf-Club Bad Wildungen e.V.

Karte, Nr. 378, Feld E7 **9** Höhe: 300 m

gegründet: 1930

Talquellenweg 33, 34537 Bad Wildungen
05621-3767 05621-960363
gc-bad-wildungen@t-online.de
www.gc-bad-wildungen.de

PR Harald Stuhlmann

05621-3767 -960363
Carmen Rhein

Antonio Chimenti605621-960363
Mo. Ruhetag

H: 5547 m, CR 70.5, SL 136, Par 70
D: 4951 m, CR 72.4, SL 134, Par 70
6 Rangeabschläge (3 überdacht)

G Gäste sind jederzeit willkommen. Anmeldung ist notwendig. Clubausweis mit eingetragenem Handicap (54) ist erforderlich.

18-Loch-Greenfee: WT: EUR 50 / WE: EUR 60
9-Loch-Greenfee: WT: EUR 30 / WE: EUR 40
VcG-/IGC-/Tchibo-/TUI-Spieler/Golfer, deren GC keinen eigenen Platz betreiben GF WT/WE: EUR 60/75. Ehemalige Mitglieder, die ihren Wohnsitz nicht verändert haben und in keinen Nachbarclub eingetreten sind, werden wie VcG-Spieler behandelt.
Ermäßigung: Jugendl. bis 19 J. und Stud. bis 27 J. 50%

Platzinfos

VCG

Platzbeschreibung

Diese Anlage gehört nicht nur zu den ältesten in Deutschland, sondern auch zu den interessantesten 9 Spielbahnen. Begründet wird dies vor allem durch den größtenteils historischen, unter Landschaftsschutz stehenden Baumbestand, der das Golfspiel zu einer wahren naturkundlichen Exkursion werden lässt. Immer wieder gilt es, Solitärbäume oder Baumgruppen um- bzw. zu überspielen.

Anfahrtsbeschreibung

BAB Hannover-Kassel-Frankfurt, Ausfahrt Südkreuz Kassel Richtung Fritzlar, Ausfahrt Wabern Richtung Bad Wildungen, durch die Stadt über die Brunnenallee bis zum Fürstenhof (gelbes, altertümliches Gebäude) links in die Dr. Bornstraße bis zum Talquellenweg und dann rechts zum Golfplatz abbiegen.

Nächstgelegene Plätze

Waldeck/Edersee, GC (Nr. 376)
Gudensberg, GP (Nr. 377)
Kassel-Wilhelmshöhe, GC (Nr. 375)

Hessen

Greenfee-Aktion: Seite G 101

Oberhessischer Golf-Club Marburg e.V.

Karte, Nr. 379, Feld D8 **18**

gegründet: 1973

Maximilianenhof, 35091 Cölbe-Bernsdorf
✆ 06427-92040 🖷 06427-92041
✉ info@golf-club-marburg.de
💻 www.golf-club-marburg.de

PR Michael Schwarz

i ✆ 06427-92040 🖷 -92041
Lisa Preis, Carmen Schimansky

Restaurant Maximilianenhof, Rudi Gelinek
✆ 06427-92042 🖷 -92041

PRO SHOP Isabelle Schwarz
✆ 06427-92043 🖷 -92041

PRO Pro: Regis Gustave, Christopher Gillies

H: 6003 m, CR 71.8, SL 136, Par 72
D: 5156 m, CR 72.8, SL 131, Par 72
25 Rangeabschläge (5 überdacht)

G Gäste sind jederzeit willkommen. Anmeldung ist notwendig. Clubausweis mit eingetragenem Handicap (45) ist erforderlich.

18-Loch-Greenfee: WT: EUR 55 / WE: EUR 75
9-Loch-Greenfee: WT: EUR 30 / WE: EUR 40

Platzbeschreibung

Der Platz liegt in einer hügeligen Landschaft und bietet einen weitreichenden Blick auf die umliegenden Wiesen, Wälder und Dörfer. Wenig Wasserhindernisse und ein größtenteils alter Baumbestand kennzeichnen den Platz. Die Bunker sind insgesamt gut platziert. Alles in allem sehr abwechslungsreich
jedes Loch hat seinen eigenen Charakter.

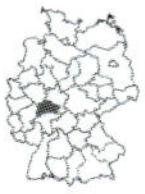

Platzinfos

VCG CLUB GASTRO

Anfahrtsbeschreibung

Von der Stadtmitte Marburg ca. 7 km auf der Stadtautobahn (B 3) Richtung Kassel. Am Ende der Ausbaustrecke Ausfahrt Kassel, beim ersten Kreisverkehr links (zweite Ausfahrt) Richtung Cölbe, nach 500 m rechts der Beschilderung zum Golfplatz folgen.

Nächstgelegene Plätze

Winnerod, GP (Nr. 384)
Wittgensteiner Land (Nr. 342)
Bad Wildungen, GC (Nr. 378)

Kurhessischer Golfclub Oberaula/Bad Hersfeld e.V.

Karte, Nr. 380, Feld E8 **18** Höhe: 380 m

gegründet: 1987

Peter-Bickhardt-Allee 1,
36280 Oberaula/Hausen
☎ 06628-91540
info@kurhessischer-golfclub.de
www.kurhessischer-golfclub.de

PR: Jürgen Sattler, CM: Frank Gerhard
Headgreenkeeper: Paul Woods

i: ☎ 06628-91540
Vicki Sajas, Monika Wettlaufer

Loch 19 „da Pino", Giuseppe Maiorano
☎ 06628-8454
Mo. Ruhetag

PRO SHOP: Kurhessischer Golfclub Oberaula / Bed Hersfeld e.V.
☎ 06628-91540

PRO: Pro: George Staples

H: 6041 m, CR 71.7, SL 133, Par 72
D: 5324 m, CR 73.4, SL 129, Par 72
25 Rangeabschläge (20 überdacht)

G: Gäste sind jederzeit willkommen. Anmeldung ist notwendig. Clubausweis mit eingetragener PE ist erforderlich.

18-Loch-Greenfee: WT: EUR 60 / WE: EUR 70
9-Loch-Greenfee: WT: EUR 35 / WE: EUR 40
Weitere Preise auf Anfrage.
Ermäßigung: Jugendl./Stud.

Platzinfos

VCG CLUB

Nächstgelegene Plätze
Sickendorf, GP (Nr. 383)
HG Praforst, GC (Nr. 382)
Gudensberg, GP (Nr. 377)

Anfahrtsbeschreibung
A 7, Ausfahrt Kirchheim von dort nach Oberaula, in der Ortsmitte links abbiegen Richtung Hausen, dort links abbiegen (Beschilderung folgen) oder A7 Ausfahrt Kirchheim, über Seepark der Beschilderung folgen (ca. 8 km)

Platzbeschreibung
Auf dieser Anlage kann die Schönheit der Kurhessischen Berglandschaft genossen werden. Golfer gleich welcher Spielstärke finden variationsreiche Spielbahnen mit unterschiedlichsten Herausforderungen und technischen Raffinessen. Geschickt platzierte Bunker, angelegte kleine Teiche und Biotope, flache Täler und Hanglagen liegen in einer von grünem Wald eingefassten Landschaft. Auf dem gleichen Platz beheimatet ist der GC Oberaula-Schloß Hausen e.V.

Golfclub Dillenburg 1979 e.V.

Karte, Nr. 381, Feld D8 **18** Höhe: 300 m

gegründet: 1979

Auf dem Altscheid, 35687 Dillenburg
02771-5001
info@gc-dillenburg.de
www.gc-dillenburg.de

PR Manfred Hardt, CM: Volker Jungbluth
Headgreenkeeper: Ralf Thieme

i 02771-5001
Susanne Hartmann

Restaurant im Golfclub Dillenburg
02771-5002
Mo. Ruhetag

PRO SHOP Golfclub Dillenburg, Svetlana Jungbluth
02771-5001

PRO Pro: Thomas Gerhardt

H: 5988 m, CR 71.9, SL 134, Par 72
D: 5269 m, CR 73.9, SL 128, Par 72
30 Rangeabschläge (10 überdacht)

G Gäste sind jederzeit willkommen. Anmeldung ist notwendig. Clubausweis mit eingetragenem Handicap (54) ist erforderlich. Gäste aller Golfclubs sind herzlich Willkommen

18-Loch-Greenfee: WT: EUR 60 / WE: EUR 70
9-Loch-Greenfee: WT: EUR 35 / WE: EUR 40
Ermäßigung: Jugendl. bis 18 J. und Stud. bis 27 J. 50%

Platzbeschreibung

Am Rande des Westerwaldes gelegen, erstrecken sich die Spielbahnen über ein 70 ha großes Areal. Die Fairways führen kreisförmig um das Clubhaus herum. An fast allen Stellen des Platzes bietet sich dem Golfer atemberaubende Ausblicke auf den Westerwald. Die maximalen Höhenunterschiede liegen bei 40 m. Am höchsten Punkt hat man einen Überblick über die gesamte Golfanlage.

Platzinfos

VCG GPS CLUB GASTRO

Anfahrtsbeschreibung

Von Süden: A 45, Ausfahrt Herborn-Süd, B 277 Richtung Dillenberg, nach 6 km Ausfahrt Niederscheld, links Brücke unterqueren, sofort wieder links, nach 100 m wieder rechts. Von Norden: A 45, Ausfahrt Dillenburg, B 277 Richtung Herborn, nach 4 km Ausfahrt Niederscheld, an der 1. Ampel rechts und nach 100 m wieder rechts zum Golfplatz abbiegen.

Nächstgelegene Plätze

Schloß Braunfels, GC (Nr. 386)
Wiesensee, GC (Nr. 425)
Wittgensteiner Land (Nr. 342)

Golf Club Hofgut Praforst

Karte, Nr. 382, Feld F8 **27** Höhe: 270 m

gegründet: 1992

Dr.-Detlev-Rudelsdorff-Allee 3, 36088 Hünfeld
✆ 06652-9970
✉ info@praforst.de
www.praforst.de

PR: Stefan Dietrich
Headgreenkeeper: Daniel Marschall

i: ✆ 06652-9970 Fax 06652-99755
Sabine McQueen, Michaela Waterkamp, Silvia Geier

Restaurant: Zur Praforst Sonne
✆ 06652-7473529
Mo. Ruhetag

PRO SHOP: ✆ 06652-9970

PRO: Pro: Andrew McQueen, George Diakou

18-Loch Ostkurs
H: 6036 m, CR 71.9, SL 129, Par 72
D: 5317 m, CR 73.7, SL 129, Par 72
9-Loch Westkurs
H: 2592 m, CR 33.1, SL 112, Par 34
D: 2152 m, CR 32.7, SL 112, Par 34
110 Rangeabschläge (8 überdacht)

G: Gäste sind jederzeit willkommen. Sa./So./Feiertage ist Anmeldung notwendig. Clubausweis mit eingetragenem Handicap (54) ist erforderlich.

18-Loch-Greenfee: WT: EUR 55 / WE: EUR 65
9-Loch-Greenfee: WT: EUR 28 / WE: EUR 33

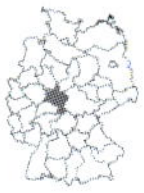

Platzinfos

VCG GPS CLUB GASTRO

Anfahrtsbeschreibung

A 7, Ausfahrt Hünfeld-Schlitz Richtung Hünfeld, nach ca. 3 km liegt der Golfplatz rechter Hand. Oder: B 27, Ausfahrt Hünfeld Richtung Schlitz (A 7), nach ca. 1 km links zum Golfplatz. Oder: Aus Osten B 84 Richtung Hünfeld, dann Richtung Schlitz (A 7), derGolfplatz liegt linker Hand vor dem Wald. Hunde sind nur auf der 9-Loch Anlage (Westkurs) angeleint erlaubt!

Platzbeschreibung

Die 18-Loch-Anlage des Meisterschaftskurses (Ostkurs) erstreckt sich über ein Gelände von ca. 110 ha. Vom Golfplatz aus bietet die Anlage dem Betrachter einen Panoramablick in die Rhön und auf das Hessische Kegelspiel. Die zeitgerechte Golfanlage bietet optimale Trainingsmöglichkeiten auf einer der größten Ranges Deutschlands.

Nächstgelegene Plätze

Rhön, GC (Nr. 385)
Sickendorf, GP (Nr. 383)
Kurhess. GC Oberaula (Nr. 380)

Hessen

Greenfee-Aktion: Seite G 101

Golfpark Schlossgut Sickendorf GmbH

Karte, Nr. 383, Feld E8 18 Design: Sommerfeld Golf Sickendorf AG Höhe: 400 m

gegründet: 1990

Hofstraße 9, 36341 Lauterbach (Hessen)
06641-96130 06641-961335
info@golfpark-sickendorf.de
www.golfpark-sickendorf.de

PR GF: Jens Gruhle, CM: Volker Hainbuch
Headgreenkeeper: Viktor Feist

i 06641-96130 06641-961335

Restaurant Gutshof, Volker Hainbuch
06641-961312 06641-961335
Mo. Ruhetag

PRO SHOP 06641-96130 06641-191335

PRO Pro: Golfschule Hessen

H: 6020 m, CR 72.2, SL 125, Par 72
D: 5181 m, CR 73.1, SL 128, Par 72
20 Rangeabschläge (5 überdacht)

G Gäste sind jederzeit willkommen. Anmeldung ist notwendig. Clubausweis mit eingetragenem Handicap (54) ist erforderlich. Die 5 Sterne professionelle Golfanlage bietet das genussvolle, sportliche und erholsame Spiel

18-Loch-Greenfee: Mo.: EUR 40 / Di.-Do.: EUR 50 / Fr.-So.: EUR 60
9-Loch-Greenfee: Mo.: EUR 20 / Di.-Do.: EUR 25 / Fr.-So.: EUR 30
Wir bieten Greenfees auch zu Sonderkonditionen. Bitte fragen Sie im Golf-Sekretariat oder im Marketingbereich danach.
Ermäßigung: Jugendl./Stud. 50%

Platzinfos

VCG GPS CLUB GASTRO

Anfahrtsbeschreibung

Von Frankfurt: A 5 Richtung Kassel, Ausfahrt Alsfeld-Ost, Richtung Lauterbach, im OT Maar rechts ca. 3 km bis Sickendorf. Von Würzburg: A 7 Richtung Kassel, Ausfahrt Fulda-Süd, Richtung Lauterbach/ Alsfeld, im OT Maar links ca. 3 km bis Sickendorf.

Platzbeschreibung

Die reizvolle Landschaft des Vogelberges und die 8 neuerrichteten Doppelzimmer mit Restaurant direkt auf dem Golfplatz, bieten ein angenehmes Ambiente. Der 18-Loch Meisterschaftsplatz verfügt über viele Wasser-, Sand- und Geländehindernisse, die regelmäßig auf unserem ca. 100 ha großen Platz verteilt sind, um maximalen Spielspaß- und Freude zu ermöglichen. Auch auf der Driving-Range sind alle willkommen - vom Anfänger bis zum Profi.

Nächstgelegene Plätze

Schotten, GC (Nr. 388)
Kurhess. GC Oberaula (Nr. 380)
HG Praforst, GC (Nr. 382)

Hessen

Golf-Park Winnerod

Karte, Nr. 384, Feld D8 18/9 Design: Michael Pinner Höhe: 200 m

GOLF-PARK WINNEROD

gegründet: 1999

Parkstraße 22, 35447 Reiskirchen
06408-95130 06408-951313
info@golfpark.de
www.golfpark.de

PR Jürgen Topp, GF: Kim Tarek Kleczka, CM: Kim Tarek Kleczka
Headgreenkeeper: Nikolei Orben

i 06408-95130
Petra Krieb, Sandra Röcker, Sven-Patrick Lauer, Andrea Koller

Park-Restaurant
06408-951323
Mo. Ruhetag

PRO SHOP Pro-Shop Wagener, Uli Wagener
06408-951362

PRO Pro: Rudi Platen, Sven-Patrick Lauer, Uwe Wagener

18-Loch Platz
H: 6196 m, CR 72, SL 128, Par 72
D: 5436 m, CR 73.8, SL 125, Par 72
9-Loch Kurzplatz (Par 3)
H: 1039 m, Par 54, D: 858 m, Par 54
50 Rangeabschläge (8 überdacht)

G Gäste sind jederzeit willkommen. Anmeldung ist notwendig. Clubausweis mit eingetragenem Handicap (54) ist erforderlich.

18-Loch-Greenfee: Mo.: EUR 38 / Di.-Fr.: EUR 55 / WE: EUR 75
9-Loch-Greenfee: Mo.: EUR 28 / Di.-Fr.: EUR 33 / WE: EUR 43

Platzinfos

Anfahrtsbeschreibung

Von Frankfurt: A 5 Ri. Kassel, Ausfahrt Reiskirchen, weiter nach Reiskirchen, dort links Ri. Rabenau-Winnerod, nach ca. 1,5 km rechts Ri. Winnerod zum Golfplatz abbiegen. Von Dortmund: A 45 Ri. Frankfurt, am Gießener Südkreuz auf die A 485 Ri. Kassel-Marburg, Ausfahrt Grünberger Straße auf die B 49 Ri. Reiskirchen-Grünberg-Alsfeld, in Reiskirchen links Ri. Rabenau-Winnerod und weiter wie oben beschrieben zum Golfplatz.

Platzbeschreibung

Auf dem von Michael Pinner designten, offiziell im April 1999 eröffneten Meisterschaftskurs, genießt man herrliche Ausblicke auf Taunus und Vogelsberg. Mit durchschnittlich vier Abschlägen je Spielbahn sowie den breiten und einladenden Fairways und stark ondulierten Grüns bietet dieser Platz allen Spielern, vom ambitionierten Freizeitgolfer bis hin zum Profi, interessante und herausfordernde Varianten.

Nächstgelegene Plätze

Licher GC (Nr. 387)
Schotten, GC (Nr. 388)
Bad Nauheim, GC (Nr. 390)

Hessen

Gf-Aktion: Seite G 101, 103

Golfclub Fulda Rhön e.V.

Karte, Nr. 385, Feld F8 18 Design: Kurt Peters Höhe: 420 m

gegründet: 1971

Am Golfplatz 35, 36145 Hofbieber
✆ 06657-1334
✉ info@golfclub-fulda.de
www.golfclub-fulda.de

PR: Andreas Bettendorf, CM: Annett Linke
Headgreenkeeper: Michael Helmer

i: ✆ 06657-1334

Panorama, Anita de Marchi
✆ 06657-918232
Mo. Ruhetag

PRO SHOP: Golfclub Fulda
✆ 06657-1334

PRO: Pro: Lothar Jahn

H: 5599 m, CR 70.3, SL 131, Par 70
D: 4901 m, CR 71.7, SL 127, Par 70
25 Rangeabschläge

G: Gäste sind jederzeit willkommen. Anmeldung ist notwendig. Clubausweis mit eingetragener PE ist erforderlich.

18-Loch-Greenfee: WT: EUR 50 / WE: EUR 60
Ermäßigung: Jugendl. bis 18 J. und Stud. bis 27 J. 50%

Platzbeschreibung

Wie ein aufgeschlagenes Buch liegt unser 18-Loch-Panorama-Golfplatz mit seinen 52ha und 34 Bunkern zwischen den schönsten Bergen der hessischen Rhön und den weiten Auen des Fuldatals. Die grandiose Panoramasicht von dem 420 Meter hohen Plateau lenkt den Blick des Spielers zu Attraktionen wie dem Schloss Bieberstein, der von Kelten gegründeten Milseburg und natürlich der langgestreckten Wasserkuppe, dem Eldorado für Sportsegler und Drachenflieger. In dieser wunderschönen Lage wurde der Golfclub Fulda I Rhön e.V. bereits 1971 gegründet.

Platzinfos

Anfahrtsbeschreibung

Von den Autobahnausfahrt A 7 Fulda-Mitte bis Petersberg, Kreis Fulda, weiter über Margretenhaun und Niederbieber Richtung Hofbieber zum Golfplatz, der Golfplatz liegt 11 km östlich von Fulda.

Nächstgelegene Plätze

HG Praforst, GC (Nr. 382)
Sickendorf, GP (Nr. 383)
Kurhess. GC Oberaula (Nr. 380)

Hessen

Golf Club Schloß Braunfels e.V.

Karte, Nr. 386, Feld D8 **18** Design: Bernhard von Limburger Höhe: 300 m

gegründet: 1971

Homburger Hof, 35619 Braunfels/Lahn
06442-4530
info@golfclub-braunfels.de
www.golfclub-braunfels.de

PR: Markus Spamer

i: 06442-4530

Restaurant zum Golfplatz, Abdullah Demirboga
06442-9558644

PRO SHOP: Golf-Club Schloss Braunfels e.V.
06442-4530

PRO: Pro: Marc Müller-Dargusch, Martin Crosthwaite

H: 6064 m, CR 72.5, SL 132, Par 73
D: 5216 m, CR 73.3, SL 131, Par 73
30 Rangeabschläge (6 überdacht)

G: Gäste sind jederzeit willkommen. Anmeldung ist notwendig. Clubausweis mit eingetragenem Handicap (54) ist erforderlich.

18-Loch-Greenfee: WT: EUR 75 / WE: EUR 95
9-Loch-Greenfee: WT: EUR 40 / WE: EUR 50
Jugendliche und Studenten (bis 27 Jahre) WT EUR 35 / WE EUR 45

Platzinfos

VCG

Anfahrtsbeschreibung

A 45, Ausfahrt Wetzlar-Ost und A 3, Ausfahrt Limburg-Nord auf die B 49 über Leun-Lahn nach Braunfels, an der Weggabelung vor Braunfels rechts halten, beim Restaurant „Obermühle" Asphaltweg nehmen und dem Schild „Golf" folgend am Ententeich vorbei, 1 km bis zur Anhöhe und dann rechts zum Golfplatz abbiegen.

Platzbeschreibung

Der Platz liegt in der hügeligen Landschaft der Nordausläufer des Taunus auf einem ehemaligen Gutshofgelände der Fürsten zu Solms-Braunfels. Auf dem leicht hügeligen Gelände mit Feuchtbiotopen und uralten Teichen verlaufen die Spielbahnen an jahrhundertealten Baumbeständen vorbei, über Kastanienalleen bis zum höchsten Punkt des Platzes, der einen herrlichen Ausblick über den Lahn-Dill-Kreis ermöglicht.

Nächstgelegene Plätze

Attighof G&CC (Nr. 389)
Dillenburg, GC (Nr. 381)
Taunus Weilrod, GC (Nr. 392)

Hessen

Licher GC Fürstliches Hofgut Kolnhausen e.V.

Karte, Nr. 387, Feld D8 **18** Design: Heinz Fehring Höhe: 171 m

gegründet: 1992

Golfplatz Kolnhausen, 35423 Lich
☎ 06404-91071 Fax 06404-91072
✉ info@licher-golf-club.de
www.licher-golf-club.de

PR: Dirk Reinmann, CM: Niklas Stumpf
Headgreenkeeper: Marco Schmidt

i: ☎ 06404-91071 Fax -91072

Luisa's Restaurant, Luiza Kantorowicz
☎ 06404-910743

PRO SHOP: Pro-Shop in Koordination mit Golf-Götze
☎ 06404-910753 Fax -910755

PRO: Pro: Uwe Tappertzhofen, Thorsten Walter, Verena Scholz, Christian Engel

H: 5928 m, CR 71.8, SL 130, Par 72
D: 5111 m, CR 72.6, SL 128, Par 72
30 Rangeabschläge (5 überdacht)

G: Gäste sind jederzeit willkommen. Anmeldung ist notwendig. Clubausweis mit eingetragenem Handicap (54) ist erforderlich. Sa./So./Feiertage ist Handicap 45 erforderlich.

18-Loch-Greenfee: Mo.: EUR 50 / Di.-Fr.: EUR 60 / WE: EUR 80
9-Loch-Greenfee: WT: EUR 37.5 / WE: EUR 50
Erm. Greenfee 18-Loch: Mo. ganztägig/Di. bis 12 Uhr EUR 50,- (Startzeiten erforderlich)
Ermäßigtes Greenfee zahlen Gäste mit Kennzeichnung des DGV-Ausweises mit „R". Andere Gäste zahlen das Standard-Greenfee. Keine Rangefee, Rangebälle EUR 3 je 30 Stück. Range hat Flutlicht.
Ermäßigung: Jugendl./Stud. bis 27 J. 50%

Platzbeschreibung

Sehr große, schnelle und spurtreue Grüns, klare Konturen vom Fairway über Semi I und Semi II bis zum Rough - diese Merkmale und der überdurchschnittliche Pflegezustand sind Ursache, dass die Licher Golfanlage inzwischen überregional bekannt ist und immer häufiger von vielen Gäste-Gruppen bespielt wird. Fahrzeit vom Flughafen Frankfurt: 28 Minuten.

Platzinfos

CLUB GASTRO VCG GPS

Anfahrtsbeschreibung

A 5 Frankfurt-Kassel bis zum Gambacher Kreuz, dann A 45 Richtung Hanau-Würzburg-München bis 1. Ausfahrt (ca. 1,5 km) Münzenberg-Lich, an der Ausfahrt rechts auf die Solmser Straße Richtung Lich (ca. 5 km), der Golfplatz liegt hinter dem Wald direkt an der Straße.

Nächstgelegene Plätze

Winnerod, GP (Nr. 384)
Bad Nauheim, GC (Nr. 390)
Attighof G&CC (Nr. 389)

Hessen

Golfclub Schotten e.V.

Karte, Nr. 388, Feld E8 **18/9** Höhe: 400 m

gegründet: 1996

Lindenstraße 46, 63679 Schotten-Eschenrod
☎ 06044-8401
✉ info@gc-schotten.de
www.gc-schotten.de

PR: Jürgen Reichert, GF: Jürgen Reichert
Headgreenkeeper: Neu ab 1.1.2022

i: ☎ 06044-8401

PRO SHOP: BR Golf- u. Freizeit
☎ 06044-8401

18-Loch Platz
H: 5542 m, CR 70.6, SL 126, Par 71
D: 4780 m, CR 71.9, SL 128, Par 71
9-Loch Platz
H: 2570 m, Par 54, D: 2570 m, Par 54
30 Rangeabschläge (10 überdacht)

G: Gäste sind jederzeit willkommen. Sa./So./Feiertage ist Anmeldung notwendig. Clubausweis mit eingetragener PE ist erforderlich. Sa./So./Feiertage ist Handicap 54 erforderlich.

18-Loch-Greenfee: WT: EUR 35 / WE: EUR 55
9-Loch-Greenfee: WT: EUR 25 / WE: EUR 40
Ermäßigung: Jugendl./Stud. 50%

Platzinfos

Anfahrtsbeschreibung

A 45 Hanau-Gießen, Ausfahrt Florstadt oder Wölfersheim Richtung Nidda-Schotten, an der Ampel in Schotten rechts auf die B 276 Richtung Geldern, nach ca. 4 km an der Abzweigung nach Busenborn liegt der Golfplatz rechter Hand.

Platzbeschreibung

Der Platz liegt im Naturpark Hoher Vogelsberg am Rande des Hoher-Rodskopf in Schotten-Eschenrod. Der Platz wurde 1997 auf 18 Loch erweitert. Diese Löcher sind vom Design sehr anspruchsvoll und stellen an jeden Golfer höchste Ansprüche und Anforderungen. Von dem neuen Teilbereich des Platzes kann man bei klarem Wetter die Aussicht bis Frankfurt, Nidda und Gedern genießen. Die 9-Loch-Anlage wurde 2010 erstellt und eröffnet. Dieser Platz ist öffentlich und kann auch ohne Mitgliedschaft in einem Golfclub gespielt werden.

Nächstgelegene Plätze

Sickendorf, GP (Nr. 383)
Winnerod, GP (Nr. 384)
Licher GC (Nr. 387)

Hessen

Greenfee-Aktion: Seite G 103

Attighof Golf & Country Club e.V.

Karte, Nr. 389, Feld D8 **18** Höhe: 380 m

gegründet: 1990

Attighof 1, 35647 Waldsolms-Brandoberndorf
☎ 06085-98120 Fax 06085-981299
info@attighof.de
www.attighof.de

PR Günther John Bachor, GF: Edith Bachor, CM: Daniel Deutschmann
Headgreenkeeper: Gerhard Nietsch

i ☎ 06085-98120 Fax 06085-981299
Sebastian Lautz, Lenea Jüttner, Sebastian Müller

Golfhaus Restaurant, Tony Singh
☎ 06085-981220

PRO SHOP Professional Golf Shop, Douglas Johnston
☎ 06085-981230

PRO Pro: Andreas Fröhlich, Rainer Wälter

H: 5748 m, CR 71.3, SL 131, Par 72
D: 5110 m, CR 72.9, SL 131, Par 72
35 Rangeabschläge (10 überdacht)

G Gäste sind jederzeit willkommen. Anmeldung ist notwendig. Clubausweis mit eingetragener PE ist erforderlich. Sa./So./Feiertage ist ein Handicap erforderlich.

18-Loch-Greenfee: WT: EUR 65 / WE: EUR 80
9-Loch-Greenfee: WT: EUR 35 / WE: EUR 45
Ermäßigung: Jugendl. bis 18 J. und Stud. bis 27 J. 50%

Platzbeschreibung

Der Platz wurde auf einem über 80 ha umfassenden Areal angelegt und bietet insgesamt einen sehr anspruchsvollen und abwechslungsreichen Parcours. Über 80 Bunker zieren dabei die Fairways und verlangen Technik und Übersicht.

Platzinfos

Anfahrtsbeschreibung

Die A 5, Ausfahrt Bad Nauheim/Butzbach-Süd/Waldsolms. Weiter nach rechts in Richtung Butzbach. An dem zweiten (großen) Kreisel nach links in Richtung Waldsolms, durch den nächsten Kreisverkehr weiter Richtung Waldsolms. Geradeaus bis Waldsolms-Brandoberndorf. In der Ortsmitte von Brandoberndorf: Der Beschilderung zum Golfplatz folgen (2x rechts in Richtung Cleeberg). Etwa 800m nach dem Ortsausgang liegt links das Golfplatzgelände. Gut sichtbar an der Einfahrt: Unser Golfer

Nächstgelegene Plätze

Schloß Braunfels, GC (Nr. 386)
Taunus Weilrod, GC (Nr. 392)
Bad Nauheim, GC (Nr. 390)

Golf-Club Bad Nauheim e.V.

Karte, Nr. 390, Feld D8 9

gegründet: 1956

Nördlicher Park 21, 61231 Bad Nauheim
☎ 06032-2153 🖷 06032-72720
✉ info@gcbadnauheim.de
💻 www.gcbadnauheim.de

PR: Matthias Baier

i: ☎ 06032-2153 🖷 -72720
Petra Erling

Villa Loggia, Roberto Loggia
☎ 06032-9358940 🖷 06032-72720

PRO SHOP: Pro Shop im Sekretariat
☎ 06032-2153 🖷 06032-72720

PRO: Pro: Duncan Paul Smith

H: 5282 m, CR 68, SL 130, Par 68
D: 4682 m, CR 69.4, SL 127, Par 68
12 Rangeabschläge (3 überdacht)

G: Gäste sind jederzeit willkommen. Anmeldung ist notwendig. Clubausweis mit eingetragener PE ist erforderlich.

18-Loch-Greenfee: WT: EUR 50 / WE: EUR 60
9-Loch-Greenfee: WT: EUR 30 / WE: EUR 35
Wochenendpreise ab Freitag 12.00 h
Ermäßigung: Jugendl./Stud. bis 27 J. 50%

Platzinfos

VCG GPS CLUB GASTRO

Anfahrtsbeschreibung

A 5, Ausfahrt Ober-Mörlen Richtung Stadtmitte, der Weg zum Golfplatz Richtung Kurhaus und vorbei am Eisstadion ist ausgeschildert.

Platzbeschreibung

Der Golf-Club Bad Nauheim e.V. ist einer der ältesten noch bespielbaren Golfclubs in Deutschland. Es ist ein leicht begehbaren Platz, der stark eingebunkerte Greens aufweist. Das Areal ist relativ flach und von viel Wald und einigen Sehenswürdigkeiten (Münzenburg, Römischer Turm, Saalburg usw.) umgeben. Das Clubhaus stammt aus der Jahrhundertwende, ist im englischen Kolonialstil erbaut und somit das älteste Clubhaus Deutschlands.

Nächstgelegene Plätze

Am Löwenhof, GP (Nr. 391)
Altenstadt, GP (Nr. 393)
Licher GC (Nr. 387)

Golfpark am Löwenhof GmbH

Karte, Nr. 391, Feld D9 **18/9** Design: Christoph Städler Höhe: 200 m

gegründet: 2002

Am Golfplatz 1, 61169 Friedberg
06031-1619980 06031-16199823
office@golf-loewenhof.de
www.golf-loewenhof.de

PR Michael Ernst, GF: Jens Gruhle,
CM: Lucia Bortmes
Headgreenkeeper: Golfpark am Löwenhof GmbH

06031-1619980 06031-16199823
Golfpark am Löwenhof GmbH

Halis Restaurant, Halis Pekin
06031-16199816

PRO SHOP Golfpark am Löwenhof GmbH, Lucia Bortmes
06031-1619980 06031-16199823

PRO Pro: Robert Schmalfuß

18-Loch Südkurs
H: 6040 m, CR 72, SL 128, Par 72
D: 5077 m, CR 72.5, SL 125, Par 72
9-Loch Nordkurs (Executive)
H: 3776 m, CR 61.8, SL 109, Par 64
D: 3126 m, CR 60.8, SL 103, Par 64
20 Rangeabschläge (8 überdacht)

G Gäste sind jederzeit willkommen. Anmeldung ist notwendig. Clubausweis mit eingetragenem Handicap (54) ist erforderlich. Sa./So./Feiertage ist Handicap 45 erforderlich. E-Cars sind nur auf dem Südkurs für 9/18 Loch buchbar.

18-Loch-Greenfee (ab 8:00 Uhr): Mo.: EUR 60 / Di.-Do.: EUR 72 / Fr.-So.: EUR 85
9-Loch-Greenfee (ab 8:00 Uhr): Mo.: EUR 36 / Di.-Do.: EUR 43 / Fr.-So.: EUR 51
20% Rabatt auf das Regel-Greenfee für Gäste mit der „goldenem Hologramm"-Kennzeichnung auf dem DGV-Ausweis. 20% Rabatt auf das Regel-Greenfee für VCG-Mitglieder.
Ermäßigung: Jugendl. und Stud. bis 27 J. 50%

Platzbeschreibung

Die 27-Loch-Anlage befindet sich 25 km nördlich von Frankfurt und ist aufgrund der vielen Wasserhindernisse, die an 12 Bahnen ins Spiel eingreifen - inklusive eines Inselgrüns am 7. Loch, als technisch anspruchsvoll zu bezeichnen. Die Anlage bietet schöne Panoramablicke über Frankfurt und die Wetterau bis in den Vogelsberg. Der öffentliche 9-Loch-Platz charakterisiert sich durch kleine Grüns und viele Hanglagen.

Platzinfos

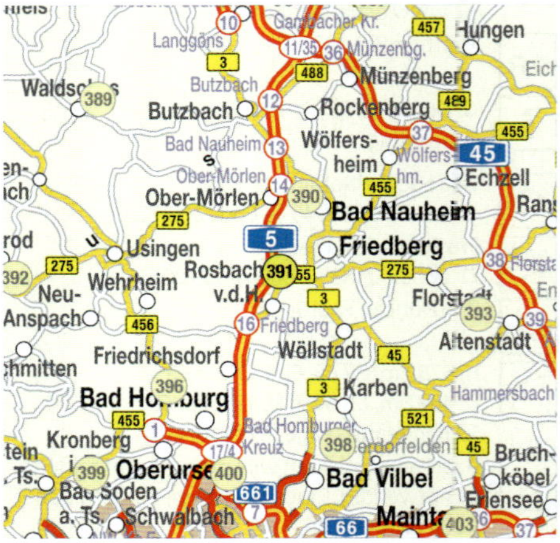

Anfahrtsbeschreibung

A 5 Abfahrt Friedberg, auf B 455 Richtung Friedberg. Durch Rosbach, ca. 2 km vor Friedberg links Richtung Bad Nauheim und Ockstadt. 200 m vor Ortseingang Ockstadt links auf der alten Panzerstraße zum Golfplatz.

Nächstgelegene Plätze

Bad Nauheim, GC (Nr. 390)
Homburger GC (Nr. 396)
Lindenhof, Bad Vilbeler GC (Nr. 398)

Golfclub Taunus Weilrod e.V.

Karte, Nr. 392, Feld D9 **18** Höhe: 400 m

gegründet: 1979

Merzhäuser Straße 29, 61276 Weilrod
06083-95050 06083-950515
kontakt@golfclub-weilrod.de
www.golfclub-weilrod.de

PR: Thorsten Göbel
Headgreenkeeper: Bodo Weber

i: 06083-95050 06083-950515
Michael Göldner

Branko's Restaurant
06083-950512
Mo. Ruhetag

PRO SHOP: 06083-95050

PRO: Pro: Glen Hutcheson, Robert Donner

H: 5910 m, CR 72.2, SL 129, Par 72
D: 5149 m, CR 73.3, SL 125, Par 72
40 Rangeabschläge (8 überdacht)

G: Gäste sind jederzeit willkommen. Anmeldung ist notwendig. Clubausweis mit eingetragenem Handicap (54) ist erforderlich. Sa./So./Feiertage ist Handicap 36 erforderlich.

18-Loch-Greenfee: Mo.: EUR 40 / Di.-Fr.: EUR 50 / WE: EUR 65
Ermäßigung: Jugendl. bis 18 J. 50%

Platzbeschreibung

Die Anlage des Golfclubs liegt mitten im Landschaftsschutzgebiet des Naturparks Hochtaunus. Auf sanft hügeligem Gelände ziehen sich die Golfbahnen um den Berg Altkolum. Nur 30 Minuten von den Rhein-Main Metropolen Frankfurt und Wiesbaden entfernt, findet der Golfer auf dieser Anlage Erholung und Entspannung ohne Straßen- und Umweltlärm.

Platzinfos

Anfahrtsbeschreibung

A 7 Frankfurt-Kassel, Ausfahrt Bad Homburg, Zubringer bis Oberursel, dann Richtung Feldberg Schmitten-Weiltal bis Altweilnau/Weilrod, der Golfplatz liegt am Ortsende der Straße nach Merzhausen. Oder: A 3 Köln-Frankfurt, Ausfahrt Bad Camberg Richtung Usingen-Weilrod-Altweilnau zum Golfplatz.

Nächstgelegene Plätze

Homburger GC (Nr. 396)
Idstein, GP (Nr. 395)
Attighof G&CC (Nr. 389)

Hessen

Golfplatz Altenstadt

Karte, Nr. 393, Feld E9 **27** Design: Peter Vetter, Karl-Ludwig Toth Höhe: 150 m

gegründet: 2003

Oppelshäuser Weg 5, 63674 Altenstadt
☎ 06047-988088 🖷 06047-988089
✉ mail@golfplatz-altenstadt.de
💻 www.golfplatz-altenstadt.de

PR Karl Toth
Peter Vetter, CM: Markus Rott
Lucia Pinsel
Headgreenkeeper: Manuel Strauch

i ☎ 06047-988088 🖷 06047-988089
Antje Vetter, Birgit Mangelsen-Berg, Ute Zimdahl

Bella Vista
☎ 06047-986838
Mo. Ruhetag

PRO SHOP Lucia Pinsel
☎ 06047-988088 🖷 06047-988089

PRO Pro: Angel Nulud, Young Hoon Kim, Armin Piater

18-Loch Platz
H: 5805 m, CR 71.1, SL 127, Par 71
D: 4976 m, CR 71.6, SL 126, Par 71
9-Loch Oppelshäuser Hof Platz
H: 2637 m, CR 68.4, SL 128, Par 70
D: 2257 m, CR 69.5, SL 119, Par 70
20 Rangeabschläge (16 überdacht)

G Gäste sind jederzeit willkommen. Anmeldung ist notwendig. Clubausweis mit eingetragener PE ist erforderlich. Startzeitenreservierung erbeten.

Tages-Greenfee: WT: EUR 75 / WE: EUR 80
18-Loch-Greenfee: WT: EUR 50 / WE: EUR 55
9-Loch-Greenfee: WT: EUR 30 / WE: EUR 35
Ermäßigung: Jugendl./Stud. 50%

Nächstgelegene Plätze

Lindenhof, Bad Vilbeler GC (Nr. 398)
Am Löwenhof, GP (Nr. 391)
Bad Nauheim, GC (Nr. 390)

Platzinfos

VCG GPS CLUB GASTRO

Anfahrtsbeschreibung

A 45, Ausfahrt Altenstadt Richtung Altenstadt, durch Altenstadt und am Ortsausgang rechts Richtung Friedberg/Florstadt. Nach ca. 3 km auf der rechten Seite Oppelshausen.

Platzbeschreibung

Die Anlage am Rande des Rhein-Main-Gebietes wurde vom Betreiber in Eigenleistung erstellt. Auf einer Fläche von 54ha umgeben von Wald erstreckt sich die leicht hügelige Anlage mit Blick in den Vogelsberg. Bei entsprechend überlegter Spielweise haben Spieler aller Spielstärken einen abwechslungsreichen und spannenden Golftag. Der Platz wurde 2009 auf 18 Loch ausgebaut. Weitere 9 Loch sind seit dem Spätsommer 2019 bespielbar.

Golf-Club Spessart e.V.

Karte, Nr. 394, Feld E9 **18** Höhe: 480 m

gegründet: 1972

Am Golfplatz 1, 63628 Bad Soden-Salmünster
06056-91580 06056-915811
sekretariat@golf-spessart.de
www.golf-spessart.de

PR: Karl-Horst Schneider, CM: Alen Weber

i: 06056-91580 06056-915820

Restaurant Golf-Club Spessart,
Giovanni Sistarelli
06056-3537 06056-915820
Mo. Ruhetag

PRO SHOP: 06056-91580 06056-915811

PRO: Pro: Alen Weber, Wolfram Deutscher

H: 6023 m, CR 72.8, SL 135, Par 72
D: 5304 m, CR 74.4, SL 133, Par 72
14 Rangeabschläge (3 überdacht)

G: Gäste sind jederzeit willkommen. Anmeldung ist notwendig. Clubausweis mit eingetragener PE ist erforderlich.

18-Loch-Greenfee: WT: EUR 55 / WE: EUR 65
9-Loch-Greenfee: WT: EUR 30 / WE: EUR 35
Ermäßigung: Jugendl./Stud. bis 25 J. 50%

Platzbeschreibung

Zwischen Wiesen und Feldern liegt dieser Platz eingebettet in ein romantisches Areal hoch über dem Kinzigtal. Schon der erste Blick von der Terrasse des Clubhauses bietet eine herrliche Aussicht auf den Hohen Vogelsberg und den Taunus. Der Charakter des Platzes wird von hohem altem Baumbestand, Wasserhindernissen und gut platzierten Bunkern geprägt. Jedes Fairway trägt einen Namen, der auf landschaftliche oder historische Gegebenheiten hinweist.

Platzinfos

VCG GPS CLUB GASTRO

Anfahrtsbeschreibung

A 66 Richtung Hanau-Fulda bis Bad Soden-Salmünster, dort links Richtung Alsberg, etwa 1 km hinter dem OT Hausen links nach Alsberg. Oder: A 66 Richtung Frankfurt bis Bad Soden-Salmünster, dort zweimal rechts Richtung Alsberg und dann weiter wie oben beschrieben zum Golfplatz.

Nächstgelegene Plätze

Bad Orb Jossgrund, GC (Nr 402)
Gut Hühnerhof, GP (Nr. 397)
Golfpark Trages (Nr. 404)

Hessen

Golfpark Idstein

Karte, Nr. 395, Feld D9 **36/3** Höhe: 270 m

gegründet: 1989

Am Nassen Berg 1, 65510 Idstein-Wörsdorf
06126-93220 06126-932222
suedkurs@golfpark-idstein.de
www.golfpark-idstein.de

PR: Ines Heinz, GF: Ines Heinz, CM: Simon Ullmann

i: 06126-93220 06126-932222

„Gut Henriettenthal" & Bistro-Pavillon
06126-932214 06126-932222

PRO SHOP: Golfshop Idstein, Doreen Wernitz
06126-93220 06126-932222

PRO: Pro: Walt Sauer, Christian Dallmann, Ashley Kearns

18-Loch Golfpark Idstein Championship-Course (Süd Par 72)
H: 6140 m, CR 72.7, SL 129, Par 72
D: 5385 m, CR 74.1, SL 129, Par 72
18-Loch Golfpark Idstein „Goldener Grund" (Nord Par 72) Platz
H: 6230 m, CR 73.3, SL 126, Par 72
D: 5372 m, CR 74.1, SL 124, Par 72
80 Rangeabschläge (4 überdacht)

G: Gäste sind jederzeit willkommen. Anmeldung ist erforderlich. Handicap 54 ist erforderlich. Sondergreenfee bei offenen 18-Loch Turnieren:

18-Loch-Greenfee: WT: EUR 50 / WE: EUR 65
9-Loch-Greenfee: WT: EUR 30 / WE: EUR 40
Ermäßigung: Jugendl. bis 18 J. und Stud. bis 30 J.

Nächstgelegene Plätze
Hofgut Georgenthal (Nr. 401)
Taunus Weilrod, GC (Nr. 392)
Wiesbadener GC (Nr. 406)

Platzinfos

Anfahrtsbeschreibung
A 3 Frankfurt/M.-Köln, Abfahrt Idstein Richtung Idstein, B 275 Richtung Bad Schwalbach, dann Richtung Usingen, Idstein-Wörsdorf. Durch Wörsdorf der Hauptstraße entlang bis zum Ortsausgang, hier der Beschilderung Südkurs „Gut Henriettenthal" oder Nordkurs „Goldener Grund" folgen.

Platzbeschreibung
Das Golfprojekt auf rund 160 Hektar ist die größte Golf-Oase im Rhein-Main-Gebiet. Der 36-Loch-Golfpark Idstein mit jeweils internationalem Par 72 wurde designed und gebaut von namhaften Golfexperten. Beide Golfanlagen erhielten aufgrund ihrer Schwierigkeit eine sehr hohe DGV-Courserating-Bewertung und sind für Gäste aus nah und fern bei den wöchentlich stattfindenden offenen Turnieren sehr beliebt. Der 18-Loch-Südkurs „Gut Henriettenthal" in Idstein-Wörsdorf ist seit 1989 bespielbar, der 18 Loch Nordkurs „Goldener Grund" in Idstein-Walsdorf seit dem Jahr 2001.

Hessen

Greenfee-Aktion: Seite G 103

Royal Homburger Golfclub 1899 e.V.

Karte, Nr. 396, Feld D9 **18/6** Höhe: 230 m

gegründet: 1889

An der Karlsbrücke 10, 61350 Bad Homburg
☎ 06172-306808 Fax 06172-32648
office@royal-hgc.de
www.royal-hgc.de

PR Prof. Dr. Martin Meissner, GF: Florian Zimmermann, CM: Judit Günther
Headgreenkeeper: Jörg Maaß

i ☎ 06172-306808 Fax 06172-32648
Tim Reininger, Sabine Engelfried

Restaurant „1899", Passions
Christian Herrhammer
☎ 06172-7328727
Mo. Ruhetag

PRO Pro: Anthony Dowens, Alexander Kamp

18-Loch Röderwiesen New Course
H: 4392 m, CR 65.9, SL 128, Par 66
D: 3871 m, CR 67.5, SL 123, Par 66
21 Rangeabschläge (6 überdacht)

G Gäste sind jederzeit willkommen. Anmeldung ist notwendig. Clubausweis mit eingetragenem Handicap (54) ist erforderlich. Sa./So./Feiertage ist Handicap 36 erforderlich.

18-Loch-Greenfee: Mo.-Do.: EUR 45 / Fr.-So.: EUR 75
Freitag ab 14 Uhr, Wochenend Tarif
Ermäßigung: Jugendl./Stud. bis 27 J.

Platzinfos

VCG

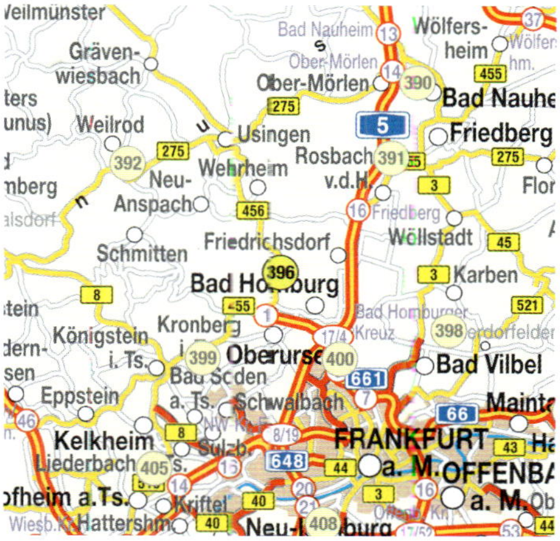

Anfahrtsbeschreibung

Autobahn A 5 bis Bad Homburger Kreuz, Abfahrt Bad Homburg/Oberursel A 661, der A 661 folgen bis Ausfahrt Weilburg/Usingen. Richtung Usingen, Bad Homburg rechts liegen lassen und der Beschilderung Usingen folgen, nach ca. 750 m liegt linker Hand der Golfplatz (Navi-Adresse: Saalburgchaussee 2 A).

Platzbeschreibung

Die 18-Loch-Anlage des New Course befindet sich an den Hängen des Taunus, wo die Spielbahnen an Biotopen vorbeiführen. Auch Wasser kommt ins Spiel, mal als Teich, mal als Bächlein. Die unterschiedlichen Bahnen garantieren ein abwechslungsreiches Spiel in traumhafter Landschaft. Eine besondere Attraktion ist die Bahn 16. Der Abschlag liegt 30 m hoch über dem eigentlichen Gelände, auf einem Plateau. Man sieht die Skyline Frankfurts und den Odenwald.

Nächstgelegene Plätze

Golf Range Frankfurt, GC (Nr. 400)
Kronberg, G&LC (Nr. 399)
Am Löwenhof, GP (Nr. 39[illegible])

Hessen

Golfpark Gut Hühnerhof

Karte, Nr. 397, Feld E9 18/9

gegründet: 2000

Am Golfplatz 1, 63584 Gründau/Gettenbach
☎ 06058 / 916384-70 Fax 06058 / 916384-77
✉ golf@gut-huehnerhof.de
www.gut-huehnerhof.de

PR: Walter Hecker, GF: Walter Hecker
Headgreenkeeper: Tobias Hecker

i: ☎ 06058 / 916384 70 Fax 06058 / 916384 77

„Heckers" - Restaurant, Café, Bar
☎ 06058 / 916384 72 Fax 06058 / 916384 77

PRO SHOP: Pro Shop Gut Hühnerhof
☎ 06058 / 9163848 70 Fax 06058 / 916384 77

18-Loch Golfpark Gut Hühnerhof Platz
H: 6129 m, CR 72.7, SL 130, Par 72
D: 5211 m, CR 73.4, SL 121, Par 72
9-Loch Golfpark Gut Hühnerhof Platz
H: 5076 m, CR 69.1, SL 131, Par 70
D: 4396 m, CR 70.5, SL 122, Par 70
40 Rangeabschläge (30 überdacht)

G: Gäste sind jederzeit willkommen. Anmeldung ist erforderlich. PE ist erforderlich.

18-Loch-Greenfee: WT: EUR 55 / WE: EUR 70
9-Loch-Greenfee: WT: EUR 37 / WE: EUR 45
Ermäßigung: Jugendl. bis 18 J. und Stud.

Platzinfos

VCG GPS CLUB GASTRO

Anfahrtsbeschreibung

A66 Abfahrt Gründau/Lieblos, auf der B457 Richtung Büdingen, auf der rechten Seite die dritte Abfahrt nach Gettenbach um auf den 9-Loch Golfplatz zu gelangen, bzw. an derselben Kreuzung links zum 18-Loch Golfplatz.

Platzbeschreibung

Erleben Sie einzigartigen Golfsport auf der 18-Loch-Anlage, die im Jahre 2012 eröffnet wurde. Das zentral gelegene Clubhaus, welches durch seine einmalige Architektur neue Maßstäbe setzt, bildet das Herzstück des Platzes. Lange und abwechslungsreiche Golfbahnen fordern erfahrene Handicap-Golfer heraus mit jeweils vier Herren- und drei Damenabschlägen. Die Südhanglage des Platzes macht den Golfsport ganzjährig attraktiv. Anfängern und erfahrenen Golfern bietet der 9-Loch-Golfplatz großzügig angelegte Trainingsmöglichkeiten. Viele Bunker und Wasserhindernisse machen das Spiel auf dem weitläufigen Gelände zu einem unvergesslichen Erlebnis.

Nächstgelegene Plätze

Golfpark Trages (Nr. 404)
Altenstadt, GP (Nr. 393)
Hanau-Wilhelmsbad, GC (Nr. 403)

Bad Vilbeler Golfclub Lindenhof e.V.

Karte, Nr. 398, Feld D9 **18** Design: Dr.Wolfgang Siegmann Höhe: 115 m

gegründet: 1994

Lehnfurther Weg 1, 61118 Bad Vilbel-Dortelweil
06101-9893730 06101-98 93 73 73
info@bvgc.de
www.bvgc.de

PR: Dr. Hansgeorg Jehner, CM: Anne Wenzel
Headgreenkeeper: Holger Beck

i: 06101-9893730 06101 - 98 93 73 73
Aline Seehof, Alexandra Kau-Born, Sylke Grunenberg

Golfhotel & Restaurant Lindenhof, Petar Arsenic
06101-5245140 06101-5245141
Mo. Ruhetag

PRO SHOP: Golf- und Sportmoden Born GmbH, Ilse Born
06101 - 98 93 73 22 06101 - 98 93 73 73

PRO: Pro: Jonathan Wilson, Thomas Kubiak, Peter Jäger

H: 6068 m, CR 71.7, SL 128, Par 72
D: 5228 m, CR 72.9, SL 125, Par 72
28 Rangeabschläge (8 überdacht)

G: Gäste sind jederzeit willkommen. Anmeldung ist notwendig. Clubausweis mit eingetragenem Handicap (54) ist erforderlich. Sa./So./Feiertage ist Handicap 36 erforderlich. Startzeiten für WE und Feiertage bitte ab Freitag reservieren.

18-Loch-Greenfee: WT: EUR 70 / WE: EUR 80
Aufschlag für DGV-Ausweisinhaber ohne „R".
Sundowner-Greenfee ab 3 Stunden vor Sonnenuntergang.
Ermäßigung: Jugendl. bis 18 J. und Stud. bis 27 J. 50%

Platzbeschreibung

Dieser Platz liegt im Tal der Nidda in absolut ruhiger Lage. Die Konzentration und Ruhe wird nicht durch Auto- oder Flugverkehr beeinträchtigt. Der sportliche und naturverbundene Charakter der Anlage wird durch großzügige Bepflanzung, 37.470 qm Wasserfläche und über 60 Bunker geprägt.

Platzinfos

Anfahrtsbeschreibung

A 5 Frankfurt-Kassel, Ausfahrt Bad Homburg-Bad Vilbel, weiter auf der A 661, am Preungesheimer Dreieck auf die B 3 Richtung Bad Vilbel/Friedberg und die Abfahrt Bad Vilbel-Dortelweil nehmen. Dann immer geradeaus und der Beschilderung zur Golfanlage folgen.

Nächstgelegene Plätze

Golf Range Frankfurt, GC (Nr. 400)
Hanau-Wilhelmsbad, GC (Nr. 403)
Homburger GC (Nr. 396)

Golf- und Land-Club Kronberg e.V.

Karte, Nr. 399, Feld D9 **18** Höhe: 257 m

gegründet: 1954

Schloß Friedrichshof, Hainstraße 25,
61476 Kronberg/Taunus
✆ 06173-1426 Fax 06173-5953
✉ info@gc-kronberg.de
www.gc-kronberg.de

PR: Otto Wirsching, CM: Markus Erdmann
Headgreenkeeper: Jörg Vowinckel-Ewald

i: ✆ 06173-1426 Fax 06173-5953
Sabine Kuschel

Casino Golf- und Land-Club Kronberg,
Maxim Soldatov
✆ 06173-79049 Fax 06173-994745

PRO SHOP: Golf- und Land-Club Kronberg, Brigita Kircher
✆ 06173-1426 Fax 06173-5953

PRO: Pro: Julia Wuttke, Jochen Karcher, Ian Harris, Martin Pyatt

H: 4939 m, CR 68.2, SL 125, Par 68
D: 4444 m, CR 70.1, SL 126, Par 68
15 Rangeabschläge (5 überdacht)

G: Gäste sind Montag - Freitag (außer an Feiertagen) willkommen. Anmeldung ist notwendig. Clubausweis mit eingetragenem Handicap (36) ist erforderlich. Es gibt keine Golfcars. Es muss in jedem Fall zu Fuss gegangen werden.

18-Loch-Greenfee: WT: EUR 80 / WE: EUR 95
Montags ist Greenfee ab 11 Uhr möglich
Ermäßigung: Jugendl./Stud. 50%

Platzinfos

VCG GPS CLUB

Anfahrtsbeschreibung
Von Frankfurt über Eschborn nach Kronberg zur B 455. Oder: Von Bad Homburg, Wiesbaden und Königstein auf der B 455 nach Kronberg, von der Ausfahrt Kronberg-Nord der Beschilderung „Schloßhotel" zum Golfplatz folgen.

Platzbeschreibung
Die anspruchsvolle Golfanlage ist herrlich im Park des Schlosses Friedrichshof (Schloßhotel Kronberg) gelegen. Der Charakter der Anlage wird sehr stark durch die vielfältige und teilweise exotische Vegetation geprägt, die parkähnlich die engen Spielbahnenbegleitet.

Nächstgelegene Plätze
Homburger GC (Nr. 396)
Hof Hausen, GC (Nr. 405)
Golf Range Frankfurt, GC (Nr. 400)

Greenfee-Aktion: Seite G 103

Golf-Club Golf Range Frankfurt

Karte, Nr. 400, Feld D9 9 Höhe: 90 m

gegründet: 2001

Am Martinszehnten 6, 60437 Frankfurt am Main
☎ 069-95092744 🖷 069-95092746
✉ info@golfrange-ffm.de
💻 www.golfrange-ffm.de

PR: Bernd Hess, CM: Claudio Martella

i: ☎ 069-95092744 🖷 069-95092746
Diana Schmidt, Sona Baumann, Andrea Hofmann

Bistro-Restaurant Golf Range Frankfurt, Marcello Martella
☎ 069-95092860 🖷 069-95092746
Mo. Ruhetag

PRO SHOP: Golf-Club Golf Range Frankfurt
☎ 069-95092444 🖷 069-95092746

PRO: Pro: Kyung-Won Kang, Nobert Bieg, David Rostron

H: 3284 m, CR 60.5, SL 119, Par 62
D: 2814 m, CR 60.2, SL 109, Par 62
30 Rangeabschläge (22 überdacht)

G: Gäste sind jederzeit willkommen. Anmeldung ist notwendig. Clubausweis mit eingetragenem Handicap (54) ist erforderlich.

18-Loch-Greenfee: WT: EUR 50 / WE: EUR 60
9-Loch-Greenfee: WT: EUR 30 / WE: EUR 40
Ermäßigung: Jugendl. bis 17 J. 50%

Platzbeschreibung

Der 9-Loch-Platz (Par 62) ist ab HCPI 54 und einer Clubmitgliedschaft bespielbar Er verlangt präzise und gut durchdachte Schläge, um erfolgreich zu sein. Der gepflegte Platz ist sowohl für ambitionierte wie für Anfänger geeignet. Vor der Skyline Frankfurts weist die mit neuem Flutlicht ausgestattete Anlage aber auch eine Driving Range mit Zielgrüns, Putting Greens, Sandbunker auf der Range auf.

Platzinfos

Anfahrtsbeschreibung

A 5 Frankfurt-Kassel, am ABK Bad Homburg auf die A 661 Ri. Frankfurt-Offenbach, nächste Ausfahrt Nieder-Eschbach/Am Martinszehnten. An erster Ampel links Richtung Kalbach, an der folgenden Ampel geradeaus. Nach ca. 300 m Einfahrt auf der linken Straßenseite. Oder: A 3 Würzburg-Frankfurt, am ABK Offenbach auf die A 661 Ri. Bad Homburg, Ausfahrt Nieder-Eschbach/Am Martinszehnten. Von dort weiter wie oben beschrieben.

Nächstgelegene Plätze

Homburger GC (Nr. 396)
Lindenhof, Bad Vilbeler GC (Nr. 398)
Kronberg, G&LC (Nr. 399)

Hessen

Hofgut Georgenthal

Karte, Nr. 401, Feld D9 **18/3** Design: Christian Althaus

gegründet: 2013

Georgenthal 1, 65329 Hohenstein
✆ 06128-943523 🖷 06128-943333
✉ golfclub@hofgut-georgenthal.de
www.hofgut-georgenthal.de

PR CM: Jens Kloeren

i ✆ 06128-943523

CLUB Lounge

PRO SHOP Golfshop
✆ 06128-943523 🖷 06128-943333

PRO Pro: Richard Nömeier

18-Loch Park-Links-Course
H: 5431 m, CR 69.8, SL 135, Par 70
D: 4533 m, CR 69.9, SL 130, Par 70
24 Rangeabschläge (7 überdacht)

G Gäste sind jederzeit willkommen. Anmeldung ist notwendig. Clubausweis mit eingetragenem Handicap ist erforderlich. Sonderkonditionen für Hotelgäste

18-Loch-Greenfee: WT: EUR 70 / WE: EUR 90
9-Loch-Greenfee: WT: EUR 35 / WE: EUR 45
Ermäßigung: Jugendl. bis 18 J. 50%, Stud. bis 27 J. 20%

Platzbeschreibung

Der Par-70 Meisterschaftsplatz des Golfclubs Hofgut Georgenthal gilt jetzt schon als feste Größe in der deutschen Golflandschaft. Nach schottischem Vorbild gebaut, lässt der abwechslungsreiche „Park-Links-Course" mit seinem natürlich erhaltenen Landschaftsbild das Golferherz höher schlagen und bietet großartige Herausforderungen für Spieler jeden Handicaps. Seit Pfingsten 2016 ist der komplette 18-Loch Platz bespielbar. Unsere Übungsanlage bietet neben Driving Range, Putting-Green, Chip- und Pitch-Anlage ein großes Himalaya-Putting-Green sowie einen außergewöhnlichen 3-Loch-Par-3-Platz.

Platzinfos

VCG GPS CLUB

Anfahrtsbeschreibung

Eingabe für das Navigationssystem: Koordinaten: 050°11,04'N 008°09,00'O oder Ort: 65329 Hohenstein, Straße: Georgenthal 1 oder Ort: 65232 Taunusstein OT: Niederlibbach, Straße: Hauptstraße, von dort ist das Georgenthal ausgeschildert (ca. 3 km)

Nächstgelegene Plätze

Wiesbadener GC (Nr. 406)
Idstein, GP (Nr. 395)
Rhein-Main, GC (Nr. 407)

Golf-Club Bad Orb Jossgrund e.V.

Karte, Nr. 402, Feld E9 **18** Design: Patrick F. Merrigan Höhe: 430 m

gegründet: 1990

Hindenburgsstraße 7, 63637 Jossgrund
☎ 06059-905510 🖷 06059-905555
✉ info@golfclub-badorb.de
💻 www.golfclub-badorb.de

PR: Mathias Fingerhut, GF: Mathias Fingerhut

i: ☎ 06059-90550
Fatma Yasamis, Selina Wolf

Gastronomie: Landhaus Horstberg, Josip Culic
☎ 06059-905560 🖷 -905555
Mo. Ruhetag

PRO SHOP: Wolfertz Golfmode & Proshop, Andreas Wolferlz
☎ 06059-905580 🖷 -905555

PRO: Pro: Hans-Joachim Rumpf, Peter Jacobi

H: 5976 m, CR 72.2, SL 138, Par 72
D: 5112 m, CR 73, SL 134, Par 72
18 Rangeabschläge (5 überdacht)

G: Gäste sind jederzeit willkommen. Anmeldung ist notwendig. Clubausweis mit eingetragenem Handicap (54) ist erforderlich. Sa./So./Feiertage ist Handicap 36 erforderlich.

18-Loch-Greenfee: WT: EUR 55 / Sa.: EUR 65 / So.: EUR 70
9-Loch-Greenfee: WT: EUR 29 / Sa.: EUR 39 / So.: EUR 41
Ermäßigung: Jugendl./Stud. 50%

Platzbeschreibung

Ohne Verkehrslärm des Rhein-Main-Gebietes bietet dieser Golfclub Erholung von Stress und Alltag im Einklang mit der schönen ländlichen Umgebung des Naturparks Spessart. Charakteristisch für den Meisterschaftsplatz sind zahlreiche, zum Teil gut platzierte Bunker, sowie abwechslungsreich gestaltete Grüns. An insgesamt 10 Löchern kommen frontale oder seitliche Wasserhindernisse ins Spiel. Spätestens das 13. Grün erinnert an einen Links-Course.

Platzinfos

VCG GPS CLUB GASTRO

Anfahrtsbeschreibung

A 66 Frankfurt/Fulda, Abfahrt Bad Orb/Wächtersbach, Richtung Bad Orb. Am Ortsausgang von Bad Orb rechts Richtung Lettgenbrunn (Villbacher Straße). Nach 5 km befindet sich der Golfplatz auf der rechten Seite.

Nächstgelegene Plätze

Spessart, GC (Nr. 394)
Gut Hühnerhof, GP (Nr. 397)
Aschaffenburger GC (Nr. 553)

Hessen

Golf Club Hanau-Wilhelmsbad e.V.

Karte, Nr. 403, Feld E9 **18** Höhe: 110 m

gegründet: 1958

Franz-Ludwig-von-Cancrin-Weg 1 a,
63454 Hanau-Wilhelmsbad
06181-180190 06181-1801910
info@golfclub-hanau.de
www.golfclub-hanau.de

PR: Christofer Hattemer, CM: Anja Käter
Headgreenkeeper: Thommy McFadden

i: 06181-180190 06181-1801910
Marina Heinz, Luisa Morgenstern, Gabriele Vogel

Restaurant-Hotel am Golfplatz
06181-9929222 06181-9929224
Mo. Ruhetag

PRO SHOP: Brennand, John Brennand
06181-81775

PRO: Pro: John Brennand, Nigel Richardson, Günther Pausch

H: 5977 m, CR 72.4, SL 131, Par 73
D: 5257 m, CR 73.5, SL 130, Par 73
12 überdachte Rangeabschläge

G: Gäste sind jederzeit willkommen. Anmeldung ist notwendig. Clubausweis mit eingetragenem Handicap (32) ist erforderlich.

18-Loch-Greenfee: Mo.-Do.: EUR 80 / Fr.-So.: EUR 90
Ermäßigung: Jugendl./Stud.

Platzinfos

VCG GPS GASTRO

Anfahrtsbeschreibung

A 3 Frankfurt-Würzburg, Ausf. Hanau, B 45 Ri. Hanau, B 43A zum Hanauer Kreuz, A 66 Ri. Frankfurt, Ausf. Hanau-Nord, an Ampel re. auf B 8/40, an Tankstelle vorbei zur nächsten Kreuzung (Ampel), re. Ri. Wilhelmsbad, sofort nach 20 m re. Beschilderung Komödienhaus, Golfhotel in Wilhelmsbader Allee. Oder: A 3 Würzburg-Frankfurt, am Seligenstädter Kreuz A 45 Ri. Gießen bis Hanauer Kreuz, A 66 Ri. Frankfurt, Ausf. Hanau-Nord und dreimal rechts.

Nächstgelegene Plätze

Lindenhof, Bad Vilbeler GC (Nr. 398)
Seligenstadt, GC (Nr. 409)
Golfpark Trages (Nr. 404)

Platzbeschreibung

Die Golfanlage Hanau-Wilhelmsbad liegt in der ehemaligen Fasanerie der Grafen von Hanau, nur unweit des Parks von Wilhelmsbad entfernt. Der Charakter der Golfanlage wird durch den sehr alten Baumbestand geprägt, der bei manchen Fairways entscheidend in das Spielgeschehen eingreift.

Golfpark Trages

Karte, Nr. 404, Feld E9 **18** Design: Kurt Rossknecht Höhe: 212 m

gegründet: 1994

Hofgut Trages, 63579 Freigericht
☏ 06055-9394055 Fax 06055-9394057
✉ trages@golf-absolute.de
www.golf-absolute.de/freigericht/

PR Dr. Hermann Weiland, GF: Dirk Weiland, CM: Claudia Hoffmann
Headgreenkeeper: Manuel DaCosta

i ☏ 06055-9394055 Fax 06055-9394057

Restaurant am Herrenhaus, Singh
☏ 06055-9393130

PRO Pro: Peter Koenig, Patrick Sterling, Jens Wegner

18-Loch Platz
H: 5583 m, CR 70.4, SL 135, Par 72
D: 4868 m, CR 71.9, SL 129, Par 72
4-Loch Kurzplatz (Par 3, öffentlich)
H: Par 3. 30 Rangeabschläge (7 überdacht)

G Gäste sind jederzeit willkommen. Anmeldung ist notwendig. Clubausweis mit eingetragenem Handicap (54) ist erforderlich. Für unsere Golf spielenden Gäste halten wir ausgewiesene Wohnmobilstellplätze bereit. Auf Wunsch auch mit separatem Stromanschluss.

18-Loch-Greenfee: WT: EUR 60 / WE: EUR 80
9-Loch-Greenfee: WT: EUR 35 / WE: EUR 45
Ermäßigung: Jugendl./Stud. bis 27 J. 50%

Platzbeschreibung

Herrschaftliches Golfen in historischer Umgebung. Zum stilvollen Ambiente mit britischem Charme erwartet den Golfer im Hofgut Trages aus dem 14. Jahrhundert ein 18-Loch Golfpark mit vielen reizvollen Hindernissen. Eingebettet in eine leicht hügelige und atemberaubende Landschaft eröffnen sich dem Betrachter unvergleichliche Panoramaausblicke.

Platzinfos

Anfahrtsbeschreibung

A 66, Ausfahrt Erlensee in Richtung Rodenbach, in Rodenbach vor der Tankstelle rechts über Oberrodenbach in Richtung Alzenau. Ca. 3 km nach dem Ortsende Oberrodenbach liegt rechter Hand der Golfplatz. Oder: A 45, Ausfahrt Alzenau in Richtung Mömbris, in Michelbach an der Kreuzung links Richtung Gelnhausen durch Albstadt, dann links in Richtung Rodenbach. Der Golfpark Trages liegt nach ca. 1 km auf der linken Seite.

Nächstgelegene Plätze

Gut Hühnerhof, GP (Nr. 397)
Aschaffenburger GC (Nr. 553)
Seligenstadt, GC (Nr. 409)

Hessen

GC Hof Hausen vor der Sonne Hofheim e.V.

Karte, Nr. 405, Feld D9 **18/6** Höhe: 143 m

gegründet: 1996

Hof Hausen vor der Sonne 1,
An der Reifenberger Straße, 65719 Hofheim
✆ 06192-9391680 🖷 06192-9391699
✉ info@hofhausen.golf
💻 www.hofhausen.golf

PR Gábor Mészáros, GF: Mark Niendorf
Headgreenkeeper: Christian Müller

i ✆ 06192-9391680 🖷 06192-9391699
Sophia Wiederstein, Matthias Schenkelberg, Nikolaj Straetz

Restaurant im Herrenhaus, Marcel Multani
✆ 06192-9221100

PRO SHOP Pro Shop – Tedgolf, Ingrid Reisenbüchler
✆ 06192-9222614

PRO Pro: James Annable, Jimmy Forrester, David Spencer, Spencer Bethel

18-Loch Platz
H: 5956 m, CR 70.9, SL 128, Par 72
D: 5208 m, CR 72.5, SL 124, Par 72
6-Loch Platz
H: 2055 m, Par 3, D: 1761 m, Par 3
56 Rangeabschläge (19 überdacht)

G Gäste sind jederzeit willkommen. Anmeldung ist notwendig. Clubausweis mit eingetragenem Handicap (54) ist erforderlich. Sa./So./Feiertage ist Handicap 45 erforderlich.

18-Loch-Greenfee: WT: EUR 70 / WE: EUR 90
9-Loch-Greenfee: WT: EUR 40 / WE: EUR 55
Ermäßigung: Jugendl./Stud. 50%

Platzbeschreibung

Die Anlage ist in etwa 15 Min. von Frankfurt und Wiesbaden aus zu erreichen und bietet mit ihrer exponierten Lage am Südhang des Taunus und den denkmalgeschützten Gebäuden unverwechselbare Eindrücke: Golfen mit Blick auf die Skyline Frankfurts sowie Gastronomie und Erholung in historischen Gebäuden.

Platzinfos

VCG GPS CLUB GASTRO

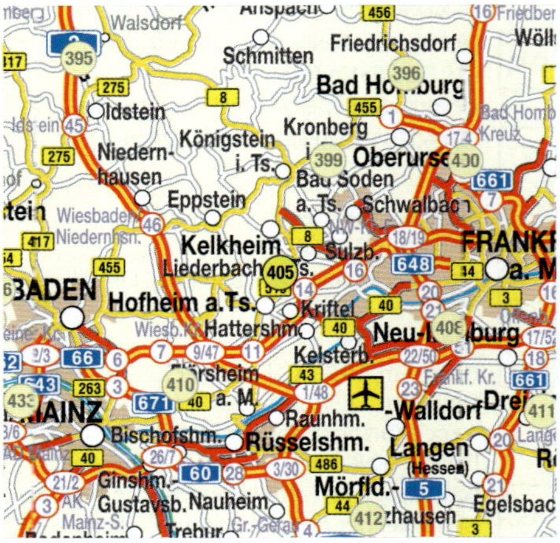

Anfahrtsbeschreibung

Anfahrt über die A 66 aus Wiesbaden oder Frankfurt: Ausfahrt „F-Zeilsheim"/"Hofheim-Nord" von dort weiter Richtung Hofheim. Nach ca. 1,5 km kurz vor dem Ortseingang Hofheim an der ersten Ampelkreuzung rechts abbiegen (Richtung Rhein-Main-Therme) linker Hand liegt die Feuerwehr, weiter auf der Vorfahrtsstraße bleiben, am Autohaus BMW Euler vorbei, bis zur nächsten Ampelkreuzung, dort geradeaus weiter auf die Reifenberger Straße. Nach 1,5 km liegt linker Hand die Golfanlage Hof Hausen vor der Sonne.

Nächstgelegene Plätze

Kronberg, G&LC (Nr. 399)
Main-Taunus, GC (Nr. 410)
Frankfurter GC (Nr. 408)

Hessen

Wiesbadener Golf Club e.V.

Karte, Nr. 406, Feld D9 9 Höhe: 150 m

gegründet: 1893

Chausseehaus 17, 65199 Wiesbaden
0611-460238 0611-463251
info@wiesbadener-golfclub.de
www.wiesbadener-golfclub.de

PR: Thomas Röskens, CM: Lars Dittmar
Headgreenkeeper: Thomas Bäder

i: 0611-460238 -463251
Frauke Gundlach

Golf Restaurant, Zeljka Pjanic
0611-464288
Mo. Ruhetag

PRO SHOP: Wiesbadener Golf-Club e.V.
0611-460238

PRO: Pro: Daniel Kiewitz

H: 5172 m, CR 68.2, SL 128, Par 68
D: 4670 m, CR 70.7, SL 131, Par 68
10 Rangeabschläge (2 überdacht)

G: Gäste sind jederzeit willkommen. Sa./So./Feiertage ist Anmeldung notwendig. Clubausweis mit eingetragenem Handicap (36) ist erforderlich.

18-Loch-Greenfee: WT: EUR 65 / WE: EUR 80
9-Loch-Greenfee: WT: EUR 40 / WE: EUR 50
Ermäßigung: Jugendl./Stud. 50%

Platzbeschreibung

Der älteste Golfclub Deutschlands wurde im Jahre 1893 von Engländern und Schotten gegründet. Die heutige Anlage des Clubs befindet sich seit 1911 auf den Gehrn-Wiesen am Chausseehaus. Der leicht hügelige Platz erfordert ein akkurates Spiel, da Bäche, Bunker und der sehr alte Baumbestand oft spielentscheidende, strategische Herausforderungen bieten.

Platzinfos

VCG

Anfahrtsbeschreibung

A 66 Wiesbaden, Ausfahrt Stadtmitte-Erbenheim-Nord Richtung Hauptbahnhof, an der Ringkirche links in die Klarenthaler Straße Richtung Schlangenbad/Georgenborn, bis zum Bahnübergang Chausseehaus, der Golfplatz ist beschildert.

Nächstgelegene Plätze

Rhein-Main, GC (Nr. 407)
Mainzer GC (Nr. 433)
Hofgut Georgenthal (Nr. 401)

Hessen

Golfclub Rhein-Main e.V.

Karte, Nr. 407, Feld D9 **18**

gegründet: 1977

Weißer Weg, 65201 Wiesbaden
✆ 0611-1842416 🖷 0611-1842418
✉ golfc@golfclubrheinmain.de
💻 www.golfclubrheinmain.de

PR Hans-Josef Brühl, CM: Edward Galvan
Headgreenkeeper: Gerald Beierschmitt

i ✆ 0611-1842416 🖷 0611-1842418
Melanie Mader

Cem Klein Restaurant & Bistro im Golfclub Rheinblick, Cem Klein
✆ 01573-7583714

PRO SHOP Pro-Shop Rheinblick Golf Course, James Goins
✆ 0611 - 143 548 548 -5 oder -6

PRO Pro: Jay Djuren

18-Loch Rheinblick Golf Course
H: CR 70.6, SL 139, Par 72
D: CR 72.7, SL 133, Par 72
26 Rangeabschläge (6 überdacht)

G Gäste sind jederzeit willkommen. Anmeldung ist notwendig. Clubausweis mit eingetragenem Handicap (36) ist erforderlich.

18-Loch-Greenfee: WT: EUR 60 / WE: EUR 75
9-Loch-Greenfee: WT: EUR 40 / WE: EUR 50
Das Gäste-Greenfee kann NUR mit EC-Karte oder Kreditkarte in Euro gezahlt werden. Eine telefonische Anmeldung ist notwendig. Startzeiten bitte ausschließlich unter folgender Tel.-Nr.: 0611-1435485485 reservieren.

Platzbeschreibung

Der Golf-Club Rhein-Main ist auf dem US-amerikanischen 18-Loch Rheinblick Golf Course beheimatet. Der Platz wurde 1958 gebaut und liegt in Wiesbaden am Fuße des Taunus. Die Bahnen sind in das zum Rhein abfallende Gelände integriert. Der Platz ist sportlich anspruchsvoll.

Platzinfos

VCG GPS CLUB GASTRO

Anfahrtsbeschreibung

Vom Stadtzentrum Wiesbaden auf der Dotzheimer Straße nach Wiesbaden-Dotzheim, weiter Richtung Rheinblick, von dort der Beschilderung zum Golfplatz folgen (ca. 6 km vom Stadtzentrum Wiesbaden entfernt).

Nächstgelegene Plätze

Wiesbadener GC (Nr. 406)
Mainzer GC (Nr. 433)
Hofgut Georgenthal (Nr. 401)

Hessen

Frankfurter Golf Club e. V.

Karte, Nr. 408, Feld D9 **18** Design: Harry Colt, Christoph Städler

gegründet: 1913

Golfstraße 41, 60528 Frankfurt
069-66623180 069-666231820
info@fgc.de
www.fgc.de

PR: Dr. Gabriele Sachse, CM: Ann-Katrin Thimm
Headgreenkeeper: Jan Andreas

i: 069-66623180 069-666231820

Michael Grehl
069-666231819

PRO SHOP: Golf Götze, Götze Pro Shop
069-6662441

PRO: Pro: Keith Coveney, Octavian Uilacan, Martin Keskari, Michael Totzke, Jan Förster

H: 6040 m, CR 72.4, SL 136, Par 71
D: 5298 m, CR 73.9, SL 130, Par 71
20 Rangeabschläge (5 überdacht)

G: Gäste sind Montag - Freitag (außer an Feiertagen) willkommen. Anmeldung ist notwendig. Clubausweis mit eingetragenem Handicap (32) ist erforderlich.

18-Loch-Greenfee: WT: EUR 100 / WE: EUR 120
Ermäßigung: Jugendl. bis 18 J. und Stud. bis 27 J. 50%

Platzbeschreibung

Auf dem 64 ha großen, sorgfältig in die natürlichen Gegebenheiten eingepassten Gelände, erfordern raffiniert geschnittene Fairways ein präzises Spiel. Die Schönheit des Clubs, auf dem u.a. auch schon 12 Mal die German Open ausgetragen wurden, liegt in der geografischen Besonderheit des Rhein-Main-Ufers. Der alte Baumbestand vermittelt den Eindruck einer weitläufigen, gepflegten Parkanlage.

Platzinfos

VCG CLUB

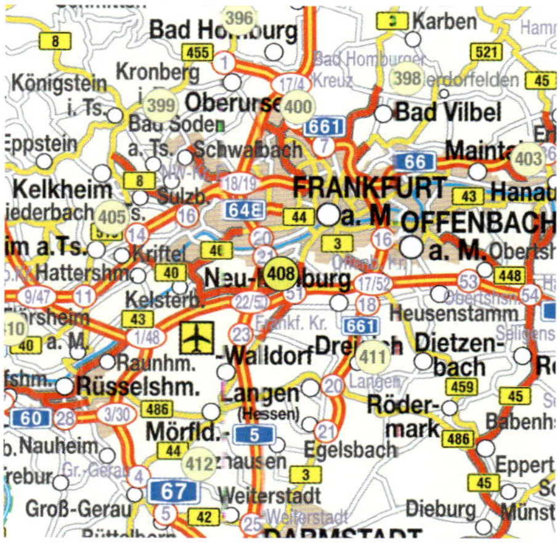

Anfahrtsbeschreibung

Von Frankfurt Mitte über Kennedyallee Richtung Niederrad Süd, 100 m nach der Aral-Tankstelle halbrechts in die Flughafenstraße, nach 250 m wieder halbrechts in die Golfstraße (linker Hand eine Mauer) und der Golfstraße bis zum Golfplatz folgen.

Nächstgelegene Plätze

Neuhof, GC (Nr. 411)
Golf Range Frankfurt, GC (Nr. 400)
Hof Hausen, GC (Nr. 405)

Golfclub Seligenstadt am Kortenbach e.V.

Karte, Nr. 409, Feld E9 **9** Höhe: 110 m

gegründet: 2002

An der Lache 1,
63500 Seligenstadt (OT Froschhausen)
✆ 06182-828990 🖷 06182-828992
✉ geschaeftsstelle@golf-seligenstadt.de
💻 www.golf-seligenstadt.de

PR — Roland Jäger, GF: Jens Jöckel
Headgreenkeeper: Thomas Lochner

i — ✆ 06182-828990 🖷 06182-828992

Tonis Restaurant am Golfplatz
✆ 06182-8216870

PRO SHOP — Golfstore Nigel Coles
✆ 06071-922150 🖷 06071-922160

PRO — Pro: John Dovey, Steve Morland

H: 6236 m, CR 72.3, SL 130, Par 72
D: 5296 m, CR 72.4, SL 128, Par 72
30 Rangeabschläge (5 überdacht)

G — Gäste sind jederzeit willkommen. Anmeldung ist notwendig. Clubausweis mit eingetragener PE ist erforderlich. Sa./So./Feiertage ist Handicap 45 erforderlich.

18-Loch-Greenfee: WT: EUR 60 / WE: EUR 70
9-Loch-Greenfee: WT: EUR 30 / WE: EUR 35
Ermäßigung: Jugendl. bis 18 J. und Stud. bis 27 J. 50%

Nächstgelegene Plätze

Hanau-Wilhelmsbad, GC (Nr. 403)
Golfpark Trages (Nr. 404)
Neuhof, GC (Nr. 411)

Platzinfos

VCG

Anfahrtsbeschreibung

Im östlichen Teil des Rhein-Main-Gebietes gelegen ist der Golfclub von der A 3 Frankfurt-Nürnberg über die Ausfahrt Seligenstadt bestens zu erreichen.

Platzbeschreibung

Die Golfanlage des Golfclub Seligenstadt am Kortenbach e.V., gegründet im Jahr 2002, befindet sich in Froschhausen bei Seligenstadt - rund um das reizvolle Naturschutzgebiet Kortenbach, in ruhiger und dennoch zentraler Lage und verkehrsgünstig zur A3, gelegen. Auf großzügigen 45ha und mit drei Teichen versehen, bietet dieser erste in Deutschland mit A-B-C-Abschlägen geratete 9-Loch-Platz Golfern jeder Spielstärke - auf maximal „27 Bahnen" - eine Herausforderung. Von den Champion-Abschlägen ist der Platz mit einer Länge von fast 6.300 m sogar ein echter Prüfstein.

Hessen

Golf-Club Main-Taunus e.V.

Karte, Nr. 410, Feld D9 **18** Design: Bernhard von Limburger Höhe: 125 m

gegründet: 1979

Lange Seegewann 2,
65205 Wiesbaden-Delkenheim
06122-177480 06122-1774850
info@gcmaintaunus.de
www.gcmaintaunus.de

PR: Dietmar Robrecht, GF: Frank Riedel,
CM: Eric Marschke
Headgreenkeeper: Christian Müller

i: 06122-177480 06122-936099
Niklas Groß, Susanne Arras-Däschner

Zur Seegewann
06122-1774880

PRO SHOP: Korpa GmbH, Sang-Kyung Park
06122-935078 -935481

PRO: Pro: Markus Bucksch, David Howard,
Richard Waring, Martin Müller

H: 5835 m, CR 70.7, SL 134, Par 72
D: 5181 m, CR 72.8, SL 128, Par 72
40 Rangeabschläge (8 überdacht)

G: Gäste sind jederzeit willkommen. Anmeldung ist notwendig. Clubausweis mit eingetragenem Handicap (45) ist erforderlich.

18-Loch-Greenfee: Mo.-Do.: EUR 75 / Fr.: EUR 80 / WE: EUR 85
9-Loch-Greenfee: Mo.-Do.: EUR 45 / Fr.: EUR 50 / WE: EUR 55
Ermäßigung: Jugendl. und Stud. bis 27 J. 50%

Platzbeschreibung

Eine grüne Oase mitten im Rhein-Main-Gebiet ist dieser anspruchsvolle, aber sportlich jederzeit faire Platz. Maßgeblich geprägt wird die sehr gepflegte Anlage durch ihre Wasserhindernisse, die an insgesamt acht Löchern ins Spiel kommen. Das milde Klima und eine großzügige Fairwaybewässerung sorgen ganzjährig für ausgezeichnete Spielbedingungen. In der Nähe der A66 gelegen, bietet die große Driving Range eine ideale Übungsmöglichkeit „en passant".

Platzinfos

VCG GPS CLUB

Anfahrtsbeschreibung

A 66 Frankfurt-Wiesbaden, Ausfahrt Nordenstadt Richtung Hochheim und der Beschilderung „Golfplatz" folgen.

Nächstgelegene Plätze

Hof Hausen, GC (Nr. 405)
Mainzer GC (Nr. 433)
Rhein-Main, GC (Nr. 407)

Hessen

Golf Club Neuhof e.V.

Karte, Nr. 411, Feld D9 **27/6** Design: Städler Golf Courses Höhe: 190 m

gegründet: 1984

Hofgut Neuhof, 63303 Dreieich
☎ 06102-327010 🖷 06102-327012
✉ info@golfclubneuhof.de
💻 www.golfclubneuhof.de

PR Andreas Seum, CM: Gerd Petermann-Casanova

i ☎ 06102-327010 🖷 06102-327012

Steffen Schenk
☎ 06102-320602
Mo. Ruhetag

PRO SHOP Angela Bailey
☎ 06103-6041066

PRO Pro: Michael Mitteregger, Barbara Helbig, Steve Morland, Carsten Kellner

H: 5839 m, CR 71.8, SL 138, Par 72
D: 5100 m, CR 73.3, SL 135, Par 72
50 Rangeabschläge (8 überdacht)

G Gäste sind Montag - Donnerstag (außer an Feiertagen) willkommen. Anmeldung ist notwendig. Clubausweis mit eingetragenem Handicap (36) ist erforderlich. Nur Mitglieder mit DGV-Ausweis „R/vS" bzw. Gäste von GCN-Mitgliedern ohne Ausweisbeschränkung.

18-Loch-Greenfee: Mo.-Do.: EUR 90 / Fr.-So.: EUR 110. 9-Loch-Greenfee: Mo.-Do.: EUR 55 / Fr.-So.: EUR 65.
Ermäßigung: Jugendl./Stud. 50%

Nächstgelegene Plätze

Frankfurter GC (Nr. 408)
Bachgrund, GP (Nr. 412)
Seligenstadt, GC (Nr. 409)

Platzinfos

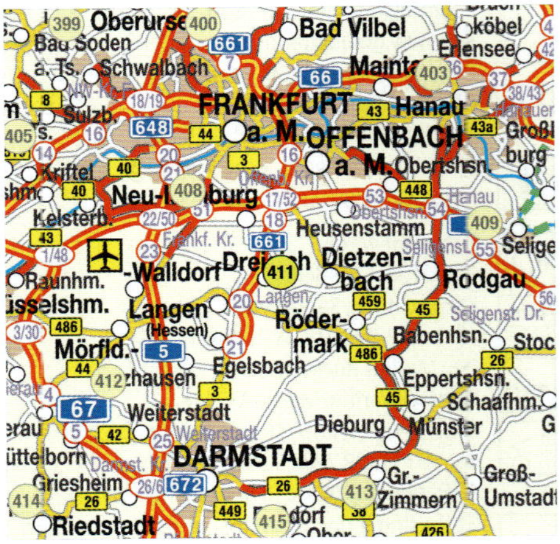

Anfahrtsbeschreibung

A 3 Köln-Würzburg, Ausfahrt Offenbacher Kreuz, A 661 Richtung Darmstadt-Egelsbach, Ausfahrt Dreieich und von dort ca. 2 km der Beschilderung nach Neuhof zum Golfplatz folgen.

Platzbeschreibung

Ein naturbelassener 27-Loch-Meisterschaftsplatz im Herzen der Region Frankfurt Rhein-Main, nur 15 km südlich von der Stadtmitte Frankfurts und nur 2 km von der A661, Ausfahrt Dreieich, entfernt. Hervorzuheben ist das unter Denkmalschutz stehende Clubhaus. Neben einem Restaurant mit hervorragender, internationaler Küche steht den Gästen und Mitgliedern des Golf Club Neuhof auch eine herrliche Sonnenterrasse sowie die gemütliche Spikebar zum Entspannen zur Verfügung.

Hessen

Golfpark Bachgrund

Karte, Nr. 412, Feld D9 **27/9** Höhe: 88 m

gegründet: 2000

Im Bachgrund 1, 64572 Worfelden
✆ 06152-807900 Fax 06152-8079072
✉ bachgrund@golf-absolute.de
www.golf-absolute.de/buettelborn-worfelden/

PR Dr. Hermann Weiland, GF: Dirk Weiland, CM: Pascal Kugler
Headgreenkeeper: Manuel da Costa

i ✆ 06152-807900 Fax 06152-8079072

Restaurant SanElma, Georg Fischer
✆ 06152-8583033 Fax 06152-8583044

PRO SHOP Golf Götze, Pro Shop Golf Götze
✆ 06152-7187100 Fax 06152-7187101

PRO Pro: Peter Koenig, Stefan Jordan, Wan-Rae Cho, Holger Eissner, El Ayachi Ait Chikh

18-Loch Platz Nessie
H: 5725 m, CR 71.6, SL 136, Par 72
D: 4809 m, CR 72.5, SL 129, Par 72
9-Loch Platz Happy Luck
H: 4990 m, CR 68.3, SL 123, Par 70
D: 4302 m, CR 69, SL 123, Par 70
100 Rangeabschläge (30 überdacht)

G Gäste sind jederzeit willkommen. Anmeldung ist notwendig. Clubausweis mit eingetragenem Handicap (54) ist erforderlich. Für unsere Golf spielenden Gäste halten wir ausgewiesene Wohnmobilstellplätze bereit. Auf Wunsch auch mit separatem Stromanschluss.

18-Loch-Greenfee: WT: EUR 60 / WE: EUR 80
9-Loch-Greenfee: WT: EUR 35 / WE: EUR 45
Ermäßigung: Jugendl. und Stud. bis 27 J. 50%

Nächstgelegene Plätze

Kiawah GP Riedstadt (Nr. 414)
Neuhof, GC (Nr. 411)
Frankfurter GC (Nr. 408)

Platzinfos

VCG GPS CLUB GASTRO

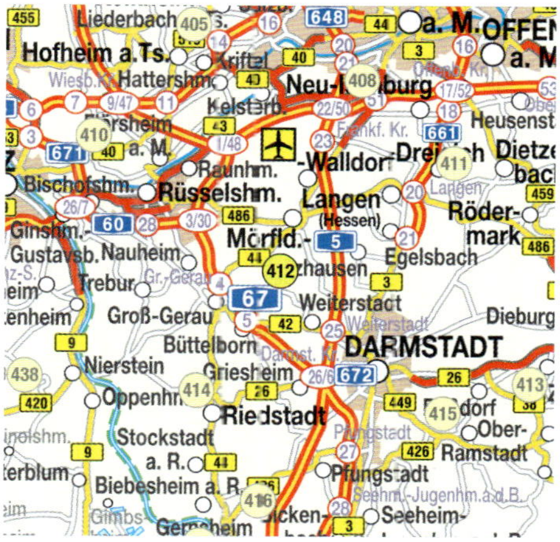

Anfahrtsbeschreibung

A 5, Ausfahrt Mörfelden/Langen, durch Mörfelden in Richtung Groß-Gerau (B 44), rechts ab in Richtung Worfelden und nach 1 km zum Golfplatz. Oder: A 67, Ausfahrt Groß-Gerau, Richtung Mörfelden und nach 1 km links Richtung Worfelden.

Platzbeschreibung

Der Golfpark Bachgrund liegt zentral inmitten des Rhein-Main Gebietes, zwischen Frankfurt, Wiesbaden, Mainz und Darmstadt. Der 18-Loch Platz Nessie besticht durch seinen in der Region einmaligen Linkscourse Charakter. Dünen- und Bunkerlandschaften und eine Vielzahl von Teichen sind harmonisch in das zu Gebirgsketten und spitzen Hügeln modellierte Gelände eingefügt, die der Anlage internationales Flair verleihen.

Hessen

Zimmerner Golf Club 1995 e.V.

Karte, Nr. 413, Feld D9 18/9 Höhe: 150 m

gegründet: 1995

Darmstädter Straße 111, 64846 Groß-Zimmern
06071-92210 06071-922120
info@gc-zimmern.de
www.gc-zimmern.de

PR: Ralf Cordes, GF: Bernd Pullmann,
CM: Mischa Kind
Headgreenkeeper: Ingo Burger

i: 06071-92210 06071-922120
Ulrike Dallmann, Andreas Eger

Luigi's Restaurant, Luigi Del Gesso
06071-922130 06071-922140
Mo. Ruhetag

PRO SHOP: Golfstore N. Coles, Nigel Coles
06071-922150 06071-922160

PRO: Pro: Nigel Coles, Erik Moll, Warren Bell

18-Loch Gelber Course
H: 5848 m, CR 70.8, SL 131, Par 71
D: 5098 m, CR 72.3, SL 123, Par 71
9-Loch Blauer Course
H: 2242 m, Par 54, D: 2242 m, Par 54
23 Rangeabschläge (7 überdacht)

G: Gäste sind jederzeit willkommen. Anmeldung ist notwendig. Clubausweis mit eingetragenem Handicap (54) ist erforderlich. Sa./So./Feiertage ist Handicap 45 erforderlich. Keine Metallspikes erlaubt.

18-Loch-Greenfee: WT: EUR 60 / WE: EUR 75
Ermäßigung: Jugendl. 50%, Stud. 30%

Nächstgelegene Plätze
Darmstadt Traisa, GC (Nr. 415)
Odenwald, GC (Nr. 417)
Neuhof, GC (Nr. 411)

Platzinfos

VCG GPS

Anfahrtsbeschreibung
Auf der B 26 bis zur Ausfahrt Roßdorf/Gundernhausen. Aus Richtung Aschaffenburg kommend an der Abfahrt links Richtung Roßdorf/Gundernhausen und nach 100 m wieder links Richtung Groß-Zimmern. Aus Richtung Darmstadt kommend an der Kreuzung geradeaus Richtung Groß-Zimmern. Nach 800 m rechts zur Golfanlage.

Platzbeschreibung
Die 18-Loch-Meisterschaftsanlage liegt am Rande des Odenwaldes in den Ausläufern des Reinheimer Hügellandes auf zwei anspruchsvollen Spielebenen. Die erste Ebene bezieht ihren Reiz aus mehreren Wasserhindernissen. Die zweite Ebene, ca. 20 m höher gelegen,bildet eine Art Hochplateau mit herrlichen Rundblicken über den Roßberg, einen ehemaligen Vulkan, den Odenwald sowie Ausläufer des Spessarts und des Vogelberges.

Kiawah Golfpark Riedstadt

Karte, Nr. 414, Feld D9 18/4 Höhe: 100 m

gegründet: 1997

Landgut Hof Hayna, 64560 Riedstadt-Leeheim
06158-747385 Fax 06158-747386
kiawah@golf-absolute.de
www.golf-absolute.de/riedstadt/

PR: Dr. Hermann Weiland, CM: André Dorn
Headgreenkeeper: Agim Berisha

i: 06158-747385 Fax 06158-747386

„Haynas" Restaurant und Lounge,
Stefano Margerita. 06158-8283811
Mo. Ruhetag

PRO: Pro: Peter Koenig, Marcel Kellner

H: 5928 m, CR 71.3, SL 124, Par 72
D: 4943 m, CR 71.3, SL 123, Par 72
60 Rangeabschläge (7 überdacht)

G: Gäste sind jederzeit willkommen. Anmeldung ist notwendig. Clubausweis mit eingetragener PE ist erforderlich. Für unsere Golf spielenden Gäste stellen wir ausgewiesene Wohnmobilstellplätze bereit. Auf Wunsch auch mit separatem Stromanschluss.

18-Loch-Greenfee: WT: EUR 60 / WE: EUR 80
9-Loch-Greenfee: WT: EUR 35 / WE: EUR 45
Ermäßigung: Jugendl./Stud. 50%

Platzinfos

Anfahrtsbeschreibung

A 5, Ausfahrt Darmstadt-Griesheim, auf der B 26 Richtung Riedstadt, die B 44 überqueren, wenige 100 m weiter rechts zum Golfplatz abbiegen. Oder: Von Wiesbaden auf der B 9 bis Oppenheim, von dort 3 km bis Geinsheim, von dort 11 km bis Leeheim, von dort ca. 3 km Richtung Griesheim, bei der Beschilderung Golfpark links zum Golfplatz abbiegen.

Platzbeschreibung

Die Anlage ist verkehrsgünstig sehr gut zu erreichen und bietet dem Betrachter beeindruckende Ausblicke auf die linksrheinischen Weinberg, den Taunus und den Odenwald. Besonders populär der grundsätzlich ebenen Golfanlage und weit über die Region hinaus bekannt ist das Inselgrün an Bahn 17. Für zusätzliches Ambiente sorgt das über 300 Jahre alte Landgut Hof Hayna, das zentrale Anlaufstelle ist. Umfangreiche Trainingseinrichtungen runden das Angebot für Golfspieler jeder Spielstärke ab.

Nächstgelegene Plätze

Gernsheim, GR (Nr. 416)
Bachgrund, GP (Nr. 412)
Worms, GC (Nr. 443)

Golf Club Darmstadt Traisa e.V.

Karte, Nr. 415, Feld D9 **9** Höhe: 170 m

gegründet: 1973

Am Dippelshof 19, 64367 Mühltal
06151-146543 06151-148521
info@gc-dt.de
www.gc-dt.de

PR Brigitte Lacher
Headgreenkeeper: Anselm Schröder

06151-146543 -148521
Sabrina Hofmann

Günner Salvo
06151-3843318
Mo. Ruhetag

PRO SHOP Darmstadt Traisa e.V.
06151-136887

PRO Pro: Alastair Blyth

H: 4884 m, CR 67, SL 128, Par 66
D: 4258 m, CR 63.4, SL 123, Par 66
15 Rangeabschläge (3 überdacht)

G Gäste sind jederzeit willkommen. Sa./So./Feiertage ist Anmeldung notwendig. Clubausweis mit eingetragenem Handicap (36) ist erforderlich. GPS-Geräte bei Turnieren zugelassen. Hunde sind an der Leine erlaubt

18-Loch-Greenfee: WT: EUR 50 / WE: EUR 65
9-Loch-Greenfee: WT: EUR 35 / WE: EUR 45
Gäste ohne DGV R/vS Gold Mitgliedschaft zahlen ein um jeweils EUR 10 erhöhtes Greenfee
Greenfeeermäßigung für Jugendliche und Studenten nur Wochentags.

Nächstgelegene Plätze

Zimmerner GC 1995 (Nr. 413)
Gernsheim, GR (Nr. 416)
Bachgrund, GP (Nr. 412)

Platzinfos

VCG GPS CLUB

Anfahrtsbeschreibung

Von Darmstadt: B 449 Richtung Mühltal/Ober-Ramstadt, nach dem Ortsende von Mühltal-Trautheim links über den Bahnübergang in die Ludwigstraße und bis zum Ortsende, dann halblinks in die Straße „Zur Eisernen Hand", weiter die 1. Straße rechts „In den Gänsäckern" bis zum Ende (Parkplatz).

Platzbeschreibung

1973 gegründet hat der GC seit 1980 sein Zuhause am Dippelshof. Die 9 Löcher sind äußerst abwechslungsreich, nicht immer eben, aber immer mit herrlichen Ausblicken auf die Burg Frankenstein und die Bergstr. ausgestattet. Der Golfer wird oftmals mit Schräglagen konfrontiert, die insbesondere beim Grünspiel höchste Konzentration erfordern. Daneben sind Teiche, Bachläufe und ein großes Feuchtbiotop die weiteren Schwierigkeiten zu einem guten Score.

Golfresort Gernsheim

Karte, Nr. 416, Feld D9 36 Höhe: 90 m

gegründet: 1991

Golfparkallee 1, 64579 Gernsheim-Allmendfeld
☎ 06157-991616 Fax 06157-991716
✉ gernsheim@golf-absolute.de
www.golf-absolute.de

PR Dr. Hermann Weiland, GF: Dirk Weiland, CM: Sascha Emmel
Headgreenkeeper: Hennes Kraft

i ☎ 06157-991616 Fax 06157-991716

Restaurant Althaus, Ralf Althaus
☎ 06157-911844 Fax 06157-9116412

PRO SHOP Pro Shop Carola Issel
☎ 06157-930462 Fax 06157-990248

PRO Pro: Peter Koenig, Roger Issel

18-Loch Parkland Course
H: 5385 m, CR 68.9, SL 120, Par 72
D: 4559 m, CR 68.9, SL 124, Par 72
18-Loch Lufthansa Course
H: 4794 m, CR 65.6, SL 115, Par 70
D: 4119 m, CR 66.5, SL 111, Par 70
30 Rangeabschläge (16 überdacht)

G Gäste sind jederzeit willkommen. Anmeldung ist notwendig. Clubausweis mit eingetragenem Handicap (54) ist erforderlich. Für unsere Golf spielenden Gäste stellen wir ausgewiesene Wohnmobilstellplätze bereit. Auf Wunsch auch mit separatem Stromanschluss.

18-Loch-Greenfee: WT: EUR 60 / WE: EUR 80
9-Loch-Greenfee: WT: EUR 35 / WE: EUR 45
Ermäßigung: Jugendl. und Stud. bis 27 J. 50%

Platzbeschreibung

Das sehr verkehrsgünstig gelegene und gut zu erreichende Golfresort Gernsheim liegt im Rhein-Main-Gebiet, in der klimatisch milden Zone zwischen Bergstraße und Rheinebene. Die Anlage verfügt über zwei 18-Loch Meisterschaftsplätze, den Parklandplatz sowie den Lufthansa Course. Eine großzügige Driving Range und Übungsanlagen erwarten Sie ebenso, wie ein Proshop und ein empfehlenswertes Restaurant mit Sonnenterrasse und Badeteich. In nahegelegener Nachbarschaft liegen 3 weitere GOLF absolute Anlagen mit zusätzlichen 72 Golfbahnen. Golferische Vielfalt auf 108 Bahnen pur!

Platzinfos

VCG GPS CLUB GASTRO

Anfahrtsbeschreibung

A 67 Darmstadt-Mannheim, Ausfahrt Pfungstadt / Riedstadt. B 426 unmittelbar bei der Rastanlage Pfungstadt, weiter Richtung Gernsheim. Die Einfahrt zum Golfresort liegt nach ca. 3 km direkt an der B 426. Oder: A 5, Ausfahrt Pfungstadt / Eberstadt, Richtung Gernsheim über die neue Ortsumgehung Pfungstadt. Nach Überqueren der A 67 weiter wie oben beschrieben.

Nächstgelegene Plätze

Worms, GC (Nr. 443)
Kiawah GP Riedstadt (Nr. 414)
Bensheim, GC (Nr. 420)

Hessen

Greenfee-Aktion: Seite G 103

Golf Club Odenwald e.V.

Karte, Nr. 417, Feld E10 **18/6** Design: Deutsche Golf Consult Höhe: 350 m

gegründet: 1986

Am Golfplatz 1, 64753 Brombachtal
☎ 06063-57447 🖷 06063-57448
✉ mail@golfclub-odenwald.de
💻 www.golfclub-odenwald.de

PR: Karsten de Riese, CM: Birgit Scholl

i: ☎ 06063-57447 🖷 -57448
Tina Hoffmann, Tanja Er

Brombachtal
☎ 06063-911227 🖷 -911227
Mo. Ruhetag

PRO SHOP: Golfclub Odenwald e.V.
☎ 06063-57447

PRO: Pro: Stewart Bailey, Stewart Bailey

H: 5951 m, CR 71.5, SL 137, Par 72
D: 5153 m, CR 72.8, SL 130, Par 72
16 Rangeabschläge (2 überdacht)

G: Gäste sind jederzeit willkommen. Anmeldung ist notwendig. Clubausweis mit eingetragenem Handicap (54) ist erforderlich. Sa./So./ Feiertage ist Handicap 45 erforderlich.

18-Loch-Greenfee: WT: EUR 70 / WE: EUR 80
6-Loch-Kurzplatz GF inkl. Driving Range: EUR 10
Ermäßigung: Jugendl./Stud. 50%

Platzbeschreibung

Der 1986 gegründete Golfclub bietet hervorragende und anspuchsvolle Spielbedingungen. Der Platz erstreckt sich über mehrere Anhöhen des Landschaftsschutzgebietes Naturpark Bergstrasse-Odenwald. Aus einer Höhe von 350 m bietet der abwechslungsreiche Parcour von zahlreichen Abschlägen einen herrlichen Panoramablick. Hier lässt es sich in aller Ruhe golfen!

Platzinfos

VCG GPS CLUB GASTRO

Anfahrtsbeschreibung

B 45, Ausfahrt Bad König-Zell Richtung Brombachtal, in Langenbrombach rechts Richtung Kirchbrombach (beschildert) und in Kirchbrombach 400 m nach dem Ortseingang links der Beschilderung zum Golfplatz folgen. Oder: B 38, 9 km nördlich von Reichelsheim Richtung Brombachtal abbiegen, in Böllstein links Richtung Kirch-Brombach und der Beschilderung folgen.

Nächstgelegene Plätze

Geierstal, GC (Nr. 418)
Gut Sansenhof, GC (Nr. 571)
Buchenhof Hetzb., G&LC (Nr. 421)

Hessen

Natur Golfclub Geierstal e.V.

Karte, Nr. 418, Feld E10 9 Höhe: 330 m

gegründet: 1988

Ohrenbach-Aussenliegend 1,
64720 Michelstadt-Vielbrunn
✆ 06066-258
golfclub-geierstal@t-online.de
www.golfclub-geierstal.de

PR Heinrich Bauer, CM: Alexander Setinas

i ✆ 06066-258

Gasthof Ohrnbachtal
✆ 09373-2031090

PRO SHOP ✆ 06066-258

H: 3454 m, CR 63.1, SL 118, Par 64
D: 3454 m, CR 65.3, SL 119, Par 64
6 Rangeabschläge

G Gäste sind jederzeit willkommen. PE ist erforderlich.

Tages-Greenfee: WT: EUR 25 / WE: EUR 30
Ermäßigung: Stud. 50%

Platzbeschreibung

Diese öffentliche Golfanlage liegt gut erreichbar in schöner Lage und bietet abwechslungsreiche Fairways. Teilweise hügelige Spielbahnen erfordern ein konzentriertes Spiel. Erleben Sie den Zauber der Natur mit Ihrer vielfältigen Tier- und Pflanzenwelt des Naturschutzgebietes Ohrnbachtal / Geierstal beim Golfspiel auf dem naturbelassenen 9-Loch Platz mit Waldabschlägen, Bachläufen und Biotopen.

Platzinfos

VCG

Anfahrtsbeschreibung

A 3 Aschaffenburg-Obernburg Richtung Miltenberg, rechts über Wb.-Weckbach nach Vielbrunn. Oder: Von Heidelberg über Neckar-Gemünd-Eberbach-Beerfelden-Erbach Richtung Amorbach, links am Limes nach Vielbrunn und zum Golfplatz.

Nächstgelegene Plätze

Gut Sansenhof, GC (Nr. 571)
Odenwald, GC (Nr. 417)
Buchenhof Hetzb., G&LC (Nr. 421)

Golfclub Biblis Wattenheim e.V.

Karte, Nr. 419, Feld D10   27/9   Höhe: 40 m

gegründet: 1992

Golfparkallee 2, 68647 Biblis-Wattenheim
☎ 06245-90600 Fax 06245-906060
✉ biblis@golf-absolute.de
www.golf-absolute.de

PR: Dr. Hermann Weiland,
GF: Dipl. Ing. Dirk Weiland, CM: Jens Rzepka

i: ☎ 06245-90600 Fax 06245-906060

Restaurant - Al Parco, Gaetano Onolfo
☎ 06245-3440

PRO SHOP: Götze's Pro Shop, Jan Götze
☎ 06245-9099148 Fax 06245-9089598

PRO: Pro: Ingo Jenniches, Ales Rint

27-Loch Platz
H: 6176 m, CR 71.9, SL 136, Par 74
D: 5406 m, CR 73.6, SL 133, Par 74
9-Loch Kurzplatz (Par 3, öffentlich)
H: 1528 m, Par 54, D: 1496 m, Par 54
75 Rangeabschläge (20 überdacht)

G: Gäste sind jederzeit willkommen. Anmeldung ist notwendig. Clubausweis mit eingetragenem Handicap (54) ist erforderlich. Hunde an der Leine sind auf dem C-Platz erlaubt. Für unsere Golf spielenden Gäste haben wir Wohnmobilstellplätze ausgewiesen. Auf Wunsch auch mit separatem Stromanschluss.

18-Loch-Greenfee: WT: EUR 60 / WE: EUR 80
9-Loch-Greenfee: WT: EUR 35 / WE: EUR 45
Ermäßigung: Jugendl./Stud. 50%

Nächstgelegene Plätze

Worms, GC (Nr. 443)
Bensheim, GC (Nr. 420)
Gernsheim, GR (Nr. 416)

Platzinfos

VCG
GPS
CLUB
GASTRO

Anfahrtsbeschreibung

A 67 Mannheim-Frankfurt, Ausfahrt Lorsch Richtung Worms, in Bürstadt auf die B 44 Richtung Biblis, von Biblis Richtung Wattenheim, kurz nach dem Ortsausgang Wattenheim links der Beschilderung zum Golfplatz folgen. Oder: Von Worms Richtung Nordheim, vor Wattenheim rechts und der Beschilderung zum Golfplatz folgen.

Platzbeschreibung

Eine der größten Golfanlagen Hessens. Der Meisterschaftsplatz mit außergewöhnlichen Hindernissen stellt eine besondere sportliche Herausforderung für ein strategisches Spiel dar. Neben einer Reihe von Gewässern und naturbelassenen Arealen beinhaltet diese herrliche 27-Loch Anlage (Hunde an der Leine auf dem C-Platz erlaubt) viele befestigte Wander-, Reit- und Radfahrwege.

Greenfee-Aktion: Seite G 105

Golf-Club Bensheim e.V.

Karte, Nr. 420, Feld D10 **18** Höhe: 100 m

gegründet: 1986

Außerhalb 56, 64625 Bensheim
☎ 06251-67732 Fax 06251-39292
✉ info@golfclub-bensheim.de
www.golfclub-bensheim.de

PR: Dr. Claus-Peter Quel
Headgreenkeeper: Holger Naumann

i: ☎ 06251-67732 Fax 06251-39292
Nico Heinen, Regina Schul

Clubhouse
Di. Ruhetag

PRO SHOP: AR Golfstore, Alex Robertson
☎ 06251-9894354

PRO: Pro: Alex Robertson

H: 5764 m, CR 71.1, SL 133, Par 71
D: 4930 m, CR 71.7, SL 128, Par 71
30 Rangeabschläge (8 überdacht)

G: Gäste sind jederzeit willkommen. Clubausweis ist erforderlich. Mo.-Fr. ist Handicap 54 erforderlich.

18-Loch-Greenfee: WT: EUR 55 / WE: EUR 70
9-Loch-Greenfee: WT: EUR 35 / WE: EUR 40
Aufschlag für VcG, Fernmitglieder in- und ausländischer Clubs sowie DGV Ausweiskennzeichnung ohne „R/vs". Der Gutschein ist wochentags und für 18 Loch nutzbar.
Ermäßigung: Jugendl./Stud. 50%

Platzinfos

VCG

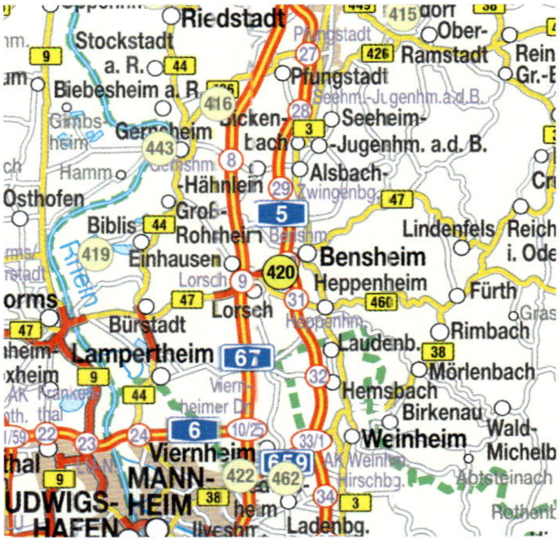

Anfahrtsbeschreibung

A 5, Ausfahrt Bensheim, A 67 Ausfahrt Lorsch, B 47 Richtung Bensheim, nach Ortseingangsschild 1. Ampel rechts in den Berliner Ring (Industriegebiet Süd), nach ca. 200 m rechts der Beschilderung „Golfplatz" folgen.

Platzbeschreibung

Im Kreis Bergstraße am Rande des Odenwalds gelegen bietet der 18 Loch-Meisterschaftsplatz mit seinen umfangreichen Übungsanlagen und dem gemütlichen Clubhaus alles, was das Golferherz höher schlagen lässt. Im ebenen Gelände sind die Spielbahnen harmonisch in die mit Streuobstwiesen durchsetzte Landschaft integriert und bieten mit reizvollen Ausblicken ein besonderes Naturerlebnis.

Nächstgelegene Plätze

Worms, GC (Nr. 443)
Gernsheim, GR (Nr. 416)
Biblis-Wattenheim, GC (Nr. 419)

Greenfee-Aktion: Seite G 105

Golf- und Landclub Buchenhof Hetzbach e.V.

Karte, Nr. 421, Feld E10 **9** Höhe: 320 m

gegründet: 1988

An der Alten Buche 8,
64760 Oberzent/Odenwald
06068-912050 06068-912053
info@golfclub-buchenhof.de
www.golfclub-buchenhof.de

PR Michael Hildenbeutel

i 06068-912050 -912053

H: 5502 m, CR 72.5, SL 133, Par 72
D: 4804 m, CR 73.5, SL 131, Par 72
14 Rangeabschläge (8 überdacht)

G Gäste sind jederzeit willkommen. Clubausweis mit eingetragenem Handicap (54) ist erforderlich.

Tages-Greenfee: EUR 50
9-Loch-Greenfee: EUR 40
Ermäßigung: Jugendl./Stud. 50%

Platzbeschreibung

Die Anlage Buchenhof liegt herrlich an einem Südosthang über Beerfelden im südhessischen Odenwald. Bedingt durch diese Sonnenlage kann der Platz meist das ganze Jahr bespielt werden. Faszinierend sind die Ausblicke, herausfordernd die abwechslungsreichen Bahnen - ein Erlebnis gleichermaßen für Könner wie Anfänger. Neben dem Hauptplatz bietet die großzügige Driving Range mit 8 überdachten Abschlägen nebst Pitching- und Putting-Green gute Übungsmöglichkeiten.

Platzinfos

VCG GPS

Anfahrtsbeschreibung

A 3 Frankfurt-Aschaffenburg, Ausfahrt Stockstadt Richtung Oberburg-Höchst, Ausfahrt B 45 Michelstadt bis Beerfelden-Hetzbach.In Hetzbach gegenüber einer Tankstelle/Baustoffmarkt zum Golfplatz abbiegen. Oder: A 6, Ausfahrt Heilbronn-Bad Friedrichshall, weiter B 27 Richtung Bad Wimpfen-Eberbach, Ausfahrt B 45 Michelstadt-Beerfelden und weiter wie oben beschrieben zum Golfplatz, der direkt in Hetzbach liegt.

Nächstgelegene Plätze

Gut Sansenhof, GC (Nr. 571)
Odenwald, GC (Nr. 417)
Geierstal, GC (Nr. 418)

Golfclub Mannheim Viernheim 1930 e.V.

Karte, Nr. 422, Feld D10 **18** Design: Bernhard von Limburger Höhe: 98 m

gegründet: 1930

Alte Mannheimer Straße 5, 68519 Viernheim
☎ 06204-60700 Fax 06204-607044
info@gcmv.de
www.gcmv.de

PR: Michael Stetter, CM: Vincent Weinzettel
Headgreenkeeper: Deon Pie Schmidt

i: ☎ 06204-60700 Fax 06204-607044

Club-Restaurant, Claudio Giorgiutti
☎ 06204-607020
Mo. Ruhetag

PRO SHOP: prisos-golf GmbH / Dirk Andjelkow, Dirk Andjelkow
☎ 06204-9295200

PRO: Pro: Ted Long, Alexis Szappanos, Thorsten Gutmann, Michael Kagel

H: 6172 m, CR 72.8, SL 124, Par 72
D: 5307 m, CR 74.2, SL 120, Par 72
40 Rangeabschläge (10 überdacht)

G: Gäste sind jederzeit willkommen. Anmeldung ist notwendig. Clubausweis mit eingetragenem Handicap (54) ist erforderlich.
Elektrocart zu mieten

18-Loch-Greenfee: WT: EUR 70 / WE: EUR 90
9-Loch-Greenfee: WT: EUR 40 / WE: EUR 50
Ermäßigung: Jugendl./Stud. 50%

Platzbeschreibung

Teilweise vom Käfertaler-Wald umgeben, ist dieser eher flache Platz von vielen alten Bäumen und Baumgruppen geprägt. Einige Bahnen sind in den Wald eingebettet und geben dem Platz seinen besonderen Reiz. Im Ballungsraum Hessen/Baden-Württemberg zählt er zu den beliebtesten Plätzen.

Platzinfos

VCG CLUB GASTRO

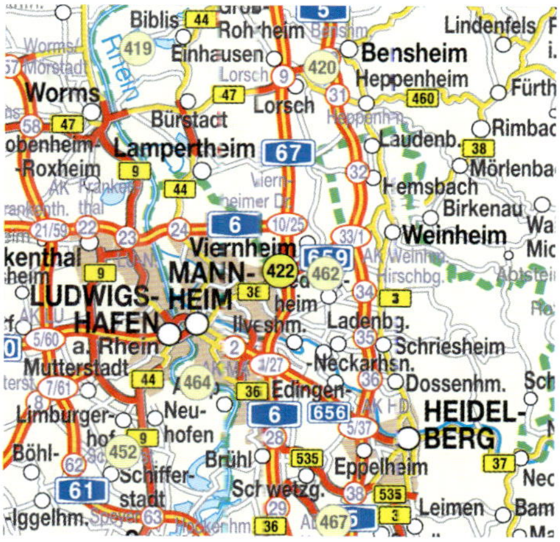

Anfahrtsbeschreibung

A 6 Mannheim-Frankfurt, Ausfahrt Viernheimer Kreuz Richtung Mannheim (B 38), die erste Ausfahrt rechts Richtung Viernheim-West zum Golfplatz. Einfahrt gegenüber dem Poco-Möbelmarkt.

Nächstgelegene Plätze

Heddesheim, GC (Nr. 452)
GC Mannheim, Rheingoldhalle (Nr. 464)
Bensheim, GC (Nr. 420)

Hessen

Rheinland-Pfalz + Saarland

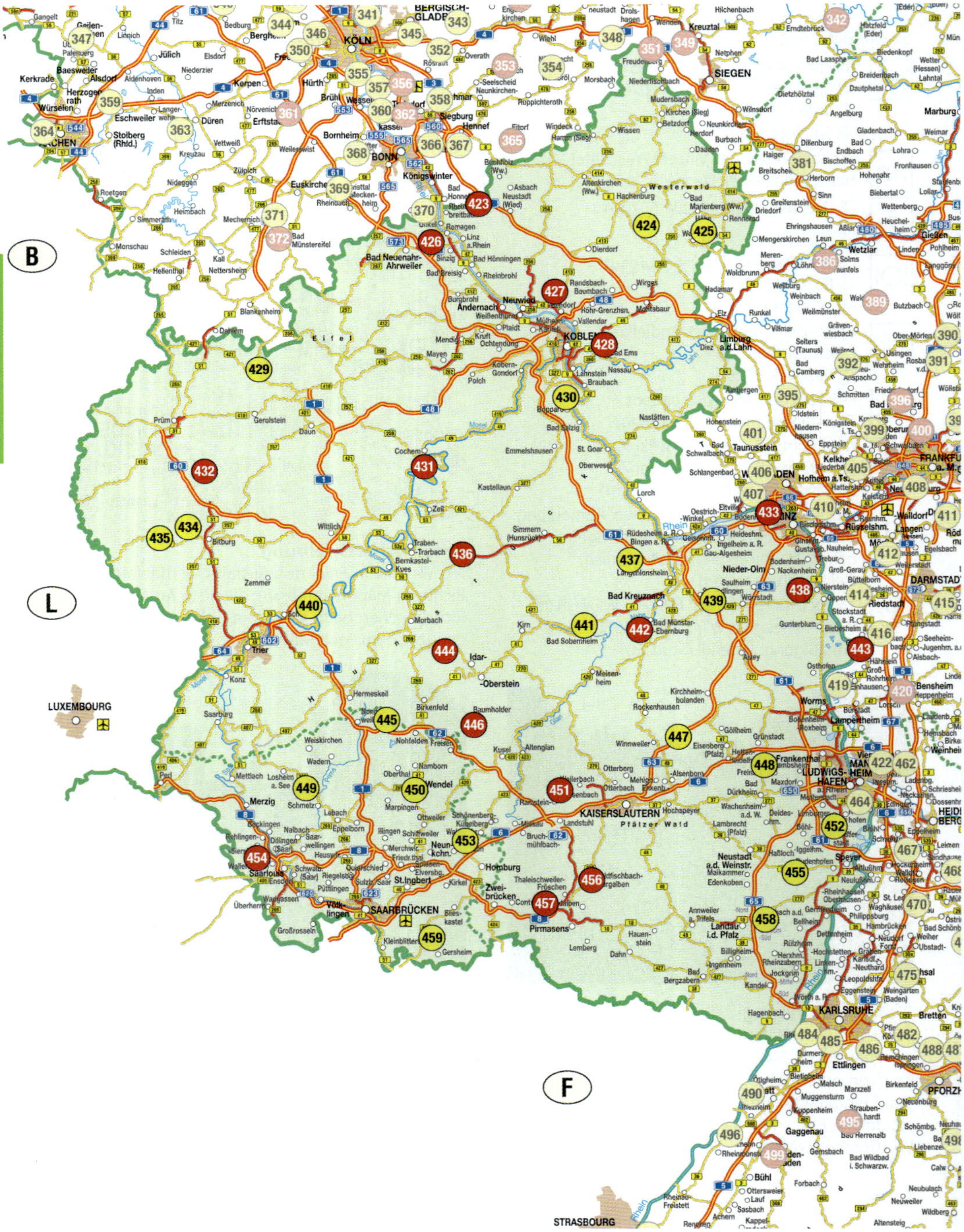

Rheinland-Pfalz + Saarland

■ = Partner Albrecht Greenfee-Aktion

Greenfee-Aktion: Seite G 105

Golf Course Siebengebirge

Karte, Nr. 423, Feld C8 18 Höhe: 290 m

gegründet: 1983

Brunnenstraße 11,
53578 Windhagen-Rederscheid
✆ 02645-8041 Fax 02645-8042
✉ info@golfcourse-siebengebirge.de
www.golfcourse-siebengebirge.de

PR
GF: Thomas Limbach
Headgreenkeeper: Carsten Roßbach

i
✆ 02645-8041 Fax 02645-8042
Nicole Grodnio, Marid Dieringer, Laura Mayer, Anja Ahlfänger

Ristorante „Il Pozzo"
✆ 02645-970041 Fax 02645-970043
Mo. Ruhetag

PRO SHOP
✆ 02645-8041

PRO
Pro: Tim Wendker, Dominik Haase

18-Loch Waldbrunnen Platz
H: 5497 m, CR 70.3, SL 126, Par 70
D: 4833 m, CR 72.1, SL 126, Par 70
16 Rangeabschläge (5 überdacht)

G
Gäste sind jederzeit willkommen. Anmeldung ist notwendig. Clubausweis mit eingetragenem Handicap (54) ist erforderlich.

18-Loch-Greenfee (bis 8:50 Uhr): EUR 48
18-Loch-Greenfee (ab 9:00 Uhr): Mo.-Do.: EUR 55 / Fr.-So.: EUR 65
9-Loch-Greenfee: Mo.-Do.: EUR 32 / Fr.-So.: EUR 38
Ermäßigung: Jugendl. bis 18 J. und Stud. bis 27 J. 25%
Bezahlung vorzugsweise bargeldlos / EC-Karte.

Platzinfos

VCG GPS CLUB GASTRO

Anfahrtsbeschreibung

Sie erreichen die Golfanlage Waldbrunnen über die A 3. Verlassen Sie die A 3 an der Ausfahrt Bad Honnef/Linz, links abbiegen, geradeaus durch den Kreisverkehr, nach der ersten Ampel links und nach ca. 1,5 km der Beschilderung Golfclub folgen.

Nächstgelegene Plätze

Bonn Godesberg, GC (Nr. 370)
Bad Neuenahr-Ahrw., G&LC (Nr. 426)
Rhein-Sieg, GC (Nr. 367)

Platzbeschreibung

Herzlich Willkommen beim Golf Course Siebengebirge, der erstklassigen Golfanlage direkt an der Autobahn 3 zwischen Köln und Frankfurt. Bei uns stehen Sport und Gesellschaft gleichermaßen im Vordergrund. Unser perfekt in die Ausläufer des Siebengebirges integrierter 18-Loch Kurs fordert Anfänger und auch fortgeschrittene Spieler jeweils auf ihre Weise. Der seiner Zeit von Golfplatzarchitekt Donald Harradine entworfene und gebaute Golfplatz bietet von vielen Bahnen einen traumhaften Blick über das Siebengebirge.

Golf Club Westerwald e.V.

Karte, Nr. 424, Feld C8 **18** Höhe: 400 m

gegründet: 1979

Steinebacherstraße, 57629 Dreifelden
☎ 02666-8220
✉ sekretariat@gc-westerwald.de
www.gc-westerwald.de

PR: Clemens Dick
Headgreenkeeper: Stefan Hachenberg

i: ☎ 02666-8220
Marion Kern, Regina Härtel

Dining-Range, Mario Lauer
☎ 02666-8200
Mo. Ruhetag

PRO: Pro: Jochen Lupprian

H: 6039 m, CR 72.1, SL 136, Par 72
D: 5186 m, CR 73.2, SL 132, Par 72

G: Gäste sind jederzeit willkommen. Anmeldung ist notwendig. Clubausweis mit eingetragenem Handicap (36) ist erforderlich.

18-Loch-Greenfee: WT: EUR 50 / WE: EUR 60
Erhöhtes GF für Mitglieder des VCG, Fernmitglieder in- und ausländischer Clubs sowie Mitglieder von DGV-Clubs ohne Ausweiskennzeichnung „R“
Ermäßigung: Jugendl./Stud. 50%

Platzbeschreibung

Der Platz liegt wunderschön eingebettet in die Landschaft der Westerwälder Seenplatte. Ein prächtiger alter Baumbestand und mehrere Wasserhindernisse bieten auf dem leicht hügeligen Gelände viel Abwechslung.

Platzinfos

VCG GPS CLUB

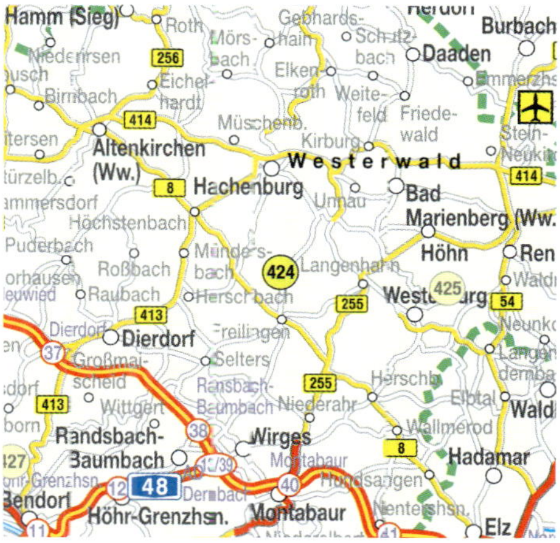

Anfahrtsbeschreibung

Von Frankfurt: A 3, Ausfahrt Montabaur, B 255 bis Kreuzung Hahn, B 8 Richtung Freilingen, Ausfahrt Dreifelden. Von Köln: A 3, Ausfahrt Dierdorf, weiter nach Herschbach-Schenkelberg-Steinen bis Dreifelden und zum Golfplatz. Man kann einfach den Hinweisschildern „Westerwälder Seenplatte“ folgen.

Nächstgelegene Plätze

Wiesensee, GC (Nr. 425)
Rhein-Wied, GC (Nr. 427)
Mittelrhein. GC Bad Ems (Nr. 428)

Golf Club Wiesensee e.V.

Karte, Nr. 425, Feld C8 **18/9** Höhe: 549 m

gegründet: 1992

Am Wiesensee, 56457 Westerburg/Westerwald
02663-991192 02663-991193
golfclub.wiesensee@lindner.de
www.golfclub-wiesensee.de

PR: Ing. Kurt Dörflinger, GF: Otto Lindner, CM: Monique Dürr
Headgreenkeeper: Maik Schäfer

i: 02663-991192 -991193

GIO´s
02663-991394

PRO SHOP: Wiebke Schützmann
02663-991190 -991193

PRO: Pro: PGA Professional Ralf Hartfuß, PGA Professional Alan Stevenson

18-Loch Platz
H: 5753 m, CR 71.3, SL 127, Par 72
D: 5044 m, CR 72.6, SL 127, Par 72
9-Loch Platz
H: 546 m, Par 27, D: 546 m, Par 27
30 Rangeabschläge (10 überdacht)

G: Gäste sind jederzeit willkommen. Anmeldung ist notwendig. Clubausweis mit eingetragenem Handicap (54) ist erforderlich.

18-Loch-Greenfee: Mo.-Do.: EUR 70 / Fr.-So.: EUR 80
9-Loch-Greenfee: EUR 45
Ermäßigung: Jugendl. bis 14 J. 50%

Platzinfos

VCG GPS CLUB GASTRO

Anfahrtsbeschreibung

A 3 Frankfurt-Köln, Ausfahrt Limburg-Nord, weiter B 54 Richtung Rennerod bis zur Ausfahrt Seck-Winnen, nach dem Ortsende Winnen rechts Richtung Stahlhofen, nach ca. 1 km rechts zum Golfplatz. Oder: A 45, Ausfahrt Herborn-West, weiter B 255 Richtung Hellenhahn, Ausfahrt Pottum-Stahlhofen, in Stahlhofen links Richtung Winnen, der Golfplatz liegt auf der linken Seite.

Platzbeschreibung

Der Platz erstreckt sich vom Ufer des Wiesensees in die Hügellandschaft des Westerwaldes. Über die Hälfte des 18-Loch-Meisterschaftsplatzes spielt man in alten Baumbeständen. Von fast allen Bahnen hat man einen herrlichen Blick auf den Wiesensee, der von den Höhen des Westerwaldes umgeben ist.

Nächstgelegene Plätze

Westerwald, GC (Nr. 424)
Dillenburg, GC (Nr. 381)
Schloß Braunfels, GC (Nr. 386)

Greenfee-Aktion: Seite G 105

Golf- und Landclub Bad Neuenahr-Ahrweiler

Karte, Nr. 426, Feld B8 **18/9** Design: Rainer Preißmann Höhe: 99 m

gegründet: 1979

Großer Weg 100,
53474 Bad Neuenahr-Ahrweiler
☽ 02641-950950 🖷 02641-9509595
✉ sekretariat@glc-badneuenahr.de
💻 www.glc-badneuenahr.de

PR: Andreas Zeitler, GF: Andreas Zeitler
Headgreenkeeper: Werner Krupp

i: ☽ 02641-950950 🖷 02641-9509595
Claudia Nonn, Alice Marner

Schönherr`s Restaurant am Köhlerhof,
Michael Schönherr
☽ 02641-6693
Mo. Ruhetag

PRO SHOP: GP Golfpartner Hürth KG, Max Pusch
☽ 02233-204826

PRO: Pro: Golfschule Bad Neuenahr, Daniel Becker,
Mario Isbert

18-Loch GLC Bad Neuenahr Platz
H: 6010 m, CR 72.4, SL 135, Par 72
D: 5293 m, CR 74.3, SL 133, Par 72
7-Loch Par 3 Platz
H: 555 m, Par 21. D: 555 m, Par 21
50 Rangeabschläge (8 überdacht)

G: Gäste sind jederzeit willkommen. Anmeldung ist notwendig. Clubausweis mit eingetragenem Handicap (36) ist erforderlich. An Wochenenden und Feiertagen Abschlag nur vor 10 oder nach 16 h möglich - bzw. in Mitgliederbegleitung nach Anmeldung.

18-Loch-Greenfee: WT: EUR 90 / WE: EUR 110
9-Loch-Greenfee: WT: EUR 55 / WE: EUR 65
9 Loch nur in der Vor- und Nachsaison buchbar.
Ermäßigung: Jugendl./Stud. 50%

Platzbeschreibung

Ein sportlich interessanter und anspruchsvoller Platz, der sich weit über die Hügellandschaft des unteren Ahrtales hinzieht, wobei jedoch die einzelnen Fairways, von Ausnahmen abgesehen, ohne allzu große Neigungen verlaufen. Dichter und teilweise buschiger Baumbestand entlang verschiedener Bahnen erfordern zielgenaue Drives. Strategisch gut platzierte Hindernisse bilden zusätzliche Herausforderungen.

Platzinfos

VCG GPS CLUB GASTRO

Anfahrtsbeschreibung

A 61, Ausfahrt Bad Neuenahr-Ahrweiler Richtung Sinzig/Rhein bis Stadtteil Lohrsdorf, am Ortsausgang links weiter bis zum Großer Weg 100 und zum Golfplatz.

Nächstgelegene Plätze

Bonn Godesberg, GC (Nr. 370)
Siebengebirge, GC (Nr. 423)
Bonn, Intern. GC (Nr. 366)

Greenfee-Aktion: Seite G 107

Golfclub Rhein-Wied e.V.

Karte, Nr. 427, Feld C8 **18** Höhe: 300 m

gegründet: 1987

Gut Burghof, 56566 Neuwied
✆ 02622-83523 🖷 02622-81658
✉ info@gc-rhein-wied.de
www.gc-rhein-wied.de

PR: Paul Krumholz
Headgreenkeeper: Colin Moseley

i: ✆ 02622-83523 🖷 02622-81658
Kerstin Schmidt, Irene Klöckner

Gastronomie: Andrea Schnorrenberg
✆ 02622-82113
Mo. Ruhetag

PRO SHOP: Pro-Shop André Müller
✆ 02622-8847118

PRO: Pro: Mohamed Slimane, André Müller

H: 5629 m, CR 70.8, SL 139, Par 72
D: 5008 m, CR 72.6, SL 133, Par 72
20 Rangeabschläge (4 überdacht)

G: Gäste sind jederzeit willkommen. Anmeldung ist notwendig. Clubausweis mit eingetragenem Handicap (36) ist erforderlich.

18-Loch-Greenfee: Mo.-Do.: EUR 60 / Fr.-So.: EUR 70
Ermäßigung: Jugendl./Stud. 50%

Platzbeschreibung

Die Anlage auf dem „Burghof" ist in Harmonie zur Landschaft gestaltet worden. Hoch über dem Rhein gelegen, ein herrliches Panorama in alle Himmelsrichtungen bietend, steht das alte Gut wie eine Trutzburg in der Landschaft. Das nur leicht strukturierte Gelände bietet durch zahlreiche Fairway- und Grünbunker kombiniert mit einigen Schräglagen auch für Könner eine hohe sportliche Herausforderung.

Platzinfos

VCG GPS GASTRO

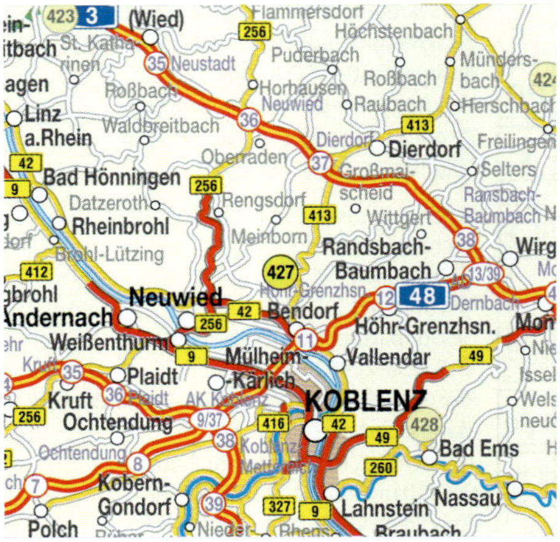

Anfahrtsbeschreibung

B 42, Ausfahrt Heimbach-Weis/Block Richtung Heimbach-Weis, an der Straßengabelung hinter dem Ortseingang Hinweisschild „Golfplatz", auf der Straße „Am Königsgericht" bis zur Burghofstraße, links bis in den Wald, nach ca. 50 m rechts in den Privatweg zum Golfplatz abbiegen.

Nächstgelegene Plätze

Mittelrhein. GC Bad Ems (Nr. 428)
Jakobsberg H&GR (Nr. 430)
Westerwald, GC (Nr. 424)

Greenfee-Aktion: Seite G 107

Mittelrheinischer Golfclub Bad Ems e.V.

Karte, Nr. 428, Feld C9 **18** Design: Karl Hoffmann Höhe: 350 m

gegründet: 1938

Denzerheide, 56130 Bad Ems
✆ 02603-6541 🖷 02603-13995
✉ info@mgcbadems.de
www.mgcbadems.de

PR: Regina Immes, CM: Jens Lederer
Headgreenkeeper: Patrick Scherhag

i: ✆ 02603-6541 🖷 02603-13995
Conny Gross

Golfhotel Denzerheide, Giorgos Daka
✆ 02603-6159

PRO: Pro: Ingo Lehnert, Yusuf Sari

H: 6069 m, CR 72.2, SL 132, Par 72
D: 5308 m, CR 73.7, SL 131, Par 72
15 Rangeabschläge (6 überdacht)

G: Gäste sind jederzeit willkommen. Anmeldung ist notwendig. Clubausweis mit eingetragener PE ist erforderlich. Sa./So./Feiertage ist Handicap 45 erforderlich.

18-Loch-Greenfee: WT: EUR 70 / WE: EUR 90
Gäste von Mitgliedern erhalten 50% Ermäßigung, max. 3 Runden pro Jahr
Ermäßigung: Jugendl. bis 21 J. und Stud. bis 27 J. 50%

Platzbeschreibung

Mitten im Rheinland, etwa 370 m über dem steil abfallendem Rhein- und Lahntal, liegt ruhig und abgeschieden die 18-Loch-Anlage des Mittelrheinischen GC Bad Ems. Während der Runde eröffnen sich von den großzügig der Landschaft angepassten Bahnen, die von altem Baumbestand eingerahmt sind, herrliche Panoramablicke auf das rheinische Mittelgebirge, den Hunsrück, die Eifel und den Westerwald. Zudem genießt die Anlage sportlich einen exzellenten Ruf.

Platzinfos

VCG GPS CLUB GASTRO

Anfahrtsbeschreibung

Aus Richtung Koblenz: Über die Südbrücke (Rheinbrücke) auf die B 49 in Ri. Montabaur. Vor der Ortschaft Neuhäusel (ca. 8 km von Koblenz entfernt) nehmen Sie die Ausfahrt Bad Ems und fahren auf die B 261 (Denzerheide). Dort liegt nach ca. 1 km auf der rechten Seite die Anlage des MGC Bad Ems.

Nächstgelegene Plätze

Jakobsberg H&GR (Nr. 430)
Rhein-Wied, GC (Nr. 427)
Westerwald, GC (Nr. 424)

Rheinland-Pfalz+Saarland

Golf Club Eifel e.V.

Karte, Nr. 429, Feld B9 **18** Höhe: 500 m

gegründet: 1977

Milanweg, 54576 Hillesheim
☎ 06593-1241 🖷 06593-9421
✉ info@golfclub-eifel.de
💻 www.golfclub-eifel.de

PR: Hans Montag

i: ☎ 06593-1241 🖷 06593-9421
Elke Hilgers

Milan Stuben, Hans-Rudolf Gessner
☎ 06593-8639

PRO SHOP: Michaela van Lengerich
☎ 0176-61787447

PRO: Pro: Mirko Sawitzki

H: 5903 m, CR 71.8, SL 131, Par 72
D: 5216 m, CR 73.7, SL 129, Par 72
15 Rangeabschläge (6 überdacht)

G: Gäste sind jederzeit willkommen. Anmeldung ist notwendig. Clubausweis mit eingetragenem Handicap (54) ist erforderlich.
2 Übungsplätze mit 4 Bunkern (für das kurze Spiel) und 2 Putting-Greens.

18-Loch-Greenfee: WT: EUR 65 / WE: EUR 90
9-Loch-Greenfee: WT: EUR 35
Ermäßigung: Jugendl./Stud. 30%

Platzinfos

VCG GPS CLUB GASTRO

Anfahrtsbeschreibung
A 1 Köln bis Autobahnende Richtung Gerolstein-Hillesheim. Rhein/Main: A 60 / A 61, Kreuz Koblenz Richtung B 48, Ausfahrt Ulmen-Kelberg-Dreis-Hillesheim. Oder: Saarlouis-Trier, weiter A 48, Ausfahrt Daun-Mehren, auf die B 421 Daun-Hillesheim zum Golfplatz.

Platzbeschreibung
Der Golfclub liegt in der reizvollen charakteristischen Eifellandschaft in unmittelbarer Nähe des Eifelstädtchens Hillesheim. Die Anlage befindet sich in etwas hügeligem Gelände, jedoch ohne große Steigungen und kann auch von Senioren gut bespielt werden. Inmitten des naturbelassenen Waldbestandes mit seinen vielen Baumarten sind die Fairways großzügig angelegt.

Nächstgelegene Plätze
Euro GC 2000 (Nr. 432)
Bad Münstereifel, GC (Nr. 372)
Burg Zievel, GC (Nr. 371)

Jakobsberg Hotel- & Golfresort

Karte, Nr. 430, Feld C9 **18** Design: Wolfgang Jersombek Höhe: 230 m

gegründet: 1990

Im Tal der Loreley, 56154 Boppard/Rhens
☎ 06742-808491 Fax 06742-808493
golf@jakobsberg.de
www.jakobsberg.de

PR: Mike McFadden, GF: Britta Krug, CM: Dirk Kunze
Headgreenkeeper: Malcolm Lewis

i: ☎ 06742-808491
Jürgen Wagner

Flights End
☎ 06742-808171

PRO SHOP: Pro Shop Jakobsberg,
Marion Ammon-McFadden
☎ 06742-899273

PRO: Pro: Mike McFadden

H: 5950 m, CR 71.1, SL 131, Par 72
D: 5195 m, CR 72.7, SL 125, Par 72
20 Rangeabschläge (5 überdacht)

G: Gäste sind jederzeit willkommen. Anmeldung ist notwendig. Clubausweis mit eingetragenem Handicap ist erforderlich.

Tages-Greenfee: EUR 75
18-Loch-Greenfee: EUR 75 Ermäßigung: Jugendl. bis 18 J. und Stud. bis 25 J.

Platzbeschreibung

Der Golfplatz liegt auf einem Hochplateau über dem Rheintal und ist umgeben von Wäldern, Bergen, Burgen u. Schlössern. Immer wieder eröffnet sich ein Blick auf das herrliche Rheintal und die umliegenden Weinberge sowie auf die Höhen von Westerwald, Hunsrück und Taunus. Die Fairways weisen eine starke Modellierung auf und bieten jeweils vier getrennte Abschläge, große Fairwaybunker sowie zahlreiche Wasserhindernisse und schnelle, ondulierte Grüns.

Platzinfos

VCG GPS CLUB GASTRO

Anfahrtsbeschreibung

Von Süden: A 61, Ausfahrt Boppard, weiter Richtung Boppard, in Boppard auf die B9 Richtung Koblenz. In Höhe Spay rechts abfahren nach Siebenborn und der Beschilderung zum Golfplatz folgen. Von Norden: A 48, Ausfahrt Koblenz Nord, auf der B 9 Richtung Koblenz, durch Koblenz, dann Richtung Boppard. In Spay der Beschilderung zum Golfplatz folgen.

Nächstgelegene Plätze

Mittelrhein. GC Bad Ems (Nr. 428)
Rhein-Wied, GC (Nr. 427)
Cochem/Mosel, GC (Nr. 431)

Rheinland-Pfalz+Saarland

Greenfee-Aktion: Seite G 107

Golfclub Cochem/Mosel

Karte, Nr. 431, Feld B9 **18/9** Design: Christoph Städler

gegründet: 1993

Am Kellerborn 2, 56814 Ediger-Eller
☎ 02675-911511
✉ info@golfcochem.eu
www.golfcochem.eu

PR: Manfred Ostermann, CM: Jannik Oster

i: ☎ 02675-911511 Fax -911572

Golfrestaurant
☎ 02675-911603

PRO SHOP: Golfclub Cochem/Mosel e.V.
☎ 02675-911511

18-Loch Moselplatz
H: 5855 m, CR 70.9, SL 123, Par 72
D: 5025 m, CR 72.3, SL 122, Par 72
9-Loch Eifelplatz
H: 3106 m, CR 58, SL 90, Par 62
D: 2628 m, CR 56.6, SL 90, Par 62
60 Rangeabschläge (30 überdacht)

G: Gäste sind jederzeit willkommen. Anmeldung ist notwendig. Clubausweis mit eingetragener PE ist erforderlich.

18-Loch-Greenfee: WT: EUR 55 / WE: EUR 65
9-Loch-Greenfee: WT: EUR 30 / WE: EUR 40
Ermäßigung: Jugendl. bis 17 J. und Stud. bis 26 J. 50%

Platzinfos

VCG GPS CLUB GASTRO

Anfahrtsbeschreibung

A 48, Abfahrt Laubach (aus Richtung Koblenz) bzw. Abfahrt Ulmen (aus Richtung Trier kommend) und dann über die B 259 über Büchel, Faid und Cochem-Brauheck der Beschilderung „Ferien- und Golfresort Cochem" folgen. Aus allen anderen Richtungen in Cochem Sehl der Beschilderung „Ferien- und Golfresort Cochem" folgen.

Platzbeschreibung

In der Ferienregion Cochem bietet der Golfclub Cochem/Mosel e.V. mit seiner 27 Loch Anlage ein attraktives Angebot für Golfer:innen und Noch-Nicht Golfer:innen. Schnupperkurse, Platzreifekurse, sowie Footgolf für die ganze Familie runden ein vielfältiges Angebot ab. Seit 2006 zählt der Golfplatz zu einer der Attraktionen an der Mosel und ist seit 2020 gänzlich in der Obhut des Golfclubs Cochem/Mosel e.V.

Nächstgelegene Plätze

Hahn, GC (Nr. 436)
Jakobsberg H&GR (Nr. 430)
Trier, GC (Nr. 440)

Gf-Aktion: Seite G 107, 109

Euro Golfclub 2000 e.V./Golfanlage Lietzenhof

Karte, Nr. 432, Feld A9 **18** Höhe: 500 m

gegründet: 1989

Lietzkreuz 1, 54597 Burbach
✆ 06553-2007 ℻ 06553-3282
✉ info@golf-lietzenhof.de
www.golf-lietzenhof.de

PR: Josef Kinnen, GF: Josef Kinnen,
CM: Kristina Schreurs
Headgreenkeeper: Michael Görres

i: ✆ 06553-2007 ℻ -3282
Anneliese Diesch, Doris Bisenius

Restaurant Lietzenhof, Kristina Schreurs
✆ 06553-9002871 ℻ -3282

PRO SHOP: Golf Shop Lietzenhof, Kristina Schreurs
✆ 06553-2007 ℻ -3282

H: 5562 m, CR 70.9, SL 133, Par 71
D: 4804 m, CR 72.2, SL 125, Par 71
40 Rangeabschläge (7 überdacht)

G: Gäste sind jederzeit willkommen. Anmeldung ist notwendig. Clubausweis mit eingetragenem Handicap (54) ist erforderlich.

18-Loch-Greenfee: WT: EUR 70 / WE: EUR 80
9-Loch-Greenfee: WT: EUR 35 / WE: EUR 40
Ermäßigung: Jugendl. bis 16 J. und Stud. bis 22 J.

Platzinfos

Anfahrtsbeschreibung

Von Köln: A 1 bis Blankenheim, dann Richtung Trier B 51 Ausfahrt Waxweiler-Neuerburg und der Beschilderung zum Golfplatz folgen. Von Bitburg: B 51 Richtung Prüm, dann Richtung Neustraßburg und der Beschilderung zum Golfplatz folgen.

Platzbeschreibung

Die 18 Fairways verlaufen großzügig gestaltet auf einem naturbelassenen, hügeligen Gelände mit Höhenunterschieden von bis zu 100 m. Trotz der relativ breiten Fairways ohne beengende Ausgrenzen wird mit geschickt platzierten Hindernissen und Bunkern durchaus Präzision gefordert, um den Score halten zu können. Auf dem gleichen Platz beheimatet ist der Golfclub Kyllburger Waldeifel e.V.

Nächstgelegene Plätze

Bitburger Land, GR (Nr. 434)
Südeifel, GC (Nr. 435)
Eifel, GC (Nr. 429)

Greenfee-Aktion: Seite G 109

Mainzer Golfclub GmbH & Co. KG

Karte, Nr. 433, Feld D9 **18/6** Design: Städler Golf Courses Höhe: 90 m

MAINZER GOLFCLUB

gegründet: 2007

Budenheimer Parkallee 11, 55257 Budenheim
✆ 06139-29300 ✆ 06139-293029
✉ info@mainzer-golfclub.de
www.mainzer-golfclub.de

PR
GF: Stefan Kirstein
Headgreenkeeper: Michael Kurth

i
✆ 06139-29300 ✆ 06139-293029
Mario Wirth, Jana Böttcher, Gabriela Becker

KNUTHS BISTRO & RESTAURANT
✆ 06139-293023

18-Loch Meisterschaftsplatz
H: 5559 m, CR 71.7, SL 135, Par 72
D: 4698 m, CR 72, SL 130, Par 72
70 Rangeabschläge (28 überdacht)

G
Gäste sind jederzeit willkommen. Anmeldung ist notwendig. Clubausweis mit eingetragener PE ist erforderlich.

18-Loch-Greenfee: Mo.-Do.: EUR 75 / Fr.-So.: EUR 90
9-Loch-Greenfee: Mo.-Do.: EUR 42.5 / Fr.-So.: EUR 52.5
Ermäßigung: Jugendl. bis 18 J. 50%, Stud. bis 27 J. 35%

Platzbeschreibung

Tau glitzert auf den Halmen, die Grüns leuchten. Die einzigartige Flora und Fauna des renaturierten Steinbruchs begrüßt den Tag, lebendige Stille. Mensch und Natur im Einklang. Diese Energie spüren Sie nicht nur beim Sport, auf dem Platz, sondern überall auf der Anlage, auch im Clubhaus. Bei uns im Mainzer Golfclub können Sie den Alltag vergessen, durchatmen, auftanken, sich rundum wohlfühlen. Wie ein sportlicher Tag voller Erlebnisse bei uns ausklingtfi Hören Sie mal in unser Clubrestaurant Knuths rein: „Einfach grandios!", „Wie Urlaub!", „Habe die Zeit ganz vergessen …". Aber Worte können sie eigentlich nicht beschreiben, die vielen Momente, in denen Sie spüren, dass Sie angekommen sind.

Platzinfos

VCG GPS CLUB GASTRO

Anfahrtsbeschreibung

A 643 Wiesbaden-Mainz, Abfahrt Mombach/ Budenheim, in Budenheim an der ersten Ampel rechts Richtung Budenheim, an der nächsten Kreuzung rechts, nach ca. 1,5 km links Richtung Golfplatz und am Ende der Straße rechts.

Nächstgelegene Plätze

Rhein-Main, GC (Nr. 407)
Wiesbadener GC (Nr. 406)
Main-Taunus, GC (Nr. 410)

Golf-Resort Bitburger Land

Karte, Nr. 434, Feld A9 **18** Design: Karl F. Grohs Höhe: 350 m

gegründet: 1993

Zur Weilersheck 1, 54636 Wissmannsdorf
✆ 06527-92720 🖷 06527-927230
✉ info@bitgolf.de
💻 www.bitgolf.de

PR: GF: Roman Graf

i: ✆ 06527-92720 🖷 06527-927230

Oscar's Restaurant, Oscar Heidema
✆ 06527-927227 🖷 06527-927230
Mo. Ruhetag

PRO SHOP: Golf-Resort Bitburger Land Graf Golf GmbH
✆ 06527-92720 🖷 06527-927230

PRO: Pro: Clive P. Bond

H: 6104 m, CR 72, SL 135, Par 72
D: 5326 m, CR 73.7, SL 138, Par 72
30 Rangeabschläge (12 überdacht)

G: Gäste sind jederzeit willkommen. Anmeldung ist notwendig. Clubausweis mit eingetragener PE ist erforderlich.

18-Loch-Greenfee: WT: EUR 70 / WE: EUR 80
9-Loch-Greenfee: WT: EUR 40 / WE: EUR 50
Ermäßigung: Jugendl. bis 16 J. 50%

Platzinfos

VCG GPS CLUB GASTRO

Anfahrtsbeschreibung

Von Köln: A 1 Richtung Trier über Euskirchen-Blankenheim, B 51 bis Prüm-Bitburg. Von Koblenz: A 48 Richtung Trier Dreieck Wittlich, dann Richtung Bitburg, auf der Bitburger Umgehungsstraße bzw. in Bitburg Richtung Vianden und dann der Beschilderung „Golf“bzw. „Golf Resort Bitburger Land“ folgen. Der Golfplatz liegt oberhalb des Bitburger Stausees in der Gemarkung Wißmannsdorf-Hermesdorf.

Platzbeschreibung

Das Golf-Resort Bitburger Land wurde oberhalb des Bitburger Stausees inmitten einer typischen Eifellandschaft angelegt. Ein echter Meisterschaftsplatz mit aufwendigem Pflegekonzept, der spielstrategisch nach amerikanischem Vorbild gebaut ist, sich aber dennoch natürlich in die Landschaft einbettet. Ein großzügiger, nie langweiliger Kurs und ein großes, komfortables Clubhaus zeichnen die Anlage aus.

Nächstgelegene Plätze

Südeifel, GC (Nr. 435)
Euro GC 2000 (Nr. 432)
Trier, GC (Nr. 440)

Golfclub Südeifel

Karte, Nr. 435, Feld A9 **9** Höhe: 400 m

gegründet: 1993

Auf Kinnscheid 1, 54636 Baustert
✆ 06527-934977
✉ info@golfclub-suedeifel.de
💻 www.golfclub-suedeifel.de

PR: Erwin Trappen, GF: Erwin Trappen, CM: Erwin Trappen

i: ✆ 06527-934977
Sandra Trappen

PRO: Pro: Hedi Azouzi

H: 4778 m, CR 65.5, SL 125, Par 68
D: 4230 m, CR 67.2, SL 120, Par 68
30 Rangeabschläge (4 überdacht)

G: Gäste sind jederzeit willkommen. Handicap 54 ist erforderlich. Das gemütliche Clubhaus des Golfclubs in Baustert lädt Golfer und Besucher gleichermaßen zum Verweilen ein.

18-Loch-Greenfee: WT: EUR 45 / WE: EUR 50
9-Loch-Greenfee: WT: EUR 35 / WE: EUR 40
Ermäßigung: Jugendl. bis 16 J. 50%

Platzinfos

VCG CLUB

Anfahrtsbeschreibung

Aus Richtung Köln: A 1 Richtung Trier, B 51 bis Prüm. A 60 Richtung Bitburg/Trier, Ausfahrt Bitburg, B 51 Richtung Bitburg, Ausfahrt Vianden auf die B 50, dann Richtung Oberweis, den Schildern „Golfodrom" folgen. Aus Richtung Koblenz: A 48 später A 1 Richtung Ak Wittlich, A 60 Richtung Prüm, Ausfahrt Bitburg, weiter Richtung Bitburg, bis Ausfahrt Vianden, dann Richtung Oberweis und den Schildern „Golfodrom" folgen.

Platzbeschreibung

Der Golfclub Südeifel macht die Faszination des Golfsports für jeden spürbar. Auf der 9-Loch-Anlage in Baustert nahe Bitburg genießen die Spieler einen atemberaubenden Blick auf die Bitburger Brauerei und die verträumte Landschaft der Südeifel. Einsteiger finden hier die richtige Kulisse für ihre ersten Gehversuche auf dem Platz, während fortgeschrittenen Spielern durchaus einiges an Können abverlangt wird.

Nächstgelegene Plätze

Bitburger Land, GR (Nr. 434)
Euro GC 2000 (Nr. 432)
Trier, GC (Nr. 440)

Greenfee-Aktion: Seite G 109

Golf Club Hahn e.V.

Karte, Nr. 436, Feld B9 9 Höhe: 500 m

gegründet: 1995

Golfallee 1, 55483 Hahn-Flughafen
☎ 06543-509560 Fax 06543-509566
✉ info@gc-hahn.de
www.gc-hahn.de

PR: Tim Schwarzburg
Headgreenkeeper: Josef Wüllenweber

i: ☎ 06543-509560 Fax 06543-509566

Thai Restaurant Hiranja
☎ 06543-509569
Mo. Ruhetag

PRO: Pro: Simon Tucker

H: 6078 m, CR 73.2, SL 137, Par 72
D: 5273 m, CR 74.5, SL 135, Par 72
50 Rangeabschläge (6 überdacht)

G: Gäste sind jederzeit willkommen. Clubausweis mit eingetragener PE ist erforderlich.

18-Loch-Greenfee: WT: EUR 45 / WE: EUR 50
9-Loch-Greenfee: WT: EUR 25 / WE: EUR 30
Ermäßigung: Jugendl. bis 18 J. 50%

Platzbeschreibung

Der Golfplatz (PAR 72, 6.078 Meter) bietet Golfspaß mit Niveau auf einem mit alten Baumbestand eingebetteten Platz. Die bereits 1954 entstandenen 9 Golfbahnen wurden 1996 und 2006 umfangreich modifiziert und präsentieren sich heute mit großzügigen Fairways, Teichen und weiträumigen Roughs - gepaart mit idyllischem Hunsrück-Panoramablick.

Platzinfos

GPS CLUB GASTRO VCG

Anfahrtsbeschreibung

A 61 Koblenz-Mainz, Ausfahrt Rheinböllen, auf der B 50 der Beschilderung „Flughafen Hahn" folgen. Oder: B 327 Koblenz-Trier (Hunsrückhöhenstraße), der Beschilderung „Flughafen Hahn" bis zur Abzweigung auf die B 50 folgen, dann Ausfahrt Lautzenhausen. Im Flughafengelände der Beschilderung zum Golfplatz folgen.

Nächstgelegene Plätze

Cochem/Mosel, GC (Nr. 431)
Edelstein Hunsrück, GC (Nr. 444)
Maasberg, G&HC (Nr. 441)

Rheinland-Pfalz+Saarland

Golf Club Stromberg-Schindeldorf e.V.

Karte, Nr. 437, Feld C9 **18** Höhe: 410 m

gegründet: 1987

Buchenring 6, 55442 Stromberg
☎ 06724-600700 Fax 06724-60060700
✉ golf@golfhotel-stromberg.de
www.golfclub-in-stromberg.de

PR: Franz Merl
Headgreenkeeper: Markus Christ

i: ☎ 06724-600700 Fax 06724-60060700
Ingo Schmidt

PRO: Pro: Stewart Millar

H: 5128 m, CR 68.5, SL 132, Par 69
D: 4548 m, CR 70.5, SL 125, Par 69
14 Rangeabschläge (7 überdacht)

G: Gäste sind jederzeit willkommen. Anmeldung ist notwendig. Clubausweis mit eingetragenem Handicap (54) ist erforderlich. Sa./So./Feiertage ist Handicap 45 erforderlich.

18-Loch-Greenfee: WT: EUR 50 / WE: EUR 60
9-Loch-Greenfee: WT: EUR 25 / WE: EUR 30
„All you can Play" ab 16.30 Uhr EUR 35
Ermäßigung: Jugendl. bis 18 J. 50%

Platzinfos

VCG GPS CLUB GASTRO

Anfahrtsbeschreibung

A 61, Ausfahrt Stromberg, in Stromberg (Post) der Beschilderung Schindeldorf folgen.

Platzbeschreibung

Die Anlage Stromberg-Schindeldorf ist landschaftlich ein wahrer Augenschmaus. Die Lage des Platzes auf dem Hochplateau ermöglicht bei guter Sicht Blicke über die Täler bis nach Bad Kreuznach. Der Platz stellt hohe sportliche Anforderungen und erfordert ein präzises Spiel, da die Fairways oft schmal in den Wald hinein geschnitten sind. Insgesamt hat die Anlage einen hügeligen Charakter mit zahlreichem auf- und bergab führenden Gelände.

Nächstgelegene Plätze

Nahetal, GC (Nr. 442)
Maasberg, G&HC (Nr. 441)
Rheinhessen, GC (Nr. 439)

Greenfee-Aktion: Seite G 109

Golf Club Domtal Mommenheim e.V.

Karte, Nr. 438, Feld D9 18/6

gegründet: 1995

Am Golfplatz 1, 55278 Mommenheim
06138-92020 06138-920231
info@gc-dm.de
www.gc-dm.de

PR: Christian Gallois, GF: Siegfried Heinz
Headgreenkeeper: Simon van Dijk

06138-92020 06138-920231
Johanna Kreuzburg, Bärbel Scheibl

Domtal, Milenkovic
06138-902881 06138-902883

PRO SHOP: Golfanlage Domtal Mommenheim GmbH & Co.KG, Elke Heinz
06138-92020 06138-920231

PRO: Pro: Timo Heinz, Matthias Rollwa

H: 6251 m, CR 73.4, SL 137, Par 73
D: 5334 m, CR 73.9, SL 125, Par 73
80 Rangeabschläge (6 überdacht)

G: Gäste sind jederzeit willkommen. Anmeldung ist notwendig. Clubausweis mit eingetragener PE ist erforderlich.

18-Loch-Greenfee: WT: EUR 60 / WE: EUR 75
9-Loch-Greenfee: WT: EUR 40 / WE: EUR 50
- Kombitickets erhältlich (2 x Greenfee inkl. E-Cart) WT: EUR 140 / WE: EUR 170 -
18-Loch-GF für Jugendl./Studenten (außer bei Turnierteilnahme) WT/WE EUR 50/65

Platzinfos

Anfahrtsbeschreibung

A 60, Ausf. Mainz-Hechtsheim West, über Harxheim bis Mommenheim, dort 1 km Ri. Schwabsburg-Nierstein, ab Ortsende Mommenheim 1 km bis zum Golfplatz linker Hand. Oder: A 61, Ausf. Wörrstadt, B 420 Ri. Nierstein bis Ausf. Schwabsburg, Richtung Mommenheim, nach Ortsende Schwabsburg 2 km zum Golfplatz. Oder: A 63, Ausf. Nieder-Olm, über Zornheim bis Mommenheim, dort 1 km Ri. Schwabsburg-Nierstein, ab Ortsende Mommenheim weiter wie beschrieben.

Platzbeschreibung

Die Golfanlage liegt zentrumsnah im Rhein-Main-Gebiet in Mommenheim. Sie wurde auf 83 ha angelegt und zeichnet sich durch ihre naturnahe Bauweise in abwechslungsreicher landschaftlicher Umgebung mit Blick in die Weinberge aus. Die relativ breiten Fairwaysweisen keine „blinden" Löcher aus und bieten mit großzügigen Grüns und Abschlägen Profis als auch allen Amateurklassen eine faire Herausforderung.

Nächstgelegene Plätze

Kiawah GP Riedstadt (Nr. 414)
Worms, GC (Nr. 443)
Mainzer GC (Nr. 433)

GC Rheinhessen Hofgut Wißberg St. Johann e.V.

G'C'R

Karte, Nr. 439, Feld C9 **18** Höhe: 270 m

gegründet: 1988

Hofgut Wißberg, 55578 St. Johann
☎ 06701-20080 Fax 06701-200825
✉ info@gc-rheinhessen.de
www.gc-rheinhessen.de

PR: Prof. Dr. Bernd-Dieter Wieth, GF: Immanuel Comtesse, CM: Immanuel Comtesse
Headgreenkeeper: Andreas Stegmann

i: ☎ 06701-20080 Fax 06701-2008025
Anke Brunk

Golfclub-Restaurant „Gramms", Marco Gramm
☎ 06701-205444
Mo. Ruhetag

PRO SHOP: Golfshop Rheinhessen, Klaudia Heimer-Opitz
☎ 06701-200810 Fax 06701-200825

PRO: Pro: Jan Pelz, Manuela Wehner, Gary Gilligan

H: 6067 m, CR 72.5, SL 134, Par 72
D: 5321 m, CR 74.1, SL 137, Par 72
60 Rangeabschläge (4 überdacht)

G: Gäste sind jederzeit willkommen. Anmeldung ist notwendig. Clubausweis mit eingetragener PE ist erforderlich.

18-Loch-Greenfee: WT: EUR 60 / WE: EUR 80
9-Loch-Greenfee: WT: EUR 35 / WE: EUR 50
Ermäßigung: Jugendl./Stud. 50%

Platzbeschreibung

Es gibt nur wenige Golfanlagen in Deutschland, die ein ähnlich reizvolles Ambiente bieten wie der Golfplatz des Golfclub Rheinhessen - Hofgut Wißberg. Auf einem Hochplateau umgeben von Weinbergen präsentiert sich die Anlage mit einem traumhaften Panoramablick über die Rheinhessische Toskana. Der anspruchsvolle Platz des Golfclub Rheinhessen mit einer Vielzahl von Bunkern und großen schnellen Grüns bietet Ihnen alle Möglichkeiten den Golfsport zu genießen.

Platzinfos

VCG GPS CLUB GASTRO

Anfahrtsbeschreibung

Von Koblenz: A 61, Ausfahrt Bad Kreuznach-Gensingen, B 50 Richtung Sprendlingen bis Sprendlingen, dort Richtung St. Johann, rechts in die Zeppelinstraße und durch die Weinberge bis zum Hofgut. Von Mainz: A 60 Richtung Alzey, Ausfahrt Nieder-Olm-Nord, links via Stadecken-Jugenheim-Partenheim-Wolfsheim bis zum Ortsende St. Johann, dann links in die Zeppelinstraße und zum Golfplatz.

Nächstgelegene Plätze

Nahetal, GC (Nr. 442)
Domtal Mommenh., GC (Nr. 438)
Stromberg-Schindeld., GC (Nr. 437)

Golf Club Trier e.V.

Karte, Nr. 440, Feld B9 **18** Höhe: 250 m

gegründet: 1977

Am Golfplatz 1, 54340 Ensch-Birkenheck
06507-993255 06507-993257
info@golf-club-trier.de
www.golf-club-trier.de

PR: Patrick Stein

i: 06507-993255 06507-993257

Herr Berlin, Familie Berlin
06507-4914006

PRO SHOP: Thorsten Platz
06507-9389991 06507-9389997

PRO: Pro: Thorsten Platz, Michael Pick

H: 6084 m, CR 72.9, SL 141, Par 72
D: 5245 m, CR 74.5, SL 135, Par 72
25 Rangeabschläge (10 überdacht)

G: Gäste sind jederzeit willkommen. Anmeldung ist notwendig. Clubausweis mit eingetragenem Handicap (45) ist erforderlich. Sa./So./Feiertage ist Handicap 36 erforderlich.

18-Loch-Greenfee: WT: EUR 75 / WE: EUR 95
9-Loch-Greenfee: WT: EUR 35 / WE: EUR 45
Ermäßigung: Jugendl./Stud.

Platzbeschreibung

Die sehr gepflegte 18-Loch-Golfanlage breitet sich auf leicht hügeligem Gelände, eingerahmt von Wäldern und Weinbergen, in einem Seitental des schönen Moseltales aus. Die Spielbahnen sind abwechslungsreich gestaltet. Sorgfältig platzierte Bunker und Wasserhindernisse erschweren den Parcours und fordern präzise Schläge. Trotz des hohen Anspruchs eignet sich der Platz für Golfer jeder Spielstärke.

Platzinfos

VCG CLUB GASTRO

Anfahrtsbeschreibung

A 48 Koblenz-Trier, Ausfahrt Föhren (Nr. 128), weiter Richtung Leiwen-Bekond, an Bekond vorbei, nach ca. 1,5 km rechts zum Golfplatz abbiegen.

Nächstgelegene Plätze

Golfpark Bostalsee (Nr. 445)
Edelstein Hunsrück, GC (Nr. 444)
Bitburger Land, GR (Nr. 434)

Rheinland-Pfalz+Saarland

Golf & Health Club Maasberg Bad Sobernheim e.V.

Karte, Nr. 441, Feld C9 18 Design: Volker Püschel Höhe: 230 m

gegründet: 2005

Am Maasberg, 55566 Bad Sobernheim
☎ 06751-876666 Fax 06751-876201
✉ info@golfclub-maasberg.de
www.golfclub-maasberg.de

PR: Axel Stassen

i: ☎ 06751-876666 Fax 06751-876201

„Villa Soveranum“
☎ 06751-876206 Fax -876201

PRO: Pro: Sebastian Dhein

H: 5089 m, CR 69.6, SL 134, Par 70
D: 4360 m, CR 70.4, SL 128, Par 70
15 Rangeabschläge

G: Gäste sind jederzeit willkommen. Anmeldung ist notwendig. Clubausweis mit eingetragener PE ist erforderlich.

Tages-Greenfee: WT: EUR 50 / WE: EUR 60
18-Loch-Greenfee: WT: EUR 48 / WE: EUR 58
9-Loch-Greenfee: WT: EUR 27 / WE: EUR 32
Ermäßigung: Jugendl. bis 18 J. 50%

Platzinfos

Anfahrtsbeschreibung

Aus Richtung Rhein/Main (ca. halbe Stunde): A61 bis Ausfahrt Bad Kreuznach, dann Autobahnzubringer B41 bis Bad Sobernheim Aus Westen: B41 bis Bad Sobernheim, dann Wegweiser „Maasberg“ oder „Golfplatz“ folgen

Platzbeschreibung

Abseits des Trubels anderer Plätze kann man hier in Ruhe das Spiel und die schöne Landschaft genießen. Die abwechslungsreiche 18-Loch-Golfanlage (Par 70) befindet sich direkt am dazugehörigen Hotel Maasberg Therme und ist auch für Anfänger geeignet. Entspanntes Spielen steht bei diesem anspruchsvollen Platz mit herrlicher Aussicht hinunter ins schöne Nahetal im Vordergrund. Das hügelige Areal weist reizvolle Hindernisse wie Biotope, Doglegs und Teiche auf und stellt damit auch für tiefe Handicaps eine Herausforderung dar. Aufgrund des milden Klimas kann man hier fast das ganze Jahr hindurch Golf spielen.

Nächstgelegene Plätze

Nahetal, GC (Nr. 442)
Stromberg-Schindeld., GC (Nr. 437)
Rheinhessen, GC (Nr. 439)

Golfclub Nahetal e.V.

Karte, Nr. 442, Feld C9 **18** Höhe: 250 m

gegründet: 1971

Drei Buchen, 55583 Bad Kreuznach
☎ 06708-2145 Fax 06708-1731
✉ info@golfclub-nahetal.de
www.golfclub-nahetal.de

PR: Horst Weyand, CM: Manfred Rapp
Headgreenkeeper: Dennis Michalik

i: ☎ 06708-2145 Fax -1731
Steffen Bumke

Restaurant 3 Buchen, Carsten-Daniel Müller
☎ 06708-660766

PRO SHOP: Golfclub Nahetal e.V., Steffen Bumke
☎ 06708-2145 Fax 06708-1731

PRO: Pro: Manfred Brinkrolf

H: 5832 m, CR 72, SL 137, Par 72
D: 5144 m, CR 74, SL 128, Par 72
18 Rangeabschläge (8 überdacht)

G: Gäste sind jederzeit willkommen. Anmeldung ist notwendig. Clubausweis mit eingetragener PE ist erforderlich.

Tages-Greenfee: WT: EUR 80 / WE: EUR 85
18-Loch-Greenfee: WT: EUR 60 / WE: EUR 70
9-Loch-Greenfee: WT: EUR 30 / WE: EUR 40
Ermäßigung: Jugendl. bis 20 J. und Stud. bis 25 J. 50%

Platzbeschreibung

Nahetal zeichnet sich durch eine freundliche, familiäre Atmosphäre aus. Der Club verfügt über ein herausragendes Restaurant, das regionale wie internationale Spezialitäten serviert und einen 18-Loch-Platz, der bedingt durch sein hügeliges Areal und z.T. sehr enge Fairways, die von altem Baumbestand eingegrenzt werden, ein präzises, taktisch kluges Spiel erfordert. Ein Highlight ist der herrliche Ausblick vom Dogleg der 7. Bahn auf den Rotenfels.

Platzinfos

VCG GPS CLUB GASTRO

Anfahrtsbeschreibung

A 61, Ausfahrt Bad Kreuznach, von Bad Kreuznach weiter nach Bad Münster am Stein, auf der Umgehungsstraße bleiben, über die Nahebrücke, danach rechts in die Schloßgartenstraße Richtung Ebernburg, den Ort durchfahren Richtung Feilbingert, nach dem Kreisverkehr nach ca. 300 m rechts beim Weingut Rapp in die Weinberge und der Beschilderung zum Golfplatz folgen.

Nächstgelegene Plätze

Maasberg, G&HC (Nr. 441)
Stromberg-Schindeldorf, GC (Nr. 437)
Rheinhessen, GC (Nr. 439)

Rheinland-Pfalz+Saarland

Greenfee-Aktion: Seite G 111

Golfclub Worms e.V.

GOLFCLUB WORMS

Karte, Nr. 443, Feld D10 **9 mit 18 versch. Abschlägen** Design: Armin Keller

gegründet: 1978

Gernsheimer Fahrt, 67580 Hamm am Rhein
✆ 06246-907226
✉ info@gc-worms.de
www.gc-worms.de

PR: Michael Möller
Headgreenkeeper: Edelbert Meloth

i: ✆ 06246-907226
Jutta Schön, Doris Seelbinder, Nicole Gilbert

Clubheim, Nero`s
✆ 06246-907226

PRO SHOP: Arthur Bick
✆ 0173-3426793

PRO: Pro: Arthur Bick

H: 6064 m, CR 72.2, SL 123, Par 72
D: 5010 m, CR 71.9, SL 121, Par 72
24 Rangeabschläge (4 überdacht)

G: Gäste sind jederzeit willkommen. Clubausweis mit eingetragenem Handicap (54) ist erforderlich. Der Platz hat 9 Löcher mit 18 verschiedenen Abschlägen

Tages-Greenfee: EUR 40
9-Loch-Greenfee: EUR 25
Ermäßigung: Jugendl. bis 18 J. und Stud. bis 27 J. 50%

Platzbeschreibung

Der Golfclub Worms ist ein kleiner, familiärer Golfclub mit einer lockeren Atmosphäre - sehr gastfreundlich und unkompliziert. Breite, ebene und übersichtliche Fairways, die weiträumig voneinander entfernt liegen, sind sehr anfängerfreundlich. Die Doglegs, Wasserhindernisse, Bunker und fein modellierten Greens fordern dagegen erfahrene Golfer heraus. Bei schönem Wetter lädt unsere Clubterasse zum Verweilen und kleinen Imbissen ein.

Platzinfos

Anfahrtsbeschreibung

B 9 Worms-Mainz bis Abfahrt Eich/Fähre-Gernsheim, durch Eich Richtung Fähre Gernsheim weiterfahren. Der Platz befindet sich etwa 50 m vor Fähre. Oder: A 5/ A 67 Frankfurt-Mannheim bis Ausfahrt Gernsheim. In Gernsheim mit der Rheinfähre übersetzen. Der Platz befindet sich etwa 50 m weiter auf der rechten Seite.

Nächstgelegene Plätze

Gernsheim, GR (Nr. 416)
Biblis-Wattenheim, GC (Nr. 419)
Kiawah GP Riedstadt (Nr. 414)

Greenfee-Aktion: Seite G 111

Golfclub Edelstein-Hunsrück e.V.

Karte, Nr. 444, Feld B10 **9/3** Höhe: 500 m

gegründet: 1989

Am Golfplatz, 55743 Kirschweiler
☏ 06781-36615 🖷 06781-36548
✉ info@gc-edelstein.de
💻 www.gc-edelstein.de

PR: Konrad Jakobs, CM: Lars Wahl

i: ☏ 06781-36615 🖷 06781-36548
Lisa Marie Möller

Restaurant am Golfplatz, Jan-Niklas Kley
☏ 06781-35874
Mo. Ruhetag

H: 5922 m, CR 72, SL 132, Par 72
D: 5212 m, CR 68.3, SL 121, Par 72
20 Rangeabschläge (10 überdacht)

G: Gäste sind jederzeit willkommen. Clubausweis mit eingetragenem Handicap (54) ist erforderlich.

18-Loch-Greenfee: WT: EUR 45 / WE: EUR 50
9-Loch-Greenfee: WT: EUR 30 / WE: EUR 35
Ermäßigung: Jugendl./Stud. 50%

Platzbeschreibung

Die Golfanlage des Golfclub Edelstein-Hunsrück e.V. ist in der Höhenlage des Hunsrücks auf einem leicht hügeligem Gelände entlang eines Waldgebietes angelegt. Trotz der vergleichbar geringen Gesamtlänge ergeben sich durch strategisch gekonnt platzierte Bunker und Wasserhindernisse sowie zwei lange Par 3 anspruchsvolle Bahnen. Zahlreiche Hanglagen und wechselnde Winde erschweren das Spiel.

Platzinfos

Anfahrtsbeschreibung

B 422 Idar-Oberstein Richtung Bernkastel-Kues, in Kirschweiler (1. Ort nach Idar-Oberstein) links Richtung Ortsmitte und der Beschilderung zum Golfplatz folgen. Aus Richtung Trier: B 422 Richtung Idar-Oberstein, vor Idar-Oberstein Abfahrt Kirschweiler und der Beschilderung zum Golfplatz folgen.

Nächstgelegene Plätze

Rolling Hills GC (Nr. 446)
Golfpark Bostalsee (Nr. 445)
Hahn, GC (Nr. 436)

Golfpark Bostalsee

GOLFPARK BOSTALSEE

Karte, Nr. 445, Feld B10 **18/9 Kurzpl.** Design: Diethard Fahrenleitner Höhe: 450 m

gegründet: 1998

Heidehof 3, 66625 Nohfelden-Eisen
☎ 06852-991470 🖷 06852-802268
✉ info@golfpark-bostalsee.de
💻 golfpark-bostalsee.de

PR Gottfried Hares, CM: Laurentius Ludwig
Christoph Schmitt

i ☎ 06852-991470 🖷 -802268

Clubhaus No. 10, Esther Finkler
☎ 06852-802269 🖷 06852-802268

PRO SHOP Golfpark Bostalsee GmbH
☎ 06852-991470 🖷 -802268

PRO Pro: Christian Müller

H: 5448 m, CR 72.1, SL 133, Par 71
D: 4605 m, CR 70.8, SL 125, Par 71
21 Rangeabschläge (11 überdacht)

G Gäste sind jederzeit willkommen. Anmeldung ist notwendig. Clubausweis mit eingetragenem Handicap (54) ist erforderlich.

18-Loch-Greenfee: WT: EUR 60 / WE: EUR 70
9-Loch-Greenfee: WT: EUR 30 / WE: EUR 35
Ermäßigung: Jugendl./Stud. bis 25 J. 30%

Platzbeschreibung
In der reizvollen Naturlandschaft nahe des Bostalsees liegt die 18-Loch-Golfanlage im Sankt Wendeler Land, rund fünf Kilometer vom größten Freizeitsee Südwestdeutschlands entfernt und in unmittelbarer Nachbarschaft zum Nationalpark Hunsrück-Hochwald. Auf 55 Hektar hügeligem Wald und vielen Wiesen findet der Golfliebhaber einen spieltechnisch anspruchsvollen 18 Loch Golfplatz mit Clubhaus, einen 9 Loch Kurzplatz, Driving Range, Putting- und Chipping Green, Indoor-Golfanlage sowie einer Golf-Akademie für Jung und Alt vor.

Platzinfos

VCG GPS CLUB GASTRO

Anfahrtsbeschreibung
A 62, Ausfahrt Nohfelden/Türkismühle, Richtung Sötern-Nonnweiler, 500 m nach dem Ortsende von Sötern rechts nach Eisen, in Eisen-Ortsmitte links, nach ca. 700 m befindet sich rechts der Heidehof. Oder: A 1, Ausfahrt Nonnweiler/Otzenhausen, Richtung Bostalsee-Nohfelden, nach ca. 4 km links nach Eisen, in Eisen-Ortsmitte links und weiter wie oben beschrieben zum Golfplatz.

Nächstgelegene Plätze
Wendelinus, GP (Nr. 450)
Rolling Hills GC (Nr. 446)
Edelstein Hunsrück, GC (Nr. 444)

Rolling Hills Golf Club Baumholder e.V.

Karte, Nr. 446, Feld C10 9 Höhe: 500 m

gegründet: 1986

Gebäude 8888, 55774 Baumholder
06783-8788 06783-980333
info@golf-baumholder.de
www.golf-baumholder.de

PR Wolfgang Alles, CM: Darwin Baecker

i 06783-8788 06783-980333

PRO SHOP 0611-143-531-3408

PRO Pro: Richard Böttcher

H: 5526 m, CR 70, SL 125, Par 72
D: 4848 m, CR 70.8, SL 127, Par 72
16 Rangeabschläge (10 überdacht)

G Gäste sind jederzeit willkommen. Clubausweis mit eingetragener PE ist erforderlich.

18-Loch-Greenfee: WT: EUR 35 / WE: EUR 40
9-Loch-Greenfee: WT: EUR 25 / WE: EUR 30
Zahlung nur mit EC/Maestrocard möglich.
Ermäßigung: Jugendl.

Platzbeschreibung

Der 9-Loch-Platz des Golfclubs Rolling Hills, der sich auf einem amerikanischen Militärstützpunkt befindet, besticht durch für Anfänger und Könner anspruchsvolles Golf und seine wunderschöne Lage. Die weiten von Bäumen und Roughs begrenzten Fairways, die von Sandbunkern und Teichen geschützten Greens sowie die Höhenunterschiede auf den Bahnen machen den besonderen Reiz des Courses aus. Auch eine Driving Range und ein Clubhaus sind vorhanden.

Platzinfos

Anfahrtsbeschreibung

Über die A 62 (Landstuhl-Trier), Ausfahrt Freisen, dann nach Baumholder über die L 348 (etwa 6 km). Am Stadteingang Baumholder geradeaus vorbeifahren, dann ca. 300 m rechts eigene Zufahrtsstrasse (siehe Hinweisschild)

Nächstgelegene Plätze

Edelstein Hunsrück, GC (Nr. 444)
Golfpark Bostalsee (Nr. 445)
Wendelinus, GP (Nr. 450)

Golf-Club am Donnersberg e.V.

Karte, Nr. 447, Feld C10 **18** Höhe: 300 m

gegründet: 1990

Röderhof 3b, 67725 Börrstadt
06357-96094 06357-1430
info@golfamdonnersberg.de
www.golfamdonnersberg.de

PR: Dr. Werner Prätorius, CM: Ulrike Körper

i: 06357-96094 -1430
Sven Bauer

Landgasthaus Röderhof, Gani Ince
06357-509166

PRO SHOP: 06357-509132

PRO: Pro: Glenn Smart

H: 6048 m, CR 71.8, SL 131, Par 72
D: 5276 m, CR 73.4, SL 126, Par 72
20 Rangeabschläge (10 überdacht)

G: Gäste sind jeden Tag (außer Sonntag) willkommen. Anmeldung ist notwendig. Clubausweis mit eingetragenem Handicap (54) ist erforderlich. Spieler ohne „R" Kennzeichnung zahlen einen Aufpreis von € 20,-

18-Loch-Greenfee: WT: EUR 60 / WE: EUR 75
9-Loch-Greenfee: WT: EUR 40 / WE: EUR 50
Sonntags werden Startzeiten vergeben.
Ermäßigung: Jugendl./Stud. 50%

Nächstgelegene Plätze

Dt. Weinstraße, GG (Nr. 448)
Nahetal, GC (Nr. 442)
Barbarossa, GC (Nr. 451)

Platzinfos

VCG GPS GASTRO

Anfahrtsbeschreibung

Der Platz liegt auf dem Röderhof zwischen Börrstadt/ Theresienhof und Langmeil. Von Mainz-Wiesbaden: A 63, Ausf. Dreisen/Göllheim Richtung Dreisen und Lohnsfeld (Hinweisbeschilderung Keltendorf) fahren und ca. 2 km nach Theresienhof rechts: Hinweis „Golfplatz". Von Kaiseslautern aus die A 63 bis Ausf. Winnweiler, (Hinweisbeschilderung Richtung Keltendorf) dann Ri. Standenbühl, nach 3 km links zum Röderhof, Hinweis „Golfplatz".

Platzbeschreibung

Der teilweise von Wald umgebene Golfplatz liegt am Südhang des Donnersberges mit wunderschönen Ausblicken . Ein Höhenunterschied von ca. 50 m muss zweimal überwunden werden. Die Spielbahnen sind abwechslungsreich konzipiert und hervorragend in die Landschaft eingebettet. Große Grüns und schöne Sand- und Wasserhindernisse verlangen präzises Spiel und lassen den Platz zu einem besonderen Erlebnis werden.

Golfgarten Deutsche Weinstrasse

Karte, Nr. 448, Feld D10 27/6 Höhe: 160 m

gegründet: 1995

Kirchheimer Straße 40, 67273 Dackenheim
☎ 06353-989212 Fax 06353-989213
✉ dackenheim@golf-absolute.de
www.golf-absolute.de/dackenheim

PR: Dr. Hermann Weiland, GF: Dirk Weiland, CM: Christoph Tillmanns

i: ☎ 06353-989212 Fax 06353-989213

Restaurant - Café Golfgarten Dackenheim, Sven Bohatsch
☎ 06353-989210

PRO SHOP: Götze Sport + Mode, Jan Götze
☎ 06353-914270 Fax 06353-914271

PRO: Pro: Simon Howells, Michael Cesar

27-Loch Platz
H: 5371 m, CR 68, SL 128, Par 70
D: 4418 m, CR 68.1, SL 119, Par 70
6-Loch Kurzplatz (Par 3, öffentlich)
H: 819 m, Par 19, D: 819 m, Par 19
25 Rangeabschläge (18 überdacht)

G: Gäste sind jederzeit willkommen. Anmeldung ist notwendig. Clubausweis mit eingetragenem Handicap (54) ist erforderlich. Wir haben Wohnmobilstellplätze für unsere Golf spielenden Gäste. Auf Wunsch auch mit Stromanschluss.

18-Loch-Greenfee: WT: EUR 60 / WE: EUR 80
9-Loch-Greenfee: WT: EUR 35 / WE: EUR 45
Ermäßigung: Jugendl./Stud. bis 27 J. 50%

Platzinfos

VCG CLUB GASTRO

Anfahrtsbeschreibung

Von Norden fahren Sie über die A 6 (Viernheimer Dreieck – Kaiserslautern) bis zur Ausfahrt Grünstadt. Weiter auf der B 271 Richtung Süden (Bad Dürkheim). Von Süden fahren Sie über die A 61 und die A 650 bis Bad Dürkheim. Weiter auf der B 271 Richtung Norden (Grünstadt). Die Bundesstraße 271 („Deutsche Weinstraße") durchquert das Gelände unserer Golfanlage, Sie können es einfach nicht verfehlen.

Platzbeschreibung

Das Gelände des Golfgartens liegt im Tal zwischen Dackenheim und Kirchheim und wird nach drei Seiten von Weinbergen begrenzt. Der Course führt direkt durch die farbenprächtige Reblandschaft und die engen Fairways verlaufen größtenteils entlang, aber auch durch die Dackenheimer Weinreben und Obstbäume.

Nächstgelegene Plätze

Am Donnersberg, GC (Nr. 447)
Kurpfalz, GC (Nr. 452)
GC Mannheim, Rheingoldhalle (Nr. 464)

Golfclub Weiherhof e. V.

Karte, Nr. 449, Feld B10 **27** Design: Thomas Himmel Höhe: 312 m

gegründet: 1989

In den Weihern 21, 66687 Wadern-Nunkirchen
☏ 06874-186980 🖷 06874-1869816
✉ info@golfpark-weiherhof.com
www.golfpark-weiherhof.com

PR: Horst Wintrich, GF: Horst Wintrich
Headgreenkeeper: Jürgen Magar

i: ☏ 06874-186980 🖷 06874-1869816
Elke Sachse, Susanne Raber, Isabelle Haupert

Restaurant Weiherhof
☏ 06874-1869918

PRO: Pro: Colin Coughlan, Sergio Prior

H: 5140 m, Par 71
D: 4327 m, Par 71
25 Rangeabschläge (10 überdacht)

G: Gäste sind jederzeit willkommen. Anmeldung ist notwendig. Clubausweis mit eingetragenem Handicap (54) ist erforderlich.

18-Loch-Greenfee: WT: EUR 70 / WE: EUR 80
9-Loch-Greenfee: WT: EUR 40 / WE: EUR 50
VcG-Mitglieder zahlen erhöhtes GF.
Ermäßigung: Jugendl. bis 18 J. und Stud.

Platzinfos

VCG GPS CLUB GASTRO

Anfahrtsbeschreibung

Aus Saarbrücken: A 620 Ri. Luxemburg, weiter auf A 8 Ausfahrt Rehlingen/Beckingen, danach über Beckingen, Reimsbach und Oppen Ri. Nunkirchen. Aus Trier: A 1 Ausfahrt Wadern o. Braunshausen in Ri. Buweiler bis Dagstuhl. Dann Ri. Nunkirchen. In Nunkirchen im Kreisel Ri. Losheim. Aus Luxemburg: Grenzübergang Schengen auf A 8 bis Ausfahrt Merzig. Von Merzig über Brotdorf Ri. Losheim, Nunkirchen. In Nunkirchen der Beschilderung „Golf" folgen.

Platzbeschreibung

Willkommen im Golfpark Weiherhof! Tauchen Sie ein, in die reizvolle Atmosphäre des umweltbewussten Golfparks mit dem besonderen Flair. Auf einer Fläche von über 90 Hektar werden Sie verzaubert von einer harmonischen Symbiose aus Natur und Golf. Einfach abschalten und mit Lust golfen. Unser Platz ist ganzjährig bespielbar, außer bei Frost.

Nächstgelegene Plätze

Saarbrücken, GC (Nr. 454)
Golfpark Bostalsee (Nr. 445)
Wendelinus, GP (Nr. 450)

Wendelinus Golfpark

Karte, Nr. 450, Feld B10 27/9

gegründet: 2004

Golfparkallee 1, 66606 St. Wendel
☏ 06851-979800 ☏ 06851-9798019
✉ stwendel@golf-absolute.de
www.golf-absolute.de/stwendel/

PR Dr. Hermann Weiland, GF: Dirk Weiland,
CM: Pia Maurer
Headgreenkeeper: Thilo Mohr

i ☏ 06851-979800 ☏ 06851-9798019

Angel´s das Hotel am Golfpark
☏ 06851-999000 ☏ 06851-999001

PRO SHOP Reinhard Müller, Reinhard Müller
☏ 06851-9798040 ☏ 06851-9798041

PRO Pro: Clive Jenkins, Alexej Kipke

27-Loch Platz
H: 6008 m, CR 72.3, SL 135, Par 72
D: 5022 m, CR 72.2, SL 129, Par 72
9-Loch Kurzplatz öffentlich
H: 1000 m, Par 27, D: 1000 m, Par 27
50 Rangeabschläge (25 überdacht)

G Gäste sind jederzeit willkommen. Anmeldung ist notwendig. Clubausweis mit eingetragenem Handicap (54) ist erforderlich. Hunde an der Leine sind auf dem A-Platz erlaubt.

18-Loch-Greenfee: WT: EUR 60 / WE: EUR 80
9-Loch-Greenfee: WT: EUR 35 / WE: EUR 45
Ermäßigung: Jugendl./Stud. bis 27 J. 50%

Platzbeschreibung

Die 27/9-Loch-Golfanlage in St. Wendel im Saarland bietet die Faszination und sportliche Herausforderung typischer Golfwelten aus Irland, England, Kanada und Florida. Parklandschaften, Berg- und Waldbahnen sowie Links Courses und Floridastyling machen den Besuch zu einem besonderen Erlebnis.

Platzinfos

VCG GPS CLUB GASTRO

Anfahrtsbeschreibung

Aus Richtung Mainz / Mannheim / Kaiserslautern fahren Sie die A 6 bis zum Kreuz Landstuhl und biegen dort auf die A 62 in Richtung Trier. Ausfahrt St. Wendel, dann der örtlichen Beschilderung folgen. Verlassen Sie die B 41 an der Ausfahrt „Wendelinuspark" und folgen der Beschilderung „Wendelinuspark". Direkt am „Parkplatz Freizeitweg" biegen Sie in die Golfparkallee ein.

Nächstgelegene Plätze

Homburg/Saar, GC (Nr. 453)
Golfpark Bostalsee (Nr. 445)
Rolling Hills GC (Nr. 446)

Greenfee-Aktion: Seite G 113

Golf Club Barbarossa e.V.

Karte, Nr. 451, Feld C10 **18** Höhe: 275 m

gegründet: 1990

Am Hebenhübel, 67686 Mackenbach
☏ 06374-994633 🖷 06374-994634
✉ info@golfclub-barbarossa.de
www.golfclub-barbarossa.de

PR: Roland Buhrs, CM: Johannes Ruth

i: ☏ 06374-994633 🖷 -994634
Marvin Schmidt

Bistro/Ristorante „ROUGH", Michael Blauth
☏ 06374-9924720

PRO SHOP: Pro Shop GC Barbarossa, Johannes Ruth
☏ 06374-994633 🖷 -994634

PRO: Pro: Dominique Mursall, Robert Newsome

H: 5999 m, CR 72.1, SL 131, Par 74
D: 5181 m, CR 73.4, SL 133, Par 74
18 Rangeabschläge (6 überdacht)

G: Gäste sind jederzeit willkommen. Anmeldung ist notwendig. Clubausweis mit eingetragener PE ist erforderlich.

18-Loch-Greenfee: WT: EUR 55 / WE: EUR 70
9-Loch-Greenfee: WT: EUR 30 / WE: EUR 40
Ermäßigung: Jugendl. bis 18 J. und Stud. bis 27 J. 30%

Platzinfos

Anfahrtsbeschreibung

A 6 Mannheim-Saarbrücken, Ausfahrt Kaiserslautern-West, 10 km auf der zur Schnellstraße ausgebauten L 356 Richtung über Weilerbach nach Mackenbach, Mackenbach durchfahren und nach ca. 700 m rechts bei der Beschilderung Golfplatz abbiegen. Oder: Aus Richtung Saarbrücken A 6, Ausfahrt Landstuhl und über Miesenbach Richtung Mackenbach und ca. 700 m vor dem Ortseingang Mackenbach links zum Golfplatz abbiegen.

Platzbeschreibung

Die Anlage des GC Barbarossa breitet sich nordwestl. von Kaiserslautern auf über 300 m Höhe über ein 80 ha großes Areal aus. Der in einem sanft hügeligen Gelände gelegene Platz gewährt einen herrlichen Ausblick nach Süden auf die Ausläufer des Pfälzer Waldes und die Sickinger Höhe. Die Bahnen werden durch den Bachlauf in Verbindung mit einem Feuchtbiotop getrennt. Präzises Spiel ist gefragt.

Nächstgelegene Plätze

Pfälzerwald, GP (Nr. 456)
Homburg/Saar, GC (Nr. 453)
Rolling Hills GC (Nr. 446)

Golf-Club Kurpfalz e.V.

Karte, Nr. 452, Feld D10 18/9 Höhe: 100 m

gegründet: 1996

Kohlhof 9, 67117 Limburgerhof
✆ 06236-479494 Fax 06236-479499
✉ info@golfpark-kurpfalz.de
www.golfpark-kurpfalz.de

PR: Tahir Kolay, GF: Steven Pinter
Headgreenkeeper: Roger Glaser

i: ✆ 06236-479494
Patrizia Biskup, Ingrid Leidenheimer, Marion Krayl, Heike Seits

Kurpfalz
✆ 06236-479490/-479491 Fax -479492

PRO SHOP: Golf Shop Kurpfalz, Jürgen Bollack
✆ 06236-479494 Fax -479499

PRO: Pro: Roberto Maimone Baronello, Martin Rose, Dafina Arifi

18-Loch Kurpfalz Platz
H: 6132 m, CR 72.3, SL 135, Par 72
D: 5428 m, CR 74.5, SL 131, Par 72
9-Loch Rehhütte Platz
H: 5752 m, CR 69.1, SL 123, Par 70
D: 5026 m, CR 70.5, SL 114, Par 70
100 Rangeabschläge (25 überdacht)

G: Gäste sind jederzeit willkommen. Anmeldung ist notwendig. Clubausweis mit eingetragenem Handicap (54) ist erforderlich. Sa./So./Feiertage ist Handicap 45 erforderlich.

18-Loch-Greenfee: WT: EUR 60 / WE: EUR 80
9-Loch-Greenfee: WT: EUR 30 / WE: EUR 40
Ermäßigung: Jugendl./Stud. 50%

Platzbeschreibung

Die Anlage bietet auf 110 ha ein 86.000 qm großes Golfodrom, eine öffentliche 9-Loch-Anlage und einen 18-Loch-Meisterschaftsplatz. „Öffentliches Golf für Jedermann" und „Golfen im Club" werden nebeneinander angeboten. Das Golfodrom mit über 100 Abschlägen(z.T. überdacht/beheizt), drei Putting-Greens, ein Wassergrün und drei Pitching-, Chipping-Greens und zwei Bunkergrüns lassen Abschläge aus allen Himmelsrichtungen zu und bieten ideale Trainingsbedingungen.

Platzinfos

VCG GPS CLUB GASTRO

Anfahrtsbeschreibung

A 61 Speyer-Hockenheim, Ausf. Schifferstadt-Limburgerhof, li. Ri. Limburgerhof, nach ca. 4 km unmittelbar hinter der Brücke re. Ri. Schifferstadt-Limburgerhof-Kohlhof, dann re. der Beschilderung folgen. Oder: Am A3-Dreieck Hockenheim auf die A 62 Ri. Koblenz, am ABK Speyer auf die B 9 Ri. Ludwigshafen, nach ca. 5 km Ausf. Limburgerhof-Rehhütte-Waldsee, dann li. der Beschilderung zum Golfplatz folgen.

Nächstgelegene Plätze

GC Mannheim, Rheingoldhalle (Nr. 464)
Pfalz Neustadt/Weinstr., GC (Nr. 455)
Rheintal, GC (Nr. 467)

Golf Club Homburg/Saar Websweiler Hof e.V.

Karte, Nr. 453, Feld B10 18/6 Höhe: 345 m

gegründet: 1991

Römerstr. 94, Websweiler Hof,
66424 Homburg/Saar
☏ 06841-777760 🖷 06841-7777666
✉ info@golfsaar.de
💻 www.golfsaar.de

PR: Dr. Richard Weber, GF: Jochen Möller

i: ☏ 06841-777760 🖷 06841-7777666

Websweiler Hof, Melinda Bodnar
☏ 06841-79636 🖷 06841-756941
Mo. Ruhetag

PRO: Pro: Jochen Möller, Thomas Ihle

H: 5863 m, CR 71.6, SL 135, Par 72
D: 4874 m, CR 72, SL 125, Par 72
40 Rangeabschläge (10 überdacht)

G: Gäste sind jederzeit willkommen. Anmeldung ist notwendig. Clubausweis mit eingetragenem Handicap (54) ist erforderlich.

18-Loch-Greenfee: WT: EUR 55 / WE: EUR 65
Driving Range und 6-Loch Pay & Play Anlage EUR 15
Ermäßigung: Jugendl./Stud. 50%

Platzbeschreibung

Die 98 ha große Anlage zeichnet sich durch die außergewöhnlich großzügigen Übungseinrichtungen und die gelungene Integration in die vorhandenen natürlichen Landschaftsgegebenheiten aus. In teilweise hügeligem Gelände gelegen, fordern die ersten 9 Loch taktisches und präzises Spiel. Auf dem zweiten, hochgelegenen Teil der Anlage ist der Wind ein steter Begleiter und erzwingt eine andere Spielweise.

Platzinfos

VCG GPS CLUB GASTRO

Anfahrtsbeschreibung

Von Kaiserslautern: A 6, Ausfahrt Waldmohr Richtung Waldmohr, Ausfahrt Gewerbegebiet, durch Waldmohr bis zur 1. großen Ampelkreuzung, links abbiegen, nach ca. 150 m rechts Richtung Höchen und der Beschilderung zum Golfplatz folgen.

Nächstgelegene Plätze

Wendelinus, GP (Nr. 450)
Erster GC Westpfalz (Nr. 457)
Katharinenhof, GC (Nr. 459)

Greenfee-Aktion: Seite G 113

Golf-Club Saarbrücken e.V.

Karte, Nr. 454, Feld B10 **18** Design: Donald Harradine Höhe: 360 m

gegründet: 1961

Oberlimberger Weg,
66798 Wallerfangen - Gisingen
06837-444800 06837-4448099
info@golfclub-saarbruecken.de
www.golfclub-saarbruecken.de

PR Torsten Trunkl, CM: Andrea Schneider
Headgreenkeeper: Andreas Kühnlein

i 06837-444800 06837-4448099
Sven Klaes

Golfclub Restaurant,
Kirsten Schmalbach-Wegner, Julia Kramer
06837-4448025

PRO Pro: Phillip A´Court

H: 5971 m, CR 72.2, SL 124, Par 72
D: 5015 m, CR 72.2, SL 122, Par 72
20 Rangeabschläge (16 überdacht)

G Gäste sind jederzeit willkommen. Anmeldung ist notwendig. Clubausweis mit eingetragenem Handicap (54) ist erforderlich.

18-Loch-Greenfee: WT: EUR 60 / WE: EUR 70
9-Loch-Greenfee: WT: EUR 30 / WE: EUR 35
Das Greenfee ist abhängig von der DGV-Ausweiskennzeichnung.
Ermäßigung: Jugendl. bis 21 J. und Stud. bis 27 J. 50%

Platzbeschreibung

Der vom bekannten Golfplatzarchitekten Donald Harradine gut durchdachte Platz liegt herrlich auf einem 340 m hohen Plateau über dem Saargau. Optisch sehr reizvoll nicht nur aufgrund seines alten Baumbestandes sondern auch spielerisch anspruchsvoll. Der Platz bietet für für Spieler jeder Spielstärke eine Herausforderung und erfordert ein präzises Spiel.

Platzinfos

VCG GPS CLUB GASTRO

Anfahrtsbeschreibung

BAB 620, Ausfahrt Wallerfangen, weiter Richtung Wallerfangen, in Wallerfangen entlang der Hauptstraße in Richtung St. Barbara, durch St. Barbara durch Richtung Gisingen, in Gisingen rechts in den Oberlimberger Weg abbiegen. Ca. 500 Meter nach dem Ortsausgangsschild geht es links auf den Parkplatz.

Nächstgelegene Plätze

Weiherhof, GC (Nr. 449)
Wendelinus, GP (Nr. 450)
Golfpark Bostalsee (Nr. 445)

Golf-Club Pfalz Neustadt a.d. Weinstraße e.V.

Karte, Nr. 455, Feld D10 **18** Design: Greg Letsche Höhe: 110 m

gegründet: 1970

Im Lochbusch, 67435 Neustadt-Geinsheim
☎ 06327-97420 Fax 06327-974218
✉ info@gc-pfalz.de
www.gc-pfalz.de

PR: Michael Löffler

i: ☎ 06327-97420 Fax 06327-974218
Elvira Gouthier, Marion Glatz, Doris Bouyer

Restaurant im Golfclub Pfalz
☎ 06327-4663 Fax -507538
Mo. Ruhetag

PRO: Pro: Mark Jennings

H: 5973 m, CR 71.7, SL 132, Par 72
D: 5176 m, CR 73.1, SL 128, Par 72
12 überdachte Rangeabschläge

G: Gäste sind jeden Tag (außer Sonntag und an Feiertagen) willkommen. Anmeldung ist notwendig. Clubausweis mit eingetragenem Handicap (36) ist erforderlich. So / Feiertags: nur in Mitgliederbegleitung

18-Loch-Greenfee: WT: EUR 85 / WE: EUR 110
9-Loch-Greenfee: WT: EUR 45 / WE: EUR 60
WT Ermäßigung für Jugendl./Stud.
Tages-GF 6-Kurzplatz (nicht öffentlich): EUR 15

Nächstgelegene Plätze

Landgut Dreihof, GC (Nr. 458)
Kurpfalz, GC (Nr. 452)
GC Mannheim, Rheingoldhalle (Nr. 464)

Platzinfos

VCG GPS CLUB

Anfahrtsbeschreibung

Der Golfplatz liegt an der B 39 zwischen Speyer/Rhein und Neustadt-Weinstraße bei Geinsheim.

Platzbeschreibung

Der Golfplatz liegt am Rande des Pfälzer Waldes auf einem ebenen, typisch südpfälzischen, naturbelassenen Gelände. Wald und Wiesen, Wasserläufe und Teiche, Bunker und Rough stellen hohe Anforderungen an das golferische Können. Die Par 4-Löcher erfordern Länge und Genauigkeit der Schläge. Strategisch sehr gut angeordnete Bunker erhöhen den spielerischen Reiz dieses Platzes. Während der Runde bieten sich sehenswerte Aussichten auf das bergige Land.

Greenfee-Aktion: Seite G 113

Golfplatz Pfälzerwald

Karte, Nr. 456, Feld C10 18

gegründet: 2018

Auf dem Aspen 60,
67714 Waldfischbach-Burgalben
06333-279603
info@golfplatz-pfaelzerwald.de
www.golfplatz-pfaelzerwald.de

PR CM: Tobias Leonhard
Headgreenkeeper: Walter Dörr

06333-279603
Björn Loepp

Restaurant Palatina
06333-9938264

PRO SHOP Golfshop Pfälzerwald, Jürgen Bollack
06333-279603

PRO Pro: Phil Sierocinski

H: 5899 m, CR 70.7, SL 128, Par 72
D: 5004 m, CR 71.2, SL 124, Par 72
20 Rangeabschläge (8 überdacht)

G Gäste sind jederzeit willkommen. Anmeldung ist notwendig. Clubausweis mit eingetragenem Handicap (54) ist erforderlich.

18-Loch-Greenfee: WT: EUR 60 / WE: EUR 75
9-Loch-Greenfee: WT: EUR 30 / WE: EUR 40

Platzinfos

VCG GPS CLUB GASTRO

Platzbeschreibung

Die insgesamt 56 ha große Golfanlage ist wunderschön gelegen inmitten des Pfälzerwalds und bietet neben den abwechslungsreichen Spielbahnen einen tollen Blick über die Pfalz. Die Golfanlage kann durch die Bundesstraße 270 mit Anbindung an die A6 sehr gut erreicht werden, von Kaiserslautern und Pirmasens benötigt man nur wenige Auto-Minuten. Auch die französische Grenze ist in weniger als 30 Minuten erreichbar.Auf der stets sehr gepflegten Anlage erwartet die Spieler ein sportlich anspruchsvoller Golfplatz mit einigen Schwierigkeiten.

Anfahrtsbeschreibung

Von Kaiserslautern: B 270, 1. Abfahrt Waldfischbach re. abbiegen, nach ca. 500 m li. zum Golfplatz. Von Pirmasens: B 270, 2. Abfahrt Waldfischbach li. abbiegen, nach ca. 500 m li. zum Golfplatz. Von Landstuhl: A 62 Ri. Pirmasens, Abfahrt Hermersberg, re. nach Hermersberg, in der Ortsmitte li. der Hauptstraße nach bis Steinalben, am Ortsende Steinalben li. auf die B 270. Nach ca. 1 km 1. Abfahrt Waldfischbach re. u. nach ca. 500 m li. zum Platz.

Nächstgelegene Plätze

Erster GC Westpfalz (Nr. 457)
Barbarossa, GC (Nr. 451)
Homburg/Saar, GC (Nr. 453)

Rheinland-Pfalz+Saarland

Greenfee-Aktion: Seite G 115

Erster Golfclub Westpfalz Schwarzbachtal e.V.

Karte, Nr. 457, Feld C10 **18** Höhe: 340 m

gegründet: 1988

Hitscherhof, 66509 Rieschweiler-Mühlbach
06336-6442
info@gcwestpfalz.de
www.gcwestpfalz.de

PR Helmut Baeck

i 06336-6442
Doris Hauck, Barbara Buchmann, Karin Müller

Restaurant im Golfclub, Inh. Fatiha Fadle
0177-8745086
Mo. Ruhetag

PRO SHOP Golfshop Hitscherhof, GOLF Style & Outlet, Höheinöd
0179-6155565

PRO Pro: Iain Blackburn

H: 5741 m, CR 70.8, SL 136, Par 72
D: 5066 m, CR 72.7, SL 135, Par 72
25 Rangeabschläge (6 überdacht)

G Gäste sind jederzeit willkommen. Anmeldung ist notwendig. Clubausweis mit eingetragenem Handicap (54) ist erforderlich.

18-Loch-Greenfee: EUR 80
9-Loch-Greenfee: EUR 45
Greenfeegutscheine können an Wochenenden/Feiertagen ab 13 Uhr eingelöst werden.
Ermäßigung: Jugendl. bis 18 J. und Stud. bis 30 J. 50%

Platzbeschreibung

An den Ausläufern der Sickinger Höhe erstreckt sich das 76 ha große Golfgelände über zwei Ebenen, harmonisch in die hügelige Landschaft des Pfälzer Waldes integriert. Mit dem Abschluss der aktuellen Umbaumaßnahmen, vor allem auf den Bahnen 10 bis 18 präsentiert sich nun ein Golfplatz von herausragender Qualität. Mehr als 10000 qm Wasserflächen, verbunden durch Bachläufe mit Wasserfällen, wurden neu geschaffen. Alle Bunker sind gut sichtbar, blinde Abschläge wurden eliminiert.

Platzinfos

VCG GPS CLUB GASTRO

Anfahrtsbeschreibung

Von der A 62 Abf. Höheischweiler, Richtung Pirmasens, dann Richt. Höhfröschen, dann Rieschweiler-Mühlbach. Von der A 8: Abf. Walshausen, Richtung Dellfeld, dann Rieschweiler-Mühlbach. Von Landau/B10: Richtung Pirmasens, nach Tunnel Richt. Thaleischweiler-Fröschen, dann Richt. Rieschweiler-Mühlbach.

Nächstgelegene Plätze

Pfälzerwald, GP (Nr. 456)
Homburg/Saar, GC (Nr. 453)
Barbarossa, GC (Nr. 451)

Golfanlage Landgut Dreihof

Karte, Nr. 458, Feld D10 27/9 Höhe: 100 m

gegründet: 1993

Am Golfplatz 1, 76879 Essingen bei Landau
✆ 06348-4282 Fax 06348-4388
✉ dreihof@golf-absolute.de
www.golf-absolute.de/landau-essingen/

PR: Dr. Hermann Weiland, GF: Dirk Weiland,
CM: Kai Bollmann
Headgreenkeeper: Jens Bäumer

i: ✆ 06348-4282 Fax 06348-4388

EL TORO, Evangelos Garofillou
✆ 06348-972178

PRO SHOP: Götze Pro Shop
✆ 06348-6150240 Fax 06348-6150239

PRO: Pro: Peter Koenig, Gerd Hoffmann, Udo Fink

27-Loch A+B+C Platz
H: 6052 m, CR 71.6, SL 131, Par 72
D: 5322 m, CR 73.4, SL 125, Par 72
50 Rangeabschläge (24 überdacht)

G: Gäste sind jederzeit willkommen. Anmeldung ist notwendig. Clubausweis mit eingetragenem Handicap (54) ist erforderlich. Hunde an der Leine sind erlaubt. Für unsere Golf spielenden Gäste stellen wir Wohnmobilstellplätze zur Verfügung. Auf Wunsch auch mit separatem Stromanschluss.

18-Loch-Greenfee: WT: EUR 60 / WE: EUR 80
9-Loch-Greenfee: WT: EUR 35 / WE: EUR 45
Ermäßigung: Jugendl./Stud. 50%

Nächstgelegene Plätze

Pfalz Neustadt/Weinstr., GC (Nr. 455)
Kurpfalz, GC (Nr. 452)
Rheinstetten, GC (Nr. 484)

Platzinfos

Anfahrtsbeschreibung

A 65, Ausf. Landau-Zentrum, rechts Richt. Offenbach a.d. Queich, auf der Brücke links und weiter Richt. Essingen (Beschilderung „Golfanlage"), an der Einmündung zur L 542 links Richtung Essingen, nach ca. 500 m liegt rechter Hand die Einf. zum Clubhaus.

Platzbeschreibung

Begrenzt durch Waldgebiet ist die 27-Loch-Meisterschaftsanlage und der 9-Loch-Kurzplatz idyllisch in ein 95 ha großes Areal eingebettet. Die großzügig angelegten Abschläge und Spielbahnen sowie Sand- und Wasserhindernisse (ca. 70.000 qm) lassen, zusammen mit den herausfordernd platzierten Greens, golfen am Dreihof zu einem Erlebnis werden.

Golf Club Katharinenhof e.V.

Karte, Nr. 459, Feld B10 **18** Höhe: 380 m

gegründet: 1982

Katharinenhof, 66453 Gersheim-Rubenheim
06843-8797 06843-8990
verwaltung@golfclub-katharinenhof.de
www.golfclub-katharinenhof.de

PR Erik Werny, CM: Rouven Margardt
Danielle Werth

i 06843-8797 06843-8990

Fam. Petrovic
06843-901834
Mo. Ruhetag

PRO SHOP 06843-8797 06843-8990

PRO Pro: Darran Train

H: 5538 m, CR 70.1, SL 129, Par 71
D: 4641 m, CR 70, SL 124, Par 71
20 Rangeabschläge (4 überdacht)

G Gäste sind jederzeit willkommen. Anmeldung ist notwendig. Clubausweis mit eingetragenem Handicap (54) ist erforderlich. Sa./So./Feiertage ist Handicap 36 erforderlich.

18-Loch-Greenfee: WT: EUR 60 / WE: EUR 80
9-Loch-Greenfee: WT: EUR 30 / WE: EUR 40
Ermäßigung: Jugendl. bis 18 J. 35%, Stud. bis 27 J. 30%

Platzinfos

VCG

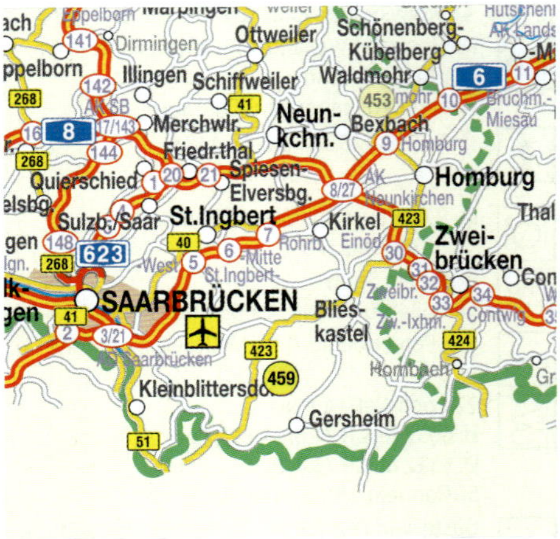

Platzbeschreibung

Die Anlage des Golfclub Katharinenhof ist sehr weitläufig und großzügig zwischen Wiesen und Wäldern angelegt. Von den meisten Stellen des Platzes eröffnet sich dem Spieler eine weite Sicht bis nach Frankreich hinein. Zahlreiche Hügel und Schräglagen und auch die welligen Fairways machen den Platz trotz der breiten Fairways zu einer Herausforderung, auch für bessere Golfer.

Anfahrtsbeschreibung

Von Saarbrücken: A 6 Ri. Homburg, Ausf. Fechingen Ri. Flughafen Ensheim, am Flughafen vorbei Ri. Blieskastel, ca. 500 m nach Ortseingang Ommersheim die 1. Straße rechts Ri. Ormersheim bis diese Straße an einer Querstraße endet, dort links Ri. Blieskastel,nach 700 m rechts Ri. Saargemünd, nach ca. 800 m links nach Erfweiler-Ehlingen, den Ort durchfahren, ca. 900 m nach Erfweiler-Ehlingen auf dem Höhenrücken rechts zum Golfplatz abbiegen.

Nächstgelegene Plätze

Homburg/Saar, GC (Nr. 453)
Erster GC Westpfalz (Nr. 457)
Wendelinus, GP (Nr. 450)

WENN SIE HIER SPIELEN WOLLEN ...
OITAVOS DUNES, REGION LISSABON
©J. Sjoman
... www.1golf.eu

Baden-Württemberg

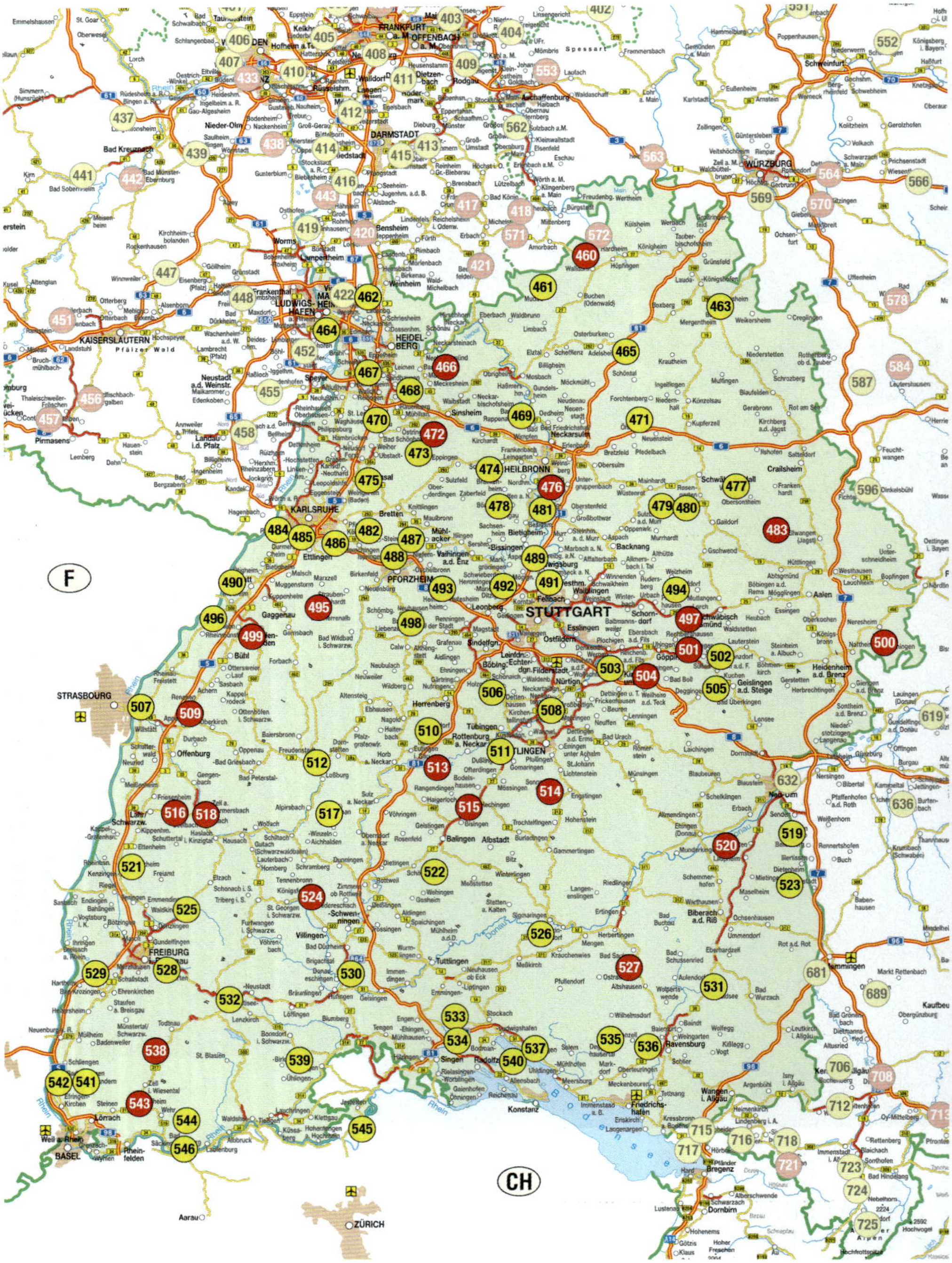

Baden-Württemberg

Baden-Württemberg

Baden-Württemberg

Greenfee-Aktion: Seite G 115

Golf-Club Glashofen-Neusaß e.V.

Karte, Nr. 460, Feld E10 **18/9** Design: Kurt Peters, Holger Rengstorf Höhe: 430 m

gegründet: 1987

Mühlweg 7, 74731 Walldürn-Neusaß
☎ 06282-7383 🖷 06282-7280
✉ info@golfclub-glashofen-neusass.de
💻 www.golfclub-glashofen-neusass.de

PR: Michael Kuhn, CM: Thomas Hennig
Headgreenkeeper: Mihkel Jalakas

i: ☎ 06282-7383 🖷 06282-7280
Simone Pidinkowski

Gastronomie: ☎ 06282-7384 🖷 06282-7280

PRO SHOP: Iris & Greg Tennant, Iris Tennant
☎ 06282-95000 🖷 06282-925954

PRO: Pro: Greg Tennant

18-Loch Gelber Platz
H: 6216 m, CR 73.8, SL 133, Par 73
D: 5457 m, CR 75.8, SL 131, Par 73
9-Loch Blauer PLatz
H: 3756 m, CR 61.3, SL 109, Par 62
D: 3354 m, CR 61.7, SL 102, Par 62
27 Rangeabschläge (6 überdacht)

G: Gäste sind jederzeit willkommen. Anmeldung ist notwendig. Clubausweis mit eingetragener PE ist erforderlich.

Tages-Greenfee: WT: EUR 60 / WE: EUR 70
Ermäßigung: Jugendl./Stud. 50%

Platzbeschreibung

Die Anlage liegt nur wenige Kilometer nördlich von Walldürn im Madonnenländchen des Badischen Odenwaldes und verfügt über einen sportlich anspruchsvollen 18-Loch-Platz, sowie über reizvollen einen 9-Loch-Platz. Die landschaftlich herrliche Lage erlaubt weite Blicke auf die Erhebungen von Odenwald & Spessart. Beide Plätze haben nur leichte Höhenunterschiede und können problemlos zu Fuß bewältigt werden.

Platzinfos

Anfahrtsbeschreibung

A 3 Frankfurt-Würzburg, Ausfahrt Stockstadt Richtung Miltenberg über Amorbach-Walldürn (B 47), nach Rippberg links Richtung Glashofen, der Golfplatz liegt in Neusaß und ist von der Straße aus zu sehen. Oder: A 81 Heilbronn-Würzburg, Ausfahrt Osterburken Richtung Walldürn, von Walldürn Richtung Glashofen-Neusaß bis zum Golfplatz.

Nächstgelegene Plätze

Miltenberg-Erftal, GC (Nr. 572)
Mudau, GC (Nr. 461)
Gut Sansenhof, GC (Nr. 571)

Baden-Württemberg

Golfclub Mudau und Freizeitanlagen GmbH

Karte, Nr. 461, Feld E10 **18/6** Design: Deutsche Golf Consult Höhe: 480 m

gegründet: 2021

Donebacher Straße 41, 69427 Mudau
✆ 06284-8408 🖷 06284-95807
✉ info@golfclub-mudau.de
💻 www.golfclub-mudau.de

PR: GF: Joachim Prutzer, CM: Martin Brand
Headgreenkeeper: Rolf Schwing

i: ✆ 06284-8408 🖷 06284-95807
Agata Krutak, Tina Winkler

Genuss am Golfpark Mudau, Uwe Jung
✆ 06284-95800 🖷 06284-95807

PRO: Pro: Frank Hollbach

H: 5513 m, CR 69.5, SL 127, Par 70
D: 4786 m, CR 70.9, SL 126, Par 70
20 Rangeabschläge (2 überdacht)

G: Gäste sind jederzeit willkommen. Anmeldung ist notwendig. Clubausweis mit eingetragenem Handicap (54) ist erforderlich.

18-Loch-Greenfee: WT: EUR 50 / WE: EUR 60
9-Loch-Greenfee: WT: EUR 25 / WE: EUR 30
Ermäßigung: Jugendl./Stud. 50%

Platzbeschreibung

Der Golfclub Mudau liegt im badischen Odenwald auf einer Höhe von 480 m. Die auf einem 92 ha großen Gelände in ein ausgedehntes Waldgebiet eingebetteten 18 Spielbahnen bieten ein abwechslungsreiches und anspruchsvolles Spiel.

Platzinfos

VCG GPS CLUB GASTRO

Anfahrtsbeschreibung

Von Frankfurt über Stockstadt-Miltenberg-Amorbach nach Mudau. Oder: Von Würzburg über Tauberbischofsheim-Walldürn-Buchen nach Mudau. Oder: Von Mannheim über Heidelberg-Eberbach bis Mudau. Oder. Von Heilbronn über Mosbach nach Mudau. In Mudau Richtung Donebach, nach ca. 500 m links zum Golfplatz abbiegen.

Nächstgelegene Plätze

Glashofen-Neusaß, GC (Nr. 460)
Buchenhof Hetzb., G&LC (Nr. 421)
Gut Sansenhof, GC (Nr. 571)

Golfclub Heddesheim Gut Neuzenhof e.V.

Karte, Nr. 462, Feld D10 18/5 Design: Deutsche Golf Consult Höhe: 96 m

gegründet: 1996

Gut Neuzenhof, Neuzenhof (An der L 631),
68542 Heddesheim
06204-97690 Fax 06204-976996
service@gc-heddesheim.de
www.gc-heddesheim.de

PR René Gutperle, GF: Steven Pinter
Jürgen B. Harder
Werner Gutperle
Headgreenkeeper: Rob Coombe

i 06204-97690 Fax 06204-976996
Susanne Schmitt, Christine Walch,
Christine Hartmann

C. Piermani u. Q. Pitzus
06204-976930 Fax 06204-976935

PRO SHOP Jürgen Bollack, Jürgen F. Bollack
06204-976920 Fax 06204-976925

PRO Pro: Mike Cole, John Prior, Jason Harvey,
Kaweh Alexander Chirband, Jochen Koneczny

H: 6179 m, CR 72.4, SL 129, Par 72
D: 5368 m, CR 73.8, SL 129, Par 72
25 Rangeabschläge (15 überdacht)

G Gäste sind Montag - Freitag (außer an Feiertagen) willkommen. Anmeldung ist notwendig. Clubausweis mit eingetragener PE ist erforderlich.

18-Loch-Greenfee: WT: EUR 60 / WE: EUR 80
9-Loch-Greenfee: WT: EUR 35 / WE: EUR 45
Ermäßigung: Jugendl./Stud. 50%

Platzinfos

VCG CLUB GASTRO

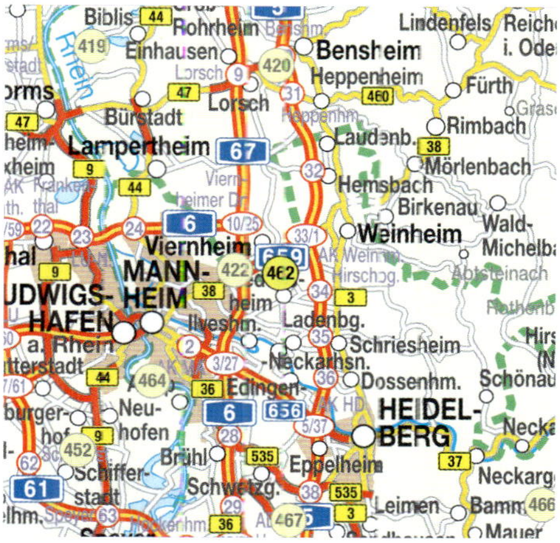

Anfahrtsbeschreibung

A 67 Frankfurt-Mannheim, am ABK Viernheimer Kreuz auf die A 659, Ausfahrt Heddesheim, weiter Richtung Heddesheim, nach ca. 1 km links der Beschilderung zu Gut Neuzenhof folgen. Oder: Von Mannheim auf der B 38 Richtung Weinheim, die ab dem ABK Viernheimer Kreuz in die A 659 übergeht, und weiter wie oben beschrieben zu Gut Neuzenhof.

Platzbeschreibung

Die Spielbahnen der Anlage orientieren sich am Verlauf der ehemaligen Altneckarschleife. Durch fünf neue Teiche wird der alte Flusscharakter besonders hervorgehoben und beeinflusst gleichzeitig das Spiel. Das früher landwirtschaftlich genutzte Hofgut wurde mit Liebe zum Detail umgebaut und bietet ein unvergessliches einmaliges Ambiente.

Nächstgelegene Plätze

Mannheim-Viernh., GC (Nr. 422)
GC Mannheim, Rheingoldhalle (Nr. 464)
Bensheim, GC (Nr. 420)

Baden-Württemberg

Golf-Club Bad Mergentheim e.V.

Karte, Nr. 463, Feld F10 **9** Höhe: 300 m

gegründet: 1971

Erlenbachtalstr. 36, 97999 Igersheim
✆ 07931-561109 🖷 07931-563101
✉ info@golfclub-badmergentheim.de
💻 www.golfclub-badmergentheim.de

PR: Dr. Peter Günter

i: ✆ 07931-561109 🖷 07931-563101
Melanie Scholten, Isabella Hoos

Golf-Restaurant
✆ 07931-8066

PRO SHOP: Andrew Limb
✆ 07931-561666 🖷 07931-561666

PRO: Pro: Andrew M. Limb

H: 3866 m, CR 62.7, SL 121, Par 64
D: 3428 m, CR 63, SL 117, Par 64
16 Rangeabschläge (5 überdacht)

G: Gäste sind jederzeit willkommen. Clubausweis mit eingetragenem Handicap (54) ist erforderlich. Sa./So./Feiertage ist Handicap 45 erforderlich.

Tages-Greenfee: WT: EUR 40 / WE: EUR 50
9-Loch-Greenfee: WT: EUR 30 / WE: EUR 35
Kurgäste erhalten Ermäßigung.
Ermäßigung: Jugendl. bis 18 J. und Stud. bis 27 J. 50%

Platzinfos

VCG

GPS

CLUB

Anfahrtsbeschreibung

Auf der B 19 von Würzburg nach Bad Mergentheim, in Igersheim rechts Richtung Erlenbachtal und aus Richtung Mergentheim links Richtung Badepark Solymar-Erlenbachtal zum Golfplatz abbiegen.

Platzbeschreibung

Eingebettet in das schöne Erlenbachtal, umrahmt von hohem Baumbestand liegt die 9-Loch Golfanlage Bad Mergentheim. Die ebenen Spielbahnen bieten trotz mancher Wasserhindernisse auch für weniger geübte Golfspieler reizvolle und durchaus lösbare Aufgaben. Ein präzises Spiel lässt auf der kompakten Anlage mit gepflegten Fairways und Greens einen guten Score zu.

Nächstgelegene Plätze

Kaiserhöhe, GC (Nr. 465)
Würzburg, GC (Nr. 569)
Miltenberg-Erftal, GC (Nr. 572)

Golfclub Mannheim an der Rheingoldhalle

Karte, Nr. 464, Feld D10 **9** Höhe: 95 m

gegründet: 2006

Rheingoldstraße 215, 68199 Mannheim
✆ 0621-851720 🖷 0621-8415115
✉ mannheim@golf-absolute.de
www.golf-absolute.de

PR: Dr. Hermann Weiland, GF: Dirk Weiland,
CM: Andreas Kilian
Headgreenkeeper: Tim Schreiner

i: ✆ 0621-851720 🖷 0621-8415115
Bonitonna Nadrasik

PRO: Pro: Peter Koenig, Alexander Rowson

9-Loch öffentlicher Kurzplatz (Par 3)
H: 405 m, Par 27, D: 405 m, Par 27
24 überdachte Rangeabschläge

G: Gäste sind jederzeit willkommen.
Club Sekretariat Öffnungszeiten:
Sommerzeit (Ende März-September) geöffnet: Täglich von 9.00 bis 19.00 Uhr Oktober (bis Uhr-Umstellung auf Winterzeit) geöffnet: Täglich von 9.00 bis 18.00 Uhr
Winterzeit (Ende Oktober-Februar) geöffnet: Täglich von 10.00 bis 17.00 Uhr März (bis Uhr-Umstellung auf Sommerzeit) geöffnet: Täglich von 9.00 bis 18.00 Uhr

Tages-Greenfee: WT: EUR 20 / WE: EUR 25
Das Greenfee ist jeweils vor Spielbeginn im Club-Sekretariat zu entrichten.
Ermäßigung: Jugendl./Stud. 50%

Platzbeschreibung

Golfen in der City Der Golfclub Mannheim mit 60.000 qm liegt citynah und dennoch in der Natur und im Grünen. Ein Golfübungsgelände für den anspruchsvollen Golfer mit dem schönen Ambiente eines Rhein-Aue-Parks. Dank einer modernen Flutlicht-Anlage können Driving Range und die anderen Übungseinrichtungen auch im Winterhalbjahr an dunklen Abenden genutzt werden.

Platzinfos

VCG GPS

Anfahrtsbeschreibung

A 5 (Darmstadt-Karlsruhe), am Heidelberger Kreuz Richtung Mannheim bzw. A 6 (Viernheim-Heilbronn), am Kreuz Mannheim in Richtung Mannheim fahren (A 656) Nächste Ausfahrt am SAP-Stadion (Ma-Neckarau) in Richtung Ma-Neckarau fahren. Nach Überquerung des Güterbahnhofes Ausfahrt und an der Ampel Mallaustraße rechts ab. An der nächsten Ampel links abbiegen auf die Morchfeldstraße und B36/ Casterfeldstraße auf die Neckarauer Straße. Nach der Brücke 2.Ampel links in die Friedrichstraße einbiegen und nach ca. 300 Metern rechts (Vorfahrtsstraße) in die Rheingoldstraße. Der Beschilderung „Rheingoldhalle/" Strandbad"folgen bis zur Straßenbahnwendeschleife. Direkt dahinter links sind Parkmöglichkeiten.

Nächstgelegene Plätze

Kurpfalz, GC (Nr. 452)
Mannheim-Viernh., GC (Nr. 422)
Heddesheim, GC (Nr. 462)

Baden-Württemberg

Golfclub Kaiserhöhe e.V.

Karte, Nr. 465, Feld E10 18/9/6 Design: Kurt Rossknecht Höhe: 350 m

gegründet: 1995

Im Laber 4 a, 74747 Ravenstein-Merchingen
06297-399
info@golfclub-kaiserhoehe.de
www.golfclub-kaiserhoehe.de

PR: Peter Schäfer, GF: Reinhold Meder

i: 06297-399

Golfrestaurant Kaiserhöhe
06297-929757

PRO SHOP: Pro Shop Markus Reil

PRO: Pro: Markus Reil

18-Loch Blauer Platz
H: 5927 m, CR 71.2, SL 126, Par 72
D: 5196 m, CR 72.8, SL 122, Par 72
9-Loch Gelber Platz (Executive)
H: 2862 m, CR 57.7, SL 98, Par 56
D: 2862 m, CR 57.9, SL 98, Par 56
50 Rangeabschläge (4 überdacht)

G: Gäste sind jederzeit willkommen. Anmeldung ist notwendig. Clubausweis mit eingetragenem Handicap (54) ist erforderlich. 6-Loch-Kurzpl. inkl. Leihschläger: EUR 15,-. Jeden Fr. Apr.-Okt. 16.00 Uhr Schnuppergolf inkl. Golflehrer für 12 €

Tages-Greenfee: WT: EUR 60 / WE: EUR 75
18-Loch-Greenfee: WT: EUR 60 / WE: EUR 75
9-Loch-Greenfee: WT: EUR 35 / WE: EUR 40
Ermäßigung: Jugendl. bis 18 J. und Stud. bis 27 J. 50%

Platzbeschreibung

Die Golfanlage Kaiserhöhe wurde im Sommer 1997 fertiggestellt und bietet mit ihrer 18-Loch-Meisterschaftsanlage, ihrem 9-Loch-Platz, der großzügigen Übungsanlagen sowie mit ihrem pay und play 6-Loch-Golfplatz auf insgesamt 112 ha Golfern jeder Spielstärke Golfvergnügen pur. Der 9-Loch-Platz ist ohne Handicap bespielbar. Starzeitreservierung erforderlich.

Platzinfos

VCG
GPS
CLUB

Anfahrtsbeschreibung

A 81 Würzburg-Heilbronn, Ausfahrt Osterburken Richtung Ravenstein, vor dem Ortsteil Merchingen rechts der Beschilderung zum Golfplatz folgen.

Nächstgelegene Plätze

Heilbronn-Hohenl., GC (Nr. 471)
Bad Mergentheim, GC (Nr. 463)
Mudau, GC (Nr. 461)

Gf-Aktion: Seite G 115, 117

Golfclub Heidelberg-Lobenfeld e.V.

Karte, Nr. 466, Feld D10 **18** Design: Donald Harradine, Thomas Himmel Höhe: 190 m

gegründet: 1968

Am Biddersbacher Hof,
74931 Lobbach-Lobenfeld
✆ 06226-952110 🖷 06226-952111
✉ golf@gchl.de
💻 www.gchl.de

PR Dr. Joachim Hinz, CM: Lena Pechwitz
Headgreenkeeper: Bernd Müller

i ✆ 06226-952110 🖷 06226-952111
Nike Delis

Restaurant Bella Vista, Pietro Vasta
✆ 06226-952116 🖷 06226-952117
Mo. Ruhetag

PRO Pro: Florian Fritsch, Philipp Schwehr, Cornelia Kisgen

H: 5957 m, CR 72.3, SL 143, Par 72
D: 5128 m, CR 73.5, SL 133, Par 72
20 überdachte Rangeabschläge

G Gäste sind jederzeit willkommen. Anmeldung ist notwendig. Clubausweis mit eingetragenem Handicap (54) ist erforderlich.

18-Loch-Greenfee: WT: EUR 70 / WE: EUR 85
9-Loch-Greenfee: WT: EUR 40 / WE: EUR 50
Ermäßigung: Jugendl./Stud. 50%

Platzinfos

Anfahrtsbeschreibung

A 656, Ausfahrt Heidelberg-Mitte, am Neckar entlang bis Neckargemünd, von dort Richtung Sinsheim bis Wiesenbach, durch den Ort Richtung Aglasterhausen bis auf die Anhöhe von Lobenfeld, dort links ab zum Golfplatz.

Platzbeschreibung

Unser 18-Loch Platz gilt als einzigartiges Naturjuwel und ist mit großer Sensibilität in die Landschaft eingebettet. Am Rande der Spielbahnen finden sich einige Zeugen uralter Besiedelungen, die bis in die Römerzeit zurückreichen. Die idyllische Lage, das außergewöhnliche Design sowie modernste Pflegestandards garantieren jedem Golfspieler höchsten Spielgenuss. Erleben Sie einen Golfplatz mit abwechslungsreichen Bachläufen, natürlichen Hindernissen sowie einer Vielzahl an einheimischen Pflanzen und Tieren.

Nächstgelegene Plätze

Hohenhardter Hof, GA (Nr. 468)
Sinsheim, GC (Nr. 472)
Rheintal, GC (Nr. 467)

Golf Platz Rheintal GmbH & Co. KG

Karte, Nr. 467, Feld D10 18/6 Design: Bernhard von Limburger

gegründet: 1971

An der B 291, 68723 Oftersheim
06202-920940 06202-920 94-199
info@golfplatz-rheintal.de
www.golfplatz-rheintal.de

PR: Marco Armbruster, GF: Steven Pinter
Headgreenkeeper: Martin Bucher

i: 06202-920940 06202-920 94-199

Fairway Golfrestaurant, Klaus Scheunemann
06202-9263191

PRO SHOP: J.F. Bollack Handelsvertretung
06204-976920 06204-976925

PRO: Pro: Sebastian Otten

H: 5705 m, CR 70.5, SL 128, Par 71
D: 4631 m, CR 69.3, SL 121, Par 71
25 Rangeabschläge (14 überdacht)

G: Gäste sind jederzeit willkommen. Anmeldung ist notwendig. Clubausweis mit eingetragener PE ist erforderlich.

18-Loch-Greenfee: WT: EUR 70 / WE: EUR 90
9-Loch-Greenfee: WT: EUR 40 / WE: EUR 50
Ermäßigung: Jugendl./Stud. bis 27 J. 50%

Platzinfos

VCG GPS CLUB

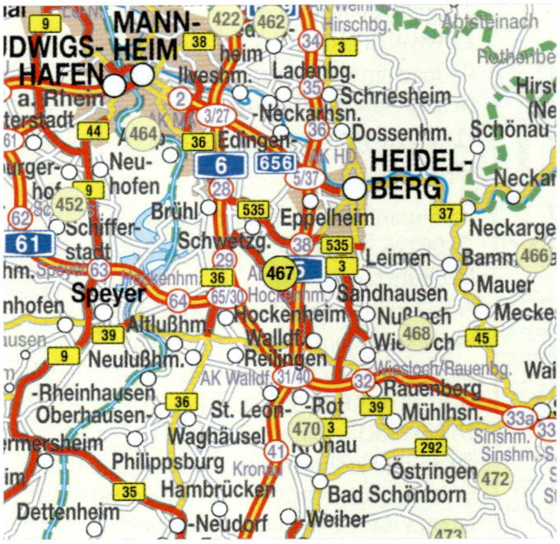

Platzbeschreibung

Das etwas hügelige, von jahrhundertealten Sanddünen durchzogene Gelände wird im Süden und Westen von dichtem Kiefernwald begrenzt. Im Osten geht der Blick über Felder bis nach Heidelberg und zum Odenwald. Der alte Baumbestand verleiht dem Par 71 Kurs eine besondere Atmosphäre und lässt auch bei großer Sommerhitze ein angenehmes Spiel zu. Wasserhindernisse sind zwar nicht vorhanden, dafür verteidigen Bunker die schwer zu spielenden Grüns.

Anfahrtsbeschreibung

A 5 Darmstadt-Karlsruhe, Ausfahrt Heidelberg-Schwetzingen Ri. Schwetzingen, kurz vor Schwetzingen links ab nach Oftersheim, hier weiter in Richtung Walldorf, in der ersten 70er Zone links zum Golfplatz. Oder: A 6 Darmstadt-Karlsruhe, Ausfahrt Schwetzingen/Hockenheim, Richtung Schwetzingen, kurz vor Schwetzingen rechts ab in Richtung Walldorf (B 291) nach ca. 4,2 km in der ersten 70er Zone im Wald links zum Golfplatz.

Nächstgelegene Plätze

Hohenhardter Hof, GA (Nr. 468)
St. Leon-Rot, GC (Nr. 470)
GC Mannheim, Rheingoldhalle (Nr. 464)

Golfanlagen Hohenhardter Hof e.V.

Karte, Nr. 468, Feld D10 **27** Höhe: 230 m

gegründet: 1983

Hohenhardter Hof, 69168 Wiesloch-Baiertal
☎ 06222-788110 🖷 06222-7881111
✉ info@golf-hohenhardt.de
💻 www.golf-hohenhardt.de

PR: Dr. Bernhard Heil, GF: Ulrich Mack,
CM: Rainer Fuchs, Anna Müller
Headgreenkeeper: Frank Pätzold

i: ☎ 06222-788110 🖷 -7881111
Ute Willnauer

Restaurant Hohenharder Hof, Jutta Bauer
☎ 06222-7881120

PRO SHOP: Ute Willnauer

PRO: Pro: Sebastian Thiele, Daniel Torresin

H: 5781 m, CR 71.6, SL 132, Par 72
D: 5034 m, CR 73, SL 129, Par 72
50 Rangeabschläge (20 überdacht)

G: Gäste sind jederzeit willkommen. Anmeldung ist notwendig. Clubausweis mit eingetragenem Handicap (54) ist erforderlich. Sa./So./Feiertage ist Handicap 36 erforderlich.

18-Loch-Greenfee: WT: EUR 60 / WE: EUR 80
9-Loch-Greenfee: WT: EUR 35 / WE: EUR 45
Ermäßigung: Jugendl./Stud. bis 27 J. 50%

Platzbeschreibung

Die 27-Loch-Anlage liegt auf dem Gelände des ehemaligen Rittergutes Hohenhardter Hof. Im Zentrum der 75 ha großen Anlage liegt das Herrenhaus des ehemaligen Rittergutes und rundet so das Bild der Anlage in der Hügellandschaft des Kraichgaus ab. Das hügelige Gelände mit Höhenunterschieden bis zu 60 m und zusätzlichen Baum-, Sand- und Wasserhindernissen erhöht den Schwierigkeitsgrad, ist jedoch fair für alle Golfer gestaltet.

Platzinfos

VCG GPS CLUB GASTRO

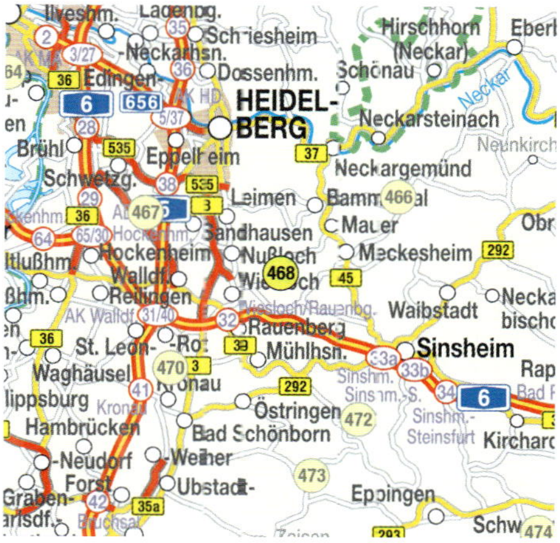

Anfahrtsbeschreibung

A 6 Mannheim-Heilbronn, Ausfahrt Wiesloch-Rauenberg Richtung Wiesloch-Zentrum, in Wiesloch weiter Richtung Baiertal, in Baiertal weiter Richtung Schatthausen, ca. 500 m nach Baiertal rechts zum Golfplatz abbiegen (beschildert).

Nächstgelegene Plätze

Heidelberg-Lobenf., GC (Nr. 466)
St. Leon-Rot, GC (Nr. 470)
Rheintal, GC (Nr. 467)

Baden-Württemberg

Golfclub Bad Rappenau

Karte, Nr. 469, Feld E10 **18** Höhe: 200 m

gegründet: 1989

Ehrenbergstraße 25a,
74906 Bad Rappenau-Zimmerhof
☎ 07264-3666 Fax 07264-3838
✉ info@golfclub-badrappenau.de
www.golfclub-badrappenau.de

PR Gunnar Wilcke, CM: Melanie Appel
Headgreenkeeper: Thomas Kuhnsch

i ☎ 07264-3666 Fax 07264-3838

Restaurant „19", Martin Kübler
☎ 07264-9609361
Mo. Ruhetag

PRO Pro: Thorsten Oßwald

H: 5968 m, CR 71.4, SL 129, Par 72
D: 5251 m, CR 73, SL 127, Par 72
18 Rangeabschläge (9 überdacht)

G Gäste sind jederzeit willkommen. Anmeldung ist notwendig. Clubausweis mit eingetragener PE ist erforderlich.

18-Loch-Greenfee: WT: EUR 60 / WE: EUR 80
9-Loch-Greenfee: WT: EUR 30 / WE: EUR 40
Ermäßigung: Jugendl./Stud. bis 27 J. 50%

Platzbeschreibung

Die Golfanlage liegt am Eingang des „Fünfmühlentals" harmonisch eingebettet in ein 72 ha umfassendes, leicht welliges Gelände. Die mit 18-Loch symetrisch angeordneten Spielbahnen bieten einen interessanten und abwechslungsreichen Parcours mit einigen Herausforderungen.

Nächstgelegene Plätze

Golfoase Pfullinger Hof (Nr. 474)
public Golf Talheimer Hof (Nr. 476)
Sinsheim, GC (Nr. 472)

Platzinfos

VCG GPS CLUB

Anfahrtsbeschreibung

A 6 Mannheim-Heilbronn, Ausfahrt Bad Rappenau, 4 km bis Bad Rappenau, aus Rappenau 1 km Richtung Gundelsheim, in Bad Rappenau-Zimmerhof 300 m bergab und dann links abbiegen zum Golfplatz.

GC St. Leon-Rot Betriebsges. mbH & Co. KG

Karte, Nr. 470, Feld D10 18/18/9/5 Design: H. Schreiner, D. Thomas Höhe: 108 m

gegründet: 1996

Opelstraße 30, 68789 St. Leon-Rot
☎ 06227-86080 Fax 06227-860888
info@gc-slr.de
www.gc-slr.de

PR: Dietmar Hopp, GF: Eicko Schulz-Hanßen
Headgreenkeeper: Daniel Lüttger

i: ☎ 06227-86080 Fax 06227-860888
Malika Brenneisen, Nadja Dagies, Hana Gabbert

Ace of Clubs & Carpe Diem, Steffi Peschke
☎ 06227-8608110 Fax 06227-86088110

PRO SHOP: Golf Club St. Leon-Rot Betriebsges. mbH & Co. KG, Dirk Schall
☎ 06227-8608200 Fax 06227-8608390

PRO: Pro: Michael Strong, Domenic Engelhardt, Anne-Catrin Ernst, Frédéric Ammon, Sebastian Holzapfel, Benjamin Schlichting, Marco Schmuck, Michael Thurner, Lars Bocks, Frank Adamowicz, Niklas Rakowski, George Orr, Neil Hargrave, Denise Sohn

18-Loch Course „Rot"
H: 6047 m, CR 72, SL 138, Par 72
D: 5329 m, CR 74, SL 136, Par 72
18-Loch Course „St. Leon"
H: 6178 m, CR 72.9, SL 133, Par 72
D: 5286 m, CR 73.8, SL 131, Par 72
134 Rangeabschläge (42 überdacht)

G: Gäste sind jederzeit willkommen. Anmeldung ist notwendig. Clubausweis mit eingetragenem Handicap (36) ist erforderlich.

18-Loch-Greenfee: WT: EUR 85 / WE: EUR 120
9-Loch-Greenfee: WT: EUR 42.5 / WE: EUR 60
9-Loch-GF auf dem 18-Loch-Platz nur auf Anfrage möglich.
Ermäßigung: Jugendl./Stud. bis 27 J. 50%

Platzbeschreibung

Der 1996 von SAP-Mitbegründer Dietmar Hopp gegründete Club verfügt über zwei 18-Loch Meisterschaftsplätze. Weiterhin verfügt die Anlage über einen 9-Loch Kurzplatz, einen 5-Loch Bambiniplatz, eine beidseitig bespielbare Driving Range, ein innovatives Videozentrum, hochwertige Übungsbereiche, ein Wedge-o-Drom mit Pott-Bunker für das Bunkertraining auf internationalem Niveau sowie die 2011 eröffnete „Allianz Golf Arena – Indoor Short Game Center of Excellence". Bekannt ist der Club ferner durch seine vorbildliche und systematische Jugendförderung, welche seit Jahren die Grundlage für die vielen sportlichen Erfolge bildet.

Platzinfos

Anfahrtsbeschreibung

Am ABK Walldorf auf die A 6 Richtung Heilbronn, Ausfahrt Wiesloch/Rauenberg Richtung Walldorf, an der 2. Ampel (nach ca. 1 km) rechts auf die B 3 Richtung Bruchsal, an der 3. Ampel rechts Richtung St. Leon-Rot (Beschilderung St. Leon-Rot/Golfplatz) und dann in die 3. Straße links (Opelstraße), am Ende der Opelstraße liegt die Zufahrt zum Gästeparkplatz.

Nächstgelegene Plätze

Hohenhardter Hof, GA (Nr. 468)
Rheintal, GC (Nr. 467)
Heitlinger, GR (Nr. 473)

Golf-Club Heilbronn-Hohenlohe e.V.

Karte, Nr. 471, Feld E10 **27** Design: K. Rossknecht, D. Harradine Höhe: 300 m

gegründet: 1964

Neuer Garten 2,
74639 Friedrichsruhe-Zweiflingen
07941-92080 07941-920819
golf@gc-heilbronn-hohenlohe.de
www.gc-heilbronn-hohenlohe.de

PR Dr. Bruno Fergen, GF: Gerald Schleucher
Headgreenkeeper: Klaus Bortt

i 07941-92080 07941-920819
Katrin Scheuerle

Ehrenberger´s 2.0, Frank Pasternacki
07941-920830
Mo. Ruhetag

PRO SHOP FN Sports GmbH, Ria Wilfling
07941-920820

PRO Pro: Barbara Eisner, Sebastian Kübler, Hans Bux

18-Loch Limes-Friedrichsruhe Platz
H: 6032 m, CR 71.9, SL 131, Par 73
D: 5293 m, CR 73.5, SL 130, Par 73
18-Loch Schlosspark-Limes Platz
H: 5764 m, CR 70.9, SL 128, Par 71
D: 5119 m, CR 72.7, SL 127, Par 71
30 Rangeabschläge (8 überdacht)

G Gäste sind jederzeit willkommen. Anmeldung ist notwendig. Clubausweis mit eingetragenem Handicap (54) ist erforderlich. Sa./So./Feiertage ist Handicap 36 erforderlich.

18-Loch-Greenfee: WT: EUR 70 / WE: EUR 85
9-Loch-Greenfee: WT: EUR 35 / WE: EUR 45
Ermäßigung: Jugendl./Stud. 50%

Nächstgelegene Plätze

Kaiserhöhe, GC (Nr. 465)
Marhördt, GC (Nr. 479)
Oberrot-Frankenb., GC (Nr. 480)

Platzinfos

VCG GPS CLUB GASTRO

Anfahrtsbeschreibung

A 6 Heilbronn-Nürnberg, Ausfahrt Öhringen, Friedrichsruhe ist ab Öhringen beschildert, das Clubhaus befindet sich hinter dem Wald- und Schloßhotel Friedrichsruhe.

Platzbeschreibung

Der Platz liegt im hügeligen Gelände des Hohenloher Landes direkt beim Wald- und Schloßhotel Friedrichsruhe. Ein Teil der Spielbahnen verläuft im ehemaligen Schlosspark der Fürsten zu Hohenlohe-Oehringen mit teilweise sehr altem Baumbestand. Die restlichen Bahnen verlaufen offener und bieten einen besonderen Reiz durch weite Ausblicke auf die Landschaft. Mit seinen 3 x 9-Spielbahnen bieten sich zu jeder Zeit attraktive Kombinationen, die für Spieler aller Leistungsstärken geeignet sind.

Baden-Württemberg

Greenfee-Aktion: Seite G 117

Golfclub Sinsheim Buchenauerhof e.V.

Karte, Nr. 472, Feld D10 18/6 Höhe: 200 m

gegründet: 1993

Buchenauerhof 4, 74889 Sinsheim-Weiler
07265-7258 07265-7379
info@golfclubsinsheim.de
www.golfclubsinsheim.de

PR: Claudia Zwilling-Pinna

i: 07265-7258 07265-7379
Stefan Nygryn

Restaurant Buchenauerhof
07265-9199511

PRO SHOP: Golfshop Sinsheim - Buchenauerhof
07265-7258 07265-7379

PRO: Pro: Sven Stier, Michael A. Emery

18-Loch Championship Course
H: 5803 m, CR 71.2, SL 135, Par 72
D: 5163 m, CR 73.5, SL 129, Par 72
6-Loch Executive Platz
H: 715 m, Par 18, D: 715 m, Par 18,
30 Rangeabschläge (10 überdacht)

G: Gäste sind jederzeit willkommen. Anmeldung ist notwendig. Clubausweis mit eingetragenem Handicap (54) ist erforderlich.

18-Loch-Greenfee: WT: EUR 60 / WE: EUR 80
9-Loch-Greenfee: WT: EUR 35 / WE: EUR 45
Ermäßigung: Jugendl. bis 18 J. und Stud. bis 27 J. 50%

Platzbeschreibung

Umrahmt von Wäldern in der typischen Kraichgauer Landschaft ist unsere Anlage der ideale Ort für Entspannung und sportliche Herausforderung. Neueinsteigern steht ein umfangreiches Übungsgelände und ein öffentlicher 6-Loch-Kurzplatz zur Verfügung. Fortgeschrittene und Profis finden einen Meisterschaftsplatz vor, der aufgrund seines Designs und der Topographie allen Ansprüchen gerecht wird. Selbstverständlich ist auch jedermann willkommen, das Golfspiel auszuprobieren oder auf der Sonnenterrasse die Seele baumeln zu lassen.

Platzinfos

Anfahrtsbeschreibung

A6, Ausfahrt Sinsheim Süd, am Stadion abfahren, Richtung Weiler, Richtung Waldangelloch zum Buchenauer Hof. Oder: A 6 Mannheim-Heilbronn, Ausfahrt Wiesloch-Rauenberg, dann B 39 Richtung Angelbachtal-Michelfeld, weiter Richtung Eppingen, in Waldangelloch Richtung Sinsheim/Weiler zum Buchenauerhof. Oder: A 6, Ausfahrt Sinsheim Richtung Dühren, über Angelbachtal-Michelfeld nach Waldangelloch zum Buchenauer Hof.

Nächstgelegene Plätze

Heitlinger, GR (Nr. 473)
Hohenhardter Hof, GA (Nr. 468)
St. Leon-Rot, GC (Nr. 470)

Baden-Württemberg

Golf Resort HEITLINGER Tiefenbach e.V.

Karte, Nr. 473, Feld D10 18/6 Höhe: 260 m

gegründet: 1989

Birkenhof, 76684 Östringen-Tiefenbach
07259-8683 07259-8684
info@heitlinger-golf-resort.de
www.heitlinger-golf-resort.de

PR: Wolfgang Burger, GF: Warren Jacklin,
CM: Arif Arifi

i: 07259-8683 -8684
Julia Nagy

Albatros Restaurant im HEITLINGER Golf Resort
07259-4640140
Mo. Ruhetag

PRO SHOP: Pro-Shop im HEITLINGER Golf Resort,
Elvira Fritscher
07259-925181

PRO: Pro: Warren Jacklin, Graeme Brass

18-Loch Meisterschaftsplatz
H: 5716 m, CR 71.1, SL 137, Par 72
D: 4972 m, CR 72.5, SL 135, Par 72
6-Loch Kurzplatz (Par 3)
H: 700 m, Par 18, D: 700 m
20 Rangeabschläge (14 überdacht)

G: Gäste sind jederzeit willkommen. Sa./So./Feiertage ist Anmeldung notwendig. Clubausweis mit eingetragenem Handicap ist erforderlich. Mo.-Fr. ist Handicap 54 erforderlich.

18-Loch-Greenfee: WT: EUR 70 / WE: EUR 80
9-Loch-Greenfee: WT: EUR 40 / WE: EUR 50
Ermäßigung: Jugendl. bis 18 J. und Stud. bis 26 J. 50%

Nächstgelegene Plätze

Sinsheim, GC (Nr. 472)
St. Leon-Rot, GC (Nr. 470)
Bruchsal, GC (Nr. 475)

Platzinfos

Anfahrtsbeschreibung

A 5 Karlsruhe-Frankfurt, Ausfahrt Kronau Richtung Östringen, nach dem Ortskern Östringen rechts Richtung Odenheim, in Odenheim links nach Tiefenbach, nach ca. 1 km liegt der Golfplatz auf der rechten Seite.

Platzbeschreibung

Nur etwa eine halbe Stunde von den Ballungsräumen Mannheim, Karlsruhe, Stuttgart entfernt, bietet dieser Golf-Park auf über 300 ha herrlicher Naturlandschaft einen harmonisch in die leichte Hügellandschaft integrierten 18-Loch-Meisterschaftsplatz sowie einen 6-Loch-Public-Kurzplatz mit einem vielseitigen Angebot an Spiel, Lern- und Erholungsmöglichkeiten.

Golfanlage Golfoase Pfullinger Hof

Karte, Nr. 474, Feld E11 18/9/6

gegründet: 1991

Pfullinger Hof 1, 74193 Schwaigern-Stetten
✆ 07138-67442 🖷 07138-932910
✉ golfoase@t-online.de
💻 www.golfoase.de

PR: Harald H. Walter, GF: Harald H. Walter
Headgreenkeeper: Harald H. Walter

i: ✆ 07138-67442 🖷 -932910
Dipl.Psychologin Mari Walter, Edith Walter

„Madeleines Cafe & Bistro" am Golfplatz, Kornelia Oberreicher
✆ 07138-67442 🖷 07138-932910
Mo. Ruhetag

PRO SHOP: Harald H. Walter
✆ 07138-67442 🖷 07138-932910

PRO: Pro: Malte Brenner

18-Loch Platz
H: 5593 m, CR 70.2, SL 131, Par 72
D: 5113 m, CR 73.6, SL 130, Par 72
9-Loch Platz
H: 2194 m, Par 58, D: 2194 m, Par 56
30 Rangeabschläge (18 überdacht)

G: Gäste sind jederzeit willkommen. Clubausweis mit eingetragenem Handicap (54) ist erforderlich. Der Platz ist im Winterspielbetrieb ab 12:00 Uhr bespielbar (sofern es keinen Frost und Reif hat). Nur Trage-Bags erlaubt!

Tages-Greenfee: WT: EUR 60 / WE: EUR 70
9-Loch-Greenfee: WT: EUR 35 / WE: EUR 45
Wintergreenfee bei Winterspielbetrieb EUR 30
Ermäßigung: Jugendl. bis 21 J. und Stud. bis 28 J. 50%

Nächstgelegene Plätze

Schloßgut Neumagenh., GC (Nr. 478)
Bad Rappenau, GC (Nr. 469)
public Golf Talheimer Hof (Nr. 476)

Platzinfos

Anfahrtsbeschreibung

A 6 Heilbronn-Mannheim, Ausfahrt Steinsfurt Richtung Schwaigern über Ittlingen-Richen auf der B 293, Ausfahrt Gemmingen-Stetten, durch Stetten Richtung Großgartach-Schwaigern, nach ca. 500 m rechts zum Pfullinger Hof

Platzbeschreibung

Die Naturlandschaftsgolfanlage Pfullinger Hof, ausgezeichnet vom DGV Golf & Natur in Gold, liegt inmitten einer idyllischen Kulturlandschaft am Rande des Heuchelbergs. Sie verfügt über alle Annehmlichkeiten, die man von einer modernen Golfanlage erwartet. Der 18-Loch-Par 72 Naturlandschaftsgolfplatz ist für alle HCF-Klassen eine Herausforderung.

Golfclub Bruchsal e.V.

GC BRUCHSAL

Karte, Nr. 475, Feld D11 18/9 Design: Jeremy Pern Höhe: 121 m

gegründet: 1990

Langental 2, 76646 Bruchsal
07251-302270 07251-3022720
info@golfclub-bruchsal.de
www.golfclub-bruchsal.de

PR
Carola Gantner, CM: Susanna Klemm

i
07251-302270 07251-3022720

Lago & das kleine feine
07251-3022724
Mo. Ruhetag

PRO SHOP
Golfclub Bruchsal e.V.
07251-302270 07251-3022720

PRO
Pro: Jeremy Taylor

18-Loch Championship Course
H: 5640 m, CR 69.2, SL 126, Par 72
D: 4730 m, CR 69.1, SL 119, Par 72
9-Loch öffentliche 9-Loch-Anlage (Par 3)
H: 633 m, Par 27, D: 581 m, Par 27
30 Rangeabschläge (8 überdacht)

G
Gäste sind jederzeit willkommen. Anmeldung ist notwendig. Clubausweis mit eingetragenem Handicap (54) ist erforderlich. Sa./So./Feiertage ist Handicap 45 erforderlich.

18-Loch-Greenfee: WT: EUR 60 / WE: EUR 80
9-Loch-Greenfee: WT: EUR 35 / WE: EUR 50
Ermäßigung: Jugendl./Stud. 50%

Platzbeschreibung

Der Platz ist sowohl für Anfänger als auch Fortgeschrittene bestens geeignet und stellt je nach Spielstärke ständig neue Herausforderungen. Die computergesteuerte Bewässerungsanlage sorgt für optimale Bespielbarkeit. Drei spezielle Speicherteiche sorgen für das notwendige Nass. Diese sog. Himmelsteiche runden das Landschaftsbild harmonisch ab und sind gleichzeitig interessante Teile des Spiels.

Platzinfos

VCG GPS CLUB GASTRO

Anfahrtsbeschreibung

A 5 Darmstadt-Karlsruhe, Ausfahrt Bruchsal, weiter auf der B 35 Richtung Bretten-Stuttgart bis zur Ausfahrt Langentalsiedlung (ca. 3 km).

Nächstgelegene Plätze

Johannesthal, GC (Nr. 482)
Heitlinger, GR (Nr. 473)
St. Leon-Rot, GC (Nr. 470)

Greenfee-Aktion: Seite G 117

public Golf Talheimer Hof

Karte, Nr. 476, Feld E11 9/9

Talheimer Hof 1, 74388 Talheim
07131-6359911 · 07131-6359909
welcome@talheimerhof.de
www.talheimerhof.de

PR: GF: Abdallah Ben Amara

Weitblick
07131-6359910
Mo. Ruhetag

9-Loch Champion's Course
H: 2775 m, SL 126, Par 35
D: 2295 m, SL 117, Par 35
50 Rangeabschläge (14 überdacht)

G: Gäste sind jederzeit willkommen. Clubausweis mit eingetragener PE ist erforderlich.

18-Loch-Greenfee: WT: EUR 35 / WE: EUR 38
9-Loch-Greenfee: WT: EUR 25 / WE: EUR 27

Platzinfos

VCG · CLUB · GASTRO

Nächstgelegene Plätze
Schloß Liebenst., G&LC (Nr. 481)
Schloßgut Neumagenh., GC (Nr. 478)
Golfoase Pfullinger Hof (Nr. 474)

Platzbeschreibung
In mitten von Weinbergen, vor den Toren Heilbronns

Baden-Württemberg

Golfclub Schwäbisch Hall e.V.

Karte, Nr. 477, Feld F11 **18/6** Höhe: 410 m

gegründet: 1987

Am Golfplatz 1,
74523 Schwäbisch Hall-Dörrenzimmern
✆ 07907-8190 🖷 07907-8180
✉ info@gc-sha.de
💻 www.gc-sha.de

PR Prof. Dr. med. Hans-Peter Geisen,
CM: Dagmar Ballerini
Headgreenkeeper: Jürgen Friz

i ✆ 07907-8190 🖷 07907-8180
Christiane Steinhoff

Restaurant am Golfplatz, Uwe Rößler
✆ 07907-940242

PRO Pro: Marco Melik, Sam Aaron Uebele

18-Loch Platz
H: 6103 m, CR 72.8, SL 135, Par 72
D: 5373 m, CR 74.6, SL 136, Par 72
6-Loch Öffentlicher 6-Loch-Kurzplatz
H: 803 m, Par 19, D: 803 m, Par 19
20 Rangeabschläge (3 überdacht)

G Gäste sind jederzeit willkommen. Clubausweis mit eingetragenem Handicap (54) ist erforderlich. Sa./So./Feiertage ist Handicap 45 erforderlich.

18-Loch-Greenfee: WT: EUR 80 / WE: EUR 90
9-Loch-Greenfee: WT: EUR 45 / WE: EUR 55
Ermäßigung: Jugendl./Stud.

Platzbeschreibung

Der Golfplatz liegt auf einer leichten Anhöhe mit weitem Blick auf die Hohenloher Ebene. Der Platz wirkt durch seine großzügig angelegten Spielbahnen und die landschaftlich typische Vegetation. Der stets überzeugende Pflegezustand, die vielfältigen Möglichkeiten sowie die sportliche Herausforderung begeistern Jung und Alt sowie Spieler sämtlicher Spielstärken immer wieder aufs Neue.

Platzinfos

VCG GPS CLUB

Anfahrtsbeschreibung

Von Heilbronn: A 6, Ausfahrt Kupferzell nach Schwäbisch Hall, dann Richtung Ellwangen und nach ca. 11 km in Dörrenzimmern rechts zum Golfplatz abbiegen. Von Nürnberg: A 6, Ausfahrt Kirchberg Richtung Vellberg über Großaltdorf, in Vellberg Richtung Schwäbisch Hall und nach ca. 1 km links zum Golfplatz abbiegen.

Nächstgelegene Plätze

Oberrot-Frankenb., GC (Nr. 480)
Grafenhof, G&CC (Nr. 483)
Marhördt, GC (Nr. 479)

Golfclub Cleebronn e.V.

Karte, Nr. 478, Feld E11 **9** Höhe: 303 m

gegründet: 1992

Schlossgut Neumagenheim, 74389 Cleebronn
07135-934520 07135-9345269
info@golfplatz-cleebronn.de
www.golfplatz-cleebronn.de

PR Ines Schwarz, GF: Björn Becker

i 07135-934520 07135-9345269
Pascal Gessler

Villa Verde, Ricciotti Manzi
07135-9345250
Mo. Ruhetag

PRO SHOP Björn & Simone Becker, Simone Becker
07135-934520 07135-9345269

PRO Pro: André Exel

9-Loch Neumagenheim Michaelsberg Platz
H: 4264 m, CR 63, SL 105, Par 64
D: 3736 m, CR 63.8, SL 106, Par 64
30 Rangeabschläge (8 überdacht)

G Gäste sind jederzeit willkommen. Anmeldung ist notwendig. Clubausweis mit eingetragener PE ist erforderlich.

18-Loch-Greenfee: WT: EUR 40 / WE: EUR 45
9-Loch-Greenfee: WT: EUR 30 / WE: EUR 35
Ermäßigung: Jugendl./Stud.

Platzinfos

VCG GPS

Anfahrtsbeschreibung

Von Stuttgart, Heilbronn und Karlsruhe den Schildern „Tripsdrill" folgen, dann noch 400 m Richtung Cleebronn und zum Golfplatz.

Platzbeschreibung

Der Golfclub liegt umgeben von Weinbergen am Fuße des Michaelsbergs und ist natürlich in die landschaftlichen Gegebenheiten des Strombergs integriert. Er ist ganzjährig bespielbar und wer nach dem Golfen noch etwas unternehmen will, kann den Freizeitpark Tripsdrill besuchen, der nur einen Kilometer entfernt liegt.

Nächstgelegene Plätze

Golfoase Pfullinger Hof (Nr. 474)
Schloß Liebenst., G&LC (Nr. 481)
public Golf Talheimer Hof (Nr. 476)

Baden-Württemberg

Golfclub Marhördt Betriebs. mbH & Co. KG

Karte, Nr. 479, Feld E11 **18** Höhe: 570 m

gegründet: 1993

Marhördt 18, 74420 Oberrot
✆ 07977-910277 🖷 07977-910279
✉ info@golfclub-marhoerdt.de
💻 www.golfclub-marhoerdt.de

PR — GF: Peter Noller

i — ✆ 07977-910277 🖷 07977-910279

Restaurant Landhaus Noller, Ramona Noller
✆ 07977-9119970 🖷 07977-910279
Mo. Ruhetag

PRO SHOP — The Professional Golf Academy
✆ 0178-5398368

PRO — Pro: Stephen Walker

H: 5816 m, CR 71.7, SL 130, Par 72
D: 5123 m, CR 73.6, SL 133, Par 72
30 Rangeabschläge (11 überdacht)

G — Gäste sind jederzeit willkommen. Anmeldung ist notwendig. Clubausweis mit eingetragenem Handicap (54) ist erforderlich.

18-Loch-Greenfee: WT: EUR 65 / WE: EUR 75
Ermäßigung: Jugendl. bis 18 J. 50%

Platzbeschreibung

Die Anlage befindet sich mitten im Herzen des Naturparks „Schwäbisch-Fränkischer Wald". Der landschaftlich sehr schön gelegene Platz, fernab von lärmenden Straßen ermöglicht gemütliche Stunden auf einem nicht all zu lang angelegten Parcour. Dennoch verlangt der Platz mit seinen kleinen Grüns und schmalen Fairways nach einem präzisen Spiel vom Tee und auf den Fairways.

Platzinfos

VCG CLUB GASTRO

Anfahrtsbeschreibung

Von Stuttgart: B 14 über Waiblingen-Winnenden-Backnang-Sulzbach Richtung Schwäbisch Hall-Nürnberg, bei der Beschilderung Erlach-Grab rechts nach Grab, durch Grab nach Marhördt, linker Hand liegt der Platz. Von Heilbronn: A 81, Ausfahrt Untergruppach, auf die B 39 über Löwenstein-Mainhardt bis zur B 14, dort rechts Richtung Stuttgart, bei Erlach-Grab links Richtung Grab und dann weiter wie oben beschrieben zum Golfplatz.

Nächstgelegene Plätze

Oberrot-Frankenb., GC (Nr. 480)
Schwäbisch Hall, GC (Nr. 477)
Haghof, G&LC (Nr. 494)

Golf Club Oberrot-Frankenberg

Karte, Nr. 480, Feld F11 9/6 Höhe: 510 m

gegründet: 1991

Höhenstraße 54, 74420 Oberrot-Frankenberg
07977-8601 07977-8032
info@golfclub-oberrot-frankenberg.de
www.golfclub-oberrot-frankenberg.de

PR
GF: Adam Gerich
Martin Wiederholl
Birgit Eichinger
Headgreenkeeper: G.P.E. Greenkeeping GmbH

07977-8601 -8032

Golfrestaurant Landgasthaus Frankenberg, Alexander Rehder
0163-86694206
Mi. Ruhetag

PRO
Pro: Josef Feuerstahler

9-Loch Platz
H: 5694 m, CR 70.2, SL 129, Par 70
6-Loch Platz
H: 1000 m, Par 3, D: 1000 m, Par 3
20 Rangeabschläge (6 überdacht)

G
Gäste sind jederzeit willkommen. Anmeldung ist notwendig. Clubausweis mit eingetragener PE ist erforderlich.

Tages-Greenfee: WT: EUR 55 / WE: EUR 65
18-Loch-Greenfee: WT: EUR 55 / WE: EUR 65
9-Loch-Greenfee: WT: EUR 35 / WE: EUR 45
Ermäßigung: Jugendl./Stud. 50%

Platzbeschreibung

Die herrliche Landschaft mit sanften Hügeln, alten Obstbäumen und Wäldern bietet den Rahmen für diesen naturverbundenen Platz. Hier inmitten des Naturparks Fränkisch-Schwäbischer Wald sind noch wohltuende Ruhe und gute Luft zu finden. Ohne große Höhendifferenzen, doch mit schwierigen, langen Par 3 Bahnen ist der Platz eine Herausforderung für Anfänger und Könner. Eine großzügige Driving Range, ein 6-Loch Platz und Übungsmöglichkeiten runden die Anlage ab.

Platzinfos

VCG GPS CLUB GASTRO

Anfahrtsbeschreibung

Von Stuttgart, Waiblingen, Backnang über B 14 bis Sulzbach, dann Richtung Murrhardt, Fichtenberg nach Oberrot. In Oberrot rechts abbiegen in Richtung Hohenhardtsweiler nach Frankenberg. Oder: Von Schwäbisch Hall in Richtung Gaildorf. In Uttenhofen rechts abbiegen in Richtung Oberrot, am Abzweig Frankenberg dem Wegweiser Golfplatz folgen.

Nächstgelegene Plätze

Marhördt, GC (Nr. 479)
Schwäbisch Hall, GC (Nr. 477)
Haghof, G&LC (Nr. 494)

Golf- und Landclub Schloß Liebenstein e.V.

Karte, Nr. 481, Feld E11 **27**

gegründet: 1982

Liebenstein 16, 74382 Neckarwestheim
✆ 07133-98780 ☎ 07133-987818
✉ info@gc-sl.de
www.golfclubliebenstein.de

PR: Dr. Hans Engels
Headgreenkeeper: Ralf Reiss

i: ✆ 07133-98780 ☎ 07133-987818
Sandra Sutter

PRO SHOP: ProShop Niko März
✆ 07133-2035800

PRO: Pro: Benjamin März, Normand Cournoyer, Richard Fries

H: 5803 m, CR 72.2, SL 132, Par 73
D: 5172 m, CR 74.2, SL 131, Par 72
30 Rangeabschläge (10 überdacht)

G: Gäste sind jederzeit willkommen. Anmeldung ist notwendig. Clubausweis mit eingetragener PE ist erforderlich. Sa./So./Feiertage ist Handicap 45 erforderlich. GPS-Geräte nur im Privatspiel zugelassen. Hunde nur auf 9-Loch-Runden.

18-Loch-Greenfee: WT: EUR 70 / WE: EUR 90
9-Loch-Greenfee: WT: EUR 40 / WE: EUR 60
Ermäßigung: Jugendl./Stud. 50%

Platzinfos

VCG GPS CLUB

Anfahrtsbeschreibung

A 81 Heilbronn-Stuttgart, Ausfahrt Mundelsheim Richtung Kirchheim, dann rechts Richtung Neckarwestheim, wieder rechts Richtung Schloß Liebenstein und der Beschilderung zum Golfplatz folgen.

Platzbeschreibung

Weinberge, Felder, Wiesen und Wälder bilden zusammen mit dem mächtigen Schloss eine harmonische Landschaftsidylle, die für den Golfsport geradezu prädestiniert ist. Auf über 50 ha Fläche des ehemaligen Schlossgutes wurde die Anlage mit sanften Hügeln zwischen beschaulichen Teichen, teils offen, teils bewaldet, angelegt. Es gibt einige enge Passagen die ein sehr konzentriertes Spiel erfordern.

Nächstgelegene Plätze

public Golf Talheimer Hof (Nr. 476)
Schloßgut Neumagenh., GC (Nr. 478)
Schloss Monrepos, GC (Nr. 489)

Golfclub Johannesthal e.V.

Golf Club Johannesthal

Karte, Nr. 482, Feld D11 **18** Design: Reinhold Weisshaupt Höhe: 200 m

gegründet: 1993

Johannesthaler Hof, 75203 Königsbach-Stein
07232-809860 07232-809888
info@johannesthal.de
www.johannesthal.de

PR Bernd Greiner, GF: Cornelia Zoller

i 07232-809860 07232-809888
Dominic Lloyd

Johannesthaler Hof, Oliver Ruedel
07232-314373

PRO Pro: Markus Pöhnl

H: 5839 m, CR 71, SL 134, Par 73
D: 5098 m, CR 72.3, SL 129, Par 73
25 Rangeabschläge (12 überdacht)

G Gäste sind jederzeit willkommen. Anmeldung ist notwendig. Clubausweis mit eingetragenem Handicap (54) ist erforderlich. Sa./So./Feiertage ist Handicap 36 erforderlich.

18-Loch-Greenfee: Di.-Fr.: EUR 65 / WE: EUR 80
9-Loch-Greenfee: Di.-Fr.: EUR 40 / WE: EUR 50
Ermäßigung: Jugendl./Stud. 50%

Platzbeschreibung

Johannesthal - Der Wohlfühlclub im malerischen Kraichgau Der top-gepflegte Golfplatz besticht durch seine herrlichen Weitblicke bis hinein in den Nordschwarzwald und ist ideal in die hügelige Landschaft eingebettet. Highlights sind das wunderschöne Inselgrün und zahlreiche attraktiv angelegte Wasserhindernisse sowie ein toll gestalteter Bachlauf. Das idyllische Hofgut lädt geradezu ein, nach der Golfrunde ein Getränk oder feines Essen zu genießen. Genießen Sie einen schönen Tag bei uns!

Platzinfos

VCG CLUB GASTRO

Anfahrtsbeschreibung

A 8 Stuttgart-Karlsruhe, Ausfahrt Pforzheim-West, B 10 bis Wilferdingen, rechts Richtung Königsbach, kurz vor Königsbach links Richtung Walzbachtal. Der Golfplatz liegt 3 km nach dem Ortsausgang Königsbach. Oder: A 5 Darmstadt-Karlsruhe, Ausfahrt Bruchsal, B 35 Richtung Bretten, kurz vor Bretten rechts auf die B 293 Richtung Karlsruhe, Ausfahrt Wössingen-Königsbach, der Golfplatz liegt 3 km nach Wössingen Richtung Königsbach.

Nächstgelegene Plätze

Karlsruhe, GP (Nr. 486)
Golfyouup (Nr. 488)
Karlsh. Hof, Golf Pforzh. (Nr. 487)

Baden-Württemberg

Greenfee-Aktion: Seite G 117

Golf- und Country Club Grafenhof e.V.

Karte, Nr. 483, Feld F11 9 Höhe: 460 m

gegründet: 1992

Hinterfeld 1, 74426 Bühlerzell
07963-8419333
info@golfclub-grafenhof.de
www.golfclub-grafenhof.de

PR: Jürgen Podhorny
Headgreenkeeper: Manfred Arndt

i: 07963-8419333

Manfred Beck

PRO: Pro: Johannes Schwarz

H: 5998 m, CR 71.6, SL 135, Par 72
D: 5380 m, CR 74.1, SL 132, Par 72
20 Rangeabschläge (2 überdacht)

G: Gäste sind jederzeit willkommen. Clubausweis mit eingetragener PE ist erforderlich. Gäste sind herzlich willkommen.

18-Loch-Greenfee: WT: EUR 35 / WE: EUR 40
9-Loch-Greenfee: WT: EUR 25 / WE: EUR 30
Für DGV-Mitglieder ohne „R" oder VCG-Mitglieder gilt ein Zuschlag von 15 EUR auf alle Greefee-Preise. Wenn das Büro geschlossen ist, bitte Greenfee im „stillen Sekretariat" bezahlen. Partnerclubs Baden-Württemberg nur Mo. - Fr.

Platzbeschreibung

Im Herzen des Städtedreiecks Aalen, Ellwangen und Schwäbisch Hall gelegen, findet der Besucher einen gepflegten und attraktiv in die Hügel- und Seenlandschaft des Schwäbischen Waldes eingebetteten 9-Loch-Golfplatz vor. Die breit und sehr fair gemähten Spielbahnen sind auch für Spieler mit höherem Handicap gut zu spielen. Durch geschickt platzierte Bunker und mehrere Wasserhindernisse ist der Platz aber auch eine Herausforderung für Spieler mit niedrigen Handicaps.

Platzinfos

VCG

Anfahrtsbeschreibung

A 7 Ulm-Würzburg, Ausfahrt Ellwangen Richtung Schwäbisch Hall, am Ortsausgang Ellwangen-Adelmannsfelden-Hinterwald zum Golfplatz abbiegen.

Nächstgelegene Plätze

Schwäbisch Hall, GC (Nr. 477)
Oberrot-Frankenb., GC (Nr. 480)
Romant. Straße, GP (Nr. 596)

Golfclub Rheinstetten

Karte, Nr. 484, Feld D11   9

Golfclub Rheinstetten

Messering 20, 76287 Rheinstetten
0721-5164918
info@golfclub-rheinstetten.de
golfclub-rheinstetten.de

G Gäste sind jederzeit willkommen. Anmeldung ist erforderlich. PE ist erforderlich.

9-Loch-Greenfee: Mo.-Do.: EUR 25 / Fr.-So.: EUR 30 Ermäßigung: Jugendl./Stud.

Platzinfos

Nächstgelegene Plätze
Hofgut Scheibenhardt, GP (Nr. 485)
Karlsruhe, GP (Nr. 486)
Altrhein, GC (Nr. 490)

Platzbeschreibung
Die Anlage vereint Golfspaß, effektive Trainingsmöglichkeiten und kurze Laufwege in einem außergewöhnlichen Wohlfühl-Ambiente direkt an der Messe in Karlsruhe. Ein idealer Treffpunkt für Golfspieler, Golfeinsteiger und alle, die schon immer den Sport ausprobieren wollten.

Baden-Württemberg

Golfplatz Hofgut Scheibenhardt AG

Karte, Nr. 485, Feld D11 **18** Höhe: 120 m

gegründet: 1986

Scheibenhardt 1, 76135 Karlsruhe
☎ 0721-867463 Fax 0721-867465
✉ sekretariat@hofgut-scheibenhardt.de
www.hofgut-scheibenhardt.de

PR

i: ☎ 0721-867463 Fax 0721-867465

Das Scheibenhardt

PRO SHOP: TheStore
☎ 0721-867672

PRO: Pro: Nick Conrad, Peter Eisenhuth

H: 5908 m, CR 71.6, SL 127, Par 72
D: 5195 m, CR 73.4, SL 126, Par 72
50 Rangeabschläge (5 überdacht)

G: Gäste sind jederzeit willkommen. Anmeldung ist notwendig. Clubausweis mit eingetragenem Handicap (54) ist erforderlich. Startzeiten Reservierung täglich nötig

18-Loch-Greenfee: Mo.-Do.: EUR 65 / Fr.-So.: EUR 85
9-Loch-Greenfee: Mo.-Do.: EUR 35 / Fr.-So.: EUR 45
Ermäßigung: Jugendl./Stud.

Platzinfos

VCG GPS CLUB GASTRO

Anfahrtsbeschreibung

A 5 Frankfurt-Basel, Ausfahrt Karlsruhe-Süd, geradeaus Richtung Karlsruhe-Mitte, ca. 2 km nach der Autobahnausfahrt der Beschilderung „Gut Scheibenhardt“ zum Golfplatz folgen.

Platzbeschreibung

Seien Sie herzlich willkommen und fühlen Sie sich wohl auf unserer stadtnahen Golfanlage – unmittelbar vor den Toren der Fächerstadt Karlsruhe. Das ehemals landwirtschaftlich genutzte Hofgut aus der Zeit von Ludwig Wilhelm von Baden (1655–1707) zeigt sich nun in einer einzigartigen Anlage, mit viel landschaftlichem Charme, anspruchsvollen Bahnen und begeisternden Innovationen. Genießen Sie die vielfältige Natur und tauchen Sie ein im Einklang mit Natur, Sport und Mensch.

Nächstgelegene Plätze

Rheinstetten, GC (Nr. 484)
Karlsruhe, GP (Nr. 486)
Johannesthal, GC (Nr. 482)

Golfpark Karlsruhe

Karte, Nr. 486, Feld D11 18/9

gegründet: 2017

Gut Batzenhof 3,
76227 Karlsruhe-Hohenwettersbach
0721-90999780 Fax 0721-90999789
karlsruhe@golf-absolute.de
www.golf-absolute.de/karlsruhe

PR: Dr. Hermann Weiland, GF: Dirk Weiland, CM: Caroline Renner

i: 0721-90999780 Fax 0721-90999789

genusswerk | Restaurant & Café am Golfpark
0721-47034306 Fax 0721-47034307

PRO SHOP: Golf Götze, Jan Götze
0721-47033211 Fax 0721-47033212

PRO: Pro: Peter Koenig, Brian Tierney, Dave Brough, Sven Eidelloth

18-Loch Classic Course (Standard)
H: 5761 m, CR 70.6, SL 122, Par 72
D: 4796 m, CR 70.7, SL 118, Par 72
9-Loch Modern Course
H: 1894 m, CR 31.3, SL 95, Par 33
D: 1726 m, CR 31.7, SL 95, Par 33
60 Rangeabschläge (12 überdacht)

G: Gäste sind jederzeit willkommen. Anmeldung ist notwendig. Clubausweis mit eingetragenem Handicap ist erforderlich. Für unsere Golf spielenden Gästen stellen wir ausgewiesene Stellplätze für Wohnmobile zur Verfügung. Auf Wunsch auch mit separatem Stromanschluss.

18-Loch-Greenfee: WT: EUR 60 / WE: EUR 80
9-Loch-Greenfee: WT: EUR 35 / WE: EUR 45
Ermäßigung: Jugendl. bis 18 J. und Stud. bis 27 J. 50%

Platzbeschreibung

Spektakuläres Golfen der anderen Art - Erlebnisgolfen Der Golfpark Karlsruhe liegt auf einem Hochplateau und ist verkehrstechnisch gut zu erreichen. Der 18 Loch Classic Course bietet pure golferische Themenvielfalt.

Platzinfos

Anfahrtsbeschreibung

Von Stuttgart kommend auf der A 8 in Richtung Karlsruhe Ausfahrt Karlsbad/Stupferich, an der Ampel nach links abbiegen. Geradeaus, an der 2. Ampel rechts Richtung Palmbach. Kurz vor Ortseingang Palmbach, nach der Firma PI rechts (Ochsenstraße), Richtung Golfpark Karlsruhe Gut Batzenhof. Über die Autobahnbrücke, danach links und dem Weg bis zum Golfplatz folgen.

Nächstgelegene Plätze

Johannesthal, GC (Nr. 482)
Hofgut Scheibenhardt, GP (Nr. 485)
Rheinstetten, GC (Nr. 484)

Baden-Württemberg

Karlshäuser Hof Golf Pforzheim

Karte, Nr. 487, Feld D11 **18** Design: R. Weishaupt Höhe: 300 m

gegründet: 1987

Karlshäuserhof 7, 75248 Ölbronn-Dürrn
07237-5161 07237-4849610
info@kh-golf.de
www.golfpforzheim.de

PR GF: Bernard Olujić

i 07237-5161 07237-4849610

Ristorante Calabria
07237-4863860

18-Loch Meisterschaftsplatz
H: 5843 m, CR 71.2, SL 126, Par 73
D: 5176 m, CR 73, SL 130, Par 73
75 Rangeabschläge (19 überdacht)

G Gäste sind jederzeit willkommen. Anmeldung ist notwendig. Clubausweis mit eingetragenem Handicap (54) ist erforderlich.

18-Loch-Greenfee: WT: EUR 55 / WE: EUR 75
9-Loch-Greenfee: WT: EUR 35 / WE: EUR 45
Ermäßigung: Jugendl./Stud. 50%

Platzinfos

VCG CLUB GASTRO GPS

Anfahrtsbeschreibung
A 8 Stuttgart-Pforzheim, Ausfahrt Pforzheim-Nord, von dort auf der B 294 Richtung Bretten, der Golfplatz liegt ca. 3 km vor Neulingen rechts der B 294, der Beschilderung „Golfplatz" folgen.

Platzbeschreibung
Die Golfanlage liegt im Enzkreis am Rande des Naturparks Stromberg innerhalb eines Landschaftsschutzgebietes zwischen Pforzheim und Bretten. Das idyllische Tal des Erlenbachs inmitten einer sanft geschwungenen Hügellandschaft bietet auf einem 50 ha umfassenden Areal des Hofgutes Karlshausen einen Platz mit hohem Anspruch.

Nächstgelegene Plätze
Golfyouup (Nr. 488)
Johannesthal, GC (Nr. 482)
Stuttgarter GC Solitude (Nr. 493)

Golfyouup GmbH

golfyouup

Karte, Nr. 488, Feld D11   9/6   Design: Meike Horstmann   Höhe 300 m

gegründet: 2005

Karlshäuser Hof, 75248 Öllbronn-Dürrn
07237-484000 / Fax 07237-484001
info@golfyouup.de
www.golfyouup.de

PR: GF: Ute Briem
Headgreenkeeper: Heinz Briem

i: 07237-484000 / Fax 07237-484001

Restaurant: Green, Parham Baghaei
07237-4867577

PRO SHOP: golfyouup GmbH
07237-484000 / Fax 07237-484001

PRO: Pro: Chris Dickinson

H: 5220 m, CR 66.9, SL 117, Par 68
D: 4652 m, CR 69.1, SL 120, Par 68
100 Rangeabschläge (20 überdacht)

G: Gäste sind jederzeit willkommen. PE ist erforderlich.

18-Loch-Greenfee: WT: EUR 45 / WE: EUR 50
9-Loch-Greenfee: WT: EUR 25 / WE: EUR 30
Ermäßigung: Jugendl. bis 16 J. 25%

Platzinfos

VCG

Anfahrtsbeschreibung

A 8 Stuttgart-Pforzheim, Ausfahrt Pforzheim-Nord, von dort auf der B 294 Richtung Bretten, der Golfplatz liegt ca. 3 km vor Neulingen rechts der B 294, der Beschilderung „Golfplatz" folgen.

Nächstgelegene Plätze

Karlsh. Hof, Golf Pforzh. (Nr. 487)
Johannesthal, GC (Nr. 482)
Stuttgarter GC Solitude (Nr. 493)

Baden-Württemberg

Golfclub Schloss Monrepos

Karte, Nr. 489, Feld E11 **18/6** Design: Karl F. Grohs Höhe: 250 m

gegründet: 1992

Monrepos 26, 71634 Ludwigsburg
☎ 07141-220030 Fax 07141-797497
✉ info@golfclub-monrepos.de
monrepos.golf

PR: Udo Strehl, GF: Marc-Frederik Elsäßer
Headgreenkeeper: Ralf Reiss

i: ☎ 07141-220030 Fax -797497
Jasmin Bohler, Alexander Würfel, Ingrid Dietz, Manfred Tessmer

Ristorante La Corte, Salvatore Casalino
☎ 07141-5051039

PRO SHOP: Tony Lloyd
☎ 07141-220070 Fax -220040

PRO: Pro: Patrick Emery, Werner Linnenfelser, Gerrit Oberle

18-Loch Kurs Rot/Gelb
H: 5937 m, CR 71.9, SL 132, Par 72
D: 5206 m, CR 73.5, SL 129, Par 72
6-Loch Kurzplatz (Par 3)
H: 602 m, Par 18, D: 602 m, Par 18
40 Rangeabschläge (19 überdacht)

G: Gäste sind jederzeit willkommen. Anmeldung ist notwendig. Clubausweis mit eingetragenem Handicap (54) ist erforderlich. Sa./So./Feiertage ist Handicap 36 erforderlich.

18-Loch-Greenfee: WT: EUR 65 / WE: EUR 80
9-Loch-Greenfee: WT: EUR 40 / WE: EUR 50
Ermäßigung: Jugendl. bis 19 J. und Stud. bis 27 J. 50%

Platzbeschreibung

Der 18-Loch-Clubplatz liegt am Rande des Monrepos See, neben Hofkammer und Schlosshotel, integriert in einem Naherholungspark. 11 Bahnen auf der südlichen und 7 Bahnen auf der nördlichen Seite der Autobahn erweitern die von Architekt Carl F. Grohs realisierte Anlage auf ca. 80 Hektar Fläche. Zwei große Seen und viele Erdwälle machen den neuen Platz attraktiv.

Platzinfos

VCG GPS CLUB GASTRO

Anfahrtsbeschreibung

A 81, Ausfahrt Ludwigsburg Nord, B 27 Richtung Ludwigsburg, Abzweigung links über Landstraße Richtung Freiberg/N., links zu Schloss Monrepos und Golfplatz abbiegen.

Nächstgelegene Plätze

Neckartal, GC (Nr. 491)
Nippenburg (Nr. 492)
Schloß Liebenst., G&LC (Nr. 481)

Golfclub Altrhein e.V.

Karte, Nr. 490, Feld D11   9

gegründet: 1994

Im Teilergrund 1, 76437 Rastatt-Plittersdorf
07222-154209 07222-154208
golf@gcaltrhein.de
www.gcaltrhein.de

PR: Bernhard Anschütz

i: 07222-154209 07222-154208
Andreea Hayer, Erika Gräfenecker

Golf-Restaurant „Am Altrhein“,
Annett Schneider
07222-154205

PRO SHOP: Volker Razum

PRO: Pro: Volker Razum

H: 1869 m, CR 30.8, SL 121, Par 31
D: 1668 m, CR 31.2, SL 110, Par 31
12 überdachte Rangeabschläge

G: Gäste sind jederzeit willkommen. Clubausweis mit eingetragenem Handicap (54) ist erforderlich.

Tages-Greenfee: WT: EUR 20 / WE: EUR 25
18-Loch-Greenfee: WT: EUR 40 / WE: EUR 50
9-Loch-Greenfee: WT: EUR 20 / WE: EUR 25
Ermäßigung: Jugendl. bis 17 J. 50%

Platzbeschreibung

Anspruchsvolle, in ein Naturschutzgebiet eingebettete 9-Loch-Anlage. Die gepflegten Par 3, 4 und 5 Bahnen machen den kleinen, aber feinen Platz zu einer echten Herausforderung für jeden Golfer. Roughs und Pflanzflächen entlang der Spielbahnen sowie Biotope und Wasserhindernisse verlangen präzise Abschläge und lassen das Spiel zu einem abwechslungsreichen Erlebnis werden.

Platzinfos

VCG GPS

Anfahrtsbeschreibung

A 5 Karlsruhe-Basel, nach der Ausfahrt Rastatt-Nord rechts Richtung Daimler Benz-Plittersdorf, in der Ortsmitte Plittersdorf Richtung Ottersdorf-Iffezheim, an der Landstraße zwischen Plittersdorf und Ottersdorf liegt nach ca. 1 km das Rastatter Freizeitparadies, dort rechts und der Beschilderung zum Golfplatz folgen.

Nächstgelegene Plätze

Baden Hills G&CC (Nr. 496)
Baden-Baden, GC (Nr 499)
Rheinstetten, GC (Nr. 484)

Golfclub Neckartal e.V.

Karte, Nr. 491, Feld E11 **18** Design: Bernhard von Limburger Höhe: 350 m

gegründet: 1974

Aldinger Straße, Geb. 975, 70806 Kornwestheim
☎ 07141-871319 🖷 07141-81716
✉ info@gc-neckartal.de
💻 www.golfclub-neckartal.de

PR Thomas Teegen

i ☎ 07141-871319 🖷 07141-81716
Heike Meschenmoser, Tobias Heinz

Philip Moessiadis
☎ 07154-1379674

H: 5950 m, CR 71.2, SL 126, Par 72
D: 5055 m, CR 71.7, SL 126, Par 72
20 Rangeabschläge (6 überdacht)

G Gäste sind Montag - Freitag (außer an Feiertagen) willkommen. Sa./So./Feiertage ist Anmeldung notwendig. Clubausweis mit eingetragenem Handicap (H 36 / D 45) ist erforderlich. Mitglieder von Partnerclubs Wochentags auch ohne Mitgliederbegleitung. Die aktuelle Partnerclubliste erfragen Sie bitte unter der Nummer 07141/879151. Nur EC oder Kreditkartenzahlung bei Greenfee oder Rangefee möglich. Greenfee kann nur zwischen 8:00 Uhr und 18:00 Uhr gekauft werden.

18-Loch-Greenfee: WT: EUR 80 / WE: EUR 90
9-Loch-Greenfee: WT: EUR 50 / WE: EUR 60

Platzbeschreibung

Das insgesamt 130 ha umfassende Gelände bietet dem im Jahr 1954 von den Amerikanern angelegten Platz Pattonville eine großzügige Einteilung mit breiten, meist geraden Fairways. Die relativ großen Grüns sind überwiegend gut einsehbar, jedoch von Bunkern und Gräben gut verteidigt.

Platzinfos

Anfahrtsbeschreibung

B 27 Stuttgart-Ludwigsburg, Ausfahrt Kornwestheim-Nord Richtung Remseck, nach ca. 2 km liegt der Golfplatz linker Hand.

Nächstgelegene Plätze

Schloss Monrepos, GC (Nr. 489)
Nippenburg (Nr. 492)
Schloß Liebenst., G&LC (Nr. 481)

Golf Nippenburg

Karte, Nr. 492, Feld E11 **22** Design: Bernhard Langer Höhe: 330 m

gegründet: 1994

Nippenburg 21, 71701 Schwieberdingen
07150-39530 07150-353518
info@golfnippenburg.de
www.golfnippenburg.de

PR GF: Elke Weishaupt, CM: Lars Nietschke
Headgreenkeeper: John Nicholls

i 07150-39530 07150-353518

Restaurant „carpe diem"
07150-395320 07150-353518

18-Loch Schloss Nippenburg Platz
H: 5866 m, CR 70.8, SL 126, Par 71
D: 5152 m, CR 72.6, SL 121, Par 71
22 Rangeabschläge (10 überdacht)

G Gäste sind jederzeit willkommen. Anmeldung ist notwendig. Clubausweis mit eingetragenem Handicap (54) ist erforderlich. Doppelstöckige Driving-Range. 10 überdachte Top Tracer Bays. Spielen nur gegen Vorlage eines gültigen DGV-Ausweises möglich.

18-Loch-Greenfee: WT: EUR 65 / Sa.: EUR 75 / So.: EUR 85
9-Loch-Greenfee: WT: EUR 40 / Sa.: EUR 45 / So.: EUR 50
Ermäßigung: Jugendl./Stud. 50%

Platzbeschreibung

Nur 20 Minuten von Stadtzentrum und Flughafen entfernt, bietet der Platz der Golfanlage Schloss Nippenburg auf einem vorher ebenmäßigen 100 ha großen Areal einen herausfordernden 18-Loch-Meisterschafts-Platz. Die engen Fairways liegen durchwegs eingebettet in hügeliges Terrain. Von den erhöhten Abschlägen wird der Golfer an Traditionskurse in den USA und Großbritannien erinnert. Einen besonderen Reiz bieten die arenaartigen Greens.

Platzinfos

VCG GPS CLUB GASTRO

Anfahrtsbeschreibung

A 81 Stuttgart-Heilbronn, Ausfahrt Stuttgart-Zuffenhausen auf die B 10 Richtung Vaihingen/Enz, Abfahrt Hemmingen, im 1. Kreisverkehr Ausfahrt Hemmingen, im 2. Kreisverkehr Ausfahrt Hemmingen, über die 1. Ampel geradeaus, an der 2. Ampel rechts abbiegen Richtung Hemmingen, nach ca. 1,5 km liegt die Golfanlage auf der rechten Seite.

Nächstgelegene Plätze

Schloss Monrepos, GC (Nr. 489)
Neckartal, GC (Nr. 491)
Stuttgarter GC Solitude (Nr. 493)

Stuttgarter Golf-Club Solitude e.V.

Karte, Nr. 493, Feld D11 **18** Design: B. von Limburger, T. Himmel Höhe: 500 m

gegründet: 1927

Schloßfeld 8 / Golfplatz, 71297 Mönsheim
07044-9110410 07044-9110420
info@golfclub-stuttgart.com
www.golfclub-stuttgart.com

PR: Dr. Markus H. Ostrop, GF: Simon Schmugge
Headgreenkeeper: Marcel Heide

i: 07044-9110410 07044-9110420
Simone Holzer, Simone Strassburg, Magdalene Watzl-Furthmüller

Restaurant Stuttgarter GC Solitude,
Melis & Ostijic GbR.
07044-9110412
Mo. Ruhetag

PRO SHOP: prisos-golf GmbH, Sandra & Dirk Andjelkow
07044-9110413

PRO: Pro: Kevin Kollmer, Julien Froidefond, Marijan Mustac, Heiko Burkhard, George Nikitaidis

H: 5869 m, CR 71.6, SL 136, Par 72
D: 4970 m, CR 72.3, SL 129, Par 72
30 Rangeabschläge (25 überdacht)

G: Gäste sind Montag - Freitag (außer an Feiertagen) willkommen. Clubausweis mit eingetragenem Handicap (26.5) ist erforderlich. Wochentags ist eine Vorgabe von 26.5 erforderlich, der Spielpartner kann bis 36.0 mitspielen. In Begleitung von Mitgliedern auch HCP 54 unter der Woche. Am WE/Feiertag sind Gäste nur in Mitgliederbegleitung möglich bis 36.0.

Tages-Greenfee: WT: EUR 95
9-Loch-Greenfee: WT: EUR 55
Ermäßigung: Jugendl./Stud. 50%

Nächstgelegene Plätze

Bad Liebenzell, GC (Nr. 498)
Karlsh. Hof, Golf Pforzh. (Nr. 487)
Golfyouup (Nr. 488)

Platzinfos

VCG GPS CLUB GASTRO

Anfahrtsbeschreibung

A 8 Karlsruhe-Stuttgart, Ausfahrt Heimsheim-Mönsheim, in Richtung Mönsheim. Nach ca. 2 km links Einfahrt zum Golfplatz (Schild).

Platzbeschreibung

Der traditionsreiche Stuttgarter Leading-Golf-Club Solitude begeistert mit seinem Gesamtkonzept. Sein anspruchsvoller 18-Loch-Meisterschaftsplatz passt sich harmonisch in die hügelige, von Wacholderheiden, Streuobstwiesen und Feldhecken gesäumte Landschaft ein. Nach freundlicher Begrüßung im Clubsekretariat stehen Ihnen für Ihr Aufwärm-Training ein großzügiger Kurzspielbereich sowie eine hochmoderne Driving Range zur Verfügung.

Golf- und Landclub Haghof e.V.

Karte, Nr. 494, Feld E11 18/7 Design: D. Harradine, T. Himmel Höhe: 510 m

gegründet: 1983

Haghof 6, 73553 Alfdorf-Haghof
07182-92760 07182-927620
info@glc-haghof.de
www.glc-haghof.de

PR: Dr. Albrecht Sorg
Headgreenkeeper: Eckhard Stadelmaier

i: 07182-92760 07182-927620

Restaurant am Golfplatz Haghof
07182-927615

PRO SHOP: Niko März Proshop
07182-927614

PRO: Pro: James Dawson

18-Loch Platz
H: 5700 m, CR 70.6, SL 132, Par 71
D: 4999 m, CR 72.6, SL 128, Par 71
7-Loch Platz (Executive)
H: 867 m, Par 22, D: 867 m, Par 22
14 Rangeabschläge (8 überdacht)

G: Gäste sind jederzeit willkommen. Anmeldung ist notwendig. Clubausweis mit eingetragener PE ist erforderlich.

9-Loch-Greenfee: WT: EUR 45 / WE: EUR 55
Ermäßigung: Jugendl./Stud. 50%

Platzbeschreibung

Dieser Golfplatz im Naturpark „Schwäbisch-Fränkischer Wald" gelegen, erfordert mit seinen zahlreichen, strategisch geschickten Sand- und Wasserhindernissen ein mutiges, herausforderndes und präzises Spiel. Die Bahnen 17 und 18 befinden sich auf historischem Gelände. Ein Highlight ist die Bahn 17 mit der Entscheidung, langer Drive über den See oder am Wasser vorbei mit einem schweren 2. Schlag aufs Grün.

Platzinfos

VCG
GPS
CLUB
GASTRO

Anfahrtsbeschreibung

Aus Süden und Westen kommend: Auf der B 29 bis Ausfahrt Welzheim/Rudersberg, dann auf der neuen Umgehungsstraße Richtung Welzheim bis Breitenfürst, dort Richtung Alfdorf rechts abbiegen. Golfplatz nach ca. 2 km auf linker Seite.

Nächstgelegene Plätze

Hetzenhof, GC (Nr. 497)
Göppingen, GC (Nr. 501)
Hohenstaufen, GC (Nr. 502)

Greenfee-Aktion: Seite G 119

Golf Club Herrenalb-Bernbach e.V.

Karte, Nr. 495, Feld D11 9 Höhe: 470 m

gegründet: 1968

Bernbacher Straße 61, 76332 Bad Herrenalb
07083-8898 07083-3050
info@gc-bh.de
www.gc-bad-herrenalb.de

PR Steffen Kolb

i 07083-8898
Margot Hihn-Struhak, Jutta Henkel

Clubrestaurant
07083-5749
Mo. Ruhetag

PRO SHOP Golfschule Robert Fischer
0163-3776213

PRO Pro: Robert Fischer

H: 5075 m, CR 68, SL 130, Par 70
D: 4616 m, CR 70.4, SL 130, Par 70
12 Rangeabschläge (2 überdacht)

G Gäste sind jederzeit willkommen. Anmeldung ist notwendig. Clubausweis mit eingetragener PE ist erforderlich. So./Feiertage ist Handicap 54 erforderlich. VcG-Spieler sind zugelassen.

18-Loch-Greenfee: WT: EUR 55 / WE: EUR 65
9-Loch-Greenfee: WT: EUR 30 / WE: EUR 35
Bad Herrenalber Gästetage Dienstag bis Donnerstag als Tagesgreenfee EUR 55 inkl. EUR 5 Gutschein für die Gastronomie. 9 Loch kosten EUR 30 inkl. EUR 5 Gutschein für die Gastronomie. Gäste spielen an ihrem Geburtstag Greenfee-frei. Gäste sind jederzeit willkommen.
Ermäßigung: Jugendl./Stud. 50%

Platzbeschreibung

Der Platz liegt in einer landschaftlich besonders reizvollen Umgebung des Schwarzwaldes. Die Spielbahnen wurden in die interessante und idyllische Landschaft des Bernbachtals eingebettet.

Platzinfos

VCG GPS

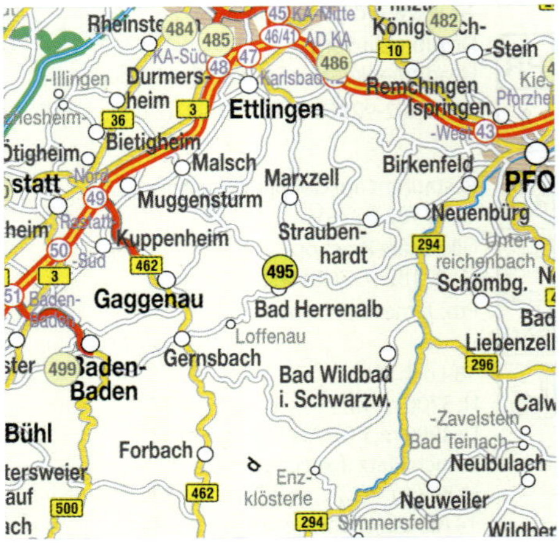

Anfahrtsbeschreibung

A 8 Stuttgart-Karlsruhe, Ausfahrt Waldbronn. Oder: A 5 Karlsruhe-Basel, Ausfahrt Ettlingen oder Baden-Baden/Gernsbach oder Ausfahrt Rastatt-Moosbronn nach Bad Herrenalb, in Bad Herrenalb den Hinweisschildern zum Golfplatz folgen.

Nächstgelegene Plätze

Karlsruhe, GP (Nr. 486)
Baden-Baden, GC (Nr. 499)
Hofgut Scheibenhardt, GP (Nr. 485)

Baden-Württemberg

Baden Hills Golf und Curling Club e.V.

Karte, Nr. 496, Feld C11 **18** Design: gds Les Furber, Canmore/Alberta Höhe: 121 m

gegründet: 1982

Cabot Trail G208, 77836 Rheinmünster
07229-185100
info@baden-hills.de
www.baden-hills.de

PR: Bernhard Furrer
Headgreenkeeper: Neil Shawcross

i: 07229-185100
Emeli Naber, Elisabeth Walter

07176-24371136

PRO SHOP: Golfshop Baden Hills
07229-1851014

PRO: Pro: Kevin Bold, Patrick Hagen, Uwe Haasmann

H: 5780 m, CR 70.8, SL 129, Par 72
D: 4869 m, CR 71.1, SL 124, Par 72
25 Rangeabschläge (3 überdacht)

G: Gäste sind jederzeit willkommen. Anmeldung ist notwendig. Clubausweis mit eingetragener PE ist erforderlich. Sa./So./Feiertage ist Handicap 54 erforderlich.

18-Loch-Greenfee: WT: EUR 60 / WE: EUR 80
VcG-Spieler und Spieler mit eingeschränktem Spielrecht zahlen ein um EUR 10 erhöhtes GF.
Ermäßigung: Jugendl./Stud.

Platzinfos

VCG GPS CLUB GASTRO

Anfahrtsbeschreibung

A 5 Karlsruhe-Base, Ausfahrt Baden-Baden, der Beschilderung zum Baden-Airpark folgen, am Eingang zum Baden-Airpark rechts zum Golfplatz abbiegen. Von Strasbourg: A 35, Ausfahrt Forstfeld (Nr. 56), weiter Richtung Rastatt, nach dem Rheinübergang über die B 500 und B 36 der Beschilderung zum Baden-Airpark folgen.

Platzbeschreibung

Die Anlage präsentiert sich als gelungene Symbiose zwischen Naturbelassenheit und Platzarchitektur. Heideähnlicher Baumbestand, Ginsterfelder, Schwarzwald-Panorama und die vorbeiziehenden Schiffe bieten ein besonderes Flair. Das milde Klima des Oberrheins und der sandige Boden erlauben ganzjähriges Spiel auf Sommergreens. Ständiger Wechsel zwischen offenen Bahnen und Doglegs mit wechselndem Wind erfordern höchste Konzentration.

Nächstgelegene Plätze

Altrhein, GC (Nr. 490)
Baden-Baden, GC (Nr. 499)
Urloffen, GC (Nr. 509)

Greenfee-Aktion: Seite G 119

Golf Club Hetzenhof e.V.

Karte, Nr. 497, Feld F11 27/6 Design: Thomas Himmel Höhe: 410 m

gegründet: 1995

Hetzenhof 7, 73547 Lorch
07172-91800 07172-918030
info@golfclub-hetzenhof.de
www.golfclub-hetzenhof.de

PR
Theodor Maurer, CM: Andreas Waibel
Headgreenkeeper: Wolfgang Mayer

07172-91800 07172-918030
Christine Janisch, Margit Bihler

ALBATROS Restaurant & Terrasse
07172-918012 07172-918030

PRO SHOP
Pro-Shop im Hetzenhof
07172-918013 07172-918030

PRO
Pro: Harald Ruoss

H: 6101 m, CR 73.1, SL 131, Par 72
D: 5267 m, CR 73.1, SL 131, Par 73
20 Rangeabschläge (9 überdacht)

G
Gäste sind jederzeit willkommen. Anmeldung ist notwendig. Clubausweis mit eingetragener PE ist erforderlich.

18-Loch-Greenfee: WT: EUR 80 / WE: EUR 95
9-Loch-Greenfee: WT: EUR 45 / WE: EUR 55
Ermäßigung: Jugendl./Stud. 50%

Platzbeschreibung

Die Golfanlage Hetzenhof liegt nur 30 Autominuten von Stuttgart entfernt. Die 27 Spielbahnen bieten durch Ausnutzung der natürlichen Topographie ein abwechslungsreiches und anspruchsvolles Golfspiel und bieten einen herrlichen Blick auf die umliegenden drei Kaiserberge.

Platzinfos

VCG GPS CLUB GASTRO

Anfahrtsbeschreibung

Von Stuttgart oder Aalen: B29 bis Lorch (Ausfahrt Lorch Ost!), von dort weiter auf der AB297 Richtung Göppingen und der Beschilderung folgen. Oder: Von Esslingen, Kirchheim, Ulm und Plochingen auf der B 10 bis Göppingen, von dort weiter auf der B 297 Richtung Lorch und der Beschilderung zum Golfplatz folgen.

Nächstgelegene Plätze

Göppingen, GC (Nr. 501)
Haghof, G&LC (Nr. 494)
Hohenstaufen, GC (Nr. 502)

Golfclub Bad Liebenzell e.V.

Karte, Nr. 498, Feld D11 **18** Höhe: 550 m

gegründet: 1988

Golfplatz 1, 75378 Bad Liebenzell
07052-93250 07052-932525
info@gcbl.de
www.gcbl.de

PR: Detlef Heise, CM: Michael Frick
Headgreenkeeper: Axel Schwemmle

i: 07052-93250 07052-932525

Restaurant am Golfplatz
07052-9347924

PRO SHOP: 07052-93250

PRO: Pro: Jelto Kerkman, Maximilian Müller

H: 5860 m, CR 71.7, SL 135, Par 72
D: 5159 m, CR 73.9, SL 129, Par 72
30 Rangeabschläge (10 überdacht)

G: Gäste sind jederzeit willkommen. Anmeldung ist notwendig. Clubausweis mit eingetragenem Handicap (54) ist erforderlich.

18-Loch-Greenfee: Mo.-Do.: EUR 60 / Fr.-So.: EUR 80
WE-GF gilt bereits ab freitags.
Ermäßigung: Jugendl./Stud. 50%

Platzbeschreibung

Eingebettet in die oberen Hügellagen des Nordschwarzwaldes bietet die mehrfach ausgezeichnete Par 72 Anlage für alle Spielklassen einen fairen aber auch stets herausfordernden Platz, der sich als ein herausragendes Beispiel für landschaftsgerechtes Golfplatzdesign vorstellt. Die großzügige Übungsanlage bietet ideale Voraussetzungen für jede Spielstärke: Driving Range mit 25 offenen und 10 überdachten Abschlagplätzen, Putting-Grün, Chipping- und Putting- Grün, Pitching-Grün, Unterrichtshütten (beheizt) mit zwei Scope-Videoanalyse-Systemen.

Platzinfos

VCG GPS CLUB GASTRO

Anfahrtsbeschreibung

Von Stuttgart oder Karlsruhe auf der A 8, Ausfahrt Heimsheim, weiter über Heimsheim-Hausen-Münklingen-Möttlingen nach Unterhaugstett (Stadtteil von Bad Liebenzell), am Ortsende rechts der Beschilderung zum Golfplatz folgen. Auf der B 463 aus Pforzheim (P) bzw. Calw (C) kommend, fahren Sie bis nach Bad Liebenzell. Dort biegen Sie am Ortseingang links (von P her) bzw. rechts (von C her) ab und folgen immer der Beschilderung nach Weil der Stadt. Nach etwa 3 km biegen Sie zunächst links ab in Richtung Monakam und anschließend nach etwa 1 km rechts ab zum Golfplatz.

Nächstgelegene Plätze

Stuttgarter GC Solitude (Nr. 493)
Golfyouup (Nr. 488)
Karlsh. Hof, Golf Pforzh. (Nr. 487)

Greenfee-Aktion: Seite G 119

Golf Club Baden-Baden e.V.

Karte, Nr. 499, Feld D11 **18** Design: Peter Ganon

gegründet: 1901

Fremersbergstraße 127, 76530 Baden-Baden
07221-23579 07221-3025659
info@golf-club-baden-baden.de
www.golf-club-baden-baden.de

PR Tanja Eisen, CM: Gerhard Kaufmann
Headgreenkeeper: Marcel Hilbert

i 07221-23579 07221-3025659
Melanie Opitz, Karin Fröhlich

Clubrestaurant
07221-23527
Mo. Ruhetag

PRO Pro: Michel Weber

H: 4260 m, CR 64.8, SL 118, Par 64
D: 3834 m, CR 65.8, SL 117, Par 64
14 Rangeabschläge (5 überdacht)

G Gäste sind jederzeit willkommen. Clubausweis mit eingetragenem Handicap (36) ist erforderlich.

18-Loch-Greenfee: WT: EUR 60 / WE: EUR 80
9-Loch-Greenfee: WT: EUR 45 / WE: EUR 60
Vorabend-GF ab 17h, WT € 45,00, WE € 55,-.
Ermäßigung: Jugendl./Stud. bis 26 J.

Platzinfos

Anfahrtsbeschreibung

A 5 Karlsruhe-Basel, Ausfahrt Baden-Baden, am Ende des Zubringers rechts, dem Wegweiser „Neuweier-Rebland" folgen, beim Wegweiser „Golfplatz" links zum Golfplatz abbiegen.

Platzbeschreibung

Der Platz liegt landschaftlich wunderschön in kleine Täler eingebettet und hat seinen besonderen Reiz in der Blütezeit in den Monaten Mai und Juni sowie im Herbst durch fabelhafte Färbung der Mischwälder, die den Platz umgeben. Die Spielbahnen sind zum Teil recht eng und durch nicht allzu große, jedoch zur Gesamtanlage passende Grüns charakterisiert. Präzise Schläge sind notwendig, um ungeschoren das 18. Grün zu erreichen.

Nächstgelegene Plätze

Baden Hills G&CC (Nr. 496)
Altrhein, GC (Nr. 490)
Herrenalb-Bernbach, GC (Nr. 495)

Greenfee-Aktion: Seite G 119

Golf-Club Hochstatt Härtsfeld-Ries e.V.

Karte, Nr. 500, Feld F11 18 Design: D. Harradine, R. Weishaupt Höhe: 630 m

Golf-Club Hochstatt Härtsfeld-Ries e.V.

gegründet: 1981

Hofgut Hochstatt, 73450 Neresheim
☏ 07326-5649 ℻ 07326-50232
info@golfclub-hochstatt.de
www.golfclub-hochstatt.de

PR: Marion Jooss, GF: Jutta Oehlrich, CM: Beate Eichmeier
Headgreenkeeper: Volker Bantel

i: ☏ 07326-5649 ℻ 07326-50232
Dagmar Schwenk, Andrea Zembrod, Heidi Waldmann

Antonio Zuccala
☏ 07326-7979 ℻ 07326-50232
Mo. Ruhetag

PRO SHOP: Dieter Sieber, Dieter Sieber
☏ 07326-92132 ℻ 07326-50232

PRO: Pro: Bill Pringle, Scott Bennett, William Milne

18-Loch Meisterschaftsplatz
H: 6071 m, CR 71.8, SL 130, Par 72
D: 5350 m, CR 73.6, SL 129, Par 72
30 Rangeabschläge (8 überdacht)

G: Gäste sind jederzeit willkommen. Anmeldung ist notwendig. Clubausweis mit eingetragener PE ist erforderlich. Bitte informieren Sie sich vorab in unserem Service Center über die Spielmöglichkeiten.

Tages-Greenfee: WT: EUR 70 / WE: EUR 80
9-Loch-Greenfee: WT: EUR 45 / WE: EUR 55
In Spielbegleitung eines Mitglieds erhalten Gäste 1/2 Greenfee.
Ermäßigung: Jugendl. bis 18 J. und Stud. bis 26 J. 50%

Nächstgelegene Plätze

Dillingen Nusser Alm, GC (Nr. 619)
Donauwörth, GC (Nr. 609)
Eggelstetten, GC (Nr. 612)

Platzinfos

VCG GPS CLUB GASTRO

Anfahrtsbeschreibung

A 7, Ausfahrt Heidenheim Richtung Neresheim, von Neresheim ca. 3 km Richtung Dischingen, an der „Sägmühle“ rechts zum „Hochstatter Hof“.

Platzbeschreibung

Der 18-Loch-Parcours liegt auf einem leicht hügeligen Hochplateau mit altem Baumbestand und teilweise sehr schönen Ausblicken auf die Burg Katzenstein und die Neresheimer Abteikirche. Wasserhindernisse und gut gesetzte Bunker der spielerisch ausgewogenen Anlage sowie vier Doglegs und bergauf gehende Par 4-Löcher bieten auch geübten Golfern immer eine Herausforderung.

Baden-Württemberg

Greenfee-Aktion: Seite G 119

Golfclub Göppingen e.V.

Karte, Nr. 501, Feld F11 9/3 Design: Harradine Golf, Orville Moody Höhe: 300 m

gegründet: 1998

Fraunhoferstraße 2, 73037 Göppingen
07161-964140 07161-9641420
info@golf-gp.de
www.golf-gp.de

PR: Ingo Hagen, GF: Ingo Hagen

i: 07161-964140 07161-9641420
Ursula Aldrian, Christine Hagen, Andreas Kast

Restaurant am Golfpark
07161-9868266 07161-9868267
Mo. Ruhetag

PRO SHOP: 07161-964140 07161-9641420

PRO: Pro: Arne Griesenberg

9-Loch Golfpark Göppingen Platz
H: 5516 m, CR 70.6, SL 126, Par 72
D: 5100 m, CR 73.2, SL 131, Par 72
30 Rangeabschläge (12 überdacht)

G: Gäste sind jeden Tag (außer Montag) willkommen. Anmeldung ist erforderlich. PE ist erforderlich.

18-Loch-Greenfee: Mo.-Sa.: EUR 50 / So.: EUR 60
9-Loch-Greenfee: Mo.-Sa.: EUR 40 / So.: EUR 45
Tagesrangefee Mo - So EUR 12, VcG ohne Aufpreis.
Ermäßigung: Jugendl. bis 18 J. 50%, Stud. bis 27 J. 25%

Platzinfos

VCG

GPS GASTRO

Anfahrtsbeschreibung

Von Stuttgart: B 10 bei Göppingen Ausfahrt Stauferpark. Den Schildern Stauferpark folgen bis zum Einfahrtsbereich „Stauferpark", dann den Schildern Golfpark folgen. Sie finden den Golfpark in der Fraunhoferstraße 2. Parkplätze sind rechter Hand gegenüber dem Clubhaus, das Sekretariat ist auf der Rückseite des Gebäudes, Zugang über den Weg rechts am Gebäude.

Platzbeschreibung

Der in reizvoller Stauferlandschaft gelegene Golfplatz wurde in den 50er Jahren des vergangenen Jahrhunderts von den damals in Göppingen stationierten US-Amerikanern gebaut. Von der Hochfläche bietet sich ein herrlicher Panoramablick auf Albrand und Stauferberge. Das historische Gelände befindet sich auf einem natürlichen Plateau oberhalb des Filstales. Streuobstwiesen, Biotope und gewachsener Baumbestand prägen den landschaftlichen Gesamteindruck.

Nächstgelegene Plätze

Hetzenhof, GC (Nr. 497)
Hohenstaufen, GC (Nr. 502)
Bad Überkingen, GC (Nr. 505)

Golf-Club Hohenstaufen e.V.

Karte, Nr. 502, Feld F11 **18** Höhe: 420 m

gegründet: 1959

Unter dem Ramsberg, 73072 Donzdorf
07162-27171 07162-25744
info@gc-hohenstaufen.de
www.gc-hohenstaufen.de

PR: Robert Elster

i: 07162-27171 07162-25744
Christine Kaufmann, Petra Niemeyer

Clubrestaurant, Mario Mollo
07162-203818
Mo. Ruhetag

PRO SHOP: Pro-Shop Niko März
07162-203817

PRO: Pro: Niko März

H: 5838 m, CR 71.3, SL 137, Par 72
D: 5132 m, CR 72.9, SL 135, Par 72
25 Rangeabschläge (8 überdacht)

G: Gäste sind jederzeit willkommen. Anmeldung ist notwendig. Clubausweis mit eingetragenem Handicap (54) ist erforderlich.

18-Loch-Greenfee: WT: EUR 70 / WE: EUR 80
9-Loch-Greenfee: WT: EUR 40
Greenfee-Ermäßigung erhalten unsere Nachbarclubs und Partner-Clubs Baden-Württemberg (siehe Aushang im Clubhaus).
Ermäßigung: Jugendl. bis 18 J. und Stud. bis 27 J. 50%

Nächstgelegene Plätze

Göppingen, GC (Nr. 501)
Bad Überkingen, GC (Nr. 505)
Hetzenhof, GC (Nr. 497)

Platzinfos

VCG

Anfahrtsbeschreibung

Über die ausgebauten Bundesstraßen B10 und B466 geht es direkt auf den Golfplatz.

Platzbeschreibung

Die im Tal des Reichenbachs gelegene 18-Loch Anlage des Golfclubs Hohenstaufen eröffnet auf ihren Bahnen immer wieder schöne Ausblicke auf das Panorama der Schwäbischen Alb wie auch auf die Voralbberge des Fils- und Lautertals. Golferisch ist der sehr hügelige Platz, dessen Fairways oft durch Wälder und den Reichenbach beengt sind, und dessen Grüns gut von Bunkern, Wassergräben und Semi-Roughs geschützt werden, eine echte Herausforderung.

Golfclub Kirchheim-Wendlingen e.V.

Karte, Nr. 503, Feld E11 **18** Design: Reinhold Weisshaupt Höhe: 330 m

gegründet: 1993

Schulerberg 1, 73230 Kirchheim unter Teck
☎ 07024-920820 🖷 07024-9208220
✉ info@golf-kirchheim.de
💻 www.golf-kirchheim.de

PR Susanne Pöschl, GF: Dagmar Mack,
CM: Stephanie Döpper
Headgreenkeeper: Marius Knorr

i ☎ 07024-920820 🖷 07024-9208220
Ursula Knuth

Restaurant am Golfplatz, Philip Reise
☎ 07024-55705 🖷 07024-55822

PRO SHOP Golfanlage GmbH + Co. KG
☎ 07024-920820

PRO Pro: Andrew Wilkins, Mikael Krantz,
Jimmy Danielsson

H: 6050 m, CR 72.2, SL 126, Par 72
D: 5306 m, CR 73.7, SL 128, Par 72
40 Rangeabschläge (10 überdacht)

G Gäste sind jederzeit willkommen. Anmeldung ist notwendig. Clubausweis mit eingetragenem Handicap (54) ist erforderlich.

18-Loch-Greenfee: WT: EUR 100 / WE: EUR 120
9-Loch-Greenfee: WT: EUR 60 / WE: EUR 70
Ermäßigung: Jugendl./Stud. 40%

Platzbeschreibung

Die Anlage liegt ca. 30 km südlich von Stuttgart auf einem Höhenrücken zwischen dem Filstal und dem Lautertal mit einer weitreichenden Aussicht in die schwäbische Landschaft bis hin zur Schwäbischen Alb. Das Gelände ist großteils nach Westen geneigt und weist eine maximale Höhendifferenz von 35 m auf. Besonders charakteristisch sind die Modellierungen der Spielbahnen, die ähnlich einem „Stadium Course" von Hügeln begleitet werden.

Platzinfos

Anfahrtsbeschreibung

A 8 Stuttgart-München, Ausfahrt Kirchheim u. Teck-Ost Richtung Göppingen-Esslingen, nach ca. 1 km Kreisverkehr Richtung Wernau, nach ca. 1,5 km der Beschilderung zum Golfplatz folgen. Oder: B 10, Ausfahrt Reichenbach-Hochdorf Richtung Kirchheim u. Teck, in Notzingen rechts Richtung Wernau, nach ca. 1 km der Beschilderung zum Golfplatz folgen.

Nächstgelegene Plätze

Teck, GC (Nr. 504)
Hammetweil, GC (Nr. 508)
Göppingen, GC (Nr. 501)

Gf-Aktion: Seite G 119, 121

Golfclub Teck e.V.

Karte, Nr. 504, Feld E11 9 Höhe: 370 m

gegründet: 1989

Am Golfplatz, 73275 Ohmden
07023-742663
info@golfclub-teck.de
www.golfclub-teck.de

PR: Kai-Uwe Opifanti
Headgreenkeeper: Uwe Schrag

i: 07023-742663
Matthias Schwandner, Dagmar Ressel

Al Campo
07023-7779975
Mo. Ruhetag

PRO: Pro: Andrew Wilkins, Bill Guiney

H: 1961 m, CR 60.9, SL 112, Par 62
D: 1845 m, CR 63.4, SL 105, Par 62
20 Rangeabschläge (6 überdacht)

G: Gäste sind jederzeit willkommen. Anmeldung ist notwendig. Clubausweis mit eingetragener PE ist erforderlich.

18-Loch-Greenfee: WT: EUR 50 / WE: EUR 60
9-Loch-Greenfee: WT: EUR 35 / WE: EUR 45
Ermäßigung: Jugendl. bis 18 J. und Stud. bis 27 J.

Platzbeschreibung

Dieser am Fuße der schwäbischen Alb wunderschön gelegene 9-Loch-Golfplatz bietet Golfeinsteigern und Golferfahrenen eine optimale Spiel- und Trainingsmöglichkeit. Die anspruchsvollen und steht gepflegten Fairways und Grüns stellen auch so manche Herausforderung für Pros dar. Nach einer entspannten Golfrunde können die Gäste in dem neu erbauten Clubhaus auf einer wundschön gelegenen Außenterrasse die Seele baumeln lassen und mit direktem Blick auf den Golfplatz die herrliche Umgebung genießen.

Platzinfos

VCG

GPS

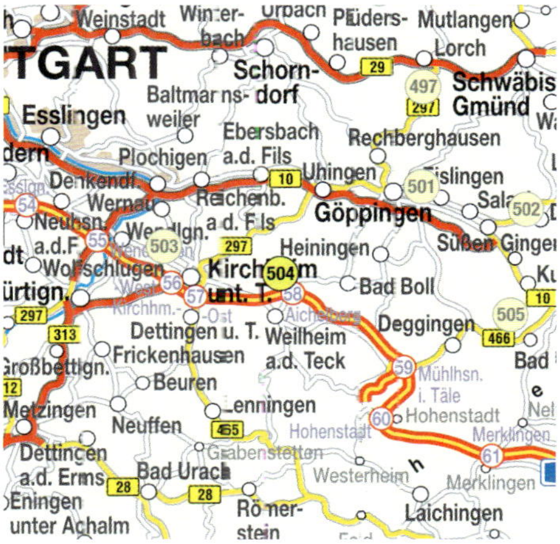

Anfahrtsbeschreibung

A 8 Stuttgart-München, Ausfahrt Aichelberg, weiter Richtung Boll-Göppingen, nach ca. 1 km links Richtung Hattenhofen, nach 1 km links Richtung Ohmden, nach 2 km liegt rechter Hand die Einfahrt zum Golfplatz.

Nächstgelegene Plätze

Kirchheim-Wendl., GC (Nr. 503)
Göppingen, GC (Nr. 501)
Bad Überkingen, GC (Nr. 505)

Baden-Württemberg

Golfer's Club Bad Überkingen e.V.

Karte, Nr. 505, Feld F11 **18** Höhe: 750 m

gegründet: 1991

Beim Bildstöckle,
73337 Bad Überkingen-Oberböhringen
☎ 07331-64066 🖷 07331-64069
✉ info@gc-bad-ueberkingen.de
💻 www.gc-bad-ueberkingen.de

PR: Claus-Peter Wörner, CM: Sabine Engelfried

i: ☎ 07331-64066 🖷 07331-64069
Simone Bantleon, Heike Bauer

Michelle Marcak
☎ 07331-64067 🖷 07331-64069

PRO SHOP: Sven Kattentidt
☎ 07331-64068 🖷 07331-64069

PRO: Pro: Michael Webel

H: 5939 m, CR 71.7, SL 132, Par 71
D: 5289 m, CR 73.7, SL 131, Par 71
30 Rangeabschläge (6 überdacht)

G: Gäste sind jederzeit willkommen. Clubausweis mit eingetragenem Handicap (45) ist erforderlich.

18-Loch-Greenfee: WT: EUR 70 / WE: EUR 80
9-Loch-Greenfee: WT: EUR 40 / WE: EUR 50
Ermäßigung: Jugendl./Stud. bis 27 J. 50%

Platzbeschreibung

Die 18-Loch-Anlage des Golfclub Bad Überkingen liegt in Oberböhringen auf der Schwäbischen Alb und gehört landschaftlich zu einem der vielleicht schönsten Golfplätze Süddeutschlands. In legerer, familiärer Atmosphäre kann man hier seine golferischen Qualitäten auf gepflegten Fairways und anspruchsvollen Greens unter Beweis stellen. Nach der Runde kann man von der Terrasse des malerisch gelegenen Clubhauses ein herrliches Panorama genießen.

Platzinfos

Anfahrtsbeschreibung

A 8 Stuttgart-München, Ausfahrt Mühlhausen Richtung Geislingen, in Hausen links Richtung Unterböhringen. Der Platz liegt in Oberböhringen, 15 Min. von der A 8 entfernt. Auf der Hauptstraße Anfahrt über die B 10 von Göppingen kommend an der 1. Ampel am Ortseingang Geislingen rechts, die Anfahrtswege zum Golfplatz sind beschildert.

Nächstgelegene Plätze

Hohenstaufen, GC (Nr. 502)
Göppingen, GC (Nr. 501)
Teck, GC (Nr. 504)

Baden-Württemberg

Golfclub Schönbuch e.V.

Karte, Nr. 506, Feld E11   18/9 Höhe: 500 m

gegründet: 1989

Schaichhof, 71088 Holzgerlingen
☏ 07157-67966 🖷 07157-679679
✉ info@gc-schoenbuch.de
💻 www.gc-schoenbuch.de

PR Jürgen Schmidt, GF: Marcel Gallmayer
Headgreenkeeper: Ralf Reiss

i ☏ 07157-67966 🖷 07157-679679
Julia Kring, Claudia Rahn, Stephanie Stamm, Angelika Holzkämper

Restaurant am Golfplatz, Peter u. Klaus Mayer
☏ 07157-66188 🖷 07157-679679

PRO SHOP Jon Evans Pro Shop, Jon Evans
☏ 07157-64689

PRO Pro: Jon Evans, Marcel Schöttgen, Jason Evans, Jan Eder

18-Loch Club Platz
H: 6009 m, CR 72, SL 136, Par 72
D: 5149 m, CR 73.1, SL 127, Par 72
9-Loch öffentlicher Platz
H: 4458 m, CR 63, SL 105, Par 66
D: 3938 m, CR 64.2, SL 102, Par 66
40 Rangeabschläge (10 überdacht)

G Gäste sind jederzeit willkommen. Anmeldung ist notwendig. Clubausweis mit eingetragenem Handicap (36) ist erforderlich. Attraktive Gruppenangebote. Do.-So./Feiertage ist eine Anmeldung notwendig.

18-Loch-Greenfee: WT: EUR 70 / WE: EUR 90
9-Loch-Greenfee (ab 18:00 Uhr): WT: EUR 40
Ermäßigung: Jugendl. bis 18 J. und Stud. bis 27 J. 50%

Nächstgelegene Plätze
Schloss Kressbach, GC (Nr. 511)
Hammetweil, GC (Nr. 508)
Domäne Niederr., GC (Nr. 510)

Platzinfos

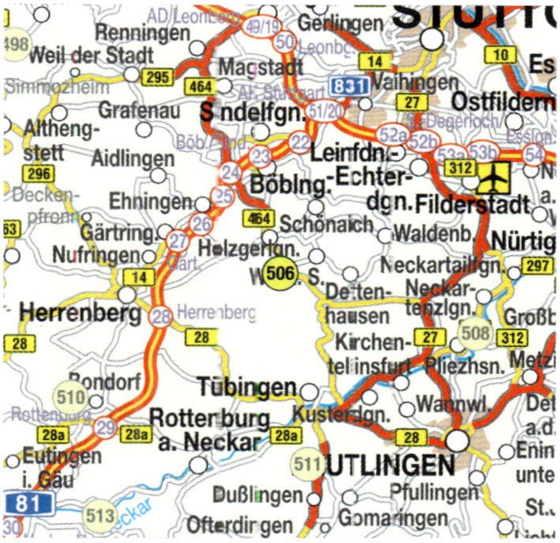

Anfahrtsbeschreibung
A 81 Stuttgart-Singen, Ausfahrt Holzgerlingen auf die B 464 Richtung Tübingen ca. 2 km nach Holzgerlingen, rechts Zufahrt zum Golfplatz (Schaichhof). Oder: B 27 von Tübingen oder Stuttgart bis zur Abzweigung B 464 Richtung Böblingen, nach ca. 5 km links zum Schaichhof abbiegen.

Platzbeschreibung
Die optisch wie spieltechnisch sehr reizvolle Anlage, eingebettet in eine Lichtung des Naturparks Schönbuch, bietet Golfen in herrlicher Natur und absoluter Ruhe. Die Bahnen sind abwechslungsreich angelegt mit Seen, Teichen und Bächen. Besonders spektakulär und schwierig ist Loch 17, Dogleg, mit Seen und gut verteidigtem Grün. Nach dem Spiel lädt das Club-Restaurant mit seiner einzigartigen Panoramaterrasse an Grün 18 zum kulinarischen Hochgenuss ein.

Golfanlage Birkenhof

Karte, Nr. 507, Feld C11 **9**

Birkenhof 1, 77694 Kehl-Neumühl
07851-77497 07851-899344
info@birkenhof-kehl.de
birkenhof-kehl.de

PR GF: Marc Geiler

Mo. Ruhetag

PRO Pro: Berislav Brajkovic

H: 3398 m, Par 62
D: 3208 m, Par 62
12 Rangeabschläge (6 überdacht)

G Gäste sind jeden Tag (außer Montag) willkommen. Clubausweis mit eingetragener PE ist erforderlich. Für die ersten 6 Löcher wird keine Platzreife erwartet. Montags geschlossen.

Tages-Greenfee: Di.-Fr.: EUR 25 / WE: EUR 30
Ermäßigung: Jugendl./Stud.

Platzbeschreibung

Der Golfplatz verfügt über 9 Bahnen mit einem Gesamtpar von 31. Die Gesamtlänge beträgt für den Herrenabschlag 1847 m, respektive 1711 m für den Damenabschlag. Die Bahnen 1-6 können ohne Platzreife gespielt werden. Für die Bahnen 7-9 wird Platzreife benötigt.

Platzinfos

CLUB GASTRO

Nächstgelegene Plätze

Urloffen, GC (Nr. 509)
Ortenau, GC (Nr. 516)
Baden Hills G&CC (Nr. 496)

Golf Club Hammetweil

Karte, Nr. 508, Feld E11   18

gegründet: 2004

Hammetweil 10, 72654 Neckartenzlingen
07127-97430 07127-974313
info@gc-hammetweil.de
www.gc-hammetweil.de

PR GF: Frank-Hagen Spanka, CM: Petra Will

i 07127-97430 -974313
Dorian Weippert, Sabine Lutz

clubhouse H
07127-974321

PRO SHOP Golf Club Hammetweil
07127-97430 07127-974313

PRO Pro: Dorian Weippert, Lee Petters, William Gomez Diaz

H: 6023 m, CR 72.3, SL 129, Par 72
D: 5130 m, CR 72.9, SL 125, Par 72
16 Rangeabschläge (8 überdacht)

G Gäste sind jederzeit willkommen. Anmeldung ist notwendig. Clubausweis mit eingetragenem Handicap (54) ist erforderlich. Ermäßigtes Greenfee für Gäste von Mitgliedern! Auch für BVGA Mitglieder, Leading und Partnerregion Südwest

18-Loch-Greenfee: WT: EUR 95 / WE: EUR 120
9-Loch-Greenfee: WT: EUR 49 / WE: EUR 59
Ermäßigtes Greenfee für Gäste mit Vollmitgliedschaften! Ermäßigung: Jugendl./Stud.

Platzbeschreibung

Die neue 18-Loch-Anlage, samt komfortabler Driving-Range, ist ein wunderschön gelegener Platz mit sehr reizvollen Spielbahnen. Die ersten 9 sind talseits und bieten mit dem Inselgrün sowie dem großen Speicherteich an Loch 8 die 2 interessantesten der insgesamt 11 Wasserhindernisse. Die zweiten 9 sind rückseits und bieten Wald und außergewöhnliche Bunker.

Platzinfos

Anfahrtsbeschreibung

Aus Stuttgart: B 27 Richtung Reutlingen, Abfahrt auf die B 312 Richtung Metzingen und die Ausfahrt Neckartenzlingen nehmen. Am Ortsende von Neckartenzlingen rechts Richtung Altenried, nach ca. 500 m links auf die Golfanlage. Aus Nürtingen: B 297 bis nach Neckartenzlingen und weiter wie oben. Aus Metzingen: Richtung Neckartenzlingen, an Pliezhausen vorbei und gleich nach dem Ortsschild links Richtung Altenried und weiter wie oben.

Nächstgelegene Plätze

Schönbuch, GC (Nr. 506)
Schloss Kressbach, GC (Nr. 511)
Kirchheim-Wendl., GC (Nr. 503)

Baden-Württemberg

Greenfee-Aktion: Seite G 121

Golfclub Urloffen e.V.

Karte, Nr. 509, Feld C11 18/9 Design: Maike Horstmann Höhe: 149 m

gegründet: 1998

Golfplatz 1, 77767 Appenweier
☎ 07843-993240 Fax 07843-993242
✉ sekretariat@golfclub-urloffen.de
www.golfclub-urloffen.de

PR Dr. Thomas Kohler, CM: Tanja Taxis
Headgreenkeeper: Stefan Opstals

i ☎ 07843-993240 Fax 07843-993242
Iris Duffner

Golfclub-Restaurant, Carmelina Lo Monaco
☎ 07843-993241 Fax 07843-993242
Mo. Ruhetag

PRO Pro: Susan Moorcraft

18-Loch A+B Meisterschaftsplatz
H: 5753 m, CR 70.5, SL 125, Par 72
D: 4865 m, CR 71.3, SL 122, Par 72
9-Loch Platz C-Platz
H: 1526 m, CR 58.1, SL 97, Par 29
D: 1461 m, CR 58.9, SL 98, Par 29
50 Rangeabschläge (5 überdacht)

G Gäste sind jederzeit willkommen. Anmeldung ist notwendig. Clubausweis mit eingetragener PE ist erforderlich. Sa./So./Feiertage ist Handicap 54 erforderlich.

18-Loch-Greenfee: WT: EUR 70 / WE: EUR 90
9-Loch-Greenfee: WT: EUR 35 / WE: EUR 45
Ermäßigung: Jugendl./Stud. 50%

Platzbeschreibung

Interessanter Golfplatz mit herrlichem Blick auf den Schwarzwald und verkehrsgünstigem Anfahrtsweg direkt an der B 3 zwischen Offenburg und Achern. Der flache Platz ist sehr gut zu Fuß zu bewältigen.

Platzinfos

VCG GPS CLUB GASTRO

Anfahrtsbeschreibung

Der Golfplatz liegt direkt an der B 3 von Offenburg/ Appenweier kommend. In Zimmern vor Ortsende rechts, dem Schild „Golfplatz" folgen. Oder: Von Achern/Renchen kommend in Zimmern links abbiegen und der Beschilderung „Golfplatz" folgen.

Nächstgelegene Plätze

Birkenhof (Nr. 507)
Baden-Baden, GC (Nr. 499)
Baden Hills G&CC (Nr. 496)

Golfclub Domäne Niederreutin

Karte, Nr. 510, Feld D11 18/9/6 Design: Karl F. Grohs Höhe: 460 m

gegründet: 1994

Niederreutin 1, 71149 Bondorf
07457-94490 07457-944930
info@golf-bondorf.de
www.golf-bondorf.de

PR: Hans-Heinrich Brendecke, GF: Markus Eblen, CM: Melita Klais
Headgreenkeeper: Josef Reiß

i: 07457-94490 07457-944930
Alexandra Ozimek, Siglinde Knobloch, Denis Beck

Restaurant Hofgut
07457-944927

PRO SHOP: Lloyds ProShop, Anthony Lloyd
07457-944924

PRO: Pro: Anthony Lloyd, Daniela Wagner, Peter Karz, Nico Meinhardt

18-Loch Championship Course
H: 6087 m, CR 72, SL 131, Par 73
D: 5381 m, CR 74.1, SL 130, Par 73
9-Loch Championship Course
H: 2964 m, CR 71.2, SL 125, Par 36
D: 2597 m, CR 72.8, SL 122, Par 36
60 Rangeabschläge (15 überdacht)

G: Gäste sind jederzeit willkommen. Anmeldung ist notwendig. Clubausweis mit eingetragener PE ist erforderlich.

18-Loch-Greenfee: WT: EUR 70 / WE: EUR 90
9-Loch-Greenfee: WT: EUR 40 / WE: EUR 50
Ermäßigung: Jugendl. und Stud. bis 27 J. 50%

Nächstgelegene Plätze
Schloss Weitenburg, GC (Nr. 513)
Schönbuch, GC (Nr. 506)
Schloss Kressbach, GC (Nr. 511)

Platzinfos

VCG GPS CLUB GASTRO

Anfahrtsbeschreibung
A 81, Ausfahrt Rottenburg-Bondorf, in Bondorf Richtung Nagold, der Golfplatz liegt ca. 1,5 km hinter Bondorf direkt an der Straße Bondorf-Mötzingen (L 1361), ca. 5 Min. von der Ausfahrt A81 Rottenburg entfernt.

Platzbeschreibung
Als Leading Golf Club of Germany steht der Golfclub Domäne Niederreutin für beste Qualität und herausragenden Service. Erleben Sie Abwechslung pur auf dem 27-Loch Championship Course, bestehend aus drei 9-Loch Runden, die wöchentlich zu einer neuen 18- und 9-Loch Runde kombiniert werden. Der öffentliche 6-Loch-Kurzplatz kann ohne Mitgliedschaft in einem Golfclub gespielt werden und ist ideal für eine schnelle Golfrunde, als Trainingsmöglichkeit oder zum Einstieg in den Golfsport. Trotz der Größe der Golfanlage finden Sie kurze Wege.

Baden-Württemberg

Golfclub Schloss Kressbach GmbH

Karte, Nr. 511, Feld E12 **18/9** Design: R. Weishaupt, M. Kessel Höhe: 410 m

gegründet: 2008

Kressbach Hofgut 11, 72072 Tübingen
✆ 07071-9709060 🖷 07071-970906-60
✉ info@gc-schloss-kressbach.de
🖳 www.gc-schloss-kressbach.de

PR: GF: Gerhard Beck, CM: Martina Müller

i: ✆ 07071-9709060 🖷 07071-970906-60
Julia Seifert

Restaurant Schloss Kressbach
✆ 07071-97090670 🖷 07071/970906-60

PRO SHOP: Golfclub Schloss Kressbach
✆ 07071-9709060 🖷 07071-970906-60

PRO: Pro: Nick Baron, Thilo Greiner, Roman Opsitaru

18-Loch Meisterschaftsplatz
H: 6108 m, CR 72.9, SL 131, Par 72
D: 5424 m, CR 75, SL 131, Par 72
9-Loch Schlossplatz
H: 2195 m, CR 32.5, SL 116, Par 33
D: 2078 m, CR 33.8, SL 116, Par 33
42 Rangeabschläge (12 überdacht)

G: Gäste sind jederzeit willkommen. Clubausweis mit eingetragener PE ist erforderlich.

18-Loch-Greenfee: WT: EUR 62 / WE: EUR 78
9-Loch-Greenfee: WT: EUR 40 / WE: EUR 55
Ermäßigung: Jugendl./Stud. bis 27 J.

Platzinfos

Anfahrtsbeschreibung

B 27 Stuttgart-Tübingen, Richtung Hechingen/Gomaringen, Ausfahrt Kressbach dann der Beschilderung folgen. Oder von Rottenburg über Kiebingen nach Weilheim. In Weilheim rechts „Alte Landstraße" und rechts dem Straßenverlauf ca. 1,5 km durch den Wald folgen.

Platzbeschreibung

Hochplateau mit Albpanorama Im Herzen der Region Reutlingen/Tübingen liegt auf einem sonnenverwöhnten Hochplateau die Anlage des Golfclub Schloss Kressbach. Reizvolle Naturlandschaft und ein grandioses Albpanorama prägen das Ambiente und vermitteln ein Gefühl von Weite. Genießen Sie das Spiel auf unserem anspruchsvollen 18-Loch-Meisterschaftsplatz. Auch unser öffentlicher 9-Loch-Platz ist nicht zu unterschätzen und bietet mit seinen 2195 Metern jederzeit für eine schnelle Runde an.

Nächstgelegene Plätze

Schönbuch, GC (Nr. 506)
Reutlingen/Sonnenb., GC (Nr. 514)
Schloss Weitenburg, GC (Nr. 513)

Golf-Club Freudenstadt e.V.

Karte, Nr. 512, Feld D12 **18** Design: Hannes Schreiner, H.E. Gärtner Höhe: 730 m

gegründet: 1929

Ziegelwäldle 3, 72250 Freudenstadt
07441-3060 07441-2365
info@golfclub-freudenstadt.de
www.golfclub-freudenstadt.de

PR
Gisela Gaiser, CM: Karsten Pollak
Headgreenkeeper: Kalojan Förderer

07441-3060 -2365
Christoph Schnaiter, Gudrun Schumacher, Jule Glavurdic

Golfclub Restaurant Inh. Oskar Buchwald, Gaby Zorn, Oskar Buchwald
07441-83416 -2365
Mo. Ruhetag

PRO SHOP
07441-3060 -2365

PRO
Pro: Peter Dworak

H: 5636 m, CR 70.4, SL 133, Par 71
D: 4962 m, CR 72.3, SL 127, Par 71
25 Rangeabschläge (6 überdacht)

G
Gäste sind jederzeit willkommen. Anmeldung ist notwendig. Clubausweis mit eingetragener PE ist erforderlich.

18-Loch-Greenfee: WT: EUR 70 / WE: EUR 85
9-Loch-Greenfee: WT: EUR 40 / WE: EUR 45
Änderungen der Greenfeepreise vorbehalten
Ermäßigung: Jugendl. bis 18 J. und Stud. bis 27 J. 50%

Platzinfos

Anfahrtsbeschreibung

Von Stuttgart: A 81, Ausfahrt Horb Richtung Freudenstadt, in Freudenstadt über die Bahnhofstraße, Hohenriederstraße links abbiegen und der Beschilderung „Golf" folgen (ca. 1,5 km vom Stadtzentrum entfernt).

Nächstgelegene Plätze

Alpirsbach, GC (Nr. 517)
Domäne Niederr., GC (Nr. 510)
Schloss Weitenburg, GC (Nr. 513)

Platzbeschreibung

Nur 1.000 m vor Deutschlands größtem geschlossenen Marktplatz entfernt liegt stadtnah die 18-Loch-Anlage des 1929 gegründeten Golf-Club Freudenstadt. In hügeliger Schwarzwaldlandschaft, mit kleinen Bächen, Biotopen, Grüns direkt am Wald gelegen, bietet dieser Platz ein reizvolles, sportliches und abwechslungsreiches Spiel. Das Clubhaus, ein Kleinod mit ausgezeichneter Küche, liegt bis in die Abendstunden hinein in der Sonne.

Baden-Württemberg

Greenfee-Aktion: Seite G 121

Golfclub Schloss Weitenburg

Karte, Nr. 513, Feld D12 18/9 Design: Heinz Fehring Höhe: 360 m

gegründet: 1984

Sommerhalde 11, 72181 Starzach-Sulzau
07472-15050 07472-15051
info@gcsw.de
www.gcsw.de

PR Headgreenkeeper: Firma Garten-Moser

07472-15050 07472-15051
Ute Torkler

Restaurant Dimples
07472-1505203
Mo. Ruhetag

18-Loch Platz
H: 5978 m, CR 71.5, SL 126, Par 72
D: 5222 m, CR 72.8, SL 128, Par 72
9-Loch Platz
H: 2986 m, Par 56
D: 2986 m, Par 56
18 Rangeabschläge (4 überdacht)

G Gäste sind jederzeit willkommen. Anmeldung ist notwendig. Clubausweis mit eingetragener PE ist erforderlich. Sa./So./Feiertage ist Handicap 36 erforderlich.

18-Loch-Greenfee: WT: EUR 65 / WE: EUR 85
Ermäßigung: Jugendl./Stud.

Platzbeschreibung

Der Golfplatz liegt im wunderschönen Landschaftsschutzgebiet des oberen Neckartales in direkter Nachbarschaft zum malerischen Ort Sulzau. Die Landschaft ist hier mehr als nur Kulisse, sie ist in den Platz integriert und bietet besonders durch den Neckar, den die Fairways mehrmals überqueren, ganz besondere Eindrücke.

Platzinfos

VCG

Anfahrtsbeschreibung

A 81 Stuttgart-Singen, Ausfahrt Rottenburg nach Ergenzingen, von dort der Beschilderung zum Golfplatz bis Börstingen folgen, von dort im Neckartal nach links 1 km bis Sulzau. Oder: A 81, Ausfahrt Horb, 5 km Richtung Starzach, hinter Mühringen nach Eyach, von dort rechts durchs Neckartal nach Sulzau und der Beschilderung zum Golfplatz folgen.

Nächstgelegene Plätze

Domäne Niederr., GC (Nr. 510)
Hechingen-Hohenz., GC (Nr. 515)
Schloss Kressbach, GC (Nr. 511)

Baden-Württemberg

Greenfee-Aktion: Seite G 121

Golfclub Reutlingen-Sonnenbühl e.V.

Karte, Nr. 514, Feld E12 18/3 Höhe: 790 m

gegründet: 1986

Gewann vor Staudach 2, 72820 Sonnenbühl-Undingen
☎ 07128-92660 📠 07128-926692
✉ info@albgolf.de
www.albgolf.de

PR: Matthias Eschle, CM: Norbert Zimmermanns
Headgreenkeeper: Firma Sommerfeld Heinrich Sievert

i: ☎ 07128-92660 📠 07128-926692
Anja-Christin Fetzer, Sabine Stach

Restaurant am Golfplatz „Gambero Rosso", Marcello Ianni
☎ 07128-926680
Mo. Ruhetag

PRO SHOP: Pro Shop Barry Higgins
☎ 07128-30159

PRO: Pro: Florian Bitzer, Chris Carter, Barry Higgins

H: 5931 m, CR 71.8, SL 127, Par 72
D: 5318 m, CR 74.3, SL 135, Par 72
15 Rangeabschläge (9 überdacht)

G: Gäste sind jederzeit willkommen. Anmeldung ist notwendig. Clubausweis mit eingetragenem Handicap (54) ist erforderlich.

18-Loch-Greenfee: Mo., Do.: EUR 39 / Di., Mi., Fr.: EUR 60 / WE: EUR 75
9-Loch-Greenfee: Mo., Do.: EUR 29 / Di., Mi., Fr.: EUR 40 / WE: EUR 55
Ermäßigung: Jugendl./Stud. 50%

Platzbeschreibung

Die wunderschöne Landschaft und eine in über mehrere Jahrzehnte gewachsene, sehr gepflegte 18-Loch Anlage bieten Golf- und Naturgenuss pur ohne Lärm und Hektik. Das sanft hügelige, nach Süden geneigte Gelände am Biosphärengebiet Schwäbische Alb ist gesäumt von Laubwäldern, albtypischen Wiesen und Gehölzen.

Platzinfos

Anfahrtsbeschreibung

B27 von Stuttgart über Degerloch vorbei am Flughafen bis Tübingen, auf der B 27 an Tübingen vorbei Richtung Hechingen bis kurz vor die Höhe des Ortes Dußlingen, dort Richtung Gomaringen und Sonnenbühl, weiter durch Gönningen nach Sonnenbühl-Genkingen, dort rechts Richtung Undingen. In Undingen Richtung Erpfingen (links). 50 m vor dem Ortsausgang links abbiegen - gleich wieder rechts. Der Platz liegt ca. 2 km außerhalb und ist ausgeschildert.

Nächstgelegene Plätze

Schloss Kressbach, GC (Nr. 511)
Hechingen-Hohenz., GC (Nr. 515)
Hammetweil, GC (Nr. 508)

Baden-Württemberg

Gf-Aktion: Seite G 121, 123

Golf Club Hechingen-Hohenzollern e.V.

Karte, Nr. 515, Feld E12 **18** Höhe: 550 m

gegründet: 1955

Hagelwasen, 72379 Hechingen
07471-9849930 07471-98499320
info@golfclub-hechingen.de
www.golfclub-hechingen.de

PR Berthold Binder

07471-9849930 07471-98499320
Georgiana Ecke, Dagmar Hillenbrand

Ristorante Bei Conti´s am Golfplatz,
Agatino Conti 07471-15346
Mo. Ruhetag

PRO Pro: Thilo Greiner, Florian Bitzer, Klaus Schieban

H: 5933 m, CR 71.7, SL 129, Par 72
D: 5249 m, CR 73.5, SL 122, Par 72
40 Rangeabschläge (8 überdacht)

G Gäste sind jederzeit willkommen. Anmeldung ist notwendig. Clubausweis mit eingetragenem Handicap (54) ist erforderlich. Bitte erkundigen Sie sich vor der Anfahrt über die Platzbelegung.

18-Loch-Greenfee: WT: EUR 60 / WE: EUR 80
9-Loch-Greenfee: WT: EUR 35 / WE: EUR 45
Ermäßigung: Jugendl. bis 18 J. und Stud. 50%

Platzinfos

VCG

Anfahrtsbeschreibung
B 27 Tübingen-Balingen, auf Höhe der Burg Hohenzollern nach Hechingen Richtung Hechingen-Weilheim, von dort ist der Weg zum Golfplatz ausgeschildert.

Platzbeschreibung
Direkt am Fuß der schwäbischen Alb liegt der idyllische 18-Löcher Platz in unmittelbarer Nähe zur historischen und malerischen Burg Hohenzollern. Die langen und teilweise auch engen Spielbahnen liegen auf leicht hügeligem Gelände, umgeben von altem Baumbestand und zahlreichen Wacholderbüschen. Fast an jeder Stelle des Platzes bietet sich ein herrlicher Blick auf die Burg Hohenzollern und die naheliegende Albkette.

Nächstgelegene Plätze
Schloss Weitenburg, GC (Nr. 513)
Schloss Kressbach, GC (Nr. 511)
Schwaben Golf-ER (Nr. 522)

Baden-Württemberg

Golf Club Ortenau e.V.

Karte, Nr. 516, Feld C12 18 Höhe: 220 m

gegründet: 1979

Gereut 9.1, 77933 Lahr-Reichenbach
07821-77227 07821-77287
kontakt@gc-ortenau.de
www.gc-ortenau.de

PR Michael Schmiederer
Headgreenkeeper: Volker Christ

i 07821-77227 -77287
Elke Baumer

Gabys und Tobys Stube
07821-9980014
Mo. Ruhetag

PRO Pro: Balászs Molnár

H: 4861 m, CR 66.4, SL 122, Par 68
D: 4445 m, CR 69.1, SL 119, Par 69
12 Rangeabschläge (4 überdacht)

G Gäste sind jederzeit willkommen. Anmeldung ist notwendig. Clubausweis mit eingetragener PE ist erforderlich. Mitglieder werden noch aufgenommen.

18-Loch-Greenfee: WT: EUR 65 / WE: EUR 75
9-Loch-Greenfee: WT: EUR 40 / WE: EUR 45
Ermäßigung: Jugendl./Stud. 50%

Platzbeschreibung

Wer sind wirfi Wir sind der Golf Club Ortenau eV, der älteste Golfclub der Ortenau mit dem topografisch atemberaubendsten Golfplatz der Region. Wir sind idyllisch, familiär, herzlich, erfrischend anders! Was bieten wir Ihnenfi Einen herrlichen Sport in wunderschöner Natur, ganz egal ob Sie einfach nur aus Spaß Golfen möchten, oder ein sportlich ambitionierter Golfer sind bzw. werden wollen. Der Platz vermittelt den Eindruck, dass schon seit Jahr und Tag ein Golfplatz zur Kulturlandschaft Schwarzwald gehört. Der Golfclub versteht es, sich mit den umgebenden bzw. involvierten Schwarzwaldhöfen zu einer Einheit zu verbinden. Entspannung, Lebensfreude und Spaß!

Platzinfos

CLUB GASTRO VCG GPS

Anfahrtsbeschreibung

A 5 Karlsruhe-Basel, Ausfahrt Lahr Richtung Biberach (B 415). Achtung ! Auf der Strecke zwischen Lahr Ortsausgang und Reichenbach befinden sich 3 Blitzgeräte. Dann in Reichenbach vor der Ampel links der Beschilderung zum Golfplatz folgen, der parallel zum Bach gelegen ist.

Nächstgelegene Plätze

Gröbernhof, GC (Nr. 518)
Breisgau, GC (Nr. 521)
Gütermann Gutach, GC (Nr. 525)

Golfclub Alpirsbach e.V.

Karte, Nr. 517, Feld D12 9

gegründet: 1993

Fluorner Straße 3, 72275 Alpirsbach-Peterzell
✆ 07444-4665 ☎ 07444-1511
✉ info@gc-alpirsbach.de
www.gc-alpirsbach.de

PR: Albrecht Hettich
Headgreenkeeper: Ralf Ziegler

i: ✆ 07444-4665 ☎ -1511
Heike Schwab

Mo. Ruhetag

PRO: Pro: Olivier Laye

9-Loch GCA Platz
H: 6036 m, CR 71, SL 128, Par 72
D: 5326 m, CR 73, SL 130, Par 72
15 Rangeabschläge (5 überdacht)

G: Gäste sind jederzeit willkommen. Clubausweis mit eingetragener PE ist erforderlich.

Tages-Greenfee: WT: EUR 45 / WE: EUR 55
18-Loch-Greenfee: WT: EUR 45 / WE: EUR 55
9-Loch-Greenfee: WT: EUR 30 / WE: EUR 35
VcG-Spieler sind herzlich willkommen. Mitglied der Partnerclubs Baden-Württemberg & Elsass. Alle Greenfee-Ermäßigungen gelten grundsätzlich nur für das 18-Loch/Tagesgreenfee und sind nicht kumulierbar.
Ermäßigung: Jugendl. und Stud. bis 27 J. 50%

Platzbeschreibung

Der Golfclub Alpirsbach e.V. liegt im Herzen des Schwarzwaldes, zwischen Freudenstadt, Wolfach und Rottweil, unweit des Luftkurortes Alpirsbach. Auf einer Fläche von 36 Hektar bietet die großzügige 9-Loch Golfanlage die Möglichkeit, in herrlicher Landschaft Golf zu spielen und die legere Atmosphäre der Clubgastronomie zu genießen. Der eben gelegene Golfplatz ist mühelos begehbar.

Platzinfos

GPS CLUB GASTRO VCG

Anfahrtsbeschreibung

Von Stuttgart und vom Bodensee: A 81, Ausfahrt Oberndorf über Bochingen-Oberndorf/Oberndorf-Lindenhof/Fluorn-Winzeln und Alpirsbach-Peterzell Ri. Freudenstadt, ca. 1,5 km nach Ortsende Peterzell rechts zum Golfplatz. Von Offenburg: B 294 bis Alpirsbach, am Ortsausgang rechts Ri. Dornhan, nach ca. 5 km rechts Ri. Rottweil, nach ca. 300 m links zum Golfplatz. Von Freudenstadt: Über Loßburg/24 Höfe Ri. Rottweil und dann links zum Golfplatz.

Nächstgelegene Plätze

Freudenstadt, GC (Nr. 512)
Königsfeld, GC (Nr. 524)
Schloss Weitenburg, GC (Nr. 513)

Greenfee-Aktion: Seite G 123

Golfclub Gröbernhof e.V.

Karte, Nr. 518, Feld C12 **18** Design: Brian Pierson Höhe: 220 m

gegründet: 1999

Gröbern 1, 77736 Zell am Harmersbach
07835-634909 07835-5479899
info@gc-groebernhof.de
www.gc-groebernhof.de

PR: Dr. Volker Hamann
Headgreenkeeper: Klaus Mayer

i: 07835-634909 07835-5479899
Andrea Breig-Jehle, Sylvia Singler

„Il Borgo"
07835-5472720
Mo. Ruhetag

PRO SHOP: 07835-634909

H: 5839 m, CR 72.2, SL 127, Par 72
D: 5238 m, CR 74.3, SL 131, Par 73
20 Rangeabschläge (3 überdacht)

G: Gäste sind jederzeit willkommen. Anmeldung ist notwendig. Clubausweis mit eingetragener PE ist erforderlich. Für Benutzer Pitching-/Putting-Green ist PE erforderlich: EUR 5/8

18-Loch-Greenfee: WT: EUR 70 / WE: EUR 80
9-Loch-Greenfee: WT: EUR 43 / WE: EUR 48
Ermäßigung 10er Karte 20%
Ermäßigung: Jugendl. bis 18 J. und Stud. bis 27 J. 50%

Platzbeschreibung

Ein sportlicher Anspruch an den Platz und die Integration zahlreicher Biotope, auf der sich die Natur in ihrer Vielfalt und Ursprünglichkeit ausbreiten kann sind die Grundausrichtung des Golfclub Gröbernhof. Durch die variantenreiche Geländestruktur mit ebenen und hügeligen Bahnen, mit Doglegs, Wasserhindernissen, großzügigen Fairways und ondulierten Grüns entstand ein abwechslungsreicher Course, der sportliche Golfer herausfordert, aber auch Einsteigern faire Bedingungen bietet. Nach einer ereignisreichen Golfrunde bietet die Panoramaterrasse des Golfrestaurants einen wunderschönen Blick auf die Bahn 18.

Platzinfos

Anfahrtsbeschreibung

Autobahn A 5, Ausfahrt Offeburg, B 33 in Richtung Villingen-Schwenningen, Ausfahrt Lahr-Biberach, Richtung Zell a. H. Erster Kreisverkehr Richtung Steinach, Kreisstraße Richtung Unterentersabach-Zell a.H. Der Golfplatz liegt an der Kreisstraße zwischen Unterentersbach und Zell a.H.

Nächstgelegene Plätze

Ortenau, GC (Nr. 516)
Breisgau, GC (Nr. 521)
Gütermann Gutach, GC (Nr. 525)

Baden-Württemberg

Golf Club Ulm e.V.

Karte, Nr. 519, Feld F12 **18** Höhe: 312 m

gegründet: 1963

Wochenauer Hof 2, 89186 Illerrieden
✆ 07306-929500 🖷 07306-9295025
✉ info@golfclubulm.de
💻 www.golfclubulm.de

PR Dr. Reinhard Knüppel, CM: Frank Steyer

i ✆ 07306-929500 🖷 07306-9295025
Sylvia Schnurr

Restaurant Noah, Osman Kavak
✆ 07306-9295050
Mo., Di., Mi., Do., Fr., Sa. und So. Ruhetag

PRO SHOP Sven Kattentidt
✆ 07306-9295060

PRO Pro: Torben Baumann

H: 6072 m, CR 72.2, SL 137, Par 72
D: 5332 m, CR 74.1, SL 131, Par 72
20 Rangeabschläge (5 überdacht)

G Gäste sind jederzeit willkommen. Clubausweis mit eingetragener PE ist erforderlich.

18-Loch-Greenfee: WT: EUR 80 / WE: EUR 100
9-Loch-Greenfee: WT: EUR 55
Ermäßigung: Jugendl./Stud. 50%

Platzbeschreibung

Es ist kein Geheimnis, dass die Golfanlage im ehemaligen „Gräflich von Fugger'schen Hofgut Wochenau" zu den schönsten Golfplätzen in Süddeutschland gehört und Ulms erste Adresse ist. Der etwa 15 Autominuten vom Ulmer Münster entfernte Golfplatz zählt als einziger in der Region (80 km Umkreis) zu den „Leading Golf Clubs of Germany". Ein Qualitätssiegel, das beste Spielbedingungen, professionelles Club-Management und eine hochwertige Gastronomie garantiert.

Platzinfos

VCG GPS CLUB GASTRO

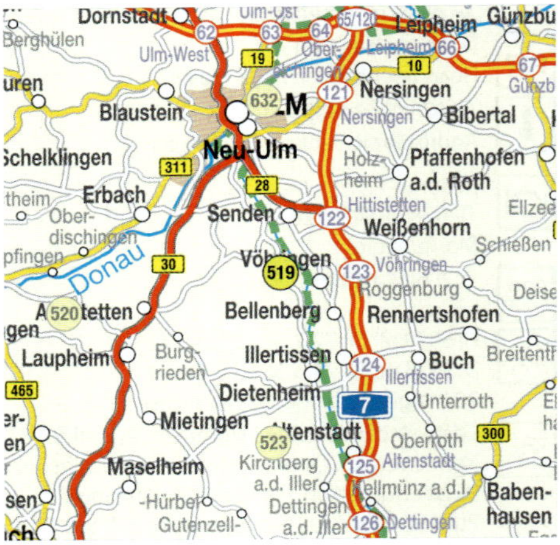

Anfahrtsbeschreibung

A 7 Ulm-Kempten, Ausfahrt Senden Richtung Senden bis Möbelhaus Inhofer, dann rechts Richtung Ay. In Ay rechts Richtung Illerkirchberg. 4 km nach dem Ortsausgang von Oberkirchberg liegt der Golfplatz linker Hand.

Nächstgelegene Plätze

Reischenhof, GC (Nr. 523)
New Golf Club Neu-Ulm (Nr. 632)
Donau-Riss, GC (Nr. 520)

Golfclub Donau-Riss e.V. Ehingen-Rißtissen

Karte, Nr. 520, Feld F12 **18** Design: Schrickel & Partner Höhe: 400 m

gegründet: 2003

Herrschaftslüssen 1, 89584 Ehingen-Rißtissen
☎ 07392-7006995 📠 07392-9380847
✉ info@golfclub-donau-riss.de
💻 www.golfclub-donau-riss.de

PR: Dr. Christopher Neuhaus, CM: Petra Ritzinger
Headgreenkeeper: Dieter Springmann

i: ☎ 07392-7006995 📠 07392-9380847
Nadja Rabel

Golf Lounge, Florian Treß
☎ 07392-9379987
Mo. Ruhetag

PRO SHOP: Golfshop Donau-Riss, Florian Mödl
☎ 01515-8754258

PRO: Pro: Florian Mödl

18-Loch GC Donau-Riss e.V. Platz
H: 5929 m, CR 71.2, SL 129, Par 72
D: 4924 m, CR 70.9, SL 129, Par 72
4-Loch Kurzplatz (Executive)
H: 765 m, Par 13, D: 666 m, Par 13
25 Rangeabschläge (5 überdacht)

G: Gäste sind jederzeit willkommen. Anmeldung ist notwendig. Clubausweis mit eingetragenem Handicap (54) ist erforderlich.

18-Loch-Greenfee: WT: EUR 68 / WE: EUR 90
9-Loch-Greenfee: WT: EUR 40 / WE: EUR 50
Ermäßigung: Jugendl./Stud. bis 18 J. 50%

Platzinfos

GPS CLUB GASTRO VCG

Anfahrtsbeschreibung

Aus Ulm/Biberach: Auf der B 30 bis Ausfahrt Laupheim Mitte, dann Richtung Ehingen. Nach ca. 4 km sind Sie in Rißtissen. Etwa 100 m nach dem Ortsschild links in Richtung Untersulmetingen abbiegen. Nach ca. 800 m ist rechts die Zufahrt zum Golfplatz. Aus Ehingen/ Blaubeuren: Über Nasgenstadt nach Rißtissen, dort zunächst Richtung Laupheim, kurz vor dem Ortsende aber rechts in Richtung Untersulmetingen abbiegen. Nach ca. 800 m ist rechts die Zufahrt zum Golfplatz.

Platzbeschreibung

Das sanft hügelige Gelände des ca. 83 ha umfassenden Golfplatzes, mit einer Gesamtlänge der Spielbahnen von 6008m, wurde von den Planern nach den neuesten Standards der Golfarchitektur gestaltet. 3 Seen, das nach sportlichen und ökologischen Gesichtspunkten modellierte Gelände und die Führung der Spielbahnen bieten dem Anfänger wie dem Könner eine interessante Herausforderung. Auf 4 öffentlichen Spielbahnen und einer großzügigen Übungsanlage können Einsteiger ihre Fähigkeiten testen.

Nächstgelegene Plätze

Ulm, GC (Nr. 519)
Reischenhof, GC (Nr. 523)
New Golf Club Neu-Ulm (Nr. 632)

Baden-Württemberg

Europa-Park Golfclub Breisgau e.V.

Karte, Nr. 521, Feld C12   18/9   Höhe: 225 m

gegründet: 1998

Am Golfpark 1,
79336 Herbolzheim-Tutschfelden
☎ 07643-93690 Fax 07643-936913
✉ info@gc-breisgau.de
www.gc-breisgau.de

PR Roland Bär, CM: Stefan Füllbrandt
Headgreenkeeper: Jens Martens

i ☎ 07643-93690 Fax -936913
Ilse Maurer, Andrea Duri, Marika Krumm

Rebland Restaurant, Furkan Ajdarovski
☎ 07643-936920

PRO SHOP MONVIKO GmbH & Co.KG
☎ 07644-916394

PRO Pro: Oliver Schüller, Elaine Wilson

18-Loch Rebland Platz
H: 5865 m, CR 71.5, SL 131, Par 72
D: 5162 m, CR 73.1, SL 129, Par 72
9-Loch Heckenrose Platz
H: 1350 m, Par 30, D: 1250 m, Par 30
35 Rangeabschläge (5 überdacht)

G Gäste sind jederzeit willkommen. Sa./So./Feiertage ist Anmeldung notwendig. Clubausweis mit eingetragener PE ist erforderlich.

18-Loch-Greenfee: WT: EUR 65 / WE: EUR 80
9-Loch-Greenfee: WT: EUR 35 / WE: EUR 40
Ermäßigung: Jugendl./Stud. 30%

Platzbeschreibung

Der Europa-Park Golfclub Breisgau bietet einen 18-Loch-Meisterschaftsplatz und eine öffentliche 9-Loch „Pay & Play"-Anlage. Eingerahmt von Weinbergen machen die wunderschönen Ausblicke auf den Schwarzwald, die Vogesen und den Kaiserstuhl diesen Golfpark so reizvoll. Leichte Höhenunterschiede, alter Baumbestand, einige Wasserhindernisse und anspruchsvoll modellierte Grüns und Bunker erfordern von Golfern aller Spielstärken ein strategisch durchdachtes Spiel.

Platzinfos

VCG GPS CLUB GASTRO

Anfahrtsbeschreibung

A 5 Karlsruhe-Basel, Ausfahrt Herbolzheim, weiter Richtung Herbolzheim bis zum 1. Kreisverkehr, dort rechts ab Richtung Kenzingen und am nächsten Kreisverkehr links ab Richtung Bleichheim/Tutschfelden. Der Straße bis zum Ende folgen, dann links auf die B 3 Richtung Herbolzheim, nach dem „EDEKA" rechts abbiegen Richtung Tutschfelden und vor dem Ortskern links zum Golfclub.

Nächstgelegene Plätze

Ortenau, GC (Nr. 516)
Gütermann Gutach, GC (Nr. 525)
Gröbernhof, GC (Nr. 518)

Golf-ER Club Schwaben

Karte, Nr. 522, Feld D12 9 Design: Erich Georg Renz Höhe: 730 m

gegründet: 2005

Am Golfplatz 1,
72361 Hausen am Tann - Balingen
07436-1600 07121-916152
info@golf-er.de
www.golf-er.de

PR Helga Hacker
Headgreenkeeper: Erich Renz

07436-1600 07121-916152
Hannes Hacker

Di. Ruhetag

PRO Pro: Heiko Hegermann

H: 5350 m, CR 69.1, SL 127, Par 70
D: 4488 m, CR 69.3, SL 117, Par 70
10 Rangeabschläge (1 überdacht)

G Gäste sind jederzeit willkommen. Clubausweis mit eingetragener PE ist erforderlich.

18-Loch-Greenfee: WT: EUR 45 / WE: EUR 55
9-Loch-Greenfee: WT: EUR 35 / WE: EUR 45
Ermäßigung: Jugendl./Stud.

Platzbeschreibung

Die im Jahre 2005 errichtete Anlage des Golfplatzes Hausen am Tann liegt am Fuße der schwäbischen Alb in einem hügeligen Gelände. Der Platz ist herausfordernd aber fair in einer traumhaften Landschaft am Fuße des Plettenberg.

Platzinfos

VCG GPS

Anfahrtsbeschreibung

Von Stuttgart oder Rottweil auf der B 27 kommend bis Schömberg. In Schömberg Richtung Ratshausen und von dort nach 72361 Hausen am Tann (ca. 7 km) Am Golfplatz 1.

Nächstgelegene Plätze

Hechingen-Hohenz., GC (Nr. 515)
Schloss Weitenburg, GC (Nr. 513)
Alpirsbach, GC (Nr. 517)

Baden-Württemberg

Golfclub Reischenhof e.V.

Karte, Nr. 523, Feld F12 **27** Design: Wolfgang Jersombek Höhe: 600 m

gegründet: 1987

Reischenhof 1, 88489 Wain
07353-1732 07353-3824
info@golfclub-reischenhof.de
www.golfclub-reischenhof.de

PR: Siegfried Drost, CM: Steffen Augustin
Headgreenkeeper: Hermann Stetter

i: 07353-1732 07353-3824

Restaurant: 07353-980560
Mo. Ruhetag

PRO SHOP: 07353-1732 -3824

PRO: Pro: Howard Francis, David Hausner

H: 5933 m, CR 71.3, SL 133, Par 72
D: 5201 m, CR 73, SL 130, Par 72
30 Rangeabschläge (8 überdacht)

G: Gäste sind jederzeit willkommen. PE ist erforderlich.

Tages-Greenfee: WT: EUR 70 / WE: EUR 90
9-Loch-Greenfee: WT: EUR 45 / WE: EUR 50
Ermäßigung: Jugendl./Stud. 50%

Platzbeschreibung

Auf dem Reischenhof wurde die Traumkonstellation einer Koppelung nach dem A/B/C-System vorbildlich mit drei Neun-Loch-Plätzen gelöst, von denen jeder sein eigenes Flair hat. Eingebettet in oberschwäbische Obstwiesen dehnt sich die sportlich anspruchsvolle Golfanlage auf einem 140 ha umfassenden Gelände großzügig aus. Einige Spielbahnen begeistern durch ihre spektakulären Landschaftseindrücke, bei anderen liegt der Reiz in der Kombination zwischen natürlichen Bahnverlauf und einem optimalem Pflegezustand.

Platzinfos

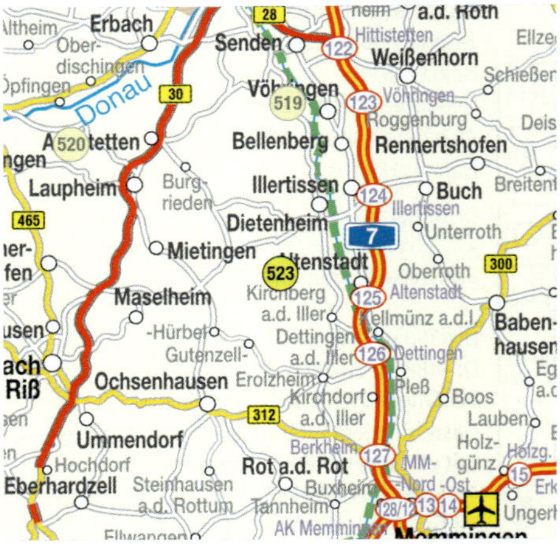

Anfahrtsbeschreibung

B 30 bis Laupheim (25 km südlich von Ulm), weiter Richtung Schwendi bis Großschafhausen, Abzweigung Wain. Oder: A 7 Ulm-Memmingen, Ausfahrt Illertissen-Dietenheim-Wain, die Zufahrt zum Reischenhof ist sehr gut beschildert.

Nächstgelegene Plätze

Ulm, GC (Nr. 519)
Donau-Riss, GC (Nr. 520)
Memmingen, GC (Nr. 681)

Greenfee-Aktion: Seite G 125

Golfclub Königsfeld e.V.

Karte, Nr. 524, Feld D12 18/4 Höhe: 800 m

gegründet: 1990

Angelmoos 20, 78126 Königsfeld-Martinsweiler
07725-93960 07725-939612
info@gc-k.de
www.golfclub-koenigsfeld.de

PR: Beatrice Hesselbach, GF: Günther Huber

i: 07725-93960 -939612
Andreas Blessing

Ristorante Bellavista
07725-939615
Di. Ruhetag

PRO SHOP: Service-Center
07725-93960 07725-939612

H: 5632 m, CR 70.5, SL 125, Par 70
D: 4964 m, CR 72.3, SL 127, Par 70
20 Rangeabschläge (3 überdacht)

G: Gäste sind jederzeit willkommen. Anmeldung ist notwendig. Clubausweis mit eingetragenem Handicap (54) ist erforderlich. Bitte Startzeiten buchen!

18-Loch-Greenfee: EUR 73
9-Loch-Greenfee: EUR 38
Range inkl. Kurzplatz EUR 15
Ermäßigung: Jugendl. und Stud. bis 27 J. 50%

Platzbeschreibung

Königsfeld ist ein heilklimatischer Kurort. Durch die Höhenlage von 800 m findet man auch im Frühjahr und Herbst einen nebelfreien Golfplatz. Die Golfanlage erstreckt sich über 80 ha entlang eines schönen Bachlaufes mit zahlreichen Teichen und Biotopen. Reizvolle Höhenunterschiede bieten wunderschöne Aussichten auf Schwarzwald und Schwäbische Alb.

Platzinfos

Anfahrtsbeschreibung

Aus Richtung Stuttgart: A 81 Stuttgart-Singen, Ausfahrt Rottweil, an der Ausfahrt links, nach ca. 100 m links Richtung Zimmern, weiter über Weiler und Burgberg nach Königsfeld zum Golfplatz. Aus Richtung Süden: über VS-Villingen B 33 Richtung Offenburg Abfahrt Mönchweiler immer geradeaus, d.h. durch Mönchweiler und Königsfeld hindurch, der Golfplatz liegt auf der Straße Richtung Hardt

Nächstgelegene Plätze

Alpirsbach, GC (Nr. 517)
Öschberghof, L&GC (Nr. 530)
Schwaben Golf-ER (Nr. 522)

Golfclub Gütermann Gutach e.V.

Karte, Nr. 525, Feld C12 **9** Höhe: 290 m

gegründet: 1924

Golfstraße 16/1, 79261 Gutach
☎ 07681-23151 Fax 07681-7343
sekretariat@gggutach.de
www.gggutach.de

PR: Horst Strecker, CM: Dipl.Kfm Kai Ellerbroek

i: ☎ 07681-23151 Fax 07681-7343
Martina Scherzinger

Restaurant: Anke Schmid
☎ 07681-4934298 Fax 07681-7343
Mo. Ruhetag

PRO SHOP: Kai Ellerbroek
☎ 07681-490449 Fax 07681-7343

PRO: Pro: Mark Smith

H: 5796 m, CR 70.7, SL 144, Par 72
D: 4954 m, CR 71.5, SL 135, Par 72
15 Rangeabschläge (4 überdacht)

G: Gäste sind jederzeit willkommen. Anmeldung ist notwendig. Clubausweis mit eingetragenem Handicap (54) ist erforderlich. Sa./So./Feiertage ist Handicap 36 erforderlich.

18-Loch-Greenfee: WT: EUR 60 / WE: EUR 70
9-Loch-Greenfee: WT: EUR 35 / WE: EUR 40
Gruppen ab 10 Personen 10 % Nachlass
Ermäßigung: Jugendl. bis 18 J. 50%, Stud. bis 27 J. 25%

Platzbeschreibung

Erbaut 1924 hat sich der Golfplatz im Elztal in Gutach bei ständiger Pflege und behutsamer Renovierung in ein landschaftliches Kleinod gewandelt, eingebettet in waldige Höhen und steile Schwarzwald-Bergkämme. Er ist sicher einer der schönsten und zugleich anspruchvollsten Plätze der Region: Alte Bäume säumen die relativ schmalen Fairways, Wasserhindernisse sind reichlich und auch an Bunkern wurde nicht gespart.

Platzinfos

Anfahrtsbeschreibung

A 5 Karlsruhe-Basel, Ausfahrt Freiburg-Nord Ri. Waldkirch-Freudenstadt bis zur Ausfahrt Gutach-Bleibach, links Ri. Gutach-Ortsmitte. Hier über die Elzbrücke, nach ca. 200 m ist rechts die Zufahrt zum Golfplatz. Oder: A 81 Singen-Stuttgart, Ausfahrt Donaueschingen-Mitte, durch Donaueschingen auf die L 173 Ri. Furtwangen-Gutach. Weiter Ri. Gutach-Ortsmitte, hier über die Elzbrücke und weiter wie oben.

Nächstgelegene Plätze

Freiburger GC (Nr. 528)
Breisgau, GC (Nr. 521)
Gröbernhof, GC (Nr. 518)

Golf-Club Sigmaringen Zollern-Alb e.V.

Karte, Nr. 526, Feld E12 **18** Höhe: 600 m

gegründet: 1992

Buwiesen 10, 72514 Inzigkofen
07571-74420 07571-744235
info@gc-sigmaringen.de
www.gc-sigmaringen.de

PR Wolfgang Wurster, CM: Matthias Lupp

07571-74420 07571-744235
Tanja Heinz, Gabriele Nüssle

Landhaus Paultertal
07571-744260 07571-744235
Mo. Ruhetag

PRO Pro: John Laws

H: 6040 m, CR 71.6, SL 133, Par 72
D: 5160 m, CR 72.4, SL 133, Par 72
40 Rangeabschläge (3 überdacht)

G Gäste sind jederzeit willkommen. Anmeldung ist notwendig. Clubausweis mit eingetragenem Handicap (54) ist erforderlich.

Tages-Greenfee: WT: EUR 60 / WE: EUR 75
9-Loch-Greenfee: WT: EUR 35 / WE: EUR 45
Ermäßigung: Jugendl./Stud. 50%

Platzinfos

VCG GPS CLUB

Platzbeschreibung

Die Anlage liegt im Naturpark „Obere Donau" unweit des berühmten Donautals und der Hohenzollernstadt Sigmaringen am Rande der Schwäbischen Alb. Die Bahnen sind teilweise hügelig und bestechen durch ihren Variantenreichtum und die ruhige Lage. Die Bahn 13 ist ein atemberaubendes Par 3 über ein Tal mit einem schmalen Grün.

Nächstgelegene Plätze

Bad Saulgau, GREEN-GOLF (Nr. 527)
Owingen-Überlingen, GC (Nr. 537)
Schwaben Golf-ER (Nr. 522)

Anfahrtsbeschreibung

Von Norden (Albstadt/Reutlingen): von der B 32 Richtung Meßkirch/Stockach auf die B 313. Nach 1,5 km Abzweigung nach Göggingen nehmen. Golfplatzbeschilderung folgen. Noch 2 km bis zum Golfplatz. Von Süden (Pfullendorf) und Osten (Mengen): Von der B 311 Ri. Göggingen, vor Göggingen re. abbiegen nach Inzigkofen. Nach 6 km links auf den Golfplatz fahren. Von Westen: B 313 Ri. Sigmaringen, 2 km davor der Beschilderung zum Golfplatz folgen (ca. 2 km).

Baden-Württemberg

Greenfee-Aktion: Seite G 125

GREEN-GOLF Bad Saulgau GbR

Karte, Nr. 527, Feld E12 **18** Höhe: 650 m

gegründet: 1995

Koppelweg 103, 88348 Bad Saulgau
07581-527455 07581-527487
info@gc-bs.de
www.gc-bs.de

PR Rolf Ostermeier
Headgreenkeeper: Thomas Uhland-Busse

i 07581-527455 07581-527487
Kathleen Neumann, Stefan Lutz

Restaurant am Golfpatz
07581-527455

PRO Pro: Martina Engel, Fabian Michelberger

H: 6125 m, CR 71.8, SL 125, Par 72
D: 5406 m, CR 73.6, SL 130, Par 72
20 Rangeabschläge (6 überdacht)

G Gäste sind jederzeit willkommen. Anmeldung ist notwendig. Clubausweis mit eingetragenem Handicap (54) ist erforderlich. Wir bieten überdachte Wohnmobilstellplätze mit Elektroanschluss auf unserem Parkplatz. Stellplatzgebühr EUR 7 pro Wohnmobil und Tag zzgl. EUR 1,50 Kurtaxe pro Person und Tag.

18-Loch-Greenfee: WT: EUR 60 / WE: EUR 70
9-Loch-Greenfee: WT: EUR 35 / WE: EUR 40
20 % Rabatt für Gruppen ab 11 Personen
Ermäßigung: Jugendl. bis 18 J. und Stud. bis 25 J. 50%

Platzbeschreibung

Der in der oberschwäbischen Landschaft zwischen Donau und Bodensee gelegene Golf Club Bad Saulgau lädt in freundlicher, naturverbundener Atmosphäre zum Spielen seines 18-Loch Meisterschaftplatzes ein. Die in sanfte Hügellandschaft integrierte Anlage gilt als Geheimtipp und bietet golferisch ein anspruchsvolles aber faires Spiel.

Platzinfos

VCG GPS CLUB GASTRO

Anfahrtsbeschreibung

Von Ulm/Donau: B 30 Ri. Biberach, von Biberach nach Bad Saulgau, von Bad Saulgau auf der B 32 ca. 3 km Ri. Weingarten-Ravensburg, dann Ausf. rechts nach Haid-Wilfertsweiler, nach dem Ortsende Wilfertsweiler liegt der Golfplatz rechter Hand. Vom Bodensee: Auf der B 30 von Friedrichshafen nach Ravensburg, von Ravensburg auf der B 32 Ri. Bad Saulgau, ca. 3 km vor Bad Saulgau links Ri. Haid-Wilfertsweiler und weiter wie oben beschrieben.

Nächstgelegene Plätze

Rochushof Deggenh., GC (Nr. 535)
Ravensburg, GC (Nr. 536)
Oberschwaben, GC (Nr. 531)

Freiburger Golfclub e.V.

Karte, Nr. 528, Feld C12 18 Design: Thomas Himmel Höhe: 350 m

gegründet: 1970

Krüttweg 1, 79199 Kirchzarten
☎ 07661-98470 🖷 07661-984747
✉ info@fr-gc.de
www.fr-gc.de

PR: Georg-Wilhelm von Oppen,
CM: Rossini Postiglione
Headgreenkeeper: Hubert Löffler

i: ☎ 07661-98470 🖷 07661-984747
Daniel Ferreira, Kirsten Radewic, Anna Kennel, Lukas Plum

Patcharawadee Keidel
☎ 07661-3093
Mo. Ruhetag

PRO SHOP: Christine Weggenmann ☎ 07661-7897
🖷 07661-7897

PRO: Pro: Stephanie Postiglione, Zoe Stachel, Marc Kirchmaier, Richard Köbke

H: 5864 m, CR 71.7, SL 130, Par 72
D: 4920 m, CR 72, SL 126, Par 72
30 Rangeabschläge (15 überdacht)

G: Gäste sind jederzeit willkommen. Anmeldung ist notwendig. Clubausweis mit eingetragenem Handicap (54) ist erforderlich. Sa./So./Feiertage ist Handicap 36 erforderlich.

18-Loch-Greenfee: WT: EUR 75 / WE: EUR 90
9-Loch-Greenfee: WT: EUR 40 / WE: EUR 50
Ermäßigung: Jugendl./Stud.

Platzbeschreibung

Die Anlage liegt östlich Freiburgs im Dreisamtal. Im Norden und Süden wird der in ebenem Gelände gelegene Platz von den Bergen des Südschwarzwaldes eingerahmt. Der herrliche alte Baumbestand vermittelt einen parkähnlichen Charakter und die kleinen Wasserläufe, die den Platz berühren oder durchziehen, stellen einige Anforderungen an den Spieler.

Platzinfos

Anfahrtsbeschreibung

A 5 Karlsruhe-Basel, Ausf. Freiburg-Mitte, B 31 durch Freiburg, nach dem Tunnel Ausfahrt Kappel. Weiter Richtung Kappel (nicht Kappel-Ortsmitte abbiegen!). Nach dem Ortsende Kappel links über den Bahnübergang zum Golfplatz abbiegen. Oder von Titisee: B 31Richtung Freiburg, Abfahrt Kirchzarten/ Todtnau. 1,2 km weiter in Richtung Todtnau, danach der Wegweisung Freiburg-Kappel folgen. Nach ca. 2 km rechts über den Bahndamm abbiegen.

Nächstgelegene Plätze

Gütermann Gutach, GC (Nr. 525)
Hochschwarzwald, GC (Nr. 532)
Tuniberg, GC (Nr. 529)

Golfclub Tuniberg e.V.

Karte, Nr. 529, Feld C12 **18** Höhe: 212 m

gegründet: 1987

Große Brühl 1, 79112 Freiburg-Munzingen
07664-93060
info@golfclub-tuniberg.de
www.golfclub-tuniberg.de

PR Steffen Braun, GF: Matthias Wäldin
Headgreenkeeper: Kai Neudecker

i 07664-93060
Klaus Lohrer, Ursula Lang

Restaurant tunigarden
07664-930612
Mo. Ruhetag

PRO Pro: Leigh Whittaker, Paul Wilkinson

H: 5707 m, CR 71.3, SL 127, Par 72
D: 5124 m, CR 73.9, SL 126, Par 72
30 Rangeabschläge (10 überdacht)

G Gäste sind jederzeit willkommen. Anmeldung ist notwendig. Clubausweis mit eingetragenem Handicap (54) ist erforderlich. Sa./So./Feiertage ist Handicap 36 erforderlich. Hunde sind nur von Montag bis Freitag angeleint gestattet.

9-Loch-Greenfee: WT: EUR 45 / WE: EUR 55
Ermäßigung: Jugendl./Stud. 50%

Platzbeschreibung

Der Course mit seiner ebenen Topographie ist für jede Spielstärke eine Herausforderung. Die Grüns sind qualitativ sehr gut, großzügig in den Ausmaßen und attraktiv in der Optik. Der Driving Range-Unterstand, die vielen Rasenabschlagplätze, die zwei Putting-Greens und das terrassierte Chipping / Pitching-Grün lassen keine Trainingswünsche offen und gelten als besonders gelungene Übungsmöglichkeiten.

Platzinfos

VCG GPS CLUB GASTRO

Anfahrtsbeschreibung

A 5, Ausfahrt Bad Krozingen, Richtung Breisach. An der ersten Kreuzung rechts abbiegen und Richtung Hausen fahren. Durch den Ort weiter nach Munzingen. Nach ca. 2 km an der B 31 links Richtung Breisach. Der Golfclub Tuniberg liegt gleich hinter der Kreuzung auf der linken Seite.

Nächstgelegene Plätze

Freiburger GC (Nr. 528)
Schönau (Nr. 538)
Markgräflerland, GC (Nr. 541)

Land- und Golf-Club Öschberghof

Karte, Nr. 530, Feld D12 **45** Design: Karl Grohs, Christoph Städler Höhe: 700 m

gegründet: 1976

Golfplatz 1, 78166 Donaueschingen
0771-84525 0771-84540
golf@oeschberghof.com
www.oeschberghof.com

PR Alexander Hengst, GF: Alexander Aisenbrey
Headgreenkeeper: Patrick Redmann

i 0771-84525 0771-84540
Ulrike Huger

Ristorante und Pizzeria Hexenweiher
0771-84610 0771-84533
Mi. Ruhetag

PRO SHOP Golf- und Modeshop
0771-84530 0771-84540

PRO Pro: Julian Eichhorn

18-Loch Old Course
H: 6026 m, CR 70.7, SL 132, Par 72
D: 5144 m, CR 71.4, SL 132, Par 72
18-Loch East Course
H: 5708 m, CR 69.2, SL 128, Par 72
D: 4866 m, CR 69.9, SL 126, Par 72
100 Rangeabschläge (10 überdacht)

G Gäste sind jederzeit willkommen. Anmeldung ist notwendig. Clubausweis mit eingetragener PE ist erforderlich.

Tages-Greenfee: Mo.-Do.: EUR 120 / Fr.-So.: EUR 140
18-Loch-Greenfee: Mo.-Do.: EUR 90 / Fr.-So.: EUR 100
9-Loch-Greenfee: Mo.-Do.: EUR 50 / Fr.-So.: EUR 60
Ermäßigung: Jugendl./Stud. bis 21 J. 50%

Nächstgelegene Plätze
Königsfeld, GC (Nr. 524)
Obere Alp, GC (Nr. 539)
Schloss Langenstein, GC (Nr. 533)

Platzinfos

Anfahrtsbeschreibung
A 81 Stuttgart-Singen, Ausfahrt AB-Dr. Bad Dürrheim, weiter Richtung Donaueschingen, Ausfahrt Donaueschingen-Mitte, von dort Richtung Geisingen und A 81, kurz nach Donaueschingen links Richtung Aasen und der Beschilderung zum Hotel und Golfplatz folgen. Oder: Vom Bodensee Richtung A 81 Stuttgart, Ausfahrt Geisingen, weiter Richtung Donaueschingen, kurz vor Donaueschingen rechts Richtung Aasen und der Beschilderung folgen.

Platzbeschreibung
Die gepflegten Greens unserer beeindruckenden Golfanlage ermöglichen Ihnen ein gelungenes Golfspiel mit nur fünf Gehminuten von jedem Bereich des Resorts zu Ihren Abschlagplätzen. Der 18-Loch East Course zeichnet sich besonders durch seine Topographie mit Links Course Charakter aus, der 18-Loch Old-Course mit seinem Baumbestand als Parkland Course.

Fürstlicher Golfclub Oberschwaben e.V.

Karte, Nr. 531, Feld F12 **36/9** Design: Harradine Golf, T. Himmel, C. Knauss

gegründet: 1968

Hopfenweiler 9, 88339 Bad Waldsee
✆ 07524-4017200 🖷 07524-4017100
✉ golf@waldsee-golf.de
www.waldsee-golf.de

PR: Manfred Hall, GF: Sascha Binoth, CM: Max Föhl

i: ✆ 07524-4017200 🖷 07524-4017100
Simone Sproll

Fam. Benzing
✆ 07524-40170

PRO SHOP: ✆ 07524-4017200

PRO: Pro: Dirk Krause, Max Föhl, Thomas Schinnenburg

18-Loch Old Course
H: 6007 m, CR 71.9, SL 137, Par 72
D: 5292 m, CR 73.8, SL 133, Par 72
18-Loch New Course
H: 6020 m, CR 71.7, SL 130, Par 72
D: 5231 m, CR 73.1, SL 130, Par 72
60 Rangeabschläge (16 überdacht)

G: Gäste sind jederzeit willkommen. Anmeldung ist notwendig. Clubausweis mit eingetragenem Handicap (54) ist erforderlich.

18-Loch-Greenfee: EUR 85
9-Loch-Greenfee: EUR 45
Ermäßigung: Jugendl./Stud. 50%

Platzbeschreibung

Einer der schönsten und ältesten Golfplätze Süddeutschlands - das ist nicht nur die Meinung der Mitglieder des Golfclub Oberschwaben, sondern einhelliges Lob sowohl in der Fachpresse als auch der vielen Besucher, die jede Saison auf dieser Anlage spielen. Die ersten neun Spielbahnen wurden 1970 angelegt. Die Erweiterung auf 18 Loch erfolgte im Jahre 1982. So hatte die Anlage viele Jahre Zeit, sich zu dieser vollkommenen Harmonie zwischen Wald, Wiese und Spielbahnen zu entwickeln.

Platzinfos

VCG GPS CLUB GASTRO

Anfahrtsbeschreibung

Von München: A 96 Ri. Lindau, Ausfahrt Leutkirch-West/Bad Waldsee, auf der B 465 über Bad Wurzach nach Bad Waldsee. Von Ulm: A 7 Ri. Kempten, am AB-Dr. Memmingen auf die A 96 Ri. Lindau, Ausfahrt Leutkirch-West/Bad Waldsee und weiter wie oben beschrieben.Oder auf der B 30 über Laupheim-Biberach nach Bad Waldsee.

Nächstgelegene Plätze

Bad Saulgau, GREEN-GOLF (Nr. 527)
Ravensburg, GC (Nr. 536)
Memmingen, GC (Nr. 681)

Golfclub Hochschwarzwald e.V.

Karte, Nr. 532, Feld D12 **18** Höhe: 900 m

gegründet: 2001

Oberaltenweg 7, 79822 Titisee-Neustadt
07651-935777 07651-935778
info@gc-hsw.de
www.gc-hsw.de

PR
Dr. Klaus Trescher, CM: Darren Hillier
Headgreenkeeper: Markus Bock

07651-935777 07651-935778
Barbara Kammerer, Klaudia Kemper

Golfstüble, Peter Axtmann
07651-935779 07651-935778
Mo. Ruhetag

PRO SHOP
Golfclub Hochschwarzwald e.V.
07651-935777 07651-935778

PRO
Pro: Darren Hillier

18-Loch Himmlische Hölle Platz
H: 4752 m, CR 64.7, SL 113, Par 68
D: 4152 m, CR 65.8, SL 116, Par 68
17 Rangeabschläge (3 überdacht)

G
Gäste sind jederzeit willkommen. Anmeldung ist notwendig. Clubausweis mit eingetragener PE ist erforderlich. Rangefee: 20 Bälle - 2 €uro

18-Loch-Greenfee: WT: EUR 58 / WE: EUR 68
9-Loch-Greenfee: WT: EUR 35 / WE: EUR 42
Ermäßigung: Jugendl. und Stud. bis 27 J. 50%

Platzbeschreibung

Die Anlage liegt mit herrlichem Panoramablick auf den Feldberg malerisch zwischen den heilklimatischen Kurorten Titisee-Neustadt und Hinterzarten. Der 18-Loch-Platz ist mit seinen Biotopen und den sanften Hanglagen für jede Spielstärke eine abwechslungsreiche Herausforderung.

Platzinfos

VCG GPS CLUB

Anfahrtsbeschreibung

Von Freiburg kommend die Ausfahrt „Titisee" nehmen. Biegen Sie bei der ersten Möglichkeit rechts ab und wenden an der Verkehrsinsel zurück Richtung Freiburg und B 31. Vor der Einfahrt auf die B 31 rechts in den Oberaltenweg fahren, die erste Abzweigung links führt zu unseren Besucherparkplätzen. Von Donaueschingen kommend die Ausfahrt „Titisee" nehmen und unmittelbar nach der Ausfahrt über die Straße in den Oberaltenweg abbiegen. Danach gleich links die erste Abzweigung nehmen.

Nächstgelegene Plätze

Freiburger GC (Nr. 523)
Schönau (Nr. 538)
Obere Alp, GC (Nr. 539)

Baden-Württemberg

Country Club Schloss Langenstein

Karte, Nr. 533, Feld E13 **18/9** Design: Rod Whitman Höhe: 475 m

gegründet: 1991

Schloss Langenstein 16,
78359 Orsingen-Nenzingen
☎ 07774-50651
✉ info@schloss-langenstein.com
www.schloss-langenstein.com

PR Hubertus Graf Douglas,
CM: Katharina Enkelmann
Headgreenkeeper: Alex Buhl

i ☎ 07774-50651
Tamara Merle

Restaurant Toscana, Mino Lucanto
☎ 07774-50671
Mo. Ruhetag

PRO SHOP KB Golf-Store, Kevin Berger
☎ 07774-50672

PRO Pro: Jonas Golz, Stefan Königer

18-Loch Platz
H: 5983 m, CR 71.9, SL 132, Par 72
D: 5281 m, CR 74.1, SL 131, Par 72
9-Loch Kurzplatz (Par 3)
H: 694 m, D: 694 m
40 Rangeabschläge (15 überdacht)

G Gäste sind jederzeit willkommen. Anmeldung ist notwendig. Clubausweis mit eingetragenem Handicap (54) ist erforderlich. Sa./So./Feiertage ist Handicap 36 erforderlich.

18-Loch-Greenfee: Mo.-Do.: EUR 85 / Fr.-So.: EUR 119
9-Loch-Greenfee: Mo.-Do.: EUR 55 / Fr.-So.: EUR 70
Ermäßigung: Jugendl. und Stud. bis 27 J. 50%

Nächstgelegene Plätze
Steisslingen, GC (Nr. 534)
Konstanz, GC (Nr. 540)
Owingen-Überlingen, GC (Nr. 537)

Platzinfos

VCG GPS CLUB GASTRO

Anfahrtsbeschreibung
A 81 Stuttgart-Singen, Ausf. Engen Richt. Stockach, auf der B 31 durch Aach nach Eigeltingen. Am Ortseingang Eigeltingen Hinweisschild rechts nach Schloss Langenstein. Oder: Von Zürich Autob. Richt. St. Gallen-Schaffhausen, Autobahn Singen-Stuttgart bis zur Ausf. Engen und weiter wie oben beschrieben.

Platzbeschreibung
Der Meisterschaftsplatz -Herzstück von Schloss Langenstein- bestiecht durch seine weitläufige Landschaft und die jede für sich charakteristische und einzigartige Spielbahn. Langenstein ist seit seiner Entstehung Austragungsort verschiedenster Deutschen Meisterschaften und EPD-Tour Turnieren. Eröffnet in 1991 und vollendet in 1992, wurde Langenstein von Rod Whitman designed.

Golfclub Steisslingen e.V. am Bodensee

Karte, Nr. 534, Feld E13 18/6 Design: Dave Thomas Höhe: 430 m

gegründet: 1991

Brunnenstraße 4b, 78256 Steisslingen-Wiechs
07738-939120 Fax 07738-9391229
info@golfplatz-steisslingen.de
www.golfplatz-steisslingen.de

PR Uwe Eisch, GF: Björn Becker,
CM: Annette Günther
Headgreenkeeper: Christian Pilawa

i 07738-939120 Fax 07738-9391229
Elke Zimmermann, Ulrike Pugh

Golfplatz Restaurant, Sebastian Dreyer
07738-9391220

PRO SHOP Golfplatz Steißlingen GmbH, Simone Becker
07738-939120 Fax 07738-939129

PRO Pro: David Pugh

18-Loch Platz
H: 5780 m, CR 70.8, SL 127, Par 71
D: 5085 m, CR 72.5, SL 125, Par 71
6-Loch Public Course Par 60
H: 2820 m, Par 60, D: 2745 m, Par 60
35 Rangeabschläge (5 überdacht)

G Gäste sind jederzeit willkommen. Anmeldung ist notwendig. Clubausweis mit eingetragener PE ist erforderlich.

18-Loch-Greenfee: WT: EUR 70 / WE: EUR 90
9-Loch-Greenfee: WT: EUR 45 / WE: EUR 60
Ermäßigung: Jugendl./Stud.

Platzbeschreibung

In einer für den Bodensee typischen Landschaft wurde eine Golfanlage besonderer Güteklasse realisiert. Die sehr interessant und abwechslungsreich gestalteten Spielbahnen zeichnen sich vor allem durch die anspruchsvoll modellierten Hindernisse aus. Die Sandbunker lassen erkennen, dass hier schottische Architekten am Werk waren. Der Fairwaybunker an der 18 zählt mit einer Länge von 70 m zu den längsten Bunkern Deutschlands.

Platzinfos

VCG GPS CLUB GASTRO

Anfahrtsbeschreibung

Vom Singener Autobahnkreuz auf der B 33 Richtung Konstanz, Ausfahrt Singen-Ost, weiter Richtung Steißlingen, nach dem Ortsende links Richtung Steißlingen-Wiechs zum Golfplatz abbiegen.

Nächstgelegene Plätze

Schloss Langenstein, GC (Nr. 533)
Konstanz, GC (Nr. 540)
Owingen-Überlingen, GC (Nr. 537)

Baden-Württemberg

Golfclub Rochushof Deggenhausertal e.V.

Karte, Nr. 535, Feld E13 **9/3** Design: Robert Newsome Höhe: 730 m

gegründet: 1998

Unterhomberg 4, 88693 Deggenhausertal
✆ 07555-919630 🖷 07555-919631
✉ rochushof@t-online.de
💻 www.golfclub-rochushof.de

PR: Claudius Jehle, CM: Claudius Jehle

i: ✆ 07555-919630
Claudius Jehle

Restaurant: Claudius Jehle
✆ 07555-919630

PRO SHOP: ✆ 07555-919630/-386 🖷 -919631

PRO: Pro: Gerhard Koenig

H: 5468 m, CR 68.8, SL 133, Par 72
D: 4678 m, CR 69.1, SL 125, Par 72
12 Rangeabschläge (3 überdacht)

G: Gäste sind jederzeit willkommen. Clubausweis mit eingetragener PE ist erforderlich.

18-Loch-Greenfee: WT: EUR 59 / WE: EUR 69
9-Loch-Greenfee: WT: EUR 39 / WE: EUR 46
Ermäßigung: Jugendl. bis 18 J. und Stud. bis 26 J.

Platzbeschreibung

Unser Platz liegt in einer der schönsten Gegenden Deutschlands, dem Deggenhausertal (20 km vom Bodensee entfernt) und bietet einen Panoramablick bis weit in die Alpen. Wir legen neben einer hochwertigen, gut gepflegten Golfanlage auch höchsten Wert auf eine herzliche, familiäre, bodenständige und gastfreundliche Atmosphäre.

Platzinfos

VCG

GPS

Anfahrtsbeschreibung

Sie finden die Anfahrtsbeschreibungen aus allen Himmelsrichtungen auf unserer Homepage unter www.golfclub-rochushof.de Bitte geben Sie in Ihr Navigationsgerät unter Straße „Unterhomberg 4" ein.

Nächstgelegene Plätze

Ravensburg, GC (Nr. 536)
Bad Saulgau, GREEN-GOLF (Nr. 527)
Owingen-Überlingen, GC (Nr. 537)

Golfclub Ravensburg e.V.

Karte, Nr. 536, Feld E13 18/6 Design: Reinhold Weishaupt Höhe: 450 m

gegründet: 1994

Hofgut Okatreute, 88213 Ravensburg
✆ 0751-9988 🖷 0751-9984
✉ golfanlage-ravensburg@t-online.de
💻 www.golfclub-ravensburg.de

PR Hugo Adler, GF: Hugo Adler, CM: Christian Raab
Headgreenkeeper: Christian Adler

i ✆ 0751-9988 🖷 0751-9984
Cornelia Nägele

Restaurant am Golfplatz, Shendrit Krasniqi
✆ 0751-29708766 🖷 0751-2908767

PRO SHOP ✆ 0751-9988 🖷 0751-9984

PRO Pro: Martina Engel

18-Loch Meisterschaftsplatz
H: 6074 m, CR 72.1, SL 130, Par 72
D: 5321 m, CR 73.8, SL 125, Par 72
6-Loch Öffentlicher 6-Loch Platz (Pitch & Putt)
H: 785 m, Par 19, D: 785 m, Par 19
15 Rangeabschläge (4 überdacht)

G Gäste sind jederzeit willkommen. Anmeldung ist notwendig. Clubausweis mit eingetragenem Handicap (54) ist erforderlich.

18-Loch-Greenfee: WT: EUR 64 / WE: EUR 74
9-Loch-Greenfee: WT: EUR 35 / WE: EUR 45
Ermäßigung: Jugendl. bis 18 J. 50%, Stud. bis 25 J. 25%

Nächstgelegene Plätze

Rochushof Deggenh., GC (Nr. 535)
Bad Saulgau, GREEN-GOLF (Nr. 527)
Oberschwaben, GC (Nr. 531)

Platzinfos

VCG

Anfahrtsbeschreibung

Von der B 30 Ulm-Friedrichshafen auf die B 33 Richtung Meersburg, von Ravensburg-Weststadt ca. 5 km Richtung Schmalegg, kurz vor Schmalegg rechts zum Hofgut Okatreute abbiegen.

Platzbeschreibung

Vor den Toren Ravensburgs erwartet Sie ein außergewöhnlich schöner Golfplatz. Der 18 Loch Championship Course mit seinen traumhaften Spielbahnen, die sich harmonisch in die Landschaft einfügen bietet für alle Hcp.-Klassen eine Herausforderung. Die schnellen Grüns sind für jeden Golfer ein Genuss und spiegeln den Pflegezustand auf höchstem Niveau wieder. Der öffentliche 6-Loch-Kurzplatz sowie die große Driving Range mit Golfschule und Übungsgreens stehen auch ohne Clubmitgliedschaft und Platzreife zur Verfügung.

Golfclub Owingen - Überlingen e.V.

Karte, Nr. 537, Feld E13 **18** Höhe: 450 m

gegründet: 1989

Alte Owinger Straße 93, 88696 Owingen
☎ 07551-83040 🖷 07551-830422
✉ welcome@golfclub-owingen.de
www.golfclub-owingen.de

PR Jean-Claude Parent, CM: Katharina Enkelmann

i ☎ 07551-83040 🖷 07551-830422
Max Obernhuber, Brigitte Baur

Birdie Stuben
☎ 07551-83040

PRO SHOP Pro-Shop Dirk & Karin Krause, Karin Krause
☎ 07551-915992 🖷 07551-932686

PRO Pro: Marc Amort, Frank Habeth

H: CR 72.9, SL 133, Par 73
D: CR 75.7, SL 133, Par 73
50 Rangeabschläge (8 überdacht)

G Gäste sind jederzeit willkommen. Anmeldung ist notwendig. Clubausweis mit eingetragener PE ist erforderlich. Sa./So./Feiertage ist Handicap 36 erforderlich.

18-Loch-Greenfee: WT: EUR 80 / WE: EUR 90
9-Loch-Greenfee: WT: EUR 45
Ermäßigung: Jugendl./Stud. 50%

Platzbeschreibung
Das Hofgut Lugenhof mit seiner 18-Loch-Anlage befindet sich in einer reizvollen Ferienlandschaft des Bodensees. Mit Obstbäumen und Wasserflächen schmiegen sich die 18 Löcher perfekt in ein sanft geschwungenes Areal ein und bieten traumhafte Ausblicke auf die Umgebung, die Alpen und den See. Ohne für den Anfänger zu schwierig zu sein, bietet der Platz auch für den guten Spieler immer einen herausfordernden Reiz.

Platzinfos

VCG GPS CLUB

Anfahrtsbeschreibung
Von Stuttgart: A 81 Stuttgart-Singen, die Autobahn geht in die B 31 über, weiter auf der B 31 in Richtung Lindau-Überlingen, Ausfahrt Überlingen-Nordwest, im ersten und zweiten Kreisverkehr der Beschilderung Richtung Owingen folgen. Von Lindau: B 31 bis zur Ausfahrt Überlingen-West Richtung Owingen, dann Ausfahrt Überlingen-Nordwest Richtung Owingen, im Kreisverkehr der Beschilderung Owingen folgen.

Nächstgelegene Plätze
Konstanz, GC (Nr. 540)
Rochushof Deggenh., GC (Nr. 535)
Steisslingen, GC (Nr. 534)

Golf Schönau GmbH

Panorama Golf

Karte, Nr. 538, Feld C13 **9** Höhe: 600 m

gegründet: 1995

Schönenberger Straße 17,
79677 Schönau im Schwarzwald
07673-888660
info@golf-schoenau.de
www.golf-schoenau.de

PR GF: Gerd Rueb, CM: David Walker

i 07673-888660

Cafe-Bistro am Golfplatz, Magosia Walker
07673-888660
Mo. Ruhetag

PRO SHOP 07673-888660

PRO Pro: David Walker

9-Loch Panorama Golfanlage
H: 3346 m, CR 62.9, SL 108, Par 62
D: 3038 m, CR 62.4, SL 103, Par 62
14 Rangeabschläge (2 überdacht)

G Gäste sind jederzeit willkommen. Anmeldung ist erforderlich. PE ist erforderlich.

Tages-Greenfee: WT: EUR 80 / WE: EUR 90
18-Loch-Greenfee: WT: EUR 45 / WE: EUR 55
9-Loch-Greenfee: WT: EUR 30 / WE: EUR 40
Ermäßigung: Jugendl. bis 18 J. und Stud. 50%

Platzinfos

VCG GPS CLUB GASTRO

Anfahrtsbeschreibung

A 5 Karlsruhe-Basel, Ausfahrt Freiburg/Mitte - Kirchzarten - Notschrei -Todtnau - Schönau im Schwarzwald. Oder: A 81 Stuttgart-Singen, Ausfahrt Bad Dürrheim/Donaueschingen - Titisee-Neustadt - Feldberg - Todtnau - Schönau im Schwarzwald. Oder: A 98 Basel-Lörrach, Ausfahrt Lörrach - Schopfheim - Zell - Schönau im Schwarzwald.

Platzbeschreibung

Eingebettet in einem Tal des Südschwarzwaldes, am Fuße des Belchens gelegen, beeindruckt die Panorama Golfanlage Schönau jeden Spieler durch einen herrlichen Panoramablick auf die Schwarzwaldberge als Belohnung für die Bewältigung der 9 Spielbahnen. Der 1995 gegründete Golfplatz ist der Landschaft harmonisch angepasst; gepflegte Fairways entlang eines Wildbaches, Biotope, Bunker und ein kleiner See bieten dem Spieler viel Abwechslung und sportliche Herausforderung.

Nächstgelegene Plätze

Golfanlage Schopfheim (Nr. 543)
Markgräflerland, GC (Nr. 541)
Rickenbach, GC (Nr. 544)

Baden-Württemberg

Golfclub Obere Alp e.V.

Karte, Nr. 539, Feld D13 **18/9** Design: Karl Grohs Höhe: 800 m

gegründet: 1989

Am Golfplatz 1-3, 79780 Stühlingen
07703-92030 07703-920318
sekretariat@golf-oberealp.de
www.golf-oberealp.de

PR Marco Cortali, GF: Andrea Friedrich
Headgreenkeeper: Waleri Rutz

i 07703-92030 07703-920318
Gisela Rheiner, Ines Keller, Tatjana Lasarzick

Ristorante Belvedere
07703-920320

PRO SHOP Golf-Shop Obere Alp
07703-92030 07703-920318

PRO Pro: Dominik Weißer, Björn Stromsky

18-Loch Platz
H: 5956 m, CR 71.1, SL 132, Par 72
D: 5268 m, CR 73, SL 126, Par 72
9-Loch Platz
H: 1779 m, CR 59.8, SL 100, Par 60
D: 1492 m, CR 58.6, SL 100, Par 60
40 Rangeabschläge (10 überdacht)

G Gäste sind Montag - Freitag (außer an Feiertagen) willkommen. Anmeldung ist notwendig. Clubausweis mit eingetragenem Handicap ist erforderlich. 18-Loch-Platz: Bitte vorab Abschlagszeiten (Mo.-So.) buchen. 9-Loch-Platz: Bitte vorab Abschlagszeiten (Mo.-So.) buchen.

18-Loch-Greenfee (bis 16:30 Uhr): Mo.-Do.: EUR 92 / Fr.-So.: EUR 122
18-Loch-Greenfee (ab 16:40 Uhr): EUR 70
9-Loch-Greenfee (bis 16:30 Uhr): WT: EUR 30 / WE: EUR 42
9-Loch-Greenfee (ab 16:40 Uhr): EUR 30
Bitte Zeitzonen beachten (Homepage)
Junioren und Gäste unserer Mitglieder spielen mit reduziertem Greenfee.

Platzbeschreibung

Die 27-Loch Golfanlage auf einem Hochplateau im Südschwarzwald nahe der Schweizer Grenze bietet bei klarem Wetter eine atemberaubende Sicht auf die Alpen. Der 18-Loch-Meisterschaftsplatz ohne nennenswerte Höhenunterschiede ist mit seinen langen Fairways, 58 Bunkern und drei Wasserhindernissen eine Herausforderung für Golfer jeder Spielstärke. Der öffentliche 9-Loch-Platz ist ideal für eine schnelle Golfrunde, als Trainingsmöglichkeit oder zum Einstieg in den Golfsport geeignet.

Platzinfos

VCG
GPS
CLUB
GASTRO

Anfahrtsbeschreibung

Von Stuttgart: A 81 Stuttgart-Singen, Ausfahrt B 27 Donaueschingen, B 27 folgen, dann B 314 bis Stühlingen, von dort B315 Richtung Bonndorf. Von Freiburg: B 31 Richtung Donaueschingen, nach Titisee-Neustadt rechts ab nach Rötenbach, Göschweiler, Bonndorf, Stühlingen. Von Zürich: Über Bülach, Eglisau-Bühl, Erzingen, Wutöschingen, Eggingen, Mauchen,Obere Alp.

Nächstgelegene Plätze

Hochschwarzwald, GC (Nr. 532)
Rheinblick, GC (Nr. 545)
Öschberghof, L&GC (Nr. 530)

Baden-Württemberg

Golf-Club Konstanz e.V.

Karte, Nr. 540, Feld E13 **18** Höhe: 500 m

gegründet: 1965

Hofgut Kargegg 1,
78476 Allensbach-Langenrain
☎ 07533-93030 🖷 07533-930330
✉ info@golfclubkonstanz.de
💻 www.golfclubkonstanz.de

PR Dr. Martin Füllsack

i ☎ 07533-93030 🖷 07533-930330
Florian Rump, Anett Königer

Restaurant Kargegg
☎ 07533-930311

PRO SHOP Sport Martin, Eberhard Martin
☎ 07771-917666

PRO Pro: Florian Rump, Toni Peer, David Geary

H: 5943 m, CR 71.7, SL 138, Par 72
D: 5125 m, CR 73, SL 130, Par 72
19 Rangeabschläge (8 überdacht)

G Gäste sind jederzeit willkommen. Anmeldung ist notwendig. Clubausweis mit eingetragener PE ist erforderlich. Sa./So./Feiertage ist Handicap 36 erforderlich.

Tages-Greenfee: Mo.-Do.: EUR 90 / Fr.-So.: EUR 110 Ermäßigung: Jugendl./Stud. 50%

Platzinfos

VCG GPS CLUB GASTRO

Anfahrtsbeschreibung
Aus Ri. Konstanz: Über den Stadtteil Wollmatingen nach Dettingen, 4 km nach der Ortsausfahrt Dettingen in Ri. Langenrain, rechts ab Ri. Marienschlucht zum Golfplatz. Aus Ri. A 81 Stuttgart-Singen: Autobahnausfahrt Radolfzell, links ab in Ri. Stockach, nach ca. 700 m rechts ab in Ri. Güttingen-Dettingen, über Liggeringen nach Langenrain. Ca. 200 m nach der Ortsausfahrt Langenrain links ab in Ri. Marienschlucht zum Golfplatz.

Platzbeschreibung
Auf einem Höhenzug zwischen dem Überlinger- und dem Radolfzeller-See, dem sogenannten Bodanrück, erstrecken sich die Fairways über eine völlig unangetastete Naturlandschaft, die von keiner Straße oder auch nur Telefonleitung durchschnitten wird. Die zum Teil im Wald eingebetteten Fairways verlangen ein zielgenaues Spiel.

Nächstgelegene Plätze
Owingen-Überlingen, GC (Nr. 537)
Steisslingen, GC (Nr. 534)
Schloss Langenstein, GC (Nr. 533)

Baden-Württemberg

Golfclub Markgräflerland

Karte, Nr. 541, Feld C13 **18** Design: Bradford Benz, Karl Grohs Höhe: 364 m

gegründet: 1984

Tüchlingerweg, 79400 Kandern
07626-977990
info@gc-mk.com
www.gc-mk.com

PR Hans Roth

i 07626-977990

Andreas Liffers
07626-1262
Mo. Ruhetag

PRO SHOP Markgräfler Country Club AG
07626-977990

PRO Pro: Adam Lambe, Chris Hurter, Andrew Cullen

H: 5691 m, CR 70.9, SL 130, Par 72
D: 4890 m, CR 72.2, SL 123, Par 72
30 Rangeabschläge (3 überdacht)

G Gäste sind jederzeit willkommen. Anmeldung ist notwendig. Clubausweis mit eingetragenem Handicap (36) ist erforderlich.

18-Loch-Greenfee: WT: EUR 90 / WE: EUR 120
Ermäßigung: Jugendl./Stud. bis 21 J. 50%

Platzbeschreibung

Lassen Sie sich von den 5931 (Abschläge Herren weiß) resp. 5256 Metern (Damen blau) nicht täuschen: Der immer gut gepflegte 18-Loch-Platz mit Par 72 ist zwar relativ kurz, erweist sich jedoch als sehr anspruchsvoll und verlangt Ihnen ein gutes, zuverlässiges und taktisches Spiel ab. Die großzügigen Fairways und die schnellen Grüns wechseln von Loch zu Loch. Die erste Spielbahn ist gleichzeitig die Schwierigste: Als Par 4 mit 392 Metern Länge und Aus-Grenzen rechts als auch links vom Abschlag.

Platzinfos

VCG GPS CLUB

Anfahrtsbeschreibung

A 5 Basel-Karlsruhe, am ABK Weil a. Rhein auf die A 98 Richtung Lörrach, Ausfahrt Rümmingen-Kandern, weiter Richtung Kandern-Riedlingen, am Ortsende Kandern rechts der Beschilderung zum Golfplatz folgen. Oder: A 5 Karlsruhe-Basel, Ausfahrt Bad Bellingen, weiter über Bad Bellingen-Riedlingen Richtung Kandern und der Beschilderung zum Golfplatz folgen.

Nächstgelegene Plätze

Drei Thermen GR (Nr. 542)
Golfanlage Schopfheim (Nr. 543)
Schönau (Nr. 538)

Baden-Württemberg

Drei Thermen Golfresort Markgräflerland

Karte, Nr. 542, Feld C13 **72** Höhe: 320 m

gegründet: 1997

Am Golfplatz 3, 79415 Bad Bellingen
07635-824490 07635-8244922
info@dtgr.de
www.drei-thermen-golfresort.de

PR: Heinz Wolters

i: 07635-824490 07635-8244922

Drei Thermen Golfresort
07635-8244928 07635-8244922

PRO SHOP: Drei Thermen Golfresort, Fred Beiser
07635-824490 07635-8244922

PRO: Pro: Alexander Schurr, David Rundle (PGA)

18-Loch Kapellenberg Platz
H: 5950 m, CR 71.7, SL 130, Par 73
D: 5420 m, CR 74.8, SL 126, Par 73
18-Loch Quellenhof Platz
H: 6036 m, CR 71.6, SL 125, Par 72
D: 5424 m, CR 74.1, SL 128, Par 72
35 Rangeabschläge (9 überdacht)

G: Gäste sind jederzeit willkommen. Anmeldung ist notwendig. Clubausweis mit eingetragenem Handicap (54) ist erforderlich.

18-Loch-Greenfee: WT: EUR 60 / WE: EUR 70
Ermäßigung: Jugendl. bis 20 J. und Stud. bis 27 J. 50%

Platzinfos

VCG GPS CLUB GASTRO

Anfahrtsbeschreibung

A 5 Karlsruhe-Basel, Ausfahrt Neuenburg/ Bad Bellingen, weiter Richtung Bamlach und der Beschilderung zum Golfplatz folgen (an Bellingen vorbei fahren und bei der Feuerwehr links den Berg hochfahren). Oder B 3, zwischen Schliengen und Welmlingen bei der Kalten Herberge Abfahrt Bamlach und der Beschilderung folgen.

Platzbeschreibung

Das landschaftlich reizvoll gelegene Resort verfügt über insgesamt 72 Löcher. Die Bahnen bieten ein herrliches Panorama über Alpen, Schwarzwald und Vogesen und sprechen Spieler jeder Spielstärke an. Den Schwarzwald im Rücken eröffnet sich bei schönem Wetter ein Bild über die „zwei Rheine" - Altrhein und Rheinseitenkanal. 2007 kam der 18-Loch Schloßplatz Homburg im angrenzenden Elsaß dazu und 2008 der 18-Loch Burgplatz.

Nächstgelegene Plätze

Markgräflerland, GC (Nr. 541)
Golfanlage Schopfheim (Nr. 543)
Schönau (Nr. 538)

Golfanlage Schopfheim

Karte, Nr. 543, Feld C13 **9** Höhe: 300 m

gegründet: 1999

Ehner-Fahrnau 12, 79650 Schopfheim
☎ 07622-674760 Fax 07622-6747618
✉ post@golfanlage-schopfheim.de
www.golfanlage-schopfheim.de

PR: GF: Jan Hinzpeter

i: ☎ 07622-674760 Fax 07622-6747618
Helga Sprich

Bistro und Café am Golfplatz, Silvia Korngiebel
☎ 07622-6747613
Mo. Ruhetag

H: 5440 m, CR 68.2, SL 127, Par 72
D: 4978 m, CR 71, SL 137, Par 72

G: Gäste sind jederzeit willkommen. Anmeldung ist notwendig. Clubausweis mit eingetragener PE ist erforderlich.

18-Loch-Greenfee: EUR 55
9-Loch-Greenfee: EUR 30
Ermäßigung: Jugendl. bis 18 J.

Platzinfos

Platzbeschreibung

Die Anlage wurde auf dem Gelände des traditionsreichen Hofgutes Ehner-Fahmau zwischen dem idyllischen Fluss „Wiese" und der Sandsteinerhebung „Entengast" erstellt. Die Golfbahnen sind rund um das Hofgut und das historische Schloss „Roggenbach" angeordnet. Zusammen mit der großzügigen Bepflanzung durch eine breite Palette unterschiedlicher Bäume und den Seen ergibt sich eine reizvolle, abwechslungsreiche Gesamtlage.

Anfahrtsbeschreibung

B 317 zwischen Lörrach und Zell, Abfahrt Hausen im Wiesental. Dort durch den Ort weiterfahren zum Golfplatz - Ehner-Fahrnau 12.

Nächstgelegene Plätze

Rickenbach, GC (Nr. 544)
Schönau (Nr. 538)
Markgräflerland, GC (Nr. 541)

Baden-Württemberg

Golfclub Rickenbach e.V.

Karte, Nr. 544, Feld C13 **18** Design: T. Himmel, K. Peters, J. Dudok van Heel Höhe: 760 m

gegründet: 1979

Hennematt 20, 79736 Rickenbach
✆ 07765-777 🖷 07765-544
✉ info@golfclub-rickenbach.de
💻 www.golfclub-rickenbach.de

PR Roland Supper, CM: Gary Oortwyn

i ✆ 07765-777
Christine Eckert, Gabriele Haselhoff, Gerlinde Baumgartner

Golfrestaurant, Harald Scherer
✆ 07765-543
Mo. Ruhetag

PRO Pro: Sebby Heijdenberg, Achim Strittmatter, Chris Dew

H: 5087 m, CR 67.9, SL 132, Par 69
D: 4457 m, CR 68.8, SL 128, Par 69
20 Rangeabschläge (5 überdacht)

G Gäste sind jederzeit willkommen. Anmeldung ist notwendig. Clubausweis mit eingetragenem Handicap (54) ist erforderlich. Gäste mit Nachweis der Mitgliedschaft bei einem von uns anerkannten Club mit voller Spielberechtigung auf eigenem Platz sowie Mitglieder des ASGI, VcG, Migros Golf Card

Tages-Greenfee: WT: EUR 75 / WE: EUR 95
Ermäßigungen: Mitglied der GolfPartnerClubs 20 %, GolfPartnerClub CARD 25 %, Schwarzwald Gästecard 20 %, Startzeitenreservierung täglich erforderlich
Ermäßigung: Jugendl./Stud. 50%

Platzinfos

Anfahrtsbeschreibung
A 98 Lörrach oder A 5 Basel Richtung Bad Säckingen, von dort ca. 20 km Richtung Rickenbach-Südlicher Schwarzwald, in Rickenbach der Beschilderung folgen.

Platzbeschreibung
Begünstigt durch die einmalige Lage auf dem Hochplateau des Hotzenwaldes, bieten die geschützte Fauna und Flora dem Auge zu jeder Jahreszeit faszinierende Schauspiele und herrliche Ausblicke auf die Schweizer Alpen. Mit natürlichen Wasserhindernissen wie Bächen, Weihern und Biotopen sowie den zum Teil von Tannen gesäumten Fairways ist der Platz eine Herausforderung für Spieler jeder Spielstärke.

Nächstgelegene Plätze
Bad Säckingen, GF (Nr. 546)
Golfanlage Schopfheim (Nr. 543)
Schönau (Nr. 538)

Golfclub Rheinblick

Karte, Nr. 545, Feld D13 **18** Design: Kurt Rossknecht Höhe: 460 m

gegründet: 1988

Rheinstraße 4, 79807 Nack-Lottstetten
07745-92960 07745-929613
info@golfclubrheinblick.de
www.golfclubrheinblick.de

PR: Hanspeter Amweg, CM: Günter Burkhard

i: 07745-92960 -929613
Monja Peters, Simone Ehrhardt, Salome Scheier

Marco Troncana
07745-929620
Mo. Ruhetag

PRO SHOP: 07745-92960 -929613

PRO: Pro: Sascha Georgi, Vivian Ross, Lloyd Freeman

H: 5823 m, CR 71.3, SL 136, Par 72
D: 5189 m, CR 73.7, SL 132, Par 72
30 Rangeabschläge (6 überdacht)

G: Gäste sind Montag - Freitag (außer an Feiertagen) willkommen. Anmeldung ist notwendig. Clubausweis mit eingetragenem Handicap (36) ist erforderlich. Am Wochenende nur in Begleitung von einem Mitglied

18-Loch-Greenfee: WT: EUR 90 / WE: EUR 110
9-Loch-Greenfee: WT: EUR 50 / WE: EUR 70
Greenfee für ASGI- / VcG- / Migros Golfcard-Spieler = EUR 130 (Mo-Fr)
Ermäßigung: Jugendl.

Platzbeschreibung

Eine in Ihrer Landschaftlichkeit und Natürlichkeit außergewöhnliche Anlage, nahe der Schweizer Grenze, führt Sie über leichtes bis schwieriges hügeliges Gelände, das über dem Rhein gelegen ist. Durch zahlreiche Bunker, Wasserhindernisse, Biotope, Obstbäume und Sträucher wird körperliche Fitness und präzises Spiel verlangt.

Platzinfos

VCG CLUB GASTRO

Anfahrtsbeschreibung

N 4 Zürich-Bülach-Schaffhausen, Grenzübergang Lottstetten-Solgen und dem Wegweiser Nack folgen, der Golfplatz liegt direkt hinter der Grenze.

Nächstgelegene Plätze

Obere Alp, GC (Nr. 539)
Steisslingen, GC (Nr. 534)
Schloss Langenstein, GC (Nr. 533)

Golfpark Bad Säckingen

GOLFPARK Bad Säckingen

Karte, Nr. 546, Feld C13 9

gegründet: 2017

Schaffhauser Str. 121, 79713 Bad Säckingen
✆ 07761-9381132
✉ info@golfparkbs.de
www.golfparkbs.de

PR GF: Sabina-Teresa Bosley

i ✆ 07761 - 93 80 99-12 🖷 07761 - 93 80 99-18

PRO Pro: Achim Strittmatter, Peter Schmidtner

H: 3240 m, CR 58.9, SL 93, Par 60
D: 2950 m, CR 58.9, SL 92, Par 60
15 Rangeabschläge (7 überdacht)

G Gäste sind jederzeit willkommen. PE ist erforderlich.

18-Loch-Greenfee: WT: EUR 50 / WE: EUR 60
9-Loch-Greenfee: WT: EUR 35 / WE: EUR 45

Platzinfos

VCG GPS CLUB

Platzbeschreibung

Der Golfpark Bad Säckingen liegt direkt an der Schweizer Grenze. Neben einem 9-Loch-Platz stehen eine großzügige Driving Range (mit Flutlicht) und eine ganzjährig bespielbare Indoor-Golf-Anlage zur Verfügung. Ganzjährig bespielbar - kurze Wege ohne anstrengende Steigungen - Parkplätze direkt an der Driving Range - Hunde an der Leine erlaubt - Verleih von Trolleys, Bags und Cars - Golfshop mit reichhaltigem Angebot - Minigolf, Adventuregolf und Kinderspielhalle auf der Anlage - Golfeinsteiger und Genussgolfer, die gerne stressfrei Golf spielen, werden sich unserem Golfplatz besonders wohl fühlen. Genießen Sie die familiäre Atmosphäre. Sie sind interessiert, den Golfsport zu erlernenfi Der Golfpark Bad Säckingen bietet Golfeinsteigern optimale Bedingungen.

Anfahrtsbeschreibung

Der Golfpark Bad Säckingen liegt an der B 34, ca. 500 m östlich von Bad Säckingen. Aus der Schweiz kommend: A3 Ausfahrt (16) Eiken – Richtung Stein/Bad Säckingen Entfernungen: Frick 13 km, Bad Zurzach 30 km, Basel 40 km, Zürich 60 km

Nächstgelegene Plätze

Rickenbach, GC (Nr. 544)
Golfanlage Schopfheim (Nr. 543)
Schönau (Nr. 538)

Baden-Württemberg

Bayern

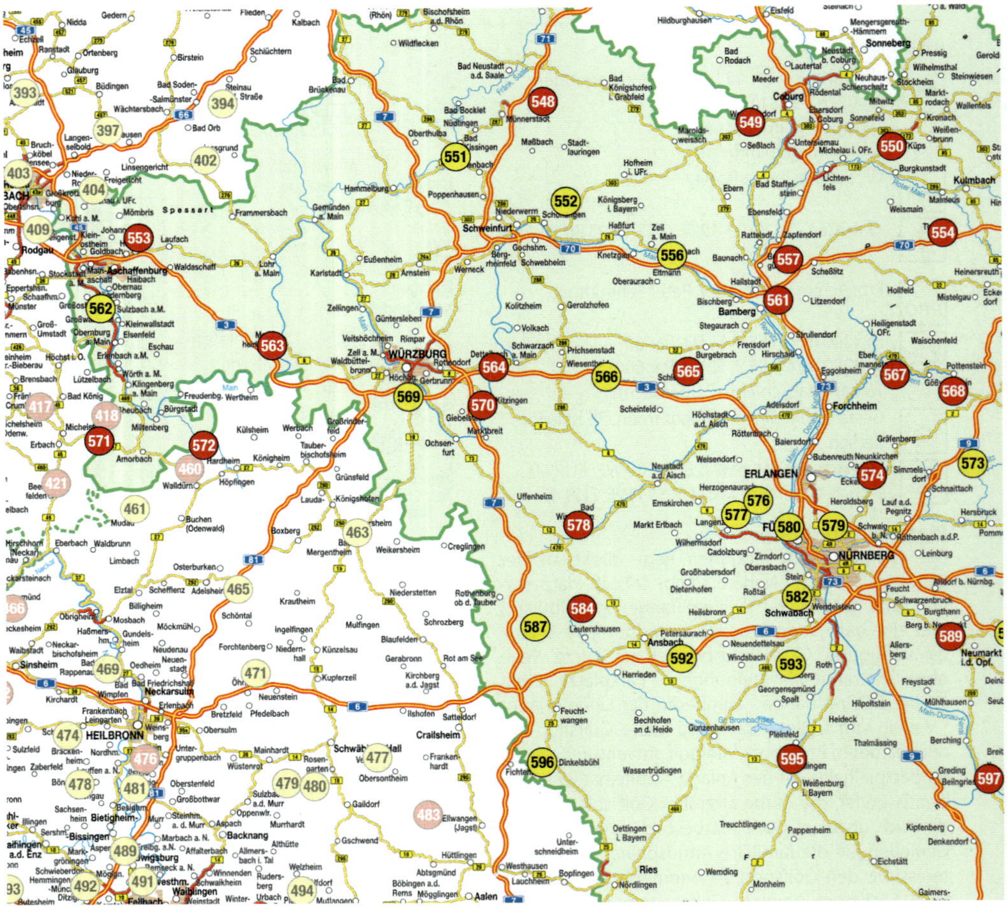

Club-Nr.	Clubname	Seite: Gutschein	Club
547	Golfclub Hof e.V.		587
548	Golf-Club Maria Bildhausen e.V.	■ G 127	588
549	Golf-Club Coburg e.V. Schloß Tambach	■ G 127, G 129	589
550	Golfclub Kronach e.V.	■ G 129	590
551	Golf Club Bad Kissingen e.V.		591
552	Golf Club Schweinfurt e.V.		592
553	Aschaffenburger Golf-Club e.V.	■ G 129	593
554	Golf Club Oberfranken e.V.	■ G 129, 131	594
555	Golfclub Fahrenbach im Fichtelgebirge e.V.		595
556	Golfclub Haßberge e.V.		596
557	Golfanlage Gut Leimershof	■ G 131	597
558	Golfclub Stiftland e.V.	■ G 131	598
559	Golf-Club Bayreuth e.V.	■ G 131	599
560	Golfclub Laineck-Bayreuth e.V.		600
561	Golfclub Hauptsmoorwald Bamberg e.V.	■ G 131, G 133	601

Bayern

Club-Nr.	Clubname	Seite: Gutschein	Club
562	Golfpark Rosenhof		602
563	Golfclub Main-Spessart e.V.	■ G 133	603
564	Golfclub Schloß Mainsondheim e.V.	■ G 133	604
565	Golfclub Schloss Reichmannsdorf e. V.	■ G 133	605
566	Golfclub Steigerwald in Geiselwind e.V.		606
567	Golfclub Fränkische Schweiz e.V.	■ G 133, G 135	607
568	Golf Club Pottenstein-Weidenloh e.V.	■ G 135	608
569	Golf Club Würzburg e.V.		609
570	Golfclub Kitzingen e.V.	■ G 135	610
571	Golfclub Gut Sansenhof e.V.	■ G 135	611
572	Golfclub Miltenberg-Erftal e.V.	■ G 135, G 137	612
573	Golfclub Gerhelm Nürnberger Land e.V.		613
574	Golf Club Erlangen e.V.	■ G 137	614
575	Golfclub Schwanhof e.V.		615
576	Golf-Club Herzogenaurach e.V.		616

■ = Partner Albrecht Greenfee-Aktion

Bayern

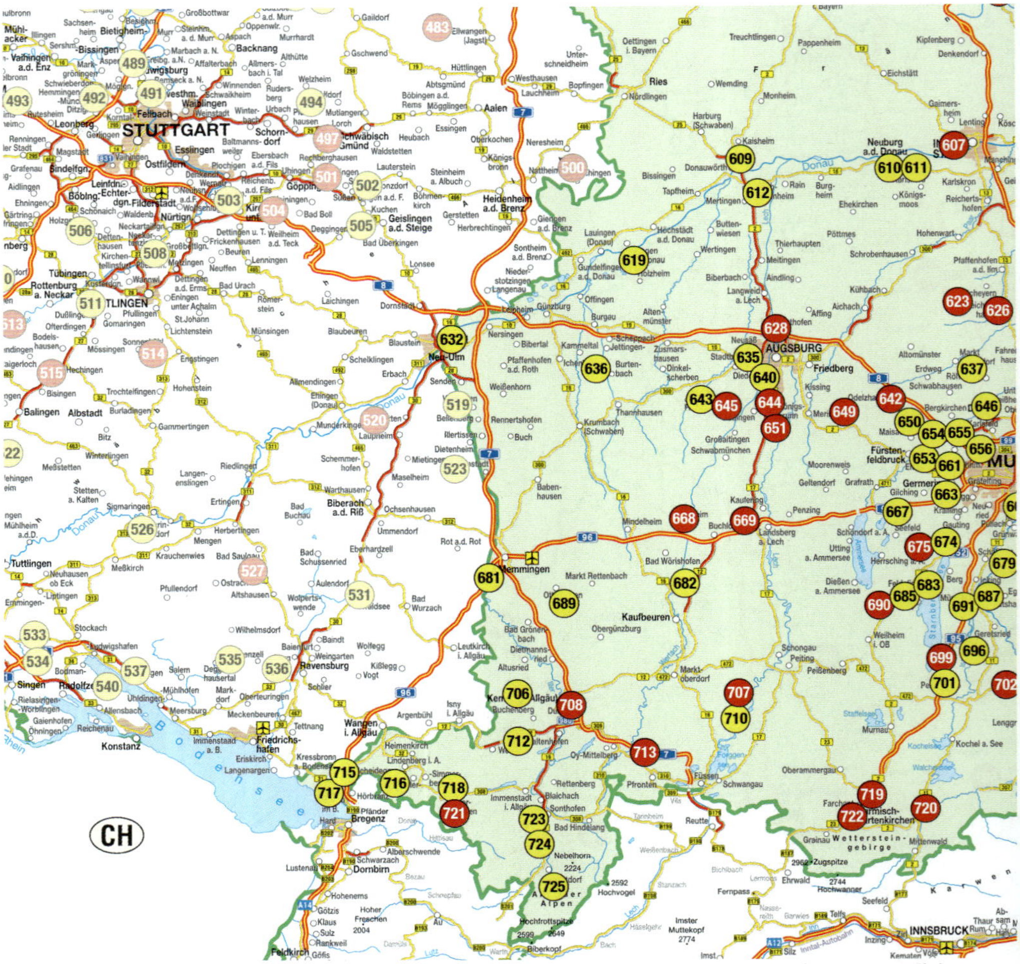

Club-Nr.	Clubname	Seite: Gutschein	Club
577	Golfanlage Puschendorf		617
578	Golf Club Reichsstadt Bad Windsheim e.V.	■ G 137	618
579	Golf Club Am Reichswald e.V.		619
580	1. Golfclub Fürth e.V.		620
581	Golf Club Lauterhofen e.V.		621
582	GolfRange Nürnberg		622
583	Golf- und Land Club Oberpfälzer Wald e.V.		623
584	Golf-Club Ansbach e.V.	■ G 137, G 139	624
585	Golfclub am Eixendorfer See GmbH		625
586	Golf-Club Furth im Wald e.V.	■ G 139	626
587	Golfpark Rothenburg-Schönbronn		627
588	Jura Golf Hilzhofen e.V.		628
589	Golf-Club Neumarkt e.V.	■ G 139	629
590	Golf Club Am Habsberg e.V.		630

Bayern

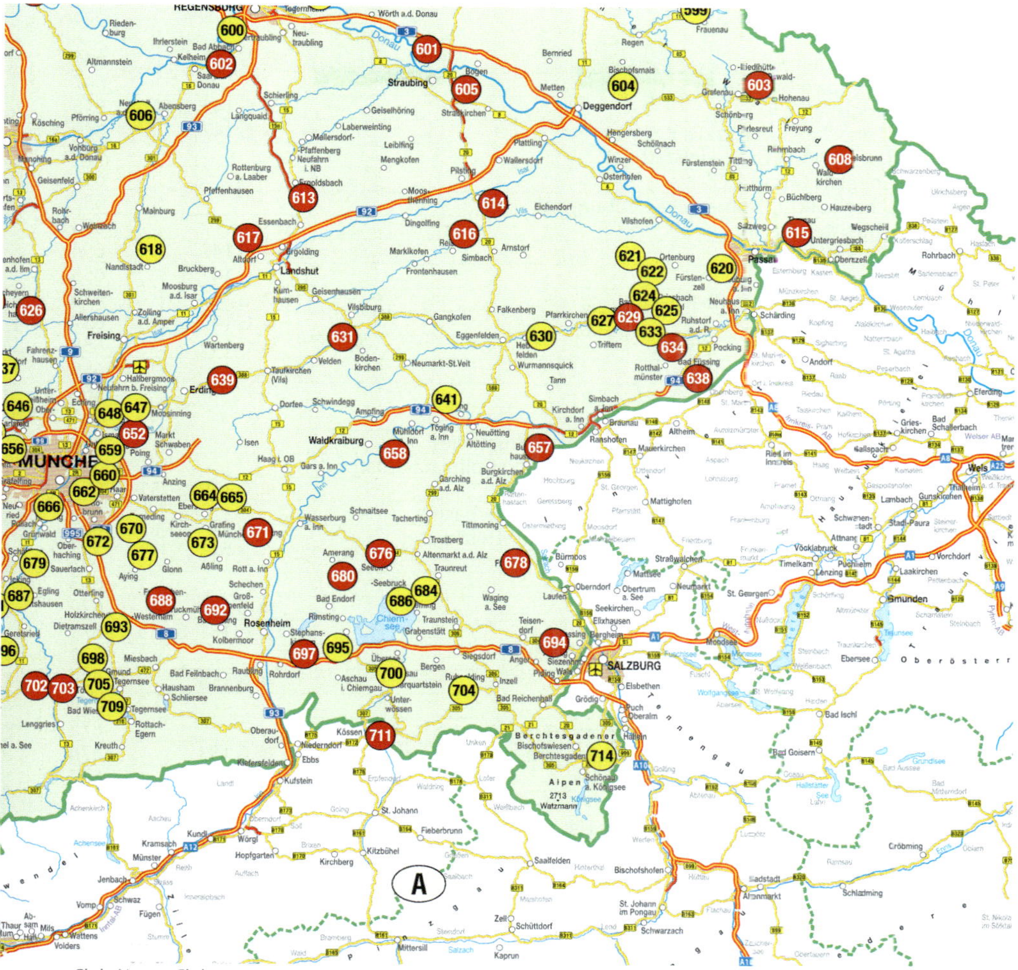

Club-Nr.	Clubname	Seite: Gutschein	Club
591	Golf- und Landclub Schmidmühlen e.V.	■ G 139, G 141	631
592	Golfclub Lichtenau-Weickershof e.V.		632
593	Golfclub Abenberg e.V.		633
594	Golfclub Sonnenhof	■ G 141	634
595	Golfclub Zollmühle	■ G 141	636
596	Golfpark Romantische Straße Dinkelsbühl		637
597	Altmühlgolf Beilngries GmbH	■ G 143	638
598	Golf- und Land-Club Regensburg e.V.		639
599	Golfpark Oberzwieselau e.V.		640
600	Golf & Yachtclub Gut Minoritenhof		641
601	Golfclub Straubing Stadt und Land e.V.	■ G 143	642
602	Golfclub Bad Abbach Deutenhof e.V.	■ G 143	643
603	Golfclub am Nationalpark Bayerischer Wald e.V.	■ G 145	644
604	Deggendorfer Golfclub e.V.		645

■ = Partner Albrecht Greenfee-Aktion

Bayern

Bayern

Bayern

■ = Partner Albrecht Greenfee-Aktion

Bayern

Bayern

■ = Partner Albrecht Greenfee-Aktion

Golfclub Hof e.V.

Karte, Nr. 547, Feld H9 **18** Design: Dieter R.Sziedat Höhe: 500 m

gegründet: 1985

Am Golfplatz 1, 95185 Gattendorf
✆ 09281-470155 🖷 09281-470157
✉ golfclub-hof@t-online.de
www.gc-hof.de

PR Dieter Schelzel, GF: Dieter Schelzel

i ✆ 09281-470155 🖷 09281-470157
Karin Rohn, Martina Schmidt

Clubgastronomie
✆ 09281-8609796
Mo. Ruhetag

PRO SHOP Golfclub Hof
✆ 09281-470155

PRO Pro: Roman Slabej

H: 5916 m, CR 72.7, SL 136, Par 72
D: 5266 m, CR 74.4, SL 136, Par 72
20 Rangeabschläge (3 überdacht)

G Gäste sind jederzeit willkommen. Sa./So./Feiertage ist Anmeldung notwendig. Clubausweis mit eingetragener PE ist erforderlich.

18-Loch-Greenfee: WT: EUR 52 / WE: EUR 60
9-Loch-Greenfee: WT: EUR 31,20 / WE: EUR 36
Ermäßigung: Jugendl./Stud. 50%

Platzinfos

VCG GPS CLUB

Anfahrtsbeschreibung

A 93, Ausfahrt Hof-Ost, 1 km in Richtung Hof. Der Golfplatz liegt ca. 3 km nordöstlich von Hof, unmittelbar an der B 173.

Platzbeschreibung

Die herrliche oberfränkische Hügellandschaft bildet die natürl. Kulisse der 18-Loch-Anlage. Die Rundenführung ist abwechslungsreich, wobei strategisch geschickt platzierte Bunker bei der Schlägerwahl ebenso zu berücksichtigen sind wie herausfordernde Schräglagen, die zu überwindenden Steigungen oder die vier attraktiven Teiche. Leicht zu finden, wird der Gast mit einem anspruchsvollen Platz und gemütlichen Clubhaus für seinen Besuch belohnt.

Nächstgelegene Plätze

Talsperre Pöhl, GA (Nr. 210)
Plauen, GC (Nr. 209)
Fahrenbach, GC (Nr. 555)

Bayern

Greenfee-Aktion: Seite G 127

Golf-Club Maria Bildhausen e.V.

Karte, Nr. 548, Feld F9 **18/6** Höhe: 320 m

gegründet: 1992

Rindhof 1, 97702 Münnerstadt
09766-1601 09766-1602
info@maria-bildhausen.de
www.maria-bildhausen.de

PR Dr. Roland Köth, CM: Andreas Nill

i 09766-1601 -1602
Susanne Eschenbach

Restaurant Rindhof
09766-1607
Mo. Ruhetag

PRO SHOP Surf In, Frank Schubert/Michael Köpke
09766-1601 -1602

PRO Pro: Craig Hanson, Michael Newell

18-Loch Maria Bildhausen Platz
H: 6047 m, CR 71.5, SL 134, Par 72
D: 5111 m, CR 71.7, SL 124, Par 72
6-Loch Öffentlicher Golfplatz
H: 973 m, Par 20, D: 854 m, Par 20
60 Rangeabschläge (6 überdacht)

G Gäste sind jederzeit willkommen. Anmeldung ist notwendig. Clubausweis mit eingetragenem Handicap 54) ist erforderlich.

18-Loch-Greenfee: WT: EUR 60 / WE: EUR 70
9-Loch-Greenfee: WT: EUR 35 / WE: EUR 40
Ermäßigung: Jugendl. bis 18 J. und Stud. bis 27 J. 50%

Platzbeschreibung

Im Jahr 1992 wurde das Kapitel Golf in Maria Bildhausen durch die Gründung des Golf-Club Maria Bildhausen e.V. aufgeschlagen. Ein Jahr später errichtete die St. Josefskongregation Ursberg auf dem 140 ha großen, ehemaligen landwirtschaftlichen Gelände des Klosters Maria Bildhausen, eine der abwechslungsreichsten und weiträumigsten Golfanlagen Deutschlands.

Platzinfos

VCG GPS

Anfahrtsbeschreibung

A 7 Würzburg-Kassel, am ABK Werneck auf die A 70 Richtung Schweinfurt, am AD Werntal auf die A 71 Richtung Erfurt, AS Münnerstadt, auf der B 19 Richtung Münnerstadt. In Münnerstadt an der Kreuzung links Richtung Bad Königshofen. In Kleinwenkheim am Ortsausgang links Richtung Golfplatz. A 71 Erfurt Richtung Schweinfurt, AS Münnerstadt, dann weiter wie oben beschrieben.

Nächstgelegene Plätze

Bad Kissingen, GC (Nr. 551)
Schweinfurt, GC (Nr. 552)
Hassberge, GC (Nr. 556)

Bayern

Gf-Aktion: Seite G 127, 129

Golf-Club Coburg e.V. Schloß Tambach

Karte, Nr. 549, Feld G9 **18** Höhe: 300 m

gegründet: 1981

Schlossallee 8, 96479 Weitramsdorf-Tambach
09567-9811580 ☎ 09567-981158-11
info@gc-coburg.de
www.gc-coburg.de

PR: Dr. Andreas Höllein

i: 09567-9811580 ☎ 09567-981158-11
Lisa Koch, Michaela Tressler

Gingers
09567-981158-50
Mo. Ruhetag

PRO SHOP: Karina Wagner, Karina Wagner
09567-981158-40 ☎ 09567-982980

PRO: Pro: David Schneider, Graham Glasgow

H: 6055 m, CR 72.3, SL 133, Par 72
D: 5235 m, CR 73.3, SL 127, Par 72
30 Rangeabschläge (8 überdacht)

G: Gäste sind jederzeit willkommen. Anmeldung ist notwendig. Clubausweis mit eingetragenem Handicap (45) ist erforderlich.

18-Loch-Greenfee: WT: EUR 60 / WE: EUR 70
9-Loch-Greenfee: WT: EUR 30 / WE: EUR 35
Ermäßigung: Jugendl. bis 18 J. und Stud. bis 25 J. 50%

Platzinfos

VCG GPS

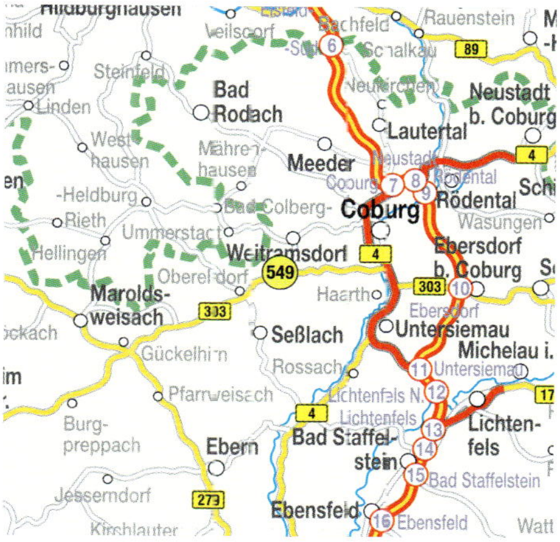

Anfahrtsbeschreibung

Von Bamberg auf der B 4 Richtung Coburg, vor Coburg links auf der B 303 Richtung Schweinfurt-Coburg nach Tambach, der Golfplatz liegt gegenüber Schloß Tambach.

Platzbeschreibung

Der reizvolle, leicht wellige Platz ist von Wald umgeben und verfügt über teilweise alten Baumbestand. An verschiedenen Stellen eröffnen sich schöne Aussichten auf das Schloß Tambach. Der Platz wird von einem Bach durchzogen, der, verbunden mit sechs Teichen, in das Spielgeschehen eingreift.

Nächstgelegene Plätze

Kronach, GC (Nr. 550)
Leimershof, GA (Nr. 557)
Hassberge, GC (Nr. 556)

Bayern

Greenfee-Aktion: Seite G 129

Golfclub Kronach e.V.

Karte, Nr. 550, Feld H9 **18** Design: Herbert Müller Höhe: 300 m

gegründet: 1990

Kümmelbergstr. 24, 96328 Küps/Nagel
09264-8812 Fax 09264-915231
info@gc-kronach.de
www.gc-kronach.de

PR: Jürgen Grune

i: 09264-915230 Fax -915231
Audra Klatt, Petra Schmidt

Gastronomie: Thomas Bruckner
09264-8812
Mo. Ruhetag

PRO SHOP: Martin Dvorak
0172-1708071

PRO: Pro: Martin Dvorak

H: 6104 m, CR 73, SL 132, Par 72
D: 5341 m, CR 74.7, SL 128, Par 72
16 Rangeabschläge (4 überdacht)

G: Gäste sind jederzeit willkommen. Clubausweis mit eingetragener PE ist erforderlich.

18-Loch-Greenfee: WT: EUR 45 / WE: EUR 60
Ermäßigung: Jugendl./Stud. 50%

Platzinfos

VCG GPS CLUB

Anfahrtsbeschreibung

Von Nürnberg: A 73 Richtung Bamberg, von Bamberg auf der B 173 über Lichtenfels Richtung Kronach, vor Kronach Ausfahrt Küps und der Beschilderung zum Golfplatz folgen.

Platzbeschreibung

Die Golfanlage liegt in kulturhistorisch bedeutsamer Umgebung. Die in der gleichnamigen Stadt befindliche Festung Rosenberg gilt als die größte mittelalterliche Festung Deutschlands. Der Golfplatz befindet sich in naturbelassener Hügellandschaft und wird von altem Baumbestand umrahmt.

Nächstgelegene Plätze

Oberfranken, GC (Nr. 554)
Coburg, GC (Nr. 549)
Leimershof, GA (Nr. 557)

Bayern

Golf Club Bad Kissingen e.V.

Karte, Nr. 551, Feld F9 **18** Höhe: 200 m

gegründet: 1910

Euerdorfer Straße 11, 97688 Bad Kissingen
☎ 0971-3608 🖷 0971-60140
✉ info@golfclubbadkissingen.de
💻 www.golfclubbadkissingen.de

PR: Franz-Josef Schäfer, CM: Christian Keul
Headgreenkeeper: Andrew McInally

i: ☎ 0971-3608 🖷 0971-60140
Klaus Kiesel

Ambiente, Ramona Hancea
☎ 0971-61727
Mo. Ruhetag

PRO SHOP: Golfclub Bad Kissingen
☎ 0971-3608

PRO: Pro: Ian Dibb, Richard Golding

H: 5699 m, CR 70.7, SL 126, Par 70
D: 5032 m, CR 72.5, SL 128, Par 70
10 Rangeabschläge (3 überdacht)

G: Gäste sind jederzeit willkommen. Anmeldung ist notwendig. Clubausweis mit eingetragenem Handicap (36) ist erforderlich.

Tages-Greenfee: WT: EUR 75 / WE: EUR 100
18-Loch-Greenfee: WT: EUR 60 / WE: EUR 70
9-Loch-Greenfee: WT: EUR 40 / WE: EUR 45
Ermäßigung: Jugendl. bis 18 J. 50%, Stud. bis 25 J. 30%

Platzbeschreibung

Der Golfplatz in Bad Kissingen ist einer der ältesten Plätze Bayerns und Deutschlands. Er erstreckt sich über 45 ha und liegt ca. 2,5 km von Bad Kissingen entfernt. Sein besonderes Merkmal ist die Fränkische Saale, die sich am Platz entlang und auch hindurch schlängelt. Die Saale und der Lolbach sind Hindernisse genug, so dass an zwei Löchern völlig auf Bunker und sonstige Hindernisse verzichtet werden kann.

Platzinfos

Anfahrtsbeschreibung

A 7 Würzburg-Fulda, Ausfahrt (97) Hammelburg, auf der B 287 Richtung Bad Kissingen. Oder: A 7 Kassel-Würzburg, Ausfahrt (96) Bad Kissingen / Oberthulba Richtung Bad Kissingen, vor der Südbrücke(3. Ampel) auf der B 287 Richtung Hammelburg. Nach ca. 1,5 km links auf den Parkplatz zum Golfclub einbiegen.

Nächstgelegene Plätze

Maria Bildhausen, GC (Nr. 548)
Schweinfurt, GC (Nr. 552)
Schloß Mainsondh., GC (Nr. 564)

Golf Club Schweinfurt e.V.

Karte, Nr. 552, Feld F9 **18/6** Design: Baur-Consult, Haßfurt Höhe: 379 m

gegründet: 1994

Ebertshäuser Straße 17, 97453 Löffelsterz
09727-5889 09727-908703
info@golfclub-schweinfurt.de
www.golfclub-schweinfurt.de

PR
Manfred Filko, GF: Volker Nicklaus
Headgreenkeeper: Uwe Memmel

09727-5889 -908703
Simone Schoeppe, Anja Suhl, Elke Nicklaus

Golfrestaurant, Cornelia Schott
09727-909653 -908703
Mo. Ruhetag

PRO SHOP
Surf In
09727-5889 -908703

PRO
Pro: Colin Monk, Daniel Kieser

18-Loch Platz
H: 5965 m, CR 71.9, SL 124, Par 72
D: 5118 m, CR 73, SL 122, Par 72
6-Loch Platz
H: 928 m, Par 20, D: 803 m, Par 20
20 Rangeabschläge (4 überdacht)

G
Gäste sind jederzeit willkommen. Anmeldung ist notwendig. Clubausweis mit eingetragenem Handicap (54) ist erforderlich.

18-Loch-Greenfee: WT: EUR 40 / WE: EUR 50
9-Loch-Greenfee WT: EUR 25 / WE: EUR 30
Ermäßigung: Jugendl./Stud. 50%

Platzbeschreibung

Die Golfanlage befindet sich 12 km nordöstlich von Schweinfurt auf einer Höhe von 379 m. Sie ermöglicht stets einen weiten Blick zum Steigerwald und zu den Hassbergen. Die 18 Bahnen sind durch geringe Höhenunterschiede gut zu begehen. Das angenehme Klima sichert eine nahezu ganzjährige Bespielbarkeit der Anlage. Vier große Wasserhindernisse, zahlreiche Bunker, vier lange Par 5 Bahnen sowie schnelle und lauftreue Grüns erfordern von allen Golfern ein präzises Spiel.

Platzinfos

Anfahrtsbeschreibung

Von Schweinfurt auf der A 70 Richtung Bamberg, Ausfahrt Schonungen Richtung Coburg, Ausfahrt Löffelsterz und der Beschilderung zum Golfplatz folgen.

Nächstgelegene Plätze

Maria Bildhausen, GC (Nr. 548)
Bad Kissingen, GC (Nr. 551)
Hassberge, GC (Nr. 556)

Bayern

Aschaffenburger Golf-Club e.V.

Karte, Nr. 553, Feld E9 **18/6** Höhe: 300 m

gegründet: 1977

Am Heigenberg 30, 63768 Hösbach
06024-63400 06024-634011
info@golfclub-aschaffenburg.de
www.golfclub-aschaffenburg.de

PR: Dominique Zierof, CM: Boris Kopsch

i: 06024-63400 06024-634011
Frederik Tropf, Petra Bilz, Christiane Neuser

Der Heigenberger,
Jasmin Ruppert-Khemakhem
06024-636969 06024-6376458

PRO SHOP: Golf Götze ProShop
06024-63400

PRO: Pro: Geraldine Bode, Holger Eissner, Markus Jansen

H: 5436 m, CR 69.9, SL 132, Par 71
D: 4737 m, CR 70.9, SL 125, Par 71
20 Rangeabschläge (8 überdacht)

G: Gäste sind jederzeit willkommen. Clubausweis mit eingetragenem Handicap (54) ist erforderlich. Mitglieder werden noch aufgenommen.

18-Loch-Greenfee: WT: EUR 55 / WE: EUR 65
9-Loch-Greenfee: WT: EUR 30 / WE: EUR 36
Ermäßigung: Jugendl. bis 18 J. und Stud. bis 27 J. 50%

Platzbeschreibung

Die Anlage des Aschaffenburger Golfclub befindet sich in der malerischen Umgebung des Vorspessart auf einer Höhe von ca. 300 m. Ihr Besuch wird mit einer herrlichen Aussicht auf Aschaffenburg und Umgebung belohnt. Besonders reizvoll sind die Eindrücke im Frühjahr und Herbst.

Platzinfos

Anfahrtsbeschreibung

A 3 Frankfurt-Würzburg, Ausfahrt Hösbach Richtung Mömbris, nach ca. 5 km rechts in Richtung Rottenberg, dann der Beschilderung Golfplatz folgen.

Nächstgelegene Plätze

Golfpark Trages (Nr. 404)
Gp Rosenhof (Nr. 562)
Seligenstadt, GC (Nr. 409)

Gf-Aktion: Seite G 129, 131

Golf Club Oberfranken e.V.

Karte, Nr. 554, Feld H9 **18** Design: B. von Limburger, D. Harradine Höhe: 400 m

gegründet: 1965

Petershof 1, 95349 Thurnau
09228-319 09228-7219
info@gc-oberfranken.de
www.gc-oberfranken.de

PR: Wolfgang Türk

i: 09228-319 -7219
Liane Forkel, Richard Eisendraut

Talina's Restaurant
09228-9961498
Mo. Ruhetag

PRO: Pro: Richard Pszota

H: 5932 m, CR 72.1, SL 136, Par 72
D: 5235 m, CR 73.9, SL 128, Par 72
32 Rangeabschläge (12 überdacht)

G: Gäste sind jederzeit willkommen. Clubausweis mit eingetragener PE ist erforderlich.

18-Loch-Greenfee: WT: EUR 50 / WE: EUR 60
9-Loch-Greenfee: WT: EUR 25 / WE: EUR 35

Platzinfos

Anfahrtsbeschreibung

Von Bayreuth oder Bamberg: A 70, Ausfahrt Thurnau-West, in Thurnau der Beschilderung Richtung Kulmbach folgen, ab der Ortsmitte bzw. Ortsende ausgeschildert, der Golfplatz liegt ca. 1,5 km außerhalb von Thurnau.

Platzbeschreibung

Verkehrsgünstig an der A 70, im Städtedreieck zwischen Kulmbach, Bayreuth und Bamberg, fügt sich der Golfclub Oberfranken in ruhiger Lage harmonisch in die fränkische Kulturlandschaft ein. Die im Jahr 1965 von Donald Harradine konzipierte Anlage bietet Aussichten von der Kulmbacher Plassenburg über die Höhen des Frankenwaldes bis hin zu den Gipfeln des Fichtelgebirges. Als einer der wenigen klassischen Parklandkurse in Deutschland zeichnet sich der Platz durch seine abwechslungsreichen Spielbahnen aus und ermöglicht auch im Hochsommer eine erholsame Runde im Schatten des alten Baumbestandes.

Nächstgelegene Plätze

Laineck-Bayreuth, GC (Nr. 560)
Bayreuth, GC (Nr. 559)
Kronach, GC (Nr. 550)

Golfclub Fahrenbach im Fichtelgebirge e.V.

Karte, Nr. 555, Feld H9 **18**

gegründet: 1991

Fahrenbach 1, 95709 Tröstau
☎ 09232-882250 🖷 09232-882700
✉ info@golfclub-fahrenbach.de
💻 www.golfclub-fahrenbach.de

PR Dr. Emil Lehner, GF: Dr. Josef Hingerl
Headgreenkeeper: Martin Flachs

i ☎ 09232-882250 🖷 09232-882700
Helga Meinert

Golfhotel Fahrenbach, Andreas Läbe
☎ 09232-8820 🖷 09232-882345

PRO SHOP Golf Akademie Bad Abbach, Helga Meinert
☎ 09232-882256 🖷 09232-882345

PRO Pro: Marc Phillips, Helmut Müller

H: 5765 m, CR 71.4, SL 136, Par 71
D: 5153 m, CR 74.1, SL 125, Par 71
20 Rangeabschläge (6 überdacht)

G Gäste sind jederzeit willkommen. Anmeldung ist notwendig. Clubausweis mit eingetragenem Handicap (54) ist erforderlich.

18-Loch-Greenfee: Mo.-Do.: EUR 75 / Fr.-So.: EUR 85
9-Loch-Greenfee: Mo.-Do.: EUR 43 / Fr.-So.: EUR 48
Hausgäste des Golfhotel Fahrenbach erhalten Greenfee-Ermäßigung. Ermäßigung: Jugendl. bis 14 J. 50%

Platzbeschreibung

Auf dem 105 ha großen „Landschaftsgolfplatz" prägt die Natur mit ihrer Topographie, den Wasserläufen, kleinen Strauch- und Baumgruppen und Feuchtbiotopen das Spiel weitaus mehr als die Spiellänge und Hindernisse. Der Platz stellt aufgrund seiner hügeligen und in sich stark gewellten Grüns sowohl für Pros als auch für Amateure eine Herausforderung dar.

Platzinfos

VCG GPS CLUB GASTRO

Anfahrtsbeschreibung

A 9 Nürnberg/Berlin, Ausfahrt Bad Berneck Richtung Wunsiedel/Marktredwitz, in Tröstau an der Kreuzung rechts und der Beschilderung zum Golfplatz folgen. Oder: A 93 Regensburg/Weiden/Hof, Ausfahrt Marktredwitz/B 303 Richtung Bayreuth/Tröstau, in Tröstau ander Kreuzung links und der Beschilderung zum Golfplatz folgen.

Nächstgelegene Plätze

Bayreuth, GC (Nr. 559)
Laineck-Bayreuth, GC (Nr. 560)
Stiftland, GC (Nr. 558)

Golfclub Haßberge e.V.

Karte, Nr. 556, Feld G9 18 Höhe: 300 m

gegründet: 2000

Hainach - Neue Laube 1, 97500 Ebelsbach-Steinbach
☎ 09522-7085500 🖷 09522-7085501
✉ info@golfclub-hassberge.de
💻 www.golfclub-hassberge.de

PR Headgreenkeeper: Eduard Brech

i ☎ 09522-7085500 🖷 09522-7085501

Weinberg Restaurant
☎ 09522-7085503
Mo. Ruhetag

H: 5842 m, CR 72, SL 133, Par 73
D: 5210 m, CR 74.2, SL 134, Par 73
30 Rangeabschläge (5 überdacht)

G Gäste sind jederzeit willkommen. Anmeldung ist notwendig. Clubausweis mit eingetragener PE ist erforderlich.

18-Loch-Greenfee: WT: EUR 65 / WE: EUR 80
9-Loch-Greenfee: WT: EUR 45 / WE: EUR 55
Wochenend-Greenfee ab Freitag 12.00 Uhr.
Gruppentarife nach Vereinbarung.
Ermäßigung: Jugendl./Stud. 50%

Platzinfos

Anfahrtsbeschreibung

A 70 Schweinfurt-Bamberg, Ausfahrt Eltmann-Ebelsbach, auf der B 26 Richtung Zeil und nach 3 km in Steinbach der Beschilderung zum Golfplatz folgen.

Platzbeschreibung

Der Golfplatz des GC Haßberge liegt auf einem hügeligen Plateau oberhalb der Weinberge mit einem herrlichen Blick ins Maintal und auf die Wallfahrtskirche Maria Limbach. Umsäumt von alten Eichenbaumbeständen stellt der nur 22 km von Bamberg und 32 km von Schweinfurt entfernte Platz auf 65 ha mit seinen Sand- und Wasserhindernissen für jeden Golfer eine besondere sportliche Herausforderung dar.

Nächstgelegene Plätze

Leimershof, GA (Nr. 557)
Hauptsmoorw. Bambg., GC (Nr. 561)
Schweinfurt, GC (Nr. 552)

Golfanlage Gut Leimershof

Karte, Nr. 557, Feld G9 **18** Design: Dieter R. Sziedart Höhe: 370 m

gegründet: 1985

Leimershof 9, 96149 Breitengüßbach
☎ 09547-8709939 🖷 09547-8709940
info@leimershof-golfanlage.de
www.leimershof-golfanlage.de

PR: GF: Herbert Zenglein

i: Ulrike Galvan

Mo. Ruhetag

PRO: Pro: Thomas Saal, Norbert Hell

H: 6070 m, CR 72, SL 131, Par 72
D: 5372 m, CR 74.1, SL 130, Par 72
20 Rangeabschläge (3 überdacht)

G: Gäste sind jederzeit willkommen. Anmeldung ist notwendig. Clubausweis mit eingetragenem Handicap (54) ist erforderlich.

18-Loch-Greenfee: Di.-So.: EUR 55
9-Loch-Greenfee: Di.-So.: EUR 32
Gruppenermäßigung ab 10 Personen.
Ermäßigung: Jugendl./Stud. 50%

Platzbeschreibung

Die Anlage liegt direkt vor den Toren Bambergs auf dem unter Denkmalschutz stehenden Gut Leimershof. Die sportlich anspruchsvolle Anlage liegt eingebettet in eine typisch fränkische Hügellandschaft und ist auf drei Seiten von Wald umgeben. Zahlreiche Schräglagen, gut platzierte Bunker u. die welligen Grüns bilden die besonderen Eigenschaften des Platzes. Für ältere Golfer oder solche mit einer Gehbehinderung ist ein Cart empfehlenswert.

Platzinfos

VCG

Anfahrtsbeschreibung

Von Bamberg: Frankenschnellstraße A 73 oder B 173 bis Breitengüßbach, weiter Richtung Zückshut, vor dem Ort links über Hohengüßbach zu Gut Leimershof. Oder: Auf der alten B 22 über Memmelsdorf-Drosendorf nach Straßgiech, im Ort links über Starkenschwind zu Gut Leimershof.

Nächstgelegene Plätze

Hauptsmoorw. Bambg., GC (Nr. 561)
Hassberge, GC (Nr. 556)
Coburg, GC (Nr. 549)

Bayern

Greenfee-Aktion: Seite G 131

Golfclub Stiftland e.V.

Karte, Nr. 558, Feld I9 **18** Design: Donald Harradine, Brian Pierson Höhe: 450 m

gegründet: 1982

Ottengrün 50, 95698 Bad Neualbenreuth
☎ 09638-1271 Fax 09638-1227
info@gc-stiftland.de
www.gc-stiftland.de

PR Herbert Bäuml, CM: Kateřina Kalčíková
Headgreenkeeper: Gerald Fröhlich

i ☎ 09638-1271

La Forchetta D`Oro
☎ 09638-912310
Mi. Ruhetag

PRO SHOP GC Stiftland e.V.
☎ 09638-1271

PRO Pro: Matthew Gatrall

H: 6094 m, CR 72.2, SL 130, Par 72
D: 5267 m, CR 73.5, SL 123, Par 72
30 Rangeabschläge (2 überdacht)

G Gäste sind jederzeit willkommen. Clubausweis mit eingetragener PE ist erforderlich. GPS-Geräte bei Turnieren zugelassen.

Tages-Greenfee: EUR 70
9-Loch-Greenfee: EUR 38
Ermäßigung: Jugendl./Stud. 50%

Platzbeschreibung

Mit viel Feingefühl für die sanft hügelige Oberpfälzer Landschaft wurde hier ein 18 Loch-Golfplatz mit spielerisch und landschaftlich reizvollen natürlichen Hindernissen geschaffen Der Spieler mit Platzreife überwindet hier Teiche und natürliche Bachläufe, die sich quer durch die Anlage ziehen. Die Charakteristik der ersten neun Bahnen wird vorrangig von einem teilweise sehr alten Mischbaumbestand und seitlichen Heckenreihen bestimmt. Die zweiten neun Bahnen haben fast linkscoursartigen Charakter und fügen sich harmonisch in die Landschaft. Herausforderungen: Wasserhindernisse und einige Schräglagen.

Platzinfos

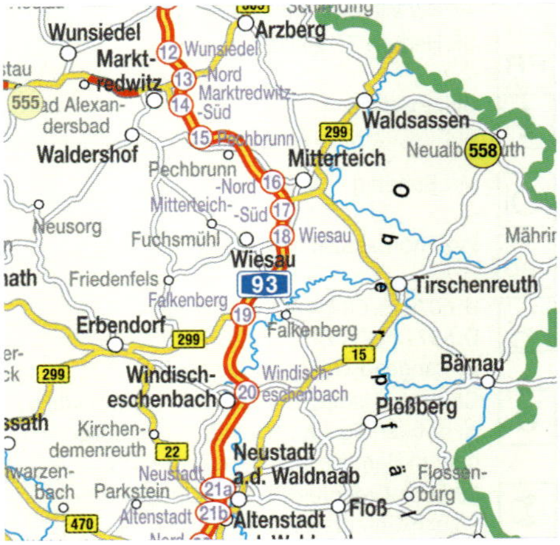

Anfahrtsbeschreibung

A 93, Ausf. Mitterteich-Süd, weiter Richt. Bad Neualbenreuth, hier sehen Sie bereits die Beschilderung zum Golfclub Stiftland. Kurz vor Neualbenreuth der weißen Beschilderung zum Golfplatz folgen.

Nächstgelegene Plätze

Fahrenbach, GC (Nr. 555)
Schwanhof, GC (Nr. 575)
Hof, GC (Nr. 547)

Bayern

Greenfee-Aktion: Seite G 131

Golf-Club Bayreuth e.V.

Karte, Nr. 559, Feld H9 **18/9** Design: J. D. Van Heel, T. Himmel Höhe: 330 m

gegründet: 1992

Rodersberg 43, 95448 Bayreuth
0921-970704 0921-970705
info@golfeninbayreuth.de
www.golfeninbayreuth.de

PR: CM: Alexander Knirim
Headgreenkeeper: Sascha Roderer

i: 0921-970704 0921-970705
Armin Köhler

Golfclubrestaurant am Rodersberg,
Ehepaar Leipold
0160-95629502
Mo. Ruhetag

PRO SHOP: Golfschule Bayreuth

PRO: Pro: Andreas Madaras, Ulrich Drescher

18-Loch Links Course
H: 5676 m, CR 70.2, SL 130, Par 72
D: 4964 m, CR 71.5, SL 128, Par 72
9-Loch Public Course
H: 1408 m, CR 58.7, SL 99, Par 58
D: 1408 m, CR 58.8, SL 96, Par 58
40 Rangeabschläge (4 überdacht)

G: Gäste sind jederzeit willkommen. Sa./So./Feiertage ist Anmeldung notwendig. Clubausweis mit eingetragenem Handicap ist erforderlich. Sa./So./Feiertage ist PE erforderlich.

18-Loch-Greenfee: WT: EUR 50 / WE: EUR 65
Ermäßigung: Jugendl./Stud.

Platzbeschreibung

Über den Dächern der Wagnerstadt beeindruckt die 120 ha große Anlage am Rodersberg mit unvergesslichen Ausblicken auf Bayreuth, das Festspielhaus, die Fränkische Schweiz und das Fichtelgebirge. Sein in Deutschland nur selten vorzu findender Links-Course-Charakter verleiht dem Platz, durch die einfühlsam in die Natur eingebetteten Spielbahnen, eine sehr individuelle Besonderheit.

Platzinfos

VCG

Anfahrtsbeschreibung

A 9 Nürnberg-Berlin, Ausfahrt Bayreuth-Nord Richtung Stadtmitte, an der 2. Ampel links nach Laineck, in Laineck der Beschilderung „Golf" folgen. Bitte geben Sie folgende Adresse in Ihr Navigationssystem ein: Steinachstraße 95448 Bayreuth

Nächstgelegene Plätze

Laineck-Bayreuth, GC (Nr. 560)
Oberfranken, GC (Nr. 554)
Fahrenbach, GC (Nr. 555)

Bayern

Golfclub Laineck-Bayreuth e.V.

Karte, Nr. 560, Feld H9 **9**

gegründet: 2010

Rodersberg 43, 95448 Laineck/Bayreuth
☎ 0921-970704 Fax 0921-970705
✉ info@golfclub-laineck.de
www.gc-laineck.com

PR: CM: Valentin Merkel

i: ☎ 0921-970704 Fax 0921-970705

Golfclubrestaurant am Rodersberg
☎ 0160-95629502
Mo. Ruhetag

PRO SHOP: Golf-Club Bayreuth e.V.
☎ 0921-970704

H: 2816 m, CR 58.7, SL 99, Par 58
D: 2816 m, CR 58.8, SL 96, Par 58
40 Rangeabschläge (4 überdacht)

G: Gäste sind jederzeit willkommen.

Tages-Greenfee: EUR 20
Ermäßigung: Jugendl./Stud.

Platzinfos

CLUB GASTRO GPS

Platzbeschreibung

Der Golfclub Laineck-Bayreuth e.V. bietet Interessierten und Anfängern einen sehr gepflegten, anspruchsvollen und öffentlichen 9-Loch Platz, auf dem wirklich jeder golfen darf.

Nächstgelegene Plätze

Bayreuth, GC (Nr. 559)
Oberfranken, GC (Nr. 554)
Fahrenbach, GC (Nr. 555)

Bayern

Gf-Aktion: Seite G 131, 133

Golfclub Hauptsmoorwald Bamberg e.V.

Karte, Nr. 561, Feld G9 9 Höhe: 240 m

gegründet: 1994

Anfahrt über Walnussweg, 96052 Bamberg
0951-9684331 0951-9684331
sekretariat@gc-hauptsmoorwald.de
www.gc-hauptsmoorwald.de

PR Daniela Reinfelder

0951-9684331 0951-9684331
Monika Klevinskas

PRO Pro: Klaus Beier

H: 5092 m, CR 68, SL 130, Par 72
D: 4500 m, CR 69.7, SL 132, Par 72

G Gäste sind jederzeit willkommen. Anmeldung ist notwendig. Clubausweis mit eingetragenem Handicap ist erforderlich.

18-Loch-Greenfee: WT: EUR 35 / WE: EUR 40
9-Loch-Greenfee: WT: EUR 25 / WE: EUR 30
WE Tarif Sa/So
Ermäßigung: Jugendl. bis 18 J. und Stud. bis 27 J. 50%

Platzbeschreibung

Die Anlage liegt zentrumsnah zur historischen Kaiser- und Bischofsstadt Bamberg, eingebettet im Hauptsmoorwald mit seinem alten Baumbestand. Trotz der relativ kurzen Bahnen hat der Platz durchaus seine Schwierigkeiten. Schmale, von alten Kiefern und Laubbäumen umgebene Fairways und durch Sandbunker gut verteidigte Grüns stellen immer wieder eine Herausforderung dar.

Platzinfos

VCG GPS CLUB

Anfahrtsbeschreibung

Die Zufahrt zu unserem Gelände erfolgt über Pödeldorfer Straße / Kastanienstraße / Kiefernstraße / Walnussweg, hier gerade durch das Tor. Nach ca. 800 m treffen Sie auf das Golfgelände. (Für Ihr Navigationsgerät: Walnussweg 69).

Nächstgelegene Plätze

Leimershof, GA (Nr. 557)
Hassberge, GC (Nr. 556)
Schloss Reichmannsd., GC (Nr. 565)

Bayern

Golfpark Rosenhof

Karte, Nr. 562, Feld E9 **18** Design: Brian Pierson

gegründet: 2012

Rosenhof, 63843 Niedernberg
06026-9771390 06026-9771391
info@golfparkrosenhof.de
www.golfparkrosenhof.de

PR Hoffmann Ralf, GF: Andrew Payne,
CM: Norman Lang
Headgreenkeeper: Hernyk Miniszewski

i 06026-9771390 06026-9771391
Antje Kaesmann, Matthew Brennand

Restaurant Rosenhof
06026-9990640

PRO Pro: Kemal Ari, Martin Day, Mark Honner, George Rausch

H: 5821 m, CR 71.1, SL 132, Par 72
D: 4960 m, CR 71.6, SL 124, Par 72
50 Rangeabschläge (8 überdacht)

G Gäste sind jederzeit willkommen. Anmeldung ist notwendig. Clubausweis mit eingetragener PE ist erforderlich. Sa./So./Feiertage ist Handicap 37 erforderlich.

18-Loch-Greenfee (7:00 - 20:00 Uhr): WT: EUR 65 / WE: EUR 75
9-Loch-Greenfee (7:30 - 20:00 Uhr): WT: EUR 35 / WE: EUR 40

Nächstgelegene Plätze
Aschaffenburger GC (Nr. 553)
Seligenstadt, GC (Nr. 409)
Geierstal, GC (Nr. 418)

Platzinfos

VCG GPS CLUB GASTRO

Anfahrtsbeschreibung

Der Golfpark Rosenhof liegt zwischen der B469 und den Ausläufen des Odenwaldes nahe der Ausfahrt Großostheim Süd. Von der A3 kommend nehmen Sie die Ausfahrt 57 und erreichen so die B469 Richtung Obernburg/Miltenberg. Verlassen Sie die B469 an der Ausfahrt Großostheim Süd. Am Ende der Ausfahrt biegen Sie links ab, Richtung Großostheim. Nach ca. 400 Metern biegen Sie links in die Privatzufahrt zur Golfanlage ein. Die Zufahrt ist gut beschildert. Aus Fahrtrichtung Obernburg/Miltenberg am Ende der Ausfahrt nach rechts, Richtung Großostheim, abbiegen. Nach ca. 500 Metern biegen Sie links in die Privatzufahrt zur Golfanlage ein. Die Zufahrt ist gut beschildert.

Bayern

Greenfee-Aktion: Seite G 133

Golfclub Main-Spessart e.V.

Karte, Nr. 563, Feld E9 **18/5** Höhe: 318 m

gegründet: 1990

Eichenfürst 9, 97828 Marktheidenfeld
☎ 09391-8435 🖷 09391-8816
✉ info@gc-msp.de
💻 www.gc-msp.de

PR Stefan Kohlroß, CM: Manuel Bleimann
Headgreenkeeper: Firma. Zinser Rasenpflege

i ☎ 09391-8435 🖷 09391-8816
Karin Geier, Madlin Leimeister, Nenad Salov

der eichenfürst, Jasmin Ruppert-Khemakhem
☎ 09391-8827 🖷 09391-8816

PRO SHOP Golfclub Main-Spessart e.V., Manuel Bleimann
☎ 09391-8435 🖷 09391-8816

PRO Pro: Malcom Brown

18-Loch Platz
H: 6019 m, CR 71.4, SL 131, Par 72
D: 5252 m, CR 72.8, SL 126, Par 72
5-Loch Kurzplatz: H: Par 51, D: Par 51
16 Rangeabschläge (6 überdacht)

G Gäste sind jederzeit willkommen. Anmeldung ist notwendig. Clubausweis mit eingetragenem Handicap (54) ist erforderlich.

18-Loch-Greenfee: WT: EUR 55 / WE: EUR 65
9-Loch-Greenfee: WT: EUR 30 / WE: EUR 35
Ermäßigung: Jugendl. bis 18 J. und Stud. bis 27 J. 50%

Platzbeschreibung

Die unvergleichlich schön gelegene Anlage bietet die besten Voraussetzungen für entspanntes Golfspiel. Mit ausdrucksvollen, abwechslungsreichen Spielbahnen, einem phantastischen Ausblick über die Höhen des Maintals und einer insgesamt sportlich anspruchsvollen Golfanlage zahlt sich ein Besuch in jedem Fall aus, denn rund ums Golfen gibt es in der Umgebung noch viele weitere Freizeitaktivitäten.

Platzinfos

Anfahrtsbeschreibung

A 3 Frankfurt-Würzburg, Ausfahrt Marktheidenfeld, 2,5 km Richtung Marktheidenfeld, hinter dem Weiler Eichenfürst links. Oder: Von Marktheidenfeld kommend den Hinweisschildern zur A 3 Richtung Nürnberg folgen, kurz vor dem Weiler Eichenfürst rechts zum Golfplatz abbiegen.

Nächstgelegene Plätze

Miltenberg-Erftal, GC (Nr. 572)
Würzburg, GC (Nr. 569)
Glashofen-Neusaß, GC (Nr. 460)

Greenfee-Aktion: Seite G 133

Golfclub Schloß Mainsondheim e.V.

Karte, Nr. 564, Feld F9 18 Höhe: 219 m

gegründet: 1987

Schloßweg 3, 97337 Mainsondheim-Dettelbach
☎ 09324-4656 Fax 09324-4262
✉ info@golf-mainsondheim.de
www.golf-mainsondheim.de

PR: Peter Siegel, GF: Kerstin Bachmann

i: ☎ 09324-4656 Fax -4262
Kerstin Bachmann

Aida Internationales Spezialitätenrestaurant
☎ 09324-979498 Fax 09324-4262

PRO SHOP: Surf In, Schweinfurt
☎ 09324-4656 Fax -4262

PRO: Pro: Richard Foster, Adnan Hajdini

H: 5980 m, CR 72.3, SL 136, Par 72
D: 5290 m, CR 74.1, SL 136, Par 72
30 Rangeabschläge (4 überdacht)

G: Gäste sind jederzeit willkommen. Sa./So./Feiertage ist Anmeldung notwendig. Clubausweis mit eingetragenem Handicap (54) ist erforderlich. Alle Softspikes erlaubt.

Tages-Greenfee: WT: EUR 60 / WE: EUR 70
9-Loch-Greenfee: WT: EUR 40 / WE: EUR 45
Hoteltarife und Gruppentarife auf Anfrage

Platzbeschreibung

Idyllisch im Herzen Mainfrankens ist diese Anlage vom Main umschlungen. Die Spielbahnen auf dem ca. 70 ha großen Areal folgen dem Mainverlauf, wobei die Bahnen 1 bis 9 nordwestlich, die Bahnen 10 bis 18 nordöstlich des Ortsteils Mainsondheim liegen. Nichtnur die bis zu 650 qm großen, mehrstufigen Grüns, sondern auch die bis zu 2,5 m tiefen Bunker erfordern Präzision. An der 15 ist ein Inselgrün über einen 40 m breiten Teich anzuspielen.

Platzinfos

VCG

Anfahrtsbeschreibung

Von Würzburg: A 3 Richtung Nürnberg, Ausfahrt Kitzingen-Schwarzach Richtung Kitzingen, nach ca. 250 m rechts und den Schildern „Golfanlage Schloß Mainsondheim“ bis zum Schloßmauerende folgen.

Nächstgelegene Plätze

Kitzingen, GC (Nr. 570)
Würzburg, GC (Nr. 569)
Steigerwald, GC (Nr. 566)

Greenfee-Aktion: Seite G 133

Golfclub Schloss Reichmannsdorf e. V.

Karte, Nr. 565, Feld G9 18 Höhe: 350 m

gegründet: 1991

Obere Hauptstraße 10,
96132 Schlüsselfeld-Reichmannsdorf
09546-5954964 09546-5948905
golf@schloss-reichmannsdorf.de
www.golfanlage-reichmannsdorf.de

PR: CM: Michael Korf
Headgreenkeeper: Stefan Jödicke

i: 09546-5954964 09546-5948905
Stefan Buchholz

Hotel Schloss Reichmannsdorf
09546-59510 09546-5951499

PRO SHOP: Golfclub Schloss Reichmannsdorf e.V.
09546-5954964 09546-5948905

PRO: Pro: Tarek Khattab, Lukas Exner

H: 6023 m, CR 72.7, SL 140, Par 72
D: 5101 m, CR 73.3, SL 133, Par 72
15 Rangeabschläge (4 überdacht)

G: Gäste sind jederzeit willkommen. Anmeldung ist notwendig. Clubausweis mit eingetragener PE ist erforderlich.

18-Loch-Greenfee: WT: EUR 50 / WE: EUR 65
9-Loch-Greenfee: WT: EUR 35 / WE: EUR 40
Ab Freitag 12:00 Uhr gelten die Wochenende-Tarife

Platzinfos

Anfahrtsbeschreibung

Von Würzburg: A 3 Richtung Nürnberg, Ausfahrt Schlüsselfeld Richtung Burgebrach. Von Nürnberg: A 3 Richtung Würzburg, Ausfahrt Höchstadt-Nord Richtung Schlüsselfeld, Abzweigung Reichmannsdorf und der Beschilderung zum Golfplatz folgen.

Platzbeschreibung

Inmitten des wunderschönen Schlossparks liegt der Platz in herrlicher Landschaft und idyllischer Natur. Das Clubhaus vermittelt eine wohltuend entspannte Atmosphäre, die sich auf Mitglieder und Gäste überträgt. Unser Schloss bietet ein stilvolles Ambiente und ist nur ein Par 3 vom Club entfernt.

Nächstgelegene Plätze

Steigerwald, GC (Nr. 566)
Hauptsmoorw. Bambg., GC (Nr. 561)
Hassberge, GC (Nr. 556)

Bayern

Golfclub Steigerwald in Geiselwind e.V.

Karte, Nr. 566, Feld G9 18/6

gegründet: 1992

Friedrichstraße 12, 96160 Geiselwind
☏ 09556-1484 🖷 09556-1482
✉ info@golfclub-steigerwald.de
💻 www.golfclub-steigerwald.de

PR
Florian Rückel, GF: Florian Rückel
Esther Göpfert, CM: Christian Zethmeier
Headgreenkeeper: Harald Zinser

i
☏ 09556-1484 🖷 09556-1482
Anita Leitner, Kerstin Wittmann

Landhotel Geiselwind
☏ 09556-92250 🖷 -922550

PRO SHOP
Surf In, SurfIn
☏ 09721-6756730

PRO
Pro: Max Zeitler, Horst Rosenkranz

18-Loch Platz
H: 6079 m, CR 72.5, SL 130, Par 72
D: 5326 m, CR 74.2, SL 125, Par 72
6-Loch Academy Platz
H: CR 54, SL 115, Par 3, D: CR 54, SL 115, Par 3
21 Rangeabschläge (6 überdacht)

G
Gäste sind jederzeit willkommen. Anmeldung ist notwendig. Clubausweis mit eingetragenem Handicap (54) ist erforderlich.

18-Loch-Greenfee: WT: EUR 60 / WE: EUR 70
9-Loch-Greenfee: WT: EUR 40 / WE: EUR 45
Gruppen ab 10 Personen erhalten einen weiteren Rabatt.
Ermäßigung: Jugendl./Stud. 30%

Nächstgelegene Plätze

Schloss Reichmannsd., GC (Nr. 565)
Schloß Mainsondh., GC (Nr. 564)
Kitzingen, GC (Nr. 570)

Platzinfos

VCG
CLUB GASTRO GPS

Anfahrtsbeschreibung

A 3 Würzburg-Nürnberg, Ausfahrt Geiselwind, ca. 50 m nach dem Marktbrunnen im Ortskern Geiselwind rechts in die Friedrichstraße zum Golfplatz abbiegen.

Platzbeschreibung

Direkt an der Nord-Süd Achse, der Autobahn A3, befindet sich die Golfanlage Steigerwald in Geiselwind. Der 18 Loch Meisterschaftsplatz wurde von Star-Architekt Don Harradine designed und befindet sich auf einem, für den Steigerwald typischen, Hochplateau. Besonders gelungen ist die Platzierung der Grüns. Einige liegen offen und bieten dem Golfer einen herrlichen Ausblick auf die fränkische Landschaft, andere hingegen wurden traumhaft in verschiedene Waldecken versteckt.

Gf-Aktion: Seite G 133, 135

Golfclub Fränkische Schweiz e.V.

Karte, Nr. 567, Feld H9 **18** Höhe: 470 m

gegründet: 1974

Kanndorf 8, 91320 Ebermannstadt
☎ 09194-4827 Fax 09194-5410
✉ gcfraenkischeschweiz@t-online.de
www.gc-fs.de

PR: Peter Wolf

i: ☎ 09194-4827 Fax -5410
Hella Miess, Astrid Quarte

Erika Messingschlager
☎ 09194-76710 Fax -767120
Mo. Ruhetag

PRO: Pro: Salvatore Romano

H: 6110 m, CR 73.1, SL 129, Par 72
D: 5382 m, CR 74.9, SL 129, Par 72
18 Rangeabschläge (3 überdacht)

G: Gäste sind jederzeit willkommen. Anmeldung ist notwendig. Clubausweis mit eingetragenem Handicap (54) ist erforderlich.

18-Loch-Greenfee: WT: EUR 60 / WE: EUR 70
Ermäßigung: Jugendl./Stud. 50%

Platzinfos

VCG

Platzbeschreibung

Im Herzen der Fränkischen Schweiz liegt die 1974 gegründete Golfanlage. Abwechslungreiche Spielbahnen bieten Herausforderung für den ambitionierten Golfer und auch Genuss für Spieler, die Ruhe und Natur lieben. Die Fairways werden von vielen Obstbäumen und Wildblumen gesäumt.

Anfahrtsbeschreibung

A 73 Nürnberg-Bamberg, Ausfahrt Forchheim, weiter B 470 über Forchheim nach Ebermannstadt, am Ortsende weiter Richtung Kanndorf zum Golfplatz. Oder: A 9 Nürnberg-Bayreuth, Ausfahrt Pegnitz, weiter auf der B 470 Richtung Ebermannstadt, von dort weiter wie oben beschrieben zum Golfplatz.

Nächstgelegene Plätze

Pottenstein-Weidenl., GC (Nr. 568)
Erlangen, GC (Nr. 574)
Gerhelm, Nbg. Land, GC (Nr. 573)

Greenfee-Aktion: Seite G 135

Golf Club Pottenstein-Weidenloh e.V.

Karte, Nr. 568, Feld H10 18/9 Design: Roland Trost Höhe: 430 m

gegründet: 1991

Weidenloh 40, 91278 Pottenstein
☎ 09243-929210/-20 🖷 09243-929222
✉ info@gc-pottenstein.de
💻 www.gc-pottenstein.de

PR: Wolfgang Neuß, GF: Roland Trost
Headgreenkeeper: Reinhold Berner

i: ☎ 09243-929220 🖷 09243-929222
Martina Eckert

Barbarossa, Anton Dötzer
☎ 09243-90202 🖷 09243-700692

PRO SHOP: Roland Trost
☎ 09243-929220 🖷 09243-929222

PRO: Pro: Roland Trost

18-Loch Platz
H: 5960 m, CR 71,9, SL 135, Par 72
D: 5262 m, CR 74,3, SL 129, Par 72
9-Loch Public Golf Course
H: 1496 m, CR 57,1, SL 84, Par 29
D: 1496 m, CR 57,6, SL 83, Par 29
50 Rangeabschläge (5 überdacht)

G: Gäste sind jederzeit willkommen. Anmeldung ist notwendig. Clubausweis mit eingetragenem Handicap (54) ist erforderlich.

18-Loch-Greenfee: WT: EUR 65 / WE: EUR 75
9-Loch-Greenfee: WT: EUR 40 / WE: EUR 45
Ermäßigung: Jugendl./Stud. 50%

Platzbeschreibung

Der Golf- und Landschaftspark spiegelt mit bäuerlichem Mosaik aus Felsgruppen, Trockenrasen, Waldflächen und Hecken den Charakter der Fränkischen Schweiz in Reinkultur wider. Eines der interessantesten Löcher ist die Bahn 1. Das Loch zieht sich um einen Wald herum, und direkt vor dem Grün befindet sich eine Doline, die nur mit einem langen Fairwayholz überspielt werden kann.

Platzinfos

Anfahrtsbeschreibung

A 9 Nürnberg-Bayreuth, Ausfahrt Plech Richtung Betzenstein-Leopoldstein-Pottenstein und der Beschilderung folgen. Oder: A 9, Ausfahrt Pegnitz-Grafenwöhr, auf der B 470 nach Pottenstein und Weidenloh (ca. 10 Min. von der Autobahn) und der Beschilderung folgen. Oder: A 3 Frankfurt-Nürnberg, Ausfahrt Höchstadt-Ost, auf der B 470 nach Forchheim-Pottenstein und Weidenloh, ab Pottenstein der Beschilderung folgen.

Nächstgelegene Plätze

Fränkische Schweiz, GC (Nr. 567)
Gerhelm, Nbg. Land, GC (Nr. 573)
Erlangen, GC (Nr. 574)

Golf Club Würzburg e.V.

GOLF CLUB WÜRZBURG

Karte, Nr. 569, Feld F10 **18** Design: Karl F. Grohs Höhe: 300 m

gegründet: 1984

Am Golfplatz 2, 97084 Würzburg
0931-67890 0931-67880
info@golfclub-wuerzburg.de
www.golfclub-wuerzburg.de

PR: Bernhard May, GF: Bernhard May,
CM: Fabian Otter
Headgreenkeeper: Marius Cazan

i: 0931-67890 0931-67880
Christian Sälzer, Henrike Friede,
Beate de Bochdanovits

Restaurant Gasthaus „Soulfood Kitchen"
0931-66052950 0931-66052952
Mo. Ruhetag

PRO SHOP: Surf In
0931-67890 0931-67880

PRO: Pro: Sebastian Bandorf, Trevor Pearman,
Stuart Bannerman

H: 5787 m, CR 71.5, SL 133, Par 71
D: 4793 m, CR 71.2, SL 126, Par 71
30 Rangeabschläge (5 überdacht)

G: Gäste sind jederzeit willkommen. Anmeldung ist notwendig. Clubausweis mit eingetragenem Handicap (54) ist erforderlich.

18-Loch-Greenfee: WT: EUR 80 / WE: EUR 90
9-Loch-Greenfee: WT: EUR 45 / WE: EUR 55
Ermäßigung: Jugendl. bis 18 J. und Stud. bis 27 J.

Platzinfos

VCG CLUB GASTRO

Anfahrtsbeschreibung

Der Golfclub liegt sehr verkehrsgünstig nur 2 km von der A 3 entfernt. An der Ausfahrt Würzburg-Zentrum abfahren und auf der B 19 Richtung Bad Mergentheim (Ulm) fahren. Nach ca. 1 km die erste Ausfahrt links nehmen und anschließend der Beschilderung zum Golfplatz folgen.

Platzbeschreibung

Ein höchst abwechslungsreiches Gelände im Stadtgebiet von Würzburg bietet die Grundlage für diese außergewöhnliche 18-Loch-Golfanlage. Von mehr als der Hälfte der Spielbahnen genießt man einen hervorragenden Blick über Würzburg und die Festung Marienberg. Andere Bahnen verlaufen zwischen unberührter Natur und altem Baumbestand. 3 Teiche erhöhen sowohl die optische, als auch spielerische Attraktivität.

Nächstgelegene Plätze

Kitzingen, GC (Nr. 570)
Schloß Mainsondh., GC (Nr. 564)
Main-Spessart, GC (Nr. 563)

Bayern

Greenfee-Aktion: Seite G 135

Golfclub Kitzingen e.V.

Karte, Nr. 570, Feld F10 **18** Höhe: 270 m

gegründet: 1980

Lailachweg 1, 97318 Kitzingen
☏ 09321-4956 🖷 09321-21936
✉ info@golfclub-kitzingen.de
💻 www.golfclub-kitzingen.de

PR: Oliver Haese

i: ☏ 09321-4956 🖷 09321-21936
Gabriele Trabold

19th Hole
☏ 09321-927131

PRO SHOP: ☏ 09321-4956

PRO: Pro: Stephen Thomas, Adnan Hajdini

H: 6058 m, CR 71.8, SL 133, Par 72
D: 5357 m, CR 73.7, SL 131, Par 72
25 Rangeabschläge (5 überdacht)

G: Gäste sind jederzeit willkommen. Anmeldung ist notwendig. Clubausweis mit eingetragener PE ist erforderlich.

18-Loch-Greenfee: WT: EUR 60 / WE: EUR 70
9-Loch-Greenfee: WT: EUR 35 / WE: EUR 40
Wir haben folgende Greenfee-Kooperationen:
www.golfregion-franken.de
www.weinfrankengolf.de
Ermäßigung: Jugendl. bis 18 J. und Stud. bis 27 J. 50%

Platzbeschreibung

Der 18-Loch-Platz liegt stadtnah hinter dem INNOPARK-Gelände südwestlich von Kitzingen. Ruhig gelegen, von Wald und Feldern umgeben, hat man von dieser Sonnenterrasse einen weiten Blick über das Maintal, auf das Weinland und den Steigerwald. Der eher ebene Platz mit seinen bewässerten Fairways und kurzen Wegen zwischen den Grüns und den Abschlägen, sowie die Möglichkeit, Carts zu mieten, machen die Anlage auch für Senioren gut bespielbar.

Platzinfos

VCG GPS CLUB GASTRO

Anfahrtsbeschreibung

A3 WÜ-N/N-WÜ Ausfahrt Biebelried -> B8 Richtung Kitzingen oder A7 WÜ-UL/UL-WÜ Ausfahrt Kitzingen -> B8 Richtung Kitzingen, in Kitzingen an 2. Ampel rechts in Westtangente abbiegen, Wegweiser INNOPARK folgen, nach ca. 200 Metern rechts abbiegen in Steigweg (Golfplatz ist ausgeschildert), an INNOPARK vorbei in Lailachweg einbiegen.

Nächstgelegene Plätze

Schloß Mainsondh., GC (Nr. 564)
Würzburg, GC (Nr. 569)
Steigerwald, GC (Nr. 566)

Greenfee-Aktion: Seite G 135

Golfclub Gut Sansenhof e.V.

Karte, Nr. 571, Feld E10 **18/9** Design: Reinhold Weisshaupt Höhe: 442 m

gegründet: 1993

Weilbach/Unterfranken,
63916 Amorbach-Sansenhof
09373-2180/-4503 09373-902580
info@golf-sansenhof.de
www.golf-sansenhof.de

PR: Harald Englerth, GF: Gabriele Rinklef
Headgreenkeeper: Karl-Heinz Rinklef

i: 09373-2180/-4503 -902580

Ristorante I Paesani
09373-99566
Mo. Ruhetag

PRO SHOP: Inge Ziesler-Rowland
09373-902166

PRO: Pro: Head Pro Colin McDonald

18-Loch Platz
H: 6071 m, CR 72, SL 131, Par 72
D: 5332 m, CR 73.7, SL 128, Par 72
9-Loch Platz
H: 3042 m, CR 59, SL 95, Par 60
D: 2946 m, CR 59.1, SL 101, Par 60
32 Rangeabschläge (4 überdacht)

G: Gäste sind jederzeit willkommen. Clubausweis mit eingetragenem Handicap (45) ist erforderlich.

18-Loch-Greenfee: WT: EUR 58 / WE: EUR 68
9-Loch-Greenfee: WT: EUR 31 / WE: EUR 37

Platzbeschreibung

Das Gut Sansenhof befindet sich mitten im Odenwald in einem abwechslungsreichen leicht hügeligen Gelände mit zahlreichen Wasser- und Sandhindernissen. Die aufwendige Fairwaygestaltung und vor allem auch die von Bunkern und Hindernissen gut verteidigten Grüns lassen den Parcours schwierig werden. Teilweise müssen einige Par 3-Löcher mit bis zu 25 m Höhenunterschied von oben angegriffen werden. Der Platz ist dennoch angenehm zu begehen.

Platzinfos

VCG
GASTRO

Anfahrtsbeschreibung

Von Frankfurt oder Würzburg: A 3, Ausfahrt Stockstadt, auf die B 469 Richtung Amorbach. 11 km nach Obernburg am Schild Bad König/Vielbrunn rechts nach Laudenbach abbiegen und nach ca. 300 m rechts Richtung Bad König/Vielbrunn. Dieser Kreisstraße K 94 ca. 9 km folgen und am Schild Bad König/Vielbrunn links ab zur Vielbrunner Kreuzung. Ab dort der Beschilderung „Golfanlage Gut Sansenhof" folgen.

Nächstgelegene Plätze

Geierstal, GC (Nr. 418)
Odenwald, GC (Nr. 417)
Buchenhof Hetzb., G&LC (Nr. 421)

Bayern

Gf-Aktion: Seite G 135, 137

Golfclub Miltenberg-Erftal e.V.

Karte, Nr. 572, Feld E10 **36** Höhe: 340 m

gegründet: 1996

Ortsstraße 30, 63928 Eichenbühl-Guggenberg
✆ 09378-789 Fax 09378-908126
✉ info@golfclub-erftal.de
www.golfclub-erftal.de

PR Annette Raab, GF: Ramon Männel

i ✆ 09378-789 Fax -908126
Patricia Bozzetti, Alena Rauch

Ristorante & Pizzeria Da Richie, Richard Milu
✆ 09378-908127
Mo. Ruhetag

PRO SHOP ✆ 09378-789 Fax -908126

PRO Pro: Axel Semm, Gregor Dominack

18-Loch Erftal-Course
H: 5705 m, CR 71.1, SL 133, Par 72
D: 4926 m, CR 72.3, SL 129, Par 72
18-Loch Miltenberg-Course
H: 4181 m, CR 63.6, SL 109, Par 64
D: 3633 m, CR 63.8, SL 103, Par 64
24 Rangeabschläge (6 überdacht)

G Gäste sind jederzeit willkommen. Anmeldung ist notwendig. Clubausweis mit eingetragener PE ist erforderlich.

18-Loch-Greenfee: WT: EUR 50 / WE: EUR 60
9-Loch-Greenfee: WT: EUR 30 / WE: EUR 35
Ermäßigung: Jugendl. bis 18 J. und Stud. bis 27 J. 50%

Platzbeschreibung

Die Golfanlage bietet in legerer und sportlicher Atmosphäre neben einer großen Driving Range, zusätzlichen Putting- und Pitching-Greens und einem großen Übungsbunker attraktive Spielbahnen mit einem herrlichen Blick über das Erftal und den Odenwald.

Platzinfos

VCG

Anfahrtsbeschreibung

Von Frankfurt: A 3 Richtung Würzburg, Ausfahrt Aschaffenburg-West, weiter auf der B 469 Richtung Miltenberg-Eichenbühl-Riedern bis Guggenberg. Von Würzburg: A 81 Richtung Heilbronn, Ausfahrt Tauberbischofsheim, weiter Richtung Hardheim-Miltenberg bis Guggenberg.

Nächstgelegene Plätze

Glashofen-Neusaß, GC (Nr. 460)
Mudau, GC (Nr. 461)
Geierstal, GC (Nr. 418)

Bayern

Golfclub Gerhelm Nürnberger Land e.V.

Karte, Nr. 573, Feld H10 18 Höhe: 600 m

gegründet: 1995

Gerhelm 1, 91235 Velden
09152-398
buero@gerhelm.de
www.gerhelm.de

PR Gerhard Schlierf, GF: Andreas Schlierf
Headgreenkeeper: Martin Schlierf

i 09152-398 09152-1346

Zum Schäferkarr´n, Ingrid Hesselbach
09152-9280666
Mo. und Mi. Ruhetag

PRO SHOP Golfshop Gerhelm
09152-398

PRO Pro: Daniela Hunger

H: 5465 m, CR 70.6, SL 138, Par 72
D: 4755 m, CR 71.6, SL 130, Par 72
17 Rangeabschläge (7 überdacht)

G Gäste sind jederzeit willkommen. Anmeldung ist notwendig. Clubausweis mit eingetragenem Handicap (54) ist erforderlich.

Tages-Greenfee: WT: EUR 65 / WE: EUR 75
9-Loch-Greenfee: WT: EUR 40 / WE: EUR 50
Gruppenermäßigung ab 8 Personen EUR 10
Übertragbare 5er- und 10er-Greenfeekarten ermäßigt vorhanden
Ermäßigung: Jugendl. bis 17 J. und Stud. 50%

Platzinfos

VCG GPS CLUB GASTRO

Anfahrtsbeschreibung

A 9 Nürnberg-Berlin, Ausfahrt Hormersdorf, rechts abbiegen Richtung Hormersdorf, in Hormersdorf an der 1. Kreuzung links Richtung Wallsdorf, die nächste Straße links abbiegen und der Beschilderung zum Golfplatz folgen.

Platzbeschreibung

Gerhelm liegt fernab vom Stress und Alltagslärm im oberen Pegnitztal am Rande der Fränkischen Schweiz. Ein phantastisches Panorama und ein abwechslungsreiches leicht hügeliges Gelände waren der Rahmen für den Bau einer 18-Loch-Anlage rund um den Gutshof Gerhelm und den Weiler Immendorf. Die Golfanlage Gerhelm umfasst mit Driving-Range, Pitch- und Puttinggrüns ein Gelände von insgesamt 1,25 Millionen Quadratmetern.

Nächstgelegene Plätze

Pottenstein-Weidenl., GC (Nr. 568)
Erlangen, GC (Nr. 574)
Fränkische Schweiz, GC (Nr. 567)

Bayern

Greenfee-Aktion: Seite G 137

Golf Club Erlangen e.V.

Karte, Nr. 574, Feld G10   18   Design: Wolfgang Barth   Höhe: 350 m

gegründet: 1977

Schleinhof 1, 91077 Kleinsendelbach
09126-5004
info@gc-erlangen.de
www.gc-erlangen.de

PR: Ralph Kelle, GF: Oliver Penning, CM: Erwin Gietl
Headgreenkeeper: Günter Werner

i: 09126-5004
Sabine Trostner

9zehn, Anita Biknierska
01525-4706701
Mo. Ruhetag

PRO SHOP: Golf Sport Franken GmbH
09126-5004

PRO: Pro: Sebastian Platschek

H: 5633 m, CR 70.2, SL 134, Par 71
D: 4946 m, CR 71.7, SL 132, Par 71
11 Rangeabschläge (2 überdacht)

G: Gäste sind jederzeit willkommen. Anmeldung ist notwendig. Clubausweis mit eingetragenem Handicap (54) ist erforderlich.

18-Loch-Greenfee: WT: EUR 60 / WE: EUR 75
9-Loch-Greenfee: WT: EUR 35 / WE: EUR 45
Ermäßigung: Jugendl./Stud. 50%

Nächstgelegene Plätze

Am Reichswald, GC (Nr. 579)
Fürth, 1. GC (Nr. 580)
Gerhelm, Nbg. Land, GC (Nr. 573)

Platzinfos

Anfahrtsbeschreibung

Aus Nürnberg: B2 in Richtung Eckental. Am Kreisverkehr vor Eckental 2. Ausfahrt. Nach 200 m an der Ampel links abbiegen. Dem Straßenverlauf folgen und nach 1 km an der Kreuzung rechts Richtung Neunkirchen abbiegen. Nach 2 km gerade über die Kreuzung und dem Schild „Golf" folgen.

Platzbeschreibung

Eingebettet in die reizvolle Landschaft der Fränkischen Schweiz erwarten den Golfer abwechslungsreiche Spielbahnen. Es bieten sich von vielen Grüns und Fairways fantastische Ausblicke. Saftige Fairways und perfekt gepflegte Grüns machen den Golfplatz zu einem Golferlebnis der besonderen Art. Ein weiters Highlight ist das schön angelegte Halbinselgrün von Loch 17. Trotz seiner zentralen Lage (nur ca. 15 Min. von Nürnberg und Erlangen zu erreichen) befindet man sich abseits von Verkehrslärm inmitten schöner Natur. Ideale Trainingsmöglichkeiten mit Flutlicht und beheizten Abschlagplätzen finden Sie auf der angeschlossenen Golf Akademie.

Golfclub Schwanhof e.V.

Karte, Nr. 575, Feld I10 **18** Design: Reinhold Weishaupt, Jerry Pate Höhe: 460 m

gegründet: 1990

Klaus-Conrad-Allee 1, 92706 Luhe-Wildenau
09607-92020 09607-920248
info@golfclub-schwanhof.de
www.golfclub-schwanhof.de

PR: Christian Breunig, GF: Detlef Hennings

i: 09607-92020 09607-920248
Sandra Münzl

Restaurant Schwanhof, Sabine Hennings
09607-920216 09607-920248
Di. Ruhetag

PRO SHOP: Golfshop Schwanhof
09607-920215

PRO: Pro: Florian Rieger, Daniel Lord

18-Loch Championship-Course
H: 5696 m, CR 71.3, SL 134, Par 72
D: 4916 m, CR 72.2, SL 133, Par 72
60 Rangeabschläge (25 überdacht)

G: Gäste sind jederzeit willkommen. Sa./So./Feiertage ist Handicap 36 erforderlich. Reservierung von Startzeiten erforderlich! Überdachte Parkplätze! E-Carts (Club-Car) mit GPS-System!

18-Loch-Greenfee (9:00 - 18:00 Uhr): Mo.-Do.: EUR 80 / Fr.-So.: EUR 95
9-Loch-Greenfee: Mo.-Do.: EUR 50 / Fr.-So.: EUR 55
Tages-GF Driving Range: EUR 10
Sonstige DGV Karten GF 18-Loch WT/WE EUR 70-80/85-100. Fernmitgliedschaften haben keine Spielberechtigung
Ermäßigung: Jugendl. bis 18 J. und Stud. bis 27 J.

Nächstgelegene Plätze

Oberpfälzer Wald, G&LC (Nr. 583)
Schmidmühlen, G&LC (Nr. 591)
Eixendorfer See, GC (Nr. 585)

Platzinfos

Anfahrtsbeschreibung

Von Mü.: A 93 Regensburg-Weiden, Ausf. Luhe-Wildenau u. der Beschilderung folgen. Von Nürnberg: A 6 Ri. Amberg, bis Oberpfälzer Kreuz und auf die A 93 Ri Weiden bis Ausfahrt Luhe-Wildenau. Hier der Beschilderung folgen. Von Berlin: A 9, Ausf. Bayreuth, auf der B 22 über Kemnath Ri. Weiden, von Weiden auf der A 93 Ri. Regensburg, Ausf. Luhe-Wildenau u. der Beschilderung folgen.

Platzbeschreibung

Eingebettet in das leicht hügelige Gebiet der Oberpfalz liegt der mit einem „Hauch Amerika" versehene Platz auf einem ehem. landwirtschaflich genutzten 80 ha großen Gelände. Durch gelungene Architektur werden hohe Anforderungen an Strategie und Präzision gestellt. Mit Blick auf Burg Leuchtenberg bietet die Anlage ein herrliches Panorama und First Class Golf auch abseits der Spielbahnen.

Golf-Club Herzogenaurach e.V.

Karte, Nr. 576, Feld G10 18

gegründet: 1967

Burgstall 1, 91074 Herzogenaurach
09132-40580 · Fax 09132-40581
info@golfclub-herzogenaurach.de
www.golfclub-herzogenaurach.de

PR: Bernd Dürrbeck, CM: Andreas Sprigade
Headgreenkeeper: Patrick Klein

i: 09132-40580 · Fax 09132-40581

Golf-Restaurant
09132-8359297

PRO: Pro: Craig J. Miller, Stewart Kemp, Martin Hastie

H: 6360 m, CR 73.7, SL 128, Par 73
D: 5405 m, CR 74.2, SL 129, Par 73
15 Rangeabschläge (7 überdacht)

G: Gäste sind jederzeit willkommen. Clubausweis mit eingetragenem Handicap (54) ist erforderlich.

18-Loch-Greenfee: EUR 60
9-Loch-Greenfee: EUR 33
Ermäßigung: Jugendl. bis 18 J. und Stud. bis 27 J. 30%

Platzinfos

VCG · GPS · CLUB · GASTRO

Anfahrtsbeschreibung

A3, Ausfahrt Frauenaurach, Richtung Herzogenaurach. An der 2. Ampel links Richtung Niederndorf/ Herzogenaurach. Durch Niederndorf hindurch, nach Herzogenaurach hinein, an der Feuerwehr und INA vorbei bis zur Kreuzung. Hier links abbiegen und den Wegweisern nach Burgstall zum Golfplatz folgen.

Platzbeschreibung

Die 18-Loch-Golfanlage im Herzen Mittelfrankens zeichnet sich nicht nur durch die gelungene Synthese zwischen landschaftlichem Reiz, sportlicher Herausforderung und gesellschaftlicher Begegnungsstätte aus, sondern bietet hochwertiges Golfvergnügen zu fairen Preisen. Auf über 70 ha erstreckt sich die Carlo Knauss konzipierte, wunderschön auf einem Hochplateau gelegene Anlage. Die PGA-Golfschule Craig Miller gewährleistet professionellen Unterricht. PE Indoorgolfanlage - seit November 2018 neu eröffnet: Die Indoor-Anlage ist mit neuester Technik ausgestattet, die Ihnen hilft, Ihr Talent zu fördern und Ihr Potenzial voll auszuschöpfen – und zwar ganzjährig.

Nächstgelegene Plätze

Golfanlage Puschendorf (Nr. 577)
Fürth, 1. GC (Nr. 580)
Am Reichswald, GC (Nr. 579)

Golfanlage Puschendorf

Golfanlage Puschendorf
sportlich - familiär - stadtnah

Karte, Nr. 577, Feld G10 **9** Design: Dieter R.Sziedat Höhe: 380 m

gegründet: 1989

Forstweg 2, 90617 Puschendorf
09101-7552 09101-9352
buero@golfanlage-puschendorf.de
www.golfanlage-puschendorf.de

PR
GF: Gerhard Rothacker
Headgreenkeeper: Gerhard Rothacker

09101-7552 09101-9352
Anka Rothacker

Ristorante Pizzeria Rosi & Dani
09101-6363
Mo. Ruhetag

PRO SHOP
09101-8064 09101-9352

PRO
Pro: Martin Muhoscholi

H: 5858 m, CR 71.2, SL 132, Par 72
D: 5224 m, CR 73.4, SL 128, Par 72
15 Rangeabschläge (3 überdacht)

G
Gäste sind jederzeit willkommen. Anmeldung ist notwendig. Clubausweis mit eingetragenem Handicap (54) ist erforderlich. Bitte buchen Sie Ihre Startzeit (online oder telefonisch) - Bitte fragen Sie nach dem aktuellen Spiel- und Turnierbetrieb.

18-Loch-Greenfee: WT: EUR 35 / WE: EUR 40
9-Loch-Greenfee: WT: EUR 25 / WE: EUR 30
Wochentag = Montag bis Freitag 12.00 Uhr
Wochenende = Freitag ab 12.00 Uhr, Samstag, Sonntag, Feiertag
Ermäßigung: Jugendl./Stud. bis 25 J.

Platzbeschreibung

Die Golfanlage Puschendorf liegt inmitten des Städtedreiecks Fürth-Nürnberg-Erlangen. Die Anlage bietet abwechslungsreiche Fairways in einer typisch fränkischen Landschaft. Gepflegte Greens, von Wald und Wasser gesäumt, sind hier immer Motivation für einen Birdie. Sportlich - Familiär - Stadtnah!

Platzinfos

VCG GPS GASTRO

Anfahrtsbeschreibung

A 9 Nürnberg-Fürth, ABK Nürnberg-Feucht, Ausfahrt Südwest-Tangente Richtung Fürth auf der B 8 über Seukendorf-Veitsbronn nach Puschendorf zum Golfplatz. Von Erlangen: A 73 Erlangen-Nürnberg, Ausfahrt Eltersdorf über Mannhof-Vach-Veitsbronn weiter nach Puschendorf zum Golfplatz.

Nächstgelegene Plätze

Herzogenaurach, GC (Nr. 576)
Fürth, 1. GC (Nr. 580)
Am Reichswald, GC (Nr. 579)

Bayern

Greenfee-Aktion: Seite G 137

Golf Club Reichsstadt Bad Windsheim e.V.

Karte, Nr. 578, Feld F10 18/6 Höhe: 340 m

gegründet: 1990

Otmar-Schaller-Allee 1, 91438 Bad Windsheim
09841-5027 09841-3448
gc.badwindsheim@t-online.de
www.golf-bw.de

PR: Ottmar Stender
Klaus Seefried

i: 09841-5027 -3448
Gerti Dworschak, Tanja Mohr

Restaurant am Golfplatz, Abbas Mohammad
09841-9199849

PRO SHOP: Hofmann & Allraun GbR,
Vera Hofmann / Antje Allraun
09841-5027 -3448

PRO: Pro: Uwe Gellert

18-Loch Platz
H: 6198 m, CR 72.2, SL 129, Par 73
D: 5494 m, CR 74.7, SL 127, Par 73
6-Loch Platz
H: 2472 m, Par 57, D: 2472 m
40 Rangeabschläge (6 überdacht)

G: Gäste sind jederzeit willkommen. Anmeldung ist notwendig. Clubausweis mit eingetragener PE ist erforderlich. Es stehen Wohnmobilstellplätze mit Elektroanschluss zur Verfügung.

Tages-Greenfee Mo.: EUR 29 / Di.-Fr.: EUR 60 / WE: EUR 70
18-Loch-Greenfee: Mo.: EUR 29 / Di.-Fr.: EUR 60 / WE: EUR 70
Sondergreenfees auf Nachfrage.
Ermäßigung: Jugendl./Stud. 50%

Platzinfos

Anfahrtsbeschreibung

Aus Würzburg: A7 Ausfahrt Bad Windsheim der B 470 11 km bis Bad Windsheim West folgen und in Bad Windsheim, der grünen Beschilderung „GOLF" folgen. Aus Nürnberg: Der Südwest-Tangente NÜ / FÜ bis zum Ende des 4spurigen Ausbaus, dann über Markt Erlbach bis Bad Windsheim Ost und in Bad Windsheim den grünen Schildern „GOLF" folgen. Auch die Hinweistafeln „ARCD" führen Sie in Bad Windsheim zu uns. An der Geschäftsstelle des Automobilclubs in der Oberntieferstraße vorbei bis Ortsende, dann links „Weinturm" und „Golfanlagen".

Platzbeschreibung

Auf den ersten Blick macht das überwiegend flache Gelände in dem langgezogenen Tal zwischen den landschaftstypischen Weinbergen einen eher leicht zu spielenden Eindruck. Durch viele taktisch platzierte Bunker, Teiche und Bäume verlangt der Platz jedoch von Spielern jeder Spielstärke einiges ab.

Nächstgelegene Plätze

Ansbach, GC (Nr. 584)
Schönbronn (Nr. 587)
Steigerwald, GC (Nr. 566)

Golf Club Am Reichswald e.V.

Karte, Nr. 579, Feld G10 **18** Design: B. von Limburger, T. Himmel Höhe: 320 m

gegründet: 1960

Schiestlstraße 100, 90427 Nürnberg
0911-305730 0911-301200
info@golfclub-nuernberg.de
www.golfclub-nuernberg.de

PR Wolfgang Siry, CM: Thomas Ott

i 0911-305730 0911-301200
Kornelia Knoblich

Claus Beithner
0911-305750
Mo. Ruhetag

PRO SHOP 0911-305730

PRO Pro: David Blakeman, Richard Taylor

H: 6041 m, CR 72.7, SL 133, Par 72
D: 5336 m, CR 74.4, SL 131, Par 72
13 Rangeabschläge (5 überdacht)

G Gäste sind jederzeit willkommen. Anmeldung ist notwendig. Clubausweis mit eingetragenem Handicap (36) ist erforderlich. E-Cart ab 65 Jahre oder mit Attest vom Arzt EUR 30,00, Leihschlägerset EUR 20,00

Tages-Greenfee: WT: EUR 60 / WE: EUR 80
9-Loch-Greenfee: WT: EUR 40 / WE: EUR 50
Driving-Range: EUR 20
Ermäßigung: Jugendl. und Stud. bis 30 J. 50%

Platzbeschreibung

Unweit der Stadt und doch mitten im Wald liegt die 18-Loch-Anlage des Golf Clubs am Reichswald. Inmitten von ca. 80 000 Bäumen präsentiert sich ein anspruchsvoller Meisterschaftsplatz, romantisch, mit gepflegten Fairways und Grüns. Ein Kurs der Konzentration verlangt, Mut belohnt, Demut lehrt und Disziplin fordert. Jede der 18 Spielbahnen hat ihren eigenen Charakter. In seiner 50-jährigen Geschichte war der Reichswald Austragungsort vieler nationaler, sportlicher Höhepunkte. Und nach der Rundefi Entspannen Sie auf unserer Terasse oder im Clubhaus.

Platzinfos

Anfahrtsbeschreibung

A 3 Würzburg-Nürnberg (BAB 3), Ausfahrt Tennenlohe (B 4) Richtung Nürnberg (Flughafen), an der Ampelanlage Kraftshof (noch vor der Ampelanlage Flughafen) links und nach ca. 50 m die 1. Straße rechts, von hier ab der Beschilderung zum Golfplatz folgen.

Nächstgelegene Plätze

Fürth, 1. GC (Nr. 580)
Erlangen, GC (Nr. 574)
Herzogenaurach, GC (Nr. 576)

1. Golfclub Fürth e.V.

Karte, Nr. 580, Feld G10 18/9 Design: Bernhard von Limburger Höhe: 303 m

gegründet: 1992

Am Golfplatz 10, 90768 Fürth
☎ 0911-757522 ℻ 0911-9732989
✉ info@golfclub-fuerth.de
www.golfclub-fuerth.de

PR Alexander Bandlow, CM: Andreas Sprigade
Headgreenkeeper: Alexander Bayer

i ☎ 0911-757522 ℻ -9732989

Chongs Golf Restaurant, Michael Chong
☎ 0911-731912 ℻ -732041

PRO SHOP Sabine Mauler
☎ 0911-7508989 ℻ 0911-9732989

PRO Pro: Michael Heffner, Peter Nickel, Nick Burdekin

18-Loch Meisterschaftsplatz
H: 5930 m, CR 71.7, SL 130, Par 72
D: 5157 m, CR 72.6, SL 131, Par 72
9-Loch Kurzplatz (Par 3)
H: 940 m, CR 27, SL 113, Par 27
D: 940 m, CR 27, SL 113, Par 27
12 überdachte Rangeabschläge

G Gäste sind jederzeit willkommen. Sa./So./Feiertage ist Anmeldung notwendig. Clubausweis mit eingetragenem Handicap (54) ist erforderlich.

18-Loch-Greenfee: WT: EUR 45 / WE: EUR 55
9-Loch-Greenfee: WT: EUR 28
Ermäßigung: Jugendl. bis 18 J. und Stud. bis 28 J. 30%

Platzbeschreibung

Die Anlage wurde 1951 von der US-Army auf dem Gelände des Flugplatzes Atzenhof errichtet. Seit 1992 wird der Platz vom GC Fürth betrieben und befindet sich seit 1997 im Eigentum des Clubs. Die sportlich anspruchsvolle Anlage wurde in den vergangenen Jahren durch zahlreiche Platzverbesserungen (Grüns, Bunker, Pflanzungen und Wasserhindernisse) weiter aufgewertet. Die Stadtnähe und das rege Gesellschaftsleben bieten Sport in besonderer Atmosphäre.

Platzinfos

VCG
GPS
CLUB

Anfahrtsbeschreibung

A 3 Würzburg-Nürnberg bis Fürth-Erlanger Kreuz, dann Richtung Fürth Ausfahrt Eltersdorf Richtung Fürth, an der Ampel in Stadeln rechts, durch einen Talgrund, an der ersten Ampel links. Achtung! Rechts zum US-Kasernen Haupttor einbiegen, geradeaus bis zum Rondell und dann rechts zum Golfplatz abbiegen.

Nächstgelegene Plätze

Herzogenaurach, GC (Nr. 576)
Am Reichswald, GC (Nr. 579)
Golfanlage Puschendorf (Nr. 577)

Golf Club Lauterhofen e.V.

Karte, Nr. 581, Feld H10 18/9 Höhe: 460 m

gegründet: 1987

Ruppertslohe 18, 92283 Lauterhofen
☎ 09186-1574 Fax 09186-1527
info@gc-lauterhofen.de
www.gc-lauterhofen.de

PR: Dr. Ralf Koch, CM: Guido Hoferer
Headgreenkeeper: Christian Kosak

i: ☎ 09186-1574 Fax 09186-1527
Karola Kussatz, Alexander Härtl

Restaurant im Golfclub Lauterhofen,
Katja Dörner
☎ 09186-1681
Mo. Ruhetag

PRO SHOP: Golfclub Lauterhofen e.V.
☎ 09186-1574 Fax 09186-1527

PRO: Pro: Herbert Muser, Patrick Külzer

18-Loch Platz
H: 5960 m, CR 72.5, SL 136, Par 72
D: 5291 m, CR 74.7, SL 132, Par 72
6-Loch Kurzplatz (Par 3)
H: Par 18, D: Par 18
30 Rangeabschläge (7 überdacht)

G: Gäste sind jederzeit willkommen. Anmeldung ist notwendig. Clubausweis mit eingetragenem Handicap (54) ist erforderlich.

18-Loch-Greenfee: WT: EUR 60 / WE: EUR 75
9-Loch-Greenfee: WT: EUR 35 / WE: EUR 40

Platzinfos

VCG GPS CLUB GASTRO

Anfahrtsbeschreibung

A 6 Nürnberg-Amberg, Ausfahrt Alfeld Richtung Lauterhofen, nach ca. 4 km links, Hinweisschild Golfplatz bzw. Ruppertslohe. Oder: A 3 Regensburg-Nürnberg, Ausfahrt Neumarkt, nach ca. 1 km links Richtung Pilsach Amberg und dann weiter wie oben beschrieben.

Platzbeschreibung

Die 18-Loch-Anlage liegt in einer typischen Juralandschaft auf einem sehr hügeligen Gelände zwischen Mischwäldern im „Lindeltal". Zahlreiche natürliche Hindernisse, Fairwaybunker und wirkungsvoll von Bunkern verteidigte Grüns prägen die Spielanforderungendieses Platzes.

Nächstgelegene Plätze

Jura Golf Hilzhofen (Nr. 588)
Am Habsberg, GC (Nr. 590)
Herrnhof, GC (Nr. 589)

Bayern

GolfRange Nürnberg

GolfRange

Karte, Nr. 582, Feld G10 **9** Höhe: 400 m

gegründet: 2004

Am Golfplatz 1, 91189 Nemsdorf
☎ 0911-9880680 🖷 0911-98806822
✉ nuernberg@golfrange.de
💻 www.golfrange.de

PR
GF: Dr. F. Bosch
H. P. Thomßen, CM: Cornelia Weishäupl
Anh-Tuan Chau
Headgreenkeeper: Ed Crory

i
☎ 0911-9880680 🖷 -98806822
Manuela Dietrich

Tee 10 & Asia Restaurant, Luong Yenduc
☎ 0911-81703609

PRO SHOP
Clubeigener Golfshop in Kooperation mit Wilson
☎ 0911-9880680

PRO
Pro: Frank Wirtz

H: 4936 m, CR 66.6, SL 125, Par 68
D: 4358 m, CR 67.9, SL 119, Par 68
70 Rangeabschläge (10 überdacht)

G
Gäste sind jederzeit willkommen. Anmeldung ist notwendig. Clubausweis mit eingetragener PE ist erforderlich.

18-Loch-Greenfee: WT: EUR 34 / WE: EUR 43
9-Loch-Greenfee: WT: EUR 23 / WE: EUR 28
18-Loch/9-Loch GF nach 16:00 Uhr WT EUR 38/25
Ermäßigung: Jugendl. bis 17 J. 50%

Platzinfos

VCG

Anfahrtsbeschreibung

Von Norden: A 9, Ausf. Nbg.-Ost, A 6 Ri. Hafen, dann auf die A 73 Ri. Fürth, weiter Ri. Bamberg auf die SW-Tangente, Ausf. Nbg.-Schweinau, li. auf die B14 Ri. Stein/Ansbach, dann über die Deutenbacher- (Ri. Möbelhaus XXXL), die Regelsbacher- und die Raiffeisenstr., vorbei an Bertelsdorf und Eckershof der Eckershoferstr. folgen, der Platz liegt rechts. Von Süden: A 9 Ri. Nbg., Ausf. Nbg./Feucht auf die A 73 Ri. Fürth und weiter wie oben.

Platzbeschreibung

In bewährter GolfRange-Manier bietet die Anlage einen großzügigen Übungsbereich mit zahlreichen Rasenabschlagplätzen sowie einen interessanten 9-Loch-Platz. Das Clubhaus beherbergt eine öffentliche Gastronomie, einen Proshop sowie das Sekretariat und Umkleiden.

Nächstgelegene Plätze

Abenberg, GC (Nr. 593)
Fürth, 1. GC (Nr. 580)
Am Reichswald, GC (Nr. 579)

Golf- und Land Club Oberpfälzer Wald e.V.

Karte, Nr. 583, Feld I10 **18** Höhe: 510 m

gegründet: 1977

Ödengrub 1, 92431 Neunburg vorm Wald
☎ 09439-466 🖷 09439-1247
✉ info@glcoberpfaelzerwald.de
💻 www.golf-oberpfalz.de

PR: Horst Jäger

i: ☎ 09439-466 🖷 -1247
Karola Leitl

Gastro: Irina Kosemjakin
☎ 09439-1079 🖷 09439-1079
Mo. Ruhetag

PRO SHOP: ☎ 09439-466 🖷 -1247

PRO: Pro: Florian Bänsch

H: 5778 m, CR 70.7, SL 135, Par 72
D: 4903 m, CR 71.5, SL 125, Par 72
20 Rangeabschläge (14 überdacht)

G: Gäste sind jederzeit willkommen. Anmeldung ist notwendig. Clubausweis mit eingetragener PE ist erforderlich.

18-Loch-Greenfee: WT: EUR 60 / WE: EUR 70
9-Loch-Greenfee: WT: EUR 30 / WE: EUR 35
Ermäßigung: Jugendl./Stud. 50%

Platzinfos

Anfahrtsbeschreibung
Von Nürnberg bis zum Ende der A 6, über die B 85 und die A 93 nach Schwarzenfeld, dort Richtung Neunburg vorm Wald, nach 10 km bis Kemnath-Fuhrn die Staatsstraße verlassen und der Beschilderung zum Golfplatz folgen. Von Regensburg bis Ausfahrt Schwandorf-Nord, dann Richtung Neunburg vorm Wald bis Kemnath-Fuhrn.

Platzbeschreibung
Um eure Leidenschaft „Golf" ausleben zu können, kommt am besten auf die wunderschöne Anlage des im Jahre 1978 gegründeten Golf- und Landclubs Oberpfälzer Wald. Er gehört zu den schönsten Golfplätzen der Oberpfalz. Die 18 Bahnen liegen in einer Talmulde inmitten eines Landschaftsschutzgebietes in der reizvollen Region des Oberpfälzer Waldes. Das interessante Gelände lädt Golfer jeder Spielstärke zu einem abwechslungsreichen und rundum erholsamen Spiel ein.

Nächstgelegene Plätze
Eixendorfer See, GC (Nr. 585)
Schmidmühlen, G&LC (Nr. 591)
Schwanhof, GC (Nr. 575)

Gf-Aktion: Seite G 137, 139

Golf-Club Ansbach e.V.

Karte, Nr. 584, Feld F10 **18** Höhe: 480 m

gegründet: 1960

Rothenburger Straße 35, 91598 Colmberg
✆ 09803-600 ℻ 09803-911301
✉ sekretariat@golf-ansbach.de
www.golf-ansbach.de

PR: Norbert Held

i: ✆ 09803-600 ℻ -911301

Osteria Belvedere
✆ 09803-600
Mo. Ruhetag

PRO: Pro: John Speed

H: 5205 m, CR 69.9, SL 126, Par 70
D: 4515 m, CR 71.1, SL 126, Par 70
18 Rangeabschläge (3 überdacht)

G: Gäste sind jederzeit willkommen. Clubausweis mit eingetragenem Handicap (54) ist erforderlich.

18-Loch-Greenfee: EUR 60
9-Loch-Greenfee: EUR 30
Ermäßigung: Jugendl. und Stud. bis 27 J. 50%

Platzinfos

Platzbeschreibung

Der 1960 gegründete Golfclub Ansbach gehört zu den traditionsreichsten Clubs in Bayern. Am Fuße der malerischen Hohenzollernburg in Colmberg schmiegen sich die zweiten neun Löcher (10-18) der Golfanlage entlang des Burgberges. Die ersten neun (1-9) liegen nahe der Altmühl. Unsere Mitglieder schätzen neben der Herausforderung des Platzes vor allem auch die naturverbundene Schönheit der Anlage, die zweifelsohne zu den landschaftlich Attraktivsten in Mittelfranken gehört. Die freundliche und familiäre Atmosphäre haben wir uns bis heute erhalten. In unserem gemütlichen Clubhaus und auf der Sonnenterrasse finden Sie immer nette Leute für einen anregenden Plausch vor oder nach der Golfrunde.

Anfahrtsbeschreibung

15 km von Ansbach Richtung Würzburg, Abzweigung nach Rothenburg o.d. Tauber (15 km) bis Colmberg zum Golfplatz. Oder: A 6 Nürnberg-Heilbronn, Ausfahrt Leutershausen, weiter über Aurach nach Colmberg zum Golfplatz.

Nächstgelegene Plätze

Schönbronn (Nr. 587)
Bad Windsheim, GC (Nr. 578)
Lichtenau-Weickersd., GC (Nr. 592)

Bayern

Golfclub am Eixendorfer See GmbH

Karte, Nr. 585, Feld I10 18

gegründet: 1997

Hillstett 69, 92444 Rötz
☽ 09976-2017247 🖷 09975-8122
✉ info@golf-eixendorfer-see.de
💻 www.golf-eixendorfer-see.de

PR

i ☽ 09976-2017247 🖷 09975-8122

Golfclub am Eixendorfer See GmbH
☽ 09976-2017247

PRO SHOP Golfclub am Eixendorfer See GmbH
☽ 09976-2017247 🖷 09975-8122

PRO Pro: Dieter Messer

H: 4725 m, CR 65.1, SL 119, Par 69
D: 4379 m, CR 67.7, SL 118, Par 69
9 Rangeabschläge (6 überdacht)

G Gäste sind jederzeit willkommen. Anmeldung ist notwendig. Clubausweis mit eingetragener PE ist erforderlich.

18-Loch-Greenfee: EUR 50
9-Loch-Greenfee: EUR 35
Ermäßigung: Jugendl./Stud.

Platzbeschreibung

Der Golfplatz erfüllt die Platzanforderungen verschiedener Spielstärken. Eine sportlich und qualitativ anspruchsvolle Anlage, eine faire Herausforderung für Könner, ohne den Hobbygolfer zu überfordern. Die Bahnen, die sich um das Dorf Hillstett herumziehen, beginnen und enden direkt am neu erbauten Clubhaus.

Nächstgelegene Plätze

Oberpfälzer Wald, G&LC (Nr. 583)
Furth im Wald, GC (Nr. 586)
Regensburg, G&LC (Nr. 598)

Platzinfos

VCG

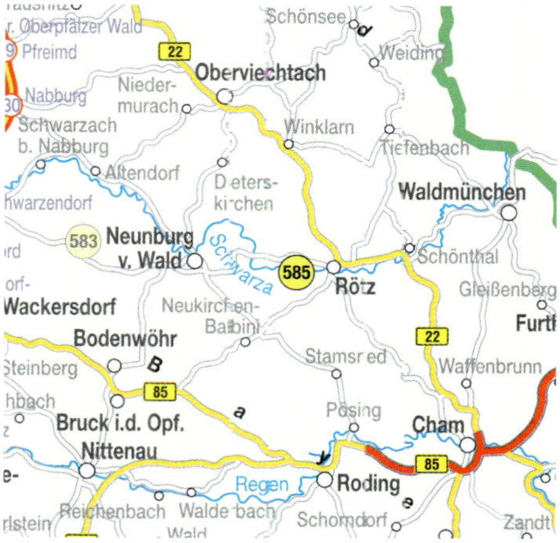

Anfahrtsbeschreibung

Von München: Autobahn A9 Richtung Nürnberg Dreieck Holledau Autobahn A93 Richtung Regensburg Ausfahrt Schwandorf Nord Richtung Neunburg vorm Wald weiter Richtung Seebarn/Rötz durch Industriegebiet Neunburg vorm Wald rechts Richtung Seebarn/Hillstett nächste Ortschaft nach Seebarn ist Hillstett Von Nürnberg: Autobahn A6 Richtung Amberg/Prag Ausfahrt Amberg Ost anschließend die B85 Richtung Schwandorf weiter Richtung Neunburg vorm Wald dann gleicher Weg wie von München

Bayern

Greenfee-Aktion: Seite G 139

Golf-Club Furth im Wald e.V.

Karte, Nr. 586, Feld K10 **18** Höhe: 620 m

gegründet: 1982

Voithenberg 3, 93437 Furth im Wald
☏ 09973-2089 🖷 09973-803305
✉ info@gc-furth.de
💻 www.gc-furth.de

PR: Jim Gebhardt, CM: Darren Hillier

i: ☏ 09973-2089 🖷 09973-803305
Irmgard Fleischmann

Cafè-Restaurant am Voithenberg
☏ 09973-8053934

PRO SHOP: GOLFSCHULE Furth im Wald
☏ 09973-2089

H: 5987 m, CR 72.1, SL 136, Par 72
D: 5160 m, CR 73, SL 128, Par 72
20 Rangeabschläge (10 überdacht)

G: Gäste sind jederzeit willkommen. Anmeldung ist notwendig. Clubausweis mit eingetragenem Handicap (54) ist erforderlich. Sa./So./Feiertage ist Handicap 45 erforderlich. Gutscheine nur gültig Montag, Dienstag, Mittwoch, Donnerstag, Freitag (Feiertage ausgenommen) VCG Spieler - Greenfee mit Zuschlag
Kreditkarten werden akzeptiert

18-Loch-Greenfee: WT: EUR 60 / WE: EUR 70
9-Loch-Greenfee: WT: EUR 35 / WE: EUR 40
Ermäßigung: Jugendl. bis 18 J. 50%, Stud. bis 27 J. 20%

Platzinfos

VCG

Anfahrtsbeschreibung
A 3 Regensburg-Passau, Ausfahrt Wörth Richtung Falkenstein-Cham, von Cham auf der B 20 Richtung Furth i. Wald, ab der Ortsmitte Furth i. Wald Richtung Skilift Voithenberg, ca. 4 km bis zum Golfplatz. Oder: A 92 München-Deggendorf, vor Landau/Isar links auf die B 20 Richtung Straubing-Cham-Furth i. Wald und dann weiter wie oben beschrieben zum Golfplatz.

Platzbeschreibung
Die Anlage des Panorama-Golfplatzes in Furth im Wald umfasst einen 18-Loch Platz mit Driving Range sowie Pitching- und Putting-Green. Der wunderschön in die Natur eingebettete Platz liegt in einer der reizvollsten Landschaften des Bayerischen Waldes. Inmitten von altem Baumbestand und zahlreichen Teichbiotopen eröffnet sich dem Golfer an etlichen Stellen ein weiter Panoramablick auf die Bayerwaldberge.

Nächstgelegene Plätze
Eixendorfer See, GC (Nr. 585)
Sonnenhof (Nr. 594)
Oberpfälzer Wald, G&LC (Nr. 583)

Bayern

Golfpark Rothenburg-Schönbronn

Karte, Nr. 587, Feld F10 **18** Design: Döllinger Architekten Höhe: 450 m

gegründet: 2010

Schönbronn 1, 91592 Buch am Wald
09868-959530 09868-959528
info@gp-rbg.de
www.gp-rbg.de

PR
GF: Barbara Döllinger
Horst Döllinger, CM: Martin Welz

09868-959530 09868-959528
Christine Eisenmann

Biergarten im Hofgut
Mo. Ruhetag

PRO SHOP
Golfpark Rothenburg-Schönbronn
09868-959530 09868-959528

PRO
Pro: Gordon Johnston

18-Loch Meisterschaftsplatz
H: 6003 m, CR 72.5, SL 128, Par 73
D: 5028 m, CR 72.4, SL 129, Par 73
6-Loch Kurzplatz (Executive)
H: 2400 m, Par 60, D: 2400 m, Par 60
60 Rangeabschläge (10 überdacht)

G
Gäste sind jederzeit willkommen. Anmeldung ist notwendig. Clubausweis ist erforderlich.

18-Loch-Greenfee: WT: EUR 56 / WE: EUR 68
9-Loch-Greenfee: WT: EUR 30 / WE: EUR 35
Wir unterscheiden bei unserem Greenfee nicht nach ausländischen Golfclubs, VCG oder DGV Mitgliedern mit unterschiedlichen Ausweiskennungen (vRS, VS, usw.)
Ermäßigung: Jugendl. bis 18 J. und Stud. bis 27 J. 50%

Platzinfos

VCG GPS CLUB

Anfahrtsbeschreibung

Aus Richtung Würzburg BAB 7, Ausfahrt Rothenburg o.d.T. links Richtung Ansbach, nach ca. 200 m Richtung Gebsattel, in Gebsattel links Richtung Leutershausen, nach ca. 5 km Schönbronn. Aus Richtung Ulm BAB 7, Ausfahrt Rothenburg o.d.T. siehe Würzburg. Aus Richtung Nürnberg BAB 6, BAB Kreuz Feuchtwangen Richtung Würzburg A7, Ausfahrt Wörnitz, Richtung Rothenburg, nach 4 km rechts ab Richtung Diebach dann noch ca. 3 km bis Schönbronn

Platzbeschreibung

Verkehrsgünstig, nur 10 Autominuten vom Autobahnkreuz A6/A7 und Reichsstadt Rothenburg ob der Tauber, erstrecken sich 18 spannende Spielbahnen des Meisterschaftsplatzes. Eingebettet in der typischen, leicht hügeligen Landschaft des Naturparks Frankenhöhe finden sich zahlreiche Wasserhindernisse und Bunker.

Nächstgelegene Plätze

Ansbach, GC (Nr. 584)
Bad Windsheim, GC (Nr. 578)
Romant. Straße, GP (Nr. 596)

Bayern

Jura Golf Hilzhofen e.V.

Karte, Nr. 588, Feld H10 18/9 Höhe: 570 m

gegründet: 1992

Hilzhofen 23, 92367 Pilsach
☎ 09182-9319140 🖷 09182-9319141
✉ info@juragolf.de
💻 www.juragolf.de

PR Peter Fischer, GF: Angelika Eckardt

i ☎ 09182-9319140 🖷 09182-9319141
Daniela Urban

Golfrestaurant Hilzhofen
☎ 09186-17128 🖷 09181-9319141

PRO SHOP Jura Golf Park GmbH
☎ 09182-9319140 🖷 09182-9319141

18-Loch Meisterschaftsplatz Hilzhofen
H: 5810 m, CR 70.9, SL 126, Par 72
D: 5183 m, CR 72.8, SL 127, Par 72
9-Loch Puma Cobra Golfakademie Platz
H: 2766 m, CR 57.1, SL 97, Par 58
D: 2766 m, CR 57.9, SL 94, Par 58
20 Rangeabschläge (11 überdacht)

G Gäste sind jederzeit willkommen. Anmeldung ist notwendig. Clubausweis mit eingetragenem Handicap (54) ist erforderlich. Nur Meisterschaftsplatz: Startzeitenreservierung erforderlich. Gruppen-Ermäßigungen auf Anfrage.

18-Loch-Greenfee: WT: EUR 70 / WE: EUR 90
9-Loch-Greenfee: WT: EUR 35 / WE: EUR 45
Ermäßigung: Jugendl./Stud. 50%

Platzinfos

VCG GPS CLUB GASTRO

Anfahrtsbeschreibung

Von Nürnberg: A 3 Nürnberg-Regensburg, neue Ausfahrt Neumarkt-Ost, links abbiegen, der Beschilderung folgen, nach 3-4 Minuten sind Sie am Ziel. Von Regensburg: A 3 Regensburg-Nürnberg., Ausfahrt Neumarkt-Ost, nach rechts der Beschilderung folgen, nach 3-4 Minuten sind Sie am Ziel.

Platzbeschreibung

Der Meisterschaftsplatz Hilzhofen ist bei Mitgliedern und Gästen gleichermaßen beliebt. Ein abwechslungsreiches Design und eine außergewöhnlich gute Platzpflege tragen ebenso dazu bei wie die gute italienische und internationale Küche in dem gemütlichen Clubrestaurant. Auf der großen Panorama-Terrasse genießt man die herrliche Ruhe und den Ausblick auf die wunderschöne Jura-Landschaft. Komplettiert wird die Anlage in Hilzhofen durch den öffentlichen 9-Loch-Platz der Puma Cobra Golf Akademie (2 Par-4 und 7 Par-3 Löcher).

Nächstgelegene Plätze

Am Habsberg, GC (Nr. 590)
Lauterhofen, GC (Nr. 581)
Herrnhof, GC (Nr. 589)

Greenfee-Aktion: Seite G 139

Golf-Club Neumarkt e.V.

GOLF-CLUB NEUMARKT

Karte, Nr. 589, Feld H10 18 Höhe: 450 m

gegründet: 1992

Am Herrnhof 1, 92318 Neumarkt
☎ 09188-3979 Fax 09188-300452
club@golfclub-neumarkt.de
www.golfclub-neumarkt.de

PR: Rainer Eckersberger, GF: Michael Lesewa

i: ☎ 09188-3979 Fax 09188-300452
Corinna Neugebauer, Alexandra Enenkiel

Restaurant am Herrnhof
☎ 09188-905665

PRO SHOP: Golfshop Eckersberger
☎ 09188-3979

PRO: Pro: Sebastian Platschek

H: 5769 m, CR 72.1, SL 133, Par 72
D: 5156 m, CR 74.3, SL 129, Par 72
30 Rangeabschläge (6 überdacht)

G: Gäste sind jederzeit willkommen. Anmeldung ist notwendig. Clubausweis mit eingetragenem Handicap (54) ist erforderlich.

18-Loch-Greenfee: EUR 60
9-Loch-Greenfee: EUR 30

Platzbeschreibung

Der 18-Loch Platz liegt im Nordwesten der Stadt Neumarkt in der Oberpfalz und verfügt durch die nahgelegene Bundesstraße B8 und den Autobahnen A3 und A9 über eine schnelle und verkehrsgünstige Anbindung an den Raum Nürnberg-Fürth. Ein abwechslungsreicher, vorwiegend ebener Golfplatz mit Bunkern, Wasserhindernissen, weitläufigen Fairways und gepflegten Grüns verspricht für Golfer jeder Spielstärke viel Spaß und Erfolg. Vom Abschlag der 14. Bahn hat man einen wundervollen Blick über das Tal auf Neumarkt mit der Burgruine Wolfstein im Hintergrund. Zum Ende der Runde präsentiert sich Bahn 18 als finale Herausforderung, das Grün wird von einem großen Teich geschützt. Durch das ungezwungene, lebendige Clubleben findet man alleine, mit dem Partner oder in der Gruppe schnell Anschluss und Gleichgesinnte.

Platzinfos

VCG CLUB

Anfahrtsbeschreibung

A 9 München-Nürnberg, Ausfahrt Nürnberg-Feucht, auf der B 8 Richtung Neumarkt, vor Neumarkt in Pölling ist der Golfplatz ausgeschildert. Oder: A 3 Regensburg-Nürnberg, Ausfahrt Neumarkt, auf der B 299 nach Neumarkt, ab Neumarkt auf der B 8 Richtung Nürnberg, ab Pölling ist der Golfplatz ausgeschildert.

Nächstgelegene Plätze

Jura Golf Hilzhofen (Nr. 588)
Am Habsberg, GC (Nr. 590)
Lauterhofen, GC (Nr. 531)

Bayern

Golf Club Am Habsberg e.V.

Karte, Nr. 590, Feld H10 **18** Design: Graham Marsh Höhe: 560 m

gegründet: 2002

Zum Golfplatz 1,
92355 Velburg-Unterwiesenacker
☎ 09182-931910 🖷 09182-9319111
✉ info@juragolf.de
💻 www.juragolf.de

PR André Hüsgen, GF: Angelika Eckardt

i ☎ 09182-931910 🖷 09182-9319111
Hilde Spichal, Lissy Weigert

Restaurant Kaymers 59
☎ 09182-3530045 🖷 -9319111

PRO SHOP Jura Golf Park GmbH
☎ 09182-931910 🖷 09182-9319111

PRO Pro: Marco Zaus

18-Loch Graham Marsh Design Course
H: 6090 m, CR 72.6, SL 134, Par 72
D: 5220 m, CR 73.1, SL 134, Par 72
30 Rangeabschläge (12 überdacht)

G Gäste sind jederzeit willkommen. Anmeldung ist notwendig. Clubausweis mit eingetragenem Handicap (54) ist erforderlich.

18-Loch-Greenfee: WT: EUR 90 / WE: EUR 110
9-Loch-Greenfee: WT: EUR 45 / WE: EUR 60
Inhaber von DGV-Ausweisen mit regionaler Kennzeichnung erhalten rund 20% Ermäßigung auf 18-Loch-Runden
Ermäßigung: Jugendl. bis 18 J. und Stud. bis 26 J. 50%

Platzbeschreibung

Die sehr anspruchsvolle 18-Loch-Anlage ist der erste Golfplatz von Graham Marsh in Europa. Mitglied der Leading Golf Courses of Germany. Der Platz verfügt über ein sehr attraktives Design mit sanft modellierten Fairways, von Bunkern und Teichen gut aber fair beschützten Greens und einer generellen Konzeption, die gekonnte Schläge zwar belohnt, aber auch eine weniger riskante Variante zulässt. Den zusätzlichen Reiz der Anlage macht die traumhafte Juralandschaft aus.

Platzinfos

Anfahrtsbeschreibung

Von Nbg.: A 3 Nbg.-Regensbg., Ausf. Neumarkt-Ost, links der Beschilderung GOLFPLÄTZE weiter Richtung Golf am Habsberg folgen, am Ortseingang Unterwiesenacker links der weiteren Beschilderung bis GOLF AM HABSBERG folgen. Von Regensbg.: Ausfahrt Neumarkt-Ost, gleiche Anfahrt, der Platz ist nur wenige Minuten von der Ausfahrt entfernt.

Nächstgelegene Plätze

Jura Golf Hilzhofen (Nr. 588)
Lauterhofen, GC (Nr. 581)
Herrnhof, GC (Nr. 589)

Bayern

Gf-Aktion: Seite G 139, 141

Golf- und Landclub Schmidmühlen e.V.

Karte, Nr. 591, Feld H10 **18** Höhe: 450 m

gegründet: 1968

Theilberg 1a, 92287 Schmidmühlen
☎ 09474-701 🖷 09474-8236
✉ golf@glcs.bayern
💻 www.golf-schmidmuehlen.de

PR: Harald Thies
Headgreenkeeper: Martin Schön

i: ☎ 09474-701 🖷 09474-8236
Andrea Graf

Gastronomie: Roland Konopisky
☎ 09474-8238
Do. Ruhetag

PRO SHOP: Golf- und Landclub Schmidmühlen e.V.
☎ 09474-701 🖷 09474-8236

H: 5757 m, CR 70.7, SL 136, Par 72
D: 5111 m, CR 72.9, SL 127, Par 72
20 Rangeabschläge (10 überdacht)

G: Gäste sind jederzeit willkommen. Anmeldung ist notwendig. Clubausweis mit eingetragener PE ist erforderlich.

18-Loch-Greenfee: WT: EUR 60 / WE: EUR 70
9-Loch-Greenfee: WT: EUR 30 / WE: EUR 35
Ermäßigung: Jugendl./Stud. 50%

Platzbeschreibung

Die Anlage wurde großzügig auf einem leicht hügeligem Gelände auf einem Höhenrücken des Oberpfälzer Mittelgebirges angelegt. Die Spielbahnen werden überwiegend durch Nadelwald in einem gebührenden Abstand begrenzt. Der abwechslungsreiche Platz mit hängenden Fairways, landschaftlich reizvoll auf einem Hochplateau gelegen, verlangt präzises Spiel.

Platzinfos

VCG CLUB GASTRO

Anfahrtsbeschreibung

A 93 Regensburg, Ausfahrt Ponholz Richtung Burglengenfeld-Schmidmühlen. Oder: A 6 Nürnberg-Amberg, Ausfahrt Amberg-Süd-Theuern-Ensdorf Richtung Rieden-Schmidmühlen zum Golfplatz.

Nächstgelegene Plätze

Am Habsberg, GC (Nr. 590)
Jura Golf Hilzhofen (Nr. 588)
Oberpfälzer Wald, G&LC (Nr. 583)

Golfclub Lichtenau-Weickershof e.V.

Karte, Nr. 592, Feld G10 **18** Höhe: 460 m

gegründet: 1978

Weickershof 1, 91586 Lichtenau
☏ 09827-92040 🖷 09827-920444
✉ info@gclichtenau.de
www.gclichtenau.de

PR Peter Pohl

i ☏ 09827-92040 🖷 09827-920444
Silvia Neufanger

IL GIARDINO Ristorante & Hotel
☏ 09827-9282533

PRO Pro: Colin Hodgson

H: 6106 m, CR 72.6, SL 138, Par 72
D: 5153 m, CR 73, SL 134, Par 72
30 Rangeabschläge (4 überdacht)

G Gäste sind jederzeit willkommen. Anmeldung ist notwendig. Clubausweis mit eingetragenem Handicap (54) ist erforderlich. Gäste mit regionaler Kennzeichnung (goldenes Hologramm) erhalten EUR 10 Nachlass auf das Greenfee

18-Loch-Greenfee: WT: EUR 60 / WE: EUR 70
Ermäßigung: Jugendl./Stud. 50%

Platzinfos

Anfahrtsbeschreibung

A 6 Nürnberg-Heilbronn, Ausfahrt Lichtenau, ab der Ortsmitte Lichtenau der Beschilderung „Golfplatz" folgen.

Platzbeschreibung

Die Anlage liegt verkehrsgünstig in Nähe der A 6 nur unweit von Ansbach entfernt. Die Topographie ist überwiegend flach und wird in Randbereichen durch dichten Nadel- und Mischwald begrenzt. Wasser- und Sandhindernisse wurden großzügig angelegt und bieten auch dem Spieler höherer Handicap-Klassen ein faires Spiel.

Nächstgelegene Plätze

Abenberg, GC (Nr. 593)
Ansbach, GC (Nr. 584)
GolfRange Nürnberg (Nr. 582)

Bayern

Golfclub Abenberg e.V.

Karte, Nr. 593, Feld G10 27/6 Höhe: 340 m

gegründet: 1989

Am Golfplatz 19, 91183 Abenberg
09178-98960 09178-989696
info@golfclub-abenberg.de
www.golfclubabenberg.de

PR Gerd Kehrbach, CM: Michael Schalt
Headgreenkeeper: Werner Nißlein

i 09178-98960 09178-989696
Heike Müller, Manuel Bandasch, Sonja Hallmeyer

Restaurant am Golfplatz, Renato D'Angelo
09178-989612 09178-989696

PRO SHOP Golfclub Abenberg Pro Shop, Manuel Bandasch
09178-98960 09178-989696

PRO Pro: Dorian Häber, Erik Winecker, Robin Smiciklas

H: 6021 m, CR 72.2, SL 133, Par 72
D: 5253 m, CR 74, SL 128, Par 72
30 Rangeabschläge (8 überdacht)

G Gäste sind jederzeit willkommen. Anmeldung ist notwendig. Clubausweis mit eingetragenem Handicap (54) ist erforderlich. Der 6-Loch-Akademie-Golfplatz ist öffentlich und auch ohne Platzerlaubnis bespielbar.

18-Loch-Greenfee: WT: EUR 70 / WE: EUR 80
9-Loch-Greenfee: WT: EUR 38 / WE: EUR 48
Ermäßigung: Jugendl. und Stud. bis 27 J. 50%

Platzbeschreibung

Der Platz liegt in einer Bachaue unterhalb der Burg Abenberg. Jede Spielbahn bietet ein neues, reizvolles Landschaftsbild. Der Kurs lässt sich ohne große Höhenunterschiede angenehm spielen. Reizvoll sind die vielen Wasserhindernisse, und auch die Bunker machen das Spiel interessant.

Platzinfos

VCG GPS CLUB

Anfahrtsbeschreibung

A 6 Nürnberg-Heilbronn, Ausfahrt Schwabach-West/ Abenberg, von dort der Beschilderung Richtung Abenberg folgen. Oder: A9 Nürnberg-München, Ausfahrt Allersberg Richtung Roth und weiter Richtung Abenberg.

Nächstgelegene Plätze

GolfRange Nürnberg (Nr. 582)
Zollmühle, GC (Nr. 595)
Lichtenau-Weickersd., GC (Nr. 592)

Bayern

Greenfee-Aktion: Seite G 141

Golfclub Sonnenhof

Karte, Nr. 594, Feld K10 **9** Höhe: 580 m

gegründet: 2006

Himmelreich 13, 93462 Lam
☎ 09943-37141 Fax 09943-8191
✉ gc@sonnenhof-lam.de
www.sonnenhof-lam.de/de/aktivitaeten/golf

PR: Michael Staudinger, GF: Anton Staudinger
Headgreenkeeper: Georg Marchl

i: ☎ 09943-37143 Fax 09943-8191
Lisa Stoiber

Restaurant: Petrusstube im Hotel Sonnenhof Lam
☎ 09943-370 Fax 09943-8191

PRO SHOP: Hotel Sonnenhof
☎ 09943-37141 Fax 09943-8191

PRO: Pro: Jan Anthony Verbunt

H: 3356 m, CR 60.7, SL 106, Par 31
D: 3356 m, CR 62, SL 111, Par 31
6 überdachte Rangeabschläge

G: Gäste sind jederzeit willkommen. PE ist erforderlich.

18-Loch-Greenfee: EUR 55
9-Loch-Greenfee: EUR 30

Platzbeschreibung

Der Panorama-Golfplatz Lam zählt von seiner Lage zu den schönsten Golfanlagen in Deutschland. Seine neun Löcher wurden nach den neuesten Erkenntnissen für das Spiel und speziell für die damit verbundene Handicapverbesserung konstruiert und gestaltet. Grundlage dafür war nicht die übliche Star-Achitektur für einen Singlehandicapspieler, sondern die Erfahrung aus Tausenden von Handicap-Verbesserungskursen in Feriengolfschulen. Immerhin spielen allein in Deutschland über 50% Golfer in der Spielstärke zwischen HCP -36 und HCP -54. Der Golfplatz wurde auch für Feriengolfkurse und die damit verbundenen vorgabewirksamen 9-Loch Stablefordturniere gebaut, die hier erfolgreich durchgeführt werden.

Platzinfos

CLUB GASTRO

Anfahrtsbeschreibung

Mit dem Auto: A6 aus Richtung Nürnberg nach Amberg, über die B85 weiter bis nach Cham/Chamerau. Vor Chamerau links abfahren Richtung Lederdorn, Bad Kötzting. A92 aus Richtung München/Regensburg bzw. Passau A3 bis Autobahnausfahrt Deggendorf. Weiter über Patersdorf, Grafenried und Arnbruck nach Lam. Im Ort der Vorfahrtsstrasse folgen. An der Sparkasse rechts ab Richtung „Himmelreich".

Nächstgelegene Plätze

Furth im Wald, GC (Nr. 586)
Oberzwieselau, GP (Nr. 599)
Deggendorfer GC (Nr. 604)

Golfclub Sonnenhof

Greenfee-Aktion: Seite G 141

Golfclub Zollmühle

Karte, Nr. 595, Feld G11 18/9 Höhe: 383 m

gegründet: 1997

Zollmühle 1, 91792 Ellingen
09141-3976 09141-923493
info@golfanlage-zollmuehle.de
www.golfanlage-zollmuehle.de

PR: Marie-Thérèse Eineder, CM: Bernd Müller

i: 09141-3976 -923493
Sonja Eineder, Nadine Eineder-Müller

Restaurant Zollmühle, Fam. Eineder-Müller
09141-3976 -923493

PRO SHOP: Nadine Eineder-Müller
09141-3976 -923493

PRO: Pro: Charles Mickle, Philipp Wenzel, Andreas Denkewitz, Friedel Wolfgang

18-Loch Zollmühle Platz
H: 6127 m, CR 72.9, SL 127, Par 72
D: 5127 m, CR 73, SL 124, Par 72
9-Loch Par 3 Platz, H: 1370 m, Par 54
D: 1370 m, Par 54
40 Rangeabschläge (10 überdacht)

G: Gäste sind jederzeit willkommen. Anmeldung ist notwendig. Clubausweis mit eingetragener PE ist erforderlich. Es gibt 16 Stellplätze für Wohnmobile mit Stromanschluss und Frischwasser.

Tages-Greenfee: WT: EUR 69 / WE: EUR 79
18-Loch-Greenfee: WT: EUR 69 / WE: EUR 79
9-Loch-Greenfee: WT: EUR 39 / WE: EUR 45
Ermäßigung: Jugendl./Stud.

Platzinfos

VCG GPS CLUB

Anfahrtsbeschreibung

A 6 Nürnberg-Heilbronn, Ausfahrt Roth-Weißenburg, weiter auf der B 2, zwischen Pleinfeld und Ellingen Abzweigung zur Zollmühle. Oder: A 9 München-Nürnberg, Ausfahrt Ingolstadt-Nord, weiter auf der B 13 über Eichstätt bis Weißenburg, weiter auf der B 2 Richtung Nürnberg, zwischen Ellingen und Pleinfeld links zur Zollmühle abbiegen.

Nächstgelegene Plätze

Abenberg, GC (Nr. 593)
Lichtenau-Weickersd., GC (Nr. 592)
GolfRange Nürnberg (Nr. 582)

Platzbeschreibung

Die Golfanlage Zollmühle, einer der landschaftlich schönsten und abwechslungsreichsten Anlagen Mittelfrankens, liegt inmitten des idyllischen Rezattals zwischen Ellingen und Pleinfeld am Rande des neuen fränkischen Seenlandes. Hügeliges Gelände mit altem Baumbestand bereitet ein abwechslungsreiches Spiel. Eine Herausforderung sind vor allem die natürlichen Wasserhindernisse und Hanglagen. Was auch beeindruckt ist die familiäre Atmosphäre, die viele Gäste immer wieder gerne wiederkommen lässt.

Bayern

Golfpark Romantische Straße Dinkelsbühl

Karte, Nr. 596, Feld F11 **9/3** Höhe: 440 m

gegründet: 1988

Seidelsdorf 65, 91550 Dinkelsbühl
09851-582259 09851-5515401
info@golfpark-romantische-strasse.de
www.golfpark-romantische-strasse.de

PR GF: Helmut Rettenmeier

09851-582259 09851-5515401

Bistro am Golfpark
09851-582309 09851-5515401

PRO Pro: Nico Unger

9-Loch Platz
H: 6178 m, CR 72.5, SL 132, Par 72
D: 5456 m, CR 74.6, SL 127, Par 72
3-Loch Platz
H: 595 m, Par 10, D: 548 m, Par 10
20 Rangeabschläge (4 überdacht)

G Gäste sind jederzeit willkommen. Clubausweis mit eingetragenem Handicap (54) ist erforderlich. Wohnmobile willkommen: Stellplätze für Wohmobile vorhanden, Benutzung der sanitären Einrichtungen für Gäste unserer Golfanlage kostenlos

Tages-Greenfee: WT: EUR 20 / WE: EUR 30
Beim GF für Kurzplatz ist die Übungsanlage inkludiert.
Ermäßigung: Jugendl. bis 16 J. 50%

Platzinfos

VCG

Anfahrtsbeschreibung

Der Golfplatz liegt westlich von Dinkelsbühl im Ortsteil Seidelsdorf. Zu erreichen ist er über die Staatsstraße von Dinkelsbühl Richtung Crailsheim (ca. 2 km) oder über die A 7, Ausfahrt Dinkelsbühl-Fichtenau Richtung Dinkelsbühl (keine 5 Minuten).

Platzbeschreibung

Nur 3 km außerhalb der weltberühmten historischen Altstadt von Dinkelsbühl an der Romantischen Straße liegt diese schöne Golfanlage. Auf der Hochfläche und in der Senke des Knorrenbachtals erstreckt sich ein abwechslungsreicher und spieltechnisch anspruchsvoller Golfplatz. Die Wasserhindernisse, die geschickt angelegten Sandbunker und Anpflanzungen versprechen eine interessante Golfrunde.

Nächstgelegene Plätze

Grafenhof, G&CC (Nr 483)
Schönbronn (Nr. 587)
Ansbach, GC (Nr. 584)

Greenfee-Aktion: Seite G 143

Altmühlgolf Beilngries GmbH

Karte, Nr. 597, Feld H11 9 Höhe: 380 m

gegründet: 2004

Ottmaringer Tal 1, 92339 Beilngries
08461-6063333 08461-6063003
info@altmuehlgolf.de
www.altmühlgolf.de

PR Johann Pirkl, GF: Walter Maier
Headgreenkeeper: Christian Dinauer

i 08461-6063333 08461-6063003
Christine Regnet, Stilla Forster

Stüberl am Golfplatz „Bella Sicilia“,
Claudia Alabiso
08461-700327
Di. Ruhetag

PRO Pro: Bernhard Wargel

H: 2879 m, CR 35.9, SL 134, Par 36
D: 2492 m, CR 36.7, SL 128, Par 36
30 Rangeabschläge (5 überdacht)

G Gäste sind jederzeit willkommen. Clubausweis mit eingetragenem Handicap ist erforderlich.

18-Loch-Greenfee: WT: EUR 45 / WE: EUR 60
9-Loch-Greenfee: WT: EUR 35 / WE: EUR 45
Startzeiten nicht notwendig.
Ermäßigung: Jugendl. bis 17 J. 30%

Platzbeschreibung

Mitten in Bayern entstand 2006 der erste und einzige Golfplatz im Altmühltal. Naturbelassene Fairways, abwechslungsreiche, leicht hügelige Spielbahnen sind für Golfer jeder Spielstärke interessant. Sportlich anspruchsvolles Spiel oder rundum entspannendes Golferlebnis - auf der Anlage der Altmühlgolf Beilngries GmbH stehen Ihnen alle Möglichkeiten offen. Unser Signature Hole, die Bahn 9, Par 4, ist mit ihrem erhöhten Abschlag und nicht einsehbarem Inselgrün, eine besondere Herausforderung für jeden Golfer. Startzeiten zu buchen sind nicht erforderlich, eine Anmeldung im Sekretariat genügt, um auf die Runde zu gehen oder unser großzügiges Übungsgelände zu nutzen.

Platzinfos

VCG GPS

Anfahrtsbeschreibung

A 9, von Süden Ausfahrt Denkendorf, von Norden Ausfahrt Altmühltal, Richtung Beilngries, in Beilngries Richtung Neumarkt und Kevenhüll, die Golfanlage liegt direkt am Main-Donau-Kanal in östlicher Richtung.

Nächstgelegene Plätze

Jura Golf Hilzhofen (Nr. 588)
Herrnhof, GC (Nr. 589)
Am Habsberg, GC (Nr. 590)

Golf- und Land-Club Regensburg e.V.

Karte, Nr. 598, Feld I11   18 Design: Donald Harradine, Thomas Himmel   Höhe: 450 m

gegründet: 1966

93093 Jagdschloß Thiergarten
☎ 09403-505 🖷 09403-4391
✉ sekretariat@golfclub-regensburg.de
www.golfclub-regensburg.de

PR Dr. Bernd Zimmermann, CM: Christian Früh

i ☎ 09403-505 🖷 -4391
Christiane Budde, Jonas Fleischmann

Jagdschloß des Fürsten, Beate & Michael Beck
☎ 09403-1505 🖷 -954937

PRO SHOP Golf Classics Pro Shop, Winnie Kollerbaur
☎ 09403-2399 🖷 -952061

PRO Pro: Daniela Mitterer, Wolfgang Kollerbaur, Ruwald Ausborn

H: 5455 m, CR 70, SL 133, Par 72
D: 4792 m, CR 71.9, SL 128, Par 72
30 Rangeabschläge (10 überdacht)

G Gäste sind jederzeit willkommen. Anmeldung ist notwendig. Clubausweis mit eingetragenem Handicap (54) ist erforderlich. Sa./So./Feiertage ist Handicap 36 erforderlich.

18-Loch-Greenfee: Mo.-Do.: EUR 75 / Fr.-So.: EUR 95
9-Loch-Greenfee: Mo.-Do.: EUR 45 / Fr.-So.: EUR 55
DGV Ausweise ohne Hologramm und VCG EUR 20 Aufschlag.
Ermäßigung: Jugendl./Stud. 50%

Platzbeschreibung

Die Anlage befindet sich an den Ausläufern des Bayerischen Waldes mit einem wunderbaren Ausblick über das Donautal. Der sehr abwechslungsreiche und sportliche Platz ist für Golfer jeder Spielstärke eine Herausforderung. Stilvolles Clubhaus ist das 1885 erbaute Jagdschloss der Fürsten zu Thurn und Taxis. Die große Schloss-Terrasse bietet einen herrlichen Blick auf das 18. Grün und den umliegenden Park.

Platzinfos

Anfahrtsbeschreibung

A 3 Nürnberg-Regensburg-Passau, Ausfahrt Neutraubling Richtung Donaustauf-Walhalla, an der Walhalla vorbei, abbiegen Richtung Sulzbach-Falkenstein und 2 km der Beschilderung zum Golfplatz folgen.

Nächstgelegene Plätze

Minoritenhof G&YC (Nr. 600)
Straubing, GC (Nr. 601)
Bad Abbach-Deutenh., GC (Nr. 602)

Bayern

Golfpark Oberzwieselau e.V.

Karte, Nr. 599, Feld K11 **18** Höhe: 600 m

gegründet: 1991

Golfpark 1, 94227 Lindberg
☎ 09922-80113/ - 2367 Fax 09922-80116
✉ info@golfpark-oberzwieselau.de
www.golfpark-oberzwieselau.de

PR: Baron von Wolffersdorff

i: ☎ 09922-80113 Fax 09922-80116

Restaurant: ☎ 09922-80115 Fax 09922-80116
Mo. Ruhetag

PRO SHOP: ☎ 09922-80113 Fax 09922-80116

H: 5949 m, CR 71.4, SL 124, Par 72
D: 5229 m, CR 73.5, SL 129, Par 72
20 Rangeabschläge (2 überdacht)

G: Gäste sind jederzeit willkommen. Clubausweis mit eingetragenem Handicap (54) ist erforderlich.

18-Loch-Greenfee: WT: EUR 60 / WE: EUR 70
Ermäßigung: Jugendl. bis 18 J. und Stud. bis 25 J.

Platzinfos

Anfahrtsbeschreibung

A 3 bzw. A 92, Ausfahrt Deggendorf, auf der B 11 Richtung Zwiesel bis Ausfahrt Zwiesel-Mitte, weiter Richtung Nationalpark, nach 3 km kommt die Einfahrt zum Golfplatz.

Platzbeschreibung

Eine Meisterschaftsanlage von hoher Qualität. Die Gesamtfläche von 100 ha ließ eine großzügige Gestaltung des Platzes inmitten einer hügeligen Parklandschaft in Höhenlagen von 550 m bis 650 m zu.

Nächstgelegene Plätze

Nationalp. Bay. Wald, GC (Nr. 603)
Deggendorfer GC (Nr. 604)
Sonnenhof (Nr. 594)

Golf & Yachtclub Gut Minoritenhof

Karte, Nr. 600, Feld I11 **18/9** Design: Chris Johnson Höhe: 300 m

gegründet: 1988

Minoritenhof 1, 93161 Sinzing
☎ 0941-3786100 Fax 0941-3786107
welcome@golfsinzing.de
www.golfsinzing.de

PR GF: Martin Horlacher, CM: Maria Bauer

i ☎ 0941-3786100

Restaurant Gut Minoritenhof, Martin Kagerer
☎ 0941-46 39 38 31 31
Mo. Ruhetag

PRO SHOP ☎ 0941-3786100

PRO Pro: Olaf Hollensen

18-Loch Championship Course
H: 5737 m, CR 70.2, SL 130, Par 72
D: 5117 m, CR 72.4, SL 125, Par 72
9-Loch Platz
H: 2926 m, CR 57.8, SL 98, Par 58
D: 2926 m, CR 58.8, SL 94, Par 58
30 Rangeabschläge (3 überdacht)

G Gäste sind jederzeit willkommen. Anmeldung ist notwendig. Clubausweis mit eingetragenem Handicap ist erforderlich.

18-Loch-Greenfee: WT: EUR 65 / WE: EUR 75
9-Loch-Greenfee: WT: EUR 35 / WE: EUR 40
Studenten und Azubis bis zum 27. Lebensjahr erhalten eine Ermäßigung.

Nächstgelegene Plätze

Bad Abbach-Deutenh., GC (Nr. 602)
Regensburg, G&LC (Nr. 598)
MARC AUREL Spa & GR (Nr. 606)

Platzinfos

Anfahrtsbeschreibung

A 3, am ABK Regensburg Richtung Nürnberg, Ausfahrt Sinzing, in Sinzing nach der Kirche rechts und noch ca. 2 km der Beschilderung zum Golfplatz folgen.

Platzbeschreibung

Der Golf & Yachtclub Gut Minoritenhof befindet sich auf einem 100 ha großen Areal mit langer geschichtlicher Tradition eines Klostergutes. Der Golfplatz ist nur 10 km von der Weltkulturerbestadt Regensburg entfernt. 2015 wurde die Anlage um einen modernen Yachthafen erweitert. 9 Löcher der Anlage liegen im Donautal und durchqueren die Auenwälder mit romantischen Teichen und Altwässern. Das 18. Grün befindet sich am Yachthafen. Die Spielbahnen 1-9 unterscheiden sich aufgrund des Geländes, denn hier sind einige Höhenunterschiede in den Juraausläufern zu bewältigen.

Bayern

Greenfee-Aktion: Seite G 143

Golfclub Straubing Stadt und Land e.V.

Karte, Nr. 601, Feld I11   18/9   Höhe: 310 m

gegründet: 1991

Bachhof 9, 94356 Kirchroth
☎ 09428-7169 Fax 09428-1044
info@golfclub-straubing.de
www.golfclub-straubing.de

PR: Heinz Kramlinger, CM: Graeme Aspinall
Headgreenkeeper: Andreas Bauer

i: ☎ 09428-7169 Fax 09428-1044
Graeme Aspinall

Bachhof Resort Straubing
☎ 09428-8960

PRO SHOP: Kontakt über das Sekretariat.

PRO: Pro: Graeme Aspinall

18-Loch Platz A
H: 5876 m, CR 71.7, SL 135, Par 73
D: 5133 m, CR 73.4, SL 131, Par 73
9-Loch Platz. H: Par 27, D: Par 27
20 Rangeabschläge (3 überdacht)

G: Gäste sind jederzeit willkommen. Anmeldung ist notwendig. Clubausweis mit eingetragener PE ist erforderlich.

18-Loch-Greenfee: WT: EUR 70 / WE: EUR 80
9-Loch-Greenfee: WT: EUR 35 / WE: EUR 40
Elektro-Cars bitte vorreservieren.

Platzbeschreibung

Der bestens gepflegte 18 Loch Golfplatz bietet den Mitglieder und Gästen ein abwechslungsreiches Golferlebnis am Fusse des Bayerischen Waldes. Die Anlage ist mit 6.021 Metern ein Par 73 Kurs mit zwei völlig unterschiedlichen Gesichtern: Die ersten neun Bahnen sind durch die engen Fairways sowie die vielen Bäume und Wasserhindernisse spielerisch sehr anspruchsvoll. Auf den zweiten neun Löchern wird es etwas weitläufiger, jedoch nicht einfacher. Bahn 17 - das „Signature Hole" des Platzes, auch Napoleon genannt - ist ein knapp 110 Meter langes Par 3 mit einem Inselgrün!

Platzinfos

VCG GPS CLUB GASTRO

Anfahrtsbeschreibung

A 3 Regensburg-Passau, Ausfahrt Kirchroth-Kößnach-Straubing Richtung Straubing und nach 2 km links der Beschilderung zum Golfplatz folgen. Oder: Von Straubing Richtung Kößnach-Kirchroth, kurz vor Kirchroth rechts der Beschilderung zum Golfplatz folgen.

Nächstgelegene Plätze

Gäuboden, GC (Nr. 605)
Regensburg, G&LC (Nr. 598)
Landau/Isar, GC (Nr. 614)

Bayern

Greenfee-Aktion: Seite G 143

Golfclub Bad Abbach Deutenhof e.V.

Karte, Nr. 602, Feld I11 **18/9** Höhe: 425 m

gegründet: 1993

Deutenhof 2, 93077 Bad Abbach
☎ 09405-95320
info@golf-badabbach.de
www.golf-badabbach.de

PR: Dr. Ludwig Friedl, GF: Manfred Kraml
Headgreenkeeper: Philip O'Leary

i: ☎ 09405-95320 Fax -953219
Uschi Kaiser, Linda Cordes

Restaurant: Villa Giani, Giani Fontane
☎ 09405-953230 Fax -953239

PRO SHOP: golf akademie, Bob Dunton
☎ 09405-957570 Fax 09405-9575720

PRO: Pro: Astrid Kohlwes, Oliver Banse-Cabus

18-Loch Platz
H: 5817 m, CR 70.3, SL 125, Par 72
D: 5159 m, CR 72.4, SL 123, Par 72
9-Loch Platz
H: 2810 m, CR 57, SL 92, Par 58
D: 2810 m, CR 57, SL 91, Par 58
60 Rangeabschläge (6 überdacht)

G: Gäste sind jederzeit willkommen. Anmeldung ist notwendig. Clubausweis mit eingetragenem Handicap (54) ist erforderlich.

Tages-Greenfee: WT: EUR 70 / WE: EUR 80
9-Loch-Greenfee: WT: EUR 45 / WE: EUR 50
Ermäßigung: Jugendl./Stud. 50%

Platzbeschreibung

Die Golfanlage liegt in landschaftlich schöner Umgebung auf leicht hügeligem Gelände. Bei den Hindernissen, Wasserhindernissen und Bunkern ist eher zurückhaltend agiert worden. Wasser kommt in Form von Wasserläufen und Teichrändern bei 5 Bahnen ins Spiel.Von insgesamt 59 Bunkern sind 22 für die Spielbahnverteidigung und 37 für die Grünverteidigung eingesetzt. Insgesamt ergeben sich 4 leichte, 11 mittelschwere und 3 schwere Spielbahnen.

Platzinfos

Anfahrtsbeschreibung

aus Richtung München kommend: A 93 München-Regensburg, Ausfahrt Hausen, über Teugn in Richtung Lengfeld zum Golfplatz aus Richtung Regensburg kommend: A 93 Regensburg-München, Ausfahrt Regensburg-Süd/Bad Abbach-Nord, rechts auf der B 16 Richtung Ingolstadt, Abfahrt Lengfeld bis zum Golfplatz

Nächstgelegene Plätze

Minoritenhof G&YC (Nr. 600)
MARC AUREL Spa & GR (Nr. 606)
Regensburg, G&LC (Nr. 598)

Bayern

Greenfee-Aktion: Seite G 145

Golfclub am Nationalpark Bayerischer Wald e.V.

Karte, Nr. 603, Feld K11 18

Haslach 43, 94568 Sankt Oswald
✆ 08558-974980 Fax 08558-974981
✉ info@gcanp.de
www.gcanp.de

PR: Josef Liebl, GF: Hans Blöchinger
Headgreenkeeper: Cecilio Estrada

i: ✆ 08558-974980 Fax -974981
Isabella Schaeben, Martina Riedl, Claire Stubbs, Hildegard Bauer

Clubrestaurant Albatros
✆ 08558-974980 Fax 08558-974981

PRO SHOP: ✆ 08558-974980 Fax -974981

PRO: Pro: Dalibor Smesny

H: 5433 m, CR 68.8, SL 128, Par 71
D: 4467 m, CR 68.8, SL 125, Par 71
30 Rangeabschläge (5 überdacht)

G: Gäste sind jederzeit willkommen. Anmeldung ist notwendig. Clubausweis mit eingetragenem Handicap (54) ist erforderlich.

18-Loch-Greenfee: WT: EUR 60 / WE: EUR 70
9-Loch-Greenfee: WT: EUR 35 / WE: EUR 40
Azubis, Zivis und Wehrdienstleistende 50 %
Ermäßigung: Jugendl./Stud. 50%

Platzbeschreibung

Der Platz des GCANP liegt inmitten einer der führenden europäischen Erholungslandschaften und ist ein gutes Beispiel dafür, dass Naturschutz und Golf sich keineswegs gegenseitig ausschließen. Vielmehr wurde dem Golfplatz durch die Schaffung von Schutzzonen für Flora und Fauna sein naturnahes Bild bewahrt. Wildtiere und Vögel aller Art finden hier ihr Zuhause. Sie werden verzaubert sein von 90 ha, die wohl einzigartig in der Welt sind.

Platzinfos

VCG GPS

Anfahrtsbeschreibung

Von München: A 92 bis Deggendorf, dann A 3 Richtung Passau, Ausfahrt Hengersberg und auf der B 533 Richtung Grafenau. Von Nürnberg/Regensburg: A 3 Richtung Passau, Ausfahrt Hengersberg und auf der B 533 Richtung Grafenau.

Nächstgelegene Plätze

Oberzwieselau, GP (Nr. 599)
Bayerwald, G&LC (Nr. 608)
Deggendorfer GC (Nr. 604)

Bayern

Deggendorfer Golfclub e.V.

Karte, Nr. 604, Feld K11 **18** Design: Donald Harradine Höhe: 850 m

gegründet: 1981

Rusel 111, 94571 Schaufling
☏ 09920-8911 🖷 09920-903910
✉ deggendorfer.golfclub@t-online.de
💻 www.deggendorfer-golfclub.de

PR: Josef Schwaiger
Headgreenkeeper: Hans Niebauer

i: ☏ 09920-8911 🖷 09920-903910
Cornelia Ochsenbauer, Birgit Nausch, Michele Nothaft, Marion Weber

Golf Clubhaus Restaurant, Maximilian Wittenzellner
☏ 09920-436 🖷 09920-903910

PRO SHOP: Golfshop Karl, Christopher Karl
☏ 09920-1279 🖷 09920-903910

PRO: Pro: Christopher Karl

18-Loch Ruselplatz
H: 5475 m, CR 69.2, SL 127, Par 72
D: 4771 m, CR 70.6, SL 128, Par 72
10 Rangeabschläge (3 überdacht)

G: Gäste sind jederzeit willkommen. Anmeldung ist notwendig. Clubausweis mit eingetragener PE ist erforderlich. Sa./So./Feiertage ist Handicap 35 erforderlich.

18-Loch-Greenfee: WT: EUR 60 / WE: EUR 70
9-Loch-Greenfee: WT: EUR 30 / WE: EUR 35
Ermäßigung: Jugendl./Stud. 50%

Platzbeschreibung

Die Golfanlage befindet sich inmitten der wunderschönen Landschaft des Naturschutzgebietes Bayerischer Wald. Die 18-Loch-Anlage erfordert durch den Verlauf über Hochwälder und Täler eine gute Kondition und auf den teilweise engen Fairways gut platzierte Schläge.

Platzinfos

Anfahrtsbeschreibung

A 3 bzw. A 92, Ausfahrt Deggendorf, immer geradeaus bis zur Unterführung. In dieser biegen Sie rechts in Richtung „Regen über Rusel“ ab und folgen diesem Hinweis. Nach ca. 10 km erreichen Sie die Rusel. Rechterhand sehen Sie den Berggasthof Rusel, auf der lingen Seite markieren zwei markante Steine die Ein- und Ausfahrt zum Parkplatz des Deggendorfer Golfclub e.V.

Nächstgelegene Plätze

Oberzwieselau, GP (Nr. 599)
Nationalp. Bay. Wald, GC (Nr. 603)
Gäuboden, GC (Nr. 605)

Bayern

Greenfee-Aktion: Seite G 145

Golfclub Gäuboden e.V.

Karte, Nr. 605, Feld I11 18/6 Höhe: 330 m

gegründet: 1992

Fruhstorf 6, 94330 Aiterhofen
09421-72804 09421-183873
kontakt@golfclub-gaeuboden.de
www.golfclub-gaeuboden.de

PR: Hugo Korbel, GF: Florian Erhardsberger, CM: Wolfgang Erhardsberger
Headgreenkeeper: Robert Färber

i: 09421-72804 -183873
Karin Kabirske, Bettina Nigl

Mediterano Fruhstorf, Etjena Ganic
09421-5695141

PRO SHOP: Florian Erhardsberger
09421-72804 -183873

PRO: Pro: James Mullen, Mike Lindfield

18-Loch Platz
H: 5829 m, CR 70.8, SL 129, Par 72
D: 5288 m, CR 73.7, SL 128, Par 72
6-Loch Pay & Play Platz
H: 889 m, Par 19, D: 781 m, Par 19
20 Rangeabschläge (3 überdacht)

G: Gäste sind jederzeit willkommen. Anmeldung ist notwendig. Clubausweis mit eingetragener PE ist erforderlich.

18-Loch-Greenfee: WT: EUR 80 / WE: EUR 90
9-Loch-Greenfee: WT: EUR 40 / WE: EUR 45
Ermäßigung: Jugendl. bis 18 J. und Stud. bis 27 J. 50%

Platzinfos

VCG GPS CLUB

Anfahrtsbeschreibung

A 3 Regensburg-Passau, Ausf. Straubing, auf der B 20 Ri. Straubing bis zur Ausf. Irlbach u. der Beschilderung „Gut Fruhstorf" folgen. Oder: A 92 München-Deggendorf, Ausf. Landau, auf der B 20 Ri. Straubing bis zur Ausf. Irlbach u. der Beschilderung „Gut Fruhstorf" folgen. Oder: A 3 Passau-Regensburg, Ausf. Bogen, li. Ri. Strasskirchen bis zur Ortschaft Schambach, in der Ortsmitte re. Ri. Straubing u. der Beschilderung „Gut Fruhstorf" folgen.

Platzbeschreibung

Der Platz, landschaftlich sehr reizvoll am Fuße des Bayerischen Waldes gelegen, bietet den Spielern einen wunderschönen Blick auf den Bogenberg mit seiner bekannten Wallfahrtskirche. Er ist für Golfer aller Spielstärken geeignet und nahezu ganzjährig bespielbar. Überdurchschnittlich große und schnelle, leicht modellierte Grüns gewährleisten optimales und treues Putten. Eine Bewässerungsanlage schützt im Sommer vor Austrocknung.

Nächstgelegene Plätze

Straubing, GC (Nr. 601)
Landau/Isar, GC (Nr. 614)
Schlossberg, GC (Nr. 616)

MARC AUREL Spa & Golf Resort

Karte, Nr. 606, Feld H11 **9** Höhe: 355 m

Heiligenstädter Str. 34-36, 93333 Bad Gögging
☎ 09445-9580 Fax 09445-958444
info@marcaurel.de
www.marcaurel.de

PR: Knut Becker

i: ☎ 09445/958-0 (Hotelrezeption) Fax 09445-958444

Gastronomie: MARC AUREL Spa & Golf Resort
☎ 09445-9580 Fax 09445-958444

PRO SHOP: Bernhard Wargel

PRO: Pro: Bernhard Wargel

H: 2768 m, CR 58.9, SL 102, Par 60
D: 2768 m, CR 59.6, SL 99, Par 60
20 Rangeabschläge (4 überdacht)

G: Gäste sind jederzeit willkommen. Clubausweis mit eingetragenem Handicap ist erforderlich.

Tages-Greenfee: EUR 40
Jugendl./Stud./Azubis erhalten Ermäßigung. Ermäßigung erhalten auch Mitglieder von Golfclubs im Umkreis von 80km

Platzbeschreibung

Das MARC AUREL Spa & Golf Resort verfügt direkt am Hotel über einen hauseigenen 9-Loch-Platz mit Driving Range, Chipping-, Pitching- und Puttinggreen und ist Mitglied im Deutschen Golf Verband.

Platzinfos

VCG GPS GASTRO

Anfahrtsbeschreibung

Von München: A 9 Ri. Nürnberg, am AB-Dr. Holledau auf die A 93 Ri. Regensburg, Ausfahrt Siegenburg-Neustadt a.d. Donau nach Neustadt, von dort nach Bad Gögging, in Bad Gögging der Beschilderung „MARC AUREL Spa & Golf Resort" zum Golfplatz folgen.

Nächstgelegene Plätze

Bad Abbach-Deutenh., GC (Nr. 602)
Minoritenhof G&YC (Nr. 600)
Holledau, GA (Nr. 618)

Gf-Aktion: Seite G 145, 147

Golfclub Ingolstadt e.V.

Karte, Nr. 607, Feld H11 18 Design: Wolfgang Barth Höhe: 378 m

gegründet: 1977

Krumenauerstr. 1, 85049 Ingolstadt
☎ 0841-85778 Fax 0841-85220
info@golf-ingolstadt.de
www.golf-ingolstadt.de

PR: Signot Tyroller, GF: Markus Grünberger
Headgreenkeeper: Thomas Maninger

i: ☎ 0841-85778 Fax 0841-85220

K1 Dining & Daily², Christian Schulitz
☎ 0841-4938839

PRO SHOP: Golfshop golf-ing, golf-ing Michael Sturm
☎ 0841-88548786 Fax 0841-88548788

PRO: Pro: Wanda Fahrenkrog, Robert McNeilly, Christian Müller

H: 5911 m, CR 71.2, SL 128, Par 72
D: 5247 m, CR 73.2, SL 125, Par 72
20 Rangeabschläge (7 überdacht)

G: Gäste sind jederzeit willkommen. Sa./So./Feiertage ist Anmeldung notwendig. Clubausweis mit eingetragenem Handicap (54) ist erforderlich. Sa./So./Feiertage ist Handicap 36 erforderlich.

18-Loch-Greenfee: WT: EUR 65 / WE: EUR 80
9-Loch-Greenfee: WT: EUR 35 / WE: EUR 40
Ermäßigung: Jugendl. bis 18 J. und Stud. bis 27 J. 40%

Platzbeschreibung

Nur fünf Minuten vom Stadtzentrum im Westen Ingolstadts gelegen, erstreckt sich der Golf-Club Ingolstadt über 76 ha. Die Anlage zeichnet sich besonders durch ein beständig hohes Pflegeniveau aus. Das ebene Gelände des Schuttertals ermöglicht eine erholsame Golfrunde für Golfer jeder Spielstärke. Aber dank zahlreicher Wasserhindernisse und Bunker kann auch der sportlich-ambitionierte Golfer sein Können unter Beweis stellen.

Platzinfos

Anfahrtsbeschreibung

A 9 München-Nürnberg, Ausfahrt Ingolstadt-Nord, über die Römerstraße, Theodor-Heuss-Straße, Hindenburgstraße, Richard-Wagner-Straße bis zum Kreisverkehr „Audi-Ring", dort Richtung Klinikum, vor dem Klinikum links in die Krumenauer Straße (Schild „Golf"), nach ca. 800 m liegt rechts die Einfahrt zum Golfplatz.

Nächstgelegene Plätze

Wittelsbacher GC (Nr. 611)
Zieglers GP (Nr. 610)
MARC AUREL Spa & GR (Nr. 606)

Golf- und Landclub Bayerwald e.V.

Karte, Nr. 608, Feld L11 **18** Design: Keith Preston Höhe: 600 m

gegründet: 1970

Poppenreut 11, 94118 Jandelsbrunn
08581-1040 08581-2386
info@gc-bayerwald.de
www.gc-bayerwald.de

PR Alfred Pilsl
Headgreenkeeper: Josef Peschl

i 08581-1040 08581-2386
Heidi Jungwirth

Angelika Schmöller, Club Gastronomie
08581-964722 — 910932

PRO SHOP Golf- und Landclub Bayerwald e.V.
08581-1040

18-Loch Poppenreut Platz
H: 5832 m, CR 70.6, SL 130, Par 72
D: 5318 m, CR 73.5, SL 128, Par 72
30 Rangeabschläge (4 überdacht)

G Gäste sind jederzeit willkommen. Clubausweis mit eingetragenem Handicap (54) ist erforderlich.

18-Loch-Greenfee: EUR 80
9-Loch-Greenfee: EUR 40
Ermäßigungen auf Anfrage (Nachbarclubs, Hotels, Gruppen etc.)
Ermäßigung: Jugendl. bis 18 J. und Stud. bis 27 J. 50%

Platzinfos

Anfahrtsbeschreibung
Von Passau: B 12 Ri. Waldkirchen oder A 3, Ausf. Aicha v. Wald zur B 12, weiter Ri. Waldkirchen, ab der Ausf. Waldkirchen-Ost der Beschilderung Jandelsbrunn folgen bis Erlauzwiesel, 1 km nach Ortsende Erlauzwiesel links Ri. Hintereben, nach ca. 2,5 km rechts in die Zufahrt zum Golfplatz abbiegen.

Platzbeschreibung
Der 18-Loch-Platz in Poppenreut wird umrahmt von einer malerischen Landschaft und stellt für jeden Golfer eine Herausforderung dar. Neben einer DR mit überdachten Abschlagplätzen, Putting-Green und Übungsbunker gibt es eine Golfschule direkt am Platz.

Nächstgelegene Plätze
Donau GC Passau-Raßb. (Nr. 615)
Nationalp. Bay. Wald, GC (Nr. 603)
Panorama, GC (Nr. 620)

Bayern

Golfclub Donauwörth Gut Lederstatt

Karte, Nr. 609, Feld G11 18/4 Höhe: 480 m

gegründet: 1995

Lederstatt 1, 86609 Donauwörth
0906-4044 Fax 0906-9998164
info@gc-donauwoerth.de
www.gc-donauwoerth.de

PR
GF: Jochen Klauser
Siegfried Schadl
Headgreenkeeper: Markus Stengel

i
0906-4044 Fax 0906-9998164

Golfstüberl Golfclub Donauwörth
0906-9999449

PRO SHOP
0906-4044

PRO
Pro: Andreas Gebert

18-Loch Golfclub Donauwörth,
Gut Lederstatt Platz
H: 5939 m, CR 71.9, SL 133, Par 72
D: 5239 m, CR 73.6, SL 130, Par 72
3-Loch Platz. H: 604 m, Par 10. D: 534 m, Par 10
25 Rangeabschläge (4 überdacht)

G
Gäste sind jederzeit willkommen. Clubausweis mit eingetragenem Handicap ist erforderlich.
4-Loch-Platz (2xPar 3, 2xPar 4).

18-Loch-Greenfee: WT: EUR 70 / WE: EUR 80
9-Loch-Greenfee: WT: EUR 50
Bei mehreren Personen oder Gruppen ist Anmeldung erforderlich
Ermäßigung: Jugendl./Stud. 50%

Nächstgelegene Plätze

Eggelstetten, GC (Nr. 612)
Dillingen Nusser Alm, GC (Nr. 619)
Zieglers GP (Nr. 610)

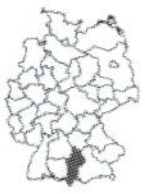

Platzinfos

VCG GPS GASTRO

Anfahrtsbeschreibung

Der Golfplatz liegt am Rande der Parkstadt auf dem Schellenberg, der sich über Donauwörth erhebt. Aus allen Richtungen (B 2, B 25, B 16) auf der 4-spurigen Ortsumgehung bleiben, Ausfahrt Parkstadt, die Parkstadt Richtung Norden durchfahren, an der Kirche vorbei und nach 500 m rechts nach Lederstatt abbiegen, von dort noch 700 m bis zum Golfplatz.

Platzbeschreibung

Der Golfplatz liegt extrem stadtnah und trotzdem paradiesisch ruhig. Wie ein Hufeisen umschließt Wald von drei Seiten den Platz, der optimal in die hügelige Landschaft eingebettet liegt. Spielerisch lässt der Parcours keine Wünsche offen, kein Loch gleicht dem anderen und durch ein stetiges bergauf-bergab, unterbrochen von idyllischen Wasserhindernissen und einem ständig wechselnden Panoramablick ins Donautal, wird dieser Platz zum Erlebnis.

Bayern

Zieglers Golfplatz GmbH & Co. KG

Karte, Nr. 610, Feld H11 **9** Design: Karl F. Grohs Höhe: 378 m

gegründet: 2005

Matthias-Bauer-Str. 108,
86633 Neuburg-Heinrichsheim
08431-5387844 08431-38264
info@zieglersgolfplatz.de
www.zieglersgolfplatz.de

PR Karl-Hans Ziegler, GF: Karl-Hans Ziegler
Headgreenkeeper: Karl-Hans Ziegler

i 08431-5387844 -38264
Roswitha Schmidt-Biebl, Ute Ziegler

Lucio`s Pizzeria & Cafè am Golfplatz,
Lucio Grinzato
08431-4379571
Mo. Ruhetag

PRO SHOP Ute Ziegler
08431-5387844 08431-38264

PRO Pro: Simon Fisher

H: 3432 m, CR 59.1, SL 100, Par 60
D: 3066 m, CR 59.1, SL 100, Par 60
40 Rangeabschläge (24 überdacht)

G Gäste sind jederzeit willkommen. Anmeldung ist erforderlich. PE ist erforderlich.

Tages-Greenfee: EUR 50
9-Loch-Greenfee: EUR 30
Ermäßigung: Jugendl. bis 15 J.

Platzbeschreibung

Nahe der Ottheinrich Stadt Neuburg an der Donau liegt die von Karl F. Grohs geplante 9-Loch Anlage. Der Platz bietet die Möglichkeit, trotz Sandbunkern und Wasserhindernissen Spielspaß in 1 1/2 Stunden zu erleben. Driving Range - Rasenabschläge und überdachte Abschlagsplätze, einen Kurzspielbereich zum Chippen und Pitchen, ein Putting Green sowie eine Golfschule mit eigenem Pro runden das Angebot ab. Ausrüstung kann geliehen oder im Pro-Shop erworben werden.

Platzinfos

VCG

Anfahrtsbeschreibung

A 9 Ausfahrt Manching, auf der B 16 Richtung Neuburg, Abfahrt Fliegerhorst, dann Richtung Golfplatz

Nächstgelegene Plätze

Wittelsbacher GC (Nr. 611)
Ingolstadt, GC (Nr. 607)
Eggelstetten, GC (Nr 612)

Bayern

Wittelsbacher GC Rohrenfeld-Neuburg e.V.

Karte, Nr. 611, Feld H11 **18** Design: Joan Dudok Van Heel Höhe: 370 m

gegründet: 1988

Rohrenfeld 102, 86633 Neuburg an der Donau
☏ 08431-908590 🖷 08431-9085999
✉ info@wbgc.de
💻 www.wbgc.de

PR: GF: Korbinian Kofler

i: ☏ 08431-908590 🖷 08431-9085999
Yvonne Griebel, Gabriele Bruhn, Franziska Angerer

Ilka Fleischmann
☏ 08431-9085950 🖷 08431-9085999

PRO SHOP: Wittelsbacher Ausgleichsfonds
☏ 08431-908590 🖷 08431-9085999

H: 6284 m, CR 73.1, SL 129, Par 73
D: 5291 m, CR 73.4, SL 124, Par 73
40 Rangeabschläge (10 überdacht)

G: Gäste sind jederzeit willkommen. Anmeldung ist notwendig. Clubausweis mit eingetragenem Handicap (45) ist erforderlich. Jeans sind auf dem Golfplatz nicht erlaubt
Handys sind auf dem Golfplatz „stumm/ohne Klingelton" geschaltet

18-Loch-Greenfee: WT: EUR 90 / WE: EUR 110
9-Loch-Greenfee: WT: EUR 45 / WE: EUR 60
Ermäßigung: Jugendl./Stud. 50%

Platzinfos

Anfahrtsbeschreibung

A 9 Ausfahrt Manching, rund 18 Kilometer weiter Richtung Neuburg an der Donau, Ausfahrt Rohrenfeld und der Beschilderung zum Golfplatz folgen.

Platzbeschreibung

Der Wittelsbacher Golfclub gehört zu den renommiertesten Golfanlagen Deutschlands. Nördlich von München gelegen, zwischen Ingolstadt und Neuburg an der Donau, findet der Golfgast hier neben der sportlichen Herausforderung Tradition und Naturerlebnis vereint. Alter Baumbestand säumt die anspruchsvoll eingebetteten Spielbahnen. Hier wird neben der Platzpflege und einem professionellen Service auch auf den Bereich Lebensart und Stil großen Wert gelegt.

Nächstgelegene Plätze

Zieglers GP (Nr. 610)
Ingolstadt, GC (Nr. 607)
Gerolsbach, GC (Nr. 623)

Golfclub Eggelstetten

Karte, Nr. 612, Feld G11 9 Höhe: 406 m

gegründet: 1997

Hauptstraße 4, 86698 Oberndorf-Eggelstetten
☎ 09090-90250 🖷 09090-90251
✉ golfclubeggelstetten@t-online.de
💻 www.golfclub-eggelstetten.de

PR Sebastian Schneid, GF: Alexandra Schneid

i ☎ 09090-90250 🖷 -90251
Alexandra Schneid

Wirtshaus am Golfplatz
☎ 09090-90250 🖷 -90251

PRO SHOP Alexandra Schneid
☎ 09090-90250 🖷 -90251

H: 3888 m, CR 62.4, SL 103, Par 62
D: 3446 m, CR 62.6, SL 102, Par 62
45 Rangeabschläge (5 überdacht)

G Gäste sind jederzeit willkommen. Clubausweis mit eingetragenem Handicap (54) ist erforderlich.

18-Loch-Greenfee: WT: EUR 35 / WE: EUR 40
9-Loch-Greenfee: WT: EUR 25 / WE: EUR 30
Ermäßigung: Jugendl. und Stud. bis 26 J. 20%

Platzbeschreibung

Der im flachen Lechtal gelegene Platz wurde beim Bau leicht modelliert, die beiden Grundwasserteiche kommen bei drei Bahnen ins Spiel. Der Platz ist durch schmale Fairways, die ein gerades Spiel erfordern, gekennzeichnet. Jeder, der diesen Platz ruhig und besonnen spielt und sich nicht durch die vermeintlichen Abkürzungen beeinflussen lässt, kann hier einen guten Score erzielen.

Platzinfos

VCG

Anfahrtsbeschreibung

A 8 München-Stuttgart, Ausf. Augsburg-West, weiter auf der B 2 Ri. Donauwörth, in Asbach-Nord rechts Ri. Eggelstetten. Oder: Auf der B 16 bzw. B 25 bis zum Bäumenheimer Kreuz, ca. 300 m auf der B 2 Ri. Augsburg und dann links Ri. Eggelstetten zum Golfplatz - nicht der Wegweisung nach Oberndorf folgen!

Nächstgelegene Plätze

Donauwörth, GC (Nr. 609)
GC Gersthofen e.V (Nr. 628)
Dillingen Nusser Alm, GC (Nr. 619)

Bayern

Greenfee-Aktion: Seite G 147

Golfplatz Leonhardshaun

Karte, Nr. 613, Feld I11 9

gegründet: 2009

Leonhardshaun 104a, 84061 Ergoldsbach
08771-4096380 08771-409335
info@golfplatz-leonhardshaun.de
www.golfplatz-leonhardshaun.de

PR GF: Christian Neumüller
Markus Neumüller

08771-4096380 08771-409335
Andrea Neumüller

Leons - das Panoramastüberl,
Matthias Bennecke
01514-1911663
Mo. Ruhetag

PRO SHOP LA-Golfstore & City Store Zwiesel, Erwin Weber
08771-4096380 08771-409335

H: 2077 m, CR 63.4, SL 113, Par 32
D: 1868 m, CR 65.1, SL 114, Par 33
15 Rangeabschläge (3 überdacht)

G Gäste sind jederzeit willkommen. Anmeldung ist notwendig. Clubausweis mit eingetragenem Handicap (54) ist erforderlich.

Tages-Greenfee: WT: EUR 25 / WE: EUR 30

Platzinfos

VCG GPS GASTRO

Anfahrtsbeschreibung

Fahren Sie auf der A92 Richtung Deggendorf/Passau. Sie fahren vorbei am Flughafen München/Erding bis zur Ausfahrt Essenbach. Danach biegen Sie links ab auf die B15 Richtung Regensburg. Bleiben Sie ca 12 Km auf der B15. An der Abzweigung Richtung Postau biegen Sie rechts ab. Fahren Sie ca. 1,5 km dann ist der Golfplatz auf der rechten Seite erreicht.

Nächstgelegene Plätze

Landshut, GC (Nr. 617)
Vilsbiburg, GC (Nr. 631)
Bad Abbach-Deutenh., GC (Nr. 602)

Bayern

Greenfee-Aktion: Seite G 147

Golfclub Landau/Isar e.V.

Karte, Nr. 614, Feld I11 **9** Höhe: 400 m

gegründet: 1998

Rappach 2, 94405 Landau/Isar
☎ 09951-599111 Fax 09951-599226
✉ info@golfpark-landau.de
www.golfpark-landau.de

PR: Hubert Tattenberger
Headgreenkeeper: Hubert Tattenberger

i: ☎ 09951-599111 Fax 09951-59226
Maria Hofner

Gastronomie: Hubert Tattenberger
☎ 09951-599122
Mo. Ruhetag

PRO SHOP: Hubert Tattenberger
☎ 09951-599111 Fax 09951-59226

PRO: Pro: Andi Sagerer

9-Loch Platz
H: 5420 m, CR 69.3, SL 122, Par 70
D: 4814 m, CR 71.3, SL 122, Par 70
3-Loch Platz
H: 2856 m, Par 54, D: 2508 m, Par 54
35 Rangeabschläge (2 überdacht)

G: Gäste sind jederzeit willkommen. Clubausweis mit eingetragener PE ist erforderlich.

Tages-Greenfee: WT: EUR 40 / WE: EUR 45
9-Loch-Greenfee: WT: EUR 26 / WE: EUR 28
Turnier-Greenfee EUR 30
Ermäßigung: Jugendl./Stud. 50%

Platzbeschreibung

Die Anlage für Spieler aller Klassen liegt in einem kleinen Tal, das Gelände ist etwas hügelig und landschaftlich ein Naturerlebnis. Alle Bahnen sind sehr abwechslungsreich aber fair, die Drive-Zonen einsehbar und relativ eben. Durch die mit Wasserhindernissen versehenen, langen Par 5, wird er für höhere Hcp.-Spieler etwas schwieriger. Für Beginner steht ein schöner Kurzplatz mit einigen Par 3 zur Verfügung. Blick bis zum Bayerischen Wald möglich.

Platzinfos

Anfahrtsbeschreibung

A 92 München-Deggendorf, Ausfahrt Landau, weiter auf der B 20 Richtung Landau, Abfahrt Industriegebiet Landau, weiter geradeaus über den Kreisel, nach ca. 2 km rechts nach Oberframmering (Golfschild), durch die Ortschaft hindurch Richtung Süden (Golfschild), bei der nächsten Kreuzung (Golfschild oben links) links Richtung Kammern und nach 1 km rechts nach Rappach und der Beschilderung zum Golfplatz folgen.

Nächstgelegene Plätze

Schlossberg, GC (Nr. 616)
Gäuboden, GC (Nr. 605)
Rottaler G&CC (Nr. 630)

Greenfee-Aktion: Seite G 147

Donau Golf Club Passau-Raßbach e.V.

Karte, Nr. 615, Feld L11 **18/6** Design: Götz Mecklenburg Höhe: 450 m

gegründet: 1986

Raßbach 8, 94136 Thyrnau-Passau
☎ 08501-91313 🖷 08501-91314
✉ info@golf-passau.de
www.golf-passau.de

PR: Helmut Weidinger, CM: Leonhard Anetseder
Headgreenkeeper: Leonhard Anetseder

i: ☎ 08501-91313 🖷 08501-91314
Margret Anetseder

Golf-und Landhotel Anetseder,
Margret Anetseder
☎ 08501-91313 🖷 08501-91314

PRO SHOP: Golf-Shop Anetseder, Margret Anetseder
☎ 08501-91313 🖷 08501-91314

18-Loch Platz
H: 5568 m, CR 70.3, SL 132, Par 72
D: 4871 m, CR 71.5, SL 130, Par 72
6-Loch Platz
H: 1505 m, Par 22, D: 1337 m, Par 22
20 Rangeabschläge (10 überdacht)

G: Gäste sind jederzeit willkommen. PE ist erforderlich. Der Gutschein 2 for 1 ist nur für 18 Loch gültig. Barzahlung oder EC-Karte.

Tages-Greenfee: EUR 90
9-Loch-Greenfee: EUR 45
Ermäßigung: Jugendl. und Stud. bis 27 J. 50%

Platzbeschreibung

4 Sterne-Golf vor den Toren der Dreiflüsse- und Universitätsstadt Passau. Allein, zu zweit, mit Familie oder Freunden, ob Anfänger oder „Profi": Für alle Altersgruppen ist es immer wieder reizvoll, diese anspruchsvolle 18 + 6 Loch-Anlage zu erleben. Sie wurde nach internationalem Standardmaß gebaut und liegt auf einer nach Süden hin offenen Hochfläche. Umsäumt wird der Platz von kleinen und großen bewaldeten Flächen, Biotopen und Bächen. Ein breit gefächertes Turnierangebot bietet ganz nach Geschmack die Möglichkeit, sein Handicap zu verbessern oder einfach nur Golf zu genießen. Stellplätze für Camper mit toller Aussicht.

Platzinfos

Anfahrtsbeschreibung

BAB 3, Ausfahrt Passau-Nord oder Passau-Mitte, Richtung Hauzenberg, vor Hundsdorf der Beschilderung nach Raßbach und zum Golfplatz folgen.

Nächstgelegene Plätze

Panorama, GC (Nr. 620)
Bayerwald, G&LC (Nr. 608)
Bad Griesb., Holzhäuser (Nr. 625)

Greenfee-Aktion: Seite G 149

Golfclub Schloßberg e.V.

Karte, Nr. 616, Feld I11 **18** Höhe: 450 m

gegründet: 1985

Grünbach 8, 94419 Reisbach
08734-7035
info@golfclub-schlossberg.de
www.golfclub-schlossberg.de

PR: Florian Erhardsberger, GF: Florian Erhardsberger
Headgreenkeeper: Fahri Osmani

i: 08734-7035
Kerstin Ollech

Restaurant Il Verde
08734-9383346

PRO SHOP: 08734-7035

PRO: Pro: Andreas Sagerer

H: 5835 m, CR 71, SL 128, Par 72
D: 5272 m, CR 73.5, SL 122, Par 72
15 Rangeabschläge (2 überdacht)

G: Gäste sind jederzeit willkommen. Clubausweis mit eingetragenem Handicap (54) ist erforderlich.

18-Loch-Greenfee: WT: EUR 80 / WE: EUR 90
9-Loch-Greenfee: WT: EUR 40 / WE: EUR 45
Ermäßigung: Jugendl./Stud. 50%

Platzbeschreibung

Die Golfanlage Schloßberg liegt im Herzen des Erholungsgebietes „Mittleres Vilstal" in einem abwechslungsreichen Gelände mit altem, gewachsenem Baumbestand. Ergänzt durch angelegte Grünflächen, Baum- und Strauchgruppen bieten die großzügig gestalteten Spielbahnen Golfern jeder Spielstärke ideale Bedingungen.

Platzinfos

VCG GPS CLUB

Anfahrtsbeschreibung

A 92 München-Deggendorf, Ausfahrt Dingolfing Richtung Reisbach 1 km vor Reisbach links Richtung Mettenhausen bis Grünbach. Oder: Von Straubing-Deggendorf auf der A 92, ca. 4 km nach Landau auf der B 20 bei Mettenhausen rechts Richtung Sommershausen und weiter nach Grünbach.

Nächstgelegene Plätze

Landau/Isar, GC (Nr. 614)
Rottaler G&CC (Nr. 630)
Gäuboden, GC (Nr 605)

Bayern

Greenfee-Aktion: Seite G 149

Golf Club Landshut e.V.

Karte, Nr. 617, Feld I11 **18/3** Design: Kurt Rossknecht Höhe: 400 m

gegründet: 1989

Oberlippach 2, 84095 Furth bei Landshut
08704-8378 08704-8379
sekretariat@golf-landshut.de
www.golf-landshut.de

PR Manfred Beck
Headgreenkeeper: Lee Cotton

08704-8378 08704-8379

Restaurant „Tap In", Alexander Tiefenbacher
08704-9287968

PRO Pro: Emile Rottenkolber, Thomas Hopf

H: 5880 m, CR 71.1, SL 130, Par 73
D: 5122 m, CR 72.4, SL 124, Par 73
40 Rangeabschläge (5 überdacht)

G Gäste sind jederzeit willkommen. Anmeldung ist notwendig. Clubausweis mit eingetragenem Handicap (54) ist erforderlich. Sa./So./Feiertage ist Handicap 45 erforderlich.

18-Loch-Greenfee: WT: EUR 70 / WE: EUR 85
9-Loch-Greenfee: WT: EUR 40 / WE: EUR 50
Ermäßigung: Jugendl./Stud. 50%

Platzinfos

VCG GPS CLUB GASTRO

Platzbeschreibung

Der Platz liegt in sanft hügeliger Landschaft und wird von Mischwald umsäumt. Die von gut platzierten Bunkern verteidigten Greens sowie die an verschiedenen Stellen wirkungsvoll ins Spiel eingreifenden Wasserhindernisse bieten ebenso eine technische und strategische Herausforderung wie die abwechslungsreichen Bahnen.

Anfahrtsbeschreibung

A 92 München-Landshut, Ausfahrt Altdorf, B 299 Richtung Siegenburg-Mainburg, nach 3 km kommt ein Kreisverkehr mit der Abzweigung zum Golfplatz Oberlippach.

Nächstgelegene Plätze

GP Leonardshaun (Nr. 613)
Holledau, GA (Nr. 618)
Vilsbiburg, GC (Nr. 631)

Bayern

Golfanlage Holledau

Karte, Nr. 618, Feld H11 27/9 öffentlich Höhe: 500 m

gegründet: 1986

Weihern 3, 84104 Rudelzhausen
08756-96010 08756-960144
rezeption@golfclubholledau.de
www.golfclubholledau.de

PR GF: Eva Zeising
Headgreenkeeper: Josef Schauer

08756-96010 08756-960144
Regina Limmer, Maximilian Heller

Golfrestaurant Holledau
08756-960140

PRO SHOP Proshop Holledau, Pardis Spencer-Dirmeier
08756-960132 08756-960144

PRO Pro: Walter Holzwarth, Sascha Elender, Lee Spencer

18-Loch Abschlag Weihrerhof Platz
H: 5980 m, CR 72.4, SL 131, Par 72
D: 5322 m, CR 74.5, SL 136, Par 72
18-Loch Abschlag Pumpernudl Platz
H: 5954 m, CR 71.8, SL 128, Par 73
D: 5272 m, CR 73.7, SL 128, Par 73
14 Rangeabschläge (5 überdacht)

G Gäste sind jederzeit willkommen. Anmeldung ist notwendig. Clubausweis mit eingetragenem Handicap (54) ist erforderlich. Insgesamt stehen 27 traumhaft schöne Löcher (Weihrerhof, Pumpernudl und Kapellenplatz) zur Verfügung, die beliebig kombinierbar sind. Zusätzlich gibt es einen 9-Loch Kurz- und Übungsplatz, Hopfengarten (öffentlich)!

18-Loch-Greenfee: WT: EUR 60 / WE: EUR 80
9-Loch-Greenfee: WT: EUR 40 / WE: EUR 55
Ermäßigung: Jugendl. bis 18 J. und Stud. bis 25 J.

Platzinfos

VCG

Anfahrtsbeschreibung

A 9 München-Nürnberg, Ausfahrt Pfaffenhofen, über Schweitenkirchen nach Au, in Au rechts Richtung Freising, an dem Motorradladen links Richtung Moosburg, wieder links bis Tegernbach, der Weg zum Golfplatz ist ausgeschildert.

Platzbeschreibung

27 verschiedene Spielbahnen fügen sich harmonisch in die idyllische, von Hopfengärten geprägte altbayerische Hügellandschaft ein. Alter Baumbestand, Bäche und Teiche begleiten den Golfer und unterstreichen die anspruchsvolle und herausfordernde Architektur. Das insgesamt 180 ha umfassende Gelände bietet für Golfer aller Spielstärken ein abwechslungsreiches Spiel und großzügige Übungsmöglichkeiten.

Nächstgelegene Plätze

Landshut, GC (Nr. 617)
Schloß Reichertsh., GC (Nr. 626)
MARC AUREL Spa & GR (Nr. 606)

Golfclub Dillingen Nusser Alm GmbH

Karte, Nr. 619, Feld G11 **9**

gegründet: 2006

Holzheimer Str. 2, 89407 Dillingen
✆ 09071-705958 🖷 09071-705968
✉ info@gc-dillingen.de
💻 www.gc-dillingen.de

PR: Markus Grimminger, GF: Markus Grimminger

i: ✆ 09071-705958 🖷 -705968
Irmgard Gottschalk

Nusser-Alm, Anna Grimminger
✆ 09071-705946 🖷 -705968

PRO SHOP: ✆ 09071-705958 🖷 -705968

PRO: Pro: John Mark Gasper, Scott Bennett

H: CR 57.3, SL 93, Par 56
D: CR 57.4, SL 91, Par 56
30 Rangeabschläge (9 überdacht)

G: Gäste sind jederzeit willkommen.
PE ist erforderlich.

18-Loch-Greenfee: EUR 30
9-Loch-Greenfee: EUR 17

Platzinfos

VCG CLUB GASTRO

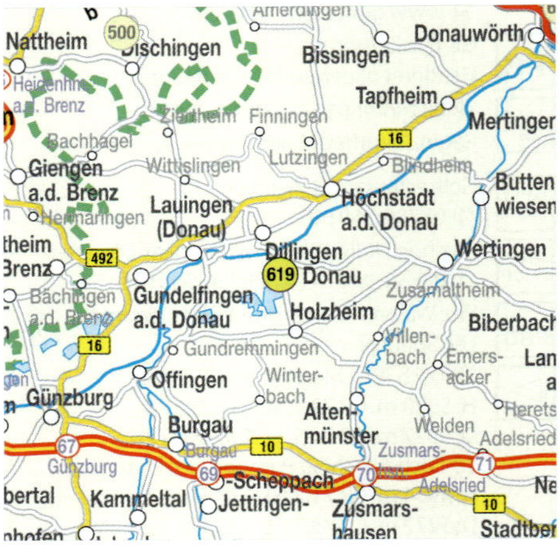

Anfahrtsbeschreibung

Von Dillingen aus über die Donaubrücke Richtung Holzheim, nach ca. 3 km am Kieswerk rechts abbiegen, dann noch ca. 700 m bis zum Golfplatz und Biergarten.

Platzbeschreibung

Der neue Golfclub Dillingen verfügt über einen 9-Loch-Parcours, eingebettet in die Naturlandschaft des sanfthügeligen Donau-Rieds. Für Golfspieler ist die Anlage ideal zum ersten Kontakt mit dem Grün, denn abschlagen, pitchen, chippen und putten darf jeder im Golfclub Dillingen. Die Anlage verfügt außerdem über eine einzigartige Wasser-Driving-Range!

Nächstgelegene Plätze

Hochstatt Härtsfeld-Ries, GC (Nr. 500)
Schloss Klingenburg, GC (Nr. 636)
Eggelstetten, GC (Nr. 612)

Panorama Golf Passau

Karte, Nr. 620, Feld K11 **18/6 Par 3** Höhe: 455 m

gegründet: 2009

Bromberg 1, 94081 Fürstenzell
✆ 08502-917160 🖶 08502-917162
✉ office@panorama-golf.info
💻 www.panorama-golf.info

PR: Barbara Geins, GF: Wolfgang Geins, CM: Phil Leech
Headgreenkeeper: Helmut Volkmer

i: ✆ 08502-917160 🖶 08502-917162

Panorama Restaurant
✆ 08502-917161 🖶 08502-917162

PRO SHOP: ✆ 08502-917160 🖶 08502-917162

PRO: Pro: Mike Watts

H: 6176 m, CR 72.2, SL 134, Par 73
D: 5098 m, CR 72.2, SL 122, Par 73
20 Rangeabschläge (4 überdacht)

G: Gäste sind jederzeit willkommen. Anmeldung ist notwendig. Clubausweis mit eingetragener PE ist erforderlich.

18-Loch-Greenfee: EUR 90
9-Loch-Greenfee: EUR 45
Ermäßigung: Jugendl. bis 18 J. und Stud. bis 27 J. 50%

Platzbeschreibung

Willkommen bei Panorama-Golf Passau-Fürstenzell. Sie befinden sich auf einem der schönsten Golfplätze Niederbayerns, nur sieben Kilometer südlich von Passau entfernt, ein Katzensprung von der A3 (Ausfahrt Passau-Mitte). Genießen Sie eine 18-Loch-Runde, die Sie durch eine herrlich abwechslungsreiche Landschaft führt. Genuss beim ersten Abschlag, wenn der Golfball hinunter ins Tal fliegt. Ihr Blick folgt seiner Flugbahn.

Platzinfos

Anfahrtsbeschreibung

Von der A3 Regensburg-Linz kommend bei Passau Mitte abfahren, rechts abbiegen Richtung Fürstenzell, nach ca. 4 km links abbiegen Richtung Kleingern / Gföhret, nach 300 m wieder links abbiegen- der Straße ca. 1,5 km folgen, dann rechts abbiegen - Ziel erreicht.

Nächstgelegene Plätze

Bad Griesb., Holzhäuser (Nr. 625)
Bad Griesbach, Brunnwies (Nr. 621)
Bad Griesb., Uttlau (Nr. 622)

Greenfee-Aktion: Seite G 153

Quellness & GR Bad Griesbach, GP Brunnwies

Karte, Nr. 621, Feld K11 **18/6** Design: B. Langer, K. Rossknecht Höhe: 425 m

gegründet: 1989

Brunnwies 5, 94542 Haarbach
08535-96010 08535-960115
golfresort@quellness-golf.com
www.quellness-golf.com

PR: Alois Hartl, GF: Andreas Gerleigner,
CM: Andreas Gerleigner
Headgreenkeeper: Florian Gerleigner

i: 08535-96010 -960115
Silvia Bürger

Gutshof Brunnwies, Lukas Ritter
08535-960120 -960115

PRO SHOP: Quellness Golf Resort Schlägershop,
Bernhard Fankhauser
08532-79032 08532-79045

PRO: Pro: 30 Pros d. Golfakademie am Golfodrom®,
Jeremy Tindall

18-Loch Allfinanz Golfplatz Brunnwies
H: 5689 m, CR 70.5, SL 130, Par 70
D: 4976 m, CR 72.1, SL 123, Par 70
6-Loch Chervò Junior Golf Course (Par 3)
H: 594 m, Par 18, D: 504 m, Par 18
60 Rangeabschläge (36 überdacht)

G: Gäste sind jederzeit willkommen. Anmeldung ist erforderlich. Handicap 54 ist erforderlich.

Tages-Greenfee: WT: EUR 100 / WE: EUR 110
Ermäßigung: Jugendl. bis 18 J. und Stud. bis 27 J. 50%

Platzinfos

VCG GPS CLUB GASTRO

Anfahrtsbeschreibung
A3 Frankfurt-Nürnberg-Regensburg-Passau, Ausfahrt Pocking, B 12 / B 388 Richtung Bad Griesbach, in Bad Griesbach die Beschilderung GOLF RESORT NORD beachten. Oder: Von München auf der A 94 / B 12 über Mühldorf a. Inn-Altötting-Simbach Richtung Rotthalmünster nach Bad Griesbach.

Platzbeschreibung
Ein 18-Loch Meisterschaftsplatz, wie ihn nur Bernhard Langer entwerfen konnte. Leicht hügelig, sportlich anspruchsvoll, aber für alle Handicaps spielbar, fügen sich die Bahnen in das über 100 ha große Gelände ein. Der Platz bietet jedoch auch landschaftliche Reize. Der Anlage angeschlossen sind eine Driving Range sowie ein 6-Loch Kindergolfplatz (Chervò Junior Golf Course) und ein kleiner Shop.

Nächstgelegene Plätze
Bad Griesb., Uttlau (Nr. 622)
Bad Griesb., Lederbach (Nr. 624)
Bad Griesb., Holzhäuser (Nr. 625)

Quellness & GR B. Griesb., St. Wolfgang GP Uttlau

GOLF RESORT

Karte, Nr. 622, Feld K12 **18** Design: Kurt Rossknecht Höhe: 425 m

gegründet: 1989

Am Dorfplatz 3, 94542 Haarbach/Uttlau
08535-18949 08535-18945
gputtlau@quellness-golf.com
www.quellness-golf.com

PR: Alois Hartl, GF: Andreas Gerleigner,
CM: Andreas Gerleigner
Headgreenkeeper: Florian Gerleigner

i: 08535-18949 -18945
Monika Becker

Gutshof Uttlau, Birgit Bachmeier
08535-1890 -18943

PRO SHOP: Golf Resort Schlägershop, Bernhard Fankhauser
08532-79032 08532-79033

PRO: Pro: 30 Pros der Golfakademie am Golfodrom®
Holzhäuser, Sebastian Lahmer

H: 5818 m, CR 71.6, SL 133, Par 72
D: 5074 m, CR 73.2, SL 130, Par 72
24 Rangeabschläge (8 überdacht)

G: Gäste sind jederzeit willkommen. Anmeldung ist erforderlich. PE ist erforderlich.

Tages-Greenfee: WT: EUR 89 / WE: EUR 94
Ermäßigung: Jugendl. bis 18 J. und Stud. bis 27 J. 50%

Platzinfos

Anfahrtsbeschreibung

A 3 Frankfurt-Nürnberg-Regensburg-Passau, Ausfahrt Pocking, B 12 / B 388 Richtung Bad Griesbach, in Bad Griesbach die Beschilderung GOLF RESORT NORD beachten. Oder: Von München auf der A 94 / B 12 über Mühldorf a. Inn-Altötting-Simbach Richtung Rotthalmünster nach Bad Griesbach.

Platzbeschreibung

Dieser Platz besticht durch sportlich anspruchsvolle Bahnen, die beste Voraussetzungen für attraktives und abwechslungsreiches Spiel bieten - wobei nicht nur an Bahnen, an denen es Wasserhindernissen (u.a. zwei neuen Inselgrüns) aus dem Weg zu gehen gilt, Nervenstärke gefragt ist. Auf hügeliger Landschaft, vorbei an Blumenfeldern, wilden Wiesen und schattenspendenden Obstbäumen gibt es hier sehr viel an Natur zu genießen.

Nächstgelegene Plätze

Bad Griesbach, Brunnwies (Nr. 621)
Bad Griesb., Lederbach (Nr. 624)
Bad Griesb., Holzhäuser (Nr. 625)

Bayern

Gf-Aktion: Seite G 149, 151

GolfPark Gerolsbach

Karte, Nr. 623, Feld H12 **18** Höhe: 500 m

gegründet: 1995

Hof 1, 85302 Gerolsbach
☎ 08445-799 Fax 08445-91059
✉ info@golfpark-gerolsbach.de
www.golfpark-gerolsbach.de

PR GF: Reinhold Steger
Headgreenkeeper: Anton Heinzlmeier

i ☎ 08445-799 Fax -91059
Ana Steger

PRO SHOP ☎ 08445-799 Fax -91059

PRO Pro: John Malone

H: 6057 m, CR 72.3, SL 130, Par 72
D: 5324 m, CR 74.4, SL 128, Par 72
20 Rangeabschläge (10 überdacht)

G Gäste sind jederzeit willkommen. Anmeldung ist notwendig. Clubausweis mit eingetragenem Handicap (54) ist erforderlich. Sa./So./Feiertage ist Handicap 45 erforderlich.

18-Loch-Greenfee: WT: EUR 60 / WE: EUR 80
Ermäßigung: Jugendl. bis 21 J. und Stud. bis 27 J. 50%

Platzinfos

VCG GPS CLUB GASTRO

Anfahrtsbeschreibung

Von Gerolsbach Richtung Petershausen, nur wenige Minuten bis zum Golfplatz (ausgeschildert).

Platzbeschreibung

Ein phantastisches Panorama und ein abwechslungsreich geschwungenes Gelände bilden den perfekten Rahmen für sportlich anspruchsvolle Golfrunden. Zahlreiche Hügel und Senken verleihen dem 70 ha großen Areal ein markantes Gesicht mit ständig wechselnden Perspektiven. Zahlreiche Bäume und Sträucher und die Schaffung vieler Teiche zeichnen den parkähnlichen Charakter des „piccolo paradiso" aus, wie John Malone, der irische Trainer vom GolfPark Gerolsbach, von seinem „Arbeitsplatz" schwärmt.

Nächstgelegene Plätze

Schloß Reichertsh., GC (Nr. 626)
Eschenried, Gut Häusern (Nr. 637)
Dachau, GC (Nr. 646)

Greenfee-Aktion: Seite G 153

Quellness & GR Bad Griesbach, GP Lederbach

GOLF RESORT

Karte, Nr. 624, Feld K12 **18** Design: Kurt Rossknecht Höhe: 500 m

gegründet: 1989

Lederbach, 94086 Bad Griesbach
☎ 08532-3135 Fax 08532-920095
✉ gplederbach@quellness-golf.com
www.quellness-golf.com

PR: Alois Hartl, GF: Andreas Gerleigner, CM: Andreas Gerleigner
Headgreenkeeper: Florian Gerleigner

i: ☎ 08532-3135 Fax -920095
Katharina Wührer

Golfhütte mit Imbiss
☎ 08532-3135 Fax 08532-920095

PRO SHOP: Golf Resort Schlägershop, Bernhard Fankhauser
☎ 08532-79032 Fax -79045

PRO: Pro: 30 Pros der Golfakademie am Golfodrom® Holzhäuser

H: 5699 m, CR 70.8, SL 133, Par 71
D: 5091 m, CR 73.1, SL 130, Par 71

G: Gäste sind jederzeit willkommen. Anmeldung ist erforderlich. PE ist erforderlich. Greenfee-spieler können kostenlos die Driving Range

Tages-Greenfee: WT: EUR 76 / WE: EUR 81
Ermäßigung: Jugendl. bis 18 J. und Stud. bis 27 J. 50%

Platzinfos

Anfahrtsbeschreibung

A 3 Frankfurt-Nürnberg-Regensburg-Passau, Ausfahrt Pocking, B 12 / B 388 Richtung Bad Griesbach, in Bad Griesbach die Beschilderung GOLF RESORT NORD beachten. Oder: Von München auf der A 94 / B 12 über Mühldorf a. Inn-Altötting-Simbach Richtung Rotthalmünster nach Bad Griesbach.

Platzbeschreibung

Als 18-Loch-Platz, u.a. mit Schräglagen, Aufstiegen, breiten Spielbahnen, Pitching und Chipping Area, Boxen mit Netz zum Warmschwingen sowie einem großen Electrocart-Wagenpark, weist sich der Golfplatz Lederbach als interessanter, konditionell anspruchsvoller Meisterschaftsplatz aus. Eine besondere Herausforderung bietet die Bahn 9: Der berühmte Herzschlaghügel mit insgesamt 48 Meter Höhenunterschied! Auf dem Golfplatz Lederbach sind Hunde an der Leine erlaubt.

Nächstgelegene Plätze

Bad Griesb., Holzhäuser (Nr. 625)
Bad Griesb., Uttlau (Nr. 622)
Bad Griesbach, Brunnwies (Nr. 621)

Bayern

Quellness & GR B. Griesb., Golfodrom® Holzh.

Karte, Nr. 625, Feld K12 9/9/9/6 Design: Kurt Rossknecht Höhe: 475 m

gegründet: 1989

Holzhäuser 8, 94086 Bad Griesbach
☎ 08532-7900 Fax 08532-79045
✉ golfresort@quellness-golf.com
www.quellness-golf.com

PR Alois Hartl, GF: Andreas Gerleigner,
CM: Andreas Gerleigner
Headgreenkeeper: Florian Gerleigner

i ☎ 08532-79023 Fax 08532-79045
Gerlinde Maurer

Golfstüberl »Zum Holzmichl«, Nicole Drechsel
☎ 08532-79040 Fax 08532-79045

PRO SHOP Golf Resort Schlägershop, Bernhard Fankhauser
☎ 08532-79032 Fax 08532-79033

PRO Pro: 30 Pros der Golfakademie am Golfodrom®
Holzhäuser

9-Loch Engled Platz
H: 1544 m, CR 58.8, SL 105, Par 30
D: 1344 m, CR 58.6, SL 103, Par 30
9-Loch Jagl Platz: H: 1223 m, Par 28
D: 1093 m, Par 28
210 Rangeabschläge (109 überdacht)

G Gäste sind jederzeit willkommen. PE ist erforderlich.

Tages-Greenfee: EUR 30
Die Tageskarte Engled berechtigt zur Nutzung aller drei 9-Loch-Anlagen inkl. 6-Loch „Hackerwiese"

Platzbeschreibung
„Engled", „Jagl" und „Pfeiffer", drei 9-Loch-Plätze direkt am Trainingszentrum Golfodrom®. Empfehlenswert für alle Neugolfer und Trainingseifrige. Alle drei sind ideal dafür geeignet, das kurze Spiel zu üben und zu verbessern. „Engled", die jüngsten 9-Loch mit sechs Par 3 und drei Par 4 bietet in leicht hügeligem Gelände Golfherausforderung. Das „Golfodrom®" ist Deutschlands größte Driving Range und dank beheizbarer Abschlagboxen und 18-Loch Indoorputtinghalle „wintertauglich".

Platzinfos

VCG GPS CLUB GASTRO

Anfahrtsbeschreibung
A 3 Frankfurt-Nürnberg-Regensburg-Passau, Ausfahrt Pocking, B 12 / B 388 Richtung Bad Griesbach, in Bad Griesbach die Beschilderung GOLF RESORT NORD beachten. Oder: Von München auf der A 94 / B 12 über Mühldorf a. Inn-Altötting-Simbach Richtung Rotthalmünster nach Bad Griesbach.

Nächstgelegene Plätze
Bad Griesb., Lederbach (Nr. 624)
Bad Griesb., Uttlau (Nr. 622)
Bad Griesbach, Brunnwies (Nr. 621)

Golfclub Schloß Reichertshausen

Karte, Nr. 626, Feld H12 18/9 Höhe: 440 m

gegründet: 1986

Holzhof 2, 85293 Reichertshausen
☎ 08137-5084 Fax 08137-808579
✉ info@gcr.de
www.gcr.de

PR Peter Schneider
Headgreenkeeper: Fa. Engelmann Turf Care GmbH

i ☎ 08137-5084 Fax 08137-808579
Yvonne Kring

PRO Pro: Rod Poindexter

18-Loch Platz
H: 5812 m, CR 71.2, SL 132, Par 71
D: 4980 m, CR 72.3, SL 125, Par 71
5-Loch Platz
H: Par 3
30 Rangeabschläge (4 überdacht)

G Gäste sind jederzeit willkommen. Anmeldung ist notwendig. Clubausweis mit eingetragenem Handicap (54) ist erforderlich.

18-Loch-Greenfee: WT: EUR 60 / WE: EUR 80
9-Loch-Greenfee: WT: EUR 30 / WE: EUR 40
Ermäßigung: Jugendl./Stud. 50%

Platzbeschreibung

Ca. 40 km nördlich Münchens gelegen bietet die Anlage ein abwechslungsreiches, aber anspruchsvolles Spiel. Die Bahnen 1-9 liegen in den weitläufigen Auen der Ilm. Verlangen die Bahnen 1-3 gute Reichweite, ist bei den Bahnen 5-7 wegen der Teiche und Wassergräben äußerste Präzision gefordert. Sportlich anspruchsvoll die 10-18, die sich in die sanften Erhebungen des tertiären Hügellandes einschmiegen. Hier ist Kondition gefordert.

Platzinfos

Anfahrtsbeschreibung

A 9 München-Nürnberg, Ausf. Allershausen Ri. Hohenkammer, in Hohenkammer auf der B 13 Ri. Ingolstadt, nach 4 km in der Ortsmitte Reichertshausen Ri. Hilgertshausen-Lausham, ca. 1 km nach Ortsende Reichertshausen rechts zum Golfplatz. Oder: A 9 Nürnberg-München, Ausf. Pfaffenhofen Ri. Pfaffenhofen, in Pfaffenhofen auf der B 13 Ri. München, nach 4 km in Reichertshausen wie oben beschrieben zum Golfplatz.

Nächstgelegene Plätze

Gerolsbach, GC (Nr. 623)
Eschenried, Gut Häusern (Nr. 637)
Dachau, GC (Nr. 646)

Bayern

Bella Vista Golfpark - Bad Birnbach

Karte, Nr. 627, Feld K12 **18/9** Design: Fairway Planer AG Höhe: 360 m

gegründet: 2006

Bella Vista Allee 1, 84364 Bad Birnbach
☎ 08563-977400 Fax 08563-9774029
info@bellavista-golfpark.de
www.badbirnbach.de/bella-vista-golfpark

PR: CM: Dipl. Kfm. Robert Sammereier
Headgreenkeeper: Stuart Crossan

i: ☎ 08563-977400 Fax 08563-9774029
Martina Lösing, Pascal Kagerer

Golfbistro Bella Vista
☎ 08563-9787467

PRO SHOP: Pro Shop Loher, Josef Loher
☎ 08563-977181 Fax 08563-977179

PRO: Pro: Josef Loher

H: 5616 m, CR 70.3, SL 132, Par 72
D: 4769 m, CR 71.1, SL 124, Par 72
50 Rangeabschläge (8 überdacht)

G: Gäste sind jederzeit willkommen. Anmeldung ist notwendig. Clubausweis mit eingetragener PE ist erforderlich.

18-Loch-Greenfee: EUR 75
9-Loch-Greenfee: EUR 42
Gäste in einem Partnerbetrieb erhalten bis zu 30 % Erm. auf das jeweilige reguläre Greenfee.
Erm.: Jugendl. bis 18 J. und Stud. bis 27 J. 50%

Platzbeschreibung

Wenn Sie am Abschlag stehen und hinunterschauen auf Bayerns erholsamstes Urlaubsdorf, dann werden Sie verstehen, warum dieser Golfpark „Bella Vista" heißt. Das ganze Jahr über duftet es nach Blumen, Gräsern und Kräutern. Auf den Greens wächst das typische Gras des Old Courses: das Festuca. Um die Greens sind die Bunker und Wasserflächen geschickt kombiniert. Der Golfpark besteht aus einem 18-Loch-Platz, einem 9-Loch-Kurzplatz, der auch ohne Platzreife bespielbar ist, und einer großzügigen Driving Range. Aufgrund seiner Topographie wird der Platz sehr gerne mit Elektrocard bespielt.

Platzinfos

Anfahrtsbeschreibung

Mit dem Auto aus Richt. West/Südwest über die A92 München-Deggendorf, Ausf. Landau an der Isar. Weiter auf der B20 Richt. Eggenfelden und von da ca. 20 km auf der B388. Aus Richt. Berlin/Frankfurt über die A3 Nürnberg/Passau, Ausf. Pocking, von da ca. 15 km auf der B388. Flughafen München: 130 km, Salzburg: 70 km. Dorthin gibt es Direktflugverbindungen von Hannover, Hamburg, Berlin und Köln-Bonn.

Nächstgelegene Plätze

Bad Griesb., Lederbach (Nr. 624)
Sagmühle, GC (Nr. 629)
Bad Griesb., Uttlau (Nr. 622)

BELLA VISTA

Golfpark Bad Birnbach

„GOLF. MITTEN INS GLÜCK“

2024 MITGLIED WERDEN • AB SEPTEMBER 2023 FREI SPIELEN!

FERNMITGLIEDSCHAFT AB 100 KM ENTFERNUNG
zum Wohnort inkl. DGV-Ausweis, Handicap-Verwaltung und 10 Greenfees à 18-Loch pro Jahr und Person — **€ 399,00**

FERNMITGLIEDSCHAFT AB 200 KM ENTFERNUNG
zum Wohnort inkl. DGV-Ausweis, Handicap-Verwaltung und unbegrenzt Greenfees à 18-Loch pro Jahr und Person — **€ 499,00**

FERNMITGLIEDSCHAFT 100-200 KM ENTFERNUNG
zum Wohnort inkl. DGV-Ausweis, Handicap-Verwaltung und unbegrenzt Greenfees à 18-Loch pro Jahr und Person — **€ 655,00**

AKTION „FERNMITGLIEDSCHAFT“
Spielen Sie bei Abschluss einer Fernmitgliedschaft für 2024 ab dem 01.09.2023 drei Runden kostenlos!

BELLA VISTA VOLLMITGLIEDSCHAFT 2024
inkl. DGV-Ausweis, Handicap-Verwaltung und unbegrenzter Platznutzung — jährlich **€ 969,00**, monatlich **€ 85,00**

AKTION „VOLLMITGLIEDSCHAFT“
Spielen Sie bei Abschluss einer Vollmitgliedschaft für 2024 ab dem 01.09.2023 für den Rest der Saison kostenlos!

Keine Aufnahmegebühr !!!

Greenfee-Aktion: Seite G 151

Golfclub Gersthofen e.V.

Karte, Nr. 628, Feld G12 **18** Höhe: 470 m

gegründet: 2003

Unterer Auweg 6, 86169 Augsburg
0821-2413799
info@golfclub-gersthofen.de
www.golfclub-gersthofen.de

PR: Claudia Haselmeier
Headgreenkeeper: Manfred Auer

i: 0821-2413799

Clubhaus
0821-2413799

PRO: Pro: Hans Schauer

18-Loch Golfclub Gersthofen e.V. Platz
H: 2846 m, CR 57.3, SL 88, Par 58
D: 2846 m, CR 57.8, SL 87, Par 59
9-Loch Platz BB
H: 1391 m, CR 57.2, SL 85, Par 58
D: 1391 m, CR 57.5, SL 84, Par 58
20 Rangeabschläge

G: Gäste sind jederzeit willkommen.

Tages-Greenfee: EUR 25
Ermäßigung: Jugendl. bis 18 J. 50%

Platzinfos

Anfahrtsbeschreibung

Autobahn A8 Ausfahrt Augsburg-Ost,oder aus Augsburg kommend Richtung Flughafen, dann links Richtung Gersthofen. Der Platz liegt noch in Augsburg. Vor dem Lech rechts einbiegen.

Platzbeschreibung

Im Golfclub Gersthofen e.V. kann jeder, auch ohne Platzreife und Clubmitgliedschaft trainieren. Alle Golf-Interessierten sind herzlich willkommen. Ziel des Golfclub Gersthofen e.V. ist es, den Golfsport Allen zugängig zu machen. 2 Pro's unterstützen uns. Unser Platz besteht aus einem 18 Loch Platz und Übungsgelände mit Driving-Range.

Nächstgelegene Plätze

Leitershofen, GC (Nr. 635)
GolfRange Augsburg (Nr. 640)
Lechfeld, GC (Nr. 644)

Gf-Aktion: Seite G 151, 153

Golfclub Sagmühle

Karte, Nr. 629, Feld K12 18 Höhe: 350 m

gegründet: 1984

Golfplatz Sagmühle 1, 94086 Bad Griesbach
☎ 08532-2038 Fax 08532-3165
info@sagmuehle.de
www.sagmuehle.de

PR: Gerhard Lidl, CM: Mathias Probst
Headgreenkeeper: Gerhard Weich

i: ☎ 08532-2038 Fax 08532-3165
Maria Bartmaier, Christine Rieger

Gutshof Sagmühle
☎ 08532-96140 oder 961443

PRO SHOP: GC Sagmühle
☎ 08532-2038 Fax 08532-3165

PRO: Pro: Mathias Probst, Paul Grainger, Dave Eddy

H: 5955 m, CR 71.1, SL 125, Par 72
D: 5180 m, CR 72.5, SL 128, Par 72
25 Rangeabschläge (3 überdacht)

G: Gäste sind jederzeit willkommen. Anmeldung ist notwendig. Clubausweis mit eingetragener PE ist erforderlich.

Tages-Greenfee: EUR 80
Startzeitenreservierung erforderlich.
Ermäßigung: Jugendl./Stud. 50%

Platzbeschreibung

Der Meisterschaftsplatz wurde 1987 auf 18 Bahnen erweitert und liegt unmittelbar an der Rott auf ebenem Gelände. Alter Baumbestand, Büsche, Zierpflanzungen und natürliche Wasserhindernisse begleiten und begrenzen die großzügig angelegten Spielbahnen. Intensive Pflege und eine automatische Fairwaybewässerung garantieren eine hohe Platzqualität. Eine Besonderheit ist während oder nach der Runde das idyllisch gelegene und einladende Halfway-House nach Loch 10.

Platzinfos

Anfahrtsbeschreibung

A 3, Ausfahrt Pocking, auf der B 12 / B 388 Richtung Bad Griesbach, nach der Kreuzung Schwaim/ Abzweigung Bad Griesbach (ca. 150 m) links dem Schild „Golfplatz Sagmühle" zum Golfplatz folgen. Oder: Von München auf der B 12 über Mühldorf am Inn-Altötting-Simbach Richtung Rotthalmünster nach Bad Griesbach.

Nächstgelegene Plätze

Bad Griesb., Porsche GC (Nr. 633)
Bad Griesb., Beckenbauer GC (Nr. 634)
Bad Griesb., Lederbach (Nr. 624)

Rottaler Golf- & Country Club Eggenfelden

Rottaler Golf- und Country-Club e. V.

Karte, Nr. 630, Feld K12 **18** Höhe: 400 m

gegründet: 1972

Fischgartl 2, 84332 Hebertsfelden
✆ 08561-5969 🖷 08561-2646
✉ info@rottaler-gc.de
💻 www.rottaler-gc.de

PR: Guido Gabisch, CM: Wolfgang Obermeier
Headgreenkeeper: Wolfgang Gerauer

i: ✆ 08561-5969 🖷 -2646
Monika Aman

Zur 19
✆ 0175 - 6698968 oder 0151 - 19663166

PRO SHOP: Rottaler Golfclub
✆ 08561-5969 🖷 -2646

PRO: Pro: Peter Allen, Gerry Taylor

H: 5948 m, CR 71.6, SL 126, Par 72
D: 5249 m, CR 73.2, SL 126, Par 72
30 Rangeabschläge (4 überdacht)

G: Gäste sind jederzeit willkommen. Anmeldung ist notwendig. Clubausweis mit eingetragener PE ist erforderlich.

18-Loch-Greenfee: EUR 70
9-Loch-Greenfee: EUR 40
Ermäßigung: Jugendl./Stud. bis 26 J. 50%

Platzinfos

VCG GPS CLUB

Anfahrtsbeschreibung

A 92 München-Deggendorf bis Dingolfing, Frontenhausen, Gangkofen, Eggenfelden (B 388), von Eggenfelden weiter auf der B 388, Richtung Passau, nach ca. 6 km rechts Wegweiser Rottaler Golfclub. Von Pfarrkirchen: B 388 (Umgehung Pfarrkirchen), rechts Ausfahrt „Rottaler Golfclub" nach Postmünster, in Postmünster nach der Rottbrücke rechts, noch ca. 2 km bis zum Golfplatz.

Platzbeschreibung

Die Golf-Anlage ist Teil des Erholungsgebietes Rottal/Inn, herrlich gelegen am Rottauen-Stausee. Die Rott durchquert den gesamten Platz und schafft so eine Vielzahl von natürlichen Wasserhindernissen. Neu geschaffene Tümpel und Teiche haben in Verbindung mit den an den Golfplatz angrenzenden Feuchtbiotopen einen natürlichen Lebensraum entstehen lassen, der seltenen und zum Teil gefährdeten Tierarten Rückzugsmöglichkeiten bietet.

Nächstgelegene Plätze

Bella Vista GP (Nr. 627)
Sagmühle, GC (Nr. 629)
Pleiskirchen, GC (Nr. 641)

Bayern

Greenfee-Aktion: Seite G 153

Golfclub Vilsbiburg e.V.

Karte, Nr. 631, Feld I12 **9** Design: Harradine Höhe: 450 m

gegründet: 1992

Trauterfing 31, 84137 Vilsbiburg
08741-968680 08741-968686
info@gc-vilsbiburg.de
www.gc-vilsbiburg.de

PR Richard Erhardsberger
Headgreenkeeper: Martin Gerbl

i 08741-968680 08741-968686
Inge Krieglsteiner, Rosi Dechantsreiter

Lilit´s Golfstüberl, Lilit Mikichyan
08741-968682
Mo. Ruhetag

PRO Pro: Paul Moger

9-Loch Hauptplatz
H: 5950 m, CR 70.9, SL 124, Par 71
D: 5159 m, CR 71.9, SL 124, Par 71
20 Rangeabschläge (5 überdacht)

G Gäste sind jederzeit willkommen. Anmeldung ist notwendig. Clubausweis mit eingetragener PE ist erforderlich.

Tages-Greenfee: WT: EUR 40 / WE: EUR 45
9-Loch-Greenfee: WT: EUR 25 / WE: EUR 30
Abendgreenfee tägl. ab 18:00 Uhr EUR 25/30
Ermässigungen nicht addierbar.
Ermäßigung: Jugendl. bis 18 J. und Stud. bis 26 J. 50%

Platzinfos

VCG

Anfahrtsbeschreibung

A 92 München-Deggendorf, Ausfahrt Landshut-Nord Richtung Landshut, weiter auf der B 299 nach Vilsbiburg, dort der B 388 nach München folgen. Nach ca. 3 km liegt der Golfplatz rechter Hand direkt an der B 388. Oder: München-Erding-Vilsbiburg auf der B 388.Der Golfplatz liegt direkt an der B 388 in Trauterfing, 3 km vor Vilsbiburg.

Platzbeschreibung

Der Golfclub Vilsbiburg liegt nur unweit dieses alten niederbayerischen Ortes direkt an der Großen Vils in Trauterfing. Naturbelassene Gräben, Teiche und Altwässer bieten den Spielern ebenso große Herausforderungen wie aufwendige, künstlich angelegte Hindernisse.

Nächstgelegene Plätze

Pleiskirchen, GC (Nr. 641)
Erding Grünbach, GC (Nr. 639)
Schloss Guttenburg, GC (Nr. 658)

Bayern

New Golf Club Neu-Ulm

Karte, Nr. 632, Feld F12 **9** Design: Volker Szidat

gegründet: 2000

Kammer-Krummen-Straße 100,
89233 Neu-Ulm
0731-70533315
info@newgolfclub.de
www.newgolfclub.de

PR GF: Florian Ebner, CM: Theresa Schütz
Headgreenkeeper: Peter Sommer

i 0731-7070111 0731-7070113

New Golf Café

PRO SHOP NEWGOLFSTORE

PRO Pro: Luis Meyer, Mark Philipp Lindner, Willi Hoffmann

H: 6028 m, CR 71.7, SL 128, Par 72
D: 5278 m, CR 73.3, SL 127, Par 72

G Gäste sind jederzeit willkommen. Anmeldung ist notwendig. Clubausweis mit eingetragener PE ist erforderlich. Greenfee Spieler, die einen DGV-Ausweis ohne „R" Kennzeichnung besitzen oder VCG-Spieler bezahlen einen Aufschlag in Höhe von EUR 10 / 9-Loch auf das reguläre Greenfee.

18-Loch-Greenfee: EUR 80
9-Loch-Greenfee: EUR 40

Platzbeschreibung

Der Platz des NEW GOLF CLUBS bietet beste Bedingungen nicht nur für Anfänger, sondern auch fortgeschrittene Golfer fühlen sich hier schnell heimisch. Das erfahrene Trainerteam vor Ort wird jeder Spielstärke gerecht. Der im Jahr 2000 eröffnete 9-Loch-Golfplatz liegt unmittelbar an der Donau, und zwar direkt gegenüber dem Naherholungsgebiet der Stadt Ulm. Das für die Donauauen typische, sanfte Gelände wurde auf einer Fläche von über 30 Hektar so gestaltet, dass jede der neun Spielbahnen eine Herausforderung darstellt.

Platzinfos

VCG GPS CLUB

Anfahrtsbeschreibung

A 7 Richtung Memmingen, Abfahrt Nersing (1. Ausfahrt nach dem Echingerkreuz A 8 / A 7). Dann Richtung Burlafingen, Pfuhl Offenhausen auf der alten B 10. Nach Pfuhl beim Kreisverkehr rechts Richtung Industriegebiet Kammerkrummen. Das Clubhaus ist von der Strasse gut zu erkennen.

Nächstgelegene Plätze

Ulm, GC (Nr. 519)
Donau-Riss, GC (Nr. 520)
Reischenhof, GC (Nr. 523)

Bayern

Greenfee-Aktion: Seite G 153

Quellness & GR Bad Griesbach, Porsche GC

GOLF RESORT

Karte, Nr. 633, Feld K12 **18** Design: Bernhard Langer, Kurt Rossknecht Höhe: 337 m

gegründet: 2003

An der Rottwiese 1, 94094 Rotthalmünster
08532-92440 08532-924429
gppenning@quellness-golf.com
www.quellness-golf.com

PR: Alois Hartl, GF: Andreas Gerleigner,
CM: Andreas Gerleigner
Headgreenkeeper: Florian Gerleigner

i: 08532-92440 -924429
Alexandra Seidel

Gutshof Penning, Monika Lechner
08532-92660 -9266320

PRO SHOP: Golf Resort Schlägershop & Chervò Modeshop,
Bernhard Fankhauser
08532-924412 -924429

PRO: Pro: 30 Pros der Golfakademie am Golfodrom®
Holzhäuser

H: 5690 m, CR 71.1, SL 129, Par 71
D: 4920 m, CR 72.3, SL 128, Par 71
30 Rangeabschläge (8 überdacht)

G: Gäste sind jederzeit willkommen. Anmeldung ist erforderlich. PE ist erforderlich.

Tages-Greenfee: WT: EUR 94 / WE: EUR 104
Ermäßigung: Jugendl. bis 18 J. und Stud. bis 27 J. 50%

Platzinfos

CLUB GASTRO VCG GPS

Anfahrtsbeschreibung

A 3 Frankfurt-Nürnberg-Regensburg-Passau, Ausfahrt Pocking, B 12 / B 388 Richtung Bad Griesbach, in Bad Griesbach die Beschilderung GOLF RESORT SÜD/ Golfanlage Penning beachten. Oder: Von München auf der A 94 / B 12 über Mühldorf a. Inn-Altötting-Simbach Richtung Rotthalmünster nach Bad Griesbach.

Platzbeschreibung

Der 18-Loch-Platz ist flach und leicht begehbar. Alter Baumbestand, das Flüsschen Rott und sanfte Hügel an den Spielbahnen prägen diese Golfanlage. Neben einem klassischen 90 Grad Dogleg ist das 13. Loch besonders interessant. Bei dem 145 m langen Par 3 liegt das Grün auf einer Halbinsel. Eine Herausforderung zum Abschluss stellt die Bahn 18 dar - ein langes Par 4 mit einem schwierigen letzten Schlag über Wasser auf das gut geschützte Grün. Auf dem Porsche Golf Course ab 15 Uhr Hunde – an der Leine – erlaubt.

Nächstgelegene Plätze

Bad Griesb., Beckenbauer GC (Nr. 634)
Sagmühle, GC (Nr. 629)
Bad Griesb., Holzhäuser (Nr. 625)

Bayern

Greenfee-Aktion: Seite G 153

Quellness & GR Bad Griesb., Beckenbauer GC

GOLF RESORT

Karte, Nr. 634, Feld K12 **18** Design: B: Langer, K. Rossknecht Höhe: 337 m

gegründet: 1989

Golfanlage Penning, An der Rottwiese 1,
94094 Rotthalmünster
✆ 08532-92440 🖷 08532-924429
✉ gppenning@quellness-golf.com
💻 www.quellness-golf.com

PR: Alois Hartl, GF: Andreas Gerleigner,
CM: Andreas Gerleigner
Headgreenkeeper: Florian Gerleigner

i: ✆ 08532-92440 🖷 -924429
Alexandra Seidel

Gutshof Penning, Monika Lechner
✆ 08532-92660 🖷 -9266320

PRO SHOP: Golf Resort Schlägershop, Bernhard Fankhauser
✆ 08532-924412 🖷 09244-29

PRO: Pro: 30 Pros der Golfakademie am Golfodrom® Holzhäuser

H: 6078 m, CR 73.1, SL 127, Par 72
D: 5174 m, CR 73.5, SL 128, Par 72
30 Rangeabschläge (8 überdacht)

G: Gäste sind jederzeit willkommen. Anmeldung ist erforderlich. PE ist erforderlich. Auf dem Beckenbauer Golf Course gibt es von Montag bis Freitag eine Handicap-Beschränkung. Von 8.00 Uhr bis 10.30 Uhr ist das maximale Handicap 28

Tages-Greenfee: WT: EUR 110 / WE: EUR 120

Platzinfos

VCG GPS CLUB GASTRO

Platzbeschreibung

Kaiserliches Golfvergnügen auf satten Grüns und perfekten Fairways – der Meisterschaftsplatz, den Bernhard Langer als Architekt in die Auenlandschaft des Flüsschens Rott gezaubert hat, bekam schon im Eröffnungsjahr das Prädikat „Weltklasse“ verliehen. Die 18 Löcher in Penning, 2015 und 2016 Austragungsort der European Tour, haben es durchaus in sich. Sie geizen nicht mit Schwierigkeiten, bieten aber ebenso ausreichend Möglichkeiten für ganz besondere Erfolgserlebnisse.

Anfahrtsbeschreibung

A 3 Frankfurt-Nürnberg-Regensburg-Passau, Ausfahrt Pocking, B 12 / B 388 Richtung Bad Griesbach, in Bad Griesbach die Beschilderung beachten. Oder: Von München auf der A 94 / B 12 Über Mühldorf a. Inn-Altötting-Simbach Richtung Rotthalmünster nach Bad Griesbach.

Nächstgelegene Plätze

Bad Griesb., Porsche GC (Nr. 633)
Sagmühle, GC (Nr. 629)
Bad Griesb., Holzhäuser (Nr. 625)

Golf Club Leitershofen e.V.

Karte, Nr. 635, Feld G12 9 Design: Thomas Himmel Höhe: 520 m

gegründet: 1981

Deuringer Straße 20,
86391 Stadtbergen/Augsburg
0821-437242 0821-437460
gcl@golfclub-leitershofen.de
www.golfclub-leitershofen.de

PR: Udo Kresta, GF: Heike Birner
Headgreenkeeper: Jurij Bojtschuk

i: 0821-437242 0821-437460
Swetlana Meyer, Eva Übelhör

Golf-Restaurant
0821-4397189

PRO SHOP: EGM

PRO: Pro: Gavin Crockett

H: 6088 m, CR 71.3, SL 130, Par 72
D: 5350 m, CR 73.2, SL 129, Par 72
20 Rangeabschläge (3 überdacht)

G: Gäste sind jederzeit willkommen. Clubausweis mit eingetragenem Handicap (45) ist erforderlich.

18-Loch-Greenfee: WT: EUR 45 / WE: EUR 55
9-Loch-Greenfee: WT: EUR 30 / WE: EUR 38
GF für Jugendl./Studenten WT/WE EUR 23/28,-.
Ermäßigung: Jugendl./Stud.

Platzbeschreibung

Der Golfplatz liegt sehr stadtnah zur Bischofs- und Fuggerstadt Augsburg. Das Gelände ist leicht hügelig und bietet durch die relativ vielen Bunker, Bäume und Büsche interessante Aufgaben. Von der Anlage aus gibt es einen wunderschönen Blick auf die Kulisse Augsburgs.

Platzinfos

VCG GPS

Anfahrtsbeschreibung

A 8 München-Stuttgart, Ausfahrt Augsburg-West, auf der B 17 Richtung Augsburg-Füssen, Ausfahrt Augsburg-Pfersee/Stadtbergen, dann rechts auf die B 300 bis zur nächsten Ampel, dort links. Geradeaus bis zum Kreisel, die zweite Ausfahrt und geradeaus bis zum Ende der Straße. Dort rechts Richtung Deuringen. Der Golfplatz liegt rechts der Verbindungsstraße zwischen Stadtbergen und Deuringen.

Nächstgelegene Plätze

GolfRange Augsburg (Nr. 640)
GC Gersthofen e.V. (Nr. 628)
Lechfeld, GC (Nr. 644)

Bayern

Golf-Club Schloss Klingenburg e.V.

Karte, Nr. 636, Feld F12 **18** Design: Donald Harradine Höhe: 550 m

gegründet: 1980

Schloss Klingenburg,
89343 Jettingen-Scheppach
08225-3030 08225-30350
info@golf-klingenburg.de
www.golf-klingenburg.de

PR: Joachim Lichtblau, CM: Andreas Gruhler
Headgreenkeeper: Josef Rudhart

i: 08225-3030 08225-30350
Johanna Rößle

Restaurant Schlossgarten - Andreas Zettler
08225-30340 08225-30350

PRO SHOP: EGM - Ihr Golfprofi

PRO: Pro: Maximilian Löhlein (PGA),
Paavo J. Schaefer (PGA)

H: 6007 m, CR 72, SL 132, Par 73
D: 5354 m, CR 74, SL 128, Par 73
40 Rangeabschläge (10 überdacht)

G: Gäste sind jederzeit willkommen. Anmeldung ist notwendig. Clubausweis mit eingetragenem Handicap (54) ist erforderlich. Sa./So./ Feiertage ist Handicap 36 erforderlich. Bitte Startzeit reservieren (PCCaddie)

18-Loch-Greenfee: WT: EUR 80 / WE: EUR 100
Ermäßigung: Jugendl./Stud. bis 27 J. 50%

Platzbeschreibung

Zwischen Augsburg und Günzburg, am Hochufer der Mindel gelegen, finden Sie den GC Schloss Klingenburg. Nach der Gründung 1980 entwickelte sich der Club zu einem Diamant unter den Golfplätzen und ist unter Golfkennern ein „Muss". Es erwartet Sie eine eindrucksvolle Open-Air-Kulisse mit tausenden alten Bäumen und zahlreichen Biotopen. Anspruchsvoll, aber sportlich fair für jede Spielstärke präsentiert sich der Platz zu jeder Zeit in einem Top-Zustand.

Platzinfos

VCG

Anfahrtsbeschreibung

A 8 Stuttgart-München, Ausfahrt Burgau rechts Richtung Jettingen-Scheppach, im Kreisverkehr 1. Ausfahrt rechts Richtung Thannhausen, Abzweigung Schönenberg, Beschilderung „Golfclub Klingenburg" folgen. Für Navigation: 89343 Schönenberg eingeben, da Golfplatz außerhalb Jettingen-Scheppach.

Nächstgelegene Plätze

Weiherhof, GA (Nr. 643)
Dillingen Nusser Alm, GC (Nr. 619)
Augsburg, GC (Nr. 645)

Münchner Golf Eschenried - GP Gut Häusern

Karte, Nr. 637, Feld H12 18/6 Design: Peter Harradine Höhe: 435 m

gegründet: 1983

Gut Häusern 2, 85229 Markt Indersdorf
☎ 08139-93280 🖷 08139-932828
✉ info@golf-gh.de
www.muenchner-golf-eschenried.de

PR Alexander Jester, GF: Thomas Heitmeier, CM: Toni Leitermann
Paul Richter

i ☎ 08139-93280 🖷 08139-932828
Hildegard Schmid

Alte Gutsscheune, Ilja Aljanar
☎ 08139-995133 🖷 08139-995136

PRO SHOP Andy Gall
☎ 08139-932818

PRO Pro: Andy Gall, PGA Golfschule Gut Häusern

18-Loch Championship Course
H: 6130 m, CR 71.8, SL 127, Par 72
D: 5207 m, CR 72.3, SL 125, Par 72
6-Loch Pay and Play Platz
H: 690 m, Par 19, D: 690 m, Par 19
50 Rangeabschläge (8 überdacht)

G Gäste sind jederzeit willkommen. Anmeldung ist notwendig. Clubausweis mit eingetragenem Handicap (45) ist erforderlich.

18-Loch-Greenfee: WT: EUR 80 / WE: EUR 95
Ermäßigung: Jugendl./Stud.

Platzbeschreibung

Die raffinierte und harmonische Komposition von Wald, Sand und Wasser verleihen dem cartfähigen Meisterschaftsplatz ein spezielles, nach schottischem Vorbild geprägtes Charakteristikum. Sportlich anspruchsvoll und spielerisch abwechslungsreich präsentiert sich der Par 72 Meisterschaftsplatz dem Golfer. Eine Gesamtlänge von ca. 6.710 m (Champions) und 6 Abschläge pro Spielbahn garantieren ein Spielerlebnis der Extraklasse auch für Golfeinsteiger.

Platzinfos

VCG GPS CLUB GASTRO

Anfahrtsbeschreibung

A 92 Ausf. Unterschleißheim/Haimhausen, auf der B 13 Ri. Ingolstadt bis Fahrenzhausen, in Fahrenzhausen links Ri. Petershausen/Dachau/Kammerberg, nach 50 m links Ri. Lotzbach/Dachau, bis zum Kreisverkehr Lotzbach, dort geradeaus Ri. Röhrmoos/Markt Indersdorf, beim Ortsende Röhrmoos rechts (Feuerwehr) der Beschilderung GH folgen, bis zum Kreisverkehr Paserbach, dort links der Beschilderung GH folgen, nach 2 km im Wald Einfahrt links zum GP Gut Häusern.

Nächstgelegene Plätze

Dachau, GC (Nr. 646)
Schloß Reichertsh., GC (Nr. 626)
Gerolsbach, GC (Nr. 623)

Bayern

Greenfee-Aktion: Seite G 153

ThermenGolfClub Bad Füssing-Kirchham e.V.

Karte, Nr. 638, Feld K12 **18** Höhe: 400 m

gegründet: 2001

Thierham 3, 94072 Bad Füssing
☎ 08537-91990 🖷 08537-919920
✉ info@thermengolf.de
💻 www.thermengolf.de

PR: Alfred Aigner
Headgreenkeeper: Nuhi Ferizi

i: ☎ 08537-91990 🖷 08537-919920
Martina Meier

Clubrestaurant, Marion Wöller

PRO SHOP: Thermengolf Bad Füssing-Kirchham GmbH & Co. KG, Martina Meier
☎ 08537-91990 🖷 08537-919920

PRO: Pro: Christian Bauer

H: 5724 m, CR 69.4, SL 121, Par 72
D: 4729 m, CR 69.4, SL 118, Par 72
40 Rangeabschläge (7 überdacht)

G: Gäste sind jederzeit willkommen. Anmeldung ist notwendig. Clubausweis mit eingetragener PE ist erforderlich.

18-Loch-Greenfee: EUR 68
9-Loch-Greenfee: EUR 36
Ermäßigung: Jugendl./Stud. 50%

Platzbeschreibung

Das ganzjährig geöffnete Platz erstreckt sich auf einer Gesamtfläche von 90 ha. Die-18-Loch-Meisterschaftsanlage ist geschickt in die bestehende Landschaft eingebettet. Alter Baumbestand und Junganpflanzungen bieten ein reizvolles Panorama und auch Schutz für Fasane und Rehe. Der naturbelassene Erlbach zieht seine Wege durch die gesamte Golfanlage. Der Platz ist für jeden Golfer geeignet. Er ist eben und leicht zu begehende und geizt nicht an sportlich anspruchsvollen Herausforderungen. Sehr schönes Clubhaus mit großzügiger mit Terrasse.

Platzinfos

VCG GPS

Anfahrtsbeschreibung

B 12 München-Mühldorf-Simbach-Passau, Ausfahrt Tutting, weiter Richtung Bad Füssing-Kirchham, in Kirchham an der 1. Abfahrt rechts und der Beschilderung folgen. Oder: A 3 Frankfurt-Nürnberg-Regensburg-Passau, Ausfahrt Pocking, weiter auf der B 12 RichtungPocking, Ausfahrt Bad Füssing/Kirchham, 1. Abfahrt rechts und Beschilderung Golfplatz folgen.

Nächstgelegene Plätze

Bad Griesb., Beckenbauer GC (Nr. 634)
Bad Griesb., Porsche GC (Nr. 633)
Sagmühle, GC (Nr. 629)

Gf-Aktion: Seite G 153, 155

Golf-Club Erding Grünbach e.V.

Karte, Nr. 639, Feld I12 **18** Höhe: 450 m

gegründet: 1973

Kellerberg 13, 85461 Grünbach-Erding
08122-49650 08122-49684
info@golf-erding.de
www.golf-erding.de

PR: Rudolf Bauschmid

i: 08122-49650 -49684
Bärbel Eicher, Claudia Geyer

La Locandiera am Golfplatz, Mirko Capozzi
08122-9599246

PRO SHOP: Andy Jinks
08122-49650 -49684

PRO: Pro: Georg Schultes, Andy Jinks

H: 5921 m, CR 70.9, SL 130, Par 71
D: 5140 m, CR 72.2, SL 125, Par 71
40 Rangeabschläge (6 überdacht)

G: Gäste sind jederzeit willkommen. Anmeldung ist notwendig. Clubausweis mit eingetragenem Handicap ist erforderlich. Sa./So./Feiertage ist Handicap 36 erforderlich. Startzeiten erforderlich. Hunde sind auf dem Platz willkommen (jederzeit angeleint!). Weitere Infos unter: https://golf-erding.de/gaste/

18-Loch-Greenfee: WT: EUR 75 / WE: EUR 85
Ermäßigung: Jugendl. bis 18 J. und Stud. bis 27 J. 35%

Platzinfos

VCG GPS CLUB GASTRO

Anfahrtsbeschreibung

Von München-Nord B 388 oder München-Ost Richtung Erding, kurz vor Erding der Beschilderung nach Taufkirchen bzw. Vilsbiburg folgend weiter auf der B 388 und in Grünbach die erste Abzweigung rechts nach ca. 100 m links abbiegen immer geradeaus den Berg hinauf. Oben angekommen befindet sich der erste Parkplatz auf der linken Seite vor dem Clubhaus. Einen zweiten Parkplatz finden Sie wenige Meter weiter auf der Straße weiter links (nach dem Clubhaus).

Platzbeschreibung

Die 18-Loch-Anlage ist ein landschaftliches Kleinod östlich von Erding. Fast alle Spielbahnen zeichnen sich durch ein ständiges bergauf und -ab aus, wobei die ersten neun Fairways auf relativ offenem Gelände verlaufen und die zweiten neun stärker von Wald umgeben sind und oft Baumgruppen in das Spielgeschehen eingreifen. Die terrassenförmig angelegten Bahnen werden teils von Wassergräben begleitet, oft greifen auch frontale Wasserhindernisse ein.

Nächstgelegene Plätze

Mchn. Eichenried, GC (Nr. 647)
Open Golf Eichenried (Nr. 648)
Bav. GC Mchn.-Eicherloh (Nr. 652)

Bayern

Golfclub GolfRange Augsburg

Karte, Nr. 640, Feld G12 **9** Höhe: 460 m

gegründet: 1997

Lindauer Straße 56, 86199 Augsburg
✆ 0821-906500 🖷 0821-9065022
✉ augsburg@golfrange.de
💻 www.golfrange.de

PR: GF: Dr. Florian Bosch, CM: Fabian Fietze
Headgreenkeeper: Werner Heuländer

i: ✆ 0821-906500 🖷 0821-9065022
Aylin Geib

Villa Rocca, Maurizio Saraca
✆ 0821-9985869 🖷 0821-9985870

PRO SHOP: EGM Ausgburg, Nina Smythe
✆ 0821-99830262 🖷 -9065022

PRO: Pro: Felix Proske, Mark Smythe

H: 4390 m, CR 63, SL 113, Par 64
D: 3990 m, CR 64.8, SL 114, Par 64
80 Rangeabschläge (20 überdacht)

G: Gäste sind jederzeit willkommen. Anmeldung ist notwendig. Clubausweis mit eingetragenem Handicap (54) ist erforderlich.

18-Loch-Greenfee: WT: EUR 34 / WE: EUR 42
9-Loch-Greenfee: WT: EUR 23 / WE: EUR 28
Ermäßigung: Jugendl./Stud. 35%

Platzinfos

VCG
GPS
GASTRO

Anfahrtsbeschreibung

A 8 Stuttgart-München, Ausfahrt Augsburg-West, B 17 Richtung Augsburg-Füssen-Landsberg (Ortsumgehung), in Augsburg nach der Wertach-Brücke an der großen Ampelkreuzung rechts Richtung Göggingen/Kurhaus, nach dem Ortsende Göggingen liegt rechts der Golfplatz. Von Süden: B 17 Landsberg-Augsburg, Ausfahrt Haunstetten-Inningen Richtung Inningen, an der Ampelkreuzung rechts Richtung Göggingen, vor dem Ortsbeginn Göggingen liegt links der Golfplatz.

Platzbeschreibung

Der GC liegt am südl. Stadtrand von Augsburg und ist mit öffentl. Verkehrsmitteln zu erreichen. Beste Trainingsmöglichkeiten auf der DR mit 80 Abschlägen und allen wichtigen Übungseinrichtungen wie Fairwaybunker, Erlebnis-Putting-Green u. Greenbunker! Der interessante 9-Loch-Platz wird so manchen Golfer erstaunen lassen, denn wo keines der insgesamt 7 Wasserhindernisse ist, lauert sicher einer der 32 Bunker, die die Greens gut verteidigen.

Nächstgelegene Plätze

Lechfeld, GC (Nr. 644)
Leitershofen, GC (Nr. 635)
Augsburg, GC (Nr. 645)

Golfclub Pleiskirchen e.V.

Karte, Nr. 641, Feld I12 **18** Höhe: 450 m

gegründet: 1995

Am Golfplatz 2, 84568 Pleiskirchen
08635-708903
golfclub@pleiskirchen.de
www.golfclub-pleiskirchen.de

PR: Josef Neuberger, GF: Albert Kallmaier

i: 08635-708903

U'LIVO Restaurant am Golfplatz,
Alexander Wittmann
08635-1278

PRO SHOP: Jochen Ziffels, Jochen Ziffels
0171-6367508

PRO: Pro: Jochen Ziffels

H: 5941 m, CR 71.4, SL 126, Par 72
D: 5208 m, CR 72.8, SL 125, Par 72
30 Rangeabschläge (4 überdacht)

G: Gäste sind jederzeit willkommen. Anmeldung ist notwendig. Clubausweis mit eingetragener PE ist erforderlich.

18-Loch-Greenfee: WT: EUR 60 / WE: EUR 70
Ermäßigung: Jugendl./Stud. 50%

Platzinfos

VCG GPS CLUB GASTRO

Anfahrtsbeschreibung

Von München (Fahrzeit ca. 40 Minuten): BAB Kreuz München-Ost A94 Richtung Passau. Ausfahrt Töging/Pleiskirchen. Der Wegweisung nach Pleiskirchen/Golfclub folgen. Aus östl./südl. Richtung: BAB A94 Richtung München Ausfahrt Töging/Pleiskirchen. Der Wegweisung nach Pleiskirchen/Golfclub folgen.

Platzbeschreibung

Abwechslungsreicher Platz, abseits von Verkehrslärm, in ruhiger, landschaftlich reizvoller Lage, mit schnellen und herrlichen Grüns. Wunderschöner Blick auf die umliegende Landschaft und den malerischen Ort Pleiskirchen. Bei schöner Witterung herrliche Kulisse der bairischen und österreichischen Alpen.

Nächstgelegene Plätze

Schloss Guttenburg, GC (Nr. 658)
Altötting-Burgh., GC (Nr. 657)
Rottaler G&CC (Nr. 630)

Bayern

Greenfee-Aktion: Seite G 155

Golfclub München-West Odelzhausen e.V.

Karte, Nr. 642, Feld G12 **18/5** Design: Georg Boehm Höhe: 400 m

gegründet: 1988

Todtenried 3, 85235 Odelzhausen
08134-99880 08134-998820
info@gcmw.de
www.gcmw.de

PR: Karl-Ernst Berger, CM: Sebastian Daumann

i: 08134-99880 08134-998820

H: 6060 m, CR 71.8, SL 127, Par 72
D: 5277 m, CR 73.4, SL 122, Par 72
25 Rangeabschläge (6 überdacht)

G: Gäste sind jederzeit willkommen. Anmeldung ist notwendig. Clubausweis mit eingetragenem Handicap (54) ist erforderlich. Sa./So./Feiertage ist Handicap 45 erforderlich.

18-Loch-Greenfee: WT: EUR 80 / WE: EUR 95
9-Loch-Greenfee: WT: EUR 45 / WE: EUR 50
Ermäßigung: Jugendl./Stud. 50%

Platzbeschreibung

Die Golfanlage befindet sich auf einem leicht hügeligen Gelände und ist teils von Wald begrenzt. Trotz des großen Geländes mit 84 ha Fläche sind die Wege von Spielbahn zu Spielbahr sehr kurz gehalten. Der Platz erweist sich für Spieler sämtlicher Spielstärken als sehr abwechslungsreich. Der öffentliche 5-Loch Akademieplatz und die großzügigen Übungseinrichtungen bieten ideale Trainigsbedingungen für alle Golfbegeisterten zu günstigen Konditionen.

Platzinfos

VCG GPS CLUB

Anfahrtsbeschreibung

A 8 München-Stuttgart, Ausfahrt Odelzhausen Richtung Odelzhausen bis Ortsanfang, dort links Richtung Ebertshausen, nach ca. 1 km in Lukka rechts zu Gut Todtenried abbiegen.

Nächstgelegene Plätze

Rottbach, GA (Nr. 650)
Tegernbach, GC (Nr. 649)
Olching, GC (Nr. 653)

Bayern

Golfanlage Weiherhof

Karte, Nr. 643, Feld G12 **9** Höhe: 520 m

gegründet: 2005

Weiherhof 4,
86459 Gessertshausen OT Weiherhof
☎ 08238-965119 Fax 08238-965120
✉ golfanlageweiherhof@yahoo.de
www.golfanlage-weiherhof.de

PR: GF: Dr. Dan-Liviu Tite, CM: Dr. Dan-Liviu Tite

i: ☎ 08238-965119 Fax -965120
Dr. Dan-Liviu Tite

PRO SHOP: Dr.Dan-Liviu Tite
☎ 08238-965119 Fax 08238-965120

PRO: Pro: Frantisek Janelt

H: 3816 m, CR 63.3, SL 113, Par 66
D: 3446 m, CR 63.3, SL 117, Par 66
20 Rangeabschläge

G: Gäste sind jederzeit willkommen. PE ist erforderlich.

18-Loch-Greenfee: WT: EUR 30 / WE: EUR 35
9-Loch-Greenfee: WT: EUR 25 / WE: EUR 30
GF-Ermäßigung für Partnerclubs
Ermäßigung: Jugendl. bis 18 J. 30%

Platzbeschreibung

Der sportlich herausfordernde Naturgolfplatz liegt südwestlich von Augsburg und ist von überwiegend hängenden Fairways und einer Streckenführung durch teilweise weit in die Spielbahnen hineinragende Rough-Flächen geprägt. Der gesamte Platz ist mit zahlreichen Biotopen, Gräben und Teichen versehen, die nicht nur „Rabbits", sondern auch fortgeschrittenen Golfern das Spiel erschweren.

Platzinfos

VCG GPS

Anfahrtsbeschreibung

Autobahn A 8, Ausfahrt Augsburg-West, weiter auf der B 17 bis zur B 300. Auf der B 300 weiter Richtung Krumbach bis zum Ort Gessertshausen, diesen durchqueren bis kurz vor Ortsende (an der Tankstelle), dann links Richtung Fischach und nach ca. 500 m erneut links und den Wegweisern nach Waldberg und Schwabmünchen folgen. Ab Gessertshausen können Sie sich aber auch ganz einfach an der Beschilderung für das Kloster Oberschönefeld orientieren. Vorbei an diesem erreichen Sie nach ca. 1 km die Golfanlage Weiherhof.

Nächstgelegene Plätze

Augsburg, GC (Nr 645)
Leitershofen, GC (Nr. 635)
GolfRange Augsburg (Nr. 640)

Bayern

Greenfee-Aktion: Seite G 155

Golfclub Lechfeld e.V.

Karte, Nr. 644, Feld G12 9

gegründet: 1984

Föllstraße 32a, 86343 Königsbrunn
☎ 08231-32637 🖷 08231-33449
✉ info@gclechfeld.de
💻 www.gclechfeld.de

PR: CM: Daniel Hirte
Headgreenkeeper: Eugen Herb

i: ☎ 08231-32637 🖷 -33449

Gastronomie: Mo. Ruhetag

PRO SHOP: EGM Augsburg, EGM Ihr Golfprofi
☎ 0821-272830 🖷 0821-719522

H: 5870 m, CR 71.3, SL 129, Par 72
D: 4992 m, CR 72.1, SL 126, Par 72
15 Rangeabschläge (2 überdacht)

G: Gäste sind jederzeit willkommen. Anmeldung ist notwendig. Clubausweis mit eingetragenem Handicap (54) ist erforderlich.

18-Loch-Greenfee: WT: EUR 45 / WE: EUR 55
9-Loch-Greenfee: WT: EUR 30 / WE: EUR 38
Bitte beachten Sie, dass unsere genannten Greenfee-Preise für Gäste mit DGV-Ausweis der Kennzeichnung „GOLD" gelten. Für Gäste mit DGV-Ausweis der Kennzeichnung „SILBER" oder ohne Kennzeichnung wird ein Greenfee-Aufschlag erhoben.
Ermäßigung: Jugendl./Stud. 50%

Platzinfos

Anfahrtsbeschreibung

Der Golfplatz liegt direkt an der B 17 Augsburg-Landsberg, Ausfahrt Königsbrunn-Nord, erste Straße links (bei Toyota-Händler), bis zur Föllstraße und weiter der Beschilderung folgen.

Platzbeschreibung

Geschichtsträchtiges Terrain, den Kampfplatz „Lechfeld", betritt der Golfer auf dieser Anlage. Das Gelände, auf dem sich heute die Spielbahnen des 1984 gegründeten Vereins durch die Landschaft ziehen, erlangte durch die hier ausgetragene Hunnenschlacht von 955 n. Chr. historische Berühmtheit. Der reizvoll gelegene, interessant zu spielende Platz, wird durch Seen, die als Wasserhindernisse ins Spielgeschehen eingreifen, geprägt.

Nächstgelegene Plätze

GolfRange Augsburg (Nr. 640)
Königsbrunn, GC (Nr. 651)
Leitershofen, GC (Nr. 635)

Bayern

Gf-Aktion: Seite G 155, 157

Golfclub Augsburg e.V.

Karte, Nr. 645, Feld G12 18/6 Design: Bernhard von Limburger Höhe: 520 m

gegründet: 1959

Engelshofer Straße 2,
86399 Bobingen-Burgwalden
08234-5621 08234-7855
info@golfclub-augsburg.de
www.golfclub-augsburg.de

PR Jakob Schweyer, CM: Yannick Ludwicki

i 08234-5621 08234-7855

Die Tafeldecker, Torsten Ludwig
08234-9685822 08234-7855

PRO SHOP EGM- Ihr Golfprofi
08234-7311 08234-7855

PRO Pro: Felix Eibl, Max Tschinkel

H: 6097 m, CR 72.9, SL 137, Par 73
D: 5427 m, CR 74.5, SL 131, Par 73
40 Rangeabschläge (7 überdacht)

G Gäste sind jederzeit willkommen. Anmeldung ist notwendig. Clubausweis mit eingetragener PE ist erforderlich.

9-Loch-Greenfee: WT: EUR 38 / WE: EUR 48
Ermäßigung: Jugendl. bis 18 J. und Stud. bis 27 J. 50%

Platzinfos

Anfahrtsbeschreibung
A 8 München-Stuttgart, Ausfahrt Augsburg-West, weiter auf der B 17 Richtung Landsberg, Ausfahrt Königsbrunn-Süd Richtung Bobingen nehmen, weiter Richtung Mickhausen und fortan der Golfplatzbeschilderung folgen.

Platzbeschreibung
Wer auf der Suche nach einer gleichermaßen landschaftlich wie sportlich reizvollen Golfanlage ist, wird im Golfclub Augsburg fündig. Nur 20 Autominuten von Augsburg entfernt, begrüßt den Golfer das wunderschöne Panorama des Naturparks Westliche Wälder. Ein eingewachsener Nadel- und Laubwald umgibt die großzügig angelegten Fairways. In der Heimat von Golflegende Bernhard Langer fordert den Golfer ein sportlich fairer, aber herausfordernder 18-Loch Meisterschaftsplatz heraus.

Nächstgelegene Plätze
Weiherhof, GA (Nr. 643)
Lechfeld, GC (Nr. 644)
GolfRange Augsburg (Nr. 640)

Golfclub Dachau e.V.

Karte, Nr. 646, Feld H12 **9**

gegründet: 1964

An der Floßlände 3, 85221 Dachau
✆ 08131-10879 🖷 08131-26494
✉ info@gcdachau.de
💻 www.gcdachau.de

PR Christian Reichl

i ✆ 08131-10879 🖷 08131-26494
Sandra Schießl

✆ 08131-335089

PRO SHOP Sandra Schießl
✆ 08131-10879

PRO Pro: Hans Albrecht

H: 5926 m, CR 70.8, SL 130, Par 72
D: 5296 m, CR 73.2, SL 125, Par 72
7 Rangeabschläge (3 überdacht)

G Gäste sind Montag - Freitag (außer an Feiertagen) willkommen. Clubausweis mit eingetragenem Handicap (36) ist erforderlich. GPS-Geräte bei Turnieren nicht zugelassen.

Tages-Greenfee: EUR 50
9-Loch-Greenfee: WT: EUR 30 / WE: EUR 35
Tagesgreenfee mit Mitglied: WT EUR 40 / WE EUR 50.
VcG-Spieler: Mo-Do EUR 50
Münchner Kreis: Mo + Mi EUR 25
Sunset-Golf: Mo-Fr EUR 30

Platzbeschreibung

Diese idyllisch an dem Fluss Amper gelegene 9-Loch-Anlage wird durch einen schönen alten Baumbestand geprägt, der geschickt in das Spielgeschehen integriert wurde. Der eher ebene Platz führt über die gesamte Länge an der Amper entlang und verlangt ein strategisches Spiel, um die teilweise engen Gassen ohne Schaden zu bewältigen und um den in den Spielbahnen stehenden Bäumen aus den Weg gehen zu können.

Platzinfos

VCG

Anfahrtsbeschreibung

In Dachau über die Alte Römerstraße, vor der Amperbrücke in die Straße „An der Floßlände" zum Golfplatz.

Nächstgelegene Plätze

Eschenried, Gröbenbach (Nr. 655)
Eschenried, Eschenried (Nr. 656)
Eschenried, Eschenhof (Nr. 654)

Bayern

Golfclub München Eichenried

Karte, Nr. 647, Feld H12   27   Design: Kurt Rossknecht

gegründet: 1988

Münchener Straße 57, 85452 Eichenried
✆ 08123-93080 🖷 08123-930893
✉ info@gc-eichenried.de
💻 www.gc-eichenried.de

PR: Karl-Friedrich Löschhorn, GF: Wolfgang Michel
Headgreenkeeper: Andrew Kelly

i: ✆ 08123-93080 🖷 08123-930893
Mariola Palacz

Restaurant NEO, Ulrich Sauer608123-930813

PRO SHOP: Callaway Golfshop und Callaway National Performance Center
✆ 0811-9985170

PRO: Pro: Ken Williams, Felsner Pamela, Barry Rixom, Hans-Christian Buchfelner, Julian Hilbertz, Pascal Gabsa, David Heinzinger

27-Loch Kurs A+B+C
H: 6175 m, CR 73.3, SL 131, Par 73
D: 5454 m, CR 75.1, SL 133, Par 73
60 Rangeabschläge (7 überdacht)

G: Gäste sind jederzeit willkommen. Anmeldung ist notwendig. Clubausweis mit eingetragenem Handicap (36) ist erforderlich.

18-Loch-Greenfee: WT: EUR 90 / WE: EUR 130
9-Loch-Greenfee: WT: EUR 50 / WE: EUR 70
Ermäßigung: Jugendl. bis 18 J. und Stud. bis 27 J. 50% (gilt nur für 18-Loch werktags)

Platzbeschreibung

Der Golfclub München Eichenried ist untrennbar verbunden mit den BMW International Open. Für viele Golfer ist es eine besondere Herausforderung, auf den Spuren von Stars wie Martin Kaymer einen hochkarätigen PGA Championship Course zu spielen. Die Platzpflege ist stets auf höchstem Niveau, und stetig wird das Platzdesign den modernen Anforderungen angepasst.

Platzinfos

VCG GPS CLUB GASTRO

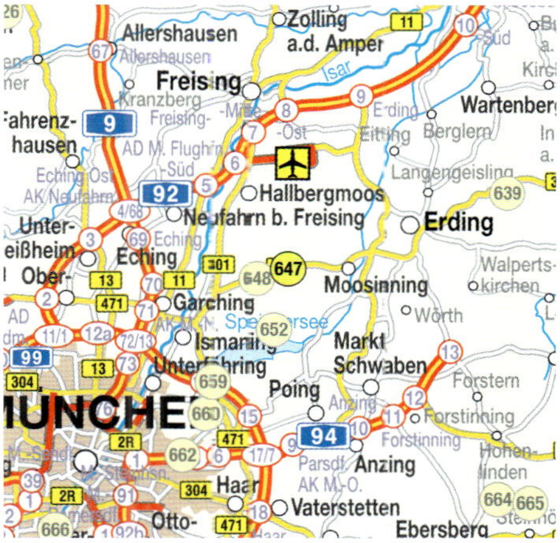

Anfahrtsbeschreibung

Von München auf der B 388 Ri. Norden nach Erding. Oder: A 9 München-Nürnberg, Ausfahrt Garching-Süd, weiter B 471, später B 388 Ri. Erding. Oder vom Münchner Osten: A 99, Ausfahrt Aschheim/Ismaning, Umgehungsstraße von der B 471 auf die B 388 Ri. Erding. Der Platz liegt direkt am Ortseingang von Eichenried, rechter Hand der B 388.

Nächstgelegene Plätze

Open Golf Eichenried (Nr. 648)
Bav. GC Mchn.-Eichenloh (Nr. 652)
Green Hill (Nr. 659)

OPEN.9 Golf Eichenried

Karte, Nr. 648, Feld H12 **9** Design: Thomas Himmel Höhe: 520 m

gegründet: 2012

Schönstraße 45, 85452 Moosinning-Eichenried
✆ 08123-989280 🖷 08123-9892829
✉ info@open9.de
💻 www.open9.de

PR: Manfred Heitele, GF: Daniela Schön-Horder

i: ✆ 08123-989280 🖷 08123-9892829
Bea Reiner

RESTAURANT.9
✆ 08123-989280 🖷 08123-9892829

PRO SHOP: OPEN.9 Golf Eichenried, Beate Meyer
✆ 08123-989280 🖷 08123-9892829

PRO: Pro: Steven Schallock

H: 2116 m, CR 62.6, SL 110, Par 32
D: 1782 m, CR 62.4, SL 105, Par 32
60 Rangeabschläge (10 überdacht)

G: Gäste sind jederzeit willkommen. Anmeldung ist erforderlich. PE ist erforderlich. Der Executive Golfcourse setzt sich aus vier PAR 3 und fünf PAR 4 Löchern zusammen und sorgt mit zwei Seen, vielen Bunkern, den professionell gestalteten Grüns und einer bewegten Landschaft für viel Abwechslung und sportlich herausragende Voraussetzungen.

18-Loch-Greenfee: WT: EUR 52 / WE: EUR 67
9-Loch-Greenfee: WT: EUR 32 / WE: EUR 42
Ermäßigung: Jugendl. bis 18 J. und Stud. bis 27 J.

Platzbeschreibung

OPEN.9 - EINFACH GOLFEN OPEN.9 ist die ideale Golfanlage sowohl für Einsteiger als auch für ambitionierte Golfer aller Spielstärken und Altersgruppen mit hohem Qualitätsanspruch. OPEN.9 steht für unkomplizierten, öffentlichen Golfsport. Hier können Sie einfach kommen und Golf spielen - auch ohne Clubmitgliedschaft.

Platzinfos

CLUB GASTRO VCG GPS

Nächstgelegene Plätze
Mchn. Eichenried, GC (Nr. 647)
Bav. GC Mchn.-Eicherloh (Nr. 652)
Green Hill (Nr. 659)

Bayern

Golfclub Tegernbach e.V.

Karte, Nr. 649, Feld G12 18/6 Höhe: 510 m

gegründet: 1999

Kapellenweg 1, 82293 Tegernbach
08202-905700 08202-9057011
info@gc-tegernbach.de
www.gc-tegernbach.de

PR Wolfgang Eymüller, GF: Iris Trinker, CM: Alexander Burkhart
Headgreenkeeper: Lukasz Cudo

i 08202-905700 08202-9057011
Sandra Mittenhuber

D´Wirtschaft am Golfplatz, Roswitha Wagner
08202-905700 08202-9057011

PRO SHOP 08202-905700 08202-9057011

PRO Pro: Rainer Wittmann

18-Loch Golfplatz Tegernbach
H: 5931 m, CR 71.7, SL 132, Par 73
D: 5121 m, CR 72.7, SL 129, Par 73
6-Loch Platz
H: 731 m, Par 19, D: 731 m, Par 19
12 Rangeabschläge (4 überdacht)

G Gäste sind jederzeit willkommen. Anmeldung ist notwendig. Clubausweis mit eingetragenem Handicap (54) ist erforderlich.

18-Loch-Greenfee: WT: EUR 60 / WE: EUR 75
9-Loch-Greenfee: WT: EUR 35 / WE: EUR 45
Ermäßigung: Jugendl. bis 18 J. und Stud. bis 25 J. 30%

Platzbeschreibung

Der 18-Loch Meisterschaftsplatz befindet sich auf einem leicht hügeligen Gelände von ca. 80 ha, nahe bei Augsburg und Fürstenfeldbruck, jedoch inmitten von Natur und umgeben von landwirtschaftlich genutzten Flächen, Wald und kleinen Dörfern. Die großen bewegten Greens wurden nach neuesten Erkenntnissen im Golfplatzbau angelegt, so dass sie auch den Winter über, je nach Witterung, bespielt werden können.

Platzinfos

Anfahrtsbeschreibung

A 8 München-Stuttgart, Ausf. Odelzhausen, durch Odelzhausen durch, dann links Ri. Mering, nach ca. 13 km links Ri. Tegernbach. Oder: Von Augsburg über Mering, Ried, in Ried der Beschilderung nach Tegernbach folgen. Oder: Von Fürstenfeldbruck auf der B 2 Ri. Augsburg, zwischen Hattenhofen und Althegnenberg nordwärts Ri. Mittelstetten abbiegen, von Mittelstetten der Beschilderung nach Tegernbach folgen.

Nächstgelegene Plätze

Mchn. West-Odelzh., GC (Nr. 642)
Rottbach, GA (Nr. 650)
Königsbrunn, GC (Nr. 651)

Bayern

Golfanlage Rottbach

Karte, Nr. 650, Feld H12 27/3 Design: Thomas Himmel Höhe: 500 m

gegründet: 1995

Weiherhaus 5, 82216 Rottbach
08135-93290 08135-932911
info@rottbach.de
www.golfanlage-rottbach.de

PR: Albrecht Huber, GF: Dr. Florian Bosch
Hans Peter Thomßen, CM: Andreas Röhrl
Headgreenkeeper: Nick Aylwin

i: 08135-93290 -932911

GrünBlick

PRO SHOP: EGM, Firma EGM
08135-939081

PRO: Pro: David Martin, Ulrich Grünewald

27-Loch Platz
H: 6045 m, CR 71.8, SL 130, Par 72
D: 5125 m, CR 72.3, SL 125, Par 72
3-Loch Platz. H: 540 m, D: 490 m
40 Rangeabschläge (7 überdacht)

G: Gäste sind jederzeit willkommen. Anmeldung ist notwendig. Clubausweis mit eingetragenem Handicap (54) ist erforderlich.

18-Loch-Greenfee: WT: EUR 52 / WE: EUR 72
9-Loch-Greenfee: WT: EUR 29 / WE: EUR 38
Ab 16 Uhr HappyHour-Tarife!
Ermäßigung: Jugendl.

Platzbeschreibung

Der seit 1997 bestehende 18-Loch-Meisterschaftsplatz (Par 72) wurde 2007 um weitere neun Spielbahnen ergänzt, womit sich das Areal der Golfanlage Rottbach nun auf über insgesamt 147 Hektar erstreckt. Auch die Gestaltung des C-Course übernahm erneut der renommierte Golfplatz-Designer Thomas Himmel aus Gauting. Himmels Philosophie, Golfplätze in das vorgegebene Landschaftsbild harmonisch einzufügen und zugleich den Anforderungen des modernen Golfspiels gerecht zu werden, ist mit der Erweiterung beispielhaft gelungen.

Platzinfos

VCG GPS CLUB

Anfahrtsbeschreibung

A 8 München-Stuttgart, Ausfahrt Sulzemoos Richtung Maisach, in Überacker rechts Richtung Rottbach zum Golfplatz. Ober B 471, Ausfahrt Maisach, über Maisach nach Überacker, in Überacker links der Beschilderung zum Golfplatz folgen.

Nächstgelegene Plätze

Mchn. West-Odelzh., GC (Nr. 642)
Olching, GC (Nr. 653)
GolfCity München Puchheim (Nr. 661)

Golfclub Königsbrunn e.V.

Karte, Nr. 651, Feld G12 **9** Höhe: 522 m

gegründet: 1986

Benzstraße 23, 86343 Königsbrunn
08231-32772 08231-31997
golfclub-koenigsbrunn@t-online.de
www.gc-koenigsbrunn.de

PR Adolf Kratschmer, CM: Patrick Gilg

i 08231-32772 08231-31997

Imbiss
08231-918690

PRO SHOP 08231-918690

H: 5252 m, CR 67.8, SL 106, Par 70
D: 4668 m, CR 69.4, SL 108, Par 70
15 Rangeabschläge (4 überdacht)

G Gäste sind jederzeit willkommen. Anmeldung ist notwendig. Clubausweis mit eingetragener PE ist erforderlich.

Tages-Greenfee: WT: EUR 40 / WE: EUR 45
9-Loch-Greenfee: WT: EUR 25 / WE: EUR 30
WE wird Startzeitenreservierung empfohlen.
Ermäßigung: Jugendl./Stud.

Platzbeschreibung

Dieser in der Lechebene gelegene Golfplatz ist dank seines Kiesbodens bei jedem Wetter bespielbar und bietet wegen seiner natürlichen Geländestruktur gute sportliche Akzente. Seniorenfreundlich.

Platzinfos

VCG GPS

Anfahrtsbeschreibung

B 17 Landsberg-Augsburg, Ausfahrt Königsbrunn-Süd/Mering, nach der Ausfahrt weiter Richtung Königsbrunn/Mering, an der Ampelanlage ca. 800 m geradeaus, an der nächsten Kreuzung rechts in die Benzstraße und nach ca. 800 m Parkplätze beim Golfstadel.

Nächstgelegene Plätze

Lechfeld, GC (Nr. 644)
GolfRange Augsburg (Nr. 640)
Augsburg, GC (Nr. 645)

Bayern

Greenfee-Aktion: Seite G 157

Bavarian Golfclub München-Eicherloh e.V.

Karte, Nr. 652, Feld H12 **9** Höhe: 480 m

gegründet: 2005

Vordere Moosstraße 19, 85464 Eicherloh
☏ 08123-1064 🖷 08123-889467
✉ info@bavariangc.de
💻 www.bavariangc.de

PR Susanne Sulzmaier, GF: Hans Baumann
Headgreenkeeper: Werner Bernrieder

i ☏ 08123-1064

Gutsstüberl Eicherloh
☏ 08123-9919850
Mo. und Mi. Ruhetag

PRO Pro: Roel Meijs

H: 3570 m, Par 62
D: 3236 m, Par 62
15 Rangeabschläge (4 überdacht)

G Gäste sind jederzeit willkommen. Clubausweis ist erforderlich. Sa./So./Feiertage ist PE erforderlich.

18-Loch-Greenfee: WT: EUR 30 / WE: EUR 35
9-Loch-Greenfee: WT: EUR 20 / WE: EUR 25
Ermäßigung: Jugendl./Stud. bis 18 J. 20%

Platzbeschreibung

Das Golfcenter Eicherloh ist eine 9-Loch-Anlage und bietet allen Spielstärken einen besonderen Reiz und Spass. Schnuppergolfer testen den Golfsport wochentags ohne die erforderliche Platzerlaubnis (PE). Anfänger genießen hier sofort ein Erfolgserlebnis und Single-Handicapper verfeinern ihr kurzes Spiel. Die Fairways sind teilweise schmal gestaltet und stellen den Golfer immer wieder vor neue Herausforderungen. Übungsmöglichkeiten sind auf der überdachten Driving Range und den Außenabschlägen ausreichend verfügbar. Selbstverständlich sind auch ein Putting-Green sowie ein Grün zur Übung der Annäherungsschläge vorhanden. Restaurant: Nur einen „Abschlag" vom Clubhaus entfernt liegt das Gasthaus „Gutsstüberl" in der wunderschönen Landschaft des Finsinger Mooses. Entspannen Sie unter ausladenden Apfelbäumen und in gemütlichem Ambiente. Genießen Sie die bayerischen Spezialitäten.

Platzinfos

VCG

Anfahrtsbeschreibung

A 99 Ortsumgehung München, Ausf. Aschheim-Ismaning, auf der B 471 Ri. Ismaning, in Höhe Ismaning auf die B 388 Ri. Erding und rechts ab Ri. Eicherloh. Nach der Ortsdurchfahrt der Beschilderung links zur Golfanlage folgen.

Nächstgelegene Plätze

Open Golf Eichenried (Nr. 648)
Mchn. Eichenried, GC (Nr. 647)
Green Hill (Nr. 659)

Golfclub Olching e.V.

Karte, Nr. 653, Feld H12 18 Design: Kurt Rossknecht, Thomas Himmel Höhe: 450 m

gegründet: 1979

Feursstraße 89, 82140 Olching
✆ 08142-48290 Fax 08142-482914
sportbuero@golfclubolching.de
www.golfclubolching.de

PR: Martina Drechsler, CM: Holger Meyer
Headgreenkeeper: Corinne Amiet

i: ✆ 08142-48290 Fax 08142-482914
Nikola Stehle, Sandra Sutter, Philipp Luckhaupt

Restaurant Hofgut, Edith Wagner
✆ 08142-418080

PRO SHOP: HIO - HoleInOne
✆ 089-125014975

PRO: Pro: Patrick Kopp, Laura Netschert-Helfer, Tim Spurgeon, Peter Wolfenstetter

H: 6016 m, CR 73.1, SL 136, Par 72
D: 5031 m, CR 73.7, SL 132, Par 72
20 Rangeabschläge (6 überdacht)

G: Gäste sind jederzeit willkommen. Anmeldung ist notwendig. Clubausweis mit eingetragenem Handicap (45) ist erforderlich. Sa./So./Feiertage ist Handicap 36 erforderlich. An Wochenenden und Feiertagen können Gäste ohne Begleitung von Mitgliedern, ab 13:00 Uhr spielen.

18-Loch-Greenfee: WT: EUR 90 / WE: EUR 120
9-Loch-Greenfee: WT: EUR 50
Münchner Kreis: Montags EUR 45, Leading Golf Clubs of Germany: Montag-Freitag: EUR 50
Ermäßigung: Jugendl. bis 21 J. und Stud. bis 27 J. 50%

Nächstgelegene Plätze
Eschenried, Eschenhof (Nr. 654)
Eschenried, Gröbenbach (Nr. 655)
Eschenried, Eschenried (Nr. 656)

Platzinfos

VCG GPS CLUB GASTRO

Anfahrtsbeschreibung
A 8 München-Stuttgart, Ausfahrt Dachau-Fürstenfeld Richtung FFB. Nach ca. 600 m Ausfahrt Olching/Geiselbullach und am Kreisverkehr zweite Ausfahrt, an der Jet Tankstelle vorbei. Am Kreisverkehr der Beschilderung folgen.

Platzbeschreibung
Der Club liegt nur etwa 25 Minuten und knapp 20 km von der Stadtmitte Münchens entfernt und hat sich seit der Gründung vor 35 Jahren durch seine gelebte Sportphilosophie und einem konstant hohen Qualitätsniveau eine einzigartige Stellung im Münchner Raum sichern können. Der 18-Loch-Meisterschaftsplatz und das Kurzspielgelände wurden 2012/2013 vollständig saniert und modernisiert.

Bayern

Münchner Golf Eschenried - GP Eschenhof

Karte, Nr. 654, Feld H12 **18** Design: Harradine Golf

gegründet: 1983

Am Kurfürstenweg 13, 85232 Eschenried
✆ 08131-567456 🖷 08131-567459
✉ sekretariat.eschenhof@golf-eschenried.de
www.muenchner-golf-eschenried.de

PR: Alexander Jester, GF: Thomas Huber
Thomas Heitmeier, CM: Paul Richter
Toni Leitermann
Headgreenkeeper: Johann Marcher

i: ✆ 08131-567456 🖷 08131-567459

Golfstüberl Gröbenbach, Herbert Keil
✆ 08131-3308657

PRO SHOP: Golfanlage Eschenried
✆ 08131-567456 🖷 08131-567459

PRO: Pro: Richard Attinger, Adrian Parish

H: 5640 m, CR 69.7, SL 121, Par 70
D: 4963 m, CR 71.2, SL 117, Par 70
40 Rangeabschläge (8 überdacht)

G: Gäste sind jederzeit willkommen. Sa./So./ Feiertage ist Anmeldung erforderlich. PE ist erforderlich.

18-Loch-Greenfee: WT: EUR 60 / WE: EUR 70
Keine Clubmitgliedschaft nötig, DGV-Platzreife ausreichend. Startzeiten für das Wochenende und für Feiertage können 2 Tage im Voraus gebucht werden.
Ermäßigung: Jugendl. bis 18 J. und Stud. bis 25 J.

Nächstgelegene Plätze

Eschenried, Gröbenbach (Nr. 655)
Eschenried, Eschenried (Nr. 656)
Olching, GC (Nr. 653)

Platzinfos

VCG

Anfahrtsbeschreibung

A 8 München-Stuttgart, Ausfahrt Langwied nach Eschenried, von Eschenried aus ist die Zufahrt ausgeschildert (3 km von der Autobahn entfernt).

Platzbeschreibung

Öffentlich bedeutet auf dem Eschenhof, dass der Gast kein Handicap und auch keine Mitgliedschaft von einem Golfclub oder Verband vorzeigen muß, wenn er hier spielen möchte, die offizielle Platzreife des Deutschen Golf Verbandes (DGV-Platzreife) genügt. Da die meisten öffentlichen Golfanlagen in Deutschland nur aus 9 oder 6 Bahnen bestehen, bieten wir mit dem 18-Loch Platz Eschenhof den clubfreien Golfern im Münchner Raum ein besonders seltenes Erlebnis, welches vom sportlichen Anspruch und Niveau des Greenkeepings, sonst nur Clubgolfern vorbehalten ist.

Münchner Golf Eschenried - GP Gröbenbach

Karte, Nr. 655, Feld H12 9

gegründet: 1983

Am Kurfürstenweg 13, 85232 Eschenried
08131-567456 08131-567459
sekretariat.eschenhof@golf-eschenried.de
www.muenchner-golf-eschenried.de

PR Alexander Jester, GF: Thomas Huber
Thomas Heitmeier, CM: Paul Richter
Toni Leitermann

08131-567456 08131-567459

Golfstüberl Gröbenbach, Herbert Keil
08131-3308657

PRO SHOP Golfanlage Eschenried
08131-567456 08131-567459

PRO Pro: Richard Attinger, Adrian Parish

H: 3622 m, CR 62.3, SL 100, Par 64
D: 3304 m, CR 62.5, SL 103, Par 64
40 Rangeabschläge (8 überdacht)

G Gäste sind jederzeit willkommen. PE ist erforderlich.

Tages-Greenfee: WT: EUR 45 / WE: EUR 55
9-Loch-Greenfee: WT: EUR 28 / WE: EUR 38
Keine Clubmitgliedschaft nötig, anerkannte Platzreife ausreichend.
Ermäßigung: Jugendl. bis 18 J. und Stud. bis 25 J.

Platzinfos

VCG GPS CLUB

Platzbeschreibung

Der öffentliche 9 Loch-Platz Gröbenbach bietet vor allem Einsteigern eine ideale Spielmöglichkeit. Aber auch fortgeschrittene Spieler finden eine Herausforderung, da an mehreren Spielbahnen Wasserhindernisse angelegt sind und fast alle Grüns mit Bunkern verteidigt werden. Optimale Trainingsbedingungen bieten großzügig angelegte Übungsbereiche der angegliederten PGA Golfschule Gröbenbach.

Anfahrtsbeschreibung

A 8 München-Stuttgart, Ausfahrt Langwied nach Eschenried, von Eschenried aus ist die Zufahrt ausgeschildert (3 km von der Autobahn entfernt). Oder: Von Dachau über den Zubringer Dachau-Süd (B 471) Richtung Eschenried und der Beschilderung zum Golfplatz folgen.

Nächstgelegene Plätze

Eschenried, Eschenhof (Nr. 654)
Eschenried, Eschenried (Nr. 656)
Olching, GC (Nr. 653)

Bayern

Münchner Golf Eschenried - GP Eschenried

Karte, Nr. 656, Feld H12 **18** Höhe: 500 m

gegründet: 1983

Am Kurfürstenweg 10, 85232 Eschenried
☏ 08131-56740 🖷 08131-567418
✉ sekretariat.eschenried@golf-eschenried.de
💻 www.muenchner-golf-eschenried.de

PR Dr. Peter Paul Moll, GF: Thomas Heitmeier, CM: Paul Richter
Toni Leitermann

i ☏ 08131-56740 🖷 08131-567418
Andreas Laubert, Helga Biller-Conrad

Eschenrieder Hof, Christian Klein
☏ 08131-79007

PRO SHOP Golfanlage Eschenried, Alexander Bauer
☏ 08131-56740 🖷 08131-567455

PRO Pro: Albert Höpfl, Richard John Attinger

H: 5935 m, CR 71.8, SL 132, Par 72
D: 5195 m, CR 73.7, SL 131, Par 72
40 Rangeabschläge (8 überdacht)

G Gäste sind jederzeit willkommen. Sa./So./Feiertage ist Anmeldung notwendig. Clubausweis mit eingetragenem Handicap (54) ist erforderlich. Sa./So./Feiertage ist Handicap 36 erforderlich. GPS-Geräte bei Turnieren zugelassen.

18-Loch-Greenfee: WT: EUR 70 / WE: EUR 80
Ermäßigung: Jugendl. bis 18 J. 50%

Platzbeschreibung

Die Anlage bietet nur 10 Automin. von München entfernt mitten im Dachauer Moos drei attraktiv gestaltete Golfplätze. Umgeben von altem Baumbestand u. zahlreichen, natürlichen Biotopen bieten die Plätze eine echte sportliche Herausforderung. Der weiche und gelenkschonende Moorboden macht jede Golfrunde zum reinen Vergnügen. Im Clubhaus kann man sich von den kulinarischen Spezialitäten der weithin bekannten Gastronomie „Eschenrieder Hof" verwöhnen lassen.

Platzinfos

Anfahrtsbeschreibung

A 8 München-Stuttgart, Ausfahrt Langwied nach Eschenried, von Eschenried aus ist die Zufahrt ausgeschildert (3 km von der Autobahn entfernt). Oder: Von Dachau über den Zubringer Dachau-Süd (B 471) Richtung Eschenried und der Beschilderung zum Golfplatz folgen.

Nächstgelegene Plätze

Eschenried, Gröbenbach (Nr. 655)
Eschenried, Eschenhof (Nr. 654)
Olching, GC (Nr. 653)

Gf-Aktion: Seite G 157, 159

Golfclub Altötting-Burghausen e.V.

Karte, Nr. 657, Feld K12 18/9 Höhe: 342 m

gegründet: 1986

Piesing 4, 84533 Haiming
☎ 08678-986903 Fax 08678-986905
office@gc-altoetting-burghausen.de
www.gc-altoetting-burghausen.de

PR: Johann Brehm, CM: Markus Löffl

i: ☎ 08678-986903 Fax 08678-986905

Schloßwirtschaft Piesing / Falkenhofstüberl
☎ 08678-7003 / 08678-986900
Mo. Ruhetag

PRO SHOP: HarryGolf Shop, Harry Gstatter
☎ 08678-7470558

PRO: Pro: Harry Gstatter

18-Loch Anlage Piesing
H: 5995 m, CR 72, SL 127, Par 72
D: 5198 m, CR 72.5, SL 130, Par 72
9-Loch Anlage Falkenhof
H: 5854 m, CR 70.5, SL 122, Par 70
D: 5304 m, CR 73, SL 125, Par 72
25 Rangeabschläge (5 überdacht)

G: Gäste sind jederzeit willkommen. Anmeldung ist notwendig. Clubausweis mit eingetragener PE ist erforderlich.

18-Loch-Greenfee: WT: EUR 55 / WE: EUR 65
9-Loch-Greenfee: WT: EUR 30 / WE: EUR 40
Ermäßigung: Jugendl. bis 18 J. 50%

Platzinfos

Anfahrtsbeschreibung

Von München-Altötting: Anl. Piesing (Piesing 4, 84533 Haiming, Tel. 08678-986903): B 12 od. A 94 Ri. Simbach-Passau, Abf. Marktl-Burghausen Ri. Marktl, 1. Abzweigung re. nach Haiming, nach 7 km liegt re. der Golfplatz. Anl. Falkenhof (Falkenhof 1, 84533 Marktl, Tel. 08678-986900): B 12 od. A 94 Ri. Simbach-Passau, Abf. Marktl-Burghausen, weiter Ri. Marktl, nach ca. 1 km li. der Beschilderung zum Golfplatz bis zum Ende der Straße folgen.

Platzbeschreibung

Um das Barockschlösschen Piesing liegen die 18 Spielbahnen auf drei Landschaftsterrassen, die durch Bäche, Seen, Weiher und Mulden dem sportlichen Können des Golfers alles abverlangen. Unter sportlich-fairen Voraussetzungen kann das Spiel über 18 Löcher gut kontrolliert werden. Daneben bietet der 9-Loch-Platz der Anlage Falkenhof, charakteristisch in die Innauen eingepasst, eine Herausforderung mit hohem Stellenwert zur Erholung.

Nächstgelegene Plätze

Pleiskirchen, GC (Nr. 641)
Rottaler G&CC (Nr. 630)
Anthal-Waginger See, GC (Nr. 678)

Bayern

Greenfee-Aktion: Seite G 159

Golf Club Schloss Guttenburg e.V.

Karte, Nr. 658, Feld I12 **18** Höhe: 400 m

gegründet: 1994

Guttenburg 3, 84559 Kraiburg
☎ 08638-887488 🖷 08638-887444
✉ info@golfclub-guttenburg.de
www.golfclub-guttenburg.de

PR: Klaus Salzberger

i: ☎ 08638-887488 🖷 08638-887444
Nadja Spielewoy, Heidi Sax, Monika Herbrandt, Martina Schillhuber

Restaurant Fairway am Golfclub

PRO SHOP: ☎ 08638-887488 🖷 08638-887444

PRO: Pro: Oliver Haller

H: 6044 m, CR 72, SL 128, Par 72
D: 5327 m, CR 73.5, SL 124, Par 72
25 Rangeabschläge (6 überdacht)

G: Gäste sind jederzeit willkommen. Sa./So./Feiertage ist Anmeldung notwendig. Clubausweis mit eingetragenem Handicap (54) ist erforderlich.

18-Loch-Greenfee: Mo.: EUR 30 / Di.-Fr.: EUR 60 / WE: EUR 75
9-Loch-Greenfee: Mo.: EUR 28 / Di.-Fr.: EUR 35 / WE: EUR 45
Montag (Blauer Montag) EUR 30
Ermäßigung: Jugendl./Stud.

Nächstgelegene Plätze
Pleiskirchen, GC (Nr. 641)
Am Obinger See, GC (Nr. 676)
Vilsbiburg, GC (Nr. 631)

Platzinfos

Anfahrtsbeschreibung
Von München: B 12 Richt. Passau, Ausf. Ampfing, rechts Richt. Waldkraiburg Richt. Kraiburg-Trostberg, immer geradeaus Richt. Trostberg bis zum Wegweiser nach Mühldorf-Frauendorf, kurz vor Frauendorf nach Guttenburg zum Golfplatz abbiegen.

Platzbeschreibung
Die Anlage wurde landschaftl. äußerst reizvoll um das Schloss Guttenburg errichtet. Während die ersten 9 Löcher in der Ebene zwischen Innauen und vor dem Schloss verlaufen, erstrecken sich die zweiten 9 im sanft hügeligen Gelände mit Ausblick auf das Alpenpanorama. Neben Bunkern und Wasserhindernissen sind vor allem die schnellen Grüns die Herausforderung des anspruchsvollen Platzes.

GREEN HILL - Der Golfpark München-Ost

Karte, Nr. 659, Feld H12 9

gegründet: 2011

Am Mühlbach 99, 85609 Aschheim
089-999816870
info@greenhill-golf.de
www.greenhill-golf.de

PR: GF: Ernst Neulinger, CM: Martin Litz

i: 089-999816870

GREEN HILL Caddystopp

PRO SHOP: GREEN HILL Pro Shop
089-999816870

PRO: Pro: Hamadi Mnsiri

H: 816 m, CR 29.4, SL 93, Par 27
D: 726 m, CR 29.6, SL 89, Par 27
20 Rangeabschläge (5 überdacht)

G: Gäste sind jederzeit willkommen. PE ist erforderlich.

Tages-Greenfee: WT: EUR 47 / WE: EUR 55
9-Loch-Greenfee: WT: EUR 28 / WE: EUR 36

Platzinfos

VCG

Anfahrtsbeschreibung

Die A 99 verlassen Sie an der Ausfahrt Aschheim/Ismaning. Am kurz darauf folgenden Kreisverkehr biegen Sie auf die E 471 ein, der Beschilderung „Aschheim, Zu den Mühlen" folgend. Nach ca. 500m biegen Sie bei der ersten Möglichkeit nach rechts in die Mühlenstraße ab. Folgen Sie bitte anschließend der Beschilderung „Green Hill Golf & Eventpark München-Ost".

Platzbeschreibung

Frei von verstaubten Vorurteilen beschreitet GREEN HILL Der Golf & Eventpark München-Ost völlig neue Wege im Golfsport. Ohne Zeitdruck, ohne Startzeiten, ohne komplizierte Mitgliedschaften und ohne übertriebener Etikette ist auf GREEN HILL Golfspielen für Anfänger und erfahrene Spieler jederzeit möglich. Perfekt gepflegte Fairways und Grüns sind auf dem 9-Loch Platz selbstverständlich. Der Name ist übrigens Programm, denn die Fairways von GREEN HILL liegen sanft eingebettet in grünen Hügeln mit einzigartigem Ausblick auf die Skyline von München und die Alpen. Ein Kraftort nur 10 km vom Zentrum von München entfernt.

Nächstgelegene Plätze

München Aschheim. GP (Nr. 660)
GC München-Riem (Nr. 662)
Bav. GC Mchn.-Eicherloh (Nr. 652)

Bayern

Golfpark München Aschheim GmbH & Co. KG

Karte, Nr. 660, Feld H12 **18** Höhe: 510 m

gegründet: 1990

Fasanenallee 10, 85609 Aschheim
089-9902420 089-99024240
info@gp-ma.de
www.gp-ma.de

PR
GF: Harlad Lang, CM: Simon Arnold
Headgreenkeeper: Günter Mayer

i
089-9902420 089-99024240

Golfrestaurant „Greens", Heinz Wernitznig
089-99024222

PRO SHOP
089-9902420 089-99024240

PRO
Pro: Stefan Szilagyi, Alexander Hufnagl, Peter Karz, Elizabeth Höh

H: 5770 m, CR 71.3, SL 132, Par 72
D: 4990 m, CR 72.6, SL 132, Par 72
45 Rangeabschläge (6 überdacht)

G
Gäste sind jederzeit willkommen. Anmeldung ist notwendig. Clubausweis mit eingetragenem Handicap (45) ist erforderlich.

18-Loch-Greenfee: WT: EUR 90 / WE: EUR 110
9-Loch-Greenfee: WT: EUR 50 / WE: EUR 65
Ermäßigung: Jugendl./Stud. 50%

Platzbeschreibung

In nur ca. 15 Min. ist der Golfpark im Nordosten aus vielen Stadtteilen Münchens erreichbar und damit der stadtnächste 18-Loch-Golfplatz Münchens. Viele Wasserflächen und tricky Fairways sowie ein Inselgrün erwarten die Spieler. Neben einer ausgezeichneten Jugendarbeit ist besonders das moderne, komfortable Clubhaus mit seiner bekannten sonnigen Terrasse und mit den weit und breit schönsten Sonnenuntergängen hervorzuheben.

Platzinfos

VCG GPS CLUB

Anfahrtsbeschreibung

A 99 – aus Richtung München/Stuttgart: Ausfahrt Aschheim-Ismaning, im Kreisverkehr die 2. Abfahrt Richtung „Aschheim - Zu den Mühlen", vor der Ortseinfahrt rechts in die Fasananallee.

Nächstgelegene Plätze

Green Hill (Nr. 659)
GC München-Riem (Nr. 662)
Bav. GC Mchn.-Eicherloh (Nr. 652)

Bayern

GolfCity München Puchheim

GOLFCITY

Karte, Nr. 661, Feld H12 **9** Design: Michael Pinner

gegründet: 2014

Am Golfplatz 1, 82178 Puchheim
089-95842022
muenchen@golfcity.de
www.golfcity.de

PR GF: Hermann Bögle

i 089-95842022

H: 2745 m, CR 69.6, SL 126, Par 70
D: 2388 m, CR 70.4, SL 122, Par 70
100 Rangeabschläge (8 überdacht)

G Gäste sind jederzeit willkommen. Clubausweis mit eingetragener PE ist erforderlich.

9-Loch-Greenfee: WT: EUR 35 / WE: EUR 50
Ermäßigung: Jugendl. bis 16 J. 50%

Platzinfos

VCG GPS CLUB

Platzbeschreibung

In Puchheim im Münchener Westen, nur 500 m von der Stadtgrenze Münchens entfernt, präsentiert sich eine der schönsten 9-Loch Golfanlagen – die zweite GolfCity-Anlage Deutschlands. Neben einem 9-Loch-Golfplatz gibt es einen 6-Loch-Kurzplatz mit Wasserhindernissen sowie eine der größten Trainingsanlagen rund um München mit verschiedenen Übungsgrüns und einer weitläufigen Driving Range mit bis zu 100 Abschlägen. Eine unkomplizierte Anlage für Sport, Freizeit und Naturerlebnis direkt vor der Haustür. Ganz einfach zu erreichen und schnell zu spielen. Flexibel und ohne Einstiegshürden – und damit das Gegenteil der meisten herkömmlichen Golfanlagen. Das ist GolfCity – einfach. anders. schnell.

Nächstgelegene Plätze

Olching, GC (Nr. 653)
GolfRange Mchn.-Germering (Nr. 663)
Eschenried, Eschenhof (Nr. 654)

Bayern

Golfclub München-Riem

Karte, Nr. 662, Feld H12 9/3 Design: Dave Thomas Höhe: 440 m

gegründet: 2001

Graf-Lehndorff-Straße 36, 81929 München
☎ 089-94500800 🖷 089-94500770
✉ info@gcriem.de
www.gcriem.de

PR Dr. Harald Mosler, GF: Oliver Tschunke
Headgreenkeeper: Fa. Sommerfeld

i ☎ 089-94500800 🖷 089-94500770

Wirtshaus zur Rennbahn, Michael Gerlitsch
☎ 089-93080650

PRO SHOP Astrid Hoffmann
☎ 089-94500800 🖷 089-94500770

PRO Pro: Gregor Hartl, Andrea Bandorfer, Daniel Kleiner, Philipp Ahrens, Sebastian Tietel

9-Loch Platz
H: 5342 m, CR 68, SL 121, Par 70
D: 4660 m, CR 69.1, SL 120, Par 70
3-Loch Par 3 Platz
H: 300 m, Par 9, D: 300 m, Par 9
50 Rangeabschläge (25 überdacht)

G Gäste sind jederzeit willkommen. Anmeldung ist notwendig. Clubausweis mit eingetragener PE ist erforderlich.

18-Loch-Greenfee (bis 16:00 Uhr): WT: EUR 69 / WE: EUR 79
18-Loch-Greenfee (ab 16:00 Uhr): EUR 79
9-Loch-Greenfee (13:00 - 15:00 Uhr): WT: EUR 28 / WE: EUR 45
9-Loch-Greenfee (bis 16:00 Uhr): WT: EUR 38 / WE: EUR 45
9-Loch-Greenfee (ab 16:00 Uhr): EUR 45.
Ermäßigung: Jugendl. bis 18 J. 50%, Stud. bis 27 J. 20%

Platzinfos

VCG GPS CLUB GASTRO

Anfahrtsbeschreibung

Von der Stadtmitte kommend: Über den Mittleren Ring oder Prinzregenten-/Einsteinstraße auf die A 94 Richtung Passau. Bei der Ausfahrt Daglfing/Rennplätze abfahren. Den Wegweisern „Olympia-Reitanlage" folgen. Von Osten kommend: A 94 Richtung München, bei Ausfahrt Daglfing/Rennplätze abfahren und den Wegweisern „Olympia-Reitanlage" folgen. Oder: S-Bahn-Linie 2: Haltestelle „Riem".

Platzbeschreibung

Nur wenige Autominuten vom Stadtzentrum entfernt bieten sich dem Golfer auf dem Gelände der Galopprennbahn München-Riem Spiel- und Übungsmöglichkeiten auf Top-Niveau. Der 9-Loch Meisterschaftsplatz mit seinen charakteristischen großen Teichen und bunkerbewehrten Grüns verlangt vom Spieler vor allem Präzision.

Nächstgelegene Plätze

München Aschheim, GP (Nr. 660)
Green Hill (Nr. 659)
Münchener GC, Thalkirchen (Nr. 666)

Bayern

GolfRange München-Germering Süd/Nord

GOLF RANGE

Karte, Nr. 663, Feld H12   9/9   Design: Michael Pinner

gegründet: 2006

Starnberger Weg 56, 82110 Germering
☎ 089-15001120 🖷 089-150011299
✉ muenchen-germering@golfrange.de
💻 www.golfrange.de

PR
GF: Dr. Florian Bosch
Hans Peter Thomßen, CM: Andreas Röhrl
Patrick Miller
Andreas Aumann
Headgreenkeeper: Peter French

i
☎ 089-15001120 🖷 089-150011299
Melanie Thiele

El Diablo Germering, Klaus Oeding
☎ 089-15001120

PRO SHOP
EGM, Harry Schenavsky
☎ 0821-2728333 🖷 -719522

PRO
Pro: Uli Grünewald, Haimo Sattlegger, Korbinian Winkelmann

9-Loch GolfRange München Germering Süd
H: 2327 m, CR 64.9, SL 117, Par 33
D: 1979 m, CR 65.1, SL 114, Par 33
9-Loch GolfRange München Germering Nord
H: 2186 m, CR 63.9, SL 121, Par 33
D: 1928 m, CR 65.1, SL 117, Par 33
90 Rangeabschläge (12 überdacht)

G
Gäste sind jederzeit willkommen. Anmeldung ist notwendig. Clubausweis mit eingetragenem Handicap (54)

18-Loch-Greenfee (bis 16:00 Uhr): WT: EUR 41 / WE: EUR 55
18-Loch-Greenfee (ab 16:00 Uhr): WT: EUR 44 / WE: EUR 55
9-Loch-Greenfee (bis 16:00 Uhr): WT: EUR 26 / WE: EUR 35
9-Loch-Greenfee (ab 16:00 Uhr): WT: EUR 28 / WE: EUR 35

Platzbeschreibung

Der schöne Golfplatz im Westen Münchens ist verkehrstechnisch sehr gut angebunden – nur 15 Minuten aus der Innenstadt! Durch zahlreiche Bunker und stark ondulierte Grüns stellen die zwei 9-Loch-Plätze in Germering sowohl Anfänger als auch erfahrene Turnierspieler vor einige Herausforderungen. Dem Golfer wird dabei jedoch nicht nur ein präzises kurzes Spiel abverlangt. Um einen guten Score zu erzielen, sollten auf den insgesammt acht Par 4 Bahnen und den zwei Par 5 auch die „Drives" gelingen. Auf dem großen Übungsgelände stehen den Mitgliedern und Gästen 90 Rasenabschlagsplätze sowie mehrere Kurzspielbereiche zur Verfügung.

Platzinfos

VCG

Anfahrtsbeschreibung

A 96, Ausfahrt Germering Süd Richtung Germering, links auf die Landsberger Str. in Richtung Landsberg (2 km), kurz vor dem Ortseingang Germering rechts abbiegen (Beschilderung Freibad, Eislaufhalle), dann links auf den Starnberger Weg (1 km).

Nächstgelegene Plätze

GolfCity München Puchheim (Nr. 661)
Gut Rieden (Nr. 674)
Wörthsee, GC (Nr. 667)

Bayern

Golfplatz Thailing

Karte, Nr. 664, Feld I12 **24** Design: Kurt Rossknecht Höhe: 550 m

GOLFPLATZ THAILING

gegründet: 1994

Thailing 4, 85643 Steinhöring
✆ 08094-905500 🖷 08094-9055099
✉ info@golfplatz-thailing.de
💻 www.golfplatz-thailing.de

PR: GF: Björn Becker, CM: Ross MacDonald

i: ✆ 08094-905500 🖷 08094-9055099

Golfrestaurant
✆ 08094-9055050 🖷 08094-9055099

PRO SHOP: ✆ 08094-905500 🖷 08094-9055099

PRO: Pro: Alfonso Castillo Fernández, Charly Schuhbeck

18-Loch Championship Course
H: 5817 m, CR 70.6, SL 126, Par 72
D: 5012 m, CR 72, SL 122, Par 72
6-Loch Kurzplatz (Par 3)
H: 624 m, Par 18, D: 624 m, Par 18
30 Rangeabschläge (6 überdacht)

G: Gäste sind jederzeit willkommen. Anmeldung ist notwendig. Clubausweis mit eingetragenem Handicap (54) ist erforderlich.

18-Loch-Greenfee: WT: EUR 70 / WE: EUR 85
9-Loch-Greenfee: WT: EUR 40 / WE: EUR 50
Ermäßigung: Jugendl./Stud.

Platzbeschreibung

Die 18-Loch, sowie zusätzliche 6-Loch Golfanlage Gut Thailing mit ihrer traumhaften Naturlandschaft und einem atemberaubenden Weitblick auf die bayerische Alpenkulisse begeistert Golfer jedes Spielertypen. Durch die Symbiose von exklusivem Ambiente und sportlich-jungem Flair, werden ideale Bedingungen geschaffen, die jedes Golferherz höher schlagen lassen. Ob interessierter Einsteiger, Freizeitgolfer oder ambitionierter Turnierspieler, die Golfanlage Gut Thailing bietet individuelle und breitgefächerte Angebote.

Platzinfos

VCG GPS CLUB GASTRO

Anfahrtsbeschreibung

Fahren Sie auf der A94 von München kommend in Richtung Passau bis zur Autobahnausfahrt Hohenlinden (Achtung, nicht Autobahnende!). Folgen Sie dem Straßenverlauf weiter auf der B12 bis zum Kreisverkehr in Hohenlinden. Hier biegen Sie rechts in Richtung Ebersberg ab. Nach ca. 700m an der Ampel wieder rechts Richtung Ebersberg abbiegen. Nach ca. 5 km geht es links ab nach Thailing.

Nächstgelegene Plätze

Ebersberg, GC (Nr. 665)
Schloss Elkofen, GC (Nr. 673)
Pfaffing, GC (Nr. 671)

Bayern

Golf-Club Ebersberg e.V.

Karte, Nr. 665, Feld I12 18/9 Design: Thomas Himmel, Wolfgang Barth Höhe: 670 m

gegründet: 1988

Zaißing 6, 85643 Steinhöring
☏ 08094-8106 Fax 08094-8386
info@gc-ebersberg.de
www.gc-ebersberg.de

PR: Giselher Wagner, CM: Adrian Sapia
Headgreenkeeper: Walter Ebersberger

i: ☏ 08094-8106 Fax 08094-8386
Petra Perzl

La Famiglia
☏ 0173-5634504

PRO SHOP: GC Ebersberg
☏ 08094-8106 Fax 08094-8386

PRO: Pro: Peter Haworth, Christopher Godson

18-Loch Meisterschaftsplatz
H: 5972 m, CR 71.9, SL 128, Par 72
D: 5084 m, CR 72.9, SL 122, Par 72
9-Loch Sepp-Maier-Platz
H: 3234 m, CR 58.4, SL 102, Par 60
D: 2866 m, CR 58, SL 95, Par 60
30 Rangeabschläge (5 überdacht)

G: Gäste sind jederzeit willkommen. Anmeldung ist notwendig. Clubausweis mit eingetragenem Handicap (54) ist erforderlich. Sa./So./Feiertage ist Handicap 36 erforderlich. Gäste sind auf beiden Plätzen herzlich willkommen. Auf beiden Golfplätzen ist die Reservierung von Startzeiten an allen Tagen und zu jeder Uhrzeit erforderlich.

18-Loch-Greenfee: WT: EUR 80 / WE: EUR 90
9-Loch-Greenfee: WT: EUR 45
Ermäßigung: Jugendl. bis 16 J. und Stud. bis 27 J.

Nächstgelegene Plätze

Thailing, GP (Nr. 664)
Pfaffing, GC (Nr. 671)
Schloss Elkofen, GC (Nr. 673)

Platzinfos

VCG GPS CLUB

Anfahrtsbeschreibung

Von München: B 304 Richtung Wasserburg über Ebersberg bis Steinhöring, am Ortsende Steinhöring links der Beschilderung über Abersdorf-

Platzbeschreibung

Der Platz liegt in einem 100 ha umfassenden Areal am Nordhang des Ebrachtales mit weitem Ausblick auf ein großartiges Alpenpanorama. Das hügelige Gelände verfügt über eine naturbelassene Topographie mit Steigungen und Senken, begleitet von Wäldern. Eine Herausforderung bieten fast 40 Bunker in Fairwaymitte und bei Grüns sowie Bäche und Teiche, die zuweilen das Fairway kreuzen oder begleiten und sich auf den Bahnen 6 + 13 wirkungsvoll ausbreiten.

Bayern

Münchener Golf Club e.V.

Karte, Nr. 666, Feld H12 **9** Höhe: 500 m

gegründet: 1910

Zentralländstraße 40,
81379 München-Thalkirchen
089-7231304 089-72300650
thalkirchen@mgc-golf.de
www.mgc-golf.de

PR: Thomas Ritz, GF: Alexander Sälzler,
CM: Daniel Hahn

i: 089-7231304 089-72300650

Golf-Restaurant, Patrick Nothaft
089-78069995

PRO: Pro: Holger Fluß, Wolfgang Birkle

H: 5096 m, CR 67.3, SL 123, Par 70
D: 4632 m, CR 69.9, SL 124, Par 70

G: Gäste sind jederzeit willkommen. Anmeldung ist notwendig. Clubausweis mit eingetragenem Handicap (54) ist erforderlich. Sa./So./Feiertage ist Handicap 36 erforderlich.

18-Loch-Greenfee: WT: EUR 69 / WE: EUR 79
9-Loch-Greenfee: WT: EUR 43 / WE: EUR 53
Ermäßigtes Greenfee als Gast eines Mitglieds
Ermäßigung: Jugendl. bis 18 J. und Stud. bis 27 J. 50%

Platzbeschreibung

Der parkähnliche 9-Loch-Platz in zentraler Stadtlage ist für Münchens Golfer die nächst gelegene grüne Golfoase. Nur unweit des Tierparks Hellabrunn am westlichen Ufer der Isar wird hier schon seit 1951 Golf gespielt. Die zwar nicht langen, aber durchaus engen Spielbahnen erfordern ein präzises Spiel. Slicer und Hooker könnten hier sonst ihr persönliches „Waterloo" erleben. Nach dem Spiel erwartet Sie das Clubrestaurant mit Münchens vielleicht schönster Sonnenterrasse.

Platzinfos

Anfahrtsbeschreibung

Vom Stadtzentrum Richtung Zoo und immer der Campingplatzbeschilderung folgen, der Golfplatz liegt gegenüber der Einfahrt zum Campingplatz.

Nächstgelegene Plätze

GC München-Riem (Nr. 662)
Münchener GC, Straßlach (Nr. 679)
GolfRange Mchn.-Brunnthal (Nr. 672)

Bayern

Golfclub Wörthsee e.V.

Karte, Nr. 667, Feld H12 18/6 Design: Kurt Rossknecht Höhe: 600 m

gegründet: 1982

Gut Schluifeld, 82237 Wörthsee
☽ 08153-934770 🖶 08153-9347740
✉ info@golfclub-woerthsee.de
💻 www.golfclub-woerthsee.de

PR: Christoph Grün, GF: Sven Hilgenberg
Headgreenkeeper: Michael Scheffold

i: ☽ 08153-934770 🖶 -9347740
Michaela Winzer

Golfrestaurant Wörthsee, Anni Szabo
☽ 08153-9347718

PRO SHOP: Golfshop Wörthsee, Nina Krumm
☽ 08153-9347728 🖶 -1801

PRO: Pro: Sebastian Heisele, Daniel Langkabel, Stephanie Lindlbauer, Matthias Ziegler

18-Loch Platz
H: 5978 m, CR 71.3, SL 129, Par 72
D: 5275 m, CR 73.6, SL 129, Par 72
6-Loch Platz
H: 612 m, Par 3, D: 505 m, Par 3
50 Rangeabschläge (10 überdacht)

G: Gäste sind Montag - Freitag (außer an Feiertagen) willkommen. Anmeldung ist notwendig. Clubausweis mit eingetragenem Handicap (36) ist erforderlich. Am Wochenende Gäste auf dem 18-Loch-Course nur in Clubmitgliederbegleitung!

18-Loch-Greenfee: WT: EUR 95 / WE: EUR 120
9-Loch-Greenfee: WT: EUR 60 / WE: EUR 70
Ermäßigung: Jugendl./Stud. bis 27 J. 50%

Platzbeschreibung

Die 18-Loch-Meisterschaftsanlage und der 6-Loch-Kurzplatz liegen süd-westlich von München auf einem 70 ha umfassenden, welligen Gelände in einer natürlichen Parklandschaft. Die Fairways sind offen, verlangen jedoch durch strategisch gut platzierte Bunker und Wasserhindernisse (besonders die Löcher 10, 11 und 12) sehr genau platzierte Schläge.

Platzinfos

Anfahrtsbeschreibung

A 96 München-Lindau, Ausfahrt Wörthsee, Richtung Weßling und der Beschilderung zum Golfplatz (ca. 700 m) folgen.

Nächstgelegene Plätze

Starnberg, GC (Nr. 675)
GolfRange Mchn.-Germering (Nr. 663)
Gut Rieden (Nr. 674)

Bayern

Greenfee-Aktion: Seite G 159

Golfclub zu Gut Ludwigsberg

Karte, Nr. 668, Feld G12 **18/9** Design: Kurt Rossknecht Höhe: 630 m

gegründet: 1992

Augsburger Straße 51, 86842 Türkheim
08245-3322 n/a
info@golfclub-tuerkheim.de
www.golfclub-tuerkheim.de

PR: Rudolf Wiedemann, CM: Rudolf Wiedemann

i: 08245-3322 08245-3789

Club Lodge, Rudolf Wiedemann
08245-3930

PRO SHOP: Johnny Biddle, Sabine Biddle
0172-7585884 n/a

PRO: Pro: Johnny Biddle

18-Loch Platz
H: 5766 m, CR 70.1, SL 130, Par 72
D: 5253 m, CR 72.8, SL 129, Par 72
9-Loch Platz
15 Rangeabschläge (5 überdacht)

G: Gäste sind jederzeit willkommen. Anmeldung ist notwendig. Clubausweis mit eingetragener PE ist erforderlich. Men's Day: Mittwoch von 13-15 Uhr! Ladies' Day: Donnerstag von 13:00 Uhr bis 14:30 Uhr

18-Loch-Greenfee: WT: EUR 70 / WE: EUR 80
9-Loch-Greenfee: WT: EUR 35 / WE: EUR 40
Driving Range: EUR 5
Ermäßigung: Jugendl./Stud. 50%

Platzinfos

Anfahrtsbeschreibung

A 96 / B 12 München-Lindau, Ausfahrt Bad Wörishofen-Türkheim, Umgehung Richtung Augsburg, Abfahrt Türkheim Nord nach 200 m liegt der Golfplatz rechter Hand. 40 Minuten vom Stadtrand München!

Platzbeschreibung

Die Anlage wird durch den teilweise alten Baumbestand von Eichen, Eschen, Birken, Erlen, Ahorn und Pappeln geprägt. Seen- und Feuchtbiotope ergänzen sinnvoll die Naturlandschaft und fügen sich gut in das Spielgeschehen ein. Von den Spielbahnen kann man eine herrliche Aussicht auf 250 km Alpenpanorama genießen.

Nächstgelegene Plätze

Schloß Igling, GC (Nr. 669)
Bad Wörishofen, GC (Nr. 682)
Augsburg, GC (Nr. 645)

Greenfee-Aktion: Seite G 161

Golfclub Schloß Igling e.V.

Karte, Nr. 669, Feld G12 9 Design: Donald Harradine Höhe: 600 m

gegründet: 1989

Schloss Igling 3, 86859 Igling/Landsberg
08248-1893 08248-968601
info@golfclub-igling.de
www.golfclub-igling.de

PR: Rita Deinert

i: 08248-1893 08248-968601

Schloßstuben Igling
08248-901770
Mo. Ruhetag

PRO SHOP: Golfplatz Schloss Igling Betriebs-GmbH
08248-1893

PRO: Pro: Peter Zorich

H: 5516 m, CR 70.6, SL 129, Par 72
D: 4854 m, CR 72.3, SL 125, Par 72
20 Rangeabschläge (4 überdacht)

G: Gäste sind jederzeit willkommen. Anmeldung ist notwendig. Clubausweis mit eingetragenem Handicap (54) ist erforderlich. Sa./So./Feiertage ist Handicap 36 erforderlich. Elektro-Car mieten nur mit Reservierung möglich.

18-Loch-Greenfee: Mo.-Do.: EUR 45 / Fr.-So.: EUR 55
9-Loch-Greenfee: Mo.-Do.: EUR 30 / Fr.-So.: EUR 35

Platzinfos

VCG GPS GASTRO

Anfahrtsbeschreibung

A 96 München-Lindau, Ausfahrt Landsberg-West, im Kreisverkehr Richtung Augsburg (B17), Ausfahrt Igling. Oder: B 17 Augsburg-Landsberg-Füssen, Ausfahrt Igling, in Igling am Kreisverkehr links, nach dem Ortsende kommt rechts ein Hinweisschild zum Golfplatz.

Nächstgelegene Plätze

Gut Ludwigsberg, GC (Nr. 668)
Bad Wörishofen, GC (Nr. 682)
Königsbrunn, GC (Nr. 651)

Platzbeschreibung

Auf den Fairways rund um Schloß Igling wird in imposanter Kulisse gespielt. Inmitten des weiten Landes zwischen Lechfeld und Alpen hat sich ein Kleinod unter den bayerischen Golfplätzen formiert. In die natürlichen Gegebenheiten wurde ein anspruchsvoller 9-Loch-Platz mit großzügiger Driving Range eingefügt. Aus der ehemaligen Hofmarksherrschaft des märchenhaften Schloßes Igling ist ein Clubhaus mit Pro Shop entstanden.

Golfanlage Harthausen

Karte, Nr. 670, Feld H12 **18** Design: J. Bechler, G. Namislo Höhe: 560 m

gegründet: 2000

Am Golfplatz 1, 85630 Harthausen
☎ 08106-35440 🖷 08106-34038
✉ info@golfanlage-harthausen.de
💻 www.golfanlage-harthausen.de

PR GF: Hans Peter Thomßen
Dr. Florian Bosch, CM: Cedric Forell
Simon Blau

i ☎ 08106-35440 🖷 -34038
Cansu Taskin

PRO SHOP The Move Golf Academy, Jonathan Taylor
☎ 08106-34056 🖷 -34076

PRO Pro: Jonathan Allen Taylor, Ludvik Ruzek, Frangoulis Stefan

H: 5060 m, CR 66.7, SL 116, Par 69
D: 4413 m, CR 67.6, SL 117, Par 69
80 Rangeabschläge (18 überdacht)

G Gäste sind jederzeit willkommen. Anmeldung ist notwendig. Clubausweis mit eingetragenem Handicap (54) ist erforderlich.

18-Loch-Greenfee: WT: EUR 55 / WE: EUR 65
9-Loch-Greenfee: WT: EUR 33 / WE: EUR 39
Ermäßigung: Jugendl. bis 18 J. 50%

Platzbeschreibung

Der Platz hat nach der Erweiterung 2002 18 Löcher auf über 66 ha Fläche. Die neuen Löcher begeistern durch ihr Design, das beinahe schon britischen Charakter aufweist. Mit Topfbunkern und welligen Grüns sowie einem großzügig angelegten neuen Teich und Bachlauf wurde hier ein anspruchsvoller Platz in die Landschaft eingebunden.

Platzinfos

VCG

Anfahrtsbeschreibung

A 99, Ausfahrt Hohenbrunn-Putzbrunn, in Putzbrunn Richtung Glonn (ca. 4 km). Oder: A 99, Ausfahrt Haar B 304 Richtung Zorneding, vor Baldham rechts nach Grasbrunn-Neukeferloh-Harthausen.

Nächstgelegene Plätze

Schloss Egmating, GP (Nr. 677)
GolfRange Mchn.-Brunnthal (Nr. 672)
GC München-Riem (Nr. 662)

Bayern

Greenfee-Aktion: Seite G 161

Golfclub Pfaffing Wasserburger Land e.V.

Karte, Nr. 671, Feld I12 18/9

gegründet: 2013

Köckmühle 132, 83539 Pfaffing
08076-8891870 Fax 08076/889187-91
club@gcpwl.de
www.gcpwl.de

PR Ludwig Dürrbeck, CM: Tanja Dürrbeck
Headgreenkeeper: Reinhard Wieser

i 08076-8891870 Fax 08076/889187-91

Restaurant im Golfclub, Patrick Dürrbeck
08076/889187-60
Mo. Ruhetag

PRO SHOP Golfclub Pfaffing Wasserburger Land e.V.
08076-8891870

PRO Pro: Robert Lamprecht

18-Loch Platz
H: 6030 m, CR 72.5, SL 130, Par 73
D: 5252 m, CR 73.9, SL 130, Par 73
9-Loch Platz
H: 2008 m, Par 54, D: 2008 m
25 Rangeabschläge (5 überdacht)

G Gäste sind jederzeit willkommen. Anmeldung ist notwendig. Clubausweis mit eingetragenem Handicap (54) ist erforderlich. Sa./So./Feiertage ist Handicap 45 erforderlich.

18-Loch-Greenfee: WT: EUR 58 / WE: EUR 78
Ermäßigung: Jugendl. bis 18 J. und Stud. bis 27 J.

Nächstgelegene Plätze

Ebersberg, GC (Nr. 665)
Thailing, GP (Nr. 664)
Schloss Elkofen, GC (Nr. 673)

Platzinfos

VCG
GPS
CLUB
GASTRO

Anfahrtsbeschreibung

Von München-Mitte Schwabing und Bogenhausen über die A 92 / A 3 Richtung Passau-Hohenlinden-Albaching-Pfaffing.

Platzbeschreibung

Auf diesem Kurs ist der faszinierende Ausblick auf das Alpenpanorama ständiger Begleiter. Die großzügig angelegten 18 Spielbahnen ziehen sich auf hügeligem Gelände durch teils offenes und teils bewaldetes Gelände. An drei strategisch wichtigen Stellen greifen angelegte Teiche und Hardroughs in das Spiel ein. Bei den 67 teils nach schottischem Vorbild angelegten Pottbunkern und den bis zu 1.200 qm großen Grüns kommt Golffreude auf.

Bayern

GolfRange München-Brunnthal

GolfRange

Karte, Nr. 672, Feld H12 9/9/3 Höhe: 580 m

gegründet: 1997

Am Golfplatz 1, 85649 Kirchstockach
✆ 08102-74740 🖷 08102-747479
✉ muenchen-brunnthal@golfrange.de
💻 www.golfrange.de

PR GF: H.P. Thomßen
Dr. Florian Bosch, CM: Jonas Hartmann
Yanick Hesse
Anja Horr

i ✆ 08102-74740 🖷 08102-747479
Yanick Hesse

Tra di Noi, Gennaro Müller
✆ 08102-9948833 🖷 08102-9948834

PRO SHOP EGM - Ihr Golfprofi, Maria Walter
✆ 08102-995883 🖷 08102-747479

PRO Pro: Iain Gold, Mark Winnicott

9-Loch Brunnthal Platz
H: 4014 m, CR 61.8, SL 109, Par 62
D: 3748 m, CR 63.5, SL 103, Par 62
9-Loch Kirchstockach Platz
H: 3406 m, CR 60, SL 113, Par 60
D: 2934 m, CR 59.1, SL 105, Par 60
120 Rangeabschläge (15 überdacht)

G Gäste sind jederzeit willkommen. Anmeldung ist notwendig. Clubausweis mit eingetragenem Handicap (54) ist erforderlich.

18-Loch-Greenfee: WT: EUR 38 / WE: EUR 52
9-Loch-Greenfee: WT: EUR 23 / WE: EUR 32

Platzbeschreibung

Ganz in der Nähe der Münchener City bietet die ganzjährig geöffnete GolfRange München-Brunnthal zwei öffentliche 9-Loch Plätze und einen auch ohne Platzreife bespielbaren 3-Loch Platz. Die Bahnen des Platzes „Brunnthal" wurden weltbekannten Vorbildern nachempfunden, der Platz „Kirchstockach" bietet Anfängern wie auch Fortgeschrittenen eine schnelle Golfrunde in zwei Stunden mit viel Spielspaß. Zusätzlich besteht an 365 Tagen im Jahr ein erstklassiges Angebot an Trainingsmöglichkeiten. Auf der größten Driving Range Münchens befinden sich über 120 Rasenabschläge. Zusätzlich sind 15 überdachte und rund um die Uhr beleuchtete Abschlagplätze bespielbar. Drei Kurzspielbereiche zum Chippen und Pitchen, drei Putting Greens sowie eine kompetente Golfschule runden das Angebot ab. Als Motto der Anlage gilt: Irisches Grün, amerikanischer Service und schottische Preise!

Platzinfos

VCG GPS

Anfahrtsbeschreibung

Von A 8: Ausf. Taufkirchen Ost/Brunnthal Nord (vor ABK Mü.-Süd), Ri. Ottobrunn, nach ca. 400 m re. abbiegen Ri. Kirchstockach, immer gerade aus durch den Wald bis zum Ende der Straße, dann re. abbiegen, durch Kirchstockach, die Anlage befindet sich nach der Ortschaft auf der rechten Seite. Von A 99 bzw. A 995: Ausf. Ottobrunn (vor ABK Mü.-Süd), nach li. Ri. Höhenkirchen, 1. Abfahrt re. Ri. Kirchstockach, immer gerade aus, durch Kirchstockach, die Anlage befindet sich auf der rechten Seite.

Nächstgelegene Plätze

Harthausen, GA (Nr. 670)
Schloss Egmating, GP (Nr. 677)
Münchener GC, Thalkirchen (Nr. 666)

Golf-Club Schloss Elkofen e.V.

Karte, Nr. 673, Feld H12 **18** Design: Donald Harradine Höhe: 550 m

gegründet: 1982

Hochreiterweg 14, 85567 Grafing-Oberelkofen
08092-7494 08092-32722
info@gcschlosselkofen.de
www.gcschlosselkofen.de

PR: Helmut Hampel
Headgreenkeeper: Alan Walton

i: 08092-7494 08092-32722

Hochreiterhof, Amadeep Singh
08092-3701

PRO SHOP: Karl Sparkes
08092-31151

PRO: Pro: Karl Sparkes, Jörg Vanden Berge, Bernhard Lipp

H: 5774 m, CR 70.6, SL 121, Par 71
D: 4861 m, CR 70.8, SL 121, Par 71
20 Rangeabschläge (11 überdacht)

G: Gäste sind jederzeit willkommen. Anmeldung ist notwendig. Clubausweis mit eingetragener PE ist erforderlich.

18-Loch-Greenfee: WT: EUR 80 / WE: EUR 95
9-Loch-Greenfee: WT: EUR 45
Werktags-GF: Montag bis Freitag
Wochenende-GF: Wochenende /Feiertage

Platzbeschreibung

Der Golfplatz liegt nur etwa 30 Minuten südöstlich vor den Toren Münchens. Die hier typisch oberbayerische Moränenlandschaft erlaubt abwechslungsreiche Fairways, von deren Anhöhen immer wieder Blicke auf die Alpenkette freigegeben werden. Große Grüns, trickreiche Hindernisse und Teiche, alter Baumbestand sowie eine sorgfältige Platzpflege charakterisieren dabei die weitläufigen Spielbahnen. Ein modernes Restaurant mit frischer und regionaler Küche, umrahmt von Sonnenterrasse und Biergarten, laden zum Verweilen auch nach der Runde ein.

Platzinfos

VCG GPS CLUB GASTRO

Anfahrtsbeschreibung

Von München auf der B 304 Richtung Wasserburg, rechts nach Grafing, dort der Richtung Bad Aibling bis zum Ortsteil Oberelkofen folgen, in Oberelkofen rechts in die Alxinger Straße, nach 20 m rechts zum Clubhaus abbiegen.

Nächstgelegene Plätze

Thailing, GP (Nr. 664)
Ebersberg, GC (Nr. 665)
Pfaffing, GC (Nr. 671)

Golfanlage Gut Rieden

Karte, Nr. 674, Feld H12 18/9 Höhe: 600 m

gegründet: 1989

Gut Rieden, 82319 Starnberg
08151-90770 08151-907711
info@gut-rieden.de
www.gut-rieden.de

PR
GF: Angela Ortner
Adalbert Stürzer, CM: Melanie Hehlmann

08151-90770 08151-907711
Amelie Obermaier, Dirk Fürst, Thorsten Runge

Café-Restaurant Gut Rieden
08151-90820
Mo. Ruhetag

PRO SHOP
Sonja Fluss, Sonja Fluss
08151-9791916

PRO
Pro: Stephanie Stürzer, Ray Porter, Mark Stevenson, Dominic John

18-Loch Meisterschaftsanlage
H: 5949 m, CR 71.7, SL 133, Par 72
D: 5213 m, CR 73.5, SL 130, Par 72
9-Loch Öffentliche Anlage
H: 1760 m, CR 61.1, SL 114, Par 30
D: 1539 m, CR 60.7, SL 102, Par 30
55 Rangeabschläge (23 überdacht)

G
Gäste sind jederzeit willkommen. Anmeldung ist notwendig. Clubausweis mit eingetragener PE ist erforderlich. Startzeitenreservierung erforderlich

Tages-Greenfee: WT: EUR 65 / WE: EUR 90
9-Loch-Greenfee: WT: EUR 27 / WE: EUR 38
Ermäßigung: Jugendl. bis 18 J. und Stud. bis 25 J. 50%

Platzbeschreibung

Auf der 18-Loch-Anlage bieten sich dem Spieler atemberaubende Blicke über den Starnberger See auf das Alpenpanorama bis zum Wetterstein-Massiv. Die großzügig angelegten Fairways verlaufen größtenteils umrahmt von altem Baumbestand auf sehr hügeligem Gelände und erfordern nicht nur Technik, sondern auch ein gehöriges Maß an Ehrgeiz.

Platzinfos

VCG
GPS

Anfahrtsbeschreibung

A 95 München-Garmisch, Ausfahrt Starnberg, dort 3. Ampel rechts Richtung Gauting, ca. 4 km nach dem Ortsende links über die Brücke und der Straße folgen, unter der S-Bahn hindurch und dann links der Straße zum Golfplatz folgen.

Nächstgelegene Plätze

Starnberg, GC (Nr. 675)
Feldafing, GC (Nr. 683)
GolfRange Mchn.-Germering (Nr. 663)

Greenfee-Aktion: Seite G 161

Golfclub Starnberg e.V.

Karte, Nr. 675, Feld H12 **18** Design: Kurt Rossknecht Höhe: 650 m

gegründet: 1986

Uneringer Straße 1, 82319 Starnberg/Hadorf
✆ 08151-12157
✉ club@gcstarnberg.de
💻 www.gcstarnberg.de

PR: Florian Eitle, GF: Florian Eitle, CM: Julia Busch
Headgreenkeeper: Andreas Matzner

i: ✆ 08151-12157
Jessica Völkl

Golfrestaurant
✆ 08151-12157

PRO SHOP: Tee Time, Monika Ehrenberg
✆ 08151-4449475 🖷 08151-959577

PRO: Pro: Max Baumgart, Alexander Tranacher

H: 5996 m, CR 71.7, SL 132, Par 72
D: 5314 m, CR 73.8, SL 132, Par 72
70 Rangeabschläge (10 überdacht)

G: Gäste sind jeden Tag (außer Sonntag und an Feiertagen) willkommen. Anmeldung ist notwendig. Clubausweis mit eingetragenem Handicap (45) ist erforderlich. Gäste am Sonn- und Feiertag nur in Mitgliederbegleitung.

18-Loch-Greenfee: WT: EUR 95 / WE: EUR 120
Montags: VcG EUR 75 / Mittwochs: Münchner Kreis EUR 47,50
Ermäßigung: Jugendl. bis 21 J. und Stud. bis 27 J. 50%

Platzinfos

Anfahrtsbeschreibung

A 95 München-Garmisch, Ausfahrt Starnberg Richtung Starnberg, in Starnberg rechts Richtung Söcking, in Söcking an der großen Kreuzung rechts und sofort wieder links und der Beschilderung bis Hadorf zum Golfplatz folgen.

Platzbeschreibung

Der wunderschöne, in die Natur eingebettete 18-Loch Meisterschaftsplatz liegt mitten im Herzen des Fünfseenlandes, nur wenige Kilometer von Starnberg entfernt, südlich von München. Die ersten neun Spielbahnen verlaufen eher flach, bei den zweiten neun muss in der typischen Moränenlandschaft der eine oder andere Hügel erklommen werden. Die offenen Fairways bieten dabei nur trügerisch Sicherheit, denn gut platzierte Bunker und Wasserhindernisse erfordern ein strategisches Spiel.

Nächstgelegene Plätze

Gut Rieden (Nr. 674)
Feldafing, GC (Nr. 683)
Wörthsee, GC (Nr. 667)

Bayern

Der Golf Club Am Obinger See

Karte, Nr. 676, Feld I12 9 Design: Tony Ristola Höhe: 600 m

gegründet: 2000

Kirchreitbergstr. 2,
83119 Obing, OT Kleinornach
☏ 08624-875623 🖷 08624-875624
✉ dergolfclub@t-online.de
💻 www.dergolfclub.de

PR: Corinna & Peter Ratcliffe, GF: Peter Ratcliffe
Corinna Ratcliffe, CM: Peter Ratcliffe
Corinna Ratcliffe

i: ☏ 08624-875623 🖷 08624-875624
Corinna Ratcliffe

Golfstüberl Obing, Corinna Ratcliffe
☏ 08624-875623 🖷 08624-875624

PRO SHOP: Ratcliffe GmbH, Corinna Ratcliffe
☏ 08624-875623 🖷 -875624

PRO: Pro: PGA Martin Becher, Peter Ratcliffe, Martin Becher

H: 6014 m, CR 71.2, SL 129, Par 72
D: 5320 m, CR 73.2, SL 123, Par 72
20 Rangeabschläge (4 überdacht)

G: Gäste sind jederzeit willkommen. Anmeldung ist notwendig. Clubausweis mit eingetragenem Handicap (54) ist erforderlich.

Tages-Greenfee: WT: EUR 44 / WE: EUR 55
18-Loch-Greenfee: WT: EUR 44 / WE: EUR 55
9-Loch-Greenfee: WT: EUR 32 / WE: EUR 35
Ermäßigung: Jugendl. bis 18 J. 50%, Stud. bis 27 J. 30%

Platzinfos

Anfahrtsbeschreibung

B 304 von München Richtung Traunstein, im Kreisverkehr Richtung Kleinornach/Golfplatz - den Berg hoch - nach Kleinornach. Sie fahren direkt auf den Golfplatz zu. B304 aus Traunstein Richtung München bis zum Kreisvberkehr vor Obing fahren und dann nach Kleinornach/Golfpplatz abbiegen.

Platzbeschreibung

Der im Juni 2002 eröffnete 9 Loch Meisterschaftsplatz ist ein Juwel geworden, ein Platz im Stil amerikanischer Golfplätze der Jahrhundertwende. Die 42 Sandbunker mit absichtlich ausgefransten Rändern, rugged look genannt, breite Fairways und die riesigen, stark ondulierten Grüns machen den Platz zu einem einmaligen Golferlebnis. Der offene Platz wurde mit seinen naturwelligen Bahnen wunderbar in die Landschaft eingebettet.

Nächstgelegene Plätze

Höslwang/Chiemgau, GC (Nr. 680)
Gut Ising, GC (Nr. 686)
Chieming, GC (Nr. 684)

Golfclub Schloss Egmating

Karte, Nr. 677, Feld H12 **18/9** Design: Kurt Rossknecht, Kurt Rossknecht Höhe: 650 m

gegründet: 1991

Schlossstraße 15, 85658 Egmating
☎ 08095-90860 ℻ 08095-908666
empfang@gc-egmating.de
www.gc-egmating.de

PR Robert Salzl, GF: Dr. Ralph Becker
Alexandra Schörghuber
Michael Bartl, CM: Felix Leib

i ☎ 08095-90860 ℻ 08095-908666

Schlossgarten Cristalina, Cristian Crucila
☎ 08095-5789906
Mo. Ruhetag

PRO SHOP M-Akademie
☎ 08095-90860 ℻ 08095-908666

PRO Pro: Fabian Michelberger, Robert Hamster, Dominic Zrenner, Erwin Pesch, Justin Walsh

18-Loch Championship Course
H: 6014 m, CR 72.3, SL 131, Par 72
D: 5272 m, CR 73.7, SL 125, Par 72
9-Loch Arabella Course
H: 1464 m, CR 57.6, SL 92, Par 58
D: 1402 m, CR 58, SL 88, Par 58
50 Rangeabschläge (11 überdacht)

G Gäste sind jederzeit willkommen. Anmeldung ist notwendig. Clubausweis mit eingetragenem Handicap (54) ist erforderlich.

18-Loch-Greenfee: WT: EUR 90 / WE: EUR 120
9-Loch-Greenfee: WT: EUR 45
Ermäßigung: Jugendl./Stud. 50%

Platzbeschreibung

Der Golfclub Schloss Egmating ist einer der atemberaubendsten Golfanlagen in Süddeutschland, direkt vor den Toren Münchens. Im Jahre 1991 entstand eine Golfanlage der Extraklasse, vom Architekten Kurt Rossknecht zur Freude am Golfspiel und mit Liebe zur Natur konzipiert: mit einem 18-Loch Championship- und dem 9-Loch Arabella Course. Unser Championship-Course lädt zu einer sehr schönen und sportlichen Runde ein.

Platzinfos

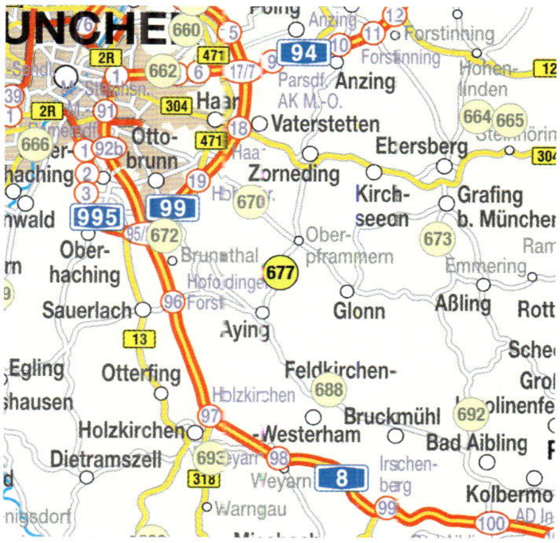

Anfahrtsbeschreibung

A 99, Ausfahrt Ottobrunn-Höhenkirchen, links nach Höhenkirchen, dort links Richtung Glonn-Egmating, ab Egmating der Beschilderung folgen. Oder: A 8 Salzburg-München, Ausfahrt Hofoldinger Forst-Aying nach Aying (8 km), in Aying links Richtung Egmating.

Nächstgelegene Plätze

Harthausen, GA (Nr. 670)
GolfRange Mchn.-Brunnthal (Nr. 672)
Mangfalltal, GC (Nr. 638)

Bayern

Greenfee-Aktion: Seite G 163

Golfclub Anthal-Waginger See e.V.

Karte, Nr. 678, Feld K12 **9/3** Höhe: 400 m

gegründet: 1991

Anthal 2, 83413 Fridolfing
☎ 08684-888 Fax 08684-858
info@golfclub-anthal.de
www.golfclub-anthal.de

PR: Ludwig Steinberger, CM: Gerhard Müller
Headgreenkeeper: William Zschieschang

i: ☎ 08684-888 Fax 08684-858
Petra Karl

Ristorante Buon Gusto
☎ 08684-9694719
Mo. Ruhetag

PRO SHOP: Longdriveshop, Gerhard Müller
☎ 08684-9692460 Fax 08684-9692462

PRO: Pro: Ernst Reiter

H: 4542 m, CR 66, SL 114, Par 68
D: 4144 m, CR 68.2, SL 115, Par 68
18 Rangeabschläge (3 überdacht)

G: Gäste sind jederzeit willkommen. Clubausweis mit eingetragenem Handicap (54) ist erforderlich.

18-Loch-Greenfee: EUR 45
9-Loch-Greenfee: EUR 25
Ermäßigung: Jugendl. bis 18 J. 50%

Platzbeschreibung

Der Golfplatz besticht durch das perfekt modellierte Hügelgelände des bayerischen Voralpenlandes mit seinen Laubwäldern und der uferbewachsenen Götzinger Ache mit ihren Biotopen. Charakteristisch ist der „Stonecreek", ein ausgetrockneter Bachlauf, der als Wasserhindernis mehrfach Kontakt mit den Bahnen hat und auch für geübte Spieler eine Erschwernis bildet.

Platzinfos

VCG

Anfahrtsbeschreibung

B 20 Burghausen-Freilassing, Abzweigung nach Waging/Fridolfing, weiter Richtung Waging, in Götzing Wegweiser nach rechts „Anthal", dann Wegweiser „Golfplatz" folgen. Oder: A 8 München-Salzburg, Ausfahrt Siegsdorf, weiter Traunstein-Waging Richtung Taching, rechts nach Fridolfing, in Götzing Wegweiser nach links „Anthal", von dort weiter wie oben beschrieben zum Golfplatz.

Nächstgelegene Plätze

Berchtesgad. Land, GC (Nr. 694)
Chieming, GC (Nr. 684)
Gut Ising, GC (Nr. 686)

Münchener Golf Club e.V.

Karte, Nr. 679, Feld H12 **36** Design: Perry Dye Höhe: 639 m

gegründet: 1910

Tölzer Straße 95, 82064 Straßlach
08170-929180 08170-9291820
strasslach@mgc-golf.de
www.mgc-golf.de

PR: Thomas Ritz, GF: Alexander Sälzler
Headgreenkeeper: Hans Hientz

08170-9291811 08170-9291820
Stuart Pringle, Stefania Wörner

Anton Höllwart, Patrick Nothaft - Pajas GbR
08170-9291823

PRO SHOP: Holger Fluß GmbH, Sabine Dilz - Hole in One Fitting
08170-7254

PRO: Pro: Antonio Postiglione, Holger Fluss, Florian Fischer, David Grasskamp, Pascal Proske, Arne Dickel, Wolfgang Birkle

27-Loch Straßlach Platz
H: 6098 m, CR 72.1, SL 137, Par 72
D: 5237 m, CR 72.8, SL 140, Par 72
9-Loch -Golfanlage Thalkirchen
H: 5182 m, CR 67.3, SL 123, Par 70
D: 4598 m, CR 69.9, SL 124, Par 70
25 Rangeabschläge (10 überdacht)

G: Gäste sind Montag - Freitag (außer an Feiertagen) willkommen. Anmeldung ist notwendig. Clubausweis mit eingetragenem Handicap (36) ist erforderlich. Gäste sind von montags bis freitags willkommen. An Wochenend- und Feiertagen jedoch nur auf Einladung und in Begleitung von Mitgliedern.

18-Loch-Greenfee: WT: EUR 90 / WE: EUR 110
9-Loch-Greenfee: WT: EUR 50 / WE: EUR 60
Ermäßigung: Jugendl. bis 18 J. und Stud. bis 27 J. 50%

Platzbeschreibung

Die 27-Loch-Golfanlage in Straßlach im Stil eines Parkland Courses bietet mit drei 9-Loch-Schleifen für jede Spielstärke interessante Variationen an. Denn der Platz wurde vor einigen Jahren durch den bekannten amerikanischen Golfplatz-Architekten Perry O. Dye neu gestaltet. Mit herrlichem Blick über den Golfplatz und in die Berge verfügt das Clubhaus nicht nur über ein stilvolles Ambiente sondern auch über eine großzügige Terrasse, die zum Verweilen einlädt. In unmittelbarer Stadtnähe, unweit des Tierparks Hellabrunn und direkt in den Isarauen gelegen, besitzt der Münchener Golf Club außerdem die 9-Loch-Golfanlage Thalkirchen.

Platzinfos

Anfahrtsbeschreibung

Vom Stadtzentrum Richtung Süden an der Isar entlang bis zum Marktplatz Grünwald, von dort Richtung Bad Tölz, der Golfplatz liegt in Straßlach links der Tölzer Straße.

Nächstgelegene Plätze

München-Riedhof, GC (Nr. 687)
Bergkramerhof, GA (Nr. 691)
Münchener GC, Thalkirchen (Nr. 666)

Bayern

Golf Club Höslwang im Chiemgau e.V.

Karte, Nr. 680, Feld I12 18 Design: Thomas Himmel Höhe: 600 m

gegründet: 1974

Kronberg 4, 83129 Höslwang
☎ 08075-714 Fax 08075-8134
info@golfclub-hoeslwang.de
www.golfclub-hoeslwang.de

PR: Albert Georg Dander, CM: Nina Gstatter

i: ☎ 08075-714 Fax 08075-8134
Nikola Stehle

Golfclub Restaurant, Sibel Colak
☎ 08075-1263 Fax 08075-8134

PRO SHOP: Golfclub Höslwang, Nina Gstatter
☎ 08075-714 Fax 08075-8134

PRO: Pro: Frank Schefer

H: 6025 m, CR 72.2, SL 129, Par 72
D: 5082 m, CR 72.3, SL 125, Par 72
20 Rangeabschläge (7 überdacht)

G: Gäste sind jederzeit willkommen. Anmeldung ist notwendig. Clubausweis mit eingetragenem Handicap (54) ist erforderlich.

18-Loch-Greenfee: WT: EUR 69 / WE: EUR 79
9-Loch-Greenfee: WT: EUR 34.5 / WE: EUR 39.5
Ermäßigung: Jugendl./Stud. 50%

Platzbeschreibung

Auf unserem wunderschönen Platz im Chiemgau ist jeder willkommen. Trickreich gestaltet und mit wunderschön eingewachsenen Bäumen liegt er in der traumhaften Voralpenlandschaft. Bereits die Hinfahrt macht Spaß und bietet tolle Panoramen. Auf Ihrer Runde werden Sie dann spielerisch gefordert und von vielfältigen Kulissen und Aussichten überwältigt. Im Anschluss können Sie sich auf unserer Terrasse entspannen und sich vom Team unseres Clubrestaurants kulinarisch verwöhnen lassen. Wir freuen uns, Sie bei uns begrüßen zu dürfen!

Platzinfos

VCG GPS CLUB

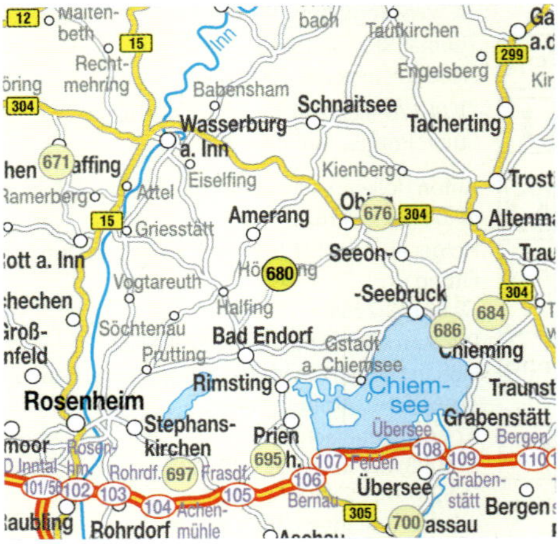

Anfahrtsbeschreibung

A 8 München-Salzburg, Ausfahrt Rosenheim Richtung Bad Endorf, in Bad Endorf Richtung Halfing, ca. 2 km nach Ortsausgang Bad Endorf rechts Richtung Höslwang, in Höslwang Richtung Amerang, ca. 1 km nach Höslwang rechts zum Golfplatz abbiegen.

Nächstgelegene Plätze

Am Obinger See, GC (Nr. 676)
Gut Ising, GC (Nr. 686)
Chiemsee GC Prien (Nr. 695)

Bayern

Golf Club Höslwang im Chiemgau e.V.

Bayern

Golfclub Memmingen Gut Westerhart e.V.

Karte, Nr. 681, Feld F12 **18/9** Höhe: 600 m

gegründet: 1994

Westerhart 1b, 87740 Buxheim
☽ 08331-71016 🖷 08331-71018
✉ info@golfclub-memmingen.de
💻 www.golfclub-memmingen.de

PR Martin Wartig, CM: Christian Montén
Headgreenkeeper: Konrad Kienle

i ☽ 08331-71016 🖷 08331-71018
Lena Stütz, Regina Richter

Restaurant Gut Westerhart, Nevin Uluagac
☽ 08331-9254614

PRO SHOP Christian Montén
☽ 08331-71016 🖷 08331-71018

PRO Pro: Tim Hoffmann, Josef Weger

18-Loch Platz
H: 6077 m, CR 72.3, SL 129, Par 72
D: 5276 m, CR 73.5, SL 129, Par 72
9-Loch Akademie Platz
H: 1674 m, Par 30, D: 1479 m, Par 30
50 Rangeabschläge (8 überdacht)

G Gäste sind jederzeit willkommen. Anmeldung ist notwendig. Clubausweis mit eingetragenem Handicap (54) ist erforderlich.

Tages-Greenfee: WT: EUR 70 / WE: EUR 80
9-Loch-Greenfee: WT: EUR 40 / WE: EUR 50
Elektro-Car nur mit Voranmeldung.
Ermäßigung: Jugendl./Stud. 50%

Platzbeschreibung

Die 18-Loch-Anlage liegt im Allgäuer Voralpenland. Der Platz ist insgesamt flach, die Löcher 14 und 15 bilden eine spektakuläre Ausnahme. Buschwerk und eine Vielzahl verschiedenartigster Bäume geben dem Platz zusammen mit farbenprächtigen Bauernwiesen ein markantes Gesicht. Der Platz wird ganzjährig auf Sommergrüns bespielt. Zusätzlich ist ein 9-Loch Akademie Platz angeschlossen, der zusätzlich bespielt werden kann. Dieser beinhaltet sechs Par 3 Löcher und drei Par 4 Löcher und ist auch ohne Platzreife bespielbar.

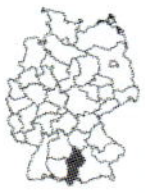

Platzinfos

VCG GPS CLUB

Anfahrtsbeschreibung

A 96 München-Lindau, Ausfahrt Aitrach, auf der alten B 18 Richtung Memmingen, am Ortsende von Volkratshofen links nach Westerhart abbiegen.

Nächstgelegene Plätze

Allgäuer G&LC (Nr. 689)
Reischenhof, GC (Nr. 523)
Waldegg-Wiggensb., GC (Nr. 706)

Golfclub Bad Wörishofen e.V.

Karte, Nr. 682, Feld G12 **18** Design: Donald Harradine Höhe: 650 m

gegründet: 1977

Schlingener Straße 27, 87668 Rieden
08346-777 08346-1616
golfclub@bad-woerishofen.de
www.golfclub-bad-woerishofen.de

PR Peter Ried, CM: Christoph Hirschvogel
Headgreenkeeper: Christian Fischer

i 08346-777 08346-1616

Gasthaus RID Trattoria
08346-2039005
Mo. und Di. Ruhetag

PRO SHOP Exclusive Footjoy, Titleist und Alberto
08346-777 08346-1616

PRO Pro: Steffen Kefer, Christoph Kilian, Marcel Krebs

H: 5933 m, CR 71.8, SL 129, Par 72
D: 5109 m, CR 72.5, SL 130, Par 72
50 Rangeabschläge (2 überdacht)

G Gäste sind jederzeit willkommen. Anmeldung ist notwendig. Clubausweis mit eingetragener PE ist erforderlich.

18-Loch-Greenfee: WT: EUR 70 / WE: EUR 90
9-Loch-Greenfee: WT: EUR 45 / WE: EUR 60
10er-Karte wochentags EUR 550. Gäste mit einer Kurkarte von Bad Wörishofen erhalten auf den regulären 18-Loch-Greenfeepreis einen Nachlass in Höhe von 10%.
Ermäßigung: Jugendl. bis 18 J. 50%

Platzinfos

VCG GPS CLUB GASTRO

Anfahrtsbeschreibung

A 96 München-Lindau: Ausfahrt Bad Wörishofen. Richtung Kaufbeuren (Staatsstraße 2015). Abfahrt Schlingen-Süd oder Schlingen-Nord, in Schlingen beschilderte Abzweigung bei der Kirche über die Wertach nach Rieden.

Platzbeschreibung

Golf neu erleben auf den modernsten Grüns im Allgäu. Im Sommer 2020 wurden die umfangreichen Renovierungsmaßnahmen nach dreijähriger Bauzeit abgeschlossen und die Anlage ist komplett auf allen 18 Bahnen bespielbar. Durch diese zukunftsorientierte Unternehmung bietet der Golfclub Bad Wörishofen e.V höchsten technischen Standard der 18 Spielbahnen, Abschläge und Grüns.

Nächstgelegene Plätze

Gut Ludwigsberg, GC (Nr. 668)
Schloß Igling, GC (Nr. 669)
Allgäuer G&LC (Nr. 639)

Bayern

Golf Club Feldafing e.V.

Karte, Nr. 683, Feld H12 **18** Design: Bernhard von Limburger Höhe: 650 m

gegründet: 1926

Tutzinger Straße 15, 82340 Feldafing
☎ 08157-93340 Fax 08157-933499
✉ info@golfclub-feldafing.de
www.golfclub-feldafing.de

PR: Nikolaus von Koblinski, GF: Florian Kohlhuber
Headgreenkeeper: Florian Eska

i: ☎ 08157-93340 Fax 08157-933499
Stellv. GF: Stephanie Eger;
Gerhard Brauckmann

Gastronomie: Karl-Werner Küster
☎ 08157-933411

PRO SHOP: Wolfgang John
☎ 08157-933412

PRO: Pro: Wolfgang John, Andreas Wisgickl

H: 5726 m, CR 71.6, SL 142, Par 71
D: 5089 m, CR 73.4, SL 137, Par 71
15 Rangeabschläge (5 überdacht)

G: Gäste sind jederzeit willkommen. Anmeldung ist notwendig. Clubausweis mit eingetragenem Handicap (34) ist erforderlich.

18-Loch-Greenfee: WT: EUR 80 / WE: EUR 110
9-Loch-Greenfee: WT: EUR 40 / WE: EUR 55
Ermäßigung: Jugendl./Stud. 50%

Platzbeschreibung

Der Golfclub Feldafing liegt am Ufer des Starnberger Sees und ist in den historischen Lenné-Park eingebettet. Die einzigartig in Hanggelände gelegenen 18 Bahnen bestechen nicht nur durch ihren spielerischen Reiz und das wunderschöne Panorama, sondern auch durch die zeitgeschichtliche Aura, die den Platz umgibt. Auf der Anlage des bereits 1926 gegründeten Traditionsvereins spielten schon Persönlichkeiten wie der US-Präsident Dwight D. Eisenhower!

Platzinfos

VCG GPS CLUB GASTRO

Anfahrtsbeschreibung

A 95 München-Garmisch, Ausfahrt Starnberg, durch Starnberg auf der B 2 bis Pöcking, an der ersten Ampel links Richtung Possenhofen, in Possenhofen rechts Richtung Feldafing-Tutzing, nach ca. 2 km liegt der Golfplatz linker Hand der Straße.

Nächstgelegene Plätze

Tutzing, GC (Nr. 685)
Starnberg, GC (Nr. 675)
Bergkramerhof, GA (Nr. 691)

Golf-Club Chieming e.V.

Karte, Nr. 684, Feld I12 **18/7** Höhe: 500 m

gegründet: 1982

Kötzing 1, 83339 Chieming-Hart
☎ 08669-87330 Fax 08669-873333
✉ info@golfchieming.de
www.golfchieming.de

PR Sebastian Wagnerberger, GF: Christian Köbler
Headgreenkeeper: Andrew Foyle

i ☎ 08669-87330 Fax -873333
Eduardo Vera, Claudia Schmid

Gmahde Wiesn, Georgia Petraki

PRO SHOP ☎ 08669-87330 Fax -873333

PRO Pro: Markus Banik, Michael Kriechbaum

18-Loch Platz
H: 5933 m, CR 71.5, SL 131, Par 72
D: 5254 m, CR 73.7, SL 126, Par 72
7-Loch Super7Seven - Public Golf Par 3 Platz
H: 676 m, D: 665 m
18 Rangeabschläge (6 überdacht)

G Gäste sind jederzeit willkommen. Anmeldung ist notwendig. Clubausweis mit eingetragener PE ist erforderlich.

18-Loch-Greenfee: EUR 85
9-Loch-Greenfee: WT: EUR 49
Ermäßigung: Jugendl./Stud. 50%

Platzinfos

Anfahrtsbeschreibung

A 8 München-Salzburg, Ausfahrt Grabenstätt Richtung Chieming, weiter nach Norden über Laimgrub (große Straßenkreuzung) nach Sondermoning, vor dem Ort links nach Hart, durch Hart Richtung Knesing zum Golfplatz.

Platzbeschreibung

Der Golfclub ist in einer der landschaftlich reizvollsten Gegenden Deutschlands gelegen. In unmittelbarer Nachbarschaft des Chiemsees, umrahmt von herrlichen Wäldern, mit Aussicht auf die Chiemgauer Berge und das Berchtesgadener Land. Die sanft kupierte Moränenlandschaft ist teilweise gesäumt von Obstbäumen, Lärchen, Linden und Eichen und steigert den Schwierigkeitsgrad des Platzes.

Nächstgelegene Plätze

Gut Ising, GC (Nr. 686)
Am Obinger See, GC (Nr. 676)
Höslwang/Chiemgau, GC (Nr. 680)

Bayern

Golfclub Tutzing

Karte, Nr. 685, Feld H12 18/6 Höhe: 700 m

gegründet: 1983

Gut Deixlfurt 7, 82327 Tutzing
08158-3600 08158-7234
service@golfplatz-tutzing.de
www.golfplatz-tutzing.de

PR Alexander Protogerov, GF: Dr. Dankmar Zinke
Michael Dörrenberg
Headgreenkeeper: Helmut Wirth

i 08158-3600 08158-7234

Morattina
08158-9070088

PRO SHOP Golf-Shop Tutzing
08158-3600

PRO Pro: Keith Read

H: 6041 m, CR 71.7, SL 123, Par 72
D: 5427 m, CR 73.9, SL 131, Par 72
20 Rangeabschläge (4 überdacht)

G Gäste sind jederzeit willkommen. Anmeldung ist notwendig. Clubausweis mit eingetragenem Handicap (54) ist erforderlich. Sa./So./Feiertage ist Handicap 45 erforderlich. E-Ladestation am Clubhaus für E-Autos, Wallbox 22kW Caravan Stellplätze mit Stromanschluss für Golfspieler mit vorheriger Anmeldung

18-Loch-Greenfee: WT: EUR 76 / WE: EUR 90
9-Loch-Greenfee: WT: EUR 50 / WE: EUR 60
Golf-Carts: EUR 35 je 18-Loch Runde.
Zieh-Trolley: EUR 5 / E-Trolley auf Anfrage
Ermäßigung: Jugendl. bis 18 J. und Stud. bis 25 J. 50%

Nächstgelegene Plätze
Feldafing, GC (Nr. 683)
Hohenpähl, GC (Nr. 690)
Starnberg, GC (Nr. 675)

Platzinfos

VCG GPS CLUB GASTRO

Anfahrtsbeschreibung
A 95 München-Garmisch, Ausfahrt Starnberg, durch Starnberg auf der Olympiastraße B 2 Richtung Weilheim, ca. 1 km nach Traubing links in die Auffahrt zu Gut Deixlfurt und der Beschilderung „Golf" zum Golfplatz folgen.

Platzbeschreibung
In sanft hügeligem, weitgehend naturbelassenem Gelände auf 700 Meter Meereshöhe mit beeindruckendem Blick bis auf das Wetterstein- und Karwendel-Massiv erwartet Sie der Golfplatz Tutzing. Der 18-Loch-Platz liegt inmitten der idyllischen Voralpenlandschaft mit altem Baumbestand, Wiesen und Moorbecken. Ein landschaftliches Juwel, keine 30 km südlich von München und ganz in der Nähe des herrlichen Starnberger Sees.

Golf Club Gut Ising

Karte, Nr. 686, Feld I12 9 Höhe: 557 m

gegründet: 1997

Kirchberg 3, 83339 Chieming
08667-79358 08667-79432
golfclub@gut-ising.de
www.gut-ising.de

PR Konstantin Magalow, GF: Christoph Leinberger, CM: Christoph Leinberger
Headgreenkeeper: Samir Harrak

i 08667-79358 08667-79432
Michaela Krebs, Astrid Baumgartner

Goldener Pflug / Derby Bar Clubhaus
08667-79172 / 08667-79436

PRO SHOP Schuster & Lubenau Academy, Felix Lubenau
08667-79358 08667-79432

PRO Pro: Felix Lubenau, Ernst Reiter

H: 5624 m, CR 69.5, SL 121, Par 72
D: 5028 m, CR 71.7, SL 118, Par 72
15 Rangeabschläge (2 überdacht)

G Gäste sind jederzeit willkommen. Anmeldung ist notwendig. Clubausweis mit eingetragenem Handicap (54) ist erforderlich.

18-Loch-Greenfee: WT: EUR 40 / WE: EUR 45
9-Loch-Greenfee: WT: EUR 30 / WE: EUR 35
Ermäßigung: Jugendl. bis 18 J.

Platzbeschreibung

Die Golfanlage liegt eingebettet zwischen alten Alleebäumen und den angrenzenden Poloplätzen von Gut Ising und bietet zusammen mit Wasserhindernissen eine gelungene Mischung unterschiedlicher Löcher. Die Grüns erfordern präzise Annäherungsschläge, denn teilweise eng angelegte Bahnen und angrenzende „out of bound"-Flächen erlauben nur minimale Abweichungen von der Ideallinie.

Platzinfos

VCG CLUB GASTRO

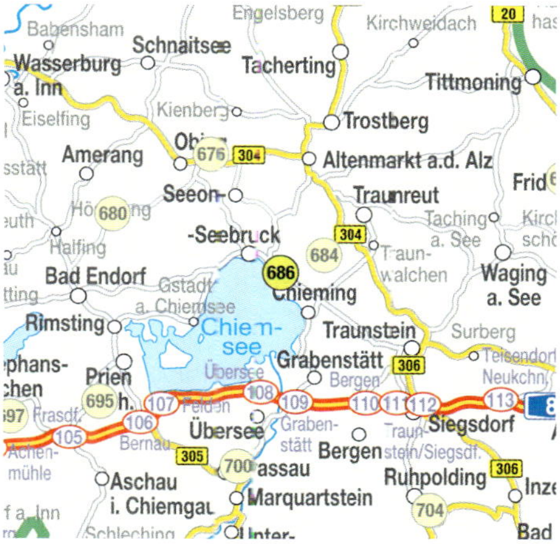

Anfahrtsbeschreibung

Von München: A 8 Richtung Salzburg, Ausfahrt Grabenstätt Richtung Chieming, in Chieming Richtung Norden bis zur Kreisverkehr, dort rechts Richtung Seebruck-Ising und der Beschilderung nach Ising folgen, in Ising an der Kirche links vorbei und der Beschilderung zum Golfplatz folgen.

Nächstgelegene Plätze

Chieming, GC (Nr. 684)
Am Obinger See, GC (Nr. 676)
Höslwang/Chiemgau, GC (Nr. 680)

Bayern

Golfclub München-Riedhof e.V.

Karte, Nr. 687, Feld H12 **18** Design: Heinz Fehring Höhe: 550 m

gegründet: 1989

Riedhof 16, 82544 Egling-Riedhof
08171-21950 08171-219511
info@riedhof.de
www.riedhof.de

PR
Dr. Elmar Kades, GF: Kariem Baraka
Headgreenkeeper: Peter Shaw

08171-21950 08171-219511

Restaurant Riedhof
08171-219535

PRO SHOP
Golfshop Riedhof, Claudia Rexhäuser
08171-219530 08171-219511

PRO
Pro: Christian Moculescu, Dominik Grass, Elke Junge

H: 5865 m, CR 71.3, SL 131, Par 72
D: 5166 m, CR 73.3, SL 129, Par 72
21 Rangeabschläge (7 überdacht)

G
Gäste sind Montag - Freitag (außer an Feiertagen) willkommen. Anmeldung ist notwendig. Clubausweis mit eingetragenem Handicap (36) ist erforderlich.

18-Loch-Greenfee: WT: EUR 110
9-Loch-Greenfee: WT: EUR 60
GF 18-Loch WT: bis 10 Uhr: EUR 80
Montag: Kennenlerntag EUR 70

Platzinfos

VCG

Anfahrtsbeschreibung

A 95 München-Garmisch, Ausfahrt Wolfratshausen Richtung Autobahn Salzburg nach Wolfratshausen, dort Richtung Egling, dann der Beschilderung folgen. Oder: Von München Richtung Bad Tölz über Grünwald-Straßlach-Deining Richtung Wolfratshausen und der Beschilderung zum Golfplatz folgen.

Platzbeschreibung

Dieser exklusive und familienfreundliche Club bietet ein sehr hohes Dienstleistungsniveau und ein vielfältiges sportliches Turnierangebot. Der Platz bietet für sportlich anspruchsvolle Spieler abwechslungsreiche Fairways mit strategisch platzierten Hindernissen und treuen Grüns.

Nächstgelegene Plätze

Bergkramerhof, GA (Nr. 691)
Münchener GC, Straßlach (Nr. 679)
Beuerberg, GC (Nr. 696)

Golfclub Mangfalltal e.V.

Karte, Nr. 688, Feld H12   18   Höhe: 600 m

gegründet: 1987

Oed 1, 83620 Feldkirchen-Westerham
☎ 08063-6300 ☏ 08063-6958
✉ info@gc-mangfalltal.de
💻 www.gc-mangfalltal.de

PR: Peider Bach, GF: Markus Steinle

i: ☎ 08063-6300 ☏ 08063-6958
Karin Kunze, Jutta Neubert, Bianka Reichl

Landgasthof im Golfclub Mangfalltal, Klaus Vaitl
☎ 08063-9737957

PRO SHOP: Tom Duncan
☎ 0173-2406673

PRO: Pro: Tom Duncan, Brian Birch

H: 5767 m, CR 70.8, SL 138, Par 72
D: 5142 m, CR 73.2, SL 128, Par 72
20 Rangeabschläge (5 überdacht)

G: Gäste sind jederzeit willkommen. Anmeldung ist notwendig. Clubausweis mit eingetragenem Handicap (45) ist erforderlich. Sa./So./Feiertage ist Handicap 36 erforderlich. Keine 9 Loch Runden in den Kernzeiten 10:00-14:00 Uhr an Wochenenden möglich

18-Loch-Greenfee: Mo.-Sa.: EUR 90
9-Loch-Greenfee: Mo.-Sa.: EUR 55
Alle Gutscheine werden auf das Standard Greenfee berechnet (WT 80€ / WE & FT 90€).
Ermäßigung: Jugendl. bis 12 J. 100%, Stud. bis 27 J. 50%

Platzbeschreibung

Südöstlich von München in 30 Min. erreichbar, ist der GC Mangfalltal einer der am schönsten gelegenen Plätze Oberbayerns mit imposanten Blick auf das Alpenpanorama. Das stilvoll umgebaute alte Clubhaus aus dem Jahre 1833 zeigt Charakter mit bayerischer Gemütlichkeit.

Platzinfos

VCG GPS CLUB GASTRO

Anfahrtsbeschreibung

A 8 München-Salzburg, Ausfahrt Hofolding Richtung Aying, Landstraße Richtung Rosenheim-Feldkirchen-Westerham, in Feldkirchen Richtung Glonn. Oder: München-Ottobrunn über die Rosenheimer Landstraße in Richtung Bad Aibling, in Feldkirchen Richtung Glonn, nach ca. 800 m rechts zum Golfplatz abbiegen.

Nächstgelegene Plätze

Schloss Egmating, GP (Nr. 677)
Golf Valley Mchn. (Nr. 693)
Schloß Maxlrain, GC (Nr. 692)

Allgäuer Golf- und Landclub e.V.

Karte, Nr. 689, Feld F12 18/6 Höhe: 690 m

gegründet: 1984

Boschach 3, 87724 Ottobeuren
08332-92510
info@aglc.de
www.aglc.de

PR
Horst Klüpfel, CM: Johannes Siemenczuk
Headgreenkeeper: Daniel Weischedel

08332-92510
Andrea Stock

Restaurant am Golfplatz, Monika Perkovic
08332-5164

PRO
Pro: Mark Southern

18-Loch Platz
H: 6096 m, CR 72.4, SL 131, Par 72
D: 5398 m, CR 74.4, SL 126, Par 72
6-Loch Platz
H: 2877 m, Par 57
D: 2877 m, Par 57
20 Rangeabschläge (10 überdacht)

G
Gäste sind jederzeit willkommen. Anmeldung ist notwendig. Clubausweis mit eingetragenem Handicap (54) ist erforderlich. Sa./So./Feiertage ist Handicap 45 erforderlich.

18-Loch-Greenfee: WT: EUR 64 / WE: EUR 79
9-Loch-Greenfee: WT: EUR 40 / WE: EUR 47
Ermäßigung: Jugendl./Stud. bis 27 J. 50%

Platzbeschreibung

Der Golfplatz liegt außerhalb von Ottobeuren, einem netten Kurort mit der berühmten Basilika, in ländlicher Gegend. Die breiten Fairways sind sehr gut eingewachsen und bieten mit Wasserhindernissen und gut von Bunkern verteidigten Grüns ein abwechslungsreiches Spiel. Das Clubhaus im Landhausstil wurde 1997 total renoviert und wesentlich vergrößert. Kinder und Jugendliche bis 18 Jahre spielen in Begleitung eines golfenden Eltern- bzw. Großelternteils gratis!

Platzinfos

Anfahrtsbeschreibung

A 7, Ausfahrt Memmingen, weiter über Memmingen und Ottobeuren nach Eldern, ab Eldern der Beschilderung bis zum Golfplatz folgen.

Nächstgelegene Plätze

Memmingen, GC (Nr. 681)
Waldegg-Wiggensb., GC (Nr. 706)
Schloßgut Lenzfried, Golfpark (Nr. 708)

Bayern

Golfen im Allgäu
...frisches „Grün"

Golfen vor der historischen Kulisse der Benediktinerabtei ist einer der Anziehungspunkte für den Allgäuer Golf- und Landclub. Eingebettet in die sanft hügelige, wiesengrüne Landschaft des Kneipplandes® Unterallgäu bietet der 18-Loch-Golfplatz nicht nur ambitionierten Golfern ein einmaliges Freizeiterlebnis. Auch derjenige, der den Golfsport erst noch für sich entdecken möchte, kann seinen Urlaubsaufenthalt in Ottobeuren hervorragend dafür nutzen.

Unsere Leistungen:

- 4 Übernachtungen im DZ inkl. Frühstück
- 2 x Greenfee im Allgäuer Golf- und Landclub Ottobeuren
- Führung durch die Basilika am Samstagnachmittag
- Besuch des Museums für zeitgenössische Kunst – Diether Kunerth

Voraussetzungen:

- 18-Loch-Golfplatz: Gültiger Clubausweis mit eingetragenem Handicap (54)
- 6-Loch-Golfplatz: ohne Clubausweis ohne Platzreife

Preis pro Person: ab € 409,00

Foto: Allgäuer Golfclub
18-Loch und 6-Loch-Golfplatz

Foto: www.luftbild-bertram.de

Information:

Touristikamt Kur & Kultur
Marktplatz 14
87724 Ottobeuren
Tel.: 08332/921950
Fax: 08332/921992
Mail: touristikamt@ottobeuren.de
www.ottobeuren.de

Bayern

Greenfee-Aktion: Seite G 165

Golf Club Hohenpähl e.V.

Karte, Nr. 690, Feld G12 **18** Design: Kurt Rossknecht Höhe: 690 m

gegründet: 1988

Hohenpähl, 82396 Pähl
✆ 08808-92020
info@gchp.de
www.gchp.de

PR: Christian Hofstätter, GF: Stefanie Almer

i: ✆ 08808-92020

Restaurant im Golfclub Hohenpähl
✆ 08808-9242875

PRO: Pro: Christian Görlitz, Markus Obermeier

H: 5723 m, CR 70.7, SL 131, Par 71
D: 5071 m, CR 72.6, SL 129, Par 71
30 Rangeabschläge (5 überdacht)

G: Gäste sind jederzeit willkommen. Anmeldung ist notwendig. Clubausweis mit eingetragenem Handicap (45) ist erforderlich.

18-Loch-Greenfee: WT: EUR 80 / WE: EUR 90
9-Loch-Greenfee: WT: EUR 45 / WE: EUR 55
Auf Fern- und eingeschränkte Mitgliedschaften keine Ermäßigung.
Ermäßigung: Jugendl. bis 27 J.

Platzinfos

VCG GPS CLUB GASTRO

Anfahrtsbeschreibung

Von München: A 95 München-Garmisch, Ausfahrt Starnberg, durch Starnberg auf der B 2 Richtung Weilheim. Bei km 41 rechts nach 80 m links in den Wald einbiegen. Der Beschilderung ca. 2,5 km bis zum Clubhaus folgen. Von Süden: B 2 Garmisch-Weilheim Richtung Starnberg, an der Abzweigung Pähl-Dießen-Herrsching vorbei, geradeaus den Berg hinauf, ca. 800 m nach der scharfen Rechtskurve bei der „Hirschbergalm" rechts und die B 2 nach links zum Golfplatz queren.

Platzbeschreibung

Der Golf Club Hohenpähl ist in welligem Gelände angelegt und bietet von 12 Bahnen aus traumhafte Ausblicke auf das Alpenpanorama. Die Bahnen führen durch eine parkähnliche Landschaft mit sehr altem, majestätisch wirkendem Baumbestand. Die Anlage bietet durch zahlreiche Teiche, die Fairways begleitende Bäche und mehrere Schräglagen einen technisch anspruchsvollen Platz. Erholung pur in wunderbarer Naturlandschaft.

Nächstgelegene Plätze

Tutzing, GC (Nr. 685)
Feldafing, GC (Nr. 683)
Starnberg, GC (Nr. 675)

Golfanlage Bergkramerhof

Karte, Nr. 691, Feld H12 **9** Design: Thomas Himmel Höhe: 650 m

gegründet: 1994

Bergkramerhof, 82515 Wolfratshausen
☏ 08171-41910 Fax 08171-419111
info@gc-bergkramerhof.de
www.gc-bergkramerhof.de

☏ 08171-41910 Fax -419111
Kerstin Geigl

Der Bergkramer, Almeida
☏ 08171-3851946 Fax 08171-3851947

PRO SHOP: Matthias Ludwig
☏ 08171-9068930 Fax -419111

PRO: Pro: Dean Bradley, Philipp Höllmüller, Ian Lyons

H: 5922 m, CR 70.1, SL 123, Par 72
D: 5135 m, CR 71.5, SL 122, Par 72
38 Rangeabschläge (8 überdacht)

G: Gäste sind jederzeit willkommen. Anmeldung ist notwendig. Clubausweis mit eingetragenem Handicap (54) ist erforderlich. Ökologischer Golfplatz: ohne chemische Pflanzenschutzmittel. Kein Spielrecht für VCG-Mitglieder

18-Loch-Greenfee: WT: EUR 75 / WE: EUR 95
9-Loch-Greenfee: WT: EUR 50
Ermäßigung: Jugendl. bis 18 J. 50%, Stud. bis 27 J. 25%

Platzbeschreibung

Herzlich Willkommen auf der Golfanlage Bergkramerhof, der 1. Ökologischen Golfanlage in Deutschland Fühlen Sie sich herzlich eingeladen, die einzigartige, ökologische Golfanlage mit den vielfältigen Fassetten zu genießen. Neben der Einzigartigkeit, dass hier der Mensch, Flora und Fauna keinen Pestiziden und anderen gesundheitsschädlichen Chemikalien ausgesetzt sind, gibt es hier einen herrlichen Sport, schöne Natur in vitalisierender Luft, Gemeinschaft, Erholung und vieles mehr zu genießen. Dank der optimalen Verkehrsanbindung an die A 95 ist die Golfanlage schnell zu erreichen. Der Platz wurde mit einem spannenden Layout, von Architekt Thomas Himmel, perfekt in die idyllische Landschaft integriert. Von den meisten Löchern hat man einen wundervollen Blick in die Alpen.

Platzinfos

Anfahrtsbeschreibung

Von München: A 95 Ri. Garmisch, Ausf. Wolfratshausen, an der Ampel li. abbiegen, Ri. Wolfratshausen. Sofort wieder li. einordnen und unmittelbar nach der Autobahnunterführung li. abbiegen. Nach ca. 100 m wieder li. in die Auffahrtstraße zur Golfanlage. Von Garmisch: A 95 Ri. Mü., Ausf. Wolfratshausen, Landstraße überqueren und schräg gegenüber einfahren. Nach ca. 100 m links in die Auffahrtstraße zur Golfanlage.

Nächstgelegene Plätze

München-Riedhof, GC (Nr. 687)
Feldafing, GC (Nr. 683)
Beuerberg, GC (Nr. 696)

Bayern

Greenfee-Aktion: Seite G 167

Golf Club Schloß Maxlrain e.V.

Karte, Nr. 692, Feld I12 **18/9** Design: Paul Krings Höhe: 500 m

gegründet: 1988

Freiung 14, 83104 Maxlrain
✆ 08061-1403 Fax 08061-30146
info@golfclub-maxlrain.de
www.golfclub-maxlrain.de

PR: Karlheinz Bachmeier

i: ✆ 08061-1403 Fax -30146
Alexandra Kellerer

Golfclub Schloss Maxlrain
✆ 08061-1403

PRO SHOP: Golfclub Schloss Maxlrain
✆ 08061-1403

PRO: Pro: Tomek Dogil

18-Loch Platz
H: 6090 m, CR 72.9, SL 136, Par 72
D: 5394 m, CR 74.9, SL 132, Par 72
9-Loch Maxlrainer Kurzplatz (Par 3)
H: 895 m, Par 27, D: 895 m, Par 27
25 Rangeabschläge (8 überdacht)

G: Gäste sind jederzeit willkommen. Anmeldung ist notwendig. Clubausweis mit eingetragener PE ist erforderlich.

18-Loch-Greenfee EUR 90
9-Loch-Greenfee: EUR 55
Bitte beachten Sie unsere Spezialtarife auf unserer Homepage (Mittagstarif, Mondschein-tarif...).
Ermäßigung: Jugendl. bis 30 J. 50%

Platzinfos

Anfahrtsbeschreibung

A 8 München-Salzburg, Ausfahrt Bad Aibling, danach Richtung Bad Aibling. Am 1. Kreisel links Richtung München, am 2. Kreisel geradeaus Richtung Ebersberg und der Beschilderung Golfplatz (ca. 3,5 km) folgen. Oder: Staatsstraße 2078 München-Rosenheim vor Bad Aibling am Kreisel Richtung Ebersberg und der Beschilderung Golfplatz (ca. 3,5 km) folgen.

Platzbeschreibung

Auf 140 ha breitet sich eine der schönsten Golfanlagen Deutschlands aus - ein wahrer Golfpark. Der größte Teil der Bahnen führt über den im 19. Jahrhundert angelegten Schlosspark mit riesigen Tannen, Fichten und über zweihundertjährigen Eichen. Durch seine vielen Teiche, Wasserläufe und Biotope stellt Schloß Maxlrain ein wahres Naturparadies dar.

Nächstgelegene Plätze

Mangfalltal, GC (Nr. 688)
Schloss Elkofen, GC (Nr. 673)
Pfaffing, GC (Nr. 671)

Bayern

Golf Valley München

Karte, Nr. 693, Feld H12 27/9 Design: David Krause Höhe: 690 m

gegründet: 2009

Am Golfplatz 1, 83626 Valley
✆ 08024-902790 🖷 08024-9027999
✉ info@golfvalley.de
www.golfvalley.de

PR: Michael Weichselgartner,
GF: Alexandra Weichselgartner

i: ✆ 08024-902790 🖷 08024-9027999

La Buca 37
✆ 08024 – 90 27 920

PRO SHOP: GOLFSHOP.DE, Robert Solansky
✆ 08024-6499942

PRO: Pro: Danny Wilde

27-Loch Designer Course
H: 6202 m, CR 73.4, SL 135, Par 72
D: 5315 m, CR 74.8, SL 132, Par 72
9-Loch Golfpark Platz
H: 3824 m, CR 62.1, SL 100, Par 64
D: 3208 m, CR 60.6, SL 99, Par 64
120 Rangeabschläge (15 überdacht)

G: Gäste sind jederzeit willkommen. Anmeldung ist notwendig. Clubausweis mit eingetragenem Handicap (36) ist erforderlich. Auf dem 9-Loch Golfpark sind Hunde angeleint erlaubt

18-Loch-Greenfee: WT: EUR 95 / WE: EUR 120
9-Loch-Greenfee: WT: EUR 75
Ermäßigung: Jugendl. bis 18 J. 33%, Stud. bis 27 J. 20%

Platzinfos

Anfahrtsbeschreibung

Autobahn A8, Ausfahrt Holzkirchen, weiter auf der B318 Richtung Tegernsee ca. 3,5 km. Ausfahrt rechts Richtung Gewerbegebiet Warngau, rechts auf die „Tegernseer Str.", nach ca. 100m Richtung links Richtung Gewerbegebiet, auf der Valleyer Str. bleiben bis zur Einfahrt auf das Gelände des Clubs.

Aus Richtung Tegernsee kommend: B318 Richtung A8, Ausfahrt rechts Richtung Gewerbegebiet Warngau, links auf die „Tegernseer Str.", nach ca 50m links Richtung Gewerbegebiet, auf der Valleyer Str. bleiben bis zur Einfahrt auf das Gelände des Clubs.

Platzbeschreibung

Am Eingang des Tegernseer Tals, verkehrsgünstig nur wenige Kilometer von der A8 gelegen, befindet sich eine der modernsten Golfanlagen Europas. Der 3 x 9 Loch Designer Course bildet mit seinem einzigartigen Layout das Herzstück der Golfanlage Valley. Designed vom kanadischen Stararchitekten David Krause spiegelt er den neuesten Stand der Golfplatzarchitektur wider und integriert die aktuellsten Entwicklungen.

Nächstgelegene Plätze

Tegernsee, GP (Nr. 698)
Mangfalltal, GC (Nr. 688)
Margarethenhof, GC (Nr. 705)

Bayern

Greenfee-Aktion: Seite G 167

Golfclub Berchtesgadener Land e.V.

Karte, Nr. 694, Feld K13 **18** Höhe: 450 m

gegründet: 1993

Weng 12, 83404 Ainring
08654-69020 08654-690211
info@bgl.golf
www.gcbgl.de

PR: Hans Lindner, GF: Josef Abfalter sen.
Christian Rau
Headgreenkeeper: J. Abfalter sen.

i: 08654-69020 08654-690211
Hildegard Rau, Christine Winterer,
Sabine Webersberger

Hotel-Restaurant „Wengerhof"
08654-690250 08654-690211
Mo. Ruhetag

PRO SHOP: Hildegard Rau
08654-69020 08654-690211

PRO: Pro: Ronny Schinnerl, Markus Angerer,
Maximilian Wöss

H: 5943 m, CR 71.4, SL 131, Par 72
D: 5215 m, CR 73, SL 128, Par 72
20 Rangeabschläge (8 überdacht)

G: Gäste sind jederzeit willkommen. Anmeldung ist notwendig. Clubausweis mit eingetragenem Handicap (54) ist erforderlich.

Tages-Greenfee: Mo.: EUR 56 / Di.-Fr.: EUR 70 / WE: EUR 80
Ermäßigung: Jugendl./Stud. 50%

Platzinfos

VCG GPS CLUB GASTRO

Anfahrtsbeschreibung

A 8 München-Salzburg, Ausfahrt Freilassing, bei Freilassing-Süd auf der B 304 Richtung Traunstein bis zur Abzweigung nach Weng. Von Salzburg: Über den Grenzübergang Freilassing auf die B 304 Richtung Traunstein bis zur Abzweigung nach Weng.

Platzbeschreibung

Diese Golfanlage liegt landschaftlich sehr schön gelegen im Berchtesgadener Land nur unweit von der Festspielstadt Salzburg. Die Topographie des 100 ha großen Geländes ist leicht hügelig, trotzdem für Senioren hervorragend geeignet. Der Platz gilt als technisch sehr anspruchsvoll, da seine Architektur mit natürlichen Wasserläufen und Teichen sowie strategisch gut platzierten Bunkern, sowohl technisch als auch spieltechnische Herausforderungen bietet. Clubhaus mit Hotel, guter Gastronomie und schöner Sonnenterrasse.

Nächstgelegene Plätze

Anthal-Waginger See, GC (Nr. 678)
Ruhpolding, GC (Nr. 704)
Berchtesgaden, GC (Nr. 714)

Chiemsee Golf-Club Prien e.V.

Karte, Nr. 695, Feld I13 **18** Design: Herr Harradine Höhe: 580 m

gegründet: 1961

Bauernberg 5, 83209 Prien-Bauernberg
08051-62215 08051-61987
cgc-prien@t-online.de
www.cgc-prien.de

PR Christian Karg
Headgreenkeeper: Philipp Eins

i 08051-62215 -61987
Theresa Kellerer

Club-Restaurant, Giovanna Scarzanella - Rosso
08051-4820
Mo. Ruhetag

PRO SHOP ProShop Häringer, Katharina Häringer
0172-8674974 08051-5948 Tel.

PRO Pro: Martin Höcker, Ralf Dreher

H: 5773 m, CR 72, SL 133, Par 72
D: 5119 m, CR 74, SL 129, Par 72
14 Rangeabschläge (7 überdacht)

G Gäste sind jederzeit willkommen. Sa./So./Feiertage ist Anmeldung notwendig. Clubausweis mit eingetragenem Handicap (54) ist erforderlich. Sa./So./Feiertage ist Handicap 36 erforderlich. Bei Bespielung am WE bitten wir um vorherige telefonische Anfrage.

18-Loch-Greenfee: WT: EUR 69 / WE: EUR 75
Ermäßigung: Jugendl. bis 18 J. und Stud. 50%

Platzbeschreibung

Der Platz, auf einem Hochplateau im Nahbereich des Chiemsees gelegen, ist mit seinen hügeligen und gleichzeitig sehr abwechslungsreichen Spielbahnen sehr anspruchsvoll gestaltet. Zahlreiche Schräglagen, alter Baumbestand und natürlicher Bewuchs stellen den Golfer immer wieder vor Herausforderungen.

Platzinfos

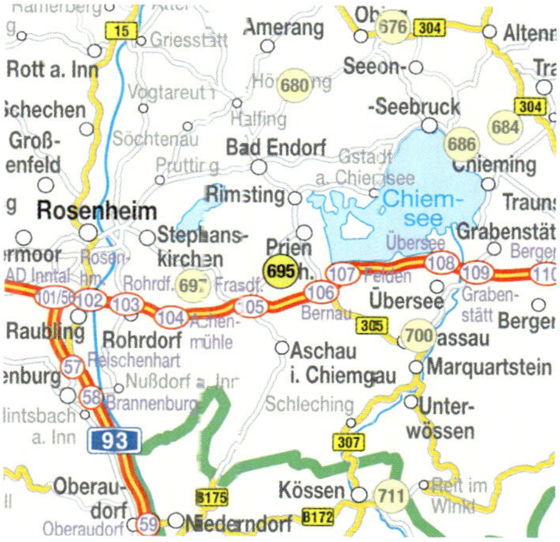

Anfahrtsbeschreibung

A 8 Salzburg-München, Ausfahrt Bernau-Prien Richtung Prien, nach 2 km links Richtung Hittenkirchen, danach über eine Bergkuppe und nach 150 m rechts Richtung Vachendorf und rechts zum Golfplatz. Oder: A 8 München-Salzburg, Ausfahrt Frasdorf, nördlich der A 8 Richtung Umratshausen-Hittenkirchen bis zur Bahnlinie Prien-Aschau, an dieser in nördlicher Richtung ca. 2 km entlang bis zum Golfplatz.

Nächstgelegene Plätze

Patting-Hochriesblick, GA (Nr. 697)
Achental (Nr. 700)
Höslwang/Chiemgau, GC (Nr. 680)

Bayern

Golfclub Beuerberg e.V.

Karte, Nr. 696, Feld H13 **18** Design: Donald Harradine Höhe: 600 m

gegründet: 1982

Gut Sterz 3, 82547 Beuerberg
08179-617/-723 08179-5234
info@gc-beuerberg.de
www.golfclub-beuerberg.de

PR Dr. Wolfgang Ruhwinkel, GF: Isolde Zondler, CM: Dr. Urs Zondler

i 08179-617 oder 728 08179-5234
Peggy Hass, Sandra Strutz

Erik Hvizd, Erik Hvizd
08179-997868 08179-5234

PRO SHOP EGM – Ihr Golfprofi GmbH, Harry Schenavsky
08179-9974490

PRO Pro: Christian Neumaier, Christian Leslie Schanz, Jens-Peter Koriath

H: 6262 m, CR 73.3, SL 135, Par 74
D: 5569 m, CR 75.7, SL 136, Par 74
40 Rangeabschläge (8 überdacht)

G Gäste sind Montag - Freitag (außer an Feiertagen) willkommen. Anmeldung ist notwendig. Clubausweis mit eingetragenem Handicap (36) ist erforderlich.

18-Loch-Greenfee: WT: EUR 85 / WE: EUR 105
9-Loch-Greenfee: WT: EUR 50 / WE: EUR 60
Ermäßigung: Jugendl./Stud. bis 26 J. 50%

Platzinfos

VCG GPS

Anfahrtsbeschreibung

A 95 München-Garmisch, Ausfahrt Seeshaupt Richtung Königsdorf (Ortsumgehung Beuerberg), ca. 200 m nach der Loisachbrücke rechts zum Golfplatz abbiegen.

Platzbeschreibung

Die großzügig auf einer Fläche von 119 ha angelegten Spielbahnen beeindrucken durch ihre reizvolle Lage im Alpenvorland mit traumhafter Bergkulisse. Breite Fairways, Waldschneisen, strategisch gelegene Bunker und Wasserhindernisse fordern einen überlegten Schlägereinsatz, wobei je nach Spielstärke von Champion-Tees oder normalen Abschlägen gespielt werden kann.

Nächstgelegene Plätze

St. Eurach L&GC (Nr. 699)
Iffeldorf, GA (Nr. 701)
Bergkramerhof, GA (Nr. 691)

Greenfee-Aktion: Seite G 167

Golfanlage Patting-Hochriesblick

Karte, Nr. 697, Feld I13 9\9 Design: Infinite Variety Golf Deutsch and Höhe: 599 m

gegründet: 1992

Patting 1, 83083 Riedering
08032-1030
info@golf-patting.de
www.golf-patting.de

PR
GF: Marie Bauhuber
Headgreenkeeper: Josef Schwaiger

08032-1030

PRO SHOP
Golfanlage Patting-Hochriesblick
08032-1030

PRO
Pro: Walter Holzwarth

9-Loch Golfanlage Patting-Hochriesblick Kampenwandplatz (Executive)
H: 1457 m, CR 57.9, SL 93, Par 29
D: 1457 m, CR 58.9, SL 93, Par 29
9-Loch Golfanlage Patting-Hochriesblick Reversible-Platz
H: 4946 m, CR 66.4, SL 111, Par 70
D: 4413 m, CR 68, SL 112, Par 70
15 Rangeabschläge (6 überdacht)

G
Gäste sind jederzeit willkommen. Anmeldung ist erforderlich. PE ist erforderlich.

18-Loch-Greenfee: EUR 57
9-Loch-Greenfee: EUR 28.5
Ermäßigung: Jugendl. bis 18 J. 50%, Stud. bis 26 J. 10%

Platzinfos

VCG

Anfahrtsbeschreibung

Autobahn A 8 - Ausfahrt Achenmühle - weiterfahren in Richtung Achenmühle - im Ort links abbiegen Richtung Höhenmoos - nach der Autobahnüberführung rechts Richtung Osterkam - danach der Beschilderung folgen.

Platzbeschreibung

Die Golfanlage Patting-Hochriesblick liegt zwischen Chiemsee und Simssee im oberbayerischen Voralpenland. Sie wurde in den 1990er Jahren als 9-Loch-Platz gegründet. Seit 2019 präsentieren sich auf dem Areal zwei 9-Loch-Plätze: Der 9-Loch-Reversible-Platz mit Par 35 ist – der Name sagt es schon – in beide Richtungen bespielbar und bislang der einzige seiner Art in Deutschland. Der kürzere – ebenfalls geratete Kampenwandplatz mit Par 29 eignet sich für die „schnelle" Runde, wenn man mal nicht so viel Zeit aufwenden kann. Er ist auch ohne DGV-Ausweis bespielbar.

Nächstgelegene Plätze

Chiemsee GC Prien (Nr. 695)
Höslwang/Chiemgau, GC (Nr. 680)
Achental (Nr. 700)

Bayern

Golfplatz Waakirchen Tegernsee

Karte, Nr. 698, Feld H13 18

gegründet: 2016

Golfplatz 1, 83666 Waakirchen, OT Piesenkam
08021-5520
info@golfplatz-tegernsee.de
www.golfplatz-waakirchen-tegernsee.de

PR GF: Karl-Heinz Krutz
Headgreenkeeper: Michael Rzepka

i 08021-5520
Franziska Büttner, Andrea Fräsdorf

H: 5988 m, CR 72, SL 126, Par 72
D: 5193 m, CR 73, SL 130, Par 72

G Gäste sind jederzeit willkommen. Anmeldung ist erforderlich. PE ist erforderlich.

18-Loch-Greenfee: Mo.-Sa.: EUR 68 / So.: EUR 78
9-Loch-Greenfee: Mo.-Sa.: EUR 40 / So.: EUR 50
Ermäßigung: Jugendl. bis 17 J. und Stud. bis 27 J. 50%

Platzinfos

VCG

Anfahrtsbeschreibung

Nur wenige Kilometer vom Tegernsee entfernt, südlich von München, zwischen Miesbach und Bad Tölz. Für auswärtige Spieler verkehrsgünstig über die Autobahn A8 (Ausfahrt Holzkirchen, 15 km) zu erreichen, liegt die 18-Loch-Anlage des Golfplatz Waakirchen Tegernsee in Piesenkam. Das Clubhaus befindet sich in Piesenkam neben der Kreisstraße MB6, Ortsausfahrt Richtung Sachsenkam gleich links nach dem Ortsschild Piesenkam bzw. aus Richtung Sachsenkam direkt rechts vor dem Ortschild Piesenkam, Golfplatz 1, in Waakirchen OT Piesenkam.

Platzbeschreibung

Top gepflegter Platz zu absolut fairen Preisen mit traumhaften Bergpanorama im Tegernseer Voralpenland. Die flach verlaufenden Spielbahnen laden zu einer gemütlichen Runde über 18-Loch (PAR 72) ein. Elektro-Carts (2-Sitzer) stehen den Mitgliedern und Gästen ausreichend zur Verfügung. Nach der Runde lädt die Terrasse mit herrlichem Ausblick zum Verweilen ein.

Nächstgelegene Plätze

Margarethenhof, GC (Nr. 705)
Golf Valley Mchn. (Nr. 693)
Isarwinkel, GC (Nr. 703)

Greenfee-Aktion: Seite G 167

St. Eurach Land- und Golf Club e.V.

Karte, Nr. 699, Feld H13 **18** Design: Donald Harradine Höhe: 650 m

gegründet: 1973

Eurach 8, 82393 Iffeldorf
08801-915830
info@eurach.de
www.eurach.de

PR: Erhard Heck, GF: Serhat Kurnaz
Headgreenkeeper: Wolfgang Becker

i: 08801-915830
Gisela Resch

Johann Mikschy
08801-4129690

PRO SHOP: Wolfgang John
08801-915903

PRO: Pro: Steve Hampton

H: 5933 m, CR 71.9, SL 131, Par 71
D: 5273 m, CR 74.2, SL 125, Par 71
20 Rangeabschläge (7 überdacht)

G: Gäste sind jeden Tag (außer Sonntag) willkommen. Anmeldung ist notwendig. Clubausweis mit eingetragenem Handicap (45) ist erforderlich.

18-Loch-Greenfee: WT: EUR 90 / WE: EUR 105
9-Loch-Greenfee: WT: EUR 50 / WE: EUR 60
Gäste sind nach Voranmeldung jederzeit herzlich willkommen.
Ermäßigung: Jugendl./Stud. bis 30 J. 50%

Platzinfos

Anfahrtsbeschreibung

A 95 München-Garmisch, Ausfahrt Penzberg-Iffeldorf, Richtung Iffeldorf-Seeshaupt, nach ca. 1,5 km rechts zum Golfplatz abbiegen. Anfahrtsweg ist beschildert

Platzbeschreibung

Einzigartig schön gelegen und mit großer Verbundenheit zur Natur fügt sich die Anlage des St. Eurach Land- & Golfclub in die Voralpenlandschaft südlich von München, in der Nähe des Starnberger Sees ein. Vom Platz aus, der ehemaliger Austragungsort der BMW Open war, hat man einen fantastischen Blick auf das Wettersteinmassiv, die Alpenkette mit der Zugspitze in ihrem Zentrum. Außerdem bieten sich auf vielen der Fairways Ausblicke auf das Karwendel-Massiv.

Nächstgelegene Plätze

Iffeldorf, GA (Nr. 701)
Beuerberg, GC (Nr. 695)
Bad Tölz, GC (Nr. 702)

Bayern

Das Achental

Karte, Nr. 700, Feld I13 **18** Design: Thomas Himmel Höhe: 538 m

gegründet: 2012

Mietenkamer Straße 65,
83224 Grassau/Chiemgau
☎ 08641-401717
✉ golf@das-achental.com
💻 www.das-achental.com

PR Horst Schaffer, GF: Dieter Müller,
CM: Simon Hangel
Headgreenkeeper: Alexander Maier

i ☎ 08641-401717

PRO SHOP ☎ 08641-401717

PRO Pro: Simon Hangel, Hagen Fahr

H: 5475 m, CR 69.3, SL 130, Par 72
D: 4630 m, CR 69.8, SL 126, Par 72
28 Rangeabschläge (20 überdacht)

G Gäste sind jederzeit willkommen. Anmeldung ist notwendig. Clubausweis mit eingetragener PE ist erforderlich.

18-Loch-Greenfee: Mo.-Do.: EUR 90 / Fr.-So.: EUR 130
9-Loch-Greenfee: EUR 70
Ermäßigung: Jugendl. bis 18 J. und Stud. bis 25 J. 50%

Platzinfos

Nächstgelegene Plätze

Chiemsee GC Prien (Nr. 695)
Reit im Winkl, GC (Nr. 711)
Ruhpolding, GC (Nr. 704)

Anfahrtsbeschreibung

A8 München - Salzburg, Ausfahrt Bernau, weiter auf B305 bis Grassau. Danach Wegweisung zum Golf Resort Achental folgen.

Platzbeschreibung

Im Herzen des Chiemgaus liegt der Golfplatz umgeben vom herrlichen Chiemgauer Bergpanorama mit Blick bis hin zum Wilden Kaiser. Der 18 Loch Meisterschaftsplatz, designed von dem international renommierten Golfplatzarchitekten Thomas Himmel ist sehr abwechslungsreich und interessant gestaltet. Auf Spaß am Golfspiel und einem unvergesslichen Naturerlebnis wurde viel Wert gelegt. Den Golfplatz zeichnen die großzügig angelegten Grüns und Abschläge sowie der hohe Pflegestandard aus.

Golfplatz Iffeldorf GmbH & Co. KG

Karte, Nr. 701, Feld H13 **18** Design: Peter Postel Höhe: 630 m

gegründet: 1989

Gut Rettenberg, 82393 Iffeldorf
✆ 08856-92550 🖷 08856-925559
✉ info@golfplatz-iffeldorf.de
💻 www.golfplatz-iffeldorf.de

PR: Jürgen Bokämper, GF: Björn Becker
Headgreenkeeper: Christian Wörrle

i: ✆ 08856-92550 🖷 08856-925559

Restaurant Gut Rettenberg, Roland Kuhnert
✆ 08856-925530 🖷 08856-925559

PRO SHOP: Golfshop Iffeldorf, Simone Becker
✆ 08856-925520 🖷 08856-925559

PRO: Pro: Friso Pfeffer

H: 5883 m, CR 71.2, SL 129, Par 72
D: 5185 m, CR 72.9, SL 127, Par 72
20 Rangeabschläge (3 überdacht)

G: Gäste sind jederzeit willkommen. Anmeldung ist notwendig. Clubausweis mit eingetragener PE ist erforderlich.

18-Loch-Greenfee: WT: EUR 65 / WE: EUR 85
9-Loch-Greenfee: WT: EUR 40 / WE: EUR 50
Ermäßigung: Jugendl./Stud.

Platzbeschreibung

Die Golfanlage wurde harmonisch in eine typisch bayerische Hügellandschaft eingebettet. Ein wunderschönes Alpenpanorama liegt im Gesichtsfeld aller 18 Spielbahnen (Wendelstein, Benediktenwand, Herzogstand, Wettersteingebirge mit Zugspitze). Der teilweise majestätische Baumbestand sowie Teiche und Gräben sind natürliche Hindernisse, die ein sportlich anspruchsvolles Spiel auch von Könnern abverlangen. Golfplatz-Bewertung: **** Superior.

Platzinfos

Anfahrtsbeschreibung

A 95 München-Garmisch, Ausfahrt Penzberg-Iffeldorf Richtung Penzberg, nach ca. 200 m links zum Gut Rettenberg. Oder: Von Bad Tölz Richtung Bad Heilbrunn-Penzberg, durch Penzberg Richtung Weilheim-Seeshaupt-Iffeldorf, dann rechts der Beschilderung zum Golfplatz folgen.

Nächstgelegene Plätze

St. Eurach L&GC (Nr. 699)
Beuerberg, GC (Nr. 696)
Bad Tölz, GC (Nr. 702)

Bayern

Greenfee-Aktion: Seite G 169

Tölzer Golfclub e.V.

Karte, Nr. 702, Feld H13 **9 mit 18 Spielmöglichkeiten** Höhe: 750 m

gegründet: 2014

Straß 124 A, 83646 Wackersberg
☽ 08041-8084944 🖷 08041-8084528
golf@toelzer-golfclub.de
www.toelzer-golfclub.de

PR Tassilo Perras, CM: Claudio Bernardi
Marie-Claire Berengeno
Headgreenkeeper: Michael Weber

i ☽ 08041-8084944 🖷 08041-8084528

Restaurant Ludwigs
☽ 08041-8084529
Mo. und Di. Ruhetag

PRO SHOP Christopher Huwerth
☽ 0170-3166405

PRO Pro: Franco Bernardi, Christopher Huwerth

H: 5295 m, CR 67.4, SL 126, Par 71
D: 4755 m, CR 69.7, SL 124, Par 71
25 Rangeabschläge (8 überdacht)

G Gäste sind jederzeit willkommen. Clubausweis mit eingetragener PE ist erforderlich.

18-Loch-Greenfee: WT: EUR 65 / WE: EUR 75
9-Loch-Greenfee: WT: EUR 45 / WE: EUR 55
Ermäßigung: Jugendl./Stud. 50%

Platzinfos

VCG GPS CLUB

Anfahrtsbeschreibung

A 95 München-Garmisch, Ausfahrt Wolfratshausen nach Königsdorf, am Ortsende Königsdorf links und über mehrere kleinere Ortschaften direkt zum Golfplatz. Oder: A 8 München-Salzburg, Ausfahrt Holzkirchen, der Umgehungsstr. folgen bis zur Ausfahrt Bad Tölz-West, nach 100 m links und der Beschilderung zum Golfplatz folgen.

Platzbeschreibung

Nur wenige Minuten von Bad Tölz entfernt liegt der in herrlichem Gebirgspanorama eingebettete Platz, der neben seinem reizvollen, sportlich anspruchsvollen Gelände diverse Übungsmöglichkeiten bietet. Das hügelige Gelände weist eine abwechslungsreiche Streckenführung auf und wird teilweise von dichten alten Baumbestand gesäumt.

Nächstgelegene Plätze

Isarwinkel, GC (Nr. 703)
Beuerberg, GC (Nr. 696)
Tegernsee, GP (Nr. 698)

Greenfee-Aktion: Seite G 169

Golfclub Isarwinkel e.V.

Karte, Nr. 703, Feld H13 9/6 Design: Wolfgang Barth Höhe: 685 m

gegründet: 1985

Am Golfplatz 65, 83646 Bad Tölz
08041-77877 08041-77879
info@gc-isarwinkel.de
www.gc-isarwinkel.de

PR: Stefan Hartmann
Headgreenkeeper: Manfred Beer

i: 08041-77877 08041-77879
Sabine Danner, Bettina Winkler

Gasthaus Isarwinkel, Predrag Regoje
08041-72236
Mo. Ruhetag

PRO SHOP: GC Isarwinkel e.V.
08041-77877 08041-77879

PRO: Pro: Martin Bernitzky, German Göpel

9-Loch Isarwinkel-Kurs
H: 2763 m, CR 69.8, SL 126, Par 70
D: 2451 m, CR 71.8, SL 127, Par 70
6-Loch Flint-Kurs (Par 3)
H: 1905 m, Par 54, D: 1725 m, Par 54
20 Rangeabschläge (6 überdacht)

G: Gäste sind jederzeit willkommen. Anmeldung ist notwendig. Clubausweis mit eingetragenem Handicap (54) ist erforderlich. Sa./So./Feiertage ist Handicap 36 erforderlich.

18-Loch-Greenfee: EUR 60
9-Loch-Greenfee: EUR 40
Ermäßigung: Jugendl. bis 18 J. und Stud. bis 27 J. 30%

Platzbeschreibung

Die leicht hügelige Par 70 Anlage im malerischen Isarwinkel besticht durch ihr außergewöhnliches Bergpanorama. Spieltechnisch durchaus anspruchsvoll mit erstklassigen Grüns, jedoch immer fair, ist der Platz für alle Spielstärken bestens geeignet. Die große Wasserlandschaft inmitten der Anlage sorgt für das optische Highlight. Angeschlossen ist ein öffentlicher 6-Loch-Kurzplatz (Pay & Play).

Platzinfos

Anfahrtsbeschreibung

A 8 München-Salzburg, Ausf. Holzkirchen, Ri. Bad Tölz. Am Ortseingang von Bad Tölz an der großen Kreuzung zur B 472 re. ab, nach ca. 500 m li. der Straße nach Gaissach u. der Beschilderung zum Golfplatz folgen. Nach 150 m li. abbiegen. Oder: A 95 München-Garmisch, Ausf. Wolfratshausen, Ri. Bad Tölz. Am Ortsende von Bad Tölz zur B 472 re. Ri. Lenggries, nach 150 m nach Gaissach-Dorf u. der Beschilderung zum Golfplatz folgen. Nach 150 m li. abbiegen.

Nächstgelegene Plätze

Bad Tölz, GC (Nr. 702)
Margarethenhof, GC (Nr. 705)
Tegernsee, GP (Nr. 698)

Bayern

Golf Club Ruhpolding e.V.

Karte, Nr. 704, Feld I13 **18** Design: Thomas Himmel Höhe: 656 m

gegründet: 1991

Rauschbergstraße 1a, 83324 Ruhpolding-Zell
08663-2461 08663-41243
info@golfclub-ruhpolding.de
www.golfclub-ruhpolding.de

PR: Herbert Fritzenwenger,
GF: Herbert Fritzenwenger
Headgreenkeeper: Matthias Freimoser

i: 08663-2461 -41243
Ingrid Fritzenwenger, Vanessa Weinholz

Golfstüberl „Bella Ciao"
08663-41321
Mo. Ruhetag

PRO SHOP: Golfclub Ruhpolding
08663-2461 08663-41243

PRO: Pro: Eugen Wallner

H: 5661 m, CR 69.4, SL 125, Par 71
D: 4852 m, CR 70.6, SL 123, Par 71
40 Rangeabschläge (2 überdacht)

G: Gäste sind jederzeit willkommen. Anmeldung ist notwendig. Clubausweis mit eingetragenem Handicap (54) ist erforderlich.

18-Loch-Greenfee: EUR 74
9-Loch-Greenfee: EUR 39
Ermäßigung: Jugendl./Stud. 50%

Platzinfos

Anfahrtsbeschreibung

A 8 München-Salzburg, Ausfahrt Traunstein-Siegsdorf-Ruhpolding, weiter 8 km Richtung Ruhpolding, am Ortsende an der Ampel links nach Ruhpolding-Zell, der Golfplatz ist ausgeschildert.

Platzbeschreibung

Das Ruhpoldinger Tal ist eingebettet in ein phantastisches Gebirgspanorama. Somit vor rauen Winden geschützt, deshalb nebelfrei und berühmt für mildes Klima und viel Sonnenschein. Die Golfanlage gehört zu den reizvollsten Plätzen in Bayern. Im südöstlichen Teil (Zell) des bekannten Urlaubsortes liegen die 18 Bahnen des Golfclubs Ruhpolding, die sich über ein von Bächen und Gräben durchzogenes, 86 Hektar großes Gelände aus ehemaligen Wiesen und Weiden ziehen.

Nächstgelegene Plätze

Achental (Nr. 700)
Reit im Winkl, GC (Nr. 711)
Berchtesgad. Land, GC (Nr. 694)

Bayern

Margarethenhof Golfclub am Tegernsee

Karte, Nr. 705, Feld H13 **18** Höhe: 900 m

gegründet: 1984

Gut Steinberg 1 - 3,
83666 Marienstein/Waakirchen
☎ 08022-7506330 Fax 08022-74818
✉ golf@margarethenhof.com
www.margarethenhof.com

PR: Dr. Christian Harisch, CM: Serhat Kurnaz
Headgreenkeeper: Andreas Hartl

i: ☎ 08022-7506330 Fax 08022-74818

Restaurant Steinberg
☎ 08022-7506310 Fax 08022-74818

PRO SHOP: ☎ 08022-7506340 Fax 08022-74818

PRO: Pro: Martin Bernitzky, Erik Schotte

H: 5076 m, CR 68.3, SL 133, Par 70
D: 4333 m, CR 68.9, SL 126, Par 70
25 Rangeabschläge (9 überdacht)

G: Gäste sind jederzeit willkommen. Anmeldung ist notwendig. Clubausweis mit eingetragenem Handicap (36) ist erforderlich.

18-Loch-Greenfee: EUR 80
9-Loch-Greenfee: EUR 50
Ermäßigung: Jugendl. bis 18 J. und Stud. bis 28 J. 50%

Platzinfos

Anfahrtsbeschreibung

A 8 München-Salzburg, Ausfahrt Holzkirchen, auf der Staatsstraße bis Kreuzstraße, rechts Richtung Bad Tölz, links nach Marienstein. Frühzeitig beschildert.

Nächstgelegene Plätze

Tegernseer GC (Nr. 709)
Tegernsee, GP (Nr. 698)
Isarwinkel, GC (Nr. 703)

Platzbeschreibung

Hoch über dem Tegernsee erwartet Sie ein Ort der Ruhe und Gastlichkeit – sowie eine der schönsten Golfanlagen Deutschlands. Höchste spielerische Ansprüche verbinden sich hier mit einzigartigem Naturerlebnis. Rund um das Hotel Margarethenhof erstreckt sich ein weitgehend naturbelassener 18-Loch Golfplatz. Neben gepflegten Fairways, Biotopen, Wasserhindernissen und Bunkern bietet er in 950 Metern Höhe einen der höchst gelegenen Abschläge Deutschlands. Von hier aus genießt man einen unvergleichlichen Blick auf die Bergwelt.

Bayern

Golfclub Waldegg-Wiggensbach e.V.

Karte, Nr. 706, Feld F13 **27** Höhe: 1011 m

gegründet: 1988

Hof Waldegg, 87487 Wiggensbach
08370-93073
info@golf-wiggensbach.com
www.golf-wiggensbach.com

PR
Ositha Geiger, CM: Ralf Schwarz
Headgreenkeeper: Markus Rudolph

i
08370-93073
Elena Schüle, Maria-Luise Wulf

Self-Service
08370-93073

PRO SHOP
Golfplatz Wiggensbach OA GmbH & Co. KG
08370-93073

PRO
Pro: Ralf Schwarz

H: 5972 m, CR 72.6, SL 138, Par 72
D: 5316 m, CR 74.7, SL 136, Par 72
30 Rangeabschläge (6 überdacht)

G
Gäste sind jederzeit willkommen. Anmeldung ist notwendig. Clubausweis mit eingetragener PE ist erforderlich.

18-Loch-Greenfee: WT: EUR 59 / WE: EUR 69
9-Loch-Greenfee: WT: EUR 35 / WE: EUR 42
Golf Fee Card 18-Loch Mo.-Fr.: EUR 40,-.
Ermäßigung: Jugendl./Stud. 50%

Platzinfos

VCG
GPS
CLUB
GASTRO

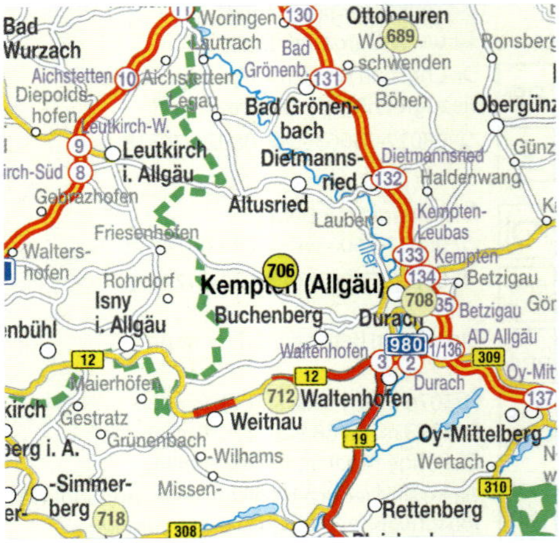

Anfahrtsbeschreibung

A 7 Ulm-Kempten, Ausfahrt Kempten, der Hauptstraße folgen, nach der Überquerung der Illerbrücke kommt die Ausschilderung Wiggensbach, am Eisstadion vorbei, dann am Ortsende Kempten der Beschilderung folgend links und weiter bis Wiggensbach, durch Wiggensbach Richtung Altusried, ca. 500 m nach dem Ortsendeschild der Beschilderung bis Hof Waldegg und Golfplatz folgen.

Platzbeschreibung

Mit einem Abschlag auf 1.011 m über Meereshöhe liegt in dieser reizvollen Voralpenlandschaft der höchste Golfabschlag Deutschlands. Sämtliche Spielbahnen sind in ihrer Gestalt gänzlich unterschiedlich. Von altem Baumbestand umgeben, fügen sie sich harmonisch in die Landschaft ein. Bei klarem Wetter erkennt man etwa 200 km Alpenpanorama von den Schweizer bis zu den Berchtesgadener Bergen.

Nächstgelegene Plätze

Hellengerst, GC (Nr. 712)
Schloßgut Lenzfried, Golfpark (Nr. 708)
Allgäuer G&LC (Nr. 689)

Bayern

Gf-Aktion: Seite G 169, 171

Golfplatz Stenz

Karte, Nr. 707, Feld G13 **9** Höhe: 750 m

gegründet: 1990

Stenz 1, 86975 Bernbeuren
08860-582 08860-922934
golfplatz.stenz@t-online.de
www.golfplatz-stenz.de

PR: Jakob Osterried

i: 08860-582 -922934
Margit Osterried, Holger Osterried

PRO SHOP: Holger Osterried
08860-582 -922934

PRO: Pro: Karl Buckl, Christoph Kilian

9-Loch Golfplatz Stenz Bernbeuren
H: 5020 m, CR 67.6, SL 118, Par 70
D: 4330 m, CR 68.2, SL 117, Par 70
14 Rangeabschläge (4 überdacht)

G: Gäste sind jederzeit willkommen. Anmeldung ist erforderlich. PE ist erforderlich.

18-Loch-Greenfee: EUR 50
9-Loch-Greenfee: EUR 30
Ermäßigung: Jugendl./Stud.

Platzinfos

VCG GPS

Anfahrtsbeschreibung

Von Stuttgart/Ulm: A 7, Ausfahrt Kempten, B 12 bis Marktoberdorf, B 472 bis Ausfahrt Bernbeuren. Von München: A 96 Richtung Lindau, Ausfahrt Landsberg-Ost, B 17 bis Schongau, B 472 bis Ausfahrt Bernbeuren. Oder: A 95 Richtung Garmisch, Ausfahrt Starnberg,B 2 Weilheim-Schongau, B 472 bis zur Ausfahrt Bernbeuren.

Platzbeschreibung

Erholung, Spaß und Sport Erleben und genießen Sie Golfsport inmitten einer reizvollen Voralpenlandschaft am Fuße des Auerberges, wo die schönsten Urlaubsregionen, das Ostallgäu und der Pfaffenwinkel, aneinandergrenzen. Immer wieder bieten sich dem Spieler traumhaft schöne Ausblicke auf die gesamte Alpenkette, den Auerberg und den idyllisch gelegenen Haslacher See. Da keine Bahn der anderen gleicht kommt immer wieder Abwechslung und Spannung ins Spiel. Kurze Wege vom Green zum nächsten Abschlag und Spielbahnen die trotz des leicht hügeligen Geländes angenehm zu gehen sind, lassen die Runde zu einem wahren Vergnügen werden.

Nächstgelegene Plätze

Auf der Gsteig, GC (Nr. 710)
GA Alpenseehof (Nr. 713)
Bad Wörishofen, GC (Nr. 682)

Bayern

Greenfee-Aktion: Seite G 171

Golfpark Schloßgut Lenzfried GmbH & Co. KG

Karte, Nr. 708, Feld F13 9 Höhe: 670 m

gegründet: 2005

Friedensweg 4, 87437 Kempten
0831-5129550
info@golfparklenzfried.de
www.golfparklenzfried.de

PR
GF: Herbert Tschinkl
Ralf Schwarz
Headgreenkeeper: Markus Rudolph

0831-5129550
Katja Prestel, Sonja Fähnle

PRO SHOP
0831-5129550

PRO
Pro: Andy Riß

H: 5320 m, CR 69, SL 121, Par 68
D: 4674 m, CR 70.1, SL 115, Par 68
18 Rangeabschläge (6 überdacht)

G
Gäste sind jederzeit willkommen. PE ist erforderlich.

Tages-Greenfee: EUR 50
9-Loch-Greenfee: EUR 33
Ermäßigung: Jugendl. bis 18 J. und Stud. bis 27 J. 45%

Platzbeschreibung

Die Lage des Golfplatzes am Stadtrand Kemptens verbindet Zentrumsnähe mit atemberaubender Natur und Ruhe. Seit Juli 2007 ist unsere Abschlaghütte an der neuen Drivingrange, eröffnet. Die Drivingrange selbst besitzt über 18 Abschlagplätze. Seit Anfang Juli 2006 läuft der öffentliche Spielbetrieb auf 9 Golfbahnen mit Naturgrüns. Obwohl die Anlage mitten in Kempten gelegen ist, haben die Golfspieler eine herrliche Aussicht in die Allgäuer Alpen. Stärken können Sie sich dann mit gekühlten Getränken und Süßigkeiten auf unserer Sonnenterrasse, bevor es eine weitere Runde auf unseren 9-Loch-Platz geht.

Platzinfos

VCG

Anfahrtsbeschreibung

A 7 Ulm-Kempten, Ausfahrt „Kempten B 12", weiter geradeaus bis zum „Berliner Platz", dort links in den „Schumacherring", nach ca. 1,3 km links in die „Lenzfrieder Straße" nach der Raiffeisenbank in Lenzfried rechts in den „Trilschweg" und der Straße bis zum Parkplatz des Golfparks folgen.

Nächstgelegene Plätze

Waldegg-Wiggensb., GC (Nr. 706)
Hellengerst, GC (Nr. 712)
GA Alpenseehof (Nr. 713)

Tegernseer Golf-Club Bad Wiessee e.V.

Karte, Nr. 709, Feld H13 **18** Design: Thomas Himmel Höhe: 300 m

gegründet: 1959

Rohbognerhof, 83707 Bad Wiessee
08022-271130 08022-2711333
info@tegernseer-golf-club.de
www.tegernseer-golf-club.de

PR Dr. Tobias Wiegand,
CM: Hanns-Peter Horstmann
Headgreenkeeper: Antonio Orgis

08022-271130 08022-2711333
Sophia Schuster, Irmgard Behringer

Restaurant im Tegernseer Golf-Club,
Michael Schröter
08022-2711350

PRO SHOP Golf Shop Tegernseer Golf-Club, Diane Pringle
08022-2711320

PRO Pro: Svea Jacobsen, Christof Wendt

H: 5443 m, CR 69.7, SL 131, Par 70
D: 4736 m, CR 65.9, SL 124, Par 70
20 Rangeabschläge (4 überdacht)

G Gäste sind jederzeit willkommen. Anmeldung ist notwendig. Clubausweis mit eingetragenem Handicap (36) ist erforderlich. Kinderbetreuung auf Anfrage

18-Loch-Greenfee: WT: EUR 100 / WE: EUR 130
9-Loch-Greenfee: WT: EUR 60 / WE: EUR 70
Gäste willkommen Mo.-Do. ganztägig, Fr. bis 15 Uhr, Sa./So./Feiert. Abschlag vor 9.30 Uhr
Ermäßigung: Jugendl./Stud. 50%

Platzbeschreibung
Dieser im wunderschönen Tegernseer Tal gelegene Golfplatz bietet neben anspruchsvollen Fairways auf sehr bewegtem Gelände schon rein optisch durch die traumhaft schönen Ausblicke auf den Tegernsee und das Alpenpanorama genügend Gründe, hier einmal gespielt zu haben.

Platzinfos

VCG GPS CLUB

Anfahrtsbeschreibung
A 8 München-Salzburg, Ausfahrt Holzkirchen Richtung Gmund, in Gmund rechts Richtung Bad Wiessee, am Ortseingang Bad Wiessee rechts zum Golfplatz abbiegen.

Nächstgelegene Plätze
Margarethenhof, GC (Nr. 705)
Tegernsee, GP (Nr. 693)
Isarwinkel, GC (Nr. 703)

Bayern

Golfanlage Auf der Gsteig

Karte, Nr. 710, Feld G13 18/3 Design: Thomas Himmel Höhe: 796 m

gegründet: 1999

Gsteig 1, 86983 Lechbruck am See
☎ 08862-987750 Fax 08862-987759
golf@aufdergsteig.de
www.aufdergsteig.de

PR: Hagen Fastner
Headgreenkeeper: Karl Burger

i: ☎ 08862-987750 Fax 08862-987759

Hotel Auf der Gsteig
☎ 08862-98770 Fax 08862-98777

PRO SHOP: ☎ 08862-987750 Fax 08862-987759

PRO: Pro: Stefan Rohrsetzer

H: 5589 m, CR 70.1, SL 129, Par 71
D: 4902 m, CR 71.5, SL 128, Par 71
22 Rangeabschläge (8 überdacht)

G: Gäste sind jederzeit willkommen. Anmeldung ist notwendig. Clubausweis mit eingetragenem Handicap (54) ist erforderlich.

18-Loch-Greenfee: WT: EUR 70 / WE: EUR 80
9-Loch-Greenfee: WT: EUR 40 / WE: EUR 45
Ermäßigung: Jugendl. bis 18 J. 50%, Stud. bis 25 J. 25%

Platzbeschreibung

Golfspielen, genießen & entspannen mit besten Aussichten... Auf der gesamten Runde wird man immer wieder von traumhaften Ausblicken auf die Bayerischen, die Allgäuer, die Tiroler und Ammergauer Alpen, den malerisch in die Landschaft eingebetteten Ferienort Lechbruck mit dem Lechsee und der grünen Hügellandschaft des Allgäu mit seinen typischen Weilern und Einzelgehöften vom Spiel auf sehr angenehme Weise abgelenkt.Ein abwechslungsreicher und fordernder Kurs, geschickt und sorgsam in die einmalige Landschaft und Natur integriert, professionelle Platzpflege und angenehme Atmosphäre zeichnen die Gsteig aus.

Platzinfos

Anfahrtsbeschreibung

Von Stuttgart/Ulm: A 7, Ausfahrt Nesselwang, rechts auf ST 2008 über Seeg und Roßhaupten, B 16 Richtung Marktoberdorf, rechts auf ST 2059 bis Lechbruck, durch Lechbruck Richtung Bernbeuren, nach Ortsende Lechbruck gerade duch den Kreisverkehr, nach 300 m links Richtung Gsteig. Von München: A 96 Ri. Lindau, Ausfahrt Landsberg-West, B 17 bis Schongau, weiter auf B 17, rechts auf B 472, links Richtung Burggen/Bernbeuren bis kurz vor Lechbruck Richtung Gsteig.

Nächstgelegene Plätze

Stenz, GP (Nr. 707)
GA Alpenseehof (Nr. 713)
Bad Wörishofen, GC (Nr. 682)

Bayern

Greenfee-Aktion: Seite G 183

Golfclub Reit im Winkl e.V. Kössen

Karte, Nr. 711, Feld I13 18 Design: Thomas Himmel, John Haradin Höhe: 750 m

gegründet: 1985

Moserbergweg 60, A-6345 Kössen
+49-8640-798250/+43-5375-628535
+49-8640-798252
info@gcreit.de
www.gcreit.de

PR
Evi Mittermaier-Brundobler,
CM: Sigi Hohenauer
Headgreenkeeper: Günther Bauer

08640-798250/+43-5375-628535 08640-798252
Sisko Multala-Ritzmann, Sigi Irrgang,
Viktoria Donauer, Sylvia Schärer

Clubrestaurant
+43-5375-628561

PRO SHOP
Pro-Shop GC Reit im Winkl-Kössen
08640-798254 08640-798252

PRO
Pro: Steven Waltman, Hans Höflinger,
Klaus Wagner

H: 5461 m, CR 70.2, SL 130, Par 70
D: 4794 m, CR 71.8, SL 125, Par 70
35 Rangeabschläge (10 überdacht)

G
Gäste sind jederzeit willkommen. Anmeldung ist notwendig. Clubausweis mit eingetragenem Handicap (54) ist erforderlich. Sa./So./Feiertage ist Handicap 36 erforderlich.

18-Loch-Greenfee: EUR 85
9-Loch-Greenfee: EUR 50
Ermäßigung für Gäste der Partnerhäuser, Mitglieder Partnerclubs
Ermäßigung: Jugendl. bis 18 J. und Stud. 50%

Platzinfos

Anfahrtsbeschreibung

A 8 München-Salzburg, Ausfahrt Bernau oder Ruhpolding-Siegsdorf, weiter B 305 nach Reit im Winkl, im Ortszentrum Reit im Winkl Richtung Kössen, der Golfplatz liegt ca. 1,5 km entfernt. Oder: Von der A 8 auf die A 93 Innsbruck, Ausfahrt Oberaudorf RichtungKössen, weiter Richtung Reit im Winkl, vor der Grenze links abbiegen.

Platzbeschreibung

Die überaus malerisch gelegene 18-Loch-Anlage des GC Reit im Winkl ist Europas erster grenzüberschreitender Golfplatz mit sechs Bahnen in Tirol und zwölf in Bayern. Mit Blick auf das Kaisergebirge und umrahmt von den Chiemgauer und Tiroler Alpen bietet er nicht nur beste Aussichten, sondern ist auch eine echte sportliche Herausforderung für alle Golfer.

Nächstgelegene Plätze

Achental (Nr. 700)
Ruhpolding, GC (Nr. 704)
Chiemsee GC Prien (Nr. 695)

Bayern

Golfclub Hellengerst

Karte, Nr. 712, Feld F13 **18** Höhe: 956 m

gegründet: 1993

Helingerstraße 5, 87480 Hellengerst
☎ 08378-920014 🖷 08378-920019
✉ info@golf-allgaeu.de
💻 www.golf-allgaeu.de

PR Wolfram Rainalter, GF: Alois Rainalter, CM: Markus Rainalter

i ☎ 08378-920014 🖷 -920019

Hanusel Hof - Familie Rainalter, Wolfram Rainalter
☎ 08378-920011 🖷 -920019

PRO SHOP Hanusel Hof - Familie Rainalter, Rainalter Nicole
☎ 08378-920014 🖷 08378-920019

PRO Pro: Steffen Schild, Markus Schmitz

H: 5732 m, CR 71.5, SL 133, Par 71
D: 4918 m, CR 72.7, SL 125, Par 71
22 Rangeabschläge (12 überdacht)

G Gäste sind jederzeit willkommen. Anmeldung ist notwendig. Clubausweis mit eingetragenem Handicap (54) ist erforderlich.

Ermäßigung: Jugendl. bis 18 J. und Stud. bis 27 J. 50%

Platzinfos

VCG GPS CLUB GASTRO

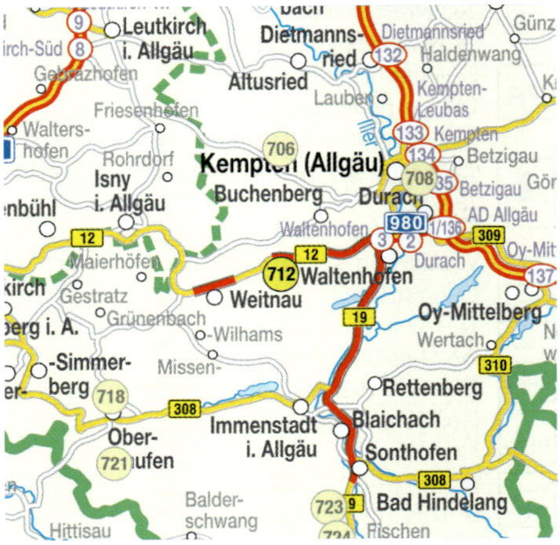

Platzbeschreibung

Durch die typische Hügellandschaft der Allgäuer Voralpen entstand ein in die Landschaft integrierter und naturbelassener Golfplatz mit Blumenwiesen, Feuchtbiotopen und Magerrasen. Die abwechslungsreiche Gestaltung der 55 ha großen 18-Loch Golfanlage auf einem Hochplateau bietet Anfängern ebenso wie fortgeschrittenen Golfern ideale Voraussetzungen für Abschläge und Ausblicke der besonderen Art. Denn neben Ihren Spielpartnern ist hier die Sicht auf die Allgäuer, Schweizer und Österreicher Alpen Ihr stetiger Begleiter. Der Platz verlangt nach präzisen Abschlägen und einem genauen Grünanspiel.

Anfahrtsbeschreibung

A 7 Ulm-Kempten bis Autobahndreieck Allgäu, weiter A 980 Richtung Lindau, Übergang auf die B 12, Ausfahrt Hellengerst und von dort der Beschilderung zum Golfplatz folgen.

Nächstgelegene Plätze

Waldegg-Wiggensb., GC (Nr. 706)
Schloßgut Lenzfried, Golfpark (Nr. 708)
Oberstaufen, GC (Nr. 718)

Bayern

Greenfee-Aktion: Seite G 171

Golfanlage Alpenseehof

Karte, Nr. 713, Feld G13 **9** Höhe: 900 m

gegründet: 2001

Attlesee 14, 87484 Nesselwang
☎ 08361-925834 Fax 08361-925835
✉ info@alpenseehof.de
www.golf-alpenseehof.de

PR: GF: Christoph Martin

i: ☎ 08361-925834 Fax 08361-925835

Gastronomie: GreenVieh Alp
☎ 08361-925834 Fax 08361-925835
Mo. Ruhetag

PRO SHOP: Golfanlage Alpenseehof
☎ 08361-925834 Fax 08361-925835

PRO: Pro: Mark Southern

H: 3278 m, CR 60.1, SL 103, Par 60
D: 2954 m, CR 60.1, SL 100, Par 60
10 Rangeabschläge (4 überdacht)

G: Gäste sind jederzeit willkommen. PE ist erforderlich.

18-Loch-Greenfee: EUR 45
9-Loch-Greenfee: EUR 32
Ermäßigung: Jugendl. bis 17 J. 50%

Platzinfos

Anfahrtsbeschreibung

Die Golfanlage Alpenseehof liegt bei Nesselwang im Ortsteil Attlesee. Anfahrt: zwischen Nesselwang und Seeg. Autobahnausfahrt „Nesselwang" - rechts Richtung Nesselwang (OT Lachen) - hier rechts der Beschilderung „Golfplatz" folgen.

Platzbeschreibung

Golf wo es am schönsten ist... In herrlicher Voralpenlandschaft, am Landschafts- und Naturschutzgebiet Attlesee liegt die Golfanlage Alpenseehof. Der familiengeführte Golfplatz wurde schonend in die Landschaft eingebettet und erfordert präzise Schläge um einen guten Score zu spielen. Die leicht hügelige 9-Loch-Golfanlage ist einfach zu gehen und gibt dem Golfer immer wieder einen herrlichen Panoramablick auf die Ammergauer und Allgäuer Berge frei. Ein großzügiges Trainingsareal mit Putting-Green, Pitch- und Chiparea, Übungsbunker und einer Driving-Range mit Rasenabschläge und überdachten Abschlägen lässt jedes Golferherz höher schlagen.

Nächstgelegene Plätze

Schloßgut Lenzfried, Golfpark (Nr. 708)
Auf der Gsteig, GC (Nr. 710)
Stenz, GP (Nr. 707)

Golf-Club Berchtesgaden e.V.

Karte, Nr. 714, Feld K13 **9** Höhe: 1000 m

gegründet: 1955

Salzbergstraße 33, 83471 Berchtesgaden
☎ 08652-2100 Fax 08652-64843
info@golfclub-berchtesgaden.de
www.golfclub-berchtesgaden.de

PR: Prof. Dr. med. Nikolaus Netzer

i: ☎ 08652-2100 Fax 08652-64843
Angelika Seiberl, Ivana Fegg, Andrea Huber

Restaurant Bistro Gutshof
Mo. Ruhetag

PRO SHOP: Pro-Shop Sebastian Grassl
☎ 08652-2100 Fax 08652-64843

PRO: Pro: Sebastian Grassl

H: 5266 m, CR 67.3, SL 128, Par 70
D: 4752 m, CR 69.6, SL 125, Par 70
10 Rangeabschläge (4 überdacht)

G: Gäste sind jederzeit willkommen. Anmeldung ist notwendig. Clubausweis mit eingetragener PE ist erforderlich.

Tages-Greenfee: WT: EUR 40 / WE: EUR 50
9-Loch-Greenfee: WT: EUR 28 / WE: EUR 35
Gäste der Partnerhotels erhalten 30% Ermäßigung. Ermäßigung: Jugendl. bis 18 J. 50%

Platzbeschreibung

Der 9-Loch-Golfplatz liegt auf ca. 1.000 m über dem Meeresspiegel und gilt unter Insidern als Juwel. Spielbare Herausforderungen fordern volle Konzentration, wenngleich man sich gerne vom Panoramablick auf Watzmann, Kehlstein und auf Berchtesgaden ablenken lassen möchte. Golfexperten werten den Platz als einen der schönsten in Deutschland, landschaftlich vielleicht als den allerschönstens.

Platzinfos

Anfahrtsbeschreibung

A 8 München-Salzburg, Ausfahrt Bad Reichenhall Richtung Berchtesgaden, in Berchtesgaden Richtung Salzburg und weiter Richtung Obersalzberg. Vom Flughafen Salzburg auf die A 8 Richtung München und weiter Richtung Villach, Ausfahrt Berchtesgaden, in Berchtesgaden Richtung Obersalzberg zum Golfplatz.

Nächstgelegene Plätze

Berchtesgad. Land, GC (Nr. 694)
Ruhpolding, GC (Nr. 704)
Anthal-Waginger See, GC (Nr. 678)

Golfplatz Scheidegg

Karte, Nr. 716, Feld F13 **9** Höhe: 800 m

Golf Club Scheidegg

gegründet: 2010

Am Großen Baum 7, 88175 Scheidegg
08381-8899380
info@golfplatz-scheidegg.de
www.golfpark-allgaeu.de

PR Hubert Stiefenhofer, GF: Dr. Erhard Zieringer

i 08381-8899380

PRO Pro: Torsten Daschner

H: 2390 m, CR 64.6, SL 115, Par 70
D: 2080 m, CR 65.8, SL 117, Par 70

G Gäste sind jederzeit willkommen. Clubausweis mit eingetragenem Handicap (54) ist erforderlich.

18-Loch-Greenfee: EUR 60
9-Loch-Greenfee: EUR 40

Platzinfos

VCG

Platzbeschreibung

Zwischen dem 20 Autominuten entfernten Oberstaufen und dem Bodensee liegt der Golfplatz Scheidegg im sonnenreichsten Ort Deutschlands. Der Golfplatz bietet ein traumhaftes Alpenpanorama – von der Nagelfluhkette im Osten bis hin zum Säntis im Westen. An klaren Tagen lässt sich von Abschlag 8 sogar der Bodensee sehen. Der relativ flach angelegte Golfplatz (Par 70) ist seit Sommer 2011 in Betrieb und bietet neben herrlicher Natur ein abwechslungsreiches und angenehmes Spiel auf seinen 9 Spielbahnen. Darüber hinaus laden die 300m Driving Range sowie großzügige Übungseinrichtungen mit Übungsgrüns und Bunkern geradezu ein, seine Schläge abseits des Fairways zu perfektionieren.

Nächstgelegene Plätze

Bodensee Weißensb., GC (Nr. 715)
Oberstaufen, GC (Nr. 718)
Lindau-Bad Schachen, GC (Nr. 717)

Bayern

Golfclub Bodensee Weißensberg e.V.

Karte, Nr. 715, Feld F13 **18** Design: Robert Trent Jones sen. Höhe: 450 m

gegründet: 1986

Lampertsweiler 51, 88138 Weißensberg
✆ 08389-89190 🖷 08389-923907
✉ info@gcbw.de
💻 www.gcbw.de

PR Benno Kienreich, CM: Christoph Fröhle
Headgreenkeeper: Lorenzo Marchegiani

i ✆ 08389-89190 🖷 -923907

Golfhotel Bodensee
✆ 08389-89100 🖷 -89142

PRO SHOP Gisis Golf Shop, Gisela Steinfurth
✆ 08389-89196 🖷 -89192

PRO Pro: Caroline Malone, Archibald Cochrane

H: 5848 m, CR 72.1, SL 141, Par 72
D: 5185 m, CR 74.3, SL 137, Par 72
30 Rangeabschläge (4 überdacht)

G Gäste sind Montag - Freitag (außer an Feiertagen) willkommen. Anmeldung ist notwendig. Clubausweis mit eingetragener PE ist erforderlich.

Gästebuchungen am Samstag und Sonntag nur 1 Tag im voraus
Ermäßigung: Jugendl./Stud.

Platzinfos

VCG GPS CLUB GASTRO

Anfahrtsbeschreibung

Aus der Schweiz: A 14, Ausfahrt Au/SG über die Grenze Richtung Dornbirn, Ausfahrt Dornbirn Richtung Bregenz, Pfänder-Tunnel über die Grenze auf der A 96 Richtung München, Ausfahrt Weißensberg und der Beschilderung folgen. Aus Deutschland: A 96 München-Lindau, Ausfahrt Weißensberg und der Beschilderung folgen. Von Lindau: B 12 Richtung Isny, nach Weißensberg links der Beschilderung zum Golfplatz folgen.

Platzbeschreibung

Wie aus dem Bilderbuch präsentiert sich die von Robert Trent Jones sen. zwischen die sanften Hügel der Voralpen modellierte Anlage unweit des Bodensees. Die 18 Loch Anlage zählt zu den anspruchvollsten Golfplätzen in Europa und bietet dem sportlichen Golfer die notwendige Spannung: lange und enge Fairways, an die 100 Bunker und zahllose Wasserhindernisse. Nach dieser Herausforderung bietet die große Sonnenterrasse des Hotels und Restaurants einen traumhaften Blick auf den Golfplatz und die Schweizer Alpen.

Nächstgelegene Plätze

Lindau-Bad Schachen, GC (Nr. 717)
GP Scheidegg (Nr. 716)
Oberstaufen, GC (Nr. 718)

Golfclub Bodensee Weißensberg e.V.

Golf-Club Lindau-Bad Schachen e.V.

Karte, Nr. 717, Feld F13 **18** Design: Kurt Rossknecht Höhe: 460 m

gegründet: 1954

Am Schönbühl 5, 88131 Lindau
08382-96170 08382-961750
info@golfclub-lindau.de
www.golfclub-lindau.de

PR Werner Karg
Headgreenkeeper: Manfred Schmid

i 08382-96170 08382-961750
Andrea Göppinger, Jacqueline Scheuerlein

Paulo Lopes
08382-961717
Mo. Ruhetag

PRO Pro: Stefan Gertz

H: 5706 m, CR 70.9, SL 130, Par 71
D: 5020 m, CR 72.3, SL 128, Par 71
30 Rangeabschläge (4 überdacht)

G Gäste sind jederzeit willkommen. Clubausweis mit eingetragenem Handicap (36) ist erforderlich.

Tages-Greenfee: WT: EUR 75 / WE: EUR 85
Ermäßigung: Jugendl./Stud. 50%

Platzinfos

VCG
GPS
CLUB
GASTRO

Anfahrtsbeschreibung

Von Friedrichshafen Richtung Lindau-Aeschach (Hinweisschild München-Oberstdorf-Wangen), an der Ampel Kemptner Straße links, nach 2 km bergauf, am Kreisverkehr 3. Ausfahrt, der Beschilderung zum Golfplatz folgen.

Platzbeschreibung

Der Golfplatz Lindau, angelegt um das Schloß Schönbühl, begeistert die Besucher durch seine einmalige Lage und die fast ganzjährige Spielmöglichkeit. Die Fairways verlaufen durch uralten Baumbestand im Wechsel mit junger Bepflanzung. Am 17. Loch sollte man vor dem Abschlag einige Minuten den grandiosen Blick auf den Bodensee und die Berge genießen.

Nächstgelegene Plätze

Bodensee Weißensb., GC (Nr. 715)
GP Scheidegg (Nr. 716)
Oberstaufen, GC (Nr. 718)

Bayern

Golf Club Oberstaufen e.V.

Karte, Nr. 718, Feld F13 18/9 Höhe: 800 m

gegründet: 2001

Buflings 1a, 87534 Oberstaufen
08386-939250 08386-939251
info@golfzentrum-oberstaufen.de
www.golfpark-allgaeu.de

PR CM: Dr. Erhard Zieringer

i 08386-939250 -939251

PRO SHOP 08386-939250

18-Loch Buflings Platz
H: 4103 m, CR 62.4, SL 114, Par 66
D: 3576 m, CR 62.7, SL 112, Par 66
9-Loch Pay & Play Executive Platz
H: Par 56, D: Par 56
30 Rangeabschläge (4 überdacht)

G Gäste sind jederzeit willkommen. Clubausweis mit eingetragenem Handicap (36) ist erforderlich.

18-Loch-Greenfee: EUR 80
Ermäßigung: Jugendl. bis 21 J. 33%

Platzinfos

VCG GPS

Platzbeschreibung

Der Golfplatz Oberstaufen liegt auf einer herrlichen Sonnenterrasse in Buflings, nur einen Kilometer von der Ortsmitte Oberstaufens entfernt. Der gepflegte Platz erstreckt sich von Buflings bis ins malerische Schwarzenbachtal. Der 18-Loch-Platz (Par 66) mit seiner abwechslungsreichen Topografie ist harmonisch an die Allgäuer Landschaft angepasst und bietet sowohl Anfängern als auch geübten Spielern eine sportliche Herausforderung. Leichte Höhenunterschiede, Schräglagen und Wasserhindernisse sorgen für ein abwechslungsreiches, kurzweiliges Spiel. Bahn für Bahn ergeben sich herrliche Aussichten auf eine wunderschöne Landschaft mit Blick bis zum Hochgrat und nach Oberstaufen.

Anfahrtsbeschreibung

A 7 Ri. Füssen bis AB-Dr. Allgäuer Kreuz, weiter A 96 Ri. Lindau, Ausfahrt Weitnau, über Seltmanns-Siebratshofen nach Oberstaufen. Oder: A 96/B 12 München-Kaufbeuren-Kempten, vor Kempten A 7 Ri. Füssen-Lindau bis AB-Dr. Allgäuer Kreuz, dort Ri. Lindau undweiter wie oben beschrieben. Oder: Vom Bodensee B 308 Ri. Oberstaufen.

Nächstgelegene Plätze

Oberstaufen-Steibis, GC (Nr. 721)
GP Scheidegg (Nr 716)
Hellengerst, GC (Nr. 712)

Bayern

Gf-Aktion: Seite G 171, 173

Golfclub Garmisch-Partenkirchen e.V.

Karte, Nr. 719, Feld G13 **18** Design: Thomas Himmel Höhe: 700 m

gegründet: 1928

Gut Buchwies, 82496 Oberau
08824-8344 08824-944198
kontakt@golfclub-gap.de
www.golfclub-gap.de

PR: Lorenz Heinzinger
Headgreenkeeper: David Malcolm

i: 08824-8344
Peter Steinhardt

Koch's Golfrestaurant
08824-9294424

PRO SHOP: Kathrin und Johannes Perschke Golfshop GbR, Johannes Perschke
08824-9294960

PRO: Pro: Johannes Perschke, Kathrin Perschke

H: 5929 m, CR 71.4, SL 127, Par 72
D: 5222 m, CR 73.3, SL 126, Par 72
20 Rangeabschläge (4 überdacht)

G: Gäste sind jederzeit willkommen. Anmeldung ist notwendig. Clubausweis mit eingetragenem Handicap (54) ist erforderlich. Startzeiten buchbar max. 3 Tage im Voraus über PC Caddie

18-Loch-Greenfee: EUR 90
9-Loch-Greenfee: EUR 45
Ermäßigung: Jugendl./Stud. 50%

Platzbeschreibung

Diese 18-Loch-Anlage liegt im Werdenfelser Land. Vom Platz aus haben Golfer wiederholt Ausblick auf die bizarre Bergwelt des Oberlandes mit Alpspitze, Zugspitzmassiv und Waxenstein. Der Platz ist kein Gebirgsplatz im eigentlichen Sinne. Steile Anstiege und häufige Schräglagen, wie auf gebirgsnahen Plätzen üblich, sind kaum anzutreffen. Eher flach mit leichten Wellen ist er angenehm zu begehen.

Platzinfos

Anfahrtsbeschreibung

Von Garmisch-Partenkirchen: B 2 ca. 8 km Richtung München, in Oberau rechts über die Loisach zu Gut Buchwies (beschildert). Oder: A 95 München-Garmisch, weiter auf der B 2 bis Oberau, in Oberau links der Beschilderung zum Golfplatz folgen.

Nächstgelegene Plätze

Werdenfels L&GC (Nr. 722)
Karwendel, G&LC (Nr. 720)
Iffeldorf, GA (Nr. 701)

Greenfee-Aktion: Seite G 173

Golf- & Landclub Karwendel e.V.

Karte, Nr. 720, Feld H13 9 Design: Fering Höhe: 866 m

gegründet: 1992

Risser Straße 14, 82499 Wallgau
08825-2183 08825-921812
info@golfclub-karwendel.de
www.golfclub-karwendel.de

PR: Hans Zahler

i: 08825-2183 08825-921812
Martina Nissen-Gaupp, Joachim Gohla, Brigitta Müller

Golf-Alm
08825-9216160
Mo. Ruhetag

PRO: Pro: Jody Morris

H: 5846 m, CR 70.3, SL 128, Par 72
D: 5138 m, CR 72.2, SL 127, Par 72
20 Rangeabschläge (6 überdacht)

G: Gäste sind jederzeit willkommen. Anmeldung ist notwendig. Clubausweis mit eingetragener PE ist erforderlich.

18-Loch-Greenfee: EUR 70
9-Loch-Greenfee: EUR 45
Ermäßigung: Jugendl./Stud. 30%

Platzbeschreibung

Der Golfplatz liegt im oberen Isartal östlich der Gemeinde Wallgau und grenzt unmittelbar an die Wildflusslandschaft der Isar. Die Fairways liegen eingebettet auf drei ehemaligen Flussterrassen, die im Norden in einen eiszeitlichen Moränenzug übergehen. Der Golfplatz liegt in einer wunderschönen landschaftlichen Lage und bietet durch das nach Süden offene obere Isartal einen Blick auf die nahen Höhenzüge des Karwendelgebirges.

Platzinfos

VCG GPS CLUB

Anfahrtsbeschreibung

Von Garmisch-Partenkirchen: B 2 Richtung Mittenwald, Ausfahrt Krün-Wallgau B 11, in Wallgau bis zur Mautstraße Wallgau-Vorderriß bis zum Golfplatz.

Nächstgelegene Plätze

Garmisch-Partenk., GC (Nr. 719)
Werdenfels L&GC (Nr. 722)
Iffeldorf, GA (Nr. 701)

Greenfee-Aktion: Seite G 173

Golfclub Oberstaufen-Steibis e.V.

Karte, Nr. 721, Feld F13 **18** Höhe: 800 m

gegründet: 1989

In der Au 5, 87534 Oberstaufen-Steibis
☎ 08386-8529 Fax 08386-8657
✉ info@golf-oberstaufen.de
www.golf-oberstaufen.de

PR: Walter Grath, GF: Michael Toffel
Headgreenkeeper: Kevin Phillips

i: ☎ 08386-8529 Fax -8657
Andrea Mischler

Restaurant am Golfplatz
☎ 08386-8540

PRO SHOP: ☎ 08386-8529

PRO: Pro: Steven Rogers

H: 5282 m, CR 69, SL 135, Par 70
D: 4666 m, CR 70.5, SL 128, Par 70
26 Rangeabschläge (6 überdacht)

G: Gäste sind jederzeit willkommen. Anmeldung ist notwendig. Clubausweis mit eingetragenem Handicap (45) ist erforderlich.

18-Loch-Greenfee: WT: EUR 74 / WE: EUR 80
Ermäßigung: Jugendl./Stud.

Platzbeschreibung

Der Golfplatz liegt in einem außergewöhnlich reizvollen Hochtal auf 800 m Höhe. Am Fuß der Nagelfluhkette hat die Natur die Voraussetzung für ein landschaftlich einmaliges Golferlebnis geschaffen: Biotope, Felsen, Quellen und alte Bäume. Die höchsten Greens liegen auf 900 m. Sie erschließen ein faszinierendes Panorama, bei dem selbst routinierte Golfer mal die Konzentration auf das Putten vernachlässigen.

Platzinfos

Anfahrtsbeschreibung

A 7 Ri. Füssen bis AB-Dr. Allgäuer Kreuz, weiter A 96 Ri. Lindau, Ausfahrt Weitnau, über Seltmanns-Siebratshofen nach Oberstaufen, weiter Ri. Aach, durch Weißach, li. abbiegen Ri. Steibis und der Beschilderung zum Golfplatz folgen. Oder: A 96/B 12 München-Kaufbeuren-Kempten, vor Kempten A 7 Ri. Füssen-Lindau bis AB-Dr. Allgäuer Kreuz, dort Ri. Lindau und weiter wie oben beschrieben. Oder: Vom Bodensee B 19 Ri. Oberstaufen, Wegweiser Steibis, s.o.

Nächstgelegene Plätze

Oberstaufen, GC (Nr. 718)
GP Scheidegg (Nr. 716)
Sonnenalp, GP Sonnenalp (Nr. 723)

Bayern

Gf-Aktion: Seite G 173, 175

Land- und Golfclub Werdenfels e.V.

Karte, Nr. 722, Feld G13 **9/3** Design: Bernhard von Limburger Höhe: 720 m

gegründet: 1973

Werdenfelserstr. 2,
82467 Garmisch-Partenkirchen
☎ 08821-945670 Fax 08821-54777
✉ info@golfclub-werdenfels.de
www.golfclub-werdenfels.de

PR: Rolf Lehmann, CM: Christian Spanger
Headgreenkeeper: Cory Meacham

i: ☎ 08821-945670 Fax 08821-54777
Karin Gysen

Restaurant & Biergarten, Andreas Wieland
☎ 08821-7303435

PRO SHOP: ☎ 08821-945670 Fax 08821-54777

PRO: Pro: Andreas Stöcklein

9-Loch Platz
H: 5871 m, CR 70.7, SL 134, Par 72
D: 5332 m, CR 73.7, SL 125, Par 72
3-Loch Platz: H: Par 9
15 Rangeabschläge (2 überdacht)

G: Gäste sind jederzeit willkommen. Clubausweis mit eingetragener PE ist erforderlich.

18-Loch-Greenfee: EUR 60
9-Loch-Greenfee: EUR 40
Jeden Mittwoch ab 16:00 Uhr Herrengolf (nur Mitglieder). Jeden Dienstag ab 13:00 Uhr Damengolf (nur Mitglieder).
Ermäßigung: Jugendl. bis 18 J. und Stud. bis 27 J. 50%

Platzinfos

Anfahrtsbeschreibung

A 95 München-Garmisch, B 2 über Oberau, B 2 neu Farchanter Tunnel. Nach der Tunnelausfahrt B 23 Richtung Fernpaß-Reutte-Griesen. Nach Überqueren der Loisach rechts Richtung Farchant / Burgrain. Die Einfahrt zum Golfplatz ist auf der rechten Seite nach ca. 650 m. Oder vom Ortszentrum Garmisch Richtung Norden, Ortsteil Burgrain.

Platzbeschreibung

Einer der ältesten Golfplätze Deutschlands (gebaut 1930) mit altem und hohem Baumbestand, relativ engen Fairways und kleinen Grüns, die schwer anzuspielen sind. Der direkt vor den Toren von Garmisch-Partenkirchen liegende Platz bietet einen traumhaft nahen Blick auf die ringsum liegenden Berge und das erhaben aufsteigende Wettersteinmassiv mit Alp- und Zugspitze.

Nächstgelegene Plätze

Garmisch-Partenk., GC (Nr. 719)
Karwendel, G&LC (Nr. 720)
Auf der Gsteig, GC (Nr. 710)

Bayern

Golfplatz Sonnenalp

Karte, Nr. 723, Feld F13 **18** Design: D. Harradine, K. Rossknecht Höhe: 820 m

gegründet: 1975

Muderbolz 10, 87527 Ofterschwang
✆ 08321-272181 🖷 08321-272183
✉ golf@sonnenalp.de
www.golf-sonnenalp.de

PR Roland Tesch, GF: Hanspeter Schratt, CM: Hanspeter Schratt

i ✆ 08321-272181 🖷 08321-272183
Iris Hertle

Restaurant Waldhaus, Jörg Voigtländer
✆ 08321-272180 🖷 08321-272183

PRO SHOP Sonnenalp-Shopping, Benedikta Böck
✆ 08321-272184 🖷 -272183

PRO Pro: Andy MacDonald, Paul West

H: 5807 m, CR 71.9, SL 129, Par 73
D: 4989 m, CR 72.3, SL 131, Par 73
22 Rangeabschläge (12 überdacht)

G Gäste sind jederzeit willkommen. Anmeldung ist notwendig. Clubausweis mit eingetragener PE ist erforderlich. Wir wünschen auf unserem Platz golfgerechte Kleidung. Black- & Bluejeans, Jogginghosen sowie Shirts ohne Kragen/Rollkragen sind nicht erlaubt! Dies gilt für Spieler sowie deren Begleitperson.

Ermäßigung: Jugendl. bis 18 J.

Platzinfos

VCG GPS CLUB GASTRO

Anfahrtsbeschreibung

Auf der B 19 zwischen Sonthofen und Oberstdorf (ca. 3 km nach Sonthofen) ist die Abfahrt Richtung Ofterschwang / Sonnenalp. Von hier der Beschilderung noch ca. 2 km folgen.

Platzbeschreibung

Der 18-Loch-Platz Sonnenalp wurde von Donald Harradine meisterlich gestaltet und in die malerische Landschaft des Voralpenlandes eingebettet. Vor stets beeindruckender Bergkulisse bietet sich sowohl dem Scratchspieler als auch dem Golfer mit höherer Vorgabe eine besonders gepflegte Anlage mit herausragenden Bahnen. Im Jahr 2008 wurde der Platz von dem Architekten Kurt Rossknecht neu gestaltet und modernisiert.

Nächstgelegene Plätze

Oberallg./Gundelsb. (Nr. 724)
Oberstdorf, GC (Nr. 725)
Oberstaufen-Steibis, GC (Nr. 721)

Golfplatz Oberallgäu & Kurzplatz Gundelsberg

Karte, Nr. 724, Feld F13 18/6 Design: Kurt Rossknecht Höhe: 820 m

gegründet: 2004

Untermühlegg 23, 87538 Bolsterlang
08326-3859410 08326-3859412
golf@sonnenalp.de
www.golf-sonnenalp.de

PR Roland Tesch, GF: Hanspeter Schratt, CM: Hanspeter Schratt

i 08326-3859410 08326-3859412
Iris Hertle

Restaurant Seehaus, Gudrun Frey-Wechs
08326-3859420

PRO SHOP Sonnenalp-Shopping, Benedikta Böck
08326-3859414 -3859412

PRO Pro: Andy MacDonald, Paul West, Malcolm King

18-Loch Golfplatz Oberallgäu
H: 5619 m, CR 69.4, SL 125, Par 72
D: 4712 m, CR 69.5, SL 124, Par 72
6-Loch Kurzplatz Gundelsberg
H: Par 20, D: Par 20
22 überdachte Rangeabschläge

G Gäste sind jederzeit willkommen. Anmeldung ist notwendig. Clubausweis mit eingetragener PE ist erforderlich. Wir wünschen auf unseren Plätzen golfgerechte Kleidung. Black- & Bluejeans sowie zu kurze Shorts und Shirts ohne Kragen/Rollkragen sind nicht erlaubt! Dies gilt für Spieler sowie deren Begleitpersonen.

Ermäßigung: Jugendl. bis 18 J.

Platzinfos

Anfahrtsbeschreibung

Auf der B 19 zwischen Sonthofen und Oberstdorf (ca. 4 km nach Sonthofen) ist die Abfahrt Richtung Untermühlegg. Von hier der Beschilderung noch ca. 2 km folgen.

Platzbeschreibung

Wer am Abschlag des Championship-Kurses Oberallgäu steht, sieht rechts das Nebelhorn und vor ihm die Sonnenköpfe. Ein Alpenpanorama wie dieses, findet man auf keinem weiteren deutschen Golfplatz. Der renommierte Lindauer Architekt Kurt Rossknecht hat den 18-Loch-Meisterschaftsplatz (5.936 Meter, Par72) geschaffen. Interessant designte Grüns, perfekt gepflegt und leicht onduliert, erfordern präzises Anspiel.

Nächstgelegene Plätze

Sonnenalp, GP Sonnenalp (Nr. 723)
Oberstdorf, GC (Nr. 725)
Oberstaufen-Steibis, GC (Nr. 721)

Bayern

Golfclub Oberstdorf e.V.

Karte, Nr. 725, Feld F13 **9** Design: Donald Harradine Höhe: 960 m

gegründet: 1961

Gebrgoibe 2, 87561 Oberstdorf
☏ 08322-2895
✉ info@golfclub-oberstdorf.de
💻 www.golfclub-oberstdorf.de

PR Barbara Lacher
Headgreenkeeper: Klaus Speiser

i ☏ 08322-2895 🖷 08322-98694

Cafe Gebrgoibe Fam. Müller
☏ 0176-61010264

PRO SHOP GC Oberstdorf
☏ 08322-2895 🖷 08322-98694

PRO Pro: PGA Pro Thomas Ihle

H: 5372 m, CR 69.2, SL 129, Par 70
D: 4698 m, CR 70.7, SL 125, Par 70
18 Rangeabschläge (4 überdacht)

G Gäste sind jederzeit willkommen. Clubausweis mit eingetragenem Handicap (54) ist erforderlich.

18-Loch-Greenfee: EUR 60
9-Loch-Greenfee: EUR 40
Ermäßigung: Jugendl./Stud.

Platzbeschreibung

In Oberstdorf befindet sich ein landschaftlich wunderschöner Platz, der mitten in den Bergen malerisch von Fellhorn und Nebelhorn eingerahmt wird. Die hügelige, interessante 9-Loch Anlage, deren Fairways seitlich von Wald begrenzt werden und deren Greens von zahlreichen Sandbunkern verteidigt werden, ist aufgrund der Schrägen nicht leicht zu spielen, zumal das imposante Alpenpanorama ein wenig zum Abschweifen und Träumen animiert.

Platzinfos

Anfahrtsbeschreibung

Von Kempten auf der B 19 nach Oberstdorf, am 1. Kreisel rechts abbiegen Ri. Fellhornbahn. Bis Parkplatz "Renksteg", dort links abbiegen Richtung Spielmannsau. Der Golfplatz ist ausgeschildert. Für das Befahren der Straße zum Golfplatz erhalten Sie nach der Auffahrt im Sekretariat eine Fahr- u. Parkgenehmigung.

Nächstgelegene Plätze

Oberallg./Gundelsb. (Nr. 724)
Sonnenalp, GP Sonnenalp (Nr. 723)
Oberstaufen-Steibis, GC (Nr. 721)

Allgäu Sonne in Oberstaufen

Gastgeberverzeichnis

Auf den folgenden Seiten haben wir für Sie alle Hotelempfehlungen inklusive Kontaktangaben aus der Golf Club Redaktion übersichtlich dargestellt – geordnet nach Postleitzahlen, stets mit Angabe der nächstgelegenen Golf Clubs.

Gute Reise wünscht Ihnen das Team vom Albrecht Golf Verlag

Golf & Country Club Schloß Krugsdorf

Ringhotel Schlossberg

Ernst-Thälmann-Straße 62
07806 Neustadt/Orla
✆ 036481-66-0
Fax 036481-6 61 00
✉ neustadt@ringhotels.de
www.ringhotels.de/hotels/schlossberg

Die nächstgelegenen Golfplätze:
Gera, GC (Seite 222)
Jena, GC (Seite 218)
Weimarer Land (Seite 219)

Ringhotel Schorfheide

Hubertusstock 2
16247 Joachimsthal
✆ 033363-50-5
Fax 033363-50-999
✉ joachimsthal@ringhotels.de
www.ringhotels.de/joachimsthal

Die nächstgelegenen Golfplätze:
Prenden, GP (Seite 184)
Schloß Wilkendorf, GC (Seite 188)
Berlin Pankow, GR (Seite 189)

Hotel & Golf Schloss Krugsdorf

Zerrenthiner Str. 2-3
17309 Krugsdorf
✆ 039743-519611
Fax 039743-519612
✉ info@schlosskrugsdorf.de
www.schlosskrugsdorf.de

Die nächstgelegenen Golfplätze:
Schloß Krugsdorf (Seite 88)
Baltic, Usedom (Seite 84)
Balmer See-Usedom, GC (Seite 82)

Van der Valk Golfhotel Serrahn

Dobbiner Weg 24
18292 Serrahn
✆ 038456-66920
✉ serrahn@vandervalk.de
www.serrahn.vandervalk.de

Die nächstgelegenen Golfplätze:
Serrahn, Van der Valk (Seite 86)
Fleesensee, Golf (Seite 90)
Schloss Teschow, GC (Seite 85)

Van der Valk Golfclub Serrahn

Albrecht Golf Führer – Gastgeberverzeichnis

WINSTONgolf (S. v. Stengel)

Schlosshotel Wendorf

Schlossallee 1
19412 Kuhlen-Wendorf
✆ 038486-33 66 0
Fax 038486-33 66 10
✉ info@schlosshotel-wendorf.de
www.schlosshotel-wendorf.de

Die nächstgelegenen Golfplätze:
WINSTONgolf (Seite 87)
Bades Huk Golf (Seite 83)
Serrahn, Van der Valk (Seite 86)

Camping- und Ferienpark Wulfener Hals

Wulfener Hals Weg 100
23769 Wulfen/Fehmarn
✆ 04371-86280
Fax 04371-3723
✉ info@wulfenerhals.de
www.wulfenerhals.de

Die nächstgelegenen Golfplätze:
Fehmarn, GP (Seite 16)
Grömitz, GC Ostseeheilbad (Seite 26)
Brodauer Mühle, GC (Seite 29)

Hotel Sonneninsel Fehmarn

Sundstraat 22, Avendorf
23769 Fehmarn
✆ 04371-8628-0
Fax 04371-37 23
✉ info@hotel-sonneninsel-fehmarn.de
www.hotel-sonneninsel-fehmarn.de

Die nächstgelegenen Golfplätze:
Fehmarn, GP (Seite 16)
Grömitz, GC Ostseeheilbad (Seite 26)
Hohwachter Bucht, GA (Seite 22)

Ringhotel Resort und Spa Hohe Wacht

Ostseering 5
24321 Hohwacht
✆ 043 81-90 03-0
Fax 04381-9008-88
✉ hohwacht@ringhotels.de
www.ringhotels.de/hohwacht

Die nächstgelegenen Golfplätze:
Hohwachter Bucht, GA (Seite 22)
Brodauer Mühle, GC (Seite 29)
Gut Waldshagen, GC (Seite 28)

Golfpark Fehmarn

Hotelverzeichnis

Gut Kaden Golf und Land Club

Gut Kaden
Kadener Straße 9
25486 Alveslohe
✆ 04193-99 29 0
Fax 04193-99 2919
✉ hotel@gutkaden.de
💻 www.gutkaden.de

Die nächstgelegenen Golfplätze:
Gut Kaden, G&LC (Seite 46)
Red Golf Quickborn (Seite 49)
An der Pinnau, GC (Seite 50)

Badhotel Sternhagen
Cuxhavener Str. 86
27476 Cuxhaven-Duhnen
✆ 04721-434-0
Fax 04721-434-444
✉ sternhagen@badhotel-sternhagen.de
💻 www.badhotel-sternhagen.de

Die nächstgelegenen Golfplätze:
Küsten-GC Hohe Klint (Seite 96)
Dithmarschen, GC Büsum (Seite 27)
Am Donner Kleve, GC (Seite 35)

Ringhotel Köhlers Forsthaus
Hoheberger Weg 192
26605 Aurich
✆ 04941-17 92-0
Fax 04941-17 92-17
✉ aurich@ringhotels.de
💻 www.ringhotels.de/aurich

Die nächstgelegenen Golfplätze:
Ostfriesland, GC (Seite 108)
Schloss Lütetsburg (Seite 100)
Langeoog, GC (Seite 98)

Landhaus am Golfpark
Hainhaus 24
30855 Langenhagen
✆ 0511-728520
Fax 0511-7285252
✉ info@landhaus-am-golfpark.de
💻 www.landhausamgolfpark.de

Die nächstgelegenen Golfplätze:
Hainhaus, GP (Seite 152)
Isernhagen, GC (Seite 157)
Burgwedel, GC (Seite 150)

Golfpark Hainhaus

Albrecht Golf Führer – Gastgeberverzeichnis

Golfanlage Jammertal

Ringhotel Waldhotel Heiligenhaus

Parkstraße 38
42579 Heiligenhaus
✆ 02056-597-0
Fax 02056-597-260
✉ reservierung@wald-hotel.de
www.wald-hotel.de

Die nächstgelegenen Golfplätze:
Hösel, GC (Seite 324)
Essener GC Haus Oefte (Seite 320)
Essen-Heidhausen, GC (Seite 319)

Landhotel Jammertal

Redderstr. 421
45711 Datteln-Ahsen
✆ 02363-3770
Fax 02363-377100
✉ info@jammertal.de
www.jammertal.de

Die nächstgelegenen Golfplätze:
Jammertal, GA (Seite 283)
Vestischer GC Recklingh. (Seite 284)
Schloß Westerholt, GC (Seite 288)

Vienna House Easy Castrop-Rauxel

Dortmunder Strasse 55
44575 Castrop-Rauxel
✆ 02305-301 0
Fax 02305-301 45
✉ info.easy-castroprauxel@viennahouse.com
www.viennahouse.com

Die nächstgelegenen Golfplätze:
Castrop-Rauxel, GC (Seite 294)
Kemnader See (Seite 307)
Bochumer GC (Seite 308)

Landhotel Voshövel

Am Voshövel 1
46514 Schermbeck
✆ 02856-9140-0
Fax 02856-744
✉ post@landhotel.de
www.landhotel.de

Die nächstgelegenen Golfplätze:
Weselerwald, GC (Seite 276)
Hünxerwald, GC (Seite 285)
Bruckmannshof, GC (Seite 289)

Golfclub Hösel e.V.

Hotelverzeichnis

VILA VITA Burghotel Dinklage
Burgallee 1
49413 Dinklage
✆ 04443-897-0
🖷 04443-897-333
✉ info@vilavitaburghotel.de
💻 www.vilavitaburghotel.de

Die nächstgelegenen Golfplätze:
Gut Brettberg Lohne, GC (Seite 144)
Vechta-Welpe, GC (Seite 142)
Artland GC (Seite 155)

See- und Sporthotel Ankum
Tütinger Str. 28
49577 Ankum
✆ 05462-882-0
🖷 05462-882-888
✉ info@seeundsporthotel.de
💻 www.seeundsporthotel.de

Die nächstgelegenen Golfplätze:
Artland GC (Seite 155)
Varus, GC (Seite 159)
Osnabrück-Dütetal, GC (Seite 235)

Ringhotel Via Plaza
An der Mündung 1
49716 Meppen
✆ 05931-979 00
✉ meppen@ringhotels.de
💻 www.ringhotels.de/meppen

Die nächstgelegenen Golfplätze:
Gut Düneburg, GP (Seite 141)
Emstal, GC (Seite 146)
Gutshof Papenburg, GC (Seite 130)

Hofgut Wißberg - Das Weinberghotel
Hofgut Wißberg
55578 St. Johann
✆ 06701-9164-50
🖷 06701-9164-55
✉ info@hofgut-wissberg.de
💻 www.hofgut-wissberg.de

Die nächstgelegenen Golfplätze:
Rheinhessen, GC (Seite 468)
Nahetal, GC (Seite 471)
Domtal Mommenh., GC (Seite 467)

Romantik- und Wellnesshotel Deimann
Alte Handelsstraße 5
57392 Schmallenberg/Winkhausen
✆ 02975-81-0
🖷 02975-81-289
✉ info@deimann.de
💻 www.deimann.de

Die nächstgelegenen Golfplätze:
Schmallenberg, GC (Seite 348)
Sellinghausen, GC (Seite 344)
Winterberg, GC (Seite 346)

Landhotel Gasthof Schütte
Eggeweg 2
57392 Schmallenberg-Oberkirchen
✆ 02975-82-0
🖷 02975-82-522
✉ info@landhotel-schuette.de
💻 www.landhotel-schuette.de

Die nächstgelegenen Golfplätze:
Schmallenberg, GC (Seite 348)
Sellinghausen, GC (Seite 344)
Winterberg, GC (Seite 346)

Golfclub Schmallenberg e.V.

Hotelverzeichnis

Albrecht Golf Führer – Gastgeberverzeichnis

Golfclub Rheinhessen Hofgut Wißberg St. Johann e.V.

Ferienhotel Stockhausen
Zum Hälleken 9
57392 Schmallenberg-Sellinghausen
✆ 02971-312-0
Fax 02971-312-102
✉ info@ferienhotel-stockhausen.de
Web www.ferienhotel-stockhausen.de

Die nächstgelegenen Golfplätze:
Sellinghausen, GC (Seite 344)
Schmallenberg, GC (Seite 348)
Winterberg, GC (Seite 346)

Hotel Störmann
Weststraße 58
57392 Schmallenberg
✆ 02972-999 0
Fax 02972-999 239
✉ info@hotel-stoermann.de
Web www.hotel-stoermann.de

Die nächstgelegenen Golfplätze:
Schmallenberg, GC (Seite 348)
Sellinghausen, GC (Seite 344)
Winterberg, GC (Seite 346)

Waldhaus Ohlenbach
Ohlenbach 10
57392 Schmallenberg
✆ 02975-84-0
Fax 02975-84-48
✉ info@waldhaus-ohlenbach.de
Web www.waldhaus-ohlenbach.de

Die nächstgelegenen Golfplätze:
Winterberg, GC (Seite 346)
Schmallenberg, GC (Seite 348)
Sellinghausen, GC (Seite 344)

Ringhotel Kurhaus Ochs
Kanonenstraße 6-8
61389 Schmitten
✆ 06084-480
Fax 06084-4880
✉ reception@kurhaus-ochs.de
Web www.ringhotels.de/kurhaus-ochs

Die nächstgelegenen Golfplätze:
Taunus Weilrod, GC (Seite 419)
Kronberg, G&LC (Seite 426)
Homburger GC (Seite 423)

Golf- und Land-Club Kronberg e.V.

Hotelverzeichnis

Burghof - Das Hotel

Burghof 16
64753 Brombachtal
☎ 06063-58996200
Fax 06063-4190
✉ info@burghof-hotel.de
www.burghof-hotel.de

Die nächstgelegenen Golfplätze:
Odenwald, GC (Seite 444)
Geierstal, GC (Seite 445)
Gut Sansenhof, GC (Seite 611)

Hotel Schloss Edesheim

Luitpoldstraße 9
67483 Edesheim
☎ 06323-9424-0
Fax 06323-942411
✉ info@schloss-edesheim.de
www.schloss-edesheim.de

Die nächstgelegenen Golfplätze:
Landgut Dreihof, GC (Seite 487)
Pfalz Neustadt/Weinstr., GC (Seite 484)
Kurpfalz, GC (Seite 481)

Ringhotel Winzerhof

Bahnhofstraße 2-8
69231 Rauenberg
☎ 062 22-9 520
Fax 06222-9 52-350
✉ info@winzerhof.net
www.winzerhof.net

Die nächstgelegenen Golfplätze:
Hohenhardter Hof, GA (Seite 501)
St. Leon-Rot, GC (Seite 503)
Sinsheim, GC (Seite 505)

Waldhotel Grüner Baum

Alm 33
77704 Oberkirch-Ödsbach
☎ 07802-809-0
Fax 07802-809-88
✉ info@waldhotel-gruener-baum.de
www.waldhotel-gruener-baum.de

Die nächstgelegenen Golfplätze:
Urloffen, GC (Seite 542)
Gröbernhof, GC (Seite 551)
Birkenhof (Seite 540)

Ringhotel Zum Goldenen Ochsen

Zoznegger Straße 2
78333 Stockach
☎ 07771-91 84-0
Fax 07771-91 84-184
✉ reservierung@ochsen.de
www.ochsen.de

Die nächstgelegenen Golfplätze:
Schloss Langenstein, GC (Seite 566)
Steisslingen, GC (Seite 567)
Konstanz, GC (Seite 573)

Ringhotel Goldener Knopf

Rathausplatz 9
79713 Bad Säckingen
☎ 07761-56 50
Fax 07761-56 54 44
✉ badsaeckingen@ringhotels.de
www.ringhotels.de/hotels/goldener-knopf

Die nächstgelegenen Golfplätze:
Bad Säckingen, GP (Seite 579)
Rickenbach, GC (Seite 577)
Golfanlage Schopfheim (Seite 576)

Albrecht Golf Führer – Gastgeberverzeichnis

Golfclub Hochschwarzwald e.V.

Parkhotel Adler

Adlerplatz 3
79856 Hinterzarten
☎ 07652-127 0
Fax 07652-127 717
✉ info@parkhoteladler.de
💻 www.parkhoteladler.de

Die nächstgelegenen Golfplätze:
Hochschwarzwald, GC (Seite 565)
Freiburger GC (Seite 561)
Schönau (Seite 571)

Hotel-Restaurant Seeblick

Pelham 4
83093 Bad Endorf
☎ 08053-309-0
Fax 08053-309-500
✉ info@hotel-seeblick-pelham.de
💻 www.hotel-seeblick-pelham.de

Die nächstgelegenen Golfplätze:
Höslwang/Chiemgau, GC (Seite 722)
Am Obinger See, GC (Seite 718)
Chiemsee GC Prien (Seite 739)

Parkhotel Wallgau

Barmseestraße 1
82499 Wallgau
☎ 08825-290
Fax 08825-366
✉ info@parkhotel-wallgau.de
💻 www.parkhotel-wallgau.de

Die nächstgelegenen Golfplätze:
Karwendel, G&LC (Seite 765)
Garmisch-Partenk., GC (Seite 764)
Werdenfels L&GC (Seite 767)

Yachthotel Chiemsee

Harrasser Str. 49
83209 Prien am Chiemsee
☎ 08051-6960
Fax 08051-5171
✉ info@yachthotel.de
💻 www.yachthotel.de

Die nächstgelegenen Golfplätze:
Chiemsee GC Prien (Seite 739)
Achental (Seite 744)
Patting-Hochriesblick, GA (Seite 741)

Golf Club Höslwang im Chiemgau e.V.

Bella Vista Golfpark - Bad Birnbach

Eichenhof Hotel - Restaurant - Cafe

Angerpoint 1
83329 Waging am See
✆ 08681-4030
Fax 08681-40325
✉ info@hotel-eichenhof.de
💻 www.hotel-eichenhof.de

Die nächstgelegenen Golfplätze:
Anthal-Waginger See, GC (Seite 720)
Chieming, GC (Seite 727)
Berchtesgad. Land, GC (Seite 738)

Hotel Sonnengut - Wellness, Therme, Spa

Am Aunhamer Berg 2
84364 Bad Birnbach
✆ 08563-3050
Fax 08563-305100
✉ info@sonnengut.de
💻 www.sonnengut.de

Die nächstgelegenen Golfplätze:
Bella Vista GP (Seite 668)
Bad Griesb., Lederbach (Seite 665)
Sagmühle, GC (Seite 671)

Hardthaus Boutique Hotel

Marktplatz 31
84559 Kraiburg am Inn
✆ 08638-73067
✉ mail@hardthaus.de
💻 www.hardthaus.de

Die nächstgelegenen Golfplätze:
Schloss Guttenburg, GC (Seite 700)
Pleiskirchen, GC (Seite 683)
Am Obinger See, GC (Seite 718)

Brauereigasthof Hotel Aying

Zornedinger Straße 2
85653 Aying
✆ 08095-90650
Fax 08095-906566
✉ brauereigasthof@ayinger.de
💻 www.ayinger.de

Die nächstgelegenen Golfplätze:
Schloss Egmating, GP (Seite 719)
Mangfalltal, GC (Seite 731)
Harthausen, GA (Seite 712)

Golfclub Oberstaufen-Steibis e.V.

Allgäuer Golf- und Landclub e.V.

Hanusel Hof

Helingerstraße 5
87480 Weitnau-Hellengerst
✆ 08378-9200-0
✉ info@hanusel-hof.de
💻 www.hanusel-hof.de

Die nächstgelegenen Golfplätze:
Hellengerst, GC (Seite 756)
Waldegg-Wiggensb., GC (Seite 750)
Schloßgut Lenzfried, Golfpark (Seite 752)

Allgäu Sonne

Stießberg 1
87534 Oberstaufen
✆ 08386-7020
📠 08386-702-7826
✉ info@allgaeu-sonne.de
💻 www.allgaeu-sonne.de

Die nächstgelegenen Golfplätze:
Oberstaufen, GC (Seite 763)
Oberstaufen-Steibis, GC (Seite 766)
GP Scheidegg (Seite 759)

„elements" Hotel Oberstdorf

Christlessee 3
87561 Oberstdorf/Allgäu
✆ 08322-60669-0
📠 08322-60669-413
✉ info@elements-oberstdorf.com
💻 www.hotel-elements-oberstdorf.com

Die nächstgelegenen Golfplätze:
Oberstdorf, GC (Seite 770)
Oberallg./Gundelsb. (Seite 769)
Sonnenalp, GP Sonnenalp (Seite 768)

Touristikamt Kur & Kultur Ottobeuren

Marktplatz 14
87724 Ottobeuren
✆ 08332-9219-50
📠 08332-9219-92
✉ touristikamt@ottobeuren.de
💻 www.ottobeuren.de

Die nächstgelegenen Golfplätze:
Allgäuer G&LC (Seite 732)
Memmingen, GC (Seite 724)
Waldegg-Wiggensb., GC (Seite 750)

Tannenhof Resort. Sport & SPA

Lindenberger Str. 33
88171 Weiler im Allgäu
✆ 08387-1235
📠 08387-1626
✉ hotel@tannenhof.com
💻 www.tannenhof.com

Die nächstgelegenen Golfplätze:
GP Scheidegg (Seite 759)
Oberstaufen, GC (Seite 763)
Oberstaufen-Steibis, GC (Seite 766)

Romantik Hotel Kleber Post

Poststraße 1
88348 Bad Saulgau
✆ 07581-5010
📠 07581-501-499
✉ hotel@kleberpost.de
💻 www.kleberpost.de

Die nächstgelegenen Golfplätze:
Bad Saulgau, GREEN-GOLF (Seite 560)
Oberschwaben, GC (Seite 564)
Rochushof Deggenh., GC (Seite 568)

Romantik Hotel Johanniter-Kreuz

Johanniterweg 11
88662 Überlingen
☎ 07551-93706-0
Fax 07551-93706-190
✉ info@johanniter-kreuz.de
Web www.johanniter-kreuz.de

Die nächstgelegenen Golfplätze:
Owingen-Überlingen, GC (Seite 570)
Konstanz, GC (Seite 573)
Rochushof Deggenh., GC (Seite 568)

Hotel Schindlerhof

Steinacherstr. 6-12
90427 Nürnberg/Boxdorf
☎ 0911-9302-0
Fax 0911-9302-620
✉ hotel@schindlerhof.de
Web www.schindlerhof.de

Die nächstgelegenen Golfplätze:
Am Reichswald, GC (Seite 619)
Fürth, 1. GC (Seite 620)
Herzogenaurach, GC (Seite 616)

Landgasthof Bauernschmitt

St.-Johannes-Str. 25
91278 Pottenstein
☎ 09243-989-0
Fax 09243-989-45
✉ bauernschmitt@t-online.de
Web www.landgasthof-bauernschmitt.de

Die nächstgelegenen Golfplätze:
Pottenstein-Weidenl., GC (Seite 608)
Fränkische Schweiz, GC (Seite 607)
Gerhelm, Nbg. Land, GC (Seite 613

Hotel Sonnenhof

Himmelreich 13
93462 Lam
☎ 09943-37 0
✉ info@sonnenhof-lam.de
Web www.sonnenhof-lam.de

Die nächstgelegenen Golfplätze:
Sonnenhof (Seite 634)
Furth im Wald, GC (Seite 626)
Oberzwieselau, GP (Seite 640)

Wunsch Hotel Mürz - Natural Health & Spa

Birkenallee 7-9
94072 Bad Füssing
☎ 08531-9580
Fax 08531-29876
✉ info@muerz.de
Web www.muerz.de

Die nächstgelegenen Golfplätze:
Bad Füssing-Kirchham, TGC (Seite 680)
Bad Griesb., Beckenbauer GC (Seite 676)
Bad Griesb., Porsche GC (Seite 675)

Golf- & Landhotel Anetseder

Raßbach 8
94136 Thyrnau
☎ 08501-91313
Fax 08501-91314
✉ info@hotel-anetseder.de
Web www.hotel-anetseder.de

Die nächstgelegenen Golfplätze:
Donau GC Passau-Raßb. (Seite 656)
Panorama, GC (Seite 661)
Bayerwald, G&LC (Seite 649)

Golfclub Sonnenhof

Albrecht Golf Führer – Gastgeberverzeichnis

Donau Golf Club Passau-Raßbach e.V.

Landhotel Postwirt

Rosenau 48
94481 Grafenau
✆ 08552-96450
✉ info@hotel-postwirt.de
💻 www.hotel-postwirt.de

Die nächstgelegenen Golfplätze:
Nationalp. Bay. Wald, GC (Seite 644)
Oberzwieselau, GP (Seite 640)
Bayerwald, G&LC (Seite 649)

Kurmittelhaus Sibyllenbad

Kurallee 1
95698 Bad Neualbenreuth
✆ 09638-9330
🖷 09638-933 190
✉ info@sibyllenbad.de
💻 www.sibyllenbad.de

Die nächstgelegenen Golfplätze:
Stiftland, GC (Nr. 558)
Fahrenbach, GC (Nr. 555)
Schwanhof, GC (Nr. 575)

Best Western Hotel Polisina

Marktbreiter Str. 265
97199 Ochsenfurt
✆ 09331-8440
🖷 09331-7603
✉ info@polisina.de
💻 www.polisina.de

Die nächstgelegenen Golfplätze:
Kitzingen, GC (Seite 610)
Würzburg, GC (Seite 609)
Schloß Mainsondh., GC (Seite 604)

Golfclub am Nationalpark Bayerischer Wald e.V.

WENN SIE HIER SPIELEN WOLLEN ...
ILE AUX CERFS GOLF CLUB, MAURITIUS
©J. Sjoman
... www.1golf.eu

Greenfee-Gutschein-Buch 2023/2024

Liebe Golfer,

auf den nachfolgenden Seiten finden Sie alle Greenfee-Gutscheine der Ausgabe 2023/24 für Deutschland sowie das Ausland. Die Gutscheine sind gültig bis einschließlich 30. Juni 2024. **Es ist untersagt, die Greenfee-Gutscheine gegen Entgelt zu veräußern oder mit diesen Handel zu treiben.** Bitte beachten Sie, dass die Gutscheine nur in Verbindung mit dieser Ausgabe des Albrecht Golf Führers Deutschland oder der ALBRECHT GOLF CARD, die Sie am Ende des Buches finden, gelten.

Genaue Platzbeschreibungen, Routen, Wetter und vieles mehr zu den Golfplätzen finden Sie auch unter www.1golf.eu oder in unseren Golf Guide Apps für iPhone und iPad (Stichwort Albrecht).

Ein schönes Spiel wünscht Ihnen das Team vom Albrecht Golf Verlag

1golf.eu

Club de Golf Alcanada auf Mallorca, der Gewinner unserer Umfrage nach den beliebtesten Golfplätzen Europas 2022 auf www.1golf.eu

WENN SIE HIER SPIELEN WOLLEN ...
VERDURA GOLF CLUB, SIZILIEN
... www.1golf.eu

Hessen

Rheinland-Pfalz, Saarland

Baden-Württemberg

Polen, Slowenien, Griechenland

Spanien, Portugal

Schweiz, Frankreich, Belgien, Niederlande

Dänemark , Schweden, Finnland, Estland, Island

Großbritannien

Irland

Mauritius

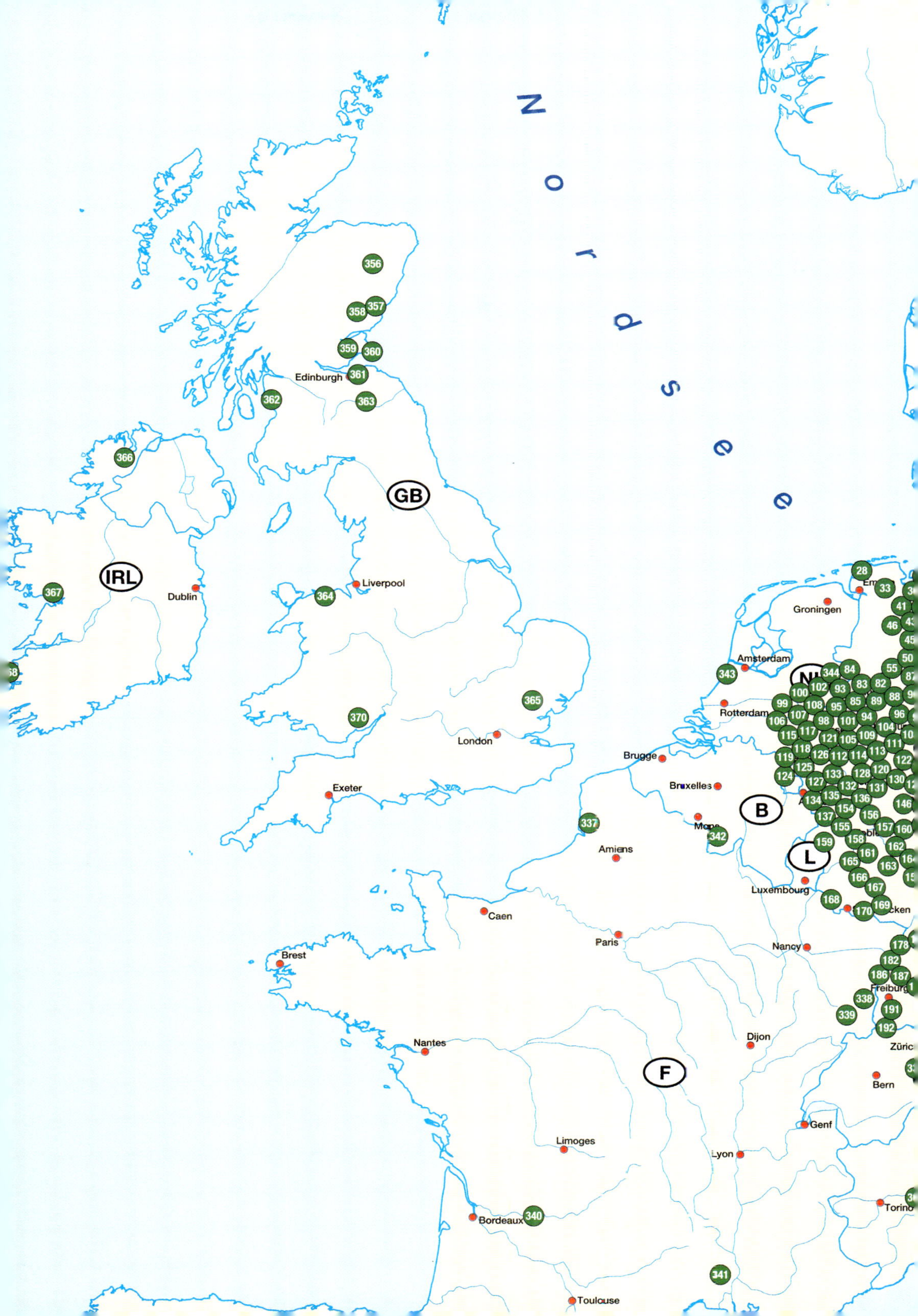
Nordsee
GB
IRL
NL
B
L
F
Edinburgh
Liverpool
Dublin
London
Exeter
Amsterdam
Groningen
Rotterdam
Brugge
Bruxelles
Mons
Amiens
Luxembourg
Caen
Paris
Nancy
Brest
Freiburg
Dijon
Bern
Nantes
Genf
Limoges
Lyon
Torino
Bordeaux
Toulouse
356
357
358
359
360
361
362
363
366
367
364
365
370
343
344
337
342
340
341
338
339
28
33
41
46
50
55
82
83
84
85
88
89
93
94
95
96
98
99
100
101
102
104
105
106
107
108
109
111
112
113
114
115
117
118
119
120
121
122
124
125
126
127
128
130
131
132
133
134
135
136
137
146
154
155
156
157
158
159
160
161
162
163
165
166
167
168
169
170
178
182
186
187
191
192

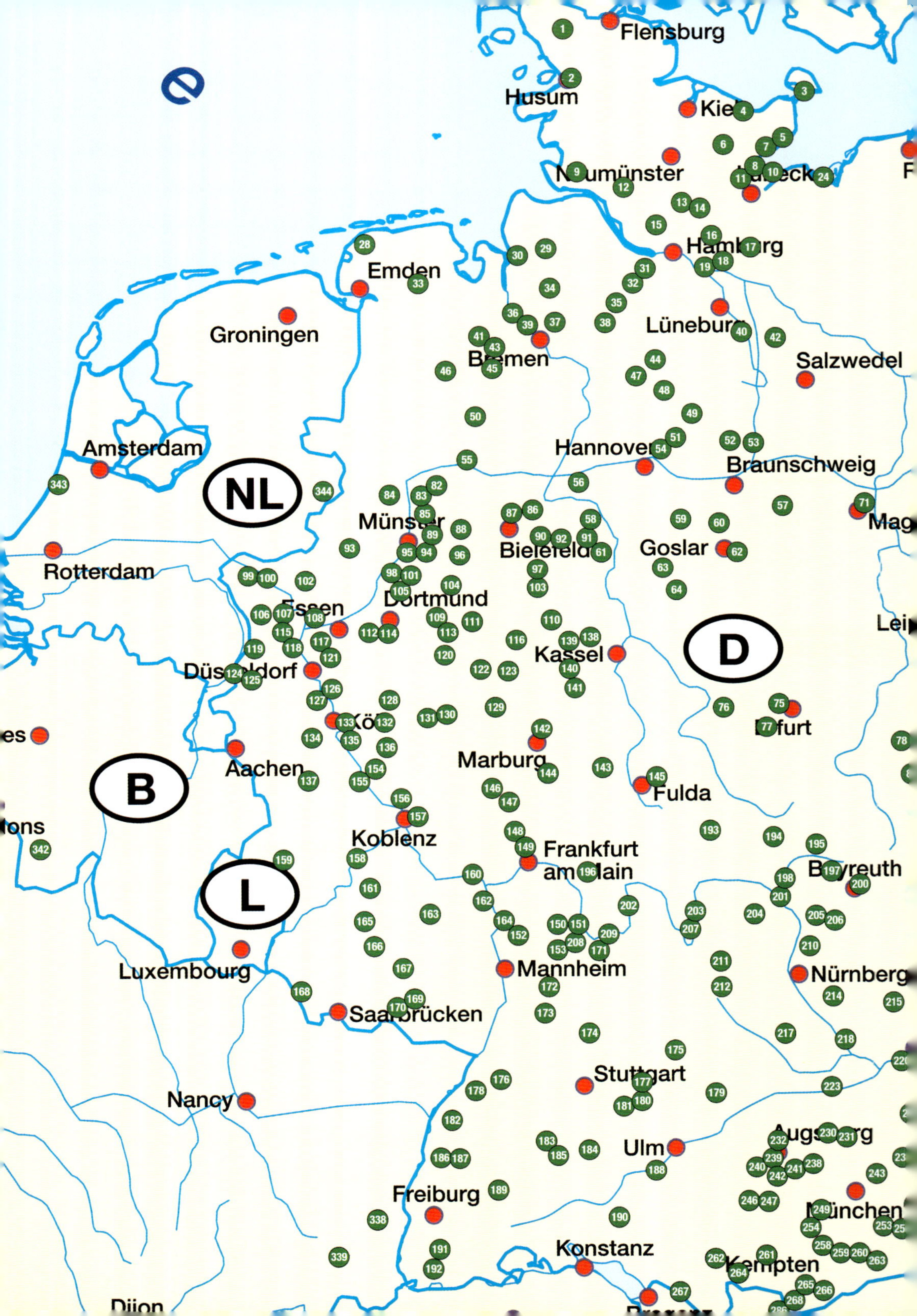

Flensburg
Husum
Hamburg
Emden
Groningen
Bremen
Salzwedel
Amsterdam
Hannover
Braunschweig
NL
Rotterdam
Goslar
Essen
Dortmund
Kassel
D
Düsseldorf
Aachen
B
Marburg
Fulda
Koblenz
Frankfurt am Main
L
Mannheim
Nürnberg
Luxembourg
Saarbrücken
Stuttgart
Nancy
Ulm
Freiburg
Konstanz
Kempten
Dijon

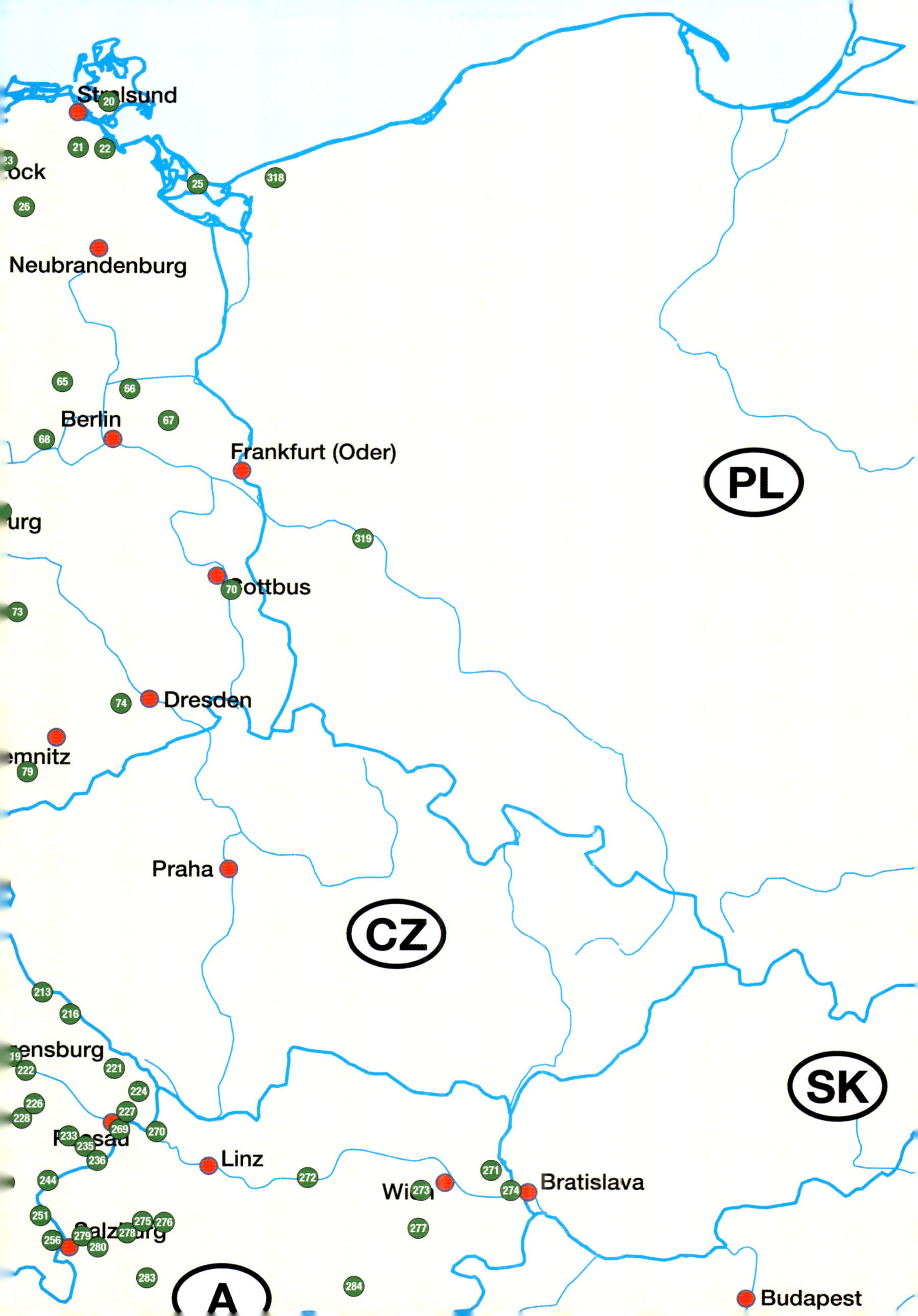
Stralsund
Neubrandenburg
Berlin
Frankfurt (Oder)
Cottbus
Dresden
Praha
Linz
Bratislava
Budapest
PL
CZ
SK
A
20
21
22
25
318
26
65
66
67
68
70
73
74
79
319
213
216
221
222
224
226
227
228
233
235
236
244
251
256
269
270
271
272
273
274
275
276
277
278
279
280
283
284

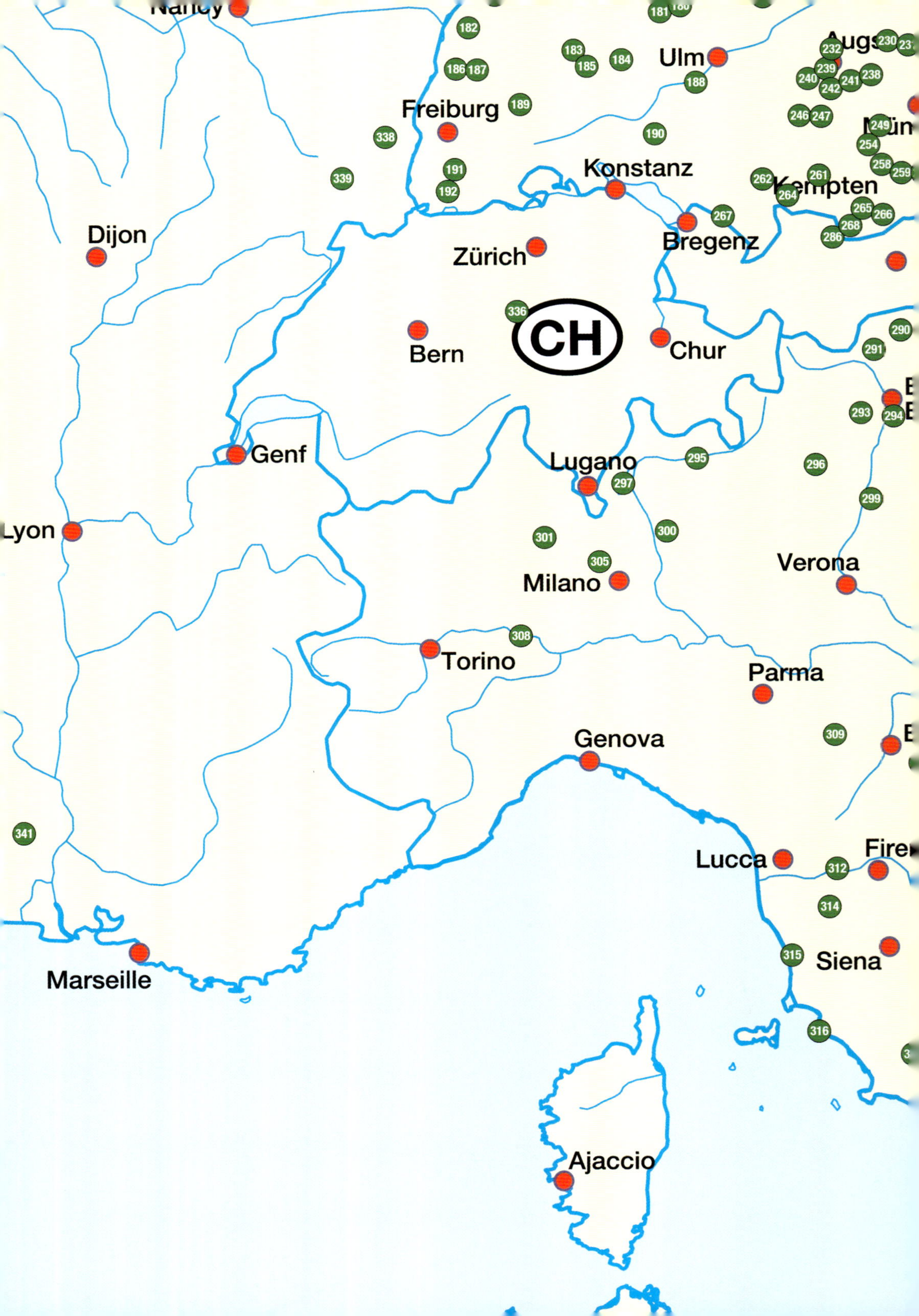

Ulm
Freiburg
Konstanz
Kempten
Dijon
Zürich
Bregenz
CH
Bern
Chur
Genf
Lugano
Lyon
Milano
Verona
Torino
Parma
Genova
Lucca
Siena
Marseille
Ajaccio
181
182
183
184
185
186
187
188
189
190
191
192
338
339
230
232
238
239
240
241
242
246
247
249
254
258
259
261
262
264
265
266
267
268
286
336
290
291
293
294
295
296
297
299
300
301
305
308
309
312
314
315
316
341

Linz
Bratislava
A
Graz
Klagenfurt
SLO
Udine
Ljubljana
Zagreb
Trieste
San Marino
Sarajevo
I
Teramo
Pescara
Roma
Foggia
229
228
227
269
270
233
235
234
237
236
245
244
248
250
251
252
255
257
256
279
278
275
276
280
282
281
285
283
284
271
272
273
274
277
287
288
289
320
298
302
303
304
306
307
311

ALBRECHT GOLF CARD
mit 50 Euro Reise-Gutschein.

Am Ende dieses Buches finden Sie die ALBRECHT GOLF CARD. Mit der ALBRECHT GOLF CARD können Sie die Greenfee-Gutscheine bei den Clubs einlösen. Darüber hinaus können Sie mit dem Gutschein-Code auf der Karte 50.- Euro sparen bei Ihrer nächsten Golfreise mit Albrecht Golf Travel.

Quelle Übersichtskarten: Free Vector Maps

Diese Gutscheine gelten nur in Verbindung mit dem Buch/Albrecht Golf Card

DER GOLF ALBRECHT

Golf Club Hof Berg e.V. DE

Hof Berg 3
D-25917 Stadum
✆ 04662-70577
Schleswig-Holstein, Hamburg

1

2 for 1 2 GF zum Preis von 1

DER GOLF ALBRECHT

Golf Club Hof Berg e.V. DE

Hof Berg 3
D-25917 Stadum
✆ 04662-70577
Schleswig-Holstein, Hamburg

1

2 for 1 2 GF zum Preis von 1

DER GOLF ALBRECHT

Golf Club Hof Berg e.V. DE

Hof Berg 3
D-25917 Stadum
✆ 04662-70577
Schleswig-Holstein, Hamburg

1

20% Greenfee-Ermäßigung

DER GOLF ALBRECHT

Golf Club Hof Berg e.V. DE

Hof Berg 3
D-25917 Stadum
✆ 04662-70577
Schleswig-Holstein, Hamburg

1

20% Greenfee-Ermäßigung

DER GOLF ALBRECHT

Golf Club Husumer Bucht e.V. DE

Hohlacker 5
D-25813 Schwesing
✆ 04841-72238
Schleswig-Holstein, Hamburg

2

2 for 1 2 GF zum Preis von 1

DER GOLF ALBRECHT

Golf Club Husumer Bucht e.V. DE

Hohlacker 5
D-25813 Schwesing
✆ 04841-72238
Schleswig-Holstein, Hamburg

2

2 for 1 2 GF zum Preis von 1

DER GOLF ALBRECHT

Golf Club Husumer Bucht e.V. DE

Hohlacker 5
D-25813 Schwesing
✆ 04841-72238
Schleswig-Holstein, Hamburg

2

2 for 1 2 GF zum Preis von 1

DER GOLF ALBRECHT

Golf Club Husumer Bucht e.V. DE

Hohlacker 5
D-25813 Schwesing
✆ 04841-72238
Schleswig-Holstein, Hamburg

2

30% Greenfee-Ermäßigung

DER GOLF ALBRECHT

Golf Club Husumer Bucht e.V. DE

Hohlacker 5
D-25813 Schwesing
✆ 04841-72238
Schleswig-Holstein, Hamburg

2

30% Greenfee-Ermäßigung

DER GOLF ALBRECHT

Golf Club Husumer Bucht e.V. DE

Hohlacker 5
D-25813 Schwesing
✆ 04841-72238
Schleswig-Holstein, Hamburg

2

30% Greenfee-Ermäßigung

Bedingungen zur Einlösung des Discounts:

1. Das Angebot ist einschließlich bis 30.6.2024 gültig.
2. Der Golfspieler/Leser hat sich telefonisch eine Abschlagzeit geben zu lassen – dabei ist die Nutzung des Angebots anzugeben.
3. Eine Barauszahlung des Greenfee-Vorteils ist nicht möglich.
4. Das Kombinieren von Angeboten oder bestehenden Greenfee-Vorteilen ist nicht möglich. Der Vorteil bezieht sich jeweils ausschließlich auf die zum Zeitpunkt der Einlösung gültigen vollen Greenfee-Gebühren.
5. Gibt es Spielergruppen mit erhöhten Greenfee-Gebühren, ist ein Nachlass auf diese Gebühren nicht möglich.
6. Das Angebot allein berechtigt nicht zum Spiel gegen Greenfee. Die Erfüllung der Bestimmungen des jeweiligen Golfclubs zur Greenfee-Berechtigung (Mitgliedschaft in einem Golfclub, Mindesthandicap etc.) zum Zeitpunkt der Einlösung sind Voraussetzung.
7. Es ist untersagt, den Greenfee-Gutschein entgeltlich Dritten zu überlassen bzw. mit diesen Handel zu treiben. Insbesondere sind die teilnehmenden Golfclubs in diesem Falle berechtigt, die Einlösung der ausgeschriebenen Angebote zu verweigern.
8. Die teilnehmenden Golfclubs haben sich gegenüber dem Verlag unter den o.g. Bedingungen verpflichtet, die ausgeschriebenen Angebote einzulösen. Der Verlag übernimmt jedoch keine Gewähr und keine Haftung, wenn ein Angebot nicht eingelöst wird oder werden kann.

Bedingungen zur Einlösung des Discounts:

1. Das Angebot ist einschließlich bis 30.6.2024 gültig.
2. Der Golfspieler/Leser hat sich telefonisch eine Abschlagzeit geben zu lassen – dabei ist die Nutzung des Angebots anzugeben.
3. Eine Barauszahlung des Greenfee-Vorteils ist nicht möglich.
4. Das Kombinieren von Angeboten oder bestehenden Greenfee-Vorteilen ist nicht möglich. Der Vorteil bezieht sich jeweils ausschließlich auf die zum Zeitpunkt der Einlösung gültigen vollen Greenfee-Gebühren.
5. Gibt es Spielergruppen mit erhöhten Greenfee-Gebühren, ist ein Nachlass auf diese Gebühren nicht möglich.
6. Das Angebot allein berechtigt nicht zum Spiel gegen Greenfee. Die Erfüllung der Bestimmungen des jeweiligen Golfclubs zur Greenfee-Berechtigung (Mitgliedschaft in einem Golfclub, Mindesthandicap etc.) zum Zeitpunkt der Einlösung sind Voraussetzung.
7. Es ist untersagt, den Greenfee-Gutschein entgeltlich Dritten zu überlassen bzw. mit diesen Handel zu treiben. Insbesondere sind die teilnehmenden Golfclubs in diesem Falle berechtigt, die Einlösung der ausgeschriebenen Angebote zu verweigern.
8. Die teilnehmenden Golfclubs haben sich gegenüber dem Verlag unter den o.g. Bedingungen verpflichtet, die ausgeschriebenen Angebote einzulösen. Der Verlag übernimmt jedoch keine Gewähr und keine Haftung, wenn ein Angebot nicht eingelöst wird oder werden kann.

Bedingungen zur Einlösung des Discounts:

1. Das Angebot ist einschließlich bis 30.6.2024 gültig.
2. Der Golfspieler/Leser hat sich telefonisch eine Abschlagzeit geben zu lassen – dabei ist die Nutzung des Angebots anzugeben.
3. Eine Barauszahlung des Greenfee-Vorteils ist nicht möglich.
4. Das Kombinieren von Angeboten oder bestehenden Greenfee-Vorteilen ist nicht möglich. Der Vorteil bezieht sich jeweils ausschließlich auf die zum Zeitpunkt der Einlösung gültigen vollen Greenfee-Gebühren.
5. Gibt es Spielergruppen mit erhöhten Greenfee-Gebühren, ist ein Nachlass auf diese Gebühren nicht möglich.
6. Das Angebot allein berechtigt nicht zum Spiel gegen Greenfee. Die Erfüllung der Bestimmungen des jeweiligen Golfclubs zur Greenfee-Berechtigung (Mitgliedschaft in einem Golfclub, Mindesthandicap etc.) zum Zeitpunkt der Einlösung sind Voraussetzung.
7. Es ist untersagt, den Greenfee-Gutschein entgeltlich Dritten zu überlassen bzw. mit diesen Handel zu treiben. Insbesondere sind die teilnehmenden Golfclubs in diesem Falle berechtigt, die Einlösung der ausgeschriebenen Angebote zu verweigern.
8. Die teilnehmenden Golfclubs haben sich gegenüber dem Verlag unter den o.g. Bedingungen verpflichtet, die ausgeschriebenen Angebote einzulösen. Der Verlag übernimmt jedoch keine Gewähr und keine Haftung, wenn ein Angebot nicht eingelöst wird oder werden kann.

Bedingungen zur Einlösung des Discounts:

1. Das Angebot ist einschließlich bis 30.6.2024 gültig.
2. Der Golfspieler/Leser hat sich telefonisch eine Abschlagzeit geben zu lassen – dabei ist die Nutzung des Angebots anzugeben.
3. Eine Barauszahlung des Greenfee-Vorteils ist nicht möglich.
4. Das Kombinieren von Angeboten oder bestehenden Greenfee-Vorteilen ist nicht möglich. Der Vorteil bezieht sich jeweils ausschließlich auf die zum Zeitpunkt der Einlösung gültigen vollen Greenfee-Gebühren.
5. Gibt es Spielergruppen mit erhöhten Greenfee-Gebühren, ist ein Nachlass auf diese Gebühren nicht möglich.
6. Das Angebot allein berechtigt nicht zum Spiel gegen Greenfee. Die Erfüllung der Bestimmungen des jeweiligen Golfclubs zur Greenfee-Berechtigung (Mitgliedschaft in einem Golfclub, Mindesthandicap etc.) zum Zeitpunkt der Einlösung sind Voraussetzung.
7. Es ist untersagt, den Greenfee-Gutschein entgeltlich Dritten zu überlassen bzw. mit diesen Handel zu treiben. Insbesondere sind die teilnehmenden Golfclubs in diesem Falle berechtigt, die Einlösung der ausgeschriebenen Angebote zu verweigern.
8. Die teilnehmenden Golfclubs haben sich gegenüber dem Verlag unter den o.g. Bedingungen verpflichtet, die ausgeschriebenen Angebote einzulösen. Der Verlag übernimmt jedoch keine Gewähr und keine Haftung, wenn ein Angebot nicht eingelöst wird oder werden kann.

Bedingungen zur Einlösung des Discounts:

1. Das Angebot ist einschließlich bis 30.6.2024 gültig.
2. Der Golfspieler/Leser hat sich telefonisch eine Abschlagzeit geben zu lassen – dabei ist die Nutzung des Angebots anzugeben.
3. Eine Barauszahlung des Greenfee-Vorteils ist nicht möglich.
4. Das Kombinieren von Angeboten oder bestehenden Greenfee-Vorteilen ist nicht möglich. Der Vorteil bezieht sich jeweils ausschließlich auf die zum Zeitpunkt der Einlösung gültigen vollen Greenfee-Gebühren.
5. Gibt es Spielergruppen mit erhöhten Greenfee-Gebühren, ist ein Nachlass auf diese Gebühren nicht möglich.
6. Das Angebot allein berechtigt nicht zum Spiel gegen Greenfee. Die Erfüllung der Bestimmungen des jeweiligen Golfclubs zur Greenfee-Berechtigung (Mitgliedschaft in einem Golfclub, Mindesthandicap etc.) zum Zeitpunkt der Einlösung sind Voraussetzung.
7. Es ist untersagt, den Greenfee-Gutschein entgeltlich Dritten zu überlassen bzw. mit diesen Handel zu treiben. Insbesondere sind die teilnehmenden Golfclubs in diesem Falle berechtigt, die Einlösung der ausgeschriebenen Angebote zu verweigern.
8. Die teilnehmenden Golfclubs haben sich gegenüber dem Verlag unter den o.g. Bedingungen verpflichtet, die ausgeschriebenen Angebote einzulösen. Der Verlag übernimmt jedoch keine Gewähr und keine Haftung, wenn ein Angebot nicht eingelöst wird oder werden kann.

Bedingungen zur Einlösung des Discounts:

1. Das Angebot ist einschließlich bis 30.6.2024 gültig.
2. Der Golfspieler/Leser hat sich telefonisch eine Abschlagzeit geben zu lassen – dabei ist die Nutzung des Angebots anzugeben.
3. Eine Barauszahlung des Greenfee-Vorteils ist nicht möglich.
4. Das Kombinieren von Angeboten oder bestehenden Greenfee-Vorteilen ist nicht möglich. Der Vorteil bezieht sich jeweils ausschließlich auf die zum Zeitpunkt der Einlösung gültigen vollen Greenfee-Gebühren.
5. Gibt es Spielergruppen mit erhöhten Greenfee-Gebühren, ist ein Nachlass auf diese Gebühren nicht möglich.
6. Das Angebot allein berechtigt nicht zum Spiel gegen Greenfee. Die Erfüllung der Bestimmungen des jeweiligen Golfclubs zur Greenfee-Berechtigung (Mitgliedschaft in einem Golfclub, Mindesthandicap etc.) zum Zeitpunkt der Einlösung sind Voraussetzung.
7. Es ist untersagt, den Greenfee-Gutschein entgeltlich Dritten zu überlassen bzw. mit diesen Handel zu treiben. Insbesondere sind die teilnehmenden Golfclubs in diesem Falle berechtigt, die Einlösung der ausgeschriebenen Angebote zu verweigern.
8. Die teilnehmenden Golfclubs haben sich gegenüber dem Verlag unter den o.g. Bedingungen verpflichtet, die ausgeschriebenen Angebote einzulösen. Der Verlag übernimmt jedoch keine Gewähr und keine Haftung, wenn ein Angebot nicht eingelöst wird oder werden kann.

Bedingungen zur Einlösung des Discounts:

1. Das Angebot ist einschließlich bis 30.6.2024 gültig.
2. Der Golfspieler/Leser hat sich telefonisch eine Abschlagzeit geben zu lassen – dabei ist die Nutzung des Angebots anzugeben.
3. Eine Barauszahlung des Greenfee-Vorteils ist nicht möglich.
4. Das Kombinieren von Angeboten oder bestehenden Greenfee-Vorteilen ist nicht möglich. Der Vorteil bezieht sich jeweils ausschließlich auf die zum Zeitpunkt der Einlösung gültigen vollen Greenfee-Gebühren.
5. Gibt es Spielergruppen mit erhöhten Greenfee-Gebühren, ist ein Nachlass auf diese Gebühren nicht möglich.
6. Das Angebot allein berechtigt nicht zum Spiel gegen Greenfee. Die Erfüllung der Bestimmungen des jeweiligen Golfclubs zur Greenfee-Berechtigung (Mitgliedschaft in einem Golfclub, Mindesthandicap etc.) zum Zeitpunkt der Einlösung sind Voraussetzung.
7. Es ist untersagt, den Greenfee-Gutschein entgeltlich Dritten zu überlassen bzw. mit diesen Handel zu treiben. Insbesondere sind die teilnehmenden Golfclubs in diesem Falle berechtigt, die Einlösung der ausgeschriebenen Angebote zu verweigern.
8. Die teilnehmenden Golfclubs haben sich gegenüber dem Verlag unter den o.g. Bedingungen verpflichtet, die ausgeschriebenen Angebote einzulösen. Der Verlag übernimmt jedoch keine Gewähr und keine Haftung, wenn ein Angebot nicht eingelöst wird oder werden kann.

Bedingungen zur Einlösung des Discounts:

1. Das Angebot ist einschließlich bis 30.6.2024 gültig.
2. Der Golfspieler/Leser hat sich telefonisch eine Abschlagzeit geben zu lassen – dabei ist die Nutzung des Angebots anzugeben.
3. Eine Barauszahlung des Greenfee-Vorteils ist nicht möglich.
4. Das Kombinieren von Angeboten oder bestehenden Greenfee-Vorteilen ist nicht möglich. Der Vorteil bezieht sich jeweils ausschließlich auf die zum Zeitpunkt der Einlösung gültigen vollen Greenfee-Gebühren.
5. Gibt es Spielergruppen mit erhöhten Greenfee-Gebühren, ist ein Nachlass auf diese Gebühren nicht möglich.
6. Das Angebot allein berechtigt nicht zum Spiel gegen Greenfee. Die Erfüllung der Bestimmungen des jeweiligen Golfclubs zur Greenfee-Berechtigung (Mitgliedschaft in einem Golfclub, Mindesthandicap etc.) zum Zeitpunkt der Einlösung sind Voraussetzung.
7. Es ist untersagt, den Greenfee-Gutschein entgeltlich Dritten zu überlassen bzw. mit diesen Handel zu treiben. Insbesondere sind die teilnehmenden Golfclubs in diesem Falle berechtigt, die Einlösung der ausgeschriebenen Angebote zu verweigern.
8. Die teilnehmenden Golfclubs haben sich gegenüber dem Verlag unter den o.g. Bedingungen verpflichtet, die ausgeschriebenen Angebote einzulösen. Der Verlag übernimmt jedoch keine Gewähr und keine Haftung, wenn ein Angebot nicht eingelöst wird oder werden kann.

Bedingungen zur Einlösung des Discounts:

1. Das Angebot ist einschließlich bis 30.6.2024 gültig.
2. Der Golfspieler/Leser hat sich telefonisch eine Abschlagzeit geben zu lassen – dabei ist die Nutzung des Angebots anzugeben.
3. Eine Barauszahlung des Greenfee-Vorteils ist nicht möglich.
4. Das Kombinieren von Angeboten oder bestehenden Greenfee-Vorteilen ist nicht möglich. Der Vorteil bezieht sich jeweils ausschließlich auf die zum Zeitpunkt der Einlösung gültigen vollen Greenfee-Gebühren.
5. Gibt es Spielergruppen mit erhöhten Greenfee-Gebühren, ist ein Nachlass auf diese Gebühren nicht möglich.
6. Das Angebot allein berechtigt nicht zum Spiel gegen Greenfee. Die Erfüllung der Bestimmungen des jeweiligen Golfclubs zur Greenfee-Berechtigung (Mitgliedschaft in einem Golfclub, Mindesthandicap etc.) zum Zeitpunkt der Einlösung sind Voraussetzung.
7. Es ist untersagt, den Greenfee-Gutschein entgeltlich Dritten zu überlassen bzw. mit diesen Handel zu treiben. Insbesondere sind die teilnehmenden Golfclubs in diesem Falle berechtigt, die Einlösung der ausgeschriebenen Angebote zu verweigern.
8. Die teilnehmenden Golfclubs haben sich gegenüber dem Verlag unter den o.g. Bedingungen verpflichtet, die ausgeschriebenen Angebote einzulösen. Der Verlag übernimmt jedoch keine Gewähr und keine Haftung, wenn ein Angebot nicht eingelöst wird oder werden kann.

Bedingungen zur Einlösung des Discounts:

1. Das Angebot ist einschließlich bis 30.6.2024 gültig.
2. Der Golfspieler/Leser hat sich telefonisch eine Abschlagzeit geben zu lassen – dabei ist die Nutzung des Angebots anzugeben.
3. Eine Barauszahlung des Greenfee-Vorteils ist nicht möglich.
4. Das Kombinieren von Angeboten oder bestehenden Greenfee-Vorteilen ist nicht möglich. Der Vorteil bezieht sich jeweils ausschließlich auf die zum Zeitpunkt der Einlösung gültigen vollen Greenfee-Gebühren.
5. Gibt es Spielergruppen mit erhöhten Greenfee-Gebühren, ist ein Nachlass auf diese Gebühren nicht möglich.
6. Das Angebot allein berechtigt nicht zum Spiel gegen Greenfee. Die Erfüllung der Bestimmungen des jeweiligen Golfclubs zur Greenfee-Berechtigung (Mitgliedschaft in einem Golfclub, Mindesthandicap etc.) zum Zeitpunkt der Einlösung sind Voraussetzung.
7. Es ist untersagt, den Greenfee-Gutschein entgeltlich Dritten zu überlassen bzw. mit diesen Handel zu treiben. Insbesondere sind die teilnehmenden Golfclubs in diesem Falle berechtigt, die Einlösung der ausgeschriebenen Angebote zu verweigern.
8. Die teilnehmenden Golfclubs haben sich gegenüber dem Verlag unter den o.g. Bedingungen verpflichtet, die ausgeschriebenen Angebote einzulösen. Der Verlag übernimmt jedoch keine Gewähr und keine Haftung, wenn ein Angebot nicht eingelöst wird oder werden kann.

Diese Gutscheine gelten nur in Verbindung mit dem Buch/Albrecht GolfCard

DER GOLF ALBRECHT

Golfpark Fehmarn DE

Wulfen, Wulfener-Hals-Weg 80
D-23769 Fehmarn
✆ 04371-6969
Schleswig-Holstein, Hamburg

3

40% Greenfee-Ermäßigung

DER GOLF ALBRECHT

Golfpark Fehmarn DE

Wulfen, Wulfener-Hals-Weg 80
D-23769 Fehmarn
✆ 04371-6969
Schleswig-Holstein, Hamburg

3

40% Greenfee-Ermäßigung

DER GOLF ALBRECHT

Golfpark Fehmarn DE

Wulfen, Wulfener-Hals-Weg 80
D-23769 Fehmarn
✆ 04371-6969
Schleswig-Holstein, Hamburg

3

40% Greenfee-Ermäßigung

DER GOLF ALBRECHT

Golfanlage Hohwacht GmbH & Co. KG DE

Eichenallee 1
D-24321 Hohwacht/Ostsee
✆ 04381-9690
Schleswig-Holstein, Hamburg

4

2 for 1 2 GF zum Preis von 1 wochentags

DER GOLF ALBRECHT

Golfanlage Hohwacht GmbH & Co. KG DE

Eichenallee 1
D-24321 Hohwacht/Ostsee
✆ 04381-9690
Schleswig-Holstein, Hamburg

4

2 for 1 2 GF zum Preis von 1 wochentags

DER GOLF ALBRECHT

Golf Club Ostseebad Grömitz e.V. DE

Am Schoor 46
D-23743 Grömitz
✆ 04562-222650
Schleswig-Holstein, Hamburg

5

2 for 1 2 GF zum Preis von 1

DER GOLF ALBRECHT

Golf Club Ostseebad Grömitz e.V. DE

Am Schoor 46
D-23743 Grömitz
✆ 04562-222650
Schleswig-Holstein, Hamburg

5

2 for 1 2 GF zum Preis von 1

DER GOLF ALBRECHT

Golf Club Ostseebad Grömitz e.V. DE

Am Schoor 46
D-23743 Grömitz
✆ 04562-222650
Schleswig-Holstein, Hamburg

5

25% Greenfee-Ermäßigung

DER GOLF ALBRECHT

Golf Club Ostseebad Grömitz e.V. DE

Am Schoor 46
D-23743 Grömitz
✆ 04562-222650
Schleswig-Holstein, Hamburg

5

25% Greenfee-Ermäßigung

DER GOLF ALBRECHT

Golfclub Gut Waldshagen DE

Waldshagen 3
D-24306 Bösdorf (bei Plön)
✆ 04522-766766
Schleswig-Holstein, Hamburg

6

2 for 1 2 GF zum Preis von 1

Diese Gutscheine gelten nur in Verbindung mit dem Buch/Albrecht Golf Card

Bedingungen zur Einlösung des Discounts:

1. Das Angebot ist einschließlich bis 30.6.2024 gültig.
2. Der Golfspieler/Leser hat sich telefonisch eine Abschlagzeit geben zu lassen – dabei ist die Nutzung des Angebots anzugeben.
3. Eine Barauszahlung des Greenfee-Vorteils ist nicht möglich.
4. Das Kombinieren von Angeboten oder bestehenden Greenfee-Vorteilen ist nicht möglich. Der Vorteil bezieht sich jeweils ausschließlich auf die zum Zeitpunkt der Einlösung gültigen vollen Greenfee-Gebühren.
5. Gibt es Spielergruppen mit erhöhten Greenfee-Gebühren, ist ein Nachlass auf diese Gebühren nicht möglich.
6. Das Angebot allein berechtigt nicht zum Spiel gegen Greenfee. Die Erfüllung der Bestimmungen des jeweiligen Golfclubs zur Greenfee-Berechtigung (Mitgliedschaft in einem Golfclub, Mindesthandicap etc.) zum Zeitpunkt der Einlösung sind Voraussetzung.
7. Es ist untersagt, den Greenfee-Gutschein entgeltlich Dritten zu überlassen bzw. mit diesen Handel zu treiben. Insbesondere sind die teilnehmenden Golfclubs in diesem Falle berechtigt, die Einlösung der ausgeschriebenen Angebote zu verweigern.
8. Die teilnehmenden Golfclubs haben sich gegenüber dem Verlag unter den o.g. Bedingungen verpflichtet, die ausgeschriebenen Angebote einzulösen. Der Verlag übernimmt jedoch keine Gewähr und keine Haftung, wenn ein Angebot nicht eingelöst wird oder werden kann.

Bedingungen zur Einlösung des Discounts:

1. Das Angebot ist einschließlich bis 30.6.2024 gültig.
2. Der Golfspieler/Leser hat sich telefonisch eine Abschlagzeit geben zu lassen – dabei ist die Nutzung des Angebots anzugeben.
3. Eine Barauszahlung des Greenfee-Vorteils ist nicht möglich.
4. Das Kombinieren von Angeboten oder bestehenden Greenfee-Vorteilen ist nicht möglich. Der Vorteil bezieht sich jeweils ausschließlich auf die zum Zeitpunkt der Einlösung gültigen vollen Greenfee-Gebühren.
5. Gibt es Spielergruppen mit erhöhten Greenfee-Gebühren, ist ein Nachlass auf diese Gebühren nicht möglich.
6. Das Angebot allein berechtigt nicht zum Spiel gegen Greenfee. Die Erfüllung der Bestimmungen des jeweiligen Golfclubs zur Greenfee-Berechtigung (Mitgliedschaft in einem Golfclub, Mindesthandicap etc.) zum Zeitpunkt der Einlösung sind Voraussetzung.
7. Es ist untersagt, den Greenfee-Gutschein entgeltlich Dritten zu überlassen bzw. mit diesen Handel zu treiben. Insbesondere sind die teilnehmenden Golfclubs in diesem Falle berechtigt, die Einlösung der ausgeschriebenen Angebote zu verweigern.
8. Die teilnehmenden Golfclubs haben sich gegenüber dem Verlag unter den o.g. Bedingungen verpflichtet, die ausgeschriebenen Angebote einzulösen. Der Verlag übernimmt jedoch keine Gewähr und keine Haftung, wenn ein Angebot nicht eingelöst wird oder werden kann.

Bedingungen zur Einlösung des Discounts:

1. Das Angebot ist einschließlich bis 30.6.2024 gültig.
2. Der Golfspieler/Leser hat sich telefonisch eine Abschlagzeit geben zu lassen – dabei ist die Nutzung des Angebots anzugeben.
3. Eine Barauszahlung des Greenfee-Vorteils ist nicht möglich.
4. Das Kombinieren von Angeboten oder bestehenden Greenfee-Vorteilen ist nicht möglich. Der Vorteil bezieht sich jeweils ausschließlich auf die zum Zeitpunkt der Einlösung gültigen vollen Greenfee-Gebühren.
5. Gibt es Spielergruppen mit erhöhten Greenfee-Gebühren, ist ein Nachlass auf diese Gebühren nicht möglich.
6. Das Angebot allein berechtigt nicht zum Spiel gegen Greenfee. Die Erfüllung der Bestimmungen des jeweiligen Golfclubs zur Greenfee-Berechtigung (Mitgliedschaft in einem Golfclub, Mindesthandicap etc.) zum Zeitpunkt der Einlösung sind Voraussetzung.
7. Es ist untersagt, den Greenfee-Gutschein entgeltlich Dritten zu überlassen bzw. mit diesen Handel zu treiben. Insbesondere sind die teilnehmenden Golfclubs in diesem Falle berechtigt, die Einlösung der ausgeschriebenen Angebote zu verweigern.
8. Die teilnehmenden Golfclubs haben sich gegenüber dem Verlag unter den o.g. Bedingungen verpflichtet, die ausgeschriebenen Angebote einzulösen. Der Verlag übernimmt jedoch keine Gewähr und keine Haftung, wenn ein Angebot nicht eingelöst wird oder werden kann.

Bedingungen zur Einlösung des Discounts:

1. Das Angebot ist einschließlich bis 30.6.2024 gültig.
2. Der Golfspieler/Leser hat sich telefonisch eine Abschlagzeit geben zu lassen – dabei ist die Nutzung des Angebots anzugeben.
3. Eine Barauszahlung des Greenfee-Vorteils ist nicht möglich.
4. Das Kombinieren von Angeboten oder bestehenden Greenfee-Vorteilen ist nicht möglich. Der Vorteil bezieht sich jeweils ausschließlich auf die zum Zeitpunkt der Einlösung gültigen vollen Greenfee-Gebühren.
5. Gibt es Spielergruppen mit erhöhten Greenfee-Gebühren, ist ein Nachlass auf diese Gebühren nicht möglich.
6. Das Angebot allein berechtigt nicht zum Spiel gegen Greenfee. Die Erfüllung der Bestimmungen des jeweiligen Golfclubs zur Greenfee-Berechtigung (Mitgliedschaft in einem Golfclub, Mindesthandicap etc.) zum Zeitpunkt der Einlösung sind Voraussetzung.
7. Es ist untersagt, den Greenfee-Gutschein entgeltlich Dritten zu überlassen bzw. mit diesen Handel zu treiben. Insbesondere sind die teilnehmenden Golfclubs in diesem Falle berechtigt, die Einlösung der ausgeschriebenen Angebote zu verweigern.
8. Die teilnehmenden Golfclubs haben sich gegenüber dem Verlag unter den o.g. Bedingungen verpflichtet, die ausgeschriebenen Angebote einzulösen. Der Verlag übernimmt jedoch keine Gewähr und keine Haftung, wenn ein Angebot nicht eingelöst wird oder werden kann.

Bedingungen zur Einlösung des Discounts:

1. Das Angebot ist einschließlich bis 30.6.2024 gültig.
2. Der Golfspieler/Leser hat sich telefonisch eine Abschlagzeit geben zu lassen – dabei ist die Nutzung des Angebots anzugeben.
3. Eine Barauszahlung des Greenfee-Vorteils ist nicht möglich.
4. Das Kombinieren von Angeboten oder bestehenden Greenfee-Vorteilen ist nicht möglich. Der Vorteil bezieht sich jeweils ausschließlich auf die zum Zeitpunkt der Einlösung gültigen vollen Greenfee-Gebühren.
5. Gibt es Spielergruppen mit erhöhten Greenfee-Gebühren, ist ein Nachlass auf diese Gebühren nicht möglich.
6. Das Angebot allein berechtigt nicht zum Spiel gegen Greenfee. Die Erfüllung der Bestimmungen des jeweiligen Golfclubs zur Greenfee-Berechtigung (Mitgliedschaft in einem Golfclub, Mindesthandicap etc.) zum Zeitpunkt der Einlösung sind Voraussetzung.
7. Es ist untersagt, den Greenfee-Gutschein entgeltlich Dritten zu überlassen bzw. mit diesen Handel zu treiben. Insbesondere sind die teilnehmenden Golfclubs in diesem Falle berechtigt, die Einlösung der ausgeschriebenen Angebote zu verweigern.
8. Die teilnehmenden Golfclubs haben sich gegenüber dem Verlag unter den o.g. Bedingungen verpflichtet, die ausgeschriebenen Angebote einzulösen. Der Verlag übernimmt jedoch keine Gewähr und keine Haftung, wenn ein Angebot nicht eingelöst wird oder werden kann.

Bedingungen zur Einlösung des Discounts:

1. Das Angebot ist einschließlich bis 30.6.2024 gültig.
2. Der Golfspieler/Leser hat sich telefonisch eine Abschlagzeit geben zu lassen – dabei ist die Nutzung des Angebots anzugeben.
3. Eine Barauszahlung des Greenfee-Vorteils ist nicht möglich.
4. Das Kombinieren von Angeboten oder bestehenden Greenfee-Vorteilen ist nicht möglich. Der Vorteil bezieht sich jeweils ausschließlich auf die zum Zeitpunkt der Einlösung gültigen vollen Greenfee-Gebühren.
5. Gibt es Spielergruppen mit erhöhten Greenfee-Gebühren, ist ein Nachlass auf diese Gebühren nicht möglich.
6. Das Angebot allein berechtigt nicht zum Spiel gegen Greenfee. Die Erfüllung der Bestimmungen des jeweiligen Golfclubs zur Greenfee-Berechtigung (Mitgliedschaft in einem Golfclub, Mindesthandicap etc.) zum Zeitpunkt der Einlösung sind Voraussetzung.
7. Es ist untersagt, den Greenfee-Gutschein entgeltlich Dritten zu überlassen bzw. mit diesen Handel zu treiben. Insbesondere sind die teilnehmenden Golfclubs in diesem Falle berechtigt, die Einlösung der ausgeschriebenen Angebote zu verweigern.
8. Die teilnehmenden Golfclubs haben sich gegenüber dem Verlag unter den o.g. Bedingungen verpflichtet, die ausgeschriebenen Angebote einzulösen. Der Verlag übernimmt jedoch keine Gewähr und keine Haftung, wenn ein Angebot nicht eingelöst wird oder werden kann.

Bedingungen zur Einlösung des Discounts:

1. Das Angebot ist einschließlich bis 30.6.2024 gültig.
2. Der Golfspieler/Leser hat sich telefonisch eine Abschlagzeit geben zu lassen – dabei ist die Nutzung des Angebots anzugeben.
3. Eine Barauszahlung des Greenfee-Vorteils ist nicht möglich.
4. Das Kombinieren von Angeboten oder bestehenden Greenfee-Vorteilen ist nicht möglich. Der Vorteil bezieht sich jeweils ausschließlich auf die zum Zeitpunkt der Einlösung gültigen vollen Greenfee-Gebühren.
5. Gibt es Spielergruppen mit erhöhten Greenfee-Gebühren, ist ein Nachlass auf diese Gebühren nicht möglich.
6. Das Angebot allein berechtigt nicht zum Spiel gegen Greenfee. Die Erfüllung der Bestimmungen des jeweiligen Golfclubs zur Greenfee-Berechtigung (Mitgliedschaft in einem Golfclub, Mindesthandicap etc.) zum Zeitpunkt der Einlösung sind Voraussetzung.
7. Es ist untersagt, den Greenfee-Gutschein entgeltlich Dritten zu überlassen bzw. mit diesen Handel zu treiben. Insbesondere sind die teilnehmenden Golfclubs in diesem Falle berechtigt, die Einlösung der ausgeschriebenen Angebote zu verweigern.
8. Die teilnehmenden Golfclubs haben sich gegenüber dem Verlag unter den o.g. Bedingungen verpflichtet, die ausgeschriebenen Angebote einzulösen. Der Verlag übernimmt jedoch keine Gewähr und keine Haftung, wenn ein Angebot nicht eingelöst wird oder werden kann.

Bedingungen zur Einlösung des Discounts:

1. Das Angebot ist einschließlich bis 30.6.2024 gültig.
2. Der Golfspieler/Leser hat sich telefonisch eine Abschlagzeit geben zu lassen – dabei ist die Nutzung des Angebots anzugeben.
3. Eine Barauszahlung des Greenfee-Vorteils ist nicht möglich.
4. Das Kombinieren von Angeboten oder bestehenden Greenfee-Vorteilen ist nicht möglich. Der Vorteil bezieht sich jeweils ausschließlich auf die zum Zeitpunkt der Einlösung gültigen vollen Greenfee-Gebühren.
5. Gibt es Spielergruppen mit erhöhten Greenfee-Gebühren, ist ein Nachlass auf diese Gebühren nicht möglich.
6. Das Angebot allein berechtigt nicht zum Spiel gegen Greenfee. Die Erfüllung der Bestimmungen des jeweiligen Golfclubs zur Greenfee-Berechtigung (Mitgliedschaft in einem Golfclub, Mindesthandicap etc.) zum Zeitpunkt der Einlösung sind Voraussetzung.
7. Es ist untersagt, den Greenfee-Gutschein entgeltlich Dritten zu überlassen bzw. mit diesen Handel zu treiben. Insbesondere sind die teilnehmenden Golfclubs in diesem Falle berechtigt, die Einlösung der ausgeschriebenen Angebote zu verweigern.
8. Die teilnehmenden Golfclubs haben sich gegenüber dem Verlag unter den o.g. Bedingungen verpflichtet, die ausgeschriebenen Angebote einzulösen. Der Verlag übernimmt jedoch keine Gewähr und keine Haftung, wenn ein Angebot nicht eingelöst wird oder werden kann.

Bedingungen zur Einlösung des Discounts:

1. Das Angebot ist einschließlich bis 30.6.2024 gültig.
2. Der Golfspieler/Leser hat sich telefonisch eine Abschlagzeit geben zu lassen – dabei ist die Nutzung des Angebots anzugeben.
3. Eine Barauszahlung des Greenfee-Vorteils ist nicht möglich.
4. Das Kombinieren von Angeboten oder bestehenden Greenfee-Vorteilen ist nicht möglich. Der Vorteil bezieht sich jeweils ausschließlich auf die zum Zeitpunkt der Einlösung gültigen vollen Greenfee-Gebühren.
5. Gibt es Spielergruppen mit erhöhten Greenfee-Gebühren, ist ein Nachlass auf diese Gebühren nicht möglich.
6. Das Angebot allein berechtigt nicht zum Spiel gegen Greenfee. Die Erfüllung der Bestimmungen des jeweiligen Golfclubs zur Greenfee-Berechtigung (Mitgliedschaft in einem Golfclub, Mindesthandicap etc.) zum Zeitpunkt der Einlösung sind Voraussetzung.
7. Es ist untersagt, den Greenfee-Gutschein entgeltlich Dritten zu überlassen bzw. mit diesen Handel zu treiben. Insbesondere sind die teilnehmenden Golfclubs in diesem Falle berechtigt, die Einlösung der ausgeschriebenen Angebote zu verweigern.
8. Die teilnehmenden Golfclubs haben sich gegenüber dem Verlag unter den o.g. Bedingungen verpflichtet, die ausgeschriebenen Angebote einzulösen. Der Verlag übernimmt jedoch keine Gewähr und keine Haftung, wenn ein Angebot nicht eingelöst wird oder werden kann.

Bedingungen zur Einlösung des Discounts:

1. Das Angebot ist einschließlich bis 30.6.2024 gültig.
2. Der Golfspieler/Leser hat sich telefonisch eine Abschlagzeit geben zu lassen – dabei ist die Nutzung des Angebots anzugeben.
3. Eine Barauszahlung des Greenfee-Vorteils ist nicht möglich.
4. Das Kombinieren von Angeboten oder bestehenden Greenfee-Vorteilen ist nicht möglich. Der Vorteil bezieht sich jeweils ausschließlich auf die zum Zeitpunkt der Einlösung gültigen vollen Greenfee-Gebühren.
5. Gibt es Spielergruppen mit erhöhten Greenfee-Gebühren, ist ein Nachlass auf diese Gebühren nicht möglich.
6. Das Angebot allein berechtigt nicht zum Spiel gegen Greenfee. Die Erfüllung der Bestimmungen des jeweiligen Golfclubs zur Greenfee-Berechtigung (Mitgliedschaft in einem Golfclub, Mindesthandicap etc.) zum Zeitpunkt der Einlösung sind Voraussetzung.
7. Es ist untersagt, den Greenfee-Gutschein entgeltlich Dritten zu überlassen bzw. mit diesen Handel zu treiben. Insbesondere sind die teilnehmenden Golfclubs in diesem Falle berechtigt, die Einlösung der ausgeschriebenen Angebote zu verweigern.
8. Die teilnehmenden Golfclubs haben sich gegenüber dem Verlag unter den o.g. Bedingungen verpflichtet, die ausgeschriebenen Angebote einzulösen. Der Verlag übernimmt jedoch keine Gewähr und keine Haftung, wenn ein Angebot nicht eingelöst wird oder werden kann.

Diese Gutscheine gelten nur in Verbindung mit dem Buch/Albrecht Golf Card

Diese Gutscheine gelten nur in Verbindung mit dem Buch/Albrecht Golf Card

DER GOLF ALBRECHT

Golfclub Gut Waldshagen DE

Waldshagen 3
D-24306 Bösdorf (bei Plön)
✆ 04522-766766
Schleswig-Holstein, Hamburg

6

2 for 1 2 GF zum Preis von 1

DER GOLF ALBRECHT

Golf Club Brodauer Mühle e.V. DE

Baumallee 14
D-23730 Gut Beusloe
✆ 04561-8140
Schleswig-Holstein, Hamburg

7

30% Greenfee-Ermäßigung

DER GOLF ALBRECHT

Golf Club Brodauer Mühle e.V. DE

Baumallee 14
D-23730 Gut Beusloe
✆ 04561-8140
Schleswig-Holstein, Hamburg

7

30% Greenfee-Ermäßigung

DER GOLF ALBRECHT

Golf Club Brodauer Mühle e.V. DE

Baumallee 14
D-23730 Gut Beusloe
✆ 04561-8140
Schleswig-Holstein, Hamburg

7

30% Greenfee-Ermäßigung

DER GOLF ALBRECHT

Golfresort Strandgrün Timmendorfer Strand DE

Am Golfplatz 3
D-23669 Timmendorfer Strand
✆ 04503-704400
Schleswig-Holstein, Hamburg

8

20% Greenfee-Ermäßigung

DER GOLF ALBRECHT

Golf am Donner Kleve DE

Alte Landstraße 1
D-25693 St. Michaelisdonn
✆ 04853-880909
Schleswig-Holstein, Hamburg

9

2 for 1 2 GF zum Preis von 1

DER GOLF ALBRECHT

Golf am Donner Kleve DE

Alte Landstraße 1
D-25693 St. Michaelisdonn
✆ 04853-880909
Schleswig-Holstein, Hamburg

9

2 for 1 2 GF zum Preis von 1

DER GOLF ALBRECHT

Golf am Donner Kleve DE

Alte Landstraße 1
D-25693 St. Michaelisdonn
✆ 04853-880909
Schleswig-Holstein, Hamburg

9

40% Greenfee-Ermäßigung

DER GOLF ALBRECHT

Golf am Donner Kleve DE

Alte Landstraße 1
D-25693 St. Michaelisdonn
✆ 04853-880909
Schleswig-Holstein, Hamburg

9

40% Greenfee-Ermäßigung

DER GOLF ALBRECHT

Lübeck-Travemünder Golf-Klub von 1921 e.V. DE

Kowitzberg 41
D-23570 Lübeck-Travemünde
✆ 04502-74018
Schleswig-Holstein, Hamburg

10

20% Greenfee-Ermäßigung wochentags

Bedingungen zur Einlösung des Discounts:

1. Das Angebot ist einschließlich bis 30.6.2024 gültig.
2. Der Golfspieler/Leser hat sich telefonisch eine Abschlagzeit geben zu lassen – dabei ist die Nutzung des Angebots anzugeben.
3. Eine Barauszahlung des Greenfee-Vorteils ist nicht möglich.
4. Das Kombinieren von Angeboten oder bestehenden Greenfee-Vorteilen ist nicht möglich. Der Vorteil bezieht sich jeweils ausschließlich auf die zum Zeitpunkt der Einlösung gültigen vollen Greenfee-Gebühren.
5. Gibt es Spielergruppen mit erhöhten Greenfee-Gebühren, ist ein Nachlass auf diese Gebühren nicht möglich.
6. Das Angebot allein berechtigt nicht zum Spiel gegen Greenfee. Die Erfüllung der Bestimmungen des jeweiligen Golfclubs zur Greenfee-Berechtigung (Mitgliedschaft in einem Golfclub, Mindesthandicap etc.) zum Zeitpunkt der Einlösung sind Voraussetzung.
7. Es ist untersagt, den Greenfee-Gutschein entgeltlich Dritten zu überlassen bzw. mit diesen Handel zu treiben. Insbesondere sind die teilnehmenden Golfclubs in diesem Falle berechtigt, die Einlösung der ausgeschriebenen Angebote zu verweigern.
8. Die teilnehmenden Golfclubs haben sich gegenüber dem Verlag unter den o.g. Bedingungen verpflichtet, die ausgeschriebenen Angebote einzulösen. Der Verlag übernimmt jedoch keine Gewähr und keine Haftung, wenn ein Angebot nicht eingelöst wird oder werden kann.

Bedingungen zur Einlösung des Discounts:

1. Das Angebot ist einschließlich bis 30.6.2024 gültig.
2. Der Golfspieler/Leser hat sich telefonisch eine Abschlagzeit geben zu lassen – dabei ist die Nutzung des Angebots anzugeben.
3. Eine Barauszahlung des Greenfee-Vorteils ist nicht möglich.
4. Das Kombinieren von Angeboten oder bestehenden Greenfee-Vorteilen ist nicht möglich. Der Vorteil bezieht sich jeweils ausschließlich auf die zum Zeitpunkt der Einlösung gültigen vollen Greenfee-Gebühren.
5. Gibt es Spielergruppen mit erhöhten Greenfee-Gebühren, ist ein Nachlass auf diese Gebühren nicht möglich.
6. Das Angebot allein berechtigt nicht zum Spiel gegen Greenfee. Die Erfüllung der Bestimmungen des jeweiligen Golfclubs zur Greenfee-Berechtigung (Mitgliedschaft in einem Golfclub, Mindesthandicap etc.) zum Zeitpunkt der Einlösung sind Voraussetzung.
7. Es ist untersagt, den Greenfee-Gutschein entgeltlich Dritten zu überlassen bzw. mit diesen Handel zu treiben. Insbesondere sind die teilnehmenden Golfclubs in diesem Falle berechtigt, die Einlösung der ausgeschriebenen Angebote zu verweigern.
8. Die teilnehmenden Golfclubs haben sich gegenüber dem Verlag unter den o.g. Bedingungen verpflichtet, die ausgeschriebenen Angebote einzulösen. Der Verlag übernimmt jedoch keine Gewähr und keine Haftung, wenn ein Angebot nicht eingelöst wird oder werden kann.

Bedingungen zur Einlösung des Discounts:

1. Das Angebot ist einschließlich bis 30.6.2024 gültig.
2. Der Golfspieler/Leser hat sich telefonisch eine Abschlagzeit geben zu lassen – dabei ist die Nutzung des Angebots anzugeben.
3. Eine Barauszahlung des Greenfee-Vorteils ist nicht möglich.
4. Das Kombinieren von Angeboten oder bestehenden Greenfee-Vorteilen ist nicht möglich. Der Vorteil bezieht sich jeweils ausschließlich auf die zum Zeitpunkt der Einlösung gültigen vollen Greenfee-Gebühren.
5. Gibt es Spielergruppen mit erhöhten Greenfee-Gebühren, ist ein Nachlass auf diese Gebühren nicht möglich.
6. Das Angebot allein berechtigt nicht zum Spiel gegen Greenfee. Die Erfüllung der Bestimmungen des jeweiligen Golfclubs zur Greenfee-Berechtigung (Mitgliedschaft in einem Golfclub, Mindesthandicap etc.) zum Zeitpunkt der Einlösung sind Voraussetzung.
7. Es ist untersagt, den Greenfee-Gutschein entgeltlich Dritten zu überlassen bzw. mit diesen Handel zu treiben. Insbesondere sind die teilnehmenden Golfclubs in diesem Falle berechtigt, die Einlösung der ausgeschriebenen Angebote zu verweigern.
8. Die teilnehmenden Golfclubs haben sich gegenüber dem Verlag unter den o.g. Bedingungen verpflichtet, die ausgeschriebenen Angebote einzulösen. Der Verlag übernimmt jedoch keine Gewähr und keine Haftung, wenn ein Angebot nicht eingelöst wird oder werden kann.

Bedingungen zur Einlösung des Discounts:

1. Das Angebot ist einschließlich bis 30.6.2024 gültig.
2. Der Golfspieler/Leser hat sich telefonisch eine Abschlagzeit geben zu lassen – dabei ist die Nutzung des Angebots anzugeben.
3. Eine Barauszahlung des Greenfee-Vorteils ist nicht möglich.
4. Das Kombinieren von Angeboten oder bestehenden Greenfee-Vorteilen ist nicht möglich. Der Vorteil bezieht sich jeweils ausschließlich auf die zum Zeitpunkt der Einlösung gültigen vollen Greenfee-Gebühren.
5. Gibt es Spielergruppen mit erhöhten Greenfee-Gebühren, ist ein Nachlass auf diese Gebühren nicht möglich.
6. Das Angebot allein berechtigt nicht zum Spiel gegen Greenfee. Die Erfüllung der Bestimmungen des jeweiligen Golfclubs zur Greenfee-Berechtigung (Mitgliedschaft in einem Golfclub, Mindesthandicap etc.) zum Zeitpunkt der Einlösung sind Voraussetzung.
7. Es ist untersagt, den Greenfee-Gutschein entgeltlich Dritten zu überlassen bzw. mit diesen Handel zu treiben. Insbesondere sind die teilnehmenden Golfclubs in diesem Falle berechtigt, die Einlösung der ausgeschriebenen Angebote zu verweigern.
8. Die teilnehmenden Golfclubs haben sich gegenüber dem Verlag unter den o.g. Bedingungen verpflichtet, die ausgeschriebenen Angebote einzulösen. Der Verlag übernimmt jedoch keine Gewähr und keine Haftung, wenn ein Angebot nicht eingelöst wird oder werden kann.

Bedingungen zur Einlösung des Discounts:

1. Das Angebot ist einschließlich bis 30.6.2024 gültig.
2. Der Golfspieler/Leser hat sich telefonisch eine Abschlagzeit geben zu lassen – dabei ist die Nutzung des Angebots anzugeben.
3. Eine Barauszahlung des Greenfee-Vorteils ist nicht möglich.
4. Das Kombinieren von Angeboten oder bestehenden Greenfee-Vorteilen ist nicht möglich. Der Vorteil bezieht sich jeweils ausschließlich auf die zum Zeitpunkt der Einlösung gültigen vollen Greenfee-Gebühren.
5. Gibt es Spielergruppen mit erhöhten Greenfee-Gebühren, ist ein Nachlass auf diese Gebühren nicht möglich.
6. Das Angebot allein berechtigt nicht zum Spiel gegen Greenfee. Die Erfüllung der Bestimmungen des jeweiligen Golfclubs zur Greenfee-Berechtigung (Mitgliedschaft in einem Golfclub, Mindesthandicap etc.) zum Zeitpunkt der Einlösung sind Voraussetzung.
7. Es ist untersagt, den Greenfee-Gutschein entgeltlich Dritten zu überlassen bzw. mit diesen Handel zu treiben. Insbesondere sind die teilnehmenden Golfclubs in diesem Falle berechtigt, die Einlösung der ausgeschriebenen Angebote zu verweigern.
8. Die teilnehmenden Golfclubs haben sich gegenüber dem Verlag unter den o.g. Bedingungen verpflichtet, die ausgeschriebenen Angebote einzulösen. Der Verlag übernimmt jedoch keine Gewähr und keine Haftung, wenn ein Angebot nicht eingelöst wird oder werden kann.

Bedingungen zur Einlösung des Discounts:

1. Das Angebot ist einschließlich bis 30.6.2024 gültig.
2. Der Golfspieler/Leser hat sich telefonisch eine Abschlagzeit geben zu lassen – dabei ist die Nutzung des Angebots anzugeben.
3. Eine Barauszahlung des Greenfee-Vorteils ist nicht möglich.
4. Das Kombinieren von Angeboten oder bestehenden Greenfee-Vorteilen ist nicht möglich. Der Vorteil bezieht sich jeweils ausschließlich auf die zum Zeitpunkt der Einlösung gültigen vollen Greenfee-Gebühren.
5. Gibt es Spielergruppen mit erhöhten Greenfee-Gebühren, ist ein Nachlass auf diese Gebühren nicht möglich.
6. Das Angebot allein berechtigt nicht zum Spiel gegen Greenfee. Die Erfüllung der Bestimmungen des jeweiligen Golfclubs zur Greenfee-Berechtigung (Mitgliedschaft in einem Golfclub, Mindesthandicap etc.) zum Zeitpunkt der Einlösung sind Voraussetzung.
7. Es ist untersagt, den Greenfee-Gutschein entgeltlich Dritten zu überlassen bzw. mit diesen Handel zu treiben. Insbesondere sind die teilnehmenden Golfclubs in diesem Falle berechtigt, die Einlösung der ausgeschriebenen Angebote zu verweigern.
8. Die teilnehmenden Golfclubs haben sich gegenüber dem Verlag unter den o.g. Bedingungen verpflichtet, die ausgeschriebenen Angebote einzulösen. Der Verlag übernimmt jedoch keine Gewähr und keine Haftung, wenn ein Angebot nicht eingelöst wird oder werden kann.

Bedingungen zur Einlösung des Discounts:

1. Das Angebot ist einschließlich bis 30.6.2024 gültig.
2. Der Golfspieler/Leser hat sich telefonisch eine Abschlagzeit geben zu lassen – dabei ist die Nutzung des Angebots anzugeben.
3. Eine Barauszahlung des Greenfee-Vorteils ist nicht möglich.
4. Das Kombinieren von Angeboten oder bestehenden Greenfee-Vorteilen ist nicht möglich. Der Vorteil bezieht sich jeweils ausschließlich auf die zum Zeitpunkt der Einlösung gültigen vollen Greenfee-Gebühren.
5. Gibt es Spielergruppen mit erhöhten Greenfee-Gebühren, ist ein Nachlass auf diese Gebühren nicht möglich.
6. Das Angebot allein berechtigt nicht zum Spiel gegen Greenfee. Die Erfüllung der Bestimmungen des jeweiligen Golfclubs zur Greenfee-Berechtigung (Mitgliedschaft in einem Golfclub, Mindesthandicap etc.) zum Zeitpunkt der Einlösung sind Voraussetzung.
7. Es ist untersagt, den Greenfee-Gutschein entgeltlich Dritten zu überlassen bzw. mit diesen Handel zu treiben. Insbesondere sind die teilnehmenden Golfclubs in diesem Falle berechtigt, die Einlösung der ausgeschriebenen Angebote zu verweigern.
8. Die teilnehmenden Golfclubs haben sich gegenüber dem Verlag unter den o.g. Bedingungen verpflichtet, die ausgeschriebenen Angebote einzulösen. Der Verlag übernimmt jedoch keine Gewähr und keine Haftung, wenn ein Angebot nicht eingelöst wird oder werden kann.

Bedingungen zur Einlösung des Discounts:

1. Das Angebot ist einschließlich bis 30.6.2024 gültig.
2. Der Golfspieler/Leser hat sich telefonisch eine Abschlagzeit geben zu lassen – dabei ist die Nutzung des Angebots anzugeben.
3. Eine Barauszahlung des Greenfee-Vorteils ist nicht möglich.
4. Das Kombinieren von Angeboten oder bestehenden Greenfee-Vorteilen ist nicht möglich. Der Vorteil bezieht sich jeweils ausschließlich auf die zum Zeitpunkt der Einlösung gültigen vollen Greenfee-Gebühren.
5. Gibt es Spielergruppen mit erhöhten Greenfee-Gebühren, ist ein Nachlass auf diese Gebühren nicht möglich.
6. Das Angebot allein berechtigt nicht zum Spiel gegen Greenfee. Die Erfüllung der Bestimmungen des jeweiligen Golfclubs zur Greenfee-Berechtigung (Mitgliedschaft in einem Golfclub, Mindesthandicap etc.) zum Zeitpunkt der Einlösung sind Voraussetzung.
7. Es ist untersagt, den Greenfee-Gutschein entgeltlich Dritten zu überlassen bzw. mit diesen Handel zu treiben. Insbesondere sind die teilnehmenden Golfclubs in diesem Falle berechtigt, die Einlösung der ausgeschriebenen Angebote zu verweigern.
8. Die teilnehmenden Golfclubs haben sich gegenüber dem Verlag unter den o.g. Bedingungen verpflichtet, die ausgeschriebenen Angebote einzulösen. Der Verlag übernimmt jedoch keine Gewähr und keine Haftung, wenn ein Angebot nicht eingelöst wird oder werden kann.

Bedingungen zur Einlösung des Discounts:

1. Das Angebot ist einschließlich bis 30.6.2024 gültig.
2. Der Golfspieler/Leser hat sich telefonisch eine Abschlagzeit geben zu lassen – dabei ist die Nutzung des Angebots anzugeben.
3. Eine Barauszahlung des Greenfee-Vorteils ist nicht möglich.
4. Das Kombinieren von Angeboten oder bestehenden Greenfee-Vorteilen ist nicht möglich. Der Vorteil bezieht sich jeweils ausschließlich auf die zum Zeitpunkt der Einlösung gültigen vollen Greenfee-Gebühren.
5. Gibt es Spielergruppen mit erhöhten Greenfee-Gebühren, ist ein Nachlass auf diese Gebühren nicht möglich.
6. Das Angebot allein berechtigt nicht zum Spiel gegen Greenfee. Die Erfüllung der Bestimmungen des jeweiligen Golfclubs zur Greenfee-Berechtigung (Mitgliedschaft in einem Golfclub, Mindesthandicap etc.) zum Zeitpunkt der Einlösung sind Voraussetzung.
7. Es ist untersagt, den Greenfee-Gutschein entgeltlich Dritten zu überlassen bzw. mit diesen Handel zu treiben. Insbesondere sind die teilnehmenden Golfclubs in diesem Falle berechtigt, die Einlösung der ausgeschriebenen Angebote zu verweigern.
8. Die teilnehmenden Golfclubs haben sich gegenüber dem Verlag unter den o.g. Bedingungen verpflichtet, die ausgeschriebenen Angebote einzulösen. Der Verlag übernimmt jedoch keine Gewähr und keine Haftung, wenn ein Angebot nicht eingelöst wird oder werden kann.

Bedingungen zur Einlösung des Discounts:

1. Das Angebot ist einschließlich bis 30.6.2024 gültig.
2. Der Golfspieler/Leser hat sich telefonisch eine Abschlagzeit geben zu lassen – dabei ist die Nutzung des Angebots anzugeben.
3. Eine Barauszahlung des Greenfee-Vorteils ist nicht möglich.
4. Das Kombinieren von Angeboten oder bestehenden Greenfee-Vorteilen ist nicht möglich. Der Vorteil bezieht sich jeweils ausschließlich auf die zum Zeitpunkt der Einlösung gültigen vollen Greenfee-Gebühren.
5. Gibt es Spielergruppen mit erhöhten Greenfee-Gebühren, ist ein Nachlass auf diese Gebühren nicht möglich.
6. Das Angebot allein berechtigt nicht zum Spiel gegen Greenfee. Die Erfüllung der Bestimmungen des jeweiligen Golfclubs zur Greenfee-Berechtigung (Mitgliedschaft in einem Golfclub, Mindesthandicap etc.) zum Zeitpunkt der Einlösung sind Voraussetzung.
7. Es ist untersagt, den Greenfee-Gutschein entgeltlich Dritten zu überlassen bzw. mit diesen Handel zu treiben. Insbesondere sind die teilnehmenden Golfclubs in diesem Falle berechtigt, die Einlösung der ausgeschriebenen Angebote zu verweigern.
8. Die teilnehmenden Golfclubs haben sich gegenüber dem Verlag unter den o.g. Bedingungen verpflichtet, die ausgeschriebenen Angebote einzulösen. Der Verlag übernimmt jedoch keine Gewähr und keine Haftung, wenn ein Angebot nicht eingelöst wird oder werden kann.

Diese Gutscheine gelten nur in Verbindung mit dem Buch/Albrecht Golf Card

Diese Gutscheine gelten nur in Verbindung mit dem Buch/Albrecht Golf Card

DER GOLF ALBRECHT

Lübeck-Travemünder Golf-Klub von 1921 e.V.

DE

Kowitzberg 41
D-23570 Lübeck-Travemünde
✆ 04502-74018
Schleswig-Holstein, Hamburg

10

20% Greenfee-Ermäßigung wochentags

DER GOLF ALBRECHT

Golf-Club Curau e.V.

DE

Malkendorfer Weg 18
D-23617 Stockelsdorf-Curau
✆ 04505-594082
Schleswig-Holstein, Hamburg

11

2 for 1 2 GF zum Preis von 1

DER GOLF ALBRECHT

Golf-Club Curau e.V.

DE

Malkendorfer Weg 18
D-23617 Stockelsdorf-Curau
✆ 04505-594082
Schleswig-Holstein, Hamburg

11

2 for 1 2 GF zum Preis von 1

DER GOLF ALBRECHT

Golf-Club Curau e.V.

DE

Malkendorfer Weg 18
D-23617 Stockelsdorf-Curau
✆ 04505-594082
Schleswig-Holstein, Hamburg

11

30% Greenfee-Ermäßigung

DER GOLF ALBRECHT

Golf-Club Curau e.V.

DE

Malkendorfer Weg 18
D-23617 Stockelsdorf-Curau
✆ 04505-594082
Schleswig-Holstein, Hamburg

11

30% Greenfee-Ermäßigung

DER GOLF ALBRECHT

Golf Club Schloß Breitenburg e.V.

DE

Gut Osterholz 3
D-25524 Breitenburg
✆ 04828-8188
Schleswig-Holstein, Hamburg

12

25% Greenfee-Ermäßigung

DER GOLF ALBRECHT

Golf Club Schloß Breitenburg e.V.

DE

Gut Osterholz 3
D-25524 Breitenburg
✆ 04828-8188
Schleswig-Holstein, Hamburg

12

25% Greenfee-Ermäßigung

DER GOLF ALBRECHT

Golfclub Hamburg Gut Waldhof

DE

Am Waldhof 3
D-24629 Kisdorf
✆ 04194-99740
Schleswig-Holstein, Hamburg

13

2 for 1 2 GF zum Preis von 1 wochentags

DER GOLF ALBRECHT

Golfclub Hamburg Gut Waldhof

DE

Am Waldhof 3
D-24629 Kisdorf
✆ 04194-99740
Schleswig-Holstein, Hamburg

13

20% Greenfee-Ermäßigung

DER GOLF ALBRECHT

Golf-Park Sülfeld

DE

Petersfelde 4a
D-23867 Sülfeld
✆ 04537-70155
Schleswig-Holstein, Hamburg
Hinweis: Nur gültig für 18-Loch-Runden.

14

2 for 1 2 GF zum Preis von 1

Bedingungen zur Einlösung des Discounts:
1. Das Angebot ist einschließlich bis 30.6.2024 gültig.
2. Der Golfspieler/Leser hat sich telefonisch eine Abschlagzeit geben zu lassen – dabei ist die Nutzung des Angebots anzugeben.
3. Eine Barauszahlung des Greenfee-Vorteils ist nicht möglich.
4. Das Kombinieren von Angeboten oder bestehenden Greenfee-Vorteilen ist nicht möglich. Der Vorteil bezieht sich jeweils ausschließlich auf die zum Zeitpunkt der Einlösung gültigen vollen Greenfee-Gebühren.
5. Gibt es Spielergruppen mit erhöhten Greenfee-Gebühren, ist ein Nachlass auf diese Gebühren nicht möglich.
6. Das Angebot allein berechtigt nicht zum Spiel gegen Greenfee. Die Erfüllung der Bestimmungen des jeweiligen Golfclubs zur Greenfee-Berechtigung (Mitgliedschaft in einem Golfclub, Mindesthandicap etc.) zum Zeitpunkt der Einlösung sind Voraussetzung.
7. Es ist untersagt, den Greenfee-Gutschein entgeltlich Dritten zu überlassen bzw. mit diesen Handel zu treiben. Insbesondere sind die teilnehmenden Golfclubs in diesem Falle berechtigt, die Einlösung der ausgeschriebenen Angebote zu verweigern.
8. Die teilnehmenden Golfclubs haben sich gegenüber dem Verlag unter den o.g. Bedingungen verpflichtet, die ausgeschriebenen Angebote einzulösen. Der Verlag übernimmt jedoch keine Gewähr und keine Haftung, wenn ein Angebot nicht eingelöst wird oder werden kann.

Bedingungen zur Einlösung des Discounts:
1. Das Angebot ist einschließlich bis 30.6.2024 gültig.
2. Der Golfspieler/Leser hat sich telefonisch eine Abschlagzeit geben zu lassen – dabei ist die Nutzung des Angebots anzugeben.
3. Eine Barauszahlung des Greenfee-Vorteils ist nicht möglich.
4. Das Kombinieren von Angeboten oder bestehenden Greenfee-Vorteilen ist nicht möglich. Der Vorteil bezieht sich jeweils ausschließlich auf die zum Zeitpunkt der Einlösung gültigen vollen Greenfee-Gebühren.
5. Gibt es Spielergruppen mit erhöhten Greenfee-Gebühren, ist ein Nachlass auf diese Gebühren nicht möglich.
6. Das Angebot allein berechtigt nicht zum Spiel gegen Greenfee. Die Erfüllung der Bestimmungen des jeweiligen Golfclubs zur Greenfee-Berechtigung (Mitgliedschaft in einem Golfclub, Mindesthandicap etc.) zum Zeitpunkt der Einlösung sind Voraussetzung.
7. Es ist untersagt, den Greenfee-Gutschein entgeltlich Dritten zu überlassen bzw. mit diesen Handel zu treiben. Insbesondere sind die teilnehmenden Golfclubs in diesem Falle berechtigt, die Einlösung der ausgeschriebenen Angebote zu verweigern.
8. Die teilnehmenden Golfclubs haben sich gegenüber dem Verlag unter den o.g. Bedingungen verpflichtet, die ausgeschriebenen Angebote einzulösen. Der Verlag übernimmt jedoch keine Gewähr und keine Haftung, wenn ein Angebot nicht eingelöst wird oder werden kann.

Bedingungen zur Einlösung des Discounts:
1. Das Angebot ist einschließlich bis 30.6.2024 gültig.
2. Der Golfspieler/Leser hat sich telefonisch eine Abschlagzeit geben zu lassen – dabei ist die Nutzung des Angebots anzugeben.
3. Eine Barauszahlung des Greenfee-Vorteils ist nicht möglich.
4. Das Kombinieren von Angeboten oder bestehenden Greenfee-Vorteilen ist nicht möglich. Der Vorteil bezieht sich jeweils ausschließlich auf die zum Zeitpunkt der Einlösung gültigen vollen Greenfee-Gebühren.
5. Gibt es Spielergruppen mit erhöhten Greenfee-Gebühren, ist ein Nachlass auf diese Gebühren nicht möglich.
6. Das Angebot allein berechtigt nicht zum Spiel gegen Greenfee. Die Erfüllung der Bestimmungen des jeweiligen Golfclubs zur Greenfee-Berechtigung (Mitgliedschaft in einem Golfclub, Mindesthandicap etc.) zum Zeitpunkt der Einlösung sind Voraussetzung.
7. Es ist untersagt, den Greenfee-Gutschein entgeltlich Dritten zu überlassen bzw. mit diesen Handel zu treiben. Insbesondere sind die teilnehmenden Golfclubs in diesem Falle berechtigt, die Einlösung der ausgeschriebenen Angebote zu verweigern.
8. Die teilnehmenden Golfclubs haben sich gegenüber dem Verlag unter den o.g. Bedingungen verpflichtet, die ausgeschriebenen Angebote einzulösen. Der Verlag übernimmt jedoch keine Gewähr und keine Haftung, wenn ein Angebot nicht eingelöst wird oder werden kann.

Bedingungen zur Einlösung des Discounts:
1. Das Angebot ist einschließlich bis 30.6.2024 gültig.
2. Der Golfspieler/Leser hat sich telefonisch eine Abschlagzeit geben zu lassen – dabei ist die Nutzung des Angebots anzugeben.
3. Eine Barauszahlung des Greenfee-Vorteils ist nicht möglich.
4. Das Kombinieren von Angeboten oder bestehenden Greenfee-Vorteilen ist nicht möglich. Der Vorteil bezieht sich jeweils ausschließlich auf die zum Zeitpunkt der Einlösung gültigen vollen Greenfee-Gebühren.
5. Gibt es Spielergruppen mit erhöhten Greenfee-Gebühren, ist ein Nachlass auf diese Gebühren nicht möglich.
6. Das Angebot allein berechtigt nicht zum Spiel gegen Greenfee. Die Erfüllung der Bestimmungen des jeweiligen Golfclubs zur Greenfee-Berechtigung (Mitgliedschaft in einem Golfclub, Mindesthandicap etc.) zum Zeitpunkt der Einlösung sind Voraussetzung.
7. Es ist untersagt, den Greenfee-Gutschein entgeltlich Dritten zu überlassen bzw. mit diesen Handel zu treiben. Insbesondere sind die teilnehmenden Golfclubs in diesem Falle berechtigt, die Einlösung der ausgeschriebenen Angebote zu verweigern.
8. Die teilnehmenden Golfclubs haben sich gegenüber dem Verlag unter den o.g. Bedingungen verpflichtet, die ausgeschriebenen Angebote einzulösen. Der Verlag übernimmt jedoch keine Gewähr und keine Haftung, wenn ein Angebot nicht eingelöst wird oder werden kann.

Bedingungen zur Einlösung des Discounts:
1. Das Angebot ist einschließlich bis 30.6.2024 gültig.
2. Der Golfspieler/Leser hat sich telefonisch eine Abschlagzeit geben zu lassen – dabei ist die Nutzung des Angebots anzugeben.
3. Eine Barauszahlung des Greenfee-Vorteils ist nicht möglich.
4. Das Kombinieren von Angeboten oder bestehenden Greenfee-Vorteilen ist nicht möglich. Der Vorteil bezieht sich jeweils ausschließlich auf die zum Zeitpunkt der Einlösung gültigen vollen Greenfee-Gebühren.
5. Gibt es Spielergruppen mit erhöhten Greenfee-Gebühren, ist ein Nachlass auf diese Gebühren nicht möglich.
6. Das Angebot allein berechtigt nicht zum Spiel gegen Greenfee. Die Erfüllung der Bestimmungen des jeweiligen Golfclubs zur Greenfee-Berechtigung (Mitgliedschaft in einem Golfclub, Mindesthandicap etc.) zum Zeitpunkt der Einlösung sind Voraussetzung.
7. Es ist untersagt, den Greenfee-Gutschein entgeltlich Dritten zu überlassen bzw. mit diesen Handel zu treiben. Insbesondere sind die teilnehmenden Golfclubs in diesem Falle berechtigt, die Einlösung der ausgeschriebenen Angebote zu verweigern.
8. Die teilnehmenden Golfclubs haben sich gegenüber dem Verlag unter den o.g. Bedingungen verpflichtet, die ausgeschriebenen Angebote einzulösen. Der Verlag übernimmt jedoch keine Gewähr und keine Haftung, wenn ein Angebot nicht eingelöst wird oder werden kann.

Bedingungen zur Einlösung des Discounts:
1. Das Angebot ist einschließlich bis 30.6.2024 gültig.
2. Der Golfspieler/Leser hat sich telefonisch eine Abschlagzeit geben zu lassen – dabei ist die Nutzung des Angebots anzugeben.
3. Eine Barauszahlung des Greenfee-Vorteils ist nicht möglich.
4. Das Kombinieren von Angeboten oder bestehenden Greenfee-Vorteilen ist nicht möglich. Der Vorteil bezieht sich jeweils ausschließlich auf die zum Zeitpunkt der Einlösung gültigen vollen Greenfee-Gebühren.
5. Gibt es Spielergruppen mit erhöhten Greenfee-Gebühren, ist ein Nachlass auf diese Gebühren nicht möglich.
6. Das Angebot allein berechtigt nicht zum Spiel gegen Greenfee. Die Erfüllung der Bestimmungen des jeweiligen Golfclubs zur Greenfee-Berechtigung (Mitgliedschaft in einem Golfclub, Mindesthandicap etc.) zum Zeitpunkt der Einlösung sind Voraussetzung.
7. Es ist untersagt, den Greenfee-Gutschein entgeltlich Dritten zu überlassen bzw. mit diesen Handel zu treiben. Insbesondere sind die teilnehmenden Golfclubs in diesem Falle berechtigt, die Einlösung der ausgeschriebenen Angebote zu verweigern.
8. Die teilnehmenden Golfclubs haben sich gegenüber dem Verlag unter den o.g. Bedingungen verpflichtet, die ausgeschriebenen Angebote einzulösen. Der Verlag übernimmt jedoch keine Gewähr und keine Haftung, wenn ein Angebot nicht eingelöst wird oder werden kann.

Bedingungen zur Einlösung des Discounts:
1. Das Angebot ist einschließlich bis 30.6.2024 gültig.
2. Der Golfspieler/Leser hat sich telefonisch eine Abschlagzeit geben zu lassen – dabei ist die Nutzung des Angebots anzugeben.
3. Eine Barauszahlung des Greenfee-Vorteils ist nicht möglich.
4. Das Kombinieren von Angeboten oder bestehenden Greenfee-Vorteilen ist nicht möglich. Der Vorteil bezieht sich jeweils ausschließlich auf die zum Zeitpunkt der Einlösung gültigen vollen Greenfee-Gebühren.
5. Gibt es Spielergruppen mit erhöhten Greenfee-Gebühren, ist ein Nachlass auf diese Gebühren nicht möglich.
6. Das Angebot allein berechtigt nicht zum Spiel gegen Greenfee. Die Erfüllung der Bestimmungen des jeweiligen Golfclubs zur Greenfee-Berechtigung (Mitgliedschaft in einem Golfclub, Mindesthandicap etc.) zum Zeitpunkt der Einlösung sind Voraussetzung.
7. Es ist untersagt, den Greenfee-Gutschein entgeltlich Dritten zu überlassen bzw. mit diesen Handel zu treiben. Insbesondere sind die teilnehmenden Golfclubs in diesem Falle berechtigt, die Einlösung der ausgeschriebenen Angebote zu verweigern.
8. Die teilnehmenden Golfclubs haben sich gegenüber dem Verlag unter den o.g. Bedingungen verpflichtet, die ausgeschriebenen Angebote einzulösen. Der Verlag übernimmt jedoch keine Gewähr und keine Haftung, wenn ein Angebot nicht eingelöst wird oder werden kann.

Bedingungen zur Einlösung des Discounts:
1. Das Angebot ist einschließlich bis 30.6.2024 gültig.
2. Der Golfspieler/Leser hat sich telefonisch eine Abschlagzeit geben zu lassen – dabei ist die Nutzung des Angebots anzugeben.
3. Eine Barauszahlung des Greenfee-Vorteils ist nicht möglich.
4. Das Kombinieren von Angeboten oder bestehenden Greenfee-Vorteilen ist nicht möglich. Der Vorteil bezieht sich jeweils ausschließlich auf die zum Zeitpunkt der Einlösung gültigen vollen Greenfee-Gebühren.
5. Gibt es Spielergruppen mit erhöhten Greenfee-Gebühren, ist ein Nachlass auf diese Gebühren nicht möglich.
6. Das Angebot allein berechtigt nicht zum Spiel gegen Greenfee. Die Erfüllung der Bestimmungen des jeweiligen Golfclubs zur Greenfee-Berechtigung (Mitgliedschaft in einem Golfclub, Mindesthandicap etc.) zum Zeitpunkt der Einlösung sind Voraussetzung.
7. Es ist untersagt, den Greenfee-Gutschein entgeltlich Dritten zu überlassen bzw. mit diesen Handel zu treiben. Insbesondere sind die teilnehmenden Golfclubs in diesem Falle berechtigt, die Einlösung der ausgeschriebenen Angebote zu verweigern.
8. Die teilnehmenden Golfclubs haben sich gegenüber dem Verlag unter den o.g. Bedingungen verpflichtet, die ausgeschriebenen Angebote einzulösen. Der Verlag übernimmt jedoch keine Gewähr und keine Haftung, wenn ein Angebot nicht eingelöst wird oder werden kann.

Bedingungen zur Einlösung des Discounts:
1. Das Angebot ist einschließlich bis 30.6.2024 gültig.
2. Der Golfspieler/Leser hat sich telefonisch eine Abschlagzeit geben zu lassen – dabei ist die Nutzung des Angebots anzugeben.
3. Eine Barauszahlung des Greenfee-Vorteils ist nicht möglich.
4. Das Kombinieren von Angeboten oder bestehenden Greenfee-Vorteilen ist nicht möglich. Der Vorteil bezieht sich jeweils ausschließlich auf die zum Zeitpunkt der Einlösung gültigen vollen Greenfee-Gebühren.
5. Gibt es Spielergruppen mit erhöhten Greenfee-Gebühren, ist ein Nachlass auf diese Gebühren nicht möglich.
6. Das Angebot allein berechtigt nicht zum Spiel gegen Greenfee. Die Erfüllung der Bestimmungen des jeweiligen Golfclubs zur Greenfee-Berechtigung (Mitgliedschaft in einem Golfclub, Mindesthandicap etc.) zum Zeitpunkt der Einlösung sind Voraussetzung.
7. Es ist untersagt, den Greenfee-Gutschein entgeltlich Dritten zu überlassen bzw. mit diesen Handel zu treiben. Insbesondere sind die teilnehmenden Golfclubs in diesem Falle berechtigt, die Einlösung der ausgeschriebenen Angebote zu verweigern.
8. Die teilnehmenden Golfclubs haben sich gegenüber dem Verlag unter den o.g. Bedingungen verpflichtet, die ausgeschriebenen Angebote einzulösen. Der Verlag übernimmt jedoch keine Gewähr und keine Haftung, wenn ein Angebot nicht eingelöst wird oder werden kann.

Bedingungen zur Einlösung des Discounts:
1. Das Angebot ist einschließlich bis 30.6.2024 gültig.
2. Der Golfspieler/Leser hat sich telefonisch eine Abschlagzeit geben zu lassen – dabei ist die Nutzung des Angebots anzugeben.
3. Eine Barauszahlung des Greenfee-Vorteils ist nicht möglich.
4. Das Kombinieren von Angeboten oder bestehenden Greenfee-Vorteilen ist nicht möglich. Der Vorteil bezieht sich jeweils ausschließlich auf die zum Zeitpunkt der Einlösung gültigen vollen Greenfee-Gebühren.
5. Gibt es Spielergruppen mit erhöhten Greenfee-Gebühren, ist ein Nachlass auf diese Gebühren nicht möglich.
6. Das Angebot allein berechtigt nicht zum Spiel gegen Greenfee. Die Erfüllung der Bestimmungen des jeweiligen Golfclubs zur Greenfee-Berechtigung (Mitgliedschaft in einem Golfclub, Mindesthandicap etc.) zum Zeitpunkt der Einlösung sind Voraussetzung.
7. Es ist untersagt, den Greenfee-Gutschein entgeltlich Dritten zu überlassen bzw. mit diesen Handel zu treiben. Insbesondere sind die teilnehmenden Golfclubs in diesem Falle berechtigt, die Einlösung der ausgeschriebenen Angebote zu verweigern.
8. Die teilnehmenden Golfclubs haben sich gegenüber dem Verlag unter den o.g. Bedingungen verpflichtet, die ausgeschriebenen Angebote einzulösen. Der Verlag übernimmt jedoch keine Gewähr und keine Haftung, wenn ein Angebot nicht eingelöst wird oder werden kann.

Diese Gutscheine gelten nur in Verbindung mit dem Buch/Albrecht Golf Card

Diese Gutscheine gelten nur in Verbindung mit dem Buch/Albrecht Golf Card

DER GOLF ALBRECHT

Golf-Park Sülfeld DE

Petersfelde 4a
D-23867 Sülfeld
✆ 04537-701551
Schleswig-Holstein, Hamburg
Hinweis: Nur gültig für 18-Loch-Runden.

14

2 for 1 2 GF zum Preis von 1

DER GOLF ALBRECHT

Golfanlage Gut Wulfsmühle DE

Mühlenstr. 98
D-25499 Tangstedt
✆ 04101-586777
Schleswig-Holstein, Hamburg

15

2 for 1 2 GF zum Preis von 1 wochentags

DER GOLF ALBRECHT

Golf-Club Hoisdorf e.V. DE

Lunken, Hof Bornbek, Zufahrt über Fuhrwegen
D-22955 Hoisdorf
✆ 04107-7831
Schleswig-Holstein, Hamburg
Hinweis: Gültig für 18 Loch; Gutscheineinlösung nur über das Sekretariat zu Öffnungszeiten

16

20% Greenfee-Ermäßigung

DER GOLF ALBRECHT

Golf-Club Hoisdorf e.V. DE

Lunken, Hof Bornbek, Zufahrt über Fuhrwegen
D-22955 Hoisdorf
✆ 04107-7831
Schleswig-Holstein, Hamburg
Hinweis: Gültig für 18 Loch; Gutscheineinlösung nur über das Sekretariat zu Öffnungszeiten

16

20% Greenfee-Ermäßigung

DER GOLF ALBRECHT

Golf-Club Hoisdorf e.V. DE

Lunken, Hof Bornbek, Zufahrt über Fuhrwegen
D-22955 Hoisdorf
✆ 04107-7831
Schleswig-Holstein, Hamburg
Hinweis: Gültig für 18 Loch; Gutscheineinlösung nur über das Sekretariat zu Öffnungszeiten

16

20% Greenfee-Ermäßigung

DER GOLF ALBRECHT

Golf-Club Hoisdorf e.V. DE

Lunken, Hof Bornbek, Zufahrt über Fuhrwegen
D-22955 Hoisdorf
✆ 04107-7831
Schleswig-Holstein, Hamburg
Hinweis: Gültig für 18 Loch; Gutscheineinlösung nur über das Sekretariat zu Öffnungszeiten

16

20% Greenfee-Ermäßigung

DER GOLF ALBRECHT

Golf-Club Gut Grambek e.V. DE

Schloßstraße 21
D-23883 Grambek/Mölln
✆ 04542-841474
Schleswig-Holstein, Hamburg
Hinweis: Gültig nur für 18-Loch-Runden.

17

2 for 1 2 GF zum Preis von 1

DER GOLF ALBRECHT

Golf-Club Gut Grambek e.V. DE

Schloßstraße 21
D-23883 Grambek/Mölln
✆ 04542-841474
Schleswig-Holstein, Hamburg
Hinweis: Gültig nur für 18-Loch-Runden.

17

2 for 1 2 GF zum Preis von 1

DER GOLF ALBRECHT

Golf-Club Gut Grambek e.V. DE

Schloßstraße 21
D-23883 Grambek/Mölln
✆ 04542-841474
Schleswig-Holstein, Hamburg
Hinweis: Gültig nur für 18-Loch-Runden.

17

20% Greenfee-Ermäßigung

DER GOLF ALBRECHT

Golf-Club Gut Grambek e.V. DE

Schloßstraße 21
D-23883 Grambek/Mölln
✆ 04542-841474
Schleswig-Holstein, Hamburg
Hinweis: Gültig nur für 18-Loch-Runden.

17

20% Greenfee-Ermäßigung

Bedingungen zur Einlösung des Discounts:
1. Das Angebot ist einschließlich bis 30.6.2024 gültig.
2. Der Golfspieler/Leser hat sich telefonisch eine Abschlagzeit geben zu lassen – dabei ist die Nutzung des Angebots anzugeben.
3. Eine Barauszahlung des Greenfee-Vorteils ist nicht möglich.
4. Das Kombinieren von Angeboten oder bestehenden Greenfee-Vorteilen ist nicht möglich. Der Vorteil bezieht sich jeweils ausschließlich auf die zum Zeitpunkt der Einlösung gültigen vollen Greenfee-Gebühren.
5. Gibt es Spielergruppen mit erhöhten Greenfee-Gebühren, ist ein Nachlass auf diese Gebühren nicht möglich.
6. Das Angebot allein berechtigt nicht zum Spiel gegen Greenfee. Die Erfüllung der Bestimmungen des jeweiligen Golfclubs zur Greenfee-Berechtigung (Mitgliedschaft in einem Golfclub, Mindesthandicap etc.) zum Zeitpunkt der Einlösung sind Voraussetzung.
7. Es ist untersagt, den Greenfee-Gutschein entgeltlich Dritten zu überlassen bzw. mit diesen Handel zu treiben. Insbesondere sind die teilnehmenden Golfclubs in diesem Falle berechtigt, die Einlösung der ausgeschriebenen Angebote zu verweigern.
8. Die teilnehmenden Golfclubs haben sich gegenüber dem Verlag unter den o.g. Bedingungen verpflichtet, die ausgeschriebenen Angebote einzulösen. Der Verlag übernimmt jedoch keine Gewähr und keine Haftung, wenn ein Angebot nicht eingelöst wird oder werden kann.

Bedingungen zur Einlösung des Discounts:
1. Das Angebot ist einschließlich bis 30.6.2024 gültig.
2. Der Golfspieler/Leser hat sich telefonisch eine Abschlagzeit geben zu lassen – dabei ist die Nutzung des Angebots anzugeben.
3. Eine Barauszahlung des Greenfee-Vorteils ist nicht möglich.
4. Das Kombinieren von Angeboten oder bestehenden Greenfee-Vorteilen ist nicht möglich. Der Vorteil bezieht sich jeweils ausschließlich auf die zum Zeitpunkt der Einlösung gültigen vollen Greenfee-Gebühren.
5. Gibt es Spielergruppen mit erhöhten Greenfee-Gebühren, ist ein Nachlass auf diese Gebühren nicht möglich.
6. Das Angebot allein berechtigt nicht zum Spiel gegen Greenfee. Die Erfüllung der Bestimmungen des jeweiligen Golfclubs zur Greenfee-Berechtigung (Mitgliedschaft in einem Golfclub, Mindesthandicap etc.) zum Zeitpunkt der Einlösung sind Voraussetzung.
7. Es ist untersagt, den Greenfee-Gutschein entgeltlich Dritten zu überlassen bzw. mit diesen Handel zu treiben. Insbesondere sind die teilnehmenden Golfclubs in diesem Falle berechtigt, die Einlösung der ausgeschriebenen Angebote zu verweigern.
8. Die teilnehmenden Golfclubs haben sich gegenüber dem Verlag unter den o.g. Bedingungen verpflichtet, die ausgeschriebenen Angebote einzulösen. Der Verlag übernimmt jedoch keine Gewähr und keine Haftung, wenn ein Angebot nicht eingelöst wird oder werden kann.

Bedingungen zur Einlösung des Discounts:
1. Das Angebot ist einschließlich bis 30.6.2024 gültig.
2. Der Golfspieler/Leser hat sich telefonisch eine Abschlagzeit geben zu lassen – dabei ist die Nutzung des Angebots anzugeben.
3. Eine Barauszahlung des Greenfee-Vorteils ist nicht möglich.
4. Das Kombinieren von Angeboten oder bestehenden Greenfee-Vorteilen ist nicht möglich. Der Vorteil bezieht sich jeweils ausschließlich auf die zum Zeitpunkt der Einlösung gültigen vollen Greenfee-Gebühren.
5. Gibt es Spielergruppen mit erhöhten Greenfee-Gebühren, ist ein Nachlass auf diese Gebühren nicht möglich.
6. Das Angebot allein berechtigt nicht zum Spiel gegen Greenfee. Die Erfüllung der Bestimmungen des jeweiligen Golfclubs zur Greenfee-Berechtigung (Mitgliedschaft in einem Golfclub, Mindesthandicap etc.) zum Zeitpunkt der Einlösung sind Voraussetzung.
7. Es ist untersagt, den Greenfee-Gutschein entgeltlich Dritten zu überlassen bzw. mit diesen Handel zu treiben. Insbesondere sind die teilnehmenden Golfclubs in diesem Falle berechtigt, die Einlösung der ausgeschriebenen Angebote zu verweigern.
8. Die teilnehmenden Golfclubs haben sich gegenüber dem Verlag unter den o.g. Bedingungen verpflichtet, die ausgeschriebenen Angebote einzulösen. Der Verlag übernimmt jedoch keine Gewähr und keine Haftung, wenn ein Angebot nicht eingelöst wird oder werden kann.

Bedingungen zur Einlösung des Discounts:
1. Das Angebot ist einschließlich bis 30.6.2024 gültig.
2. Der Golfspieler/Leser hat sich telefonisch eine Abschlagzeit geben zu lassen – dabei ist die Nutzung des Angebots anzugeben.
3. Eine Barauszahlung des Greenfee-Vorteils ist nicht möglich.
4. Das Kombinieren von Angeboten oder bestehenden Greenfee-Vorteilen ist nicht möglich. Der Vorteil bezieht sich jeweils ausschließlich auf die zum Zeitpunkt der Einlösung gültigen vollen Greenfee-Gebühren.
5. Gibt es Spielergruppen mit erhöhten Greenfee-Gebühren, ist ein Nachlass auf diese Gebühren nicht möglich.
6. Das Angebot allein berechtigt nicht zum Spiel gegen Greenfee. Die Erfüllung der Bestimmungen des jeweiligen Golfclubs zur Greenfee-Berechtigung (Mitgliedschaft in einem Golfclub, Mindesthandicap etc.) zum Zeitpunkt der Einlösung sind Voraussetzung.
7. Es ist untersagt, den Greenfee-Gutschein entgeltlich Dritten zu überlassen bzw. mit diesen Handel zu treiben. Insbesondere sind die teilnehmenden Golfclubs in diesem Falle berechtigt, die Einlösung der ausgeschriebenen Angebote zu verweigern.
8. Die teilnehmenden Golfclubs haben sich gegenüber dem Verlag unter den o.g. Bedingungen verpflichtet, die ausgeschriebenen Angebote einzulösen. Der Verlag übernimmt jedoch keine Gewähr und keine Haftung, wenn ein Angebot nicht eingelöst wird oder werden kann.

Bedingungen zur Einlösung des Discounts:
1. Das Angebot ist einschließlich bis 30.6.2024 gültig.
2. Der Golfspieler/Leser hat sich telefonisch eine Abschlagzeit geben zu lassen – dabei ist die Nutzung des Angebots anzugeben.
3. Eine Barauszahlung des Greenfee-Vorteils ist nicht möglich.
4. Das Kombinieren von Angeboten oder bestehenden Greenfee-Vorteilen ist nicht möglich. Der Vorteil bezieht sich jeweils ausschließlich auf die zum Zeitpunkt der Einlösung gültigen vollen Greenfee-Gebühren.
5. Gibt es Spielergruppen mit erhöhten Greenfee-Gebühren, ist ein Nachlass auf diese Gebühren nicht möglich.
6. Das Angebot allein berechtigt nicht zum Spiel gegen Greenfee. Die Erfüllung der Bestimmungen des jeweiligen Golfclubs zur Greenfee-Berechtigung (Mitgliedschaft in einem Golfclub, Mindesthandicap etc.) zum Zeitpunkt der Einlösung sind Voraussetzung.
7. Es ist untersagt, den Greenfee-Gutschein entgeltlich Dritten zu überlassen bzw. mit diesen Handel zu treiben. Insbesondere sind die teilnehmenden Golfclubs in diesem Falle berechtigt, die Einlösung der ausgeschriebenen Angebote zu verweigern.
8. Die teilnehmenden Golfclubs haben sich gegenüber dem Verlag unter den o.g. Bedingungen verpflichtet, die ausgeschriebenen Angebote einzulösen. Der Verlag übernimmt jedoch keine Gewähr und keine Haftung, wenn ein Angebot nicht eingelöst wird oder werden kann.

Bedingungen zur Einlösung des Discounts:
1. Das Angebot ist einschließlich bis 30.6.2024 gültig.
2. Der Golfspieler/Leser hat sich telefonisch eine Abschlagzeit geben zu lassen – dabei ist die Nutzung des Angebots anzugeben.
3. Eine Barauszahlung des Greenfee-Vorteils ist nicht möglich.
4. Das Kombinieren von Angeboten oder bestehenden Greenfee-Vorteilen ist nicht möglich. Der Vorteil bezieht sich jeweils ausschließlich auf die zum Zeitpunkt der Einlösung gültigen vollen Greenfee-Gebühren.
5. Gibt es Spielergruppen mit erhöhten Greenfee-Gebühren, ist ein Nachlass auf diese Gebühren nicht möglich.
6. Das Angebot allein berechtigt nicht zum Spiel gegen Greenfee. Die Erfüllung der Bestimmungen des jeweiligen Golfclubs zur Greenfee-Berechtigung (Mitgliedschaft in einem Golfclub, Mindesthandicap etc.) zum Zeitpunkt der Einlösung sind Voraussetzung.
7. Es ist untersagt, den Greenfee-Gutschein entgeltlich Dritten zu überlassen bzw. mit diesen Handel zu treiben. Insbesondere sind die teilnehmenden Golfclubs in diesem Falle berechtigt, die Einlösung der ausgeschriebenen Angebote zu verweigern.
8. Die teilnehmenden Golfclubs haben sich gegenüber dem Verlag unter den o.g. Bedingungen verpflichtet, die ausgeschriebenen Angebote einzulösen. Der Verlag übernimmt jedoch keine Gewähr und keine Haftung, wenn ein Angebot nicht eingelöst wird oder werden kann.

Bedingungen zur Einlösung des Discounts:
1. Das Angebot ist einschließlich bis 30.6.2024 gültig.
2. Der Golfspieler/Leser hat sich telefonisch eine Abschlagzeit geben zu lassen – dabei ist die Nutzung des Angebots anzugeben.
3. Eine Barauszahlung des Greenfee-Vorteils ist nicht möglich.
4. Das Kombinieren von Angeboten oder bestehenden Greenfee-Vorteilen ist nicht möglich. Der Vorteil bezieht sich jeweils ausschließlich auf die zum Zeitpunkt der Einlösung gültigen vollen Greenfee-Gebühren.
5. Gibt es Spielergruppen mit erhöhten Greenfee-Gebühren, ist ein Nachlass auf diese Gebühren nicht möglich.
6. Das Angebot allein berechtigt nicht zum Spiel gegen Greenfee. Die Erfüllung der Bestimmungen des jeweiligen Golfclubs zur Greenfee-Berechtigung (Mitgliedschaft in einem Golfclub, Mindesthandicap etc.) zum Zeitpunkt der Einlösung sind Voraussetzung.
7. Es ist untersagt, den Greenfee-Gutschein entgeltlich Dritten zu überlassen bzw. mit diesen Handel zu treiben. Insbesondere sind die teilnehmenden Golfclubs in diesem Falle berechtigt, die Einlösung der ausgeschriebenen Angebote zu verweigern.
8. Die teilnehmenden Golfclubs haben sich gegenüber dem Verlag unter den o.g. Bedingungen verpflichtet, die ausgeschriebenen Angebote einzulösen. Der Verlag übernimmt jedoch keine Gewähr und keine Haftung, wenn ein Angebot nicht eingelöst wird oder werden kann.

Bedingungen zur Einlösung des Discounts:
1. Das Angebot ist einschließlich bis 30.6.2024 gültig.
2. Der Golfspieler/Leser hat sich telefonisch eine Abschlagzeit geben zu lassen – dabei ist die Nutzung des Angebots anzugeben.
3. Eine Barauszahlung des Greenfee-Vorteils ist nicht möglich.
4. Das Kombinieren von Angeboten oder bestehenden Greenfee-Vorteilen ist nicht möglich. Der Vorteil bezieht sich jeweils ausschließlich auf die zum Zeitpunkt der Einlösung gültigen vollen Greenfee-Gebühren.
5. Gibt es Spielergruppen mit erhöhten Greenfee-Gebühren, ist ein Nachlass auf diese Gebühren nicht möglich.
6. Das Angebot allein berechtigt nicht zum Spiel gegen Greenfee. Die Erfüllung der Bestimmungen des jeweiligen Golfclubs zur Greenfee-Berechtigung (Mitgliedschaft in einem Golfclub, Mindesthandicap etc.) zum Zeitpunkt der Einlösung sind Voraussetzung.
7. Es ist untersagt, den Greenfee-Gutschein entgeltlich Dritten zu überlassen bzw. mit diesen Handel zu treiben. Insbesondere sind die teilnehmenden Golfclubs in diesem Falle berechtigt, die Einlösung der ausgeschriebenen Angebote zu verweigern.
8. Die teilnehmenden Golfclubs haben sich gegenüber dem Verlag unter den o.g. Bedingungen verpflichtet, die ausgeschriebenen Angebote einzulösen. Der Verlag übernimmt jedoch keine Gewähr und keine Haftung, wenn ein Angebot nicht eingelöst wird oder werden kann.

Bedingungen zur Einlösung des Discounts:
1. Das Angebot ist einschließlich bis 30.6.2024 gültig.
2. Der Golfspieler/Leser hat sich telefonisch eine Abschlagzeit geben zu lassen – dabei ist die Nutzung des Angebots anzugeben.
3. Eine Barauszahlung des Greenfee-Vorteils ist nicht möglich.
4. Das Kombinieren von Angeboten oder bestehenden Greenfee-Vorteilen ist nicht möglich. Der Vorteil bezieht sich jeweils ausschließlich auf die zum Zeitpunkt der Einlösung gültigen vollen Greenfee-Gebühren.
5. Gibt es Spielergruppen mit erhöhten Greenfee-Gebühren, ist ein Nachlass auf diese Gebühren nicht möglich.
6. Das Angebot allein berechtigt nicht zum Spiel gegen Greenfee. Die Erfüllung der Bestimmungen des jeweiligen Golfclubs zur Greenfee-Berechtigung (Mitgliedschaft in einem Golfclub, Mindesthandicap etc.) zum Zeitpunkt der Einlösung sind Voraussetzung.
7. Es ist untersagt, den Greenfee-Gutschein entgeltlich Dritten zu überlassen bzw. mit diesen Handel zu treiben. Insbesondere sind die teilnehmenden Golfclubs in diesem Falle berechtigt, die Einlösung der ausgeschriebenen Angebote zu verweigern.
8. Die teilnehmenden Golfclubs haben sich gegenüber dem Verlag unter den o.g. Bedingungen verpflichtet, die ausgeschriebenen Angebote einzulösen. Der Verlag übernimmt jedoch keine Gewähr und keine Haftung, wenn ein Angebot nicht eingelöst wird oder werden kann.

Bedingungen zur Einlösung des Discounts:
1. Das Angebot ist einschließlich bis 30.6.2024 gültig.
2. Der Golfspieler/Leser hat sich telefonisch eine Abschlagzeit geben zu lassen – dabei ist die Nutzung des Angebots anzugeben.
3. Eine Barauszahlung des Greenfee-Vorteils ist nicht möglich.
4. Das Kombinieren von Angeboten oder bestehenden Greenfee-Vorteilen ist nicht möglich. Der Vorteil bezieht sich jeweils ausschließlich auf die zum Zeitpunkt der Einlösung gültigen vollen Greenfee-Gebühren.
5. Gibt es Spielergruppen mit erhöhten Greenfee-Gebühren, ist ein Nachlass auf diese Gebühren nicht möglich.
6. Das Angebot allein berechtigt nicht zum Spiel gegen Greenfee. Die Erfüllung der Bestimmungen des jeweiligen Golfclubs zur Greenfee-Berechtigung (Mitgliedschaft in einem Golfclub, Mindesthandicap etc.) zum Zeitpunkt der Einlösung sind Voraussetzung.
7. Es ist untersagt, den Greenfee-Gutschein entgeltlich Dritten zu überlassen bzw. mit diesen Handel zu treiben. Insbesondere sind die teilnehmenden Golfclubs in diesem Falle berechtigt, die Einlösung der ausgeschriebenen Angebote zu verweigern.
8. Die teilnehmenden Golfclubs haben sich gegenüber dem Verlag unter den o.g. Bedingungen verpflichtet, die ausgeschriebenen Angebote einzulösen. Der Verlag übernimmt jedoch keine Gewähr und keine Haftung, wenn ein Angebot nicht eingelöst wird oder werden kann.

Diese Gutscheine gelten nur in Verbindung mit dem Buch/Albrecht Golf Card

DER GOLF ALBRECHT

Golf & Country Club Brunstorf DE

Bundesstraße 55
D-21524 Brunstorf
✆ 04151-867878
Schleswig-Holstein, Hamburg
Hinweis: 15 € Ermäßigung auf die 18-Loch-Runde

18

15 € Greenfee-Ermäßigung

DER GOLF ALBRECHT

Golf-Club Escheburg e.V. DE

Am Soll 3
D-21039 Escheburg
✆ 04152-83204
Schleswig-Holstein, Hamburg
Hinweis: Gültig nur für 18 Loch Greenfee, nicht weiter rabattierbar bzw. kombinierbar.

19

2 for 1 2 GF zum Preis von 1

DER GOLF ALBRECHT

Golf-Club Escheburg e.V. DE

Am Soll 3
D-21039 Escheburg
✆ 04152-83204
Schleswig-Holstein, Hamburg
Hinweis: Gültig nur für 18 Loch Greenfee, nicht weiter rabattierbar bzw. kombinierbar.

19

25% Greenfee-Ermäßigung

DER GOLF ALBRECHT

Golfclub Rügen e.V. DE

Am Golfplatz 2
D-18574 Garz OT Karnitz/Rügen
✆ 038304-82470
Mecklenburg-Vorpommern

20

20% Greenfee-Ermäßigung

DER GOLF ALBRECHT

Golfclub Rügen e.V. DE

Am Golfplatz 2
D-18574 Garz OT Karnitz/Rügen
✆ 038304-82470
Mecklenburg-Vorpommern

20

20% Greenfee-Ermäßigung

DER GOLF ALBRECHT

Golfpark Strelasund DE

Zur Alten Hofstelle 1-4
D-18516 Süderholz OT Kaschow
✆ 038326-45830
Mecklenburg-Vorpommern
Hinweis: 2 für 1 gilt nur auf Tages Greenfee.

21

2 for 1 2 GF zum Preis von 1 wochentags

DER GOLF ALBRECHT

Golfpark Strelasund DE

Zur Alten Hofstelle 1-4
D-18516 Süderholz OT Kaschow
✆ 038326-45830
Mecklenburg-Vorpommern
Hinweis: 2 für 1 gilt nur auf Tages Greenfee.

21

2 for 1 2 GF zum Preis von 1 wochentags

DER GOLF ALBRECHT

Golfpark Strelasund DE

Zur Alten Hofstelle 1-4
D-18516 Süderholz OT Kaschow
✆ 038326-45830
Mecklenburg-Vorpommern

21

20% Greenfee-Ermäßigung wochentags

DER GOLF ALBRECHT

Golfpark Strelasund DE

Zur Alten Hofstelle 1-4
D-18516 Süderholz OT Kaschow
✆ 038326-45830
Mecklenburg-Vorpommern

21

20% Greenfee-Ermäßigung wochentags

DER GOLF ALBRECHT

Hanseatischer Golfclub e.V. in Greifswald DE

Golfpark 1
D-17498 Greifswald-Wackerow
✆ 03834-3689916
Mecklenburg-Vorpommern

22

2 for 1 2 GF zum Preis von 1

Bedingungen zur Einlösung des Discounts:
1. Das Angebot ist einschließlich bis 30.6.2024 gültig.
2. Der Golfspieler/Leser hat sich telefonisch eine Abschlagzeit geben zu lassen – dabei ist die Nutzung des Angebots anzugeben.
3. Eine Barauszahlung des Greenfee-Vorteils ist nicht möglich.
4. Das Kombinieren von Angeboten oder bestehenden Greenfee-Vorteilen ist nicht möglich. Der Vorteil bezieht sich jeweils ausschließlich auf die zum Zeitpunkt der Einlösung gültigen vollen Greenfee-Gebühren.
5. Gibt es Spielergruppen mit erhöhten Greenfee-Gebühren, ist ein Nachlass auf diese Gebühren nicht möglich.
6. Das Angebot allein berechtigt nicht zum Spiel gegen Greenfee. Die Erfüllung der Bestimmungen des jeweiligen Golfclubs zur Greenfee-Berechtigung (Mitgliedschaft in einem Golfclub, Mindesthandicap etc.) zum Zeitpunkt der Einlösung sind Voraussetzung.
7. Es ist untersagt, den Greenfee-Gutschein entgeltlich Dritten zu überlassen bzw. mit diesen Handel zu treiben. Insbesondere sind die teilnehmenden Golfclubs in diesem Falle berechtigt, die Einlösung der ausgeschriebenen Angebote zu verweigern.
8. Die teilnehmenden Golfclubs haben sich gegenüber dem Verlag unter den o.g. Bedingungen verpflichtet, die ausgeschriebenen Angebote einzulösen. Der Verlag übernimmt jedoch keine Gewähr und keine Haftung, wenn ein Angebot nicht eingelöst wird oder werden kann.

Bedingungen zur Einlösung des Discounts:
1. Das Angebot ist einschließlich bis 30.6.2024 gültig.
2. Der Golfspieler/Leser hat sich telefonisch eine Abschlagzeit geben zu lassen – dabei ist die Nutzung des Angebots anzugeben.
3. Eine Barauszahlung des Greenfee-Vorteils ist nicht möglich.
4. Das Kombinieren von Angeboten oder bestehenden Greenfee-Vorteilen ist nicht möglich. Der Vorteil bezieht sich jeweils ausschließlich auf die zum Zeitpunkt der Einlösung gültigen vollen Greenfee-Gebühren.
5. Gibt es Spielergruppen mit erhöhten Greenfee-Gebühren, ist ein Nachlass auf diese Gebühren nicht möglich.
6. Das Angebot allein berechtigt nicht zum Spiel gegen Greenfee. Die Erfüllung der Bestimmungen des jeweiligen Golfclubs zur Greenfee-Berechtigung (Mitgliedschaft in einem Golfclub, Mindesthandicap etc.) zum Zeitpunkt der Einlösung sind Voraussetzung.
7. Es ist untersagt, den Greenfee-Gutschein entgeltlich Dritten zu überlassen bzw. mit diesen Handel zu treiben. Insbesondere sind die teilnehmenden Golfclubs in diesem Falle berechtigt, die Einlösung der ausgeschriebenen Angebote zu verweigern.
8. Die teilnehmenden Golfclubs haben sich gegenüber dem Verlag unter den o.g. Bedingungen verpflichtet, die ausgeschriebenen Angebote einzulösen. Der Verlag übernimmt jedoch keine Gewähr und keine Haftung, wenn ein Angebot nicht eingelöst wird oder werden kann.

Bedingungen zur Einlösung des Discounts:
1. Das Angebot ist einschließlich bis 30.6.2024 gültig.
2. Der Golfspieler/Leser hat sich telefonisch eine Abschlagzeit geben zu lassen – dabei ist die Nutzung des Angebots anzugeben.
3. Eine Barauszahlung des Greenfee-Vorteils ist nicht möglich.
4. Das Kombinieren von Angeboten oder bestehenden Greenfee-Vorteilen ist nicht möglich. Der Vorteil bezieht sich jeweils ausschließlich auf die zum Zeitpunkt der Einlösung gültigen vollen Greenfee-Gebühren.
5. Gibt es Spielergruppen mit erhöhten Greenfee-Gebühren, ist ein Nachlass auf diese Gebühren nicht möglich.
6. Das Angebot allein berechtigt nicht zum Spiel gegen Greenfee. Die Erfüllung der Bestimmungen des jeweiligen Golfclubs zur Greenfee-Berechtigung (Mitgliedschaft in einem Golfclub, Mindesthandicap etc.) zum Zeitpunkt der Einlösung sind Voraussetzung.
7. Es ist untersagt, den Greenfee-Gutschein entgeltlich Dritten zu überlassen bzw. mit diesen Handel zu treiben. Insbesondere sind die teilnehmenden Golfclubs in diesem Falle berechtigt, die Einlösung der ausgeschriebenen Angebote zu verweigern.
8. Die teilnehmenden Golfclubs haben sich gegenüber dem Verlag unter den o.g. Bedingungen verpflichtet, die ausgeschriebenen Angebote einzulösen. Der Verlag übernimmt jedoch keine Gewähr und keine Haftung, wenn ein Angebot nicht eingelöst wird oder werden kann.

Bedingungen zur Einlösung des Discounts:
1. Das Angebot ist einschließlich bis 30.6.2024 gültig.
2. Der Golfspieler/Leser hat sich telefonisch eine Abschlagzeit geben zu lassen – dabei ist die Nutzung des Angebots anzugeben.
3. Eine Barauszahlung des Greenfee-Vorteils ist nicht möglich.
4. Das Kombinieren von Angeboten oder bestehenden Greenfee-Vorteilen ist nicht möglich. Der Vorteil bezieht sich jeweils ausschließlich auf die zum Zeitpunkt der Einlösung gültigen vollen Greenfee-Gebühren.
5. Gibt es Spielergruppen mit erhöhten Greenfee-Gebühren, ist ein Nachlass auf diese Gebühren nicht möglich.
6. Das Angebot allein berechtigt nicht zum Spiel gegen Greenfee. Die Erfüllung der Bestimmungen des jeweiligen Golfclubs zur Greenfee-Berechtigung (Mitgliedschaft in einem Golfclub, Mindesthandicap etc.) zum Zeitpunkt der Einlösung sind Voraussetzung.
7. Es ist untersagt, den Greenfee-Gutschein entgeltlich Dritten zu überlassen bzw. mit diesen Handel zu treiben. Insbesondere sind die teilnehmenden Golfclubs in diesem Falle berechtigt, die Einlösung der ausgeschriebenen Angebote zu verweigern.
8. Die teilnehmenden Golfclubs haben sich gegenüber dem Verlag unter den o.g. Bedingungen verpflichtet, die ausgeschriebenen Angebote einzulösen. Der Verlag übernimmt jedoch keine Gewähr und keine Haftung, wenn ein Angebot nicht eingelöst wird oder werden kann.

Bedingungen zur Einlösung des Discounts:
1. Das Angebot ist einschließlich bis 30.6.2024 gültig.
2. Der Golfspieler/Leser hat sich telefonisch eine Abschlagzeit geben zu lassen – dabei ist die Nutzung des Angebots anzugeben.
3. Eine Barauszahlung des Greenfee-Vorteils ist nicht möglich.
4. Das Kombinieren von Angeboten oder bestehenden Greenfee-Vorteilen ist nicht möglich. Der Vorteil bezieht sich jeweils ausschließlich auf die zum Zeitpunkt der Einlösung gültigen vollen Greenfee-Gebühren.
5. Gibt es Spielergruppen mit erhöhten Greenfee-Gebühren, ist ein Nachlass auf diese Gebühren nicht möglich.
6. Das Angebot allein berechtigt nicht zum Spiel gegen Greenfee. Die Erfüllung der Bestimmungen des jeweiligen Golfclubs zur Greenfee-Berechtigung (Mitgliedschaft in einem Golfclub, Mindesthandicap etc.) zum Zeitpunkt der Einlösung sind Voraussetzung.
7. Es ist untersagt, den Greenfee-Gutschein entgeltlich Dritten zu überlassen bzw. mit diesen Handel zu treiben. Insbesondere sind die teilnehmenden Golfclubs in diesem Falle berechtigt, die Einlösung der ausgeschriebenen Angebote zu verweigern.
8. Die teilnehmenden Golfclubs haben sich gegenüber dem Verlag unter den o.g. Bedingungen verpflichtet, die ausgeschriebenen Angebote einzulösen. Der Verlag übernimmt jedoch keine Gewähr und keine Haftung, wenn ein Angebot nicht eingelöst wird oder werden kann.

Bedingungen zur Einlösung des Discounts:
1. Das Angebot ist einschließlich bis 30.6.2024 gültig.
2. Der Golfspieler/Leser hat sich telefonisch eine Abschlagzeit geben zu lassen – dabei ist die Nutzung des Angebots anzugeben.
3. Eine Barauszahlung des Greenfee-Vorteils ist nicht möglich.
4. Das Kombinieren von Angeboten oder bestehenden Greenfee-Vorteilen ist nicht möglich. Der Vorteil bezieht sich jeweils ausschließlich auf die zum Zeitpunkt der Einlösung gültigen vollen Greenfee-Gebühren.
5. Gibt es Spielergruppen mit erhöhten Greenfee-Gebühren, ist ein Nachlass auf diese Gebühren nicht möglich.
6. Das Angebot allein berechtigt nicht zum Spiel gegen Greenfee. Die Erfüllung der Bestimmungen des jeweiligen Golfclubs zur Greenfee-Berechtigung (Mitgliedschaft in einem Golfclub, Mindesthandicap etc.) zum Zeitpunkt der Einlösung sind Voraussetzung.
7. Es ist untersagt, den Greenfee-Gutschein entgeltlich Dritten zu überlassen bzw. mit diesen Handel zu treiben. Insbesondere sind die teilnehmenden Golfclubs in diesem Falle berechtigt, die Einlösung der ausgeschriebenen Angebote zu verweigern.
8. Die teilnehmenden Golfclubs haben sich gegenüber dem Verlag unter den o.g. Bedingungen verpflichtet, die ausgeschriebenen Angebote einzulösen. Der Verlag übernimmt jedoch keine Gewähr und keine Haftung, wenn ein Angebot nicht eingelöst wird oder werden kann.

Bedingungen zur Einlösung des Discounts:
1. Das Angebot ist einschließlich bis 30.6.2024 gültig.
2. Der Golfspieler/Leser hat sich telefonisch eine Abschlagzeit geben zu lassen – dabei ist die Nutzung des Angebots anzugeben.
3. Eine Barauszahlung des Greenfee-Vorteils ist nicht möglich.
4. Das Kombinieren von Angeboten oder bestehenden Greenfee-Vorteilen ist nicht möglich. Der Vorteil bezieht sich jeweils ausschließlich auf die zum Zeitpunkt der Einlösung gültigen vollen Greenfee-Gebühren.
5. Gibt es Spielergruppen mit erhöhten Greenfee-Gebühren, ist ein Nachlass auf diese Gebühren nicht möglich.
6. Das Angebot allein berechtigt nicht zum Spiel gegen Greenfee. Die Erfüllung der Bestimmungen des jeweiligen Golfclubs zur Greenfee-Berechtigung (Mitgliedschaft in einem Golfclub, Mindesthandicap etc.) zum Zeitpunkt der Einlösung sind Voraussetzung.
7. Es ist untersagt, den Greenfee-Gutschein entgeltlich Dritten zu überlassen bzw. mit diesen Handel zu treiben. Insbesondere sind die teilnehmenden Golfclubs in diesem Falle berechtigt, die Einlösung der ausgeschriebenen Angebote zu verweigern.
8. Die teilnehmenden Golfclubs haben sich gegenüber dem Verlag unter den o.g. Bedingungen verpflichtet, die ausgeschriebenen Angebote einzulösen. Der Verlag übernimmt jedoch keine Gewähr und keine Haftung, wenn ein Angebot nicht eingelöst wird oder werden kann.

Bedingungen zur Einlösung des Discounts:
1. Das Angebot ist einschließlich bis 30.6.2024 gültig.
2. Der Golfspieler/Leser hat sich telefonisch eine Abschlagzeit geben zu lassen – dabei ist die Nutzung des Angebots anzugeben.
3. Eine Barauszahlung des Greenfee-Vorteils ist nicht möglich.
4. Das Kombinieren von Angeboten oder bestehenden Greenfee-Vorteilen ist nicht möglich. Der Vorteil bezieht sich jeweils ausschließlich auf die zum Zeitpunkt der Einlösung gültigen vollen Greenfee-Gebühren.
5. Gibt es Spielergruppen mit erhöhten Greenfee-Gebühren, ist ein Nachlass auf diese Gebühren nicht möglich.
6. Das Angebot allein berechtigt nicht zum Spiel gegen Greenfee. Die Erfüllung der Bestimmungen des jeweiligen Golfclubs zur Greenfee-Berechtigung (Mitgliedschaft in einem Golfclub, Mindesthandicap etc.) zum Zeitpunkt der Einlösung sind Voraussetzung.
7. Es ist untersagt, den Greenfee-Gutschein entgeltlich Dritten zu überlassen bzw. mit diesen Handel zu treiben. Insbesondere sind die teilnehmenden Golfclubs in diesem Falle berechtigt, die Einlösung der ausgeschriebenen Angebote zu verweigern.
8. Die teilnehmenden Golfclubs haben sich gegenüber dem Verlag unter den o.g. Bedingungen verpflichtet, die ausgeschriebenen Angebote einzulösen. Der Verlag übernimmt jedoch keine Gewähr und keine Haftung, wenn ein Angebot nicht eingelöst wird oder werden kann.

Bedingungen zur Einlösung des Discounts:
1. Das Angebot ist einschließlich bis 30.6.2024 gültig.
2. Der Golfspieler/Leser hat sich telefonisch eine Abschlagzeit geben zu lassen – dabei ist die Nutzung des Angebots anzugeben.
3. Eine Barauszahlung des Greenfee-Vorteils ist nicht möglich.
4. Das Kombinieren von Angeboten oder bestehenden Greenfee-Vorteilen ist nicht möglich. Der Vorteil bezieht sich jeweils ausschließlich auf die zum Zeitpunkt der Einlösung gültigen vollen Greenfee-Gebühren.
5. Gibt es Spielergruppen mit erhöhten Greenfee-Gebühren, ist ein Nachlass auf diese Gebühren nicht möglich.
6. Das Angebot allein berechtigt nicht zum Spiel gegen Greenfee. Die Erfüllung der Bestimmungen des jeweiligen Golfclubs zur Greenfee-Berechtigung (Mitgliedschaft in einem Golfclub, Mindesthandicap etc.) zum Zeitpunkt der Einlösung sind Voraussetzung.
7. Es ist untersagt, den Greenfee-Gutschein entgeltlich Dritten zu überlassen bzw. mit diesen Handel zu treiben. Insbesondere sind die teilnehmenden Golfclubs in diesem Falle berechtigt, die Einlösung der ausgeschriebenen Angebote zu verweigern.
8. Die teilnehmenden Golfclubs haben sich gegenüber dem Verlag unter den o.g. Bedingungen verpflichtet, die ausgeschriebenen Angebote einzulösen. Der Verlag übernimmt jedoch keine Gewähr und keine Haftung, wenn ein Angebot nicht eingelöst wird oder werden kann.

Bedingungen zur Einlösung des Discounts:
1. Das Angebot ist einschließlich bis 30.6.2024 gültig.
2. Der Golfspieler/Leser hat sich telefonisch eine Abschlagzeit geben zu lassen – dabei ist die Nutzung des Angebots anzugeben.
3. Eine Barauszahlung des Greenfee-Vorteils ist nicht möglich.
4. Das Kombinieren von Angeboten oder bestehenden Greenfee-Vorteilen ist nicht möglich. Der Vorteil bezieht sich jeweils ausschließlich auf die zum Zeitpunkt der Einlösung gültigen vollen Greenfee-Gebühren.
5. Gibt es Spielergruppen mit erhöhten Greenfee-Gebühren, ist ein Nachlass auf diese Gebühren nicht möglich.
6. Das Angebot allein berechtigt nicht zum Spiel gegen Greenfee. Die Erfüllung der Bestimmungen des jeweiligen Golfclubs zur Greenfee-Berechtigung (Mitgliedschaft in einem Golfclub, Mindesthandicap etc.) zum Zeitpunkt der Einlösung sind Voraussetzung.
7. Es ist untersagt, den Greenfee-Gutschein entgeltlich Dritten zu überlassen bzw. mit diesen Handel zu treiben. Insbesondere sind die teilnehmenden Golfclubs in diesem Falle berechtigt, die Einlösung der ausgeschriebenen Angebote zu verweigern.
8. Die teilnehmenden Golfclubs haben sich gegenüber dem Verlag unter den o.g. Bedingungen verpflichtet, die ausgeschriebenen Angebote einzulösen. Der Verlag übernimmt jedoch keine Gewähr und keine Haftung, wenn ein Angebot nicht eingelöst wird oder werden kann.

Diese Gutscheine gelten nur in Verbindung mit dem Buch/Albrecht Golf Card

Diese Gutscheine gelten nur in Verbindung mit dem Buch/Albrecht Golf Card

DER GOLF ALBRECHT

Hanseatischer Golfclub e.V. in Greifswald

DE

Golfpark 1
D-17498 Greifswald-Wackerow
✆ 03834-3689916
Mecklenburg-Vorpommern

22

2 for 1 — 2 GF zum Preis von 1

DER GOLF ALBRECHT

Hanseatischer Golfclub e.V. in Greifswald

DE

Golfpark 1
D-17498 Greifswald-Wackerow
✆ 03834-3689916
Mecklenburg-Vorpommern

22

50% — Greenfee-Ermäßigung

DER GOLF ALBRECHT

Hanseatischer Golfclub e.V. in Greifswald

DE

Golfpark 1
D-17498 Greifswald-Wackerow
✆ 03834-3689916
Mecklenburg-Vorpommern

22

50% — Greenfee-Ermäßigung

DER GOLF ALBRECHT

Golfclub Tessin e.V.

DE

Alte Zuckerfabrik
D-18195 Tessin
✆ 038205-12767
Mecklenburg-Vorpommern

23

2 for 1 — 2 GF zum Preis von 1

DER GOLF ALBRECHT

Golfclub Tessin e.V.

DE

Alte Zuckerfabrik
D-18195 Tessin
✆ 038205-12767
Mecklenburg-Vorpommern

23

2 for 1 — 2 GF zum Preis von 1

DER GOLF ALBRECHT

Golfclub Tessin e.V.

DE

Alte Zuckerfabrik
D-18195 Tessin
✆ 038205-12767
Mecklenburg-Vorpommern

23

20% — Greenfee-Ermäßigung

DER GOLF ALBRECHT

Golfclub Tessin e.V.

DE

Alte Zuckerfabrik
D-18195 Tessin
✆ 038205-12767
Mecklenburg-Vorpommern

23

20% — Greenfee-Ermäßigung

DER GOLF ALBRECHT

Bades Huk Golfclub

DE

Zum Anleger 41
D-23968 Hohen Wieschendorf
✆ 0173-9476271
Mecklenburg-Vorpommern

24

2 for 1 — 2 GF zum Preis von 1

DER GOLF ALBRECHT

Bades Huk Golfclub

DE

Zum Anleger 41
D-23968 Hohen Wieschendorf
✆ 0173-9476271
Mecklenburg-Vorpommern

24

2 for 1 — 2 GF zum Preis von 1

DER GOLF ALBRECHT

Bades Huk Golfclub

DE

Zum Anleger 41
D-23968 Hohen Wieschendorf
✆ 0173-9476271
Mecklenburg-Vorpommern

24

25% — Greenfee-Ermäßigung

Bedingungen zur Einlösung des Discounts:

1. Das Angebot ist einschließlich bis 30.6.2024 gültig.
2. Der Golfspieler/Leser hat sich telefonisch eine Abschlagzeit geben zu lassen – dabei ist die Nutzung des Angebots anzugeben.
3. Eine Barauszahlung des Greenfee-Vorteils ist nicht möglich.
4. Das Kombinieren von Angeboten oder bestehenden Greenfee-Vorteilen ist nicht möglich. Der Vorteil bezieht sich jeweils ausschließlich auf die zum Zeitpunkt der Einlösung gültigen vollen Greenfee-Gebühren.
5. Gibt es Spielergruppen mit erhöhten Greenfee-Gebühren, ist ein Nachlass auf diese Gebühren nicht möglich.
6. Das Angebot allein berechtigt nicht zum Spiel gegen Greenfee. Die Erfüllung der Bestimmungen des jeweiligen Golfclubs zur Greenfee-Berechtigung (Mitgliedschaft in einem Golfclub, Mindesthandicap etc.) zum Zeitpunkt der Einlösung sind Voraussetzung.
7. Es ist untersagt, den Greenfee-Gutschein entgeltlich Dritten zu überlassen bzw. mit diesen Handel zu treiben. Insbesondere sind die teilnehmenden Golfclubs in diesem Falle berechtigt, die Einlösung der ausgeschriebenen Angebote zu verweigern.
8. Die teilnehmenden Golfclubs haben sich gegenüber dem Verlag unter den o.g. Bedingungen verpflichtet, die ausgeschriebenen Angebote einzulösen. Der Verlag übernimmt jedoch keine Gewähr und keine Haftung, wenn ein Angebot nicht eingelöst wird oder werden kann.

Bedingungen zur Einlösung des Discounts:

1. Das Angebot ist einschließlich bis 30.6.2024 gültig.
2. Der Golfspieler/Leser hat sich telefonisch eine Abschlagzeit geben zu lassen – dabei ist die Nutzung des Angebots anzugeben.
3. Eine Barauszahlung des Greenfee-Vorteils ist nicht möglich.
4. Das Kombinieren von Angeboten oder bestehenden Greenfee-Vorteilen ist nicht möglich. Der Vorteil bezieht sich jeweils ausschließlich auf die zum Zeitpunkt der Einlösung gültigen vollen Greenfee-Gebühren.
5. Gibt es Spielergruppen mit erhöhten Greenfee-Gebühren, ist ein Nachlass auf diese Gebühren nicht möglich.
6. Das Angebot allein berechtigt nicht zum Spiel gegen Greenfee. Die Erfüllung der Bestimmungen des jeweiligen Golfclubs zur Greenfee-Berechtigung (Mitgliedschaft in einem Golfclub, Mindesthandicap etc.) zum Zeitpunkt der Einlösung sind Voraussetzung.
7. Es ist untersagt, den Greenfee-Gutschein entgeltlich Dritten zu überlassen bzw. mit diesen Handel zu treiben. Insbesondere sind die teilnehmenden Golfclubs in diesem Falle berechtigt, die Einlösung der ausgeschriebenen Angebote zu verweigern.
8. Die teilnehmenden Golfclubs haben sich gegenüber dem Verlag unter den o.g. Bedingungen verpflichtet, die ausgeschriebenen Angebote einzulösen. Der Verlag übernimmt jedoch keine Gewähr und keine Haftung, wenn ein Angebot nicht eingelöst wird oder werden kann.

Bedingungen zur Einlösung des Discounts:

1. Das Angebot ist einschließlich bis 30.6.2024 gültig.
2. Der Golfspieler/Leser hat sich telefonisch eine Abschlagzeit geben zu lassen – dabei ist die Nutzung des Angebots anzugeben.
3. Eine Barauszahlung des Greenfee-Vorteils ist nicht möglich.
4. Das Kombinieren von Angeboten oder bestehenden Greenfee-Vorteilen ist nicht möglich. Der Vorteil bezieht sich jeweils ausschließlich auf die zum Zeitpunkt der Einlösung gültigen vollen Greenfee-Gebühren.
5. Gibt es Spielergruppen mit erhöhten Greenfee-Gebühren, ist ein Nachlass auf diese Gebühren nicht möglich.
6. Das Angebot allein berechtigt nicht zum Spiel gegen Greenfee. Die Erfüllung der Bestimmungen des jeweiligen Golfclubs zur Greenfee-Berechtigung (Mitgliedschaft in einem Golfclub, Mindesthandicap etc.) zum Zeitpunkt der Einlösung sind Voraussetzung.
7. Es ist untersagt, den Greenfee-Gutschein entgeltlich Dritten zu überlassen bzw. mit diesen Handel zu treiben. Insbesondere sind die teilnehmenden Golfclubs in diesem Falle berechtigt, die Einlösung der ausgeschriebenen Angebote zu verweigern.
8. Die teilnehmenden Golfclubs haben sich gegenüber dem Verlag unter den o.g. Bedingungen verpflichtet, die ausgeschriebenen Angebote einzulösen. Der Verlag übernimmt jedoch keine Gewähr und keine Haftung, wenn ein Angebot nicht eingelöst wird oder werden kann.

Bedingungen zur Einlösung des Discounts:

1. Das Angebot ist einschließlich bis 30.6.2024 gültig.
2. Der Golfspieler/Leser hat sich telefonisch eine Abschlagzeit geben zu lassen – dabei ist die Nutzung des Angebots anzugeben.
3. Eine Barauszahlung des Greenfee-Vorteils ist nicht möglich.
4. Das Kombinieren von Angeboten oder bestehenden Greenfee-Vorteilen ist nicht möglich. Der Vorteil bezieht sich jeweils ausschließlich auf die zum Zeitpunkt der Einlösung gültigen vollen Greenfee-Gebühren.
5. Gibt es Spielergruppen mit erhöhten Greenfee-Gebühren, ist ein Nachlass auf diese Gebühren nicht möglich.
6. Das Angebot allein berechtigt nicht zum Spiel gegen Greenfee. Die Erfüllung der Bestimmungen des jeweiligen Golfclubs zur Greenfee-Berechtigung (Mitgliedschaft in einem Golfclub, Mindesthandicap etc.) zum Zeitpunkt der Einlösung sind Voraussetzung.
7. Es ist untersagt, den Greenfee-Gutschein entgeltlich Dritten zu überlassen bzw. mit diesen Handel zu treiben. Insbesondere sind die teilnehmenden Golfclubs in diesem Falle berechtigt, die Einlösung der ausgeschriebenen Angebote zu verweigern.
8. Die teilnehmenden Golfclubs haben sich gegenüber dem Verlag unter den o.g. Bedingungen verpflichtet, die ausgeschriebenen Angebote einzulösen. Der Verlag übernimmt jedoch keine Gewähr und keine Haftung, wenn ein Angebot nicht eingelöst wird oder werden kann.

Bedingungen zur Einlösung des Discounts:

1. Das Angebot ist einschließlich bis 30.6.2024 gültig.
2. Der Golfspieler/Leser hat sich telefonisch eine Abschlagzeit geben zu lassen – dabei ist die Nutzung des Angebots anzugeben.
3. Eine Barauszahlung des Greenfee-Vorteils ist nicht möglich.
4. Das Kombinieren von Angeboten oder bestehenden Greenfee-Vorteilen ist nicht möglich. Der Vorteil bezieht sich jeweils ausschließlich auf die zum Zeitpunkt der Einlösung gültigen vollen Greenfee-Gebühren.
5. Gibt es Spielergruppen mit erhöhten Greenfee-Gebühren, ist ein Nachlass auf diese Gebühren nicht möglich.
6. Das Angebot allein berechtigt nicht zum Spiel gegen Greenfee. Die Erfüllung der Bestimmungen des jeweiligen Golfclubs zur Greenfee-Berechtigung (Mitgliedschaft in einem Golfclub, Mindesthandicap etc.) zum Zeitpunkt der Einlösung sind Voraussetzung.
7. Es ist untersagt, den Greenfee-Gutschein entgeltlich Dritten zu überlassen bzw. mit diesen Handel zu treiben. Insbesondere sind die teilnehmenden Golfclubs in diesem Falle berechtigt, die Einlösung der ausgeschriebenen Angebote zu verweigern.
8. Die teilnehmenden Golfclubs haben sich gegenüber dem Verlag unter den o.g. Bedingungen verpflichtet, die ausgeschriebenen Angebote einzulösen. Der Verlag übernimmt jedoch keine Gewähr und keine Haftung, wenn ein Angebot nicht eingelöst wird oder werden kann.

Bedingungen zur Einlösung des Discounts:

1. Das Angebot ist einschließlich bis 30.6.2024 gültig.
2. Der Golfspieler/Leser hat sich telefonisch eine Abschlagzeit geben zu lassen – dabei ist die Nutzung des Angebots anzugeben.
3. Eine Barauszahlung des Greenfee-Vorteils ist nicht möglich.
4. Das Kombinieren von Angeboten oder bestehenden Greenfee-Vorteilen ist nicht möglich. Der Vorteil bezieht sich jeweils ausschließlich auf die zum Zeitpunkt der Einlösung gültigen vollen Greenfee-Gebühren.
5. Gibt es Spielergruppen mit erhöhten Greenfee-Gebühren, ist ein Nachlass auf diese Gebühren nicht möglich.
6. Das Angebot allein berechtigt nicht zum Spiel gegen Greenfee. Die Erfüllung der Bestimmungen des jeweiligen Golfclubs zur Greenfee-Berechtigung (Mitgliedschaft in einem Golfclub, Mindesthandicap etc.) zum Zeitpunkt der Einlösung sind Voraussetzung.
7. Es ist untersagt, den Greenfee-Gutschein entgeltlich Dritten zu überlassen bzw. mit diesen Handel zu treiben. Insbesondere sind die teilnehmenden Golfclubs in diesem Falle berechtigt, die Einlösung der ausgeschriebenen Angebote zu verweigern.
8. Die teilnehmenden Golfclubs haben sich gegenüber dem Verlag unter den o.g. Bedingungen verpflichtet, die ausgeschriebenen Angebote einzulösen. Der Verlag übernimmt jedoch keine Gewähr und keine Haftung, wenn ein Angebot nicht eingelöst wird oder werden kann.

Bedingungen zur Einlösung des Discounts:

1. Das Angebot ist einschließlich bis 30.6.2024 gültig.
2. Der Golfspieler/Leser hat sich telefonisch eine Abschlagzeit geben zu lassen – dabei ist die Nutzung des Angebots anzugeben.
3. Eine Barauszahlung des Greenfee-Vorteils ist nicht möglich.
4. Das Kombinieren von Angeboten oder bestehenden Greenfee-Vorteilen ist nicht möglich. Der Vorteil bezieht sich jeweils ausschließlich auf die zum Zeitpunkt der Einlösung gültigen vollen Greenfee-Gebühren.
5. Gibt es Spielergruppen mit erhöhten Greenfee-Gebühren, ist ein Nachlass auf diese Gebühren nicht möglich.
6. Das Angebot allein berechtigt nicht zum Spiel gegen Greenfee. Die Erfüllung der Bestimmungen des jeweiligen Golfclubs zur Greenfee-Berechtigung (Mitgliedschaft in einem Golfclub, Mindesthandicap etc.) zum Zeitpunkt der Einlösung sind Voraussetzung.
7. Es ist untersagt, den Greenfee-Gutschein entgeltlich Dritten zu überlassen bzw. mit diesen Handel zu treiben. Insbesondere sind die teilnehmenden Golfclubs in diesem Falle berechtigt, die Einlösung der ausgeschriebenen Angebote zu verweigern.
8. Die teilnehmenden Golfclubs haben sich gegenüber dem Verlag unter den o.g. Bedingungen verpflichtet, die ausgeschriebenen Angebote einzulösen. Der Verlag übernimmt jedoch keine Gewähr und keine Haftung, wenn ein Angebot nicht eingelöst wird oder werden kann.

Bedingungen zur Einlösung des Discounts:

1. Das Angebot ist einschließlich bis 30.6.2024 gültig.
2. Der Golfspieler/Leser hat sich telefonisch eine Abschlagzeit geben zu lassen – dabei ist die Nutzung des Angebots anzugeben.
3. Eine Barauszahlung des Greenfee-Vorteils ist nicht möglich.
4. Das Kombinieren von Angeboten oder bestehenden Greenfee-Vorteilen ist nicht möglich. Der Vorteil bezieht sich jeweils ausschließlich auf die zum Zeitpunkt der Einlösung gültigen vollen Greenfee-Gebühren.
5. Gibt es Spielergruppen mit erhöhten Greenfee-Gebühren, ist ein Nachlass auf diese Gebühren nicht möglich.
6. Das Angebot allein berechtigt nicht zum Spiel gegen Greenfee. Die Erfüllung der Bestimmungen des jeweiligen Golfclubs zur Greenfee-Berechtigung (Mitgliedschaft in einem Golfclub, Mindesthandicap etc.) zum Zeitpunkt der Einlösung sind Voraussetzung.
7. Es ist untersagt, den Greenfee-Gutschein entgeltlich Dritten zu überlassen bzw. mit diesen Handel zu treiben. Insbesondere sind die teilnehmenden Golfclubs in diesem Falle berechtigt, die Einlösung der ausgeschriebenen Angebote zu verweigern.
8. Die teilnehmenden Golfclubs haben sich gegenüber dem Verlag unter den o.g. Bedingungen verpflichtet, die ausgeschriebenen Angebote einzulösen. Der Verlag übernimmt jedoch keine Gewähr und keine Haftung, wenn ein Angebot nicht eingelöst wird oder werden kann.

Bedingungen zur Einlösung des Discounts:

1. Das Angebot ist einschließlich bis 30.6.2024 gültig.
2. Der Golfspieler/Leser hat sich telefonisch eine Abschlagzeit geben zu lassen – dabei ist die Nutzung des Angebots anzugeben.
3. Eine Barauszahlung des Greenfee-Vorteils ist nicht möglich.
4. Das Kombinieren von Angeboten oder bestehenden Greenfee-Vorteilen ist nicht möglich. Der Vorteil bezieht sich jeweils ausschließlich auf die zum Zeitpunkt der Einlösung gültigen vollen Greenfee-Gebühren.
5. Gibt es Spielergruppen mit erhöhten Greenfee-Gebühren, ist ein Nachlass auf diese Gebühren nicht möglich.
6. Das Angebot allein berechtigt nicht zum Spiel gegen Greenfee. Die Erfüllung der Bestimmungen des jeweiligen Golfclubs zur Greenfee-Berechtigung (Mitgliedschaft in einem Golfclub, Mindesthandicap etc.) zum Zeitpunkt der Einlösung sind Voraussetzung.
7. Es ist untersagt, den Greenfee-Gutschein entgeltlich Dritten zu überlassen bzw. mit diesen Handel zu treiben. Insbesondere sind die teilnehmenden Golfclubs in diesem Falle berechtigt, die Einlösung der ausgeschriebenen Angebote zu verweigern.
8. Die teilnehmenden Golfclubs haben sich gegenüber dem Verlag unter den o.g. Bedingungen verpflichtet, die ausgeschriebenen Angebote einzulösen. Der Verlag übernimmt jedoch keine Gewähr und keine Haftung, wenn ein Angebot nicht eingelöst wird oder werden kann.

Bedingungen zur Einlösung des Discounts:

1. Das Angebot ist einschließlich bis 30.6.2024 gültig.
2. Der Golfspieler/Leser hat sich telefonisch eine Abschlagzeit geben zu lassen – dabei ist die Nutzung des Angebots anzugeben.
3. Eine Barauszahlung des Greenfee-Vorteils ist nicht möglich.
4. Das Kombinieren von Angeboten oder bestehenden Greenfee-Vorteilen ist nicht möglich. Der Vorteil bezieht sich jeweils ausschließlich auf die zum Zeitpunkt der Einlösung gültigen vollen Greenfee-Gebühren.
5. Gibt es Spielergruppen mit erhöhten Greenfee-Gebühren, ist ein Nachlass auf diese Gebühren nicht möglich.
6. Das Angebot allein berechtigt nicht zum Spiel gegen Greenfee. Die Erfüllung der Bestimmungen des jeweiligen Golfclubs zur Greenfee-Berechtigung (Mitgliedschaft in einem Golfclub, Mindesthandicap etc.) zum Zeitpunkt der Einlösung sind Voraussetzung.
7. Es ist untersagt, den Greenfee-Gutschein entgeltlich Dritten zu überlassen bzw. mit diesen Handel zu treiben. Insbesondere sind die teilnehmenden Golfclubs in diesem Falle berechtigt, die Einlösung der ausgeschriebenen Angebote zu verweigern.
8. Die teilnehmenden Golfclubs haben sich gegenüber dem Verlag unter den o.g. Bedingungen verpflichtet, die ausgeschriebenen Angebote einzulösen. Der Verlag übernimmt jedoch keine Gewähr und keine Haftung, wenn ein Angebot nicht eingelöst wird oder werden kann.

Diese Gutscheine gelten nur in Verbindung mit dem Buch/Albrecht Golf Card

Diese Gutscheine gelten nur in Verbindung mit dem Buch/Albrecht Golf Card

DER GOLF ALBRECHT

Bades Huk Golfclub DE

Zum Anleger 41
D-23968 Hohen Wieschendorf
✆ 0173-9476271
Mecklenburg-Vorpommern

24

25% Greenfee-Ermäßigung

DER GOLF ALBRECHT

Baltic Hills Golf Usedom DE

Hauptstr. 10
D-17419 Korswandt
✆ 038378-805072
Mecklenburg-Vorpommern

25

2 for 1 2 GF zum Preis von 1

DER GOLF ALBRECHT

Baltic Hills Golf Usedom DE

Hauptstr. 10
D-17419 Korswandt
✆ 038378-805072
Mecklenburg-Vorpommern

25

2 for 1 2 GF zum Preis von 1

DER GOLF ALBRECHT

Baltic Hills Golf Usedom DE

Hauptstr. 10
D-17419 Korswandt
✆ 038378-805072
Mecklenburg-Vorpommern

25

30% Greenfee-Ermäßigung

DER GOLF ALBRECHT

Baltic Hills Golf Usedom DE

Hauptstr. 10
D-17419 Korswandt
✆ 038378-805072
Mecklenburg-Vorpommern

25

30% Greenfee-Ermäßigung

DER GOLF ALBRECHT

Golfclub Schloss Teschow e.V. DE

Alte Dorfstr. 13
D-17166 Teterow/Teschow
✆ 03996-140454
Mecklenburg-Vorpommern

26

2 for 1 2 GF zum Preis von 1

DER GOLF ALBRECHT

Golfclub Schloss Teschow e.V. DE

Alte Dorfstr. 13
D-17166 Teterow/Teschow
✆ 03996-140454
Mecklenburg-Vorpommern

26

2 for 1 2 GF zum Preis von 1

DER GOLF ALBRECHT

Golfclub Schloss Teschow e.V. DE

Alte Dorfstr. 13
D-17166 Teterow/Teschow
✆ 03996-140454
Mecklenburg-Vorpommern

26

30% Greenfee-Ermäßigung

DER GOLF ALBRECHT

Golfclub Schloss Teschow e.V. DE

Alte Dorfstr. 13
D-17166 Teterow/Teschow
✆ 03996-140454
Mecklenburg-Vorpommern

26

30% Greenfee-Ermäßigung

DER GOLF ALBRECHT

Van der Valk Golfclub Serrahn DE

Dobbiner Weg 24
D-18292 Serrahn
✆ +49 38456 6692-222
Mecklenburg-Vorpommern

27

2 for 1 2 GF zum Preis von 1

Bedingungen zur Einlösung des Discounts:

1. Das Angebot ist einschließlich bis 30.6.2024 gültig.
2. Der Golfspieler/Leser hat sich telefonisch eine Abschlagzeit geben zu lassen – dabei ist die Nutzung des Angebots anzugeben.
3. Eine Barauszahlung des Greenfee-Vorteils ist nicht möglich.
4. Das Kombinieren von Angeboten oder bestehenden Greenfee-Vorteilen ist nicht möglich. Der Vorteil bezieht sich jeweils ausschließlich auf die zum Zeitpunkt der Einlösung gültigen vollen Greenfee-Gebühren.
5. Gibt es Spielergruppen mit erhöhten Greenfee-Gebühren, ist ein Nachlass auf diese Gebühren nicht möglich.
6. Das Angebot allein berechtigt nicht zum Spiel gegen Greenfee. Die Erfüllung der Bestimmungen des jeweiligen Golfclubs zur Greenfee-Berechtigung (Mitgliedschaft in einem Golfclub, Mindesthandicap etc.) zum Zeitpunkt der Einlösung sind Voraussetzung.
7. Es ist untersagt, den Greenfee-Gutschein entgeltlich Dritten zu überlassen bzw. mit diesen Handel zu treiben. Insbesondere sind die teilnehmenden Golfclubs in diesem Falle berechtigt, die Einlösung der ausgeschriebenen Angebote zu verweigern.
8. Die teilnehmenden Golfclubs haben sich gegenüber dem Verlag unter den o.g. Bedingungen verpflichtet, die ausgeschriebenen Angebote einzulösen. Der Verlag übernimmt jedoch keine Gewähr und keine Haftung, wenn ein Angebot nicht eingelöst wird oder werden kann.

Bedingungen zur Einlösung des Discounts:

1. Das Angebot ist einschließlich bis 30.6.2024 gültig.
2. Der Golfspieler/Leser hat sich telefonisch eine Abschlagzeit geben zu lassen – dabei ist die Nutzung des Angebots anzugeben.
3. Eine Barauszahlung des Greenfee-Vorteils ist nicht möglich.
4. Das Kombinieren von Angeboten oder bestehenden Greenfee-Vorteilen ist nicht möglich. Der Vorteil bezieht sich jeweils ausschließlich auf die zum Zeitpunkt der Einlösung gültigen vollen Greenfee-Gebühren.
5. Gibt es Spielergruppen mit erhöhten Greenfee-Gebühren, ist ein Nachlass auf diese Gebühren nicht möglich.
6. Das Angebot allein berechtigt nicht zum Spiel gegen Greenfee. Die Erfüllung der Bestimmungen des jeweiligen Golfclubs zur Greenfee-Berechtigung (Mitgliedschaft in einem Golfclub, Mindesthandicap etc.) zum Zeitpunkt der Einlösung sind Voraussetzung.
7. Es ist untersagt, den Greenfee-Gutschein entgeltlich Dritten zu überlassen bzw. mit diesen Handel zu treiben. Insbesondere sind die teilnehmenden Golfclubs in diesem Falle berechtigt, die Einlösung der ausgeschriebenen Angebote zu verweigern.
8. Die teilnehmenden Golfclubs haben sich gegenüber dem Verlag unter den o.g. Bedingungen verpflichtet, die ausgeschriebenen Angebote einzulösen. Der Verlag übernimmt jedoch keine Gewähr und keine Haftung, wenn ein Angebot nicht eingelöst wird oder werden kann.

Bedingungen zur Einlösung des Discounts:

1. Das Angebot ist einschließlich bis 30.6.2024 gültig.
2. Der Golfspieler/Leser hat sich telefonisch eine Abschlagzeit geben zu lassen – dabei ist die Nutzung des Angebots anzugeben.
3. Eine Barauszahlung des Greenfee-Vorteils ist nicht möglich.
4. Das Kombinieren von Angeboten oder bestehenden Greenfee-Vorteilen ist nicht möglich. Der Vorteil bezieht sich jeweils ausschließlich auf die zum Zeitpunkt der Einlösung gültigen vollen Greenfee-Gebühren.
5. Gibt es Spielergruppen mit erhöhten Greenfee-Gebühren, ist ein Nachlass auf diese Gebühren nicht möglich.
6. Das Angebot allein berechtigt nicht zum Spiel gegen Greenfee. Die Erfüllung der Bestimmungen des jeweiligen Golfclubs zur Greenfee-Berechtigung (Mitgliedschaft in einem Golfclub, Mindesthandicap etc.) zum Zeitpunkt der Einlösung sind Voraussetzung.
7. Es ist untersagt, den Greenfee-Gutschein entgeltlich Dritten zu überlassen bzw. mit diesen Handel zu treiben. Insbesondere sind die teilnehmenden Golfclubs in diesem Falle berechtigt, die Einlösung der ausgeschriebenen Angebote zu verweigern.
8. Die teilnehmenden Golfclubs haben sich gegenüber dem Verlag unter den o.g. Bedingungen verpflichtet, die ausgeschriebenen Angebote einzulösen. Der Verlag übernimmt jedoch keine Gewähr und keine Haftung, wenn ein Angebot nicht eingelöst wird oder werden kann.

Bedingungen zur Einlösung des Discounts:

1. Das Angebot ist einschließlich bis 30.6.2024 gültig.
2. Der Golfspieler/Leser hat sich telefonisch eine Abschlagzeit geben zu lassen – dabei ist die Nutzung des Angebots anzugeben.
3. Eine Barauszahlung des Greenfee-Vorteils ist nicht möglich.
4. Das Kombinieren von Angeboten oder bestehenden Greenfee-Vorteilen ist nicht möglich. Der Vorteil bezieht sich jeweils ausschließlich auf die zum Zeitpunkt der Einlösung gültigen vollen Greenfee-Gebühren.
5. Gibt es Spielergruppen mit erhöhten Greenfee-Gebühren, ist ein Nachlass auf diese Gebühren nicht möglich.
6. Das Angebot allein berechtigt nicht zum Spiel gegen Greenfee. Die Erfüllung der Bestimmungen des jeweiligen Golfclubs zur Greenfee-Berechtigung (Mitgliedschaft in einem Golfclub, Mindesthandicap etc.) zum Zeitpunkt der Einlösung sind Voraussetzung.
7. Es ist untersagt, den Greenfee-Gutschein entgeltlich Dritten zu überlassen bzw. mit diesen Handel zu treiben. Insbesondere sind die teilnehmenden Golfclubs in diesem Falle berechtigt, die Einlösung der ausgeschriebenen Angebote zu verweigern.
8. Die teilnehmenden Golfclubs haben sich gegenüber dem Verlag unter den o.g. Bedingungen verpflichtet, die ausgeschriebenen Angebote einzulösen. Der Verlag übernimmt jedoch keine Gewähr und keine Haftung, wenn ein Angebot nicht eingelöst wird oder werden kann.

Bedingungen zur Einlösung des Discounts:

1. Das Angebot ist einschließlich bis 30.6.2024 gültig.
2. Der Golfspieler/Leser hat sich telefonisch eine Abschlagzeit geben zu lassen – dabei ist die Nutzung des Angebots anzugeben.
3. Eine Barauszahlung des Greenfee-Vorteils ist nicht möglich.
4. Das Kombinieren von Angeboten oder bestehenden Greenfee-Vorteilen ist nicht möglich. Der Vorteil bezieht sich jeweils ausschließlich auf die zum Zeitpunkt der Einlösung gültigen vollen Greenfee-Gebühren.
5. Gibt es Spielergruppen mit erhöhten Greenfee-Gebühren, ist ein Nachlass auf diese Gebühren nicht möglich.
6. Das Angebot allein berechtigt nicht zum Spiel gegen Greenfee. Die Erfüllung der Bestimmungen des jeweiligen Golfclubs zur Greenfee-Berechtigung (Mitgliedschaft in einem Golfclub, Mindesthandicap etc.) zum Zeitpunkt der Einlösung sind Voraussetzung.
7. Es ist untersagt, den Greenfee-Gutschein entgeltlich Dritten zu überlassen bzw. mit diesen Handel zu treiben. Insbesondere sind die teilnehmenden Golfclubs in diesem Falle berechtigt, die Einlösung der ausgeschriebenen Angebote zu verweigern.
8. Die teilnehmenden Golfclubs haben sich gegenüber dem Verlag unter den o.g. Bedingungen verpflichtet, die ausgeschriebenen Angebote einzulösen. Der Verlag übernimmt jedoch keine Gewähr und keine Haftung, wenn ein Angebot nicht eingelöst wird oder werden kann.

Bedingungen zur Einlösung des Discounts:

1. Das Angebot ist einschließlich bis 30.6.2024 gültig.
2. Der Golfspieler/Leser hat sich telefonisch eine Abschlagzeit geben zu lassen – dabei ist die Nutzung des Angebots anzugeben.
3. Eine Barauszahlung des Greenfee-Vorteils ist nicht möglich.
4. Das Kombinieren von Angeboten oder bestehenden Greenfee-Vorteilen ist nicht möglich. Der Vorteil bezieht sich jeweils ausschließlich auf die zum Zeitpunkt der Einlösung gültigen vollen Greenfee-Gebühren.
5. Gibt es Spielergruppen mit erhöhten Greenfee-Gebühren, ist ein Nachlass auf diese Gebühren nicht möglich.
6. Das Angebot allein berechtigt nicht zum Spiel gegen Greenfee. Die Erfüllung der Bestimmungen des jeweiligen Golfclubs zur Greenfee-Berechtigung (Mitgliedschaft in einem Golfclub, Mindesthandicap etc.) zum Zeitpunkt der Einlösung sind Voraussetzung.
7. Es ist untersagt, den Greenfee-Gutschein entgeltlich Dritten zu überlassen bzw. mit diesen Handel zu treiben. Insbesondere sind die teilnehmenden Golfclubs in diesem Falle berechtigt, die Einlösung der ausgeschriebenen Angebote zu verweigern.
8. Die teilnehmenden Golfclubs haben sich gegenüber dem Verlag unter den o.g. Bedingungen verpflichtet, die ausgeschriebenen Angebote einzulösen. Der Verlag übernimmt jedoch keine Gewähr und keine Haftung, wenn ein Angebot nicht eingelöst wird oder werden kann.

Bedingungen zur Einlösung des Discounts:

1. Das Angebot ist einschließlich bis 30.6.2024 gültig.
2. Der Golfspieler/Leser hat sich telefonisch eine Abschlagzeit geben zu lassen – dabei ist die Nutzung des Angebots anzugeben.
3. Eine Barauszahlung des Greenfee-Vorteils ist nicht möglich.
4. Das Kombinieren von Angeboten oder bestehenden Greenfee-Vorteilen ist nicht möglich. Der Vorteil bezieht sich jeweils ausschließlich auf die zum Zeitpunkt der Einlösung gültigen vollen Greenfee-Gebühren.
5. Gibt es Spielergruppen mit erhöhten Greenfee-Gebühren, ist ein Nachlass auf diese Gebühren nicht möglich.
6. Das Angebot allein berechtigt nicht zum Spiel gegen Greenfee. Die Erfüllung der Bestimmungen des jeweiligen Golfclubs zur Greenfee-Berechtigung (Mitgliedschaft in einem Golfclub, Mindesthandicap etc.) zum Zeitpunkt der Einlösung sind Voraussetzung.
7. Es ist untersagt, den Greenfee-Gutschein entgeltlich Dritten zu überlassen bzw. mit diesen Handel zu treiben. Insbesondere sind die teilnehmenden Golfclubs in diesem Falle berechtigt, die Einlösung der ausgeschriebenen Angebote zu verweigern.
8. Die teilnehmenden Golfclubs haben sich gegenüber dem Verlag unter den o.g. Bedingungen verpflichtet, die ausgeschriebenen Angebote einzulösen. Der Verlag übernimmt jedoch keine Gewähr und keine Haftung, wenn ein Angebot nicht eingelöst wird oder werden kann.

Bedingungen zur Einlösung des Discounts:

1. Das Angebot ist einschließlich bis 30.6.2024 gültig.
2. Der Golfspieler/Leser hat sich telefonisch eine Abschlagzeit geben zu lassen – dabei ist die Nutzung des Angebots anzugeben.
3. Eine Barauszahlung des Greenfee-Vorteils ist nicht möglich.
4. Das Kombinieren von Angeboten oder bestehenden Greenfee-Vorteilen ist nicht möglich. Der Vorteil bezieht sich jeweils ausschließlich auf die zum Zeitpunkt der Einlösung gültigen vollen Greenfee-Gebühren.
5. Gibt es Spielergruppen mit erhöhten Greenfee-Gebühren, ist ein Nachlass auf diese Gebühren nicht möglich.
6. Das Angebot allein berechtigt nicht zum Spiel gegen Greenfee. Die Erfüllung der Bestimmungen des jeweiligen Golfclubs zur Greenfee-Berechtigung (Mitgliedschaft in einem Golfclub, Mindesthandicap etc.) zum Zeitpunkt der Einlösung sind Voraussetzung.
7. Es ist untersagt, den Greenfee-Gutschein entgeltlich Dritten zu überlassen bzw. mit diesen Handel zu treiben. Insbesondere sind die teilnehmenden Golfclubs in diesem Falle berechtigt, die Einlösung der ausgeschriebenen Angebote zu verweigern.
8. Die teilnehmenden Golfclubs haben sich gegenüber dem Verlag unter den o.g. Bedingungen verpflichtet, die ausgeschriebenen Angebote einzulösen. Der Verlag übernimmt jedoch keine Gewähr und keine Haftung, wenn ein Angebot nicht eingelöst wird oder werden kann.

Bedingungen zur Einlösung des Discounts:

1. Das Angebot ist einschließlich bis 30.6.2024 gültig.
2. Der Golfspieler/Leser hat sich telefonisch eine Abschlagzeit geben zu lassen – dabei ist die Nutzung des Angebots anzugeben.
3. Eine Barauszahlung des Greenfee-Vorteils ist nicht möglich.
4. Das Kombinieren von Angeboten oder bestehenden Greenfee-Vorteilen ist nicht möglich. Der Vorteil bezieht sich jeweils ausschließlich auf die zum Zeitpunkt der Einlösung gültigen vollen Greenfee-Gebühren.
5. Gibt es Spielergruppen mit erhöhten Greenfee-Gebühren, ist ein Nachlass auf diese Gebühren nicht möglich.
6. Das Angebot allein berechtigt nicht zum Spiel gegen Greenfee. Die Erfüllung der Bestimmungen des jeweiligen Golfclubs zur Greenfee-Berechtigung (Mitgliedschaft in einem Golfclub, Mindesthandicap etc.) zum Zeitpunkt der Einlösung sind Voraussetzung.
7. Es ist untersagt, den Greenfee-Gutschein entgeltlich Dritten zu überlassen bzw. mit diesen Handel zu treiben. Insbesondere sind die teilnehmenden Golfclubs in diesem Falle berechtigt, die Einlösung der ausgeschriebenen Angebote zu verweigern.
8. Die teilnehmenden Golfclubs haben sich gegenüber dem Verlag unter den o.g. Bedingungen verpflichtet, die ausgeschriebenen Angebote einzulösen. Der Verlag übernimmt jedoch keine Gewähr und keine Haftung, wenn ein Angebot nicht eingelöst wird oder werden kann.

Bedingungen zur Einlösung des Discounts:

1. Das Angebot ist einschließlich bis 30.6.2024 gültig.
2. Der Golfspieler/Leser hat sich telefonisch eine Abschlagzeit geben zu lassen – dabei ist die Nutzung des Angebots anzugeben.
3. Eine Barauszahlung des Greenfee-Vorteils ist nicht möglich.
4. Das Kombinieren von Angeboten oder bestehenden Greenfee-Vorteilen ist nicht möglich. Der Vorteil bezieht sich jeweils ausschließlich auf die zum Zeitpunkt der Einlösung gültigen vollen Greenfee-Gebühren.
5. Gibt es Spielergruppen mit erhöhten Greenfee-Gebühren, ist ein Nachlass auf diese Gebühren nicht möglich.
6. Das Angebot allein berechtigt nicht zum Spiel gegen Greenfee. Die Erfüllung der Bestimmungen des jeweiligen Golfclubs zur Greenfee-Berechtigung (Mitgliedschaft in einem Golfclub, Mindesthandicap etc.) zum Zeitpunkt der Einlösung sind Voraussetzung.
7. Es ist untersagt, den Greenfee-Gutschein entgeltlich Dritten zu überlassen bzw. mit diesen Handel zu treiben. Insbesondere sind die teilnehmenden Golfclubs in diesem Falle berechtigt, die Einlösung der ausgeschriebenen Angebote zu verweigern.
8. Die teilnehmenden Golfclubs haben sich gegenüber dem Verlag unter den o.g. Bedingungen verpflichtet, die ausgeschriebenen Angebote einzulösen. Der Verlag übernimmt jedoch keine Gewähr und keine Haftung, wenn ein Angebot nicht eingelöst wird oder werden kann.

Diese Gutscheine gelten nur in Verbindung mit dem Buch/Albrecht Golf Card

Diese Gutscheine gelten nur in Verbindung mit dem Buch/Albrecht Golf Card

DER GOLF ALBRECHT

Van der Valk Golfclub Serrahn DE

Dobbiner Weg 24
D-18292 Serrahn
+49 38456 6692-222
Mecklenburg-Vorpommern

27

2 for 1 2 GF zum Preis von 1

DER GOLF ALBRECHT

Van der Valk Golfclub Serrahn DE

Dobbiner Weg 24
D-18292 Serrahn
+49 38456 6692-222
Mecklenburg-Vorpommern

27

30% Greenfee-Ermäßigung

DER GOLF ALBRECHT

Van der Valk Golfclub Serrahn DE

Dobbiner Weg 24
D-18292 Serrahn
+49 38456 6692-222
Mecklenburg-Vorpommern

27

30% Greenfee-Ermäßigung

DER GOLF ALBRECHT

Golfanlage Schloss Lütetsburg GmbH & Co. KG DE

Landstraße 36
D-26524 Lütetsburg
04931-9300431
Niedersachsen, Bremen

28

2 for 1 2 GF zum Preis von 1

DER GOLF ALBRECHT

Golfanlage Schloss Lütetsburg GmbH & Co. KG DE

Landstraße 36
D-26524 Lütetsburg
04931-9300431
Niedersachsen, Bremen

28

2 for 1 2 GF zum Preis von 1

DER GOLF ALBRECHT

Golfanlage Schloss Lütetsburg GmbH & Co. KG DE

Landstraße 36
D-26524 Lütetsburg
04931-9300431
Niedersachsen, Bremen

28

20% Greenfee-Ermäßigung

DER GOLF ALBRECHT

Golfanlage Schloss Lütetsburg GmbH & Co. KG DE

Landstraße 36
D-26524 Lütetsburg
04931-9300431
Niedersachsen, Bremen

28

20% Greenfee-Ermäßigung

DER GOLF ALBRECHT

Golfclub Gut Hainmühlen e.V. DE

Am Golfplatz 1
D-27624 Geestland
04708-920036
Niedersachsen, Bremen

29

2 for 1 2 GF zum Preis von 1

DER GOLF ALBRECHT

Golfclub Gut Hainmühlen e.V. DE

Am Golfplatz 1
D-27624 Geestland
04708-920036
Niedersachsen, Bremen

29

2 for 1 2 GF zum Preis von 1

DER GOLF ALBRECHT

Golfclub Gut Hainmühlen e.V. DE

Am Golfplatz 1
D-27624 Geestland
04708-920036
Niedersachsen, Bremen

29

20% Greenfee-Ermäßigung

Bedingungen zur Einlösung des Discounts:
1. Das Angebot ist einschließlich bis 30.6.2024 gültig.
2. Der Golfspieler/Leser hat sich telefonisch eine Abschlagzeit geben zu lassen – dabei ist die Nutzung des Angebots anzugeben.
3. Eine Barauszahlung des Greenfee-Vorteils ist nicht möglich.
4. Das Kombinieren von Angeboten oder bestehenden Greenfee-Vorteilen ist nicht möglich. Der Vorteil bezieht sich jeweils ausschließlich auf die zum Zeitpunkt der Einlösung gültigen vollen Greenfee-Gebühren.
5. Gibt es Spielergruppen mit erhöhten Greenfee-Gebühren, ist ein Nachlass auf diese Gebühren nicht möglich.
6. Das Angebot allein berechtigt nicht zum Spiel gegen Greenfee. Die Erfüllung der Bestimmungen des jeweiligen Golfclubs zur Greenfee-Berechtigung (Mitgliedschaft in einem Golfclub, Mindesthandicap etc.) zum Zeitpunkt der Einlösung sind Voraussetzung.
7. Es ist untersagt, den Greenfee-Gutschein entgeltlich Dritten zu überlassen bzw. mit diesen Handel zu treiben. Insbesondere sind die teilnehmenden Golfclubs in diesem Falle berechtigt, die Einlösung der ausgeschriebenen Angebote zu verweigern.
8. Die teilnehmenden Golfclubs haben sich gegenüber dem Verlag unter den o.g. Bedingungen verpflichtet, die ausgeschriebenen Angebote einzulösen. Der Verlag übernimmt jedoch keine Gewähr und keine Haftung, wenn ein Angebot nicht eingelöst wird oder werden kann.

Bedingungen zur Einlösung des Discounts:
1. Das Angebot ist einschließlich bis 30.6.2024 gültig.
2. Der Golfspieler/Leser hat sich telefonisch eine Abschlagzeit geben zu lassen – dabei ist die Nutzung des Angebots anzugeben.
3. Eine Barauszahlung des Greenfee-Vorteils ist nicht möglich.
4. Das Kombinieren von Angeboten oder bestehenden Greenfee-Vorteilen ist nicht möglich. Der Vorteil bezieht sich jeweils ausschließlich auf die zum Zeitpunkt der Einlösung gültigen vollen Greenfee-Gebühren.
5. Gibt es Spielergruppen mit erhöhten Greenfee-Gebühren, ist ein Nachlass auf diese Gebühren nicht möglich.
6. Das Angebot allein berechtigt nicht zum Spiel gegen Greenfee. Die Erfüllung der Bestimmungen des jeweiligen Golfclubs zur Greenfee-Berechtigung (Mitgliedschaft in einem Golfclub, Mindesthandicap etc.) zum Zeitpunkt der Einlösung sind Voraussetzung.
7. Es ist untersagt, den Greenfee-Gutschein entgeltlich Dritten zu überlassen bzw. mit diesen Handel zu treiben. Insbesondere sind die teilnehmenden Golfclubs in diesem Falle berechtigt, die Einlösung der ausgeschriebenen Angebote zu verweigern.
8. Die teilnehmenden Golfclubs haben sich gegenüber dem Verlag unter den o.g. Bedingungen verpflichtet, die ausgeschriebenen Angebote einzulösen. Der Verlag übernimmt jedoch keine Gewähr und keine Haftung, wenn ein Angebot nicht eingelöst wird oder werden kann.

Bedingungen zur Einlösung des Discounts:
1. Das Angebot ist einschließlich bis 30.6.2024 gültig.
2. Der Golfspieler/Leser hat sich telefonisch eine Abschlagzeit geben zu lassen – dabei ist die Nutzung des Angebots anzugeben.
3. Eine Barauszahlung des Greenfee-Vorteils ist nicht möglich.
4. Das Kombinieren von Angeboten oder bestehenden Greenfee-Vorteilen ist nicht möglich. Der Vorteil bezieht sich jeweils ausschließlich auf die zum Zeitpunkt der Einlösung gültigen vollen Greenfee-Gebühren.
5. Gibt es Spielergruppen mit erhöhten Greenfee-Gebühren, ist ein Nachlass auf diese Gebühren nicht möglich.
6. Das Angebot allein berechtigt nicht zum Spiel gegen Greenfee. Die Erfüllung der Bestimmungen des jeweiligen Golfclubs zur Greenfee-Berechtigung (Mitgliedschaft in einem Golfclub, Mindesthandicap etc.) zum Zeitpunkt der Einlösung sind Voraussetzung.
7. Es ist untersagt, den Greenfee-Gutschein entgeltlich Dritten zu überlassen bzw. mit diesen Handel zu treiben. Insbesondere sind die teilnehmenden Golfclubs in diesem Falle berechtigt, die Einlösung der ausgeschriebenen Angebote zu verweigern.
8. Die teilnehmenden Golfclubs haben sich gegenüber dem Verlag unter den o.g. Bedingungen verpflichtet, die ausgeschriebenen Angebote einzulösen. Der Verlag übernimmt jedoch keine Gewähr und keine Haftung, wenn ein Angebot nicht eingelöst wird oder werden kann.

Bedingungen zur Einlösung des Discounts:
1. Das Angebot ist einschließlich bis 30.6.2024 gültig.
2. Der Golfspieler/Leser hat sich telefonisch eine Abschlagzeit geben zu lassen – dabei ist die Nutzung des Angebots anzugeben.
3. Eine Barauszahlung des Greenfee-Vorteils ist nicht möglich.
4. Das Kombinieren von Angeboten oder bestehenden Greenfee-Vorteilen ist nicht möglich. Der Vorteil bezieht sich jeweils ausschließlich auf die zum Zeitpunkt der Einlösung gültigen vollen Greenfee-Gebühren.
5. Gibt es Spielergruppen mit erhöhten Greenfee-Gebühren, ist ein Nachlass auf diese Gebühren nicht möglich.
6. Das Angebot allein berechtigt nicht zum Spiel gegen Greenfee. Die Erfüllung der Bestimmungen des jeweiligen Golfclubs zur Greenfee-Berechtigung (Mitgliedschaft in einem Golfclub, Mindesthandicap etc.) zum Zeitpunkt der Einlösung sind Voraussetzung.
7. Es ist untersagt, den Greenfee-Gutschein entgeltlich Dritten zu überlassen bzw. mit diesen Handel zu treiben. Insbesondere sind die teilnehmenden Golfclubs in diesem Falle berechtigt, die Einlösung der ausgeschriebenen Angebote zu verweigern.
8. Die teilnehmenden Golfclubs haben sich gegenüber dem Verlag unter den o.g. Bedingungen verpflichtet, die ausgeschriebenen Angebote einzulösen. Der Verlag übernimmt jedoch keine Gewähr und keine Haftung, wenn ein Angebot nicht eingelöst wird oder werden kann.

Bedingungen zur Einlösung des Discounts:
1. Das Angebot ist einschließlich bis 30.6.2024 gültig.
2. Der Golfspieler/Leser hat sich telefonisch eine Abschlagzeit geben zu lassen – dabei ist die Nutzung des Angebots anzugeben.
3. Eine Barauszahlung des Greenfee-Vorteils ist nicht möglich.
4. Das Kombinieren von Angeboten oder bestehenden Greenfee-Vorteilen ist nicht möglich. Der Vorteil bezieht sich jeweils ausschließlich auf die zum Zeitpunkt der Einlösung gültigen vollen Greenfee-Gebühren.
5. Gibt es Spielergruppen mit erhöhten Greenfee-Gebühren, ist ein Nachlass auf diese Gebühren nicht möglich.
6. Das Angebot allein berechtigt nicht zum Spiel gegen Greenfee. Die Erfüllung der Bestimmungen des jeweiligen Golfclubs zur Greenfee-Berechtigung (Mitgliedschaft in einem Golfclub, Mindesthandicap etc.) zum Zeitpunkt der Einlösung sind Voraussetzung.
7. Es ist untersagt, den Greenfee-Gutschein entgeltlich Dritten zu überlassen bzw. mit diesen Handel zu treiben. Insbesondere sind die teilnehmenden Golfclubs in diesem Falle berechtigt, die Einlösung der ausgeschriebenen Angebote zu verweigern.
8. Die teilnehmenden Golfclubs haben sich gegenüber dem Verlag unter den o.g. Bedingungen verpflichtet, die ausgeschriebenen Angebote einzulösen. Der Verlag übernimmt jedoch keine Gewähr und keine Haftung, wenn ein Angebot nicht eingelöst wird oder werden kann.

Bedingungen zur Einlösung des Discounts:
1. Das Angebot ist einschließlich bis 30.6.2024 gültig.
2. Der Golfspieler/Leser hat sich telefonisch eine Abschlagzeit geben zu lassen – dabei ist die Nutzung des Angebots anzugeben.
3. Eine Barauszahlung des Greenfee-Vorteils ist nicht möglich.
4. Das Kombinieren von Angeboten oder bestehenden Greenfee-Vorteilen ist nicht möglich. Der Vorteil bezieht sich jeweils ausschließlich auf die zum Zeitpunkt der Einlösung gültigen vollen Greenfee-Gebühren.
5. Gibt es Spielergruppen mit erhöhten Greenfee-Gebühren, ist ein Nachlass auf diese Gebühren nicht möglich.
6. Das Angebot allein berechtigt nicht zum Spiel gegen Greenfee. Die Erfüllung der Bestimmungen des jeweiligen Golfclubs zur Greenfee-Berechtigung (Mitgliedschaft in einem Golfclub, Mindesthandicap etc.) zum Zeitpunkt der Einlösung sind Voraussetzung.
7. Es ist untersagt, den Greenfee-Gutschein entgeltlich Dritten zu überlassen bzw. mit diesen Handel zu treiben. Insbesondere sind die teilnehmenden Golfclubs in diesem Falle berechtigt, die Einlösung der ausgeschriebenen Angebote zu verweigern.
8. Die teilnehmenden Golfclubs haben sich gegenüber dem Verlag unter den o.g. Bedingungen verpflichtet, die ausgeschriebenen Angebote einzulösen. Der Verlag übernimmt jedoch keine Gewähr und keine Haftung, wenn ein Angebot nicht eingelöst wird oder werden kann.

Bedingungen zur Einlösung des Discounts:
1. Das Angebot ist einschließlich bis 30.6.2024 gültig.
2. Der Golfspieler/Leser hat sich telefonisch eine Abschlagzeit geben zu lassen – dabei ist die Nutzung des Angebots anzugeben.
3. Eine Barauszahlung des Greenfee-Vorteils ist nicht möglich.
4. Das Kombinieren von Angeboten oder bestehenden Greenfee-Vorteilen ist nicht möglich. Der Vorteil bezieht sich jeweils ausschließlich auf die zum Zeitpunkt der Einlösung gültigen vollen Greenfee-Gebühren.
5. Gibt es Spielergruppen mit erhöhten Greenfee-Gebühren, ist ein Nachlass auf diese Gebühren nicht möglich.
6. Das Angebot allein berechtigt nicht zum Spiel gegen Greenfee. Die Erfüllung der Bestimmungen des jeweiligen Golfclubs zur Greenfee-Berechtigung (Mitgliedschaft in einem Golfclub, Mindesthandicap etc.) zum Zeitpunkt der Einlösung sind Voraussetzung.
7. Es ist untersagt, den Greenfee-Gutschein entgeltlich Dritten zu überlassen bzw. mit diesen Handel zu treiben. Insbesondere sind die teilnehmenden Golfclubs in diesem Falle berechtigt, die Einlösung der ausgeschriebenen Angebote zu verweigern.
8. Die teilnehmenden Golfclubs haben sich gegenüber dem Verlag unter den o.g. Bedingungen verpflichtet, die ausgeschriebenen Angebote einzulösen. Der Verlag übernimmt jedoch keine Gewähr und keine Haftung, wenn ein Angebot nicht eingelöst wird oder werden kann.

Bedingungen zur Einlösung des Discounts:
1. Das Angebot ist einschließlich bis 30.6.2024 gültig.
2. Der Golfspieler/Leser hat sich telefonisch eine Abschlagzeit geben zu lassen – dabei ist die Nutzung des Angebots anzugeben.
3. Eine Barauszahlung des Greenfee-Vorteils ist nicht möglich.
4. Das Kombinieren von Angeboten oder bestehenden Greenfee-Vorteilen ist nicht möglich. Der Vorteil bezieht sich jeweils ausschließlich auf die zum Zeitpunkt der Einlösung gültigen vollen Greenfee-Gebühren.
5. Gibt es Spielergruppen mit erhöhten Greenfee-Gebühren, ist ein Nachlass auf diese Gebühren nicht möglich.
6. Das Angebot allein berechtigt nicht zum Spiel gegen Greenfee. Die Erfüllung der Bestimmungen des jeweiligen Golfclubs zur Greenfee-Berechtigung (Mitgliedschaft in einem Golfclub, Mindesthandicap etc.) zum Zeitpunkt der Einlösung sind Voraussetzung.
7. Es ist untersagt, den Greenfee-Gutschein entgeltlich Dritten zu überlassen bzw. mit diesen Handel zu treiben. Insbesondere sind die teilnehmenden Golfclubs in diesem Falle berechtigt, die Einlösung der ausgeschriebenen Angebote zu verweigern.
8. Die teilnehmenden Golfclubs haben sich gegenüber dem Verlag unter den o.g. Bedingungen verpflichtet, die ausgeschriebenen Angebote einzulösen. Der Verlag übernimmt jedoch keine Gewähr und keine Haftung, wenn ein Angebot nicht eingelöst wird oder werden kann.

Bedingungen zur Einlösung des Discounts:
1. Das Angebot ist einschließlich bis 30.6.2024 gültig.
2. Der Golfspieler/Leser hat sich telefonisch eine Abschlagzeit geben zu lassen – dabei ist die Nutzung des Angebots anzugeben.
3. Eine Barauszahlung des Greenfee-Vorteils ist nicht möglich.
4. Das Kombinieren von Angeboten oder bestehenden Greenfee-Vorteilen ist nicht möglich. Der Vorteil bezieht sich jeweils ausschließlich auf die zum Zeitpunkt der Einlösung gültigen vollen Greenfee-Gebühren.
5. Gibt es Spielergruppen mit erhöhten Greenfee-Gebühren, ist ein Nachlass auf diese Gebühren nicht möglich.
6. Das Angebot allein berechtigt nicht zum Spiel gegen Greenfee. Die Erfüllung der Bestimmungen des jeweiligen Golfclubs zur Greenfee-Berechtigung (Mitgliedschaft in einem Golfclub, Mindesthandicap etc.) zum Zeitpunkt der Einlösung sind Voraussetzung.
7. Es ist untersagt, den Greenfee-Gutschein entgeltlich Dritten zu überlassen bzw. mit diesen Handel zu treiben. Insbesondere sind die teilnehmenden Golfclubs in diesem Falle berechtigt, die Einlösung der ausgeschriebenen Angebote zu verweigern.
8. Die teilnehmenden Golfclubs haben sich gegenüber dem Verlag unter den o.g. Bedingungen verpflichtet, die ausgeschriebenen Angebote einzulösen. Der Verlag übernimmt jedoch keine Gewähr und keine Haftung, wenn ein Angebot nicht eingelöst wird oder werden kann.

Bedingungen zur Einlösung des Discounts:
1. Das Angebot ist einschließlich bis 30.6.2024 gültig.
2. Der Golfspieler/Leser hat sich telefonisch eine Abschlagzeit geben zu lassen – dabei ist die Nutzung des Angebots anzugeben.
3. Eine Barauszahlung des Greenfee-Vorteils ist nicht möglich.
4. Das Kombinieren von Angeboten oder bestehenden Greenfee-Vorteilen ist nicht möglich. Der Vorteil bezieht sich jeweils ausschließlich auf die zum Zeitpunkt der Einlösung gültigen vollen Greenfee-Gebühren.
5. Gibt es Spielergruppen mit erhöhten Greenfee-Gebühren, ist ein Nachlass auf diese Gebühren nicht möglich.
6. Das Angebot allein berechtigt nicht zum Spiel gegen Greenfee. Die Erfüllung der Bestimmungen des jeweiligen Golfclubs zur Greenfee-Berechtigung (Mitgliedschaft in einem Golfclub, Mindesthandicap etc.) zum Zeitpunkt der Einlösung sind Voraussetzung.
7. Es ist untersagt, den Greenfee-Gutschein entgeltlich Dritten zu überlassen bzw. mit diesen Handel zu treiben. Insbesondere sind die teilnehmenden Golfclubs in diesem Falle berechtigt, die Einlösung der ausgeschriebenen Angebote zu verweigern.
8. Die teilnehmenden Golfclubs haben sich gegenüber dem Verlag unter den o.g. Bedingungen verpflichtet, die ausgeschriebenen Angebote einzulösen. Der Verlag übernimmt jedoch keine Gewähr und keine Haftung, wenn ein Angebot nicht eingelöst wird oder werden kann.

Diese Gutscheine gelten nur in Verbindung mit dem Buch/Albrecht Golf Card

DER GOLF ALBRECHT

Golfclub Gut Hainmühlen e.V.

DE

Am Golfplatz 1
D-27624 Geestland
✆ 04708-920036
Niedersachsen, Bremen

29

20% Greenfee-Ermäßigung

DER GOLF ALBRECHT

Golfclub Bremerhaven Geestemünde GmbH & Co.KG

DE

Georg-Büchner-Str. 19
D-27574 Bremerhaven
✆ 0471-926897913
Niedersachsen, Bremen

30

2 for 1 2 GF zum Preis von 1

DER GOLF ALBRECHT

Golfclub Bremerhaven Geestemünde GmbH & Co.KG

DE

Georg-Büchner-Str. 19
D-27574 Bremerhaven
✆ 0471-926897913
Niedersachsen, Bremen

30

2 for 1 2 GF zum Preis von 1

DER GOLF ALBRECHT

Golfclub Bremerhaven Geestemünde GmbH & Co.KG

DE

Georg-Büchner-Str. 19
D-27574 Bremerhaven
✆ 0471-926897913
Niedersachsen, Bremen

30

30% Greenfee-Ermäßigung

DER GOLF ALBRECHT

Golfclub Bremerhaven Geestemünde GmbH & Co.KG

DE

Georg-Büchner-Str. 19
D-27574 Bremerhaven
✆ 0471-926897913
Niedersachsen, Bremen

30

30% Greenfee-Ermäßigung

DER GOLF ALBRECHT

Golf Club Gut Immenbeck e.V.

DE

Ardestorfer Weg 1
D-21614 Buxtehude
✆ 04161-87699
Niedersachsen, Bremen

31

2 for 1 2 GF zum Preis von 1

DER GOLF ALBRECHT

Golf Club Gut Immenbeck e.V.

DE

Ardestorfer Weg 1
D-21614 Buxtehude
✆ 04161-87699
Niedersachsen, Bremen

31

2 for 1 2 GF zum Preis von 1

DER GOLF ALBRECHT

Golf-Club Buxtehude

DE

Zum Lehmfeld 1
D-21614 Buxtehude
✆ 04161-81333
Niedersachsen, Bremen
Hinweis: nur für 18-Löcher Greenfees. Nicht mit Angeboten, Aktionen und Turnieren kombinierbar.

32

2 for 1 2 GF zum Preis von 1

DER GOLF ALBRECHT

Golf-Club Buxtehude

DE

Zum Lehmfeld 1
D-21614 Buxtehude
✆ 04161-81333
Niedersachsen, Bremen
Hinweis: nur für 18-Löcher Greenfees. Nicht mit Angeboten, Aktionen und Turnieren kombinierbar.

32

2 for 1 2 GF zum Preis von 1

DER GOLF ALBRECHT

Golf-Club Buxtehude

DE

Zum Lehmfeld 1
D-21614 Buxtehude
✆ 04161-81333
Niedersachsen, Bremen
Hinweis: nur für 18-Löcher Greenfees. Nicht mit Angeboten, Aktionen und Turnieren kombinierbar.

32

30% Greenfee-Ermäßigung

Diese Gutscheine gelten nur in Verbindung mit dem Buch/Albrecht Golf Card

Bedingungen zur Einlösung des Discounts:
1. Das Angebot ist einschließlich bis 30.6.2024 gültig.
2. Der Golfspieler/Leser hat sich telefonisch eine Abschlagzeit geben zu lassen – dabei ist die Nutzung des Angebots anzugeben.
3. Eine Barauszahlung des Greenfee-Vorteils ist nicht möglich.
4. Das Kombinieren von Angeboten oder bestehenden Greenfee-Vorteilen ist nicht möglich. Der Vorteil bezieht sich jeweils ausschließlich auf die zum Zeitpunkt der Einlösung gültigen vollen Greenfee-Gebühren.
5. Gibt es Spielergruppen mit erhöhten Greenfee-Gebühren, ist ein Nachlass auf diese Gebühren nicht möglich.
6. Das Angebot allein berechtigt nicht zum Spiel gegen Greenfee. Die Erfüllung der Bestimmungen des jeweiligen Golfclubs zur Greenfee-Berechtigung (Mitgliedschaft in einem Golfclub, Mindesthandicap etc.) zum Zeitpunkt der Einlösung sind Voraussetzung.
7. Es ist untersagt, den Greenfee-Gutschein entgeltlich Dritten zu überlassen bzw. mit diesen Handel zu treiben. Insbesondere sind die teilnehmenden Golfclubs in diesem Falle berechtigt, die Einlösung der ausgeschriebenen Angebote zu verweigern.
8. Die teilnehmenden Golfclubs haben sich gegenüber dem Verlag unter den o.g. Bedingungen verpflichtet, die ausgeschriebenen Angebote einzulösen. Der Verlag übernimmt jedoch keine Gewähr und keine Haftung, wenn ein Angebot nicht eingelöst wird oder werden kann.

Bedingungen zur Einlösung des Discounts:
1. Das Angebot ist einschließlich bis 30.6.2024 gültig.
2. Der Golfspieler/Leser hat sich telefonisch eine Abschlagzeit geben zu lassen – dabei ist die Nutzung des Angebots anzugeben.
3. Eine Barauszahlung des Greenfee-Vorteils ist nicht möglich.
4. Das Kombinieren von Angeboten oder bestehenden Greenfee-Vorteilen ist nicht möglich. Der Vorteil bezieht sich jeweils ausschließlich auf die zum Zeitpunkt der Einlösung gültigen vollen Greenfee-Gebühren.
5. Gibt es Spielergruppen mit erhöhten Greenfee-Gebühren, ist ein Nachlass auf diese Gebühren nicht möglich.
6. Das Angebot allein berechtigt nicht zum Spiel gegen Greenfee. Die Erfüllung der Bestimmungen des jeweiligen Golfclubs zur Greenfee-Berechtigung (Mitgliedschaft in einem Golfclub, Mindesthandicap etc.) zum Zeitpunkt der Einlösung sind Voraussetzung.
7. Es ist untersagt, den Greenfee-Gutschein entgeltlich Dritten zu überlassen bzw. mit diesen Handel zu treiben. Insbesondere sind die teilnehmenden Golfclubs in diesem Falle berechtigt, die Einlösung der ausgeschriebenen Angebote zu verweigern.
8. Die teilnehmenden Golfclubs haben sich gegenüber dem Verlag unter den o.g. Bedingungen verpflichtet, die ausgeschriebenen Angebote einzulösen. Der Verlag übernimmt jedoch keine Gewähr und keine Haftung, wenn ein Angebot nicht eingelöst wird oder werden kann.

Bedingungen zur Einlösung des Discounts:
1. Das Angebot ist einschließlich bis 30.6.2024 gültig.
2. Der Golfspieler/Leser hat sich telefonisch eine Abschlagzeit geben zu lassen – dabei ist die Nutzung des Angebots anzugeben.
3. Eine Barauszahlung des Greenfee-Vorteils ist nicht möglich.
4. Das Kombinieren von Angeboten oder bestehenden Greenfee-Vorteilen ist nicht möglich. Der Vorteil bezieht sich jeweils ausschließlich auf die zum Zeitpunkt der Einlösung gültigen vollen Greenfee-Gebühren.
5. Gibt es Spielergruppen mit erhöhten Greenfee-Gebühren, ist ein Nachlass auf diese Gebühren nicht möglich.
6. Das Angebot allein berechtigt nicht zum Spiel gegen Greenfee. Die Erfüllung der Bestimmungen des jeweiligen Golfclubs zur Greenfee-Berechtigung (Mitgliedschaft in einem Golfclub, Mindesthandicap etc.) zum Zeitpunkt der Einlösung sind Voraussetzung.
7. Es ist untersagt, den Greenfee-Gutschein entgeltlich Dritten zu überlassen bzw. mit diesen Handel zu treiben. Insbesondere sind die teilnehmenden Golfclubs in diesem Falle berechtigt, die Einlösung der ausgeschriebenen Angebote zu verweigern.
8. Die teilnehmenden Golfclubs haben sich gegenüber dem Verlag unter den o.g. Bedingungen verpflichtet, die ausgeschriebenen Angebote einzulösen. Der Verlag übernimmt jedoch keine Gewähr und keine Haftung, wenn ein Angebot nicht eingelöst wird oder werden kann.

Bedingungen zur Einlösung des Discounts:
1. Das Angebot ist einschließlich bis 30.6.2024 gültig.
2. Der Golfspieler/Leser hat sich telefonisch eine Abschlagzeit geben zu lassen – dabei ist die Nutzung des Angebots anzugeben.
3. Eine Barauszahlung des Greenfee-Vorteils ist nicht möglich.
4. Das Kombinieren von Angeboten oder bestehenden Greenfee-Vorteilen ist nicht möglich. Der Vorteil bezieht sich jeweils ausschließlich auf die zum Zeitpunkt der Einlösung gültigen vollen Greenfee-Gebühren.
5. Gibt es Spielergruppen mit erhöhten Greenfee-Gebühren, ist ein Nachlass auf diese Gebühren nicht möglich.
6. Das Angebot allein berechtigt nicht zum Spiel gegen Greenfee. Die Erfüllung der Bestimmungen des jeweiligen Golfclubs zur Greenfee-Berechtigung (Mitgliedschaft in einem Golfclub, Mindesthandicap etc.) zum Zeitpunkt der Einlösung sind Voraussetzung.
7. Es ist untersagt, den Greenfee-Gutschein entgeltlich Dritten zu überlassen bzw. mit diesen Handel zu treiben. Insbesondere sind die teilnehmenden Golfclubs in diesem Falle berechtigt, die Einlösung der ausgeschriebenen Angebote zu verweigern.
8. Die teilnehmenden Golfclubs haben sich gegenüber dem Verlag unter den o.g. Bedingungen verpflichtet, die ausgeschriebenen Angebote einzulösen. Der Verlag übernimmt jedoch keine Gewähr und keine Haftung, wenn ein Angebot nicht eingelöst wird oder werden kann.

Bedingungen zur Einlösung des Discounts:
1. Das Angebot ist einschließlich bis 30.6.2024 gültig.
2. Der Golfspieler/Leser hat sich telefonisch eine Abschlagzeit geben zu lassen – dabei ist die Nutzung des Angebots anzugeben.
3. Eine Barauszahlung des Greenfee-Vorteils ist nicht möglich.
4. Das Kombinieren von Angeboten oder bestehenden Greenfee-Vorteilen ist nicht möglich. Der Vorteil bezieht sich jeweils ausschließlich auf die zum Zeitpunkt der Einlösung gültigen vollen Greenfee-Gebühren.
5. Gibt es Spielergruppen mit erhöhten Greenfee-Gebühren, ist ein Nachlass auf diese Gebühren nicht möglich.
6. Das Angebot allein berechtigt nicht zum Spiel gegen Greenfee. Die Erfüllung der Bestimmungen des jeweiligen Golfclubs zur Greenfee-Berechtigung (Mitgliedschaft in einem Golfclub, Mindesthandicap etc.) zum Zeitpunkt der Einlösung sind Voraussetzung.
7. Es ist untersagt, den Greenfee-Gutschein entgeltlich Dritten zu überlassen bzw. mit diesen Handel zu treiben. Insbesondere sind die teilnehmenden Golfclubs in diesem Falle berechtigt, die Einlösung der ausgeschriebenen Angebote zu verweigern.
8. Die teilnehmenden Golfclubs haben sich gegenüber dem Verlag unter den o.g. Bedingungen verpflichtet, die ausgeschriebenen Angebote einzulösen. Der Verlag übernimmt jedoch keine Gewähr und keine Haftung, wenn ein Angebot nicht eingelöst wird oder werden kann.

Bedingungen zur Einlösung des Discounts:
1. Das Angebot ist einschließlich bis 30.6.2024 gültig.
2. Der Golfspieler/Leser hat sich telefonisch eine Abschlagzeit geben zu lassen – dabei ist die Nutzung des Angebots anzugeben.
3. Eine Barauszahlung des Greenfee-Vorteils ist nicht möglich.
4. Das Kombinieren von Angeboten oder bestehenden Greenfee-Vorteilen ist nicht möglich. Der Vorteil bezieht sich jeweils ausschließlich auf die zum Zeitpunkt der Einlösung gültigen vollen Greenfee-Gebühren.
5. Gibt es Spielergruppen mit erhöhten Greenfee-Gebühren, ist ein Nachlass auf diese Gebühren nicht möglich.
6. Das Angebot allein berechtigt nicht zum Spiel gegen Greenfee. Die Erfüllung der Bestimmungen des jeweiligen Golfclubs zur Greenfee-Berechtigung (Mitgliedschaft in einem Golfclub, Mindesthandicap etc.) zum Zeitpunkt der Einlösung sind Voraussetzung.
7. Es ist untersagt, den Greenfee-Gutschein entgeltlich Dritten zu überlassen bzw. mit diesen Handel zu treiben. Insbesondere sind die teilnehmenden Golfclubs in diesem Falle berechtigt, die Einlösung der ausgeschriebenen Angebote zu verweigern.
8. Die teilnehmenden Golfclubs haben sich gegenüber dem Verlag unter den o.g. Bedingungen verpflichtet, die ausgeschriebenen Angebote einzulösen. Der Verlag übernimmt jedoch keine Gewähr und keine Haftung, wenn ein Angebot nicht eingelöst wird oder werden kann.

Bedingungen zur Einlösung des Discounts:
1. Das Angebot ist einschließlich bis 30.6.2024 gültig.
2. Der Golfspieler/Leser hat sich telefonisch eine Abschlagzeit geben zu lassen – dabei ist die Nutzung des Angebots anzugeben.
3. Eine Barauszahlung des Greenfee-Vorteils ist nicht möglich.
4. Das Kombinieren von Angeboten oder bestehenden Greenfee-Vorteilen ist nicht möglich. Der Vorteil bezieht sich jeweils ausschließlich auf die zum Zeitpunkt der Einlösung gültigen vollen Greenfee-Gebühren.
5. Gibt es Spielergruppen mit erhöhten Greenfee-Gebühren, ist ein Nachlass auf diese Gebühren nicht möglich.
6. Das Angebot allein berechtigt nicht zum Spiel gegen Greenfee. Die Erfüllung der Bestimmungen des jeweiligen Golfclubs zur Greenfee-Berechtigung (Mitgliedschaft in einem Golfclub, Mindesthandicap etc.) zum Zeitpunkt der Einlösung sind Voraussetzung.
7. Es ist untersagt, den Greenfee-Gutschein entgeltlich Dritten zu überlassen bzw. mit diesen Handel zu treiben. Insbesondere sind die teilnehmenden Golfclubs in diesem Falle berechtigt, die Einlösung der ausgeschriebenen Angebote zu verweigern.
8. Die teilnehmenden Golfclubs haben sich gegenüber dem Verlag unter den o.g. Bedingungen verpflichtet, die ausgeschriebenen Angebote einzulösen. Der Verlag übernimmt jedoch keine Gewähr und keine Haftung, wenn ein Angebot nicht eingelöst wird oder werden kann.

Bedingungen zur Einlösung des Discounts:
1. Das Angebot ist einschließlich bis 30.6.2024 gültig.
2. Der Golfspieler/Leser hat sich telefonisch eine Abschlagzeit geben zu lassen – dabei ist die Nutzung des Angebots anzugeben.
3. Eine Barauszahlung des Greenfee-Vorteils ist nicht möglich.
4. Das Kombinieren von Angeboten oder bestehenden Greenfee-Vorteilen ist nicht möglich. Der Vorteil bezieht sich jeweils ausschließlich auf die zum Zeitpunkt der Einlösung gültigen vollen Greenfee-Gebühren.
5. Gibt es Spielergruppen mit erhöhten Greenfee-Gebühren, ist ein Nachlass auf diese Gebühren nicht möglich.
6. Das Angebot allein berechtigt nicht zum Spiel gegen Greenfee. Die Erfüllung der Bestimmungen des jeweiligen Golfclubs zur Greenfee-Berechtigung (Mitgliedschaft in einem Golfclub, Mindesthandicap etc.) zum Zeitpunkt der Einlösung sind Voraussetzung.
7. Es ist untersagt, den Greenfee-Gutschein entgeltlich Dritten zu überlassen bzw. mit diesen Handel zu treiben. Insbesondere sind die teilnehmenden Golfclubs in diesem Falle berechtigt, die Einlösung der ausgeschriebenen Angebote zu verweigern.
8. Die teilnehmenden Golfclubs haben sich gegenüber dem Verlag unter den o.g. Bedingungen verpflichtet, die ausgeschriebenen Angebote einzulösen. Der Verlag übernimmt jedoch keine Gewähr und keine Haftung, wenn ein Angebot nicht eingelöst wird oder werden kann.

Bedingungen zur Einlösung des Discounts:
1. Das Angebot ist einschließlich bis 30.6.2024 gültig.
2. Der Golfspieler/Leser hat sich telefonisch eine Abschlagzeit geben zu lassen – dabei ist die Nutzung des Angebots anzugeben.
3. Eine Barauszahlung des Greenfee-Vorteils ist nicht möglich.
4. Das Kombinieren von Angeboten oder bestehenden Greenfee-Vorteilen ist nicht möglich. Der Vorteil bezieht sich jeweils ausschließlich auf die zum Zeitpunkt der Einlösung gültigen vollen Greenfee-Gebühren.
5. Gibt es Spielergruppen mit erhöhten Greenfee-Gebühren, ist ein Nachlass auf diese Gebühren nicht möglich.
6. Das Angebot allein berechtigt nicht zum Spiel gegen Greenfee. Die Erfüllung der Bestimmungen des jeweiligen Golfclubs zur Greenfee-Berechtigung (Mitgliedschaft in einem Golfclub, Mindesthandicap etc.) zum Zeitpunkt der Einlösung sind Voraussetzung.
7. Es ist untersagt, den Greenfee-Gutschein entgeltlich Dritten zu überlassen bzw. mit diesen Handel zu treiben. Insbesondere sind die teilnehmenden Golfclubs in diesem Falle berechtigt, die Einlösung der ausgeschriebenen Angebote zu verweigern.
8. Die teilnehmenden Golfclubs haben sich gegenüber dem Verlag unter den o.g. Bedingungen verpflichtet, die ausgeschriebenen Angebote einzulösen. Der Verlag übernimmt jedoch keine Gewähr und keine Haftung, wenn ein Angebot nicht eingelöst wird oder werden kann.

Bedingungen zur Einlösung des Discounts:
1. Das Angebot ist einschließlich bis 30.6.2024 gültig.
2. Der Golfspieler/Leser hat sich telefonisch eine Abschlagzeit geben zu lassen – dabei ist die Nutzung des Angebots anzugeben.
3. Eine Barauszahlung des Greenfee-Vorteils ist nicht möglich.
4. Das Kombinieren von Angeboten oder bestehenden Greenfee-Vorteilen ist nicht möglich. Der Vorteil bezieht sich jeweils ausschließlich auf die zum Zeitpunkt der Einlösung gültigen vollen Greenfee-Gebühren.
5. Gibt es Spielergruppen mit erhöhten Greenfee-Gebühren, ist ein Nachlass auf diese Gebühren nicht möglich.
6. Das Angebot allein berechtigt nicht zum Spiel gegen Greenfee. Die Erfüllung der Bestimmungen des jeweiligen Golfclubs zur Greenfee-Berechtigung (Mitgliedschaft in einem Golfclub, Mindesthandicap etc.) zum Zeitpunkt der Einlösung sind Voraussetzung.
7. Es ist untersagt, den Greenfee-Gutschein entgeltlich Dritten zu überlassen bzw. mit diesen Handel zu treiben. Insbesondere sind die teilnehmenden Golfclubs in diesem Falle berechtigt, die Einlösung der ausgeschriebenen Angebote zu verweigern.
8. Die teilnehmenden Golfclubs haben sich gegenüber dem Verlag unter den o.g. Bedingungen verpflichtet, die ausgeschriebenen Angebote einzulösen. Der Verlag übernimmt jedoch keine Gewähr und keine Haftung, wenn ein Angebot nicht eingelöst wird oder werden kann.

Diese Gutscheine gelten nur in Verbindung mit dem Buch/Albrecht Golf Card

Diese Gutscheine gelten nur in Verbindung mit dem Buch/Albrecht Golf Card

DER GOLF ALBRECHT

Golf-Club Buxtehude

DE

Zum Lehmfeld 1
D-21614 Buxtehude
✆ 04161-81333
Niedersachsen, Bremen
Hinweis: nur für 18-Löcher Greenfees. Nicht mit Angeboten, Aktionen und Turnieren kombinierbar.

32

30% Greenfee-Ermäßigung

DER GOLF ALBRECHT

Golfclub Ostfriesland e.V.

DE

Am Golfplatz 4
D-26639 Wiesmoor
✆ 04944-6440
Niedersachsen, Bremen

33

20% Greenfee-Ermäßigung

DER GOLF ALBRECHT

Golfclub Ostfriesland e.V.

DE

Am Golfplatz 4
D-26639 Wiesmoor
✆ 04944-6440
Niedersachsen, Bremen

33

20% Greenfee-Ermäßigung

DER GOLF ALBRECHT

Golfclub Ostfriesland e.V.

DE

Am Golfplatz 4
D-26639 Wiesmoor
✆ 04944-6440
Niedersachsen, Bremen

33

20% Greenfee-Ermäßigung

DER GOLF ALBRECHT

Golfclub Worpswede e.V.

DE

Paddewischer Weg 2
D-27729 Vollersode
✆ 04763-7313
Niedersachsen, Bremen

34

2 for 1 2 GF zum Preis von 1

DER GOLF ALBRECHT

Golfclub Worpswede e.V.

DE

Paddewischer Weg 2
D-27729 Vollersode
✆ 04763-7313
Niedersachsen, Bremen

34

2 for 1 2 GF zum Preis von 1

DER GOLF ALBRECHT

Golfclub Königshof Sittensen e.V.

DE

Alpershausener Weg 60
D-27419 Sittensen
✆ 04282-3266
Niedersachsen, Bremen

35

2 for 1 2 GF zum Preis von 1

DER GOLF ALBRECHT

Golfclub Königshof Sittensen e.V.

DE

Alpershausener Weg 60
D-27419 Sittensen
✆ 04282-3266
Niedersachsen, Bremen

35

2 for 1 2 GF zum Preis von 1

DER GOLF ALBRECHT

Golfclub Königshof Sittensen e.V.

DE

Alpershausener Weg 60
D-27419 Sittensen
✆ 04282-3266
Niedersachsen, Bremen

35

20% Greenfee-Ermäßigung

DER GOLF ALBRECHT

Golfclub Königshof Sittensen e.V.

DE

Alpershausener Weg 60
D-27419 Sittensen
✆ 04282-3266
Niedersachsen, Bremen

35

20% Greenfee-Ermäßigung

Bedingungen zur Einlösung des Discounts:

1. Das Angebot ist einschließlich bis 30.6.2024 gültig.
2. Der Golfspieler/Leser hat sich telefonisch eine Abschlagzeit geben zu lassen – dabei ist die Nutzung des Angebots anzugeben.
3. Eine Barauszahlung des Greenfee-Vorteils ist nicht möglich.
4. Das Kombinieren von Angeboten oder bestehenden Greenfee-Vorteilen ist nicht möglich. Der Vorteil bezieht sich jeweils ausschließlich auf die zum Zeitpunkt der Einlösung gültigen vollen Greenfee-Gebühren.
5. Gibt es Spielergruppen mit erhöhten Greenfee-Gebühren, ist ein Nachlass auf diese Gebühren nicht möglich.
6. Das Angebot allein berechtigt nicht zum Spiel gegen Greenfee. Die Erfüllung der Bestimmungen des jeweiligen Golfclubs zur Greenfee-Berechtigung (Mitgliedschaft in einem Golfclub, Mindesthandicap etc.) zum Zeitpunkt der Einlösung sind Voraussetzung.
7. Es ist untersagt, den Greenfee-Gutschein entgeltlich Dritten zu überlassen bzw. mit diesen Handel zu treiben. Insbesondere sind die teilnehmenden Golfclubs in diesem Falle berechtigt, die Einlösung der ausgeschriebenen Angebote zu verweigern.
8. Die teilnehmenden Golfclubs haben sich gegenüber dem Verlag unter den o.g. Bedingungen verpflichtet, die ausgeschriebenen Angebote einzulösen. Der Verlag übernimmt jedoch keine Gewähr und keine Haftung, wenn ein Angebot nicht eingelöst wird oder werden kann.

Bedingungen zur Einlösung des Discounts:

1. Das Angebot ist einschließlich bis 30.6.2024 gültig.
2. Der Golfspieler/Leser hat sich telefonisch eine Abschlagzeit geben zu lassen – dabei ist die Nutzung des Angebots anzugeben.
3. Eine Barauszahlung des Greenfee-Vorteils ist nicht möglich.
4. Das Kombinieren von Angeboten oder bestehenden Greenfee-Vorteilen ist nicht möglich. Der Vorteil bezieht sich jeweils ausschließlich auf die zum Zeitpunkt der Einlösung gültigen vollen Greenfee-Gebühren.
5. Gibt es Spielergruppen mit erhöhten Greenfee-Gebühren, ist ein Nachlass auf diese Gebühren nicht möglich.
6. Das Angebot allein berechtigt nicht zum Spiel gegen Greenfee. Die Erfüllung der Bestimmungen des jeweiligen Golfclubs zur Greenfee-Berechtigung (Mitgliedschaft in einem Golfclub, Mindesthandicap etc.) zum Zeitpunkt der Einlösung sind Voraussetzung.
7. Es ist untersagt, den Greenfee-Gutschein entgeltlich Dritten zu überlassen bzw. mit diesen Handel zu treiben. Insbesondere sind die teilnehmenden Golfclubs in diesem Falle berechtigt, die Einlösung der ausgeschriebenen Angebote zu verweigern.
8. Die teilnehmenden Golfclubs haben sich gegenüber dem Verlag unter den o.g. Bedingungen verpflichtet, die ausgeschriebenen Angebote einzulösen. Der Verlag übernimmt jedoch keine Gewähr und keine Haftung, wenn ein Angebot nicht eingelöst wird oder werden kann.

Bedingungen zur Einlösung des Discounts:

1. Das Angebot ist einschließlich bis 30.6.2024 gültig.
2. Der Golfspieler/Leser hat sich telefonisch eine Abschlagzeit geben zu lassen – dabei ist die Nutzung des Angebots anzugeben.
3. Eine Barauszahlung des Greenfee-Vorteils ist nicht möglich.
4. Das Kombinieren von Angeboten oder bestehenden Greenfee-Vorteilen ist nicht möglich. Der Vorteil bezieht sich jeweils ausschließlich auf die zum Zeitpunkt der Einlösung gültigen vollen Greenfee-Gebühren.
5. Gibt es Spielergruppen mit erhöhten Greenfee-Gebühren, ist ein Nachlass auf diese Gebühren nicht möglich.
6. Das Angebot allein berechtigt nicht zum Spiel gegen Greenfee. Die Erfüllung der Bestimmungen des jeweiligen Golfclubs zur Greenfee-Berechtigung (Mitgliedschaft in einem Golfclub, Mindesthandicap etc.) zum Zeitpunkt der Einlösung sind Voraussetzung.
7. Es ist untersagt, den Greenfee-Gutschein entgeltlich Dritten zu überlassen bzw. mit diesen Handel zu treiben. Insbesondere sind die teilnehmenden Golfclubs in diesem Falle berechtigt, die Einlösung der ausgeschriebenen Angebote zu verweigern.
8. Die teilnehmenden Golfclubs haben sich gegenüber dem Verlag unter den o.g. Bedingungen verpflichtet, die ausgeschriebenen Angebote einzulösen. Der Verlag übernimmt jedoch keine Gewähr und keine Haftung, wenn ein Angebot nicht eingelöst wird oder werden kann.

Bedingungen zur Einlösung des Discounts:

1. Das Angebot ist einschließlich bis 30.6.2024 gültig.
2. Der Golfspieler/Leser hat sich telefonisch eine Abschlagzeit geben zu lassen – dabei ist die Nutzung des Angebots anzugeben.
3. Eine Barauszahlung des Greenfee-Vorteils ist nicht möglich.
4. Das Kombinieren von Angeboten oder bestehenden Greenfee-Vorteilen ist nicht möglich. Der Vorteil bezieht sich jeweils ausschließlich auf die zum Zeitpunkt der Einlösung gültigen vollen Greenfee-Gebühren.
5. Gibt es Spielergruppen mit erhöhten Greenfee-Gebühren, ist ein Nachlass auf diese Gebühren nicht möglich.
6. Das Angebot allein berechtigt nicht zum Spiel gegen Greenfee. Die Erfüllung der Bestimmungen des jeweiligen Golfclubs zur Greenfee-Berechtigung (Mitgliedschaft in einem Golfclub, Mindesthandicap etc.) zum Zeitpunkt der Einlösung sind Voraussetzung.
7. Es ist untersagt, den Greenfee-Gutschein entgeltlich Dritten zu überlassen bzw. mit diesen Handel zu treiben. Insbesondere sind die teilnehmenden Golfclubs in diesem Falle berechtigt, die Einlösung der ausgeschriebenen Angebote zu verweigern.
8. Die teilnehmenden Golfclubs haben sich gegenüber dem Verlag unter den o.g. Bedingungen verpflichtet, die ausgeschriebenen Angebote einzulösen. Der Verlag übernimmt jedoch keine Gewähr und keine Haftung, wenn ein Angebot nicht eingelöst wird oder werden kann.

Bedingungen zur Einlösung des Discounts:

1. Das Angebot ist einschließlich bis 30.6.2024 gültig.
2. Der Golfspieler/Leser hat sich telefonisch eine Abschlagzeit geben zu lassen – dabei ist die Nutzung des Angebots anzugeben.
3. Eine Barauszahlung des Greenfee-Vorteils ist nicht möglich.
4. Das Kombinieren von Angeboten oder bestehenden Greenfee-Vorteilen ist nicht möglich. Der Vorteil bezieht sich jeweils ausschließlich auf die zum Zeitpunkt der Einlösung gültigen vollen Greenfee-Gebühren.
5. Gibt es Spielergruppen mit erhöhten Greenfee-Gebühren, ist ein Nachlass auf diese Gebühren nicht möglich.
6. Das Angebot allein berechtigt nicht zum Spiel gegen Greenfee. Die Erfüllung der Bestimmungen des jeweiligen Golfclubs zur Greenfee-Berechtigung (Mitgliedschaft in einem Golfclub, Mindesthandicap etc.) zum Zeitpunkt der Einlösung sind Voraussetzung.
7. Es ist untersagt, den Greenfee-Gutschein entgeltlich Dritten zu überlassen bzw. mit diesen Handel zu treiben. Insbesondere sind die teilnehmenden Golfclubs in diesem Falle berechtigt, die Einlösung der ausgeschriebenen Angebote zu verweigern.
8. Die teilnehmenden Golfclubs haben sich gegenüber dem Verlag unter den o.g. Bedingungen verpflichtet, die ausgeschriebenen Angebote einzulösen. Der Verlag übernimmt jedoch keine Gewähr und keine Haftung, wenn ein Angebot nicht eingelöst wird oder werden kann.

Bedingungen zur Einlösung des Discounts:

1. Das Angebot ist einschließlich bis 30.6.2024 gültig.
2. Der Golfspieler/Leser hat sich telefonisch eine Abschlagzeit geben zu lassen – dabei ist die Nutzung des Angebots anzugeben.
3. Eine Barauszahlung des Greenfee-Vorteils ist nicht möglich.
4. Das Kombinieren von Angeboten oder bestehenden Greenfee-Vorteilen ist nicht möglich. Der Vorteil bezieht sich jeweils ausschließlich auf die zum Zeitpunkt der Einlösung gültigen vollen Greenfee-Gebühren.
5. Gibt es Spielergruppen mit erhöhten Greenfee-Gebühren, ist ein Nachlass auf diese Gebühren nicht möglich.
6. Das Angebot allein berechtigt nicht zum Spiel gegen Greenfee. Die Erfüllung der Bestimmungen des jeweiligen Golfclubs zur Greenfee-Berechtigung (Mitgliedschaft in einem Golfclub, Mindesthandicap etc.) zum Zeitpunkt der Einlösung sind Voraussetzung.
7. Es ist untersagt, den Greenfee-Gutschein entgeltlich Dritten zu überlassen bzw. mit diesen Handel zu treiben. Insbesondere sind die teilnehmenden Golfclubs in diesem Falle berechtigt, die Einlösung der ausgeschriebenen Angebote zu verweigern.
8. Die teilnehmenden Golfclubs haben sich gegenüber dem Verlag unter den o.g. Bedingungen verpflichtet, die ausgeschriebenen Angebote einzulösen. Der Verlag übernimmt jedoch keine Gewähr und keine Haftung, wenn ein Angebot nicht eingelöst wird oder werden kann.

Bedingungen zur Einlösung des Discounts:

1. Das Angebot ist einschließlich bis 30.6.2024 gültig.
2. Der Golfspieler/Leser hat sich telefonisch eine Abschlagzeit geben zu lassen – dabei ist die Nutzung des Angebots anzugeben.
3. Eine Barauszahlung des Greenfee-Vorteils ist nicht möglich.
4. Das Kombinieren von Angeboten oder bestehenden Greenfee-Vorteilen ist nicht möglich. Der Vorteil bezieht sich jeweils ausschließlich auf die zum Zeitpunkt der Einlösung gültigen vollen Greenfee-Gebühren.
5. Gibt es Spielergruppen mit erhöhten Greenfee-Gebühren, ist ein Nachlass auf diese Gebühren nicht möglich.
6. Das Angebot allein berechtigt nicht zum Spiel gegen Greenfee. Die Erfüllung der Bestimmungen des jeweiligen Golfclubs zur Greenfee-Berechtigung (Mitgliedschaft in einem Golfclub, Mindesthandicap etc.) zum Zeitpunkt der Einlösung sind Voraussetzung.
7. Es ist untersagt, den Greenfee-Gutschein entgeltlich Dritten zu überlassen bzw. mit diesen Handel zu treiben. Insbesondere sind die teilnehmenden Golfclubs in diesem Falle berechtigt, die Einlösung der ausgeschriebenen Angebote zu verweigern.
8. Die teilnehmenden Golfclubs haben sich gegenüber dem Verlag unter den o.g. Bedingungen verpflichtet, die ausgeschriebenen Angebote einzulösen. Der Verlag übernimmt jedoch keine Gewähr und keine Haftung, wenn ein Angebot nicht eingelöst wird oder werden kann.

Bedingungen zur Einlösung des Discounts:

1. Das Angebot ist einschließlich bis 30.6.2024 gültig.
2. Der Golfspieler/Leser hat sich telefonisch eine Abschlagzeit geben zu lassen – dabei ist die Nutzung des Angebots anzugeben.
3. Eine Barauszahlung des Greenfee-Vorteils ist nicht möglich.
4. Das Kombinieren von Angeboten oder bestehenden Greenfee-Vorteilen ist nicht möglich. Der Vorteil bezieht sich jeweils ausschließlich auf die zum Zeitpunkt der Einlösung gültigen vollen Greenfee-Gebühren.
5. Gibt es Spielergruppen mit erhöhten Greenfee-Gebühren, ist ein Nachlass auf diese Gebühren nicht möglich.
6. Das Angebot allein berechtigt nicht zum Spiel gegen Greenfee. Die Erfüllung der Bestimmungen des jeweiligen Golfclubs zur Greenfee-Berechtigung (Mitgliedschaft in einem Golfclub, Mindesthandicap etc.) zum Zeitpunkt der Einlösung sind Voraussetzung.
7. Es ist untersagt, den Greenfee-Gutschein entgeltlich Dritten zu überlassen bzw. mit diesen Handel zu treiben. Insbesondere sind die teilnehmenden Golfclubs in diesem Falle berechtigt, die Einlösung der ausgeschriebenen Angebote zu verweigern.
8. Die teilnehmenden Golfclubs haben sich gegenüber dem Verlag unter den o.g. Bedingungen verpflichtet, die ausgeschriebenen Angebote einzulösen. Der Verlag übernimmt jedoch keine Gewähr und keine Haftung, wenn ein Angebot nicht eingelöst wird oder werden kann.

Bedingungen zur Einlösung des Discounts:

1. Das Angebot ist einschließlich bis 30.6.2024 gültig.
2. Der Golfspieler/Leser hat sich telefonisch eine Abschlagzeit geben zu lassen – dabei ist die Nutzung des Angebots anzugeben.
3. Eine Barauszahlung des Greenfee-Vorteils ist nicht möglich.
4. Das Kombinieren von Angeboten oder bestehenden Greenfee-Vorteilen ist nicht möglich. Der Vorteil bezieht sich jeweils ausschließlich auf die zum Zeitpunkt der Einlösung gültigen vollen Greenfee-Gebühren.
5. Gibt es Spielergruppen mit erhöhten Greenfee-Gebühren, ist ein Nachlass auf diese Gebühren nicht möglich.
6. Das Angebot allein berechtigt nicht zum Spiel gegen Greenfee. Die Erfüllung der Bestimmungen des jeweiligen Golfclubs zur Greenfee-Berechtigung (Mitgliedschaft in einem Golfclub, Mindesthandicap etc.) zum Zeitpunkt der Einlösung sind Voraussetzung.
7. Es ist untersagt, den Greenfee-Gutschein entgeltlich Dritten zu überlassen bzw. mit diesen Handel zu treiben. Insbesondere sind die teilnehmenden Golfclubs in diesem Falle berechtigt, die Einlösung der ausgeschriebenen Angebote zu verweigern.
8. Die teilnehmenden Golfclubs haben sich gegenüber dem Verlag unter den o.g. Bedingungen verpflichtet, die ausgeschriebenen Angebote einzulösen. Der Verlag übernimmt jedoch keine Gewähr und keine Haftung, wenn ein Angebot nicht eingelöst wird oder werden kann.

Bedingungen zur Einlösung des Discounts:

1. Das Angebot ist einschließlich bis 30.6.2024 gültig.
2. Der Golfspieler/Leser hat sich telefonisch eine Abschlagzeit geben zu lassen – dabei ist die Nutzung des Angebots anzugeben.
3. Eine Barauszahlung des Greenfee-Vorteils ist nicht möglich.
4. Das Kombinieren von Angeboten oder bestehenden Greenfee-Vorteilen ist nicht möglich. Der Vorteil bezieht sich jeweils ausschließlich auf die zum Zeitpunkt der Einlösung gültigen vollen Greenfee-Gebühren.
5. Gibt es Spielergruppen mit erhöhten Greenfee-Gebühren, ist ein Nachlass auf diese Gebühren nicht möglich.
6. Das Angebot allein berechtigt nicht zum Spiel gegen Greenfee. Die Erfüllung der Bestimmungen des jeweiligen Golfclubs zur Greenfee-Berechtigung (Mitgliedschaft in einem Golfclub, Mindesthandicap etc.) zum Zeitpunkt der Einlösung sind Voraussetzung.
7. Es ist untersagt, den Greenfee-Gutschein entgeltlich Dritten zu überlassen bzw. mit diesen Handel zu treiben. Insbesondere sind die teilnehmenden Golfclubs in diesem Falle berechtigt, die Einlösung der ausgeschriebenen Angebote zu verweigern.
8. Die teilnehmenden Golfclubs haben sich gegenüber dem Verlag unter den o.g. Bedingungen verpflichtet, die ausgeschriebenen Angebote einzulösen. Der Verlag übernimmt jedoch keine Gewähr und keine Haftung, wenn ein Angebot nicht eingelöst wird oder werden kann.

Diese Gutscheine gelten nur in Verbindung mit dem Buch/Albrecht Golf Card

Diese Gutscheine gelten nur in Verbindung mit dem Buch/Albrecht Golf Card

DER GOLF ALBRECHT

Golf-Club Bremer Schweiz e.V. DE

Wölpscher Straße 4
D-28779 Bremen
✆ 0421-6095331
Niedersachsen, Bremen

36

2 for 1 2 GF zum Preis von 1

DER GOLF ALBRECHT

Golf-Club Bremer Schweiz e.V. DE

Wölpscher Straße 4
D-28779 Bremen
✆ 0421-6095331
Niedersachsen, Bremen

36

2 for 1 2 GF zum Preis von 1

DER GOLF ALBRECHT

Golfclub Lilienthal e.V. DE

1. Landwehr 20
D-28865 Lilienthal
✆ 04298-697069
Niedersachsen, Bremen

37

2 for 1 2 GF zum Preis von 1

DER GOLF ALBRECHT

Golfclub Lilienthal e.V. DE

1. Landwehr 20
D-28865 Lilienthal
✆ 04298-697069
Niedersachsen, Bremen

37

2 for 1 2 GF zum Preis von 1

DER GOLF ALBRECHT

Golfclub Lilienthal e.V. DE

1. Landwehr 20
D-28865 Lilienthal
✆ 04298-697069
Niedersachsen, Bremen

37

50% Greenfee-Ermäßigung

DER GOLF ALBRECHT

Golfclub Lilienthal e.V. DE

1. Landwehr 20
D-28865 Lilienthal
✆ 04298-697069
Niedersachsen, Bremen

37

50% Greenfee-Ermäßigung

DER GOLF ALBRECHT

Golf Club Wümme e.V. DE

Hof Emmen/Westerholz
D-27383 Scheeßel-Westerholz
✆ 04263-93010
Niedersachsen, Bremen

38

2 for 1 2 GF zum Preis von 1

DER GOLF ALBRECHT

Golf Club Wümme e.V. DE

Hof Emmen/Westerholz
D-27383 Scheeßel-Westerholz
✆ 04263-93010
Niedersachsen, Bremen

38

2 for 1 2 GF zum Preis von 1

DER GOLF ALBRECHT

Golf Club Wümme e.V. DE

Hof Emmen/Westerholz
D-27383 Scheeßel-Westerholz
✆ 04263-93010
Niedersachsen, Bremen

38

50% Greenfee-Ermäßigung

DER GOLF ALBRECHT

Golf Club Wümme e.V. DE

Hof Emmen/Westerholz
D-27383 Scheeßel-Westerholz
✆ 04263-93010
Niedersachsen, Bremen

38

50% Greenfee-Ermäßigung

Bedingungen zur Einlösung des Discounts:
1. Das Angebot ist einschließlich bis 30.6.2024 gültig.
2. Der Golfspieler/Leser hat sich telefonisch eine Abschlagzeit geben zu lassen – dabei ist die Nutzung des Angebots anzugeben.
3. Eine Barauszahlung des Greenfee-Vorteils ist nicht möglich.
4. Das Kombinieren von Angeboten oder bestehenden Greenfee-Vorteilen ist nicht möglich. Der Vorteil bezieht sich jeweils ausschließlich auf die zum Zeitpunkt der Einlösung gültigen vollen Greenfee-Gebühren.
5. Gibt es Spielergruppen mit erhöhten Greenfee-Gebühren, ist ein Nachlass auf diese Gebühren nicht möglich.
6. Das Angebot allein berechtigt nicht zum Spiel gegen Greenfee. Die Erfüllung der Bestimmungen des jeweiligen Golfclubs zur Greenfee-Berechtigung (Mitgliedschaft in einem Golfclub, Mindesthandicap etc.) zum Zeitpunkt der Einlösung sind Voraussetzung.
7. Es ist untersagt, den Greenfee-Gutschein entgeltlich Dritten zu überlassen bzw. mit diesen Handel zu treiben. Insbesondere sind die teilnehmenden Golfclubs in diesem Falle berechtigt, die Einlösung der ausgeschriebenen Angebote zu verweigern.
8. Die teilnehmenden Golfclubs haben sich gegenüber dem Verlag unter den o.g. Bedingungen verpflichtet, die ausgeschriebenen Angebote einzulösen. Der Verlag übernimmt jedoch keine Gewähr und keine Haftung, wenn ein Angebot nicht eingelöst wird oder werden kann.

Bedingungen zur Einlösung des Discounts:
1. Das Angebot ist einschließlich bis 30.6.2024 gültig.
2. Der Golfspieler/Leser hat sich telefonisch eine Abschlagzeit geben zu lassen – dabei ist die Nutzung des Angebots anzugeben.
3. Eine Barauszahlung des Greenfee-Vorteils ist nicht möglich.
4. Das Kombinieren von Angeboten oder bestehenden Greenfee-Vorteilen ist nicht möglich. Der Vorteil bezieht sich jeweils ausschließlich auf die zum Zeitpunkt der Einlösung gültigen vollen Greenfee-Gebühren.
5. Gibt es Spielergruppen mit erhöhten Greenfee-Gebühren, ist ein Nachlass auf diese Gebühren nicht möglich.
6. Das Angebot allein berechtigt nicht zum Spiel gegen Greenfee. Die Erfüllung der Bestimmungen des jeweiligen Golfclubs zur Greenfee-Berechtigung (Mitgliedschaft in einem Golfclub, Mindesthandicap etc.) zum Zeitpunkt der Einlösung sind Voraussetzung.
7. Es ist untersagt, den Greenfee-Gutschein entgeltlich Dritten zu überlassen bzw. mit diesen Handel zu treiben. Insbesondere sind die teilnehmenden Golfclubs in diesem Falle berechtigt, die Einlösung der ausgeschriebenen Angebote zu verweigern.
8. Die teilnehmenden Golfclubs haben sich gegenüber dem Verlag unter den o.g. Bedingungen verpflichtet, die ausgeschriebenen Angebote einzulösen. Der Verlag übernimmt jedoch keine Gewähr und keine Haftung, wenn ein Angebot nicht eingelöst wird oder werden kann.

Bedingungen zur Einlösung des Discounts:
1. Das Angebot ist einschließlich bis 30.6.2024 gültig.
2. Der Golfspieler/Leser hat sich telefonisch eine Abschlagzeit geben zu lassen – dabei ist die Nutzung des Angebots anzugeben.
3. Eine Barauszahlung des Greenfee-Vorteils ist nicht möglich.
4. Das Kombinieren von Angeboten oder bestehenden Greenfee-Vorteilen ist nicht möglich. Der Vorteil bezieht sich jeweils ausschließlich auf die zum Zeitpunkt der Einlösung gültigen vollen Greenfee-Gebühren.
5. Gibt es Spielergruppen mit erhöhten Greenfee-Gebühren, ist ein Nachlass auf diese Gebühren nicht möglich.
6. Das Angebot allein berechtigt nicht zum Spiel gegen Greenfee. Die Erfüllung der Bestimmungen des jeweiligen Golfclubs zur Greenfee-Berechtigung (Mitgliedschaft in einem Golfclub, Mindesthandicap etc.) zum Zeitpunkt der Einlösung sind Voraussetzung.
7. Es ist untersagt, den Greenfee-Gutschein entgeltlich Dritten zu überlassen bzw. mit diesen Handel zu treiben. Insbesondere sind die teilnehmenden Golfclubs in diesem Falle berechtigt, die Einlösung der ausgeschriebenen Angebote zu verweigern.
8. Die teilnehmenden Golfclubs haben sich gegenüber dem Verlag unter den o.g. Bedingungen verpflichtet, die ausgeschriebenen Angebote einzulösen. Der Verlag übernimmt jedoch keine Gewähr und keine Haftung, wenn ein Angebot nicht eingelöst wird oder werden kann.

Bedingungen zur Einlösung des Discounts:
1. Das Angebot ist einschließlich bis 30.6.2024 gültig.
2. Der Golfspieler/Leser hat sich telefonisch eine Abschlagzeit geben zu lassen – dabei ist die Nutzung des Angebots anzugeben.
3. Eine Barauszahlung des Greenfee-Vorteils ist nicht möglich.
4. Das Kombinieren von Angeboten oder bestehenden Greenfee-Vorteilen ist nicht möglich. Der Vorteil bezieht sich jeweils ausschließlich auf die zum Zeitpunkt der Einlösung gültigen vollen Greenfee-Gebühren.
5. Gibt es Spielergruppen mit erhöhten Greenfee-Gebühren, ist ein Nachlass auf diese Gebühren nicht möglich.
6. Das Angebot allein berechtigt nicht zum Spiel gegen Greenfee. Die Erfüllung der Bestimmungen des jeweiligen Golfclubs zur Greenfee-Berechtigung (Mitgliedschaft in einem Golfclub, Mindesthandicap etc.) zum Zeitpunkt der Einlösung sind Voraussetzung.
7. Es ist untersagt, den Greenfee-Gutschein entgeltlich Dritten zu überlassen bzw. mit diesen Handel zu treiben. Insbesondere sind die teilnehmenden Golfclubs in diesem Falle berechtigt, die Einlösung der ausgeschriebenen Angebote zu verweigern.
8. Die teilnehmenden Golfclubs haben sich gegenüber dem Verlag unter den o.g. Bedingungen verpflichtet, die ausgeschriebenen Angebote einzulösen. Der Verlag übernimmt jedoch keine Gewähr und keine Haftung, wenn ein Angebot nicht eingelöst wird oder werden kann.

Bedingungen zur Einlösung des Discounts:
1. Das Angebot ist einschließlich bis 30.6.2024 gültig.
2. Der Golfspieler/Leser hat sich telefonisch eine Abschlagzeit geben zu lassen – dabei ist die Nutzung des Angebots anzugeben.
3. Eine Barauszahlung des Greenfee-Vorteils ist nicht möglich.
4. Das Kombinieren von Angeboten oder bestehenden Greenfee-Vorteilen ist nicht möglich. Der Vorteil bezieht sich jeweils ausschließlich auf die zum Zeitpunkt der Einlösung gültigen vollen Greenfee-Gebühren.
5. Gibt es Spielergruppen mit erhöhten Greenfee-Gebühren, ist ein Nachlass auf diese Gebühren nicht möglich.
6. Das Angebot allein berechtigt nicht zum Spiel gegen Greenfee. Die Erfüllung der Bestimmungen des jeweiligen Golfclubs zur Greenfee-Berechtigung (Mitgliedschaft in einem Golfclub, Mindesthandicap etc.) zum Zeitpunkt der Einlösung sind Voraussetzung.
7. Es ist untersagt, den Greenfee-Gutschein entgeltlich Dritten zu überlassen bzw. mit diesen Handel zu treiben. Insbesondere sind die teilnehmenden Golfclubs in diesem Falle berechtigt, die Einlösung der ausgeschriebenen Angebote zu verweigern.
8. Die teilnehmenden Golfclubs haben sich gegenüber dem Verlag unter den o.g. Bedingungen verpflichtet, die ausgeschriebenen Angebote einzulösen. Der Verlag übernimmt jedoch keine Gewähr und keine Haftung, wenn ein Angebot nicht eingelöst wird oder werden kann.

Bedingungen zur Einlösung des Discounts:
1. Das Angebot ist einschließlich bis 30.6.2024 gültig.
2. Der Golfspieler/Leser hat sich telefonisch eine Abschlagzeit geben zu lassen – dabei ist die Nutzung des Angebots anzugeben.
3. Eine Barauszahlung des Greenfee-Vorteils ist nicht möglich.
4. Das Kombinieren von Angeboten oder bestehenden Greenfee-Vorteilen ist nicht möglich. Der Vorteil bezieht sich jeweils ausschließlich auf die zum Zeitpunkt der Einlösung gültigen vollen Greenfee-Gebühren.
5. Gibt es Spielergruppen mit erhöhten Greenfee-Gebühren, ist ein Nachlass auf diese Gebühren nicht möglich.
6. Das Angebot allein berechtigt nicht zum Spiel gegen Greenfee. Die Erfüllung der Bestimmungen des jeweiligen Golfclubs zur Greenfee-Berechtigung (Mitgliedschaft in einem Golfclub, Mindesthandicap etc.) zum Zeitpunkt der Einlösung sind Voraussetzung.
7. Es ist untersagt, den Greenfee-Gutschein entgeltlich Dritten zu überlassen bzw. mit diesen Handel zu treiben. Insbesondere sind die teilnehmenden Golfclubs in diesem Falle berechtigt, die Einlösung der ausgeschriebenen Angebote zu verweigern.
8. Die teilnehmenden Golfclubs haben sich gegenüber dem Verlag unter den o.g. Bedingungen verpflichtet, die ausgeschriebenen Angebote einzulösen. Der Verlag übernimmt jedoch keine Gewähr und keine Haftung, wenn ein Angebot nicht eingelöst wird oder werden kann.

Bedingungen zur Einlösung des Discounts:
1. Das Angebot ist einschließlich bis 30.6.2024 gültig.
2. Der Golfspieler/Leser hat sich telefonisch eine Abschlagzeit geben zu lassen – dabei ist die Nutzung des Angebots anzugeben.
3. Eine Barauszahlung des Greenfee-Vorteils ist nicht möglich.
4. Das Kombinieren von Angeboten oder bestehenden Greenfee-Vorteilen ist nicht möglich. Der Vorteil bezieht sich jeweils ausschließlich auf die zum Zeitpunkt der Einlösung gültigen vollen Greenfee-Gebühren.
5. Gibt es Spielergruppen mit erhöhten Greenfee-Gebühren, ist ein Nachlass auf diese Gebühren nicht möglich.
6. Das Angebot allein berechtigt nicht zum Spiel gegen Greenfee. Die Erfüllung der Bestimmungen des jeweiligen Golfclubs zur Greenfee-Berechtigung (Mitgliedschaft in einem Golfclub, Mindesthandicap etc.) zum Zeitpunkt der Einlösung sind Voraussetzung.
7. Es ist untersagt, den Greenfee-Gutschein entgeltlich Dritten zu überlassen bzw. mit diesen Handel zu treiben. Insbesondere sind die teilnehmenden Golfclubs in diesem Falle berechtigt, die Einlösung der ausgeschriebenen Angebote zu verweigern.
8. Die teilnehmenden Golfclubs haben sich gegenüber dem Verlag unter den o.g. Bedingungen verpflichtet, die ausgeschriebenen Angebote einzulösen. Der Verlag übernimmt jedoch keine Gewähr und keine Haftung, wenn ein Angebot nicht eingelöst wird oder werden kann.

Bedingungen zur Einlösung des Discounts:
1. Das Angebot ist einschließlich bis 30.6.2024 gültig.
2. Der Golfspieler/Leser hat sich telefonisch eine Abschlagzeit geben zu lassen – dabei ist die Nutzung des Angebots anzugeben.
3. Eine Barauszahlung des Greenfee-Vorteils ist nicht möglich.
4. Das Kombinieren von Angeboten oder bestehenden Greenfee-Vorteilen ist nicht möglich. Der Vorteil bezieht sich jeweils ausschließlich auf die zum Zeitpunkt der Einlösung gültigen vollen Greenfee-Gebühren.
5. Gibt es Spielergruppen mit erhöhten Greenfee-Gebühren, ist ein Nachlass auf diese Gebühren nicht möglich.
6. Das Angebot allein berechtigt nicht zum Spiel gegen Greenfee. Die Erfüllung der Bestimmungen des jeweiligen Golfclubs zur Greenfee-Berechtigung (Mitgliedschaft in einem Golfclub, Mindesthandicap etc.) zum Zeitpunkt der Einlösung sind Voraussetzung.
7. Es ist untersagt, den Greenfee-Gutschein entgeltlich Dritten zu überlassen bzw. mit diesen Handel zu treiben. Insbesondere sind die teilnehmenden Golfclubs in diesem Falle berechtigt, die Einlösung der ausgeschriebenen Angebote zu verweigern.
8. Die teilnehmenden Golfclubs haben sich gegenüber dem Verlag unter den o.g. Bedingungen verpflichtet, die ausgeschriebenen Angebote einzulösen. Der Verlag übernimmt jedoch keine Gewähr und keine Haftung, wenn ein Angebot nicht eingelöst wird oder werden kann.

Bedingungen zur Einlösung des Discounts:
1. Das Angebot ist einschließlich bis 30.6.2024 gültig.
2. Der Golfspieler/Leser hat sich telefonisch eine Abschlagzeit geben zu lassen – dabei ist die Nutzung des Angebots anzugeben.
3. Eine Barauszahlung des Greenfee-Vorteils ist nicht möglich.
4. Das Kombinieren von Angeboten oder bestehenden Greenfee-Vorteilen ist nicht möglich. Der Vorteil bezieht sich jeweils ausschließlich auf die zum Zeitpunkt der Einlösung gültigen vollen Greenfee-Gebühren.
5. Gibt es Spielergruppen mit erhöhten Greenfee-Gebühren, ist ein Nachlass auf diese Gebühren nicht möglich.
6. Das Angebot allein berechtigt nicht zum Spiel gegen Greenfee. Die Erfüllung der Bestimmungen des jeweiligen Golfclubs zur Greenfee-Berechtigung (Mitgliedschaft in einem Golfclub, Mindesthandicap etc.) zum Zeitpunkt der Einlösung sind Voraussetzung.
7. Es ist untersagt, den Greenfee-Gutschein entgeltlich Dritten zu überlassen bzw. mit diesen Handel zu treiben. Insbesondere sind die teilnehmenden Golfclubs in diesem Falle berechtigt, die Einlösung der ausgeschriebenen Angebote zu verweigern.
8. Die teilnehmenden Golfclubs haben sich gegenüber dem Verlag unter den o.g. Bedingungen verpflichtet, die ausgeschriebenen Angebote einzulösen. Der Verlag übernimmt jedoch keine Gewähr und keine Haftung, wenn ein Angebot nicht eingelöst wird oder werden kann.

Bedingungen zur Einlösung des Discounts
1. Das Angebot ist einschließlich bis 30.6.2024 gültig.
2. Der Golfspieler/Leser hat sich telefonisch eine Abschlagzeit geben zu lassen – dabei ist die Nutzung des Angebots anzugeben.
3. Eine Barauszahlung des Greenfee-Vorteils ist nicht möglich.
4. Das Kombinieren von Angeboten oder bestehenden Greenfee-Vorteilen ist nicht möglich. Der Vorteil bezieht sich jeweils ausschließlich auf die zum Zeitpunkt der Einlösung gültigen vollen Greenfee-Gebühren.
5. Gibt es Spielergruppen mit erhöhten Greenfee-Gebühren, ist ein Nachlass auf diese Gebühren nicht möglich.
6. Das Angebot allein berechtigt nicht zum Spiel gegen Greenfee. Die Erfüllung der Bestimmungen des jeweiligen Golfclubs zur Greenfee-Berechtigung (Mitgliedschaft in einem Golfclub, Mindesthandicap etc.) zum Zeitpunkt der Einlösung sind Voraussetzung.
7. Es ist untersagt, den Greenfee-Gutschein entgeltlich Dritten zu überlassen bzw. mit diesen Handel zu treiben. Insbesondere sind die teilnehmenden Golfclubs in diesem Falle berechtigt, die Einlösung der ausgeschriebenen Angebote zu verweigern.
8. Die teilnehmenden Golfclubs haben sich gegenüber dem Verlag unter den o.g. Bedingungen verpflichtet, die ausgeschriebenen Angebote einzulösen. Der Verlag übernimmt jedoch keine Gewähr und keine Haftung, wenn ein Angebot nicht eingelöst wird oder werden kann.

Bedingungen zur Einlösung des Discounts:
1. Das Angebot ist einschließlich bis 30.6.2024 gültig.
2. Der Golfspieler/Leser hat sich telefonisch eine Abschlagzeit geben zu lassen – dabei ist die Nutzung des Angebots anzugeben.
3. Eine Barauszahlung des Greenfee-Vorteils ist nicht möglich.
4. Das Kombinieren von Angeboten oder bestehenden Greenfee-Vorteilen ist nicht möglich. Der Vorteil bezieht sich jeweils ausschließlich auf die zum Zeitpunkt der Einlösung gültigen vollen Greenfee-Gebühren.
5. Gibt es Spielergruppen mit erhöhten Greenfee-Gebühren, ist ein Nachlass auf diese Gebühren nicht möglich.
6. Das Angebot allein berechtigt nicht zum Spiel gegen Greenfee. Die Erfüllung der Bestimmungen des jeweiligen Golfclubs zur Greenfee-Berechtigung (Mitgliedschaft in einem Golfclub, Mindesthandicap etc.) zum Zeitpunkt der Einlösung sind Voraussetzung.
7. Es ist untersagt, den Greenfee-Gutschein entgeltlich Dritten zu überlassen bzw. mit diesen Handel zu treiben. Insbesondere sind die teilnehmenden Golfclubs in diesem Falle berechtigt, die Einlösung der ausgeschriebenen Angebote zu verweigern.
8. Die teilnehmenden Golfclubs haben sich gegenüber dem Verlag unter den o.g. Bedingungen verpflichtet, die ausgeschriebenen Angebote einzulösen. Der Verlag übernimmt jedoch keine Gewähr und keine Haftung, wenn ein Angebot nicht eingelöst wird oder werden kann.

Diese Gutscheine gelten nur in Verbindung mit dem Buch/Albrecht Golf Card

Diese Gutscheine gelten nur in Verbindung mit dem Buch/Albrecht Golf Card

DER GOLF ALBRECHT

Bremer Golfclub Lesmona e. V. DE

Lesumbroker Landstraße 70
D-28719 Bremen
✆ 0421-949340
Niedersachsen, Bremen

39

2 for 1 2 GF zum Preis von 1

DER GOLF ALBRECHT

Bremer Golfclub Lesmona e. V. DE

Lesumbroker Landstraße 70
D-28719 Bremen
✆ 0421-949340
Niedersachsen, Bremen

39

2 for 1 2 GF zum Preis von 1

DER GOLF ALBRECHT

Golfclub Bad Bevensen e.V. DE

Dorfstraße 22
D-29575 Altenmedingen OT Secklendorf
✆ 05821-98250
Niedersachsen, Bremen

40

30% Greenfee-Ermäßigung

DER GOLF ALBRECHT

Golfclub Bad Bevensen e.V. DE

Dorfstraße 22
D-29575 Altenmedingen OT Secklendorf
✆ 05821-98250
Niedersachsen, Bremen

40

30% Greenfee-Ermäßigung

DER GOLF ALBRECHT

Golfclub Hatten e.V. DE

Hatter Landstraße 34
D-26209 Tweelbäke-Ost
✆ 04481-8855
Niedersachsen, Bremen

41

2 for 1 2 GF zum Preis von 1

DER GOLF ALBRECHT

Golf-Club an der Göhrde e.V. DE

Braasche 2
D-29499 Zernien-Braasche
✆ 05863-556
Niedersachsen, Bremen

42

2 for 1 2 GF zum Preis von 1

DER GOLF ALBRECHT

Golf-Club an der Göhrde e.V. DE

Braasche 2
D-29499 Zernien-Braasche
✆ 05863-556
Niedersachsen, Bremen

42

2 for 1 2 GF zum Preis von 1

DER GOLF ALBRECHT

Golf-Club an der Göhrde e.V. DE

Braasche 2
D-29499 Zernien-Braasche
✆ 05863-556
Niedersachsen, Bremen

42

50% Greenfee-Ermäßigung

DER GOLF ALBRECHT

Golf-Club an der Göhrde e.V. DE

Braasche 2
D-29499 Zernien-Braasche
✆ 05863-556
Niedersachsen, Bremen

42

50% Greenfee-Ermäßigung

DER GOLF ALBRECHT

Golfclub Oldenburger Land e.V. DE

Hatter Straße 14
D-26209 Hatten-Dingstede
✆ 04482-8280
Niedersachsen, Bremen

43

2 for 1 2 GF zum Preis von 1

Bedingungen zur Einlösung des Discounts:

1. Das Angebot ist einschließlich bis 30.6.2024 gültig.
2. Der Golfspieler/Leser hat sich telefonisch eine Abschlagzeit geben zu lassen – dabei ist die Nutzung des Angebots anzugeben.
3. Eine Barauszahlung des Greenfee-Vorteils ist nicht möglich.
4. Das Kombinieren von Angeboten oder bestehenden Greenfee-Vorteilen ist nicht möglich. Der Vorteil bezieht sich jeweils ausschließlich auf die zum Zeitpunkt der Einlösung gültigen vollen Greenfee-Gebühren.
5. Gibt es Spielergruppen mit erhöhten Greenfee-Gebühren, ist ein Nachlass auf diese Gebühren nicht möglich.
6. Das Angebot allein berechtigt nicht zum Spiel gegen Greenfee. Die Erfüllung der Bestimmungen des jeweiligen Golfclubs zur Greenfee-Berechtigung (Mitgliedschaft in einem Golfclub, Mindesthandicap etc.) zum Zeitpunkt der Einlösung sind Voraussetzung.
7. Es ist untersagt, den Greenfee-Gutschein entgeltlich Dritten zu überlassen bzw. mit diesen Handel zu treiben. Insbesondere sind die teilnehmenden Golfclubs in diesem Falle berechtigt, die Einlösung der ausgeschriebenen Angebote zu verweigern.
8. Die teilnehmenden Golfclubs haben sich gegenüber dem Verlag unter den o.g. Bedingungen verpflichtet, die ausgeschriebenen Angebote einzulösen. Der Verlag übernimmt jedoch keine Gewähr und keine Haftung, wenn ein Angebot nicht eingelöst wird oder werden kann.

Bedingungen zur Einlösung des Discounts:

1. Das Angebot ist einschließlich bis 30.6.2024 gültig.
2. Der Golfspieler/Leser hat sich telefonisch eine Abschlagzeit geben zu lassen – dabei ist die Nutzung des Angebots anzugeben.
3. Eine Barauszahlung des Greenfee-Vorteils ist nicht möglich.
4. Das Kombinieren von Angeboten oder bestehenden Greenfee-Vorteilen ist nicht möglich. Der Vorteil bezieht sich jeweils ausschließlich auf die zum Zeitpunkt der Einlösung gültigen vollen Greenfee-Gebühren.
5. Gibt es Spielergruppen mit erhöhten Greenfee-Gebühren, ist ein Nachlass auf diese Gebühren nicht möglich.
6. Das Angebot allein berechtigt nicht zum Spiel gegen Greenfee. Die Erfüllung der Bestimmungen des jeweiligen Golfclubs zur Greenfee-Berechtigung (Mitgliedschaft in einem Golfclub, Mindesthandicap etc.) zum Zeitpunkt der Einlösung sind Voraussetzung.
7. Es ist untersagt, den Greenfee-Gutschein entgeltlich Dritten zu überlassen bzw. mit diesen Handel zu treiben. Insbesondere sind die teilnehmenden Golfclubs in diesem Falle berechtigt, die Einlösung der ausgeschriebenen Angebote zu verweigern.
8. Die teilnehmenden Golfclubs haben sich gegenüber dem Verlag unter den o.g. Bedingungen verpflichtet, die ausgeschriebenen Angebote einzulösen. Der Verlag übernimmt jedoch keine Gewähr und keine Haftung, wenn ein Angebot nicht eingelöst wird oder werden kann.

Bedingungen zur Einlösung des Discounts:

1. Das Angebot ist einschließlich bis 30.6.2024 gültig.
2. Der Golfspieler/Leser hat sich telefonisch eine Abschlagzeit geben zu lassen – dabei ist die Nutzung des Angebots anzugeben.
3. Eine Barauszahlung des Greenfee-Vorteils ist nicht möglich.
4. Das Kombinieren von Angeboten oder bestehenden Greenfee-Vorteilen ist nicht möglich. Der Vorteil bezieht sich jeweils ausschließlich auf die zum Zeitpunkt der Einlösung gültigen vollen Greenfee-Gebühren.
5. Gibt es Spielergruppen mit erhöhten Greenfee-Gebühren, ist ein Nachlass auf diese Gebühren nicht möglich.
6. Das Angebot allein berechtigt nicht zum Spiel gegen Greenfee. Die Erfüllung der Bestimmungen des jeweiligen Golfclubs zur Greenfee-Berechtigung (Mitgliedschaft in einem Golfclub, Mindesthandicap etc.) zum Zeitpunkt der Einlösung sind Voraussetzung.
7. Es ist untersagt, den Greenfee-Gutschein entgeltlich Dritten zu überlassen bzw. mit diesen Handel zu treiben. Insbesondere sind die teilnehmenden Golfclubs in diesem Falle berechtigt, die Einlösung der ausgeschriebenen Angebote zu verweigern.
8. Die teilnehmenden Golfclubs haben sich gegenüber dem Verlag unter den o.g. Bedingungen verpflichtet, die ausgeschriebenen Angebote einzulösen. Der Verlag übernimmt jedoch keine Gewähr und keine Haftung, wenn ein Angebot nicht eingelöst wird oder werden kann.

Bedingungen zur Einlösung des Discounts:

1. Das Angebot ist einschließlich bis 30.6.2024 gültig.
2. Der Golfspieler/Leser hat sich telefonisch eine Abschlagzeit geben zu lassen – dabei ist die Nutzung des Angebots anzugeben.
3. Eine Barauszahlung des Greenfee-Vorteils ist nicht möglich.
4. Das Kombinieren von Angeboten oder bestehenden Greenfee-Vorteilen ist nicht möglich. Der Vorteil bezieht sich jeweils ausschließlich auf die zum Zeitpunkt der Einlösung gültigen vollen Greenfee-Gebühren.
5. Gibt es Spielergruppen mit erhöhten Greenfee-Gebühren, ist ein Nachlass auf diese Gebühren nicht möglich.
6. Das Angebot allein berechtigt nicht zum Spiel gegen Greenfee. Die Erfüllung der Bestimmungen des jeweiligen Golfclubs zur Greenfee-Berechtigung (Mitgliedschaft in einem Golfclub, Mindesthandicap etc.) zum Zeitpunkt der Einlösung sind Voraussetzung.
7. Es ist untersagt, den Greenfee-Gutschein entgeltlich Dritten zu überlassen bzw. mit diesen Handel zu treiben. Insbesondere sind die teilnehmenden Golfclubs in diesem Falle berechtigt, die Einlösung der ausgeschriebenen Angebote zu verweigern.
8. Die teilnehmenden Golfclubs haben sich gegenüber dem Verlag unter den o.g. Bedingungen verpflichtet, die ausgeschriebenen Angebote einzulösen. Der Verlag übernimmt jedoch keine Gewähr und keine Haftung, wenn ein Angebot nicht eingelöst wird oder werden kann.

Bedingungen zur Einlösung des Discounts:

1. Das Angebot ist einschließlich bis 30.6.2024 gültig.
2. Der Golfspieler/Leser hat sich telefonisch eine Abschlagzeit geben zu lassen – dabei ist die Nutzung des Angebots anzugeben.
3. Eine Barauszahlung des Greenfee-Vorteils ist nicht möglich.
4. Das Kombinieren von Angeboten oder bestehenden Greenfee-Vorteilen ist nicht möglich. Der Vorteil bezieht sich jeweils ausschließlich auf die zum Zeitpunkt der Einlösung gültigen vollen Greenfee-Gebühren.
5. Gibt es Spielergruppen mit erhöhten Greenfee-Gebühren, ist ein Nachlass auf diese Gebühren nicht möglich.
6. Das Angebot allein berechtigt nicht zum Spiel gegen Greenfee. Die Erfüllung der Bestimmungen des jeweiligen Golfclubs zur Greenfee-Berechtigung (Mitgliedschaft in einem Golfclub, Mindesthandicap etc.) zum Zeitpunkt der Einlösung sind Voraussetzung.
7. Es ist untersagt, den Greenfee-Gutschein entgeltlich Dritten zu überlassen bzw. mit diesen Handel zu treiben. Insbesondere sind die teilnehmenden Golfclubs in diesem Falle berechtigt, die Einlösung der ausgeschriebenen Angebote zu verweigern.
8. Die teilnehmenden Golfclubs haben sich gegenüber dem Verlag unter den o.g. Bedingungen verpflichtet, die ausgeschriebenen Angebote einzulösen. Der Verlag übernimmt jedoch keine Gewähr und keine Haftung, wenn ein Angebot nicht eingelöst wird oder werden kann.

Bedingungen zur Einlösung des Discounts:

1. Das Angebot ist einschließlich bis 30.6.2024 gültig.
2. Der Golfspieler/Leser hat sich telefonisch eine Abschlagzeit geben zu lassen – dabei ist die Nutzung des Angebots anzugeben.
3. Eine Barauszahlung des Greenfee-Vorteils ist nicht möglich.
4. Das Kombinieren von Angeboten oder bestehenden Greenfee-Vorteilen ist nicht möglich. Der Vorteil bezieht sich jeweils ausschließlich auf die zum Zeitpunkt der Einlösung gültigen vollen Greenfee-Gebühren.
5. Gibt es Spielergruppen mit erhöhten Greenfee-Gebühren, ist ein Nachlass auf diese Gebühren nicht möglich.
6. Das Angebot allein berechtigt nicht zum Spiel gegen Greenfee. Die Erfüllung der Bestimmungen des jeweiligen Golfclubs zur Greenfee-Berechtigung (Mitgliedschaft in einem Golfclub, Mindesthandicap etc.) zum Zeitpunkt der Einlösung sind Voraussetzung.
7. Es ist untersagt, den Greenfee-Gutschein entgeltlich Dritten zu überlassen bzw. mit diesen Handel zu treiben. Insbesondere sind die teilnehmenden Golfclubs in diesem Falle berechtigt, die Einlösung der ausgeschriebenen Angebote zu verweigern.
8. Die teilnehmenden Golfclubs haben sich gegenüber dem Verlag unter den o.g. Bedingungen verpflichtet, die ausgeschriebenen Angebote einzulösen. Der Verlag übernimmt jedoch keine Gewähr und keine Haftung, wenn ein Angebot nicht eingelöst wird oder werden kann.

Bedingungen zur Einlösung des Discounts:

1. Das Angebot ist einschließlich bis 30.6.2024 gültig.
2. Der Golfspieler/Leser hat sich telefonisch eine Abschlagzeit geben zu lassen – dabei ist die Nutzung des Angebots anzugeben.
3. Eine Barauszahlung des Greenfee-Vorteils ist nicht möglich.
4. Das Kombinieren von Angeboten oder bestehenden Greenfee-Vorteilen ist nicht möglich. Der Vorteil bezieht sich jeweils ausschließlich auf die zum Zeitpunkt der Einlösung gültigen vollen Greenfee-Gebühren.
5. Gibt es Spielergruppen mit erhöhten Greenfee-Gebühren, ist ein Nachlass auf diese Gebühren nicht möglich.
6. Das Angebot allein berechtigt nicht zum Spiel gegen Greenfee. Die Erfüllung der Bestimmungen des jeweiligen Golfclubs zur Greenfee-Berechtigung (Mitgliedschaft in einem Golfclub, Mindesthandicap etc.) zum Zeitpunkt der Einlösung sind Voraussetzung.
7. Es ist untersagt, den Greenfee-Gutschein entgeltlich Dritten zu überlassen bzw. mit diesen Handel zu treiben. Insbesondere sind die teilnehmenden Golfclubs in diesem Falle berechtigt, die Einlösung der ausgeschriebenen Angebote zu verweigern.
8. Die teilnehmenden Golfclubs haben sich gegenüber dem Verlag unter den o.g. Bedingungen verpflichtet, die ausgeschriebenen Angebote einzulösen. Der Verlag übernimmt jedoch keine Gewähr und keine Haftung, wenn ein Angebot nicht eingelöst wird oder werden kann.

Bedingungen zur Einlösung des Discounts:

1. Das Angebot ist einschließlich bis 30.6.2024 gültig.
2. Der Golfspieler/Leser hat sich telefonisch eine Abschlagzeit geben zu lassen – dabei ist die Nutzung des Angebots anzugeben.
3. Eine Barauszahlung des Greenfee-Vorteils ist nicht möglich.
4. Das Kombinieren von Angeboten oder bestehenden Greenfee-Vorteilen ist nicht möglich. Der Vorteil bezieht sich jeweils ausschließlich auf die zum Zeitpunkt der Einlösung gültigen vollen Greenfee-Gebühren.
5. Gibt es Spielergruppen mit erhöhten Greenfee-Gebühren, ist ein Nachlass auf diese Gebühren nicht möglich.
6. Das Angebot allein berechtigt nicht zum Spiel gegen Greenfee. Die Erfüllung der Bestimmungen des jeweiligen Golfclubs zur Greenfee-Berechtigung (Mitgliedschaft in einem Golfclub, Mindesthandicap etc.) zum Zeitpunkt der Einlösung sind Voraussetzung.
7. Es ist untersagt, den Greenfee-Gutschein entgeltlich Dritten zu überlassen bzw. mit diesen Handel zu treiben. Insbesondere sind die teilnehmenden Golfclubs in diesem Falle berechtigt, die Einlösung der ausgeschriebenen Angebote zu verweigern.
8. Die teilnehmenden Golfclubs haben sich gegenüber dem Verlag unter den o.g. Bedingungen verpflichtet, die ausgeschriebenen Angebote einzulösen. Der Verlag übernimmt jedoch keine Gewähr und keine Haftung, wenn ein Angebot nicht eingelöst wird oder werden kann.

Bedingungen zur Einlösung des Discounts:

1. Das Angebot ist einschließlich bis 30.6.2024 gültig.
2. Der Golfspieler/Leser hat sich telefonisch eine Abschlagzeit geben zu lassen – dabei ist die Nutzung des Angebots anzugeben.
3. Eine Barauszahlung des Greenfee-Vorteils ist nicht möglich.
4. Das Kombinieren von Angeboten oder bestehenden Greenfee-Vorteilen ist nicht möglich. Der Vorteil bezieht sich jeweils ausschließlich auf die zum Zeitpunkt der Einlösung gültigen vollen Greenfee-Gebühren.
5. Gibt es Spielergruppen mit erhöhten Greenfee-Gebühren, ist ein Nachlass auf diese Gebühren nicht möglich.
6. Das Angebot allein berechtigt nicht zum Spiel gegen Greenfee. Die Erfüllung der Bestimmungen des jeweiligen Golfclubs zur Greenfee-Berechtigung (Mitgliedschaft in einem Golfclub, Mindesthandicap etc.) zum Zeitpunkt der Einlösung sind Voraussetzung.
7. Es ist untersagt, den Greenfee-Gutschein entgeltlich Dritten zu überlassen bzw. mit diesen Handel zu treiben. Insbesondere sind die teilnehmenden Golfclubs in diesem Falle berechtigt, die Einlösung der ausgeschriebenen Angebote zu verweigern.
8. Die teilnehmenden Golfclubs haben sich gegenüber dem Verlag unter den o.g. Bedingungen verpflichtet, die ausgeschriebenen Angebote einzulösen. Der Verlag übernimmt jedoch keine Gewähr und keine Haftung, wenn ein Angebot nicht eingelöst wird oder werden kann.

Bedingungen zur Einlösung des Discounts:

1. Das Angebot ist einschließlich bis 30.6.2024 gültig.
2. Der Golfspieler/Leser hat sich telefonisch eine Abschlagzeit geben zu lassen – dabei ist die Nutzung des Angebots anzugeben.
3. Eine Barauszahlung des Greenfee-Vorteils ist nicht möglich.
4. Das Kombinieren von Angeboten oder bestehenden Greenfee-Vorteilen ist nicht möglich. Der Vorteil bezieht sich jeweils ausschließlich auf die zum Zeitpunkt der Einlösung gültigen vollen Greenfee-Gebühren.
5. Gibt es Spielergruppen mit erhöhten Greenfee-Gebühren, ist ein Nachlass auf diese Gebühren nicht möglich.
6. Das Angebot allein berechtigt nicht zum Spiel gegen Greenfee. Die Erfüllung der Bestimmungen des jeweiligen Golfclubs zur Greenfee-Berechtigung (Mitgliedschaft in einem Golfclub, Mindesthandicap etc.) zum Zeitpunkt der Einlösung sind Voraussetzung.
7. Es ist untersagt, den Greenfee-Gutschein entgeltlich Dritten zu überlassen bzw. mit diesen Handel zu treiben. Insbesondere sind die teilnehmenden Golfclubs in diesem Falle berechtigt, die Einlösung der ausgeschriebenen Angebote zu verweigern.
8. Die teilnehmenden Golfclubs haben sich gegenüber dem Verlag unter den o.g. Bedingungen verpflichtet, die ausgeschriebenen Angebote einzulösen. Der Verlag übernimmt jedoch keine Gewähr und keine Haftung, wenn ein Angebot nicht eingelöst wird oder werden kann.

Diese Gutscheine gelten nur in Verbindung mit dem Buch/Albrecht Golf Card

DER GOLF ALBRECHT

Golfclub Oldenburger Land e.V. DE

Hatter Straße 14
D-26209 Hatten-Dingstede
✆ 04482-8280
Niedersachsen, Bremen

43

20% Greenfee-Ermäßigung

DER GOLF ALBRECHT

Golfpark Soltau DE

Hof Loh
D-29614 Soltau-Tetendorf
✆ 05191-9676333
Niedersachsen, Bremen

44

2 for 1 2 GF zum Preis von 1

DER GOLF ALBRECHT

Golfpark Soltau DE

Hof Loh
D-29614 Soltau-Tetendorf
✆ 05191-9676333
Niedersachsen, Bremen

44

2 for 1 2 GF zum Preis von 1

DER GOLF ALBRECHT

Golfpark Soltau DE

Hof Loh
D-29614 Soltau-Tetendorf
✆ 05191-9676333
Niedersachsen, Bremen

44

20% Greenfee-Ermäßigung

DER GOLF ALBRECHT

Golf Club Wildeshauser Geest e.V. DE

Spasche 5
D-27793 Wildeshausen
✆ 04431-1232
Niedersachsen, Bremen

45

2 for 1 2 GF zum Preis von 1

DER GOLF ALBRECHT

Golf Club Wildeshauser Geest e.V. DE

Spasche 5
D-27793 Wildeshausen
✆ 04431-1232
Niedersachsen, Bremen

45

2 for 1 2 GF zum Preis von 1

DER GOLF ALBRECHT

Golf Club Wildeshauser Geest e.V. DE

Spasche 5
D-27793 Wildeshausen
✆ 04431-1232
Niedersachsen, Bremen

45

20% Greenfee-Ermäßigung

DER GOLF ALBRECHT

Golf Club Wildeshauser Geest e.V. DE

Spasche 5
D-27793 Wildeshausen
✆ 04431-1232
Niedersachsen, Bremen

45

20% Greenfee-Ermäßigung

DER GOLF ALBRECHT

Golfclub Thülsfelder Talsperre e.V. DE

Mühlenweg 9
D-49696 Molbergen OT Resthausen
✆ 04474-7995
Niedersachsen, Bremen

46

2 for 1 2 GF zum Preis von 1

DER GOLF ALBRECHT

Golfclub Thülsfelder Talsperre e.V. DE

Mühlenweg 9
D-49696 Molbergen OT Resthausen
✆ 04474-7995
Niedersachsen, Bremen

46

2 for 1 2 GF zum Preis von 1

Diese Gutscheine gelten nur in Verbindung mit dem Buch/Albrecht Golf Card

Bedingungen zur Einlösung des Discounts:
1. Das Angebot ist einschließlich bis 30.6.2024 gültig.
2. Der Golfspieler/Leser hat sich telefonisch eine Abschlagzeit geben zu lassen – dabei ist die Nutzung des Angebots anzugeben.
3. Eine Barauszahlung des Greenfee-Vorteils ist nicht möglich.
4. Das Kombinieren von Angeboten oder bestehenden Greenfee-Vorteilen ist nicht möglich. Der Vorteil bezieht sich jeweils ausschließlich auf die zum Zeitpunkt der Einlösung gültigen vollen Greenfee-Gebühren.
5. Gibt es Spielergruppen mit erhöhten Greenfee-Gebühren, ist ein Nachlass auf diese Gebühren nicht möglich.
6. Das Angebot allein berechtigt nicht zum Spiel gegen Greenfee. Die Erfüllung der Bestimmungen des jeweiligen Golfclubs zur Greenfee-Berechtigung (Mitgliedschaft in einem Golfclub, Mindesthandicap etc.) zum Zeitpunkt der Einlösung sind Voraussetzung.
7. Es ist untersagt, den Greenfee-Gutschein entgeltlich Dritten zu überlassen bzw. mit diesen Handel zu treiben. Insbesondere sind die teilnehmenden Golfclubs in diesem Falle berechtigt, die Einlösung der ausgeschriebenen Angebote zu verweigern.
8. Die teilnehmenden Golfclubs haben sich gegenüber dem Verlag unter den o.g. Bedingungen verpflichtet, die ausgeschriebenen Angebote einzulösen. Der Verlag übernimmt jedoch keine Gewähr und keine Haftung, wenn ein Angebot nicht eingelöst wird oder werden kann.

Bedingungen zur Einlösung des Discounts:
1. Das Angebot ist einschließlich bis 30.6.2024 gültig.
2. Der Golfspieler/Leser hat sich telefonisch eine Abschlagzeit geben zu lassen – dabei ist die Nutzung des Angebots anzugeben.
3. Eine Barauszahlung des Greenfee-Vorteils ist nicht möglich.
4. Das Kombinieren von Angeboten oder bestehenden Greenfee-Vorteilen ist nicht möglich. Der Vorteil bezieht sich jeweils ausschließlich auf die zum Zeitpunkt der Einlösung gültigen vollen Greenfee-Gebühren.
5. Gibt es Spielergruppen mit erhöhten Greenfee-Gebühren, ist ein Nachlass auf diese Gebühren nicht möglich.
6. Das Angebot allein berechtigt nicht zum Spiel gegen Greenfee. Die Erfüllung der Bestimmungen des jeweiligen Golfclubs zur Greenfee-Berechtigung (Mitgliedschaft in einem Golfclub, Mindesthandicap etc.) zum Zeitpunkt der Einlösung sind Voraussetzung.
7. Es ist untersagt, den Greenfee-Gutschein entgeltlich Dritten zu überlassen bzw. mit diesen Handel zu treiben. Insbesondere sind die teilnehmenden Golfclubs in diesem Falle berechtigt, die Einlösung der ausgeschriebenen Angebote zu verweigern.
8. Die teilnehmenden Golfclubs haben sich gegenüber dem Verlag unter den o.g. Bedingungen verpflichtet, die ausgeschriebenen Angebote einzulösen. Der Verlag übernimmt jedoch keine Gewähr und keine Haftung, wenn ein Angebot nicht eingelöst wird oder werden kann.

Bedingungen zur Einlösung des Discounts:
1. Das Angebot ist einschließlich bis 30.6.2024 gültig.
2. Der Golfspieler/Leser hat sich telefonisch eine Abschlagzeit geben zu lassen – dabei ist die Nutzung des Angebots anzugeben.
3. Eine Barauszahlung des Greenfee-Vorteils ist nicht möglich.
4. Das Kombinieren von Angeboten oder bestehenden Greenfee-Vorteilen ist nicht möglich. Der Vorteil bezieht sich jeweils ausschließlich auf die zum Zeitpunkt der Einlösung gültigen vollen Greenfee-Gebühren.
5. Gibt es Spielergruppen mit erhöhten Greenfee-Gebühren, ist ein Nachlass auf diese Gebühren nicht möglich.
6. Das Angebot allein berechtigt nicht zum Spiel gegen Greenfee. Die Erfüllung der Bestimmungen des jeweiligen Golfclubs zur Greenfee-Berechtigung (Mitgliedschaft in einem Golfclub, Mindesthandicap etc.) zum Zeitpunkt der Einlösung sind Voraussetzung.
7. Es ist untersagt, den Greenfee-Gutschein entgeltlich Dritten zu überlassen bzw. mit diesen Handel zu treiben. Insbesondere sind die teilnehmenden Golfclubs in diesem Falle berechtigt, die Einlösung der ausgeschriebenen Angebote zu verweigern.
8. Die teilnehmenden Golfclubs haben sich gegenüber dem Verlag unter den o.g. Bedingungen verpflichtet, die ausgeschriebenen Angebote einzulösen. Der Verlag übernimmt jedoch keine Gewähr und keine Haftung, wenn ein Angebot nicht eingelöst wird oder werden kann.

Bedingungen zur Einlösung des Discounts:
1. Das Angebot ist einschließlich bis 30.6.2024 gültig.
2. Der Golfspieler/Leser hat sich telefonisch eine Abschlagzeit geben zu lassen – dabei ist die Nutzung des Angebots anzugeben.
3. Eine Barauszahlung des Greenfee-Vorteils ist nicht möglich.
4. Das Kombinieren von Angeboten oder bestehenden Greenfee-Vorteilen ist nicht möglich. Der Vorteil bezieht sich jeweils ausschließlich auf die zum Zeitpunkt der Einlösung gültigen vollen Greenfee-Gebühren.
5. Gibt es Spielergruppen mit erhöhten Greenfee-Gebühren, ist ein Nachlass auf diese Gebühren nicht möglich.
6. Das Angebot allein berechtigt nicht zum Spiel gegen Greenfee. Die Erfüllung der Bestimmungen des jeweiligen Golfclubs zur Greenfee-Berechtigung (Mitgliedschaft in einem Golfclub, Mindesthandicap etc.) zum Zeitpunkt der Einlösung sind Voraussetzung.
7. Es ist untersagt, den Greenfee-Gutschein entgeltlich Dritten zu überlassen bzw. mit diesen Handel zu treiben. Insbesondere sind die teilnehmenden Golfclubs in diesem Falle berechtigt, die Einlösung der ausgeschriebenen Angebote zu verweigern.
8. Die teilnehmenden Golfclubs haben sich gegenüber dem Verlag unter den o.g. Bedingungen verpflichtet, die ausgeschriebenen Angebote einzulösen. Der Verlag übernimmt jedoch keine Gewähr und keine Haftung, wenn ein Angebot nicht eingelöst wird oder werden kann.

Bedingungen zur Einlösung des Discounts:
1. Das Angebot ist einschließlich bis 30.6.2024 gültig.
2. Der Golfspieler/Leser hat sich telefonisch eine Abschlagzeit geben zu lassen – dabei ist die Nutzung des Angebots anzugeben.
3. Eine Barauszahlung des Greenfee-Vorteils ist nicht möglich.
4. Das Kombinieren von Angeboten oder bestehenden Greenfee-Vorteilen ist nicht möglich. Der Vorteil bezieht sich jeweils ausschließlich auf die zum Zeitpunkt der Einlösung gültigen vollen Greenfee-Gebühren.
5. Gibt es Spielergruppen mit erhöhten Greenfee-Gebühren, ist ein Nachlass auf diese Gebühren nicht möglich.
6. Das Angebot allein berechtigt nicht zum Spiel gegen Greenfee. Die Erfüllung der Bestimmungen des jeweiligen Golfclubs zur Greenfee-Berechtigung (Mitgliedschaft in einem Golfclub, Mindesthandicap etc.) zum Zeitpunkt der Einlösung sind Voraussetzung.
7. Es ist untersagt, den Greenfee-Gutschein entgeltlich Dritten zu überlassen bzw. mit diesen Handel zu treiben. Insbesondere sind die teilnehmenden Golfclubs in diesem Falle berechtigt, die Einlösung der ausgeschriebenen Angebote zu verweigern.
8. Die teilnehmenden Golfclubs haben sich gegenüber dem Verlag unter den o.g. Bedingungen verpflichtet, die ausgeschriebenen Angebote einzulösen. Der Verlag übernimmt jedoch keine Gewähr und keine Haftung, wenn ein Angebot nicht eingelöst wird oder werden kann.

Bedingungen zur Einlösung des Discounts:
1. Das Angebot ist einschließlich bis 30.6.2024 gültig.
2. Der Golfspieler/Leser hat sich telefonisch eine Abschlagzeit geben zu lassen – dabei ist die Nutzung des Angebots anzugeben.
3. Eine Barauszahlung des Greenfee-Vorteils ist nicht möglich.
4. Das Kombinieren von Angeboten oder bestehenden Greenfee-Vorteilen ist nicht möglich. Der Vorteil bezieht sich jeweils ausschließlich auf die zum Zeitpunkt der Einlösung gültigen vollen Greenfee-Gebühren.
5. Gibt es Spielergruppen mit erhöhten Greenfee-Gebühren, ist ein Nachlass auf diese Gebühren nicht möglich.
6. Das Angebot allein berechtigt nicht zum Spiel gegen Greenfee. Die Erfüllung der Bestimmungen des jeweiligen Golfclubs zur Greenfee-Berechtigung (Mitgliedschaft in einem Golfclub, Mindesthandicap etc.) zum Zeitpunkt der Einlösung sind Voraussetzung.
7. Es ist untersagt, den Greenfee-Gutschein entgeltlich Dritten zu überlassen bzw. mit diesen Handel zu treiben. Insbesondere sind die teilnehmenden Golfclubs in diesem Falle berechtigt, die Einlösung der ausgeschriebenen Angebote zu verweigern.
8. Die teilnehmenden Golfclubs haben sich gegenüber dem Verlag unter den o.g. Bedingungen verpflichtet, die ausgeschriebenen Angebote einzulösen. Der Verlag übernimmt jedoch keine Gewähr und keine Haftung, wenn ein Angebot nicht eingelöst wird oder werden kann.

Bedingungen zur Einlösung des Discounts:
1. Das Angebot ist einschließlich bis 30.6.2024 gültig.
2. Der Golfspieler/Leser hat sich telefonisch eine Abschlagzeit geben zu lassen – dabei ist die Nutzung des Angebots anzugeben.
3. Eine Barauszahlung des Greenfee-Vorteils ist nicht möglich.
4. Das Kombinieren von Angeboten oder bestehenden Greenfee-Vorteilen ist nicht möglich. Der Vorteil bezieht sich jeweils ausschließlich auf die zum Zeitpunkt der Einlösung gültigen vollen Greenfee-Gebühren.
5. Gibt es Spielergruppen mit erhöhten Greenfee-Gebühren, ist ein Nachlass auf diese Gebühren nicht möglich.
6. Das Angebot allein berechtigt nicht zum Spiel gegen Greenfee. Die Erfüllung der Bestimmungen des jeweiligen Golfclubs zur Greenfee-Berechtigung (Mitgliedschaft in einem Golfclub, Mindesthandicap etc.) zum Zeitpunkt der Einlösung sind Voraussetzung.
7. Es ist untersagt, den Greenfee-Gutschein entgeltlich Dritten zu überlassen bzw. mit diesen Handel zu treiben. Insbesondere sind die teilnehmenden Golfclubs in diesem Falle berechtigt, die Einlösung der ausgeschriebenen Angebote zu verweigern.
8. Die teilnehmenden Golfclubs haben sich gegenüber dem Verlag unter den o.g. Bedingungen verpflichtet, die ausgeschriebenen Angebote einzulösen. Der Verlag übernimmt jedoch keine Gewähr und keine Haftung, wenn ein Angebot nicht eingelöst wird oder werden kann.

Bedingungen zur Einlösung des Discounts:
1. Das Angebot ist einschließlich bis 30.6.2024 gültig.
2. Der Golfspieler/Leser hat sich telefonisch eine Abschlagzeit geben zu lassen – dabei ist die Nutzung des Angebots anzugeben.
3. Eine Barauszahlung des Greenfee-Vorteils ist nicht möglich.
4. Das Kombinieren von Angeboten oder bestehenden Greenfee-Vorteilen ist nicht möglich. Der Vorteil bezieht sich jeweils ausschließlich auf die zum Zeitpunkt der Einlösung gültigen vollen Greenfee-Gebühren.
5. Gibt es Spielergruppen mit erhöhten Greenfee-Gebühren, ist ein Nachlass auf diese Gebühren nicht möglich.
6. Das Angebot allein berechtigt nicht zum Spiel gegen Greenfee. Die Erfüllung der Bestimmungen des jeweiligen Golfclubs zur Greenfee-Berechtigung (Mitgliedschaft in einem Golfclub, Mindesthandicap etc.) zum Zeitpunkt der Einlösung sind Voraussetzung.
7. Es ist untersagt, den Greenfee-Gutschein entgeltlich Dritten zu überlassen bzw. mit diesen Handel zu treiben. Insbesondere sind die teilnehmenden Golfclubs in diesem Falle berechtigt, die Einlösung der ausgeschriebenen Angebote zu verweigern.
8. Die teilnehmenden Golfclubs haben sich gegenüber dem Verlag unter den o.g. Bedingungen verpflichtet, die ausgeschriebenen Angebote einzulösen. Der Verlag übernimmt jedoch keine Gewähr und keine Haftung, wenn ein Angebot nicht eingelöst wird oder werden kann.

Bedingungen zur Einlösung des Discounts:
1. Das Angebot ist einschließlich bis 30.6.2024 gültig.
2. Der Golfspieler/Leser hat sich telefonisch eine Abschlagzeit geben zu lassen – dabei ist die Nutzung des Angebots anzugeben.
3. Eine Barauszahlung des Greenfee-Vorteils ist nicht möglich.
4. Das Kombinieren von Angeboten oder bestehenden Greenfee-Vorteilen ist nicht möglich. Der Vorteil bezieht sich jeweils ausschließlich auf die zum Zeitpunkt der Einlösung gültigen vollen Greenfee-Gebühren.
5. Gibt es Spielergruppen mit erhöhten Greenfee-Gebühren, ist ein Nachlass auf diese Gebühren nicht möglich.
6. Das Angebot allein berechtigt nicht zum Spiel gegen Greenfee. Die Erfüllung der Bestimmungen des jeweiligen Golfclubs zur Greenfee-Berechtigung (Mitgliedschaft in einem Golfclub, Mindesthandicap etc.) zum Zeitpunkt der Einlösung sind Voraussetzung.
7. Es ist untersagt, den Greenfee-Gutschein entgeltlich Dritten zu überlassen bzw. mit diesen Handel zu treiben. Insbesondere sind die teilnehmenden Golfclubs in diesem Falle berechtigt, die Einlösung der ausgeschriebenen Angebote zu verweigern.
8. Die teilnehmenden Golfclubs haben sich gegenüber dem Verlag unter den o.g. Bedingungen verpflichtet, die ausgeschriebenen Angebote einzulösen. Der Verlag übernimmt jedoch keine Gewähr und keine Haftung, wenn ein Angebot nicht eingelöst wird oder werden kann.

Bedingungen zur Einlösung des Discounts:
1. Das Angebot ist einschließlich bis 30.6.2024 gültig.
2. Der Golfspieler/Leser hat sich telefonisch eine Abschlagzeit geben zu lassen – dabei ist die Nutzung des Angebots anzugeben.
3. Eine Barauszahlung des Greenfee-Vorteils ist nicht möglich.
4. Das Kombinieren von Angeboten oder bestehenden Greenfee-Vorteilen ist nicht möglich. Der Vorteil bezieht sich jeweils ausschließlich auf die zum Zeitpunkt der Einlösung gültigen vollen Greenfee-Gebühren.
5. Gibt es Spielergruppen mit erhöhten Greenfee-Gebühren, ist ein Nachlass auf diese Gebühren nicht möglich.
6. Das Angebot allein berechtigt nicht zum Spiel gegen Greenfee. Die Erfüllung der Bestimmungen des jeweiligen Golfclubs zur Greenfee-Berechtigung (Mitgliedschaft in einem Golfclub, Mindesthandicap etc.) zum Zeitpunkt der Einlösung sind Voraussetzung.
7. Es ist untersagt, den Greenfee-Gutschein entgeltlich Dritten zu überlassen bzw. mit diesen Handel zu treiben. Insbesondere sind die teilnehmenden Golfclubs in diesem Falle berechtigt, die Einlösung der ausgeschriebenen Angebote zu verweigern.
8. Die teilnehmenden Golfclubs haben sich gegenüber dem Verlag unter den o.g. Bedingungen verpflichtet, die ausgeschriebenen Angebote einzulösen. Der Verlag übernimmt jedoch keine Gewähr und keine Haftung, wenn ein Angebot nicht eingelöst wird oder werden kann.

Diese Gutscheine gelten nur in Verbindung mit dem Buch/Albrecht Golf Card

Diese Gutscheine gelten nur in Verbindung mit dem Buch/Albrecht Golf Card

DER GOLF ALBRECHT

Golfclub Thülsfelder Talsperre e.V.

DE

Mühlenweg 9
D-49696 Molbergen OT Resthausen
✆ 04474-7995
Niedersachsen, Bremen

46

25% Greenfee-Ermäßigung

DER GOLF ALBRECHT

Golfclub Thülsfelder Talsperre e.V.

DE

Mühlenweg 9
D-49696 Molbergen OT Resthausen
✆ 04474-7995
Niedersachsen, Bremen

46

25% Greenfee-Ermäßigung

DER GOLF ALBRECHT

Golf Club Tietlingen e.V.

DE

Tietlingen 6c
D-29664 Walsrode
✆ 05162-3889
Niedersachsen, Bremen
Hinweis: Gilt nicht für 9 Loch Greenfee

47

2 for 1 2 GF zum Preis von 1

DER GOLF ALBRECHT

Golf Club Tietlingen e.V.

DE

Tietlingen 6c
D-29664 Walsrode
✆ 05162-3889
Niedersachsen, Bremen
Hinweis: Gilt nicht für 9 Loch Greenfee

47

2 for 1 2 GF zum Preis von 1

DER GOLF ALBRECHT

Golf Club Tietlingen e.V.

DE

Tietlingen 6c
D-29664 Walsrode
✆ 05162-3889
Niedersachsen, Bremen
Hinweis: Gilt nicht für 9 Loch Greenfee

47

30% Greenfee-Ermäßigung

DER GOLF ALBRECHT

Golf Club Tietlingen e.V.

DE

Tietlingen 6c
D-29664 Walsrode
✆ 05162-3889
Niedersachsen, Bremen
Hinweis: Gilt nicht für 9 Loch Greenfee

47

30% Greenfee-Ermäßigung

DER GOLF ALBRECHT

Bergen-Hohne Golfclub e.V.

DE

Panzer Str. 1
D-29303 Lohheide
✆ 05051-4393/-4549
Niedersachsen, Bremen

48

2 for 1 2 GF zum Preis von 1

DER GOLF ALBRECHT

Bergen-Hohne Golfclub e.V.

DE

Panzer Str. 1
D-29303 Lohheide
✆ 05051-4393/-4549
Niedersachsen, Bremen

48

2 for 1 2 GF zum Preis von 1

DER GOLF ALBRECHT

Golfclub Herzogstadt Celle e.V.

DE

Beukenbusch 1
D-29229 Celle-Garssen
✆ 05086-395
Niedersachsen, Bremen

49

2 for 1 2 GF zum Preis von 1

DER GOLF ALBRECHT

Golfclub Herzogstadt Celle e.V.

DE

Beukenbusch 1
D-29229 Celle-Garssen
✆ 05086-395
Niedersachsen, Bremen

49

2 for 1 2 GF zum Preis von 1

Bedingungen zur Einlösung des Discounts:

1. Das Angebot ist einschließlich bis 30.6.2024 gültig.
2. Der Golfspieler/Leser hat sich telefonisch eine Abschlagzeit geben zu lassen – dabei ist die Nutzung des Angebots anzugeben.
3. Eine Barauszahlung des Greenfee-Vorteils ist nicht möglich.
4. Das Kombinieren von Angeboten oder bestehenden Greenfee-Vorteilen ist nicht möglich. Der Vorteil bezieht sich jeweils ausschließlich auf die zum Zeitpunkt der Einlösung gültigen vollen Greenfee-Gebühren.
5. Gibt es Spielergruppen mit erhöhten Greenfee-Gebühren, ist ein Nachlass auf diese Gebühren nicht möglich.
6. Das Angebot allein berechtigt nicht zum Spiel gegen Greenfee. Die Erfüllung der Bestimmungen des jeweiligen Golfclubs zur Greenfee-Berechtigung (Mitgliedschaft in einem Golfclub, Mindesthandicap etc.) zum Zeitpunkt der Einlösung sind Voraussetzung.
7. Es ist untersagt, den Greenfee-Gutschein entgeltlich Dritten zu überlassen bzw. mit diesen Handel zu treiben. Insbesondere sind die teilnehmenden Golfclubs in diesem Falle berechtigt, die Einlösung der ausgeschriebenen Angebote zu verweigern.
8. Die teilnehmenden Golfclubs haben sich gegenüber dem Verlag unter den o.g. Bedingungen verpflichtet, die ausgeschriebenen Angebote einzulösen. Der Verlag übernimmt jedoch keine Gewähr und keine Haftung, wenn ein Angebot nicht eingelöst wird oder werden kann.

Bedingungen zur Einlösung des Discounts:

1. Das Angebot ist einschließlich bis 30.6.2024 gültig.
2. Der Golfspieler/Leser hat sich telefonisch eine Abschlagzeit geben zu lassen – dabei ist die Nutzung des Angebots anzugeben.
3. Eine Barauszahlung des Greenfee-Vorteils ist nicht möglich.
4. Das Kombinieren von Angeboten oder bestehenden Greenfee-Vorteilen ist nicht möglich. Der Vorteil bezieht sich jeweils ausschließlich auf die zum Zeitpunkt der Einlösung gültigen vollen Greenfee-Gebühren.
5. Gibt es Spielergruppen mit erhöhten Greenfee-Gebühren, ist ein Nachlass auf diese Gebühren nicht möglich.
6. Das Angebot allein berechtigt nicht zum Spiel gegen Greenfee. Die Erfüllung der Bestimmungen des jeweiligen Golfclubs zur Greenfee-Berechtigung (Mitgliedschaft in einem Golfclub, Mindesthandicap etc.) zum Zeitpunkt der Einlösung sind Voraussetzung.
7. Es ist untersagt, den Greenfee-Gutschein entgeltlich Dritten zu überlassen bzw. mit diesen Handel zu treiben. Insbesondere sind die teilnehmenden Golfclubs in diesem Falle berechtigt, die Einlösung der ausgeschriebenen Angebote zu verweigern.
8. Die teilnehmenden Golfclubs haben sich gegenüber dem Verlag unter den o.g. Bedingungen verpflichtet, die ausgeschriebenen Angebote einzulösen. Der Verlag übernimmt jedoch keine Gewähr und keine Haftung, wenn ein Angebot nicht eingelöst wird oder werden kann.

Bedingungen zur Einlösung des Discounts:

1. Das Angebot ist einschließlich bis 30.6.2024 gültig.
2. Der Golfspieler/Leser hat sich telefonisch eine Abschlagzeit geben zu lassen – dabei ist die Nutzung des Angebots anzugeben.
3. Eine Barauszahlung des Greenfee-Vorteils ist nicht möglich.
4. Das Kombinieren von Angeboten oder bestehenden Greenfee-Vorteilen ist nicht möglich. Der Vorteil bezieht sich jeweils ausschließlich auf die zum Zeitpunkt der Einlösung gültigen vollen Greenfee-Gebühren.
5. Gibt es Spielergruppen mit erhöhten Greenfee-Gebühren, ist ein Nachlass auf diese Gebühren nicht möglich.
6. Das Angebot allein berechtigt nicht zum Spiel gegen Greenfee. Die Erfüllung der Bestimmungen des jeweiligen Golfclubs zur Greenfee-Berechtigung (Mitgliedschaft in einem Golfclub, Mindesthandicap etc.) zum Zeitpunkt der Einlösung sind Voraussetzung.
7. Es ist untersagt, den Greenfee-Gutschein entgeltlich Dritten zu überlassen bzw. mit diesen Handel zu treiben. Insbesondere sind die teilnehmenden Golfclubs in diesem Falle berechtigt, die Einlösung der ausgeschriebenen Angebote zu verweigern.
8. Die teilnehmenden Golfclubs haben sich gegenüber dem Verlag unter den o.g. Bedingungen verpflichtet, die ausgeschriebenen Angebote einzulösen. Der Verlag übernimmt jedoch keine Gewähr und keine Haftung, wenn ein Angebot nicht eingelöst wird oder werden kann.

Bedingungen zur Einlösung des Discounts:

1. Das Angebot ist einschließlich bis 30.6.2024 gültig.
2. Der Golfspieler/Leser hat sich telefonisch eine Abschlagzeit geben zu lassen – dabei ist die Nutzung des Angebots anzugeben.
3. Eine Barauszahlung des Greenfee-Vorteils ist nicht möglich.
4. Das Kombinieren von Angeboten oder bestehenden Greenfee-Vorteilen ist nicht möglich. Der Vorteil bezieht sich jeweils ausschließlich auf die zum Zeitpunkt der Einlösung gültigen vollen Greenfee-Gebühren.
5. Gibt es Spielergruppen mit erhöhten Greenfee-Gebühren, ist ein Nachlass auf diese Gebühren nicht möglich.
6. Das Angebot allein berechtigt nicht zum Spiel gegen Greenfee. Die Erfüllung der Bestimmungen des jeweiligen Golfclubs zur Greenfee-Berechtigung (Mitgliedschaft in einem Golfclub, Mindesthandicap etc.) zum Zeitpunkt der Einlösung sind Voraussetzung.
7. Es ist untersagt, den Greenfee-Gutschein entgeltlich Dritten zu überlassen bzw. mit diesen Handel zu treiben. Insbesondere sind die teilnehmenden Golfclubs in diesem Falle berechtigt, die Einlösung der ausgeschriebenen Angebote zu verweigern.
8. Die teilnehmenden Golfclubs haben sich gegenüber dem Verlag unter den o.g. Bedingungen verpflichtet, die ausgeschriebenen Angebote einzulösen. Der Verlag übernimmt jedoch keine Gewähr und keine Haftung, wenn ein Angebot nicht eingelöst wird oder werden kann.

Bedingungen zur Einlösung des Discounts:

1. Das Angebot ist einschließlich bis 30.6.2024 gültig.
2. Der Golfspieler/Leser hat sich telefonisch eine Abschlagzeit geben zu lassen – dabei ist die Nutzung des Angebots anzugeben.
3. Eine Barauszahlung des Greenfee-Vorteils ist nicht möglich.
4. Das Kombinieren von Angeboten oder bestehenden Greenfee-Vorteilen ist nicht möglich. Der Vorteil bezieht sich jeweils ausschließlich auf die zum Zeitpunkt der Einlösung gültigen vollen Greenfee-Gebühren.
5. Gibt es Spielergruppen mit erhöhten Greenfee-Gebühren, ist ein Nachlass auf diese Gebühren nicht möglich.
6. Das Angebot allein berechtigt nicht zum Spiel gegen Greenfee. Die Erfüllung der Bestimmungen des jeweiligen Golfclubs zur Greenfee-Berechtigung (Mitgliedschaft in einem Golfclub, Mindesthandicap etc.) zum Zeitpunkt der Einlösung sind Voraussetzung.
7. Es ist untersagt, den Greenfee-Gutschein entgeltlich Dritten zu überlassen bzw. mit diesen Handel zu treiben. Insbesondere sind die teilnehmenden Golfclubs in diesem Falle berechtigt, die Einlösung der ausgeschriebenen Angebote zu verweigern.
8. Die teilnehmenden Golfclubs haben sich gegenüber dem Verlag unter den o.g. Bedingungen verpflichtet, die ausgeschriebenen Angebote einzulösen. Der Verlag übernimmt jedoch keine Gewähr und keine Haftung, wenn ein Angebot nicht eingelöst wird oder werden kann.

Bedingungen zur Einlösung des Discounts:

1. Das Angebot ist einschließlich bis 30.6.2024 gültig.
2. Der Golfspieler/Leser hat sich telefonisch eine Abschlagzeit geben zu lassen – dabei ist die Nutzung des Angebots anzugeben.
3. Eine Barauszahlung des Greenfee-Vorteils ist nicht möglich.
4. Das Kombinieren von Angeboten oder bestehenden Greenfee-Vorteilen ist nicht möglich. Der Vorteil bezieht sich jeweils ausschließlich auf die zum Zeitpunkt der Einlösung gültigen vollen Greenfee-Gebühren.
5. Gibt es Spielergruppen mit erhöhten Greenfee-Gebühren, ist ein Nachlass auf diese Gebühren nicht möglich.
6. Das Angebot allein berechtigt nicht zum Spiel gegen Greenfee. Die Erfüllung der Bestimmungen des jeweiligen Golfclubs zur Greenfee-Berechtigung (Mitgliedschaft in einem Golfclub, Mindesthandicap etc.) zum Zeitpunkt der Einlösung sind Voraussetzung.
7. Es ist untersagt, den Greenfee-Gutschein entgeltlich Dritten zu überlassen bzw. mit diesen Handel zu treiben. Insbesondere sind die teilnehmenden Golfclubs in diesem Falle berechtigt, die Einlösung der ausgeschriebenen Angebote zu verweigern.
8. Die teilnehmenden Golfclubs haben sich gegenüber dem Verlag unter den o.g. Bedingungen verpflichtet, die ausgeschriebenen Angebote einzulösen. Der Verlag übernimmt jedoch keine Gewähr und keine Haftung, wenn ein Angebot nicht eingelöst wird oder werden kann.

Bedingungen zur Einlösung des Discounts:

1. Das Angebot ist einschließlich bis 30.6.2024 gültig.
2. Der Golfspieler/Leser hat sich telefonisch eine Abschlagzeit geben zu lassen – dabei ist die Nutzung des Angebots anzugeben.
3. Eine Barauszahlung des Greenfee-Vorteils ist nicht möglich.
4. Das Kombinieren von Angeboten oder bestehenden Greenfee-Vorteilen ist nicht möglich. Der Vorteil bezieht sich jeweils ausschließlich auf die zum Zeitpunkt der Einlösung gültigen vollen Greenfee-Gebühren.
5. Gibt es Spielergruppen mit erhöhten Greenfee-Gebühren, ist ein Nachlass auf diese Gebühren nicht möglich.
6. Das Angebot allein berechtigt nicht zum Spiel gegen Greenfee. Die Erfüllung der Bestimmungen des jeweiligen Golfclubs zur Greenfee-Berechtigung (Mitgliedschaft in einem Golfclub, Mindesthandicap etc.) zum Zeitpunkt der Einlösung sind Voraussetzung.
7. Es ist untersagt, den Greenfee-Gutschein entgeltlich Dritten zu überlassen bzw. mit diesen Handel zu treiben. Insbesondere sind die teilnehmenden Golfclubs in diesem Falle berechtigt, die Einlösung der ausgeschriebenen Angebote zu verweigern.
8. Die teilnehmenden Golfclubs haben sich gegenüber dem Verlag unter den o.g. Bedingungen verpflichtet, die ausgeschriebenen Angebote einzulösen. Der Verlag übernimmt jedoch keine Gewähr und keine Haftung, wenn ein Angebot nicht eingelöst wird oder werden kann.

Bedingungen zur Einlösung des Discounts:

1. Das Angebot ist einschließlich bis 30.6.2024 gültig.
2. Der Golfspieler/Leser hat sich telefonisch eine Abschlagzeit geben zu lassen – dabei ist die Nutzung des Angebots anzugeben.
3. Eine Barauszahlung des Greenfee-Vorteils ist nicht möglich.
4. Das Kombinieren von Angeboten oder bestehenden Greenfee-Vorteilen ist nicht möglich. Der Vorteil bezieht sich jeweils ausschließlich auf die zum Zeitpunkt der Einlösung gültigen vollen Greenfee-Gebühren.
5. Gibt es Spielergruppen mit erhöhten Greenfee-Gebühren, ist ein Nachlass auf diese Gebühren nicht möglich.
6. Das Angebot allein berechtigt nicht zum Spiel gegen Greenfee. Die Erfüllung der Bestimmungen des jeweiligen Golfclubs zur Greenfee-Berechtigung (Mitgliedschaft in einem Golfclub, Mindesthandicap etc.) zum Zeitpunkt der Einlösung sind Voraussetzung.
7. Es ist untersagt, den Greenfee-Gutschein entgeltlich Dritten zu überlassen bzw. mit diesen Handel zu treiben. Insbesondere sind die teilnehmenden Golfclubs in diesem Falle berechtigt, die Einlösung der ausgeschriebenen Angebote zu verweigern.
8. Die teilnehmenden Golfclubs haben sich gegenüber dem Verlag unter den o.g. Bedingungen verpflichtet, die ausgeschriebenen Angebote einzulösen. Der Verlag übernimmt jedoch keine Gewähr und keine Haftung, wenn ein Angebot nicht eingelöst wird oder werden kann.

Bedingungen zur Einlösung des Discounts:

1. Das Angebot ist einschließlich bis 30.6.2024 gültig.
2. Der Golfspieler/Leser hat sich telefonisch eine Abschlagzeit geben zu lassen – dabei ist die Nutzung des Angebots anzugeben.
3. Eine Barauszahlung des Greenfee-Vorteils ist nicht möglich.
4. Das Kombinieren von Angeboten oder bestehenden Greenfee-Vorteilen ist nicht möglich. Der Vorteil bezieht sich jeweils ausschließlich auf die zum Zeitpunkt der Einlösung gültigen vollen Greenfee-Gebühren.
5. Gibt es Spielergruppen mit erhöhten Greenfee-Gebühren, ist ein Nachlass auf diese Gebühren nicht möglich.
6. Das Angebot allein berechtigt nicht zum Spiel gegen Greenfee. Die Erfüllung der Bestimmungen des jeweiligen Golfclubs zur Greenfee-Berechtigung (Mitgliedschaft in einem Golfclub, Mindesthandicap etc.) zum Zeitpunkt der Einlösung sind Voraussetzung.
7. Es ist untersagt, den Greenfee-Gutschein entgeltlich Dritten zu überlassen bzw. mit diesen Handel zu treiben. Insbesondere sind die teilnehmenden Golfclubs in diesem Falle berechtigt, die Einlösung der ausgeschriebenen Angebote zu verweigern.
8. Die teilnehmenden Golfclubs haben sich gegenüber dem Verlag unter den o.g. Bedingungen verpflichtet, die ausgeschriebenen Angebote einzulösen. Der Verlag übernimmt jedoch keine Gewähr und keine Haftung, wenn ein Angebot nicht eingelöst wird oder werden kann.

Bedingungen zur Einlösung des Discounts:

1. Das Angebot ist einschließlich bis 30.6.2024 gültig.
2. Der Golfspieler/Leser hat sich telefonisch eine Abschlagzeit geben zu lassen – dabei ist die Nutzung des Angebots anzugeben.
3. Eine Barauszahlung des Greenfee-Vorteils ist nicht möglich.
4. Das Kombinieren von Angeboten oder bestehenden Greenfee-Vorteilen ist nicht möglich. Der Vorteil bezieht sich jeweils ausschließlich auf die zum Zeitpunkt der Einlösung gültigen vollen Greenfee-Gebühren.
5. Gibt es Spielergruppen mit erhöhten Greenfee-Gebühren, ist ein Nachlass auf diese Gebühren nicht möglich.
6. Das Angebot allein berechtigt nicht zum Spiel gegen Greenfee. Die Erfüllung der Bestimmungen des jeweiligen Golfclubs zur Greenfee-Berechtigung (Mitgliedschaft in einem Golfclub, Mindesthandicap etc.) zum Zeitpunkt der Einlösung sind Voraussetzung.
7. Es ist untersagt, den Greenfee-Gutschein entgeltlich Dritten zu überlassen bzw. mit diesen Handel zu treiben. Insbesondere sind die teilnehmenden Golfclubs in diesem Falle berechtigt, die Einlösung der ausgeschriebenen Angebote zu verweigern.
8. Die teilnehmenden Golfclubs haben sich gegenüber dem Verlag unter den o.g. Bedingungen verpflichtet, die ausgeschriebenen Angebote einzulösen. Der Verlag übernimmt jedoch keine Gewähr und keine Haftung, wenn ein Angebot nicht eingelöst wird oder werden kann.

Diese Gutscheine gelten nur in Verbindung mit dem Buch/Albrecht Golf Card

Diese Gutscheine gelten nur in Verbindung mit dem Buch/Albrecht Golf Card

DER GOLF ALBRECHT

Golfclub Herzogstadt Celle e.V. DE

Beukenbusch 1
D-29229 Celle-Garssen
✆ 05086-395
Niedersachsen, Bremen

49

20% Greenfee-Ermäßigung

DER GOLF ALBRECHT

Golfclub Herzogstadt Celle e.V. DE

Beukenbusch 1
D-29229 Celle-Garssen
✆ 05086-395
Niedersachsen, Bremen

49

20% Greenfee-Ermäßigung

DER GOLF ALBRECHT

Golfclub Gut Brettberg Lohne e.V. DE

Brettberger Weg 9
D-49393 Lohne
✆ 04442-730873
Niedersachsen, Bremen

50

2 for 1 2 GF zum Preis von 1 wochentags

DER GOLF ALBRECHT

Burgdorfer Golfclub e.V. DE

Waldstraße 27
D-31303 Burgdorf/Ehlershausen
✆ 05085-7628
Niedersachsen, Bremen

51

2 for 1 2 GF zum Preis von 1 wochentags

DER GOLF ALBRECHT

Burgdorfer Golfclub e.V. DE

Waldstraße 27
D-31303 Burgdorf/Ehlershausen
✆ 05085-7628
Niedersachsen, Bremen

51

2 for 1 2 GF zum Preis von 1 wochentags

DER GOLF ALBRECHT

Burgdorfer Golfclub e.V. DE

Waldstraße 27
f/Ehlershausen
nen

51

25% Greenfee-Ermäßigung wochentags

DER GOLF ALBRECHT

Burgdorfer Golfclub e.V. DE

Waldstraße 27
D-31303 Burgdorf/Ehlershausen
✆ 05085-7628
Niedersachsen, Bremen

51

25% Greenfee-Ermäßigung wochentags

DER GOLF ALBRECHT

Golf Club Gifhorn e.V. DE

Wilscher Weg 69
D-38518 Gifhorn
✆ 05371-16737
Niedersachsen, Bremen

52

2 for 1 2 GF zum Preis von 1 wochentags

DER GOLF ALBRECHT

Golf Club Gifhorn e.V. DE

Wilscher Weg 69
D-38518 Gifhorn
✆ 05371-16737
Niedersachsen, Bremen

52

2 for 1 2 GF zum Preis von 1 wochentags

DER GOLF ALBRECHT

Golf Club Gifhorn e.V. DE

Wilscher Weg 69
D-38518 Gifhorn
✆ 05371-16737
Niedersachsen, Bremen

52

20% Greenfee-Ermäßigung wochentags

Bedingungen zur Einlösung des Discounts:

1. Das Angebot ist einschließlich bis 30.6.2024 gültig.
2. Der Golfspieler/Leser hat sich telefonisch eine Abschlagzeit geben zu lassen – dabei ist die Nutzung des Angebots anzugeben.
3. Eine Barauszahlung des Greenfee-Vorteils ist nicht möglich.
4. Das Kombinieren von Angeboten oder bestehenden Greenfee-Vorteilen ist nicht möglich. Der Vorteil bezieht sich jeweils ausschließlich auf die zum Zeitpunkt der Einlösung gültigen vollen Greenfee-Gebühren.
5. Gibt es Spielergruppen mit erhöhten Greenfee-Gebühren, ist ein Nachlass auf diese Gebühren nicht möglich.
6. Das Angebot allein berechtigt nicht zum Spiel gegen Greenfee. Die Erfüllung der Bestimmungen des jeweiligen Golfclubs zur Greenfee-Berechtigung (Mitgliedschaft in einem Golfclub, Mindesthandicap etc.) zum Zeitpunkt der Einlösung sind Voraussetzung.
7. Es ist untersagt, den Greenfee-Gutschein entgeltlich Dritten zu überlassen bzw. mit diesen Handel zu treiben. Insbesondere sind die teilnehmenden Golfclubs in diesem Falle berechtigt, die Einlösung der ausgeschriebenen Angebote zu verweigern.
8. Die teilnehmenden Golfclubs haben sich gegenüber dem Verlag unter den o.g. Bedingungen verpflichtet, die ausgeschriebenen Angebote einzulösen. Der Verlag übernimmt jedoch keine Gewähr und keine Haftung, wenn ein Angebot nicht eingelöst wird oder werden kann.

Bedingungen zur Einlösung des Discounts:

1. Das Angebot ist einschließlich bis 30.6.2024 gültig.
2. Der Golfspieler/Leser hat sich telefonisch eine Abschlagzeit geben zu lassen – dabei ist die Nutzung des Angebots anzugeben.
3. Eine Barauszahlung des Greenfee-Vorteils ist nicht möglich.
4. Das Kombinieren von Angeboten oder bestehenden Greenfee-Vorteilen ist nicht möglich. Der Vorteil bezieht sich jeweils ausschließlich auf die zum Zeitpunkt der Einlösung gültigen vollen Greenfee-Gebühren.
5. Gibt es Spielergruppen mit erhöhten Greenfee-Gebühren, ist ein Nachlass auf diese Gebühren nicht möglich.
6. Das Angebot allein berechtigt nicht zum Spiel gegen Greenfee. Die Erfüllung der Bestimmungen des jeweiligen Golfclubs zur Greenfee-Berechtigung (Mitgliedschaft in einem Golfclub, Mindesthandicap etc.) zum Zeitpunkt der Einlösung sind Voraussetzung.
7. Es ist untersagt, den Greenfee-Gutschein entgeltlich Dritten zu überlassen bzw. mit diesen Handel zu treiben. Insbesondere sind die teilnehmenden Golfclubs in diesem Falle berechtigt, die Einlösung der ausgeschriebenen Angebote zu verweigern.
8. Die teilnehmenden Golfclubs haben sich gegenüber dem Verlag unter den o.g. Bedingungen verpflichtet, die ausgeschriebenen Angebote einzulösen. Der Verlag übernimmt jedoch keine Gewähr und keine Haftung, wenn ein Angebot nicht eingelöst wird oder werden kann.

Bedingungen zur Einlösung des Discounts:

1. Das Angebot ist einschließlich bis 30.6.2024 gültig.
2. Der Golfspieler/Leser hat sich telefonisch eine Abschlagzeit geben zu lassen – dabei ist die Nutzung des Angebots anzugeben.
3. Eine Barauszahlung des Greenfee-Vorteils ist nicht möglich.
4. Das Kombinieren von Angeboten oder bestehenden Greenfee-Vorteilen ist nicht möglich. Der Vorteil bezieht sich jeweils ausschließlich auf die zum Zeitpunkt der Einlösung gültigen vollen Greenfee-Gebühren.
5. Gibt es Spielergruppen mit erhöhten Greenfee-Gebühren, ist ein Nachlass auf diese Gebühren nicht möglich.
6. Das Angebot allein berechtigt nicht zum Spiel gegen Greenfee. Die Erfüllung der Bestimmungen des jeweiligen Golfclubs zur Greenfee-Berechtigung (Mitgliedschaft in einem Golfclub, Mindesthandicap etc.) zum Zeitpunkt der Einlösung sind Voraussetzung.
7. Es ist untersagt, den Greenfee-Gutschein entgeltlich Dritten zu überlassen bzw. mit diesen Handel zu treiben. Insbesondere sind die teilnehmenden Golfclubs in diesem Falle berechtigt, die Einlösung der ausgeschriebenen Angebote zu verweigern.
8. Die teilnehmenden Golfclubs haben sich gegenüber dem Verlag unter den o.g. Bedingungen verpflichtet, die ausgeschriebenen Angebote einzulösen. Der Verlag übernimmt jedoch keine Gewähr und keine Haftung, wenn ein Angebot nicht eingelöst wird oder werden kann.

Bedingungen zur Einlösung des Discounts:

1. Das Angebot ist einschließlich bis 30.6.2024 gültig.
2. Der Golfspieler/Leser hat sich telefonisch eine Abschlagzeit geben zu lassen – dabei ist die Nutzung des Angebots anzugeben.
3. Eine Barauszahlung des Greenfee-Vorteils ist nicht möglich.
4. Das Kombinieren von Angeboten oder bestehenden Greenfee-Vorteilen ist nicht möglich. Der Vorteil bezieht sich jeweils ausschließlich auf die zum Zeitpunkt der Einlösung gültigen vollen Greenfee-Gebühren.
5. Gibt es Spielergruppen mit erhöhten Greenfee-Gebühren, ist ein Nachlass auf diese Gebühren nicht möglich.
6. Das Angebot allein berechtigt nicht zum Spiel gegen Greenfee. Die Erfüllung der Bestimmungen des jeweiligen Golfclubs zur Greenfee-Berechtigung (Mitgliedschaft in einem Golfclub, Mindesthandicap etc.) zum Zeitpunkt der Einlösung sind Voraussetzung.
7. Es ist untersagt, den Greenfee-Gutschein entgeltlich Dritten zu überlassen bzw. mit diesen Handel zu treiben. Insbesondere sind die teilnehmenden Golfclubs in diesem Falle berechtigt, die Einlösung der ausgeschriebenen Angebote zu verweigern.
8. Die teilnehmenden Golfclubs haben sich gegenüber dem Verlag unter den o.g. Bedingungen verpflichtet, die ausgeschriebenen Angebote einzulösen. Der Verlag übernimmt jedoch keine Gewähr und keine Haftung, wenn ein Angebot nicht eingelöst wird oder werden kann.

Bedingungen zur Einlösung des Discounts:

1. Das Angebot ist einschließlich bis 30.6.2024 gültig.
2. Der Golfspieler/Leser hat sich telefonisch eine Abschlagzeit geben zu lassen – dabei ist die Nutzung des Angebots anzugeben.
3. Eine Barauszahlung des Greenfee-Vorteils ist nicht möglich.
4. Das Kombinieren von Angeboten oder bestehenden Greenfee-Vorteilen ist nicht möglich. Der Vorteil bezieht sich jeweils ausschließlich auf die zum Zeitpunkt der Einlösung gültigen vollen Greenfee-Gebühren.
5. Gibt es Spielergruppen mit erhöhten Greenfee-Gebühren, ist ein Nachlass auf diese Gebühren nicht möglich.
6. Das Angebot allein berechtigt nicht zum Spiel gegen Greenfee. Die Erfüllung der Bestimmungen des jeweiligen Golfclubs zur Greenfee-Berechtigung (Mitgliedschaft in einem Golfclub, Mindesthandicap etc.) zum Zeitpunkt der Einlösung sind Voraussetzung.
7. Es ist untersagt, den Greenfee-Gutschein entgeltlich Dritten zu überlassen bzw. mit diesen Handel zu treiben. Insbesondere sind die teilnehmenden Golfclubs in diesem Falle berechtigt, die Einlösung der ausgeschriebenen Angebote zu verweigern.
8. Die teilnehmenden Golfclubs haben sich gegenüber dem Verlag unter den o.g. Bedingungen verpflichtet, die ausgeschriebenen Angebote einzulösen. Der Verlag übernimmt jedoch keine Gewähr und keine Haftung, wenn ein Angebot nicht eingelöst wird oder werden kann.

Bedingungen zur Einlösung des Discounts:

1. Das Angebot ist einschließlich bis 30.6.2024 gültig.
2. Der Golfspieler/Leser hat sich telefonisch eine Abschlagzeit geben zu lassen – dabei ist die Nutzung des Angebots anzugeben.
3. Eine Barauszahlung des Greenfee-Vorteils ist nicht möglich.
4. Das Kombinieren von Angeboten oder bestehenden Greenfee-Vorteilen ist nicht möglich. Der Vorteil bezieht sich jeweils ausschließlich auf die zum Zeitpunkt der Einlösung gültigen vollen Greenfee-Gebühren.
5. Gibt es Spielergruppen mit erhöhten Greenfee-Gebühren, ist ein Nachlass auf diese Gebühren nicht möglich.
6. Das Angebot allein berechtigt nicht zum Spiel gegen Greenfee. Die Erfüllung der Bestimmungen des jeweiligen Golfclubs zur Greenfee-Berechtigung (Mitgliedschaft in einem Golfclub, Mindesthandicap etc.) zum Zeitpunkt der Einlösung sind Voraussetzung.
7. Es ist untersagt, den Greenfee-Gutschein entgeltlich Dritten zu überlassen bzw. mit diesen Handel zu treiben. Insbesondere sind die teilnehmenden Golfclubs in diesem Falle berechtigt, die Einlösung der ausgeschriebenen Angebote zu verweigern.
8. Die teilnehmenden Golfclubs haben sich gegenüber dem Verlag unter den o.g. Bedingungen verpflichtet, die ausgeschriebenen Angebote einzulösen. Der Verlag übernimmt jedoch keine Gewähr und keine Haftung, wenn ein Angebot nicht eingelöst wird oder werden kann.

Bedingungen zur Einlösung des Discounts:

1. Das Angebot ist einschließlich bis 30.6.2024 gültig.
2. Der Golfspieler/Leser hat sich telefonisch eine Abschlagzeit geben zu lassen – dabei ist die Nutzung des Angebots anzugeben.
3. Eine Barauszahlung des Greenfee-Vorteils ist nicht möglich.
4. Das Kombinieren von Angeboten oder bestehenden Greenfee-Vorteilen ist nicht möglich. Der Vorteil bezieht sich jeweils ausschließlich auf die zum Zeitpunkt der Einlösung gültigen vollen Greenfee-Gebühren.
5. Gibt es Spielergruppen mit erhöhten Greenfee-Gebühren, ist ein Nachlass auf diese Gebühren nicht möglich.
6. Das Angebot allein berechtigt nicht zum Spiel gegen Greenfee. Die Erfüllung der Bestimmungen des jeweiligen Golfclubs zur Greenfee-Berechtigung (Mitgliedschaft in einem Golfclub, Mindesthandicap etc.) zum Zeitpunkt der Einlösung sind Voraussetzung.
7. Es ist untersagt, den Greenfee-Gutschein entgeltlich Dritten zu überlassen bzw. mit diesen Handel zu treiben. Insbesondere sind die teilnehmenden Golfclubs in diesem Falle berechtigt, die Einlösung der ausgeschriebenen Angebote zu verweigern.
8. Die teilnehmenden Golfclubs haben sich gegenüber dem Verlag unter den o.g. Bedingungen verpflichtet, die ausgeschriebenen Angebote einzulösen. Der Verlag übernimmt jedoch keine Gewähr und keine Haftung, wenn ein Angebot nicht eingelöst wird oder werden kann.

Bedingungen zur Einlösung des Discounts:

1. Das Angebot ist einschließlich bis 30.6.2024 gültig.
2. Der Golfspieler/Leser hat sich telefonisch eine Abschlagzeit geben zu lassen – dabei ist die Nutzung des Angebots anzugeben.
3. Eine Barauszahlung des Greenfee-Vorteils ist nicht möglich.
4. Das Kombinieren von Angeboten oder bestehenden Greenfee-Vorteilen ist nicht möglich. Der Vorteil bezieht sich jeweils ausschließlich auf die zum Zeitpunkt der Einlösung gültigen vollen Greenfee-Gebühren.
5. Gibt es Spielergruppen mit erhöhten Greenfee-Gebühren, ist ein Nachlass auf diese Gebühren nicht möglich.
6. Das Angebot allein berechtigt nicht zum Spiel gegen Greenfee. Die Erfüllung der Bestimmungen des jeweiligen Golfclubs zur Greenfee-Berechtigung (Mitgliedschaft in einem Golfclub, Mindesthandicap etc.) zum Zeitpunkt der Einlösung sind Voraussetzung.
7. Es ist untersagt, den Greenfee-Gutschein entgeltlich Dritten zu überlassen bzw. mit diesen Handel zu treiben. Insbesondere sind die teilnehmenden Golfclubs in diesem Falle berechtigt, die Einlösung der ausgeschriebenen Angebote zu verweigern.
8. Die teilnehmenden Golfclubs haben sich gegenüber dem Verlag unter den o.g. Bedingungen verpflichtet, die ausgeschriebenen Angebote einzulösen. Der Verlag übernimmt jedoch keine Gewähr und keine Haftung, wenn ein Angebot nicht eingelöst wird oder werden kann.

Bedingungen zur Einlösung des Discounts:

1. Das Angebot ist einschließlich bis 30.6.2024 gültig.
2. Der Golfspieler/Leser hat sich telefonisch eine Abschlagzeit geben zu lassen – dabei ist die Nutzung des Angebots anzugeben.
3. Eine Barauszahlung des Greenfee-Vorteils ist nicht möglich.
4. Das Kombinieren von Angeboten oder bestehenden Greenfee-Vorteilen ist nicht möglich. Der Vorteil bezieht sich jeweils ausschließlich auf die zum Zeitpunkt der Einlösung gültigen vollen Greenfee-Gebühren.
5. Gibt es Spielergruppen mit erhöhten Greenfee-Gebühren, ist ein Nachlass auf diese Gebühren nicht möglich.
6. Das Angebot allein berechtigt nicht zum Spiel gegen Greenfee. Die Erfüllung der Bestimmungen des jeweiligen Golfclubs zur Greenfee-Berechtigung (Mitgliedschaft in einem Golfclub, Mindesthandicap etc.) zum Zeitpunkt der Einlösung sind Voraussetzung.
7. Es ist untersagt, den Greenfee-Gutschein entgeltlich Dritten zu überlassen bzw. mit diesen Handel zu treiben. Insbesondere sind die teilnehmenden Golfclubs in diesem Falle berechtigt, die Einlösung der ausgeschriebenen Angebote zu verweigern.
8. Die teilnehmenden Golfclubs haben sich gegenüber dem Verlag unter den o.g. Bedingungen verpflichtet, die ausgeschriebenen Angebote einzulösen. Der Verlag übernimmt jedoch keine Gewähr und keine Haftung, wenn ein Angebot nicht eingelöst wird oder werden kann.

Bedingungen zur Einlösung des Discounts:

1. Das Angebot ist einschließlich bis 30.6.2024 gültig.
2. Der Golfspieler/Leser hat sich telefonisch eine Abschlagzeit geben zu lassen – dabei ist die Nutzung des Angebots anzugeben.
3. Eine Barauszahlung des Greenfee-Vorteils ist nicht möglich.
4. Das Kombinieren von Angeboten oder bestehenden Greenfee-Vorteilen ist nicht möglich. Der Vorteil bezieht sich jeweils ausschließlich auf die zum Zeitpunkt der Einlösung gültigen vollen Greenfee-Gebühren.
5. Gibt es Spielergruppen mit erhöhten Greenfee-Gebühren, ist ein Nachlass auf diese Gebühren nicht möglich.
6. Das Angebot allein berechtigt nicht zum Spiel gegen Greenfee. Die Erfüllung der Bestimmungen des jeweiligen Golfclubs zur Greenfee-Berechtigung (Mitgliedschaft in einem Golfclub, Mindesthandicap etc.) zum Zeitpunkt der Einlösung sind Voraussetzung.
7. Es ist untersagt, den Greenfee-Gutschein entgeltlich Dritten zu überlassen bzw. mit diesen Handel zu treiben. Insbesondere sind die teilnehmenden Golfclubs in diesem Falle berechtigt, die Einlösung der ausgeschriebenen Angebote zu verweigern.
8. Die teilnehmenden Golfclubs haben sich gegenüber dem Verlag unter den o.g. Bedingungen verpflichtet, die ausgeschriebenen Angebote einzulösen. Der Verlag übernimmt jedoch keine Gewähr und keine Haftung, wenn ein Angebot nicht eingelöst wird oder werden kann.

Diese Gutscheine gelten nur in Verbindung mit dem Buch/Albrecht Golf Card

DER GOLF ALBRECHT

Golf Club Gifhorn e.V. DE

Wilscher Weg 69
D-38518 Gifhorn
✆ 05371-16737
Niedersachsen, Bremen

52

20% Greenfee-Ermäßigung wochentags

DER GOLF ALBRECHT

Golfclub Wolfsburg/Boldecker Land e.V. DE

Osloßer Weg 20
D-38556 Bokensdorf
✆ 05366-1223
Niedersachsen, Bremen

53

2 for 1 2 GF zum Preis von 1

DER GOLF ALBRECHT

Golfclub Wolfsburg/Boldecker Land e.V. DE

Osloßer Weg 20
D-38556 Bokensdorf
✆ 05366-1223
Niedersachsen, Bremen

53

2 for 1 2 GF zum Preis von 1

DER GOLF ALBRECHT

Golfclub Wolfsburg/Boldecker Land e.V. DE

Osloßer Weg 20
D-38556 Bokensdorf
✆ 05366-1223
Niedersachsen, Bremen

53

20% Greenfee-Ermäßigung

DER GOLF ALBRECHT

Golfclub Wolfsburg/Boldecker Land e.V. DE

Osloßer Weg 20
D-38556 Bokensdorf
✆ 05366-1223
Niedersachsen, Bremen

53

20% Greenfee-Ermäßigung

DER GOLF ALBRECHT

Golfclub Isernhagen e.V. DE

Gut Lohne 22
D-30916 Isernhagen
✆ 05139-893135
Niedersachsen, Bremen

54

2 for 1 2 GF zum Preis von 1

DER GOLF ALBRECHT

Golfclub Isernhagen e.V. DE

Gut Lohne 22
D-30916 Isernhagen
✆ 05139-893185
Niedersachsen, Bremen

54

2 for 1 2 GF zum Preis von 1

DER GOLF ALBRECHT

Golfclub Isernhagen e.V. DE

Gut Lohne 22
D-30916 Isernhagen
✆ 05139-893185
Niedersachsen, Bremen

54

20% Greenfee-Ermäßigung

DER GOLF ALBRECHT

Golfclub Isernhagen e.V. DE

Gut Lohne 22
D-30916 Isernhagen
✆ 05139-893185
Niedersachsen, Bremen

54

20% Greenfee-Ermäßigung

DER GOLF ALBRECHT

Golfclub Varus e.V. DE

Im Schlingerort 5
D-49179 Ostercappeln-Venne
✆ 05476-200
Niedersachsen, Bremen

55

2 for 1 2 GF zum Preis von 1

Diese Gutscheine gelten nur in Verbindung mit dem Buch/Albrecht Golf Card

Bedingungen zur Einlösung des Discounts:
1. Das Angebot ist einschließlich bis 30.6.2024 gültig.
2. Der Golfspieler/Leser hat sich telefonisch eine Abschlagzeit geben zu lassen – dabei ist die Nutzung des Angebots anzugeben.
3. Eine Barauszahlung des Greenfee-Vorteils ist nicht möglich.
4. Das Kombinieren von Angeboten oder bestehenden Greenfee-Vorteilen ist nicht möglich. Der Vorteil bezieht sich jeweils ausschließlich auf die zum Zeitpunkt der Einlösung gültigen vollen Greenfee-Gebühren.
5. Gibt es Spielergruppen mit erhöhten Greenfee-Gebühren, ist ein Nachlass auf diese Gebühren nicht möglich.
6. Das Angebot allein berechtigt nicht zum Spiel gegen Greenfee. Die Erfüllung der Bestimmungen des jeweiligen Golfclubs zur Greenfee-Berechtigung (Mitgliedschaft in einem Golfclub, Mindesthandicap etc.) zum Zeitpunkt der Einlösung sind Voraussetzung.
7. Es ist untersagt, den Greenfee-Gutschein entgeltlich Dritten zu überlassen bzw. mit diesen Handel zu treiben. Insbesondere sind die teilnehmenden Golfclubs in diesem Falle berechtigt, die Einlösung der ausgeschriebenen Angebote zu verweigern.
8. Die teilnehmenden Golfclubs haben sich gegenüber dem Verlag unter den o.g. Bedingungen verpflichtet, die ausgeschriebenen Angebote einzulösen. Der Verlag übernimmt jedoch keine Gewähr und keine Haftung, wenn ein Angebot nicht eingelöst wird oder werden kann.

Bedingungen zur Einlösung des Discounts:
1. Das Angebot ist einschließlich bis 30.6.2024 gültig.
2. Der Golfspieler/Leser hat sich telefonisch eine Abschlagzeit geben zu lassen – dabei ist die Nutzung des Angebots anzugeben.
3. Eine Barauszahlung des Greenfee-Vorteils ist nicht möglich.
4. Das Kombinieren von Angeboten oder bestehenden Greenfee-Vorteilen ist nicht möglich. Der Vorteil bezieht sich jeweils ausschließlich auf die zum Zeitpunkt der Einlösung gültigen vollen Greenfee-Gebühren.
5. Gibt es Spielergruppen mit erhöhten Greenfee-Gebühren, ist ein Nachlass auf diese Gebühren nicht möglich.
6. Das Angebot allein berechtigt nicht zum Spiel gegen Greenfee. Die Erfüllung der Bestimmungen des jeweiligen Golfclubs zur Greenfee-Berechtigung (Mitgliedschaft in einem Golfclub, Mindesthandicap etc.) zum Zeitpunkt der Einlösung sind Voraussetzung.
7. Es ist untersagt, den Greenfee-Gutschein entgeltlich Dritten zu überlassen bzw. mit diesen Handel zu treiben. Insbesondere sind die teilnehmenden Golfclubs in diesem Falle berechtigt, die Einlösung der ausgeschriebenen Angebote zu verweigern.
8. Die teilnehmenden Golfclubs haben sich gegenüber dem Verlag unter den o.g. Bedingungen verpflichtet, die ausgeschriebenen Angebote einzulösen. Der Verlag übernimmt jedoch keine Gewähr und keine Haftung, wenn ein Angebot nicht eingelöst wird oder werden kann.

Bedingungen zur Einlösung des Discounts:
1. Das Angebot ist einschließlich bis 30.6.2024 gültig.
2. Der Golfspieler/Leser hat sich telefonisch eine Abschlagzeit geben zu lassen – dabei ist die Nutzung des Angebots anzugeben.
3. Eine Barauszahlung des Greenfee-Vorteils ist nicht möglich.
4. Das Kombinieren von Angeboten oder bestehenden Greenfee-Vorteilen ist nicht möglich. Der Vorteil bezieht sich jeweils ausschließlich auf die zum Zeitpunkt der Einlösung gültigen vollen Greenfee-Gebühren.
5. Gibt es Spielergruppen mit erhöhten Greenfee-Gebühren, ist ein Nachlass auf diese Gebühren nicht möglich.
6. Das Angebot allein berechtigt nicht zum Spiel gegen Greenfee. Die Erfüllung der Bestimmungen des jeweiligen Golfclubs zur Greenfee-Berechtigung (Mitgliedschaft in einem Golfclub, Mindesthandicap etc.) zum Zeitpunkt der Einlösung sind Voraussetzung.
7. Es ist untersagt, den Greenfee-Gutschein entgeltlich Dritten zu überlassen bzw. mit diesen Handel zu treiben. Insbesondere sind die teilnehmenden Golfclubs in diesem Falle berechtigt, die Einlösung der ausgeschriebenen Angebote zu verweigern.
8. Die teilnehmenden Golfclubs haben sich gegenüber dem Verlag unter den o.g. Bedingungen verpflichtet, die ausgeschriebenen Angebote einzulösen. Der Verlag übernimmt jedoch keine Gewähr und keine Haftung, wenn ein Angebot nicht eingelöst wird oder werden kann.

Bedingungen zur Einlösung des Discounts:
1. Das Angebot ist einschließlich bis 30.6.2024 gültig.
2. Der Golfspieler/Leser hat sich telefonisch eine Abschlagzeit geben zu lassen – dabei ist die Nutzung des Angebots anzugeben.
3. Eine Barauszahlung des Greenfee-Vorteils ist nicht möglich.
4. Das Kombinieren von Angeboten oder bestehenden Greenfee-Vorteilen ist nicht möglich. Der Vorteil bezieht sich jeweils ausschließlich auf die zum Zeitpunkt der Einlösung gültigen vollen Greenfee-Gebühren.
5. Gibt es Spielergruppen mit erhöhten Greenfee-Gebühren, ist ein Nachlass auf diese Gebühren nicht möglich.
6. Das Angebot allein berechtigt nicht zum Spiel gegen Greenfee. Die Erfüllung der Bestimmungen des jeweiligen Golfclubs zur Greenfee-Berechtigung (Mitgliedschaft in einem Golfclub, Mindesthandicap etc.) zum Zeitpunkt der Einlösung sind Voraussetzung.
7. Es ist untersagt, den Greenfee-Gutschein entgeltlich Dritten zu überlassen bzw. mit diesen Handel zu treiben. Insbesondere sind die teilnehmenden Golfclubs in diesem Falle berechtigt, die Einlösung der ausgeschriebenen Angebote zu verweigern.
8. Die teilnehmenden Golfclubs haben sich gegenüber dem Verlag unter den o.g. Bedingungen verpflichtet, die ausgeschriebenen Angebote einzulösen. Der Verlag übernimmt jedoch keine Gewähr und keine Haftung, wenn ein Angebot nicht eingelöst wird oder werden kann.

Bedingungen zur Einlösung des Discounts:
1. Das Angebot ist einschließlich bis 30.6.2024 gültig.
2. Der Golfspieler/Leser hat sich telefonisch eine Abschlagzeit geben zu lassen – dabei ist die Nutzung des Angebots anzugeben.
3. Eine Barauszahlung des Greenfee-Vorteils ist nicht möglich.
4. Das Kombinieren von Angeboten oder bestehenden Greenfee-Vorteilen ist nicht möglich. Der Vorteil bezieht sich jeweils ausschließlich auf die zum Zeitpunkt der Einlösung gültigen vollen Greenfee-Gebühren.
5. Gibt es Spielergruppen mit erhöhten Greenfee-Gebühren, ist ein Nachlass auf diese Gebühren nicht möglich.
6. Das Angebot allein berechtigt nicht zum Spiel gegen Greenfee. Die Erfüllung der Bestimmungen des jeweiligen Golfclubs zur Greenfee-Berechtigung (Mitgliedschaft in einem Golfclub, Mindesthandicap etc.) zum Zeitpunkt der Einlösung sind Voraussetzung.
7. Es ist untersagt, den Greenfee-Gutschein entgeltlich Dritten zu überlassen bzw. mit diesen Handel zu treiben. Insbesondere sind die teilnehmenden Golfclubs in diesem Falle berechtigt, die Einlösung der ausgeschriebenen Angebote zu verweigern.
8. Die teilnehmenden Golfclubs haben sich gegenüber dem Verlag unter den o.g. Bedingungen verpflichtet, die ausgeschriebenen Angebote einzulösen. Der Verlag übernimmt jedoch keine Gewähr und keine Haftung, wenn ein Angebot nicht eingelöst wird oder werden kann.

Bedingungen zur Einlösung des Discounts:
1. Das Angebot ist einschließlich bis 30.6.2024 gültig.
2. Der Golfspieler/Leser hat sich telefonisch eine Abschlagzeit geben zu lassen – dabei ist die Nutzung des Angebots anzugeben.
3. Eine Barauszahlung des Greenfee-Vorteils ist nicht möglich.
4. Das Kombinieren von Angeboten oder bestehenden Greenfee-Vorteilen ist nicht möglich. Der Vorteil bezieht sich jeweils ausschließlich auf die zum Zeitpunkt der Einlösung gültigen vollen Greenfee-Gebühren.
5. Gibt es Spielergruppen mit erhöhten Greenfee-Gebühren, ist ein Nachlass auf diese Gebühren nicht möglich.
6. Das Angebot allein berechtigt nicht zum Spiel gegen Greenfee. Die Erfüllung der Bestimmungen des jeweiligen Golfclubs zur Greenfee-Berechtigung (Mitgliedschaft in einem Golfclub, Mindesthandicap etc.) zum Zeitpunkt der Einlösung sind Voraussetzung.
7. Es ist untersagt, den Greenfee-Gutschein entgeltlich Dritten zu überlassen bzw. mit diesen Handel zu treiben. Insbesondere sind die teilnehmenden Golfclubs in diesem Falle berechtigt, die Einlösung der ausgeschriebenen Angebote zu verweigern.
8. Die teilnehmenden Golfclubs haben sich gegenüber dem Verlag unter den o.g. Bedingungen verpflichtet, die ausgeschriebenen Angebote einzulösen. Der Verlag übernimmt jedoch keine Gewähr und keine Haftung, wenn ein Angebot nicht eingelöst wird oder werden kann.

Bedingungen zur Einlösung des Discounts:
1. Das Angebot ist einschließlich bis 30.6.2024 gültig.
2. Der Golfspieler/Leser hat sich telefonisch eine Abschlagzeit geben zu lassen – dabei ist die Nutzung des Angebots anzugeben.
3. Eine Barauszahlung des Greenfee-Vorteils ist nicht möglich.
4. Das Kombinieren von Angeboten oder bestehenden Greenfee-Vorteilen ist nicht möglich. Der Vorteil bezieht sich jeweils ausschließlich auf die zum Zeitpunkt der Einlösung gültigen vollen Greenfee-Gebühren.
5. Gibt es Spielergruppen mit erhöhten Greenfee-Gebühren, ist ein Nachlass auf diese Gebühren nicht möglich.
6. Das Angebot allein berechtigt nicht zum Spiel gegen Greenfee. Die Erfüllung der Bestimmungen des jeweiligen Golfclubs zur Greenfee-Berechtigung (Mitgliedschaft in einem Golfclub, Mindesthandicap etc.) zum Zeitpunkt der Einlösung sind Voraussetzung.
7. Es ist untersagt, den Greenfee-Gutschein entgeltlich Dritten zu überlassen bzw. mit diesen Handel zu treiben. Insbesondere sind die teilnehmenden Golfclubs in diesem Falle berechtigt, die Einlösung der ausgeschriebenen Angebote zu verweigern.
8. Die teilnehmenden Golfclubs haben sich gegenüber dem Verlag unter den o.g. Bedingungen verpflichtet, die ausgeschriebenen Angebote einzulösen. Der Verlag übernimmt jedoch keine Gewähr und keine Haftung, wenn ein Angebot nicht eingelöst wird oder werden kann.

Bedingungen zur Einlösung des Discounts:
1. Das Angebot ist einschließlich bis 30.6.2024 gültig.
2. Der Golfspieler/Leser hat sich telefonisch eine Abschlagzeit geben zu lassen – dabei ist die Nutzung des Angebots anzugeben.
3. Eine Barauszahlung des Greenfee-Vorteils ist nicht möglich.
4. Das Kombinieren von Angeboten oder bestehenden Greenfee-Vorteilen ist nicht möglich. Der Vorteil bezieht sich jeweils ausschließlich auf die zum Zeitpunkt der Einlösung gültigen vollen Greenfee-Gebühren.
5. Gibt es Spielergruppen mit erhöhten Greenfee-Gebühren, ist ein Nachlass auf diese Gebühren nicht möglich.
6. Das Angebot allein berechtigt nicht zum Spiel gegen Greenfee. Die Erfüllung der Bestimmungen des jeweiligen Golfclubs zur Greenfee-Berechtigung (Mitgliedschaft in einem Golfclub, Mindesthandicap etc.) zum Zeitpunkt der Einlösung sind Voraussetzung.
7. Es ist untersagt, den Greenfee-Gutschein entgeltlich Dritten zu überlassen bzw. mit diesen Handel zu treiben. Insbesondere sind die teilnehmenden Golfclubs in diesem Falle berechtigt, die Einlösung der ausgeschriebenen Angebote zu verweigern.
8. Die teilnehmenden Golfclubs haben sich gegenüber dem Verlag unter den o.g. Bedingungen verpflichtet, die ausgeschriebenen Angebote einzulösen. Der Verlag übernimmt jedoch keine Gewähr und keine Haftung, wenn ein Angebot nicht eingelöst wird oder werden kann.

Bedingungen zur Einlösung des Discounts:
1. Das Angebot ist einschließlich bis 30.6.2024 gültig.
2. Der Golfspieler/Leser hat sich telefonisch eine Abschlagzeit geben zu lassen – dabei ist die Nutzung des Angebots anzugeben.
3. Eine Barauszahlung des Greenfee-Vorteils ist nicht möglich.
4. Das Kombinieren von Angeboten oder bestehenden Greenfee-Vorteilen ist nicht möglich. Der Vorteil bezieht sich jeweils ausschließlich auf die zum Zeitpunkt der Einlösung gültigen vollen Greenfee-Gebühren.
5. Gibt es Spielergruppen mit erhöhten Greenfee-Gebühren, ist ein Nachlass auf diese Gebühren nicht möglich.
6. Das Angebot allein berechtigt nicht zum Spiel gegen Greenfee. Die Erfüllung der Bestimmungen des jeweiligen Golfclubs zur Greenfee-Berechtigung (Mitgliedschaft in einem Golfclub, Mindesthandicap etc.) zum Zeitpunkt der Einlösung sind Voraussetzung.
7. Es ist untersagt, den Greenfee-Gutschein entgeltlich Dritten zu überlassen bzw. mit diesen Handel zu treiben. Insbesondere sind die teilnehmenden Golfclubs in diesem Falle berechtigt, die Einlösung der ausgeschriebenen Angebote zu verweigern.
8. Die teilnehmenden Golfclubs haben sich gegenüber dem Verlag unter den o.g. Bedingungen verpflichtet, die ausgeschriebenen Angebote einzulösen. Der Verlag übernimmt jedoch keine Gewähr und keine Haftung, wenn ein Angebot nicht eingelöst wird oder werden kann.

Bedingungen zur Einlösung des Discounts:
1. Das Angebot ist einschließlich bis 30.6.2024 gültig.
2. Der Golfspieler/Leser hat sich telefonisch eine Abschlagzeit geben zu lassen – dabei ist die Nutzung des Angebots anzugeben.
3. Eine Barauszahlung des Greenfee-Vorteils ist nicht möglich.
4. Das Kombinieren von Angeboten oder bestehenden Greenfee-Vorteilen ist nicht möglich. Der Vorteil bezieht sich jeweils ausschließlich auf die zum Zeitpunkt der Einlösung gültigen vollen Greenfee-Gebühren.
5. Gibt es Spielergruppen mit erhöhten Greenfee-Gebühren, ist ein Nachlass auf diese Gebühren nicht möglich.
6. Das Angebot allein berechtigt nicht zum Spiel gegen Greenfee. Die Erfüllung der Bestimmungen des jeweiligen Golfclubs zur Greenfee-Berechtigung (Mitgliedschaft in einem Golfclub, Mindesthandicap etc.) zum Zeitpunkt der Einlösung sind Voraussetzung.
7. Es ist untersagt, den Greenfee-Gutschein entgeltlich Dritten zu überlassen bzw. mit diesen Handel zu treiben. Insbesondere sind die teilnehmenden Golfclubs in diesem Falle berechtigt, die Einlösung der ausgeschriebenen Angebote zu verweigern.
8. Die teilnehmenden Golfclubs haben sich gegenüber dem Verlag unter den o.g. Bedingungen verpflichtet, die ausgeschriebenen Angebote einzulösen. Der Verlag übernimmt jedoch keine Gewähr und keine Haftung, wenn ein Angebot nicht eingelöst wird oder werden kann.

Diese Gutscheine gelten nur in Verbindung mit dem Buch/Albrecht Golf Card

Diese Gutscheine gelten nur in Verbindung mit dem Buch/Albrecht Golf Card

DER GOLF ALBRECHT

Golfclub Varus e.V. DE

Im Schlingerort 5
D-49179 Ostercappeln-Venne
✆ 05476-200
Niedersachsen, Bremen
55

2 for 1 2 GF zum Preis von 1

DER GOLF ALBRECHT

Golfclub Varus e.V. DE

Im Schlingerort 5
D-49179 Ostercappeln-Venne
✆ 05476-200
Niedersachsen, Bremen
55

2 for 1 2 GF zum Preis von 1

DER GOLF ALBRECHT

Golfclub Varus e.V. DE

Im Schlingerort 5
D-49179 Ostercappeln-Venne
✆ 05476-200
Niedersachsen, Bremen
55

20% Greenfee-Ermäßigung

DER GOLF ALBRECHT

Golfclub Schaumburg e.V. DE

Röserheide 2
D-31683 Obernkirchen
✆ 05724-4670
Niedersachsen, Bremen
56

2 for 1 2 GF zum Preis von 1

DER GOLF ALBRECHT

Golfclub Schaumburg e.V. DE

Röserheide 2
D-31683 Obernkirchen
✆ 05724-4670
Niedersachsen, Bremen
56

2 for 1 2 GF zum Preis von 1

DER GOLF ALBRECHT

Golfclub Schaumburg e.V. DE

Röserheide 2
D-31683 Obernkirchen
✆ 05724-4670
Niedersachsen, Bremen
56

30% Greenfee-Ermäßigung

DER GOLF ALBRECHT

Golfclub Schaumburg e.V. DE

Röserheide 2
D-31683 Obernkirchen
✆ 05724-4670
Niedersachsen, Bremen
56

30% Greenfee-Ermäßigung

DER GOLF ALBRECHT

St. Lorenz Golf- und Land-Club Schöningen e.V. DE

Klosterfreiheit 9E
D-38364 Schöningen
✆ 05352-1697
Niedersachsen, Bremen
Hinweis: Hinweis: Gutscheine gelten nur für 18 Löcher
57

2 for 1 2 GF zum Preis von 1

DER GOLF ALBRECHT

St. Lorenz Golf- und Land-Club Schöningen e.V. DE

Klosterfreiheit 9E
D-38364 Schöningen
✆ 05352-1697
Niedersachsen, Bremen
Hinweis: Hinweis: Gutscheine gelten nur für 18 Löcher
57

2 for 1 2 GF zum Preis von 1

DER GOLF ALBRECHT

St. Lorenz Golf- und Land-Club Schöningen e.V. DE

Klosterfreiheit 9E
D-38364 Schöningen
✆ 05352-1697
Niedersachsen, Bremen
Hinweis: Hinweis: Gutscheine gelten nur für 18 Löcher
57

2 for 1 2 GF zum Preis von 1

Bedingungen zur Einlösung des Discounts:

1. Das Angebot ist einschließlich bis 30.6.2024 gültig.
2. Der Golfspieler/Leser hat sich telefonisch eine Abschlagzeit geben zu lassen – dabei ist die Nutzung des Angebots anzugeben.
3. Eine Barauszahlung des Greenfee-Vorteils ist nicht möglich.
4. Das Kombinieren von Angeboten oder bestehenden Greenfee-Vorteilen ist nicht möglich. Der Vorteil bezieht sich jeweils ausschließlich auf die zum Zeitpunkt der Einlösung gültigen vollen Greenfee-Gebühren.
5. Gibt es Spielergruppen mit erhöhten Greenfee-Gebühren, ist ein Nachlass auf diese Gebühren nicht möglich.
6. Das Angebot allein berechtigt nicht zum Spiel gegen Greenfee. Die Erfüllung der Bestimmungen des jeweiligen Golfclubs zur Greenfee-Berechtigung (Mitgliedschaft in einem Golfclub, Mindesthandicap etc.) zum Zeitpunkt der Einlösung sind Voraussetzung.
7. Es ist untersagt, den Greenfee-Gutschein entgeltlich Dritten zu überlassen bzw. mit diesen Handel zu treiben. Insbesondere sind die teilnehmenden Golfclubs in diesem Falle berechtigt, die Einlösung der ausgeschriebenen Angebote zu verweigern.
8. Die teilnehmenden Golfclubs haben sich gegenüber dem Verlag unter den o.g. Bedingungen verpflichtet, die ausgeschriebenen Angebote einzulösen. Der Verlag übernimmt jedoch keine Gewähr und keine Haftung, wenn ein Angebot nicht eingelöst wird oder werden kann.

Bedingungen zur Einlösung des Discounts:

1. Das Angebot ist einschließlich bis 30.6.2024 gültig.
2. Der Golfspieler/Leser hat sich telefonisch eine Abschlagzeit geben zu lassen – dabei ist die Nutzung des Angebots anzugeben.
3. Eine Barauszahlung des Greenfee-Vorteils ist nicht möglich.
4. Das Kombinieren von Angeboten oder bestehenden Greenfee-Vorteilen ist nicht möglich. Der Vorteil bezieht sich jeweils ausschließlich auf die zum Zeitpunkt der Einlösung gültigen vollen Greenfee-Gebühren.
5. Gibt es Spielergruppen mit erhöhten Greenfee-Gebühren, ist ein Nachlass auf diese Gebühren nicht möglich.
6. Das Angebot allein berechtigt nicht zum Spiel gegen Greenfee. Die Erfüllung der Bestimmungen des jeweiligen Golfclubs zur Greenfee-Berechtigung (Mitgliedschaft in einem Golfclub, Mindesthandicap etc.) zum Zeitpunkt der Einlösung sind Voraussetzung.
7. Es ist untersagt, den Greenfee-Gutschein entgeltlich Dritten zu überlassen bzw. mit diesen Handel zu treiben. Insbesondere sind die teilnehmenden Golfclubs in diesem Falle berechtigt, die Einlösung der ausgeschriebenen Angebote zu verweigern.
8. Die teilnehmenden Golfclubs haben sich gegenüber dem Verlag unter den o.g. Bedingungen verpflichtet, die ausgeschriebenen Angebote einzulösen. Der Verlag übernimmt jedoch keine Gewähr und keine Haftung, wenn ein Angebot nicht eingelöst wird oder werden kann.

Bedingungen zur Einlösung des Discounts:

1. Das Angebot ist einschließlich bis 30.6.2024 gültig.
2. Der Golfspieler/Leser hat sich telefonisch eine Abschlagzeit geben zu lassen – dabei ist die Nutzung des Angebots anzugeben.
3. Eine Barauszahlung des Greenfee-Vorteils ist nicht möglich.
4. Das Kombinieren von Angeboten oder bestehenden Greenfee-Vorteilen ist nicht möglich. Der Vorteil bezieht sich jeweils ausschließlich auf die zum Zeitpunkt der Einlösung gültigen vollen Greenfee-Gebühren.
5. Gibt es Spielergruppen mit erhöhten Greenfee-Gebühren, ist ein Nachlass auf diese Gebühren nicht möglich.
6. Das Angebot allein berechtigt nicht zum Spiel gegen Greenfee. Die Erfüllung der Bestimmungen des jeweiligen Golfclubs zur Greenfee-Berechtigung (Mitgliedschaft in einem Golfclub, Mindesthandicap etc.) zum Zeitpunkt der Einlösung sind Voraussetzung.
7. Es ist untersagt, den Greenfee-Gutschein entgeltlich Dritten zu überlassen bzw. mit diesen Handel zu treiben. Insbesondere sind die teilnehmenden Golfclubs in diesem Falle berechtigt, die Einlösung der ausgeschriebenen Angebote zu verweigern.
8. Die teilnehmenden Golfclubs haben sich gegenüber dem Verlag unter den o.g. Bedingungen verpflichtet, die ausgeschriebenen Angebote einzulösen. Der Verlag übernimmt jedoch keine Gewähr und keine Haftung, wenn ein Angebot nicht eingelöst wird oder werden kann.

Bedingungen zur Einlösung des Discounts:

1. Das Angebot ist einschließlich bis 30.6.2024 gültig.
2. Der Golfspieler/Leser hat sich telefonisch eine Abschlagzeit geben zu lassen – dabei ist die Nutzung des Angebots anzugeben.
3. Eine Barauszahlung des Greenfee-Vorteils ist nicht möglich.
4. Das Kombinieren von Angeboten oder bestehenden Greenfee-Vorteilen ist nicht möglich. Der Vorteil bezieht sich jeweils ausschließlich auf die zum Zeitpunkt der Einlösung gültigen vollen Greenfee-Gebühren.
5. Gibt es Spielergruppen mit erhöhten Greenfee-Gebühren, ist ein Nachlass auf diese Gebühren nicht möglich.
6. Das Angebot allein berechtigt nicht zum Spiel gegen Greenfee. Die Erfüllung der Bestimmungen des jeweiligen Golfclubs zur Greenfee-Berechtigung (Mitgliedschaft in einem Golfclub, Mindesthandicap etc.) zum Zeitpunkt der Einlösung sind Voraussetzung.
7. Es ist untersagt, den Greenfee-Gutschein entgeltlich Dritten zu überlassen bzw. mit diesen Handel zu treiben. Insbesondere sind die teilnehmenden Golfclubs in diesem Falle berechtigt, die Einlösung der ausgeschriebenen Angebote zu verweigern.
8. Die teilnehmenden Golfclubs haben sich gegenüber dem Verlag unter den o.g. Bedingungen verpflichtet, die ausgeschriebenen Angebote einzulösen. Der Verlag übernimmt jedoch keine Gewähr und keine Haftung, wenn ein Angebot nicht eingelöst wird oder werden kann.

Bedingungen zur Einlösung des Discounts:

1. Das Angebot ist einschließlich bis 30.6.2024 gültig.
2. Der Golfspieler/Leser hat sich telefonisch eine Abschlagzeit geben zu lassen – dabei ist die Nutzung des Angebots anzugeben.
3. Eine Barauszahlung des Greenfee-Vorteils ist nicht möglich.
4. Das Kombinieren von Angeboten oder bestehenden Greenfee-Vorteilen ist nicht möglich. Der Vorteil bezieht sich jeweils ausschließlich auf die zum Zeitpunkt der Einlösung gültigen vollen Greenfee-Gebühren.
5. Gibt es Spielergruppen mit erhöhten Greenfee-Gebühren, ist ein Nachlass auf diese Gebühren nicht möglich.
6. Das Angebot allein berechtigt nicht zum Spiel gegen Greenfee. Die Erfüllung der Bestimmungen des jeweiligen Golfclubs zur Greenfee-Berechtigung (Mitgliedschaft in einem Golfclub, Mindesthandicap etc.) zum Zeitpunkt der Einlösung sind Voraussetzung.
7. Es ist untersagt, den Greenfee-Gutschein entgeltlich Dritten zu überlassen bzw. mit diesen Handel zu treiben. Insbesondere sind die teilnehmenden Golfclubs in diesem Falle berechtigt, die Einlösung der ausgeschriebenen Angebote zu verweigern.
8. Die teilnehmenden Golfclubs haben sich gegenüber dem Verlag unter den o.g. Bedingungen verpflichtet, die ausgeschriebenen Angebote einzulösen. Der Verlag übernimmt jedoch keine Gewähr und keine Haftung, wenn ein Angebot nicht eingelöst wird oder werden kann.

Bedingungen zur Einlösung des Discounts:

1. Das Angebot ist einschließlich bis 30.6.2024 gültig.
2. Der Golfspieler/Leser hat sich telefonisch eine Abschlagzeit geben zu lassen – dabei ist die Nutzung des Angebots anzugeben.
3. Eine Barauszahlung des Greenfee-Vorteils ist nicht möglich.
4. Das Kombinieren von Angeboten oder bestehenden Greenfee-Vorteilen ist nicht möglich. Der Vorteil bezieht sich jeweils ausschließlich auf die zum Zeitpunkt der Einlösung gültigen vollen Greenfee-Gebühren.
5. Gibt es Spielergruppen mit erhöhten Greenfee-Gebühren, ist ein Nachlass auf diese Gebühren nicht möglich.
6. Das Angebot allein berechtigt nicht zum Spiel gegen Greenfee. Die Erfüllung der Bestimmungen des jeweiligen Golfclubs zur Greenfee-Berechtigung (Mitgliedschaft in einem Golfclub, Mindesthandicap etc.) zum Zeitpunkt der Einlösung sind Voraussetzung.
7. Es ist untersagt, den Greenfee-Gutschein entgeltlich Dritten zu überlassen bzw. mit diesen Handel zu treiben. Insbesondere sind die teilnehmenden Golfclubs in diesem Falle berechtigt, die Einlösung der ausgeschriebenen Angebote zu verweigern.
8. Die teilnehmenden Golfclubs haben sich gegenüber dem Verlag unter den o.g. Bedingungen verpflichtet, die ausgeschriebenen Angebote einzulösen. Der Verlag übernimmt jedoch keine Gewähr und keine Haftung, wenn ein Angebot nicht eingelöst wird oder werden kann.

Bedingungen zur Einlösung des Discounts:

1. Das Angebot ist einschließlich bis 30.6.2024 gültig.
2. Der Golfspieler/Leser hat sich telefonisch eine Abschlagzeit geben zu lassen – dabei ist die Nutzung des Angebots anzugeben.
3. Eine Barauszahlung des Greenfee-Vorteils ist nicht möglich.
4. Das Kombinieren von Angeboten oder bestehenden Greenfee-Vorteilen ist nicht möglich. Der Vorteil bezieht sich jeweils ausschließlich auf die zum Zeitpunkt der Einlösung gültigen vollen Greenfee-Gebühren.
5. Gibt es Spielergruppen mit erhöhten Greenfee-Gebühren, ist ein Nachlass auf diese Gebühren nicht möglich.
6. Das Angebot allein berechtigt nicht zum Spiel gegen Greenfee. Die Erfüllung der Bestimmungen des jeweiligen Golfclubs zur Greenfee-Berechtigung (Mitgliedschaft in einem Golfclub, Mindesthandicap etc.) zum Zeitpunkt der Einlösung sind Voraussetzung.
7. Es ist untersagt, den Greenfee-Gutschein entgeltlich Dritten zu überlassen bzw. mit diesen Handel zu treiben. Insbesondere sind die teilnehmenden Golfclubs in diesem Falle berechtigt, die Einlösung der ausgeschriebenen Angebote zu verweigern.
8. Die teilnehmenden Golfclubs haben sich gegenüber dem Verlag unter den o.g. Bedingungen verpflichtet, die ausgeschriebenen Angebote einzulösen. Der Verlag übernimmt jedoch keine Gewähr und keine Haftung, wenn ein Angebot nicht eingelöst wird oder werden kann.

Bedingungen zur Einlösung des Discounts:

1. Das Angebot ist einschließlich bis 30.6.2024 gültig.
2. Der Golfspieler/Leser hat sich telefonisch eine Abschlagzeit geben zu lassen – dabei ist die Nutzung des Angebots anzugeben.
3. Eine Barauszahlung des Greenfee-Vorteils ist nicht möglich.
4. Das Kombinieren von Angeboten oder bestehenden Greenfee-Vorteilen ist nicht möglich. Der Vorteil bezieht sich jeweils ausschließlich auf die zum Zeitpunkt der Einlösung gültigen vollen Greenfee-Gebühren.
5. Gibt es Spielergruppen mit erhöhten Greenfee-Gebühren, ist ein Nachlass auf diese Gebühren nicht möglich.
6. Das Angebot allein berechtigt nicht zum Spiel gegen Greenfee. Die Erfüllung der Bestimmungen des jeweiligen Golfclubs zur Greenfee-Berechtigung (Mitgliedschaft in einem Golfclub, Mindesthandicap etc.) zum Zeitpunkt der Einlösung sind Voraussetzung.
7. Es ist untersagt, den Greenfee-Gutschein entgeltlich Dritten zu überlassen bzw. mit diesen Handel zu treiben. Insbesondere sind die teilnehmenden Golfclubs in diesem Falle berechtigt, die Einlösung der ausgeschriebenen Angebote zu verweigern.
8. Die teilnehmenden Golfclubs haben sich gegenüber dem Verlag unter den o.g. Bedingungen verpflichtet, die ausgeschriebenen Angebote einzulösen. Der Verlag übernimmt jedoch keine Gewähr und keine Haftung, wenn ein Angebot nicht eingelöst wird oder werden kann.

Bedingungen zur Einlösung des Discounts:

1. Das Angebot ist einschließlich bis 30.6.2024 gültig.
2. Der Golfspieler/Leser hat sich telefonisch eine Abschlagzeit geben zu lassen – dabei ist die Nutzung des Angebots anzugeben.
3. Eine Barauszahlung des Greenfee-Vorteils ist nicht möglich.
4. Das Kombinieren von Angeboten oder bestehenden Greenfee-Vorteilen ist nicht möglich. Der Vorteil bezieht sich jeweils ausschließlich auf die zum Zeitpunkt der Einlösung gültigen vollen Greenfee-Gebühren.
5. Gibt es Spielergruppen mit erhöhten Greenfee-Gebühren, ist ein Nachlass auf diese Gebühren nicht möglich.
6. Das Angebot allein berechtigt nicht zum Spiel gegen Greenfee. Die Erfüllung der Bestimmungen des jeweiligen Golfclubs zur Greenfee-Berechtigung (Mitgliedschaft in einem Golfclub, Mindesthandicap etc.) zum Zeitpunkt der Einlösung sind Voraussetzung.
7. Es ist untersagt, den Greenfee-Gutschein entgeltlich Dritten zu überlassen bzw. mit diesen Handel zu treiben. Insbesondere sind die teilnehmenden Golfclubs in diesem Falle berechtigt, die Einlösung der ausgeschriebenen Angebote zu verweigern.
8. Die teilnehmenden Golfclubs haben sich gegenüber dem Verlag unter den o.g. Bedingungen verpflichtet, die ausgeschriebenen Angebote einzulösen. Der Verlag übernimmt jedoch keine Gewähr und keine Haftung, wenn ein Angebot nicht eingelöst wird oder werden kann.

Bedingungen zur Einlösung des Discounts:

1. Das Angebot ist einschließlich bis 30.6.2024 gültig.
2. Der Golfspieler/Leser hat sich telefonisch eine Abschlagzeit geben zu lassen – dabei ist die Nutzung des Angebots anzugeben.
3. Eine Barauszahlung des Greenfee-Vorteils ist nicht möglich.
4. Das Kombinieren von Angeboten oder bestehenden Greenfee-Vorteilen ist nicht möglich. Der Vorteil bezieht sich jeweils ausschließlich auf die zum Zeitpunkt der Einlösung gültigen vollen Greenfee-Gebühren.
5. Gibt es Spielergruppen mit erhöhten Greenfee-Gebühren, ist ein Nachlass auf diese Gebühren nicht möglich.
6. Das Angebot allein berechtigt nicht zum Spiel gegen Greenfee. Die Erfüllung der Bestimmungen des jeweiligen Golfclubs zur Greenfee-Berechtigung (Mitgliedschaft in einem Golfclub, Mindesthandicap etc.) zum Zeitpunkt der Einlösung sind Voraussetzung.
7. Es ist untersagt, den Greenfee-Gutschein entgeltlich Dritten zu überlassen bzw. mit diesen Handel zu treiben. Insbesondere sind die teilnehmenden Golfclubs in diesem Falle berechtigt, die Einlösung der ausgeschriebenen Angebote zu verweigern.
8. Die teilnehmenden Golfclubs haben sich gegenüber dem Verlag unter den o.g. Bedingungen verpflichtet, die ausgeschriebenen Angebote einzulösen. Der Verlag übernimmt jedoch keine Gewähr und keine Haftung, wenn ein Angebot nicht eingelöst wird oder werden kann.

Diese Gutscheine gelten nur in Verbindung mit dem Buch/Albrecht Golf Card

Diese Gutscheine gelten nur in Verbindung mit dem Buch/Albrecht Golf Card

DER GOLF ALBRECHT

Hamelner Golfclub e.V. Schloss Schwöbber DE

Schwöbber 8
D-31855 Aerzen
✆ 05154-9870
Niedersachsen, Bremen
Hinweis: Baron von Münchhausen-Platz

58

2 for 1 2 GF zum Preis von 1

DER GOLF ALBRECHT

Hamelner Golfclub e.V. Schloss Schwöbber DE

Schwöbber 8
D-31855 Aerzen
✆ 05154-9870
Niedersachsen, Bremen
Hinweis: Lucia von Reden Platz.

58

2 for 1 2 GF zum Preis von 1

DER GOLF ALBRECHT

Hamelner Golfclub e.V. Schloss Schwöbber DE

Schwöbber 8
D-31855 Aerzen
✆ 05154-9870
Niedersachsen, Bremen
Hinweis: Baron von Münchhausen-Platz

58

25% Greenfee-Ermäßigung

DER GOLF ALBRECHT

Hamelner Golfclub e.V. Schloss Schwöbber DE

Schwöbber 8
D-31855 Aerzen
✆ 05154-9870
Niedersachsen, Bremen
Hinweis: Lucia von Reden Platz.

58

25% Greenfee-Ermäßigung

DER GOLF ALBRECHT

Golf-Club Bad Salzdetfurth-Hildesheim e.V. DE

Dr.-Jochen-Schneider-Weg 1
D-31162 Bad Salzdetfurth-Wesseln
✆ 05063-1516
Niedersachsen, Bremen

59

2 for 1 2 GF zum Preis von 1

DER GOLF ALBRECHT

Golf-Club Bad Salzdetfurth-Hildesheim e.V. DE

Dr.-Jochen-Schneider-Weg 1
D-31162 Bad Salzdetfurth-Wesseln
✆ 05063-1516
Niedersachsen, Bremen

59

2 for 1 2 GF zum Preis von 1

DER GOLF ALBRECHT

Golf Club Salzgitter/Liebenburg e.V. DE

Sportpark Mahner Berg
D-38259 Salzgitter
✆ 05341-37376
Niedersachsen, Bremen

60

2 for 1 2 GF zum Preis von 1

DER GOLF ALBRECHT

Golf Club Salzgitter/Liebenburg e.V. DE

Sportpark Mahner Berg
D-38259 Salzgitter
✆ 05341-37376
Niedersachsen, Bremen

60

2 for 1 2 GF zum Preis von 1

DER GOLF ALBRECHT

Golf Club Weserbergland e.V. DE

Weißenfeld 2
D-37647 Polle
✆ 05535-8842
Niedersachsen, Bremen

61

2 for 1 2 GF zum Preis von 1

DER GOLF ALBRECHT

Golf Club Weserbergland e.V. DE

Weißenfeld 2
D-37647 Polle
✆ 05535-8842
Niedersachsen, Bremen

61

2 for 1 2 GF zum Preis von 1

Bedingungen zur Einlösung des Discounts:

1. Das Angebot ist einschließlich bis 30.6.2024 gültig.
2. Der Golfspieler/Leser hat sich telefonisch eine Abschlagzeit geben zu lassen – dabei ist die Nutzung des Angebots anzugeben.
3. Eine Barauszahlung des Greenfee-Vorteils ist nicht möglich.
4. Das Kombinieren von Angeboten oder bestehenden Greenfee-Vorteilen ist nicht möglich. Der Vorteil bezieht sich jeweils ausschließlich auf die zum Zeitpunkt der Einlösung gültigen vollen Greenfee-Gebühren.
5. Gibt es Spielergruppen mit erhöhten Greenfee-Gebühren, ist ein Nachlass auf diese Gebühren nicht möglich.
6. Das Angebot allein berechtigt nicht zum Spiel gegen Greenfee. Die Erfüllung der Bestimmungen des jeweiligen Golfclubs zur Greenfee-Berechtigung (Mitgliedschaft in einem Golfclub, Mindesthandicap etc.) zum Zeitpunkt der Einlösung sind Voraussetzung.
7. Es ist untersagt, den Greenfee-Gutschein entgeltlich Dritten zu überlassen bzw. mit diesen Handel zu treiben. Insbesondere sind die teilnehmenden Golfclubs in diesem Falle berechtigt, die Einlösung der ausgeschriebenen Angebote zu verweigern.
8. Die teilnehmenden Golfclubs haben sich gegenüber dem Verlag unter den o.g. Bedingungen verpflichtet, die ausgeschriebenen Angebote einzulösen. Der Verlag übernimmt jedoch keine Gewähr und keine Haftung, wenn ein Angebot nicht eingelöst wird oder werden kann.

Bedingungen zur Einlösung des Discounts:

1. Das Angebot ist einschließlich bis 30.6.2024 gültig.
2. Der Golfspieler/Leser hat sich telefonisch eine Abschlagzeit geben zu lassen – dabei ist die Nutzung des Angebots anzugeben.
3. Eine Barauszahlung des Greenfee-Vorteils ist nicht möglich.
4. Das Kombinieren von Angeboten oder bestehenden Greenfee-Vorteilen ist nicht möglich. Der Vorteil bezieht sich jeweils ausschließlich auf die zum Zeitpunkt der Einlösung gültigen vollen Greenfee-Gebühren.
5. Gibt es Spielergruppen mit erhöhten Greenfee-Gebühren, ist ein Nachlass auf diese Gebühren nicht möglich.
6. Das Angebot allein berechtigt nicht zum Spiel gegen Greenfee. Die Erfüllung der Bestimmungen des jeweiligen Golfclubs zur Greenfee-Berechtigung (Mitgliedschaft in einem Golfclub, Mindesthandicap etc.) zum Zeitpunkt der Einlösung sind Voraussetzung.
7. Es ist untersagt, den Greenfee-Gutschein entgeltlich Dritten zu überlassen bzw. mit diesen Handel zu treiben. Insbesondere sind die teilnehmenden Golfclubs in diesem Falle berechtigt, die Einlösung der ausgeschriebenen Angebote zu verweigern.
8. Die teilnehmenden Golfclubs haben sich gegenüber dem Verlag unter den o.g. Bedingungen verpflichtet, die ausgeschriebenen Angebote einzulösen. Der Verlag übernimmt jedoch keine Gewähr und keine Haftung, wenn ein Angebot nicht eingelöst wird oder werden kann.

Bedingungen zur Einlösung des Discounts:

1. Das Angebot ist einschließlich bis 30.6.2024 gültig.
2. Der Golfspieler/Leser hat sich telefonisch eine Abschlagzeit geben zu lassen – dabei ist die Nutzung des Angebots anzugeben.
3. Eine Barauszahlung des Greenfee-Vorteils ist nicht möglich.
4. Das Kombinieren von Angeboten oder bestehenden Greenfee-Vorteilen ist nicht möglich. Der Vorteil bezieht sich jeweils ausschließlich auf die zum Zeitpunkt der Einlösung gültigen vollen Greenfee-Gebühren.
5. Gibt es Spielergruppen mit erhöhten Greenfee-Gebühren, ist ein Nachlass auf diese Gebühren nicht möglich.
6. Das Angebot allein berechtigt nicht zum Spiel gegen Greenfee. Die Erfüllung der Bestimmungen des jeweiligen Golfclubs zur Greenfee-Berechtigung (Mitgliedschaft in einem Golfclub, Mindesthandicap etc.) zum Zeitpunkt der Einlösung sind Voraussetzung.
7. Es ist untersagt, den Greenfee-Gutschein entgeltlich Dritten zu überlassen bzw. mit diesen Handel zu treiben. Insbesondere sind die teilnehmenden Golfclubs in diesem Falle berechtigt, die Einlösung der ausgeschriebenen Angebote zu verweigern.
8. Die teilnehmenden Golfclubs haben sich gegenüber dem Verlag unter den o.g. Bedingungen verpflichtet, die ausgeschriebenen Angebote einzulösen. Der Verlag übernimmt jedoch keine Gewähr und keine Haftung, wenn ein Angebot nicht eingelöst wird oder werden kann.

Bedingungen zur Einlösung des Discounts:

1. Das Angebot ist einschließlich bis 30.6.2024 gültig.
2. Der Golfspieler/Leser hat sich telefonisch eine Abschlagzeit geben zu lassen – dabei ist die Nutzung des Angebots anzugeben.
3. Eine Barauszahlung des Greenfee-Vorteils ist nicht möglich.
4. Das Kombinieren von Angeboten oder bestehenden Greenfee-Vorteilen ist nicht möglich. Der Vorteil bezieht sich jeweils ausschließlich auf die zum Zeitpunkt der Einlösung gültigen vollen Greenfee-Gebühren.
5. Gibt es Spielergruppen mit erhöhten Greenfee-Gebühren, ist ein Nachlass auf diese Gebühren nicht möglich.
6. Das Angebot allein berechtigt nicht zum Spiel gegen Greenfee. Die Erfüllung der Bestimmungen des jeweiligen Golfclubs zur Greenfee-Berechtigung (Mitgliedschaft in einem Golfclub, Mindesthandicap etc.) zum Zeitpunkt der Einlösung sind Voraussetzung.
7. Es ist untersagt, den Greenfee-Gutschein entgeltlich Dritten zu überlassen bzw. mit diesen Handel zu treiben. Insbesondere sind die teilnehmenden Golfclubs in diesem Falle berechtigt, die Einlösung der ausgeschriebenen Angebote zu verweigern.
8. Die teilnehmenden Golfclubs haben sich gegenüber dem Verlag unter den o.g. Bedingungen verpflichtet, die ausgeschriebenen Angebote einzulösen. Der Verlag übernimmt jedoch keine Gewähr und keine Haftung, wenn ein Angebot nicht eingelöst wird oder werden kann.

Bedingungen zur Einlösung des Discounts:

1. Das Angebot ist einschließlich bis 30.6.2024 gültig.
2. Der Golfspieler/Leser hat sich telefonisch eine Abschlagzeit geben zu lassen – dabei ist die Nutzung des Angebots anzugeben.
3. Eine Barauszahlung des Greenfee-Vorteils ist nicht möglich.
4. Das Kombinieren von Angeboten oder bestehenden Greenfee-Vorteilen ist nicht möglich. Der Vorteil bezieht sich jeweils ausschließlich auf die zum Zeitpunkt der Einlösung gültigen vollen Greenfee-Gebühren.
5. Gibt es Spielergruppen mit erhöhten Greenfee-Gebühren, ist ein Nachlass auf diese Gebühren nicht möglich.
6. Das Angebot allein berechtigt nicht zum Spiel gegen Greenfee. Die Erfüllung der Bestimmungen des jeweiligen Golfclubs zur Greenfee-Berechtigung (Mitgliedschaft in einem Golfclub, Mindesthandicap etc.) zum Zeitpunkt der Einlösung sind Voraussetzung.
7. Es ist untersagt, den Greenfee-Gutschein entgeltlich Dritten zu überlassen bzw. mit diesen Handel zu treiben. Insbesondere sind die teilnehmenden Golfclubs in diesem Falle berechtigt, die Einlösung der ausgeschriebenen Angebote zu verweigern.
8. Die teilnehmenden Golfclubs haben sich gegenüber dem Verlag unter den o.g. Bedingungen verpflichtet, die ausgeschriebenen Angebote einzulösen. Der Verlag übernimmt jedoch keine Gewähr und keine Haftung, wenn ein Angebot nicht eingelöst wird oder werden kann.

Bedingungen zur Einlösung des Discounts:

1. Das Angebot ist einschließlich bis 30.6.2024 gültig.
2. Der Golfspieler/Leser hat sich telefonisch eine Abschlagzeit geben zu lassen – dabei ist die Nutzung des Angebots anzugeben.
3. Eine Barauszahlung des Greenfee-Vorteils ist nicht möglich.
4. Das Kombinieren von Angeboten oder bestehenden Greenfee-Vorteilen ist nicht möglich. Der Vorteil bezieht sich jeweils ausschließlich auf die zum Zeitpunkt der Einlösung gültigen vollen Greenfee-Gebühren.
5. Gibt es Spielergruppen mit erhöhten Greenfee-Gebühren, ist ein Nachlass auf diese Gebühren nicht möglich.
6. Das Angebot allein berechtigt nicht zum Spiel gegen Greenfee. Die Erfüllung der Bestimmungen des jeweiligen Golfclubs zur Greenfee-Berechtigung (Mitgliedschaft in einem Golfclub, Mindesthandicap etc.) zum Zeitpunkt der Einlösung sind Voraussetzung.
7. Es ist untersagt, den Greenfee-Gutschein entgeltlich Dritten zu überlassen bzw. mit diesen Handel zu treiben. Insbesondere sind die teilnehmenden Golfclubs in diesem Falle berechtigt, die Einlösung der ausgeschriebenen Angebote zu verweigern.
8. Die teilnehmenden Golfclubs haben sich gegenüber dem Verlag unter den o.g. Bedingungen verpflichtet, die ausgeschriebenen Angebote einzulösen. Der Verlag übernimmt jedoch keine Gewähr und keine Haftung, wenn ein Angebot nicht eingelöst wird oder werden kann.

Bedingungen zur Einlösung des Discounts:

1. Das Angebot ist einschließlich bis 30.6.2024 gültig.
2. Der Golfspieler/Leser hat sich telefonisch eine Abschlagzeit geben zu lassen – dabei ist die Nutzung des Angebots anzugeben.
3. Eine Barauszahlung des Greenfee-Vorteils ist nicht möglich.
4. Das Kombinieren von Angeboten oder bestehenden Greenfee-Vorteilen ist nicht möglich. Der Vorteil bezieht sich jeweils ausschließlich auf die zum Zeitpunkt der Einlösung gültigen vollen Greenfee-Gebühren.
5. Gibt es Spielergruppen mit erhöhten Greenfee-Gebühren, ist ein Nachlass auf diese Gebühren nicht möglich.
6. Das Angebot allein berechtigt nicht zum Spiel gegen Greenfee. Die Erfüllung der Bestimmungen des jeweiligen Golfclubs zur Greenfee-Berechtigung (Mitgliedschaft in einem Golfclub, Mindesthandicap etc.) zum Zeitpunkt der Einlösung sind Voraussetzung.
7. Es ist untersagt, den Greenfee-Gutschein entgeltlich Dritten zu überlassen bzw. mit diesen Handel zu treiben. Insbesondere sind die teilnehmenden Golfclubs in diesem Falle berechtigt, die Einlösung der ausgeschriebenen Angebote zu verweigern.
8. Die teilnehmenden Golfclubs haben sich gegenüber dem Verlag unter den o.g. Bedingungen verpflichtet, die ausgeschriebenen Angebote einzulösen. Der Verlag übernimmt jedoch keine Gewähr und keine Haftung, wenn ein Angebot nicht eingelöst wird oder werden kann.

Bedingungen zur Einlösung des Discounts:

1. Das Angebot ist einschließlich bis 30.6.2024 gültig.
2. Der Golfspieler/Leser hat sich telefonisch eine Abschlagzeit geben zu lassen – dabei ist die Nutzung des Angebots anzugeben.
3. Eine Barauszahlung des Greenfee-Vorteils ist nicht möglich.
4. Das Kombinieren von Angeboten oder bestehenden Greenfee-Vorteilen ist nicht möglich. Der Vorteil bezieht sich jeweils ausschließlich auf die zum Zeitpunkt der Einlösung gültigen vollen Greenfee-Gebühren.
5. Gibt es Spielergruppen mit erhöhten Greenfee-Gebühren, ist ein Nachlass auf diese Gebühren nicht möglich.
6. Das Angebot allein berechtigt nicht zum Spiel gegen Greenfee. Die Erfüllung der Bestimmungen des jeweiligen Golfclubs zur Greenfee-Berechtigung (Mitgliedschaft in einem Golfclub, Mindesthandicap etc.) zum Zeitpunkt der Einlösung sind Voraussetzung.
7. Es ist untersagt, den Greenfee-Gutschein entgeltlich Dritten zu überlassen bzw. mit diesen Handel zu treiben. Insbesondere sind die teilnehmenden Golfclubs in diesem Falle berechtigt, die Einlösung der ausgeschriebenen Angebote zu verweigern.
8. Die teilnehmenden Golfclubs haben sich gegenüber dem Verlag unter den o.g. Bedingungen verpflichtet, die ausgeschriebenen Angebote einzulösen. Der Verlag übernimmt jedoch keine Gewähr und keine Haftung, wenn ein Angebot nicht eingelöst wird oder werden kann.

Bedingungen zur Einlösung des Discounts:

1. Das Angebot ist einschließlich bis 30.6.2024 gültig.
2. Der Golfspieler/Leser hat sich telefonisch eine Abschlagzeit geben zu lassen – dabei ist die Nutzung des Angebots anzugeben.
3. Eine Barauszahlung des Greenfee-Vorteils ist nicht möglich.
4. Das Kombinieren von Angeboten oder bestehenden Greenfee-Vorteilen ist nicht möglich. Der Vorteil bezieht sich jeweils ausschließlich auf die zum Zeitpunkt der Einlösung gültigen vollen Greenfee-Gebühren.
5. Gibt es Spielergruppen mit erhöhten Greenfee-Gebühren, ist ein Nachlass auf diese Gebühren nicht möglich.
6. Das Angebot allein berechtigt nicht zum Spiel gegen Greenfee. Die Erfüllung der Bestimmungen des jeweiligen Golfclubs zur Greenfee-Berechtigung (Mitgliedschaft in einem Golfclub, Mindesthandicap etc.) zum Zeitpunkt der Einlösung sind Voraussetzung.
7. Es ist untersagt, den Greenfee-Gutschein entgeltlich Dritten zu überlassen bzw. mit diesen Handel zu treiben. Insbesondere sind die teilnehmenden Golfclubs in diesem Falle berechtigt, die Einlösung der ausgeschriebenen Angebote zu verweigern.
8. Die teilnehmenden Golfclubs haben sich gegenüber dem Verlag unter den o.g. Bedingungen verpflichtet, die ausgeschriebenen Angebote einzulösen. Der Verlag übernimmt jedoch keine Gewähr und keine Haftung, wenn ein Angebot nicht eingelöst wird oder werden kann.

Bedingungen zur Einlösung des Discounts:

1. Das Angebot ist einschließlich bis 30.6.2024 gültig.
2. Der Golfspieler/Leser hat sich telefonisch eine Abschlagzeit geben zu lassen – dabei ist die Nutzung des Angebots anzugeben.
3. Eine Barauszahlung des Greenfee-Vorteils ist nicht möglich.
4. Das Kombinieren von Angeboten oder bestehenden Greenfee-Vorteilen ist nicht möglich. Der Vorteil bezieht sich jeweils ausschließlich auf die zum Zeitpunkt der Einlösung gültigen vollen Greenfee-Gebühren.
5. Gibt es Spielergruppen mit erhöhten Greenfee-Gebühren, ist ein Nachlass auf diese Gebühren nicht möglich.
6. Das Angebot allein berechtigt nicht zum Spiel gegen Greenfee. Die Erfüllung der Bestimmungen des jeweiligen Golfclubs zur Greenfee-Berechtigung (Mitgliedschaft in einem Golfclub, Mindesthandicap etc.) zum Zeitpunkt der Einlösung sind Voraussetzung.
7. Es ist untersagt, den Greenfee-Gutschein entgeltlich Dritten zu überlassen bzw. mit diesen Handel zu treiben. Insbesondere sind die teilnehmenden Golfclubs in diesem Falle berechtigt, die Einlösung der ausgeschriebenen Angebote zu verweigern.
8. Die teilnehmenden Golfclubs haben sich gegenüber dem Verlag unter den o.g. Bedingungen verpflichtet, die ausgeschriebenen Angebote einzulösen. Der Verlag übernimmt jedoch keine Gewähr und keine Haftung, wenn ein Angebot nicht eingelöst wird oder werden kann.

Diese Gutscheine gelten nur in Verbindung mit dem Buch/Albrecht Golf Card

Diese Gutscheine gelten nur in Verbindung mit dem Buch/Albrecht Golf Card

DER GOLF ALBRECHT

Golf Club Weserbergland e.V. DE

Weißenfeld 2
D-37647 Polle
✆ 05535-8842
Niedersachsen, Bremen

61

20% Greenfee-Ermäßigung

DER GOLF ALBRECHT

Golf Club Weserbergland e.V. DE

Weißenfeld 2
D-37647 Polle
✆ 05535-8842
Niedersachsen, Bremen

61

20% Greenfee-Ermäßigung

DER GOLF ALBRECHT

Golf-Club Harz DE

Am Breitenberg 107
D-38667 Bad Harzburg
✆ 05322-6737
Niedersachsen, Bremen

62

20% Greenfee-Ermäßigung

DER GOLF ALBRECHT

Golf-Club Harz DE

Am Breitenberg 107
D-38667 Bad Harzburg
✆ 05322-6737
Niedersachsen, Bremen

62

20% Greenfee-Ermäßigung

DER GOLF ALBRECHT

Golf und Country Club Leinetal Einbeck e.V. DE

Am Holzgrund 20
D-37574 Einbeck-Immensen
✆ 05561-982305
Niedersachsen, Bremen

63

2 for 1 2 GF zum Preis von 1

DER GOLF ALBRECHT

Golf und Country Club Leinetal Einbeck e.V. DE

Am Holzgrund 20
D-37574 Einbeck-Immensen
✆ 05561-982305
Niedersachsen, Bremen

63

2 for 1 2 GF zum Preis von 1

DER GOLF ALBRECHT

Golf Club Hardenberg e.V. DE

Levershausen 1
D-37154 Northeim
✆ 05551-908380
Niedersachsen, Bremen

64

2 for 1 2 GF zum Preis von 1

DER GOLF ALBRECHT

Golf Club Hardenberg e.V. DE

Levershausen 1
D-37154 Northeim
✆ 05551-908380
Niedersachsen, Bremen

64

2 for 1 2 GF zum Preis von 1

DER GOLF ALBRECHT

Golf Club Hardenberg e.V. DE

Levershausen 1
D-37154 Northeim
✆ 05551-908380
Niedersachsen, Bremen

64

20% Greenfee-Ermäßigung

DER GOLF ALBRECHT

Golf Club Hardenberg e.V. DE

Levershausen 1
D-37154 Northeim
✆ 05551-908380
Niedersachsen, Bremen

64

20% Greenfee-Ermäßigung

Bedingungen zur Einlösung des Discounts:
1. Das Angebot ist einschließlich bis 30.6.2024 gültig.
2. Der Golfspieler/Leser hat sich telefonisch eine Abschlagzeit geben zu lassen – dabei ist die Nutzung des Angebots anzugeben.
3. Eine Barauszahlung des Greenfee-Vorteils ist nicht möglich.
4. Das Kombinieren von Angeboten oder bestehenden Greenfee-Vorteilen ist nicht möglich. Der Vorteil bezieht sich jeweils ausschließlich auf die zum Zeitpunkt der Einlösung gültigen vollen Greenfee-Gebühren.
5. Gibt es Spielergruppen mit erhöhten Greenfee-Gebühren, ist ein Nachlass auf diese Gebühren nicht möglich.
6. Das Angebot allein berechtigt nicht zum Spiel gegen Greenfee. Die Erfüllung der Bestimmungen des jeweiligen Golfclubs zur Greenfee-Berechtigung (Mitgliedschaft in einem Golfclub, Mindesthandicap etc.) zum Zeitpunkt der Einlösung sind Voraussetzung.
7. Es ist untersagt, den Greenfee-Gutschein entgeltlich Dritten zu überlassen bzw. mit diesen Handel zu treiben. Insbesondere sind die teilnehmenden Golfclubs in diesem Falle berechtigt, die Einlösung der ausgeschriebenen Angebote zu verweigern.
8. Die teilnehmenden Golfclubs haben sich gegenüber dem Verlag unter den o.g. Bedingungen verpflichtet, die ausgeschriebenen Angebote einzulösen. Der Verlag übernimmt jedoch keine Gewähr und keine Haftung, wenn ein Angebot nicht eingelöst wird oder werden kann.

Bedingungen zur Einlösung des Discounts:
1. Das Angebot ist einschließlich bis 30.6.2024 gültig.
2. Der Golfspieler/Leser hat sich telefonisch eine Abschlagzeit geben zu lassen – dabei ist die Nutzung des Angebots anzugeben.
3. Eine Barauszahlung des Greenfee-Vorteils ist nicht möglich.
4. Das Kombinieren von Angeboten oder bestehenden Greenfee-Vorteilen ist nicht möglich. Der Vorteil bezieht sich jeweils ausschließlich auf die zum Zeitpunkt der Einlösung gültigen vollen Greenfee-Gebühren.
5. Gibt es Spielergruppen mit erhöhten Greenfee-Gebühren, ist ein Nachlass auf diese Gebühren nicht möglich.
6. Das Angebot allein berechtigt nicht zum Spiel gegen Greenfee. Die Erfüllung der Bestimmungen des jeweiligen Golfclubs zur Greenfee-Berechtigung (Mitgliedschaft in einem Golfclub, Mindesthandicap etc.) zum Zeitpunkt der Einlösung sind Voraussetzung.
7. Es ist untersagt, den Greenfee-Gutschein entgeltlich Dritten zu überlassen bzw. mit diesen Handel zu treiben. Insbesondere sind die teilnehmenden Golfclubs in diesem Falle berechtigt, die Einlösung der ausgeschriebenen Angebote zu verweigern.
8. Die teilnehmenden Golfclubs haben sich gegenüber dem Verlag unter den o.g. Bedingungen verpflichtet, die ausgeschriebenen Angebote einzulösen. Der Verlag übernimmt jedoch keine Gewähr und keine Haftung, wenn ein Angebot nicht eingelöst wird oder werden kann.

Bedingungen zur Einlösung des Discounts:
1. Das Angebot ist einschließlich bis 30.6.2024 gültig.
2. Der Golfspieler/Leser hat sich telefonisch eine Abschlagzeit geben zu lassen – dabei ist die Nutzung des Angebots anzugeben.
3. Eine Barauszahlung des Greenfee-Vorteils ist nicht möglich.
4. Das Kombinieren von Angeboten oder bestehenden Greenfee-Vorteilen ist nicht möglich. Der Vorteil bezieht sich jeweils ausschließlich auf die zum Zeitpunkt der Einlösung gültigen vollen Greenfee-Gebühren.
5. Gibt es Spielergruppen mit erhöhten Greenfee-Gebühren, ist ein Nachlass auf diese Gebühren nicht möglich.
6. Das Angebot allein berechtigt nicht zum Spiel gegen Greenfee. Die Erfüllung der Bestimmungen des jeweiligen Golfclubs zur Greenfee-Berechtigung (Mitgliedschaft in einem Golfclub, Mindesthandicap etc.) zum Zeitpunkt der Einlösung sind Voraussetzung.
7. Es ist untersagt, den Greenfee-Gutschein entgeltlich Dritten zu überlassen bzw. mit diesen Handel zu treiben. Insbesondere sind die teilnehmenden Golfclubs in diesem Falle berechtigt, die Einlösung der ausgeschriebenen Angebote zu verweigern.
8. Die teilnehmenden Golfclubs haben sich gegenüber dem Verlag unter den o.g. Bedingungen verpflichtet, die ausgeschriebenen Angebote einzulösen. Der Verlag übernimmt jedoch keine Gewähr und keine Haftung, wenn ein Angebot nicht eingelöst wird oder werden kann.

Bedingungen zur Einlösung des Discounts:
1. Das Angebot ist einschließlich bis 30.6.2024 gültig.
2. Der Golfspieler/Leser hat sich telefonisch eine Abschlagzeit geben zu lassen – dabei ist die Nutzung des Angebots anzugeben.
3. Eine Barauszahlung des Greenfee-Vorteils ist nicht möglich.
4. Das Kombinieren von Angeboten oder bestehenden Greenfee-Vorteilen ist nicht möglich. Der Vorteil bezieht sich jeweils ausschließlich auf die zum Zeitpunkt der Einlösung gültigen vollen Greenfee-Gebühren.
5. Gibt es Spielergruppen mit erhöhten Greenfee-Gebühren, ist ein Nachlass auf diese Gebühren nicht möglich.
6. Das Angebot allein berechtigt nicht zum Spiel gegen Greenfee. Die Erfüllung der Bestimmungen des jeweiligen Golfclubs zur Greenfee-Berechtigung (Mitgliedschaft in einem Golfclub, Mindesthandicap etc.) zum Zeitpunkt der Einlösung sind Voraussetzung.
7. Es ist untersagt, den Greenfee-Gutschein entgeltlich Dritten zu überlassen bzw. mit diesen Handel zu treiben. Insbesondere sind die teilnehmenden Golfclubs in diesem Falle berechtigt, die Einlösung der ausgeschriebenen Angebote zu verweigern.
8. Die teilnehmenden Golfclubs haben sich gegenüber dem Verlag unter den o.g. Bedingungen verpflichtet, die ausgeschriebenen Angebote einzulösen. Der Verlag übernimmt jedoch keine Gewähr und keine Haftung, wenn ein Angebot nicht eingelöst wird oder werden kann.

Bedingungen zur Einlösung des Discounts:
1. Das Angebot ist einschließlich bis 30.6.2024 gültig.
2. Der Golfspieler/Leser hat sich telefonisch eine Abschlagzeit geben zu lassen – dabei ist die Nutzung des Angebots anzugeben.
3. Eine Barauszahlung des Greenfee-Vorteils ist nicht möglich.
4. Das Kombinieren von Angeboten oder bestehenden Greenfee-Vorteilen ist nicht möglich. Der Vorteil bezieht sich jeweils ausschließlich auf die zum Zeitpunkt der Einlösung gültigen vollen Greenfee-Gebühren.
5. Gibt es Spielergruppen mit erhöhten Greenfee-Gebühren, ist ein Nachlass auf diese Gebühren nicht möglich.
6. Das Angebot allein berechtigt nicht zum Spiel gegen Greenfee. Die Erfüllung der Bestimmungen des jeweiligen Golfclubs zur Greenfee-Berechtigung (Mitgliedschaft in einem Golfclub, Mindesthandicap etc.) zum Zeitpunkt der Einlösung sind Voraussetzung.
7. Es ist untersagt, den Greenfee-Gutschein entgeltlich Dritten zu überlassen bzw. mit diesen Handel zu treiben. Insbesondere sind die teilnehmenden Golfclubs in diesem Falle berechtigt, die Einlösung der ausgeschriebenen Angebote zu verweigern.
8. Die teilnehmenden Golfclubs haben sich gegenüber dem Verlag unter den o.g. Bedingungen verpflichtet, die ausgeschriebenen Angebote einzulösen. Der Verlag übernimmt jedoch keine Gewähr und keine Haftung, wenn ein Angebot nicht eingelöst wird oder werden kann.

Bedingungen zur Einlösung des Discounts:
1. Das Angebot ist einschließlich bis 30.6.2024 gültig.
2. Der Golfspieler/Leser hat sich telefonisch eine Abschlagzeit geben zu lassen – dabei ist die Nutzung des Angebots anzugeben.
3. Eine Barauszahlung des Greenfee-Vorteils ist nicht möglich.
4. Das Kombinieren von Angeboten oder bestehenden Greenfee-Vorteilen ist nicht möglich. Der Vorteil bezieht sich jeweils ausschließlich auf die zum Zeitpunkt der Einlösung gültigen vollen Greenfee-Gebühren.
5. Gibt es Spielergruppen mit erhöhten Greenfee-Gebühren, ist ein Nachlass auf diese Gebühren nicht möglich.
6. Das Angebot allein berechtigt nicht zum Spiel gegen Greenfee. Die Erfüllung der Bestimmungen des jeweiligen Golfclubs zur Greenfee-Berechtigung (Mitgliedschaft in einem Golfclub, Mindesthandicap etc.) zum Zeitpunkt der Einlösung sind Voraussetzung.
7. Es ist untersagt, den Greenfee-Gutschein entgeltlich Dritten zu überlassen bzw. mit diesen Handel zu treiben. Insbesondere sind die teilnehmenden Golfclubs in diesem Falle berechtigt, die Einlösung der ausgeschriebenen Angebote zu verweigern.
8. Die teilnehmenden Golfclubs haben sich gegenüber dem Verlag unter den o.g. Bedingungen verpflichtet, die ausgeschriebenen Angebote einzulösen. Der Verlag übernimmt jedoch keine Gewähr und keine Haftung, wenn ein Angebot nicht eingelöst wird oder werden kann.

Bedingungen zur Einlösung des Discounts:
1. Das Angebot ist einschließlich bis 30.6.2024 gültig.
2. Der Golfspieler/Leser hat sich telefonisch eine Abschlagzeit geben zu lassen – dabei ist die Nutzung des Angebots anzugeben.
3. Eine Barauszahlung des Greenfee-Vorteils ist nicht möglich.
4. Das Kombinieren von Angeboten oder bestehenden Greenfee-Vorteilen ist nicht möglich. Der Vorteil bezieht sich jeweils ausschließlich auf die zum Zeitpunkt der Einlösung gültigen vollen Greenfee-Gebühren.
5. Gibt es Spielergruppen mit erhöhten Greenfee-Gebühren, ist ein Nachlass auf diese Gebühren nicht möglich.
6. Das Angebot allein berechtigt nicht zum Spiel gegen Greenfee. Die Erfüllung der Bestimmungen des jeweiligen Golfclubs zur Greenfee-Berechtigung (Mitgliedschaft in einem Golfclub, Mindesthandicap etc.) zum Zeitpunkt der Einlösung sind Voraussetzung.
7. Es ist untersagt, den Greenfee-Gutschein entgeltlich Dritten zu überlassen bzw. mit diesen Handel zu treiben. Insbesondere sind die teilnehmenden Golfclubs in diesem Falle berechtigt, die Einlösung der ausgeschriebenen Angebote zu verweigern.
8. Die teilnehmenden Golfclubs haben sich gegenüber dem Verlag unter den o.g. Bedingungen verpflichtet, die ausgeschriebenen Angebote einzulösen. Der Verlag übernimmt jedoch keine Gewähr und keine Haftung, wenn ein Angebot nicht eingelöst wird oder werden kann.

Bedingungen zur Einlösung des Discounts:
1. Das Angebot ist einschließlich bis 30.6.2024 gültig.
2. Der Golfspieler/Leser hat sich telefonisch eine Abschlagzeit geben zu lassen – dabei ist die Nutzung des Angebots anzugeben.
3. Eine Barauszahlung des Greenfee-Vorteils ist nicht möglich.
4. Das Kombinieren von Angeboten oder bestehenden Greenfee-Vorteilen ist nicht möglich. Der Vorteil bezieht sich jeweils ausschließlich auf die zum Zeitpunkt der Einlösung gültigen vollen Greenfee-Gebühren.
5. Gibt es Spielergruppen mit erhöhten Greenfee-Gebühren, ist ein Nachlass auf diese Gebühren nicht möglich.
6. Das Angebot allein berechtigt nicht zum Spiel gegen Greenfee. Die Erfüllung der Bestimmungen des jeweiligen Golfclubs zur Greenfee-Berechtigung (Mitgliedschaft in einem Golfclub, Mindesthandicap etc.) zum Zeitpunkt der Einlösung sind Voraussetzung.
7. Es ist untersagt, den Greenfee-Gutschein entgeltlich Dritten zu überlassen bzw. mit diesen Handel zu treiben. Insbesondere sind die teilnehmenden Golfclubs in diesem Falle berechtigt, die Einlösung der ausgeschriebenen Angebote zu verweigern.
8. Die teilnehmenden Golfclubs haben sich gegenüber dem Verlag unter den o.g. Bedingungen verpflichtet, die ausgeschriebenen Angebote einzulösen. Der Verlag übernimmt jedoch keine Gewähr und keine Haftung, wenn ein Angebot nicht eingelöst wird oder werden kann.

Bedingungen zur Einlösung des Discounts:
1. Das Angebot ist einschließlich bis 30.6.2024 gültig.
2. Der Golfspieler/Leser hat sich telefonisch eine Abschlagzeit geben zu lassen – dabei ist die Nutzung des Angebots anzugeben.
3. Eine Barauszahlung des Greenfee-Vorteils ist nicht möglich.
4. Das Kombinieren von Angeboten oder bestehenden Greenfee-Vorteilen ist nicht möglich. Der Vorteil bezieht sich jeweils ausschließlich auf die zum Zeitpunkt der Einlösung gültigen vollen Greenfee-Gebühren.
5. Gibt es Spielergruppen mit erhöhten Greenfee-Gebühren, ist ein Nachlass auf diese Gebühren nicht möglich.
6. Das Angebot allein berechtigt nicht zum Spiel gegen Greenfee. Die Erfüllung der Bestimmungen des jeweiligen Golfclubs zur Greenfee-Berechtigung (Mitgliedschaft in einem Golfclub, Mindesthandicap etc.) zum Zeitpunkt der Einlösung sind Voraussetzung.
7. Es ist untersagt, den Greenfee-Gutschein entgeltlich Dritten zu überlassen bzw. mit diesen Handel zu treiben. Insbesondere sind die teilnehmenden Golfclubs in diesem Falle berechtigt, die Einlösung der ausgeschriebenen Angebote zu verweigern.
8. Die teilnehmenden Golfclubs haben sich gegenüber dem Verlag unter den o.g. Bedingungen verpflichtet, die ausgeschriebenen Angebote einzulösen. Der Verlag übernimmt jedoch keine Gewähr und keine Haftung, wenn ein Angebot nicht eingelöst wird oder werden kann.

Bedingungen zur Einlösung des Discounts:
1. Das Angebot ist einschließlich bis 30.6.2024 gültig.
2. Der Golfspieler/Leser hat sich telefonisch eine Abschlagzeit geben zu lassen – dabei ist die Nutzung des Angebots anzugeben.
3. Eine Barauszahlung des Greenfee-Vorteils ist nicht möglich.
4. Das Kombinieren von Angeboten oder bestehenden Greenfee-Vorteilen ist nicht möglich. Der Vorteil bezieht sich jeweils ausschließlich auf die zum Zeitpunkt der Einlösung gültigen vollen Greenfee-Gebühren.
5. Gibt es Spielergruppen mit erhöhten Greenfee-Gebühren, ist ein Nachlass auf diese Gebühren nicht möglich.
6. Das Angebot allein berechtigt nicht zum Spiel gegen Greenfee. Die Erfüllung der Bestimmungen des jeweiligen Golfclubs zur Greenfee-Berechtigung (Mitgliedschaft in einem Golfclub, Mindesthandicap etc.) zum Zeitpunkt der Einlösung sind Voraussetzung.
7. Es ist untersagt, den Greenfee-Gutschein entgeltlich Dritten zu überlassen bzw. mit diesen Handel zu treiben. Insbesondere sind die teilnehmenden Golfclubs in diesem Falle berechtigt, die Einlösung der ausgeschriebenen Angebote zu verweigern.
8. Die teilnehmenden Golfclubs haben sich gegenüber dem Verlag unter den o.g. Bedingungen verpflichtet, die ausgeschriebenen Angebote einzulösen. Der Verlag übernimmt jedoch keine Gewähr und keine Haftung, wenn ein Angebot nicht eingelöst wird oder werden kann.

Diese Gutscheine gelten nur in Verbindung mit dem Buch/Albrecht Golf Card

Diese Gutscheine gelten nur in Verbindung mit dem Buch/Albrecht Golf Card

DER GOLF ALBRECHT

Golf in Wall

DE

Am Königsgraben 1
D-16818 Wall
✆ 033925-71135
Berlin, Brandenburg

65

2 for 1 — 2 GF zum Preis von 1

DER GOLF ALBRECHT

Golf in Wall

DE

Am Königsgraben 1
D-16818 Wall
✆ 033925-71135
Berlin, Brandenburg

65

2 for 1 — 2 GF zum Preis von 1

DER GOLF ALBRECHT

Golfpark Berlin Prenden

DE

Waldweg 3
D-16348 Prenden
✆ 033396-7790
Berlin, Brandenburg

66

2 for 1 — 2 GF zum Preis von 1 wochentags

DER GOLF ALBRECHT

Golfpark Berlin Prenden

DE

Waldweg 3
D-16348 Prenden
✆ 033396-7790
Berlin, Brandenburg

66

20% — Greenfee-Ermäßigung

DER GOLF ALBRECHT

Golfpark Schloss Wilkendorf

DE

Am Weiher 1
D-15345 Atlandsberg - Wilkendorf
✆ 03341-330960
Berlin, Brandenburg
Hinweis: Für den Westside Platz

67

2 for 1 — 2 GF zum Preis von 1

DER GOLF ALBRECHT

Golfpark Schloss Wilkendorf

DE

Am Weiher 1
D-15345 Atlandsberg - Wilkendorf
✆ 03341-330960
Berlin, Brandenburg
Hinweis: Für den Westside Platz

67

20% — Greenfee-Ermäßigung

DER GOLF ALBRECHT

Potsdamer Golfclub e.V.

DE

Zachower Str.
D-14669 Ketzin, OT Tremmen
✆ 033233-7050
Berlin, Brandenburg
Hinweis: 18-Löcher-Runde

68

2 for 1 — 2 GF zum Preis von 1

DER GOLF ALBRECHT

Potsdamer Golfclub e.V.

DE

Zachower Str.
D-14669 Ketzin, OT Tremmen
✆ 033233-7050
Berlin, Brandenburg
Hinweis: 18-Löcher-Runde

68

2 for 1 — 2 GF zum Preis von 1

DER GOLF ALBRECHT

Potsdamer Golfclub e.V.

DE

Zachower Str.
D-14669 Ketzin, OT Tremmen
✆ 033233-7050
Berlin, Brandenburg
Hinweis: 18-Löcher-Runde

68

30% — Greenfee-Ermäßigung

DER GOLF ALBRECHT

Potsdamer Golfclub e.V.

DE

Zachower Str.
D-14669 Ketzin, OT Tremmen
✆ 033233-7050
Berlin, Brandenburg
Hinweis: 18-Löcher-Runde

68

30% — Greenfee-Ermäßigung

Bedingungen zur Einlösung des Discounts:

1. Das Angebot ist einschließlich bis 30.6.2024 gültig.
2. Der Golfspieler/Leser hat sich telefonisch eine Abschlagzeit geben zu lassen – dabei ist die Nutzung des Angebots anzugeben.
3. Eine Barauszahlung des Greenfee-Vorteils ist nicht möglich.
4. Das Kombinieren von Angeboten oder bestehenden Greenfee-Vorteilen ist nicht möglich. Der Vorteil bezieht sich jeweils ausschließlich auf die zum Zeitpunkt der Einlösung gültigen vollen Greenfee-Gebühren.
5. Gibt es Spielergruppen mit erhöhten Greenfee-Gebühren, ist ein Nachlass auf diese Gebühren nicht möglich.
6. Das Angebot allein berechtigt nicht zum Spiel gegen Greenfee. Die Erfüllung der Bestimmungen des jeweiligen Golfclubs zur Greenfee-Berechtigung (Mitgliedschaft in einem Golfclub, Mindesthandicap etc.) zum Zeitpunkt der Einlösung sind Voraussetzung.
7. Es ist untersagt, den Greenfee-Gutschein entgeltlich Dritten zu überlassen bzw. mit diesen Handel zu treiben. Insbesondere sind die teilnehmenden Golfclubs in diesem Falle berechtigt, die Einlösung der ausgeschriebenen Angebote zu verweigern.
8. Die teilnehmenden Golfclubs haben sich gegenüber dem Verlag unter den o.g. Bedingungen verpflichtet, die ausgeschriebenen Angebote einzulösen. Der Verlag übernimmt jedoch keine Gewähr und keine Haftung, wenn ein Angebot nicht eingelöst wird oder werden kann.

Bedingungen zur Einlösung des Discounts:

1. Das Angebot ist einschließlich bis 30.6.2024 gültig.
2. Der Golfspieler/Leser hat sich telefonisch eine Abschlagzeit geben zu lassen – dabei ist die Nutzung des Angebots anzugeben.
3. Eine Barauszahlung des Greenfee-Vorteils ist nicht möglich.
4. Das Kombinieren von Angeboten oder bestehenden Greenfee-Vorteilen ist nicht möglich. Der Vorteil bezieht sich jeweils ausschließlich auf die zum Zeitpunkt der Einlösung gültigen vollen Greenfee-Gebühren.
5. Gibt es Spielergruppen mit erhöhten Greenfee-Gebühren, ist ein Nachlass auf diese Gebühren nicht möglich.
6. Das Angebot allein berechtigt nicht zum Spiel gegen Greenfee. Die Erfüllung der Bestimmungen des jeweiligen Golfclubs zur Greenfee-Berechtigung (Mitgliedschaft in einem Golfclub, Mindesthandicap etc.) zum Zeitpunkt der Einlösung sind Voraussetzung.
7. Es ist untersagt, den Greenfee-Gutschein entgeltlich Dritten zu überlassen bzw. mit diesen Handel zu treiben. Insbesondere sind die teilnehmenden Golfclubs in diesem Falle berechtigt, die Einlösung der ausgeschriebenen Angebote zu verweigern.
8. Die teilnehmenden Golfclubs haben sich gegenüber dem Verlag unter den o.g. Bedingungen verpflichtet, die ausgeschriebenen Angebote einzulösen. Der Verlag übernimmt jedoch keine Gewähr und keine Haftung, wenn ein Angebot nicht eingelöst wird oder werden kann.

Bedingungen zur Einlösung des Discounts:

1. Das Angebot ist einschließlich bis 30.6.2024 gültig.
2. Der Golfspieler/Leser hat sich telefonisch eine Abschlagzeit geben zu lassen – dabei ist die Nutzung des Angebots anzugeben.
3. Eine Barauszahlung des Greenfee-Vorteils ist nicht möglich.
4. Das Kombinieren von Angeboten oder bestehenden Greenfee-Vorteilen ist nicht möglich. Der Vorteil bezieht sich jeweils ausschließlich auf die zum Zeitpunkt der Einlösung gültigen vollen Greenfee-Gebühren.
5. Gibt es Spielergruppen mit erhöhten Greenfee-Gebühren, ist ein Nachlass auf diese Gebühren nicht möglich.
6. Das Angebot allein berechtigt nicht zum Spiel gegen Greenfee. Die Erfüllung der Bestimmungen des jeweiligen Golfclubs zur Greenfee-Berechtigung (Mitgliedschaft in einem Golfclub, Mindesthandicap etc.) zum Zeitpunkt der Einlösung sind Voraussetzung.
7. Es ist untersagt, den Greenfee-Gutschein entgeltlich Dritten zu überlassen bzw. mit diesen Handel zu treiben. Insbesondere sind die teilnehmenden Golfclubs in diesem Falle berechtigt, die Einlösung der ausgeschriebenen Angebote zu verweigern.
8. Die teilnehmenden Golfclubs haben sich gegenüber dem Verlag unter den o.g. Bedingungen verpflichtet, die ausgeschriebenen Angebote einzulösen. Der Verlag übernimmt jedoch keine Gewähr und keine Haftung, wenn ein Angebot nicht eingelöst wird oder werden kann.

Bedingungen zur Einlösung des Discounts:

1. Das Angebot ist einschließlich bis 30.6.2024 gültig.
2. Der Golfspieler/Leser hat sich telefonisch eine Abschlagzeit geben zu lassen – dabei ist die Nutzung des Angebots anzugeben.
3. Eine Barauszahlung des Greenfee-Vorteils ist nicht möglich.
4. Das Kombinieren von Angeboten oder bestehenden Greenfee-Vorteilen ist nicht möglich. Der Vorteil bezieht sich jeweils ausschließlich auf die zum Zeitpunkt der Einlösung gültigen vollen Greenfee-Gebühren.
5. Gibt es Spielergruppen mit erhöhten Greenfee-Gebühren, ist ein Nachlass auf diese Gebühren nicht möglich.
6. Das Angebot allein berechtigt nicht zum Spiel gegen Greenfee. Die Erfüllung der Bestimmungen des jeweiligen Golfclubs zur Greenfee-Berechtigung (Mitgliedschaft in einem Golfclub, Mindesthandicap etc.) zum Zeitpunkt der Einlösung sind Voraussetzung.
7. Es ist untersagt, den Greenfee-Gutschein entgeltlich Dritten zu überlassen bzw. mit diesen Handel zu treiben. Insbesondere sind die teilnehmenden Golfclubs in diesem Falle berechtigt, die Einlösung der ausgeschriebenen Angebote zu verweigern.
8. Die teilnehmenden Golfclubs haben sich gegenüber dem Verlag unter den o.g. Bedingungen verpflichtet, die ausgeschriebenen Angebote einzulösen. Der Verlag übernimmt jedoch keine Gewähr und keine Haftung, wenn ein Angebot nicht eingelöst wird oder werden kann.

Bedingungen zur Einlösung des Discounts:

1. Das Angebot ist einschließlich bis 30.6.2024 gültig.
2. Der Golfspieler/Leser hat sich telefonisch eine Abschlagzeit geben zu lassen – dabei ist die Nutzung des Angebots anzugeben.
3. Eine Barauszahlung des Greenfee-Vorteils ist nicht möglich.
4. Das Kombinieren von Angeboten oder bestehenden Greenfee-Vorteilen ist nicht möglich. Der Vorteil bezieht sich jeweils ausschließlich auf die zum Zeitpunkt der Einlösung gültigen vollen Greenfee-Gebühren.
5. Gibt es Spielergruppen mit erhöhten Greenfee-Gebühren, ist ein Nachlass auf diese Gebühren nicht möglich.
6. Das Angebot allein berechtigt nicht zum Spiel gegen Greenfee. Die Erfüllung der Bestimmungen des jeweiligen Golfclubs zur Greenfee-Berechtigung (Mitgliedschaft in einem Golfclub, Mindesthandicap etc.) zum Zeitpunkt der Einlösung sind Voraussetzung.
7. Es ist untersagt, den Greenfee-Gutschein entgeltlich Dritten zu überlassen bzw. mit diesen Handel zu treiben. Insbesondere sind die teilnehmenden Golfclubs in diesem Falle berechtigt, die Einlösung der ausgeschriebenen Angebote zu verweigern.
8. Die teilnehmenden Golfclubs haben sich gegenüber dem Verlag unter den o.g. Bedingungen verpflichtet, die ausgeschriebenen Angebote einzulösen. Der Verlag übernimmt jedoch keine Gewähr und keine Haftung, wenn ein Angebot nicht eingelöst wird oder werden kann.

Bedingungen zur Einlösung des Discounts:

1. Das Angebot ist einschließlich bis 30.6.2024 gültig.
2. Der Golfspieler/Leser hat sich telefonisch eine Abschlagzeit geben zu lassen – dabei ist die Nutzung des Angebots anzugeben.
3. Eine Barauszahlung des Greenfee-Vorteils ist nicht möglich.
4. Das Kombinieren von Angeboten oder bestehenden Greenfee-Vorteilen ist nicht möglich. Der Vorteil bezieht sich jeweils ausschließlich auf die zum Zeitpunkt der Einlösung gültigen vollen Greenfee-Gebühren.
5. Gibt es Spielergruppen mit erhöhten Greenfee-Gebühren, ist ein Nachlass auf diese Gebühren nicht möglich.
6. Das Angebot allein berechtigt nicht zum Spiel gegen Greenfee. Die Erfüllung der Bestimmungen des jeweiligen Golfclubs zur Greenfee-Berechtigung (Mitgliedschaft in einem Golfclub, Mindesthandicap etc.) zum Zeitpunkt der Einlösung sind Voraussetzung.
7. Es ist untersagt, den Greenfee-Gutschein entgeltlich Dritten zu überlassen bzw. mit diesen Handel zu treiben. Insbesondere sind die teilnehmenden Golfclubs in diesem Falle berechtigt, die Einlösung der ausgeschriebenen Angebote zu verweigern.
8. Die teilnehmenden Golfclubs haben sich gegenüber dem Verlag unter den o.g. Bedingungen verpflichtet, die ausgeschriebenen Angebote einzulösen. Der Verlag übernimmt jedoch keine Gewähr und keine Haftung, wenn ein Angebot nicht eingelöst wird oder werden kann.

Bedingungen zur Einlösung des Discounts:

1. Das Angebot ist einschließlich bis 30.6.2024 gültig.
2. Der Golfspieler/Leser hat sich telefonisch eine Abschlagzeit geben zu lassen – dabei ist die Nutzung des Angebots anzugeben.
3. Eine Barauszahlung des Greenfee-Vorteils ist nicht möglich.
4. Das Kombinieren von Angeboten oder bestehenden Greenfee-Vorteilen ist nicht möglich. Der Vorteil bezieht sich jeweils ausschließlich auf die zum Zeitpunkt der Einlösung gültigen vollen Greenfee-Gebühren.
5. Gibt es Spielergruppen mit erhöhten Greenfee-Gebühren, ist ein Nachlass auf diese Gebühren nicht möglich.
6. Das Angebot allein berechtigt nicht zum Spiel gegen Greenfee. Die Erfüllung der Bestimmungen des jeweiligen Golfclubs zur Greenfee-Berechtigung (Mitgliedschaft in einem Golfclub, Mindesthandicap etc.) zum Zeitpunkt der Einlösung sind Voraussetzung.
7. Es ist untersagt, den Greenfee-Gutschein entgeltlich Dritten zu überlassen bzw. mit diesen Handel zu treiben. Insbesondere sind die teilnehmenden Golfclubs in diesem Falle berechtigt, die Einlösung der ausgeschriebenen Angebote zu verweigern.
8. Die teilnehmenden Golfclubs haben sich gegenüber dem Verlag unter den o.g. Bedingungen verpflichtet, die ausgeschriebenen Angebote einzulösen. Der Verlag übernimmt jedoch keine Gewähr und keine Haftung, wenn ein Angebot nicht eingelöst wird oder werden kann.

Bedingungen zur Einlösung des Discounts:

1. Das Angebot ist einschließlich bis 30.6.2024 gültig.
2. Der Golfspieler/Leser hat sich telefonisch eine Abschlagzeit geben zu lassen – dabei ist die Nutzung des Angebots anzugeben.
3. Eine Barauszahlung des Greenfee-Vorteils ist nicht möglich.
4. Das Kombinieren von Angeboten oder bestehenden Greenfee-Vorteilen ist nicht möglich. Der Vorteil bezieht sich jeweils ausschließlich auf die zum Zeitpunkt der Einlösung gültigen vollen Greenfee-Gebühren.
5. Gibt es Spielergruppen mit erhöhten Greenfee-Gebühren, ist ein Nachlass auf diese Gebühren nicht möglich.
6. Das Angebot allein berechtigt nicht zum Spiel gegen Greenfee. Die Erfüllung der Bestimmungen des jeweiligen Golfclubs zur Greenfee-Berechtigung (Mitgliedschaft in einem Golfclub, Mindesthandicap etc.) zum Zeitpunkt der Einlösung sind Voraussetzung.
7. Es ist untersagt, den Greenfee-Gutschein entgeltlich Dritten zu überlassen bzw. mit diesen Handel zu treiben. Insbesondere sind die teilnehmenden Golfclubs in diesem Falle berechtigt, die Einlösung der ausgeschriebenen Angebote zu verweigern.
8. Die teilnehmenden Golfclubs haben sich gegenüber dem Verlag unter den o.g. Bedingungen verpflichtet, die ausgeschriebenen Angebote einzulösen. Der Verlag übernimmt jedoch keine Gewähr und keine Haftung, wenn ein Angebot nicht eingelöst wird oder werden kann.

Bedingungen zur Einlösung des Discounts:

1. Das Angebot ist einschließlich bis 30.6.2024 gültig.
2. Der Golfspieler/Leser hat sich telefonisch eine Abschlagzeit geben zu lassen – dabei ist die Nutzung des Angebots anzugeben.
3. Eine Barauszahlung des Greenfee-Vorteils ist nicht möglich.
4. Das Kombinieren von Angeboten oder bestehenden Greenfee-Vorteilen ist nicht möglich. Der Vorteil bezieht sich jeweils ausschließlich auf die zum Zeitpunkt der Einlösung gültigen vollen Greenfee-Gebühren.
5. Gibt es Spielergruppen mit erhöhten Greenfee-Gebühren, ist ein Nachlass auf diese Gebühren nicht möglich.
6. Das Angebot allein berechtigt nicht zum Spiel gegen Greenfee. Die Erfüllung der Bestimmungen des jeweiligen Golfclubs zur Greenfee-Berechtigung (Mitgliedschaft in einem Golfclub, Mindesthandicap etc.) zum Zeitpunkt der Einlösung sind Voraussetzung.
7. Es ist untersagt, den Greenfee-Gutschein entgeltlich Dritten zu überlassen bzw. mit diesen Handel zu treiben. Insbesondere sind die teilnehmenden Golfclubs in diesem Falle berechtigt, die Einlösung der ausgeschriebenen Angebote zu verweigern.
8. Die teilnehmenden Golfclubs haben sich gegenüber dem Verlag unter den o.g. Bedingungen verpflichtet, die ausgeschriebenen Angebote einzulösen. Der Verlag übernimmt jedoch keine Gewähr und keine Haftung, wenn ein Angebot nicht eingelöst wird oder werden kann.

Bedingungen zur Einlösung des Discounts:

1. Das Angebot ist einschließlich bis 30.6.2024 gültig.
2. Der Golfspieler/Leser hat sich telefonisch eine Abschlagzeit geben zu lassen – dabei ist die Nutzung des Angebots anzugeben.
3. Eine Barauszahlung des Greenfee-Vorteils ist nicht möglich.
4. Das Kombinieren von Angeboten oder bestehenden Greenfee-Vorteilen ist nicht möglich. Der Vorteil bezieht sich jeweils ausschließlich auf die zum Zeitpunkt der Einlösung gültigen vollen Greenfee-Gebühren.
5. Gibt es Spielergruppen mit erhöhten Greenfee-Gebühren, ist ein Nachlass auf diese Gebühren nicht möglich.
6. Das Angebot allein berechtigt nicht zum Spiel gegen Greenfee. Die Erfüllung der Bestimmungen des jeweiligen Golfclubs zur Greenfee-Berechtigung (Mitgliedschaft in einem Golfclub, Mindesthandicap etc.) zum Zeitpunkt der Einlösung sind Voraussetzung.
7. Es ist untersagt, den Greenfee-Gutschein entgeltlich Dritten zu überlassen bzw. mit diesen Handel zu treiben. Insbesondere sind die teilnehmenden Golfclubs in diesem Falle berechtigt, die Einlösung der ausgeschriebenen Angebote zu verweigern.
8. Die teilnehmenden Golfclubs haben sich gegenüber dem Verlag unter den o.g. Bedingungen verpflichtet, die ausgeschriebenen Angebote einzulösen. Der Verlag übernimmt jedoch keine Gewähr und keine Haftung, wenn ein Angebot nicht eingelöst wird oder werden kann.

Diese Gutscheine gelten nur in Verbindung mit dem Buch/Albrecht Golf Card

Diese Gutscheine gelten nur in Verbindung mit dem Buch/Albrecht Golf Card

DER GOLF ALBRECHT

Country Golf Wiesenburg

DE

Am Bahnhof 37
D-14827 Wiesenburg/Mark
✆ 033849-909980
Berlin, Brandenburg

69

2 for 1 — 2 GF zum Preis von 1

DER GOLF ALBRECHT

Country Golf Wiesenburg

DE

Am Bahnhof 37
D-14827 Wiesenburg/Mark
✆ 033849-909980
Berlin, Brandenburg

69

2 for 1 — 2 GF zum Preis von 1

DER GOLF ALBRECHT

Country Golf Wiesenburg

DE

Am Bahnhof 37
D-14827 Wiesenburg/Mark
✆ 033849-909980
Berlin, Brandenburg

69

2 for 1 — 2 GF zum Preis von 1

DER GOLF ALBRECHT

Lausitzer Golfclub e.V.

DE

Drieschnitz-Kahsel, Am Golfplatz 3
D-03058 Neuhausen/Spree
✆ 035605-42332
Berlin, Brandenburg

70

2 for 1 — 2 GF zum Preis von 1

DER GOLF ALBRECHT

Lausitzer Golfclub e.V.

DE

Drieschnitz-Kahsel, Am Golfplatz 3
D-03058 Neuhausen/Spree
✆ 035605-42332
Berlin, Brandenburg

70

2 for 1 — 2 GF zum Preis von 1

DER GOLF ALBRECHT

Lausitzer Golfclub e.V.

DE

Drieschnitz-Kahsel, Am Golfplatz 3
D-03058 Neuhausen/Spree
✆ 035605-42332
Berlin, Brandenburg

70

20% — Greenfee-Ermäßigung

DER GOLF ALBRECHT

Lausitzer Golfclub e.V.

DE

Drieschnitz-Kahsel, Am Golfplatz 3
D-03058 Neuhausen/Spree
✆ 035605-42332
Berlin, Brandenburg

70

20% — Greenfee-Ermäßigung

DER GOLF ALBRECHT

GCM Golfclub Magdeburg e.V.

DE

Herrenkrug 4
D-39114 Magdeburg
✆ 0391-8868846
Sachsen, Sachsen-Anhalt, Thüringen

71

2 for 1 — 2 GF zum Preis von 1

DER GOLF ALBRECHT

GCM Golfclub Magdeburg e.V.

DE

Herrenkrug 4
D-39114 Magdeburg
✆ 0391-8868846
Sachsen, Sachsen-Anhalt, Thüringen

71

2 for 1 — 2 GF zum Preis von 1

DER GOLF ALBRECHT

Golf-Park Dessau e.V.

DE

Junkersstr. 52
D-06847 Dessau
✆ 0340-5025664
Sachsen, Sachsen-Anhalt, Thüringen

72

2 for 1 — 2 GF zum Preis von 1

Bedingungen zur Einlösung des Discounts:
1. Das Angebot ist einschließlich bis 30.6.2024 gültig.
2. Der Golfspieler/Leser hat sich telefonisch eine Abschlagzeit geben zu lassen – dabei ist die Nutzung des Angebots anzugeben.
3. Eine Barauszahlung des Greenfee-Vorteils ist nicht möglich.
4. Das Kombinieren von Angeboten oder bestehenden Greenfee-Vorteilen ist nicht möglich. Der Vorteil bezieht sich jeweils ausschließlich auf die zum Zeitpunkt der Einlösung gültigen vollen Greenfee-Gebühren.
5. Gibt es Spielergruppen mit erhöhten Greenfee-Gebühren, ist ein Nachlass auf diese Gebühren nicht möglich.
6. Das Angebot allein berechtigt nicht zum Spiel gegen Greenfee. Die Erfüllung der Bestimmungen des jeweiligen Golfclubs zur Greenfee-Berechtigung (Mitgliedschaft in einem Golfclub, Mindesthandicap etc.) zum Zeitpunkt der Einlösung sind Voraussetzung.
7. Es ist untersagt, den Greenfee-Gutschein entgeltlich Dritten zu überlassen bzw. mit diesen Handel zu treiben. Insbesondere sind die teilnehmenden Golfclubs in diesem Falle berechtigt, die Einlösung der ausgeschriebenen Angebote zu verweigern.
8. Die teilnehmenden Golfclubs haben sich gegenüber dem Verlag unter den o.g. Bedingungen verpflichtet, die ausgeschriebenen Angebote einzulösen. Der Verlag übernimmt jedoch keine Gewähr und keine Haftung, wenn ein Angebot nicht eingelöst wird oder werden kann.

Bedingungen zur Einlösung des Discounts:
1. Das Angebot ist einschließlich bis 30.6.2024 gültig.
2. Der Golfspieler/Leser hat sich telefonisch eine Abschlagzeit geben zu lassen – dabei ist die Nutzung des Angebots anzugeben.
3. Eine Barauszahlung des Greenfee-Vorteils ist nicht möglich.
4. Das Kombinieren von Angeboten oder bestehenden Greenfee-Vorteilen ist nicht möglich. Der Vorteil bezieht sich jeweils ausschließlich auf die zum Zeitpunkt der Einlösung gültigen vollen Greenfee-Gebühren.
5. Gibt es Spielergruppen mit erhöhten Greenfee-Gebühren, ist ein Nachlass auf diese Gebühren nicht möglich.
6. Das Angebot allein berechtigt nicht zum Spiel gegen Greenfee. Die Erfüllung der Bestimmungen des jeweiligen Golfclubs zur Greenfee-Berechtigung (Mitgliedschaft in einem Golfclub, Mindesthandicap etc.) zum Zeitpunkt der Einlösung sind Voraussetzung.
7. Es ist untersagt, den Greenfee-Gutschein entgeltlich Dritten zu überlassen bzw. mit diesen Handel zu treiben. Insbesondere sind die teilnehmenden Golfclubs in diesem Falle berechtigt, die Einlösung der ausgeschriebenen Angebote zu verweigern.
8. Die teilnehmenden Golfclubs haben sich gegenüber dem Verlag unter den o.g. Bedingungen verpflichtet, die ausgeschriebenen Angebote einzulösen. Der Verlag übernimmt jedoch keine Gewähr und keine Haftung, wenn ein Angebot nicht eingelöst wird oder werden kann.

Bedingungen zur Einlösung des Discounts:
1. Das Angebot ist einschließlich bis 30.6.2024 gültig.
2. Der Golfspieler/Leser hat sich telefonisch eine Abschlagzeit geben zu lassen – dabei ist die Nutzung des Angebots anzugeben.
3. Eine Barauszahlung des Greenfee-Vorteils ist nicht möglich.
4. Das Kombinieren von Angeboten oder bestehenden Greenfee-Vorteilen ist nicht möglich. Der Vorteil bezieht sich jeweils ausschließlich auf die zum Zeitpunkt der Einlösung gültigen vollen Greenfee-Gebühren.
5. Gibt es Spielergruppen mit erhöhten Greenfee-Gebühren, ist ein Nachlass auf diese Gebühren nicht möglich.
6. Das Angebot allein berechtigt nicht zum Spiel gegen Greenfee. Die Erfüllung der Bestimmungen des jeweiligen Golfclubs zur Greenfee-Berechtigung (Mitgliedschaft in einem Golfclub, Mindesthandicap etc.) zum Zeitpunkt der Einlösung sind Voraussetzung.
7. Es ist untersagt, den Greenfee-Gutschein entgeltlich Dritten zu überlassen bzw. mit diesen Handel zu treiben. Insbesondere sind die teilnehmenden Golfclubs in diesem Falle berechtigt, die Einlösung der ausgeschriebenen Angebote zu verweigern.
8. Die teilnehmenden Golfclubs haben sich gegenüber dem Verlag unter den o.g. Bedingungen verpflichtet, die ausgeschriebenen Angebote einzulösen. Der Verlag übernimmt jedoch keine Gewähr und keine Haftung, wenn ein Angebot nicht eingelöst wird oder werden kann.

Bedingungen zur Einlösung des Discounts:
1. Das Angebot ist einschließlich bis 30.6.2024 gültig.
2. Der Golfspieler/Leser hat sich telefonisch eine Abschlagzeit geben zu lassen – dabei ist die Nutzung des Angebots anzugeben.
3. Eine Barauszahlung des Greenfee-Vorteils ist nicht möglich.
4. Das Kombinieren von Angeboten oder bestehenden Greenfee-Vorteilen ist nicht möglich. Der Vorteil bezieht sich jeweils ausschließlich auf die zum Zeitpunkt der Einlösung gültigen vollen Greenfee-Gebühren.
5. Gibt es Spielergruppen mit erhöhten Greenfee-Gebühren, ist ein Nachlass auf diese Gebühren nicht möglich.
6. Das Angebot allein berechtigt nicht zum Spiel gegen Greenfee. Die Erfüllung der Bestimmungen des jeweiligen Golfclubs zur Greenfee-Berechtigung (Mitgliedschaft in einem Golfclub, Mindesthandicap etc.) zum Zeitpunkt der Einlösung sind Voraussetzung.
7. Es ist untersagt, den Greenfee-Gutschein entgeltlich Dritten zu überlassen bzw. mit diesen Handel zu treiben. Insbesondere sind die teilnehmenden Golfclubs in diesem Falle berechtigt, die Einlösung der ausgeschriebenen Angebote zu verweigern.
8. Die teilnehmenden Golfclubs haben sich gegenüber dem Verlag unter den o.g. Bedingungen verpflichtet, die ausgeschriebenen Angebote einzulösen. Der Verlag übernimmt jedoch keine Gewähr und keine Haftung, wenn ein Angebot nicht eingelöst wird oder werden kann.

Bedingungen zur Einlösung des Discounts:
1. Das Angebot ist einschließlich bis 30.6.2024 gültig.
2. Der Golfspieler/Leser hat sich telefonisch eine Abschlagzeit geben zu lassen – dabei ist die Nutzung des Angebots anzugeben.
3. Eine Barauszahlung des Greenfee-Vorteils ist nicht möglich.
4. Das Kombinieren von Angeboten oder bestehenden Greenfee-Vorteilen ist nicht möglich. Der Vorteil bezieht sich jeweils ausschließlich auf die zum Zeitpunkt der Einlösung gültigen vollen Greenfee-Gebühren.
5. Gibt es Spielergruppen mit erhöhten Greenfee-Gebühren, ist ein Nachlass auf diese Gebühren nicht möglich.
6. Das Angebot allein berechtigt nicht zum Spiel gegen Greenfee. Die Erfüllung der Bestimmungen des jeweiligen Golfclubs zur Greenfee-Berechtigung (Mitgliedschaft in einem Golfclub, Mindesthandicap etc.) zum Zeitpunkt der Einlösung sind Voraussetzung.
7. Es ist untersagt, den Greenfee-Gutschein entgeltlich Dritten zu überlassen bzw. mit diesen Handel zu treiben. Insbesondere sind die teilnehmenden Golfclubs in diesem Falle berechtigt, die Einlösung der ausgeschriebenen Angebote zu verweigern.
8. Die teilnehmenden Golfclubs haben sich gegenüber dem Verlag unter den o.g. Bedingungen verpflichtet, die ausgeschriebenen Angebote einzulösen. Der Verlag übernimmt jedoch keine Gewähr und keine Haftung, wenn ein Angebot nicht eingelöst wird oder werden kann.

Bedingungen zur Einlösung des Discounts:
1. Das Angebot ist einschließlich bis 30.6.2024 gültig.
2. Der Golfspieler/Leser hat sich telefonisch eine Abschlagzeit geben zu lassen – dabei ist die Nutzung des Angebots anzugeben.
3. Eine Barauszahlung des Greenfee-Vorteils ist nicht möglich.
4. Das Kombinieren von Angeboten oder bestehenden Greenfee-Vorteilen ist nicht möglich. Der Vorteil bezieht sich jeweils ausschließlich auf die zum Zeitpunkt der Einlösung gültigen vollen Greenfee-Gebühren.
5. Gibt es Spielergruppen mit erhöhten Greenfee-Gebühren, ist ein Nachlass auf diese Gebühren nicht möglich.
6. Das Angebot allein berechtigt nicht zum Spiel gegen Greenfee. Die Erfüllung der Bestimmungen des jeweiligen Golfclubs zur Greenfee-Berechtigung (Mitgliedschaft in einem Golfclub, Mindesthandicap etc.) zum Zeitpunkt der Einlösung sind Voraussetzung.
7. Es ist untersagt, den Greenfee-Gutschein entgeltlich Dritten zu überlassen bzw. mit diesen Handel zu treiben. Insbesondere sind die teilnehmenden Golfclubs in diesem Falle berechtigt, die Einlösung der ausgeschriebenen Angebote zu verweigern.
8. Die teilnehmenden Golfclubs haben sich gegenüber dem Verlag unter den o.g. Bedingungen verpflichtet, die ausgeschriebenen Angebote einzulösen. Der Verlag übernimmt jedoch keine Gewähr und keine Haftung, wenn ein Angebot nicht eingelöst wird oder werden kann.

Bedingungen zur Einlösung des Discounts:
1. Das Angebot ist einschließlich bis 30.6.2024 gültig.
2. Der Golfspieler/Leser hat sich telefonisch eine Abschlagzeit geben zu lassen – dabei ist die Nutzung des Angebots anzugeben.
3. Eine Barauszahlung des Greenfee-Vorteils ist nicht möglich.
4. Das Kombinieren von Angeboten oder bestehenden Greenfee-Vorteilen ist nicht möglich. Der Vorteil bezieht sich jeweils ausschließlich auf die zum Zeitpunkt der Einlösung gültigen vollen Greenfee-Gebühren.
5. Gibt es Spielergruppen mit erhöhten Greenfee-Gebühren, ist ein Nachlass auf diese Gebühren nicht möglich.
6. Das Angebot allein berechtigt nicht zum Spiel gegen Greenfee. Die Erfüllung der Bestimmungen des jeweiligen Golfclubs zur Greenfee-Berechtigung (Mitgliedschaft in einem Golfclub, Mindesthandicap etc.) zum Zeitpunkt der Einlösung sind Voraussetzung.
7. Es ist untersagt, den Greenfee-Gutschein entgeltlich Dritten zu überlassen bzw. mit diesen Handel zu treiben. Insbesondere sind die teilnehmenden Golfclubs in diesem Falle berechtigt, die Einlösung der ausgeschriebenen Angebote zu verweigern.
8. Die teilnehmenden Golfclubs haben sich gegenüber dem Verlag unter den o.g. Bedingungen verpflichtet, die ausgeschriebenen Angebote einzulösen. Der Verlag übernimmt jedoch keine Gewähr und keine Haftung, wenn ein Angebot nicht eingelöst wird oder werden kann.

Bedingungen zur Einlösung des Discounts:
1. Das Angebot ist einschließlich bis 30.6.2024 gültig.
2. Der Golfspieler/Leser hat sich telefonisch eine Abschlagzeit geben zu lassen – dabei ist die Nutzung des Angebots anzugeben.
3. Eine Barauszahlung des Greenfee-Vorteils ist nicht möglich.
4. Das Kombinieren von Angeboten oder bestehenden Greenfee-Vorteilen ist nicht möglich. Der Vorteil bezieht sich jeweils ausschließlich auf die zum Zeitpunkt der Einlösung gültigen vollen Greenfee-Gebühren.
5. Gibt es Spielergruppen mit erhöhten Greenfee-Gebühren, ist ein Nachlass auf diese Gebühren nicht möglich.
6. Das Angebot allein berechtigt nicht zum Spiel gegen Greenfee. Die Erfüllung der Bestimmungen des jeweiligen Golfclubs zur Greenfee-Berechtigung (Mitgliedschaft in einem Golfclub, Mindesthandicap etc.) zum Zeitpunkt der Einlösung sind Voraussetzung.
7. Es ist untersagt, den Greenfee-Gutschein entgeltlich Dritten zu überlassen bzw. mit diesen Handel zu treiben. Insbesondere sind die teilnehmenden Golfclubs in diesem Falle berechtigt, die Einlösung der ausgeschriebenen Angebote zu verweigern.
8. Die teilnehmenden Golfclubs haben sich gegenüber dem Verlag unter den o.g. Bedingungen verpflichtet, die ausgeschriebenen Angebote einzulösen. Der Verlag übernimmt jedoch keine Gewähr und keine Haftung, wenn ein Angebot nicht eingelöst wird oder werden kann.

Bedingungen zur Einlösung des Discounts:
1. Das Angebot ist einschließlich bis 30.6.2024 gültig.
2. Der Golfspieler/Leser hat sich telefonisch eine Abschlagzeit geben zu lassen – dabei ist die Nutzung des Angebots anzugeben.
3. Eine Barauszahlung des Greenfee-Vorteils ist nicht möglich.
4. Das Kombinieren von Angeboten oder bestehenden Greenfee-Vorteilen ist nicht möglich. Der Vorteil bezieht sich jeweils ausschließlich auf die zum Zeitpunkt der Einlösung gültigen vollen Greenfee-Gebühren.
5. Gibt es Spielergruppen mit erhöhten Greenfee-Gebühren, ist ein Nachlass auf diese Gebühren nicht möglich.
6. Das Angebot allein berechtigt nicht zum Spiel gegen Greenfee. Die Erfüllung der Bestimmungen des jeweiligen Golfclubs zur Greenfee-Berechtigung (Mitgliedschaft in einem Golfclub, Mindesthandicap etc.) zum Zeitpunkt der Einlösung sind Voraussetzung.
7. Es ist untersagt, den Greenfee-Gutschein entgeltlich Dritten zu überlassen bzw. mit diesen Handel zu treiben. Insbesondere sind die teilnehmenden Golfclubs in diesem Falle berechtigt, die Einlösung der ausgeschriebenen Angebote zu verweigern.
8. Die teilnehmenden Golfclubs haben sich gegenüber dem Verlag unter den o.g. Bedingungen verpflichtet, die ausgeschriebenen Angebote einzulösen. Der Verlag übernimmt jedoch keine Gewähr und keine Haftung, wenn ein Angebot nicht eingelöst wird oder werden kann.

Bedingungen zur Einlösung des Discounts:
1. Das Angebot ist einschließlich bis 30.6.2024 gültig.
2. Der Golfspieler/Leser hat sich telefonisch eine Abschlagzeit geben zu lassen – dabei ist die Nutzung des Angebots anzugeben.
3. Eine Barauszahlung des Greenfee-Vorteils ist nicht möglich.
4. Das Kombinieren von Angeboten oder bestehenden Greenfee-Vorteilen ist nicht möglich. Der Vorteil bezieht sich jeweils ausschließlich auf die zum Zeitpunkt der Einlösung gültigen vollen Greenfee-Gebühren.
5. Gibt es Spielergruppen mit erhöhten Greenfee-Gebühren, ist ein Nachlass auf diese Gebühren nicht möglich.
6. Das Angebot allein berechtigt nicht zum Spiel gegen Greenfee. Die Erfüllung der Bestimmungen des jeweiligen Golfclubs zur Greenfee-Berechtigung (Mitgliedschaft in einem Golfclub, Mindesthandicap etc.) zum Zeitpunkt der Einlösung sind Voraussetzung.
7. Es ist untersagt, den Greenfee-Gutschein entgeltlich Dritten zu überlassen bzw. mit diesen Handel zu treiben. Insbesondere sind die teilnehmenden Golfclubs in diesem Falle berechtigt, die Einlösung der ausgeschriebenen Angebote zu verweigern.
8. Die teilnehmenden Golfclubs haben sich gegenüber dem Verlag unter den o.g. Bedingungen verpflichtet, die ausgeschriebenen Angebote einzulösen. Der Verlag übernimmt jedoch keine Gewähr und keine Haftung, wenn ein Angebot nicht eingelöst wird oder werden kann.

Diese Gutscheine gelten nur in Verbindung mit dem Buch/Albrecht Golf Card

DER GOLF ALBRECHT

Golf-Park Dessau e.V. DE

Junkersstr. 52
D-06847 Dessau
✆ 0340-5025664
Sachsen, Sachsen-Anhalt, Thüringen

72

2 for 1 2 GF zum Preis von 1

DER GOLF ALBRECHT

Golf-Park Dessau e.V. DE

Junkersstr. 52
D-06847 Dessau
✆ 0340-5025664
Sachsen, Sachsen-Anhalt, Thüringen

72

25% Greenfee-Ermäßigung

DER GOLF ALBRECHT

Golf-Park Dessau e.V. DE

Junkersstr. 52
D-06847 Dessau
✆ 0340-5025664
Sachsen, Sachsen-Anhalt, Thüringen

72

25% Greenfee-Ermäßigung

DER GOLF ALBRECHT

1. Golfclub Leipzig e.V. - Golfplatz Dübener Heide DE

Zum Golfplatz 1
D-04838 Zschepplin OT Hohenprießnitz
✆ 034242-50302
Sachsen, Sachsen-Anhalt, Thüringen

73

2 for 1 2 GF zum Preis von 1

DER GOLF ALBRECHT

1. Golfclub Leipzig e.V. - Golfplatz Dübener Heide DE

Zum Golfplatz 1
D-04838 Zschepplin OT Hohenprießnitz
✆ 034242-50302
Sachsen, Sachsen-Anhalt, Thüringen

73

2 for 1 2 GF zum Preis von 1

DER GOLF ALBRECHT

1. Golfclub Leipzig e.V. - Golfplatz Dübener Heide DE

Zum Golfplatz 1
D-04838 Zschepplin OT Hohenprießnitz
✆ 034242-50302
Sachsen, Sachsen-Anhalt, Thüringen

73

20% Greenfee-Ermäßigung

DER GOLF ALBRECHT

1. Golfclub Leipzig e.V. - Golfplatz Dübener Heide DE

Zum Golfplatz 1
D-04838 Zschepplin OT Hohenprießnitz
✆ 034242-50302
Sachsen, Sachsen-Anhalt, Thüringen

73

20% Greenfee-Ermäßigung

DER GOLF ALBRECHT

Golfclub Herzogswalde GmbH DE

Am Golfplatz 1
D-01723 Wilsdruff, OT Herzogswalde
✆ 035209-310590
Sachsen, Sachsen-Anhalt, Thüringen

74

20% Greenfee-Ermäßigung

DER GOLF ALBRECHT

Golfclub Herzogswalde GmbH DE

Am Golfplatz 1
D-01723 Wilsdruff, OT Herzogswalde
✆ 035209-310590
Sachsen, Sachsen-Anhalt, Thüringen

74

20% Greenfee-Ermäßigung

DER GOLF ALBRECHT

Golf Club Erfurt e.V. DE

Im Schaderoder Grund
D-99090 Erfurt-Schaderode
✆ 036208-80712
Sachsen, Sachsen-Anhalt, Thüringen

75

2 for 1 2 GF zum Preis von 1

Bedingungen zur Einlösung des Discounts:
1. Das Angebot ist einschließlich bis 30.6.2024 gültig.
2. Der Golfspieler/Leser hat sich telefonisch eine Abschlagzeit geben zu lassen – dabei ist die Nutzung des Angebots anzugeben.
3. Eine Barauszahlung des Greenfee-Vorteils ist nicht möglich.
4. Das Kombinieren von Angeboten oder bestehenden Greenfee-Vorteilen ist nicht möglich. Der Vorteil bezieht sich jeweils ausschließlich auf die zum Zeitpunkt der Einlösung gültigen vollen Greenfee-Gebühren.
5. Gibt es Spielergruppen mit erhöhten Greenfee-Gebühren, ist ein Nachlass auf diese Gebühren nicht möglich.
6. Das Angebot allein berechtigt nicht zum Spiel gegen Greenfee. Die Erfüllung der Bestimmungen des jeweiligen Golfclubs zur Greenfee-Berechtigung (Mitgliedschaft in einem Golfclub, Mindesthandicap etc.) zum Zeitpunkt der Einlösung sind Voraussetzung.
7. Es ist untersagt, den Greenfee-Gutschein entgeltlich Dritten zu überlassen bzw. mit diesen Handel zu treiben. Insbesondere sind die teilnehmenden Golfclubs in diesem Falle berechtigt, die Einlösung der ausgeschriebenen Angebote zu verweigern.
8. Die teilnehmenden Golfclubs haben sich gegenüber dem Verlag unter den o.g. Bedingungen verpflichtet, die ausgeschriebenen Angebote einzulösen. Der Verlag übernimmt jedoch keine Gewähr und keine Haftung, wenn ein Angebot nicht eingelöst wird oder werden kann.

Bedingungen zur Einlösung des Discounts:
1. Das Angebot ist einschließlich bis 30.6.2024 gültig.
2. Der Golfspieler/Leser hat sich telefonisch eine Abschlagzeit geben zu lassen – dabei ist die Nutzung des Angebots anzugeben.
3. Eine Barauszahlung des Greenfee-Vorteils ist nicht möglich.
4. Das Kombinieren von Angeboten oder bestehenden Greenfee-Vorteilen ist nicht möglich. Der Vorteil bezieht sich jeweils ausschließlich auf die zum Zeitpunkt der Einlösung gültigen vollen Greenfee-Gebühren.
5. Gibt es Spielergruppen mit erhöhten Greenfee-Gebühren, ist ein Nachlass auf diese Gebühren nicht möglich.
6. Das Angebot allein berechtigt nicht zum Spiel gegen Greenfee. Die Erfüllung der Bestimmungen des jeweiligen Golfclubs zur Greenfee-Berechtigung (Mitgliedschaft in einem Golfclub, Mindesthandicap etc.) zum Zeitpunkt der Einlösung sind Voraussetzung.
7. Es ist untersagt, den Greenfee-Gutschein entgeltlich Dritten zu überlassen bzw. mit diesen Handel zu treiben. Insbesondere sind die teilnehmenden Golfclubs in diesem Falle berechtigt, die Einlösung der ausgeschriebenen Angebote zu verweigern.
8. Die teilnehmenden Golfclubs haben sich gegenüber dem Verlag unter den o.g. Bedingungen verpflichtet, die ausgeschriebenen Angebote einzulösen. Der Verlag übernimmt jedoch keine Gewähr und keine Haftung, wenn ein Angebot nicht eingelöst wird oder werden kann.

Bedingungen zur Einlösung des Discounts:
1. Das Angebot ist einschließlich bis 30.6.2024 gültig.
2. Der Golfspieler/Leser hat sich telefonisch eine Abschlagzeit geben zu lassen – dabei ist die Nutzung des Angebots anzugeben.
3. Eine Barauszahlung des Greenfee-Vorteils ist nicht möglich.
4. Das Kombinieren von Angeboten oder bestehenden Greenfee-Vorteilen ist nicht möglich. Der Vorteil bezieht sich jeweils ausschließlich auf die zum Zeitpunkt der Einlösung gültigen vollen Greenfee-Gebühren.
5. Gibt es Spielergruppen mit erhöhten Greenfee-Gebühren, ist ein Nachlass auf diese Gebühren nicht möglich.
6. Das Angebot allein berechtigt nicht zum Spiel gegen Greenfee. Die Erfüllung der Bestimmungen des jeweiligen Golfclubs zur Greenfee-Berechtigung (Mitgliedschaft in einem Golfclub, Mindesthandicap etc.) zum Zeitpunkt der Einlösung sind Voraussetzung.
7. Es ist untersagt, den Greenfee-Gutschein entgeltlich Dritten zu überlassen bzw. mit diesen Handel zu treiben. Insbesondere sind die teilnehmenden Golfclubs in diesem Falle berechtigt, die Einlösung der ausgeschriebenen Angebote zu verweigern.
8. Die teilnehmenden Golfclubs haben sich gegenüber dem Verlag unter den o.g. Bedingungen verpflichtet, die ausgeschriebenen Angebote einzulösen. Der Verlag übernimmt jedoch keine Gewähr und keine Haftung, wenn ein Angebot nicht eingelöst wird oder werden kann.

Bedingungen zur Einlösung des Discounts:
1. Das Angebot ist einschließlich bis 30.6.2024 gültig.
2. Der Golfspieler/Leser hat sich telefonisch eine Abschlagzeit geben zu lassen – dabei ist die Nutzung des Angebots anzugeben.
3. Eine Barauszahlung des Greenfee-Vorteils ist nicht möglich.
4. Das Kombinieren von Angeboten oder bestehenden Greenfee-Vorteilen ist nicht möglich. Der Vorteil bezieht sich jeweils ausschließlich auf die zum Zeitpunkt der Einlösung gültigen vollen Greenfee-Gebühren.
5. Gibt es Spielergruppen mit erhöhten Greenfee-Gebühren, ist ein Nachlass auf diese Gebühren nicht möglich.
6. Das Angebot allein berechtigt nicht zum Spiel gegen Greenfee. Die Erfüllung der Bestimmungen des jeweiligen Golfclubs zur Greenfee-Berechtigung (Mitgliedschaft in einem Golfclub, Mindesthandicap etc.) zum Zeitpunkt der Einlösung sind Voraussetzung.
7. Es ist untersagt, den Greenfee-Gutschein entgeltlich Dritten zu überlassen bzw. mit diesen Handel zu treiben. Insbesondere sind die teilnehmenden Golfclubs in diesem Falle berechtigt, die Einlösung der ausgeschriebenen Angebote zu verweigern.
8. Die teilnehmenden Golfclubs haben sich gegenüber dem Verlag unter den o.g. Bedingungen verpflichtet, die ausgeschriebenen Angebote einzulösen. Der Verlag übernimmt jedoch keine Gewähr und keine Haftung, wenn ein Angebot nicht eingelöst wird oder werden kann.

Bedingungen zur Einlösung des Discounts:
1. Das Angebot ist einschließlich bis 30.6.2024 gültig.
2. Der Golfspieler/Leser hat sich telefonisch eine Abschlagzeit geben zu lassen – dabei ist die Nutzung des Angebots anzugeben.
3. Eine Barauszahlung des Greenfee-Vorteils ist nicht möglich.
4. Das Kombinieren von Angeboten oder bestehenden Greenfee-Vorteilen ist nicht möglich. Der Vorteil bezieht sich jeweils ausschließlich auf die zum Zeitpunkt der Einlösung gültigen vollen Greenfee-Gebühren.
5. Gibt es Spielergruppen mit erhöhten Greenfee-Gebühren, ist ein Nachlass auf diese Gebühren nicht möglich.
6. Das Angebot allein berechtigt nicht zum Spiel gegen Greenfee. Die Erfüllung der Bestimmungen des jeweiligen Golfclubs zur Greenfee-Berechtigung (Mitgliedschaft in einem Golfclub, Mindesthandicap etc.) zum Zeitpunkt der Einlösung sind Voraussetzung.
7. Es ist untersagt, den Greenfee-Gutschein entgeltlich Dritten zu überlassen bzw. mit diesen Handel zu treiben. Insbesondere sind die teilnehmenden Golfclubs in diesem Falle berechtigt, die Einlösung der ausgeschriebenen Angebote zu verweigern.
8. Die teilnehmenden Golfclubs haben sich gegenüber dem Verlag unter den o.g. Bedingungen verpflichtet, die ausgeschriebenen Angebote einzulösen. Der Verlag übernimmt jedoch keine Gewähr und keine Haftung, wenn ein Angebot nicht eingelöst wird oder werden kann.

Bedingungen zur Einlösung des Discounts:
1. Das Angebot ist einschließlich bis 30.6.2024 gültig.
2. Der Golfspieler/Leser hat sich telefonisch eine Abschlagzeit geben zu lassen – dabei ist die Nutzung des Angebots anzugeben.
3. Eine Barauszahlung des Greenfee-Vorteils ist nicht möglich.
4. Das Kombinieren von Angeboten oder bestehenden Greenfee-Vorteilen ist nicht möglich. Der Vorteil bezieht sich jeweils ausschließlich auf die zum Zeitpunkt der Einlösung gültigen vollen Greenfee-Gebühren.
5. Gibt es Spielergruppen mit erhöhten Greenfee-Gebühren, ist ein Nachlass auf diese Gebühren nicht möglich.
6. Das Angebot allein berechtigt nicht zum Spiel gegen Greenfee. Die Erfüllung der Bestimmungen des jeweiligen Golfclubs zur Greenfee-Berechtigung (Mitgliedschaft in einem Golfclub, Mindesthandicap etc.) zum Zeitpunkt der Einlösung sind Voraussetzung.
7. Es ist untersagt, den Greenfee-Gutschein entgeltlich Dritten zu überlassen bzw. mit diesen Handel zu treiben. Insbesondere sind die teilnehmenden Golfclubs in diesem Falle berechtigt, die Einlösung der ausgeschriebenen Angebote zu verweigern.
8. Die teilnehmenden Golfclubs haben sich gegenüber dem Verlag unter den o.g. Bedingungen verpflichtet, die ausgeschriebenen Angebote einzulösen. Der Verlag übernimmt jedoch keine Gewähr und keine Haftung, wenn ein Angebot nicht eingelöst wird oder werden kann.

Bedingungen zur Einlösung des Discounts:
1. Das Angebot ist einschließlich bis 30.6.2024 gültig.
2. Der Golfspieler/Leser hat sich telefonisch eine Abschlagzeit geben zu lassen – dabei ist die Nutzung des Angebots anzugeben.
3. Eine Barauszahlung des Greenfee-Vorteils ist nicht möglich.
4. Das Kombinieren von Angeboten oder bestehenden Greenfee-Vorteilen ist nicht möglich. Der Vorteil bezieht sich jeweils ausschließlich auf die zum Zeitpunkt der Einlösung gültigen vollen Greenfee-Gebühren.
5. Gibt es Spielergruppen mit erhöhten Greenfee-Gebühren, ist ein Nachlass auf diese Gebühren nicht möglich.
6. Das Angebot allein berechtigt nicht zum Spiel gegen Greenfee. Die Erfüllung der Bestimmungen des jeweiligen Golfclubs zur Greenfee-Berechtigung (Mitgliedschaft in einem Golfclub, Mindesthandicap etc.) zum Zeitpunkt der Einlösung sind Voraussetzung.
7. Es ist untersagt, den Greenfee-Gutschein entgeltlich Dritten zu überlassen bzw. mit diesen Handel zu treiben. Insbesondere sind die teilnehmenden Golfclubs in diesem Falle berechtigt, die Einlösung der ausgeschriebenen Angebote zu verweigern.
8. Die teilnehmenden Golfclubs haben sich gegenüber dem Verlag unter den o.g. Bedingungen verpflichtet, die ausgeschriebenen Angebote einzulösen. Der Verlag übernimmt jedoch keine Gewähr und keine Haftung, wenn ein Angebot nicht eingelöst wird oder werden kann.

Bedingungen zur Einlösung des Discounts:
1. Das Angebot ist einschließlich bis 30.6.2024 gültig.
2. Der Golfspieler/Leser hat sich telefonisch eine Abschlagzeit geben zu lassen – dabei ist die Nutzung des Angebots anzugeben.
3. Eine Barauszahlung des Greenfee-Vorteils ist nicht möglich.
4. Das Kombinieren von Angeboten oder bestehenden Greenfee-Vorteilen ist nicht möglich. Der Vorteil bezieht sich jeweils ausschließlich auf die zum Zeitpunkt der Einlösung gültigen vollen Greenfee-Gebühren.
5. Gibt es Spielergruppen mit erhöhten Greenfee-Gebühren, ist ein Nachlass auf diese Gebühren nicht möglich.
6. Das Angebot allein berechtigt nicht zum Spiel gegen Greenfee. Die Erfüllung der Bestimmungen des jeweiligen Golfclubs zur Greenfee-Berechtigung (Mitgliedschaft in einem Golfclub, Mindesthandicap etc.) zum Zeitpunkt der Einlösung sind Voraussetzung.
7. Es ist untersagt, den Greenfee-Gutschein entgeltlich Dritten zu überlassen bzw. mit diesen Handel zu treiben. Insbesondere sind die teilnehmenden Golfclubs in diesem Falle berechtigt, die Einlösung der ausgeschriebenen Angebote zu verweigern.
8. Die teilnehmenden Golfclubs haben sich gegenüber dem Verlag unter den o.g. Bedingungen verpflichtet, die ausgeschriebenen Angebote einzulösen. Der Verlag übernimmt jedoch keine Gewähr und keine Haftung, wenn ein Angebot nicht eingelöst wird oder werden kann.

Bedingungen zur Einlösung des Discounts:
1. Das Angebot ist einschließlich bis 30.6.2024 gültig.
2. Der Golfspieler/Leser hat sich telefonisch eine Abschlagzeit geben zu lassen – dabei ist die Nutzung des Angebots anzugeben.
3. Eine Barauszahlung des Greenfee-Vorteils ist nicht möglich.
4. Das Kombinieren von Angeboten oder bestehenden Greenfee-Vorteilen ist nicht möglich. Der Vorteil bezieht sich jeweils ausschließlich auf die zum Zeitpunkt der Einlösung gültigen vollen Greenfee-Gebühren.
5. Gibt es Spielergruppen mit erhöhten Greenfee-Gebühren, ist ein Nachlass auf diese Gebühren nicht möglich.
6. Das Angebot allein berechtigt nicht zum Spiel gegen Greenfee. Die Erfüllung der Bestimmungen des jeweiligen Golfclubs zur Greenfee-Berechtigung (Mitgliedschaft in einem Golfclub, Mindesthandicap etc.) zum Zeitpunkt der Einlösung sind Voraussetzung.
7. Es ist untersagt, den Greenfee-Gutschein entgeltlich Dritten zu überlassen bzw. mit diesen Handel zu treiben. Insbesondere sind die teilnehmenden Golfclubs in diesem Falle berechtigt, die Einlösung der ausgeschriebenen Angebote zu verweigern.
8. Die teilnehmenden Golfclubs haben sich gegenüber dem Verlag unter den o.g. Bedingungen verpflichtet, die ausgeschriebenen Angebote einzulösen. Der Verlag übernimmt jedoch keine Gewähr und keine Haftung, wenn ein Angebot nicht eingelöst wird oder werden kann.

Bedingungen zur Einlösung des Discounts:
1. Das Angebot ist einschließlich bis 30.6.2024 gültig.
2. Der Golfspieler/Leser hat sich telefonisch eine Abschlagzeit geben zu lassen – dabei ist die Nutzung des Angebots anzugeben.
3. Eine Barauszahlung des Greenfee-Vorteils ist nicht möglich.
4. Das Kombinieren von Angeboten oder bestehenden Greenfee-Vorteilen ist nicht möglich. Der Vorteil bezieht sich jeweils ausschließlich auf die zum Zeitpunkt der Einlösung gültigen vollen Greenfee-Gebühren.
5. Gibt es Spielergruppen mit erhöhten Greenfee-Gebühren, ist ein Nachlass auf diese Gebühren nicht möglich.
6. Das Angebot allein berechtigt nicht zum Spiel gegen Greenfee. Die Erfüllung der Bestimmungen des jeweiligen Golfclubs zur Greenfee-Berechtigung (Mitgliedschaft in einem Golfclub, Mindesthandicap etc.) zum Zeitpunkt der Einlösung sind Voraussetzung.
7. Es ist untersagt, den Greenfee-Gutschein entgeltlich Dritten zu überlassen bzw. mit diesen Handel zu treiben. Insbesondere sind die teilnehmenden Golfclubs in diesem Falle berechtigt, die Einlösung der ausgeschriebenen Angebote zu verweigern.
8. Die teilnehmenden Golfclubs haben sich gegenüber dem Verlag unter den o.g. Bedingungen verpflichtet, die ausgeschriebenen Angebote einzulösen. Der Verlag übernimmt jedoch keine Gewähr und keine Haftung, wenn ein Angebot nicht eingelöst wird oder werden kann.

Diese Gutscheine gelten nur in Verbindung mit dem Buch/Albrecht Golf Card

Diese Gutscheine gelten nur in Verbindung mit dem Buch/Albrecht Golf Card

DER GOLF ALBRECHT

Golf Club Erfurt e.V.

DE

Im Schaderoder Grund
D-99090 Erfurt-Schaderode
✆ 036208-80712
Sachsen, Sachsen-Anhalt, Thüringen

75

2 for 1 2 GF zum Preis von 1

DER GOLF ALBRECHT

Golf Club Erfurt e.V.

DE

Im Schaderoder Grund
D-99090 Erfurt-Schaderode
✆ 036208-80712
Sachsen, Sachsen-Anhalt, Thüringen

75

20% Greenfee-Ermäßigung

DER GOLF ALBRECHT

Golf Club Erfurt e.V.

DE

Im Schaderoder Grund
D-99090 Erfurt-Schaderode
✆ 036208-80712
Sachsen, Sachsen-Anhalt, Thüringen

75

20% Greenfee-Ermäßigung

DER GOLF ALBRECHT

Golfclub Eisenach im Wartburgkreis e.V.

DE

Am Röderweg 3
D-99820 Hörselberg-Hainich
✆ 036920-71871
Sachsen, Sachsen-Anhalt, Thüringen

76

2 for 1 2 GF zum Preis von 1

DER GOLF ALBRECHT

Golfclub Eisenach im Wartburgkreis e.V.

DE

Am Röderweg 3
D-99820 Hörselberg-Hainich
✆ 036920-71871
Sachsen, Sachsen-Anhalt, Thüringen

76

2 for 1 2 GF zum Preis von 1

DER GOLF ALBRECHT

Golfclub Eisenach im Wartburgkreis e.V.

DE

Am Röderweg 3
D-99820 Hörselberg-Hainich
✆ 036920-71871
Sachsen, Sachsen-Anhalt, Thüringen

76

20% Greenfee-Ermäßigung

DER GOLF ALBRECHT

Golfclub Eisenach im Wartburgkreis e.V.

DE

Am Röderweg 3
D-99820 Hörselberg-Hainich
✆ 036920-71871
Sachsen, Sachsen-Anhalt, Thüringen

76

20% Greenfee-Ermäßigung

DER GOLF ALBRECHT

Thüringer Golf Club „Drei Gleichen" Mühlberg e.V.

DE

Gut Ringhofen
D-99869 Drei Gleichen OT Mühlberg
✆ 036256-21740
Sachsen, Sachsen-Anhalt, Thüringen

77

2 for 1 2 GF zum Preis von 1

DER GOLF ALBRECHT

Thüringer Golf Club „Drei Gleichen" Mühlberg e.V.

DE

Gut Ringhofen
D-99869 Drei Gleichen OT Mühlberg
✆ 036256-21740
Sachsen, Sachsen-Anhalt, Thüringen

77

2 for 1 2 GF zum Preis von 1

DER GOLF ALBRECHT

Thüringer Golf Club „Drei Gleichen" Mühlberg e.V.

DE

Gut Ringhofen
D-99869 Drei Gleichen OT Mühlberg
✆ 036256-21740
Sachsen, Sachsen-Anhalt, Thüringen

77

30% Greenfee-Ermäßigung

Bedingungen zur Einlösung des Discounts:

1. Das Angebot ist einschließlich bis 30.6.2024 gültig.
2. Der Golfspieler/Leser hat sich telefonisch eine Abschlagzeit geben zu lassen – dabei ist die Nutzung des Angebots anzugeben.
3. Eine Barauszahlung des Greenfee-Vorteils ist nicht möglich.
4. Das Kombinieren von Angeboten oder bestehenden Greenfee-Vorteilen ist nicht möglich. Der Vorteil bezieht sich jeweils ausschließlich auf die zum Zeitpunkt der Einlösung gültigen vollen Greenfee-Gebühren.
5. Gibt es Spielergruppen mit erhöhten Greenfee-Gebühren, ist ein Nachlass auf diese Gebühren nicht möglich.
6. Das Angebot allein berechtigt nicht zum Spiel gegen Greenfee. Die Erfüllung der Bestimmungen des jeweiligen Golfclubs zur Greenfee-Berechtigung (Mitgliedschaft in einem Golfclub, Mindesthandicap etc.) zum Zeitpunkt der Einlösung sind Voraussetzung.
7. Es ist untersagt, den Greenfee-Gutschein entgeltlich Dritten zu überlassen bzw. mit diesen Handel zu treiben. Insbesondere sind die teilnehmenden Golfclubs in diesem Falle berechtigt, die Einlösung der ausgeschriebenen Angebote zu verweigern.
8. Die teilnehmenden Golfclubs haben sich gegenüber dem Verlag unter den o.g. Bedingungen verpflichtet, die ausgeschriebenen Angebote einzulösen. Der Verlag übernimmt jedoch keine Gewähr und keine Haftung, wenn ein Angebot nicht eingelöst wird oder werden kann.

Bedingungen zur Einlösung des Discounts:

1. Das Angebot ist einschließlich bis 30.6.2024 gültig.
2. Der Golfspieler/Leser hat sich telefonisch eine Abschlagzeit geben zu lassen – dabei ist die Nutzung des Angebots anzugeben.
3. Eine Barauszahlung des Greenfee-Vorteils ist nicht möglich.
4. Das Kombinieren von Angeboten oder bestehenden Greenfee-Vorteilen ist nicht möglich. Der Vorteil bezieht sich jeweils ausschließlich auf die zum Zeitpunkt der Einlösung gültigen vollen Greenfee-Gebühren.
5. Gibt es Spielergruppen mit erhöhten Greenfee-Gebühren, ist ein Nachlass auf diese Gebühren nicht möglich.
6. Das Angebot allein berechtigt nicht zum Spiel gegen Greenfee. Die Erfüllung der Bestimmungen des jeweiligen Golfclubs zur Greenfee-Berechtigung (Mitgliedschaft in einem Golfclub, Mindesthandicap etc.) zum Zeitpunkt der Einlösung sind Voraussetzung.
7. Es ist untersagt, den Greenfee-Gutschein entgeltlich Dritten zu überlassen bzw. mit diesen Handel zu treiben. Insbesondere sind die teilnehmenden Golfclubs in diesem Falle berechtigt, die Einlösung der ausgeschriebenen Angebote zu verweigern.
8. Die teilnehmenden Golfclubs haben sich gegenüber dem Verlag unter den o.g. Bedingungen verpflichtet, die ausgeschriebenen Angebote einzulösen. Der Verlag übernimmt jedoch keine Gewähr und keine Haftung, wenn ein Angebot nicht eingelöst wird oder werden kann.

Bedingungen zur Einlösung des Discounts:

1. Das Angebot ist einschließlich bis 30.6.2024 gültig.
2. Der Golfspieler/Leser hat sich telefonisch eine Abschlagzeit geben zu lassen – dabei ist die Nutzung des Angebots anzugeben.
3. Eine Barauszahlung des Greenfee-Vorteils ist nicht möglich.
4. Das Kombinieren von Angeboten oder bestehenden Greenfee-Vorteilen ist nicht möglich. Der Vorteil bezieht sich jeweils ausschließlich auf die zum Zeitpunkt der Einlösung gültigen vollen Greenfee-Gebühren.
5. Gibt es Spielergruppen mit erhöhten Greenfee-Gebühren, ist ein Nachlass auf diese Gebühren nicht möglich.
6. Das Angebot allein berechtigt nicht zum Spiel gegen Greenfee. Die Erfüllung der Bestimmungen des jeweiligen Golfclubs zur Greenfee-Berechtigung (Mitgliedschaft in einem Golfclub, Mindesthandicap etc.) zum Zeitpunkt der Einlösung sind Voraussetzung.
7. Es ist untersagt, den Greenfee-Gutschein entgeltlich Dritten zu überlassen bzw. mit diesen Handel zu treiben. Insbesondere sind die teilnehmenden Golfclubs in diesem Falle berechtigt, die Einlösung der ausgeschriebenen Angebote zu verweigern.
8. Die teilnehmenden Golfclubs haben sich gegenüber dem Verlag unter den o.g. Bedingungen verpflichtet, die ausgeschriebenen Angebote einzulösen. Der Verlag übernimmt jedoch keine Gewähr und keine Haftung, wenn ein Angebot nicht eingelöst wird oder werden kann.

Bedingungen zur Einlösung des Discounts:

1. Das Angebot ist einschließlich bis 30.6.2024 gültig.
2. Der Golfspieler/Leser hat sich telefonisch eine Abschlagzeit geben zu lassen – dabei ist die Nutzung des Angebots anzugeben.
3. Eine Barauszahlung des Greenfee-Vorteils ist nicht möglich.
4. Das Kombinieren von Angeboten oder bestehenden Greenfee-Vorteilen ist nicht möglich. Der Vorteil bezieht sich jeweils ausschließlich auf die zum Zeitpunkt der Einlösung gültigen vollen Greenfee-Gebühren.
5. Gibt es Spielergruppen mit erhöhten Greenfee-Gebühren, ist ein Nachlass auf diese Gebühren nicht möglich.
6. Das Angebot allein berechtigt nicht zum Spiel gegen Greenfee. Die Erfüllung der Bestimmungen des jeweiligen Golfclubs zur Greenfee-Berechtigung (Mitgliedschaft in einem Golfclub, Mindesthandicap etc.) zum Zeitpunkt der Einlösung sind Voraussetzung.
7. Es ist untersagt, den Greenfee-Gutschein entgeltlich Dritten zu überlassen bzw. mit diesen Handel zu treiben. Insbesondere sind die teilnehmenden Golfclubs in diesem Falle berechtigt, die Einlösung der ausgeschriebenen Angebote zu verweigern.
8. Die teilnehmenden Golfclubs haben sich gegenüber dem Verlag unter den o.g. Bedingungen verpflichtet, die ausgeschriebenen Angebote einzulösen. Der Verlag übernimmt jedoch keine Gewähr und keine Haftung, wenn ein Angebot nicht eingelöst wird oder werden kann.

Bedingungen zur Einlösung des Discounts:

1. Das Angebot ist einschließlich bis 30.6.2024 gültig.
2. Der Golfspieler/Leser hat sich telefonisch eine Abschlagzeit geben zu lassen – dabei ist die Nutzung des Angebots anzugeben.
3. Eine Barauszahlung des Greenfee-Vorteils ist nicht möglich.
4. Das Kombinieren von Angeboten oder bestehenden Greenfee-Vorteilen ist nicht möglich. Der Vorteil bezieht sich jeweils ausschließlich auf die zum Zeitpunkt der Einlösung gültigen vollen Greenfee-Gebühren.
5. Gibt es Spielergruppen mit erhöhten Greenfee-Gebühren, ist ein Nachlass auf diese Gebühren nicht möglich.
6. Das Angebot allein berechtigt nicht zum Spiel gegen Greenfee. Die Erfüllung der Bestimmungen des jeweiligen Golfclubs zur Greenfee-Berechtigung (Mitgliedschaft in einem Golfclub, Mindesthandicap etc.) zum Zeitpunkt der Einlösung sind Voraussetzung.
7. Es ist untersagt, den Greenfee-Gutschein entgeltlich Dritten zu überlassen bzw. mit diesen Handel zu treiben. Insbesondere sind die teilnehmenden Golfclubs in diesem Falle berechtigt, die Einlösung der ausgeschriebenen Angebote zu verweigern.
8. Die teilnehmenden Golfclubs haben sich gegenüber dem Verlag unter den o.g. Bedingungen verpflichtet, die ausgeschriebenen Angebote einzulösen. Der Verlag übernimmt jedoch keine Gewähr und keine Haftung, wenn ein Angebot nicht eingelöst wird oder werden kann.

Bedingungen zur Einlösung des Discounts:

1. Das Angebot ist einschließlich bis 30.6.2024 gültig.
2. Der Golfspieler/Leser hat sich telefonisch eine Abschlagzeit geben zu lassen – dabei ist die Nutzung des Angebots anzugeben.
3. Eine Barauszahlung des Greenfee-Vorteils ist nicht möglich.
4. Das Kombinieren von Angeboten oder bestehenden Greenfee-Vorteilen ist nicht möglich. Der Vorteil bezieht sich jeweils ausschließlich auf die zum Zeitpunkt der Einlösung gültigen vollen Greenfee-Gebühren.
5. Gibt es Spielergruppen mit erhöhten Greenfee-Gebühren, ist ein Nachlass auf diese Gebühren nicht möglich.
6. Das Angebot allein berechtigt nicht zum Spiel gegen Greenfee. Die Erfüllung der Bestimmungen des jeweiligen Golfclubs zur Greenfee-Berechtigung (Mitgliedschaft in einem Golfclub, Mindesthandicap etc.) zum Zeitpunkt der Einlösung sind Voraussetzung.
7. Es ist untersagt, den Greenfee-Gutschein entgeltlich Dritten zu überlassen bzw. mit diesen Handel zu treiben. Insbesondere sind die teilnehmenden Golfclubs in diesem Falle berechtigt, die Einlösung der ausgeschriebenen Angebote zu verweigern.
8. Die teilnehmenden Golfclubs haben sich gegenüber dem Verlag unter den o.g. Bedingungen verpflichtet, die ausgeschriebenen Angebote einzulösen. Der Verlag übernimmt jedoch keine Gewähr und keine Haftung, wenn ein Angebot nicht eingelöst wird oder werden kann.

Bedingungen zur Einlösung des Discounts:

1. Das Angebot ist einschließlich bis 30.6.2024 gültig.
2. Der Golfspieler/Leser hat sich telefonisch eine Abschlagzeit geben zu lassen – dabei ist die Nutzung des Angebots anzugeben.
3. Eine Barauszahlung des Greenfee-Vorteils ist nicht möglich.
4. Das Kombinieren von Angeboten oder bestehenden Greenfee-Vorteilen ist nicht möglich. Der Vorteil bezieht sich jeweils ausschließlich auf die zum Zeitpunkt der Einlösung gültigen vollen Greenfee-Gebühren.
5. Gibt es Spielergruppen mit erhöhten Greenfee-Gebühren, ist ein Nachlass auf diese Gebühren nicht möglich.
6. Das Angebot allein berechtigt nicht zum Spiel gegen Greenfee. Die Erfüllung der Bestimmungen des jeweiligen Golfclubs zur Greenfee-Berechtigung (Mitgliedschaft in einem Golfclub, Mindesthandicap etc.) zum Zeitpunkt der Einlösung sind Voraussetzung.
7. Es ist untersagt, den Greenfee-Gutschein entgeltlich Dritten zu überlassen bzw. mit diesen Handel zu treiben. Insbesondere sind die teilnehmenden Golfclubs in diesem Falle berechtigt, die Einlösung der ausgeschriebenen Angebote zu verweigern.
8. Die teilnehmenden Golfclubs haben sich gegenüber dem Verlag unter den o.g. Bedingungen verpflichtet, die ausgeschriebenen Angebote einzulösen. Der Verlag übernimmt jedoch keine Gewähr und keine Haftung, wenn ein Angebot nicht eingelöst wird oder werden kann.

Bedingungen zur Einlösung des Discounts:

1. Das Angebot ist einschließlich bis 30.6.2024 gültig.
2. Der Golfspieler/Leser hat sich telefonisch eine Abschlagzeit geben zu lassen – dabei ist die Nutzung des Angebots anzugeben.
3. Eine Barauszahlung des Greenfee-Vorteils ist nicht möglich.
4. Das Kombinieren von Angeboten oder bestehenden Greenfee-Vorteilen ist nicht möglich. Der Vorteil bezieht sich jeweils ausschließlich auf die zum Zeitpunkt der Einlösung gültigen vollen Greenfee-Gebühren.
5. Gibt es Spielergruppen mit erhöhten Greenfee-Gebühren, ist ein Nachlass auf diese Gebühren nicht möglich.
6. Das Angebot allein berechtigt nicht zum Spiel gegen Greenfee. Die Erfüllung der Bestimmungen des jeweiligen Golfclubs zur Greenfee-Berechtigung (Mitgliedschaft in einem Golfclub, Mindesthandicap etc.) zum Zeitpunkt der Einlösung sind Voraussetzung.
7. Es ist untersagt, den Greenfee-Gutschein entgeltlich Dritten zu überlassen bzw. mit diesen Handel zu treiben. Insbesondere sind die teilnehmenden Golfclubs in diesem Falle berechtigt, die Einlösung der ausgeschriebenen Angebote zu verweigern.
8. Die teilnehmenden Golfclubs haben sich gegenüber dem Verlag unter den o.g. Bedingungen verpflichtet, die ausgeschriebenen Angebote einzulösen. Der Verlag übernimmt jedoch keine Gewähr und keine Haftung, wenn ein Angebot nicht eingelöst wird oder werden kann.

Bedingungen zur Einlösung des Discounts:

1. Das Angebot ist einschließlich bis 30.6.2024 gültig.
2. Der Golfspieler/Leser hat sich telefonisch eine Abschlagzeit geben zu lassen – dabei ist die Nutzung des Angebots anzugeben.
3. Eine Barauszahlung des Greenfee-Vorteils ist nicht möglich.
4. Das Kombinieren von Angeboten oder bestehenden Greenfee-Vorteilen ist nicht möglich. Der Vorteil bezieht sich jeweils ausschließlich auf die zum Zeitpunkt der Einlösung gültigen vollen Greenfee-Gebühren.
5. Gibt es Spielergruppen mit erhöhten Greenfee-Gebühren, ist ein Nachlass auf diese Gebühren nicht möglich.
6. Das Angebot allein berechtigt nicht zum Spiel gegen Greenfee. Die Erfüllung der Bestimmungen des jeweiligen Golfclubs zur Greenfee-Berechtigung (Mitgliedschaft in einem Golfclub, Mindesthandicap etc.) zum Zeitpunkt der Einlösung sind Voraussetzung.
7. Es ist untersagt, den Greenfee-Gutschein entgeltlich Dritten zu überlassen bzw. mit diesen Handel zu treiben. Insbesondere sind die teilnehmenden Golfclubs in diesem Falle berechtigt, die Einlösung der ausgeschriebenen Angebote zu verweigern.
8. Die teilnehmenden Golfclubs haben sich gegenüber dem Verlag unter den o.g. Bedingungen verpflichtet, die ausgeschriebenen Angebote einzulösen. Der Verlag übernimmt jedoch keine Gewähr und keine Haftung, wenn ein Angebot nicht eingelöst wird oder werden kann.

Bedingungen zur Einlösung des Discounts:

1. Das Angebot ist einschließlich bis 30.6.2024 gültig.
2. Der Golfspieler/Leser hat sich telefonisch eine Abschlagzeit geben zu lassen – dabei ist die Nutzung des Angebots anzugeben.
3. Eine Barauszahlung des Greenfee-Vorteils ist nicht möglich.
4. Das Kombinieren von Angeboten oder bestehenden Greenfee-Vorteilen ist nicht möglich. Der Vorteil bezieht sich jeweils ausschließlich auf die zum Zeitpunkt der Einlösung gültigen vollen Greenfee-Gebühren.
5. Gibt es Spielergruppen mit erhöhten Greenfee-Gebühren, ist ein Nachlass auf diese Gebühren nicht möglich.
6. Das Angebot allein berechtigt nicht zum Spiel gegen Greenfee. Die Erfüllung der Bestimmungen des jeweiligen Golfclubs zur Greenfee-Berechtigung (Mitgliedschaft in einem Golfclub, Mindesthandicap etc.) zum Zeitpunkt der Einlösung sind Voraussetzung.
7. Es ist untersagt, den Greenfee-Gutschein entgeltlich Dritten zu überlassen bzw. mit diesen Handel zu treiben. Insbesondere sind die teilnehmenden Golfclubs in diesem Falle berechtigt, die Einlösung der ausgeschriebenen Angebote zu verweigern.
8. Die teilnehmenden Golfclubs haben sich gegenüber dem Verlag unter den o.g. Bedingungen verpflichtet, die ausgeschriebenen Angebote einzulösen. Der Verlag übernimmt jedoch keine Gewähr und keine Haftung, wenn ein Angebot nicht eingelöst wird oder werden kann.

Diese Gutscheine gelten nur in Verbindung mit dem Buch/Albrecht Golf Card

Diese Gutscheine gelten nur in Verbindung mit dem Buch/Albrecht Golf Card

DER GOLF ALBRECHT

Golfclub Gera e.V.

DE

Am Schafteich 3, OT Burkersdorf
D-07570 Harth-Pöllnitz
✆ 036603-61610
Sachsen, Sachsen-Anhalt, Thüringen

78

2 for 1 2 GF zum Preis von 1

DER GOLF ALBRECHT

Golfclub Gera e.V.

DE

Am Schafteich 3, OT Burkersdorf
D-07570 Harth-Pöllnitz
✆ 036603-61610
Sachsen, Sachsen-Anhalt, Thüringen

78

2 for 1 2 GF zum Preis von 1

DER GOLF ALBRECHT

Golfclub Gera e.V.

DE

Am Schafteich 3, OT Burkersdorf
D-07570 Harth-Pöllnitz
✆ 036603-61610
Sachsen, Sachsen-Anhalt, Thüringen

78

30% Greenfee-Ermäßigung

DER GOLF ALBRECHT

Golfclub Gera e.V.

DE

Am Schafteich 3, OT Burkersdorf
D-07570 Harth-Pöllnitz
✆ 036603-61610
Sachsen, Sachsen-Anhalt, Thüringen

78

30% Greenfee-Ermäßigung

DER GOLF ALBRECHT

Golfpark Westerzgebirge GmbH & C. KG

DE

Grubenstraße 24
D-08301 Bad Schlema
✆ 03772-3992987
Sachsen, Sachsen-Anhalt, Thüringen

79

2 for 1 2 GF zum Preis von 1

DER GOLF ALBRECHT

Golfpark Westerzgebirge GmbH & C. KG

DE

Grubenstraße 24
D-08301 Bad Schlema
✆ 03772-3992987
Sachsen, Sachsen-Anhalt, Thüringen

79

2 for 1 2 GF zum Preis von 1

DER GOLF ALBRECHT

Golfclub Plauen e.V.

DE

Hauptstraße 30, Straße Richtung Cossengrün
D-08547 Plauen OT Steinsdorf
✆ 037439-44658 + (0163-7070126)
Sachsen, Sachsen-Anhalt, Thüringen

80

2 for 1 2 GF zum Preis von 1

DER GOLF ALBRECHT

Golfclub Plauen e.V.

DE

Hauptstraße 30, Straße Richtung Cossengrün
D-08547 Plauen OT Steinsdorf
✆ 037439-44658 + (0163-7070126)
Sachsen, Sachsen-Anhalt, Thüringen

80

2 for 1 2 GF zum Preis von 1

DER GOLF ALBRECHT

Golfclub Plauen e.V.

DE

Hauptstraße 30, Straße Richtung Cossengrün
D-08547 Plauen OT Steinsdorf
✆ 037439-44658 + (0163-7070126)
Sachsen, Sachsen-Anhalt, Thüringen

80

20% Greenfee-Ermäßigung

DER GOLF ALBRECHT

Golfclub Plauen e.V.

DE

Hauptstraße 30, Straße Richtung Cossengrün
D-08547 Plauen OT Steinsdorf
✆ 037439-44658 + (0163-7070126)
Sachsen, Sachsen-Anhalt, Thüringen

80

20% Greenfee-Ermäßigung

Bedingungen zur Einlösung des Discounts:

1. Das Angebot ist einschließlich bis 30.6.2024 gültig.
2. Der Golfspieler/Leser hat sich telefonisch eine Abschlagzeit geben zu lassen – dabei ist die Nutzung des Angebots anzugeben.
3. Eine Barauszahlung des Greenfee-Vorteils ist nicht möglich.
4. Das Kombinieren von Angeboten oder bestehenden Greenfee-Vorteilen ist nicht möglich. Der Vorteil bezieht sich jeweils ausschließlich auf die zum Zeitpunkt der Einlösung gültigen vollen Greenfee-Gebühren.
5. Gibt es Spielergruppen mit erhöhten Greenfee-Gebühren, ist ein Nachlass auf diese Gebühren nicht möglich.
6. Das Angebot allein berechtigt nicht zum Spiel gegen Greenfee. Die Erfüllung der Bestimmungen des jeweiligen Golfclubs zur Greenfee-Berechtigung (Mitgliedschaft in einem Golfclub, Mindesthandicap etc.) zum Zeitpunkt der Einlösung sind Voraussetzung.
7. Es ist untersagt, den Greenfee-Gutschein entgeltlich Dritten zu überlassen bzw. mit diesen Handel zu treiben. Insbesondere sind die teilnehmenden Golfclubs in diesem Falle berechtigt, die Einlösung der ausgeschriebenen Angebote zu verweigern.
8. Die teilnehmenden Golfclubs haben sich gegenüber dem Verlag unter den o.g. Bedingungen verpflichtet, die ausgeschriebenen Angebote einzulösen. Der Verlag übernimmt jedoch keine Gewähr und keine Haftung, wenn ein Angebot nicht eingelöst wird oder werden kann.

Bedingungen zur Einlösung des Discounts:

1. Das Angebot ist einschließlich bis 30.6.2024 gültig.
2. Der Golfspieler/Leser hat sich telefonisch eine Abschlagzeit geben zu lassen – dabei ist die Nutzung des Angebots anzugeben.
3. Eine Barauszahlung des Greenfee-Vorteils ist nicht möglich.
4. Das Kombinieren von Angeboten oder bestehenden Greenfee-Vorteilen ist nicht möglich. Der Vorteil bezieht sich jeweils ausschließlich auf die zum Zeitpunkt der Einlösung gültigen vollen Greenfee-Gebühren.
5. Gibt es Spielergruppen mit erhöhten Greenfee-Gebühren, ist ein Nachlass auf diese Gebühren nicht möglich.
6. Das Angebot allein berechtigt nicht zum Spiel gegen Greenfee. Die Erfüllung der Bestimmungen des jeweiligen Golfclubs zur Greenfee-Berechtigung (Mitgliedschaft in einem Golfclub, Mindesthandicap etc.) zum Zeitpunkt der Einlösung sind Voraussetzung.
7. Es ist untersagt, den Greenfee-Gutschein entgeltlich Dritten zu überlassen bzw. mit diesen Handel zu treiben. Insbesondere sind die teilnehmenden Golfclubs in diesem Falle berechtigt, die Einlösung der ausgeschriebenen Angebote zu verweigern.
8. Die teilnehmenden Golfclubs haben sich gegenüber dem Verlag unter den o.g. Bedingungen verpflichtet, die ausgeschriebenen Angebote einzulösen. Der Verlag übernimmt jedoch keine Gewähr und keine Haftung, wenn ein Angebot nicht eingelöst wird oder werden kann.

Bedingungen zur Einlösung des Discounts:

1. Das Angebot ist einschließlich bis 30.6.2024 gültig.
2. Der Golfspieler/Leser hat sich telefonisch eine Abschlagzeit geben zu lassen – dabei ist die Nutzung des Angebots anzugeben.
3. Eine Barauszahlung des Greenfee-Vorteils ist nicht möglich.
4. Das Kombinieren von Angeboten oder bestehenden Greenfee-Vorteilen ist nicht möglich. Der Vorteil bezieht sich jeweils ausschließlich auf die zum Zeitpunkt der Einlösung gültigen vollen Greenfee-Gebühren.
5. Gibt es Spielergruppen mit erhöhten Greenfee-Gebühren, ist ein Nachlass auf diese Gebühren nicht möglich.
6. Das Angebot allein berechtigt nicht zum Spiel gegen Greenfee. Die Erfüllung der Bestimmungen des jeweiligen Golfclubs zur Greenfee-Berechtigung (Mitgliedschaft in einem Golfclub, Mindesthandicap etc.) zum Zeitpunkt der Einlösung sind Voraussetzung.
7. Es ist untersagt, den Greenfee-Gutschein entgeltlich Dritten zu überlassen bzw. mit diesen Handel zu treiben. Insbesondere sind die teilnehmenden Golfclubs in diesem Falle berechtigt, die Einlösung der ausgeschriebenen Angebote zu verweigern.
8. Die teilnehmenden Golfclubs haben sich gegenüber dem Verlag unter den o.g. Bedingungen verpflichtet, die ausgeschriebenen Angebote einzulösen. Der Verlag übernimmt jedoch keine Gewähr und keine Haftung, wenn ein Angebot nicht eingelöst wird oder werden kann.

Bedingungen zur Einlösung des Discounts:

1. Das Angebot ist einschließlich bis 30.6.2024 gültig.
2. Der Golfspieler/Leser hat sich telefonisch eine Abschlagzeit geben zu lassen – dabei ist die Nutzung des Angebots anzugeben.
3. Eine Barauszahlung des Greenfee-Vorteils ist nicht möglich.
4. Das Kombinieren von Angeboten oder bestehenden Greenfee-Vorteilen ist nicht möglich. Der Vorteil bezieht sich jeweils ausschließlich auf die zum Zeitpunkt der Einlösung gültigen vollen Greenfee-Gebühren.
5. Gibt es Spielergruppen mit erhöhten Greenfee-Gebühren, ist ein Nachlass auf diese Gebühren nicht möglich.
6. Das Angebot allein berechtigt nicht zum Spiel gegen Greenfee. Die Erfüllung der Bestimmungen des jeweiligen Golfclubs zur Greenfee-Berechtigung (Mitgliedschaft in einem Golfclub, Mindesthandicap etc.) zum Zeitpunkt der Einlösung sind Voraussetzung.
7. Es ist untersagt, den Greenfee-Gutschein entgeltlich Dritten zu überlassen bzw. mit diesen Handel zu treiben. Insbesondere sind die teilnehmenden Golfclubs in diesem Falle berechtigt, die Einlösung der ausgeschriebenen Angebote zu verweigern.
8. Die teilnehmenden Golfclubs haben sich gegenüber dem Verlag unter den o.g. Bedingungen verpflichtet, die ausgeschriebenen Angebote einzulösen. Der Verlag übernimmt jedoch keine Gewähr und keine Haftung, wenn ein Angebot nicht eingelöst wird oder werden kann.

Bedingungen zur Einlösung des Discounts:

1. Das Angebot ist einschließlich bis 30.6.2024 gültig.
2. Der Golfspieler/Leser hat sich telefonisch eine Abschlagzeit geben zu lassen – dabei ist die Nutzung des Angebots anzugeben.
3. Eine Barauszahlung des Greenfee-Vorteils ist nicht möglich.
4. Das Kombinieren von Angeboten oder bestehenden Greenfee-Vorteilen ist nicht möglich. Der Vorteil bezieht sich jeweils ausschließlich auf die zum Zeitpunkt der Einlösung gültigen vollen Greenfee-Gebühren.
5. Gibt es Spielergruppen mit erhöhten Greenfee-Gebühren, ist ein Nachlass auf diese Gebühren nicht möglich.
6. Das Angebot allein berechtigt nicht zum Spiel gegen Greenfee. Die Erfüllung der Bestimmungen des jeweiligen Golfclubs zur Greenfee-Berechtigung (Mitgliedschaft in einem Golfclub, Mindesthandicap etc.) zum Zeitpunkt der Einlösung sind Voraussetzung.
7. Es ist untersagt, den Greenfee-Gutschein entgeltlich Dritten zu überlassen bzw. mit diesen Handel zu treiben. Insbesondere sind die teilnehmenden Golfclubs in diesem Falle berechtigt, die Einlösung der ausgeschriebenen Angebote zu verweigern.
8. Die teilnehmenden Golfclubs haben sich gegenüber dem Verlag unter den o.g. Bedingungen verpflichtet, die ausgeschriebenen Angebote einzulösen. Der Verlag übernimmt jedoch keine Gewähr und keine Haftung, wenn ein Angebot nicht eingelöst wird oder werden kann.

Bedingungen zur Einlösung des Discounts:

1. Das Angebot ist einschließlich bis 30.6.2024 gültig.
2. Der Golfspieler/Leser hat sich telefonisch eine Abschlagzeit geben zu lassen – dabei ist die Nutzung des Angebots anzugeben.
3. Eine Barauszahlung des Greenfee-Vorteils ist nicht möglich.
4. Das Kombinieren von Angeboten oder bestehenden Greenfee-Vorteilen ist nicht möglich. Der Vorteil bezieht sich jeweils ausschließlich auf die zum Zeitpunkt der Einlösung gültigen vollen Greenfee-Gebühren.
5. Gibt es Spielergruppen mit erhöhten Greenfee-Gebühren, ist ein Nachlass auf diese Gebühren nicht möglich.
6. Das Angebot allein berechtigt nicht zum Spiel gegen Greenfee. Die Erfüllung der Bestimmungen des jeweiligen Golfclubs zur Greenfee-Berechtigung (Mitgliedschaft in einem Golfclub, Mindesthandicap etc.) zum Zeitpunkt der Einlösung sind Voraussetzung.
7. Es ist untersagt, den Greenfee-Gutschein entgeltlich Dritten zu überlassen bzw. mit diesen Handel zu treiben. Insbesondere sind die teilnehmenden Golfclubs in diesem Falle berechtigt, die Einlösung der ausgeschriebenen Angebote zu verweigern.
8. Die teilnehmenden Golfclubs haben sich gegenüber dem Verlag unter den o.g. Bedingungen verpflichtet, die ausgeschriebenen Angebote einzulösen. Der Verlag übernimmt jedoch keine Gewähr und keine Haftung, wenn ein Angebot nicht eingelöst wird oder werden kann.

Bedingungen zur Einlösung des Discounts:

1. Das Angebot ist einschließlich bis 30.6.2024 gültig.
2. Der Golfspieler/Leser hat sich telefonisch eine Abschlagzeit geben zu lassen – dabei ist die Nutzung des Angebots anzugeben.
3. Eine Barauszahlung des Greenfee-Vorteils ist nicht möglich.
4. Das Kombinieren von Angeboten oder bestehenden Greenfee-Vorteilen ist nicht möglich. Der Vorteil bezieht sich jeweils ausschließlich auf die zum Zeitpunkt der Einlösung gültigen vollen Greenfee-Gebühren.
5. Gibt es Spielergruppen mit erhöhten Greenfee-Gebühren, ist ein Nachlass auf diese Gebühren nicht möglich.
6. Das Angebot allein berechtigt nicht zum Spiel gegen Greenfee. Die Erfüllung der Bestimmungen des jeweiligen Golfclubs zur Greenfee-Berechtigung (Mitgliedschaft in einem Golfclub, Mindesthandicap etc.) zum Zeitpunkt der Einlösung sind Voraussetzung.
7. Es ist untersagt, den Greenfee-Gutschein entgeltlich Dritten zu überlassen bzw. mit diesen Handel zu treiben. Insbesondere sind die teilnehmenden Golfclubs in diesem Falle berechtigt, die Einlösung der ausgeschriebenen Angebote zu verweigern.
8. Die teilnehmenden Golfclubs haben sich gegenüber dem Verlag unter den o.g. Bedingungen verpflichtet, die ausgeschriebenen Angebote einzulösen. Der Verlag übernimmt jedoch keine Gewähr und keine Haftung, wenn ein Angebot nicht eingelöst wird oder werden kann.

Bedingungen zur Einlösung des Discounts:

1. Das Angebot ist einschließlich bis 30.6.2024 gültig.
2. Der Golfspieler/Leser hat sich telefonisch eine Abschlagzeit geben zu lassen – dabei ist die Nutzung des Angebots anzugeben.
3. Eine Barauszahlung des Greenfee-Vorteils ist nicht möglich.
4. Das Kombinieren von Angeboten oder bestehenden Greenfee-Vorteilen ist nicht möglich. Der Vorteil bezieht sich jeweils ausschließlich auf die zum Zeitpunkt der Einlösung gültigen vollen Greenfee-Gebühren.
5. Gibt es Spielergruppen mit erhöhten Greenfee-Gebühren, ist ein Nachlass auf diese Gebühren nicht möglich.
6. Das Angebot allein berechtigt nicht zum Spiel gegen Greenfee. Die Erfüllung der Bestimmungen des jeweiligen Golfclubs zur Greenfee-Berechtigung (Mitgliedschaft in einem Golfclub, Mindesthandicap etc.) zum Zeitpunkt der Einlösung sind Voraussetzung.
7. Es ist untersagt, den Greenfee-Gutschein entgeltlich Dritten zu überlassen bzw. mit diesen Handel zu treiben. Insbesondere sind die teilnehmenden Golfclubs in diesem Falle berechtigt, die Einlösung der ausgeschriebenen Angebote zu verweigern.
8. Die teilnehmenden Golfclubs haben sich gegenüber dem Verlag unter den o.g. Bedingungen verpflichtet, die ausgeschriebenen Angebote einzulösen. Der Verlag übernimmt jedoch keine Gewähr und keine Haftung, wenn ein Angebot nicht eingelöst wird oder werden kann.

Bedingungen zur Einlösung des Discounts:

1. Das Angebot ist einschließlich bis 30.6.2024 gültig.
2. Der Golfspieler/Leser hat sich telefonisch eine Abschlagzeit geben zu lassen – dabei ist die Nutzung des Angebots anzugeben.
3. Eine Barauszahlung des Greenfee-Vorteils ist nicht möglich.
4. Das Kombinieren von Angeboten oder bestehenden Greenfee-Vorteilen ist nicht möglich. Der Vorteil bezieht sich jeweils ausschließlich auf die zum Zeitpunkt der Einlösung gültigen vollen Greenfee-Gebühren.
5. Gibt es Spielergruppen mit erhöhten Greenfee-Gebühren, ist ein Nachlass auf diese Gebühren nicht möglich.
6. Das Angebot allein berechtigt nicht zum Spiel gegen Greenfee. Die Erfüllung der Bestimmungen des jeweiligen Golfclubs zur Greenfee-Berechtigung (Mitgliedschaft in einem Golfclub, Mindesthandicap etc.) zum Zeitpunkt der Einlösung sind Voraussetzung.
7. Es ist untersagt, den Greenfee-Gutschein entgeltlich Dritten zu überlassen bzw. mit diesen Handel zu treiben. Insbesondere sind die teilnehmenden Golfclubs in diesem Falle berechtigt, die Einlösung der ausgeschriebenen Angebote zu verweigern.
8. Die teilnehmenden Golfclubs haben sich gegenüber dem Verlag unter den o.g. Bedingungen verpflichtet, die ausgeschriebenen Angebote einzulösen. Der Verlag übernimmt jedoch keine Gewähr und keine Haftung, wenn ein Angebot nicht eingelöst wird oder werden kann.

Bedingungen zur Einlösung des Discounts:

1. Das Angebot ist einschließlich bis 30.6.2024 gültig.
2. Der Golfspieler/Leser hat sich telefonisch eine Abschlagzeit geben zu lassen – dabei ist die Nutzung des Angebots anzugeben.
3. Eine Barauszahlung des Greenfee-Vorteils ist nicht möglich.
4. Das Kombinieren von Angeboten oder bestehenden Greenfee-Vorteilen ist nicht möglich. Der Vorteil bezieht sich jeweils ausschließlich auf die zum Zeitpunkt der Einlösung gültigen vollen Greenfee-Gebühren.
5. Gibt es Spielergruppen mit erhöhten Greenfee-Gebühren, ist ein Nachlass auf diese Gebühren nicht möglich.
6. Das Angebot allein berechtigt nicht zum Spiel gegen Greenfee. Die Erfüllung der Bestimmungen des jeweiligen Golfclubs zur Greenfee-Berechtigung (Mitgliedschaft in einem Golfclub, Mindesthandicap etc.) zum Zeitpunkt der Einlösung sind Voraussetzung.
7. Es ist untersagt, den Greenfee-Gutschein entgeltlich Dritten zu überlassen bzw. mit diesen Handel zu treiben. Insbesondere sind die teilnehmenden Golfclubs in diesem Falle berechtigt, die Einlösung der ausgeschriebenen Angebote zu verweigern.
8. Die teilnehmenden Golfclubs haben sich gegenüber dem Verlag unter den o.g. Bedingungen verpflichtet, die ausgeschriebenen Angebote einzulösen. Der Verlag übernimmt jedoch keine Gewähr und keine Haftung, wenn ein Angebot nicht eingelöst wird oder werden kann.

Diese Gutscheine gelten nur in Verbindung mit dem Buch/Albrecht Golf Card

Diese Gutscheine gelten nur in Verbindung mit dem Buch/Albrecht Golf Card

DER GOLF ALBRECHT

Golfanlage Talsperre Pöhl DE

Voigtsgrüner Straße 20
D-08543 Pöhl/Möschwitz
✆ 037439-44535 Mobil, 0171 2672386
Sachsen, Sachsen-Anhalt, Thüringen

81

2 for 1 2 GF zum Preis von 1

DER GOLF ALBRECHT

Golfanlage Talsperre Pöhl DE

Voigtsgrüner Straße 20
D-08543 Pöhl/Möschwitz
✆ 037439-44535 Mobil, 0171 2672386
Sachsen, Sachsen-Anhalt, Thüringen

81

2 for 1 2 GF zum Preis von 1

DER GOLF ALBRECHT

Golfanlage Talsperre Pöhl DE

Voigtsgrüner Straße 20
D-08543 Pöhl/Möschwitz
✆ 037439-44535 Mobil, 0171 2672386
Sachsen, Sachsen-Anhalt, Thüringen

81

20% Greenfee-Ermäßigung

DER GOLF ALBRECHT

Golfanlage Talsperre Pöhl DE

Voigtsgrüner Straße 20
D-08543 Pöhl/Möschwitz
✆ 037439-44535 Mobil, 0171 2672386
Sachsen, Sachsen-Anhalt, Thüringen

81

20% Greenfee-Ermäßigung

DER GOLF ALBRECHT

Golfclub Habichtswald e.V. DE

Industriestraße 16
D-49492 Westerkappeln-Velpe
✆ 05456-96013
Nordrhein-Westfalen
Hinweis: Gültig von Mo-Fr.

82

2 for 1 2 GF zum Preis von 1 wochentags

DER GOLF ALBRECHT

Golfclub Habichtswald e.V. DE

Industriestraße 16
D-49492 Westerkappeln-Velpe
✆ 05456-96013
Nordrhein-Westfalen
Hinweis: Gültig von Mo-Fr.

82

2 for 1 2 GF zum Preis von 1 wochentags

DER GOLF ALBRECHT

Golfclub Habichtswald e.V. DE

Industriestraße 16
D-49492 Westerkappeln-Velpe
✆ 05456-96013
Nordrhein-Westfalen
Hinweis: Gültig von Mo-Fr.

82

25% Greenfee-Ermäßigung wochentags

DER GOLF ALBRECHT

Golfclub Habichtswald e.V. DE

Industriestraße 16
D-49492 Westerkappeln-Velpe
✆ 05456-96013
Nordrhein-Westfalen
Hinweis: Gültig von Mo-Fr.

82

25% Greenfee-Ermäßigung wochentags

DER GOLF ALBRECHT

Golfclub Tecklenburger Land e.V. DE

Wallenweg 24
D-49545 Tecklenburg
✆ 05455-2080010
Nordrhein-Westfalen

83

2 for 1 2 GF zum Preis von 1

DER GOLF ALBRECHT

Golfclub Tecklenburger Land e.V. DE

Wallenweg 24
D-49545 Tecklenburg
✆ 05455-2080010
Nordrhein-Westfalen

83

20% Greenfee-Ermäßigung

Bedingungen zur Einlösung des Discounts:

1. Das Angebot ist einschließlich bis 30.6.2024 gültig.
2. Der Golfspieler/Leser hat sich telefonisch eine Abschlagzeit geben zu lassen – dabei ist die Nutzung des Angebots anzugeben.
3. Eine Barauszahlung des Greenfee-Vorteils ist nicht möglich.
4. Das Kombinieren von Angeboten oder bestehenden Greenfee-Vorteilen ist nicht möglich. Der Vorteil bezieht sich jeweils ausschließlich auf die zum Zeitpunkt der Einlösung gültigen vollen Greenfee-Gebühren.
5. Gibt es Spielergruppen mit erhöhten Greenfee-Gebühren, ist ein Nachlass auf diese Gebühren nicht möglich.
6. Das Angebot allein berechtigt nicht zum Spiel gegen Greenfee. Die Erfüllung der Bestimmungen des jeweiligen Golfclubs zur Greenfee-Berechtigung (Mitgliedschaft in einem Golfclub, Mindesthandicap etc.) zum Zeitpunkt der Einlösung sind Voraussetzung.
7. Es ist untersagt, den Greenfee-Gutschein entgeltlich Dritten zu überlassen bzw. mit diesen Handel zu treiben. Insbesondere sind die teilnehmenden Golfclubs in diesem Falle berechtigt, die Einlösung der ausgeschriebenen Angebote zu verweigern.
8. Die teilnehmenden Golfclubs haben sich gegenüber dem Verlag unter den o.g. Bedingungen verpflichtet, die ausgeschriebenen Angebote einzulösen. Der Verlag übernimmt jedoch keine Gewähr und keine Haftung, wenn ein Angebot nicht eingelöst wird oder werden kann.

Bedingungen zur Einlösung des Discounts:

1. Das Angebot ist einschließlich bis 30.6.2024 gültig.
2. Der Golfspieler/Leser hat sich telefonisch eine Abschlagzeit geben zu lassen – dabei ist die Nutzung des Angebots anzugeben.
3. Eine Barauszahlung des Greenfee-Vorteils ist nicht möglich.
4. Das Kombinieren von Angeboten oder bestehenden Greenfee-Vorteilen ist nicht möglich. Der Vorteil bezieht sich jeweils ausschließlich auf die zum Zeitpunkt der Einlösung gültigen vollen Greenfee-Gebühren.
5. Gibt es Spielergruppen mit erhöhten Greenfee-Gebühren, ist ein Nachlass auf diese Gebühren nicht möglich.
6. Das Angebot allein berechtigt nicht zum Spiel gegen Greenfee. Die Erfüllung der Bestimmungen des jeweiligen Golfclubs zur Greenfee-Berechtigung (Mitgliedschaft in einem Golfclub, Mindesthandicap etc.) zum Zeitpunkt der Einlösung sind Voraussetzung.
7. Es ist untersagt, den Greenfee-Gutschein entgeltlich Dritten zu überlassen bzw. mit diesen Handel zu treiben. Insbesondere sind die teilnehmenden Golfclubs in diesem Falle berechtigt, die Einlösung der ausgeschriebenen Angebote zu verweigern.
8. Die teilnehmenden Golfclubs haben sich gegenüber dem Verlag unter den o.g. Bedingungen verpflichtet, die ausgeschriebenen Angebote einzulösen. Der Verlag übernimmt jedoch keine Gewähr und keine Haftung, wenn ein Angebot nicht eingelöst wird oder werden kann.

Bedingungen zur Einlösung des Discounts:

1. Das Angebot ist einschließlich bis 30.6.2024 gültig.
2. Der Golfspieler/Leser hat sich telefonisch eine Abschlagzeit geben zu lassen – dabei ist die Nutzung des Angebots anzugeben.
3. Eine Barauszahlung des Greenfee-Vorteils ist nicht möglich.
4. Das Kombinieren von Angeboten oder bestehenden Greenfee-Vorteilen ist nicht möglich. Der Vorteil bezieht sich jeweils ausschließlich auf die zum Zeitpunkt der Einlösung gültigen vollen Greenfee-Gebühren.
5. Gibt es Spielergruppen mit erhöhten Greenfee-Gebühren, ist ein Nachlass auf diese Gebühren nicht möglich.
6. Das Angebot allein berechtigt nicht zum Spiel gegen Greenfee. Die Erfüllung der Bestimmungen des jeweiligen Golfclubs zur Greenfee-Berechtigung (Mitgliedschaft in einem Golfclub, Mindesthandicap etc.) zum Zeitpunkt der Einlösung sind Voraussetzung.
7. Es ist untersagt, den Greenfee-Gutschein entgeltlich Dritten zu überlassen bzw. mit diesen Handel zu treiben. Insbesondere sind die teilnehmenden Golfclubs in diesem Falle berechtigt, die Einlösung der ausgeschriebenen Angebote zu verweigern.
8. Die teilnehmenden Golfclubs haben sich gegenüber dem Verlag unter den o.g. Bedingungen verpflichtet, die ausgeschriebenen Angebote einzulösen. Der Verlag übernimmt jedoch keine Gewähr und keine Haftung, wenn ein Angebot nicht eingelöst wird oder werden kann.

Bedingungen zur Einlösung des Discounts:

1. Das Angebot ist einschließlich bis 30.6.2024 gültig.
2. Der Golfspieler/Leser hat sich telefonisch eine Abschlagzeit geben zu lassen – dabei ist die Nutzung des Angebots anzugeben.
3. Eine Barauszahlung des Greenfee-Vorteils ist nicht möglich.
4. Das Kombinieren von Angeboten oder bestehenden Greenfee-Vorteilen ist nicht möglich. Der Vorteil bezieht sich jeweils ausschließlich auf die zum Zeitpunkt der Einlösung gültigen vollen Greenfee-Gebühren.
5. Gibt es Spielergruppen mit erhöhten Greenfee-Gebühren, ist ein Nachlass auf diese Gebühren nicht möglich.
6. Das Angebot allein berechtigt nicht zum Spiel gegen Greenfee. Die Erfüllung der Bestimmungen des jeweiligen Golfclubs zur Greenfee-Berechtigung (Mitgliedschaft in einem Golfclub, Mindesthandicap etc.) zum Zeitpunkt der Einlösung sind Voraussetzung.
7. Es ist untersagt, den Greenfee-Gutschein entgeltlich Dritten zu überlassen bzw. mit diesen Handel zu treiben. Insbesondere sind die teilnehmenden Golfclubs in diesem Falle berechtigt, die Einlösung der ausgeschriebenen Angebote zu verweigern.
8. Die teilnehmenden Golfclubs haben sich gegenüber dem Verlag unter den o.g. Bedingungen verpflichtet, die ausgeschriebenen Angebote einzulösen. Der Verlag übernimmt jedoch keine Gewähr und keine Haftung, wenn ein Angebot nicht eingelöst wird oder werden kann.

Bedingungen zur Einlösung des Discounts:

1. Das Angebot ist einschließlich bis 30.6.2024 gültig.
2. Der Golfspieler/Leser hat sich telefonisch eine Abschlagzeit geben zu lassen – dabei ist die Nutzung des Angebots anzugeben.
3. Eine Barauszahlung des Greenfee-Vorteils ist nicht möglich.
4. Das Kombinieren von Angeboten oder bestehenden Greenfee-Vorteilen ist nicht möglich. Der Vorteil bezieht sich jeweils ausschließlich auf die zum Zeitpunkt der Einlösung gültigen vollen Greenfee-Gebühren.
5. Gibt es Spielergruppen mit erhöhten Greenfee-Gebühren, ist ein Nachlass auf diese Gebühren nicht möglich.
6. Das Angebot allein berechtigt nicht zum Spiel gegen Greenfee. Die Erfüllung der Bestimmungen des jeweiligen Golfclubs zur Greenfee-Berechtigung (Mitgliedschaft in einem Golfclub, Mindesthandicap etc.) zum Zeitpunkt der Einlösung sind Voraussetzung.
7. Es ist untersagt, den Greenfee-Gutschein entgeltlich Dritten zu überlassen bzw. mit diesen Handel zu treiben. Insbesondere sind die teilnehmenden Golfclubs in diesem Falle berechtigt, die Einlösung der ausgeschriebenen Angebote zu verweigern.
8. Die teilnehmenden Golfclubs haben sich gegenüber dem Verlag unter den o.g. Bedingungen verpflichtet, die ausgeschriebenen Angebote einzulösen. Der Verlag übernimmt jedoch keine Gewähr und keine Haftung, wenn ein Angebot nicht eingelöst wird oder werden kann.

Bedingungen zur Einlösung des Discounts:

1. Das Angebot ist einschließlich bis 30.6.2024 gültig.
2. Der Golfspieler/Leser hat sich telefonisch eine Abschlagzeit geben zu lassen – dabei ist die Nutzung des Angebots anzugeben.
3. Eine Barauszahlung des Greenfee-Vorteils ist nicht möglich.
4. Das Kombinieren von Angeboten oder bestehenden Greenfee-Vorteilen ist nicht möglich. Der Vorteil bezieht sich jeweils ausschließlich auf die zum Zeitpunkt der Einlösung gültigen vollen Greenfee-Gebühren.
5. Gibt es Spielergruppen mit erhöhten Greenfee-Gebühren, ist ein Nachlass auf diese Gebühren nicht möglich.
6. Das Angebot allein berechtigt nicht zum Spiel gegen Greenfee. Die Erfüllung der Bestimmungen des jeweiligen Golfclubs zur Greenfee-Berechtigung (Mitgliedschaft in einem Golfclub, Mindesthandicap etc.) zum Zeitpunkt der Einlösung sind Voraussetzung.
7. Es ist untersagt, den Greenfee-Gutschein entgeltlich Dritten zu überlassen bzw. mit diesen Handel zu treiben. Insbesondere sind die teilnehmenden Golfclubs in diesem Falle berechtigt, die Einlösung der ausgeschriebenen Angebote zu verweigern.
8. Die teilnehmenden Golfclubs haben sich gegenüber dem Verlag unter den o.g. Bedingungen verpflichtet, die ausgeschriebenen Angebote einzulösen. Der Verlag übernimmt jedoch keine Gewähr und keine Haftung, wenn ein Angebot nicht eingelöst wird oder werden kann.

Bedingungen zur Einlösung des Discounts:

1. Das Angebot ist einschließlich bis 30.6.2024 gültig.
2. Der Golfspieler/Leser hat sich telefonisch eine Abschlagzeit geben zu lassen – dabei ist die Nutzung des Angebots anzugeben.
3. Eine Barauszahlung des Greenfee-Vorteils ist nicht möglich.
4. Das Kombinieren von Angeboten oder bestehenden Greenfee-Vorteilen ist nicht möglich. Der Vorteil bezieht sich jeweils ausschließlich auf die zum Zeitpunkt der Einlösung gültigen vollen Greenfee-Gebühren.
5. Gibt es Spielergruppen mit erhöhten Greenfee-Gebühren, ist ein Nachlass auf diese Gebühren nicht möglich.
6. Das Angebot allein berechtigt nicht zum Spiel gegen Greenfee. Die Erfüllung der Bestimmungen des jeweiligen Golfclubs zur Greenfee-Berechtigung (Mitgliedschaft in einem Golfclub, Mindesthandicap etc.) zum Zeitpunkt der Einlösung sind Voraussetzung.
7. Es ist untersagt, den Greenfee-Gutschein entgeltlich Dritten zu überlassen bzw. mit diesen Handel zu treiben. Insbesondere sind die teilnehmenden Golfclubs in diesem Falle berechtigt, die Einlösung der ausgeschriebenen Angebote zu verweigern.
8. Die teilnehmenden Golfclubs haben sich gegenüber dem Verlag unter den o.g. Bedingungen verpflichtet, die ausgeschriebenen Angebote einzulösen. Der Verlag übernimmt jedoch keine Gewähr und keine Haftung, wenn ein Angebot nicht eingelöst wird oder werden kann.

Bedingungen zur Einlösung des Discounts:

1. Das Angebot ist einschließlich bis 30.6.2024 gültig.
2. Der Golfspieler/Leser hat sich telefonisch eine Abschlagzeit geben zu lassen – dabei ist die Nutzung des Angebots anzugeben.
3. Eine Barauszahlung des Greenfee-Vorteils ist nicht möglich.
4. Das Kombinieren von Angeboten oder bestehenden Greenfee-Vorteilen ist nicht möglich. Der Vorteil bezieht sich jeweils ausschließlich auf die zum Zeitpunkt der Einlösung gültigen vollen Greenfee-Gebühren.
5. Gibt es Spielergruppen mit erhöhten Greenfee-Gebühren, ist ein Nachlass auf diese Gebühren nicht möglich.
6. Das Angebot allein berechtigt nicht zum Spiel gegen Greenfee. Die Erfüllung der Bestimmungen des jeweiligen Golfclubs zur Greenfee-Berechtigung (Mitgliedschaft in einem Golfclub, Mindesthandicap etc.) zum Zeitpunkt der Einlösung sind Voraussetzung.
7. Es ist untersagt, den Greenfee-Gutschein entgeltlich Dritten zu überlassen bzw. mit diesen Handel zu treiben. Insbesondere sind die teilnehmenden Golfclubs in diesem Falle berechtigt, die Einlösung der ausgeschriebenen Angebote zu verweigern.
8. Die teilnehmenden Golfclubs haben sich gegenüber dem Verlag unter den o.g. Bedingungen verpflichtet, die ausgeschriebenen Angebote einzulösen. Der Verlag übernimmt jedoch keine Gewähr und keine Haftung, wenn ein Angebot nicht eingelöst wird oder werden kann.

Bedingungen zur Einlösung des Discounts:

1. Das Angebot ist einschließlich bis 30.6.2024 gültig.
2. Der Golfspieler/Leser hat sich telefonisch eine Abschlagzeit geben zu lassen – dabei ist die Nutzung des Angebots anzugeben.
3. Eine Barauszahlung des Greenfee-Vorteils ist nicht möglich.
4. Das Kombinieren von Angeboten oder bestehenden Greenfee-Vorteilen ist nicht möglich. Der Vorteil bezieht sich jeweils ausschließlich auf die zum Zeitpunkt der Einlösung gültigen vollen Greenfee-Gebühren.
5. Gibt es Spielergruppen mit erhöhten Greenfee-Gebühren, ist ein Nachlass auf diese Gebühren nicht möglich.
6. Das Angebot allein berechtigt nicht zum Spiel gegen Greenfee. Die Erfüllung der Bestimmungen des jeweiligen Golfclubs zur Greenfee-Berechtigung (Mitgliedschaft in einem Golfclub, Mindesthandicap etc.) zum Zeitpunkt der Einlösung sind Voraussetzung.
7. Es ist untersagt, den Greenfee-Gutschein entgeltlich Dritten zu überlassen bzw. mit diesen Handel zu treiben. Insbesondere sind die teilnehmenden Golfclubs in diesem Falle berechtigt, die Einlösung der ausgeschriebenen Angebote zu verweigern.
8. Die teilnehmenden Golfclubs haben sich gegenüber dem Verlag unter den o.g. Bedingungen verpflichtet, die ausgeschriebenen Angebote einzulösen. Der Verlag übernimmt jedoch keine Gewähr und keine Haftung, wenn ein Angebot nicht eingelöst wird oder werden kann.

Bedingungen zur Einlösung des Discounts:

1. Das Angebot ist einschließlich bis 30.6.2024 gültig.
2. Der Golfspieler/Leser hat sich telefonisch eine Abschlagzeit geben zu lassen – dabei ist die Nutzung des Angebots anzugeben.
3. Eine Barauszahlung des Greenfee-Vorteils ist nicht möglich.
4. Das Kombinieren von Angeboten oder bestehenden Greenfee-Vorteilen ist nicht möglich. Der Vorteil bezieht sich jeweils ausschließlich auf die zum Zeitpunkt der Einlösung gültigen vollen Greenfee-Gebühren.
5. Gibt es Spielergruppen mit erhöhten Greenfee-Gebühren, ist ein Nachlass auf diese Gebühren nicht möglich.
6. Das Angebot allein berechtigt nicht zum Spiel gegen Greenfee. Die Erfüllung der Bestimmungen des jeweiligen Golfclubs zur Greenfee-Berechtigung (Mitgliedschaft in einem Golfclub, Mindesthandicap etc.) zum Zeitpunkt der Einlösung sind Voraussetzung.
7. Es ist untersagt, den Greenfee-Gutschein entgeltlich Dritten zu überlassen bzw. mit diesen Handel zu treiben. Insbesondere sind die teilnehmenden Golfclubs in diesem Falle berechtigt, die Einlösung der ausgeschriebenen Angebote zu verweigern.
8. Die teilnehmenden Golfclubs haben sich gegenüber dem Verlag unter den o.g. Bedingungen verpflichtet, die ausgeschriebenen Angebote einzulösen. Der Verlag übernimmt jedoch keine Gewähr und keine Haftung, wenn ein Angebot nicht eingelöst wird oder werden kann.

Diese Gutscheine gelten nur in Verbindung mit dem Buch/Albrecht Golf Card

Diese Gutscheine gelten nur in Verbindung mit dem Buch/Albrecht Golf Card

DER GOLF ALBRECHT

Golfsportclub Rheine/Mesum Gut Winterbrock e.V. DE

Wörstraße 201
D-48432 Rheine
✆ 05975-9490
Nordrhein-Westfalen

84

2 for 1 2 GF zum Preis von 1

DER GOLF ALBRECHT

Golfsportclub Rheine/Mesum Gut Winterbrock e.V. DE

Wörstraße 201
D-48432 Rheine
✆ 05975-9490
Nordrhein-Westfalen

84

2 for 1 2 GF zum Preis von 1

DER GOLF ALBRECHT

Golfsportclub Rheine/Mesum Gut Winterbrock e.V. DE

Wörstraße 201
D-48432 Rheine
✆ 05975-9490
Nordrhein-Westfalen

84

20% Greenfee-Ermäßigung

DER GOLF ALBRECHT

Golfsportclub Rheine/Mesum Gut Winterbrock e.V. DE

Wörstraße 201
D-48432 Rheine
✆ 05975-9490
Nordrhein-Westfalen

84

20% Greenfee-Ermäßigung

DER GOLF ALBRECHT

Golfclub Ladbergen e. V. DE

Hölterweg 8
D-49549 Ladbergen
✆ 05485-831813
Nordrhein-Westfalen

85

2 for 1 2 GF zum Preis von 1

DER GOLF ALBRECHT

Golfclub Ladbergen e. V. DE

Hölterweg 8
D-49549 Ladbergen
✆ 05485-831813
Nordrhein-Westfalen

85

2 for 1 2 GF zum Preis von 1

DER GOLF ALBRECHT

Golfclub Ladbergen e. V. DE

Hölterweg 8
D-49549 Ladbergen
✆ 05485-831813
Nordrhein-Westfalen

85

20% Greenfee-Ermäßigung

DER GOLF ALBRECHT

Golfclub Ladbergen e. V. DE

Hölterweg 8
D-49549 Ladbergen
✆ 05485-831813
Nordrhein-Westfalen

85

20% Greenfee-Ermäßigung

DER GOLF ALBRECHT

Golf Club Heerhof e.V. DE

Finnebachstraße 31, Navi: Auf dem Plasse
D-32049 Herford
✆ 05228-7507
Nordrhein-Westfalen

86

2 for 1 2 GF zum Preis von 1

DER GOLF ALBRECHT

Golfclub Ravensberger Land DE

Südstraße 96
D-32130 Enger-Pödinghausen
✆ 05224-79751
Nordrhein-Westfalen

87

2 for 1 2 GF zum Preis von 1 wochentags

Bedingungen zur Einlösung des Discounts:
1. Das Angebot ist einschließlich bis 30.6.2024 gültig.
2. Der Golfspieler/Leser hat sich telefonisch eine Abschlagzeit geben zu lassen – dabei ist die Nutzung des Angebots anzugeben.
3. Eine Barauszahlung des Greenfee-Vorteils ist nicht möglich.
4. Das Kombinieren von Angeboten oder bestehenden Greenfee-Vorteilen ist nicht möglich. Der Vorteil bezieht sich jeweils ausschließlich auf die zum Zeitpunkt der Einlösung gültigen vollen Greenfee-Gebühren.
5. Gibt es Spielergruppen mit erhöhten Greenfee-Gebühren, ist ein Nachlass auf diese Gebühren nicht möglich.
6. Das Angebot allein berechtigt nicht zum Spiel gegen Greenfee. Die Erfüllung der Bestimmungen des jeweiligen Golfclubs zur Greenfee-Berechtigung (Mitgliedschaft in einem Golfclub, Mindesthandicap etc.) zum Zeitpunkt der Einlösung sind Voraussetzung.
7. Es ist untersagt, den Greenfee-Gutschein entgeltlich Dritten zu überlassen bzw. mit diesen Handel zu treiben. Insbesondere sind die teilnehmenden Golfclubs in diesem Falle berechtigt, die Einlösung der ausgeschriebenen Angebote zu verweigern.
8. Die teilnehmenden Golfclubs haben sich gegenüber dem Verlag unter den o.g. Bedingungen verpflichtet, die ausgeschriebenen Angebote einzulösen. Der Verlag übernimmt jedoch keine Gewähr und keine Haftung, wenn ein Angebot nicht eingelöst wird oder werden kann.

Bedingungen zur Einlösung des Discounts:
1. Das Angebot ist einschließlich bis 30.6.2024 gültig.
2. Der Golfspieler/Leser hat sich telefonisch eine Abschlagzeit geben zu lassen – dabei ist die Nutzung des Angebots anzugeben.
3. Eine Barauszahlung des Greenfee-Vorteils ist nicht möglich.
4. Das Kombinieren von Angeboten oder bestehenden Greenfee-Vorteilen ist nicht möglich. Der Vorteil bezieht sich jeweils ausschließlich auf die zum Zeitpunkt der Einlösung gültigen vollen Greenfee-Gebühren.
5. Gibt es Spielergruppen mit erhöhten Greenfee-Gebühren, ist ein Nachlass auf diese Gebühren nicht möglich.
6. Das Angebot allein berechtigt nicht zum Spiel gegen Greenfee. Die Erfüllung der Bestimmungen des jeweiligen Golfclubs zur Greenfee-Berechtigung (Mitgliedschaft in einem Golfclub, Mindesthandicap etc.) zum Zeitpunkt der Einlösung sind Voraussetzung.
7. Es ist untersagt, den Greenfee-Gutschein entgeltlich Dritten zu überlassen bzw. mit diesen Handel zu treiben. Insbesondere sind die teilnehmenden Golfclubs in diesem Falle berechtigt, die Einlösung der ausgeschriebenen Angebote zu verweigern.
8. Die teilnehmenden Golfclubs haben sich gegenüber dem Verlag unter den o.g. Bedingungen verpflichtet, die ausgeschriebenen Angebote einzulösen. Der Verlag übernimmt jedoch keine Gewähr und keine Haftung, wenn ein Angebot nicht eingelöst wird oder werden kann.

Bedingungen zur Einlösung des Discounts:
1. Das Angebot ist einschließlich bis 30.6.2024 gültig.
2. Der Golfspieler/Leser hat sich telefonisch eine Abschlagzeit geben zu lassen – dabei ist die Nutzung des Angebots anzugeben.
3. Eine Barauszahlung des Greenfee-Vorteils ist nicht möglich.
4. Das Kombinieren von Angeboten oder bestehenden Greenfee-Vorteilen ist nicht möglich. Der Vorteil bezieht sich jeweils ausschließlich auf die zum Zeitpunkt der Einlösung gültigen vollen Greenfee-Gebühren.
5. Gibt es Spielergruppen mit erhöhten Greenfee-Gebühren, ist ein Nachlass auf diese Gebühren nicht möglich.
6. Das Angebot allein berechtigt nicht zum Spiel gegen Greenfee. Die Erfüllung der Bestimmungen des jeweiligen Golfclubs zur Greenfee-Berechtigung (Mitgliedschaft in einem Golfclub, Mindesthandicap etc.) zum Zeitpunkt der Einlösung sind Voraussetzung.
7. Es ist untersagt, den Greenfee-Gutschein entgeltlich Dritten zu überlassen bzw. mit diesen Handel zu treiben. Insbesondere sind die teilnehmenden Golfclubs in diesem Falle berechtigt, die Einlösung der ausgeschriebenen Angebote zu verweigern.
8. Die teilnehmenden Golfclubs haben sich gegenüber dem Verlag unter den o.g. Bedingungen verpflichtet, die ausgeschriebenen Angebote einzulösen. Der Verlag übernimmt jedoch keine Gewähr und keine Haftung, wenn ein Angebot nicht eingelöst wird oder werden kann.

Bedingungen zur Einlösung des Discounts:
1. Das Angebot ist einschließlich bis 30.6.2024 gültig.
2. Der Golfspieler/Leser hat sich telefonisch eine Abschlagzeit geben zu lassen – dabei ist die Nutzung des Angebots anzugeben.
3. Eine Barauszahlung des Greenfee-Vorteils ist nicht möglich.
4. Das Kombinieren von Angeboten oder bestehenden Greenfee-Vorteilen ist nicht möglich. Der Vorteil bezieht sich jeweils ausschließlich auf die zum Zeitpunkt der Einlösung gültigen vollen Greenfee-Gebühren.
5. Gibt es Spielergruppen mit erhöhten Greenfee-Gebühren, ist ein Nachlass auf diese Gebühren nicht möglich.
6. Das Angebot allein berechtigt nicht zum Spiel gegen Greenfee. Die Erfüllung der Bestimmungen des jeweiligen Golfclubs zur Greenfee-Berechtigung (Mitgliedschaft in einem Golfclub, Mindesthandicap etc.) zum Zeitpunkt der Einlösung sind Voraussetzung.
7. Es ist untersagt, den Greenfee-Gutschein entgeltlich Dritten zu überlassen bzw. mit diesen Handel zu treiben. Insbesondere sind die teilnehmenden Golfclubs in diesem Falle berechtigt, die Einlösung der ausgeschriebenen Angebote zu verweigern.
8. Die teilnehmenden Golfclubs haben sich gegenüber dem Verlag unter den o.g. Bedingungen verpflichtet, die ausgeschriebenen Angebote einzulösen. Der Verlag übernimmt jedoch keine Gewähr und keine Haftung, wenn ein Angebot nicht eingelöst wird oder werden kann.

Bedingungen zur Einlösung des Discounts:
1. Das Angebot ist einschließlich bis 30.6.2024 gültig.
2. Der Golfspieler/Leser hat sich telefonisch eine Abschlagzeit geben zu lassen – dabei ist die Nutzung des Angebots anzugeben.
3. Eine Barauszahlung des Greenfee-Vorteils ist nicht möglich.
4. Das Kombinieren von Angeboten oder bestehenden Greenfee-Vorteilen ist nicht möglich. Der Vorteil bezieht sich jeweils ausschließlich auf die zum Zeitpunkt der Einlösung gültigen vollen Greenfee-Gebühren.
5. Gibt es Spielergruppen mit erhöhten Greenfee-Gebühren, ist ein Nachlass auf diese Gebühren nicht möglich.
6. Das Angebot allein berechtigt nicht zum Spiel gegen Greenfee. Die Erfüllung der Bestimmungen des jeweiligen Golfclubs zur Greenfee-Berechtigung (Mitgliedschaft in einem Golfclub, Mindesthandicap etc.) zum Zeitpunkt der Einlösung sind Voraussetzung.
7. Es ist untersagt, den Greenfee-Gutschein entgeltlich Dritten zu überlassen bzw. mit diesen Handel zu treiben. Insbesondere sind die teilnehmenden Golfclubs in diesem Falle berechtigt, die Einlösung der ausgeschriebenen Angebote zu verweigern.
8. Die teilnehmenden Golfclubs haben sich gegenüber dem Verlag unter den o.g. Bedingungen verpflichtet, die ausgeschriebenen Angebote einzulösen. Der Verlag übernimmt jedoch keine Gewähr und keine Haftung, wenn ein Angebot nicht eingelöst wird oder werden kann.

Bedingungen zur Einlösung des Discounts:
1. Das Angebot ist einschließlich bis 30.6.2024 gültig.
2. Der Golfspieler/Leser hat sich telefonisch eine Abschlagzeit geben zu lassen – dabei ist die Nutzung des Angebots anzugeben.
3. Eine Barauszahlung des Greenfee-Vorteils ist nicht möglich.
4. Das Kombinieren von Angeboten oder bestehenden Greenfee-Vorteilen ist nicht möglich. Der Vorteil bezieht sich jeweils ausschließlich auf die zum Zeitpunkt der Einlösung gültigen vollen Greenfee-Gebühren.
5. Gibt es Spielergruppen mit erhöhten Greenfee-Gebühren, ist ein Nachlass auf diese Gebühren nicht möglich.
6. Das Angebot allein berechtigt nicht zum Spiel gegen Greenfee. Die Erfüllung der Bestimmungen des jeweiligen Golfclubs zur Greenfee-Berechtigung (Mitgliedschaft in einem Golfclub, Mindesthandicap etc.) zum Zeitpunkt der Einlösung sind Voraussetzung.
7. Es ist untersagt, den Greenfee-Gutschein entgeltlich Dritten zu überlassen bzw. mit diesen Handel zu treiben. Insbesondere sind die teilnehmenden Golfclubs in diesem Falle berechtigt, die Einlösung der ausgeschriebenen Angebote zu verweigern.
8. Die teilnehmenden Golfclubs haben sich gegenüber dem Verlag unter den o.g. Bedingungen verpflichtet, die ausgeschriebenen Angebote einzulösen. Der Verlag übernimmt jedoch keine Gewähr und keine Haftung, wenn ein Angebot nicht eingelöst wird oder werden kann.

Bedingungen zur Einlösung des Discounts:
1. Das Angebot ist einschließlich bis 30.6.2024 gültig.
2. Der Golfspieler/Leser hat sich telefonisch eine Abschlagzeit geben zu lassen – dabei ist die Nutzung des Angebots anzugeben.
3. Eine Barauszahlung des Greenfee-Vorteils ist nicht möglich.
4. Das Kombinieren von Angeboten oder bestehenden Greenfee-Vorteilen ist nicht möglich. Der Vorteil bezieht sich jeweils ausschließlich auf die zum Zeitpunkt der Einlösung gültigen vollen Greenfee-Gebühren.
5. Gibt es Spielergruppen mit erhöhten Greenfee-Gebühren, ist ein Nachlass auf diese Gebühren nicht möglich.
6. Das Angebot allein berechtigt nicht zum Spiel gegen Greenfee. Die Erfüllung der Bestimmungen des jeweiligen Golfclubs zur Greenfee-Berechtigung (Mitgliedschaft in einem Golfclub, Mindesthandicap etc.) zum Zeitpunkt der Einlösung sind Voraussetzung.
7. Es ist untersagt, den Greenfee-Gutschein entgeltlich Dritten zu überlassen bzw. mit diesen Handel zu treiben. Insbesondere sind die teilnehmenden Golfclubs in diesem Falle berechtigt, die Einlösung der ausgeschriebenen Angebote zu verweigern.
8. Die teilnehmenden Golfclubs haben sich gegenüber dem Verlag unter den o.g. Bedingungen verpflichtet, die ausgeschriebenen Angebote einzulösen. Der Verlag übernimmt jedoch keine Gewähr und keine Haftung, wenn ein Angebot nicht eingelöst wird oder werden kann.

Bedingungen zur Einlösung des Discounts:
1. Das Angebot ist einschließlich bis 30.6.2024 gültig.
2. Der Golfspieler/Leser hat sich telefonisch eine Abschlagzeit geben zu lassen – dabei ist die Nutzung des Angebots anzugeben.
3. Eine Barauszahlung des Greenfee-Vorteils ist nicht möglich.
4. Das Kombinieren von Angeboten oder bestehenden Greenfee-Vorteilen ist nicht möglich. Der Vorteil bezieht sich jeweils ausschließlich auf die zum Zeitpunkt der Einlösung gültigen vollen Greenfee-Gebühren.
5. Gibt es Spielergruppen mit erhöhten Greenfee-Gebühren, ist ein Nachlass auf diese Gebühren nicht möglich.
6. Das Angebot allein berechtigt nicht zum Spiel gegen Greenfee. Die Erfüllung der Bestimmungen des jeweiligen Golfclubs zur Greenfee-Berechtigung (Mitgliedschaft in einem Golfclub, Mindesthandicap etc.) zum Zeitpunkt der Einlösung sind Voraussetzung.
7. Es ist untersagt, den Greenfee-Gutschein entgeltlich Dritten zu überlassen bzw. mit diesen Handel zu treiben. Insbesondere sind die teilnehmenden Golfclubs in diesem Falle berechtigt, die Einlösung der ausgeschriebenen Angebote zu verweigern.
8. Die teilnehmenden Golfclubs haben sich gegenüber dem Verlag unter den o.g. Bedingungen verpflichtet, die ausgeschriebenen Angebote einzulösen. Der Verlag übernimmt jedoch keine Gewähr und keine Haftung, wenn ein Angebot nicht eingelöst wird oder werden kann.

Bedingungen zur Einlösung des Discounts:
1. Das Angebot ist einschließlich bis 30.6.2024 gültig.
2. Der Golfspieler/Leser hat sich telefonisch eine Abschlagzeit geben zu lassen – dabei ist die Nutzung des Angebots anzugeben.
3. Eine Barauszahlung des Greenfee-Vorteils ist nicht möglich.
4. Das Kombinieren von Angeboten oder bestehenden Greenfee-Vorteilen ist nicht möglich. Der Vorteil bezieht sich jeweils ausschließlich auf die zum Zeitpunkt der Einlösung gültigen vollen Greenfee-Gebühren.
5. Gibt es Spielergruppen mit erhöhten Greenfee-Gebühren, ist ein Nachlass auf diese Gebühren nicht möglich.
6. Das Angebot allein berechtigt nicht zum Spiel gegen Greenfee. Die Erfüllung der Bestimmungen des jeweiligen Golfclubs zur Greenfee-Berechtigung (Mitgliedschaft in einem Golfclub, Mindesthandicap etc.) zum Zeitpunkt der Einlösung sind Voraussetzung.
7. Es ist untersagt, den Greenfee-Gutschein entgeltlich Dritten zu überlassen bzw. mit diesen Handel zu treiben. Insbesondere sind die teilnehmenden Golfclubs in diesem Falle berechtigt, die Einlösung der ausgeschriebenen Angebote zu verweigern.
8. Die teilnehmenden Golfclubs haben sich gegenüber dem Verlag unter den o.g. Bedingungen verpflichtet, die ausgeschriebenen Angebote einzulösen. Der Verlag übernimmt jedoch keine Gewähr und keine Haftung, wenn ein Angebot nicht eingelöst wird oder werden kann.

Bedingungen zur Einlösung des Discounts:
1. Das Angebot ist einschließlich bis 30.6.2024 gültig.
2. Der Golfspieler/Leser hat sich telefonisch eine Abschlagzeit geben zu lassen – dabei ist die Nutzung des Angebots anzugeben.
3. Eine Barauszahlung des Greenfee-Vorteils ist nicht möglich.
4. Das Kombinieren von Angeboten oder bestehenden Greenfee-Vorteilen ist nicht möglich. Der Vorteil bezieht sich jeweils ausschließlich auf die zum Zeitpunkt der Einlösung gültigen vollen Greenfee-Gebühren.
5. Gibt es Spielergruppen mit erhöhten Greenfee-Gebühren, ist ein Nachlass auf diese Gebühren nicht möglich.
6. Das Angebot allein berechtigt nicht zum Spiel gegen Greenfee. Die Erfüllung der Bestimmungen des jeweiligen Golfclubs zur Greenfee-Berechtigung (Mitgliedschaft in einem Golfclub, Mindesthandicap etc.) zum Zeitpunkt der Einlösung sind Voraussetzung.
7. Es ist untersagt, den Greenfee-Gutschein entgeltlich Dritten zu überlassen bzw. mit diesen Handel zu treiben. Insbesondere sind die teilnehmenden Golfclubs in diesem Falle berechtigt, die Einlösung der ausgeschriebenen Angebote zu verweigern.
8. Die teilnehmenden Golfclubs haben sich gegenüber dem Verlag unter den o.g. Bedingungen verpflichtet, die ausgeschriebenen Angebote einzulösen. Der Verlag übernimmt jedoch keine Gewähr und keine Haftung, wenn ein Angebot nicht eingelöst wird oder werden kann.

Diese Gutscheine gelten nur in Verbindung mit dem Buch/Albrecht Golf Card

DER GOLF ALBRECHT

Golfclub Ravensberger Land DE

Südstraße 96
D-32130 Enger-Pödinghausen
✆ 05224-79751
Nordrhein-Westfalen

87

20% Greenfee-Ermäßigung

DER GOLF ALBRECHT

Golf Club Schultenhof Peckeloh e.V. DE

Schultenallee 1
D-33775 Versmold
✆ 05423-42872
Nordrhein-Westfalen

88

2 for 1 2 GF zum Preis von 1 wochentags

DER GOLF ALBRECHT

Golf Club Schultenhof Peckeloh e.V. DE

Schultenallee 1
D-33775 Versmold
✆ 05423-42872
Nordrhein-Westfalen

88

2 for 1 2 GF zum Preis von 1 wochentags

DER GOLF ALBRECHT

Golfclub Gut Hahues zu Telgte e.V. DE

Harkampsheide 5
D-48291 Telgte
✆ 02504-72326
Nordrhein-Westfalen

89

2 for 1 2 GF zum Preis von 1

DER GOLF ALBRECHT

Golfclub Gut Hahues zu Telgte e.V. DE

Harkampsheide 5
D-48291 Telgte
✆ 02504-72326
Nordrhein-Westfalen

89

2 for 1 2 GF zum Preis von 1

DER GOLF ALBRECHT

Golfclub Gut Hahues zu Telgte e.V. DE

Harkampsheide 5
D-48291 Telgte
✆ 02504-72326
Nordrhein-Westfalen

89

25% Greenfee-Ermäßigung

DER GOLF ALBRECHT

Golfclub Gut Hahues zu Telgte e.V. DE

Harkampsheide 5
D-48291 Telgte
✆ 02504-72326
Nordrhein-Westfalen

89

25% Greenfee-Ermäßigung

DER GOLF ALBRECHT

Golfanlage Gut Ottenhausen DE

Ottenhauser Str. 100
D-32791 Lage
✆ 05232-9738500
Nordrhein-Westfalen

90

2 for 1 2 GF zum Preis von 1

DER GOLF ALBRECHT

Golfanlage Gut Ottenhausen DE

Ottenhauser Str. 100
D-32791 Lage
✆ 05232-9738500
Nordrhein-Westfalen

90

2 for 1 2 GF zum Preis von 1

DER GOLF ALBRECHT

Golfanlage Gut Ottenhausen DE

Ottenhauser Str. 100
D-32791 Lage
✆ 05232-9738500
Nordrhein-Westfalen

90

20% Greenfee-Ermäßigung

Bedingungen zur Einlösung des Discounts:
1. Das Angebot ist einschließlich bis 30.6.2024 gültig.
2. Der Golfspieler/Leser hat sich telefonisch eine Abschlagzeit geben zu lassen – dabei ist die Nutzung des Angebots anzugeben.
3. Eine Barauszahlung des Greenfee-Vorteils ist nicht möglich.
4. Das Kombinieren von Angeboten oder bestehenden Greenfee-Vorteilen ist nicht möglich. Der Vorteil bezieht sich jeweils ausschließlich auf die zum Zeitpunkt der Einlösung gültigen vollen Greenfee-Gebühren.
5. Gibt es Spielergruppen mit erhöhten Greenfee-Gebühren, ist ein Nachlass auf diese Gebühren nicht möglich.
6. Das Angebot allein berechtigt nicht zum Spiel gegen Greenfee. Die Erfüllung der Bestimmungen des jeweiligen Golfclubs zur Greenfee-Berechtigung (Mitgliedschaft in einem Golfclub, Mindesthandicap etc.) zum Zeitpunkt der Einlösung sind Voraussetzung.
7. Es ist untersagt, den Greenfee-Gutschein entgeltlich Dritten zu überlassen bzw. mit diesen Handel zu treiben. Insbesondere sind die teilnehmenden Golfclubs in diesem Falle berechtigt, die Einlösung der ausgeschriebenen Angebote zu verweigern.
8. Die teilnehmenden Golfclubs haben sich gegenüber dem Verlag unter den o.g. Bedingungen verpflichtet, die ausgeschriebenen Angebote einzulösen. Der Verlag übernimmt jedoch keine Gewähr und keine Haftung, wenn ein Angebot nicht eingelöst wird oder werden kann.

Bedingungen zur Einlösung des Discounts:
1. Das Angebot ist einschließlich bis 30.6.2024 gültig.
2. Der Golfspieler/Leser hat sich telefonisch eine Abschlagzeit geben zu lassen – dabei ist die Nutzung des Angebots anzugeben.
3. Eine Barauszahlung des Greenfee-Vorteils ist nicht möglich.
4. Das Kombinieren von Angeboten oder bestehenden Greenfee-Vorteilen ist nicht möglich. Der Vorteil bezieht sich jeweils ausschließlich auf die zum Zeitpunkt der Einlösung gültigen vollen Greenfee-Gebühren.
5. Gibt es Spielergruppen mit erhöhten Greenfee-Gebühren, ist ein Nachlass auf diese Gebühren nicht möglich.
6. Das Angebot allein berechtigt nicht zum Spiel gegen Greenfee. Die Erfüllung der Bestimmungen des jeweiligen Golfclubs zur Greenfee-Berechtigung (Mitgliedschaft in einem Golfclub, Mindesthandicap etc.) zum Zeitpunkt der Einlösung sind Voraussetzung.
7. Es ist untersagt, den Greenfee-Gutschein entgeltlich Dritten zu überlassen bzw. mit diesen Handel zu treiben. Insbesondere sind die teilnehmenden Golfclubs in diesem Falle berechtigt, die Einlösung der ausgeschriebenen Angebote zu verweigern.
8. Die teilnehmenden Golfclubs haben sich gegenüber dem Verlag unter den o.g. Bedingungen verpflichtet, die ausgeschriebenen Angebote einzulösen. Der Verlag übernimmt jedoch keine Gewähr und keine Haftung, wenn ein Angebot nicht eingelöst wird oder werden kann.

Bedingungen zur Einlösung des Discounts:
1. Das Angebot ist einschließlich bis 30.6.2024 gültig.
2. Der Golfspieler/Leser hat sich telefonisch eine Abschlagzeit geben zu lassen – dabei ist die Nutzung des Angebots anzugeben.
3. Eine Barauszahlung des Greenfee-Vorteils ist nicht möglich.
4. Das Kombinieren von Angeboten oder bestehenden Greenfee-Vorteilen ist nicht möglich. Der Vorteil bezieht sich jeweils ausschließlich auf die zum Zeitpunkt der Einlösung gültigen vollen Greenfee-Gebühren.
5. Gibt es Spielergruppen mit erhöhten Greenfee-Gebühren, ist ein Nachlass auf diese Gebühren nicht möglich.
6. Das Angebot allein berechtigt nicht zum Spiel gegen Greenfee. Die Erfüllung der Bestimmungen des jeweiligen Golfclubs zur Greenfee-Berechtigung (Mitgliedschaft in einem Golfclub, Mindesthandicap etc.) zum Zeitpunkt der Einlösung sind Voraussetzung.
7. Es ist untersagt, den Greenfee-Gutschein entgeltlich Dritten zu überlassen bzw. mit diesen Handel zu treiben. Insbesondere sind die teilnehmenden Golfclubs in diesem Falle berechtigt, die Einlösung der ausgeschriebenen Angebote zu verweigern.
8. Die teilnehmenden Golfclubs haben sich gegenüber dem Verlag unter den o.g. Bedingungen verpflichtet, die ausgeschriebenen Angebote einzulösen. Der Verlag übernimmt jedoch keine Gewähr und keine Haftung, wenn ein Angebot nicht eingelöst wird oder werden kann.

Bedingungen zur Einlösung des Discounts:
1. Das Angebot ist einschließlich bis 30.6.2024 gültig.
2. Der Golfspieler/Leser hat sich telefonisch eine Abschlagzeit geben zu lassen – dabei ist die Nutzung des Angebots anzugeben.
3. Eine Barauszahlung des Greenfee-Vorteils ist nicht möglich.
4. Das Kombinieren von Angeboten oder bestehenden Greenfee-Vorteilen ist nicht möglich. Der Vorteil bezieht sich jeweils ausschließlich auf die zum Zeitpunkt der Einlösung gültigen vollen Greenfee-Gebühren.
5. Gibt es Spielergruppen mit erhöhten Greenfee-Gebühren, ist ein Nachlass auf diese Gebühren nicht möglich.
6. Das Angebot allein berechtigt nicht zum Spiel gegen Greenfee. Die Erfüllung der Bestimmungen des jeweiligen Golfclubs zur Greenfee-Berechtigung (Mitgliedschaft in einem Golfclub, Mindesthandicap etc.) zum Zeitpunkt der Einlösung sind Voraussetzung.
7. Es ist untersagt, den Greenfee-Gutschein entgeltlich Dritten zu überlassen bzw. mit diesen Handel zu treiben. Insbesondere sind die teilnehmenden Golfclubs in diesem Falle berechtigt, die Einlösung der ausgeschriebenen Angebote zu verweigern.
8. Die teilnehmenden Golfclubs haben sich gegenüber dem Verlag unter den o.g. Bedingungen verpflichtet, die ausgeschriebenen Angebote einzulösen. Der Verlag übernimmt jedoch keine Gewähr und keine Haftung, wenn ein Angebot nicht eingelöst wird oder werden kann.

Bedingungen zur Einlösung des Discounts:
1. Das Angebot ist einschließlich bis 30.6.2024 gültig.
2. Der Golfspieler/Leser hat sich telefonisch eine Abschlagzeit geben zu lassen – dabei ist die Nutzung des Angebots anzugeben.
3. Eine Barauszahlung des Greenfee-Vorteils ist nicht möglich.
4. Das Kombinieren von Angeboten oder bestehenden Greenfee-Vorteilen ist nicht möglich. Der Vorteil bezieht sich jeweils ausschließlich auf die zum Zeitpunkt der Einlösung gültigen vollen Greenfee-Gebühren.
5. Gibt es Spielergruppen mit erhöhten Greenfee-Gebühren, ist ein Nachlass auf diese Gebühren nicht möglich.
6. Das Angebot allein berechtigt nicht zum Spiel gegen Greenfee. Die Erfüllung der Bestimmungen des jeweiligen Golfclubs zur Greenfee-Berechtigung (Mitgliedschaft in einem Golfclub, Mindesthandicap etc.) zum Zeitpunkt der Einlösung sind Voraussetzung.
7. Es ist untersagt, den Greenfee-Gutschein entgeltlich Dritten zu überlassen bzw. mit diesen Handel zu treiben. Insbesondere sind die teilnehmenden Golfclubs in diesem Falle berechtigt, die Einlösung der ausgeschriebenen Angebote zu verweigern.
8. Die teilnehmenden Golfclubs haben sich gegenüber dem Verlag unter den o.g. Bedingungen verpflichtet, die ausgeschriebenen Angebote einzulösen. Der Verlag übernimmt jedoch keine Gewähr und keine Haftung, wenn ein Angebot nicht eingelöst wird oder werden kann.

Bedingungen zur Einlösung des Discounts:
1. Das Angebot ist einschließlich bis 30.6.2024 gültig.
2. Der Golfspieler/Leser hat sich telefonisch eine Abschlagzeit geben zu lassen – dabei ist die Nutzung des Angebots anzugeben.
3. Eine Barauszahlung des Greenfee-Vorteils ist nicht möglich.
4. Das Kombinieren von Angeboten oder bestehenden Greenfee-Vorteilen ist nicht möglich. Der Vorteil bezieht sich jeweils ausschließlich auf die zum Zeitpunkt der Einlösung gültigen vollen Greenfee-Gebühren.
5. Gibt es Spielergruppen mit erhöhten Greenfee-Gebühren, ist ein Nachlass auf diese Gebühren nicht möglich.
6. Das Angebot allein berechtigt nicht zum Spiel gegen Greenfee. Die Erfüllung der Bestimmungen des jeweiligen Golfclubs zur Greenfee-Berechtigung (Mitgliedschaft in einem Golfclub, Mindesthandicap etc.) zum Zeitpunkt der Einlösung sind Voraussetzung.
7. Es ist untersagt, den Greenfee-Gutschein entgeltlich Dritten zu überlassen bzw. mit diesen Handel zu treiben. Insbesondere sind die teilnehmenden Golfclubs in diesem Falle berechtigt, die Einlösung der ausgeschriebenen Angebote zu verweigern.
8. Die teilnehmenden Golfclubs haben sich gegenüber dem Verlag unter den o.g. Bedingungen verpflichtet, die ausgeschriebenen Angebote einzulösen. Der Verlag übernimmt jedoch keine Gewähr und keine Haftung, wenn ein Angebot nicht eingelöst wird oder werden kann.

Bedingungen zur Einlösung des Discounts:
1. Das Angebot ist einschließlich bis 30.6.2024 gültig.
2. Der Golfspieler/Leser hat sich telefonisch eine Abschlagzeit geben zu lassen – dabei ist die Nutzung des Angebots anzugeben.
3. Eine Barauszahlung des Greenfee-Vorteils ist nicht möglich.
4. Das Kombinieren von Angeboten oder bestehenden Greenfee-Vorteilen ist nicht möglich. Der Vorteil bezieht sich jeweils ausschließlich auf die zum Zeitpunkt der Einlösung gültigen vollen Greenfee-Gebühren.
5. Gibt es Spielergruppen mit erhöhten Greenfee-Gebühren, ist ein Nachlass auf diese Gebühren nicht möglich.
6. Das Angebot allein berechtigt nicht zum Spiel gegen Greenfee. Die Erfüllung der Bestimmungen des jeweiligen Golfclubs zur Greenfee-Berechtigung (Mitgliedschaft in einem Golfclub, Mindesthandicap etc.) zum Zeitpunkt der Einlösung sind Voraussetzung.
7. Es ist untersagt, den Greenfee-Gutschein entgeltlich Dritten zu überlassen bzw. mit diesen Handel zu treiben. Insbesondere sind die teilnehmenden Golfclubs in diesem Falle berechtigt, die Einlösung der ausgeschriebenen Angebote zu verweigern.
8. Die teilnehmenden Golfclubs haben sich gegenüber dem Verlag unter den o.g. Bedingungen verpflichtet, die ausgeschriebenen Angebote einzulösen. Der Verlag übernimmt jedoch keine Gewähr und keine Haftung, wenn ein Angebot nicht eingelöst wird oder werden kann.

Bedingungen zur Einlösung des Discounts:
1. Das Angebot ist einschließlich bis 30.6.2024 gültig.
2. Der Golfspieler/Leser hat sich telefonisch eine Abschlagzeit geben zu lassen – dabei ist die Nutzung des Angebots anzugeben.
3. Eine Barauszahlung des Greenfee-Vorteils ist nicht möglich.
4. Das Kombinieren von Angeboten oder bestehenden Greenfee-Vorteilen ist nicht möglich. Der Vorteil bezieht sich jeweils ausschließlich auf die zum Zeitpunkt der Einlösung gültigen vollen Greenfee-Gebühren.
5. Gibt es Spielergruppen mit erhöhten Greenfee-Gebühren, ist ein Nachlass auf diese Gebühren nicht möglich.
6. Das Angebot allein berechtigt nicht zum Spiel gegen Greenfee. Die Erfüllung der Bestimmungen des jeweiligen Golfclubs zur Greenfee-Berechtigung (Mitgliedschaft in einem Golfclub, Mindesthandicap etc.) zum Zeitpunkt der Einlösung sind Voraussetzung.
7. Es ist untersagt, den Greenfee-Gutschein entgeltlich Dritten zu überlassen bzw. mit diesen Handel zu treiben. Insbesondere sind die teilnehmenden Golfclubs in diesem Falle berechtigt, die Einlösung der ausgeschriebenen Angebote zu verweigern.
8. Die teilnehmenden Golfclubs haben sich gegenüber dem Verlag unter den o.g. Bedingungen verpflichtet, die ausgeschriebenen Angebote einzulösen. Der Verlag übernimmt jedoch keine Gewähr und keine Haftung, wenn ein Angebot nicht eingelöst wird oder werden kann.

Bedingungen zur Einlösung des Discounts:
1. Das Angebot ist einschließlich bis 30.6.2024 gültig.
2. Der Golfspieler/Leser hat sich telefonisch eine Abschlagzeit geben zu lassen – dabei ist die Nutzung des Angebots anzugeben.
3. Eine Barauszahlung des Greenfee-Vorteils ist nicht möglich.
4. Das Kombinieren von Angeboten oder bestehenden Greenfee-Vorteilen ist nicht möglich. Der Vorteil bezieht sich jeweils ausschließlich auf die zum Zeitpunkt der Einlösung gültigen vollen Greenfee-Gebühren.
5. Gibt es Spielergruppen mit erhöhten Greenfee-Gebühren, ist ein Nachlass auf diese Gebühren nicht möglich.
6. Das Angebot allein berechtigt nicht zum Spiel gegen Greenfee. Die Erfüllung der Bestimmungen des jeweiligen Golfclubs zur Greenfee-Berechtigung (Mitgliedschaft in einem Golfclub, Mindesthandicap etc.) zum Zeitpunkt der Einlösung sind Voraussetzung.
7. Es ist untersagt, den Greenfee-Gutschein entgeltlich Dritten zu überlassen bzw. mit diesen Handel zu treiben. Insbesondere sind die teilnehmenden Golfclubs in diesem Falle berechtigt, die Einlösung der ausgeschriebenen Angebote zu verweigern.
8. Die teilnehmenden Golfclubs haben sich gegenüber dem Verlag unter den o.g. Bedingungen verpflichtet, die ausgeschriebenen Angebote einzulösen. Der Verlag übernimmt jedoch keine Gewähr und keine Haftung, wenn ein Angebot nicht eingelöst wird oder werden kann.

Bedingungen zur Einlösung des Discounts:
1. Das Angebot ist einschließlich bis 30.6.2024 gültig.
2. Der Golfspieler/Leser hat sich telefonisch eine Abschlagzeit geben zu lassen – dabei ist die Nutzung des Angebots anzugeben.
3. Eine Barauszahlung des Greenfee-Vorteils ist nicht möglich.
4. Das Kombinieren von Angeboten oder bestehenden Greenfee-Vorteilen ist nicht möglich. Der Vorteil bezieht sich jeweils ausschließlich auf die zum Zeitpunkt der Einlösung gültigen vollen Greenfee-Gebühren.
5. Gibt es Spielergruppen mit erhöhten Greenfee-Gebühren, ist ein Nachlass auf diese Gebühren nicht möglich.
6. Das Angebot allein berechtigt nicht zum Spiel gegen Greenfee. Die Erfüllung der Bestimmungen des jeweiligen Golfclubs zur Greenfee-Berechtigung (Mitgliedschaft in einem Golfclub, Mindesthandicap etc.) zum Zeitpunkt der Einlösung sind Voraussetzung.
7. Es ist untersagt, den Greenfee-Gutschein entgeltlich Dritten zu überlassen bzw. mit diesen Handel zu treiben. Insbesondere sind die teilnehmenden Golfclubs in diesem Falle berechtigt, die Einlösung der ausgeschriebenen Angebote zu verweigern.
8. Die teilnehmenden Golfclubs haben sich gegenüber dem Verlag unter den o.g. Bedingungen verpflichtet, die ausgeschriebenen Angebote einzulösen. Der Verlag übernimmt jedoch keine Gewähr und keine Haftung, wenn ein Angebot nicht eingelöst wird oder werden kann.

Diese Gutscheine gelten nur in Verbindung mit dem Buch/Albrecht Golf Card

Diese Gutscheine gelten nur in Verbindung mit dem Buch/Albrecht Golf Card

DER GOLF ALBRECHT

Golfanlage Gut Ottenhausen DE

Ottenhauser Str. 100
D-32791 Lage
✆ 05232-9738500
Nordrhein-Westfalen

90

20% Greenfee-Ermäßigung

DER GOLF ALBRECHT

Golf-Club Bad Pyrmont e.V. DE

Am Golfplatz 2
D-32676 Lügde
✆ 05281-9892790
Nordrhein-Westfalen

91

2 for 1 2 GF zum Preis von 1

DER GOLF ALBRECHT

Golf-Club Bad Pyrmont e.V. DE

Am Golfplatz 2
D-32676 Lügde
✆ 05281-9892790
Nordrhein-Westfalen

91

2 for 1 2 GF zum Preis von 1

DER GOLF ALBRECHT

Lippischer Golfclub e.V. DE

Huxoll 14
D-32825 Blomberg-Cappel
✆ 05236-459
Nordrhein-Westfalen

92

2 for 1 2 GF zum Preis von 1

DER GOLF ALBRECHT

Lippischer Golfclub e.V. DE

Huxoll 14
D-32825 Blomberg-Cappel
✆ 05236-459
Nordrhein-Westfalen

92

2 for 1 2 GF zum Preis von 1

DER GOLF ALBRECHT

Lippischer Golfclub e.V. DE

Huxoll 14
D-32825 Blomberg-Cappel
✆ 05236-459
Nordrhein-Westfalen

92

20% Greenfee-Ermäßigung

DER GOLF ALBRECHT

Lippischer Golfclub e.V. DE

Huxoll 14
D-32825 Blomberg-Cappel
✆ 05236-459
Nordrhein-Westfalen

92

20% Greenfee-Ermäßigung

DER GOLF ALBRECHT

Golf- und Landclub Coesfeld e.V. DE

Stevede 8a
D-48653 Coesfeld
✆ 02541-5957
Nordrhein-Westfalen

93

2 for 1 2 GF zum Preis von 1

DER GOLF ALBRECHT

Golf- und Landclub Coesfeld e.V. DE

Stevede 8a
D-48653 Coesfeld
✆ 02541-5957
Nordrhein-Westfalen

93

2 for 1 2 GF zum Preis von 1

DER GOLF ALBRECHT

Golf- und Landclub Coesfeld e.V. DE

Stevede 8a
D-48653 Coesfeld
✆ 02541-5957
Nordrhein-Westfalen

93

25% Greenfee-Ermäßigung

Bedingungen zur Einlösung des Discounts:

1. Das Angebot ist einschließlich bis 30.6.2024 gültig.
2. Der Golfspieler/Leser hat sich telefonisch eine Abschlagzeit geben zu lassen – dabei ist die Nutzung des Angebots anzugeben.
3. Eine Barauszahlung des Greenfee-Vorteils ist nicht möglich.
4. Das Kombinieren von Angeboten oder bestehenden Greenfee-Vorteilen ist nicht möglich. Der Vorteil bezieht sich jeweils ausschließlich auf die zum Zeitpunkt der Einlösung gültigen vollen Greenfee-Gebühren.
5. Gibt es Spielergruppen mit erhöhten Greenfee-Gebühren, ist ein Nachlass auf diese Gebühren nicht möglich.
6. Das Angebot allein berechtigt nicht zum Spiel gegen Greenfee. Die Erfüllung der Bestimmungen des jeweiligen Golfclubs zur Greenfee-Berechtigung (Mitgliedschaft in einem Golfclub, Mindesthandicap etc.) zum Zeitpunkt der Einlösung sind Voraussetzung.
7. Es ist untersagt, den Greenfee-Gutschein entgeltlich Dritten zu überlassen bzw. mit diesen Handel zu treiben. Insbesondere sind die teilnehmenden Golfclubs in diesem Falle berechtigt, die Einlösung der ausgeschriebenen Angebote zu verweigern.
8. Die teilnehmenden Golfclubs haben sich gegenüber dem Verlag unter den o.g. Bedingungen verpflichtet, die ausgeschriebenen Angebote einzulösen. Der Verlag übernimmt jedoch keine Gewähr und keine Haftung, wenn ein Angebot nicht eingelöst wird oder werden kann.

Bedingungen zur Einlösung des Discounts:

1. Das Angebot ist einschließlich bis 30.6.2024 gültig.
2. Der Golfspieler/Leser hat sich telefonisch eine Abschlagzeit geben zu lassen – dabei ist die Nutzung des Angebots anzugeben.
3. Eine Barauszahlung des Greenfee-Vorteils ist nicht möglich.
4. Das Kombinieren von Angeboten oder bestehenden Greenfee-Vorteilen ist nicht möglich. Der Vorteil bezieht sich jeweils ausschließlich auf die zum Zeitpunkt der Einlösung gültigen vollen Greenfee-Gebühren.
5. Gibt es Spielergruppen mit erhöhten Greenfee-Gebühren, ist ein Nachlass auf diese Gebühren nicht möglich.
6. Das Angebot allein berechtigt nicht zum Spiel gegen Greenfee. Die Erfüllung der Bestimmungen des jeweiligen Golfclubs zur Greenfee-Berechtigung (Mitgliedschaft in einem Golfclub, Mindesthandicap etc.) zum Zeitpunkt der Einlösung sind Voraussetzung.
7. Es ist untersagt, den Greenfee-Gutschein entgeltlich Dritten zu überlassen bzw. mit diesen Handel zu treiben. Insbesondere sind die teilnehmenden Golfclubs in diesem Falle berechtigt, die Einlösung der ausgeschriebenen Angebote zu verweigern.
8. Die teilnehmenden Golfclubs haben sich gegenüber dem Verlag unter den o.g. Bedingungen verpflichtet, die ausgeschriebenen Angebote einzulösen. Der Verlag übernimmt jedoch keine Gewähr und keine Haftung, wenn ein Angebot nicht eingelöst wird oder werden kann.

Bedingungen zur Einlösung des Discounts:

1. Das Angebot ist einschließlich bis 30.6.2024 gültig.
2. Der Golfspieler/Leser hat sich telefonisch eine Abschlagzeit geben zu lassen – dabei ist die Nutzung des Angebots anzugeben.
3. Eine Barauszahlung des Greenfee-Vorteils ist nicht möglich.
4. Das Kombinieren von Angeboten oder bestehenden Greenfee-Vorteilen ist nicht möglich. Der Vorteil bezieht sich jeweils ausschließlich auf die zum Zeitpunkt der Einlösung gültigen vollen Greenfee-Gebühren.
5. Gibt es Spielergruppen mit erhöhten Greenfee-Gebühren, ist ein Nachlass auf diese Gebühren nicht möglich.
6. Das Angebot allein berechtigt nicht zum Spiel gegen Greenfee. Die Erfüllung der Bestimmungen des jeweiligen Golfclubs zur Greenfee-Berechtigung (Mitgliedschaft in einem Golfclub, Mindesthandicap etc.) zum Zeitpunkt der Einlösung sind Voraussetzung.
7. Es ist untersagt, den Greenfee-Gutschein entgeltlich Dritten zu überlassen bzw. mit diesen Handel zu treiben. Insbesondere sind die teilnehmenden Golfclubs in diesem Falle berechtigt, die Einlösung der ausgeschriebenen Angebote zu verweigern.
8. Die teilnehmenden Golfclubs haben sich gegenüber dem Verlag unter den o.g. Bedingungen verpflichtet, die ausgeschriebenen Angebote einzulösen. Der Verlag übernimmt jedoch keine Gewähr und keine Haftung, wenn ein Angebot nicht eingelöst wird oder werden kann.

Bedingungen zur Einlösung des Discounts:

1. Das Angebot ist einschließlich bis 30.6.2024 gültig.
2. Der Golfspieler/Leser hat sich telefonisch eine Abschlagzeit geben zu lassen – dabei ist die Nutzung des Angebots anzugeben.
3. Eine Barauszahlung des Greenfee-Vorteils ist nicht möglich.
4. Das Kombinieren von Angeboten oder bestehenden Greenfee-Vorteilen ist nicht möglich. Der Vorteil bezieht sich jeweils ausschließlich auf die zum Zeitpunkt der Einlösung gültigen vollen Greenfee-Gebühren.
5. Gibt es Spielergruppen mit erhöhten Greenfee-Gebühren, ist ein Nachlass auf diese Gebühren nicht möglich.
6. Das Angebot allein berechtigt nicht zum Spiel gegen Greenfee. Die Erfüllung der Bestimmungen des jeweiligen Golfclubs zur Greenfee-Berechtigung (Mitgliedschaft in einem Golfclub, Mindesthandicap etc.) zum Zeitpunkt der Einlösung sind Voraussetzung.
7. Es ist untersagt, den Greenfee-Gutschein entgeltlich Dritten zu überlassen bzw. mit diesen Handel zu treiben. Insbesondere sind die teilnehmenden Golfclubs in diesem Falle berechtigt, die Einlösung der ausgeschriebenen Angebote zu verweigern.
8. Die teilnehmenden Golfclubs haben sich gegenüber dem Verlag unter den o.g. Bedingungen verpflichtet, die ausgeschriebenen Angebote einzulösen. Der Verlag übernimmt jedoch keine Gewähr und keine Haftung, wenn ein Angebot nicht eingelöst wird oder werden kann.

Bedingungen zur Einlösung des Discounts:

1. Das Angebot ist einschließlich bis 30.6.2024 gültig.
2. Der Golfspieler/Leser hat sich telefonisch eine Abschlagzeit geben zu lassen – dabei ist die Nutzung des Angebots anzugeben.
3. Eine Barauszahlung des Greenfee-Vorteils ist nicht möglich.
4. Das Kombinieren von Angeboten oder bestehenden Greenfee-Vorteilen ist nicht möglich. Der Vorteil bezieht sich jeweils ausschließlich auf die zum Zeitpunkt der Einlösung gültigen vollen Greenfee-Gebühren.
5. Gibt es Spielergruppen mit erhöhten Greenfee-Gebühren, ist ein Nachlass auf diese Gebühren nicht möglich.
6. Das Angebot allein berechtigt nicht zum Spiel gegen Greenfee. Die Erfüllung der Bestimmungen des jeweiligen Golfclubs zur Greenfee-Berechtigung (Mitgliedschaft in einem Golfclub, Mindesthandicap etc.) zum Zeitpunkt der Einlösung sind Voraussetzung.
7. Es ist untersagt, den Greenfee-Gutschein entgeltlich Dritten zu überlassen bzw. mit diesen Handel zu treiben. Insbesondere sind die teilnehmenden Golfclubs in diesem Falle berechtigt, die Einlösung der ausgeschriebenen Angebote zu verweigern.
8. Die teilnehmenden Golfclubs haben sich gegenüber dem Verlag unter den o.g. Bedingungen verpflichtet, die ausgeschriebenen Angebote einzulösen. Der Verlag übernimmt jedoch keine Gewähr und keine Haftung, wenn ein Angebot nicht eingelöst wird oder werden kann.

Bedingungen zur Einlösung des Discounts:

1. Das Angebot ist einschließlich bis 30.6.2024 gültig.
2. Der Golfspieler/Leser hat sich telefonisch eine Abschlagzeit geben zu lassen – dabei ist die Nutzung des Angebots anzugeben.
3. Eine Barauszahlung des Greenfee-Vorteils ist nicht möglich.
4. Das Kombinieren von Angeboten oder bestehenden Greenfee-Vorteilen ist nicht möglich. Der Vorteil bezieht sich jeweils ausschließlich auf die zum Zeitpunkt der Einlösung gültigen vollen Greenfee-Gebühren.
5. Gibt es Spielergruppen mit erhöhten Greenfee-Gebühren, ist ein Nachlass auf diese Gebühren nicht möglich.
6. Das Angebot allein berechtigt nicht zum Spiel gegen Greenfee. Die Erfüllung der Bestimmungen des jeweiligen Golfclubs zur Greenfee-Berechtigung (Mitgliedschaft in einem Golfclub, Mindesthandicap etc.) zum Zeitpunkt der Einlösung sind Voraussetzung.
7. Es ist untersagt, den Greenfee-Gutschein entgeltlich Dritten zu überlassen bzw. mit diesen Handel zu treiben. Insbesondere sind die teilnehmenden Golfclubs in diesem Falle berechtigt, die Einlösung der ausgeschriebenen Angebote zu verweigern.
8. Die teilnehmenden Golfclubs haben sich gegenüber dem Verlag unter den o.g. Bedingungen verpflichtet, die ausgeschriebenen Angebote einzulösen. Der Verlag übernimmt jedoch keine Gewähr und keine Haftung, wenn ein Angebot nicht eingelöst wird oder werden kann.

Bedingungen zur Einlösung des Discounts:

1. Das Angebot ist einschließlich bis 30.6.2024 gültig.
2. Der Golfspieler/Leser hat sich telefonisch eine Abschlagzeit geben zu lassen – dabei ist die Nutzung des Angebots anzugeben.
3. Eine Barauszahlung des Greenfee-Vorteils ist nicht möglich.
4. Das Kombinieren von Angeboten oder bestehenden Greenfee-Vorteilen ist nicht möglich. Der Vorteil bezieht sich jeweils ausschließlich auf die zum Zeitpunkt der Einlösung gültigen vollen Greenfee-Gebühren.
5. Gibt es Spielergruppen mit erhöhten Greenfee-Gebühren, ist ein Nachlass auf diese Gebühren nicht möglich.
6. Das Angebot allein berechtigt nicht zum Spiel gegen Greenfee. Die Erfüllung der Bestimmungen des jeweiligen Golfclubs zur Greenfee-Berechtigung (Mitgliedschaft in einem Golfclub, Mindesthandicap etc.) zum Zeitpunkt der Einlösung sind Voraussetzung.
7. Es ist untersagt, den Greenfee-Gutschein entgeltlich Dritten zu überlassen bzw. mit diesen Handel zu treiben. Insbesondere sind die teilnehmenden Golfclubs in diesem Falle berechtigt, die Einlösung der ausgeschriebenen Angebote zu verweigern.
8. Die teilnehmenden Golfclubs haben sich gegenüber dem Verlag unter den o.g. Bedingungen verpflichtet, die ausgeschriebenen Angebote einzulösen. Der Verlag übernimmt jedoch keine Gewähr und keine Haftung, wenn ein Angebot nicht eingelöst wird oder werden kann.

Bedingungen zur Einlösung des Discounts:

1. Das Angebot ist einschließlich bis 30.6.2024 gültig.
2. Der Golfspieler/Leser hat sich telefonisch eine Abschlagzeit geben zu lassen – dabei ist die Nutzung des Angebots anzugeben.
3. Eine Barauszahlung des Greenfee-Vorteils ist nicht möglich.
4. Das Kombinieren von Angeboten oder bestehenden Greenfee-Vorteilen ist nicht möglich. Der Vorteil bezieht sich jeweils ausschließlich auf die zum Zeitpunkt der Einlösung gültigen vollen Greenfee-Gebühren.
5. Gibt es Spielergruppen mit erhöhten Greenfee-Gebühren, ist ein Nachlass auf diese Gebühren nicht möglich.
6. Das Angebot allein berechtigt nicht zum Spiel gegen Greenfee. Die Erfüllung der Bestimmungen des jeweiligen Golfclubs zur Greenfee-Berechtigung (Mitgliedschaft in einem Golfclub, Mindesthandicap etc.) zum Zeitpunkt der Einlösung sind Voraussetzung.
7. Es ist untersagt, den Greenfee-Gutschein entgeltlich Dritten zu überlassen bzw. mit diesen Handel zu treiben. Insbesondere sind die teilnehmenden Golfclubs in diesem Falle berechtigt, die Einlösung der ausgeschriebenen Angebote zu verweigern.
8. Die teilnehmenden Golfclubs haben sich gegenüber dem Verlag unter den o.g. Bedingungen verpflichtet, die ausgeschriebenen Angebote einzulösen. Der Verlag übernimmt jedoch keine Gewähr und keine Haftung, wenn ein Angebot nicht eingelöst wird oder werden kann.

Bedingungen zur Einlösung des Discounts:

1. Das Angebot ist einschließlich bis 30.6.2024 gültig.
2. Der Golfspieler/Leser hat sich telefonisch eine Abschlagzeit geben zu lassen – dabei ist die Nutzung des Angebots anzugeben.
3. Eine Barauszahlung des Greenfee-Vorteils ist nicht möglich.
4. Das Kombinieren von Angeboten oder bestehenden Greenfee-Vorteilen ist nicht möglich. Der Vorteil bezieht sich jeweils ausschließlich auf die zum Zeitpunkt der Einlösung gültigen vollen Greenfee-Gebühren.
5. Gibt es Spielergruppen mit erhöhten Greenfee-Gebühren, ist ein Nachlass auf diese Gebühren nicht möglich.
6. Das Angebot allein berechtigt nicht zum Spiel gegen Greenfee. Die Erfüllung der Bestimmungen des jeweiligen Golfclubs zur Greenfee-Berechtigung (Mitgliedschaft in einem Golfclub, Mindesthandicap etc.) zum Zeitpunkt der Einlösung sind Voraussetzung.
7. Es ist untersagt, den Greenfee-Gutschein entgeltlich Dritten zu überlassen bzw. mit diesen Handel zu treiben. Insbesondere sind die teilnehmenden Golfclubs in diesem Falle berechtigt, die Einlösung der ausgeschriebenen Angebote zu verweigern.
8. Die teilnehmenden Golfclubs haben sich gegenüber dem Verlag unter den o.g. Bedingungen verpflichtet, die ausgeschriebenen Angebote einzulösen. Der Verlag übernimmt jedoch keine Gewähr und keine Haftung, wenn ein Angebot nicht eingelöst wird oder werden kann.

Bedingungen zur Einlösung des Discounts:

1. Das Angebot ist einschließlich bis 30.6.2024 gültig.
2. Der Golfspieler/Leser hat sich telefonisch eine Abschlagzeit geben zu lassen – dabei ist die Nutzung des Angebots anzugeben.
3. Eine Barauszahlung des Greenfee-Vorteils ist nicht möglich.
4. Das Kombinieren von Angeboten oder bestehenden Greenfee-Vorteilen ist nicht möglich. Der Vorteil bezieht sich jeweils ausschließlich auf die zum Zeitpunkt der Einlösung gültigen vollen Greenfee-Gebühren.
5. Gibt es Spielergruppen mit erhöhten Greenfee-Gebühren, ist ein Nachlass auf diese Gebühren nicht möglich.
6. Das Angebot allein berechtigt nicht zum Spiel gegen Greenfee. Die Erfüllung der Bestimmungen des jeweiligen Golfclubs zur Greenfee-Berechtigung (Mitgliedschaft in einem Golfclub, Mindesthandicap etc.) zum Zeitpunkt der Einlösung sind Voraussetzung.
7. Es ist untersagt, den Greenfee-Gutschein entgeltlich Dritten zu überlassen bzw. mit diesen Handel zu treiben. Insbesondere sind die teilnehmenden Golfclubs in diesem Falle berechtigt, die Einlösung der ausgeschriebenen Angebote zu verweigern.
8. Die teilnehmenden Golfclubs haben sich gegenüber dem Verlag unter den o.g. Bedingungen verpflichtet, die ausgeschriebenen Angebote einzulösen. Der Verlag übernimmt jedoch keine Gewähr und keine Haftung, wenn ein Angebot nicht eingelöst wird oder werden kann.

Diese Gutscheine gelten nur in Verbindung mit dem Buch/Albrecht Golf Card

DER GOLF ALBRECHT

Golf- und Landclub Coesfeld e.V. DE

Stevede 8a
D-48653 Coesfeld
✆ 02541-5957
Nordrhein-Westfalen

93

25% Greenfee-Ermäßigung

DER GOLF ALBRECHT

Golfclub Brückhausen e.V. DE

Holling 4
D-48351 Everswinkel-Alverskirchen
✆ 02582-5645
Nordrhein-Westfalen

94

2 for 1 2 GF zum Preis von 1

DER GOLF ALBRECHT

Golfclub Brückhausen e.V. DE

Holling 4
D-48351 Everswinkel-Alverskirchen
✆ 02582-5645
Nordrhein-Westfalen

94

50% Greenfee-Ermäßigung

DER GOLF ALBRECHT

Golfanlage Haus Köbbing DE

Westfalenstr. 332
D-48165 Münster-Hiltrup
✆ 02501-5948719
Nordrhein-Westfalen

95

2 for 1 2 GF zum Preis von 1

DER GOLF ALBRECHT

Golfanlage Haus Köbbing DE

Westfalenstr. 332
D-48165 Münster-Hiltrup
✆ 02501-5948719
Nordrhein-Westfalen

95

2 for 1 2 GF zum Preis von 1

DER GOLF ALBRECHT

Golfanlage Haus Köbbing DE

Westfalenstr. 332
D-48165 Münster-Hiltrup
✆ 02501-5948719
Nordrhein-Westfalen

95

50% Greenfee-Ermäßigung

DER GOLF ALBRECHT

Golfanlage Haus Köbbing DE

Westfalenstr. 332
D-48165 Münster-Hiltrup
✆ 02501-5948719
Nordrhein-Westfalen

95

50% Greenfee-Ermäßigung

DER GOLF ALBRECHT

Golf-Club Schloß Vornholz e.V. DE

Steinpatt 13
D-59320 Ennigerloh-Ostenfelde
✆ 02524-5799
Nordrhein-Westfalen

96

2 for 1 2 GF zum Preis von 1

DER GOLF ALBRECHT

Golf-Club Schloß Vornholz e.V. DE

Steinpatt 13
D-59320 Ennigerloh-Ostenfelde
✆ 02524-5799
Nordrhein-Westfalen

96

2 for 1 2 GF zum Preis von 1

DER GOLF ALBRECHT

B. A. Golfclub Sennelager DE

Senne 1
D-33175 Bad Lippspringe
✆ 05252-53794
Nordrhein-Westfalen

97

2 for 1 2 GF zum Preis von 1

Diese Gutscheine gelten nur in Verbindung mit dem Buch/Albrecht Golf Card

Bedingungen zur Einlösung des Discounts:

1. Das Angebot ist einschließlich bis 30.6.2024 gültig.
2. Der Golfspieler/Leser hat sich telefonisch eine Abschlagzeit geben zu lassen – dabei ist die Nutzung des Angebots anzugeben.
3. Eine Barauszahlung des Greenfee-Vorteils ist nicht möglich.
4. Das Kombinieren von Angeboten oder bestehenden Greenfee-Vorteilen ist nicht möglich. Der Vorteil bezieht sich jeweils ausschließlich auf die zum Zeitpunkt der Einlösung gültigen vollen Greenfee-Gebühren.
5. Gibt es Spielergruppen mit erhöhten Greenfee-Gebühren, ist ein Nachlass auf diese Gebühren nicht möglich.
6. Das Angebot allein berechtigt nicht zum Spiel gegen Greenfee. Die Erfüllung der Bestimmungen des jeweiligen Golfclubs zur Greenfee-Berechtigung (Mitgliedschaft in einem Golfclub, Mindesthandicap etc.) zum Zeitpunkt der Einlösung sind Voraussetzung.
7. Es ist untersagt, den Greenfee-Gutschein entgeltlich Dritten zu überlassen bzw. mit diesen Handel zu treiben. Insbesondere sind die teilnehmenden Golfclubs in diesem Falle berechtigt, die Einlösung der ausgeschriebenen Angebote zu verweigern.
8. Die teilnehmenden Golfclubs haben sich gegenüber dem Verlag unter den o.g. Bedingungen verpflichtet, die ausgeschriebenen Angebote einzulösen. Der Verlag übernimmt jedoch keine Gewähr und keine Haftung, wenn ein Angebot nicht eingelöst wird oder werden kann.

Bedingungen zur Einlösung des Discounts:

1. Das Angebot ist einschließlich bis 30.6.2024 gültig.
2. Der Golfspieler/Leser hat sich telefonisch eine Abschlagzeit geben zu lassen – dabei ist die Nutzung des Angebots anzugeben.
3. Eine Barauszahlung des Greenfee-Vorteils ist nicht möglich.
4. Das Kombinieren von Angeboten oder bestehenden Greenfee-Vorteilen ist nicht möglich. Der Vorteil bezieht sich jeweils ausschließlich auf die zum Zeitpunkt der Einlösung gültigen vollen Greenfee-Gebühren.
5. Gibt es Spielergruppen mit erhöhten Greenfee-Gebühren, ist ein Nachlass auf diese Gebühren nicht möglich.
6. Das Angebot allein berechtigt nicht zum Spiel gegen Greenfee. Die Erfüllung der Bestimmungen des jeweiligen Golfclubs zur Greenfee-Berechtigung (Mitgliedschaft in einem Golfclub, Mindesthandicap etc.) zum Zeitpunkt der Einlösung sind Voraussetzung.
7. Es ist untersagt, den Greenfee-Gutschein entgeltlich Dritten zu überlassen bzw. mit diesen Handel zu treiben. Insbesondere sind die teilnehmenden Golfclubs in diesem Falle berechtigt, die Einlösung der ausgeschriebenen Angebote zu verweigern.
8. Die teilnehmenden Golfclubs haben sich gegenüber dem Verlag unter den o.g. Bedingungen verpflichtet, die ausgeschriebenen Angebote einzulösen. Der Verlag übernimmt jedoch keine Gewähr und keine Haftung, wenn ein Angebot nicht eingelöst wird oder werden kann.

Bedingungen zur Einlösung des Discounts:

1. Das Angebot ist einschließlich bis 30.6.2024 gültig.
2. Der Golfspieler/Leser hat sich telefonisch eine Abschlagzeit geben zu lassen – dabei ist die Nutzung des Angebots anzugeben.
3. Eine Barauszahlung des Greenfee-Vorteils ist nicht möglich.
4. Das Kombinieren von Angeboten oder bestehenden Greenfee-Vorteilen ist nicht möglich. Der Vorteil bezieht sich jeweils ausschließlich auf die zum Zeitpunkt der Einlösung gültigen vollen Greenfee-Gebühren.
5. Gibt es Spielergruppen mit erhöhten Greenfee-Gebühren, ist ein Nachlass auf diese Gebühren nicht möglich.
6. Das Angebot allein berechtigt nicht zum Spiel gegen Greenfee. Die Erfüllung der Bestimmungen des jeweiligen Golfclubs zur Greenfee-Berechtigung (Mitgliedschaft in einem Golfclub, Mindesthandicap etc.) zum Zeitpunkt der Einlösung sind Voraussetzung.
7. Es ist untersagt, den Greenfee-Gutschein entgeltlich Dritten zu überlassen bzw. mit diesen Handel zu treiben. Insbesondere sind die teilnehmenden Golfclubs in diesem Falle berechtigt, die Einlösung der ausgeschriebenen Angebote zu verweigern.
8. Die teilnehmenden Golfclubs haben sich gegenüber dem Verlag unter den o.g. Bedingungen verpflichtet, die ausgeschriebenen Angebote einzulösen. Der Verlag übernimmt jedoch keine Gewähr und keine Haftung, wenn ein Angebot nicht eingelöst wird oder werden kann.

Bedingungen zur Einlösung des Discounts:

1. Das Angebot ist einschließlich bis 30.6.2024 gültig.
2. Der Golfspieler/Leser hat sich telefonisch eine Abschlagzeit geben zu lassen – dabei ist die Nutzung des Angebots anzugeben.
3. Eine Barauszahlung des Greenfee-Vorteils ist nicht möglich.
4. Das Kombinieren von Angeboten oder bestehenden Greenfee-Vorteilen ist nicht möglich. Der Vorteil bezieht sich jeweils ausschließlich auf die zum Zeitpunkt der Einlösung gültigen vollen Greenfee-Gebühren.
5. Gibt es Spielergruppen mit erhöhten Greenfee-Gebühren, ist ein Nachlass auf diese Gebühren nicht möglich.
6. Das Angebot allein berechtigt nicht zum Spiel gegen Greenfee. Die Erfüllung der Bestimmungen des jeweiligen Golfclubs zur Greenfee-Berechtigung (Mitgliedschaft in einem Golfclub, Mindesthandicap etc.) zum Zeitpunkt der Einlösung sind Voraussetzung.
7. Es ist untersagt, den Greenfee-Gutschein entgeltlich Dritten zu überlassen bzw. mit diesen Handel zu treiben. Insbesondere sind die teilnehmenden Golfclubs in diesem Falle berechtigt, die Einlösung der ausgeschriebenen Angebote zu verweigern.
8. Die teilnehmenden Golfclubs haben sich gegenüber dem Verlag unter den o.g. Bedingungen verpflichtet, die ausgeschriebenen Angebote einzulösen. Der Verlag übernimmt jedoch keine Gewähr und keine Haftung, wenn ein Angebot nicht eingelöst wird oder werden kann.

Bedingungen zur Einlösung des Discounts:

1. Das Angebot ist einschließlich bis 30.6.2024 gültig.
2. Der Golfspieler/Leser hat sich telefonisch eine Abschlagzeit geben zu lassen – dabei ist die Nutzung des Angebots anzugeben.
3. Eine Barauszahlung des Greenfee-Vorteils ist nicht möglich.
4. Das Kombinieren von Angeboten oder bestehenden Greenfee-Vorteilen ist nicht möglich. Der Vorteil bezieht sich jeweils ausschließlich auf die zum Zeitpunkt der Einlösung gültigen vollen Greenfee-Gebühren.
5. Gibt es Spielergruppen mit erhöhten Greenfee-Gebühren, ist ein Nachlass auf diese Gebühren nicht möglich.
6. Das Angebot allein berechtigt nicht zum Spiel gegen Greenfee. Die Erfüllung der Bestimmungen des jeweiligen Golfclubs zur Greenfee-Berechtigung (Mitgliedschaft in einem Golfclub, Mindesthandicap etc.) zum Zeitpunkt der Einlösung sind Voraussetzung.
7. Es ist untersagt, den Greenfee-Gutschein entgeltlich Dritten zu überlassen bzw. mit diesen Handel zu treiben. Insbesondere sind die teilnehmenden Golfclubs in diesem Falle berechtigt, die Einlösung der ausgeschriebenen Angebote zu verweigern.
8. Die teilnehmenden Golfclubs haben sich gegenüber dem Verlag unter den o.g. Bedingungen verpflichtet, die ausgeschriebenen Angebote einzulösen. Der Verlag übernimmt jedoch keine Gewähr und keine Haftung, wenn ein Angebot nicht eingelöst wird oder werden kann.

Bedingungen zur Einlösung des Discounts:

1. Das Angebot ist einschließlich bis 30.6.2024 gültig.
2. Der Golfspieler/Leser hat sich telefonisch eine Abschlagzeit geben zu lassen – dabei ist die Nutzung des Angebots anzugeben.
3. Eine Barauszahlung des Greenfee-Vorteils ist nicht möglich.
4. Das Kombinieren von Angeboten oder bestehenden Greenfee-Vorteilen ist nicht möglich. Der Vorteil bezieht sich jeweils ausschließlich auf die zum Zeitpunkt der Einlösung gültigen vollen Greenfee-Gebühren.
5. Gibt es Spielergruppen mit erhöhten Greenfee-Gebühren, ist ein Nachlass auf diese Gebühren nicht möglich.
6. Das Angebot allein berechtigt nicht zum Spiel gegen Greenfee. Die Erfüllung der Bestimmungen des jeweiligen Golfclubs zur Greenfee-Berechtigung (Mitgliedschaft in einem Golfclub, Mindesthandicap etc.) zum Zeitpunkt der Einlösung sind Voraussetzung.
7. Es ist untersagt, den Greenfee-Gutschein entgeltlich Dritten zu überlassen bzw. mit diesen Handel zu treiben. Insbesondere sind die teilnehmenden Golfclubs in diesem Falle berechtigt, die Einlösung der ausgeschriebenen Angebote zu verweigern.
8. Die teilnehmenden Golfclubs haben sich gegenüber dem Verlag unter den o.g. Bedingungen verpflichtet, die ausgeschriebenen Angebote einzulösen. Der Verlag übernimmt jedoch keine Gewähr und keine Haftung, wenn ein Angebot nicht eingelöst wird oder werden kann.

Bedingungen zur Einlösung des Discounts:

1. Das Angebot ist einschließlich bis 30.6.2024 gültig.
2. Der Golfspieler/Leser hat sich telefonisch eine Abschlagzeit geben zu lassen – dabei ist die Nutzung des Angebots anzugeben.
3. Eine Barauszahlung des Greenfee-Vorteils ist nicht möglich.
4. Das Kombinieren von Angeboten oder bestehenden Greenfee-Vorteilen ist nicht möglich. Der Vorteil bezieht sich jeweils ausschließlich auf die zum Zeitpunkt der Einlösung gültigen vollen Greenfee-Gebühren.
5. Gibt es Spielergruppen mit erhöhten Greenfee-Gebühren, ist ein Nachlass auf diese Gebühren nicht möglich.
6. Das Angebot allein berechtigt nicht zum Spiel gegen Greenfee. Die Erfüllung der Bestimmungen des jeweiligen Golfclubs zur Greenfee-Berechtigung (Mitgliedschaft in einem Golfclub, Mindesthandicap etc.) zum Zeitpunkt der Einlösung sind Voraussetzung.
7. Es ist untersagt, den Greenfee-Gutschein entgeltlich Dritten zu überlassen bzw. mit diesen Handel zu treiben. Insbesondere sind die teilnehmenden Golfclubs in diesem Falle berechtigt, die Einlösung der ausgeschriebenen Angebote zu verweigern.
8. Die teilnehmenden Golfclubs haben sich gegenüber dem Verlag unter den o.g. Bedingungen verpflichtet, die ausgeschriebenen Angebote einzulösen. Der Verlag übernimmt jedoch keine Gewähr und keine Haftung, wenn ein Angebot nicht eingelöst wird oder werden kann.

Bedingungen zur Einlösung des Discounts:

1. Das Angebot ist einschließlich bis 30.6.2024 gültig.
2. Der Golfspieler/Leser hat sich telefonisch eine Abschlagzeit geben zu lassen – dabei ist die Nutzung des Angebots anzugeben.
3. Eine Barauszahlung des Greenfee-Vorteils ist nicht möglich.
4. Das Kombinieren von Angeboten oder bestehenden Greenfee-Vorteilen ist nicht möglich. Der Vorteil bezieht sich jeweils ausschließlich auf die zum Zeitpunkt der Einlösung gültigen vollen Greenfee-Gebühren.
5. Gibt es Spielergruppen mit erhöhten Greenfee-Gebühren, ist ein Nachlass auf diese Gebühren nicht möglich.
6. Das Angebot allein berechtigt nicht zum Spiel gegen Greenfee. Die Erfüllung der Bestimmungen des jeweiligen Golfclubs zur Greenfee-Berechtigung (Mitgliedschaft in einem Golfclub, Mindesthandicap etc.) zum Zeitpunkt der Einlösung sind Voraussetzung.
7. Es ist untersagt, den Greenfee-Gutschein entgeltlich Dritten zu überlassen bzw. mit diesen Handel zu treiben. Insbesondere sind die teilnehmenden Golfclubs in diesem Falle berechtigt, die Einlösung der ausgeschriebenen Angebote zu verweigern.
8. Die teilnehmenden Golfclubs haben sich gegenüber dem Verlag unter den o.g. Bedingungen verpflichtet, die ausgeschriebenen Angebote einzulösen. Der Verlag übernimmt jedoch keine Gewähr und keine Haftung, wenn ein Angebot nicht eingelöst wird oder werden kann.

Bedingungen zur Einlösung des Discounts:

1. Das Angebot ist einschließlich bis 30.6.2024 gültig.
2. Der Golfspieler/Leser hat sich telefonisch eine Abschlagzeit geben zu lassen – dabei ist die Nutzung des Angebots anzugeben.
3. Eine Barauszahlung des Greenfee-Vorteils ist nicht möglich.
4. Das Kombinieren von Angeboten oder bestehenden Greenfee-Vorteilen ist nicht möglich. Der Vorteil bezieht sich jeweils ausschließlich auf die zum Zeitpunkt der Einlösung gültigen vollen Greenfee-Gebühren.
5. Gibt es Spielergruppen mit erhöhten Greenfee-Gebühren, ist ein Nachlass auf diese Gebühren nicht möglich.
6. Das Angebot allein berechtigt nicht zum Spiel gegen Greenfee. Die Erfüllung der Bestimmungen des jeweiligen Golfclubs zur Greenfee-Berechtigung (Mitgliedschaft in einem Golfclub, Mindesthandicap etc.) zum Zeitpunkt der Einlösung sind Voraussetzung.
7. Es ist untersagt, den Greenfee-Gutschein entgeltlich Dritten zu überlassen bzw. mit diesen Handel zu treiben. Insbesondere sind die teilnehmenden Golfclubs in diesem Falle berechtigt, die Einlösung der ausgeschriebenen Angebote zu verweigern.
8. Die teilnehmenden Golfclubs haben sich gegenüber dem Verlag unter den o.g. Bedingungen verpflichtet, die ausgeschriebenen Angebote einzulösen. Der Verlag übernimmt jedoch keine Gewähr und keine Haftung, wenn ein Angebot nicht eingelöst wird oder werden kann.

Bedingungen zur Einlösung des Discounts:

1. Das Angebot ist einschließlich bis 30.6.2024 gültig.
2. Der Golfspieler/Leser hat sich telefonisch eine Abschlagzeit geben zu lassen – dabei ist die Nutzung des Angebots anzugeben.
3. Eine Barauszahlung des Greenfee-Vorteils ist nicht möglich.
4. Das Kombinieren von Angeboten oder bestehenden Greenfee-Vorteilen ist nicht möglich. Der Vorteil bezieht sich jeweils ausschließlich auf die zum Zeitpunkt der Einlösung gültigen vollen Greenfee-Gebühren.
5. Gibt es Spielergruppen mit erhöhten Greenfee-Gebühren, ist ein Nachlass auf diese Gebühren nicht möglich.
6. Das Angebot allein berechtigt nicht zum Spiel gegen Greenfee. Die Erfüllung der Bestimmungen des jeweiligen Golfclubs zur Greenfee-Berechtigung (Mitgliedschaft in einem Golfclub, Mindesthandicap etc.) zum Zeitpunkt der Einlösung sind Voraussetzung.
7. Es ist untersagt, den Greenfee-Gutschein entgeltlich Dritten zu überlassen bzw. mit diesen Handel zu treiben. Insbesondere sind die teilnehmenden Golfclubs in diesem Falle berechtigt, die Einlösung der ausgeschriebenen Angebote zu verweigern.
8. Die teilnehmenden Golfclubs haben sich gegenüber dem Verlag unter den o.g. Bedingungen verpflichtet, die ausgeschriebenen Angebote einzulösen. Der Verlag übernimmt jedoch keine Gewähr und keine Haftung, wenn ein Angebot nicht eingelöst wird oder werden kann.

Diese Gutscheine gelten nur in Verbindung mit dem Buch/Albrecht Golf Card

Diese Gutscheine gelten nur in Verbindung mit dem Buch/Albrecht Golf Card

DER GOLF ALBRECHT

B. A. Golfclub Sennelager DE

Senne 1
D-33175 Bad Lippspringe
✆ 05252-53794
Nordrhein-Westfalen

97

2 for 1 2 GF zum Preis von 1

DER GOLF ALBRECHT

B. A. Golfclub Sennelager DE

Senne 1
D-33175 Bad Lippspringe
✆ 05252-53794
Nordrhein-Westfalen

97

30% Greenfee-Ermäßigung

DER GOLF ALBRECHT

B. A. Golfclub Sennelager DE

Senne 1
D-33175 Bad Lippspringe
✆ 05252-53794
Nordrhein-Westfalen

97

30% Greenfee-Ermäßigung

DER GOLF ALBRECHT

Golf- und Landclub Nordkirchen e.V. DE

Golfplatz 6
D-59394 Nordkirchen
✆ 02596-9190/-1
Nordrhein-Westfalen

98

2 for 1 2 GF zum Preis von 1 wochentags

DER GOLF ALBRECHT

Golf- und Landclub Nordkirchen e.V. DE

Golfplatz 6
D-59394 Nordkirchen
✆ 02596-9190/-1
Nordrhein-Westfalen

98

2 for 1 2 GF zum Preis von 1 wochentags

DER GOLF ALBRECHT

Golf- und Landclub Nordkirchen e.V. DE

Golfplatz 6
D-59394 Nordkirchen
✆ 02596-9190/-1
Nordrhein-Westfalen

98

50% Greenfee-Ermäßigung wochentags

DER GOLF ALBRECHT

Golf- und Landclub Nordkirchen e.V. DE

Golfplatz 6
D-59394 Nordkirchen
✆ 02596-9190/-1
Nordrhein-Westfalen

98

50% Greenfee-Ermäßigung wochentags

DER GOLF ALBRECHT

Golf International Moyland DE

Moyländer Allee 10
D-47551 Bedburg-Hau
✆ 02824-976680
Nordrhein-Westfalen

99

2 for 1 2 GF zum Preis von 1

DER GOLF ALBRECHT

Golf International Moyland DE

Moyländer Allee 10
D-47551 Bedburg-Hau
✆ 02824-976680
Nordrhein-Westfalen

99

2 for 1 2 GF zum Preis von 1

DER GOLF ALBRECHT

Golf International Moyland DE

Moyländer Allee 10
D-47551 Bedburg-Hau
✆ 02824-976680
Nordrhein-Westfalen

99

30% Greenfee-Ermäßigung

Bedingungen zur Einlösung des Discounts:
1. Das Angebot ist einschließlich bis 30.6.2024 gültig.
2. Der Golfspieler/Leser hat sich telefonisch eine Abschlagzeit geben zu lassen – dabei ist die Nutzung des Angebots anzugeben.
3. Eine Barauszahlung des Greenfee-Vorteils ist nicht möglich.
4. Das Kombinieren von Angeboten oder bestehenden Greenfee-Vorteilen ist nicht möglich. Der Vorteil bezieht sich jeweils ausschließlich auf die zum Zeitpunkt der Einlösung gültigen vollen Greenfee-Gebühren.
5. Gibt es Spielergruppen mit erhöhten Greenfee-Gebühren, ist ein Nachlass auf diese Gebühren nicht möglich.
6. Das Angebot allein berechtigt nicht zum Spiel gegen Greenfee. Die Erfüllung der Bestimmungen des jeweiligen Golfclubs zur Greenfee-Berechtigung (Mitgliedschaft in einem Golfclub, Mindesthandicap etc.) zum Zeitpunkt der Einlösung sind Voraussetzung.
7. Es ist untersagt, den Greenfee-Gutschein entgeltlich Dritten zu überlassen bzw. mit diesen Handel zu treiben. Insbesondere sind die teilnehmenden Golfclubs in diesem Falle berechtigt, die Einlösung der ausgeschriebenen Angebote zu verweigern.
8. Die teilnehmenden Golfclubs haben sich gegenüber dem Verlag unter den o.g. Bedingungen verpflichtet, die ausgeschriebenen Angebote einzulösen. Der Verlag übernimmt jedoch keine Gewähr und keine Haftung, wenn ein Angebot nicht eingelöst wird oder werden kann.

Bedingungen zur Einlösung des Discounts:
1. Das Angebot ist einschließlich bis 30.6.2024 gültig.
2. Der Golfspieler/Leser hat sich telefonisch eine Abschlagzeit geben zu lassen – dabei ist die Nutzung des Angebots anzugeben.
3. Eine Barauszahlung des Greenfee-Vorteils ist nicht möglich.
4. Das Kombinieren von Angeboten oder bestehenden Greenfee-Vorteilen ist nicht möglich. Der Vorteil bezieht sich jeweils ausschließlich auf die zum Zeitpunkt der Einlösung gültigen vollen Greenfee-Gebühren.
5. Gibt es Spielergruppen mit erhöhten Greenfee-Gebühren, ist ein Nachlass auf diese Gebühren nicht möglich.
6. Das Angebot allein berechtigt nicht zum Spiel gegen Greenfee. Die Erfüllung der Bestimmungen des jeweiligen Golfclubs zur Greenfee-Berechtigung (Mitgliedschaft in einem Golfclub, Mindesthandicap etc.) zum Zeitpunkt der Einlösung sind Voraussetzung.
7. Es ist untersagt, den Greenfee-Gutschein entgeltlich Dritten zu überlassen bzw. mit diesen Handel zu treiben. Insbesondere sind die teilnehmenden Golfclubs in diesem Falle berechtigt, die Einlösung der ausgeschriebenen Angebote zu verweigern.
8. Die teilnehmenden Golfclubs haben sich gegenüber dem Verlag unter den o.g. Bedingungen verpflichtet, die ausgeschriebenen Angebote einzulösen. Der Verlag übernimmt jedoch keine Gewähr und keine Haftung, wenn ein Angebot nicht eingelöst wird oder werden kann.

Bedingungen zur Einlösung des Discounts:
1. Das Angebot ist einschließlich bis 30.6.2024 gültig.
2. Der Golfspieler/Leser hat sich telefonisch eine Abschlagzeit geben zu lassen – dabei ist die Nutzung des Angebots anzugeben.
3. Eine Barauszahlung des Greenfee-Vorteils ist nicht möglich.
4. Das Kombinieren von Angeboten oder bestehenden Greenfee-Vorteilen ist nicht möglich. Der Vorteil bezieht sich jeweils ausschließlich auf die zum Zeitpunkt der Einlösung gültigen vollen Greenfee-Gebühren.
5. Gibt es Spielergruppen mit erhöhten Greenfee-Gebühren, ist ein Nachlass auf diese Gebühren nicht möglich.
6. Das Angebot allein berechtigt nicht zum Spiel gegen Greenfee. Die Erfüllung der Bestimmungen des jeweiligen Golfclubs zur Greenfee-Berechtigung (Mitgliedschaft in einem Golfclub, Mindesthandicap etc.) zum Zeitpunkt der Einlösung sind Voraussetzung.
7. Es ist untersagt, den Greenfee-Gutschein entgeltlich Dritten zu überlassen bzw. mit diesen Handel zu treiben. Insbesondere sind die teilnehmenden Golfclubs in diesem Falle berechtigt, die Einlösung der ausgeschriebenen Angebote zu verweigern.
8. Die teilnehmenden Golfclubs haben sich gegenüber dem Verlag unter den o.g. Bedingungen verpflichtet, die ausgeschriebenen Angebote einzulösen. Der Verlag übernimmt jedoch keine Gewähr und keine Haftung, wenn ein Angebot nicht eingelöst wird oder werden kann.

Bedingungen zur Einlösung des Discounts:
1. Das Angebot ist einschließlich bis 30.6.2024 gültig.
2. Der Golfspieler/Leser hat sich telefonisch eine Abschlagzeit geben zu lassen – dabei ist die Nutzung des Angebots anzugeben.
3. Eine Barauszahlung des Greenfee-Vorteils ist nicht möglich.
4. Das Kombinieren von Angeboten oder bestehenden Greenfee-Vorteilen ist nicht möglich. Der Vorteil bezieht sich jeweils ausschließlich auf die zum Zeitpunkt der Einlösung gültigen vollen Greenfee-Gebühren.
5. Gibt es Spielergruppen mit erhöhten Greenfee-Gebühren, ist ein Nachlass auf diese Gebühren nicht möglich.
6. Das Angebot allein berechtigt nicht zum Spiel gegen Greenfee. Die Erfüllung der Bestimmungen des jeweiligen Golfclubs zur Greenfee-Berechtigung (Mitgliedschaft in einem Golfclub, Mindesthandicap etc.) zum Zeitpunkt der Einlösung sind Voraussetzung.
7. Es ist untersagt, den Greenfee-Gutschein entgeltlich Dritten zu überlassen bzw. mit diesen Handel zu treiben. Insbesondere sind die teilnehmenden Golfclubs in diesem Falle berechtigt, die Einlösung der ausgeschriebenen Angebote zu verweigern.
8. Die teilnehmenden Golfclubs haben sich gegenüber dem Verlag unter den o.g. Bedingungen verpflichtet, die ausgeschriebenen Angebote einzulösen. Der Verlag übernimmt jedoch keine Gewähr und keine Haftung, wenn ein Angebot nicht eingelöst wird oder werden kann.

Bedingungen zur Einlösung des Discounts:
1. Das Angebot ist einschließlich bis 30.6.2024 gültig.
2. Der Golfspieler/Leser hat sich telefonisch eine Abschlagzeit geben zu lassen – dabei ist die Nutzung des Angebots anzugeben.
3. Eine Barauszahlung des Greenfee-Vorteils ist nicht möglich.
4. Das Kombinieren von Angeboten oder bestehenden Greenfee-Vorteilen ist nicht möglich. Der Vorteil bezieht sich jeweils ausschließlich auf die zum Zeitpunkt der Einlösung gültigen vollen Greenfee-Gebühren.
5. Gibt es Spielergruppen mit erhöhten Greenfee-Gebühren, ist ein Nachlass auf diese Gebühren nicht möglich.
6. Das Angebot allein berechtigt nicht zum Spiel gegen Greenfee. Die Erfüllung der Bestimmungen des jeweiligen Golfclubs zur Greenfee-Berechtigung (Mitgliedschaft in einem Golfclub, Mindesthandicap etc.) zum Zeitpunkt der Einlösung sind Voraussetzung.
7. Es ist untersagt, den Greenfee-Gutschein entgeltlich Dritten zu überlassen bzw. mit diesen Handel zu treiben. Insbesondere sind die teilnehmenden Golfclubs in diesem Falle berechtigt, die Einlösung der ausgeschriebenen Angebote zu verweigern.
8. Die teilnehmenden Golfclubs haben sich gegenüber dem Verlag unter den o.g. Bedingungen verpflichtet, die ausgeschriebenen Angebote einzulösen. Der Verlag übernimmt jedoch keine Gewähr und keine Haftung, wenn ein Angebot nicht eingelöst wird oder werden kann.

Bedingungen zur Einlösung des Discounts:
1. Das Angebot ist einschließlich bis 30.6.2024 gültig.
2. Der Golfspieler/Leser hat sich telefonisch eine Abschlagzeit geben zu lassen – dabei ist die Nutzung des Angebots anzugeben.
3. Eine Barauszahlung des Greenfee-Vorteils ist nicht möglich.
4. Das Kombinieren von Angeboten oder bestehenden Greenfee-Vorteilen ist nicht möglich. Der Vorteil bezieht sich jeweils ausschließlich auf die zum Zeitpunkt der Einlösung gültigen vollen Greenfee-Gebühren.
5. Gibt es Spielergruppen mit erhöhten Greenfee-Gebühren, ist ein Nachlass auf diese Gebühren nicht möglich.
6. Das Angebot allein berechtigt nicht zum Spiel gegen Greenfee. Die Erfüllung der Bestimmungen des jeweiligen Golfclubs zur Greenfee-Berechtigung (Mitgliedschaft in einem Golfclub, Mindesthandicap etc.) zum Zeitpunkt der Einlösung sind Voraussetzung.
7. Es ist untersagt, den Greenfee-Gutschein entgeltlich Dritten zu überlassen bzw. mit diesen Handel zu treiben. Insbesondere sind die teilnehmenden Golfclubs in diesem Falle berechtigt, die Einlösung der ausgeschriebenen Angebote zu verweigern.
8. Die teilnehmenden Golfclubs haben sich gegenüber dem Verlag unter den o.g. Bedingungen verpflichtet, die ausgeschriebenen Angebote einzulösen. Der Verlag übernimmt jedoch keine Gewähr und keine Haftung, wenn ein Angebot nicht eingelöst wird oder werden kann.

Bedingungen zur Einlösung des Discounts:
1. Das Angebot ist einschließlich bis 30.6.2024 gültig.
2. Der Golfspieler/Leser hat sich telefonisch eine Abschlagzeit geben zu lassen – dabei ist die Nutzung des Angebots anzugeben.
3. Eine Barauszahlung des Greenfee-Vorteils ist nicht möglich.
4. Das Kombinieren von Angeboten oder bestehenden Greenfee-Vorteilen ist nicht möglich. Der Vorteil bezieht sich jeweils ausschließlich auf die zum Zeitpunkt der Einlösung gültigen vollen Greenfee-Gebühren.
5. Gibt es Spielergruppen mit erhöhten Greenfee-Gebühren, ist ein Nachlass auf diese Gebühren nicht möglich.
6. Das Angebot allein berechtigt nicht zum Spiel gegen Greenfee. Die Erfüllung der Bestimmungen des jeweiligen Golfclubs zur Greenfee-Berechtigung (Mitgliedschaft in einem Golfclub, Mindesthandicap etc.) zum Zeitpunkt der Einlösung sind Voraussetzung.
7. Es ist untersagt, den Greenfee-Gutschein entgeltlich Dritten zu überlassen bzw. mit diesen Handel zu treiben. Insbesondere sind die teilnehmenden Golfclubs in diesem Falle berechtigt, die Einlösung der ausgeschriebenen Angebote zu verweigern.
8. Die teilnehmenden Golfclubs haben sich gegenüber dem Verlag unter den o.g. Bedingungen verpflichtet, die ausgeschriebenen Angebote einzulösen. Der Verlag übernimmt jedoch keine Gewähr und keine Haftung, wenn ein Angebot nicht eingelöst wird oder werden kann.

Bedingungen zur Einlösung des Discounts:
1. Das Angebot ist einschließlich bis 30.6.2024 gültig.
2. Der Golfspieler/Leser hat sich telefonisch eine Abschlagzeit geben zu lassen – dabei ist die Nutzung des Angebots anzugeben.
3. Eine Barauszahlung des Greenfee-Vorteils ist nicht möglich.
4. Das Kombinieren von Angeboten oder bestehenden Greenfee-Vorteilen ist nicht möglich. Der Vorteil bezieht sich jeweils ausschließlich auf die zum Zeitpunkt der Einlösung gültigen vollen Greenfee-Gebühren.
5. Gibt es Spielergruppen mit erhöhten Greenfee-Gebühren, ist ein Nachlass auf diese Gebühren nicht möglich.
6. Das Angebot allein berechtigt nicht zum Spiel gegen Greenfee. Die Erfüllung der Bestimmungen des jeweiligen Golfclubs zur Greenfee-Berechtigung (Mitgliedschaft in einem Golfclub, Mindesthandicap etc.) zum Zeitpunkt der Einlösung sind Voraussetzung.
7. Es ist untersagt, den Greenfee-Gutschein entgeltlich Dritten zu überlassen bzw. mit diesen Handel zu treiben. Insbesondere sind die teilnehmenden Golfclubs in diesem Falle berechtigt, die Einlösung der ausgeschriebenen Angebote zu verweigern.
8. Die teilnehmenden Golfclubs haben sich gegenüber dem Verlag unter den o.g. Bedingungen verpflichtet, die ausgeschriebenen Angebote einzulösen. Der Verlag übernimmt jedoch keine Gewähr und keine Haftung, wenn ein Angebot nicht eingelöst wird oder werden kann.

Bedingungen zur Einlösung des Discounts:
1. Das Angebot ist einschließlich bis 30.6.2024 gültig.
2. Der Golfspieler/Leser hat sich telefonisch eine Abschlagzeit geben zu lassen – dabei ist die Nutzung des Angebots anzugeben.
3. Eine Barauszahlung des Greenfee-Vorteils ist nicht möglich.
4. Das Kombinieren von Angeboten oder bestehenden Greenfee-Vorteilen ist nicht möglich. Der Vorteil bezieht sich jeweils ausschließlich auf die zum Zeitpunkt der Einlösung gültigen vollen Greenfee-Gebühren.
5. Gibt es Spielergruppen mit erhöhten Greenfee-Gebühren, ist ein Nachlass auf diese Gebühren nicht möglich.
6. Das Angebot allein berechtigt nicht zum Spiel gegen Greenfee. Die Erfüllung der Bestimmungen des jeweiligen Golfclubs zur Greenfee-Berechtigung (Mitgliedschaft in einem Golfclub, Mindesthandicap etc.) zum Zeitpunkt der Einlösung sind Voraussetzung.
7. Es ist untersagt, den Greenfee-Gutschein entgeltlich Dritten zu überlassen bzw. mit diesen Handel zu treiben. Insbesondere sind die teilnehmenden Golfclubs in diesem Falle berechtigt, die Einlösung der ausgeschriebenen Angebote zu verweigern.
8. Die teilnehmenden Golfclubs haben sich gegenüber dem Verlag unter den o.g. Bedingungen verpflichtet, die ausgeschriebenen Angebote einzulösen. Der Verlag übernimmt jedoch keine Gewähr und keine Haftung, wenn ein Angebot nicht eingelöst wird oder werden kann.

Bedingungen zur Einlösung des Discounts:
1. Das Angebot ist einschließlich bis 30.6.2024 gültig.
2. Der Golfspieler/Leser hat sich telefonisch eine Abschlagzeit geben zu lassen – dabei ist die Nutzung des Angebots anzugeben.
3. Eine Barauszahlung des Greenfee-Vorteils ist nicht möglich.
4. Das Kombinieren von Angeboten oder bestehenden Greenfee-Vorteilen ist nicht möglich. Der Vorteil bezieht sich jeweils ausschließlich auf die zum Zeitpunkt der Einlösung gültigen vollen Greenfee-Gebühren.
5. Gibt es Spielergruppen mit erhöhten Greenfee-Gebühren, ist ein Nachlass auf diese Gebühren nicht möglich.
6. Das Angebot allein berechtigt nicht zum Spiel gegen Greenfee. Die Erfüllung der Bestimmungen des jeweiligen Golfclubs zur Greenfee-Berechtigung (Mitgliedschaft in einem Golfclub, Mindesthandicap etc.) zum Zeitpunkt der Einlösung sind Voraussetzung.
7. Es ist untersagt, den Greenfee-Gutschein entgeltlich Dritten zu überlassen bzw. mit diesen Handel zu treiben. Insbesondere sind die teilnehmenden Golfclubs in diesem Falle berechtigt, die Einlösung der ausgeschriebenen Angebote zu verweigern.
8. Die teilnehmenden Golfclubs haben sich gegenüber dem Verlag unter den o.g. Bedingungen verpflichtet, die ausgeschriebenen Angebote einzulösen. Der Verlag übernimmt jedoch keine Gewähr und keine Haftung, wenn ein Angebot nicht eingelöst wird oder werden kann.

Diese Gutscheine gelten nur in Verbindung mit dem Buch/Albrecht Golf Card

Diese Gutscheine gelten nur in Verbindung mit dem Buch/Albrecht Golf Card

DER GOLF ALBRECHT

Golf International Moyland DE

Moyländer Allee 10
D-47551 Bedburg-Hau
02824-976680
Nordrhein-Westfalen

99

30% Greenfee-Ermäßigung

DER GOLF ALBRECHT

Mühlenhof Golf & Country Club e.V. DE

Greilack 29
D-47546 Kalkar-Niedermörmter
02824-924092
Nordrhein-Westfalen
Hinweis: Keine Doppelrabattierung

100

2 for 1 2 GF zum Preis von 1

DER GOLF ALBRECHT

Mühlenhof Golf & Country Club e.V. DE

Greilack 29
D-47546 Kalkar-Niedermörmter
02824-924092
Nordrhein-Westfalen
Hinweis: Keine Doppelrabattierung

100

2 for 1 2 GF zum Preis von 1

DER GOLF ALBRECHT

Mühlenhof Golf & Country Club e.V. DE

Greilack 29
D-47546 Kalkar-Niedermörmter
02824-924092
Nordrhein-Westfalen
Hinweis: Keine Doppelrabattierung

100

2 for 1 2 GF zum Preis von 1

DER GOLF ALBRECHT

Mühlenhof Golf & Country Club e.V. DE

Greilack 29
D-47546 Kalkar-Niedermörmter
02824-924092
Nordrhein-Westfalen
Hinweis: Keine Doppelrabattierung

100

50% Greenfee-Ermäßigung

DER GOLF ALBRECHT

Mühlenhof Golf & Country Club e.V. DE

Greilack 29
D-47546 Kalkar-Niedermörmter
02824-924092
Nordrhein-Westfalen
Hinweis: Keine Doppelrabattierung

100

50% Greenfee-Ermäßigung

DER GOLF ALBRECHT

Mühlenhof Golf & Country Club e.V. DE

Greilack 29
D-47546 Kalkar-Niedermörmter
02824-924092
Nordrhein-Westfalen
Hinweis: Keine Doppelrabattierung

100

50% Greenfee-Ermäßigung

DER GOLF ALBRECHT

Golfclub Wasserschloss Westerwinkel e.V. DE

Horn-Westerwinkel 5
D-59387 Ascheberg-Herbern
02599-92222
Nordrhein-Westfalen
Hinweis: nur für 18-Loch-Runden

101

2 for 1 2 GF zum Preis von 1

DER GOLF ALBRECHT

Golfclub Wasserschloss Westerwinkel e.V. DE

Horn-Westerwinkel 5
D-59387 Ascheberg-Herbern
02599-92222
Nordrhein-Westfalen
Hinweis: nur für 18-Loch-Runden

101

2 for 1 2 GF zum Preis von 1

DER GOLF ALBRECHT

Golfclub Wasserschloss Westerwinkel e.V. DE

Horn-Westerwinkel 5
D-59387 Ascheberg-Herbern
02599-92222
Nordrhein-Westfalen
Hinweis: nur für 18-Loch-Runden

101

50% Greenfee-Ermäßigung

Bedingungen zur Einlösung des Discounts:

1. Das Angebot ist einschließlich bis 30.6.2024 gültig.
2. Der Golfspieler/Leser hat sich telefonisch eine Abschlagzeit geben zu lassen – dabei ist die Nutzung des Angebots anzugeben.
3. Eine Barauszahlung des Greenfee-Vorteils ist nicht möglich.
4. Das Kombinieren von Angeboten oder bestehenden Greenfee-Vorteilen ist nicht möglich. Der Vorteil bezieht sich jeweils ausschließlich auf die zum Zeitpunkt der Einlösung gültigen vollen Greenfee-Gebühren.
5. Gibt es Spielergruppen mit erhöhten Greenfee-Gebühren, ist ein Nachlass auf diese Gebühren nicht möglich.
6. Das Angebot allein berechtigt nicht zum Spiel gegen Greenfee. Die Erfüllung der Bestimmungen des jeweiligen Golfclubs zur Greenfee-Berechtigung (Mitgliedschaft in einem Golfclub, Mindesthandicap etc.) zum Zeitpunkt der Einlösung sind Voraussetzung.
7. Es ist untersagt, den Greenfee-Gutschein entgeltlich Dritten zu überlassen bzw. mit diesen Handel zu treiben. Insbesondere sind die teilnehmenden Golfclubs in diesem Falle berechtigt, die Einlösung der ausgeschriebenen Angebote zu verweigern.
8. Die teilnehmenden Golfclubs haben sich gegenüber dem Verlag unter den o.g. Bedingungen verpflichtet, die ausgeschriebenen Angebote einzulösen. Der Verlag übernimmt jedoch keine Gewähr und keine Haftung, wenn ein Angebot nicht eingelöst wird oder werden kann.

Bedingungen zur Einlösung des Discounts:

1. Das Angebot ist einschließlich bis 30.6.2024 gültig.
2. Der Golfspieler/Leser hat sich telefonisch eine Abschlagzeit geben zu lassen – dabei ist die Nutzung des Angebots anzugeben.
3. Eine Barauszahlung des Greenfee-Vorteils ist nicht möglich.
4. Das Kombinieren von Angeboten oder bestehenden Greenfee-Vorteilen ist nicht möglich. Der Vorteil bezieht sich jeweils ausschließlich auf die zum Zeitpunkt der Einlösung gültigen vollen Greenfee-Gebühren.
5. Gibt es Spielergruppen mit erhöhten Greenfee-Gebühren, ist ein Nachlass auf diese Gebühren nicht möglich.
6. Das Angebot allein berechtigt nicht zum Spiel gegen Greenfee. Die Erfüllung der Bestimmungen des jeweiligen Golfclubs zur Greenfee-Berechtigung (Mitgliedschaft in einem Golfclub, Mindesthandicap etc.) zum Zeitpunkt der Einlösung sind Voraussetzung.
7. Es ist untersagt, den Greenfee-Gutschein entgeltlich Dritten zu überlassen bzw. mit diesen Handel zu treiben. Insbesondere sind die teilnehmenden Golfclubs in diesem Falle berechtigt, die Einlösung der ausgeschriebenen Angebote zu verweigern.
8. Die teilnehmenden Golfclubs haben sich gegenüber dem Verlag unter den o.g. Bedingungen verpflichtet, die ausgeschriebenen Angebote einzulösen. Der Verlag übernimmt jedoch keine Gewähr und keine Haftung, wenn ein Angebot nicht eingelöst wird oder werden kann.

Bedingungen zur Einlösung des Discounts:

1. Das Angebot ist einschließlich bis 30.6.2024 gültig.
2. Der Golfspieler/Leser hat sich telefonisch eine Abschlagzeit geben zu lassen – dabei ist die Nutzung des Angebots anzugeben.
3. Eine Barauszahlung des Greenfee-Vorteils ist nicht möglich.
4. Das Kombinieren von Angeboten oder bestehenden Greenfee-Vorteilen ist nicht möglich. Der Vorteil bezieht sich jeweils ausschließlich auf die zum Zeitpunkt der Einlösung gültigen vollen Greenfee-Gebühren.
5. Gibt es Spielergruppen mit erhöhten Greenfee-Gebühren, ist ein Nachlass auf diese Gebühren nicht möglich.
6. Das Angebot allein berechtigt nicht zum Spiel gegen Greenfee. Die Erfüllung der Bestimmungen des jeweiligen Golfclubs zur Greenfee-Berechtigung (Mitgliedschaft in einem Golfclub, Mindesthandicap etc.) zum Zeitpunkt der Einlösung sind Voraussetzung.
7. Es ist untersagt, den Greenfee-Gutschein entgeltlich Dritten zu überlassen bzw. mit diesen Handel zu treiben. Insbesondere sind die teilnehmenden Golfclubs in diesem Falle berechtigt, die Einlösung der ausgeschriebenen Angebote zu verweigern.
8. Die teilnehmenden Golfclubs haben sich gegenüber dem Verlag unter den o.g. Bedingungen verpflichtet, die ausgeschriebenen Angebote einzulösen. Der Verlag übernimmt jedoch keine Gewähr und keine Haftung, wenn ein Angebot nicht eingelöst wird oder werden kann.

Bedingungen zur Einlösung des Discounts:

1. Das Angebot ist einschließlich bis 30.6.2024 gültig.
2. Der Golfspieler/Leser hat sich telefonisch eine Abschlagzeit geben zu lassen – dabei ist die Nutzung des Angebots anzugeben.
3. Eine Barauszahlung des Greenfee-Vorteils ist nicht möglich.
4. Das Kombinieren von Angeboten oder bestehenden Greenfee-Vorteilen ist nicht möglich. Der Vorteil bezieht sich jeweils ausschließlich auf die zum Zeitpunkt der Einlösung gültigen vollen Greenfee-Gebühren.
5. Gibt es Spielergruppen mit erhöhten Greenfee-Gebühren, ist ein Nachlass auf diese Gebühren nicht möglich.
6. Das Angebot allein berechtigt nicht zum Spiel gegen Greenfee. Die Erfüllung der Bestimmungen des jeweiligen Golfclubs zur Greenfee-Berechtigung (Mitgliedschaft in einem Golfclub, Mindesthandicap etc.) zum Zeitpunkt der Einlösung sind Voraussetzung.
7. Es ist untersagt, den Greenfee-Gutschein entgeltlich Dritten zu überlassen bzw. mit diesen Handel zu treiben. Insbesondere sind die teilnehmenden Golfclubs in diesem Falle berechtigt, die Einlösung der ausgeschriebenen Angebote zu verweigern.
8. Die teilnehmenden Golfclubs haben sich gegenüber dem Verlag unter den o.g. Bedingungen verpflichtet, die ausgeschriebenen Angebote einzulösen. Der Verlag übernimmt jedoch keine Gewähr und keine Haftung, wenn ein Angebot nicht eingelöst wird oder werden kann.

Bedingungen zur Einlösung des Discounts:

1. Das Angebot ist einschließlich bis 30.6.2024 gültig.
2. Der Golfspieler/Leser hat sich telefonisch eine Abschlagzeit geben zu lassen – dabei ist die Nutzung des Angebots anzugeben.
3. Eine Barauszahlung des Greenfee-Vorteils ist nicht möglich.
4. Das Kombinieren von Angeboten oder bestehenden Greenfee-Vorteilen ist nicht möglich. Der Vorteil bezieht sich jeweils ausschließlich auf die zum Zeitpunkt der Einlösung gültigen vollen Greenfee-Gebühren.
5. Gibt es Spielergruppen mit erhöhten Greenfee-Gebühren, ist ein Nachlass auf diese Gebühren nicht möglich.
6. Das Angebot allein berechtigt nicht zum Spiel gegen Greenfee. Die Erfüllung der Bestimmungen des jeweiligen Golfclubs zur Greenfee-Berechtigung (Mitgliedschaft in einem Golfclub, Mindesthandicap etc.) zum Zeitpunkt der Einlösung sind Voraussetzung.
7. Es ist untersagt, den Greenfee-Gutschein entgeltlich Dritten zu überlassen bzw. mit diesen Handel zu treiben. Insbesondere sind die teilnehmenden Golfclubs in diesem Falle berechtigt, die Einlösung der ausgeschriebenen Angebote zu verweigern.
8. Die teilnehmenden Golfclubs haben sich gegenüber dem Verlag unter den o.g. Bedingungen verpflichtet, die ausgeschriebenen Angebote einzulösen. Der Verlag übernimmt jedoch keine Gewähr und keine Haftung, wenn ein Angebot nicht eingelöst wird oder werden kann.

Bedingungen zur Einlösung des Discounts:

1. Das Angebot ist einschließlich bis 30.6.2024 gültig.
2. Der Golfspieler/Leser hat sich telefonisch eine Abschlagzeit geben zu lassen – dabei ist die Nutzung des Angebots anzugeben.
3. Eine Barauszahlung des Greenfee-Vorteils ist nicht möglich.
4. Das Kombinieren von Angeboten oder bestehenden Greenfee-Vorteilen ist nicht möglich. Der Vorteil bezieht sich jeweils ausschließlich auf die zum Zeitpunkt der Einlösung gültigen vollen Greenfee-Gebühren.
5. Gibt es Spielergruppen mit erhöhten Greenfee-Gebühren, ist ein Nachlass auf diese Gebühren nicht möglich.
6. Das Angebot allein berechtigt nicht zum Spiel gegen Greenfee. Die Erfüllung der Bestimmungen des jeweiligen Golfclubs zur Greenfee-Berechtigung (Mitgliedschaft in einem Golfclub, Mindesthandicap etc.) zum Zeitpunkt der Einlösung sind Voraussetzung.
7. Es ist untersagt, den Greenfee-Gutschein entgeltlich Dritten zu überlassen bzw. mit diesen Handel zu treiben. Insbesondere sind die teilnehmenden Golfclubs in diesem Falle berechtigt, die Einlösung der ausgeschriebenen Angebote zu verweigern.
8. Die teilnehmenden Golfclubs haben sich gegenüber dem Verlag unter den o.g. Bedingungen verpflichtet, die ausgeschriebenen Angebote einzulösen. Der Verlag übernimmt jedoch keine Gewähr und keine Haftung, wenn ein Angebot nicht eingelöst wird oder werden kann.

Bedingungen zur Einlösung des Discounts:

1. Das Angebot ist einschließlich bis 30.6.2024 gültig.
2. Der Golfspieler/Leser hat sich telefonisch eine Abschlagzeit geben zu lassen – dabei ist die Nutzung des Angebots anzugeben.
3. Eine Barauszahlung des Greenfee-Vorteils ist nicht möglich.
4. Das Kombinieren von Angeboten oder bestehenden Greenfee-Vorteilen ist nicht möglich. Der Vorteil bezieht sich jeweils ausschließlich auf die zum Zeitpunkt der Einlösung gültigen vollen Greenfee-Gebühren.
5. Gibt es Spielergruppen mit erhöhten Greenfee-Gebühren, ist ein Nachlass auf diese Gebühren nicht möglich.
6. Das Angebot allein berechtigt nicht zum Spiel gegen Greenfee. Die Erfüllung der Bestimmungen des jeweiligen Golfclubs zur Greenfee-Berechtigung (Mitgliedschaft in einem Golfclub, Mindesthandicap etc.) zum Zeitpunkt der Einlösung sind Voraussetzung.
7. Es ist untersagt, den Greenfee-Gutschein entgeltlich Dritten zu überlassen bzw. mit diesen Handel zu treiben. Insbesondere sind die teilnehmenden Golfclubs in diesem Falle berechtigt, die Einlösung der ausgeschriebenen Angebote zu verweigern.
8. Die teilnehmenden Golfclubs haben sich gegenüber dem Verlag unter den o.g. Bedingungen verpflichtet, die ausgeschriebenen Angebote einzulösen. Der Verlag übernimmt jedoch keine Gewähr und keine Haftung, wenn ein Angebot nicht eingelöst wird oder werden kann.

Bedingungen zur Einlösung des Discounts:

1. Das Angebot ist einschließlich bis 30.6.2024 gültig.
2. Der Golfspieler/Leser hat sich telefonisch eine Abschlagzeit geben zu lassen – dabei ist die Nutzung des Angebots anzugeben.
3. Eine Barauszahlung des Greenfee-Vorteils ist nicht möglich.
4. Das Kombinieren von Angeboten oder bestehenden Greenfee-Vorteilen ist nicht möglich. Der Vorteil bezieht sich jeweils ausschließlich auf die zum Zeitpunkt der Einlösung gültigen vollen Greenfee-Gebühren.
5. Gibt es Spielergruppen mit erhöhten Greenfee-Gebühren, ist ein Nachlass auf diese Gebühren nicht möglich.
6. Das Angebot allein berechtigt nicht zum Spiel gegen Greenfee. Die Erfüllung der Bestimmungen des jeweiligen Golfclubs zur Greenfee-Berechtigung (Mitgliedschaft in einem Golfclub, Mindesthandicap etc.) zum Zeitpunkt der Einlösung sind Voraussetzung.
7. Es ist untersagt, den Greenfee-Gutschein entgeltlich Dritten zu überlassen bzw. mit diesen Handel zu treiben. Insbesondere sind die teilnehmenden Golfclubs in diesem Falle berechtigt, die Einlösung der ausgeschriebenen Angebote zu verweigern.
8. Die teilnehmenden Golfclubs haben sich gegenüber dem Verlag unter den o.g. Bedingungen verpflichtet, die ausgeschriebenen Angebote einzulösen. Der Verlag übernimmt jedoch keine Gewähr und keine Haftung, wenn ein Angebot nicht eingelöst wird oder werden kann.

Bedingungen zur Einlösung des Discounts:

1. Das Angebot ist einschließlich bis 30.6.2024 gültig.
2. Der Golfspieler/Leser hat sich telefonisch eine Abschlagzeit geben zu lassen – dabei ist die Nutzung des Angebots anzugeben.
3. Eine Barauszahlung des Greenfee-Vorteils ist nicht möglich.
4. Das Kombinieren von Angeboten oder bestehenden Greenfee-Vorteilen ist nicht möglich. Der Vorteil bezieht sich jeweils ausschließlich auf die zum Zeitpunkt der Einlösung gültigen vollen Greenfee-Gebühren.
5. Gibt es Spielergruppen mit erhöhten Greenfee-Gebühren, ist ein Nachlass auf diese Gebühren nicht möglich.
6. Das Angebot allein berechtigt nicht zum Spiel gegen Greenfee. Die Erfüllung der Bestimmungen des jeweiligen Golfclubs zur Greenfee-Berechtigung (Mitgliedschaft in einem Golfclub, Mindesthandicap etc.) zum Zeitpunkt der Einlösung sind Voraussetzung.
7. Es ist untersagt, den Greenfee-Gutschein entgeltlich Dritten zu überlassen bzw. mit diesen Handel zu treiben. Insbesondere sind die teilnehmenden Golfclubs in diesem Falle berechtigt, die Einlösung der ausgeschriebenen Angebote zu verweigern.
8. Die teilnehmenden Golfclubs haben sich gegenüber dem Verlag unter den o.g. Bedingungen verpflichtet, die ausgeschriebenen Angebote einzulösen. Der Verlag übernimmt jedoch keine Gewähr und keine Haftung, wenn ein Angebot nicht eingelöst wird oder werden kann.

Bedingungen zur Einlösung des Discounts:

1. Das Angebot ist einschließlich bis 30.6.2024 gültig.
2. Der Golfspieler/Leser hat sich telefonisch eine Abschlagzeit geben zu lassen – dabei ist die Nutzung des Angebots anzugeben.
3. Eine Barauszahlung des Greenfee-Vorteils ist nicht möglich.
4. Das Kombinieren von Angeboten oder bestehenden Greenfee-Vorteilen ist nicht möglich. Der Vorteil bezieht sich jeweils ausschließlich auf die zum Zeitpunkt der Einlösung gültigen vollen Greenfee-Gebühren.
5. Gibt es Spielergruppen mit erhöhten Greenfee-Gebühren, ist ein Nachlass auf diese Gebühren nicht möglich.
6. Das Angebot allein berechtigt nicht zum Spiel gegen Greenfee. Die Erfüllung der Bestimmungen des jeweiligen Golfclubs zur Greenfee-Berechtigung (Mitgliedschaft in einem Golfclub, Mindesthandicap etc.) zum Zeitpunkt der Einlösung sind Voraussetzung.
7. Es ist untersagt, den Greenfee-Gutschein entgeltlich Dritten zu überlassen bzw. mit diesen Handel zu treiben. Insbesondere sind die teilnehmenden Golfclubs in diesem Falle berechtigt, die Einlösung der ausgeschriebenen Angebote zu verweigern.
8. Die teilnehmenden Golfclubs haben sich gegenüber dem Verlag unter den o.g. Bedingungen verpflichtet, die ausgeschriebenen Angebote einzulösen. Der Verlag übernimmt jedoch keine Gewähr und keine Haftung, wenn ein Angebot nicht eingelöst wird oder werden kann.

Diese Gutscheine gelten nur in Verbindung mit dem Buch/Albrecht Golf Card

Diese Gutscheine gelten nur in Verbindung mit dem Buch/Albrecht Golf Card

DER GOLF ALBRECHT

Golfclub Wasserschloss Westerwinkel e.V. DE

Horn-Westerwinkel 5
D-59387 Ascheberg-Herbern
✆ 02599-92222
Nordrhein-Westfalen
Hinweis: nur für 18-Loch-Runden

101

50% Greenfee-Ermäßigung

DER GOLF ALBRECHT

Golfclub Weselerwald e.V. DE

Steenbecksweg 14
D-46514 Schermbeck
✆ 02856-91370
Nordrhein-Westfalen

102

10% Greenfee-Ermäßigung wochentags

DER GOLF ALBRECHT

Golfclub Weselerwald e.V. DE

Steenbecksweg 14
D-46514 Schermbeck
✆ 02856-91370
Nordrhein-Westfalen

102

10% Greenfee-Ermäßigung wochentags

DER GOLF ALBRECHT

Universitäts-Golfclub Paderborn e.V. DE

Haxterhöhe 2
D-33100 Paderborn
✆ 05251-604242
Nordrhein-Westfalen

103

2 for 1 2 GF zum Preis von 1

DER GOLF ALBRECHT

Universitäts-Golfclub Paderborn e.V. DE

Haxterhöhe 2
D-33100 Paderborn
✆ 05251-604242
Nordrhein-Westfalen

103

2 for 1 2 GF zum Preis von 1

DER GOLF ALBRECHT

Universitäts-Golfclub Paderborn e.V. DE

Haxterhöhe 2
D-33100 Paderborn
✆ 05251-604242
Nordrhein-Westfalen

103

50% Greenfee-Ermäßigung

DER GOLF ALBRECHT

Golfclub Stahlberg im Lippetal e.V. DE

Ebbeckeweg 3
D-59510 Lippetal-Lippborg
✆ 02527-8191
Nordrhein-Westfalen

104

2 for 1 2 GF zum Preis von 1

DER GOLF ALBRECHT

Golfclub Stahlberg im Lippetal e.V. DE

Ebbeckeweg 3
D-59510 Lippetal-Lippborg
✆ 02527-8191
Nordrhein-Westfalen

104

2 for 1 2 GF zum Preis von 1

DER GOLF ALBRECHT

Golfclub Stahlberg im Lippetal e.V. DE

Ebbeckeweg 3
D-59510 Lippetal-Lippborg
✆ 02527-8191
Nordrhein-Westfalen

104

50% Greenfee-Ermäßigung

DER GOLF ALBRECHT

Golfclub Stahlberg im Lippetal e.V. DE

Ebbeckeweg 3
D-59510 Lippetal-Lippborg
✆ 02527-8191
Nordrhein-Westfalen

104

50% Greenfee-Ermäßigung

Bedingungen zur Einlösung des Discounts:
1. Das Angebot ist einschließlich bis 30.6.2024 gültig.
2. Der Golfspieler/Leser hat sich telefonisch eine Abschlagzeit geben zu lassen – dabei ist die Nutzung des Angebots anzugeben.
3. Eine Barauszahlung des Greenfee-Vorteils ist nicht möglich.
4. Das Kombinieren von Angeboten oder bestehenden Greenfee-Vorteilen ist nicht möglich. Der Vorteil bezieht sich jeweils ausschließlich auf die zum Zeitpunkt der Einlösung gültigen vollen Greenfee-Gebühren.
5. Gibt es Spielergruppen mit erhöhten Greenfee-Gebühren, ist ein Nachlass auf diese Gebühren nicht möglich.
6. Das Angebot allein berechtigt nicht zum Spiel gegen Greenfee. Die Erfüllung der Bestimmungen des jeweiligen Golfclubs zur Greenfee-Berechtigung (Mitgliedschaft in einem Golfclub, Mindesthandicap etc.) zum Zeitpunkt der Einlösung sind Voraussetzung.
7. Es ist untersagt, den Greenfee-Gutschein entgeltlich Dritten zu überlassen bzw. mit diesen Handel zu treiben. Insbesondere sind die teilnehmenden Golfclubs in diesem Falle berechtigt, die Einlösung der ausgeschriebenen Angebote zu verweigern.
8. Die teilnehmenden Golfclubs haben sich gegenüber dem Verlag unter den o.g. Bedingungen verpflichtet, die ausgeschriebenen Angebote einzulösen. Der Verlag übernimmt jedoch keine Gewähr und keine Haftung, wenn ein Angebot nicht eingelöst wird oder werden kann.

Bedingungen zur Einlösung des Discounts:
1. Das Angebot ist einschließlich bis 30.6.2024 gültig.
2. Der Golfspieler/Leser hat sich telefonisch eine Abschlagzeit geben zu lassen – dabei ist die Nutzung des Angebots anzugeben.
3. Eine Barauszahlung des Greenfee-Vorteils ist nicht möglich.
4. Das Kombinieren von Angeboten oder bestehenden Greenfee-Vorteilen ist nicht möglich. Der Vorteil bezieht sich jeweils ausschließlich auf die zum Zeitpunkt der Einlösung gültigen vollen Greenfee-Gebühren.
5. Gibt es Spielergruppen mit erhöhten Greenfee-Gebühren, ist ein Nachlass auf diese Gebühren nicht möglich.
6. Das Angebot allein berechtigt nicht zum Spiel gegen Greenfee. Die Erfüllung der Bestimmungen des jeweiligen Golfclubs zur Greenfee-Berechtigung (Mitgliedschaft in einem Golfclub, Mindesthandicap etc.) zum Zeitpunkt der Einlösung sind Voraussetzung.
7. Es ist untersagt, den Greenfee-Gutschein entgeltlich Dritten zu überlassen bzw. mit diesen Handel zu treiben. Insbesondere sind die teilnehmenden Golfclubs in diesem Falle berechtigt, die Einlösung der ausgeschriebenen Angebote zu verweigern.
8. Die teilnehmenden Golfclubs haben sich gegenüber dem Verlag unter den o.g. Bedingungen verpflichtet, die ausgeschriebenen Angebote einzulösen. Der Verlag übernimmt jedoch keine Gewähr und keine Haftung, wenn ein Angebot nicht eingelöst wird oder werden kann.

Bedingungen zur Einlösung des Discounts:
1. Das Angebot ist einschließlich bis 30.6.2024 gültig.
2. Der Golfspieler/Leser hat sich telefonisch eine Abschlagzeit geben zu lassen – dabei ist die Nutzung des Angebots anzugeben.
3. Eine Barauszahlung des Greenfee-Vorteils ist nicht möglich.
4. Das Kombinieren von Angeboten oder bestehenden Greenfee-Vorteilen ist nicht möglich. Der Vorteil bezieht sich jeweils ausschließlich auf die zum Zeitpunkt der Einlösung gültigen vollen Greenfee-Gebühren.
5. Gibt es Spielergruppen mit erhöhten Greenfee-Gebühren, ist ein Nachlass auf diese Gebühren nicht möglich.
6. Das Angebot allein berechtigt nicht zum Spiel gegen Greenfee. Die Erfüllung der Bestimmungen des jeweiligen Golfclubs zur Greenfee-Berechtigung (Mitgliedschaft in einem Golfclub, Mindesthandicap etc.) zum Zeitpunkt der Einlösung sind Voraussetzung.
7. Es ist untersagt, den Greenfee-Gutschein entgeltlich Dritten zu überlassen bzw. mit diesen Handel zu treiben. Insbesondere sind die teilnehmenden Golfclubs in diesem Falle berechtigt, die Einlösung der ausgeschriebenen Angebote zu verweigern.
8. Die teilnehmenden Golfclubs haben sich gegenüber dem Verlag unter den o.g. Bedingungen verpflichtet, die ausgeschriebenen Angebote einzulösen. Der Verlag übernimmt jedoch keine Gewähr und keine Haftung, wenn ein Angebot nicht eingelöst wird oder werden kann.

Bedingungen zur Einlösung des Discounts:
1. Das Angebot ist einschließlich bis 30.6.2024 gültig.
2. Der Golfspieler/Leser hat sich telefonisch eine Abschlagzeit geben zu lassen – dabei ist die Nutzung des Angebots anzugeben.
3. Eine Barauszahlung des Greenfee-Vorteils ist nicht möglich.
4. Das Kombinieren von Angeboten oder bestehenden Greenfee-Vorteilen ist nicht möglich. Der Vorteil bezieht sich jeweils ausschließlich auf die zum Zeitpunkt der Einlösung gültigen vollen Greenfee-Gebühren.
5. Gibt es Spielergruppen mit erhöhten Greenfee-Gebühren, ist ein Nachlass auf diese Gebühren nicht möglich.
6. Das Angebot allein berechtigt nicht zum Spiel gegen Greenfee. Die Erfüllung der Bestimmungen des jeweiligen Golfclubs zur Greenfee-Berechtigung (Mitgliedschaft in einem Golfclub, Mindesthandicap etc.) zum Zeitpunkt der Einlösung sind Voraussetzung.
7. Es ist untersagt, den Greenfee-Gutschein entgeltlich Dritten zu überlassen bzw. mit diesen Handel zu treiben. Insbesondere sind die teilnehmenden Golfclubs in diesem Falle berechtigt, die Einlösung der ausgeschriebenen Angebote zu verweigern.
8. Die teilnehmenden Golfclubs haben sich gegenüber dem Verlag unter den o.g. Bedingungen verpflichtet, die ausgeschriebenen Angebote einzulösen. Der Verlag übernimmt jedoch keine Gewähr und keine Haftung, wenn ein Angebot nicht eingelöst wird oder werden kann.

Bedingungen zur Einlösung des Discounts:
1. Das Angebot ist einschließlich bis 30.6.2024 gültig.
2. Der Golfspieler/Leser hat sich telefonisch eine Abschlagzeit geben zu lassen – dabei ist die Nutzung des Angebots anzugeben.
3. Eine Barauszahlung des Greenfee-Vorteils ist nicht möglich.
4. Das Kombinieren von Angeboten oder bestehenden Greenfee-Vorteilen ist nicht möglich. Der Vorteil bezieht sich jeweils ausschließlich auf die zum Zeitpunkt der Einlösung gültigen vollen Greenfee-Gebühren.
5. Gibt es Spielergruppen mit erhöhten Greenfee-Gebühren, ist ein Nachlass auf diese Gebühren nicht möglich.
6. Das Angebot allein berechtigt nicht zum Spiel gegen Greenfee. Die Erfüllung der Bestimmungen des jeweiligen Golfclubs zur Greenfee-Berechtigung (Mitgliedschaft in einem Golfclub, Mindesthandicap etc.) zum Zeitpunkt der Einlösung sind Voraussetzung.
7. Es ist untersagt, den Greenfee-Gutschein entgeltlich Dritten zu überlassen bzw. mit diesen Handel zu treiben. Insbesondere sind die teilnehmenden Golfclubs in diesem Falle berechtigt, die Einlösung der ausgeschriebenen Angebote zu verweigern.
8. Die teilnehmenden Golfclubs haben sich gegenüber dem Verlag unter den o.g. Bedingungen verpflichtet, die ausgeschriebenen Angebote einzulösen. Der Verlag übernimmt jedoch keine Gewähr und keine Haftung, wenn ein Angebot nicht eingelöst wird oder werden kann.

Bedingungen zur Einlösung des Discounts:
1. Das Angebot ist einschließlich bis 30.6.2024 gültig.
2. Der Golfspieler/Leser hat sich telefonisch eine Abschlagzeit geben zu lassen – dabei ist die Nutzung des Angebots anzugeben.
3. Eine Barauszahlung des Greenfee-Vorteils ist nicht möglich.
4. Das Kombinieren von Angeboten oder bestehenden Greenfee-Vorteilen ist nicht möglich. Der Vorteil bezieht sich jeweils ausschließlich auf die zum Zeitpunkt der Einlösung gültigen vollen Greenfee-Gebühren.
5. Gibt es Spielergruppen mit erhöhten Greenfee-Gebühren, ist ein Nachlass auf diese Gebühren nicht möglich.
6. Das Angebot allein berechtigt nicht zum Spiel gegen Greenfee. Die Erfüllung der Bestimmungen des jeweiligen Golfclubs zur Greenfee-Berechtigung (Mitgliedschaft in einem Golfclub, Mindesthandicap etc.) zum Zeitpunkt der Einlösung sind Voraussetzung.
7. Es ist untersagt, den Greenfee-Gutschein entgeltlich Dritten zu überlassen bzw. mit diesen Handel zu treiben. Insbesondere sind die teilnehmenden Golfclubs in diesem Falle berechtigt, die Einlösung der ausgeschriebenen Angebote zu verweigern.
8. Die teilnehmenden Golfclubs haben sich gegenüber dem Verlag unter den o.g. Bedingungen verpflichtet, die ausgeschriebenen Angebote einzulösen. Der Verlag übernimmt jedoch keine Gewähr und keine Haftung, wenn ein Angebot nicht eingelöst wird oder werden kann.

Bedingungen zur Einlösung des Discounts:
1. Das Angebot ist einschließlich bis 30.6.2024 gültig.
2. Der Golfspieler/Leser hat sich telefonisch eine Abschlagzeit geben zu lassen – dabei ist die Nutzung des Angebots anzugeben.
3. Eine Barauszahlung des Greenfee-Vorteils ist nicht möglich.
4. Das Kombinieren von Angeboten oder bestehenden Greenfee-Vorteilen ist nicht möglich. Der Vorteil bezieht sich jeweils ausschließlich auf die zum Zeitpunkt der Einlösung gültigen vollen Greenfee-Gebühren.
5. Gibt es Spielergruppen mit erhöhten Greenfee-Gebühren, ist ein Nachlass auf diese Gebühren nicht möglich.
6. Das Angebot allein berechtigt nicht zum Spiel gegen Greenfee. Die Erfüllung der Bestimmungen des jeweiligen Golfclubs zur Greenfee-Berechtigung (Mitgliedschaft in einem Golfclub, Mindesthandicap etc.) zum Zeitpunkt der Einlösung sind Voraussetzung.
7. Es ist untersagt, den Greenfee-Gutschein entgeltlich Dritten zu überlassen bzw. mit diesen Handel zu treiben. Insbesondere sind die teilnehmenden Golfclubs in diesem Falle berechtigt, die Einlösung der ausgeschriebenen Angebote zu verweigern.
8. Die teilnehmenden Golfclubs haben sich gegenüber dem Verlag unter den o.g. Bedingungen verpflichtet, die ausgeschriebenen Angebote einzulösen. Der Verlag übernimmt jedoch keine Gewähr und keine Haftung, wenn ein Angebot nicht eingelöst wird oder werden kann.

Bedingungen zur Einlösung des Discounts:
1. Das Angebot ist einschließlich bis 30.6.2024 gültig.
2. Der Golfspieler/Leser hat sich telefonisch eine Abschlagzeit geben zu lassen – dabei ist die Nutzung des Angebots anzugeben.
3. Eine Barauszahlung des Greenfee-Vorteils ist nicht möglich.
4. Das Kombinieren von Angeboten oder bestehenden Greenfee-Vorteilen ist nicht möglich. Der Vorteil bezieht sich jeweils ausschließlich auf die zum Zeitpunkt der Einlösung gültigen vollen Greenfee-Gebühren.
5. Gibt es Spielergruppen mit erhöhten Greenfee-Gebühren, ist ein Nachlass auf diese Gebühren nicht möglich.
6. Das Angebot allein berechtigt nicht zum Spiel gegen Greenfee. Die Erfüllung der Bestimmungen des jeweiligen Golfclubs zur Greenfee-Berechtigung (Mitgliedschaft in einem Golfclub, Mindesthandicap etc.) zum Zeitpunkt der Einlösung sind Voraussetzung.
7. Es ist untersagt, den Greenfee-Gutschein entgeltlich Dritten zu überlassen bzw. mit diesen Handel zu treiben. Insbesondere sind die teilnehmenden Golfclubs in diesem Falle berechtigt, die Einlösung der ausgeschriebenen Angebote zu verweigern.
8. Die teilnehmenden Golfclubs haben sich gegenüber dem Verlag unter den o.g. Bedingungen verpflichtet, die ausgeschriebenen Angebote einzulösen. Der Verlag übernimmt jedoch keine Gewähr und keine Haftung, wenn ein Angebot nicht eingelöst wird oder werden kann.

Bedingungen zur Einlösung des Discounts:
1. Das Angebot ist einschließlich bis 30.6.2024 gültig.
2. Der Golfspieler/Leser hat sich telefonisch eine Abschlagzeit geben zu lassen – dabei ist die Nutzung des Angebots anzugeben.
3. Eine Barauszahlung des Greenfee-Vorteils ist nicht möglich.
4. Das Kombinieren von Angeboten oder bestehenden Greenfee-Vorteilen ist nicht möglich. Der Vorteil bezieht sich jeweils ausschließlich auf die zum Zeitpunkt der Einlösung gültigen vollen Greenfee-Gebühren.
5. Gibt es Spielergruppen mit erhöhten Greenfee-Gebühren, ist ein Nachlass auf diese Gebühren nicht möglich.
6. Das Angebot allein berechtigt nicht zum Spiel gegen Greenfee. Die Erfüllung der Bestimmungen des jeweiligen Golfclubs zur Greenfee-Berechtigung (Mitgliedschaft in einem Golfclub, Mindesthandicap etc.) zum Zeitpunkt der Einlösung sind Voraussetzung.
7. Es ist untersagt, den Greenfee-Gutschein entgeltlich Dritten zu überlassen bzw. mit diesen Handel zu treiben. Insbesondere sind die teilnehmenden Golfclubs in diesem Falle berechtigt, die Einlösung der ausgeschriebenen Angebote zu verweigern.
8. Die teilnehmenden Golfclubs haben sich gegenüber dem Verlag unter den o.g. Bedingungen verpflichtet, die ausgeschriebenen Angebote einzulösen. Der Verlag übernimmt jedoch keine Gewähr und keine Haftung, wenn ein Angebot nicht eingelöst wird oder werden kann.

Bedingungen zur Einlösung des Discounts:
1. Das Angebot ist einschließlich bis 30.6.2024 gültig.
2. Der Golfspieler/Leser hat sich telefonisch eine Abschlagzeit geben zu lassen – dabei ist die Nutzung des Angebots anzugeben.
3. Eine Barauszahlung des Greenfee-Vorteils ist nicht möglich.
4. Das Kombinieren von Angeboten oder bestehenden Greenfee-Vorteilen ist nicht möglich. Der Vorteil bezieht sich jeweils ausschließlich auf die zum Zeitpunkt der Einlösung gültigen vollen Greenfee-Gebühren.
5. Gibt es Spielergruppen mit erhöhten Greenfee-Gebühren, ist ein Nachlass auf diese Gebühren nicht möglich.
6. Das Angebot allein berechtigt nicht zum Spiel gegen Greenfee. Die Erfüllung der Bestimmungen des jeweiligen Golfclubs zur Greenfee-Berechtigung (Mitgliedschaft in einem Golfclub, Mindesthandicap etc.) zum Zeitpunkt der Einlösung sind Voraussetzung.
7. Es ist untersagt, den Greenfee-Gutschein entgeltlich Dritten zu überlassen bzw. mit diesen Handel zu treiben. Insbesondere sind die teilnehmenden Golfclubs in diesem Falle berechtigt, die Einlösung der ausgeschriebenen Angebote zu verweigern.
8. Die teilnehmenden Golfclubs haben sich gegenüber dem Verlag unter den o.g. Bedingungen verpflichtet, die ausgeschriebenen Angebote einzulösen. Der Verlag übernimmt jedoch keine Gewähr und keine Haftung, wenn ein Angebot nicht eingelöst wird oder werden kann.

Diese Gutscheine gelten nur in Verbindung mit dem Buch/Albrecht Golf Card

DER GOLF ALBRECHT

Golfplatz Werne a. d. Lippe GmbH & Co. KG DE

Kerstingweg 10
D-59368 Werne
✆ 02389-539060
Nordrhein-Westfalen

105

2 for 1 2 GF zum Preis von 1

DER GOLF ALBRECHT

Golfplatz Werne a. d. Lippe GmbH & Co. KG DE

Kerstingweg 10
D-59368 Werne
✆ 02389-539060
Nordrhein-Westfalen

105

50% Greenfee-Ermäßigung

DER GOLF ALBRECHT

Golfanlage Schloss Haag DE

Schloss Haag 8
D-47608 Geldern
✆ 02831-924420
Nordrhein-Westfalen
Hinweis: 18-Loch Runde

106

2 for 1 2 GF zum Preis von 1 wochentags

DER GOLF ALBRECHT

Golfanlage Schloss Haag DE

Schloss Haag 8
D-47608 Geldern
✆ 02831-924420
Nordrhein-Westfalen
Hinweis: 18-Loch Runde

106

2 for 1 2 GF zum Preis von 1 wochentags

DER GOLF ALBRECHT

Golfanlage Schloss Haag DE

Schloss Haag 8
D-47608 Geldern
✆ 02831-924420
Nordrhein-Westfalen
Hinweis: 18-Loch Runde

106

20% Greenfee-Ermäßigung wochentags

DER GOLF ALBRECHT

Golfanlage Schloss Haag DE

Schloss Haag 8
D-47608 Geldern
✆ 02831-924420
Nordrhein-Westfalen
Hinweis: 18-Loch Runde

106

20% Greenfee-Ermäßigung wochentags

DER GOLF ALBRECHT

Golfclub Am Kloster Kamp DE

Kirchstraße 164
D-47475 Kamp-Lintfort
✆ 02842-4833
Nordrhein-Westfalen

107

2 for 1 2 GF zum Preis von 1 wochentags

DER GOLF ALBRECHT

Golfclub Am Kloster Kamp DE

Kirchstraße 164
D-47475 Kamp-Lintfort
✆ 02842-4833
Nordrhein-Westfalen

107

2 for 1 2 GF zum Preis von 1 wochentags

DER GOLF ALBRECHT

Golfclub Am Kloster Kamp DE

Kirchstraße 164
D-47475 Kamp-Lintfort
✆ 02842-4833
Nordrhein-Westfalen

107

50% Greenfee-Ermäßigung wochentags

DER GOLF ALBRECHT

Golfclub Am Kloster Kamp DE

Kirchstraße 164
D-47475 Kamp-Lintfort
✆ 02842-4833
Nordrhein-Westfalen

107

50% Greenfee-Ermäßigung wochentags

Bedingungen zur Einlösung des Discounts:

1. Das Angebot ist einschließlich bis 30.6.2024 gültig.
2. Der Golfspieler/Leser hat sich telefonisch eine Abschlagzeit geben zu lassen – dabei ist die Nutzung des Angebots anzugeben.
3. Eine Barauszahlung des Greenfee-Vorteils ist nicht möglich.
4. Das Kombinieren von Angeboten oder bestehenden Greenfee-Vorteilen ist nicht möglich. Der Vorteil bezieht sich jeweils ausschließlich auf die zum Zeitpunkt der Einlösung gültigen vollen Greenfee-Gebühren.
5. Gibt es Spielergruppen mit erhöhten Greenfee-Gebühren, ist ein Nachlass auf diese Gebühren nicht möglich.
6. Das Angebot allein berechtigt nicht zum Spiel gegen Greenfee. Die Erfüllung der Bestimmungen des jeweiligen Golfclubs zur Greenfee-Berechtigung (Mitgliedschaft in einem Golfclub, Mindesthandicap etc.) zum Zeitpunkt der Einlösung sind Voraussetzung.
7. Es ist untersagt, den Greenfee-Gutschein entgeltlich Dritten zu überlassen bzw. mit diesen Handel zu treiben. Insbesondere sind die teilnehmenden Golfclubs in diesem Falle berechtigt, die Einlösung der ausgeschriebenen Angebote zu verweigern.
8. Die teilnehmenden Golfclubs haben sich gegenüber dem Verlag unter den o.g. Bedingungen verpflichtet, die ausgeschriebenen Angebote einzulösen. Der Verlag übernimmt jedoch keine Gewähr und keine Haftung, wenn ein Angebot nicht eingelöst wird oder werden kann.

Bedingungen zur Einlösung des Discounts:

1. Das Angebot ist einschließlich bis 30.6.2024 gültig.
2. Der Golfspieler/Leser hat sich telefonisch eine Abschlagzeit geben zu lassen – dabei ist die Nutzung des Angebots anzugeben.
3. Eine Barauszahlung des Greenfee-Vorteils ist nicht möglich.
4. Das Kombinieren von Angeboten oder bestehenden Greenfee-Vorteilen ist nicht möglich. Der Vorteil bezieht sich jeweils ausschließlich auf die zum Zeitpunkt der Einlösung gültigen vollen Greenfee-Gebühren.
5. Gibt es Spielergruppen mit erhöhten Greenfee-Gebühren, ist ein Nachlass auf diese Gebühren nicht möglich.
6. Das Angebot allein berechtigt nicht zum Spiel gegen Greenfee. Die Erfüllung der Bestimmungen des jeweiligen Golfclubs zur Greenfee-Berechtigung (Mitgliedschaft in einem Golfclub, Mindesthandicap etc.) zum Zeitpunkt der Einlösung sind Voraussetzung.
7. Es ist untersagt, den Greenfee-Gutschein entgeltlich Dritten zu überlassen bzw. mit diesen Handel zu treiben. Insbesondere sind die teilnehmenden Golfclubs in diesem Falle berechtigt, die Einlösung der ausgeschriebenen Angebote zu verweigern.
8. Die teilnehmenden Golfclubs haben sich gegenüber dem Verlag unter den o.g. Bedingungen verpflichtet, die ausgeschriebenen Angebote einzulösen. Der Verlag übernimmt jedoch keine Gewähr und keine Haftung, wenn ein Angebot nicht eingelöst wird oder werden kann.

Bedingungen zur Einlösung des Discounts:

1. Das Angebot ist einschließlich bis 30.6.2024 gültig.
2. Der Golfspieler/Leser hat sich telefonisch eine Abschlagzeit geben zu lassen – dabei ist die Nutzung des Angebots anzugeben.
3. Eine Barauszahlung des Greenfee-Vorteils ist nicht möglich.
4. Das Kombinieren von Angeboten oder bestehenden Greenfee-Vorteilen ist nicht möglich. Der Vorteil bezieht sich jeweils ausschließlich auf die zum Zeitpunkt der Einlösung gültigen vollen Greenfee-Gebühren.
5. Gibt es Spielergruppen mit erhöhten Greenfee-Gebühren, ist ein Nachlass auf diese Gebühren nicht möglich.
6. Das Angebot allein berechtigt nicht zum Spiel gegen Greenfee. Die Erfüllung der Bestimmungen des jeweiligen Golfclubs zur Greenfee-Berechtigung (Mitgliedschaft in einem Golfclub, Mindesthandicap etc.) zum Zeitpunkt der Einlösung sind Voraussetzung.
7. Es ist untersagt, den Greenfee-Gutschein entgeltlich Dritten zu überlassen bzw. mit diesen Handel zu treiben. Insbesondere sind die teilnehmenden Golfclubs in diesem Falle berechtigt, die Einlösung der ausgeschriebenen Angebote zu verweigern.
8. Die teilnehmenden Golfclubs haben sich gegenüber dem Verlag unter den o.g. Bedingungen verpflichtet, die ausgeschriebenen Angebote einzulösen. Der Verlag übernimmt jedoch keine Gewähr und keine Haftung, wenn ein Angebot nicht eingelöst wird oder werden kann.

Bedingungen zur Einlösung des Discounts:

1. Das Angebot ist einschließlich bis 30.6.2024 gültig.
2. Der Golfspieler/Leser hat sich telefonisch eine Abschlagzeit geben zu lassen – dabei ist die Nutzung des Angebots anzugeben.
3. Eine Barauszahlung des Greenfee-Vorteils ist nicht möglich.
4. Das Kombinieren von Angeboten oder bestehenden Greenfee-Vorteilen ist nicht möglich. Der Vorteil bezieht sich jeweils ausschließlich auf die zum Zeitpunkt der Einlösung gültigen vollen Greenfee-Gebühren.
5. Gibt es Spielergruppen mit erhöhten Greenfee-Gebühren, ist ein Nachlass auf diese Gebühren nicht möglich.
6. Das Angebot allein berechtigt nicht zum Spiel gegen Greenfee. Die Erfüllung der Bestimmungen des jeweiligen Golfclubs zur Greenfee-Berechtigung (Mitgliedschaft in einem Golfclub, Mindesthandicap etc.) zum Zeitpunkt der Einlösung sind Voraussetzung.
7. Es ist untersagt, den Greenfee-Gutschein entgeltlich Dritten zu überlassen bzw. mit diesen Handel zu treiben. Insbesondere sind die teilnehmenden Golfclubs in diesem Falle berechtigt, die Einlösung der ausgeschriebenen Angebote zu verweigern.
8. Die teilnehmenden Golfclubs haben sich gegenüber dem Verlag unter den o.g. Bedingungen verpflichtet, die ausgeschriebenen Angebote einzulösen. Der Verlag übernimmt jedoch keine Gewähr und keine Haftung, wenn ein Angebot nicht eingelöst wird oder werden kann.

Bedingungen zur Einlösung des Discounts:

1. Das Angebot ist einschließlich bis 30.6.2024 gültig.
2. Der Golfspieler/Leser hat sich telefonisch eine Abschlagzeit geben zu lassen – dabei ist die Nutzung des Angebots anzugeben.
3. Eine Barauszahlung des Greenfee-Vorteils ist nicht möglich.
4. Das Kombinieren von Angeboten oder bestehenden Greenfee-Vorteilen ist nicht möglich. Der Vorteil bezieht sich jeweils ausschließlich auf die zum Zeitpunkt der Einlösung gültigen vollen Greenfee-Gebühren.
5. Gibt es Spielergruppen mit erhöhten Greenfee-Gebühren, ist ein Nachlass auf diese Gebühren nicht möglich.
6. Das Angebot allein berechtigt nicht zum Spiel gegen Greenfee. Die Erfüllung der Bestimmungen des jeweiligen Golfclubs zur Greenfee-Berechtigung (Mitgliedschaft in einem Golfclub, Mindesthandicap etc.) zum Zeitpunkt der Einlösung sind Voraussetzung.
7. Es ist untersagt, den Greenfee-Gutschein entgeltlich Dritten zu überlassen bzw. mit diesen Handel zu treiben. Insbesondere sind die teilnehmenden Golfclubs in diesem Falle berechtigt, die Einlösung der ausgeschriebenen Angebote zu verweigern.
8. Die teilnehmenden Golfclubs haben sich gegenüber dem Verlag unter den o.g. Bedingungen verpflichtet, die ausgeschriebenen Angebote einzulösen. Der Verlag übernimmt jedoch keine Gewähr und keine Haftung, wenn ein Angebot nicht eingelöst wird oder werden kann.

Bedingungen zur Einlösung des Discounts:

1. Das Angebot ist einschließlich bis 30.6.2024 gültig.
2. Der Golfspieler/Leser hat sich telefonisch eine Abschlagzeit geben zu lassen – dabei ist die Nutzung des Angebots anzugeben.
3. Eine Barauszahlung des Greenfee-Vorteils ist nicht möglich.
4. Das Kombinieren von Angeboten oder bestehenden Greenfee-Vorteilen ist nicht möglich. Der Vorteil bezieht sich jeweils ausschließlich auf die zum Zeitpunkt der Einlösung gültigen vollen Greenfee-Gebühren.
5. Gibt es Spielergruppen mit erhöhten Greenfee-Gebühren, ist ein Nachlass auf diese Gebühren nicht möglich.
6. Das Angebot allein berechtigt nicht zum Spiel gegen Greenfee. Die Erfüllung der Bestimmungen des jeweiligen Golfclubs zur Greenfee-Berechtigung (Mitgliedschaft in einem Golfclub, Mindesthandicap etc.) zum Zeitpunkt der Einlösung sind Voraussetzung.
7. Es ist untersagt, den Greenfee-Gutschein entgeltlich Dritten zu überlassen bzw. mit diesen Handel zu treiben. Insbesondere sind die teilnehmenden Golfclubs in diesem Falle berechtigt, die Einlösung der ausgeschriebenen Angebote zu verweigern.
8. Die teilnehmenden Golfclubs haben sich gegenüber dem Verlag unter den o.g. Bedingungen verpflichtet, die ausgeschriebenen Angebote einzulösen. Der Verlag übernimmt jedoch keine Gewähr und keine Haftung, wenn ein Angebot nicht eingelöst wird oder werden kann.

Bedingungen zur Einlösung des Discounts:

1. Das Angebot ist einschließlich bis 30.6.2024 gültig.
2. Der Golfspieler/Leser hat sich telefonisch eine Abschlagzeit geben zu lassen – dabei ist die Nutzung des Angebots anzugeben.
3. Eine Barauszahlung des Greenfee-Vorteils ist nicht möglich.
4. Das Kombinieren von Angeboten oder bestehenden Greenfee-Vorteilen ist nicht möglich. Der Vorteil bezieht sich jeweils ausschließlich auf die zum Zeitpunkt der Einlösung gültigen vollen Greenfee-Gebühren.
5. Gibt es Spielergruppen mit erhöhten Greenfee-Gebühren, ist ein Nachlass auf diese Gebühren nicht möglich.
6. Das Angebot allein berechtigt nicht zum Spiel gegen Greenfee. Die Erfüllung der Bestimmungen des jeweiligen Golfclubs zur Greenfee-Berechtigung (Mitgliedschaft in einem Golfclub, Mindesthandicap etc.) zum Zeitpunkt der Einlösung sind Voraussetzung.
7. Es ist untersagt, den Greenfee-Gutschein entgeltlich Dritten zu überlassen bzw. mit diesen Handel zu treiben. Insbesondere sind die teilnehmenden Golfclubs in diesem Falle berechtigt, die Einlösung der ausgeschriebenen Angebote zu verweigern.
8. Die teilnehmenden Golfclubs haben sich gegenüber dem Verlag unter den o.g. Bedingungen verpflichtet, die ausgeschriebenen Angebote einzulösen. Der Verlag übernimmt jedoch keine Gewähr und keine Haftung, wenn ein Angebot nicht eingelöst wird oder werden kann.

Bedingungen zur Einlösung des Discounts:

1. Das Angebot ist einschließlich bis 30.6.2024 gültig.
2. Der Golfspieler/Leser hat sich telefonisch eine Abschlagzeit geben zu lassen – dabei ist die Nutzung des Angebots anzugeben.
3. Eine Barauszahlung des Greenfee-Vorteils ist nicht möglich.
4. Das Kombinieren von Angeboten oder bestehenden Greenfee-Vorteilen ist nicht möglich. Der Vorteil bezieht sich jeweils ausschließlich auf die zum Zeitpunkt der Einlösung gültigen vollen Greenfee-Gebühren.
5. Gibt es Spielergruppen mit erhöhten Greenfee-Gebühren, ist ein Nachlass auf diese Gebühren nicht möglich.
6. Das Angebot allein berechtigt nicht zum Spiel gegen Greenfee. Die Erfüllung der Bestimmungen des jeweiligen Golfclubs zur Greenfee-Berechtigung (Mitgliedschaft in einem Golfclub, Mindesthandicap etc.) zum Zeitpunkt der Einlösung sind Voraussetzung.
7. Es ist untersagt, den Greenfee-Gutschein entgeltlich Dritten zu überlassen bzw. mit diesen Handel zu treiben. Insbesondere sind die teilnehmenden Golfclubs in diesem Falle berechtigt, die Einlösung der ausgeschriebenen Angebote zu verweigern.
8. Die teilnehmenden Golfclubs haben sich gegenüber dem Verlag unter den o.g. Bedingungen verpflichtet, die ausgeschriebenen Angebote einzulösen. Der Verlag übernimmt jedoch keine Gewähr und keine Haftung, wenn ein Angebot nicht eingelöst wird oder werden kann.

Bedingungen zur Einlösung des Discounts:

1. Das Angebot ist einschließlich bis 30.6.2024 gültig.
2. Der Golfspieler/Leser hat sich telefonisch eine Abschlagzeit geben zu lassen – dabei ist die Nutzung des Angebots anzugeben.
3. Eine Barauszahlung des Greenfee-Vorteils ist nicht möglich.
4. Das Kombinieren von Angeboten oder bestehenden Greenfee-Vorteilen ist nicht möglich. Der Vorteil bezieht sich jeweils ausschließlich auf die zum Zeitpunkt der Einlösung gültigen vollen Greenfee-Gebühren.
5. Gibt es Spielergruppen mit erhöhten Greenfee-Gebühren, ist ein Nachlass auf diese Gebühren nicht möglich.
6. Das Angebot allein berechtigt nicht zum Spiel gegen Greenfee. Die Erfüllung der Bestimmungen des jeweiligen Golfclubs zur Greenfee-Berechtigung (Mitgliedschaft in einem Golfclub, Mindesthandicap etc.) zum Zeitpunkt der Einlösung sind Voraussetzung.
7. Es ist untersagt, den Greenfee-Gutschein entgeltlich Dritten zu überlassen bzw. mit diesen Handel zu treiben. Insbesondere sind die teilnehmenden Golfclubs in diesem Falle berechtigt, die Einlösung der ausgeschriebenen Angebote zu verweigern.
8. Die teilnehmenden Golfclubs haben sich gegenüber dem Verlag unter den o.g. Bedingungen verpflichtet, die ausgeschriebenen Angebote einzulösen. Der Verlag übernimmt jedoch keine Gewähr und keine Haftung, wenn ein Angebot nicht eingelöst wird oder werden kann.

Bedingungen zur Einlösung des Discounts:

1. Das Angebot ist einschließlich bis 30.6.2024 gültig.
2. Der Golfspieler/Leser hat sich telefonisch eine Abschlagzeit geben zu lassen – dabei ist die Nutzung des Angebots anzugeben.
3. Eine Barauszahlung des Greenfee-Vorteils ist nicht möglich.
4. Das Kombinieren von Angeboten oder bestehenden Greenfee-Vorteilen ist nicht möglich. Der Vorteil bezieht sich jeweils ausschließlich auf die zum Zeitpunkt der Einlösung gültigen vollen Greenfee-Gebühren.
5. Gibt es Spielergruppen mit erhöhten Greenfee-Gebühren, ist ein Nachlass auf diese Gebühren nicht möglich.
6. Das Angebot allein berechtigt nicht zum Spiel gegen Greenfee. Die Erfüllung der Bestimmungen des jeweiligen Golfclubs zur Greenfee-Berechtigung (Mitgliedschaft in einem Golfclub, Mindesthandicap etc.) zum Zeitpunkt der Einlösung sind Voraussetzung.
7. Es ist untersagt, den Greenfee-Gutschein entgeltlich Dritten zu überlassen bzw. mit diesen Handel zu treiben. Insbesondere sind die teilnehmenden Golfclubs in diesem Falle berechtigt, die Einlösung der ausgeschriebenen Angebote zu verweigern.
8. Die teilnehmenden Golfclubs haben sich gegenüber dem Verlag unter den o.g. Bedingungen verpflichtet, die ausgeschriebenen Angebote einzulösen. Der Verlag übernimmt jedoch keine Gewähr und keine Haftung, wenn ein Angebot nicht eingelöst wird oder werden kann.

Diese Gutscheine gelten nur in Verbindung mit dem Buch/Albrecht Golf Card

DER GOLF ALBRECHT

Golfclub Röttgersbach

DE

Ardesstr. 82
D-47167 Duisburg
✆ 0203-4846725
Nordrhein-Westfalen

108

2 for 1 — 2 GF zum Preis von 1 wochentags

DER GOLF ALBRECHT

Golfclub Röttgersbach

DE

Ardesstr. 82
D-47167 Duisburg
✆ 0203-4846725
Nordrhein-Westfalen

108

50% — Greenfee-Ermäßigung wochentags

DER GOLF ALBRECHT

Golf Club Werl e.V.

DE

Am Golfplatz 1
D-59457 Werl
✆ 02377-6307
Nordrhein-Westfalen
Hinweis: auf reguläres Greenfee

109

2 for 1 — 2 GF zum Preis von 1

DER GOLF ALBRECHT

Golf Club Werl e.V.

DE

Am Golfplatz 1
D-59457 Werl
✆ 02377-6307
Nordrhein-Westfalen
Hinweis: auf reguläres Greenfee

109

2 for 1 — 2 GF zum Preis von 1

DER GOLF ALBRECHT

Golf Club Werl e.V.

DE

Am Golfplatz 1
D-59457 Werl
✆ 02377-6307
Nordrhein-Westfalen
Hinweis: auf reguläres Greenfee

109

50% — Greenfee-Ermäßigung

DER GOLF ALBRECHT

Golf Club Werl e.V.

DE

Am Golfplatz 1
D-59457 Werl
✆ 02377-6307
Nordrhein-Westfalen
Hinweis: auf reguläres Greenfee

109

50% — Greenfee-Ermäßigung

DER GOLF ALBRECHT

Golfclub Westheim e. V.

DE

Kastanienweg 16 b, Sportanlage
D-34431 Marsberg Westheim
✆ 02994-908854
Nordrhein-Westfalen

110

2 for 1 — 2 GF zum Preis von 1

DER GOLF ALBRECHT

Golfclub Westheim e. V.

DE

Kastanienweg 16 b, Sportanlage
D-34431 Marsberg Westheim
✆ 02994-908854
Nordrhein-Westfalen

110

2 for 1 — 2 GF zum Preis von 1

DER GOLF ALBRECHT

Golfplatz Gut Köbbinghof

DE

Frankenufer 13
D-59519 Möhnesee-Völlinghausen
✆ 02925-4935
Nordrhein-Westfalen
Hinweis: Hunde angeleint erlaubt, nicht auf Turnier-GreenFee anwendbar.

111

2 for 1 — 2 GF zum Preis von 1 wochentags

DER GOLF ALBRECHT

Golfplatz Gut Köbbinghof

DE

Frankenufer 13
D-59519 Möhnesee-Völlinghausen
✆ 02925-4935
Nordrhein-Westfalen
Hinweis: Hunde angeleint erlaubt, nicht auf Turnier-GreenFee anwendbar.

111

2 for 1 — 2 GF zum Preis von 1 wochentags

Bedingungen zur Einlösung des Discounts:

1. Das Angebot ist einschließlich bis 30.6.2024 gültig.
2. Der Golfspieler/Leser hat sich telefonisch eine Abschlagzeit geben zu lassen – dabei ist die Nutzung des Angebots anzugeben.
3. Eine Barauszahlung des Greenfee-Vorteils ist nicht möglich.
4. Das Kombinieren von Angeboten oder bestehenden Greenfee-Vorteilen ist nicht möglich. Der Vorteil bezieht sich jeweils ausschließlich auf die zum Zeitpunkt der Einlösung gültigen vollen Greenfee-Gebühren.
5. Gibt es Spielergruppen mit erhöhten Greenfee-Gebühren, ist ein Nachlass auf diese Gebühren nicht möglich.
6. Das Angebot allein berechtigt nicht zum Spiel gegen Greenfee. Die Erfüllung der Bestimmungen des jeweiligen Golfclubs zur Greenfee-Berechtigung (Mitgliedschaft in einem Golfclub, Mindesthandicap etc.) zum Zeitpunkt der Einlösung sind Voraussetzung.
7. Es ist untersagt, den Greenfee-Gutschein entgeltlich Dritten zu überlassen bzw. mit diesen Handel zu treiben. Insbesondere sind die teilnehmenden Golfclubs in diesem Falle berechtigt, die Einlösung der ausgeschriebenen Angebote zu verweigern.
8. Die teilnehmenden Golfclubs haben sich gegenüber dem Verlag unter den o.g. Bedingungen verpflichtet, die ausgeschriebenen Angebote einzulösen. Der Verlag übernimmt jedoch keine Gewähr und keine Haftung, wenn ein Angebot nicht eingelöst wird oder werden kann.

Bedingungen zur Einlösung des Discounts:

1. Das Angebot ist einschließlich bis 30.6.2024 gültig.
2. Der Golfspieler/Leser hat sich telefonisch eine Abschlagzeit geben zu lassen – dabei ist die Nutzung des Angebots anzugeben.
3. Eine Barauszahlung des Greenfee-Vorteils ist nicht möglich.
4. Das Kombinieren von Angeboten oder bestehenden Greenfee-Vorteilen ist nicht möglich. Der Vorteil bezieht sich jeweils ausschließlich auf die zum Zeitpunkt der Einlösung gültigen vollen Greenfee-Gebühren.
5. Gibt es Spielergruppen mit erhöhten Greenfee-Gebühren, ist ein Nachlass auf diese Gebühren nicht möglich.
6. Das Angebot allein berechtigt nicht zum Spiel gegen Greenfee. Die Erfüllung der Bestimmungen des jeweiligen Golfclubs zur Greenfee-Berechtigung (Mitgliedschaft in einem Golfclub, Mindesthandicap etc.) zum Zeitpunkt der Einlösung sind Voraussetzung.
7. Es ist untersagt, den Greenfee-Gutschein entgeltlich Dritten zu überlassen bzw. mit diesen Handel zu treiben. Insbesondere sind die teilnehmenden Golfclubs in diesem Falle berechtigt, die Einlösung der ausgeschriebenen Angebote zu verweigern.
8. Die teilnehmenden Golfclubs haben sich gegenüber dem Verlag unter den o.g. Bedingungen verpflichtet, die ausgeschriebenen Angebote einzulösen. Der Verlag übernimmt jedoch keine Gewähr und keine Haftung, wenn ein Angebot nicht eingelöst wird oder werden kann.

Bedingungen zur Einlösung des Discounts:

1. Das Angebot ist einschließlich bis 30.6.2024 gültig.
2. Der Golfspieler/Leser hat sich telefonisch eine Abschlagzeit geben zu lassen – dabei ist die Nutzung des Angebots anzugeben.
3. Eine Barauszahlung des Greenfee-Vorteils ist nicht möglich.
4. Das Kombinieren von Angeboten oder bestehenden Greenfee-Vorteilen ist nicht möglich. Der Vorteil bezieht sich jeweils ausschließlich auf die zum Zeitpunkt der Einlösung gültigen vollen Greenfee-Gebühren.
5. Gibt es Spielergruppen mit erhöhten Greenfee-Gebühren, ist ein Nachlass auf diese Gebühren nicht möglich.
6. Das Angebot allein berechtigt nicht zum Spiel gegen Greenfee. Die Erfüllung der Bestimmungen des jeweiligen Golfclubs zur Greenfee-Berechtigung (Mitgliedschaft in einem Golfclub, Mindesthandicap etc.) zum Zeitpunkt der Einlösung sind Voraussetzung.
7. Es ist untersagt, den Greenfee-Gutschein entgeltlich Dritten zu überlassen bzw. mit diesen Handel zu treiben. Insbesondere sind die teilnehmenden Golfclubs in diesem Falle berechtigt, die Einlösung der ausgeschriebenen Angebote zu verweigern.
8. Die teilnehmenden Golfclubs haben sich gegenüber dem Verlag unter den o.g. Bedingungen verpflichtet, die ausgeschriebenen Angebote einzulösen. Der Verlag übernimmt jedoch keine Gewähr und keine Haftung, wenn ein Angebot nicht eingelöst wird oder werden kann.

Bedingungen zur Einlösung des Discounts:

1. Das Angebot ist einschließlich bis 30.6.2024 gültig.
2. Der Golfspieler/Leser hat sich telefonisch eine Abschlagzeit geben zu lassen – dabei ist die Nutzung des Angebots anzugeben.
3. Eine Barauszahlung des Greenfee-Vorteils ist nicht möglich.
4. Das Kombinieren von Angeboten oder bestehenden Greenfee-Vorteilen ist nicht möglich. Der Vorteil bezieht sich jeweils ausschließlich auf die zum Zeitpunkt der Einlösung gültigen vollen Greenfee-Gebühren.
5. Gibt es Spielergruppen mit erhöhten Greenfee-Gebühren, ist ein Nachlass auf diese Gebühren nicht möglich.
6. Das Angebot allein berechtigt nicht zum Spiel gegen Greenfee. Die Erfüllung der Bestimmungen des jeweiligen Golfclubs zur Greenfee-Berechtigung (Mitgliedschaft in einem Golfclub, Mindesthandicap etc.) zum Zeitpunkt der Einlösung sind Voraussetzung.
7. Es ist untersagt, den Greenfee-Gutschein entgeltlich Dritten zu überlassen bzw. mit diesen Handel zu treiben. Insbesondere sind die teilnehmenden Golfclubs in diesem Falle berechtigt, die Einlösung der ausgeschriebenen Angebote zu verweigern.
8. Die teilnehmenden Golfclubs haben sich gegenüber dem Verlag unter den o.g. Bedingungen verpflichtet, die ausgeschriebenen Angebote einzulösen. Der Verlag übernimmt jedoch keine Gewähr und keine Haftung, wenn ein Angebot nicht eingelöst wird oder werden kann.

Bedingungen zur Einlösung des Discounts:

1. Das Angebot ist einschließlich bis 30.6.2024 gültig.
2. Der Golfspieler/Leser hat sich telefonisch eine Abschlagzeit geben zu lassen – dabei ist die Nutzung des Angebots anzugeben.
3. Eine Barauszahlung des Greenfee-Vorteils ist nicht möglich.
4. Das Kombinieren von Angeboten oder bestehenden Greenfee-Vorteilen ist nicht möglich. Der Vorteil bezieht sich jeweils ausschließlich auf die zum Zeitpunkt der Einlösung gültigen vollen Greenfee-Gebühren.
5. Gibt es Spielergruppen mit erhöhten Greenfee-Gebühren, ist ein Nachlass auf diese Gebühren nicht möglich.
6. Das Angebot allein berechtigt nicht zum Spiel gegen Greenfee. Die Erfüllung der Bestimmungen des jeweiligen Golfclubs zur Greenfee-Berechtigung (Mitgliedschaft in einem Golfclub, Mindesthandicap etc.) zum Zeitpunkt der Einlösung sind Voraussetzung.
7. Es ist untersagt, den Greenfee-Gutschein entgeltlich Dritten zu überlassen bzw. mit diesen Handel zu treiben. Insbesondere sind die teilnehmenden Golfclubs in diesem Falle berechtigt, die Einlösung der ausgeschriebenen Angebote zu verweigern.
8. Die teilnehmenden Golfclubs haben sich gegenüber dem Verlag unter den o.g. Bedingungen verpflichtet, die ausgeschriebenen Angebote einzulösen. Der Verlag übernimmt jedoch keine Gewähr und keine Haftung, wenn ein Angebot nicht eingelöst wird oder werden kann.

Bedingungen zur Einlösung des Discounts:

1. Das Angebot ist einschließlich bis 30.6.2024 gültig.
2. Der Golfspieler/Leser hat sich telefonisch eine Abschlagzeit geben zu lassen – dabei ist die Nutzung des Angebots anzugeben.
3. Eine Barauszahlung des Greenfee-Vorteils ist nicht möglich.
4. Das Kombinieren von Angeboten oder bestehenden Greenfee-Vorteilen ist nicht möglich. Der Vorteil bezieht sich jeweils ausschließlich auf die zum Zeitpunkt der Einlösung gültigen vollen Greenfee-Gebühren.
5. Gibt es Spielergruppen mit erhöhten Greenfee-Gebühren, ist ein Nachlass auf diese Gebühren nicht möglich.
6. Das Angebot allein berechtigt nicht zum Spiel gegen Greenfee. Die Erfüllung der Bestimmungen des jeweiligen Golfclubs zur Greenfee-Berechtigung (Mitgliedschaft in einem Golfclub, Mindesthandicap etc.) zum Zeitpunkt der Einlösung sind Voraussetzung.
7. Es ist untersagt, den Greenfee-Gutschein entgeltlich Dritten zu überlassen bzw. mit diesen Handel zu treiben. Insbesondere sind die teilnehmenden Golfclubs in diesem Falle berechtigt, die Einlösung der ausgeschriebenen Angebote zu verweigern.
8. Die teilnehmenden Golfclubs haben sich gegenüber dem Verlag unter den o.g. Bedingungen verpflichtet, die ausgeschriebenen Angebote einzulösen. Der Verlag übernimmt jedoch keine Gewähr und keine Haftung, wenn ein Angebot nicht eingelöst wird oder werden kann.

Bedingungen zur Einlösung des Discounts:

1. Das Angebot ist einschließlich bis 30.6.2024 gültig.
2. Der Golfspieler/Leser hat sich telefonisch eine Abschlagzeit geben zu lassen – dabei ist die Nutzung des Angebots anzugeben.
3. Eine Barauszahlung des Greenfee-Vorteils ist nicht möglich.
4. Das Kombinieren von Angeboten oder bestehenden Greenfee-Vorteilen ist nicht möglich. Der Vorteil bezieht sich jeweils ausschließlich auf die zum Zeitpunkt der Einlösung gültigen vollen Greenfee-Gebühren.
5. Gibt es Spielergruppen mit erhöhten Greenfee-Gebühren, ist ein Nachlass auf diese Gebühren nicht möglich.
6. Das Angebot allein berechtigt nicht zum Spiel gegen Greenfee. Die Erfüllung der Bestimmungen des jeweiligen Golfclubs zur Greenfee-Berechtigung (Mitgliedschaft in einem Golfclub, Mindesthandicap etc.) zum Zeitpunkt der Einlösung sind Voraussetzung.
7. Es ist untersagt, den Greenfee-Gutschein entgeltlich Dritten zu überlassen bzw. mit diesen Handel zu treiben. Insbesondere sind die teilnehmenden Golfclubs in diesem Falle berechtigt, die Einlösung der ausgeschriebenen Angebote zu verweigern.
8. Die teilnehmenden Golfclubs haben sich gegenüber dem Verlag unter den o.g. Bedingungen verpflichtet, die ausgeschriebenen Angebote einzulösen. Der Verlag übernimmt jedoch keine Gewähr und keine Haftung, wenn ein Angebot nicht eingelöst wird oder werden kann.

Bedingungen zur Einlösung des Discounts:

1. Das Angebot ist einschließlich bis 30.6.2024 gültig.
2. Der Golfspieler/Leser hat sich telefonisch eine Abschlagzeit geben zu lassen – dabei ist die Nutzung des Angebots anzugeben.
3. Eine Barauszahlung des Greenfee-Vorteils ist nicht möglich.
4. Das Kombinieren von Angeboten oder bestehenden Greenfee-Vorteilen ist nicht möglich. Der Vorteil bezieht sich jeweils ausschließlich auf die zum Zeitpunkt der Einlösung gültigen vollen Greenfee-Gebühren.
5. Gibt es Spielergruppen mit erhöhten Greenfee-Gebühren, ist ein Nachlass auf diese Gebühren nicht möglich.
6. Das Angebot allein berechtigt nicht zum Spiel gegen Greenfee. Die Erfüllung der Bestimmungen des jeweiligen Golfclubs zur Greenfee-Berechtigung (Mitgliedschaft in einem Golfclub, Mindesthandicap etc.) zum Zeitpunkt der Einlösung sind Voraussetzung.
7. Es ist untersagt, den Greenfee-Gutschein entgeltlich Dritten zu überlassen bzw. mit diesen Handel zu treiben. Insbesondere sind die teilnehmenden Golfclubs in diesem Falle berechtigt, die Einlösung der ausgeschriebenen Angebote zu verweigern.
8. Die teilnehmenden Golfclubs haben sich gegenüber dem Verlag unter den o.g. Bedingungen verpflichtet, die ausgeschriebenen Angebote einzulösen. Der Verlag übernimmt jedoch keine Gewähr und keine Haftung, wenn ein Angebot nicht eingelöst wird oder werden kann.

Bedingungen zur Einlösung des Discounts:

1. Das Angebot ist einschließlich bis 30.6.2024 gültig.
2. Der Golfspieler/Leser hat sich telefonisch eine Abschlagzeit geben zu lassen – dabei ist die Nutzung des Angebots anzugeben.
3. Eine Barauszahlung des Greenfee-Vorteils ist nicht möglich.
4. Das Kombinieren von Angeboten oder bestehenden Greenfee-Vorteilen ist nicht möglich. Der Vorteil bezieht sich jeweils ausschließlich auf die zum Zeitpunkt der Einlösung gültigen vollen Greenfee-Gebühren.
5. Gibt es Spielergruppen mit erhöhten Greenfee-Gebühren, ist ein Nachlass auf diese Gebühren nicht möglich.
6. Das Angebot allein berechtigt nicht zum Spiel gegen Greenfee. Die Erfüllung der Bestimmungen des jeweiligen Golfclubs zur Greenfee-Berechtigung (Mitgliedschaft in einem Golfclub, Mindesthandicap etc.) zum Zeitpunkt der Einlösung sind Voraussetzung.
7. Es ist untersagt, den Greenfee-Gutschein entgeltlich Dritten zu überlassen bzw. mit diesen Handel zu treiben. Insbesondere sind die teilnehmenden Golfclubs in diesem Falle berechtigt, die Einlösung der ausgeschriebenen Angebote zu verweigern.
8. Die teilnehmenden Golfclubs haben sich gegenüber dem Verlag unter den o.g. Bedingungen verpflichtet, die ausgeschriebenen Angebote einzulösen. Der Verlag übernimmt jedoch keine Gewähr und keine Haftung, wenn ein Angebot nicht eingelöst wird oder werden kann.

Bedingungen zur Einlösung des Discounts:

1. Das Angebot ist einschließlich bis 30.6.2024 gültig.
2. Der Golfspieler/Leser hat sich telefonisch eine Abschlagzeit geben zu lassen – dabei ist die Nutzung des Angebots anzugeben.
3. Eine Barauszahlung des Greenfee-Vorteils ist nicht möglich.
4. Das Kombinieren von Angeboten oder bestehenden Greenfee-Vorteilen ist nicht möglich. Der Vorteil bezieht sich jeweils ausschließlich auf die zum Zeitpunkt der Einlösung gültigen vollen Greenfee-Gebühren.
5. Gibt es Spielergruppen mit erhöhten Greenfee-Gebühren, ist ein Nachlass auf diese Gebühren nicht möglich.
6. Das Angebot allein berechtigt nicht zum Spiel gegen Greenfee. Die Erfüllung der Bestimmungen des jeweiligen Golfclubs zur Greenfee-Berechtigung (Mitgliedschaft in einem Golfclub, Mindesthandicap etc.) zum Zeitpunkt der Einlösung sind Voraussetzung.
7. Es ist untersagt, den Greenfee-Gutschein entgeltlich Dritten zu überlassen bzw. mit diesen Handel zu treiben. Insbesondere sind die teilnehmenden Golfclubs in diesem Falle berechtigt, die Einlösung der ausgeschriebenen Angebote zu verweigern.
8. Die teilnehmenden Golfclubs haben sich gegenüber dem Verlag unter den o.g. Bedingungen verpflichtet, die ausgeschriebenen Angebote einzulösen. Der Verlag übernimmt jedoch keine Gewähr und keine Haftung, wenn ein Angebot nicht eingelöst wird oder werden kann.

Diese Gutscheine gelten nur in Verbindung mit dem Buch/Albrecht Golf Card

Diese Gutscheine gelten nur in Verbindung mit dem Buch/Albrecht Golf Card

DER GOLF ALBRECHT

Golfplatz Gut Köbbinghof

DE

Frankenufer 13
D-59519 Möhnesee-Völlinghausen
✆ 02925-4935
Nordrhein-Westfalen
Hinweis: Hunde angeleint erlaubt, nicht auf Turnier-GreenFee anwendbar.

111

2 for 1 2 GF zum Preis von 1 wochentags

DER GOLF ALBRECHT

Golfplatz Gut Köbbinghof

DE

Frankenufer 13
D-59519 Möhnesee-Völlinghausen
✆ 02925-4935
Nordrhein-Westfalen
Hinweis: Hunde angeleint erlaubt, nicht auf Turnier-GreenFee anwendbar.

111

25% Greenfee-Ermäßigung

DER GOLF ALBRECHT

Golfplatz Gut Köbbinghof

DE

Frankenufer 13
D-59519 Möhnesee-Völlinghausen
✆ 02925-4935
Nordrhein-Westfalen
Hinweis: Hunde angeleint erlaubt, nicht auf Turnier-GreenFee anwendbar.

111

25% Greenfee-Ermäßigung

DER GOLF ALBRECHT

Golfclub am Kemnader See e.V.

DE

In der Lake 33
D-58456 Witten
✆ 02302-7601600
Nordrhein-Westfalen

112

2 for 1 2 GF zum Preis von 1

DER GOLF ALBRECHT

Golfclub am Kemnader See e.V.

DE

In der Lake 33
D-58456 Witten
✆ 02302-7601600
Nordrhein-Westfalen

112

2 for 1 2 GF zum Preis von 1

DER GOLF ALBRECHT

Golfclub am Kemnader See e.V.

DE

In der Lake 33
D-58456 Witten
✆ 02302-7601600
Nordrhein-Westfalen

112

2 for 1 2 GF zum Preis von 1

DER GOLF ALBRECHT

Golfclub Sauerland e.V., Neheim-Hüsten

DE

Zum Golfplatz 19
D-59759 Arnsberg
✆ 02932-31546
Nordrhein-Westfalen

113

2 for 1 2 GF zum Preis von 1

DER GOLF ALBRECHT

Golfclub Sauerland e.V., Neheim-Hüsten

DE

Zum Golfplatz 19
D-59759 Arnsberg
✆ 02932-31546
Nordrhein-Westfalen

113

2 for 1 2 GF zum Preis von 1

DER GOLF ALBRECHT

Golfclub Sauerland e.V., Neheim-Hüsten

DE

Zum Golfplatz 19
D-59759 Arnsberg
✆ 02932-31546
Nordrhein-Westfalen

113

25% Greenfee-Ermäßigung

DER GOLF ALBRECHT

Golfclub Sauerland e.V., Neheim-Hüsten

DE

Zum Golfplatz 19
D-59759 Arnsberg
✆ 02932-31546
Nordrhein-Westfalen

113

25% Greenfee-Ermäßigung

Bedingungen zur Einlösung des Discounts:

1. Das Angebot ist einschließlich bis 30.6.2024 gültig.
2. Der Golfspieler/Leser hat sich telefonisch eine Abschlagzeit geben zu lassen – dabei ist die Nutzung des Angebots anzugeben.
3. Eine Barauszahlung des Greenfee-Vorteils ist nicht möglich.
4. Das Kombinieren von Angeboten oder bestehenden Greenfee-Vorteilen ist nicht möglich. Der Vorteil bezieht sich jeweils ausschließlich auf die zum Zeitpunkt der Einlösung gültigen vollen Greenfee-Gebühren.
5. Gibt es Spielergruppen mit erhöhten Greenfee-Gebühren, ist ein Nachlass auf diese Gebühren nicht möglich.
6. Das Angebot allein berechtigt nicht zum Spiel gegen Greenfee. Die Erfüllung der Bestimmungen des jeweiligen Golfclubs zur Greenfee-Berechtigung (Mitgliedschaft in einem Golfclub, Mindesthandicap etc.) zum Zeitpunkt der Einlösung sind Voraussetzung.
7. Es ist untersagt, den Greenfee-Gutschein entgeltlich Dritten zu überlassen bzw. mit diesen Handel zu treiben. Insbesondere sind die teilnehmenden Golfclubs in diesem Falle berechtigt, die Einlösung der ausgeschriebenen Angebote zu verweigern.
8. Die teilnehmenden Golfclubs haben sich gegenüber dem Verlag unter den o.g. Bedingungen verpflichtet, die ausgeschriebenen Angebote einzulösen. Der Verlag übernimmt jedoch keine Gewähr und keine Haftung, wenn ein Angebot nicht eingelöst wird oder werden kann.

Bedingungen zur Einlösung des Discounts:

1. Das Angebot ist einschließlich bis 30.6.2024 gültig.
2. Der Golfspieler/Leser hat sich telefonisch eine Abschlagzeit geben zu lassen – dabei ist die Nutzung des Angebots anzugeben.
3. Eine Barauszahlung des Greenfee-Vorteils ist nicht möglich.
4. Das Kombinieren von Angeboten oder bestehenden Greenfee-Vorteilen ist nicht möglich. Der Vorteil bezieht sich jeweils ausschließlich auf die zum Zeitpunkt der Einlösung gültigen vollen Greenfee-Gebühren.
5. Gibt es Spielergruppen mit erhöhten Greenfee-Gebühren, ist ein Nachlass auf diese Gebühren nicht möglich.
6. Das Angebot allein berechtigt nicht zum Spiel gegen Greenfee. Die Erfüllung der Bestimmungen des jeweiligen Golfclubs zur Greenfee-Berechtigung (Mitgliedschaft in einem Golfclub, Mindesthandicap etc.) zum Zeitpunkt der Einlösung sind Voraussetzung.
7. Es ist untersagt, den Greenfee-Gutschein entgeltlich Dritten zu überlassen bzw. mit diesen Handel zu treiben. Insbesondere sind die teilnehmenden Golfclubs in diesem Falle berechtigt, die Einlösung der ausgeschriebenen Angebote zu verweigern.
8. Die teilnehmenden Golfclubs haben sich gegenüber dem Verlag unter den o.g. Bedingungen verpflichtet, die ausgeschriebenen Angebote einzulösen. Der Verlag übernimmt jedoch keine Gewähr und keine Haftung, wenn ein Angebot nicht eingelöst wird oder werden kann.

Bedingungen zur Einlösung des Discounts:

1. Das Angebot ist einschließlich bis 30.6.2024 gültig.
2. Der Golfspieler/Leser hat sich telefonisch eine Abschlagzeit geben zu lassen – dabei ist die Nutzung des Angebots anzugeben.
3. Eine Barauszahlung des Greenfee-Vorteils ist nicht möglich.
4. Das Kombinieren von Angeboten oder bestehenden Greenfee-Vorteilen ist nicht möglich. Der Vorteil bezieht sich jeweils ausschließlich auf die zum Zeitpunkt der Einlösung gültigen vollen Greenfee-Gebühren.
5. Gibt es Spielergruppen mit erhöhten Greenfee-Gebühren, ist ein Nachlass auf diese Gebühren nicht möglich.
6. Das Angebot allein berechtigt nicht zum Spiel gegen Greenfee. Die Erfüllung der Bestimmungen des jeweiligen Golfclubs zur Greenfee-Berechtigung (Mitgliedschaft in einem Golfclub, Mindesthandicap etc.) zum Zeitpunkt der Einlösung sind Voraussetzung.
7. Es ist untersagt, den Greenfee-Gutschein entgeltlich Dritten zu überlassen bzw. mit diesen Handel zu treiben. Insbesondere sind die teilnehmenden Golfclubs in diesem Falle berechtigt, die Einlösung der ausgeschriebenen Angebote zu verweigern.
8. Die teilnehmenden Golfclubs haben sich gegenüber dem Verlag unter den o.g. Bedingungen verpflichtet, die ausgeschriebenen Angebote einzulösen. Der Verlag übernimmt jedoch keine Gewähr und keine Haftung, wenn ein Angebot nicht eingelöst wird oder werden kann.

Bedingungen zur Einlösung des Discounts:

1. Das Angebot ist einschließlich bis 30.6.2024 gültig.
2. Der Golfspieler/Leser hat sich telefonisch eine Abschlagzeit geben zu lassen – dabei ist die Nutzung des Angebots anzugeben.
3. Eine Barauszahlung des Greenfee-Vorteils ist nicht möglich.
4. Das Kombinieren von Angeboten oder bestehenden Greenfee-Vorteilen ist nicht möglich. Der Vorteil bezieht sich jeweils ausschließlich auf die zum Zeitpunkt der Einlösung gültigen vollen Greenfee-Gebühren.
5. Gibt es Spielergruppen mit erhöhten Greenfee-Gebühren, ist ein Nachlass auf diese Gebühren nicht möglich.
6. Das Angebot allein berechtigt nicht zum Spiel gegen Greenfee. Die Erfüllung der Bestimmungen des jeweiligen Golfclubs zur Greenfee-Berechtigung (Mitgliedschaft in einem Golfclub, Mindesthandicap etc.) zum Zeitpunkt der Einlösung sind Voraussetzung.
7. Es ist untersagt, den Greenfee-Gutschein entgeltlich Dritten zu überlassen bzw. mit diesen Handel zu treiben. Insbesondere sind die teilnehmenden Golfclubs in diesem Falle berechtigt, die Einlösung der ausgeschriebenen Angebote zu verweigern.
8. Die teilnehmenden Golfclubs haben sich gegenüber dem Verlag unter den o.g. Bedingungen verpflichtet, die ausgeschriebenen Angebote einzulösen. Der Verlag übernimmt jedoch keine Gewähr und keine Haftung, wenn ein Angebot nicht eingelöst wird oder werden kann.

Bedingungen zur Einlösung des Discounts:

1. Das Angebot ist einschließlich bis 30.6.2024 gültig.
2. Der Golfspieler/Leser hat sich telefonisch eine Abschlagzeit geben zu lassen – dabei ist die Nutzung des Angebots anzugeben.
3. Eine Barauszahlung des Greenfee-Vorteils ist nicht möglich.
4. Das Kombinieren von Angeboten oder bestehenden Greenfee-Vorteilen ist nicht möglich. Der Vorteil bezieht sich jeweils ausschließlich auf die zum Zeitpunkt der Einlösung gültigen vollen Greenfee-Gebühren.
5. Gibt es Spielergruppen mit erhöhten Greenfee-Gebühren, ist ein Nachlass auf diese Gebühren nicht möglich.
6. Das Angebot allein berechtigt nicht zum Spiel gegen Greenfee. Die Erfüllung der Bestimmungen des jeweiligen Golfclubs zur Greenfee-Berechtigung (Mitgliedschaft in einem Golfclub, Mindesthandicap etc.) zum Zeitpunkt der Einlösung sind Voraussetzung.
7. Es ist untersagt, den Greenfee-Gutschein entgeltlich Dritten zu überlassen bzw. mit diesen Handel zu treiben. Insbesondere sind die teilnehmenden Golfclubs in diesem Falle berechtigt, die Einlösung der ausgeschriebenen Angebote zu verweigern.
8. Die teilnehmenden Golfclubs haben sich gegenüber dem Verlag unter den o.g. Bedingungen verpflichtet, die ausgeschriebenen Angebote einzulösen. Der Verlag übernimmt jedoch keine Gewähr und keine Haftung, wenn ein Angebot nicht eingelöst wird oder werden kann.

Bedingungen zur Einlösung des Discounts:

1. Das Angebot ist einschließlich bis 30.6.2024 gültig.
2. Der Golfspieler/Leser hat sich telefonisch eine Abschlagzeit geben zu lassen – dabei ist die Nutzung des Angebots anzugeben.
3. Eine Barauszahlung des Greenfee-Vorteils ist nicht möglich.
4. Das Kombinieren von Angeboten oder bestehenden Greenfee-Vorteilen ist nicht möglich. Der Vorteil bezieht sich jeweils ausschließlich auf die zum Zeitpunkt der Einlösung gültigen vollen Greenfee-Gebühren.
5. Gibt es Spielergruppen mit erhöhten Greenfee-Gebühren, ist ein Nachlass auf diese Gebühren nicht möglich.
6. Das Angebot allein berechtigt nicht zum Spiel gegen Greenfee. Die Erfüllung der Bestimmungen des jeweiligen Golfclubs zur Greenfee-Berechtigung (Mitgliedschaft in einem Golfclub, Mindesthandicap etc.) zum Zeitpunkt der Einlösung sind Voraussetzung.
7. Es ist untersagt, den Greenfee-Gutschein entgeltlich Dritten zu überlassen bzw. mit diesen Handel zu treiben. Insbesondere sind die teilnehmenden Golfclubs in diesem Falle berechtigt, die Einlösung der ausgeschriebenen Angebote zu verweigern.
8. Die teilnehmenden Golfclubs haben sich gegenüber dem Verlag unter den o.g. Bedingungen verpflichtet, die ausgeschriebenen Angebote einzulösen. Der Verlag übernimmt jedoch keine Gewähr und keine Haftung, wenn ein Angebot nicht eingelöst wird oder werden kann.

Bedingungen zur Einlösung des Discounts:

1. Das Angebot ist einschließlich bis 30.6.2024 gültig.
2. Der Golfspieler/Leser hat sich telefonisch eine Abschlagzeit geben zu lassen – dabei ist die Nutzung des Angebots anzugeben.
3. Eine Barauszahlung des Greenfee-Vorteils ist nicht möglich.
4. Das Kombinieren von Angeboten oder bestehenden Greenfee-Vorteilen ist nicht möglich. Der Vorteil bezieht sich jeweils ausschließlich auf die zum Zeitpunkt der Einlösung gültigen vollen Greenfee-Gebühren.
5. Gibt es Spielergruppen mit erhöhten Greenfee-Gebühren, ist ein Nachlass auf diese Gebühren nicht möglich.
6. Das Angebot allein berechtigt nicht zum Spiel gegen Greenfee. Die Erfüllung der Bestimmungen des jeweiligen Golfclubs zur Greenfee-Berechtigung (Mitgliedschaft in einem Golfclub, Mindesthandicap etc.) zum Zeitpunkt der Einlösung sind Voraussetzung.
7. Es ist untersagt, den Greenfee-Gutschein entgeltlich Dritten zu überlassen bzw. mit diesen Handel zu treiben. Insbesondere sind die teilnehmenden Golfclubs in diesem Falle berechtigt, die Einlösung der ausgeschriebenen Angebote zu verweigern.
8. Die teilnehmenden Golfclubs haben sich gegenüber dem Verlag unter den o.g. Bedingungen verpflichtet, die ausgeschriebenen Angebote einzulösen. Der Verlag übernimmt jedoch keine Gewähr und keine Haftung, wenn ein Angebot nicht eingelöst wird oder werden kann.

Bedingungen zur Einlösung des Discounts:

1. Das Angebot ist einschließlich bis 30.6.2024 gültig.
2. Der Golfspieler/Leser hat sich telefonisch eine Abschlagzeit geben zu lassen – dabei ist die Nutzung des Angebots anzugeben.
3. Eine Barauszahlung des Greenfee-Vorteils ist nicht möglich.
4. Das Kombinieren von Angeboten oder bestehenden Greenfee-Vorteilen ist nicht möglich. Der Vorteil bezieht sich jeweils ausschließlich auf die zum Zeitpunkt der Einlösung gültigen vollen Greenfee-Gebühren.
5. Gibt es Spielergruppen mit erhöhten Greenfee-Gebühren, ist ein Nachlass auf diese Gebühren nicht möglich.
6. Das Angebot allein berechtigt nicht zum Spiel gegen Greenfee. Die Erfüllung der Bestimmungen des jeweiligen Golfclubs zur Greenfee-Berechtigung (Mitgliedschaft in einem Golfclub, Mindesthandicap etc.) zum Zeitpunkt der Einlösung sind Voraussetzung.
7. Es ist untersagt, den Greenfee-Gutschein entgeltlich Dritten zu überlassen bzw. mit diesen Handel zu treiben. Insbesondere sind die teilnehmenden Golfclubs in diesem Falle berechtigt, die Einlösung der ausgeschriebenen Angebote zu verweigern.
8. Die teilnehmenden Golfclubs haben sich gegenüber dem Verlag unter den o.g. Bedingungen verpflichtet, die ausgeschriebenen Angebote einzulösen. Der Verlag übernimmt jedoch keine Gewähr und keine Haftung, wenn ein Angebot nicht eingelöst wird oder werden kann.

Bedingungen zur Einlösung des Discounts:

1. Das Angebot ist einschließlich bis 30.6.2024 gültig.
2. Der Golfspieler/Leser hat sich telefonisch eine Abschlagzeit geben zu lassen – dabei ist die Nutzung des Angebots anzugeben.
3. Eine Barauszahlung des Greenfee-Vorteils ist nicht möglich.
4. Das Kombinieren von Angeboten oder bestehenden Greenfee-Vorteilen ist nicht möglich. Der Vorteil bezieht sich jeweils ausschließlich auf die zum Zeitpunkt der Einlösung gültigen vollen Greenfee-Gebühren.
5. Gibt es Spielergruppen mit erhöhten Greenfee-Gebühren, ist ein Nachlass auf diese Gebühren nicht möglich.
6. Das Angebot allein berechtigt nicht zum Spiel gegen Greenfee. Die Erfüllung der Bestimmungen des jeweiligen Golfclubs zur Greenfee-Berechtigung (Mitgliedschaft in einem Golfclub, Mindesthandicap etc.) zum Zeitpunkt der Einlösung sind Voraussetzung.
7. Es ist untersagt, den Greenfee-Gutschein entgeltlich Dritten zu überlassen bzw. mit diesen Handel zu treiben. Insbesondere sind die teilnehmenden Golfclubs in diesem Falle berechtigt, die Einlösung der ausgeschriebenen Angebote zu verweigern.
8. Die teilnehmenden Golfclubs haben sich gegenüber dem Verlag unter den o.g. Bedingungen verpflichtet, die ausgeschriebenen Angebote einzulösen. Der Verlag übernimmt jedoch keine Gewähr und keine Haftung, wenn ein Angebot nicht eingelöst wird oder werden kann.

Bedingungen zur Einlösung des Discounts:

1. Das Angebot ist einschließlich bis 30.6.2024 gültig.
2. Der Golfspieler/Leser hat sich telefonisch eine Abschlagzeit geben zu lassen – dabei ist die Nutzung des Angebots anzugeben.
3. Eine Barauszahlung des Greenfee-Vorteils ist nicht möglich.
4. Das Kombinieren von Angeboten oder bestehenden Greenfee-Vorteilen ist nicht möglich. Der Vorteil bezieht sich jeweils ausschließlich auf die zum Zeitpunkt der Einlösung gültigen vollen Greenfee-Gebühren.
5. Gibt es Spielergruppen mit erhöhten Greenfee-Gebühren, ist ein Nachlass auf diese Gebühren nicht möglich.
6. Das Angebot allein berechtigt nicht zum Spiel gegen Greenfee. Die Erfüllung der Bestimmungen des jeweiligen Golfclubs zur Greenfee-Berechtigung (Mitgliedschaft in einem Golfclub, Mindesthandicap etc.) zum Zeitpunkt der Einlösung sind Voraussetzung.
7. Es ist untersagt, den Greenfee-Gutschein entgeltlich Dritten zu überlassen bzw. mit diesen Handel zu treiben. Insbesondere sind die teilnehmenden Golfclubs in diesem Falle berechtigt, die Einlösung der ausgeschriebenen Angebote zu verweigern.
8. Die teilnehmenden Golfclubs haben sich gegenüber dem Verlag unter den o.g. Bedingungen verpflichtet, die ausgeschriebenen Angebote einzulösen. Der Verlag übernimmt jedoch keine Gewähr und keine Haftung, wenn ein Angebot nicht eingelöst wird oder werden kann.

Diese Gutscheine gelten nur in Verbindung mit dem Buch/Albrecht Golf Card

Diese Gutscheine gelten nur in Verbindung mit dem Buch/Albrecht Golf Card

DER GOLF ALBRECHT

Golfen in Herdecke

DE

Ackerweg 30 a
D-58313 Herdecke
02330-973505
Nordrhein-Westfalen

114

2 for 1 2 GF zum Preis von 1 wochentags

DER GOLF ALBRECHT

Golfen in Herdecke

DE

Ackerweg 30 a
D-58313 Herdecke
02330-973505
Nordrhein-Westfalen

114

2 for 1 2 GF zum Preis von 1 wochentags

DER GOLF ALBRECHT

Golfen in Herdecke

DE

Ackerweg 30 a
D-58313 Herdecke
02330-973505
Nordrhein-Westfalen

114

20% Greenfee-Ermäßigung wochentags

DER GOLF ALBRECHT

Golfen in Herdecke

DE

Ackerweg 30 a
D-58313 Herdecke
02330-973505
Nordrhein-Westfalen

114

20% Greenfee-Ermäßigung wochentags

DER GOLF ALBRECHT

Golfclub Niep

DE

Bergschenweg 71
D-47506 Neukirchen-Vluyn
02845-28051
Nordrhein-Westfalen
Hinweis: nur für den 18 Loch Golfplatz

115

2 for 1 2 GF zum Preis von 1

DER GOLF ALBRECHT

Golfclub Niep

DE

Bergschenweg 71
D-47506 Neukirchen-Vluyn
02845-28051
Nordrhein-Westfalen
Hinweis: nur für den 18 Loch Golfplatz

115

2 for 1 2 GF zum Preis von 1

DER GOLF ALBRECHT

Golfclub Niep

DE

Bergschenweg 71
D-47506 Neukirchen-Vluyn
02845-28051
Nordrhein-Westfalen
Hinweis: nur für den 18 Loch Golfplatz

115

20% Greenfee-Ermäßigung

DER GOLF ALBRECHT

Golfclub Niep

DE

Bergschenweg 71
D-47506 Neukirchen-Vluyn
02845-28051
Nordrhein-Westfalen
Hinweis: nur für den 18 Loch Golfplatz

115

20% Greenfee-Ermäßigung

DER GOLF ALBRECHT

Golfclub Brilon e.V.

DE

Hölsterloh 6
D-59929 Brilon
02961-53550
Nordrhein-Westfalen

116

2 for 1 2 GF zum Preis von 1

DER GOLF ALBRECHT

Golfclub Brilon e.V.

DE

Hölsterloh 6
D-59929 Brilon
02961-53550
Nordrhein-Westfalen

116

2 for 1 2 GF zum Preis von 1

Bedingungen zur Einlösung des Discounts:
1. Das Angebot ist einschließlich bis 30.6.2024 gültig.
2. Der Golfspieler/Leser hat sich telefonisch eine Abschlagzeit geben zu lassen – dabei ist die Nutzung des Angebots anzugeben.
3. Eine Barauszahlung des Greenfee-Vorteils ist nicht möglich.
4. Das Kombinieren von Angeboten oder bestehenden Greenfee-Vorteilen ist nicht möglich. Der Vorteil bezieht sich jeweils ausschließlich auf die zum Zeitpunkt der Einlösung gültigen vollen Greenfee-Gebühren.
5. Gibt es Spielergruppen mit erhöhten Greenfee-Gebühren, ist ein Nachlass auf diese Gebühren nicht möglich.
6. Das Angebot allein berechtigt nicht zum Spiel gegen Greenfee. Die Erfüllung der Bestimmungen des jeweiligen Golfclubs zur Greenfee-Berechtigung (Mitgliedschaft in einem Golfclub, Mindesthandicap etc.) zum Zeitpunkt der Einlösung sind Voraussetzung.
7. Es ist untersagt, den Greenfee-Gutschein entgeltlich Dritten zu überlassen bzw. mit diesen Handel zu treiben. Insbesondere sind die teilnehmenden Golfclubs in diesem Falle berechtigt, die Einlösung der ausgeschriebenen Angebote zu verweigern.
8. Die teilnehmenden Golfclubs haben sich gegenüber dem Verlag unter den o.g. Bedingungen verpflichtet, die ausgeschriebenen Angebote einzulösen. Der Verlag übernimmt jedoch keine Gewähr und keine Haftung, wenn ein Angebot nicht eingelöst wird oder werden kann.

Bedingungen zur Einlösung des Discounts:
1. Das Angebot ist einschließlich bis 30.6.2024 gültig.
2. Der Golfspieler/Leser hat sich telefonisch eine Abschlagzeit geben zu lassen – dabei ist die Nutzung des Angebots anzugeben.
3. Eine Barauszahlung des Greenfee-Vorteils ist nicht möglich.
4. Das Kombinieren von Angeboten oder bestehenden Greenfee-Vorteilen ist nicht möglich. Der Vorteil bezieht sich jeweils ausschließlich auf die zum Zeitpunkt der Einlösung gültigen vollen Greenfee-Gebühren.
5. Gibt es Spielergruppen mit erhöhten Greenfee-Gebühren, ist ein Nachlass auf diese Gebühren nicht möglich.
6. Das Angebot allein berechtigt nicht zum Spiel gegen Greenfee. Die Erfüllung der Bestimmungen des jeweiligen Golfclubs zur Greenfee-Berechtigung (Mitgliedschaft in einem Golfclub, Mindesthandicap etc.) zum Zeitpunkt der Einlösung sind Voraussetzung.
7. Es ist untersagt, den Greenfee-Gutschein entgeltlich Dritten zu überlassen bzw. mit diesen Handel zu treiben. Insbesondere sind die teilnehmenden Golfclubs in diesem Falle berechtigt, die Einlösung der ausgeschriebenen Angebote zu verweigern.
8. Die teilnehmenden Golfclubs haben sich gegenüber dem Verlag unter den o.g. Bedingungen verpflichtet, die ausgeschriebenen Angebote einzulösen. Der Verlag übernimmt jedoch keine Gewähr und keine Haftung, wenn ein Angebot nicht eingelöst wird oder werden kann.

Bedingungen zur Einlösung des Discounts:
1. Das Angebot ist einschließlich bis 30.6.2024 gültig.
2. Der Golfspieler/Leser hat sich telefonisch eine Abschlagzeit geben zu lassen – dabei ist die Nutzung des Angebots anzugeben.
3. Eine Barauszahlung des Greenfee-Vorteils ist nicht möglich.
4. Das Kombinieren von Angeboten oder bestehenden Greenfee-Vorteilen ist nicht möglich. Der Vorteil bezieht sich jeweils ausschließlich auf die zum Zeitpunkt der Einlösung gültigen vollen Greenfee-Gebühren.
5. Gibt es Spielergruppen mit erhöhten Greenfee-Gebühren, ist ein Nachlass auf diese Gebühren nicht möglich.
6. Das Angebot allein berechtigt nicht zum Spiel gegen Greenfee. Die Erfüllung der Bestimmungen des jeweiligen Golfclubs zur Greenfee-Berechtigung (Mitgliedschaft in einem Golfclub, Mindesthandicap etc.) zum Zeitpunkt der Einlösung sind Voraussetzung.
7. Es ist untersagt, den Greenfee-Gutschein entgeltlich Dritten zu überlassen bzw. mit diesen Handel zu treiben. Insbesondere sind die teilnehmenden Golfclubs in diesem Falle berechtigt, die Einlösung der ausgeschriebenen Angebote zu verweigern.
8. Die teilnehmenden Golfclubs haben sich gegenüber dem Verlag unter den o.g. Bedingungen verpflichtet, die ausgeschriebenen Angebote einzulösen. Der Verlag übernimmt jedoch keine Gewähr und keine Haftung, wenn ein Angebot nicht eingelöst wird oder werden kann.

Bedingungen zur Einlösung des Discounts:
1. Das Angebot ist einschließlich bis 30.6.2024 gültig.
2. Der Golfspieler/Leser hat sich telefonisch eine Abschlagzeit geben zu lassen – dabei ist die Nutzung des Angebots anzugeben.
3. Eine Barauszahlung des Greenfee-Vorteils ist nicht möglich.
4. Das Kombinieren von Angeboten oder bestehenden Greenfee-Vorteilen ist nicht möglich. Der Vorteil bezieht sich jeweils ausschließlich auf die zum Zeitpunkt der Einlösung gültigen vollen Greenfee-Gebühren.
5. Gibt es Spielergruppen mit erhöhten Greenfee-Gebühren, ist ein Nachlass auf diese Gebühren nicht möglich.
6. Das Angebot allein berechtigt nicht zum Spiel gegen Greenfee. Die Erfüllung der Bestimmungen des jeweiligen Golfclubs zur Greenfee-Berechtigung (Mitgliedschaft in einem Golfclub, Mindesthandicap etc.) zum Zeitpunkt der Einlösung sind Voraussetzung.
7. Es ist untersagt, den Greenfee-Gutschein entgeltlich Dritten zu überlassen bzw. mit diesen Handel zu treiben. Insbesondere sind die teilnehmenden Golfclubs in diesem Falle berechtigt, die Einlösung der ausgeschriebenen Angebote zu verweigern.
8. Die teilnehmenden Golfclubs haben sich gegenüber dem Verlag unter den o.g. Bedingungen verpflichtet, die ausgeschriebenen Angebote einzulösen. Der Verlag übernimmt jedoch keine Gewähr und keine Haftung, wenn ein Angebot nicht eingelöst wird oder werden kann.

Bedingungen zur Einlösung des Discounts:
1. Das Angebot ist einschließlich bis 30.6.2024 gültig.
2. Der Golfspieler/Leser hat sich telefonisch eine Abschlagzeit geben zu lassen – dabei ist die Nutzung des Angebots anzugeben.
3. Eine Barauszahlung des Greenfee-Vorteils ist nicht möglich.
4. Das Kombinieren von Angeboten oder bestehenden Greenfee-Vorteilen ist nicht möglich. Der Vorteil bezieht sich jeweils ausschließlich auf die zum Zeitpunkt der Einlösung gültigen vollen Greenfee-Gebühren.
5. Gibt es Spielergruppen mit erhöhten Greenfee-Gebühren, ist ein Nachlass auf diese Gebühren nicht möglich.
6. Das Angebot allein berechtigt nicht zum Spiel gegen Greenfee. Die Erfüllung der Bestimmungen des jeweiligen Golfclubs zur Greenfee-Berechtigung (Mitgliedschaft in einem Golfclub, Mindesthandicap etc.) zum Zeitpunkt der Einlösung sind Voraussetzung.
7. Es ist untersagt, den Greenfee-Gutschein entgeltlich Dritten zu überlassen bzw. mit diesen Handel zu treiben. Insbesondere sind die teilnehmenden Golfclubs in diesem Falle berechtigt, die Einlösung der ausgeschriebenen Angebote zu verweigern.
8. Die teilnehmenden Golfclubs haben sich gegenüber dem Verlag unter den o.g. Bedingungen verpflichtet, die ausgeschriebenen Angebote einzulösen. Der Verlag übernimmt jedoch keine Gewähr und keine Haftung, wenn ein Angebot nicht eingelöst wird oder werden kann.

Bedingungen zur Einlösung des Discounts:
1. Das Angebot ist einschließlich bis 30.6.2024 gültig.
2. Der Golfspieler/Leser hat sich telefonisch eine Abschlagzeit geben zu lassen – dabei ist die Nutzung des Angebots anzugeben.
3. Eine Barauszahlung des Greenfee-Vorteils ist nicht möglich.
4. Das Kombinieren von Angeboten oder bestehenden Greenfee-Vorteilen ist nicht möglich. Der Vorteil bezieht sich jeweils ausschließlich auf die zum Zeitpunkt der Einlösung gültigen vollen Greenfee-Gebühren.
5. Gibt es Spielergruppen mit erhöhten Greenfee-Gebühren, ist ein Nachlass auf diese Gebühren nicht möglich.
6. Das Angebot allein berechtigt nicht zum Spiel gegen Greenfee. Die Erfüllung der Bestimmungen des jeweiligen Golfclubs zur Greenfee-Berechtigung (Mitgliedschaft in einem Golfclub, Mindesthandicap etc.) zum Zeitpunkt der Einlösung sind Voraussetzung.
7. Es ist untersagt, den Greenfee-Gutschein entgeltlich Dritten zu überlassen bzw. mit diesen Handel zu treiben. Insbesondere sind die teilnehmenden Golfclubs in diesem Falle berechtigt, die Einlösung der ausgeschriebenen Angebote zu verweigern.
8. Die teilnehmenden Golfclubs haben sich gegenüber dem Verlag unter den o.g. Bedingungen verpflichtet, die ausgeschriebenen Angebote einzulösen. Der Verlag übernimmt jedoch keine Gewähr und keine Haftung, wenn ein Angebot nicht eingelöst wird oder werden kann.

Bedingungen zur Einlösung des Discounts:
1. Das Angebot ist einschließlich bis 30.6.2024 gültig.
2. Der Golfspieler/Leser hat sich telefonisch eine Abschlagzeit geben zu lassen – dabei ist die Nutzung des Angebots anzugeben.
3. Eine Barauszahlung des Greenfee-Vorteils ist nicht möglich.
4. Das Kombinieren von Angeboten oder bestehenden Greenfee-Vorteilen ist nicht möglich. Der Vorteil bezieht sich jeweils ausschließlich auf die zum Zeitpunkt der Einlösung gültigen vollen Greenfee-Gebühren.
5. Gibt es Spielergruppen mit erhöhten Greenfee-Gebühren, ist ein Nachlass auf diese Gebühren nicht möglich.
6. Das Angebot allein berechtigt nicht zum Spiel gegen Greenfee. Die Erfüllung der Bestimmungen des jeweiligen Golfclubs zur Greenfee-Berechtigung (Mitgliedschaft in einem Golfclub, Mindesthandicap etc.) zum Zeitpunkt der Einlösung sind Voraussetzung.
7. Es ist untersagt, den Greenfee-Gutschein entgeltlich Dritten zu überlassen bzw. mit diesen Handel zu treiben. Insbesondere sind die teilnehmenden Golfclubs in diesem Falle berechtigt, die Einlösung der ausgeschriebenen Angebote zu verweigern.
8. Die teilnehmenden Golfclubs haben sich gegenüber dem Verlag unter den o.g. Bedingungen verpflichtet, die ausgeschriebenen Angebote einzulösen. Der Verlag übernimmt jedoch keine Gewähr und keine Haftung, wenn ein Angebot nicht eingelöst wird oder werden kann.

Bedingungen zur Einlösung des Discounts:
1. Das Angebot ist einschließlich bis 30.6.2024 gültig.
2. Der Golfspieler/Leser hat sich telefonisch eine Abschlagzeit geben zu lassen – dabei ist die Nutzung des Angebots anzugeben.
3. Eine Barauszahlung des Greenfee-Vorteils ist nicht möglich.
4. Das Kombinieren von Angeboten oder bestehenden Greenfee-Vorteilen ist nicht möglich. Der Vorteil bezieht sich jeweils ausschließlich auf die zum Zeitpunkt der Einlösung gültigen vollen Greenfee-Gebühren.
5. Gibt es Spielergruppen mit erhöhten Greenfee-Gebühren, ist ein Nachlass auf diese Gebühren nicht möglich.
6. Das Angebot allein berechtigt nicht zum Spiel gegen Greenfee. Die Erfüllung der Bestimmungen des jeweiligen Golfclubs zur Greenfee-Berechtigung (Mitgliedschaft in einem Golfclub, Mindesthandicap etc.) zum Zeitpunkt der Einlösung sind Voraussetzung.
7. Es ist untersagt, den Greenfee-Gutschein entgeltlich Dritten zu überlassen bzw. mit diesen Handel zu treiben. Insbesondere sind die teilnehmenden Golfclubs in diesem Falle berechtigt, die Einlösung der ausgeschriebenen Angebote zu verweigern.
8. Die teilnehmenden Golfclubs haben sich gegenüber dem Verlag unter den o.g. Bedingungen verpflichtet, die ausgeschriebenen Angebote einzulösen. Der Verlag übernimmt jedoch keine Gewähr und keine Haftung, wenn ein Angebot nicht eingelöst wird oder werden kann.

Bedingungen zur Einlösung des Discounts:
1. Das Angebot ist einschließlich bis 30.6.2024 gültig.
2. Der Golfspieler/Leser hat sich telefonisch eine Abschlagzeit geben zu lassen – dabei ist die Nutzung des Angebots anzugeben.
3. Eine Barauszahlung des Greenfee-Vorteils ist nicht möglich.
4. Das Kombinieren von Angeboten oder bestehenden Greenfee-Vorteilen ist nicht möglich. Der Vorteil bezieht sich jeweils ausschließlich auf die zum Zeitpunkt der Einlösung gültigen vollen Greenfee-Gebühren.
5. Gibt es Spielergruppen mit erhöhten Greenfee-Gebühren, ist ein Nachlass auf diese Gebühren nicht möglich.
6. Das Angebot allein berechtigt nicht zum Spiel gegen Greenfee. Die Erfüllung der Bestimmungen des jeweiligen Golfclubs zur Greenfee-Berechtigung (Mitgliedschaft in einem Golfclub, Mindesthandicap etc.) zum Zeitpunkt der Einlösung sind Voraussetzung.
7. Es ist untersagt, den Greenfee-Gutschein entgeltlich Dritten zu überlassen bzw. mit diesen Handel zu treiben. Insbesondere sind die teilnehmenden Golfclubs in diesem Falle berechtigt, die Einlösung der ausgeschriebenen Angebote zu verweigern.
8. Die teilnehmenden Golfclubs haben sich gegenüber dem Verlag unter den o.g. Bedingungen verpflichtet, die ausgeschriebenen Angebote einzulösen. Der Verlag übernimmt jedoch keine Gewähr und keine Haftung, wenn ein Angebot nicht eingelöst wird oder werden kann.

Bedingungen zur Einlösung des Discounts:
1. Das Angebot ist einschließlich bis 30.6.2024 gültig.
2. Der Golfspieler/Leser hat sich telefonisch eine Abschlagzeit geben zu lassen – dabei ist die Nutzung des Angebots anzugeben.
3. Eine Barauszahlung des Greenfee-Vorteils ist nicht möglich.
4. Das Kombinieren von Angeboten oder bestehenden Greenfee-Vorteilen ist nicht möglich. Der Vorteil bezieht sich jeweils ausschließlich auf die zum Zeitpunkt der Einlösung gültigen vollen Greenfee-Gebühren.
5. Gibt es Spielergruppen mit erhöhten Greenfee-Gebühren, ist ein Nachlass auf diese Gebühren nicht möglich.
6. Das Angebot allein berechtigt nicht zum Spiel gegen Greenfee. Die Erfüllung der Bestimmungen des jeweiligen Golfclubs zur Greenfee-Berechtigung (Mitgliedschaft in einem Golfclub, Mindesthandicap etc.) zum Zeitpunkt der Einlösung sind Voraussetzung.
7. Es ist untersagt, den Greenfee-Gutschein entgeltlich Dritten zu überlassen bzw. mit diesen Handel zu treiben. Insbesondere sind die teilnehmenden Golfclubs in diesem Falle berechtigt, die Einlösung der ausgeschriebenen Angebote zu verweigern.
8. Die teilnehmenden Golfclubs haben sich gegenüber dem Verlag unter den o.g. Bedingungen verpflichtet, die ausgeschriebenen Angebote einzulösen. Der Verlag übernimmt jedoch keine Gewähr und keine Haftung, wenn ein Angebot nicht eingelöst wird oder werden kann.

Diese Gutscheine gelten nur in Verbindung mit dem Buch/Albrecht Golf Card

Diese Gutscheine gelten nur in Verbindung mit dem Buch/Albrecht Golf Card

DER GOLF ALBRECHT

Golfclub Mülheim an der Ruhr e.V. DE

Am Golfplatz 1
D-45481 Mülheim
✆ 0208-483607
Nordrhein-Westfalen

117

20% Greenfee-Ermäßigung wochentags

DER GOLF ALBRECHT

Golfclub Mülheim an der Ruhr e.V. DE

Am Golfplatz 1
D-45481 Mülheim
✆ 0208-483607
Nordrhein-Westfalen

117

20% Greenfee-Ermäßigung wochentags

DER GOLF ALBRECHT

Golf-Club Stadtwald e.V. DE

Hüttenallee 188
D-47800 Krefeld-Bockum
✆ 02151-590243
Nordrhein-Westfalen

118

2 for 1 2 GF zum Preis von 1

DER GOLF ALBRECHT

Golf-Club Stadtwald e.V. DE

Hüttenallee 188
D-47800 Krefeld-Bockum
✆ 02151-590243
Nordrhein-Westfalen

118

2 for 1 2 GF zum Preis von 1

DER GOLF ALBRECHT

Golf-Club Stadtwald e.V. DE

Hüttenallee 188
D-47800 Krefeld-Bockum
✆ 02151-590243
Nordrhein-Westfalen

118

20% Greenfee-Ermäßigung

DER GOLF ALBRECHT

Golf Club Haus Bey e.V. DE

An Haus Bey 16
D-41334 Nettetal
✆ 02153-91970
Nordrhein-Westfalen

119

2 for 1 2 GF zum Preis von 1 wochentags

DER GOLF ALBRECHT

Golf Club Haus Bey e.V. DE

An Haus Bey 16
D-41334 Nettetal
✆ 02153-91970
Nordrhein-Westfalen

119

2 for 1 2 GF zum Preis von 1 wochentags

DER GOLF ALBRECHT

Golf Club Haus Bey e.V. DE

An Haus Bey 16
D-41334 Nettetal
✆ 02153-91970
Nordrhein-Westfalen

119

20% Greenfee-Ermäßigung wochentags

DER GOLF ALBRECHT

Golf Club Haus Bey e.V. DE

An Haus Bey 16
D-41334 Nettetal
✆ 02153-91970
Nordrhein-Westfalen

119

20% Greenfee-Ermäßigung wochentags

DER GOLF ALBRECHT

Golf am Haus Amecke DE

Haus Amecke
D-59846 Sundern
✆ 02393-170666
Nordrhein-Westfalen

120

2 for 1 2 GF zum Preis von 1

Bedingungen zur Einlösung des Discounts:
1. Das Angebot ist einschließlich bis 30.6.2024 gültig.
2. Der Golfspieler/Leser hat sich telefonisch eine Abschlagzeit geben zu lassen – dabei ist die Nutzung des Angebots anzugeben.
3. Eine Barauszahlung des Greenfee-Vorteils ist nicht möglich.
4. Das Kombinieren von Angeboten oder bestehenden Greenfee-Vorteilen ist nicht möglich. Der Vorteil bezieht sich jeweils ausschließlich auf die zum Zeitpunkt der Einlösung gültigen vollen Greenfee-Gebühren.
5. Gibt es Spielergruppen mit erhöhten Greenfee-Gebühren, ist ein Nachlass auf diese Gebühren nicht möglich.
6. Das Angebot allein berechtigt nicht zum Spiel gegen Greenfee. Die Erfüllung der Bestimmungen des jeweiligen Golfclubs zur Greenfee-Berechtigung (Mitgliedschaft in einem Golfclub, Mindesthandicap etc.) zum Zeitpunkt der Einlösung sind Voraussetzung.
7. Es ist untersagt, den Greenfee-Gutschein entgeltlich Dritten zu überlassen bzw. mit diesen Handel zu treiben. Insbesondere sind die teilnehmenden Golfclubs in diesem Falle berechtigt, die Einlösung der ausgeschriebenen Angebote zu verweigern.
8. Die teilnehmenden Golfclubs haben sich gegenüber dem Verlag unter den o.g. Bedingungen verpflichtet, die ausgeschriebenen Angebote einzulösen. Der Verlag übernimmt jedoch keine Gewähr und keine Haftung, wenn ein Angebot nicht eingelöst wird oder werden kann.

Bedingungen zur Einlösung des Discounts:
1. Das Angebot ist einschließlich bis 30.6.2024 gültig.
2. Der Golfspieler/Leser hat sich telefonisch eine Abschlagzeit geben zu lassen – dabei ist die Nutzung des Angebots anzugeben.
3. Eine Barauszahlung des Greenfee-Vorteils ist nicht möglich.
4. Das Kombinieren von Angeboten oder bestehenden Greenfee-Vorteilen ist nicht möglich. Der Vorteil bezieht sich jeweils ausschließlich auf die zum Zeitpunkt der Einlösung gültigen vollen Greenfee-Gebühren.
5. Gibt es Spielergruppen mit erhöhten Greenfee-Gebühren, ist ein Nachlass auf diese Gebühren nicht möglich.
6. Das Angebot allein berechtigt nicht zum Spiel gegen Greenfee. Die Erfüllung der Bestimmungen des jeweiligen Golfclubs zur Greenfee-Berechtigung (Mitgliedschaft in einem Golfclub, Mindesthandicap etc.) zum Zeitpunkt der Einlösung sind Voraussetzung.
7. Es ist untersagt, den Greenfee-Gutschein entgeltlich Dritten zu überlassen bzw. mit diesen Handel zu treiben. Insbesondere sind die teilnehmenden Golfclubs in diesem Falle berechtigt, die Einlösung der ausgeschriebenen Angebote zu verweigern.
8. Die teilnehmenden Golfclubs haben sich gegenüber dem Verlag unter den o.g. Bedingungen verpflichtet, die ausgeschriebenen Angebote einzulösen. Der Verlag übernimmt jedoch keine Gewähr und keine Haftung, wenn ein Angebot nicht eingelöst wird oder werden kann.

Bedingungen zur Einlösung des Discounts:
1. Das Angebot ist einschließlich bis 30.6.2024 gültig.
2. Der Golfspieler/Leser hat sich telefonisch eine Abschlagzeit geben zu lassen – dabei ist die Nutzung des Angebots anzugeben.
3. Eine Barauszahlung des Greenfee-Vorteils ist nicht möglich.
4. Das Kombinieren von Angeboten oder bestehenden Greenfee-Vorteilen ist nicht möglich. Der Vorteil bezieht sich jeweils ausschließlich auf die zum Zeitpunkt der Einlösung gültigen vollen Greenfee-Gebühren.
5. Gibt es Spielergruppen mit erhöhten Greenfee-Gebühren, ist ein Nachlass auf diese Gebühren nicht möglich.
6. Das Angebot allein berechtigt nicht zum Spiel gegen Greenfee. Die Erfüllung der Bestimmungen des jeweiligen Golfclubs zur Greenfee-Berechtigung (Mitgliedschaft in einem Golfclub, Mindesthandicap etc.) zum Zeitpunkt der Einlösung sind Voraussetzung.
7. Es ist untersagt, den Greenfee-Gutschein entgeltlich Dritten zu überlassen bzw. mit diesen Handel zu treiben. Insbesondere sind die teilnehmenden Golfclubs in diesem Falle berechtigt, die Einlösung der ausgeschriebenen Angebote zu verweigern.
8. Die teilnehmenden Golfclubs haben sich gegenüber dem Verlag unter den o.g. Bedingungen verpflichtet, die ausgeschriebenen Angebote einzulösen. Der Verlag übernimmt jedoch keine Gewähr und keine Haftung, wenn ein Angebot nicht eingelöst wird oder werden kann.

Bedingungen zur Einlösung des Discounts:
1. Das Angebot ist einschließlich bis 30.6.2024 gültig.
2. Der Golfspieler/Leser hat sich telefonisch eine Abschlagzeit geben zu lassen – dabei ist die Nutzung des Angebots anzugeben.
3. Eine Barauszahlung des Greenfee-Vorteils ist nicht möglich.
4. Das Kombinieren von Angeboten oder bestehenden Greenfee-Vorteilen ist nicht möglich. Der Vorteil bezieht sich jeweils ausschließlich auf die zum Zeitpunkt der Einlösung gültigen vollen Greenfee-Gebühren.
5. Gibt es Spielergruppen mit erhöhten Greenfee-Gebühren, ist ein Nachlass auf diese Gebühren nicht möglich.
6. Das Angebot allein berechtigt nicht zum Spiel gegen Greenfee. Die Erfüllung der Bestimmungen des jeweiligen Golfclubs zur Greenfee-Berechtigung (Mitgliedschaft in einem Golfclub, Mindesthandicap etc.) zum Zeitpunkt der Einlösung sind Voraussetzung.
7. Es ist untersagt, den Greenfee-Gutschein entgeltlich Dritten zu überlassen bzw. mit diesen Handel zu treiben. Insbesondere sind die teilnehmenden Golfclubs in diesem Falle berechtigt, die Einlösung der ausgeschriebenen Angebote zu verweigern.
8. Die teilnehmenden Golfclubs haben sich gegenüber dem Verlag unter den o.g. Bedingungen verpflichtet, die ausgeschriebenen Angebote einzulösen. Der Verlag übernimmt jedoch keine Gewähr und keine Haftung, wenn ein Angebot nicht eingelöst wird oder werden kann.

Bedingungen zur Einlösung des Discounts:
1. Das Angebot ist einschließlich bis 30.6.2024 gültig.
2. Der Golfspieler/Leser hat sich telefonisch eine Abschlagzeit geben zu lassen – dabei ist die Nutzung des Angebots anzugeben.
3. Eine Barauszahlung des Greenfee-Vorteils ist nicht möglich.
4. Das Kombinieren von Angeboten oder bestehenden Greenfee-Vorteilen ist nicht möglich. Der Vorteil bezieht sich jeweils ausschließlich auf die zum Zeitpunkt der Einlösung gültigen vollen Greenfee-Gebühren.
5. Gibt es Spielergruppen mit erhöhten Greenfee-Gebühren, ist ein Nachlass auf diese Gebühren nicht möglich.
6. Das Angebot allein berechtigt nicht zum Spiel gegen Greenfee. Die Erfüllung der Bestimmungen des jeweiligen Golfclubs zur Greenfee-Berechtigung (Mitgliedschaft in einem Golfclub, Mindesthandicap etc.) zum Zeitpunkt der Einlösung sind Voraussetzung.
7. Es ist untersagt, den Greenfee-Gutschein entgeltlich Dritten zu überlassen bzw. mit diesen Handel zu treiben. Insbesondere sind die teilnehmenden Golfclubs in diesem Falle berechtigt, die Einlösung der ausgeschriebenen Angebote zu verweigern.
8. Die teilnehmenden Golfclubs haben sich gegenüber dem Verlag unter den o.g. Bedingungen verpflichtet, die ausgeschriebenen Angebote einzulösen. Der Verlag übernimmt jedoch keine Gewähr und keine Haftung, wenn ein Angebot nicht eingelöst wird oder werden kann.

Bedingungen zur Einlösung des Discounts:
1. Das Angebot ist einschließlich bis 30.6.2024 gültig.
2. Der Golfspieler/Leser hat sich telefonisch eine Abschlagzeit geben zu lassen – dabei ist die Nutzung des Angebots anzugeben.
3. Eine Barauszahlung des Greenfee-Vorteils ist nicht möglich.
4. Das Kombinieren von Angeboten oder bestehenden Greenfee-Vorteilen ist nicht möglich. Der Vorteil bezieht sich jeweils ausschließlich auf die zum Zeitpunkt der Einlösung gültigen vollen Greenfee-Gebühren.
5. Gibt es Spielergruppen mit erhöhten Greenfee-Gebühren, ist ein Nachlass auf diese Gebühren nicht möglich.
6. Das Angebot allein berechtigt nicht zum Spiel gegen Greenfee. Die Erfüllung der Bestimmungen des jeweiligen Golfclubs zur Greenfee-Berechtigung (Mitgliedschaft in einem Golfclub, Mindesthandicap etc.) zum Zeitpunkt der Einlösung sind Voraussetzung.
7. Es ist untersagt, den Greenfee-Gutschein entgeltlich Dritten zu überlassen bzw. mit diesen Handel zu treiben. Insbesondere sind die teilnehmenden Golfclubs in diesem Falle berechtigt, die Einlösung der ausgeschriebenen Angebote zu verweigern.
8. Die teilnehmenden Golfclubs haben sich gegenüber dem Verlag unter den o.g. Bedingungen verpflichtet, die ausgeschriebenen Angebote einzulösen. Der Verlag übernimmt jedoch keine Gewähr und keine Haftung, wenn ein Angebot nicht eingelöst wird oder werden kann.

Bedingungen zur Einlösung des Discounts:
1. Das Angebot ist einschließlich bis 30.6.2024 gültig.
2. Der Golfspieler/Leser hat sich telefonisch eine Abschlagzeit geben zu lassen – dabei ist die Nutzung des Angebots anzugeben.
3. Eine Barauszahlung des Greenfee-Vorteils ist nicht möglich.
4. Das Kombinieren von Angeboten oder bestehenden Greenfee-Vorteilen ist nicht möglich. Der Vorteil bezieht sich jeweils ausschließlich auf die zum Zeitpunkt der Einlösung gültigen vollen Greenfee-Gebühren.
5. Gibt es Spielergruppen mit erhöhten Greenfee-Gebühren, ist ein Nachlass auf diese Gebühren nicht möglich.
6. Das Angebot allein berechtigt nicht zum Spiel gegen Greenfee. Die Erfüllung der Bestimmungen des jeweiligen Golfclubs zur Greenfee-Berechtigung (Mitgliedschaft in einem Golfclub, Mindesthandicap etc.) zum Zeitpunkt der Einlösung sind Voraussetzung.
7. Es ist untersagt, den Greenfee-Gutschein entgeltlich Dritten zu überlassen bzw. mit diesen Handel zu treiben. Insbesondere sind die teilnehmenden Golfclubs in diesem Falle berechtigt, die Einlösung der ausgeschriebenen Angebote zu verweigern.
8. Die teilnehmenden Golfclubs haben sich gegenüber dem Verlag unter den o.g. Bedingungen verpflichtet, die ausgeschriebenen Angebote einzulösen. Der Verlag übernimmt jedoch keine Gewähr und keine Haftung, wenn ein Angebot nicht eingelöst wird oder werden kann.

Bedingungen zur Einlösung des Discounts:
1. Das Angebot ist einschließlich bis 30.6.2024 gültig.
2. Der Golfspieler/Leser hat sich telefonisch eine Abschlagzeit geben zu lassen – dabei ist die Nutzung des Angebots anzugeben.
3. Eine Barauszahlung des Greenfee-Vorteils ist nicht möglich.
4. Das Kombinieren von Angeboten oder bestehenden Greenfee-Vorteilen ist nicht möglich. Der Vorteil bezieht sich jeweils ausschließlich auf die zum Zeitpunkt der Einlösung gültigen vollen Greenfee-Gebühren.
5. Gibt es Spielergruppen mit erhöhten Greenfee-Gebühren, ist ein Nachlass auf diese Gebühren nicht möglich.
6. Das Angebot allein berechtigt nicht zum Spiel gegen Greenfee. Die Erfüllung der Bestimmungen des jeweiligen Golfclubs zur Greenfee-Berechtigung (Mitgliedschaft in einem Golfclub, Mindesthandicap etc.) zum Zeitpunkt der Einlösung sind Voraussetzung.
7. Es ist untersagt, den Greenfee-Gutschein entgeltlich Dritten zu überlassen bzw. mit diesen Handel zu treiben. Insbesondere sind die teilnehmenden Golfclubs in diesem Falle berechtigt, die Einlösung der ausgeschriebenen Angebote zu verweigern.
8. Die teilnehmenden Golfclubs haben sich gegenüber dem Verlag unter den o.g. Bedingungen verpflichtet, die ausgeschriebenen Angebote einzulösen. Der Verlag übernimmt jedoch keine Gewähr und keine Haftung, wenn ein Angebot nicht eingelöst wird oder werden kann.

Bedingungen zur Einlösung des Discounts:
1. Das Angebot ist einschließlich bis 30.6.2024 gültig.
2. Der Golfspieler/Leser hat sich telefonisch eine Abschlagzeit geben zu lassen – dabei ist die Nutzung des Angebots anzugeben.
3. Eine Barauszahlung des Greenfee-Vorteils ist nicht möglich.
4. Das Kombinieren von Angeboten oder bestehenden Greenfee-Vorteilen ist nicht möglich. Der Vorteil bezieht sich jeweils ausschließlich auf die zum Zeitpunkt der Einlösung gültigen vollen Greenfee-Gebühren.
5. Gibt es Spielergruppen mit erhöhten Greenfee-Gebühren, ist ein Nachlass auf diese Gebühren nicht möglich.
6. Das Angebot allein berechtigt nicht zum Spiel gegen Greenfee. Die Erfüllung der Bestimmungen des jeweiligen Golfclubs zur Greenfee-Berechtigung (Mitgliedschaft in einem Golfclub, Mindesthandicap etc.) zum Zeitpunkt der Einlösung sind Voraussetzung.
7. Es ist untersagt, den Greenfee-Gutschein entgeltlich Dritten zu überlassen bzw. mit diesen Handel zu treiben. Insbesondere sind die teilnehmenden Golfclubs in diesem Falle berechtigt, die Einlösung der ausgeschriebenen Angebote zu verweigern.
8. Die teilnehmenden Golfclubs haben sich gegenüber dem Verlag unter den o.g. Bedingungen verpflichtet, die ausgeschriebenen Angebote einzulösen. Der Verlag übernimmt jedoch keine Gewähr und keine Haftung, wenn ein Angebot nicht eingelöst wird oder werden kann.

Bedingungen zur Einlösung des Discounts:
1. Das Angebot ist einschließlich bis 30.6.2024 gültig.
2. Der Golfspieler/Leser hat sich telefonisch eine Abschlagzeit geben zu lassen – dabei ist die Nutzung des Angebots anzugeben.
3. Eine Barauszahlung des Greenfee-Vorteils ist nicht möglich.
4. Das Kombinieren von Angeboten oder bestehenden Greenfee-Vorteilen ist nicht möglich. Der Vorteil bezieht sich jeweils ausschließlich auf die zum Zeitpunkt der Einlösung gültigen vollen Greenfee-Gebühren.
5. Gibt es Spielergruppen mit erhöhten Greenfee-Gebühren, ist ein Nachlass auf diese Gebühren nicht möglich.
6. Das Angebot allein berechtigt nicht zum Spiel gegen Greenfee. Die Erfüllung der Bestimmungen des jeweiligen Golfclubs zur Greenfee-Berechtigung (Mitgliedschaft in einem Golfclub, Mindesthandicap etc.) zum Zeitpunkt der Einlösung sind Voraussetzung.
7. Es ist untersagt, den Greenfee-Gutschein entgeltlich Dritten zu überlassen bzw. mit diesen Handel zu treiben. Insbesondere sind die teilnehmenden Golfclubs in diesem Falle berechtigt, die Einlösung der ausgeschriebenen Angebote zu verweigern.
8. Die teilnehmenden Golfclubs haben sich gegenüber dem Verlag unter den o.g. Bedingungen verpflichtet, die ausgeschriebenen Angebote einzulösen. Der Verlag übernimmt jedoch keine Gewähr und keine Haftung, wenn ein Angebot nicht eingelöst wird oder werden kann.

Diese Gutscheine gelten nur in Verbindung mit dem Buch/Albrecht Golf Card

Diese Gutscheine gelten nur in Verbindung mit dem Buch/Albrecht Golf Card

DER GOLF ALBRECHT

Golf am Haus Amecke DE

Haus Amecke
D-59846 Sundern
✆ 02393-170666
Nordrhein-Westfalen

120

2 for 1 2 GF zum Preis von 1

DER GOLF ALBRECHT

Golf am Haus Amecke DE

Haus Amecke
D-59846 Sundern
✆ 02393-170666
Nordrhein-Westfalen

120

20% Greenfee-Ermäßigung

DER GOLF ALBRECHT

Golf am Haus Amecke DE

Haus Amecke
D-59846 Sundern
✆ 02393-170666
Nordrhein-Westfalen

120

20% Greenfee-Ermäßigung

DER GOLF ALBRECHT

Golf Club Grevenmühle GmbH DE

Grevenmühle 3
D-40882 Ratingen-Homberg
✆ 02102-95950
Nordrhein-Westfalen

121

2 for 1 2 GF zum Preis von 1 wochentags

DER GOLF ALBRECHT

Golf Club Grevenmühle GmbH DE

Grevenmühle 3
D-40882 Ratingen-Homberg
✆ 02102-95950
Nordrhein-Westfalen

121

2 for 1 2 GF zum Preis von 1 wochentags

DER GOLF ALBRECHT

Golfclub Sellinghausen e.V. DE

Auf der Fuhr 5
D-57392 Schmallenberg-Sellinghausen
✆ 02971-908274
Nordrhein-Westfalen

122

2 for 1 2 GF zum Preis von 1

DER GOLF ALBRECHT

Golfclub Sellinghausen e.V. DE

Auf der Fuhr 5
D-57392 Schmallenberg-Sellinghausen
✆ 02971-908274
Nordrhein-Westfalen

122

2 for 1 2 GF zum Preis von 1

DER GOLF ALBRECHT

Golfclub Sellinghausen e.V. DE

Auf der Fuhr 5
D-57392 Schmallenberg-Sellinghausen
✆ 02971-908274
Nordrhein-Westfalen

122

20% Greenfee-Ermäßigung

DER GOLF ALBRECHT

Golfclub Sellinghausen e.V. DE

Auf der Fuhr 5
D-57392 Schmallenberg-Sellinghausen
✆ 02971-908274
Nordrhein-Westfalen

122

20% Greenfee-Ermäßigung

DER GOLF ALBRECHT

Golf-Club Winterberg e.V. DE

In der Büre 20
D-59955 Winterberg
✆ 02981-1770
Nordrhein-Westfalen
Hinweis: Nicht einlösbar an Turniertagen.

123

30% Greenfee-Ermäßigung

Bedingungen zur Einlösung des Discounts:
1. Das Angebot ist einschließlich bis 30.6.2024 gültig.
2. Der Golfspieler/Leser hat sich telefonisch eine Abschlagzeit geben zu lassen – dabei ist die Nutzung des Angebots anzugeben.
3. Eine Barauszahlung des Greenfee-Vorteils ist nicht möglich.
4. Das Kombinieren von Angeboten oder bestehenden Greenfee-Vorteilen ist nicht möglich. Der Vorteil bezieht sich jeweils ausschließlich auf die zum Zeitpunkt der Einlösung gültigen vollen Greenfee-Gebühren.
5. Gibt es Spielergruppen mit erhöhten Greenfee-Gebühren, ist ein Nachlass auf diese Gebühren nicht möglich.
6. Das Angebot allein berechtigt nicht zum Spiel gegen Greenfee. Die Erfüllung der Bestimmungen des jeweiligen Golfclubs zur Greenfee-Berechtigung (Mitgliedschaft in einem Golfclub, Mindesthandicap etc.) zum Zeitpunkt der Einlösung sind Voraussetzung.
7. Es ist untersagt, den Greenfee-Gutschein entgeltlich Dritten zu überlassen bzw. mit diesen Handel zu treiben. Insbesondere sind die teilnehmenden Golfclubs in diesem Falle berechtigt, die Einlösung der ausgeschriebenen Angebote zu verweigern.
8. Die teilnehmenden Golfclubs haben sich gegenüber dem Verlag unter den o.g. Bedingungen verpflichtet, die ausgeschriebenen Angebote einzulösen. Der Verlag übernimmt jedoch keine Gewähr und keine Haftung, wenn ein Angebot nicht eingelöst wird oder werden kann.

Bedingungen zur Einlösung des Discounts:
1. Das Angebot ist einschließlich bis 30.6.2024 gültig.
2. Der Golfspieler/Leser hat sich telefonisch eine Abschlagzeit geben zu lassen – dabei ist die Nutzung des Angebots anzugeben.
3. Eine Barauszahlung des Greenfee-Vorteils ist nicht möglich.
4. Das Kombinieren von Angeboten oder bestehenden Greenfee-Vorteilen ist nicht möglich. Der Vorteil bezieht sich jeweils ausschließlich auf die zum Zeitpunkt der Einlösung gültigen vollen Greenfee-Gebühren.
5. Gibt es Spielergruppen mit erhöhten Greenfee-Gebühren, ist ein Nachlass auf diese Gebühren nicht möglich.
6. Das Angebot allein berechtigt nicht zum Spiel gegen Greenfee. Die Erfüllung der Bestimmungen des jeweiligen Golfclubs zur Greenfee-Berechtigung (Mitgliedschaft in einem Golfclub, Mindesthandicap etc.) zum Zeitpunkt der Einlösung sind Voraussetzung.
7. Es ist untersagt, den Greenfee-Gutschein entgeltlich Dritten zu überlassen bzw. mit diesen Handel zu treiben. Insbesondere sind die teilnehmenden Golfclubs in diesem Falle berechtigt, die Einlösung der ausgeschriebenen Angebote zu verweigern.
8. Die teilnehmenden Golfclubs haben sich gegenüber dem Verlag unter den o.g. Bedingungen verpflichtet, die ausgeschriebenen Angebote einzulösen. Der Verlag übernimmt jedoch keine Gewähr und keine Haftung, wenn ein Angebot nicht eingelöst wird oder werden kann.

Bedingungen zur Einlösung des Discounts:
1. Das Angebot ist einschließlich bis 30.6.2024 gültig.
2. Der Golfspieler/Leser hat sich telefonisch eine Abschlagzeit geben zu lassen – dabei ist die Nutzung des Angebots anzugeben.
3. Eine Barauszahlung des Greenfee-Vorteils ist nicht möglich.
4. Das Kombinieren von Angeboten oder bestehenden Greenfee-Vorteilen ist nicht möglich. Der Vorteil bezieht sich jeweils ausschließlich auf die zum Zeitpunkt der Einlösung gültigen vollen Greenfee-Gebühren.
5. Gibt es Spielergruppen mit erhöhten Greenfee-Gebühren, ist ein Nachlass auf diese Gebühren nicht möglich.
6. Das Angebot allein berechtigt nicht zum Spiel gegen Greenfee. Die Erfüllung der Bestimmungen des jeweiligen Golfclubs zur Greenfee-Berechtigung (Mitgliedschaft in einem Golfclub, Mindesthandicap etc.) zum Zeitpunkt der Einlösung sind Voraussetzung.
7. Es ist untersagt, den Greenfee-Gutschein entgeltlich Dritten zu überlassen bzw. mit diesen Handel zu treiben. Insbesondere sind die teilnehmenden Golfclubs in diesem Falle berechtigt, die Einlösung der ausgeschriebenen Angebote zu verweigern.
8. Die teilnehmenden Golfclubs haben sich gegenüber dem Verlag unter den o.g. Bedingungen verpflichtet, die ausgeschriebenen Angebote einzulösen. Der Verlag übernimmt jedoch keine Gewähr und keine Haftung, wenn ein Angebot nicht eingelöst wird oder werden kann.

Bedingungen zur Einlösung des Discounts:
1. Das Angebot ist einschließlich bis 30.6.2024 gültig.
2. Der Golfspieler/Leser hat sich telefonisch eine Abschlagzeit geben zu lassen – dabei ist die Nutzung des Angebots anzugeben.
3. Eine Barauszahlung des Greenfee-Vorteils ist nicht möglich.
4. Das Kombinieren von Angeboten oder bestehenden Greenfee-Vorteilen ist nicht möglich. Der Vorteil bezieht sich jeweils ausschließlich auf die zum Zeitpunkt der Einlösung gültigen vollen Greenfee-Gebühren.
5. Gibt es Spielergruppen mit erhöhten Greenfee-Gebühren, ist ein Nachlass auf diese Gebühren nicht möglich.
6. Das Angebot allein berechtigt nicht zum Spiel gegen Greenfee. Die Erfüllung der Bestimmungen des jeweiligen Golfclubs zur Greenfee-Berechtigung (Mitgliedschaft in einem Golfclub, Mindesthandicap etc.) zum Zeitpunkt der Einlösung sind Voraussetzung.
7. Es ist untersagt, den Greenfee-Gutschein entgeltlich Dritten zu überlassen bzw. mit diesen Handel zu treiben. Insbesondere sind die teilnehmenden Golfclubs in diesem Falle berechtigt, die Einlösung der ausgeschriebenen Angebote zu verweigern.
8. Die teilnehmenden Golfclubs haben sich gegenüber dem Verlag unter den o.g. Bedingungen verpflichtet, die ausgeschriebenen Angebote einzulösen. Der Verlag übernimmt jedoch keine Gewähr und keine Haftung, wenn ein Angebot nicht eingelöst wird oder werden kann.

Bedingungen zur Einlösung des Discounts:
1. Das Angebot ist einschließlich bis 30.6.2024 gültig.
2. Der Golfspieler/Leser hat sich telefonisch eine Abschlagzeit geben zu lassen – dabei ist die Nutzung des Angebots anzugeben.
3. Eine Barauszahlung des Greenfee-Vorteils ist nicht möglich.
4. Das Kombinieren von Angeboten oder bestehenden Greenfee-Vorteilen ist nicht möglich. Der Vorteil bezieht sich jeweils ausschließlich auf die zum Zeitpunkt der Einlösung gültigen vollen Greenfee-Gebühren.
5. Gibt es Spielergruppen mit erhöhten Greenfee-Gebühren, ist ein Nachlass auf diese Gebühren nicht möglich.
6. Das Angebot allein berechtigt nicht zum Spiel gegen Greenfee. Die Erfüllung der Bestimmungen des jeweiligen Golfclubs zur Greenfee-Berechtigung (Mitgliedschaft in einem Golfclub, Mindesthandicap etc.) zum Zeitpunkt der Einlösung sind Voraussetzung.
7. Es ist untersagt, den Greenfee-Gutschein entgeltlich Dritten zu überlassen bzw. mit diesen Handel zu treiben. Insbesondere sind die teilnehmenden Golfclubs in diesem Falle berechtigt, die Einlösung der ausgeschriebenen Angebote zu verweigern.
8. Die teilnehmenden Golfclubs haben sich gegenüber dem Verlag unter den o.g. Bedingungen verpflichtet, die ausgeschriebenen Angebote einzulösen. Der Verlag übernimmt jedoch keine Gewähr und keine Haftung, wenn ein Angebot nicht eingelöst wird oder werden kann.

Bedingungen zur Einlösung des Discounts:
1. Das Angebot ist einschließlich bis 30.6.2024 gültig.
2. Der Golfspieler/Leser hat sich telefonisch eine Abschlagzeit geben zu lassen – dabei ist die Nutzung des Angebots anzugeben.
3. Eine Barauszahlung des Greenfee-Vorteils ist nicht möglich.
4. Das Kombinieren von Angeboten oder bestehenden Greenfee-Vorteilen ist nicht möglich. Der Vorteil bezieht sich jeweils ausschließlich auf die zum Zeitpunkt der Einlösung gültigen vollen Greenfee-Gebühren.
5. Gibt es Spielergruppen mit erhöhten Greenfee-Gebühren, ist ein Nachlass auf diese Gebühren nicht möglich.
6. Das Angebot allein berechtigt nicht zum Spiel gegen Greenfee. Die Erfüllung der Bestimmungen des jeweiligen Golfclubs zur Greenfee-Berechtigung (Mitgliedschaft in einem Golfclub, Mindesthandicap etc.) zum Zeitpunkt der Einlösung sind Voraussetzung.
7. Es ist untersagt, den Greenfee-Gutschein entgeltlich Dritten zu überlassen bzw. mit diesen Handel zu treiben. Insbesondere sind die teilnehmenden Golfclubs in diesem Falle berechtigt, die Einlösung der ausgeschriebenen Angebote zu verweigern.
8. Die teilnehmenden Golfclubs haben sich gegenüber dem Verlag unter den o.g. Bedingungen verpflichtet, die ausgeschriebenen Angebote einzulösen. Der Verlag übernimmt jedoch keine Gewähr und keine Haftung, wenn ein Angebot nicht eingelöst wird oder werden kann.

Bedingungen zur Einlösung des Discounts:
1. Das Angebot ist einschließlich bis 30.6.2024 gültig.
2. Der Golfspieler/Leser hat sich telefonisch eine Abschlagzeit geben zu lassen – dabei ist die Nutzung des Angebots anzugeben.
3. Eine Barauszahlung des Greenfee-Vorteils ist nicht möglich.
4. Das Kombinieren von Angeboten oder bestehenden Greenfee-Vorteilen ist nicht möglich. Der Vorteil bezieht sich jeweils ausschließlich auf die zum Zeitpunkt der Einlösung gültigen vollen Greenfee-Gebühren.
5. Gibt es Spielergruppen mit erhöhten Greenfee-Gebühren, ist ein Nachlass auf diese Gebühren nicht möglich.
6. Das Angebot allein berechtigt nicht zum Spiel gegen Greenfee. Die Erfüllung der Bestimmungen des jeweiligen Golfclubs zur Greenfee-Berechtigung (Mitgliedschaft in einem Golfclub, Mindesthandicap etc.) zum Zeitpunkt der Einlösung sind Voraussetzung.
7. Es ist untersagt, den Greenfee-Gutschein entgeltlich Dritten zu überlassen bzw. mit diesen Handel zu treiben. Insbesondere sind die teilnehmenden Golfclubs in diesem Falle berechtigt, die Einlösung der ausgeschriebenen Angebote zu verweigern.
8. Die teilnehmenden Golfclubs haben sich gegenüber dem Verlag unter den o.g. Bedingungen verpflichtet, die ausgeschriebenen Angebote einzulösen. Der Verlag übernimmt jedoch keine Gewähr und keine Haftung, wenn ein Angebot nicht eingelöst wird oder werden kann.

Bedingungen zur Einlösung des Discounts:
1. Das Angebot ist einschließlich bis 30.6.2024 gültig.
2. Der Golfspieler/Leser hat sich telefonisch eine Abschlagzeit geben zu lassen – dabei ist die Nutzung des Angebots anzugeben.
3. Eine Barauszahlung des Greenfee-Vorteils ist nicht möglich.
4. Das Kombinieren von Angeboten oder bestehenden Greenfee-Vorteilen ist nicht möglich. Der Vorteil bezieht sich jeweils ausschließlich auf die zum Zeitpunkt der Einlösung gültigen vollen Greenfee-Gebühren.
5. Gibt es Spielergruppen mit erhöhten Greenfee-Gebühren, ist ein Nachlass auf diese Gebühren nicht möglich.
6. Das Angebot allein berechtigt nicht zum Spiel gegen Greenfee. Die Erfüllung der Bestimmungen des jeweiligen Golfclubs zur Greenfee-Berechtigung (Mitgliedschaft in einem Golfclub, Mindesthandicap etc.) zum Zeitpunkt der Einlösung sind Voraussetzung.
7. Es ist untersagt, den Greenfee-Gutschein entgeltlich Dritten zu überlassen bzw. mit diesen Handel zu treiben. Insbesondere sind die teilnehmenden Golfclubs in diesem Falle berechtigt, die Einlösung der ausgeschriebenen Angebote zu verweigern.
8. Die teilnehmenden Golfclubs haben sich gegenüber dem Verlag unter den o.g. Bedingungen verpflichtet, die ausgeschriebenen Angebote einzulösen. Der Verlag übernimmt jedoch keine Gewähr und keine Haftung, wenn ein Angebot nicht eingelöst wird oder werden kann.

Bedingungen zur Einlösung des Discounts:
1. Das Angebot ist einschließlich bis 30.6.2024 gültig.
2. Der Golfspieler/Leser hat sich telefonisch eine Abschlagzeit geben zu lassen – dabei ist die Nutzung des Angebots anzugeben.
3. Eine Barauszahlung des Greenfee-Vorteils ist nicht möglich.
4. Das Kombinieren von Angeboten oder bestehenden Greenfee-Vorteilen ist nicht möglich. Der Vorteil bezieht sich jeweils ausschließlich auf die zum Zeitpunkt der Einlösung gültigen vollen Greenfee-Gebühren.
5. Gibt es Spielergruppen mit erhöhten Greenfee-Gebühren, ist ein Nachlass auf diese Gebühren nicht möglich.
6. Das Angebot allein berechtigt nicht zum Spiel gegen Greenfee. Die Erfüllung der Bestimmungen des jeweiligen Golfclubs zur Greenfee-Berechtigung (Mitgliedschaft in einem Golfclub, Mindesthandicap etc.) zum Zeitpunkt der Einlösung sind Voraussetzung.
7. Es ist untersagt, den Greenfee-Gutschein entgeltlich Dritten zu überlassen bzw. mit diesen Handel zu treiben. Insbesondere sind die teilnehmenden Golfclubs in diesem Falle berechtigt, die Einlösung der ausgeschriebenen Angebote zu verweigern.
8. Die teilnehmenden Golfclubs haben sich gegenüber dem Verlag unter den o.g. Bedingungen verpflichtet, die ausgeschriebenen Angebote einzulösen. Der Verlag übernimmt jedoch keine Gewähr und keine Haftung, wenn ein Angebot nicht eingelöst wird oder werden kann.

Bedingungen zur Einlösung des Discounts:
1. Das Angebot ist einschließlich bis 30.6.2024 gültig.
2. Der Golfspieler/Leser hat sich telefonisch eine Abschlagzeit geben zu lassen – dabei ist die Nutzung des Angebots anzugeben.
3. Eine Barauszahlung des Greenfee-Vorteils ist nicht möglich.
4. Das Kombinieren von Angeboten oder bestehenden Greenfee-Vorteilen ist nicht möglich. Der Vorteil bezieht sich jeweils ausschließlich auf die zum Zeitpunkt der Einlösung gültigen vollen Greenfee-Gebühren.
5. Gibt es Spielergruppen mit erhöhten Greenfee-Gebühren, ist ein Nachlass auf diese Gebühren nicht möglich.
6. Das Angebot allein berechtigt nicht zum Spiel gegen Greenfee. Die Erfüllung der Bestimmungen des jeweiligen Golfclubs zur Greenfee-Berechtigung (Mitgliedschaft in einem Golfclub, Mindesthandicap etc.) zum Zeitpunkt der Einlösung sind Voraussetzung.
7. Es ist untersagt, den Greenfee-Gutschein entgeltlich Dritten zu überlassen bzw. mit diesen Handel zu treiben. Insbesondere sind die teilnehmenden Golfclubs in diesem Falle berechtigt, die Einlösung der ausgeschriebenen Angebote zu verweigern.
8. Die teilnehmenden Golfclubs haben sich gegenüber dem Verlag unter den o.g. Bedingungen verpflichtet, die ausgeschriebenen Angebote einzulösen. Der Verlag übernimmt jedoch keine Gewähr und keine Haftung, wenn ein Angebot nicht eingelöst wird oder werden kann.

Diese Gutscheine gelten nur in Verbindung mit dem Buch/Albrecht Golf Card

Diese Gutscheine gelten nur in Verbindung mit dem Buch/Albrecht Golf Card

DER GOLF ALBRECHT

Golf-Club Winterberg e.V.

DE

In der Büre 20
D-59955 Winterberg
☎ 02981-1770
Nordrhein-Westfalen
Hinweis: Nicht einlösbar an Turniertagen.

123

30% Greenfee-Ermäßigung

DER GOLF ALBRECHT

Golf-Club Winterberg e.V.

DE

In der Büre 20
D-59955 Winterberg
☎ 02981-1770
Nordrhein-Westfalen
Hinweis: Nicht einlösbar an Turniertagen.

123

30% Greenfee-Ermäßigung

DER GOLF ALBRECHT

Europäischer Golfclub Elmpter Wald e.V.

DE

Roermonder Straße 45, ehemalige Javelin Kaserne
D-41372 Niederkrüchten
☎ 02163-4996131
Nordrhein-Westfalen

124

2 for 1 2 GF zum Preis von 1 wochentags

DER GOLF ALBRECHT

Europäischer Golfclub Elmpter Wald e.V.

DE

Roermonder Straße 45, ehemalige Javelin Kaserne
D-41372 Niederkrüchten
☎ 02163-4996131
Nordrhein-Westfalen

124

2 for 1 2 GF zum Preis von 1 wochentags

DER GOLF ALBRECHT

Golf- und Landclub Schmitzhof e.V.

DE

Arsbecker Str. 160
D-41844 Wegberg
☎ 02436-39090
Nordrhein-Westfalen

125

2 for 1 2 GF zum Preis von 1 wochentags

DER GOLF ALBRECHT

Golf- und Landclub Schmitzhof e.V.

DE

Arsbecker Str. 160
D-41844 Wegberg
☎ 02436-39090
Nordrhein-Westfalen

125

2 for 1 2 GF zum Preis von 1 wochentags

DER GOLF ALBRECHT

Golf- und Landclub Schmitzhof e.V.

DE

Arsbecker Str. 160
D-41844 Wegberg
☎ 02436-39090
Nordrhein-Westfalen

125

30% Greenfee-Ermäßigung wochentags

DER GOLF ALBRECHT

Golf- und Landclub Schmitzhof e.V.

DE

Arsbecker Str. 160
D-41844 Wegberg
☎ 02436-39090
Nordrhein-Westfalen

125

30% Greenfee-Ermäßigung wochentags

DER GOLF ALBRECHT

Golfclub am Katzberg GmbH

DE

Katzbergstraße 21
D-40764 Langenfeld
☎ 02173-919741
Nordrhein-Westfalen

126

2 for 1 2 GF zum Preis von 1

DER GOLF ALBRECHT

Golfclub am Katzberg GmbH

DE

Katzbergstraße 21
D-40764 Langenfeld
☎ 02173-919741
Nordrhein-Westfalen

126

33% Greenfee-Ermäßigung

Bedingungen zur Einlösung des Discounts:

1. Das Angebot ist einschließlich bis 30.6.2024 gültig.
2. Der Golfspieler/Leser hat sich telefonisch eine Abschlagzeit geben zu lassen – dabei ist die Nutzung des Angebots anzugeben.
3. Eine Barauszahlung des Greenfee-Vorteils ist nicht möglich.
4. Das Kombinieren von Angeboten oder bestehenden Greenfee-Vorteilen ist nicht möglich. Der Vorteil bezieht sich jeweils ausschließlich auf die zum Zeitpunkt der Einlösung gültigen vollen Greenfee-Gebühren.
5. Gibt es Spielergruppen mit erhöhten Greenfee-Gebühren, ist ein Nachlass auf diese Gebühren nicht möglich.
6. Das Angebot allein berechtigt nicht zum Spiel gegen Greenfee. Die Erfüllung der Bestimmungen des jeweiligen Golfclubs zur Greenfee-Berechtigung (Mitgliedschaft in einem Golfclub, Mindesthandicap etc.) zum Zeitpunkt der Einlösung sind Voraussetzung.
7. Es ist untersagt, den Greenfee-Gutschein entgeltlich Dritten zu überlassen bzw. mit diesen Handel zu treiben. Insbesondere sind die teilnehmenden Golfclubs in diesem Falle berechtigt, die Einlösung der ausgeschriebenen Angebote zu verweigern.
8. Die teilnehmenden Golfclubs haben sich gegenüber dem Verlag unter den o.g. Bedingungen verpflichtet, die ausgeschriebenen Angebote einzulösen. Der Verlag übernimmt jedoch keine Gewähr und keine Haftung, wenn ein Angebot nicht eingelöst wird oder werden kann.

Bedingungen zur Einlösung des Discounts:

1. Das Angebot ist einschließlich bis 30.6.2024 gültig.
2. Der Golfspieler/Leser hat sich telefonisch eine Abschlagzeit geben zu lassen – dabei ist die Nutzung des Angebots anzugeben.
3. Eine Barauszahlung des Greenfee-Vorteils ist nicht möglich.
4. Das Kombinieren von Angeboten oder bestehenden Greenfee-Vorteilen ist nicht möglich. Der Vorteil bezieht sich jeweils ausschließlich auf die zum Zeitpunkt der Einlösung gültigen vollen Greenfee-Gebühren.
5. Gibt es Spielergruppen mit erhöhten Greenfee-Gebühren, ist ein Nachlass auf diese Gebühren nicht möglich.
6. Das Angebot allein berechtigt nicht zum Spiel gegen Greenfee. Die Erfüllung der Bestimmungen des jeweiligen Golfclubs zur Greenfee-Berechtigung (Mitgliedschaft in einem Golfclub, Mindesthandicap etc.) zum Zeitpunkt der Einlösung sind Voraussetzung.
7. Es ist untersagt, den Greenfee-Gutschein entgeltlich Dritten zu überlassen bzw. mit diesen Handel zu treiben. Insbesondere sind die teilnehmenden Golfclubs in diesem Falle berechtigt, die Einlösung der ausgeschriebenen Angebote zu verweigern.
8. Die teilnehmenden Golfclubs haben sich gegenüber dem Verlag unter den o.g. Bedingungen verpflichtet, die ausgeschriebenen Angebote einzulösen. Der Verlag übernimmt jedoch keine Gewähr und keine Haftung, wenn ein Angebot nicht eingelöst wird oder werden kann.

Bedingungen zur Einlösung des Discounts:

1. Das Angebot ist einschließlich bis 30.6.2024 gültig.
2. Der Golfspieler/Leser hat sich telefonisch eine Abschlagzeit geben zu lassen – dabei ist die Nutzung des Angebots anzugeben.
3. Eine Barauszahlung des Greenfee-Vorteils ist nicht möglich.
4. Das Kombinieren von Angeboten oder bestehenden Greenfee-Vorteilen ist nicht möglich. Der Vorteil bezieht sich jeweils ausschließlich auf die zum Zeitpunkt der Einlösung gültigen vollen Greenfee-Gebühren.
5. Gibt es Spielergruppen mit erhöhten Greenfee-Gebühren, ist ein Nachlass auf diese Gebühren nicht möglich.
6. Das Angebot allein berechtigt nicht zum Spiel gegen Greenfee. Die Erfüllung der Bestimmungen des jeweiligen Golfclubs zur Greenfee-Berechtigung (Mitgliedschaft in einem Golfclub, Mindesthandicap etc.) zum Zeitpunkt der Einlösung sind Voraussetzung.
7. Es ist untersagt, den Greenfee-Gutschein entgeltlich Dritten zu überlassen bzw. mit diesen Handel zu treiben. Insbesondere sind die teilnehmenden Golfclubs in diesem Falle berechtigt, die Einlösung der ausgeschriebenen Angebote zu verweigern.
8. Die teilnehmenden Golfclubs haben sich gegenüber dem Verlag unter den o.g. Bedingungen verpflichtet, die ausgeschriebenen Angebote einzulösen. Der Verlag übernimmt jedoch keine Gewähr und keine Haftung, wenn ein Angebot nicht eingelöst wird oder werden kann.

Bedingungen zur Einlösung des Discounts:

1. Das Angebot ist einschließlich bis 30.6.2024 gültig.
2. Der Golfspieler/Leser hat sich telefonisch eine Abschlagzeit geben zu lassen – dabei ist die Nutzung des Angebots anzugeben.
3. Eine Barauszahlung des Greenfee-Vorteils ist nicht möglich.
4. Das Kombinieren von Angeboten oder bestehenden Greenfee-Vorteilen ist nicht möglich. Der Vorteil bezieht sich jeweils ausschließlich auf die zum Zeitpunkt der Einlösung gültigen vollen Greenfee-Gebühren.
5. Gibt es Spielergruppen mit erhöhten Greenfee-Gebühren, ist ein Nachlass auf diese Gebühren nicht möglich.
6. Das Angebot allein berechtigt nicht zum Spiel gegen Greenfee. Die Erfüllung der Bestimmungen des jeweiligen Golfclubs zur Greenfee-Berechtigung (Mitgliedschaft in einem Golfclub, Mindesthandicap etc.) zum Zeitpunkt der Einlösung sind Voraussetzung.
7. Es ist untersagt, den Greenfee-Gutschein entgeltlich Dritten zu überlassen bzw. mit diesen Handel zu treiben. Insbesondere sind die teilnehmenden Golfclubs in diesem Falle berechtigt, die Einlösung der ausgeschriebenen Angebote zu verweigern.
8. Die teilnehmenden Golfclubs haben sich gegenüber dem Verlag unter den o.g. Bedingungen verpflichtet, die ausgeschriebenen Angebote einzulösen. Der Verlag übernimmt jedoch keine Gewähr und keine Haftung, wenn ein Angebot nicht eingelöst wird oder werden kann.

Bedingungen zur Einlösung des Discounts:

1. Das Angebot ist einschließlich bis 30.6.2024 gültig.
2. Der Golfspieler/Leser hat sich telefonisch eine Abschlagzeit geben zu lassen – dabei ist die Nutzung des Angebots anzugeben.
3. Eine Barauszahlung des Greenfee-Vorteils ist nicht möglich.
4. Das Kombinieren von Angeboten oder bestehenden Greenfee-Vorteilen ist nicht möglich. Der Vorteil bezieht sich jeweils ausschließlich auf die zum Zeitpunkt der Einlösung gültigen vollen Greenfee-Gebühren.
5. Gibt es Spielergruppen mit erhöhten Greenfee-Gebühren, ist ein Nachlass auf diese Gebühren nicht möglich.
6. Das Angebot allein berechtigt nicht zum Spiel gegen Greenfee. Die Erfüllung der Bestimmungen des jeweiligen Golfclubs zur Greenfee-Berechtigung (Mitgliedschaft in einem Golfclub, Mindesthandicap etc.) zum Zeitpunkt der Einlösung sind Voraussetzung.
7. Es ist untersagt, den Greenfee-Gutschein entgeltlich Dritten zu überlassen bzw. mit diesen Handel zu treiben. Insbesondere sind die teilnehmenden Golfclubs in diesem Falle berechtigt, die Einlösung der ausgeschriebenen Angebote zu verweigern.
8. Die teilnehmenden Golfclubs haben sich gegenüber dem Verlag unter den o.g. Bedingungen verpflichtet, die ausgeschriebenen Angebote einzulösen. Der Verlag übernimmt jedoch keine Gewähr und keine Haftung, wenn ein Angebot nicht eingelöst wird oder werden kann.

Bedingungen zur Einlösung des Discounts:

1. Das Angebot ist einschließlich bis 30.6.2024 gültig.
2. Der Golfspieler/Leser hat sich telefonisch eine Abschlagzeit geben zu lassen – dabei ist die Nutzung des Angebots anzugeben.
3. Eine Barauszahlung des Greenfee-Vorteils ist nicht möglich.
4. Das Kombinieren von Angeboten oder bestehenden Greenfee-Vorteilen ist nicht möglich. Der Vorteil bezieht sich jeweils ausschließlich auf die zum Zeitpunkt der Einlösung gültigen vollen Greenfee-Gebühren.
5. Gibt es Spielergruppen mit erhöhten Greenfee-Gebühren, ist ein Nachlass auf diese Gebühren nicht möglich.
6. Das Angebot allein berechtigt nicht zum Spiel gegen Greenfee. Die Erfüllung der Bestimmungen des jeweiligen Golfclubs zur Greenfee-Berechtigung (Mitgliedschaft in einem Golfclub, Mindesthandicap etc.) zum Zeitpunkt der Einlösung sind Voraussetzung.
7. Es ist untersagt, den Greenfee-Gutschein entgeltlich Dritten zu überlassen bzw. mit diesen Handel zu treiben. Insbesondere sind die teilnehmenden Golfclubs in diesem Falle berechtigt, die Einlösung der ausgeschriebenen Angebote zu verweigern.
8. Die teilnehmenden Golfclubs haben sich gegenüber dem Verlag unter den o.g. Bedingungen verpflichtet, die ausgeschriebenen Angebote einzulösen. Der Verlag übernimmt jedoch keine Gewähr und keine Haftung, wenn ein Angebot nicht eingelöst wird oder werden kann.

Bedingungen zur Einlösung des Discounts:

1. Das Angebot ist einschließlich bis 30.6.2024 gültig.
2. Der Golfspieler/Leser hat sich telefonisch eine Abschlagzeit geben zu lassen – dabei ist die Nutzung des Angebots anzugeben.
3. Eine Barauszahlung des Greenfee-Vorteils ist nicht möglich.
4. Das Kombinieren von Angeboten oder bestehenden Greenfee-Vorteilen ist nicht möglich. Der Vorteil bezieht sich jeweils ausschließlich auf die zum Zeitpunkt der Einlösung gültigen vollen Greenfee-Gebühren.
5. Gibt es Spielergruppen mit erhöhten Greenfee-Gebühren, ist ein Nachlass auf diese Gebühren nicht möglich.
6. Das Angebot allein berechtigt nicht zum Spiel gegen Greenfee. Die Erfüllung der Bestimmungen des jeweiligen Golfclubs zur Greenfee-Berechtigung (Mitgliedschaft in einem Golfclub, Mindesthandicap etc.) zum Zeitpunkt der Einlösung sind Voraussetzung.
7. Es ist untersagt, den Greenfee-Gutschein entgeltlich Dritten zu überlassen bzw. mit diesen Handel zu treiben. Insbesondere sind die teilnehmenden Golfclubs in diesem Falle berechtigt, die Einlösung der ausgeschriebenen Angebote zu verweigern.
8. Die teilnehmenden Golfclubs haben sich gegenüber dem Verlag unter den o.g. Bedingungen verpflichtet, die ausgeschriebenen Angebote einzulösen. Der Verlag übernimmt jedoch keine Gewähr und keine Haftung, wenn ein Angebot nicht eingelöst wird oder werden kann.

Bedingungen zur Einlösung des Discounts:

1. Das Angebot ist einschließlich bis 30.6.2024 gültig.
2. Der Golfspieler/Leser hat sich telefonisch eine Abschlagzeit geben zu lassen – dabei ist die Nutzung des Angebots anzugeben.
3. Eine Barauszahlung des Greenfee-Vorteils ist nicht möglich.
4. Das Kombinieren von Angeboten oder bestehenden Greenfee-Vorteilen ist nicht möglich. Der Vorteil bezieht sich jeweils ausschließlich auf die zum Zeitpunkt der Einlösung gültigen vollen Greenfee-Gebühren.
5. Gibt es Spielergruppen mit erhöhten Greenfee-Gebühren, ist ein Nachlass auf diese Gebühren nicht möglich.
6. Das Angebot allein berechtigt nicht zum Spiel gegen Greenfee. Die Erfüllung der Bestimmungen des jeweiligen Golfclubs zur Greenfee-Berechtigung (Mitgliedschaft in einem Golfclub, Mindesthandicap etc.) zum Zeitpunkt der Einlösung sind Voraussetzung.
7. Es ist untersagt, den Greenfee-Gutschein entgeltlich Dritten zu überlassen bzw. mit diesen Handel zu treiben. Insbesondere sind die teilnehmenden Golfclubs in diesem Falle berechtigt, die Einlösung der ausgeschriebenen Angebote zu verweigern.
8. Die teilnehmenden Golfclubs haben sich gegenüber dem Verlag unter den o.g. Bedingungen verpflichtet, die ausgeschriebenen Angebote einzulösen. Der Verlag übernimmt jedoch keine Gewähr und keine Haftung, wenn ein Angebot nicht eingelöst wird oder werden kann.

Bedingungen zur Einlösung des Discounts:

1. Das Angebot ist einschließlich bis 30.6.2024 gültig.
2. Der Golfspieler/Leser hat sich telefonisch eine Abschlagzeit geben zu lassen – dabei ist die Nutzung des Angebots anzugeben.
3. Eine Barauszahlung des Greenfee-Vorteils ist nicht möglich.
4. Das Kombinieren von Angeboten oder bestehenden Greenfee-Vorteilen ist nicht möglich. Der Vorteil bezieht sich jeweils ausschließlich auf die zum Zeitpunkt der Einlösung gültigen vollen Greenfee-Gebühren.
5. Gibt es Spielergruppen mit erhöhten Greenfee-Gebühren, ist ein Nachlass auf diese Gebühren nicht möglich.
6. Das Angebot allein berechtigt nicht zum Spiel gegen Greenfee. Die Erfüllung der Bestimmungen des jeweiligen Golfclubs zur Greenfee-Berechtigung (Mitgliedschaft in einem Golfclub, Mindesthandicap etc.) zum Zeitpunkt der Einlösung sind Voraussetzung.
7. Es ist untersagt, den Greenfee-Gutschein entgeltlich Dritten zu überlassen bzw. mit diesen Handel zu treiben. Insbesondere sind die teilnehmenden Golfclubs in diesem Falle berechtigt, die Einlösung der ausgeschriebenen Angebote zu verweigern.
8. Die teilnehmenden Golfclubs haben sich gegenüber dem Verlag unter den o.g. Bedingungen verpflichtet, die ausgeschriebenen Angebote einzulösen. Der Verlag übernimmt jedoch keine Gewähr und keine Haftung, wenn ein Angebot nicht eingelöst wird oder werden kann.

Bedingungen zur Einlösung des Discounts:

1. Das Angebot ist einschließlich bis 30.6.2024 gültig.
2. Der Golfspieler/Leser hat sich telefonisch eine Abschlagzeit geben zu lassen – dabei ist die Nutzung des Angebots anzugeben.
3. Eine Barauszahlung des Greenfee-Vorteils ist nicht möglich.
4. Das Kombinieren von Angeboten oder bestehenden Greenfee-Vorteilen ist nicht möglich. Der Vorteil bezieht sich jeweils ausschließlich auf die zum Zeitpunkt der Einlösung gültigen vollen Greenfee-Gebühren.
5. Gibt es Spielergruppen mit erhöhten Greenfee-Gebühren, ist ein Nachlass auf diese Gebühren nicht möglich.
6. Das Angebot allein berechtigt nicht zum Spiel gegen Greenfee. Die Erfüllung der Bestimmungen des jeweiligen Golfclubs zur Greenfee-Berechtigung (Mitgliedschaft in einem Golfclub, Mindesthandicap etc.) zum Zeitpunkt der Einlösung sind Voraussetzung.
7. Es ist untersagt, den Greenfee-Gutschein entgeltlich Dritten zu überlassen bzw. mit diesen Handel zu treiben. Insbesondere sind die teilnehmenden Golfclubs in diesem Falle berechtigt, die Einlösung der ausgeschriebenen Angebote zu verweigern.
8. Die teilnehmenden Golfclubs haben sich gegenüber dem Verlag unter den o.g. Bedingungen verpflichtet, die ausgeschriebenen Angebote einzulösen. Der Verlag übernimmt jedoch keine Gewähr und keine Haftung, wenn ein Angebot nicht eingelöst wird oder werden kann.

Diese Gutscheine gelten nur in Verbindung mit dem Buch/Albrecht Golf Card

DER GOLF ALBRECHT

Golfclub am Katzberg GmbH DE

Katzbergstraße 21
D-40764 Langenfeld
✆ 02173-919741
Nordrhein-Westfalen

126

33% Greenfee-Ermäßigung

DER GOLF ALBRECHT

KölnGolf DE

Parallelweg 1
D-50769 Köln-Roggendorf/Thenhoven
✆ 0221-784018
Nordrhein-Westfalen

127

20% Greenfee-Ermäßigung wochentags

DER GOLF ALBRECHT

KölnGolf DE

Parallelweg 1
D-50769 Köln-Roggendorf/Thenhoven
✆ 0221-784018
Nordrhein-Westfalen

127

20% Greenfee-Ermäßigung wochentags

DER GOLF ALBRECHT

Golfanlage Gimborner Land DE

Kreuzstraße 10
D-51647 Gummersbach-Berghausen
✆ 02266-440447
Nordrhein-Westfalen
Hinweis: Außerhalb der Büro-Öffnungszeiten muss das tagesaktuelle 18-Loch-Greenfee bezahlt werden.
Gilt nicht für Turniergreenfee.

128

2 for 1 2 GF zum Preis von 1

DER GOLF ALBRECHT

Golfanlage Gimborner Land DE

Kreuzstraße 10
D-51647 Gummersbach-Berghausen
✆ 02266-440447
Nordrhein-Westfalen
Hinweis: Außerhalb der Büro-Öffnungszeiten muss das tagesaktuelle 18-Loch-Greenfee bezahlt werden.
Gilt nicht für Turniergreenfee.

128

2 for 1 2 GF zum Preis von 1

DER GOLF ALBRECHT

Golfanlage Gimborner Land DE

Kreuzstraße 10
D-51647 Gummersbach-Berghausen
✆ 02266-440447
Nordrhein-Westfalen
Hinweis: Außerhalb der Büro-Öffnungszeiten muss das tagesaktuelle 18-Loch-Greenfee bezahlt werden.
Gilt nicht für Turniergreenfee.

128

2 for 1 2 GF zum Preis von 1

DER GOLF ALBRECHT

Golfclub Wittgensteiner Land e.V. DE

Kapellenstraße 10
D-57319 Bad Berleburg - Sassenhausen
✆ 02751-9202278
Nordrhein-Westfalen

129

2 for 1 2 GF zum Preis von 1

DER GOLF ALBRECHT

Golfclub Wittgensteiner Land e.V. DE

Kapellenstraße 10
D-57319 Bad Berleburg - Sassenhausen
✆ 02751-9202278
Nordrhein-Westfalen

129

2 for 1 2 GF zum Preis von 1

DER GOLF ALBRECHT

Golfclub Wittgensteiner Land e.V. DE

Kapellenstraße 10
D-57319 Bad Berleburg - Sassenhausen
✆ 02751-9202278
Nordrhein-Westfalen

129

25% Greenfee-Ermäßigung

DER GOLF ALBRECHT

Golfclub Wittgensteiner Land e.V. DE

Kapellenstraße 10
D-57319 Bad Berleburg - Sassenhausen
✆ 02751-9202278
Nordrhein-Westfalen

129

25% Greenfee-Ermäßigung

Bedingungen zur Einlösung des Discounts:

1. Das Angebot ist einschließlich bis 30.6.2024 gültig.
2. Der Golfspieler/Leser hat sich telefonisch eine Abschlagzeit geben zu lassen – dabei ist die Nutzung des Angebots anzugeben.
3. Eine Barauszahlung des Greenfee-Vorteils ist nicht möglich.
4. Das Kombinieren von Angeboten oder bestehenden Greenfee-Vorteilen ist nicht möglich. Der Vorteil bezieht sich jeweils ausschließlich auf die zum Zeitpunkt der Einlösung gültigen vollen Greenfee-Gebühren.
5. Gibt es Spielergruppen mit erhöhten Greenfee-Gebühren, ist ein Nachlass auf diese Gebühren nicht möglich.
6. Das Angebot allein berechtigt nicht zum Spiel gegen Greenfee. Die Erfüllung der Bestimmungen des jeweiligen Golfclubs zur Greenfee-Berechtigung (Mitgliedschaft in einem Golfclub, Mindesthandicap etc.) zum Zeitpunkt der Einlösung sind Voraussetzung.
7. Es ist untersagt, den Greenfee-Gutschein entgeltlich Dritten zu überlassen bzw. mit diesen Handel zu treiben. Insbesondere sind die teilnehmenden Golfclubs in diesem Falle berechtigt, die Einlösung der ausgeschriebenen Angebote zu verweigern.
8. Die teilnehmenden Golfclubs haben sich gegenüber dem Verlag unter den o.g. Bedingungen verpflichtet, die ausgeschriebenen Angebote einzulösen. Der Verlag übernimmt jedoch keine Gewähr und keine Haftung, wenn ein Angebot nicht eingelöst wird oder werden kann.

Bedingungen zur Einlösung des Discounts:

1. Das Angebot ist einschließlich bis 30.6.2024 gültig.
2. Der Golfspieler/Leser hat sich telefonisch eine Abschlagzeit geben zu lassen – dabei ist die Nutzung des Angebots anzugeben.
3. Eine Barauszahlung des Greenfee-Vorteils ist nicht möglich.
4. Das Kombinieren von Angeboten oder bestehenden Greenfee-Vorteilen ist nicht möglich. Der Vorteil bezieht sich jeweils ausschließlich auf die zum Zeitpunkt der Einlösung gültigen vollen Greenfee-Gebühren.
5. Gibt es Spielergruppen mit erhöhten Greenfee-Gebühren, ist ein Nachlass auf diese Gebühren nicht möglich.
6. Das Angebot allein berechtigt nicht zum Spiel gegen Greenfee. Die Erfüllung der Bestimmungen des jeweiligen Golfclubs zur Greenfee-Berechtigung (Mitgliedschaft in einem Golfclub, Mindesthandicap etc.) zum Zeitpunkt der Einlösung sind Voraussetzung.
7. Es ist untersagt, den Greenfee-Gutschein entgeltlich Dritten zu überlassen bzw. mit diesen Handel zu treiben. Insbesondere sind die teilnehmenden Golfclubs in diesem Falle berechtigt, die Einlösung der ausgeschriebenen Angebote zu verweigern.
8. Die teilnehmenden Golfclubs haben sich gegenüber dem Verlag unter den o.g. Bedingungen verpflichtet, die ausgeschriebenen Angebote einzulösen. Der Verlag übernimmt jedoch keine Gewähr und keine Haftung, wenn ein Angebot nicht eingelöst wird oder werden kann.

Bedingungen zur Einlösung des Discounts:

1. Das Angebot ist einschließlich bis 30.6.2024 gültig.
2. Der Golfspieler/Leser hat sich telefonisch eine Abschlagzeit geben zu lassen – dabei ist die Nutzung des Angebots anzugeben.
3. Eine Barauszahlung des Greenfee-Vorteils ist nicht möglich.
4. Das Kombinieren von Angeboten oder bestehenden Greenfee-Vorteilen ist nicht möglich. Der Vorteil bezieht sich jeweils ausschließlich auf die zum Zeitpunkt der Einlösung gültigen vollen Greenfee-Gebühren.
5. Gibt es Spielergruppen mit erhöhten Greenfee-Gebühren, ist ein Nachlass auf diese Gebühren nicht möglich.
6. Das Angebot allein berechtigt nicht zum Spiel gegen Greenfee. Die Erfüllung der Bestimmungen des jeweiligen Golfclubs zur Greenfee-Berechtigung (Mitgliedschaft in einem Golfclub, Mindesthandicap etc.) zum Zeitpunkt der Einlösung sind Voraussetzung.
7. Es ist untersagt, den Greenfee-Gutschein entgeltlich Dritten zu überlassen bzw. mit diesen Handel zu treiben. Insbesondere sind die teilnehmenden Golfclubs in diesem Falle berechtigt, die Einlösung der ausgeschriebenen Angebote zu verweigern.
8. Die teilnehmenden Golfclubs haben sich gegenüber dem Verlag unter den o.g. Bedingungen verpflichtet, die ausgeschriebenen Angebote einzulösen. Der Verlag übernimmt jedoch keine Gewähr und keine Haftung, wenn ein Angebot nicht eingelöst wird oder werden kann.

Bedingungen zur Einlösung des Discounts:

1. Das Angebot ist einschließlich bis 30.6.2024 gültig.
2. Der Golfspieler/Leser hat sich telefonisch eine Abschlagzeit geben zu lassen – dabei ist die Nutzung des Angebots anzugeben.
3. Eine Barauszahlung des Greenfee-Vorteils ist nicht möglich.
4. Das Kombinieren von Angeboten oder bestehenden Greenfee-Vorteilen ist nicht möglich. Der Vorteil bezieht sich jeweils ausschließlich auf die zum Zeitpunkt der Einlösung gültigen vollen Greenfee-Gebühren.
5. Gibt es Spielergruppen mit erhöhten Greenfee-Gebühren, ist ein Nachlass auf diese Gebühren nicht möglich.
6. Das Angebot allein berechtigt nicht zum Spiel gegen Greenfee. Die Erfüllung der Bestimmungen des jeweiligen Golfclubs zur Greenfee-Berechtigung (Mitgliedschaft in einem Golfclub, Mindesthandicap etc.) zum Zeitpunkt der Einlösung sind Voraussetzung.
7. Es ist untersagt, den Greenfee-Gutschein entgeltlich Dritten zu überlassen bzw. mit diesen Handel zu treiben. Insbesondere sind die teilnehmenden Golfclubs in diesem Falle berechtigt, die Einlösung der ausgeschriebenen Angebote zu verweigern.
8. Die teilnehmenden Golfclubs haben sich gegenüber dem Verlag unter den o.g. Bedingungen verpflichtet, die ausgeschriebenen Angebote einzulösen. Der Verlag übernimmt jedoch keine Gewähr und keine Haftung, wenn ein Angebot nicht eingelöst wird oder werden kann.

Bedingungen zur Einlösung des Discounts:

1. Das Angebot ist einschließlich bis 30.6.2024 gültig.
2. Der Golfspieler/Leser hat sich telefonisch eine Abschlagzeit geben zu lassen – dabei ist die Nutzung des Angebots anzugeben.
3. Eine Barauszahlung des Greenfee-Vorteils ist nicht möglich.
4. Das Kombinieren von Angeboten oder bestehenden Greenfee-Vorteilen ist nicht möglich. Der Vorteil bezieht sich jeweils ausschließlich auf die zum Zeitpunkt der Einlösung gültigen vollen Greenfee-Gebühren.
5. Gibt es Spielergruppen mit erhöhten Greenfee-Gebühren, ist ein Nachlass auf diese Gebühren nicht möglich.
6. Das Angebot allein berechtigt nicht zum Spiel gegen Greenfee. Die Erfüllung der Bestimmungen des jeweiligen Golfclubs zur Greenfee-Berechtigung (Mitgliedschaft in einem Golfclub, Mindesthandicap etc.) zum Zeitpunkt der Einlösung sind Voraussetzung.
7. Es ist untersagt, den Greenfee-Gutschein entgeltlich Dritten zu überlassen bzw. mit diesen Handel zu treiben. Insbesondere sind die teilnehmenden Golfclubs in diesem Falle berechtigt, die Einlösung der ausgeschriebenen Angebote zu verweigern.
8. Die teilnehmenden Golfclubs haben sich gegenüber dem Verlag unter den o.g. Bedingungen verpflichtet, die ausgeschriebenen Angebote einzulösen. Der Verlag übernimmt jedoch keine Gewähr und keine Haftung, wenn ein Angebot nicht eingelöst wird oder werden kann.

Bedingungen zur Einlösung des Discounts:

1. Das Angebot ist einschließlich bis 30.6.2024 gültig.
2. Der Golfspieler/Leser hat sich telefonisch eine Abschlagzeit geben zu lassen – dabei ist die Nutzung des Angebots anzugeben.
3. Eine Barauszahlung des Greenfee-Vorteils ist nicht möglich.
4. Das Kombinieren von Angeboten oder bestehenden Greenfee-Vorteilen ist nicht möglich. Der Vorteil bezieht sich jeweils ausschließlich auf die zum Zeitpunkt der Einlösung gültigen vollen Greenfee-Gebühren.
5. Gibt es Spielergruppen mit erhöhten Greenfee-Gebühren, ist ein Nachlass auf diese Gebühren nicht möglich.
6. Das Angebot allein berechtigt nicht zum Spiel gegen Greenfee. Die Erfüllung der Bestimmungen des jeweiligen Golfclubs zur Greenfee-Berechtigung (Mitgliedschaft in einem Golfclub, Mindesthandicap etc.) zum Zeitpunkt der Einlösung sind Voraussetzung.
7. Es ist untersagt, den Greenfee-Gutschein entgeltlich Dritten zu überlassen bzw. mit diesen Handel zu treiben. Insbesondere sind die teilnehmenden Golfclubs in diesem Falle berechtigt, die Einlösung der ausgeschriebenen Angebote zu verweigern.
8. Die teilnehmenden Golfclubs haben sich gegenüber dem Verlag unter den o.g. Bedingungen verpflichtet, die ausgeschriebenen Angebote einzulösen. Der Verlag übernimmt jedoch keine Gewähr und keine Haftung, wenn ein Angebot nicht eingelöst wird oder werden kann.

Bedingungen zur Einlösung des Discounts:

1. Das Angebot ist einschließlich bis 30.6.2024 gültig.
2. Der Golfspieler/Leser hat sich telefonisch eine Abschlagzeit geben zu lassen – dabei ist die Nutzung des Angebots anzugeben.
3. Eine Barauszahlung des Greenfee-Vorteils ist nicht möglich.
4. Das Kombinieren von Angeboten oder bestehenden Greenfee-Vorteilen ist nicht möglich. Der Vorteil bezieht sich jeweils ausschließlich auf die zum Zeitpunkt der Einlösung gültigen vollen Greenfee-Gebühren.
5. Gibt es Spielergruppen mit erhöhten Greenfee-Gebühren, ist ein Nachlass auf diese Gebühren nicht möglich.
6. Das Angebot allein berechtigt nicht zum Spiel gegen Greenfee. Die Erfüllung der Bestimmungen des jeweiligen Golfclubs zur Greenfee-Berechtigung (Mitgliedschaft in einem Golfclub, Mindesthandicap etc.) zum Zeitpunkt der Einlösung sind Voraussetzung.
7. Es ist untersagt, den Greenfee-Gutschein entgeltlich Dritten zu überlassen bzw. mit diesen Handel zu treiben. Insbesondere sind die teilnehmenden Golfclubs in diesem Falle berechtigt, die Einlösung der ausgeschriebenen Angebote zu verweigern.
8. Die teilnehmenden Golfclubs haben sich gegenüber dem Verlag unter den o.g. Bedingungen verpflichtet, die ausgeschriebenen Angebote einzulösen. Der Verlag übernimmt jedoch keine Gewähr und keine Haftung, wenn ein Angebot nicht eingelöst wird oder werden kann.

Bedingungen zur Einlösung des Discounts:

1. Das Angebot ist einschließlich bis 30.6.2024 gültig.
2. Der Golfspieler/Leser hat sich telefonisch eine Abschlagzeit geben zu lassen – dabei ist die Nutzung des Angebots anzugeben.
3. Eine Barauszahlung des Greenfee-Vorteils ist nicht möglich.
4. Das Kombinieren von Angeboten oder bestehenden Greenfee-Vorteilen ist nicht möglich. Der Vorteil bezieht sich jeweils ausschließlich auf die zum Zeitpunkt der Einlösung gültigen vollen Greenfee-Gebühren.
5. Gibt es Spielergruppen mit erhöhten Greenfee-Gebühren, ist ein Nachlass auf diese Gebühren nicht möglich.
6. Das Angebot allein berechtigt nicht zum Spiel gegen Greenfee. Die Erfüllung der Bestimmungen des jeweiligen Golfclubs zur Greenfee-Berechtigung (Mitgliedschaft in einem Golfclub, Mindesthandicap etc.) zum Zeitpunkt der Einlösung sind Voraussetzung.
7. Es ist untersagt, den Greenfee-Gutschein entgeltlich Dritten zu überlassen bzw. mit diesen Handel zu treiben. Insbesondere sind die teilnehmenden Golfclubs in diesem Falle berechtigt, die Einlösung der ausgeschriebenen Angebote zu verweigern.
8. Die teilnehmenden Golfclubs haben sich gegenüber dem Verlag unter den o.g. Bedingungen verpflichtet, die ausgeschriebenen Angebote einzulösen. Der Verlag übernimmt jedoch keine Gewähr und keine Haftung, wenn ein Angebot nicht eingelöst wird oder werden kann.

Bedingungen zur Einlösung des Discounts:

1. Das Angebot ist einschließlich bis 30.6.2024 gültig.
2. Der Golfspieler/Leser hat sich telefonisch eine Abschlagzeit geben zu lassen – dabei ist die Nutzung des Angebots anzugeben.
3. Eine Barauszahlung des Greenfee-Vorteils ist nicht möglich.
4. Das Kombinieren von Angeboten oder bestehenden Greenfee-Vorteilen ist nicht möglich. Der Vorteil bezieht sich jeweils ausschließlich auf die zum Zeitpunkt der Einlösung gültigen vollen Greenfee-Gebühren.
5. Gibt es Spielergruppen mit erhöhten Greenfee-Gebühren, ist ein Nachlass auf diese Gebühren nicht möglich.
6. Das Angebot allein berechtigt nicht zum Spiel gegen Greenfee. Die Erfüllung der Bestimmungen des jeweiligen Golfclubs zur Greenfee-Berechtigung (Mitgliedschaft in einem Golfclub, Mindesthandicap etc.) zum Zeitpunkt der Einlösung sind Voraussetzung.
7. Es ist untersagt, den Greenfee-Gutschein entgeltlich Dritten zu überlassen bzw. mit diesen Handel zu treiben. Insbesondere sind die teilnehmenden Golfclubs in diesem Falle berechtigt, die Einlösung der ausgeschriebenen Angebote zu verweigern.
8. Die teilnehmenden Golfclubs haben sich gegenüber dem Verlag unter den o.g. Bedingungen verpflichtet, die ausgeschriebenen Angebote einzulösen. Der Verlag übernimmt jedoch keine Gewähr und keine Haftung, wenn ein Angebot nicht eingelöst wird oder werden kann.

Bedingungen zur Einlösung des Discounts:

1. Das Angebot ist einschließlich bis 30.6.2024 gültig.
2. Der Golfspieler/Leser hat sich telefonisch eine Abschlagzeit geben zu lassen – dabei ist die Nutzung des Angebots anzugeben.
3. Eine Barauszahlung des Greenfee-Vorteils ist nicht möglich.
4. Das Kombinieren von Angeboten oder bestehenden Greenfee-Vorteilen ist nicht möglich. Der Vorteil bezieht sich jeweils ausschließlich auf die zum Zeitpunkt der Einlösung gültigen vollen Greenfee-Gebühren.
5. Gibt es Spielergruppen mit erhöhten Greenfee-Gebühren, ist ein Nachlass auf diese Gebühren nicht möglich.
6. Das Angebot allein berechtigt nicht zum Spiel gegen Greenfee. Die Erfüllung der Bestimmungen des jeweiligen Golfclubs zur Greenfee-Berechtigung (Mitgliedschaft in einem Golfclub, Mindesthandicap etc.) zum Zeitpunkt der Einlösung sind Voraussetzung.
7. Es ist untersagt, den Greenfee-Gutschein entgeltlich Dritten zu überlassen bzw. mit diesen Handel zu treiben. Insbesondere sind die teilnehmenden Golfclubs in diesem Falle berechtigt, die Einlösung der ausgeschriebenen Angebote zu verweigern.
8. Die teilnehmenden Golfclubs haben sich gegenüber dem Verlag unter den o.g. Bedingungen verpflichtet, die ausgeschriebenen Angebote einzulösen. Der Verlag übernimmt jedoch keine Gewähr und keine Haftung, wenn ein Angebot nicht eingelöst wird oder werden kann.

Diese Gutscheine gelten nur in Verbindung mit dem Buch/Albrecht Golf Card

Diese Gutscheine gelten nur in Verbindung mit dem Buch/Albrecht Golf Card

DER GOLF ALBRECHT

Golfclub Siegerland e.V. DE

Berghäuser Weg
D-57223 Kreuztal
✆ 02732-59470
Nordrhein-Westfalen

130

2 for 1 2 GF zum Preis von 1

DER GOLF ALBRECHT

Golfclub Siegerland e.V. DE

Berghäuser Weg
D-57223 Kreuztal
✆ 02732-59470
Nordrhein-Westfalen

130

2 for 1 2 GF zum Preis von 1

DER GOLF ALBRECHT

Golfclub Siegerland e.V. DE

Berghäuser Weg
D-57223 Kreuztal
✆ 02732-59470
Nordrhein-Westfalen

130

30% Greenfee-Ermäßigung

DER GOLF ALBRECHT

Golfclub Siegerland e.V. DE

Berghäuser Weg
D-57223 Kreuztal
✆ 02732-59470
Nordrhein-Westfalen

130

30% Greenfee-Ermäßigung

DER GOLF ALBRECHT

Golf Club Siegen-Olpe e.V. DE

Am Golfplatz 1
D-57482 Wenden-Ottfingen
✆ 02762-97620
Nordrhein-Westfalen

131

2 for 1 2 GF zum Preis von 1 wochentags

DER GOLF ALBRECHT

Golf Club Siegen-Olpe e.V. DE

Am Golfplatz 1
D-57482 Wenden-Ottfingen
✆ 02762-97620
Nordrhein-Westfalen

131

2 for 1 2 GF zum Preis von 1 wochentags

DER GOLF ALBRECHT

Golf Club Burg Overbach e.V. DE

Overbach 1
D-53804 Much
✆ 02245-5550
Nordrhein-Westfalen
Hinweis: Gültig Mo bis Fr. Nicht Sa/So/FT

132

2 for 1 2 GF zum Preis von 1 wochentags

DER GOLF ALBRECHT

Golf Club Burg Overbach e.V. DE

Overbach 1
D-53804 Much
✆ 02245-5550
Nordrhein-Westfalen
Hinweis: Gültig Mo bis Fr. Nicht Sa/So/FT

132

2 for 1 2 GF zum Preis von 1 wochentags

DER GOLF ALBRECHT

GC Wahn im SSZ Köln-Wahn e.V. DE

Frankfurter Straße 320
D-51147 Köln
✆ 02203-62334
Nordrhein-Westfalen

133

2 for 1 2 GF zum Preis von 1

DER GOLF ALBRECHT

GC Wahn im SSZ Köln-Wahn e.V. DE

Frankfurter Straße 320
D-51147 Köln
✆ 02203-62334
Nordrhein-Westfalen

133

2 for 1 2 GF zum Preis von 1

Bedingungen zur Einlösung des Discounts:

1. Das Angebot ist einschließlich bis 30.6.2024 gültig.
2. Der Golfspieler/Leser hat sich telefonisch eine Abschlagzeit geben zu lassen – dabei ist die Nutzung des Angebots anzugeben.
3. Eine Barauszahlung des Greenfee-Vorteils ist nicht möglich.
4. Das Kombinieren von Angeboten oder bestehenden Greenfee-Vorteilen ist nicht möglich. Der Vorteil bezieht sich jeweils ausschließlich auf die zum Zeitpunkt der Einlösung gültigen vollen Greenfee-Gebühren.
5. Gibt es Spielergruppen mit erhöhten Greenfee-Gebühren, ist ein Nachlass auf diese Gebühren nicht möglich.
6. Das Angebot allein berechtigt nicht zum Spiel gegen Greenfee. Die Erfüllung der Bestimmungen des jeweiligen Golfclubs zur Greenfee-Berechtigung (Mitgliedschaft in einem Golfclub, Mindesthandicap etc.) zum Zeitpunkt der Einlösung sind Voraussetzung.
7. Es ist untersagt, den Greenfee-Gutschein entgeltlich Dritten zu überlassen bzw. mit diesen Handel zu treiben. Insbesondere sind die teilnehmenden Golfclubs in diesem Falle berechtigt, die Einlösung der ausgeschriebenen Angebote zu verweigern.
8. Die teilnehmenden Golfclubs haben sich gegenüber dem Verlag unter den o.g. Bedingungen verpflichtet, die ausgeschriebenen Angebote einzulösen. Der Verlag übernimmt jedoch keine Gewähr und keine Haftung, wenn ein Angebot nicht eingelöst wird oder werden kann.

Bedingungen zur Einlösung des Discounts:

1. Das Angebot ist einschließlich bis 30.6.2024 gültig.
2. Der Golfspieler/Leser hat sich telefonisch eine Abschlagzeit geben zu lassen – dabei ist die Nutzung des Angebots anzugeben.
3. Eine Barauszahlung des Greenfee-Vorteils ist nicht möglich.
4. Das Kombinieren von Angeboten oder bestehenden Greenfee-Vorteilen ist nicht möglich. Der Vorteil bezieht sich jeweils ausschließlich auf die zum Zeitpunkt der Einlösung gültigen vollen Greenfee-Gebühren.
5. Gibt es Spielergruppen mit erhöhten Greenfee-Gebühren, ist ein Nachlass auf diese Gebühren nicht möglich.
6. Das Angebot allein berechtigt nicht zum Spiel gegen Greenfee. Die Erfüllung der Bestimmungen des jeweiligen Golfclubs zur Greenfee-Berechtigung (Mitgliedschaft in einem Golfclub, Mindesthandicap etc.) zum Zeitpunkt der Einlösung sind Voraussetzung.
7. Es ist untersagt, den Greenfee-Gutschein entgeltlich Dritten zu überlassen bzw. mit diesen Handel zu treiben. Insbesondere sind die teilnehmenden Golfclubs in diesem Falle berechtigt, die Einlösung der ausgeschriebenen Angebote zu verweigern.
8. Die teilnehmenden Golfclubs haben sich gegenüber dem Verlag unter den o.g. Bedingungen verpflichtet, die ausgeschriebenen Angebote einzulösen. Der Verlag übernimmt jedoch keine Gewähr und keine Haftung, wenn ein Angebot nicht eingelöst wird oder werden kann.

Bedingungen zur Einlösung des Discounts:

1. Das Angebot ist einschließlich bis 30.6.2024 gültig.
2. Der Golfspieler/Leser hat sich telefonisch eine Abschlagzeit geben zu lassen – dabei ist die Nutzung des Angebots anzugeben.
3. Eine Barauszahlung des Greenfee-Vorteils ist nicht möglich.
4. Das Kombinieren von Angeboten oder bestehenden Greenfee-Vorteilen ist nicht möglich. Der Vorteil bezieht sich jeweils ausschließlich auf die zum Zeitpunkt der Einlösung gültigen vollen Greenfee-Gebühren.
5. Gibt es Spielergruppen mit erhöhten Greenfee-Gebühren, ist ein Nachlass auf diese Gebühren nicht möglich.
6. Das Angebot allein berechtigt nicht zum Spiel gegen Greenfee. Die Erfüllung der Bestimmungen des jeweiligen Golfclubs zur Greenfee-Berechtigung (Mitgliedschaft in einem Golfclub, Mindesthandicap etc.) zum Zeitpunkt der Einlösung sind Voraussetzung.
7. Es ist untersagt, den Greenfee-Gutschein entgeltlich Dritten zu überlassen bzw. mit diesen Handel zu treiben. Insbesondere sind die teilnehmenden Golfclubs in diesem Falle berechtigt, die Einlösung der ausgeschriebenen Angebote zu verweigern.
8. Die teilnehmenden Golfclubs haben sich gegenüber dem Verlag unter den o.g. Bedingungen verpflichtet, die ausgeschriebenen Angebote einzulösen. Der Verlag übernimmt jedoch keine Gewähr und keine Haftung, wenn ein Angebot nicht eingelöst wird oder werden kann.

Bedingungen zur Einlösung des Discounts:

1. Das Angebot ist einschließlich bis 30.6.2024 gültig.
2. Der Golfspieler/Leser hat sich telefonisch eine Abschlagzeit geben zu lassen – dabei ist die Nutzung des Angebots anzugeben.
3. Eine Barauszahlung des Greenfee-Vorteils ist nicht möglich.
4. Das Kombinieren von Angeboten oder bestehenden Greenfee-Vorteilen ist nicht möglich. Der Vorteil bezieht sich jeweils ausschließlich auf die zum Zeitpunkt der Einlösung gültigen vollen Greenfee-Gebühren.
5. Gibt es Spielergruppen mit erhöhten Greenfee-Gebühren, ist ein Nachlass auf diese Gebühren nicht möglich.
6. Das Angebot allein berechtigt nicht zum Spiel gegen Greenfee. Die Erfüllung der Bestimmungen des jeweiligen Golfclubs zur Greenfee-Berechtigung (Mitgliedschaft in einem Golfclub, Mindesthandicap etc.) zum Zeitpunkt der Einlösung sind Voraussetzung.
7. Es ist untersagt, den Greenfee-Gutschein entgeltlich Dritten zu überlassen bzw. mit diesen Handel zu treiben. Insbesondere sind die teilnehmenden Golfclubs in diesem Falle berechtigt, die Einlösung der ausgeschriebenen Angebote zu verweigern.
8. Die teilnehmenden Golfclubs haben sich gegenüber dem Verlag unter den o.g. Bedingungen verpflichtet, die ausgeschriebenen Angebote einzulösen. Der Verlag übernimmt jedoch keine Gewähr und keine Haftung, wenn ein Angebot nicht eingelöst wird oder werden kann.

Bedingungen zur Einlösung des Discounts:

1. Das Angebot ist einschließlich bis 30.6.2024 gültig.
2. Der Golfspieler/Leser hat sich telefonisch eine Abschlagzeit geben zu lassen – dabei ist die Nutzung des Angebots anzugeben.
3. Eine Barauszahlung des Greenfee-Vorteils ist nicht möglich.
4. Das Kombinieren von Angeboten oder bestehenden Greenfee-Vorteilen ist nicht möglich. Der Vorteil bezieht sich jeweils ausschließlich auf die zum Zeitpunkt der Einlösung gültigen vollen Greenfee-Gebühren.
5. Gibt es Spielergruppen mit erhöhten Greenfee-Gebühren, ist ein Nachlass auf diese Gebühren nicht möglich.
6. Das Angebot allein berechtigt nicht zum Spiel gegen Greenfee. Die Erfüllung der Bestimmungen des jeweiligen Golfclubs zur Greenfee-Berechtigung (Mitgliedschaft in einem Golfclub, Mindesthandicap etc.) zum Zeitpunkt der Einlösung sind Voraussetzung.
7. Es ist untersagt, den Greenfee-Gutschein entgeltlich Dritten zu überlassen bzw. mit diesen Handel zu treiben. Insbesondere sind die teilnehmenden Golfclubs in diesem Falle berechtigt, die Einlösung der ausgeschriebenen Angebote zu verweigern.
8. Die teilnehmenden Golfclubs haben sich gegenüber dem Verlag unter den o.g. Bedingungen verpflichtet, die ausgeschriebenen Angebote einzulösen. Der Verlag übernimmt jedoch keine Gewähr und keine Haftung, wenn ein Angebot nicht eingelöst wird oder werden kann.

Bedingungen zur Einlösung des Discounts:

1. Das Angebot ist einschließlich bis 30.6.2024 gültig.
2. Der Golfspieler/Leser hat sich telefonisch eine Abschlagzeit geben zu lassen – dabei ist die Nutzung des Angebots anzugeben.
3. Eine Barauszahlung des Greenfee-Vorteils ist nicht möglich.
4. Das Kombinieren von Angeboten oder bestehenden Greenfee-Vorteilen ist nicht möglich. Der Vorteil bezieht sich jeweils ausschließlich auf die zum Zeitpunkt der Einlösung gültigen vollen Greenfee-Gebühren.
5. Gibt es Spielergruppen mit erhöhten Greenfee-Gebühren, ist ein Nachlass auf diese Gebühren nicht möglich.
6. Das Angebot allein berechtigt nicht zum Spiel gegen Greenfee. Die Erfüllung der Bestimmungen des jeweiligen Golfclubs zur Greenfee-Berechtigung (Mitgliedschaft in einem Golfclub, Mindesthandicap etc.) zum Zeitpunkt der Einlösung sind Voraussetzung.
7. Es ist untersagt, den Greenfee-Gutschein entgeltlich Dritten zu überlassen bzw. mit diesen Handel zu treiben. Insbesondere sind die teilnehmenden Golfclubs in diesem Falle berechtigt, die Einlösung der ausgeschriebenen Angebote zu verweigern.
8. Die teilnehmenden Golfclubs haben sich gegenüber dem Verlag unter den o.g. Bedingungen verpflichtet, die ausgeschriebenen Angebote einzulösen. Der Verlag übernimmt jedoch keine Gewähr und keine Haftung, wenn ein Angebot nicht eingelöst wird oder werden kann.

Bedingungen zur Einlösung des Discounts:

1. Das Angebot ist einschließlich bis 30.6.2024 gültig.
2. Der Golfspieler/Leser hat sich telefonisch eine Abschlagzeit geben zu lassen – dabei ist die Nutzung des Angebots anzugeben.
3. Eine Barauszahlung des Greenfee-Vorteils ist nicht möglich.
4. Das Kombinieren von Angeboten oder bestehenden Greenfee-Vorteilen ist nicht möglich. Der Vorteil bezieht sich jeweils ausschließlich auf die zum Zeitpunkt der Einlösung gültigen vollen Greenfee-Gebühren.
5. Gibt es Spielergruppen mit erhöhten Greenfee-Gebühren, ist ein Nachlass auf diese Gebühren nicht möglich.
6. Das Angebot allein berechtigt nicht zum Spiel gegen Greenfee. Die Erfüllung der Bestimmungen des jeweiligen Golfclubs zur Greenfee-Berechtigung (Mitgliedschaft in einem Golfclub, Mindesthandicap etc.) zum Zeitpunkt der Einlösung sind Voraussetzung.
7. Es ist untersagt, den Greenfee-Gutschein entgeltlich Dritten zu überlassen bzw. mit diesen Handel zu treiben. Insbesondere sind die teilnehmenden Golfclubs in diesem Falle berechtigt, die Einlösung der ausgeschriebenen Angebote zu verweigern.
8. Die teilnehmenden Golfclubs haben sich gegenüber dem Verlag unter den o.g. Bedingungen verpflichtet, die ausgeschriebenen Angebote einzulösen. Der Verlag übernimmt jedoch keine Gewähr und keine Haftung, wenn ein Angebot nicht eingelöst wird oder werden kann.

Bedingungen zur Einlösung des Discounts:

1. Das Angebot ist einschließlich bis 30.6.2024 gültig.
2. Der Golfspieler/Leser hat sich telefonisch eine Abschlagzeit geben zu lassen – dabei ist die Nutzung des Angebots anzugeben.
3. Eine Barauszahlung des Greenfee-Vorteils ist nicht möglich.
4. Das Kombinieren von Angeboten oder bestehenden Greenfee-Vorteilen ist nicht möglich. Der Vorteil bezieht sich jeweils ausschließlich auf die zum Zeitpunkt der Einlösung gültigen vollen Greenfee-Gebühren.
5. Gibt es Spielergruppen mit erhöhten Greenfee-Gebühren, ist ein Nachlass auf diese Gebühren nicht möglich.
6. Das Angebot allein berechtigt nicht zum Spiel gegen Greenfee. Die Erfüllung der Bestimmungen des jeweiligen Golfclubs zur Greenfee-Berechtigung (Mitgliedschaft in einem Golfclub, Mindesthandicap etc.) zum Zeitpunkt der Einlösung sind Voraussetzung.
7. Es ist untersagt, den Greenfee-Gutschein entgeltlich Dritten zu überlassen bzw. mit diesen Handel zu treiben. Insbesondere sind die teilnehmenden Golfclubs in diesem Falle berechtigt, die Einlösung der ausgeschriebenen Angebote zu verweigern.
8. Die teilnehmenden Golfclubs haben sich gegenüber dem Verlag unter den o.g. Bedingungen verpflichtet, die ausgeschriebenen Angebote einzulösen. Der Verlag übernimmt jedoch keine Gewähr und keine Haftung, wenn ein Angebot nicht eingelöst wird oder werden kann.

Bedingungen zur Einlösung des Discounts:

1. Das Angebot ist einschließlich bis 30.6.2024 gültig.
2. Der Golfspieler/Leser hat sich telefonisch eine Abschlagzeit geben zu lassen – dabei ist die Nutzung des Angebots anzugeben.
3. Eine Barauszahlung des Greenfee-Vorteils ist nicht möglich.
4. Das Kombinieren von Angeboten oder bestehenden Greenfee-Vorteilen ist nicht möglich. Der Vorteil bezieht sich jeweils ausschließlich auf die zum Zeitpunkt der Einlösung gültigen vollen Greenfee-Gebühren.
5. Gibt es Spielergruppen mit erhöhten Greenfee-Gebühren, ist ein Nachlass auf diese Gebühren nicht möglich.
6. Das Angebot allein berechtigt nicht zum Spiel gegen Greenfee. Die Erfüllung der Bestimmungen des jeweiligen Golfclubs zur Greenfee-Berechtigung (Mitgliedschaft in einem Golfclub, Mindesthandicap etc.) zum Zeitpunkt der Einlösung sind Voraussetzung.
7. Es ist untersagt, den Greenfee-Gutschein entgeltlich Dritten zu überlassen bzw. mit diesen Handel zu treiben. Insbesondere sind die teilnehmenden Golfclubs in diesem Falle berechtigt, die Einlösung der ausgeschriebenen Angebote zu verweigern.
8. Die teilnehmenden Golfclubs haben sich gegenüber dem Verlag unter den o.g. Bedingungen verpflichtet, die ausgeschriebenen Angebote einzulösen. Der Verlag übernimmt jedoch keine Gewähr und keine Haftung, wenn ein Angebot nicht eingelöst wird oder werden kann.

Bedingungen zur Einlösung des Discounts:

1. Das Angebot ist einschließlich bis 30.6.2024 gültig.
2. Der Golfspieler/Leser hat sich telefonisch eine Abschlagzeit geben zu lassen – dabei ist die Nutzung des Angebots anzugeben.
3. Eine Barauszahlung des Greenfee-Vorteils ist nicht möglich.
4. Das Kombinieren von Angeboten oder bestehenden Greenfee-Vorteilen ist nicht möglich. Der Vorteil bezieht sich jeweils ausschließlich auf die zum Zeitpunkt der Einlösung gültigen vollen Greenfee-Gebühren.
5. Gibt es Spielergruppen mit erhöhten Greenfee-Gebühren, ist ein Nachlass auf diese Gebühren nicht möglich.
6. Das Angebot allein berechtigt nicht zum Spiel gegen Greenfee. Die Erfüllung der Bestimmungen des jeweiligen Golfclubs zur Greenfee-Berechtigung (Mitgliedschaft in einem Golfclub, Mindesthandicap etc.) zum Zeitpunkt der Einlösung sind Voraussetzung.
7. Es ist untersagt, den Greenfee-Gutschein entgeltlich Dritten zu überlassen bzw. mit diesen Handel zu treiben. Insbesondere sind die teilnehmenden Golfclubs in diesem Falle berechtigt, die Einlösung der ausgeschriebenen Angebote zu verweigern.
8. Die teilnehmenden Golfclubs haben sich gegenüber dem Verlag unter den o.g. Bedingungen verpflichtet, die ausgeschriebenen Angebote einzulösen. Der Verlag übernimmt jedoch keine Gewähr und keine Haftung, wenn ein Angebot nicht eingelöst wird oder werden kann.

Diese Gutscheine gelten nur in Verbindung mit dem Buch/Albrecht Golf Card

Diese Gutscheine gelten nur in Verbindung mit dem Buch/Albrecht Golf Card

DER GOLF ALBRECHT

GC Wahn im SSZ Köln-Wahn e.V. DE

Frankfurter Straße 320
D-51147 Köln
✆ 02203-62334
Nordrhein-Westfalen

133

20% Greenfee-Ermäßigung

DER GOLF ALBRECHT

GC Wahn im SSZ Köln-Wahn e.V. DE

Frankfurter Straße 320
D-51147 Köln
✆ 02203-62334
Nordrhein-Westfalen

133

20% Greenfee-Ermäßigung

DER GOLF ALBRECHT

Golf Burgkonradsheim GmbH DE

Am Golfplatz 1
D-50374 Erftstadt-Konradsheim
✆ 02235-955660
Nordrhein-Westfalen

134

2 for 1 2 GF zum Preis von 1

DER GOLF ALBRECHT

Golf Burgkonradsheim GmbH DE

Am Golfplatz 1
D-50374 Erftstadt-Konradsheim
✆ 02235-955660
Nordrhein-Westfalen

134

2 for 1 2 GF zum Preis von 1

DER GOLF ALBRECHT

West Golf GmbH & Co. KG DE

Am Golfplatz 1
D-53844 Troisdorf
✆ 02241-2327128
Nordrhein-Westfalen

135

2 for 1 2 GF zum Preis von 1 wochentags

DER GOLF ALBRECHT

West Golf GmbH & Co. KG DE

Am Golfplatz 1
D-53844 Troisdorf
✆ 02241-2327128
Nordrhein-Westfalen

135

2 for 1 2 GF zum Preis von 1 wochentags

DER GOLF ALBRECHT

West Golf GmbH & Co. KG DE

Am Golfplatz 1
D-53844 Troisdorf
✆ 02241-2327128
Nordrhein-Westfalen

135

25% Greenfee-Ermäßigung wochentags

DER GOLF ALBRECHT

West Golf GmbH & Co. KG DE

Am Golfplatz 1
D-53844 Troisdorf
✆ 02241-2327128
Nordrhein-Westfalen

135

25% Greenfee-Ermäßigung wochentags

DER GOLF ALBRECHT

Gut Heckenhof Hotel & Golfresort an der Sieg GmbH & Co KG DE

Heckerhof 5
D-53783 Eitorf
✆ 02243-92320
Nordrhein-Westfalen

136

20% Greenfee-Ermäßigung

DER GOLF ALBRECHT

Gut Heckenhof Hotel & Golfresort an der Sieg GmbH & Co KG DE

Heckerhof 5
D-53783 Eitorf
✆ 02243-92320
Nordrhein-Westfalen

136

20% Greenfee-Ermäßigung

Bedingungen zur Einlösung des Discounts:

1. Das Angebot ist einschließlich bis 30.6.2024 gültig.
2. Der Golfspieler/Leser hat sich telefonisch eine Abschlagzeit geben zu lassen – dabei ist die Nutzung des Angebots anzugeben.
3. Eine Barauszahlung des Greenfee-Vorteils ist nicht möglich.
4. Das Kombinieren von Angeboten oder bestehenden Greenfee-Vorteilen ist nicht möglich. Der Vorteil bezieht sich jeweils ausschließlich auf die zum Zeitpunkt der Einlösung gültigen vollen Greenfee-Gebühren.
5. Gibt es Spielergruppen mit erhöhten Greenfee-Gebühren, ist ein Nachlass auf diese Gebühren nicht möglich.
6. Das Angebot allein berechtigt nicht zum Spiel gegen Greenfee. Die Erfüllung der Bestimmungen des jeweiligen Golfclubs zur Greenfee-Berechtigung (Mitgliedschaft in einem Golfclub, Mindesthandicap etc.) zum Zeitpunkt der Einlösung sind Voraussetzung.
7. Es ist untersagt, den Greenfee-Gutschein entgeltlich Dritten zu überlassen bzw. mit diesen Handel zu treiben. Insbesondere sind die teilnehmenden Golfclubs in diesem Falle berechtigt, die Einlösung der ausgeschriebenen Angebote zu verweigern.
8. Die teilnehmenden Golfclubs haben sich gegenüber dem Verlag unter den o.g. Bedingungen verpflichtet, die ausgeschriebenen Angebote einzulösen. Der Verlag übernimmt jedoch keine Gewähr und keine Haftung, wenn ein Angebot nicht eingelöst wird oder werden kann.

Bedingungen zur Einlösung des Discounts:

1. Das Angebot ist einschließlich bis 30.6.2024 gültig.
2. Der Golfspieler/Leser hat sich telefonisch eine Abschlagzeit geben zu lassen – dabei ist die Nutzung des Angebots anzugeben.
3. Eine Barauszahlung des Greenfee-Vorteils ist nicht möglich.
4. Das Kombinieren von Angeboten oder bestehenden Greenfee-Vorteilen ist nicht möglich. Der Vorteil bezieht sich jeweils ausschließlich auf die zum Zeitpunkt der Einlösung gültigen vollen Greenfee-Gebühren.
5. Gibt es Spielergruppen mit erhöhten Greenfee-Gebühren, ist ein Nachlass auf diese Gebühren nicht möglich.
6. Das Angebot allein berechtigt nicht zum Spiel gegen Greenfee. Die Erfüllung der Bestimmungen des jeweiligen Golfclubs zur Greenfee-Berechtigung (Mitgliedschaft in einem Golfclub, Mindesthandicap etc.) zum Zeitpunkt der Einlösung sind Voraussetzung.
7. Es ist untersagt, den Greenfee-Gutschein entgeltlich Dritten zu überlassen bzw. mit diesen Handel zu treiben. Insbesondere sind die teilnehmenden Golfclubs in diesem Falle berechtigt, die Einlösung der ausgeschriebenen Angebote zu verweigern.
8. Die teilnehmenden Golfclubs haben sich gegenüber dem Verlag unter den o.g. Bedingungen verpflichtet, die ausgeschriebenen Angebote einzulösen. Der Verlag übernimmt jedoch keine Gewähr und keine Haftung, wenn ein Angebot nicht eingelöst wird oder werden kann.

Bedingungen zur Einlösung des Discounts:

1. Das Angebot ist einschließlich bis 30.6.2024 gültig.
2. Der Golfspieler/Leser hat sich telefonisch eine Abschlagzeit geben zu lassen – dabei ist die Nutzung des Angebots anzugeben.
3. Eine Barauszahlung des Greenfee-Vorteils ist nicht möglich.
4. Das Kombinieren von Angeboten oder bestehenden Greenfee-Vorteilen ist nicht möglich. Der Vorteil bezieht sich jeweils ausschließlich auf die zum Zeitpunkt der Einlösung gültigen vollen Greenfee-Gebühren.
5. Gibt es Spielergruppen mit erhöhten Greenfee-Gebühren, ist ein Nachlass auf diese Gebühren nicht möglich.
6. Das Angebot allein berechtigt nicht zum Spiel gegen Greenfee. Die Erfüllung der Bestimmungen des jeweiligen Golfclubs zur Greenfee-Berechtigung (Mitgliedschaft in einem Golfclub, Mindesthandicap etc.) zum Zeitpunkt der Einlösung sind Voraussetzung.
7. Es ist untersagt, den Greenfee-Gutschein entgeltlich Dritten zu überlassen bzw. mit diesen Handel zu treiben. Insbesondere sind die teilnehmenden Golfclubs in diesem Falle berechtigt, die Einlösung der ausgeschriebenen Angebote zu verweigern.
8. Die teilnehmenden Golfclubs haben sich gegenüber dem Verlag unter den o.g. Bedingungen verpflichtet, die ausgeschriebenen Angebote einzulösen. Der Verlag übernimmt jedoch keine Gewähr und keine Haftung, wenn ein Angebot nicht eingelöst wird oder werden kann.

Bedingungen zur Einlösung des Discounts:

1. Das Angebot ist einschließlich bis 30.6.2024 gültig.
2. Der Golfspieler/Leser hat sich telefonisch eine Abschlagzeit geben zu lassen – dabei ist die Nutzung des Angebots anzugeben.
3. Eine Barauszahlung des Greenfee-Vorteils ist nicht möglich.
4. Das Kombinieren von Angeboten oder bestehenden Greenfee-Vorteilen ist nicht möglich. Der Vorteil bezieht sich jeweils ausschließlich auf die zum Zeitpunkt der Einlösung gültigen vollen Greenfee-Gebühren.
5. Gibt es Spielergruppen mit erhöhten Greenfee-Gebühren, ist ein Nachlass auf diese Gebühren nicht möglich.
6. Das Angebot allein berechtigt nicht zum Spiel gegen Greenfee. Die Erfüllung der Bestimmungen des jeweiligen Golfclubs zur Greenfee-Berechtigung (Mitgliedschaft in einem Golfclub, Mindesthandicap etc.) zum Zeitpunkt der Einlösung sind Voraussetzung.
7. Es ist untersagt, den Greenfee-Gutschein entgeltlich Dritten zu überlassen bzw. mit diesen Handel zu treiben. Insbesondere sind die teilnehmenden Golfclubs in diesem Falle berechtigt, die Einlösung der ausgeschriebenen Angebote zu verweigern.
8. Die teilnehmenden Golfclubs haben sich gegenüber dem Verlag unter den o.g. Bedingungen verpflichtet, die ausgeschriebenen Angebote einzulösen. Der Verlag übernimmt jedoch keine Gewähr und keine Haftung, wenn ein Angebot nicht eingelöst wird oder werden kann.

Bedingungen zur Einlösung des Discounts:

1. Das Angebot ist einschließlich bis 30.6.2024 gültig.
2. Der Golfspieler/Leser hat sich telefonisch eine Abschlagzeit geben zu lassen – dabei ist die Nutzung des Angebots anzugeben.
3. Eine Barauszahlung des Greenfee-Vorteils ist nicht möglich.
4. Das Kombinieren von Angeboten oder bestehenden Greenfee-Vorteilen ist nicht möglich. Der Vorteil bezieht sich jeweils ausschließlich auf die zum Zeitpunkt der Einlösung gültigen vollen Greenfee-Gebühren.
5. Gibt es Spielergruppen mit erhöhten Greenfee-Gebühren, ist ein Nachlass auf diese Gebühren nicht möglich.
6. Das Angebot allein berechtigt nicht zum Spiel gegen Greenfee. Die Erfüllung der Bestimmungen des jeweiligen Golfclubs zur Greenfee-Berechtigung (Mitgliedschaft in einem Golfclub, Mindesthandicap etc.) zum Zeitpunkt der Einlösung sind Voraussetzung.
7. Es ist untersagt, den Greenfee-Gutschein entgeltlich Dritten zu überlassen bzw. mit diesen Handel zu treiben. Insbesondere sind die teilnehmenden Golfclubs in diesem Falle berechtigt, die Einlösung der ausgeschriebenen Angebote zu verweigern.
8. Die teilnehmenden Golfclubs haben sich gegenüber dem Verlag unter den o.g. Bedingungen verpflichtet, die ausgeschriebenen Angebote einzulösen. Der Verlag übernimmt jedoch keine Gewähr und keine Haftung, wenn ein Angebot nicht eingelöst wird oder werden kann.

Bedingungen zur Einlösung des Discounts:

1. Das Angebot ist einschließlich bis 30.6.2024 gültig.
2. Der Golfspieler/Leser hat sich telefonisch eine Abschlagzeit geben zu lassen – dabei ist die Nutzung des Angebots anzugeben.
3. Eine Barauszahlung des Greenfee-Vorteils ist nicht möglich.
4. Das Kombinieren von Angeboten oder bestehenden Greenfee-Vorteilen ist nicht möglich. Der Vorteil bezieht sich jeweils ausschließlich auf die zum Zeitpunkt der Einlösung gültigen vollen Greenfee-Gebühren.
5. Gibt es Spielergruppen mit erhöhten Greenfee-Gebühren, ist ein Nachlass auf diese Gebühren nicht möglich.
6. Das Angebot allein berechtigt nicht zum Spiel gegen Greenfee. Die Erfüllung der Bestimmungen des jeweiligen Golfclubs zur Greenfee-Berechtigung (Mitgliedschaft in einem Golfclub, Mindesthandicap etc.) zum Zeitpunkt der Einlösung sind Voraussetzung.
7. Es ist untersagt, den Greenfee-Gutschein entgeltlich Dritten zu überlassen bzw. mit diesen Handel zu treiben. Insbesondere sind die teilnehmenden Golfclubs in diesem Falle berechtigt, die Einlösung der ausgeschriebenen Angebote zu verweigern.
8. Die teilnehmenden Golfclubs haben sich gegenüber dem Verlag unter den o.g. Bedingungen verpflichtet, die ausgeschriebenen Angebote einzulösen. Der Verlag übernimmt jedoch keine Gewähr und keine Haftung, wenn ein Angebot nicht eingelöst wird oder werden kann.

Bedingungen zur Einlösung des Discounts:

1. Das Angebot ist einschließlich bis 30.6.2024 gültig.
2. Der Golfspieler/Leser hat sich telefonisch eine Abschlagzeit geben zu lassen – dabei ist die Nutzung des Angebots anzugeben.
3. Eine Barauszahlung des Greenfee-Vorteils ist nicht möglich.
4. Das Kombinieren von Angeboten oder bestehenden Greenfee-Vorteilen ist nicht möglich. Der Vorteil bezieht sich jeweils ausschließlich auf die zum Zeitpunkt der Einlösung gültigen vollen Greenfee-Gebühren.
5. Gibt es Spielergruppen mit erhöhten Greenfee-Gebühren, ist ein Nachlass auf diese Gebühren nicht möglich.
6. Das Angebot allein berechtigt nicht zum Spiel gegen Greenfee. Die Erfüllung der Bestimmungen des jeweiligen Golfclubs zur Greenfee-Berechtigung (Mitgliedschaft in einem Golfclub, Mindesthandicap etc.) zum Zeitpunkt der Einlösung sind Voraussetzung.
7. Es ist untersagt, den Greenfee-Gutschein entgeltlich Dritten zu überlassen bzw. mit diesen Handel zu treiben. Insbesondere sind die teilnehmenden Golfclubs in diesem Falle berechtigt, die Einlösung der ausgeschriebenen Angebote zu verweigern.
8. Die teilnehmenden Golfclubs haben sich gegenüber dem Verlag unter den o.g. Bedingungen verpflichtet, die ausgeschriebenen Angebote einzulösen. Der Verlag übernimmt jedoch keine Gewähr und keine Haftung, wenn ein Angebot nicht eingelöst wird oder werden kann.

Bedingungen zur Einlösung des Discounts:

1. Das Angebot ist einschließlich bis 30.6.2024 gültig.
2. Der Golfspieler/Leser hat sich telefonisch eine Abschlagzeit geben zu lassen – dabei ist die Nutzung des Angebots anzugeben.
3. Eine Barauszahlung des Greenfee-Vorteils ist nicht möglich.
4. Das Kombinieren von Angeboten oder bestehenden Greenfee-Vorteilen ist nicht möglich. Der Vorteil bezieht sich jeweils ausschließlich auf die zum Zeitpunkt der Einlösung gültigen vollen Greenfee-Gebühren.
5. Gibt es Spielergruppen mit erhöhten Greenfee-Gebühren, ist ein Nachlass auf diese Gebühren nicht möglich.
6. Das Angebot allein berechtigt nicht zum Spiel gegen Greenfee. Die Erfüllung der Bestimmungen des jeweiligen Golfclubs zur Greenfee-Berechtigung (Mitgliedschaft in einem Golfclub, Mindesthandicap etc.) zum Zeitpunkt der Einlösung sind Voraussetzung.
7. Es ist untersagt, den Greenfee-Gutschein entgeltlich Dritten zu überlassen bzw. mit diesen Handel zu treiben. Insbesondere sind die teilnehmenden Golfclubs in diesem Falle berechtigt, die Einlösung der ausgeschriebenen Angebote zu verweigern.
8. Die teilnehmenden Golfclubs haben sich gegenüber dem Verlag unter den o.g. Bedingungen verpflichtet, die ausgeschriebenen Angebote einzulösen. Der Verlag übernimmt jedoch keine Gewähr und keine Haftung, wenn ein Angebot nicht eingelöst wird oder werden kann.

Bedingungen zur Einlösung des Discounts:

1. Das Angebot ist einschließlich bis 30.6.2024 gültig.
2. Der Golfspieler/Leser hat sich telefonisch eine Abschlagzeit geben zu lassen – dabei ist die Nutzung des Angebots anzugeben.
3. Eine Barauszahlung des Greenfee-Vorteils ist nicht möglich.
4. Das Kombinieren von Angeboten oder bestehenden Greenfee-Vorteilen ist nicht möglich. Der Vorteil bezieht sich jeweils ausschließlich auf die zum Zeitpunkt der Einlösung gültigen vollen Greenfee-Gebühren.
5. Gibt es Spielergruppen mit erhöhten Greenfee-Gebühren, ist ein Nachlass auf diese Gebühren nicht möglich.
6. Das Angebot allein berechtigt nicht zum Spiel gegen Greenfee. Die Erfüllung der Bestimmungen des jeweiligen Golfclubs zur Greenfee-Berechtigung (Mitgliedschaft in einem Golfclub, Mindesthandicap etc.) zum Zeitpunkt der Einlösung sind Voraussetzung.
7. Es ist untersagt, den Greenfee-Gutschein entgeltlich Dritten zu überlassen bzw. mit diesen Handel zu treiben. Insbesondere sind die teilnehmenden Golfclubs in diesem Falle berechtigt, die Einlösung der ausgeschriebenen Angebote zu verweigern.
8. Die teilnehmenden Golfclubs haben sich gegenüber dem Verlag unter den o.g. Bedingungen verpflichtet, die ausgeschriebenen Angebote einzulösen. Der Verlag übernimmt jedoch keine Gewähr und keine Haftung, wenn ein Angebot nicht eingelöst wird oder werden kann.

Bedingungen zur Einlösung des Discounts:

1. Das Angebot ist einschließlich bis 30.6.2024 gültig.
2. Der Golfspieler/Leser hat sich telefonisch eine Abschlagzeit geben zu lassen – dabei ist die Nutzung des Angebots anzugeben.
3. Eine Barauszahlung des Greenfee-Vorteils ist nicht möglich.
4. Das Kombinieren von Angeboten oder bestehenden Greenfee-Vorteilen ist nicht möglich. Der Vorteil bezieht sich jeweils ausschließlich auf die zum Zeitpunkt der Einlösung gültigen vollen Greenfee-Gebühren.
5. Gibt es Spielergruppen mit erhöhten Greenfee-Gebühren, ist ein Nachlass auf diese Gebühren nicht möglich.
6. Das Angebot allein berechtigt nicht zum Spiel gegen Greenfee. Die Erfüllung der Bestimmungen des jeweiligen Golfclubs zur Greenfee-Berechtigung (Mitgliedschaft in einem Golfclub, Mindesthandicap etc.) zum Zeitpunkt der Einlösung sind Voraussetzung.
7. Es ist untersagt, den Greenfee-Gutschein entgeltlich Dritten zu überlassen bzw. mit diesen Handel zu treiben. Insbesondere sind die teilnehmenden Golfclubs in diesem Falle berechtigt, die Einlösung der ausgeschriebenen Angebote zu verweigern.
8. Die teilnehmenden Golfclubs haben sich gegenüber dem Verlag unter den o.g. Bedingungen verpflichtet, die ausgeschriebenen Angebote einzulösen. Der Verlag übernimmt jedoch keine Gewähr und keine Haftung, wenn ein Angebot nicht eingelöst wird oder werden kann.

Diese Gutscheine gelten nur in Verbindung mit dem Buch/Albrecht Golf Card

Diese Gutscheine gelten nur in Verbindung mit dem Buch/Albrecht Golf Card

DER GOLF ALBRECHT

Golfclub Bad Münstereifel DE

Moselweg 4
D-53902 Bad Münstereifel
✆ 02253-2714
Nordrhein-Westfalen

137

2 for 1 2 GF zum Preis von 1

DER GOLF ALBRECHT

Golfclub Bad Münstereifel DE

Moselweg 4
D-53902 Bad Münstereifel
✆ 02253-2714
Nordrhein-Westfalen

137

2 for 1 2 GF zum Preis von 1

DER GOLF ALBRECHT

Golfclub Bad Münstereifel DE

Moselweg 4
D-53902 Bad Münstereifel
✆ 02253-2714
Nordrhein-Westfalen

137

20% Greenfee-Ermäßigung

DER GOLF ALBRECHT

Golfclub Bad Münstereifel DE

Moselweg 4
D-53902 Bad Münstereifel
✆ 02253-2714
Nordrhein-Westfalen

137

20% Greenfee-Ermäßigung

DER GOLF ALBRECHT

Golf Club Zierenberg Gut Escheberg e.V. DE

Gut Escheberg 7
D-34289 Zierenberg
✆ 05606-531972
Hessen

138

2 for 1 2 GF zum Preis von 1

DER GOLF ALBRECHT

Golf- und Landclub Bad Arolsen e.V. DE

Zum Wiggenberg 33
D-34454 Bad Arolsen
✆ 05691-628444
Hessen
Hinweis: gilt nicht für Turniere

139

2 for 1 2 GF zum Preis von 1

DER GOLF ALBRECHT

Golf- und Landclub Bad Arolsen e.V. DE

Zum Wiggenberg 33
D-34454 Bad Arolsen
✆ 05691-628444
Hessen
Hinweis: gilt nicht für Turniere

139

2 for 1 2 GF zum Preis von 1

DER GOLF ALBRECHT

Golf- und Landclub Bad Arolsen e.V. DE

Zum Wiggenberg 33
D-34454 Bad Arolsen
✆ 05691-628444
Hessen
Hinweis: gilt nicht für Turniere

139

20% Greenfee-Ermäßigung

DER GOLF ALBRECHT

Golf- und Landclub Bad Arolsen e.V. DE

Zum Wiggenberg 33
D-34454 Bad Arolsen
✆ 05691-628444
Hessen
Hinweis: gilt nicht für Turniere

139

20% Greenfee-Ermäßigung

DER GOLF ALBRECHT

Golfclub Waldeck am Edersee DE

Domänenweg 2
D-34513 Waldeck
✆ 05623-973712
Hessen

140

2 for 1 2 GF zum Preis von 1

Bedingungen zur Einlösung des Discounts:
1. Das Angebot ist einschließlich bis 30.6.2024 gültig.
2. Der Golfspieler/Leser hat sich telefonisch eine Abschlagzeit geben zu lassen – dabei ist die Nutzung des Angebots anzugeben.
3. Eine Barauszahlung des Greenfee-Vorteils ist nicht möglich.
4. Das Kombinieren von Angeboten oder bestehenden Greenfee-Vorteilen ist nicht möglich. Der Vorteil bezieht sich jeweils ausschließlich auf die zum Zeitpunkt der Einlösung gültigen vollen Greenfee-Gebühren.
5. Gibt es Spielergruppen mit erhöhten Greenfee-Gebühren, ist ein Nachlass auf diese Gebühren nicht möglich.
6. Das Angebot allein berechtigt nicht zum Spiel gegen Greenfee. Die Erfüllung der Bestimmungen des jeweiligen Golfclubs zur Greenfee-Berechtigung (Mitgliedschaft in einem Golfclub, Mindesthandicap etc.) zum Zeitpunkt der Einlösung sind Voraussetzung.
7. Es ist untersagt, den Greenfee-Gutschein entgeltlich Dritten zu überlassen bzw. mit diesen Handel zu treiben. Insbesondere sind die teilnehmenden Golfclubs in diesem Falle berechtigt, die Einlösung der ausgeschriebenen Angebote zu verweigern.
8. Die teilnehmenden Golfclubs haben sich gegenüber dem Verlag unter den o.g. Bedingungen verpflichtet, die ausgeschriebenen Angebote einzulösen. Der Verlag übernimmt jedoch keine Gewähr und keine Haftung, wenn ein Angebot nicht eingelöst wird oder werden kann.

Bedingungen zur Einlösung des Discounts:
1. Das Angebot ist einschließlich bis 30.6.2024 gültig.
2. Der Golfspieler/Leser hat sich telefonisch eine Abschlagzeit geben zu lassen – dabei ist die Nutzung des Angebots anzugeben.
3. Eine Barauszahlung des Greenfee-Vorteils ist nicht möglich.
4. Das Kombinieren von Angeboten oder bestehenden Greenfee-Vorteilen ist nicht möglich. Der Vorteil bezieht sich jeweils ausschließlich auf die zum Zeitpunkt der Einlösung gültigen vollen Greenfee-Gebühren.
5. Gibt es Spielergruppen mit erhöhten Greenfee-Gebühren, ist ein Nachlass auf diese Gebühren nicht möglich.
6. Das Angebot allein berechtigt nicht zum Spiel gegen Greenfee. Die Erfüllung der Bestimmungen des jeweiligen Golfclubs zur Greenfee-Berechtigung (Mitgliedschaft in einem Golfclub, Mindesthandicap etc.) zum Zeitpunkt der Einlösung sind Voraussetzung.
7. Es ist untersagt, den Greenfee-Gutschein entgeltlich Dritten zu überlassen bzw. mit diesen Handel zu treiben. Insbesondere sind die teilnehmenden Golfclubs in diesem Falle berechtigt, die Einlösung der ausgeschriebenen Angebote zu verweigern.
8. Die teilnehmenden Golfclubs haben sich gegenüber dem Verlag unter den o.g. Bedingungen verpflichtet, die ausgeschriebenen Angebote einzulösen. Der Verlag übernimmt jedoch keine Gewähr und keine Haftung, wenn ein Angebot nicht eingelöst wird oder werden kann.

Bedingungen zur Einlösung des Discounts:
1. Das Angebot ist einschließlich bis 30.6.2024 gültig.
2. Der Golfspieler/Leser hat sich telefonisch eine Abschlagzeit geben zu lassen – dabei ist die Nutzung des Angebots anzugeben.
3. Eine Barauszahlung des Greenfee-Vorteils ist nicht möglich.
4. Das Kombinieren von Angeboten oder bestehenden Greenfee-Vorteilen ist nicht möglich. Der Vorteil bezieht sich jeweils ausschließlich auf die zum Zeitpunkt der Einlösung gültigen vollen Greenfee-Gebühren.
5. Gibt es Spielergruppen mit erhöhten Greenfee-Gebühren, ist ein Nachlass auf diese Gebühren nicht möglich.
6. Das Angebot allein berechtigt nicht zum Spiel gegen Greenfee. Die Erfüllung der Bestimmungen des jeweiligen Golfclubs zur Greenfee-Berechtigung (Mitgliedschaft in einem Golfclub, Mindesthandicap etc.) zum Zeitpunkt der Einlösung sind Voraussetzung.
7. Es ist untersagt, den Greenfee-Gutschein entgeltlich Dritten zu überlassen bzw. mit diesen Handel zu treiben. Insbesondere sind die teilnehmenden Golfclubs in diesem Falle berechtigt, die Einlösung der ausgeschriebenen Angebote zu verweigern.
8. Die teilnehmenden Golfclubs haben sich gegenüber dem Verlag unter den o.g. Bedingungen verpflichtet, die ausgeschriebenen Angebote einzulösen. Der Verlag übernimmt jedoch keine Gewähr und keine Haftung, wenn ein Angebot nicht eingelöst wird oder werden kann.

Bedingungen zur Einlösung des Discounts:
1. Das Angebot ist einschließlich bis 30.6.2024 gültig.
2. Der Golfspieler/Leser hat sich telefonisch eine Abschlagzeit geben zu lassen – dabei ist die Nutzung des Angebots anzugeben.
3. Eine Barauszahlung des Greenfee-Vorteils ist nicht möglich.
4. Das Kombinieren von Angeboten oder bestehenden Greenfee-Vorteilen ist nicht möglich. Der Vorteil bezieht sich jeweils ausschließlich auf die zum Zeitpunkt der Einlösung gültigen vollen Greenfee-Gebühren.
5. Gibt es Spielergruppen mit erhöhten Greenfee-Gebühren, ist ein Nachlass auf diese Gebühren nicht möglich.
6. Das Angebot allein berechtigt nicht zum Spiel gegen Greenfee. Die Erfüllung der Bestimmungen des jeweiligen Golfclubs zur Greenfee-Berechtigung (Mitgliedschaft in einem Golfclub, Mindesthandicap etc.) zum Zeitpunkt der Einlösung sind Voraussetzung.
7. Es ist untersagt, den Greenfee-Gutschein entgeltlich Dritten zu überlassen bzw. mit diesen Handel zu treiben. Insbesondere sind die teilnehmenden Golfclubs in diesem Falle berechtigt, die Einlösung der ausgeschriebenen Angebote zu verweigern.
8. Die teilnehmenden Golfclubs haben sich gegenüber dem Verlag unter den o.g. Bedingungen verpflichtet, die ausgeschriebenen Angebote einzulösen. Der Verlag übernimmt jedoch keine Gewähr und keine Haftung, wenn ein Angebot nicht eingelöst wird oder werden kann.

Bedingungen zur Einlösung des Discounts:
1. Das Angebot ist einschließlich bis 30.6.2024 gültig.
2. Der Golfspieler/Leser hat sich telefonisch eine Abschlagzeit geben zu lassen – dabei ist die Nutzung des Angebots anzugeben.
3. Eine Barauszahlung des Greenfee-Vorteils ist nicht möglich.
4. Das Kombinieren von Angeboten oder bestehenden Greenfee-Vorteilen ist nicht möglich. Der Vorteil bezieht sich jeweils ausschließlich auf die zum Zeitpunkt der Einlösung gültigen vollen Greenfee-Gebühren.
5. Gibt es Spielergruppen mit erhöhten Greenfee-Gebühren, ist ein Nachlass auf diese Gebühren nicht möglich.
6. Das Angebot allein berechtigt nicht zum Spiel gegen Greenfee. Die Erfüllung der Bestimmungen des jeweiligen Golfclubs zur Greenfee-Berechtigung (Mitgliedschaft in einem Golfclub, Mindesthandicap etc.) zum Zeitpunkt der Einlösung sind Voraussetzung.
7. Es ist untersagt, den Greenfee-Gutschein entgeltlich Dritten zu überlassen bzw. mit diesen Handel zu treiben. Insbesondere sind die teilnehmenden Golfclubs in diesem Falle berechtigt, die Einlösung der ausgeschriebenen Angebote zu verweigern.
8. Die teilnehmenden Golfclubs haben sich gegenüber dem Verlag unter den o.g. Bedingungen verpflichtet, die ausgeschriebenen Angebote einzulösen. Der Verlag übernimmt jedoch keine Gewähr und keine Haftung, wenn ein Angebot nicht eingelöst wird oder werden kann.

Bedingungen zur Einlösung des Discounts:
1. Das Angebot ist einschließlich bis 30.6.2024 gültig.
2. Der Golfspieler/Leser hat sich telefonisch eine Abschlagzeit geben zu lassen – dabei ist die Nutzung des Angebots anzugeben.
3. Eine Barauszahlung des Greenfee-Vorteils ist nicht möglich.
4. Das Kombinieren von Angeboten oder bestehenden Greenfee-Vorteilen ist nicht möglich. Der Vorteil bezieht sich jeweils ausschließlich auf die zum Zeitpunkt der Einlösung gültigen vollen Greenfee-Gebühren.
5. Gibt es Spielergruppen mit erhöhten Greenfee-Gebühren, ist ein Nachlass auf diese Gebühren nicht möglich.
6. Das Angebot allein berechtigt nicht zum Spiel gegen Greenfee. Die Erfüllung der Bestimmungen des jeweiligen Golfclubs zur Greenfee-Berechtigung (Mitgliedschaft in einem Golfclub, Mindesthandicap etc.) zum Zeitpunkt der Einlösung sind Voraussetzung.
7. Es ist untersagt, den Greenfee-Gutschein entgeltlich Dritten zu überlassen bzw. mit diesen Handel zu treiben. Insbesondere sind die teilnehmenden Golfclubs in diesem Falle berechtigt, die Einlösung der ausgeschriebenen Angebote zu verweigern.
8. Die teilnehmenden Golfclubs haben sich gegenüber dem Verlag unter den o.g. Bedingungen verpflichtet, die ausgeschriebenen Angebote einzulösen. Der Verlag übernimmt jedoch keine Gewähr und keine Haftung, wenn ein Angebot nicht eingelöst wird oder werden kann.

Bedingungen zur Einlösung des Discounts:
1. Das Angebot ist einschließlich bis 30.6.2024 gültig.
2. Der Golfspieler/Leser hat sich telefonisch eine Abschlagzeit geben zu lassen – dabei ist die Nutzung des Angebots anzugeben.
3. Eine Barauszahlung des Greenfee-Vorteils ist nicht möglich.
4. Das Kombinieren von Angeboten oder bestehenden Greenfee-Vorteilen ist nicht möglich. Der Vorteil bezieht sich jeweils ausschließlich auf die zum Zeitpunkt der Einlösung gültigen vollen Greenfee-Gebühren.
5. Gibt es Spielergruppen mit erhöhten Greenfee-Gebühren, ist ein Nachlass auf diese Gebühren nicht möglich.
6. Das Angebot allein berechtigt nicht zum Spiel gegen Greenfee. Die Erfüllung der Bestimmungen des jeweiligen Golfclubs zur Greenfee-Berechtigung (Mitgliedschaft in einem Golfclub, Mindesthandicap etc.) zum Zeitpunkt der Einlösung sind Voraussetzung.
7. Es ist untersagt, den Greenfee-Gutschein entgeltlich Dritten zu überlassen bzw. mit diesen Handel zu treiben. Insbesondere sind die teilnehmenden Golfclubs in diesem Falle berechtigt, die Einlösung der ausgeschriebenen Angebote zu verweigern.
8. Die teilnehmenden Golfclubs haben sich gegenüber dem Verlag unter den o.g. Bedingungen verpflichtet, die ausgeschriebenen Angebote einzulösen. Der Verlag übernimmt jedoch keine Gewähr und keine Haftung, wenn ein Angebot nicht eingelöst wird oder werden kann.

Bedingungen zur Einlösung des Discounts:
1. Das Angebot ist einschließlich bis 30.6.2024 gültig.
2. Der Golfspieler/Leser hat sich telefonisch eine Abschlagzeit geben zu lassen – dabei ist die Nutzung des Angebots anzugeben.
3. Eine Barauszahlung des Greenfee-Vorteils ist nicht möglich.
4. Das Kombinieren von Angeboten oder bestehenden Greenfee-Vorteilen ist nicht möglich. Der Vorteil bezieht sich jeweils ausschließlich auf die zum Zeitpunkt der Einlösung gültigen vollen Greenfee-Gebühren.
5. Gibt es Spielergruppen mit erhöhten Greenfee-Gebühren, ist ein Nachlass auf diese Gebühren nicht möglich.
6. Das Angebot allein berechtigt nicht zum Spiel gegen Greenfee. Die Erfüllung der Bestimmungen des jeweiligen Golfclubs zur Greenfee-Berechtigung (Mitgliedschaft in einem Golfclub, Mindesthandicap etc.) zum Zeitpunkt der Einlösung sind Voraussetzung.
7. Es ist untersagt, den Greenfee-Gutschein entgeltlich Dritten zu überlassen bzw. mit diesen Handel zu treiben. Insbesondere sind die teilnehmenden Golfclubs in diesem Falle berechtigt, die Einlösung der ausgeschriebenen Angebote zu verweigern.
8. Die teilnehmenden Golfclubs haben sich gegenüber dem Verlag unter den o.g. Bedingungen verpflichtet, die ausgeschriebenen Angebote einzulösen. Der Verlag übernimmt jedoch keine Gewähr und keine Haftung, wenn ein Angebot nicht eingelöst wird oder werden kann.

Bedingungen zur Einlösung des Discounts:
1. Das Angebot ist einschließlich bis 30.6.2024 gültig.
2. Der Golfspieler/Leser hat sich telefonisch eine Abschlagzeit geben zu lassen – dabei ist die Nutzung des Angebots anzugeben.
3. Eine Barauszahlung des Greenfee-Vorteils ist nicht möglich.
4. Das Kombinieren von Angeboten oder bestehenden Greenfee-Vorteilen ist nicht möglich. Der Vorteil bezieht sich jeweils ausschließlich auf die zum Zeitpunkt der Einlösung gültigen vollen Greenfee-Gebühren.
5. Gibt es Spielergruppen mit erhöhten Greenfee-Gebühren, ist ein Nachlass auf diese Gebühren nicht möglich.
6. Das Angebot allein berechtigt nicht zum Spiel gegen Greenfee. Die Erfüllung der Bestimmungen des jeweiligen Golfclubs zur Greenfee-Berechtigung (Mitgliedschaft in einem Golfclub, Mindesthandicap etc.) zum Zeitpunkt der Einlösung sind Voraussetzung.
7. Es ist untersagt, den Greenfee-Gutschein entgeltlich Dritten zu überlassen bzw. mit diesen Handel zu treiben. Insbesondere sind die teilnehmenden Golfclubs in diesem Falle berechtigt, die Einlösung der ausgeschriebenen Angebote zu verweigern.
8. Die teilnehmenden Golfclubs haben sich gegenüber dem Verlag unter den o.g. Bedingungen verpflichtet, die ausgeschriebenen Angebote einzulösen. Der Verlag übernimmt jedoch keine Gewähr und keine Haftung, wenn ein Angebot nicht eingelöst wird oder werden kann.

Bedingungen zur Einlösung des Discounts:
1. Das Angebot ist einschließlich bis 30.6.2024 gültig.
2. Der Golfspieler/Leser hat sich telefonisch eine Abschlagzeit geben zu lassen – dabei ist die Nutzung des Angebots anzugeben.
3. Eine Barauszahlung des Greenfee-Vorteils ist nicht möglich.
4. Das Kombinieren von Angeboten oder bestehenden Greenfee-Vorteilen ist nicht möglich. Der Vorteil bezieht sich jeweils ausschließlich auf die zum Zeitpunkt der Einlösung gültigen vollen Greenfee-Gebühren.
5. Gibt es Spielergruppen mit erhöhten Greenfee-Gebühren, ist ein Nachlass auf diese Gebühren nicht möglich.
6. Das Angebot allein berechtigt nicht zum Spiel gegen Greenfee. Die Erfüllung der Bestimmungen des jeweiligen Golfclubs zur Greenfee-Berechtigung (Mitgliedschaft in einem Golfclub, Mindesthandicap etc.) zum Zeitpunkt der Einlösung sind Voraussetzung.
7. Es ist untersagt, den Greenfee-Gutschein entgeltlich Dritten zu überlassen bzw. mit diesen Handel zu treiben. Insbesondere sind die teilnehmenden Golfclubs in diesem Falle berechtigt, die Einlösung der ausgeschriebenen Angebote zu verweigern.
8. Die teilnehmenden Golfclubs haben sich gegenüber dem Verlag unter den o.g. Bedingungen verpflichtet, die ausgeschriebenen Angebote einzulösen. Der Verlag übernimmt jedoch keine Gewähr und keine Haftung, wenn ein Angebot nicht eingelöst wird oder werden kann.

Diese Gutscheine gelten nur in Verbindung mit dem Buch/Albrecht Golf Card

DER GOLF ALBRECHT

Golfclub Waldeck am Edersee DE

Domänenweg 12
D-34513 Waldeck
✆ 05623-9737112
Hessen

140

50% Greenfee-Ermäßigung

DER GOLF ALBRECHT

Golf-Club Bad Wildungen e.V. DE

Talquellenweg 33
D-34537 Bad Wildungen
✆ 05621-3767
Hessen
Hinweis: mit Regionalität (Vollmitglieder)

141

20% Greenfee-Ermäßigung

DER GOLF ALBRECHT

Golf-Club Bad Wildungen e.V. DE

Talquellenweg 33
D-34537 Bad Wildungen
✆ 05621-3767
Hessen
Hinweis: mit Regionalität (Vollmitglieder)

141

20% Greenfee-Ermäßigung

DER GOLF ALBRECHT

Oberhessischer Golf-Club Marburg e.V. DE

Maximilianenhof
D-35091 Cölbe-Bernsdorf
✆ 06427-92040
Hessen

142

2 for 1 2 GF zum Preis von 1

DER GOLF ALBRECHT

Oberhessischer Golf-Club Marburg e.V. DE

Maximilianenhof
D-35091 Cölbe-Bernsdorf
✆ 06427-92040
Hessen

142

2 for 1 2 GF zum Preis von 1

DER GOLF ALBRECHT

Golfpark Schlossgut Sickendorf GmbH DE

Hofstraße 9
D-36341 Lauterbach (Hessen)
✆ 06641-96130
Hessen

143

2 for 1 2 GF zum Preis von 1

DER GOLF ALBRECHT

Golfpark Schlossgut Sickendorf GmbH DE

Hofstraße 9
D-36341 Lauterbach (Hessen)
✆ 06641-96130
Hessen

143

20% Greenfee-Ermäßigung

DER GOLF ALBRECHT

Golf-Park Winnerod DE

Parkstraße 22
D-35447 Reiskirchen
✆ 06408-95130
Hessen

144

2 for 1 2 GF zum Preis von 1 wochentags

DER GOLF ALBRECHT

Golf-Park Winnerod DE

Parkstraße 22
D-35447 Reiskirchen
✆ 06408-95130
Hessen

144

2 for 1 2 GF zum Preis von 1 wochentags

DER GOLF ALBRECHT

Golfclub Fulda Rhön e.V. DE

Am Golfplatz 35
D-36145 Hofbieber
✆ 06657-1334
Hessen

145

20% Greenfee-Ermäßigung

Bedingungen zur Einlösung des Discounts:
1. Das Angebot ist einschließlich bis 30.6.2024 gültig.
2. Der Golfspieler/Leser hat sich telefonisch eine Abschlagzeit geben zu lassen – dabei ist die Nutzung des Angebots anzugeben.
3. Eine Barauszahlung des Greenfee-Vorteils ist nicht möglich.
4. Das Kombinieren von Angeboten oder bestehenden Greenfee-Vorteilen ist nicht möglich. Der Vorteil bezieht sich jeweils ausschließlich auf die zum Zeitpunkt der Einlösung gültigen vollen Greenfee-Gebühren.
5. Gibt es Spielergruppen mit erhöhten Greenfee-Gebühren, ist ein Nachlass auf diese Gebühren nicht möglich.
6. Das Angebot allein berechtigt nicht zum Spiel gegen Greenfee. Die Erfüllung der Bestimmungen des jeweiligen Golfclubs zur Greenfee-Berechtigung (Mitgliedschaft in einem Golfclub, Mindesthandicap etc.) zum Zeitpunkt der Einlösung sind Voraussetzung.
7. Es ist untersagt, den Greenfee-Gutschein entgeltlich Dritten zu überlassen bzw. mit diesen Handel zu treiben. Insbesondere sind die teilnehmenden Golfclubs in diesem Falle berechtigt, die Einlösung der ausgeschriebenen Angebote zu verweigern.
8. Die teilnehmenden Golfclubs haben sich gegenüber dem Verlag unter den o.g. Bedingungen verpflichtet, die ausgeschriebenen Angebote einzulösen. Der Verlag übernimmt jedoch keine Gewähr und keine Haftung, wenn ein Angebot nicht eingelöst wird oder werden kann.

Bedingungen zur Einlösung des Discounts:
1. Das Angebot ist einschließlich bis 30.6.2024 gültig.
2. Der Golfspieler/Leser hat sich telefonisch eine Abschlagzeit geben zu lassen – dabei ist die Nutzung des Angebots anzugeben.
3. Eine Barauszahlung des Greenfee-Vorteils ist nicht möglich.
4. Das Kombinieren von Angeboten oder bestehenden Greenfee-Vorteilen ist nicht möglich. Der Vorteil bezieht sich jeweils ausschließlich auf die zum Zeitpunkt der Einlösung gültigen vollen Greenfee-Gebühren.
5. Gibt es Spielergruppen mit erhöhten Greenfee-Gebühren, ist ein Nachlass auf diese Gebühren nicht möglich.
6. Das Angebot allein berechtigt nicht zum Spiel gegen Greenfee. Die Erfüllung der Bestimmungen des jeweiligen Golfclubs zur Greenfee-Berechtigung (Mitgliedschaft in einem Golfclub, Mindesthandicap etc.) zum Zeitpunkt der Einlösung sind Voraussetzung.
7. Es ist untersagt, den Greenfee-Gutschein entgeltlich Dritten zu überlassen bzw. mit diesen Handel zu treiben. Insbesondere sind die teilnehmenden Golfclubs in diesem Falle berechtigt, die Einlösung der ausgeschriebenen Angebote zu verweigern.
8. Die teilnehmenden Golfclubs haben sich gegenüber dem Verlag unter den o.g. Bedingungen verpflichtet, die ausgeschriebenen Angebote einzulösen. Der Verlag übernimmt jedoch keine Gewähr und keine Haftung, wenn ein Angebot nicht eingelöst wird oder werden kann.

Bedingungen zur Einlösung des Discounts:
1. Das Angebot ist einschließlich bis 30.6.2024 gültig.
2. Der Golfspieler/Leser hat sich telefonisch eine Abschlagzeit geben zu lassen – dabei ist die Nutzung des Angebots anzugeben.
3. Eine Barauszahlung des Greenfee-Vorteils ist nicht möglich.
4. Das Kombinieren von Angeboten oder bestehenden Greenfee-Vorteilen ist nicht möglich. Der Vorteil bezieht sich jeweils ausschließlich auf die zum Zeitpunkt der Einlösung gültigen vollen Greenfee-Gebühren.
5. Gibt es Spielergruppen mit erhöhten Greenfee-Gebühren, ist ein Nachlass auf diese Gebühren nicht möglich.
6. Das Angebot allein berechtigt nicht zum Spiel gegen Greenfee. Die Erfüllung der Bestimmungen des jeweiligen Golfclubs zur Greenfee-Berechtigung (Mitgliedschaft in einem Golfclub, Mindesthandicap etc.) zum Zeitpunkt der Einlösung sind Voraussetzung.
7. Es ist untersagt, den Greenfee-Gutschein entgeltlich Dritten zu überlassen bzw. mit diesen Handel zu treiben. Insbesondere sind die teilnehmenden Golfclubs in diesem Falle berechtigt, die Einlösung der ausgeschriebenen Angebote zu verweigern.
8. Die teilnehmenden Golfclubs haben sich gegenüber dem Verlag unter den o.g. Bedingungen verpflichtet, die ausgeschriebenen Angebote einzulösen. Der Verlag übernimmt jedoch keine Gewähr und keine Haftung, wenn ein Angebot nicht eingelöst wird oder werden kann.

Bedingungen zur Einlösung des Discounts:
1. Das Angebot ist einschließlich bis 30.6.2024 gültig.
2. Der Golfspieler/Leser hat sich telefonisch eine Abschlagzeit geben zu lassen – dabei ist die Nutzung des Angebots anzugeben.
3. Eine Barauszahlung des Greenfee-Vorteils ist nicht möglich.
4. Das Kombinieren von Angeboten oder bestehenden Greenfee-Vorteilen ist nicht möglich. Der Vorteil bezieht sich jeweils ausschließlich auf die zum Zeitpunkt der Einlösung gültigen vollen Greenfee-Gebühren.
5. Gibt es Spielergruppen mit erhöhten Greenfee-Gebühren, ist ein Nachlass auf diese Gebühren nicht möglich.
6. Das Angebot allein berechtigt nicht zum Spiel gegen Greenfee. Die Erfüllung der Bestimmungen des jeweiligen Golfclubs zur Greenfee-Berechtigung (Mitgliedschaft in einem Golfclub, Mindesthandicap etc.) zum Zeitpunkt der Einlösung sind Voraussetzung.
7. Es ist untersagt, den Greenfee-Gutschein entgeltlich Dritten zu überlassen bzw. mit diesen Handel zu treiben. Insbesondere sind die teilnehmenden Golfclubs in diesem Falle berechtigt, die Einlösung der ausgeschriebenen Angebote zu verweigern.
8. Die teilnehmenden Golfclubs haben sich gegenüber dem Verlag unter den o.g. Bedingungen verpflichtet, die ausgeschriebenen Angebote einzulösen. Der Verlag übernimmt jedoch keine Gewähr und keine Haftung, wenn ein Angebot nicht eingelöst wird oder werden kann.

Bedingungen zur Einlösung des Discounts:
1. Das Angebot ist einschließlich bis 30.6.2024 gültig.
2. Der Golfspieler/Leser hat sich telefonisch eine Abschlagzeit geben zu lassen – dabei ist die Nutzung des Angebots anzugeben.
3. Eine Barauszahlung des Greenfee-Vorteils ist nicht möglich.
4. Das Kombinieren von Angeboten oder bestehenden Greenfee-Vorteilen ist nicht möglich. Der Vorteil bezieht sich jeweils ausschließlich auf die zum Zeitpunkt der Einlösung gültigen vollen Greenfee-Gebühren.
5. Gibt es Spielergruppen mit erhöhten Greenfee-Gebühren, ist ein Nachlass auf diese Gebühren nicht möglich.
6. Das Angebot allein berechtigt nicht zum Spiel gegen Greenfee. Die Erfüllung der Bestimmungen des jeweiligen Golfclubs zur Greenfee-Berechtigung (Mitgliedschaft in einem Golfclub, Mindesthandicap etc.) zum Zeitpunkt der Einlösung sind Voraussetzung.
7. Es ist untersagt, den Greenfee-Gutschein entgeltlich Dritten zu überlassen bzw. mit diesen Handel zu treiben. Insbesondere sind die teilnehmenden Golfclubs in diesem Falle berechtigt, die Einlösung der ausgeschriebenen Angebote zu verweigern.
8. Die teilnehmenden Golfclubs haben sich gegenüber dem Verlag unter den o.g. Bedingungen verpflichtet, die ausgeschriebenen Angebote einzulösen. Der Verlag übernimmt jedoch keine Gewähr und keine Haftung, wenn ein Angebot nicht eingelöst wird oder werden kann.

Bedingungen zur Einlösung des Discounts:
1. Das Angebot ist einschließlich bis 30.6.2024 gültig.
2. Der Golfspieler/Leser hat sich telefonisch eine Abschlagzeit geben zu lassen – dabei ist die Nutzung des Angebots anzugeben.
3. Eine Barauszahlung des Greenfee-Vorteils ist nicht möglich.
4. Das Kombinieren von Angeboten oder bestehenden Greenfee-Vorteilen ist nicht möglich. Der Vorteil bezieht sich jeweils ausschließlich auf die zum Zeitpunkt der Einlösung gültigen vollen Greenfee-Gebühren.
5. Gibt es Spielergruppen mit erhöhten Greenfee-Gebühren, ist ein Nachlass auf diese Gebühren nicht möglich.
6. Das Angebot allein berechtigt nicht zum Spiel gegen Greenfee. Die Erfüllung der Bestimmungen des jeweiligen Golfclubs zur Greenfee-Berechtigung (Mitgliedschaft in einem Golfclub, Mindesthandicap etc.) zum Zeitpunkt der Einlösung sind Voraussetzung.
7. Es ist untersagt, den Greenfee-Gutschein entgeltlich Dritten zu überlassen bzw. mit diesen Handel zu treiben. Insbesondere sind die teilnehmenden Golfclubs in diesem Falle berechtigt, die Einlösung der ausgeschriebenen Angebote zu verweigern.
8. Die teilnehmenden Golfclubs haben sich gegenüber dem Verlag unter den o.g. Bedingungen verpflichtet, die ausgeschriebenen Angebote einzulösen. Der Verlag übernimmt jedoch keine Gewähr und keine Haftung, wenn ein Angebot nicht eingelöst wird oder werden kann.

Bedingungen zur Einlösung des Discounts:
1. Das Angebot ist einschließlich bis 30.6.2024 gültig.
2. Der Golfspieler/Leser hat sich telefonisch eine Abschlagzeit geben zu lassen – dabei ist die Nutzung des Angebots anzugeben.
3. Eine Barauszahlung des Greenfee-Vorteils ist nicht möglich.
4. Das Kombinieren von Angeboten oder bestehenden Greenfee-Vorteilen ist nicht möglich. Der Vorteil bezieht sich jeweils ausschließlich auf die zum Zeitpunkt der Einlösung gültigen vollen Greenfee-Gebühren.
5. Gibt es Spielergruppen mit erhöhten Greenfee-Gebühren, ist ein Nachlass auf diese Gebühren nicht möglich.
6. Das Angebot allein berechtigt nicht zum Spiel gegen Greenfee. Die Erfüllung der Bestimmungen des jeweiligen Golfclubs zur Greenfee-Berechtigung (Mitgliedschaft in einem Golfclub, Mindesthandicap etc.) zum Zeitpunkt der Einlösung sind Voraussetzung.
7. Es ist untersagt, den Greenfee-Gutschein entgeltlich Dritten zu überlassen bzw. mit diesen Handel zu treiben. Insbesondere sind die teilnehmenden Golfclubs in diesem Falle berechtigt, die Einlösung der ausgeschriebenen Angebote zu verweigern.
8. Die teilnehmenden Golfclubs haben sich gegenüber dem Verlag unter den o.g. Bedingungen verpflichtet, die ausgeschriebenen Angebote einzulösen. Der Verlag übernimmt jedoch keine Gewähr und keine Haftung, wenn ein Angebot nicht eingelöst wird oder werden kann.

Bedingungen zur Einlösung des Discounts:
1. Das Angebot ist einschließlich bis 30.6.2024 gültig.
2. Der Golfspieler/Leser hat sich telefonisch eine Abschlagzeit geben zu lassen – dabei ist die Nutzung des Angebots anzugeben.
3. Eine Barauszahlung des Greenfee-Vorteils ist nicht möglich.
4. Das Kombinieren von Angeboten oder bestehenden Greenfee-Vorteilen ist nicht möglich. Der Vorteil bezieht sich jeweils ausschließlich auf die zum Zeitpunkt der Einlösung gültigen vollen Greenfee-Gebühren.
5. Gibt es Spielergruppen mit erhöhten Greenfee-Gebühren, ist ein Nachlass auf diese Gebühren nicht möglich.
6. Das Angebot allein berechtigt nicht zum Spiel gegen Greenfee. Die Erfüllung der Bestimmungen des jeweiligen Golfclubs zur Greenfee-Berechtigung (Mitgliedschaft in einem Golfclub, Mindesthandicap etc.) zum Zeitpunkt der Einlösung sind Voraussetzung.
7. Es ist untersagt, den Greenfee-Gutschein entgeltlich Dritten zu überlassen bzw. mit diesen Handel zu treiben. Insbesondere sind die teilnehmenden Golfclubs in diesem Falle berechtigt, die Einlösung der ausgeschriebenen Angebote zu verweigern.
8. Die teilnehmenden Golfclubs haben sich gegenüber dem Verlag unter den o.g. Bedingungen verpflichtet, die ausgeschriebenen Angebote einzulösen. Der Verlag übernimmt jedoch keine Gewähr und keine Haftung, wenn ein Angebot nicht eingelöst wird oder werden kann.

Bedingungen zur Einlösung des Discounts:
1. Das Angebot ist einschließlich bis 30.6.2024 gültig.
2. Der Golfspieler/Leser hat sich telefonisch eine Abschlagzeit geben zu lassen – dabei ist die Nutzung des Angebots anzugeben.
3. Eine Barauszahlung des Greenfee-Vorteils ist nicht möglich.
4. Das Kombinieren von Angeboten oder bestehenden Greenfee-Vorteilen ist nicht möglich. Der Vorteil bezieht sich jeweils ausschließlich auf die zum Zeitpunkt der Einlösung gültigen vollen Greenfee-Gebühren.
5. Gibt es Spielergruppen mit erhöhten Greenfee-Gebühren, ist ein Nachlass auf diese Gebühren nicht möglich.
6. Das Angebot allein berechtigt nicht zum Spiel gegen Greenfee. Die Erfüllung der Bestimmungen des jeweiligen Golfclubs zur Greenfee-Berechtigung (Mitgliedschaft in einem Golfclub, Mindesthandicap etc.) zum Zeitpunkt der Einlösung sind Voraussetzung.
7. Es ist untersagt, den Greenfee-Gutschein entgeltlich Dritten zu überlassen bzw. mit diesen Handel zu treiben. Insbesondere sind die teilnehmenden Golfclubs in diesem Falle berechtigt, die Einlösung der ausgeschriebenen Angebote zu verweigern.
8. Die teilnehmenden Golfclubs haben sich gegenüber dem Verlag unter den o.g. Bedingungen verpflichtet, die ausgeschriebenen Angebote einzulösen. Der Verlag übernimmt jedoch keine Gewähr und keine Haftung, wenn ein Angebot nicht eingelöst wird oder werden kann.

Bedingungen zur Einlösung des Discounts:
1. Das Angebot ist einschließlich bis 30.6.2024 gültig.
2. Der Golfspieler/Leser hat sich telefonisch eine Abschlagzeit geben zu lassen – dabei ist die Nutzung des Angebots anzugeben.
3. Eine Barauszahlung des Greenfee-Vorteils ist nicht möglich.
4. Das Kombinieren von Angeboten oder bestehenden Greenfee-Vorteilen ist nicht möglich. Der Vorteil bezieht sich jeweils ausschließlich auf die zum Zeitpunkt der Einlösung gültigen vollen Greenfee-Gebühren.
5. Gibt es Spielergruppen mit erhöhten Greenfee-Gebühren, ist ein Nachlass auf diese Gebühren nicht möglich.
6. Das Angebot allein berechtigt nicht zum Spiel gegen Greenfee. Die Erfüllung der Bestimmungen des jeweiligen Golfclubs zur Greenfee-Berechtigung (Mitgliedschaft in einem Golfclub, Mindesthandicap etc.) zum Zeitpunkt der Einlösung sind Voraussetzung.
7. Es ist untersagt, den Greenfee-Gutschein entgeltlich Dritten zu überlassen bzw. mit diesen Handel zu treiben. Insbesondere sind die teilnehmenden Golfclubs in diesem Falle berechtigt, die Einlösung der ausgeschriebenen Angebote zu verweigern.
8. Die teilnehmenden Golfclubs haben sich gegenüber dem Verlag unter den o.g. Bedingungen verpflichtet, die ausgeschriebenen Angebote einzulösen. Der Verlag übernimmt jedoch keine Gewähr und keine Haftung, wenn ein Angebot nicht eingelöst wird oder werden kann.

Diese Gutscheine gelten nur in Verbindung mit dem Buch/Albrecht Golf Card

Diese Gutscheine gelten nur in Verbindung mit dem Buch/Albrecht Golf Card

DER GOLF ALBRECHT

Golfclub Fulda Rhön e.V. DE

Am Golfplatz 35
D-36145 Hofbieber
✆ 06657-1334
Hessen

145

20% Greenfee-Ermäßigung

DER GOLF ALBRECHT

Golf Club Schloß Braunfels e.V. DE

Homburger Hof
D-35619 Braunfels/Lahn
✆ 06442-4530
Hessen

146

2 for 1 2 GF zum Preis von 1

DER GOLF ALBRECHT

Golf Club Schloß Braunfels e.V. DE

Homburger Hof
D-35619 Braunfels/Lahn
✆ 06442-4530
Hessen

146

2 for 1 2 GF zum Preis von 1

DER GOLF ALBRECHT

Golf Club Schloß Braunfels e.V. DE

Homburger Hof
D-35619 Braunfels/Lahn
✆ 06442-4530
Hessen

146

25% Greenfee-Ermäßigung

DER GOLF ALBRECHT

Attighof Golf & Country Club e.V. DE

Attighof 1
D-35647 Waldsolms-Brandoberndorf
✆ 06085-98120
Hessen

147

2 for 1 2 GF zum Preis von 1 wochentags

DER GOLF ALBRECHT

Royal Homburger Golfclub 1899 e.V. DE

An der Karlsbrücke 10, Navi-Adresse:
Saalburgchausse 2 A
D-61350 Bad Homburg
✆ 06172-306808
Hessen

148

2 for 1 2 GF zum Preis von 1

DER GOLF ALBRECHT

Golf-Club Golf Range Frankfurt DE

Am Martinszehnten 6
D-60437 Frankfurt am Main
✆ 069-95092744
Hessen

149

10% Greenfee-Ermäßigung

DER GOLF ALBRECHT

Golf-Club Golf Range Frankfurt DE

Am Martinszehnten 6
D-60437 Frankfurt am Main
✆ 069-95092744
Hessen

149

10% Greenfee-Ermäßigung

DER GOLF ALBRECHT

Golf Club Odenwald e.V. DE

Am Golfplatz 1
D-64753 Brombachtal
✆ 06063-57447
Hessen

150

2 for 1 2 GF zum Preis von 1

DER GOLF ALBRECHT

Golf Club Odenwald e.V. DE

Am Golfplatz 1
D-64753 Brombachtal
✆ 06063-57447
Hessen

150

2 for 1 2 GF zum Preis von 1

Bedingungen zur Einlösung des Discounts:

1. Das Angebot ist einschließlich bis 30.6.2024 gültig.
2. Der Golfspieler/Leser hat sich telefonisch eine Abschlagzeit geben zu lassen – dabei ist die Nutzung des Angebots anzugeben.
3. Eine Barauszahlung des Greenfee-Vorteils ist nicht möglich.
4. Das Kombinieren von Angeboten oder bestehenden Greenfee-Vorteilen ist nicht möglich. Der Vorteil bezieht sich jeweils ausschließlich auf die zum Zeitpunkt der Einlösung gültigen vollen Greenfee-Gebühren.
5. Gibt es Spielergruppen mit erhöhten Greenfee-Gebühren, ist ein Nachlass auf diese Gebühren nicht möglich.
6. Das Angebot allein berechtigt nicht zum Spiel gegen Greenfee. Die Erfüllung der Bestimmungen des jeweiligen Golfclubs zur Greenfee-Berechtigung (Mitgliedschaft in einem Golfclub, Mindesthandicap etc.) zum Zeitpunkt der Einlösung sind Voraussetzung.
7. Es ist untersagt, den Greenfee-Gutschein entgeltlich Dritten zu überlassen bzw. mit diesen Handel zu treiben. Insbesondere sind die teilnehmenden Golfclubs in diesem Falle berechtigt, die Einlösung der ausgeschriebenen Angebote zu verweigern.
8. Die teilnehmenden Golfclubs haben sich gegenüber dem Verlag unter den o.g. Bedingungen verpflichtet, die ausgeschriebenen Angebote einzulösen. Der Verlag übernimmt jedoch keine Gewähr und keine Haftung, wenn ein Angebot nicht eingelöst wird oder werden kann.

Bedingungen zur Einlösung des Discounts:

1. Das Angebot ist einschließlich bis 30.6.2024 gültig.
2. Der Golfspieler/Leser hat sich telefonisch eine Abschlagzeit geben zu lassen – dabei ist die Nutzung des Angebots anzugeben.
3. Eine Barauszahlung des Greenfee-Vorteils ist nicht möglich.
4. Das Kombinieren von Angeboten oder bestehenden Greenfee-Vorteilen ist nicht möglich. Der Vorteil bezieht sich jeweils ausschließlich auf die zum Zeitpunkt der Einlösung gültigen vollen Greenfee-Gebühren.
5. Gibt es Spielergruppen mit erhöhten Greenfee-Gebühren, ist ein Nachlass auf diese Gebühren nicht möglich.
6. Das Angebot allein berechtigt nicht zum Spiel gegen Greenfee. Die Erfüllung der Bestimmungen des jeweiligen Golfclubs zur Greenfee-Berechtigung (Mitgliedschaft in einem Golfclub, Mindesthandicap etc.) zum Zeitpunkt der Einlösung sind Voraussetzung.
7. Es ist untersagt, den Greenfee-Gutschein entgeltlich Dritten zu überlassen bzw. mit diesen Handel zu treiben. Insbesondere sind die teilnehmenden Golfclubs in diesem Falle berechtigt, die Einlösung der ausgeschriebenen Angebote zu verweigern.
8. Die teilnehmenden Golfclubs haben sich gegenüber dem Verlag unter den o.g. Bedingungen verpflichtet, die ausgeschriebenen Angebote einzulösen. Der Verlag übernimmt jedoch keine Gewähr und keine Haftung, wenn ein Angebot nicht eingelöst wird oder werden kann.

Bedingungen zur Einlösung des Discounts:

1. Das Angebot ist einschließlich bis 30.6.2024 gültig.
2. Der Golfspieler/Leser hat sich telefonisch eine Abschlagzeit geben zu lassen – dabei ist die Nutzung des Angebots anzugeben.
3. Eine Barauszahlung des Greenfee-Vorteils ist nicht möglich.
4. Das Kombinieren von Angeboten oder bestehenden Greenfee-Vorteilen ist nicht möglich. Der Vorteil bezieht sich jeweils ausschließlich auf die zum Zeitpunkt der Einlösung gültigen vollen Greenfee-Gebühren.
5. Gibt es Spielergruppen mit erhöhten Greenfee-Gebühren, ist ein Nachlass auf diese Gebühren nicht möglich.
6. Das Angebot allein berechtigt nicht zum Spiel gegen Greenfee. Die Erfüllung der Bestimmungen des jeweiligen Golfclubs zur Greenfee-Berechtigung (Mitgliedschaft in einem Golfclub, Mindesthandicap etc.) zum Zeitpunkt der Einlösung sind Voraussetzung.
7. Es ist untersagt, den Greenfee-Gutschein entgeltlich Dritten zu überlassen bzw. mit diesen Handel zu treiben. Insbesondere sind die teilnehmenden Golfclubs in diesem Falle berechtigt, die Einlösung der ausgeschriebenen Angebote zu verweigern.
8. Die teilnehmenden Golfclubs haben sich gegenüber dem Verlag unter den o.g. Bedingungen verpflichtet, die ausgeschriebenen Angebote einzulösen. Der Verlag übernimmt jedoch keine Gewähr und keine Haftung, wenn ein Angebot nicht eingelöst wird oder werden kann.

Bedingungen zur Einlösung des Discounts:

1. Das Angebot ist einschließlich bis 30.6.2024 gültig.
2. Der Golfspieler/Leser hat sich telefonisch eine Abschlagzeit geben zu lassen – dabei ist die Nutzung des Angebots anzugeben.
3. Eine Barauszahlung des Greenfee-Vorteils ist nicht möglich.
4. Das Kombinieren von Angeboten oder bestehenden Greenfee-Vorteilen ist nicht möglich. Der Vorteil bezieht sich jeweils ausschließlich auf die zum Zeitpunkt der Einlösung gültigen vollen Greenfee-Gebühren.
5. Gibt es Spielergruppen mit erhöhten Greenfee-Gebühren, ist ein Nachlass auf diese Gebühren nicht möglich.
6. Das Angebot allein berechtigt nicht zum Spiel gegen Greenfee. Die Erfüllung der Bestimmungen des jeweiligen Golfclubs zur Greenfee-Berechtigung (Mitgliedschaft in einem Golfclub, Mindesthandicap etc.) zum Zeitpunkt der Einlösung sind Voraussetzung.
7. Es ist untersagt, den Greenfee-Gutschein entgeltlich Dritten zu überlassen bzw. mit diesen Handel zu treiben. Insbesondere sind die teilnehmenden Golfclubs in diesem Falle berechtigt, die Einlösung der ausgeschriebenen Angebote zu verweigern.
8. Die teilnehmenden Golfclubs haben sich gegenüber dem Verlag unter den o.g. Bedingungen verpflichtet, die ausgeschriebenen Angebote einzulösen. Der Verlag übernimmt jedoch keine Gewähr und keine Haftung, wenn ein Angebot nicht eingelöst wird oder werden kann.

Bedingungen zur Einlösung des Discounts:

1. Das Angebot ist einschließlich bis 30.6.2024 gültig.
2. Der Golfspieler/Leser hat sich telefonisch eine Abschlagzeit geben zu lassen – dabei ist die Nutzung des Angebots anzugeben.
3. Eine Barauszahlung des Greenfee-Vorteils ist nicht möglich.
4. Das Kombinieren von Angeboten oder bestehenden Greenfee-Vorteilen ist nicht möglich. Der Vorteil bezieht sich jeweils ausschließlich auf die zum Zeitpunkt der Einlösung gültigen vollen Greenfee-Gebühren.
5. Gibt es Spielergruppen mit erhöhten Greenfee-Gebühren, ist ein Nachlass auf diese Gebühren nicht möglich.
6. Das Angebot allein berechtigt nicht zum Spiel gegen Greenfee. Die Erfüllung der Bestimmungen des jeweiligen Golfclubs zur Greenfee-Berechtigung (Mitgliedschaft in einem Golfclub, Mindesthandicap etc.) zum Zeitpunkt der Einlösung sind Voraussetzung.
7. Es ist untersagt, den Greenfee-Gutschein entgeltlich Dritten zu überlassen bzw. mit diesen Handel zu treiben. Insbesondere sind die teilnehmenden Golfclubs in diesem Falle berechtigt, die Einlösung der ausgeschriebenen Angebote zu verweigern.
8. Die teilnehmenden Golfclubs haben sich gegenüber dem Verlag unter den o.g. Bedingungen verpflichtet, die ausgeschriebenen Angebote einzulösen. Der Verlag übernimmt jedoch keine Gewähr und keine Haftung, wenn ein Angebot nicht eingelöst wird oder werden kann.

Bedingungen zur Einlösung des Discounts:

1. Das Angebot ist einschließlich bis 30.6.2024 gültig.
2. Der Golfspieler/Leser hat sich telefonisch eine Abschlagzeit geben zu lassen – dabei ist die Nutzung des Angebots anzugeben.
3. Eine Barauszahlung des Greenfee-Vorteils ist nicht möglich.
4. Das Kombinieren von Angeboten oder bestehenden Greenfee-Vorteilen ist nicht möglich. Der Vorteil bezieht sich jeweils ausschließlich auf die zum Zeitpunkt der Einlösung gültigen vollen Greenfee-Gebühren.
5. Gibt es Spielergruppen mit erhöhten Greenfee-Gebühren, ist ein Nachlass auf diese Gebühren nicht möglich.
6. Das Angebot allein berechtigt nicht zum Spiel gegen Greenfee. Die Erfüllung der Bestimmungen des jeweiligen Golfclubs zur Greenfee-Berechtigung (Mitgliedschaft in einem Golfclub, Mindesthandicap etc.) zum Zeitpunkt der Einlösung sind Voraussetzung.
7. Es ist untersagt, den Greenfee-Gutschein entgeltlich Dritten zu überlassen bzw. mit diesen Handel zu treiben. Insbesondere sind die teilnehmenden Golfclubs in diesem Falle berechtigt, die Einlösung der ausgeschriebenen Angebote zu verweigern.
8. Die teilnehmenden Golfclubs haben sich gegenüber dem Verlag unter den o.g. Bedingungen verpflichtet, die ausgeschriebenen Angebote einzulösen. Der Verlag übernimmt jedoch keine Gewähr und keine Haftung, wenn ein Angebot nicht eingelöst wird oder werden kann.

Bedingungen zur Einlösung des Discounts:

1. Das Angebot ist einschließlich bis 30.6.2024 gültig.
2. Der Golfspieler/Leser hat sich telefonisch eine Abschlagzeit geben zu lassen – dabei ist die Nutzung des Angebots anzugeben.
3. Eine Barauszahlung des Greenfee-Vorteils ist nicht möglich.
4. Das Kombinieren von Angeboten oder bestehenden Greenfee-Vorteilen ist nicht möglich. Der Vorteil bezieht sich jeweils ausschließlich auf die zum Zeitpunkt der Einlösung gültigen vollen Greenfee-Gebühren.
5. Gibt es Spielergruppen mit erhöhten Greenfee-Gebühren, ist ein Nachlass auf diese Gebühren nicht möglich.
6. Das Angebot allein berechtigt nicht zum Spiel gegen Greenfee. Die Erfüllung der Bestimmungen des jeweiligen Golfclubs zur Greenfee-Berechtigung (Mitgliedschaft in einem Golfclub, Mindesthandicap etc.) zum Zeitpunkt der Einlösung sind Voraussetzung.
7. Es ist untersagt, den Greenfee-Gutschein entgeltlich Dritten zu überlassen bzw. mit diesen Handel zu treiben. Insbesondere sind die teilnehmenden Golfclubs in diesem Falle berechtigt, die Einlösung der ausgeschriebenen Angebote zu verweigern.
8. Die teilnehmenden Golfclubs haben sich gegenüber dem Verlag unter den o.g. Bedingungen verpflichtet, die ausgeschriebenen Angebote einzulösen. Der Verlag übernimmt jedoch keine Gewähr und keine Haftung, wenn ein Angebot nicht eingelöst wird oder werden kann.

Bedingungen zur Einlösung des Discounts:

1. Das Angebot ist einschließlich bis 30.6.2024 gültig.
2. Der Golfspieler/Leser hat sich telefonisch eine Abschlagzeit geben zu lassen – dabei ist die Nutzung des Angebots anzugeben.
3. Eine Barauszahlung des Greenfee-Vorteils ist nicht möglich.
4. Das Kombinieren von Angeboten oder bestehenden Greenfee-Vorteilen ist nicht möglich. Der Vorteil bezieht sich jeweils ausschließlich auf die zum Zeitpunkt der Einlösung gültigen vollen Greenfee-Gebühren.
5. Gibt es Spielergruppen mit erhöhten Greenfee-Gebühren, ist ein Nachlass auf diese Gebühren nicht möglich.
6. Das Angebot allein berechtigt nicht zum Spiel gegen Greenfee. Die Erfüllung der Bestimmungen des jeweiligen Golfclubs zur Greenfee-Berechtigung (Mitgliedschaft in einem Golfclub, Mindesthandicap etc.) zum Zeitpunkt der Einlösung sind Voraussetzung.
7. Es ist untersagt, den Greenfee-Gutschein entgeltlich Dritten zu überlassen bzw. mit diesen Handel zu treiben. Insbesondere sind die teilnehmenden Golfclubs in diesem Falle berechtigt, die Einlösung der ausgeschriebenen Angebote zu verweigern.
8. Die teilnehmenden Golfclubs haben sich gegenüber dem Verlag unter den o.g. Bedingungen verpflichtet, die ausgeschriebenen Angebote einzulösen. Der Verlag übernimmt jedoch keine Gewähr und keine Haftung, wenn ein Angebot nicht eingelöst wird oder werden kann.

Bedingungen zur Einlösung des Discounts:

1. Das Angebot ist einschließlich bis 30.6.2024 gültig.
2. Der Golfspieler/Leser hat sich telefonisch eine Abschlagzeit geben zu lassen – dabei ist die Nutzung des Angebots anzugeben.
3. Eine Barauszahlung des Greenfee-Vorteils ist nicht möglich.
4. Das Kombinieren von Angeboten oder bestehenden Greenfee-Vorteilen ist nicht möglich. Der Vorteil bezieht sich jeweils ausschließlich auf die zum Zeitpunkt der Einlösung gültigen vollen Greenfee-Gebühren.
5. Gibt es Spielergruppen mit erhöhten Greenfee-Gebühren, ist ein Nachlass auf diese Gebühren nicht möglich.
6. Das Angebot allein berechtigt nicht zum Spiel gegen Greenfee. Die Erfüllung der Bestimmungen des jeweiligen Golfclubs zur Greenfee-Berechtigung (Mitgliedschaft in einem Golfclub, Mindesthandicap etc.) zum Zeitpunkt der Einlösung sind Voraussetzung.
7. Es ist untersagt, den Greenfee-Gutschein entgeltlich Dritten zu überlassen bzw. mit diesen Handel zu treiben. Insbesondere sind die teilnehmenden Golfclubs in diesem Falle berechtigt, die Einlösung der ausgeschriebenen Angebote zu verweigern.
8. Die teilnehmenden Golfclubs haben sich gegenüber dem Verlag unter den o.g. Bedingungen verpflichtet, die ausgeschriebenen Angebote einzulösen. Der Verlag übernimmt jedoch keine Gewähr und keine Haftung, wenn ein Angebot nicht eingelöst wird oder werden kann.

Bedingungen zur Einlösung des Discounts:

1. Das Angebot ist einschließlich bis 30.6.2024 gültig.
2. Der Golfspieler/Leser hat sich telefonisch eine Abschlagzeit geben zu lassen – dabei ist die Nutzung des Angebots anzugeben.
3. Eine Barauszahlung des Greenfee-Vorteils ist nicht möglich.
4. Das Kombinieren von Angeboten oder bestehenden Greenfee-Vorteilen ist nicht möglich. Der Vorteil bezieht sich jeweils ausschließlich auf die zum Zeitpunkt der Einlösung gültigen vollen Greenfee-Gebühren.
5. Gibt es Spielergruppen mit erhöhten Greenfee-Gebühren, ist ein Nachlass auf diese Gebühren nicht möglich.
6. Das Angebot allein berechtigt nicht zum Spiel gegen Greenfee. Die Erfüllung der Bestimmungen des jeweiligen Golfclubs zur Greenfee-Berechtigung (Mitgliedschaft in einem Golfclub, Mindesthandicap etc.) zum Zeitpunkt der Einlösung sind Voraussetzung.
7. Es ist untersagt, den Greenfee-Gutschein entgeltlich Dritten zu überlassen bzw. mit diesen Handel zu treiben. Insbesondere sind die teilnehmenden Golfclubs in diesem Falle berechtigt, die Einlösung der ausgeschriebenen Angebote zu verweigern.
8. Die teilnehmenden Golfclubs haben sich gegenüber dem Verlag unter den o.g. Bedingungen verpflichtet, die ausgeschriebenen Angebote einzulösen. Der Verlag übernimmt jedoch keine Gewähr und keine Haftung, wenn ein Angebot nicht eingelöst wird oder werden kann.

Diese Gutscheine gelten nur in Verbindung mit dem Buch/Albrecht Golf Card

Diese Gutscheine gelten nur in Verbindung mit dem Buch/Albrecht Golf Card

DER GOLF ALBRECHT

Natur Golfclub Geierstal e.V. DE

Ohrenbach-Aussenliegend 1
D-64720 Michelstadt-Vielbrunn
✆ 06066-258
Hessen

151

2 for 1 2 GF zum Preis von 1

DER GOLF ALBRECHT

Natur Golfclub Geierstal e.V. DE

Ohrenbach-Aussenliegend 1
D-64720 Michelstadt-Vielbrunn
✆ 06066-258
Hessen

151

50% Greenfee-Ermäßigung

DER GOLF ALBRECHT

Golf-Club Bensheim e.V. DE

Außerhalb 56
D-64625 Bensheim
✆ 06251-67732
Hessen

152

2 for 1 2 GF zum Preis von 1 wochentags

DER GOLF ALBRECHT

Golf-Club Bensheim e.V. DE

Außerhalb 56
D-64625 Bensheim
✆ 06251-67732
Hessen

152

2 for 1 2 GF zum Preis von 1 wochentags

DER GOLF ALBRECHT

Golf- und Landclub Buchenhof Hetzbach e.V. DE

An der Alten Buche 8
D-64760 Oberzent/Odenwald
✆ 06068-912050
Hessen

153

2 for 1 2 GF zum Preis von 1

DER GOLF ALBRECHT

Golf- und Landclub Buchenhof Hetzbach e.V. DE

An der Alten Buche 8
D-64760 Oberzent/Odenwald
✆ 06068-912050
Hessen

153

2 for 1 2 GF zum Preis von 1

DER GOLF ALBRECHT

Golf Course Siebengebirge DE

Brunnenstraße 11
D-53578 Windhagen-Rederscheid
✆ 02645-8041
Rheinland-Pfalz, Saarland

154

2 for 1 2 GF zum Preis von 1

DER GOLF ALBRECHT

Golf Course Siebengebirge DE

Brunnenstraße 11
D-53578 Windhagen-Rederscheid
✆ 02645-8041
Rheinland-Pfalz, Saarland

154

20% Greenfee-Ermäßigung wochentags

DER GOLF ALBRECHT

Golf- und Landclub Bad Neuenahr-Ahrweiler DE

Großer Weg 100
D-53474 Bad Neuenahr-Ahrweiler
✆ 02641-950950
Rheinland-Pfalz, Saarland

155

25% Greenfee-Ermäßigung wochentags

DER GOLF ALBRECHT

Golf- und Landclub Bad Neuenahr-Ahrweiler DE

Großer Weg 100
D-53474 Bad Neuenahr-Ahrweiler
✆ 02641-950950
Rheinland-Pfalz, Saarland

155

25% Greenfee-Ermäßigung wochentags

Bedingungen zur Einlösung des Discounts:

1. Das Angebot ist einschließlich bis 30.6.2024 gültig.
2. Der Golfspieler/Leser hat sich telefonisch eine Abschlagzeit geben zu lassen – dabei ist die Nutzung des Angebots anzugeben.
3. Eine Barauszahlung des Greenfee-Vorteils ist nicht möglich.
4. Das Kombinieren von Angeboten oder bestehenden Greenfee-Vorteilen ist nicht möglich. Der Vorteil bezieht sich jeweils ausschließlich auf die zum Zeitpunkt der Einlösung gültigen vollen Greenfee-Gebühren.
5. Gibt es Spielergruppen mit erhöhten Greenfee-Gebühren, ist ein Nachlass auf diese Gebühren nicht möglich.
6. Das Angebot allein berechtigt nicht zum Spiel gegen Greenfee. Die Erfüllung der Bestimmungen des jeweiligen Golfclubs zur Greenfee-Berechtigung (Mitgliedschaft in einem Golfclub, Mindesthandicap etc.) zum Zeitpunkt der Einlösung sind Voraussetzung.
7. Es ist untersagt, den Greenfee-Gutschein entgeltlich Dritten zu überlassen bzw. mit diesen Handel zu treiben. Insbesondere sind die teilnehmenden Golfclubs in diesem Falle berechtigt, die Einlösung der ausgeschriebenen Angebote zu verweigern.
8. Die teilnehmenden Golfclubs haben sich gegenüber dem Verlag unter den o.g. Bedingungen verpflichtet, die ausgeschriebenen Angebote einzulösen. Der Verlag übernimmt jedoch keine Gewähr und keine Haftung, wenn ein Angebot nicht eingelöst wird oder werden kann.

Bedingungen zur Einlösung des Discounts:

1. Das Angebot ist einschließlich bis 30.6.2024 gültig.
2. Der Golfspieler/Leser hat sich telefonisch eine Abschlagzeit geben zu lassen – dabei ist die Nutzung des Angebots anzugeben.
3. Eine Barauszahlung des Greenfee-Vorteils ist nicht möglich.
4. Das Kombinieren von Angeboten oder bestehenden Greenfee-Vorteilen ist nicht möglich. Der Vorteil bezieht sich jeweils ausschließlich auf die zum Zeitpunkt der Einlösung gültigen vollen Greenfee-Gebühren.
5. Gibt es Spielergruppen mit erhöhten Greenfee-Gebühren, ist ein Nachlass auf diese Gebühren nicht möglich.
6. Das Angebot allein berechtigt nicht zum Spiel gegen Greenfee. Die Erfüllung der Bestimmungen des jeweiligen Golfclubs zur Greenfee-Berechtigung (Mitgliedschaft in einem Golfclub, Mindesthandicap etc.) zum Zeitpunkt der Einlösung sind Voraussetzung.
7. Es ist untersagt, den Greenfee-Gutschein entgeltlich Dritten zu überlassen bzw. mit diesen Handel zu treiben. Insbesondere sind die teilnehmenden Golfclubs in diesem Falle berechtigt, die Einlösung der ausgeschriebenen Angebote zu verweigern.
8. Die teilnehmenden Golfclubs haben sich gegenüber dem Verlag unter den o.g. Bedingungen verpflichtet, die ausgeschriebenen Angebote einzulösen. Der Verlag übernimmt jedoch keine Gewähr und keine Haftung, wenn ein Angebot nicht eingelöst wird oder werden kann.

Bedingungen zur Einlösung des Discounts:

1. Das Angebot ist einschließlich bis 30.6.2024 gültig.
2. Der Golfspieler/Leser hat sich telefonisch eine Abschlagzeit geben zu lassen – dabei ist die Nutzung des Angebots anzugeben.
3. Eine Barauszahlung des Greenfee-Vorteils ist nicht möglich.
4. Das Kombinieren von Angeboten oder bestehenden Greenfee-Vorteilen ist nicht möglich. Der Vorteil bezieht sich jeweils ausschließlich auf die zum Zeitpunkt der Einlösung gültigen vollen Greenfee-Gebühren.
5. Gibt es Spielergruppen mit erhöhten Greenfee-Gebühren, ist ein Nachlass auf diese Gebühren nicht möglich.
6. Das Angebot allein berechtigt nicht zum Spiel gegen Greenfee. Die Erfüllung der Bestimmungen des jeweiligen Golfclubs zur Greenfee-Berechtigung (Mitgliedschaft in einem Golfclub, Mindesthandicap etc.) zum Zeitpunkt der Einlösung sind Voraussetzung.
7. Es ist untersagt, den Greenfee-Gutschein entgeltlich Dritten zu überlassen bzw. mit diesen Handel zu treiben. Insbesondere sind die teilnehmenden Golfclubs in diesem Falle berechtigt, die Einlösung der ausgeschriebenen Angebote zu verweigern.
8. Die teilnehmenden Golfclubs haben sich gegenüber dem Verlag unter den o.g. Bedingungen verpflichtet, die ausgeschriebenen Angebote einzulösen. Der Verlag übernimmt jedoch keine Gewähr und keine Haftung, wenn ein Angebot nicht eingelöst wird oder werden kann.

Bedingungen zur Einlösung des Discounts:

1. Das Angebot ist einschließlich bis 30.6.2024 gültig.
2. Der Golfspieler/Leser hat sich telefonisch eine Abschlagzeit geben zu lassen – dabei ist die Nutzung des Angebots anzugeben.
3. Eine Barauszahlung des Greenfee-Vorteils ist nicht möglich.
4. Das Kombinieren von Angeboten oder bestehenden Greenfee-Vorteilen ist nicht möglich. Der Vorteil bezieht sich jeweils ausschließlich auf die zum Zeitpunkt der Einlösung gültigen vollen Greenfee-Gebühren.
5. Gibt es Spielergruppen mit erhöhten Greenfee-Gebühren, ist ein Nachlass auf diese Gebühren nicht möglich.
6. Das Angebot allein berechtigt nicht zum Spiel gegen Greenfee. Die Erfüllung der Bestimmungen des jeweiligen Golfclubs zur Greenfee-Berechtigung (Mitgliedschaft in einem Golfclub, Mindesthandicap etc.) zum Zeitpunkt der Einlösung sind Voraussetzung.
7. Es ist untersagt, den Greenfee-Gutschein entgeltlich Dritten zu überlassen bzw. mit diesen Handel zu treiben. Insbesondere sind die teilnehmenden Golfclubs in diesem Falle berechtigt, die Einlösung der ausgeschriebenen Angebote zu verweigern.
8. Die teilnehmenden Golfclubs haben sich gegenüber dem Verlag unter den o.g. Bedingungen verpflichtet, die ausgeschriebenen Angebote einzulösen. Der Verlag übernimmt jedoch keine Gewähr und keine Haftung, wenn ein Angebot nicht eingelöst wird oder werden kann.

Bedingungen zur Einlösung des Discounts:

1. Das Angebot ist einschließlich bis 30.6.2024 gültig.
2. Der Golfspieler/Leser hat sich telefonisch eine Abschlagzeit geben zu lassen – dabei ist die Nutzung des Angebots anzugeben.
3. Eine Barauszahlung des Greenfee-Vorteils ist nicht möglich.
4. Das Kombinieren von Angeboten oder bestehenden Greenfee-Vorteilen ist nicht möglich. Der Vorteil bezieht sich jeweils ausschließlich auf die zum Zeitpunkt der Einlösung gültigen vollen Greenfee-Gebühren.
5. Gibt es Spielergruppen mit erhöhten Greenfee-Gebühren, ist ein Nachlass auf diese Gebühren nicht möglich.
6. Das Angebot allein berechtigt nicht zum Spiel gegen Greenfee. Die Erfüllung der Bestimmungen des jeweiligen Golfclubs zur Greenfee-Berechtigung (Mitgliedschaft in einem Golfclub, Mindesthandicap etc.) zum Zeitpunkt der Einlösung sind Voraussetzung.
7. Es ist untersagt, den Greenfee-Gutschein entgeltlich Dritten zu überlassen bzw. mit diesen Handel zu treiben. Insbesondere sind die teilnehmenden Golfclubs in diesem Falle berechtigt, die Einlösung der ausgeschriebenen Angebote zu verweigern.
8. Die teilnehmenden Golfclubs haben sich gegenüber dem Verlag unter den o.g. Bedingungen verpflichtet, die ausgeschriebenen Angebote einzulösen. Der Verlag übernimmt jedoch keine Gewähr und keine Haftung, wenn ein Angebot nicht eingelöst wird oder werden kann.

Bedingungen zur Einlösung des Discounts:

1. Das Angebot ist einschließlich bis 30.6.2024 gültig.
2. Der Golfspieler/Leser hat sich telefonisch eine Abschlagzeit geben zu lassen – dabei ist die Nutzung des Angebots anzugeben.
3. Eine Barauszahlung des Greenfee-Vorteils ist nicht möglich.
4. Das Kombinieren von Angeboten oder bestehenden Greenfee-Vorteilen ist nicht möglich. Der Vorteil bezieht sich jeweils ausschließlich auf die zum Zeitpunkt der Einlösung gültigen vollen Greenfee-Gebühren.
5. Gibt es Spielergruppen mit erhöhten Greenfee-Gebühren, ist ein Nachlass auf diese Gebühren nicht möglich.
6. Das Angebot allein berechtigt nicht zum Spiel gegen Greenfee. Die Erfüllung der Bestimmungen des jeweiligen Golfclubs zur Greenfee-Berechtigung (Mitgliedschaft in einem Golfclub, Mindesthandicap etc.) zum Zeitpunkt der Einlösung sind Voraussetzung.
7. Es ist untersagt, den Greenfee-Gutschein entgeltlich Dritten zu überlassen bzw. mit diesen Handel zu treiben. Insbesondere sind die teilnehmenden Golfclubs in diesem Falle berechtigt, die Einlösung der ausgeschriebenen Angebote zu verweigern.
8. Die teilnehmenden Golfclubs haben sich gegenüber dem Verlag unter den o.g. Bedingungen verpflichtet, die ausgeschriebenen Angebote einzulösen. Der Verlag übernimmt jedoch keine Gewähr und keine Haftung, wenn ein Angebot nicht eingelöst wird oder werden kann.

Bedingungen zur Einlösung des Discounts:

1. Das Angebot ist einschließlich bis 30.6.2024 gültig.
2. Der Golfspieler/Leser hat sich telefonisch eine Abschlagzeit geben zu lassen – dabei ist die Nutzung des Angebots anzugeben.
3. Eine Barauszahlung des Greenfee-Vorteils ist nicht möglich.
4. Das Kombinieren von Angeboten oder bestehenden Greenfee-Vorteilen ist nicht möglich. Der Vorteil bezieht sich jeweils ausschließlich auf die zum Zeitpunkt der Einlösung gültigen vollen Greenfee-Gebühren.
5. Gibt es Spielergruppen mit erhöhten Greenfee-Gebühren, ist ein Nachlass auf diese Gebühren nicht möglich.
6. Das Angebot allein berechtigt nicht zum Spiel gegen Greenfee. Die Erfüllung der Bestimmungen des jeweiligen Golfclubs zur Greenfee-Berechtigung (Mitgliedschaft in einem Golfclub, Mindesthandicap etc.) zum Zeitpunkt der Einlösung sind Voraussetzung.
7. Es ist untersagt, den Greenfee-Gutschein entgeltlich Dritten zu überlassen bzw. mit diesen Handel zu treiben. Insbesondere sind die teilnehmenden Golfclubs in diesem Falle berechtigt, die Einlösung der ausgeschriebenen Angebote zu verweigern.
8. Die teilnehmenden Golfclubs haben sich gegenüber dem Verlag unter den o.g. Bedingungen verpflichtet, die ausgeschriebenen Angebote einzulösen. Der Verlag übernimmt jedoch keine Gewähr und keine Haftung, wenn ein Angebot nicht eingelöst wird oder werden kann.

Bedingungen zur Einlösung des Discounts:

1. Das Angebot ist einschließlich bis 30.6.2024 gültig.
2. Der Golfspieler/Leser hat sich telefonisch eine Abschlagzeit geben zu lassen – dabei ist die Nutzung des Angebots anzugeben.
3. Eine Barauszahlung des Greenfee-Vorteils ist nicht möglich.
4. Das Kombinieren von Angeboten oder bestehenden Greenfee-Vorteilen ist nicht möglich. Der Vorteil bezieht sich jeweils ausschließlich auf die zum Zeitpunkt der Einlösung gültigen vollen Greenfee-Gebühren.
5. Gibt es Spielergruppen mit erhöhten Greenfee-Gebühren, ist ein Nachlass auf diese Gebühren nicht möglich.
6. Das Angebot allein berechtigt nicht zum Spiel gegen Greenfee. Die Erfüllung der Bestimmungen des jeweiligen Golfclubs zur Greenfee-Berechtigung (Mitgliedschaft in einem Golfclub, Mindesthandicap etc.) zum Zeitpunkt der Einlösung sind Voraussetzung.
7. Es ist untersagt, den Greenfee-Gutschein entgeltlich Dritten zu überlassen bzw. mit diesen Handel zu treiben. Insbesondere sind die teilnehmenden Golfclubs in diesem Falle berechtigt, die Einlösung der ausgeschriebenen Angebote zu verweigern.
8. Die teilnehmenden Golfclubs haben sich gegenüber dem Verlag unter den o.g. Bedingungen verpflichtet, die ausgeschriebenen Angebote einzulösen. Der Verlag übernimmt jedoch keine Gewähr und keine Haftung, wenn ein Angebot nicht eingelöst wird oder werden kann.

Bedingungen zur Einlösung des Discounts:

1. Das Angebot ist einschließlich bis 30.6.2024 gültig.
2. Der Golfspieler/Leser hat sich telefonisch eine Abschlagzeit geben zu lassen – dabei ist die Nutzung des Angebots anzugeben.
3. Eine Barauszahlung des Greenfee-Vorteils ist nicht möglich.
4. Das Kombinieren von Angeboten oder bestehenden Greenfee-Vorteilen ist nicht möglich. Der Vorteil bezieht sich jeweils ausschließlich auf die zum Zeitpunkt der Einlösung gültigen vollen Greenfee-Gebühren.
5. Gibt es Spielergruppen mit erhöhten Greenfee-Gebühren, ist ein Nachlass auf diese Gebühren nicht möglich.
6. Das Angebot allein berechtigt nicht zum Spiel gegen Greenfee. Die Erfüllung der Bestimmungen des jeweiligen Golfclubs zur Greenfee-Berechtigung (Mitgliedschaft in einem Golfclub, Mindesthandicap etc.) zum Zeitpunkt der Einlösung sind Voraussetzung.
7. Es ist untersagt, den Greenfee-Gutschein entgeltlich Dritten zu überlassen bzw. mit diesen Handel zu treiben. Insbesondere sind die teilnehmenden Golfclubs in diesem Falle berechtigt, die Einlösung der ausgeschriebenen Angebote zu verweigern.
8. Die teilnehmenden Golfclubs haben sich gegenüber dem Verlag unter den o.g. Bedingungen verpflichtet, die ausgeschriebenen Angebote einzulösen. Der Verlag übernimmt jedoch keine Gewähr und keine Haftung, wenn ein Angebot nicht eingelöst wird oder werden kann.

Bedingungen zur Einlösung des Discounts:

1. Das Angebot ist einschließlich bis 30.6.2024 gültig.
2. Der Golfspieler/Leser hat sich telefonisch eine Abschlagzeit geben zu lassen – dabei ist die Nutzung des Angebots anzugeben.
3. Eine Barauszahlung des Greenfee-Vorteils ist nicht möglich.
4. Das Kombinieren von Angeboten oder bestehenden Greenfee-Vorteilen ist nicht möglich. Der Vorteil bezieht sich jeweils ausschließlich auf die zum Zeitpunkt der Einlösung gültigen vollen Greenfee-Gebühren.
5. Gibt es Spielergruppen mit erhöhten Greenfee-Gebühren, ist ein Nachlass auf diese Gebühren nicht möglich.
6. Das Angebot allein berechtigt nicht zum Spiel gegen Greenfee. Die Erfüllung der Bestimmungen des jeweiligen Golfclubs zur Greenfee-Berechtigung (Mitgliedschaft in einem Golfclub, Mindesthandicap etc.) zum Zeitpunkt der Einlösung sind Voraussetzung.
7. Es ist untersagt, den Greenfee-Gutschein entgeltlich Dritten zu überlassen bzw. mit diesen Handel zu treiben. Insbesondere sind die teilnehmenden Golfclubs in diesem Falle berechtigt, die Einlösung der ausgeschriebenen Angebote zu verweigern.
8. Die teilnehmenden Golfclubs haben sich gegenüber dem Verlag unter den o.g. Bedingungen verpflichtet, die ausgeschriebenen Angebote einzulösen. Der Verlag übernimmt jedoch keine Gewähr und keine Haftung, wenn ein Angebot nicht eingelöst wird oder werden kann.

Diese Gutscheine gelten nur in Verbindung mit dem Buch/Albrecht Golf Card

Diese Gutscheine gelten nur in Verbindung mit dem Buch/Albrecht Golf Card

DER GOLF ALBRECHT

Golfclub Rhein-Wied e.V.

DE

Gut Burghof
D-56566 Neuwied
✆ 02622-83523
Rheinland-Pfalz, Saarland
Hinweis: von Montag bis Freitag

156

20% Greenfee-Ermäßigung wochentags

DER GOLF ALBRECHT

Golfclub Rhein-Wied e.V.

DE

Gut Burghof
D-56566 Neuwied
✆ 02622-83523
Rheinland-Pfalz, Saarland
Hinweis: von Montag bis Freitag

156

20% Greenfee-Ermäßigung wochentags

DER GOLF ALBRECHT

Mittelrheinischer Golfclub Bad Ems e.V.

DE

Denzerheide
D-56130 Bad Ems
✆ 02603-6541
Rheinland-Pfalz, Saarland

157

2 for 1 2 GF zum Preis von 1 wochentags

DER GOLF ALBRECHT

Mittelrheinischer Golfclub Bad Ems e.V.

DE

Denzerheide
D-56130 Bad Ems
✆ 02603-6541
Rheinland-Pfalz, Saarland

157

2 for 1 2 GF zum Preis von 1 wochentags

DER GOLF ALBRECHT

Mittelrheinischer Golfclub Bad Ems e.V.

DE

Denzerheide
D-56130 Bad Ems
✆ 02603-6541
Rheinland-Pfalz, Saarland

157

25% Greenfee-Ermäßigung wochentags

DER GOLF ALBRECHT

Golfclub Cochem/Mosel

DE

Am Kellerborn 2
D-56814 Ediger-Eller
✆ 02675-911511
Rheinland-Pfalz, Saarland

158

2 for 1 2 GF zum Preis von 1

DER GOLF ALBRECHT

Golfclub Cochem/Mosel

DE

Am Kellerborn 2
D-56814 Ediger-Eller
✆ 02675-911511
Rheinland-Pfalz, Saarland

158

25% Greenfee-Ermäßigung

DER GOLF ALBRECHT

Euro Golfclub 2000 e.V./ Golfanlage Lietzenhof

DE

Lietzkreuz 1
D-54597 Burbach
✆ 06553-2007
Rheinland-Pfalz, Saarland

159

2 for 1 2 GF zum Preis von 1

DER GOLF ALBRECHT

Euro Golfclub 2000 e.V./ Golfanlage Lietzenhof

DE

Lietzkreuz 1
D-54597 Burbach
✆ 06553-2007
Rheinland-Pfalz, Saarland

159

2 for 1 2 GF zum Preis von 1

DER GOLF ALBRECHT

Euro Golfclub 2000 e.V./ Golfanlage Lietzenhof

DE

Lietzkreuz 1
D-54597 Burbach
✆ 06553-2007
Rheinland-Pfalz, Saarland

159

25% Greenfee-Ermäßigung

Bedingungen zur Einlösung des Discounts:
1. Das Angebot ist einschließlich bis 30.6.2024 gültig.
2. Der Golfspieler/Leser hat sich telefonisch eine Abschlagzeit geben zu lassen – dabei ist die Nutzung des Angebots anzugeben.
3. Eine Barauszahlung des Greenfee-Vorteils ist nicht möglich.
4. Das Kombinieren von Angeboten oder bestehenden Greenfee-Vorteilen ist nicht möglich. Der Vorteil bezieht sich jeweils ausschließlich auf die zum Zeitpunkt der Einlösung gültigen vollen Greenfee-Gebühren.
5. Gibt es Spielergruppen mit erhöhten Greenfee-Gebühren, ist ein Nachlass auf diese Gebühren nicht möglich.
6. Das Angebot allein berechtigt nicht zum Spiel gegen Greenfee. Die Erfüllung der Bestimmungen des jeweiligen Golfclubs zur Greenfee-Berechtigung (Mitgliedschaft in einem Golfclub, Mindesthandicap etc.) zum Zeitpunkt der Einlösung sind Voraussetzung.
7. Es ist untersagt, den Greenfee-Gutschein entgeltlich Dritten zu überlassen bzw. mit diesen Handel zu treiben. Insbesondere sind die teilnehmenden Golfclubs in diesem Falle berechtigt, die Einlösung der ausgeschriebenen Angebote zu verweigern.
8. Die teilnehmenden Golfclubs haben sich gegenüber dem Verlag unter den o.g. Bedingungen verpflichtet, die ausgeschriebenen Angebote einzulösen. Der Verlag übernimmt jedoch keine Gewähr und keine Haftung, wenn ein Angebot nicht eingelöst wird oder werden kann.

Bedingungen zur Einlösung des Discounts:
1. Das Angebot ist einschließlich bis 30.6.2024 gültig.
2. Der Golfspieler/Leser hat sich telefonisch eine Abschlagzeit geben zu lassen – dabei ist die Nutzung des Angebots anzugeben.
3. Eine Barauszahlung des Greenfee-Vorteils ist nicht möglich.
4. Das Kombinieren von Angeboten oder bestehenden Greenfee-Vorteilen ist nicht möglich. Der Vorteil bezieht sich jeweils ausschließlich auf die zum Zeitpunkt der Einlösung gültigen vollen Greenfee-Gebühren.
5. Gibt es Spielergruppen mit erhöhten Greenfee-Gebühren, ist ein Nachlass auf diese Gebühren nicht möglich.
6. Das Angebot allein berechtigt nicht zum Spiel gegen Greenfee. Die Erfüllung der Bestimmungen des jeweiligen Golfclubs zur Greenfee-Berechtigung (Mitgliedschaft in einem Golfclub, Mindesthandicap etc.) zum Zeitpunkt der Einlösung sind Voraussetzung.
7. Es ist untersagt, den Greenfee-Gutschein entgeltlich Dritten zu überlassen bzw. mit diesen Handel zu treiben. Insbesondere sind die teilnehmenden Golfclubs in diesem Falle berechtigt, die Einlösung der ausgeschriebenen Angebote zu verweigern.
8. Die teilnehmenden Golfclubs haben sich gegenüber dem Verlag unter den o.g. Bedingungen verpflichtet, die ausgeschriebenen Angebote einzulösen. Der Verlag übernimmt jedoch keine Gewähr und keine Haftung, wenn ein Angebot nicht eingelöst wird oder werden kann.

Bedingungen zur Einlösung des Discounts:
1. Das Angebot ist einschließlich bis 30.6.2024 gültig.
2. Der Golfspieler/Leser hat sich telefonisch eine Abschlagzeit geben zu lassen – dabei ist die Nutzung des Angebots anzugeben.
3. Eine Barauszahlung des Greenfee-Vorteils ist nicht möglich.
4. Das Kombinieren von Angeboten oder bestehenden Greenfee-Vorteilen ist nicht möglich. Der Vorteil bezieht sich jeweils ausschließlich auf die zum Zeitpunkt der Einlösung gültigen vollen Greenfee-Gebühren.
5. Gibt es Spielergruppen mit erhöhten Greenfee-Gebühren, ist ein Nachlass auf diese Gebühren nicht möglich.
6. Das Angebot allein berechtigt nicht zum Spiel gegen Greenfee. Die Erfüllung der Bestimmungen des jeweiligen Golfclubs zur Greenfee-Berechtigung (Mitgliedschaft in einem Golfclub, Mindesthandicap etc.) zum Zeitpunkt der Einlösung sind Voraussetzung.
7. Es ist untersagt, den Greenfee-Gutschein entgeltlich Dritten zu überlassen bzw. mit diesen Handel zu treiben. Insbesondere sind die teilnehmenden Golfclubs in diesem Falle berechtigt, die Einlösung der ausgeschriebenen Angebote zu verweigern.
8. Die teilnehmenden Golfclubs haben sich gegenüber dem Verlag unter den o.g. Bedingungen verpflichtet, die ausgeschriebenen Angebote einzulösen. Der Verlag übernimmt jedoch keine Gewähr und keine Haftung, wenn ein Angebot nicht eingelöst wird oder werden kann.

Bedingungen zur Einlösung des Discounts:
1. Das Angebot ist einschließlich bis 30.6.2024 gültig.
2. Der Golfspieler/Leser hat sich telefonisch eine Abschlagzeit geben zu lassen – dabei ist die Nutzung des Angebots anzugeben.
3. Eine Barauszahlung des Greenfee-Vorteils ist nicht möglich.
4. Das Kombinieren von Angeboten oder bestehenden Greenfee-Vorteilen ist nicht möglich. Der Vorteil bezieht sich jeweils ausschließlich auf die zum Zeitpunkt der Einlösung gültigen vollen Greenfee-Gebühren.
5. Gibt es Spielergruppen mit erhöhten Greenfee-Gebühren, ist ein Nachlass auf diese Gebühren nicht möglich.
6. Das Angebot allein berechtigt nicht zum Spiel gegen Greenfee. Die Erfüllung der Bestimmungen des jeweiligen Golfclubs zur Greenfee-Berechtigung (Mitgliedschaft in einem Golfclub, Mindesthandicap etc.) zum Zeitpunkt der Einlösung sind Voraussetzung.
7. Es ist untersagt, den Greenfee-Gutschein entgeltlich Dritten zu überlassen bzw. mit diesen Handel zu treiben. Insbesondere sind die teilnehmenden Golfclubs in diesem Falle berechtigt, die Einlösung der ausgeschriebenen Angebote zu verweigern.
8. Die teilnehmenden Golfclubs haben sich gegenüber dem Verlag unter den o.g. Bedingungen verpflichtet, die ausgeschriebenen Angebote einzulösen. Der Verlag übernimmt jedoch keine Gewähr und keine Haftung, wenn ein Angebot nicht eingelöst wird oder werden kann.

Bedingungen zur Einlösung des Discounts:
1. Das Angebot ist einschließlich bis 30.6.2024 gültig.
2. Der Golfspieler/Leser hat sich telefonisch eine Abschlagzeit geben zu lassen – dabei ist die Nutzung des Angebots anzugeben.
3. Eine Barauszahlung des Greenfee-Vorteils ist nicht möglich.
4. Das Kombinieren von Angeboten oder bestehenden Greenfee-Vorteilen ist nicht möglich. Der Vorteil bezieht sich jeweils ausschließlich auf die zum Zeitpunkt der Einlösung gültigen vollen Greenfee-Gebühren.
5. Gibt es Spielergruppen mit erhöhten Greenfee-Gebühren, ist ein Nachlass auf diese Gebühren nicht möglich.
6. Das Angebot allein berechtigt nicht zum Spiel gegen Greenfee. Die Erfüllung der Bestimmungen des jeweiligen Golfclubs zur Greenfee-Berechtigung (Mitgliedschaft in einem Golfclub, Mindesthandicap etc.) zum Zeitpunkt der Einlösung sind Voraussetzung.
7. Es ist untersagt, den Greenfee-Gutschein entgeltlich Dritten zu überlassen bzw. mit diesen Handel zu treiben. Insbesondere sind die teilnehmenden Golfclubs in diesem Falle berechtigt, die Einlösung der ausgeschriebenen Angebote zu verweigern.
8. Die teilnehmenden Golfclubs haben sich gegenüber dem Verlag unter den o.g. Bedingungen verpflichtet, die ausgeschriebenen Angebote einzulösen. Der Verlag übernimmt jedoch keine Gewähr und keine Haftung, wenn ein Angebot nicht eingelöst wird oder werden kann.

Bedingungen zur Einlösung des Discounts:
1. Das Angebot ist einschließlich bis 30.6.2024 gültig.
2. Der Golfspieler/Leser hat sich telefonisch eine Abschlagzeit geben zu lassen – dabei ist die Nutzung des Angebots anzugeben.
3. Eine Barauszahlung des Greenfee-Vorteils ist nicht möglich.
4. Das Kombinieren von Angeboten oder bestehenden Greenfee-Vorteilen ist nicht möglich. Der Vorteil bezieht sich jeweils ausschließlich auf die zum Zeitpunkt der Einlösung gültigen vollen Greenfee-Gebühren.
5. Gibt es Spielergruppen mit erhöhten Greenfee-Gebühren, ist ein Nachlass auf diese Gebühren nicht möglich.
6. Das Angebot allein berechtigt nicht zum Spiel gegen Greenfee. Die Erfüllung der Bestimmungen des jeweiligen Golfclubs zur Greenfee-Berechtigung (Mitgliedschaft in einem Golfclub, Mindesthandicap etc.) zum Zeitpunkt der Einlösung sind Voraussetzung.
7. Es ist untersagt, den Greenfee-Gutschein entgeltlich Dritten zu überlassen bzw. mit diesen Handel zu treiben. Insbesondere sind die teilnehmenden Golfclubs in diesem Falle berechtigt, die Einlösung der ausgeschriebenen Angebote zu verweigern.
8. Die teilnehmenden Golfclubs haben sich gegenüber dem Verlag unter den o.g. Bedingungen verpflichtet, die ausgeschriebenen Angebote einzulösen. Der Verlag übernimmt jedoch keine Gewähr und keine Haftung, wenn ein Angebot nicht eingelöst wird oder werden kann.

Bedingungen zur Einlösung des Discounts:
1. Das Angebot ist einschließlich bis 30.6.2024 gültig.
2. Der Golfspieler/Leser hat sich telefonisch eine Abschlagzeit geben zu lassen – dabei ist die Nutzung des Angebots anzugeben.
3. Eine Barauszahlung des Greenfee-Vorteils ist nicht möglich.
4. Das Kombinieren von Angeboten oder bestehenden Greenfee-Vorteilen ist nicht möglich. Der Vorteil bezieht sich jeweils ausschließlich auf die zum Zeitpunkt der Einlösung gültigen vollen Greenfee-Gebühren.
5. Gibt es Spielergruppen mit erhöhten Greenfee-Gebühren, ist ein Nachlass auf diese Gebühren nicht möglich.
6. Das Angebot allein berechtigt nicht zum Spiel gegen Greenfee. Die Erfüllung der Bestimmungen des jeweiligen Golfclubs zur Greenfee-Berechtigung (Mitgliedschaft in einem Golfclub, Mindesthandicap etc.) zum Zeitpunkt der Einlösung sind Voraussetzung.
7. Es ist untersagt, den Greenfee-Gutschein entgeltlich Dritten zu überlassen bzw. mit diesen Handel zu treiben. Insbesondere sind die teilnehmenden Golfclubs in diesem Falle berechtigt, die Einlösung der ausgeschriebenen Angebote zu verweigern.
8. Die teilnehmenden Golfclubs haben sich gegenüber dem Verlag unter den o.g. Bedingungen verpflichtet, die ausgeschriebenen Angebote einzulösen. Der Verlag übernimmt jedoch keine Gewähr und keine Haftung, wenn ein Angebot nicht eingelöst wird oder werden kann.

Bedingungen zur Einlösung des Discounts:
1. Das Angebot ist einschließlich bis 30.6.2024 gültig.
2. Der Golfspieler/Leser hat sich telefonisch eine Abschlagzeit geben zu lassen – dabei ist die Nutzung des Angebots anzugeben.
3. Eine Barauszahlung des Greenfee-Vorteils ist nicht möglich.
4. Das Kombinieren von Angeboten oder bestehenden Greenfee-Vorteilen ist nicht möglich. Der Vorteil bezieht sich jeweils ausschließlich auf die zum Zeitpunkt der Einlösung gültigen vollen Greenfee-Gebühren.
5. Gibt es Spielergruppen mit erhöhten Greenfee-Gebühren, ist ein Nachlass auf diese Gebühren nicht möglich.
6. Das Angebot allein berechtigt nicht zum Spiel gegen Greenfee. Die Erfüllung der Bestimmungen des jeweiligen Golfclubs zur Greenfee-Berechtigung (Mitgliedschaft in einem Golfclub, Mindesthandicap etc.) zum Zeitpunkt der Einlösung sind Voraussetzung.
7. Es ist untersagt, den Greenfee-Gutschein entgeltlich Dritten zu überlassen bzw. mit diesen Handel zu treiben. Insbesondere sind die teilnehmenden Golfclubs in diesem Falle berechtigt, die Einlösung der ausgeschriebenen Angebote zu verweigern.
8. Die teilnehmenden Golfclubs haben sich gegenüber dem Verlag unter den o.g. Bedingungen verpflichtet, die ausgeschriebenen Angebote einzulösen. Der Verlag übernimmt jedoch keine Gewähr und keine Haftung, wenn ein Angebot nicht eingelöst wird oder werden kann.

Bedingungen zur Einlösung des Discounts:
1. Das Angebot ist einschließlich bis 30.6.2024 gültig.
2. Der Golfspieler/Leser hat sich telefonisch eine Abschlagzeit geben zu lassen – dabei ist die Nutzung des Angebots anzugeben.
3. Eine Barauszahlung des Greenfee-Vorteils ist nicht möglich.
4. Das Kombinieren von Angeboten oder bestehenden Greenfee-Vorteilen ist nicht möglich. Der Vorteil bezieht sich jeweils ausschließlich auf die zum Zeitpunkt der Einlösung gültigen vollen Greenfee-Gebühren.
5. Gibt es Spielergruppen mit erhöhten Greenfee-Gebühren, ist ein Nachlass auf diese Gebühren nicht möglich.
6. Das Angebot allein berechtigt nicht zum Spiel gegen Greenfee. Die Erfüllung der Bestimmungen des jeweiligen Golfclubs zur Greenfee-Berechtigung (Mitgliedschaft in einem Golfclub, Mindesthandicap etc.) zum Zeitpunkt der Einlösung sind Voraussetzung.
7. Es ist untersagt, den Greenfee-Gutschein entgeltlich Dritten zu überlassen bzw. mit diesen Handel zu treiben. Insbesondere sind die teilnehmenden Golfclubs in diesem Falle berechtigt, die Einlösung der ausgeschriebenen Angebote zu verweigern.
8. Die teilnehmenden Golfclubs haben sich gegenüber dem Verlag unter den o.g. Bedingungen verpflichtet, die ausgeschriebenen Angebote einzulösen. Der Verlag übernimmt jedoch keine Gewähr und keine Haftung, wenn ein Angebot nicht eingelöst wird oder werden kann.

Bedingungen zur Einlösung des Discounts:
1. Das Angebot ist einschließlich bis 30.6.2024 gültig.
2. Der Golfspieler/Leser hat sich telefonisch eine Abschlagzeit geben zu lassen – dabei ist die Nutzung des Angebots anzugeben.
3. Eine Barauszahlung des Greenfee-Vorteils ist nicht möglich.
4. Das Kombinieren von Angeboten oder bestehenden Greenfee-Vorteilen ist nicht möglich. Der Vorteil bezieht sich jeweils ausschließlich auf die zum Zeitpunkt der Einlösung gültigen vollen Greenfee-Gebühren.
5. Gibt es Spielergruppen mit erhöhten Greenfee-Gebühren, ist ein Nachlass auf diese Gebühren nicht möglich.
6. Das Angebot allein berechtigt nicht zum Spiel gegen Greenfee. Die Erfüllung der Bestimmungen des jeweiligen Golfclubs zur Greenfee-Berechtigung (Mitgliedschaft in einem Golfclub, Mindesthandicap etc.) zum Zeitpunkt der Einlösung sind Voraussetzung.
7. Es ist untersagt, den Greenfee-Gutschein entgeltlich Dritten zu überlassen bzw. mit diesen Handel zu treiben. Insbesondere sind die teilnehmenden Golfclubs in diesem Falle berechtigt, die Einlösung der ausgeschriebenen Angebote zu verweigern.
8. Die teilnehmenden Golfclubs haben sich gegenüber dem Verlag unter den o.g. Bedingungen verpflichtet, die ausgeschriebenen Angebote einzulösen. Der Verlag übernimmt jedoch keine Gewähr und keine Haftung, wenn ein Angebot nicht eingelöst wird oder werden kann.

Diese Gutscheine gelten nur in Verbindung mit dem Buch/Albrecht Golf Card

Diese Gutscheine gelten nur in Verbindung mit dem Buch/Albrecht Golf Card

DER GOLF ALBRECHT

Euro Golfclub 2000 e.V./ Golfanlage Lietzenhof DE

Lietzkreuz 1
D-54597 Burbach
✆ 06553-2007
Rheinland-Pfalz, Saarland

159

25% Greenfee-Ermäßigung

DER GOLF ALBRECHT

Mainzer Golfclub GmbH & Co. KG DE

Budenheimer Parkallee 11
D-55257 Budenheim
✆ 06139-29300
Rheinland-Pfalz, Saarland

160

20% Greenfee-Ermäßigung wochentags

DER GOLF ALBRECHT

Mainzer Golfclub GmbH & Co. KG DE

Budenheimer Parkallee 11
D-55257 Budenheim
✆ 06139-29300
Rheinland-Pfalz, Saarland

160

20% Greenfee-Ermäßigung wochentags

DER GOLF ALBRECHT

Golf Club Hahn e.V. DE

Golfallee 1
D-55483 Hahn-Flughafen
✆ 06543-509560
Rheinland-Pfalz, Saarland

161

2 for 1 2 GF zum Preis von 1

DER GOLF ALBRECHT

Golf Club Hahn e.V. DE

Golfallee 1
D-55483 Hahn-Flughafen
✆ 06543-509560
Rheinland-Pfalz, Saarland

161

2 for 1 2 GF zum Preis von 1

DER GOLF ALBRECHT

Golf Club Hahn e.V. DE

Golfallee 1
D-55483 Hahn-Flughafen
✆ 06543-509560
Rheinland-Pfalz, Saarland

161

25% Greenfee-Ermäßigung

DER GOLF ALBRECHT

Golf Club Hahn e.V. DE

Golfallee 1
D-55483 Hahn-Flughafen
✆ 06543-509560
Rheinland-Pfalz, Saarland

161

25% Greenfee-Ermäßigung

DER GOLF ALBRECHT

Golf Club Domtal Mommenheim e.V. DE

Am Golfplatz 1
D-55278 Mommenheim
✆ 06138-92020
Rheinland-Pfalz, Saarland

162

10% Greenfee-Ermäßigung

DER GOLF ALBRECHT

Golfclub Nahetal e.V. DE

Drei Buchen
D-55583 Bad Kreuznach
✆ 06708-2145
Rheinland-Pfalz, Saarland

163

2 for 1 2 GF zum Preis von 1

DER GOLF ALBRECHT

Golfclub Nahetal e.V. DE

Drei Buchen
D-55583 Bad Kreuznach
✆ 06708-2145
Rheinland-Pfalz, Saarland

163

2 for 1 2 GF zum Preis von 1

Bedingungen zur Einlösung des Discounts:

1. Das Angebot ist einschließlich bis 30.6.2024 gültig.
2. Der Golfspieler/Leser hat sich telefonisch eine Abschlagzeit geben zu lassen – dabei ist die Nutzung des Angebots anzugeben.
3. Eine Barauszahlung des Greenfee-Vorteils ist nicht möglich.
4. Das Kombinieren von Angeboten oder bestehenden Greenfee-Vorteilen ist nicht möglich. Der Vorteil bezieht sich jeweils ausschließlich auf die zum Zeitpunkt der Einlösung gültigen vollen Greenfee-Gebühren.
5. Gibt es Spielergruppen mit erhöhten Greenfee-Gebühren, ist ein Nachlass auf diese Gebühren nicht möglich.
6. Das Angebot allein berechtigt nicht zum Spiel gegen Greenfee. Die Erfüllung der Bestimmungen des jeweiligen Golfclubs zur Greenfee-Berechtigung (Mitgliedschaft in einem Golfclub, Mindesthandicap etc.) zum Zeitpunkt der Einlösung sind Voraussetzung.
7. Es ist untersagt, den Greenfee-Gutschein entgeltlich Dritten zu überlassen bzw. mit diesen Handel zu treiben. Insbesondere sind die teilnehmenden Golfclubs in diesem Falle berechtigt, die Einlösung der ausgeschriebenen Angebote zu verweigern.
8. Die teilnehmenden Golfclubs haben sich gegenüber dem Verlag unter den o.g. Bedingungen verpflichtet, die ausgeschriebenen Angebote einzulösen. Der Verlag übernimmt jedoch keine Gewähr und keine Haftung, wenn ein Angebot nicht eingelöst wird oder werden kann.

Bedingungen zur Einlösung des Discounts:

1. Das Angebot ist einschließlich bis 30.6.2024 gültig.
2. Der Golfspieler/Leser hat sich telefonisch eine Abschlagzeit geben zu lassen – dabei ist die Nutzung des Angebots anzugeben.
3. Eine Barauszahlung des Greenfee-Vorteils ist nicht möglich.
4. Das Kombinieren von Angeboten oder bestehenden Greenfee-Vorteilen ist nicht möglich. Der Vorteil bezieht sich jeweils ausschließlich auf die zum Zeitpunkt der Einlösung gültigen vollen Greenfee-Gebühren.
5. Gibt es Spielergruppen mit erhöhten Greenfee-Gebühren, ist ein Nachlass auf diese Gebühren nicht möglich.
6. Das Angebot allein berechtigt nicht zum Spiel gegen Greenfee. Die Erfüllung der Bestimmungen des jeweiligen Golfclubs zur Greenfee-Berechtigung (Mitgliedschaft in einem Golfclub, Mindesthandicap etc.) zum Zeitpunkt der Einlösung sind Voraussetzung.
7. Es ist untersagt, den Greenfee-Gutschein entgeltlich Dritten zu überlassen bzw. mit diesen Handel zu treiben. Insbesondere sind die teilnehmenden Golfclubs in diesem Falle berechtigt, die Einlösung der ausgeschriebenen Angebote zu verweigern.
8. Die teilnehmenden Golfclubs haben sich gegenüber dem Verlag unter den o.g. Bedingungen verpflichtet, die ausgeschriebenen Angebote einzulösen. Der Verlag übernimmt jedoch keine Gewähr und keine Haftung, wenn ein Angebot nicht eingelöst wird oder werden kann.

Bedingungen zur Einlösung des Discounts:

1. Das Angebot ist einschließlich bis 30.6.2024 gültig.
2. Der Golfspieler/Leser hat sich telefonisch eine Abschlagzeit geben zu lassen – dabei ist die Nutzung des Angebots anzugeben.
3. Eine Barauszahlung des Greenfee-Vorteils ist nicht möglich.
4. Das Kombinieren von Angeboten oder bestehenden Greenfee-Vorteilen ist nicht möglich. Der Vorteil bezieht sich jeweils ausschließlich auf die zum Zeitpunkt der Einlösung gültigen vollen Greenfee-Gebühren.
5. Gibt es Spielergruppen mit erhöhten Greenfee-Gebühren, ist ein Nachlass auf diese Gebühren nicht möglich.
6. Das Angebot allein berechtigt nicht zum Spiel gegen Greenfee. Die Erfüllung der Bestimmungen des jeweiligen Golfclubs zur Greenfee-Berechtigung (Mitgliedschaft in einem Golfclub, Mindesthandicap etc.) zum Zeitpunkt der Einlösung sind Voraussetzung.
7. Es ist untersagt, den Greenfee-Gutschein entgeltlich Dritten zu überlassen bzw. mit diesen Handel zu treiben. Insbesondere sind die teilnehmenden Golfclubs in diesem Falle berechtigt, die Einlösung der ausgeschriebenen Angebote zu verweigern.
8. Die teilnehmenden Golfclubs haben sich gegenüber dem Verlag unter den o.g. Bedingungen verpflichtet, die ausgeschriebenen Angebote einzulösen. Der Verlag übernimmt jedoch keine Gewähr und keine Haftung, wenn ein Angebot nicht eingelöst wird oder werden kann.

Bedingungen zur Einlösung des Discounts:

1. Das Angebot ist einschließlich bis 30.6.2024 gültig.
2. Der Golfspieler/Leser hat sich telefonisch eine Abschlagzeit geben zu lassen – dabei ist die Nutzung des Angebots anzugeben.
3. Eine Barauszahlung des Greenfee-Vorteils ist nicht möglich.
4. Das Kombinieren von Angeboten oder bestehenden Greenfee-Vorteilen ist nicht möglich. Der Vorteil bezieht sich jeweils ausschließlich auf die zum Zeitpunkt der Einlösung gültigen vollen Greenfee-Gebühren.
5. Gibt es Spielergruppen mit erhöhten Greenfee-Gebühren, ist ein Nachlass auf diese Gebühren nicht möglich.
6. Das Angebot allein berechtigt nicht zum Spiel gegen Greenfee. Die Erfüllung der Bestimmungen des jeweiligen Golfclubs zur Greenfee-Berechtigung (Mitgliedschaft in einem Golfclub, Mindesthandicap etc.) zum Zeitpunkt der Einlösung sind Voraussetzung.
7. Es ist untersagt, den Greenfee-Gutschein entgeltlich Dritten zu überlassen bzw. mit diesen Handel zu treiben. Insbesondere sind die teilnehmenden Golfclubs in diesem Falle berechtigt, die Einlösung der ausgeschriebenen Angebote zu verweigern.
8. Die teilnehmenden Golfclubs haben sich gegenüber dem Verlag unter den o.g. Bedingungen verpflichtet, die ausgeschriebenen Angebote einzulösen. Der Verlag übernimmt jedoch keine Gewähr und keine Haftung, wenn ein Angebot nicht eingelöst wird oder werden kann.

Bedingungen zur Einlösung des Discounts:

1. Das Angebot ist einschließlich bis 30.6.2024 gültig.
2. Der Golfspieler/Leser hat sich telefonisch eine Abschlagzeit geben zu lassen – dabei ist die Nutzung des Angebots anzugeben.
3. Eine Barauszahlung des Greenfee-Vorteils ist nicht möglich.
4. Das Kombinieren von Angeboten oder bestehenden Greenfee-Vorteilen ist nicht möglich. Der Vorteil bezieht sich jeweils ausschließlich auf die zum Zeitpunkt der Einlösung gültigen vollen Greenfee-Gebühren.
5. Gibt es Spielergruppen mit erhöhten Greenfee-Gebühren, ist ein Nachlass auf diese Gebühren nicht möglich.
6. Das Angebot allein berechtigt nicht zum Spiel gegen Greenfee. Die Erfüllung der Bestimmungen des jeweiligen Golfclubs zur Greenfee-Berechtigung (Mitgliedschaft in einem Golfclub, Mindesthandicap etc.) zum Zeitpunkt der Einlösung sind Voraussetzung.
7. Es ist untersagt, den Greenfee-Gutschein entgeltlich Dritten zu überlassen bzw. mit diesen Handel zu treiben. Insbesondere sind die teilnehmenden Golfclubs in diesem Falle berechtigt, die Einlösung der ausgeschriebenen Angebote zu verweigern.
8. Die teilnehmenden Golfclubs haben sich gegenüber dem Verlag unter den o.g. Bedingungen verpflichtet, die ausgeschriebenen Angebote einzulösen. Der Verlag übernimmt jedoch keine Gewähr und keine Haftung, wenn ein Angebot nicht eingelöst wird oder werden kann.

Bedingungen zur Einlösung des Discounts:

1. Das Angebot ist einschließlich bis 30.6.2024 gültig.
2. Der Golfspieler/Leser hat sich telefonisch eine Abschlagzeit geben zu lassen – dabei ist die Nutzung des Angebots anzugeben.
3. Eine Barauszahlung des Greenfee-Vorteils ist nicht möglich.
4. Das Kombinieren von Angeboten oder bestehenden Greenfee-Vorteilen ist nicht möglich. Der Vorteil bezieht sich jeweils ausschließlich auf die zum Zeitpunkt der Einlösung gültigen vollen Greenfee-Gebühren.
5. Gibt es Spielergruppen mit erhöhten Greenfee-Gebühren, ist ein Nachlass auf diese Gebühren nicht möglich.
6. Das Angebot allein berechtigt nicht zum Spiel gegen Greenfee. Die Erfüllung der Bestimmungen des jeweiligen Golfclubs zur Greenfee-Berechtigung (Mitgliedschaft in einem Golfclub, Mindesthandicap etc.) zum Zeitpunkt der Einlösung sind Voraussetzung.
7. Es ist untersagt, den Greenfee-Gutschein entgeltlich Dritten zu überlassen bzw. mit diesen Handel zu treiben. Insbesondere sind die teilnehmenden Golfclubs in diesem Falle berechtigt, die Einlösung der ausgeschriebenen Angebote zu verweigern.
8. Die teilnehmenden Golfclubs haben sich gegenüber dem Verlag unter den o.g. Bedingungen verpflichtet, die ausgeschriebenen Angebote einzulösen. Der Verlag übernimmt jedoch keine Gewähr und keine Haftung, wenn ein Angebot nicht eingelöst wird oder werden kann.

Bedingungen zur Einlösung des Discounts:

1. Das Angebot ist einschließlich bis 30.6.2024 gültig.
2. Der Golfspieler/Leser hat sich telefonisch eine Abschlagzeit geben zu lassen – dabei ist die Nutzung des Angebots anzugeben.
3. Eine Barauszahlung des Greenfee-Vorteils ist nicht möglich.
4. Das Kombinieren von Angeboten oder bestehenden Greenfee-Vorteilen ist nicht möglich. Der Vorteil bezieht sich jeweils ausschließlich auf die zum Zeitpunkt der Einlösung gültigen vollen Greenfee-Gebühren.
5. Gibt es Spielergruppen mit erhöhten Greenfee-Gebühren, ist ein Nachlass auf diese Gebühren nicht möglich.
6. Das Angebot allein berechtigt nicht zum Spiel gegen Greenfee. Die Erfüllung der Bestimmungen des jeweiligen Golfclubs zur Greenfee-Berechtigung (Mitgliedschaft in einem Golfclub, Mindesthandicap etc.) zum Zeitpunkt der Einlösung sind Voraussetzung.
7. Es ist untersagt, den Greenfee-Gutschein entgeltlich Dritten zu überlassen bzw. mit diesen Handel zu treiben. Insbesondere sind die teilnehmenden Golfclubs in diesem Falle berechtigt, die Einlösung der ausgeschriebenen Angebote zu verweigern.
8. Die teilnehmenden Golfclubs haben sich gegenüber dem Verlag unter den o.g. Bedingungen verpflichtet, die ausgeschriebenen Angebote einzulösen. Der Verlag übernimmt jedoch keine Gewähr und keine Haftung, wenn ein Angebot nicht eingelöst wird oder werden kann.

Bedingungen zur Einlösung des Discounts:

1. Das Angebot ist einschließlich bis 30.6.2024 gültig.
2. Der Golfspieler/Leser hat sich telefonisch eine Abschlagzeit geben zu lassen – dabei ist die Nutzung des Angebots anzugeben.
3. Eine Barauszahlung des Greenfee-Vorteils ist nicht möglich.
4. Das Kombinieren von Angeboten oder bestehenden Greenfee-Vorteilen ist nicht möglich. Der Vorteil bezieht sich jeweils ausschließlich auf die zum Zeitpunkt der Einlösung gültigen vollen Greenfee-Gebühren.
5. Gibt es Spielergruppen mit erhöhten Greenfee-Gebühren, ist ein Nachlass auf diese Gebühren nicht möglich.
6. Das Angebot allein berechtigt nicht zum Spiel gegen Greenfee. Die Erfüllung der Bestimmungen des jeweiligen Golfclubs zur Greenfee-Berechtigung (Mitgliedschaft in einem Golfclub, Mindesthandicap etc.) zum Zeitpunkt der Einlösung sind Voraussetzung.
7. Es ist untersagt, den Greenfee-Gutschein entgeltlich Dritten zu überlassen bzw. mit diesen Handel zu treiben. Insbesondere sind die teilnehmenden Golfclubs in diesem Falle berechtigt, die Einlösung der ausgeschriebenen Angebote zu verweigern.
8. Die teilnehmenden Golfclubs haben sich gegenüber dem Verlag unter den o.g. Bedingungen verpflichtet, die ausgeschriebenen Angebote einzulösen. Der Verlag übernimmt jedoch keine Gewähr und keine Haftung, wenn ein Angebot nicht eingelöst wird oder werden kann.

Bedingungen zur Einlösung des Discounts:

1. Das Angebot ist einschließlich bis 30.6.2024 gültig.
2. Der Golfspieler/Leser hat sich telefonisch eine Abschlagzeit geben zu lassen – dabei ist die Nutzung des Angebots anzugeben.
3. Eine Barauszahlung des Greenfee-Vorteils ist nicht möglich.
4. Das Kombinieren von Angeboten oder bestehenden Greenfee-Vorteilen ist nicht möglich. Der Vorteil bezieht sich jeweils ausschließlich auf die zum Zeitpunkt der Einlösung gültigen vollen Greenfee-Gebühren.
5. Gibt es Spielergruppen mit erhöhten Greenfee-Gebühren, ist ein Nachlass auf diese Gebühren nicht möglich.
6. Das Angebot allein berechtigt nicht zum Spiel gegen Greenfee. Die Erfüllung der Bestimmungen des jeweiligen Golfclubs zur Greenfee-Berechtigung (Mitgliedschaft in einem Golfclub, Mindesthandicap etc.) zum Zeitpunkt der Einlösung sind Voraussetzung.
7. Es ist untersagt, den Greenfee-Gutschein entgeltlich Dritten zu überlassen bzw. mit diesen Handel zu treiben. Insbesondere sind die teilnehmenden Golfclubs in diesem Falle berechtigt, die Einlösung der ausgeschriebenen Angebote zu verweigern.
8. Die teilnehmenden Golfclubs haben sich gegenüber dem Verlag unter den o.g. Bedingungen verpflichtet, die ausgeschriebenen Angebote einzulösen. Der Verlag übernimmt jedoch keine Gewähr und keine Haftung, wenn ein Angebot nicht eingelöst wird oder werden kann.

Bedingungen zur Einlösung des Discounts:

1. Das Angebot ist einschließlich bis 30.6.2024 gültig.
2. Der Golfspieler/Leser hat sich telefonisch eine Abschlagzeit geben zu lassen – dabei ist die Nutzung des Angebots anzugeben.
3. Eine Barauszahlung des Greenfee-Vorteils ist nicht möglich.
4. Das Kombinieren von Angeboten oder bestehenden Greenfee-Vorteilen ist nicht möglich. Der Vorteil bezieht sich jeweils ausschließlich auf die zum Zeitpunkt der Einlösung gültigen vollen Greenfee-Gebühren.
5. Gibt es Spielergruppen mit erhöhten Greenfee-Gebühren, ist ein Nachlass auf diese Gebühren nicht möglich.
6. Das Angebot allein berechtigt nicht zum Spiel gegen Greenfee. Die Erfüllung der Bestimmungen des jeweiligen Golfclubs zur Greenfee-Berechtigung (Mitgliedschaft in einem Golfclub, Mindesthandicap etc.) zum Zeitpunkt der Einlösung sind Voraussetzung.
7. Es ist untersagt, den Greenfee-Gutschein entgeltlich Dritten zu überlassen bzw. mit diesen Handel zu treiben. Insbesondere sind die teilnehmenden Golfclubs in diesem Falle berechtigt, die Einlösung der ausgeschriebenen Angebote zu verweigern.
8. Die teilnehmenden Golfclubs haben sich gegenüber dem Verlag unter den o.g. Bedingungen verpflichtet, die ausgeschriebenen Angebote einzulösen. Der Verlag übernimmt jedoch keine Gewähr und keine Haftung, wenn ein Angebot nicht eingelöst wird oder werden kann.

Diese Gutscheine gelten nur in Verbindung mit dem Buch/Albrecht Golf Card

Diese Gutscheine gelten nur in Verbindung mit dem Buch/Albrecht Golf Card

DER GOLF ALBRECHT

Golfclub Nahetal e.V. DE

Drei Buchen
D-55583 Bad Kreuznach
✆ 06708-2145
Rheinland-Pfalz, Saarland

163

20% Greenfee-Ermäßigung

DER GOLF ALBRECHT

Golfclub Nahetal e.V. DE

Drei Buchen
D-55583 Bad Kreuznach
✆ 06708-2145
Rheinland-Pfalz, Saarland

163

20% Greenfee-Ermäßigung

DER GOLF ALBRECHT

Golfclub Worms e.V. DE

Gernsheimer Fahrt
D-67580 Hamm am Rhein
✆ 06246-907226
Rheinland-Pfalz, Saarland

164

2 for 1 2 GF zum Preis von 1

DER GOLF ALBRECHT

Golfclub Worms e.V. DE

Gernsheimer Fahrt
D-67580 Hamm am Rhein
✆ 06246-907226
Rheinland-Pfalz, Saarland

164

2 for 1 2 GF zum Preis von 1

DER GOLF ALBRECHT

Golfclub Worms e.V. DE

Gernsheimer Fahrt
D-67580 Hamm am Rhein
✆ 06246-907226
Rheinland-Pfalz, Saarland

164

20% Greenfee-Ermäßigung

DER GOLF ALBRECHT

Golfclub Worms e.V. DE

Gernsheimer Fahrt
D-67580 Hamm am Rhein
✆ 06246-907226
Rheinland-Pfalz, Saarland

164

20% Greenfee-Ermäßigung

DER GOLF ALBRECHT

Golfclub Edelstein-Hunsrück e.V. DE

Am Golfplatz
D-55743 Kirschweiler
✆ 06781-36615
Rheinland-Pfalz, Saarland

165

2 for 1 2 GF zum Preis von 1 wochentags

DER GOLF ALBRECHT

Golfclub Edelstein-Hunsrück e.V. DE

Am Golfplatz
D-55743 Kirschweiler
✆ 06781-36615
Rheinland-Pfalz, Saarland

165

30% Greenfee-Ermäßigung wochentags

DER GOLF ALBRECHT

Rolling Hills Golf Club Baumholder e.V. DE

Gebäude 8888
D-55774 Baumholder
✆ 06783-8788
Rheinland-Pfalz, Saarland

166

2 for 1 2 GF zum Preis von 1

DER GOLF ALBRECHT

Rolling Hills Golf Club Baumholder e.V. DE

Gebäude 8888
D-55774 Baumholder
✆ 06783-8788
Rheinland-Pfalz, Saarland

166

2 for 1 2 GF zum Preis von 1

Bedingungen zur Einlösung des Discounts:

1. Das Angebot ist einschließlich bis 30.6.2024 gültig.
2. Der Golfspieler/Leser hat sich telefonisch eine Abschlagzeit geben zu lassen – dabei ist die Nutzung des Angebots anzugeben.
3. Eine Barauszahlung des Greenfee-Vorteils ist nicht möglich.
4. Das Kombinieren von Angeboten oder bestehenden Greenfee-Vorteilen ist nicht möglich. Der Vorteil bezieht sich jeweils ausschließlich auf die zum Zeitpunkt der Einlösung gültigen vollen Greenfee-Gebühren.
5. Gibt es Spielergruppen mit erhöhten Greenfee-Gebühren, ist ein Nachlass auf diese Gebühren nicht möglich.
6. Das Angebot allein berechtigt nicht zum Spiel gegen Greenfee. Die Erfüllung der Bestimmungen des jeweiligen Golfclubs zur Greenfee-Berechtigung (Mitgliedschaft in einem Golfclub, Mindesthandicap etc.) zum Zeitpunkt der Einlösung sind Voraussetzung.
7. Es ist untersagt, den Greenfee-Gutschein entgeltlich Dritten zu überlassen bzw. mit diesen Handel zu treiben. Insbesondere sind die teilnehmenden Golfclubs in diesem Falle berechtigt, die Einlösung der ausgeschriebenen Angebote zu verweigern.
8. Die teilnehmenden Golfclubs haben sich gegenüber dem Verlag unter den o.g. Bedingungen verpflichtet, die ausgeschriebenen Angebote einzulösen. Der Verlag übernimmt jedoch keine Gewähr und keine Haftung, wenn ein Angebot nicht eingelöst wird oder werden kann.

Bedingungen zur Einlösung des Discounts:

1. Das Angebot ist einschließlich bis 30.6.2024 gültig.
2. Der Golfspieler/Leser hat sich telefonisch eine Abschlagzeit geben zu lassen – dabei ist die Nutzung des Angebots anzugeben.
3. Eine Barauszahlung des Greenfee-Vorteils ist nicht möglich.
4. Das Kombinieren von Angeboten oder bestehenden Greenfee-Vorteilen ist nicht möglich. Der Vorteil bezieht sich jeweils ausschließlich auf die zum Zeitpunkt der Einlösung gültigen vollen Greenfee-Gebühren.
5. Gibt es Spielergruppen mit erhöhten Greenfee-Gebühren, ist ein Nachlass auf diese Gebühren nicht möglich.
6. Das Angebot allein berechtigt nicht zum Spiel gegen Greenfee. Die Erfüllung der Bestimmungen des jeweiligen Golfclubs zur Greenfee-Berechtigung (Mitgliedschaft in einem Golfclub, Mindesthandicap etc.) zum Zeitpunkt der Einlösung sind Voraussetzung.
7. Es ist untersagt, den Greenfee-Gutschein entgeltlich Dritten zu überlassen bzw. mit diesen Handel zu treiben. Insbesondere sind die teilnehmenden Golfclubs in diesem Falle berechtigt, die Einlösung der ausgeschriebenen Angebote zu verweigern.
8. Die teilnehmenden Golfclubs haben sich gegenüber dem Verlag unter den o.g. Bedingungen verpflichtet, die ausgeschriebenen Angebote einzulösen. Der Verlag übernimmt jedoch keine Gewähr und keine Haftung, wenn ein Angebot nicht eingelöst wird oder werden kann.

Bedingungen zur Einlösung des Discounts:

1. Das Angebot ist einschließlich bis 30.6.2024 gültig.
2. Der Golfspieler/Leser hat sich telefonisch eine Abschlagzeit geben zu lassen – dabei ist die Nutzung des Angebots anzugeben.
3. Eine Barauszahlung des Greenfee-Vorteils ist nicht möglich.
4. Das Kombinieren von Angeboten oder bestehenden Greenfee-Vorteilen ist nicht möglich. Der Vorteil bezieht sich jeweils ausschließlich auf die zum Zeitpunkt der Einlösung gültigen vollen Greenfee-Gebühren.
5. Gibt es Spielergruppen mit erhöhten Greenfee-Gebühren, ist ein Nachlass auf diese Gebühren nicht möglich.
6. Das Angebot allein berechtigt nicht zum Spiel gegen Greenfee. Die Erfüllung der Bestimmungen des jeweiligen Golfclubs zur Greenfee-Berechtigung (Mitgliedschaft in einem Golfclub, Mindesthandicap etc.) zum Zeitpunkt der Einlösung sind Voraussetzung.
7. Es ist untersagt, den Greenfee-Gutschein entgeltlich Dritten zu überlassen bzw. mit diesen Handel zu treiben. Insbesondere sind die teilnehmenden Golfclubs in diesem Falle berechtigt, die Einlösung der ausgeschriebenen Angebote zu verweigern.
8. Die teilnehmenden Golfclubs haben sich gegenüber dem Verlag unter den o.g. Bedingungen verpflichtet, die ausgeschriebenen Angebote einzulösen. Der Verlag übernimmt jedoch keine Gewähr und keine Haftung, wenn ein Angebot nicht eingelöst wird oder werden kann.

Bedingungen zur Einlösung des Discounts:

1. Das Angebot ist einschließlich bis 30.6.2024 gültig.
2. Der Golfspieler/Leser hat sich telefonisch eine Abschlagzeit geben zu lassen – dabei ist die Nutzung des Angebots anzugeben.
3. Eine Barauszahlung des Greenfee-Vorteils ist nicht möglich.
4. Das Kombinieren von Angeboten oder bestehenden Greenfee-Vorteilen ist nicht möglich. Der Vorteil bezieht sich jeweils ausschließlich auf die zum Zeitpunkt der Einlösung gültigen vollen Greenfee-Gebühren.
5. Gibt es Spielergruppen mit erhöhten Greenfee-Gebühren, ist ein Nachlass auf diese Gebühren nicht möglich.
6. Das Angebot allein berechtigt nicht zum Spiel gegen Greenfee. Die Erfüllung der Bestimmungen des jeweiligen Golfclubs zur Greenfee-Berechtigung (Mitgliedschaft in einem Golfclub, Mindesthandicap etc.) zum Zeitpunkt der Einlösung sind Voraussetzung.
7. Es ist untersagt, den Greenfee-Gutschein entgeltlich Dritten zu überlassen bzw. mit diesen Handel zu treiben. Insbesondere sind die teilnehmenden Golfclubs in diesem Falle berechtigt, die Einlösung der ausgeschriebenen Angebote zu verweigern.
8. Die teilnehmenden Golfclubs haben sich gegenüber dem Verlag unter den o.g. Bedingungen verpflichtet, die ausgeschriebenen Angebote einzulösen. Der Verlag übernimmt jedoch keine Gewähr und keine Haftung, wenn ein Angebot nicht eingelöst wird oder werden kann.

Bedingungen zur Einlösung des Discounts:

1. Das Angebot ist einschließlich bis 30.6.2024 gültig.
2. Der Golfspieler/Leser hat sich telefonisch eine Abschlagzeit geben zu lassen – dabei ist die Nutzung des Angebots anzugeben.
3. Eine Barauszahlung des Greenfee-Vorteils ist nicht möglich.
4. Das Kombinieren von Angeboten oder bestehenden Greenfee-Vorteilen ist nicht möglich. Der Vorteil bezieht sich jeweils ausschließlich auf die zum Zeitpunkt der Einlösung gültigen vollen Greenfee-Gebühren.
5. Gibt es Spielergruppen mit erhöhten Greenfee-Gebühren, ist ein Nachlass auf diese Gebühren nicht möglich.
6. Das Angebot allein berechtigt nicht zum Spiel gegen Greenfee. Die Erfüllung der Bestimmungen des jeweiligen Golfclubs zur Greenfee-Berechtigung (Mitgliedschaft in einem Golfclub, Mindesthandicap etc.) zum Zeitpunkt der Einlösung sind Voraussetzung.
7. Es ist untersagt, den Greenfee-Gutschein entgeltlich Dritten zu überlassen bzw. mit diesen Handel zu treiben. Insbesondere sind die teilnehmenden Golfclubs in diesem Falle berechtigt, die Einlösung der ausgeschriebenen Angebote zu verweigern.
8. Die teilnehmenden Golfclubs haben sich gegenüber dem Verlag unter den o.g. Bedingungen verpflichtet, die ausgeschriebenen Angebote einzulösen. Der Verlag übernimmt jedoch keine Gewähr und keine Haftung, wenn ein Angebot nicht eingelöst wird oder werden kann.

Bedingungen zur Einlösung des Discounts:

1. Das Angebot ist einschließlich bis 30.6.2024 gültig.
2. Der Golfspieler/Leser hat sich telefonisch eine Abschlagzeit geben zu lassen – dabei ist die Nutzung des Angebots anzugeben.
3. Eine Barauszahlung des Greenfee-Vorteils ist nicht möglich.
4. Das Kombinieren von Angeboten oder bestehenden Greenfee-Vorteilen ist nicht möglich. Der Vorteil bezieht sich jeweils ausschließlich auf die zum Zeitpunkt der Einlösung gültigen vollen Greenfee-Gebühren.
5. Gibt es Spielergruppen mit erhöhten Greenfee-Gebühren, ist ein Nachlass auf diese Gebühren nicht möglich.
6. Das Angebot allein berechtigt nicht zum Spiel gegen Greenfee. Die Erfüllung der Bestimmungen des jeweiligen Golfclubs zur Greenfee-Berechtigung (Mitgliedschaft in einem Golfclub, Mindesthandicap etc.) zum Zeitpunkt der Einlösung sind Voraussetzung.
7. Es ist untersagt, den Greenfee-Gutschein entgeltlich Dritten zu überlassen bzw. mit diesen Handel zu treiben. Insbesondere sind die teilnehmenden Golfclubs in diesem Falle berechtigt, die Einlösung der ausgeschriebenen Angebote zu verweigern.
8. Die teilnehmenden Golfclubs haben sich gegenüber dem Verlag unter den o.g. Bedingungen verpflichtet, die ausgeschriebenen Angebote einzulösen. Der Verlag übernimmt jedoch keine Gewähr und keine Haftung, wenn ein Angebot nicht eingelöst wird oder werden kann.

Bedingungen zur Einlösung des Discounts:

1. Das Angebot ist einschließlich bis 30.6.2024 gültig.
2. Der Golfspieler/Leser hat sich telefonisch eine Abschlagzeit geben zu lassen – dabei ist die Nutzung des Angebots anzugeben.
3. Eine Barauszahlung des Greenfee-Vorteils ist nicht möglich.
4. Das Kombinieren von Angeboten oder bestehenden Greenfee-Vorteilen ist nicht möglich. Der Vorteil bezieht sich jeweils ausschließlich auf die zum Zeitpunkt der Einlösung gültigen vollen Greenfee-Gebühren.
5. Gibt es Spielergruppen mit erhöhten Greenfee-Gebühren, ist ein Nachlass auf diese Gebühren nicht möglich.
6. Das Angebot allein berechtigt nicht zum Spiel gegen Greenfee. Die Erfüllung der Bestimmungen des jeweiligen Golfclubs zur Greenfee-Berechtigung (Mitgliedschaft in einem Golfclub, Mindesthandicap etc.) zum Zeitpunkt der Einlösung sind Voraussetzung.
7. Es ist untersagt, den Greenfee-Gutschein entgeltlich Dritten zu überlassen bzw. mit diesen Handel zu treiben. Insbesondere sind die teilnehmenden Golfclubs in diesem Falle berechtigt, die Einlösung der ausgeschriebenen Angebote zu verweigern.
8. Die teilnehmenden Golfclubs haben sich gegenüber dem Verlag unter den o.g. Bedingungen verpflichtet, die ausgeschriebenen Angebote einzulösen. Der Verlag übernimmt jedoch keine Gewähr und keine Haftung, wenn ein Angebot nicht eingelöst wird oder werden kann.

Bedingungen zur Einlösung des Discounts:

1. Das Angebot ist einschließlich bis 30.6.2024 gültig.
2. Der Golfspieler/Leser hat sich telefonisch eine Abschlagzeit geben zu lassen – dabei ist die Nutzung des Angebots anzugeben.
3. Eine Barauszahlung des Greenfee-Vorteils ist nicht möglich.
4. Das Kombinieren von Angeboten oder bestehenden Greenfee-Vorteilen ist nicht möglich. Der Vorteil bezieht sich jeweils ausschließlich auf die zum Zeitpunkt der Einlösung gültigen vollen Greenfee-Gebühren.
5. Gibt es Spielergruppen mit erhöhten Greenfee-Gebühren, ist ein Nachlass auf diese Gebühren nicht möglich.
6. Das Angebot allein berechtigt nicht zum Spiel gegen Greenfee. Die Erfüllung der Bestimmungen des jeweiligen Golfclubs zur Greenfee-Berechtigung (Mitgliedschaft in einem Golfclub, Mindesthandicap etc.) zum Zeitpunkt der Einlösung sind Voraussetzung.
7. Es ist untersagt, den Greenfee-Gutschein entgeltlich Dritten zu überlassen bzw. mit diesen Handel zu treiben. Insbesondere sind die teilnehmenden Golfclubs in diesem Falle berechtigt, die Einlösung der ausgeschriebenen Angebote zu verweigern.
8. Die teilnehmenden Golfclubs haben sich gegenüber dem Verlag unter den o.g. Bedingungen verpflichtet, die ausgeschriebenen Angebote einzulösen. Der Verlag übernimmt jedoch keine Gewähr und keine Haftung, wenn ein Angebot nicht eingelöst wird oder werden kann.

Bedingungen zur Einlösung des Discounts:

1. Das Angebot ist einschließlich bis 30.6.2024 gültig.
2. Der Golfspieler/Leser hat sich telefonisch eine Abschlagzeit geben zu lassen – dabei ist die Nutzung des Angebots anzugeben.
3. Eine Barauszahlung des Greenfee-Vorteils ist nicht möglich.
4. Das Kombinieren von Angeboten oder bestehenden Greenfee-Vorteilen ist nicht möglich. Der Vorteil bezieht sich jeweils ausschließlich auf die zum Zeitpunkt der Einlösung gültigen vollen Greenfee-Gebühren.
5. Gibt es Spielergruppen mit erhöhten Greenfee-Gebühren, ist ein Nachlass auf diese Gebühren nicht möglich.
6. Das Angebot allein berechtigt nicht zum Spiel gegen Greenfee. Die Erfüllung der Bestimmungen des jeweiligen Golfclubs zur Greenfee-Berechtigung (Mitgliedschaft in einem Golfclub, Mindesthandicap etc.) zum Zeitpunkt der Einlösung sind Voraussetzung.
7. Es ist untersagt, den Greenfee-Gutschein entgeltlich Dritten zu überlassen bzw. mit diesen Handel zu treiben. Insbesondere sind die teilnehmenden Golfclubs in diesem Falle berechtigt, die Einlösung der ausgeschriebenen Angebote zu verweigern.
8. Die teilnehmenden Golfclubs haben sich gegenüber dem Verlag unter den o.g. Bedingungen verpflichtet, die ausgeschriebenen Angebote einzulösen. Der Verlag übernimmt jedoch keine Gewähr und keine Haftung, wenn ein Angebot nicht eingelöst wird oder werden kann.

Bedingungen zur Einlösung des Discounts:

1. Das Angebot ist einschließlich bis 30.6.2024 gültig.
2. Der Golfspieler/Leser hat sich telefonisch eine Abschlagzeit geben zu lassen – dabei ist die Nutzung des Angebots anzugeben.
3. Eine Barauszahlung des Greenfee-Vorteils ist nicht möglich.
4. Das Kombinieren von Angeboten oder bestehenden Greenfee-Vorteilen ist nicht möglich. Der Vorteil bezieht sich jeweils ausschließlich auf die zum Zeitpunkt der Einlösung gültigen vollen Greenfee-Gebühren.
5. Gibt es Spielergruppen mit erhöhten Greenfee-Gebühren, ist ein Nachlass auf diese Gebühren nicht möglich.
6. Das Angebot allein berechtigt nicht zum Spiel gegen Greenfee. Die Erfüllung der Bestimmungen des jeweiligen Golfclubs zur Greenfee-Berechtigung (Mitgliedschaft in einem Golfclub, Mindesthandicap etc.) zum Zeitpunkt der Einlösung sind Voraussetzung.
7. Es ist untersagt, den Greenfee-Gutschein entgeltlich Dritten zu überlassen bzw. mit diesen Handel zu treiben. Insbesondere sind die teilnehmenden Golfclubs in diesem Falle berechtigt, die Einlösung der ausgeschriebenen Angebote zu verweigern.
8. Die teilnehmenden Golfclubs haben sich gegenüber dem Verlag unter den o.g. Bedingungen verpflichtet, die ausgeschriebenen Angebote einzulösen. Der Verlag übernimmt jedoch keine Gewähr und keine Haftung, wenn ein Angebot nicht eingelöst wird oder werden kann.

Diese Gutscheine gelten nur in Verbindung mit dem Buch/Albrecht Golf Card

Diese Gutscheine gelten nur in Verbindung mit dem Buch/Albrecht Golf Card

DER GOLF ALBRECHT

Rolling Hills Golf Club Baumholder e.V. DE

Gebäude 8888
D-55774 Baumholder
✆ 06783-8788
Rheinland-Pfalz, Saarland

166

25% Greenfee-Ermäßigung

DER GOLF ALBRECHT

Rolling Hills Golf Club Baumholder e.V. DE

Gebäude 8888
D-55774 Baumholder
✆ 06783-8788
Rheinland-Pfalz, Saarland

166

25% Greenfee-Ermäßigung

DER GOLF ALBRECHT

Golf Club Barbarossa e.V. DE

Am Hebenhübel
D-67686 Mackenbach
✆ 06374-994633
Rheinland-Pfalz, Saarland

167

2 for 1 2 GF zum Preis von 1

DER GOLF ALBRECHT

Golf Club Barbarossa e.V. DE

Am Hebenhübel
D-67686 Mackenbach
✆ 06374-994633
Rheinland-Pfalz, Saarland

167

25% Greenfee-Ermäßigung

DER GOLF ALBRECHT

Golf-Club Saarbrücken e.V. DE

Oberlimberger Weg
D-66798 Wallerfangen - Gisingen
✆ 06837-444800
Rheinland-Pfalz, Saarland

168

2 for 1 2 GF zum Preis von 1 wochentags

DER GOLF ALBRECHT

Golf-Club Saarbrücken e.V. DE

Oberlimberger Weg
D-66798 Wallerfangen - Gisingen
✆ 06837-444800
Rheinland-Pfalz, Saarland

168

2 for 1 2 GF zum Preis von 1 wochentags

DER GOLF ALBRECHT

Golfplatz Pfälzerwald DE

Auf dem Aspen 60
D-67714 Waldfischbach-Burgalben
✆ 06333-279603
Rheinland-Pfalz, Saarland

169

2 for 1 2 GF zum Preis von 1

DER GOLF ALBRECHT

Golfplatz Pfälzerwald DE

Auf dem Aspen 60
D-67714 Waldfischbach-Burgalben
✆ 06333-279603
Rheinland-Pfalz, Saarland

169

2 for 1 2 GF zum Preis von 1

DER GOLF ALBRECHT

Golfplatz Pfälzerwald DE

Auf dem Aspen 60
D-67714 Waldfischbach-Burgalben
✆ 06333-279603
Rheinland-Pfalz, Saarland

169

30% Greenfee-Ermäßigung

DER GOLF ALBRECHT

Golfplatz Pfälzerwald DE

Auf dem Aspen 60
D-67714 Waldfischbach-Burgalben
✆ 06333-279603
Rheinland-Pfalz, Saarland

169

30% Greenfee-Ermäßigung

Bedingungen zur Einlösung des Discounts:

1. Das Angebot ist einschließlich bis 30.6.2024 gültig.
2. Der Golfspieler/Leser hat sich telefonisch eine Abschlagzeit geben zu lassen – dabei ist die Nutzung des Angebots anzugeben.
3. Eine Barauszahlung des Greenfee-Vorteils ist nicht möglich.
4. Das Kombinieren von Angeboten oder bestehenden Greenfee-Vorteilen ist nicht möglich. Der Vorteil bezieht sich jeweils ausschließlich auf die zum Zeitpunkt der Einlösung gültigen vollen Greenfee-Gebühren.
5. Gibt es Spielergruppen mit erhöhten Greenfee-Gebühren, ist ein Nachlass auf diese Gebühren nicht möglich.
6. Das Angebot allein berechtigt nicht zum Spiel gegen Greenfee. Die Erfüllung der Bestimmungen des jeweiligen Golfclubs zur Greenfee-Berechtigung (Mitgliedschaft in einem Golfclub, Mindesthandicap etc.) zum Zeitpunkt der Einlösung sind Voraussetzung.
7. Es ist untersagt, den Greenfee-Gutschein entgeltlich Dritten zu überlassen bzw. mit diesen Handel zu treiben. Insbesondere sind die teilnehmenden Golfclubs in diesem Falle berechtigt, die Einlösung der ausgeschriebenen Angebote zu verweigern.
8. Die teilnehmenden Golfclubs haben sich gegenüber dem Verlag unter den o.g. Bedingungen verpflichtet, die ausgeschriebenen Angebote einzulösen. Der Verlag übernimmt jedoch keine Gewähr und keine Haftung, wenn ein Angebot nicht eingelöst wird oder werden kann.

Bedingungen zur Einlösung des Discounts:

1. Das Angebot ist einschließlich bis 30.6.2024 gültig.
2. Der Golfspieler/Leser hat sich telefonisch eine Abschlagzeit geben zu lassen – dabei ist die Nutzung des Angebots anzugeben.
3. Eine Barauszahlung des Greenfee-Vorteils ist nicht möglich.
4. Das Kombinieren von Angeboten oder bestehenden Greenfee-Vorteilen ist nicht möglich. Der Vorteil bezieht sich jeweils ausschließlich auf die zum Zeitpunkt der Einlösung gültigen vollen Greenfee-Gebühren.
5. Gibt es Spielergruppen mit erhöhten Greenfee-Gebühren, ist ein Nachlass auf diese Gebühren nicht möglich.
6. Das Angebot allein berechtigt nicht zum Spiel gegen Greenfee. Die Erfüllung der Bestimmungen des jeweiligen Golfclubs zur Greenfee-Berechtigung (Mitgliedschaft in einem Golfclub, Mindesthandicap etc.) zum Zeitpunkt der Einlösung sind Voraussetzung.
7. Es ist untersagt, den Greenfee-Gutschein entgeltlich Dritten zu überlassen bzw. mit diesen Handel zu treiben. Insbesondere sind die teilnehmenden Golfclubs in diesem Falle berechtigt, die Einlösung der ausgeschriebenen Angebote zu verweigern.
8. Die teilnehmenden Golfclubs haben sich gegenüber dem Verlag unter den o.g. Bedingungen verpflichtet, die ausgeschriebenen Angebote einzulösen. Der Verlag übernimmt jedoch keine Gewähr und keine Haftung, wenn ein Angebot nicht eingelöst wird oder werden kann.

Bedingungen zur Einlösung des Discounts:

1. Das Angebot ist einschließlich bis 30.6.2024 gültig.
2. Der Golfspieler/Leser hat sich telefonisch eine Abschlagzeit geben zu lassen – dabei ist die Nutzung des Angebots anzugeben.
3. Eine Barauszahlung des Greenfee-Vorteils ist nicht möglich.
4. Das Kombinieren von Angeboten oder bestehenden Greenfee-Vorteilen ist nicht möglich. Der Vorteil bezieht sich jeweils ausschließlich auf die zum Zeitpunkt der Einlösung gültigen vollen Greenfee-Gebühren.
5. Gibt es Spielergruppen mit erhöhten Greenfee-Gebühren, ist ein Nachlass auf diese Gebühren nicht möglich.
6. Das Angebot allein berechtigt nicht zum Spiel gegen Greenfee. Die Erfüllung der Bestimmungen des jeweiligen Golfclubs zur Greenfee-Berechtigung (Mitgliedschaft in einem Golfclub, Mindesthandicap etc.) zum Zeitpunkt der Einlösung sind Voraussetzung.
7. Es ist untersagt, den Greenfee-Gutschein entgeltlich Dritten zu überlassen bzw. mit diesen Handel zu treiben. Insbesondere sind die teilnehmenden Golfclubs in diesem Falle berechtigt, die Einlösung der ausgeschriebenen Angebote zu verweigern.
8. Die teilnehmenden Golfclubs haben sich gegenüber dem Verlag unter den o.g. Bedingungen verpflichtet, die ausgeschriebenen Angebote einzulösen. Der Verlag übernimmt jedoch keine Gewähr und keine Haftung, wenn ein Angebot nicht eingelöst wird oder werden kann.

Bedingungen zur Einlösung des Discounts:

1. Das Angebot ist einschließlich bis 30.6.2024 gültig.
2. Der Golfspieler/Leser hat sich telefonisch eine Abschlagzeit geben zu lassen – dabei ist die Nutzung des Angebots anzugeben.
3. Eine Barauszahlung des Greenfee-Vorteils ist nicht möglich.
4. Das Kombinieren von Angeboten oder bestehenden Greenfee-Vorteilen ist nicht möglich. Der Vorteil bezieht sich jeweils ausschließlich auf die zum Zeitpunkt der Einlösung gültigen vollen Greenfee-Gebühren.
5. Gibt es Spielergruppen mit erhöhten Greenfee-Gebühren, ist ein Nachlass auf diese Gebühren nicht möglich.
6. Das Angebot allein berechtigt nicht zum Spiel gegen Greenfee. Die Erfüllung der Bestimmungen des jeweiligen Golfclubs zur Greenfee-Berechtigung (Mitgliedschaft in einem Golfclub, Mindesthandicap etc.) zum Zeitpunkt der Einlösung sind Voraussetzung.
7. Es ist untersagt, den Greenfee-Gutschein entgeltlich Dritten zu überlassen bzw. mit diesen Handel zu treiben. Insbesondere sind die teilnehmenden Golfclubs in diesem Falle berechtigt, die Einlösung der ausgeschriebenen Angebote zu verweigern.
8. Die teilnehmenden Golfclubs haben sich gegenüber dem Verlag unter den o.g. Bedingungen verpflichtet, die ausgeschriebenen Angebote einzulösen. Der Verlag übernimmt jedoch keine Gewähr und keine Haftung, wenn ein Angebot nicht eingelöst wird oder werden kann.

Bedingungen zur Einlösung des Discounts:

1. Das Angebot ist einschließlich bis 30.6.2024 gültig.
2. Der Golfspieler/Leser hat sich telefonisch eine Abschlagzeit geben zu lassen – dabei ist die Nutzung des Angebots anzugeben.
3. Eine Barauszahlung des Greenfee-Vorteils ist nicht möglich.
4. Das Kombinieren von Angeboten oder bestehenden Greenfee-Vorteilen ist nicht möglich. Der Vorteil bezieht sich jeweils ausschließlich auf die zum Zeitpunkt der Einlösung gültigen vollen Greenfee-Gebühren.
5. Gibt es Spielergruppen mit erhöhten Greenfee-Gebühren, ist ein Nachlass auf diese Gebühren nicht möglich.
6. Das Angebot allein berechtigt nicht zum Spiel gegen Greenfee. Die Erfüllung der Bestimmungen des jeweiligen Golfclubs zur Greenfee-Berechtigung (Mitgliedschaft in einem Golfclub, Mindesthandicap etc.) zum Zeitpunkt der Einlösung sind Voraussetzung.
7. Es ist untersagt, den Greenfee-Gutschein entgeltlich Dritten zu überlassen bzw. mit diesen Handel zu treiben. Insbesondere sind die teilnehmenden Golfclubs in diesem Falle berechtigt, die Einlösung der ausgeschriebenen Angebote zu verweigern.
8. Die teilnehmenden Golfclubs haben sich gegenüber dem Verlag unter den o.g. Bedingungen verpflichtet, die ausgeschriebenen Angebote einzulösen. Der Verlag übernimmt jedoch keine Gewähr und keine Haftung, wenn ein Angebot nicht eingelöst wird oder werden kann.

Bedingungen zur Einlösung des Discounts:

1. Das Angebot ist einschließlich bis 30.6.2024 gültig.
2. Der Golfspieler/Leser hat sich telefonisch eine Abschlagzeit geben zu lassen – dabei ist die Nutzung des Angebots anzugeben.
3. Eine Barauszahlung des Greenfee-Vorteils ist nicht möglich.
4. Das Kombinieren von Angeboten oder bestehenden Greenfee-Vorteilen ist nicht möglich. Der Vorteil bezieht sich jeweils ausschließlich auf die zum Zeitpunkt der Einlösung gültigen vollen Greenfee-Gebühren.
5. Gibt es Spielergruppen mit erhöhten Greenfee-Gebühren, ist ein Nachlass auf diese Gebühren nicht möglich.
6. Das Angebot allein berechtigt nicht zum Spiel gegen Greenfee. Die Erfüllung der Bestimmungen des jeweiligen Golfclubs zur Greenfee-Berechtigung (Mitgliedschaft in einem Golfclub, Mindesthandicap etc.) zum Zeitpunkt der Einlösung sind Voraussetzung.
7. Es ist untersagt, den Greenfee-Gutschein entgeltlich Dritten zu überlassen bzw. mit diesen Handel zu treiben. Insbesondere sind die teilnehmenden Golfclubs in diesem Falle berechtigt, die Einlösung der ausgeschriebenen Angebote zu verweigern.
8. Die teilnehmenden Golfclubs haben sich gegenüber dem Verlag unter den o.g. Bedingungen verpflichtet, die ausgeschriebenen Angebote einzulösen. Der Verlag übernimmt jedoch keine Gewähr und keine Haftung, wenn ein Angebot nicht eingelöst wird oder werden kann.

Bedingungen zur Einlösung des Discounts:

1. Das Angebot ist einschließlich bis 30.6.2024 gültig.
2. Der Golfspieler/Leser hat sich telefonisch eine Abschlagzeit geben zu lassen – dabei ist die Nutzung des Angebots anzugeben.
3. Eine Barauszahlung des Greenfee-Vorteils ist nicht möglich.
4. Das Kombinieren von Angeboten oder bestehenden Greenfee-Vorteilen ist nicht möglich. Der Vorteil bezieht sich jeweils ausschließlich auf die zum Zeitpunkt der Einlösung gültigen vollen Greenfee-Gebühren.
5. Gibt es Spielergruppen mit erhöhten Greenfee-Gebühren, ist ein Nachlass auf diese Gebühren nicht möglich.
6. Das Angebot allein berechtigt nicht zum Spiel gegen Greenfee. Die Erfüllung der Bestimmungen des jeweiligen Golfclubs zur Greenfee-Berechtigung (Mitgliedschaft in einem Golfclub, Mindesthandicap etc.) zum Zeitpunkt der Einlösung sind Voraussetzung.
7. Es ist untersagt, den Greenfee-Gutschein entgeltlich Dritten zu überlassen bzw. mit diesen Handel zu treiben. Insbesondere sind die teilnehmenden Golfclubs in diesem Falle berechtigt, die Einlösung der ausgeschriebenen Angebote zu verweigern.
8. Die teilnehmenden Golfclubs haben sich gegenüber dem Verlag unter den o.g. Bedingungen verpflichtet, die ausgeschriebenen Angebote einzulösen. Der Verlag übernimmt jedoch keine Gewähr und keine Haftung, wenn ein Angebot nicht eingelöst wird oder werden kann.

Bedingungen zur Einlösung des Discounts:

1. Das Angebot ist einschließlich bis 30.6.2024 gültig.
2. Der Golfspieler/Leser hat sich telefonisch eine Abschlagzeit geben zu lassen – dabei ist die Nutzung des Angebots anzugeben.
3. Eine Barauszahlung des Greenfee-Vorteils ist nicht möglich.
4. Das Kombinieren von Angeboten oder bestehenden Greenfee-Vorteilen ist nicht möglich. Der Vorteil bezieht sich jeweils ausschließlich auf die zum Zeitpunkt der Einlösung gültigen vollen Greenfee-Gebühren.
5. Gibt es Spielergruppen mit erhöhten Greenfee-Gebühren, ist ein Nachlass auf diese Gebühren nicht möglich.
6. Das Angebot allein berechtigt nicht zum Spiel gegen Greenfee. Die Erfüllung der Bestimmungen des jeweiligen Golfclubs zur Greenfee-Berechtigung (Mitgliedschaft in einem Golfclub, Mindesthandicap etc.) zum Zeitpunkt der Einlösung sind Voraussetzung.
7. Es ist untersagt, den Greenfee-Gutschein entgeltlich Dritten zu überlassen bzw. mit diesen Handel zu treiben. Insbesondere sind die teilnehmenden Golfclubs in diesem Falle berechtigt, die Einlösung der ausgeschriebenen Angebote zu verweigern.
8. Die teilnehmenden Golfclubs haben sich gegenüber dem Verlag unter den o.g. Bedingungen verpflichtet, die ausgeschriebenen Angebote einzulösen. Der Verlag übernimmt jedoch keine Gewähr und keine Haftung, wenn ein Angebot nicht eingelöst wird oder werden kann.

Bedingungen zur Einlösung des Discounts:

1. Das Angebot ist einschließlich bis 30.6.2024 gültig.
2. Der Golfspieler/Leser hat sich telefonisch eine Abschlagzeit geben zu lassen – dabei ist die Nutzung des Angebots anzugeben.
3. Eine Barauszahlung des Greenfee-Vorteils ist nicht möglich.
4. Das Kombinieren von Angeboten oder bestehenden Greenfee-Vorteilen ist nicht möglich. Der Vorteil bezieht sich jeweils ausschließlich auf die zum Zeitpunkt der Einlösung gültigen vollen Greenfee-Gebühren.
5. Gibt es Spielergruppen mit erhöhten Greenfee-Gebühren, ist ein Nachlass auf diese Gebühren nicht möglich.
6. Das Angebot allein berechtigt nicht zum Spiel gegen Greenfee. Die Erfüllung der Bestimmungen des jeweiligen Golfclubs zur Greenfee-Berechtigung (Mitgliedschaft in einem Golfclub, Mindesthandicap etc.) zum Zeitpunkt der Einlösung sind Voraussetzung.
7. Es ist untersagt, den Greenfee-Gutschein entgeltlich Dritten zu überlassen bzw. mit diesen Handel zu treiben. Insbesondere sind die teilnehmenden Golfclubs in diesem Falle berechtigt, die Einlösung der ausgeschriebenen Angebote zu verweigern.
8. Die teilnehmenden Golfclubs haben sich gegenüber dem Verlag unter den o.g. Bedingungen verpflichtet, die ausgeschriebenen Angebote einzulösen. Der Verlag übernimmt jedoch keine Gewähr und keine Haftung, wenn ein Angebot nicht eingelöst wird oder werden kann.

Bedingungen zur Einlösung des Discounts:

1. Das Angebot ist einschließlich bis 30.6.2024 gültig.
2. Der Golfspieler/Leser hat sich telefonisch eine Abschlagzeit geben zu lassen – dabei ist die Nutzung des Angebots anzugeben.
3. Eine Barauszahlung des Greenfee-Vorteils ist nicht möglich.
4. Das Kombinieren von Angeboten oder bestehenden Greenfee-Vorteilen ist nicht möglich. Der Vorteil bezieht sich jeweils ausschließlich auf die zum Zeitpunkt der Einlösung gültigen vollen Greenfee-Gebühren.
5. Gibt es Spielergruppen mit erhöhten Greenfee-Gebühren, ist ein Nachlass auf diese Gebühren nicht möglich.
6. Das Angebot allein berechtigt nicht zum Spiel gegen Greenfee. Die Erfüllung der Bestimmungen des jeweiligen Golfclubs zur Greenfee-Berechtigung (Mitgliedschaft in einem Golfclub, Mindesthandicap etc.) zum Zeitpunkt der Einlösung sind Voraussetzung.
7. Es ist untersagt, den Greenfee-Gutschein entgeltlich Dritten zu überlassen bzw. mit diesen Handel zu treiben. Insbesondere sind die teilnehmenden Golfclubs in diesem Falle berechtigt, die Einlösung der ausgeschriebenen Angebote zu verweigern.
8. Die teilnehmenden Golfclubs haben sich gegenüber dem Verlag unter den o.g. Bedingungen verpflichtet, die ausgeschriebenen Angebote einzulösen. Der Verlag übernimmt jedoch keine Gewähr und keine Haftung, wenn ein Angebot nicht eingelöst wird oder werden kann.

Diese Gutscheine gelten nur in Verbindung mit dem Buch/Albrecht Golf Card

Diese Gutscheine gelten nur in Verbindung mit dem Buch/Albrecht Golf Card

DER GOLF ALBRECHT

Erster Golfclub Westpfalz Schwarzbachtal e.V. DE

Hitscherhof
D-66509 Rieschweiler-Mühlbach
✆ 06336-6442
Rheinland-Pfalz, Saarland
Hinweis: An Wochenenden und Feiertagen ab 13.00 h.

170

2 for 1 2 GF zum Preis von 1

DER GOLF ALBRECHT

Erster Golfclub Westpfalz Schwarzbachtal e.V. DE

Hitscherhof
D-66509 Rieschweiler-Mühlbach
✆ 06336-6442
Rheinland-Pfalz, Saarland
Hinweis: An Wochenenden und Feiertagen ab 13.00 h.

170

2 for 1 2 GF zum Preis von 1

DER GOLF ALBRECHT

Erster Golfclub Westpfalz Schwarzbachtal e.V. DE

Hitscherhof
D-66509 Rieschweiler-Mühlbach
✆ 06336-6442
Rheinland-Pfalz, Saarland
Hinweis: An Wochenenden und Feiertagen ab 13.00 h.

170

30% Greenfee-Ermäßigung

DER GOLF ALBRECHT

Golf-Club Glashofen-Neusaß e.V. DE

Mühlweg 7
D-74731 Walldürn-Neusaß
✆ 06282-7383
Baden-Württemberg
Hinweis: nur für den 18-Loch-PLatz mit Startzeitenreservierung.

171

2 for 1 2 GF zum Preis von 1

DER GOLF ALBRECHT

Golf-Club Glashofen-Neusaß e.V. DE

Mühlweg 7
D-74731 Walldürn-Neusaß
✆ 06282-7383
Baden-Württemberg
Hinweis: nur für den 18-Loch-PLatz mit Startzeitenreservierung.

171

2 for 1 2 GF zum Preis von 1

DER GOLF ALBRECHT

Golf-Club Glashofen-Neusaß e.V. DE

Mühlweg 7
D-74731 Walldürn-Neusaß
✆ 06282-7383
Baden-Württemberg
Hinweis: nur für den 18-Loch-PLatz mit Startzeitenreservierung.

171

30% Greenfee-Ermäßigung

DER GOLF ALBRECHT

Golf-Club Glashofen-Neusaß e.V. DE

Mühlweg 7
D-74731 Walldürn-Neusaß
✆ 06282-7383
Baden-Württemberg
Hinweis: nur für den 18-Loch-PLatz mit Startzeitenreservierung.

171

30% Greenfee-Ermäßigung

DER GOLF ALBRECHT

Golfclub Heidelberg-Lobenfeld e.V. DE

Am Biddersbacher Hof
D-74931 Lobbach-Lobenfeld
✆ 06226-952110
Baden-Württemberg

172

2 for 1 2 GF zum Preis von 1

DER GOLF ALBRECHT

Golfclub Heidelberg-Lobenfeld e.V. DE

Am Biddersbacher Hof
D-74931 Lobbach-Lobenfeld
✆ 06226-952110
Baden-Württemberg

172

2 for 1 2 GF zum Preis von 1

DER GOLF ALBRECHT

Golfclub Heidelberg-Lobenfeld e.V. DE

Am Biddersbacher Hof
D-74931 Lobbach-Lobenfeld
✆ 06226-952110
Baden-Württemberg

172

25% Greenfee-Ermäßigung

Bedingungen zur Einlösung des Discounts:

1. Das Angebot ist einschließlich bis 30.6.2024 gültig.
2. Der Golfspieler/Leser hat sich telefonisch eine Abschlagzeit geben zu lassen – dabei ist die Nutzung des Angebots anzugeben.
3. Eine Barauszahlung des Greenfee-Vorteils ist nicht möglich.
4. Das Kombinieren von Angeboten oder bestehenden Greenfee-Vorteilen ist nicht möglich. Der Vorteil bezieht sich jeweils ausschließlich auf die zum Zeitpunkt der Einlösung gültigen vollen Greenfee-Gebühren.
5. Gibt es Spielergruppen mit erhöhten Greenfee-Gebühren, ist ein Nachlass auf diese Gebühren nicht möglich.
6. Das Angebot allein berechtigt nicht zum Spiel gegen Greenfee. Die Erfüllung der Bestimmungen des jeweiligen Golfclubs zur Greenfee-Berechtigung (Mitgliedschaft in einem Golfclub, Mindesthandicap etc.) zum Zeitpunkt der Einlösung sind Voraussetzung.
7. Es ist untersagt, den Greenfee-Gutschein entgeltlich Dritten zu überlassen bzw. mit diesen Handel zu treiben. Insbesondere sind die teilnehmenden Golfclubs in diesem Falle berechtigt, die Einlösung der ausgeschriebenen Angebote zu verweigern.
8. Die teilnehmenden Golfclubs haben sich gegenüber dem Verlag unter den o.g. Bedingungen verpflichtet, die ausgeschriebenen Angebote einzulösen. Der Verlag übernimmt jedoch keine Gewähr und keine Haftung, wenn ein Angebot nicht eingelöst wird oder werden kann.

Bedingungen zur Einlösung des Discounts:

1. Das Angebot ist einschließlich bis 30.6.2024 gültig.
2. Der Golfspieler/Leser hat sich telefonisch eine Abschlagzeit geben zu lassen – dabei ist die Nutzung des Angebots anzugeben.
3. Eine Barauszahlung des Greenfee-Vorteils ist nicht möglich.
4. Das Kombinieren von Angeboten oder bestehenden Greenfee-Vorteilen ist nicht möglich. Der Vorteil bezieht sich jeweils ausschließlich auf die zum Zeitpunkt der Einlösung gültigen vollen Greenfee-Gebühren.
5. Gibt es Spielergruppen mit erhöhten Greenfee-Gebühren, ist ein Nachlass auf diese Gebühren nicht möglich.
6. Das Angebot allein berechtigt nicht zum Spiel gegen Greenfee. Die Erfüllung der Bestimmungen des jeweiligen Golfclubs zur Greenfee-Berechtigung (Mitgliedschaft in einem Golfclub, Mindesthandicap etc.) zum Zeitpunkt der Einlösung sind Voraussetzung.
7. Es ist untersagt, den Greenfee-Gutschein entgeltlich Dritten zu überlassen bzw. mit diesen Handel zu treiben. Insbesondere sind die teilnehmenden Golfclubs in diesem Falle berechtigt, die Einlösung der ausgeschriebenen Angebote zu verweigern.
8. Die teilnehmenden Golfclubs haben sich gegenüber dem Verlag unter den o.g. Bedingungen verpflichtet, die ausgeschriebenen Angebote einzulösen. Der Verlag übernimmt jedoch keine Gewähr und keine Haftung, wenn ein Angebot nicht eingelöst wird oder werden kann.

Bedingungen zur Einlösung des Discounts:

1. Das Angebot ist einschließlich bis 30.6.2024 gültig.
2. Der Golfspieler/Leser hat sich telefonisch eine Abschlagzeit geben zu lassen – dabei ist die Nutzung des Angebots anzugeben.
3. Eine Barauszahlung des Greenfee-Vorteils ist nicht möglich.
4. Das Kombinieren von Angeboten oder bestehenden Greenfee-Vorteilen ist nicht möglich. Der Vorteil bezieht sich jeweils ausschließlich auf die zum Zeitpunkt der Einlösung gültigen vollen Greenfee-Gebühren.
5. Gibt es Spielergruppen mit erhöhten Greenfee-Gebühren, ist ein Nachlass auf diese Gebühren nicht möglich.
6. Das Angebot allein berechtigt nicht zum Spiel gegen Greenfee. Die Erfüllung der Bestimmungen des jeweiligen Golfclubs zur Greenfee-Berechtigung (Mitgliedschaft in einem Golfclub, Mindesthandicap etc.) zum Zeitpunkt der Einlösung sind Voraussetzung.
7. Es ist untersagt, den Greenfee-Gutschein entgeltlich Dritten zu überlassen bzw. mit diesen Handel zu treiben. Insbesondere sind die teilnehmenden Golfclubs in diesem Falle berechtigt, die Einlösung der ausgeschriebenen Angebote zu verweigern.
8. Die teilnehmenden Golfclubs haben sich gegenüber dem Verlag unter den o.g. Bedingungen verpflichtet, die ausgeschriebenen Angebote einzulösen. Der Verlag übernimmt jedoch keine Gewähr und keine Haftung, wenn ein Angebot nicht eingelöst wird oder werden kann.

Bedingungen zur Einlösung des Discounts:

1. Das Angebot ist einschließlich bis 30.6.2024 gültig.
2. Der Golfspieler/Leser hat sich telefonisch eine Abschlagzeit geben zu lassen – dabei ist die Nutzung des Angebots anzugeben.
3. Eine Barauszahlung des Greenfee-Vorteils ist nicht möglich.
4. Das Kombinieren von Angeboten oder bestehenden Greenfee-Vorteilen ist nicht möglich. Der Vorteil bezieht sich jeweils ausschließlich auf die zum Zeitpunkt der Einlösung gültigen vollen Greenfee-Gebühren.
5. Gibt es Spielergruppen mit erhöhten Greenfee-Gebühren, ist ein Nachlass auf diese Gebühren nicht möglich.
6. Das Angebot allein berechtigt nicht zum Spiel gegen Greenfee. Die Erfüllung der Bestimmungen des jeweiligen Golfclubs zur Greenfee-Berechtigung (Mitgliedschaft in einem Golfclub, Mindesthandicap etc.) zum Zeitpunkt der Einlösung sind Voraussetzung.
7. Es ist untersagt, den Greenfee-Gutschein entgeltlich Dritten zu überlassen bzw. mit diesen Handel zu treiben. Insbesondere sind die teilnehmenden Golfclubs in diesem Falle berechtigt, die Einlösung der ausgeschriebenen Angebote zu verweigern.
8. Die teilnehmenden Golfclubs haben sich gegenüber dem Verlag unter den o.g. Bedingungen verpflichtet, die ausgeschriebenen Angebote einzulösen. Der Verlag übernimmt jedoch keine Gewähr und keine Haftung, wenn ein Angebot nicht eingelöst wird oder werden kann.

Bedingungen zur Einlösung des Discounts:

1. Das Angebot ist einschließlich bis 30.6.2024 gültig.
2. Der Golfspieler/Leser hat sich telefonisch eine Abschlagzeit geben zu lassen – dabei ist die Nutzung des Angebots anzugeben.
3. Eine Barauszahlung des Greenfee-Vorteils ist nicht möglich.
4. Das Kombinieren von Angeboten oder bestehenden Greenfee-Vorteilen ist nicht möglich. Der Vorteil bezieht sich jeweils ausschließlich auf die zum Zeitpunkt der Einlösung gültigen vollen Greenfee-Gebühren.
5. Gibt es Spielergruppen mit erhöhten Greenfee-Gebühren, ist ein Nachlass auf diese Gebühren nicht möglich.
6. Das Angebot allein berechtigt nicht zum Spiel gegen Greenfee. Die Erfüllung der Bestimmungen des jeweiligen Golfclubs zur Greenfee-Berechtigung (Mitgliedschaft in einem Golfclub, Mindesthandicap etc.) zum Zeitpunkt der Einlösung sind Voraussetzung.
7. Es ist untersagt, den Greenfee-Gutschein entgeltlich Dritten zu überlassen bzw. mit diesen Handel zu treiben. Insbesondere sind die teilnehmenden Golfclubs in diesem Falle berechtigt, die Einlösung der ausgeschriebenen Angebote zu verweigern.
8. Die teilnehmenden Golfclubs haben sich gegenüber dem Verlag unter den o.g. Bedingungen verpflichtet, die ausgeschriebenen Angebote einzulösen. Der Verlag übernimmt jedoch keine Gewähr und keine Haftung, wenn ein Angebot nicht eingelöst wird oder werden kann.

Bedingungen zur Einlösung des Discounts:

1. Das Angebot ist einschließlich bis 30.6.2024 gültig.
2. Der Golfspieler/Leser hat sich telefonisch eine Abschlagzeit geben zu lassen – dabei ist die Nutzung des Angebots anzugeben.
3. Eine Barauszahlung des Greenfee-Vorteils ist nicht möglich.
4. Das Kombinieren von Angeboten oder bestehenden Greenfee-Vorteilen ist nicht möglich. Der Vorteil bezieht sich jeweils ausschließlich auf die zum Zeitpunkt der Einlösung gültigen vollen Greenfee-Gebühren.
5. Gibt es Spielergruppen mit erhöhten Greenfee-Gebühren, ist ein Nachlass auf diese Gebühren nicht möglich.
6. Das Angebot allein berechtigt nicht zum Spiel gegen Greenfee. Die Erfüllung der Bestimmungen des jeweiligen Golfclubs zur Greenfee-Berechtigung (Mitgliedschaft in einem Golfclub, Mindesthandicap etc.) zum Zeitpunkt der Einlösung sind Voraussetzung.
7. Es ist untersagt, den Greenfee-Gutschein entgeltlich Dritten zu überlassen bzw. mit diesen Handel zu treiben. Insbesondere sind die teilnehmenden Golfclubs in diesem Falle berechtigt, die Einlösung der ausgeschriebenen Angebote zu verweigern.
8. Die teilnehmenden Golfclubs haben sich gegenüber dem Verlag unter den o.g. Bedingungen verpflichtet, die ausgeschriebenen Angebote einzulösen. Der Verlag übernimmt jedoch keine Gewähr und keine Haftung, wenn ein Angebot nicht eingelöst wird oder werden kann.

Bedingungen zur Einlösung des Discounts:

1. Das Angebot ist einschließlich bis 30.6.2024 gültig.
2. Der Golfspieler/Leser hat sich telefonisch eine Abschlagzeit geben zu lassen – dabei ist die Nutzung des Angebots anzugeben.
3. Eine Barauszahlung des Greenfee-Vorteils ist nicht möglich.
4. Das Kombinieren von Angeboten oder bestehenden Greenfee-Vorteilen ist nicht möglich. Der Vorteil bezieht sich jeweils ausschließlich auf die zum Zeitpunkt der Einlösung gültigen vollen Greenfee-Gebühren.
5. Gibt es Spielergruppen mit erhöhten Greenfee-Gebühren, ist ein Nachlass auf diese Gebühren nicht möglich.
6. Das Angebot allein berechtigt nicht zum Spiel gegen Greenfee. Die Erfüllung der Bestimmungen des jeweiligen Golfclubs zur Greenfee-Berechtigung (Mitgliedschaft in einem Golfclub, Mindesthandicap etc.) zum Zeitpunkt der Einlösung sind Voraussetzung.
7. Es ist untersagt, den Greenfee-Gutschein entgeltlich Dritten zu überlassen bzw. mit diesen Handel zu treiben. Insbesondere sind die teilnehmenden Golfclubs in diesem Falle berechtigt, die Einlösung der ausgeschriebenen Angebote zu verweigern.
8. Die teilnehmenden Golfclubs haben sich gegenüber dem Verlag unter den o.g. Bedingungen verpflichtet, die ausgeschriebenen Angebote einzulösen. Der Verlag übernimmt jedoch keine Gewähr und keine Haftung, wenn ein Angebot nicht eingelöst wird oder werden kann.

Bedingungen zur Einlösung des Discounts:

1. Das Angebot ist einschließlich bis 30.6.2024 gültig.
2. Der Golfspieler/Leser hat sich telefonisch eine Abschlagzeit geben zu lassen – dabei ist die Nutzung des Angebots anzugeben.
3. Eine Barauszahlung des Greenfee-Vorteils ist nicht möglich.
4. Das Kombinieren von Angeboten oder bestehenden Greenfee-Vorteilen ist nicht möglich. Der Vorteil bezieht sich jeweils ausschließlich auf die zum Zeitpunkt der Einlösung gültigen vollen Greenfee-Gebühren.
5. Gibt es Spielergruppen mit erhöhten Greenfee-Gebühren, ist ein Nachlass auf diese Gebühren nicht möglich.
6. Das Angebot allein berechtigt nicht zum Spiel gegen Greenfee. Die Erfüllung der Bestimmungen des jeweiligen Golfclubs zur Greenfee-Berechtigung (Mitgliedschaft in einem Golfclub, Mindesthandicap etc.) zum Zeitpunkt der Einlösung sind Voraussetzung.
7. Es ist untersagt, den Greenfee-Gutschein entgeltlich Dritten zu überlassen bzw. mit diesen Handel zu treiben. Insbesondere sind die teilnehmenden Golfclubs in diesem Falle berechtigt, die Einlösung der ausgeschriebenen Angebote zu verweigern.
8. Die teilnehmenden Golfclubs haben sich gegenüber dem Verlag unter den o.g. Bedingungen verpflichtet, die ausgeschriebenen Angebote einzulösen. Der Verlag übernimmt jedoch keine Gewähr und keine Haftung, wenn ein Angebot nicht eingelöst wird oder werden kann.

Bedingungen zur Einlösung des Discounts:

1. Das Angebot ist einschließlich bis 30.6.2024 gültig.
2. Der Golfspieler/Leser hat sich telefonisch eine Abschlagzeit geben zu lassen – dabei ist die Nutzung des Angebots anzugeben.
3. Eine Barauszahlung des Greenfee-Vorteils ist nicht möglich.
4. Das Kombinieren von Angeboten oder bestehenden Greenfee-Vorteilen ist nicht möglich. Der Vorteil bezieht sich jeweils ausschließlich auf die zum Zeitpunkt der Einlösung gültigen vollen Greenfee-Gebühren.
5. Gibt es Spielergruppen mit erhöhten Greenfee-Gebühren, ist ein Nachlass auf diese Gebühren nicht möglich.
6. Das Angebot allein berechtigt nicht zum Spiel gegen Greenfee. Die Erfüllung der Bestimmungen des jeweiligen Golfclubs zur Greenfee-Berechtigung (Mitgliedschaft in einem Golfclub, Mindesthandicap etc.) zum Zeitpunkt der Einlösung sind Voraussetzung.
7. Es ist untersagt, den Greenfee-Gutschein entgeltlich Dritten zu überlassen bzw. mit diesen Handel zu treiben. Insbesondere sind die teilnehmenden Golfclubs in diesem Falle berechtigt, die Einlösung der ausgeschriebenen Angebote zu verweigern.
8. Die teilnehmenden Golfclubs haben sich gegenüber dem Verlag unter den o.g. Bedingungen verpflichtet, die ausgeschriebenen Angebote einzulösen. Der Verlag übernimmt jedoch keine Gewähr und keine Haftung, wenn ein Angebot nicht eingelöst wird oder werden kann.

Bedingungen zur Einlösung des Discounts:

1. Das Angebot ist einschließlich bis 30.6.2024 gültig.
2. Der Golfspieler/Leser hat sich telefonisch eine Abschlagzeit geben zu lassen – dabei ist die Nutzung des Angebots anzugeben.
3. Eine Barauszahlung des Greenfee-Vorteils ist nicht möglich.
4. Das Kombinieren von Angeboten oder bestehenden Greenfee-Vorteilen ist nicht möglich. Der Vorteil bezieht sich jeweils ausschließlich auf die zum Zeitpunkt der Einlösung gültigen vollen Greenfee-Gebühren.
5. Gibt es Spielergruppen mit erhöhten Greenfee-Gebühren, ist ein Nachlass auf diese Gebühren nicht möglich.
6. Das Angebot allein berechtigt nicht zum Spiel gegen Greenfee. Die Erfüllung der Bestimmungen des jeweiligen Golfclubs zur Greenfee-Berechtigung (Mitgliedschaft in einem Golfclub, Mindesthandicap etc.) zum Zeitpunkt der Einlösung sind Voraussetzung.
7. Es ist untersagt, den Greenfee-Gutschein entgeltlich Dritten zu überlassen bzw. mit diesen Handel zu treiben. Insbesondere sind die teilnehmenden Golfclubs in diesem Falle berechtigt, die Einlösung der ausgeschriebenen Angebote zu verweigern.
8. Die teilnehmenden Golfclubs haben sich gegenüber dem Verlag unter den o.g. Bedingungen verpflichtet, die ausgeschriebenen Angebote einzulösen. Der Verlag übernimmt jedoch keine Gewähr und keine Haftung, wenn ein Angebot nicht eingelöst wird oder werden kann.

Diese Gutscheine gelten nur in Verbindung mit dem Buch/Albrecht Golf Card

Diese Gutscheine gelten nur in Verbindung mit dem Buch/Albrecht Golf Card

DER GOLF ALBRECHT

Golfclub Heidelberg-Lobenfeld e.V. DE

Am Biddersbacher Hof
D-74931 Lobbach-Lobenfeld
✆ 06226-952110
Baden-Württemberg

172

25% Greenfee-Ermäßigung

DER GOLF ALBRECHT

Golfclub Sinsheim Buchenauerhof e.V. DE

Buchenauerhof 4
D-74889 Sinsheim-Weiler
✆ 07265-7258
Baden-Württemberg

173

2 for 1 2 GF zum Preis von 1

DER GOLF ALBRECHT

Golfclub Sinsheim Buchenauerhof e.V. DE

Buchenauerhof 4
D-74889 Sinsheim-Weiler
✆ 07265-7258
Baden-Württemberg

173

2 for 1 2 GF zum Preis von 1

DER GOLF ALBRECHT

Golfclub Sinsheim Buchenauerhof e.V. DE

Buchenauerhof 4
D-74889 Sinsheim-Weiler
✆ 07265-7258
Baden-Württemberg

173

30% Greenfee-Ermäßigung

DER GOLF ALBRECHT

Golfclub Sinsheim Buchenauerhof e.V. DE

Buchenauerhof 4
D-74889 Sinsheim-Weiler
✆ 07265-7258
Baden-Württemberg

173

30% Greenfee-Ermäßigung

DER GOLF ALBRECHT

public Golf Talheimer Hof DE

Talheimer Hof 1
D-74388 Talheim
✆ 07131-6359911
Baden-Württemberg

174

2 for 1 2 GF zum Preis von 1 wochentags

DER GOLF ALBRECHT

public Golf Talheimer Hof DE

Talheimer Hof 1
D-74388 Talheim
✆ 07131-6359911
Baden-Württemberg

174

2 for 1 2 GF zum Preis von 1 wochentags

DER GOLF ALBRECHT

public Golf Talheimer Hof DE

Talheimer Hof 1
D-74388 Talheim
✆ 07131-6359911
Baden-Württemberg

174

20% Greenfee-Ermäßigung

DER GOLF ALBRECHT

public Golf Talheimer Hof DE

Talheimer Hof 1
D-74388 Talheim
✆ 07131-6359911
Baden-Württemberg

174

20% Greenfee-Ermäßigung

DER GOLF ALBRECHT

Golf- und Country Club Grafenhof e.V. DE

Hinterfeld 1
D-74426 Bühlerzell
✆ 07963-8419333
Baden-Württemberg

175

2 for 1 2 GF zum Preis von 1 wochentags

Bedingungen zur Einlösung des Discounts:

1. Das Angebot ist einschließlich bis 30.6.2024 gültig.
2. Der Golfspieler/Leser hat sich telefonisch eine Abschlagzeit geben zu lassen – dabei ist die Nutzung des Angebots anzugeben.
3. Eine Barauszahlung des Greenfee-Vorteils ist nicht möglich.
4. Das Kombinieren von Angeboten oder bestehenden Greenfee-Vorteilen ist nicht möglich. Der Vorteil bezieht sich jeweils ausschließlich auf die zum Zeitpunkt der Einlösung gültigen vollen Greenfee-Gebühren.
5. Gibt es Spielergruppen mit erhöhten Greenfee-Gebühren, ist ein Nachlass auf diese Gebühren nicht möglich.
6. Das Angebot allein berechtigt nicht zum Spiel gegen Greenfee. Die Erfüllung der Bestimmungen des jeweiligen Golfclubs zur Greenfee-Berechtigung (Mitgliedschaft in einem Golfclub, Mindesthandicap etc.) zum Zeitpunkt der Einlösung sind Voraussetzung.
7. Es ist untersagt, den Greenfee-Gutschein entgeltlich Dritten zu überlassen bzw. mit diesen Handel zu treiben. Insbesondere sind die teilnehmenden Golfclubs in diesem Falle berechtigt, die Einlösung der ausgeschriebenen Angebote zu verweigern.
8. Die teilnehmenden Golfclubs haben sich gegenüber dem Verlag unter den o.g. Bedingungen verpflichtet, die ausgeschriebenen Angebote einzulösen. Der Verlag übernimmt jedoch keine Gewähr und keine Haftung, wenn ein Angebot nicht eingelöst wird oder werden kann.

Bedingungen zur Einlösung des Discounts:

1. Das Angebot ist einschließlich bis 30.6.2024 gültig.
2. Der Golfspieler/Leser hat sich telefonisch eine Abschlagzeit geben zu lassen – dabei ist die Nutzung des Angebots anzugeben.
3. Eine Barauszahlung des Greenfee-Vorteils ist nicht möglich.
4. Das Kombinieren von Angeboten oder bestehenden Greenfee-Vorteilen ist nicht möglich. Der Vorteil bezieht sich jeweils ausschließlich auf die zum Zeitpunkt der Einlösung gültigen vollen Greenfee-Gebühren.
5. Gibt es Spielergruppen mit erhöhten Greenfee-Gebühren, ist ein Nachlass auf diese Gebühren nicht möglich.
6. Das Angebot allein berechtigt nicht zum Spiel gegen Greenfee. Die Erfüllung der Bestimmungen des jeweiligen Golfclubs zur Greenfee-Berechtigung (Mitgliedschaft in einem Golfclub, Mindesthandicap etc.) zum Zeitpunkt der Einlösung sind Voraussetzung.
7. Es ist untersagt, den Greenfee-Gutschein entgeltlich Dritten zu überlassen bzw. mit diesen Handel zu treiben. Insbesondere sind die teilnehmenden Golfclubs in diesem Falle berechtigt, die Einlösung der ausgeschriebenen Angebote zu verweigern.
8. Die teilnehmenden Golfclubs haben sich gegenüber dem Verlag unter den o.g. Bedingungen verpflichtet, die ausgeschriebenen Angebote einzulösen. Der Verlag übernimmt jedoch keine Gewähr und keine Haftung, wenn ein Angebot nicht eingelöst wird oder werden kann.

Bedingungen zur Einlösung des Discounts:

1. Das Angebot ist einschließlich bis 30.6.2024 gültig.
2. Der Golfspieler/Leser hat sich telefonisch eine Abschlagzeit geben zu lassen – dabei ist die Nutzung des Angebots anzugeben.
3. Eine Barauszahlung des Greenfee-Vorteils ist nicht möglich.
4. Das Kombinieren von Angeboten oder bestehenden Greenfee-Vorteilen ist nicht möglich. Der Vorteil bezieht sich jeweils ausschließlich auf die zum Zeitpunkt der Einlösung gültigen vollen Greenfee-Gebühren.
5. Gibt es Spielergruppen mit erhöhten Greenfee-Gebühren, ist ein Nachlass auf diese Gebühren nicht möglich.
6. Das Angebot allein berechtigt nicht zum Spiel gegen Greenfee. Die Erfüllung der Bestimmungen des jeweiligen Golfclubs zur Greenfee-Berechtigung (Mitgliedschaft in einem Golfclub, Mindesthandicap etc.) zum Zeitpunkt der Einlösung sind Voraussetzung.
7. Es ist untersagt, den Greenfee-Gutschein entgeltlich Dritten zu überlassen bzw. mit diesen Handel zu treiben. Insbesondere sind die teilnehmenden Golfclubs in diesem Falle berechtigt, die Einlösung der ausgeschriebenen Angebote zu verweigern.
8. Die teilnehmenden Golfclubs haben sich gegenüber dem Verlag unter den o.g. Bedingungen verpflichtet, die ausgeschriebenen Angebote einzulösen. Der Verlag übernimmt jedoch keine Gewähr und keine Haftung, wenn ein Angebot nicht eingelöst wird oder werden kann.

Bedingungen zur Einlösung des Discounts:

1. Das Angebot ist einschließlich bis 30.6.2024 gültig.
2. Der Golfspieler/Leser hat sich telefonisch eine Abschlagzeit geben zu lassen – dabei ist die Nutzung des Angebots anzugeben.
3. Eine Barauszahlung des Greenfee-Vorteils ist nicht möglich.
4. Das Kombinieren von Angeboten oder bestehenden Greenfee-Vorteilen ist nicht möglich. Der Vorteil bezieht sich jeweils ausschließlich auf die zum Zeitpunkt der Einlösung gültigen vollen Greenfee-Gebühren.
5. Gibt es Spielergruppen mit erhöhten Greenfee-Gebühren, ist ein Nachlass auf diese Gebühren nicht möglich.
6. Das Angebot allein berechtigt nicht zum Spiel gegen Greenfee. Die Erfüllung der Bestimmungen des jeweiligen Golfclubs zur Greenfee-Berechtigung (Mitgliedschaft in einem Golfclub, Mindesthandicap etc.) zum Zeitpunkt der Einlösung sind Voraussetzung.
7. Es ist untersagt, den Greenfee-Gutschein entgeltlich Dritten zu überlassen bzw. mit diesen Handel zu treiben. Insbesondere sind die teilnehmenden Golfclubs in diesem Falle berechtigt, die Einlösung der ausgeschriebenen Angebote zu verweigern.
8. Die teilnehmenden Golfclubs haben sich gegenüber dem Verlag unter den o.g. Bedingungen verpflichtet, die ausgeschriebenen Angebote einzulösen. Der Verlag übernimmt jedoch keine Gewähr und keine Haftung, wenn ein Angebot nicht eingelöst wird oder werden kann.

Bedingungen zur Einlösung des Discounts:

1. Das Angebot ist einschließlich bis 30.6.2024 gültig.
2. Der Golfspieler/Leser hat sich telefonisch eine Abschlagzeit geben zu lassen – dabei ist die Nutzung des Angebots anzugeben.
3. Eine Barauszahlung des Greenfee-Vorteils ist nicht möglich.
4. Das Kombinieren von Angeboten oder bestehenden Greenfee-Vorteilen ist nicht möglich. Der Vorteil bezieht sich jeweils ausschließlich auf die zum Zeitpunkt der Einlösung gültigen vollen Greenfee-Gebühren.
5. Gibt es Spielergruppen mit erhöhten Greenfee-Gebühren, ist ein Nachlass auf diese Gebühren nicht möglich.
6. Das Angebot allein berechtigt nicht zum Spiel gegen Greenfee. Die Erfüllung der Bestimmungen des jeweiligen Golfclubs zur Greenfee-Berechtigung (Mitgliedschaft in einem Golfclub, Mindesthandicap etc.) zum Zeitpunkt der Einlösung sind Voraussetzung.
7. Es ist untersagt, den Greenfee-Gutschein entgeltlich Dritten zu überlassen bzw. mit diesen Handel zu treiben. Insbesondere sind die teilnehmenden Golfclubs in diesem Falle berechtigt, die Einlösung der ausgeschriebenen Angebote zu verweigern.
8. Die teilnehmenden Golfclubs haben sich gegenüber dem Verlag unter den o.g. Bedingungen verpflichtet, die ausgeschriebenen Angebote einzulösen. Der Verlag übernimmt jedoch keine Gewähr und keine Haftung, wenn ein Angebot nicht eingelöst wird oder werden kann.

Bedingungen zur Einlösung des Discounts:

1. Das Angebot ist einschließlich bis 30.6.2024 gültig.
2. Der Golfspieler/Leser hat sich telefonisch eine Abschlagzeit geben zu lassen – dabei ist die Nutzung des Angebots anzugeben.
3. Eine Barauszahlung des Greenfee-Vorteils ist nicht möglich.
4. Das Kombinieren von Angeboten oder bestehenden Greenfee-Vorteilen ist nicht möglich. Der Vorteil bezieht sich jeweils ausschließlich auf die zum Zeitpunkt der Einlösung gültigen vollen Greenfee-Gebühren.
5. Gibt es Spielergruppen mit erhöhten Greenfee-Gebühren, ist ein Nachlass auf diese Gebühren nicht möglich.
6. Das Angebot allein berechtigt nicht zum Spiel gegen Greenfee. Die Erfüllung der Bestimmungen des jeweiligen Golfclubs zur Greenfee-Berechtigung (Mitgliedschaft in einem Golfclub, Mindesthandicap etc.) zum Zeitpunkt der Einlösung sind Voraussetzung.
7. Es ist untersagt, den Greenfee-Gutschein entgeltlich Dritten zu überlassen bzw. mit diesen Handel zu treiben. Insbesondere sind die teilnehmenden Golfclubs in diesem Falle berechtigt, die Einlösung der ausgeschriebenen Angebote zu verweigern.
8. Die teilnehmenden Golfclubs haben sich gegenüber dem Verlag unter den o.g. Bedingungen verpflichtet, die ausgeschriebenen Angebote einzulösen. Der Verlag übernimmt jedoch keine Gewähr und keine Haftung, wenn ein Angebot nicht eingelöst wird oder werden kann.

Bedingungen zur Einlösung des Discounts:

1. Das Angebot ist einschließlich bis 30.6.2024 gültig.
2. Der Golfspieler/Leser hat sich telefonisch eine Abschlagzeit geben zu lassen – dabei ist die Nutzung des Angebots anzugeben.
3. Eine Barauszahlung des Greenfee-Vorteils ist nicht möglich.
4. Das Kombinieren von Angeboten oder bestehenden Greenfee-Vorteilen ist nicht möglich. Der Vorteil bezieht sich jeweils ausschließlich auf die zum Zeitpunkt der Einlösung gültigen vollen Greenfee-Gebühren.
5. Gibt es Spielergruppen mit erhöhten Greenfee-Gebühren, ist ein Nachlass auf diese Gebühren nicht möglich.
6. Das Angebot allein berechtigt nicht zum Spiel gegen Greenfee. Die Erfüllung der Bestimmungen des jeweiligen Golfclubs zur Greenfee-Berechtigung (Mitgliedschaft in einem Golfclub, Mindesthandicap etc.) zum Zeitpunkt der Einlösung sind Voraussetzung.
7. Es ist untersagt, den Greenfee-Gutschein entgeltlich Dritten zu überlassen bzw. mit diesen Handel zu treiben. Insbesondere sind die teilnehmenden Golfclubs in diesem Falle berechtigt, die Einlösung der ausgeschriebenen Angebote zu verweigern.
8. Die teilnehmenden Golfclubs haben sich gegenüber dem Verlag unter den o.g. Bedingungen verpflichtet, die ausgeschriebenen Angebote einzulösen. Der Verlag übernimmt jedoch keine Gewähr und keine Haftung, wenn ein Angebot nicht eingelöst wird oder werden kann.

Bedingungen zur Einlösung des Discounts:

1. Das Angebot ist einschließlich bis 30.6.2024 gültig.
2. Der Golfspieler/Leser hat sich telefonisch eine Abschlagzeit geben zu lassen – dabei ist die Nutzung des Angebots anzugeben.
3. Eine Barauszahlung des Greenfee-Vorteils ist nicht möglich.
4. Das Kombinieren von Angeboten oder bestehenden Greenfee-Vorteilen ist nicht möglich. Der Vorteil bezieht sich jeweils ausschließlich auf die zum Zeitpunkt der Einlösung gültigen vollen Greenfee-Gebühren.
5. Gibt es Spielergruppen mit erhöhten Greenfee-Gebühren, ist ein Nachlass auf diese Gebühren nicht möglich.
6. Das Angebot allein berechtigt nicht zum Spiel gegen Greenfee. Die Erfüllung der Bestimmungen des jeweiligen Golfclubs zur Greenfee-Berechtigung (Mitgliedschaft in einem Golfclub, Mindesthandicap etc.) zum Zeitpunkt der Einlösung sind Voraussetzung.
7. Es ist untersagt, den Greenfee-Gutschein entgeltlich Dritten zu überlassen bzw. mit diesen Handel zu treiben. Insbesondere sind die teilnehmenden Golfclubs in diesem Falle berechtigt, die Einlösung der ausgeschriebenen Angebote zu verweigern.
8. Die teilnehmenden Golfclubs haben sich gegenüber dem Verlag unter den o.g. Bedingungen verpflichtet, die ausgeschriebenen Angebote einzulösen. Der Verlag übernimmt jedoch keine Gewähr und keine Haftung, wenn ein Angebot nicht eingelöst wird oder werden kann.

Bedingungen zur Einlösung des Discounts:

1. Das Angebot ist einschließlich bis 30.6.2024 gültig.
2. Der Golfspieler/Leser hat sich telefonisch eine Abschlagzeit geben zu lassen – dabei ist die Nutzung des Angebots anzugeben.
3. Eine Barauszahlung des Greenfee-Vorteils ist nicht möglich.
4. Das Kombinieren von Angeboten oder bestehenden Greenfee-Vorteilen ist nicht möglich. Der Vorteil bezieht sich jeweils ausschließlich auf die zum Zeitpunkt der Einlösung gültigen vollen Greenfee-Gebühren.
5. Gibt es Spielergruppen mit erhöhten Greenfee-Gebühren, ist ein Nachlass auf diese Gebühren nicht möglich.
6. Das Angebot allein berechtigt nicht zum Spiel gegen Greenfee. Die Erfüllung der Bestimmungen des jeweiligen Golfclubs zur Greenfee-Berechtigung (Mitgliedschaft in einem Golfclub, Mindesthandicap etc.) zum Zeitpunkt der Einlösung sind Voraussetzung.
7. Es ist untersagt, den Greenfee-Gutschein entgeltlich Dritten zu überlassen bzw. mit diesen Handel zu treiben. Insbesondere sind die teilnehmenden Golfclubs in diesem Falle berechtigt, die Einlösung der ausgeschriebenen Angebote zu verweigern.
8. Die teilnehmenden Golfclubs haben sich gegenüber dem Verlag unter den o.g. Bedingungen verpflichtet, die ausgeschriebenen Angebote einzulösen. Der Verlag übernimmt jedoch keine Gewähr und keine Haftung, wenn ein Angebot nicht eingelöst wird oder werden kann.

Bedingungen zur Einlösung des Discounts:

1. Das Angebot ist einschließlich bis 30.6.2024 gültig.
2. Der Golfspieler/Leser hat sich telefonisch eine Abschlagzeit geben zu lassen – dabei ist die Nutzung des Angebots anzugeben.
3. Eine Barauszahlung des Greenfee-Vorteils ist nicht möglich.
4. Das Kombinieren von Angeboten oder bestehenden Greenfee-Vorteilen ist nicht möglich. Der Vorteil bezieht sich jeweils ausschließlich auf die zum Zeitpunkt der Einlösung gültigen vollen Greenfee-Gebühren.
5. Gibt es Spielergruppen mit erhöhten Greenfee-Gebühren, ist ein Nachlass auf diese Gebühren nicht möglich.
6. Das Angebot allein berechtigt nicht zum Spiel gegen Greenfee. Die Erfüllung der Bestimmungen des jeweiligen Golfclubs zur Greenfee-Berechtigung (Mitgliedschaft in einem Golfclub, Mindesthandicap etc.) zum Zeitpunkt der Einlösung sind Voraussetzung.
7. Es ist untersagt, den Greenfee-Gutschein entgeltlich Dritten zu überlassen bzw. mit diesen Handel zu treiben. Insbesondere sind die teilnehmenden Golfclubs in diesem Falle berechtigt, die Einlösung der ausgeschriebenen Angebote zu verweigern.
8. Die teilnehmenden Golfclubs haben sich gegenüber dem Verlag unter den o.g. Bedingungen verpflichtet, die ausgeschriebenen Angebote einzulösen. Der Verlag übernimmt jedoch keine Gewähr und keine Haftung, wenn ein Angebot nicht eingelöst wird oder werden kann.

Diese Gutscheine gelten nur in Verbindung mit dem Buch/Albrecht Golf Card

DER GOLF ALBRECHT

Golf Club Herrenalb-Bernbach e.V. DE

Bernbacher Straße 61
D-76332 Bad Herrenalb
✆ 07083-8898
Baden-Württemberg

176

2 for 1 2 GF zum Preis von 1 wochentags

DER GOLF ALBRECHT

Golf Club Herrenalb-Bernbach e.V. DE

Bernbacher Straße 61
D-76332 Bad Herrenalb
✆ 07083-8898
Baden-Württemberg

176

20% Greenfee-Ermäßigung wochentags

DER GOLF ALBRECHT

Golf Club Hetzenhof e.V. DE

Hetzenhof 7
D-73547 Lorch
✆ 07172-91800
Baden-Württemberg

177

2 for 1 2 GF zum Preis von 1 wochentags

DER GOLF ALBRECHT

Golf Club Hetzenhof e.V. DE

Hetzenhof 7
D-73547 Lorch
✆ 07172-91800
Baden-Württemberg

177

2 for 1 2 GF zum Preis von 1 wochentags

DER GOLF ALBRECHT

Golf Club Baden-Baden e.V. DE

Fremersbergstraße 127
D-76530 Baden-Baden
✆ 07221-23579
Baden-Württemberg

178

2 for 1 2 GF zum Preis von 1

DER GOLF ALBRECHT

Golf-Club Hochstatt Härtsfeld-Ries e.V. DE

Hofgut Hochstatt
D-73450 Neresheim
✆ 07326-5649
Baden-Württemberg
Hinweis: Nur zu den Öffnungszeiten , nur für 18-Loch

179

2 for 1 2 GF zum Preis von 1 wochentags

DER GOLF ALBRECHT

Golf-Club Hochstatt Härtsfeld-Ries e.V. DE

Hofgut Hochstatt
D-73450 Neresheim
✆ 07326-5649
Baden-Württemberg
Hinweis: Nur zu den Öffnungszeiten , nur für 18-Loch

179

2 for 1 2 GF zum Preis von 1 wochentags

DER GOLF ALBRECHT

Golfclub Göppingen e.V. DE

Fraunhoferstraße 2
D-73037 Göppingen
✆ 07161-964140
Baden-Württemberg

180

20% Greenfee-Ermäßigung

DER GOLF ALBRECHT

Golfclub Göppingen e.V. DE

Fraunhoferstraße 2
D-73037 Göppingen
✆ 07161-964140
Baden-Württemberg

180

20% Greenfee-Ermäßigung

DER GOLF ALBRECHT

Golfclub Teck e.V. DE

Am Golfplatz
D-73275 Ohmden
✆ 07023-742663
Baden-Württemberg

181

2 for 1 2 GF zum Preis von 1 wochentags

Bedingungen zur Einlösung des Discounts:

1. Das Angebot ist einschließlich bis 30.6.2024 gültig.
2. Der Golfspieler/Leser hat sich telefonisch eine Abschlagzeit geben zu lassen – dabei ist die Nutzung des Angebots anzugeben.
3. Eine Barauszahlung des Greenfee-Vorteils ist nicht möglich.
4. Das Kombinieren von Angeboten oder bestehenden Greenfee-Vorteilen ist nicht möglich. Der Vorteil bezieht sich jeweils ausschließlich auf die zum Zeitpunkt der Einlösung gültigen vollen Greenfee-Gebühren.
5. Gibt es Spielergruppen mit erhöhten Greenfee-Gebühren, ist ein Nachlass auf diese Gebühren nicht möglich.
6. Das Angebot allein berechtigt nicht zum Spiel gegen Greenfee. Die Erfüllung der Bestimmungen des jeweiligen Golfclubs zur Greenfee-Berechtigung (Mitgliedschaft in einem Golfclub, Mindesthandicap etc.) zum Zeitpunkt der Einlösung sind Voraussetzung.
7. Es ist untersagt, den Greenfee-Gutschein entgeltlich Dritten zu überlassen bzw. mit diesen Handel zu treiben. Insbesondere sind die teilnehmenden Golfclubs in diesem Falle berechtigt, die Einlösung der ausgeschriebenen Angebote zu verweigern.
8. Die teilnehmenden Golfclubs haben sich gegenüber dem Verlag unter den o.g. Bedingungen verpflichtet, die ausgeschriebenen Angebote einzulösen. Der Verlag übernimmt jedoch keine Gewähr und keine Haftung, wenn ein Angebot nicht eingelöst wird oder werden kann.

Bedingungen zur Einlösung des Discounts:

1. Das Angebot ist einschließlich bis 30.6.2024 gültig.
2. Der Golfspieler/Leser hat sich telefonisch eine Abschlagzeit geben zu lassen – dabei ist die Nutzung des Angebots anzugeben.
3. Eine Barauszahlung des Greenfee-Vorteils ist nicht möglich.
4. Das Kombinieren von Angeboten oder bestehenden Greenfee-Vorteilen ist nicht möglich. Der Vorteil bezieht sich jeweils ausschließlich auf die zum Zeitpunkt der Einlösung gültigen vollen Greenfee-Gebühren.
5. Gibt es Spielergruppen mit erhöhten Greenfee-Gebühren, ist ein Nachlass auf diese Gebühren nicht möglich.
6. Das Angebot allein berechtigt nicht zum Spiel gegen Greenfee. Die Erfüllung der Bestimmungen des jeweiligen Golfclubs zur Greenfee-Berechtigung (Mitgliedschaft in einem Golfclub, Mindesthandicap etc.) zum Zeitpunkt der Einlösung sind Voraussetzung.
7. Es ist untersagt, den Greenfee-Gutschein entgeltlich Dritten zu überlassen bzw. mit diesen Handel zu treiben. Insbesondere sind die teilnehmenden Golfclubs in diesem Falle berechtigt, die Einlösung der ausgeschriebenen Angebote zu verweigern.
8. Die teilnehmenden Golfclubs haben sich gegenüber dem Verlag unter den o.g. Bedingungen verpflichtet, die ausgeschriebenen Angebote einzulösen. Der Verlag übernimmt jedoch keine Gewähr und keine Haftung, wenn ein Angebot nicht eingelöst wird oder werden kann.

Bedingungen zur Einlösung des Discounts:

1. Das Angebot ist einschließlich bis 30.6.2024 gültig.
2. Der Golfspieler/Leser hat sich telefonisch eine Abschlagzeit geben zu lassen – dabei ist die Nutzung des Angebots anzugeben.
3. Eine Barauszahlung des Greenfee-Vorteils ist nicht möglich.
4. Das Kombinieren von Angeboten oder bestehenden Greenfee-Vorteilen ist nicht möglich. Der Vorteil bezieht sich jeweils ausschließlich auf die zum Zeitpunkt der Einlösung gültigen vollen Greenfee-Gebühren.
5. Gibt es Spielergruppen mit erhöhten Greenfee-Gebühren, ist ein Nachlass auf diese Gebühren nicht möglich.
6. Das Angebot allein berechtigt nicht zum Spiel gegen Greenfee. Die Erfüllung der Bestimmungen des jeweiligen Golfclubs zur Greenfee-Berechtigung (Mitgliedschaft in einem Golfclub, Mindesthandicap etc.) zum Zeitpunkt der Einlösung sind Voraussetzung.
7. Es ist untersagt, den Greenfee-Gutschein entgeltlich Dritten zu überlassen bzw. mit diesen Handel zu treiben. Insbesondere sind die teilnehmenden Golfclubs in diesem Falle berechtigt, die Einlösung der ausgeschriebenen Angebote zu verweigern.
8. Die teilnehmenden Golfclubs haben sich gegenüber dem Verlag unter den o.g. Bedingungen verpflichtet, die ausgeschriebenen Angebote einzulösen. Der Verlag übernimmt jedoch keine Gewähr und keine Haftung, wenn ein Angebot nicht eingelöst wird oder werden kann.

Bedingungen zur Einlösung des Discounts:

1. Das Angebot ist einschließlich bis 30.6.2024 gültig.
2. Der Golfspieler/Leser hat sich telefonisch eine Abschlagzeit geben zu lassen – dabei ist die Nutzung des Angebots anzugeben.
3. Eine Barauszahlung des Greenfee-Vorteils ist nicht möglich.
4. Das Kombinieren von Angeboten oder bestehenden Greenfee-Vorteilen ist nicht möglich. Der Vorteil bezieht sich jeweils ausschließlich auf die zum Zeitpunkt der Einlösung gültigen vollen Greenfee-Gebühren.
5. Gibt es Spielergruppen mit erhöhten Greenfee-Gebühren, ist ein Nachlass auf diese Gebühren nicht möglich.
6. Das Angebot allein berechtigt nicht zum Spiel gegen Greenfee. Die Erfüllung der Bestimmungen des jeweiligen Golfclubs zur Greenfee-Berechtigung (Mitgliedschaft in einem Golfclub, Mindesthandicap etc.) zum Zeitpunkt der Einlösung sind Voraussetzung.
7. Es ist untersagt, den Greenfee-Gutschein entgeltlich Dritten zu überlassen bzw. mit diesen Handel zu treiben. Insbesondere sind die teilnehmenden Golfclubs in diesem Falle berechtigt, die Einlösung der ausgeschriebenen Angebote zu verweigern.
8. Die teilnehmenden Golfclubs haben sich gegenüber dem Verlag unter den o.g. Bedingungen verpflichtet, die ausgeschriebenen Angebote einzulösen. Der Verlag übernimmt jedoch keine Gewähr und keine Haftung, wenn ein Angebot nicht eingelöst wird oder werden kann.

Bedingungen zur Einlösung des Discounts:

1. Das Angebot ist einschließlich bis 30.6.2024 gültig.
2. Der Golfspieler/Leser hat sich telefonisch eine Abschlagzeit geben zu lassen – dabei ist die Nutzung des Angebots anzugeben.
3. Eine Barauszahlung des Greenfee-Vorteils ist nicht möglich.
4. Das Kombinieren von Angeboten oder bestehenden Greenfee-Vorteilen ist nicht möglich. Der Vorteil bezieht sich jeweils ausschließlich auf die zum Zeitpunkt der Einlösung gültigen vollen Greenfee-Gebühren.
5. Gibt es Spielergruppen mit erhöhten Greenfee-Gebühren, ist ein Nachlass auf diese Gebühren nicht möglich.
6. Das Angebot allein berechtigt nicht zum Spiel gegen Greenfee. Die Erfüllung der Bestimmungen des jeweiligen Golfclubs zur Greenfee-Berechtigung (Mitgliedschaft in einem Golfclub, Mindesthandicap etc.) zum Zeitpunkt der Einlösung sind Voraussetzung.
7. Es ist untersagt, den Greenfee-Gutschein entgeltlich Dritten zu überlassen bzw. mit diesen Handel zu treiben. Insbesondere sind die teilnehmenden Golfclubs in diesem Falle berechtigt, die Einlösung der ausgeschriebenen Angebote zu verweigern.
8. Die teilnehmenden Golfclubs haben sich gegenüber dem Verlag unter den o.g. Bedingungen verpflichtet, die ausgeschriebenen Angebote einzulösen. Der Verlag übernimmt jedoch keine Gewähr und keine Haftung, wenn ein Angebot nicht eingelöst wird oder werden kann.

Bedingungen zur Einlösung des Discounts:

1. Das Angebot ist einschließlich bis 30.6.2024 gültig.
2. Der Golfspieler/Leser hat sich telefonisch eine Abschlagzeit geben zu lassen – dabei ist die Nutzung des Angebots anzugeben.
3. Eine Barauszahlung des Greenfee-Vorteils ist nicht möglich.
4. Das Kombinieren von Angeboten oder bestehenden Greenfee-Vorteilen ist nicht möglich. Der Vorteil bezieht sich jeweils ausschließlich auf die zum Zeitpunkt der Einlösung gültigen vollen Greenfee-Gebühren.
5. Gibt es Spielergruppen mit erhöhten Greenfee-Gebühren, ist ein Nachlass auf diese Gebühren nicht möglich.
6. Das Angebot allein berechtigt nicht zum Spiel gegen Greenfee. Die Erfüllung der Bestimmungen des jeweiligen Golfclubs zur Greenfee-Berechtigung (Mitgliedschaft in einem Golfclub, Mindesthandicap etc.) zum Zeitpunkt der Einlösung sind Voraussetzung.
7. Es ist untersagt, den Greenfee-Gutschein entgeltlich Dritten zu überlassen bzw. mit diesen Handel zu treiben. Insbesondere sind die teilnehmenden Golfclubs in diesem Falle berechtigt, die Einlösung der ausgeschriebenen Angebote zu verweigern.
8. Die teilnehmenden Golfclubs haben sich gegenüber dem Verlag unter den o.g. Bedingungen verpflichtet, die ausgeschriebenen Angebote einzulösen. Der Verlag übernimmt jedoch keine Gewähr und keine Haftung, wenn ein Angebot nicht eingelöst wird oder werden kann.

Bedingungen zur Einlösung des Discounts:

1. Das Angebot ist einschließlich bis 30.6.2024 gültig.
2. Der Golfspieler/Leser hat sich telefonisch eine Abschlagzeit geben zu lassen – dabei ist die Nutzung des Angebots anzugeben.
3. Eine Barauszahlung des Greenfee-Vorteils ist nicht möglich.
4. Das Kombinieren von Angeboten oder bestehenden Greenfee-Vorteilen ist nicht möglich. Der Vorteil bezieht sich jeweils ausschließlich auf die zum Zeitpunkt der Einlösung gültigen vollen Greenfee-Gebühren.
5. Gibt es Spielergruppen mit erhöhten Greenfee-Gebühren, ist ein Nachlass auf diese Gebühren nicht möglich.
6. Das Angebot allein berechtigt nicht zum Spiel gegen Greenfee. Die Erfüllung der Bestimmungen des jeweiligen Golfclubs zur Greenfee-Berechtigung (Mitgliedschaft in einem Golfclub, Mindesthandicap etc.) zum Zeitpunkt der Einlösung sind Voraussetzung.
7. Es ist untersagt, den Greenfee-Gutschein entgeltlich Dritten zu überlassen bzw. mit diesen Handel zu treiben. Insbesondere sind die teilnehmenden Golfclubs in diesem Falle berechtigt, die Einlösung der ausgeschriebenen Angebote zu verweigern.
8. Die teilnehmenden Golfclubs haben sich gegenüber dem Verlag unter den o.g. Bedingungen verpflichtet, die ausgeschriebenen Angebote einzulösen. Der Verlag übernimmt jedoch keine Gewähr und keine Haftung, wenn ein Angebot nicht eingelöst wird oder werden kann.

Bedingungen zur Einlösung des Discounts:

1. Das Angebot ist einschließlich bis 30.6.2024 gültig.
2. Der Golfspieler/Leser hat sich telefonisch eine Abschlagzeit geben zu lassen – dabei ist die Nutzung des Angebots anzugeben.
3. Eine Barauszahlung des Greenfee-Vorteils ist nicht möglich.
4. Das Kombinieren von Angeboten oder bestehenden Greenfee-Vorteilen ist nicht möglich. Der Vorteil bezieht sich jeweils ausschließlich auf die zum Zeitpunkt der Einlösung gültigen vollen Greenfee-Gebühren.
5. Gibt es Spielergruppen mit erhöhten Greenfee-Gebühren, ist ein Nachlass auf diese Gebühren nicht möglich.
6. Das Angebot allein berechtigt nicht zum Spiel gegen Greenfee. Die Erfüllung der Bestimmungen des jeweiligen Golfclubs zur Greenfee-Berechtigung (Mitgliedschaft in einem Golfclub, Mindesthandicap etc.) zum Zeitpunkt der Einlösung sind Voraussetzung.
7. Es ist untersagt, den Greenfee-Gutschein entgeltlich Dritten zu überlassen bzw. mit diesen Handel zu treiben. Insbesondere sind die teilnehmenden Golfclubs in diesem Falle berechtigt, die Einlösung der ausgeschriebenen Angebote zu verweigern.
8. Die teilnehmenden Golfclubs haben sich gegenüber dem Verlag unter den o.g. Bedingungen verpflichtet, die ausgeschriebenen Angebote einzulösen. Der Verlag übernimmt jedoch keine Gewähr und keine Haftung, wenn ein Angebot nicht eingelöst wird oder werden kann.

Bedingungen zur Einlösung des Discounts:

1. Das Angebot ist einschließlich bis 30.6.2024 gültig.
2. Der Golfspieler/Leser hat sich telefonisch eine Abschlagzeit geben zu lassen – dabei ist die Nutzung des Angebots anzugeben.
3. Eine Barauszahlung des Greenfee-Vorteils ist nicht möglich.
4. Das Kombinieren von Angeboten oder bestehenden Greenfee-Vorteilen ist nicht möglich. Der Vorteil bezieht sich jeweils ausschließlich auf die zum Zeitpunkt der Einlösung gültigen vollen Greenfee-Gebühren.
5. Gibt es Spielergruppen mit erhöhten Greenfee-Gebühren, ist ein Nachlass auf diese Gebühren nicht möglich.
6. Das Angebot allein berechtigt nicht zum Spiel gegen Greenfee. Die Erfüllung der Bestimmungen des jeweiligen Golfclubs zur Greenfee-Berechtigung (Mitgliedschaft in einem Golfclub, Mindesthandicap etc.) zum Zeitpunkt der Einlösung sind Voraussetzung.
7. Es ist untersagt, den Greenfee-Gutschein entgeltlich Dritten zu überlassen bzw. mit diesen Handel zu treiben. Insbesondere sind die teilnehmenden Golfclubs in diesem Falle berechtigt, die Einlösung der ausgeschriebenen Angebote zu verweigern.
8. Die teilnehmenden Golfclubs haben sich gegenüber dem Verlag unter den o.g. Bedingungen verpflichtet, die ausgeschriebenen Angebote einzulösen. Der Verlag übernimmt jedoch keine Gewähr und keine Haftung, wenn ein Angebot nicht eingelöst wird oder werden kann.

Bedingungen zur Einlösung des Discounts:

1. Das Angebot ist einschließlich bis 30.6.2024 gültig.
2. Der Golfspieler/Leser hat sich telefonisch eine Abschlagzeit geben zu lassen – dabei ist die Nutzung des Angebots anzugeben.
3. Eine Barauszahlung des Greenfee-Vorteils ist nicht möglich.
4. Das Kombinieren von Angeboten oder bestehenden Greenfee-Vorteilen ist nicht möglich. Der Vorteil bezieht sich jeweils ausschließlich auf die zum Zeitpunkt der Einlösung gültigen vollen Greenfee-Gebühren.
5. Gibt es Spielergruppen mit erhöhten Greenfee-Gebühren, ist ein Nachlass auf diese Gebühren nicht möglich.
6. Das Angebot allein berechtigt nicht zum Spiel gegen Greenfee. Die Erfüllung der Bestimmungen des jeweiligen Golfclubs zur Greenfee-Berechtigung (Mitgliedschaft in einem Golfclub, Mindesthandicap etc.) zum Zeitpunkt der Einlösung sind Voraussetzung.
7. Es ist untersagt, den Greenfee-Gutschein entgeltlich Dritten zu überlassen bzw. mit diesen Handel zu treiben. Insbesondere sind die teilnehmenden Golfclubs in diesem Falle berechtigt, die Einlösung der ausgeschriebenen Angebote zu verweigern.
8. Die teilnehmenden Golfclubs haben sich gegenüber dem Verlag unter den o.g. Bedingungen verpflichtet, die ausgeschriebenen Angebote einzulösen. Der Verlag übernimmt jedoch keine Gewähr und keine Haftung, wenn ein Angebot nicht eingelöst wird oder werden kann.

Diese Gutscheine gelten nur in Verbindung mit dem Buch/Albrecht Golf Card

Diese Gutscheine gelten nur in Verbindung mit dem Buch/Albrecht Golf Card

DER GOLF ALBRECHT

Golfclub Teck e.V.

DE

Am Golfplatz
D-73275 Ohmden
✆ 07023-742663
Baden-Württemberg

181

20% Greenfee-Ermäßigung wochentags

DER GOLF ALBRECHT

Golfclub Urloffen e.V.

DE

Golfplatz 1
D-77767 Appenweier
✆ 07843-993240
Baden-Württemberg

182

2 for 1 2 GF zum Preis von 1

DER GOLF ALBRECHT

Golfclub Urloffen e.V.

DE

Golfplatz 1
D-77767 Appenweier
✆ 07843-993240
Baden-Württemberg

182

2 for 1 2 GF zum Preis von 1

DER GOLF ALBRECHT

Golfclub Schloss Weitenburg

DE

Sommerhalde 11
D-72181 Starzach-Sulzau
✆ 07472-15050
Baden-Württemberg

183

2 for 1 2 GF zum Preis von 1

DER GOLF ALBRECHT

Golfclub Schloss Weitenburg

DE

Sommerhalde 11
D-72181 Starzach-Sulzau
✆ 07472-15050
Baden-Württemberg

183

2 for 1 2 GF zum Preis von 1

DER GOLF ALBRECHT

Golfclub Reutlingen-Sonnenbühl e.V.

DE

Gewann vor Staudach 2
D-72820 Sonnenbühl-Undingen
✆ 07128-92660
Baden-Württemberg

184

2 for 1 2 GF zum Preis von 1

DER GOLF ALBRECHT

Golfclub Reutlingen-Sonnenbühl e.V.

DE

Gewann vor Staudach 2
D-72820 Sonnenbühl-Undingen
✆ 07128-92660
Baden-Württemberg

184

2 for 1 2 GF zum Preis von 1

DER GOLF ALBRECHT

Golfclub Reutlingen-Sonnenbühl e.V.

DE

Gewann vor Staudach 2
D-72820 Sonnenbühl-Undingen
✆ 07128-92660
Baden-Württemberg

184

20% Greenfee-Ermäßigung

DER GOLF ALBRECHT

Golfclub Reutlingen-Sonnenbühl e.V.

DE

Gewann vor Staudach 2
D-72820 Sonnenbühl-Undingen
✆ 07128-92660
Baden-Württemberg

184

20% Greenfee-Ermäßigung

DER GOLF ALBRECHT

Golf Club Hechingen-Hohenzollern e.V.

DE

Hagelwasen
D-72379 Hechingen
✆ 07471-9849330
Baden-Württemberg

185

2 for 1 2 GF zum Preis von 1

Bedingungen zur Einlösung des Discounts:
1. Das Angebot ist einschließlich bis 30.6.2024 gültig.
2. Der Golfspieler/Leser hat sich telefonisch eine Abschlagzeit geben zu lassen – dabei ist die Nutzung des Angebots anzugeben.
3. Eine Barauszahlung des Greenfee-Vorteils ist nicht möglich.
4. Das Kombinieren von Angeboten oder bestehenden Greenfee-Vorteilen ist nicht möglich. Der Vorteil bezieht sich jeweils ausschließlich auf die zum Zeitpunkt der Einlösung gültigen vollen Greenfee-Gebühren.
5. Gibt es Spielergruppen mit erhöhten Greenfee-Gebühren, ist ein Nachlass auf diese Gebühren nicht möglich.
6. Das Angebot allein berechtigt nicht zum Spiel gegen Greenfee. Die Erfüllung der Bestimmungen des jeweiligen Golfclubs zur Greenfee-Berechtigung (Mitgliedschaft in einem Golfclub, Mindesthandicap etc.) zum Zeitpunkt der Einlösung sind Voraussetzung.
7. Es ist untersagt, den Greenfee-Gutschein entgeltlich Dritten zu überlassen bzw. mit diesen Handel zu treiben. Insbesondere sind die teilnehmenden Golfclubs in diesem Falle berechtigt, die Einlösung der ausgeschriebenen Angebote zu verweigern.
8. Die teilnehmenden Golfclubs haben sich gegenüber dem Verlag unter den o.g. Bedingungen verpflichtet, die ausgeschriebenen Angebote einzulösen. Der Verlag übernimmt jedoch keine Gewähr und keine Haftung, wenn ein Angebot nicht eingelöst wird oder werden kann.

Bedingungen zur Einlösung des Discounts:
1. Das Angebot ist einschließlich bis 30.6.2024 gültig.
2. Der Golfspieler/Leser hat sich telefonisch eine Abschlagzeit geben zu lassen – dabei ist die Nutzung des Angebots anzugeben.
3. Eine Barauszahlung des Greenfee-Vorteils ist nicht möglich.
4. Das Kombinieren von Angeboten oder bestehenden Greenfee-Vorteilen ist nicht möglich. Der Vorteil bezieht sich jeweils ausschließlich auf die zum Zeitpunkt der Einlösung gültigen vollen Greenfee-Gebühren.
5. Gibt es Spielergruppen mit erhöhten Greenfee-Gebühren, ist ein Nachlass auf diese Gebühren nicht möglich.
6. Das Angebot allein berechtigt nicht zum Spiel gegen Greenfee. Die Erfüllung der Bestimmungen des jeweiligen Golfclubs zur Greenfee-Berechtigung (Mitgliedschaft in einem Golfclub, Mindesthandicap etc.) zum Zeitpunkt der Einlösung sind Voraussetzung.
7. Es ist untersagt, den Greenfee-Gutschein entgeltlich Dritten zu überlassen bzw. mit diesen Handel zu treiben. Insbesondere sind die teilnehmenden Golfclubs in diesem Falle berechtigt, die Einlösung der ausgeschriebenen Angebote zu verweigern.
8. Die teilnehmenden Golfclubs haben sich gegenüber dem Verlag unter den o.g. Bedingungen verpflichtet, die ausgeschriebenen Angebote einzulösen. Der Verlag übernimmt jedoch keine Gewähr und keine Haftung, wenn ein Angebot nicht eingelöst wird oder werden kann.

Bedingungen zur Einlösung des Discounts:
1. Das Angebot ist einschließlich bis 30.6.2024 gültig.
2. Der Golfspieler/Leser hat sich telefonisch eine Abschlagzeit geben zu lassen – dabei ist die Nutzung des Angebots anzugeben.
3. Eine Barauszahlung des Greenfee-Vorteils ist nicht möglich.
4. Das Kombinieren von Angeboten oder bestehenden Greenfee-Vorteilen ist nicht möglich. Der Vorteil bezieht sich jeweils ausschließlich auf die zum Zeitpunkt der Einlösung gültigen vollen Greenfee-Gebühren.
5. Gibt es Spielergruppen mit erhöhten Greenfee-Gebühren, ist ein Nachlass auf diese Gebühren nicht möglich.
6. Das Angebot allein berechtigt nicht zum Spiel gegen Greenfee. Die Erfüllung der Bestimmungen des jeweiligen Golfclubs zur Greenfee-Berechtigung (Mitgliedschaft in einem Golfclub, Mindesthandicap etc.) zum Zeitpunkt der Einlösung sind Voraussetzung.
7. Es ist untersagt, den Greenfee-Gutschein entgeltlich Dritten zu überlassen bzw. mit diesen Handel zu treiben. Insbesondere sind die teilnehmenden Golfclubs in diesem Falle berechtigt, die Einlösung der ausgeschriebenen Angebote zu verweigern.
8. Die teilnehmenden Golfclubs haben sich gegenüber dem Verlag unter den o.g. Bedingungen verpflichtet, die ausgeschriebenen Angebote einzulösen. Der Verlag übernimmt jedoch keine Gewähr und keine Haftung, wenn ein Angebot nicht eingelöst wird oder werden kann.

Bedingungen zur Einlösung des Discounts:
1. Das Angebot ist einschließlich bis 30.6.2024 gültig.
2. Der Golfspieler/Leser hat sich telefonisch eine Abschlagzeit geben zu lassen – dabei ist die Nutzung des Angebots anzugeben.
3. Eine Barauszahlung des Greenfee-Vorteils ist nicht möglich.
4. Das Kombinieren von Angeboten oder bestehenden Greenfee-Vorteilen ist nicht möglich. Der Vorteil bezieht sich jeweils ausschließlich auf die zum Zeitpunkt der Einlösung gültigen vollen Greenfee-Gebühren.
5. Gibt es Spielergruppen mit erhöhten Greenfee-Gebühren, ist ein Nachlass auf diese Gebühren nicht möglich.
6. Das Angebot allein berechtigt nicht zum Spiel gegen Greenfee. Die Erfüllung der Bestimmungen des jeweiligen Golfclubs zur Greenfee-Berechtigung (Mitgliedschaft in einem Golfclub, Mindesthandicap etc.) zum Zeitpunkt der Einlösung sind Voraussetzung.
7. Es ist untersagt, den Greenfee-Gutschein entgeltlich Dritten zu überlassen bzw. mit diesen Handel zu treiben. Insbesondere sind die teilnehmenden Golfclubs in diesem Falle berechtigt, die Einlösung der ausgeschriebenen Angebote zu verweigern.
8. Die teilnehmenden Golfclubs haben sich gegenüber dem Verlag unter den o.g. Bedingungen verpflichtet, die ausgeschriebenen Angebote einzulösen. Der Verlag übernimmt jedoch keine Gewähr und keine Haftung, wenn ein Angebot nicht eingelöst wird oder werden kann.

Bedingungen zur Einlösung des Discounts:
1. Das Angebot ist einschließlich bis 30.6.2024 gültig.
2. Der Golfspieler/Leser hat sich telefonisch eine Abschlagzeit geben zu lassen – dabei ist die Nutzung des Angebots anzugeben.
3. Eine Barauszahlung des Greenfee-Vorteils ist nicht möglich.
4. Das Kombinieren von Angeboten oder bestehenden Greenfee-Vorteilen ist nicht möglich. Der Vorteil bezieht sich jeweils ausschließlich auf die zum Zeitpunkt der Einlösung gültigen vollen Greenfee-Gebühren.
5. Gibt es Spielergruppen mit erhöhten Greenfee-Gebühren, ist ein Nachlass auf diese Gebühren nicht möglich.
6. Das Angebot allein berechtigt nicht zum Spiel gegen Greenfee. Die Erfüllung der Bestimmungen des jeweiligen Golfclubs zur Greenfee-Berechtigung (Mitgliedschaft in einem Golfclub, Mindesthandicap etc.) zum Zeitpunkt der Einlösung sind Voraussetzung.
7. Es ist untersagt, den Greenfee-Gutschein entgeltlich Dritten zu überlassen bzw. mit diesen Handel zu treiben. Insbesondere sind die teilnehmenden Golfclubs in diesem Falle berechtigt, die Einlösung der ausgeschriebenen Angebote zu verweigern.
8. Die teilnehmenden Golfclubs haben sich gegenüber dem Verlag unter den o.g. Bedingungen verpflichtet, die ausgeschriebenen Angebote einzulösen. Der Verlag übernimmt jedoch keine Gewähr und keine Haftung, wenn ein Angebot nicht eingelöst wird oder werden kann.

Bedingungen zur Einlösung des Discounts:
1. Das Angebot ist einschließlich bis 30.6.2024 gültig.
2. Der Golfspieler/Leser hat sich telefonisch eine Abschlagzeit geben zu lassen – dabei ist die Nutzung des Angebots anzugeben.
3. Eine Barauszahlung des Greenfee-Vorteils ist nicht möglich.
4. Das Kombinieren von Angeboten oder bestehenden Greenfee-Vorteilen ist nicht möglich. Der Vorteil bezieht sich jeweils ausschließlich auf die zum Zeitpunkt der Einlösung gültigen vollen Greenfee-Gebühren.
5. Gibt es Spielergruppen mit erhöhten Greenfee-Gebühren, ist ein Nachlass auf diese Gebühren nicht möglich.
6. Das Angebot allein berechtigt nicht zum Spiel gegen Greenfee. Die Erfüllung der Bestimmungen des jeweiligen Golfclubs zur Greenfee-Berechtigung (Mitgliedschaft in einem Golfclub, Mindesthandicap etc.) zum Zeitpunkt der Einlösung sind Voraussetzung.
7. Es ist untersagt, den Greenfee-Gutschein entgeltlich Dritten zu überlassen bzw. mit diesen Handel zu treiben. Insbesondere sind die teilnehmenden Golfclubs in diesem Falle berechtigt, die Einlösung der ausgeschriebenen Angebote zu verweigern.
8. Die teilnehmenden Golfclubs haben sich gegenüber dem Verlag unter den o.g. Bedingungen verpflichtet, die ausgeschriebenen Angebote einzulösen. Der Verlag übernimmt jedoch keine Gewähr und keine Haftung, wenn ein Angebot nicht eingelöst wird oder werden kann.

Bedingungen zur Einlösung des Discounts:
1. Das Angebot ist einschließlich bis 30.6.2024 gültig.
2. Der Golfspieler/Leser hat sich telefonisch eine Abschlagzeit geben zu lassen – dabei ist die Nutzung des Angebots anzugeben.
3. Eine Barauszahlung des Greenfee-Vorteils ist nicht möglich.
4. Das Kombinieren von Angeboten oder bestehenden Greenfee-Vorteilen ist nicht möglich. Der Vorteil bezieht sich jeweils ausschließlich auf die zum Zeitpunkt der Einlösung gültigen vollen Greenfee-Gebühren.
5. Gibt es Spielergruppen mit erhöhten Greenfee-Gebühren, ist ein Nachlass auf diese Gebühren nicht möglich.
6. Das Angebot allein berechtigt nicht zum Spiel gegen Greenfee. Die Erfüllung der Bestimmungen des jeweiligen Golfclubs zur Greenfee-Berechtigung (Mitgliedschaft in einem Golfclub, Mindesthandicap etc.) zum Zeitpunkt der Einlösung sind Voraussetzung.
7. Es ist untersagt, den Greenfee-Gutschein entgeltlich Dritten zu überlassen bzw. mit diesen Handel zu treiben. Insbesondere sind die teilnehmenden Golfclubs in diesem Falle berechtigt, die Einlösung der ausgeschriebenen Angebote zu verweigern.
8. Die teilnehmenden Golfclubs haben sich gegenüber dem Verlag unter den o.g. Bedingungen verpflichtet, die ausgeschriebenen Angebote einzulösen. Der Verlag übernimmt jedoch keine Gewähr und keine Haftung, wenn ein Angebot nicht eingelöst wird oder werden kann.

Bedingungen zur Einlösung des Discounts:
1. Das Angebot ist einschließlich bis 30.6.2024 gültig.
2. Der Golfspieler/Leser hat sich telefonisch eine Abschlagzeit geben zu lassen – dabei ist die Nutzung des Angebots anzugeben.
3. Eine Barauszahlung des Greenfee-Vorteils ist nicht möglich.
4. Das Kombinieren von Angeboten oder bestehenden Greenfee-Vorteilen ist nicht möglich. Der Vorteil bezieht sich jeweils ausschließlich auf die zum Zeitpunkt der Einlösung gültigen vollen Greenfee-Gebühren.
5. Gibt es Spielergruppen mit erhöhten Greenfee-Gebühren, ist ein Nachlass auf diese Gebühren nicht möglich.
6. Das Angebot allein berechtigt nicht zum Spiel gegen Greenfee. Die Erfüllung der Bestimmungen des jeweiligen Golfclubs zur Greenfee-Berechtigung (Mitgliedschaft in einem Golfclub, Mindesthandicap etc.) zum Zeitpunkt der Einlösung sind Voraussetzung.
7. Es ist untersagt, den Greenfee-Gutschein entgeltlich Dritten zu überlassen bzw. mit diesen Handel zu treiben. Insbesondere sind die teilnehmenden Golfclubs in diesem Falle berechtigt, die Einlösung der ausgeschriebenen Angebote zu verweigern.
8. Die teilnehmenden Golfclubs haben sich gegenüber dem Verlag unter den o.g. Bedingungen verpflichtet, die ausgeschriebenen Angebote einzulösen. Der Verlag übernimmt jedoch keine Gewähr und keine Haftung, wenn ein Angebot nicht eingelöst wird oder werden kann.

Bedingungen zur Einlösung des Discounts:
1. Das Angebot ist einschließlich bis 30.6.2024 gültig.
2. Der Golfspieler/Leser hat sich telefonisch eine Abschlagzeit geben zu lassen – dabei ist die Nutzung des Angebots anzugeben.
3. Eine Barauszahlung des Greenfee-Vorteils ist nicht möglich.
4. Das Kombinieren von Angeboten oder bestehenden Greenfee-Vorteilen ist nicht möglich. Der Vorteil bezieht sich jeweils ausschließlich auf die zum Zeitpunkt der Einlösung gültigen vollen Greenfee-Gebühren.
5. Gibt es Spielergruppen mit erhöhten Greenfee-Gebühren, ist ein Nachlass auf diese Gebühren nicht möglich.
6. Das Angebot allein berechtigt nicht zum Spiel gegen Greenfee. Die Erfüllung der Bestimmungen des jeweiligen Golfclubs zur Greenfee-Berechtigung (Mitgliedschaft in einem Golfclub, Mindesthandicap etc.) zum Zeitpunkt der Einlösung sind Voraussetzung.
7. Es ist untersagt, den Greenfee-Gutschein entgeltlich Dritten zu überlassen bzw. mit diesen Handel zu treiben. Insbesondere sind die teilnehmenden Golfclubs in diesem Falle berechtigt, die Einlösung der ausgeschriebenen Angebote zu verweigern.
8. Die teilnehmenden Golfclubs haben sich gegenüber dem Verlag unter den o.g. Bedingungen verpflichtet, die ausgeschriebenen Angebote einzulösen. Der Verlag übernimmt jedoch keine Gewähr und keine Haftung, wenn ein Angebot nicht eingelöst wird oder werden kann.

Bedingungen zur Einlösung des Discounts:
1. Das Angebot ist einschließlich bis 30.6.2024 gültig.
2. Der Golfspieler/Leser hat sich telefonisch eine Abschlagzeit geben zu lassen – dabei ist die Nutzung des Angebots anzugeben.
3. Eine Barauszahlung des Greenfee-Vorteils ist nicht möglich.
4. Das Kombinieren von Angeboten oder bestehenden Greenfee-Vorteilen ist nicht möglich. Der Vorteil bezieht sich jeweils ausschließlich auf die zum Zeitpunkt der Einlösung gültigen vollen Greenfee-Gebühren.
5. Gibt es Spielergruppen mit erhöhten Greenfee-Gebühren, ist ein Nachlass auf diese Gebühren nicht möglich.
6. Das Angebot allein berechtigt nicht zum Spiel gegen Greenfee. Die Erfüllung der Bestimmungen des jeweiligen Golfclubs zur Greenfee-Berechtigung (Mitgliedschaft in einem Golfclub, Mindesthandicap etc.) zum Zeitpunkt der Einlösung sind Voraussetzung.
7. Es ist untersagt, den Greenfee-Gutschein entgeltlich Dritten zu überlassen bzw. mit diesen Handel zu treiben. Insbesondere sind die teilnehmenden Golfclubs in diesem Falle berechtigt, die Einlösung der ausgeschriebenen Angebote zu verweigern.
8. Die teilnehmenden Golfclubs haben sich gegenüber dem Verlag unter den o.g. Bedingungen verpflichtet, die ausgeschriebenen Angebote einzulösen. Der Verlag übernimmt jedoch keine Gewähr und keine Haftung, wenn ein Angebot nicht eingelöst wird oder werden kann.

Diese Gutscheine gelten nur in Verbindung mit dem Buch/Albrecht Golf Card

Diese Gutscheine gelten nur in Verbindung mit dem Buch/Albrecht Golf Card

DER GOLF ALBRECHT

Golf Club Hechingen-Hohenzollern e.V.

DE

Hagelwasen
D-72379 Hechingen
✆ 07471-9849930
Baden-Württemberg

185

2 for 1 2 GF zum Preis von 1

DER GOLF ALBRECHT

Golf Club Hechingen-Hohenzollern e.V.

DE

Hagelwasen
D-72379 Hechingen
✆ 07471-9849930
Baden-Württemberg

185

30% Greenfee-Ermäßigung

DER GOLF ALBRECHT

Golf Club Ortenau e.V.

DE

Gereut 9.1
D-77933 Lahr-Reichenbach
✆ 07821-77227
Baden-Württemberg

186

2 for 1 2 GF zum Preis von 1

DER GOLF ALBRECHT

Golf Club Ortenau e.V.

DE

Gereut 9.1
D-77933 Lahr-Reichenbach
✆ 07821-77227
Baden-Württemberg

186

2 for 1 2 GF zum Preis von 1

DER GOLF ALBRECHT

Golfclub Gröbernhof e.V.

DE

Gröbern 1
D-77736 Zell am Harmersbach
✆ 07835-634909
Baden-Württemberg

187

2 for 1 2 GF zum Preis von 1

DER GOLF ALBRECHT

Golfclub Gröbernhof e.V.

DE

Gröbern 1
D-77736 Zell am Harmersbach
✆ 07835-634909
Baden-Württemberg

187

2 for 1 2 GF zum Preis von 1

DER GOLF ALBRECHT

Golfclub Gröbernhof e.V.

DE

Gröbern 1
D-77736 Zell am Harmersbach
✆ 07835-634909
Baden-Württemberg

187

25% Greenfee-Ermäßigung

DER GOLF ALBRECHT

Golfclub Donau-Riss e.V. Ehingen-Rißtissen

DE

Herrschaftslüssen 1
D-89584 Ehingen-Rißtissen
✆ 07392-7006995
Baden-Württemberg

188

2 for 1 2 GF zum Preis von 1 wochentags

DER GOLF ALBRECHT

Golfclub Donau-Riss e.V. Ehingen-Rißtissen

DE

Herrschaftslüssen 1
D-89584 Ehingen-Rißtissen
✆ 07392-7006995
Baden-Württemberg

188

2 for 1 2 GF zum Preis von 1 wochentags

DER GOLF ALBRECHT

Golfclub Donau-Riss e.V. Ehingen-Rißtissen

DE

Herrschaftslüssen 1
D-89584 Ehingen-Rißtissen
✆ 07392-7006995
Baden-Württemberg

188

2 for 1 2 GF zum Preis von 1 wochentags

Bedingungen zur Einlösung des Discounts:
1. Das Angebot ist einschließlich bis 30.6.2024 gültig.
2. Der Golfspieler/Leser hat sich telefonisch eine Abschlagzeit geben zu lassen – dabei ist die Nutzung des Angebots anzugeben.
3. Eine Barauszahlung des Greenfee-Vorteils ist nicht möglich.
4. Das Kombinieren von Angeboten oder bestehenden Greenfee-Vorteilen ist nicht möglich. Der Vorteil bezieht sich jeweils ausschließlich auf die zum Zeitpunkt der Einlösung gültigen vollen Greenfee-Gebühren.
5. Gibt es Spielergruppen mit erhöhten Greenfee-Gebühren, ist ein Nachlass auf diese Gebühren nicht möglich.
6. Das Angebot allein berechtigt nicht zum Spiel gegen Greenfee. Die Erfüllung der Bestimmungen des jeweiligen Golfclubs zur Greenfee-Berechtigung (Mitgliedschaft in einem Golfclub, Mindesthandicap etc.) zum Zeitpunkt der Einlösung sind Voraussetzung.
7. Es ist untersagt, den Greenfee-Gutschein entgeltlich Dritten zu überlassen bzw. mit diesen Handel zu treiben. Insbesondere sind die teilnehmenden Golfclubs in diesem Falle berechtigt, die Einlösung der ausgeschriebenen Angebote zu verweigern.
8. Die teilnehmenden Golfclubs haben sich gegenüber dem Verlag unter den o.g. Bedingungen verpflichtet, die ausgeschriebenen Angebote einzulösen. Der Verlag übernimmt jedoch keine Gewähr und keine Haftung, wenn ein Angebot nicht eingelöst wird oder werden kann.

Bedingungen zur Einlösung des Discounts:
1. Das Angebot ist einschließlich bis 30.6.2024 gültig.
2. Der Golfspieler/Leser hat sich telefonisch eine Abschlagzeit geben zu lassen – dabei ist die Nutzung des Angebots anzugeben.
3. Eine Barauszahlung des Greenfee-Vorteils ist nicht möglich.
4. Das Kombinieren von Angeboten oder bestehenden Greenfee-Vorteilen ist nicht möglich. Der Vorteil bezieht sich jeweils ausschließlich auf die zum Zeitpunkt der Einlösung gültigen vollen Greenfee-Gebühren.
5. Gibt es Spielergruppen mit erhöhten Greenfee-Gebühren, ist ein Nachlass auf diese Gebühren nicht möglich.
6. Das Angebot allein berechtigt nicht zum Spiel gegen Greenfee. Die Erfüllung der Bestimmungen des jeweiligen Golfclubs zur Greenfee-Berechtigung (Mitgliedschaft in einem Golfclub, Mindesthandicap etc.) zum Zeitpunkt der Einlösung sind Voraussetzung.
7. Es ist untersagt, den Greenfee-Gutschein entgeltlich Dritten zu überlassen bzw. mit diesen Handel zu treiben. Insbesondere sind die teilnehmenden Golfclubs in diesem Falle berechtigt, die Einlösung der ausgeschriebenen Angebote zu verweigern.
8. Die teilnehmenden Golfclubs haben sich gegenüber dem Verlag unter den o.g. Bedingungen verpflichtet, die ausgeschriebenen Angebote einzulösen. Der Verlag übernimmt jedoch keine Gewähr und keine Haftung, wenn ein Angebot nicht eingelöst wird oder werden kann.

Bedingungen zur Einlösung des Discounts:
1. Das Angebot ist einschließlich bis 30.6.2024 gültig.
2. Der Golfspieler/Leser hat sich telefonisch eine Abschlagzeit geben zu lassen – dabei ist die Nutzung des Angebots anzugeben.
3. Eine Barauszahlung des Greenfee-Vorteils ist nicht möglich.
4. Das Kombinieren von Angeboten oder bestehenden Greenfee-Vorteilen ist nicht möglich. Der Vorteil bezieht sich jeweils ausschließlich auf die zum Zeitpunkt der Einlösung gültigen vollen Greenfee-Gebühren.
5. Gibt es Spielergruppen mit erhöhten Greenfee-Gebühren, ist ein Nachlass auf diese Gebühren nicht möglich.
6. Das Angebot allein berechtigt nicht zum Spiel gegen Greenfee. Die Erfüllung der Bestimmungen des jeweiligen Golfclubs zur Greenfee-Berechtigung (Mitgliedschaft in einem Golfclub, Mindesthandicap etc.) zum Zeitpunkt der Einlösung sind Voraussetzung.
7. Es ist untersagt, den Greenfee-Gutschein entgeltlich Dritten zu überlassen bzw. mit diesen Handel zu treiben. Insbesondere sind die teilnehmenden Golfclubs in diesem Falle berechtigt, die Einlösung der ausgeschriebenen Angebote zu verweigern.
8. Die teilnehmenden Golfclubs haben sich gegenüber dem Verlag unter den o.g. Bedingungen verpflichtet, die ausgeschriebenen Angebote einzulösen. Der Verlag übernimmt jedoch keine Gewähr und keine Haftung, wenn ein Angebot nicht eingelöst wird oder werden kann.

Bedingungen zur Einlösung des Discounts:
1. Das Angebot ist einschließlich bis 30.6.2024 gültig.
2. Der Golfspieler/Leser hat sich telefonisch eine Abschlagzeit geben zu lassen – dabei ist die Nutzung des Angebots anzugeben.
3. Eine Barauszahlung des Greenfee-Vorteils ist nicht möglich.
4. Das Kombinieren von Angeboten oder bestehenden Greenfee-Vorteilen ist nicht möglich. Der Vorteil bezieht sich jeweils ausschließlich auf die zum Zeitpunkt der Einlösung gültigen vollen Greenfee-Gebühren.
5. Gibt es Spielergruppen mit erhöhten Greenfee-Gebühren, ist ein Nachlass auf diese Gebühren nicht möglich.
6. Das Angebot allein berechtigt nicht zum Spiel gegen Greenfee. Die Erfüllung der Bestimmungen des jeweiligen Golfclubs zur Greenfee-Berechtigung (Mitgliedschaft in einem Golfclub, Mindesthandicap etc.) zum Zeitpunkt der Einlösung sind Voraussetzung.
7. Es ist untersagt, den Greenfee-Gutschein entgeltlich Dritten zu überlassen bzw. mit diesen Handel zu treiben. Insbesondere sind die teilnehmenden Golfclubs in diesem Falle berechtigt, die Einlösung der ausgeschriebenen Angebote zu verweigern.
8. Die teilnehmenden Golfclubs haben sich gegenüber dem Verlag unter den o.g. Bedingungen verpflichtet, die ausgeschriebenen Angebote einzulösen. Der Verlag übernimmt jedoch keine Gewähr und keine Haftung, wenn ein Angebot nicht eingelöst wird oder werden kann.

Bedingungen zur Einlösung des Discounts:
1. Das Angebot ist einschließlich bis 30.6.2024 gültig.
2. Der Golfspieler/Leser hat sich telefonisch eine Abschlagzeit geben zu lassen – dabei ist die Nutzung des Angebots anzugeben.
3. Eine Barauszahlung des Greenfee-Vorteils ist nicht möglich.
4. Das Kombinieren von Angeboten oder bestehenden Greenfee-Vorteilen ist nicht möglich. Der Vorteil bezieht sich jeweils ausschließlich auf die zum Zeitpunkt der Einlösung gültigen vollen Greenfee-Gebühren.
5. Gibt es Spielergruppen mit erhöhten Greenfee-Gebühren, ist ein Nachlass auf diese Gebühren nicht möglich.
6. Das Angebot allein berechtigt nicht zum Spiel gegen Greenfee. Die Erfüllung der Bestimmungen des jeweiligen Golfclubs zur Greenfee-Berechtigung (Mitgliedschaft in einem Golfclub, Mindesthandicap etc.) zum Zeitpunkt der Einlösung sind Voraussetzung.
7. Es ist untersagt, den Greenfee-Gutschein entgeltlich Dritten zu überlassen bzw. mit diesen Handel zu treiben. Insbesondere sind die teilnehmenden Golfclubs in diesem Falle berechtigt, die Einlösung der ausgeschriebenen Angebote zu verweigern.
8. Die teilnehmenden Golfclubs haben sich gegenüber dem Verlag unter den o.g. Bedingungen verpflichtet, die ausgeschriebenen Angebote einzulösen. Der Verlag übernimmt jedoch keine Gewähr und keine Haftung, wenn ein Angebot nicht eingelöst wird oder werden kann.

Bedingungen zur Einlösung des Discounts:
1. Das Angebot ist einschließlich bis 30.6.2024 gültig.
2. Der Golfspieler/Leser hat sich telefonisch eine Abschlagzeit geben zu lassen – dabei ist die Nutzung des Angebots anzugeben.
3. Eine Barauszahlung des Greenfee-Vorteils ist nicht möglich.
4. Das Kombinieren von Angeboten oder bestehenden Greenfee-Vorteilen ist nicht möglich. Der Vorteil bezieht sich jeweils ausschließlich auf die zum Zeitpunkt der Einlösung gültigen vollen Greenfee-Gebühren.
5. Gibt es Spielergruppen mit erhöhten Greenfee-Gebühren, ist ein Nachlass auf diese Gebühren nicht möglich.
6. Das Angebot allein berechtigt nicht zum Spiel gegen Greenfee. Die Erfüllung der Bestimmungen des jeweiligen Golfclubs zur Greenfee-Berechtigung (Mitgliedschaft in einem Golfclub, Mindesthandicap etc.) zum Zeitpunkt der Einlösung sind Voraussetzung.
7. Es ist untersagt, den Greenfee-Gutschein entgeltlich Dritten zu überlassen bzw. mit diesen Handel zu treiben. Insbesondere sind die teilnehmenden Golfclubs in diesem Falle berechtigt, die Einlösung der ausgeschriebenen Angebote zu verweigern.
8. Die teilnehmenden Golfclubs haben sich gegenüber dem Verlag unter den o.g. Bedingungen verpflichtet, die ausgeschriebenen Angebote einzulösen. Der Verlag übernimmt jedoch keine Gewähr und keine Haftung, wenn ein Angebot nicht eingelöst wird oder werden kann.

Bedingungen zur Einlösung des Discounts:
1. Das Angebot ist einschließlich bis 30.6.2024 gültig.
2. Der Golfspieler/Leser hat sich telefonisch eine Abschlagzeit geben zu lassen – dabei ist die Nutzung des Angebots anzugeben.
3. Eine Barauszahlung des Greenfee-Vorteils ist nicht möglich.
4. Das Kombinieren von Angeboten oder bestehenden Greenfee-Vorteilen ist nicht möglich. Der Vorteil bezieht sich jeweils ausschließlich auf die zum Zeitpunkt der Einlösung gültigen vollen Greenfee-Gebühren.
5. Gibt es Spielergruppen mit erhöhten Greenfee-Gebühren, ist ein Nachlass auf diese Gebühren nicht möglich.
6. Das Angebot allein berechtigt nicht zum Spiel gegen Greenfee. Die Erfüllung der Bestimmungen des jeweiligen Golfclubs zur Greenfee-Berechtigung (Mitgliedschaft in einem Golfclub, Mindesthandicap etc.) zum Zeitpunkt der Einlösung sind Voraussetzung.
7. Es ist untersagt, den Greenfee-Gutschein entgeltlich Dritten zu überlassen bzw. mit diesen Handel zu treiben. Insbesondere sind die teilnehmenden Golfclubs in diesem Falle berechtigt, die Einlösung der ausgeschriebenen Angebote zu verweigern.
8. Die teilnehmenden Golfclubs haben sich gegenüber dem Verlag unter den o.g. Bedingungen verpflichtet, die ausgeschriebenen Angebote einzulösen. Der Verlag übernimmt jedoch keine Gewähr und keine Haftung, wenn ein Angebot nicht eingelöst wird oder werden kann.

Bedingungen zur Einlösung des Discounts:
1. Das Angebot ist einschließlich bis 30.6.2024 gültig.
2. Der Golfspieler/Leser hat sich telefonisch eine Abschlagzeit geben zu lassen – dabei ist die Nutzung des Angebots anzugeben.
3. Eine Barauszahlung des Greenfee-Vorteils ist nicht möglich.
4. Das Kombinieren von Angeboten oder bestehenden Greenfee-Vorteilen ist nicht möglich. Der Vorteil bezieht sich jeweils ausschließlich auf die zum Zeitpunkt der Einlösung gültigen vollen Greenfee-Gebühren.
5. Gibt es Spielergruppen mit erhöhten Greenfee-Gebühren, ist ein Nachlass auf diese Gebühren nicht möglich.
6. Das Angebot allein berechtigt nicht zum Spiel gegen Greenfee. Die Erfüllung der Bestimmungen des jeweiligen Golfclubs zur Greenfee-Berechtigung (Mitgliedschaft in einem Golfclub, Mindesthandicap etc.) zum Zeitpunkt der Einlösung sind Voraussetzung.
7. Es ist untersagt, den Greenfee-Gutschein entgeltlich Dritten zu überlassen bzw. mit diesen Handel zu treiben. Insbesondere sind die teilnehmenden Golfclubs in diesem Falle berechtigt, die Einlösung der ausgeschriebenen Angebote zu verweigern.
8. Die teilnehmenden Golfclubs haben sich gegenüber dem Verlag unter den o.g. Bedingungen verpflichtet, die ausgeschriebenen Angebote einzulösen. Der Verlag übernimmt jedoch keine Gewähr und keine Haftung, wenn ein Angebot nicht eingelöst wird oder werden kann.

Bedingungen zur Einlösung des Discounts:
1. Das Angebot ist einschließlich bis 30.6.2024 gültig.
2. Der Golfspieler/Leser hat sich telefonisch eine Abschlagzeit geben zu lassen – dabei ist die Nutzung des Angebots anzugeben.
3. Eine Barauszahlung des Greenfee-Vorteils ist nicht möglich.
4. Das Kombinieren von Angeboten oder bestehenden Greenfee-Vorteilen ist nicht möglich. Der Vorteil bezieht sich jeweils ausschließlich auf die zum Zeitpunkt der Einlösung gültigen vollen Greenfee-Gebühren.
5. Gibt es Spielergruppen mit erhöhten Greenfee-Gebühren, ist ein Nachlass auf diese Gebühren nicht möglich.
6. Das Angebot allein berechtigt nicht zum Spiel gegen Greenfee. Die Erfüllung der Bestimmungen des jeweiligen Golfclubs zur Greenfee-Berechtigung (Mitgliedschaft in einem Golfclub, Mindesthandicap etc.) zum Zeitpunkt der Einlösung sind Voraussetzung.
7. Es ist untersagt, den Greenfee-Gutschein entgeltlich Dritten zu überlassen bzw. mit diesen Handel zu treiben. Insbesondere sind die teilnehmenden Golfclubs in diesem Falle berechtigt, die Einlösung der ausgeschriebenen Angebote zu verweigern.
8. Die teilnehmenden Golfclubs haben sich gegenüber dem Verlag unter den o.g. Bedingungen verpflichtet, die ausgeschriebenen Angebote einzulösen. Der Verlag übernimmt jedoch keine Gewähr und keine Haftung, wenn ein Angebot nicht eingelöst wird oder werden kann.

Bedingungen zur Einlösung des Discounts:
1. Das Angebot ist einschließlich bis 30.6.2024 gültig.
2. Der Golfspieler/Leser hat sich telefonisch eine Abschlagzeit geben zu lassen – dabei ist die Nutzung des Angebots anzugeben.
3. Eine Barauszahlung des Greenfee-Vorteils ist nicht möglich.
4. Das Kombinieren von Angeboten oder bestehenden Greenfee-Vorteilen ist nicht möglich. Der Vorteil bezieht sich jeweils ausschließlich auf die zum Zeitpunkt der Einlösung gültigen vollen Greenfee-Gebühren.
5. Gibt es Spielergruppen mit erhöhten Greenfee-Gebühren, ist ein Nachlass auf diese Gebühren nicht möglich.
6. Das Angebot allein berechtigt nicht zum Spiel gegen Greenfee. Die Erfüllung der Bestimmungen des jeweiligen Golfclubs zur Greenfee-Berechtigung (Mitgliedschaft in einem Golfclub, Mindesthandicap etc.) zum Zeitpunkt der Einlösung sind Voraussetzung.
7. Es ist untersagt, den Greenfee-Gutschein entgeltlich Dritten zu überlassen bzw. mit diesen Handel zu treiben. Insbesondere sind die teilnehmenden Golfclubs in diesem Falle berechtigt, die Einlösung der ausgeschriebenen Angebote zu verweigern.
8. Die teilnehmenden Golfclubs haben sich gegenüber dem Verlag unter den o.g. Bedingungen verpflichtet, die ausgeschriebenen Angebote einzulösen. Der Verlag übernimmt jedoch keine Gewähr und keine Haftung, wenn ein Angebot nicht eingelöst wird oder werden kann.

Diese Gutscheine gelten nur in Verbindung mit dem Buch/Albrecht Golf Card

Diese Gutscheine gelten nur in Verbindung mit dem Buch/Albrecht Golf Card

DER GOLF ALBRECHT

Golfclub Donau-Riss e.V.
Ehingen-Rißtissen

DE

Herrschaftslüssen 1
D-89584 Ehingen-Rißtissen
✆ 07392-7006995
Baden-Württemberg

188

50% Greenfee-Ermäßigung wochentags

DER GOLF ALBRECHT

Golfclub Donau-Riss e.V.
Ehingen-Rißtissen

DE

Herrschaftslüssen 1
D-89584 Ehingen-Rißtissen
✆ 07392-7006995
Baden-Württemberg

188

50% Greenfee-Ermäßigung wochentags

DER GOLF ALBRECHT

Golfclub Königsfeld e.V.

DE

Angelmoos 20
D-78126 Königsfeld-Martinsweiler
✆ 07725-93960
Baden-Württemberg

189

2 for 1 2 GF zum Preis von 1

DER GOLF ALBRECHT

Golfclub Königsfeld e.V.

DE

Angelmoos 20
D-78126 Königsfeld-Martinsweiler
✆ 07725-93960
Baden-Württemberg

189

2 for 1 2 GF zum Preis von 1

DER GOLF ALBRECHT

Golfclub Königsfeld e.V.

DE

Angelmoos 20
D-78126 Königsfeld-Martinsweiler
✆ 07725-93960
Baden-Württemberg

189

20% Greenfee-Ermäßigung

DER GOLF ALBRECHT

Golfclub Königsfeld e.V.

DE

Angelmoos 20
D-78126 Königsfeld-Martinsweiler
✆ 07725-93960
Baden-Württemberg

189

20% Greenfee-Ermäßigung

DER GOLF ALBRECHT

GREEN-GOLF Bad Saulgau GbR

DE

Koppelweg 103
D-88348 Bad Saulgau
✆ 07581-527455
Baden-Württemberg

190

2 for 1 2 GF zum Preis von 1

DER GOLF ALBRECHT

GREEN-GOLF Bad Saulgau GbR

DE

Koppelweg 103
D-88348 Bad Saulgau
✆ 07581-527455
Baden-Württemberg

190

2 for 1 2 GF zum Preis von 1

DER GOLF ALBRECHT

Golf Schönau GmbH

DE

Schönenberger Straße 17
D-79677 Schönau im Schwarzwald
✆ 07673-888660
Baden-Württemberg
Hinweis: Rabatte nur auf das 18 Loch Greenfee

191

2 for 1 2 GF zum Preis von 1

DER GOLF ALBRECHT

Golf Schönau GmbH

DE

Schönenberger Straße 17
D-79677 Schönau im Schwarzwald
✆ 07673-888660
Baden-Württemberg
Hinweis: Rabatte nur auf das 18 Loch Greenfee

191

2 for 1 2 GF zum Preis von 1

Bedingungen zur Einlösung des Discounts:

1. Das Angebot ist einschließlich bis 30.6.2024 gültig.
2. Der Golfspieler/Leser hat sich telefonisch eine Abschlagzeit geben zu lassen – dabei ist die Nutzung des Angebots anzugeben.
3. Eine Barauszahlung des Greenfee-Vorteils ist nicht möglich.
4. Das Kombinieren von Angeboten oder bestehenden Greenfee-Vorteilen ist nicht möglich. Der Vorteil bezieht sich jeweils ausschließlich auf die zum Zeitpunkt der Einlösung gültigen vollen Greenfee-Gebühren.
5. Gibt es Spielergruppen mit erhöhten Greenfee-Gebühren, ist ein Nachlass auf diese Gebühren nicht möglich.
6. Das Angebot allein berechtigt nicht zum Spiel gegen Greenfee. Die Erfüllung der Bestimmungen des jeweiligen Golfclubs zur Greenfee-Berechtigung (Mitgliedschaft in einem Golfclub, Mindesthandicap etc.) zum Zeitpunkt der Einlösung sind Voraussetzung.
7. Es ist untersagt, den Greenfee-Gutschein entgeltlich Dritten zu überlassen bzw. mit diesen Handel zu treiben. Insbesondere sind die teilnehmenden Golfclubs in diesem Falle berechtigt, die Einlösung der ausgeschriebenen Angebote zu verweigern.
8. Die teilnehmenden Golfclubs haben sich gegenüber dem Verlag unter den o.g. Bedingungen verpflichtet, die ausgeschriebenen Angebote einzulösen. Der Verlag übernimmt jedoch keine Gewähr und keine Haftung, wenn ein Angebot nicht eingelöst wird oder werden kann.

Bedingungen zur Einlösung des Discounts:

1. Das Angebot ist einschließlich bis 30.6.2024 gültig.
2. Der Golfspieler/Leser hat sich telefonisch eine Abschlagzeit geben zu lassen – dabei ist die Nutzung des Angebots anzugeben.
3. Eine Barauszahlung des Greenfee-Vorteils ist nicht möglich.
4. Das Kombinieren von Angeboten oder bestehenden Greenfee-Vorteilen ist nicht möglich. Der Vorteil bezieht sich jeweils ausschließlich auf die zum Zeitpunkt der Einlösung gültigen vollen Greenfee-Gebühren.
5. Gibt es Spielergruppen mit erhöhten Greenfee-Gebühren, ist ein Nachlass auf diese Gebühren nicht möglich.
6. Das Angebot allein berechtigt nicht zum Spiel gegen Greenfee. Die Erfüllung der Bestimmungen des jeweiligen Golfclubs zur Greenfee-Berechtigung (Mitgliedschaft in einem Golfclub, Mindesthandicap etc.) zum Zeitpunkt der Einlösung sind Voraussetzung.
7. Es ist untersagt, den Greenfee-Gutschein entgeltlich Dritten zu überlassen bzw. mit diesen Handel zu treiben. Insbesondere sind die teilnehmenden Golfclubs in diesem Falle berechtigt, die Einlösung der ausgeschriebenen Angebote zu verweigern.
8. Die teilnehmenden Golfclubs haben sich gegenüber dem Verlag unter den o.g. Bedingungen verpflichtet, die ausgeschriebenen Angebote einzulösen. Der Verlag übernimmt jedoch keine Gewähr und keine Haftung, wenn ein Angebot nicht eingelöst wird oder werden kann.

Bedingungen zur Einlösung des Discounts:

1. Das Angebot ist einschließlich bis 30.6.2024 gültig.
2. Der Golfspieler/Leser hat sich telefonisch eine Abschlagzeit geben zu lassen – dabei ist die Nutzung des Angebots anzugeben.
3. Eine Barauszahlung des Greenfee-Vorteils ist nicht möglich.
4. Das Kombinieren von Angeboten oder bestehenden Greenfee-Vorteilen ist nicht möglich. Der Vorteil bezieht sich jeweils ausschließlich auf die zum Zeitpunkt der Einlösung gültigen vollen Greenfee-Gebühren.
5. Gibt es Spielergruppen mit erhöhten Greenfee-Gebühren, ist ein Nachlass auf diese Gebühren nicht möglich.
6. Das Angebot allein berechtigt nicht zum Spiel gegen Greenfee. Die Erfüllung der Bestimmungen des jeweiligen Golfclubs zur Greenfee-Berechtigung (Mitgliedschaft in einem Golfclub, Mindesthandicap etc.) zum Zeitpunkt der Einlösung sind Voraussetzung.
7. Es ist untersagt, den Greenfee-Gutschein entgeltlich Dritten zu überlassen bzw. mit diesen Handel zu treiben. Insbesondere sind die teilnehmenden Golfclubs in diesem Falle berechtigt, die Einlösung der ausgeschriebenen Angebote zu verweigern.
8. Die teilnehmenden Golfclubs haben sich gegenüber dem Verlag unter den o.g. Bedingungen verpflichtet, die ausgeschriebenen Angebote einzulösen. Der Verlag übernimmt jedoch keine Gewähr und keine Haftung, wenn ein Angebot nicht eingelöst wird oder werden kann.

Bedingungen zur Einlösung des Discounts:

1. Das Angebot ist einschließlich bis 30.6.2024 gültig.
2. Der Golfspieler/Leser hat sich telefonisch eine Abschlagzeit geben zu lassen – dabei ist die Nutzung des Angebots anzugeben.
3. Eine Barauszahlung des Greenfee-Vorteils ist nicht möglich.
4. Das Kombinieren von Angeboten oder bestehenden Greenfee-Vorteilen ist nicht möglich. Der Vorteil bezieht sich jeweils ausschließlich auf die zum Zeitpunkt der Einlösung gültigen vollen Greenfee-Gebühren.
5. Gibt es Spielergruppen mit erhöhten Greenfee-Gebühren, ist ein Nachlass auf diese Gebühren nicht möglich.
6. Das Angebot allein berechtigt nicht zum Spiel gegen Greenfee. Die Erfüllung der Bestimmungen des jeweiligen Golfclubs zur Greenfee-Berechtigung (Mitgliedschaft in einem Golfclub, Mindesthandicap etc.) zum Zeitpunkt der Einlösung sind Voraussetzung.
7. Es ist untersagt, den Greenfee-Gutschein entgeltlich Dritten zu überlassen bzw. mit diesen Handel zu treiben. Insbesondere sind die teilnehmenden Golfclubs in diesem Falle berechtigt, die Einlösung der ausgeschriebenen Angebote zu verweigern.
8. Die teilnehmenden Golfclubs haben sich gegenüber dem Verlag unter den o.g. Bedingungen verpflichtet, die ausgeschriebenen Angebote einzulösen. Der Verlag übernimmt jedoch keine Gewähr und keine Haftung, wenn ein Angebot nicht eingelöst wird oder werden kann.

Bedingungen zur Einlösung des Discounts:

1. Das Angebot ist einschließlich bis 30.6.2024 gültig.
2. Der Golfspieler/Leser hat sich telefonisch eine Abschlagzeit geben zu lassen – dabei ist die Nutzung des Angebots anzugeben.
3. Eine Barauszahlung des Greenfee-Vorteils ist nicht möglich.
4. Das Kombinieren von Angeboten oder bestehenden Greenfee-Vorteilen ist nicht möglich. Der Vorteil bezieht sich jeweils ausschließlich auf die zum Zeitpunkt der Einlösung gültigen vollen Greenfee-Gebühren.
5. Gibt es Spielergruppen mit erhöhten Greenfee-Gebühren, ist ein Nachlass auf diese Gebühren nicht möglich.
6. Das Angebot allein berechtigt nicht zum Spiel gegen Greenfee. Die Erfüllung der Bestimmungen des jeweiligen Golfclubs zur Greenfee-Berechtigung (Mitgliedschaft in einem Golfclub, Mindesthandicap etc.) zum Zeitpunkt der Einlösung sind Voraussetzung.
7. Es ist untersagt, den Greenfee-Gutschein entgeltlich Dritten zu überlassen bzw. mit diesen Handel zu treiben. Insbesondere sind die teilnehmenden Golfclubs in diesem Falle berechtigt, die Einlösung der ausgeschriebenen Angebote zu verweigern.
8. Die teilnehmenden Golfclubs haben sich gegenüber dem Verlag unter den o.g. Bedingungen verpflichtet, die ausgeschriebenen Angebote einzulösen. Der Verlag übernimmt jedoch keine Gewähr und keine Haftung, wenn ein Angebot nicht eingelöst wird oder werden kann.

Bedingungen zur Einlösung des Discounts:

1. Das Angebot ist einschließlich bis 30.6.2024 gültig.
2. Der Golfspieler/Leser hat sich telefonisch eine Abschlagzeit geben zu lassen – dabei ist die Nutzung des Angebots anzugeben.
3. Eine Barauszahlung des Greenfee-Vorteils ist nicht möglich.
4. Das Kombinieren von Angeboten oder bestehenden Greenfee-Vorteilen ist nicht möglich. Der Vorteil bezieht sich jeweils ausschließlich auf die zum Zeitpunkt der Einlösung gültigen vollen Greenfee-Gebühren.
5. Gibt es Spielergruppen mit erhöhten Greenfee-Gebühren, ist ein Nachlass auf diese Gebühren nicht möglich.
6. Das Angebot allein berechtigt nicht zum Spiel gegen Greenfee. Die Erfüllung der Bestimmungen des jeweiligen Golfclubs zur Greenfee-Berechtigung (Mitgliedschaft in einem Golfclub, Mindesthandicap etc.) zum Zeitpunkt der Einlösung sind Voraussetzung.
7. Es ist untersagt, den Greenfee-Gutschein entgeltlich Dritten zu überlassen bzw. mit diesen Handel zu treiben. Insbesondere sind die teilnehmenden Golfclubs in diesem Falle berechtigt, die Einlösung der ausgeschriebenen Angebote zu verweigern.
8. Die teilnehmenden Golfclubs haben sich gegenüber dem Verlag unter den o.g. Bedingungen verpflichtet, die ausgeschriebenen Angebote einzulösen. Der Verlag übernimmt jedoch keine Gewähr und keine Haftung, wenn ein Angebot nicht eingelöst wird oder werden kann.

Bedingungen zur Einlösung des Discounts:

1. Das Angebot ist einschließlich bis 30.6.2024 gültig.
2. Der Golfspieler/Leser hat sich telefonisch eine Abschlagzeit geben zu lassen – dabei ist die Nutzung des Angebots anzugeben.
3. Eine Barauszahlung des Greenfee-Vorteils ist nicht möglich.
4. Das Kombinieren von Angeboten oder bestehenden Greenfee-Vorteilen ist nicht möglich. Der Vorteil bezieht sich jeweils ausschließlich auf die zum Zeitpunkt der Einlösung gültigen vollen Greenfee-Gebühren.
5. Gibt es Spielergruppen mit erhöhten Greenfee-Gebühren, ist ein Nachlass auf diese Gebühren nicht möglich.
6. Das Angebot allein berechtigt nicht zum Spiel gegen Greenfee. Die Erfüllung der Bestimmungen des jeweiligen Golfclubs zur Greenfee-Berechtigung (Mitgliedschaft in einem Golfclub, Mindesthandicap etc.) zum Zeitpunkt der Einlösung sind Voraussetzung.
7. Es ist untersagt, den Greenfee-Gutschein entgeltlich Dritten zu überlassen bzw. mit diesen Handel zu treiben. Insbesondere sind die teilnehmenden Golfclubs in diesem Falle berechtigt, die Einlösung der ausgeschriebenen Angebote zu verweigern.
8. Die teilnehmenden Golfclubs haben sich gegenüber dem Verlag unter den o.g. Bedingungen verpflichtet, die ausgeschriebenen Angebote einzulösen. Der Verlag übernimmt jedoch keine Gewähr und keine Haftung, wenn ein Angebot nicht eingelöst wird oder werden kann.

Bedingungen zur Einlösung des Discounts:

1. Das Angebot ist einschließlich bis 30.6.2024 gültig.
2. Der Golfspieler/Leser hat sich telefonisch eine Abschlagzeit geben zu lassen – dabei ist die Nutzung des Angebots anzugeben.
3. Eine Barauszahlung des Greenfee-Vorteils ist nicht möglich.
4. Das Kombinieren von Angeboten oder bestehenden Greenfee-Vorteilen ist nicht möglich. Der Vorteil bezieht sich jeweils ausschließlich auf die zum Zeitpunkt der Einlösung gültigen vollen Greenfee-Gebühren.
5. Gibt es Spielergruppen mit erhöhten Greenfee-Gebühren, ist ein Nachlass auf diese Gebühren nicht möglich.
6. Das Angebot allein berechtigt nicht zum Spiel gegen Greenfee. Die Erfüllung der Bestimmungen des jeweiligen Golfclubs zur Greenfee-Berechtigung (Mitgliedschaft in einem Golfclub, Mindesthandicap etc.) zum Zeitpunkt der Einlösung sind Voraussetzung.
7. Es ist untersagt, den Greenfee-Gutschein entgeltlich Dritten zu überlassen bzw. mit diesen Handel zu treiben. Insbesondere sind die teilnehmenden Golfclubs in diesem Falle berechtigt, die Einlösung der ausgeschriebenen Angebote zu verweigern.
8. Die teilnehmenden Golfclubs haben sich gegenüber dem Verlag unter den o.g. Bedingungen verpflichtet, die ausgeschriebenen Angebote einzulösen. Der Verlag übernimmt jedoch keine Gewähr und keine Haftung, wenn ein Angebot nicht eingelöst wird oder werden kann.

Bedingungen zur Einlösung des Discounts:

1. Das Angebot ist einschließlich bis 30.6.2024 gültig.
2. Der Golfspieler/Leser hat sich telefonisch eine Abschlagzeit geben zu lassen – dabei ist die Nutzung des Angebots anzugeben.
3. Eine Barauszahlung des Greenfee-Vorteils ist nicht möglich.
4. Das Kombinieren von Angeboten oder bestehenden Greenfee-Vorteilen ist nicht möglich. Der Vorteil bezieht sich jeweils ausschließlich auf die zum Zeitpunkt der Einlösung gültigen vollen Greenfee-Gebühren.
5. Gibt es Spielergruppen mit erhöhten Greenfee-Gebühren, ist ein Nachlass auf diese Gebühren nicht möglich.
6. Das Angebot allein berechtigt nicht zum Spiel gegen Greenfee. Die Erfüllung der Bestimmungen des jeweiligen Golfclubs zur Greenfee-Berechtigung (Mitgliedschaft in einem Golfclub, Mindesthandicap etc.) zum Zeitpunkt der Einlösung sind Voraussetzung.
7. Es ist untersagt, den Greenfee-Gutschein entgeltlich Dritten zu überlassen bzw. mit diesen Handel zu treiben. Insbesondere sind die teilnehmenden Golfclubs in diesem Falle berechtigt, die Einlösung der ausgeschriebenen Angebote zu verweigern.
8. Die teilnehmenden Golfclubs haben sich gegenüber dem Verlag unter den o.g. Bedingungen verpflichtet, die ausgeschriebenen Angebote einzulösen. Der Verlag übernimmt jedoch keine Gewähr und keine Haftung, wenn ein Angebot nicht eingelöst wird oder werden kann.

Bedingungen zur Einlösung des Discounts:

1. Das Angebot ist einschließlich bis 30.6.2024 gültig.
2. Der Golfspieler/Leser hat sich telefonisch eine Abschlagzeit geben zu lassen – dabei ist die Nutzung des Angebots anzugeben.
3. Eine Barauszahlung des Greenfee-Vorteils ist nicht möglich.
4. Das Kombinieren von Angeboten oder bestehenden Greenfee-Vorteilen ist nicht möglich. Der Vorteil bezieht sich jeweils ausschließlich auf die zum Zeitpunkt der Einlösung gültigen vollen Greenfee-Gebühren.
5. Gibt es Spielergruppen mit erhöhten Greenfee-Gebühren, ist ein Nachlass auf diese Gebühren nicht möglich.
6. Das Angebot allein berechtigt nicht zum Spiel gegen Greenfee. Die Erfüllung der Bestimmungen des jeweiligen Golfclubs zur Greenfee-Berechtigung (Mitgliedschaft in einem Golfclub, Mindesthandicap etc.) zum Zeitpunkt der Einlösung sind Voraussetzung.
7. Es ist untersagt, den Greenfee-Gutschein entgeltlich Dritten zu überlassen bzw. mit diesen Handel zu treiben. Insbesondere sind die teilnehmenden Golfclubs in diesem Falle berechtigt, die Einlösung der ausgeschriebenen Angebote zu verweigern.
8. Die teilnehmenden Golfclubs haben sich gegenüber dem Verlag unter den o.g. Bedingungen verpflichtet, die ausgeschriebenen Angebote einzulösen. Der Verlag übernimmt jedoch keine Gewähr und keine Haftung, wenn ein Angebot nicht eingelöst wird oder werden kann.

Diese Gutscheine gelten nur in Verbindung mit dem Buch/Albrecht Golf Card

Diese Gutscheine gelten nur in Verbindung mit dem Buch/Albrecht Golf Card

DER GOLF ALBRECHT

Golf Schönau GmbH DE

Schönenberger Straße 17
D-79677 Schönau im Schwarzwald
✆ 07673-888660
Baden-Württemberg
Hinweis: Rabatte nur auf das 18 Loch Greenfee

191

2 for 1 2 GF zum Preis von 1

DER GOLF ALBRECHT

Golf Schönau GmbH DE

Schönenberger Straße 17
D-79677 Schönau im Schwarzwald
✆ 07673-888660
Baden-Württemberg
Hinweis: Rabatte nur auf das 18 Loch Greenfee

191

50% Greenfee-Ermäßigung

DER GOLF ALBRECHT

Golf Schönau GmbH DE

Schönenberger Straße 17
D-79677 Schönau im Schwarzwald
✆ 07673-888660
Baden-Württemberg
Hinweis: Rabatte nur auf das 18 Loch Greenfee

191

50% Greenfee-Ermäßigung

DER GOLF ALBRECHT

Golfanlage Schopfheim DE

Ehner-Fahrnau 12
D-79650 Schopfheim
✆ 07622-674760
Baden-Württemberg
Hinweis: nur bei Buchung von 18 Loch gültig.

192

2 for 1 2 GF zum Preis von 1

DER GOLF ALBRECHT

Golfanlage Schopfheim DE

Ehner-Fahrnau 12
D-79650 Schopfheim
✆ 07622-674760
Baden-Württemberg
Hinweis: nur bei Buchung von 18 Loch gültig.

192

2 for 1 2 GF zum Preis von 1

DER GOLF ALBRECHT

Golfanlage Schopfheim DE

Ehner-Fahrnau 12
D-79650 Schopfheim
✆ 07622-674760
Baden-Württemberg
Hinweis: nur bei Buchung von 18 Loch gültig.

192

20% Greenfee-Ermäßigung

DER GOLF ALBRECHT

Golfanlage Schopfheim DE

Ehner-Fahrnau 12
D-79650 Schopfheim
✆ 07622-674760
Baden-Württemberg
Hinweis: nur bei Buchung von 18 Loch gültig.

192

20% Greenfee-Ermäßigung

DER GOLF ALBRECHT

Golf-Club Maria Bildhausen e.V. DE

Rindhof 1
D-97702 Münnerstadt
✆ 09766-1601
Bayern

193

2 for 1 2 GF zum Preis von 1 wochentags

DER GOLF ALBRECHT

Golf-Club Maria Bildhausen e.V. DE

Rindhof 1
D-97702 Münnerstadt
✆ 09766-1601
Bayern

193

2 for 1 2 GF zum Preis von 1 wochentags

DER GOLF ALBRECHT

Golf-Club Coburg e.V. Schloß Tambach DE

Schlossallee 8
D-96479 Weitramsdorf-Tambach
✆ 09567-9811580
Bayern

194

2 for 1 2 GF zum Preis von 1 wochentags

Bedingungen zur Einlösung des Discounts:

1. Das Angebot ist einschließlich bis 30.6.2024 gültig.
2. Der Golfspieler/Leser hat sich telefonisch eine Abschlagzeit geben zu lassen – dabei ist die Nutzung des Angebots anzugeben.
3. Eine Barauszahlung des Greenfee-Vorteils ist nicht möglich.
4. Das Kombinieren von Angeboten oder bestehenden Greenfee-Vorteilen ist nicht möglich. Der Vorteil bezieht sich jeweils ausschließlich auf die zum Zeitpunkt der Einlösung gültigen vollen Greenfee-Gebühren.
5. Gibt es Spielergruppen mit erhöhten Greenfee-Gebühren, ist ein Nachlass auf diese Gebühren nicht möglich.
6. Das Angebot allein berechtigt nicht zum Spiel gegen Greenfee. Die Erfüllung der Bestimmungen des jeweiligen Golfclubs zur Greenfee-Berechtigung (Mitgliedschaft in einem Golfclub, Mindesthandicap etc.) zum Zeitpunkt der Einlösung sind Voraussetzung.
7. Es ist untersagt, den Greenfee-Gutschein entgeltlich Dritten zu überlassen bzw. mit diesen Handel zu treiben. Insbesondere sind die teilnehmenden Golfclubs in diesem Falle berechtigt, die Einlösung der ausgeschriebenen Angebote zu verweigern.
8. Die teilnehmenden Golfclubs haben sich gegenüber dem Verlag unter den o.g. Bedingungen verpflichtet, die ausgeschriebenen Angebote einzulösen. Der Verlag übernimmt jedoch keine Gewähr und keine Haftung, wenn ein Angebot nicht eingelöst wird oder werden kann.

Bedingungen zur Einlösung des Discounts:

1. Das Angebot ist einschließlich bis 30.6.2024 gültig.
2. Der Golfspieler/Leser hat sich telefonisch eine Abschlagzeit geben zu lassen – dabei ist die Nutzung des Angebots anzugeben.
3. Eine Barauszahlung des Greenfee-Vorteils ist nicht möglich.
4. Das Kombinieren von Angeboten oder bestehenden Greenfee-Vorteilen ist nicht möglich. Der Vorteil bezieht sich jeweils ausschließlich auf die zum Zeitpunkt der Einlösung gültigen vollen Greenfee-Gebühren.
5. Gibt es Spielergruppen mit erhöhten Greenfee-Gebühren, ist ein Nachlass auf diese Gebühren nicht möglich.
6. Das Angebot allein berechtigt nicht zum Spiel gegen Greenfee. Die Erfüllung der Bestimmungen des jeweiligen Golfclubs zur Greenfee-Berechtigung (Mitgliedschaft in einem Golfclub, Mindesthandicap etc.) zum Zeitpunkt der Einlösung sind Voraussetzung.
7. Es ist untersagt, den Greenfee-Gutschein entgeltlich Dritten zu überlassen bzw. mit diesen Handel zu treiben. Insbesondere sind die teilnehmenden Golfclubs in diesem Falle berechtigt, die Einlösung der ausgeschriebenen Angebote zu verweigern.
8. Die teilnehmenden Golfclubs haben sich gegenüber dem Verlag unter den o.g. Bedingungen verpflichtet, die ausgeschriebenen Angebote einzulösen. Der Verlag übernimmt jedoch keine Gewähr und keine Haftung, wenn ein Angebot nicht eingelöst wird oder werden kann.

Bedingungen zur Einlösung des Discounts:

1. Das Angebot ist einschließlich bis 30.6.2024 gültig.
2. Der Golfspieler/Leser hat sich telefonisch eine Abschlagzeit geben zu lassen – dabei ist die Nutzung des Angebots anzugeben.
3. Eine Barauszahlung des Greenfee-Vorteils ist nicht möglich.
4. Das Kombinieren von Angeboten oder bestehenden Greenfee-Vorteilen ist nicht möglich. Der Vorteil bezieht sich jeweils ausschließlich auf die zum Zeitpunkt der Einlösung gültigen vollen Greenfee-Gebühren.
5. Gibt es Spielergruppen mit erhöhten Greenfee-Gebühren, ist ein Nachlass auf diese Gebühren nicht möglich.
6. Das Angebot allein berechtigt nicht zum Spiel gegen Greenfee. Die Erfüllung der Bestimmungen des jeweiligen Golfclubs zur Greenfee-Berechtigung (Mitgliedschaft in einem Golfclub, Mindesthandicap etc.) zum Zeitpunkt der Einlösung sind Voraussetzung.
7. Es ist untersagt, den Greenfee-Gutschein entgeltlich Dritten zu überlassen bzw. mit diesen Handel zu treiben. Insbesondere sind die teilnehmenden Golfclubs in diesem Falle berechtigt, die Einlösung der ausgeschriebenen Angebote zu verweigern.
8. Die teilnehmenden Golfclubs haben sich gegenüber dem Verlag unter den o.g. Bedingungen verpflichtet, die ausgeschriebenen Angebote einzulösen. Der Verlag übernimmt jedoch keine Gewähr und keine Haftung, wenn ein Angebot nicht eingelöst wird oder werden kann.

Bedingungen zur Einlösung des Discounts:

1. Das Angebot ist einschließlich bis 30.6.2024 gültig.
2. Der Golfspieler/Leser hat sich telefonisch eine Abschlagzeit geben zu lassen – dabei ist die Nutzung des Angebots anzugeben.
3. Eine Barauszahlung des Greenfee-Vorteils ist nicht möglich.
4. Das Kombinieren von Angeboten oder bestehenden Greenfee-Vorteilen ist nicht möglich. Der Vorteil bezieht sich jeweils ausschließlich auf die zum Zeitpunkt der Einlösung gültigen vollen Greenfee-Gebühren.
5. Gibt es Spielergruppen mit erhöhten Greenfee-Gebühren, ist ein Nachlass auf diese Gebühren nicht möglich.
6. Das Angebot allein berechtigt nicht zum Spiel gegen Greenfee. Die Erfüllung der Bestimmungen des jeweiligen Golfclubs zur Greenfee-Berechtigung (Mitgliedschaft in einem Golfclub, Mindesthandicap etc.) zum Zeitpunkt der Einlösung sind Voraussetzung.
7. Es ist untersagt, den Greenfee-Gutschein entgeltlich Dritten zu überlassen bzw. mit diesen Handel zu treiben. Insbesondere sind die teilnehmenden Golfclubs in diesem Falle berechtigt, die Einlösung der ausgeschriebenen Angebote zu verweigern.
8. Die teilnehmenden Golfclubs haben sich gegenüber dem Verlag unter den o.g. Bedingungen verpflichtet, die ausgeschriebenen Angebote einzulösen. Der Verlag übernimmt jedoch keine Gewähr und keine Haftung, wenn ein Angebot nicht eingelöst wird oder werden kann.

Bedingungen zur Einlösung des Discounts:

1. Das Angebot ist einschließlich bis 30.6.2024 gültig.
2. Der Golfspieler/Leser hat sich telefonisch eine Abschlagzeit geben zu lassen – dabei ist die Nutzung des Angebots anzugeben.
3. Eine Barauszahlung des Greenfee-Vorteils ist nicht möglich.
4. Das Kombinieren von Angeboten oder bestehenden Greenfee-Vorteilen ist nicht möglich. Der Vorteil bezieht sich jeweils ausschließlich auf die zum Zeitpunkt der Einlösung gültigen vollen Greenfee-Gebühren.
5. Gibt es Spielergruppen mit erhöhten Greenfee-Gebühren, ist ein Nachlass auf diese Gebühren nicht möglich.
6. Das Angebot allein berechtigt nicht zum Spiel gegen Greenfee. Die Erfüllung der Bestimmungen des jeweiligen Golfclubs zur Greenfee-Berechtigung (Mitgliedschaft in einem Golfclub, Mindesthandicap etc.) zum Zeitpunkt der Einlösung sind Voraussetzung.
7. Es ist untersagt, den Greenfee-Gutschein entgeltlich Dritten zu überlassen bzw. mit diesen Handel zu treiben. Insbesondere sind die teilnehmenden Golfclubs in diesem Falle berechtigt, die Einlösung der ausgeschriebenen Angebote zu verweigern.
8. Die teilnehmenden Golfclubs haben sich gegenüber dem Verlag unter den o.g. Bedingungen verpflichtet, die ausgeschriebenen Angebote einzulösen. Der Verlag übernimmt jedoch keine Gewähr und keine Haftung, wenn ein Angebot nicht eingelöst wird oder werden kann.

Bedingungen zur Einlösung des Discounts:

1. Das Angebot ist einschließlich bis 30.6.2024 gültig.
2. Der Golfspieler/Leser hat sich telefonisch eine Abschlagzeit geben zu lassen – dabei ist die Nutzung des Angebots anzugeben.
3. Eine Barauszahlung des Greenfee-Vorteils ist nicht möglich.
4. Das Kombinieren von Angeboten oder bestehenden Greenfee-Vorteilen ist nicht möglich. Der Vorteil bezieht sich jeweils ausschließlich auf die zum Zeitpunkt der Einlösung gültigen vollen Greenfee-Gebühren.
5. Gibt es Spielergruppen mit erhöhten Greenfee-Gebühren, ist ein Nachlass auf diese Gebühren nicht möglich.
6. Das Angebot allein berechtigt nicht zum Spiel gegen Greenfee. Die Erfüllung der Bestimmungen des jeweiligen Golfclubs zur Greenfee-Berechtigung (Mitgliedschaft in einem Golfclub, Mindesthandicap etc.) zum Zeitpunkt der Einlösung sind Voraussetzung.
7. Es ist untersagt, den Greenfee-Gutschein entgeltlich Dritten zu überlassen bzw. mit diesen Handel zu treiben. Insbesondere sind die teilnehmenden Golfclubs in diesem Falle berechtigt, die Einlösung der ausgeschriebenen Angebote zu verweigern.
8. Die teilnehmenden Golfclubs haben sich gegenüber dem Verlag unter den o.g. Bedingungen verpflichtet, die ausgeschriebenen Angebote einzulösen. Der Verlag übernimmt jedoch keine Gewähr und keine Haftung, wenn ein Angebot nicht eingelöst wird oder werden kann.

Bedingungen zur Einlösung des Discounts:

1. Das Angebot ist einschließlich bis 30.6.2024 gültig.
2. Der Golfspieler/Leser hat sich telefonisch eine Abschlagzeit geben zu lassen – dabei ist die Nutzung des Angebots anzugeben.
3. Eine Barauszahlung des Greenfee-Vorteils ist nicht möglich.
4. Das Kombinieren von Angeboten oder bestehenden Greenfee-Vorteilen ist nicht möglich. Der Vorteil bezieht sich jeweils ausschließlich auf die zum Zeitpunkt der Einlösung gültigen vollen Greenfee-Gebühren.
5. Gibt es Spielergruppen mit erhöhten Greenfee-Gebühren, ist ein Nachlass auf diese Gebühren nicht möglich.
6. Das Angebot allein berechtigt nicht zum Spiel gegen Greenfee. Die Erfüllung der Bestimmungen des jeweiligen Golfclubs zur Greenfee-Berechtigung (Mitgliedschaft in einem Golfclub, Mindesthandicap etc.) zum Zeitpunkt der Einlösung sind Voraussetzung.
7. Es ist untersagt, den Greenfee-Gutschein entgeltlich Dritten zu überlassen bzw. mit diesen Handel zu treiben. Insbesondere sind die teilnehmenden Golfclubs in diesem Falle berechtigt, die Einlösung der ausgeschriebenen Angebote zu verweigern.
8. Die teilnehmenden Golfclubs haben sich gegenüber dem Verlag unter den o.g. Bedingungen verpflichtet, die ausgeschriebenen Angebote einzulösen. Der Verlag übernimmt jedoch keine Gewähr und keine Haftung, wenn ein Angebot nicht eingelöst wird oder werden kann.

Bedingungen zur Einlösung des Discounts:

1. Das Angebot ist einschließlich bis 30.6.2024 gültig.
2. Der Golfspieler/Leser hat sich telefonisch eine Abschlagzeit geben zu lassen – dabei ist die Nutzung des Angebots anzugeben.
3. Eine Barauszahlung des Greenfee-Vorteils ist nicht möglich.
4. Das Kombinieren von Angeboten oder bestehenden Greenfee-Vorteilen ist nicht möglich. Der Vorteil bezieht sich jeweils ausschließlich auf die zum Zeitpunkt der Einlösung gültigen vollen Greenfee-Gebühren.
5. Gibt es Spielergruppen mit erhöhten Greenfee-Gebühren, ist ein Nachlass auf diese Gebühren nicht möglich.
6. Das Angebot allein berechtigt nicht zum Spiel gegen Greenfee. Die Erfüllung der Bestimmungen des jeweiligen Golfclubs zur Greenfee-Berechtigung (Mitgliedschaft in einem Golfclub, Mindesthandicap etc.) zum Zeitpunkt der Einlösung sind Voraussetzung.
7. Es ist untersagt, den Greenfee-Gutschein entgeltlich Dritten zu überlassen bzw. mit diesen Handel zu treiben. Insbesondere sind die teilnehmenden Golfclubs in diesem Falle berechtigt, die Einlösung der ausgeschriebenen Angebote zu verweigern.
8. Die teilnehmenden Golfclubs haben sich gegenüber dem Verlag unter den o.g. Bedingungen verpflichtet, die ausgeschriebenen Angebote einzulösen. Der Verlag übernimmt jedoch keine Gewähr und keine Haftung, wenn ein Angebot nicht eingelöst wird oder werden kann.

Bedingungen zur Einlösung des Discounts:

1. Das Angebot ist einschließlich bis 30.6.2024 gültig.
2. Der Golfspieler/Leser hat sich telefonisch eine Abschlagzeit geben zu lassen – dabei ist die Nutzung des Angebots anzugeben.
3. Eine Barauszahlung des Greenfee-Vorteils ist nicht möglich.
4. Das Kombinieren von Angeboten oder bestehenden Greenfee-Vorteilen ist nicht möglich. Der Vorteil bezieht sich jeweils ausschließlich auf die zum Zeitpunkt der Einlösung gültigen vollen Greenfee-Gebühren.
5. Gibt es Spielergruppen mit erhöhten Greenfee-Gebühren, ist ein Nachlass auf diese Gebühren nicht möglich.
6. Das Angebot allein berechtigt nicht zum Spiel gegen Greenfee. Die Erfüllung der Bestimmungen des jeweiligen Golfclubs zur Greenfee-Berechtigung (Mitgliedschaft in einem Golfclub, Mindesthandicap etc.) zum Zeitpunkt der Einlösung sind Voraussetzung.
7. Es ist untersagt, den Greenfee-Gutschein entgeltlich Dritten zu überlassen bzw. mit diesen Handel zu treiben. Insbesondere sind die teilnehmenden Golfclubs in diesem Falle berechtigt, die Einlösung der ausgeschriebenen Angebote zu verweigern.
8. Die teilnehmenden Golfclubs haben sich gegenüber dem Verlag unter den o.g. Bedingungen verpflichtet, die ausgeschriebenen Angebote einzulösen. Der Verlag übernimmt jedoch keine Gewähr und keine Haftung, wenn ein Angebot nicht eingelöst wird oder werden kann.

Bedingungen zur Einlösung des Discounts:

1. Das Angebot ist einschließlich bis 30.6.2024 gültig.
2. Der Golfspieler/Leser hat sich telefonisch eine Abschlagzeit geben zu lassen – dabei ist die Nutzung des Angebots anzugeben.
3. Eine Barauszahlung des Greenfee-Vorteils ist nicht möglich.
4. Das Kombinieren von Angeboten oder bestehenden Greenfee-Vorteilen ist nicht möglich. Der Vorteil bezieht sich jeweils ausschließlich auf die zum Zeitpunkt der Einlösung gültigen vollen Greenfee-Gebühren.
5. Gibt es Spielergruppen mit erhöhten Greenfee-Gebühren, ist ein Nachlass auf diese Gebühren nicht möglich.
6. Das Angebot allein berechtigt nicht zum Spiel gegen Greenfee. Die Erfüllung der Bestimmungen des jeweiligen Golfclubs zur Greenfee-Berechtigung (Mitgliedschaft in einem Golfclub, Mindesthandicap etc.) zum Zeitpunkt der Einlösung sind Voraussetzung.
7. Es ist untersagt, den Greenfee-Gutschein entgeltlich Dritten zu überlassen bzw. mit diesen Handel zu treiben. Insbesondere sind die teilnehmenden Golfclubs in diesem Falle berechtigt, die Einlösung der ausgeschriebenen Angebote zu verweigern.
8. Die teilnehmenden Golfclubs haben sich gegenüber dem Verlag unter den o.g. Bedingungen verpflichtet, die ausgeschriebenen Angebote einzulösen. Der Verlag übernimmt jedoch keine Gewähr und keine Haftung, wenn ein Angebot nicht eingelöst wird oder werden kann.

Diese Gutscheine gelten nur in Verbindung mit dem Buch/Albrecht Golf Card

Diese Gutscheine gelten nur in Verbindung mit dem Buch/Albrecht Golf Card

DER GOLF ALBRECHT

Golf-Club Coburg e.V. Schloß Tambach — DE

Schlossallee 8
D-96479 Weitramsdorf-Tambach
✆ 09567-9811580
Bayern

194

2 for 1 — 2 GF zum Preis von 1 wochentags

DER GOLF ALBRECHT

Golf-Club Coburg e.V. Schloß Tambach — DE

Schlossallee 8
D-96479 Weitramsdorf-Tambach
✆ 09567-9811580
Bayern

194

30% — Greenfee-Ermäßigung wochentags

DER GOLF ALBRECHT

Golf-Club Coburg e.V. Schloß Tambach — DE

Schlossallee 8
D-96479 Weitramsdorf-Tambach
✆ 09567-9811580
Bayern

194

30% — Greenfee-Ermäßigung wochentags

DER GOLF ALBRECHT

Golfclub Kronach e.V. — DE

Kümmelbergstr. 24
D-96328 Küps/Nagel
✆ 09264-8812
Bayern

195

2 for 1 — 2 GF zum Preis von 1

DER GOLF ALBRECHT

Golfclub Kronach e.V. — DE

Kümmelbergstr. 24
D-96328 Küps/Nagel
✆ 09264-8812
Bayern

195

2 for 1 — 2 GF zum Preis von 1

DER GOLF ALBRECHT

Aschaffenburger Golf-Club e.V. — DE

Am Heigenberg 30
D-63768 Hösbach
✆ 06024-63400
Bayern

196

2 for 1 — 2 GF zum Preis von 1

DER GOLF ALBRECHT

Aschaffenburger Golf-Club e.V. — DE

Am Heigenberg 30
D-63768 Hösbach
✆ 06024-63400
Bayern

196

2 for 1 — 2 GF zum Preis von 1

DER GOLF ALBRECHT

Golf Club Oberfranken e.V. — DE

Petershof 1
D-95349 Thurnau
✆ 09228-319
Bayern

197

2 for 1 — 2 GF zum Preis von 1

DER GOLF ALBRECHT

Golf Club Oberfranken e.V. — DE

Petershof 1
D-95349 Thurnau
✆ 09228-319
Bayern

197

2 for 1 — 2 GF zum Preis von 1

DER GOLF ALBRECHT

Golf Club Oberfranken e.V. — DE

Petershof 1
D-95349 Thurnau
✆ 09228-319
Bayern

197

20% — Greenfee-Ermäßigung

Bedingungen zur Einlösung des Discounts:
1. Das Angebot ist einschließlich bis 30.6.2024 gültig.
2. Der Golfspieler/Leser hat sich telefonisch eine Abschlagzeit geben zu lassen – dabei ist die Nutzung des Angebots anzugeben.
3. Eine Barauszahlung des Greenfee-Vorteils ist nicht möglich.
4. Das Kombinieren von Angeboten oder bestehenden Greenfee-Vorteilen ist nicht möglich. Der Vorteil bezieht sich jeweils ausschließlich auf die zum Zeitpunkt der Einlösung gültigen vollen Greenfee-Gebühren.
5. Gibt es Spielergruppen mit erhöhten Greenfee-Gebühren, ist ein Nachlass auf diese Gebühren nicht möglich.
6. Das Angebot allein berechtigt nicht zum Spiel gegen Greenfee. Die Erfüllung der Bestimmungen des jeweiligen Golfclubs zur Greenfee-Berechtigung (Mitgliedschaft in einem Golfclub, Mindesthandicap etc.) zum Zeitpunkt der Einlösung sind Voraussetzung.
7. Es ist untersagt, den Greenfee-Gutschein entgeltlich Dritten zu überlassen bzw. mit diesen Handel zu treiben. Insbesondere sind die teilnehmenden Golfclubs in diesem Falle berechtigt, die Einlösung der ausgeschriebenen Angebote zu verweigern.
8. Die teilnehmenden Golfclubs haben sich gegenüber dem Verlag unter den o.g. Bedingungen verpflichtet, die ausgeschriebenen Angebote einzulösen. Der Verlag übernimmt jedoch keine Gewähr und keine Haftung, wenn ein Angebot nicht eingelöst wird oder werden kann.

Bedingungen zur Einlösung des Discounts:
1. Das Angebot ist einschließlich bis 30.6.2024 gültig.
2. Der Golfspieler/Leser hat sich telefonisch eine Abschlagzeit geben zu lassen – dabei ist die Nutzung des Angebots anzugeben.
3. Eine Barauszahlung des Greenfee-Vorteils ist nicht möglich.
4. Das Kombinieren von Angeboten oder bestehenden Greenfee-Vorteilen ist nicht möglich. Der Vorteil bezieht sich jeweils ausschließlich auf die zum Zeitpunkt der Einlösung gültigen vollen Greenfee-Gebühren.
5. Gibt es Spielergruppen mit erhöhten Greenfee-Gebühren, ist ein Nachlass auf diese Gebühren nicht möglich.
6. Das Angebot allein berechtigt nicht zum Spiel gegen Greenfee. Die Erfüllung der Bestimmungen des jeweiligen Golfclubs zur Greenfee-Berechtigung (Mitgliedschaft in einem Golfclub, Mindesthandicap etc.) zum Zeitpunkt der Einlösung sind Voraussetzung.
7. Es ist untersagt, den Greenfee-Gutschein entgeltlich Dritten zu überlassen bzw. mit diesen Handel zu treiben. Insbesondere sind die teilnehmenden Golfclubs in diesem Falle berechtigt, die Einlösung der ausgeschriebenen Angebote zu verweigern.
8. Die teilnehmenden Golfclubs haben sich gegenüber dem Verlag unter den o.g. Bedingungen verpflichtet, die ausgeschriebenen Angebote einzulösen. Der Verlag übernimmt jedoch keine Gewähr und keine Haftung, wenn ein Angebot nicht eingelöst wird oder werden kann.

Bedingungen zur Einlösung des Discounts:
1. Das Angebot ist einschließlich bis 30.6.2024 gültig.
2. Der Golfspieler/Leser hat sich telefonisch eine Abschlagzeit geben zu lassen – dabei ist die Nutzung des Angebots anzugeben.
3. Eine Barauszahlung des Greenfee-Vorteils ist nicht möglich.
4. Das Kombinieren von Angeboten oder bestehenden Greenfee-Vorteilen ist nicht möglich. Der Vorteil bezieht sich jeweils ausschließlich auf die zum Zeitpunkt der Einlösung gültigen vollen Greenfee-Gebühren.
5. Gibt es Spielergruppen mit erhöhten Greenfee-Gebühren, ist ein Nachlass auf diese Gebühren nicht möglich.
6. Das Angebot allein berechtigt nicht zum Spiel gegen Greenfee. Die Erfüllung der Bestimmungen des jeweiligen Golfclubs zur Greenfee-Berechtigung (Mitgliedschaft in einem Golfclub, Mindesthandicap etc.) zum Zeitpunkt der Einlösung sind Voraussetzung.
7. Es ist untersagt, den Greenfee-Gutschein entgeltlich Dritten zu überlassen bzw. mit diesen Handel zu treiben. Insbesondere sind die teilnehmenden Golfclubs in diesem Falle berechtigt, die Einlösung der ausgeschriebenen Angebote zu verweigern.
8. Die teilnehmenden Golfclubs haben sich gegenüber dem Verlag unter den o.g. Bedingungen verpflichtet, die ausgeschriebenen Angebote einzulösen. Der Verlag übernimmt jedoch keine Gewähr und keine Haftung, wenn ein Angebot nicht eingelöst wird oder werden kann.

Bedingungen zur Einlösung des Discounts:
1. Das Angebot ist einschließlich bis 30.6.2024 gültig.
2. Der Golfspieler/Leser hat sich telefonisch eine Abschlagzeit geben zu lassen – dabei ist die Nutzung des Angebots anzugeben.
3. Eine Barauszahlung des Greenfee-Vorteils ist nicht möglich.
4. Das Kombinieren von Angeboten oder bestehenden Greenfee-Vorteilen ist nicht möglich. Der Vorteil bezieht sich jeweils ausschließlich auf die zum Zeitpunkt der Einlösung gültigen vollen Greenfee-Gebühren.
5. Gibt es Spielergruppen mit erhöhten Greenfee-Gebühren, ist ein Nachlass auf diese Gebühren nicht möglich.
6. Das Angebot allein berechtigt nicht zum Spiel gegen Greenfee. Die Erfüllung der Bestimmungen des jeweiligen Golfclubs zur Greenfee-Berechtigung (Mitgliedschaft in einem Golfclub, Mindesthandicap etc.) zum Zeitpunkt der Einlösung sind Voraussetzung.
7. Es ist untersagt, den Greenfee-Gutschein entgeltlich Dritten zu überlassen bzw. mit diesen Handel zu treiben. Insbesondere sind die teilnehmenden Golfclubs in diesem Falle berechtigt, die Einlösung der ausgeschriebenen Angebote zu verweigern.
8. Die teilnehmenden Golfclubs haben sich gegenüber dem Verlag unter den o.g. Bedingungen verpflichtet, die ausgeschriebenen Angebote einzulösen. Der Verlag übernimmt jedoch keine Gewähr und keine Haftung, wenn ein Angebot nicht eingelöst wird oder werden kann.

Bedingungen zur Einlösung des Discounts:
1. Das Angebot ist einschließlich bis 30.6.2024 gültig.
2. Der Golfspieler/Leser hat sich telefonisch eine Abschlagzeit geben zu lassen – dabei ist die Nutzung des Angebots anzugeben.
3. Eine Barauszahlung des Greenfee-Vorteils ist nicht möglich.
4. Das Kombinieren von Angeboten oder bestehenden Greenfee-Vorteilen ist nicht möglich. Der Vorteil bezieht sich jeweils ausschließlich auf die zum Zeitpunkt der Einlösung gültigen vollen Greenfee-Gebühren.
5. Gibt es Spielergruppen mit erhöhten Greenfee-Gebühren, ist ein Nachlass auf diese Gebühren nicht möglich.
6. Das Angebot allein berechtigt nicht zum Spiel gegen Greenfee. Die Erfüllung der Bestimmungen des jeweiligen Golfclubs zur Greenfee-Berechtigung (Mitgliedschaft in einem Golfclub, Mindesthandicap etc.) zum Zeitpunkt der Einlösung sind Voraussetzung.
7. Es ist untersagt, den Greenfee-Gutschein entgeltlich Dritten zu überlassen bzw. mit diesen Handel zu treiben. Insbesondere sind die teilnehmenden Golfclubs in diesem Falle berechtigt, die Einlösung der ausgeschriebenen Angebote zu verweigern.
8. Die teilnehmenden Golfclubs haben sich gegenüber dem Verlag unter den o.g. Bedingungen verpflichtet, die ausgeschriebenen Angebote einzulösen. Der Verlag übernimmt jedoch keine Gewähr und keine Haftung, wenn ein Angebot nicht eingelöst wird oder werden kann.

Bedingungen zur Einlösung des Discounts:
1. Das Angebot ist einschließlich bis 30.6.2024 gültig.
2. Der Golfspieler/Leser hat sich telefonisch eine Abschlagzeit geben zu lassen – dabei ist die Nutzung des Angebots anzugeben.
3. Eine Barauszahlung des Greenfee-Vorteils ist nicht möglich.
4. Das Kombinieren von Angeboten oder bestehenden Greenfee-Vorteilen ist nicht möglich. Der Vorteil bezieht sich jeweils ausschließlich auf die zum Zeitpunkt der Einlösung gültigen vollen Greenfee-Gebühren.
5. Gibt es Spielergruppen mit erhöhten Greenfee-Gebühren, ist ein Nachlass auf diese Gebühren nicht möglich.
6. Das Angebot allein berechtigt nicht zum Spiel gegen Greenfee. Die Erfüllung der Bestimmungen des jeweiligen Golfclubs zur Greenfee-Berechtigung (Mitgliedschaft in einem Golfclub, Mindesthandicap etc.) zum Zeitpunkt der Einlösung sind Voraussetzung.
7. Es ist untersagt, den Greenfee-Gutschein entgeltlich Dritten zu überlassen bzw. mit diesen Handel zu treiben. Insbesondere sind die teilnehmenden Golfclubs in diesem Falle berechtigt, die Einlösung der ausgeschriebenen Angebote zu verweigern.
8. Die teilnehmenden Golfclubs haben sich gegenüber dem Verlag unter den o.g. Bedingungen verpflichtet, die ausgeschriebenen Angebote einzulösen. Der Verlag übernimmt jedoch keine Gewähr und keine Haftung, wenn ein Angebot nicht eingelöst wird oder werden kann.

Bedingungen zur Einlösung des Discounts:
1. Das Angebot ist einschließlich bis 30.6.2024 gültig.
2. Der Golfspieler/Leser hat sich telefonisch eine Abschlagzeit geben zu lassen – dabei ist die Nutzung des Angebots anzugeben.
3. Eine Barauszahlung des Greenfee-Vorteils ist nicht möglich.
4. Das Kombinieren von Angeboten oder bestehenden Greenfee-Vorteilen ist nicht möglich. Der Vorteil bezieht sich jeweils ausschließlich auf die zum Zeitpunkt der Einlösung gültigen vollen Greenfee-Gebühren.
5. Gibt es Spielergruppen mit erhöhten Greenfee-Gebühren, ist ein Nachlass auf diese Gebühren nicht möglich.
6. Das Angebot allein berechtigt nicht zum Spiel gegen Greenfee. Die Erfüllung der Bestimmungen des jeweiligen Golfclubs zur Greenfee-Berechtigung (Mitgliedschaft in einem Golfclub, Mindesthandicap etc.) zum Zeitpunkt der Einlösung sind Voraussetzung.
7. Es ist untersagt, den Greenfee-Gutschein entgeltlich Dritten zu überlassen bzw. mit diesen Handel zu treiben. Insbesondere sind die teilnehmenden Golfclubs in diesem Falle berechtigt, die Einlösung der ausgeschriebenen Angebote zu verweigern.
8. Die teilnehmenden Golfclubs haben sich gegenüber dem Verlag unter den o.g. Bedingungen verpflichtet, die ausgeschriebenen Angebote einzulösen. Der Verlag übernimmt jedoch keine Gewähr und keine Haftung, wenn ein Angebot nicht eingelöst wird oder werden kann.

Bedingungen zur Einlösung des Discounts:
1. Das Angebot ist einschließlich bis 30.6.2024 gültig.
2. Der Golfspieler/Leser hat sich telefonisch eine Abschlagzeit geben zu lassen – dabei ist die Nutzung des Angebots anzugeben.
3. Eine Barauszahlung des Greenfee-Vorteils ist nicht möglich.
4. Das Kombinieren von Angeboten oder bestehenden Greenfee-Vorteilen ist nicht möglich. Der Vorteil bezieht sich jeweils ausschließlich auf die zum Zeitpunkt der Einlösung gültigen vollen Greenfee-Gebühren.
5. Gibt es Spielergruppen mit erhöhten Greenfee-Gebühren, ist ein Nachlass auf diese Gebühren nicht möglich.
6. Das Angebot allein berechtigt nicht zum Spiel gegen Greenfee. Die Erfüllung der Bestimmungen des jeweiligen Golfclubs zur Greenfee-Berechtigung (Mitgliedschaft in einem Golfclub, Mindesthandicap etc.) zum Zeitpunkt der Einlösung sind Voraussetzung.
7. Es ist untersagt, den Greenfee-Gutschein entgeltlich Dritten zu überlassen bzw. mit diesen Handel zu treiben. Insbesondere sind die teilnehmenden Golfclubs in diesem Falle berechtigt, die Einlösung der ausgeschriebenen Angebote zu verweigern.
8. Die teilnehmenden Golfclubs haben sich gegenüber dem Verlag unter den o.g. Bedingungen verpflichtet, die ausgeschriebenen Angebote einzulösen. Der Verlag übernimmt jedoch keine Gewähr und keine Haftung, wenn ein Angebot nicht eingelöst wird oder werden kann.

Bedingungen zur Einlösung des Discounts:
1. Das Angebot ist einschließlich bis 30.6.2024 gültig.
2. Der Golfspieler/Leser hat sich telefonisch eine Abschlagzeit geben zu lassen – dabei ist die Nutzung des Angebots anzugeben.
3. Eine Barauszahlung des Greenfee-Vorteils ist nicht möglich.
4. Das Kombinieren von Angeboten oder bestehenden Greenfee-Vorteilen ist nicht möglich. Der Vorteil bezieht sich jeweils ausschließlich auf die zum Zeitpunkt der Einlösung gültigen vollen Greenfee-Gebühren.
5. Gibt es Spielergruppen mit erhöhten Greenfee-Gebühren, ist ein Nachlass auf diese Gebühren nicht möglich.
6. Das Angebot allein berechtigt nicht zum Spiel gegen Greenfee. Die Erfüllung der Bestimmungen des jeweiligen Golfclubs zur Greenfee-Berechtigung (Mitgliedschaft in einem Golfclub, Mindesthandicap etc.) zum Zeitpunkt der Einlösung sind Voraussetzung.
7. Es ist untersagt, den Greenfee-Gutschein entgeltlich Dritten zu überlassen bzw. mit diesen Handel zu treiben. Insbesondere sind die teilnehmenden Golfclubs in diesem Falle berechtigt, die Einlösung der ausgeschriebenen Angebote zu verweigern.
8. Die teilnehmenden Golfclubs haben sich gegenüber dem Verlag unter den o.g. Bedingungen verpflichtet, die ausgeschriebenen Angebote einzulösen. Der Verlag übernimmt jedoch keine Gewähr und keine Haftung, wenn ein Angebot nicht eingelöst wird oder werden kann.

Bedingungen zur Einlösung des Discounts:
1. Das Angebot ist einschließlich bis 30.6.2024 gültig.
2. Der Golfspieler/Leser hat sich telefonisch eine Abschlagzeit geben zu lassen – dabei ist die Nutzung des Angebots anzugeben.
3. Eine Barauszahlung des Greenfee-Vorteils ist nicht möglich.
4. Das Kombinieren von Angeboten oder bestehenden Greenfee-Vorteilen ist nicht möglich. Der Vorteil bezieht sich jeweils ausschließlich auf die zum Zeitpunkt der Einlösung gültigen vollen Greenfee-Gebühren.
5. Gibt es Spielergruppen mit erhöhten Greenfee-Gebühren, ist ein Nachlass auf diese Gebühren nicht möglich.
6. Das Angebot allein berechtigt nicht zum Spiel gegen Greenfee. Die Erfüllung der Bestimmungen des jeweiligen Golfclubs zur Greenfee-Berechtigung (Mitgliedschaft in einem Golfclub, Mindesthandicap etc.) zum Zeitpunkt der Einlösung sind Voraussetzung.
7. Es ist untersagt, den Greenfee-Gutschein entgeltlich Dritten zu überlassen bzw. mit diesen Handel zu treiben. Insbesondere sind die teilnehmenden Golfclubs in diesem Falle berechtigt, die Einlösung der ausgeschriebenen Angebote zu verweigern.
8. Die teilnehmenden Golfclubs haben sich gegenüber dem Verlag unter den o.g. Bedingungen verpflichtet, die ausgeschriebenen Angebote einzulösen. Der Verlag übernimmt jedoch keine Gewähr und keine Haftung, wenn ein Angebot nicht eingelöst wird oder werden kann.

Diese Gutscheine gelten nur in Verbindung mit dem Buch/Albrecht Golf Card

DER GOLF ALBRECHT

Golf Club Oberfranken e.V.

DE

Petershof 1
D-95349 Thurnau
✆ 09228-319
Bayern

197

20% Greenfee-Ermäßigung

DER GOLF ALBRECHT

Golfanlage Gut Leimershof

DE

Leimershof 9
D-96149 Breitengüßbach
✆ 09547-8709939
Bayern
Hinweis: Gültig Dienstag bis Sonntag (Preis EUR 90)

198

2 for 1 2 GF zum Preis von 1

DER GOLF ALBRECHT

Golfanlage Gut Leimershof

DE

Leimershof 9
D-96149 Breitengüßbach
✆ 09547-8709939
Bayern
Hinweis: Gültig Dienstag bis Sonntag (Preis EUR 90)

198

2 for 1 2 GF zum Preis von 1

DER GOLF ALBRECHT

Golfclub Stiftland e.V.

DE

Ottengrün 50
D-95698 Bad Neualbenreuth
✆ 09638-1271
Bayern

199

2 for 1 2 GF zum Preis von 1

DER GOLF ALBRECHT

Golfclub Stiftland e.V.

DE

Ottengrün 50
D-95698 Bad Neualbenreuth
✆ 09638-1271
Bayern

199

2 for 1 2 GF zum Preis von 1

DER GOLF ALBRECHT

Golfclub Stiftland e.V.

DE

Ottengrün 50
D-95698 Bad Neualbenreuth
✆ 09638-1271
Bayern

199

30% Greenfee-Ermäßigung

DER GOLF ALBRECHT

Golfclub Stiftland e.V.

DE

Ottengrün 50
D-95698 Bad Neualbenreuth
✆ 09638-1271
Bayern

199

30% Greenfee-Ermäßigung

DER GOLF ALBRECHT

Golf-Club Bayreuth e.V.

DE

Rodersberg 43
D-95448 Bayreuth
✆ 0921-970704
Bayern

200

2 for 1 2 GF zum Preis von 1

DER GOLF ALBRECHT

Golf-Club Bayreuth e.V.

DE

Rodersberg 43
D-95448 Bayreuth
✆ 0921-970704
Bayern

200

2 for 1 2 GF zum Preis von 1

DER GOLF ALBRECHT

Golfclub Hauptsmoorwald Bamberg e.V.

DE

Anfahrt über Wal?ussweg
D-96052 Bamberg
✆ 0951-968433?
Bayern

201

2 for 1 2 GF zum Preis von 1

Diese Gutscheine gelten nur in Verbindung mit dem Buch/Albrecht Golf Card

Bedingungen zur Einlösung des Discounts:

1. Das Angebot ist einschließlich bis 30.6.2024 gültig.
2. Der Golfspieler/Leser hat sich telefonisch eine Abschlagzeit geben zu lassen – dabei ist die Nutzung des Angebots anzugeben.
3. Eine Barauszahlung des Greenfee-Vorteils ist nicht möglich.
4. Das Kombinieren von Angeboten oder bestehenden Greenfee-Vorteilen ist nicht möglich. Der Vorteil bezieht sich jeweils ausschließlich auf die zum Zeitpunkt der Einlösung gültigen vollen Greenfee-Gebühren.
5. Gibt es Spielergruppen mit erhöhten Greenfee-Gebühren, ist ein Nachlass auf diese Gebühren nicht möglich.
6. Das Angebot allein berechtigt nicht zum Spiel gegen Greenfee. Die Erfüllung der Bestimmungen des jeweiligen Golfclubs zur Greenfee-Berechtigung (Mitgliedschaft in einem Golfclub, Mindesthandicap etc.) zum Zeitpunkt der Einlösung sind Voraussetzung.
7. Es ist untersagt, den Greenfee-Gutschein entgeltlich Dritten zu überlassen bzw. mit diesen Handel zu treiben. Insbesondere sind die teilnehmenden Golfclubs in diesem Falle berechtigt, die Einlösung der ausgeschriebenen Angebote zu verweigern.
8. Die teilnehmenden Golfclubs haben sich gegenüber dem Verlag unter den o.g. Bedingungen verpflichtet, die ausgeschriebenen Angebote einzulösen. Der Verlag übernimmt jedoch keine Gewähr und keine Haftung, wenn ein Angebot nicht eingelöst wird oder werden kann.

Bedingungen zur Einlösung des Discounts:

1. Das Angebot ist einschließlich bis 30.6.2024 gültig.
2. Der Golfspieler/Leser hat sich telefonisch eine Abschlagzeit geben zu lassen – dabei ist die Nutzung des Angebots anzugeben.
3. Eine Barauszahlung des Greenfee-Vorteils ist nicht möglich.
4. Das Kombinieren von Angeboten oder bestehenden Greenfee-Vorteilen ist nicht möglich. Der Vorteil bezieht sich jeweils ausschließlich auf die zum Zeitpunkt der Einlösung gültigen vollen Greenfee-Gebühren.
5. Gibt es Spielergruppen mit erhöhten Greenfee-Gebühren, ist ein Nachlass auf diese Gebühren nicht möglich.
6. Das Angebot allein berechtigt nicht zum Spiel gegen Greenfee. Die Erfüllung der Bestimmungen des jeweiligen Golfclubs zur Greenfee-Berechtigung (Mitgliedschaft in einem Golfclub, Mindesthandicap etc.) zum Zeitpunkt der Einlösung sind Voraussetzung.
7. Es ist untersagt, den Greenfee-Gutschein entgeltlich Dritten zu überlassen bzw. mit diesen Handel zu treiben. Insbesondere sind die teilnehmenden Golfclubs in diesem Falle berechtigt, die Einlösung der ausgeschriebenen Angebote zu verweigern.
8. Die teilnehmenden Golfclubs haben sich gegenüber dem Verlag unter den o.g. Bedingungen verpflichtet, die ausgeschriebenen Angebote einzulösen. Der Verlag übernimmt jedoch keine Gewähr und keine Haftung, wenn ein Angebot nicht eingelöst wird oder werden kann.

Bedingungen zur Einlösung des Discounts:

1. Das Angebot ist einschließlich bis 30.6.2024 gültig.
2. Der Golfspieler/Leser hat sich telefonisch eine Abschlagzeit geben zu lassen – dabei ist die Nutzung des Angebots anzugeben.
3. Eine Barauszahlung des Greenfee-Vorteils ist nicht möglich.
4. Das Kombinieren von Angeboten oder bestehenden Greenfee-Vorteilen ist nicht möglich. Der Vorteil bezieht sich jeweils ausschließlich auf die zum Zeitpunkt der Einlösung gültigen vollen Greenfee-Gebühren.
5. Gibt es Spielergruppen mit erhöhten Greenfee-Gebühren, ist ein Nachlass auf diese Gebühren nicht möglich.
6. Das Angebot allein berechtigt nicht zum Spiel gegen Greenfee. Die Erfüllung der Bestimmungen des jeweiligen Golfclubs zur Greenfee-Berechtigung (Mitgliedschaft in einem Golfclub, Mindesthandicap etc.) zum Zeitpunkt der Einlösung sind Voraussetzung.
7. Es ist untersagt, den Greenfee-Gutschein entgeltlich Dritten zu überlassen bzw. mit diesen Handel zu treiben. Insbesondere sind die teilnehmenden Golfclubs in diesem Falle berechtigt, die Einlösung der ausgeschriebenen Angebote zu verweigern.
8. Die teilnehmenden Golfclubs haben sich gegenüber dem Verlag unter den o.g. Bedingungen verpflichtet, die ausgeschriebenen Angebote einzulösen. Der Verlag übernimmt jedoch keine Gewähr und keine Haftung, wenn ein Angebot nicht eingelöst wird oder werden kann.

Bedingungen zur Einlösung des Discounts:

1. Das Angebot ist einschließlich bis 30.6.2024 gültig.
2. Der Golfspieler/Leser hat sich telefonisch eine Abschlagzeit geben zu lassen – dabei ist die Nutzung des Angebots anzugeben.
3. Eine Barauszahlung des Greenfee-Vorteils ist nicht möglich.
4. Das Kombinieren von Angeboten oder bestehenden Greenfee-Vorteilen ist nicht möglich. Der Vorteil bezieht sich jeweils ausschließlich auf die zum Zeitpunkt der Einlösung gültigen vollen Greenfee-Gebühren.
5. Gibt es Spielergruppen mit erhöhten Greenfee-Gebühren, ist ein Nachlass auf diese Gebühren nicht möglich.
6. Das Angebot allein berechtigt nicht zum Spiel gegen Greenfee. Die Erfüllung der Bestimmungen des jeweiligen Golfclubs zur Greenfee-Berechtigung (Mitgliedschaft in einem Golfclub, Mindesthandicap etc.) zum Zeitpunkt der Einlösung sind Voraussetzung.
7. Es ist untersagt, den Greenfee-Gutschein entgeltlich Dritten zu überlassen bzw. mit diesen Handel zu treiben. Insbesondere sind die teilnehmenden Golfclubs in diesem Falle berechtigt, die Einlösung der ausgeschriebenen Angebote zu verweigern.
8. Die teilnehmenden Golfclubs haben sich gegenüber dem Verlag unter den o.g. Bedingungen verpflichtet, die ausgeschriebenen Angebote einzulösen. Der Verlag übernimmt jedoch keine Gewähr und keine Haftung, wenn ein Angebot nicht eingelöst wird oder werden kann.

Bedingungen zur Einlösung des Discounts:

1. Das Angebot ist einschließlich bis 30.6.2024 gültig.
2. Der Golfspieler/Leser hat sich telefonisch eine Abschlagzeit geben zu lassen – dabei ist die Nutzung des Angebots anzugeben.
3. Eine Barauszahlung des Greenfee-Vorteils ist nicht möglich.
4. Das Kombinieren von Angeboten oder bestehenden Greenfee-Vorteilen ist nicht möglich. Der Vorteil bezieht sich jeweils ausschließlich auf die zum Zeitpunkt der Einlösung gültigen vollen Greenfee-Gebühren.
5. Gibt es Spielergruppen mit erhöhten Greenfee-Gebühren, ist ein Nachlass auf diese Gebühren nicht möglich.
6. Das Angebot allein berechtigt nicht zum Spiel gegen Greenfee. Die Erfüllung der Bestimmungen des jeweiligen Golfclubs zur Greenfee-Berechtigung (Mitgliedschaft in einem Golfclub, Mindesthandicap etc.) zum Zeitpunkt der Einlösung sind Voraussetzung.
7. Es ist untersagt, den Greenfee-Gutschein entgeltlich Dritten zu überlassen bzw. mit diesen Handel zu treiben. Insbesondere sind die teilnehmenden Golfclubs in diesem Falle berechtigt, die Einlösung der ausgeschriebenen Angebote zu verweigern.
8. Die teilnehmenden Golfclubs haben sich gegenüber dem Verlag unter den o.g. Bedingungen verpflichtet, die ausgeschriebenen Angebote einzulösen. Der Verlag übernimmt jedoch keine Gewähr und keine Haftung, wenn ein Angebot nicht eingelöst wird oder werden kann.

Bedingungen zur Einlösung des Discounts:

1. Das Angebot ist einschließlich bis 30.6.2024 gültig.
2. Der Golfspieler/Leser hat sich telefonisch eine Abschlagzeit geben zu lassen – dabei ist die Nutzung des Angebots anzugeben.
3. Eine Barauszahlung des Greenfee-Vorteils ist nicht möglich.
4. Das Kombinieren von Angeboten oder bestehenden Greenfee-Vorteilen ist nicht möglich. Der Vorteil bezieht sich jeweils ausschließlich auf die zum Zeitpunkt der Einlösung gültigen vollen Greenfee-Gebühren.
5. Gibt es Spielergruppen mit erhöhten Greenfee-Gebühren, ist ein Nachlass auf diese Gebühren nicht möglich.
6. Das Angebot allein berechtigt nicht zum Spiel gegen Greenfee. Die Erfüllung der Bestimmungen des jeweiligen Golfclubs zur Greenfee-Berechtigung (Mitgliedschaft in einem Golfclub, Mindesthandicap etc.) zum Zeitpunkt der Einlösung sind Voraussetzung.
7. Es ist untersagt, den Greenfee-Gutschein entgeltlich Dritten zu überlassen bzw. mit diesen Handel zu treiben. Insbesondere sind die teilnehmenden Golfclubs in diesem Falle berechtigt, die Einlösung der ausgeschriebenen Angebote zu verweigern.
8. Die teilnehmenden Golfclubs haben sich gegenüber dem Verlag unter den o.g. Bedingungen verpflichtet, die ausgeschriebenen Angebote einzulösen. Der Verlag übernimmt jedoch keine Gewähr und keine Haftung, wenn ein Angebot nicht eingelöst wird oder werden kann.

Bedingungen zur Einlösung des Discounts:

1. Das Angebot ist einschließlich bis 30.6.2024 gültig.
2. Der Golfspieler/Leser hat sich telefonisch eine Abschlagzeit geben zu lassen – dabei ist die Nutzung des Angebots anzugeben.
3. Eine Barauszahlung des Greenfee-Vorteils ist nicht möglich.
4. Das Kombinieren von Angeboten oder bestehenden Greenfee-Vorteilen ist nicht möglich. Der Vorteil bezieht sich jeweils ausschließlich auf die zum Zeitpunkt der Einlösung gültigen vollen Greenfee-Gebühren.
5. Gibt es Spielergruppen mit erhöhten Greenfee-Gebühren, ist ein Nachlass auf diese Gebühren nicht möglich.
6. Das Angebot allein berechtigt nicht zum Spiel gegen Greenfee. Die Erfüllung der Bestimmungen des jeweiligen Golfclubs zur Greenfee-Berechtigung (Mitgliedschaft in einem Golfclub, Mindesthandicap etc.) zum Zeitpunkt der Einlösung sind Voraussetzung.
7. Es ist untersagt, den Greenfee-Gutschein entgeltlich Dritten zu überlassen bzw. mit diesen Handel zu treiben. Insbesondere sind die teilnehmenden Golfclubs in diesem Falle berechtigt, die Einlösung der ausgeschriebenen Angebote zu verweigern.
8. Die teilnehmenden Golfclubs haben sich gegenüber dem Verlag unter den o.g. Bedingungen verpflichtet, die ausgeschriebenen Angebote einzulösen. Der Verlag übernimmt jedoch keine Gewähr und keine Haftung, wenn ein Angebot nicht eingelöst wird oder werden kann.

Bedingungen zur Einlösung des Discounts:

1. Das Angebot ist einschließlich bis 30.6.2024 gültig.
2. Der Golfspieler/Leser hat sich telefonisch eine Abschlagzeit geben zu lassen – dabei ist die Nutzung des Angebots anzugeben.
3. Eine Barauszahlung des Greenfee-Vorteils ist nicht möglich.
4. Das Kombinieren von Angeboten oder bestehenden Greenfee-Vorteilen ist nicht möglich. Der Vorteil bezieht sich jeweils ausschließlich auf die zum Zeitpunkt der Einlösung gültigen vollen Greenfee-Gebühren.
5. Gibt es Spielergruppen mit erhöhten Greenfee-Gebühren, ist ein Nachlass auf diese Gebühren nicht möglich.
6. Das Angebot allein berechtigt nicht zum Spiel gegen Greenfee. Die Erfüllung der Bestimmungen des jeweiligen Golfclubs zur Greenfee-Berechtigung (Mitgliedschaft in einem Golfclub, Mindesthandicap etc.) zum Zeitpunkt der Einlösung sind Voraussetzung.
7. Es ist untersagt, den Greenfee-Gutschein entgeltlich Dritten zu überlassen bzw. mit diesen Handel zu treiben. Insbesondere sind die teilnehmenden Golfclubs in diesem Falle berechtigt, die Einlösung der ausgeschriebenen Angebote zu verweigern.
8. Die teilnehmenden Golfclubs haben sich gegenüber dem Verlag unter den o.g. Bedingungen verpflichtet, die ausgeschriebenen Angebote einzulösen. Der Verlag übernimmt jedoch keine Gewähr und keine Haftung, wenn ein Angebot nicht eingelöst wird oder werden kann.

Bedingungen zur Einlösung des Discounts:

1. Das Angebot ist einschließlich bis 30.6.2024 gültig.
2. Der Golfspieler/Leser hat sich telefonisch eine Abschlagzeit geben zu lassen – dabei ist die Nutzung des Angebots anzugeben.
3. Eine Barauszahlung des Greenfee-Vorteils ist nicht möglich.
4. Das Kombinieren von Angeboten oder bestehenden Greenfee-Vorteilen ist nicht möglich. Der Vorteil bezieht sich jeweils ausschließlich auf die zum Zeitpunkt der Einlösung gültigen vollen Greenfee-Gebühren.
5. Gibt es Spielergruppen mit erhöhten Greenfee-Gebühren, ist ein Nachlass auf diese Gebühren nicht möglich.
6. Das Angebot allein berechtigt nicht zum Spiel gegen Greenfee. Die Erfüllung der Bestimmungen des jeweiligen Golfclubs zur Greenfee-Berechtigung (Mitgliedschaft in einem Golfclub, Mindesthandicap etc.) zum Zeitpunkt der Einlösung sind Voraussetzung.
7. Es ist untersagt, den Greenfee-Gutschein entgeltlich Dritten zu überlassen bzw. mit diesen Handel zu treiben. Insbesondere sind die teilnehmenden Golfclubs in diesem Falle berechtigt, die Einlösung der ausgeschriebenen Angebote zu verweigern.
8. Die teilnehmenden Golfclubs haben sich gegenüber dem Verlag unter den o.g. Bedingungen verpflichtet, die ausgeschriebenen Angebote einzulösen. Der Verlag übernimmt jedoch keine Gewähr und keine Haftung, wenn ein Angebot nicht eingelöst wird oder werden kann.

Bedingungen zur Einlösung des Discounts:

1. Das Angebot ist einschließlich bis 30.6.2024 gültig.
2. Der Golfspieler/Leser hat sich telefonisch eine Abschlagzeit geben zu lassen – dabei ist die Nutzung des Angebots anzugeben.
3. Eine Barauszahlung des Greenfee-Vorteils ist nicht möglich.
4. Das Kombinieren von Angeboten oder bestehenden Greenfee-Vorteilen ist nicht möglich. Der Vorteil bezieht sich jeweils ausschließlich auf die zum Zeitpunkt der Einlösung gültigen vollen Greenfee-Gebühren.
5. Gibt es Spielergruppen mit erhöhten Greenfee-Gebühren, ist ein Nachlass auf diese Gebühren nicht möglich.
6. Das Angebot allein berechtigt nicht zum Spiel gegen Greenfee. Die Erfüllung der Bestimmungen des jeweiligen Golfclubs zur Greenfee-Berechtigung (Mitgliedschaft in einem Golfclub, Mindesthandicap etc.) zum Zeitpunkt der Einlösung sind Voraussetzung.
7. Es ist untersagt, den Greenfee-Gutschein entgeltlich Dritten zu überlassen bzw. mit diesen Handel zu treiben. Insbesondere sind die teilnehmenden Golfclubs in diesem Falle berechtigt, die Einlösung der ausgeschriebenen Angebote zu verweigern.
8. Die teilnehmenden Golfclubs haben sich gegenüber dem Verlag unter den o.g. Bedingungen verpflichtet, die ausgeschriebenen Angebote einzulösen. Der Verlag übernimmt jedoch keine Gewähr und keine Haftung, wenn ein Angebot nicht eingelöst wird oder werden kann.

Diese Gutscheine gelten nur in Verbindung mit dem Buch/Albrecht Golf Card

DER GOLF ALBRECHT

Golfclub Hauptsmoorwald Bamberg e.V.

DE

Anfahrt über Walnussweg
D-96052 Bamberg
☎ 0951-9684331
Bayern

201

2 for 1 2 GF zum Preis von 1

DER GOLF ALBRECHT

Golfclub Main-Spessart e.V.

DE

Eichenfürst 9
D-97828 Marktheidenfeld
☎ 09391-8435
Bayern

202

20% Greenfee-Ermäßigung wochentags

DER GOLF ALBRECHT

Golfclub Main-Spessart e.V.

DE

Eichenfürst 9
D-97828 Marktheidenfeld
☎ 09391-8435
Bayern

202

20% Greenfee-Ermäßigung wochentags

DER GOLF ALBRECHT

Golfclub Schloß Mainsondheim e.V.

DE

Schloßweg 3
D-97337 Mainsondheim-Dettelbach
☎ 09324-4656
Bayern

203

2 for 1 2 GF zum Preis von 1 wochentags

DER GOLF ALBRECHT

Golfclub Schloß Mainsondheim e.V.

DE

Schloßweg 3
D-97337 Mainsondheim-Dettelbach
☎ 09324-4656
Bayern

203

2 for 1 2 GF zum Preis von 1 wochentags

DER GOLF ALBRECHT

Golfclub Schloß Mainsondheim e.V.

DE

Schloßweg 3
D-97337 Mainsondheim-Dettelbach
☎ 09324-4656
Bayern

203

20% Greenfee-Ermäßigung

DER GOLF ALBRECHT

Golfclub Schloß Mainsondheim e.V.

DE

Schloßweg 3
D-97337 Mainsondheim-Dettelbach
☎ 09324-4656
Bayern

203

20% Greenfee-Ermäßigung

DER GOLF ALBRECHT

Golfclub Schloss Reichmannsdorf e. V.

DE

Obere Hauptstraße 10
D-96132 Schlüsselfeld-Reichmannsdorf
☎ 09546-5954964
Bayern
Hinweis: „Wochentags“ gilt bis Freitag 12 Uhr

204

2 for 1 2 GF zum Preis von 1 wochentags

DER GOLF ALBRECHT

Golfclub Schloss Reichmannsdorf e. V.

DE

Obere Hauptstraße 10
D-96132 Schlüsselfeld-Reichmannsdorf
☎ 09546-5954964
Bayern
Hinweis: „Wochentags“ gilt bis Freitag 12 Uhr

204

2 for 1 2 GF zum Preis von 1 wochentags

DER GOLF ALBRECHT

Golfclub Fränkische Schweiz e.V.

DE

Kanndorf 8
D-91320 Ebermannstadt
☎ 09194-4827
Bayern
Hinweis: Gültig nur für 18 Loch

205

2 for 1 2 GF zum Preis von 1

Bedingungen zur Einlösung des Discounts:

1. Das Angebot ist einschließlich bis 30.6.2024 gültig.
2. Der Golfspieler/Leser hat sich telefonisch eine Abschlagzeit geben zu lassen – dabei ist die Nutzung des Angebots anzugeben.
3. Eine Barauszahlung des Greenfee-Vorteils ist nicht möglich.
4. Das Kombinieren von Angeboten oder bestehenden Greenfee-Vorteilen ist nicht möglich. Der Vorteil bezieht sich jeweils ausschließlich auf die zum Zeitpunkt der Einlösung gültigen vollen Greenfee-Gebühren.
5. Gibt es Spielergruppen mit erhöhten Greenfee-Gebühren, ist ein Nachlass auf diese Gebühren nicht möglich.
6. Das Angebot allein berechtigt nicht zum Spiel gegen Greenfee. Die Erfüllung der Bestimmungen des jeweiligen Golfclubs zur Greenfee-Berechtigung (Mitgliedschaft in einem Golfclub, Mindesthandicap etc.) zum Zeitpunkt der Einlösung sind Voraussetzung.
7. Es ist untersagt, den Greenfee-Gutschein entgeltlich Dritten zu überlassen bzw. mit diesen Handel zu treiben. Insbesondere sind die teilnehmenden Golfclubs in diesem Falle berechtigt, die Einlösung der ausgeschriebenen Angebote zu verweigern.
8. Die teilnehmenden Golfclubs haben sich gegenüber dem Verlag unter den o.g. Bedingungen verpflichtet, die ausgeschriebenen Angebote einzulösen. Der Verlag übernimmt jedoch keine Gewähr und keine Haftung, wenn ein Angebot nicht eingelöst wird oder werden kann.

Bedingungen zur Einlösung des Discounts:

1. Das Angebot ist einschließlich bis 30.6.2024 gültig.
2. Der Golfspieler/Leser hat sich telefonisch eine Abschlagzeit geben zu lassen – dabei ist die Nutzung des Angebots anzugeben.
3. Eine Barauszahlung des Greenfee-Vorteils ist nicht möglich.
4. Das Kombinieren von Angeboten oder bestehenden Greenfee-Vorteilen ist nicht möglich. Der Vorteil bezieht sich jeweils ausschließlich auf die zum Zeitpunkt der Einlösung gültigen vollen Greenfee-Gebühren.
5. Gibt es Spielergruppen mit erhöhten Greenfee-Gebühren, ist ein Nachlass auf diese Gebühren nicht möglich.
6. Das Angebot allein berechtigt nicht zum Spiel gegen Greenfee. Die Erfüllung der Bestimmungen des jeweiligen Golfclubs zur Greenfee-Berechtigung (Mitgliedschaft in einem Golfclub, Mindesthandicap etc.) zum Zeitpunkt der Einlösung sind Voraussetzung.
7. Es ist untersagt, den Greenfee-Gutschein entgeltlich Dritten zu überlassen bzw. mit diesen Handel zu treiben. Insbesondere sind die teilnehmenden Golfclubs in diesem Falle berechtigt, die Einlösung der ausgeschriebenen Angebote zu verweigern.
8. Die teilnehmenden Golfclubs haben sich gegenüber dem Verlag unter den o.g. Bedingungen verpflichtet, die ausgeschriebenen Angebote einzulösen. Der Verlag übernimmt jedoch keine Gewähr und keine Haftung, wenn ein Angebot nicht eingelöst wird oder werden kann.

Bedingungen zur Einlösung des Discounts:

1. Das Angebot ist einschließlich bis 30.6.2024 gültig.
2. Der Golfspieler/Leser hat sich telefonisch eine Abschlagzeit geben zu lassen – dabei ist die Nutzung des Angebots anzugeben.
3. Eine Barauszahlung des Greenfee-Vorteils ist nicht möglich.
4. Das Kombinieren von Angeboten oder bestehenden Greenfee-Vorteilen ist nicht möglich. Der Vorteil bezieht sich jeweils ausschließlich auf die zum Zeitpunkt der Einlösung gültigen vollen Greenfee-Gebühren.
5. Gibt es Spielergruppen mit erhöhten Greenfee-Gebühren, ist ein Nachlass auf diese Gebühren nicht möglich.
6. Das Angebot allein berechtigt nicht zum Spiel gegen Greenfee. Die Erfüllung der Bestimmungen des jeweiligen Golfclubs zur Greenfee-Berechtigung (Mitgliedschaft in einem Golfclub, Mindesthandicap etc.) zum Zeitpunkt der Einlösung sind Voraussetzung.
7. Es ist untersagt, den Greenfee-Gutschein entgeltlich Dritten zu überlassen bzw. mit diesen Handel zu treiben. Insbesondere sind die teilnehmenden Golfclubs in diesem Falle berechtigt, die Einlösung der ausgeschriebenen Angebote zu verweigern.
8. Die teilnehmenden Golfclubs haben sich gegenüber dem Verlag unter den o.g. Bedingungen verpflichtet, die ausgeschriebenen Angebote einzulösen. Der Verlag übernimmt jedoch keine Gewähr und keine Haftung, wenn ein Angebot nicht eingelöst wird oder werden kann.

Bedingungen zur Einlösung des Discounts:

1. Das Angebot ist einschließlich bis 30.6.2024 gültig.
2. Der Golfspieler/Leser hat sich telefonisch eine Abschlagzeit geben zu lassen – dabei ist die Nutzung des Angebots anzugeben.
3. Eine Barauszahlung des Greenfee-Vorteils ist nicht möglich.
4. Das Kombinieren von Angeboten oder bestehenden Greenfee-Vorteilen ist nicht möglich. Der Vorteil bezieht sich jeweils ausschließlich auf die zum Zeitpunkt der Einlösung gültigen vollen Greenfee-Gebühren.
5. Gibt es Spielergruppen mit erhöhten Greenfee-Gebühren, ist ein Nachlass auf diese Gebühren nicht möglich.
6. Das Angebot allein berechtigt nicht zum Spiel gegen Greenfee. Die Erfüllung der Bestimmungen des jeweiligen Golfclubs zur Greenfee-Berechtigung (Mitgliedschaft in einem Golfclub, Mindesthandicap etc.) zum Zeitpunkt der Einlösung sind Voraussetzung.
7. Es ist untersagt, den Greenfee-Gutschein entgeltlich Dritten zu überlassen bzw. mit diesen Handel zu treiben. Insbesondere sind die teilnehmenden Golfclubs in diesem Falle berechtigt, die Einlösung der ausgeschriebenen Angebote zu verweigern.
8. Die teilnehmenden Golfclubs haben sich gegenüber dem Verlag unter den o.g. Bedingungen verpflichtet, die ausgeschriebenen Angebote einzulösen. Der Verlag übernimmt jedoch keine Gewähr und keine Haftung, wenn ein Angebot nicht eingelöst wird oder werden kann.

Bedingungen zur Einlösung des Discounts:

1. Das Angebot ist einschließlich bis 30.6.2024 gültig.
2. Der Golfspieler/Leser hat sich telefonisch eine Abschlagzeit geben zu lassen – dabei ist die Nutzung des Angebots anzugeben.
3. Eine Barauszahlung des Greenfee-Vorteils ist nicht möglich.
4. Das Kombinieren von Angeboten oder bestehenden Greenfee-Vorteilen ist nicht möglich. Der Vorteil bezieht sich jeweils ausschließlich auf die zum Zeitpunkt der Einlösung gültigen vollen Greenfee-Gebühren.
5. Gibt es Spielergruppen mit erhöhten Greenfee-Gebühren, ist ein Nachlass auf diese Gebühren nicht möglich.
6. Das Angebot allein berechtigt nicht zum Spiel gegen Greenfee. Die Erfüllung der Bestimmungen des jeweiligen Golfclubs zur Greenfee-Berechtigung (Mitgliedschaft in einem Golfclub, Mindesthandicap etc.) zum Zeitpunkt der Einlösung sind Voraussetzung.
7. Es ist untersagt, den Greenfee-Gutschein entgeltlich Dritten zu überlassen bzw. mit diesen Handel zu treiben. Insbesondere sind die teilnehmenden Golfclubs in diesem Falle berechtigt, die Einlösung der ausgeschriebenen Angebote zu verweigern.
8. Die teilnehmenden Golfclubs haben sich gegenüber dem Verlag unter den o.g. Bedingungen verpflichtet, die ausgeschriebenen Angebote einzulösen. Der Verlag übernimmt jedoch keine Gewähr und keine Haftung, wenn ein Angebot nicht eingelöst wird oder werden kann.

Bedingungen zur Einlösung des Discounts:

1. Das Angebot ist einschließlich bis 30.6.2024 gültig.
2. Der Golfspieler/Leser hat sich telefonisch eine Abschlagzeit geben zu lassen – dabei ist die Nutzung des Angebots anzugeben.
3. Eine Barauszahlung des Greenfee-Vorteils ist nicht möglich.
4. Das Kombinieren von Angeboten oder bestehenden Greenfee-Vorteilen ist nicht möglich. Der Vorteil bezieht sich jeweils ausschließlich auf die zum Zeitpunkt der Einlösung gültigen vollen Greenfee-Gebühren.
5. Gibt es Spielergruppen mit erhöhten Greenfee-Gebühren, ist ein Nachlass auf diese Gebühren nicht möglich.
6. Das Angebot allein berechtigt nicht zum Spiel gegen Greenfee. Die Erfüllung der Bestimmungen des jeweiligen Golfclubs zur Greenfee-Berechtigung (Mitgliedschaft in einem Golfclub, Mindesthandicap etc.) zum Zeitpunkt der Einlösung sind Voraussetzung.
7. Es ist untersagt, den Greenfee-Gutschein entgeltlich Dritten zu überlassen bzw. mit diesen Handel zu treiben. Insbesondere sind die teilnehmenden Golfclubs in diesem Falle berechtigt, die Einlösung der ausgeschriebenen Angebote zu verweigern.
8. Die teilnehmenden Golfclubs haben sich gegenüber dem Verlag unter den o.g. Bedingungen verpflichtet, die ausgeschriebenen Angebote einzulösen. Der Verlag übernimmt jedoch keine Gewähr und keine Haftung, wenn ein Angebot nicht eingelöst wird oder werden kann.

Bedingungen zur Einlösung des Discounts:

1. Das Angebot ist einschließlich bis 30.6.2024 gültig.
2. Der Golfspieler/Leser hat sich telefonisch eine Abschlagzeit geben zu lassen – dabei ist die Nutzung des Angebots anzugeben.
3. Eine Barauszahlung des Greenfee-Vorteils ist nicht möglich.
4. Das Kombinieren von Angeboten oder bestehenden Greenfee-Vorteilen ist nicht möglich. Der Vorteil bezieht sich jeweils ausschließlich auf die zum Zeitpunkt der Einlösung gültigen vollen Greenfee-Gebühren.
5. Gibt es Spielergruppen mit erhöhten Greenfee-Gebühren, ist ein Nachlass auf diese Gebühren nicht möglich.
6. Das Angebot allein berechtigt nicht zum Spiel gegen Greenfee. Die Erfüllung der Bestimmungen des jeweiligen Golfclubs zur Greenfee-Berechtigung (Mitgliedschaft in einem Golfclub, Mindesthandicap etc.) zum Zeitpunkt der Einlösung sind Voraussetzung.
7. Es ist untersagt, den Greenfee-Gutschein entgeltlich Dritten zu überlassen bzw. mit diesen Handel zu treiben. Insbesondere sind die teilnehmenden Golfclubs in diesem Falle berechtigt, die Einlösung der ausgeschriebenen Angebote zu verweigern.
8. Die teilnehmenden Golfclubs haben sich gegenüber dem Verlag unter den o.g. Bedingungen verpflichtet, die ausgeschriebenen Angebote einzulösen. Der Verlag übernimmt jedoch keine Gewähr und keine Haftung, wenn ein Angebot nicht eingelöst wird oder werden kann.

Bedingungen zur Einlösung des Discounts:

1. Das Angebot ist einschließlich bis 30.6.2024 gültig.
2. Der Golfspieler/Leser hat sich telefonisch eine Abschlagzeit geben zu lassen – dabei ist die Nutzung des Angebots anzugeben.
3. Eine Barauszahlung des Greenfee-Vorteils ist nicht möglich.
4. Das Kombinieren von Angeboten oder bestehenden Greenfee-Vorteilen ist nicht möglich. Der Vorteil bezieht sich jeweils ausschließlich auf die zum Zeitpunkt der Einlösung gültigen vollen Greenfee-Gebühren.
5. Gibt es Spielergruppen mit erhöhten Greenfee-Gebühren, ist ein Nachlass auf diese Gebühren nicht möglich.
6. Das Angebot allein berechtigt nicht zum Spiel gegen Greenfee. Die Erfüllung der Bestimmungen des jeweiligen Golfclubs zur Greenfee-Berechtigung (Mitgliedschaft in einem Golfclub, Mindesthandicap etc.) zum Zeitpunkt der Einlösung sind Voraussetzung.
7. Es ist untersagt, den Greenfee-Gutschein entgeltlich Dritten zu überlassen bzw. mit diesen Handel zu treiben. Insbesondere sind die teilnehmenden Golfclubs in diesem Falle berechtigt, die Einlösung der ausgeschriebenen Angebote zu verweigern.
8. Die teilnehmenden Golfclubs haben sich gegenüber dem Verlag unter den o.g. Bedingungen verpflichtet, die ausgeschriebenen Angebote einzulösen. Der Verlag übernimmt jedoch keine Gewähr und keine Haftung, wenn ein Angebot nicht eingelöst wird oder werden kann.

Bedingungen zur Einlösung des Discounts:

1. Das Angebot ist einschließlich bis 30.6.2024 gültig.
2. Der Golfspieler/Leser hat sich telefonisch eine Abschlagzeit geben zu lassen – dabei ist die Nutzung des Angebots anzugeben.
3. Eine Barauszahlung des Greenfee-Vorteils ist nicht möglich.
4. Das Kombinieren von Angeboten oder bestehenden Greenfee-Vorteilen ist nicht möglich. Der Vorteil bezieht sich jeweils ausschließlich auf die zum Zeitpunkt der Einlösung gültigen vollen Greenfee-Gebühren.
5. Gibt es Spielergruppen mit erhöhten Greenfee-Gebühren, ist ein Nachlass auf diese Gebühren nicht möglich.
6. Das Angebot allein berechtigt nicht zum Spiel gegen Greenfee. Die Erfüllung der Bestimmungen des jeweiligen Golfclubs zur Greenfee-Berechtigung (Mitgliedschaft in einem Golfclub, Mindesthandicap etc.) zum Zeitpunkt der Einlösung sind Voraussetzung.
7. Es ist untersagt, den Greenfee-Gutschein entgeltlich Dritten zu überlassen bzw. mit diesen Handel zu treiben. Insbesondere sind die teilnehmenden Golfclubs in diesem Falle berechtigt, die Einlösung der ausgeschriebenen Angebote zu verweigern.
8. Die teilnehmenden Golfclubs haben sich gegenüber dem Verlag unter den o.g. Bedingungen verpflichtet, die ausgeschriebenen Angebote einzulösen. Der Verlag übernimmt jedoch keine Gewähr und keine Haftung, wenn ein Angebot nicht eingelöst wird oder werden kann.

Bedingungen zur Einlösung des Discounts:

1. Das Angebot ist einschließlich bis 30.6.2024 gültig.
2. Der Golfspieler/Leser hat sich telefonisch eine Abschlagzeit geben zu lassen – dabei ist die Nutzung des Angebots anzugeben.
3. Eine Barauszahlung des Greenfee-Vorteils ist nicht möglich.
4. Das Kombinieren von Angeboten oder bestehenden Greenfee-Vorteilen ist nicht möglich. Der Vorteil bezieht sich jeweils ausschließlich auf die zum Zeitpunkt der Einlösung gültigen vollen Greenfee-Gebühren.
5. Gibt es Spielergruppen mit erhöhten Greenfee-Gebühren, ist ein Nachlass auf diese Gebühren nicht möglich.
6. Das Angebot allein berechtigt nicht zum Spiel gegen Greenfee. Die Erfüllung der Bestimmungen des jeweiligen Golfclubs zur Greenfee-Berechtigung (Mitgliedschaft in einem Golfclub, Mindesthandicap etc.) zum Zeitpunkt der Einlösung sind Voraussetzung.
7. Es ist untersagt, den Greenfee-Gutschein entgeltlich Dritten zu überlassen bzw. mit diesen Handel zu treiben. Insbesondere sind die teilnehmenden Golfclubs in diesem Falle berechtigt, die Einlösung der ausgeschriebenen Angebote zu verweigern.
8. Die teilnehmenden Golfclubs haben sich gegenüber dem Verlag unter den o.g. Bedingungen verpflichtet, die ausgeschriebenen Angebote einzulösen. Der Verlag übernimmt jedoch keine Gewähr und keine Haftung, wenn ein Angebot nicht eingelöst wird oder werden kann.

Diese Gutscheine gelten nur in Verbindung mit dem Buch/Albrecht Golf Card

DER GOLF ALBRECHT

Golfclub Fränkische Schweiz e.V. DE

Kanndorf 8
D-91320 Ebermannstadt
✆ 09194-4827
Bayern
Hinweis: Gültig nur für 18 Loch

205

50% Greenfee-Ermäßigung

DER GOLF ALBRECHT

Golf Club Pottenstein-Weidenloh e.V. DE

Weidenloh 40
D-91278 Pottenstein
✆ 09243-929210/-20
Bayern

206

2 for 1 2 GF zum Preis von 1

DER GOLF ALBRECHT

Golf Club Pottenstein-Weidenloh e.V. DE

Weidenloh 40
D-91278 Pottenstein
✆ 09243-929210/-20
Bayern

206

2 for 1 2 GF zum Preis von 1

DER GOLF ALBRECHT

Golf Club Pottenstein-Weidenloh e.V. DE

Weidenloh 40
D-91278 Pottenstein
✆ 09243-929210/-20
Bayern

206

25% Greenfee-Ermäßigung

DER GOLF ALBRECHT

Golf Club Pottenstein-Weidenloh e.V. DE

Weidenloh 40
D-91278 Pottenstein
✆ 09243-929210/-20
Bayern

206

25% Greenfee-Ermäßigung

DER GOLF ALBRECHT

Golfclub Kitzingen e.V. DE

Lailachweg 1, Zufahrt über den Steigweg, Beschilderung INNOPARK folgen
D-97318 Kitzingen
✆ 09321-4956
Bayern

207

2 for 1 2 GF zum Preis von 1 wochentags

DER GOLF ALBRECHT

Golfclub Kitzingen e.V. DE

Lailachweg 1, Zufahrt über den Steigweg, Beschilderung INNOPARK folgen
D-97318 Kitzingen
✆ 09321-4956
Bayern

207

20% Greenfee-Ermäßigung wochentags

DER GOLF ALBRECHT

Golfclub Gut Sansenhof e.V. DE

Weilbach/Unterfranken
D-63916 Amorbach-Sansenhof
✆ 09373-2180/-4503
Bayern

208

2 for 1 2 GF zum Preis von 1 wochentags

DER GOLF ALBRECHT

Golfclub Gut Sansenhof e.V. DE

Weilbach/Unterfranken
D-63916 Amorbach-Sansenhof
✆ 09373-2180/-4503
Bayern

208

25% Greenfee-Ermäßigung wochentags

DER GOLF ALBRECHT

Golfclub Miltenberg-Erftal e.V. DE

Ortsstraße 30
D-63928 Eichenbühl-Guggenberg
✆ 09378-789
Bayern

209

2 for 1 2 GF zum Preis von 1

Bedingungen zur Einlösung des Discounts:

1. Das Angebot ist einschließlich bis 30.6.2024 gültig.
2. Der Golfspieler/Leser hat sich telefonisch eine Abschlagzeit geben zu lassen – dabei ist die Nutzung des Angebots anzugeben.
3. Eine Barauszahlung des Greenfee-Vorteils ist nicht möglich.
4. Das Kombinieren von Angeboten oder bestehenden Greenfee-Vorteilen ist nicht möglich. Der Vorteil bezieht sich jeweils ausschließlich auf die zum Zeitpunkt der Einlösung gültigen vollen Greenfee-Gebühren.
5. Gibt es Spielergruppen mit erhöhten Greenfee-Gebühren, ist ein Nachlass auf diese Gebühren nicht möglich.
6. Das Angebot allein berechtigt nicht zum Spiel gegen Greenfee. Die Erfüllung der Bestimmungen des jeweiligen Golfclubs zur Greenfee-Berechtigung (Mitgliedschaft in einem Golfclub, Mindesthandicap etc.) zum Zeitpunkt der Einlösung sind Voraussetzung.
7. Es ist untersagt, den Greenfee-Gutschein entgeltlich Dritten zu überlassen bzw. mit diesen Handel zu treiben. Insbesondere sind die teilnehmenden Golfclubs in diesem Falle berechtigt, die Einlösung der ausgeschriebenen Angebote zu verweigern.
8. Die teilnehmenden Golfclubs haben sich gegenüber dem Verlag unter den o.g. Bedingungen verpflichtet, die ausgeschriebenen Angebote einzulösen. Der Verlag übernimmt jedoch keine Gewähr und keine Haftung, wenn ein Angebot nicht eingelöst wird oder werden kann.

Bedingungen zur Einlösung des Discounts:

1. Das Angebot ist einschließlich bis 30.6.2024 gültig.
2. Der Golfspieler/Leser hat sich telefonisch eine Abschlagzeit geben zu lassen – dabei ist die Nutzung des Angebots anzugeben.
3. Eine Barauszahlung des Greenfee-Vorteils ist nicht möglich.
4. Das Kombinieren von Angeboten oder bestehenden Greenfee-Vorteilen ist nicht möglich. Der Vorteil bezieht sich jeweils ausschließlich auf die zum Zeitpunkt der Einlösung gültigen vollen Greenfee-Gebühren.
5. Gibt es Spielergruppen mit erhöhten Greenfee-Gebühren, ist ein Nachlass auf diese Gebühren nicht möglich.
6. Das Angebot allein berechtigt nicht zum Spiel gegen Greenfee. Die Erfüllung der Bestimmungen des jeweiligen Golfclubs zur Greenfee-Berechtigung (Mitgliedschaft in einem Golfclub, Mindesthandicap etc.) zum Zeitpunkt der Einlösung sind Voraussetzung.
7. Es ist untersagt, den Greenfee-Gutschein entgeltlich Dritten zu überlassen bzw. mit diesen Handel zu treiben. Insbesondere sind die teilnehmenden Golfclubs in diesem Falle berechtigt, die Einlösung der ausgeschriebenen Angebote zu verweigern.
8. Die teilnehmenden Golfclubs haben sich gegenüber dem Verlag unter den o.g. Bedingungen verpflichtet, die ausgeschriebenen Angebote einzulösen. Der Verlag übernimmt jedoch keine Gewähr und keine Haftung, wenn ein Angebot nicht eingelöst wird oder werden kann.

Bedingungen zur Einlösung des Discounts:

1. Das Angebot ist einschließlich bis 30.6.2024 gültig.
2. Der Golfspieler/Leser hat sich telefonisch eine Abschlagzeit geben zu lassen – dabei ist die Nutzung des Angebots anzugeben.
3. Eine Barauszahlung des Greenfee-Vorteils ist nicht möglich.
4. Das Kombinieren von Angeboten oder bestehenden Greenfee-Vorteilen ist nicht möglich. Der Vorteil bezieht sich jeweils ausschließlich auf die zum Zeitpunkt der Einlösung gültigen vollen Greenfee-Gebühren.
5. Gibt es Spielergruppen mit erhöhten Greenfee-Gebühren, ist ein Nachlass auf diese Gebühren nicht möglich.
6. Das Angebot allein berechtigt nicht zum Spiel gegen Greenfee. Die Erfüllung der Bestimmungen des jeweiligen Golfclubs zur Greenfee-Berechtigung (Mitgliedschaft in einem Golfclub, Mindesthandicap etc.) zum Zeitpunkt der Einlösung sind Voraussetzung.
7. Es ist untersagt, den Greenfee-Gutschein entgeltlich Dritten zu überlassen bzw. mit diesen Handel zu treiben. Insbesondere sind die teilnehmenden Golfclubs in diesem Falle berechtigt, die Einlösung der ausgeschriebenen Angebote zu verweigern.
8. Die teilnehmenden Golfclubs haben sich gegenüber dem Verlag unter den o.g. Bedingungen verpflichtet, die ausgeschriebenen Angebote einzulösen. Der Verlag übernimmt jedoch keine Gewähr und keine Haftung, wenn ein Angebot nicht eingelöst wird oder werden kann.

Bedingungen zur Einlösung des Discounts:

1. Das Angebot ist einschließlich bis 30.6.2024 gültig.
2. Der Golfspieler/Leser hat sich telefonisch eine Abschlagzeit geben zu lassen – dabei ist die Nutzung des Angebots anzugeben.
3. Eine Barauszahlung des Greenfee-Vorteils ist nicht möglich.
4. Das Kombinieren von Angeboten oder bestehenden Greenfee-Vorteilen ist nicht möglich. Der Vorteil bezieht sich jeweils ausschließlich auf die zum Zeitpunkt der Einlösung gültigen vollen Greenfee-Gebühren.
5. Gibt es Spielergruppen mit erhöhten Greenfee-Gebühren, ist ein Nachlass auf diese Gebühren nicht möglich.
6. Das Angebot allein berechtigt nicht zum Spiel gegen Greenfee. Die Erfüllung der Bestimmungen des jeweiligen Golfclubs zur Greenfee-Berechtigung (Mitgliedschaft in einem Golfclub, Mindesthandicap etc.) zum Zeitpunkt der Einlösung sind Voraussetzung.
7. Es ist untersagt, den Greenfee-Gutschein entgeltlich Dritten zu überlassen bzw. mit diesen Handel zu treiben. Insbesondere sind die teilnehmenden Golfclubs in diesem Falle berechtigt, die Einlösung der ausgeschriebenen Angebote zu verweigern.
8. Die teilnehmenden Golfclubs haben sich gegenüber dem Verlag unter den o.g. Bedingungen verpflichtet, die ausgeschriebenen Angebote einzulösen. Der Verlag übernimmt jedoch keine Gewähr und keine Haftung, wenn ein Angebot nicht eingelöst wird oder werden kann.

Bedingungen zur Einlösung des Discounts:

1. Das Angebot ist einschließlich bis 30.6.2024 gültig.
2. Der Golfspieler/Leser hat sich telefonisch eine Abschlagzeit geben zu lassen – dabei ist die Nutzung des Angebots anzugeben.
3. Eine Barauszahlung des Greenfee-Vorteils ist nicht möglich.
4. Das Kombinieren von Angeboten oder bestehenden Greenfee-Vorteilen ist nicht möglich. Der Vorteil bezieht sich jeweils ausschließlich auf die zum Zeitpunkt der Einlösung gültigen vollen Greenfee-Gebühren.
5. Gibt es Spielergruppen mit erhöhten Greenfee-Gebühren, ist ein Nachlass auf diese Gebühren nicht möglich.
6. Das Angebot allein berechtigt nicht zum Spiel gegen Greenfee. Die Erfüllung der Bestimmungen des jeweiligen Golfclubs zur Greenfee-Berechtigung (Mitgliedschaft in einem Golfclub, Mindesthandicap etc.) zum Zeitpunkt der Einlösung sind Voraussetzung.
7. Es ist untersagt, den Greenfee-Gutschein entgeltlich Dritten zu überlassen bzw. mit diesen Handel zu treiben. Insbesondere sind die teilnehmenden Golfclubs in diesem Falle berechtigt, die Einlösung der ausgeschriebenen Angebote zu verweigern.
8. Die teilnehmenden Golfclubs haben sich gegenüber dem Verlag unter den o.g. Bedingungen verpflichtet, die ausgeschriebenen Angebote einzulösen. Der Verlag übernimmt jedoch keine Gewähr und keine Haftung, wenn ein Angebot nicht eingelöst wird oder werden kann.

Bedingungen zur Einlösung des Discounts:

1. Das Angebot ist einschließlich bis 30.6.2024 gültig.
2. Der Golfspieler/Leser hat sich telefonisch eine Abschlagzeit geben zu lassen – dabei ist die Nutzung des Angebots anzugeben.
3. Eine Barauszahlung des Greenfee-Vorteils ist nicht möglich.
4. Das Kombinieren von Angeboten oder bestehenden Greenfee-Vorteilen ist nicht möglich. Der Vorteil bezieht sich jeweils ausschließlich auf die zum Zeitpunkt der Einlösung gültigen vollen Greenfee-Gebühren.
5. Gibt es Spielergruppen mit erhöhten Greenfee-Gebühren, ist ein Nachlass auf diese Gebühren nicht möglich.
6. Das Angebot allein berechtigt nicht zum Spiel gegen Greenfee. Die Erfüllung der Bestimmungen des jeweiligen Golfclubs zur Greenfee-Berechtigung (Mitgliedschaft in einem Golfclub, Mindesthandicap etc.) zum Zeitpunkt der Einlösung sind Voraussetzung.
7. Es ist untersagt, den Greenfee-Gutschein entgeltlich Dritten zu überlassen bzw. mit diesen Handel zu treiben. Insbesondere sind die teilnehmenden Golfclubs in diesem Falle berechtigt, die Einlösung der ausgeschriebenen Angebote zu verweigern.
8. Die teilnehmenden Golfclubs haben sich gegenüber dem Verlag unter den o.g. Bedingungen verpflichtet, die ausgeschriebenen Angebote einzulösen. Der Verlag übernimmt jedoch keine Gewähr und keine Haftung, wenn ein Angebot nicht eingelöst wird oder werden kann.

Bedingungen zur Einlösung des Discounts:

1. Das Angebot ist einschließlich bis 30.6.2024 gültig.
2. Der Golfspieler/Leser hat sich telefonisch eine Abschlagzeit geben zu lassen – dabei ist die Nutzung des Angebots anzugeben.
3. Eine Barauszahlung des Greenfee-Vorteils ist nicht möglich.
4. Das Kombinieren von Angeboten oder bestehenden Greenfee-Vorteilen ist nicht möglich. Der Vorteil bezieht sich jeweils ausschließlich auf die zum Zeitpunkt der Einlösung gültigen vollen Greenfee-Gebühren.
5. Gibt es Spielergruppen mit erhöhten Greenfee-Gebühren, ist ein Nachlass auf diese Gebühren nicht möglich.
6. Das Angebot allein berechtigt nicht zum Spiel gegen Greenfee. Die Erfüllung der Bestimmungen des jeweiligen Golfclubs zur Greenfee-Berechtigung (Mitgliedschaft in einem Golfclub, Mindesthandicap etc.) zum Zeitpunkt der Einlösung sind Voraussetzung.
7. Es ist untersagt, den Greenfee-Gutschein entgeltlich Dritten zu überlassen bzw. mit diesen Handel zu treiben. Insbesondere sind die teilnehmenden Golfclubs in diesem Falle berechtigt, die Einlösung der ausgeschriebenen Angebote zu verweigern.
8. Die teilnehmenden Golfclubs haben sich gegenüber dem Verlag unter den o.g. Bedingungen verpflichtet, die ausgeschriebenen Angebote einzulösen. Der Verlag übernimmt jedoch keine Gewähr und keine Haftung, wenn ein Angebot nicht eingelöst wird oder werden kann.

Bedingungen zur Einlösung des Discounts:

1. Das Angebot ist einschließlich bis 30.6.2024 gültig.
2. Der Golfspieler/Leser hat sich telefonisch eine Abschlagzeit geben zu lassen – dabei ist die Nutzung des Angebots anzugeben.
3. Eine Barauszahlung des Greenfee-Vorteils ist nicht möglich.
4. Das Kombinieren von Angeboten oder bestehenden Greenfee-Vorteilen ist nicht möglich. Der Vorteil bezieht sich jeweils ausschließlich auf die zum Zeitpunkt der Einlösung gültigen vollen Greenfee-Gebühren.
5. Gibt es Spielergruppen mit erhöhten Greenfee-Gebühren, ist ein Nachlass auf diese Gebühren nicht möglich.
6. Das Angebot allein berechtigt nicht zum Spiel gegen Greenfee. Die Erfüllung der Bestimmungen des jeweiligen Golfclubs zur Greenfee-Berechtigung (Mitgliedschaft in einem Golfclub, Mindesthandicap etc.) zum Zeitpunkt der Einlösung sind Voraussetzung.
7. Es ist untersagt, den Greenfee-Gutschein entgeltlich Dritten zu überlassen bzw. mit diesen Handel zu treiben. Insbesondere sind die teilnehmenden Golfclubs in diesem Falle berechtigt, die Einlösung der ausgeschriebenen Angebote zu verweigern.
8. Die teilnehmenden Golfclubs haben sich gegenüber dem Verlag unter den o.g. Bedingungen verpflichtet, die ausgeschriebenen Angebote einzulösen. Der Verlag übernimmt jedoch keine Gewähr und keine Haftung, wenn ein Angebot nicht eingelöst wird oder werden kann.

Bedingungen zur Einlösung des Discounts:

1. Das Angebot ist einschließlich bis 30.6.2024 gültig.
2. Der Golfspieler/Leser hat sich telefonisch eine Abschlagzeit geben zu lassen – dabei ist die Nutzung des Angebots anzugeben.
3. Eine Barauszahlung des Greenfee-Vorteils ist nicht möglich.
4. Das Kombinieren von Angeboten oder bestehenden Greenfee-Vorteilen ist nicht möglich. Der Vorteil bezieht sich jeweils ausschließlich auf die zum Zeitpunkt der Einlösung gültigen vollen Greenfee-Gebühren.
5. Gibt es Spielergruppen mit erhöhten Greenfee-Gebühren, ist ein Nachlass auf diese Gebühren nicht möglich.
6. Das Angebot allein berechtigt nicht zum Spiel gegen Greenfee. Die Erfüllung der Bestimmungen des jeweiligen Golfclubs zur Greenfee-Berechtigung (Mitgliedschaft in einem Golfclub, Mindesthandicap etc.) zum Zeitpunkt der Einlösung sind Voraussetzung.
7. Es ist untersagt, den Greenfee-Gutschein entgeltlich Dritten zu überlassen bzw. mit diesen Handel zu treiben. Insbesondere sind die teilnehmenden Golfclubs in diesem Falle berechtigt, die Einlösung der ausgeschriebenen Angebote zu verweigern.
8. Die teilnehmenden Golfclubs haben sich gegenüber dem Verlag unter den o.g. Bedingungen verpflichtet, die ausgeschriebenen Angebote einzulösen. Der Verlag übernimmt jedoch keine Gewähr und keine Haftung, wenn ein Angebot nicht eingelöst wird oder werden kann.

Bedingungen zur Einlösung des Discounts:

1. Das Angebot ist einschließlich bis 30.6.2024 gültig.
2. Der Golfspieler/Leser hat sich telefonisch eine Abschlagzeit geben zu lassen – dabei ist die Nutzung des Angebots anzugeben.
3. Eine Barauszahlung des Greenfee-Vorteils ist nicht möglich.
4. Das Kombinieren von Angeboten oder bestehenden Greenfee-Vorteilen ist nicht möglich. Der Vorteil bezieht sich jeweils ausschließlich auf die zum Zeitpunkt der Einlösung gültigen vollen Greenfee-Gebühren.
5. Gibt es Spielergruppen mit erhöhten Greenfee-Gebühren, ist ein Nachlass auf diese Gebühren nicht möglich.
6. Das Angebot allein berechtigt nicht zum Spiel gegen Greenfee. Die Erfüllung der Bestimmungen des jeweiligen Golfclubs zur Greenfee-Berechtigung (Mitgliedschaft in einem Golfclub, Mindesthandicap etc.) zum Zeitpunkt der Einlösung sind Voraussetzung.
7. Es ist untersagt, den Greenfee-Gutschein entgeltlich Dritten zu überlassen bzw. mit diesen Handel zu treiben. Insbesondere sind die teilnehmenden Golfclubs in diesem Falle berechtigt, die Einlösung der ausgeschriebenen Angebote zu verweigern.
8. Die teilnehmenden Golfclubs haben sich gegenüber dem Verlag unter den o.g. Bedingungen verpflichtet, die ausgeschriebenen Angebote einzulösen. Der Verlag übernimmt jedoch keine Gewähr und keine Haftung, wenn ein Angebot nicht eingelöst wird oder werden kann.

Diese Gutscheine gelten nur in Verbindung mit dem Buch/Albrecht Golf Card

Diese Gutscheine gelten nur in Verbindung mit dem Buch/Albrecht Golf Card

DER GOLF ALBRECHT

Golfclub Miltenberg-Erftal e.V. DE

Ortsstraße 30
D-63928 Eichenbühl-Guggenberg
✆ 09378-789
Bayern

209

2 for 1 2 GF zum Preis von 1

DER GOLF ALBRECHT

Golfclub Miltenberg-Erftal e.V. DE

Ortsstraße 30
D-63928 Eichenbühl-Guggenberg
✆ 09378-789
Bayern

209

30% Greenfee-Ermäßigung

DER GOLF ALBRECHT

Golfclub Miltenberg-Erftal e.V. DE

Ortsstraße 30
D-63928 Eichenbühl-Guggenberg
✆ 09378-789
Bayern

209

30% Greenfee-Ermäßigung

DER GOLF ALBRECHT

Golf Club Erlangen e.V. DE

Schleinhof 1
D-91077 Kleinsendelbach
✆ 09126-5004
Bayern
Hinweis: Freitags nur bis 12.00 h

210

2 for 1 2 GF zum Preis von 1 wochentags

DER GOLF ALBRECHT

Golf Club Erlangen e.V. DE

Schleinhof 1
D-91077 Kleinsendelbach
✆ 09126-5004
Bayern
Hinweis: Freitags nur bis 12.00 h

210

2 for 1 2 GF zum Preis von 1 wochentags

DER GOLF ALBRECHT

Golf Club Erlangen e.V. DE

Schleinhof 1
D-91077 Kleinsendelbach
✆ 09126-5004
Bayern
Hinweis: Freitags nur bis 12.00 h

210

25% Greenfee-Ermäßigung wochentags

DER GOLF ALBRECHT

Golf Club Erlangen e.V. DE

Schleinhof 1
D-91077 Kleinsendelbach
✆ 09126-5004
Bayern
Hinweis: Freitags nur bis 12.00 h

210

25% Greenfee-Ermäßigung wochentags

DER GOLF ALBRECHT

Golf Club Reichsstadt Bad Windsheim e.V. DE

Otmar-Schaller-Allee 1
D-91438 Bad Windsheim
✆ 09841-5027
Bayern

211

2 for 1 2 GF zum Preis von 1

DER GOLF ALBRECHT

Golf-Club Ansbach e.V. DE

Rothenburger Straße 35
D-91598 Colmberg
✆ 09803-600
Bayern

212

2 for 1 2 GF zum Preis von 1

DER GOLF ALBRECHT

Golf-Club Ansbach e.V. DE

Rothenburger Straße 35
D-91598 Colmberg
✆ 09803-600
Bayern

212

2 for 1 2 GF zum Preis von 1

Bedingungen zur Einlösung des Discounts:

1. Das Angebot ist einschließlich bis 30.6.2024 gültig.
2. Der Golfspieler/Leser hat sich telefonisch eine Abschlagzeit geben zu lassen – dabei ist die Nutzung des Angebots anzugeben.
3. Eine Barauszahlung des Greenfee-Vorteils ist nicht möglich.
4. Das Kombinieren von Angeboten oder bestehenden Greenfee-Vorteilen ist nicht möglich. Der Vorteil bezieht sich jeweils ausschließlich auf die zum Zeitpunkt der Einlösung gültigen vollen Greenfee-Gebühren.
5. Gibt es Spielergruppen mit erhöhten Greenfee-Gebühren, ist ein Nachlass auf diese Gebühren nicht möglich.
6. Das Angebot allein berechtigt nicht zum Spiel gegen Greenfee. Die Erfüllung der Bestimmungen des jeweiligen Golfclubs zur Greenfee-Berechtigung (Mitgliedschaft in einem Golfclub, Mindesthandicap etc.) zum Zeitpunkt der Einlösung sind Voraussetzung.
7. Es ist untersagt, den Greenfee-Gutschein entgeltlich Dritten zu überlassen bzw. mit diesen Handel zu treiben. Insbesondere sind die teilnehmenden Golfclubs in diesem Falle berechtigt, die Einlösung der ausgeschriebenen Angebote zu verweigern.
8. Die teilnehmenden Golfclubs haben sich gegenüber dem Verlag unter den o.g. Bedingungen verpflichtet, die ausgeschriebenen Angebote einzulösen. Der Verlag übernimmt jedoch keine Gewähr und keine Haftung, wenn ein Angebot nicht eingelöst wird oder werden kann.

Bedingungen zur Einlösung des Discounts:

1. Das Angebot ist einschließlich bis 30.6.2024 gültig.
2. Der Golfspieler/Leser hat sich telefonisch eine Abschlagzeit geben zu lassen – dabei ist die Nutzung des Angebots anzugeben.
3. Eine Barauszahlung des Greenfee-Vorteils ist nicht möglich.
4. Das Kombinieren von Angeboten oder bestehenden Greenfee-Vorteilen ist nicht möglich. Der Vorteil bezieht sich jeweils ausschließlich auf die zum Zeitpunkt der Einlösung gültigen vollen Greenfee-Gebühren.
5. Gibt es Spielergruppen mit erhöhten Greenfee-Gebühren, ist ein Nachlass auf diese Gebühren nicht möglich.
6. Das Angebot allein berechtigt nicht zum Spiel gegen Greenfee. Die Erfüllung der Bestimmungen des jeweiligen Golfclubs zur Greenfee-Berechtigung (Mitgliedschaft in einem Golfclub, Mindesthandicap etc.) zum Zeitpunkt der Einlösung sind Voraussetzung.
7. Es ist untersagt, den Greenfee-Gutschein entgeltlich Dritten zu überlassen bzw. mit diesen Handel zu treiben. Insbesondere sind die teilnehmenden Golfclubs in diesem Falle berechtigt, die Einlösung der ausgeschriebenen Angebote zu verweigern.
8. Die teilnehmenden Golfclubs haben sich gegenüber dem Verlag unter den o.g. Bedingungen verpflichtet, die ausgeschriebenen Angebote einzulösen. Der Verlag übernimmt jedoch keine Gewähr und keine Haftung, wenn ein Angebot nicht eingelöst wird oder werden kann.

Bedingungen zur Einlösung des Discounts:

1. Das Angebot ist einschließlich bis 30.6.2024 gültig.
2. Der Golfspieler/Leser hat sich telefonisch eine Abschlagzeit geben zu lassen – dabei ist die Nutzung des Angebots anzugeben.
3. Eine Barauszahlung des Greenfee-Vorteils ist nicht möglich.
4. Das Kombinieren von Angeboten oder bestehenden Greenfee-Vorteilen ist nicht möglich. Der Vorteil bezieht sich jeweils ausschließlich auf die zum Zeitpunkt der Einlösung gültigen vollen Greenfee-Gebühren.
5. Gibt es Spielergruppen mit erhöhten Greenfee-Gebühren, ist ein Nachlass auf diese Gebühren nicht möglich.
6. Das Angebot allein berechtigt nicht zum Spiel gegen Greenfee. Die Erfüllung der Bestimmungen des jeweiligen Golfclubs zur Greenfee-Berechtigung (Mitgliedschaft in einem Golfclub, Mindesthandicap etc.) zum Zeitpunkt der Einlösung sind Voraussetzung.
7. Es ist untersagt, den Greenfee-Gutschein entgeltlich Dritten zu überlassen bzw. mit diesen Handel zu treiben. Insbesondere sind die teilnehmenden Golfclubs in diesem Falle berechtigt, die Einlösung der ausgeschriebenen Angebote zu verweigern.
8. Die teilnehmenden Golfclubs haben sich gegenüber dem Verlag unter den o.g. Bedingungen verpflichtet, die ausgeschriebenen Angebote einzulösen. Der Verlag übernimmt jedoch keine Gewähr und keine Haftung, wenn ein Angebot nicht eingelöst wird oder werden kann.

Bedingungen zur Einlösung des Discounts:

1. Das Angebot ist einschließlich bis 30.6.2024 gültig.
2. Der Golfspieler/Leser hat sich telefonisch eine Abschlagzeit geben zu lassen – dabei ist die Nutzung des Angebots anzugeben.
3. Eine Barauszahlung des Greenfee-Vorteils ist nicht möglich.
4. Das Kombinieren von Angeboten oder bestehenden Greenfee-Vorteilen ist nicht möglich. Der Vorteil bezieht sich jeweils ausschließlich auf die zum Zeitpunkt der Einlösung gültigen vollen Greenfee-Gebühren.
5. Gibt es Spielergruppen mit erhöhten Greenfee-Gebühren, ist ein Nachlass auf diese Gebühren nicht möglich.
6. Das Angebot allein berechtigt nicht zum Spiel gegen Greenfee. Die Erfüllung der Bestimmungen des jeweiligen Golfclubs zur Greenfee-Berechtigung (Mitgliedschaft in einem Golfclub, Mindesthandicap etc.) zum Zeitpunkt der Einlösung sind Voraussetzung.
7. Es ist untersagt, den Greenfee-Gutschein entgeltlich Dritten zu überlassen bzw. mit diesen Handel zu treiben. Insbesondere sind die teilnehmenden Golfclubs in diesem Falle berechtigt, die Einlösung der ausgeschriebenen Angebote zu verweigern.
8. Die teilnehmenden Golfclubs haben sich gegenüber dem Verlag unter den o.g. Bedingungen verpflichtet, die ausgeschriebenen Angebote einzulösen. Der Verlag übernimmt jedoch keine Gewähr und keine Haftung, wenn ein Angebot nicht eingelöst wird oder werden kann.

Bedingungen zur Einlösung des Discounts:

1. Das Angebot ist einschließlich bis 30.6.2024 gültig.
2. Der Golfspieler/Leser hat sich telefonisch eine Abschlagzeit geben zu lassen – dabei ist die Nutzung des Angebots anzugeben.
3. Eine Barauszahlung des Greenfee-Vorteils ist nicht möglich.
4. Das Kombinieren von Angeboten oder bestehenden Greenfee-Vorteilen ist nicht möglich. Der Vorteil bezieht sich jeweils ausschließlich auf die zum Zeitpunkt der Einlösung gültigen vollen Greenfee-Gebühren.
5. Gibt es Spielergruppen mit erhöhten Greenfee-Gebühren, ist ein Nachlass auf diese Gebühren nicht möglich.
6. Das Angebot allein berechtigt nicht zum Spiel gegen Greenfee. Die Erfüllung der Bestimmungen des jeweiligen Golfclubs zur Greenfee-Berechtigung (Mitgliedschaft in einem Golfclub, Mindesthandicap etc.) zum Zeitpunkt der Einlösung sind Voraussetzung.
7. Es ist untersagt, den Greenfee-Gutschein entgeltlich Dritten zu überlassen bzw. mit diesen Handel zu treiben. Insbesondere sind die teilnehmenden Golfclubs in diesem Falle berechtigt, die Einlösung der ausgeschriebenen Angebote zu verweigern.
8. Die teilnehmenden Golfclubs haben sich gegenüber dem Verlag unter den o.g. Bedingungen verpflichtet, die ausgeschriebenen Angebote einzulösen. Der Verlag übernimmt jedoch keine Gewähr und keine Haftung, wenn ein Angebot nicht eingelöst wird oder werden kann.

Bedingungen zur Einlösung des Discounts:

1. Das Angebot ist einschließlich bis 30.6.2024 gültig.
2. Der Golfspieler/Leser hat sich telefonisch eine Abschlagzeit geben zu lassen – dabei ist die Nutzung des Angebots anzugeben.
3. Eine Barauszahlung des Greenfee-Vorteils ist nicht möglich.
4. Das Kombinieren von Angeboten oder bestehenden Greenfee-Vorteilen ist nicht möglich. Der Vorteil bezieht sich jeweils ausschließlich auf die zum Zeitpunkt der Einlösung gültigen vollen Greenfee-Gebühren.
5. Gibt es Spielergruppen mit erhöhten Greenfee-Gebühren, ist ein Nachlass auf diese Gebühren nicht möglich.
6. Das Angebot allein berechtigt nicht zum Spiel gegen Greenfee. Die Erfüllung der Bestimmungen des jeweiligen Golfclubs zur Greenfee-Berechtigung (Mitgliedschaft in einem Golfclub, Mindesthandicap etc.) zum Zeitpunkt der Einlösung sind Voraussetzung.
7. Es ist untersagt, den Greenfee-Gutschein entgeltlich Dritten zu überlassen bzw. mit diesen Handel zu treiben. Insbesondere sind die teilnehmenden Golfclubs in diesem Falle berechtigt, die Einlösung der ausgeschriebenen Angebote zu verweigern.
8. Die teilnehmenden Golfclubs haben sich gegenüber dem Verlag unter den o.g. Bedingungen verpflichtet, die ausgeschriebenen Angebote einzulösen. Der Verlag übernimmt jedoch keine Gewähr und keine Haftung, wenn ein Angebot nicht eingelöst wird oder werden kann.

Bedingungen zur Einlösung des Discounts:

1. Das Angebot ist einschließlich bis 30.6.2024 gültig.
2. Der Golfspieler/Leser hat sich telefonisch eine Abschlagzeit geben zu lassen – dabei ist die Nutzung des Angebots anzugeben.
3. Eine Barauszahlung des Greenfee-Vorteils ist nicht möglich.
4. Das Kombinieren von Angeboten oder bestehenden Greenfee-Vorteilen ist nicht möglich. Der Vorteil bezieht sich jeweils ausschließlich auf die zum Zeitpunkt der Einlösung gültigen vollen Greenfee-Gebühren.
5. Gibt es Spielergruppen mit erhöhten Greenfee-Gebühren, ist ein Nachlass auf diese Gebühren nicht möglich.
6. Das Angebot allein berechtigt nicht zum Spiel gegen Greenfee. Die Erfüllung der Bestimmungen des jeweiligen Golfclubs zur Greenfee-Berechtigung (Mitgliedschaft in einem Golfclub, Mindesthandicap etc.) zum Zeitpunkt der Einlösung sind Voraussetzung.
7. Es ist untersagt, den Greenfee-Gutschein entgeltlich Dritten zu überlassen bzw. mit diesen Handel zu treiben. Insbesondere sind die teilnehmenden Golfclubs in diesem Falle berechtigt, die Einlösung der ausgeschriebenen Angebote zu verweigern.
8. Die teilnehmenden Golfclubs haben sich gegenüber dem Verlag unter den o.g. Bedingungen verpflichtet, die ausgeschriebenen Angebote einzulösen. Der Verlag übernimmt jedoch keine Gewähr und keine Haftung, wenn ein Angebot nicht eingelöst wird oder werden kann.

Bedingungen zur Einlösung des Discounts:

1. Das Angebot ist einschließlich bis 30.6.2024 gültig.
2. Der Golfspieler/Leser hat sich telefonisch eine Abschlagzeit geben zu lassen – dabei ist die Nutzung des Angebots anzugeben.
3. Eine Barauszahlung des Greenfee-Vorteils ist nicht möglich.
4. Das Kombinieren von Angeboten oder bestehenden Greenfee-Vorteilen ist nicht möglich. Der Vorteil bezieht sich jeweils ausschließlich auf die zum Zeitpunkt der Einlösung gültigen vollen Greenfee-Gebühren.
5. Gibt es Spielergruppen mit erhöhten Greenfee-Gebühren, ist ein Nachlass auf diese Gebühren nicht möglich.
6. Das Angebot allein berechtigt nicht zum Spiel gegen Greenfee. Die Erfüllung der Bestimmungen des jeweiligen Golfclubs zur Greenfee-Berechtigung (Mitgliedschaft in einem Golfclub, Mindesthandicap etc.) zum Zeitpunkt der Einlösung sind Voraussetzung.
7. Es ist untersagt, den Greenfee-Gutschein entgeltlich Dritten zu überlassen bzw. mit diesen Handel zu treiben. Insbesondere sind die teilnehmenden Golfclubs in diesem Falle berechtigt, die Einlösung der ausgeschriebenen Angebote zu verweigern.
8. Die teilnehmenden Golfclubs haben sich gegenüber dem Verlag unter den o.g. Bedingungen verpflichtet, die ausgeschriebenen Angebote einzulösen. Der Verlag übernimmt jedoch keine Gewähr und keine Haftung, wenn ein Angebot nicht eingelöst wird oder werden kann.

Bedingungen zur Einlösung des Discounts:

1. Das Angebot ist einschließlich bis 30.6.2024 gültig.
2. Der Golfspieler/Leser hat sich telefonisch eine Abschlagzeit geben zu lassen – dabei ist die Nutzung des Angebots anzugeben.
3. Eine Barauszahlung des Greenfee-Vorteils ist nicht möglich.
4. Das Kombinieren von Angeboten oder bestehenden Greenfee-Vorteilen ist nicht möglich. Der Vorteil bezieht sich jeweils ausschließlich auf die zum Zeitpunkt der Einlösung gültigen vollen Greenfee-Gebühren.
5. Gibt es Spielergruppen mit erhöhten Greenfee-Gebühren, ist ein Nachlass auf diese Gebühren nicht möglich.
6. Das Angebot allein berechtigt nicht zum Spiel gegen Greenfee. Die Erfüllung der Bestimmungen des jeweiligen Golfclubs zur Greenfee-Berechtigung (Mitgliedschaft in einem Golfclub, Mindesthandicap etc.) zum Zeitpunkt der Einlösung sind Voraussetzung.
7. Es ist untersagt, den Greenfee-Gutschein entgeltlich Dritten zu überlassen bzw. mit diesen Handel zu treiben. Insbesondere sind die teilnehmenden Golfclubs in diesem Falle berechtigt, die Einlösung der ausgeschriebenen Angebote zu verweigern.
8. Die teilnehmenden Golfclubs haben sich gegenüber dem Verlag unter den o.g. Bedingungen verpflichtet, die ausgeschriebenen Angebote einzulösen. Der Verlag übernimmt jedoch keine Gewähr und keine Haftung, wenn ein Angebot nicht eingelöst wird oder werden kann.

Bedingungen zur Einlösung des Discounts:

1. Das Angebot ist einschließlich bis 30.6.2024 gültig.
2. Der Golfspieler/Leser hat sich telefonisch eine Abschlagzeit geben zu lassen – dabei ist die Nutzung des Angebots anzugeben.
3. Eine Barauszahlung des Greenfee-Vorteils ist nicht möglich.
4. Das Kombinieren von Angeboten oder bestehenden Greenfee-Vorteilen ist nicht möglich. Der Vorteil bezieht sich jeweils ausschließlich auf die zum Zeitpunkt der Einlösung gültigen vollen Greenfee-Gebühren.
5. Gibt es Spielergruppen mit erhöhten Greenfee-Gebühren, ist ein Nachlass auf diese Gebühren nicht möglich.
6. Das Angebot allein berechtigt nicht zum Spiel gegen Greenfee. Die Erfüllung der Bestimmungen des jeweiligen Golfclubs zur Greenfee-Berechtigung (Mitgliedschaft in einem Golfclub, Mindesthandicap etc.) zum Zeitpunkt der Einlösung sind Voraussetzung.
7. Es ist untersagt, den Greenfee-Gutschein entgeltlich Dritten zu überlassen bzw. mit diesen Handel zu treiben. Insbesondere sind die teilnehmenden Golfclubs in diesem Falle berechtigt, die Einlösung der ausgeschriebenen Angebote zu verweigern.
8. Die teilnehmenden Golfclubs haben sich gegenüber dem Verlag unter den o.g. Bedingungen verpflichtet, die ausgeschriebenen Angebote einzulösen. Der Verlag übernimmt jedoch keine Gewähr und keine Haftung, wenn ein Angebot nicht eingelöst wird oder werden kann.

Diese Gutscheine gelten nur in Verbindung mit dem Buch/Albrecht Golf Card

Diese Gutscheine gelten nur in Verbindung mit dem Buch/Albrecht Golf Card

DER GOLF ALBRECHT

Golf-Club Ansbach e.V.

DE

Rothenburger Straße 35
D-91598 Colmberg
✆ 09803-600
Bayern

212

20% Greenfee-Ermäßigung

DER GOLF ALBRECHT

Golf-Club Ansbach e.V.

DE

Rothenburger Straße 35
D-91598 Colmberg
✆ 09803-600
Bayern

212

20% Greenfee-Ermäßigung

DER GOLF ALBRECHT

Golf-Club Furth im Wald e.V.

DE

Voithenberg 3
D-93437 Furth im Wald
✆ 09973-2089
Bayern

213

2 for 1 2 GF zum Preis von 1 wochentags

DER GOLF ALBRECHT

Golf-Club Furth im Wald e.V.

DE

Voithenberg 3
D-93437 Furth im Wald
✆ 09973-2089
Bayern

213

20% Greenfee-Ermäßigung wochentags

DER GOLF ALBRECHT

Golf-Club Neumarkt e.V.

DE

Am Herrnhof 1
D-92318 Neumarkt
✆ 09188-3979
Bayern
Hinweis: nur 18 Loch-Runde

214

2 for 1 2 GF zum Preis von 1

DER GOLF ALBRECHT

Golf-Club Neumarkt e.V.

DE

Am Herrnhof 1
D-92318 Neumarkt
✆ 09188-3979
Bayern
Hinweis: nur 18 Loch-Runde

214

2 for 1 2 GF zum Preis von 1

DER GOLF ALBRECHT

Golf-Club Neumarkt e.V.

DE

Am Herrnhof 1
D-92318 Neumarkt
✆ 09188-3979
Bayern
Hinweis: nur 18 Loch-Runde

214

20% Greenfee-Ermäßigung

DER GOLF ALBRECHT

Golf-Club Neumarkt e.V.

DE

Am Herrnhof 1
D-92318 Neumarkt
✆ 09188-3979
Bayern
Hinweis: nur 18 Loch-Runde

214

20% Greenfee-Ermäßigung

DER GOLF ALBRECHT

Golf- und Landclub Schmidmühlen e.V.

DE

Theilberg 1a
D-92287 Schmidmühlen
✆ 09474-701
Bayern

215

2 for 1 2 GF zum Preis von 1

DER GOLF ALBRECHT

Golf- und Landclub Schmidmühlen e.V.

DE

Theilberg 1a
D-92287 Schmidmühlen
✆ 09474-701
Bayern

215

2 for 1 2 GF zum Preis von 1

Bedingungen zur Einlösung des Discounts:

1. Das Angebot ist einschließlich bis 30.6.2024 gültig.
2. Der Golfspieler/Leser hat sich telefonisch eine Abschlagzeit geben zu lassen – dabei ist die Nutzung des Angebots anzugeben.
3. Eine Barauszahlung des Greenfee-Vorteils ist nicht möglich.
4. Das Kombinieren von Angeboten oder bestehenden Greenfee-Vorteilen ist nicht möglich. Der Vorteil bezieht sich jeweils ausschließlich auf die zum Zeitpunkt der Einlösung gültigen vollen Greenfee-Gebühren.
5. Gibt es Spielergruppen mit erhöhten Greenfee-Gebühren, ist ein Nachlass auf diese Gebühren nicht möglich.
6. Das Angebot allein berechtigt nicht zum Spiel gegen Greenfee. Die Erfüllung der Bestimmungen des jeweiligen Golfclubs zur Greenfee-Berechtigung (Mitgliedschaft in einem Golfclub, Mindesthandicap etc.) zum Zeitpunkt der Einlösung sind Voraussetzung.
7. Es ist untersagt, den Greenfee-Gutschein entgeltlich Dritten zu überlassen bzw. mit diesen Handel zu treiben. Insbesondere sind die teilnehmenden Golfclubs in diesem Falle berechtigt, die Einlösung der ausgeschriebenen Angebote zu verweigern.
8. Die teilnehmenden Golfclubs haben sich gegenüber dem Verlag unter den o.g. Bedingungen verpflichtet, die ausgeschriebenen Angebote einzulösen. Der Verlag übernimmt jedoch keine Gewähr und keine Haftung, wenn ein Angebot nicht eingelöst wird oder werden kann.

Bedingungen zur Einlösung des Discounts:

1. Das Angebot ist einschließlich bis 30.6.2024 gültig.
2. Der Golfspieler/Leser hat sich telefonisch eine Abschlagzeit geben zu lassen – dabei ist die Nutzung des Angebots anzugeben.
3. Eine Barauszahlung des Greenfee-Vorteils ist nicht möglich.
4. Das Kombinieren von Angeboten oder bestehenden Greenfee-Vorteilen ist nicht möglich. Der Vorteil bezieht sich jeweils ausschließlich auf die zum Zeitpunkt der Einlösung gültigen vollen Greenfee-Gebühren.
5. Gibt es Spielergruppen mit erhöhten Greenfee-Gebühren, ist ein Nachlass auf diese Gebühren nicht möglich.
6. Das Angebot allein berechtigt nicht zum Spiel gegen Greenfee. Die Erfüllung der Bestimmungen des jeweiligen Golfclubs zur Greenfee-Berechtigung (Mitgliedschaft in einem Golfclub, Mindesthandicap etc.) zum Zeitpunkt der Einlösung sind Voraussetzung.
7. Es ist untersagt, den Greenfee-Gutschein entgeltlich Dritten zu überlassen bzw. mit diesen Handel zu treiben. Insbesondere sind die teilnehmenden Golfclubs in diesem Falle berechtigt, die Einlösung der ausgeschriebenen Angebote zu verweigern.
8. Die teilnehmenden Golfclubs haben sich gegenüber dem Verlag unter den o.g. Bedingungen verpflichtet, die ausgeschriebenen Angebote einzulösen. Der Verlag übernimmt jedoch keine Gewähr und keine Haftung, wenn ein Angebot nicht eingelöst wird oder werden kann.

Bedingungen zur Einlösung des Discounts:

1. Das Angebot ist einschließlich bis 30.6.2024 gültig.
2. Der Golfspieler/Leser hat sich telefonisch eine Abschlagzeit geben zu lassen – dabei ist die Nutzung des Angebots anzugeben.
3. Eine Barauszahlung des Greenfee-Vorteils ist nicht möglich.
4. Das Kombinieren von Angeboten oder bestehenden Greenfee-Vorteilen ist nicht möglich. Der Vorteil bezieht sich jeweils ausschließlich auf die zum Zeitpunkt der Einlösung gültigen vollen Greenfee-Gebühren.
5. Gibt es Spielergruppen mit erhöhten Greenfee-Gebühren, ist ein Nachlass auf diese Gebühren nicht möglich.
6. Das Angebot allein berechtigt nicht zum Spiel gegen Greenfee. Die Erfüllung der Bestimmungen des jeweiligen Golfclubs zur Greenfee-Berechtigung (Mitgliedschaft in einem Golfclub, Mindesthandicap etc.) zum Zeitpunkt der Einlösung sind Voraussetzung.
7. Es ist untersagt, den Greenfee-Gutschein entgeltlich Dritten zu überlassen bzw. mit diesen Handel zu treiben. Insbesondere sind die teilnehmenden Golfclubs in diesem Falle berechtigt, die Einlösung der ausgeschriebenen Angebote zu verweigern.
8. Die teilnehmenden Golfclubs haben sich gegenüber dem Verlag unter den o.g. Bedingungen verpflichtet, die ausgeschriebenen Angebote einzulösen. Der Verlag übernimmt jedoch keine Gewähr und keine Haftung, wenn ein Angebot nicht eingelöst wird oder werden kann.

Bedingungen zur Einlösung des Discounts:

1. Das Angebot ist einschließlich bis 30.6.2024 gültig.
2. Der Golfspieler/Leser hat sich telefonisch eine Abschlagzeit geben zu lassen – dabei ist die Nutzung des Angebots anzugeben.
3. Eine Barauszahlung des Greenfee-Vorteils ist nicht möglich.
4. Das Kombinieren von Angeboten oder bestehenden Greenfee-Vorteilen ist nicht möglich. Der Vorteil bezieht sich jeweils ausschließlich auf die zum Zeitpunkt der Einlösung gültigen vollen Greenfee-Gebühren.
5. Gibt es Spielergruppen mit erhöhten Greenfee-Gebühren, ist ein Nachlass auf diese Gebühren nicht möglich.
6. Das Angebot allein berechtigt nicht zum Spiel gegen Greenfee. Die Erfüllung der Bestimmungen des jeweiligen Golfclubs zur Greenfee-Berechtigung (Mitgliedschaft in einem Golfclub, Mindesthandicap etc.) zum Zeitpunkt der Einlösung sind Voraussetzung.
7. Es ist untersagt, den Greenfee-Gutschein entgeltlich Dritten zu überlassen bzw. mit diesen Handel zu treiben. Insbesondere sind die teilnehmenden Golfclubs in diesem Falle berechtigt, die Einlösung der ausgeschriebenen Angebote zu verweigern.
8. Die teilnehmenden Golfclubs haben sich gegenüber dem Verlag unter den o.g. Bedingungen verpflichtet, die ausgeschriebenen Angebote einzulösen. Der Verlag übernimmt jedoch keine Gewähr und keine Haftung, wenn ein Angebot nicht eingelöst wird oder werden kann.

Bedingungen zur Einlösung des Discounts:

1. Das Angebot ist einschließlich bis 30.6.2024 gültig.
2. Der Golfspieler/Leser hat sich telefonisch eine Abschlagzeit geben zu lassen – dabei ist die Nutzung des Angebots anzugeben.
3. Eine Barauszahlung des Greenfee-Vorteils ist nicht möglich.
4. Das Kombinieren von Angeboten oder bestehenden Greenfee-Vorteilen ist nicht möglich. Der Vorteil bezieht sich jeweils ausschließlich auf die zum Zeitpunkt der Einlösung gültigen vollen Greenfee-Gebühren.
5. Gibt es Spielergruppen mit erhöhten Greenfee-Gebühren, ist ein Nachlass auf diese Gebühren nicht möglich.
6. Das Angebot allein berechtigt nicht zum Spiel gegen Greenfee. Die Erfüllung der Bestimmungen des jeweiligen Golfclubs zur Greenfee-Berechtigung (Mitgliedschaft in einem Golfclub, Mindesthandicap etc.) zum Zeitpunkt der Einlösung sind Voraussetzung.
7. Es ist untersagt, den Greenfee-Gutschein entgeltlich Dritten zu überlassen bzw. mit diesen Handel zu treiben. Insbesondere sind die teilnehmenden Golfclubs in diesem Falle berechtigt, die Einlösung der ausgeschriebenen Angebote zu verweigern.
8. Die teilnehmenden Golfclubs haben sich gegenüber dem Verlag unter den o.g. Bedingungen verpflichtet, die ausgeschriebenen Angebote einzulösen. Der Verlag übernimmt jedoch keine Gewähr und keine Haftung, wenn ein Angebot nicht eingelöst wird oder werden kann.

Bedingungen zur Einlösung des Discounts:

1. Das Angebot ist einschließlich bis 30.6.2024 gültig.
2. Der Golfspieler/Leser hat sich telefonisch eine Abschlagzeit geben zu lassen – dabei ist die Nutzung des Angebots anzugeben.
3. Eine Barauszahlung des Greenfee-Vorteils ist nicht möglich.
4. Das Kombinieren von Angeboten oder bestehenden Greenfee-Vorteilen ist nicht möglich. Der Vorteil bezieht sich jeweils ausschließlich auf die zum Zeitpunkt der Einlösung gültigen vollen Greenfee-Gebühren.
5. Gibt es Spielergruppen mit erhöhten Greenfee-Gebühren, ist ein Nachlass auf diese Gebühren nicht möglich.
6. Das Angebot allein berechtigt nicht zum Spiel gegen Greenfee. Die Erfüllung der Bestimmungen des jeweiligen Golfclubs zur Greenfee-Berechtigung (Mitgliedschaft in einem Golfclub, Mindesthandicap etc.) zum Zeitpunkt der Einlösung sind Voraussetzung.
7. Es ist untersagt, den Greenfee-Gutschein entgeltlich Dritten zu überlassen bzw. mit diesen Handel zu treiben. Insbesondere sind die teilnehmenden Golfclubs in diesem Falle berechtigt, die Einlösung der ausgeschriebenen Angebote zu verweigern.
8. Die teilnehmenden Golfclubs haben sich gegenüber dem Verlag unter den o.g. Bedingungen verpflichtet, die ausgeschriebenen Angebote einzulösen. Der Verlag übernimmt jedoch keine Gewähr und keine Haftung, wenn ein Angebot nicht eingelöst wird oder werden kann.

Bedingungen zur Einlösung des Discounts:

1. Das Angebot ist einschließlich bis 30.6.2024 gültig.
2. Der Golfspieler/Leser hat sich telefonisch eine Abschlagzeit geben zu lassen – dabei ist die Nutzung des Angebots anzugeben.
3. Eine Barauszahlung des Greenfee-Vorteils ist nicht möglich.
4. Das Kombinieren von Angeboten oder bestehenden Greenfee-Vorteilen ist nicht möglich. Der Vorteil bezieht sich jeweils ausschließlich auf die zum Zeitpunkt der Einlösung gültigen vollen Greenfee-Gebühren.
5. Gibt es Spielergruppen mit erhöhten Greenfee-Gebühren, ist ein Nachlass auf diese Gebühren nicht möglich.
6. Das Angebot allein berechtigt nicht zum Spiel gegen Greenfee. Die Erfüllung der Bestimmungen des jeweiligen Golfclubs zur Greenfee-Berechtigung (Mitgliedschaft in einem Golfclub, Mindesthandicap etc.) zum Zeitpunkt der Einlösung sind Voraussetzung.
7. Es ist untersagt, den Greenfee-Gutschein entgeltlich Dritten zu überlassen bzw. mit diesen Handel zu treiben. Insbesondere sind die teilnehmenden Golfclubs in diesem Falle berechtigt, die Einlösung der ausgeschriebenen Angebote zu verweigern.
8. Die teilnehmenden Golfclubs haben sich gegenüber dem Verlag unter den o.g. Bedingungen verpflichtet, die ausgeschriebenen Angebote einzulösen. Der Verlag übernimmt jedoch keine Gewähr und keine Haftung, wenn ein Angebot nicht eingelöst wird oder werden kann.

Bedingungen zur Einlösung des Discounts:

1. Das Angebot ist einschließlich bis 30.6.2024 gültig.
2. Der Golfspieler/Leser hat sich telefonisch eine Abschlagzeit geben zu lassen – dabei ist die Nutzung des Angebots anzugeben.
3. Eine Barauszahlung des Greenfee-Vorteils ist nicht möglich.
4. Das Kombinieren von Angeboten oder bestehenden Greenfee-Vorteilen ist nicht möglich. Der Vorteil bezieht sich jeweils ausschließlich auf die zum Zeitpunkt der Einlösung gültigen vollen Greenfee-Gebühren.
5. Gibt es Spielergruppen mit erhöhten Greenfee-Gebühren, ist ein Nachlass auf diese Gebühren nicht möglich.
6. Das Angebot allein berechtigt nicht zum Spiel gegen Greenfee. Die Erfüllung der Bestimmungen des jeweiligen Golfclubs zur Greenfee-Berechtigung (Mitgliedschaft in einem Golfclub, Mindesthandicap etc.) zum Zeitpunkt der Einlösung sind Voraussetzung.
7. Es ist untersagt, den Greenfee-Gutschein entgeltlich Dritten zu überlassen bzw. mit diesen Handel zu treiben. Insbesondere sind die teilnehmenden Golfclubs in diesem Falle berechtigt, die Einlösung der ausgeschriebenen Angebote zu verweigern.
8. Die teilnehmenden Golfclubs haben sich gegenüber dem Verlag unter den o.g. Bedingungen verpflichtet, die ausgeschriebenen Angebote einzulösen. Der Verlag übernimmt jedoch keine Gewähr und keine Haftung, wenn ein Angebot nicht eingelöst wird oder werden kann.

Bedingungen zur Einlösung des Discounts:

1. Das Angebot ist einschließlich bis 30.6.2024 gültig.
2. Der Golfspieler/Leser hat sich telefonisch eine Abschlagzeit geben zu lassen – dabei ist die Nutzung des Angebots anzugeben.
3. Eine Barauszahlung des Greenfee-Vorteils ist nicht möglich.
4. Das Kombinieren von Angeboten oder bestehenden Greenfee-Vorteilen ist nicht möglich. Der Vorteil bezieht sich jeweils ausschließlich auf die zum Zeitpunkt der Einlösung gültigen vollen Greenfee-Gebühren.
5. Gibt es Spielergruppen mit erhöhten Greenfee-Gebühren, ist ein Nachlass auf diese Gebühren nicht möglich.
6. Das Angebot allein berechtigt nicht zum Spiel gegen Greenfee. Die Erfüllung der Bestimmungen des jeweiligen Golfclubs zur Greenfee-Berechtigung (Mitgliedschaft in einem Golfclub, Mindesthandicap etc.) zum Zeitpunkt der Einlösung sind Voraussetzung.
7. Es ist untersagt, den Greenfee-Gutschein entgeltlich Dritten zu überlassen bzw. mit diesen Handel zu treiben. Insbesondere sind die teilnehmenden Golfclubs in diesem Falle berechtigt, die Einlösung der ausgeschriebenen Angebote zu verweigern.
8. Die teilnehmenden Golfclubs haben sich gegenüber dem Verlag unter den o.g. Bedingungen verpflichtet, die ausgeschriebenen Angebote einzulösen. Der Verlag übernimmt jedoch keine Gewähr und keine Haftung, wenn ein Angebot nicht eingelöst wird oder werden kann.

Bedingungen zur Einlösung des Discounts:

1. Das Angebot ist einschließlich bis 30.6.2024 gültig.
2. Der Golfspieler/Leser hat sich telefonisch eine Abschlagzeit geben zu lassen – dabei ist die Nutzung des Angebots anzugeben.
3. Eine Barauszahlung des Greenfee-Vorteils ist nicht möglich.
4. Das Kombinieren von Angeboten oder bestehenden Greenfee-Vorteilen ist nicht möglich. Der Vorteil bezieht sich jeweils ausschließlich auf die zum Zeitpunkt der Einlösung gültigen vollen Greenfee-Gebühren.
5. Gibt es Spielergruppen mit erhöhten Greenfee-Gebühren, ist ein Nachlass auf diese Gebühren nicht möglich.
6. Das Angebot allein berechtigt nicht zum Spiel gegen Greenfee. Die Erfüllung der Bestimmungen des jeweiligen Golfclubs zur Greenfee-Berechtigung (Mitgliedschaft in einem Golfclub, Mindesthandicap etc.) zum Zeitpunkt der Einlösung sind Voraussetzung.
7. Es ist untersagt, den Greenfee-Gutschein entgeltlich Dritten zu überlassen bzw. mit diesen Handel zu treiben. Insbesondere sind die teilnehmenden Golfclubs in diesem Falle berechtigt, die Einlösung der ausgeschriebenen Angebote zu verweigern.
8. Die teilnehmenden Golfclubs haben sich gegenüber dem Verlag unter den o.g. Bedingungen verpflichtet, die ausgeschriebenen Angebote einzulösen. Der Verlag übernimmt jedoch keine Gewähr und keine Haftung, wenn ein Angebot nicht eingelöst wird oder werden kann.

Diese Gutscheine gelten nur in Verbindung mit dem Buch/Albrecht Golf Card

Diese Gutscheine gelten nur in Verbindung mit dem Buch/Albrecht Golf Card

DER GOLF ALBRECHT

Golf- und Landclub Schmidmühlen e.V.

DE

Theilberg 1a
D-92287 Schmidmühlen
✆ 09474-701
Bayern

215

20% Greenfee-Ermäßigung

DER GOLF ALBRECHT

Golf- und Landclub Schmidmühlen e.V.

DE

Theilberg 1a
D-92287 Schmidmühlen
✆ 09474-701
Bayern

215

20% Greenfee-Ermäßigung

DER GOLF ALBRECHT

Golfclub Sonnenhof

DE

Himmelreich 13
D-93462 Lam
✆ 09943-37141
Bayern

216

2 for 1 2 GF zum Preis von 1

DER GOLF ALBRECHT

Golfclub Sonnenhof

DE

Himmelreich 13
D-93462 Lam
✆ 09943-37141
Bayern

216

2 for 1 2 GF zum Preis von 1

DER GOLF ALBRECHT

Golfclub Sonnenhof

DE

Himmelreich 13
D-93462 Lam
✆ 09943-37141
Bayern

216

50% Greenfee-Ermäßigung

DER GOLF ALBRECHT

Golfclub Sonnenhof

DE

Himmelreich 13
D-93462 Lam
✆ 09943-37141
Bayern

216

50% Greenfee-Ermäßigung

DER GOLF ALBRECHT

Golfclub Zollmühle

DE

Zollmühle 1
D-91792 Ellingen
✆ 09141-3976
Bayern

217

2 for 1 2 GF zum Preis von 1

DER GOLF ALBRECHT

Golfclub Zollmühle

DE

Zollmühle 1
D-91792 Ellingen
✆ 09141-3976
Bayern

217

2 for 1 2 GF zum Preis von 1

DER GOLF ALBRECHT

Golfclub Zollmühle

DE

Zollmühle 1
D-91792 Ellingen
✆ 09141-3976
Bayern

217

30% Greenfee-Ermäßigung

DER GOLF ALBRECHT

Golfclub Zollmühle

DE

Zollmühle 1
D-91792 Ellingen
✆ 09141-3976
Bayern

217

30% Greenfee-Ermäßigung

Bedingungen zur Einlösung des Discounts:

1. Das Angebot ist einschließlich bis 30.6.2024 gültig.
2. Der Golfspieler/Leser hat sich telefonisch eine Abschlagzeit geben zu lassen – dabei ist die Nutzung des Angebots anzugeben.
3. Eine Barauszahlung des Greenfee-Vorteils ist nicht möglich.
4. Das Kombinieren von Angeboten oder bestehenden Greenfee-Vorteilen ist nicht möglich. Der Vorteil bezieht sich jeweils ausschließlich auf die zum Zeitpunkt der Einlösung gültigen vollen Greenfee-Gebühren.
5. Gibt es Spielergruppen mit erhöhten Greenfee-Gebühren, ist ein Nachlass auf diese Gebühren nicht möglich.
6. Das Angebot allein berechtigt nicht zum Spiel gegen Greenfee. Die Erfüllung der Bestimmungen des jeweiligen Golfclubs zur Greenfee-Berechtigung (Mitgliedschaft in einem Golfclub, Mindesthandicap etc.) zum Zeitpunkt der Einlösung sind Voraussetzung.
7. Es ist untersagt, den Greenfee-Gutschein entgeltlich Dritten zu überlassen bzw. mit diesen Handel zu treiben. Insbesondere sind die teilnehmenden Golfclubs in diesem Falle berechtigt, die Einlösung der ausgeschriebenen Angebote zu verweigern.
8. Die teilnehmenden Golfclubs haben sich gegenüber dem Verlag unter den o.g. Bedingungen verpflichtet, die ausgeschriebenen Angebote einzulösen. Der Verlag übernimmt jedoch keine Gewähr und keine Haftung, wenn ein Angebot nicht eingelöst wird oder werden kann.

Bedingungen zur Einlösung des Discounts:

1. Das Angebot ist einschließlich bis 30.6.2024 gültig.
2. Der Golfspieler/Leser hat sich telefonisch eine Abschlagzeit geben zu lassen – dabei ist die Nutzung des Angebots anzugeben.
3. Eine Barauszahlung des Greenfee-Vorteils ist nicht möglich.
4. Das Kombinieren von Angeboten oder bestehenden Greenfee-Vorteilen ist nicht möglich. Der Vorteil bezieht sich jeweils ausschließlich auf die zum Zeitpunkt der Einlösung gültigen vollen Greenfee-Gebühren.
5. Gibt es Spielergruppen mit erhöhten Greenfee-Gebühren, ist ein Nachlass auf diese Gebühren nicht möglich.
6. Das Angebot allein berechtigt nicht zum Spiel gegen Greenfee. Die Erfüllung der Bestimmungen des jeweiligen Golfclubs zur Greenfee-Berechtigung (Mitgliedschaft in einem Golfclub, Mindesthandicap etc.) zum Zeitpunkt der Einlösung sind Voraussetzung.
7. Es ist untersagt, den Greenfee-Gutschein entgeltlich Dritten zu überlassen bzw. mit diesen Handel zu treiben. Insbesondere sind die teilnehmenden Golfclubs in diesem Falle berechtigt, die Einlösung der ausgeschriebenen Angebote zu verweigern.
8. Die teilnehmenden Golfclubs haben sich gegenüber dem Verlag unter den o.g. Bedingungen verpflichtet, die ausgeschriebenen Angebote einzulösen. Der Verlag übernimmt jedoch keine Gewähr und keine Haftung, wenn ein Angebot nicht eingelöst wird oder werden kann.

Bedingungen zur Einlösung des Discounts:

1. Das Angebot ist einschließlich bis 30.6.2024 gültig.
2. Der Golfspieler/Leser hat sich telefonisch eine Abschlagzeit geben zu lassen – dabei ist die Nutzung des Angebots anzugeben.
3. Eine Barauszahlung des Greenfee-Vorteils ist nicht möglich.
4. Das Kombinieren von Angeboten oder bestehenden Greenfee-Vorteilen ist nicht möglich. Der Vorteil bezieht sich jeweils ausschließlich auf die zum Zeitpunkt der Einlösung gültigen vollen Greenfee-Gebühren.
5. Gibt es Spielergruppen mit erhöhten Greenfee-Gebühren, ist ein Nachlass auf diese Gebühren nicht möglich.
6. Das Angebot allein berechtigt nicht zum Spiel gegen Greenfee. Die Erfüllung der Bestimmungen des jeweiligen Golfclubs zur Greenfee-Berechtigung (Mitgliedschaft in einem Golfclub, Mindesthandicap etc.) zum Zeitpunkt der Einlösung sind Voraussetzung.
7. Es ist untersagt, den Greenfee-Gutschein entgeltlich Dritten zu überlassen bzw. mit diesen Handel zu treiben. Insbesondere sind die teilnehmenden Golfclubs in diesem Falle berechtigt, die Einlösung der ausgeschriebenen Angebote zu verweigern.
8. Die teilnehmenden Golfclubs haben sich gegenüber dem Verlag unter den o.g. Bedingungen verpflichtet, die ausgeschriebenen Angebote einzulösen. Der Verlag übernimmt jedoch keine Gewähr und keine Haftung, wenn ein Angebot nicht eingelöst wird oder werden kann.

Bedingungen zur Einlösung des Discounts:

1. Das Angebot ist einschließlich bis 30.6.2024 gültig.
2. Der Golfspieler/Leser hat sich telefonisch eine Abschlagzeit geben zu lassen – dabei ist die Nutzung des Angebots anzugeben.
3. Eine Barauszahlung des Greenfee-Vorteils ist nicht möglich.
4. Das Kombinieren von Angeboten oder bestehenden Greenfee-Vorteilen ist nicht möglich. Der Vorteil bezieht sich jeweils ausschließlich auf die zum Zeitpunkt der Einlösung gültigen vollen Greenfee-Gebühren.
5. Gibt es Spielergruppen mit erhöhten Greenfee-Gebühren, ist ein Nachlass auf diese Gebühren nicht möglich.
6. Das Angebot allein berechtigt nicht zum Spiel gegen Greenfee. Die Erfüllung der Bestimmungen des jeweiligen Golfclubs zur Greenfee-Berechtigung (Mitgliedschaft in einem Golfclub, Mindesthandicap etc.) zum Zeitpunkt der Einlösung sind Voraussetzung.
7. Es ist untersagt, den Greenfee-Gutschein entgeltlich Dritten zu überlassen bzw. mit diesen Handel zu treiben. Insbesondere sind die teilnehmenden Golfclubs in diesem Falle berechtigt, die Einlösung der ausgeschriebenen Angebote zu verweigern.
8. Die teilnehmenden Golfclubs haben sich gegenüber dem Verlag unter den o.g. Bedingungen verpflichtet, die ausgeschriebenen Angebote einzulösen. Der Verlag übernimmt jedoch keine Gewähr und keine Haftung, wenn ein Angebot nicht eingelöst wird oder werden kann.

Bedingungen zur Einlösung des Discounts:

1. Das Angebot ist einschließlich bis 30.6.2024 gültig.
2. Der Golfspieler/Leser hat sich telefonisch eine Abschlagzeit geben zu lassen – dabei ist die Nutzung des Angebots anzugeben.
3. Eine Barauszahlung des Greenfee-Vorteils ist nicht möglich.
4. Das Kombinieren von Angeboten oder bestehenden Greenfee-Vorteilen ist nicht möglich. Der Vorteil bezieht sich jeweils ausschließlich auf die zum Zeitpunkt der Einlösung gültigen vollen Greenfee-Gebühren.
5. Gibt es Spielergruppen mit erhöhten Greenfee-Gebühren, ist ein Nachlass auf diese Gebühren nicht möglich.
6. Das Angebot allein berechtigt nicht zum Spiel gegen Greenfee. Die Erfüllung der Bestimmungen des jeweiligen Golfclubs zur Greenfee-Berechtigung (Mitgliedschaft in einem Golfclub, Mindesthandicap etc.) zum Zeitpunkt der Einlösung sind Voraussetzung.
7. Es ist untersagt, den Greenfee-Gutschein entgeltlich Dritten zu überlassen bzw. mit diesen Handel zu treiben. Insbesondere sind die teilnehmenden Golfclubs in diesem Falle berechtigt, die Einlösung der ausgeschriebenen Angebote zu verweigern.
8. Die teilnehmenden Golfclubs haben sich gegenüber dem Verlag unter den o.g. Bedingungen verpflichtet, die ausgeschriebenen Angebote einzulösen. Der Verlag übernimmt jedoch keine Gewähr und keine Haftung, wenn ein Angebot nicht eingelöst wird oder werden kann.

Bedingungen zur Einlösung des Discounts:

1. Das Angebot ist einschließlich bis 30.6.2024 gültig.
2. Der Golfspieler/Leser hat sich telefonisch eine Abschlagzeit geben zu lassen – dabei ist die Nutzung des Angebots anzugeben.
3. Eine Barauszahlung des Greenfee-Vorteils ist nicht möglich.
4. Das Kombinieren von Angeboten oder bestehenden Greenfee-Vorteilen ist nicht möglich. Der Vorteil bezieht sich jeweils ausschließlich auf die zum Zeitpunkt der Einlösung gültigen vollen Greenfee-Gebühren.
5. Gibt es Spielergruppen mit erhöhten Greenfee-Gebühren, ist ein Nachlass auf diese Gebühren nicht möglich.
6. Das Angebot allein berechtigt nicht zum Spiel gegen Greenfee. Die Erfüllung der Bestimmungen des jeweiligen Golfclubs zur Greenfee-Berechtigung (Mitgliedschaft in einem Golfclub, Mindesthandicap etc.) zum Zeitpunkt der Einlösung sind Voraussetzung.
7. Es ist untersagt, den Greenfee-Gutschein entgeltlich Dritten zu überlassen bzw. mit diesen Handel zu treiben. Insbesondere sind die teilnehmenden Golfclubs in diesem Falle berechtigt, die Einlösung der ausgeschriebenen Angebote zu verweigern.
8. Die teilnehmenden Golfclubs haben sich gegenüber dem Verlag unter den o.g. Bedingungen verpflichtet, die ausgeschriebenen Angebote einzulösen. Der Verlag übernimmt jedoch keine Gewähr und keine Haftung, wenn ein Angebot nicht eingelöst wird oder werden kann.

Bedingungen zur Einlösung des Discounts:

1. Das Angebot ist einschließlich bis 30.6.2024 gültig.
2. Der Golfspieler/Leser hat sich telefonisch eine Abschlagzeit geben zu lassen – dabei ist die Nutzung des Angebots anzugeben.
3. Eine Barauszahlung des Greenfee-Vorteils ist nicht möglich.
4. Das Kombinieren von Angeboten oder bestehenden Greenfee-Vorteilen ist nicht möglich. Der Vorteil bezieht sich jeweils ausschließlich auf die zum Zeitpunkt der Einlösung gültigen vollen Greenfee-Gebühren.
5. Gibt es Spielergruppen mit erhöhten Greenfee-Gebühren, ist ein Nachlass auf diese Gebühren nicht möglich.
6. Das Angebot allein berechtigt nicht zum Spiel gegen Greenfee. Die Erfüllung der Bestimmungen des jeweiligen Golfclubs zur Greenfee-Berechtigung (Mitgliedschaft in einem Golfclub, Mindesthandicap etc.) zum Zeitpunkt der Einlösung sind Voraussetzung.
7. Es ist untersagt, den Greenfee-Gutschein entgeltlich Dritten zu überlassen bzw. mit diesen Handel zu treiben. Insbesondere sind die teilnehmenden Golfclubs in diesem Falle berechtigt, die Einlösung der ausgeschriebenen Angebote zu verweigern.
8. Die teilnehmenden Golfclubs haben sich gegenüber dem Verlag unter den o.g. Bedingungen verpflichtet, die ausgeschriebenen Angebote einzulösen. Der Verlag übernimmt jedoch keine Gewähr und keine Haftung, wenn ein Angebot nicht eingelöst wird oder werden kann.

Bedingungen zur Einlösung des Discounts:

1. Das Angebot ist einschließlich bis 30.6.2024 gültig.
2. Der Golfspieler/Leser hat sich telefonisch eine Abschlagzeit geben zu lassen – dabei ist die Nutzung des Angebots anzugeben.
3. Eine Barauszahlung des Greenfee-Vorteils ist nicht möglich.
4. Das Kombinieren von Angeboten oder bestehenden Greenfee-Vorteilen ist nicht möglich. Der Vorteil bezieht sich jeweils ausschließlich auf die zum Zeitpunkt der Einlösung gültigen vollen Greenfee-Gebühren.
5. Gibt es Spielergruppen mit erhöhten Greenfee-Gebühren, ist ein Nachlass auf diese Gebühren nicht möglich.
6. Das Angebot allein berechtigt nicht zum Spiel gegen Greenfee. Die Erfüllung der Bestimmungen des jeweiligen Golfclubs zur Greenfee-Berechtigung (Mitgliedschaft in einem Golfclub, Mindesthandicap etc.) zum Zeitpunkt der Einlösung sind Voraussetzung.
7. Es ist untersagt, den Greenfee-Gutschein entgeltlich Dritten zu überlassen bzw. mit diesen Handel zu treiben. Insbesondere sind die teilnehmenden Golfclubs in diesem Falle berechtigt, die Einlösung der ausgeschriebenen Angebote zu verweigern.
8. Die teilnehmenden Golfclubs haben sich gegenüber dem Verlag unter den o.g. Bedingungen verpflichtet, die ausgeschriebenen Angebote einzulösen. Der Verlag übernimmt jedoch keine Gewähr und keine Haftung, wenn ein Angebot nicht eingelöst wird oder werden kann.

Bedingungen zur Einlösung des Discounts:

1. Das Angebot ist einschließlich bis 30.6.2024 gültig.
2. Der Golfspieler/Leser hat sich telefonisch eine Abschlagzeit geben zu lassen – dabei ist die Nutzung des Angebots anzugeben.
3. Eine Barauszahlung des Greenfee-Vorteils ist nicht möglich.
4. Das Kombinieren von Angeboten oder bestehenden Greenfee-Vorteilen ist nicht möglich. Der Vorteil bezieht sich jeweils ausschließlich auf die zum Zeitpunkt der Einlösung gültigen vollen Greenfee-Gebühren.
5. Gibt es Spielergruppen mit erhöhten Greenfee-Gebühren, ist ein Nachlass auf diese Gebühren nicht möglich.
6. Das Angebot allein berechtigt nicht zum Spiel gegen Greenfee. Die Erfüllung der Bestimmungen des jeweiligen Golfclubs zur Greenfee-Berechtigung (Mitgliedschaft in einem Golfclub, Mindesthandicap etc.) zum Zeitpunkt der Einlösung sind Voraussetzung.
7. Es ist untersagt, den Greenfee-Gutschein entgeltlich Dritten zu überlassen bzw. mit diesen Handel zu treiben. Insbesondere sind die teilnehmenden Golfclubs in diesem Falle berechtigt, die Einlösung der ausgeschriebenen Angebote zu verweigern.
8. Die teilnehmenden Golfclubs haben sich gegenüber dem Verlag unter den o.g. Bedingungen verpflichtet, die ausgeschriebenen Angebote einzulösen. Der Verlag übernimmt jedoch keine Gewähr und keine Haftung, wenn ein Angebot nicht eingelöst wird oder werden kann.

Bedingungen zur Einlösung des Discounts:

1. Das Angebot ist einschließlich bis 30.6.2024 gültig.
2. Der Golfspieler/Leser hat sich telefonisch eine Abschlagzeit geben zu lassen – dabei ist die Nutzung des Angebots anzugeben.
3. Eine Barauszahlung des Greenfee-Vorteils ist nicht möglich.
4. Das Kombinieren von Angeboten oder bestehenden Greenfee-Vorteilen ist nicht möglich. Der Vorteil bezieht sich jeweils ausschließlich auf die zum Zeitpunkt der Einlösung gültigen vollen Greenfee-Gebühren.
5. Gibt es Spielergruppen mit erhöhten Greenfee-Gebühren, ist ein Nachlass auf diese Gebühren nicht möglich.
6. Das Angebot allein berechtigt nicht zum Spiel gegen Greenfee. Die Erfüllung der Bestimmungen des jeweiligen Golfclubs zur Greenfee-Berechtigung (Mitgliedschaft in einem Golfclub, Mindesthandicap etc.) zum Zeitpunkt der Einlösung sind Voraussetzung.
7. Es ist untersagt, den Greenfee-Gutschein entgeltlich Dritten zu überlassen bzw. mit diesen Handel zu treiben. Insbesondere sind die teilnehmenden Golfclubs in diesem Falle berechtigt, die Einlösung der ausgeschriebenen Angebote zu verweigern.
8. Die teilnehmenden Golfclubs haben sich gegenüber dem Verlag unter den o.g. Bedingungen verpflichtet, die ausgeschriebenen Angebote einzulösen. Der Verlag übernimmt jedoch keine Gewähr und keine Haftung, wenn ein Angebot nicht eingelöst wird oder werden kann.

Diese Gutscheine gelten nur in Verbindung mit dem Buch/Albrecht Golf Card

DER GOLF ALBRECHT

Altmühlgolf Beilngries GmbH DE

Ottmaringer Tal 1
D-92339 Beilngries
✆ 08461-6063333
Bayern

218

2 for 1 2 GF zum Preis von 1

DER GOLF ALBRECHT

Altmühlgolf Beilngries GmbH DE

Ottmaringer Tal 1
D-92339 Beilngries
✆ 08461-6063333
Bayern

218

20% Greenfee-Ermäßigung

DER GOLF ALBRECHT

Golfclub Straubing Stadt und Land e.V. DE

Bachhof 9
D-94356 Kirchroth
✆ 09428-7169
Bayern

219

2 for 1 2 GF zum Preis von 1

DER GOLF ALBRECHT

Golfclub Straubing Stadt und Land e.V. DE

Bachhof 9
D-94356 Kirchroth
✆ 09428-7169
Bayern

219

2 for 1 2 GF zum Preis von 1

DER GOLF ALBRECHT

Golfclub Straubing Stadt und Land e.V. DE

Bachhof 9
D-94356 Kirchroth
✆ 09428-7169
Bayern

219

25% Greenfee-Ermäßigung

DER GOLF ALBRECHT

Golfclub Straubing Stadt und Land e.V. DE

Bachhof 9
D-94356 Kirchroth
✆ 09428-7169
Bayern

219

25% Greenfee-Ermäßigung

DER GOLF ALBRECHT

Golfclub Bad Abbach Deutenhof e.V. DE

Deutenhof 2
D-93077 Bad Abbach
✆ 09405-95320
Bayern

220

2 for 1 2 GF zum Preis von 1

DER GOLF ALBRECHT

Golfclub Bad Abbach Deutenhof e.V. DE

Deutenhof 2
D-93077 Bad Abbach
✆ 09405-95320
Bayern

220

2 for 1 2 GF zum Preis von 1

DER GOLF ALBRECHT

Golfclub Bad Abbach Deutenhof e.V. DE

Deutenhof 2
D-93077 Bad Abbach
✆ 09405-95320
Bayern

220

20% Greenfee-Ermäßigung

DER GOLF ALBRECHT

Golfclub Bad Abbach Deutenhof e.V. DE

Deutenhof 2
D-93077 Bad Abbach
✆ 09405-95320
Bayern

220

20% Greenfee-Ermäßigung

Bedingungen zur Einlösung des Discounts:

1. Das Angebot ist einschließlich bis 30.6.2024 gültig.
2. Der Golfspieler/Leser hat sich telefonisch eine Abschlagzeit geben zu lassen – dabei ist die Nutzung des Angebots anzugeben.
3. Eine Barauszahlung des Greenfee-Vorteils ist nicht möglich.
4. Das Kombinieren von Angeboten oder bestehenden Greenfee-Vorteilen ist nicht möglich. Der Vorteil bezieht sich jeweils ausschließlich auf die zum Zeitpunkt der Einlösung gültigen vollen Greenfee-Gebühren.
5. Gibt es Spielergruppen mit erhöhten Greenfee-Gebühren, ist ein Nachlass auf diese Gebühren nicht möglich.
6. Das Angebot allein berechtigt nicht zum Spiel gegen Greenfee. Die Erfüllung der Bestimmungen des jeweiligen Golfclubs zur Greenfee-Berechtigung (Mitgliedschaft in einem Golfclub, Mindesthandicap etc.) zum Zeitpunkt der Einlösung sind Voraussetzung.
7. Es ist untersagt, den Greenfee-Gutschein entgeltlich Dritten zu überlassen bzw. mit diesen Handel zu treiben. Insbesondere sind die teilnehmenden Golfclubs in diesem Falle berechtigt, die Einlösung der ausgeschriebenen Angebote zu verweigern.
8. Die teilnehmenden Golfclubs haben sich gegenüber dem Verlag unter den o.g. Bedingungen verpflichtet, die ausgeschriebenen Angebote einzulösen. Der Verlag übernimmt jedoch keine Gewähr und keine Haftung, wenn ein Angebot nicht eingelöst wird oder werden kann.

Bedingungen zur Einlösung des Discounts:

1. Das Angebot ist einschließlich bis 30.6.2024 gültig.
2. Der Golfspieler/Leser hat sich telefonisch eine Abschlagzeit geben zu lassen – dabei ist die Nutzung des Angebots anzugeben.
3. Eine Barauszahlung des Greenfee-Vorteils ist nicht möglich.
4. Das Kombinieren von Angeboten oder bestehenden Greenfee-Vorteilen ist nicht möglich. Der Vorteil bezieht sich jeweils ausschließlich auf die zum Zeitpunkt der Einlösung gültigen vollen Greenfee-Gebühren.
5. Gibt es Spielergruppen mit erhöhten Greenfee-Gebühren, ist ein Nachlass auf diese Gebühren nicht möglich.
6. Das Angebot allein berechtigt nicht zum Spiel gegen Greenfee. Die Erfüllung der Bestimmungen des jeweiligen Golfclubs zur Greenfee-Berechtigung (Mitgliedschaft in einem Golfclub, Mindesthandicap etc.) zum Zeitpunkt der Einlösung sind Voraussetzung.
7. Es ist untersagt, den Greenfee-Gutschein entgeltlich Dritten zu überlassen bzw. mit diesen Handel zu treiben. Insbesondere sind die teilnehmenden Golfclubs in diesem Falle berechtigt, die Einlösung der ausgeschriebenen Angebote zu verweigern.
8. Die teilnehmenden Golfclubs haben sich gegenüber dem Verlag unter den o.g. Bedingungen verpflichtet, die ausgeschriebenen Angebote einzulösen. Der Verlag übernimmt jedoch keine Gewähr und keine Haftung, wenn ein Angebot nicht eingelöst wird oder werden kann.

Bedingungen zur Einlösung des Discounts:

1. Das Angebot ist einschließlich bis 30.6.2024 gültig.
2. Der Golfspieler/Leser hat sich telefonisch eine Abschlagzeit geben zu lassen – dabei ist die Nutzung des Angebots anzugeben.
3. Eine Barauszahlung des Greenfee-Vorteils ist nicht möglich.
4. Das Kombinieren von Angeboten oder bestehenden Greenfee-Vorteilen ist nicht möglich. Der Vorteil bezieht sich jeweils ausschließlich auf die zum Zeitpunkt der Einlösung gültigen vollen Greenfee-Gebühren.
5. Gibt es Spielergruppen mit erhöhten Greenfee-Gebühren, ist ein Nachlass auf diese Gebühren nicht möglich.
6. Das Angebot allein berechtigt nicht zum Spiel gegen Greenfee. Die Erfüllung der Bestimmungen des jeweiligen Golfclubs zur Greenfee-Berechtigung (Mitgliedschaft in einem Golfclub, Mindesthandicap etc.) zum Zeitpunkt der Einlösung sind Voraussetzung.
7. Es ist untersagt, den Greenfee-Gutschein entgeltlich Dritten zu überlassen bzw. mit diesen Handel zu treiben. Insbesondere sind die teilnehmenden Golfclubs in diesem Falle berechtigt, die Einlösung der ausgeschriebenen Angebote zu verweigern.
8. Die teilnehmenden Golfclubs haben sich gegenüber dem Verlag unter den o.g. Bedingungen verpflichtet, die ausgeschriebenen Angebote einzulösen. Der Verlag übernimmt jedoch keine Gewähr und keine Haftung, wenn ein Angebot nicht eingelöst wird oder werden kann.

Bedingungen zur Einlösung des Discounts:

1. Das Angebot ist einschließlich bis 30.6.2024 gültig.
2. Der Golfspieler/Leser hat sich telefonisch eine Abschlagzeit geben zu lassen – dabei ist die Nutzung des Angebots anzugeben.
3. Eine Barauszahlung des Greenfee-Vorteils ist nicht möglich.
4. Das Kombinieren von Angeboten oder bestehenden Greenfee-Vorteilen ist nicht möglich. Der Vorteil bezieht sich jeweils ausschließlich auf die zum Zeitpunkt der Einlösung gültigen vollen Greenfee-Gebühren.
5. Gibt es Spielergruppen mit erhöhten Greenfee-Gebühren, ist ein Nachlass auf diese Gebühren nicht möglich.
6. Das Angebot allein berechtigt nicht zum Spiel gegen Greenfee. Die Erfüllung der Bestimmungen des jeweiligen Golfclubs zur Greenfee-Berechtigung (Mitgliedschaft in einem Golfclub, Mindesthandicap etc.) zum Zeitpunkt der Einlösung sind Voraussetzung.
7. Es ist untersagt, den Greenfee-Gutschein entgeltlich Dritten zu überlassen bzw. mit diesen Handel zu treiben. Insbesondere sind die teilnehmenden Golfclubs in diesem Falle berechtigt, die Einlösung der ausgeschriebenen Angebote zu verweigern.
8. Die teilnehmenden Golfclubs haben sich gegenüber dem Verlag unter den o.g. Bedingungen verpflichtet, die ausgeschriebenen Angebote einzulösen. Der Verlag übernimmt jedoch keine Gewähr und keine Haftung, wenn ein Angebot nicht eingelöst wird oder werden kann.

Bedingungen zur Einlösung des Discounts:

1. Das Angebot ist einschließlich bis 30.6.2024 gültig.
2. Der Golfspieler/Leser hat sich telefonisch eine Abschlagzeit geben zu lassen – dabei ist die Nutzung des Angebots anzugeben.
3. Eine Barauszahlung des Greenfee-Vorteils ist nicht möglich.
4. Das Kombinieren von Angeboten oder bestehenden Greenfee-Vorteilen ist nicht möglich. Der Vorteil bezieht sich jeweils ausschließlich auf die zum Zeitpunkt der Einlösung gültigen vollen Greenfee-Gebühren.
5. Gibt es Spielergruppen mit erhöhten Greenfee-Gebühren, ist ein Nachlass auf diese Gebühren nicht möglich.
6. Das Angebot allein berechtigt nicht zum Spiel gegen Greenfee. Die Erfüllung der Bestimmungen des jeweiligen Golfclubs zur Greenfee-Berechtigung (Mitgliedschaft in einem Golfclub, Mindesthandicap etc.) zum Zeitpunkt der Einlösung sind Voraussetzung.
7. Es ist untersagt, den Greenfee-Gutschein entgeltlich Dritten zu überlassen bzw. mit diesen Handel zu treiben. Insbesondere sind die teilnehmenden Golfclubs in diesem Falle berechtigt, die Einlösung der ausgeschriebenen Angebote zu verweigern.
8. Die teilnehmenden Golfclubs haben sich gegenüber dem Verlag unter den o.g. Bedingungen verpflichtet, die ausgeschriebenen Angebote einzulösen. Der Verlag übernimmt jedoch keine Gewähr und keine Haftung, wenn ein Angebot nicht eingelöst wird oder werden kann.

Bedingungen zur Einlösung des Discounts:

1. Das Angebot ist einschließlich bis 30.6.2024 gültig.
2. Der Golfspieler/Leser hat sich telefonisch eine Abschlagzeit geben zu lassen – dabei ist die Nutzung des Angebots anzugeben.
3. Eine Barauszahlung des Greenfee-Vorteils ist nicht möglich.
4. Das Kombinieren von Angeboten oder bestehenden Greenfee-Vorteilen ist nicht möglich. Der Vorteil bezieht sich jeweils ausschließlich auf die zum Zeitpunkt der Einlösung gültigen vollen Greenfee-Gebühren.
5. Gibt es Spielergruppen mit erhöhten Greenfee-Gebühren, ist ein Nachlass auf diese Gebühren nicht möglich.
6. Das Angebot allein berechtigt nicht zum Spiel gegen Greenfee. Die Erfüllung der Bestimmungen des jeweiligen Golfclubs zur Greenfee-Berechtigung (Mitgliedschaft in einem Golfclub, Mindesthandicap etc.) zum Zeitpunkt der Einlösung sind Voraussetzung.
7. Es ist untersagt, den Greenfee-Gutschein entgeltlich Dritten zu überlassen bzw. mit diesen Handel zu treiben. Insbesondere sind die teilnehmenden Golfclubs in diesem Falle berechtigt, die Einlösung der ausgeschriebenen Angebote zu verweigern.
8. Die teilnehmenden Golfclubs haben sich gegenüber dem Verlag unter den o.g. Bedingungen verpflichtet, die ausgeschriebenen Angebote einzulösen. Der Verlag übernimmt jedoch keine Gewähr und keine Haftung, wenn ein Angebot nicht eingelöst wird oder werden kann.

Bedingungen zur Einlösung des Discounts:

1. Das Angebot ist einschließlich bis 30.6.2024 gültig.
2. Der Golfspieler/Leser hat sich telefonisch eine Abschlagzeit geben zu lassen – dabei ist die Nutzung des Angebots anzugeben.
3. Eine Barauszahlung des Greenfee-Vorteils ist nicht möglich.
4. Das Kombinieren von Angeboten oder bestehenden Greenfee-Vorteilen ist nicht möglich. Der Vorteil bezieht sich jeweils ausschließlich auf die zum Zeitpunkt der Einlösung gültigen vollen Greenfee-Gebühren.
5. Gibt es Spielergruppen mit erhöhten Greenfee-Gebühren, ist ein Nachlass auf diese Gebühren nicht möglich.
6. Das Angebot allein berechtigt nicht zum Spiel gegen Greenfee. Die Erfüllung der Bestimmungen des jeweiligen Golfclubs zur Greenfee-Berechtigung (Mitgliedschaft in einem Golfclub, Mindesthandicap etc.) zum Zeitpunkt der Einlösung sind Voraussetzung.
7. Es ist untersagt, den Greenfee-Gutschein entgeltlich Dritten zu überlassen bzw. mit diesen Handel zu treiben. Insbesondere sind die teilnehmenden Golfclubs in diesem Falle berechtigt, die Einlösung der ausgeschriebenen Angebote zu verweigern.
8. Die teilnehmenden Golfclubs haben sich gegenüber dem Verlag unter den o.g. Bedingungen verpflichtet, die ausgeschriebenen Angebote einzulösen. Der Verlag übernimmt jedoch keine Gewähr und keine Haftung, wenn ein Angebot nicht eingelöst wird oder werden kann.

Bedingungen zur Einlösung des Discounts:

1. Das Angebot ist einschließlich bis 30.6.2024 gültig.
2. Der Golfspieler/Leser hat sich telefonisch eine Abschlagzeit geben zu lassen – dabei ist die Nutzung des Angebots anzugeben.
3. Eine Barauszahlung des Greenfee-Vorteils ist nicht möglich.
4. Das Kombinieren von Angeboten oder bestehenden Greenfee-Vorteilen ist nicht möglich. Der Vorteil bezieht sich jeweils ausschließlich auf die zum Zeitpunkt der Einlösung gültigen vollen Greenfee-Gebühren.
5. Gibt es Spielergruppen mit erhöhten Greenfee-Gebühren, ist ein Nachlass auf diese Gebühren nicht möglich.
6. Das Angebot allein berechtigt nicht zum Spiel gegen Greenfee. Die Erfüllung der Bestimmungen des jeweiligen Golfclubs zur Greenfee-Berechtigung (Mitgliedschaft in einem Golfclub, Mindesthandicap etc.) zum Zeitpunkt der Einlösung sind Voraussetzung.
7. Es ist untersagt, den Greenfee-Gutschein entgeltlich Dritten zu überlassen bzw. mit diesen Handel zu treiben. Insbesondere sind die teilnehmenden Golfclubs in diesem Falle berechtigt, die Einlösung der ausgeschriebenen Angebote zu verweigern.
8. Die teilnehmenden Golfclubs haben sich gegenüber dem Verlag unter den o.g. Bedingungen verpflichtet, die ausgeschriebenen Angebote einzulösen. Der Verlag übernimmt jedoch keine Gewähr und keine Haftung, wenn ein Angebot nicht eingelöst wird oder werden kann.

Bedingungen zur Einlösung des Discounts:

1. Das Angebot ist einschließlich bis 30.6.2024 gültig.
2. Der Golfspieler/Leser hat sich telefonisch eine Abschlagzeit geben zu lassen – dabei ist die Nutzung des Angebots anzugeben.
3. Eine Barauszahlung des Greenfee-Vorteils ist nicht möglich.
4. Das Kombinieren von Angeboten oder bestehenden Greenfee-Vorteilen ist nicht möglich. Der Vorteil bezieht sich jeweils ausschließlich auf die zum Zeitpunkt der Einlösung gültigen vollen Greenfee-Gebühren.
5. Gibt es Spielergruppen mit erhöhten Greenfee-Gebühren, ist ein Nachlass auf diese Gebühren nicht möglich.
6. Das Angebot allein berechtigt nicht zum Spiel gegen Greenfee. Die Erfüllung der Bestimmungen des jeweiligen Golfclubs zur Greenfee-Berechtigung (Mitgliedschaft in einem Golfclub, Mindesthandicap etc.) zum Zeitpunkt der Einlösung sind Voraussetzung.
7. Es ist untersagt, den Greenfee-Gutschein entgeltlich Dritten zu überlassen bzw. mit diesen Handel zu treiben. Insbesondere sind die teilnehmenden Golfclubs in diesem Falle berechtigt, die Einlösung der ausgeschriebenen Angebote zu verweigern.
8. Die teilnehmenden Golfclubs haben sich gegenüber dem Verlag unter den o.g. Bedingungen verpflichtet, die ausgeschriebenen Angebote einzulösen. Der Verlag übernimmt jedoch keine Gewähr und keine Haftung, wenn ein Angebot nicht eingelöst wird oder werden kann.

Bedingungen zur Einlösung des Discounts:

1. Das Angebot ist einschließlich bis 30.6.2024 gültig.
2. Der Golfspieler/Leser hat sich telefonisch eine Abschlagzeit geben zu lassen – dabei ist die Nutzung des Angebots anzugeben.
3. Eine Barauszahlung des Greenfee-Vorteils ist nicht möglich.
4. Das Kombinieren von Angeboten oder bestehenden Greenfee-Vorteilen ist nicht möglich. Der Vorteil bezieht sich jeweils ausschließlich auf die zum Zeitpunkt der Einlösung gültigen vollen Greenfee-Gebühren.
5. Gibt es Spielergruppen mit erhöhten Greenfee-Gebühren, ist ein Nachlass auf diese Gebühren nicht möglich.
6. Das Angebot allein berechtigt nicht zum Spiel gegen Greenfee. Die Erfüllung der Bestimmungen des jeweiligen Golfclubs zur Greenfee-Berechtigung (Mitgliedschaft in einem Golfclub, Mindesthandicap etc.) zum Zeitpunkt der Einlösung sind Voraussetzung.
7. Es ist untersagt, den Greenfee-Gutschein entgeltlich Dritten zu überlassen bzw. mit diesen Handel zu treiben. Insbesondere sind die teilnehmenden Golfclubs in diesem Falle berechtigt, die Einlösung der ausgeschriebenen Angebote zu verweigern.
8. Die teilnehmenden Golfclubs haben sich gegenüber dem Verlag unter den o.g. Bedingungen verpflichtet, die ausgeschriebenen Angebote einzulösen. Der Verlag übernimmt jedoch keine Gewähr und keine Haftung, wenn ein Angebot nicht eingelöst wird oder werden kann.

Diese Gutscheine gelten nur in Verbindung mit dem Buch/Albrecht Golf Card

DER GOLF ALBRECHT

Golfclub am Nationalpark Bayerischer Wald e.V.

DE

Haslach 43
D-94568 Sankt Oswald
✆ 08558-974980
Bayern

221

2 for 1 **2 GF zum Preis von 1**

DER GOLF ALBRECHT

Golfclub am Nationalpark Bayerischer Wald e.V.

DE

Haslach 43
D-94568 Sankt Oswald
✆ 08558-974980
Bayern

221

2 for 1 **2 GF zum Preis von 1**

DER GOLF ALBRECHT

Golfclub am Nationalpark Bayerischer Wald e.V.

DE

Haslach 43
D-94568 Sankt Oswald
✆ 08558-974980
Bayern

221

30% **Greenfee-Ermäßigung**

DER GOLF ALBRECHT

Golfclub Gäuboden e.V.

DE

Fruhstorf 6
D-94330 Aiterhofen
✆ 09421-72804
Bayern
Hinweis: Gutscheine nur für 18 Loch Runden

222

2 for 1 **2 GF zum Preis von 1**

DER GOLF ALBRECHT

Golfclub Gäuboden e.V.

DE

Fruhstorf 6
D-94330 Aiterhofen
✆ 09421-72804
Bayern
Hinweis: Gutscheine nur für 18 Loch Runden

222

2 for 1 **2 GF zum Preis von 1**

DER GOLF ALBRECHT

Golfclub Gäuboden e.V.

DE

Fruhstorf 6
D-94330 Aiterhofen
✆ 09421-72804
Bayern
Hinweis: Gutscheine nur für 18 Loch Runden

222

2 for 1 **2 GF zum Preis von 1**

DER GOLF ALBRECHT

Golfclub Gäuboden e.V.

DE

Fruhstorf 6
D-94330 Aiterhofen
✆ 09421-72804
Bayern
Hinweis: Gutscheine nur für 18 Loch Runden

222

30% **Greenfee-Ermäßigung**

DER GOLF ALBRECHT

Golfclub Gäuboden e.V.

DE

Fruhstorf 6
D-94330 Aiterhofen
✆ 09421-72804
Bayern
Hinweis: Gutscheine nur für 18 Loch Runden

222

30% **Greenfee-Ermäßigung**

DER GOLF ALBRECHT

Golfclub Gäuboden e.V.

DE

Fruhstorf 6
D-94330 Aiterhofen
✆ 09421-72804
Bayern
Hinweis: Gutscheine nur für 18 Loch Runden

222

30% **Greenfee-Ermäßigung**

DER GOLF ALBRECHT

Golfclub Ingolstadt e.V.

DE

Krumenauerstr. 1
D-85049 Ingolstadt
✆ 0841-85778
Bayern

223

2 for 1 **2 GF zum Preis von 1 wochentags**

Diese Gutscheine gelten nur in Verbindung mit dem Buch/Albrecht Golf Card

Bedingungen zur Einlösung des Discounts:

1. Das Angebot ist einschließlich bis 30.6.2024 gültig.
2. Der Golfspieler/Leser hat sich telefonisch eine Abschlagzeit geben zu lassen – dabei ist die Nutzung des Angebots anzugeben.
3. Eine Barauszahlung des Greenfee-Vorteils ist nicht möglich.
4. Das Kombinieren von Angeboten oder bestehenden Greenfee-Vorteilen ist nicht möglich. Der Vorteil bezieht sich jeweils ausschließlich auf die zum Zeitpunkt der Einlösung gültigen vollen Greenfee-Gebühren.
5. Gibt es Spielergruppen mit erhöhten Greenfee-Gebühren, ist ein Nachlass auf diese Gebühren nicht möglich.
6. Das Angebot allein berechtigt nicht zum Spiel gegen Greenfee. Die Erfüllung der Bestimmungen des jeweiligen Golfclubs zur Greenfee-Berechtigung (Mitgliedschaft in einem Golfclub, Mindesthandicap etc.) zum Zeitpunkt der Einlösung sind Voraussetzung.
7. Es ist untersagt, den Greenfee-Gutschein entgeltlich Dritten zu überlassen bzw. mit diesen Handel zu treiben. Insbesondere sind die teilnehmenden Golfclubs in diesem Falle berechtigt, die Einlösung der ausgeschriebenen Angebote zu verweigern.
8. Die teilnehmenden Golfclubs haben sich gegenüber dem Verlag unter den o.g. Bedingungen verpflichtet, die ausgeschriebenen Angebote einzulösen. Der Verlag übernimmt jedoch keine Gewähr und keine Haftung, wenn ein Angebot nicht eingelöst wird oder werden kann.

Bedingungen zur Einlösung des Discounts:

1. Das Angebot ist einschließlich bis 30.6.2024 gültig.
2. Der Golfspieler/Leser hat sich telefonisch eine Abschlagzeit geben zu lassen – dabei ist die Nutzung des Angebots anzugeben.
3. Eine Barauszahlung des Greenfee-Vorteils ist nicht möglich.
4. Das Kombinieren von Angeboten oder bestehenden Greenfee-Vorteilen ist nicht möglich. Der Vorteil bezieht sich jeweils ausschließlich auf die zum Zeitpunkt der Einlösung gültigen vollen Greenfee-Gebühren.
5. Gibt es Spielergruppen mit erhöhten Greenfee-Gebühren, ist ein Nachlass auf diese Gebühren nicht möglich.
6. Das Angebot allein berechtigt nicht zum Spiel gegen Greenfee. Die Erfüllung der Bestimmungen des jeweiligen Golfclubs zur Greenfee-Berechtigung (Mitgliedschaft in einem Golfclub, Mindesthandicap etc.) zum Zeitpunkt der Einlösung sind Voraussetzung.
7. Es ist untersagt, den Greenfee-Gutschein entgeltlich Dritten zu überlassen bzw. mit diesen Handel zu treiben. Insbesondere sind die teilnehmenden Golfclubs in diesem Falle berechtigt, die Einlösung der ausgeschriebenen Angebote zu verweigern.
8. Die teilnehmenden Golfclubs haben sich gegenüber dem Verlag unter den o.g. Bedingungen verpflichtet, die ausgeschriebenen Angebote einzulösen. Der Verlag übernimmt jedoch keine Gewähr und keine Haftung, wenn ein Angebot nicht eingelöst wird oder werden kann.

Bedingungen zur Einlösung des Discounts:

1. Das Angebot ist einschließlich bis 30.6.2024 gültig.
2. Der Golfspieler/Leser hat sich telefonisch eine Abschlagzeit geben zu lassen – dabei ist die Nutzung des Angebots anzugeben.
3. Eine Barauszahlung des Greenfee-Vorteils ist nicht möglich.
4. Das Kombinieren von Angeboten oder bestehenden Greenfee-Vorteilen ist nicht möglich. Der Vorteil bezieht sich jeweils ausschließlich auf die zum Zeitpunkt der Einlösung gültigen vollen Greenfee-Gebühren.
5. Gibt es Spielergruppen mit erhöhten Greenfee-Gebühren, ist ein Nachlass auf diese Gebühren nicht möglich.
6. Das Angebot allein berechtigt nicht zum Spiel gegen Greenfee. Die Erfüllung der Bestimmungen des jeweiligen Golfclubs zur Greenfee-Berechtigung (Mitgliedschaft in einem Golfclub, Mindesthandicap etc.) zum Zeitpunkt der Einlösung sind Voraussetzung.
7. Es ist untersagt, den Greenfee-Gutschein entgeltlich Dritten zu überlassen bzw. mit diesen Handel zu treiben. Insbesondere sind die teilnehmenden Golfclubs in diesem Falle berechtigt, die Einlösung der ausgeschriebenen Angebote zu verweigern.
8. Die teilnehmenden Golfclubs haben sich gegenüber dem Verlag unter den o.g. Bedingungen verpflichtet, die ausgeschriebenen Angebote einzulösen. Der Verlag übernimmt jedoch keine Gewähr und keine Haftung, wenn ein Angebot nicht eingelöst wird oder werden kann.

Bedingungen zur Einlösung des Discounts:

1. Das Angebot ist einschließlich bis 30.6.2024 gültig.
2. Der Golfspieler/Leser hat sich telefonisch eine Abschlagzeit geben zu lassen – dabei ist die Nutzung des Angebots anzugeben.
3. Eine Barauszahlung des Greenfee-Vorteils ist nicht möglich.
4. Das Kombinieren von Angeboten oder bestehenden Greenfee-Vorteilen ist nicht möglich. Der Vorteil bezieht sich jeweils ausschließlich auf die zum Zeitpunkt der Einlösung gültigen vollen Greenfee-Gebühren.
5. Gibt es Spielergruppen mit erhöhten Greenfee-Gebühren, ist ein Nachlass auf diese Gebühren nicht möglich.
6. Das Angebot allein berechtigt nicht zum Spiel gegen Greenfee. Die Erfüllung der Bestimmungen des jeweiligen Golfclubs zur Greenfee-Berechtigung (Mitgliedschaft in einem Golfclub, Mindesthandicap etc.) zum Zeitpunkt der Einlösung sind Voraussetzung.
7. Es ist untersagt, den Greenfee-Gutschein entgeltlich Dritten zu überlassen bzw. mit diesen Handel zu treiben. Insbesondere sind die teilnehmenden Golfclubs in diesem Falle berechtigt, die Einlösung der ausgeschriebenen Angebote zu verweigern.
8. Die teilnehmenden Golfclubs haben sich gegenüber dem Verlag unter den o.g. Bedingungen verpflichtet, die ausgeschriebenen Angebote einzulösen. Der Verlag übernimmt jedoch keine Gewähr und keine Haftung, wenn ein Angebot nicht eingelöst wird oder werden kann.

Bedingungen zur Einlösung des Discounts:

1. Das Angebot ist einschließlich bis 30.6.2024 gültig.
2. Der Golfspieler/Leser hat sich telefonisch eine Abschlagzeit geben zu lassen – dabei ist die Nutzung des Angebots anzugeben.
3. Eine Barauszahlung des Greenfee-Vorteils ist nicht möglich.
4. Das Kombinieren von Angeboten oder bestehenden Greenfee-Vorteilen ist nicht möglich. Der Vorteil bezieht sich jeweils ausschließlich auf die zum Zeitpunkt der Einlösung gültigen vollen Greenfee-Gebühren.
5. Gibt es Spielergruppen mit erhöhten Greenfee-Gebühren, ist ein Nachlass auf diese Gebühren nicht möglich.
6. Das Angebot allein berechtigt nicht zum Spiel gegen Greenfee. Die Erfüllung der Bestimmungen des jeweiligen Golfclubs zur Greenfee-Berechtigung (Mitgliedschaft in einem Golfclub, Mindesthandicap etc.) zum Zeitpunkt der Einlösung sind Voraussetzung.
7. Es ist untersagt, den Greenfee-Gutschein entgeltlich Dritten zu überlassen bzw. mit diesen Handel zu treiben. Insbesondere sind die teilnehmenden Golfclubs in diesem Falle berechtigt, die Einlösung der ausgeschriebenen Angebote zu verweigern.
8. Die teilnehmenden Golfclubs haben sich gegenüber dem Verlag unter den o.g. Bedingungen verpflichtet, die ausgeschriebenen Angebote einzulösen. Der Verlag übernimmt jedoch keine Gewähr und keine Haftung, wenn ein Angebot nicht eingelöst wird oder werden kann.

Bedingungen zur Einlösung des Discounts:

1. Das Angebot ist einschließlich bis 30.6.2024 gültig.
2. Der Golfspieler/Leser hat sich telefonisch eine Abschlagzeit geben zu lassen – dabei ist die Nutzung des Angebots anzugeben.
3. Eine Barauszahlung des Greenfee-Vorteils ist nicht möglich.
4. Das Kombinieren von Angeboten oder bestehenden Greenfee-Vorteilen ist nicht möglich. Der Vorteil bezieht sich jeweils ausschließlich auf die zum Zeitpunkt der Einlösung gültigen vollen Greenfee-Gebühren.
5. Gibt es Spielergruppen mit erhöhten Greenfee-Gebühren, ist ein Nachlass auf diese Gebühren nicht möglich.
6. Das Angebot allein berechtigt nicht zum Spiel gegen Greenfee. Die Erfüllung der Bestimmungen des jeweiligen Golfclubs zur Greenfee-Berechtigung (Mitgliedschaft in einem Golfclub, Mindesthandicap etc.) zum Zeitpunkt der Einlösung sind Voraussetzung.
7. Es ist untersagt, den Greenfee-Gutschein entgeltlich Dritten zu überlassen bzw. mit diesen Handel zu treiben. Insbesondere sind die teilnehmenden Golfclubs in diesem Falle berechtigt, die Einlösung der ausgeschriebenen Angebote zu verweigern.
8. Die teilnehmenden Golfclubs haben sich gegenüber dem Verlag unter den o.g. Bedingungen verpflichtet, die ausgeschriebenen Angebote einzulösen. Der Verlag übernimmt jedoch keine Gewähr und keine Haftung, wenn ein Angebot nicht eingelöst wird oder werden kann.

Bedingungen zur Einlösung des Discounts:

1. Das Angebot ist einschließlich bis 30.6.2024 gültig.
2. Der Golfspieler/Leser hat sich telefonisch eine Abschlagzeit geben zu lassen – dabei ist die Nutzung des Angebots anzugeben.
3. Eine Barauszahlung des Greenfee-Vorteils ist nicht möglich.
4. Das Kombinieren von Angeboten oder bestehenden Greenfee-Vorteilen ist nicht möglich. Der Vorteil bezieht sich jeweils ausschließlich auf die zum Zeitpunkt der Einlösung gültigen vollen Greenfee-Gebühren.
5. Gibt es Spielergruppen mit erhöhten Greenfee-Gebühren, ist ein Nachlass auf diese Gebühren nicht möglich.
6. Das Angebot allein berechtigt nicht zum Spiel gegen Greenfee. Die Erfüllung der Bestimmungen des jeweiligen Golfclubs zur Greenfee-Berechtigung (Mitgliedschaft in einem Golfclub, Mindesthandicap etc.) zum Zeitpunkt der Einlösung sind Voraussetzung.
7. Es ist untersagt, den Greenfee-Gutschein entgeltlich Dritten zu überlassen bzw. mit diesen Handel zu treiben. Insbesondere sind die teilnehmenden Golfclubs in diesem Falle berechtigt, die Einlösung der ausgeschriebenen Angebote zu verweigern.
8. Die teilnehmenden Golfclubs haben sich gegenüber dem Verlag unter den o.g. Bedingungen verpflichtet, die ausgeschriebenen Angebote einzulösen. Der Verlag übernimmt jedoch keine Gewähr und keine Haftung, wenn ein Angebot nicht eingelöst wird oder werden kann.

Bedingungen zur Einlösung des Discounts:

1. Das Angebot ist einschließlich bis 30.6.2024 gültig.
2. Der Golfspieler/Leser hat sich telefonisch eine Abschlagzeit geben zu lassen – dabei ist die Nutzung des Angebots anzugeben.
3. Eine Barauszahlung des Greenfee-Vorteils ist nicht möglich.
4. Das Kombinieren von Angeboten oder bestehenden Greenfee-Vorteilen ist nicht möglich. Der Vorteil bezieht sich jeweils ausschließlich auf die zum Zeitpunkt der Einlösung gültigen vollen Greenfee-Gebühren.
5. Gibt es Spielergruppen mit erhöhten Greenfee-Gebühren, ist ein Nachlass auf diese Gebühren nicht möglich.
6. Das Angebot allein berechtigt nicht zum Spiel gegen Greenfee. Die Erfüllung der Bestimmungen des jeweiligen Golfclubs zur Greenfee-Berechtigung (Mitgliedschaft in einem Golfclub, Mindesthandicap etc.) zum Zeitpunkt der Einlösung sind Voraussetzung.
7. Es ist untersagt, den Greenfee-Gutschein entgeltlich Dritten zu überlassen bzw. mit diesen Handel zu treiben. Insbesondere sind die teilnehmenden Golfclubs in diesem Falle berechtigt, die Einlösung der ausgeschriebenen Angebote zu verweigern.
8. Die teilnehmenden Golfclubs haben sich gegenüber dem Verlag unter den o.g. Bedingungen verpflichtet, die ausgeschriebenen Angebote einzulösen. Der Verlag übernimmt jedoch keine Gewähr und keine Haftung, wenn ein Angebot nicht eingelöst wird oder werden kann.

Bedingungen zur Einlösung des Discounts:

1. Das Angebot ist einschließlich bis 30.6.2024 gültig.
2. Der Golfspieler/Leser hat sich telefonisch eine Abschlagzeit geben zu lassen – dabei ist die Nutzung des Angebots anzugeben.
3. Eine Barauszahlung des Greenfee-Vorteils ist nicht möglich.
4. Das Kombinieren von Angeboten oder bestehenden Greenfee-Vorteilen ist nicht möglich. Der Vorteil bezieht sich jeweils ausschließlich auf die zum Zeitpunkt der Einlösung gültigen vollen Greenfee-Gebühren.
5. Gibt es Spielergruppen mit erhöhten Greenfee-Gebühren, ist ein Nachlass auf diese Gebühren nicht möglich.
6. Das Angebot allein berechtigt nicht zum Spiel gegen Greenfee. Die Erfüllung der Bestimmungen des jeweiligen Golfclubs zur Greenfee-Berechtigung (Mitgliedschaft in einem Golfclub, Mindesthandicap etc.) zum Zeitpunkt der Einlösung sind Voraussetzung.
7. Es ist untersagt, den Greenfee-Gutschein entgeltlich Dritten zu überlassen bzw. mit diesen Handel zu treiben. Insbesondere sind die teilnehmenden Golfclubs in diesem Falle berechtigt, die Einlösung der ausgeschriebenen Angebote zu verweigern.
8. Die teilnehmenden Golfclubs haben sich gegenüber dem Verlag unter den o.g. Bedingungen verpflichtet, die ausgeschriebenen Angebote einzulösen. Der Verlag übernimmt jedoch keine Gewähr und keine Haftung, wenn ein Angebot nicht eingelöst wird oder werden kann.

Bedingungen zur Einlösung des Discounts:

1. Das Angebot ist einschließlich bis 30.6.2024 gültig.
2. Der Golfspieler/Leser hat sich telefonisch eine Abschlagzeit geben zu lassen – dabei ist die Nutzung des Angebots anzugeben.
3. Eine Barauszahlung des Greenfee-Vorteils ist nicht möglich.
4. Das Kombinieren von Angeboten oder bestehenden Greenfee-Vorteilen ist nicht möglich. Der Vorteil bezieht sich jeweils ausschließlich auf die zum Zeitpunkt der Einlösung gültigen vollen Greenfee-Gebühren.
5. Gibt es Spielergruppen mit erhöhten Greenfee-Gebühren, ist ein Nachlass auf diese Gebühren nicht möglich.
6. Das Angebot allein berechtigt nicht zum Spiel gegen Greenfee. Die Erfüllung der Bestimmungen des jeweiligen Golfclubs zur Greenfee-Berechtigung (Mitgliedschaft in einem Golfclub, Mindesthandicap etc.) zum Zeitpunkt der Einlösung sind Voraussetzung.
7. Es ist untersagt, den Greenfee-Gutschein entgeltlich Dritten zu überlassen bzw. mit diesen Handel zu treiben. Insbesondere sind die teilnehmenden Golfclubs in diesem Falle berechtigt, die Einlösung der ausgeschriebenen Angebote zu verweigern.
8. Die teilnehmenden Golfclubs haben sich gegenüber dem Verlag unter den o.g. Bedingungen verpflichtet, die ausgeschriebenen Angebote einzulösen. Der Verlag übernimmt jedoch keine Gewähr und keine Haftung, wenn ein Angebot nicht eingelöst wird oder werden kann.

Diese Gutscheine gelten nur in Verbindung mit dem Buch/Albrecht Golf Card

Diese Gutscheine gelten nur in Verbindung mit dem Buch/Albrecht Golf Card

DER GOLF ALBRECHT

Golfclub Ingolstadt e.V.

DE

Krumenauerstr. 1
D-85049 Ingolstadt
✆ 0841-85778
Bayern

223

2 for 1 2 GF zum Preis von 1 wochentags

DER GOLF ALBRECHT

Golf- und Landclub Bayerwald e.V.

DE

Poppenreut 11
D-94118 Jandelsbrunn
✆ 08581-1040
Bayern

224

2 for 1 2 GF zum Preis von 1

DER GOLF ALBRECHT

Golf- und Landclub Bayerwald e.V.

DE

Poppenreut 11
D-94118 Jandelsbrunn
✆ 08581-1040
Bayern

224

2 for 1 2 GF zum Preis von 1

DER GOLF ALBRECHT

Golf- und Landclub Bayerwald e.V.

DE

Poppenreut 11
D-94118 Jandelsbrunn
✆ 08581-1040
Bayern

224

2 for 1 2 GF zum Preis von 1

DER GOLF ALBRECHT

Golfplatz Leonhardshaun

DE

Leonhardshaun 104a
D-84061 Ergoldsbach
✆ 08771-4096380
Bayern

225

2 for 1 2 GF zum Preis von 1

DER GOLF ALBRECHT

Golfplatz Leonhardshaun

DE

Leonhardshaun 104a
D-84061 Ergoldsbach
✆ 08771-4096380
Bayern

225

2 for 1 2 GF zum Preis von 1

DER GOLF ALBRECHT

Golfclub Landau/Isar e.V.

DE

Rappach 2
D-94405 Landau/Isar
✆ 09951-599111
Bayern

226

2 for 1 2 GF zum Preis von 1

DER GOLF ALBRECHT

Golfclub Landau/Isar e.V.

DE

Rappach 2
D-94405 Landau/Isar
✆ 09951-599111
Bayern

226

2 for 1 2 GF zum Preis von 1

DER GOLF ALBRECHT

Donau Golf Club Passau-Raßbach e.V.

DE

Raßbach 8
D-94136 Thyrnau-Passau
✆ 08501-91313
Bayern
Hinweis: Der Gutschein 2 for 1 ist nur für 18 Loch gültig

227

2 for 1 2 GF zum Preis von 1

DER GOLF ALBRECHT

Donau Golf Club Passau-Raßbach e.V.

DE

Raßbach 8
D-94136 Thyrnau-Passau
✆ 08501-91313
Bayern
Hinweis: Der Gutschein 2 for 1 ist nur für 18 Loch gültig

227

2 for 1 2 GF zum Preis von 1

Bedingungen zur Einlösung des Discounts:
1. Das Angebot ist einschließlich bis 30.6.2024 gültig.
2. Der Golfspieler/Leser hat sich telefonisch eine Abschlagzeit geben zu lassen – dabei ist die Nutzung des Angebots anzugeben.
3. Eine Barauszahlung des Greenfee-Vorteils ist nicht möglich.
4. Das Kombinieren von Angeboten oder bestehenden Greenfee-Vorteilen ist nicht möglich. Der Vorteil bezieht sich jeweils ausschließlich auf die zum Zeitpunkt der Einlösung gültigen vollen Greenfee-Gebühren.
5. Gibt es Spielergruppen mit erhöhten Greenfee-Gebühren, ist ein Nachlass auf diese Gebühren nicht möglich.
6. Das Angebot allein berechtigt nicht zum Spiel gegen Greenfee. Die Erfüllung der Bestimmungen des jeweiligen Golfclubs zur Greenfee-Berechtigung (Mitgliedschaft in einem Golfclub, Mindesthandicap etc.) zum Zeitpunkt der Einlösung sind Voraussetzung.
7. Es ist untersagt, den Greenfee-Gutschein entgeltlich Dritten zu überlassen bzw. mit diesen Handel zu treiben. Insbesondere sind die teilnehmenden Golfclubs in diesem Falle berechtigt, die Einlösung der ausgeschriebenen Angebote zu verweigern.
8. Die teilnehmenden Golfclubs haben sich gegenüber dem Verlag unter den o.g. Bedingungen verpflichtet, die ausgeschriebenen Angebote einzulösen. Der Verlag übernimmt jedoch keine Gewähr und keine Haftung, wenn ein Angebot nicht eingelöst wird oder werden kann.

Bedingungen zur Einlösung des Discounts:
1. Das Angebot ist einschließlich bis 30.6.2024 gültig.
2. Der Golfspieler/Leser hat sich telefonisch eine Abschlagzeit geben zu lassen – dabei ist die Nutzung des Angebots anzugeben.
3. Eine Barauszahlung des Greenfee-Vorteils ist nicht möglich.
4. Das Kombinieren von Angeboten oder bestehenden Greenfee-Vorteilen ist nicht möglich. Der Vorteil bezieht sich jeweils ausschließlich auf die zum Zeitpunkt der Einlösung gültigen vollen Greenfee-Gebühren.
5. Gibt es Spielergruppen mit erhöhten Greenfee-Gebühren, ist ein Nachlass auf diese Gebühren nicht möglich.
6. Das Angebot allein berechtigt nicht zum Spiel gegen Greenfee. Die Erfüllung der Bestimmungen des jeweiligen Golfclubs zur Greenfee-Berechtigung (Mitgliedschaft in einem Golfclub, Mindesthandicap etc.) zum Zeitpunkt der Einlösung sind Voraussetzung.
7. Es ist untersagt, den Greenfee-Gutschein entgeltlich Dritten zu überlassen bzw. mit diesen Handel zu treiben. Insbesondere sind die teilnehmenden Golfclubs in diesem Falle berechtigt, die Einlösung der ausgeschriebenen Angebote zu verweigern.
8. Die teilnehmenden Golfclubs haben sich gegenüber dem Verlag unter den o.g. Bedingungen verpflichtet, die ausgeschriebenen Angebote einzulösen. Der Verlag übernimmt jedoch keine Gewähr und keine Haftung, wenn ein Angebot nicht eingelöst wird oder werden kann.

Bedingungen zur Einlösung des Discounts:
1. Das Angebot ist einschließlich bis 30.6.2024 gültig.
2. Der Golfspieler/Leser hat sich telefonisch eine Abschlagzeit geben zu lassen – dabei ist die Nutzung des Angebots anzugeben.
3. Eine Barauszahlung des Greenfee-Vorteils ist nicht möglich.
4. Das Kombinieren von Angeboten oder bestehenden Greenfee-Vorteilen ist nicht möglich. Der Vorteil bezieht sich jeweils ausschließlich auf die zum Zeitpunkt der Einlösung gültigen vollen Greenfee-Gebühren.
5. Gibt es Spielergruppen mit erhöhten Greenfee-Gebühren, ist ein Nachlass auf diese Gebühren nicht möglich.
6. Das Angebot allein berechtigt nicht zum Spiel gegen Greenfee. Die Erfüllung der Bestimmungen des jeweiligen Golfclubs zur Greenfee-Berechtigung (Mitgliedschaft in einem Golfclub, Mindesthandicap etc.) zum Zeitpunkt der Einlösung sind Voraussetzung.
7. Es ist untersagt, den Greenfee-Gutschein entgeltlich Dritten zu überlassen bzw. mit diesen Handel zu treiben. Insbesondere sind die teilnehmenden Golfclubs in diesem Falle berechtigt, die Einlösung der ausgeschriebenen Angebote zu verweigern.
8. Die teilnehmenden Golfclubs haben sich gegenüber dem Verlag unter den o.g. Bedingungen verpflichtet, die ausgeschriebenen Angebote einzulösen. Der Verlag übernimmt jedoch keine Gewähr und keine Haftung, wenn ein Angebot nicht eingelöst wird oder werden kann.

Bedingungen zur Einlösung des Discounts:
1. Das Angebot ist einschließlich bis 30.6.2024 gültig.
2. Der Golfspieler/Leser hat sich telefonisch eine Abschlagzeit geben zu lassen – dabei ist die Nutzung des Angebots anzugeben.
3. Eine Barauszahlung des Greenfee-Vorteils ist nicht möglich.
4. Das Kombinieren von Angeboten oder bestehenden Greenfee-Vorteilen ist nicht möglich. Der Vorteil bezieht sich jeweils ausschließlich auf die zum Zeitpunkt der Einlösung gültigen vollen Greenfee-Gebühren.
5. Gibt es Spielergruppen mit erhöhten Greenfee-Gebühren, ist ein Nachlass auf diese Gebühren nicht möglich.
6. Das Angebot allein berechtigt nicht zum Spiel gegen Greenfee. Die Erfüllung der Bestimmungen des jeweiligen Golfclubs zur Greenfee-Berechtigung (Mitgliedschaft in einem Golfclub, Mindesthandicap etc.) zum Zeitpunkt der Einlösung sind Voraussetzung.
7. Es ist untersagt, den Greenfee-Gutschein entgeltlich Dritten zu überlassen bzw. mit diesen Handel zu treiben. Insbesondere sind die teilnehmenden Golfclubs in diesem Falle berechtigt, die Einlösung der ausgeschriebenen Angebote zu verweigern.
8. Die teilnehmenden Golfclubs haben sich gegenüber dem Verlag unter den o.g. Bedingungen verpflichtet, die ausgeschriebenen Angebote einzulösen. Der Verlag übernimmt jedoch keine Gewähr und keine Haftung, wenn ein Angebot nicht eingelöst wird oder werden kann.

Bedingungen zur Einlösung des Discounts:
1. Das Angebot ist einschließlich bis 30.6.2024 gültig.
2. Der Golfspieler/Leser hat sich telefonisch eine Abschlagzeit geben zu lassen – dabei ist die Nutzung des Angebots anzugeben.
3. Eine Barauszahlung des Greenfee-Vorteils ist nicht möglich.
4. Das Kombinieren von Angeboten oder bestehenden Greenfee-Vorteilen ist nicht möglich. Der Vorteil bezieht sich jeweils ausschließlich auf die zum Zeitpunkt der Einlösung gültigen vollen Greenfee-Gebühren.
5. Gibt es Spielergruppen mit erhöhten Greenfee-Gebühren, ist ein Nachlass auf diese Gebühren nicht möglich.
6. Das Angebot allein berechtigt nicht zum Spiel gegen Greenfee. Die Erfüllung der Bestimmungen des jeweiligen Golfclubs zur Greenfee-Berechtigung (Mitgliedschaft in einem Golfclub, Mindesthandicap etc.) zum Zeitpunkt der Einlösung sind Voraussetzung.
7. Es ist untersagt, den Greenfee-Gutschein entgeltlich Dritten zu überlassen bzw. mit diesen Handel zu treiben. Insbesondere sind die teilnehmenden Golfclubs in diesem Falle berechtigt, die Einlösung der ausgeschriebenen Angebote zu verweigern.
8. Die teilnehmenden Golfclubs haben sich gegenüber dem Verlag unter den o.g. Bedingungen verpflichtet, die ausgeschriebenen Angebote einzulösen. Der Verlag übernimmt jedoch keine Gewähr und keine Haftung, wenn ein Angebot nicht eingelöst wird oder werden kann.

Bedingungen zur Einlösung des Discounts:
1. Das Angebot ist einschließlich bis 30.6.2024 gültig.
2. Der Golfspieler/Leser hat sich telefonisch eine Abschlagzeit geben zu lassen – dabei ist die Nutzung des Angebots anzugeben.
3. Eine Barauszahlung des Greenfee-Vorteils ist nicht möglich.
4. Das Kombinieren von Angeboten oder bestehenden Greenfee-Vorteilen ist nicht möglich. Der Vorteil bezieht sich jeweils ausschließlich auf die zum Zeitpunkt der Einlösung gültigen vollen Greenfee-Gebühren.
5. Gibt es Spielergruppen mit erhöhten Greenfee-Gebühren, ist ein Nachlass auf diese Gebühren nicht möglich.
6. Das Angebot allein berechtigt nicht zum Spiel gegen Greenfee. Die Erfüllung der Bestimmungen des jeweiligen Golfclubs zur Greenfee-Berechtigung (Mitgliedschaft in einem Golfclub, Mindesthandicap etc.) zum Zeitpunkt der Einlösung sind Voraussetzung.
7. Es ist untersagt, den Greenfee-Gutschein entgeltlich Dritten zu überlassen bzw. mit diesen Handel zu treiben. Insbesondere sind die teilnehmenden Golfclubs in diesem Falle berechtigt, die Einlösung der ausgeschriebenen Angebote zu verweigern.
8. Die teilnehmenden Golfclubs haben sich gegenüber dem Verlag unter den o.g. Bedingungen verpflichtet, die ausgeschriebenen Angebote einzulösen. Der Verlag übernimmt jedoch keine Gewähr und keine Haftung, wenn ein Angebot nicht eingelöst wird oder werden kann.

Bedingungen zur Einlösung des Discounts:
1. Das Angebot ist einschließlich bis 30.6.2024 gültig.
2. Der Golfspieler/Leser hat sich telefonisch eine Abschlagzeit geben zu lassen – dabei ist die Nutzung des Angebots anzugeben.
3. Eine Barauszahlung des Greenfee-Vorteils ist nicht möglich.
4. Das Kombinieren von Angeboten oder bestehenden Greenfee-Vorteilen ist nicht möglich. Der Vorteil bezieht sich jeweils ausschließlich auf die zum Zeitpunkt der Einlösung gültigen vollen Greenfee-Gebühren.
5. Gibt es Spielergruppen mit erhöhten Greenfee-Gebühren, ist ein Nachlass auf diese Gebühren nicht möglich.
6. Das Angebot allein berechtigt nicht zum Spiel gegen Greenfee. Die Erfüllung der Bestimmungen des jeweiligen Golfclubs zur Greenfee-Berechtigung (Mitgliedschaft in einem Golfclub, Mindesthandicap etc.) zum Zeitpunkt der Einlösung sind Voraussetzung.
7. Es ist untersagt, den Greenfee-Gutschein entgeltlich Dritten zu überlassen bzw. mit diesen Handel zu treiben. Insbesondere sind die teilnehmenden Golfclubs in diesem Falle berechtigt, die Einlösung der ausgeschriebenen Angebote zu verweigern.
8. Die teilnehmenden Golfclubs haben sich gegenüber dem Verlag unter den o.g. Bedingungen verpflichtet, die ausgeschriebenen Angebote einzulösen. Der Verlag übernimmt jedoch keine Gewähr und keine Haftung, wenn ein Angebot nicht eingelöst wird oder werden kann.

Bedingungen zur Einlösung des Discounts:
1. Das Angebot ist einschließlich bis 30.6.2024 gültig.
2. Der Golfspieler/Leser hat sich telefonisch eine Abschlagzeit geben zu lassen – dabei ist die Nutzung des Angebots anzugeben.
3. Eine Barauszahlung des Greenfee-Vorteils ist nicht möglich.
4. Das Kombinieren von Angeboten oder bestehenden Greenfee-Vorteilen ist nicht möglich. Der Vorteil bezieht sich jeweils ausschließlich auf die zum Zeitpunkt der Einlösung gültigen vollen Greenfee-Gebühren.
5. Gibt es Spielergruppen mit erhöhten Greenfee-Gebühren, ist ein Nachlass auf diese Gebühren nicht möglich.
6. Das Angebot allein berechtigt nicht zum Spiel gegen Greenfee. Die Erfüllung der Bestimmungen des jeweiligen Golfclubs zur Greenfee-Berechtigung (Mitgliedschaft in einem Golfclub, Mindesthandicap etc.) zum Zeitpunkt der Einlösung sind Voraussetzung.
7. Es ist untersagt, den Greenfee-Gutschein entgeltlich Dritten zu überlassen bzw. mit diesen Handel zu treiben. Insbesondere sind die teilnehmenden Golfclubs in diesem Falle berechtigt, die Einlösung der ausgeschriebenen Angebote zu verweigern.
8. Die teilnehmenden Golfclubs haben sich gegenüber dem Verlag unter den o.g. Bedingungen verpflichtet, die ausgeschriebenen Angebote einzulösen. Der Verlag übernimmt jedoch keine Gewähr und keine Haftung, wenn ein Angebot nicht eingelöst wird oder werden kann.

Bedingungen zur Einlösung des Discounts:
1. Das Angebot ist einschließlich bis 30.6.2024 gültig.
2. Der Golfspieler/Leser hat sich telefonisch eine Abschlagzeit geben zu lassen – dabei ist die Nutzung des Angebots anzugeben.
3. Eine Barauszahlung des Greenfee-Vorteils ist nicht möglich.
4. Das Kombinieren von Angeboten oder bestehenden Greenfee-Vorteilen ist nicht möglich. Der Vorteil bezieht sich jeweils ausschließlich auf die zum Zeitpunkt der Einlösung gültigen vollen Greenfee-Gebühren.
5. Gibt es Spielergruppen mit erhöhten Greenfee-Gebühren, ist ein Nachlass auf diese Gebühren nicht möglich.
6. Das Angebot allein berechtigt nicht zum Spiel gegen Greenfee. Die Erfüllung der Bestimmungen des jeweiligen Golfclubs zur Greenfee-Berechtigung (Mitgliedschaft in einem Golfclub, Mindesthandicap etc.) zum Zeitpunkt der Einlösung sind Voraussetzung.
7. Es ist untersagt, den Greenfee-Gutschein entgeltlich Dritten zu überlassen bzw. mit diesen Handel zu treiben. Insbesondere sind die teilnehmenden Golfclubs in diesem Falle berechtigt, die Einlösung der ausgeschriebenen Angebote zu verweigern.
8. Die teilnehmenden Golfclubs haben sich gegenüber dem Verlag unter den o.g. Bedingungen verpflichtet, die ausgeschriebenen Angebote einzulösen. Der Verlag übernimmt jedoch keine Gewähr und keine Haftung, wenn ein Angebot nicht eingelöst wird oder werden kann.

Bedingungen zur Einlösung des Discounts:
1. Das Angebot ist einschließlich bis 30.6.2024 gültig.
2. Der Golfspieler/Leser hat sich telefonisch eine Abschlagzeit geben zu lassen – dabei ist die Nutzung des Angebots anzugeben.
3. Eine Barauszahlung des Greenfee-Vorteils ist nicht möglich.
4. Das Kombinieren von Angeboten oder bestehenden Greenfee-Vorteilen ist nicht möglich. Der Vorteil bezieht sich jeweils ausschließlich auf die zum Zeitpunkt der Einlösung gültigen vollen Greenfee-Gebühren.
5. Gibt es Spielergruppen mit erhöhten Greenfee-Gebühren, ist ein Nachlass auf diese Gebühren nicht möglich.
6. Das Angebot allein berechtigt nicht zum Spiel gegen Greenfee. Die Erfüllung der Bestimmungen des jeweiligen Golfclubs zur Greenfee-Berechtigung (Mitgliedschaft in einem Golfclub, Mindesthandicap etc.) zum Zeitpunkt der Einlösung sind Voraussetzung.
7. Es ist untersagt, den Greenfee-Gutschein entgeltlich Dritten zu überlassen bzw. mit diesen Handel zu treiben. Insbesondere sind die teilnehmenden Golfclubs in diesem Falle berechtigt, die Einlösung der ausgeschriebenen Angebote zu verweigern.
8. Die teilnehmenden Golfclubs haben sich gegenüber dem Verlag unter den o.g. Bedingungen verpflichtet, die ausgeschriebenen Angebote einzulösen. Der Verlag übernimmt jedoch keine Gewähr und keine Haftung, wenn ein Angebot nicht eingelöst wird oder werden kann.

Diese Gutscheine gelten nur in Verbindung mit dem Buch/Albrecht Golf Card

Diese Gutscheine gelten nur in Verbindung mit dem Buch/Albrecht Golf Card

DER GOLF ALBRECHT

Golfclub Schloßberg e.V. DE

Grünbach 8
D-94419 Reisbach
✆ 08734-7035
Bayern
Hinweis: Gutscheine nur gültig bei 18 Loch

228

2 for 1 2 GF zum Preis von 1

DER GOLF ALBRECHT

Golfclub Schloßberg e.V. DE

Grünbach 8
D-94419 Reisbach
✆ 08734-7035
Bayern
Hinweis: Gutscheine nur gültig bei 18 Loch

228

2 for 1 2 GF zum Preis von 1

DER GOLF ALBRECHT

Golfclub Schloßberg e.V. DE

Grünbach 8
D-94419 Reisbach
✆ 08734-7035
Bayern
Hinweis: Gutscheine nur gültig bei 18 Loch

228

30% Greenfee-Ermäßigung

DER GOLF ALBRECHT

Golfclub Schloßberg e.V. DE

Grünbach 8
D-94419 Reisbach
✆ 08734-7035
Bayern
Hinweis: Gutscheine nur gültig bei 18 Loch

228

30% Greenfee-Ermäßigung

DER GOLF ALBRECHT

Golf Club Landshut e.V. DE

Oberlippach 2
D-84095 Furth bei Landshut
✆ 08704-8378
Bayern

229

2 for 1 2 GF zum Preis von 1 wochentags

DER GOLF ALBRECHT

Golf Club Landshut e.V. DE

Oberlippach 2
D-84095 Furth bei Landshut
✆ 08704-8378
Bayern

229

2 for 1 2 GF zum Preis von 1 wochentags

DER GOLF ALBRECHT

Golf Club Landshut e.V. DE

Oberlippach 2
D-84095 Furth bei Landshut
✆ 08704-8378
Bayern

229

20% Greenfee-Ermäßigung wochentags

DER GOLF ALBRECHT

Golf Club Landshut e.V. DE

Oberlippach 2
D-84095 Furth bei Landshut
✆ 08704-8378
Bayern

229

20% Greenfee-Ermäßigung wochentags

DER GOLF ALBRECHT

GolfPark Gerolsbach DE

Hof 1
D-85302 Gerolsbach
✆ 08445-799
Bayern

230

2 for 1 2 GF zum Preis von 1

DER GOLF ALBRECHT

GolfPark Gerolsbach DE

Hof 1
D-85302 Gerolsbach
✆ 08445-799
Bayern

230

2 for 1 2 GF zum Preis von 1

Bedingungen zur Einlösung des Discounts:
1. Das Angebot ist einschließlich bis 30.6.2024 gültig.
2. Der Golfspieler/Leser hat sich telefonisch eine Abschlagzeit geben zu lassen – dabei ist die Nutzung des Angebots anzugeben.
3. Eine Barauszahlung des Greenfee-Vorteils ist nicht möglich.
4. Das Kombinieren von Angeboten oder bestehenden Greenfee-Vorteilen ist nicht möglich. Der Vorteil bezieht sich jeweils ausschließlich auf die zum Zeitpunkt der Einlösung gültigen vollen Greenfee-Gebühren.
5. Gibt es Spielergruppen mit erhöhten Greenfee-Gebühren, ist ein Nachlass auf diese Gebühren nicht möglich.
6. Das Angebot allein berechtigt nicht zum Spiel gegen Greenfee. Die Erfüllung der Bestimmungen des jeweiligen Golfclubs zur Greenfee-Berechtigung (Mitgliedschaft in einem Golfclub, Mindesthandicap etc.) zum Zeitpunkt der Einlösung sind Voraussetzung.
7. Es ist untersagt, den Greenfee-Gutschein entgeltlich Dritten zu überlassen bzw. mit diesen Handel zu treiben. Insbesondere sind die teilnehmenden Golfclubs in diesem Falle berechtigt, die Einlösung der ausgeschriebenen Angebote zu verweigern.
8. Die teilnehmenden Golfclubs haben sich gegenüber dem Verlag unter den o.g. Bedingungen verpflichtet, die ausgeschriebenen Angebote einzulösen. Der Verlag übernimmt jedoch keine Gewähr und keine Haftung, wenn ein Angebot nicht eingelöst wird oder werden kann.

Bedingungen zur Einlösung des Discounts:
1. Das Angebot ist einschließlich bis 30.6.2024 gültig.
2. Der Golfspieler/Leser hat sich telefonisch eine Abschlagzeit geben zu lassen – dabei ist die Nutzung des Angebots anzugeben.
3. Eine Barauszahlung des Greenfee-Vorteils ist nicht möglich.
4. Das Kombinieren von Angeboten oder bestehenden Greenfee-Vorteilen ist nicht möglich. Der Vorteil bezieht sich jeweils ausschließlich auf die zum Zeitpunkt der Einlösung gültigen vollen Greenfee-Gebühren.
5. Gibt es Spielergruppen mit erhöhten Greenfee-Gebühren, ist ein Nachlass auf diese Gebühren nicht möglich.
6. Das Angebot allein berechtigt nicht zum Spiel gegen Greenfee. Die Erfüllung der Bestimmungen des jeweiligen Golfclubs zur Greenfee-Berechtigung (Mitgliedschaft in einem Golfclub, Mindesthandicap etc.) zum Zeitpunkt der Einlösung sind Voraussetzung.
7. Es ist untersagt, den Greenfee-Gutschein entgeltlich Dritten zu überlassen bzw. mit diesen Handel zu treiben. Insbesondere sind die teilnehmenden Golfclubs in diesem Falle berechtigt, die Einlösung der ausgeschriebenen Angebote zu verweigern.
8. Die teilnehmenden Golfclubs haben sich gegenüber dem Verlag unter den o.g. Bedingungen verpflichtet, die ausgeschriebenen Angebote einzulösen. Der Verlag übernimmt jedoch keine Gewähr und keine Haftung, wenn ein Angebot nicht eingelöst wird oder werden kann.

Bedingungen zur Einlösung des Discounts:
1. Das Angebot ist einschließlich bis 30.6.2024 gültig
2. Der Golfspieler/Leser hat sich telefonisch eine Abschlagzeit geben zu lassen – dabei ist die Nutzung des Angebots anzugeben.
3. Eine Barauszahlung des Greenfee-Vorteils ist nicht möglich.
4. Das Kombinieren von Angeboten oder bestehenden Greenfee-Vorteilen ist nicht möglich. Der Vorteil bezieht sich jeweils ausschließlich auf die zum Zeitpunkt der Einlösung gültigen vollen Greenfee-Gebühren.
5. Gibt es Spielergruppen mit erhöhten Greenfee-Gebühren, ist ein Nachlass auf diese Gebühren nicht möglich.
6. Das Angebot allein berechtigt nicht zum Spiel gegen Greenfee. Die Erfüllung der Bestimmungen des jeweiligen Golfclubs zur Greenfee-Berechtigung (Mitgliedschaft in einem Golfclub, Mindesthandicap etc.) zum Zeitpunkt der Einlösung sind Voraussetzung.
7. Es ist untersagt, den Greenfee-Gutschein entgeltlich Dritten zu überlassen bzw. mit diesen Handel zu treiben. Insbesondere sind die teilnehmenden Golfclubs in diesem Falle berechtigt, die Einlösung der ausgeschriebenen Angebote zu verweigern.
8. Die teilnehmenden Golfclubs haben sich gegenüber dem Verlag unter den o.g. Bedingungen verpflichtet, die ausgeschriebenen Angebote einzulösen. Der Verlag übernimmt jedoch keine Gewähr und keine Haftung, wenn ein Angebot nicht eingelöst wird oder werden kann.

Bedingungen zur Einlösung des Discounts:
1. Das Angebot ist einschließlich bis 30.6.2024 gültig.
2. Der Golfspieler/Leser hat sich telefonisch eine Abschlagzeit geben zu lassen – dabei ist die Nutzung des Angebots anzugeben.
3. Eine Barauszahlung des Greenfee-Vorteils ist nicht möglich.
4. Das Kombinieren von Angeboten oder bestehenden Greenfee-Vorteilen ist nicht möglich. Der Vorteil bezieht sich jeweils ausschließlich auf die zum Zeitpunkt der Einlösung gültigen vollen Greenfee-Gebühren.
5. Gibt es Spielergruppen mit erhöhten Greenfee-Gebühren, ist ein Nachlass auf diese Gebühren nicht möglich.
6. Das Angebot allein berechtigt nicht zum Spiel gegen Greenfee. Die Erfüllung der Bestimmungen des jeweiligen Golfclubs zur Greenfee-Berechtigung (Mitgliedschaft in einem Golfclub, Mindesthandicap etc.) zum Zeitpunkt der Einlösung sind Voraussetzung.
7. Es ist untersagt, den Greenfee-Gutschein entgeltlich Dritten zu überlassen bzw. mit diesen Handel zu treiben. Insbesondere sind die teilnehmenden Golfclubs in diesem Falle berechtigt, die Einlösung der ausgeschriebenen Angebote zu verweigern.
8. Die teilnehmenden Golfclubs haben sich gegenüber dem Verlag unter den o.g. Bedingungen verpflichtet, die ausgeschriebenen Angebote einzulösen. Der Verlag übernimmt jedoch keine Gewähr und keine Haftung, wenn ein Angebot nicht eingelöst wird oder werden kann.

Bedingungen zur Einlösung des Discounts:
1. Das Angebot ist einschließlich bis 30.6.2024 gültig.
2. Der Golfspieler/Leser hat sich telefonisch eine Abschlagzeit geben zu lassen – dabei ist die Nutzung des Angebots anzugeben.
3. Eine Barauszahlung des Greenfee-Vorteils ist nicht möglich.
4. Das Kombinieren von Angeboten oder bestehenden Greenfee-Vorteilen ist nicht möglich. Der Vorteil bezieht sich jeweils ausschließlich auf die zum Zeitpunkt der Einlösung gültigen vollen Greenfee-Gebühren.
5. Gibt es Spielergruppen mit erhöhten Greenfee-Gebühren, ist ein Nachlass auf diese Gebühren nicht möglich.
6. Das Angebot allein berechtigt nicht zum Spiel gegen Greenfee. Die Erfüllung der Bestimmungen des jeweiligen Golfclubs zur Greenfee-Berechtigung (Mitgliedschaft in einem Golfclub, Mindesthandicap etc.) zum Zeitpunkt der Einlösung sind Voraussetzung.
7. Es ist untersagt, den Greenfee-Gutschein entgeltlich Dritten zu überlassen bzw. mit diesen Handel zu treiben. Insbesondere sind die teilnehmenden Golfclubs in diesem Falle berechtigt, die Einlösung der ausgeschriebenen Angebote zu verweigern.
8. Die teilnehmenden Golfclubs haben sich gegenüber dem Verlag unter den o.g. Bedingungen verpflichtet, die ausgeschriebenen Angebote einzulösen. Der Verlag übernimmt jedoch keine Gewähr und keine Haftung, wenn ein Angebot nicht eingelöst wird oder werden kann.

Bedingungen zur Einlösung des Discounts:
1. Das Angebot ist einschließlich bis 30.6.2024 gültig.
2. Der Golfspieler/Leser hat sich telefonisch eine Abschlagzeit geben zu lassen – dabei ist die Nutzung des Angebots anzugeben.
3. Eine Barauszahlung des Greenfee-Vorteils ist nicht möglich.
4. Das Kombinieren von Angeboten oder bestehenden Greenfee-Vorteilen ist nicht möglich. Der Vorteil bezieht sich jeweils ausschließlich auf die zum Zeitpunkt der Einlösung gültigen vollen Greenfee-Gebühren.
5. Gibt es Spielergruppen mit erhöhten Greenfee-Gebühren, ist ein Nachlass auf diese Gebühren nicht möglich.
6. Das Angebot allein berechtigt nicht zum Spiel gegen Greenfee. Die Erfüllung der Bestimmungen des jeweiligen Golfclubs zur Greenfee-Berechtigung (Mitgliedschaft in einem Golfclub, Mindesthandicap etc.) zum Zeitpunkt der Einlösung sind Voraussetzung.
7. Es ist untersagt, den Greenfee-Gutschein entgeltlich Dritten zu überlassen bzw. mit diesen Handel zu treiben. Insbesondere sind die teilnehmenden Golfclubs in diesem Falle berechtigt, die Einlösung der ausgeschriebenen Angebote zu verweigern.
8. Die teilnehmenden Golfclubs haben sich gegenüber dem Verlag unter den o.g. Bedingungen verpflichtet, die ausgeschriebenen Angebote einzulösen. Der Verlag übernimmt jedoch keine Gewähr und keine Haftung, wenn ein Angebot nicht eingelöst wird oder werden kann.

Bedingungen zur Einlösung des Discounts:
1. Das Angebot ist einschließlich bis 30.6.2024 gültig.
2. Der Golfspieler/Leser hat sich telefonisch eine Abschlagzeit geben zu lassen – dabei ist die Nutzung des Angebots anzugeben.
3. Eine Barauszahlung des Greenfee-Vorteils ist nicht möglich.
4. Das Kombinieren von Angeboten oder bestehenden Greenfee-Vorteilen ist nicht möglich. Der Vorteil bezieht sich jeweils ausschließlich auf die zum Zeitpunkt der Einlösung gültigen vollen Greenfee-Gebühren.
5. Gibt es Spielergruppen mit erhöhten Greenfee-Gebühren, ist ein Nachlass auf diese Gebühren nicht möglich.
6. Das Angebot allein berechtigt nicht zum Spiel gegen Greenfee. Die Erfüllung der Bestimmungen des jeweiligen Golfclubs zur Greenfee-Berechtigung (Mitgliedschaft in einem Golfclub, Mindesthandicap etc.) zum Zeitpunkt der Einlösung sind Voraussetzung.
7. Es ist untersagt, den Greenfee-Gutschein entgeltlich Dritten zu überlassen bzw. mit diesen Handel zu treiben. Insbesondere sind die teilnehmenden Golfclubs in diesem Falle berechtigt, die Einlösung der ausgeschriebenen Angebote zu verweigern.
8. Die teilnehmenden Golfclubs haben sich gegenüber dem Verlag unter den o.g. Bedingungen verpflichtet, die ausgeschriebenen Angebote einzulösen. Der Verlag übernimmt jedoch keine Gewähr und keine Haftung, wenn ein Angebot nicht eingelöst wird oder werden kann.

Bedingungen zur Einlösung des Discounts:
1. Das Angebot ist einschließlich bis 30.6.2024 gültig.
2. Der Golfspieler/Leser hat sich telefonisch eine Abschlagzeit geben zu lassen – dabei ist die Nutzung des Angebots anzugeben.
3. Eine Barauszahlung des Greenfee-Vorteils ist nicht möglich.
4. Das Kombinieren von Angeboten oder bestehenden Greenfee-Vorteilen ist nicht möglich. Der Vorteil bezieht sich jeweils ausschließlich auf die zum Zeitpunkt der Einlösung gültigen vollen Greenfee-Gebühren.
5. Gibt es Spielergruppen mit erhöhten Greenfee-Gebühren, ist ein Nachlass auf diese Gebühren nicht möglich.
6. Das Angebot allein berechtigt nicht zum Spiel gegen Greenfee. Die Erfüllung der Bestimmungen des jeweiligen Golfclubs zur Greenfee-Berechtigung (Mitgliedschaft in einem Golfclub, Mindesthandicap etc.) zum Zeitpunkt der Einlösung sind Voraussetzung.
7. Es ist untersagt, den Greenfee-Gutschein entgeltlich Dritten zu überlassen bzw. mit diesen Handel zu treiben. Insbesondere sind die teilnehmenden Golfclubs in diesem Falle berechtigt, die Einlösung der ausgeschriebenen Angebote zu verweigern.
8. Die teilnehmenden Golfclubs haben sich gegenüber dem Verlag unter den o.g. Bedingungen verpflichtet, die ausgeschriebenen Angebote einzulösen. Der Verlag übernimmt jedoch keine Gewähr und keine Haftung, wenn ein Angebot nicht eingelöst wird oder werden kann.

Bedingungen zur Einlösung des Discounts:
1. Das Angebot ist einschließlich bis 30.6.2024 gültig.
2. Der Golfspieler/Leser hat sich telefonisch eine Abschlagzeit geben zu lassen – dabei ist die Nutzung des Angebots anzugeben.
3. Eine Barauszahlung des Greenfee-Vorteils ist nicht möglich.
4. Das Kombinieren von Angeboten oder bestehenden Greenfee-Vorteilen ist nicht möglich. Der Vorteil bezieht sich jeweils ausschließlich auf die zum Zeitpunkt der Einlösung gültigen vollen Greenfee-Gebühren.
5. Gibt es Spielergruppen mit erhöhten Greenfee-Gebühren, ist ein Nachlass auf diese Gebühren nicht möglich.
6. Das Angebot allein berechtigt nicht zum Spiel gegen Greenfee. Die Erfüllung der Bestimmungen des jeweiligen Golfclubs zur Greenfee-Berechtigung (Mitgliedschaft in einem Golfclub, Mindesthandicap etc.) zum Zeitpunkt der Einlösung sind Voraussetzung.
7. Es ist untersagt, den Greenfee-Gutschein entgeltlich Dritten zu überlassen bzw. mit diesen Handel zu treiben. Insbesondere sind die teilnehmenden Golfclubs in diesem Falle berechtigt, die Einlösung der ausgeschriebenen Angebote zu verweigern.
8. Die teilnehmenden Golfclubs haben sich gegenüber dem Verlag unter den o.g. Bedingungen verpflichtet, die ausgeschriebenen Angebote einzulösen. Der Verlag übernimmt jedoch keine Gewähr und keine Haftung, wenn ein Angebot nicht eingelöst wird oder werden kann.

Bedingungen zur Einlösung des Discounts:
1. Das Angebot ist einschließlich bis 30.6.2024 gültig.
2. Der Golfspieler/Leser hat sich telefonisch eine Abschlagzeit geben zu lassen – dabei ist die Nutzung des Angebots anzugeben.
3. Eine Barauszahlung des Greenfee-Vorteils ist nicht möglich.
4. Das Kombinieren von Angeboten oder bestehenden Greenfee-Vorteilen ist nicht möglich. Der Vorteil bezieht sich jeweils ausschließlich auf die zum Zeitpunkt der Einlösung gültigen vollen Greenfee-Gebühren.
5. Gibt es Spielergruppen mit erhöhten Greenfee-Gebühren, ist ein Nachlass auf diese Gebühren nicht möglich.
6. Das Angebot allein berechtigt nicht zum Spiel gegen Greenfee. Die Erfüllung der Bestimmungen des jeweiligen Golfclubs zur Greenfee-Berechtigung (Mitgliedschaft in einem Golfclub, Mindesthandicap etc.) zum Zeitpunkt der Einlösung sind Voraussetzung.
7. Es ist untersagt, den Greenfee-Gutschein entgeltlich Dritten zu überlassen bzw. mit diesen Handel zu treiben. Insbesondere sind die teilnehmenden Golfclubs in diesem Falle berechtigt, die Einlösung der ausgeschriebenen Angebote zu verweigern.
8. Die teilnehmenden Golfclubs haben sich gegenüber dem Verlag unter den o.g. Bedingungen verpflichtet, die ausgeschriebenen Angebote einzulösen. Der Verlag übernimmt jedoch keine Gewähr und keine Haftung, wenn ein Angebot nicht eingelöst wird oder werden kann.

Diese Gutscheine gelten nur in Verbindung mit dem Buch/Albrecht Golf Card

Diese Gutscheine gelten nur in Verbindung mit dem Buch/Albrecht Golf Card

DER GOLF ALBRECHT

GolfPark Gerolsbach DE

Hof 1
D-85302 Gerolsbach
✆ 08445-799
Bayern

230

30% Greenfee-Ermäßigung

DER GOLF ALBRECHT

GolfPark Gerolsbach DE

Hof 1
D-85302 Gerolsbach
✆ 08445-799
Bayern

230

30% Greenfee-Ermäßigung

DER GOLF ALBRECHT

Golfclub Schloß Reichertshausen DE

Holzhof 2
D-85293 Reichertshausen
✆ 08137-5084
Bayern

231

2 for 1 2 GF zum Preis von 1 wochentags

DER GOLF ALBRECHT

Golfclub Schloß Reichertshausen DE

Holzhof 2
D-85293 Reichertshausen
✆ 08137-5084
Bayern

231

2 for 1 2 GF zum Preis von 1 wochentags

DER GOLF ALBRECHT

Golfclub Schloß Reichertshausen DE

Holzhof 2
D-85293 Reichertshausen
✆ 08137-5084
Bayern

231

20% Greenfee-Ermäßigung wochentags

DER GOLF ALBRECHT

Golfclub Schloß Reichertshausen DE

Holzhof 2
D-85293 Reichertshausen
✆ 08137-5084
Bayern

231

20% Greenfee-Ermäßigung wochentags

DER GOLF ALBRECHT

Golfclub Gersthofen e.V. DE

Unterer Auweg 6
D-86169 Augsburg
✆ 0821-2413799
Bayern

232

2 for 1 2 GF zum Preis von 1

DER GOLF ALBRECHT

Golfclub Gersthofen e.V. DE

Unterer Auweg 6
D-86169 Augsburg
✆ 0821-2413799
Bayern

232

2 for 1 2 GF zum Preis von 1

DER GOLF ALBRECHT

Golfclub Gersthofen e.V. DE

Unterer Auweg 6
D-86169 Augsburg
✆ 0821-2413799
Bayern

232

20% Greenfee-Ermäßigung

DER GOLF ALBRECHT

Golfclub Sagmühle DE

Golfplatz Sagmühle 1
D-94086 Bad Griesbach
✆ 08532-2038
Bayern

233

20% Greenfee-Ermäßigung wochentags

Bedingungen zur Einlösung des Discounts:

1. Das Angebot ist einschließlich bis 30.6.2024 gültig.
2. Der Golfspieler/Leser hat sich telefonisch eine Abschlagzeit geben zu lassen – dabei ist die Nutzung des Angebots anzugeben.
3. Eine Barauszahlung des Greenfee-Vorteils ist nicht möglich.
4. Das Kombinieren von Angeboten oder bestehenden Greenfee-Vorteilen ist nicht möglich. Der Vorteil bezieht sich jeweils ausschließlich auf die zum Zeitpunkt der Einlösung gültigen vollen Greenfee-Gebühren.
5. Gibt es Spielergruppen mit erhöhten Greenfee-Gebühren, ist ein Nachlass auf diese Gebühren nicht möglich.
6. Das Angebot allein berechtigt nicht zum Spiel gegen Greenfee. Die Erfüllung der Bestimmungen des jeweiligen Golfclubs zur Greenfee-Berechtigung (Mitgliedschaft in einem Golfclub, Mindesthandicap etc.) zum Zeitpunkt der Einlösung sind Voraussetzung.
7. Es ist untersagt, den Greenfee-Gutschein entgeltlich Dritten zu überlassen bzw. mit diesen Handel zu treiben. Insbesondere sind die teilnehmenden Golfclubs in diesem Falle berechtigt, die Einlösung der ausgeschriebenen Angebote zu verweigern.
8. Die teilnehmenden Golfclubs haben sich gegenüber dem Verlag unter den o.g. Bedingungen verpflichtet, die ausgeschriebenen Angebote einzulösen. Der Verlag übernimmt jedoch keine Gewähr und keine Haftung, wenn ein Angebot nicht eingelöst wird oder werden kann.

Bedingungen zur Einlösung des Discounts:

1. Das Angebot ist einschließlich bis 30.6.2024 gültig.
2. Der Golfspieler/Leser hat sich telefonisch eine Abschlagzeit geben zu lassen – dabei ist die Nutzung des Angebots anzugeben.
3. Eine Barauszahlung des Greenfee-Vorteils ist nicht möglich.
4. Das Kombinieren von Angeboten oder bestehenden Greenfee-Vorteilen ist nicht möglich. Der Vorteil bezieht sich jeweils ausschließlich auf die zum Zeitpunkt der Einlösung gültigen vollen Greenfee-Gebühren.
5. Gibt es Spielergruppen mit erhöhten Greenfee-Gebühren, ist ein Nachlass auf diese Gebühren nicht möglich.
6. Das Angebot allein berechtigt nicht zum Spiel gegen Greenfee. Die Erfüllung der Bestimmungen des jeweiligen Golfclubs zur Greenfee-Berechtigung (Mitgliedschaft in einem Golfclub, Mindesthandicap etc.) zum Zeitpunkt der Einlösung sind Voraussetzung.
7. Es ist untersagt, den Greenfee-Gutschein entgeltlich Dritten zu überlassen bzw. mit diesen Handel zu treiben. Insbesondere sind die teilnehmenden Golfclubs in diesem Falle berechtigt, die Einlösung der ausgeschriebenen Angebote zu verweigern.
8. Die teilnehmenden Golfclubs haben sich gegenüber dem Verlag unter den o.g. Bedingungen verpflichtet, die ausgeschriebenen Angebote einzulösen. Der Verlag übernimmt jedoch keine Gewähr und keine Haftung, wenn ein Angebot nicht eingelöst wird oder werden kann.

Bedingungen zur Einlösung des Discounts:

1. Das Angebot ist einschließlich bis 30.6.2024 gültig.
2. Der Golfspieler/Leser hat sich telefonisch eine Abschlagzeit geben zu lassen – dabei ist die Nutzung des Angebots anzugeben.
3. Eine Barauszahlung des Greenfee-Vorteils ist nicht möglich.
4. Das Kombinieren von Angeboten oder bestehenden Greenfee-Vorteilen ist nicht möglich. Der Vorteil bezieht sich jeweils ausschließlich auf die zum Zeitpunkt der Einlösung gültigen vollen Greenfee-Gebühren.
5. Gibt es Spielergruppen mit erhöhten Greenfee-Gebühren, ist ein Nachlass auf diese Gebühren nicht möglich.
6. Das Angebot allein berechtigt nicht zum Spiel gegen Greenfee. Die Erfüllung der Bestimmungen des jeweiligen Golfclubs zur Greenfee-Berechtigung (Mitgliedschaft in einem Golfclub, Mindesthandicap etc.) zum Zeitpunkt der Einlösung sind Voraussetzung.
7. Es ist untersagt, den Greenfee-Gutschein entgeltlich Dritten zu überlassen bzw. mit diesen Handel zu treiben. Insbesondere sind die teilnehmenden Golfclubs in diesem Falle berechtigt, die Einlösung der ausgeschriebenen Angebote zu verweigern.
8. Die teilnehmenden Golfclubs haben sich gegenüber dem Verlag unter den o.g. Bedingungen verpflichtet, die ausgeschriebenen Angebote einzulösen. Der Verlag übernimmt jedoch keine Gewähr und keine Haftung, wenn ein Angebot nicht eingelöst wird oder werden kann.

Bedingungen zur Einlösung des Discounts:

1. Das Angebot ist einschließlich bis 30.6.2024 gültig.
2. Der Golfspieler/Leser hat sich telefonisch eine Abschlagzeit geben zu lassen – dabei ist die Nutzung des Angebots anzugeben.
3. Eine Barauszahlung des Greenfee-Vorteils ist nicht möglich.
4. Das Kombinieren von Angeboten oder bestehenden Greenfee-Vorteilen ist nicht möglich. Der Vorteil bezieht sich jeweils ausschließlich auf die zum Zeitpunkt der Einlösung gültigen vollen Greenfee-Gebühren.
5. Gibt es Spielergruppen mit erhöhten Greenfee-Gebühren, ist ein Nachlass auf diese Gebühren nicht möglich.
6. Das Angebot allein berechtigt nicht zum Spiel gegen Greenfee. Die Erfüllung der Bestimmungen des jeweiligen Golfclubs zur Greenfee-Berechtigung (Mitgliedschaft in einem Golfclub, Mindesthandicap etc.) zum Zeitpunkt der Einlösung sind Voraussetzung.
7. Es ist untersagt, den Greenfee-Gutschein entgeltlich Dritten zu überlassen bzw. mit diesen Handel zu treiben. Insbesondere sind die teilnehmenden Golfclubs in diesem Falle berechtigt, die Einlösung der ausgeschriebenen Angebote zu verweigern.
8. Die teilnehmenden Golfclubs haben sich gegenüber dem Verlag unter den o.g. Bedingungen verpflichtet, die ausgeschriebenen Angebote einzulösen. Der Verlag übernimmt jedoch keine Gewähr und keine Haftung, wenn ein Angebot nicht eingelöst wird oder werden kann.

Bedingungen zur Einlösung des Discounts:

1. Das Angebot ist einschließlich bis 30.6.2024 gültig.
2. Der Golfspieler/Leser hat sich telefonisch eine Abschlagzeit geben zu lassen – dabei ist die Nutzung des Angebots anzugeben.
3. Eine Barauszahlung des Greenfee-Vorteils ist nicht möglich.
4. Das Kombinieren von Angeboten oder bestehenden Greenfee-Vorteilen ist nicht möglich. Der Vorteil bezieht sich jeweils ausschließlich auf die zum Zeitpunkt der Einlösung gültigen vollen Greenfee-Gebühren.
5. Gibt es Spielergruppen mit erhöhten Greenfee-Gebühren, ist ein Nachlass auf diese Gebühren nicht möglich.
6. Das Angebot allein berechtigt nicht zum Spiel gegen Greenfee. Die Erfüllung der Bestimmungen des jeweiligen Golfclubs zur Greenfee-Berechtigung (Mitgliedschaft in einem Golfclub, Mindesthandicap etc.) zum Zeitpunkt der Einlösung sind Voraussetzung.
7. Es ist untersagt, den Greenfee-Gutschein entgeltlich Dritten zu überlassen bzw. mit diesen Handel zu treiben. Insbesondere sind die teilnehmenden Golfclubs in diesem Falle berechtigt, die Einlösung der ausgeschriebenen Angebote zu verweigern.
8. Die teilnehmenden Golfclubs haben sich gegenüber dem Verlag unter den o.g. Bedingungen verpflichtet, die ausgeschriebenen Angebote einzulösen. Der Verlag übernimmt jedoch keine Gewähr und keine Haftung, wenn ein Angebot nicht eingelöst wird oder werden kann.

Bedingungen zur Einlösung des Discounts:

1. Das Angebot ist einschließlich bis 30.6.2024 gültig.
2. Der Golfspieler/Leser hat sich telefonisch eine Abschlagzeit geben zu lassen – dabei ist die Nutzung des Angebots anzugeben.
3. Eine Barauszahlung des Greenfee-Vorteils ist nicht möglich.
4. Das Kombinieren von Angeboten oder bestehenden Greenfee-Vorteilen ist nicht möglich. Der Vorteil bezieht sich jeweils ausschließlich auf die zum Zeitpunkt der Einlösung gültigen vollen Greenfee-Gebühren.
5. Gibt es Spielergruppen mit erhöhten Greenfee-Gebühren, ist ein Nachlass auf diese Gebühren nicht möglich.
6. Das Angebot allein berechtigt nicht zum Spiel gegen Greenfee. Die Erfüllung der Bestimmungen des jeweiligen Golfclubs zur Greenfee-Berechtigung (Mitgliedschaft in einem Golfclub, Mindesthandicap etc.) zum Zeitpunkt der Einlösung sind Voraussetzung.
7. Es ist untersagt, den Greenfee-Gutschein entgeltlich Dritten zu überlassen bzw. mit diesen Handel zu treiben. Insbesondere sind die teilnehmenden Golfclubs in diesem Falle berechtigt, die Einlösung der ausgeschriebenen Angebote zu verweigern.
8. Die teilnehmenden Golfclubs haben sich gegenüber dem Verlag unter den o.g. Bedingungen verpflichtet, die ausgeschriebenen Angebote einzulösen. Der Verlag übernimmt jedoch keine Gewähr und keine Haftung, wenn ein Angebot nicht eingelöst wird oder werden kann.

Bedingungen zur Einlösung des Discounts:

1. Das Angebot ist einschließlich bis 30.6.2024 gültig.
2. Der Golfspieler/Leser hat sich telefonisch eine Abschlagzeit geben zu lassen – dabei ist die Nutzung des Angebots anzugeben.
3. Eine Barauszahlung des Greenfee-Vorteils ist nicht möglich.
4. Das Kombinieren von Angeboten oder bestehenden Greenfee-Vorteilen ist nicht möglich. Der Vorteil bezieht sich jeweils ausschließlich auf die zum Zeitpunkt der Einlösung gültigen vollen Greenfee-Gebühren.
5. Gibt es Spielergruppen mit erhöhten Greenfee-Gebühren, ist ein Nachlass auf diese Gebühren nicht möglich.
6. Das Angebot allein berechtigt nicht zum Spiel gegen Greenfee. Die Erfüllung der Bestimmungen des jeweiligen Golfclubs zur Greenfee-Berechtigung (Mitgliedschaft in einem Golfclub, Mindesthandicap etc.) zum Zeitpunkt der Einlösung sind Voraussetzung.
7. Es ist untersagt, den Greenfee-Gutschein entgeltlich Dritten zu überlassen bzw. mit diesen Handel zu treiben. Insbesondere sind die teilnehmenden Golfclubs in diesem Falle berechtigt, die Einlösung der ausgeschriebenen Angebote zu verweigern.
8. Die teilnehmenden Golfclubs haben sich gegenüber dem Verlag unter den o.g. Bedingungen verpflichtet, die ausgeschriebenen Angebote einzulösen. Der Verlag übernimmt jedoch keine Gewähr und keine Haftung, wenn ein Angebot nicht eingelöst wird oder werden kann.

Bedingungen zur Einlösung des Discounts:

1. Das Angebot ist einschließlich bis 30.6.2024 gültig.
2. Der Golfspieler/Leser hat sich telefonisch eine Abschlagzeit geben zu lassen – dabei ist die Nutzung des Angebots anzugeben.
3. Eine Barauszahlung des Greenfee-Vorteils ist nicht möglich.
4. Das Kombinieren von Angeboten oder bestehenden Greenfee-Vorteilen ist nicht möglich. Der Vorteil bezieht sich jeweils ausschließlich auf die zum Zeitpunkt der Einlösung gültigen vollen Greenfee-Gebühren.
5. Gibt es Spielergruppen mit erhöhten Greenfee-Gebühren, ist ein Nachlass auf diese Gebühren nicht möglich.
6. Das Angebot allein berechtigt nicht zum Spiel gegen Greenfee. Die Erfüllung der Bestimmungen des jeweiligen Golfclubs zur Greenfee-Berechtigung (Mitgliedschaft in einem Golfclub, Mindesthandicap etc.) zum Zeitpunkt der Einlösung sind Voraussetzung.
7. Es ist untersagt, den Greenfee-Gutschein entgeltlich Dritten zu überlassen bzw. mit diesen Handel zu treiben. Insbesondere sind die teilnehmenden Golfclubs in diesem Falle berechtigt, die Einlösung der ausgeschriebenen Angebote zu verweigern.
8. Die teilnehmenden Golfclubs haben sich gegenüber dem Verlag unter den o.g. Bedingungen verpflichtet, die ausgeschriebenen Angebote einzulösen. Der Verlag übernimmt jedoch keine Gewähr und keine Haftung, wenn ein Angebot nicht eingelöst wird oder werden kann.

Bedingungen zur Einlösung des Discounts:

1. Das Angebot ist einschließlich bis 30.6.2024 gültig.
2. Der Golfspieler/Leser hat sich telefonisch eine Abschlagzeit geben zu lassen – dabei ist die Nutzung des Angebots anzugeben.
3. Eine Barauszahlung des Greenfee-Vorteils ist nicht möglich.
4. Das Kombinieren von Angeboten oder bestehenden Greenfee-Vorteilen ist nicht möglich. Der Vorteil bezieht sich jeweils ausschließlich auf die zum Zeitpunkt der Einlösung gültigen vollen Greenfee-Gebühren.
5. Gibt es Spielergruppen mit erhöhten Greenfee-Gebühren, ist ein Nachlass auf diese Gebühren nicht möglich.
6. Das Angebot allein berechtigt nicht zum Spiel gegen Greenfee. Die Erfüllung der Bestimmungen des jeweiligen Golfclubs zur Greenfee-Berechtigung (Mitgliedschaft in einem Golfclub, Mindesthandicap etc.) zum Zeitpunkt der Einlösung sind Voraussetzung.
7. Es ist untersagt, den Greenfee-Gutschein entgeltlich Dritten zu überlassen bzw. mit diesen Handel zu treiben. Insbesondere sind die teilnehmenden Golfclubs in diesem Falle berechtigt, die Einlösung der ausgeschriebenen Angebote zu verweigern.
8. Die teilnehmenden Golfclubs haben sich gegenüber dem Verlag unter den o.g. Bedingungen verpflichtet, die ausgeschriebenen Angebote einzulösen. Der Verlag übernimmt jedoch keine Gewähr und keine Haftung, wenn ein Angebot nicht eingelöst wird oder werden kann.

Bedingungen zur Einlösung des Discounts:

1. Das Angebot ist einschließlich bis 30.6.2024 gültig.
2. Der Golfspieler/Leser hat sich telefonisch eine Abschlagzeit geben zu lassen – dabei ist die Nutzung des Angebots anzugeben.
3. Eine Barauszahlung des Greenfee-Vorteils ist nicht möglich.
4. Das Kombinieren von Angeboten oder bestehenden Greenfee-Vorteilen ist nicht möglich. Der Vorteil bezieht sich jeweils ausschließlich auf die zum Zeitpunkt der Einlösung gültigen vollen Greenfee-Gebühren.
5. Gibt es Spielergruppen mit erhöhten Greenfee-Gebühren, ist ein Nachlass auf diese Gebühren nicht möglich.
6. Das Angebot allein berechtigt nicht zum Spiel gegen Greenfee. Die Erfüllung der Bestimmungen des jeweiligen Golfclubs zur Greenfee-Berechtigung (Mitgliedschaft in einem Golfclub, Mindesthandicap etc.) zum Zeitpunkt der Einlösung sind Voraussetzung.
7. Es ist untersagt, den Greenfee-Gutschein entgeltlich Dritten zu überlassen bzw. mit diesen Handel zu treiben. Insbesondere sind die teilnehmenden Golfclubs in diesem Falle berechtigt, die Einlösung der ausgeschriebenen Angebote zu verweigern.
8. Die teilnehmenden Golfclubs haben sich gegenüber dem Verlag unter den o.g. Bedingungen verpflichtet, die ausgeschriebenen Angebote einzulösen. Der Verlag übernimmt jedoch keine Gewähr und keine Haftung, wenn ein Angebot nicht eingelöst wird oder werden kann.

Diese Gutscheine gelten nur in Verbindung mit dem Buch/Albrecht Golf Card

Diese Gutscheine gelten nur in Verbindung mit dem Buch/Albrecht Golf Card

DER GOLF ALBRECHT

Golfclub Sagmühle DE

Golfplatz Sagmühle 1
D-94086 Bad Griesbach
✆ 08532-2038
Bayern

233

20% Greenfee-Ermäßigung wochentags

DER GOLF ALBRECHT

Golfclub Vilsbiburg e.V. DE

Trauterfing 31
D-84137 Vilsbiburg
✆ 08741-968680
Bayern

234

2 for 1 2 GF zum Preis von 1

DER GOLF ALBRECHT

Golfclub Vilsbiburg e.V. DE

Trauterfing 31
D-84137 Vilsbiburg
✆ 08741-968680
Bayern

234

2 for 1 2 GF zum Preis von 1

DER GOLF ALBRECHT

Golf Resort Bad Griesbach DE

Golfanlage Penning, An der Rottwiese 1
D-94094 Rotthalmünster
✆ 08532-92440
Bayern
Hinweis: für alle fünf 18-Loch Plätze. Reservierung nur über die Buchungszentrale 08532/790-22.

235

20% Greenfee-Ermäßigung wochentags

DER GOLF ALBRECHT

Golf Resort Bad Griesbach DE

Golfanlage Penning, An der Rottwiese 1
D-94094 Rotthalmünster
✆ 08532-92440
Bayern
Hinweis: für alle fünf 18-Loch Plätze. Reservierung nur über die Buchungszentrale 08532/790-22.

235

20% Greenfee-Ermäßigung wochentags

DER GOLF ALBRECHT

ThermenGolfClub Bad Füssing-Kirchham e.V. DE

Thierham 3
D-94072 Bad Füssing
✆ 08537-91990
Bayern

236

2 for 1 2 GF zum Preis von 1

DER GOLF ALBRECHT

ThermenGolfClub Bad Füssing-Kirchham e.V. DE

Thierham 3
D-94072 Bad Füssing
✆ 08537-91990
Bayern

236

2 for 1 2 GF zum Preis von 1

DER GOLF ALBRECHT

ThermenGolfClub Bad Füssing-Kirchham e.V. DE

Thierham 3
D-94072 Bad Füssing
✆ 08537-91990
Bayern

236

30% Greenfee-Ermäßigung

DER GOLF ALBRECHT

ThermenGolfClub Bad Füssing-Kirchham e.V. DE

Thierham 3
D-94072 Bad Füssing
✆ 08537-91990
Bayern

236

30% Greenfee-Ermäßigung

DER GOLF ALBRECHT

Golf-Club Erding Grünbach e.V. DE

Kellerberg 13
D-85461 Grünbach-Erding
✆ 08122-49650
Bayern

237

2 for 1 2 GF zum Preis von 1

Bedingungen zur Einlösung des Discounts:
1. Das Angebot ist einschließlich bis 30.6.2024 gültig.
2. Der Golfspieler/Leser hat sich telefonisch eine Abschlagzeit geben zu lassen – dabei ist die Nutzung des Angebots anzugeben.
3. Eine Barauszahlung des Greenfee-Vorteils ist nicht möglich.
4. Das Kombinieren von Angeboten oder bestehenden Greenfee-Vorteilen ist nicht möglich. Der Vorteil bezieht sich jeweils ausschließlich auf die zum Zeitpunkt der Einlösung gültigen vollen Greenfee-Gebühren.
5. Gibt es Spielergruppen mit erhöhten Greenfee-Gebühren, ist ein Nachlass auf diese Gebühren nicht möglich.
6. Das Angebot allein berechtigt nicht zum Spiel gegen Greenfee. Die Erfüllung der Bestimmungen des jeweiligen Golfclubs zur Greenfee-Berechtigung (Mitgliedschaft in einem Golfclub, Mindesthandicap etc.) zum Zeitpunkt der Einlösung sind Voraussetzung.
7. Es ist untersagt, den Greenfee-Gutschein entgeltlich Dritten zu überlassen bzw. mit diesen Handel zu treiben. Insbesondere sind die teilnehmenden Golfclubs in diesem Falle berechtigt, die Einlösung der ausgeschriebenen Angebote zu verweigern.
8. Die teilnehmenden Golfclubs haben sich gegenüber dem Verlag unter den o.g. Bedingungen verpflichtet, die ausgeschriebenen Angebote einzulösen. Der Verlag übernimmt jedoch keine Gewähr und keine Haftung, wenn ein Angebot nicht eingelöst wird oder werden kann.

Bedingungen zur Einlösung des Discounts:
1. Das Angebot ist einschließlich bis 30.6.2024 gültig.
2. Der Golfspieler/Leser hat sich telefonisch eine Abschlagzeit geben zu lassen – dabei ist die Nutzung des Angebots anzugeben.
3. Eine Barauszahlung des Greenfee-Vorteils ist nicht möglich.
4. Das Kombinieren von Angeboten oder bestehenden Greenfee-Vorteilen ist nicht möglich. Der Vorteil bezieht sich jeweils ausschließlich auf die zum Zeitpunkt der Einlösung gültigen vollen Greenfee-Gebühren.
5. Gibt es Spielergruppen mit erhöhten Greenfee-Gebühren, ist ein Nachlass auf diese Gebühren nicht möglich.
6. Das Angebot allein berechtigt nicht zum Spiel gegen Greenfee. Die Erfüllung der Bestimmungen des jeweiligen Golfclubs zur Greenfee-Berechtigung (Mitgliedschaft in einem Golfclub, Mindesthandicap etc.) zum Zeitpunkt der Einlösung sind Voraussetzung.
7. Es ist untersagt, den Greenfee-Gutschein entgeltlich Dritten zu überlassen bzw. mit diesen Handel zu treiben. Insbesondere sind die teilnehmenden Golfclubs in diesem Falle berechtigt, die Einlösung der ausgeschriebenen Angebote zu verweigern.
8. Die teilnehmenden Golfclubs haben sich gegenüber dem Verlag unter den o.g. Bedingungen verpflichtet, die ausgeschriebenen Angebote einzulösen. Der Verlag übernimmt jedoch keine Gewähr und keine Haftung, wenn ein Angebot nicht eingelöst wird oder werden kann.

Bedingungen zur Einlösung des Discounts:
1. Das Angebot ist einschließlich bis 30.6.2024 gültig.
2. Der Golfspieler/Leser hat sich telefonisch eine Abschlagzeit geben zu lassen – dabei ist die Nutzung des Angebots anzugeben.
3. Eine Barauszahlung des Greenfee-Vorteils ist nicht möglich.
4. Das Kombinieren von Angeboten oder bestehenden Greenfee-Vorteilen ist nicht möglich. Der Vorteil bezieht sich jeweils ausschließlich auf die zum Zeitpunkt der Einlösung gültigen vollen Greenfee-Gebühren.
5. Gibt es Spielergruppen mit erhöhten Greenfee-Gebühren, ist ein Nachlass auf diese Gebühren nicht möglich.
6. Das Angebot allein berechtigt nicht zum Spiel gegen Greenfee. Die Erfüllung der Bestimmungen des jeweiligen Golfclubs zur Greenfee-Berechtigung (Mitgliedschaft in einem Golfclub, Mindesthandicap etc.) zum Zeitpunkt der Einlösung sind Voraussetzung.
7. Es ist untersagt, den Greenfee-Gutschein entgeltlich Dritten zu überlassen bzw. mit diesen Handel zu treiben. Insbesondere sind die teilnehmenden Golfclubs in diesem Falle berechtigt, die Einlösung der ausgeschriebenen Angebote zu verweigern.
8. Die teilnehmenden Golfclubs haben sich gegenüber dem Verlag unter den o.g. Bedingungen verpflichtet, die ausgeschriebenen Angebote einzulösen. Der Verlag übernimmt jedoch keine Gewähr und keine Haftung, wenn ein Angebot nicht eingelöst wird oder werden kann.

Bedingungen zur Einlösung des Discounts:
1. Das Angebot ist einschließlich bis 30.6.2024 gültig.
2. Der Golfspieler/Leser hat sich telefonisch eine Abschlagzeit geben zu lassen – dabei ist die Nutzung des Angebots anzugeben.
3. Eine Barauszahlung des Greenfee-Vorteils ist nicht möglich.
4. Das Kombinieren von Angeboten oder bestehenden Greenfee-Vorteilen ist nicht möglich. Der Vorteil bezieht sich jeweils ausschließlich auf die zum Zeitpunkt der Einlösung gültigen vollen Greenfee-Gebühren.
5. Gibt es Spielergruppen mit erhöhten Greenfee-Gebühren, ist ein Nachlass auf diese Gebühren nicht möglich.
6. Das Angebot allein berechtigt nicht zum Spiel gegen Greenfee. Die Erfüllung der Bestimmungen des jeweiligen Golfclubs zur Greenfee-Berechtigung (Mitgliedschaft in einem Golfclub, Mindesthandicap etc.) zum Zeitpunkt der Einlösung sind Voraussetzung.
7. Es ist untersagt, den Greenfee-Gutschein entgeltlich Dritten zu überlassen bzw. mit diesen Handel zu treiben. Insbesondere sind die teilnehmenden Golfclubs in diesem Falle berechtigt, die Einlösung der ausgeschriebenen Angebote zu verweigern.
8. Die teilnehmenden Golfclubs haben sich gegenüber dem Verlag unter den o.g. Bedingungen verpflichtet, die ausgeschriebenen Angebote einzulösen. Der Verlag übernimmt jedoch keine Gewähr und keine Haftung, wenn ein Angebot nicht eingelöst wird oder werden kann.

Bedingungen zur Einlösung des Discounts:
1. Das Angebot ist einschließlich bis 30.6.2024 gültig.
2. Der Golfspieler/Leser hat sich telefonisch eine Abschlagzeit geben zu lassen – dabei ist die Nutzung des Angebots anzugeben.
3. Eine Barauszahlung des Greenfee-Vorteils ist nicht möglich.
4. Das Kombinieren von Angeboten oder bestehenden Greenfee-Vorteilen ist nicht möglich. Der Vorteil bezieht sich jeweils ausschließlich auf die zum Zeitpunkt der Einlösung gültigen vollen Greenfee-Gebühren.
5. Gibt es Spielergruppen mit erhöhten Greenfee-Gebühren, ist ein Nachlass auf diese Gebühren nicht möglich.
6. Das Angebot allein berechtigt nicht zum Spiel gegen Greenfee. Die Erfüllung der Bestimmungen des jeweiligen Golfclubs zur Greenfee-Berechtigung (Mitgliedschaft in einem Golfclub, Mindesthandicap etc.) zum Zeitpunkt der Einlösung sind Voraussetzung.
7. Es ist untersagt, den Greenfee-Gutschein entgeltlich Dritten zu überlassen bzw. mit diesen Handel zu treiben. Insbesondere sind die teilnehmenden Golfclubs in diesem Falle berechtigt, die Einlösung der ausgeschriebenen Angebote zu verweigern.
8. Die teilnehmenden Golfclubs haben sich gegenüber dem Verlag unter den o.g. Bedingungen verpflichtet, die ausgeschriebenen Angebote einzulösen. Der Verlag übernimmt jedoch keine Gewähr und keine Haftung, wenn ein Angebot nicht eingelöst wird oder werden kann.

Bedingungen zur Einlösung des Discounts:
1. Das Angebot ist einschließlich bis 30.6.2024 gültig.
2. Der Golfspieler/Leser hat sich telefonisch eine Abschlagzeit geben zu lassen – dabei ist die Nutzung des Angebots anzugeben.
3. Eine Barauszahlung des Greenfee-Vorteils ist nicht möglich.
4. Das Kombinieren von Angeboten oder bestehenden Greenfee-Vorteilen ist nicht möglich. Der Vorteil bezieht sich jeweils ausschließlich auf die zum Zeitpunkt der Einlösung gültigen vollen Greenfee-Gebühren.
5. Gibt es Spielergruppen mit erhöhten Greenfee-Gebühren, ist ein Nachlass auf diese Gebühren nicht möglich.
6. Das Angebot allein berechtigt nicht zum Spiel gegen Greenfee. Die Erfüllung der Bestimmungen des jeweiligen Golfclubs zur Greenfee-Berechtigung (Mitgliedschaft in einem Golfclub, Mindesthandicap etc.) zum Zeitpunkt der Einlösung sind Voraussetzung.
7. Es ist untersagt, den Greenfee-Gutschein entgeltlich Dritten zu überlassen bzw. mit diesen Handel zu treiben. Insbesondere sind die teilnehmenden Golfclubs in diesem Falle berechtigt, die Einlösung der ausgeschriebenen Angebote zu verweigern.
8. Die teilnehmenden Golfclubs haben sich gegenüber dem Verlag unter den o.g. Bedingungen verpflichtet, die ausgeschriebenen Angebote einzulösen. Der Verlag übernimmt jedoch keine Gewähr und keine Haftung, wenn ein Angebot nicht eingelöst wird oder werden kann.

Bedingungen zur Einlösung des Discounts:
1. Das Angebot ist einschließlich bis 30.6.2024 gültig.
2. Der Golfspieler/Leser hat sich telefonisch eine Abschlagzeit geben zu lassen – dabei ist die Nutzung des Angebots anzugeben.
3. Eine Barauszahlung des Greenfee-Vorteils ist nicht möglich.
4. Das Kombinieren von Angeboten oder bestehenden Greenfee-Vorteilen ist nicht möglich. Der Vorteil bezieht sich jeweils ausschließlich auf die zum Zeitpunkt der Einlösung gültigen vollen Greenfee-Gebühren.
5. Gibt es Spielergruppen mit erhöhten Greenfee-Gebühren, ist ein Nachlass auf diese Gebühren nicht möglich.
6. Das Angebot allein berechtigt nicht zum Spiel gegen Greenfee. Die Erfüllung der Bestimmungen des jeweiligen Golfclubs zur Greenfee-Berechtigung (Mitgliedschaft in einem Golfclub, Mindesthandicap etc.) zum Zeitpunkt der Einlösung sind Voraussetzung.
7. Es ist untersagt, den Greenfee-Gutschein entgeltlich Dritten zu überlassen bzw. mit diesen Handel zu treiben. Insbesondere sind die teilnehmenden Golfclubs in diesem Falle berechtigt, die Einlösung der ausgeschriebenen Angebote zu verweigern.
8. Die teilnehmenden Golfclubs haben sich gegenüber dem Verlag unter den o.g. Bedingungen verpflichtet, die ausgeschriebenen Angebote einzulösen. Der Verlag übernimmt jedoch keine Gewähr und keine Haftung, wenn ein Angebot nicht eingelöst wird oder werden kann.

Bedingungen zur Einlösung des Discounts:
1. Das Angebot ist einschließlich bis 30.6.2024 gültig.
2. Der Golfspieler/Leser hat sich telefonisch eine Abschlagzeit geben zu lassen – dabei ist die Nutzung des Angebots anzugeben.
3. Eine Barauszahlung des Greenfee-Vorteils ist nicht möglich.
4. Das Kombinieren von Angeboten oder bestehenden Greenfee-Vorteilen ist nicht möglich. Der Vorteil bezieht sich jeweils ausschließlich auf die zum Zeitpunkt der Einlösung gültigen vollen Greenfee-Gebühren.
5. Gibt es Spielergruppen mit erhöhten Greenfee-Gebühren, ist ein Nachlass auf diese Gebühren nicht möglich.
6. Das Angebot allein berechtigt nicht zum Spiel gegen Greenfee. Die Erfüllung der Bestimmungen des jeweiligen Golfclubs zur Greenfee-Berechtigung (Mitgliedschaft in einem Golfclub, Mindesthandicap etc.) zum Zeitpunkt der Einlösung sind Voraussetzung.
7. Es ist untersagt, den Greenfee-Gutschein entgeltlich Dritten zu überlassen bzw. mit diesen Handel zu treiben. Insbesondere sind die teilnehmenden Golfclubs in diesem Falle berechtigt, die Einlösung der ausgeschriebenen Angebote zu verweigern.
8. Die teilnehmenden Golfclubs haben sich gegenüber dem Verlag unter den o.g. Bedingungen verpflichtet, die ausgeschriebenen Angebote einzulösen. Der Verlag übernimmt jedoch keine Gewähr und keine Haftung, wenn ein Angebot nicht eingelöst wird oder werden kann.

Bedingungen zur Einlösung des Discounts:
1. Das Angebot ist einschließlich bis 30.6.2024 gültig.
2. Der Golfspieler/Leser hat sich telefonisch eine Abschlagzeit geben zu lassen – dabei ist die Nutzung des Angebots anzugeben.
3. Eine Barauszahlung des Greenfee-Vorteils ist nicht möglich.
4. Das Kombinieren von Angeboten oder bestehenden Greenfee-Vorteilen ist nicht möglich. Der Vorteil bezieht sich jeweils ausschließlich auf die zum Zeitpunkt der Einlösung gültigen vollen Greenfee-Gebühren.
5. Gibt es Spielergruppen mit erhöhten Greenfee-Gebühren, ist ein Nachlass auf diese Gebühren nicht möglich.
6. Das Angebot allein berechtigt nicht zum Spiel gegen Greenfee. Die Erfüllung der Bestimmungen des jeweiligen Golfclubs zur Greenfee-Berechtigung (Mitgliedschaft in einem Golfclub, Mindesthandicap etc.) zum Zeitpunkt der Einlösung sind Voraussetzung.
7. Es ist untersagt, den Greenfee-Gutschein entgeltlich Dritten zu überlassen bzw. mit diesen Handel zu treiben. Insbesondere sind die teilnehmenden Golfclubs in diesem Falle berechtigt, die Einlösung der ausgeschriebenen Angebote zu verweigern.
8. Die teilnehmenden Golfclubs haben sich gegenüber dem Verlag unter den o.g. Bedingungen verpflichtet, die ausgeschriebenen Angebote einzulösen. Der Verlag übernimmt jedoch keine Gewähr und keine Haftung, wenn ein Angebot nicht eingelöst wird oder werden kann.

Bedingungen zur Einlösung des Discounts:
1. Das Angebot ist einschließlich bis 30.6.2024 gültig.
2. Der Golfspieler/Leser hat sich telefonisch eine Abschlagzeit geben zu lassen – dabei ist die Nutzung des Angebots anzugeben.
3. Eine Barauszahlung des Greenfee-Vorteils ist nicht möglich.
4. Das Kombinieren von Angeboten oder bestehenden Greenfee-Vorteilen ist nicht möglich. Der Vorteil bezieht sich jeweils ausschließlich auf die zum Zeitpunkt der Einlösung gültigen vollen Greenfee-Gebühren.
5. Gibt es Spielergruppen mit erhöhten Greenfee-Gebühren, ist ein Nachlass auf diese Gebühren nicht möglich.
6. Das Angebot allein berechtigt nicht zum Spiel gegen Greenfee. Die Erfüllung der Bestimmungen des jeweiligen Golfclubs zur Greenfee-Berechtigung (Mitgliedschaft in einem Golfclub, Mindesthandicap etc.) zum Zeitpunkt der Einlösung sind Voraussetzung.
7. Es ist untersagt, den Greenfee-Gutschein entgeltlich Dritten zu überlassen bzw. mit diesen Handel zu treiben. Insbesondere sind die teilnehmenden Golfclubs in diesem Falle berechtigt, die Einlösung der ausgeschriebenen Angebote zu verweigern.
8. Die teilnehmenden Golfclubs haben sich gegenüber dem Verlag unter den o.g. Bedingungen verpflichtet, die ausgeschriebenen Angebote einzulösen. Der Verlag übernimmt jedoch keine Gewähr und keine Haftung, wenn ein Angebot nicht eingelöst wird oder werden kann.

Diese Gutscheine gelten nur in Verbindung mit dem Buch/Albrecht Golf Card

Diese Gutscheine gelten nur in Verbindung mit dem Buch/Albrecht Golf Card

DER GOLF ALBRECHT

Golf-Club Erding Grünbach e.V. DE

Kellerberg 13
D-85461 Grünbach-Erding
✆ 08122-49650
Bayern

237

2 for 1 2 GF zum Preis von 1

DER GOLF ALBRECHT

Golf-Club Erding Grünbach e.V. DE

Kellerberg 13
D-85461 Grünbach-Erding
✆ 08122-49650
Bayern

237

20% Greenfee-Ermäßigung

DER GOLF ALBRECHT

Golf-Club Erding Grünbach e.V. DE

Kellerberg 13
D-85461 Grünbach-Erding
✆ 08122-49650
Bayern

237

20% Greenfee-Ermäßigung

DER GOLF ALBRECHT

Golfclub München-West Odelzhausen e.V. DE

Todtenried 3
D-85235 Odelzhausen
✆ 08134-99880
Bayern

238

2 for 1 2 GF zum Preis von 1

DER GOLF ALBRECHT

Golfclub München-West Odelzhausen e.V. DE

Todtenried 3
D-85235 Odelzhausen
✆ 08134-99880
Bayern

238

2 for 1 2 GF zum Preis von 1

DER GOLF ALBRECHT

Golfclub München-West Odelzhausen e.V. DE

Todtenried 3
D-85235 Odelzhausen
✆ 08134-99880
Bayern

238

25% Greenfee-Ermäßigung

DER GOLF ALBRECHT

Golfclub München-West Odelzhausen e.V. DE

Todtenried 3
D-85235 Odelzhausen
✆ 08134-99880
Bayern

238

25% Greenfee-Ermäßigung

DER GOLF ALBRECHT

Golfclub Lechfeld e.V. DE

Föllstraße 32a
D-86343 Königsbrunn
✆ 08231-32637
Bayern

239

2 for 1 2 GF zum Preis von 1 wochentags

DER GOLF ALBRECHT

Golfclub Lechfeld e.V. DE

Föllstraße 32a
D-86343 Königsbrunn
✆ 08231-32637
Bayern

239

25% Greenfee-Ermäßigung wochentags

DER GOLF ALBRECHT

Golfclub Augsburg e.V. DE

Engelshofer Straße 2
D-86399 Bobingen-Burgwalden
✆ 08234-5621
Bayern

240

2 for 1 2 GF zum Preis von 1 wochentags

Bedingungen zur Einlösung des Discounts:
1. Das Angebot ist einschließlich bis 30.6.2024 gültig.
2. Der Golfspieler/Leser hat sich telefonisch eine Abschlagzeit geben zu lassen – dabei ist die Nutzung des Angebots anzugeben.
3. Eine Barauszahlung des Greenfee-Vorteils ist nicht möglich.
4. Das Kombinieren von Angeboten oder bestehenden Greenfee-Vorteilen ist nicht möglich. Der Vorteil bezieht sich jeweils ausschließlich auf die zum Zeitpunkt der Einlösung gültigen vollen Greenfee-Gebühren.
5. Gibt es Spielergruppen mit erhöhten Greenfee-Gebühren, ist ein Nachlass auf diese Gebühren nicht möglich.
6. Das Angebot allein berechtigt nicht zum Spiel gegen Greenfee. Die Erfüllung der Bestimmungen des jeweiligen Golfclubs zur Greenfee-Berechtigung (Mitgliedschaft in einem Golfclub, Mindesthandicap etc.) zum Zeitpunkt der Einlösung sind Voraussetzung.
7. Es ist untersagt, den Greenfee-Gutschein entgeltlich Dritten zu überlassen bzw. mit diesen Handel zu treiben. Insbesondere sind die teilnehmenden Golfclubs in diesem Falle berechtigt, die Einlösung der ausgeschriebenen Angebote zu verweigern.
8. Die teilnehmenden Golfclubs haben sich gegenüber dem Verlag unter den o.g. Bedingungen verpflichtet, die ausgeschriebenen Angebote einzulösen. Der Verlag übernimmt jedoch keine Gewähr und keine Haftung, wenn ein Angebot nicht eingelöst wird oder werden kann.

Bedingungen zur Einlösung des Discounts:
1. Das Angebot ist einschließlich bis 30.6.2024 gültig.
2. Der Golfspieler/Leser hat sich telefonisch eine Abschlagzeit geben zu lassen – dabei ist die Nutzung des Angebots anzugeben.
3. Eine Barauszahlung des Greenfee-Vorteils ist nicht möglich.
4. Das Kombinieren von Angeboten oder bestehenden Greenfee-Vorteilen ist nicht möglich. Der Vorteil bezieht sich jeweils ausschließlich auf die zum Zeitpunkt der Einlösung gültigen vollen Greenfee-Gebühren.
5. Gibt es Spielergruppen mit erhöhten Greenfee-Gebühren, ist ein Nachlass auf diese Gebühren nicht möglich.
6. Das Angebot allein berechtigt nicht zum Spiel gegen Greenfee. Die Erfüllung der Bestimmungen des jeweiligen Golfclubs zur Greenfee-Berechtigung (Mitgliedschaft in einem Golfclub, Mindesthandicap etc.) zum Zeitpunkt der Einlösung sind Voraussetzung.
7. Es ist untersagt, den Greenfee-Gutschein entgeltlich Dritten zu überlassen bzw. mit diesen Handel zu treiben. Insbesondere sind die teilnehmenden Golfclubs in diesem Falle berechtigt, die Einlösung der ausgeschriebenen Angebote zu verweigern.
8. Die teilnehmenden Golfclubs haben sich gegenüber dem Verlag unter den o.g. Bedingungen verpflichtet, die ausgeschriebenen Angebote einzulösen. Der Verlag übernimmt jedoch keine Gewähr und keine Haftung, wenn ein Angebot nicht eingelöst wird oder werden kann.

Bedingungen zur Einlösung des Discounts:
1. Das Angebot ist einschließlich bis 30.6.2024 gültig.
2. Der Golfspieler/Leser hat sich telefonisch eine Abschlagzeit geben zu lassen – dabei ist die Nutzung des Angebots anzugeben.
3. Eine Barauszahlung des Greenfee-Vorteils ist nicht möglich.
4. Das Kombinieren von Angeboten oder bestehenden Greenfee-Vorteilen ist nicht möglich. Der Vorteil bezieht sich jeweils ausschließlich auf die zum Zeitpunkt der Einlösung gültigen vollen Greenfee-Gebühren.
5. Gibt es Spielergruppen mit erhöhten Greenfee-Gebühren, ist ein Nachlass auf diese Gebühren nicht möglich.
6. Das Angebot allein berechtigt nicht zum Spiel gegen Greenfee. Die Erfüllung der Bestimmungen des jeweiligen Golfclubs zur Greenfee-Berechtigung (Mitgliedschaft in einem Golfclub, Mindesthandicap etc.) zum Zeitpunkt der Einlösung sind Voraussetzung.
7. Es ist untersagt, den Greenfee-Gutschein entgeltlich Dritten zu überlassen bzw. mit diesen Handel zu treiben. Insbesondere sind die teilnehmenden Golfclubs in diesem Falle berechtigt, die Einlösung der ausgeschriebenen Angebote zu verweigern.
8. Die teilnehmenden Golfclubs haben sich gegenüber dem Verlag unter den o.g. Bedingungen verpflichtet, die ausgeschriebenen Angebote einzulösen. Der Verlag übernimmt jedoch keine Gewähr und keine Haftung, wenn ein Angebot nicht eingelöst wird oder werden kann.

Bedingungen zur Einlösung des Discounts:
1. Das Angebot ist einschließlich bis 30.6.2024 gültig.
2. Der Golfspieler/Leser hat sich telefonisch eine Abschlagzeit geben zu lassen – dabei ist die Nutzung des Angebots anzugeben.
3. Eine Barauszahlung des Greenfee-Vorteils ist nicht möglich.
4. Das Kombinieren von Angeboten oder bestehenden Greenfee-Vorteilen ist nicht möglich. Der Vorteil bezieht sich jeweils ausschließlich auf die zum Zeitpunkt der Einlösung gültigen vollen Greenfee-Gebühren.
5. Gibt es Spielergruppen mit erhöhten Greenfee-Gebühren, ist ein Nachlass auf diese Gebühren nicht möglich.
6. Das Angebot allein berechtigt nicht zum Spiel gegen Greenfee. Die Erfüllung der Bestimmungen des jeweiligen Golfclubs zur Greenfee-Berechtigung (Mitgliedschaft in einem Golfclub, Mindesthandicap etc.) zum Zeitpunkt der Einlösung sind Voraussetzung.
7. Es ist untersagt, den Greenfee-Gutschein entgeltlich Dritten zu überlassen bzw. mit diesen Handel zu treiben. Insbesondere sind die teilnehmenden Golfclubs in diesem Falle berechtigt, die Einlösung der ausgeschriebenen Angebote zu verweigern.
8. Die teilnehmenden Golfclubs haben sich gegenüber dem Verlag unter den o.g. Bedingungen verpflichtet, die ausgeschriebenen Angebote einzulösen. Der Verlag übernimmt jedoch keine Gewähr und keine Haftung, wenn ein Angebot nicht eingelöst wird oder werden kann.

Bedingungen zur Einlösung des Discounts:
1. Das Angebot ist einschließlich bis 30.6.2024 gültig.
2. Der Golfspieler/Leser hat sich telefonisch eine Abschlagzeit geben zu lassen – dabei ist die Nutzung des Angebots anzugeben.
3. Eine Barauszahlung des Greenfee-Vorteils ist nicht möglich.
4. Das Kombinieren von Angeboten oder bestehenden Greenfee-Vorteilen ist nicht möglich. Der Vorteil bezieht sich jeweils ausschließlich auf die zum Zeitpunkt der Einlösung gültigen vollen Greenfee-Gebühren.
5. Gibt es Spielergruppen mit erhöhten Greenfee-Gebühren, ist ein Nachlass auf diese Gebühren nicht möglich.
6. Das Angebot allein berechtigt nicht zum Spiel gegen Greenfee. Die Erfüllung der Bestimmungen des jeweiligen Golfclubs zur Greenfee-Berechtigung (Mitgliedschaft in einem Golfclub, Mindesthandicap etc.) zum Zeitpunkt der Einlösung sind Voraussetzung.
7. Es ist untersagt, den Greenfee-Gutschein entgeltlich Dritten zu überlassen bzw. mit diesen Handel zu treiben. Insbesondere sind die teilnehmenden Golfclubs in diesem Falle berechtigt, die Einlösung der ausgeschriebenen Angebote zu verweigern.
8. Die teilnehmenden Golfclubs haben sich gegenüber dem Verlag unter den o.g. Bedingungen verpflichtet, die ausgeschriebenen Angebote einzulösen. Der Verlag übernimmt jedoch keine Gewähr und keine Haftung, wenn ein Angebot nicht eingelöst wird oder werden kann.

Bedingungen zur Einlösung des Discounts:
1. Das Angebot ist einschließlich bis 30.6.2024 gültig.
2. Der Golfspieler/Leser hat sich telefonisch eine Abschlagzeit geben zu lassen – dabei ist die Nutzung des Angebots anzugeben.
3. Eine Barauszahlung des Greenfee-Vorteils ist nicht möglich.
4. Das Kombinieren von Angeboten oder bestehenden Greenfee-Vorteilen ist nicht möglich. Der Vorteil bezieht sich jeweils ausschließlich auf die zum Zeitpunkt der Einlösung gültigen vollen Greenfee-Gebühren.
5. Gibt es Spielergruppen mit erhöhten Greenfee-Gebühren, ist ein Nachlass auf diese Gebühren nicht möglich.
6. Das Angebot allein berechtigt nicht zum Spiel gegen Greenfee. Die Erfüllung der Bestimmungen des jeweiligen Golfclubs zur Greenfee-Berechtigung (Mitgliedschaft in einem Golfclub, Mindesthandicap etc.) zum Zeitpunkt der Einlösung sind Voraussetzung.
7. Es ist untersagt, den Greenfee-Gutschein entgeltlich Dritten zu überlassen bzw. mit diesen Handel zu treiben. Insbesondere sind die teilnehmenden Golfclubs in diesem Falle berechtigt, die Einlösung der ausgeschriebenen Angebote zu verweigern.
8. Die teilnehmenden Golfclubs haben sich gegenüber dem Verlag unter den o.g. Bedingungen verpflichtet, die ausgeschriebenen Angebote einzulösen. Der Verlag übernimmt jedoch keine Gewähr und keine Haftung, wenn ein Angebot nicht eingelöst wird oder werden kann.

Bedingungen zur Einlösung des Discounts:
1. Das Angebot ist einschließlich bis 30.6.2024 gültig
2. Der Golfspieler/Leser hat sich telefonisch eine Abschlagzeit geben zu lassen – dabei ist die Nutzung des Angebots anzugeben.
3. Eine Barauszahlung des Greenfee-Vorteils ist nicht möglich.
4. Das Kombinieren von Angeboten oder bestehenden Greenfee-Vorteilen ist nicht möglich. Der Vorteil bezieht sich jeweils ausschließlich auf die zum Zeitpunkt der Einlösung gültigen vollen Greenfee-Gebühren.
5. Gibt es Spielergruppen mit erhöhten Greenfee-Gebühren, ist ein Nachlass auf diese Gebühren nicht möglich.
6. Das Angebot allein berechtigt nicht zum Spiel gegen Greenfee. Die Erfüllung der Bestimmungen des jeweiligen Golfclubs zur Greenfee-Berechtigung (Mitgliedschaft in einem Golfclub, Mindesthandicap etc.) zum Zeitpunkt der Einlösung sind Voraussetzung.
7. Es ist untersagt, den Greenfee-Gutschein entgeltlich Dritten zu überlassen bzw. mit diesen Handel zu treiben. Insbesondere sind die teilnehmenden Golfclubs in diesem Falle berechtigt, die Einlösung der ausgeschriebenen Angebote zu verweigern.
8. Die teilnehmenden Golfclubs haben sich gegenüber dem Verlag unter den o.g. Bedingungen verpflichtet, die ausgeschriebenen Angebote einzulösen. Der Verlag übernimmt jedoch keine Gewähr und keine Haftung, wenn ein Angebot nicht eingelöst wird oder werden kann.

Bedingungen zur Einlösung des Discounts:
1. Das Angebot ist einschließlich bis 30.6.2024 gültig.
2. Der Golfspieler/Leser hat sich telefonisch eine Abschlagzeit geben zu lassen – dabei ist die Nutzung des Angebots anzugeben.
3. Eine Barauszahlung des Greenfee-Vorteils ist nicht möglich.
4. Das Kombinieren von Angeboten oder bestehenden Greenfee-Vorteilen ist nicht möglich. Der Vorteil bezieht sich jeweils ausschließlich auf die zum Zeitpunkt der Einlösung gültigen vollen Greenfee-Gebühren.
5. Gibt es Spielergruppen mit erhöhten Greenfee-Gebühren, ist ein Nachlass auf diese Gebühren nicht möglich.
6. Das Angebot allein berechtigt nicht zum Spiel gegen Greenfee. Die Erfüllung der Bestimmungen des jeweiligen Golfclubs zur Greenfee-Berechtigung (Mitgliedschaft in einem Golfclub, Mindesthandicap etc.) zum Zeitpunkt der Einlösung sind Voraussetzung.
7. Es ist untersagt, den Greenfee-Gutschein entgeltlich Dritten zu überlassen bzw. mit diesen Handel zu treiben. Insbesondere sind die teilnehmenden Golfclubs in diesem Falle berechtigt, die Einlösung der ausgeschriebenen Angebote zu verweigern.
8. Die teilnehmenden Golfclubs haben sich gegenüber dem Verlag unter den o.g. Bedingungen verpflichtet, die ausgeschriebenen Angebote einzulösen. Der Verlag übernimmt jedoch keine Gewähr und keine Haftung, wenn ein Angebot nicht eingelöst wird oder werden kann.

Bedingungen zur Einlösung des Discounts:
1. Das Angebot ist einschließlich bis 30.6.2024 gültig.
2. Der Golfspieler/Leser hat sich telefonisch eine Abschlagzeit geben zu lassen – dabei ist die Nutzung des Angebots anzugeben.
3. Eine Barauszahlung des Greenfee-Vorteils ist nicht möglich.
4. Das Kombinieren von Angeboten oder bestehenden Greenfee-Vorteilen ist nicht möglich. Der Vorteil bezieht sich jeweils ausschließlich auf die zum Zeitpunkt der Einlösung gültigen vollen Greenfee-Gebühren.
5. Gibt es Spielergruppen mit erhöhten Greenfee-Gebühren, ist ein Nachlass auf diese Gebühren nicht möglich.
6. Das Angebot allein berechtigt nicht zum Spiel gegen Greenfee. Die Erfüllung der Bestimmungen des jeweiligen Golfclubs zur Greenfee-Berechtigung (Mitgliedschaft in einem Golfclub, Mindesthandicap etc.) zum Zeitpunkt der Einlösung sind Voraussetzung.
7. Es ist untersagt, den Greenfee-Gutschein entgeltlich Dritten zu überlassen bzw. mit diesen Handel zu treiben. Insbesondere sind die teilnehmenden Golfclubs in diesem Falle berechtigt, die Einlösung der ausgeschriebenen Angebote zu verweigern.
8. Die teilnehmenden Golfclubs haben sich gegenüber dem Verlag unter den o.g. Bedingungen verpflichtet, die ausgeschriebenen Angebote einzulösen. Der Verlag übernimmt jedoch keine Gewähr und keine Haftung, wenn ein Angebot nicht eingelöst wird oder werden kann.

Bedingungen zur Einlösung des Discounts:
1. Das Angebot ist einschließlich bis 30.6.2024 gültig.
2. Der Golfspieler/Leser hat sich telefonisch eine Abschlagzeit geben zu lassen – dabei ist die Nutzung des Angebots anzugeben.
3. Eine Barauszahlung des Greenfee-Vorteils ist nicht möglich.
4. Das Kombinieren von Angeboten oder bestehenden Greenfee-Vorteilen ist nicht möglich. Der Vorteil bezieht sich jeweils ausschließlich auf die zum Zeitpunkt der Einlösung gültigen vollen Greenfee-Gebühren.
5. Gibt es Spielergruppen mit erhöhten Greenfee-Gebühren, ist ein Nachlass auf diese Gebühren nicht möglich.
6. Das Angebot allein berechtigt nicht zum Spiel gegen Greenfee. Die Erfüllung der Bestimmungen des jeweiligen Golfclubs zur Greenfee-Berechtigung (Mitgliedschaft in einem Golfclub, Mindesthandicap etc.) zum Zeitpunkt der Einlösung sind Voraussetzung.
7. Es ist untersagt, den Greenfee-Gutschein entgeltlich Dritten zu überlassen bzw. mit diesen Handel zu treiben. Insbesondere sind die teilnehmenden Golfclubs in diesem Falle berechtigt, die Einlösung der ausgeschriebenen Angebote zu verweigern.
8. Die teilnehmenden Golfclubs haben sich gegenüber dem Verlag unter den o.g. Bedingungen verpflichtet, die ausgeschriebenen Angebote einzulösen. Der Verlag übernimmt jedoch keine Gewähr und keine Haftung, wenn ein Angebot nicht eingelöst wird oder werden kann.

Diese Gutscheine gelten nur in Verbindung mit dem Buch/Albrecht Golf Card

Diese Gutscheine gelten nur in Verbindung mit dem Buch/Albrecht Golf Card

DER GOLF ALBRECHT

Golfclub Augsburg e.V.

DE

Engelshofer Straße 2
D-86399 Bobingen-Burgwalden
✆ 08234-5621
Bayern

240

2 for 1 — 2 GF zum Preis von 1 wochentags

DER GOLF ALBRECHT

Golfclub Augsburg e.V.

DE

Engelshofer Straße 2
D-86399 Bobingen-Burgwalden
✆ 08234-5621
Bayern

240

20% — Greenfee-Ermäßigung wochentags

DER GOLF ALBRECHT

Golfclub Augsburg e.V.

DE

Engelshofer Straße 2
D-86399 Bobingen-Burgwalden
✆ 08234-5621
Bayern

240

20% — Greenfee-Ermäßigung wochentags

DER GOLF ALBRECHT

Golfclub Tegernbach e.V.

DE

Kapellenweg 1
D-82293 Tegernbach
✆ 08202-905700
Bayern

241

20% — Greenfee-Ermäßigung

DER GOLF ALBRECHT

Golfclub Tegernbach e.V.

DE

Kapellenweg 1
D-82293 Tegernbach
✆ 08202-905700
Bayern

241

20% — Greenfee-Ermäßigung

DER GOLF ALBRECHT

Golfclub Königsbrunn e.V.

DE

Benzstraße 23
D-86343 Königsbrunn
✆ 08231-32772
Bayern

242

2 for 1 — 2 GF zum Preis von 1 wochentags

DER GOLF ALBRECHT

Golfclub Königsbrunn e.V.

DE

Benzstraße 23
D-86343 Königsbrunn
✆ 08231-32772
Bayern

242

2 for 1 — 2 GF zum Preis von 1 wochentags

DER GOLF ALBRECHT

Bavarian Golfclub München-Eicherloh e.V.

DE

Vordere Moosstraße 19
D-85464 Eicherloh
✆ 08123-1064
Bayern

243

2 for 1 — 2 GF zum Preis von 1

DER GOLF ALBRECHT

Bavarian Golfclub München-Eicherloh e.V.

DE

Vordere Moosstraße 19
D-85464 Eicherloh
✆ 08123-1064
Bayern

243

30% — Greenfee-Ermäßigung

DER GOLF ALBRECHT

Golfclub Altötting-Burghausen e.V.

DE

Piesing 4
D-84533 Haiming
✆ 08678-986903
Bayern

244

2 for 1 — 2 GF zum Preis von 1

Bedingungen zur Einlösung des Discounts:
1. Das Angebot ist einschließlich bis 30.6.2024 gültig.
2. Der Golfspieler/Leser hat sich telefonisch eine Abschlagzeit geben zu lassen – dabei ist die Nutzung des Angebots anzugeben.
3. Eine Barauszahlung des Greenfee-Vorteils ist nicht möglich.
4. Das Kombinieren von Angeboten oder bestehenden Greenfee-Vorteilen ist nicht möglich. Der Vorteil bezieht sich jeweils ausschließlich auf die zum Zeitpunkt der Einlösung gültigen vollen Greenfee-Gebühren.
5. Gibt es Spielergruppen mit erhöhten Greenfee-Gebühren, ist ein Nachlass auf diese Gebühren nicht möglich.
6. Das Angebot allein berechtigt nicht zum Spiel gegen Greenfee. Die Erfüllung der Bestimmungen des jeweiligen Golfclubs zur Greenfee-Berechtigung (Mitgliedschaft in einem Golfclub, Mindesthandicap etc.) zum Zeitpunkt der Einlösung sind Voraussetzung.
7. Es ist untersagt, den Greenfee-Gutschein entgeltlich Dritten zu überlassen bzw. mit diesen Handel zu treiben. Insbesondere sind die teilnehmenden Golfclubs in diesem Falle berechtigt, die Einlösung der ausgeschriebenen Angebote zu verweigern.
8. Die teilnehmenden Golfclubs haben sich gegenüber dem Verlag unter den o.g. Bedingungen verpflichtet, die ausgeschriebenen Angebote einzulösen. Der Verlag übernimmt jedoch keine Gewähr und keine Haftung, wenn ein Angebot nicht eingelöst wird oder werden kann.

Bedingungen zur Einlösung des Discounts:
1. Das Angebot ist einschließlich bis 30.6.2024 gültig.
2. Der Golfspieler/Leser hat sich telefonisch eine Abschlagzeit geben zu lassen – dabei ist die Nutzung des Angebots anzugeben.
3. Eine Barauszahlung des Greenfee-Vorteils ist nicht möglich.
4. Das Kombinieren von Angeboten oder bestehenden Greenfee-Vorteilen ist nicht möglich. Der Vorteil bezieht sich jeweils ausschließlich auf die zum Zeitpunkt der Einlösung gültigen vollen Greenfee-Gebühren.
5. Gibt es Spielergruppen mit erhöhten Greenfee-Gebühren, ist ein Nachlass auf diese Gebühren nicht möglich.
6. Das Angebot allein berechtigt nicht zum Spiel gegen Greenfee. Die Erfüllung der Bestimmungen des jeweiligen Golfclubs zur Greenfee-Berechtigung (Mitgliedschaft in einem Golfclub, Mindesthandicap etc.) zum Zeitpunkt der Einlösung sind Voraussetzung.
7. Es ist untersagt, den Greenfee-Gutschein entgeltlich Dritten zu überlassen bzw. mit diesen Handel zu treiben. Insbesondere sind die teilnehmenden Golfclubs in diesem Falle berechtigt, die Einlösung der ausgeschriebenen Angebote zu verweigern.
8. Die teilnehmenden Golfclubs haben sich gegenüber dem Verlag unter den o.g. Bedingungen verpflichtet, die ausgeschriebenen Angebote einzulösen. Der Verlag übernimmt jedoch keine Gewähr und keine Haftung, wenn ein Angebot nicht eingelöst wird oder werden kann.

Bedingungen zur Einlösung des Discounts:
1. Das Angebot ist einschließlich bis 30.6.2024 gültig.
2. Der Golfspieler/Leser hat sich telefonisch eine Abschlagzeit geben zu lassen – dabei ist die Nutzung des Angebots anzugeben.
3. Eine Barauszahlung des Greenfee-Vorteils ist nicht möglich.
4. Das Kombinieren von Angeboten oder bestehenden Greenfee-Vorteilen ist nicht möglich. Der Vorteil bezieht sich jeweils ausschließlich auf die zum Zeitpunkt der Einlösung gültigen vollen Greenfee-Gebühren.
5. Gibt es Spielergruppen mit erhöhten Greenfee-Gebühren, ist ein Nachlass auf diese Gebühren nicht möglich.
6. Das Angebot allein berechtigt nicht zum Spiel gegen Greenfee. Die Erfüllung der Bestimmungen des jeweiligen Golfclubs zur Greenfee-Berechtigung (Mitgliedschaft in einem Golfclub, Mindesthandicap etc.) zum Zeitpunkt der Einlösung sind Voraussetzung.
7. Es ist untersagt, den Greenfee-Gutschein entgeltlich Dritten zu überlassen bzw. mit diesen Handel zu treiben. Insbesondere sind die teilnehmenden Golfclubs in diesem Falle berechtigt, die Einlösung der ausgeschriebenen Angebote zu verweigern.
8. Die teilnehmenden Golfclubs haben sich gegenüber dem Verlag unter den o.g. Bedingungen verpflichtet, die ausgeschriebenen Angebote einzulösen. Der Verlag übernimmt jedoch keine Gewähr und keine Haftung, wenn ein Angebot nicht eingelöst wird oder werden kann.

Bedingungen zur Einlösung des Discounts:
1. Das Angebot ist einschließlich bis 30.6.2024 gültig.
2. Der Golfspieler/Leser hat sich telefonisch eine Abschlagzeit geben zu lassen – dabei ist die Nutzung des Angebots anzugeben.
3. Eine Barauszahlung des Greenfee-Vorteils ist nicht möglich.
4. Das Kombinieren von Angeboten oder bestehenden Greenfee-Vorteilen ist nicht möglich. Der Vorteil bezieht sich jeweils ausschließlich auf die zum Zeitpunkt der Einlösung gültigen vollen Greenfee-Gebühren.
5. Gibt es Spielergruppen mit erhöhten Greenfee-Gebühren, ist ein Nachlass auf diese Gebühren nicht möglich.
6. Das Angebot allein berechtigt nicht zum Spiel gegen Greenfee. Die Erfüllung der Bestimmungen des jeweiligen Golfclubs zur Greenfee-Berechtigung (Mitgliedschaft in einem Golfclub, Mindesthandicap etc.) zum Zeitpunkt der Einlösung sind Voraussetzung.
7. Es ist untersagt, den Greenfee-Gutschein entgeltlich Dritten zu überlassen bzw. mit diesen Handel zu treiben. Insbesondere sind die teilnehmenden Golfclubs in diesem Falle berechtigt, die Einlösung der ausgeschriebenen Angebote zu verweigern.
8. Die teilnehmenden Golfclubs haben sich gegenüber dem Verlag unter den o.g. Bedingungen verpflichtet, die ausgeschriebenen Angebote einzulösen. Der Verlag übernimmt jedoch keine Gewähr und keine Haftung, wenn ein Angebot nicht eingelöst wird oder werden kann.

Bedingungen zur Einlösung des Discounts:
1. Das Angebot ist einschließlich bis 30.6.2024 gültig.
2. Der Golfspieler/Leser hat sich telefonisch eine Abschlagzeit geben zu lassen – dabei ist die Nutzung des Angebots anzugeben.
3. Eine Barauszahlung des Greenfee-Vorteils ist nicht möglich.
4. Das Kombinieren von Angeboten oder bestehenden Greenfee-Vorteilen ist nicht möglich. Der Vorteil bezieht sich jeweils ausschließlich auf die zum Zeitpunkt der Einlösung gültigen vollen Greenfee-Gebühren.
5. Gibt es Spielergruppen mit erhöhten Greenfee-Gebühren, ist ein Nachlass auf diese Gebühren nicht möglich.
6. Das Angebot allein berechtigt nicht zum Spiel gegen Greenfee. Die Erfüllung der Bestimmungen des jeweiligen Golfclubs zur Greenfee-Berechtigung (Mitgliedschaft in einem Golfclub, Mindesthandicap etc.) zum Zeitpunkt der Einlösung sind Voraussetzung.
7. Es ist untersagt, den Greenfee-Gutschein entgeltlich Dritten zu überlassen bzw. mit diesen Handel zu treiben. Insbesondere sind die teilnehmenden Golfclubs in diesem Falle berechtigt, die Einlösung der ausgeschriebenen Angebote zu verweigern.
8. Die teilnehmenden Golfclubs haben sich gegenüber dem Verlag unter den o.g. Bedingungen verpflichtet, die ausgeschriebenen Angebote einzulösen. Der Verlag übernimmt jedoch keine Gewähr und keine Haftung, wenn ein Angebot nicht eingelöst wird oder werden kann.

Bedingungen zur Einlösung des Discounts:
1. Das Angebot ist einschließlich bis 30.6.2024 gültig.
2. Der Golfspieler/Leser hat sich telefonisch eine Abschlagzeit geben zu lassen – dabei ist die Nutzung des Angebots anzugeben.
3. Eine Barauszahlung des Greenfee-Vorteils ist nicht möglich.
4. Das Kombinieren von Angeboten oder bestehenden Greenfee-Vorteilen ist nicht möglich. Der Vorteil bezieht sich jeweils ausschließlich auf die zum Zeitpunkt der Einlösung gültigen vollen Greenfee-Gebühren.
5. Gibt es Spielergruppen mit erhöhten Greenfee-Gebühren, ist ein Nachlass auf diese Gebühren nicht möglich.
6. Das Angebot allein berechtigt nicht zum Spiel gegen Greenfee. Die Erfüllung der Bestimmungen des jeweiligen Golfclubs zur Greenfee-Berechtigung (Mitgliedschaft in einem Golfclub, Mindesthandicap etc.) zum Zeitpunkt der Einlösung sind Voraussetzung.
7. Es ist untersagt, den Greenfee-Gutschein entgeltlich Dritten zu überlassen bzw. mit diesen Handel zu treiben. Insbesondere sind die teilnehmenden Golfclubs in diesem Falle berechtigt, die Einlösung der ausgeschriebenen Angebote zu verweigern.
8. Die teilnehmenden Golfclubs haben sich gegenüber dem Verlag unter den o.g. Bedingungen verpflichtet, die ausgeschriebenen Angebote einzulösen. Der Verlag übernimmt jedoch keine Gewähr und keine Haftung, wenn ein Angebot nicht eingelöst wird oder werden kann.

Bedingungen zur Einlösung des Discounts:
1. Das Angebot ist einschließlich bis 30.6.2024 gültig.
2. Der Golfspieler/Leser hat sich telefonisch eine Abschlagzeit geben zu lassen – dabei ist die Nutzung des Angebots anzugeben.
3. Eine Barauszahlung des Greenfee-Vorteils ist nicht möglich.
4. Das Kombinieren von Angeboten oder bestehenden Greenfee-Vorteilen ist nicht möglich. Der Vorteil bezieht sich jeweils ausschließlich auf die zum Zeitpunkt der Einlösung gültigen vollen Greenfee-Gebühren.
5. Gibt es Spielergruppen mit erhöhten Greenfee-Gebühren, ist ein Nachlass auf diese Gebühren nicht möglich.
6. Das Angebot allein berechtigt nicht zum Spiel gegen Greenfee. Die Erfüllung der Bestimmungen des jeweiligen Golfclubs zur Greenfee-Berechtigung (Mitgliedschaft in einem Golfclub, Mindesthandicap etc.) zum Zeitpunkt der Einlösung sind Voraussetzung.
7. Es ist untersagt, den Greenfee-Gutschein entgeltlich Dritten zu überlassen bzw. mit diesen Handel zu treiben. Insbesondere sind die teilnehmenden Golfclubs in diesem Falle berechtigt, die Einlösung der ausgeschriebenen Angebote zu verweigern.
8. Die teilnehmenden Golfclubs haben sich gegenüber dem Verlag unter den o.g. Bedingungen verpflichtet, die ausgeschriebenen Angebote einzulösen. Der Verlag übernimmt jedoch keine Gewähr und keine Haftung, wenn ein Angebot nicht eingelöst wird oder werden kann.

Bedingungen zur Einlösung des Discounts:
1. Das Angebot ist einschließlich bis 30.6.2024 gültig.
2. Der Golfspieler/Leser hat sich telefonisch eine Abschlagzeit geben zu lassen – dabei ist die Nutzung des Angebots anzugeben.
3. Eine Barauszahlung des Greenfee-Vorteils ist nicht möglich.
4. Das Kombinieren von Angeboten oder bestehenden Greenfee-Vorteilen ist nicht möglich. Der Vorteil bezieht sich jeweils ausschließlich auf die zum Zeitpunkt der Einlösung gültigen vollen Greenfee-Gebühren.
5. Gibt es Spielergruppen mit erhöhten Greenfee-Gebühren, ist ein Nachlass auf diese Gebühren nicht möglich.
6. Das Angebot allein berechtigt nicht zum Spiel gegen Greenfee. Die Erfüllung der Bestimmungen des jeweiligen Golfclubs zur Greenfee-Berechtigung (Mitgliedschaft in einem Golfclub, Mindesthandicap etc.) zum Zeitpunkt der Einlösung sind Voraussetzung.
7. Es ist untersagt, den Greenfee-Gutschein entgeltlich Dritten zu überlassen bzw. mit diesen Handel zu treiben. Insbesondere sind die teilnehmenden Golfclubs in diesem Falle berechtigt, die Einlösung der ausgeschriebenen Angebote zu verweigern.
8. Die teilnehmenden Golfclubs haben sich gegenüber dem Verlag unter den o.g. Bedingungen verpflichtet, die ausgeschriebenen Angebote einzulösen. Der Verlag übernimmt jedoch keine Gewähr und keine Haftung, wenn ein Angebot nicht eingelöst wird oder werden kann.

Bedingungen zur Einlösung des Discounts:
1. Das Angebot ist einschließlich bis 30.6.2024 gültig.
2. Der Golfspieler/Leser hat sich telefonisch eine Abschlagzeit geben zu lassen – dabei ist die Nutzung des Angebots anzugeben.
3. Eine Barauszahlung des Greenfee-Vorteils ist nicht möglich.
4. Das Kombinieren von Angeboten oder bestehenden Greenfee-Vorteilen ist nicht möglich. Der Vorteil bezieht sich jeweils ausschließlich auf die zum Zeitpunkt der Einlösung gültigen vollen Greenfee-Gebühren.
5. Gibt es Spielergruppen mit erhöhten Greenfee-Gebühren, ist ein Nachlass auf diese Gebühren nicht möglich.
6. Das Angebot allein berechtigt nicht zum Spiel gegen Greenfee. Die Erfüllung der Bestimmungen des jeweiligen Golfclubs zur Greenfee-Berechtigung (Mitgliedschaft in einem Golfclub, Mindesthandicap etc.) zum Zeitpunkt der Einlösung sind Voraussetzung.
7. Es ist untersagt, den Greenfee-Gutschein entgeltlich Dritten zu überlassen bzw. mit diesen Handel zu treiben. Insbesondere sind die teilnehmenden Golfclubs in diesem Falle berechtigt, die Einlösung der ausgeschriebenen Angebote zu verweigern.
8. Die teilnehmenden Golfclubs haben sich gegenüber dem Verlag unter den o.g. Bedingungen verpflichtet, die ausgeschriebenen Angebote einzulösen. Der Verlag übernimmt jedoch keine Gewähr und keine Haftung, wenn ein Angebot nicht eingelöst wird oder werden kann.

Bedingungen zur Einlösung des Discounts:
1. Das Angebot ist einschließlich bis 30.6.2024 gültig.
2. Der Golfspieler/Leser hat sich telefonisch eine Abschlagzeit geben zu lassen – dabei ist die Nutzung des Angebots anzugeben.
3. Eine Barauszahlung des Greenfee-Vorteils ist nicht möglich.
4. Das Kombinieren von Angeboten oder bestehenden Greenfee-Vorteilen ist nicht möglich. Der Vorteil bezieht sich jeweils ausschließlich auf die zum Zeitpunkt der Einlösung gültigen vollen Greenfee-Gebühren.
5. Gibt es Spielergruppen mit erhöhten Greenfee-Gebühren, ist ein Nachlass auf diese Gebühren nicht möglich.
6. Das Angebot allein berechtigt nicht zum Spiel gegen Greenfee. Die Erfüllung der Bestimmungen des jeweiligen Golfclubs zur Greenfee-Berechtigung (Mitgliedschaft in einem Golfclub, Mindesthandicap etc.) zum Zeitpunkt der Einlösung sind Voraussetzung.
7. Es ist untersagt, den Greenfee-Gutschein entgeltlich Dritten zu überlassen bzw. mit diesen Handel zu treiben. Insbesondere sind die teilnehmenden Golfclubs in diesem Falle berechtigt, die Einlösung der ausgeschriebenen Angebote zu verweigern.
8. Die teilnehmenden Golfclubs haben sich gegenüber dem Verlag unter den o.g. Bedingungen verpflichtet, die ausgeschriebenen Angebote einzulösen. Der Verlag übernimmt jedoch keine Gewähr und keine Haftung, wenn ein Angebot nicht eingelöst wird oder werden kann.

Diese Gutscheine gelten nur in Verbindung mit dem Buch/Albrecht Golf Card

DER GOLF ALBRECHT

Golfclub Altötting-Burghausen e.V. DE

Piesing 4
D-84533 Haiming
✆ 08678-986903
Bayern

244

2 for 1 2 GF zum Preis von 1

DER GOLF ALBRECHT

Golfclub Altötting-Burghausen e.V. DE

Piesing 4
D-84533 Haiming
✆ 08678-986903
Bayern

244

20% Greenfee-Ermäßigung

DER GOLF ALBRECHT

Golfclub Altötting-Burghausen e.V. DE

Piesing 4
D-84533 Haiming
✆ 08678-986903
Bayern

244

20% Greenfee-Ermäßigung

DER GOLF ALBRECHT

Golf Club Schloss Guttenburg e.V. DE

Guttenburg 3
D-84559 Kraiburg
✆ 08638-887488
Bayern

245

2 for 1 2 GF zum Preis von 1

DER GOLF ALBRECHT

Golf Club Schloss Guttenburg e.V. DE

Guttenburg 3
D-84559 Kraiburg
✆ 08638-887488
Bayern

245

2 for 1 2 GF zum Preis von 1

DER GOLF ALBRECHT

Golf Club Schloss Guttenburg e.V. DE

Guttenburg 3
D-84559 Kraiburg
✆ 08638-887488
Bayern

245

2 for 1 2 GF zum Preis von 1

DER GOLF ALBRECHT

Golf Club Schloss Guttenburg e.V. DE

Guttenburg 3
D-84559 Kraiburg
✆ 08638-887488
Bayern

245

20% Greenfee-Ermäßigung

DER GOLF ALBRECHT

Golf Club Schloss Guttenburg e.V. DE

Guttenburg 3
D-84559 Kraiburg
✆ 08638-887488
Bayern

245

20% Greenfee-Ermäßigung

DER GOLF ALBRECHT

Golfclub zu Gut Ludwigsberg DE

Augsburger Straße 51
D-86842 Türkheim
✆ 08245-3322
Bayern
Hinweis: Gilt nur für 18 Loch Runde.

246

2 for 1 2 GF zum Preis von 1 wochentags

DER GOLF ALBRECHT

Golfclub zu Gut Ludwigsberg DE

Augsburger Straße 51
D-86842 Türkheim
✆ 08245-3322
Bayern
Hinweis: Gilt nur für 18 Loch Runde.

246

30% Greenfee-Ermäßigung wochentags

Diese Gutscheine gelten nur in Verbindung mit dem Buch/Albrecht Golf Card

Bedingungen zur Einlösung des Discounts:

1. Das Angebot ist einschließlich bis 30.6.2024 gültig.
2. Der Golfspieler/Leser hat sich telefonisch eine Abschlagzeit geben zu lassen – dabei ist die Nutzung des Angebots anzugeben.
3. Eine Barauszahlung des Greenfee-Vorteils ist nicht möglich.
4. Das Kombinieren von Angeboten oder bestehenden Greenfee-Vorteilen ist nicht möglich. Der Vorteil bezieht sich jeweils ausschließlich auf die zum Zeitpunkt der Einlösung gültigen vollen Greenfee-Gebühren.
5. Gibt es Spielergruppen mit erhöhten Greenfee-Gebühren, ist ein Nachlass auf diese Gebühren nicht möglich.
6. Das Angebot allein berechtigt nicht zum Spiel gegen Greenfee. Die Erfüllung der Bestimmungen des jeweiligen Golfclubs zur Greenfee-Berechtigung (Mitgliedschaft in einem Golfclub, Mindesthandicap etc.) zum Zeitpunkt der Einlösung sind Voraussetzung.
7. Es ist untersagt, den Greenfee-Gutschein entgeltlich Dritten zu überlassen bzw. mit diesen Handel zu treiben. Insbesondere sind die teilnehmenden Golfclubs in diesem Falle berechtigt, die Einlösung der ausgeschriebenen Angebote zu verweigern.
8. Die teilnehmenden Golfclubs haben sich gegenüber dem Verlag unter den o.g. Bedingungen verpflichtet, die ausgeschriebenen Angebote einzulösen. Der Verlag übernimmt jedoch keine Gewähr und keine Haftung, wenn ein Angebot nicht eingelöst wird oder werden kann.

Bedingungen zur Einlösung des Discounts:

1. Das Angebot ist einschließlich bis 30.6.2024 gültig.
2. Der Golfspieler/Leser hat sich telefonisch eine Abschlagzeit geben zu lassen – dabei ist die Nutzung des Angebots anzugeben.
3. Eine Barauszahlung des Greenfee-Vorteils ist nicht möglich.
4. Das Kombinieren von Angeboten oder bestehenden Greenfee-Vorteilen ist nicht möglich. Der Vorteil bezieht sich jeweils ausschließlich auf die zum Zeitpunkt der Einlösung gültigen vollen Greenfee-Gebühren.
5. Gibt es Spielergruppen mit erhöhten Greenfee-Gebühren, ist ein Nachlass auf diese Gebühren nicht möglich.
6. Das Angebot allein berechtigt nicht zum Spiel gegen Greenfee. Die Erfüllung der Bestimmungen des jeweiligen Golfclubs zur Greenfee-Berechtigung (Mitgliedschaft in einem Golfclub, Mindesthandicap etc.) zum Zeitpunkt der Einlösung sind Voraussetzung.
7. Es ist untersagt, den Greenfee-Gutschein entgeltlich Dritten zu überlassen bzw. mit diesen Handel zu treiben. Insbesondere sind die teilnehmenden Golfclubs in diesem Falle berechtigt, die Einlösung der ausgeschriebenen Angebote zu verweigern.
8. Die teilnehmenden Golfclubs haben sich gegenüber dem Verlag unter den o.g. Bedingungen verpflichtet, die ausgeschriebenen Angebote einzulösen. Der Verlag übernimmt jedoch keine Gewähr und keine Haftung, wenn ein Angebot nicht eingelöst wird oder werden kann.

Bedingungen zur Einlösung des Discounts:

1. Das Angebot ist einschließlich bis 30.6.2024 gültig.
2. Der Golfspieler/Leser hat sich telefonisch eine Abschlagzeit geben zu lassen – dabei ist die Nutzung des Angebots anzugeben.
3. Eine Barauszahlung des Greenfee-Vorteils ist nicht möglich.
4. Das Kombinieren von Angeboten oder bestehenden Greenfee-Vorteilen ist nicht möglich. Der Vorteil bezieht sich jeweils ausschließlich auf die zum Zeitpunkt der Einlösung gültigen vollen Greenfee-Gebühren.
5. Gibt es Spielergruppen mit erhöhten Greenfee-Gebühren, ist ein Nachlass auf diese Gebühren nicht möglich.
6. Das Angebot allein berechtigt nicht zum Spiel gegen Greenfee. Die Erfüllung der Bestimmungen des jeweiligen Golfclubs zur Greenfee-Berechtigung (Mitgliedschaft in einem Golfclub, Mindesthandicap etc.) zum Zeitpunkt der Einlösung sind Voraussetzung.
7. Es ist untersagt, den Greenfee-Gutschein entgeltlich Dritten zu überlassen bzw. mit diesen Handel zu treiben. Insbesondere sind die teilnehmenden Golfclubs in diesem Falle berechtigt, die Einlösung der ausgeschriebenen Angebote zu verweigern.
8. Die teilnehmenden Golfclubs haben sich gegenüber dem Verlag unter den o.g. Bedingungen verpflichtet, die ausgeschriebenen Angebote einzulösen. Der Verlag übernimmt jedoch keine Gewähr und keine Haftung, wenn ein Angebot nicht eingelöst wird oder werden kann.

Bedingungen zur Einlösung des Discounts:

1. Das Angebot ist einschließlich bis 30.6.2024 gültig.
2. Der Golfspieler/Leser hat sich telefonisch eine Abschlagzeit geben zu lassen – dabei ist die Nutzung des Angebots anzugeben.
3. Eine Barauszahlung des Greenfee-Vorteils ist nicht möglich.
4. Das Kombinieren von Angeboten oder bestehenden Greenfee-Vorteilen ist nicht möglich. Der Vorteil bezieht sich jeweils ausschließlich auf die zum Zeitpunkt der Einlösung gültigen vollen Greenfee-Gebühren.
5. Gibt es Spielergruppen mit erhöhten Greenfee-Gebühren, ist ein Nachlass auf diese Gebühren nicht möglich.
6. Das Angebot allein berechtigt nicht zum Spiel gegen Greenfee. Die Erfüllung der Bestimmungen des jeweiligen Golfclubs zur Greenfee-Berechtigung (Mitgliedschaft in einem Golfclub, Mindesthandicap etc.) zum Zeitpunkt der Einlösung sind Voraussetzung.
7. Es ist untersagt, den Greenfee-Gutschein entgeltlich Dritten zu überlassen bzw. mit diesen Handel zu treiben. Insbesondere sind die teilnehmenden Golfclubs in diesem Falle berechtigt, die Einlösung der ausgeschriebenen Angebote zu verweigern.
8. Die teilnehmenden Golfclubs haben sich gegenüber dem Verlag unter den o.g. Bedingungen verpflichtet, die ausgeschriebenen Angebote einzulösen. Der Verlag übernimmt jedoch keine Gewähr und keine Haftung, wenn ein Angebot nicht eingelöst wird oder werden kann.

Bedingungen zur Einlösung des Discounts:

1. Das Angebot ist einschließlich bis 30.6.2024 gültig.
2. Der Golfspieler/Leser hat sich telefonisch eine Abschlagzeit geben zu lassen – dabei ist die Nutzung des Angebots anzugeben.
3. Eine Barauszahlung des Greenfee-Vorteils ist nicht möglich.
4. Das Kombinieren von Angeboten oder bestehenden Greenfee-Vorteilen ist nicht möglich. Der Vorteil bezieht sich jeweils ausschließlich auf die zum Zeitpunkt der Einlösung gültigen vollen Greenfee-Gebühren.
5. Gibt es Spielergruppen mit erhöhten Greenfee-Gebühren, ist ein Nachlass auf diese Gebühren nicht möglich.
6. Das Angebot allein berechtigt nicht zum Spiel gegen Greenfee. Die Erfüllung der Bestimmungen des jeweiligen Golfclubs zur Greenfee-Berechtigung (Mitgliedschaft in einem Golfclub, Mindesthandicap etc.) zum Zeitpunkt der Einlösung sind Voraussetzung.
7. Es ist untersagt, den Greenfee-Gutschein entgeltlich Dritten zu überlassen bzw. mit diesen Handel zu treiben. Insbesondere sind die teilnehmenden Golfclubs in diesem Falle berechtigt, die Einlösung der ausgeschriebenen Angebote zu verweigern.
8. Die teilnehmenden Golfclubs haben sich gegenüber dem Verlag unter den o.g. Bedingungen verpflichtet, die ausgeschriebenen Angebote einzulösen. Der Verlag übernimmt jedoch keine Gewähr und keine Haftung, wenn ein Angebot nicht eingelöst wird oder werden kann.

Bedingungen zur Einlösung des Discounts:

1. Das Angebot ist einschließlich bis 30.6.2024 gültig.
2. Der Golfspieler/Leser hat sich telefonisch eine Abschlagzeit geben zu lassen – dabei ist die Nutzung des Angebots anzugeben.
3. Eine Barauszahlung des Greenfee-Vorteils ist nicht möglich.
4. Das Kombinieren von Angeboten oder bestehenden Greenfee-Vorteilen ist nicht möglich. Der Vorteil bezieht sich jeweils ausschließlich auf die zum Zeitpunkt der Einlösung gültigen vollen Greenfee-Gebühren.
5. Gibt es Spielergruppen mit erhöhten Greenfee-Gebühren, ist ein Nachlass auf diese Gebühren nicht möglich.
6. Das Angebot allein berechtigt nicht zum Spiel gegen Greenfee. Die Erfüllung der Bestimmungen des jeweiligen Golfclubs zur Greenfee-Berechtigung (Mitgliedschaft in einem Golfclub, Mindesthandicap etc.) zum Zeitpunkt der Einlösung sind Voraussetzung.
7. Es ist untersagt, den Greenfee-Gutschein entgeltlich Dritten zu überlassen bzw. mit diesen Handel zu treiben. Insbesondere sind die teilnehmenden Golfclubs in diesem Falle berechtigt, die Einlösung der ausgeschriebenen Angebote zu verweigern.
8. Die teilnehmenden Golfclubs haben sich gegenüber dem Verlag unter den o.g. Bedingungen verpflichtet, die ausgeschriebenen Angebote einzulösen. Der Verlag übernimmt jedoch keine Gewähr und keine Haftung, wenn ein Angebot nicht eingelöst wird oder werden kann.

Bedingungen zur Einlösung des Discounts:

1. Das Angebot ist einschließlich bis 30.6.2024 gültig.
2. Der Golfspieler/Leser hat sich telefonisch eine Abschlagzeit geben zu lassen – dabei ist die Nutzung des Angebots anzugeben.
3. Eine Barauszahlung des Greenfee-Vorteils ist nicht möglich.
4. Das Kombinieren von Angeboten oder bestehenden Greenfee-Vorteilen ist nicht möglich. Der Vorteil bezieht sich jeweils ausschließlich auf die zum Zeitpunkt der Einlösung gültigen vollen Greenfee-Gebühren.
5. Gibt es Spielergruppen mit erhöhten Greenfee-Gebühren, ist ein Nachlass auf diese Gebühren nicht möglich.
6. Das Angebot allein berechtigt nicht zum Spiel gegen Greenfee. Die Erfüllung der Bestimmungen des jeweiligen Golfclubs zur Greenfee-Berechtigung (Mitgliedschaft in einem Golfclub, Mindesthandicap etc.) zum Zeitpunkt der Einlösung sind Voraussetzung.
7. Es ist untersagt, den Greenfee-Gutschein entgeltlich Dritten zu überlassen bzw. mit diesen Handel zu treiben. Insbesondere sind die teilnehmenden Golfclubs in diesem Falle berechtigt, die Einlösung der ausgeschriebenen Angebote zu verweigern.
8. Die teilnehmenden Golfclubs haben sich gegenüber dem Verlag unter den o.g. Bedingungen verpflichtet, die ausgeschriebenen Angebote einzulösen. Der Verlag übernimmt jedoch keine Gewähr und keine Haftung, wenn ein Angebot nicht eingelöst wird oder werden kann.

Bedingungen zur Einlösung des Discounts:

1. Das Angebot ist einschließlich bis 30.6.2024 gültig.
2. Der Golfspieler/Leser hat sich telefonisch eine Abschlagzeit geben zu lassen – dabei ist die Nutzung des Angebots anzugeben.
3. Eine Barauszahlung des Greenfee-Vorteils ist nicht möglich.
4. Das Kombinieren von Angeboten oder bestehenden Greenfee-Vorteilen ist nicht möglich. Der Vorteil bezieht sich jeweils ausschließlich auf die zum Zeitpunkt der Einlösung gültigen vollen Greenfee-Gebühren.
5. Gibt es Spielergruppen mit erhöhten Greenfee-Gebühren, ist ein Nachlass auf diese Gebühren nicht möglich.
6. Das Angebot allein berechtigt nicht zum Spiel gegen Greenfee. Die Erfüllung der Bestimmungen des jeweiligen Golfclubs zur Greenfee-Berechtigung (Mitgliedschaft in einem Golfclub, Mindesthandicap etc.) zum Zeitpunkt der Einlösung sind Voraussetzung.
7. Es ist untersagt, den Greenfee-Gutschein entgeltlich Dritten zu überlassen bzw. mit diesen Handel zu treiben. Insbesondere sind die teilnehmenden Golfclubs in diesem Falle berechtigt, die Einlösung der ausgeschriebenen Angebote zu verweigern.
8. Die teilnehmenden Golfclubs haben sich gegenüber dem Verlag unter den o.g. Bedingungen verpflichtet, die ausgeschriebenen Angebote einzulösen. Der Verlag übernimmt jedoch keine Gewähr und keine Haftung, wenn ein Angebot nicht eingelöst wird oder werden kann.

Bedingungen zur Einlösung des Discounts:

1. Das Angebot ist einschließlich bis 30.6.2024 gültig.
2. Der Golfspieler/Leser hat sich telefonisch eine Abschlagzeit geben zu lassen – dabei ist die Nutzung des Angebots anzugeben.
3. Eine Barauszahlung des Greenfee-Vorteils ist nicht möglich.
4. Das Kombinieren von Angeboten oder bestehenden Greenfee-Vorteilen ist nicht möglich. Der Vorteil bezieht sich jeweils ausschließlich auf die zum Zeitpunkt der Einlösung gültigen vollen Greenfee-Gebühren.
5. Gibt es Spielergruppen mit erhöhten Greenfee-Gebühren, ist ein Nachlass auf diese Gebühren nicht möglich.
6. Das Angebot allein berechtigt nicht zum Spiel gegen Greenfee. Die Erfüllung der Bestimmungen des jeweiligen Golfclubs zur Greenfee-Berechtigung (Mitgliedschaft in einem Golfclub, Mindesthandicap etc.) zum Zeitpunkt der Einlösung sind Voraussetzung.
7. Es ist untersagt, den Greenfee-Gutschein entgeltlich Dritten zu überlassen bzw. mit diesen Handel zu treiben. Insbesondere sind die teilnehmenden Golfclubs in diesem Falle berechtigt, die Einlösung der ausgeschriebenen Angebote zu verweigern.
8. Die teilnehmenden Golfclubs haben sich gegenüber dem Verlag unter den o.g. Bedingungen verpflichtet, die ausgeschriebenen Angebote einzulösen. Der Verlag übernimmt jedoch keine Gewähr und keine Haftung, wenn ein Angebot nicht eingelöst wird oder werden kann.

Bedingungen zur Einlösung des Discounts:

1. Das Angebot ist einschließlich bis 30.6.2024 gültig.
2. Der Golfspieler/Leser hat sich telefonisch eine Abschlagzeit geben zu lassen – dabei ist die Nutzung des Angebots anzugeben.
3. Eine Barauszahlung des Greenfee-Vorteils ist nicht möglich.
4. Das Kombinieren von Angeboten oder bestehenden Greenfee-Vorteilen ist nicht möglich. Der Vorteil bezieht sich jeweils ausschließlich auf die zum Zeitpunkt der Einlösung gültigen vollen Greenfee-Gebühren.
5. Gibt es Spielergruppen mit erhöhten Greenfee-Gebühren, ist ein Nachlass auf diese Gebühren nicht möglich.
6. Das Angebot allein berechtigt nicht zum Spiel gegen Greenfee. Die Erfüllung der Bestimmungen des jeweiligen Golfclubs zur Greenfee-Berechtigung (Mitgliedschaft in einem Golfclub, Mindesthandicap etc.) zum Zeitpunkt der Einlösung sind Voraussetzung.
7. Es ist untersagt, den Greenfee-Gutschein entgeltlich Dritten zu überlassen bzw. mit diesen Handel zu treiben. Insbesondere sind die teilnehmenden Golfclubs in diesem Falle berechtigt, die Einlösung der ausgeschriebenen Angebote zu verweigern.
8. Die teilnehmenden Golfclubs haben sich gegenüber dem Verlag unter den o.g. Bedingungen verpflichtet, die ausgeschriebenen Angebote einzulösen. Der Verlag übernimmt jedoch keine Gewähr und keine Haftung, wenn ein Angebot nicht eingelöst wird oder werden kann.

Bedingungen zur Einlösung des Discounts:

1. Das Angebot ist einschließlich bis 30.6.2024 gültig.
2. Der Golfspieler/Leser hat sich telefonisch eine Abschlagzeit geben zu lassen – dabei ist die Nutzung des Angebots anzugeben.
3. Eine Barauszahlung des Greenfee-Vorteils ist nicht möglich.
4. Das Kombinieren von Angeboten oder bestehenden Greenfee-Vorteilen ist nicht möglich. Der Vorteil bezieht sich jeweils ausschließlich auf die zum Zeitpunkt der Einlösung gültigen vollen Greenfee-Gebühren.
5. Gibt es Spielergruppen mit erhöhten Greenfee-Gebühren, ist ein Nachlass auf diese Gebühren nicht möglich.
6. Das Angebot allein berechtigt nicht zum Spiel gegen Greenfee. Die Erfüllung der Bestimmungen des jeweiligen Golfclubs zur Greenfee-Berechtigung (Mitgliedschaft in einem Golfclub, Mindesthandicap etc.) zum Zeitpunkt der Einlösung sind Voraussetzung.
7. Es ist untersagt, den Greenfee-Gutschein entgeltlich Dritten zu überlassen bzw. mit diesen Handel zu treiben. Insbesondere sind die teilnehmenden Golfclubs in diesem Falle berechtigt, die Einlösung der ausgeschriebenen Angebote zu verweigern.
8. Die teilnehmenden Golfclubs haben sich gegenüber dem Verlag unter den o.g. Bedingungen verpflichtet, die ausgeschriebenen Angebote einzulösen. Der Verlag übernimmt jedoch keine Gewähr und keine Haftung, wenn ein Angebot nicht eingelöst wird oder werden kann.

Diese Gutscheine gelten nur in Verbindung mit dem Buch/Albrecht Golf Card

DER GOLF ALBRECHT

Golfclub Schloß Igling e.V.

DE

Schloss Igling 3
D-86859 Igling/Landsberg
✆ 08248-1893
Bayern
Hinweis: Gilt nur für 18 Loch Runde.

247

2 for 1 2 GF zum Preis von 1

DER GOLF ALBRECHT

Golfclub Schloß Igling e.V.

DE

Schloss Igling 3
D-86859 Igling/Landsberg
✆ 08248-1893
Bayern
Hinweis: Gilt nur für 18 Loch Runde.

247

2 for 1 2 GF zum Preis von 1

DER GOLF ALBRECHT

Golfclub Schloß Igling e.V.

DE

Schloss Igling 3
D-86859 Igling/Landsberg
✆ 08248-1893
Bayern
Hinweis: Gilt nur für 18 Loch Runde.

247

20% Greenfee-Ermäßigung

DER GOLF ALBRECHT

Golfclub Schloß Igling e.V.

DE

Schloss Igling 3
D-86859 Igling/Landsberg
✆ 08248-1893
Bayern
Hinweis: Gilt nur für 18 Loch Runde.

247

20% Greenfee-Ermäßigung

DER GOLF ALBRECHT

Golfclub Pfaffing Wasserburger Land e.V.

DE

Köckmühle 132
D-83539 Pfaffing
✆ 08076-8891870
Bayern

248

2 for 1 2 GF zum Preis von 1

DER GOLF ALBRECHT

Golfclub Pfaffing Wasserburger Land e.V.

DE

Köckmühle 132
D-83539 Pfaffing
✆ 08076-8891870
Bayern

248

2 for 1 2 GF zum Preis von 1

DER GOLF ALBRECHT

Golfclub Starnberg e.V.

DE

Uneringer Straße 1
D-82319 Starnberg/Hadorf
✆ 08151-12157
Bayern

249

2 for 1 2 GF zum Preis von 1 wochentags

DER GOLF ALBRECHT

Golfclub Starnberg e.V.

DE

Uneringer Straße 1
D-82319 Starnberg/Hadorf
✆ 08151-12157
Bayern

249

2 for 1 2 GF zum Preis von 1 wochentags

DER GOLF ALBRECHT

Golfclub Starnberg e.V.

DE

Uneringer Straße 1
D-82319 Starnberg/Hadorf
✆ 08151-12157
Bayern

249

20% Greenfee-Ermäßigung wochentags

DER GOLF ALBRECHT

Golfclub Starnberg e.V.

DE

Uneringer Straße 1
D-82319 Starnberg/Hadorf
✆ 08151-12157
Bayern

249

20% Greenfee-Ermäßigung wochentags

Diese Gutscheine gelten nur in Verbindung mit dem Buch/Albrecht Golf Card

Bedingungen zur Einlösung des Discounts:

1. Das Angebot ist einschließlich bis 30.6.2024 gültig.
2. Der Golfspieler/Leser hat sich telefonisch eine Abschlagzeit geben zu lassen – dabei ist die Nutzung des Angebots anzugeben.
3. Eine Barauszahlung des Greenfee-Vorteils ist nicht möglich.
4. Das Kombinieren von Angeboten oder bestehenden Greenfee-Vorteilen ist nicht möglich. Der Vorteil bezieht sich jeweils ausschließlich auf die zum Zeitpunkt der Einlösung gültigen vollen Greenfee-Gebühren.
5. Gibt es Spielergruppen mit erhöhten Greenfee-Gebühren, ist ein Nachlass auf diese Gebühren nicht möglich.
6. Das Angebot allein berechtigt nicht zum Spiel gegen Greenfee. Die Erfüllung der Bestimmungen des jeweiligen Golfclubs zur Greenfee-Berechtigung (Mitgliedschaft in einem Golfclub, Mindesthandicap etc.) zum Zeitpunkt der Einlösung sind Voraussetzung.
7. Es ist untersagt, den Greenfee-Gutschein entgeltlich Dritten zu überlassen bzw. mit diesen Handel zu treiben. Insbesondere sind die teilnehmenden Golfclubs in diesem Falle berechtigt, die Einlösung der ausgeschriebenen Angebote zu verweigern.
8. Die teilnehmenden Golfclubs haben sich gegenüber dem Verlag unter den o.g. Bedingungen verpflichtet, die ausgeschriebenen Angebote einzulösen. Der Verlag übernimmt jedoch keine Gewähr und keine Haftung, wenn ein Angebot nicht eingelöst wird oder werden kann.

Bedingungen zur Einlösung des Discounts:

1. Das Angebot ist einschließlich bis 30.6.2024 gültig.
2. Der Golfspieler/Leser hat sich telefonisch eine Abschlagzeit geben zu lassen – dabei ist die Nutzung des Angebots anzugeben.
3. Eine Barauszahlung des Greenfee-Vorteils ist nicht möglich.
4. Das Kombinieren von Angeboten oder bestehenden Greenfee-Vorteilen ist nicht möglich. Der Vorteil bezieht sich jeweils ausschließlich auf die zum Zeitpunkt der Einlösung gültigen vollen Greenfee-Gebühren.
5. Gibt es Spielergruppen mit erhöhten Greenfee-Gebühren, ist ein Nachlass auf diese Gebühren nicht möglich.
6. Das Angebot allein berechtigt nicht zum Spiel gegen Greenfee. Die Erfüllung der Bestimmungen des jeweiligen Golfclubs zur Greenfee-Berechtigung (Mitgliedschaft in einem Golfclub, Mindesthandicap etc.) zum Zeitpunkt der Einlösung sind Voraussetzung.
7. Es ist untersagt, den Greenfee-Gutschein entgeltlich Dritten zu überlassen bzw. mit diesen Handel zu treiben. Insbesondere sind die teilnehmenden Golfclubs in diesem Falle berechtigt, die Einlösung der ausgeschriebenen Angebote zu verweigern.
8. Die teilnehmenden Golfclubs haben sich gegenüber dem Verlag unter den o.g. Bedingungen verpflichtet, die ausgeschriebenen Angebote einzulösen. Der Verlag übernimmt jedoch keine Gewähr und keine Haftung, wenn ein Angebot nicht eingelöst wird oder werden kann.

Bedingungen zur Einlösung des Discounts:

1. Das Angebot ist einschließlich bis 30.6.2024 gültig.
2. Der Golfspieler/Leser hat sich telefonisch eine Abschlagzeit geben zu lassen – dabei ist die Nutzung des Angebots anzugeben.
3. Eine Barauszahlung des Greenfee-Vorteils ist nicht möglich.
4. Das Kombinieren von Angeboten oder bestehenden Greenfee-Vorteilen ist nicht möglich. Der Vorteil bezieht sich jeweils ausschließlich auf die zum Zeitpunkt der Einlösung gültigen vollen Greenfee-Gebühren.
5. Gibt es Spielergruppen mit erhöhten Greenfee-Gebühren, ist ein Nachlass auf diese Gebühren nicht möglich.
6. Das Angebot allein berechtigt nicht zum Spiel gegen Greenfee. Die Erfüllung der Bestimmungen des jeweiligen Golfclubs zur Greenfee-Berechtigung (Mitgliedschaft in einem Golfclub, Mindesthandicap etc.) zum Zeitpunkt der Einlösung sind Voraussetzung.
7. Es ist untersagt, den Greenfee-Gutschein entgeltlich Dritten zu überlassen bzw. mit diesen Handel zu treiben. Insbesondere sind die teilnehmenden Golfclubs in diesem Falle berechtigt, die Einlösung der ausgeschriebenen Angebote zu verweigern.
8. Die teilnehmenden Golfclubs haben sich gegenüber dem Verlag unter den o.g. Bedingungen verpflichtet, die ausgeschriebenen Angebote einzulösen. Der Verlag übernimmt jedoch keine Gewähr und keine Haftung, wenn ein Angebot nicht eingelöst wird oder werden kann.

Bedingungen zur Einlösung des Discounts:

1. Das Angebot ist einschließlich bis 30.6.2024 gültig.
2. Der Golfspieler/Leser hat sich telefonisch eine Abschlagzeit geben zu lassen – dabei ist die Nutzung des Angebots anzugeben.
3. Eine Barauszahlung des Greenfee-Vorteils ist nicht möglich.
4. Das Kombinieren von Angeboten oder bestehenden Greenfee-Vorteilen ist nicht möglich. Der Vorteil bezieht sich jeweils ausschließlich auf die zum Zeitpunkt der Einlösung gültigen vollen Greenfee-Gebühren.
5. Gibt es Spielergruppen mit erhöhten Greenfee-Gebühren, ist ein Nachlass auf diese Gebühren nicht möglich.
6. Das Angebot allein berechtigt nicht zum Spiel gegen Greenfee. Die Erfüllung der Bestimmungen des jeweiligen Golfclubs zur Greenfee-Berechtigung (Mitgliedschaft in einem Golfclub, Mindesthandicap etc.) zum Zeitpunkt der Einlösung sind Voraussetzung.
7. Es ist untersagt, den Greenfee-Gutschein entgeltlich Dritten zu überlassen bzw. mit diesen Handel zu treiben. Insbesondere sind die teilnehmenden Golfclubs in diesem Falle berechtigt, die Einlösung der ausgeschriebenen Angebote zu verweigern.
8. Die teilnehmenden Golfclubs haben sich gegenüber dem Verlag unter den o.g. Bedingungen verpflichtet, die ausgeschriebenen Angebote einzulösen. Der Verlag übernimmt jedoch keine Gewähr und keine Haftung, wenn ein Angebot nicht eingelöst wird oder werden kann.

Bedingungen zur Einlösung des Discounts:

1. Das Angebot ist einschließlich bis 30.6.2024 gültig.
2. Der Golfspieler/Leser hat sich telefonisch eine Abschlagzeit geben zu lassen – dabei ist die Nutzung des Angebots anzugeben.
3. Eine Barauszahlung des Greenfee-Vorteils ist nicht möglich.
4. Das Kombinieren von Angeboten oder bestehenden Greenfee-Vorteilen ist nicht möglich. Der Vorteil bezieht sich jeweils ausschließlich auf die zum Zeitpunkt der Einlösung gültigen vollen Greenfee-Gebühren.
5. Gibt es Spielergruppen mit erhöhten Greenfee-Gebühren, ist ein Nachlass auf diese Gebühren nicht möglich.
6. Das Angebot allein berechtigt nicht zum Spiel gegen Greenfee. Die Erfüllung der Bestimmungen des jeweiligen Golfclubs zur Greenfee-Berechtigung (Mitgliedschaft in einem Golfclub, Mindesthandicap etc.) zum Zeitpunkt der Einlösung sind Voraussetzung.
7. Es ist untersagt, den Greenfee-Gutschein entgeltlich Dritten zu überlassen bzw. mit diesen Handel zu treiben. Insbesondere sind die teilnehmenden Golfclubs in diesem Falle berechtigt, die Einlösung der ausgeschriebenen Angebote zu verweigern.
8. Die teilnehmenden Golfclubs haben sich gegenüber dem Verlag unter den o.g. Bedingungen verpflichtet, die ausgeschriebenen Angebote einzulösen. Der Verlag übernimmt jedoch keine Gewähr und keine Haftung, wenn ein Angebot nicht eingelöst wird oder werden kann.

Bedingungen zur Einlösung des Discounts:

1. Das Angebot ist einschließlich bis 30.6.2024 gültig.
2. Der Golfspieler/Leser hat sich telefonisch eine Abschlagzeit geben zu lassen – dabei ist die Nutzung des Angebots anzugeben.
3. Eine Barauszahlung des Greenfee-Vorteils ist nicht möglich.
4. Das Kombinieren von Angeboten oder bestehenden Greenfee-Vorteilen ist nicht möglich. Der Vorteil bezieht sich jeweils ausschließlich auf die zum Zeitpunkt der Einlösung gültigen vollen Greenfee-Gebühren.
5. Gibt es Spielergruppen mit erhöhten Greenfee-Gebühren, ist ein Nachlass auf diese Gebühren nicht möglich.
6. Das Angebot allein berechtigt nicht zum Spiel gegen Greenfee. Die Erfüllung der Bestimmungen des jeweiligen Golfclubs zur Greenfee-Berechtigung (Mitgliedschaft in einem Golfclub, Mindesthandicap etc.) zum Zeitpunkt der Einlösung sind Voraussetzung.
7. Es ist untersagt, den Greenfee-Gutschein entgeltlich Dritten zu überlassen bzw. mit diesen Handel zu treiben. Insbesondere sind die teilnehmenden Golfclubs in diesem Falle berechtigt, die Einlösung der ausgeschriebenen Angebote zu verweigern.
8. Die teilnehmenden Golfclubs haben sich gegenüber dem Verlag unter den o.g. Bedingungen verpflichtet, die ausgeschriebenen Angebote einzulösen. Der Verlag übernimmt jedoch keine Gewähr und keine Haftung, wenn ein Angebot nicht eingelöst wird oder werden kann.

Bedingungen zur Einlösung des Discounts:

1. Das Angebot ist einschließlich bis 30.6.2024 gültig.
2. Der Golfspieler/Leser hat sich telefonisch eine Abschlagzeit geben zu lassen – dabei ist die Nutzung des Angebots anzugeben.
3. Eine Barauszahlung des Greenfee-Vorteils ist nicht möglich.
4. Das Kombinieren von Angeboten oder bestehenden Greenfee-Vorteilen ist nicht möglich. Der Vorteil bezieht sich jeweils ausschließlich auf die zum Zeitpunkt der Einlösung gültigen vollen Greenfee-Gebühren.
5. Gibt es Spielergruppen mit erhöhten Greenfee-Gebühren, ist ein Nachlass auf diese Gebühren nicht möglich.
6. Das Angebot allein berechtigt nicht zum Spiel gegen Greenfee. Die Erfüllung der Bestimmungen des jeweiligen Golfclubs zur Greenfee-Berechtigung (Mitgliedschaft in einem Golfclub, Mindesthandicap etc.) zum Zeitpunkt der Einlösung sind Voraussetzung.
7. Es ist untersagt, den Greenfee-Gutschein entgeltlich Dritten zu überlassen bzw. mit diesen Handel zu treiben. Insbesondere sind die teilnehmenden Golfclubs in diesem Falle berechtigt, die Einlösung der ausgeschriebenen Angebote zu verweigern.
8. Die teilnehmenden Golfclubs haben sich gegenüber dem Verlag unter den o.g. Bedingungen verpflichtet, die ausgeschriebenen Angebote einzulösen. Der Verlag übernimmt jedoch keine Gewähr und keine Haftung, wenn ein Angebot nicht eingelöst wird oder werden kann.

Bedingungen zur Einlösung des Discounts:

1. Das Angebot ist einschließlich bis 30.6.2024 gültig.
2. Der Golfspieler/Leser hat sich telefonisch eine Abschlagzeit geben zu lassen – dabei ist die Nutzung des Angebots anzugeben.
3. Eine Barauszahlung des Greenfee-Vorteils ist nicht möglich.
4. Das Kombinieren von Angeboten oder bestehenden Greenfee-Vorteilen ist nicht möglich. Der Vorteil bezieht sich jeweils ausschließlich auf die zum Zeitpunkt der Einlösung gültigen vollen Greenfee-Gebühren.
5. Gibt es Spielergruppen mit erhöhten Greenfee-Gebühren, ist ein Nachlass auf diese Gebühren nicht möglich.
6. Das Angebot allein berechtigt nicht zum Spiel gegen Greenfee. Die Erfüllung der Bestimmungen des jeweiligen Golfclubs zur Greenfee-Berechtigung (Mitgliedschaft in einem Golfclub, Mindesthandicap etc.) zum Zeitpunkt der Einlösung sind Voraussetzung.
7. Es ist untersagt, den Greenfee-Gutschein entgeltlich Dritten zu überlassen bzw. mit diesen Handel zu treiben. Insbesondere sind die teilnehmenden Golfclubs in diesem Falle berechtigt, die Einlösung der ausgeschriebenen Angebote zu verweigern.
8. Die teilnehmenden Golfclubs haben sich gegenüber dem Verlag unter den o.g. Bedingungen verpflichtet, die ausgeschriebenen Angebote einzulösen. Der Verlag übernimmt jedoch keine Gewähr und keine Haftung, wenn ein Angebot nicht eingelöst wird oder werden kann.

Bedingungen zur Einlösung des Discounts:

1. Das Angebot ist einschließlich bis 30.6.2024 gültig.
2. Der Golfspieler/Leser hat sich telefonisch eine Abschlagzeit geben zu lassen – dabei ist die Nutzung des Angebots anzugeben.
3. Eine Barauszahlung des Greenfee-Vorteils ist nicht möglich.
4. Das Kombinieren von Angeboten oder bestehenden Greenfee-Vorteilen ist nicht möglich. Der Vorteil bezieht sich jeweils ausschließlich auf die zum Zeitpunkt der Einlösung gültigen vollen Greenfee-Gebühren.
5. Gibt es Spielergruppen mit erhöhten Greenfee-Gebühren, ist ein Nachlass auf diese Gebühren nicht möglich.
6. Das Angebot allein berechtigt nicht zum Spiel gegen Greenfee. Die Erfüllung der Bestimmungen des jeweiligen Golfclubs zur Greenfee-Berechtigung (Mitgliedschaft in einem Golfclub, Mindesthandicap etc.) zum Zeitpunkt der Einlösung sind Voraussetzung.
7. Es ist untersagt, den Greenfee-Gutschein entgeltlich Dritten zu überlassen bzw. mit diesen Handel zu treiben. Insbesondere sind die teilnehmenden Golfclubs in diesem Falle berechtigt, die Einlösung der ausgeschriebenen Angebote zu verweigern.
8. Die teilnehmenden Golfclubs haben sich gegenüber dem Verlag unter den o.g. Bedingungen verpflichtet, die ausgeschriebenen Angebote einzulösen. Der Verlag übernimmt jedoch keine Gewähr und keine Haftung, wenn ein Angebot nicht eingelöst wird oder werden kann.

Bedingungen zur Einlösung des Discounts:

1. Das Angebot ist einschließlich bis 30.6.2024 gültig.
2. Der Golfspieler/Leser hat sich telefonisch eine Abschlagzeit geben zu lassen – dabei ist die Nutzung des Angebots anzugeben.
3. Eine Barauszahlung des Greenfee-Vorteils ist nicht möglich.
4. Das Kombinieren von Angeboten oder bestehenden Greenfee-Vorteilen ist nicht möglich. Der Vorteil bezieht sich jeweils ausschließlich auf die zum Zeitpunkt der Einlösung gültigen vollen Greenfee-Gebühren.
5. Gibt es Spielergruppen mit erhöhten Greenfee-Gebühren, ist ein Nachlass auf diese Gebühren nicht möglich.
6. Das Angebot allein berechtigt nicht zum Spiel gegen Greenfee. Die Erfüllung der Bestimmungen des jeweiligen Golfclubs zur Greenfee-Berechtigung (Mitgliedschaft in einem Golfclub, Mindesthandicap etc.) zum Zeitpunkt der Einlösung sind Voraussetzung.
7. Es ist untersagt, den Greenfee-Gutschein entgeltlich Dritten zu überlassen bzw. mit diesen Handel zu treiben. Insbesondere sind die teilnehmenden Golfclubs in diesem Falle berechtigt, die Einlösung der ausgeschriebenen Angebote zu verweigern.
8. Die teilnehmenden Golfclubs haben sich gegenüber dem Verlag unter den o.g. Bedingungen verpflichtet, die ausgeschriebenen Angebote einzulösen. Der Verlag übernimmt jedoch keine Gewähr und keine Haftung, wenn ein Angebot nicht eingelöst wird oder werden kann.

Diese Gutscheine gelten nur in Verbindung mit dem Buch/Albrecht Golf Card

Diese Gutscheine gelten nur in Verbindung mit dem Buch/Albrecht Golf Card

DER GOLF ALBRECHT

Der Golf Club Am Obinger See DE

Kirchreitbergstr. 2
D-83119 Obing, OT Kleinornach
✆ 08624-875623
Bayern

250

2 for 1 2 GF zum Preis von 1

DER GOLF ALBRECHT

Der Golf Club Am Obinger See DE

Kirchreitbergstr. 2
D-83119 Obing, OT Kleinornach
✆ 08624-875623
Bayern

250

2 for 1 2 GF zum Preis von 1

DER GOLF ALBRECHT

Der Golf Club Am Obinger See DE

Kirchreitbergstr. 2
D-83119 Obing, OT Kleinornach
✆ 08624-875623
Bayern

250

2 for 1 2 GF zum Preis von 1

DER GOLF ALBRECHT

Der Golf Club Am Obinger See DE

Kirchreitbergstr 2
D-83119 Obing, OT Kleinornach
✆ 08624-875623
Bayern

250

20% Greenfee-Ermäßigung

DER GOLF ALBRECHT

Der Golf Club Am Obinger See DE

Kirchreitbergstr. 2
D-83119 Obing, OT Kleinornach
✆ 08624-875623
Bayern

250

20% Greenfee-Ermäßigung

DER GOLF ALBRECHT

Der Golf Club Am Obinger See DE

Kirchreitbergstr. 2
D-83119 Obing, OT Kleinornach
✆ 08624-875623
Bayern

250

20% Greenfee-Ermäßigung

DER GOLF ALBRECHT

Golfclub Anthal-Waginger See e.V. DE

Anthal 2
D-83413 Fridolfing
✆ 08684-888
Bayern

251

2 for 1 2 GF zum Preis von 1

DER GOLF ALBRECHT

Golfclub Anthal-Waginger See e.V. DE

Anthal 2
D-83413 Fridolfing
✆ 08684-888
Bayern

251

2 for 1 2 GF zum Preis von 1

DER GOLF ALBRECHT

Golf Club Höslwang im Chiemgau e.V. DE

Kronberg 4
D-83129 Höslwang
✆ 08075-714
Bayern

252

2 for 1 2 GF zum Preis von 1 wochentags

DER GOLF ALBRECHT

Golf Club Höslwang im Chiemgau e.V. DE

Kronberg 4
D-83129 Höslwang
✆ 08075-714
Bayern

252

30% Greenfee-Ermäßigung wochentags

Bedingungen zur Einlösung des Discounts:

1. Das Angebot ist einschließlich bis 30.6.2024 gültig.
2. Der Golfspieler/Leser hat sich telefonisch eine Abschlagzeit geben zu lassen – dabei ist die Nutzung des Angebots anzugeben.
3. Eine Barauszahlung des Greenfee-Vorteils ist nicht möglich.
4. Das Kombinieren von Angeboten oder bestehenden Greenfee-Vorteilen ist nicht möglich. Der Vorteil bezieht sich jeweils ausschließlich auf die zum Zeitpunkt der Einlösung gültigen vollen Greenfee-Gebühren.
5. Gibt es Spielergruppen mit erhöhten Greenfee-Gebühren, ist ein Nachlass auf diese Gebühren nicht möglich.
6. Das Angebot allein berechtigt nicht zum Spiel gegen Greenfee. Die Erfüllung der Bestimmungen des jeweiligen Golfclubs zur Greenfee-Berechtigung (Mitgliedschaft in einem Golfclub, Mindesthandicap etc.) zum Zeitpunkt der Einlösung sind Voraussetzung.
7. Es ist untersagt, den Greenfee-Gutschein entgeltlich Dritten zu überlassen bzw. mit diesen Handel zu treiben. Insbesondere sind die teilnehmenden Golfclubs in diesem Falle berechtigt, die Einlösung der ausgeschriebenen Angebote zu verweigern.
8. Die teilnehmenden Golfclubs haben sich gegenüber dem Verlag unter den o.g. Bedingungen verpflichtet, die ausgeschriebenen Angebote einzulösen. Der Verlag übernimmt jedoch keine Gewähr und keine Haftung, wenn ein Angebot nicht eingelöst wird oder werden kann.

Bedingungen zur Einlösung des Discounts:

1. Das Angebot ist einschließlich bis 30.6.2024 gültig.
2. Der Golfspieler/Leser hat sich telefonisch eine Abschlagzeit geben zu lassen – dabei ist die Nutzung des Angebots anzugeben.
3. Eine Barauszahlung des Greenfee-Vorteils ist nicht möglich.
4. Das Kombinieren von Angeboten oder bestehenden Greenfee-Vorteilen ist nicht möglich. Der Vorteil bezieht sich jeweils ausschließlich auf die zum Zeitpunkt der Einlösung gültigen vollen Greenfee-Gebühren.
5. Gibt es Spielergruppen mit erhöhten Greenfee-Gebühren, ist ein Nachlass auf diese Gebühren nicht möglich.
6. Das Angebot allein berechtigt nicht zum Spiel gegen Greenfee. Die Erfüllung der Bestimmungen des jeweiligen Golfclubs zur Greenfee-Berechtigung (Mitgliedschaft in einem Golfclub, Mindesthandicap etc.) zum Zeitpunkt der Einlösung sind Voraussetzung.
7. Es ist untersagt, den Greenfee-Gutschein entgeltlich Dritten zu überlassen bzw. mit diesen Handel zu treiben. Insbesondere sind die teilnehmenden Golfclubs in diesem Falle berechtigt, die Einlösung der ausgeschriebenen Angebote zu verweigern.
8. Die teilnehmenden Golfclubs haben sich gegenüber dem Verlag unter den o.g. Bedingungen verpflichtet, die ausgeschriebenen Angebote einzulösen. Der Verlag übernimmt jedoch keine Gewähr und keine Haftung, wenn ein Angebot nicht eingelöst wird oder werden kann.

Bedingungen zur Einlösung des Discounts:

1. Das Angebot ist einschließlich bis 30.6.2024 gültig.
2. Der Golfspieler/Leser hat sich telefonisch eine Abschlagzeit geben zu lassen – dabei ist die Nutzung des Angebots anzugeben.
3. Eine Barauszahlung des Greenfee-Vorteils ist nicht möglich.
4. Das Kombinieren von Angeboten oder bestehenden Greenfee-Vorteilen ist nicht möglich. Der Vorteil bezieht sich jeweils ausschließlich auf die zum Zeitpunkt der Einlösung gültigen vollen Greenfee-Gebühren.
5. Gibt es Spielergruppen mit erhöhten Greenfee-Gebühren, ist ein Nachlass auf diese Gebühren nicht möglich.
6. Das Angebot allein berechtigt nicht zum Spiel gegen Greenfee. Die Erfüllung der Bestimmungen des jeweiligen Golfclubs zur Greenfee-Berechtigung (Mitgliedschaft in einem Golfclub, Mindesthandicap etc.) zum Zeitpunkt der Einlösung sind Voraussetzung.
7. Es ist untersagt, den Greenfee-Gutschein entgeltlich Dritten zu überlassen bzw. mit diesen Handel zu treiben. Insbesondere sind die teilnehmenden Golfclubs in diesem Falle berechtigt, die Einlösung der ausgeschriebenen Angebote zu verweigern.
8. Die teilnehmenden Golfclubs haben sich gegenüber dem Verlag unter den o.g. Bedingungen verpflichtet, die ausgeschriebenen Angebote einzulösen. Der Verlag übernimmt jedoch keine Gewähr und keine Haftung, wenn ein Angebot nicht eingelöst wird oder werden kann.

Bedingungen zur Einlösung des Discounts:

1. Das Angebot ist einschließlich bis 30.6.2024 gültig.
2. Der Golfspieler/Leser hat sich telefonisch eine Abschlagzeit geben zu lassen – dabei ist die Nutzung des Angebots anzugeben.
3. Eine Barauszahlung des Greenfee-Vorteils ist nicht möglich.
4. Das Kombinieren von Angeboten oder bestehenden Greenfee-Vorteilen ist nicht möglich. Der Vorteil bezieht sich jeweils ausschließlich auf die zum Zeitpunkt der Einlösung gültigen vollen Greenfee-Gebühren.
5. Gibt es Spielergruppen mit erhöhten Greenfee-Gebühren, ist ein Nachlass auf diese Gebühren nicht möglich.
6. Das Angebot allein berechtigt nicht zum Spiel gegen Greenfee. Die Erfüllung der Bestimmungen des jeweiligen Golfclubs zur Greenfee-Berechtigung (Mitgliedschaft in einem Golfclub, Mindesthandicap etc.) zum Zeitpunkt der Einlösung sind Voraussetzung.
7. Es ist untersagt, den Greenfee-Gutschein entgeltlich Dritten zu überlassen bzw. mit diesen Handel zu treiben. Insbesondere sind die teilnehmenden Golfclubs in diesem Falle berechtigt, die Einlösung der ausgeschriebenen Angebote zu verweigern.
8. Die teilnehmenden Golfclubs haben sich gegenüber dem Verlag unter den o.g. Bedingungen verpflichtet, die ausgeschriebenen Angebote einzulösen. Der Verlag übernimmt jedoch keine Gewähr und keine Haftung, wenn ein Angebot nicht eingelöst wird oder werden kann.

Bedingungen zur Einlösung des Discounts:

1. Das Angebot ist einschließlich bis 30.6.2024 gültig.
2. Der Golfspieler/Leser hat sich telefonisch eine Abschlagzeit geben zu lassen – dabei ist die Nutzung des Angebots anzugeben.
3. Eine Barauszahlung des Greenfee-Vorteils ist nicht möglich.
4. Das Kombinieren von Angeboten oder bestehenden Greenfee-Vorteilen ist nicht möglich. Der Vorteil bezieht sich jeweils ausschließlich auf die zum Zeitpunkt der Einlösung gültigen vollen Greenfee-Gebühren.
5. Gibt es Spielergruppen mit erhöhten Greenfee-Gebühren, ist ein Nachlass auf diese Gebühren nicht möglich.
6. Das Angebot allein berechtigt nicht zum Spiel gegen Greenfee. Die Erfüllung der Bestimmungen des jeweiligen Golfclubs zur Greenfee-Berechtigung (Mitgliedschaft in einem Golfclub, Mindesthandicap etc.) zum Zeitpunkt der Einlösung sind Voraussetzung.
7. Es ist untersagt, den Greenfee-Gutschein entgeltlich Dritten zu überlassen bzw. mit diesen Handel zu treiben. Insbesondere sind die teilnehmenden Golfclubs in diesem Falle berechtigt, die Einlösung der ausgeschriebenen Angebote zu verweigern.
8. Die teilnehmenden Golfclubs haben sich gegenüber dem Verlag unter den o.g. Bedingungen verpflichtet, die ausgeschriebenen Angebote einzulösen. Der Verlag übernimmt jedoch keine Gewähr und keine Haftung, wenn ein Angebot nicht eingelöst wird oder werden kann.

Bedingungen zur Einlösung des Discounts:

1. Das Angebot ist einschließlich bis 30.6.2024 gültig.
2. Der Golfspieler/Leser hat sich telefonisch eine Abschlagzeit geben zu lassen – dabei ist die Nutzung des Angebots anzugeben.
3. Eine Barauszahlung des Greenfee-Vorteils ist nicht möglich.
4. Das Kombinieren von Angeboten oder bestehenden Greenfee-Vorteilen ist nicht möglich. Der Vorteil bezieht sich jeweils ausschließlich auf die zum Zeitpunkt der Einlösung gültigen vollen Greenfee-Gebühren.
5. Gibt es Spielergruppen mit erhöhten Greenfee-Gebühren, ist ein Nachlass auf diese Gebühren nicht möglich.
6. Das Angebot allein berechtigt nicht zum Spiel gegen Greenfee. Die Erfüllung der Bestimmungen des jeweiligen Golfclubs zur Greenfee-Berechtigung (Mitgliedschaft in einem Golfclub, Mindesthandicap etc.) zum Zeitpunkt der Einlösung sind Voraussetzung.
7. Es ist untersagt, den Greenfee-Gutschein entgeltlich Dritten zu überlassen bzw. mit diesen Handel zu treiben. Insbesondere sind die teilnehmenden Golfclubs in diesem Falle berechtigt, die Einlösung der ausgeschriebenen Angebote zu verweigern.
8. Die teilnehmenden Golfclubs haben sich gegenüber dem Verlag unter den o.g. Bedingungen verpflichtet, die ausgeschriebenen Angebote einzulösen. Der Verlag übernimmt jedoch keine Gewähr und keine Haftung, wenn ein Angebot nicht eingelöst wird oder werden kann.

Bedingungen zur Einlösung des Discounts:

1. Das Angebot ist einschließlich bis 30.6.2024 gültig.
2. Der Golfspieler/Leser hat sich telefonisch eine Abschlagzeit geben zu lassen – dabei ist die Nutzung des Angebots anzugeben.
3. Eine Barauszahlung des Greenfee-Vorteils ist nicht möglich.
4. Das Kombinieren von Angeboten oder bestehenden Greenfee-Vorteilen ist nicht möglich. Der Vorteil bezieht sich jeweils ausschließlich auf die zum Zeitpunkt der Einlösung gültigen vollen Greenfee-Gebühren.
5. Gibt es Spielergruppen mit erhöhten Greenfee-Gebühren, ist ein Nachlass auf diese Gebühren nicht möglich.
6. Das Angebot allein berechtigt nicht zum Spiel gegen Greenfee. Die Erfüllung der Bestimmungen des jeweiligen Golfclubs zur Greenfee-Berechtigung (Mitgliedschaft in einem Golfclub, Mindesthandicap etc.) zum Zeitpunkt der Einlösung sind Voraussetzung.
7. Es ist untersagt, den Greenfee-Gutschein entgeltlich Dritten zu überlassen bzw. mit diesen Handel zu treiben. Insbesondere sind die teilnehmenden Golfclubs in diesem Falle berechtigt, die Einlösung der ausgeschriebenen Angebote zu verweigern.
8. Die teilnehmenden Golfclubs haben sich gegenüber dem Verlag unter den o.g. Bedingungen verpflichtet, die ausgeschriebenen Angebote einzulösen. Der Verlag übernimmt jedoch keine Gewähr und keine Haftung, wenn ein Angebot nicht eingelöst wird oder werden kann.

Bedingungen zur Einlösung des Discounts:

1. Das Angebot ist einschließlich bis 30.6.2024 gültig.
2. Der Golfspieler/Leser hat sich telefonisch eine Abschlagzeit geben zu lassen – dabei ist die Nutzung des Angebots anzugeben.
3. Eine Barauszahlung des Greenfee-Vorteils ist nicht möglich.
4. Das Kombinieren von Angeboten oder bestehenden Greenfee-Vorteilen ist nicht möglich. Der Vorteil bezieht sich jeweils ausschließlich auf die zum Zeitpunkt der Einlösung gültigen vollen Greenfee-Gebühren.
5. Gibt es Spielergruppen mit erhöhten Greenfee-Gebühren, ist ein Nachlass auf diese Gebühren nicht möglich.
6. Das Angebot allein berechtigt nicht zum Spiel gegen Greenfee. Die Erfüllung der Bestimmungen des jeweiligen Golfclubs zur Greenfee-Berechtigung (Mitgliedschaft in einem Golfclub, Mindesthandicap etc.) zum Zeitpunkt der Einlösung sind Voraussetzung.
7. Es ist untersagt, den Greenfee-Gutschein entgeltlich Dritten zu überlassen bzw. mit diesen Handel zu treiben. Insbesondere sind die teilnehmenden Golfclubs in diesem Falle berechtigt, die Einlösung der ausgeschriebenen Angebote zu verweigern.
8. Die teilnehmenden Golfclubs haben sich gegenüber dem Verlag unter den o.g. Bedingungen verpflichtet, die ausgeschriebenen Angebote einzulösen. Der Verlag übernimmt jedoch keine Gewähr und keine Haftung, wenn ein Angebot nicht eingelöst wird oder werden kann.

Bedingungen zur Einlösung des Discounts:

1. Das Angebot ist einschließlich bis 30.6.2024 gültig.
2. Der Golfspieler/Leser hat sich telefonisch eine Abschlagzeit geben zu lassen – dabei ist die Nutzung des Angebots anzugeben.
3. Eine Barauszahlung des Greenfee-Vorteils ist nicht möglich.
4. Das Kombinieren von Angeboten oder bestehenden Greenfee-Vorteilen ist nicht möglich. Der Vorteil bezieht sich jeweils ausschließlich auf die zum Zeitpunkt der Einlösung gültigen vollen Greenfee-Gebühren.
5. Gibt es Spielergruppen mit erhöhten Greenfee-Gebühren, ist ein Nachlass auf diese Gebühren nicht möglich.
6. Das Angebot allein berechtigt nicht zum Spiel gegen Greenfee. Die Erfüllung der Bestimmungen des jeweiligen Golfclubs zur Greenfee-Berechtigung (Mitgliedschaft in einem Golfclub, Mindesthandicap etc.) zum Zeitpunkt der Einlösung sind Voraussetzung.
7. Es ist untersagt, den Greenfee-Gutschein entgeltlich Dritten zu überlassen bzw. mit diesen Handel zu treiben. Insbesondere sind die teilnehmenden Golfclubs in diesem Falle berechtigt, die Einlösung der ausgeschriebenen Angebote zu verweigern.
8. Die teilnehmenden Golfclubs haben sich gegenüber dem Verlag unter den o.g. Bedingungen verpflichtet, die ausgeschriebenen Angebote einzulösen. Der Verlag übernimmt jedoch keine Gewähr und keine Haftung, wenn ein Angebot nicht eingelöst wird oder werden kann.

Bedingungen zur Einlösung des Discounts:

1. Das Angebot ist einschließlich bis 30.6.2024 gültig.
2. Der Golfspieler/Leser hat sich telefonisch eine Abschlagzeit geben zu lassen – dabei ist die Nutzung des Angebots anzugeben.
3. Eine Barauszahlung des Greenfee-Vorteils ist nicht möglich.
4. Das Kombinieren von Angeboten oder bestehenden Greenfee-Vorteilen ist nicht möglich. Der Vorteil bezieht sich jeweils ausschließlich auf die zum Zeitpunkt der Einlösung gültigen vollen Greenfee-Gebühren.
5. Gibt es Spielergruppen mit erhöhten Greenfee-Gebühren, ist ein Nachlass auf diese Gebühren nicht möglich.
6. Das Angebot allein berechtigt nicht zum Spiel gegen Greenfee. Die Erfüllung der Bestimmungen des jeweiligen Golfclubs zur Greenfee-Berechtigung (Mitgliedschaft in einem Golfclub, Mindesthandicap etc.) zum Zeitpunkt der Einlösung sind Voraussetzung.
7. Es ist untersagt, den Greenfee-Gutschein entgeltlich Dritten zu überlassen bzw. mit diesen Handel zu treiben. Insbesondere sind die teilnehmenden Golfclubs in diesem Falle berechtigt, die Einlösung der ausgeschriebenen Angebote zu verweigern.
8. Die teilnehmenden Golfclubs haben sich gegenüber dem Verlag unter den o.g. Bedingungen verpflichtet, die ausgeschriebenen Angebote einzulösen. Der Verlag übernimmt jedoch keine Gewähr und keine Haftung, wenn ein Angebot nicht eingelöst wird oder werden kann.

Diese Gutscheine gelten nur in Verbindung mit dem Buch/Albrecht Golf Card

Diese Gutscheine gelten nur in Verbindung mit dem Buch/Albrecht Golf Card

DER GOLF ALBRECHT

Golf Club Höslwang im Chiemgau e.V. DE

Kronberg 4
D-83129 Höslwang
08075-714
Bayern

252

30% Greenfee-Ermäßigung wochentags

DER GOLF ALBRECHT

Golfclub Mangfalltal e.V. DE

Oed 1
D-83620 Feldkirchen-Westerham
08063-6300
Bayern
Hinweis: Nur von Mo bis Sa

253

2 for 1 2 GF zum Preis von 1 wochentags

DER GOLF ALBRECHT

Golfclub Mangfalltal e.V. DE

Oed 1
D-83620 Feldkirchen-Westerham
08063-6300
Bayern
Hinweis: Nur von Mo bis Sa

253

2 for 1 2 GF zum Preis von 1 wochentags

DER GOLF ALBRECHT

Golfclub Mangfalltal e.V. DE

Oed 1
D-83620 Feldkirchen-Westerham
08063-6300
Bayern
Hinweis: Nur von Mo bis Sa

253

2 for 1 2 GF zum Preis von 1 wochentags

DER GOLF ALBRECHT

Golfclub Mangfalltal e.V. DE

Oed 1
D-83620 Feldkirchen-Westerham
08063-6300
Bayern
Hinweis: Nur von Mo bis Sa

253

30% Greenfee-Ermäßigung wochentags

DER GOLF ALBRECHT

Golf Club Hohenpähl e.V. DE

Hohenpähl
D-82396 Pähl
08808-92020
Bayern

254

20% Greenfee-Ermäßigung wochentags

DER GOLF ALBRECHT

Golf Club Hohenpähl e.V. DE

Hohenpähl
D-82396 Pähl
08808-92020
Bayern

254

20% Greenfee-Ermäßigung wochentags

DER GOLF ALBRECHT

Golf Club Hohenpähl e.V. DE

Hohenpähl
D-82396 Pähl
08808-92020
Bayern

254

20% Greenfee-Ermäßigung wochentags

DER GOLF ALBRECHT

Golf Club Hohenpähl e.V. DE

Hohenpähl
D-82396 Pähl
08808-92020
Bayern

254

20% Greenfee-Ermäßigung wochentags

DER GOLF ALBRECHT

Golf Club Hohenpähl e.V. DE

Hohenpähl
D-82396 Pähl
08808-92020
Bayern

254

20% Greenfee-Ermäßigung wochentags

Bedingungen zur Einlösung des Discounts:
1. Das Angebot ist einschließlich bis 30.6.2024 gültig.
2. Der Golfspieler/Leser hat sich telefonisch eine Abschlagzeit geben zu lassen – dabei ist die Nutzung des Angebots anzugeben.
3. Eine Barauszahlung des Greenfee-Vorteils ist nicht möglich.
4. Das Kombinieren von Angeboten oder bestehenden Greenfee-Vorteilen ist nicht möglich. Der Vorteil bezieht sich jeweils ausschließlich auf die zum Zeitpunkt der Einlösung gültigen vollen Greenfee-Gebühren.
5. Gibt es Spielergruppen mit erhöhten Greenfee-Gebühren, ist ein Nachlass auf diese Gebühren nicht möglich.
6. Das Angebot allein berechtigt nicht zum Spiel gegen Greenfee. Die Erfüllung der Bestimmungen des jeweiligen Golfclubs zur Greenfee-Berechtigung (Mitgliedschaft in einem Golfclub, Mindesthandicap etc.) zum Zeitpunkt der Einlösung sind Voraussetzung.
7. Es ist untersagt, den Greenfee-Gutschein entgeltlich Dritten zu überlassen bzw. mit diesen Handel zu treiben. Insbesondere sind die teilnehmenden Golfclubs in diesem Falle berechtigt, die Einlösung der ausgeschriebenen Angebote zu verweigern.
8. Die teilnehmenden Golfclubs haben sich gegenüber dem Verlag unter den o.g. Bedingungen verpflichtet, die ausgeschriebenen Angebote einzulösen. Der Verlag übernimmt jedoch keine Gewähr und keine Haftung, wenn ein Angebot nicht eingelöst wird oder werden kann.

Bedingungen zur Einlösung des Discounts:
1. Das Angebot ist einschließlich bis 30.6.2024 gültig.
2. Der Golfspieler/Leser hat sich telefonisch eine Abschlagzeit geben zu lassen – dabei ist die Nutzung des Angebots anzugeben.
3. Eine Barauszahlung des Greenfee-Vorteils ist nicht möglich.
4. Das Kombinieren von Angeboten oder bestehenden Greenfee-Vorteilen ist nicht möglich. Der Vorteil bezieht sich jeweils ausschließlich auf die zum Zeitpunkt der Einlösung gültigen vollen Greenfee-Gebühren.
5. Gibt es Spielergruppen mit erhöhten Greenfee-Gebühren, ist ein Nachlass auf diese Gebühren nicht möglich.
6. Das Angebot allein berechtigt nicht zum Spiel gegen Greenfee. Die Erfüllung der Bestimmungen des jeweiligen Golfclubs zur Greenfee-Berechtigung (Mitgliedschaft in einem Golfclub, Mindesthandicap etc.) zum Zeitpunkt der Einlösung sind Voraussetzung.
7. Es ist untersagt, den Greenfee-Gutschein entgeltlich Dritten zu überlassen bzw. mit diesen Handel zu treiben. Insbesondere sind die teilnehmenden Golfclubs in diesem Falle berechtigt, die Einlösung der ausgeschriebenen Angebote zu verweigern.
8. Die teilnehmenden Golfclubs haben sich gegenüber dem Verlag unter den o.g. Bedingungen verpflichtet, die ausgeschriebenen Angebote einzulösen. Der Verlag übernimmt jedoch keine Gewähr und keine Haftung, wenn ein Angebot nicht eingelöst wird oder werden kann.

Bedingungen zur Einlösung des Discounts:
1. Das Angebot ist einschließlich bis 30.6.2024 gültig.
2. Der Golfspieler/Leser hat sich telefonisch eine Abschlagzeit geben zu lassen – dabei ist die Nutzung des Angebots anzugeben.
3. Eine Barauszahlung des Greenfee-Vorteils ist nicht möglich.
4. Das Kombinieren von Angeboten oder bestehenden Greenfee-Vorteilen ist nicht möglich. Der Vorteil bezieht sich jeweils ausschließlich auf die zum Zeitpunkt der Einlösung gültigen vollen Greenfee-Gebühren.
5. Gibt es Spielergruppen mit erhöhten Greenfee-Gebühren, ist ein Nachlass auf diese Gebühren nicht möglich.
6. Das Angebot allein berechtigt nicht zum Spiel gegen Greenfee. Die Erfüllung der Bestimmungen des jeweiligen Golfclubs zur Greenfee-Berechtigung (Mitgliedschaft in einem Golfclub, Mindesthandicap etc.) zum Zeitpunkt der Einlösung sind Voraussetzung.
7. Es ist untersagt, den Greenfee-Gutschein entgeltlich Dritten zu überlassen bzw. mit diesen Handel zu treiben. Insbesondere sind die teilnehmenden Golfclubs in diesem Falle berechtigt, die Einlösung der ausgeschriebenen Angebote zu verweigern.
8. Die teilnehmenden Golfclubs haben sich gegenüber dem Verlag unter den o.g. Bedingungen verpflichtet, die ausgeschriebenen Angebote einzulösen. Der Verlag übernimmt jedoch keine Gewähr und keine Haftung, wenn ein Angebot nicht eingelöst wird oder werden kann.

Bedingungen zur Einlösung des Discounts:
1. Das Angebot ist einschließlich bis 30.6.2024 gültig.
2. Der Golfspieler/Leser hat sich telefonisch eine Abschlagzeit geben zu lassen – dabei ist die Nutzung des Angebots anzugeben.
3. Eine Barauszahlung des Greenfee-Vorteils ist nicht möglich.
4. Das Kombinieren von Angeboten oder bestehenden Greenfee-Vorteilen ist nicht möglich. Der Vorteil bezieht sich jeweils ausschließlich auf die zum Zeitpunkt der Einlösung gültigen vollen Greenfee-Gebühren.
5. Gibt es Spielergruppen mit erhöhten Greenfee-Gebühren, ist ein Nachlass auf diese Gebühren nicht möglich.
6. Das Angebot allein berechtigt nicht zum Spiel gegen Greenfee. Die Erfüllung der Bestimmungen des jeweiligen Golfclubs zur Greenfee-Berechtigung (Mitgliedschaft in einem Golfclub, Mindesthandicap etc.) zum Zeitpunkt der Einlösung sind Voraussetzung.
7. Es ist untersagt, den Greenfee-Gutschein entgeltlich Dritten zu überlassen bzw. mit diesen Handel zu treiben. Insbesondere sind die teilnehmenden Golfclubs in diesem Falle berechtigt, die Einlösung der ausgeschriebenen Angebote zu verweigern.
8. Die teilnehmenden Golfclubs haben sich gegenüber dem Verlag unter den o.g. Bedingungen verpflichtet, die ausgeschriebenen Angebote einzulösen. Der Verlag übernimmt jedoch keine Gewähr und keine Haftung, wenn ein Angebot nicht eingelöst wird oder werden kann.

Bedingungen zur Einlösung des Discounts:
1. Das Angebot ist einschließlich bis 30.6.2024 gültig.
2. Der Golfspieler/Leser hat sich telefonisch eine Abschlagzeit geben zu lassen – dabei ist die Nutzung des Angebots anzugeben.
3. Eine Barauszahlung des Greenfee-Vorteils ist nicht möglich.
4. Das Kombinieren von Angeboten oder bestehenden Greenfee-Vorteilen ist nicht möglich. Der Vorteil bezieht sich jeweils ausschließlich auf die zum Zeitpunkt der Einlösung gültigen vollen Greenfee-Gebühren.
5. Gibt es Spielergruppen mit erhöhten Greenfee-Gebühren, ist ein Nachlass auf diese Gebühren nicht möglich.
6. Das Angebot allein berechtigt nicht zum Spiel gegen Greenfee. Die Erfüllung der Bestimmungen des jeweiligen Golfclubs zur Greenfee-Berechtigung (Mitgliedschaft in einem Golfclub, Mindesthandicap etc.) zum Zeitpunkt der Einlösung sind Voraussetzung.
7. Es ist untersagt, den Greenfee-Gutschein entgeltlich Dritten zu überlassen bzw. mit diesen Handel zu treiben. Insbesondere sind die teilnehmenden Golfclubs in diesem Falle berechtigt, die Einlösung der ausgeschriebenen Angebote zu verweigern.
8. Die teilnehmenden Golfclubs haben sich gegenüber dem Verlag unter den o.g. Bedingungen verpflichtet, die ausgeschriebenen Angebote einzulösen. Der Verlag übernimmt jedoch keine Gewähr und keine Haftung, wenn ein Angebot nicht eingelöst wird oder werden kann.

Bedingungen zur Einlösung des Discounts:
1. Das Angebot ist einschließlich bis 30.6.2024 gültig.
2. Der Golfspieler/Leser hat sich telefonisch eine Abschlagzeit geben zu lassen – dabei ist die Nutzung des Angebots anzugeben.
3. Eine Barauszahlung des Greenfee-Vorteils ist nicht möglich.
4. Das Kombinieren von Angeboten oder bestehenden Greenfee-Vorteilen ist nicht möglich. Der Vorteil bezieht sich jeweils ausschließlich auf die zum Zeitpunkt der Einlösung gültigen vollen Greenfee-Gebühren.
5. Gibt es Spielergruppen mit erhöhten Greenfee-Gebühren, ist ein Nachlass auf diese Gebühren nicht möglich.
6. Das Angebot allein berechtigt nicht zum Spiel gegen Greenfee. Die Erfüllung der Bestimmungen des jeweiligen Golfclubs zur Greenfee-Berechtigung (Mitgliedschaft in einem Golfclub, Mindesthandicap etc.) zum Zeitpunkt der Einlösung sind Voraussetzung.
7. Es ist untersagt, den Greenfee-Gutschein entgeltlich Dritten zu überlassen bzw. mit diesen Handel zu treiben. Insbesondere sind die teilnehmenden Golfclubs in diesem Falle berechtigt, die Einlösung der ausgeschriebenen Angebote zu verweigern.
8. Die teilnehmenden Golfclubs haben sich gegenüber dem Verlag unter den o.g. Bedingungen verpflichtet, die ausgeschriebenen Angebote einzulösen. Der Verlag übernimmt jedoch keine Gewähr und keine Haftung, wenn ein Angebot nicht eingelöst wird oder werden kann.

Bedingungen zur Einlösung des Discounts:
1. Das Angebot ist einschließlich bis 30.6.2024 gültig.
2. Der Golfspieler/Leser hat sich telefonisch eine Abschlagzeit geben zu lassen – dabei ist die Nutzung des Angebots anzugeben.
3. Eine Barauszahlung des Greenfee-Vorteils ist nicht möglich.
4. Das Kombinieren von Angeboten oder bestehenden Greenfee-Vorteilen ist nicht möglich. Der Vorteil bezieht sich jeweils ausschließlich auf die zum Zeitpunkt der Einlösung gültigen vollen Greenfee-Gebühren.
5. Gibt es Spielergruppen mit erhöhten Greenfee-Gebühren, ist ein Nachlass auf diese Gebühren nicht möglich.
6. Das Angebot allein berechtigt nicht zum Spiel gegen Greenfee. Die Erfüllung der Bestimmungen des jeweiligen Golfclubs zur Greenfee-Berechtigung (Mitgliedschaft in einem Golfclub, Mindesthandicap etc.) zum Zeitpunkt der Einlösung sind Voraussetzung.
7. Es ist untersagt, den Greenfee-Gutschein entgeltlich Dritten zu überlassen bzw. mit diesen Handel zu treiben. Insbesondere sind die teilnehmenden Golfclubs in diesem Falle berechtigt, die Einlösung der ausgeschriebenen Angebote zu verweigern.
8. Die teilnehmenden Golfclubs haben sich gegenüber dem Verlag unter den o.g. Bedingungen verpflichtet, die ausgeschriebenen Angebote einzulösen. Der Verlag übernimmt jedoch keine Gewähr und keine Haftung, wenn ein Angebot nicht eingelöst wird oder werden kann.

Bedingungen zur Einlösung des Discounts:
1. Das Angebot ist einschließlich bis 30.6.2024 gültig.
2. Der Golfspieler/Leser hat sich telefonisch eine Abschlagzeit geben zu lassen – dabei ist die Nutzung des Angebots anzugeben.
3. Eine Barauszahlung des Greenfee-Vorteils ist nicht möglich.
4. Das Kombinieren von Angeboten oder bestehenden Greenfee-Vorteilen ist nicht möglich. Der Vorteil bezieht sich jeweils ausschließlich auf die zum Zeitpunkt der Einlösung gültigen vollen Greenfee-Gebühren.
5. Gibt es Spielergruppen mit erhöhten Greenfee-Gebühren, ist ein Nachlass auf diese Gebühren nicht möglich.
6. Das Angebot allein berechtigt nicht zum Spiel gegen Greenfee. Die Erfüllung der Bestimmungen des jeweiligen Golfclubs zur Greenfee-Berechtigung (Mitgliedschaft in einem Golfclub, Mindesthandicap etc.) zum Zeitpunkt der Einlösung sind Voraussetzung.
7. Es ist untersagt, den Greenfee-Gutschein entgeltlich Dritten zu überlassen bzw. mit diesen Handel zu treiben. Insbesondere sind die teilnehmenden Golfclubs in diesem Falle berechtigt, die Einlösung der ausgeschriebenen Angebote zu verweigern.
8. Die teilnehmenden Golfclubs haben sich gegenüber dem Verlag unter den o.g. Bedingungen verpflichtet, die ausgeschriebenen Angebote einzulösen. Der Verlag übernimmt jedoch keine Gewähr und keine Haftung, wenn ein Angebot nicht eingelöst wird oder werden kann.

Bedingungen zur Einlösung des Discounts:
1. Das Angebot ist einschließlich bis 30.6.2024 gültig.
2. Der Golfspieler/Leser hat sich telefonisch eine Abschlagzeit geben zu lassen – dabei ist die Nutzung des Angebots anzugeben.
3. Eine Barauszahlung des Greenfee-Vorteils ist nicht möglich.
4. Das Kombinieren von Angeboten oder bestehenden Greenfee-Vorteilen ist nicht möglich. Der Vorteil bezieht sich jeweils ausschließlich auf die zum Zeitpunkt der Einlösung gültigen vollen Greenfee-Gebühren.
5. Gibt es Spielergruppen mit erhöhten Greenfee-Gebühren, ist ein Nachlass auf diese Gebühren nicht möglich.
6. Das Angebot allein berechtigt nicht zum Spiel gegen Greenfee. Die Erfüllung der Bestimmungen des jeweiligen Golfclubs zur Greenfee-Berechtigung (Mitgliedschaft in einem Golfclub, Mindesthandicap etc.) zum Zeitpunkt der Einlösung sind Voraussetzung.
7. Es ist untersagt, den Greenfee-Gutschein entgeltlich Dritten zu überlassen bzw. mit diesen Handel zu treiben. Insbesondere sind die teilnehmenden Golfclubs in diesem Falle berechtigt, die Einlösung der ausgeschriebenen Angebote zu verweigern.
8. Die teilnehmenden Golfclubs haben sich gegenüber dem Verlag unter den o.g. Bedingungen verpflichtet, die ausgeschriebenen Angebote einzulösen. Der Verlag übernimmt jedoch keine Gewähr und keine Haftung, wenn ein Angebot nicht eingelöst wird oder werden kann.

Bedingungen zur Einlösung des Discounts:
1. Das Angebot ist einschließlich bis 30.6.2024 gültig.
2. Der Golfspieler/Leser hat sich telefonisch eine Abschlagzeit geben zu lassen – dabei ist die Nutzung des Angebots anzugeben.
3. Eine Barauszahlung des Greenfee-Vorteils ist nicht möglich.
4. Das Kombinieren von Angeboten oder bestehenden Greenfee-Vorteilen ist nicht möglich. Der Vorteil bezieht sich jeweils ausschließlich auf die zum Zeitpunkt der Einlösung gültigen vollen Greenfee-Gebühren.
5. Gibt es Spielergruppen mit erhöhten Greenfee-Gebühren, ist ein Nachlass auf diese Gebühren nicht möglich.
6. Das Angebot allein berechtigt nicht zum Spiel gegen Greenfee. Die Erfüllung der Bestimmungen des jeweiligen Golfclubs zur Greenfee-Berechtigung (Mitgliedschaft in einem Golfclub, Mindesthandicap etc.) zum Zeitpunkt der Einlösung sind Voraussetzung.
7. Es ist untersagt, den Greenfee-Gutschein entgeltlich Dritten zu überlassen bzw. mit diesen Handel zu treiben. Insbesondere sind die teilnehmenden Golfclubs in diesem Falle berechtigt, die Einlösung der ausgeschriebenen Angebote zu verweigern.
8. Die teilnehmenden Golfclubs haben sich gegenüber dem Verlag unter den o.g. Bedingungen verpflichtet, die ausgeschriebenen Angebote einzulösen. Der Verlag übernimmt jedoch keine Gewähr und keine Haftung, wenn ein Angebot nicht eingelöst wird oder werden kann.

Diese Gutscheine gelten nur in Verbindung mit dem Buch/Albrecht Golf Card

Diese Gutscheine gelten nur in Verbindung mit dem Buch/Albrecht Golf Card

DER GOLF ALBRECHT

Golf Club Schloß Maxlrain e.V. DE

Freiung 14
D-83104 Maxlrain
✆ 08061-1403
Bayern

255

20% Greenfee-Ermäßigung

DER GOLF ALBRECHT

Golf Club Schloß Maxlrain e.V. DE

Freiung 14
D-83104 Maxlrain
✆ 08061-1403
Bayern

255

20% Greenfee-Ermäßigung

DER GOLF ALBRECHT

Golfclub Berchtesgadener Land e.V. DE

Weng 12
D-83404 Ainring
✆ 08654-69020
Bayern
Hinweis: Dienstag bis Sonntag ab 13.00 h

256

2 for 1 2 GF zum Preis von 1

DER GOLF ALBRECHT

Golfclub Berchtesgadener Land e.V. DE

Weng 12
D-83404 Ainring
✆ 08654-69020
Bayern
Hinweis: Dienstag bis Sonntag ab 13.00 h

256

30% Greenfee-Ermäßigung

DER GOLF ALBRECHT

Golfanlage Patting-Hochriesblick DE

Patting 1
D-83083 Riedering
✆ 08032-1030
Bayern

257

2 for 1 2 GF zum Preis von 1

DER GOLF ALBRECHT

Golfanlage Patting-Hochriesblick DE

Patting 1
D-83083 Riedering
✆ 08032-1030
Bayern

257

2 for 1 2 GF zum Preis von 1

DER GOLF ALBRECHT

Golfanlage Patting-Hochriesblick DE

Patting 1
D-83083 Riedering
✆ 08032-1030
Bayern

257

20% Greenfee-Ermäßigung

DER GOLF ALBRECHT

Golfanlage Patting-Hochriesblick DE

Patting 1
D-83083 Riedering
✆ 08032-1030
Bayern

257

20% Greenfee-Ermäßigung

DER GOLF ALBRECHT

St. Eurach Land- und Golf Club e.V. DE

Eurach 8
D-82393 Iffeldorf
✆ 08801-915830
Bayern

258

25% Greenfee-Ermäßigung wochentags

DER GOLF ALBRECHT

St. Eurach Land- und Golf Club e.V. DE

Eurach 8
D-82393 Iffeldorf
✆ 08801-915830
Bayern

258

25% Greenfee-Ermäßigung wochentags

Bedingungen zur Einlösung des Discounts:

1. Das Angebot ist einschließlich bis 30.6.2024 gültig.
2. Der Golfspieler/Leser hat sich telefonisch eine Abschlagzeit geben zu lassen – dabei ist die Nutzung des Angebots anzugeben.
3. Eine Barauszahlung des Greenfee-Vorteils ist nicht möglich.
4. Das Kombinieren von Angeboten oder bestehenden Greenfee-Vorteilen ist nicht möglich. Der Vorteil bezieht sich jeweils ausschließlich auf die zum Zeitpunkt der Einlösung gültigen vollen Greenfee-Gebühren.
5. Gibt es Spielergruppen mit erhöhten Greenfee-Gebühren, ist ein Nachlass auf diese Gebühren nicht möglich.
6. Das Angebot allein berechtigt nicht zum Spiel gegen Greenfee. Die Erfüllung der Bestimmungen des jeweiligen Golfclubs zur Greenfee-Berechtigung (Mitgliedschaft in einem Golfclub, Mindesthandicap etc.) zum Zeitpunkt der Einlösung sind Voraussetzung.
7. Es ist untersagt, den Greenfee-Gutschein entgeltlich Dritten zu überlassen bzw. mit diesen Handel zu treiben. Insbesondere sind die teilnehmenden Golfclubs in diesem Falle berechtigt, die Einlösung der ausgeschriebenen Angebote zu verweigern.
8. Die teilnehmenden Golfclubs haben sich gegenüber dem Verlag unter den o.g. Bedingungen verpflichtet, die ausgeschriebenen Angebote einzulösen. Der Verlag übernimmt jedoch keine Gewähr und keine Haftung, wenn ein Angebot nicht eingelöst wird oder werden kann.

Bedingungen zur Einlösung des Discounts:

1. Das Angebot ist einschließlich bis 30.6.2024 gültig.
2. Der Golfspieler/Leser hat sich telefonisch eine Abschlagzeit geben zu lassen – dabei ist die Nutzung des Angebots anzugeben.
3. Eine Barauszahlung des Greenfee-Vorteils ist nicht möglich.
4. Das Kombinieren von Angeboten oder bestehenden Greenfee-Vorteilen ist nicht möglich. Der Vorteil bezieht sich jeweils ausschließlich auf die zum Zeitpunkt der Einlösung gültigen vollen Greenfee-Gebühren.
5. Gibt es Spielergruppen mit erhöhten Greenfee-Gebühren, ist ein Nachlass auf diese Gebühren nicht möglich.
6. Das Angebot allein berechtigt nicht zum Spiel gegen Greenfee. Die Erfüllung der Bestimmungen des jeweiligen Golfclubs zur Greenfee-Berechtigung (Mitgliedschaft in einem Golfclub, Mindesthandicap etc.) zum Zeitpunkt der Einlösung sind Voraussetzung.
7. Es ist untersagt, den Greenfee-Gutschein entgeltlich Dritten zu überlassen bzw. mit diesen Handel zu treiben. Insbesondere sind die teilnehmenden Golfclubs in diesem Falle berechtigt, die Einlösung der ausgeschriebenen Angebote zu verweigern.
8. Die teilnehmenden Golfclubs haben sich gegenüber dem Verlag unter den o.g. Bedingungen verpflichtet, die ausgeschriebenen Angebote einzulösen. Der Verlag übernimmt jedoch keine Gewähr und keine Haftung, wenn ein Angebot nicht eingelöst wird oder werden kann.

Bedingungen zur Einlösung des Discounts:

1. Das Angebot ist einschließlich bis 30.6.2024 gültig.
2. Der Golfspieler/Leser hat sich telefonisch eine Abschlagzeit geben zu lassen – dabei ist die Nutzung des Angebots anzugeben.
3. Eine Barauszahlung des Greenfee-Vorteils ist nicht möglich.
4. Das Kombinieren von Angeboten oder bestehenden Greenfee-Vorteilen ist nicht möglich. Der Vorteil bezieht sich jeweils ausschließlich auf die zum Zeitpunkt der Einlösung gültigen vollen Greenfee-Gebühren.
5. Gibt es Spielergruppen mit erhöhten Greenfee-Gebühren, ist ein Nachlass auf diese Gebühren nicht möglich.
6. Das Angebot allein berechtigt nicht zum Spiel gegen Greenfee. Die Erfüllung der Bestimmungen des jeweiligen Golfclubs zur Greenfee-Berechtigung (Mitgliedschaft in einem Golfclub, Mindesthandicap etc.) zum Zeitpunkt der Einlösung sind Voraussetzung.
7. Es ist untersagt, den Greenfee-Gutschein entgeltlich Dritten zu überlassen bzw. mit diesen Handel zu treiben. Insbesondere sind die teilnehmenden Golfclubs in diesem Falle berechtigt, die Einlösung der ausgeschriebenen Angebote zu verweigern.
8. Die teilnehmenden Golfclubs haben sich gegenüber dem Verlag unter den o.g. Bedingungen verpflichtet, die ausgeschriebenen Angebote einzulösen. Der Verlag übernimmt jedoch keine Gewähr und keine Haftung, wenn ein Angebot nicht eingelöst wird oder werden kann.

Bedingungen zur Einlösung des Discounts:

1. Das Angebot ist einschließlich bis 30.6.2024 gültig.
2. Der Golfspieler/Leser hat sich telefonisch eine Abschlagzeit geben zu lassen – dabei ist die Nutzung des Angebots anzugeben.
3. Eine Barauszahlung des Greenfee-Vorteils ist nicht möglich.
4. Das Kombinieren von Angeboten oder bestehenden Greenfee-Vorteilen ist nicht möglich. Der Vorteil bezieht sich jeweils ausschließlich auf die zum Zeitpunkt der Einlösung gültigen vollen Greenfee-Gebühren.
5. Gibt es Spielergruppen mit erhöhten Greenfee-Gebühren, ist ein Nachlass auf diese Gebühren nicht möglich.
6. Das Angebot allein berechtigt nicht zum Spiel gegen Greenfee. Die Erfüllung der Bestimmungen des jeweiligen Golfclubs zur Greenfee-Berechtigung (Mitgliedschaft in einem Golfclub, Mindesthandicap etc.) zum Zeitpunkt der Einlösung sind Voraussetzung.
7. Es ist untersagt, den Greenfee-Gutschein entgeltlich Dritten zu überlassen bzw. mit diesen Handel zu treiben. Insbesondere sind die teilnehmenden Golfclubs in diesem Falle berechtigt, die Einlösung der ausgeschriebenen Angebote zu verweigern.
8. Die teilnehmenden Golfclubs haben sich gegenüber dem Verlag unter den o.g. Bedingungen verpflichtet, die ausgeschriebenen Angebote einzulösen. Der Verlag übernimmt jedoch keine Gewähr und keine Haftung, wenn ein Angebot nicht eingelöst wird oder werden kann.

Bedingungen zur Einlösung des Discounts:

1. Das Angebot ist einschließlich bis 30.6.2024 gültig.
2. Der Golfspieler/Leser hat sich telefonisch eine Abschlagzeit geben zu lassen – dabei ist die Nutzung des Angebots anzugeben.
3. Eine Barauszahlung des Greenfee-Vorteils ist nicht möglich.
4. Das Kombinieren von Angeboten oder bestehenden Greenfee-Vorteilen ist nicht möglich. Der Vorteil bezieht sich jeweils ausschließlich auf die zum Zeitpunkt der Einlösung gültigen vollen Greenfee-Gebühren.
5. Gibt es Spielergruppen mit erhöhten Greenfee-Gebühren, ist ein Nachlass auf diese Gebühren nicht möglich.
6. Das Angebot allein berechtigt nicht zum Spiel gegen Greenfee. Die Erfüllung der Bestimmungen des jeweiligen Golfclubs zur Greenfee-Berechtigung (Mitgliedschaft in einem Golfclub, Mindesthandicap etc.) zum Zeitpunkt der Einlösung sind Voraussetzung.
7. Es ist untersagt, den Greenfee-Gutschein entgeltlich Dritten zu überlassen bzw. mit diesen Handel zu treiben. Insbesondere sind die teilnehmenden Golfclubs in diesem Falle berechtigt, die Einlösung der ausgeschriebenen Angebote zu verweigern.
8. Die teilnehmenden Golfclubs haben sich gegenüber dem Verlag unter den o.g. Bedingungen verpflichtet, die ausgeschriebenen Angebote einzulösen. Der Verlag übernimmt jedoch keine Gewähr und keine Haftung, wenn ein Angebot nicht eingelöst wird oder werden kann.

Bedingungen zur Einlösung des Discounts:

1. Das Angebot ist einschließlich bis 30.6.2024 gültig.
2. Der Golfspieler/Leser hat sich telefonisch eine Abschlagzeit geben zu lassen – dabei ist die Nutzung des Angebots anzugeben.
3. Eine Barauszahlung des Greenfee-Vorteils ist nicht möglich.
4. Das Kombinieren von Angeboten oder bestehenden Greenfee-Vorteilen ist nicht möglich. Der Vorteil bezieht sich jeweils ausschließlich auf die zum Zeitpunkt der Einlösung gültigen vollen Greenfee-Gebühren.
5. Gibt es Spielergruppen mit erhöhten Greenfee-Gebühren, ist ein Nachlass auf diese Gebühren nicht möglich.
6. Das Angebot allein berechtigt nicht zum Spiel gegen Greenfee. Die Erfüllung der Bestimmungen des jeweiligen Golfclubs zur Greenfee-Berechtigung (Mitgliedschaft in einem Golfclub, Mindesthandicap etc.) zum Zeitpunkt der Einlösung sind Voraussetzung.
7. Es ist untersagt, den Greenfee-Gutschein entgeltlich Dritten zu überlassen bzw. mit diesen Handel zu treiben. Insbesondere sind die teilnehmenden Golfclubs in diesem Falle berechtigt, die Einlösung der ausgeschriebenen Angebote zu verweigern.
8. Die teilnehmenden Golfclubs haben sich gegenüber dem Verlag unter den o.g. Bedingungen verpflichtet, die ausgeschriebenen Angebote einzulösen. Der Verlag übernimmt jedoch keine Gewähr und keine Haftung, wenn ein Angebot nicht eingelöst wird oder werden kann.

Bedingungen zur Einlösung des Discounts:

1. Das Angebot ist einschließlich bis 30.6.2024 gültig.
2. Der Golfspieler/Leser hat sich telefonisch eine Abschlagzeit geben zu lassen – dabei ist die Nutzung des Angebots anzugeben.
3. Eine Barauszahlung des Greenfee-Vorteils ist nicht möglich.
4. Das Kombinieren von Angeboten oder bestehenden Greenfee-Vorteilen ist nicht möglich. Der Vorteil bezieht sich jeweils ausschließlich auf die zum Zeitpunkt der Einlösung gültigen vollen Greenfee-Gebühren.
5. Gibt es Spielergruppen mit erhöhten Greenfee-Gebühren, ist ein Nachlass auf diese Gebühren nicht möglich.
6. Das Angebot allein berechtigt nicht zum Spiel gegen Greenfee. Die Erfüllung der Bestimmungen des jeweiligen Golfclubs zur Greenfee-Berechtigung (Mitgliedschaft in einem Golfclub, Mindesthandicap etc.) zum Zeitpunkt der Einlösung sind Voraussetzung.
7. Es ist untersagt, den Greenfee-Gutschein entgeltlich Dritten zu überlassen bzw. mit diesen Handel zu treiben. Insbesondere sind die teilnehmenden Golfclubs in diesem Falle berechtigt, die Einlösung der ausgeschriebenen Angebote zu verweigern.
8. Die teilnehmenden Golfclubs haben sich gegenüber dem Verlag unter den o.g. Bedingungen verpflichtet, die ausgeschriebenen Angebote einzulösen. Der Verlag übernimmt jedoch keine Gewähr und keine Haftung, wenn ein Angebot nicht eingelöst wird oder werden kann.

Bedingungen zur Einlösung des Discounts:

1. Das Angebot ist einschließlich bis 30.6.2024 gültig.
2. Der Golfspieler/Leser hat sich telefonisch eine Abschlagzeit geben zu lassen – dabei ist die Nutzung des Angebots anzugeben.
3. Eine Barauszahlung des Greenfee-Vorteils ist nicht möglich.
4. Das Kombinieren von Angeboten oder bestehenden Greenfee-Vorteilen ist nicht möglich. Der Vorteil bezieht sich jeweils ausschließlich auf die zum Zeitpunkt der Einlösung gültigen vollen Greenfee-Gebühren.
5. Gibt es Spielergruppen mit erhöhten Greenfee-Gebühren, ist ein Nachlass auf diese Gebühren nicht möglich.
6. Das Angebot allein berechtigt nicht zum Spiel gegen Greenfee. Die Erfüllung der Bestimmungen des jeweiligen Golfclubs zur Greenfee-Berechtigung (Mitgliedschaft in einem Golfclub, Mindesthandicap etc.) zum Zeitpunkt der Einlösung sind Voraussetzung.
7. Es ist untersagt, den Greenfee-Gutschein entgeltlich Dritten zu überlassen bzw. mit diesen Handel zu treiben. Insbesondere sind die teilnehmenden Golfclubs in diesem Falle berechtigt, die Einlösung der ausgeschriebenen Angebote zu verweigern.
8. Die teilnehmenden Golfclubs haben sich gegenüber dem Verlag unter den o.g. Bedingungen verpflichtet, die ausgeschriebenen Angebote einzulösen. Der Verlag übernimmt jedoch keine Gewähr und keine Haftung, wenn ein Angebot nicht eingelöst wird oder werden kann.

Bedingungen zur Einlösung des Discounts:

1. Das Angebot ist einschließlich bis 30.6.2024 gültig.
2. Der Golfspieler/Leser hat sich telefonisch eine Abschlagzeit geben zu lassen – dabei ist die Nutzung des Angebots anzugeben.
3. Eine Barauszahlung des Greenfee-Vorteils ist nicht möglich.
4. Das Kombinieren von Angeboten oder bestehenden Greenfee-Vorteilen ist nicht möglich. Der Vorteil bezieht sich jeweils ausschließlich auf die zum Zeitpunkt der Einlösung gültigen vollen Greenfee-Gebühren.
5. Gibt es Spielergruppen mit erhöhten Greenfee-Gebühren, ist ein Nachlass auf diese Gebühren nicht möglich.
6. Das Angebot allein berechtigt nicht zum Spiel gegen Greenfee. Die Erfüllung der Bestimmungen des jeweiligen Golfclubs zur Greenfee-Berechtigung (Mitgliedschaft in einem Golfclub, Mindesthandicap etc.) zum Zeitpunkt der Einlösung sind Voraussetzung.
7. Es ist untersagt, den Greenfee-Gutschein entgeltlich Dritten zu überlassen bzw. mit diesen Handel zu treiben. Insbesondere sind die teilnehmenden Golfclubs in diesem Falle berechtigt, die Einlösung der ausgeschriebenen Angebote zu verweigern.
8. Die teilnehmenden Golfclubs haben sich gegenüber dem Verlag unter den o.g. Bedingungen verpflichtet, die ausgeschriebenen Angebote einzulösen. Der Verlag übernimmt jedoch keine Gewähr und keine Haftung, wenn ein Angebot nicht eingelöst wird oder werden kann.

Bedingungen zur Einlösung des Discounts:

1. Das Angebot ist einschließlich bis 30.6.2024 gültig.
2. Der Golfspieler/Leser hat sich telefonisch eine Abschlagzeit geben zu lassen – dabei ist die Nutzung des Angebots anzugeben.
3. Eine Barauszahlung des Greenfee-Vorteils ist nicht möglich.
4. Das Kombinieren von Angeboten oder bestehenden Greenfee-Vorteilen ist nicht möglich. Der Vorteil bezieht sich jeweils ausschließlich auf die zum Zeitpunkt der Einlösung gültigen vollen Greenfee-Gebühren.
5. Gibt es Spielergruppen mit erhöhten Greenfee-Gebühren, ist ein Nachlass auf diese Gebühren nicht möglich.
6. Das Angebot allein berechtigt nicht zum Spiel gegen Greenfee. Die Erfüllung der Bestimmungen des jeweiligen Golfclubs zur Greenfee-Berechtigung (Mitgliedschaft in einem Golfclub, Mindesthandicap etc.) zum Zeitpunkt der Einlösung sind Voraussetzung.
7. Es ist untersagt, den Greenfee-Gutschein entgeltlich Dritten zu überlassen bzw. mit diesen Handel zu treiben. Insbesondere sind die teilnehmenden Golfclubs in diesem Falle berechtigt, die Einlösung der ausgeschriebenen Angebote zu verweigern.
8. Die teilnehmenden Golfclubs haben sich gegenüber dem Verlag unter den o.g. Bedingungen verpflichtet, die ausgeschriebenen Angebote einzulösen. Der Verlag übernimmt jedoch keine Gewähr und keine Haftung, wenn ein Angebot nicht eingelöst wird oder werden kann.

Diese Gutscheine gelten nur in Verbindung mit dem Buch/Albrecht Golf Card

Diese Gutscheine gelten nur in Verbindung mit dem Buch/Albrecht Golf Card

DER GOLF ALBRECHT

Tölzer Golfclub e.V.

DE

Straß 124 A
D-83646 Wackersberg
✆ 08041-8084944
Bayern

259

20% Greenfee-Ermäßigung

DER GOLF ALBRECHT

Tölzer Golfclub e.V.

DE

Straß 124 A
D-83646 Wackersberg
✆ 08041-8084944
Bayern

259

20% Greenfee-Ermäßigung

DER GOLF ALBRECHT

Golfclub Isarwinkel e.V.

DE

Am Golfplatz 65
D-83646 Bad Tölz
✆ 08041-77877
Bayern

260

2 for 1 2 GF zum Preis von 1

DER GOLF ALBRECHT

Golfclub Isarwinkel e.V.

DE

Am Golfplatz 65
D-83646 Bad Tölz
✆ 08041-77877
Bayern

260

2 for 1 2 GF zum Preis von 1

DER GOLF ALBRECHT

Golfclub Isarwinkel e.V.

DE

Am Golfplatz 65
D-83646 Bad Tölz
✆ 08041-77877
Bayern

260

30% Greenfee-Ermäßigung

DER GOLF ALBRECHT

Golfclub Isarwinkel e.V.

DE

Am Golfplatz 65
D-83646 Bad Tölz
✆ 08041-77877
Bayern

260

30% Greenfee-Ermäßigung

DER GOLF ALBRECHT

Golfplatz Stenz

DE

Stenz 1
D-86975 Bernbeuren
✆ 08860-582
Bayern

261

30% Greenfee-Ermäßigung

DER GOLF ALBRECHT

Golfplatz Stenz

DE

Stenz 1
D-86975 Bernbeuren
✆ 08860-582
Bayern

261

30% Greenfee-Ermäßigung

DER GOLF ALBRECHT

Golfplatz Stenz

DE

Stenz 1
D-86975 Bernbeuren
✆ 08860-582
Bayern

261

30% Greenfee-Ermäßigung

DER GOLF ALBRECHT

Golfplatz Stenz

DE

Stenz 1
D-86975 Bernbeuren
✆ 08860-582
Bayern

261

30% Greenfee-Ermäßigung

Bedingungen zur Einlösung des Discounts:

1. Das Angebot ist einschließlich bis 30.6.2024 gültig.
2. Der Golfspieler/Leser hat sich telefonisch eine Abschlagzeit geben zu lassen – dabei ist die Nutzung des Angebots anzugeben.
3. Eine Barauszahlung des Greenfee-Vorteils ist nicht möglich.
4. Das Kombinieren von Angeboten oder bestehenden Greenfee-Vorteilen ist nicht möglich. Der Vorteil bezieht sich jeweils ausschließlich auf die zum Zeitpunkt der Einlösung gültigen vollen Greenfee-Gebühren.
5. Gibt es Spielergruppen mit erhöhten Greenfee-Gebühren, ist ein Nachlass auf diese Gebühren nicht möglich.
6. Das Angebot allein berechtigt nicht zum Spiel gegen Greenfee. Die Erfüllung der Bestimmungen des jeweiligen Golfclubs zur Greenfee-Berechtigung (Mitgliedschaft in einem Golfclub, Mindesthandicap etc.) zum Zeitpunkt der Einlösung sind Voraussetzung.
7. Es ist untersagt, den Greenfee-Gutschein entgeltlich Dritten zu überlassen bzw. mit diesen Handel zu treiben. Insbesondere sind die teilnehmenden Golfclubs in diesem Falle berechtigt, die Einlösung der ausgeschriebenen Angebote zu verweigern.
8. Die teilnehmenden Golfclubs haben sich gegenüber dem Verlag unter den o.g. Bedingungen verpflichtet, die ausgeschriebenen Angebote einzulösen. Der Verlag übernimmt jedoch keine Gewähr und keine Haftung, wenn ein Angebot nicht eingelöst wird oder werden kann.

Bedingungen zur Einlösung des Discounts:

1. Das Angebot ist einschließlich bis 30.6.2024 gültig.
2. Der Golfspieler/Leser hat sich telefonisch eine Abschlagzeit geben zu lassen – dabei ist die Nutzung des Angebots anzugeben.
3. Eine Barauszahlung des Greenfee-Vorteils ist nicht möglich.
4. Das Kombinieren von Angeboten oder bestehenden Greenfee-Vorteilen ist nicht möglich. Der Vorteil bezieht sich jeweils ausschließlich auf die zum Zeitpunkt der Einlösung gültigen vollen Greenfee-Gebühren.
5. Gibt es Spielergruppen mit erhöhten Greenfee-Gebühren, ist ein Nachlass auf diese Gebühren nicht möglich.
6. Das Angebot allein berechtigt nicht zum Spiel gegen Greenfee. Die Erfüllung der Bestimmungen des jeweiligen Golfclubs zur Greenfee-Berechtigung (Mitgliedschaft in einem Golfclub, Mindesthandicap etc.) zum Zeitpunkt der Einlösung sind Voraussetzung.
7. Es ist untersagt, den Greenfee-Gutschein entgeltlich Dritten zu überlassen bzw. mit diesen Handel zu treiben. Insbesondere sind die teilnehmenden Golfclubs in diesem Falle berechtigt, die Einlösung der ausgeschriebenen Angebote zu verweigern.
8. Die teilnehmenden Golfclubs haben sich gegenüber dem Verlag unter den o.g. Bedingungen verpflichtet, die ausgeschriebenen Angebote einzulösen. Der Verlag übernimmt jedoch keine Gewähr und keine Haftung, wenn ein Angebot nicht eingelöst wird oder werden kann.

Bedingungen zur Einlösung des Discounts:

1. Das Angebot ist einschließlich bis 30.6.2024 gültig.
2. Der Golfspieler/Leser hat sich telefonisch eine Abschlagzeit geben zu lassen – dabei ist die Nutzung des Angebots anzugeben.
3. Eine Barauszahlung des Greenfee-Vorteils ist nicht möglich.
4. Das Kombinieren von Angeboten oder bestehenden Greenfee-Vorteilen ist nicht möglich. Der Vorteil bezieht sich jeweils ausschließlich auf die zum Zeitpunkt der Einlösung gültigen vollen Greenfee-Gebühren.
5. Gibt es Spielergruppen mit erhöhten Greenfee-Gebühren, ist ein Nachlass auf diese Gebühren nicht möglich.
6. Das Angebot allein berechtigt nicht zum Spiel gegen Greenfee. Die Erfüllung der Bestimmungen des jeweiligen Golfclubs zur Greenfee-Berechtigung (Mitgliedschaft in einem Golfclub, Mindesthandicap etc.) zum Zeitpunkt der Einlösung sind Voraussetzung.
7. Es ist untersagt, den Greenfee-Gutschein entgeltlich Dritten zu überlassen bzw. mit diesen Handel zu treiben. Insbesondere sind die teilnehmenden Golfclubs in diesem Falle berechtigt, die Einlösung der ausgeschriebenen Angebote zu verweigern.
8. Die teilnehmenden Golfclubs haben sich gegenüber dem Verlag unter den o.g. Bedingungen verpflichtet, die ausgeschriebenen Angebote einzulösen. Der Verlag übernimmt jedoch keine Gewähr und keine Haftung, wenn ein Angebot nicht eingelöst wird oder werden kann.

Bedingungen zur Einlösung des Discounts:

1. Das Angebot ist einschließlich bis 30.6.2024 gültig.
2. Der Golfspieler/Leser hat sich telefonisch eine Abschlagzeit geben zu lassen – dabei ist die Nutzung des Angebots anzugeben.
3. Eine Barauszahlung des Greenfee-Vorteils ist nicht möglich.
4. Das Kombinieren von Angeboten oder bestehenden Greenfee-Vorteilen ist nicht möglich. Der Vorteil bezieht sich jeweils ausschließlich auf die zum Zeitpunkt der Einlösung gültigen vollen Greenfee-Gebühren.
5. Gibt es Spielergruppen mit erhöhten Greenfee-Gebühren, ist ein Nachlass auf diese Gebühren nicht möglich.
6. Das Angebot allein berechtigt nicht zum Spiel gegen Greenfee. Die Erfüllung der Bestimmungen des jeweiligen Golfclubs zur Greenfee-Berechtigung (Mitgliedschaft in einem Golfclub, Mindesthandicap etc.) zum Zeitpunkt der Einlösung sind Voraussetzung.
7. Es ist untersagt, den Greenfee-Gutschein entgeltlich Dritten zu überlassen bzw. mit diesen Handel zu treiben. Insbesondere sind die teilnehmenden Golfclubs in diesem Falle berechtigt, die Einlösung der ausgeschriebenen Angebote zu verweigern.
8. Die teilnehmenden Golfclubs haben sich gegenüber dem Verlag unter den o.g. Bedingungen verpflichtet, die ausgeschriebenen Angebote einzulösen. Der Verlag übernimmt jedoch keine Gewähr und keine Haftung, wenn ein Angebot nicht eingelöst wird oder werden kann.

Bedingungen zur Einlösung des Discounts:

1. Das Angebot ist einschließlich bis 30.6.2024 gültig.
2. Der Golfspieler/Leser hat sich telefonisch eine Abschlagzeit geben zu lassen – dabei ist die Nutzung des Angebots anzugeben.
3. Eine Barauszahlung des Greenfee-Vorteils ist nicht möglich.
4. Das Kombinieren von Angeboten oder bestehenden Greenfee-Vorteilen ist nicht möglich. Der Vorteil bezieht sich jeweils ausschließlich auf die zum Zeitpunkt der Einlösung gültigen vollen Greenfee-Gebühren.
5. Gibt es Spielergruppen mit erhöhten Greenfee-Gebühren, ist ein Nachlass auf diese Gebühren nicht möglich.
6. Das Angebot allein berechtigt nicht zum Spiel gegen Greenfee. Die Erfüllung der Bestimmungen des jeweiligen Golfclubs zur Greenfee-Berechtigung (Mitgliedschaft in einem Golfclub, Mindesthandicap etc.) zum Zeitpunkt der Einlösung sind Voraussetzung.
7. Es ist untersagt, den Greenfee-Gutschein entgeltlich Dritten zu überlassen bzw. mit diesen Handel zu treiben. Insbesondere sind die teilnehmenden Golfclubs in diesem Falle berechtigt, die Einlösung der ausgeschriebenen Angebote zu verweigern.
8. Die teilnehmenden Golfclubs haben sich gegenüber dem Verlag unter den o.g. Bedingungen verpflichtet, die ausgeschriebenen Angebote einzulösen. Der Verlag übernimmt jedoch keine Gewähr und keine Haftung, wenn ein Angebot nicht eingelöst wird oder werden kann.

Bedingungen zur Einlösung des Discounts:

1. Das Angebot ist einschließlich bis 30.6.2024 gültig.
2. Der Golfspieler/Leser hat sich telefonisch eine Abschlagzeit geben zu lassen – dabei ist die Nutzung des Angebots anzugeben.
3. Eine Barauszahlung des Greenfee-Vorteils ist nicht möglich.
4. Das Kombinieren von Angeboten oder bestehenden Greenfee-Vorteilen ist nicht möglich. Der Vorteil bezieht sich jeweils ausschließlich auf die zum Zeitpunkt der Einlösung gültigen vollen Greenfee-Gebühren.
5. Gibt es Spielergruppen mit erhöhten Greenfee-Gebühren, ist ein Nachlass auf diese Gebühren nicht möglich.
6. Das Angebot allein berechtigt nicht zum Spiel gegen Greenfee. Die Erfüllung der Bestimmungen des jeweiligen Golfclubs zur Greenfee-Berechtigung (Mitgliedschaft in einem Golfclub, Mindesthandicap etc.) zum Zeitpunkt der Einlösung sind Voraussetzung.
7. Es ist untersagt, den Greenfee-Gutschein entgeltlich Dritten zu überlassen bzw. mit diesen Handel zu treiben. Insbesondere sind die teilnehmenden Golfclubs in diesem Falle berechtigt, die Einlösung der ausgeschriebenen Angebote zu verweigern.
8. Die teilnehmenden Golfclubs haben sich gegenüber dem Verlag unter den o.g. Bedingungen verpflichtet, die ausgeschriebenen Angebote einzulösen. Der Verlag übernimmt jedoch keine Gewähr und keine Haftung, wenn ein Angebot nicht eingelöst wird oder werden kann.

Bedingungen zur Einlösung des Discounts:

1. Das Angebot ist einschließlich bis 30.6.2024 gültig.
2. Der Golfspieler/Leser hat sich telefonisch eine Abschlagzeit geben zu lassen – dabei ist die Nutzung des Angebots anzugeben.
3. Eine Barauszahlung des Greenfee-Vorteils ist nicht möglich.
4. Das Kombinieren von Angeboten oder bestehenden Greenfee-Vorteilen ist nicht möglich. Der Vorteil bezieht sich jeweils ausschließlich auf die zum Zeitpunkt der Einlösung gültigen vollen Greenfee-Gebühren.
5. Gibt es Spielergruppen mit erhöhten Greenfee-Gebühren, ist ein Nachlass auf diese Gebühren nicht möglich.
6. Das Angebot allein berechtigt nicht zum Spiel gegen Greenfee. Die Erfüllung der Bestimmungen des jeweiligen Golfclubs zur Greenfee-Berechtigung (Mitgliedschaft in einem Golfclub, Mindesthandicap etc.) zum Zeitpunkt der Einlösung sind Voraussetzung.
7. Es ist untersagt, den Greenfee-Gutschein entgeltlich Dritten zu überlassen bzw. mit diesen Handel zu treiben. Insbesondere sind die teilnehmenden Golfclubs in diesem Falle berechtigt, die Einlösung der ausgeschriebenen Angebote zu verweigern.
8. Die teilnehmenden Golfclubs haben sich gegenüber dem Verlag unter den o.g. Bedingungen verpflichtet, die ausgeschriebenen Angebote einzulösen. Der Verlag übernimmt jedoch keine Gewähr und keine Haftung, wenn ein Angebot nicht eingelöst wird oder werden kann.

Bedingungen zur Einlösung des Discounts:

1. Das Angebot ist einschließlich bis 30.6.2024 gültig.
2. Der Golfspieler/Leser hat sich telefonisch eine Abschlagzeit geben zu lassen – dabei ist die Nutzung des Angebots anzugeben.
3. Eine Barauszahlung des Greenfee-Vorteils ist nicht möglich.
4. Das Kombinieren von Angeboten oder bestehenden Greenfee-Vorteilen ist nicht möglich. Der Vorteil bezieht sich jeweils ausschließlich auf die zum Zeitpunkt der Einlösung gültigen vollen Greenfee-Gebühren.
5. Gibt es Spielergruppen mit erhöhten Greenfee-Gebühren, ist ein Nachlass auf diese Gebühren nicht möglich.
6. Das Angebot allein berechtigt nicht zum Spiel gegen Greenfee. Die Erfüllung der Bestimmungen des jeweiligen Golfclubs zur Greenfee-Berechtigung (Mitgliedschaft in einem Golfclub, Mindesthandicap etc.) zum Zeitpunkt der Einlösung sind Voraussetzung.
7. Es ist untersagt, den Greenfee-Gutschein entgeltlich Dritten zu überlassen bzw. mit diesen Handel zu treiben. Insbesondere sind die teilnehmenden Golfclubs in diesem Falle berechtigt, die Einlösung der ausgeschriebenen Angebote zu verweigern.
8. Die teilnehmenden Golfclubs haben sich gegenüber dem Verlag unter den o.g. Bedingungen verpflichtet, die ausgeschriebenen Angebote einzulösen. Der Verlag übernimmt jedoch keine Gewähr und keine Haftung, wenn ein Angebot nicht eingelöst wird oder werden kann.

Bedingungen zur Einlösung des Discounts:

1. Das Angebot ist einschließlich bis 30.6.2024 gültig.
2. Der Golfspieler/Leser hat sich telefonisch eine Abschlagzeit geben zu lassen – dabei ist die Nutzung des Angebots anzugeben.
3. Eine Barauszahlung des Greenfee-Vorteils ist nicht möglich.
4. Das Kombinieren von Angeboten oder bestehenden Greenfee-Vorteilen ist nicht möglich. Der Vorteil bezieht sich jeweils ausschließlich auf die zum Zeitpunkt der Einlösung gültigen vollen Greenfee-Gebühren.
5. Gibt es Spielergruppen mit erhöhten Greenfee-Gebühren, ist ein Nachlass auf diese Gebühren nicht möglich.
6. Das Angebot allein berechtigt nicht zum Spiel gegen Greenfee. Die Erfüllung der Bestimmungen des jeweiligen Golfclubs zur Greenfee-Berechtigung (Mitgliedschaft in einem Golfclub, Mindesthandicap etc.) zum Zeitpunkt der Einlösung sind Voraussetzung.
7. Es ist untersagt, den Greenfee-Gutschein entgeltlich Dritten zu überlassen bzw. mit diesen Handel zu treiben. Insbesondere sind die teilnehmenden Golfclubs in diesem Falle berechtigt, die Einlösung der ausgeschriebenen Angebote zu verweigern.
8. Die teilnehmenden Golfclubs haben sich gegenüber dem Verlag unter den o.g. Bedingungen verpflichtet, die ausgeschriebenen Angebote einzulösen. Der Verlag übernimmt jedoch keine Gewähr und keine Haftung, wenn ein Angebot nicht eingelöst wird oder werden kann.

Bedingungen zur Einlösung des Discounts:

1. Das Angebot ist einschließlich bis 30.6.2024 gültig.
2. Der Golfspieler/Leser hat sich telefonisch eine Abschlagzeit geben zu lassen – dabei ist die Nutzung des Angebots anzugeben.
3. Eine Barauszahlung des Greenfee-Vorteils ist nicht möglich.
4. Das Kombinieren von Angeboten oder bestehenden Greenfee-Vorteilen ist nicht möglich. Der Vorteil bezieht sich jeweils ausschließlich auf die zum Zeitpunkt der Einlösung gültigen vollen Greenfee-Gebühren.
5. Gibt es Spielergruppen mit erhöhten Greenfee-Gebühren, ist ein Nachlass auf diese Gebühren nicht möglich.
6. Das Angebot allein berechtigt nicht zum Spiel gegen Greenfee. Die Erfüllung der Bestimmungen des jeweiligen Golfclubs zur Greenfee-Berechtigung (Mitgliedschaft in einem Golfclub, Mindesthandicap etc.) zum Zeitpunkt der Einlösung sind Voraussetzung.
7. Es ist untersagt, den Greenfee-Gutschein entgeltlich Dritten zu überlassen bzw. mit diesen Handel zu treiben. Insbesondere sind die teilnehmenden Golfclubs in diesem Falle berechtigt, die Einlösung der ausgeschriebenen Angebote zu verweigern.
8. Die teilnehmenden Golfclubs haben sich gegenüber dem Verlag unter den o.g. Bedingungen verpflichtet, die ausgeschriebenen Angebote einzulösen. Der Verlag übernimmt jedoch keine Gewähr und keine Haftung, wenn ein Angebot nicht eingelöst wird oder werden kann.

Diese Gutscheine gelten nur in Verbindung mit dem Buch/Albrecht Golf Card

Diese Gutscheine gelten nur in Verbindung mit dem Buch/Albrecht Golf Card

DER GOLF ALBRECHT

Golfplatz Stenz DE

Stenz 1
D-86975 Bernbeuren
✆ 08860-582
Bayern

261

30% Greenfee-Ermäßigung

DER GOLF ALBRECHT

Golfplatz Stenz DE

Stenz 1
D-86975 Bernbeuren
✆ 08860-582
Bayern

261

30% Greenfee-Ermäßigung

DER GOLF ALBRECHT

Golfpark Schloßgut Lenzfried GmbH & Co. KG DE

Friedensweg 4
D-87437 Kempten
✆ 0831-5129550
Bayern

262

2 for 1 2 GF zum Preis von 1

DER GOLF ALBRECHT

Golfpark Schloßgut Lenzfried GmbH & Co. KG DE

Friedensweg 4
D-87437 Kempten
✆ 0831-5129550
Bayern

262

25% Greenfee-Ermäßigung

DER GOLF ALBRECHT

Golfplatz Tegernsee DE

Ledererweg 9
D-83684 Tegernsee
✆ 08021-5520
Bayern

263

20% Greenfee-Ermäßigung

DER GOLF ALBRECHT

Golfplatz Tegernsee DE

Ledererweg 9
D-83684 Tegernsee
✆ 08021-5520
Bayern

263

20% Greenfee-Ermäßigung

DER GOLF ALBRECHT

Golfanlage Alpenseehof DE

Attlesee 14
D-87484 Nesselwang
✆ 08361-925834
Bayern

264

20% Greenfee-Ermäßigung wochentags

DER GOLF ALBRECHT

Golfanlage Alpenseehof DE

Attlesee 14
D-87484 Nesselwang
✆ 08361-925834
Bayern

264

20% Greenfee-Ermäßigung wochentags

DER GOLF ALBRECHT

Golfclub Garmisch-Partenkirchen e.V. DE

Gut Buchwies
D-82496 Oberau
✆ 08824-8344
Bayern

265

2 for 1 2 GF zum Preis von 1

DER GOLF ALBRECHT

Golfclub Garmisch-Partenkirchen e.V. DE

Gut Buchwies
D-82496 Oberau
✆ 08824-8344
Bayern

265

20% Greenfee-Ermäßigung

Bedingungen zur Einlösung des Discounts:

1. Das Angebot ist einschließlich bis 30.6.2024 gültig.
2. Der Golfspieler/Leser hat sich telefonisch eine Abschlagzeit geben zu lassen – dabei ist die Nutzung des Angebots anzugeben.
3. Eine Barauszahlung des Greenfee-Vorteils ist nicht möglich.
4. Das Kombinieren von Angeboten oder bestehenden Greenfee-Vorteilen ist nicht möglich. Der Vorteil bezieht sich jeweils ausschließlich auf die zum Zeitpunkt der Einlösung gültigen vollen Greenfee-Gebühren.
5. Gibt es Spielergruppen mit erhöhten Greenfee-Gebühren, ist ein Nachlass auf diese Gebühren nicht möglich.
6. Das Angebot allein berechtigt nicht zum Spiel gegen Greenfee. Die Erfüllung der Bestimmungen des jeweiligen Golfclubs zur Greenfee-Berechtigung (Mitgliedschaft in einem Golfclub, Mindesthandicap etc.) zum Zeitpunkt der Einlösung sind Voraussetzung.
7. Es ist untersagt, den Greenfee-Gutschein entgeltlich Dritten zu überlassen bzw. mit diesen Handel zu treiben. Insbesondere sind die teilnehmenden Golfclubs in diesem Falle berechtigt, die Einlösung der ausgeschriebenen Angebote zu verweigern.
8. Die teilnehmenden Golfclubs haben sich gegenüber dem Verlag unter den o.g. Bedingungen verpflichtet, die ausgeschriebenen Angebote einzulösen. Der Verlag übernimmt jedoch keine Gewähr und keine Haftung, wenn ein Angebot nicht eingelöst wird oder werden kann.

Bedingungen zur Einlösung des Discounts:

1. Das Angebot ist einschließlich bis 30.6.2024 gültig.
2. Der Golfspieler/Leser hat sich telefonisch eine Abschlagzeit geben zu lassen – dabei ist die Nutzung des Angebots anzugeben.
3. Eine Barauszahlung des Greenfee-Vorteils ist nicht möglich.
4. Das Kombinieren von Angeboten oder bestehenden Greenfee-Vorteilen ist nicht möglich. Der Vorteil bezieht sich jeweils ausschließlich auf die zum Zeitpunkt der Einlösung gültigen vollen Greenfee-Gebühren.
5. Gibt es Spielergruppen mit erhöhten Greenfee-Gebühren, ist ein Nachlass auf diese Gebühren nicht möglich.
6. Das Angebot allein berechtigt nicht zum Spiel gegen Greenfee. Die Erfüllung der Bestimmungen des jeweiligen Golfclubs zur Greenfee-Berechtigung (Mitgliedschaft in einem Golfclub, Mindesthandicap etc.) zum Zeitpunkt der Einlösung sind Voraussetzung.
7. Es ist untersagt, den Greenfee-Gutschein entgeltlich Dritten zu überlassen bzw. mit diesen Handel zu treiben. Insbesondere sind die teilnehmenden Golfclubs in diesem Falle berechtigt, die Einlösung der ausgeschriebenen Angebote zu verweigern.
8. Die teilnehmenden Golfclubs haben sich gegenüber dem Verlag unter den o.g. Bedingungen verpflichtet, die ausgeschriebenen Angebote einzulösen. Der Verlag übernimmt jedoch keine Gewähr und keine Haftung, wenn ein Angebot nicht eingelöst wird oder werden kann.

Bedingungen zur Einlösung des Discounts:

1. Das Angebot ist einschließlich bis 30.6.2024 gültig.
2. Der Golfspieler/Leser hat sich telefonisch eine Abschlagzeit geben zu lassen – dabei ist die Nutzung des Angebots anzugeben.
3. Eine Barauszahlung des Greenfee-Vorteils ist nicht möglich.
4. Das Kombinieren von Angeboten oder bestehenden Greenfee-Vorteilen ist nicht möglich. Der Vorteil bezieht sich jeweils ausschließlich auf die zum Zeitpunkt der Einlösung gültigen vollen Greenfee-Gebühren.
5. Gibt es Spielergruppen mit erhöhten Greenfee-Gebühren, ist ein Nachlass auf diese Gebühren nicht möglich.
6. Das Angebot allein berechtigt nicht zum Spiel gegen Greenfee. Die Erfüllung der Bestimmungen des jeweiligen Golfclubs zur Greenfee-Berechtigung (Mitgliedschaft in einem Golfclub, Mindesthandicap etc.) zum Zeitpunkt der Einlösung sind Voraussetzung.
7. Es ist untersagt, den Greenfee-Gutschein entgeltlich Dritten zu überlassen bzw. mit diesen Handel zu treiben. Insbesondere sind die teilnehmenden Golfclubs in diesem Falle berechtigt, die Einlösung der ausgeschriebenen Angebote zu verweigern.
8. Die teilnehmenden Golfclubs haben sich gegenüber dem Verlag unter den o.g. Bedingungen verpflichtet, die ausgeschriebenen Angebote einzulösen. Der Verlag übernimmt jedoch keine Gewähr und keine Haftung, wenn ein Angebot nicht eingelöst wird oder werden kann.

Bedingungen zur Einlösung des Discounts:

1. Das Angebot ist einschließlich bis 30.6.2024 gültig.
2. Der Golfspieler/Leser hat sich telefonisch eine Abschlagzeit geben zu lassen – dabei ist die Nutzung des Angebots anzugeben.
3. Eine Barauszahlung des Greenfee-Vorteils ist nicht möglich.
4. Das Kombinieren von Angeboten oder bestehenden Greenfee-Vorteilen ist nicht möglich. Der Vorteil bezieht sich jeweils ausschließlich auf die zum Zeitpunkt der Einlösung gültigen vollen Greenfee-Gebühren.
5. Gibt es Spielergruppen mit erhöhten Greenfee-Gebühren, ist ein Nachlass auf diese Gebühren nicht möglich.
6. Das Angebot allein berechtigt nicht zum Spiel gegen Greenfee. Die Erfüllung der Bestimmungen des jeweiligen Golfclubs zur Greenfee-Berechtigung (Mitgliedschaft in einem Golfclub, Mindesthandicap etc.) zum Zeitpunkt der Einlösung sind Voraussetzung.
7. Es ist untersagt, den Greenfee-Gutschein entgeltlich Dritten zu überlassen bzw. mit diesen Handel zu treiben. Insbesondere sind die teilnehmenden Golfclubs in diesem Falle berechtigt, die Einlösung der ausgeschriebenen Angebote zu verweigern.
8. Die teilnehmenden Golfclubs haben sich gegenüber dem Verlag unter den o.g. Bedingungen verpflichtet, die ausgeschriebenen Angebote einzulösen. Der Verlag übernimmt jedoch keine Gewähr und keine Haftung, wenn ein Angebot nicht eingelöst wird oder werden kann.

Bedingungen zur Einlösung des Discounts:

1. Das Angebot ist einschließlich bis 30.6.2024 gültig.
2. Der Golfspieler/Leser hat sich telefonisch eine Abschlagzeit geben zu lassen – dabei ist die Nutzung des Angebots anzugeben.
3. Eine Barauszahlung des Greenfee-Vorteils ist nicht möglich.
4. Das Kombinieren von Angeboten oder bestehenden Greenfee-Vorteilen ist nicht möglich. Der Vorteil bezieht sich jeweils ausschließlich auf die zum Zeitpunkt der Einlösung gültigen vollen Greenfee-Gebühren.
5. Gibt es Spielergruppen mit erhöhten Greenfee-Gebühren, ist ein Nachlass auf diese Gebühren nicht möglich.
6. Das Angebot allein berechtigt nicht zum Spiel gegen Greenfee. Die Erfüllung der Bestimmungen des jeweiligen Golfclubs zur Greenfee-Berechtigung (Mitgliedschaft in einem Golfclub, Mindesthandicap etc.) zum Zeitpunkt der Einlösung sind Voraussetzung.
7. Es ist untersagt, den Greenfee-Gutschein entgeltlich Dritten zu überlassen bzw. mit diesen Handel zu treiben. Insbesondere sind die teilnehmenden Golfclubs in diesem Falle berechtigt, die Einlösung der ausgeschriebenen Angebote zu verweigern.
8. Die teilnehmenden Golfclubs haben sich gegenüber dem Verlag unter den o.g. Bedingungen verpflichtet, die ausgeschriebenen Angebote einzulösen. Der Verlag übernimmt jedoch keine Gewähr und keine Haftung, wenn ein Angebot nicht eingelöst wird oder werden kann.

Bedingungen zur Einlösung des Discounts:

1. Das Angebot ist einschließlich bis 30.6.2024 gültig.
2. Der Golfspieler/Leser hat sich telefonisch eine Abschlagzeit geben zu lassen – dabei ist die Nutzung des Angebots anzugeben.
3. Eine Barauszahlung des Greenfee-Vorteils ist nicht möglich.
4. Das Kombinieren von Angeboten oder bestehenden Greenfee-Vorteilen ist nicht möglich. Der Vorteil bezieht sich jeweils ausschließlich auf die zum Zeitpunkt der Einlösung gültigen vollen Greenfee-Gebühren.
5. Gibt es Spielergruppen mit erhöhten Greenfee-Gebühren, ist ein Nachlass auf diese Gebühren nicht möglich.
6. Das Angebot allein berechtigt nicht zum Spiel gegen Greenfee. Die Erfüllung der Bestimmungen des jeweiligen Golfclubs zur Greenfee-Berechtigung (Mitgliedschaft in einem Golfclub, Mindesthandicap etc.) zum Zeitpunkt der Einlösung sind Voraussetzung.
7. Es ist untersagt, den Greenfee-Gutschein entgeltlich Dritten zu überlassen bzw. mit diesen Handel zu treiben. Insbesondere sind die teilnehmenden Golfclubs in diesem Falle berechtigt, die Einlösung der ausgeschriebenen Angebote zu verweigern.
8. Die teilnehmenden Golfclubs haben sich gegenüber dem Verlag unter den o.g. Bedingungen verpflichtet, die ausgeschriebenen Angebote einzulösen. Der Verlag übernimmt jedoch keine Gewähr und keine Haftung, wenn ein Angebot nicht eingelöst wird oder werden kann.

Bedingungen zur Einlösung des Discounts:

1. Das Angebot ist einschließlich bis 30.6.2024 gültig
2. Der Golfspieler/Leser hat sich telefonisch eine Abschlagzeit geben zu lassen – dabei ist die Nutzung des Angebots anzugeben.
3. Eine Barauszahlung des Greenfee-Vorteils ist nicht möglich.
4. Das Kombinieren von Angeboten oder bestehenden Greenfee-Vorteilen ist nicht möglich. Der Vorteil bezieht sich jeweils ausschließlich auf die zum Zeitpunkt der Einlösung gültigen vollen Greenfee-Gebühren.
5. Gibt es Spielergruppen mit erhöhten Greenfee-Gebühren, ist ein Nachlass auf diese Gebühren nicht möglich.
6. Das Angebot allein berechtigt nicht zum Spiel gegen Greenfee. Die Erfüllung der Bestimmungen des jeweiligen Golfclubs zur Greenfee-Berechtigung (Mitgliedschaft in einem Golfclub, Mindesthandicap etc.) zum Zeitpunkt der Einlösung sind Voraussetzung.
7. Es ist untersagt, den Greenfee-Gutschein entgeltlich Dritten zu überlassen bzw. mit diesen Handel zu treiben. Insbesondere sind die teilnehmenden Golfclubs in diesem Falle berechtigt, die Einlösung der ausgeschriebenen Angebote zu verweigern.
8. Die teilnehmenden Golfclubs haben sich gegenüber dem Verlag unter den o.g. Bedingungen verpflichtet, die ausgeschriebenen Angebote einzulösen. Der Verlag übernimmt jedoch keine Gewähr und keine Haftung, wenn ein Angebot nicht eingelöst wird oder werden kann.

Bedingungen zur Einlösung des Discounts:

1. Das Angebot ist einschließlich bis 30.6.2024 gültig.
2. Der Golfspieler/Leser hat sich telefonisch eine Abschlagzeit geben zu lassen – dabei ist die Nutzung des Angebots anzugeben.
3. Eine Barauszahlung des Greenfee-Vorteils ist nicht möglich.
4. Das Kombinieren von Angeboten oder bestehenden Greenfee-Vorteilen ist nicht möglich. Der Vorteil bezieht sich jeweils ausschließlich auf die zum Zeitpunkt der Einlösung gültigen vollen Greenfee-Gebühren.
5. Gibt es Spielergruppen mit erhöhten Greenfee-Gebühren, ist ein Nachlass auf diese Gebühren nicht möglich.
6. Das Angebot allein berechtigt nicht zum Spiel gegen Greenfee. Die Erfüllung der Bestimmungen des jeweiligen Golfclubs zur Greenfee-Berechtigung (Mitgliedschaft in einem Golfclub, Mindesthandicap etc.) zum Zeitpunkt der Einlösung sind Voraussetzung.
7. Es ist untersagt, den Greenfee-Gutschein entgeltlich Dritten zu überlassen bzw. mit diesen Handel zu treiben. Insbesondere sind die teilnehmenden Golfclubs in diesem Falle berechtigt, die Einlösung der ausgeschriebenen Angebote zu verweigern.
8. Die teilnehmenden Golfclubs haben sich gegenüber dem Verlag unter den o.g. Bedingungen verpflichtet, die ausgeschriebenen Angebote einzulösen. Der Verlag übernimmt jedoch keine Gewähr und keine Haftung, wenn ein Angebot nicht eingelöst wird oder werden kann.

Bedingungen zur Einlösung des Discounts:

1. Das Angebot ist einschließlich bis 30.6.2024 gültig.
2. Der Golfspieler/Leser hat sich telefonisch eine Abschlagzeit geben zu lassen – dabei ist die Nutzung des Angebots anzugeben.
3. Eine Barauszahlung des Greenfee-Vorteils ist nicht möglich.
4. Das Kombinieren von Angeboten oder bestehenden Greenfee-Vorteilen ist nicht möglich. Der Vorteil bezieht sich jeweils ausschließlich auf die zum Zeitpunkt der Einlösung gültigen vollen Greenfee-Gebühren.
5. Gibt es Spielergruppen mit erhöhten Greenfee-Gebühren, ist ein Nachlass auf diese Gebühren nicht möglich.
6. Das Angebot allein berechtigt nicht zum Spiel gegen Greenfee. Die Erfüllung der Bestimmungen des jeweiligen Golfclubs zur Greenfee-Berechtigung (Mitgliedschaft in einem Golfclub, Mindesthandicap etc.) zum Zeitpunkt der Einlösung sind Voraussetzung.
7. Es ist untersagt, den Greenfee-Gutschein entgeltlich Dritten zu überlassen bzw. mit diesen Handel zu treiben. Insbesondere sind die teilnehmenden Golfclubs in diesem Falle berechtigt, die Einlösung der ausgeschriebenen Angebote zu verweigern.
8. Die teilnehmenden Golfclubs haben sich gegenüber dem Verlag unter den o.g. Bedingungen verpflichtet, die ausgeschriebenen Angebote einzulösen. Der Verlag übernimmt jedoch keine Gewähr und keine Haftung, wenn ein Angebot nicht eingelöst wird oder werden kann.

Bedingungen zur Einlösung des Discounts:

1. Das Angebot ist einschließlich bis 30.6.2024 gültig.
2. Der Golfspieler/Leser hat sich telefonisch eine Abschlagzeit geben zu lassen – dabei ist die Nutzung des Angebots anzugeben.
3. Eine Barauszahlung des Greenfee-Vorteils ist nicht möglich.
4. Das Kombinieren von Angeboten oder bestehenden Greenfee-Vorteilen ist nicht möglich. Der Vorteil bezieht sich jeweils ausschließlich auf die zum Zeitpunkt der Einlösung gültigen vollen Greenfee-Gebühren.
5. Gibt es Spielergruppen mit erhöhten Greenfee-Gebühren, ist ein Nachlass auf diese Gebühren nicht möglich.
6. Das Angebot allein berechtigt nicht zum Spiel gegen Greenfee. Die Erfüllung der Bestimmungen des jeweiligen Golfclubs zur Greenfee-Berechtigung (Mitgliedschaft in einem Golfclub, Mindesthandicap etc.) zum Zeitpunkt der Einlösung sind Voraussetzung.
7. Es ist untersagt, den Greenfee-Gutschein entgeltlich Dritten zu überlassen bzw. mit diesen Handel zu treiben. Insbesondere sind die teilnehmenden Golfclubs in diesem Falle berechtigt, die Einlösung der ausgeschriebenen Angebote zu verweigern.
8. Die teilnehmenden Golfclubs haben sich gegenüber dem Verlag unter den o.g. Bedingungen verpflichtet, die ausgeschriebenen Angebote einzulösen. Der Verlag übernimmt jedoch keine Gewähr und keine Haftung, wenn ein Angebot nicht eingelöst wird oder werden kann.

Diese Gutscheine gelten nur in Verbindung mit dem Buch/Albrecht Golf Card

Diese Gutscheine gelten nur in Verbindung mit dem Buch/Albrecht Golf Card

DER GOLF ALBRECHT

Golfclub Garmisch-Partenkirchen e.V. DE

Gut Buchwies
D-82496 Oberau
08824-8344
Bayern

265

20% Greenfee-Ermäßigung

DER GOLF ALBRECHT

Golf- & Landclub Karwendel e.V. DE

Risser Straße 14
D-82499 Wallgau
08825-2183
Bayern

266

2 for 1 2 GF zum Preis von 1

DER GOLF ALBRECHT

Golf- & Landclub Karwendel e.V. DE

Risser Straße 14
D-82499 Wallgau
08825-2183
Bayern

266

2 for 1 2 GF zum Preis von 1

DER GOLF ALBRECHT

Golf- & Landclub Karwendel e.V. DE

Risser Straße 14
D-82499 Wallgau
08825-2183
Bayern

266

20% Greenfee-Ermäßigung

DER GOLF ALBRECHT

Golf- & Landclub Karwendel e.V. DE

Risser Straße 14
D-82499 Wallgau
08825-2183
Bayern

266

20% Greenfee-Ermäßigung

DER GOLF ALBRECHT

Golfclub Oberstaufen-Steibis e.V. DE

In der Au 5
D-87534 Oberstaufen-Steibis
08386-8529
Bayern

267

2 for 1 2 GF zum Preis von 1 wochentags

DER GOLF ALBRECHT

Golfclub Oberstaufen-Steibis e.V. DE

In der Au 5
D-87534 Oberstaufen-Steibis
08386-8529
Bayern

267

2 for 1 2 GF zum Preis von 1 wochentags

DER GOLF ALBRECHT

Golfclub Oberstaufen-Steibis e.V. DE

In der Au 5
D-87534 Oberstaufen-Steibis
08386-8529
Bayern

267

20% Greenfee-Ermäßigung wochentags

DER GOLF ALBRECHT

Golfclub Oberstaufen-Steibis e.V. DE

In der Au 5
D-87534 Oberstaufen-Steibis
08386-8529
Bayern

267

20% Greenfee-Ermäßigung wochentags

DER GOLF ALBRECHT

Land- und Golfclub Werdenfels e.V. DE

Werdenfelserstr. 2
D-82467 Garmisch-Partenkirchen
08821-945670
Bayern

268

2 for 1 2 GF zum Preis von 1

Bedingungen zur Einlösung des Discounts:

1. Das Angebot ist einschließlich bis 30.6.2024 gültig.
2. Der Golfspieler/Leser hat sich telefonisch eine Abschlagzeit geben zu lassen – dabei ist die Nutzung des Angebots anzugeben.
3. Eine Barauszahlung des Greenfee-Vorteils ist nicht möglich.
4. Das Kombinieren von Angeboten oder bestehenden Greenfee-Vorteilen ist nicht möglich. Der Vorteil bezieht sich jeweils ausschließlich auf die zum Zeitpunkt der Einlösung gültigen vollen Greenfee-Gebühren.
5. Gibt es Spielergruppen mit erhöhten Greenfee-Gebühren, ist ein Nachlass auf diese Gebühren nicht möglich.
6. Das Angebot allein berechtigt nicht zum Spiel gegen Greenfee. Die Erfüllung der Bestimmungen des jeweiligen Golfclubs zur Greenfee-Berechtigung (Mitgliedschaft in einem Golfclub, Mindesthandicap etc.) zum Zeitpunkt der Einlösung sind Voraussetzung.
7. Es ist untersagt, den Greenfee-Gutschein entgeltlich Dritten zu überlassen bzw. mit diesen Handel zu treiben. Insbesondere sind die teilnehmenden Golfclubs in diesem Falle berechtigt, die Einlösung der ausgeschriebenen Angebote zu verweigern.
8. Die teilnehmenden Golfclubs haben sich gegenüber dem Verlag unter den o.g. Bedingungen verpflichtet, die ausgeschriebenen Angebote einzulösen. Der Verlag übernimmt jedoch keine Gewähr und keine Haftung, wenn ein Angebot nicht eingelöst wird oder werden kann.

Bedingungen zur Einlösung des Discounts:

1. Das Angebot ist einschließlich bis 30.6.2024 gültig.
2. Der Golfspieler/Leser hat sich telefonisch eine Abschlagzeit geben zu lassen – dabei ist die Nutzung des Angebots anzugeben.
3. Eine Barauszahlung des Greenfee-Vorteils ist nicht möglich.
4. Das Kombinieren von Angeboten oder bestehenden Greenfee-Vorteilen ist nicht möglich. Der Vorteil bezieht sich jeweils ausschließlich auf die zum Zeitpunkt der Einlösung gültigen vollen Greenfee-Gebühren.
5. Gibt es Spielergruppen mit erhöhten Greenfee-Gebühren, ist ein Nachlass auf diese Gebühren nicht möglich.
6. Das Angebot allein berechtigt nicht zum Spiel gegen Greenfee. Die Erfüllung der Bestimmungen des jeweiligen Golfclubs zur Greenfee-Berechtigung (Mitgliedschaft in einem Golfclub, Mindesthandicap etc.) zum Zeitpunkt der Einlösung sind Voraussetzung.
7. Es ist untersagt, den Greenfee-Gutschein entgeltlich Dritten zu überlassen bzw. mit diesen Handel zu treiben. Insbesondere sind die teilnehmenden Golfclubs in diesem Falle berechtigt, die Einlösung der ausgeschriebenen Angebote zu verweigern.
8. Die teilnehmenden Golfclubs haben sich gegenüber dem Verlag unter den o.g. Bedingungen verpflichtet, die ausgeschriebenen Angebote einzulösen. Der Verlag übernimmt jedoch keine Gewähr und keine Haftung, wenn ein Angebot nicht eingelöst wird oder werden kann.

Bedingungen zur Einlösung des Discounts:

1. Das Angebot ist einschließlich bis 30.6.2024 gültig.
2. Der Golfspieler/Leser hat sich telefonisch eine Abschlagzeit geben zu lassen – dabei ist die Nutzung des Angebots anzugeben.
3. Eine Barauszahlung des Greenfee-Vorteils ist nicht möglich.
4. Das Kombinieren von Angeboten oder bestehenden Greenfee-Vorteilen ist nicht möglich. Der Vorteil bezieht sich jeweils ausschließlich auf die zum Zeitpunkt der Einlösung gültigen vollen Greenfee-Gebühren.
5. Gibt es Spielergruppen mit erhöhten Greenfee-Gebühren, ist ein Nachlass auf diese Gebühren nicht möglich.
6. Das Angebot allein berechtigt nicht zum Spiel gegen Greenfee. Die Erfüllung der Bestimmungen des jeweiligen Golfclubs zur Greenfee-Berechtigung (Mitgliedschaft in einem Golfclub, Mindesthandicap etc.) zum Zeitpunkt der Einlösung sind Voraussetzung.
7. Es ist untersagt, den Greenfee-Gutschein entgeltlich Dritten zu überlassen bzw. mit diesen Handel zu treiben. Insbesondere sind die teilnehmenden Golfclubs in diesem Falle berechtigt, die Einlösung der ausgeschriebenen Angebote zu verweigern.
8. Die teilnehmenden Golfclubs haben sich gegenüber dem Verlag unter den o.g. Bedingungen verpflichtet, die ausgeschriebenen Angebote einzulösen. Der Verlag übernimmt jedoch keine Gewähr und keine Haftung, wenn ein Angebot nicht eingelöst wird oder werden kann.

Bedingungen zur Einlösung des Discounts:

1. Das Angebot ist einschließlich bis 30.6.2024 gültig.
2. Der Golfspieler/Leser hat sich telefonisch eine Abschlagzeit geben zu lassen – dabei ist die Nutzung des Angebots anzugeben.
3. Eine Barauszahlung des Greenfee-Vorteils ist nicht möglich.
4. Das Kombinieren von Angeboten oder bestehenden Greenfee-Vorteilen ist nicht möglich. Der Vorteil bezieht sich jeweils ausschließlich auf die zum Zeitpunkt der Einlösung gültigen vollen Greenfee-Gebühren.
5. Gibt es Spielergruppen mit erhöhten Greenfee-Gebühren, ist ein Nachlass auf diese Gebühren nicht möglich.
6. Das Angebot allein berechtigt nicht zum Spiel gegen Greenfee. Die Erfüllung der Bestimmungen des jeweiligen Golfclubs zur Greenfee-Berechtigung (Mitgliedschaft in einem Golfclub, Mindesthandicap etc.) zum Zeitpunkt der Einlösung sind Voraussetzung.
7. Es ist untersagt, den Greenfee-Gutschein entgeltlich Dritten zu überlassen bzw. mit diesen Handel zu treiben. Insbesondere sind die teilnehmenden Golfclubs in diesem Falle berechtigt, die Einlösung der ausgeschriebenen Angebote zu verweigern.
8. Die teilnehmenden Golfclubs haben sich gegenüber dem Verlag unter den o.g. Bedingungen verpflichtet, die ausgeschriebenen Angebote einzulösen. Der Verlag übernimmt jedoch keine Gewähr und keine Haftung, wenn ein Angebot nicht eingelöst wird oder werden kann.

Bedingungen zur Einlösung des Discounts:

1. Das Angebot ist einschließlich bis 30.6.2024 gültig.
2. Der Golfspieler/Leser hat sich telefonisch eine Abschlagzeit geben zu lassen – dabei ist die Nutzung des Angebots anzugeben.
3. Eine Barauszahlung des Greenfee-Vorteils ist nicht möglich.
4. Das Kombinieren von Angeboten oder bestehenden Greenfee-Vorteilen ist nicht möglich. Der Vorteil bezieht sich jeweils ausschließlich auf die zum Zeitpunkt der Einlösung gültigen vollen Greenfee-Gebühren.
5. Gibt es Spielergruppen mit erhöhten Greenfee-Gebühren, ist ein Nachlass auf diese Gebühren nicht möglich.
6. Das Angebot allein berechtigt nicht zum Spiel gegen Greenfee. Die Erfüllung der Bestimmungen des jeweiligen Golfclubs zur Greenfee-Berechtigung (Mitgliedschaft in einem Golfclub, Mindesthandicap etc.) zum Zeitpunkt der Einlösung sind Voraussetzung.
7. Es ist untersagt, den Greenfee-Gutschein entgeltlich Dritten zu überlassen bzw. mit diesen Handel zu treiben. Insbesondere sind die teilnehmenden Golfclubs in diesem Falle berechtigt, die Einlösung der ausgeschriebenen Angebote zu verweigern.
8. Die teilnehmenden Golfclubs haben sich gegenüber dem Verlag unter den o.g. Bedingungen verpflichtet, die ausgeschriebenen Angebote einzulösen. Der Verlag übernimmt jedoch keine Gewähr und keine Haftung, wenn ein Angebot nicht eingelöst wird oder werden kann.

Bedingungen zur Einlösung des Discounts:

1. Das Angebot ist einschließlich bis 30.6.2024 gültig.
2. Der Golfspieler/Leser hat sich telefonisch eine Abschlagzeit geben zu lassen – dabei ist die Nutzung des Angebots anzugeben.
3. Eine Barauszahlung des Greenfee-Vorteils ist nicht möglich.
4. Das Kombinieren von Angeboten oder bestehenden Greenfee-Vorteilen ist nicht möglich. Der Vorteil bezieht sich jeweils ausschließlich auf die zum Zeitpunkt der Einlösung gültigen vollen Greenfee-Gebühren.
5. Gibt es Spielergruppen mit erhöhten Greenfee-Gebühren, ist ein Nachlass auf diese Gebühren nicht möglich.
6. Das Angebot allein berechtigt nicht zum Spiel gegen Greenfee. Die Erfüllung der Bestimmungen des jeweiligen Golfclubs zur Greenfee-Berechtigung (Mitgliedschaft in einem Golfclub, Mindesthandicap etc.) zum Zeitpunkt der Einlösung sind Voraussetzung.
7. Es ist untersagt, den Greenfee-Gutschein entgeltlich Dritten zu überlassen bzw. mit diesen Handel zu treiben. Insbesondere sind die teilnehmenden Golfclubs in diesem Falle berechtigt, die Einlösung der ausgeschriebenen Angebote zu verweigern.
8. Die teilnehmenden Golfclubs haben sich gegenüber dem Verlag unter den o.g. Bedingungen verpflichtet, die ausgeschriebenen Angebote einzulösen. Der Verlag übernimmt jedoch keine Gewähr und keine Haftung, wenn ein Angebot nicht eingelöst wird oder werden kann.

Bedingungen zur Einlösung des Discounts:

1. Das Angebot ist einschließlich bis 30.6.2024 gültig.
2. Der Golfspieler/Leser hat sich telefonisch eine Abschlagzeit geben zu lassen – dabei ist die Nutzung des Angebots anzugeben.
3. Eine Barauszahlung des Greenfee-Vorteils ist nicht möglich.
4. Das Kombinieren von Angeboten oder bestehenden Greenfee-Vorteilen ist nicht möglich. Der Vorteil bezieht sich jeweils ausschließlich auf die zum Zeitpunkt der Einlösung gültigen vollen Greenfee-Gebühren.
5. Gibt es Spielergruppen mit erhöhten Greenfee-Gebühren, ist ein Nachlass auf diese Gebühren nicht möglich.
6. Das Angebot allein berechtigt nicht zum Spiel gegen Greenfee. Die Erfüllung der Bestimmungen des jeweiligen Golfclubs zur Greenfee-Berechtigung (Mitgliedschaft in einem Golfclub, Mindesthandicap etc.) zum Zeitpunkt der Einlösung sind Voraussetzung.
7. Es ist untersagt, den Greenfee-Gutschein entgeltlich Dritten zu überlassen bzw. mit diesen Handel zu treiben. Insbesondere sind die teilnehmenden Golfclubs in diesem Falle berechtigt, die Einlösung der ausgeschriebenen Angebote zu verweigern.
8. Die teilnehmenden Golfclubs haben sich gegenüber dem Verlag unter den o.g. Bedingungen verpflichtet, die ausgeschriebenen Angebote einzulösen. Der Verlag übernimmt jedoch keine Gewähr und keine Haftung, wenn ein Angebot nicht eingelöst wird oder werden kann.

Bedingungen zur Einlösung des Discounts:

1. Das Angebot ist einschließlich bis 30.6.2024 gültig.
2. Der Golfspieler/Leser hat sich telefonisch eine Abschlagzeit geben zu lassen – dabei ist die Nutzung des Angebots anzugeben.
3. Eine Barauszahlung des Greenfee-Vorteils ist nicht möglich.
4. Das Kombinieren von Angeboten oder bestehenden Greenfee-Vorteilen ist nicht möglich. Der Vorteil bezieht sich jeweils ausschließlich auf die zum Zeitpunkt der Einlösung gültigen vollen Greenfee-Gebühren.
5. Gibt es Spielergruppen mit erhöhten Greenfee-Gebühren, ist ein Nachlass auf diese Gebühren nicht möglich.
6. Das Angebot allein berechtigt nicht zum Spiel gegen Greenfee. Die Erfüllung der Bestimmungen des jeweiligen Golfclubs zur Greenfee-Berechtigung (Mitgliedschaft in einem Golfclub, Mindesthandicap etc.) zum Zeitpunkt der Einlösung sind Voraussetzung.
7. Es ist untersagt, den Greenfee-Gutschein entgeltlich Dritten zu überlassen bzw. mit diesen Handel zu treiben. Insbesondere sind die teilnehmenden Golfclubs in diesem Falle berechtigt, die Einlösung der ausgeschriebenen Angebote zu verweigern.
8. Die teilnehmenden Golfclubs haben sich gegenüber dem Verlag unter den o.g. Bedingungen verpflichtet, die ausgeschriebenen Angebote einzulösen. Der Verlag übernimmt jedoch keine Gewähr und keine Haftung, wenn ein Angebot nicht eingelöst wird oder werden kann.

Bedingungen zur Einlösung des Discounts:

1. Das Angebot ist einschließlich bis 30.6.2024 gültig.
2. Der Golfspieler/Leser hat sich telefonisch eine Abschlagzeit geben zu lassen – dabei ist die Nutzung des Angebots anzugeben.
3. Eine Barauszahlung des Greenfee-Vorteils ist nicht möglich.
4. Das Kombinieren von Angeboten oder bestehenden Greenfee-Vorteilen ist nicht möglich. Der Vorteil bezieht sich jeweils ausschließlich auf die zum Zeitpunkt der Einlösung gültigen vollen Greenfee-Gebühren.
5. Gibt es Spielergruppen mit erhöhten Greenfee-Gebühren, ist ein Nachlass auf diese Gebühren nicht möglich.
6. Das Angebot allein berechtigt nicht zum Spiel gegen Greenfee. Die Erfüllung der Bestimmungen des jeweiligen Golfclubs zur Greenfee-Berechtigung (Mitgliedschaft in einem Golfclub, Mindesthandicap etc.) zum Zeitpunkt der Einlösung sind Voraussetzung.
7. Es ist untersagt, den Greenfee-Gutschein entgeltlich Dritten zu überlassen bzw. mit diesen Handel zu treiben. Insbesondere sind die teilnehmenden Golfclubs in diesem Falle berechtigt, die Einlösung der ausgeschriebenen Angebote zu verweigern.
8. Die teilnehmenden Golfclubs haben sich gegenüber dem Verlag unter den o.g. Bedingungen verpflichtet, die ausgeschriebenen Angebote einzulösen. Der Verlag übernimmt jedoch keine Gewähr und keine Haftung, wenn ein Angebot nicht eingelöst wird oder werden kann.

Bedingungen zur Einlösung des Discounts:

1. Das Angebot ist einschließlich bis 30.6.2024 gültig.
2. Der Golfspieler/Leser hat sich telefonisch eine Abschlagzeit geben zu lassen – dabei ist die Nutzung des Angebots anzugeben.
3. Eine Barauszahlung des Greenfee-Vorteils ist nicht möglich.
4. Das Kombinieren von Angeboten oder bestehenden Greenfee-Vorteilen ist nicht möglich. Der Vorteil bezieht sich jeweils ausschließlich auf die zum Zeitpunkt der Einlösung gültigen vollen Greenfee-Gebühren.
5. Gibt es Spielergruppen mit erhöhten Greenfee-Gebühren, ist ein Nachlass auf diese Gebühren nicht möglich.
6. Das Angebot allein berechtigt nicht zum Spiel gegen Greenfee. Die Erfüllung der Bestimmungen des jeweiligen Golfclubs zur Greenfee-Berechtigung (Mitgliedschaft in einem Golfclub, Mindesthandicap etc.) zum Zeitpunkt der Einlösung sind Voraussetzung.
7. Es ist untersagt, den Greenfee-Gutschein entgeltlich Dritten zu überlassen bzw. mit diesen Handel zu treiben. Insbesondere sind die teilnehmenden Golfclubs in diesem Falle berechtigt, die Einlösung der ausgeschriebenen Angebote zu verweigern.
8. Die teilnehmenden Golfclubs haben sich gegenüber dem Verlag unter den o.g. Bedingungen verpflichtet, die ausgeschriebenen Angebote einzulösen. Der Verlag übernimmt jedoch keine Gewähr und keine Haftung, wenn ein Angebot nicht eingelöst wird oder werden kann.

Diese Gutscheine gelten nur in Verbindung mit dem Buch/Albrecht Golf Card

Diese Gutscheine gelten nur in Verbindung mit dem Buch/Albrecht Golf Card

DER GOLF ALBRECHT

Land- und Golfclub Werdenfels e.V. DE

Werdenfelserstr. 2
D-82467 Garmisch-Partenkirchen
✆ 08821-945670
Bayern

268

2 for 1 2 GF zum Preis von 1

DER GOLF ALBRECHT

Land- und Golfclub Werdenfels e.V. DE

Werdenfelserstr. 2
D-82467 Garmisch-Partenkirchen
✆ 08821-945670
Bayern

268

20% Greenfee-Ermäßigung

DER GOLF ALBRECHT

Land- und Golfclub Werdenfels e.V. DE

Werdenfelserstr. 2
D-82467 Garmisch-Partenkirchen
✆ 08821-945670
Bayern

268

20% Greenfee-Ermäßigung

DER GOLF ALBRECHT

Golfclub über den Dächern von Passau AT

Freinberg 74
A-4785 Freinberg
✆ +43 7713 8494
Oberösterreich

269

2 for 1 2 GF zum Preis von 1

DER GOLF ALBRECHT

Golfclub über den Dächern von Passau AT

Freinberg 74
A-4785 Freinberg
✆ +43 7713 8494
Oberösterreich

269

2 for 1 2 GF zum Preis von 1

DER GOLF ALBRECHT

Golfclub über den Dächern von Passau AT

Freinberg 74
A-4785 Freinberg
✆ +43 7713 8494
Oberösterreich

269

20% Greenfee-Ermäßigung

DER GOLF ALBRECHT

Golfclub über den Dächern von Passau AT

Freinberg 74
A-4785 Freinberg
✆ +43 7713 8494
Oberösterreich

269

20% Greenfee-Ermäßigung

DER GOLF ALBRECHT

Golfclub Pfarrkirchen im Mühlviertel AT

Pfarrkirchen 12
A-4141 Pfarrkirchen
✆ +43 7285 6420
Oberösterreich

270

2 for 1 2 GF zum Preis von 1

DER GOLF ALBRECHT

Golfclub Pfarrkirchen im Mühlviertel AT

Pfarrkirchen 12
A-4141 Pfarrkirchen
✆ +43 7285 6420
Oberösterreich

270

2 for 1 2 GF zum Preis von 1

DER GOLF ALBRECHT

Golfclub Pfarrkirchen im Mühlviertel AT

Pfarrkirchen 12
A-4141 Pfarrkirchen
✆ +43 7285 6420
Oberösterreich

270

20% Greenfee-Ermäßigung

Bedingungen zur Einlösung des Discounts:

1. Das Angebot ist einschließlich bis 30.6.2024 gültig.
2. Der Golfspieler/Leser hat sich telefonisch eine Abschlagzeit geben zu lassen – dabei ist die Nutzung des Angebots anzugeben.
3. Eine Barauszahlung des Greenfee-Vorteils ist nicht möglich.
4. Das Kombinieren von Angeboten oder bestehenden Greenfee-Vorteilen ist nicht möglich. Der Vorteil bezieht sich jeweils ausschließlich auf die zum Zeitpunkt der Einlösung gültigen vollen Greenfee-Gebühren.
5. Gibt es Spielergruppen mit erhöhten Greenfee-Gebühren, ist ein Nachlass auf diese Gebühren nicht möglich.
6. Das Angebot allein berechtigt nicht zum Spiel gegen Greenfee. Die Erfüllung der Bestimmungen des jeweiligen Golfclubs zur Greenfee-Berechtigung (Mitgliedschaft in einem Golfclub, Mindesthandicap etc.) zum Zeitpunkt der Einlösung sind Voraussetzung.
7. Es ist untersagt, den Greenfee-Gutschein entgeltlich Dritten zu überlassen bzw. mit diesen Handel zu treiben. Insbesondere sind die teilnehmenden Golfclubs in diesem Falle berechtigt, die Einlösung der ausgeschriebenen Angebote zu verweigern.
8. Die teilnehmenden Golfclubs haben sich gegenüber dem Verlag unter den o.g. Bedingungen verpflichtet, die ausgeschriebenen Angebote einzulösen. Der Verlag übernimmt jedoch keine Gewähr und keine Haftung, wenn ein Angebot nicht eingelöst wird oder werden kann.

Bedingungen zur Einlösung des Discounts:

1. Das Angebot ist einschließlich bis 30.6.2024 gültig.
2. Der Golfspieler/Leser hat sich telefonisch eine Abschlagzeit geben zu lassen – dabei ist die Nutzung des Angebots anzugeben.
3. Eine Barauszahlung des Greenfee-Vorteils ist nicht möglich.
4. Das Kombinieren von Angeboten oder bestehenden Greenfee-Vorteilen ist nicht möglich. Der Vorteil bezieht sich jeweils ausschließlich auf die zum Zeitpunkt der Einlösung gültigen vollen Greenfee-Gebühren.
5. Gibt es Spielergruppen mit erhöhten Greenfee-Gebühren, ist ein Nachlass auf diese Gebühren nicht möglich.
6. Das Angebot allein berechtigt nicht zum Spiel gegen Greenfee. Die Erfüllung der Bestimmungen des jeweiligen Golfclubs zur Greenfee-Berechtigung (Mitgliedschaft in einem Golfclub, Mindesthandicap etc.) zum Zeitpunkt der Einlösung sind Voraussetzung.
7. Es ist untersagt, den Greenfee-Gutschein entgeltlich Dritten zu überlassen bzw. mit diesen Handel zu treiben. Insbesondere sind die teilnehmenden Golfclubs in diesem Falle berechtigt, die Einlösung der ausgeschriebenen Angebote zu verweigern.
8. Die teilnehmenden Golfclubs haben sich gegenüber dem Verlag unter den o.g. Bedingungen verpflichtet, die ausgeschriebenen Angebote einzulösen. Der Verlag übernimmt jedoch keine Gewähr und keine Haftung, wenn ein Angebot nicht eingelöst wird oder werden kann.

Bedingungen zur Einlösung des Discounts:

1. Das Angebot ist einschließlich bis 30.6.2024 gültig.
2. Der Golfspieler/Leser hat sich telefonisch eine Abschlagzeit geben zu lassen – dabei ist die Nutzung des Angebots anzugeben.
3. Eine Barauszahlung des Greenfee-Vorteils ist nicht möglich.
4. Das Kombinieren von Angeboten oder bestehenden Greenfee-Vorteilen ist nicht möglich. Der Vorteil bezieht sich jeweils ausschließlich auf die zum Zeitpunkt der Einlösung gültigen vollen Greenfee-Gebühren.
5. Gibt es Spielergruppen mit erhöhten Greenfee-Gebühren, ist ein Nachlass auf diese Gebühren nicht möglich.
6. Das Angebot allein berechtigt nicht zum Spiel gegen Greenfee. Die Erfüllung der Bestimmungen des jeweiligen Golfclubs zur Greenfee-Berechtigung (Mitgliedschaft in einem Golfclub, Mindesthandicap etc.) zum Zeitpunkt der Einlösung sind Voraussetzung.
7. Es ist untersagt, den Greenfee-Gutschein entgeltlich Dritten zu überlassen bzw. mit diesen Handel zu treiben. Insbesondere sind die teilnehmenden Golfclubs in diesem Falle berechtigt, die Einlösung der ausgeschriebenen Angebote zu verweigern.
8. Die teilnehmenden Golfclubs haben sich gegenüber dem Verlag unter den o.g. Bedingungen verpflichtet, die ausgeschriebenen Angebote einzulösen. Der Verlag übernimmt jedoch keine Gewähr und keine Haftung, wenn ein Angebot nicht eingelöst wird oder werden kann.

Bedingungen zur Einlösung des Discounts:

1. Das Angebot ist einschließlich bis 30.6.2024 gültig.
2. Der Golfspieler/Leser hat sich telefonisch eine Abschlagzeit geben zu lassen – dabei ist die Nutzung des Angebots anzugeben.
3. Eine Barauszahlung des Greenfee-Vorteils ist nicht möglich.
4. Das Kombinieren von Angeboten oder bestehenden Greenfee-Vorteilen ist nicht möglich. Der Vorteil bezieht sich jeweils ausschließlich auf die zum Zeitpunkt der Einlösung gültigen vollen Greenfee-Gebühren.
5. Gibt es Spielergruppen mit erhöhten Greenfee-Gebühren, ist ein Nachlass auf diese Gebühren nicht möglich.
6. Das Angebot allein berechtigt nicht zum Spiel gegen Greenfee. Die Erfüllung der Bestimmungen des jeweiligen Golfclubs zur Greenfee-Berechtigung (Mitgliedschaft in einem Golfclub, Mindesthandicap etc.) zum Zeitpunkt der Einlösung sind Voraussetzung.
7. Es ist untersagt, den Greenfee-Gutschein entgeltlich Dritten zu überlassen bzw. mit diesen Handel zu treiben. Insbesondere sind die teilnehmenden Golfclubs in diesem Falle berechtigt, die Einlösung der ausgeschriebenen Angebote zu verweigern.
8. Die teilnehmenden Golfclubs haben sich gegenüber dem Verlag unter den o.g. Bedingungen verpflichtet, die ausgeschriebenen Angebote einzulösen. Der Verlag übernimmt jedoch keine Gewähr und keine Haftung, wenn ein Angebot nicht eingelöst wird oder werden kann.

Bedingungen zur Einlösung des Discounts:

1. Das Angebot ist einschließlich bis 30.6.2024 gültig.
2. Der Golfspieler/Leser hat sich telefonisch eine Abschlagzeit geben zu lassen – dabei ist die Nutzung des Angebots anzugeben.
3. Eine Barauszahlung des Greenfee-Vorteils ist nicht möglich.
4. Das Kombinieren von Angeboten oder bestehenden Greenfee-Vorteilen ist nicht möglich. Der Vorteil bezieht sich jeweils ausschließlich auf die zum Zeitpunkt der Einlösung gültigen vollen Greenfee-Gebühren.
5. Gibt es Spielergruppen mit erhöhten Greenfee-Gebühren, ist ein Nachlass auf diese Gebühren nicht möglich.
6. Das Angebot allein berechtigt nicht zum Spiel gegen Greenfee. Die Erfüllung der Bestimmungen des jeweiligen Golfclubs zur Greenfee-Berechtigung (Mitgliedschaft in einem Golfclub, Mindesthandicap etc.) zum Zeitpunkt der Einlösung sind Voraussetzung.
7. Es ist untersagt, den Greenfee-Gutschein entgeltlich Dritten zu überlassen bzw. mit diesen Handel zu treiben. Insbesondere sind die teilnehmenden Golfclubs in diesem Falle berechtigt, die Einlösung der ausgeschriebenen Angebote zu verweigern.
8. Die teilnehmenden Golfclubs haben sich gegenüber dem Verlag unter den o.g. Bedingungen verpflichtet, die ausgeschriebenen Angebote einzulösen. Der Verlag übernimmt jedoch keine Gewähr und keine Haftung, wenn ein Angebot nicht eingelöst wird oder werden kann.

Bedingungen zur Einlösung des Discounts:

1. Das Angebot ist einschließlich bis 30.6.2024 gültig.
2. Der Golfspieler/Leser hat sich telefonisch eine Abschlagzeit geben zu lassen – dabei ist die Nutzung des Angebots anzugeben.
3. Eine Barauszahlung des Greenfee-Vorteils ist nicht möglich.
4. Das Kombinieren von Angeboten oder bestehenden Greenfee-Vorteilen ist nicht möglich. Der Vorteil bezieht sich jeweils ausschließlich auf die zum Zeitpunkt der Einlösung gültigen vollen Greenfee-Gebühren.
5. Gibt es Spielergruppen mit erhöhten Greenfee-Gebühren, ist ein Nachlass auf diese Gebühren nicht möglich.
6. Das Angebot allein berechtigt nicht zum Spiel gegen Greenfee. Die Erfüllung der Bestimmungen des jeweiligen Golfclubs zur Greenfee-Berechtigung (Mitgliedschaft in einem Golfclub, Mindesthandicap etc.) zum Zeitpunkt der Einlösung sind Voraussetzung.
7. Es ist untersagt, den Greenfee-Gutschein entgeltlich Dritten zu überlassen bzw. mit diesen Handel zu treiben. Insbesondere sind die teilnehmenden Golfclubs in diesem Falle berechtigt, die Einlösung der ausgeschriebenen Angebote zu verweigern.
8. Die teilnehmenden Golfclubs haben sich gegenüber dem Verlag unter den o.g. Bedingungen verpflichtet, die ausgeschriebenen Angebote einzulösen. Der Verlag übernimmt jedoch keine Gewähr und keine Haftung, wenn ein Angebot nicht eingelöst wird oder werden kann.

Bedingungen zur Einlösung des Discounts:

1. Das Angebot ist einschließlich bis 30.6.2024 gültig.
2. Der Golfspieler/Leser hat sich telefonisch eine Abschlagzeit geben zu lassen – dabei ist die Nutzung des Angebots anzugeben.
3. Eine Barauszahlung des Greenfee-Vorteils ist nicht möglich.
4. Das Kombinieren von Angeboten oder bestehenden Greenfee-Vorteilen ist nicht möglich. Der Vorteil bezieht sich jeweils ausschließlich auf die zum Zeitpunkt der Einlösung gültigen vollen Greenfee-Gebühren.
5. Gibt es Spielergruppen mit erhöhten Greenfee-Gebühren, ist ein Nachlass auf diese Gebühren nicht möglich.
6. Das Angebot allein berechtigt nicht zum Spiel gegen Greenfee. Die Erfüllung der Bestimmungen des jeweiligen Golfclubs zur Greenfee-Berechtigung (Mitgliedschaft in einem Golfclub, Mindesthandicap etc.) zum Zeitpunkt der Einlösung sind Voraussetzung.
7. Es ist untersagt, den Greenfee-Gutschein entgeltlich Dritten zu überlassen bzw. mit diesen Handel zu treiben. Insbesondere sind die teilnehmenden Golfclubs in diesem Falle berechtigt, die Einlösung der ausgeschriebenen Angebote zu verweigern.
8. Die teilnehmenden Golfclubs haben sich gegenüber dem Verlag unter den o.g. Bedingungen verpflichtet, die ausgeschriebenen Angebote einzulösen. Der Verlag übernimmt jedoch keine Gewähr und keine Haftung, wenn ein Angebot nicht eingelöst wird oder werden kann.

Bedingungen zur Einlösung des Discounts:

1. Das Angebot ist einschließlich bis 30.6.2024 gültig.
2. Der Golfspieler/Leser hat sich telefonisch eine Abschlagzeit geben zu lassen – dabei ist die Nutzung des Angebots anzugeben.
3. Eine Barauszahlung des Greenfee-Vorteils ist nicht möglich.
4. Das Kombinieren von Angeboten oder bestehenden Greenfee-Vorteilen ist nicht möglich. Der Vorteil bezieht sich jeweils ausschließlich auf die zum Zeitpunkt der Einlösung gültigen vollen Greenfee-Gebühren.
5. Gibt es Spielergruppen mit erhöhten Greenfee-Gebühren, ist ein Nachlass auf diese Gebühren nicht möglich.
6. Das Angebot allein berechtigt nicht zum Spiel gegen Greenfee. Die Erfüllung der Bestimmungen des jeweiligen Golfclubs zur Greenfee-Berechtigung (Mitgliedschaft in einem Golfclub, Mindesthandicap etc.) zum Zeitpunkt der Einlösung sind Voraussetzung.
7. Es ist untersagt, den Greenfee-Gutschein entgeltlich Dritten zu überlassen bzw. mit diesen Handel zu treiben. Insbesondere sind die teilnehmenden Golfclubs in diesem Falle berechtigt, die Einlösung der ausgeschriebenen Angebote zu verweigern.
8. Die teilnehmenden Golfclubs haben sich gegenüber dem Verlag unter den o.g. Bedingungen verpflichtet, die ausgeschriebenen Angebote einzulösen. Der Verlag übernimmt jedoch keine Gewähr und keine Haftung, wenn ein Angebot nicht eingelöst wird oder werden kann.

Bedingungen zur Einlösung des Discounts:

1. Das Angebot ist einschließlich bis 30.6.2024 gültig.
2. Der Golfspieler/Leser hat sich telefonisch eine Abschlagzeit geben zu lassen – dabei ist die Nutzung des Angebots anzugeben.
3. Eine Barauszahlung des Greenfee-Vorteils ist nicht möglich.
4. Das Kombinieren von Angeboten oder bestehenden Greenfee-Vorteilen ist nicht möglich. Der Vorteil bezieht sich jeweils ausschließlich auf die zum Zeitpunkt der Einlösung gültigen vollen Greenfee-Gebühren.
5. Gibt es Spielergruppen mit erhöhten Greenfee-Gebühren, ist ein Nachlass auf diese Gebühren nicht möglich.
6. Das Angebot allein berechtigt nicht zum Spiel gegen Greenfee. Die Erfüllung der Bestimmungen des jeweiligen Golfclubs zur Greenfee-Berechtigung (Mitgliedschaft in einem Golfclub, Mindesthandicap etc.) zum Zeitpunkt der Einlösung sind Voraussetzung.
7. Es ist untersagt, den Greenfee-Gutschein entgeltlich Dritten zu überlassen bzw. mit diesen Handel zu treiben. Insbesondere sind die teilnehmenden Golfclubs in diesem Falle berechtigt, die Einlösung der ausgeschriebenen Angebote zu verweigern.
8. Die teilnehmenden Golfclubs haben sich gegenüber dem Verlag unter den o.g. Bedingungen verpflichtet, die ausgeschriebenen Angebote einzulösen. Der Verlag übernimmt jedoch keine Gewähr und keine Haftung, wenn ein Angebot nicht eingelöst wird oder werden kann.

Bedingungen zur Einlösung des Discounts:

1. Das Angebot ist einschließlich bis 30.6.2024 gültig.
2. Der Golfspieler/Leser hat sich telefonisch eine Abschlagzeit geben zu lassen – dabei ist die Nutzung des Angebots anzugeben.
3. Eine Barauszahlung des Greenfee-Vorteils ist nicht möglich.
4. Das Kombinieren von Angeboten oder bestehenden Greenfee-Vorteilen ist nicht möglich. Der Vorteil bezieht sich jeweils ausschließlich auf die zum Zeitpunkt der Einlösung gültigen vollen Greenfee-Gebühren.
5. Gibt es Spielergruppen mit erhöhten Greenfee-Gebühren, ist ein Nachlass auf diese Gebühren nicht möglich.
6. Das Angebot allein berechtigt nicht zum Spiel gegen Greenfee. Die Erfüllung der Bestimmungen des jeweiligen Golfclubs zur Greenfee-Berechtigung (Mitgliedschaft in einem Golfclub, Mindesthandicap etc.) zum Zeitpunkt der Einlösung sind Voraussetzung.
7. Es ist untersagt, den Greenfee-Gutschein entgeltlich Dritten zu überlassen bzw. mit diesen Handel zu treiben. Insbesondere sind die teilnehmenden Golfclubs in diesem Falle berechtigt, die Einlösung der ausgeschriebenen Angebote zu verweigern.
8. Die teilnehmenden Golfclubs haben sich gegenüber dem Verlag unter den o.g. Bedingungen verpflichtet, die ausgeschriebenen Angebote einzulösen. Der Verlag übernimmt jedoch keine Gewähr und keine Haftung, wenn ein Angebot nicht eingelöst wird oder werden kann.

Diese Gutscheine gelten nur in Verbindung mit dem Buch/Albrecht Golf Card

Diese Gutscheine gelten nur in Verbindung mit dem Buch/Albrecht Golf Card

DER GOLF ALBRECHT

Golfclub Pfarrkirchen im Mühlviertel

AT

Pfarrkirchen 12
A-4141 Pfarrkirchen
+43 7285 6420
Oberösterreich

270

20% Greenfee-Ermäßigung

DER GOLF ALBRECHT

Golfclub Schönfeld

AT

Am Golfplatz 1
A-2291 Schönfeld
+43 2213 20630
Niederösterreich/Wien

271

2 for 1 2 GF zum Preis von 1 wochentags

DER GOLF ALBRECHT

Golfclub Schönfeld

AT

Am Golfplatz 1
A-2291 Schönfeld
+43 2213 20630
Niederösterreich/Wien

271

2 for 1 2 GF zum Preis von 1 wochentags

DER GOLF ALBRECHT

Golfclub Schönfeld

AT

Am Golfplatz 1
A-2291 Schönfeld
+43 2213 20630
Niederösterreich/Wien

271

35% Greenfee-Ermäßigung wochentags

DER GOLF ALBRECHT

Golfclub Schönfeld

AT

Am Golfplatz 1
A-2291 Schönfeld
+43 2213 20630
Niederösterreich/Wien

271

35% Greenfee-Ermäßigung wochentags

DER GOLF ALBRECHT

Golfclub Wachau

AT

Maria Taferl 43
A-3672 Maria Taferl
+43 7413 350
Niederösterreich/Wien

272

2 for 1 2 GF zum Preis von 1 wochentags

DER GOLF ALBRECHT

Golfclub Wachau

AT

Maria Taferl 43
A-3672 Maria Taferl
+43 7413 350
Niederösterreich/Wien

272

2 for 1 2 GF zum Preis von 1 wochentags

DER GOLF ALBRECHT

Golfclub Wachau

AT

Maria Taferl 43
A-3672 Maria Taferl
+43 7413 350
Niederösterreich/Wien

272

2 for 1 2 GF zum Preis von 1 wochentags

DER GOLF ALBRECHT

Golfclub Wachau

AT

Maria Taferl 43
A-3672 Maria Taferl
+43 7413 350
Niederösterreich/Wien

272

20% Greenfee-Ermäßigung

DER GOLF ALBRECHT

Golfclub Wachau

AT

Maria Taferl 43
A-3672 Maria Taferl
+43 7413 350
Niederösterreich/Wien

272

20% Greenfee-Ermäßigung

Bedingungen zur Einlösung des Discounts:
1. Das Angebot ist einschließlich bis 30.6.2024 gültig.
2. Der Golfspieler/Leser hat sich telefonisch eine Abschlagzeit geben zu lassen – dabei ist die Nutzung des Angebots anzugeben.
3. Eine Barauszahlung des Greenfee-Vorteils ist nicht möglich.
4. Das Kombinieren von Angeboten oder bestehenden Greenfee-Vorteilen ist nicht möglich. Der Vorteil bezieht sich jeweils ausschließlich auf die zum Zeitpunkt der Einlösung gültigen vollen Greenfee-Gebühren.
5. Gibt es Spielergruppen mit erhöhten Greenfee-Gebühren, ist ein Nachlass auf diese Gebühren nicht möglich.
6. Das Angebot allein berechtigt nicht zum Spiel gegen Greenfee. Die Erfüllung der Bestimmungen des jeweiligen Golfclubs zur Greenfee-Berechtigung (Mitgliedschaft in einem Golfclub, Mindesthandicap etc.) zum Zeitpunkt der Einlösung sind Voraussetzung.
7. Es ist untersagt, den Greenfee-Gutschein entgeltlich Dritten zu überlassen bzw. mit diesen Handel zu treiben. Insbesondere sind die teilnehmenden Golfclubs in diesem Falle berechtigt, die Einlösung der ausgeschriebenen Angebote zu verweigern.
8. Die teilnehmenden Golfclubs haben sich gegenüber dem Verlag unter den o.g. Bedingungen verpflichtet, die ausgeschriebenen Angebote einzulösen. Der Verlag übernimmt jedoch keine Gewähr und keine Haftung, wenn ein Angebot nicht eingelöst wird oder werden kann.

Bedingungen zur Einlösung des Discounts:
1. Das Angebot ist einschließlich bis 30.6.2024 gültig.
2. Der Golfspieler/Leser hat sich telefonisch eine Abschlagzeit geben zu lassen – dabei ist die Nutzung des Angebots anzugeben.
3. Eine Barauszahlung des Greenfee-Vorteils ist nicht möglich.
4. Das Kombinieren von Angeboten oder bestehenden Greenfee-Vorteilen ist nicht möglich. Der Vorteil bezieht sich jeweils ausschließlich auf die zum Zeitpunkt der Einlösung gültigen vollen Greenfee-Gebühren.
5. Gibt es Spielergruppen mit erhöhten Greenfee-Gebühren, ist ein Nachlass auf diese Gebühren nicht möglich.
6. Das Angebot allein berechtigt nicht zum Spiel gegen Greenfee. Die Erfüllung der Bestimmungen des jeweiligen Golfclubs zur Greenfee-Berechtigung (Mitgliedschaft in einem Golfclub, Mindesthandicap etc.) zum Zeitpunkt der Einlösung sind Voraussetzung.
7. Es ist untersagt, den Greenfee-Gutschein entgeltlich Dritten zu überlassen bzw. mit diesen Handel zu treiben. Insbesondere sind die teilnehmenden Golfclubs in diesem Falle berechtigt, die Einlösung der ausgeschriebenen Angebote zu verweigern.
8. Die teilnehmenden Golfclubs haben sich gegenüber dem Verlag unter den o.g. Bedingungen verpflichtet, die ausgeschriebenen Angebote einzulösen. Der Verlag übernimmt jedoch keine Gewähr und keine Haftung, wenn ein Angebot nicht eingelöst wird oder werden kann.

Bedingungen zur Einlösung des Discounts:
1. Das Angebot ist einschließlich bis 30.6.2024 gültig.
2. Der Golfspieler/Leser hat sich telefonisch eine Abschlagzeit geben zu lassen – dabei ist die Nutzung des Angebots anzugeben.
3. Eine Barauszahlung des Greenfee-Vorteils ist nicht möglich.
4. Das Kombinieren von Angeboten oder bestehenden Greenfee-Vorteilen ist nicht möglich. Der Vorteil bezieht sich jeweils ausschließlich auf die zum Zeitpunkt der Einlösung gültigen vollen Greenfee-Gebühren.
5. Gibt es Spielergruppen mit erhöhten Greenfee-Gebühren, ist ein Nachlass auf diese Gebühren nicht möglich.
6. Das Angebot allein berechtigt nicht zum Spiel gegen Greenfee. Die Erfüllung der Bestimmungen des jeweiligen Golfclubs zur Greenfee-Berechtigung (Mitgliedschaft in einem Golfclub, Mindesthandicap etc.) zum Zeitpunkt der Einlösung sind Voraussetzung.
7. Es ist untersagt, den Greenfee-Gutschein entgeltlich Dritten zu überlassen bzw. mit diesen Handel zu treiben. Insbesondere sind die teilnehmenden Golfclubs in diesem Falle berechtigt, die Einlösung der ausgeschriebenen Angebote zu verweigern.
8. Die teilnehmenden Golfclubs haben sich gegenüber dem Verlag unter den o.g. Bedingungen verpflichtet, die ausgeschriebenen Angebote einzulösen. Der Verlag übernimmt jedoch keine Gewähr und keine Haftung, wenn ein Angebot nicht eingelöst wird oder werden kann.

Bedingungen zur Einlösung des Discounts:
1. Das Angebot ist einschließlich bis 30.6.2024 gültig.
2. Der Golfspieler/Leser hat sich telefonisch eine Abschlagzeit geben zu lassen – dabei ist die Nutzung des Angebots anzugeben.
3. Eine Barauszahlung des Greenfee-Vorteils ist nicht möglich.
4. Das Kombinieren von Angeboten oder bestehenden Greenfee-Vorteilen ist nicht möglich. Der Vorteil bezieht sich jeweils ausschließlich auf die zum Zeitpunkt der Einlösung gültigen vollen Greenfee-Gebühren.
5. Gibt es Spielergruppen mit erhöhten Greenfee-Gebühren, ist ein Nachlass auf diese Gebühren nicht möglich.
6. Das Angebot allein berechtigt nicht zum Spiel gegen Greenfee. Die Erfüllung der Bestimmungen des jeweiligen Golfclubs zur Greenfee-Berechtigung (Mitgliedschaft in einem Golfclub, Mindesthandicap etc.) zum Zeitpunkt der Einlösung sind Voraussetzung.
7. Es ist untersagt, den Greenfee-Gutschein entgeltlich Dritten zu überlassen bzw. mit diesen Handel zu treiben. Insbesondere sind die teilnehmenden Golfclubs in diesem Falle berechtigt, die Einlösung der ausgeschriebenen Angebote zu verweigern.
8. Die teilnehmenden Golfclubs haben sich gegenüber dem Verlag unter den o.g. Bedingungen verpflichtet, die ausgeschriebenen Angebote einzulösen. Der Verlag übernimmt jedoch keine Gewähr und keine Haftung, wenn ein Angebot nicht eingelöst wird oder werden kann.

Bedingungen zur Einlösung des Discounts:
1. Das Angebot ist einschließlich bis 30.6.2024 gültig.
2. Der Golfspieler/Leser hat sich telefonisch eine Abschlagzeit geben zu lassen – dabei ist die Nutzung des Angebots anzugeben.
3. Eine Barauszahlung des Greenfee-Vorteils ist nicht möglich.
4. Das Kombinieren von Angeboten oder bestehenden Greenfee-Vorteilen ist nicht möglich. Der Vorteil bezieht sich jeweils ausschließlich auf die zum Zeitpunkt der Einlösung gültigen vollen Greenfee-Gebühren.
5. Gibt es Spielergruppen mit erhöhten Greenfee-Gebühren, ist ein Nachlass auf diese Gebühren nicht möglich.
6. Das Angebot allein berechtigt nicht zum Spiel gegen Greenfee. Die Erfüllung der Bestimmungen des jeweiligen Golfclubs zur Greenfee-Berechtigung (Mitgliedschaft in einem Golfclub, Mindesthandicap etc.) zum Zeitpunkt der Einlösung sind Voraussetzung.
7. Es ist untersagt, den Greenfee-Gutschein entgeltlich Dritten zu überlassen bzw. mit diesen Handel zu treiben. Insbesondere sind die teilnehmenden Golfclubs in diesem Falle berechtigt, die Einlösung der ausgeschriebenen Angebote zu verweigern.
8. Die teilnehmenden Golfclubs haben sich gegenüber dem Verlag unter den o.g. Bedingungen verpflichtet, die ausgeschriebenen Angebote einzulösen. Der Verlag übernimmt jedoch keine Gewähr und keine Haftung, wenn ein Angebot nicht eingelöst wird oder werden kann.

Bedingungen zur Einlösung des Discounts:
1. Das Angebot ist einschließlich bis 30.6.2024 gültig.
2. Der Golfspieler/Leser hat sich telefonisch eine Abschlagzeit geben zu lassen – dabei ist die Nutzung des Angebots anzugeben.
3. Eine Barauszahlung des Greenfee-Vorteils ist nicht möglich.
4. Das Kombinieren von Angeboten oder bestehenden Greenfee-Vorteilen ist nicht möglich. Der Vorteil bezieht sich jeweils ausschließlich auf die zum Zeitpunkt der Einlösung gültigen vollen Greenfee-Gebühren.
5. Gibt es Spielergruppen mit erhöhten Greenfee-Gebühren, ist ein Nachlass auf diese Gebühren nicht möglich.
6. Das Angebot allein berechtigt nicht zum Spiel gegen Greenfee. Die Erfüllung der Bestimmungen des jeweiligen Golfclubs zur Greenfee-Berechtigung (Mitgliedschaft in einem Golfclub, Mindesthandicap etc.) zum Zeitpunkt der Einlösung sind Voraussetzung.
7. Es ist untersagt, den Greenfee-Gutschein entgeltlich Dritten zu überlassen bzw. mit diesen Handel zu treiben. Insbesondere sind die teilnehmenden Golfclubs in diesem Falle berechtigt, die Einlösung der ausgeschriebenen Angebote zu verweigern.
8. Die teilnehmenden Golfclubs haben sich gegenüber dem Verlag unter den o.g. Bedingungen verpflichtet, die ausgeschriebenen Angebote einzulösen. Der Verlag übernimmt jedoch keine Gewähr und keine Haftung, wenn ein Angebot nicht eingelöst wird oder werden kann.

Bedingungen zur Einlösung des Discounts:
1. Das Angebot ist einschließlich bis 30.6.2024 gültig.
2. Der Golfspieler/Leser hat sich telefonisch eine Abschlagzeit geben zu lassen – dabei ist die Nutzung des Angebots anzugeben.
3. Eine Barauszahlung des Greenfee-Vorteils ist nicht möglich.
4. Das Kombinieren von Angeboten oder bestehenden Greenfee-Vorteilen ist nicht möglich. Der Vorteil bezieht sich jeweils ausschließlich auf die zum Zeitpunkt der Einlösung gültigen vollen Greenfee-Gebühren.
5. Gibt es Spielergruppen mit erhöhten Greenfee-Gebühren, ist ein Nachlass auf diese Gebühren nicht möglich.
6. Das Angebot allein berechtigt nicht zum Spiel gegen Greenfee. Die Erfüllung der Bestimmungen des jeweiligen Golfclubs zur Greenfee-Berechtigung (Mitgliedschaft in einem Golfclub, Mindesthandicap etc.) zum Zeitpunkt der Einlösung sind Voraussetzung.
7. Es ist untersagt, den Greenfee-Gutschein entgeltlich Dritten zu überlassen bzw. mit diesen Handel zu treiben. Insbesondere sind die teilnehmenden Golfclubs in diesem Falle berechtigt, die Einlösung der ausgeschriebenen Angebote zu verweigern.
8. Die teilnehmenden Golfclubs haben sich gegenüber dem Verlag unter den o.g. Bedingungen verpflichtet, die ausgeschriebenen Angebote einzulösen. Der Verlag übernimmt jedoch keine Gewähr und keine Haftung, wenn ein Angebot nicht eingelöst wird oder werden kann.

Bedingungen zur Einlösung des Discounts:
1. Das Angebot ist einschließlich bis 30.6.2024 gültig.
2. Der Golfspieler/Leser hat sich telefonisch eine Abschlagzeit geben zu lassen – dabei ist die Nutzung des Angebots anzugeben.
3. Eine Barauszahlung des Greenfee-Vorteils ist nicht möglich.
4. Das Kombinieren von Angeboten oder bestehenden Greenfee-Vorteilen ist nicht möglich. Der Vorteil bezieht sich jeweils ausschließlich auf die zum Zeitpunkt der Einlösung gültigen vollen Greenfee-Gebühren.
5. Gibt es Spielergruppen mit erhöhten Greenfee-Gebühren, ist ein Nachlass auf diese Gebühren nicht möglich.
6. Das Angebot allein berechtigt nicht zum Spiel gegen Greenfee. Die Erfüllung der Bestimmungen des jeweiligen Golfclubs zur Greenfee-Berechtigung (Mitgliedschaft in einem Golfclub, Mindesthandicap etc.) zum Zeitpunkt der Einlösung sind Voraussetzung.
7. Es ist untersagt, den Greenfee-Gutschein entgeltlich Dritten zu überlassen bzw. mit diesen Handel zu treiben. Insbesondere sind die teilnehmenden Golfclubs in diesem Falle berechtigt, die Einlösung der ausgeschriebenen Angebote zu verweigern.
8. Die teilnehmenden Golfclubs haben sich gegenüber dem Verlag unter den o.g. Bedingungen verpflichtet, die ausgeschriebenen Angebote einzulösen. Der Verlag übernimmt jedoch keine Gewähr und keine Haftung, wenn ein Angebot nicht eingelöst wird oder werden kann.

Bedingungen zur Einlösung des Discounts:
1. Das Angebot ist einschließlich bis 30.6.2024 gültig.
2. Der Golfspieler/Leser hat sich telefonisch eine Abschlagzeit geben zu lassen – dabei ist die Nutzung des Angebots anzugeben.
3. Eine Barauszahlung des Greenfee-Vorteils ist nicht möglich.
4. Das Kombinieren von Angeboten oder bestehenden Greenfee-Vorteilen ist nicht möglich. Der Vorteil bezieht sich jeweils ausschließlich auf die zum Zeitpunkt der Einlösung gültigen vollen Greenfee-Gebühren.
5. Gibt es Spielergruppen mit erhöhten Greenfee-Gebühren, ist ein Nachlass auf diese Gebühren nicht möglich.
6. Das Angebot allein berechtigt nicht zum Spiel gegen Greenfee. Die Erfüllung der Bestimmungen des jeweiligen Golfclubs zur Greenfee-Berechtigung (Mitgliedschaft in einem Golfclub, Mindesthandicap etc.) zum Zeitpunkt der Einlösung sind Voraussetzung.
7. Es ist untersagt, den Greenfee-Gutschein entgeltlich Dritten zu überlassen bzw. mit diesen Handel zu treiben. Insbesondere sind die teilnehmenden Golfclubs in diesem Falle berechtigt, die Einlösung der ausgeschriebenen Angebote zu verweigern.
8. Die teilnehmenden Golfclubs haben sich gegenüber dem Verlag unter den o.g. Bedingungen verpflichtet, die ausgeschriebenen Angebote einzulösen. Der Verlag übernimmt jedoch keine Gewähr und keine Haftung, wenn ein Angebot nicht eingelöst wird oder werden kann.

Bedingungen zur Einlösung des Discounts:
1. Das Angebot ist einschließlich bis 30.6.2024 gültig.
2. Der Golfspieler/Leser hat sich telefonisch eine Abschlagzeit geben zu lassen – dabei ist die Nutzung des Angebots anzugeben.
3. Eine Barauszahlung des Greenfee-Vorteils ist nicht möglich.
4. Das Kombinieren von Angeboten oder bestehenden Greenfee-Vorteilen ist nicht möglich. Der Vorteil bezieht sich jeweils ausschließlich auf die zum Zeitpunkt der Einlösung gültigen vollen Greenfee-Gebühren.
5. Gibt es Spielergruppen mit erhöhten Greenfee-Gebühren, ist ein Nachlass auf diese Gebühren nicht möglich.
6. Das Angebot allein berechtigt nicht zum Spiel gegen Greenfee. Die Erfüllung der Bestimmungen des jeweiligen Golfclubs zur Greenfee-Berechtigung (Mitgliedschaft in einem Golfclub, Mindesthandicap etc.) zum Zeitpunkt der Einlösung sind Voraussetzung.
7. Es ist untersagt, den Greenfee-Gutschein entgeltlich Dritten zu überlassen bzw. mit diesen Handel zu treiben. Insbesondere sind die teilnehmenden Golfclubs in diesem Falle berechtigt, die Einlösung der ausgeschriebenen Angebote zu verweigern.
8. Die teilnehmenden Golfclubs haben sich gegenüber dem Verlag unter den o.g. Bedingungen verpflichtet, die ausgeschriebenen Angebote einzulösen. Der Verlag übernimmt jedoch keine Gewähr und keine Haftung, wenn ein Angebot nicht eingelöst wird oder werden kann.

Diese Gutscheine gelten nur in Verbindung mit dem Buch/Albrecht Golf Card

Diese Gutscheine gelten nur in Verbindung mit dem Buch/Albrecht Golf Card

DER GOLF ALBRECHT

Golfclub Wachau

AT

Maria Taferl 43
A-3672 Maria Taferl
✆ +43 7413 350
Niederösterreich/Wien

272

20% Greenfee-Ermäßigung

DER GOLF ALBRECHT

Golfclub Laab im Walde

AT

Hoffeldstrasse
A-2381 Laab im Walde
✆ +43 2239 4392
Niederösterreich/Wien

273

2 for 1 2 GF zum Preis von 1

DER GOLF ALBRECHT

Golfclub Laab im Walde

AT

Hoffeldstrasse
A-2381 Laab im Walde
✆ +43 2239 4392
Niederösterreich/Wien

273

2 for 1 2 GF zum Preis von 1

DER GOLF ALBRECHT

Golfclub Laab im Walde

AT

Hoffeldstrasse
A-2381 Laab im Walde
✆ +43 2239 4392
Niederösterreich/Wien

273

20% Greenfee-Ermäßigung

DER GOLF ALBRECHT

Golfclub Laab im Walde

AT

Hoffeldstrasse
A-2381 Laab im Walde
✆ +43 2239 4392
Niederösterreich/Wien

273

20% Greenfee-Ermäßigung

DER GOLF ALBRECHT

Golf Club Hainburg

AT

Auf der Heide 762
A-2410 Hainburg
✆ +43 2165 62628
Niederösterreich/Wien

274

2 for 1 2 GF zum Preis von 1

DER GOLF ALBRECHT

Golf Club Hainburg

AT

Auf der Heide 762
A-2410 Hainburg
✆ +43 2165 62628
Niederösterreich/Wien

274

2 for 1 2 GF zum Preis von 1

DER GOLF ALBRECHT

Golf Club Hainburg

AT

Auf der Heide 762
A-2410 Hainburg
✆ +43 2165 62628
Niederösterreich/Wien

274

20% Greenfee-Ermäßigung

DER GOLF ALBRECHT

Golf Club Hainburg

AT

Auf der Heide 762
A-2410 Hainburg
✆ +43 2165 62628
Niederösterreich/Wien

274

20% Greenfee-Ermäßigung

DER GOLF ALBRECHT

GOLF REGAU • Attersee – Traunsee

AT

Eck 3
A-4845 Regau
✆ +43 7672 22020
Oberösterreich

275

2 for 1 2 GF zum Preis von 1

Bedingungen zur Einlösung des Discounts:
1. Das Angebot ist einschließlich bis 30.6.2024 gültig.
2. Der Golfspieler/Leser hat sich telefonisch eine Abschlagzeit geben zu lassen – dabei ist die Nutzung des Angebots anzugeben.
3. Eine Barauszahlung des Greenfee-Vorteils ist nicht möglich.
4. Das Kombinieren von Angeboten oder bestehenden Greenfee-Vorteilen ist nicht möglich. Der Vorteil bezieht sich jeweils ausschließlich auf die zum Zeitpunkt der Einlösung gültigen vollen Greenfee-Gebühren.
5. Gibt es Spielergruppen mit erhöhten Greenfee-Gebühren, ist ein Nachlass auf diese Gebühren nicht möglich.
6. Das Angebot allein berechtigt nicht zum Spiel gegen Greenfee. Die Erfüllung der Bestimmungen des jeweiligen Golfclubs zur Greenfee-Berechtigung (Mitgliedschaft in einem Golfclub, Mindesthandicap etc.) zum Zeitpunkt der Einlösung sind Voraussetzung.
7. Es ist untersagt, den Greenfee-Gutschein entgeltlich Dritten zu überlassen bzw. mit diesen Handel zu treiben. Insbesondere sind die teilnehmenden Golfclubs in diesem Falle berechtigt, die Einlösung der ausgeschriebenen Angebote zu verweigern.
8. Die teilnehmenden Golfclubs haben sich gegenüber dem Verlag unter den o.g. Bedingungen verpflichtet, die ausgeschriebenen Angebote einzulösen. Der Verlag übernimmt jedoch keine Gewähr und keine Haftung, wenn ein Angebot nicht eingelöst wird oder werden kann.

Bedingungen zur Einlösung des Discounts:
1. Das Angebot ist einschließlich bis 30.6.2024 gültig.
2. Der Golfspieler/Leser hat sich telefonisch eine Abschlagzeit geben zu lassen – dabei ist die Nutzung des Angebots anzugeben.
3. Eine Barauszahlung des Greenfee-Vorteils ist nicht möglich.
4. Das Kombinieren von Angeboten oder bestehenden Greenfee-Vorteilen ist nicht möglich. Der Vorteil bezieht sich jeweils ausschließlich auf die zum Zeitpunkt der Einlösung gültigen vollen Greenfee-Gebühren.
5. Gibt es Spielergruppen mit erhöhten Greenfee-Gebühren, ist ein Nachlass auf diese Gebühren nicht möglich.
6. Das Angebot allein berechtigt nicht zum Spiel gegen Greenfee. Die Erfüllung der Bestimmungen des jeweiligen Golfclubs zur Greenfee-Berechtigung (Mitgliedschaft in einem Golfclub, Mindesthandicap etc.) zum Zeitpunkt der Einlösung sind Voraussetzung.
7. Es ist untersagt, den Greenfee-Gutschein entgeltlich Dritten zu überlassen bzw. mit diesen Handel zu treiben. Insbesondere sind die teilnehmenden Golfclubs in diesem Falle berechtigt, die Einlösung der ausgeschriebenen Angebote zu verweigern.
8. Die teilnehmenden Golfclubs haben sich gegenüber dem Verlag unter den o.g. Bedingungen verpflichtet, die ausgeschriebenen Angebote einzulösen. Der Verlag übernimmt jedoch keine Gewähr und keine Haftung, wenn ein Angebot nicht eingelöst wird oder werden kann.

Bedingungen zur Einlösung des Discounts:
1. Das Angebot ist einschließlich bis 30.6.2024 gültig.
2. Der Golfspieler/Leser hat sich telefonisch eine Abschlagzeit geben zu lassen – dabei ist die Nutzung des Angebots anzugeben.
3. Eine Barauszahlung des Greenfee-Vorteils ist nicht möglich.
4. Das Kombinieren von Angeboten oder bestehenden Greenfee-Vorteilen ist nicht möglich. Der Vorteil bezieht sich jeweils ausschließlich auf die zum Zeitpunkt der Einlösung gültigen vollen Greenfee-Gebühren.
5. Gibt es Spielergruppen mit erhöhten Greenfee-Gebühren, ist ein Nachlass auf diese Gebühren nicht möglich.
6. Das Angebot allein berechtigt nicht zum Spiel gegen Greenfee. Die Erfüllung der Bestimmungen des jeweiligen Golfclubs zur Greenfee-Berechtigung (Mitgliedschaft in einem Golfclub, Mindesthandicap etc.) zum Zeitpunkt der Einlösung sind Voraussetzung.
7. Es ist untersagt, den Greenfee-Gutschein entgeltlich Dritten zu überlassen bzw. mit diesen Handel zu treiben. Insbesondere sind die teilnehmenden Golfclubs in diesem Falle berechtigt, die Einlösung der ausgeschriebenen Angebote zu verweigern.
8. Die teilnehmenden Golfclubs haben sich gegenüber dem Verlag unter den o.g. Bedingungen verpflichtet, die ausgeschriebenen Angebote einzulösen. Der Verlag übernimmt jedoch keine Gewähr und keine Haftung, wenn ein Angebot nicht eingelöst wird oder werden kann.

Bedingungen zur Einlösung des Discounts:
1. Das Angebot ist einschließlich bis 30.6.2024 gültig.
2. Der Golfspieler/Leser hat sich telefonisch eine Abschlagzeit geben zu lassen – dabei ist die Nutzung des Angebots anzugeben.
3. Eine Barauszahlung des Greenfee-Vorteils ist nicht möglich.
4. Das Kombinieren von Angeboten oder bestehenden Greenfee-Vorteilen ist nicht möglich. Der Vorteil bezieht sich jeweils ausschließlich auf die zum Zeitpunkt der Einlösung gültigen vollen Greenfee-Gebühren.
5. Gibt es Spielergruppen mit erhöhten Greenfee-Gebühren, ist ein Nachlass auf diese Gebühren nicht möglich.
6. Das Angebot allein berechtigt nicht zum Spiel gegen Greenfee. Die Erfüllung der Bestimmungen des jeweiligen Golfclubs zur Greenfee-Berechtigung (Mitgliedschaft in einem Golfclub, Mindesthandicap etc.) zum Zeitpunkt der Einlösung sind Voraussetzung.
7. Es ist untersagt, den Greenfee-Gutschein entgeltlich Dritten zu überlassen bzw. mit diesen Handel zu treiben. Insbesondere sind die teilnehmenden Golfclubs in diesem Falle berechtigt, die Einlösung der ausgeschriebenen Angebote zu verweigern.
8. Die teilnehmenden Golfclubs haben sich gegenüber dem Verlag unter den o.g. Bedingungen verpflichtet, die ausgeschriebenen Angebote einzulösen. Der Verlag übernimmt jedoch keine Gewähr und keine Haftung, wenn ein Angebot nicht eingelöst wird oder werden kann.

Bedingungen zur Einlösung des Discounts:
1. Das Angebot ist einschließlich bis 30.6.2024 gültig.
2. Der Golfspieler/Leser hat sich telefonisch eine Abschlagzeit geben zu lassen – dabei ist die Nutzung des Angebots anzugeben.
3. Eine Barauszahlung des Greenfee-Vorteils ist nicht möglich.
4. Das Kombinieren von Angeboten oder bestehenden Greenfee-Vorteilen ist nicht möglich. Der Vorteil bezieht sich jeweils ausschließlich auf die zum Zeitpunkt der Einlösung gültigen vollen Greenfee-Gebühren.
5. Gibt es Spielergruppen mit erhöhten Greenfee-Gebühren, ist ein Nachlass auf diese Gebühren nicht möglich.
6. Das Angebot allein berechtigt nicht zum Spiel gegen Greenfee. Die Erfüllung der Bestimmungen des jeweiligen Golfclubs zur Greenfee-Berechtigung (Mitgliedschaft in einem Golfclub, Mindesthandicap etc.) zum Zeitpunkt der Einlösung sind Voraussetzung.
7. Es ist untersagt, den Greenfee-Gutschein entgeltlich Dritten zu überlassen bzw. mit diesen Handel zu treiben. Insbesondere sind die teilnehmenden Golfclubs in diesem Falle berechtigt, die Einlösung der ausgeschriebenen Angebote zu verweigern.
8. Die teilnehmenden Golfclubs haben sich gegenüber dem Verlag unter den o.g. Bedingungen verpflichtet, die ausgeschriebenen Angebote einzulösen. Der Verlag übernimmt jedoch keine Gewähr und keine Haftung, wenn ein Angebot nicht eingelöst wird oder werden kann.

Bedingungen zur Einlösung des Discounts:
1. Das Angebot ist einschließlich bis 30.6.2024 gültig.
2. Der Golfspieler/Leser hat sich telefonisch eine Abschlagzeit geben zu lassen – dabei ist die Nutzung des Angebots anzugeben.
3. Eine Barauszahlung des Greenfee-Vorteils ist nicht möglich.
4. Das Kombinieren von Angeboten oder bestehenden Greenfee-Vorteilen ist nicht möglich. Der Vorteil bezieht sich jeweils ausschließlich auf die zum Zeitpunkt der Einlösung gültigen vollen Greenfee-Gebühren.
5. Gibt es Spielergruppen mit erhöhten Greenfee-Gebühren, ist ein Nachlass auf diese Gebühren nicht möglich.
6. Das Angebot allein berechtigt nicht zum Spiel gegen Greenfee. Die Erfüllung der Bestimmungen des jeweiligen Golfclubs zur Greenfee-Berechtigung (Mitgliedschaft in einem Golfclub, Mindesthandicap etc.) zum Zeitpunkt der Einlösung sind Voraussetzung.
7. Es ist untersagt, den Greenfee-Gutschein entgeltlich Dritten zu überlassen bzw. mit diesen Handel zu treiben. Insbesondere sind die teilnehmenden Golfclubs in diesem Falle berechtigt, die Einlösung der ausgeschriebenen Angebote zu verweigern.
8. Die teilnehmenden Golfclubs haben sich gegenüber dem Verlag unter den o.g. Bedingungen verpflichtet, die ausgeschriebenen Angebote einzulösen. Der Verlag übernimmt jedoch keine Gewähr und keine Haftung, wenn ein Angebot nicht eingelöst wird oder werden kann.

Bedingungen zur Einlösung des Discounts:
1. Das Angebot ist einschließlich bis 30.6.2024 gültig.
2. Der Golfspieler/Leser hat sich telefonisch eine Abschlagzeit geben zu lassen – dabei ist die Nutzung des Angebots anzugeben.
3. Eine Barauszahlung des Greenfee-Vorteils ist nicht möglich.
4. Das Kombinieren von Angeboten oder bestehenden Greenfee-Vorteilen ist nicht möglich. Der Vorteil bezieht sich jeweils ausschließlich auf die zum Zeitpunkt der Einlösung gültigen vollen Greenfee-Gebühren.
5. Gibt es Spielergruppen mit erhöhten Greenfee-Gebühren, ist ein Nachlass auf diese Gebühren nicht möglich.
6. Das Angebot allein berechtigt nicht zum Spiel gegen Greenfee. Die Erfüllung der Bestimmungen des jeweiligen Golfclubs zur Greenfee-Berechtigung (Mitgliedschaft in einem Golfclub, Mindesthandicap etc.) zum Zeitpunkt der Einlösung sind Voraussetzung.
7. Es ist untersagt, den Greenfee-Gutschein entgeltlich Dritten zu überlassen bzw. mit diesen Handel zu treiben. Insbesondere sind die teilnehmenden Golfclubs in diesem Falle berechtigt, die Einlösung der ausgeschriebenen Angebote zu verweigern.
8. Die teilnehmenden Golfclubs haben sich gegenüber dem Verlag unter den o.g. Bedingungen verpflichtet, die ausgeschriebenen Angebote einzulösen. Der Verlag übernimmt jedoch keine Gewähr und keine Haftung, wenn ein Angebot nicht eingelöst wird oder werden kann.

Bedingungen zur Einlösung des Discounts:
1. Das Angebot ist einschließlich bis 30.6.2024 gültig.
2. Der Golfspieler/Leser hat sich telefonisch eine Abschlagzeit geben zu lassen – dabei ist die Nutzung des Angebots anzugeben.
3. Eine Barauszahlung des Greenfee-Vorteils ist nicht möglich.
4. Das Kombinieren von Angeboten oder bestehenden Greenfee-Vorteilen ist nicht möglich. Der Vorteil bezieht sich jeweils ausschließlich auf die zum Zeitpunkt der Einlösung gültigen vollen Greenfee-Gebühren.
5. Gibt es Spielergruppen mit erhöhten Greenfee-Gebühren, ist ein Nachlass auf diese Gebühren nicht möglich.
6. Das Angebot allein berechtigt nicht zum Spiel gegen Greenfee. Die Erfüllung der Bestimmungen des jeweiligen Golfclubs zur Greenfee-Berechtigung (Mitgliedschaft in einem Golfclub, Mindesthandicap etc.) zum Zeitpunkt der Einlösung sind Voraussetzung.
7. Es ist untersagt, den Greenfee-Gutschein entgeltlich Dritten zu überlassen bzw. mit diesen Handel zu treiben. Insbesondere sind die teilnehmenden Golfclubs in diesem Falle berechtigt, die Einlösung der ausgeschriebenen Angebote zu verweigern.
8. Die teilnehmenden Golfclubs haben sich gegenüber dem Verlag unter den o.g. Bedingungen verpflichtet, die ausgeschriebenen Angebote einzulösen. Der Verlag übernimmt jedoch keine Gewähr und keine Haftung, wenn ein Angebot nicht eingelöst wird oder werden kann.

Bedingungen zur Einlösung des Discounts:
1. Das Angebot ist einschließlich bis 30.6.2024 gültig.
2. Der Golfspieler/Leser hat sich telefonisch eine Abschlagzeit geben zu lassen – dabei ist die Nutzung des Angebots anzugeben.
3. Eine Barauszahlung des Greenfee-Vorteils ist nicht möglich.
4. Das Kombinieren von Angeboten oder bestehenden Greenfee-Vorteilen ist nicht möglich. Der Vorteil bezieht sich jeweils ausschließlich auf die zum Zeitpunkt der Einlösung gültigen vollen Greenfee-Gebühren.
5. Gibt es Spielergruppen mit erhöhten Greenfee-Gebühren, ist ein Nachlass auf diese Gebühren nicht möglich.
6. Das Angebot allein berechtigt nicht zum Spiel gegen Greenfee. Die Erfüllung der Bestimmungen des jeweiligen Golfclubs zur Greenfee-Berechtigung (Mitgliedschaft in einem Golfclub, Mindesthandicap etc.) zum Zeitpunkt der Einlösung sind Voraussetzung.
7. Es ist untersagt, den Greenfee-Gutschein entgeltlich Dritten zu überlassen bzw. mit diesen Handel zu treiben. Insbesondere sind die teilnehmenden Golfclubs in diesem Falle berechtigt, die Einlösung der ausgeschriebenen Angebote zu verweigern.
8. Die teilnehmenden Golfclubs haben sich gegenüber dem Verlag unter den o.g. Bedingungen verpflichtet, die ausgeschriebenen Angebote einzulösen. Der Verlag übernimmt jedoch keine Gewähr und keine Haftung, wenn ein Angebot nicht eingelöst wird oder werden kann.

Bedingungen zur Einlösung des Discounts:
1. Das Angebot ist einschließlich bis 30.6.2024 gültig.
2. Der Golfspieler/Leser hat sich telefonisch eine Abschlagzeit geben zu lassen – dabei ist die Nutzung des Angebots anzugeben.
3. Eine Barauszahlung des Greenfee-Vorteils ist nicht möglich.
4. Das Kombinieren von Angeboten oder bestehenden Greenfee-Vorteilen ist nicht möglich. Der Vorteil bezieht sich jeweils ausschließlich auf die zum Zeitpunkt der Einlösung gültigen vollen Greenfee-Gebühren.
5. Gibt es Spielergruppen mit erhöhten Greenfee-Gebühren, ist ein Nachlass auf diese Gebühren nicht möglich.
6. Das Angebot allein berechtigt nicht zum Spiel gegen Greenfee. Die Erfüllung der Bestimmungen des jeweiligen Golfclubs zur Greenfee-Berechtigung (Mitgliedschaft in einem Golfclub, Mindesthandicap etc.) zum Zeitpunkt der Einlösung sind Voraussetzung.
7. Es ist untersagt, den Greenfee-Gutschein entgeltlich Dritten zu überlassen bzw. mit diesen Handel zu treiben. Insbesondere sind die teilnehmenden Golfclubs in diesem Falle berechtigt, die Einlösung der ausgeschriebenen Angebote zu verweigern.
8. Die teilnehmenden Golfclubs haben sich gegenüber dem Verlag unter den o.g. Bedingungen verpflichtet, die ausgeschriebenen Angebote einzulösen. Der Verlag übernimmt jedoch keine Gewähr und keine Haftung, wenn ein Angebot nicht eingelöst wird oder werden kann.

Diese Gutscheine gelten nur in Verbindung mit dem Buch/Albrecht Golf Card

Diese Gutscheine gelten nur in Verbindung mit dem Buch/Albrecht Golf Card

DER GOLF ALBRECHT

GOLF REGAU • Attersee – Traunsee

Eck 3
A-4845 Regau
+43 7672 222020
Oberösterreich

275

2 for 1 2 GF zum Preis von 1

DER GOLF ALBRECHT

Golfclub Traunsee-Kirchham

Kampesberg 21
A-4656 Kirchham
+43 7619 2576
Oberösterreich

276

2 for 1 2 GF zum Preis von 1

DER GOLF ALBRECHT

Golfclub Traunsee-Kirchham

Kampesberg 21
A-4656 Kirchham
+43 7619 2576
Oberösterreich

276

2 for 1 2 GF zum Preis von 1

DER GOLF ALBRECHT

Golf Club Enzesfeld

Schlossstrasse 38, dann noch 4km über die Privatstrasse durch den Wald, In der Jauling
A-2551 Enzesfeld
+43 2256 81272
Niederösterreich/Wien

277

30% Greenfee-Ermäßigung

DER GOLF ALBRECHT

Golf Club Enzesfeld

Schlossstrasse 38, dann noch 4km über die Privatstrasse durch den Wald, In der Jauling
A-2551 Enzesfeld
+43 2256 81272
Niederösterreich/Wien

277

30% Greenfee-Ermäßigung

DER GOLF ALBRECHT

AtterseeGolf Club Weyregg

Wachtbergstr. 30
A-4852 Weyregg am Attersee
+43 7664 20712
Oberösterreich

278

2 for 1 2 GF zum Preis von 1

DER GOLF ALBRECHT

AtterseeGolf Club Weyregg

Wachtbergstr. 30
A-4852 Weyregg am Attersee
+43 7664 20712
Oberösterreich

278

2 for 1 2 GF zum Preis von 1

DER GOLF ALBRECHT

AtterseeGolf Club Weyregg

Wachtbergstr. 30
A-4852 Weyregg am Attersee
+43 7664 20712
Oberösterreich

278

20% Greenfee-Ermäßigung

DER GOLF ALBRECHT

AtterseeGolf Club Weyregg

Wachtbergstr. 30
A-4852 Weyregg am Attersee
+43 7664 20712
Oberösterreich

278

20% Greenfee-Ermäßigung

DER GOLF ALBRECHT

Golfclub Römergolf

Kraimoosweg 5 a
A-5301 Eugendorf
+43 6225 28300
Salzburg

279

2 for 1 2 GF zum Preis von 1

Bedingungen zur Einlösung des Discounts:

1. Das Angebot ist einschließlich bis 30.6.2024 gültig.
2. Der Golfspieler/Leser hat sich telefonisch eine Abschlagzeit geben zu lassen – dabei ist die Nutzung des Angebots anzugeben.
3. Eine Barauszahlung des Greenfee-Vorteils ist nicht möglich.
4. Das Kombinieren von Angeboten oder bestehenden Greenfee-Vorteilen ist nicht möglich. Der Vorteil bezieht sich jeweils ausschließlich auf die zum Zeitpunkt der Einlösung gültigen vollen Greenfee-Gebühren.
5. Gibt es Spielergruppen mit erhöhten Greenfee-Gebühren, ist ein Nachlass auf diese Gebühren nicht möglich.
6. Das Angebot allein berechtigt nicht zum Spiel gegen Greenfee. Die Erfüllung der Bestimmungen des jeweiligen Golfclubs zur Greenfee-Berechtigung (Mitgliedschaft in einem Golfclub, Mindesthandicap etc.) zum Zeitpunkt der Einlösung sind Voraussetzung.
7. Es ist untersagt, den Greenfee-Gutschein entgeltlich Dritten zu überlassen bzw. mit diesen Handel zu treiben. Insbesondere sind die teilnehmenden Golfclubs in diesem Falle berechtigt, die Einlösung der ausgeschriebenen Angebote zu verweigern.
8. Die teilnehmenden Golfclubs haben sich gegenüber dem Verlag unter den o.g. Bedingungen verpflichtet, die ausgeschriebenen Angebote einzulösen. Der Verlag übernimmt jedoch keine Gewähr und keine Haftung, wenn ein Angebot nicht eingelöst wird oder werden kann.

Bedingungen zur Einlösung des Discounts:

1. Das Angebot ist einschließlich bis 30.6.2024 gültig.
2. Der Golfspieler/Leser hat sich telefonisch eine Abschlagzeit geben zu lassen – dabei ist die Nutzung des Angebots anzugeben.
3. Eine Barauszahlung des Greenfee-Vorteils ist nicht möglich.
4. Das Kombinieren von Angeboten oder bestehenden Greenfee-Vorteilen ist nicht möglich. Der Vorteil bezieht sich jeweils ausschließlich auf die zum Zeitpunkt der Einlösung gültigen vollen Greenfee-Gebühren.
5. Gibt es Spielergruppen mit erhöhten Greenfee-Gebühren, ist ein Nachlass auf diese Gebühren nicht möglich.
6. Das Angebot allein berechtigt nicht zum Spiel gegen Greenfee. Die Erfüllung der Bestimmungen des jeweiligen Golfclubs zur Greenfee-Berechtigung (Mitgliedschaft in einem Golfclub, Mindesthandicap etc.) zum Zeitpunkt der Einlösung sind Voraussetzung.
7. Es ist untersagt, den Greenfee-Gutschein entgeltlich Dritten zu überlassen bzw. mit diesen Handel zu treiben. Insbesondere sind die teilnehmenden Golfclubs in diesem Falle berechtigt, die Einlösung der ausgeschriebenen Angebote zu verweigern.
8. Die teilnehmenden Golfclubs haben sich gegenüber dem Verlag unter den o.g. Bedingungen verpflichtet, die ausgeschriebenen Angebote einzulösen. Der Verlag übernimmt jedoch keine Gewähr und keine Haftung, wenn ein Angebot nicht eingelöst wird oder werden kann.

Bedingungen zur Einlösung des Discounts:

1. Das Angebot ist einschließlich bis 30.6.2024 gültig.
2. Der Golfspieler/Leser hat sich telefonisch eine Abschlagzeit geben zu lassen – dabei ist die Nutzung des Angebots anzugeben.
3. Eine Barauszahlung des Greenfee-Vorteils ist nicht möglich.
4. Das Kombinieren von Angeboten oder bestehenden Greenfee-Vorteilen ist nicht möglich. Der Vorteil bezieht sich jeweils ausschließlich auf die zum Zeitpunkt der Einlösung gültigen vollen Greenfee-Gebühren.
5. Gibt es Spielergruppen mit erhöhten Greenfee-Gebühren, ist ein Nachlass auf diese Gebühren nicht möglich.
6. Das Angebot allein berechtigt nicht zum Spiel gegen Greenfee. Die Erfüllung der Bestimmungen des jeweiligen Golfclubs zur Greenfee-Berechtigung (Mitgliedschaft in einem Golfclub, Mindesthandicap etc.) zum Zeitpunkt der Einlösung sind Voraussetzung.
7. Es ist untersagt, den Greenfee-Gutschein entgeltlich Dritten zu überlassen bzw. mit diesen Handel zu treiben. Insbesondere sind die teilnehmenden Golfclubs in diesem Falle berechtigt, die Einlösung der ausgeschriebenen Angebote zu verweigern.
8. Die teilnehmenden Golfclubs haben sich gegenüber dem Verlag unter den o.g. Bedingungen verpflichtet, die ausgeschriebenen Angebote einzulösen. Der Verlag übernimmt jedoch keine Gewähr und keine Haftung, wenn ein Angebot nicht eingelöst wird oder werden kann.

Bedingungen zur Einlösung des Discounts:

1. Das Angebot ist einschließlich bis 30.6.2024 gültig.
2. Der Golfspieler/Leser hat sich telefonisch eine Abschlagzeit geben zu lassen – dabei ist die Nutzung des Angebots anzugeben.
3. Eine Barauszahlung des Greenfee-Vorteils ist nicht möglich.
4. Das Kombinieren von Angeboten oder bestehenden Greenfee-Vorteilen ist nicht möglich. Der Vorteil bezieht sich jeweils ausschließlich auf die zum Zeitpunkt der Einlösung gültigen vollen Greenfee-Gebühren.
5. Gibt es Spielergruppen mit erhöhten Greenfee-Gebühren, ist ein Nachlass auf diese Gebühren nicht möglich.
6. Das Angebot allein berechtigt nicht zum Spiel gegen Greenfee. Die Erfüllung der Bestimmungen des jeweiligen Golfclubs zur Greenfee-Berechtigung (Mitgliedschaft in einem Golfclub, Mindesthandicap etc.) zum Zeitpunkt der Einlösung sind Voraussetzung.
7. Es ist untersagt, den Greenfee-Gutschein entgeltlich Dritten zu überlassen bzw. mit diesen Handel zu treiben. Insbesondere sind die teilnehmenden Golfclubs in diesem Falle berechtigt, die Einlösung der ausgeschriebenen Angebote zu verweigern.
8. Die teilnehmenden Golfclubs haben sich gegenüber dem Verlag unter den o.g. Bedingungen verpflichtet, die ausgeschriebenen Angebote einzulösen. Der Verlag übernimmt jedoch keine Gewähr und keine Haftung, wenn ein Angebot nicht eingelöst wird oder werden kann.

Bedingungen zur Einlösung des Discounts:

1. Das Angebot ist einschließlich bis 30.6.2024 gültig.
2. Der Golfspieler/Leser hat sich telefonisch eine Abschlagzeit geben zu lassen – dabei ist die Nutzung des Angebots anzugeben.
3. Eine Barauszahlung des Greenfee-Vorteils ist nicht möglich.
4. Das Kombinieren von Angeboten oder bestehenden Greenfee-Vorteilen ist nicht möglich. Der Vorteil bezieht sich jeweils ausschließlich auf die zum Zeitpunkt der Einlösung gültigen vollen Greenfee-Gebühren.
5. Gibt es Spielergruppen mit erhöhten Greenfee-Gebühren, ist ein Nachlass auf diese Gebühren nicht möglich.
6. Das Angebot allein berechtigt nicht zum Spiel gegen Greenfee. Die Erfüllung der Bestimmungen des jeweiligen Golfclubs zur Greenfee-Berechtigung (Mitgliedschaft in einem Golfclub, Mindesthandicap etc.) zum Zeitpunkt der Einlösung sind Voraussetzung.
7. Es ist untersagt, den Greenfee-Gutschein entgeltlich Dritten zu überlassen bzw. mit diesen Handel zu treiben. Insbesondere sind die teilnehmenden Golfclubs in diesem Falle berechtigt, die Einlösung der ausgeschriebenen Angebote zu verweigern.
8. Die teilnehmenden Golfclubs haben sich gegenüber dem Verlag unter den o.g. Bedingungen verpflichtet, die ausgeschriebenen Angebote einzulösen. Der Verlag übernimmt jedoch keine Gewähr und keine Haftung, wenn ein Angebot nicht eingelöst wird oder werden kann.

Bedingungen zur Einlösung des Discounts:

1. Das Angebot ist einschließlich bis 30.6.2024 gültig.
2. Der Golfspieler/Leser hat sich telefonisch eine Abschlagzeit geben zu lassen – dabei ist die Nutzung des Angebots anzugeben.
3. Eine Barauszahlung des Greenfee-Vorteils ist nicht möglich.
4. Das Kombinieren von Angeboten oder bestehenden Greenfee-Vorteilen ist nicht möglich. Der Vorteil bezieht sich jeweils ausschließlich auf die zum Zeitpunkt der Einlösung gültigen vollen Greenfee-Gebühren.
5. Gibt es Spielergruppen mit erhöhten Greenfee-Gebühren, ist ein Nachlass auf diese Gebühren nicht möglich.
6. Das Angebot allein berechtigt nicht zum Spiel gegen Greenfee. Die Erfüllung der Bestimmungen des jeweiligen Golfclubs zur Greenfee-Berechtigung (Mitgliedschaft in einem Golfclub, Mindesthandicap etc.) zum Zeitpunkt der Einlösung sind Voraussetzung.
7. Es ist untersagt, den Greenfee-Gutschein entgeltlich Dritten zu überlassen bzw. mit diesen Handel zu treiben. Insbesondere sind die teilnehmenden Golfclubs in diesem Falle berechtigt, die Einlösung der ausgeschriebenen Angebote zu verweigern.
8. Die teilnehmenden Golfclubs haben sich gegenüber dem Verlag unter den o.g. Bedingungen verpflichtet, die ausgeschriebenen Angebote einzulösen. Der Verlag übernimmt jedoch keine Gewähr und keine Haftung, wenn ein Angebot nicht eingelöst wird oder werden kann.

Bedingungen zur Einlösung des Discounts:

1. Das Angebot ist einschließlich bis 30.6.2024 gültig.
2. Der Golfspieler/Leser hat sich telefonisch eine Abschlagzeit geben zu lassen – dabei ist die Nutzung des Angebots anzugeben.
3. Eine Barauszahlung des Greenfee-Vorteils ist nicht möglich.
4. Das Kombinieren von Angeboten oder bestehenden Greenfee-Vorteilen ist nicht möglich. Der Vorteil bezieht sich jeweils ausschließlich auf die zum Zeitpunkt der Einlösung gültigen vollen Greenfee-Gebühren.
5. Gibt es Spielergruppen mit erhöhten Greenfee-Gebühren, ist ein Nachlass auf diese Gebühren nicht möglich.
6. Das Angebot allein berechtigt nicht zum Spiel gegen Greenfee. Die Erfüllung der Bestimmungen des jeweiligen Golfclubs zur Greenfee-Berechtigung (Mitgliedschaft in einem Golfclub, Mindesthandicap etc.) zum Zeitpunkt der Einlösung sind Voraussetzung.
7. Es ist untersagt, den Greenfee-Gutschein entgeltlich Dritten zu überlassen bzw. mit diesen Handel zu treiben. Insbesondere sind die teilnehmenden Golfclubs in diesem Falle berechtigt, die Einlösung der ausgeschriebenen Angebote zu verweigern.
8. Die teilnehmenden Golfclubs haben sich gegenüber dem Verlag unter den o.g. Bedingungen verpflichtet, die ausgeschriebenen Angebote einzulösen. Der Verlag übernimmt jedoch keine Gewähr und keine Haftung, wenn ein Angebot nicht eingelöst wird oder werden kann.

Bedingungen zur Einlösung des Discounts:

1. Das Angebot ist einschließlich bis 30.6.2024 gültig.
2. Der Golfspieler/Leser hat sich telefonisch eine Abschlagzeit geben zu lassen – dabei ist die Nutzung des Angebots anzugeben.
3. Eine Barauszahlung des Greenfee-Vorteils ist nicht möglich.
4. Das Kombinieren von Angeboten oder bestehenden Greenfee-Vorteilen ist nicht möglich. Der Vorteil bezieht sich jeweils ausschließlich auf die zum Zeitpunkt der Einlösung gültigen vollen Greenfee-Gebühren.
5. Gibt es Spielergruppen mit erhöhten Greenfee-Gebühren, ist ein Nachlass auf diese Gebühren nicht möglich.
6. Das Angebot allein berechtigt nicht zum Spiel gegen Greenfee. Die Erfüllung der Bestimmungen des jeweiligen Golfclubs zur Greenfee-Berechtigung (Mitgliedschaft in einem Golfclub, Mindesthandicap etc.) zum Zeitpunkt der Einlösung sind Voraussetzung.
7. Es ist untersagt, den Greenfee-Gutschein entgeltlich Dritten zu überlassen bzw. mit diesen Handel zu treiben. Insbesondere sind die teilnehmenden Golfclubs in diesem Falle berechtigt, die Einlösung der ausgeschriebenen Angebote zu verweigern.
8. Die teilnehmenden Golfclubs haben sich gegenüber dem Verlag unter den o.g. Bedingungen verpflichtet, die ausgeschriebenen Angebote einzulösen. Der Verlag übernimmt jedoch keine Gewähr und keine Haftung, wenn ein Angebot nicht eingelöst wird oder werden kann.

Bedingungen zur Einlösung des Discounts:

1. Das Angebot ist einschließlich bis 30.6.2024 gültig.
2. Der Golfspieler/Leser hat sich telefonisch eine Abschlagzeit geben zu lassen – dabei ist die Nutzung des Angebots anzugeben.
3. Eine Barauszahlung des Greenfee-Vorteils ist nicht möglich.
4. Das Kombinieren von Angeboten oder bestehenden Greenfee-Vorteilen ist nicht möglich. Der Vorteil bezieht sich jeweils ausschließlich auf die zum Zeitpunkt der Einlösung gültigen vollen Greenfee-Gebühren.
5. Gibt es Spielergruppen mit erhöhten Greenfee-Gebühren, ist ein Nachlass auf diese Gebühren nicht möglich.
6. Das Angebot allein berechtigt nicht zum Spiel gegen Greenfee. Die Erfüllung der Bestimmungen des jeweiligen Golfclubs zur Greenfee-Berechtigung (Mitgliedschaft in einem Golfclub, Mindesthandicap etc.) zum Zeitpunkt der Einlösung sind Voraussetzung.
7. Es ist untersagt, den Greenfee-Gutschein entgeltlich Dritten zu überlassen bzw. mit diesen Handel zu treiben. Insbesondere sind die teilnehmenden Golfclubs in diesem Falle berechtigt, die Einlösung der ausgeschriebenen Angebote zu verweigern.
8. Die teilnehmenden Golfclubs haben sich gegenüber dem Verlag unter den o.g. Bedingungen verpflichtet, die ausgeschriebenen Angebote einzulösen. Der Verlag übernimmt jedoch keine Gewähr und keine Haftung, wenn ein Angebot nicht eingelöst wird oder werden kann.

Bedingungen zur Einlösung des Discounts:

1. Das Angebot ist einschließlich bis 30.6.2024 gültig.
2. Der Golfspieler/Leser hat sich telefonisch eine Abschlagzeit geben zu lassen – dabei ist die Nutzung des Angebots anzugeben.
3. Eine Barauszahlung des Greenfee-Vorteils ist nicht möglich.
4. Das Kombinieren von Angeboten oder bestehenden Greenfee-Vorteilen ist nicht möglich. Der Vorteil bezieht sich jeweils ausschließlich auf die zum Zeitpunkt der Einlösung gültigen vollen Greenfee-Gebühren.
5. Gibt es Spielergruppen mit erhöhten Greenfee-Gebühren, ist ein Nachlass auf diese Gebühren nicht möglich.
6. Das Angebot allein berechtigt nicht zum Spiel gegen Greenfee. Die Erfüllung der Bestimmungen des jeweiligen Golfclubs zur Greenfee-Berechtigung (Mitgliedschaft in einem Golfclub, Mindesthandicap etc.) zum Zeitpunkt der Einlösung sind Voraussetzung.
7. Es ist untersagt, den Greenfee-Gutschein entgeltlich Dritten zu überlassen bzw. mit diesen Handel zu treiben. Insbesondere sind die teilnehmenden Golfclubs in diesem Falle berechtigt, die Einlösung der ausgeschriebenen Angebote zu verweigern.
8. Die teilnehmenden Golfclubs haben sich gegenüber dem Verlag unter den o.g. Bedingungen verpflichtet, die ausgeschriebenen Angebote einzulösen. Der Verlag übernimmt jedoch keine Gewähr und keine Haftung, wenn ein Angebot nicht eingelöst wird oder werden kann.

Diese Gutscheine gelten nur in Verbindung mit dem Buch/Albrecht Golf Card

Diese Gutscheine gelten nur in Verbindung mit dem Buch/Albrecht Golf Card

DER GOLF ALBRECHT

Golfclub Römergolf AT

Kraimoosweg 5 a
A-5301 Eugendorf
+43 6225 28300
Salzburg

279

2 for 1 2 GF zum Preis von 1

DER GOLF ALBRECHT

Golfclub Römergolf AT

Kraimoosweg 5 a
A-5301 Eugendorf
+43 6225 28300
Salzburg

279

30% Greenfee-Ermäßigung

DER GOLF ALBRECHT

Golfclub Römergolf AT

Kraimoosweg 5 a
A-5301 Eugendorf
+43 6225 28300
Salzburg

279

30% Greenfee-Ermäßigung

DER GOLF ALBRECHT

Golfclub Waldhof e.V. AT

Schoberstrasse 20
A-5330 Fuschl am See
+43 6226 8264
Salzburg

280

2 for 1 2 GF zum Preis von 1

DER GOLF ALBRECHT

Golfclub Waldhof e.V. AT

Schoberstrasse 20
A-5330 Fuschl am See
+43 6226 8264
Salzburg

280

2 for 1 2 GF zum Preis von 1

DER GOLF ALBRECHT

Golfclub Reit im Winkl e.V. Kössen AT

Moserbergweg 60
A-6345 Kössen
+49-8640-798250/+43-5375-628535
Tirol
Hinweis: ab 13.00 Uhr

281

2 for 1 2 GF zum Preis von 1

DER GOLF ALBRECHT

Golfclub Reit im Winkl e.V. Kössen AT

Moserbergweg 60
A-6345 Kössen
+49-8640-798250/+43-5375-628535
Tirol
Hinweis: ab 13.00 Uhr

281

2 for 1 2 GF zum Preis von 1

DER GOLF ALBRECHT

Golfclub Walchsee Moarhof AT

Golf-und Sporthotel Moarhof, Schwaigs 42
A-6344 Walchsee
+43 5374 5378
Tirol

282

2 for 1 2 GF zum Preis von 1

DER GOLF ALBRECHT

Golfclub Walchsee Moarhof AT

Golf-und Sporthotel Moarhof, Schwaigs 42
A-6344 Walchsee
+43 5374 5378
Tirol

282

2 for 1 2 GF zum Preis von 1

DER GOLF ALBRECHT

Golfclub Walchsee Moarhof AT

Golf-und Sporthotel Moarhof, Schwaigs 42
A-6344 Walchsee
+43 5374 5378
Tirol

282

20% Greenfee-Ermäßigung

Bedingungen zur Einlösung des Discounts:
1. Das Angebot ist einschließlich bis 30.6.2024 gültig.
2. Der Golfspieler/Leser hat sich telefonisch eine Abschlagzeit geben zu lassen – dabei ist die Nutzung des Angebots anzugeben.
3. Eine Barauszahlung des Greenfee-Vorteils ist nicht möglich.
4. Das Kombinieren von Angeboten oder bestehenden Greenfee-Vorteilen ist nicht möglich. Der Vorteil bezieht sich jeweils ausschließlich auf die zum Zeitpunkt der Einlösung gültigen vollen Greenfee-Gebühren.
5. Gibt es Spielergruppen mit erhöhten Greenfee-Gebühren, ist ein Nachlass auf diese Gebühren nicht möglich.
6. Das Angebot allein berechtigt nicht zum Spiel gegen Greenfee. Die Erfüllung der Bestimmungen des jeweiligen Golfclubs zur Greenfee-Berechtigung (Mitgliedschaft in einem Golfclub, Mindesthandicap etc.) zum Zeitpunkt der Einlösung sind Voraussetzung.
7. Es ist untersagt, den Greenfee-Gutschein entgeltlich Dritten zu überlassen bzw. mit diesen Handel zu treiben. Insbesondere sind die teilnehmenden Golfclubs in diesem Falle berechtigt, die Einlösung der ausgeschriebenen Angebote zu verweigern.
8. Die teilnehmenden Golfclubs haben sich gegenüber dem Verlag unter den o.g. Bedingungen verpflichtet, die ausgeschriebenen Angebote einzulösen. Der Verlag übernimmt jedoch keine Gewähr und keine Haftung, wenn ein Angebot nicht eingelöst wird oder werden kann.

Bedingungen zur Einlösung des Discounts:
1. Das Angebot ist einschließlich bis 30.6.2024 gültig.
2. Der Golfspieler/Leser hat sich telefonisch eine Abschlagzeit geben zu lassen – dabei ist die Nutzung des Angebots anzugeben.
3. Eine Barauszahlung des Greenfee-Vorteils ist nicht möglich.
4. Das Kombinieren von Angeboten oder bestehenden Greenfee-Vorteilen ist nicht möglich. Der Vorteil bezieht sich jeweils ausschließlich auf die zum Zeitpunkt der Einlösung gültigen vollen Greenfee-Gebühren.
5. Gibt es Spielergruppen mit erhöhten Greenfee-Gebühren, ist ein Nachlass auf diese Gebühren nicht möglich.
6. Das Angebot allein berechtigt nicht zum Spiel gegen Greenfee. Die Erfüllung der Bestimmungen des jeweiligen Golfclubs zur Greenfee-Berechtigung (Mitgliedschaft in einem Golfclub, Mindesthandicap etc.) zum Zeitpunkt der Einlösung sind Voraussetzung.
7. Es ist untersagt, den Greenfee-Gutschein entgeltlich Dritten zu überlassen bzw. mit diesen Handel zu treiben. Insbesondere sind die teilnehmenden Golfclubs in diesem Falle berechtigt, die Einlösung der ausgeschriebenen Angebote zu verweigern.
8. Die teilnehmenden Golfclubs haben sich gegenüber dem Verlag unter den o.g. Bedingungen verpflichtet, die ausgeschriebenen Angebote einzulösen. Der Verlag übernimmt jedoch keine Gewähr und keine Haftung, wenn ein Angebot nicht eingelöst wird oder werden kann.

Bedingungen zur Einlösung des Discounts:
1. Das Angebot ist einschließlich bis 30.6.2024 gültig.
2. Der Golfspieler/Leser hat sich telefonisch eine Abschlagzeit geben zu lassen – dabei ist die Nutzung des Angebots anzugeben.
3. Eine Barauszahlung des Greenfee-Vorteils ist nicht möglich.
4. Das Kombinieren von Angeboten oder bestehenden Greenfee-Vorteilen ist nicht möglich. Der Vorteil bezieht sich jeweils ausschließlich auf die zum Zeitpunkt der Einlösung gültigen vollen Greenfee-Gebühren.
5. Gibt es Spielergruppen mit erhöhten Greenfee-Gebühren, ist ein Nachlass auf diese Gebühren nicht möglich.
6. Das Angebot allein berechtigt nicht zum Spiel gegen Greenfee. Die Erfüllung der Bestimmungen des jeweiligen Golfclubs zur Greenfee-Berechtigung (Mitgliedschaft in einem Golfclub, Mindesthandicap etc.) zum Zeitpunkt der Einlösung sind Voraussetzung.
7. Es ist untersagt, den Greenfee-Gutschein entgeltlich Dritten zu überlassen bzw. mit diesen Handel zu treiben. Insbesondere sind die teilnehmenden Golfclubs in diesem Falle berechtigt, die Einlösung der ausgeschriebenen Angebote zu verweigern.
8. Die teilnehmenden Golfclubs haben sich gegenüber dem Verlag unter den o.g. Bedingungen verpflichtet, die ausgeschriebenen Angebote einzulösen. Der Verlag übernimmt jedoch keine Gewähr und keine Haftung, wenn ein Angebot nicht eingelöst wird oder werden kann.

Bedingungen zur Einlösung des Discounts:
1. Das Angebot ist einschließlich bis 30.6.2024 gültig.
2. Der Golfspieler/Leser hat sich telefonisch eine Abschlagzeit geben zu lassen – dabei ist die Nutzung des Angebots anzugeben.
3. Eine Barauszahlung des Greenfee-Vorteils ist nicht möglich.
4. Das Kombinieren von Angeboten oder bestehenden Greenfee-Vorteilen ist nicht möglich. Der Vorteil bezieht sich jeweils ausschließlich auf die zum Zeitpunkt der Einlösung gültigen vollen Greenfee-Gebühren.
5. Gibt es Spielergruppen mit erhöhten Greenfee-Gebühren, ist ein Nachlass auf diese Gebühren nicht möglich.
6. Das Angebot allein berechtigt nicht zum Spiel gegen Greenfee. Die Erfüllung der Bestimmungen des jeweiligen Golfclubs zur Greenfee-Berechtigung (Mitgliedschaft in einem Golfclub, Mindesthandicap etc.) zum Zeitpunkt der Einlösung sind Voraussetzung.
7. Es ist untersagt, den Greenfee-Gutschein entgeltlich Dritten zu überlassen bzw. mit diesen Handel zu treiben. Insbesondere sind die teilnehmenden Golfclubs in diesem Falle berechtigt, die Einlösung der ausgeschriebenen Angebote zu verweigern.
8. Die teilnehmenden Golfclubs haben sich gegenüber dem Verlag unter den o.g. Bedingungen verpflichtet, die ausgeschriebenen Angebote einzulösen. Der Verlag übernimmt jedoch keine Gewähr und keine Haftung, wenn ein Angebot nicht eingelöst wird oder werden kann.

Bedingungen zur Einlösung des Discounts:
1. Das Angebot ist einschließlich bis 30.6.2024 gültig.
2. Der Golfspieler/Leser hat sich telefonisch eine Abschlagzeit geben zu lassen – dabei ist die Nutzung des Angebots anzugeben.
3. Eine Barauszahlung des Greenfee-Vorteils ist nicht möglich.
4. Das Kombinieren von Angeboten oder bestehenden Greenfee-Vorteilen ist nicht möglich. Der Vorteil bezieht sich jeweils ausschließlich auf die zum Zeitpunkt der Einlösung gültigen vollen Greenfee-Gebühren.
5. Gibt es Spielergruppen mit erhöhten Greenfee-Gebühren, ist ein Nachlass auf diese Gebühren nicht möglich.
6. Das Angebot allein berechtigt nicht zum Spiel gegen Greenfee. Die Erfüllung der Bestimmungen des jeweiligen Golfclubs zur Greenfee-Berechtigung (Mitgliedschaft in einem Golfclub, Mindesthandicap etc.) zum Zeitpunkt der Einlösung sind Voraussetzung.
7. Es ist untersagt, den Greenfee-Gutschein entgeltlich Dritten zu überlassen bzw. mit diesen Handel zu treiben. Insbesondere sind die teilnehmenden Golfclubs in diesem Falle berechtigt, die Einlösung der ausgeschriebenen Angebote zu verweigern.
8. Die teilnehmenden Golfclubs haben sich gegenüber dem Verlag unter den o.g. Bedingungen verpflichtet, die ausgeschriebenen Angebote einzulösen. Der Verlag übernimmt jedoch keine Gewähr und keine Haftung, wenn ein Angebot nicht eingelöst wird oder werden kann.

Bedingungen zur Einlösung des Discounts:
1. Das Angebot ist einschließlich bis 30.6.2024 gültig.
2. Der Golfspieler/Leser hat sich telefonisch eine Abschlagzeit geben zu lassen – dabei ist die Nutzung des Angebots anzugeben.
3. Eine Barauszahlung des Greenfee-Vorteils ist nicht möglich.
4. Das Kombinieren von Angeboten oder bestehenden Greenfee-Vorteilen ist nicht möglich. Der Vorteil bezieht sich jeweils ausschließlich auf die zum Zeitpunkt der Einlösung gültigen vollen Greenfee-Gebühren.
5. Gibt es Spielergruppen mit erhöhten Greenfee-Gebühren, ist ein Nachlass auf diese Gebühren nicht möglich.
6. Das Angebot allein berechtigt nicht zum Spiel gegen Greenfee. Die Erfüllung der Bestimmungen des jeweiligen Golfclubs zur Greenfee-Berechtigung (Mitgliedschaft in einem Golfclub, Mindesthandicap etc.) zum Zeitpunkt der Einlösung sind Voraussetzung.
7. Es ist untersagt, den Greenfee-Gutschein entgeltlich Dritten zu überlassen bzw. mit diesen Handel zu treiben. Insbesondere sind die teilnehmenden Golfclubs in diesem Falle berechtigt, die Einlösung der ausgeschriebenen Angebote zu verweigern.
8. Die teilnehmenden Golfclubs haben sich gegenüber dem Verlag unter den o.g. Bedingungen verpflichtet, die ausgeschriebenen Angebote einzulösen. Der Verlag übernimmt jedoch keine Gewähr und keine Haftung, wenn ein Angebot nicht eingelöst wird oder werden kann.

Bedingungen zur Einlösung des Discounts:
1. Das Angebot ist einschließlich bis 30.6.2024 gültig.
2. Der Golfspieler/Leser hat sich telefonisch eine Abschlagzeit geben zu lassen – dabei ist die Nutzung des Angebots anzugeben.
3. Eine Barauszahlung des Greenfee-Vorteils ist nicht möglich.
4. Das Kombinieren von Angeboten oder bestehenden Greenfee-Vorteilen ist nicht möglich. Der Vorteil bezieht sich jeweils ausschließlich auf die zum Zeitpunkt der Einlösung gültigen vollen Greenfee-Gebühren.
5. Gibt es Spielergruppen mit erhöhten Greenfee-Gebühren, ist ein Nachlass auf diese Gebühren nicht möglich.
6. Das Angebot allein berechtigt nicht zum Spiel gegen Greenfee. Die Erfüllung der Bestimmungen des jeweiligen Golfclubs zur Greenfee-Berechtigung (Mitgliedschaft in einem Golfclub, Mindesthandicap etc.) zum Zeitpunkt der Einlösung sind Voraussetzung.
7. Es ist untersagt, den Greenfee-Gutschein entgeltlich Dritten zu überlassen bzw. mit diesen Handel zu treiben. Insbesondere sind die teilnehmenden Golfclubs in diesem Falle berechtigt, die Einlösung der ausgeschriebenen Angebote zu verweigern.
8. Die teilnehmenden Golfclubs haben sich gegenüber dem Verlag unter den o.g. Bedingungen verpflichtet, die ausgeschriebenen Angebote einzulösen. Der Verlag übernimmt jedoch keine Gewähr und keine Haftung, wenn ein Angebot nicht eingelöst wird oder werden kann.

Bedingungen zur Einlösung des Discounts:
1. Das Angebot ist einschließlich bis 30.6.2024 gültig.
2. Der Golfspieler/Leser hat sich telefonisch eine Abschlagzeit geben zu lassen – dabei ist die Nutzung des Angebots anzugeben.
3. Eine Barauszahlung des Greenfee-Vorteils ist nicht möglich.
4. Das Kombinieren von Angeboten oder bestehenden Greenfee-Vorteilen ist nicht möglich. Der Vorteil bezieht sich jeweils ausschließlich auf die zum Zeitpunkt der Einlösung gültigen vollen Greenfee-Gebühren.
5. Gibt es Spielergruppen mit erhöhten Greenfee-Gebühren, ist ein Nachlass auf diese Gebühren nicht möglich.
6. Das Angebot allein berechtigt nicht zum Spiel gegen Greenfee. Die Erfüllung der Bestimmungen des jeweiligen Golfclubs zur Greenfee-Berechtigung (Mitgliedschaft in einem Golfclub, Mindesthandicap etc.) zum Zeitpunkt der Einlösung sind Voraussetzung.
7. Es ist untersagt, den Greenfee-Gutschein entgeltlich Dritten zu überlassen bzw. mit diesen Handel zu treiben. Insbesondere sind die teilnehmenden Golfclubs in diesem Falle berechtigt, die Einlösung der ausgeschriebenen Angebote zu verweigern.
8. Die teilnehmenden Golfclubs haben sich gegenüber dem Verlag unter den o.g. Bedingungen verpflichtet, die ausgeschriebenen Angebote einzulösen. Der Verlag übernimmt jedoch keine Gewähr und keine Haftung, wenn ein Angebot nicht eingelöst wird oder werden kann.

Bedingungen zur Einlösung des Discounts:
1. Das Angebot ist einschließlich bis 30.6.2024 gültig.
2. Der Golfspieler/Leser hat sich telefonisch eine Abschlagzeit geben zu lassen – dabei ist die Nutzung des Angebots anzugeben.
3. Eine Barauszahlung des Greenfee-Vorteils ist nicht möglich.
4. Das Kombinieren von Angeboten oder bestehenden Greenfee-Vorteilen ist nicht möglich. Der Vorteil bezieht sich jeweils ausschließlich auf die zum Zeitpunkt der Einlösung gültigen vollen Greenfee-Gebühren.
5. Gibt es Spielergruppen mit erhöhten Greenfee-Gebühren, ist ein Nachlass auf diese Gebühren nicht möglich.
6. Das Angebot allein berechtigt nicht zum Spiel gegen Greenfee. Die Erfüllung der Bestimmungen des jeweiligen Golfclubs zur Greenfee-Berechtigung (Mitgliedschaft in einem Golfclub, Mindesthandicap etc.) zum Zeitpunkt der Einlösung sind Voraussetzung.
7. Es ist untersagt, den Greenfee-Gutschein entgeltlich Dritten zu überlassen bzw. mit diesen Handel zu treiben. Insbesondere sind die teilnehmenden Golfclubs in diesem Falle berechtigt, die Einlösung der ausgeschriebenen Angebote zu verweigern.
8. Die teilnehmenden Golfclubs haben sich gegenüber dem Verlag unter den o.g. Bedingungen verpflichtet, die ausgeschriebenen Angebote einzulösen. Der Verlag übernimmt jedoch keine Gewähr und keine Haftung, wenn ein Angebot nicht eingelöst wird oder werden kann.

Bedingungen zur Einlösung des Discounts:
1. Das Angebot ist einschließlich bis 30.6.2024 gültig.
2. Der Golfspieler/Leser hat sich telefonisch eine Abschlagzeit geben zu lassen – dabei ist die Nutzung des Angebots anzugeben.
3. Eine Barauszahlung des Greenfee-Vorteils ist nicht möglich.
4. Das Kombinieren von Angeboten oder bestehenden Greenfee-Vorteilen ist nicht möglich. Der Vorteil bezieht sich jeweils ausschließlich auf die zum Zeitpunkt der Einlösung gültigen vollen Greenfee-Gebühren.
5. Gibt es Spielergruppen mit erhöhten Greenfee-Gebühren, ist ein Nachlass auf diese Gebühren nicht möglich.
6. Das Angebot allein berechtigt nicht zum Spiel gegen Greenfee. Die Erfüllung der Bestimmungen des jeweiligen Golfclubs zur Greenfee-Berechtigung (Mitgliedschaft in einem Golfclub, Mindesthandicap etc.) zum Zeitpunkt der Einlösung sind Voraussetzung.
7. Es ist untersagt, den Greenfee-Gutschein entgeltlich Dritten zu überlassen bzw. mit diesen Handel zu treiben. Insbesondere sind die teilnehmenden Golfclubs in diesem Falle berechtigt, die Einlösung der ausgeschriebenen Angebote zu verweigern.
8. Die teilnehmenden Golfclubs haben sich gegenüber dem Verlag unter den o.g. Bedingungen verpflichtet, die ausgeschriebenen Angebote einzulösen. Der Verlag übernimmt jedoch keine Gewähr und keine Haftung, wenn ein Angebot nicht eingelöst wird oder werden kann.

Diese Gutscheine gelten nur in Verbindung mit dem Buch/Albrecht Golf Card

Diese Gutscheine gelten nur in Verbindung mit dem Buch/Albrecht Golf Card

DER GOLF ALBRECHT

Golfclub Walchsee Moarhof AT

Golf-und Sporthotel Moarhof, Schwaigs 42
A-6344 Walchsee
✆ +43 5374 5378
Tirol

282

20% Greenfee-Ermäßigung

DER GOLF ALBRECHT

Golfclub Ausseerland AT

Sommersbergseestraße 392
A-8990 Bad Aussee
✆ +43 3622 54185
Steiermark

283

2 for 1 2 GF zum Preis von 1

DER GOLF ALBRECHT

Golfclub Ausseerland AT

Sommersbergseestraße 392
A-8990 Bad Aussee
✆ +43 3622 54185
Steiermark

283

2 for 1 2 GF zum Preis von 1

DER GOLF ALBRECHT

Golfclub Ausseerland AT

Sommersbergseestraße 392
A-8990 Bad Aussee
✆ +43 3622 54185
Steiermark

283

20% Greenfee-Ermäßigung

DER GOLF ALBRECHT

Golfclub Ausseerland AT

Sommersbergseestraße 392
A-8990 Bad Aussee
✆ +43 3622 54185
Steiermark

283

20% Greenfee-Ermäßigung

DER GOLF ALBRECHT

Golfclub Schloss Feistritz AT

Feistritzberg 12
A-8670 Krieglach
✆ +43 664 3512507
Steiermark

284

2 for 1 2 GF zum Preis von 1

DER GOLF ALBRECHT

Golfclub Schloss Feistritz AT

Feistritzberg 12
A-8670 Krieglach
✆ +43 664 3512507
Steiermark

284

2 for 1 2 GF zum Preis von 1

DER GOLF ALBRECHT

Golfclub Schloss Feistritz AT

Feistritzberg 12
A-8670 Krieglach
✆ +43 664 3512507
Steiermark

284

30% Greenfee-Ermäßigung

DER GOLF ALBRECHT

Golfclub Schloss Feistritz AT

Feistritzberg 12
A-8670 Krieglach
✆ +43 664 3512507
Steiermark

284

30% Greenfee-Ermäßigung

DER GOLF ALBRECHT

Kaisergolf Ellmau AT

Steinerner Tisch 17
A-6352 Ellmau
✆ +43 5358 2379
Tirol

285

2 for 1 2 GF zum Preis von 1

Bedingungen zur Einlösung des Discounts:

1. Das Angebot ist einschließlich bis 30.6.2024 gültig.
2. Der Golfspieler/Leser hat sich telefonisch eine Abschlagzeit geben zu lassen – dabei ist die Nutzung des Angebots anzugeben.
3. Eine Barauszahlung des Greenfee-Vorteils ist nicht möglich.
4. Das Kombinieren von Angeboten oder bestehenden Greenfee-Vorteilen ist nicht möglich. Der Vorteil bezieht sich jeweils ausschließlich auf die zum Zeitpunkt der Einlösung gültigen vollen Greenfee-Gebühren.
5. Gibt es Spielergruppen mit erhöhten Greenfee-Gebühren, ist ein Nachlass auf diese Gebühren nicht möglich.
6. Das Angebot allein berechtigt nicht zum Spiel gegen Greenfee. Die Erfüllung der Bestimmungen des jeweiligen Golfclubs zur Greenfee-Berechtigung (Mitgliedschaft in einem Golfclub, Mindesthandicap etc.) zum Zeitpunkt der Einlösung sind Voraussetzung.
7. Es ist untersagt, den Greenfee-Gutschein entgeltlich Dritten zu überlassen bzw. mit diesen Handel zu treiben. Insbesondere sind die teilnehmenden Golfclubs in diesem Falle berechtigt, die Einlösung der ausgeschriebenen Angebote zu verweigern.
8. Die teilnehmenden Golfclubs haben sich gegenüber dem Verlag unter den o.g. Bedingungen verpflichtet, die ausgeschriebenen Angebote einzulösen. Der Verlag übernimmt jedoch keine Gewähr und keine Haftung, wenn ein Angebot nicht eingelöst wird oder werden kann.

Bedingungen zur Einlösung des Discounts:

1. Das Angebot ist einschließlich bis 30.6.2024 gültig.
2. Der Golfspieler/Leser hat sich telefonisch eine Abschlagzeit geben zu lassen – dabei ist die Nutzung des Angebots anzugeben.
3. Eine Barauszahlung des Greenfee-Vorteils ist nicht möglich.
4. Das Kombinieren von Angeboten oder bestehenden Greenfee-Vorteilen ist nicht möglich. Der Vorteil bezieht sich jeweils ausschließlich auf die zum Zeitpunkt der Einlösung gültigen vollen Greenfee-Gebühren.
5. Gibt es Spielergruppen mit erhöhten Greenfee-Gebühren, ist ein Nachlass auf diese Gebühren nicht möglich.
6. Das Angebot allein berechtigt nicht zum Spiel gegen Greenfee. Die Erfüllung der Bestimmungen des jeweiligen Golfclubs zur Greenfee-Berechtigung (Mitgliedschaft in einem Golfclub, Mindesthandicap etc.) zum Zeitpunkt der Einlösung sind Voraussetzung.
7. Es ist untersagt, den Greenfee-Gutschein entgeltlich Dritten zu überlassen bzw. mit diesen Handel zu treiben. Insbesondere sind die teilnehmenden Golfclubs in diesem Falle berechtigt, die Einlösung der ausgeschriebenen Angebote zu verweigern.
8. Die teilnehmenden Golfclubs haben sich gegenüber dem Verlag unter den o.g. Bedingungen verpflichtet, die ausgeschriebenen Angebote einzulösen. Der Verlag übernimmt jedoch keine Gewähr und keine Haftung, wenn ein Angebot nicht eingelöst wird oder werden kann.

Bedingungen zur Einlösung des Discounts:

1. Das Angebot ist einschließlich bis 30.6.2024 gültig.
2. Der Golfspieler/Leser hat sich telefonisch eine Abschlagzeit geben zu lassen – dabei ist die Nutzung des Angebots anzugeben.
3. Eine Barauszahlung des Greenfee-Vorteils ist nicht möglich.
4. Das Kombinieren von Angeboten oder bestehenden Greenfee-Vorteilen ist nicht möglich. Der Vorteil bezieht sich jeweils ausschließlich auf die zum Zeitpunkt der Einlösung gültigen vollen Greenfee-Gebühren.
5. Gibt es Spielergruppen mit erhöhten Greenfee-Gebühren, ist ein Nachlass auf diese Gebühren nicht möglich.
6. Das Angebot allein berechtigt nicht zum Spiel gegen Greenfee. Die Erfüllung der Bestimmungen des jeweiligen Golfclubs zur Greenfee-Berechtigung (Mitgliedschaft in einem Golfclub, Mindesthandicap etc.) zum Zeitpunkt der Einlösung sind Voraussetzung.
7. Es ist untersagt, den Greenfee-Gutschein entgeltlich Dritten zu überlassen bzw. mit diesen Handel zu treiben. Insbesondere sind die teilnehmenden Golfclubs in diesem Falle berechtigt, die Einlösung der ausgeschriebenen Angebote zu verweigern.
8. Die teilnehmenden Golfclubs haben sich gegenüber dem Verlag unter den o.g. Bedingungen verpflichtet, die ausgeschriebenen Angebote einzulösen. Der Verlag übernimmt jedoch keine Gewähr und keine Haftung, wenn ein Angebot nicht eingelöst wird oder werden kann.

Bedingungen zur Einlösung des Discounts:

1. Das Angebot ist einschließlich bis 30.6.2024 gültig.
2. Der Golfspieler/Leser hat sich telefonisch eine Abschlagzeit geben zu lassen – dabei ist die Nutzung des Angebots anzugeben.
3. Eine Barauszahlung des Greenfee-Vorteils ist nicht möglich.
4. Das Kombinieren von Angeboten oder bestehenden Greenfee-Vorteilen ist nicht möglich. Der Vorteil bezieht sich jeweils ausschließlich auf die zum Zeitpunkt der Einlösung gültigen vollen Greenfee-Gebühren.
5. Gibt es Spielergruppen mit erhöhten Greenfee-Gebühren, ist ein Nachlass auf diese Gebühren nicht möglich.
6. Das Angebot allein berechtigt nicht zum Spiel gegen Greenfee. Die Erfüllung der Bestimmungen des jeweiligen Golfclubs zur Greenfee-Berechtigung (Mitgliedschaft in einem Golfclub, Mindesthandicap etc.) zum Zeitpunkt der Einlösung sind Voraussetzung.
7. Es ist untersagt, den Greenfee-Gutschein entgeltlich Dritten zu überlassen bzw. mit diesen Handel zu treiben. Insbesondere sind die teilnehmenden Golfclubs in diesem Falle berechtigt, die Einlösung der ausgeschriebenen Angebote zu verweigern.
8. Die teilnehmenden Golfclubs haben sich gegenüber dem Verlag unter den o.g. Bedingungen verpflichtet, die ausgeschriebenen Angebote einzulösen. Der Verlag übernimmt jedoch keine Gewähr und keine Haftung, wenn ein Angebot nicht eingelöst wird oder werden kann.

Bedingungen zur Einlösung des Discounts:

1. Das Angebot ist einschließlich bis 30.6.2024 gültig.
2. Der Golfspieler/Leser hat sich telefonisch eine Abschlagzeit geben zu lassen – dabei ist die Nutzung des Angebots anzugeben.
3. Eine Barauszahlung des Greenfee-Vorteils ist nicht möglich.
4. Das Kombinieren von Angeboten oder bestehenden Greenfee-Vorteilen ist nicht möglich. Der Vorteil bezieht sich jeweils ausschließlich auf die zum Zeitpunkt der Einlösung gültigen vollen Greenfee-Gebühren.
5. Gibt es Spielergruppen mit erhöhten Greenfee-Gebühren, ist ein Nachlass auf diese Gebühren nicht möglich.
6. Das Angebot allein berechtigt nicht zum Spiel gegen Greenfee. Die Erfüllung der Bestimmungen des jeweiligen Golfclubs zur Greenfee-Berechtigung (Mitgliedschaft in einem Golfclub, Mindesthandicap etc.) zum Zeitpunkt der Einlösung sind Voraussetzung.
7. Es ist untersagt, den Greenfee-Gutschein entgeltlich Dritten zu überlassen bzw. mit diesen Handel zu treiben. Insbesondere sind die teilnehmenden Golfclubs in diesem Falle berechtigt, die Einlösung der ausgeschriebenen Angebote zu verweigern.
8. Die teilnehmenden Golfclubs haben sich gegenüber dem Verlag unter den o.g. Bedingungen verpflichtet, die ausgeschriebenen Angebote einzulösen. Der Verlag übernimmt jedoch keine Gewähr und keine Haftung, wenn ein Angebot nicht eingelöst wird oder werden kann.

Bedingungen zur Einlösung des Discounts:

1. Das Angebot ist einschließlich bis 30.6.2024 gültig.
2. Der Golfspieler/Leser hat sich telefonisch eine Abschlagzeit geben zu lassen – dabei ist die Nutzung des Angebots anzugeben.
3. Eine Barauszahlung des Greenfee-Vorteils ist nicht möglich.
4. Das Kombinieren von Angeboten oder bestehenden Greenfee-Vorteilen ist nicht möglich. Der Vorteil bezieht sich jeweils ausschließlich auf die zum Zeitpunkt der Einlösung gültigen vollen Greenfee-Gebühren.
5. Gibt es Spielergruppen mit erhöhten Greenfee-Gebühren, ist ein Nachlass auf diese Gebühren nicht möglich.
6. Das Angebot allein berechtigt nicht zum Spiel gegen Greenfee. Die Erfüllung der Bestimmungen des jeweiligen Golfclubs zur Greenfee-Berechtigung (Mitgliedschaft in einem Golfclub, Mindesthandicap etc.) zum Zeitpunkt der Einlösung sind Voraussetzung.
7. Es ist untersagt, den Greenfee-Gutschein entgeltlich Dritten zu überlassen bzw. mit diesen Handel zu treiben. Insbesondere sind die teilnehmenden Golfclubs in diesem Falle berechtigt, die Einlösung der ausgeschriebenen Angebote zu verweigern.
8. Die teilnehmenden Golfclubs haben sich gegenüber dem Verlag unter den o.g. Bedingungen verpflichtet, die ausgeschriebenen Angebote einzulösen. Der Verlag übernimmt jedoch keine Gewähr und keine Haftung, wenn ein Angebot nicht eingelöst wird oder werden kann.

Bedingungen zur Einlösung des Discounts:

1. Das Angebot ist einschließlich bis 30.6.2024 gültig.
2. Der Golfspieler/Leser hat sich telefonisch eine Abschlagzeit geben zu lassen – dabei ist die Nutzung des Angebots anzugeben.
3. Eine Barauszahlung des Greenfee-Vorteils ist nicht möglich.
4. Das Kombinieren von Angeboten oder bestehenden Greenfee-Vorteilen ist nicht möglich. Der Vorteil bezieht sich jeweils ausschließlich auf die zum Zeitpunkt der Einlösung gültigen vollen Greenfee-Gebühren.
5. Gibt es Spielergruppen mit erhöhten Greenfee-Gebühren, ist ein Nachlass auf diese Gebühren nicht möglich.
6. Das Angebot allein berechtigt nicht zum Spiel gegen Greenfee. Die Erfüllung der Bestimmungen des jeweiligen Golfclubs zur Greenfee-Berechtigung (Mitgliedschaft in einem Golfclub, Mindesthandicap etc.) zum Zeitpunkt der Einlösung sind Voraussetzung.
7. Es ist untersagt, den Greenfee-Gutschein entgeltlich Dritten zu überlassen bzw. mit diesen Handel zu treiben. Insbesondere sind die teilnehmenden Golfclubs in diesem Falle berechtigt, die Einlösung der ausgeschriebenen Angebote zu verweigern.
8. Die teilnehmenden Golfclubs haben sich gegenüber dem Verlag unter den o.g. Bedingungen verpflichtet, die ausgeschriebenen Angebote einzulösen. Der Verlag übernimmt jedoch keine Gewähr und keine Haftung, wenn ein Angebot nicht eingelöst wird oder werden kann.

Bedingungen zur Einlösung des Discounts:

1. Das Angebot ist einschließlich bis 30.6.2024 gültig.
2. Der Golfspieler/Leser hat sich telefonisch eine Abschlagzeit geben zu lassen – dabei ist die Nutzung des Angebots anzugeben.
3. Eine Barauszahlung des Greenfee-Vorteils ist nicht möglich.
4. Das Kombinieren von Angeboten oder bestehenden Greenfee-Vorteilen ist nicht möglich. Der Vorteil bezieht sich jeweils ausschließlich auf die zum Zeitpunkt der Einlösung gültigen vollen Greenfee-Gebühren.
5. Gibt es Spielergruppen mit erhöhten Greenfee-Gebühren, ist ein Nachlass auf diese Gebühren nicht möglich.
6. Das Angebot allein berechtigt nicht zum Spiel gegen Greenfee. Die Erfüllung der Bestimmungen des jeweiligen Golfclubs zur Greenfee-Berechtigung (Mitgliedschaft in einem Golfclub, Mindesthandicap etc.) zum Zeitpunkt der Einlösung sind Voraussetzung.
7. Es ist untersagt, den Greenfee-Gutschein entgeltlich Dritten zu überlassen bzw. mit diesen Handel zu treiben. Insbesondere sind die teilnehmenden Golfclubs in diesem Falle berechtigt, die Einlösung der ausgeschriebenen Angebote zu verweigern.
8. Die teilnehmenden Golfclubs haben sich gegenüber dem Verlag unter den o.g. Bedingungen verpflichtet, die ausgeschriebenen Angebote einzulösen. Der Verlag übernimmt jedoch keine Gewähr und keine Haftung, wenn ein Angebot nicht eingelöst wird oder werden kann.

Bedingungen zur Einlösung des Discounts:

1. Das Angebot ist einschließlich bis 30.6.2024 gültig.
2. Der Golfspieler/Leser hat sich telefonisch eine Abschlagzeit geben zu lassen – dabei ist die Nutzung des Angebots anzugeben.
3. Eine Barauszahlung des Greenfee-Vorteils ist nicht möglich.
4. Das Kombinieren von Angeboten oder bestehenden Greenfee-Vorteilen ist nicht möglich. Der Vorteil bezieht sich jeweils ausschließlich auf die zum Zeitpunkt der Einlösung gültigen vollen Greenfee-Gebühren.
5. Gibt es Spielergruppen mit erhöhten Greenfee-Gebühren, ist ein Nachlass auf diese Gebühren nicht möglich.
6. Das Angebot allein berechtigt nicht zum Spiel gegen Greenfee. Die Erfüllung der Bestimmungen des jeweiligen Golfclubs zur Greenfee-Berechtigung (Mitgliedschaft in einem Golfclub, Mindesthandicap etc.) zum Zeitpunkt der Einlösung sind Voraussetzung.
7. Es ist untersagt, den Greenfee-Gutschein entgeltlich Dritten zu überlassen bzw. mit diesen Handel zu treiben. Insbesondere sind die teilnehmenden Golfclubs in diesem Falle berechtigt, die Einlösung der ausgeschriebenen Angebote zu verweigern.
8. Die teilnehmenden Golfclubs haben sich gegenüber dem Verlag unter den o.g. Bedingungen verpflichtet, die ausgeschriebenen Angebote einzulösen. Der Verlag übernimmt jedoch keine Gewähr und keine Haftung, wenn ein Angebot nicht eingelöst wird oder werden kann.

Bedingungen zur Einlösung des Discounts:

1. Das Angebot ist einschließlich bis 30.6.2024 gültig.
2. Der Golfspieler/Leser hat sich telefonisch eine Abschlagzeit geben zu lassen – dabei ist die Nutzung des Angebots anzugeben.
3. Eine Barauszahlung des Greenfee-Vorteils ist nicht möglich.
4. Das Kombinieren von Angeboten oder bestehenden Greenfee-Vorteilen ist nicht möglich. Der Vorteil bezieht sich jeweils ausschließlich auf die zum Zeitpunkt der Einlösung gültigen vollen Greenfee-Gebühren.
5. Gibt es Spielergruppen mit erhöhten Greenfee-Gebühren, ist ein Nachlass auf diese Gebühren nicht möglich.
6. Das Angebot allein berechtigt nicht zum Spiel gegen Greenfee. Die Erfüllung der Bestimmungen des jeweiligen Golfclubs zur Greenfee-Berechtigung (Mitgliedschaft in einem Golfclub, Mindesthandicap etc.) zum Zeitpunkt der Einlösung sind Voraussetzung.
7. Es ist untersagt, den Greenfee-Gutschein entgeltlich Dritten zu überlassen bzw. mit diesen Handel zu treiben. Insbesondere sind die teilnehmenden Golfclubs in diesem Falle berechtigt, die Einlösung der ausgeschriebenen Angebote zu verweigern.
8. Die teilnehmenden Golfclubs haben sich gegenüber dem Verlag unter den o.g. Bedingungen verpflichtet, die ausgeschriebenen Angebote einzulösen. Der Verlag übernimmt jedoch keine Gewähr und keine Haftung, wenn ein Angebot nicht eingelöst wird oder werden kann.

Diese Gutscheine gelten nur in Verbindung mit dem Buch/Albrecht Golf Card

Diese Gutscheine gelten nur in Verbindung mit dem Buch/Albrecht Golf Card

DER GOLF ALBRECHT

Kaisergolf Ellmau AT

Steinerner Tisch 17
A-6352 Ellmau
✆ +43 5358 2379
Tirol

285

2 for 1 2 GF zum Preis von 1

DER GOLF ALBRECHT

Kaisergolf Ellmau AT

Steinerner Tisch 17
A-6352 Ellmau
✆ +43 5358 2379
Tirol

285

20% Greenfee-Ermäßigung

DER GOLF ALBRECHT

Kaisergolf Ellmau AT

Steinerner Tisch 17
A-6352 Ellmau
✆ +43 5358 2379
Tirol

285

20% Greenfee-Ermäßigung

DER GOLF ALBRECHT

Golfclub Tiroler Zugspitze AT

Am Rettensee 1
A-6632 Ehrwald
✆ +43 5673 22366
Tirol

286

2 for 1 2 GF zum Preis von 1

DER GOLF ALBRECHT

Golfclub Murau-Kreischberg AT

Am Golfplatz 1
A-8861 St. Georgen am Kreischberg
✆ +43 3537 22221
Steiermark

287

2 for 1 2 GF zum Preis von 1

DER GOLF ALBRECHT

Golfclub Murau-Kreischberg AT

Am Golfplatz 1
A-8861 St. Georgen am Kreischberg
✆ +43 3537 22221
Steiermark

287

30% Greenfee-Ermäßigung

DER GOLF ALBRECHT

Golfclub Murau-Kreischberg AT

Am Golfplatz 1
A-8861 St. Georgen am Kreischberg
✆ +43 3537 22221
Steiermark

287

30% Greenfee-Ermäßigung

DER GOLF ALBRECHT

Golfclub Drautal/Berg AT

Berg 221
A-9771 Berg im Drautal
✆ +43 4712 82255
Kärnten
Hinweis: nur gültig auf das Tages-Greenfee, nicht kombinierbar

288

2 for 1 2 GF zum Preis von 1

DER GOLF ALBRECHT

Golfclub Drautal/Berg AT

Berg 221
A-9771 Berg im Drautal
✆ +43 4712 82255
Kärnten
Hinweis: nur gültig auf das Tages-Greenfee, nicht kombinierbar

288

2 for 1 2 GF zum Preis von 1

DER GOLF ALBRECHT

Golfclub Drautal/Berg AT

Berg 221
A-9771 Berg im Drautal
✆ +43 4712 82255
Kärnten
Hinweis: nur gültig auf das Tages-Greenfee, nicht kombinierbar

288

20% Greenfee-Ermäßigung

Bedingungen zur Einlösung des Discounts:

1. Das Angebot ist einschließlich bis 30.6.2024 gültig.
2. Der Golfspieler/Leser hat sich telefonisch eine Abschlagzeit geben zu lassen – dabei ist die Nutzung des Angebots anzugeben.
3. Eine Barauszahlung des Greenfee-Vorteils ist nicht möglich.
4. Das Kombinieren von Angeboten oder bestehenden Greenfee-Vorteilen ist nicht möglich. Der Vorteil bezieht sich jeweils ausschließlich auf die zum Zeitpunkt der Einlösung gültigen vollen Greenfee-Gebühren.
5. Gibt es Spielergruppen mit erhöhten Greenfee-Gebühren, ist ein Nachlass auf diese Gebühren nicht möglich.
6. Das Angebot allein berechtigt nicht zum Spiel gegen Greenfee. Die Erfüllung der Bestimmungen des jeweiligen Golfclubs zur Greenfee-Berechtigung (Mitgliedschaft in einem Golfclub, Mindesthandicap etc.) zum Zeitpunkt der Einlösung sind Voraussetzung.
7. Es ist untersagt, den Greenfee-Gutschein entgeltlich Dritten zu überlassen bzw. mit diesen Handel zu treiben. Insbesondere sind die teilnehmenden Golfclubs in diesem Falle berechtigt, die Einlösung der ausgeschriebenen Angebote zu verweigern.
8. Die teilnehmenden Golfclubs haben sich gegenüber dem Verlag unter den o.g. Bedingungen verpflichtet, die ausgeschriebenen Angebote einzulösen. Der Verlag übernimmt jedoch keine Gewähr und keine Haftung, wenn ein Angebot nicht eingelöst wird oder werden kann.

Bedingungen zur Einlösung des Discounts:

1. Das Angebot ist einschließlich bis 30.6.2024 gültig.
2. Der Golfspieler/Leser hat sich telefonisch eine Abschlagzeit geben zu lassen – dabei ist die Nutzung des Angebots anzugeben.
3. Eine Barauszahlung des Greenfee-Vorteils ist nicht möglich.
4. Das Kombinieren von Angeboten oder bestehenden Greenfee-Vorteilen ist nicht möglich. Der Vorteil bezieht sich jeweils ausschließlich auf die zum Zeitpunkt der Einlösung gültigen vollen Greenfee-Gebühren.
5. Gibt es Spielergruppen mit erhöhten Greenfee-Gebühren, ist ein Nachlass auf diese Gebühren nicht möglich.
6. Das Angebot allein berechtigt nicht zum Spiel gegen Greenfee. Die Erfüllung der Bestimmungen des jeweiligen Golfclubs zur Greenfee-Berechtigung (Mitgliedschaft in einem Golfclub, Mindesthandicap etc.) zum Zeitpunkt der Einlösung sind Voraussetzung.
7. Es ist untersagt, den Greenfee-Gutschein entgeltlich Dritten zu überlassen bzw. mit diesen Handel zu treiben. Insbesondere sind die teilnehmenden Golfclubs in diesem Falle berechtigt, die Einlösung der ausgeschriebenen Angebote zu verweigern.
8. Die teilnehmenden Golfclubs haben sich gegenüber dem Verlag unter den o.g. Bedingungen verpflichtet, die ausgeschriebenen Angebote einzulösen. Der Verlag übernimmt jedoch keine Gewähr und keine Haftung, wenn ein Angebot nicht eingelöst wird oder werden kann.

Bedingungen zur Einlösung des Discounts:

1. Das Angebot ist einschließlich bis 30.6.2024 gültig.
2. Der Golfspieler/Leser hat sich telefonisch eine Abschlagzeit geben zu lassen – dabei ist die Nutzung des Angebots anzugeben.
3. Eine Barauszahlung des Greenfee-Vorteils ist nicht möglich.
4. Das Kombinieren von Angeboten oder bestehenden Greenfee-Vorteilen ist nicht möglich. Der Vorteil bezieht sich jeweils ausschließlich auf die zum Zeitpunkt der Einlösung gültigen vollen Greenfee-Gebühren.
5. Gibt es Spielergruppen mit erhöhten Greenfee-Gebühren, ist ein Nachlass auf diese Gebühren nicht möglich.
6. Das Angebot allein berechtigt nicht zum Spiel gegen Greenfee. Die Erfüllung der Bestimmungen des jeweiligen Golfclubs zur Greenfee-Berechtigung (Mitgliedschaft in einem Golfclub, Mindesthandicap etc.) zum Zeitpunkt der Einlösung sind Voraussetzung.
7. Es ist untersagt, den Greenfee-Gutschein entgeltlich Dritten zu überlassen bzw. mit diesen Handel zu treiben. Insbesondere sind die teilnehmenden Golfclubs in diesem Falle berechtigt, die Einlösung der ausgeschriebenen Angebote zu verweigern.
8. Die teilnehmenden Golfclubs haben sich gegenüber dem Verlag unter den o.g. Bedingungen verpflichtet, die ausgeschriebenen Angebote einzulösen. Der Verlag übernimmt jedoch keine Gewähr und keine Haftung, wenn ein Angebot nicht eingelöst wird oder werden kann.

Bedingungen zur Einlösung des Discounts:

1. Das Angebot ist einschließlich bis 30.6.2024 gültig.
2. Der Golfspieler/Leser hat sich telefonisch eine Abschlagzeit geben zu lassen – dabei ist die Nutzung des Angebots anzugeben.
3. Eine Barauszahlung des Greenfee-Vorteils ist nicht möglich.
4. Das Kombinieren von Angeboten oder bestehenden Greenfee-Vorteilen ist nicht möglich. Der Vorteil bezieht sich jeweils ausschließlich auf die zum Zeitpunkt der Einlösung gültigen vollen Greenfee-Gebühren.
5. Gibt es Spielergruppen mit erhöhten Greenfee-Gebühren, ist ein Nachlass auf diese Gebühren nicht möglich.
6. Das Angebot allein berechtigt nicht zum Spiel gegen Greenfee. Die Erfüllung der Bestimmungen des jeweiligen Golfclubs zur Greenfee-Berechtigung (Mitgliedschaft in einem Golfclub, Mindesthandicap etc.) zum Zeitpunkt der Einlösung sind Voraussetzung.
7. Es ist untersagt, den Greenfee-Gutschein entgeltlich Dritten zu überlassen bzw. mit diesen Handel zu treiben. Insbesondere sind die teilnehmenden Golfclubs in diesem Falle berechtigt, die Einlösung der ausgeschriebenen Angebote zu verweigern.
8. Die teilnehmenden Golfclubs haben sich gegenüber dem Verlag unter den o.g. Bedingungen verpflichtet, die ausgeschriebenen Angebote einzulösen. Der Verlag übernimmt jedoch keine Gewähr und keine Haftung, wenn ein Angebot nicht eingelöst wird oder werden kann.

Bedingungen zur Einlösung des Discounts:

1. Das Angebot ist einschließlich bis 30.6.2024 gültig.
2. Der Golfspieler/Leser hat sich telefonisch eine Abschlagzeit geben zu lassen – dabei ist die Nutzung des Angebots anzugeben.
3. Eine Barauszahlung des Greenfee-Vorteils ist nicht möglich.
4. Das Kombinieren von Angeboten oder bestehenden Greenfee-Vorteilen ist nicht möglich. Der Vorteil bezieht sich jeweils ausschließlich auf die zum Zeitpunkt der Einlösung gültigen vollen Greenfee-Gebühren.
5. Gibt es Spielergruppen mit erhöhten Greenfee-Gebühren, ist ein Nachlass auf diese Gebühren nicht möglich.
6. Das Angebot allein berechtigt nicht zum Spiel gegen Greenfee. Die Erfüllung der Bestimmungen des jeweiligen Golfclubs zur Greenfee-Berechtigung (Mitgliedschaft in einem Golfclub, Mindesthandicap etc.) zum Zeitpunkt der Einlösung sind Voraussetzung.
7. Es ist untersagt, den Greenfee-Gutschein entgeltlich Dritten zu überlassen bzw. mit diesen Handel zu treiben. Insbesondere sind die teilnehmenden Golfclubs in diesem Falle berechtigt, die Einlösung der ausgeschriebenen Angebote zu verweigern.
8. Die teilnehmenden Golfclubs haben sich gegenüber dem Verlag unter den o.g. Bedingungen verpflichtet, die ausgeschriebenen Angebote einzulösen. Der Verlag übernimmt jedoch keine Gewähr und keine Haftung, wenn ein Angebot nicht eingelöst wird oder werden kann.

Bedingungen zur Einlösung des Discounts:

1. Das Angebot ist einschließlich bis 30.6.2024 gültig.
2. Der Golfspieler/Leser hat sich telefonisch eine Abschlagzeit geben zu lassen – dabei ist die Nutzung des Angebots anzugeben.
3. Eine Barauszahlung des Greenfee-Vorteils ist nicht möglich.
4. Das Kombinieren von Angeboten oder bestehenden Greenfee-Vorteilen ist nicht möglich. Der Vorteil bezieht sich jeweils ausschließlich auf die zum Zeitpunkt der Einlösung gültigen vollen Greenfee-Gebühren.
5. Gibt es Spielergruppen mit erhöhten Greenfee-Gebühren, ist ein Nachlass auf diese Gebühren nicht möglich.
6. Das Angebot allein berechtigt nicht zum Spiel gegen Greenfee. Die Erfüllung der Bestimmungen des jeweiligen Golfclubs zur Greenfee-Berechtigung (Mitgliedschaft in einem Golfclub, Mindesthandicap etc.) zum Zeitpunkt der Einlösung sind Voraussetzung.
7. Es ist untersagt, den Greenfee-Gutschein entgeltlich Dritten zu überlassen bzw. mit diesen Handel zu treiben. Insbesondere sind die teilnehmenden Golfclubs in diesem Falle berechtigt, die Einlösung der ausgeschriebenen Angebote zu verweigern.
8. Die teilnehmenden Golfclubs haben sich gegenüber dem Verlag unter den o.g. Bedingungen verpflichtet, die ausgeschriebenen Angebote einzulösen. Der Verlag übernimmt jedoch keine Gewähr und keine Haftung, wenn ein Angebot nicht eingelöst wird oder werden kann.

Bedingungen zur Einlösung des Discounts:

1. Das Angebot ist einschließlich bis 30.6.2024 gültig.
2. Der Golfspieler/Leser hat sich telefonisch eine Abschlagzeit geben zu lassen – dabei ist die Nutzung des Angebots anzugeben.
3. Eine Barauszahlung des Greenfee-Vorteils ist nicht möglich.
4. Das Kombinieren von Angeboten oder bestehenden Greenfee-Vorteilen ist nicht möglich. Der Vorteil bezieht sich jeweils ausschließlich auf die zum Zeitpunkt der Einlösung gültigen vollen Greenfee-Gebühren.
5. Gibt es Spielergruppen mit erhöhten Greenfee-Gebühren, ist ein Nachlass auf diese Gebühren nicht möglich.
6. Das Angebot allein berechtigt nicht zum Spiel gegen Greenfee. Die Erfüllung der Bestimmungen des jeweiligen Golfclubs zur Greenfee-Berechtigung (Mitgliedschaft in einem Golfclub, Mindesthandicap etc.) zum Zeitpunkt der Einlösung sind Voraussetzung.
7. Es ist untersagt, den Greenfee-Gutschein entgeltlich Dritten zu überlassen bzw. mit diesen Handel zu treiben. Insbesondere sind die teilnehmenden Golfclubs in diesem Falle berechtigt, die Einlösung der ausgeschriebenen Angebote zu verweigern.
8. Die teilnehmenden Golfclubs haben sich gegenüber dem Verlag unter den o.g. Bedingungen verpflichtet, die ausgeschriebenen Angebote einzulösen. Der Verlag übernimmt jedoch keine Gewähr und keine Haftung, wenn ein Angebot nicht eingelöst wird oder werden kann.

Bedingungen zur Einlösung des Discounts:

1. Das Angebot ist einschließlich bis 30.6.2024 gültig.
2. Der Golfspieler/Leser hat sich telefonisch eine Abschlagzeit geben zu lassen – dabei ist die Nutzung des Angebots anzugeben.
3. Eine Barauszahlung des Greenfee-Vorteils ist nicht möglich.
4. Das Kombinieren von Angeboten oder bestehenden Greenfee-Vorteilen ist nicht möglich. Der Vorteil bezieht sich jeweils ausschließlich auf die zum Zeitpunkt der Einlösung gültigen vollen Greenfee-Gebühren.
5. Gibt es Spielergruppen mit erhöhten Greenfee-Gebühren, ist ein Nachlass auf diese Gebühren nicht möglich.
6. Das Angebot allein berechtigt nicht zum Spiel gegen Greenfee. Die Erfüllung der Bestimmungen des jeweiligen Golfclubs zur Greenfee-Berechtigung (Mitgliedschaft in einem Golfclub, Mindesthandicap etc.) zum Zeitpunkt der Einlösung sind Voraussetzung.
7. Es ist untersagt, den Greenfee-Gutschein entgeltlich Dritten zu überlassen bzw. mit diesen Handel zu treiben. Insbesondere sind die teilnehmenden Golfclubs in diesem Falle berechtigt, die Einlösung der ausgeschriebenen Angebote zu verweigern.
8. Die teilnehmenden Golfclubs haben sich gegenüber dem Verlag unter den o.g. Bedingungen verpflichtet, die ausgeschriebenen Angebote einzulösen. Der Verlag übernimmt jedoch keine Gewähr und keine Haftung, wenn ein Angebot nicht eingelöst wird oder werden kann.

Bedingungen zur Einlösung des Discounts:

1. Das Angebot ist einschließlich bis 30.6.2024 gültig.
2. Der Golfspieler/Leser hat sich telefonisch eine Abschlagzeit geben zu lassen – dabei ist die Nutzung des Angebots anzugeben.
3. Eine Barauszahlung des Greenfee-Vorteils ist nicht möglich.
4. Das Kombinieren von Angeboten oder bestehenden Greenfee-Vorteilen ist nicht möglich. Der Vorteil bezieht sich jeweils ausschließlich auf die zum Zeitpunkt der Einlösung gültigen vollen Greenfee-Gebühren.
5. Gibt es Spielergruppen mit erhöhten Greenfee-Gebühren, ist ein Nachlass auf diese Gebühren nicht möglich.
6. Das Angebot allein berechtigt nicht zum Spiel gegen Greenfee. Die Erfüllung der Bestimmungen des jeweiligen Golfclubs zur Greenfee-Berechtigung (Mitgliedschaft in einem Golfclub, Mindesthandicap etc.) zum Zeitpunkt der Einlösung sind Voraussetzung.
7. Es ist untersagt, den Greenfee-Gutschein entgeltlich Dritten zu überlassen bzw. mit diesen Handel zu treiben. Insbesondere sind die teilnehmenden Golfclubs in diesem Falle berechtigt, die Einlösung der ausgeschriebenen Angebote zu verweigern.
8. Die teilnehmenden Golfclubs haben sich gegenüber dem Verlag unter den o.g. Bedingungen verpflichtet, die ausgeschriebenen Angebote einzulösen. Der Verlag übernimmt jedoch keine Gewähr und keine Haftung, wenn ein Angebot nicht eingelöst wird oder werden kann.

Bedingungen zur Einlösung des Discounts:

1. Das Angebot ist einschließlich bis 30.6.2024 gültig.
2. Der Golfspieler/Leser hat sich telefonisch eine Abschlagzeit geben zu lassen – dabei ist die Nutzung des Angebots anzugeben.
3. Eine Barauszahlung des Greenfee-Vorteils ist nicht möglich.
4. Das Kombinieren von Angeboten oder bestehenden Greenfee-Vorteilen ist nicht möglich. Der Vorteil bezieht sich jeweils ausschließlich auf die zum Zeitpunkt der Einlösung gültigen vollen Greenfee-Gebühren.
5. Gibt es Spielergruppen mit erhöhten Greenfee-Gebühren, ist ein Nachlass auf diese Gebühren nicht möglich.
6. Das Angebot allein berechtigt nicht zum Spiel gegen Greenfee. Die Erfüllung der Bestimmungen des jeweiligen Golfclubs zur Greenfee-Berechtigung (Mitgliedschaft in einem Golfclub, Mindesthandicap etc.) zum Zeitpunkt der Einlösung sind Voraussetzung.
7. Es ist untersagt, den Greenfee-Gutschein entgeltlich Dritten zu überlassen bzw. mit diesen Handel zu treiben. Insbesondere sind die teilnehmenden Golfclubs in diesem Falle berechtigt, die Einlösung der ausgeschriebenen Angebote zu verweigern.
8. Die teilnehmenden Golfclubs haben sich gegenüber dem Verlag unter den o.g. Bedingungen verpflichtet, die ausgeschriebenen Angebote einzulösen. Der Verlag übernimmt jedoch keine Gewähr und keine Haftung, wenn ein Angebot nicht eingelöst wird oder werden kann.

Diese Gutscheine gelten nur in Verbindung mit dem Buch/Albrecht Golf Card

DER GOLF ALBRECHT

Golfclub Drautal/Berg — AT

Berg 221
A-9771 Berg im Drautal
✆ +43 4712 82255
Kärnten
Hinweis: nur gültig auf das Tages-Greenfee, nicht kombinierbar.

288

20% Greenfee-Ermäßigung

DER GOLF ALBRECHT

Nassfeld Golf — AT

Waidegg 66
A-9631 Waidegg
✆ +43 4284 20111
Kärnten

289

2 for 1 2 GF zum Preis von 1

DER GOLF ALBRECHT

Nassfeld Golf — AT

Waidegg 66
A-9631 Waidegg
✆ +43 4284 20111
Kärnten

289

2 for 1 2 GF zum Preis von 1

DER GOLF ALBRECHT

Nassfeld Golf — AT

Waidegg 66
A-9631 Waidegg
✆ +43 4284 20111
Kärnten

289

2 for 1 2 GF zum Preis von 1

DER GOLF ALBRECHT

Nassfeld Golf — AT

Waidegg 66
A-9631 Waidegg
✆ +43 4284 20111
Kärnten

289

20% Greenfee-Ermäßigung

DER GOLF ALBRECHT

Nassfeld Golf — AT

Waidegg 66
A-9631 Waidegg
✆ +43 4284 20111
Kärnten

289

20% Greenfee-Ermäßigung

DER GOLF ALBRECHT

Golf Club Sterzing — IT

Reifenstein - Sadobre
I-39049 Sterzing/Freienfeld
✆ +39 333 815 4350
Südtirol

290

2 for 1 2 GF zum Preis von 1

DER GOLF ALBRECHT

Golf Club Sterzing — IT

Reifenstein - Sadobre
I-39049 Sterzing/Freienfeld
✆ +39 333 815 4350
Südtirol

290

2 for 1 2 GF zum Preis von 1

DER GOLF ALBRECHT

Golf Club Sterzing — IT

Reifenstein - Sadobre
I-39049 Sterzing/Freienfeld
✆ +39 333 815 4350
Südtirol

290

20% Greenfee-Ermäßigung

DER GOLF ALBRECHT

Golf Club Sterzing — IT

Reifenstein - Sadobre
I-39049 Sterzing/Freienfeld
✆ +39 333 815 4350
Südtirol

290

20% Greenfee-Ermäßigung

Diese Gutscheine gelten nur in Verbindung mit dem Buch/Albrecht Golf Card

Bedingungen zur Einlösung des Discounts:
1. Das Angebot ist einschließlich bis 30.6.2024 gültig.
2. Der Golfspieler/Leser hat sich telefonisch eine Abschlagzeit geben zu lassen – dabei ist die Nutzung des Angebots anzugeben.
3. Eine Barauszahlung des Greenfee-Vorteils ist nicht möglich.
4. Das Kombinieren von Angeboten oder bestehenden Greenfee-Vorteilen ist nicht möglich. Der Vorteil bezieht sich jeweils ausschließlich auf die zum Zeitpunkt der Einlösung gültigen vollen Greenfee-Gebühren.
5. Gibt es Spielergruppen mit erhöhten Greenfee-Gebühren, ist ein Nachlass auf diese Gebühren nicht möglich.
6. Das Angebot allein berechtigt nicht zum Spiel gegen Greenfee. Die Erfüllung der Bestimmungen des jeweiligen Golfclubs zur Greenfee-Berechtigung (Mitgliedschaft in einem Golfclub, Mindesthandicap etc.) zum Zeitpunkt der Einlösung sind Voraussetzung.
7. Es ist untersagt, den Greenfee-Gutschein entgeltlich Dritten zu überlassen bzw. mit diesen Handel zu treiben. Insbesondere sind die teilnehmenden Golfclubs in diesem Falle berechtigt, die Einlösung der ausgeschriebenen Angebote zu verweigern.
8. Die teilnehmenden Golfclubs haben sich gegenüber dem Verlag unter den o.g. Bedingungen verpflichtet, die ausgeschriebenen Angebote einzulösen. Der Verlag übernimmt jedoch keine Gewähr und keine Haftung, wenn ein Angebot nicht eingelöst wird oder werden kann.

Bedingungen zur Einlösung des Discounts:
1. Das Angebot ist einschließlich bis 30.6.2024 gültig.
2. Der Golfspieler/Leser hat sich telefonisch eine Abschlagzeit geben zu lassen – dabei ist die Nutzung des Angebots anzugeben.
3. Eine Barauszahlung des Greenfee-Vorteils ist nicht möglich.
4. Das Kombinieren von Angeboten oder bestehenden Greenfee-Vorteilen ist nicht möglich. Der Vorteil bezieht sich jeweils ausschließlich auf die zum Zeitpunkt der Einlösung gültigen vollen Greenfee-Gebühren.
5. Gibt es Spielergruppen mit erhöhten Greenfee-Gebühren, ist ein Nachlass auf diese Gebühren nicht möglich.
6. Das Angebot allein berechtigt nicht zum Spiel gegen Greenfee. Die Erfüllung der Bestimmungen des jeweiligen Golfclubs zur Greenfee-Berechtigung (Mitgliedschaft in einem Golfclub, Mindesthandicap etc.) zum Zeitpunkt der Einlösung sind Voraussetzung.
7. Es ist untersagt, den Greenfee-Gutschein entgeltlich Dritten zu überlassen bzw. mit diesen Handel zu treiben. Insbesondere sind die teilnehmenden Golfclubs in diesem Falle berechtigt, die Einlösung der ausgeschriebenen Angebote zu verweigern.
8. Die teilnehmenden Golfclubs haben sich gegenüber dem Verlag unter den o.g. Bedingungen verpflichtet, die ausgeschriebenen Angebote einzulösen. Der Verlag übernimmt jedoch keine Gewähr und keine Haftung, wenn ein Angebot nicht eingelöst wird oder werden kann.

Bedingungen zur Einlösung des Discounts:
1. Das Angebot ist einschließlich bis 30.6.2024 gültig.
2. Der Golfspieler/Leser hat sich telefonisch eine Abschlagzeit geben zu lassen – dabei ist die Nutzung des Angebots anzugeben.
3. Eine Barauszahlung des Greenfee-Vorteils ist nicht möglich.
4. Das Kombinieren von Angeboten oder bestehenden Greenfee-Vorteilen ist nicht möglich. Der Vorteil bezieht sich jeweils ausschließlich auf die zum Zeitpunkt der Einlösung gültigen vollen Greenfee-Gebühren.
5. Gibt es Spielergruppen mit erhöhten Greenfee-Gebühren, ist ein Nachlass auf diese Gebühren nicht möglich.
6. Das Angebot allein berechtigt nicht zum Spiel gegen Greenfee. Die Erfüllung der Bestimmungen des jeweiligen Golfclubs zur Greenfee-Berechtigung (Mitgliedschaft in einem Golfclub, Mindesthandicap etc.) zum Zeitpunkt der Einlösung sind Voraussetzung.
7. Es ist untersagt, den Greenfee-Gutschein entgeltlich Dritten zu überlassen bzw. mit diesen Handel zu treiben. Insbesondere sind die teilnehmenden Golfclubs in diesem Falle berechtigt, die Einlösung der ausgeschriebenen Angebote zu verweigern.
8. Die teilnehmenden Golfclubs haben sich gegenüber dem Verlag unter den o.g. Bedingungen verpflichtet, die ausgeschriebenen Angebote einzulösen. Der Verlag übernimmt jedoch keine Gewähr und keine Haftung, wenn ein Angebot nicht eingelöst wird oder werden kann.

Bedingungen zur Einlösung des Discounts:
1. Das Angebot ist einschließlich bis 30.6.2024 gültig.
2. Der Golfspieler/Leser hat sich telefonisch eine Abschlagzeit geben zu lassen – dabei ist die Nutzung des Angebots anzugeben.
3. Eine Barauszahlung des Greenfee-Vorteils ist nicht möglich.
4. Das Kombinieren von Angeboten oder bestehenden Greenfee-Vorteilen ist nicht möglich. Der Vorteil bezieht sich jeweils ausschließlich auf die zum Zeitpunkt der Einlösung gültigen vollen Greenfee-Gebühren.
5. Gibt es Spielergruppen mit erhöhten Greenfee-Gebühren, ist ein Nachlass auf diese Gebühren nicht möglich.
6. Das Angebot allein berechtigt nicht zum Spiel gegen Greenfee. Die Erfüllung der Bestimmungen des jeweiligen Golfclubs zur Greenfee-Berechtigung (Mitgliedschaft in einem Golfclub, Mindesthandicap etc.) zum Zeitpunkt der Einlösung sind Voraussetzung.
7. Es ist untersagt, den Greenfee-Gutschein entgeltlich Dritten zu überlassen bzw. mit diesen Handel zu treiben. Insbesondere sind die teilnehmenden Golfclubs in diesem Falle berechtigt, die Einlösung der ausgeschriebenen Angebote zu verweigern.
8. Die teilnehmenden Golfclubs haben sich gegenüber dem Verlag unter den o.g. Bedingungen verpflichtet, die ausgeschriebenen Angebote einzulösen. Der Verlag übernimmt jedoch keine Gewähr und keine Haftung, wenn ein Angebot nicht eingelöst wird oder werden kann.

Bedingungen zur Einlösung des Discounts:
1. Das Angebot ist einschließlich bis 30.6.2024 gültig.
2. Der Golfspieler/Leser hat sich telefonisch eine Abschlagzeit geben zu lassen – dabei ist die Nutzung des Angebots anzugeben.
3. Eine Barauszahlung des Greenfee-Vorteils ist nicht möglich.
4. Das Kombinieren von Angeboten oder bestehenden Greenfee-Vorteilen ist nicht möglich. Der Vorteil bezieht sich jeweils ausschließlich auf die zum Zeitpunkt der Einlösung gültigen vollen Greenfee-Gebühren.
5. Gibt es Spielergruppen mit erhöhten Greenfee-Gebühren, ist ein Nachlass auf diese Gebühren nicht möglich.
6. Das Angebot allein berechtigt nicht zum Spiel gegen Greenfee. Die Erfüllung der Bestimmungen des jeweiligen Golfclubs zur Greenfee-Berechtigung (Mitgliedschaft in einem Golfclub, Mindesthandicap etc.) zum Zeitpunkt der Einlösung sind Voraussetzung.
7. Es ist untersagt, den Greenfee-Gutschein entgeltlich Dritten zu überlassen bzw. mit diesen Handel zu treiben. Insbesondere sind die teilnehmenden Golfclubs in diesem Falle berechtigt, die Einlösung der ausgeschriebenen Angebote zu verweigern.
8. Die teilnehmenden Golfclubs haben sich gegenüber dem Verlag unter den o.g. Bedingungen verpflichtet, die ausgeschriebenen Angebote einzulösen. Der Verlag übernimmt jedoch keine Gewähr und keine Haftung, wenn ein Angebot nicht eingelöst wird oder werden kann.

Bedingungen zur Einlösung des Discounts:
1. Das Angebot ist einschließlich bis 30.6.2024 gültig.
2. Der Golfspieler/Leser hat sich telefonisch eine Abschlagzeit geben zu lassen – dabei ist die Nutzung des Angebots anzugeben.
3. Eine Barauszahlung des Greenfee-Vorteils ist nicht möglich.
4. Das Kombinieren von Angeboten oder bestehenden Greenfee-Vorteilen ist nicht möglich. Der Vorteil bezieht sich jeweils ausschließlich auf die zum Zeitpunkt der Einlösung gültigen vollen Greenfee-Gebühren.
5. Gibt es Spielergruppen mit erhöhten Greenfee-Gebühren, ist ein Nachlass auf diese Gebühren nicht möglich.
6. Das Angebot allein berechtigt nicht zum Spiel gegen Greenfee. Die Erfüllung der Bestimmungen des jeweiligen Golfclubs zur Greenfee-Berechtigung (Mitgliedschaft in einem Golfclub, Mindesthandicap etc.) zum Zeitpunkt der Einlösung sind Voraussetzung.
7. Es ist untersagt, den Greenfee-Gutschein entgeltlich Dritten zu überlassen bzw. mit diesen Handel zu treiben. Insbesondere sind die teilnehmenden Golfclubs in diesem Falle berechtigt, die Einlösung der ausgeschriebenen Angebote zu verweigern.
8. Die teilnehmenden Golfclubs haben sich gegenüber dem Verlag unter den o.g. Bedingungen verpflichtet, die ausgeschriebenen Angebote einzulösen. Der Verlag übernimmt jedoch keine Gewähr und keine Haftung, wenn ein Angebot nicht eingelöst wird oder werden kann.

Bedingungen zur Einlösung des Discounts:
1. Das Angebot ist einschließlich bis 30.6.2024 gültig.
2. Der Golfspieler/Leser hat sich telefonisch eine Abschlagzeit geben zu lassen – dabei ist die Nutzung des Angebots anzugeben.
3. Eine Barauszahlung des Greenfee-Vorteils ist nicht möglich.
4. Das Kombinieren von Angeboten oder bestehenden Greenfee-Vorteilen ist nicht möglich. Der Vorteil bezieht sich jeweils ausschließlich auf die zum Zeitpunkt der Einlösung gültigen vollen Greenfee-Gebühren.
5. Gibt es Spielergruppen mit erhöhten Greenfee-Gebühren, ist ein Nachlass auf diese Gebühren nicht möglich.
6. Das Angebot allein berechtigt nicht zum Spiel gegen Greenfee. Die Erfüllung der Bestimmungen des jeweiligen Golfclubs zur Greenfee-Berechtigung (Mitgliedschaft in einem Golfclub, Mindesthandicap etc.) zum Zeitpunkt der Einlösung sind Voraussetzung.
7. Es ist untersagt, den Greenfee-Gutschein entgeltlich Dritten zu überlassen bzw. mit diesen Handel zu treiben. Insbesondere sind die teilnehmenden Golfclubs in diesem Falle berechtigt, die Einlösung der ausgeschriebenen Angebote zu verweigern.
8. Die teilnehmenden Golfclubs haben sich gegenüber dem Verlag unter den o.g. Bedingungen verpflichtet, die ausgeschriebenen Angebote einzulösen. Der Verlag übernimmt jedoch keine Gewähr und keine Haftung, wenn ein Angebot nicht eingelöst wird oder werden kann.

Bedingungen zur Einlösung des Discounts:
1. Das Angebot ist einschließlich bis 30.6.2024 gültig.
2. Der Golfspieler/Leser hat sich telefonisch eine Abschlagzeit geben zu lassen – dabei ist die Nutzung des Angebots anzugeben.
3. Eine Barauszahlung des Greenfee-Vorteils ist nicht möglich.
4. Das Kombinieren von Angeboten oder bestehenden Greenfee-Vorteilen ist nicht möglich. Der Vorteil bezieht sich jeweils ausschließlich auf die zum Zeitpunkt der Einlösung gültigen vollen Greenfee-Gebühren.
5. Gibt es Spielergruppen mit erhöhten Greenfee-Gebühren, ist ein Nachlass auf diese Gebühren nicht möglich.
6. Das Angebot allein berechtigt nicht zum Spiel gegen Greenfee. Die Erfüllung der Bestimmungen des jeweiligen Golfclubs zur Greenfee-Berechtigung (Mitgliedschaft in einem Golfclub, Mindesthandicap etc.) zum Zeitpunkt der Einlösung sind Voraussetzung.
7. Es ist untersagt, den Greenfee-Gutschein entgeltlich Dritten zu überlassen bzw. mit diesen Handel zu treiben. Insbesondere sind die teilnehmenden Golfclubs in diesem Falle berechtigt, die Einlösung der ausgeschriebenen Angebote zu verweigern.
8. Die teilnehmenden Golfclubs haben sich gegenüber dem Verlag unter den o.g. Bedingungen verpflichtet, die ausgeschriebenen Angebote einzulösen. Der Verlag übernimmt jedoch keine Gewähr und keine Haftung, wenn ein Angebot nicht eingelöst wird oder werden kann.

Bedingungen zur Einlösung des Discounts:
1. Das Angebot ist einschließlich bis 30.6.2024 gültig.
2. Der Golfspieler/Leser hat sich telefonisch eine Abschlagzeit geben zu lassen – dabei ist die Nutzung des Angebots anzugeben.
3. Eine Barauszahlung des Greenfee-Vorteils ist nicht möglich.
4. Das Kombinieren von Angeboten oder bestehenden Greenfee-Vorteilen ist nicht möglich. Der Vorteil bezieht sich jeweils ausschließlich auf die zum Zeitpunkt der Einlösung gültigen vollen Greenfee-Gebühren.
5. Gibt es Spielergruppen mit erhöhten Greenfee-Gebühren, ist ein Nachlass auf diese Gebühren nicht möglich.
6. Das Angebot allein berechtigt nicht zum Spiel gegen Greenfee. Die Erfüllung der Bestimmungen des jeweiligen Golfclubs zur Greenfee-Berechtigung (Mitgliedschaft in einem Golfclub, Mindesthandicap etc.) zum Zeitpunkt der Einlösung sind Voraussetzung.
7. Es ist untersagt, den Greenfee-Gutschein entgeltlich Dritten zu überlassen bzw. mit diesen Handel zu treiben. Insbesondere sind die teilnehmenden Golfclubs in diesem Falle berechtigt, die Einlösung der ausgeschriebenen Angebote zu verweigern.
8. Die teilnehmenden Golfclubs haben sich gegenüber dem Verlag unter den o.g. Bedingungen verpflichtet, die ausgeschriebenen Angebote einzulösen. Der Verlag übernimmt jedoch keine Gewähr und keine Haftung, wenn ein Angebot nicht eingelöst wird oder werden kann.

Bedingungen zur Einlösung des Discounts:
1. Das Angebot ist einschließlich bis 30.6.2024 gültig.
2. Der Golfspieler/Leser hat sich telefonisch eine Abschlagzeit geben zu lassen – dabei ist die Nutzung des Angebots anzugeben.
3. Eine Barauszahlung des Greenfee-Vorteils ist nicht möglich.
4. Das Kombinieren von Angeboten oder bestehenden Greenfee-Vorteilen ist nicht möglich. Der Vorteil bezieht sich jeweils ausschließlich auf die zum Zeitpunkt der Einlösung gültigen vollen Greenfee-Gebühren.
5. Gibt es Spielergruppen mit erhöhten Greenfee-Gebühren, ist ein Nachlass auf diese Gebühren nicht möglich.
6. Das Angebot allein berechtigt nicht zum Spiel gegen Greenfee. Die Erfüllung der Bestimmungen des jeweiligen Golfclubs zur Greenfee-Berechtigung (Mitgliedschaft in einem Golfclub, Mindesthandicap etc.) zum Zeitpunkt der Einlösung sind Voraussetzung.
7. Es ist untersagt, den Greenfee-Gutschein entgeltlich Dritten zu überlassen bzw. mit diesen Handel zu treiben. Insbesondere sind die teilnehmenden Golfclubs in diesem Falle berechtigt, die Einlösung der ausgeschriebenen Angebote zu verweigern.
8. Die teilnehmenden Golfclubs haben sich gegenüber dem Verlag unter den o.g. Bedingungen verpflichtet, die ausgeschriebenen Angebote einzulösen. Der Verlag übernimmt jedoch keine Gewähr und keine Haftung, wenn ein Angebot nicht eingelöst wird oder werden kann.

Diese Gutscheine gelten nur in Verbindung mit dem Buch/Albrecht Golf Card

Diese Gutscheine gelten nur in Verbindung mit dem Buch/Albrecht Golf Card

DER GOLF ALBRECHT

Golf Club Sterzing IT

Reifenstein - Sadobre
I-39049 Sterzing/Freienfeld
✆ +39 333 815 4350
Südtirol

290

20% Greenfee-Ermäßigung

DER GOLF ALBRECHT

Golf Club Passeier. Meran IT

Kellerlahne
I-39015 St. Leonhard in Passeier
✆ +39 0473 641488
Südtirol

291

2 for 1 2 GF zum Preis von 1

DER GOLF ALBRECHT

Golf Club Passeier. Meran IT

Kellerlahne
I-39015 St. Leonhard in Passeier
✆ +39 0473 641488
Südtirol

291

2 for 1 2 GF zum Preis von 1

DER GOLF ALBRECHT

Golf Club Alta Badia IT

Strada Planac, 9
I-39033 Corvara in Badia (BZ)
✆ +39 0471 836655
Südtirol
Hinweis: gilt nicht für Turniere

292

2 for 1 2 GF zum Preis von 1

DER GOLF ALBRECHT

Golf Club Alta Badia IT

Strada Planac, 9
I-39033 Corvara in Badia (BZ)
✆ +39 0471 836655
Südtirol
Hinweis: gilt nicht für Turniere

292

20% Greenfee-Ermäßigung

DER GOLF ALBRECHT

Golf Club Alta Badia IT

Strada Planac, 9
I-39033 Corvara in Badia (BZ)
✆ +39 0471 836655
Südtirol
Hinweis: gilt nicht für Turniere

292

20% Greenfee-Ermäßigung

DER GOLF ALBRECHT

Golf Club Dolomiti IT

Centro Sport Verde 1
I-38011 Sarnonico (TN)
✆ +39 0463 832698
Trentino
Hinweis: nur bei Vorlage der Albrecht Golf Card gültig

293

2 for 1 2 GF zum Preis von 1 wochentags

DER GOLF ALBRECHT

Golf Club Dolomiti IT

Centro Sport Verde 1
I-38011 Sarnonico (TN)
✆ +39 0463 832698
Trentino
Hinweis: nur bei Vorlage der Albrecht Golf Card gültig

293

20% Greenfee-Ermäßigung wochentags

DER GOLF ALBRECHT

Golf Club Petersberg IT

Petersberg - Unterwinkl 5
I-39050 Deutschnofen
✆ +39 0471 615122
Südtirol

294

20% Greenfee-Ermäßigung

DER GOLF ALBRECHT

Golf Club Petersberg IT

Petersberg - Unterwinkl 5
I-39050 Deutschnofen
✆ +39 0471 615122
Südtirol

294

20% Greenfee-Ermäßigung

Bedingungen zur Einlösung des Discounts:
1. Das Angebot ist einschließlich bis 30.6.2024 gültig.
2. Der Golfspieler/Leser hat sich telefonisch eine Abschlagzeit geben zu lassen – dabei ist die Nutzung des Angebots anzugeben.
3. Eine Barauszahlung des Greenfee-Vorteils ist nicht möglich.
4. Das Kombinieren von Angeboten oder bestehenden Greenfee-Vorteilen ist nicht möglich. Der Vorteil bezieht sich jeweils ausschließlich auf die zum Zeitpunkt der Einlösung gültigen vollen Greenfee-Gebühren.
5. Gibt es Spielergruppen mit erhöhten Greenfee-Gebühren, ist ein Nachlass auf diese Gebühren nicht möglich.
6. Das Angebot allein berechtigt nicht zum Spiel gegen Greenfee. Die Erfüllung der Bestimmungen des jeweiligen Golfclubs zur Greenfee-Berechtigung (Mitgliedschaft in einem Golfclub, Mindesthandicap etc.) zum Zeitpunkt der Einlösung sind Voraussetzung.
7. Es ist untersagt, den Greenfee-Gutschein entgeltlich Dritten zu überlassen bzw. mit diesen Handel zu treiben. Insbesondere sind die teilnehmenden Golfclubs in diesem Falle berechtigt, die Einlösung der ausgeschriebenen Angebote zu verweigern.
8. Die teilnehmenden Golfclubs haben sich gegenüber dem Verlag unter den o.g. Bedingungen verpflichtet, die ausgeschriebenen Angebote einzulösen. Der Verlag übernimmt jedoch keine Gewähr und keine Haftung, wenn ein Angebot nicht eingelöst wird oder werden kann.

Bedingungen zur Einlösung des Discounts:
1. Das Angebot ist einschließlich bis 30.6.2024 gültig.
2. Der Golfspieler/Leser hat sich telefonisch eine Abschlagzeit geben zu lassen – dabei ist die Nutzung des Angebots anzugeben.
3. Eine Barauszahlung des Greenfee-Vorteils ist nicht möglich.
4. Das Kombinieren von Angeboten oder bestehenden Greenfee-Vorteilen ist nicht möglich. Der Vorteil bezieht sich jeweils ausschließlich auf die zum Zeitpunkt der Einlösung gültigen vollen Greenfee-Gebühren.
5. Gibt es Spielergruppen mit erhöhten Greenfee-Gebühren, ist ein Nachlass auf diese Gebühren nicht möglich.
6. Das Angebot allein berechtigt nicht zum Spiel gegen Greenfee. Die Erfüllung der Bestimmungen des jeweiligen Golfclubs zur Greenfee-Berechtigung (Mitgliedschaft in einem Golfclub, Mindesthandicap etc.) zum Zeitpunkt der Einlösung sind Voraussetzung.
7. Es ist untersagt, den Greenfee-Gutschein entgeltlich Dritten zu überlassen bzw. mit diesen Handel zu treiben. Insbesondere sind die teilnehmenden Golfclubs in diesem Falle berechtigt, die Einlösung der ausgeschriebenen Angebote zu verweigern.
8. Die teilnehmenden Golfclubs haben sich gegenüber dem Verlag unter den o.g. Bedingungen verpflichtet, die ausgeschriebenen Angebote einzulösen. Der Verlag übernimmt jedoch keine Gewähr und keine Haftung, wenn ein Angebot nicht eingelöst wird oder werden kann.

Bedingungen zur Einlösung des Discounts:
1. Das Angebot ist einschließlich bis 30.6.2024 gültig.
2. Der Golfspieler/Leser hat sich telefonisch eine Abschlagzeit geben zu lassen – dabei ist die Nutzung des Angebots anzugeben.
3. Eine Barauszahlung des Greenfee-Vorteils ist nicht möglich.
4. Das Kombinieren von Angeboten oder bestehenden Greenfee-Vorteilen ist nicht möglich. Der Vorteil bezieht sich jeweils ausschließlich auf die zum Zeitpunkt der Einlösung gültigen vollen Greenfee-Gebühren.
5. Gibt es Spielergruppen mit erhöhten Greenfee-Gebühren, ist ein Nachlass auf diese Gebühren nicht möglich.
6. Das Angebot allein berechtigt nicht zum Spiel gegen Greenfee. Die Erfüllung der Bestimmungen des jeweiligen Golfclubs zur Greenfee-Berechtigung (Mitgliedschaft in einem Golfclub, Mindesthandicap etc.) zum Zeitpunkt der Einlösung sind Voraussetzung.
7. Es ist untersagt, den Greenfee-Gutschein entgeltlich Dritten zu überlassen bzw. mit diesen Handel zu treiben. Insbesondere sind die teilnehmenden Golfclubs in diesem Falle berechtigt, die Einlösung der ausgeschriebenen Angebote zu verweigern.
8. Die teilnehmenden Golfclubs haben sich gegenüber dem Verlag unter den o.g. Bedingungen verpflichtet, die ausgeschriebenen Angebote einzulösen. Der Verlag übernimmt jedoch keine Gewähr und keine Haftung, wenn ein Angebot nicht eingelöst wird oder werden kann.

Bedingungen zur Einlösung des Discounts:
1. Das Angebot ist einschließlich bis 30.6.2024 gültig.
2. Der Golfspieler/Leser hat sich telefonisch eine Abschlagzeit geben zu lassen – dabei ist die Nutzung des Angebots anzugeben.
3. Eine Barauszahlung des Greenfee-Vorteils ist nicht möglich.
4. Das Kombinieren von Angeboten oder bestehenden Greenfee-Vorteilen ist nicht möglich. Der Vorteil bezieht sich jeweils ausschließlich auf die zum Zeitpunkt der Einlösung gültigen vollen Greenfee-Gebühren.
5. Gibt es Spielergruppen mit erhöhten Greenfee-Gebühren, ist ein Nachlass auf diese Gebühren nicht möglich.
6. Das Angebot allein berechtigt nicht zum Spiel gegen Greenfee. Die Erfüllung der Bestimmungen des jeweiligen Golfclubs zur Greenfee-Berechtigung (Mitgliedschaft in einem Golfclub, Mindesthandicap etc.) zum Zeitpunkt der Einlösung sind Voraussetzung.
7. Es ist untersagt, den Greenfee-Gutschein entgeltlich Dritten zu überlassen bzw. mit diesen Handel zu treiben. Insbesondere sind die teilnehmenden Golfclubs in diesem Falle berechtigt, die Einlösung der ausgeschriebenen Angebote zu verweigern.
8. Die teilnehmenden Golfclubs haben sich gegenüber dem Verlag unter den o.g. Bedingungen verpflichtet, die ausgeschriebenen Angebote einzulösen. Der Verlag übernimmt jedoch keine Gewähr und keine Haftung, wenn ein Angebot nicht eingelöst wird oder werden kann.

Bedingungen zur Einlösung des Discounts:
1. Das Angebot ist einschließlich bis 30.6.2024 gültig.
2. Der Golfspieler/Leser hat sich telefonisch eine Abschlagzeit geben zu lassen – dabei ist die Nutzung des Angebots anzugeben.
3. Eine Barauszahlung des Greenfee-Vorteils ist nicht möglich.
4. Das Kombinieren von Angeboten oder bestehenden Greenfee-Vorteilen ist nicht möglich. Der Vorteil bezieht sich jeweils ausschließlich auf die zum Zeitpunkt der Einlösung gültigen vollen Greenfee-Gebühren.
5. Gibt es Spielergruppen mit erhöhten Greenfee-Gebühren, ist ein Nachlass auf diese Gebühren nicht möglich.
6. Das Angebot allein berechtigt nicht zum Spiel gegen Greenfee. Die Erfüllung der Bestimmungen des jeweiligen Golfclubs zur Greenfee-Berechtigung (Mitgliedschaft in einem Golfclub, Mindesthandicap etc.) zum Zeitpunkt der Einlösung sind Voraussetzung.
7. Es ist untersagt, den Greenfee-Gutschein entgeltlich Dritten zu überlassen bzw. mit diesen Handel zu treiben. Insbesondere sind die teilnehmenden Golfclubs in diesem Falle berechtigt, die Einlösung der ausgeschriebenen Angebote zu verweigern.
8. Die teilnehmenden Golfclubs haben sich gegenüber dem Verlag unter den o.g. Bedingungen verpflichtet, die ausgeschriebenen Angebote einzulösen. Der Verlag übernimmt jedoch keine Gewähr und keine Haftung, wenn ein Angebot nicht eingelöst wird oder werden kann.

Bedingungen zur Einlösung des Discounts:
1. Das Angebot ist einschließlich bis 30.6.2024 gültig.
2. Der Golfspieler/Leser hat sich telefonisch eine Abschlagzeit geben zu lassen – dabei ist die Nutzung des Angebots anzugeben.
3. Eine Barauszahlung des Greenfee-Vorteils ist nicht möglich.
4. Das Kombinieren von Angeboten oder bestehenden Greenfee-Vorteilen ist nicht möglich. Der Vorteil bezieht sich jeweils ausschließlich auf die zum Zeitpunkt der Einlösung gültigen vollen Greenfee-Gebühren.
5. Gibt es Spielergruppen mit erhöhten Greenfee-Gebühren, ist ein Nachlass auf diese Gebühren nicht möglich.
6. Das Angebot allein berechtigt nicht zum Spiel gegen Greenfee. Die Erfüllung der Bestimmungen des jeweiligen Golfclubs zur Greenfee-Berechtigung (Mitgliedschaft in einem Golfclub, Mindesthandicap etc.) zum Zeitpunkt der Einlösung sind Voraussetzung.
7. Es ist untersagt, den Greenfee-Gutschein entgeltlich Dritten zu überlassen bzw. mit diesen Handel zu treiben. Insbesondere sind die teilnehmenden Golfclubs in diesem Falle berechtigt, die Einlösung der ausgeschriebenen Angebote zu verweigern.
8. Die teilnehmenden Golfclubs haben sich gegenüber dem Verlag unter den o.g. Bedingungen verpflichtet, die ausgeschriebenen Angebote einzulösen. Der Verlag übernimmt jedoch keine Gewähr und keine Haftung, wenn ein Angebot nicht eingelöst wird oder werden kann.

Bedingungen zur Einlösung des Discounts:
1. Das Angebot ist einschließlich bis 30.6.2024 gültig.
2. Der Golfspieler/Leser hat sich telefonisch eine Abschlagzeit geben zu lassen – dabei ist die Nutzung des Angebots anzugeben.
3. Eine Barauszahlung des Greenfee-Vorteils ist nicht möglich.
4. Das Kombinieren von Angeboten oder bestehenden Greenfee-Vorteilen ist nicht möglich. Der Vorteil bezieht sich jeweils ausschließlich auf die zum Zeitpunkt der Einlösung gültigen vollen Greenfee-Gebühren.
5. Gibt es Spielergruppen mit erhöhten Greenfee-Gebühren, ist ein Nachlass auf diese Gebühren nicht möglich.
6. Das Angebot allein berechtigt nicht zum Spiel gegen Greenfee. Die Erfüllung der Bestimmungen des jeweiligen Golfclubs zur Greenfee-Berechtigung (Mitgliedschaft in einem Golfclub, Mindesthandicap etc.) zum Zeitpunkt der Einlösung sind Voraussetzung.
7. Es ist untersagt, den Greenfee-Gutschein entgeltlich Dritten zu überlassen bzw. mit diesen Handel zu treiben. Insbesondere sind die teilnehmenden Golfclubs in diesem Falle berechtigt, die Einlösung der ausgeschriebenen Angebote zu verweigern.
8. Die teilnehmenden Golfclubs haben sich gegenüber dem Verlag unter den o.g. Bedingungen verpflichtet, die ausgeschriebenen Angebote einzulösen. Der Verlag übernimmt jedoch keine Gewähr und keine Haftung, wenn ein Angebot nicht eingelöst wird oder werden kann.

Bedingungen zur Einlösung des Discounts:
1. Das Angebot ist einschließlich bis 30.6.2024 gültig.
2. Der Golfspieler/Leser hat sich telefonisch eine Abschlagzeit geben zu lassen – dabei ist die Nutzung des Angebots anzugeben.
3. Eine Barauszahlung des Greenfee-Vorteils ist nicht möglich.
4. Das Kombinieren von Angeboten oder bestehenden Greenfee-Vorteilen ist nicht möglich. Der Vorteil bezieht sich jeweils ausschließlich auf die zum Zeitpunkt der Einlösung gültigen vollen Greenfee-Gebühren.
5. Gibt es Spielergruppen mit erhöhten Greenfee-Gebühren, ist ein Nachlass auf diese Gebühren nicht möglich.
6. Das Angebot allein berechtigt nicht zum Spiel gegen Greenfee. Die Erfüllung der Bestimmungen des jeweiligen Golfclubs zur Greenfee-Berechtigung (Mitgliedschaft in einem Golfclub, Mindesthandicap etc.) zum Zeitpunkt der Einlösung sind Voraussetzung.
7. Es ist untersagt, den Greenfee-Gutschein entgeltlich Dritten zu überlassen bzw. mit diesen Handel zu treiben. Insbesondere sind die teilnehmenden Golfclubs in diesem Falle berechtigt, die Einlösung der ausgeschriebenen Angebote zu verweigern.
8. Die teilnehmenden Golfclubs haben sich gegenüber dem Verlag unter den o.g. Bedingungen verpflichtet, die ausgeschriebenen Angebote einzulösen. Der Verlag übernimmt jedoch keine Gewähr und keine Haftung, wenn ein Angebot nicht eingelöst wird oder werden kann.

Bedingungen zur Einlösung des Discounts:
1. Das Angebot ist einschließlich bis 30.6.2024 gültig.
2. Der Golfspieler/Leser hat sich telefonisch eine Abschlagzeit geben zu lassen – dabei ist die Nutzung des Angebots anzugeben.
3. Eine Barauszahlung des Greenfee-Vorteils ist nicht möglich.
4. Das Kombinieren von Angeboten oder bestehenden Greenfee-Vorteilen ist nicht möglich. Der Vorteil bezieht sich jeweils ausschließlich auf die zum Zeitpunkt der Einlösung gültigen vollen Greenfee-Gebühren.
5. Gibt es Spielergruppen mit erhöhten Greenfee-Gebühren, ist ein Nachlass auf diese Gebühren nicht möglich.
6. Das Angebot allein berechtigt nicht zum Spiel gegen Greenfee. Die Erfüllung der Bestimmungen des jeweiligen Golfclubs zur Greenfee-Berechtigung (Mitgliedschaft in einem Golfclub, Mindesthandicap etc.) zum Zeitpunkt der Einlösung sind Voraussetzung.
7. Es ist untersagt, den Greenfee-Gutschein entgeltlich Dritten zu überlassen bzw. mit diesen Handel zu treiben. Insbesondere sind die teilnehmenden Golfclubs in diesem Falle berechtigt, die Einlösung der ausgeschriebenen Angebote zu verweigern.
8. Die teilnehmenden Golfclubs haben sich gegenüber dem Verlag unter den o.g. Bedingungen verpflichtet, die ausgeschriebenen Angebote einzulösen. Der Verlag übernimmt jedoch keine Gewähr und keine Haftung, wenn ein Angebot nicht eingelöst wird oder werden kann.

Bedingungen zur Einlösung des Discounts:
1. Das Angebot ist einschließlich bis 30.6.2024 gültig.
2. Der Golfspieler/Leser hat sich telefonisch eine Abschlagzeit geben zu lassen – dabei ist die Nutzung des Angebots anzugeben.
3. Eine Barauszahlung des Greenfee-Vorteils ist nicht möglich.
4. Das Kombinieren von Angeboten oder bestehenden Greenfee-Vorteilen ist nicht möglich. Der Vorteil bezieht sich jeweils ausschließlich auf die zum Zeitpunkt der Einlösung gültigen vollen Greenfee-Gebühren.
5. Gibt es Spielergruppen mit erhöhten Greenfee-Gebühren, ist ein Nachlass auf diese Gebühren nicht möglich.
6. Das Angebot allein berechtigt nicht zum Spiel gegen Greenfee. Die Erfüllung der Bestimmungen des jeweiligen Golfclubs zur Greenfee-Berechtigung (Mitgliedschaft in einem Golfclub, Mindesthandicap etc.) zum Zeitpunkt der Einlösung sind Voraussetzung.
7. Es ist untersagt, den Greenfee-Gutschein entgeltlich Dritten zu überlassen bzw. mit diesen Handel zu treiben. Insbesondere sind die teilnehmenden Golfclubs in diesem Falle berechtigt, die Einlösung der ausgeschriebenen Angebote zu verweigern.
8. Die teilnehmenden Golfclubs haben sich gegenüber dem Verlag unter den o.g. Bedingungen verpflichtet, die ausgeschriebenen Angebote einzulösen. Der Verlag übernimmt jedoch keine Gewähr und keine Haftung, wenn ein Angebot nicht eingelöst wird oder werden kann.

Diese Gutscheine gelten nur in Verbindung mit dem Buch/Albrecht Golf Card

Diese Gutscheine gelten nur in Verbindung mit dem Buch/Albrecht Golf Card

DER GOLF ALBRECHT

Valtellina Golf Club — IT

Via Valeriana, 29/A
I-23010 Caiolo (SO)
✆ +39 0342 354009
Lombardei

295

2 for 1 — 2 GF zum Preis von 1 wochentags

DER GOLF ALBRECHT

Valtellina Golf Club — IT

Via Valeriana, 29/A
I-23010 Caiolo (SO)
✆ +39 0342 354009
Lombardei

295

20% — Greenfee-Ermäßigung

DER GOLF ALBRECHT

Valtellina Golf Club — IT

Via Valeriana, 29/A
I-23010 Caiolo (SO)
✆ +39 0342 354009
Lombardei

295

20% — Greenfee-Ermäßigung

DER GOLF ALBRECHT

Valtellina Golf Club — IT

Via Valeriana, 29/A
I-23010 Caiolo (SO)
✆ +39 0342 354009
Lombardei

295

20% — Greenfee-Ermäßigung

DER GOLF ALBRECHT

Golf Club Rendena — IT

Loc. Ischia 1
I-38080 Bocenago
✆ +39 0465 806049
Trentino

296

2 for 1 — 2 GF zum Preis von 1

DER GOLF ALBRECHT

Golf Club Rendena — IT

Loc. Ischia 1
I-38080 Bocenago
✆ +39 0465 806049
Trentino

296

2 for 1 — 2 GF zum Preis von 1

DER GOLF ALBRECHT

Golf Club Rendena — IT

Loc. Ischia 1
I-38080 Bocenago
✆ +39 0465 806049
Trentino

296

20% — Greenfee-Ermäßigung

DER GOLF ALBRECHT

Golf Club Rendena — IT

Loc. Ischia 1
I-38080 Bocenago
✆ +39 0465 806049
Trentino

296

20% — Greenfee-Ermäßigung

DER GOLF ALBRECHT

Golf Club Menaggio & Cadenabbia — IT

Via Wyatt n. 54
I-22017 Fraz. Croce, Menaggio
✆ +39 0344 32103
Lombardei

297

20% — Greenfee-Ermäßigung

DER GOLF ALBRECHT

Golf Club Menaggio & Cadenabbia — IT

Via Wyatt n. 54
I-22017 Fraz. Croce, Menaggio
✆ +39 0344 32103
Lombardei

297

20% — Greenfee-Ermäßigung

Bedingungen zur Einlösung des Discounts:

1. Das Angebot ist einschließlich bis 30.6.2024 gültig.
2. Der Golfspieler/Leser hat sich telefonisch eine Abschlagzeit geben zu lassen – dabei ist die Nutzung des Angebots anzugeben.
3. Eine Barauszahlung des Greenfee-Vorteils ist nicht möglich.
4. Das Kombinieren von Angeboten oder bestehenden Greenfee-Vorteilen ist nicht möglich. Der Vorteil bezieht sich jeweils ausschließlich auf die zum Zeitpunkt der Einlösung gültigen vollen Greenfee-Gebühren.
5. Gibt es Spielergruppen mit erhöhten Greenfee-Gebühren, ist ein Nachlass auf diese Gebühren nicht möglich.
6. Das Angebot allein berechtigt nicht zum Spiel gegen Greenfee. Die Erfüllung der Bestimmungen des jeweiligen Golfclubs zur Greenfee-Berechtigung (Mitgliedschaft in einem Golfclub, Mindesthandicap etc.) zum Zeitpunkt der Einlösung sind Voraussetzung.
7. Es ist untersagt, den Greenfee-Gutschein entgeltlich Dritten zu überlassen bzw. mit diesen Handel zu treiben. Insbesondere sind die teilnehmenden Golfclubs in diesem Falle berechtigt, die Einlösung der ausgeschriebenen Angebote zu verweigern.
8. Die teilnehmenden Golfclubs haben sich gegenüber dem Verlag unter den o.g. Bedingungen verpflichtet, die ausgeschriebenen Angebote einzulösen. Der Verlag übernimmt jedoch keine Gewähr und keine Haftung, wenn ein Angebot nicht eingelöst wird oder werden kann.

Bedingungen zur Einlösung des Discounts:

1. Das Angebot ist einschließlich bis 30.6.2024 gültig.
2. Der Golfspieler/Leser hat sich telefonisch eine Abschlagzeit geben zu lassen – dabei ist die Nutzung des Angebots anzugeben.
3. Eine Barauszahlung des Greenfee-Vorteils ist nicht möglich.
4. Das Kombinieren von Angeboten oder bestehenden Greenfee-Vorteilen ist nicht möglich. Der Vorteil bezieht sich jeweils ausschließlich auf die zum Zeitpunkt der Einlösung gültigen vollen Greenfee-Gebühren.
5. Gibt es Spielergruppen mit erhöhten Greenfee-Gebühren, ist ein Nachlass auf diese Gebühren nicht möglich.
6. Das Angebot allein berechtigt nicht zum Spiel gegen Greenfee. Die Erfüllung der Bestimmungen des jeweiligen Golfclubs zur Greenfee-Berechtigung (Mitgliedschaft in einem Golfclub, Mindesthandicap etc.) zum Zeitpunkt der Einlösung sind Voraussetzung.
7. Es ist untersagt, den Greenfee-Gutschein entgeltlich Dritten zu überlassen bzw. mit diesen Handel zu treiben. Insbesondere sind die teilnehmenden Golfclubs in diesem Falle berechtigt, die Einlösung der ausgeschriebenen Angebote zu verweigern.
8. Die teilnehmenden Golfclubs haben sich gegenüber dem Verlag unter den o.g. Bedingungen verpflichtet, die ausgeschriebenen Angebote einzulösen. Der Verlag übernimmt jedoch keine Gewähr und keine Haftung, wenn ein Angebot nicht eingelöst wird oder werden kann.

Bedingungen zur Einlösung des Discounts:

1. Das Angebot ist einschließlich bis 30.6.2024 gültig.
2. Der Golfspieler/Leser hat sich telefonisch eine Abschlagzeit geben zu lassen – dabei ist die Nutzung des Angebots anzugeben.
3. Eine Barauszahlung des Greenfee-Vorteils ist nicht möglich.
4. Das Kombinieren von Angeboten oder bestehenden Greenfee-Vorteilen ist nicht möglich. Der Vorteil bezieht sich jeweils ausschließlich auf die zum Zeitpunkt der Einlösung gültigen vollen Greenfee-Gebühren.
5. Gibt es Spielergruppen mit erhöhten Greenfee-Gebühren, ist ein Nachlass auf diese Gebühren nicht möglich.
6. Das Angebot allein berechtigt nicht zum Spiel gegen Greenfee. Die Erfüllung der Bestimmungen des jeweiligen Golfclubs zur Greenfee-Berechtigung (Mitgliedschaft in einem Golfclub, Mindesthandicap etc.) zum Zeitpunkt der Einlösung sind Voraussetzung.
7. Es ist untersagt, den Greenfee-Gutschein entgeltlich Dritten zu überlassen bzw. mit diesen Handel zu treiben. Insbesondere sind die teilnehmenden Golfclubs in diesem Falle berechtigt, die Einlösung der ausgeschriebenen Angebote zu verweigern.
8. Die teilnehmenden Golfclubs haben sich gegenüber dem Verlag unter den o.g. Bedingungen verpflichtet, die ausgeschriebenen Angebote einzulösen. Der Verlag übernimmt jedoch keine Gewähr und keine Haftung, wenn ein Angebot nicht eingelöst wird oder werden kann.

Bedingungen zur Einlösung des Discounts:

1. Das Angebot ist einschließlich bis 30.6.2024 gültig.
2. Der Golfspieler/Leser hat sich telefonisch eine Abschlagzeit geben zu lassen – dabei ist die Nutzung des Angebots anzugeben.
3. Eine Barauszahlung des Greenfee-Vorteils ist nicht möglich.
4. Das Kombinieren von Angeboten oder bestehenden Greenfee-Vorteilen ist nicht möglich. Der Vorteil bezieht sich jeweils ausschließlich auf die zum Zeitpunkt der Einlösung gültigen vollen Greenfee-Gebühren.
5. Gibt es Spielergruppen mit erhöhten Greenfee-Gebühren, ist ein Nachlass auf diese Gebühren nicht möglich.
6. Das Angebot allein berechtigt nicht zum Spiel gegen Greenfee. Die Erfüllung der Bestimmungen des jeweiligen Golfclubs zur Greenfee-Berechtigung (Mitgliedschaft in einem Golfclub, Mindesthandicap etc.) zum Zeitpunkt der Einlösung sind Voraussetzung.
7. Es ist untersagt, den Greenfee-Gutschein entgeltlich Dritten zu überlassen bzw. mit diesen Handel zu treiben. Insbesondere sind die teilnehmenden Golfclubs in diesem Falle berechtigt, die Einlösung der ausgeschriebenen Angebote zu verweigern.
8. Die teilnehmenden Golfclubs haben sich gegenüber dem Verlag unter den o.g. Bedingungen verpflichtet, die ausgeschriebenen Angebote einzulösen. Der Verlag übernimmt jedoch keine Gewähr und keine Haftung, wenn ein Angebot nicht eingelöst wird oder werden kann.

Bedingungen zur Einlösung des Discounts:

1. Das Angebot ist einschließlich bis 30.6.2024 gültig.
2. Der Golfspieler/Leser hat sich telefonisch eine Abschlagzeit geben zu lassen – dabei ist die Nutzung des Angebots anzugeben.
3. Eine Barauszahlung des Greenfee-Vorteils ist nicht möglich.
4. Das Kombinieren von Angeboten oder bestehenden Greenfee-Vorteilen ist nicht möglich. Der Vorteil bezieht sich jeweils ausschließlich auf die zum Zeitpunkt der Einlösung gültigen vollen Greenfee-Gebühren.
5. Gibt es Spielergruppen mit erhöhten Greenfee-Gebühren, ist ein Nachlass auf diese Gebühren nicht möglich.
6. Das Angebot allein berechtigt nicht zum Spiel gegen Greenfee. Die Erfüllung der Bestimmungen des jeweiligen Golfclubs zur Greenfee-Berechtigung (Mitgliedschaft in einem Golfclub, Mindesthandicap etc.) zum Zeitpunkt der Einlösung sind Voraussetzung.
7. Es ist untersagt, den Greenfee-Gutschein entgeltlich Dritten zu überlassen bzw. mit diesen Handel zu treiben. Insbesondere sind die teilnehmenden Golfclubs in diesem Falle berechtigt, die Einlösung der ausgeschriebenen Angebote zu verweigern.
8. Die teilnehmenden Golfclubs haben sich gegenüber dem Verlag unter den o.g. Bedingungen verpflichtet, die ausgeschriebenen Angebote einzulösen. Der Verlag übernimmt jedoch keine Gewähr und keine Haftung, wenn ein Angebot nicht eingelöst wird oder werden kann.

Bedingungen zur Einlösung des Discounts:

1. Das Angebot ist einschließlich bis 30.6.2024 gültig.
2. Der Golfspieler/Leser hat sich telefonisch eine Abschlagzeit geben zu lassen – dabei ist die Nutzung des Angebots anzugeben.
3. Eine Barauszahlung des Greenfee-Vorteils ist nicht möglich.
4. Das Kombinieren von Angeboten oder bestehenden Greenfee-Vorteilen ist nicht möglich. Der Vorteil bezieht sich jeweils ausschließlich auf die zum Zeitpunkt der Einlösung gültigen vollen Greenfee-Gebühren.
5. Gibt es Spielergruppen mit erhöhten Greenfee-Gebühren, ist ein Nachlass auf diese Gebühren nicht möglich.
6. Das Angebot allein berechtigt nicht zum Spiel gegen Greenfee. Die Erfüllung der Bestimmungen des jeweiligen Golfclubs zur Greenfee-Berechtigung (Mitgliedschaft in einem Golfclub, Mindesthandicap etc.) zum Zeitpunkt der Einlösung sind Voraussetzung.
7. Es ist untersagt, den Greenfee-Gutschein entgeltlich Dritten zu überlassen bzw. mit diesen Handel zu treiben. Insbesondere sind die teilnehmenden Golfclubs in diesem Falle berechtigt, die Einlösung der ausgeschriebenen Angebote zu verweigern.
8. Die teilnehmenden Golfclubs haben sich gegenüber dem Verlag unter den o.g. Bedingungen verpflichtet, die ausgeschriebenen Angebote einzulösen. Der Verlag übernimmt jedoch keine Gewähr und keine Haftung, wenn ein Angebot nicht eingelöst wird oder werden kann.

Bedingungen zur Einlösung des Discounts:

1. Das Angebot ist einschließlich bis 30.6.2024 gültig.
2. Der Golfspieler/Leser hat sich telefonisch eine Abschlagzeit geben zu lassen – dabei ist die Nutzung des Angebots anzugeben.
3. Eine Barauszahlung des Greenfee-Vorteils ist nicht möglich.
4. Das Kombinieren von Angeboten oder bestehenden Greenfee-Vorteilen ist nicht möglich. Der Vorteil bezieht sich jeweils ausschließlich auf die zum Zeitpunkt der Einlösung gültigen vollen Greenfee-Gebühren.
5. Gibt es Spielergruppen mit erhöhten Greenfee-Gebühren, ist ein Nachlass auf diese Gebühren nicht möglich.
6. Das Angebot allein berechtigt nicht zum Spiel gegen Greenfee. Die Erfüllung der Bestimmungen des jeweiligen Golfclubs zur Greenfee-Berechtigung (Mitgliedschaft in einem Golfclub, Mindesthandicap etc.) zum Zeitpunkt der Einlösung sind Voraussetzung.
7. Es ist untersagt, den Greenfee-Gutschein entgeltlich Dritten zu überlassen bzw. mit diesen Handel zu treiben. Insbesondere sind die teilnehmenden Golfclubs in diesem Falle berechtigt, die Einlösung der ausgeschriebenen Angebote zu verweigern.
8. Die teilnehmenden Golfclubs haben sich gegenüber dem Verlag unter den o.g. Bedingungen verpflichtet, die ausgeschriebenen Angebote einzulösen. Der Verlag übernimmt jedoch keine Gewähr und keine Haftung, wenn ein Angebot nicht eingelöst wird oder werden kann.

Bedingungen zur Einlösung des Discounts:

1. Das Angebot ist einschließlich bis 30.6.2024 gültig.
2. Der Golfspieler/Leser hat sich telefonisch eine Abschlagzeit geben zu lassen – dabei ist die Nutzung des Angebots anzugeben.
3. Eine Barauszahlung des Greenfee-Vorteils ist nicht möglich.
4. Das Kombinieren von Angeboten oder bestehenden Greenfee-Vorteilen ist nicht möglich. Der Vorteil bezieht sich jeweils ausschließlich auf die zum Zeitpunkt der Einlösung gültigen vollen Greenfee-Gebühren.
5. Gibt es Spielergruppen mit erhöhten Greenfee-Gebühren, ist ein Nachlass auf diese Gebühren nicht möglich.
6. Das Angebot allein berechtigt nicht zum Spiel gegen Greenfee. Die Erfüllung der Bestimmungen des jeweiligen Golfclubs zur Greenfee-Berechtigung (Mitgliedschaft in einem Golfclub, Mindesthandicap etc.) zum Zeitpunkt der Einlösung sind Voraussetzung.
7. Es ist untersagt, den Greenfee-Gutschein entgeltlich Dritten zu überlassen bzw. mit diesen Handel zu treiben. Insbesondere sind die teilnehmenden Golfclubs in diesem Falle berechtigt, die Einlösung der ausgeschriebenen Angebote zu verweigern.
8. Die teilnehmenden Golfclubs haben sich gegenüber dem Verlag unter den o.g. Bedingungen verpflichtet, die ausgeschriebenen Angebote einzulösen. Der Verlag übernimmt jedoch keine Gewähr und keine Haftung, wenn ein Angebot nicht eingelöst wird oder werden kann.

Bedingungen zur Einlösung des Discounts:

1. Das Angebot ist einschließlich bis 30.6.2024 gültig.
2. Der Golfspieler/Leser hat sich telefonisch eine Abschlagzeit geben zu lassen – dabei ist die Nutzung des Angebots anzugeben.
3. Eine Barauszahlung des Greenfee-Vorteils ist nicht möglich.
4. Das Kombinieren von Angeboten oder bestehenden Greenfee-Vorteilen ist nicht möglich. Der Vorteil bezieht sich jeweils ausschließlich auf die zum Zeitpunkt der Einlösung gültigen vollen Greenfee-Gebühren.
5. Gibt es Spielergruppen mit erhöhten Greenfee-Gebühren, ist ein Nachlass auf diese Gebühren nicht möglich.
6. Das Angebot allein berechtigt nicht zum Spiel gegen Greenfee. Die Erfüllung der Bestimmungen des jeweiligen Golfclubs zur Greenfee-Berechtigung (Mitgliedschaft in einem Golfclub, Mindesthandicap etc.) zum Zeitpunkt der Einlösung sind Voraussetzung.
7. Es ist untersagt, den Greenfee-Gutschein entgeltlich Dritten zu überlassen bzw. mit diesen Handel zu treiben. Insbesondere sind die teilnehmenden Golfclubs in diesem Falle berechtigt, die Einlösung der ausgeschriebenen Angebote zu verweigern.
8. Die teilnehmenden Golfclubs haben sich gegenüber dem Verlag unter den o.g. Bedingungen verpflichtet, die ausgeschriebenen Angebote einzulösen. Der Verlag übernimmt jedoch keine Gewähr und keine Haftung, wenn ein Angebot nicht eingelöst wird oder werden kann.

Bedingungen zur Einlösung des Discounts:

1. Das Angebot ist einschließlich bis 30.6.2024 gültig.
2. Der Golfspieler/Leser hat sich telefonisch eine Abschlagzeit geben zu lassen – dabei ist die Nutzung des Angebots anzugeben.
3. Eine Barauszahlung des Greenfee-Vorteils ist nicht möglich.
4. Das Kombinieren von Angeboten oder bestehenden Greenfee-Vorteilen ist nicht möglich. Der Vorteil bezieht sich jeweils ausschließlich auf die zum Zeitpunkt der Einlösung gültigen vollen Greenfee-Gebühren.
5. Gibt es Spielergruppen mit erhöhten Greenfee-Gebühren, ist ein Nachlass auf diese Gebühren nicht möglich.
6. Das Angebot allein berechtigt nicht zum Spiel gegen Greenfee. Die Erfüllung der Bestimmungen des jeweiligen Golfclubs zur Greenfee-Berechtigung (Mitgliedschaft in einem Golfclub, Mindesthandicap etc.) zum Zeitpunkt der Einlösung sind Voraussetzung.
7. Es ist untersagt, den Greenfee-Gutschein entgeltlich Dritten zu überlassen bzw. mit diesen Handel zu treiben. Insbesondere sind die teilnehmenden Golfclubs in diesem Falle berechtigt, die Einlösung der ausgeschriebenen Angebote zu verweigern.
8. Die teilnehmenden Golfclubs haben sich gegenüber dem Verlag unter den o.g. Bedingungen verpflichtet, die ausgeschriebenen Angebote einzulösen. Der Verlag übernimmt jedoch keine Gewähr und keine Haftung, wenn ein Angebot nicht eingelöst wird oder werden kann.

Diese Gutscheine gelten nur in Verbindung mit dem Buch/Albrecht Golf Card

Diese Gutscheine gelten nur in Verbindung mit dem Buch/Albrecht Golf Card

DER GOLF ALBRECHT

Golf & Country Club Castello di Spessa

IT

Via Spessa 14, Capriva del Friuli
I-34070 Capriva del Friuli
✆ +39 0481 881009
Veneto und Friaul

298

2 for 1 2 GF zum Preis von 1 wochentags

DER GOLF ALBRECHT

Golf & Country Club Castello di Spessa

IT

Via Spessa 14, Capriva del Friuli
I-34070 Capriva del Friuli
✆ +39 0481 881009
Veneto und Friaul

298

2 for 1 2 GF zum Preis von 1 wochentags

DER GOLF ALBRECHT

Golf Club Folgaria

IT

Località Maso Spilzi
I-38064 Folgaria-Trento
✆ +39-0464-720480 und +39-3334998644
Trentino
Hinweis: from 1st of May until end of October!

299

2 for 1 2 GF zum Preis von 1

DER GOLF ALBRECHT

Golf Club Folgaria

IT

Località Maso Spilzi
I-38064 Folgaria-Trento
✆ +39-0464-720480 und +39-3334998644
Trentino
Hinweis: from 1st of May until end of October!

299

2 for 1 2 GF zum Preis von 1

DER GOLF ALBRECHT

Golf Club Folgaria

IT

Località Maso Spilzi
I-38064 Folgaria-Trento
✆ +39-0464-720480 und +39-3334998644
Trentino
Hinweis: from 1st of May until end of October!

299

20% Greenfee-Ermäßigung

DER GOLF ALBRECHT

Golf Club Folgaria

IT

Località Maso Spilzi
I-38064 Folgaria-Trento
✆ +39-0464-720480 und +39-3334998644
Trentino
Hinweis: from 1st of May until end of October!

299

20% Greenfee-Ermäßigung

DER GOLF ALBRECHT

Golf Club Folgaria

IT

Località Maso Spilzi
I-38064 Folgaria-Trento
✆ +39-0464-720480 und +39-3334998644
Trentino
Hinweis: from 1st of May until end of October!

299

20% Greenfee-Ermäßigung

DER GOLF ALBRECHT

Golf Club Bergamo L'Albenza

IT

Via Longoni, 12
I-24030 Almenno S. Bartolomeo (BG)
✆ +39 035640028640707
Lombardei
Hinweis: Dienstag bis Sonntag

300

20% Greenfee-Ermäßigung

DER GOLF ALBRECHT

Arona Golf Club

IT

Via In Prè
I-28040 Borgoticino (NO)
✆ +39 0321 907034
Piemont und Ligurien

301

2 for 1 2 GF zum Preis von 1 wochentags

DER GOLF ALBRECHT

Arona Golf Club

IT

Via In Prè
I-28040 Borgoticino (NO)
✆ +39 0321 907034
Piemont und Ligurien

301

2 for 1 2 GF zum Preis von 1 wochentags

Bedingungen zur Einlösung des Discounts:
1. Das Angebot ist einschließlich bis 30.6.2024 gültig.
2. Der Golfspieler/Leser hat sich telefonisch eine Abschlagzeit geben zu lassen – dabei ist die Nutzung des Angebots anzugeben.
3. Eine Barauszahlung des Greenfee-Vorteils ist nicht möglich.
4. Das Kombinieren von Angeboten oder bestehenden Greenfee-Vorteilen ist nicht möglich. Der Vorteil bezieht sich jeweils ausschließlich auf die zum Zeitpunkt der Einlösung gültigen vollen Greenfee-Gebühren.
5. Gibt es Spielergruppen mit erhöhten Greenfee-Gebühren, ist ein Nachlass auf diese Gebühren nicht möglich.
6. Das Angebot allein berechtigt nicht zum Spiel gegen Greenfee. Die Erfüllung der Bestimmungen des jeweiligen Golfclubs zur Greenfee-Berechtigung (Mitgliedschaft in einem Golfclub, Mindesthandicap etc.) zum Zeitpunkt der Einlösung sind Voraussetzung.
7. Es ist untersagt, den Greenfee-Gutschein entgeltlich Dritten zu überlassen bzw. mit diesen Handel zu treiben. Insbesondere sind die teilnehmenden Golfclubs in diesem Falle berechtigt, die Einlösung der ausgeschriebenen Angebote zu verweigern.
8. Die teilnehmenden Golfclubs haben sich gegenüber dem Verlag unter den o.g. Bedingungen verpflichtet, die ausgeschriebenen Angebote einzulösen. Der Verlag übernimmt jedoch keine Gewähr und keine Haftung, wenn ein Angebot nicht eingelöst wird oder werden kann.

Bedingungen zur Einlösung des Discounts:
1. Das Angebot ist einschließlich bis 30.6.2024 gültig.
2. Der Golfspieler/Leser hat sich telefonisch eine Abschlagzeit geben zu lassen – dabei ist die Nutzung des Angebots anzugeben.
3. Eine Barauszahlung des Greenfee-Vorteils ist nicht möglich.
4. Das Kombinieren von Angeboten oder bestehenden Greenfee-Vorteilen ist nicht möglich. Der Vorteil bezieht sich jeweils ausschließlich auf die zum Zeitpunkt der Einlösung gültigen vollen Greenfee-Gebühren.
5. Gibt es Spielergruppen mit erhöhten Greenfee-Gebühren, ist ein Nachlass auf diese Gebühren nicht möglich.
6. Das Angebot allein berechtigt nicht zum Spiel gegen Greenfee. Die Erfüllung der Bestimmungen des jeweiligen Golfclubs zur Greenfee-Berechtigung (Mitgliedschaft in einem Golfclub, Mindesthandicap etc.) zum Zeitpunkt der Einlösung sind Voraussetzung.
7. Es ist untersagt, den Greenfee-Gutschein entgeltlich Dritten zu überlassen bzw. mit diesen Handel zu treiben. Insbesondere sind die teilnehmenden Golfclubs in diesem Falle berechtigt, die Einlösung der ausgeschriebenen Angebote zu verweigern.
8. Die teilnehmenden Golfclubs haben sich gegenüber dem Verlag unter den o.g. Bedingungen verpflichtet, die ausgeschriebenen Angebote einzulösen. Der Verlag übernimmt jedoch keine Gewähr und keine Haftung, wenn ein Angebot nicht eingelöst wird oder werden kann.

Bedingungen zur Einlösung des Discounts:
1. Das Angebot ist einschließlich bis 30.6.2024 gültig.
2. Der Golfspieler/Leser hat sich telefonisch eine Abschlagzeit geben zu lassen – dabei ist die Nutzung des Angebots anzugeben.
3. Eine Barauszahlung des Greenfee-Vorteils ist nicht möglich.
4. Das Kombinieren von Angeboten oder bestehenden Greenfee-Vorteilen ist nicht möglich. Der Vorteil bezieht sich jeweils ausschließlich auf die zum Zeitpunkt der Einlösung gültigen vollen Greenfee-Gebühren.
5. Gibt es Spielergruppen mit erhöhten Greenfee-Gebühren, ist ein Nachlass auf diese Gebühren nicht möglich.
6. Das Angebot allein berechtigt nicht zum Spiel gegen Greenfee. Die Erfüllung der Bestimmungen des jeweiligen Golfclubs zur Greenfee-Berechtigung (Mitgliedschaft in einem Golfclub, Mindesthandicap etc.) zum Zeitpunkt der Einlösung sind Voraussetzung.
7. Es ist untersagt, den Greenfee-Gutschein entgeltlich Dritten zu überlassen bzw. mit diesen Handel zu treiben. Insbesondere sind die teilnehmenden Golfclubs in diesem Falle berechtigt, die Einlösung der ausgeschriebenen Angebote zu verweigern.
8. Die teilnehmenden Golfclubs haben sich gegenüber dem Verlag unter den o.g. Bedingungen verpflichtet, die ausgeschriebenen Angebote einzulösen. Der Verlag übernimmt jedoch keine Gewähr und keine Haftung, wenn ein Angebot nicht eingelöst wird oder werden kann.

Bedingungen zur Einlösung des Discounts:
1. Das Angebot ist einschließlich bis 30.6.2024 gültig.
2. Der Golfspieler/Leser hat sich telefonisch eine Abschlagzeit geben zu lassen – dabei ist die Nutzung des Angebots anzugeben.
3. Eine Barauszahlung des Greenfee-Vorteils ist nicht möglich.
4. Das Kombinieren von Angeboten oder bestehenden Greenfee-Vorteilen ist nicht möglich. Der Vorteil bezieht sich jeweils ausschließlich auf die zum Zeitpunkt der Einlösung gültigen vollen Greenfee-Gebühren.
5. Gibt es Spielergruppen mit erhöhten Greenfee-Gebühren, ist ein Nachlass auf diese Gebühren nicht möglich.
6. Das Angebot allein berechtigt nicht zum Spiel gegen Greenfee. Die Erfüllung der Bestimmungen des jeweiligen Golfclubs zur Greenfee-Berechtigung (Mitgliedschaft in einem Golfclub, Mindesthandicap etc.) zum Zeitpunkt der Einlösung sind Voraussetzung.
7. Es ist untersagt, den Greenfee-Gutschein entgeltlich Dritten zu überlassen bzw. mit diesen Handel zu treiben. Insbesondere sind die teilnehmenden Golfclubs in diesem Falle berechtigt, die Einlösung der ausgeschriebenen Angebote zu verweigern.
8. Die teilnehmenden Golfclubs haben sich gegenüber dem Verlag unter den o.g. Bedingungen verpflichtet, die ausgeschriebenen Angebote einzulösen. Der Verlag übernimmt jedoch keine Gewähr und keine Haftung, wenn ein Angebot nicht eingelöst wird oder werden kann.

Bedingungen zur Einlösung des Discounts:
1. Das Angebot ist einschließlich bis 30.6.2024 gültig.
2. Der Golfspieler/Leser hat sich telefonisch eine Abschlagzeit geben zu lassen – dabei ist die Nutzung des Angebots anzugeben.
3. Eine Barauszahlung des Greenfee-Vorteils ist nicht möglich.
4. Das Kombinieren von Angeboten oder bestehenden Greenfee-Vorteilen ist nicht möglich. Der Vorteil bezieht sich jeweils ausschließlich auf die zum Zeitpunkt der Einlösung gültigen vollen Greenfee-Gebühren.
5. Gibt es Spielergruppen mit erhöhten Greenfee-Gebühren, ist ein Nachlass auf diese Gebühren nicht möglich.
6. Das Angebot allein berechtigt nicht zum Spiel gegen Greenfee. Die Erfüllung der Bestimmungen des jeweiligen Golfclubs zur Greenfee-Berechtigung (Mitgliedschaft in einem Golfclub, Mindesthandicap etc.) zum Zeitpunkt der Einlösung sind Voraussetzung.
7. Es ist untersagt, den Greenfee-Gutschein entgeltlich Dritten zu überlassen bzw. mit diesen Handel zu treiben. Insbesondere sind die teilnehmenden Golfclubs in diesem Falle berechtigt, die Einlösung der ausgeschriebenen Angebote zu verweigern.
8. Die teilnehmenden Golfclubs haben sich gegenüber dem Verlag unter den o.g. Bedingungen verpflichtet, die ausgeschriebenen Angebote einzulösen. Der Verlag übernimmt jedoch keine Gewähr und keine Haftung, wenn ein Angebot nicht eingelöst wird oder werden kann.

Bedingungen zur Einlösung des Discounts:
1. Das Angebot ist einschließlich bis 30.6.2024 gültig.
2. Der Golfspieler/Leser hat sich telefonisch eine Abschlagzeit geben zu lassen – dabei ist die Nutzung des Angebots anzugeben.
3. Eine Barauszahlung des Greenfee-Vorteils ist nicht möglich.
4. Das Kombinieren von Angeboten oder bestehenden Greenfee-Vorteilen ist nicht möglich. Der Vorteil bezieht sich jeweils ausschließlich auf die zum Zeitpunkt der Einlösung gültigen vollen Greenfee-Gebühren.
5. Gibt es Spielergruppen mit erhöhten Greenfee-Gebühren, ist ein Nachlass auf diese Gebühren nicht möglich.
6. Das Angebot allein berechtigt nicht zum Spiel gegen Greenfee. Die Erfüllung der Bestimmungen des jeweiligen Golfclubs zur Greenfee-Berechtigung (Mitgliedschaft in einem Golfclub, Mindesthandicap etc.) zum Zeitpunkt der Einlösung sind Voraussetzung.
7. Es ist untersagt, den Greenfee-Gutschein entgeltlich Dritten zu überlassen bzw. mit diesen Handel zu treiben. Insbesondere sind die teilnehmenden Golfclubs in diesem Falle berechtigt, die Einlösung der ausgeschriebenen Angebote zu verweigern.
8. Die teilnehmenden Golfclubs haben sich gegenüber dem Verlag unter den o.g. Bedingungen verpflichtet, die ausgeschriebenen Angebote einzulösen. Der Verlag übernimmt jedoch keine Gewähr und keine Haftung, wenn ein Angebot nicht eingelöst wird oder werden kann.

Bedingungen zur Einlösung des Discounts:
1. Das Angebot ist einschließlich bis 30.6.2024 gültig.
2. Der Golfspieler/Leser hat sich telefonisch eine Abschlagzeit geben zu lassen – dabei ist die Nutzung des Angebots anzugeben.
3. Eine Barauszahlung des Greenfee-Vorteils ist nicht möglich.
4. Das Kombinieren von Angeboten oder bestehenden Greenfee-Vorteilen ist nicht möglich. Der Vorteil bezieht sich jeweils ausschließlich auf die zum Zeitpunkt der Einlösung gültigen vollen Greenfee-Gebühren.
5. Gibt es Spielergruppen mit erhöhten Greenfee-Gebühren, ist ein Nachlass auf diese Gebühren nicht möglich.
6. Das Angebot allein berechtigt nicht zum Spiel gegen Greenfee. Die Erfüllung der Bestimmungen des jeweiligen Golfclubs zur Greenfee-Berechtigung (Mitgliedschaft in einem Golfclub, Mindesthandicap etc.) zum Zeitpunkt der Einlösung sind Voraussetzung.
7. Es ist untersagt, den Greenfee-Gutschein entgeltlich Dritten zu überlassen bzw. mit diesen Handel zu treiben. Insbesondere sind die teilnehmenden Golfclubs in diesem Falle berechtigt, die Einlösung der ausgeschriebenen Angebote zu verweigern.
8. Die teilnehmenden Golfclubs haben sich gegenüber dem Verlag unter den o.g. Bedingungen verpflichtet, die ausgeschriebenen Angebote einzulösen. Der Verlag übernimmt jedoch keine Gewähr und keine Haftung, wenn ein Angebot nicht eingelöst wird oder werden kann.

Bedingungen zur Einlösung des Discounts:
1. Das Angebot ist einschließlich bis 30.6.2024 gültig.
2. Der Golfspieler/Leser hat sich telefonisch eine Abschlagzeit geben zu lassen – dabei ist die Nutzung des Angebots anzugeben.
3. Eine Barauszahlung des Greenfee-Vorteils ist nicht möglich.
4. Das Kombinieren von Angeboten oder bestehenden Greenfee-Vorteilen ist nicht möglich. Der Vorteil bezieht sich jeweils ausschließlich auf die zum Zeitpunkt der Einlösung gültigen vollen Greenfee-Gebühren.
5. Gibt es Spielergruppen mit erhöhten Greenfee-Gebühren, ist ein Nachlass auf diese Gebühren nicht möglich.
6. Das Angebot allein berechtigt nicht zum Spiel gegen Greenfee. Die Erfüllung der Bestimmungen des jeweiligen Golfclubs zur Greenfee-Berechtigung (Mitgliedschaft in einem Golfclub, Mindesthandicap etc.) zum Zeitpunkt der Einlösung sind Voraussetzung.
7. Es ist untersagt, den Greenfee-Gutschein entgeltlich Dritten zu überlassen bzw. mit diesen Handel zu treiben. Insbesondere sind die teilnehmenden Golfclubs in diesem Falle berechtigt, die Einlösung der ausgeschriebenen Angebote zu verweigern.
8. Die teilnehmenden Golfclubs haben sich gegenüber dem Verlag unter den o.g. Bedingungen verpflichtet, die ausgeschriebenen Angebote einzulösen. Der Verlag übernimmt jedoch keine Gewähr und keine Haftung, wenn ein Angebot nicht eingelöst wird oder werden kann.

Bedingungen zur Einlösung des Discounts:
1. Das Angebot ist einschließlich bis 30.6.2024 gültig.
2. Der Golfspieler/Leser hat sich telefonisch eine Abschlagzeit geben zu lassen – dabei ist die Nutzung des Angebots anzugeben.
3. Eine Barauszahlung des Greenfee-Vorteils ist nicht möglich.
4. Das Kombinieren von Angeboten oder bestehenden Greenfee-Vorteilen ist nicht möglich. Der Vorteil bezieht sich jeweils ausschließlich auf die zum Zeitpunkt der Einlösung gültigen vollen Greenfee-Gebühren.
5. Gibt es Spielergruppen mit erhöhten Greenfee-Gebühren, ist ein Nachlass auf diese Gebühren nicht möglich.
6. Das Angebot allein berechtigt nicht zum Spiel gegen Greenfee. Die Erfüllung der Bestimmungen des jeweiligen Golfclubs zur Greenfee-Berechtigung (Mitgliedschaft in einem Golfclub, Mindesthandicap etc.) zum Zeitpunkt der Einlösung sind Voraussetzung.
7. Es ist untersagt, den Greenfee-Gutschein entgeltlich Dritten zu überlassen bzw. mit diesen Handel zu treiben. Insbesondere sind die teilnehmenden Golfclubs in diesem Falle berechtigt, die Einlösung der ausgeschriebenen Angebote zu verweigern.
8. Die teilnehmenden Golfclubs haben sich gegenüber dem Verlag unter den o.g. Bedingungen verpflichtet, die ausgeschriebenen Angebote einzulösen. Der Verlag übernimmt jedoch keine Gewähr und keine Haftung, wenn ein Angebot nicht eingelöst wird oder werden kann.

Bedingungen zur Einlösung des Discounts:
1. Das Angebot ist einschließlich bis 30.6.2024 gültig.
2. Der Golfspieler/Leser hat sich telefonisch eine Abschlagzeit geben zu lassen – dabei ist die Nutzung des Angebots anzugeben.
3. Eine Barauszahlung des Greenfee-Vorteils ist nicht möglich.
4. Das Kombinieren von Angeboten oder bestehenden Greenfee-Vorteilen ist nicht möglich. Der Vorteil bezieht sich jeweils ausschließlich auf die zum Zeitpunkt der Einlösung gültigen vollen Greenfee-Gebühren.
5. Gibt es Spielergruppen mit erhöhten Greenfee-Gebühren, ist ein Nachlass auf diese Gebühren nicht möglich.
6. Das Angebot allein berechtigt nicht zum Spiel gegen Greenfee. Die Erfüllung der Bestimmungen des jeweiligen Golfclubs zur Greenfee-Berechtigung (Mitgliedschaft in einem Golfclub, Mindesthandicap etc.) zum Zeitpunkt der Einlösung sind Voraussetzung.
7. Es ist untersagt, den Greenfee-Gutschein entgeltlich Dritten zu überlassen bzw. mit diesen Handel zu treiben. Insbesondere sind die teilnehmenden Golfclubs in diesem Falle berechtigt, die Einlösung der ausgeschriebenen Angebote zu verweigern.
8. Die teilnehmenden Golfclubs haben sich gegenüber dem Verlag unter den o.g. Bedingungen verpflichtet, die ausgeschriebenen Angebote einzulösen. Der Verlag übernimmt jedoch keine Gewähr und keine Haftung, wenn ein Angebot nicht eingelöst wird oder werden kann.

Diese Gutscheine gelten nur in Verbindung mit dem Buch/Albrecht Golf Card

Diese Gutscheine gelten nur in Verbindung mit dem Buch/Albrecht Golf Card

DER GOLF ALBRECHT

Arona Golf Club IT

Via In Prè
I-28040 Borgoticino (NO)
✆ +39 0321 907034
Piemont und Ligurien

301

20% Greenfee-Ermäßigung wochentags

DER GOLF ALBRECHT

Arona Golf Club IT

Via In Prè
I-28040 Borgoticino (NO)
✆ +39 0321 907034
Piemont und Ligurien

301

20% Greenfee-Ermäßigung wochentags

DER GOLF ALBRECHT

Golf Club Grado IT

Monfalcone, 27
I-34073 Grado
✆ +39 0431 896896
Veneto und Friaul

302

2 for 1 2 GF zum Preis von 1 wochentags

DER GOLF ALBRECHT

Golf Club Grado IT

Monfalcone, 27
I-34073 Grado
✆ +39 0431 896896
Veneto und Friaul

302

2 for 1 2 GF zum Preis von 1 wochentags

DER GOLF ALBRECHT

Golf Club Grado IT

Monfalcone, 27
I-34073 Grado
✆ +39 0431 896896
Veneto und Friaul

302

20% Greenfee-Ermäßigung

DER GOLF ALBRECHT

Golf Club Grado IT

Monfalcone, 27
I-34073 Grado
✆ +39 0431 396896
Veneto und Friaul

302

20% Greenfee-Ermäßigung

DER GOLF ALBRECHT

Golf Club Lignano IT

Via Casabianca, 6
I-33054 Lignano Sabbiadoro
✆ +39 0431 428025
Veneto und Friaul
Hinweis: 18-Loch-Greenfee vom 1. März bis 31. Oktober

303

20% Greenfee-Ermäßigung

DER GOLF ALBRECHT

Golf Club Lignano IT

Via Casabianca, 6
I-33054 Lignano Sabbiadoro
✆ +39 0431 428025
Veneto und Friaul
Hinweis: 18-Loch-Greenfee vom 1. März bis 31. Oktober

303

20% Greenfee-Ermäßigung

DER GOLF ALBRECHT

Golf Pra' Delle Torri Caorle IT

Viale Altanea 201
I-30021 Caorle (VE)
✆ +39 0421 299570
Veneto und Friaul

304

2 for 1 2 GF zum Preis von 1

DER GOLF ALBRECHT

Golf Pra' Delle Torri Caorle IT

Viale Altanea 201
I-30021 Caorle (VE)
✆ +39 0421 299570
Veneto und Friaul

304

2 for 1 2 GF zum Preis von 1

Bedingungen zur Einlösung des Discounts:

1. Das Angebot ist einschließlich bis 30.6.2024 gültig.
2. Der Golfspieler/Leser hat sich telefonisch eine Abschlagzeit geben zu lassen – dabei ist die Nutzung des Angebots anzugeben.
3. Eine Barauszahlung des Greenfee-Vorteils ist nicht möglich.
4. Das Kombinieren von Angeboten oder bestehenden Greenfee-Vorteilen ist nicht möglich. Der Vorteil bezieht sich jeweils ausschließlich auf die zum Zeitpunkt der Einlösung gültigen vollen Greenfee-Gebühren.
5. Gibt es Spielergruppen mit erhöhten Greenfee-Gebühren, ist ein Nachlass auf diese Gebühren nicht möglich.
6. Das Angebot allein berechtigt nicht zum Spiel gegen Greenfee. Die Erfüllung der Bestimmungen des jeweiligen Golfclubs zur Greenfee-Berechtigung (Mitgliedschaft in einem Golfclub, Mindesthandicap etc.) zum Zeitpunkt der Einlösung sind Voraussetzung.
7. Es ist untersagt, den Greenfee-Gutschein entgeltlich Dritten zu überlassen bzw. mit diesen Handel zu treiben. Insbesondere sind die teilnehmenden Golfclubs in diesem Falle berechtigt, die Einlösung der ausgeschriebenen Angebote zu verweigern.
8. Die teilnehmenden Golfclubs haben sich gegenüber dem Verlag unter den o.g. Bedingungen verpflichtet, die ausgeschriebenen Angebote einzulösen. Der Verlag übernimmt jedoch keine Gewähr und keine Haftung, wenn ein Angebot nicht eingelöst wird oder werden kann.

Bedingungen zur Einlösung des Discounts:

1. Das Angebot ist einschließlich bis 30.6.2024 gültig.
2. Der Golfspieler/Leser hat sich telefonisch eine Abschlagzeit geben zu lassen – dabei ist die Nutzung des Angebots anzugeben.
3. Eine Barauszahlung des Greenfee-Vorteils ist nicht möglich.
4. Das Kombinieren von Angeboten oder bestehenden Greenfee-Vorteilen ist nicht möglich. Der Vorteil bezieht sich jeweils ausschließlich auf die zum Zeitpunkt der Einlösung gültigen vollen Greenfee-Gebühren.
5. Gibt es Spielergruppen mit erhöhten Greenfee-Gebühren, ist ein Nachlass auf diese Gebühren nicht möglich.
6. Das Angebot allein berechtigt nicht zum Spiel gegen Greenfee. Die Erfüllung der Bestimmungen des jeweiligen Golfclubs zur Greenfee-Berechtigung (Mitgliedschaft in einem Golfclub, Mindesthandicap etc.) zum Zeitpunkt der Einlösung sind Voraussetzung.
7. Es ist untersagt, den Greenfee-Gutschein entgeltlich Dritten zu überlassen bzw. mit diesen Handel zu treiben. Insbesondere sind die teilnehmenden Golfclubs in diesem Falle berechtigt, die Einlösung der ausgeschriebenen Angebote zu verweigern.
8. Die teilnehmenden Golfclubs haben sich gegenüber dem Verlag unter den o.g. Bedingungen verpflichtet, die ausgeschriebenen Angebote einzulösen. Der Verlag übernimmt jedoch keine Gewähr und keine Haftung, wenn ein Angebot nicht eingelöst wird oder werden kann.

Bedingungen zur Einlösung des Discounts:

1. Das Angebot ist einschließlich bis 30.6.2024 gültig.
2. Der Golfspieler/Leser hat sich telefonisch eine Abschlagzeit geben zu lassen – dabei ist die Nutzung des Angebots anzugeben.
3. Eine Barauszahlung des Greenfee-Vorteils ist nicht möglich.
4. Das Kombinieren von Angeboten oder bestehenden Greenfee-Vorteilen ist nicht möglich. Der Vorteil bezieht sich jeweils ausschließlich auf die zum Zeitpunkt der Einlösung gültigen vollen Greenfee-Gebühren.
5. Gibt es Spielergruppen mit erhöhten Greenfee-Gebühren, ist ein Nachlass auf diese Gebühren nicht möglich.
6. Das Angebot allein berechtigt nicht zum Spiel gegen Greenfee. Die Erfüllung der Bestimmungen des jeweiligen Golfclubs zur Greenfee-Berechtigung (Mitgliedschaft in einem Golfclub, Mindesthandicap etc.) zum Zeitpunkt der Einlösung sind Voraussetzung.
7. Es ist untersagt, den Greenfee-Gutschein entgeltlich Dritten zu überlassen bzw. mit diesen Handel zu treiben. Insbesondere sind die teilnehmenden Golfclubs in diesem Falle berechtigt, die Einlösung der ausgeschriebenen Angebote zu verweigern.
8. Die teilnehmenden Golfclubs haben sich gegenüber dem Verlag unter den o.g. Bedingungen verpflichtet, die ausgeschriebenen Angebote einzulösen. Der Verlag übernimmt jedoch keine Gewähr und keine Haftung, wenn ein Angebot nicht eingelöst wird oder werden kann.

Bedingungen zur Einlösung des Discounts:

1. Das Angebot ist einschließlich bis 30.6.2024 gültig.
2. Der Golfspieler/Leser hat sich telefonisch eine Abschlagzeit geben zu lassen – dabei ist die Nutzung des Angebots anzugeben.
3. Eine Barauszahlung des Greenfee-Vorteils ist nicht möglich.
4. Das Kombinieren von Angeboten oder bestehenden Greenfee-Vorteilen ist nicht möglich. Der Vorteil bezieht sich jeweils ausschließlich auf die zum Zeitpunkt der Einlösung gültigen vollen Greenfee-Gebühren.
5. Gibt es Spielergruppen mit erhöhten Greenfee-Gebühren, ist ein Nachlass auf diese Gebühren nicht möglich.
6. Das Angebot allein berechtigt nicht zum Spiel gegen Greenfee. Die Erfüllung der Bestimmungen des jeweiligen Golfclubs zur Greenfee-Berechtigung (Mitgliedschaft in einem Golfclub, Mindesthandicap etc.) zum Zeitpunkt der Einlösung sind Voraussetzung.
7. Es ist untersagt, den Greenfee-Gutschein entgeltlich Dritten zu überlassen bzw. mit diesen Handel zu treiben. Insbesondere sind die teilnehmenden Golfclubs in diesem Falle berechtigt, die Einlösung der ausgeschriebenen Angebote zu verweigern.
8. Die teilnehmenden Golfclubs haben sich gegenüber dem Verlag unter den o.g. Bedingungen verpflichtet, die ausgeschriebenen Angebote einzulösen. Der Verlag übernimmt jedoch keine Gewähr und keine Haftung, wenn ein Angebot nicht eingelöst wird oder werden kann.

Bedingungen zur Einlösung des Discounts:

1. Das Angebot ist einschließlich bis 30.6.2024 gültig.
2. Der Golfspieler/Leser hat sich telefonisch eine Abschlagzeit geben zu lassen – dabei ist die Nutzung des Angebots anzugeben.
3. Eine Barauszahlung des Greenfee-Vorteils ist nicht möglich.
4. Das Kombinieren von Angeboten oder bestehenden Greenfee-Vorteilen ist nicht möglich. Der Vorteil bezieht sich jeweils ausschließlich auf die zum Zeitpunkt der Einlösung gültigen vollen Greenfee-Gebühren.
5. Gibt es Spielergruppen mit erhöhten Greenfee-Gebühren, ist ein Nachlass auf diese Gebühren nicht möglich.
6. Das Angebot allein berechtigt nicht zum Spiel gegen Greenfee. Die Erfüllung der Bestimmungen des jeweiligen Golfclubs zur Greenfee-Berechtigung (Mitgliedschaft in einem Golfclub, Mindesthandicap etc.) zum Zeitpunkt der Einlösung sind Voraussetzung.
7. Es ist untersagt, den Greenfee-Gutschein entgeltlich Dritten zu überlassen bzw. mit diesen Handel zu treiben. Insbesondere sind die teilnehmenden Golfclubs in diesem Falle berechtigt, die Einlösung der ausgeschriebenen Angebote zu verweigern.
8. Die teilnehmenden Golfclubs haben sich gegenüber dem Verlag unter den o.g. Bedingungen verpflichtet, die ausgeschriebenen Angebote einzulösen. Der Verlag übernimmt jedoch keine Gewähr und keine Haftung, wenn ein Angebot nicht eingelöst wird oder werden kann.

Bedingungen zur Einlösung des Discounts:

1. Das Angebot ist einschließlich bis 30.6.2024 gültig.
2. Der Golfspieler/Leser hat sich telefonisch eine Abschlagzeit geben zu lassen – dabei ist die Nutzung des Angebots anzugeben.
3. Eine Barauszahlung des Greenfee-Vorteils ist nicht möglich.
4. Das Kombinieren von Angeboten oder bestehenden Greenfee-Vorteilen ist nicht möglich. Der Vorteil bezieht sich jeweils ausschließlich auf die zum Zeitpunkt der Einlösung gültigen vollen Greenfee-Gebühren.
5. Gibt es Spielergruppen mit erhöhten Greenfee-Gebühren, ist ein Nachlass auf diese Gebühren nicht möglich.
6. Das Angebot allein berechtigt nicht zum Spiel gegen Greenfee. Die Erfüllung der Bestimmungen des jeweiligen Golfclubs zur Greenfee-Berechtigung (Mitgliedschaft in einem Golfclub, Mindesthandicap etc.) zum Zeitpunkt der Einlösung sind Voraussetzung.
7. Es ist untersagt, den Greenfee-Gutschein entgeltlich Dritten zu überlassen bzw. mit diesen Handel zu treiben. Insbesondere sind die teilnehmenden Golfclubs in diesem Falle berechtigt, die Einlösung der ausgeschriebenen Angebote zu verweigern.
8. Die teilnehmenden Golfclubs haben sich gegenüber dem Verlag unter den o.g. Bedingungen verpflichtet, die ausgeschriebenen Angebote einzulösen. Der Verlag übernimmt jedoch keine Gewähr und keine Haftung, wenn ein Angebot nicht eingelöst wird oder werden kann.

Bedingungen zur Einlösung des Discounts:

1. Das Angebot ist einschließlich bis 30.6.2024 gültig.
2. Der Golfspieler/Leser hat sich telefonisch eine Abschlagzeit geben zu lassen – dabei ist die Nutzung des Angebots anzugeben.
3. Eine Barauszahlung des Greenfee-Vorteils ist nicht möglich.
4. Das Kombinieren von Angeboten oder bestehenden Greenfee-Vorteilen ist nicht möglich. Der Vorteil bezieht sich jeweils ausschließlich auf die zum Zeitpunkt der Einlösung gültigen vollen Greenfee-Gebühren.
5. Gibt es Spielergruppen mit erhöhten Greenfee-Gebühren, ist ein Nachlass auf diese Gebühren nicht möglich.
6. Das Angebot allein berechtigt nicht zum Spiel gegen Greenfee. Die Erfüllung der Bestimmungen des jeweiligen Golfclubs zur Greenfee-Berechtigung (Mitgliedschaft in einem Golfclub, Mindesthandicap etc.) zum Zeitpunkt der Einlösung sind Voraussetzung.
7. Es ist untersagt, den Greenfee-Gutschein entgeltlich Dritten zu überlassen bzw. mit diesen Handel zu treiben. Insbesondere sind die teilnehmenden Golfclubs in diesem Falle berechtigt, die Einlösung der ausgeschriebenen Angebote zu verweigern.
8. Die teilnehmenden Golfclubs haben sich gegenüber dem Verlag unter den o.g. Bedingungen verpflichtet, die ausgeschriebenen Angebote einzulösen. Der Verlag übernimmt jedoch keine Gewähr und keine Haftung, wenn ein Angebot nicht eingelöst wird oder werden kann.

Bedingungen zur Einlösung des Discounts:

1. Das Angebot ist einschließlich bis 30.6.2024 gültig.
2. Der Golfspieler/Leser hat sich telefonisch eine Abschlagzeit geben zu lassen – dabei ist die Nutzung des Angebots anzugeben.
3. Eine Barauszahlung des Greenfee-Vorteils ist nicht möglich.
4. Das Kombinieren von Angeboten oder bestehenden Greenfee-Vorteilen ist nicht möglich. Der Vorteil bezieht sich jeweils ausschließlich auf die zum Zeitpunkt der Einlösung gültigen vollen Greenfee-Gebühren.
5. Gibt es Spielergruppen mit erhöhten Greenfee-Gebühren, ist ein Nachlass auf diese Gebühren nicht möglich.
6. Das Angebot allein berechtigt nicht zum Spiel gegen Greenfee. Die Erfüllung der Bestimmungen des jeweiligen Golfclubs zur Greenfee-Berechtigung (Mitgliedschaft in einem Golfclub, Mindesthandicap etc.) zum Zeitpunkt der Einlösung sind Voraussetzung.
7. Es ist untersagt, den Greenfee-Gutschein entgeltlich Dritten zu überlassen bzw. mit diesen Handel zu treiben. Insbesondere sind die teilnehmenden Golfclubs in diesem Falle berechtigt, die Einlösung der ausgeschriebenen Angebote zu verweigern.
8. Die teilnehmenden Golfclubs haben sich gegenüber dem Verlag unter den o.g. Bedingungen verpflichtet, die ausgeschriebenen Angebote einzulösen. Der Verlag übernimmt jedoch keine Gewähr und keine Haftung, wenn ein Angebot nicht eingelöst wird oder werden kann.

Bedingungen zur Einlösung des Discounts:

1. Das Angebot ist einschließlich bis 30.6.2024 gültig.
2. Der Golfspieler/Leser hat sich telefonisch eine Abschlagzeit geben zu lassen – dabei ist die Nutzung des Angebots anzugeben.
3. Eine Barauszahlung des Greenfee-Vorteils ist nicht möglich.
4. Das Kombinieren von Angeboten oder bestehenden Greenfee-Vorteilen ist nicht möglich. Der Vorteil bezieht sich jeweils ausschließlich auf die zum Zeitpunkt der Einlösung gültigen vollen Greenfee-Gebühren.
5. Gibt es Spielergruppen mit erhöhten Greenfee-Gebühren, ist ein Nachlass auf diese Gebühren nicht möglich.
6. Das Angebot allein berechtigt nicht zum Spiel gegen Greenfee. Die Erfüllung der Bestimmungen des jeweiligen Golfclubs zur Greenfee-Berechtigung (Mitgliedschaft in einem Golfclub, Mindesthandicap etc.) zum Zeitpunkt der Einlösung sind Voraussetzung.
7. Es ist untersagt, den Greenfee-Gutschein entgeltlich Dritten zu überlassen bzw. mit diesen Handel zu treiben. Insbesondere sind die teilnehmenden Golfclubs in diesem Falle berechtigt, die Einlösung der ausgeschriebenen Angebote zu verweigern.
8. Die teilnehmenden Golfclubs haben sich gegenüber dem Verlag unter den o.g. Bedingungen verpflichtet, die ausgeschriebenen Angebote einzulösen. Der Verlag übernimmt jedoch keine Gewähr und keine Haftung, wenn ein Angebot nicht eingelöst wird oder werden kann.

Bedingungen zur Einlösung des Discounts:

1. Das Angebot ist einschließlich bis 30.6.2024 gültig.
2. Der Golfspieler/Leser hat sich telefonisch eine Abschlagzeit geben zu lassen – dabei ist die Nutzung des Angebots anzugeben.
3. Eine Barauszahlung des Greenfee-Vorteils ist nicht möglich.
4. Das Kombinieren von Angeboten oder bestehenden Greenfee-Vorteilen ist nicht möglich. Der Vorteil bezieht sich jeweils ausschließlich auf die zum Zeitpunkt der Einlösung gültigen vollen Greenfee-Gebühren.
5. Gibt es Spielergruppen mit erhöhten Greenfee-Gebühren, ist ein Nachlass auf diese Gebühren nicht möglich.
6. Das Angebot allein berechtigt nicht zum Spiel gegen Greenfee. Die Erfüllung der Bestimmungen des jeweiligen Golfclubs zur Greenfee-Berechtigung (Mitgliedschaft in einem Golfclub, Mindesthandicap etc.) zum Zeitpunkt der Einlösung sind Voraussetzung.
7. Es ist untersagt, den Greenfee-Gutschein entgeltlich Dritten zu überlassen bzw. mit diesen Handel zu treiben. Insbesondere sind die teilnehmenden Golfclubs in diesem Falle berechtigt, die Einlösung der ausgeschriebenen Angebote zu verweigern.
8. Die teilnehmenden Golfclubs haben sich gegenüber dem Verlag unter den o.g. Bedingungen verpflichtet, die ausgeschriebenen Angebote einzulösen. Der Verlag übernimmt jedoch keine Gewähr und keine Haftung, wenn ein Angebot nicht eingelöst wird oder werden kann.

Diese Gutscheine gelten nur in Verbindung mit dem Buch/Albrecht Golf Card

Diese Gutscheine gelten nur in Verbindung mit dem Buch/Albrecht Golf Card

DER GOLF ALBRECHT

Golf Pra' Delle Torri Caorle IT

Viale Altanea 201
I-30021 Caorle (VE)
✆ +39 0421 299570
Veneto und Friaul

304

20% Greenfee-Ermäßigung

DER GOLF ALBRECHT

Golf Pra' Delle Torri Caorle IT

Viale Altanea 201
I-30021 Caorle (VE)
✆ +39 0421 299570
Veneto und Friaul

304

20% Greenfee-Ermäßigung

DER GOLF ALBRECHT

Golf Pra' Delle Torri Caorle IT

Viale Altanea 201
I-30021 Caorle (VE)
✆ +39 0421 299570
Veneto und Friaul

304

20% Greenfee-Ermäßigung

DER GOLF ALBRECHT

Golf Green Club Lainate IT

Via Manzoni, 45
I-20020 Lainate (MI)
✆ +39 02 937 0869
Lombardei

305

2 for 1 2 GF zum Preis von 1

DER GOLF ALBRECHT

Golf Green Club Lainate IT

Via Manzoni, 45
I-20020 Lainate (MI)
✆ +39 02 937 0869
Lombardei

305

2 for 1 2 GF zum Preis von 1

DER GOLF ALBRECHT

Golf Green Club Lainate IT

Via Manzoni, 45
I-20020 Lainate (MI)
✆ +39 02 937 0869
Lombardei

305

20% Greenfee-Ermäßigung

DER GOLF ALBRECHT

Golf Green Club Lainate IT

Via Manzoni, 45
I-20020 Lainate (MI)
✆ +39 02 937 0869
Lombardei

305

20% Greenfee-Ermäßigung

DER GOLF ALBRECHT

Golf Club Ca'della Nave IT

Piazza della Vittoria, 14
I-30030 Martellago
✆ +39 041 540 1555
Veneto und Friaul

306

2 for 1 2 GF zum Preis von 1

DER GOLF ALBRECHT

Golf Club Ca'della Nave IT

Piazza della Vittoria, 14
I-30030 Martellago
✆ +39 041 540 1555
Veneto und Friaul

306

2 for 1 2 GF zum Preis von 1

DER GOLF ALBRECHT

Golf Club Ca'della Nave IT

Piazza della Vittoria, 14
I-30030 Martellago
✆ +39 041 540 1555
Veneto und Friaul

306

20% Greenfee-Ermäßigung

Bedingungen zur Einlösung des Discounts:

1. Das Angebot ist einschließlich bis 30.6.2024 gültig.
2. Der Golfspieler/Leser hat sich telefonisch eine Abschlagzeit geben zu lassen – dabei ist die Nutzung des Angebots anzugeben.
3. Eine Barauszahlung des Greenfee-Vorteils ist nicht möglich.
4. Das Kombinieren von Angeboten oder bestehenden Greenfee-Vorteilen ist nicht möglich. Der Vorteil bezieht sich jeweils ausschließlich auf die zum Zeitpunkt der Einlösung gültigen vollen Greenfee-Gebühren.
5. Gibt es Spielergruppen mit erhöhten Greenfee-Gebühren, ist ein Nachlass auf diese Gebühren nicht möglich.
6. Das Angebot allein berechtigt nicht zum Spiel gegen Greenfee. Die Erfüllung der Bestimmungen des jeweiligen Golfclubs zur Greenfee-Berechtigung (Mitgliedschaft in einem Golfclub, Mindesthandicap etc.) zum Zeitpunkt der Einlösung sind Voraussetzung.
7. Es ist untersagt, den Greenfee-Gutschein entgeltlich Dritten zu überlassen bzw. mit diesen Handel zu treiben. Insbesondere sind die teilnehmenden Golfclubs in diesem Falle berechtigt, die Einlösung der ausgeschriebenen Angebote zu verweigern.
8. Die teilnehmenden Golfclubs haben sich gegenüber dem Verlag unter den o.g. Bedingungen verpflichtet, die ausgeschriebenen Angebote einzulösen. Der Verlag übernimmt jedoch keine Gewähr und keine Haftung, wenn ein Angebot nicht eingelöst wird oder werden kann.

Bedingungen zur Einlösung des Discounts:

1. Das Angebot ist einschließlich bis 30.6.2024 gültig.
2. Der Golfspieler/Leser hat sich telefonisch eine Abschlagzeit geben zu lassen – dabei ist die Nutzung des Angebots anzugeben.
3. Eine Barauszahlung des Greenfee-Vorteils ist nicht möglich.
4. Das Kombinieren von Angeboten oder bestehenden Greenfee-Vorteilen ist nicht möglich. Der Vorteil bezieht sich jeweils ausschließlich auf die zum Zeitpunkt der Einlösung gültigen vollen Greenfee-Gebühren.
5. Gibt es Spielergruppen mit erhöhten Greenfee-Gebühren, ist ein Nachlass auf diese Gebühren nicht möglich.
6. Das Angebot allein berechtigt nicht zum Spiel gegen Greenfee. Die Erfüllung der Bestimmungen des jeweiligen Golfclubs zur Greenfee-Berechtigung (Mitgliedschaft in einem Golfclub, Mindesthandicap etc.) zum Zeitpunkt der Einlösung sind Voraussetzung.
7. Es ist untersagt, den Greenfee-Gutschein entgeltlich Dritten zu überlassen bzw. mit diesen Handel zu treiben. Insbesondere sind die teilnehmenden Golfclubs in diesem Falle berechtigt, die Einlösung der ausgeschriebenen Angebote zu verweigern.
8. Die teilnehmenden Golfclubs haben sich gegenüber dem Verlag unter den o.g. Bedingungen verpflichtet, die ausgeschriebenen Angebote einzulösen. Der Verlag übernimmt jedoch keine Gewähr und keine Haftung, wenn ein Angebot nicht eingelöst wird oder werden kann.

Bedingungen zur Einlösung des Discounts:

1. Das Angebot ist einschließlich bis 30.6.2024 gültig.
2. Der Golfspieler/Leser hat sich telefonisch eine Abschlagzeit geben zu lassen – dabei ist die Nutzung des Angebots anzugeben.
3. Eine Barauszahlung des Greenfee-Vorteils ist nicht möglich.
4. Das Kombinieren von Angeboten oder bestehenden Greenfee-Vorteilen ist nicht möglich. Der Vorteil bezieht sich jeweils ausschließlich auf die zum Zeitpunkt der Einlösung gültigen vollen Greenfee-Gebühren.
5. Gibt es Spielergruppen mit erhöhten Greenfee-Gebühren, ist ein Nachlass auf diese Gebühren nicht möglich.
6. Das Angebot allein berechtigt nicht zum Spiel gegen Greenfee. Die Erfüllung der Bestimmungen des jeweiligen Golfclubs zur Greenfee-Berechtigung (Mitgliedschaft in einem Golfclub, Mindesthandicap etc.) zum Zeitpunkt der Einlösung sind Voraussetzung.
7. Es ist untersagt, den Greenfee-Gutschein entgeltlich Dritten zu überlassen bzw. mit diesen Handel zu treiben. Insbesondere sind die teilnehmenden Golfclubs in diesem Falle berechtigt, die Einlösung der ausgeschriebenen Angebote zu verweigern.
8. Die teilnehmenden Golfclubs haben sich gegenüber dem Verlag unter den o.g. Bedingungen verpflichtet, die ausgeschriebenen Angebote einzulösen. Der Verlag übernimmt jedoch keine Gewähr und keine Haftung, wenn ein Angebot nicht eingelöst wird oder werden kann.

Bedingungen zur Einlösung des Discounts:

1. Das Angebot ist einschließlich bis 30.6.2024 gültig.
2. Der Golfspieler/Leser hat sich telefonisch eine Abschlagzeit geben zu lassen – dabei ist die Nutzung des Angebots anzugeben.
3. Eine Barauszahlung des Greenfee-Vorteils ist nicht möglich.
4. Das Kombinieren von Angeboten oder bestehenden Greenfee-Vorteilen ist nicht möglich. Der Vorteil bezieht sich jeweils ausschließlich auf die zum Zeitpunkt der Einlösung gültigen vollen Greenfee-Gebühren.
5. Gibt es Spielergruppen mit erhöhten Greenfee-Gebühren, ist ein Nachlass auf diese Gebühren nicht möglich.
6. Das Angebot allein berechtigt nicht zum Spiel gegen Greenfee. Die Erfüllung der Bestimmungen des jeweiligen Golfclubs zur Greenfee-Berechtigung (Mitgliedschaft in einem Golfclub, Mindesthandicap etc.) zum Zeitpunkt der Einlösung sind Voraussetzung.
7. Es ist untersagt, den Greenfee-Gutschein entgeltlich Dritten zu überlassen bzw. mit diesen Handel zu treiben. Insbesondere sind die teilnehmenden Golfclubs in diesem Falle berechtigt, die Einlösung der ausgeschriebenen Angebote zu verweigern.
8. Die teilnehmenden Golfclubs haben sich gegenüber dem Verlag unter den o.g. Bedingungen verpflichtet, die ausgeschriebenen Angebote einzulösen. Der Verlag übernimmt jedoch keine Gewähr und keine Haftung, wenn ein Angebot nicht eingelöst wird oder werden kann.

Bedingungen zur Einlösung des Discounts:

1. Das Angebot ist einschließlich bis 30.6.2024 gültig.
2. Der Golfspieler/Leser hat sich telefonisch eine Abschlagzeit geben zu lassen – dabei ist die Nutzung des Angebots anzugeben.
3. Eine Barauszahlung des Greenfee-Vorteils ist nicht möglich.
4. Das Kombinieren von Angeboten oder bestehenden Greenfee-Vorteilen ist nicht möglich. Der Vorteil bezieht sich jeweils ausschließlich auf die zum Zeitpunkt der Einlösung gültigen vollen Greenfee-Gebühren.
5. Gibt es Spielergruppen mit erhöhten Greenfee-Gebühren, ist ein Nachlass auf diese Gebühren nicht möglich.
6. Das Angebot allein berechtigt nicht zum Spiel gegen Greenfee. Die Erfüllung der Bestimmungen des jeweiligen Golfclubs zur Greenfee-Berechtigung (Mitgliedschaft in einem Golfclub, Mindesthandicap etc.) zum Zeitpunkt der Einlösung sind Voraussetzung.
7. Es ist untersagt, den Greenfee-Gutschein entgeltlich Dritten zu überlassen bzw. mit diesen Handel zu treiben. Insbesondere sind die teilnehmenden Golfclubs in diesem Falle berechtigt, die Einlösung der ausgeschriebenen Angebote zu verweigern.
8. Die teilnehmenden Golfclubs haben sich gegenüber dem Verlag unter den o.g. Bedingungen verpflichtet, die ausgeschriebenen Angebote einzulösen. Der Verlag übernimmt jedoch keine Gewähr und keine Haftung, wenn ein Angebot nicht eingelöst wird oder werden kann.

Bedingungen zur Einlösung des Discounts:

1. Das Angebot ist einschließlich bis 30.6.2024 gültig.
2. Der Golfspieler/Leser hat sich telefonisch eine Abschlagzeit geben zu lassen – dabei ist die Nutzung des Angebots anzugeben.
3. Eine Barauszahlung des Greenfee-Vorteils ist nicht möglich.
4. Das Kombinieren von Angeboten oder bestehenden Greenfee-Vorteilen ist nicht möglich. Der Vorteil bezieht sich jeweils ausschließlich auf die zum Zeitpunkt der Einlösung gültigen vollen Greenfee-Gebühren.
5. Gibt es Spielergruppen mit erhöhten Greenfee-Gebühren, ist ein Nachlass auf diese Gebühren nicht möglich.
6. Das Angebot allein berechtigt nicht zum Spiel gegen Greenfee. Die Erfüllung der Bestimmungen des jeweiligen Golfclubs zur Greenfee-Berechtigung (Mitgliedschaft in einem Golfclub, Mindesthandicap etc.) zum Zeitpunkt der Einlösung sind Voraussetzung.
7. Es ist untersagt, den Greenfee-Gutschein entgeltlich Dritten zu überlassen bzw. mit diesen Handel zu treiben. Insbesondere sind die teilnehmenden Golfclubs in diesem Falle berechtigt, die Einlösung der ausgeschriebenen Angebote zu verweigern.
8. Die teilnehmenden Golfclubs haben sich gegenüber dem Verlag unter den o.g. Bedingungen verpflichtet, die ausgeschriebenen Angebote einzulösen. Der Verlag übernimmt jedoch keine Gewähr und keine Haftung, wenn ein Angebot nicht eingelöst wird oder werden kann.

Bedingungen zur Einlösung des Discounts:

1. Das Angebot ist einschließlich bis 30.6.2024 gültig.
2. Der Golfspieler/Leser hat sich telefonisch eine Abschlagzeit geben zu lassen – dabei ist die Nutzung des Angebots anzugeben.
3. Eine Barauszahlung des Greenfee-Vorteils ist nicht möglich.
4. Das Kombinieren von Angeboten oder bestehenden Greenfee-Vorteilen ist nicht möglich. Der Vorteil bezieht sich jeweils ausschließlich auf die zum Zeitpunkt der Einlösung gültigen vollen Greenfee-Gebühren.
5. Gibt es Spielergruppen mit erhöhten Greenfee-Gebühren, ist ein Nachlass auf diese Gebühren nicht möglich.
6. Das Angebot allein berechtigt nicht zum Spiel gegen Greenfee. Die Erfüllung der Bestimmungen des jeweiligen Golfclubs zur Greenfee-Berechtigung (Mitgliedschaft in einem Golfclub, Mindesthandicap etc.) zum Zeitpunkt der Einlösung sind Voraussetzung.
7. Es ist untersagt, den Greenfee-Gutschein entgeltlich Dritten zu überlassen bzw. mit diesen Handel zu treiben. Insbesondere sind die teilnehmenden Golfclubs in diesem Falle berechtigt, die Einlösung der ausgeschriebenen Angebote zu verweigern.
8. Die teilnehmenden Golfclubs haben sich gegenüber dem Verlag unter den o.g. Bedingungen verpflichtet, die ausgeschriebenen Angebote einzulösen. Der Verlag übernimmt jedoch keine Gewähr und keine Haftung, wenn ein Angebot nicht eingelöst wird oder werden kann.

Bedingungen zur Einlösung des Discounts:

1. Das Angebot ist einschließlich bis 30.6.2024 gültig.
2. Der Golfspieler/Leser hat sich telefonisch eine Abschlagzeit geben zu lassen – dabei ist die Nutzung des Angebots anzugeben.
3. Eine Barauszahlung des Greenfee-Vorteils ist nicht möglich.
4. Das Kombinieren von Angeboten oder bestehenden Greenfee-Vorteilen ist nicht möglich. Der Vorteil bezieht sich jeweils ausschließlich auf die zum Zeitpunkt der Einlösung gültigen vollen Greenfee-Gebühren.
5. Gibt es Spielergruppen mit erhöhten Greenfee-Gebühren, ist ein Nachlass auf diese Gebühren nicht möglich.
6. Das Angebot allein berechtigt nicht zum Spiel gegen Greenfee. Die Erfüllung der Bestimmungen des jeweiligen Golfclubs zur Greenfee-Berechtigung (Mitgliedschaft in einem Golfclub, Mindesthandicap etc.) zum Zeitpunkt der Einlösung sind Voraussetzung.
7. Es ist untersagt, den Greenfee-Gutschein entgeltlich Dritten zu überlassen bzw. mit diesen Handel zu treiben. Insbesondere sind die teilnehmenden Golfclubs in diesem Falle berechtigt, die Einlösung der ausgeschriebenen Angebote zu verweigern.
8. Die teilnehmenden Golfclubs haben sich gegenüber dem Verlag unter den o.g. Bedingungen verpflichtet, die ausgeschriebenen Angebote einzulösen. Der Verlag übernimmt jedoch keine Gewähr und keine Haftung, wenn ein Angebot nicht eingelöst wird oder werden kann.

Bedingungen zur Einlösung des Discounts:

1. Das Angebot ist einschließlich bis 30.6.2024 gültig.
2. Der Golfspieler/Leser hat sich telefonisch eine Abschlagzeit geben zu lassen – dabei ist die Nutzung des Angebots anzugeben.
3. Eine Barauszahlung des Greenfee-Vorteils ist nicht möglich.
4. Das Kombinieren von Angeboten oder bestehenden Greenfee-Vorteilen ist nicht möglich. Der Vorteil bezieht sich jeweils ausschließlich auf die zum Zeitpunkt der Einlösung gültigen vollen Greenfee-Gebühren.
5. Gibt es Spielergruppen mit erhöhten Greenfee-Gebühren, ist ein Nachlass auf diese Gebühren nicht möglich.
6. Das Angebot allein berechtigt nicht zum Spiel gegen Greenfee. Die Erfüllung der Bestimmungen des jeweiligen Golfclubs zur Greenfee-Berechtigung (Mitgliedschaft in einem Golfclub, Mindesthandicap etc.) zum Zeitpunkt der Einlösung sind Voraussetzung.
7. Es ist untersagt, den Greenfee-Gutschein entgeltlich Dritten zu überlassen bzw. mit diesen Handel zu treiben. Insbesondere sind die teilnehmenden Golfclubs in diesem Falle berechtigt, die Einlösung der ausgeschriebenen Angebote zu verweigern.
8. Die teilnehmenden Golfclubs haben sich gegenüber dem Verlag unter den o.g. Bedingungen verpflichtet, die ausgeschriebenen Angebote einzulösen. Der Verlag übernimmt jedoch keine Gewähr und keine Haftung, wenn ein Angebot nicht eingelöst wird oder werden kann.

Bedingungen zur Einlösung des Discounts:

1. Das Angebot ist einschließlich bis 30.6.2024 gültig.
2. Der Golfspieler/Leser hat sich telefonisch eine Abschlagzeit geben zu lassen – dabei ist die Nutzung des Angebots anzugeben.
3. Eine Barauszahlung des Greenfee-Vorteils ist nicht möglich.
4. Das Kombinieren von Angeboten oder bestehenden Greenfee-Vorteilen ist nicht möglich. Der Vorteil bezieht sich jeweils ausschließlich auf die zum Zeitpunkt der Einlösung gültigen vollen Greenfee-Gebühren.
5. Gibt es Spielergruppen mit erhöhten Greenfee-Gebühren, ist ein Nachlass auf diese Gebühren nicht möglich.
6. Das Angebot allein berechtigt nicht zum Spiel gegen Greenfee. Die Erfüllung der Bestimmungen des jeweiligen Golfclubs zur Greenfee-Berechtigung (Mitgliedschaft in einem Golfclub, Mindesthandicap etc.) zum Zeitpunkt der Einlösung sind Voraussetzung.
7. Es ist untersagt, den Greenfee-Gutschein entgeltlich Dritten zu überlassen bzw. mit diesen Handel zu treiben. Insbesondere sind die teilnehmenden Golfclubs in diesem Falle berechtigt, die Einlösung der ausgeschriebenen Angebote zu verweigern.
8. Die teilnehmenden Golfclubs haben sich gegenüber dem Verlag unter den o.g. Bedingungen verpflichtet, die ausgeschriebenen Angebote einzulösen. Der Verlag übernimmt jedoch keine Gewähr und keine Haftung, wenn ein Angebot nicht eingelöst wird oder werden kann.

Diese Gutscheine gelten nur in Verbindung mit dem Buch/Albrecht Golf Card

Diese Gutscheine gelten nur in Verbindung mit dem Buch/Albrecht Golf Card

DER GOLF ALBRECHT

Golf Club Ca'della Nave — IT

Piazza della Vittoria, 14
I-30030 Martellago
+39 041 540 1555
Veneto und Friaul

306

20% Greenfee-Ermäßigung

DER GOLF ALBRECHT

Golf Club Jesolo — IT

Via St. Andrews, 2
I-30016 Lido di Jesolo
+39 0421 372862
Veneto und Friaul
Hinweis: All year

307

2 for 1 2 GF zum Preis von 1

DER GOLF ALBRECHT

Golf Club Jesolo — IT

Via St. Andrews, 2
I-30016 Lido di Jesolo
+39 0421 372862
Veneto und Friaul
Hinweis: All year

307

2 for 1 2 GF zum Preis von 1

DER GOLF ALBRECHT

Golf Club Monferrato — IT

Strada Vialarda 3/F Regione Torcello
I-15033 Casale Monferrato (AL)
+39 0142 617010
Piemont und Ligurien
Hinweis: Tee Time: info@golfclubmonferrato.it

308

2 for 1 2 GF zum Preis von 1

DER GOLF ALBRECHT

Golf Club Monferrato — IT

Strada Vialarda, 3/F Regione Torcello
I-15033 Casale Monferrato (AL)
+39 0142 617010
Piemont und Ligurien
Hinweis: Tee Time: info@golfclubmonferrato.it

308

2 for 1 2 GF zum Preis von 1

DER GOLF ALBRECHT

Golf Club Monferrato — IT

Strada Vialarda, 3/F Regione Torcello
I-15033 Casale Monferrato (AL)
+39 0142 617010
Piemont und Ligurien
Hinweis: Tee Time: info@golfclubmonferrato.it

308

2 for 1 2 GF zum Preis von 1

DER GOLF ALBRECHT

Modena Golf & Country Club A.S.D. — IT

Via Castelnuovo Rangone 4
I-41043 Colombaro di Formigine
+39 059 553482
Emilia Romagna

309

30% Greenfee-Ermäßigung

DER GOLF ALBRECHT

Modena Golf & Country Club A.S.D. — IT

Via Castelnuovo Rangone 4
I-41043 Colombaro di Formigine
+39 059 553482
Emilia Romagna

309

30% Greenfee-Ermäßigung

DER GOLF ALBRECHT

Modena Golf & Country Club A.S.D. — IT

Via Castelnuovo Rangone 4
I-41043 Colombaro di Formigine
+39 059 553482
Emilia Romagna

309

30% Greenfee-Ermäßigung

DER GOLF ALBRECHT

Golf Club Le Fonti — IT

Viale Terme 1800
I-40024 Castel San Pietro Terme
+39 051 695 1958
Emilia Romagna

310

2 for 1 2 GF zum Preis von 1 wochentags

G 201

Bedingungen zur Einlösung des Discounts:
1. Das Angebot ist einschließlich bis 30.6.2024 gültig.
2. Der Golfspieler/Leser hat sich telefonisch eine Abschlagzeit geben zu lassen – dabei ist die Nutzung des Angebots anzugeben.
3. Eine Barauszahlung des Greenfee-Vorteils ist nicht möglich.
4. Das Kombinieren von Angeboten oder bestehenden Greenfee-Vorteilen ist nicht möglich. Der Vorteil bezieht sich jeweils ausschließlich auf die zum Zeitpunkt der Einlösung gültigen vollen Greenfee-Gebühren.
5. Gibt es Spielergruppen mit erhöhten Greenfee-Gebühren, ist ein Nachlass auf diese Gebühren nicht möglich.
6. Das Angebot allein berechtigt nicht zum Spiel gegen Greenfee. Die Erfüllung der Bestimmungen des jeweiligen Golfclubs zur Greenfee-Berechtigung (Mitgliedschaft in einem Golfclub, Mindesthandicap etc.) zum Zeitpunkt der Einlösung sind Voraussetzung.
7. Es ist untersagt, den Greenfee-Gutschein entgeltlich Dritten zu überlassen bzw. mit diesen Handel zu treiben. Insbesondere sind die teilnehmenden Golfclubs in diesem Falle berechtigt, die Einlösung der ausgeschriebenen Angebote zu verweigern.
8. Die teilnehmenden Golfclubs haben sich gegenüber dem Verlag unter den o.g. Bedingungen verpflichtet, die ausgeschriebenen Angebote einzulösen. Der Verlag übernimmt jedoch keine Gewähr und keine Haftung, wenn ein Angebot nicht eingelöst wird oder werden kann.

Bedingungen zur Einlösung des Discounts:
1. Das Angebot ist einschließlich bis 30.6.2024 gültig.
2. Der Golfspieler/Leser hat sich telefonisch eine Abschlagzeit geben zu lassen – dabei ist die Nutzung des Angebots anzugeben.
3. Eine Barauszahlung des Greenfee-Vorteils ist nicht möglich.
4. Das Kombinieren von Angeboten oder bestehenden Greenfee-Vorteilen ist nicht möglich. Der Vorteil bezieht sich jeweils ausschließlich auf die zum Zeitpunkt der Einlösung gültigen vollen Greenfee-Gebühren.
5. Gibt es Spielergruppen mit erhöhten Greenfee-Gebühren, ist ein Nachlass auf diese Gebühren nicht möglich.
6. Das Angebot allein berechtigt nicht zum Spiel gegen Greenfee. Die Erfüllung der Bestimmungen des jeweiligen Golfclubs zur Greenfee-Berechtigung (Mitgliedschaft in einem Golfclub, Mindesthandicap etc.) zum Zeitpunkt der Einlösung sind Voraussetzung.
7. Es ist untersagt, den Greenfee-Gutschein entgeltlich Dritten zu überlassen bzw. mit diesen Handel zu treiben. Insbesondere sind die teilnehmenden Golfclubs in diesem Falle berechtigt, die Einlösung der ausgeschriebenen Angebote zu verweigern.
8. Die teilnehmenden Golfclubs haben sich gegenüber dem Verlag unter den o.g. Bedingungen verpflichtet, die ausgeschriebenen Angebote einzulösen. Der Verlag übernimmt jedoch keine Gewähr und keine Haftung, wenn ein Angebot nicht eingelöst wird oder werden kann.

Bedingungen zur Einlösung des Discounts:
1. Das Angebot ist einschließlich bis 30.6.2024 gültig.
2. Der Golfspieler/Leser hat sich telefonisch eine Abschlagzeit geben zu lassen – dabei ist die Nutzung des Angebots anzugeben.
3. Eine Barauszahlung des Greenfee-Vorteils ist nicht möglich.
4. Das Kombinieren von Angeboten oder bestehenden Greenfee-Vorteilen ist nicht möglich. Der Vorteil bezieht sich jeweils ausschließlich auf die zum Zeitpunkt der Einlösung gültigen vollen Greenfee-Gebühren.
5. Gibt es Spielergruppen mit erhöhten Greenfee-Gebühren, ist ein Nachlass auf diese Gebühren nicht möglich.
6. Das Angebot allein berechtigt nicht zum Spiel gegen Greenfee. Die Erfüllung der Bestimmungen des jeweiligen Golfclubs zur Greenfee-Berechtigung (Mitgliedschaft in einem Golfclub, Mindesthandicap etc.) zum Zeitpunkt der Einlösung sind Voraussetzung.
7. Es ist untersagt, den Greenfee-Gutschein entgeltlich Dritten zu überlassen bzw. mit diesen Handel zu treiben. Insbesondere sind die teilnehmenden Golfclubs in diesem Falle berechtigt, die Einlösung der ausgeschriebenen Angebote zu verweigern.
8. Die teilnehmenden Golfclubs haben sich gegenüber dem Verlag unter den o.g. Bedingungen verpflichtet, die ausgeschriebenen Angebote einzulösen. Der Verlag übernimmt jedoch keine Gewähr und keine Haftung, wenn ein Angebot nicht eingelöst wird oder werden kann.

Bedingungen zur Einlösung des Discounts:
1. Das Angebot ist einschließlich bis 30.6.2024 gültig.
2. Der Golfspieler/Leser hat sich telefonisch eine Abschlagzeit geben zu lassen – dabei ist die Nutzung des Angebots anzugeben.
3. Eine Barauszahlung des Greenfee-Vorteils ist nicht möglich.
4. Das Kombinieren von Angeboten oder bestehenden Greenfee-Vorteilen ist nicht möglich. Der Vorteil bezieht sich jeweils ausschließlich auf die zum Zeitpunkt der Einlösung gültigen vollen Greenfee-Gebühren.
5. Gibt es Spielergruppen mit erhöhten Greenfee-Gebühren, ist ein Nachlass auf diese Gebühren nicht möglich.
6. Das Angebot allein berechtigt nicht zum Spiel gegen Greenfee. Die Erfüllung der Bestimmungen des jeweiligen Golfclubs zur Greenfee-Berechtigung (Mitgliedschaft in einem Golfclub, Mindesthandicap etc.) zum Zeitpunkt der Einlösung sind Voraussetzung.
7. Es ist untersagt, den Greenfee-Gutschein entgeltlich Dritten zu überlassen bzw. mit diesen Handel zu treiben. Insbesondere sind die teilnehmenden Golfclubs in diesem Falle berechtigt, die Einlösung der ausgeschriebenen Angebote zu verweigern.
8. Die teilnehmenden Golfclubs haben sich gegenüber dem Verlag unter den o.g. Bedingungen verpflichtet, die ausgeschriebenen Angebote einzulösen. Der Verlag übernimmt jedoch keine Gewähr und keine Haftung, wenn ein Angebot nicht eingelöst wird oder werden kann.

Bedingungen zur Einlösung des Discounts:
1. Das Angebot ist einschließlich bis 30.6.2024 gültig.
2. Der Golfspieler/Leser hat sich telefonisch eine Abschlagzeit geben zu lassen – dabei ist die Nutzung des Angebots anzugeben.
3. Eine Barauszahlung des Greenfee-Vorteils ist nicht möglich.
4. Das Kombinieren von Angeboten oder bestehenden Greenfee-Vorteilen ist nicht möglich. Der Vorteil bezieht sich jeweils ausschließlich auf die zum Zeitpunkt der Einlösung gültigen vollen Greenfee-Gebühren.
5. Gibt es Spielergruppen mit erhöhten Greenfee-Gebühren, ist ein Nachlass auf diese Gebühren nicht möglich.
6. Das Angebot allein berechtigt nicht zum Spiel gegen Greenfee. Die Erfüllung der Bestimmungen des jeweiligen Golfclubs zur Greenfee-Berechtigung (Mitgliedschaft in einem Golfclub, Mindesthandicap etc.) zum Zeitpunkt der Einlösung sind Voraussetzung.
7. Es ist untersagt, den Greenfee-Gutschein entgeltlich Dritten zu überlassen bzw. mit diesen Handel zu treiben. Insbesondere sind die teilnehmenden Golfclubs in diesem Falle berechtigt, die Einlösung der ausgeschriebenen Angebote zu verweigern.
8. Die teilnehmenden Golfclubs haben sich gegenüber dem Verlag unter den o.g. Bedingungen verpflichtet, die ausgeschriebenen Angebote einzulösen. Der Verlag übernimmt jedoch keine Gewähr und keine Haftung, wenn ein Angebot nicht eingelöst wird oder werden kann.

Bedingungen zur Einlösung des Discounts:
1. Das Angebot ist einschließlich bis 30.6.2024 gültig.
2. Der Golfspieler/Leser hat sich telefonisch eine Abschlagzeit geben zu lassen – dabei ist die Nutzung des Angebots anzugeben.
3. Eine Barauszahlung des Greenfee-Vorteils ist nicht möglich.
4. Das Kombinieren von Angeboten oder bestehenden Greenfee-Vorteilen ist nicht möglich. Der Vorteil bezieht sich jeweils ausschließlich auf die zum Zeitpunkt der Einlösung gültigen vollen Greenfee-Gebühren.
5. Gibt es Spielergruppen mit erhöhten Greenfee-Gebühren, ist ein Nachlass auf diese Gebühren nicht möglich.
6. Das Angebot allein berechtigt nicht zum Spiel gegen Greenfee. Die Erfüllung der Bestimmungen des jeweiligen Golfclubs zur Greenfee-Berechtigung (Mitgliedschaft in einem Golfclub, Mindesthandicap etc.) zum Zeitpunkt der Einlösung sind Voraussetzung.
7. Es ist untersagt, den Greenfee-Gutschein entgeltlich Dritten zu überlassen bzw. mit diesen Handel zu treiben. Insbesondere sind die teilnehmenden Golfclubs in diesem Falle berechtigt, die Einlösung der ausgeschriebenen Angebote zu verweigern.
8. Die teilnehmenden Golfclubs haben sich gegenüber dem Verlag unter den o.g. Bedingungen verpflichtet, die ausgeschriebenen Angebote einzulösen. Der Verlag übernimmt jedoch keine Gewähr und keine Haftung, wenn ein Angebot nicht eingelöst wird oder werden kann.

Bedingungen zur Einlösung des Discounts:
1. Das Angebot ist einschließlich bis 30.6.2024 gültig.
2. Der Golfspieler/Leser hat sich telefonisch eine Abschlagzeit geben zu lassen – dabei ist die Nutzung des Angebots anzugeben.
3. Eine Barauszahlung des Greenfee-Vorteils ist nicht möglich.
4. Das Kombinieren von Angeboten oder bestehenden Greenfee-Vorteilen ist nicht möglich. Der Vorteil bezieht sich jeweils ausschließlich auf die zum Zeitpunkt der Einlösung gültigen vollen Greenfee-Gebühren.
5. Gibt es Spielergruppen mit erhöhten Greenfee-Gebühren, ist ein Nachlass auf diese Gebühren nicht möglich.
6. Das Angebot allein berechtigt nicht zum Spiel gegen Greenfee. Die Erfüllung der Bestimmungen des jeweiligen Golfclubs zur Greenfee-Berechtigung (Mitgliedschaft in einem Golfclub, Mindesthandicap etc.) zum Zeitpunkt der Einlösung sind Voraussetzung.
7. Es ist untersagt, den Greenfee-Gutschein entgeltlich Dritten zu überlassen bzw. mit diesen Handel zu treiben. Insbesondere sind die teilnehmenden Golfclubs in diesem Falle berechtigt, die Einlösung der ausgeschriebenen Angebote zu verweigern.
8. Die teilnehmenden Golfclubs haben sich gegenüber dem Verlag unter den o.g. Bedingungen verpflichtet, die ausgeschriebenen Angebote einzulösen. Der Verlag übernimmt jedoch keine Gewähr und keine Haftung, wenn ein Angebot nicht eingelöst wird oder werden kann.

Bedingungen zur Einlösung des Discounts:
1. Das Angebot ist einschließlich bis 30.6.2024 gültig.
2. Der Golfspieler/Leser hat sich telefonisch eine Abschlagzeit geben zu lassen – dabei ist die Nutzung des Angebots anzugeben.
3. Eine Barauszahlung des Greenfee-Vorteils ist nicht möglich.
4. Das Kombinieren von Angeboten oder bestehenden Greenfee-Vorteilen ist nicht möglich. Der Vorteil bezieht sich jeweils ausschließlich auf die zum Zeitpunkt der Einlösung gültigen vollen Greenfee-Gebühren.
5. Gibt es Spielergruppen mit erhöhten Greenfee-Gebühren, ist ein Nachlass auf diese Gebühren nicht möglich.
6. Das Angebot allein berechtigt nicht zum Spiel gegen Greenfee. Die Erfüllung der Bestimmungen des jeweiligen Golfclubs zur Greenfee-Berechtigung (Mitgliedschaft in einem Golfclub, Mindesthandicap etc.) zum Zeitpunkt der Einlösung sind Voraussetzung.
7. Es ist untersagt, den Greenfee-Gutschein entgeltlich Dritten zu überlassen bzw. mit diesen Handel zu treiben. Insbesondere sind die teilnehmenden Golfclubs in diesem Falle berechtigt, die Einlösung der ausgeschriebenen Angebote zu verweigern.
8. Die teilnehmenden Golfclubs haben sich gegenüber dem Verlag unter den o.g. Bedingungen verpflichtet, die ausgeschriebenen Angebote einzulösen. Der Verlag übernimmt jedoch keine Gewähr und keine Haftung, wenn ein Angebot nicht eingelöst wird oder werden kann.

Bedingungen zur Einlösung des Discounts:
1. Das Angebot ist einschließlich bis 30.6.2024 gültig.
2. Der Golfspieler/Leser hat sich telefonisch eine Abschlagzeit geben zu lassen – dabei ist die Nutzung des Angebots anzugeben.
3. Eine Barauszahlung des Greenfee-Vorteils ist nicht möglich.
4. Das Kombinieren von Angeboten oder bestehenden Greenfee-Vorteilen ist nicht möglich. Der Vorteil bezieht sich jeweils ausschließlich auf die zum Zeitpunkt der Einlösung gültigen vollen Greenfee-Gebühren.
5. Gibt es Spielergruppen mit erhöhten Greenfee-Gebühren, ist ein Nachlass auf diese Gebühren nicht möglich.
6. Das Angebot allein berechtigt nicht zum Spiel gegen Greenfee. Die Erfüllung der Bestimmungen des jeweiligen Golfclubs zur Greenfee-Berechtigung (Mitgliedschaft in einem Golfclub, Mindesthandicap etc.) zum Zeitpunkt der Einlösung sind Voraussetzung.
7. Es ist untersagt, den Greenfee-Gutschein entgeltlich Dritten zu überlassen bzw. mit diesen Handel zu treiben. Insbesondere sind die teilnehmenden Golfclubs in diesem Falle berechtigt, die Einlösung der ausgeschriebenen Angebote zu verweigern.
8. Die teilnehmenden Golfclubs haben sich gegenüber dem Verlag unter den o.g. Bedingungen verpflichtet, die ausgeschriebenen Angebote einzulösen. Der Verlag übernimmt jedoch keine Gewähr und keine Haftung, wenn ein Angebot nicht eingelöst wird oder werden kann.

Bedingungen zur Einlösung des Discounts:
1. Das Angebot ist einschließlich bis 30.6.2024 gültig.
2. Der Golfspieler/Leser hat sich telefonisch eine Abschlagzeit geben zu lassen – dabei ist die Nutzung des Angebots anzugeben.
3. Eine Barauszahlung des Greenfee-Vorteils ist nicht möglich.
4. Das Kombinieren von Angeboten oder bestehenden Greenfee-Vorteilen ist nicht möglich. Der Vorteil bezieht sich jeweils ausschließlich auf die zum Zeitpunkt der Einlösung gültigen vollen Greenfee-Gebühren.
5. Gibt es Spielergruppen mit erhöhten Greenfee-Gebühren, ist ein Nachlass auf diese Gebühren nicht möglich.
6. Das Angebot allein berechtigt nicht zum Spiel gegen Greenfee. Die Erfüllung der Bestimmungen des jeweiligen Golfclubs zur Greenfee-Berechtigung (Mitgliedschaft in einem Golfclub, Mindesthandicap etc.) zum Zeitpunkt der Einlösung sind Voraussetzung.
7. Es ist untersagt, den Greenfee-Gutschein entgeltlich Dritten zu überlassen bzw. mit diesen Handel zu treiben. Insbesondere sind die teilnehmenden Golfclubs in diesem Falle berechtigt, die Einlösung der ausgeschriebenen Angebote zu verweigern.
8. Die teilnehmenden Golfclubs haben sich gegenüber dem Verlag unter den o.g. Bedingungen verpflichtet, die ausgeschriebenen Angebote einzulösen. Der Verlag übernimmt jedoch keine Gewähr und keine Haftung, wenn ein Angebot nicht eingelöst wird oder werden kann.

Diese Gutscheine gelten nur in Verbindung mit dem Buch/Albrecht Golf Card

Diese Gutscheine gelten nur in Verbindung mit dem Buch/Albrecht Golf Card

DER GOLF ALBRECHT

Golf Club Le Fonti IT

Viale Terme 1800
I-40024 Castel San Pietro Terme
✆ +39 051 695 1958
Emilia Romagna

310

2 for 1 2 GF zum Preis von 1 wochentags

DER GOLF ALBRECHT

Golf Club Le Fonti IT

Viale Terme 1800
I-40024 Castel San Pietro Terme
✆ +39 051 695 1958
Emilia Romagna

310

2 for 1 2 GF zum Preis von 1 wochentags

DER GOLF ALBRECHT

Rivieragolf IT

Via Conca Nuova 1236
I-47842 San Giovanni in Marignano
✆ +39 0541 955009
Emilia Romagna

311

20% Greenfee-Ermäßigung

DER GOLF ALBRECHT

Rivieragolf IT

Via Conca Nuova 1236
I-47842 San Giovanni in Marignano
✆ +39 0541 955009
Emilia Romagna

311

20% Greenfee-Ermäßigung

DER GOLF ALBRECHT

Golf Club Bellosguardo IT

Via Provinciale di Mercatale, 25
I-50059 Vinci (FI)
✆ +39 57 190 2035
Toskana
Hinweis: Gültig nur für 18 Loch Greenfee; Das 2x1 Greenfee beträgt 60€; Nicht gültig für Golfer, die beim italienischen Golfverband registriert sind;

312

2 for 1 2 GF zum Preis von 1 wochentags

DER GOLF ALBRECHT

Golf Club Bellosguardo IT

Via Provinciale di Mercatale, 25
I-50059 Vinci (FI)
✆ +39 57 190 2035
Toskana
Hinweis: Gültig nur für 18 Loch Greenfee; Das 2x1 Greenfee beträgt 60€; Nicht gültig für Golfer, die beim italienischen Golfverband registriert sind;

312

2 for 1 2 GF zum Preis von 1 wochentags

DER GOLF ALBRECHT

Golf Club Bellosguardo IT

Via Provinciale di Mercatale, 25
I-50059 Vinci (FI)
✆ +39 57 190 2035
Toskana
Hinweis: Gültig nur für 18 Loch Greenfee; Das 2x1 Greenfee beträgt 60€; Nicht gültig für Golfer, die beim italienischen Golfverband registriert sind;

312

20% Greenfee-Ermäßigung wochentags

DER GOLF ALBRECHT

Golf Club Bellosguardo IT

Via Provinciale di Mercatale, 25
I-50059 Vinci (FI)
✆ +39 57 190 2035
Toskana
Hinweis: Gültig nur für 18 Loch Greenfee; Das 2x1 Greenfee beträgt 60€; Nicht gültig für Golfer, die beim italienischen Golfverband registriert sind;

312

20% Greenfee-Ermäßigung wochentags

DER GOLF ALBRECHT

Casentino Golf Club Arezzo IT

Via Fronzola, 6
I-52014 Poppi
✆ +39 0575 529810
Toskana

313

2 for 1 2 GF zum Preis von 1

DER GOLF ALBRECHT

Casentino Golf Club Arezzo IT

Via Fronzola, 6
I-52014 Poppi
✆ +39 0575 529810
Toskana

313

20% Greenfee-Ermäßigung

Bedingungen zur Einlösung des Discounts:

1. Das Angebot ist einschließlich bis 30.6.2024 gültig.
2. Der Golfspieler/Leser hat sich telefonisch eine Abschlagzeit geben zu lassen – dabei ist die Nutzung des Angebots anzugeben.
3. Eine Barauszahlung des Greenfee-Vorteils ist nicht möglich.
4. Das Kombinieren von Angeboten oder bestehenden Greenfee-Vorteilen ist nicht möglich. Der Vorteil bezieht sich jeweils ausschließlich auf die zum Zeitpunkt der Einlösung gültigen vollen Greenfee-Gebühren.
5. Gibt es Spielergruppen mit erhöhten Greenfee-Gebühren, ist ein Nachlass auf diese Gebühren nicht möglich.
6. Das Angebot allein berechtigt nicht zum Spiel gegen Greenfee. Die Erfüllung der Bestimmungen des jeweiligen Golfclubs zur Greenfee-Berechtigung (Mitgliedschaft in einem Golfclub, Mindesthandicap etc.) zum Zeitpunkt der Einlösung sind Voraussetzung.
7. Es ist untersagt, den Greenfee-Gutschein entgeltlich Dritten zu überlassen bzw. mit diesen Handel zu treiben. Insbesondere sind die teilnehmenden Golfclubs in diesem Falle berechtigt, die Einlösung der ausgeschriebenen Angebote zu verweigern.
8. Die teilnehmenden Golfclubs haben sich gegenüber dem Verlag unter den o.g. Bedingungen verpflichtet, die ausgeschriebenen Angebote einzulösen. Der Verlag übernimmt jedoch keine Gewähr und keine Haftung, wenn ein Angebot nicht eingelöst wird oder werden kann.

Bedingungen zur Einlösung des Discounts:

1. Das Angebot ist einschließlich bis 30.6.2024 gültig.
2. Der Golfspieler/Leser hat sich telefonisch eine Abschlagzeit geben zu lassen – dabei ist die Nutzung des Angebots anzugeben.
3. Eine Barauszahlung des Greenfee-Vorteils ist nicht möglich.
4. Das Kombinieren von Angeboten oder bestehenden Greenfee-Vorteilen ist nicht möglich. Der Vorteil bezieht sich jeweils ausschließlich auf die zum Zeitpunkt der Einlösung gültigen vollen Greenfee-Gebühren.
5. Gibt es Spielergruppen mit erhöhten Greenfee-Gebühren, ist ein Nachlass auf diese Gebühren nicht möglich.
6. Das Angebot allein berechtigt nicht zum Spiel gegen Greenfee. Die Erfüllung der Bestimmungen des jeweiligen Golfclubs zur Greenfee-Berechtigung (Mitgliedschaft in einem Golfclub, Mindesthandicap etc.) zum Zeitpunkt der Einlösung sind Voraussetzung.
7. Es ist untersagt, den Greenfee-Gutschein entgeltlich Dritten zu überlassen bzw. mit diesen Handel zu treiben. Insbesondere sind die teilnehmenden Golfclubs in diesem Falle berechtigt, die Einlösung der ausgeschriebenen Angebote zu verweigern.
8. Die teilnehmenden Golfclubs haben sich gegenüber dem Verlag unter den o.g. Bedingungen verpflichtet, die ausgeschriebenen Angebote einzulösen. Der Verlag übernimmt jedoch keine Gewähr und keine Haftung, wenn ein Angebot nicht eingelöst wird oder werden kann.

Bedingungen zur Einlösung des Discounts:

1. Das Angebot ist einschließlich bis 30.6.2024 gültig.
2. Der Golfspieler/Leser hat sich telefonisch eine Abschlagzeit geben zu lassen – dabei ist die Nutzung des Angebots anzugeben.
3. Eine Barauszahlung des Greenfee-Vorteils ist nicht möglich.
4. Das Kombinieren von Angeboten oder bestehenden Greenfee-Vorteilen ist nicht möglich. Der Vorteil bezieht sich jeweils ausschließlich auf die zum Zeitpunkt der Einlösung gültigen vollen Greenfee-Gebühren.
5. Gibt es Spielergruppen mit erhöhten Greenfee-Gebühren, ist ein Nachlass auf diese Gebühren nicht möglich.
6. Das Angebot allein berechtigt nicht zum Spiel gegen Greenfee. Die Erfüllung der Bestimmungen des jeweiligen Golfclubs zur Greenfee-Berechtigung (Mitgliedschaft in einem Golfclub, Mindesthandicap etc.) zum Zeitpunkt der Einlösung sind Voraussetzung.
7. Es ist untersagt, den Greenfee-Gutschein entgeltlich Dritten zu überlassen bzw. mit diesen Handel zu treiben. Insbesondere sind die teilnehmenden Golfclubs in diesem Falle berechtigt, die Einlösung der ausgeschriebenen Angebote zu verweigern.
8. Die teilnehmenden Golfclubs haben sich gegenüber dem Verlag unter den o.g. Bedingungen verpflichtet, die ausgeschriebenen Angebote einzulösen. Der Verlag übernimmt jedoch keine Gewähr und keine Haftung, wenn ein Angebot nicht eingelöst wird oder werden kann.

Bedingungen zur Einlösung des Discounts:

1. Das Angebot ist einschließlich bis 30.6.2024 gültig.
2. Der Golfspieler/Leser hat sich telefonisch eine Abschlagzeit geben zu lassen – dabei ist die Nutzung des Angebots anzugeben.
3. Eine Barauszahlung des Greenfee-Vorteils ist nicht möglich.
4. Das Kombinieren von Angeboten oder bestehenden Greenfee-Vorteilen ist nicht möglich. Der Vorteil bezieht sich jeweils ausschließlich auf die zum Zeitpunkt der Einlösung gültigen vollen Greenfee-Gebühren.
5. Gibt es Spielergruppen mit erhöhten Greenfee-Gebühren, ist ein Nachlass auf diese Gebühren nicht möglich.
6. Das Angebot allein berechtigt nicht zum Spiel gegen Greenfee. Die Erfüllung der Bestimmungen des jeweiligen Golfclubs zur Greenfee-Berechtigung (Mitgliedschaft in einem Golfclub, Mindesthandicap etc.) zum Zeitpunkt der Einlösung sind Voraussetzung.
7. Es ist untersagt, den Greenfee-Gutschein entgeltlich Dritten zu überlassen bzw. mit diesen Handel zu treiben. Insbesondere sind die teilnehmenden Golfclubs in diesem Falle berechtigt, die Einlösung der ausgeschriebenen Angebote zu verweigern.
8. Die teilnehmenden Golfclubs haben sich gegenüber dem Verlag unter den o.g. Bedingungen verpflichtet, die ausgeschriebenen Angebote einzulösen. Der Verlag übernimmt jedoch keine Gewähr und keine Haftung, wenn ein Angebot nicht eingelöst wird oder werden kann.

Bedingungen zur Einlösung des Discounts:

1. Das Angebot ist einschließlich bis 30.6.2024 gültig.
2. Der Golfspieler/Leser hat sich telefonisch eine Abschlagzeit geben zu lassen – dabei ist die Nutzung des Angebots anzugeben.
3. Eine Barauszahlung des Greenfee-Vorteils ist nicht möglich.
4. Das Kombinieren von Angeboten oder bestehenden Greenfee-Vorteilen ist nicht möglich. Der Vorteil bezieht sich jeweils ausschließlich auf die zum Zeitpunkt der Einlösung gültigen vollen Greenfee-Gebühren.
5. Gibt es Spielergruppen mit erhöhten Greenfee-Gebühren, ist ein Nachlass auf diese Gebühren nicht möglich.
6. Das Angebot allein berechtigt nicht zum Spiel gegen Greenfee. Die Erfüllung der Bestimmungen des jeweiligen Golfclubs zur Greenfee-Berechtigung (Mitgliedschaft in einem Golfclub, Mindesthandicap etc.) zum Zeitpunkt der Einlösung sind Voraussetzung.
7. Es ist untersagt, den Greenfee-Gutschein entgeltlich Dritten zu überlassen bzw. mit diesen Handel zu treiben. Insbesondere sind die teilnehmenden Golfclubs in diesem Falle berechtigt, die Einlösung der ausgeschriebenen Angebote zu verweigern.
8. Die teilnehmenden Golfclubs haben sich gegenüber dem Verlag unter den o.g. Bedingungen verpflichtet, die ausgeschriebenen Angebote einzulösen. Der Verlag übernimmt jedoch keine Gewähr und keine Haftung, wenn ein Angebot nicht eingelöst wird oder werden kann.

Bedingungen zur Einlösung des Discounts:

1. Das Angebot ist einschließlich bis 30.6.2024 gültig.
2. Der Golfspieler/Leser hat sich telefonisch eine Abschlagzeit geben zu lassen – dabei ist die Nutzung des Angebots anzugeben.
3. Eine Barauszahlung des Greenfee-Vorteils ist nicht möglich.
4. Das Kombinieren von Angeboten oder bestehenden Greenfee-Vorteilen ist nicht möglich. Der Vorteil bezieht sich jeweils ausschließlich auf die zum Zeitpunkt der Einlösung gültigen vollen Greenfee-Gebühren.
5. Gibt es Spielergruppen mit erhöhten Greenfee-Gebühren, ist ein Nachlass auf diese Gebühren nicht möglich.
6. Das Angebot allein berechtigt nicht zum Spiel gegen Greenfee. Die Erfüllung der Bestimmungen des jeweiligen Golfclubs zur Greenfee-Berechtigung (Mitgliedschaft in einem Golfclub, Mindesthandicap etc.) zum Zeitpunkt der Einlösung sind Voraussetzung.
7. Es ist untersagt, den Greenfee-Gutschein entgeltlich Dritten zu überlassen bzw. mit diesen Handel zu treiben. Insbesondere sind die teilnehmenden Golfclubs in diesem Falle berechtigt, die Einlösung der ausgeschriebenen Angebote zu verweigern.
8. Die teilnehmenden Golfclubs haben sich gegenüber dem Verlag unter den o.g. Bedingungen verpflichtet, die ausgeschriebenen Angebote einzulösen. Der Verlag übernimmt jedoch keine Gewähr und keine Haftung, wenn ein Angebot nicht eingelöst wird oder werden kann.

Bedingungen zur Einlösung des Discounts:

1. Das Angebot ist einschließlich bis 30.6.2024 gültig.
2. Der Golfspieler/Leser hat sich telefonisch eine Abschlagzeit geben zu lassen – dabei ist die Nutzung des Angebots anzugeben.
3. Eine Barauszahlung des Greenfee-Vorteils ist nicht möglich.
4. Das Kombinieren von Angeboten oder bestehenden Greenfee-Vorteilen ist nicht möglich. Der Vorteil bezieht sich jeweils ausschließlich auf die zum Zeitpunkt der Einlösung gültigen vollen Greenfee-Gebühren.
5. Gibt es Spielergruppen mit erhöhten Greenfee-Gebühren, ist ein Nachlass auf diese Gebühren nicht möglich.
6. Das Angebot allein berechtigt nicht zum Spiel gegen Greenfee. Die Erfüllung der Bestimmungen des jeweiligen Golfclubs zur Greenfee-Berechtigung (Mitgliedschaft in einem Golfclub, Mindesthandicap etc.) zum Zeitpunkt der Einlösung sind Voraussetzung.
7. Es ist untersagt, den Greenfee-Gutschein entgeltlich Dritten zu überlassen bzw. mit diesen Handel zu treiben. Insbesondere sind die teilnehmenden Golfclubs in diesem Falle berechtigt, die Einlösung der ausgeschriebenen Angebote zu verweigern.
8. Die teilnehmenden Golfclubs haben sich gegenüber dem Verlag unter den o.g. Bedingungen verpflichtet, die ausgeschriebenen Angebote einzulösen. Der Verlag übernimmt jedoch keine Gewähr und keine Haftung, wenn ein Angebot nicht eingelöst wird oder werden kann.

Bedingungen zur Einlösung des Discounts:

1. Das Angebot ist einschließlich bis 30.6.2024 gültig.
2. Der Golfspieler/Leser hat sich telefonisch eine Abschlagzeit geben zu lassen – dabei ist die Nutzung des Angebots anzugeben.
3. Eine Barauszahlung des Greenfee-Vorteils ist nicht möglich.
4. Das Kombinieren von Angeboten oder bestehenden Greenfee-Vorteilen ist nicht möglich. Der Vorteil bezieht sich jeweils ausschließlich auf die zum Zeitpunkt der Einlösung gültigen vollen Greenfee-Gebühren.
5. Gibt es Spielergruppen mit erhöhten Greenfee-Gebühren, ist ein Nachlass auf diese Gebühren nicht möglich.
6. Das Angebot allein berechtigt nicht zum Spiel gegen Greenfee. Die Erfüllung der Bestimmungen des jeweiligen Golfclubs zur Greenfee-Berechtigung (Mitgliedschaft in einem Golfclub, Mindesthandicap etc.) zum Zeitpunkt der Einlösung sind Voraussetzung.
7. Es ist untersagt, den Greenfee-Gutschein entgeltlich Dritten zu überlassen bzw. mit diesen Handel zu treiben. Insbesondere sind die teilnehmenden Golfclubs in diesem Falle berechtigt, die Einlösung der ausgeschriebenen Angebote zu verweigern.
8. Die teilnehmenden Golfclubs haben sich gegenüber dem Verlag unter den o.g. Bedingungen verpflichtet, die ausgeschriebenen Angebote einzulösen. Der Verlag übernimmt jedoch keine Gewähr und keine Haftung, wenn ein Angebot nicht eingelöst wird oder werden kann.

Bedingungen zur Einlösung des Discounts:

1. Das Angebot ist einschließlich bis 30.6.2024 gültig.
2. Der Golfspieler/Leser hat sich telefonisch eine Abschlagzeit geben zu lassen – dabei ist die Nutzung des Angebots anzugeben.
3. Eine Barauszahlung des Greenfee-Vorteils ist nicht möglich.
4. Das Kombinieren von Angeboten oder bestehenden Greenfee-Vorteilen ist nicht möglich. Der Vorteil bezieht sich jeweils ausschließlich auf die zum Zeitpunkt der Einlösung gültigen vollen Greenfee-Gebühren.
5. Gibt es Spielergruppen mit erhöhten Greenfee-Gebühren, ist ein Nachlass auf diese Gebühren nicht möglich.
6. Das Angebot allein berechtigt nicht zum Spiel gegen Greenfee. Die Erfüllung der Bestimmungen des jeweiligen Golfclubs zur Greenfee-Berechtigung (Mitgliedschaft in einem Golfclub, Mindesthandicap etc.) zum Zeitpunkt der Einlösung sind Voraussetzung.
7. Es ist untersagt, den Greenfee-Gutschein entgeltlich Dritten zu überlassen bzw. mit diesen Handel zu treiben. Insbesondere sind die teilnehmenden Golfclubs in diesem Falle berechtigt, die Einlösung der ausgeschriebenen Angebote zu verweigern.
8. Die teilnehmenden Golfclubs haben sich gegenüber dem Verlag unter den o.g. Bedingungen verpflichtet, die ausgeschriebenen Angebote einzulösen. Der Verlag übernimmt jedoch keine Gewähr und keine Haftung, wenn ein Angebot nicht eingelöst wird oder werden kann.

Bedingungen zur Einlösung des Discounts:

1. Das Angebot ist einschließlich bis 30.6.2024 gültig.
2. Der Golfspieler/Leser hat sich telefonisch eine Abschlagzeit geben zu lassen – dabei ist die Nutzung des Angebots anzugeben.
3. Eine Barauszahlung des Greenfee-Vorteils ist nicht möglich.
4. Das Kombinieren von Angeboten oder bestehenden Greenfee-Vorteilen ist nicht möglich. Der Vorteil bezieht sich jeweils ausschließlich auf die zum Zeitpunkt der Einlösung gültigen vollen Greenfee-Gebühren.
5. Gibt es Spielergruppen mit erhöhten Greenfee-Gebühren, ist ein Nachlass auf diese Gebühren nicht möglich.
6. Das Angebot allein berechtigt nicht zum Spiel gegen Greenfee. Die Erfüllung der Bestimmungen des jeweiligen Golfclubs zur Greenfee-Berechtigung (Mitgliedschaft in einem Golfclub, Mindesthandicap etc.) zum Zeitpunkt der Einlösung sind Voraussetzung.
7. Es ist untersagt, den Greenfee-Gutschein entgeltlich Dritten zu überlassen bzw. mit diesen Handel zu treiben. Insbesondere sind die teilnehmenden Golfclubs in diesem Falle berechtigt, die Einlösung der ausgeschriebenen Angebote zu verweigern.
8. Die teilnehmenden Golfclubs haben sich gegenüber dem Verlag unter den o.g. Bedingungen verpflichtet, die ausgeschriebenen Angebote einzulösen. Der Verlag übernimmt jedoch keine Gewähr und keine Haftung, wenn ein Angebot nicht eingelöst wird oder werden kann.

Diese Gutscheine gelten nur in Verbindung mit dem Buch/Albrecht Golf Card

Diese Gutscheine gelten nur in Verbindung mit dem Buch/Albrecht Golf Card

DER GOLF ALBRECHT

Casentino Golf Club Arezzo IT

Via Fronzola, 6
I-52014 Poppi
✆ +39 0575 529810
Toskana

313

20% Greenfee-Ermäßigung

DER GOLF ALBRECHT

Casentino Golf Club Arezzo IT

Via Fronzola, 6
I-52014 Poppi
✆ +39 0575 529810
Toskana

313

20% Greenfee-Ermäßigung

DER GOLF ALBRECHT

Golf Club Castelfalfi IT

Loc. Castelfalfi
I-50050 Montaione
✆ +39 0571 890200
Toskana
Hinweis: On Rack Rate

314

20% Greenfee-Ermäßigung

DER GOLF ALBRECHT

Golf Club Castelfalfi IT

Loc. Castelfalfi
I-50050 Montaione
✆ +39 0571 890200
Toskana
Hinweis: On Rack Rate

314

20% Greenfee-Ermäßigung

DER GOLF ALBRECHT

Golf Club Le Capanne IT

Via Aurelia, Km.273
I-57020 La California, Bibbona (LI)
✆ +39 388 119 6030
Toskana
Hinweis: Unser Club ist eine Driving Range, wir können Rabatte auf den Eintritt in die Driving Range aber auch den Unterricht anbieten.

315

2 for 1 2 GF zum Preis von 1

DER GOLF ALBRECHT

Golf Club Le Capanne IT

Via Aurelia, Km.273
I-57020 La California, Bibbona (LI)
✆ +39 388 119 6030
Toskana
Hinweis: Unser Club ist eine Driving Range, wir können Rabatte auf den Eintritt in die Driving Range aber auch den Unterricht anbieten.

315

2 for 1 2 GF zum Preis von 1

DER GOLF ALBRECHT

Golf Club Le Capanne IT

Via Aurelia, Km.273
I-57020 La California, Bibbona (LI)
✆ +39 388 119 6030
Toskana
Hinweis: Unser Club ist eine Driving Range, wir können Rabatte auf den Eintritt in die Driving Range aber auch den Unterricht anbieten.

315

20% Greenfee-Ermäßigung

DER GOLF ALBRECHT

Golf Club Le Capanne IT

Via Aurelia, Km.273
I-57020 La California, Bibbona (LI)
✆ +39 388 119 6030
Toskana
Hinweis: Unser Club ist eine Driving Range, wir können Rabatte auf den Eintritt in die Driving Range aber auch den Unterricht anbieten.

315

20% Greenfee-Ermäßigung

DER GOLF ALBRECHT

Golf Club Punta Ala IT

Via del Golf, 1
I-58043 Punta Ala (GR)
✆ +39 0564 922121
Toskana

316

20% Greenfee-Ermäßigung wochentags

DER GOLF ALBRECHT

Golf Club Punta Ala IT

Via del Golf, 1
I-58043 Punta Ala (GR)
✆ +39 0564 922121
Toskana

316

20% Greenfee-Ermäßigung wochentags

Bedingungen zur Einlösung des Discounts:
1. Das Angebot ist einschließlich bis 30.6.2024 gültig.
2. Der Golfspieler/Leser hat sich telefonisch eine Abschlagzeit geben zu lassen – dabei ist die Nutzung des Angebots anzugeben.
3. Eine Barauszahlung des Greenfee-Vorteils ist nicht möglich.
4. Das Kombinieren von Angeboten oder bestehenden Greenfee-Vorteilen ist nicht möglich. Der Vorteil bezieht sich jeweils ausschließlich auf die zum Zeitpunkt der Einlösung gültigen vollen Greenfee-Gebühren.
5. Gibt es Spielergruppen mit erhöhten Greenfee-Gebühren, ist ein Nachlass auf diese Gebühren nicht möglich.
6. Das Angebot allein berechtigt nicht zum Spiel gegen Greenfee. Die Erfüllung der Bestimmungen des jeweiligen Golfclubs zur Greenfee-Berechtigung (Mitgliedschaft in einem Golfclub, Mindesthandicap etc.) zum Zeitpunkt der Einlösung sind Voraussetzung.
7. Es ist untersagt, den Greenfee-Gutschein entgeltlich Dritten zu überlassen bzw. mit diesen Handel zu treiben. Insbesondere sind die teilnehmenden Golfclubs in diesem Falle berechtigt, die Einlösung der ausgeschriebenen Angebote zu verweigern.
8. Die teilnehmenden Golfclubs haben sich gegenüber dem Verlag unter den o.g. Bedingungen verpflichtet, die ausgeschriebenen Angebote einzulösen. Der Verlag übernimmt jedoch keine Gewähr und keine Haftung, wenn ein Angebot nicht eingelöst wird oder werden kann.

Bedingungen zur Einlösung des Discounts:
1. Das Angebot ist einschließlich bis 30.6.2024 gültig.
2. Der Golfspieler/Leser hat sich telefonisch eine Abschlagzeit geben zu lassen – dabei ist die Nutzung des Angebots anzugeben.
3. Eine Barauszahlung des Greenfee-Vorteils ist nicht möglich.
4. Das Kombinieren von Angeboten oder bestehenden Greenfee-Vorteilen ist nicht möglich. Der Vorteil bezieht sich jeweils ausschließlich auf die zum Zeitpunkt der Einlösung gültigen vollen Greenfee-Gebühren.
5. Gibt es Spielergruppen mit erhöhten Greenfee-Gebühren, ist ein Nachlass auf diese Gebühren nicht möglich.
6. Das Angebot allein berechtigt nicht zum Spiel gegen Greenfee. Die Erfüllung der Bestimmungen des jeweiligen Golfclubs zur Greenfee-Berechtigung (Mitgliedschaft in einem Golfclub, Mindesthandicap etc.) zum Zeitpunkt der Einlösung sind Voraussetzung.
7. Es ist untersagt, den Greenfee-Gutschein entgeltlich Dritten zu überlassen bzw. mit diesen Handel zu treiben. Insbesondere sind die teilnehmenden Golfclubs in diesem Falle berechtigt, die Einlösung der ausgeschriebenen Angebote zu verweigern.
8. Die teilnehmenden Golfclubs haben sich gegenüber dem Verlag unter den o.g. Bedingungen verpflichtet, die ausgeschriebenen Angebote einzulösen. Der Verlag übernimmt jedoch keine Gewähr und keine Haftung, wenn ein Angebot nicht eingelöst wird oder werden kann.

Bedingungen zur Einlösung des Discounts:
1. Das Angebot ist einschließlich bis 30.6.2024 gültig
2. Der Golfspieler/Leser hat sich telefonisch eine Abschlagzeit geben zu lassen – dabei ist die Nutzung des Angebots anzugeben.
3. Eine Barauszahlung des Greenfee-Vorteils ist nicht möglich.
4. Das Kombinieren von Angeboten oder bestehenden Greenfee-Vorteilen ist nicht möglich. Der Vorteil bezieht sich jeweils ausschließlich auf die zum Zeitpunkt der Einlösung gültigen vollen Greenfee-Gebühren.
5. Gibt es Spielergruppen mit erhöhten Greenfee-Gebühren, ist ein Nachlass auf diese Gebühren nicht möglich.
6. Das Angebot allein berechtigt nicht zum Spiel gegen Greenfee. Die Erfüllung der Bestimmungen des jeweiligen Golfclubs zur Greenfee-Berechtigung (Mitgliedschaft in einem Golfclub, Mindesthandicap etc.) zum Zeitpunkt der Einlösung sind Voraussetzung.
7. Es ist untersagt, den Greenfee-Gutschein entgeltlich Dritten zu überlassen bzw. mit diesen Handel zu treiben. Insbesondere sind die teilnehmenden Golfclubs in diesem Falle berechtigt, die Einlösung der ausgeschriebenen Angebote zu verweigern.
8. Die teilnehmenden Golfclubs haben sich gegenüber dem Verlag unter den o.g. Bedingungen verpflichtet, die ausgeschriebenen Angebote einzulösen. Der Verlag übernimmt jedoch keine Gewähr und keine Haftung, wenn ein Angebot nicht eingelöst wird oder werden kann.

Bedingungen zur Einlösung des Discounts:
1. Das Angebot ist einschließlich bis 30.6.2024 gültig.
2. Der Golfspieler/Leser hat sich telefonisch eine Abschlagzeit geben zu lassen – dabei ist die Nutzung des Angebots anzugeben.
3. Eine Barauszahlung des Greenfee-Vorteils ist nicht möglich.
4. Das Kombinieren von Angeboten oder bestehenden Greenfee-Vorteilen ist nicht möglich. Der Vorteil bezieht sich jeweils ausschließlich auf die zum Zeitpunkt der Einlösung gültigen vollen Greenfee-Gebühren.
5. Gibt es Spielergruppen mit erhöhten Greenfee-Gebühren, ist ein Nachlass auf diese Gebühren nicht möglich.
6. Das Angebot allein berechtigt nicht zum Spiel gegen Greenfee. Die Erfüllung der Bestimmungen des jeweiligen Golfclubs zur Greenfee-Berechtigung (Mitgliedschaft in einem Golfclub, Mindesthandicap etc.) zum Zeitpunkt der Einlösung sind Voraussetzung.
7. Es ist untersagt, den Greenfee-Gutschein entgeltlich Dritten zu überlassen bzw. mit diesen Handel zu treiben. Insbesondere sind die teilnehmenden Golfclubs in diesem Falle berechtigt, die Einlösung der ausgeschriebenen Angebote zu verweigern.
8. Die teilnehmenden Golfclubs haben sich gegenüber dem Verlag unter den o.g. Bedingungen verpflichtet, die ausgeschriebenen Angebote einzulösen. Der Verlag übernimmt jedoch keine Gewähr und keine Haftung, wenn ein Angebot nicht eingelöst wird oder werden kann.

Bedingungen zur Einlösung des Discounts:
1. Das Angebot ist einschließlich bis 30.6.2024 gültig.
2. Der Golfspieler/Leser hat sich telefonisch eine Abschlagzeit geben zu lassen – dabei ist die Nutzung des Angebots anzugeben.
3. Eine Barauszahlung des Greenfee-Vorteils ist nicht möglich.
4. Das Kombinieren von Angeboten oder bestehenden Greenfee-Vorteilen ist nicht möglich. Der Vorteil bezieht sich jeweils ausschließlich auf die zum Zeitpunkt der Einlösung gültigen vollen Greenfee-Gebühren.
5. Gibt es Spielergruppen mit erhöhten Greenfee-Gebühren, ist ein Nachlass auf diese Gebühren nicht möglich.
6. Das Angebot allein berechtigt nicht zum Spiel gegen Greenfee. Die Erfüllung der Bestimmungen des jeweiligen Golfclubs zur Greenfee-Berechtigung (Mitgliedschaft in einem Golfclub, Mindesthandicap etc.) zum Zeitpunkt der Einlösung sind Voraussetzung.
7. Es ist untersagt, den Greenfee-Gutschein entgeltlich Dritten zu überlassen bzw. mit diesen Handel zu treiben. Insbesondere sind die teilnehmenden Golfclubs in diesem Falle berechtigt, die Einlösung der ausgeschriebenen Angebote zu verweigern.
8. Die teilnehmenden Golfclubs haben sich gegenüber dem Verlag unter den o.g. Bedingungen verpflichtet, die ausgeschriebenen Angebote einzulösen. Der Verlag übernimmt jedoch keine Gewähr und keine Haftung, wenn ein Angebot nicht eingelöst wird oder werden kann.

Bedingungen zur Einlösung des Discounts:
1. Das Angebot ist einschließlich bis 30.6.2024 gültig.
2. Der Golfspieler/Leser hat sich telefonisch eine Abschlagzeit geben zu lassen – dabei ist die Nutzung des Angebots anzugeben.
3. Eine Barauszahlung des Greenfee-Vorteils ist nicht möglich.
4. Das Kombinieren von Angeboten oder bestehenden Greenfee-Vorteilen ist nicht möglich. Der Vorteil bezieht sich jeweils ausschließlich auf die zum Zeitpunkt der Einlösung gültigen vollen Greenfee-Gebühren.
5. Gibt es Spielergruppen mit erhöhten Greenfee-Gebühren, ist ein Nachlass auf diese Gebühren nicht möglich.
6. Das Angebot allein berechtigt nicht zum Spiel gegen Greenfee. Die Erfüllung der Bestimmungen des jeweiligen Golfclubs zur Greenfee-Berechtigung (Mitgliedschaft in einem Golfclub, Mindesthandicap etc.) zum Zeitpunkt der Einlösung sind Voraussetzung.
7. Es ist untersagt, den Greenfee-Gutschein entgeltlich Dritten zu überlassen bzw. mit diesen Handel zu treiben. Insbesondere sind die teilnehmenden Golfclubs in diesem Falle berechtigt, die Einlösung der ausgeschriebenen Angebote zu verweigern.
8. Die teilnehmenden Golfclubs haben sich gegenüber dem Verlag unter den o.g. Bedingungen verpflichtet, die ausgeschriebenen Angebote einzulösen. Der Verlag übernimmt jedoch keine Gewähr und keine Haftung, wenn ein Angebot nicht eingelöst wird oder werden kann.

Bedingungen zur Einlösung des Discounts:
1. Das Angebot ist einschließlich bis 30.6.2024 gültig.
2. Der Golfspieler/Leser hat sich telefonisch eine Abschlagzeit geben zu lassen – dabei ist die Nutzung des Angebots anzugeben.
3. Eine Barauszahlung des Greenfee-Vorteils ist nicht möglich.
4. Das Kombinieren von Angeboten oder bestehenden Greenfee-Vorteilen ist nicht möglich. Der Vorteil bezieht sich jeweils ausschließlich auf die zum Zeitpunkt der Einlösung gültigen vollen Greenfee-Gebühren.
5. Gibt es Spielergruppen mit erhöhten Greenfee-Gebühren, ist ein Nachlass auf diese Gebühren nicht möglich.
6. Das Angebot allein berechtigt nicht zum Spiel gegen Greenfee. Die Erfüllung der Bestimmungen des jeweiligen Golfclubs zur Greenfee-Berechtigung (Mitgliedschaft in einem Golfclub, Mindesthandicap etc.) zum Zeitpunkt der Einlösung sind Voraussetzung.
7. Es ist untersagt, den Greenfee-Gutschein entgeltlich Dritten zu überlassen bzw. mit diesen Handel zu treiben. Insbesondere sind die teilnehmenden Golfclubs in diesem Falle berechtigt, die Einlösung der ausgeschriebenen Angebote zu verweigern.
8. Die teilnehmenden Golfclubs haben sich gegenüber dem Verlag unter den o.g. Bedingungen verpflichtet, die ausgeschriebenen Angebote einzulösen. Der Verlag übernimmt jedoch keine Gewähr und keine Haftung, wenn ein Angebot nicht eingelöst wird oder werden kann.

Bedingungen zur Einlösung des Discounts:
1. Das Angebot ist einschließlich bis 30.6.2024 gültig.
2. Der Golfspieler/Leser hat sich telefonisch eine Abschlagzeit geben zu lassen – dabei ist die Nutzung des Angebots anzugeben.
3. Eine Barauszahlung des Greenfee-Vorteils ist nicht möglich.
4. Das Kombinieren von Angeboten oder bestehenden Greenfee-Vorteilen ist nicht möglich. Der Vorteil bezieht sich jeweils ausschließlich auf die zum Zeitpunkt der Einlösung gültigen vollen Greenfee-Gebühren.
5. Gibt es Spielergruppen mit erhöhten Greenfee-Gebühren, ist ein Nachlass auf diese Gebühren nicht möglich.
6. Das Angebot allein berechtigt nicht zum Spiel gegen Greenfee. Die Erfüllung der Bestimmungen des jeweiligen Golfclubs zur Greenfee-Berechtigung (Mitgliedschaft in einem Golfclub, Mindesthandicap etc.) zum Zeitpunkt der Einlösung sind Voraussetzung.
7. Es ist untersagt, den Greenfee-Gutschein entgeltlich Dritten zu überlassen bzw. mit diesen Handel zu treiben. Insbesondere sind die teilnehmenden Golfclubs in diesem Falle berechtigt, die Einlösung der ausgeschriebenen Angebote zu verweigern.
8. Die teilnehmenden Golfclubs haben sich gegenüber dem Verlag unter den o.g. Bedingungen verpflichtet, die ausgeschriebenen Angebote einzulösen. Der Verlag übernimmt jedoch keine Gewähr und keine Haftung, wenn ein Angebot nicht eingelöst wird oder werden kann.

Bedingungen zur Einlösung des Discounts:
1. Das Angebot ist einschließlich bis 30.6.2024 gültig.
2. Der Golfspieler/Leser hat sich telefonisch eine Abschlagzeit geben zu lassen – dabei ist die Nutzung des Angebots anzugeben.
3. Eine Barauszahlung des Greenfee-Vorteils ist nicht möglich.
4. Das Kombinieren von Angeboten oder bestehenden Greenfee-Vorteilen ist nicht möglich. Der Vorteil bezieht sich jeweils ausschließlich auf die zum Zeitpunkt der Einlösung gültigen vollen Greenfee-Gebühren.
5. Gibt es Spielergruppen mit erhöhten Greenfee-Gebühren, ist ein Nachlass auf diese Gebühren nicht möglich.
6. Das Angebot allein berechtigt nicht zum Spiel gegen Greenfee. Die Erfüllung der Bestimmungen des jeweiligen Golfclubs zur Greenfee-Berechtigung (Mitgliedschaft in einem Golfclub, Mindesthandicap etc.) zum Zeitpunkt der Einlösung sind Voraussetzung.
7. Es ist untersagt, den Greenfee-Gutschein entgeltlich Dritten zu überlassen bzw. mit diesen Handel zu treiben. Insbesondere sind die teilnehmenden Golfclubs in diesem Falle berechtigt, die Einlösung der ausgeschriebenen Angebote zu verweigern.
8. Die teilnehmenden Golfclubs haben sich gegenüber dem Verlag unter den o.g. Bedingungen verpflichtet, die ausgeschriebenen Angebote einzulösen. Der Verlag übernimmt jedoch keine Gewähr und keine Haftung, wenn ein Angebot nicht eingelöst wird oder werden kann.

Bedingungen zur Einlösung des Discounts:
1. Das Angebot ist einschließlich bis 30.6.2024 gültig.
2. Der Golfspieler/Leser hat sich telefonisch eine Abschlagzeit geben zu lassen – dabei ist die Nutzung des Angebots anzugeben.
3. Eine Barauszahlung des Greenfee-Vorteils ist nicht möglich.
4. Das Kombinieren von Angeboten oder bestehenden Greenfee-Vorteilen ist nicht möglich. Der Vorteil bezieht sich jeweils ausschließlich auf die zum Zeitpunkt der Einlösung gültigen vollen Greenfee-Gebühren.
5. Gibt es Spielergruppen mit erhöhten Greenfee-Gebühren, ist ein Nachlass auf diese Gebühren nicht möglich.
6. Das Angebot allein berechtigt nicht zum Spiel gegen Greenfee. Die Erfüllung der Bestimmungen des jeweiligen Golfclubs zur Greenfee-Berechtigung (Mitgliedschaft in einem Golfclub, Mindesthandicap etc.) zum Zeitpunkt der Einlösung sind Voraussetzung.
7. Es ist untersagt, den Greenfee-Gutschein entgeltlich Dritten zu überlassen bzw. mit diesen Handel zu treiben. Insbesondere sind die teilnehmenden Golfclubs in diesem Falle berechtigt, die Einlösung der ausgeschriebenen Angebote zu verweigern.
8. Die teilnehmenden Golfclubs haben sich gegenüber dem Verlag unter den o.g. Bedingungen verpflichtet, die ausgeschriebenen Angebote einzulösen. Der Verlag übernimmt jedoch keine Gewähr und keine Haftung, wenn ein Angebot nicht eingelöst wird oder werden kann.

Diese Gutscheine gelten nur in Verbindung mit dem Buch/Albrecht Golf Card

Diese Gutscheine gelten nur in Verbindung mit dem Buch/Albrecht Golf Card

DER GOLF ALBRECHT

Terme di Saturnia Golf Club IT

Loc. Follonata
I-58014 Saturnia (GR)
✆ +39 0564 600111
Toskana

317

2 for 1 2 GF zum Preis von 1 wochentags

DER GOLF ALBRECHT

Kamień Country Club PL

Grębowo 42
PL-72-400 Kamień Pomorski
✆ +48 605 044 452

318

20% Greenfee-Ermäßigung

DER GOLF ALBRECHT

Kamień Country Club PL

Grębowo 42
PL-72-400 Kamień Pomorski
✆ +48 605 044 452

318

20% Greenfee-Ermäßigung

DER GOLF ALBRECHT

Przytok Golf & Resort PL

ul. Golfowa 18
PL-66-003 Przytok k/Zielonej Góry
✆ +48 570 021 530

319

2 for 1 2 GF zum Preis von 1

DER GOLF ALBRECHT

Przytok Golf & Resort PL

ul. Golfowa 18
PL-66-003 Przytok k/Zielonej Góry
✆ +48 570 021 530

319

2 for 1 2 GF zum Preis von 1

DER GOLF ALBRECHT

Przytok Golf & Resort PL

ul. Golfowa 18
PL-66-003 Przytok k/Zielonej Góry
✆ +48 570 021 530

319

50% Greenfee-Ermäßigung

DER GOLF ALBRECHT

Przytok Golf & Resort PL

ul. Golfowa 18
PL-66-003 Przytok k/Zielonej Góry
✆ +48 570 021 530

319

50% Greenfee-Ermäßigung

DER GOLF ALBRECHT

Golfplatz Zlati GriĊ SI

Skalce 91
SI-3210 Slovenske Konjice
✆ +386 3758 03 62 +386 41 780 405

320

2 for 1 2 GF zum Preis von 1

DER GOLF ALBRECHT

Golfplatz Zlati GriĊ SI

Skalce 91
SI-3210 Slovenske Konjice
✆ +386 3758 03 62 +386 41 780 405

320

2 for 1 2 GF zum Preis von 1

DER GOLF ALBRECHT

Golfplatz Zlati GriĊ SI

Skalce 91
SI-3210 Slovenske Konjice
✆ +386 3753 03 62 +386 41 780 405

320

20% Greenfee-Ermäßigung

Bedingungen zur Einlösung des Discounts:
1. Das Angebot ist einschließlich bis 30.6.2024 gültig.
2. Der Golfspieler/Leser hat sich telefonisch eine Abschlagzeit geben zu lassen – dabei ist die Nutzung des Angebots anzugeben.
3. Eine Barauszahlung des Greenfee-Vorteils ist nicht möglich.
4. Das Kombinieren von Angeboten oder bestehenden Greenfee-Vorteilen ist nicht möglich. Der Vorteil bezieht sich jeweils ausschließlich auf die zum Zeitpunkt der Einlösung gültigen vollen Greenfee-Gebühren.
5. Gibt es Spielergruppen mit erhöhten Greenfee-Gebühren, ist ein Nachlass auf diese Gebühren nicht möglich.
6. Das Angebot allein berechtigt nicht zum Spiel gegen Greenfee. Die Erfüllung der Bestimmungen des jeweiligen Golfclubs zur Greenfee-Berechtigung (Mitgliedschaft in einem Golfclub, Mindesthandicap etc.) zum Zeitpunkt der Einlösung sind Voraussetzung.
7. Es ist untersagt, den Greenfee-Gutschein entgeltlich Dritten zu überlassen bzw. mit diesen Handel zu treiben. Insbesondere sind die teilnehmenden Golfclubs in diesem Falle berechtigt, die Einlösung der ausgeschriebenen Angebote zu verweigern.
8. Die teilnehmenden Golfclubs haben sich gegenüber dem Verlag unter den o.g. Bedingungen verpflichtet, die ausgeschriebenen Angebote einzulösen. Der Verlag übernimmt jedoch keine Gewähr und keine Haftung, wenn ein Angebot nicht eingelöst wird oder werden kann.

Bedingungen zur Einlösung des Discounts:
1. Das Angebot ist einschließlich bis 30.6.2024 gültig.
2. Der Golfspieler/Leser hat sich telefonisch eine Abschlagzeit geben zu lassen – dabei ist die Nutzung des Angebots anzugeben.
3. Eine Barauszahlung des Greenfee-Vorteils ist nicht möglich.
4. Das Kombinieren von Angeboten oder bestehenden Greenfee-Vorteilen ist nicht möglich. Der Vorteil bezieht sich jeweils ausschließlich auf die zum Zeitpunkt der Einlösung gültigen vollen Greenfee-Gebühren.
5. Gibt es Spielergruppen mit erhöhten Greenfee-Gebühren, ist ein Nachlass auf diese Gebühren nicht möglich.
6. Das Angebot allein berechtigt nicht zum Spiel gegen Greenfee. Die Erfüllung der Bestimmungen des jeweiligen Golfclubs zur Greenfee-Berechtigung (Mitgliedschaft in einem Golfclub, Mindesthandicap etc.) zum Zeitpunkt der Einlösung sind Voraussetzung.
7. Es ist untersagt, den Greenfee-Gutschein entgeltlich Dritten zu überlassen bzw. mit diesen Handel zu treiben. Insbesondere sind die teilnehmenden Golfclubs in diesem Falle berechtigt, die Einlösung der ausgeschriebenen Angebote zu verweigern.
8. Die teilnehmenden Golfclubs haben sich gegenüber dem Verlag unter den o.g. Bedingungen verpflichtet, die ausgeschriebenen Angebote einzulösen. Der Verlag übernimmt jedoch keine Gewähr und keine Haftung, wenn ein Angebot nicht eingelöst wird oder werden kann.

Bedingungen zur Einlösung des Discounts:
1. Das Angebot ist einschließlich bis 30.6.2024 gültig.
2. Der Golfspieler/Leser hat sich telefonisch eine Abschlagzeit geben zu lassen – dabei ist die Nutzung des Angebots anzugeben.
3. Eine Barauszahlung des Greenfee-Vorteils ist nicht möglich.
4. Das Kombinieren von Angeboten oder bestehenden Greenfee-Vorteilen ist nicht möglich. Der Vorteil bezieht sich jeweils ausschließlich auf die zum Zeitpunkt der Einlösung gültigen vollen Greenfee-Gebühren.
5. Gibt es Spielergruppen mit erhöhten Greenfee-Gebühren, ist ein Nachlass auf diese Gebühren nicht möglich.
6. Das Angebot allein berechtigt nicht zum Spiel gegen Greenfee. Die Erfüllung der Bestimmungen des jeweiligen Golfclubs zur Greenfee-Berechtigung (Mitgliedschaft in einem Golfclub, Mindesthandicap etc.) zum Zeitpunkt der Einlösung sind Voraussetzung.
7. Es ist untersagt, den Greenfee-Gutschein entgeltlich Dritten zu überlassen bzw. mit diesen Handel zu treiben. Insbesondere sind die teilnehmenden Golfclubs in diesem Falle berechtigt, die Einlösung der ausgeschriebenen Angebote zu verweigern.
8. Die teilnehmenden Golfclubs haben sich gegenüber dem Verlag unter den o.g. Bedingungen verpflichtet, die ausgeschriebenen Angebote einzulösen. Der Verlag übernimmt jedoch keine Gewähr und keine Haftung, wenn ein Angebot nicht eingelöst wird oder werden kann.

Bedingungen zur Einlösung des Discounts:
1. Das Angebot ist einschließlich bis 30.6.2024 gültig.
2. Der Golfspieler/Leser hat sich telefonisch eine Abschlagzeit geben zu lassen – dabei ist die Nutzung des Angebots anzugeben.
3. Eine Barauszahlung des Greenfee-Vorteils ist nicht möglich.
4. Das Kombinieren von Angeboten oder bestehenden Greenfee-Vorteilen ist nicht möglich. Der Vorteil bezieht sich jeweils ausschließlich auf die zum Zeitpunkt der Einlösung gültigen vollen Greenfee-Gebühren.
5. Gibt es Spielergruppen mit erhöhten Greenfee-Gebühren, ist ein Nachlass auf diese Gebühren nicht möglich.
6. Das Angebot allein berechtigt nicht zum Spiel gegen Greenfee. Die Erfüllung der Bestimmungen des jeweiligen Golfclubs zur Greenfee-Berechtigung (Mitgliedschaft in einem Golfclub, Mindesthandicap etc.) zum Zeitpunkt der Einlösung sind Voraussetzung.
7. Es ist untersagt, den Greenfee-Gutschein entgeltlich Dritten zu überlassen bzw. mit diesen Handel zu treiben. Insbesondere sind die teilnehmenden Golfclubs in diesem Falle berechtigt, die Einlösung der ausgeschriebenen Angebote zu verweigern.
8. Die teilnehmenden Golfclubs haben sich gegenüber dem Verlag unter den o.g. Bedingungen verpflichtet, die ausgeschriebenen Angebote einzulösen. Der Verlag übernimmt jedoch keine Gewähr und keine Haftung, wenn ein Angebot nicht eingelöst wird oder werden kann.

Bedingungen zur Einlösung des Discounts:
1. Das Angebot ist einschließlich bis 30.6.2024 gültig.
2. Der Golfspieler/Leser hat sich telefonisch eine Abschlagzeit geben zu lassen – dabei ist die Nutzung des Angebots anzugeben.
3. Eine Barauszahlung des Greenfee-Vorteils ist nicht möglich.
4. Das Kombinieren von Angeboten oder bestehenden Greenfee-Vorteilen ist nicht möglich. Der Vorteil bezieht sich jeweils ausschließlich auf die zum Zeitpunkt der Einlösung gültigen vollen Greenfee-Gebühren.
5. Gibt es Spielergruppen mit erhöhten Greenfee-Gebühren, ist ein Nachlass auf diese Gebühren nicht möglich.
6. Das Angebot allein berechtigt nicht zum Spiel gegen Greenfee. Die Erfüllung der Bestimmungen des jeweiligen Golfclubs zur Greenfee-Berechtigung (Mitgliedschaft in einem Golfclub, Mindesthandicap etc.) zum Zeitpunkt der Einlösung sind Voraussetzung.
7. Es ist untersagt, den Greenfee-Gutschein entgeltlich Dritten zu überlassen bzw. mit diesen Handel zu treiben. Insbesondere sind die teilnehmenden Golfclubs in diesem Falle berechtigt, die Einlösung der ausgeschriebenen Angebote zu verweigern.
8. Die teilnehmenden Golfclubs haben sich gegenüber dem Verlag unter den o.g. Bedingungen verpflichtet, die ausgeschriebenen Angebote einzulösen. Der Verlag übernimmt jedoch keine Gewähr und keine Haftung, wenn ein Angebot nicht eingelöst wird oder werden kann.

Bedingungen zur Einlösung des Discounts:
1. Das Angebot ist einschließlich bis 30.6.2024 gültig.
2. Der Golfspieler/Leser hat sich telefonisch eine Abschlagzeit geben zu lassen – dabei ist die Nutzung des Angebots anzugeben.
3. Eine Barauszahlung des Greenfee-Vorteils ist nicht möglich.
4. Das Kombinieren von Angeboten oder bestehenden Greenfee-Vorteilen ist nicht möglich. Der Vorteil bezieht sich jeweils ausschließlich auf die zum Zeitpunkt der Einlösung gültigen vollen Greenfee-Gebühren.
5. Gibt es Spielergruppen mit erhöhten Greenfee-Gebühren, ist ein Nachlass auf diese Gebühren nicht möglich.
6. Das Angebot allein berechtigt nicht zum Spiel gegen Greenfee. Die Erfüllung der Bestimmungen des jeweiligen Golfclubs zur Greenfee-Berechtigung (Mitgliedschaft in einem Golfclub, Mindesthandicap etc.) zum Zeitpunkt der Einlösung sind Voraussetzung.
7. Es ist untersagt, den Greenfee-Gutschein entgeltlich Dritten zu überlassen bzw. mit diesen Handel zu treiben. Insbesondere sind die teilnehmenden Golfclubs in diesem Falle berechtigt, die Einlösung der ausgeschriebenen Angebote zu verweigern.
8. Die teilnehmenden Golfclubs haben sich gegenüber dem Verlag unter den o.g. Bedingungen verpflichtet, die ausgeschriebenen Angebote einzulösen. Der Verlag übernimmt jedoch keine Gewähr und keine Haftung, wenn ein Angebot nicht eingelöst wird oder werden kann.

Bedingungen zur Einlösung des Discounts:
1. Das Angebot ist einschließlich bis 30.6.2024 gültig.
2. Der Golfspieler/Leser hat sich telefonisch eine Abschlagzeit geben zu lassen – dabei ist die Nutzung des Angebots anzugeben.
3. Eine Barauszahlung des Greenfee-Vorteils ist nicht möglich.
4. Das Kombinieren von Angeboten oder bestehenden Greenfee-Vorteilen ist nicht möglich. Der Vorteil bezieht sich jeweils ausschließlich auf die zum Zeitpunkt der Einlösung gültigen vollen Greenfee-Gebühren.
5. Gibt es Spielergruppen mit erhöhten Greenfee-Gebühren, ist ein Nachlass auf diese Gebühren nicht möglich.
6. Das Angebot allein berechtigt nicht zum Spiel gegen Greenfee. Die Erfüllung der Bestimmungen des jeweiligen Golfclubs zur Greenfee-Berechtigung (Mitgliedschaft in einem Golfclub, Mindesthandicap etc.) zum Zeitpunkt der Einlösung sind Voraussetzung.
7. Es ist untersagt, den Greenfee-Gutschein entgeltlich Dritten zu überlassen bzw. mit diesen Handel zu treiben. Insbesondere sind die teilnehmenden Golfclubs in diesem Falle berechtigt, die Einlösung der ausgeschriebenen Angebote zu verweigern.
8. Die teilnehmenden Golfclubs haben sich gegenüber dem Verlag unter den o.g. Bedingungen verpflichtet, die ausgeschriebenen Angebote einzulösen. Der Verlag übernimmt jedoch keine Gewähr und keine Haftung, wenn ein Angebot nicht eingelöst wird oder werden kann.

Bedingungen zur Einlösung des Discounts:
1. Das Angebot ist einschließlich bis 30.6.2024 gültig.
2. Der Golfspieler/Leser hat sich telefonisch eine Abschlagzeit geben zu lassen – dabei ist die Nutzung des Angebots anzugeben.
3. Eine Barauszahlung des Greenfee-Vorteils ist nicht möglich.
4. Das Kombinieren von Angeboten oder bestehenden Greenfee-Vorteilen ist nicht möglich. Der Vorteil bezieht sich jeweils ausschließlich auf die zum Zeitpunkt der Einlösung gültigen vollen Greenfee-Gebühren.
5. Gibt es Spielergruppen mit erhöhten Greenfee-Gebühren, ist ein Nachlass auf diese Gebühren nicht möglich.
6. Das Angebot allein berechtigt nicht zum Spiel gegen Greenfee. Die Erfüllung der Bestimmungen des jeweiligen Golfclubs zur Greenfee-Berechtigung (Mitgliedschaft in einem Golfclub, Mindesthandicap etc.) zum Zeitpunkt der Einlösung sind Voraussetzung.
7. Es ist untersagt, den Greenfee-Gutschein entgeltlich Dritten zu überlassen bzw. mit diesen Handel zu treiben. Insbesondere sind die teilnehmenden Golfclubs in diesem Falle berechtigt, die Einlösung der ausgeschriebenen Angebote zu verweigern.
8. Die teilnehmenden Golfclubs haben sich gegenüber dem Verlag unter den o.g. Bedingungen verpflichtet, die ausgeschriebenen Angebote einzulösen. Der Verlag übernimmt jedoch keine Gewähr und keine Haftung, wenn ein Angebot nicht eingelöst wird oder werden kann.

Bedingungen zur Einlösung des Discounts:
1. Das Angebot ist einschließlich bis 30.6.2024 gültig.
2. Der Golfspieler/Leser hat sich telefonisch eine Abschlagzeit geben zu lassen – dabei ist die Nutzung des Angebots anzugeben.
3. Eine Barauszahlung des Greenfee-Vorteils ist nicht möglich.
4. Das Kombinieren von Angeboten oder bestehenden Greenfee-Vorteilen ist nicht möglich. Der Vorteil bezieht sich jeweils ausschließlich auf die zum Zeitpunkt der Einlösung gültigen vollen Greenfee-Gebühren.
5. Gibt es Spielergruppen mit erhöhten Greenfee-Gebühren, ist ein Nachlass auf diese Gebühren nicht möglich.
6. Das Angebot allein berechtigt nicht zum Spiel gegen Greenfee. Die Erfüllung der Bestimmungen des jeweiligen Golfclubs zur Greenfee-Berechtigung (Mitgliedschaft in einem Golfclub, Mindesthandicap etc.) zum Zeitpunkt der Einlösung sind Voraussetzung.
7. Es ist untersagt, den Greenfee-Gutschein entgeltlich Dritten zu überlassen bzw. mit diesen Handel zu treiben. Insbesondere sind die teilnehmenden Golfclubs in diesem Falle berechtigt, die Einlösung der ausgeschriebenen Angebote zu verweigern.
8. Die teilnehmenden Golfclubs haben sich gegenüber dem Verlag unter den o.g. Bedingungen verpflichtet, die ausgeschriebenen Angebote einzulösen. Der Verlag übernimmt jedoch keine Gewähr und keine Haftung, wenn ein Angebot nicht eingelöst wird oder werden kann.

Bedingungen zur Einlösung des Discounts:
1. Das Angebot ist einschließlich bis 30.6.2024 gültig.
2. Der Golfspieler/Leser hat sich telefonisch eine Abschlagzeit geben zu lassen – dabei ist die Nutzung des Angebots anzugeben.
3. Eine Barauszahlung des Greenfee-Vorteils ist nicht möglich.
4. Das Kombinieren von Angeboten oder bestehenden Greenfee-Vorteilen ist nicht möglich. Der Vorteil bezieht sich jeweils ausschließlich auf die zum Zeitpunkt der Einlösung gültigen vollen Greenfee-Gebühren.
5. Gibt es Spielergruppen mit erhöhten Greenfee-Gebühren, ist ein Nachlass auf diese Gebühren nicht möglich.
6. Das Angebot allein berechtigt nicht zum Spiel gegen Greenfee. Die Erfüllung der Bestimmungen des jeweiligen Golfclubs zur Greenfee-Berechtigung (Mitgliedschaft in einem Golfclub, Mindesthandicap etc.) zum Zeitpunkt der Einlösung sind Voraussetzung.
7. Es ist untersagt, den Greenfee-Gutschein entgeltlich Dritten zu überlassen bzw. mit diesen Handel zu treiben. Insbesondere sind die teilnehmenden Golfclubs in diesem Falle berechtigt, die Einlösung der ausgeschriebenen Angebote zu verweigern.
8. Die teilnehmenden Golfclubs haben sich gegenüber dem Verlag unter den o.g. Bedingungen verpflichtet, die ausgeschriebenen Angebote einzulösen. Der Verlag übernimmt jedoch keine Gewähr und keine Haftung, wenn ein Angebot nicht eingelöst wird oder werden kann.

Diese Gutscheine gelten nur in Verbindung mit dem Buch/Albrecht Golf Card

Diese Gutscheine gelten nur in Verbindung mit dem Buch/Albrecht Golf Card

DER GOLF ALBRECHT

Golfplatz Zlati Grič — SI

Skalce 91
SI-3210 Slovenske Konjice
☎ +386 3758 03 62 +386 41 780 405

320

20% Greenfee-Ermäßigung

DER GOLF ALBRECHT

Corfu Golf Club — GR

Ermones, Ropa Valley, P.O. Box 71
GR-49100 Corfu
☎ +30 2661 094220

321

2 for 1 2 GF zum Preis von 1

DER GOLF ALBRECHT

Corfu Golf Club — GR

Ermones, Ropa Valley, P.O. Box 71
GR-49100 Corfu
☎ +30 2661 094220

321

2 for 1 2 GF zum Preis von 1

DER GOLF ALBRECHT

Corfu Golf Club — GR

Ermones, Ropa Valley, P.O. Box 71
GR-49100 Corfu
☎ +30 2661 094220

321

2 for 1 2 GF zum Preis von 1

DER GOLF ALBRECHT

Corfu Golf Club — GR

Ermones, Ropa Valley, P.O. Box 71
GR-49100 Corfu
☎ +30 2661 094220

321

20% Greenfee-Ermäßigung

DER GOLF ALBRECHT

Corfu Golf Club — GR

Ermones, Ropa Valley, P.O. Box 71
GR-49100 Corfu
☎ +30 2661 094220

321

20% Greenfee-Ermäßigung

DER GOLF ALBRECHT

Corfu Golf Club — GR

Ermones, Ropa Valley, P.O. Box 71
GR-49100 Corfu
☎ +30 2661 094220

321

20% Greenfee-Ermäßigung

DER GOLF ALBRECHT

The Crete Golf Club — GR

P.O. Box 106, Hersonissos
GR-70014 Crete, Greece
☎ +30 2897 026000

322

20% Greenfee-Ermäßigung

DER GOLF ALBRECHT

The Crete Golf Club — GR

P.O. Box 106, Hersonissos
GR-70014 Crete, Greece
☎ +30 2897 026000

322

20% Greenfee-Ermäßigung

DER GOLF ALBRECHT

The Crete Golf Club — GR

P.O. Box 106, Hersonissos
GR-70014 Crete, Greece
☎ +30 2897 026000

322

20% Greenfee-Ermäßigung

Bedingungen zur Einlösung des Discounts:

1. Das Angebot ist einschließlich bis 30.6.2024 gültig.
2. Der Golfspieler/Leser hat sich telefonisch eine Abschlagzeit geben zu lassen – dabei ist die Nutzung des Angebots anzugeben.
3. Eine Barauszahlung des Greenfee-Vorteils ist nicht möglich.
4. Das Kombinieren von Angeboten oder bestehenden Greenfee-Vorteilen ist nicht möglich. Der Vorteil bezieht sich jeweils ausschließlich auf die zum Zeitpunkt der Einlösung gültigen vollen Greenfee-Gebühren.
5. Gibt es Spielergruppen mit erhöhten Greenfee-Gebühren, ist ein Nachlass auf diese Gebühren nicht möglich.
6. Das Angebot allein berechtigt nicht zum Spiel gegen Greenfee. Die Erfüllung der Bestimmungen des jeweiligen Golfclubs zur Greenfee-Berechtigung (Mitgliedschaft in einem Golfclub, Mindesthandicap etc.) zum Zeitpunkt der Einlösung sind Voraussetzung.
7. Es ist untersagt, den Greenfee-Gutschein entgeltlich Dritten zu überlassen bzw. mit diesen Handel zu treiben. Insbesondere sind die teilnehmenden Golfclubs in diesem Falle berechtigt, die Einlösung der ausgeschriebenen Angebote zu verweigern.
8. Die teilnehmenden Golfclubs haben sich gegenüber dem Verlag unter den o.g. Bedingungen verpflichtet, die ausgeschriebenen Angebote einzulösen. Der Verlag übernimmt jedoch keine Gewähr und keine Haftung, wenn ein Angebot nicht eingelöst wird oder werden kann.

Bedingungen zur Einlösung des Discounts:

1. Das Angebot ist einschließlich bis 30.6.2024 gültig.
2. Der Golfspieler/Leser hat sich telefonisch eine Abschlagzeit geben zu lassen – dabei ist die Nutzung des Angebots anzugeben.
3. Eine Barauszahlung des Greenfee-Vorteils ist nicht möglich.
4. Das Kombinieren von Angeboten oder bestehenden Greenfee-Vorteilen ist nicht möglich. Der Vorteil bezieht sich jeweils ausschließlich auf die zum Zeitpunkt der Einlösung gültigen vollen Greenfee-Gebühren.
5. Gibt es Spielergruppen mit erhöhten Greenfee-Gebühren, ist ein Nachlass auf diese Gebühren nicht möglich.
6. Das Angebot allein berechtigt nicht zum Spiel gegen Greenfee. Die Erfüllung der Bestimmungen des jeweiligen Golfclubs zur Greenfee-Berechtigung (Mitgliedschaft in einem Golfclub, Mindesthandicap etc.) zum Zeitpunkt der Einlösung sind Voraussetzung.
7. Es ist untersagt, den Greenfee-Gutschein entgeltlich Dritten zu überlassen bzw. mit diesen Handel zu treiben. Insbesondere sind die teilnehmenden Golfclubs in diesem Falle berechtigt, die Einlösung der ausgeschriebenen Angebote zu verweigern.
8. Die teilnehmenden Golfclubs haben sich gegenüber dem Verlag unter den o.g. Bedingungen verpflichtet, die ausgeschriebenen Angebote einzulösen. Der Verlag übernimmt jedoch keine Gewähr und keine Haftung, wenn ein Angebot nicht eingelöst wird oder werden kann.

Bedingungen zur Einlösung des Discounts:

1. Das Angebot ist einschließlich bis 30.6.2024 gültig.
2. Der Golfspieler/Leser hat sich telefonisch eine Abschlagzeit geben zu lassen – dabei ist die Nutzung des Angebots anzugeben.
3. Eine Barauszahlung des Greenfee-Vorteils ist nicht möglich.
4. Das Kombinieren von Angeboten oder bestehenden Greenfee-Vorteilen ist nicht möglich. Der Vorteil bezieht sich jeweils ausschließlich auf die zum Zeitpunkt der Einlösung gültigen vollen Greenfee-Gebühren.
5. Gibt es Spielergruppen mit erhöhten Greenfee-Gebühren, ist ein Nachlass auf diese Gebühren nicht möglich.
6. Das Angebot allein berechtigt nicht zum Spiel gegen Greenfee. Die Erfüllung der Bestimmungen des jeweiligen Golfclubs zur Greenfee-Berechtigung (Mitgliedschaft in einem Golfclub, Mindesthandicap etc.) zum Zeitpunkt der Einlösung sind Voraussetzung.
7. Es ist untersagt, den Greenfee-Gutschein entgeltlich Dritten zu überlassen bzw. mit diesen Handel zu treiben. Insbesondere sind die teilnehmenden Golfclubs in diesem Falle berechtigt, die Einlösung der ausgeschriebenen Angebote zu verweigern.
8. Die teilnehmenden Golfclubs haben sich gegenüber dem Verlag unter den o.g. Bedingungen verpflichtet, die ausgeschriebenen Angebote einzulösen. Der Verlag übernimmt jedoch keine Gewähr und keine Haftung, wenn ein Angebot nicht eingelöst wird oder werden kann.

Bedingungen zur Einlösung des Discounts:

1. Das Angebot ist einschließlich bis 30.6.2024 gültig.
2. Der Golfspieler/Leser hat sich telefonisch eine Abschlagzeit geben zu lassen – dabei ist die Nutzung des Angebots anzugeben.
3. Eine Barauszahlung des Greenfee-Vorteils ist nicht möglich.
4. Das Kombinieren von Angeboten oder bestehenden Greenfee-Vorteilen ist nicht möglich. Der Vorteil bezieht sich jeweils ausschließlich auf die zum Zeitpunkt der Einlösung gültigen vollen Greenfee-Gebühren.
5. Gibt es Spielergruppen mit erhöhten Greenfee-Gebühren, ist ein Nachlass auf diese Gebühren nicht möglich.
6. Das Angebot allein berechtigt nicht zum Spiel gegen Greenfee. Die Erfüllung der Bestimmungen des jeweiligen Golfclubs zur Greenfee-Berechtigung (Mitgliedschaft in einem Golfclub, Mindesthandicap etc.) zum Zeitpunkt der Einlösung sind Voraussetzung.
7. Es ist untersagt, den Greenfee-Gutschein entgeltlich Dritten zu überlassen bzw. mit diesen Handel zu treiben. Insbesondere sind die teilnehmenden Golfclubs in diesem Falle berechtigt, die Einlösung der ausgeschriebenen Angebote zu verweigern.
8. Die teilnehmenden Golfclubs haben sich gegenüber dem Verlag unter den o.g. Bedingungen verpflichtet, die ausgeschriebenen Angebote einzulösen. Der Verlag übernimmt jedoch keine Gewähr und keine Haftung, wenn ein Angebot nicht eingelöst wird oder werden kann.

Bedingungen zur Einlösung des Discounts:

1. Das Angebot ist einschließlich bis 30.6.2024 gültig.
2. Der Golfspieler/Leser hat sich telefonisch eine Abschlagzeit geben zu lassen – dabei ist die Nutzung des Angebots anzugeben.
3. Eine Barauszahlung des Greenfee-Vorteils ist nicht möglich.
4. Das Kombinieren von Angeboten oder bestehenden Greenfee-Vorteilen ist nicht möglich. Der Vorteil bezieht sich jeweils ausschließlich auf die zum Zeitpunkt der Einlösung gültigen vollen Greenfee-Gebühren.
5. Gibt es Spielergruppen mit erhöhten Greenfee-Gebühren, ist ein Nachlass auf diese Gebühren nicht möglich.
6. Das Angebot allein berechtigt nicht zum Spiel gegen Greenfee. Die Erfüllung der Bestimmungen des jeweiligen Golfclubs zur Greenfee-Berechtigung (Mitgliedschaft in einem Golfclub, Mindesthandicap etc.) zum Zeitpunkt der Einlösung sind Voraussetzung.
7. Es ist untersagt, den Greenfee-Gutschein entgeltlich Dritten zu überlassen bzw. mit diesen Handel zu treiben. Insbesondere sind die teilnehmenden Golfclubs in diesem Falle berechtigt, die Einlösung der ausgeschriebenen Angebote zu verweigern.
8. Die teilnehmenden Golfclubs haben sich gegenüber dem Verlag unter den o.g. Bedingungen verpflichtet, die ausgeschriebenen Angebote einzulösen. Der Verlag übernimmt jedoch keine Gewähr und keine Haftung, wenn ein Angebot nicht eingelöst wird oder werden kann.

Bedingungen zur Einlösung des Discounts:

1. Das Angebot ist einschließlich bis 30.6.2024 gültig
2. Der Golfspieler/Leser hat sich telefonisch eine Abschlagzeit geben zu lassen – dabei ist die Nutzung des Angebots anzugeben.
3. Eine Barauszahlung des Greenfee-Vorteils ist nicht möglich.
4. Das Kombinieren von Angeboten oder bestehenden Greenfee-Vorteilen ist nicht möglich. Der Vorteil bezieht sich jeweils ausschließlich auf die zum Zeitpunkt der Einlösung gültigen vollen Greenfee-Gebühren.
5. Gibt es Spielergruppen mit erhöhten Greenfee-Gebühren, ist ein Nachlass auf diese Gebühren nicht möglich.
6. Das Angebot allein berechtigt nicht zum Spiel gegen Greenfee. Die Erfüllung der Bestimmungen des jeweiligen Golfclubs zur Greenfee-Berechtigung (Mitgliedschaft in einem Golfclub, Mindesthandicap etc.) zum Zeitpunkt der Einlösung sind Voraussetzung.
7. Es ist untersagt, den Greenfee-Gutschein entgeltlich Dritten zu überlassen bzw. mit diesen Handel zu treiben. Insbesondere sind die teilnehmenden Golfclubs in diesem Falle berechtigt, die Einlösung der ausgeschriebenen Angebote zu verweigern.
8. Die teilnehmenden Golfclubs haben sich gegenüber dem Verlag unter den o.g. Bedingungen verpflichtet, die ausgeschriebenen Angebote einzulösen. Der Verlag übernimmt jedoch keine Gewähr und keine Haftung, wenn ein Angebot nicht eingelöst wird oder werden kann.

Bedingungen zur Einlösung des Discounts:

1. Das Angebot ist einschließlich bis 30.6.2024 gültig.
2. Der Golfspieler/Leser hat sich telefonisch eine Abschlagzeit geben zu lassen – dabei ist die Nutzung des Angebots anzugeben.
3. Eine Barauszahlung des Greenfee-Vorteils ist nicht möglich.
4. Das Kombinieren von Angeboten oder bestehenden Greenfee-Vorteilen ist nicht möglich. Der Vorteil bezieht sich jeweils ausschließlich auf die zum Zeitpunkt der Einlösung gültigen vollen Greenfee-Gebühren.
5. Gibt es Spielergruppen mit erhöhten Greenfee-Gebühren, ist ein Nachlass auf diese Gebühren nicht möglich.
6. Das Angebot allein berechtigt nicht zum Spiel gegen Greenfee. Die Erfüllung der Bestimmungen des jeweiligen Golfclubs zur Greenfee-Berechtigung (Mitgliedschaft in einem Golfclub, Mindesthandicap etc.) zum Zeitpunkt der Einlösung sind Voraussetzung.
7. Es ist untersagt, den Greenfee-Gutschein entgeltlich Dritten zu überlassen bzw. mit diesen Handel zu treiben. Insbesondere sind die teilnehmenden Golfclubs in diesem Falle berechtigt, die Einlösung der ausgeschriebenen Angebote zu verweigern.
8. Die teilnehmenden Golfclubs haben sich gegenüber dem Verlag unter den o.g. Bedingungen verpflichtet, die ausgeschriebenen Angebote einzulösen. Der Verlag übernimmt jedoch keine Gewähr und keine Haftung, wenn ein Angebot nicht eingelöst wird oder werden kann.

Bedingungen zur Einlösung des Discounts:

1. Das Angebot ist einschließlich bis 30.6.2024 gültig.
2. Der Golfspieler/Leser hat sich telefonisch eine Abschlagzeit geben zu lassen – dabei ist die Nutzung des Angebots anzugeben.
3. Eine Barauszahlung des Greenfee-Vorteils ist nicht möglich.
4. Das Kombinieren von Angeboten oder bestehenden Greenfee-Vorteilen ist nicht möglich. Der Vorteil bezieht sich jeweils ausschließlich auf die zum Zeitpunkt der Einlösung gültigen vollen Greenfee-Gebühren.
5. Gibt es Spielergruppen mit erhöhten Greenfee-Gebühren, ist ein Nachlass auf diese Gebühren nicht möglich.
6. Das Angebot allein berechtigt nicht zum Spiel gegen Greenfee. Die Erfüllung der Bestimmungen des jeweiligen Golfclubs zur Greenfee-Berechtigung (Mitgliedschaft in einem Golfclub, Mindesthandicap etc.) zum Zeitpunkt der Einlösung sind Voraussetzung.
7. Es ist untersagt, den Greenfee-Gutschein entgeltlich Dritten zu überlassen bzw. mit diesen Handel zu treiben. Insbesondere sind die teilnehmenden Golfclubs in diesem Falle berechtigt, die Einlösung der ausgeschriebenen Angebote zu verweigern.
8. Die teilnehmenden Golfclubs haben sich gegenüber dem Verlag unter den o.g. Bedingungen verpflichtet, die ausgeschriebenen Angebote einzulösen. Der Verlag übernimmt jedoch keine Gewähr und keine Haftung, wenn ein Angebot nicht eingelöst wird oder werden kann.

Bedingungen zur Einlösung des Discounts:

1. Das Angebot ist einschließlich bis 30.6.2024 gültig.
2. Der Golfspieler/Leser hat sich telefonisch eine Abschlagzeit geben zu lassen – dabei ist die Nutzung des Angebots anzugeben.
3. Eine Barauszahlung des Greenfee-Vorteils ist nicht möglich.
4. Das Kombinieren von Angeboten oder bestehenden Greenfee-Vorteilen ist nicht möglich. Der Vorteil bezieht sich jeweils ausschließlich auf die zum Zeitpunkt der Einlösung gültigen vollen Greenfee-Gebühren.
5. Gibt es Spielergruppen mit erhöhten Greenfee-Gebühren, ist ein Nachlass auf diese Gebühren nicht möglich.
6. Das Angebot allein berechtigt nicht zum Spiel gegen Greenfee. Die Erfüllung der Bestimmungen des jeweiligen Golfclubs zur Greenfee-Berechtigung (Mitgliedschaft in einem Golfclub, Mindesthandicap etc.) zum Zeitpunkt der Einlösung sind Voraussetzung.
7. Es ist untersagt, den Greenfee-Gutschein entgeltlich Dritten zu überlassen bzw. mit diesen Handel zu treiben. Insbesondere sind die teilnehmenden Golfclubs in diesem Falle berechtigt, die Einlösung der ausgeschriebenen Angebote zu verweigern.
8. Die teilnehmenden Golfclubs haben sich gegenüber dem Verlag unter den o.g. Bedingungen verpflichtet, die ausgeschriebenen Angebote einzulösen. Der Verlag übernimmt jedoch keine Gewähr und keine Haftung, wenn ein Angebot nicht eingelöst wird oder werden kann.

Bedingungen zur Einlösung des Discounts:

1. Das Angebot ist einschließlich bis 30.6.2024 gültig.
2. Der Golfspieler/Leser hat sich telefonisch eine Abschlagzeit geben zu lassen – dabei ist die Nutzung des Angebots anzugeben.
3. Eine Barauszahlung des Greenfee-Vorteils ist nicht möglich.
4. Das Kombinieren von Angeboten oder bestehenden Greenfee-Vorteilen ist nicht möglich. Der Vorteil bezieht sich jeweils ausschließlich auf die zum Zeitpunkt der Einlösung gültigen vollen Greenfee-Gebühren.
5. Gibt es Spielergruppen mit erhöhten Greenfee-Gebühren, ist ein Nachlass auf diese Gebühren nicht möglich.
6. Das Angebot allein berechtigt nicht zum Spiel gegen Greenfee. Die Erfüllung der Bestimmungen des jeweiligen Golfclubs zur Greenfee-Berechtigung (Mitgliedschaft in einem Golfclub, Mindesthandicap etc.) zum Zeitpunkt der Einlösung sind Voraussetzung.
7. Es ist untersagt, den Greenfee-Gutschein entgeltlich Dritten zu überlassen bzw. mit diesen Handel zu treiben. Insbesondere sind die teilnehmenden Golfclubs in diesem Falle berechtigt, die Einlösung der ausgeschriebenen Angebote zu verweigern.
8. Die teilnehmenden Golfclubs haben sich gegenüber dem Verlag unter den o.g. Bedingungen verpflichtet, die ausgeschriebenen Angebote einzulösen. Der Verlag übernimmt jedoch keine Gewähr und keine Haftung, wenn ein Angebot nicht eingelöst wird oder werden kann.

Bedingungen zur Einlösung des Discounts:

1. Das Angebot ist einschließlich bis 30.6.2024 gültig.
2. Der Golfspieler/Leser hat sich telefonisch eine Abschlagzeit geben zu lassen – dabei ist die Nutzung des Angebots anzugeben.
3. Eine Barauszahlung des Greenfee-Vorteils ist nicht möglich.
4. Das Kombinieren von Angeboten oder bestehenden Greenfee-Vorteilen ist nicht möglich. Der Vorteil bezieht sich jeweils ausschließlich auf die zum Zeitpunkt der Einlösung gültigen vollen Greenfee-Gebühren.
5. Gibt es Spielergruppen mit erhöhten Greenfee-Gebühren, ist ein Nachlass auf diese Gebühren nicht möglich.
6. Das Angebot allein berechtigt nicht zum Spiel gegen Greenfee. Die Erfüllung der Bestimmungen des jeweiligen Golfclubs zur Greenfee-Berechtigung (Mitgliedschaft in einem Golfclub, Mindesthandicap etc.) zum Zeitpunkt der Einlösung sind Voraussetzung.
7. Es ist untersagt, den Greenfee-Gutschein entgeltlich Dritten zu überlassen bzw. mit diesen Handel zu treiben. Insbesondere sind die teilnehmenden Golfclubs in diesem Falle berechtigt, die Einlösung der ausgeschriebenen Angebote zu verweigern.
8. Die teilnehmenden Golfclubs haben sich gegenüber dem Verlag unter den o.g. Bedingungen verpflichtet, die ausgeschriebenen Angebote einzulösen. Der Verlag übernimmt jedoch keine Gewähr und keine Haftung, wenn ein Angebot nicht eingelöst wird oder werden kann.

Diese Gutscheine gelten nur in Verbindung mit dem Buch/Albrecht Golf Card

Diese Gutscheine gelten nur in Verbindung mit dem Buch/Albrecht Golf Card

DER GOLF ALBRECHT

Club Golf d' Aro-Mas Nou ES

Urb. Mas Nou. s/n, Aptdo. 429
E-17250 Platja d'Aro
+34 972 81 67 27
Katalonien
323

2 for 1 2 GF zum Preis von 1 wochentags

DER GOLF ALBRECHT

Club Golf d' Aro-Mas Nou ES

Urb. Mas Nou. s/n, Aptdo. 429
E-17250 Platja d'Aro
+34 972 81 67 27
Katalonien
323

2 for 1 2 GF zum Preis von 1 wochentags

DER GOLF ALBRECHT

Club Golf d' Aro-Mas Nou ES

Urb. Mas Nou. s/n, Aptdo. 429
E-17250 Platja d'Aro
+34 972 81 67 27
Katalonien
323

2 for 1 2 GF zum Preis von 1 wochentags

DER GOLF ALBRECHT

Club Golf d' Aro-Mas Nou ES

Urb. Mas Nou. s/n, Aptdo. 429
E-17250 Platja d'Aro
+34 972 81 67 27
Katalonien
323

25% Greenfee-Ermäßigung wochentags

DER GOLF ALBRECHT

Club Golf d' Aro-Mas Nou ES

Urb. Mas Nou. s/n, Aptdo. 429
E-17250 Platja d'Aro
+34 972 81 67 27
Katalonien
323

25% Greenfee-Ermäßigung wochentags

DER GOLF ALBRECHT

Club de Golf Llavaneras ES

Camí del Golf 49-51
E-08392 Sant Andreu de Llavaneras
+34 937 92 60 50
Katalonien
Hinweis: Startzeiten 24 Stunden im Voraus reservieren.
per E-Mail: club@golfllavaneras.com
324

2 for 1 2 GF zum Preis von 1 wochentags

DER GOLF ALBRECHT

Club de Golf Llavaneras ES

Camí del Golf 49-51
E-08392 Sant Andreu de Llavaneras
+34 937 92 60 50
Katalonien
Hinweis: Startzeiten 24 Stunden im Voraus reservieren.
per E-Mail: club@golfllavaneras.com
324

2 for 1 2 GF zum Preis von 1 wochentags

DER GOLF ALBRECHT

Club de Golf Llavaneras ES

Camí del Golf 49-51
E-08392 Sant Andreu de Llavaneras
+34 937 92 60 50
Katalonien
Hinweis: Startzeiten 24 Stunden im Voraus reservieren.
per E-Mail: club@golfllavaneras.com
324

2 for 1 2 GF zum Preis von 1 wochentags

DER GOLF ALBRECHT

Club de Golf Llavaneras ES

Camí del Golf 49-51
E-08392 Sant Andreu de Llavaneras
+34 937 92 60 50
Katalonien
Hinweis: Startzeiten 24 Stunden im Voraus reservieren.
per E-Mail: club@golfllavaneras.com
324

20% Greenfee-Ermäßigung wochentags

DER GOLF ALBRECHT

Club de Golf Llavaneras ES

Camí del Golf 49-51
E-08392 Sant Andreu de Llavaneras
+34 937 92 60 50
Katalonien
Hinweis: Startzeiten 24 Stunden im Voraus reservieren.
per E-Mail: club@golfllavaneras.com
324

20% Greenfee-Ermäßigung wochentags

Bedingungen zur Einlösung des Discounts:

1. Das Angebot ist einschließlich bis 30.6.2024 gültig.
2. Der Golfspieler/Leser hat sich telefonisch eine Abschlagzeit geben zu lassen – dabei ist die Nutzung des Angebots anzugeben.
3. Eine Barauszahlung des Greenfee-Vorteils ist nicht möglich.
4. Das Kombinieren von Angeboten oder bestehenden Greenfee-Vorteilen ist nicht möglich. Der Vorteil bezieht sich jeweils ausschließlich auf die zum Zeitpunkt der Einlösung gültigen vollen Greenfee-Gebühren.
5. Gibt es Spielergruppen mit erhöhten Greenfee-Gebühren, ist ein Nachlass auf diese Gebühren nicht möglich.
6. Das Angebot allein berechtigt nicht zum Spiel gegen Greenfee. Die Erfüllung der Bestimmungen des jeweiligen Golfclubs zur Greenfee-Berechtigung (Mitgliedschaft in einem Golfclub, Mindesthandicap etc.) zum Zeitpunkt der Einlösung sind Voraussetzung.
7. Es ist untersagt, den Greenfee-Gutschein entgeltlich Dritten zu überlassen bzw. mit diesen Handel zu treiben. Insbesondere sind die teilnehmenden Golfclubs in diesem Falle berechtigt, die Einlösung der ausgeschriebenen Angebote zu verweigern.
8. Die teilnehmenden Golfclubs haben sich gegenüber dem Verlag unter den o.g. Bedingungen verpflichtet, die ausgeschriebenen Angebote einzulösen. Der Verlag übernimmt jedoch keine Gewähr und keine Haftung, wenn ein Angebot nicht eingelöst wird oder werden kann.

Bedingungen zur Einlösung des Discounts:

1. Das Angebot ist einschließlich bis 30.6.2024 gültig.
2. Der Golfspieler/Leser hat sich telefonisch eine Abschlagzeit geben zu lassen – dabei ist die Nutzung des Angebots anzugeben.
3. Eine Barauszahlung des Greenfee-Vorteils ist nicht möglich.
4. Das Kombinieren von Angeboten oder bestehenden Greenfee-Vorteilen ist nicht möglich. Der Vorteil bezieht sich jeweils ausschließlich auf die zum Zeitpunkt der Einlösung gültigen vollen Greenfee-Gebühren.
5. Gibt es Spielergruppen mit erhöhten Greenfee-Gebühren, ist ein Nachlass auf diese Gebühren nicht möglich.
6. Das Angebot allein berechtigt nicht zum Spiel gegen Greenfee. Die Erfüllung der Bestimmungen des jeweiligen Golfclubs zur Greenfee-Berechtigung (Mitgliedschaft in einem Golfclub, Mindesthandicap etc.) zum Zeitpunkt der Einlösung sind Voraussetzung.
7. Es ist untersagt, den Greenfee-Gutschein entgeltlich Dritten zu überlassen bzw. mit diesen Handel zu treiben. Insbesondere sind die teilnehmenden Golfclubs in diesem Falle berechtigt, die Einlösung der ausgeschriebenen Angebote zu verweigern.
8. Die teilnehmenden Golfclubs haben sich gegenüber dem Verlag unter den o.g. Bedingungen verpflichtet, die ausgeschriebenen Angebote einzulösen. Der Verlag übernimmt jedoch keine Gewähr und keine Haftung, wenn ein Angebot nicht eingelöst wird oder werden kann.

Bedingungen zur Einlösung des Discounts:

1. Das Angebot ist einschließlich bis 30.6.2024 gültig.
2. Der Golfspieler/Leser hat sich telefonisch eine Abschlagzeit geben zu lassen – dabei ist die Nutzung des Angebots anzugeben.
3. Eine Barauszahlung des Greenfee-Vorteils ist nicht möglich.
4. Das Kombinieren von Angeboten oder bestehenden Greenfee-Vorteilen ist nicht möglich. Der Vorteil bezieht sich jeweils ausschließlich auf die zum Zeitpunkt der Einlösung gültigen vollen Greenfee-Gebühren.
5. Gibt es Spielergruppen mit erhöhten Greenfee-Gebühren, ist ein Nachlass auf diese Gebühren nicht möglich.
6. Das Angebot allein berechtigt nicht zum Spiel gegen Greenfee. Die Erfüllung der Bestimmungen des jeweiligen Golfclubs zur Greenfee-Berechtigung (Mitgliedschaft in einem Golfclub, Mindesthandicap etc.) zum Zeitpunkt der Einlösung sind Voraussetzung.
7. Es ist untersagt, den Greenfee-Gutschein entgeltlich Dritten zu überlassen bzw. mit diesen Handel zu treiben. Insbesondere sind die teilnehmenden Golfclubs in diesem Falle berechtigt, die Einlösung der ausgeschriebenen Angebote zu verweigern.
8. Die teilnehmenden Golfclubs haben sich gegenüber dem Verlag unter den o.g. Bedingungen verpflichtet, die ausgeschriebenen Angebote einzulösen. Der Verlag übernimmt jedoch keine Gewähr und keine Haftung, wenn ein Angebot nicht eingelöst wird oder werden kann.

Bedingungen zur Einlösung des Discounts:

1. Das Angebot ist einschließlich bis 30.6.2024 gültig.
2. Der Golfspieler/Leser hat sich telefonisch eine Abschlagzeit geben zu lassen – dabei ist die Nutzung des Angebots anzugeben.
3. Eine Barauszahlung des Greenfee-Vorteils ist nicht möglich.
4. Das Kombinieren von Angeboten oder bestehenden Greenfee-Vorteilen ist nicht möglich. Der Vorteil bezieht sich jeweils ausschließlich auf die zum Zeitpunkt der Einlösung gültigen vollen Greenfee-Gebühren.
5. Gibt es Spielergruppen mit erhöhten Greenfee-Gebühren, ist ein Nachlass auf diese Gebühren nicht möglich.
6. Das Angebot allein berechtigt nicht zum Spiel gegen Greenfee. Die Erfüllung der Bestimmungen des jeweiligen Golfclubs zur Greenfee-Berechtigung (Mitgliedschaft in einem Golfclub, Mindesthandicap etc.) zum Zeitpunkt der Einlösung sind Voraussetzung.
7. Es ist untersagt, den Greenfee-Gutschein entgeltlich Dritten zu überlassen bzw. mit diesen Handel zu treiben. Insbesondere sind die teilnehmenden Golfclubs in diesem Falle berechtigt, die Einlösung der ausgeschriebenen Angebote zu verweigern.
8. Die teilnehmenden Golfclubs haben sich gegenüber dem Verlag unter den o.g. Bedingungen verpflichtet, die ausgeschriebenen Angebote einzulösen. Der Verlag übernimmt jedoch keine Gewähr und keine Haftung, wenn ein Angebot nicht eingelöst wird oder werden kann.

Bedingungen zur Einlösung des Discounts:

1. Das Angebot ist einschließlich bis 30.6.2024 gültig.
2. Der Golfspieler/Leser hat sich telefonisch eine Abschlagzeit geben zu lassen – dabei ist die Nutzung des Angebots anzugeben.
3. Eine Barauszahlung des Greenfee-Vorteils ist nicht möglich.
4. Das Kombinieren von Angeboten oder bestehenden Greenfee-Vorteilen ist nicht möglich. Der Vorteil bezieht sich jeweils ausschließlich auf die zum Zeitpunkt der Einlösung gültigen vollen Greenfee-Gebühren.
5. Gibt es Spielergruppen mit erhöhten Greenfee-Gebühren, ist ein Nachlass auf diese Gebühren nicht möglich.
6. Das Angebot allein berechtigt nicht zum Spiel gegen Greenfee. Die Erfüllung der Bestimmungen des jeweiligen Golfclubs zur Greenfee-Berechtigung (Mitgliedschaft in einem Golfclub, Mindesthandicap etc.) zum Zeitpunkt der Einlösung sind Voraussetzung.
7. Es ist untersagt, den Greenfee-Gutschein entgeltlich Dritten zu überlassen bzw. mit diesen Handel zu treiben. Insbesondere sind die teilnehmenden Golfclubs in diesem Falle berechtigt, die Einlösung der ausgeschriebenen Angebote zu verweigern.
8. Die teilnehmenden Golfclubs haben sich gegenüber dem Verlag unter den o.g. Bedingungen verpflichtet, die ausgeschriebenen Angebote einzulösen. Der Verlag übernimmt jedoch keine Gewähr und keine Haftung, wenn ein Angebot nicht eingelöst wird oder werden kann.

Bedingungen zur Einlösung des Discounts:

1. Das Angebot ist einschließlich bis 30.6.2024 gültig.
2. Der Golfspieler/Leser hat sich telefonisch eine Abschlagzeit geben zu lassen – dabei ist die Nutzung des Angebots anzugeben.
3. Eine Barauszahlung des Greenfee-Vorteils ist nicht möglich.
4. Das Kombinieren von Angeboten oder bestehenden Greenfee-Vorteilen ist nicht möglich. Der Vorteil bezieht sich jeweils ausschließlich auf die zum Zeitpunkt der Einlösung gültigen vollen Greenfee-Gebühren.
5. Gibt es Spielergruppen mit erhöhten Greenfee-Gebühren, ist ein Nachlass auf diese Gebühren nicht möglich.
6. Das Angebot allein berechtigt nicht zum Spiel gegen Greenfee. Die Erfüllung der Bestimmungen des jeweiligen Golfclubs zur Greenfee-Berechtigung (Mitgliedschaft in einem Golfclub, Mindesthandicap etc.) zum Zeitpunkt der Einlösung sind Voraussetzung.
7. Es ist untersagt, den Greenfee-Gutschein entgeltlich Dritten zu überlassen bzw. mit diesen Handel zu treiben. Insbesondere sind die teilnehmenden Golfclubs in diesem Falle berechtigt, die Einlösung der ausgeschriebenen Angebote zu verweigern.
8. Die teilnehmenden Golfclubs haben sich gegenüber dem Verlag unter den o.g. Bedingungen verpflichtet, die ausgeschriebenen Angebote einzulösen. Der Verlag übernimmt jedoch keine Gewähr und keine Haftung, wenn ein Angebot nicht eingelöst wird oder werden kann.

Bedingungen zur Einlösung des Discounts:

1. Das Angebot ist einschließlich bis 30.6.2024 gültig.
2. Der Golfspieler/Leser hat sich telefonisch eine Abschlagzeit geben zu lassen – dabei ist die Nutzung des Angebots anzugeben.
3. Eine Barauszahlung des Greenfee-Vorteils ist nicht möglich.
4. Das Kombinieren von Angeboten oder bestehenden Greenfee-Vorteilen ist nicht möglich. Der Vorteil bezieht sich jeweils ausschließlich auf die zum Zeitpunkt der Einlösung gültigen vollen Greenfee-Gebühren.
5. Gibt es Spielergruppen mit erhöhten Greenfee-Gebühren, ist ein Nachlass auf diese Gebühren nicht möglich.
6. Das Angebot allein berechtigt nicht zum Spiel gegen Greenfee. Die Erfüllung der Bestimmungen des jeweiligen Golfclubs zur Greenfee-Berechtigung (Mitgliedschaft in einem Golfclub, Mindesthandicap etc.) zum Zeitpunkt der Einlösung sind Voraussetzung.
7. Es ist untersagt, den Greenfee-Gutschein entgeltlich Dritten zu überlassen bzw. mit diesen Handel zu treiben. Insbesondere sind die teilnehmenden Golfclubs in diesem Falle berechtigt, die Einlösung der ausgeschriebenen Angebote zu verweigern.
8. Die teilnehmenden Golfclubs haben sich gegenüber dem Verlag unter den o.g. Bedingungen verpflichtet, die ausgeschriebenen Angebote einzulösen. Der Verlag übernimmt jedoch keine Gewähr und keine Haftung, wenn ein Angebot nicht eingelöst wird oder werden kann.

Bedingungen zur Einlösung des Discounts:

1. Das Angebot ist einschließlich bis 30.6.2024 gültig.
2. Der Golfspieler/Leser hat sich telefonisch eine Abschlagzeit geben zu lassen – dabei ist die Nutzung des Angebots anzugeben.
3. Eine Barauszahlung des Greenfee-Vorteils ist nicht möglich.
4. Das Kombinieren von Angeboten oder bestehenden Greenfee-Vorteilen ist nicht möglich. Der Vorteil bezieht sich jeweils ausschließlich auf die zum Zeitpunkt der Einlösung gültigen vollen Greenfee-Gebühren.
5. Gibt es Spielergruppen mit erhöhten Greenfee-Gebühren, ist ein Nachlass auf diese Gebühren nicht möglich.
6. Das Angebot allein berechtigt nicht zum Spiel gegen Greenfee. Die Erfüllung der Bestimmungen des jeweiligen Golfclubs zur Greenfee-Berechtigung (Mitgliedschaft in einem Golfclub, Mindesthandicap etc.) zum Zeitpunkt der Einlösung sind Voraussetzung.
7. Es ist untersagt, den Greenfee-Gutschein entgeltlich Dritten zu überlassen bzw. mit diesen Handel zu treiben. Insbesondere sind die teilnehmenden Golfclubs in diesem Falle berechtigt, die Einlösung der ausgeschriebenen Angebote zu verweigern.
8. Die teilnehmenden Golfclubs haben sich gegenüber dem Verlag unter den o.g. Bedingungen verpflichtet, die ausgeschriebenen Angebote einzulösen. Der Verlag übernimmt jedoch keine Gewähr und keine Haftung, wenn ein Angebot nicht eingelöst wird oder werden kann.

Bedingungen zur Einlösung des Discounts:

1. Das Angebot ist einschließlich bis 30.6.2024 gültig.
2. Der Golfspieler/Leser hat sich telefonisch eine Abschlagzeit geben zu lassen – dabei ist die Nutzung des Angebots anzugeben.
3. Eine Barauszahlung des Greenfee-Vorteils ist nicht möglich.
4. Das Kombinieren von Angeboten oder bestehenden Greenfee-Vorteilen ist nicht möglich. Der Vorteil bezieht sich jeweils ausschließlich auf die zum Zeitpunkt der Einlösung gültigen vollen Greenfee-Gebühren.
5. Gibt es Spielergruppen mit erhöhten Greenfee-Gebühren, ist ein Nachlass auf diese Gebühren nicht möglich.
6. Das Angebot allein berechtigt nicht zum Spiel gegen Greenfee. Die Erfüllung der Bestimmungen des jeweiligen Golfclubs zur Greenfee-Berechtigung (Mitgliedschaft in einem Golfclub, Mindesthandicap etc.) zum Zeitpunkt der Einlösung sind Voraussetzung.
7. Es ist untersagt, den Greenfee-Gutschein entgeltlich Dritten zu überlassen bzw. mit diesen Handel zu treiben. Insbesondere sind die teilnehmenden Golfclubs in diesem Falle berechtigt, die Einlösung der ausgeschriebenen Angebote zu verweigern.
8. Die teilnehmenden Golfclubs haben sich gegenüber dem Verlag unter den o.g. Bedingungen verpflichtet, die ausgeschriebenen Angebote einzulösen. Der Verlag übernimmt jedoch keine Gewähr und keine Haftung, wenn ein Angebot nicht eingelöst wird oder werden kann.

Bedingungen zur Einlösung des Discounts:

1. Das Angebot ist einschließlich bis 30.6.2024 gültig.
2. Der Golfspieler/Leser hat sich telefonisch eine Abschlagzeit geben zu lassen – dabei ist die Nutzung des Angebots anzugeben.
3. Eine Barauszahlung des Greenfee-Vorteils ist nicht möglich.
4. Das Kombinieren von Angeboten oder bestehenden Greenfee-Vorteilen ist nicht möglich. Der Vorteil bezieht sich jeweils ausschließlich auf die zum Zeitpunkt der Einlösung gültigen vollen Greenfee-Gebühren.
5. Gibt es Spielergruppen mit erhöhten Greenfee-Gebühren, ist ein Nachlass auf diese Gebühren nicht möglich.
6. Das Angebot allein berechtigt nicht zum Spiel gegen Greenfee. Die Erfüllung der Bestimmungen des jeweiligen Golfclubs zur Greenfee-Berechtigung (Mitgliedschaft in einem Golfclub, Mindesthandicap etc.) zum Zeitpunkt der Einlösung sind Voraussetzung.
7. Es ist untersagt, den Greenfee-Gutschein entgeltlich Dritten zu überlassen bzw. mit diesen Handel zu treiben. Insbesondere sind die teilnehmenden Golfclubs in diesem Falle berechtigt, die Einlösung der ausgeschriebenen Angebote zu verweigern.
8. Die teilnehmenden Golfclubs haben sich gegenüber dem Verlag unter den o.g. Bedingungen verpflichtet, die ausgeschriebenen Angebote einzulösen. Der Verlag übernimmt jedoch keine Gewähr und keine Haftung, wenn ein Angebot nicht eingelöst wird oder werden kann.

Diese Gutscheine gelten nur in Verbindung mit dem Buch/Albrecht Golf Card

Diese Gutscheine gelten nur in Verbindung mit dem Buch/Albrecht Golf Card

DER GOLF ALBRECHT

Club de Golf Llavaneras ES

Camí del Golf 49-51
E-08392 Sant Andreu de Llavaneras
✆ +34 937 92 60 50
Katalonien
Hinweis: Startzeiten 24 Stunden im Voraus reservieren.
per E-Mail: club@golfllavaneras.com

324

20% Greenfee-Ermäßigung wochentags

DER GOLF ALBRECHT

Club de Golf Retamares & Suites ES

Ctra. Algete-Alalpardo, Km 2,3, Miraval
E-28130 Valdeolmos
✆ +34 916 20 25 40
Madrid, Kastilien-La Mancha und Extremadura
Hinweis: On rack rate

325

20% Greenfee-Ermäßigung

DER GOLF ALBRECHT

Club de Golf Retamares & Suites ES

Ctra. Algete-Alalpardo, Km 2,3, Miraval
E-28130 Valdeolmos
✆ +34 916 20 25 40
Madrid, Kastilien-La Mancha und Extremadura
Hinweis: On rack rate

325

20% Greenfee-Ermäßigung

DER GOLF ALBRECHT

Centro Nacional de la RFEG ES

Arroyo del Monte, 5
E-28035 Madrid
✆ +34 913 76 90 60
Madrid, Kastilien-La Mancha und Extremadura
Hinweis: On rack rate

326

20% Greenfee-Ermäßigung

DER GOLF ALBRECHT

Centro Nacional de la RFEG ES

Arroyo del Monte, 5
E-28035 Madrid
✆ +34 913 76 90 60
Madrid, Kastilien-La Mancha und Extremadura
Hinweis: On rack rate

326

20% Greenfee-Ermäßigung

DER GOLF ALBRECHT

Golf Santander ES

Avda. Ciudad de Santander s/n
E-28660 Boadilla del Monte
✆ +34 91257392930
Madrid, Kastilien-La Mancha und Extremadura
Hinweis: On rack rate

327

20% Greenfee-Ermäßigung

DER GOLF ALBRECHT

Golf Santander ES

Avda. Ciudad de Santander s/n
E-28660 Boadilla del Monte
✆ +34 91257392930
Madrid, Kastilien-La Mancha und Extremadura
Hinweis: On rack rate

327

20% Greenfee-Ermäßigung

DER GOLF ALBRECHT

Club de Golf Alcanada ES

Carretera del Faro s/n
E-07400 Alcudia
✆ +34 971 54 95 60
Balearen

328

15% Greenfee-Ermäßigung

DER GOLF ALBRECHT

Los Moriscos Club de Golf ES

Urb. Playa Granada, s/n
E-18600 Motril
✆ +34 958 82 55 27
Andalusien
Hinweis: On rack rate

329

15% Greenfee-Ermäßigung

DER GOLF ALBRECHT

Los Moriscos Club de Golf ES

Urb. Playa Granada, s/n
E-18600 Motril
✆ +34 958 82 55 27
Andalusien
Hinweis: On rack rate

329

15% Greenfee-Ermäßigung

Bedingungen zur Einlösung des Discounts:

1. Das Angebot ist einschließlich bis 30.6.2024 gültig.
2. Der Golfspieler/Leser hat sich telefonisch eine Abschlagzeit geben zu lassen – dabei ist die Nutzung des Angebots anzugeben.
3. Eine Barauszahlung des Greenfee-Vorteils ist nicht möglich.
4. Das Kombinieren von Angeboten oder bestehenden Greenfee-Vorteilen ist nicht möglich. Der Vorteil bezieht sich jeweils ausschließlich auf die zum Zeitpunkt der Einlösung gültigen vollen Greenfee-Gebühren.
5. Gibt es Spielergruppen mit erhöhten Greenfee-Gebühren, ist ein Nachlass auf diese Gebühren nicht möglich.
6. Das Angebot allein berechtigt nicht zum Spiel gegen Greenfee. Die Erfüllung der Bestimmungen des jeweiligen Golfclubs zur Greenfee-Berechtigung (Mitgliedschaft in einem Golfclub, Mindesthandicap etc.) zum Zeitpunkt der Einlösung sind Voraussetzung.
7. Es ist untersagt, den Greenfee-Gutschein entgeltlich Dritten zu überlassen bzw. mit diesen Handel zu treiben. Insbesondere sind die teilnehmenden Golfclubs in diesem Falle berechtigt, die Einlösung der ausgeschriebenen Angebote zu verweigern.
8. Die teilnehmenden Golfclubs haben sich gegenüber dem Verlag unter den o.g. Bedingungen verpflichtet, die ausgeschriebenen Angebote einzulösen. Der Verlag übernimmt jedoch keine Gewähr und keine Haftung, wenn ein Angebot nicht eingelöst wird oder werden kann.

Bedingungen zur Einlösung des Discounts:

1. Das Angebot ist einschließlich bis 30.6.2024 gültig.
2. Der Golfspieler/Leser hat sich telefonisch eine Abschlagzeit geben zu lassen – dabei ist die Nutzung des Angebots anzugeben.
3. Eine Barauszahlung des Greenfee-Vorteils ist nicht möglich.
4. Das Kombinieren von Angeboten oder bestehenden Greenfee-Vorteilen ist nicht möglich. Der Vorteil bezieht sich jeweils ausschließlich auf die zum Zeitpunkt der Einlösung gültigen vollen Greenfee-Gebühren.
5. Gibt es Spielergruppen mit erhöhten Greenfee-Gebühren, ist ein Nachlass auf diese Gebühren nicht möglich.
6. Das Angebot allein berechtigt nicht zum Spiel gegen Greenfee. Die Erfüllung der Bestimmungen des jeweiligen Golfclubs zur Greenfee-Berechtigung (Mitgliedschaft in einem Golfclub, Mindesthandicap etc.) zum Zeitpunkt der Einlösung sind Voraussetzung.
7. Es ist untersagt, den Greenfee-Gutschein entgeltlich Dritten zu überlassen bzw. mit diesen Handel zu treiben. Insbesondere sind die teilnehmenden Golfclubs in diesem Falle berechtigt, die Einlösung der ausgeschriebenen Angebote zu verweigern.
8. Die teilnehmenden Golfclubs haben sich gegenüber dem Verlag unter den o.g. Bedingungen verpflichtet, die ausgeschriebenen Angebote einzulösen. Der Verlag übernimmt jedoch keine Gewähr und keine Haftung, wenn ein Angebot nicht eingelöst wird oder werden kann.

Bedingungen zur Einlösung des Discounts:

1. Das Angebot ist einschließlich bis 30.6.2024 gültig.
2. Der Golfspieler/Leser hat sich telefonisch eine Abschlagzeit geben zu lassen – dabei ist die Nutzung des Angebots anzugeben.
3. Eine Barauszahlung des Greenfee-Vorteils ist nicht möglich.
4. Das Kombinieren von Angeboten oder bestehenden Greenfee-Vorteilen ist nicht möglich. Der Vorteil bezieht sich jeweils ausschließlich auf die zum Zeitpunkt der Einlösung gültigen vollen Greenfee-Gebühren.
5. Gibt es Spielergruppen mit erhöhten Greenfee-Gebühren, ist ein Nachlass auf diese Gebühren nicht möglich.
6. Das Angebot allein berechtigt nicht zum Spiel gegen Greenfee. Die Erfüllung der Bestimmungen des jeweiligen Golfclubs zur Greenfee-Berechtigung (Mitgliedschaft in einem Golfclub, Mindesthandicap etc.) zum Zeitpunkt der Einlösung sind Voraussetzung.
7. Es ist untersagt, den Greenfee-Gutschein entgeltlich Dritten zu überlassen bzw. mit diesen Handel zu treiben. Insbesondere sind die teilnehmenden Golfclubs in diesem Falle berechtigt, die Einlösung der ausgeschriebenen Angebote zu verweigern.
8. Die teilnehmenden Golfclubs haben sich gegenüber dem Verlag unter den o.g. Bedingungen verpflichtet, die ausgeschriebenen Angebote einzulösen. Der Verlag übernimmt jedoch keine Gewähr und keine Haftung, wenn ein Angebot nicht eingelöst wird oder werden kann.

Bedingungen zur Einlösung des Discounts:

1. Das Angebot ist einschließlich bis 30.6.2024 gültig.
2. Der Golfspieler/Leser hat sich telefonisch eine Abschlagzeit geben zu lassen – dabei ist die Nutzung des Angebots anzugeben.
3. Eine Barauszahlung des Greenfee-Vorteils ist nicht möglich.
4. Das Kombinieren von Angeboten oder bestehenden Greenfee-Vorteilen ist nicht möglich. Der Vorteil bezieht sich jeweils ausschließlich auf die zum Zeitpunkt der Einlösung gültigen vollen Greenfee-Gebühren.
5. Gibt es Spielergruppen mit erhöhten Greenfee-Gebühren, ist ein Nachlass auf diese Gebühren nicht möglich.
6. Das Angebot allein berechtigt nicht zum Spiel gegen Greenfee. Die Erfüllung der Bestimmungen des jeweiligen Golfclubs zur Greenfee-Berechtigung (Mitgliedschaft in einem Golfclub, Mindesthandicap etc.) zum Zeitpunkt der Einlösung sind Voraussetzung.
7. Es ist untersagt, den Greenfee-Gutschein entgeltlich Dritten zu überlassen bzw. mit diesen Handel zu treiben. Insbesondere sind die teilnehmenden Golfclubs in diesem Falle berechtigt, die Einlösung der ausgeschriebenen Angebote zu verweigern.
8. Die teilnehmenden Golfclubs haben sich gegenüber dem Verlag unter den o.g. Bedingungen verpflichtet, die ausgeschriebenen Angebote einzulösen. Der Verlag übernimmt jedoch keine Gewähr und keine Haftung, wenn ein Angebot nicht eingelöst wird oder werden kann.

Bedingungen zur Einlösung des Discounts:

1. Das Angebot ist einschließlich bis 30.6.2024 gültig.
2. Der Golfspieler/Leser hat sich telefonisch eine Abschlagzeit geben zu lassen – dabei ist die Nutzung des Angebots anzugeben.
3. Eine Barauszahlung des Greenfee-Vorteils ist nicht möglich.
4. Das Kombinieren von Angeboten oder bestehenden Greenfee-Vorteilen ist nicht möglich. Der Vorteil bezieht sich jeweils ausschließlich auf die zum Zeitpunkt der Einlösung gültigen vollen Greenfee-Gebühren.
5. Gibt es Spielergruppen mit erhöhten Greenfee-Gebühren, ist ein Nachlass auf diese Gebühren nicht möglich.
6. Das Angebot allein berechtigt nicht zum Spiel gegen Greenfee. Die Erfüllung der Bestimmungen des jeweiligen Golfclubs zur Greenfee-Berechtigung (Mitgliedschaft in einem Golfclub, Mindesthandicap etc.) zum Zeitpunkt der Einlösung sind Voraussetzung.
7. Es ist untersagt, den Greenfee-Gutschein entgeltlich Dritten zu überlassen bzw. mit diesen Handel zu treiben. Insbesondere sind die teilnehmenden Golfclubs in diesem Falle berechtigt, die Einlösung der ausgeschriebenen Angebote zu verweigern.
8. Die teilnehmenden Golfclubs haben sich gegenüber dem Verlag unter den o.g. Bedingungen verpflichtet, die ausgeschriebenen Angebote einzulösen. Der Verlag übernimmt jedoch keine Gewähr und keine Haftung, wenn ein Angebot nicht eingelöst wird oder werden kann.

Bedingungen zur Einlösung des Discounts:

1. Das Angebot ist einschließlich bis 30.6.2024 gültig.
2. Der Golfspieler/Leser hat sich telefonisch eine Abschlagzeit geben zu lassen – dabei ist die Nutzung des Angebots anzugeben.
3. Eine Barauszahlung des Greenfee-Vorteils ist nicht möglich.
4. Das Kombinieren von Angeboten oder bestehenden Greenfee-Vorteilen ist nicht möglich. Der Vorteil bezieht sich jeweils ausschließlich auf die zum Zeitpunkt der Einlösung gültigen vollen Greenfee-Gebühren.
5. Gibt es Spielergruppen mit erhöhten Greenfee-Gebühren, ist ein Nachlass auf diese Gebühren nicht möglich.
6. Das Angebot allein berechtigt nicht zum Spiel gegen Greenfee. Die Erfüllung der Bestimmungen des jeweiligen Golfclubs zur Greenfee-Berechtigung (Mitgliedschaft in einem Golfclub, Mindesthandicap etc.) zum Zeitpunkt der Einlösung sind Voraussetzung.
7. Es ist untersagt, den Greenfee-Gutschein entgeltlich Dritten zu überlassen bzw. mit diesen Handel zu treiben. Insbesondere sind die teilnehmenden Golfclubs in diesem Falle berechtigt, die Einlösung der ausgeschriebenen Angebote zu verweigern.
8. Die teilnehmenden Golfclubs haben sich gegenüber dem Verlag unter den o.g. Bedingungen verpflichtet, die ausgeschriebenen Angebote einzulösen. Der Verlag übernimmt jedoch keine Gewähr und keine Haftung, wenn ein Angebot nicht eingelöst wird oder werden kann.

Bedingungen zur Einlösung des Discounts:

1. Das Angebot ist einschließlich bis 30.6.2024 gültig.
2. Der Golfspieler/Leser hat sich telefonisch eine Abschlagzeit geben zu lassen – dabei ist die Nutzung des Angebots anzugeben.
3. Eine Barauszahlung des Greenfee-Vorteils ist nicht möglich.
4. Das Kombinieren von Angeboten oder bestehenden Greenfee-Vorteilen ist nicht möglich. Der Vorteil bezieht sich jeweils ausschließlich auf die zum Zeitpunkt der Einlösung gültigen vollen Greenfee-Gebühren.
5. Gibt es Spielergruppen mit erhöhten Greenfee-Gebühren, ist ein Nachlass auf diese Gebühren nicht möglich.
6. Das Angebot allein berechtigt nicht zum Spiel gegen Greenfee. Die Erfüllung der Bestimmungen des jeweiligen Golfclubs zur Greenfee-Berechtigung (Mitgliedschaft in einem Golfclub, Mindesthandicap etc.) zum Zeitpunkt der Einlösung sind Voraussetzung.
7. Es ist untersagt, den Greenfee-Gutschein entgeltlich Dritten zu überlassen bzw. mit diesen Handel zu treiben. Insbesondere sind die teilnehmenden Golfclubs in diesem Falle berechtigt, die Einlösung der ausgeschriebenen Angebote zu verweigern.
8. Die teilnehmenden Golfclubs haben sich gegenüber dem Verlag unter den o.g. Bedingungen verpflichtet, die ausgeschriebenen Angebote einzulösen. Der Verlag übernimmt jedoch keine Gewähr und keine Haftung, wenn ein Angebot nicht eingelöst wird oder werden kann.

Bedingungen zur Einlösung des Discounts:

1. Das Angebot ist einschließlich bis 30.6.2024 gültig.
2. Der Golfspieler/Leser hat sich telefonisch eine Abschlagzeit geben zu lassen – dabei ist die Nutzung des Angebots anzugeben.
3. Eine Barauszahlung des Greenfee-Vorteils ist nicht möglich.
4. Das Kombinieren von Angeboten oder bestehenden Greenfee-Vorteilen ist nicht möglich. Der Vorteil bezieht sich jeweils ausschließlich auf die zum Zeitpunkt der Einlösung gültigen vollen Greenfee-Gebühren.
5. Gibt es Spielergruppen mit erhöhten Greenfee-Gebühren, ist ein Nachlass auf diese Gebühren nicht möglich.
6. Das Angebot allein berechtigt nicht zum Spiel gegen Greenfee. Die Erfüllung der Bestimmungen des jeweiligen Golfclubs zur Greenfee-Berechtigung (Mitgliedschaft in einem Golfclub, Mindesthandicap etc.) zum Zeitpunkt der Einlösung sind Voraussetzung.
7. Es ist untersagt, den Greenfee-Gutschein entgeltlich Dritten zu überlassen bzw. mit diesen Handel zu treiben. Insbesondere sind die teilnehmenden Golfclubs in diesem Falle berechtigt, die Einlösung der ausgeschriebenen Angebote zu verweigern.
8. Die teilnehmenden Golfclubs haben sich gegenüber dem Verlag unter den o.g. Bedingungen verpflichtet, die ausgeschriebenen Angebote einzulösen. Der Verlag übernimmt jedoch keine Gewähr und keine Haftung, wenn ein Angebot nicht eingelöst wird oder werden kann.

Bedingungen zur Einlösung des Discounts:

1. Das Angebot ist einschließlich bis 30.6.2024 gültig.
2. Der Golfspieler/Leser hat sich telefonisch eine Abschlagzeit geben zu lassen – dabei ist die Nutzung des Angebots anzugeben.
3. Eine Barauszahlung des Greenfee-Vorteils ist nicht möglich.
4. Das Kombinieren von Angeboten oder bestehenden Greenfee-Vorteilen ist nicht möglich. Der Vorteil bezieht sich jeweils ausschließlich auf die zum Zeitpunkt der Einlösung gültigen vollen Greenfee-Gebühren.
5. Gibt es Spielergruppen mit erhöhten Greenfee-Gebühren, ist ein Nachlass auf diese Gebühren nicht möglich.
6. Das Angebot allein berechtigt nicht zum Spiel gegen Greenfee. Die Erfüllung der Bestimmungen des jeweiligen Golfclubs zur Greenfee-Berechtigung (Mitgliedschaft in einem Golfclub, Mindesthandicap etc.) zum Zeitpunkt der Einlösung sind Voraussetzung.
7. Es ist untersagt, den Greenfee-Gutschein entgeltlich Dritten zu überlassen bzw. mit diesen Handel zu treiben. Insbesondere sind die teilnehmenden Golfclubs in diesem Falle berechtigt, die Einlösung der ausgeschriebenen Angebote zu verweigern.
8. Die teilnehmenden Golfclubs haben sich gegenüber dem Verlag unter den o.g. Bedingungen verpflichtet, die ausgeschriebenen Angebote einzulösen. Der Verlag übernimmt jedoch keine Gewähr und keine Haftung, wenn ein Angebot nicht eingelöst wird oder werden kann.

Bedingungen zur Einlösung des Discounts:

1. Das Angebot ist einschließlich bis 30.6.2024 gültig.
2. Der Golfspieler/Leser hat sich telefonisch eine Abschlagzeit geben zu lassen – dabei ist die Nutzung des Angebots anzugeben.
3. Eine Barauszahlung des Greenfee-Vorteils ist nicht möglich.
4. Das Kombinieren von Angeboten oder bestehenden Greenfee-Vorteilen ist nicht möglich. Der Vorteil bezieht sich jeweils ausschließlich auf die zum Zeitpunkt der Einlösung gültigen vollen Greenfee-Gebühren.
5. Gibt es Spielergruppen mit erhöhten Greenfee-Gebühren, ist ein Nachlass auf diese Gebühren nicht möglich.
6. Das Angebot allein berechtigt nicht zum Spiel gegen Greenfee. Die Erfüllung der Bestimmungen des jeweiligen Golfclubs zur Greenfee-Berechtigung (Mitgliedschaft in einem Golfclub, Mindesthandicap etc.) zum Zeitpunkt der Einlösung sind Voraussetzung.
7. Es ist untersagt, den Greenfee-Gutschein entgeltlich Dritten zu überlassen bzw. mit diesen Handel zu treiben. Insbesondere sind die teilnehmenden Golfclubs in diesem Falle berechtigt, die Einlösung der ausgeschriebenen Angebote zu verweigern.
8. Die teilnehmenden Golfclubs haben sich gegenüber dem Verlag unter den o.g. Bedingungen verpflichtet, die ausgeschriebenen Angebote einzulösen. Der Verlag übernimmt jedoch keine Gewähr und keine Haftung, wenn ein Angebot nicht eingelöst wird oder werden kann.

Diese Gutscheine gelten nur in Verbindung mit dem Buch/Albrecht Golf Card

Diese Gutscheine gelten nur in Verbindung mit dem Buch/Albrecht Golf Card

DER GOLF ALBRECHT

La Estancia Golf

ES

Colada de Fuenteamarga s/n,
Urbanizacion Novo Sancti Petri
E-11130 Chiclana de la Frontera
✆ +34 956 53 20 96
Andalusien
Hinweis: On rack rate

330

50% Greenfee-Ermäßigung

DER GOLF ALBRECHT

La Estancia Golf

ES

Colada de Fuenteamarga s/n,
Urbanizacion Novo Sancti Petri
E-11130 Chiclana de la Frontera
✆ +34 956 53 20 96
Andalusien
Hinweis: On rack rate

330

50% Greenfee-Ermäßigung

DER GOLF ALBRECHT

Sancti Petri Hills Golf

ES

C/Marco Aurelio s/n, Urb. Lomas de Sancti Petri, s/n
E-11139 Chiclana de la Frontera
✆ +34 956856924668
Andalusien
Hinweis: Nur gültig Januar, Februar, Mai, Juni, Juli, vom 1.09. bis 18.10. und vom 16.11. bis 31. Dezember.

331

30% Greenfee-Ermäßigung

DER GOLF ALBRECHT

Sancti Petri Hills Golf

ES

C/Marco Aurelio s/n, Urb. Lomas de Sancti Petri, s/n
E-11139 Chiclana de la Frontera
✆ +34 956856924668
Andalusien
Hinweis: Nur gültig Januar, Februar, Mai, Juni, Juli, vom 1.09. bis 18.10. und vom 16.11. bis 31. Dezember.

331

30% Greenfee-Ermäßigung

DER GOLF ALBRECHT

Costa Teguise Golf Club

ES

Avenida del Golf, s/n
E-35508 Costa Teguise-Lanzarote
✆ +34 928 59 05 12
Kanarische Inseln - Lanzarote
Hinweis: On rack rate

332

20% Greenfee-Ermäßigung

DER GOLF ALBRECHT

Costa Teguise Golf Club

ES

Avenida del Golf, s/n
E-35508 Costa Teguise-Lanzarote
✆ +34 928 59 05 12
Kanarische Inseln - Lanzarote
Hinweis: On rack rate

332

20% Greenfee-Ermäßigung

DER GOLF ALBRECHT

Lanzarote Golf

ES

Carretera Puerto del Carmen - Tías s/n
E-35510 Pto. del Carmen, Lanzarote
✆ +34 928 51 40 50
Kanarische Inseln - Lanzarote
Hinweis: On rack rate

333

20% Greenfee-Ermäßigung

DER GOLF ALBRECHT

Lanzarote Golf

ES

Carretera Puerto del Carmen - Tías s/n
E-35510 Pto. del Carmen, Lanzarote
✆ +34 928 51 40 50
Kanarische Inseln - Lanzarote
Hinweis: On rack rate

333

20% Greenfee-Ermäßigung

DER GOLF ALBRECHT

Playitas Golf

ES

Urb. Las Playitas
E-35629 Fuerteventura
✆ +34 928 86 04 00
Kanarische Inseln - Fuerteventura

334

30% Greenfee-Ermäßigung

DER GOLF ALBRECHT

Tróia Golf

PT

7570-789
P-7570-789 Carvalhal
✆ +351 265 494 024
Lisboa Golf Coast

335

2 for 1 2 GF zum Preis von 1

Bedingungen zur Einlösung des Discounts:
1. Das Angebot ist einschließlich bis 30.6.2024 gültig.
2. Der Golfspieler/Leser hat sich telefonisch eine Abschlagzeit geben zu lassen – dabei ist die Nutzung des Angebots anzugeben.
3. Eine Barauszahlung des Greenfee-Vorteils ist nicht möglich.
4. Das Kombinieren von Angeboten oder bestehenden Greenfee-Vorteilen ist nicht möglich. Der Vorteil bezieht sich jeweils ausschließlich auf die zum Zeitpunkt der Einlösung gültigen vollen Greenfee-Gebühren.
5. Gibt es Spielergruppen mit erhöhten Greenfee-Gebühren, ist ein Nachlass auf diese Gebühren nicht möglich.
6. Das Angebot allein berechtigt nicht zum Spiel gegen Greenfee. Die Erfüllung der Bestimmungen des jeweiligen Golfclubs zur Greenfee-Berechtigung (Mitgliedschaft in einem Golfclub, Mindesthandicap etc.) zum Zeitpunkt der Einlösung sind Voraussetzung.
7. Es ist untersagt, den Greenfee-Gutschein entgeltlich Dritten zu überlassen bzw. mit diesen Handel zu treiben. Insbesondere sind die teilnehmenden Golfclubs in diesem Falle berechtigt, die Einlösung der ausgeschriebenen Angebote zu verweigern.
8. Die teilnehmenden Golfclubs haben sich gegenüber dem Verlag unter den o.g. Bedingungen verpflichtet, die ausgeschriebenen Angebote einzulösen. Der Verlag übernimmt jedoch keine Gewähr und keine Haftung, wenn ein Angebot nicht eingelöst wird oder werden kann.

Bedingungen zur Einlösung des Discounts:
1. Das Angebot ist einschließlich bis 30.6.2024 gültig.
2. Der Golfspieler/Leser hat sich telefonisch eine Abschlagzeit geben zu lassen – dabei ist die Nutzung des Angebots anzugeben.
3. Eine Barauszahlung des Greenfee-Vorteils ist nicht möglich.
4. Das Kombinieren von Angeboten oder bestehenden Greenfee-Vorteilen ist nicht möglich. Der Vorteil bezieht sich jeweils ausschließlich auf die zum Zeitpunkt der Einlösung gültigen vollen Greenfee-Gebühren.
5. Gibt es Spielergruppen mit erhöhten Greenfee-Gebühren, ist ein Nachlass auf diese Gebühren nicht möglich.
6. Das Angebot allein berechtigt nicht zum Spiel gegen Greenfee. Die Erfüllung der Bestimmungen des jeweiligen Golfclubs zur Greenfee-Berechtigung (Mitgliedschaft in einem Golfclub, Mindesthandicap etc.) zum Zeitpunkt der Einlösung sind Voraussetzung.
7. Es ist untersagt, den Greenfee-Gutschein entgeltlich Dritten zu überlassen bzw. mit diesen Handel zu treiben. Insbesondere sind die teilnehmenden Golfclubs in diesem Falle berechtigt, die Einlösung der ausgeschriebenen Angebote zu verweigern.
8. Die teilnehmenden Golfclubs haben sich gegenüber dem Verlag unter den o.g. Bedingungen verpflichtet, die ausgeschriebenen Angebote einzulösen. Der Verlag übernimmt jedoch keine Gewähr und keine Haftung, wenn ein Angebot nicht eingelöst wird oder werden kann.

Bedingungen zur Einlösung des Discounts:
1. Das Angebot ist einschließlich bis 30.6.2024 gültig.
2. Der Golfspieler/Leser hat sich telefonisch eine Abschlagzeit geben zu lassen – dabei ist die Nutzung des Angebots anzugeben.
3. Eine Barauszahlung des Greenfee-Vorteils ist nicht möglich.
4. Das Kombinieren von Angeboten oder bestehenden Greenfee-Vorteilen ist nicht möglich. Der Vorteil bezieht sich jeweils ausschließlich auf die zum Zeitpunkt der Einlösung gültigen vollen Greenfee-Gebühren.
5. Gibt es Spielergruppen mit erhöhten Greenfee-Gebühren, ist ein Nachlass auf diese Gebühren nicht möglich.
6. Das Angebot allein berechtigt nicht zum Spiel gegen Greenfee. Die Erfüllung der Bestimmungen des jeweiligen Golfclubs zur Greenfee-Berechtigung (Mitgliedschaft in einem Golfclub, Mindesthandicap etc.) zum Zeitpunkt der Einlösung sind Voraussetzung.
7. Es ist untersagt, den Greenfee-Gutschein entgeltlich Dritten zu überlassen bzw. mit diesen Handel zu treiben. Insbesondere sind die teilnehmenden Golfclubs in diesem Falle berechtigt, die Einlösung der ausgeschriebenen Angebote zu verweigern.
8. Die teilnehmenden Golfclubs haben sich gegenüber dem Verlag unter den o.g. Bedingungen verpflichtet, die ausgeschriebenen Angebote einzulösen. Der Verlag übernimmt jedoch keine Gewähr und keine Haftung, wenn ein Angebot nicht eingelöst wird oder werden kann.

Bedingungen zur Einlösung des Discounts:
1. Das Angebot ist einschließlich bis 30.6.2024 gültig.
2. Der Golfspieler/Leser hat sich telefonisch eine Abschlagzeit geben zu lassen – dabei ist die Nutzung des Angebots anzugeben.
3. Eine Barauszahlung des Greenfee-Vorteils ist nicht möglich.
4. Das Kombinieren von Angeboten oder bestehenden Greenfee-Vorteilen ist nicht möglich. Der Vorteil bezieht sich jeweils ausschließlich auf die zum Zeitpunkt der Einlösung gültigen vollen Greenfee-Gebühren.
5. Gibt es Spielergruppen mit erhöhten Greenfee-Gebühren, ist ein Nachlass auf diese Gebühren nicht möglich.
6. Das Angebot allein berechtigt nicht zum Spiel gegen Greenfee. Die Erfüllung der Bestimmungen des jeweiligen Golfclubs zur Greenfee-Berechtigung (Mitgliedschaft in einem Golfclub, Mindesthandicap etc.) zum Zeitpunkt der Einlösung sind Voraussetzung.
7. Es ist untersagt, den Greenfee-Gutschein entgeltlich Dritten zu überlassen bzw. mit diesen Handel zu treiben. Insbesondere sind die teilnehmenden Golfclubs in diesem Falle berechtigt, die Einlösung der ausgeschriebenen Angebote zu verweigern.
8. Die teilnehmenden Golfclubs haben sich gegenüber dem Verlag unter den o.g. Bedingungen verpflichtet, die ausgeschriebenen Angebote einzulösen. Der Verlag übernimmt jedoch keine Gewähr und keine Haftung, wenn ein Angebot nicht eingelöst wird oder werden kann.

Bedingungen zur Einlösung des Discounts:
1. Das Angebot ist einschließlich bis 30.6.2024 gültig.
2. Der Golfspieler/Leser hat sich telefonisch eine Abschlagzeit geben zu lassen – dabei ist die Nutzung des Angebots anzugeben.
3. Eine Barauszahlung des Greenfee-Vorteils ist nicht möglich.
4. Das Kombinieren von Angeboten oder bestehenden Greenfee-Vorteilen ist nicht möglich. Der Vorteil bezieht sich jeweils ausschließlich auf die zum Zeitpunkt der Einlösung gültigen vollen Greenfee-Gebühren.
5. Gibt es Spielergruppen mit erhöhten Greenfee-Gebühren, ist ein Nachlass auf diese Gebühren nicht möglich.
6. Das Angebot allein berechtigt nicht zum Spiel gegen Greenfee. Die Erfüllung der Bestimmungen des jeweiligen Golfclubs zur Greenfee-Berechtigung (Mitgliedschaft in einem Golfclub, Mindesthandicap etc.) zum Zeitpunkt der Einlösung sind Voraussetzung.
7. Es ist untersagt, den Greenfee-Gutschein entgeltlich Dritten zu überlassen bzw. mit diesen Handel zu treiben. Insbesondere sind die teilnehmenden Golfclubs in diesem Falle berechtigt, die Einlösung der ausgeschriebenen Angebote zu verweigern.
8. Die teilnehmenden Golfclubs haben sich gegenüber dem Verlag unter den o.g. Bedingungen verpflichtet, die ausgeschriebenen Angebote einzulösen. Der Verlag übernimmt jedoch keine Gewähr und keine Haftung, wenn ein Angebot nicht eingelöst wird oder werden kann.

Bedingungen zur Einlösung des Discounts:
1. Das Angebot ist einschließlich bis 30.6.2024 gültig.
2. Der Golfspieler/Leser hat sich telefonisch eine Abschlagzeit geben zu lassen – dabei ist die Nutzung des Angebots anzugeben.
3. Eine Barauszahlung des Greenfee-Vorteils ist nicht möglich.
4. Das Kombinieren von Angeboten oder bestehenden Greenfee-Vorteilen ist nicht möglich. Der Vorteil bezieht sich jeweils ausschließlich auf die zum Zeitpunkt der Einlösung gültigen vollen Greenfee-Gebühren.
5. Gibt es Spielergruppen mit erhöhten Greenfee-Gebühren, ist ein Nachlass auf diese Gebühren nicht möglich.
6. Das Angebot allein berechtigt nicht zum Spiel gegen Greenfee. Die Erfüllung der Bestimmungen des jeweiligen Golfclubs zur Greenfee-Berechtigung (Mitgliedschaft in einem Golfclub, Mindesthandicap etc.) zum Zeitpunkt der Einlösung sind Voraussetzung.
7. Es ist untersagt, den Greenfee-Gutschein entgeltlich Dritten zu überlassen bzw. mit diesen Handel zu treiben. Insbesondere sind die teilnehmenden Golfclubs in diesem Falle berechtigt, die Einlösung der ausgeschriebenen Angebote zu verweigern.
8. Die teilnehmenden Golfclubs haben sich gegenüber dem Verlag unter den o.g. Bedingungen verpflichtet, die ausgeschriebenen Angebote einzulösen. Der Verlag übernimmt jedoch keine Gewähr und keine Haftung, wenn ein Angebot nicht eingelöst wird oder werden kann.

Bedingungen zur Einlösung des Discounts:
1. Das Angebot ist einschließlich bis 30.6.2024 gültig.
2. Der Golfspieler/Leser hat sich telefonisch eine Abschlagzeit geben zu lassen – dabei ist die Nutzung des Angebots anzugeben.
3. Eine Barauszahlung des Greenfee-Vorteils ist nicht möglich.
4. Das Kombinieren von Angeboten oder bestehenden Greenfee-Vorteilen ist nicht möglich. Der Vorteil bezieht sich jeweils ausschließlich auf die zum Zeitpunkt der Einlösung gültigen vollen Greenfee-Gebühren.
5. Gibt es Spielergruppen mit erhöhten Greenfee-Gebühren, ist ein Nachlass auf diese Gebühren nicht möglich.
6. Das Angebot allein berechtigt nicht zum Spiel gegen Greenfee. Die Erfüllung der Bestimmungen des jeweiligen Golfclubs zur Greenfee-Berechtigung (Mitgliedschaft in einem Golfclub, Mindesthandicap etc.) zum Zeitpunkt der Einlösung sind Voraussetzung.
7. Es ist untersagt, den Greenfee-Gutschein entgeltlich Dritten zu überlassen bzw. mit diesen Handel zu treiben. Insbesondere sind die teilnehmenden Golfclubs in diesem Falle berechtigt, die Einlösung der ausgeschriebenen Angebote zu verweigern.
8. Die teilnehmenden Golfclubs haben sich gegenüber dem Verlag unter den o.g. Bedingungen verpflichtet, die ausgeschriebenen Angebote einzulösen. Der Verlag übernimmt jedoch keine Gewähr und keine Haftung, wenn ein Angebot nicht eingelöst wird oder werden kann.

Bedingungen zur Einlösung des Discounts:
1. Das Angebot ist einschließlich bis 30.6.2024 gültig.
2. Der Golfspieler/Leser hat sich telefonisch eine Abschlagzeit geben zu lassen – dabei ist die Nutzung des Angebots anzugeben.
3. Eine Barauszahlung des Greenfee-Vorteils ist nicht möglich.
4. Das Kombinieren von Angeboten oder bestehenden Greenfee-Vorteilen ist nicht möglich. Der Vorteil bezieht sich jeweils ausschließlich auf die zum Zeitpunkt der Einlösung gültigen vollen Greenfee-Gebühren.
5. Gibt es Spielergruppen mit erhöhten Greenfee-Gebühren, ist ein Nachlass auf diese Gebühren nicht möglich.
6. Das Angebot allein berechtigt nicht zum Spiel gegen Greenfee. Die Erfüllung der Bestimmungen des jeweiligen Golfclubs zur Greenfee-Berechtigung (Mitgliedschaft in einem Golfclub, Mindesthandicap etc.) zum Zeitpunkt der Einlösung sind Voraussetzung.
7. Es ist untersagt, den Greenfee-Gutschein entgeltlich Dritten zu überlassen bzw. mit diesen Handel zu treiben. Insbesondere sind die teilnehmenden Golfclubs in diesem Falle berechtigt, die Einlösung der ausgeschriebenen Angebote zu verweigern.
8. Die teilnehmenden Golfclubs haben sich gegenüber dem Verlag unter den o.g. Bedingungen verpflichtet, die ausgeschriebenen Angebote einzulösen. Der Verlag übernimmt jedoch keine Gewähr und keine Haftung, wenn ein Angebot nicht eingelöst wird oder werden kann.

Bedingungen zur Einlösung des Discounts:
1. Das Angebot ist einschließlich bis 30.6.2024 gültig.
2. Der Golfspieler/Leser hat sich telefonisch eine Abschlagzeit geben zu lassen – dabei ist die Nutzung des Angebots anzugeben.
3. Eine Barauszahlung des Greenfee-Vorteils ist nicht möglich.
4. Das Kombinieren von Angeboten oder bestehenden Greenfee-Vorteilen ist nicht möglich. Der Vorteil bezieht sich jeweils ausschließlich auf die zum Zeitpunkt der Einlösung gültigen vollen Greenfee-Gebühren.
5. Gibt es Spielergruppen mit erhöhten Greenfee-Gebühren, ist ein Nachlass auf diese Gebühren nicht möglich.
6. Das Angebot allein berechtigt nicht zum Spiel gegen Greenfee. Die Erfüllung der Bestimmungen des jeweiligen Golfclubs zur Greenfee-Berechtigung (Mitgliedschaft in einem Golfclub, Mindesthandicap etc.) zum Zeitpunkt der Einlösung sind Voraussetzung.
7. Es ist untersagt, den Greenfee-Gutschein entgeltlich Dritten zu überlassen bzw. mit diesen Handel zu treiben. Insbesondere sind die teilnehmenden Golfclubs in diesem Falle berechtigt, die Einlösung der ausgeschriebenen Angebote zu verweigern.
8. Die teilnehmenden Golfclubs haben sich gegenüber dem Verlag unter den o.g. Bedingungen verpflichtet, die ausgeschriebenen Angebote einzulösen. Der Verlag übernimmt jedoch keine Gewähr und keine Haftung, wenn ein Angebot nicht eingelöst wird oder werden kann.

Bedingungen zur Einlösung des Discounts:
1. Das Angebot ist einschließlich bis 30.6.2024 gültig.
2. Der Golfspieler/Leser hat sich telefonisch eine Abschlagzeit geben zu lassen – dabei ist die Nutzung des Angebots anzugeben.
3. Eine Barauszahlung des Greenfee-Vorteils ist nicht möglich.
4. Das Kombinieren von Angeboten oder bestehenden Greenfee-Vorteilen ist nicht möglich. Der Vorteil bezieht sich jeweils ausschließlich auf die zum Zeitpunkt der Einlösung gültigen vollen Greenfee-Gebühren.
5. Gibt es Spielergruppen mit erhöhten Greenfee-Gebühren, ist ein Nachlass auf diese Gebühren nicht möglich.
6. Das Angebot allein berechtigt nicht zum Spiel gegen Greenfee. Die Erfüllung der Bestimmungen des jeweiligen Golfclubs zur Greenfee-Berechtigung (Mitgliedschaft in einem Golfclub, Mindesthandicap etc.) zum Zeitpunkt der Einlösung sind Voraussetzung.
7. Es ist untersagt, den Greenfee-Gutschein entgeltlich Dritten zu überlassen bzw. mit diesen Handel zu treiben. Insbesondere sind die teilnehmenden Golfclubs in diesem Falle berechtigt, die Einlösung der ausgeschriebenen Angebote zu verweigern.
8. Die teilnehmenden Golfclubs haben sich gegenüber dem Verlag unter den o.g. Bedingungen verpflichtet, die ausgeschriebenen Angebote einzulösen. Der Verlag übernimmt jedoch keine Gewähr und keine Haftung, wenn ein Angebot nicht eingelöst wird oder werden kann.

Diese Gutscheine gelten nur in Verbindung mit dem Buch/Albrecht Golf Card

DER GOLF ALBRECHT

Tróia Golf

PT

7570-789
P-7570-789 Carvalhal
✆ +351 265 494 024
Lisboa Golf Coast

335

2 for 1 2 GF zum Preis von 1

DER GOLF ALBRECHT

Tróia Golf

PT

7570-789
P-7570-789 Carvalhal
✆ +351 265 494 024
Lisboa Golf Coast

335

20% Greenfee-Ermäßigung

DER GOLF ALBRECHT

Tróia Golf

PT

7570-789
P-7570-789 Carvalhal
✆ +351 265 494 024
Lisboa Golf Coast

335

20% Greenfee-Ermäßigung

DER GOLF ALBRECHT

Bürgenstock Golf Country & Leisure Club

CH

c/o Bürgenstock Hotels & Resort
CH-6363 Obbürgen
✆ +41 41 612 64 15

336

2 for 1 2 GF zum Preis von 1

DER GOLF ALBRECHT

Bürgenstock Golf Country & Leisure Club

CH

c/o Bürgenstock Hotels & Resort
CH-6363 Obbürgen
✆ +41 41 612 64 15

336

20% Greenfee-Ermäßigung

DER GOLF ALBRECHT

Golf de Nampont St Martin

FR

Maison Forte
F-80120 Nampont St Martin
✆ +33 3 22 29 92 90

337

20% Greenfee-Ermäßigung

DER GOLF ALBRECHT

Golf de Nampont St Martin

FR

Maison Forte
F-80120 Nampont St Martin
✆ +33 3 22 29 92 90

337

20% Greenfee-Ermäßigung

DER GOLF ALBRECHT

Alsace Golf Links

FR

Moulin de Blitzheim
F-68250 Rouffach
✆ +33 3 89 78 52 12

338

25% Greenfee-Ermäßigung

DER GOLF ALBRECHT

Alsace Golf Links

FR

Moulin de Blitzheim
F-68250 Rouffach
✆ +33 3 89 78 52 12

338

25% Greenfee-Ermäßigung

DER GOLF ALBRECHT

Golf de Rougemont

FR

Route de Masevaux
F-90110 Rougemont-Le-Château
✆ +33 3 84 23 74 74

339

25% Greenfee-Ermäßigung

Bedingungen zur Einlösung des Discounts:

1. Das Angebot ist einschließlich bis 30.6.2024 gültig.
2. Der Golfspieler/Leser hat sich telefonisch eine Abschlagzeit geben zu lassen – dabei ist die Nutzung des Angebots anzugeben.
3. Eine Barauszahlung des Greenfee-Vorteils ist nicht möglich.
4. Das Kombinieren von Angeboten oder bestehenden Greenfee-Vorteilen ist nicht möglich. Der Vorteil bezieht sich jeweils ausschließlich auf die zum Zeitpunkt der Einlösung gültigen vollen Greenfee-Gebühren.
5. Gibt es Spielergruppen mit erhöhten Greenfee-Gebühren, ist ein Nachlass auf diese Gebühren nicht möglich.
6. Das Angebot allein berechtigt nicht zum Spiel gegen Greenfee. Die Erfüllung der Bestimmungen des jeweiligen Golfclubs zur Greenfee-Berechtigung (Mitgliedschaft in einem Golfclub, Mindesthandicap etc.) zum Zeitpunkt der Einlösung sind Voraussetzung.
7. Es ist untersagt, den Greenfee-Gutschein entgeltlich Dritten zu überlassen bzw. mit diesen Handel zu treiben. Insbesondere sind die teilnehmenden Golfclubs in diesem Falle berechtigt, die Einlösung der ausgeschriebenen Angebote zu verweigern.
8. Die teilnehmenden Golfclubs haben sich gegenüber dem Verlag unter den o.g. Bedingungen verpflichtet, die ausgeschriebenen Angebote einzulösen. Der Verlag übernimmt jedoch keine Gewähr und keine Haftung, wenn ein Angebot nicht eingelöst wird oder werden kann.

Bedingungen zur Einlösung des Discounts:

1. Das Angebot ist einschließlich bis 30.6.2024 gültig.
2. Der Golfspieler/Leser hat sich telefonisch eine Abschlagzeit geben zu lassen – dabei ist die Nutzung des Angebots anzugeben.
3. Eine Barauszahlung des Greenfee-Vorteils ist nicht möglich.
4. Das Kombinieren von Angeboten oder bestehenden Greenfee-Vorteilen ist nicht möglich. Der Vorteil bezieht sich jeweils ausschließlich auf die zum Zeitpunkt der Einlösung gültigen vollen Greenfee-Gebühren.
5. Gibt es Spielergruppen mit erhöhten Greenfee-Gebühren, ist ein Nachlass auf diese Gebühren nicht möglich.
6. Das Angebot allein berechtigt nicht zum Spiel gegen Greenfee. Die Erfüllung der Bestimmungen des jeweiligen Golfclubs zur Greenfee-Berechtigung (Mitgliedschaft in einem Golfclub, Mindesthandicap etc.) zum Zeitpunkt der Einlösung sind Voraussetzung.
7. Es ist untersagt, den Greenfee-Gutschein entgeltlich Dritten zu überlassen bzw. mit diesen Handel zu treiben. Insbesondere sind die teilnehmenden Golfclubs in diesem Falle berechtigt, die Einlösung der ausgeschriebenen Angebote zu verweigern.
8. Die teilnehmenden Golfclubs haben sich gegenüber dem Verlag unter den o.g. Bedingungen verpflichtet, die ausgeschriebenen Angebote einzulösen. Der Verlag übernimmt jedoch keine Gewähr und keine Haftung, wenn ein Angebot nicht eingelöst wird oder werden kann.

Bedingungen zur Einlösung des Discounts:

1. Das Angebot ist einschließlich bis 30.6.2024 gültig.
2. Der Golfspieler/Leser hat sich telefonisch eine Abschlagzeit geben zu lassen – dabei ist die Nutzung des Angebots anzugeben.
3. Eine Barauszahlung des Greenfee-Vorteils ist nicht möglich.
4. Das Kombinieren von Angeboten oder bestehenden Greenfee-Vorteilen ist nicht möglich. Der Vorteil bezieht sich jeweils ausschließlich auf die zum Zeitpunkt der Einlösung gültigen vollen Greenfee-Gebühren.
5. Gibt es Spielergruppen mit erhöhten Greenfee-Gebühren, ist ein Nachlass auf diese Gebühren nicht möglich.
6. Das Angebot allein berechtigt nicht zum Spiel gegen Greenfee. Die Erfüllung der Bestimmungen des jeweiligen Golfclubs zur Greenfee-Berechtigung (Mitgliedschaft in einem Golfclub, Mindesthandicap etc.) zum Zeitpunkt der Einlösung sind Voraussetzung.
7. Es ist untersagt, den Greenfee-Gutschein entgeltlich Dritten zu überlassen bzw. mit diesen Handel zu treiben. Insbesondere sind die teilnehmenden Golfclubs in diesem Falle berechtigt, die Einlösung der ausgeschriebenen Angebote zu verweigern.
8. Die teilnehmenden Golfclubs haben sich gegenüber dem Verlag unter den o.g. Bedingungen verpflichtet, die ausgeschriebenen Angebote einzulösen. Der Verlag übernimmt jedoch keine Gewähr und keine Haftung, wenn ein Angebot nicht eingelöst wird oder werden kann.

Bedingungen zur Einlösung des Discounts:

1. Das Angebot ist einschließlich bis 30.6.2024 gültig.
2. Der Golfspieler/Leser hat sich telefonisch eine Abschlagzeit geben zu lassen – dabei ist die Nutzung des Angebots anzugeben.
3. Eine Barauszahlung des Greenfee-Vorteils ist nicht möglich.
4. Das Kombinieren von Angeboten oder bestehenden Greenfee-Vorteilen ist nicht möglich. Der Vorteil bezieht sich jeweils ausschließlich auf die zum Zeitpunkt der Einlösung gültigen vollen Greenfee-Gebühren.
5. Gibt es Spielergruppen mit erhöhten Greenfee-Gebühren, ist ein Nachlass auf diese Gebühren nicht möglich.
6. Das Angebot allein berechtigt nicht zum Spiel gegen Greenfee. Die Erfüllung der Bestimmungen des jeweiligen Golfclubs zur Greenfee-Berechtigung (Mitgliedschaft in einem Golfclub, Mindesthandicap etc.) zum Zeitpunkt der Einlösung sind Voraussetzung.
7. Es ist untersagt, den Greenfee-Gutschein entgeltlich Dritten zu überlassen bzw. mit diesen Handel zu treiben. Insbesondere sind die teilnehmenden Golfclubs in diesem Falle berechtigt, die Einlösung der ausgeschriebenen Angebote zu verweigern.
8. Die teilnehmenden Golfclubs haben sich gegenüber dem Verlag unter den o.g. Bedingungen verpflichtet, die ausgeschriebenen Angebote einzulösen. Der Verlag übernimmt jedoch keine Gewähr und keine Haftung, wenn ein Angebot nicht eingelöst wird oder werden kann.

Bedingungen zur Einlösung des Discounts:

1. Das Angebot ist einschließlich bis 30.6.2024 gültig.
2. Der Golfspieler/Leser hat sich telefonisch eine Abschlagzeit geben zu lassen – dabei ist die Nutzung des Angebots anzugeben.
3. Eine Barauszahlung des Greenfee-Vorteils ist nicht möglich.
4. Das Kombinieren von Angeboten oder bestehenden Greenfee-Vorteilen ist nicht möglich. Der Vorteil bezieht sich jeweils ausschließlich auf die zum Zeitpunkt der Einlösung gültigen vollen Greenfee-Gebühren.
5. Gibt es Spielergruppen mit erhöhten Greenfee-Gebühren, ist ein Nachlass auf diese Gebühren nicht möglich.
6. Das Angebot allein berechtigt nicht zum Spiel gegen Greenfee. Die Erfüllung der Bestimmungen des jeweiligen Golfclubs zur Greenfee-Berechtigung (Mitgliedschaft in einem Golfclub, Mindesthandicap etc.) zum Zeitpunkt der Einlösung sind Voraussetzung.
7. Es ist untersagt, den Greenfee-Gutschein entgeltlich Dritten zu überlassen bzw. mit diesen Handel zu treiben. Insbesondere sind die teilnehmenden Golfclubs in diesem Falle berechtigt, die Einlösung der ausgeschriebenen Angebote zu verweigern.
8. Die teilnehmenden Golfclubs haben sich gegenüber dem Verlag unter den o.g. Bedingungen verpflichtet, die ausgeschriebenen Angebote einzulösen. Der Verlag übernimmt jedoch keine Gewähr und keine Haftung, wenn ein Angebot nicht eingelöst wird oder werden kann.

Bedingungen zur Einlösung des Discounts:

1. Das Angebot ist einschließlich bis 30.6.2024 gültig.
2. Der Golfspieler/Leser hat sich telefonisch eine Abschlagzeit geben zu lassen – dabei ist die Nutzung des Angebots anzugeben.
3. Eine Barauszahlung des Greenfee-Vorteils ist nicht möglich.
4. Das Kombinieren von Angeboten oder bestehenden Greenfee-Vorteilen ist nicht möglich. Der Vorteil bezieht sich jeweils ausschließlich auf die zum Zeitpunkt der Einlösung gültigen vollen Greenfee-Gebühren.
5. Gibt es Spielergruppen mit erhöhten Greenfee-Gebühren, ist ein Nachlass auf diese Gebühren nicht möglich.
6. Das Angebot allein berechtigt nicht zum Spiel gegen Greenfee. Die Erfüllung der Bestimmungen des jeweiligen Golfclubs zur Greenfee-Berechtigung (Mitgliedschaft in einem Golfclub, Mindesthandicap etc.) zum Zeitpunkt der Einlösung sind Voraussetzung.
7. Es ist untersagt, den Greenfee-Gutschein entgeltlich Dritten zu überlassen bzw. mit diesen Handel zu treiben. Insbesondere sind die teilnehmenden Golfclubs in diesem Falle berechtigt, die Einlösung der ausgeschriebenen Angebote zu verweigern.
8. Die teilnehmenden Golfclubs haben sich gegenüber dem Verlag unter den o.g. Bedingungen verpflichtet, die ausgeschriebenen Angebote einzulösen. Der Verlag übernimmt jedoch keine Gewähr und keine Haftung, wenn ein Angebot nicht eingelöst wird oder werden kann.

Bedingungen zur Einlösung des Discounts:

1. Das Angebot ist einschließlich bis 30.6.2024 gültig.
2. Der Golfspieler/Leser hat sich telefonisch eine Abschlagzeit geben zu lassen – dabei ist die Nutzung des Angebots anzugeben.
3. Eine Barauszahlung des Greenfee-Vorteils ist nicht möglich.
4. Das Kombinieren von Angeboten oder bestehenden Greenfee-Vorteilen ist nicht möglich. Der Vorteil bezieht sich jeweils ausschließlich auf die zum Zeitpunkt der Einlösung gültigen vollen Greenfee-Gebühren.
5. Gibt es Spielergruppen mit erhöhten Greenfee-Gebühren, ist ein Nachlass auf diese Gebühren nicht möglich.
6. Das Angebot allein berechtigt nicht zum Spiel gegen Greenfee. Die Erfüllung der Bestimmungen des jeweiligen Golfclubs zur Greenfee-Berechtigung (Mitgliedschaft in einem Golfclub, Mindesthandicap etc.) zum Zeitpunkt der Einlösung sind Voraussetzung.
7. Es ist untersagt, den Greenfee-Gutschein entgeltlich Dritten zu überlassen bzw. mit diesen Handel zu treiben. Insbesondere sind die teilnehmenden Golfclubs in diesem Falle berechtigt, die Einlösung der ausgeschriebenen Angebote zu verweigern.
8. Die teilnehmenden Golfclubs haben sich gegenüber dem Verlag unter den o.g. Bedingungen verpflichtet, die ausgeschriebenen Angebote einzulösen. Der Verlag übernimmt jedoch keine Gewähr und keine Haftung, wenn ein Angebot nicht eingelöst wird oder werden kann.

Bedingungen zur Einlösung des Discounts:

1. Das Angebot ist einschließlich bis 30.6.2024 gültig.
2. Der Golfspieler/Leser hat sich telefonisch eine Abschlagzeit geben zu lassen – dabei ist die Nutzung des Angebots anzugeben.
3. Eine Barauszahlung des Greenfee-Vorteils ist nicht möglich.
4. Das Kombinieren von Angeboten oder bestehenden Greenfee-Vorteilen ist nicht möglich. Der Vorteil bezieht sich jeweils ausschließlich auf die zum Zeitpunkt der Einlösung gültigen vollen Greenfee-Gebühren.
5. Gibt es Spielergruppen mit erhöhten Greenfee-Gebühren, ist ein Nachlass auf diese Gebühren nicht möglich.
6. Das Angebot allein berechtigt nicht zum Spiel gegen Greenfee. Die Erfüllung der Bestimmungen des jeweiligen Golfclubs zur Greenfee-Berechtigung (Mitgliedschaft in einem Golfclub, Mindesthandicap etc.) zum Zeitpunkt der Einlösung sind Voraussetzung.
7. Es ist untersagt, den Greenfee-Gutschein entgeltlich Dritten zu überlassen bzw. mit diesen Handel zu treiben. Insbesondere sind die teilnehmenden Golfclubs in diesem Falle berechtigt, die Einlösung der ausgeschriebenen Angebote zu verweigern.
8. Die teilnehmenden Golfclubs haben sich gegenüber dem Verlag unter den o.g. Bedingungen verpflichtet, die ausgeschriebenen Angebote einzulösen. Der Verlag übernimmt jedoch keine Gewähr und keine Haftung, wenn ein Angebot nicht eingelöst wird oder werden kann.

Bedingungen zur Einlösung des Discounts:

1. Das Angebot ist einschließlich bis 30.6.2024 gültig.
2. Der Golfspieler/Leser hat sich telefonisch eine Abschlagzeit geben zu lassen – dabei ist die Nutzung des Angebots anzugeben.
3. Eine Barauszahlung des Greenfee-Vorteils ist nicht möglich.
4. Das Kombinieren von Angeboten oder bestehenden Greenfee-Vorteilen ist nicht möglich. Der Vorteil bezieht sich jeweils ausschließlich auf die zum Zeitpunkt der Einlösung gültigen vollen Greenfee-Gebühren.
5. Gibt es Spielergruppen mit erhöhten Greenfee-Gebühren, ist ein Nachlass auf diese Gebühren nicht möglich.
6. Das Angebot allein berechtigt nicht zum Spiel gegen Greenfee. Die Erfüllung der Bestimmungen des jeweiligen Golfclubs zur Greenfee-Berechtigung (Mitgliedschaft in einem Golfclub, Mindesthandicap etc.) zum Zeitpunkt der Einlösung sind Voraussetzung.
7. Es ist untersagt, den Greenfee-Gutschein entgeltlich Dritten zu überlassen bzw. mit diesen Handel zu treiben. Insbesondere sind die teilnehmenden Golfclubs in diesem Falle berechtigt, die Einlösung der ausgeschriebenen Angebote zu verweigern.
8. Die teilnehmenden Golfclubs haben sich gegenüber dem Verlag unter den o.g. Bedingungen verpflichtet, die ausgeschriebenen Angebote einzulösen. Der Verlag übernimmt jedoch keine Gewähr und keine Haftung, wenn ein Angebot nicht eingelöst wird oder werden kann.

Bedingungen zur Einlösung des Discounts:

1. Das Angebot ist einschließlich bis 30.6.2024 gültig.
2. Der Golfspieler/Leser hat sich telefonisch eine Abschlagzeit geben zu lassen – dabei ist die Nutzung des Angebots anzugeben.
3. Eine Barauszahlung des Greenfee-Vorteils ist nicht möglich.
4. Das Kombinieren von Angeboten oder bestehenden Greenfee-Vorteilen ist nicht möglich. Der Vorteil bezieht sich jeweils ausschließlich auf die zum Zeitpunkt der Einlösung gültigen vollen Greenfee-Gebühren.
5. Gibt es Spielergruppen mit erhöhten Greenfee-Gebühren, ist ein Nachlass auf diese Gebühren nicht möglich.
6. Das Angebot allein berechtigt nicht zum Spiel gegen Greenfee. Die Erfüllung der Bestimmungen des jeweiligen Golfclubs zur Greenfee-Berechtigung (Mitgliedschaft in einem Golfclub, Mindesthandicap etc.) zum Zeitpunkt der Einlösung sind Voraussetzung.
7. Es ist untersagt, den Greenfee-Gutschein entgeltlich Dritten zu überlassen bzw. mit diesen Handel zu treiben. Insbesondere sind die teilnehmenden Golfclubs in diesem Falle berechtigt, die Einlösung der ausgeschriebenen Angebote zu verweigern.
8. Die teilnehmenden Golfclubs haben sich gegenüber dem Verlag unter den o.g. Bedingungen verpflichtet, die ausgeschriebenen Angebote einzulösen. Der Verlag übernimmt jedoch keine Gewähr und keine Haftung, wenn ein Angebot nicht eingelöst wird oder werden kann.

Diese Gutscheine gelten nur in Verbindung mit dem Buch/Albrecht Golf Card

DER GOLF ALBRECHT

Golf de Rougemont FR

Route de Masevaux
F-90110 Rougemont-Le-Château
✆ +33 3 84 23 74 74

339

25% Greenfee-Ermäßigung

DER GOLF ALBRECHT

Golf du Château les Merles FR

Tuiliéres
F-24520 Mouleydier
✆ +33 5 53 63 13 42

340

20% Greenfee-Ermäßigung

DER GOLF ALBRECHT

Golf du Château les Merles FR

Tuiliéres
F-24520 Mouleydier
✆ +33 5 53 63 13 42

340

20% Greenfee-Ermäßigung

DER GOLF ALBRECHT

Golf Club d' Uzes FR

Mas de la Place-Pont des Charettes
F-30700 Uzes
✆ +33 4 66 22 40 03
Hinweis: nicht an Feiertagen

341

20% Greenfee-Ermäßigung

DER GOLF ALBRECHT

Golf Club d' Uzes FR

Mas de la Place-Pont des Charettes
F-30700 Uzes
✆ +33 4 66 22 40 03
Hinweis: nicht an Feiertagen

341

20% Greenfee-Ermäßigung

DER GOLF ALBRECHT

Pro1Golf - Golf Club des Lacs BE

Rue du Cierneau 1
B-6440 Froidchapelle
✆ +32 60 39 90 37

342

2 for 1 2 GF zum Preis von 1

DER GOLF ALBRECHT

Pro1Golf - Golf Club des Lacs BE

Rue du Cierneau 1
B-6440 Froidchapelle
✆ +32 60 39 90 37

342

20% Greenfee-Ermäßigung

DER GOLF ALBRECHT

Pro1Golf - Golf Club des Lacs BE

Rue du Cierneau 1
B-6440 Froidchapelle
✆ +32 60 39 90 37

342

20% Greenfee-Ermäßigung

DER GOLF ALBRECHT

Pro1Golf - Golf Club des Lacs BE

Rue du Cierneau 1
B-6440 Froidchapelle
✆ +32 60 39 90 37

342

20% Greenfee-Ermäßigung

DER GOLF ALBRECHT

Golfbaan Tespelduyn NL

Landgoed & Golfbaan Tespelduyn, Tespellaan 53
2211 VT Noordwijkerhout
✆ +31 252 241 333

343

2 for 1 2 GF zum Preis von 1

Bedingungen zur Einlösung des Discounts:
1. Das Angebot ist einschließlich bis 30.6.2024 gültig.
2. Der Golfspieler/Leser hat sich telefonisch eine Abschlagzeit geben zu lassen – dabei ist die Nutzung des Angebots anzugeben.
3. Eine Barauszahlung des Greenfee-Vorteils ist nicht möglich.
4. Das Kombinieren von Angeboten oder bestehenden Greenfee-Vorteilen ist nicht möglich. Der Vorteil bezieht sich jeweils ausschließlich auf die zum Zeitpunkt der Einlösung gültigen vollen Greenfee-Gebühren.
5. Gibt es Spielergruppen mit erhöhten Greenfee-Gebühren, ist ein Nachlass auf diese Gebühren nicht möglich.
6. Das Angebot allein berechtigt nicht zum Spiel gegen Greenfee. Die Erfüllung der Bestimmungen des jeweiligen Golfclubs zur Greenfee-Berechtigung (Mitgliedschaft in einem Golfclub, Mindesthandicap etc.) zum Zeitpunkt der Einlösung sind Voraussetzung.
7. Es ist untersagt, den Greenfee-Gutschein entgeltlich Dritten zu überlassen bzw. mit diesen Handel zu treiben. Insbesondere sind die teilnehmenden Golfclubs in diesem Falle berechtigt, die Einlösung der ausgeschriebenen Angebote zu verweigern.
8. Die teilnehmenden Golfclubs haben sich gegenüber dem Verlag unter den o.g. Bedingungen verpflichtet, die ausgeschriebenen Angebote einzulösen. Der Verlag übernimmt jedoch keine Gewähr und keine Haftung, wenn ein Angebot nicht eingelöst wird oder werden kann.

Bedingungen zur Einlösung des Discounts:
1. Das Angebot ist einschließlich bis 30.6.2024 gültig.
2. Der Golfspieler/Leser hat sich telefonisch eine Abschlagzeit geben zu lassen – dabei ist die Nutzung des Angebots anzugeben.
3. Eine Barauszahlung des Greenfee-Vorteils ist nicht möglich.
4. Das Kombinieren von Angeboten oder bestehenden Greenfee-Vorteilen ist nicht möglich. Der Vorteil bezieht sich jeweils ausschließlich auf die zum Zeitpunkt der Einlösung gültigen vollen Greenfee-Gebühren.
5. Gibt es Spielergruppen mit erhöhten Greenfee-Gebühren, ist ein Nachlass auf diese Gebühren nicht möglich.
6. Das Angebot allein berechtigt nicht zum Spiel gegen Greenfee. Die Erfüllung der Bestimmungen des jeweiligen Golfclubs zur Greenfee-Berechtigung (Mitgliedschaft in einem Golfclub, Mindesthandicap etc.) zum Zeitpunkt der Einlösung sind Voraussetzung.
7. Es ist untersagt, den Greenfee-Gutschein entgeltlich Dritten zu überlassen bzw. mit diesen Handel zu treiben. Insbesondere sind die teilnehmenden Golfclubs in diesem Falle berechtigt, die Einlösung der ausgeschriebenen Angebote zu verweigern.
8. Die teilnehmenden Golfclubs haben sich gegenüber dem Verlag unter den o.g. Bedingungen verpflichtet, die ausgeschriebenen Angebote einzulösen. Der Verlag übernimmt jedoch keine Gewähr und keine Haftung, wenn ein Angebot nicht eingelöst wird oder werden kann.

Bedingungen zur Einlösung des Discounts:
1. Das Angebot ist einschließlich bis 30.6.2024 gültig.
2. Der Golfspieler/Leser hat sich telefonisch eine Abschlagzeit geben zu lassen – dabei ist die Nutzung des Angebots anzugeben.
3. Eine Barauszahlung des Greenfee-Vorteils ist nicht möglich.
4. Das Kombinieren von Angeboten oder bestehenden Greenfee-Vorteilen ist nicht möglich. Der Vorteil bezieht sich jeweils ausschließlich auf die zum Zeitpunkt der Einlösung gültigen vollen Greenfee-Gebühren.
5. Gibt es Spielergruppen mit erhöhten Greenfee-Gebühren, ist ein Nachlass auf diese Gebühren nicht möglich.
6. Das Angebot allein berechtigt nicht zum Spiel gegen Greenfee. Die Erfüllung der Bestimmungen des jeweiligen Golfclubs zur Greenfee-Berechtigung (Mitgliedschaft in einem Golfclub, Mindesthandicap etc.) zum Zeitpunkt der Einlösung sind Voraussetzung.
7. Es ist untersagt, den Greenfee-Gutschein entgeltlich Dritten zu überlassen bzw. mit diesen Handel zu treiben. Insbesondere sind die teilnehmenden Golfclubs in diesem Falle berechtigt, die Einlösung der ausgeschriebenen Angebote zu verweigern.
8. Die teilnehmenden Golfclubs haben sich gegenüber dem Verlag unter den o.g. Bedingungen verpflichtet, die ausgeschriebenen Angebote einzulösen. Der Verlag übernimmt jedoch keine Gewähr und keine Haftung, wenn ein Angebot nicht eingelöst wird oder werden kann.

Bedingungen zur Einlösung des Discounts:
1. Das Angebot ist einschließlich bis 30.6.2024 gültig.
2. Der Golfspieler/Leser hat sich telefonisch eine Abschlagzeit geben zu lassen – dabei ist die Nutzung des Angebots anzugeben.
3. Eine Barauszahlung des Greenfee-Vorteils ist nicht möglich.
4. Das Kombinieren von Angeboten oder bestehenden Greenfee-Vorteilen ist nicht möglich. Der Vorteil bezieht sich jeweils ausschließlich auf die zum Zeitpunkt der Einlösung gültigen vollen Greenfee-Gebühren.
5. Gibt es Spielergruppen mit erhöhten Greenfee-Gebühren, ist ein Nachlass auf diese Gebühren nicht möglich.
6. Das Angebot allein berechtigt nicht zum Spiel gegen Greenfee. Die Erfüllung der Bestimmungen des jeweiligen Golfclubs zur Greenfee-Berechtigung (Mitgliedschaft in einem Golfclub, Mindesthandicap etc.) zum Zeitpunkt der Einlösung sind Voraussetzung.
7. Es ist untersagt, den Greenfee-Gutschein entgeltlich Dritten zu überlassen bzw. mit diesen Handel zu treiben. Insbesondere sind die teilnehmenden Golfclubs in diesem Falle berechtigt, die Einlösung der ausgeschriebenen Angebote zu verweigern.
8. Die teilnehmenden Golfclubs haben sich gegenüber dem Verlag unter den o.g. Bedingungen verpflichtet, die ausgeschriebenen Angebote einzulösen. Der Verlag übernimmt jedoch keine Gewähr und keine Haftung, wenn ein Angebot nicht eingelöst wird oder werden kann.

Bedingungen zur Einlösung des Discounts:
1. Das Angebot ist einschließlich bis 30.6.2024 gültig.
2. Der Golfspieler/Leser hat sich telefonisch eine Abschlagzeit geben zu lassen – dabei ist die Nutzung des Angebots anzugeben.
3. Eine Barauszahlung des Greenfee-Vorteils ist nicht möglich.
4. Das Kombinieren von Angeboten oder bestehenden Greenfee-Vorteilen ist nicht möglich. Der Vorteil bezieht sich jeweils ausschließlich auf die zum Zeitpunkt der Einlösung gültigen vollen Greenfee-Gebühren.
5. Gibt es Spielergruppen mit erhöhten Greenfee-Gebühren, ist ein Nachlass auf diese Gebühren nicht möglich.
6. Das Angebot allein berechtigt nicht zum Spiel gegen Greenfee. Die Erfüllung der Bestimmungen des jeweiligen Golfclubs zur Greenfee-Berechtigung (Mitgliedschaft in einem Golfclub, Mindesthandicap etc.) zum Zeitpunkt der Einlösung sind Voraussetzung.
7. Es ist untersagt, den Greenfee-Gutschein entgeltlich Dritten zu überlassen bzw. mit diesen Handel zu treiben. Insbesondere sind die teilnehmenden Golfclubs in diesem Falle berechtigt, die Einlösung der ausgeschriebenen Angebote zu verweigern.
8. Die teilnehmenden Golfclubs haben sich gegenüber dem Verlag unter den o.g. Bedingungen verpflichtet, die ausgeschriebenen Angebote einzulösen. Der Verlag übernimmt jedoch keine Gewähr und keine Haftung, wenn ein Angebot nicht eingelöst wird oder werden kann.

Bedingungen zur Einlösung des Discounts:
1. Das Angebot ist einschließlich bis 30.6.2024 gültig.
2. Der Golfspieler/Leser hat sich telefonisch eine Abschlagzeit geben zu lassen – dabei ist die Nutzung des Angebots anzugeben.
3. Eine Barauszahlung des Greenfee-Vorteils ist nicht möglich.
4. Das Kombinieren von Angeboten oder bestehenden Greenfee-Vorteilen ist nicht möglich. Der Vorteil bezieht sich jeweils ausschließlich auf die zum Zeitpunkt der Einlösung gültigen vollen Greenfee-Gebühren.
5. Gibt es Spielergruppen mit erhöhten Greenfee-Gebühren, ist ein Nachlass auf diese Gebühren nicht möglich.
6. Das Angebot allein berechtigt nicht zum Spiel gegen Greenfee. Die Erfüllung der Bestimmungen des jeweiligen Golfclubs zur Greenfee-Berechtigung (Mitgliedschaft in einem Golfclub, Mindesthandicap etc.) zum Zeitpunkt der Einlösung sind Voraussetzung.
7. Es ist untersagt, den Greenfee-Gutschein entgeltlich Dritten zu überlassen bzw. mit diesen Handel zu treiben. Insbesondere sind die teilnehmenden Golfclubs in diesem Falle berechtigt, die Einlösung der ausgeschriebenen Angebote zu verweigern.
8. Die teilnehmenden Golfclubs haben sich gegenüber dem Verlag unter den o.g. Bedingungen verpflichtet, die ausgeschriebenen Angebote einzulösen. Der Verlag übernimmt jedoch keine Gewähr und keine Haftung, wenn ein Angebot nicht eingelöst wird oder werden kann.

Bedingungen zur Einlösung des Discounts:
1. Das Angebot ist einschließlich bis 30.6.2024 gültig.
2. Der Golfspieler/Leser hat sich telefonisch eine Abschlagzeit geben zu lassen – dabei ist die Nutzung des Angebots anzugeben.
3. Eine Barauszahlung des Greenfee-Vorteils ist nicht möglich.
4. Das Kombinieren von Angeboten oder bestehenden Greenfee-Vorteilen ist nicht möglich. Der Vorteil bezieht sich jeweils ausschließlich auf die zum Zeitpunkt der Einlösung gültigen vollen Greenfee-Gebühren.
5. Gibt es Spielergruppen mit erhöhten Greenfee-Gebühren, ist ein Nachlass auf diese Gebühren nicht möglich.
6. Das Angebot allein berechtigt nicht zum Spiel gegen Greenfee. Die Erfüllung der Bestimmungen des jeweiligen Golfclubs zur Greenfee-Berechtigung (Mitgliedschaft in einem Golfclub, Mindesthandicap etc.) zum Zeitpunkt der Einlösung sind Voraussetzung.
7. Es ist untersagt, den Greenfee-Gutschein entgeltlich Dritten zu überlassen bzw. mit diesen Handel zu treiben. Insbesondere sind die teilnehmenden Golfclubs in diesem Falle berechtigt, die Einlösung der ausgeschriebenen Angebote zu verweigern.
8. Die teilnehmenden Golfclubs haben sich gegenüber dem Verlag unter den o.g. Bedingungen verpflichtet, die ausgeschriebenen Angebote einzulösen. Der Verlag übernimmt jedoch keine Gewähr und keine Haftung, wenn ein Angebot nicht eingelöst wird oder werden kann.

Bedingungen zur Einlösung des Discounts:
1. Das Angebot ist einschließlich bis 30.6.2024 gültig.
2. Der Golfspieler/Leser hat sich telefonisch eine Abschlagzeit geben zu lassen – dabei ist die Nutzung des Angebots anzugeben.
3. Eine Barauszahlung des Greenfee-Vorteils ist nicht möglich.
4. Das Kombinieren von Angeboten oder bestehenden Greenfee-Vorteilen ist nicht möglich. Der Vorteil bezieht sich jeweils ausschließlich auf die zum Zeitpunkt der Einlösung gültigen vollen Greenfee-Gebühren.
5. Gibt es Spielergruppen mit erhöhten Greenfee-Gebühren, ist ein Nachlass auf diese Gebühren nicht möglich.
6. Das Angebot allein berechtigt nicht zum Spiel gegen Greenfee. Die Erfüllung der Bestimmungen des jeweiligen Golfclubs zur Greenfee-Berechtigung (Mitgliedschaft in einem Golfclub, Mindesthandicap etc.) zum Zeitpunkt der Einlösung sind Voraussetzung.
7. Es ist untersagt, den Greenfee-Gutschein entgeltlich Dritten zu überlassen bzw. mit diesen Handel zu treiben. Insbesondere sind die teilnehmenden Golfclubs in diesem Falle berechtigt, die Einlösung der ausgeschriebenen Angebote zu verweigern.
8. Die teilnehmenden Golfclubs haben sich gegenüber dem Verlag unter den o.g. Bedingungen verpflichtet, die ausgeschriebenen Angebote einzulösen. Der Verlag übernimmt jedoch keine Gewähr und keine Haftung, wenn ein Angebot nicht eingelöst wird oder werden kann.

Bedingungen zur Einlösung des Discounts:
1. Das Angebot ist einschließlich bis 30.6.2024 gültig.
2. Der Golfspieler/Leser hat sich telefonisch eine Abschlagzeit geben zu lassen – dabei ist die Nutzung des Angebots anzugeben.
3. Eine Barauszahlung des Greenfee-Vorteils ist nicht möglich.
4. Das Kombinieren von Angeboten oder bestehenden Greenfee-Vorteilen ist nicht möglich. Der Vorteil bezieht sich jeweils ausschließlich auf die zum Zeitpunkt der Einlösung gültigen vollen Greenfee-Gebühren.
5. Gibt es Spielergruppen mit erhöhten Greenfee-Gebühren, ist ein Nachlass auf diese Gebühren nicht möglich.
6. Das Angebot allein berechtigt nicht zum Spiel gegen Greenfee. Die Erfüllung der Bestimmungen des jeweiligen Golfclubs zur Greenfee-Berechtigung (Mitgliedschaft in einem Golfclub, Mindesthandicap etc.) zum Zeitpunkt der Einlösung sind Voraussetzung.
7. Es ist untersagt, den Greenfee-Gutschein entgeltlich Dritten zu überlassen bzw. mit diesen Handel zu treiben. Insbesondere sind die teilnehmenden Golfclubs in diesem Falle berechtigt, die Einlösung der ausgeschriebenen Angebote zu verweigern.
8. Die teilnehmenden Golfclubs haben sich gegenüber dem Verlag unter den o.g. Bedingungen verpflichtet, die ausgeschriebenen Angebote einzulösen. Der Verlag übernimmt jedoch keine Gewähr und keine Haftung, wenn ein Angebot nicht eingelöst wird oder werden kann.

Bedingungen zur Einlösung des Discounts:
1. Das Angebot ist einschließlich bis 30.6.2024 gültig.
2. Der Golfspieler/Leser hat sich telefonisch eine Abschlagzeit geben zu lassen – dabei ist die Nutzung des Angebots anzugeben.
3. Eine Barauszahlung des Greenfee-Vorteils ist nicht möglich.
4. Das Kombinieren von Angeboten oder bestehenden Greenfee-Vorteilen ist nicht möglich. Der Vorteil bezieht sich jeweils ausschließlich auf die zum Zeitpunkt der Einlösung gültigen vollen Greenfee-Gebühren.
5. Gibt es Spielergruppen mit erhöhten Greenfee-Gebühren, ist ein Nachlass auf diese Gebühren nicht möglich.
6. Das Angebot allein berechtigt nicht zum Spiel gegen Greenfee. Die Erfüllung der Bestimmungen des jeweiligen Golfclubs zur Greenfee-Berechtigung (Mitgliedschaft in einem Golfclub, Mindesthandicap etc.) zum Zeitpunkt der Einlösung sind Voraussetzung.
7. Es ist untersagt, den Greenfee-Gutschein entgeltlich Dritten zu überlassen bzw. mit diesen Handel zu treiben. Insbesondere sind die teilnehmenden Golfclubs in diesem Falle berechtigt, die Einlösung der ausgeschriebenen Angebote zu verweigern.
8. Die teilnehmenden Golfclubs haben sich gegenüber dem Verlag unter den o.g. Bedingungen verpflichtet, die ausgeschriebenen Angebote einzulösen. Der Verlag übernimmt jedoch keine Gewähr und keine Haftung, wenn ein Angebot nicht eingelöst wird oder werden kann.

Diese Gutscheine gelten nur in Verbindung mit dem Buch/Albrecht Golf Card

Diese Gutscheine gelten nur in Verbindung mit dem Buch/Albrecht Golf Card

DER GOLF ALBRECHT

Golfbaan Tespelduyn NL

Landgoed & Golfbaan Tespelduyn, Tespellaan 53
2211 VT Noordwijkerhout
✆ +31 252 241 333

343

2 for 1 2 GF zum Preis von 1

DER GOLF ALBRECHT

Enschedese Golfclub Prinses Wilhelmina NL

Maatmanweg 27
7522 AN Enschede
✆ +31 53 433 7992

344

2 for 1 2 GF zum Preis von 1

DER GOLF ALBRECHT

Enschedese Golfclub Prinses Wilhelmina NL

Maatmanweg 27
7522 AN Enschede
✆ +31 53 433 7992

344

2 for 1 2 GF zum Preis von 1

DER GOLF ALBRECHT

Enschedese Golfclub Prinses Wilhelmina NL

Maatmanweg 27
7522 AN Enschede
✆ +31 53 433 7992

344

20% Greenfee-Ermäßigung

DER GOLF ALBRECHT

Enschedese Golfclub Prinses Wilhelmina NL

Maatmanweg 27
7522 AN Enschede
✆ +31 53 433 7992

344

20% Greenfee-Ermäßigung

DER GOLF ALBRECHT

Sindal Golf Klub DK

Volstrupvej 135, Hørmested
DK-9870 Sindal
✆ +45 98 93 44 22

345

2 for 1 2 GF zum Preis von 1

DER GOLF ALBRECHT

Sindal Golf Klub DK

Volstrupvej 135, Hørmested
DK-9870 Sindal
✆ +45 98 93 44 22

345

2 for 1 2 GF zum Preis von 1

DER GOLF ALBRECHT

Jammerbugtens Golfklub DK

Starkærvej 20
DK-9690 Fjerritslev
✆ +45 98 21 26 66

346

50% Greenfee-Ermäßigung

DER GOLF ALBRECHT

Jammerbugtens Golfklub DK

Starkærvej 20
DK-9690 Fjerritslev
✆ +45 98 21 26 66

346

50% Greenfee-Ermäßigung

DER GOLF ALBRECHT

Eda Golfklubb SE

Noresund Lacan 1
S-67396 Åmotfors
✆ +46 571 341 01

347

20% Greenfee-Ermäßigung wochentags

Bedingungen zur Einlösung des Discounts:

1. Das Angebot ist einschließlich bis 30.6.2024 gültig.
2. Der Golfspieler/Leser hat sich telefonisch eine Abschlagzeit geben zu lassen – dabei ist die Nutzung des Angebots anzugeben.
3. Eine Barauszahlung des Greenfee-Vorteils ist nicht möglich.
4. Das Kombinieren von Angeboten oder bestehenden Greenfee-Vorteilen ist nicht möglich. Der Vorteil bezieht sich jeweils ausschließlich auf die zum Zeitpunkt der Einlösung gültigen vollen Greenfee-Gebühren.
5. Gibt es Spielergruppen mit erhöhten Greenfee-Gebühren, ist ein Nachlass auf diese Gebühren nicht möglich.
6. Das Angebot allein berechtigt nicht zum Spiel gegen Greenfee. Die Erfüllung der Bestimmungen des jeweiligen Golfclubs zur Greenfee-Berechtigung (Mitgliedschaft in einem Golfclub, Mindesthandicap etc.) zum Zeitpunkt der Einlösung sind Voraussetzung.
7. Es ist untersagt, den Greenfee-Gutschein entgeltlich Dritten zu überlassen bzw. mit diesen Handel zu treiben. Insbesondere sind die teilnehmenden Golfclubs in diesem Falle berechtigt, die Einlösung der ausgeschriebenen Angebote zu verweigern.
8. Die teilnehmenden Golfclubs haben sich gegenüber dem Verlag unter den o.g. Bedingungen verpflichtet, die ausgeschriebenen Angebote einzulösen. Der Verlag übernimmt jedoch keine Gewähr und keine Haftung, wenn ein Angebot nicht eingelöst wird oder werden kann.

Bedingungen zur Einlösung des Discounts:

1. Das Angebot ist einschließlich bis 30.6.2024 gültig.
2. Der Golfspieler/Leser hat sich telefonisch eine Abschlagzeit geben zu lassen – dabei ist die Nutzung des Angebots anzugeben.
3. Eine Barauszahlung des Greenfee-Vorteils ist nicht möglich.
4. Das Kombinieren von Angeboten oder bestehenden Greenfee-Vorteilen ist nicht möglich. Der Vorteil bezieht sich jeweils ausschließlich auf die zum Zeitpunkt der Einlösung gültigen vollen Greenfee-Gebühren.
5. Gibt es Spielergruppen mit erhöhten Greenfee-Gebühren, ist ein Nachlass auf diese Gebühren nicht möglich.
6. Das Angebot allein berechtigt nicht zum Spiel gegen Greenfee. Die Erfüllung der Bestimmungen des jeweiligen Golfclubs zur Greenfee-Berechtigung (Mitgliedschaft in einem Golfclub, Mindesthandicap etc.) zum Zeitpunkt der Einlösung sind Voraussetzung.
7. Es ist untersagt, den Greenfee-Gutschein entgeltlich Dritten zu überlassen bzw. mit diesen Handel zu treiben. Insbesondere sind die teilnehmenden Golfclubs in diesem Falle berechtigt, die Einlösung der ausgeschriebenen Angebote zu verweigern.
8. Die teilnehmenden Golfclubs haben sich gegenüber dem Verlag unter den o.g. Bedingungen verpflichtet, die ausgeschriebenen Angebote einzulösen. Der Verlag übernimmt jedoch keine Gewähr und keine Haftung, wenn ein Angebot nicht eingelöst wird oder werden kann.

Bedingungen zur Einlösung des Discounts:

1. Das Angebot ist einschließlich bis 30.6.2024 gültig.
2. Der Golfspieler/Leser hat sich telefonisch eine Abschlagzeit geben zu lassen – dabei ist die Nutzung des Angebots anzugeben.
3. Eine Barauszahlung des Greenfee-Vorteils ist nicht möglich.
4. Das Kombinieren von Angeboten oder bestehenden Greenfee-Vorteilen ist nicht möglich. Der Vorteil bezieht sich jeweils ausschließlich auf die zum Zeitpunkt der Einlösung gültigen vollen Greenfee-Gebühren.
5. Gibt es Spielergruppen mit erhöhten Greenfee-Gebühren, ist ein Nachlass auf diese Gebühren nicht möglich.
6. Das Angebot allein berechtigt nicht zum Spiel gegen Greenfee. Die Erfüllung der Bestimmungen des jeweiligen Golfclubs zur Greenfee-Berechtigung (Mitgliedschaft in einem Golfclub, Mindesthandicap etc.) zum Zeitpunkt der Einlösung sind Voraussetzung.
7. Es ist untersagt, den Greenfee-Gutschein entgeltlich Dritten zu überlassen bzw. mit diesen Handel zu treiben. Insbesondere sind die teilnehmenden Golfclubs in diesem Falle berechtigt, die Einlösung der ausgeschriebenen Angebote zu verweigern.
8. Die teilnehmenden Golfclubs haben sich gegenüber dem Verlag unter den o.g. Bedingungen verpflichtet, die ausgeschriebenen Angebote einzulösen. Der Verlag übernimmt jedoch keine Gewähr und keine Haftung, wenn ein Angebot nicht eingelöst wird oder werden kann.

Bedingungen zur Einlösung des Discounts:

1. Das Angebot ist einschließlich bis 30.6.2024 gültig.
2. Der Golfspieler/Leser hat sich telefonisch eine Abschlagzeit geben zu lassen – dabei ist die Nutzung des Angebots anzugeben.
3. Eine Barauszahlung des Greenfee-Vorteils ist nicht möglich.
4. Das Kombinieren von Angeboten oder bestehenden Greenfee-Vorteilen ist nicht möglich. Der Vorteil bezieht sich jeweils ausschließlich auf die zum Zeitpunkt der Einlösung gültigen vollen Greenfee-Gebühren.
5. Gibt es Spielergruppen mit erhöhten Greenfee-Gebühren, ist ein Nachlass auf diese Gebühren nicht möglich.
6. Das Angebot allein berechtigt nicht zum Spiel gegen Greenfee. Die Erfüllung der Bestimmungen des jeweiligen Golfclubs zur Greenfee-Berechtigung (Mitgliedschaft in einem Golfclub, Mindesthandicap etc.) zum Zeitpunkt der Einlösung sind Voraussetzung.
7. Es ist untersagt, den Greenfee-Gutschein entgeltlich Dritten zu überlassen bzw. mit diesen Handel zu treiben. Insbesondere sind die teilnehmenden Golfclubs in diesem Falle berechtigt, die Einlösung der ausgeschriebenen Angebote zu verweigern.
8. Die teilnehmenden Golfclubs haben sich gegenüber dem Verlag unter den o.g. Bedingungen verpflichtet, die ausgeschriebenen Angebote einzulösen. Der Verlag übernimmt jedoch keine Gewähr und keine Haftung, wenn ein Angebot nicht eingelöst wird oder werden kann.

Bedingungen zur Einlösung des Discounts:

1. Das Angebot ist einschließlich bis 30.6.2024 gültig.
2. Der Golfspieler/Leser hat sich telefonisch eine Abschlagzeit geben zu lassen – dabei ist die Nutzung des Angebots anzugeben.
3. Eine Barauszahlung des Greenfee-Vorteils ist nicht möglich.
4. Das Kombinieren von Angeboten oder bestehenden Greenfee-Vorteilen ist nicht möglich. Der Vorteil bezieht sich jeweils ausschließlich auf die zum Zeitpunkt der Einlösung gültigen vollen Greenfee-Gebühren.
5. Gibt es Spielergruppen mit erhöhten Greenfee-Gebühren, ist ein Nachlass auf diese Gebühren nicht möglich.
6. Das Angebot allein berechtigt nicht zum Spiel gegen Greenfee. Die Erfüllung der Bestimmungen des jeweiligen Golfclubs zur Greenfee-Berechtigung (Mitgliedschaft in einem Golfclub, Mindesthandicap etc.) zum Zeitpunkt der Einlösung sind Voraussetzung.
7. Es ist untersagt, den Greenfee-Gutschein entgeltlich Dritten zu überlassen bzw. mit diesen Handel zu treiben. Insbesondere sind die teilnehmenden Golfclubs in diesem Falle berechtigt, die Einlösung der ausgeschriebenen Angebote zu verweigern.
8. Die teilnehmenden Golfclubs haben sich gegenüber dem Verlag unter den o.g. Bedingungen verpflichtet, die ausgeschriebenen Angebote einzulösen. Der Verlag übernimmt jedoch keine Gewähr und keine Haftung, wenn ein Angebot nicht eingelöst wird oder werden kann.

Bedingungen zur Einlösung des Discounts:

1. Das Angebot ist einschließlich bis 30.6.2024 gültig.
2. Der Golfspieler/Leser hat sich telefonisch eine Abschlagzeit geben zu lassen – dabei ist die Nutzung des Angebots anzugeben.
3. Eine Barauszahlung des Greenfee-Vorteils ist nicht möglich.
4. Das Kombinieren von Angeboten oder bestehenden Greenfee-Vorteilen ist nicht möglich. Der Vorteil bezieht sich jeweils ausschließlich auf die zum Zeitpunkt der Einlösung gültigen vollen Greenfee-Gebühren.
5. Gibt es Spielergruppen mit erhöhten Greenfee-Gebühren, ist ein Nachlass auf diese Gebühren nicht möglich.
6. Das Angebot allein berechtigt nicht zum Spiel gegen Greenfee. Die Erfüllung der Bestimmungen des jeweiligen Golfclubs zur Greenfee-Berechtigung (Mitgliedschaft in einem Golfclub, Mindesthandicap etc.) zum Zeitpunkt der Einlösung sind Voraussetzung.
7. Es ist untersagt, den Greenfee-Gutschein entgeltlich Dritten zu überlassen bzw. mit diesen Handel zu treiben. Insbesondere sind die teilnehmenden Golfclubs in diesem Falle berechtigt, die Einlösung der ausgeschriebenen Angebote zu verweigern.
8. Die teilnehmenden Golfclubs haben sich gegenüber dem Verlag unter den o.g. Bedingungen verpflichtet, die ausgeschriebenen Angebote einzulösen. Der Verlag übernimmt jedoch keine Gewähr und keine Haftung, wenn ein Angebot nicht eingelöst wird oder werden kann.

Bedingungen zur Einlösung des Discounts:

1. Das Angebot ist einschließlich bis 30.6.2024 gültig.
2. Der Golfspieler/Leser hat sich telefonisch eine Abschlagzeit geben zu lassen – dabei ist die Nutzung des Angebots anzugeben.
3. Eine Barauszahlung des Greenfee-Vorteils ist nicht möglich.
4. Das Kombinieren von Angeboten oder bestehenden Greenfee-Vorteilen ist nicht möglich. Der Vorteil bezieht sich jeweils ausschließlich auf die zum Zeitpunkt der Einlösung gültigen vollen Greenfee-Gebühren.
5. Gibt es Spielergruppen mit erhöhten Greenfee-Gebühren, ist ein Nachlass auf diese Gebühren nicht möglich.
6. Das Angebot allein berechtigt nicht zum Spiel gegen Greenfee. Die Erfüllung der Bestimmungen des jeweiligen Golfclubs zur Greenfee-Berechtigung (Mitgliedschaft in einem Golfclub, Mindesthandicap etc.) zum Zeitpunkt der Einlösung sind Voraussetzung.
7. Es ist untersagt, den Greenfee-Gutschein entgeltlich Dritten zu überlassen bzw. mit diesen Handel zu treiben. Insbesondere sind die teilnehmenden Golfclubs in diesem Falle berechtigt, die Einlösung der ausgeschriebenen Angebote zu verweigern.
8. Die teilnehmenden Golfclubs haben sich gegenüber dem Verlag unter den o.g. Bedingungen verpflichtet, die ausgeschriebenen Angebote einzulösen. Der Verlag übernimmt jedoch keine Gewähr und keine Haftung, wenn ein Angebot nicht eingelöst wird oder werden kann.

Bedingungen zur Einlösung des Discounts:

1. Das Angebot ist einschließlich bis 30.6.2024 gültig.
2. Der Golfspieler/Leser hat sich telefonisch eine Abschlagzeit geben zu lassen – dabei ist die Nutzung des Angebots anzugeben.
3. Eine Barauszahlung des Greenfee-Vorteils ist nicht möglich.
4. Das Kombinieren von Angeboten oder bestehenden Greenfee-Vorteilen ist nicht möglich. Der Vorteil bezieht sich jeweils ausschließlich auf die zum Zeitpunkt der Einlösung gültigen vollen Greenfee-Gebühren.
5. Gibt es Spielergruppen mit erhöhten Greenfee-Gebühren, ist ein Nachlass auf diese Gebühren nicht möglich.
6. Das Angebot allein berechtigt nicht zum Spiel gegen Greenfee. Die Erfüllung der Bestimmungen des jeweiligen Golfclubs zur Greenfee-Berechtigung (Mitgliedschaft in einem Golfclub, Mindesthandicap etc.) zum Zeitpunkt der Einlösung sind Voraussetzung.
7. Es ist untersagt, den Greenfee-Gutschein entgeltlich Dritten zu überlassen bzw. mit diesen Handel zu treiben. Insbesondere sind die teilnehmenden Golfclubs in diesem Falle berechtigt, die Einlösung der ausgeschriebenen Angebote zu verweigern.
8. Die teilnehmenden Golfclubs haben sich gegenüber dem Verlag unter den o.g. Bedingungen verpflichtet, die ausgeschriebenen Angebote einzulösen. Der Verlag übernimmt jedoch keine Gewähr und keine Haftung, wenn ein Angebot nicht eingelöst wird oder werden kann.

Bedingungen zur Einlösung des Discounts:

1. Das Angebot ist einschließlich bis 30.6.2024 gültig.
2. Der Golfspieler/Leser hat sich telefonisch eine Abschlagzeit geben zu lassen – dabei ist die Nutzung des Angebots anzugeben.
3. Eine Barauszahlung des Greenfee-Vorteils ist nicht möglich.
4. Das Kombinieren von Angeboten oder bestehenden Greenfee-Vorteilen ist nicht möglich. Der Vorteil bezieht sich jeweils ausschließlich auf die zum Zeitpunkt der Einlösung gültigen vollen Greenfee-Gebühren.
5. Gibt es Spielergruppen mit erhöhten Greenfee-Gebühren, ist ein Nachlass auf diese Gebühren nicht möglich.
6. Das Angebot allein berechtigt nicht zum Spiel gegen Greenfee. Die Erfüllung der Bestimmungen des jeweiligen Golfclubs zur Greenfee-Berechtigung (Mitgliedschaft in einem Golfclub, Mindesthandicap etc.) zum Zeitpunkt der Einlösung sind Voraussetzung.
7. Es ist untersagt, den Greenfee-Gutschein entgeltlich Dritten zu überlassen bzw. mit diesen Handel zu treiben. Insbesondere sind die teilnehmenden Golfclubs in diesem Falle berechtigt, die Einlösung der ausgeschriebenen Angebote zu verweigern.
8. Die teilnehmenden Golfclubs haben sich gegenüber dem Verlag unter den o.g. Bedingungen verpflichtet, die ausgeschriebenen Angebote einzulösen. Der Verlag übernimmt jedoch keine Gewähr und keine Haftung, wenn ein Angebot nicht eingelöst wird oder werden kann.

Bedingungen zur Einlösung des Discounts:

1. Das Angebot ist einschließlich bis 30.6.2024 gültig.
2. Der Golfspieler/Leser hat sich telefonisch eine Abschlagzeit geben zu lassen – dabei ist die Nutzung des Angebots anzugeben.
3. Eine Barauszahlung des Greenfee-Vorteils ist nicht möglich.
4. Das Kombinieren von Angeboten oder bestehenden Greenfee-Vorteilen ist nicht möglich. Der Vorteil bezieht sich jeweils ausschließlich auf die zum Zeitpunkt der Einlösung gültigen vollen Greenfee-Gebühren.
5. Gibt es Spielergruppen mit erhöhten Greenfee-Gebühren, ist ein Nachlass auf diese Gebühren nicht möglich.
6. Das Angebot allein berechtigt nicht zum Spiel gegen Greenfee. Die Erfüllung der Bestimmungen des jeweiligen Golfclubs zur Greenfee-Berechtigung (Mitgliedschaft in einem Golfclub, Mindesthandicap etc.) zum Zeitpunkt der Einlösung sind Voraussetzung.
7. Es ist untersagt, den Greenfee-Gutschein entgeltlich Dritten zu überlassen bzw. mit diesen Handel zu treiben. Insbesondere sind die teilnehmenden Golfclubs in diesem Falle berechtigt, die Einlösung der ausgeschriebenen Angebote zu verweigern.
8. Die teilnehmenden Golfclubs haben sich gegenüber dem Verlag unter den o.g. Bedingungen verpflichtet, die ausgeschriebenen Angebote einzulösen. Der Verlag übernimmt jedoch keine Gewähr und keine Haftung, wenn ein Angebot nicht eingelöst wird oder werden kann.

Diese Gutscheine gelten nur in Verbindung mit dem Buch/Albrecht Golf Card

Diese Gutscheine gelten nur in Verbindung mit dem Buch/Albrecht Golf Card

DER GOLF ALBRECHT

Eda Golfklubb

SE

Noresund Ladan 1
S-67396 Åmotfors
✆ +46 571 341 01

347

20% Greenfee-Ermäßigung wochentags

DER GOLF ALBRECHT

Kiladalens Golfklubb

SE

Åby Gård
S-61195 Nyköping
✆ +46 155 582 71

348

2 for 1 2 GF zum Preis von 1

DER GOLF ALBRECHT

Kiladalens Golfklubb

SE

Åby Gård
S-61195 Nyköping
✆ +46 155 582 71

348

2 for 1 2 GF zum Preis von 1

DER GOLF ALBRECHT

Lysegårdens Golfklubb

SE

532
S-44215 Kungälv
✆ +46 303 22 34 26

349

25% Greenfee-Ermäßigung

DER GOLF ALBRECHT

Lysegårdens Golfklubb

SE

532
S-44215 Kungälv
✆ +46 303 22 34 26

349

25% Greenfee-Ermäßigung

DER GOLF ALBRECHT

Älmhults Golfklubb

SE

Äskya 1215
S-34390 Älmhult
✆ +46 476 141 35

350

2 for 1 2 GF zum Preis von 1

DER GOLF ALBRECHT

Santa Claus Golf

FI

Golfkentäntie 43
96600 Rovaniemi
✆ +358 200 30200

351

20% Greenfee-Ermäßigung

DER GOLF ALBRECHT

Santa Claus Golf

FI

Golfkentäntie 43
96600 Rovaniemi
✆ +358 200 30200

351

20% Greenfee-Ermäßigung

DER GOLF ALBRECHT

Meri-Lapin Golfklubi

FI

Näräntie
95400 Tornio
✆ +358 16 431711

352

2 for 1 2 GF zum Preis von 1 wochentags

DER GOLF ALBRECHT

Meri-Lapin Golfklubi

FI

Näräntie
95400 Tornio
✆ +358 16 431711

352

2 for 1 2 GF zum Preis von 1 wochentags

Bedingungen zur Einlösung des Discounts:

1. Das Angebot ist einschließlich bis 30.6.2024 gültig.
2. Der Golfspieler/Leser hat sich telefonisch eine Abschlagzeit geben zu lassen – dabei ist die Nutzung des Angebots anzugeben.
3. Eine Barauszahlung des Greenfee-Vorteils ist nicht möglich.
4. Das Kombinieren von Angeboten oder bestehenden Greenfee-Vorteilen ist nicht möglich. Der Vorteil bezieht sich jeweils ausschließlich auf die zum Zeitpunkt der Einlösung gültigen vollen Greenfee-Gebühren.
5. Gibt es Spielergruppen mit erhöhten Greenfee-Gebühren, ist ein Nachlass auf diese Gebühren nicht möglich.
6. Das Angebot allein berechtigt nicht zum Spiel gegen Greenfee. Die Erfüllung der Bestimmungen des jeweiligen Golfclubs zur Greenfee-Berechtigung (Mitgliedschaft in einem Golfclub, Mindesthandicap etc.) zum Zeitpunkt der Einlösung sind Voraussetzung.
7. Es ist untersagt, den Greenfee-Gutschein entgeltlich Dritten zu überlassen bzw. mit diesen Handel zu treiben. Insbesondere sind die teilnehmenden Golfclubs in diesem Falle berechtigt, die Einlösung der ausgeschriebenen Angebote zu verweigern.
8. Die teilnehmenden Golfclubs haben sich gegenüber dem Verlag unter den o.g. Bedingungen verpflichtet, die ausgeschriebenen Angebote einzulösen. Der Verlag übernimmt jedoch keine Gewähr und keine Haftung, wenn ein Angebot nicht eingelöst wird oder werden kann.

Bedingungen zur Einlösung des Discounts:

1. Das Angebot ist einschließlich bis 30.6.2024 gültig.
2. Der Golfspieler/Leser hat sich telefonisch eine Abschlagzeit geben zu lassen – dabei ist die Nutzung des Angebots anzugeben.
3. Eine Barauszahlung des Greenfee-Vorteils ist nicht möglich.
4. Das Kombinieren von Angeboten oder bestehenden Greenfee-Vorteilen ist nicht möglich. Der Vorteil bezieht sich jeweils ausschließlich auf die zum Zeitpunkt der Einlösung gültigen vollen Greenfee-Gebühren.
5. Gibt es Spielergruppen mit erhöhten Greenfee-Gebühren, ist ein Nachlass auf diese Gebühren nicht möglich.
6. Das Angebot allein berechtigt nicht zum Spiel gegen Greenfee. Die Erfüllung der Bestimmungen des jeweiligen Golfclubs zur Greenfee-Berechtigung (Mitgliedschaft in einem Golfclub, Mindesthandicap etc.) zum Zeitpunkt der Einlösung sind Voraussetzung.
7. Es ist untersagt, den Greenfee-Gutschein entgeltlich Dritten zu überlassen bzw. mit diesen Handel zu treiben. Insbesondere sind die teilnehmenden Golfclubs in diesem Falle berechtigt, die Einlösung der ausgeschriebenen Angebote zu verweigern.
8. Die teilnehmenden Golfclubs haben sich gegenüber dem Verlag unter den o.g. Bedingungen verpflichtet, die ausgeschriebenen Angebote einzulösen. Der Verlag übernimmt jedoch keine Gewähr und keine Haftung, wenn ein Angebot nicht eingelöst wird oder werden kann.

Bedingungen zur Einlösung des Discounts:

1. Das Angebot ist einschließlich bis 30.6.2024 gültig.
2. Der Golfspieler/Leser hat sich telefonisch eine Abschlagzeit geben zu lassen – dabei ist die Nutzung des Angebots anzugeben.
3. Eine Barauszahlung des Greenfee-Vorteils ist nicht möglich.
4. Das Kombinieren von Angeboten oder bestehenden Greenfee-Vorteilen ist nicht möglich. Der Vorteil bezieht sich jeweils ausschließlich auf die zum Zeitpunkt der Einlösung gültigen vollen Greenfee-Gebühren.
5. Gibt es Spielergruppen mit erhöhten Greenfee-Gebühren, ist ein Nachlass auf diese Gebühren nicht möglich.
6. Das Angebot allein berechtigt nicht zum Spiel gegen Greenfee. Die Erfüllung der Bestimmungen des jeweiligen Golfclubs zur Greenfee-Berechtigung (Mitgliedschaft in einem Golfclub, Mindesthandicap etc.) zum Zeitpunkt der Einlösung sind Voraussetzung.
7. Es ist untersagt, den Greenfee-Gutschein entgeltlich Dritten zu überlassen bzw. mit diesen Handel zu treiben. Insbesondere sind die teilnehmenden Golfclubs in diesem Falle berechtigt, die Einlösung der ausgeschriebenen Angebote zu verweigern.
8. Die teilnehmenden Golfclubs haben sich gegenüber dem Verlag unter den o.g. Bedingungen verpflichtet, die ausgeschriebenen Angebote einzulösen. Der Verlag übernimmt jedoch keine Gewähr und keine Haftung, wenn ein Angebot nicht eingelöst wird oder werden kann.

Bedingungen zur Einlösung des Discounts:

1. Das Angebot ist einschließlich bis 30.6.2024 gültig.
2. Der Golfspieler/Leser hat sich telefonisch eine Abschlagzeit geben zu lassen – dabei ist die Nutzung des Angebots anzugeben.
3. Eine Barauszahlung des Greenfee-Vorteils ist nicht möglich.
4. Das Kombinieren von Angeboten oder bestehenden Greenfee-Vorteilen ist nicht möglich. Der Vorteil bezieht sich jeweils ausschließlich auf die zum Zeitpunkt der Einlösung gültigen vollen Greenfee-Gebühren.
5. Gibt es Spielergruppen mit erhöhten Greenfee-Gebühren, ist ein Nachlass auf diese Gebühren nicht möglich.
6. Das Angebot allein berechtigt nicht zum Spiel gegen Greenfee. Die Erfüllung der Bestimmungen des jeweiligen Golfclubs zur Greenfee-Berechtigung (Mitgliedschaft in einem Golfclub, Mindesthandicap etc.) zum Zeitpunkt der Einlösung sind Voraussetzung.
7. Es ist untersagt, den Greenfee-Gutschein entgeltlich Dritten zu überlassen bzw. mit diesen Handel zu treiben. Insbesondere sind die teilnehmenden Golfclubs in diesem Falle berechtigt, die Einlösung der ausgeschriebenen Angebote zu verweigern.
8. Die teilnehmenden Golfclubs haben sich gegenüber dem Verlag unter den o.g. Bedingungen verpflichtet, die ausgeschriebenen Angebote einzulösen. Der Verlag übernimmt jedoch keine Gewähr und keine Haftung, wenn ein Angebot nicht eingelöst wird oder werden kann.

Bedingungen zur Einlösung des Discounts:

1. Das Angebot ist einschließlich bis 30.6.2024 gültig.
2. Der Golfspieler/Leser hat sich telefonisch eine Abschlagzeit geben zu lassen – dabei ist die Nutzung des Angebots anzugeben.
3. Eine Barauszahlung des Greenfee-Vorteils ist nicht möglich.
4. Das Kombinieren von Angeboten oder bestehenden Greenfee-Vorteilen ist nicht möglich. Der Vorteil bezieht sich jeweils ausschließlich auf die zum Zeitpunkt der Einlösung gültigen vollen Greenfee-Gebühren.
5. Gibt es Spielergruppen mit erhöhten Greenfee-Gebühren, ist ein Nachlass auf diese Gebühren nicht möglich.
6. Das Angebot allein berechtigt nicht zum Spiel gegen Greenfee. Die Erfüllung der Bestimmungen des jeweiligen Golfclubs zur Greenfee-Berechtigung (Mitgliedschaft in einem Golfclub, Mindesthandicap etc.) zum Zeitpunkt der Einlösung sind Voraussetzung.
7. Es ist untersagt, den Greenfee-Gutschein entgeltlich Dritten zu überlassen bzw. mit diesen Handel zu treiben. Insbesondere sind die teilnehmenden Golfclubs in diesem Falle berechtigt, die Einlösung der ausgeschriebenen Angebote zu verweigern.
8. Die teilnehmenden Golfclubs haben sich gegenüber dem Verlag unter den o.g. Bedingungen verpflichtet, die ausgeschriebenen Angebote einzulösen. Der Verlag übernimmt jedoch keine Gewähr und keine Haftung, wenn ein Angebot nicht eingelöst wird oder werden kann.

Bedingungen zur Einlösung des Discounts:

1. Das Angebot ist einschließlich bis 30.6.2024 gültig.
2. Der Golfspieler/Leser hat sich telefonisch eine Abschlagzeit geben zu lassen – dabei ist die Nutzung des Angebots anzugeben.
3. Eine Barauszahlung des Greenfee-Vorteils ist nicht möglich.
4. Das Kombinieren von Angeboten oder bestehenden Greenfee-Vorteilen ist nicht möglich. Der Vorteil bezieht sich jeweils ausschließlich auf die zum Zeitpunkt der Einlösung gültigen vollen Greenfee-Gebühren.
5. Gibt es Spielergruppen mit erhöhten Greenfee-Gebühren, ist ein Nachlass auf diese Gebühren nicht möglich.
6. Das Angebot allein berechtigt nicht zum Spiel gegen Greenfee. Die Erfüllung der Bestimmungen des jeweiligen Golfclubs zur Greenfee-Berechtigung (Mitgliedschaft in einem Golfclub, Mindesthandicap etc.) zum Zeitpunkt der Einlösung sind Voraussetzung.
7. Es ist untersagt, den Greenfee-Gutschein entgeltlich Dritten zu überlassen bzw. mit diesen Handel zu treiben. Insbesondere sind die teilnehmenden Golfclubs in diesem Falle berechtigt, die Einlösung der ausgeschriebenen Angebote zu verweigern.
8. Die teilnehmenden Golfclubs haben sich gegenüber dem Verlag unter den o.g. Bedingungen verpflichtet, die ausgeschriebenen Angebote einzulösen. Der Verlag übernimmt jedoch keine Gewähr und keine Haftung, wenn ein Angebot nicht eingelöst wird oder werden kann.

Bedingungen zur Einlösung des Discounts:

1. Das Angebot ist einschließlich bis 30.6.2024 gültig.
2. Der Golfspieler/Leser hat sich telefonisch eine Abschlagzeit geben zu lassen – dabei ist die Nutzung des Angebots anzugeben.
3. Eine Barauszahlung des Greenfee-Vorteils ist nicht möglich.
4. Das Kombinieren von Angeboten oder bestehenden Greenfee-Vorteilen ist nicht möglich. Der Vorteil bezieht sich jeweils ausschließlich auf die zum Zeitpunkt der Einlösung gültigen vollen Greenfee-Gebühren.
5. Gibt es Spielergruppen mit erhöhten Greenfee-Gebühren, ist ein Nachlass auf diese Gebühren nicht möglich.
6. Das Angebot allein berechtigt nicht zum Spiel gegen Greenfee. Die Erfüllung der Bestimmungen des jeweiligen Golfclubs zur Greenfee-Berechtigung (Mitgliedschaft in einem Golfclub, Mindesthandicap etc.) zum Zeitpunkt der Einlösung sind Voraussetzung.
7. Es ist untersagt, den Greenfee-Gutschein entgeltlich Dritten zu überlassen bzw. mit diesen Handel zu treiben. Insbesondere sind die teilnehmenden Golfclubs in diesem Falle berechtigt, die Einlösung der ausgeschriebenen Angebote zu verweigern.
8. Die teilnehmenden Golfclubs haben sich gegenüber dem Verlag unter den o.g. Bedingungen verpflichtet, die ausgeschriebenen Angebote einzulösen. Der Verlag übernimmt jedoch keine Gewähr und keine Haftung, wenn ein Angebot nicht eingelöst wird oder werden kann.

Bedingungen zur Einlösung des Discounts:

1. Das Angebot ist einschließlich bis 30.6.2024 gültig.
2. Der Golfspieler/Leser hat sich telefonisch eine Abschlagzeit geben zu lassen – dabei ist die Nutzung des Angebots anzugeben.
3. Eine Barauszahlung des Greenfee-Vorteils ist nicht möglich.
4. Das Kombinieren von Angeboten oder bestehenden Greenfee-Vorteilen ist nicht möglich. Der Vorteil bezieht sich jeweils ausschließlich auf die zum Zeitpunkt der Einlösung gültigen vollen Greenfee-Gebühren.
5. Gibt es Spielergruppen mit erhöhten Greenfee-Gebühren, ist ein Nachlass auf diese Gebühren nicht möglich.
6. Das Angebot allein berechtigt nicht zum Spiel gegen Greenfee. Die Erfüllung der Bestimmungen des jeweiligen Golfclubs zur Greenfee-Berechtigung (Mitgliedschaft in einem Golfclub, Mindesthandicap etc.) zum Zeitpunkt der Einlösung sind Voraussetzung.
7. Es ist untersagt, den Greenfee-Gutschein entgeltlich Dritten zu überlassen bzw. mit diesen Handel zu treiben. Insbesondere sind die teilnehmenden Golfclubs in diesem Falle berechtigt, die Einlösung der ausgeschriebenen Angebote zu verweigern.
8. Die teilnehmenden Golfclubs haben sich gegenüber dem Verlag unter den o.g. Bedingungen verpflichtet, die ausgeschriebenen Angebote einzulösen. Der Verlag übernimmt jedoch keine Gewähr und keine Haftung, wenn ein Angebot nicht eingelöst wird oder werden kann.

Bedingungen zur Einlösung des Discounts:

1. Das Angebot ist einschließlich bis 30.6.2024 gültig.
2. Der Golfspieler/Leser hat sich telefonisch eine Abschlagzeit geben zu lassen – dabei ist die Nutzung des Angebots anzugeben.
3. Eine Barauszahlung des Greenfee-Vorteils ist nicht möglich.
4. Das Kombinieren von Angeboten oder bestehenden Greenfee-Vorteilen ist nicht möglich. Der Vorteil bezieht sich jeweils ausschließlich auf die zum Zeitpunkt der Einlösung gültigen vollen Greenfee-Gebühren.
5. Gibt es Spielergruppen mit erhöhten Greenfee-Gebühren, ist ein Nachlass auf diese Gebühren nicht möglich.
6. Das Angebot allein berechtigt nicht zum Spiel gegen Greenfee. Die Erfüllung der Bestimmungen des jeweiligen Golfclubs zur Greenfee-Berechtigung (Mitgliedschaft in einem Golfclub, Mindesthandicap etc.) zum Zeitpunkt der Einlösung sind Voraussetzung.
7. Es ist untersagt, den Greenfee-Gutschein entgeltlich Dritten zu überlassen bzw. mit diesen Handel zu treiben. Insbesondere sind die teilnehmenden Golfclubs in diesem Falle berechtigt, die Einlösung der ausgeschriebenen Angebote zu verweigern.
8. Die teilnehmenden Golfclubs haben sich gegenüber dem Verlag unter den o.g. Bedingungen verpflichtet, die ausgeschriebenen Angebote einzulösen. Der Verlag übernimmt jedoch keine Gewähr und keine Haftung, wenn ein Angebot nicht eingelöst wird oder werden kann.

Bedingungen zur Einlösung des Discounts:

1. Das Angebot ist einschließlich bis 30.6.2024 gültig.
2. Der Golfspieler/Leser hat sich telefonisch eine Abschlagzeit geben zu lassen – dabei ist die Nutzung des Angebots anzugeben.
3. Eine Barauszahlung des Greenfee-Vorteils ist nicht möglich.
4. Das Kombinieren von Angeboten oder bestehenden Greenfee-Vorteilen ist nicht möglich. Der Vorteil bezieht sich jeweils ausschließlich auf die zum Zeitpunkt der Einlösung gültigen vollen Greenfee-Gebühren.
5. Gibt es Spielergruppen mit erhöhten Greenfee-Gebühren, ist ein Nachlass auf diese Gebühren nicht möglich.
6. Das Angebot allein berechtigt nicht zum Spiel gegen Greenfee. Die Erfüllung der Bestimmungen des jeweiligen Golfclubs zur Greenfee-Berechtigung (Mitgliedschaft in einem Golfclub, Mindesthandicap etc.) zum Zeitpunkt der Einlösung sind Voraussetzung.
7. Es ist untersagt, den Greenfee-Gutschein entgeltlich Dritten zu überlassen bzw. mit diesen Handel zu treiben. Insbesondere sind die teilnehmenden Golfclubs in diesem Falle berechtigt, die Einlösung der ausgeschriebenen Angebote zu verweigern.
8. Die teilnehmenden Golfclubs haben sich gegenüber dem Verlag unter den o.g. Bedingungen verpflichtet, die ausgeschriebenen Angebote einzulösen. Der Verlag übernimmt jedoch keine Gewähr und keine Haftung, wenn ein Angebot nicht eingelöst wird oder werden kann.

Diese Gutscheine gelten nur in Verbindung mit dem Buch/Albrecht Golf Card

Diese Gutscheine gelten nur in Verbindung mit dem Buch/Albrecht Golf Card

DER GOLF ALBRECHT

Meri-Lapin Golfklubi FI

Näräntie
95400 Tornio
✆ +358 16 431711

352

2 for 1 2 GF zum Preis von 1 wochentags

DER GOLF ALBRECHT

Meri-Lapin Golfklubi FI

Näräntie
95400 Tornio
✆ +358 16 431711

352

20% Greenfee-Ermäßigung wochentags

DER GOLF ALBRECHT

Meri-Lapin Golfklubi FI

Näräntie
95400 Tornio
✆ +358 16 431711

352

20% Greenfee-Ermäßigung wochentags

DER GOLF ALBRECHT

Meri-Lapin Golfklubi FI

Näräntie
95400 Tornio
✆ +358 16 431711

352

20% Greenfee-Ermäßigung wochentags

DER GOLF ALBRECHT

Bjärkas Golf FI

Västanfjärdintie 655
25840 Nivelax
✆ +358 44 0184653

353

2 for 1 2 GF zum Preis von 1

DER GOLF ALBRECHT

Bjärkas Golf FI

Västanfjärdintie 655
25840 Nivelax
✆ +358 44 0184653

353

2 for 1 2 GF zum Preis von 1

DER GOLF ALBRECHT

Otepää Golf Center EE

67409 Mäha village, Otepää Parish, Valgamaa County
✆ +37256200115,
+37256239302 Managing Director

354

2 for 1 2 GF zum Preis von 1

DER GOLF ALBRECHT

Otepää Golf Center EE

67409 Mäha village, Otepää Parish, Valgamaa County
✆ +37256200115,
+37256239302 Managing Director

354

30% Greenfee-Ermäßigung

DER GOLF ALBRECHT

Otepää Golf Center EE

67409 Mäha village, Otepää Parish, Valgamaa County
✆ +37256200115,
+37256239302 Managing Director

354

30% Greenfee-Ermäßigung

DER GOLF ALBRECHT

Stadarsveit Golf Course IS

Ytri-Gordum, Snaefellsnesveg 54, Langaholt
356 Snaefellsbae
✆ +354 893 8328

355

2 for 1 2 GF zum Preis von 1

Bedingungen zur Einlösung des Discounts:

1. Das Angebot ist einschließlich bis 30.6.2024 gültig.
2. Der Golfspieler/Leser hat sich telefonisch eine Abschlagzeit geben zu lassen – dabei ist die Nutzung des Angebots anzugeben.
3. Eine Barauszahlung des Greenfee-Vorteils ist nicht möglich.
4. Das Kombinieren von Angeboten oder bestehenden Greenfee-Vorteilen ist nicht möglich. Der Vorteil bezieht sich jeweils ausschließlich auf die zum Zeitpunkt der Einlösung gültigen vollen Greenfee-Gebühren.
5. Gibt es Spielergruppen mit erhöhten Greenfee-Gebühren, ist ein Nachlass auf diese Gebühren nicht möglich.
6. Das Angebot allein berechtigt nicht zum Spiel gegen Greenfee. Die Erfüllung der Bestimmungen des jeweiligen Golfclubs zur Greenfee-Berechtigung (Mitgliedschaft in einem Golfclub, Mindesthandicap etc.) zum Zeitpunkt der Einlösung sind Voraussetzung.
7. Es ist untersagt, den Greenfee-Gutschein entgeltlich Dritten zu überlassen bzw. mit diesen Handel zu treiben. Insbesondere sind die teilnehmenden Golfclubs in diesem Falle berechtigt, die Einlösung der ausgeschriebenen Angebote zu verweigern.
8. Die teilnehmenden Golfclubs haben sich gegenüber dem Verlag unter den o.g. Bedingungen verpflichtet, die ausgeschriebenen Angebote einzulösen. Der Verlag übernimmt jedoch keine Gewähr und keine Haftung, wenn ein Angebot nicht eingelöst wird oder werden kann.

Bedingungen zur Einlösung des Discounts:

1. Das Angebot ist einschließlich bis 30.6.2024 gültig.
2. Der Golfspieler/Leser hat sich telefonisch eine Abschlagzeit geben zu lassen – dabei ist die Nutzung des Angebots anzugeben.
3. Eine Barauszahlung des Greenfee-Vorteils ist nicht möglich.
4. Das Kombinieren von Angeboten oder bestehenden Greenfee-Vorteilen ist nicht möglich. Der Vorteil bezieht sich jeweils ausschließlich auf die zum Zeitpunkt der Einlösung gültigen vollen Greenfee-Gebühren.
5. Gibt es Spielergruppen mit erhöhten Greenfee-Gebühren, ist ein Nachlass auf diese Gebühren nicht möglich.
6. Das Angebot allein berechtigt nicht zum Spiel gegen Greenfee. Die Erfüllung der Bestimmungen des jeweiligen Golfclubs zur Greenfee-Berechtigung (Mitgliedschaft in einem Golfclub, Mindesthandicap etc.) zum Zeitpunkt der Einlösung sind Voraussetzung.
7. Es ist untersagt, den Greenfee-Gutschein entgeltlich Dritten zu überlassen bzw. mit diesen Handel zu treiben. Insbesondere sind die teilnehmenden Golfclubs in diesem Falle berechtigt, die Einlösung der ausgeschriebenen Angebote zu verweigern.
8. Die teilnehmenden Golfclubs haben sich gegenüber dem Verlag unter den o.g. Bedingungen verpflichtet, die ausgeschriebenen Angebote einzulösen. Der Verlag übernimmt jedoch keine Gewähr und keine Haftung, wenn ein Angebot nicht eingelöst wird oder werden kann.

Bedingungen zur Einlösung des Discounts:

1. Das Angebot ist einschließlich bis 30.6.2024 gültig.
2. Der Golfspieler/Leser hat sich telefonisch eine Abschlagzeit geben zu lassen – dabei ist die Nutzung des Angebots anzugeben.
3. Eine Barauszahlung des Greenfee-Vorteils ist nicht möglich.
4. Das Kombinieren von Angeboten oder bestehenden Greenfee-Vorteilen ist nicht möglich. Der Vorteil bezieht sich jeweils ausschließlich auf die zum Zeitpunkt der Einlösung gültigen vollen Greenfee-Gebühren.
5. Gibt es Spielergruppen mit erhöhten Greenfee-Gebühren, ist ein Nachlass auf diese Gebühren nicht möglich.
6. Das Angebot allein berechtigt nicht zum Spiel gegen Greenfee. Die Erfüllung der Bestimmungen des jeweiligen Golfclubs zur Greenfee-Berechtigung (Mitgliedschaft in einem Golfclub, Mindesthandicap etc.) zum Zeitpunkt der Einlösung sind Voraussetzung.
7. Es ist untersagt, den Greenfee-Gutschein entgeltlich Dritten zu überlassen bzw. mit diesen Handel zu treiben. Insbesondere sind die teilnehmenden Golfclubs in diesem Falle berechtigt, die Einlösung der ausgeschriebenen Angebote zu verweigern.
8. Die teilnehmenden Golfclubs haben sich gegenüber dem Verlag unter den o.g. Bedingungen verpflichtet, die ausgeschriebenen Angebote einzulösen. Der Verlag übernimmt jedoch keine Gewähr und keine Haftung, wenn ein Angebot nicht eingelöst wird oder werden kann.

Bedingungen zur Einlösung des Discounts:

1. Das Angebot ist einschließlich bis 30.6.2024 gültig.
2. Der Golfspieler/Leser hat sich telefonisch eine Abschlagzeit geben zu lassen – dabei ist die Nutzung des Angebots anzugeben.
3. Eine Barauszahlung des Greenfee-Vorteils ist nicht möglich.
4. Das Kombinieren von Angeboten oder bestehenden Greenfee-Vorteilen ist nicht möglich. Der Vorteil bezieht sich jeweils ausschließlich auf die zum Zeitpunkt der Einlösung gültigen vollen Greenfee-Gebühren.
5. Gibt es Spielergruppen mit erhöhten Greenfee-Gebühren, ist ein Nachlass auf diese Gebühren nicht möglich.
6. Das Angebot allein berechtigt nicht zum Spiel gegen Greenfee. Die Erfüllung der Bestimmungen des jeweiligen Golfclubs zur Greenfee-Berechtigung (Mitgliedschaft in einem Golfclub, Mindesthandicap etc.) zum Zeitpunkt der Einlösung sind Voraussetzung.
7. Es ist untersagt, den Greenfee-Gutschein entgeltlich Dritten zu überlassen bzw. mit diesen Handel zu treiben. Insbesondere sind die teilnehmenden Golfclubs in diesem Falle berechtigt, die Einlösung der ausgeschriebenen Angebote zu verweigern.
8. Die teilnehmenden Golfclubs haben sich gegenüber dem Verlag unter den o.g. Bedingungen verpflichtet, die ausgeschriebenen Angebote einzulösen. Der Verlag übernimmt jedoch keine Gewähr und keine Haftung, wenn ein Angebot nicht eingelöst wird oder werden kann.

Bedingungen zur Einlösung des Discounts:

1. Das Angebot ist einschließlich bis 30.6.2024 gültig.
2. Der Golfspieler/Leser hat sich telefonisch eine Abschlagzeit geben zu lassen – dabei ist die Nutzung des Angebots anzugeben.
3. Eine Barauszahlung des Greenfee-Vorteils ist nicht möglich.
4. Das Kombinieren von Angeboten oder bestehenden Greenfee-Vorteilen ist nicht möglich. Der Vorteil bezieht sich jeweils ausschließlich auf die zum Zeitpunkt der Einlösung gültigen vollen Greenfee-Gebühren.
5. Gibt es Spielergruppen mit erhöhten Greenfee-Gebühren, ist ein Nachlass auf diese Gebühren nicht möglich.
6. Das Angebot allein berechtigt nicht zum Spiel gegen Greenfee. Die Erfüllung der Bestimmungen des jeweiligen Golfclubs zur Greenfee-Berechtigung (Mitgliedschaft in einem Golfclub, Mindesthandicap etc.) zum Zeitpunkt der Einlösung sind Voraussetzung.
7. Es ist untersagt, den Greenfee-Gutschein entgeltlich Dritten zu überlassen bzw. mit diesen Handel zu treiben. Insbesondere sind die teilnehmenden Golfclubs in diesem Falle berechtigt, die Einlösung der ausgeschriebenen Angebote zu verweigern.
8. Die teilnehmenden Golfclubs haben sich gegenüber dem Verlag unter den o.g. Bedingungen verpflichtet, die ausgeschriebenen Angebote einzulösen. Der Verlag übernimmt jedoch keine Gewähr und keine Haftung, wenn ein Angebot nicht eingelöst wird oder werden kann.

Bedingungen zur Einlösung des Discounts:

1. Das Angebot ist einschließlich bis 30.6.2024 gültig.
2. Der Golfspieler/Leser hat sich telefonisch eine Abschlagzeit geben zu lassen – dabei ist die Nutzung des Angebots anzugeben.
3. Eine Barauszahlung des Greenfee-Vorteils ist nicht möglich.
4. Das Kombinieren von Angeboten oder bestehenden Greenfee-Vorteilen ist nicht möglich. Der Vorteil bezieht sich jeweils ausschließlich auf die zum Zeitpunkt der Einlösung gültigen vollen Greenfee-Gebühren.
5. Gibt es Spielergruppen mit erhöhten Greenfee-Gebühren, ist ein Nachlass auf diese Gebühren nicht möglich.
6. Das Angebot allein berechtigt nicht zum Spiel gegen Greenfee. Die Erfüllung der Bestimmungen des jeweiligen Golfclubs zur Greenfee-Berechtigung (Mitgliedschaft in einem Golfclub, Mindesthandicap etc.) zum Zeitpunkt der Einlösung sind Voraussetzung.
7. Es ist untersagt, den Greenfee-Gutschein entgeltlich Dritten zu überlassen bzw. mit diesen Handel zu treiben. Insbesondere sind die teilnehmenden Golfclubs in diesem Falle berechtigt, die Einlösung der ausgeschriebenen Angebote zu verweigern.
8. Die teilnehmenden Golfclubs haben sich gegenüber dem Verlag unter den o.g. Bedingungen verpflichtet, die ausgeschriebenen Angebote einzulösen. Der Verlag übernimmt jedoch keine Gewähr und keine Haftung, wenn ein Angebot nicht eingelöst wird oder werden kann.

Bedingungen zur Einlösung des Discounts:

1. Das Angebot ist einschließlich bis 30.6.2024 gültig.
2. Der Golfspieler/Leser hat sich telefonisch eine Abschlagzeit geben zu lassen – dabei ist die Nutzung des Angebots anzugeben.
3. Eine Barauszahlung des Greenfee-Vorteils ist nicht möglich.
4. Das Kombinieren von Angeboten oder bestehenden Greenfee-Vorteilen ist nicht möglich. Der Vorteil bezieht sich jeweils ausschließlich auf die zum Zeitpunkt der Einlösung gültigen vollen Greenfee-Gebühren.
5. Gibt es Spielergruppen mit erhöhten Greenfee-Gebühren, ist ein Nachlass auf diese Gebühren nicht möglich.
6. Das Angebot allein berechtigt nicht zum Spiel gegen Greenfee. Die Erfüllung der Bestimmungen des jeweiligen Golfclubs zur Greenfee-Berechtigung (Mitgliedschaft in einem Golfclub, Mindesthandicap etc.) zum Zeitpunkt der Einlösung sind Voraussetzung.
7. Es ist untersagt, den Greenfee-Gutschein entgeltlich Dritten zu überlassen bzw. mit diesen Handel zu treiben. Insbesondere sind die teilnehmenden Golfclubs in diesem Falle berechtigt, die Einlösung der ausgeschriebenen Angebote zu verweigern.
8. Die teilnehmenden Golfclubs haben sich gegenüber dem Verlag unter den o.g. Bedingungen verpflichtet, die ausgeschriebenen Angebote einzulösen. Der Verlag übernimmt jedoch keine Gewähr und keine Haftung, wenn ein Angebot nicht eingelöst wird oder werden kann.

Bedingungen zur Einlösung des Discounts:

1. Das Angebot ist einschließlich bis 30.6.2024 gültig.
2. Der Golfspieler/Leser hat sich telefonisch eine Abschlagzeit geben zu lassen – dabei ist die Nutzung des Angebots anzugeben.
3. Eine Barauszahlung des Greenfee-Vorteils ist nicht möglich.
4. Das Kombinieren von Angeboten oder bestehenden Greenfee-Vorteilen ist nicht möglich. Der Vorteil bezieht sich jeweils ausschließlich auf die zum Zeitpunkt der Einlösung gültigen vollen Greenfee-Gebühren.
5. Gibt es Spielergruppen mit erhöhten Greenfee-Gebühren, ist ein Nachlass auf diese Gebühren nicht möglich.
6. Das Angebot allein berechtigt nicht zum Spiel gegen Greenfee. Die Erfüllung der Bestimmungen des jeweiligen Golfclubs zur Greenfee-Berechtigung (Mitgliedschaft in einem Golfclub, Mindesthandicap etc.) zum Zeitpunkt der Einlösung sind Voraussetzung.
7. Es ist untersagt, den Greenfee-Gutschein entgeltlich Dritten zu überlassen bzw. mit diesen Handel zu treiben. Insbesondere sind die teilnehmenden Golfclubs in diesem Falle berechtigt, die Einlösung der ausgeschriebenen Angebote zu verweigern.
8. Die teilnehmenden Golfclubs haben sich gegenüber dem Verlag unter den o.g. Bedingungen verpflichtet, die ausgeschriebenen Angebote einzulösen. Der Verlag übernimmt jedoch keine Gewähr und keine Haftung, wenn ein Angebot nicht eingelöst wird oder werden kann.

Bedingungen zur Einlösung des Discounts:

1. Das Angebot ist einschließlich bis 30.6.2024 gültig.
2. Der Golfspieler/Leser hat sich telefonisch eine Abschlagzeit geben zu lassen – dabei ist die Nutzung des Angebots anzugeben.
3. Eine Barauszahlung des Greenfee-Vorteils ist nicht möglich.
4. Das Kombinieren von Angeboten oder bestehenden Greenfee-Vorteilen ist nicht möglich. Der Vorteil bezieht sich jeweils ausschließlich auf die zum Zeitpunkt der Einlösung gültigen vollen Greenfee-Gebühren.
5. Gibt es Spielergruppen mit erhöhten Greenfee-Gebühren, ist ein Nachlass auf diese Gebühren nicht möglich.
6. Das Angebot allein berechtigt nicht zum Spiel gegen Greenfee. Die Erfüllung der Bestimmungen des jeweiligen Golfclubs zur Greenfee-Berechtigung (Mitgliedschaft in einem Golfclub, Mindesthandicap etc.) zum Zeitpunkt der Einlösung sind Voraussetzung.
7. Es ist untersagt, den Greenfee-Gutschein entgeltlich Dritten zu überlassen bzw. mit diesen Handel zu treiben. Insbesondere sind die teilnehmenden Golfclubs in diesem Falle berechtigt, die Einlösung der ausgeschriebenen Angebote zu verweigern.
8. Die teilnehmenden Golfclubs haben sich gegenüber dem Verlag unter den o.g. Bedingungen verpflichtet, die ausgeschriebenen Angebote einzulösen. Der Verlag übernimmt jedoch keine Gewähr und keine Haftung, wenn ein Angebot nicht eingelöst wird oder werden kann.

Bedingungen zur Einlösung des Discounts:

1. Das Angebot ist einschließlich bis 30.6.2024 gültig.
2. Der Golfspieler/Leser hat sich telefonisch eine Abschlagzeit geben zu lassen – dabei ist die Nutzung des Angebots anzugeben.
3. Eine Barauszahlung des Greenfee-Vorteils ist nicht möglich.
4. Das Kombinieren von Angeboten oder bestehenden Greenfee-Vorteilen ist nicht möglich. Der Vorteil bezieht sich jeweils ausschließlich auf die zum Zeitpunkt der Einlösung gültigen vollen Greenfee-Gebühren.
5. Gibt es Spielergruppen mit erhöhten Greenfee-Gebühren, ist ein Nachlass auf diese Gebühren nicht möglich.
6. Das Angebot allein berechtigt nicht zum Spiel gegen Greenfee. Die Erfüllung der Bestimmungen des jeweiligen Golfclubs zur Greenfee-Berechtigung (Mitgliedschaft in einem Golfclub, Mindesthandicap etc.) zum Zeitpunkt der Einlösung sind Voraussetzung.
7. Es ist untersagt, den Greenfee-Gutschein entgeltlich Dritten zu überlassen bzw. mit diesen Handel zu treiben. Insbesondere sind die teilnehmenden Golfclubs in diesem Falle berechtigt, die Einlösung der ausgeschriebenen Angebote zu verweigern.
8. Die teilnehmenden Golfclubs haben sich gegenüber dem Verlag unter den o.g. Bedingungen verpflichtet, die ausgeschriebenen Angebote einzulösen. Der Verlag übernimmt jedoch keine Gewähr und keine Haftung, wenn ein Angebot nicht eingelöst wird oder werden kann.

Diese Gutscheine gelten nur in Verbindung mit dem Buch/Albrecht Golf Card

Diese Gutscheine gelten nur in Verbindung mit dem Buch/Albrecht Golf Card

DER GOLF ALBRECHT

Stadarsveit Golf Course IS

Ytri-Gordum, Snaefellsnesvegi 54, Langaholt
356 Snaefellsbae
✆ +354 893 8328

355

2 for 1 2 GF zum Preis von 1

DER GOLF ALBRECHT

Stadarsveit Golf Course IS

Ytri-Gordum, Snaefellsnesvegi 54, Langaholt
356 Snaefellsbae
✆ +354 893 8328

355

2 for 1 2 GF zum Preis von 1

DER GOLF ALBRECHT

Stadarsveit Golf Course IS

Ytri-Gordum, Snaefellsnesvegi 54, Langaholt
356 Snaefellsbae
✆ +354 893 8328

355

20% Greenfee-Ermäßigung

DER GOLF ALBRECHT

Stadarsveit Golf Course IS

Ytri-Gordum, Snaefellsnesvegi 54, Langaholt
356 Snaefellsbae
✆ +354 893 8328

355

20% Greenfee-Ermäßigung

DER GOLF ALBRECHT

Stadarsveit Golf Course IS

Ytri-Gordum, Snaefellsnesvegi 54, Langaholt
356 Snaefellsbae
✆ +354 893 8328

355

20% Greenfee-Ermäßigung

DER GOLF ALBRECHT

Alford Golf Club GB

Montgarrie Road
AB33 8AE Alford
✆ +44 1975 562178

356

20% Greenfee-Ermäßigung

DER GOLF ALBRECHT

Alford Golf Club GB

Montgarrie Road
AB33 8AE Alford
✆ +44 1975 562178

356

20% Greenfee-Ermäßigung

DER GOLF ALBRECHT

Brechin Golf Club GB

Trinity
DD9 7PD Brechin
✆ 01356622383 club / 01356 625270 Pro Shop

357

2 for 1 2 GF zum Preis von 1

DER GOLF ALBRECHT

Brechin Golf Club GB

Trinity
DD9 7PD Brechin
✆ 01356622383 club / 01356 625270 Pro Shop

357

2 for 1 2 GF zum Preis von 1

DER GOLF ALBRECHT

Brechin Golf Club GB

Trinity
DD9 7PD Brechin
✆ 01356622383 club / 01356 625270 Pro Shop

357

50% Greenfee-Ermäßigung wochentags

Bedingungen zur Einlösung des Discounts:

1. Das Angebot ist einschließlich bis 30.6.2024 gültig.
2. Der Golfspieler/Leser hat sich telefonisch eine Abschlagzeit geben zu lassen – dabei ist die Nutzung des Angebots anzugeben.
3. Eine Barauszahlung des Greenfee-Vorteils ist nicht möglich.
4. Das Kombinieren von Angeboten oder bestehenden Greenfee-Vorteilen ist nicht möglich. Der Vorteil bezieht sich jeweils ausschließlich auf die zum Zeitpunkt der Einlösung gültigen vollen Greenfee-Gebühren.
5. Gibt es Spielergruppen mit erhöhten Greenfee-Gebühren, ist ein Nachlass auf diese Gebühren nicht möglich.
6. Das Angebot allein berechtigt nicht zum Spiel gegen Greenfee. Die Erfüllung der Bestimmungen des jeweiligen Golfclubs zur Greenfee-Berechtigung (Mitgliedschaft in einem Golfclub, Mindesthandicap etc.) zum Zeitpunkt der Einlösung sind Voraussetzung.
7. Es ist untersagt, den Greenfee-Gutschein entgeltlich Dritten zu überlassen bzw. mit diesen Handel zu treiben. Insbesondere sind die teilnehmenden Golfclubs in diesem Falle berechtigt, die Einlösung der ausgeschriebenen Angebote zu verweigern.
8. Die teilnehmenden Golfclubs haben sich gegenüber dem Verlag unter den o.g. Bedingungen verpflichtet, die ausgeschriebenen Angebote einzulösen. Der Verlag übernimmt jedoch keine Gewähr und keine Haftung, wenn ein Angebot nicht eingelöst wird oder werden kann.

Bedingungen zur Einlösung des Discounts:

1. Das Angebot ist einschließlich bis 30.6.2024 gültig.
2. Der Golfspieler/Leser hat sich telefonisch eine Abschlagzeit geben zu lassen – dabei ist die Nutzung des Angebots anzugeben.
3. Eine Barauszahlung des Greenfee-Vorteils ist nicht möglich.
4. Das Kombinieren von Angeboten oder bestehenden Greenfee-Vorteilen ist nicht möglich. Der Vorteil bezieht sich jeweils ausschließlich auf die zum Zeitpunkt der Einlösung gültigen vollen Greenfee-Gebühren.
5. Gibt es Spielergruppen mit erhöhten Greenfee-Gebühren, ist ein Nachlass auf diese Gebühren nicht möglich.
6. Das Angebot allein berechtigt nicht zum Spiel gegen Greenfee. Die Erfüllung der Bestimmungen des jeweiligen Golfclubs zur Greenfee-Berechtigung (Mitgliedschaft in einem Golfclub, Mindesthandicap etc.) zum Zeitpunkt der Einlösung sind Voraussetzung.
7. Es ist untersagt, den Greenfee-Gutschein entgeltlich Dritten zu überlassen bzw. mit diesen Handel zu treiben. Insbesondere sind die teilnehmenden Golfclubs in diesem Falle berechtigt, die Einlösung der ausgeschriebenen Angebote zu verweigern.
8. Die teilnehmenden Golfclubs haben sich gegenüber dem Verlag unter den o.g. Bedingungen verpflichtet, die ausgeschriebenen Angebote einzulösen. Der Verlag übernimmt jedoch keine Gewähr und keine Haftung, wenn ein Angebot nicht eingelöst wird oder werden kann.

Bedingungen zur Einlösung des Discounts:

1. Das Angebot ist einschließlich bis 30.6.2024 gültig.
2. Der Golfspieler/Leser hat sich telefonisch eine Abschlagzeit geben zu lassen – dabei ist die Nutzung des Angebots anzugeben.
3. Eine Barauszahlung des Greenfee-Vorteils ist nicht möglich.
4. Das Kombinieren von Angeboten oder bestehenden Greenfee-Vorteilen ist nicht möglich. Der Vorteil bezieht sich jeweils ausschließlich auf die zum Zeitpunkt der Einlösung gültigen vollen Greenfee-Gebühren.
5. Gibt es Spielergruppen mit erhöhten Greenfee-Gebühren, ist ein Nachlass auf diese Gebühren nicht möglich.
6. Das Angebot allein berechtigt nicht zum Spiel gegen Greenfee. Die Erfüllung der Bestimmungen des jeweiligen Golfclubs zur Greenfee-Berechtigung (Mitgliedschaft in einem Golfclub, Mindesthandicap etc.) zum Zeitpunkt der Einlösung sind Voraussetzung.
7. Es ist untersagt, den Greenfee-Gutschein entgeltlich Dritten zu überlassen bzw. mit diesen Handel zu treiben. Insbesondere sind die teilnehmenden Golfclubs in diesem Falle berechtigt, die Einlösung der ausgeschriebenen Angebote zu verweigern.
8. Die teilnehmenden Golfclubs haben sich gegenüber dem Verlag unter den o.g. Bedingungen verpflichtet, die ausgeschriebenen Angebote einzulösen. Der Verlag übernimmt jedoch keine Gewähr und keine Haftung, wenn ein Angebot nicht eingelöst wird oder werden kann.

Bedingungen zur Einlösung des Discounts:

1. Das Angebot ist einschließlich bis 30.6.2024 gültig.
2. Der Golfspieler/Leser hat sich telefonisch eine Abschlagzeit geben zu lassen – dabei ist die Nutzung des Angebots anzugeben.
3. Eine Barauszahlung des Greenfee-Vorteils ist nicht möglich.
4. Das Kombinieren von Angeboten oder bestehenden Greenfee-Vorteilen ist nicht möglich. Der Vorteil bezieht sich jeweils ausschließlich auf die zum Zeitpunkt der Einlösung gültigen vollen Greenfee-Gebühren.
5. Gibt es Spielergruppen mit erhöhten Greenfee-Gebühren, ist ein Nachlass auf diese Gebühren nicht möglich.
6. Das Angebot allein berechtigt nicht zum Spiel gegen Greenfee. Die Erfüllung der Bestimmungen des jeweiligen Golfclubs zur Greenfee-Berechtigung (Mitgliedschaft in einem Golfclub, Mindesthandicap etc.) zum Zeitpunkt der Einlösung sind Voraussetzung.
7. Es ist untersagt, den Greenfee-Gutschein entgeltlich Dritten zu überlassen bzw. mit diesen Handel zu treiben. Insbesondere sind die teilnehmenden Golfclubs in diesem Falle berechtigt, die Einlösung der ausgeschriebenen Angebote zu verweigern.
8. Die teilnehmenden Golfclubs haben sich gegenüber dem Verlag unter den o.g. Bedingungen verpflichtet, die ausgeschriebenen Angebote einzulösen. Der Verlag übernimmt jedoch keine Gewähr und keine Haftung, wenn ein Angebot nicht eingelöst wird oder werden kann.

Bedingungen zur Einlösung des Discounts:

1. Das Angebot ist einschließlich bis 30.6.2024 gültig.
2. Der Golfspieler/Leser hat sich telefonisch eine Abschlagzeit geben zu lassen – dabei ist die Nutzung des Angebots anzugeben.
3. Eine Barauszahlung des Greenfee-Vorteils ist nicht möglich.
4. Das Kombinieren von Angeboten oder bestehenden Greenfee-Vorteilen ist nicht möglich. Der Vorteil bezieht sich jeweils ausschließlich auf die zum Zeitpunkt der Einlösung gültigen vollen Greenfee-Gebühren.
5. Gibt es Spielergruppen mit erhöhten Greenfee-Gebühren, ist ein Nachlass auf diese Gebühren nicht möglich.
6. Das Angebot allein berechtigt nicht zum Spiel gegen Greenfee. Die Erfüllung der Bestimmungen des jeweiligen Golfclubs zur Greenfee-Berechtigung (Mitgliedschaft in einem Golfclub, Mindesthandicap etc.) zum Zeitpunkt der Einlösung sind Voraussetzung.
7. Es ist untersagt, den Greenfee-Gutschein entgeltlich Dritten zu überlassen bzw. mit diesen Handel zu treiben. Insbesondere sind die teilnehmenden Golfclubs in diesem Falle berechtigt, die Einlösung der ausgeschriebenen Angebote zu verweigern.
8. Die teilnehmenden Golfclubs haben sich gegenüber dem Verlag unter den o.g. Bedingungen verpflichtet, die ausgeschriebenen Angebote einzulösen. Der Verlag übernimmt jedoch keine Gewähr und keine Haftung, wenn ein Angebot nicht eingelöst wird oder werden kann.

Bedingungen zur Einlösung des Discounts:

1. Das Angebot ist einschließlich bis 30.6.2024 gültig.
2. Der Golfspieler/Leser hat sich telefonisch eine Abschlagzeit geben zu lassen – dabei ist die Nutzung des Angebots anzugeben.
3. Eine Barauszahlung des Greenfee-Vorteils ist nicht möglich.
4. Das Kombinieren von Angeboten oder bestehenden Greenfee-Vorteilen ist nicht möglich. Der Vorteil bezieht sich jeweils ausschließlich auf die zum Zeitpunkt der Einlösung gültigen vollen Greenfee-Gebühren.
5. Gibt es Spielergruppen mit erhöhten Greenfee-Gebühren, ist ein Nachlass auf diese Gebühren nicht möglich.
6. Das Angebot allein berechtigt nicht zum Spiel gegen Greenfee. Die Erfüllung der Bestimmungen des jeweiligen Golfclubs zur Greenfee-Berechtigung (Mitgliedschaft in einem Golfclub, Mindesthandicap etc.) zum Zeitpunkt der Einlösung sind Voraussetzung.
7. Es ist untersagt, den Greenfee-Gutschein entgeltlich Dritten zu überlassen bzw. mit diesen Handel zu treiben. Insbesondere sind die teilnehmenden Golfclubs in diesem Falle berechtigt, die Einlösung der ausgeschriebenen Angebote zu verweigern.
8. Die teilnehmenden Golfclubs haben sich gegenüber dem Verlag unter den o.g. Bedingungen verpflichtet, die ausgeschriebenen Angebote einzulösen. Der Verlag übernimmt jedoch keine Gewähr und keine Haftung, wenn ein Angebot nicht eingelöst wird oder werden kann.

Bedingungen zur Einlösung des Discounts:

1. Das Angebot ist einschließlich bis 30.6.2024 gültig.
2. Der Golfspieler/Leser hat sich telefonisch eine Abschlagzeit geben zu lassen – dabei ist die Nutzung des Angebots anzugeben.
3. Eine Barauszahlung des Greenfee-Vorteils ist nicht möglich.
4. Das Kombinieren von Angeboten oder bestehenden Greenfee-Vorteilen ist nicht möglich. Der Vorteil bezieht sich jeweils ausschließlich auf die zum Zeitpunkt der Einlösung gültigen vollen Greenfee-Gebühren.
5. Gibt es Spielergruppen mit erhöhten Greenfee-Gebühren, ist ein Nachlass auf diese Gebühren nicht möglich.
6. Das Angebot allein berechtigt nicht zum Spiel gegen Greenfee. Die Erfüllung der Bestimmungen des jeweiligen Golfclubs zur Greenfee-Berechtigung (Mitgliedschaft in einem Golfclub, Mindesthandicap etc.) zum Zeitpunkt der Einlösung sind Voraussetzung.
7. Es ist untersagt, den Greenfee-Gutschein entgeltlich Dritten zu überlassen bzw. mit diesen Handel zu treiben. Insbesondere sind die teilnehmenden Golfclubs in diesem Falle berechtigt, die Einlösung der ausgeschriebenen Angebote zu verweigern.
8. Die teilnehmenden Golfclubs haben sich gegenüber dem Verlag unter den o.g. Bedingungen verpflichtet, die ausgeschriebenen Angebote einzulösen. Der Verlag übernimmt jedoch keine Gewähr und keine Haftung, wenn ein Angebot nicht eingelöst wird oder werden kann.

Bedingungen zur Einlösung des Discounts:

1. Das Angebot ist einschließlich bis 30.6.2024 gültig.
2. Der Golfspieler/Leser hat sich telefonisch eine Abschlagzeit geben zu lassen – dabei ist die Nutzung des Angebots anzugeben.
3. Eine Barauszahlung des Greenfee-Vorteils ist nicht möglich.
4. Das Kombinieren von Angeboten oder bestehenden Greenfee-Vorteilen ist nicht möglich. Der Vorteil bezieht sich jeweils ausschließlich auf die zum Zeitpunkt der Einlösung gültigen vollen Greenfee-Gebühren.
5. Gibt es Spielergruppen mit erhöhten Greenfee-Gebühren, ist ein Nachlass auf diese Gebühren nicht möglich.
6. Das Angebot allein berechtigt nicht zum Spiel gegen Greenfee. Die Erfüllung der Bestimmungen des jeweiligen Golfclubs zur Greenfee-Berechtigung (Mitgliedschaft in einem Golfclub, Mindesthandicap etc.) zum Zeitpunkt der Einlösung sind Voraussetzung.
7. Es ist untersagt, den Greenfee-Gutschein entgeltlich Dritten zu überlassen bzw. mit diesen Handel zu treiben. Insbesondere sind die teilnehmenden Golfclubs in diesem Falle berechtigt, die Einlösung der ausgeschriebenen Angebote zu verweigern.
8. Die teilnehmenden Golfclubs haben sich gegenüber dem Verlag unter den o.g. Bedingungen verpflichtet, die ausgeschriebenen Angebote einzulösen. Der Verlag übernimmt jedoch keine Gewähr und keine Haftung, wenn ein Angebot nicht eingelöst wird oder werden kann.

Bedingungen zur Einlösung des Discounts:

1. Das Angebot ist einschließlich bis 30.6.2024 gültig.
2. Der Golfspieler/Leser hat sich telefonisch eine Abschlagzeit geben zu lassen – dabei ist die Nutzung des Angebots anzugeben.
3. Eine Barauszahlung des Greenfee-Vorteils ist nicht möglich.
4. Das Kombinieren von Angeboten oder bestehenden Greenfee-Vorteilen ist nicht möglich. Der Vorteil bezieht sich jeweils ausschließlich auf die zum Zeitpunkt der Einlösung gültigen vollen Greenfee-Gebühren.
5. Gibt es Spielergruppen mit erhöhten Greenfee-Gebühren, ist ein Nachlass auf diese Gebühren nicht möglich.
6. Das Angebot allein berechtigt nicht zum Spiel gegen Greenfee. Die Erfüllung der Bestimmungen des jeweiligen Golfclubs zur Greenfee-Berechtigung (Mitgliedschaft in einem Golfclub, Mindesthandicap etc.) zum Zeitpunkt der Einlösung sind Voraussetzung.
7. Es ist untersagt, den Greenfee-Gutschein entgeltlich Dritten zu überlassen bzw. mit diesen Handel zu treiben. Insbesondere sind die teilnehmenden Golfclubs in diesem Falle berechtigt, die Einlösung der ausgeschriebenen Angebote zu verweigern.
8. Die teilnehmenden Golfclubs haben sich gegenüber dem Verlag unter den o.g. Bedingungen verpflichtet, die ausgeschriebenen Angebote einzulösen. Der Verlag übernimmt jedoch keine Gewähr und keine Haftung, wenn ein Angebot nicht eingelöst wird oder werden kann.

Bedingungen zur Einlösung des Discounts:

1. Das Angebot ist einschließlich bis 30.6.2024 gültig.
2. Der Golfspieler/Leser hat sich telefonisch eine Abschlagzeit geben zu lassen – dabei ist die Nutzung des Angebots anzugeben.
3. Eine Barauszahlung des Greenfee-Vorteils ist nicht möglich.
4. Das Kombinieren von Angeboten oder bestehenden Greenfee-Vorteilen ist nicht möglich. Der Vorteil bezieht sich jeweils ausschließlich auf die zum Zeitpunkt der Einlösung gültigen vollen Greenfee-Gebühren.
5. Gibt es Spielergruppen mit erhöhten Greenfee-Gebühren, ist ein Nachlass auf diese Gebühren nicht möglich.
6. Das Angebot allein berechtigt nicht zum Spiel gegen Greenfee. Die Erfüllung der Bestimmungen des jeweiligen Golfclubs zur Greenfee-Berechtigung (Mitgliedschaft in einem Golfclub, Mindesthandicap etc.) zum Zeitpunkt der Einlösung sind Voraussetzung.
7. Es ist untersagt, den Greenfee-Gutschein entgeltlich Dritten zu überlassen bzw. mit diesen Handel zu treiben. Insbesondere sind die teilnehmenden Golfclubs in diesem Falle berechtigt, die Einlösung der ausgeschriebenen Angebote zu verweigern.
8. Die teilnehmenden Golfclubs haben sich gegenüber dem Verlag unter den o.g. Bedingungen verpflichtet, die ausgeschriebenen Angebote einzulösen. Der Verlag übernimmt jedoch keine Gewähr und keine Haftung, wenn ein Angebot nicht eingelöst wird oder werden kann.

Diese Gutscheine gelten nur in Verbindung mit dem Buch/Albrecht Golf Card

Diese Gutscheine gelten nur in Verbindung mit dem Buch/Albrecht Golf Card

DER GOLF ALBRECHT

Brechin Golf Club

GB

Trinity
DD9 7PD Brechin
01356622383 club / 01356 625270 Pro Shop

357

50% Greenfee-Ermäßigung wochentags

DER GOLF ALBRECHT

Kirriemuir Golf Club

GB

Shielhill Road, Northmuir
DD8 4LN Kirriemuir
+44 1575 573317

358

2 for 1 2 GF zum Preis von 1

DER GOLF ALBRECHT

Kirriemuir Golf Club

GB

Shielhill Road, Northmuir
DD8 4LN Kirriemuir
+44 1575 573317

358

2 for 1 2 GF zum Preis von 1

DER GOLF ALBRECHT

Kirriemuir Golf Club

GB

Shielhill Road, Northmuir
DD8 4LN Kirriemuir
+44 1575 573317

358

20% Greenfee-Ermäßigung

DER GOLF ALBRECHT

Kirriemuir Golf Club

GB

Shielhill Road, Northmuir
DD8 4LN Kirriemuir
+44 1575 573317

358

20% Greenfee-Ermäßigung

DER GOLF ALBRECHT

Falkland Golf Club

GB

The Myre
KY15 7AA Falkland
+44 1337 857404

359

2 for 1 2 GF zum Preis von 1

DER GOLF ALBRECHT

Falkland Golf Club

GB

The Myre
KY15 7AA Falkland
+44 1337 857404

359

2 for 1 2 GF zum Preis von 1

DER GOLF ALBRECHT

Anstruther Golf Club

GB

Marsfield, Shore Road
KY10 3DZ Anstruther
+44 1333 310956
Hinweis: Not valid on Saturdays

360

2 for 1 2 GF zum Preis von 1

DER GOLF ALBRECHT

Anstruther Golf Club

GB

Marsfield, Shore Road
KY10 3DZ Anstruther
+44 1333 310956
Hinweis: Not valid on Saturdays

360

2 for 1 2 GF zum Preis von 1

DER GOLF ALBRECHT

Anstruther Golf Club

GB

Marsfield, Shore Road
KY10 3DZ Anstruther
+44 1333 310956
Hinweis: Not valid on Saturdays

360

33% Greenfee-Ermäßigung

Bedingungen zur Einlösung des Discounts:

1. Das Angebot ist einschließlich bis 30.6.2024 gültig.
2. Der Golfspieler/Leser hat sich telefonisch eine Abschlagzeit geben zu lassen – dabei ist die Nutzung des Angebots anzugeben.
3. Eine Barauszahlung des Greenfee-Vorteils ist nicht möglich.
4. Das Kombinieren von Angeboten oder bestehenden Greenfee-Vorteilen ist nicht möglich. Der Vorteil bezieht sich jeweils ausschließlich auf die zum Zeitpunkt der Einlösung gültigen vollen Greenfee-Gebühren.
5. Gibt es Spielergruppen mit erhöhten Greenfee-Gebühren, ist ein Nachlass auf diese Gebühren nicht möglich.
6. Das Angebot allein berechtigt nicht zum Spiel gegen Greenfee. Die Erfüllung der Bestimmungen des jeweiligen Golfclubs zur Greenfee-Berechtigung (Mitgliedschaft in einem Golfclub, Mindesthandicap etc.) zum Zeitpunkt der Einlösung sind Voraussetzung.
7. Es ist untersagt, den Greenfee-Gutschein entgeltlich Dritten zu überlassen bzw. mit diesen Handel zu treiben. Insbesondere sind die teilnehmenden Golfclubs in diesem Falle berechtigt, die Einlösung der ausgeschriebenen Angebote zu verweigern.
8. Die teilnehmenden Golfclubs haben sich gegenüber dem Verlag unter den o.g. Bedingungen verpflichtet, die ausgeschriebenen Angebote einzulösen. Der Verlag übernimmt jedoch keine Gewähr und keine Haftung, wenn ein Angebot nicht eingelöst wird oder werden kann.

Bedingungen zur Einlösung des Discounts:

1. Das Angebot ist einschließlich bis 30.6.2024 gültig.
2. Der Golfspieler/Leser hat sich telefonisch eine Abschlagzeit geben zu lassen – dabei ist die Nutzung des Angebots anzugeben.
3. Eine Barauszahlung des Greenfee-Vorteils ist nicht möglich.
4. Das Kombinieren von Angeboten oder bestehenden Greenfee-Vorteilen ist nicht möglich. Der Vorteil bezieht sich jeweils ausschließlich auf die zum Zeitpunkt der Einlösung gültigen vollen Greenfee-Gebühren.
5. Gibt es Spielergruppen mit erhöhten Greenfee-Gebühren, ist ein Nachlass auf diese Gebühren nicht möglich.
6. Das Angebot allein berechtigt nicht zum Spiel gegen Greenfee. Die Erfüllung der Bestimmungen des jeweiligen Golfclubs zur Greenfee-Berechtigung (Mitgliedschaft in einem Golfclub, Mindesthandicap etc.) zum Zeitpunkt der Einlösung sind Voraussetzung.
7. Es ist untersagt, den Greenfee-Gutschein entgeltlich Dritten zu überlassen bzw. mit diesen Handel zu treiben. Insbesondere sind die teilnehmenden Golfclubs in diesem Falle berechtigt, die Einlösung der ausgeschriebenen Angebote zu verweigern.
8. Die teilnehmenden Golfclubs haben sich gegenüber dem Verlag unter den o.g. Bedingungen verpflichtet, die ausgeschriebenen Angebote einzulösen. Der Verlag übernimmt jedoch keine Gewähr und keine Haftung, wenn ein Angebot nicht eingelöst wird oder werden kann.

Bedingungen zur Einlösung des Discounts:

1. Das Angebot ist einschließlich bis 30.6.2024 gültig
2. Der Golfspieler/Leser hat sich telefonisch eine Abschlagzeit geben zu lassen – dabei ist die Nutzung des Angebots anzugeben.
3. Eine Barauszahlung des Greenfee-Vorteils ist nicht möglich.
4. Das Kombinieren von Angeboten oder bestehenden Greenfee-Vorteilen ist nicht möglich. Der Vorteil bezieht sich jeweils ausschließlich auf die zum Zeitpunkt der Einlösung gültigen vollen Greenfee-Gebühren.
5. Gibt es Spielergruppen mit erhöhten Greenfee-Gebühren, ist ein Nachlass auf diese Gebühren nicht möglich.
6. Das Angebot allein berechtigt nicht zum Spiel gegen Greenfee. Die Erfüllung der Bestimmungen des jeweiligen Golfclubs zur Greenfee-Berechtigung (Mitgliedschaft in einem Golfclub, Mindesthandicap etc.) zum Zeitpunkt der Einlösung sind Voraussetzung.
7. Es ist untersagt, den Greenfee-Gutschein entgeltlich Dritten zu überlassen bzw. mit diesen Handel zu treiben. Insbesondere sind die teilnehmenden Golfclubs in diesem Falle berechtigt, die Einlösung der ausgeschriebenen Angebote zu verweigern.
8. Die teilnehmenden Golfclubs haben sich gegenüber dem Verlag unter den o.g. Bedingungen verpflichtet, die ausgeschriebenen Angebote einzulösen. Der Verlag übernimmt jedoch keine Gewähr und keine Haftung, wenn ein Angebot nicht eingelöst wird oder werden kann.

Bedingungen zur Einlösung des Discounts:

1. Das Angebot ist einschließlich bis 30.6.2024 gültig.
2. Der Golfspieler/Leser hat sich telefonisch eine Abschlagzeit geben zu lassen – dabei ist die Nutzung des Angebots anzugeben.
3. Eine Barauszahlung des Greenfee-Vorteils ist nicht möglich.
4. Das Kombinieren von Angeboten oder bestehenden Greenfee-Vorteilen ist nicht möglich. Der Vorteil bezieht sich jeweils ausschließlich auf die zum Zeitpunkt der Einlösung gültigen vollen Greenfee-Gebühren.
5. Gibt es Spielergruppen mit erhöhten Greenfee-Gebühren, ist ein Nachlass auf diese Gebühren nicht möglich.
6. Das Angebot allein berechtigt nicht zum Spiel gegen Greenfee. Die Erfüllung der Bestimmungen des jeweiligen Golfclubs zur Greenfee-Berechtigung (Mitgliedschaft in einem Golfclub, Mindesthandicap etc.) zum Zeitpunkt der Einlösung sind Voraussetzung.
7. Es ist untersagt, den Greenfee-Gutschein entgeltlich Dritten zu überlassen bzw. mit diesen Handel zu treiben. Insbesondere sind die teilnehmenden Golfclubs in diesem Falle berechtigt, die Einlösung der ausgeschriebenen Angebote zu verweigern.
8. Die teilnehmenden Golfclubs haben sich gegenüber dem Verlag unter den o.g. Bedingungen verpflichtet, die ausgeschriebenen Angebote einzulösen. Der Verlag übernimmt jedoch keine Gewähr und keine Haftung, wenn ein Angebot nicht eingelöst wird oder werden kann.

Bedingungen zur Einlösung des Discounts:

1. Das Angebot ist einschließlich bis 30.6.2024 gültig
2. Der Golfspieler/Leser hat sich telefonisch eine Abschlagzeit geben zu lassen – dabei ist die Nutzung des Angebots anzugeben.
3. Eine Barauszahlung des Greenfee-Vorteils ist nicht möglich.
4. Das Kombinieren von Angeboten oder bestehenden Greenfee-Vorteilen ist nicht möglich. Der Vorteil bezieht sich jeweils ausschließlich auf die zum Zeitpunkt der Einlösung gültigen vollen Greenfee-Gebühren.
5. Gibt es Spielergruppen mit erhöhten Greenfee-Gebühren, ist ein Nachlass auf diese Gebühren nicht möglich.
6. Das Angebot allein berechtigt nicht zum Spiel gegen Greenfee. Die Erfüllung der Bestimmungen des jeweiligen Golfclubs zur Greenfee-Berechtigung (Mitgliedschaft in einem Golfclub, Mindesthandicap etc.) zum Zeitpunkt der Einlösung sind Voraussetzung.
7. Es ist untersagt, den Greenfee-Gutschein entgeltlich Dritten zu überlassen bzw. mit diesen Handel zu treiben. Insbesondere sind die teilnehmenden Golfclubs in diesem Falle berechtigt, die Einlösung der ausgeschriebenen Angebote zu verweigern.
8. Die teilnehmenden Golfclubs haben sich gegenüber dem Verlag unter den o.g. Bedingungen verpflichtet, die ausgeschriebenen Angebote einzulösen. Der Verlag übernimmt jedoch keine Gewähr und keine Haftung, wenn ein Angebot nicht eingelöst wird oder werden kann.

Bedingungen zur Einlösung des Discounts:

1. Das Angebot ist einschließlich bis 30.6.2024 gültig.
2. Der Golfspieler/Leser hat sich telefonisch eine Abschlagzeit geben zu lassen – dabei ist die Nutzung des Angebots anzugeben.
3. Eine Barauszahlung des Greenfee-Vorteils ist nicht möglich.
4. Das Kombinieren von Angeboten oder bestehenden Greenfee-Vorteilen ist nicht möglich. Der Vorteil bezieht sich jeweils ausschließlich auf die zum Zeitpunkt der Einlösung gültigen vollen Greenfee-Gebühren.
5. Gibt es Spielergruppen mit erhöhten Greenfee-Gebühren, ist ein Nachlass auf diese Gebühren nicht möglich.
6. Das Angebot allein berechtigt nicht zum Spiel gegen Greenfee. Die Erfüllung der Bestimmungen des jeweiligen Golfclubs zur Greenfee-Berechtigung (Mitgliedschaft in einem Golfclub, Mindesthandicap etc.) zum Zeitpunkt der Einlösung sind Voraussetzung.
7. Es ist untersagt, den Greenfee-Gutschein entgeltlich Dritten zu überlassen bzw. mit diesen Handel zu treiben. Insbesondere sind die teilnehmenden Golfclubs in diesem Falle berechtigt, die Einlösung der ausgeschriebenen Angebote zu verweigern.
8. Die teilnehmenden Golfclubs haben sich gegenüber dem Verlag unter den o.g. Bedingungen verpflichtet, die ausgeschriebenen Angebote einzulösen. Der Verlag übernimmt jedoch keine Gewähr und keine Haftung, wenn ein Angebot nicht eingelöst wird oder werden kann.

Bedingungen zur Einlösung des Discounts:

1. Das Angebot ist einschließlich bis 30.6.2024 gültig
2. Der Golfspieler/Leser hat sich telefonisch eine Abschlagzeit geben zu lassen – dabei ist die Nutzung des Angebots anzugeben.
3. Eine Barauszahlung des Greenfee-Vorteils ist nicht möglich.
4. Das Kombinieren von Angeboten oder bestehenden Greenfee-Vorteilen ist nicht möglich. Der Vorteil bezieht sich jeweils ausschließlich auf die zum Zeitpunkt der Einlösung gültigen vollen Greenfee-Gebühren.
5. Gibt es Spielergruppen mit erhöhten Greenfee-Gebühren, ist ein Nachlass auf diese Gebühren nicht möglich.
6. Das Angebot allein berechtigt nicht zum Spiel gegen Greenfee. Die Erfüllung der Bestimmungen des jeweiligen Golfclubs zur Greenfee-Berechtigung (Mitgliedschaft in einem Golfclub, Mindesthandicap etc.) zum Zeitpunkt der Einlösung sind Voraussetzung.
7. Es ist untersagt, den Greenfee-Gutschein entgeltlich Dritten zu überlassen bzw. mit diesen Handel zu treiben. Insbesondere sind die teilnehmenden Golfclubs in diesem Falle berechtigt, die Einlösung der ausgeschriebenen Angebote zu verweigern.
8. Die teilnehmenden Golfclubs haben sich gegenüber dem Verlag unter den o.g. Bedingungen verpflichtet, die ausgeschriebenen Angebote einzulösen. Der Verlag übernimmt jedoch keine Gewähr und keine Haftung, wenn ein Angebot nicht eingelöst wird oder werden kann.

Bedingungen zur Einlösung des Discounts:

1. Das Angebot ist einschließlich bis 30.6.2024 gültig.
2. Der Golfspieler/Leser hat sich telefonisch eine Abschlagzeit geben zu lassen – dabei ist die Nutzung des Angebots anzugeben.
3. Eine Barauszahlung des Greenfee-Vorteils ist nicht möglich.
4. Das Kombinieren von Angeboten oder bestehenden Greenfee-Vorteilen ist nicht möglich. Der Vorteil bezieht sich jeweils ausschließlich auf die zum Zeitpunkt der Einlösung gültigen vollen Greenfee-Gebühren.
5. Gibt es Spielergruppen mit erhöhten Greenfee-Gebühren, ist ein Nachlass auf diese Gebühren nicht möglich.
6. Das Angebot allein berechtigt nicht zum Spiel gegen Greenfee. Die Erfüllung der Bestimmungen des jeweiligen Golfclubs zur Greenfee-Berechtigung (Mitgliedschaft in einem Golfclub, Mindesthandicap etc.) zum Zeitpunkt der Einlösung sind Voraussetzung.
7. Es ist untersagt, den Greenfee-Gutschein entgeltlich Dritten zu überlassen bzw. mit diesen Handel zu treiben. Insbesondere sind die teilnehmenden Golfclubs in diesem Falle berechtigt, die Einlösung der ausgeschriebenen Angebote zu verweigern.
8. Die teilnehmenden Golfclubs haben sich gegenüber dem Verlag unter den o.g. Bedingungen verpflichtet, die ausgeschriebenen Angebote einzulösen. Der Verlag übernimmt jedoch keine Gewähr und keine Haftung, wenn ein Angebot nicht eingelöst wird oder werden kann.

Bedingungen zur Einlösung des Discounts:

1. Das Angebot ist einschließlich bis 30.6.2024 gültig
2. Der Golfspieler/Leser hat sich telefonisch eine Abschlagzeit geben zu lassen – dabei ist die Nutzung des Angebots anzugeben.
3. Eine Barauszahlung des Greenfee-Vorteils ist nicht möglich.
4. Das Kombinieren von Angeboten oder bestehenden Greenfee-Vorteilen ist nicht möglich. Der Vorteil bezieht sich jeweils ausschließlich auf die zum Zeitpunkt der Einlösung gültigen vollen Greenfee-Gebühren.
5. Gibt es Spielergruppen mit erhöhten Greenfee-Gebühren, ist ein Nachlass auf diese Gebühren nicht möglich.
6. Das Angebot allein berechtigt nicht zum Spiel gegen Greenfee. Die Erfüllung der Bestimmungen des jeweiligen Golfclubs zur Greenfee-Berechtigung (Mitgliedschaft in einem Golfclub, Mindesthandicap etc.) zum Zeitpunkt der Einlösung sind Voraussetzung.
7. Es ist untersagt, den Greenfee-Gutschein entgeltlich Dritten zu überlassen bzw. mit diesen Handel zu treiben. Insbesondere sind die teilnehmenden Golfclubs in diesem Falle berechtigt, die Einlösung der ausgeschriebenen Angebote zu verweigern.
8. Die teilnehmenden Golfclubs haben sich gegenüber dem Verlag unter den o.g. Bedingungen verpflichtet, die ausgeschriebenen Angebote einzulösen. Der Verlag übernimmt jedoch keine Gewähr und keine Haftung, wenn ein Angebot nicht eingelöst wird oder werden kann.

Bedingungen zur Einlösung des Discounts:

1. Das Angebot ist einschließlich bis 30.6.2024 gültig.
2. Der Golfspieler/Leser hat sich telefonisch eine Abschlagzeit geben zu lassen – dabei ist die Nutzung des Angebots anzugeben.
3. Eine Barauszahlung des Greenfee-Vorteils ist nicht möglich.
4. Das Kombinieren von Angeboten oder bestehenden Greenfee-Vorteilen ist nicht möglich. Der Vorteil bezieht sich jeweils ausschließlich auf die zum Zeitpunkt der Einlösung gültigen vollen Greenfee-Gebühren.
5. Gibt es Spielergruppen mit erhöhten Greenfee-Gebühren, ist ein Nachlass auf diese Gebühren nicht möglich.
6. Das Angebot allein berechtigt nicht zum Spiel gegen Greenfee. Die Erfüllung der Bestimmungen des jeweiligen Golfclubs zur Greenfee-Berechtigung (Mitgliedschaft in einem Golfclub, Mindesthandicap etc.) zum Zeitpunkt der Einlösung sind Voraussetzung.
7. Es ist untersagt, den Greenfee-Gutschein entgeltlich Dritten zu überlassen bzw. mit diesen Handel zu treiben. Insbesondere sind die teilnehmenden Golfclubs in diesem Falle berechtigt, die Einlösung der ausgeschriebenen Angebote zu verweigern.
8. Die teilnehmenden Golfclubs haben sich gegenüber dem Verlag unter den o.g. Bedingungen verpflichtet, die ausgeschriebenen Angebote einzulösen. Der Verlag übernimmt jedoch keine Gewähr und keine Haftung, wenn ein Angebot nicht eingelöst wird oder werden kann.

Diese Gutscheine gelten nur in Verbindung mit dem Buch/Albrecht Golf Card

Diese Gutscheine gelten nur in Verbindung mit dem Buch/Albrecht Golf Card

DER GOLF ALBRECHT

Anstruther Golf Club GB

Marsfield, Shore Road
KY10 3DZ Anstruther
✆ +44 1333 310956
Hinweis: Not valid on Saturdays

360

33% Greenfee-Ermäßigung

DER GOLF ALBRECHT

Anstruther Golf Club GB

Marsfield, Shore Road
KY10 3DZ Anstruther
✆ +44 1333 310956
Hinweis: Not valid on Saturdays

360

33% Greenfee-Ermäßigung

DER GOLF ALBRECHT

Royal Musselburgh Golf Club GB

Prestongrange House
EH32 9RP Prestonpans
✆ +44 1875 819000

361

2 for 1 2 GF zum Preis von 1 wochentags

DER GOLF ALBRECHT

Royal Musselburgh Golf Club GB

Prestongrange House
EH32 9RP Prestonpans
✆ +44 1875 819000

361

2 for 1 2 GF zum Preis von 1 wochentags

DER GOLF ALBRECHT

Royal Musselburgh Golf Club GB

Prestongrange House
EH32 9RP Prestonpans
✆ +44 1875 819000

361

2 for 1 2 GF zum Preis von 1 wochentags

DER GOLF ALBRECHT

Royal Musselburgh Golf Club GB

Prestongrange House
EH32 9RP Prestonpans
✆ +44 1875 819000

361

20% Greenfee-Ermäßigung wochentags

DER GOLF ALBRECHT

Royal Musselburgh Golf Club GB

Prestongrange House
EH32 9RP Prestonpans
✆ +44 1875 819000

361

20% Greenfee-Ermäßigung wochentags

DER GOLF ALBRECHT

Royal Musselburgh Golf Club GB

Prestongrange House
EH32 9RP Prestonpans
✆ +44 1875 819000

361

20% Greenfee-Ermäßigung wochentags

DER GOLF ALBRECHT

Ardeer Golf Club GB

Ardeer Golf Club, Greenhead
KA20 4LB Stevenston
✆ +44 1294 464542
Hinweis: 40% discount only on Tuesdays and Thursdays

362

2 for 1 2 GF zum Preis von 1 wochentags

DER GOLF ALBRECHT

Ardeer Golf Club GB

Ardeer Golf Club, Greenhead
KA20 4LB Stevenston
✆ +44 1294 464542
Hinweis: 40% discount only on Tuesdays and Thursdays

362

2 for 1 2 GF zum Preis von 1 wochentags

Bedingungen zur Einlösung des Discounts:
1. Das Angebot ist einschließlich bis 30.6.2024 gültig.
2. Der Golfspieler/Leser hat sich telefonisch eine Abschlagzeit geben zu lassen – dabei ist die Nutzung des Angebots anzugeben.
3. Eine Barauszahlung des Greenfee-Vorteils ist nicht möglich.
4. Das Kombinieren von Angeboten oder bestehenden Greenfee-Vorteilen ist nicht möglich. Der Vorteil bezieht sich jeweils ausschließlich auf die zum Zeitpunkt der Einlösung gültigen vollen Greenfee-Gebühren.
5. Gibt es Spielergruppen mit erhöhten Greenfee-Gebühren, ist ein Nachlass auf diese Gebühren nicht möglich.
6. Das Angebot allein berechtigt nicht zum Spiel gegen Greenfee. Die Erfüllung der Bestimmungen des jeweiligen Golfclubs zur Greenfee-Berechtigung (Mitgliedschaft in einem Golfclub, Mindesthandicap etc.) zum Zeitpunkt der Einlösung sind Voraussetzung.
7. Es ist untersagt, den Greenfee-Gutschein entgeltlich Dritten zu überlassen bzw. mit diesen Handel zu treiben. Insbesondere sind die teilnehmenden Golfclubs in diesem Falle berechtigt, die Einlösung der ausgeschriebenen Angebote zu verweigern.
8. Die teilnehmenden Golfclubs haben sich gegenüber dem Verlag unter den o.g. Bedingungen verpflichtet, die ausgeschriebenen Angebote einzulösen. Der Verlag übernimmt jedoch keine Gewähr und keine Haftung, wenn ein Angebot nicht eingelöst wird oder werden kann.

Bedingungen zur Einlösung des Discounts:
1. Das Angebot ist einschließlich bis 30.6.2024 gültig.
2. Der Golfspieler/Leser hat sich telefonisch eine Abschlagzeit geben zu lassen – dabei ist die Nutzung des Angebots anzugeben.
3. Eine Barauszahlung des Greenfee-Vorteils ist nicht möglich.
4. Das Kombinieren von Angeboten oder bestehenden Greenfee-Vorteilen ist nicht möglich. Der Vorteil bezieht sich jeweils ausschließlich auf die zum Zeitpunkt der Einlösung gültigen vollen Greenfee-Gebühren.
5. Gibt es Spielergruppen mit erhöhten Greenfee-Gebühren, ist ein Nachlass auf diese Gebühren nicht möglich.
6. Das Angebot allein berechtigt nicht zum Spiel gegen Greenfee. Die Erfüllung der Bestimmungen des jeweiligen Golfclubs zur Greenfee-Berechtigung (Mitgliedschaft in einem Golfclub, Mindesthandicap etc.) zum Zeitpunkt der Einlösung sind Voraussetzung.
7. Es ist untersagt, den Greenfee-Gutschein entgeltlich Dritten zu überlassen bzw. mit diesen Handel zu treiben. Insbesondere sind die teilnehmenden Golfclubs in diesem Falle berechtigt, die Einlösung der ausgeschriebenen Angebote zu verweigern.
8. Die teilnehmenden Golfclubs haben sich gegenüber dem Verlag unter den o.g. Bedingungen verpflichtet, die ausgeschriebenen Angebote einzulösen. Der Verlag übernimmt jedoch keine Gewähr und keine Haftung, wenn ein Angebot nicht eingelöst wird oder werden kann.

Bedingungen zur Einlösung des Discounts:
1. Das Angebot ist einschließlich bis 30.6.2024 gültig.
2. Der Golfspieler/Leser hat sich telefonisch eine Abschlagzeit geben zu lassen – dabei ist die Nutzung des Angebots anzugeben.
3. Eine Barauszahlung des Greenfee-Vorteils ist nicht möglich.
4. Das Kombinieren von Angeboten oder bestehenden Greenfee-Vorteilen ist nicht möglich. Der Vorteil bezieht sich jeweils ausschließlich auf die zum Zeitpunkt der Einlösung gültigen vollen Greenfee-Gebühren.
5. Gibt es Spielergruppen mit erhöhten Greenfee-Gebühren, ist ein Nachlass auf diese Gebühren nicht möglich.
6. Das Angebot allein berechtigt nicht zum Spiel gegen Greenfee. Die Erfüllung der Bestimmungen des jeweiligen Golfclubs zur Greenfee-Berechtigung (Mitgliedschaft in einem Golfclub, Mindesthandicap etc.) zum Zeitpunkt der Einlösung sind Voraussetzung.
7. Es ist untersagt, den Greenfee-Gutschein entgeltlich Dritten zu überlassen bzw. mit diesen Handel zu treiben. Insbesondere sind die teilnehmenden Golfclubs in diesem Falle berechtigt, die Einlösung der ausgeschriebenen Angebote zu verweigern.
8. Die teilnehmenden Golfclubs haben sich gegenüber dem Verlag unter den o.g. Bedingungen verpflichtet, die ausgeschriebenen Angebote einzulösen. Der Verlag übernimmt jedoch keine Gewähr und keine Haftung, wenn ein Angebot nicht eingelöst wird oder werden kann.

Bedingungen zur Einlösung des Discounts:
1. Das Angebot ist einschließlich bis 30.6.2024 gültig.
2. Der Golfspieler/Leser hat sich telefonisch eine Abschlagzeit geben zu lassen – dabei ist die Nutzung des Angebots anzugeben.
3. Eine Barauszahlung des Greenfee-Vorteils ist nicht möglich.
4. Das Kombinieren von Angeboten oder bestehenden Greenfee-Vorteilen ist nicht möglich. Der Vorteil bezieht sich jeweils ausschließlich auf die zum Zeitpunkt der Einlösung gültigen vollen Greenfee-Gebühren.
5. Gibt es Spielergruppen mit erhöhten Greenfee-Gebühren, ist ein Nachlass auf diese Gebühren nicht möglich.
6. Das Angebot allein berechtigt nicht zum Spiel gegen Greenfee. Die Erfüllung der Bestimmungen des jeweiligen Golfclubs zur Greenfee-Berechtigung (Mitgliedschaft in einem Golfclub, Mindesthandicap etc.) zum Zeitpunkt der Einlösung sind Voraussetzung.
7. Es ist untersagt, den Greenfee-Gutschein entgeltlich Dritten zu überlassen bzw. mit diesen Handel zu treiben. Insbesondere sind die teilnehmenden Golfclubs in diesem Falle berechtigt, die Einlösung der ausgeschriebenen Angebote zu verweigern.
8. Die teilnehmenden Golfclubs haben sich gegenüber dem Verlag unter den o.g. Bedingungen verpflichtet, die ausgeschriebenen Angebote einzulösen. Der Verlag übernimmt jedoch keine Gewähr und keine Haftung, wenn ein Angebot nicht eingelöst wird oder werden kann.

Bedingungen zur Einlösung des Discounts:
1. Das Angebot ist einschließlich bis 30.6.2024 gültig.
2. Der Golfspieler/Leser hat sich telefonisch eine Abschlagzeit geben zu lassen – dabei ist die Nutzung des Angebots anzugeben.
3. Eine Barauszahlung des Greenfee-Vorteils ist nicht möglich.
4. Das Kombinieren von Angeboten oder bestehenden Greenfee-Vorteilen ist nicht möglich. Der Vorteil bezieht sich jeweils ausschließlich auf die zum Zeitpunkt der Einlösung gültigen vollen Greenfee-Gebühren.
5. Gibt es Spielergruppen mit erhöhten Greenfee-Gebühren, ist ein Nachlass auf diese Gebühren nicht möglich.
6. Das Angebot allein berechtigt nicht zum Spiel gegen Greenfee. Die Erfüllung der Bestimmungen des jeweiligen Golfclubs zur Greenfee-Berechtigung (Mitgliedschaft in einem Golfclub, Mindesthandicap etc.) zum Zeitpunkt der Einlösung sind Voraussetzung.
7. Es ist untersagt, den Greenfee-Gutschein entgeltlich Dritten zu überlassen bzw. mit diesen Handel zu treiben. Insbesondere sind die teilnehmenden Golfclubs in diesem Falle berechtigt, die Einlösung der ausgeschriebenen Angebote zu verweigern.
8. Die teilnehmenden Golfclubs haben sich gegenüber dem Verlag unter den o.g. Bedingungen verpflichtet, die ausgeschriebenen Angebote einzulösen. Der Verlag übernimmt jedoch keine Gewähr und keine Haftung, wenn ein Angebot nicht eingelöst wird oder werden kann.

Bedingungen zur Einlösung des Discounts:
1. Das Angebot ist einschließlich bis 30.6.2024 gültig.
2. Der Golfspieler/Leser hat sich telefonisch eine Abschlagzeit geben zu lassen – dabei ist die Nutzung des Angebots anzugeben.
3. Eine Barauszahlung des Greenfee-Vorteils ist nicht möglich.
4. Das Kombinieren von Angeboten oder bestehenden Greenfee-Vorteilen ist nicht möglich. Der Vorteil bezieht sich jeweils ausschließlich auf die zum Zeitpunkt der Einlösung gültigen vollen Greenfee-Gebühren.
5. Gibt es Spielergruppen mit erhöhten Greenfee-Gebühren, ist ein Nachlass auf diese Gebühren nicht möglich.
6. Das Angebot allein berechtigt nicht zum Spiel gegen Greenfee. Die Erfüllung der Bestimmungen des jeweiligen Golfclubs zur Greenfee-Berechtigung (Mitgliedschaft in einem Golfclub, Mindesthandicap etc.) zum Zeitpunkt der Einlösung sind Voraussetzung.
7. Es ist untersagt, den Greenfee-Gutschein entgeltlich Dritten zu überlassen bzw. mit diesen Handel zu treiben. Insbesondere sind die teilnehmenden Golfclubs in diesem Falle berechtigt, die Einlösung der ausgeschriebenen Angebote zu verweigern.
8. Die teilnehmenden Golfclubs haben sich gegenüber dem Verlag unter den o.g. Bedingungen verpflichtet, die ausgeschriebenen Angebote einzulösen. Der Verlag übernimmt jedoch keine Gewähr und keine Haftung, wenn ein Angebot nicht eingelöst wird oder werden kann.

Bedingungen zur Einlösung des Discounts:
1. Das Angebot ist einschließlich bis 30.6.2024 gültig.
2. Der Golfspieler/Leser hat sich telefonisch eine Abschlagzeit geben zu lassen – dabei ist die Nutzung des Angebots anzugeben.
3. Eine Barauszahlung des Greenfee-Vorteils ist nicht möglich.
4. Das Kombinieren von Angeboten oder bestehenden Greenfee-Vorteilen ist nicht möglich. Der Vorteil bezieht sich jeweils ausschließlich auf die zum Zeitpunkt der Einlösung gültigen vollen Greenfee-Gebühren.
5. Gibt es Spielergruppen mit erhöhten Greenfee-Gebühren, ist ein Nachlass auf diese Gebühren nicht möglich.
6. Das Angebot allein berechtigt nicht zum Spiel gegen Greenfee. Die Erfüllung der Bestimmungen des jeweiligen Golfclubs zur Greenfee-Berechtigung (Mitgliedschaft in einem Golfclub, Mindesthandicap etc.) zum Zeitpunkt der Einlösung sind Voraussetzung.
7. Es ist untersagt, den Greenfee-Gutschein entgeltlich Dritten zu überlassen bzw. mit diesen Handel zu treiben. Insbesondere sind die teilnehmenden Golfclubs in diesem Falle berechtigt, die Einlösung der ausgeschriebenen Angebote zu verweigern.
8. Die teilnehmenden Golfclubs haben sich gegenüber dem Verlag unter den o.g. Bedingungen verpflichtet, die ausgeschriebenen Angebote einzulösen. Der Verlag übernimmt jedoch keine Gewähr und keine Haftung, wenn ein Angebot nicht eingelöst wird oder werden kann.

Bedingungen zur Einlösung des Discounts:
1. Das Angebot ist einschließlich bis 30.6.2024 gültig.
2. Der Golfspieler/Leser hat sich telefonisch eine Abschlagzeit geben zu lassen – dabei ist die Nutzung des Angebots anzugeben.
3. Eine Barauszahlung des Greenfee-Vorteils ist nicht möglich.
4. Das Kombinieren von Angeboten oder bestehenden Greenfee-Vorteilen ist nicht möglich. Der Vorteil bezieht sich jeweils ausschließlich auf die zum Zeitpunkt der Einlösung gültigen vollen Greenfee-Gebühren.
5. Gibt es Spielergruppen mit erhöhten Greenfee-Gebühren, ist ein Nachlass auf diese Gebühren nicht möglich.
6. Das Angebot allein berechtigt nicht zum Spiel gegen Greenfee. Die Erfüllung der Bestimmungen des jeweiligen Golfclubs zur Greenfee-Berechtigung (Mitgliedschaft in einem Golfclub, Mindesthandicap etc.) zum Zeitpunkt der Einlösung sind Voraussetzung.
7. Es ist untersagt, den Greenfee-Gutschein entgeltlich Dritten zu überlassen bzw. mit diesen Handel zu treiben. Insbesondere sind die teilnehmenden Golfclubs in diesem Falle berechtigt, die Einlösung der ausgeschriebenen Angebote zu verweigern.
8. Die teilnehmenden Golfclubs haben sich gegenüber dem Verlag unter den o.g. Bedingungen verpflichtet, die ausgeschriebenen Angebote einzulösen. Der Verlag übernimmt jedoch keine Gewähr und keine Haftung, wenn ein Angebot nicht eingelöst wird oder werden kann.

Bedingungen zur Einlösung des Discounts:
1. Das Angebot ist einschließlich bis 30.6.2024 gültig.
2. Der Golfspieler/Leser hat sich telefonisch eine Abschlagzeit geben zu lassen – dabei ist die Nutzung des Angebots anzugeben.
3. Eine Barauszahlung des Greenfee-Vorteils ist nicht möglich.
4. Das Kombinieren von Angeboten oder bestehenden Greenfee-Vorteilen ist nicht möglich. Der Vorteil bezieht sich jeweils ausschließlich auf die zum Zeitpunkt der Einlösung gültigen vollen Greenfee-Gebühren.
5. Gibt es Spielergruppen mit erhöhten Greenfee-Gebühren, ist ein Nachlass auf diese Gebühren nicht möglich.
6. Das Angebot allein berechtigt nicht zum Spiel gegen Greenfee. Die Erfüllung der Bestimmungen des jeweiligen Golfclubs zur Greenfee-Berechtigung (Mitgliedschaft in einem Golfclub, Mindesthandicap etc.) zum Zeitpunkt der Einlösung sind Voraussetzung.
7. Es ist untersagt, den Greenfee-Gutschein entgeltlich Dritten zu überlassen bzw. mit diesen Handel zu treiben. Insbesondere sind die teilnehmenden Golfclubs in diesem Falle berechtigt, die Einlösung der ausgeschriebenen Angebote zu verweigern.
8. Die teilnehmenden Golfclubs haben sich gegenüber dem Verlag unter den o.g. Bedingungen verpflichtet, die ausgeschriebenen Angebote einzulösen. Der Verlag übernimmt jedoch keine Gewähr und keine Haftung, wenn ein Angebot nicht eingelöst wird oder werden kann.

Bedingungen zur Einlösung des Discounts:
1. Das Angebot ist einschließlich bis 30.6.2024 gültig.
2. Der Golfspieler/Leser hat sich telefonisch eine Abschlagzeit geben zu lassen – dabei ist die Nutzung des Angebots anzugeben.
3. Eine Barauszahlung des Greenfee-Vorteils ist nicht möglich.
4. Das Kombinieren von Angeboten oder bestehenden Greenfee-Vorteilen ist nicht möglich. Der Vorteil bezieht sich jeweils ausschließlich auf die zum Zeitpunkt der Einlösung gültigen vollen Greenfee-Gebühren.
5. Gibt es Spielergruppen mit erhöhten Greenfee-Gebühren, ist ein Nachlass auf diese Gebühren nicht möglich.
6. Das Angebot allein berechtigt nicht zum Spiel gegen Greenfee. Die Erfüllung der Bestimmungen des jeweiligen Golfclubs zur Greenfee-Berechtigung (Mitgliedschaft in einem Golfclub, Mindesthandicap etc.) zum Zeitpunkt der Einlösung sind Voraussetzung.
7. Es ist untersagt, den Greenfee-Gutschein entgeltlich Dritten zu überlassen bzw. mit diesen Handel zu treiben. Insbesondere sind die teilnehmenden Golfclubs in diesem Falle berechtigt, die Einlösung der ausgeschriebenen Angebote zu verweigern.
8. Die teilnehmenden Golfclubs haben sich gegenüber dem Verlag unter den o.g. Bedingungen verpflichtet, die ausgeschriebenen Angebote einzulösen. Der Verlag übernimmt jedoch keine Gewähr und keine Haftung, wenn ein Angebot nicht eingelöst wird oder werden kann.

Diese Gutscheine gelten nur in Verbindung mit dem Buch/Albrecht Golf Card

Diese Gutscheine gelten nur in Verbindung mit dem Buch/Albrecht Golf Card

DER GOLF ALBRECHT

Ardeer Golf Club GB

Ardeer Golf Club, Greenhead
KA20 4LB Stevenston
✆ +44 1294 464542
Hinweis: 40% discount only on Tuesdays and Thursdays

362

40% Greenfee-Ermäßigung wochentags

DER GOLF ALBRECHT

Ardeer Golf Club GB

Ardeer Golf Club, Greenhead
KA20 4LB Stevenston
✆ +44 1294 464542
Hinweis: 40% discount only on Tuesdays and Thursdays

362

40% Greenfee-Ermäßigung wochentags

DER GOLF ALBRECHT

Torwoodlee Golf Club GB

Edinburgh Road
TD1 2NE Galashiels
✆ +44 1896 752260

363

2 for 1 2 GF zum Preis von 1

DER GOLF ALBRECHT

Torwoodlee Golf Club GB

Edinburgh Road
TD1 2NE Galashiels
✆ +44 1896 752260

363

2 for 1 2 GF zum Preis von 1

DER GOLF ALBRECHT

Torwoodlee Golf Club GB

Edinburgh Road
TD1 2NE Galashiels
✆ +44 1896 752260

363

20% Greenfee-Ermäßigung

DER GOLF ALBRECHT

Torwoodlee Golf Club GB

Edinburgh Road
TD1 2NE Galashiels
✆ +44 1896 752260

363

20% Greenfee-Ermäßigung

DER GOLF ALBRECHT

Silver Birch Golf Course GB

MAES YR HAF,, BETWS YN RHOS,, ABERGELE.
LL22 8BZ Abergele
✆ +44 1492 680690

364

10% Greenfee-Ermäßigung

DER GOLF ALBRECHT

Gosfield Lake Golf Club GB

The Manor House, Gosfield
CO9 1SE Halstead
✆ +44 1787 474747

365

20% Greenfee-Ermäßigung

DER GOLF ALBRECHT

Letterkenny Golf Club IE

Barnhill
Letterkenny
✆ +353 74 912 1150
Hinweis: Green Fees rates are €50pp

366

20% Greenfee-Ermäßigung wochentags

DER GOLF ALBRECHT

Letterkenny Golf Club IE

Barnhill
Letterkenny
✆ +353 74 912 1150
Hinweis: Green Fees rates are €50pp

366

20% Greenfee-Ermäßigung wochentags

Bedingungen zur Einlösung des Discounts:

1. Das Angebot ist einschließlich bis 30.6.2024 gültig.
2. Der Golfspieler/Leser hat sich telefonisch eine Abschlagzeit geben zu lassen – dabei ist die Nutzung des Angebots anzugeben.
3. Eine Barauszahlung des Greenfee-Vorteils ist nicht möglich.
4. Das Kombinieren von Angeboten oder bestehenden Greenfee-Vorteilen ist nicht möglich. Der Vorteil bezieht sich jeweils ausschließlich auf die zum Zeitpunkt der Einlösung gültigen vollen Greenfee-Gebühren.
5. Gibt es Spielergruppen mit erhöhten Greenfee-Gebühren, ist ein Nachlass auf diese Gebühren nicht möglich.
6. Das Angebot allein berechtigt nicht zum Spiel gegen Greenfee. Die Erfüllung der Bestimmungen des jeweiligen Golfclubs zur Greenfee-Berechtigung (Mitgliedschaft in einem Golfclub, Mindesthandicap etc.) zum Zeitpunkt der Einlösung sind Voraussetzung.
7. Es ist untersagt, den Greenfee-Gutschein entgeltlich Dritten zu überlassen bzw. mit diesen Handel zu treiben. Insbesondere sind die teilnehmenden Golfclubs in diesem Falle berechtigt, die Einlösung der ausgeschriebenen Angebote zu verweigern.
8. Die teilnehmenden Golfclubs haben sich gegenüber dem Verlag unter den o.g. Bedingungen verpflichtet, die ausgeschriebenen Angebote einzulösen. Der Verlag übernimmt jedoch keine Gewähr und keine Haftung, wenn ein Angebot nicht eingelöst wird oder werden kann.

Bedingungen zur Einlösung des Discounts:

1. Das Angebot ist einschließlich bis 30.6.2024 gültig.
2. Der Golfspieler/Leser hat sich telefonisch eine Abschlagzeit geben zu lassen – dabei ist die Nutzung des Angebots anzugeben.
3. Eine Barauszahlung des Greenfee-Vorteils ist nicht möglich.
4. Das Kombinieren von Angeboten oder bestehenden Greenfee-Vorteilen ist nicht möglich. Der Vorteil bezieht sich jeweils ausschließlich auf die zum Zeitpunkt der Einlösung gültigen vollen Greenfee-Gebühren.
5. Gibt es Spielergruppen mit erhöhten Greenfee-Gebühren, ist ein Nachlass auf diese Gebühren nicht möglich.
6. Das Angebot allein berechtigt nicht zum Spiel gegen Greenfee. Die Erfüllung der Bestimmungen des jeweiligen Golfclubs zur Greenfee-Berechtigung (Mitgliedschaft in einem Golfclub, Mindesthandicap etc.) zum Zeitpunkt der Einlösung sind Voraussetzung.
7. Es ist untersagt, den Greenfee-Gutschein entgeltlich Dritten zu überlassen bzw. mit diesen Handel zu treiben. Insbesondere sind die teilnehmenden Golfclubs in diesem Falle berechtigt, die Einlösung der ausgeschriebenen Angebote zu verweigern.
8. Die teilnehmenden Golfclubs haben sich gegenüber dem Verlag unter den o.g. Bedingungen verpflichtet, die ausgeschriebenen Angebote einzulösen. Der Verlag übernimmt jedoch keine Gewähr und keine Haftung, wenn ein Angebot nicht eingelöst wird oder werden kann.

Bedingungen zur Einlösung des Discounts:

1. Das Angebot ist einschließlich bis 30.6.2024 gültig.
2. Der Golfspieler/Leser hat sich telefonisch eine Abschlagzeit geben zu lassen – dabei ist die Nutzung des Angebots anzugeben.
3. Eine Barauszahlung des Greenfee-Vorteils ist nicht möglich.
4. Das Kombinieren von Angeboten oder bestehenden Greenfee-Vorteilen ist nicht möglich. Der Vorteil bezieht sich jeweils ausschließlich auf die zum Zeitpunkt der Einlösung gültigen vollen Greenfee-Gebühren.
5. Gibt es Spielergruppen mit erhöhten Greenfee-Gebühren, ist ein Nachlass auf diese Gebühren nicht möglich.
6. Das Angebot allein berechtigt nicht zum Spiel gegen Greenfee. Die Erfüllung der Bestimmungen des jeweiligen Golfclubs zur Greenfee-Berechtigung (Mitgliedschaft in einem Golfclub, Mindesthandicap etc.) zum Zeitpunkt der Einlösung sind Voraussetzung.
7. Es ist untersagt, den Greenfee-Gutschein entgeltlich Dritten zu überlassen bzw. mit diesen Handel zu treiben. Insbesondere sind die teilnehmenden Golfclubs in diesem Falle berechtigt, die Einlösung der ausgeschriebenen Angebote zu verweigern.
8. Die teilnehmenden Golfclubs haben sich gegenüber dem Verlag unter den o.g. Bedingungen verpflichtet, die ausgeschriebenen Angebote einzulösen. Der Verlag übernimmt jedoch keine Gewähr und keine Haftung, wenn ein Angebot nicht eingelöst wird oder werden kann.

Bedingungen zur Einlösung des Discounts:

1. Das Angebot ist einschließlich bis 30.6.2024 gültig.
2. Der Golfspieler/Leser hat sich telefonisch eine Abschlagzeit geben zu lassen – dabei ist die Nutzung des Angebots anzugeben.
3. Eine Barauszahlung des Greenfee-Vorteils ist nicht möglich.
4. Das Kombinieren von Angeboten oder bestehenden Greenfee-Vorteilen ist nicht möglich. Der Vorteil bezieht sich jeweils ausschließlich auf die zum Zeitpunkt der Einlösung gültigen vollen Greenfee-Gebühren.
5. Gibt es Spielergruppen mit erhöhten Greenfee-Gebühren, ist ein Nachlass auf diese Gebühren nicht möglich.
6. Das Angebot allein berechtigt nicht zum Spiel gegen Greenfee. Die Erfüllung der Bestimmungen des jeweiligen Golfclubs zur Greenfee-Berechtigung (Mitgliedschaft in einem Golfclub, Mindesthandicap etc.) zum Zeitpunkt der Einlösung sind Voraussetzung.
7. Es ist untersagt, den Greenfee-Gutschein entgeltlich Dritten zu überlassen bzw. mit diesen Handel zu treiben. Insbesondere sind die teilnehmenden Golfclubs in diesem Falle berechtigt, die Einlösung der ausgeschriebenen Angebote zu verweigern.
8. Die teilnehmenden Golfclubs haben sich gegenüber dem Verlag unter den o.g. Bedingungen verpflichtet, die ausgeschriebenen Angebote einzulösen. Der Verlag übernimmt jedoch keine Gewähr und keine Haftung, wenn ein Angebot nicht eingelöst wird oder werden kann.

Bedingungen zur Einlösung des Discounts:

1. Das Angebot ist einschließlich bis 30.6.2024 gültig.
2. Der Golfspieler/Leser hat sich telefonisch eine Abschlagzeit geben zu lassen – dabei ist die Nutzung des Angebots anzugeben.
3. Eine Barauszahlung des Greenfee-Vorteils ist nicht möglich.
4. Das Kombinieren von Angeboten oder bestehenden Greenfee-Vorteilen ist nicht möglich. Der Vorteil bezieht sich jeweils ausschließlich auf die zum Zeitpunkt der Einlösung gültigen vollen Greenfee-Gebühren.
5. Gibt es Spielergruppen mit erhöhten Greenfee-Gebühren, ist ein Nachlass auf diese Gebühren nicht möglich.
6. Das Angebot allein berechtigt nicht zum Spiel gegen Greenfee. Die Erfüllung der Bestimmungen des jeweiligen Golfclubs zur Greenfee-Berechtigung (Mitgliedschaft in einem Golfclub, Mindesthandicap etc.) zum Zeitpunkt der Einlösung sind Voraussetzung.
7. Es ist untersagt, den Greenfee-Gutschein entgeltlich Dritten zu überlassen bzw. mit diesen Handel zu treiben. Insbesondere sind die teilnehmenden Golfclubs in diesem Falle berechtigt, die Einlösung der ausgeschriebenen Angebote zu verweigern.
8. Die teilnehmenden Golfclubs haben sich gegenüber dem Verlag unter den o.g. Bedingungen verpflichtet, die ausgeschriebenen Angebote einzulösen. Der Verlag übernimmt jedoch keine Gewähr und keine Haftung, wenn ein Angebot nicht eingelöst wird oder werden kann.

Bedingungen zur Einlösung des Discounts:

1. Das Angebot ist einschließlich bis 30.6.2024 gültig.
2. Der Golfspieler/Leser hat sich telefonisch eine Abschlagzeit geben zu lassen – dabei ist die Nutzung des Angebots anzugeben.
3. Eine Barauszahlung des Greenfee-Vorteils ist nicht möglich.
4. Das Kombinieren von Angeboten oder bestehenden Greenfee-Vorteilen ist nicht möglich. Der Vorteil bezieht sich jeweils ausschließlich auf die zum Zeitpunkt der Einlösung gültigen vollen Greenfee-Gebühren.
5. Gibt es Spielergruppen mit erhöhten Greenfee-Gebühren, ist ein Nachlass auf diese Gebühren nicht möglich.
6. Das Angebot allein berechtigt nicht zum Spiel gegen Greenfee. Die Erfüllung der Bestimmungen des jeweiligen Golfclubs zur Greenfee-Berechtigung (Mitgliedschaft in einem Golfclub, Mindesthandicap etc.) zum Zeitpunkt der Einlösung sind Voraussetzung.
7. Es ist untersagt, den Greenfee-Gutschein entgeltlich Dritten zu überlassen bzw. mit diesen Handel zu treiben. Insbesondere sind die teilnehmenden Golfclubs in diesem Falle berechtigt, die Einlösung der ausgeschriebenen Angebote zu verweigern.
8. Die teilnehmenden Golfclubs haben sich gegenüber dem Verlag unter den o.g. Bedingungen verpflichtet, die ausgeschriebenen Angebote einzulösen. Der Verlag übernimmt jedoch keine Gewähr und keine Haftung, wenn ein Angebot nicht eingelöst wird oder werden kann.

Bedingungen zur Einlösung des Discounts:

1. Das Angebot ist einschließlich bis 30.6.2024 gültig.
2. Der Golfspieler/Leser hat sich telefonisch eine Abschlagzeit geben zu lassen – dabei ist die Nutzung des Angebots anzugeben.
3. Eine Barauszahlung des Greenfee-Vorteils ist nicht möglich.
4. Das Kombinieren von Angeboten oder bestehenden Greenfee-Vorteilen ist nicht möglich. Der Vorteil bezieht sich jeweils ausschließlich auf die zum Zeitpunkt der Einlösung gültigen vollen Greenfee-Gebühren.
5. Gibt es Spielergruppen mit erhöhten Greenfee-Gebühren, ist ein Nachlass auf diese Gebühren nicht möglich.
6. Das Angebot allein berechtigt nicht zum Spiel gegen Greenfee. Die Erfüllung der Bestimmungen des jeweiligen Golfclubs zur Greenfee-Berechtigung (Mitgliedschaft in einem Golfclub, Mindesthandicap etc.) zum Zeitpunkt der Einlösung sind Voraussetzung.
7. Es ist untersagt, den Greenfee-Gutschein entgeltlich Dritten zu überlassen bzw. mit diesen Handel zu treiben. Insbesondere sind die teilnehmenden Golfclubs in diesem Falle berechtigt, die Einlösung der ausgeschriebenen Angebote zu verweigern.
8. Die teilnehmenden Golfclubs haben sich gegenüber dem Verlag unter den o.g. Bedingungen verpflichtet, die ausgeschriebenen Angebote einzulösen. Der Verlag übernimmt jedoch keine Gewähr und keine Haftung, wenn ein Angebot nicht eingelöst wird oder werden kann.

Bedingungen zur Einlösung des Discounts:

1. Das Angebot ist einschließlich bis 30.6.2024 gültig.
2. Der Golfspieler/Leser hat sich telefonisch eine Abschlagzeit geben zu lassen – dabei ist die Nutzung des Angebots anzugeben.
3. Eine Barauszahlung des Greenfee-Vorteils ist nicht möglich.
4. Das Kombinieren von Angeboten oder bestehenden Greenfee-Vorteilen ist nicht möglich. Der Vorteil bezieht sich jeweils ausschließlich auf die zum Zeitpunkt der Einlösung gültigen vollen Greenfee-Gebühren.
5. Gibt es Spielergruppen mit erhöhten Greenfee-Gebühren, ist ein Nachlass auf diese Gebühren nicht möglich.
6. Das Angebot allein berechtigt nicht zum Spiel gegen Greenfee. Die Erfüllung der Bestimmungen des jeweiligen Golfclubs zur Greenfee-Berechtigung (Mitgliedschaft in einem Golfclub, Mindesthandicap etc.) zum Zeitpunkt der Einlösung sind Voraussetzung.
7. Es ist untersagt, den Greenfee-Gutschein entgeltlich Dritten zu überlassen bzw. mit diesen Handel zu treiben. Insbesondere sind die teilnehmenden Golfclubs in diesem Falle berechtigt, die Einlösung der ausgeschriebenen Angebote zu verweigern.
8. Die teilnehmenden Golfclubs haben sich gegenüber dem Verlag unter den o.g. Bedingungen verpflichtet, die ausgeschriebenen Angebote einzulösen. Der Verlag übernimmt jedoch keine Gewähr und keine Haftung, wenn ein Angebot nicht eingelöst wird oder werden kann.

Bedingungen zur Einlösung des Discounts:

1. Das Angebot ist einschließlich bis 30.6.2024 gültig.
2. Der Golfspieler/Leser hat sich telefonisch eine Abschlagzeit geben zu lassen – dabei ist die Nutzung des Angebots anzugeben.
3. Eine Barauszahlung des Greenfee-Vorteils ist nicht möglich.
4. Das Kombinieren von Angeboten oder bestehenden Greenfee-Vorteilen ist nicht möglich. Der Vorteil bezieht sich jeweils ausschließlich auf die zum Zeitpunkt der Einlösung gültigen vollen Greenfee-Gebühren.
5. Gibt es Spielergruppen mit erhöhten Greenfee-Gebühren, ist ein Nachlass auf diese Gebühren nicht möglich.
6. Das Angebot allein berechtigt nicht zum Spiel gegen Greenfee. Die Erfüllung der Bestimmungen des jeweiligen Golfclubs zur Greenfee-Berechtigung (Mitgliedschaft in einem Golfclub, Mindesthandicap etc.) zum Zeitpunkt der Einlösung sind Voraussetzung.
7. Es ist untersagt, den Greenfee-Gutschein entgeltlich Dritten zu überlassen bzw. mit diesen Handel zu treiben. Insbesondere sind die teilnehmenden Golfclubs in diesem Falle berechtigt, die Einlösung der ausgeschriebenen Angebote zu verweigern.
8. Die teilnehmenden Golfclubs haben sich gegenüber dem Verlag unter den o.g. Bedingungen verpflichtet, die ausgeschriebenen Angebote einzulösen. Der Verlag übernimmt jedoch keine Gewähr und keine Haftung, wenn ein Angebot nicht eingelöst wird oder werden kann.

Bedingungen zur Einlösung des Discounts:

1. Das Angebot ist einschließlich bis 30.6.2024 gültig.
2. Der Golfspieler/Leser hat sich telefonisch eine Abschlagzeit geben zu lassen – dabei ist die Nutzung des Angebots anzugeben.
3. Eine Barauszahlung des Greenfee-Vorteils ist nicht möglich.
4. Das Kombinieren von Angeboten oder bestehenden Greenfee-Vorteilen ist nicht möglich. Der Vorteil bezieht sich jeweils ausschließlich auf die zum Zeitpunkt der Einlösung gültigen vollen Greenfee-Gebühren.
5. Gibt es Spielergruppen mit erhöhten Greenfee-Gebühren, ist ein Nachlass auf diese Gebühren nicht möglich.
6. Das Angebot allein berechtigt nicht zum Spiel gegen Greenfee. Die Erfüllung der Bestimmungen des jeweiligen Golfclubs zur Greenfee-Berechtigung (Mitgliedschaft in einem Golfclub, Mindesthandicap etc.) zum Zeitpunkt der Einlösung sind Voraussetzung.
7. Es ist untersagt, den Greenfee-Gutschein entgeltlich Dritten zu überlassen bzw. mit diesen Handel zu treiben. Insbesondere sind die teilnehmenden Golfclubs in diesem Falle berechtigt, die Einlösung der ausgeschriebenen Angebote zu verweigern.
8. Die teilnehmenden Golfclubs haben sich gegenüber dem Verlag unter den o.g. Bedingungen verpflichtet, die ausgeschriebenen Angebote einzulösen. Der Verlag übernimmt jedoch keine Gewähr und keine Haftung, wenn ein Angebot nicht eingelöst wird oder werden kann.

Diese Gutscheine gelten nur in Verbindung mit dem Buch/Albrecht Golf Card

Diese Gutscheine gelten nur in Verbindung mit dem Buch/Albrecht Golf Card

DER GOLF ALBRECHT

Bearna Golf and Country Club IE

Corboley, Bearna
Galway
✆ +353 91 592 677
Hinweis: nur 18 Loch mit Reservierung

367

30% Greenfee-Ermäßigung wochentags

DER GOLF ALBRECHT

Bearna Golf and Country Club IE

Corboley, Bearna
Galway
✆ +353 91 592 677
Hinweis: nur 18 Loch mit Reservierung

367

30% Greenfee-Ermäßigung wochentags

DER GOLF ALBRECHT

Castlegregory Golf And Fishing Club IE

Stradbally, Castlegregory
Tralee
✆ +353 66 713 9444

368

2 for 1 2 GF zum Preis von 1 wochentags

DER GOLF ALBRECHT

Castlegregory Golf And Fishing Club IE

Stradbally, Castlegregory
Tralee
✆ +353 66 713 9444

368

20% Greenfee-Ermäßigung wochentags

DER GOLF ALBRECHT

Castlegregory Golf And Fishing Club IE

Stradbally, Castlegregory
Tralee
✆ +353 66 713 9444

368

20% Greenfee-Ermäßigung wochentags

DER GOLF ALBRECHT

Ile aux Cerfs Golf Club MU

Trou d'Eau Douce
✆ +230 402 7720
Hinweis: Bernhard Langer Design Golf Course. Voucher nur gültig auf Rack Rate und nicht kombinierbar mit anderen Angeboten.

369

20% Greenfee-Ermäßigung

DER GOLF ALBRECHT

Ile aux Cerfs Golf Club MU

Trou d'Eau Douce
✆ +230 402 7720
Hinweis: Bernhard Langer Design Golf Course. Voucher nur gültig auf Rack Rate und nicht kombinierbar mit anderen Angeboten.

369

20% Greenfee-Ermäßigung

DER GOLF ALBRECHT

Woodlake Park Golf Club GB

Glascoed
NP4 0TE Usk
✆ +44 1291 673933
Hinweis: Golf fees based on day rates

370

2 for 1 2 GF zum Preis von 1

DER GOLF ALBRECHT

Woodlake Park Golf Club GB

Glascoed
NP4 0TE Usk
✆ +44 1291 673933
Hinweis: Golf fees based on day rates

370

20% Greenfee-Ermäßigung

DER GOLF ALBRECHT

Woodlake Park Golf Club GB

Glascoed
NP4 0TE Usk
✆ +44 1291 673933
Hinweis: Golf fees based on day rates

370

20% Greenfee-Ermäßigung

Bedingungen zur Einlösung des Discounts:
1. Das Angebot ist einschließlich bis 30.6.2024 gültig.
2. Der Golfspieler/Leser hat sich telefonisch eine Abschlagzeit geben zu lassen – dabei ist die Nutzung des Angebots anzugeben.
3. Eine Barauszahlung des Greenfee-Vorteils ist nicht möglich.
4. Das Kombinieren von Angeboten oder bestehenden Greenfee-Vorteilen ist nicht möglich. Der Vorteil bezieht sich jeweils ausschließlich auf die zum Zeitpunkt der Einlösung gültigen vollen Greenfee-Gebühren.
5. Gibt es Spielergruppen mit erhöhten Greenfee-Gebühren, ist ein Nachlass auf diese Gebühren nicht möglich.
6. Das Angebot allein berechtigt nicht zum Spiel gegen Greenfee. Die Erfüllung der Bestimmungen des jeweiligen Golfclubs zur Greenfee-Berechtigung (Mitgliedschaft in einem Golfclub, Mindesthandicap etc.) zum Zeitpunkt der Einlösung sind Voraussetzung.
7. Es ist untersagt, den Greenfee-Gutschein entgeltlich Dritten zu überlassen bzw. mit diesen Handel zu treiben. Insbesondere sind die teilnehmenden Golfclubs in diesem Falle berechtigt, die Einlösung der ausgeschriebenen Angebote zu verweigern.
8. Die teilnehmenden Golfclubs haben sich gegenüber dem Verlag unter den o.g. Bedingungen verpflichtet, die ausgeschriebenen Angebote einzulösen. Der Verlag übernimmt jedoch keine Gewähr und keine Haftung, wenn ein Angebot nicht eingelöst wird oder werden kann.

Bedingungen zur Einlösung des Discounts:
1. Das Angebot ist einschließlich bis 30.6.2024 gültig.
2. Der Golfspieler/Leser hat sich telefonisch eine Abschlagzeit geben zu lassen – dabei ist die Nutzung des Angebots anzugeben.
3. Eine Barauszahlung des Greenfee-Vorteils ist nicht möglich.
4. Das Kombinieren von Angeboten oder bestehenden Greenfee-Vorteilen ist nicht möglich. Der Vorteil bezieht sich jeweils ausschließlich auf die zum Zeitpunkt der Einlösung gültigen vollen Greenfee-Gebühren.
5. Gibt es Spielergruppen mit erhöhten Greenfee-Gebühren, ist ein Nachlass auf diese Gebühren nicht möglich.
6. Das Angebot allein berechtigt nicht zum Spiel gegen Greenfee. Die Erfüllung der Bestimmungen des jeweiligen Golfclubs zur Greenfee-Berechtigung (Mitgliedschaft in einem Golfclub, Mindesthandicap etc.) zum Zeitpunkt der Einlösung sind Voraussetzung.
7. Es ist untersagt, den Greenfee-Gutschein entgeltlich Dritten zu überlassen bzw. mit diesen Handel zu treiben. Insbesondere sind die teilnehmenden Golfclubs in diesem Falle berechtigt, die Einlösung der ausgeschriebenen Angebote zu verweigern.
8. Die teilnehmenden Golfclubs haben sich gegenüber dem Verlag unter den o.g. Bedingungen verpflichtet, die ausgeschriebenen Angebote einzulösen. Der Verlag übernimmt jedoch keine Gewähr und keine Haftung, wenn ein Angebot nicht eingelöst wird oder werden kann.

Bedingungen zur Einlösung des Discounts:
1. Das Angebot ist einschließlich bis 30.6.2024 gültig.
2. Der Golfspieler/Leser hat sich telefonisch eine Abschlagzeit geben zu lassen – dabei ist die Nutzung des Angebots anzugeben.
3. Eine Barauszahlung des Greenfee-Vorteils ist nicht möglich.
4. Das Kombinieren von Angeboten oder bestehenden Greenfee-Vorteilen ist nicht möglich. Der Vorteil bezieht sich jeweils ausschließlich auf die zum Zeitpunkt der Einlösung gültigen vollen Greenfee-Gebühren.
5. Gibt es Spielergruppen mit erhöhten Greenfee-Gebühren, ist ein Nachlass auf diese Gebühren nicht möglich.
6. Das Angebot allein berechtigt nicht zum Spiel gegen Greenfee. Die Erfüllung der Bestimmungen des jeweiligen Golfclubs zur Greenfee-Berechtigung (Mitgliedschaft in einem Golfclub, Mindesthandicap etc.) zum Zeitpunkt der Einlösung sind Voraussetzung.
7. Es ist untersagt, den Greenfee-Gutschein entgeltlich Dritten zu überlassen bzw. mit diesen Handel zu treiben. Insbesondere sind die teilnehmenden Golfclubs in diesem Falle berechtigt, die Einlösung der ausgeschriebenen Angebote zu verweigern.
8. Die teilnehmenden Golfclubs haben sich gegenüber dem Verlag unter den o.g. Bedingungen verpflichtet, die ausgeschriebenen Angebote einzulösen. Der Verlag übernimmt jedoch keine Gewähr und keine Haftung, wenn ein Angebot nicht eingelöst wird oder werden kann.

Bedingungen zur Einlösung des Discounts:
1. Das Angebot ist einschließlich bis 30.6.2024 gültig.
2. Der Golfspieler/Leser hat sich telefonisch eine Abschlagzeit geben zu lassen – dabei ist die Nutzung des Angebots anzugeben.
3. Eine Barauszahlung des Greenfee-Vorteils ist nicht möglich.
4. Das Kombinieren von Angeboten oder bestehenden Greenfee-Vorteilen ist nicht möglich. Der Vorteil bezieht sich jeweils ausschließlich auf die zum Zeitpunkt der Einlösung gültigen vollen Greenfee-Gebühren.
5. Gibt es Spielergruppen mit erhöhten Greenfee-Gebühren, ist ein Nachlass auf diese Gebühren nicht möglich.
6. Das Angebot allein berechtigt nicht zum Spiel gegen Greenfee. Die Erfüllung der Bestimmungen des jeweiligen Golfclubs zur Greenfee-Berechtigung (Mitgliedschaft in einem Golfclub, Mindesthandicap etc.) zum Zeitpunkt der Einlösung sind Voraussetzung.
7. Es ist untersagt, den Greenfee-Gutschein entgeltlich Dritten zu überlassen bzw. mit diesen Handel zu treiben. Insbesondere sind die teilnehmenden Golfclubs in diesem Falle berechtigt, die Einlösung der ausgeschriebenen Angebote zu verweigern.
8. Die teilnehmenden Golfclubs haben sich gegenüber dem Verlag unter den o.g. Bedingungen verpflichtet, die ausgeschriebenen Angebote einzulösen. Der Verlag übernimmt jedoch keine Gewähr und keine Haftung, wenn ein Angebot nicht eingelöst wird oder werden kann.

Bedingungen zur Einlösung des Discounts:
1. Das Angebot ist einschließlich bis 30.6.2024 gültig.
2. Der Golfspieler/Leser hat sich telefonisch eine Abschlagzeit geben zu lassen – dabei ist die Nutzung des Angebots anzugeben.
3. Eine Barauszahlung des Greenfee-Vorteils ist nicht möglich.
4. Das Kombinieren von Angeboten oder bestehenden Greenfee-Vorteilen ist nicht möglich. Der Vorteil bezieht sich jeweils ausschließlich auf die zum Zeitpunkt der Einlösung gültigen vollen Greenfee-Gebühren.
5. Gibt es Spielergruppen mit erhöhten Greenfee-Gebühren, ist ein Nachlass auf diese Gebühren nicht möglich.
6. Das Angebot allein berechtigt nicht zum Spiel gegen Greenfee. Die Erfüllung der Bestimmungen des jeweiligen Golfclubs zur Greenfee-Berechtigung (Mitgliedschaft in einem Golfclub, Mindesthandicap etc.) zum Zeitpunkt der Einlösung sind Voraussetzung.
7. Es ist untersagt, den Greenfee-Gutschein entgeltlich Dritten zu überlassen bzw. mit diesen Handel zu treiben. Insbesondere sind die teilnehmenden Golfclubs in diesem Falle berechtigt, die Einlösung der ausgeschriebenen Angebote zu verweigern.
8. Die teilnehmenden Golfclubs haben sich gegenüber dem Verlag unter den o.g. Bedingungen verpflichtet, die ausgeschriebenen Angebote einzulösen. Der Verlag übernimmt jedoch keine Gewähr und keine Haftung, wenn ein Angebot nicht eingelöst wird oder werden kann.

Bedingungen zur Einlösung des Discounts:
1. Das Angebot ist einschließlich bis 30.6.2024 gültig.
2. Der Golfspieler/Leser hat sich telefonisch eine Abschlagzeit geben zu lassen – dabei ist die Nutzung des Angebots anzugeben.
3. Eine Barauszahlung des Greenfee-Vorteils ist nicht möglich.
4. Das Kombinieren von Angeboten oder bestehenden Greenfee-Vorteilen ist nicht möglich. Der Vorteil bezieht sich jeweils ausschließlich auf die zum Zeitpunkt der Einlösung gültigen vollen Greenfee-Gebühren.
5. Gibt es Spielergruppen mit erhöhten Greenfee-Gebühren, ist ein Nachlass auf diese Gebühren nicht möglich.
6. Das Angebot allein berechtigt nicht zum Spiel gegen Greenfee. Die Erfüllung der Bestimmungen des jeweiligen Golfclubs zur Greenfee-Berechtigung (Mitgliedschaft in einem Golfclub, Mindesthandicap etc.) zum Zeitpunkt der Einlösung sind Voraussetzung.
7. Es ist untersagt, den Greenfee-Gutschein entgeltlich Dritten zu überlassen bzw. mit diesen Handel zu treiben. Insbesondere sind die teilnehmenden Golfclubs in diesem Falle berechtigt, die Einlösung der ausgeschriebenen Angebote zu verweigern.
8. Die teilnehmenden Golfclubs haben sich gegenüber dem Verlag unter den o.g. Bedingungen verpflichtet, die ausgeschriebenen Angebote einzulösen. Der Verlag übernimmt jedoch keine Gewähr und keine Haftung, wenn ein Angebot nicht eingelöst wird oder werden kann.

Bedingungen zur Einlösung des Discounts:
1. Das Angebot ist einschließlich bis 30.6.2024 gültig.
2. Der Golfspieler/Leser hat sich telefonisch eine Abschlagzeit geben zu lassen – dabei ist die Nutzung des Angebots anzugeben.
3. Eine Barauszahlung des Greenfee-Vorteils ist nicht möglich.
4. Das Kombinieren von Angeboten oder bestehenden Greenfee-Vorteilen ist nicht möglich. Der Vorteil bezieht sich jeweils ausschließlich auf die zum Zeitpunkt der Einlösung gültigen vollen Greenfee-Gebühren.
5. Gibt es Spielergruppen mit erhöhten Greenfee-Gebühren, ist ein Nachlass auf diese Gebühren nicht möglich.
6. Das Angebot allein berechtigt nicht zum Spiel gegen Greenfee. Die Erfüllung der Bestimmungen des jeweiligen Golfclubs zur Greenfee-Berechtigung (Mitgliedschaft in einem Golfclub, Mindesthandicap etc.) zum Zeitpunkt der Einlösung sind Voraussetzung.
7. Es ist untersagt, den Greenfee-Gutschein entgeltlich Dritten zu überlassen bzw. mit diesen Handel zu treiben. Insbesondere sind die teilnehmenden Golfclubs in diesem Falle berechtigt, die Einlösung der ausgeschriebenen Angebote zu verweigern.
8. Die teilnehmenden Golfclubs haben sich gegenüber dem Verlag unter den o.g. Bedingungen verpflichtet, die ausgeschriebenen Angebote einzulösen. Der Verlag übernimmt jedoch keine Gewähr und keine Haftung, wenn ein Angebot nicht eingelöst wird oder werden kann.

Bedingungen zur Einlösung des Discounts:
1. Das Angebot ist einschließlich bis 30.6.2024 gültig.
2. Der Golfspieler/Leser hat sich telefonisch eine Abschlagzeit geben zu lassen – dabei ist die Nutzung des Angebots anzugeben.
3. Eine Barauszahlung des Greenfee-Vorteils ist nicht möglich.
4. Das Kombinieren von Angeboten oder bestehenden Greenfee-Vorteilen ist nicht möglich. Der Vorteil bezieht sich jeweils ausschließlich auf die zum Zeitpunkt der Einlösung gültigen vollen Greenfee-Gebühren.
5. Gibt es Spielergruppen mit erhöhten Greenfee-Gebühren, ist ein Nachlass auf diese Gebühren nicht möglich.
6. Das Angebot allein berechtigt nicht zum Spiel gegen Greenfee. Die Erfüllung der Bestimmungen des jeweiligen Golfclubs zur Greenfee-Berechtigung (Mitgliedschaft in einem Golfclub, Mindesthandicap etc.) zum Zeitpunkt der Einlösung sind Voraussetzung.
7. Es ist untersagt, den Greenfee-Gutschein entgeltlich Dritten zu überlassen bzw. mit diesen Handel zu treiben. Insbesondere sind die teilnehmenden Golfclubs in diesem Falle berechtigt, die Einlösung der ausgeschriebenen Angebote zu verweigern.
8. Die teilnehmenden Golfclubs haben sich gegenüber dem Verlag unter den o.g. Bedingungen verpflichtet, die ausgeschriebenen Angebote einzulösen. Der Verlag übernimmt jedoch keine Gewähr und keine Haftung, wenn ein Angebot nicht eingelöst wird oder werden kann.

Bedingungen zur Einlösung des Discounts:
1. Das Angebot ist einschließlich bis 30.6.2024 gültig.
2. Der Golfspieler/Leser hat sich telefonisch eine Abschlagzeit geben zu lassen – dabei ist die Nutzung des Angebots anzugeben.
3. Eine Barauszahlung des Greenfee-Vorteils ist nicht möglich.
4. Das Kombinieren von Angeboten oder bestehenden Greenfee-Vorteilen ist nicht möglich. Der Vorteil bezieht sich jeweils ausschließlich auf die zum Zeitpunkt der Einlösung gültigen vollen Greenfee-Gebühren.
5. Gibt es Spielergruppen mit erhöhten Greenfee-Gebühren, ist ein Nachlass auf diese Gebühren nicht möglich.
6. Das Angebot allein berechtigt nicht zum Spiel gegen Greenfee. Die Erfüllung der Bestimmungen des jeweiligen Golfclubs zur Greenfee-Berechtigung (Mitgliedschaft in einem Golfclub, Mindesthandicap etc.) zum Zeitpunkt der Einlösung sind Voraussetzung.
7. Es ist untersagt, den Greenfee-Gutschein entgeltlich Dritten zu überlassen bzw. mit diesen Handel zu treiben. Insbesondere sind die teilnehmenden Golfclubs in diesem Falle berechtigt, die Einlösung der ausgeschriebenen Angebote zu verweigern.
8. Die teilnehmenden Golfclubs haben sich gegenüber dem Verlag unter den o.g. Bedingungen verpflichtet, die ausgeschriebenen Angebote einzulösen. Der Verlag übernimmt jedoch keine Gewähr und keine Haftung, wenn ein Angebot nicht eingelöst wird oder werden kann.

Bedingungen zur Einlösung des Discounts:
1. Das Angebot ist einschließlich bis 30.6.2024 gültig.
2. Der Golfspieler/Leser hat sich telefonisch eine Abschlagzeit geben zu lassen – dabei ist die Nutzung des Angebots anzugeben.
3. Eine Barauszahlung des Greenfee-Vorteils ist nicht möglich.
4. Das Kombinieren von Angeboten oder bestehenden Greenfee-Vorteilen ist nicht möglich. Der Vorteil bezieht sich jeweils ausschließlich auf die zum Zeitpunkt der Einlösung gültigen vollen Greenfee-Gebühren.
5. Gibt es Spielergruppen mit erhöhten Greenfee-Gebühren, ist ein Nachlass auf diese Gebühren nicht möglich.
6. Das Angebot allein berechtigt nicht zum Spiel gegen Greenfee. Die Erfüllung der Bestimmungen des jeweiligen Golfclubs zur Greenfee-Berechtigung (Mitgliedschaft in einem Golfclub, Mindesthandicap etc.) zum Zeitpunkt der Einlösung sind Voraussetzung.
7. Es ist untersagt, den Greenfee-Gutschein entgeltlich Dritten zu überlassen bzw. mit diesen Handel zu treiben. Insbesondere sind die teilnehmenden Golfclubs in diesem Falle berechtigt, die Einlösung der ausgeschriebenen Angebote zu verweigern.
8. Die teilnehmenden Golfclubs haben sich gegenüber dem Verlag unter den o.g. Bedingungen verpflichtet, die ausgeschriebenen Angebote einzulösen. Der Verlag übernimmt jedoch keine Gewähr und keine Haftung, wenn ein Angebot nicht eingelöst wird oder werden kann.

D tscheine gelten nur in Verbindung mit dem Buch/Albrecht Golf Card

Impressum

ALBRECHT GOLF
VERLAG GmbH

Herausgeber und Verlag:

Albrecht Golf Verlag GmbH
Klenzestrasse 23 (Rgb.)
80469 München
Telefon (089) 8 58 53-0
Telefax (089) 8 58 53-197
E-Mail: info@albrecht.de
www.1golf.eu

Herausgegeben im November 2022

Bei Zusammenstellung und Druck unseres GOLF FÜHRER lassen wir größte Sorgfalt walten. Dennoch müssen alle Angaben ohne Gewähr erfolgen, weil zwischenzeitliche Änderungen nicht auszuschließen sind. Dem Verlag ist es deshalb nicht möglich, für daraus resultierende Nachteile oder Schäden eine Haftung in irgendwelcher Art zu übernehmen. Hierfür bitten wir um Ihr Verständnis.

Die Albrecht Golf Verlag GmbH prüft Werbeanzeigen von Inserenten in diesem Medium nicht und haftet unter keinerlei rechtlichen, insbesondere unter keinen wettbewerbsrechtlichen Gesichtspunkten für den Inhalt sämtlicher in diesem Medium veröffentlichten Werbeanzeigen oder Promotionstrecken.

Der Verlag übernimmt keine Gewähr und Haftung auf Vollständigkeit der Nennung von Golfanlagen, Golfclubs oder Platzbetreibern. Mit der Übermittlung von Informationen zu Daten von Golfanlagen besteht keine Gewähr und Haftung zu einer Veröffentlichung. Der Verlag behält sich vor, auch Golfanlagen, die in vorhergehenden Ausgaben veröffentlicht wurden, im Falle von falschen, unzuverlässigen oder fehlenden Angaben nicht mehr zu veröffentlichen. Keine Gewähr für unverlangt eingesandte Manuskripte und Bildsendungen. Zuschriften von Lesern oder von Golfanlagen mit Informationen oder Beschreibungen von Golfanlagen können abgeändert oder gekürzt und ohne ausdrücklichen Vorbehalt veröffentlicht werden.

Der Verlag übernimmt keine Gewähr und Haftung auf im Buch angebotene Greenfeeaktionen und Greenfeevergünstigungen. Alle genannten Preise oder Vergünstigungen stellen freiwillige Leistungen von Golfanlagen dar, die jederzeit widerrufen werden können.

Verleger:
Oliver Albrecht

Redaktion Golfplatzinformationen:
Albrecht Golf Verlag GmbH

Anzeigen:
Albrecht Golf Verlag GmbH, Thomas Mayr
Bayern und Baden-Württemberg: Brigitte Irmisch-Kreutz
Nordrhein-Westfalen: Hans-Erich Kleinsorge
KV Kommunalverlag GmbH & Co. KG., Ottobrunn,
www.kommunal-verlag.de

Kartographie GOLF FÜHRER:
© Albrecht Golf Verlag GmbH

Titelbild:
Golfclub Heidelberg-Lobenfeld e.V., Verlag PAR - Ralph Dörnte

Datenorganisation:
Ladislav Picha

Datenübernahme und Satz:
Albrecht Golf Verlag GmbH

Gesamtherstellung:
Albrecht Golf Verlag GmbH

Druck:
Agentur Dalvit, D-8552· Ottobrunn
printed in Italy

ISBN 978-3-87014-345-9

Zeichenerklärung

- 18 Anzahl der Löcher
- Adresse Clubhaus
- Restaurant
- PR Präsident
- Sekretariat
- PRO Golflehrer
- PRO SHOP Proshop
- Platzinformationen
- Greenfee
- VCG VcG-Spieler zugelassen
- G Gäste
- Driving Range überdacht
- Flacher Platz
- Hügeliger Platz
- Sehr hügeliger Platz
- Wasserhindernisse
- Platz in den Bergen
- Platz am Meer/See
- Technisch leicht
- Technisch sportlich
- Technisch anspruchsvoll
- Leihschläger vohanden
- Trolley zu mieten
- Elektrotrolley zu mieten
- Elektrocart zu mieten
- Ladeschiene für Gästecarts
- Gästesanitär vorhanden
- GPS-Geräte zugelassen
- Kinderspielplatz vorhanden
- Kinderbetreuung für Gäste
- GASTRO Gastro akzeptiert Kreditkarten
- CLUB Golfclub akzeptiert Kreditkarten
- Hunde nicht gestattet
- Hunde angeleint gestattet
- Parkplatz für Hundebesitzer
- Birdiekarte vorhanden
- Wohnmobilstellplatz
- Gewitter-Warnsystem
- Blitzschutzhütte